法令援引 判解指引 要旨增編 事項引得

最新綜合

六法全書

陶百川
王澤鑑
劉宗榮
葛克昌
編纂

專業、詳實、正確、最新

- 嚴選常用法規逾七百種
- 收錄最新修正法規至二〇二三年七月
- 附贈四期修訂資料

三民書局

國家圖書館出版品預行編目資料

最新綜合六法全書／陶百川等編纂.－－六版一刷.－－臺北市：三民，2023
面；　公分

ISBN 978-957-14-7665-0（精裝）
1. 六法全書 2. 中華民國法律

582.18　　112011033

最新綜合六法全書

編　纂｜陶百川　王澤鑑　葛克昌　劉宗榮
發行人｜劉振強
出版者｜三民書局股份有限公司
地　址｜臺北市復興北路 386 號 (復北門市)
臺北市重慶南路一段 61 號 (重南門市)
電　話｜(02)25006600
網　址｜三民網路書店 https://www.sanmin.com.tw

出版日期｜初版一刷 1990 年 2 月
五版一刷 2022 年 9 月
六版一刷 2023 年 9 月
書籍編號｜S580531
ISBN｜978-957-14-7665-0

三民書局

新編版序

三民書局早於五十年前出版最新六法全書，暢銷海內外，盛況空前。鑒於法律之文義深奧，文字艱澀，讀者不易澈底瞭解，且因各種法規及其條文間之關係複雜，牽連甚廣，讀者難舉一反三，豁然貫通，三民書局乃又有綜合六法全書之編纂，增列要旨、判例、解釋、法令援引，以為補充；其編纂旨趣及方法，已於初版序言中予以說明。本書歷次修正，無不參酌讀者建言，期臻完備。為使查閱方式愈趨靈活、蒐錄法規更加實用，已將全書新編，除文字重行校對、法規嚴予篩選，版式標記、綱目編類亦採新設計，祈符合讀者所需，更新要項如左：

一、修訂法規，包括憲法訴訟法、保險法、家事事件法、中華民國刑法、性侵害犯罪防治法、犯罪被害人權益保障法、刑事訴訟法、少年事件處理法、入出國及移民法、警械使用條例、兵役法、商標法、個人資料保護法、證券交易法、法官法、勞工請假規則、工會法、全民健康保險法、菸害防制法等一〇〇項法規。

二、新增國民法官法施行細則、社會福利基本法、海洋產業發展條例、公務人員個人專戶制退休資遣撫卹法、公立學校教職員個人專戶制退休資遣撫卹條例、消防設備人員法、原住民族健康法等七項法規。

三、新增憲法法庭一一一年憲判字第一一號至一一二年憲判字第九號判決。

本書為三民書局重要法律出版物之一，自當精益求精，以利讀者，尚祈不吝指教，俾使完善。

編者謹誌

一百一十二年七月

初版序言

近幾年來，社會經濟發展迅速，法治益臻進步，六法全書為用日廣，為適應讀者需要，特編本書，除增加重要法規並精校條文外，在內容方面特作五項改進以廣應用：

一、在全部法律條文之前，增列該條文之「要旨」，以便檢閱及幫助瞭解該條文之意義。

二、在各主要法律條文之後，新闢相關法令一欄，以顯示各種法規法條間之關聯。

三、在各主要法律條文之後，選錄司法院大法官會議解釋、最高法院判例及行政法院判決，藉明體用。

四、在民法、刑法等主要法律條文之後，增列立法理由書，以明立法原意。

五、除法規索引外，茲更就法規規定事項，作成條文引得，俾讀者按圖索驥，應用時更感便利。

本書編纂，事屬初創，雖經長期籌劃，縝密為之，仍恐未臻精確，尚祈讀者於發現錯誤或設計不週之處時，惠告三民書局，以便改正，曷勝感幸。

編者敬誌

凡例

一、本書蒐集現行法規近七百種，依憲法、民法、民事訴訟法、刑法、刑事訴訟法、行政法及國際法類排列，各類中復按常用程度，分基本法規及常用法規二種。

二、基本法規條文前後，逐條附註以助瞭解：

1.條文要旨：列於法律條文之前，在條目下以「（ ）」符號表之並以大號字體排印，以資醒目。

2.立法理由：民法、刑法等主要法規條文之後，附「立法理由書」，並以小號字體排印，上冠以「⇧」以資識別。

3.修正理由：於立法理由之後，以「㊈②」表示九十二年之修正理由。

4.相關法令：列於條文之後，上冠以「＊」符號，相關法令之上，先列有關之法律名詞，以「（ ）」符號表之，小字印出。相關法令，以簡稱註明（簡稱以簡明易識為主，參見本書法規簡稱索引），條文號碼以「一、二、三……」表示，項以「㈠、㈡、㈢……」表示，款以「①、②、③……」表示。相關法條與下一法律名詞之間，以「；」符號分之，同一法律名詞內相同法律各條文間以「、」

符號分之，不同法律間以「，」符號分之。

5.有關判解：列於相關法令之後，冠以「▲」符號，包括全部司法院大法官會議解釋文及精選之最高法院民、刑事判例、行政法院判決要旨。判解內間有沿用舊條文者，均在該條文前後註明（舊）字。文後註明文號如：

釋——大法官會議解釋

院（三十四年四月三十日以前司法院解釋文）、院解（三十四年五月四日以後司法院解釋文）

上（非、抗、聲、再、覆、移）——最高法院判決

臺上（臺非、臺抗、臺聲、臺再）——最高法院判決

行……判——行政法院判決

三、常用法規條文前，均列條文要旨，以「（ ）」符號表之，與基本法規同。

四、書末列有法規索引及法規簡稱索引，均按筆畫次序排列，以利檢索。

·本書使用圖解

條文內容

修正理由符號

相關法令符號

相關判解符號

第三十一條（經理人之職權）

條文號次

條文要旨

經理人之職權，除章程規定外，並得依契約之訂定。

經理人在公司章程或契約規定授權範圍內，有為公司管理事務及簽名之權。

⑨⓪一、第一項未修正。二、為明確規定經理人有為公司管理事務及簽名之權限，爰增訂第二項。

九十年度公司法修正理由

＊（職權）民五五三～五五七、五六二～五六四；（章程）公司四一。

相關法律名詞

相關法令：公司法第四十一條

▲公司經理人有為公司為營業上所必要之一切行為之權限，其為公司為營業上所必要之和解，除其內容法律上設有特別限制外，並無經公司特別授權之必要，此為經理權與一般受任人權限之不同處。（六七臺上二七三二）

判決要旨

最高法院六十七年臺上字第二七三二號判例

最新綜合 六法全書 要旨增編 判解指引 法令援引 事項引得 目錄（書末附法規索引）

壹、憲法及關係法規

貳、民商法及關係法規

參、民事訴訟法及關係法規

肆、刑法及關係法規

伍、刑事訴訟法及關係法規

陸、行政法規

一　行政組織・行政救濟

二　內政

三 國防・國際・兩岸事務

四 財政

五　經濟·智慧財產權

六 人事

七　教育·專技人員

八　勞動‧農林漁牧礦業

九　醫藥・保健

柒、國際法

捌、釋字暨憲法法庭裁判彙編

壹、憲法及關係法規

中華民國憲法

民國三十五年十二月二十五日國民大會制定
三十六年一月一日國民政府公布
同年十二月二十五日施行

中華民國國民大會受全體國民之付託，依據　孫中山先生創立中華民國之遺教，為鞏固國權，保障民權，奠定社會安寧，增進人民福利，制定本憲法，頒行全國，永矢咸遵。

第一章　總　綱

第一條　（國體）

中華民國基於三民主義，為民有、民治、民享之民主共和國。

＊（國體）刑一〇〇～一〇二。

▲釋一六〇、四八五、四九九。

第二條　（主權在民）

中華民國之主權屬於國民全體。

＊（國民）憲三、二五。

▲釋四九九。

第三條　（國民）

具有中華民國國籍者為中華民國國民。

＊（中華民國國籍）國籍一～六。

第四條　（國土）

中華民國領土，依其固有之疆域，非經國民大會之決議，不得變更之。

＊（國民大會）憲二五～三四，憲增修一；（議決）國大組八；（國土）刑一〇〇～一〇二。

▲釋三二八、四九九。

第五條　（民族平等）

中華民國各民族一律平等。

＊（民族）憲一六八、一六九；（種族平等）憲七。

第六條　（國旗）

中華民國國旗定為紅地左上角青天白日。

＊（國旗）刑一六〇。

第二章　人民之權利義務

第七條　（平等權）

中華民國人民，無分男女、宗教、種族、階級、黨派，在法律上一律平等。

＊（國民）憲三；（宗教）憲一三；（民族平等）憲五；（平等）憲一二九、一五九，憲增修一〇⑥。

▲釋一七九、一九三、一九四、二〇五、二一一、二二四、二二八、三四〇、三五四、三六五、三六九、三九八、四〇三、四〇五、四一〇、四一二、四一三、四二九、四三八、四五二、四五五、四五七、四六〇、四六八、四七七、四八一、四八五、四九〇、四九九、五〇一、五〇八、五一二、五二六。

第八條　（人身自由）

人民身體之自由應予保障，除現行犯之逮捕由法律另定外，非經司法或警察機關依法定程序，不得逮捕拘禁。非由法院依法定程序，不得審問處罰。非依法定程序之逮捕、拘禁、審問、處罰，得拒絕之。

人民因犯罪嫌疑被逮捕拘禁時，其逮捕拘禁機關應將逮捕拘禁原因，以書面告知本人及其本人指定之親友，並至遲於二十四小時內移送該管法院審問。本人或他人亦得聲請該管法院，於二十四小時內向逮捕之機關提審。

法院對於前項聲請，不得拒絕，並不得先令逮捕拘禁之機關查覆。逮捕拘禁之機關，對於法院之提審，不得拒絕或遲延。

人民遭受任何機關非法逮捕拘禁時，其本人或他人得向法院聲請追究，法院不得拒絕，並應於二十四小時內向逮捕拘禁之機關追究，依法處理。

＊（現行犯）憲七四，刑訴八八，軍審九六；（法定程序）刑訴七一～一二一；（提審之程序）提審一～八；（法院）法組一。

▲釋九〇、一三〇、一六六、二三三、二四九、二七一、三〇〇、三八四、三九二、四二九、四三六、四四三、四七一、四七六、四八七、五二三、五二八。

第九條　（人民不受軍審原則）

人民除現役軍人外，不受軍事審判。

＊（軍事審判）軍審一，戒嚴八～一〇；（現役軍人）憲一四〇，軍審二、三，軍刑五、六、八。

▲釋五〇、二七二、四三六。

第十條　（居住遷徙自由）

人民有居住及遷徙之自由。

＊（限制）憲二三，戒嚴一一⑨，刑訴一〇一～一五三。

▲釋二六五、三五四、三九八、四四三、四五四、四九七、五一七。

第十一條　（表現自由）

人民有言論、講學、著作及出版之自由。

＊（限制）憲二三，刑一五三、三〇九～三一四，戒嚴一一①，總動員二三。

▲釋一〇五、三六四、三八〇、四〇七、四一四、四四五、四五〇、五〇九。

第十二條　（秘密通訊自由）

人民有秘密通訊之自由。

＊（保障）刑三一五；（限制）憲二三，刑訴三四、一〇五，監刑六六、六七，戒嚴一一④。

第十三條　（信教自由）

人民有信仰宗教之自由。

＊（宗教）憲七；（信教自由）刑二四六；（限制）憲二三，戒嚴一一②。

▲釋四六〇、四九〇。

第十四條　（集會結社自由）

人民有集會及結社之自由。

＊（限制）憲二三，刑一四九、一五〇、一五二、一五四，戒嚴一一①，總動員二三、二七，軍刑一一九、一二〇。

▲釋二一四、三七二、四四五、四七九。

第十五條　（生存權、工作權及財產權）

人民之生存權、工作權及財產權，應予保障。

*（限制）憲二三、一〇八、一四四、一四五。
▲釋三七、一四八、一五六、一七二、一八〇、一九〇、一九一、二〇〇、二〇三、二〇四、二〇六、二一三、二一五、二一六、二一七、二二二、二二五、二三六、二四一、二五三、二六三、二八五、二八六、二九一、三一一、三一二、三一七、三二二、三三五、三四四、三四七、三四八、三四九、三五〇、三五六、三五八、三五九、三六一、三六九、三七〇、三七四、三七五、三八三、三八六、三九〇、四〇〇、四〇四、四〇六、四〇八、四〇九、四一一、四一二、四一四、四二二、四二五、四二六、四二七、四二八、四三二、四三三、四三四、四三八、四四〇、四四四、四六二、四六四、四六五、四七二、四七六、四八四、四八八、四九二、四九五、五〇四、五〇八、五一〇、五一一、五一四、五一六、五一八、五二六。

第十六條　（請願、訴願及訴訟權）

人民有請願、訴願及訴訟之權。

*（請願）請願一～一〇；（訴願）訴願一～二；（訴訟）憲七七，行訴一～一二，民訴一、二，刑訴一，公職選罷一〇一～一一〇。
▲釋一一五、一二八、一五三、一五四、一五六、一六〇、一七〇、一七九、一八二、一八七、一九二、一九七、二〇一、二一一、二一三、二二〇、二二四、二二八、二二九、二三〇、二四〇、二四三、二四四、二五六、二六六、二六九、二七三、二八八、二九五、二九七、三〇二、三〇五、三〇六、三一二、三二一、三二三、三三八、三五三、三五五、三六八、三七四、三七八、三八二、三八四、三八六、三九三、三九五、三九六、四一六、四一八、四三〇、四三六、四三九、四四二、四四六、四四八、四五九、四六二、四六六、四八二、五〇七、五一二。

第十七條　（參政權）

人民有選舉、罷免、創制及複決之權。

*（行使方法）憲一二九～一三六；（公職人員之選舉罷免）公職選罷三。
▲釋三三一、四〇一、四六八。

第十八條　（應考試服公職權）

人民有應考試、服公職之權。

*（考試）公務人員考試法。
▲釋四二、一五五、二〇五、二二二、二六八、三一九、三三八、三四一、四一二、四一八、四二九、四三三、四八三、四九一。

第十九條　（納稅義務）

人民有依法律納稅之義務。

*（法律）憲一〇七～一一〇、一七〇，中標五、六；（依法律納稅）所得稅法，營業稅法，貨物稅條例，印花稅法，土地稅法，關稅法，房屋稅條例，使用牌照稅法，契稅條例，娛樂稅法，證券交易稅條例，遺產及贈與稅法，稅捐稽徵法等。
▲釋一五一、一六七、一七三、一八〇、一九〇、一九五、一九八、二一〇、二一八、二一九、二二一、二二四、二四一、二四七、二四八、二五二、二五七、二六七、二八七、二八九、二九六、三〇九、三一五、三三〇、三三九、三四三、三四六、三五六、三六一、三六七、三六九、三八五、四一三、四一五、四二〇、四二四、四二六、四二七、四三八、四四一、四五八、四七二、四七八、四八〇、四九三、四九六、五〇〇、五〇六、五〇八、五一九。

第二十條　（兵役義務）

人民有依法律服兵役之義務。

*（法律）憲一七〇，中標五、六；（依法律服兵役）兵役四八。
▲釋四四三、四五五、四九〇、五一七。

第二十一條　（受教育之權義）

人民有受國民教育之權利與義務。

*（教育）憲一五八；（國民教育）憲一五九、一六〇，國民教育法。
▲釋三八二。

第二十二條　（基本人權保障）

凡人民之其他自由及權利，不妨害社會秩序公共利益者，均受憲法之保障。

*（社會秩序、公共利益）憲二三。
▲釋二〇四、二〇六、二四二、二七四、二七五、三六二、三八二、三九九、四八六、五〇二。

第二十三條　（基本人權之限制）

以上各條列舉之自由權利，除為防止妨礙他人自由、避免緊急危難、維持社會秩序或增進公共利益所必要者外，不得以法律限制之。

*（社會秩序、公共利益）憲二二；（緊急危難）憲三九，憲增修二㊂；（法律）憲一七〇，中標五、六。
▲釋三八、一〇五、一〇六、一五四、一六〇、一九四、二〇六、二二二、二二三、二二八、二三七、二四〇、二五五、二六五、二七四、二七五、二八一、二八四、二九〇、二九二、二九四、三〇一、三一三、三二二、三二四、三二七、三三六、三四五、三四七、三五六、三五八、三五九、三六一、三六四、三六六、三六七、三七三、三八〇、三八四、三九〇、三九四、三九五、四〇二、四〇四、四〇九、四一四、四一六、四一七、四二三、四二八、四三二、四三三、四三六、四三八、四三九、四四二、四四三、四四四、四四五、四五四、四五六、四六二、四六五、四六八、四七一、四七二、四七四、四七五、四七六、四七九、四八〇、四八七、四八八、四九〇、四九一、四九五、四九七、五〇二、五〇五、五〇七、五〇八、五〇九、五一〇、五一二、五一四、五一五、五一七、五一八、五二一、五二二、五二三、五二六、五二八。

第二十四條　（公務員責任及國家賠償責任）

凡公務員違法侵害人民之自由或權利者，除依法律受懲戒外，應負刑事及民事責任。被害人民就其所受損害，並得依法律向國家請求賠償。

*（公務員之懲戒責任）憲七七，公懲九；（公務員之民事責任）民一八六；（公務員之刑事責任）刑一二〇～一三四；（國家賠償責任）行訴二，土地六八，警械一〇，刑補一，國賠二㊁、三。
▲釋二二八、四六九、四八七。

第三章　國民大會

第二十五條　（國民大會之地位）

國民大會依本憲法之規定，代表全國國民行使政權。

*（代表人民行使政權）憲四、二七、一七四；（全國國民）憲二、三，憲增修二㊀。
▲釋七六、四九九。

第二十六條　（國大代表之名額）

國民大會以左列代表組織之：

一　每縣市及其同等區域各選出代表一人，但其人口逾五十萬人者，每增加五十萬人，增選代表一人。縣市同等區域以法律定之。

二　蒙古選出代表，每盟四人，每特別旗一人。

三　西藏選出代表，其名額以法律定之。

四　各民族在邊疆地區選出代表，其名額以法律定之。
五　僑居國外之國民選出代表其名額以法律定之。
六　職業團體選出代表其名額以法律定之。
七　婦女團體選出代表其名額以法律定之。

*（選舉）憲一二九～一三二、一三四、一三五，憲增修一，公職選罷二。
▲釋一五〇、二五八、四九九。

第二十七條　（國大職權）

國民大會之職權如左：
一　選舉總統副總統。
二　罷免總統副總統。
三　修改憲法。
四　複決立法院所提之憲法修正案。

關於創制複決兩權除前項第三第四兩款規定外俟全國有半數之縣市曾經行使創制複決兩項政權時由國民大會制定辦法並行使之。

*（職權）憲四、三〇，憲增修一㊂；（總統副總統之選舉罷免）憲二七、四六，憲增修二；（修改憲法）憲四、一七四，憲增修一㊂。
▲釋三〇、二八二、二九九、四二一、四七五、四九九。

第二十八條　（國大代表任期資格之限制）

國民大會代表每六年改選一次。

每屆國民大會代表之任期至次屆國民大會開會之日為止。

現任官吏不得於其任所所在地之選舉區當選為國民大會代表。

*（國民大會代表任期）憲增修一。
▲釋七四、七五、二六一、二八八、二九九、四二一、四九九。

第二十九條　（國大常會之召集）

國民大會於每屆總統任滿前九十日集會由總統召集之。

*（總統之任期）憲四七，憲增修二㊅；（召集）憲增修一㊂。
▲釋二一、二八二、二九九、三一四、四二一。

第三十條　（國大臨時會之召集）

國民大會遇有左列情形之一時召集臨時會：
一　依本憲法第四十九條之規定應補選總統、副總統時。
二　依監察院之決議對於總統、副總統提出彈劾案時。
三　依立法院之決議提出憲法修正案時。
四　國民大會代表五分之二以上請求召集時。

國民大會臨時會如依前項第一款或第二款應召集時由立法院長通告集會依第三款或第四款應召集時由總統召集之。

*（召集原因）憲一〇〇、一七四，憲增修一㊂；（總統副總統之彈劾）憲二七、一〇〇，憲增修二㊂、四㊆，監察五；（立法院修憲案）憲二七、一七四。
▲釋二九、八五、二八二、二九九、三一四、四二一。

第三十一條　（國大開會地點）

國民大會之開會地點在中央政府所在地。

第三十二條　（言論免責權）

國民大會代表在會議時所為之言論及表決對會外不負責任。

*（會外不負責任）憲七三、一〇一，憲增修七㊆。
▲釋一二二、一六五、四〇一。

第三十三條　（不逮捕特權）

國民大會代表除現行犯外在會期中非經國民大會許可不得逮捕或拘禁。

*（現行犯）刑訴八八；（不逮捕特權）憲七四、一〇二。
▲釋九〇。

第三十四條　（組織、選舉罷免及行使職權程序之法律）

國民大會之組織國民大會代表之選舉罷免及國民大會行使職權之程序以法律定之。

*（組織）國民大會組織法；（選舉罷免）公職選罷一、二；（行使職權）憲增修一。
▲釋一一七、三八一。

第四章　總統

第三十五條　（總統地位）

總統為國家元首對外代表中華民國。

*（元首）刑一一六。
▲釋四一九。

第三十六條　（總統統帥權）

總統統率全國陸海空軍。

▲釋四一九。

第三十七條　（總統公布法令權）

總統依法公布法律發布命令須經行政院院長之副署或行政院院長及有關部會首長之副署。

*（法律）憲一七〇，中標二、四、五；（命令）憲一七二，中標三、六、七；（副署）憲增修二㊂。
▲釋四一九。

第三十八條　（總統行使締約宣戰媾和權）

總統依本憲法之規定行使締結條約及宣戰媾和之權。

*（程序）憲五八、六三。
▲釋三二九、四一九。

第三十九條　（總統宣布戒嚴權）

總統依法宣布戒嚴但須經立法院之通過或追認立法院認為必要時得決議移請總統解嚴。

*（程序）憲五八、六三；（依法）戒嚴一。
▲釋四一九。

第四十條　（總統行使赦免權）

總統依法行使大赦特赦減刑及復權之權。

*（程序）憲五八、六三；（依法）赦免六。
▲釋二八三、四一九。

第四十一條　（總統任免官員權）

總統依法任免文武官員。

*（任官）憲五五、五六、七九、八四，公務人員任用法。
▲釋四一九。

第四十二條　（總統授與榮典權）

總統依法授與榮典。

▲釋四一九。

第四十三條 （總統發布緊急命令權）

國家遇有天然災害、癘疫或國家財政經濟上有重大變故，須為急速處分時，總統於立法院休會期間，得經行政院會議之決議，依緊急命令法，發布緊急命令，為必要之處置，但須於發布命令後一個月內提交立法院追認。如立法院不同意時，該緊急命令立即失效。

＊（緊急命令權）憲增修二㊂。

▲釋四一九。

第四十四條 （權限爭議處理權）

總統對於院與院間之爭執，除本憲法有規定者外，得召集有關各院院長會商解決之。

＊（本憲法有規定）憲五七、七八。

▲釋四一九。

第四十五條 （被選舉資格）

中華民國國民年滿四十歲者，得被選為總統、副總統。

＊（國民）憲三。

▲釋四六八。

第四十六條 （選舉方法）

總統、副總統之選舉，以法律定之。

＊（選舉）憲增修二㊀，總統選罷一。

▲釋四六八。

第四十七條 （總統、副總統任期）

總統、副總統之任期為六年，連選得連任一次。

＊（任期）憲增修二㊅。

▲釋二一。

第四十八條 （總統就職宣誓）

總統應於就職時宣誓，誓詞如左：

「余謹以至誠，向全國人民宣誓，余必遵守憲法，盡忠職務，增進人民福利，保衛國家，無負國民付託。如違誓言，願受國家嚴厲之制裁。謹誓。」

第四十九條 （繼任及代行總統職權㈠）

總統缺位時，由副總統繼任，至總統任期屆滿為止。總統、副總統均缺位時，由行政院院長代行其職權，並依本憲法第三十條之規定，召集國民大會臨時會，補選總統、副總統，其任期以補足原任總統未滿之任期為止。總統因故不能視事時，由副總統代行其職權。總統、副總統均不能視事時，由行政院院長代行其職權。

＊（總統職權）憲二九、三六～四四、五五～五七、六九、七二、七九、八四、一〇四，憲增修二㊇，公職選罷八。

▲釋四一九。

第五十條 （代行總統職權㈡）

總統於任滿之日解職，如屆期次任總統尚未選出，或選出後總統、副總統均未就職時，由行政院院長代行總統職權。

＊（總統職權）憲二九、三六～四四、五五～五七、六九、七二、七九、八四、一〇四，憲增修二㊇，公職選罷八。

▲釋四一九。

第五十一條 （行政院院長代行職權之期限）

行政院院長代行總統職權時，其期限不得逾三個月。

＊（總統職權）憲二九、三六～四四、五五～五七、六九、七二、七九、八四、一〇四，憲增修二㊇，公職選罷八。

▲釋四一九。

第五十二條 （刑事豁免權）

總統除犯內亂或外患罪外，非經罷免或解職，不受刑事上之訴究。

＊（內亂外患罪）刑一〇〇～一一五。

▲釋三八八。

第五章 行政

第五十三條 （最高行政機關）

行政院為國家最高行政機關。

▲釋四一九、四六一。

第五十四條 （行政院組織）

行政院設院長、副院長各一人，各部會首長若干人，及不管部會之政務委員若干人。

▲釋三八七、四六一。

第五十五條 （行政院院長之任命及代理）

行政院院長，由總統提名，經立法院同意任命之。

立法院休會期間，行政院院長辭職或出缺時，由行政院副院長代理其職務，但總統須於四十日內咨請立法院召集會議，提出行政院院長人選，徵求同意。行政院院長職務，在總統所提行政院院長人選未經立法院同意前，由行政院副院長暫行代理。

＊（行政院長之任命）憲增修三㊀。

▲釋三八七、四一九。

第五十六條 （副院長、部會首長及政務委員之任命）

行政院副院長、各部會首長及不管部會之政務委員，由行政院院長提請總統任命之。

▲釋三八七、四六一。

第五十七條 （行政院對立法院負責）

行政院依左列規定，對立法院負責：

一 行政院有向立法院提出施政方針及施政報告之責。立法委員在開會時，有向行政院院長及行政院各部會首長質詢之權。

二 立法院對於行政院之重要政策不贊同時，得以決議移請行政院變更之。行政院對於立法院之決議，得經總統之核可，移請立法院覆議。覆議時，如經出席立法委員三分之二維持原決議，行政院院長應即接受該決議或辭職。

三 行政院對於立法院決議之法律案、預算案、條約案，如認為有窒礙難行時，得經總統之核可，於該決議案送達行政院十日內，移請立法院覆議。覆議時，如經出席立法委員三分之二維持原案，行政院院長應即接受該決議或辭職。

＊（負責）憲增修三㊁；（質詢程序）立院組一一。

▲釋三二五、三八七、四一九、五二〇。

第五十八條 （行政院會議）

行政院設行政院會議，由行政院院長、副院長、各部會首長及不管部會之政務委員組織之，以院長為主席。」

行政院院長、各部會首長，須將應行提出於立法院之法律案、預算案、戒嚴案、大赦案、宣戰案、媾和案、條約案及其他重要事項，或涉及各部會共同關係之事項，提出於行政院會議議決之。

＊（法律案）憲一七、六三、八七；（預算案）憲五九、六三、七〇，憲增修五㈥；（戒嚴）憲三九、六三；（大赦）憲四〇、六三，赦免法；（宣戰案）憲六三；（媾和案）憲六三；（條約）憲六三、一四一；（法律案）憲六三、八七。

▲釋三二九、三八七。

第五十九條（預算案之提出）

行政院於會計年度開始三個月前，應將下年度預算案提出於立法院。

＊（預算之編擬）預算一；（預算案之議決）憲五七、五八、六三、七〇。

第六十條（決算之提出）

行政院於會計年度結束後四個月內，應提出決算於監察院。

＊（決算之審核）憲九〇、一〇五，監院組四，決算二三～二九。

第六十一條（行政院組織法之制定）

行政院之組織，以法律定之。

＊（組織法）行政院組織法。

第六章　立　法

第六十二條（最高立法機關）

立法院為國家最高立法機關，由人民選舉之立法委員組織之，代表人民行使立法權。

▲釋二二、三〇、七六、三四二、四一九、四六一。

第六十三條（立法院職權）

立法院有議決法律案、預算案、戒嚴案、大赦案、宣戰案、媾和案、條約案及國家其他重要事項之權。

＊（職權）憲五五～七〇、一〇五、一一一、一七四。

▲釋三二九、三四二、三九一、四一九、四六一、五二〇。

第六十四條（立委選舉）

立法院立法委員，依左列規定選出之：

一　各省、各直轄市選出者，其人口在三百萬以下者五人，其人口超過三百萬者，每滿一百萬人增選一人。

二　蒙古各盟旗選出者。

三　西藏選出者。

四　各民族在邊疆地區選出者。

五　僑居國外之國民選出者。

六　職業團體選出者。

立法委員之選舉及前項第二款至第六款立法委員名額之分配，以法律定之。婦女在第一項各款之名額，以法律定之。

＊（選舉）憲一二九～一三二、一三四、一三五，憲增修四，公職選罷一、二。

▲釋一五〇。

第六十五條（立委任期）

立法委員之任期為三年，連選得連任，其選舉於每屆任滿前三個月內完成之。

▲釋三一、一五〇。

第六十六條（正副院長之選舉）

立法院設院長、副院長各一人，由立法委員互選之。

＊（正副院長之職權）立院組三、四、一三。

第六十七條（委員會之設置）

立法院得設各種委員會。

各種委員會得邀請政府人員及社會上有關係人員到會備詢。

＊（委員會之設置與組織）立院組一〇、一二。

▲釋三二五、四六一、四九八。

第六十八條（常會）

立法院會期，每年兩次，自行集會，第一次自二月至五月底，第二次自九月至十二月底，必要時得延長之。

第六十九條（臨時會）

立法院遇有左列情事之一時，得開臨時會：

一　總統之咨請。

二　立法委員四分之一以上之請求。

＊（臨時會）立院組六。

第七十條（增加支出預算提議之限制）

立法院對於行政院所提預算案，不得為增加支出之提議。

＊（預算案之提出）憲五九，憲增修五㈥。

▲釋二六四、三九一。

第七十一條（關係院首長列席）

立法院開會時，關係院院長及各部會首長得列席陳述意見。

▲釋三、四六一。

第七十二條（公布法律）

立法院法律案通過後，移送總統及行政院，總統應於收到後十日內公布之，但總統得依照本憲法第五十七條之規定辦理。

▲釋三四二。

第七十三條（言論免責權）

立法委員在院內所為之言論及表決，對院外不負責任。

＊（院外不負責任）憲三二、一〇一，憲增修四、七㈦。

▲釋一二二、一六五、三四二、四〇一、四三五。

第七十四條（不逮捕特權）

立法委員，除現行犯外，非經立法院許可，不得逮捕或拘禁。

＊（現行犯）憲八，刑訴八八；（不得逮捕）憲三三、一〇二，憲增修四㈧、七㈦。

▲釋九〇。

第七十五條（立委兼任官吏之禁止）

立法委員不得兼任官吏。

＊（不得兼任官吏）憲一〇三。

▲釋一、四、二二、二四、二五、三〇、四一九。

第七十六條（立法院組織法之制定）

立法院之組織，以法律定之。

*（法律）立法院組織法。

第七章　司　法

第七十七條（司法院之地位及職權）

司法院為國家最高司法機關，掌理民事、刑事、行政訴訟之審判及公務員之懲戒。

*（其他職權）憲七八、一一四、一一五、一一七、一七一、一七三，憲增修五㈣。

▲釋八六、一六二、一七五、二六二、二九八、三八二、三九二、四三六、四六六、五三〇。

第七十八條（司法院之法律解釋權）

司法院解釋憲法，並有統一解釋法律及命令之權。

*（解釋權）憲一一四、一一七、一七一、一七三；（行使解釋權之方法）司法院大法官審理案件法。

▲釋二、一七四、一八五、一八八、三七一、四〇五、四九九、五二七。

第七十九條（正副院長及大法官之任命）

司法院設院長、副院長各一人，由總統提名，經監察院同意任命之。

司法院設大法官若干人，掌理本憲法第七十八條規定事項，由總統提名，經監察院同意任命之。

*（正副院長之職權）憲一一五，司院組八；（大法官之任用資格及任期）憲增修五，司院組四、五。

▲釋三七一、四七〇、四九九。

第八十條（法官依法獨立審判）

法官須超出黨派以外，依據法律獨立審判，不受任何干涉。

*（黨派）憲七、一三九；（法律）憲一七〇；（獨立行使職權）憲八八，審計一〇。

▲釋三八、一三七、一六二、二一六、三七一、四〇七、四三六、五三〇。

第八十一條（法官之保障）

法官為終身職，非受刑事或懲戒處分或禁治產之宣告，不得免職。非依法律，不得停職、轉任或減俸。

*（退休）公退一六；（懲戒處分）公懲九～一七；（禁治產之宣告）民一四、一五。

▲釋一三、一六二、五三〇。

第八十二條（法院組織法之制定）

司法院及各級法院之組織，以法律定之。

*（組織法）司法院組織法，法院組織法，行政法院組織法。

第八章　考　試

第八十三條（考試院之地位及職權）

考試院為國家最高考試機關，掌理考試、任用、銓敘、考績、級俸、陞遷、保障、褒獎、撫卹、退休、養老等事項。

*（掌理事項）憲增修六。

▲釋一五五、二四六、二八〇、三一二。

第八十四條（正副院長及考試委員之任命）

考試院設院長、副院長各一人，考試委員若干人，由總統提名，經監察院同意任命之。

*（正副院長之職權及任期）憲增修六，考院組五、七、八；（考試委員之名額、任用資格、任期及職權）憲增修六，考院組三～五、七。

第八十五條（公務員之考選）

公務人員之選拔，應實行公開競爭之考試制度，並應按省區分別規定名額，分區舉行考試。非經考試及格者，不得任用。

*（公務員之考試）公務人員考試法；（省區考試）憲增修六㈢；（公務員之任用）公務人員任用法。

▲釋一五五、二七八、四〇五、四六四。

第八十六條（應受考銓之資格）

左列資格，應經考試院依法考選銓定之：

一　公務人員任用資格。

二　專門職業及技術人員執業資格。

*（專職及技術人員執業資格之考銓）專門職業及技術人員考試法。

▲釋三五二、三六〇、四五三、四六四。

第八十七條（法律案之提出）

考試院關於所掌事項，得向立法院提出法律案。

第八十八條（依法獨立行使職權）

考試委員須超出黨派以外，依據法律獨立行使職權。

*（獨立行使職權）憲八〇，審計一〇。

第八十九條（考試院組織法之制定）

考試院之組織，以法律定之。

*（組織法）考試院組織法。

第九章　監　察

第九十條（監察院之地位及職權）

監察院為國家最高監察機關，行使同意、彈劾、糾舉及審計權。

*（同意權之範圍）憲七九、八四，憲增修七㈠；（行使監察權之法律）監察法，審計法。

▲釋七六、二三五、二六二。

第九十一條（監委之選舉）

監察院設監察委員，由各省市議會、蒙古西藏地方議會及華僑團體選舉之。其名額分配，依左列之規定：

一　每省五人。

二　每直轄市二人。

三　蒙古各盟旗共八人。

四　西藏八人。

五　僑居國外之國民八人。

*（監察委員之產生）憲增修七㈡。

▲釋一五〇。

第九十二條（正副院長之選舉）

監察院設院長、副院長各一人，由監察委員互選之。

*（正副院長之職權）監院組六、七。

第九十三條（監委任期）

監察委員之任期為六年，連選得連任。

*（任期）憲增修七㈡。

▲釋三一。

第九十四條（同意權之行使）

監察院依本憲法行使同意權時，由出席委員過半數之議決行之。

*（同意權之範圍）憲七九、八四。

第九十五條（調查權之行使）

監察院為行使監察權，得向行政院及其各部會調閱其所發布之命令及各種有關文件。

*（調查）監察二六～三〇。

▲釋三二五。

第九十六條（委員會之設置）

監察院得按行政院及其各部會之工作，分設若干委員會，調查一切設施，注意其是否違法或失職。

*（委員會之設置與組織）監院組三。

▲釋三二五。

第九十七條（糾正權、糾舉權及彈劾權之行使）

監察院經各該委員會之審查及決議，得提出糾正案，移送行政院及其有關部會，促其注意改善。

監察院對於中央及地方公務人員，認為有失職或違法情事，得提出糾舉案或彈劾案，如涉及刑事，應移送法院辦理。

*（糾正）監察二四、二五；（糾舉）監察一九～二三；（彈劾）憲九八～一〇〇，憲增修七㊀，監察五～一八。

▲釋一四、三三、二六二、三二五。

第九十八條（彈劾案之提出）

監察院對於中央及地方公務人員之彈劾案，須經監察委員一人以上之提議，九人以上之審查及決定，始得提出。

*（彈劾案之提出）憲增修七㊂。

▲釋三三。

第九十九條（司法考試人員之彈劾）

監察院對於司法院或考試院人員失職或違法之彈劾，適用本憲法第九十五條、第九十七條及第九十八條之規定。

*（彈劾案）憲增修七㊂。

▲釋二六二。

第一百條（總統、副總統之彈劾）

監察院對於總統、副總統之彈劾案，須有全體監察委員四分之一以上之提議，全體監察委員過半數之審查及決議，向國民大會提出之。

*（彈劾權之行使）憲二七、三〇，憲增修二㊉。

▲釋二六二。

第一百零一條（言論免責權）

監察委員在院內所為之言論及表決，對院外不負責任。

*（院外不負責任）憲三二、七三，憲增修七㊆。

▲釋一二二、一六五。

第一百零二條（不逮捕特權）

監察委員，除現行犯外，非經監察院許可，不得逮捕或拘禁。

*（現行犯）刑訴八八；（不得逮捕）憲三三、七四。

▲釋九〇。

第一百零三條（監委兼職之禁止）

監察委員不得兼任其他公職或執行業務。

*（兼職之限制）憲七五。

▲釋一五、一七、一九、二〇、二二、二四、二五、八一、一二〇、二〇七、四一九。

第一百零四條（審計長之任命）

監察院設審計長，由總統提名，經立法院同意任命之。

▲釋三五七、四一九。

第一百零五條（決算之審核及報告）

審計長應於行政院提出決算後三個月內，依法完成其審核，並提出審核報告於立法院。

▲釋三五七、四一九。

第一百零六條（監察院組織法之制定）

監察院之組織，以法律定之。

*（組織法）監察院組織法。

第十章　中央與地方之權限

第一百零七條（中央立法並執行事項）

左列事項，由中央立法並執行之：

一　外交。
二　國防與國防軍事。
三　國籍法及刑事、民事、商事之法律。
四　司法制度。
五　航空、國道、國有鐵路、航政、郵政及電政。
六　中央財政與國稅。
七　國稅與省稅、縣稅之劃分。
八　國營經濟事業。
九　幣制及國家銀行。
十　度量衡。
十一　國際貿易政策。
十二　涉外之財政經濟事項。
十三　其他依本憲法所定關於中央之事項。

*（外交）憲一四一；（國防）憲一三七～一四〇；（國營事業）憲一四四。

▲釋二三四、二三五、二七七。

第一百零八條（中央立法事項）

左列事項，由中央立法並執行之，或交由省縣執行之：

一　省縣自治通則。
二　行政區劃。
三　森林、工礦及商業。
四　教育制度。
五　銀行及交易所制度。
六　航業及海洋漁業。
七　公用事業。
八　合作事業。
九　二省以上之水陸交通運輸。
十　二省以上之水利、河道及農牧事業。
十一　中央及地方官吏之銓敘、任用、糾察及保障。
十二　土地法。
十三　勞動法及其他社會立法。

十四　公用徵收。
十五　全國戶口調查及統計。
十六　移民及墾殖。
十七　警察制度。
十八　公共衛生。
十九　振濟、撫卹及失業救濟。
二十　有關文化之古籍、古物及古蹟之保存。

前項各款，省於不牴觸國家法律內，得制定單行法規。

*（省縣自治通則）憲增修九㈠。
▲釋二六〇、三〇七、四〇九。

第一百零九條（省立法事項）

左列事項，由省立法並執行之，或交由縣執行之：
一　省教育、衛生、實業及交通。
二　省財產之經營及處分。
三　省市政。
四　省公營事業。
五　省合作事業。
六　省農林、水利、漁牧及工程。
七　省財政及省稅。
八　省債。
九　省銀行。
十　省警政之實施。
十一　省慈善及公益事項。
十二　其他依國家法律賦予之事項。

前項各款，有涉及二省以上者，除法律別有規定外，得由有關各省共同辦理。

各省辦理第一項各款事務，其經費不足時，經立法院議決，由國庫補助之。

*（省縣地方制度）憲增修九㈠。
▲釋二五八、二七七、三〇七。

第一百十條（縣立法並執行事項）

左列事項，由縣立法並執行之：
一　縣教育、衛生、實業及交通。
二　縣財產之經營及處分。
三　縣公營事業。
四　縣合作事業。
五　縣農林、水利、漁牧及工程。
六　縣財政及縣稅。
七　縣債。
八　縣銀行。
九　縣警衛之實施。
十　縣慈善及公益事業。
十一　其他依國家法律及省自治法賦予之事項。

前項各款，有涉及二縣以上者，除法律別有規定外，得由有關各縣共同辦理。

*（縣自治事項）憲增修九㈠，地方一九。
▲釋二七七、三〇七。

第一百十一條（中央與地方權限分配）

除第一百零七條、第一百零八條、第一百零九條及第一百十條列舉事項外，如有未列舉事項發生時，其事務有全國一致之性質者屬於中央，有全省一致之性質者屬於省，有一縣之性質者屬於縣。遇有爭議時，由立法院解決之。

▲釋四一九、四九八。

第十一章　地方制度

第一節　省

第一百十二條（省民代表大會之組織與權限）

省得召集省民代表大會，依據省縣自治通則，制定省自治法，但不得與憲法牴觸。

省民代表大會之組織及選舉，以法律定之。

*（地方制度之規定事項）憲增修九。
▲釋二六〇。

第一百十三條（省自治法與立法權）

省自治法應包含左列各款：
一　省設省議會，省議會議員由省民選舉之。
二　省設省政府，置省長一人，省長由省民選舉之。
三　省與縣之關係。

屬於省之立法權，由省議會行之。

*（地方制度之規定事項）憲增修九。
▲釋二六〇。

第一百十四條（省自治法之司法審查）

省自治法制定後，須即送司法院。司法院如認為有違憲之處，應將違憲條文宣布無效。

*（審查機關）大法官審案三；（地方制度之規定事項）憲增修九。

第一百十五條（自治法施行中障礙之解決）

省自治法施行中，如因其中某條發生重大障礙，經司法院召集有關方面陳述意見後，由行政院院長、立法院院長、司法院院長、考試院院長與監察院院長組織委員會，以司法院院長為主席，提出方案解決之。

*（地方制度之規定事項）憲增修九。

第一百十六條（省法規與國家法律之關係）

省法規與國家法律牴觸者無效。

第一百十七條（省法規牴觸法律之解釋）

省法規與國家法律有無牴觸發生疑義時，由司法院解釋之。

*（解釋機關）大法官審案四。
▲釋四九九。

第一百十八條（直轄市之自治）

直轄市之自治，以法律定之。

*（直轄市自治事項）地方一八。
▲釋二五八、二五九、四九八。

第一百十九條（蒙古盟旗之自治）

蒙古各盟旗地方自治制度，以法律定之。

第一百二十條（西藏自治之保障）

西藏自治制度，應予以保障。

第二節　縣

第一百二十一條（縣自治）
縣實行縣自治。
＊（縣自治事項）憲增修九㈠，地方一九。
▲釋四八一、四九八。

第一百二十二條（縣民代表大會與縣自治法之制定）
縣得召集縣民代表大會，依據省縣自治通則，制定縣自治法，但不得與憲法及省自治法牴觸。
＊（縣自治事項）憲增修九㈠，地方一九。

第一百二十三條（縣民參政權）
縣民關於縣自治事項，依法律行使創制、複決之權，對於縣長及其他縣自治人員，依法律行使選舉、罷免之權。
＊（選舉罷免創制複決）憲一二九～一三六。
▲釋四九八。

第一百二十四條（縣議會組成及職權）
縣設縣議會，縣議會議員由縣民選舉之。
屬於縣之立法權，由縣議會行之。
＊（議員之產生）地方三三。
▲釋三八、四九八。

第一百二十五條（縣規章與法律或省法規之關係）
縣單行規章，與國家法律或省法規牴觸者無效。
＊（解釋機關）地方三〇，大法官審案四。
▲釋三八。

第一百二十六條（縣長之選舉）
縣設縣政府，置縣長一人。縣長由縣民選舉之。
＊（選舉）憲一二九～一三二。
▲釋四九八。

第一百二十七條（縣長之職權）
縣長辦理縣自治，並執行中央及省委辦事項。

第一百二十八條（市自治）
市準用縣之規定。
▲釋二五八、四九八。

第十二章 選舉、罷免、創制、複決

第一百二十九條（選舉之方法）
本憲法所規定之各種選舉，除本憲法別有規定外，以普通、平等、直接及無記名投票之方法行之。
＊（本憲法所規定之選舉）憲二六、二七、六四、九一、一一二、一二四、一二六，憲增修一、二㈠、四；（投票之方法）公職選罷三。

第一百三十條（選舉及被選舉年齡）
中華民國國民年滿二十歲者，有依法選舉之權。除本憲法及法律別有規定者外，年滿二十三歲者，有依法被選舉之權。
＊（年齡之計算）公職選罷四；（候選人之年齡限制）憲四五，公職選罷一四、三一；（被選舉權）憲四五。
▲釋二九〇。

第一百三十一條（競選公開原則）
本憲法所規定各種選舉之候選人，一律公開競選。
＊（競選）公職選罷四五～五六。

第一百三十二條（選舉公正之維護）
選舉應嚴禁威脅利誘。選舉訴訟，由法院審判之。
＊（妨害選舉罷免處罰）刑一四二～一四八，公職選罷八六～一〇〇之一；（選舉訴訟）公職選罷一〇一～一一〇。

第一百三十三條（罷免權）
被選舉人得由原選舉區依法罷免之。
＊（罷免程序）公職選罷六九～八五。
▲釋三三一、四〇一、四九九。

第一百三十四條（婦女名額保障）
各種選舉，應規定婦女當選名額，其辦法以法律定之。
＊（保障名額）憲增修一、四，公職選罷六五㈢。

第一百三十五條（內地生活習慣特殊國代之選舉）
內地生活習慣特殊之國民代表名額及選舉，其辦法以法律定之。
＊（保障名額）憲增修一、四，公職選罷一六。
▲釋四九九。

第一百三十六條（創制、複決權之行使）
創制複決兩權之行使，以法律定之。

第十三章 基本國策

第一節 國防

第一百三十七條（國防目的及組織）
中華民國之國防，以保衛國家安全，維護世界和平為目的。
國防之組織，以法律定之。
＊（國防）憲一〇七。
▲釋五一七。

第一百三十八條（軍隊國家化㈠——軍人超然）
全國陸海空軍，須超出個人、地域及黨派關係以外，效忠國家，愛護人民。

第一百三十九條（軍隊國家化㈡——軍隊不干政）
任何黨派及個人不得以武裝力量為政爭之工具。

第一百四十條（軍人兼任文官之禁止）
現役軍人不得兼任文官。
＊（現役軍人）憲九，軍審二、三。
▲釋二五〇。

第二節 外交

第一百四十一條（外交宗旨）
中華民國之外交，應本獨立自主之精神，平等互惠之原則，敦睦邦交，尊重條約及聯合國憲章，以保護僑民權益，促進國際合作，提倡國際正義，確保世界和平。
＊（外交）憲一〇七；（僑民利益）憲一五一、一六七㈡。
▲釋三二九。

第三節 國民經濟

第一百四十二條（國民經濟基本原則）

國民經濟應以民生主義為基本原則，實施平均地權，節制資本，以謀國計民生之均足。

第一百四十三條（土地政策）

中華民國領土內之土地屬於國民全體。人民依法取得之土地所有權，應受法律之保障與限制。私有土地應照價納稅，政府並得照價收買。

附著於土地之礦及經濟上可供公眾利用之天然力，屬於國家所有，不因人民取得土地所有權而受影響。

土地價值非因施以勞力資本而增加者，應由國家徵收土地增值稅，歸人民共享之。

國家對於土地之分配與整理，應以扶植自耕農及自行使用土地人為原則，並規定其適當經營之面積。

*（土地所有權之保障與限制）土地法，土地稅法，平均地權條例，礦業法。

▲釋一八〇、一九〇、二一五、二八六、三三六、三七九、三八三、四〇九。

第一百四十四條（獨占性企業公營原則）

公用事業及其他有獨占性之企業，以公營為原則，其經法律許可者，得由國民經營之。

*（公營事業）憲一〇七，國營事業管理法，公營事業移轉民營條例。

▲釋二七〇、四二八。

第一百四十五條（私人資本之節制與扶助）

國家對於私人財富及私營事業，認為有妨害國計民生之平衡發展者，應以法律限制之。

合作事業應受國家之獎勵與扶助。

國民生產事業及對外貿易，應受國家之獎勵、指導及保護。

*（合作事業）合作社法。

▲釋二一四、四八八。

第一百四十六條（發展農業）

國家應運用科學技術，以興修水利，增進地力，改善農業環境，規劃土地利用，開發農業資源，促成農業之工業化。

第一百四十七條（地方經濟之平衡發展）

中央為謀省與省間之經濟平衡發展，對於貧瘠之省，應酌予補助。

省為謀縣與縣間之經濟平衡發展，對於貧瘠之縣，應酌予補助。

第一百四十八條（貨暢其流）

中華民國領域內，一切貨物應許自由流通。

▲釋二三四、二七七、四九八。

第一百四十九條（金融機構之管理）

金融機構，應依法受國家之管理。

*（金融機構之管理）銀行法，保險一三六～一七三。

第一百五十條（普設平民金融機構）

國家應普設平民金融機構，以救濟失業。

第一百五十一條（發展僑民經濟事業）

國家對於僑居國外之國民，應扶助並保護其經濟事業之發展。

第四節　社會安全

第一百五十二條（人盡其才）

人民具有工作能力者，國家應予以適當之工作機會。

▲釋二〇六。

第一百五十三條（勞工及農民之保護）

國家為改良勞工及農民之生活，增進其生產技能，應制定保護勞工及農民之法律，實施保護勞工及農民之政策。

婦女兒童從事勞動者，應按其年齡及身體狀態，予以特別之保護。

*（勞工之保護）勞動基準法，工會法，工廠法，勞工保險條例，勞資爭議處理法；（農民之保護）土地法，耕地三七五減租條例。

▲釋一八九、三七三、四二二、四二四、四五六。

第一百五十四條（勞資關係）

勞資雙方應本協調合作原則，發展生產事業。勞資糾紛之調解與仲裁，以法律定之。

*（勞資爭議之處理）勞資爭議處理法。

▲釋一八九。

第一百五十五條（社會保險與救助之實施）

國家為謀社會福利，應實施社會保險制度。人民之老弱殘廢，無力生活，及受非常災害者，國家應予以適當之扶助與救濟。

*（社會保險）公教人員保險法，勞工保險條例；（社會救濟）社會救助法；（老弱）兒童及少年福利與權益保障法，老人福利法。

▲釋四七二。

第一百五十六條（婦幼福利政策之實施）

國家為奠定民族生存發展之基礎，應保護母性，並實施婦女兒童福利政策。

*（兒童福利）兒童及少年福利與權益保障法。

第一百五十七條（衛生保健事業之推行）

國家為增進民族健康，應普遍推行衛生保健事業及公醫制度。

▲釋四七二。

第五節　教育文化

第一百五十八條（教育文化之目標）

教育文化，應發展國民之民族精神、自治精神、國民道德、健全體格、科學及生活智能。

第一百五十九條（教育機會平等原則）

國民受教育之機會，一律平等。

第一百六十條（基本教育與補習教育）

六歲至十二歲之學齡兒童，一律受基本教育，免納學費。其貧苦者，由政府供給書籍。

已逾學齡未受基本教育之國民，一律受補習教育，免納學費，其書籍亦由政府供給。

*（基本教育）憲二一，國民教育法；（補習教育）補習及進修教育法。

第一百六十一條（獎學金之設置）
各級政府應廣設獎學金名額，以扶助學行俱優無力升學之學生。

第一百六十二條（教育文化機關之監督）
全國公私立之教育文化機關，依法律受國家之監督。
＊（私立學校之監督）私立學校法；（廣播電視之監督）廣播電視法。
▲釋三八〇。

第一百六十三條（教育文化事業之推動）
國家應注重各地區教育之均衡發展，並推行社會教育，以提高一般國民之文化水準，邊遠及貧瘠地區之教育文化經費，由國庫補助之，其重要之教育文化事業，得由中央辦理或補助之。

第一百六十四條（教育科學文化經費之比例與專款之保障）
教育、科學、文化之經費，在中央不得少於其預算總額百分之十五，在省不得少於其預算總額百分之二十五，在市縣不得少於其預算總額百分之三十五，其依法設置之教育文化基金及產業，應予以保障。
＊（預算保障）憲增修一〇⑩。
▲釋七七、二三一、二五八、四六三。

第一百六十五條（教育科學藝術工作者之保障）
國家應保障教育、科學、藝術工作者之生活，並依國民經濟之進展，隨時提高其待遇。

第一百六十六條（科學發明與創造之保障、古蹟古物之保護）
國家應獎勵科學之發明與創造，並保護有關歷史文化藝術之古蹟、古物。
＊（古蹟古物之保護）文化資產保存法。

第一百六十七條（教育文化事業之獎助）
國家對於左列事業或個人，予以獎勵或補助：
一　國內私人經營之教育事業成績優良者。
二　僑居國外國民之教育事業成績優良者。
三　於學術或技術有發明者。
四　從事教育久於其職而成績優良者。

第六節　邊疆地區

第一百六十八條（邊疆民族地位之保障）
國家對於邊疆地區各民族之地位，應予以合法之保障，並於其地方自治事業，特別予以扶植。

第一百六十九條（邊疆事業之扶助）
國家對於邊疆地區各民族之教育、文化、交通、水利、衛生及其他經濟、社會事業，應積極舉辦，並扶助其發展，對於土地使用，應依其氣候、土壤性質，及人民生活習慣之所宜，予以保障及發展。

第十四章　憲法之施行及修改

第一百七十條（法律之定義）
本憲法所稱之法律，謂經立法院通過，總統公布之法律。
＊（法律）中標二、五、六，憲一〇九、一一〇。
▲釋三四二。

第一百七十一條（法律之位階性㈠）
法律與憲法牴觸者無效。
法律與憲法有無牴觸發生疑義時，由司法院解釋之。
＊（解釋機關）憲七八；（解釋憲法之程序）大法官審案四、六、九～一三、一七。
▲釋一九三、三七一、四〇五。

第一百七十二條（法律之位階性㈡）
命令與憲法或法律牴觸者無效。
＊（命令）中標三、七、一一。
▲釋九、一四八、一五三、一五六、一六九、一九三、二三九、二四一、二六八、三七五、四〇六、四六四。

第一百七十三條（憲法之解釋）
憲法之解釋，由司法院為之。
＊（解釋機關）憲七八；（解釋憲法之程序）憲一七一，大法官審案四、六、九～一三、一七。
▲釋一八三、三七一、四九九。

第一百七十四條（修憲程序）
憲法之修改，應依左列程序之一為之：
一　由國民大會代表總額五分之一之提議，三分之二之出席，及出席代表四分之三之決議，得修改之。
二　由立法院立法委員四分之一之提議，四分之三之出席，及出席委員四分之三之決議，擬定憲法修正案，提請國民大會複決。此項憲法修正案，應於國民大會開會前半年公告之。
＊（國民大會開會）憲二九。
▲釋八五、三一四、三八一、四一九、四七五、四九九。

第一百七十五條（憲法實施程序與準備程序之訂定）
本憲法規定事項，有另定實施程序之必要者，以法律定之。
本憲法施行之準備程序，由制定憲法之國民大會議定之。

中華民國憲法增修條文

民國八十年五月一日總統令公布
八十一年五月二十八日總統令修正公布
八十三年八月一日總統令修正公布
八十六年七月二十一日總統令修正公布
八十八年九月十五日總統令修正公布
八十九年四月二十五日總統令修正公布
九十四年六月十日總統令修正公布第一、二、四、五、八條；並增訂第十二條條文

為因應國家統一前之需要，依照憲法第二十七條第一項第三款及第一百七十四條第一款之規定，增修本憲法條文如左：

第一條（修憲、領土變更案之複決）

中華民國自由地區選舉人於立法院提出憲法修正案、領土變更案，經公告半年，應於三個月內投票複決，不適用憲法第四條、第一百七十四條之規定。

憲法第二十五條至第三十四條及第一百三十五條之規定，停止適用。

第二條（總統、副總統之選舉、罷免及彈劾）

總統、副總統由中華民國自由地區全體人民直接選舉之，自中華民國八十五年第九任總統、副總統選舉實施。總統、副總統候選人應聯名登記，在選票上同列一組圈選，以得票最多之一組為當選。在國外之中華民國自由地區人民返國行使選舉權，以法律定之。

總統發布行政院院長與依憲法經立法院同意任命人員之任免命令及解散立法院之命令，無須行政院院長之副署，不適用憲法第三十七條之規定。

總統為避免國家或人民遭遇緊急危難或應付財政經濟上重大變故，得經行政院會議之決議發布緊急命令，為必要之處置，不受憲法第四十三條之限制。但須於發布命令後十日內提交立法院追認，如立法院不同意時，該緊急命令立即失效。

總統為決定國家安全有關大政方針，得設國家安全會議及所屬國家安全局，其組織以法律定之。

總統於立法院通過對行政院院長之不信任案後十日內，經諮詢立法院院長後，得宣告解散立法院。但總統於戒嚴或緊急命令生效期間，不得解散立法院。立法院解散後，應於六十日內舉行立法委員選舉，並於選舉結果確認後十日內自行集會，其任期重新起算。

總統、副總統之任期為四年，連選得連任一次，不適用憲法第四十七條之規定。

副總統缺位時，總統應於三個月內提名候選人，由立法院補選，繼任至原任期屆滿為止。

總統、副總統均缺位時，由行政院院長代行其職權，並依本條第一項規定補選總統、副總統，繼任至原任期屆滿為止，不適用憲法第四十九條之有關規定。

總統、副總統之罷免案，須經全體立法委員四分之一之提議，全體立法委員三分之二之同意後提出，並經中華民國自由地區選舉人總額過半數之投票，有效票過半數同意罷免時，即為通過。

立法院提出總統、副總統彈劾案，聲請司法院大法官審理，經憲法法庭判決成立時，被彈劾人應即解職。

▲釋四一九。

第三條（行政院院長之任命、代理、行政院對立法院負責）

行政院院長由總統任命之。行政院院長辭職或出缺時，在總統未任命行政院院長前，由行政院副院長暫行代理。憲法第五十五條之規定，停止適用。

行政院依左列規定，對立法院負責，憲法第五十七條之規定，停止適用：

一　行政院有向立法院提出施政方針及施政報告之責。立法委員在開會時，有向行政院院長及行政院各部會首長質詢之權。

二　行政院對於立法院決議之法律案、預算案、條約案，如認為有窒礙難行時，得經總統之核可，於該決議案送達行政院十日內，移請立法院覆議。立法院對於行政院移請覆議案，應於送達十五日內作成決議。如為休會期間，立法院應於七日內自行集會，並於開議十五日內作成決議。覆議案逾期未議決者，原決議失效。覆議時，如經全體立法委員二分之一以上決議維持原案，行政院院長應即接受該決議。

三　立法院得經全體立法委員三分之一以上連署，對行政院院長提出不信任案。不信任案提出七十二小時後，應於四十八小時內以記名投票表決之。如經全體立法委員二分之一以上贊成，行政院院長應於十日內提出辭職，並得同時呈請總統解散立法院；不信任案如未獲通過，一年內不得對同一行政院院長再提不信任案。

國家機關之職權、設立程序及總員額，得以法律為準則性之規定。

各機關之組織、編制及員額，應依前項法律，基於政策或業務需要決定之。

▲釋四六一、五二〇。

第四條（立法委員之人數及分配）

立法院立法委員自第七屆起一百一十三人，任期四年，連選得連任，於每屆任滿前三個月內，依左列規定選出之，不受憲法第六十四條及第六十五條之限制：

一　自由地區直轄市、縣市七十三人。每縣市至少一人。

二　自由地區平地原住民及山地原住民各三人。

三　全國不分區及僑居國外國民共三十四人。

前項第一款依各直轄市、縣市人口比例分配，並按應選名額劃分同額選舉區選出之。第三款依政黨名單

投票選舉之，由獲得百分之五以上政黨選舉票之政黨依得票比率選出之，各政黨當選名單中，婦女不得低於二分之一。

立法院於每年集會時，得聽取總統國情報告。

立法院經總統解散後，在新選出之立法委員就職前，視同休會。

中華民國領土，依其固有疆域，非經全體立法委員四分之一之提議，全體立法委員四分之三之出席，及出席委員四分之三之決議，提出領土變更案，並於公告半年後，經中華民國自由地區選舉人投票複決，有效同意票過選舉人總額之半數，不得變更之。

總統於立法院解散後發布緊急命令，立法院應於三日內自行集會，並於開議七日內追認之。但於新任立法委員選舉投票日後發布者，應由新任立法委員於就職後追認之。如立法院不同意時，該緊急命令立即失效。

立法院對於總統、副總統之彈劾案，須經全體立法委員二分之一以上之提議，全體立法委員三分之二以上之決議，聲請司法院大法官審理，不適用憲法第九十條、第一百條及增修條文第七條第一項有關規定。

立法委員除現行犯外，在會期中，非經立法院許可，不得逮捕或拘禁。憲法第七十四條之規定，停止適用。

▲釋四〇五、四七〇、四九九。

第五條 （司法院院長副院長大法官之提名任命、任期憲法法庭之組成違憲之定義及概算之不得刪減）

司法院設大法官十五人，並以其中一人為院長、一人為副院長，由總統提名，經立法院同意任命之，自中華民國九十二年起實施，不適用憲法第七十九條之規定。司法院大法官除法官轉任者外，不適用憲法第八十一條及有關法官終身職待遇之規定。

司法院大法官任期八年，不分屆次，個別計算，並不得連任。但並為院長、副院長之大法官，不受任期之保障。

中華民國九十二年總統提名之大法官，其中八位大法官，含院長、副院長，任期四年，其餘大法官任期為八年，不適用前項任期之規定。

司法院大法官，除依憲法第七十八條之規定外，並組成憲法法庭審理總統、副總統之彈劾及政黨違憲之解散事項。

政黨之目的或其行為，危害中華民國之存在或自由民主之憲政秩序者為違憲。

司法院所提出之年度司法概算，行政院不得刪減，但得加註意見，編入中央政府總預算案，送立法院審議。

▲釋四二一、四七〇、五二七。

第六條 （考試院之職權、院長、副院長、考試委員之提名及任命）

考試院為國家最高考試機關，掌理左列事項，不適用憲法第八十三條之規定：

一　考試。

二　公務人員之銓敘、保障、撫卹、退休。

三　公務人員任免、考績、級俸、陞遷、褒獎之法制事項。

考試院設院長、副院長各一人，考試委員若干人，由總統提名，經立法院同意任命之，不適用憲法第八十四條之規定。

憲法第八十五條有關按省區分別規定名額，分區舉行考試之規定，停止適用。

▲釋四一九。

第七條 （監察院之職權、院長、副院長、監察委員之產生及彈劾權之行使）

監察院為國家最高監察機關，行使彈劾、糾舉及審計權，不適用憲法第九十條及第九十四條有關同意權之規定。

監察院設監察委員二十九人，並以其中一人為院長、一人為副院長，任期六年，由總統提名，經立法院同意任命之。憲法第九十一條至第九十三條之規定停止適用。

監察院對於中央、地方公務人員及司法院、考試院人員之彈劾案，須經監察委員二人以上之提議，九人以上之審查及決定，始得提出，不受憲法第九十八條之限制。

監察院對於監察院人員失職或違法之彈劾，適用憲法第九十五條、第九十七條第二項及前項之規定。

監察委員須超出黨派以外，依據法律獨立行使職權。

憲法第一百零一條及第一百零二條之規定，停止適用。

▲釋三二五、四一九。

第八條 （立法委員報酬、待遇之訂定）

立法委員之報酬或待遇，應以法律定之。除年度通案調整者外，單獨增加報酬或待遇之規定，應自次屆起實施。

▲釋二八二、二九九。

第九條 （省縣地方制度之訂定）

省、縣地方制度，應包括左列各款，以法律定之，不受憲法第一百零八條第一項第一款、第一百零九條、第一百十二條至第一百十五條及第一百二十二條之限制：

一　省設省政府，置委員九人，其中一人為主席，均由行政院院長提請總統任命之。

二　省設省諮議會，置省諮議會議員若干人，由行政院院長提請總統任命之。

三　縣設縣議會，縣議會議員由縣民選舉之。

四　屬於縣之立法權，由縣議會行之。

五　縣設縣政府，置縣長一人，由縣民選舉之。

六　中央與省縣之關係。

七　省承行政院之命，監督縣自治事項。

臺灣省政府之功能、業務與組織之調整，得以法律為特別之規定。

▲釋四二六、四六七、四八一、四八八、四九九。

第十條（經濟發展中小企業之扶助金融機構企業化經營婦女之保障全民健保身心障礙者之保障原住民之保障等）

國家應獎勵科學技術發展及投資，促進產業升級，推動農漁業現代化，重視水資源之開發利用，加強國際經濟合作。

經濟及科學技術發展，應與環境及生態保護兼籌並顧。

國家對於人民興辦之中小型經濟事業，應扶助並保護其生存與發展。

國家對於公營金融機構之管理，應本企業化經營之原則；其管理、人事、預算、決算及審計，得以法律為特別之規定。

國家應推行全民健康保險，並促進現代和傳統醫藥之研究發展。

國家應維護婦女之人格尊嚴，保障婦女之人身安全，消除性別歧視，促進兩性地位之實質平等。

國家對於身心障礙者之保險與就醫、無障礙環境之建構、教育訓練與就業輔導及生活維護與救助，應予保障，並扶助其自立與發展。

國家應重視社會救助、福利服務、國民就業、社會保險及醫療保健等社會福利工作，對於社會救助和國民就業等救濟性支出應優先編列。

國家應尊重軍人對社會之貢獻，並對其退役後之就學、就業、就醫、就養予以保障。

教育、科學、文化之經費，尤其國民教育之經費應優先編列，不受憲法第一百六十四條規定之限制。

國家肯定多元文化，並積極維護發展原住民族語言及文化。

國家應依民族意願，保障原住民族之地位及政治參與，並對其教育文化、交通水利、衛生醫療、經濟土地及社會福利事業予以保障扶助並促其發展，其辦法另以法律定之。對於澎湖、金門及馬祖地區人民亦同。

國家對於僑居國外國民之政治參與，應予保障。

▲釋三六五、四五二、四五七、四六三、四七二、四八五、四九七、四九九。

第十一條（兩岸人民關係法之訂定）

自由地區與大陸地區間人民權利義務關係及其他事務之處理，得以法律為特別之規定。

▲釋四五七、四七五。

第十二條（憲法修改之程序）

憲法之修改，須經立法院立法委員四分之一之提議，四分之三之出席，及出席委員四分之三之決議，提出憲法修正案，並於公告半年後，經中華民國自由地區選舉人投票複決，有效同意票過選舉人總額之半數，即通過之，不適用憲法第一百七十四條之規定。

中央法規標準法

民國五十九年八月三十一日總統令公布
九十三年五月十九日總統令修正公布第八條條文

第一章 總則

第一條（法律之適用）

中央法規之制定、施行、適用、修正及廢止，除憲法規定外，依本法之規定。

第二條（法律之名稱）

法律得定名為法、律、條例或通則。

＊（法律）憲一七〇。

▲釋二二二。

第三條（命令之名稱）

各機關發布之命令，得依其性質，稱規程、規則、細則、辦法、綱要、標準或準則。

▲釋五三〇。

第二章 法規之制定

第四條（法律之制定）

法律應經立法院通過，總統公布。

＊（立法院通過）憲六三；（公布）憲三七、七二。

第五條（應以法律規定之事項）

左列事項應以法律定之：

一 憲法或法律有明文規定，應以法律定之者。
二 關於人民之權利、義務者。
三 關於國家各機關之組織者。
四 其他重要事項之應以法律定之者。

＊（應以法律規定之事項）憲八㈠、一九、二〇、二三、二四、二六、三四、三七、三九～四三、四六、六一、六四㈢、七六、八一、八二、八六、八九、一〇六～一〇八、一一

八、一一九、一二三、一三〇、一三三～一三七、一四三～一四五、一五三、一五四、一六二。
▲釋二二二、二二三、三九〇、四七四、五〇四。

第六條（禁止以命令規定之事項）
應以法律規定之事項，不得以命令定之。

第七條（命令之發布）
各機關依其法定職權或基於法律授權訂定之命令，應視其性質分別下達或發布，並即送立法院。

第八條（條文之書寫方式）
法規條文應分條書寫，冠以「第某條」字樣，並得分為項、款、目。項不冠數字，空二字書寫，款冠以一、二、三等數字，目冠以㈠、㈡、㈢等數字，並應加具標點符號。
前項所定之目再細分者，冠以1、2、3等數字，並稱為第某目之1、2、3。

第九條（法規章節之劃分）
法規內容繁複或條文較多者，得劃分為第某編、第某章、第某節、第某款、第某目。

第十條（修正之方式）
修正法規廢止少數條文時，得保留所廢條文之條次，並於其下加括弧，註明「刪除」二字。
修正法規增加少數條文時，得將增加之條文，列在適當條文之後，冠以前條「之一」、「之二」等條次。
廢止或增加編、章、節、款、目時，準用前二項之規定。

第十一條（法之位階）
法律不得牴觸憲法，命令不得牴觸憲法或法律，下級機關訂定之命令不得牴觸上級機關之命令。
＊（法之位階）憲一七一、一七二。
▲釋一六九、五〇一。

第三章 法規之施行

第十二條（施行日期之規定）
法規應規定施行日期，或授權以命令規定施行日期。

第十三條（生效日期㈠）
法規明定自公布或發布日施行者，自公布或發布之日起算至第三日起發生效力。
▲釋一六一。

第十四條（生效日期㈡）
法規特定有施行日期，或以命令特定施行日期者，自該特定日起發生效力。
▲釋三四二。

第十五條（施行區域）
法規定有施行區域或授權以命令規定施行區域者，於該特定區域內發生效力。
▲釋二三九。

第四章 法規之適用

第十六條（特別法優於普通法）
法規對其他法規所規定之同一事項而為特別之規定者，應優先適用之。其他法規修正後，仍應優先適用。

第十七條（法規修正後之適用或準用）
法規對某一事項規定適用或準用其他法規之規定者，其他法規修正後，適用或準用修正後之法規。

第十八條（從新從優原則）
各機關受理人民聲請許可案件適用法規時，除依其性質應適用行為時之法規外，如在處理程序終結前，據以准許之法規有變更者，適用新法規。但舊法規有利於當事人而新法規未廢除或禁止所聲請之事項者，適用舊法規。
▲中央法規標準法第十八條所稱：「處理程序」，係指主管機關處理人民聲請許可案件之程序而言，並不包括行政救濟之程序在內。故主管機關受理人民聲請許可案件，其處理程序終結後，在行政救濟程序進行中法規有變更者，仍應適用實體從舊程序從新之原則處理。（行七二判一六五一）

第十九條（法規適用之停止或恢復）
法規因國家遭遇非常事故，一時不能適用者，得暫停適用其一部或全部。
法規停止或恢復適用之程序，準用本法有關法規廢止或制定之規定。

第五章 法規之修正與廢止

第二十條（修正之情形及程序）
法規有左列情形之一者，修正之：
一 基於政策或事實之需要，有增減內容之必要者。
二 因有關法規之修正或廢止而應配合修正者。
三 規定之主管機關或執行機關已裁併或變更者。
四 同一事項規定於二以上之法規，無分別存在之必要者。
法規修正之程序，準用本法有關法規制定之規定。

第二十一條（廢止之情形）
法規有左列情形之一者，廢止之：
一 機關裁併，有關法規無保留之必要者。
二 法規規定之事項已執行完畢，或因情勢變遷，無繼續施行之必要者。
三 法規因有關法規之廢止或修正致失其依據，而無單獨施行之必要者。
四 同一事項已定有新法規，並公布或發布施行者。

第二十二條（廢止程序及失效日期）
法律之廢止，應經立法院通過，總統公布。
命令之廢止，由原發布機關為之。
依前二項程序廢止之法規，得僅公布或發布其名稱及施行日期；並自公布或發布之日起算至第三日起失效。

第二十三條（當然廢止）

法規定有施行期限者，期滿當然廢止，不適用前條之規定。但應由主管機關公告之。

第二十四條（延長施行之程序）

法律定有施行期限，主管機關認為需要延長者，應於期限屆滿一個月前送立法院審議。但其期限在立法院休會期內屆滿者，應於立法院休會一個月前送立法院。

命令定有施行期限，主管機關認為需要延長者，應於期限屆滿一個月前，由原發布機關發布之。

第二十五條（機關裁併後命令之廢止或延長）

命令之原發布機關或主管機關已裁併者，其廢止或延長，由承受其業務之機關或其上級機關為之。

第六章　附　　則

第二十六條（施行日期）

本法自公布日施行。

國家賠償法

民國六十九年七月二日總統令公布
一百零八年十二月十八日總統令修正公布第三、八、九、一七條條文

第一條（制定依據）

本法依中華民國憲法第二十四條制定之。

第二條（國家賠償責任㈠）

本法所稱公務員者，謂依法令從事於公務之人員。

公務員於執行職務行使公權力時，因故意或過失不法侵害人民自由或權利者，國家應負損害賠償責任。公務員怠於執行職務，致人民自由或權利遭受損害者亦同。

前項情形，公務員有故意或重大過失時，賠償義務機關對之有求償權。

＊（公務員）刑一〇㈡，公服二四，公任二；（執行職務）民一八八㈠；（故意過失）刑一三、一四；（不法）民七一、七二、一八四；（求償權）憲二四，民二二〇～二二四。

▲釋二二八、四六九。

▲國家賠償法第二條第二項後段所謂公務員怠於執行職務，係指公務員對於被害人有應執行之職務而怠於執行者而言。換言之，被害人對於公務員為特定職務行為，有公法上請求權存在，經請求其執行而怠於執行，致自由或權利遭受損害者，始得依上開規定，請求國家負損害賠償責任。若公務員對於職務之執行，雖可使一般人民享有反射利益，人民對於公務員仍不得請求為該職務之行為者，縱公務員怠於執行該職務，人民尚無公法上請求權可資行使，以資保護其利益，自不得依上開規定請求國家賠償損害。（七二臺上七〇四）（註：釋字第四六九號解釋）

第三條（國家賠償責任㈡）

公共設施因設置或管理有欠缺，致人民生命、身體、人身自由或財產受損害者，國家應負損害賠償責任。

前項設施委託民間團體或個人管理時，因管理欠缺致人民生命、身體、人身自由或財產受損害者，國家應負損害賠償責任。

前二項情形，於開放之山域、水域等自然公物，經管理機關、受委託管理之民間團體或個人已就使用該公物為適當之警告或標示，而人民仍從事冒險或具危險性活動，國家不負損害賠償責任。

第一項及第二項情形，於開放之山域、水域等自然公物內之設施，經管理機關、受委託管理之民間團體或個人已就使用該設施為適當之警告或標示，而人民仍從事冒險或具危險性活動，得減輕或免除國家應負之損害賠償責任。

第一項、第二項及前項情形，就損害原因有應負責任之人時，賠償義務機關對之有求償權。

＊（公共設施）國有財產四；（設置管理欠缺）民一九一㈠；（求償權）民一九一㈡。

▲釋四六九。

▲上訴人（臺南市政府）管理之路段既留有坑洞未能及時修補，又未設置警告標誌，足以影響行車之安全，已不具備通常應有之狀態及功能，即係公共設施管理之欠缺，被上訴人因此受有身體或財產之損害，自得依國家賠償法第三條第一項及第九條第二項規定請求上訴人負賠償責任，至損害之原因，縱係由於某公司挖掘路面所致，倘認該公司應負責任，依同法第三條第二項之規定，上訴人對之有求償權，並不因而可免除上訴人對被上訴人之賠償義務。（七三臺上三九三八）

▲國家賠償法第三條所定之國家賠償責任，係採無過失主義，即以該公共設施之設置或管理有欠缺，並因此欠缺致人民受有損害為其構成要件，非以管理或設置機關有過失為必要。（八五臺上二二七六）

▲凡供公共使用或供公務使用之設施，事實上處於國家或地方自治團體管理狀態者，均有國家賠償法第三條之適用，並不以國家或地方自治團體所有為限，以符合國家賠償法之立法本旨。（九四臺上二三二七）

第四條（視同公務員）

受委託行使公權力之團體，其執行職務之人於行使公權力時，視同委託機關之公務員。受委託行使公權力之個人，於執行職務行使公權力時亦同。

前項執行職務之人有故意或重大過失時，賠償義務

機關對受委託之團體或個人有求償權。

*（受託行使公權團體）勞檢三。

第五條（補充法）

國家損害賠償，除依本法規定外，適用民法規定。

第六條（特別法）

國家損害賠償，本法及民法以外其他法律有特別規定者，適用其他法律。

*（特別規定）土地六八、七一，警械一〇，刑補一，核損二六。

第七條（賠償方法）

國家負損害賠償責任者，應以金錢為之。但以回復原狀為適當者，得依請求，回復損害發生前原狀。

前項賠償所需經費，應由各級政府編列預算支應之。

*（金錢賠償、回復原狀）民二一三～二一五。

第八條（求償權之消滅時效）

賠償請求權，自請求權人知有損害時起，因二年間不行使而消滅；自損害發生時起，逾五年者亦同。

第二條第三項、第三條第五項及第四條第二項之求償權，自支付賠償金或回復原狀之日起，因二年間不行使而消滅。

第九條（賠償義務機關）

依第二條第二項請求損害賠償者，以該公務員所屬機關為賠償義務機關。

依第三條第一項請求損害賠償者，以該公共設施之設置或管理機關為賠償義務機關；依第三條第二項請求損害賠償者，以委託機關為賠償義務機關。

前二項賠償義務機關經裁撤或改組者，以承受其業務之機關為賠償義務機關。無承受其業務之機關者，以其上級機關為賠償義務機關。

不能依前三項確定賠償義務機關，或於賠償義務機關有爭議時，得請求其上級機關確定之。其上級機關自被請求之日起逾二十日不為確定者，得逕以該上級機關為賠償義務機關。

*（公共設施）國賠三，國產四；（設置管理）民一九一㈠。

▲（七三臺上三九三八）參見本法第三條。

第十條（書面請求及協議書）

依本法請求損害賠償時，應先以書面向賠償義務機關請求之。

賠償義務機關對於前項請求，應即與請求權人協議。協議成立時，應作成協議書，該項協議書得為執行名義。

*（執行名義）強執四㈥。

第十一條（訴訟）

賠償義務機關拒絕賠償，或自提出請求之日起逾三十日不開始協議，或自開始協議之日起逾六十日協議不成立時，請求權人得提起損害賠償之訴。但已依行政訴訟法規定，附帶請求損害賠償者，就同一原因事實，不得更行起訴。

依本法請求損害賠償時，法院得依聲請為假處分，命賠償義務機關暫先支付醫療費或喪葬費。

*（行政訴訟）行訴七；（假處分）民訴五三二；（喪葬費）民一九二㈠；（不得更行起訴）民訴二五三。

第十二條（訴訟之補充法）

損害賠償之訴，除依本法規定外，適用民事訴訟法之規定。

第十三條（有審判職務公務員侵害人民權利）

有審判或追訴職務之公務員，因執行職務侵害人民自由或權利，就其參與審判或追訴案件犯職務上之罪，經判決有罪確定者，適用本法規定。

*（有審判、追訴職務之公務員）刑一二四、一二五。

▲釋二二八。

第十四條（公法人之準用）

本法於其他公法人準用之。

▲釋四六七。

第十五條（外國人之適用）

本法於外國人為被害人時，以依條約或其本國法令或慣例，中華民國人得在該國與該國人享受同等權利者為限，適用之。

*（外國人）國籍二～六。

第十六條（施行細則之訂定）

本法施行細則，由行政院定之。

*（細則）中標三、七、一一。

第十七條（施行日期）

本法自中華民國七十年七月一日施行。

本法修正條文自公布日施行。

*（施行）中標一二、一七。

國家賠償法施行細則

民國七十年六月十日行政院令發布
八十五年十二月十一日行政院令修正發布
八十八年九月二十九日行政院令修正發布
一百零七年八月二十日行政院令修正發布
一百零九年六月八日行政院令修正發布第一六、二四、二八、四一條條文

第一章　總則

第一條（訂定依據）
本細則依國家賠償法（以下簡稱本法）第十六條之規定訂定之。

第二條（不溯既往之原則）
依本法第二條第二項、第三條第一項之規定，請求國家賠償者，以公務員之不法行為、公有公共設施設置或管理之欠缺及其所生損害均在本法施行後者為限。

第三條（確定機關）
依本法第九條第四項請求確定賠償義務機關時，如其上級機關不能確定，應由其再上級機關確定之。

第三條之一（知有損害）
本法第八條第一項所稱知有損害，須知有損害事實及國家賠償責任之原因事實。

第二章　預算之編列與支付

第四條（預算之編列）
本法第七條第二項之經費預算，由各級政府依預算法令之規定編列之。

第五條（賠償請求時期）
請求權人於收到協議書、訴訟上和解筆錄或確定判決後，得即向賠償義務機關請求賠償。
賠償義務機關收到前項請求後，應於三十日內支付賠償金或開始回復原狀。
前項賠償金之支付或為回復原狀所必需之費用，由編列預算之各級政府撥付者，應即撥付。

第六條（收據及證明文件）
請求權人領取賠償金或受領原狀之回復時，應填具收據或證明原狀已回復之文件。

第三章　協議

第一節　代理人

第七條（代理人之委任）
請求權人得委任他人為代理人，與賠償義務機關進行協議。
同一損害賠償事件有多數請求權人者，得委任其中一人或數人為代理人，與賠償義務機關進行協議。
前二項代理人應於最初為協議行為時，提出委任書。

第八條（代理權）
委任代理人就其受委任之事件，有為一切協議行為之權，但拋棄損害賠償請求權、撤回損害賠償之請求、領取損害賠償金、受領原狀之回復或選任代理人，非受特別委任，不得為之。
對於前項之代理權加以限制者，應於前條之委任書內記明。

第九條（多數代理人權限）
委任代理人有二人以上者，均得單獨代理請求權人。
違反前項之規定而為委任者，對於賠償義務機關不生效力。

第十條（代理人陳述之效力）
委任代理人事實上之陳述，經到場之請求權人即時撤銷或更正者，失其效力。

第十一條（代理權之繼續）
委任代理權不因請求權人死亡、破產、喪失行為能力、或法定代理權變更而消滅。

第十二條（解除代理）
委任代理之解除，非由委任人到場陳述或以書面通知賠償義務機關不生效力。

第十三條（法定代理）
協議由法定代理人進行時，該法定代理人應於最初為協議行為時，提出法定代理權之證明。
前項法定代理，依民法及其他法令之規定。

第十四條（代理權之補正）
賠償義務機關如認為代理權有欠缺而可以補正者，應定七日以上之期間通知其補正，但得許其暫為協議行為，逾期不補正者，其協議不生效力。

第二節　協議之進行

第十五條（參加協議）
同一賠償事件，數機關均應負損害賠償責任時，被請求之賠償義務機關，應以書面通知未被請求之賠償義務機關參加協議。
未被請求之賠償義務機關未參加協議者，被請求之賠償義務機關應將協議結果通知之，以為處理之依據。

第十六條（書面通知應負責之人到場陳述意見）
賠償義務機關應以書面通知為侵害行為之所屬公務員或受委託行使公權力之團體、個人或公共設施因設置或管理有欠缺，致人民生命、身體、人身自由或財產受損害，而就損害原因有應負責之人，於協議期日到場陳述意見。

第十七條（請求書）
損害賠償之請求，應以書面載明左列各款事項，由請

求權人或代理人簽名或蓋章，提出於賠償義務機關：

一　請求權人之姓名、性別、出生年月日、出生地、身分證統一編號、職業、住所或居所。請求權人為法人或其他團體者，其名稱、主事務所或主營業所及代表人之姓名、性別、住所或居所。

二　有代理人者，其姓名、性別、出生年月日、出生地、身分證統一編號、職業、住所或居所。

三　請求賠償之事實理由及證據。

四　請求損害賠償之金額或回復原狀之內容。

五　賠償義務機關。

六　年、月、日。

損害賠償之請求，不合前項所定程式者，賠償義務機關應即通知請求權人或其代理人於相當期間內補正。

第十八條（連帶賠償）

數機關均應負損害賠償責任時，請求權人得對賠償義務機關中之一機關，或數機關，或其全體，同時或先後，請求全部或一部之損害賠償。

前項情形，請求權人如同時或先後向賠償義務機關請求全部或一部之賠償時，應載明其已向其他賠償義務機關請求賠償之金額或申請回復原狀之內容。

第十九條（賠償之拒絕）

被請求賠償損害之機關，認非賠償義務機關或無賠償義務者，得不經協議，於收到請求權人之請求起三十日內，以書面敘明理由拒絕之，並通知有關機關。

第二十條（蒐集證據）

賠償義務機關於協議前，應就與協議有關之事項，蒐集證據。

第二十一條（協議通知之送達）

賠償義務機關為第一次協議之通知，至遲應於協議期日五日前，送達於請求權人。

前項通知所載第一次之協議期日為開始協議之日。

第二十二條（意見之提供）

賠償義務機關於協議時，得按事件之性質，洽請具有專門知識經驗之人陳述意見，並支給旅費及出席費。

請求賠償之金額或回復原狀之費用，在同一事件達一定之金額時，該管地方檢察署應賠償義務機關之請，得指派檢察官提供法律上之意見。

前項一定之金額，由法務部擬訂，報請行政院核定之。

第二十三條（協議紀錄）

賠償義務機關應指派所屬職員，記載協議紀錄。

協議紀錄應記載左列各款事項：

一　協議之處所及年、月、日。

二　到場之請求權人或代理人、賠償義務機關之代表人或其指定代理人、第十五條、第十六條及第二十二條所定之人員。

三　協議事件之案號、案由。

四　請求權人請求損害賠償之金額或回復原狀之內容及請求之事實理由。

五　賠償義務機關之意見。

六　第十五條、第十六條及第二十二條所定人員之意見。

七　其他重要事項。

八　協議結果。

前項第二款人員應緊接協議紀錄之末行簽名或蓋章。

第二十四條（得逕行決定賠償金額之限度）

賠償義務機關得在一定金額限度內，逕行決定賠償金額。

前項金額限度，中央政府各機關由行政院依機關等級定之；縣（市）、鄉（鎮市）由縣（市）定之；直轄市由其自行定之。

第二十五條（超過限額之決定）

賠償義務機關認應賠償之金額，超過前條所定之限度時，應報請其直接上級機關核定後，始得為賠償之決定。

前項金額如超過其直接上級機關，依前條規定所得決定之金額限度時，該直接上級機關應報請再上級機關核定。

有核定權限之上級機關，於接到前二項請求時，應於十五日內為核定。

第二十六條（協議不成立）

自開始協議之日起逾六十日協議不成立者，賠償義務機關應依請求權人之申請，發給協議不成立證明書。

請求權人未依前項規定申請發給協議不成立證明書者，得請求賠償義務機關繼續協議，但以一次為限。

第二十七條（協議書）

協議成立時，應作成協議書，記載左列各款事項，由到場之請求權人或代理人及賠償義務機關之代表人或其指定代理人簽名或蓋章，並蓋機關之印信：

一　請求權人之姓名、性別、出生年月日、出生地、身分證統一編號、職業、住所或居所。請求權人為法人或其他團體者，其名稱、主事務所或主營業所及代表人之姓名、性別、住所或居所。

二　有代理人者，其姓名、性別、出生年月日、出生地、身分證統一編號、職業、住所或居所。

三　賠償義務機關之名稱及所在地。

四　協議事件之案由及案號。

五　損害賠償之金額或回復原狀之內容。

六　請求權人對於同一原因事實所發生之其他損害，願拋棄其損害賠償請求權者，其拋棄之意旨。

七　年、月、日。

前項協議書，應由賠償義務機關於協議成立後十日內送達於請求權人。

第二十八條（協議文書之送達）

協議文書得由賠償義務機關派員或交由郵務機構送達，並應由送達人作成送達證書。

協議文書之送達，除前項規定外，準用民事訴訟法關於送達之規定。

第三節　協議之期日及期間

第二十九條（期日之指定）

協議期日由賠償義務機關指定之。

第三十條（假日不指定原則）

期日，除經請求權人之同意或有不得已之情形外，不得於星期日、國定紀念日或其他休息日定之。

第三十一條（通知書）

賠償義務機關指定期日後，應即製作通知書，送達於協議關係人。但經面告以所定期日並記明協議紀錄，或經協議關係人以書面陳明屆期到場者，與送達有同一之效力。

第三十二條（協議處所）

期日應為之行為，於賠償義務機關為之。但賠償義務機關認為在其他處所進行協議為適當者，得在其他處所行之。

第三十三條（期日之變更）

期日如有正當事由，賠償義務機關得依申請或依職權變更之。

第三十四條（期日期間之計算）

期日及期間之計算，依民法之規定。

第四章　訴訟及強制執行

第三十五條（假處分）

法院依本法第十一條第二項規定為假處分，命賠償義務機關暫先支付醫療費或喪葬費者，賠償義務機關於收受假處分裁定時，應立即墊付。

第三十六條（暫先支付費用之扣除及返還）

前條暫先支付之醫療費或喪葬費，應於給付賠償金額時扣除之。

請求權人受領前條暫先支付之醫療費或喪葬費後，有左列情形之一者，應予返還：

一　協議不成立，又不請求繼續協議。

二　協議不成立，又不提起損害賠償之訴。

三　請求權人受敗訴判決確定。

四　暫先支付之醫療費或喪葬費超過協議、訴訟上和解或確定判決所定之賠償總金額者，其超過部分。

第三十七條（起訴應附文書）

請求權人因賠償義務機關拒絕賠償，或協議不成立而起訴者，應於起訴時提出拒絕賠償或協議不成立之證明書。

請求權人因賠償義務機關逾期不開始協議或拒不發給前項證明書而起訴者，應於起訴時提出已申請協議或已請求發給證明書之證明文件。

第三十八條（訴訟程序之裁定停止）

請求權人就同一原因事實所受之損害，同時或先後向賠償義務機關請求協議及向公務員提起損害賠償之訴，或同時或先後向賠償義務機關及公務員提起損害賠償之訴者，在賠償義務機關協議程序終結或損害賠償訴訟裁判確定前，法院應以裁定停止對公務員損害賠償訴訟程序之進行。

第三十九條（檢察官之協助）

該管檢察機關應賠償義務機關之請，得指派檢察官為訴訟上必要之協助。

第四十條（強制執行）

請求權人於取得執行名義向賠償義務機關請求賠償或墊付醫療費或喪葬費時，該賠償義務機關不得拒絕或遲延履行。

前項情形，賠償義務機關拒絕或遲延履行者，請求權人得聲請法院強制執行。

第四十一條（求償權行使）

本法第二條第三項、第四條第二項所定之故意或重大過失，賠償義務機關應審慎認定之。

賠償義務機關依本法第二條第三項、第三條第五項或第四條第二項規定行使求償權前，得清查被求償之個人或團體可供執行之財產，並於必要時依法聲請保全措施。

賠償義務機關依本法第二條第三項、第三條第五項或第四條第二項規定行使求償權時，應先與被求償之個人或團體進行協商，並得酌情許其提供擔保分期給付。

前項協商如不成立，賠償義務機關應依訴訟程序行使求償權。

第四十一條之一（參加訴訟）

賠償義務機關於請求權人起訴後，應依民事訴訟法規定，將訴訟告知第十六條所定之個人或團體，得於該訴訟繫屬中參加訴訟。

第四十一條之二（逕為訴訟上之和解）

賠償義務機關得在第二十四條第二項所定之金額限度內逕為訴訟上之和解。

賠償義務機關認應賠償之金額，超過前項所定之限度時，應逐級報請該管上級權責機關核定後，始得為訴訟上之和解。

第五章　附　則

第四十二條（賠償業務之承辦人）

各級機關應指派法制（務）或熟諳法律人員，承辦國家賠償業務。

第四十三條（處理情形之上報）

各機關應於每年一月及七月底，將受理之國家賠償事件及其處理情形，列表送其上級機關及法務部，其已成立協議、訴訟上和解或已判決確定者，並應檢送協議書、和解筆錄或歷審判決書影本。

第四十四條（編訂卷宗）

賠償義務機關承辦國家賠償業務之人員，應就每一國家賠償事件，編訂卷宗。

法務部於必要時，得調閱賠償義務機關處理國家賠償之卷宗。

第四十五條（施行日期）

本細則自中華民國七十年七月一日施行。

本細則修正條文自發布日施行。

二二八事件處理及賠償條例

民國八十四年四月七日總統令公布
八十六年二月二十五日總統令修正公布
八十六年十月四日總統令修正公布
八十七年六月十七日總統令修正公布
八十九年二月九日總統令修正公布
九十年十月五日總統令修正公布
九十二年二月六日總統令修正公布
九十六年三月二十一日總統令修正公布
九十八年七月一日總統令修正公布
一百零二年五月二十二日總統令修正公布
一百零七年一月十七日總統令修正公布第二、三、八條條文

第一條（立法目的）

為處理二二八事件（以下簡稱本事件）賠償事宜，落實歷史教育，釐清相關責任歸屬，使國民瞭解事件真相，撫平歷史傷痛，促進族群融合，特制定本條例。

第二條（受難者之定義及賠償金之申請）

本條例所稱受難者，係指人民因本事件生命、身體、自由或財產遭受公務員或公權力侵害者。

受難者或其家屬應於中華民國八十四年十月七日起七年內，依本條例規定申請給付賠償金。

前項期限屆滿後，若仍有受難者或其家屬因故未及申請賠償金，自本條例中華民國一百零六年十二月二十六日修正之條文公布後，再延長四年。

受難者或其家屬曾依司法程序或臺灣省行政長官公署之行政命令獲取補償、撫卹或救濟者，不得再申請登記。

第三條（紀念基金會之設置及員額）

第一條所定事項由行政院所設財團法人二二八事件紀念基金會（以下簡稱紀念基金會）辦理。落實歷史教育由教育部、文化部及原住民族委員會共同辦理之。

前項紀念基金會由行政院遴聘學者專家、社會公正人士、政府代表及受難者或其家屬代表組成之；受難者或其家屬代表不得少於紀念基金會董事總額三分之一。

申請人不服紀念基金會決定時，得依法提起訴願及行政訴訟。

第三條之一（紀念基金會辦理事項）

紀念基金會辦理下列事項：

一　二二八事件真相調查、史料之蒐集及研究。
二　二二八事件紀念活動。
三　二二八事件之教育推廣、文化、歷史或人權之國際交流活動。
四　已認定受難者之賠償。
五　受難者及其家屬回復名譽之協助。
六　弱勢受難者家屬之生活扶助。
七　釐清相關責任歸屬。
八　其他符合本條例宗旨之相關事項。

紀念基金會辦理前項事務，不得違背二二八事件之史實真相。

第三條之二（二二八事件相關業務之經營管理）

中央政府為保存二二八事件相關文物、史料、文獻及整理等相關業務，設二二八國家紀念館得委託紀念基金會經營管理；地方政府所設二二八紀念館亦得委託紀念基金會經營管理。

第四條（紀念活動之舉行）

政府應於紀念碑建成屆紀念日時，舉行落成儀式，敦請總統或請相關首長發表重要談話。

定每年二月二十八日為「和平紀念日」，為國定紀念日，應予放假。

本事件之紀念活動由紀念基金會籌辦之。

第五條（大赦或特赦之情形）

紀念基金會應依調查結果，對受死刑或有期徒刑以上刑或拘役處分之宣告並執行者或未宣告而執行者，呈請總統大赦或特赦。

第六條（名譽受損申請回復）

受難者及受難者家屬名譽受損者，得申請回復之；其戶籍失實者，得申請更正之。

第七條（賠償金數額）

受難者之賠償金額，以基數計算，每一基數為新臺幣十萬元，但最高不得超過六十個基數。

前項賠償金數額由紀念基金會依受難者之受難程度，訂定標準。

賠償金之申請、認定程序及發放事宜由紀念基金會定之。

第八條（賠償範圍及回復名譽辦法）

因二二八事件所致，得受賠償之範圍如下：

一　死亡或失蹤者。
二　受傷或失能者。
三　遭受羈押或徒刑之執行者。
四　財物損失者。
五　健康名譽受損者。
六　其餘未規定事項，授權紀念基金會訂定之。

對於事件中受害之教育文化機構，得申請回復名譽，並得請求協助其復原，其復原辦法由行政院定之。

第九條（受難者之認定）

紀念基金會應獨立超然行使職權，不受任何干預，對事件調查事實及相關資料，認定事件受難者，並公布受難者名單，受理賠償金請求及支付。

受難者家屬亦得檢附具體資料或相關證人，以書面向紀念基金會申請調查，據以認定為受難者。

前項情形，紀念基金會應於收受後三個月內處理完畢。

第十條（文件及檔案之調閱）

紀念基金會為調查受難者受難情形，得調閱政府機關或民間團體所收藏之文件及檔案，各級政府機關或民間團體不得拒絕；其有故意違犯者，該單位主管及承辦人員應依刑法第一百六十五條科以刑責。

前項所稱檔案，係指有關二二八資料，檔案上不必然有二二八字樣。

第十一條（基金用途）

紀念基金會之基金為下列各款之用途：

一　給付賠償金。
二　舉辦二二八事件紀念活動。
三　舉辦協助國人瞭解二二八事件真相之文宣活動。
四　二二八事件之教材或著作之補助。
五　二二八事件有關調查考證活動之補助。
六　其他有助平反受難者名譽，照顧弱勢受難者家屬生活，促進臺灣社會和平之用途。

第十二條（基金來源）

紀念基金會之基金來源如下：

一　政府循預算程序捐贈。
二　國內外公司、團體或個人之捐贈。
三　基金孳息及運用收益之收入。
四　其他收入。

經費如有不足，由政府循預算程序捐贈。

依本條例規定支付之賠償金，免納所得稅。

第十三條（受難者家屬之定義）

本條例所稱受難者家屬，係指已死亡或失蹤之受難者，其依民法第一千一百三十八條規定順序之法定繼承人。

第十四條（賠償金之發給）

經紀念基金會調查認定合乎本條例賠償對象者，於認定核發之日起二個月內一次發給。自通知領取之日起逾五年未領取者，其賠償金歸屬二二八事件紀念基金。

第十五條（賠償金之請領）

請領本條例所定賠償金之權利，不得扣押、讓與或供擔保。

第十六條（已賠償要件）

受難者曾依本條例之規定獲得補償者，為已賠償。

第十七條（施行日期）

本條例自公布日施行。

行政院組織法

民國三十六年三月三十一日國民政府公布
三十六年四月二十二日國民政府修正公布
三十六年十二月二十五日國民政府修正公布
三十七年五月十三日國民政府修正公布
三十八年三月二十一日總統令修正公布
四十一年十一月二十日總統令修正公布
六十九年六月二十九日總統令修正公布
九十九年二月三日總統令修正公布
一百一十一年一月十九日總統令修正公布
一百一十二年四月二十六日總統令修正公布第三條條文

第一條（制定依據）
本法依憲法第六十一條制定之。

第二條（職權之行使）
行政院行使憲法所賦予之職權。

第三條（行政院所設之各部）
行政院設下列各部：
一　內政部。
二　外交部。
三　國防部。
四　財政部。
五　教育部。
六　法務部。
七　經濟部。
八　交通部。
九　勞動部。
十　農業部。
十一　衛生福利部。
十二　環境部。
十三　文化部。
十四　數位發展部。

第四條（各委員會之設置）
行政院設下列各委員會：
一　國家發展委員會。
二　國家科學及技術委員會。
三　大陸委員會。
四　金融監督管理委員會。
五　海洋委員會。
六　僑務委員會。
七　國軍退除役官兵輔導委員會。
八　原住民族委員會。
九　客家委員會。

第五條（政務委員之設置）
行政院置政務委員七人至九人，特任。
政務委員得兼任前條委員會之主任委員。

第六條（主計總處及人事行政總處之設置）
行政院設行政院主計總處及行政院人事行政總處。

第七條（中央銀行之設置）
行政院設中央銀行。

第八條（國立故宮博物院之設置）
行政院設國立故宮博物院。

第九條（相當中央二級獨立機關之設置）
行政院設下列相當中央二級獨立機關：
一　中央選舉委員會。
二　公平交易委員會。
三　國家通訊傳播委員會。

第十條（院長之職務）
行政院院長綜理院務，並指揮監督所屬機關及人員。
行政院院長因事故不能視事時，由副院長代理其職務。

第十一條（列席行政院會議）
行政院院長得邀請或指定有關人員列席行政院會議。

第十二條（正、副秘書長之設置）
行政院置秘書長一人，特任，綜合處理本院幕僚事務；副秘書長二人，其中一人職務比照簡任第十四職等，襄助秘書長處理本院幕僚事務。
行政院置發言人一人，特任，處理新聞發布及聯繫事項，得由政務職務人員兼任之。

第十三條（編制表之訂定）
行政院各職稱之官等職等及員額，另以編制表定之。

第十四條（專責單位之設置）
行政院為處理特定事務，得於院內設專責單位。

第十五條（施行日期）
本法自中華民國一百零一年一月一日開始施行。
本法修正條文施行日期，由行政院定之。

立法院組織法

民國三十六年三月三十一日國民政府公布
三十六年十二月二十五日國民政府修正公布
三十七年四月三日國民政府修正公布
三十七年六月十日總統令修正公布
三十七年六月二十六日總統令修正公布
三十九年三月十八日總統令修正公布
四十一年十二月二十七日總統令修正公布
四十二年三月六日總統令修正公布
四十五年十一月十九日總統令修正公布
四十七年七月二十六日總統令修正公布
六十年八月三十一日總統令修正公布
七十年五月二日總統令修正公布
七十一年一月二十日總統令修正公布
七十五年一月十七日總統令修正公布
七十五年五月十四日總統令修正公布
七十七年六月八日總統令修正公布
七十八年七月二十八日總統令修正公布
八十年十二月三十一日總統令修正公布
八十一年一月二十九日總統令修正公布
八十二年二月二十日總統令修正公布
八十二年十月二十日總統令修正公布
八十二年十二月二十四日總統令修正公布
八十三年十一月二十三日總統令修正公布
八十四年一月二十日總統令修正公布
八十八年一月二十五日總統令修正公布
八十八年六月三十日總統令修正公布
九十年十一月十四日總統令修正公布
九十一年一月二十五日總統令修正公布
九十四年一月十二日總統令修正公布
九十四年二月二日總統令修正公布
九十六年十二月十九日總統令修正公布
九十六年十二月二十六日總統令修正公布
九十八年一月二十一日總統令修正公布
一百年一月二十六日總統令修正公布
一百零一年十一月十四日總統令修正公布
一百零四年六月二十四日總統令修正公布
一百零五年十二月七日總統令修正公布
一百一十二年五月三十一日總統令修正公布第一五、一六、二四、三〇條；並增訂第一六之一條文

第一條　（制定依據）

本法依憲法第七十六條制定之。

第二條　（職權之行使）

立法院行使憲法所賦予之職權。

前項職權之行使及委員行為之規範，另以法律定之。

第三條　（立法院院長、副院長之選舉）

立法院設院長、副院長各一人，由立法委員互選產生；其選舉辦法，另定之。

立法院院長、副院長不得擔任政黨職務，應本公平中立原則行使職權，維持立法院秩序，處理議事。

第四條　（會議主席之產生）

立法院會議，以院長為主席。全院委員會亦同。

院長因事不能出席時，以副院長為主席；院長、副院長均因事故不能出席時，由出席委員互推一人為主席。

第五條　（秘密會議）

立法院會議，公開舉行，必要時得開秘密會議。

行政院院長或各部會首長，得請開秘密會議。

除秘密會議外，立法院應透過電視、網路等媒體通路，全程轉播本院會議、委員會會議及黨團協商實況，並應全程錄影、錄音。

秘密會議應予速記、錄音，不得公開。但經院會同意公開者，不在此限。

有關透過電視轉播事項，編列預算交由財團法人公共電視文化事業基金會辦理，不受電波頻率不得租賃、借貸或轉讓之限制。

議事轉播應逐步提供同步聽打或手語翻譯等無障礙資訊服務，以保障身心障礙者平等參與政治與公共生活之權利。

第六條　（臨時會之召集）

立法院臨時會，依憲法第六十九條規定行之，並以決議召集臨時會之特定事項為限。

停開院會期間，遇重大事項發生時，經立法委員四分之一以上之請求，得恢復開會。

第七條　（程序委員會之設置）

立法院設程序委員會，其組織規程，另定之。

第八條　（紀律委員會之設置）

立法院設紀律委員會，其組織規程，另定之。

第九條　（修憲委員會之設置）

立法院依憲法增修條文第十二條之規定，得設修憲委員會，其組織規程，另定之。

第十條　（各委員會之設置）

立法院依憲法第六十七條之規定，設下列委員會：

一　內政委員會。
二　外交及國防委員會。
三　經濟委員會。
四　財政委員會。
五　教育及文化委員會。
六　交通委員會。
七　司法及法制委員會。
八　社會福利及衛生環境委員會。

立法院於必要時，得增設特種委員會。

第十一條　（刪除）

第十二條　（各委員會之組織）

立法院各委員會之組織，另以法律定之。

第十三條　（院長副院長之任期及職務）

立法院院長、副院長之任期至該屆立法委員任期屆滿之日為止。

立法院院長綜理院務。

立法院院長因事故不能視事時，由副院長代理其職務。

第十四條　（秘書長、副秘書長之設置）

立法院置秘書長一人，特任；副秘書長一人，職務列簡任第十四職等，均由院長遴選報告院會後，提請任命

之。

秘書長承院長之命，處理本院事務，並指揮監督所屬職員，副秘書長承院長之命襄助秘書長處理本院事務。

第十五條（各處局館中心之設置）

立法院設下列各處、局、館、中心：

一　秘書處。
二　國際事務處。
三　議事處。
四　公報處。
五　總務處。
六　資訊處。
七　法制局。
八　預算中心。
九　國會圖書館。
十　中南部服務中心。
十一　議政博物館。

第十六條（秘書處之掌理事項）

秘書處掌理下列事項：

一　關於文書收發、分配、繕校及檔案管理事項。
二　關於文稿之撰擬、審核及文電處理事項。
三　關於印信典守事項。
四　關於研究發展及管制考核事項。
五　關於公共關係事項。
六　關於新聞之編輯、發布及聯絡事項。
七　關於新聞資料之蒐集、分析、整理及保管事項。
八　關於本院視聽媒體之規劃、設計及運用事項。
九　關於新聞媒體之聯繫及委員活動之報導事項。
十　其他有關秘書業務事項。
十一　不屬其他處局中心館之事項。

第十六條之一（國際事務處之掌理事項）

國際事務處掌理下列事項：

一　關於本院國際交流事項。
二　關於本院國際合作事項。
三　關於本院參與國際活動事項。
四　關於立法委員籌組或參與國際團體事項。
五　關於國會外交獎章及榮典之辦理事項。
六　關於外賓與僑民之接待及傳譯事項。
七　關於國際新聞傳播及輿情蒐集運用事項。
八　其他有關國際事務事項。

第十七條（議事處之掌理事項）

議事處掌理下列事項：

一　關於議程編擬事項。
二　關於議案條文之整理及議案文件之撰擬事項。
三　關於本院會議紀錄事項。
四　關於會議文件之分發及議場事務之管理事項。
五　關於議案文件之準備、登記、分類及保管事項。
六　其他有關議事事項。

第十八條（公報處之掌理事項）

公報處掌理下列事項：

一　關於本院會議及委員會會議之錄影錄音及轉播事項。
二　關於本院會議及委員會會議之速記事項。
三　關於公報編印及發行事項。
四　關於各類文件之印刷事項。
五　關於錄影錄音之複製及發行事項。
六　其他有關公報事項。

第十九條（總務處之掌理事項）

總務處掌理下列事項：

一　關於事務管理事項。
二　關於款項出納事項。
三　關於公產、公物之保管事項。
四　關於委員會館管理事項。
五　關於醫療服務事項。
六　關於營繕採購事項。
七　關於車輛管理事項。
八　關於警衛隊之管理事項。
九　關於民眾服務事項。
十　其他有關一般服務事項。

第十九條之一（資訊處之掌理事項）

資訊處掌理下列事項：

一　關於立法資訊系統之整體規劃、系統分析、設計、建置及維護事項。
二　關於委員服務資訊系統之整體規劃、系統分析、設計、建置及維護事項。
三　關於行政資訊系統之整體規劃、系統分析、設計、建置及維護事項。
四　關於網路網站之整體規劃、設計、建置及維護事項。
五　關於資訊訓練之規劃與執行事項。
六　其他有關資訊服務事項。

第二十條（法制局之掌理事項）

法制局掌理下列事項：

一　關於立法政策之研究、分析、評估及諮詢事項。
二　關於法律案之研究、分析、評估及諮詢事項。
三　關於外國立法例及制度之研究、編譯及整理事項。
四　關於法學之研究事項。
五　其他有關法制諮詢事項。

第二十一條（預算中心之掌理事項）

預算中心掌理下列事項：

一　關於中央政府預算之研究、分析、評估及諮詢事項。

二　關於中央政府決算之研究分析、評估及諮詢事項。
三　關於預算相關法案之研究分析、評估及諮詢事項。
四　其他有關預、決算諮詢事項。

第二十二條　（國會圖書館之掌理事項）
國會圖書館掌理下列事項：
一　關於立法書刊光碟資料之蒐集、管理及運用事項。
二　關於立法報章資料之蒐集、管理及運用事項。
三　關於立法資料之分析研究檢索及參考事項。
四　關於立法出版品之編纂及交換事項。
五　關於國會圖書館館際合作事項。
六　其他有關圖書館研究發展及服務事項。

第二十二條之一　（中南部服務中心之掌理事項）
中南部服務中心掌理下列事項：
一　關於本院與行政院暨其所屬機關中南部單位及辦公室間業務聯繫事項。
二　關於本院受理及協調中南部民眾陳情請願事項。
三　關於本院中南部委員服務及聯繫事項。
四　關於中南部服務中心秘書及庶務等事項。
五　關於中南部服務中心員工訓練進修事宜。
六　其他有關中南部民眾服務事項。

第二十二條之二　（議政博物館之掌理事項）
議政博物館掌理下列事項：
一　關於議政史料之蒐集、整理、典藏及展覽事項。
二　關於議政史料之分析、研究及運用事項。
三　關於議政史料數位化及服務事項。
四　其他有關議政資料之聯繫服務事項。

第二十三條　（顧問之編制）
立法院置顧問一人至二人，職務列簡任第十三職等至第十四職等，掌理議事、法規之諮詢、撰擬及審核事項；參事十二人至十四人，職務列簡任第十二職等至第十三職等，掌理關於法規之撰擬、審核及院長指派之事項。
前項員額中參事七人出缺不補。

第二十四條　（處長等人員之編制）
立法院置處長六人，職務列簡任第十二職等至第十三職等；副處長六人，職務列簡任第十一職等至第十二職等；秘書十一人，職務列簡任第十職等至第十二職等；編審十一人、高級分析師二人至三人、主任一人，職務列簡任第十職等至第十一職等；科長三十一人至三十八人，職務列薦任第九職等；專員二十八人至三十七人，技正二人至三人，編譯三人至五人，分析師三人，職務均列薦任第七職等至第九職等；編輯六人至八人，設計師五人至六人，管理師七人至八人，職務均列薦任第六職等至第八職等；技士四人至六人、科員五十二人至七十一人，速記員四十人至六十人，職務均列委任第五職等或薦任第六職等至第七職等；助理管理師九人，操作員七人至八人，病歷管理員一人，校對員十二人至十六人，技佐六人至八人，職務均列委任第四職等至第五職等，其中助理管理師五人、操作員四人，校對員八人，技佐四人，職務得列薦任第六職等；辦事員二十二人至二十八人，職務列委任第三職等至第五職等；書記三十五人至三十九人，職務列委任第一職等至第三職等。
立法院置藥師一人，護理長一人，職務均列師㈢級；護士二人至四人，藥劑生二人，檢驗員一人，職務均列士（生）級。
本法修正施行前依雇員管理規則進用之現職書記，其未具公務人員任用資格者，得占用第一項書記職缺繼續僱用至離職為止。

第二十五條　（法制局之編制）
法制局置局長一人，職務列簡任第十二職等至第十三職等；副局長一人，職務列簡任第十一職等至第十二職等；組長五人由研究員兼任；研究員十一人至十七人，職務均列簡任第十職等至第十二職等；副研究員十三人至十九人，職務列簡任第十職等至第十一職等；助理研究員十三人至十九人，職務列薦任第八職等至第九職等；科員一人，職務列委任第五職等或薦任第六職等至第七職等；辦事員一人，職務列委任第三職等至第五職等；書記一人，職務列委任第一職等至第三職等。

第二十六條　（預算中心之編制）
預算中心置主任一人，職務列簡任第十二職等至第十三職等；副主任一人，職務列簡任第十一職等至第十二職等；組長五人由研究員兼任；研究員十一人至十七人，職務列簡任第十職等至第十二職等；副研究員十三人至十九人，職務列簡任第十職等至第十一職等；助理研究員十三人至十九人，職務列薦任第八職等至第九職等；科員一人，職務列委任第五職等或薦任第六職等至第七職等；操作員一人，職務列委任第三職等至第五職等；辦事員一人，職務列委任第三職等至第五職等。

第二十七條　（國會圖書館之編制）
國會圖書館置館長一人，職務列簡任第十二職等至第十三職等；副館長一人，職務列簡任第十一職等至第十二職等；秘書一人，編纂二人至四人，職務均列簡任第十職等至第十二職等；編審三人至四人，職務列簡任第十職等至第十一職等；科長三人，職務列薦任第九職等；專員五人，職務列薦任第七職等至第九職等；編輯八人至九人，職務列薦任第六職等至第八職等；科員九人至十二人，職務列委任第五職等或薦任第六職等至第七職等；辦事員九人至十二人，職務列委任第三職等至第五職等；書記三人至七人，職務列委任第一職等至第三職等。

第二十七條之一（中南部服務中心之編制）

中南部服務中心置主任一人，職務列簡任第十二職等至第十三職等；副主任一人，職務列簡任第十一職等至第十二職等；秘書一人，職務列簡任第十職等至第十二職等；編審二人，職務列簡任第十職等至第十一職等；科長三人，職務列薦任第九職等；專員五人，分析師一人，職務均列薦任第七職等至第九職等；管理師一人，職務列薦任第六職等至第八職等；科員十人，技士一人，職務均列委任第五職等或薦任第六職等至第七職等；辦事員三人，職務列委任第三職等至第五職等；書記二人，職務列委任第一職等至第三職等。

第二十七條之二（議政博物館之編制）

議政博物館置館長一人，職務列簡任第十二職等至第十三職等；副館長一人，職務列簡任第十一職等至第十二職等；秘書一人，編纂一人，職務均列簡任第十職等至第十二職等；科長二人，職務列薦任第九職等；專員二人，職務列薦任第七職等至第九職等；編輯三人，職務列薦任第六職等至第八職等；科員三人，職務列委任第五職等或薦任第六職等至第七職等；辦事員二人，職務列委任第三職等至第五職等；書記二人，職務列委任第一職等至第三職等。

第二十八條（研究人員之聘用及其待遇）

第二十五條及第二十六條所列之研究員、副研究員、助理研究員，必要時得依聘用人員聘用條例之規定聘用之。

前項聘用人員之待遇，除依相關規定外，得由立法院另定之。

第二十九條（人事處之設置及其編制）

立法院設人事處，置處長一人，職務列簡任第十二職等至第十三職等；副處長一人，職務列簡任第十一職等至第十二職等，依法辦理人事管理事項；其餘所需工作人員，就本法所定員額內派充之。

第三十條（主計處之設置及其編制）

立法院設主計處，置處長一人，職務列簡任第十二職等至第十三職等；副處長一人，職務列簡任第十一職等至第十二職等，依法掌理歲計、會計及統計事項；其餘所需工作人員，就本法所定員額內派充之。

第三十一條（警衛隊之編制）

總務處警衛隊，置隊長一人，副隊長二人，督察員一人、警務員一人，分隊長四人，小隊長十二人至十四人，警務佐一人，隊員一百二十人至一百五十人，掌理本院安全維護與警衛事宜。

前項警衛隊員警由內政部警政署派充之。

本法修正施行前僱用之駐衛警，得繼續僱用至離職時止。

本院安全維護遇有特殊情況時，得商請內政部警政署增派人員。

第三十二條（公費助理）

立法委員每人得置公費助理八人至十四人，由委員聘用；立法院應每年編列每一立法委員一定數額之助理費及其辦公事務預算，公費助理與委員同進退；其依勞動基準法所規定之相關費用，均由立法院編列預算支應之。

前項立法委員辦公事務等必要費用之項目及標準如附表（略），自中華民國一百零二年一月一日施行。

第三十三條（黨團與黨團辦公室）

每屆立法委員選舉當選席次達三席且席次較多之五個政黨得各組成黨團；席次相同時，以抽籤決定組成之。立法委員依其所屬政黨參加黨團。每一政黨以組成一黨團為限；每一黨團至少須維持三人以上。

未能依前項規定組成黨團之政黨或無黨籍之委員，得加入其他黨團。黨團未達五個時，得合組四人以上之政團；依第四項將名單送交人事處之政團，以席次較多者優先組成，黨（政）團總數合計以五個為限。

前項政團準用有關黨團之規定。

各黨團應於每年首次會期開議日前一日，將各黨團所屬委員名單經黨團負責人簽名後，送交人事處，以供認定委員所參加之黨團。

黨團辦公室由立法院提供之。

各黨團置公費助理十人至十六人，由各黨團遴選，並由其推派之委員聘用之；相關費用依前條之規定。

前項現職公費助理於中華民國八十七年三月一日至九十四年六月三十日間由各黨團遴選並由其推派之委員或各該政黨聘用，並實際服務於黨團之助理年資，得辦理勞動基準法工作年資結清事宜。

第三十三條之一（所需人員優先移撥之單位）

本法第二十七條之一、第二十七條之二所需人員，優先自臺灣省諮議會移撥；其中原依雇員管理規則僱用之現職雇員，其未具公務人員任用資格者，得占用第二十七條之一、第二十七條之二書記職缺，繼續僱用至離職時為止。

第三十三條之二（自願退休人員）

為配合第七屆立法院委員會組織調整及人員精簡，立法院任職滿二十年，年滿五十歲任用、派用之人員，得准其自願退休，擇領或兼領月退休金或支領一次退休金，不受公務人員退休法第四條第一項第二款規定之限制。

前項自願退休人員之職稱及數額，依下列各款規定，並依申請順序核准之：

一　參事以上或同陞遷序列職稱者共七人。

二　秘書或同陞遷序列職稱者或單位副主管共四人。

三　編審或同陞遷序列職稱者共四人。

四　科長或同陞遷序列職稱者共四人。

五　專員或同陞遷序列職稱者共四人。

六　編輯、科員、校對員、書記或同陞遷序列職稱者共四人。

前項第一款至第五款之人員自願退休，不得再行遞補或進用之職缺為參事、委員會秘書、編審、科長、專員」。

自中華民國九十七年二月一日起依第一項辦理自願退休者最高得一次加發七個月之慰助金，每延後一個月退休者減發一個月之慰助金，實施日期至中華民國九十七年八月三十一日止。但於實施期間屆齡退休者依提前退休之月數發給慰助金。

前項慰助金指俸額、技術或專業加給及主管職務加給。

支領慰助金人員，於退休生效之日起七個月內再任有給公職者，應由再任機關追繳扣除退休月數之慰助金。

依第一項辦理自願退休之人員，除符合規定得請領公教人員保險養老給付或勞工保險老年給付者外，其損失之公教人員保險或勞工保險已投保年資，準用公教人員保險法第十四條或勞工保險條例第五十九條規定之給付基準，發給補償金。所領之補償金，於其將來再參加各該保險領取養老或老年給付時，應繳回立法院；其所領之養老或老年給付金額較原補償金額低時，僅繳回與所領之養老或老年給付同金額之補償金。

第三十四條（處務規程之擬訂）

立法院處務規程，由立法院秘書長擬訂，經院長核定，報告院會後施行。

第三十五條（施行日期）

本法自公布日施行。

本法中華民國九十六年十一月三十日及十二月七日修正之條文自立法院第七屆立法委員就職日起施行。

立法院職權行使法

民國八十八年一月二十五日總統令公布
八十八年六月三十日總統令修正公布
八十九年五月二十四日總統令修正公布
八十九年十一月二十二日總統令修正公布
九十年六月二十日總統令修正公布
九十年十一月十四日總統令修正公布
九十一年一月二十五日總統令修正公布
九十六年十二月十九日總統令修正公布
九十七年五月十四日總統令修正公布
九十七年五月二十八日總統令修正公布
九十九年六月十五日總統令修正公布
一百零七年十一月二十一日總統令公布增訂第二八之一、二八之二條條文

第一章　總　　則

第一條（制定依據）

本法依立法院組織法第二條第二項制定之。

本法未規定者，適用其他法令之規定。

第二條（立法委員報到日期）

立法委員應分別於每年二月一日及九月一日起報到，開議日由各黨團協商決定之。但經總統解散時，由新任委員於選舉結果公告後第三日起報到，第十日開議。

前項報到及出席會議，應由委員親自為之。

第三條（報到首日之行程）

立法院每屆第一會期報到首日舉行預備會議，進行委員就職宣誓及院長、副院長之選舉。

第四條（開會人數）

立法院會議，須有立法委員總額三分之一出席，始得開會。

前項立法委員總額，以每會期實際報到人數為計算

標準。但會期中辭職、去職或亡故者，應減除之。

第五條（延長會期）

立法院每次會期屆至，必要時，得由院長或立法委員提議或行政院之請求延長會期，經院會議決行之；立法委員之提議，並應有二十人以上之連署或附議。

第六條（主席之決定權）

立法院會議之決議，除法令另有規定外，以出席委員過半數之同意行之；可否同數時，取決於主席。

第二章　議案審議

第七條（法律案、預算案應經三讀）

立法院依憲法第六十三條規定所議決之議案，除法律案、預算案應經三讀會議決外，其餘均經二讀會議決之。

第八條（第一讀會）

第一讀會，由主席將議案宣付朗讀行之。

政府機關提出之議案或立法委員提出之法律案，應先送程序委員會，提報院會朗讀標題後，即應交付有關委員會審查。但有出席委員提議，二十人以上連署或附議，經表決通過，得逕付二讀。

立法委員提出之其他議案，於朗讀標題後，得由提案人說明其旨趣，經大體討論，議決交付審查或逕付二讀或不予審議。

第九條（第二讀會）

第二讀會，於討論各委員會審查之議案，或經院會議決不經審查逕付二讀之議案時行之。

第二讀會，應將議案朗讀，依次或逐條提付討論。

第二讀會，得就審查意見或原案要旨，先作廣泛討論。廣泛討論後，如有出席委員提議，十五人以上連署或附議，經表決通過，得重付審查或撤銷之。

第十條（第二讀會之逐條討論）

法律案在第二讀會逐條討論，有一部分已經通過，其餘仍在進行中時，如對本案立法之原旨有異議，由出席委員提議，二十五人以上連署或附議，經表決通過，得將全案重付審查。但以一次為限。

第十條之一（不須黨團協商之議案）

第二讀會討論各委員會議決不須黨團協商之議案，得經院會同意，不須討論，逕依審查意見處理。

第十一條（第三讀會）

第三讀會，應於第二讀會之下次會議行之。但如有出席委員提議，十五人以上連署或附議，經表決通過，得於二讀後繼續進行三讀。

第三讀會，除發現議案內容有互相牴觸，或與憲法、其他法律相牴觸者外，祇得為文字之修正。

第三讀會，應將議案全案付表決。

第十二條（完成二讀前原案之撤回）

議案於完成二讀前，原提案者得經院會同意後撤回原案。

法律案交付審查後，性質相同者，得為併案審查。

法律案付委經逐條討論後，院會再為併案審查之交付時，審查會對已通過之條文，不再討論。

第十三條（下屆不予繼續審議之議案）

每屆立法委員任期屆滿時，除預（決）算案及人民請願案外，尚未議決之議案，下屆不予繼續審議。

第十四條（憲法修正案之提出）

立法委員提出之憲法修正案，除依憲法第一百七十四條第二款之規定處理外，審議之程序準用法律案之規定。

第十五條（緊急命令之追認及其效力）

總統依憲法增修條文第二條第三項之規定發布緊急命令，提交立法院追認時，不經討論，交全院委員會審查；審查後提出院會以無記名投票表決。未獲同意者，該緊急命令立即失效。

總統於立法院休會期間發布緊急命令提交追認時，立法院應即召開臨時會，依前項規定處理。

總統於立法院解散後發布緊急命令，提交立法院追認時，立法院應於三日內召開臨時會，並於開議七日內議決，如未獲同意，該緊急命令立即失效。但於新任立法委員選舉投票日後發布者，由新任立法委員於就職後依第一項規定處理。

第二章之一　聽取總統國情報告

第十五條之一（法源依據）

依中華民國憲法增修條文第四條第三項規定，立法院得於每年集會時，聽取總統國情報告。

第十五條之二（聽取總統國情報告）

立法院得經全體立法委員四分之一以上提議，院會決議後，由程序委員會排定議程，就國家安全大政方針，聽取總統國情報告。

總統就其職權相關之國家大政方針，得咨請立法院同意後，至立法院進行國情報告。

第十五條之三（書面報告之印送）

總統應於立法院聽取國情報告日前三日，將書面報告印送全體委員。

第十五條之四（問題之提出）

立法委員於總統國情報告完畢後，得就報告不明瞭處提出問題；其發言時間、人數、順序、政黨比例等事項，由黨團協商決定。

就前項委員發言，經總統同意時，得綜合再做補充報告。

第十五條之五（發言紀錄之送請）

立法委員對國情報告所提問題之發言紀錄，於彙整後送請總統參考。

第三章　聽取報告與質詢

第十六條（行政院向立法院提出施政方針及施政報告之規定）

行政院依憲法增修條文第三條第二項第一款向立法院提出施政方針及施政報告，依下列之規定：

一　行政院應於每年二月一日以前，將該年施政方針及上年七月至十二月之施政報告印送全體立法委員，並由行政院院長於二月底前提出報告。

二　行政院應於每年九月一日以前，將該年一月至六月之施政報告印送全體立法委員，並由行政院院長於九月底前提出報告。

三　新任行政院院長應於就職後兩週內，向立法院提出施政方針之報告，並於報告日前三日將書面報告印送全體立法委員。

立法院依前項規定向行政院院長及行政院各部會首長提出口頭質詢之會議次數，由程序委員會定之。

▲釋五二〇。

第十七條（應向立法院提出報告並備質詢之情形）

行政院遇有重要事項發生，或施政方針變更時，行政院院長或有關部會首長應向立法院院會提出報告，並備質詢。

前項情事發生時，如有立法委員提議，十五人以上連署或附議，經院會議決，亦得邀請行政院院長或有關部會首長向立法院院會報告，並備質詢。

▲釋五二〇。

第十八條（質詢之種類）

立法委員對於行政院院長及各部會首長之施政方針、施政報告及其他事項，得提出口頭或書面質詢。

前項口頭質詢分為政黨質詢及立法委員個人質詢，均以即問即答方式為之，並得採用聯合質詢。但其人數不得超過三人。

政黨質詢先於個人質詢進行。

第十九條（政黨質詢）

每一政黨詢答時間，以各政黨黨團提出人數乘以三十分鐘行之。但其人數不得逾該黨團人數二分之一」。

前項參加政黨質詢之委員名單，由各政黨於行政院院長施政報告前一日向秘書長提出。

代表政黨質詢之立法委員，不得提出個人質詢。

政黨質詢時，行政院院長及各部會首長皆應列席備詢。

第二十條（個人質詢）

立法委員個人質詢應依各委員會之種類，以議題分組方式進行，行政院院長及與議題相關之部會首長應列席備詢。

議題分組進行質詢，依立法院組織法第十條第一項各款順序。但有委員十五人連署，經議決後得變更議題順序。

立法委員個人質詢，以二議題為限，詢答時間合計不得逾三十分鐘。如以二議題進行時，各議題不得逾十五分鐘。

第二十一條（質詢之登記及書面要旨之送達）

施政方針及施政報告之質詢，於每會期集會委員報到日起至開議後七日內登記之。

立法委員為前項之質詢時，得將其質詢要旨以書面於質詢日前二日送交議事處，轉知行政院。但遇有重大突發事件，得於質詢前二小時提出。委員如採用聯合質詢，應併附親自簽名之同意書面。

已質詢委員，不得再登記口頭質詢。

第二十二條（質詢與答復）

依第十七條及第十八條提出之口頭質詢，應由行政院院長或質詢委員指定之有關部會首長答復；未及答復部分，應於二十日內以書面答復。但質詢事項牽涉過廣者，得延長五日。

第二十三條（質詢與答復應列入議事日程）

立法委員行使憲法增修條文第三條第二項第一款之質詢權，除依第十六條至第二十一條規定處理外，應列入議事日程質詢事項，並由立法院送交行政院」。

行政院應於收到前項質詢後二十日內，將書面答復送由立法院轉知質詢委員，並列入議事日程質詢事項。但如質詢內容牽涉過廣者，答復時間得延長五日。

第二十四條（質詢提出之規定）

質詢之提出，以說明其所質詢之主旨為限。

質詢委員違反前項規定者，主席得予制止。

第二十五條（答復範圍之限制）

質詢之答復，不得超過質詢範圍之外。

被質詢人除為避免國防、外交明顯立即之危害或依法應秘密之事項者外，不得拒絕答復。

被質詢人違反第一項規定者，主席得予制止。

第二十六條（質詢時之出席義務）

行政院院長、副院長及各部會首長應親自出席立法院院會，並備質詢。因故不能出席者，應於開會前檢送必須請假之理由及行政院院長批准之請假書。

第二十七條（質詢事項）

質詢事項，不得作為討論之議題。

第二十八條（預決算報告之答詢程序）

行政院向立法院提出預算案編製經過報告之質詢，應於報告首日登記，詢答時間不得逾十五分鐘。

前項質詢以即問即答方式為之。但經質詢委員同意，得採綜合答復。

審計長所提總決算審核報告之諮詢，應於報告日中午前登記；其詢答時間及答復方式，依前二項規定處理。

行政院或審計部對於質詢或諮詢未及答復部分，應於二十日內以書面答復。但內容牽涉過廣者，得延長五日。

第二十八條之一（機密預算之審議原則）

立法院對於行政院或審計長向立法院提出預算案編製經過報告及總決算審核報告，其涉及國家機密者，以秘密會議行之。

第二十八條之二（追加預算案及特別預算案之適用）

追加預算案及特別預算案，其審查程序與總預算案同。但必要時經院會聽取編製經過報告並質詢後，逕交財政委員會會同有關委員會審查，並提報院會處理。

前項審查會議由財政委員會召集委員擔任主席。

第四章　同意權之行使

第二十九條（同意權之行使）

立法院依憲法第一百零四條或憲法增修條文第五條第一項、第六條第二項、第七條第二項行使同意權時，不經討論，交付全院委員會審查，審查後提出院會以無記名投票表決，經超過全體立法委員二分之一之同意為通過。

第三十條（被提名人之審查）

全院委員會就被提名人之資格及是否適任之相關事項進行審查與詢問，由立法院咨請總統通知被提名人列席說明與答詢。

全院委員會於必要時，得就司法院院長、副院長、考試院院長、副院長及監察院院長、副院長與其他被提名人分開審查。

第三十一條（被提名人未獲同意應另提他人）

同意權行使之結果，由立法院咨復總統。如被提名人未獲同意，總統應另提他人咨請立法院同意。

第五章　覆議案之處理

第三十二條（覆議案之提出）

行政院得就立法院決議之法律案、預算案、條約案之全部或一部，經總統核可後，移請立法院覆議。

第三十三條（覆議案之審查）

覆議案不經討論，即交全院委員會，就是否維持原決議予以審查。

全院委員會審查時，得由立法院邀請行政院院長列席說明。

第三十四條（覆議案之表決）

覆議案審查後，應於行政院送達十五日內提出院會以記名投票表決。如贊成維持原決議者，超過全體立法委員二分之一，即維持原決議；如未達全體立法委員二分之一，即不維持原決議；逾期未作成決議者，原決議失效。

第三十五條（休會期間覆議案之處理）

立法院休會期間，行政院移請覆議案，應於送達七日內舉行臨時會，並於開議十五日內，依前二條規定處理之。

第六章　不信任案之處理

第三十六條（不信任案之提出）

立法院依憲法增修條文第三條第二項第三款之規定，得經全體立法委員三分之一以上連署，對行政院院長提出不信任案。

第三十七條（不信任案之審查）

不信任案應於院會報告事項進行前提出，主席收受後應即報告院會，並不經討論，交付全院委員會審查」

全院委員會應自不信任案提報院會七十二小時後，立即召開審查，審查後提報院會表決。

前項全院委員會審查及提報院會表決時間，應於四十八小時內完成，未於時限完成者，視為不通過。

第三十八條（不信任案之撤回）

不信任案於審查前，連署人得撤回連署，未連署人亦得參加連署；提案人撤回原提案須經連署人同意。

前項不信任案經主席宣告審查後，提案人及連署人均不得撤回提案或連署。

審查時如不足全體立法委員三分之一以上連署者，該不信任案視為撤回。

第三十九條（不信任案之表決）

不信任案之表決，以記名投票表決之。如經全體立法委員二分之一以上贊成，方為通過。

第四十條（不信任案結果之咨送）

立法院處理不信任案之結果，應咨送總統。

第四十一條（再提不信任案之限制）

不信任案未獲通過，一年內不得對同一行政院院長再提不信任案。

第七章　彈劾案之提出

第四十二條（彈劾案之提出）

立法院依憲法增修條文第四條第七項之規定，對總統、副總統得提出彈劾案。

第四十三條（彈劾案之審查）

依前條規定彈劾總統或副總統，須經全體立法委員二分之一以上提議，以書面詳列彈劾事由，交由程序委員會編列議程提報院會，並不經討論，交付全院委員會審查。

全院委員會審查時，得由立法院邀請被彈劾人列席說明。

第四十四條（彈劾案之表決）

全院委員會審查後，提出院會以無記名投票表決，如經全體立法委員三分之二以上贊成，向司法院大法官提出彈劾案。

第七章之一 罷免案之提出及審議

第四十四條之一 （總統、副總統之罷免）

立法院依憲法增修條文第二條第九項規定提出罷免總統或副總統案，經全體立法委員四分之一之提議，附具罷免理由，交由程序委員會編列議程提報院會，並不經討論，交付全院委員會於十五日內完成審查。

全院委員會審查前，立法院應通知被提議罷免人於審查前七日內提出答辯書。

前項答辯書，立法院於收到後，應即分送全體立法委員。

被提議罷免人不提出答辯書時，全院委員會仍得逕行審查。

全院委員會審查後，即提出院會以記名投票表決，經全體立法委員三分之二同意，罷免案成立，當即宣告並咨復被提議罷免人。

第八章 文件調閱之處理

第四十五條 （調閱委員會之設立）

立法院經院會決議，得設調閱委員會，或經委員會之決議，得設調閱專案小組，要求有關機關就特定議案涉及事項提供參考資料。

調閱委員會或調閱專案小組於必要時，得經院會之決議，向有關機關調閱前項議案涉及事項之文件原本。

第四十六條 （設立時間之限制）

調閱委員會或調閱專案小組之設立，均應於立法院會期中為之。但調閱文件之時間不在此限。

第四十七條 （調閱文件之處理）

受要求調閱文件之機關，除依法律或其他正當理由得拒絕外，應於五日內提供之。但相關資料或文件原本業經司法機關或監察機關先為調取時，應敘明理由，並提供複本。如有正當理由無法提供複本者，應提出已被他機關調取之證明。

被調閱文件之機關在調閱期間，應指派專人將調閱之文件送達立法院指定場所，以供查閱，並負保管責任。

第四十八條 （拒絕調閱等之處理）

政府機關或公務人員違反本法規定，於立法院調閱文件時拒絕、拖延或隱匿不提供者，得經立法院院會之決議，將其移送監察院依法提出糾正、糾舉或彈劾。

第四十九條 （工作人員之指派）

調閱委員會所需之工作人員，由秘書長指派之。

調閱專案小組所需之工作人員，由立法院各委員會或主辦委員會就各該委員會人員中指派之。

調閱委員會及調閱專案小組於必要時，得請求院長指派專業人員協助之。

第五十條 （調閱人員及查閱之限制）

立法院所調取之文件，限由各該調閱委員會、調閱專案小組之委員或院長指派之專業人員親自查閱之。

前項查閱人員，對機密文件不得抄錄、攝影、影印、誦讀、錄音或為其他複製行為，亦不得將文件攜離查閱場所。

第五十一條 （調閱報告書及處理意見之提出）

調閱委員會或調閱專案小組應於文件調閱處理終結後二十日內，分向院會或委員會提出調閱報告書及處理意見，作為處理該特定議案之依據。

第五十二條 （調閱相關人員保密之義務）

文件調閱之調閱報告書及處理意見未提出前，其工作人員、專業人員、保管人員或查閱人員負有保密之義務，不得對文件內容或處理情形予以揭露。但涉及外交、國防或其他依法令應秘密事項者，於調閱報告及處理意見提出後，仍應依相關法令規定保密，並依秘密會議處理之。

第五十三條 （未提出調閱報告書及處理意見前特定議案不得決議）

調閱委員會或調閱專案小組未提出調閱報告書及處理意見前，院會或委員會對該特定議案不得為最後之決議。但已逾院會或各該委員會議決之時限者，不在此限。

前項調閱專案小組之調閱報告書及處理意見，應經該委員會議決後提報院會處理。

第九章 委員會公聽會之舉行

第五十四條 （公聽會之舉行）

各委員會為審查院會交付之議案，得依憲法第六十七條第二項之規定舉行公聽會。如涉及外交、國防或其他依法令應秘密事項者，以秘密會議行之。

第五十五條 （舉行公聽會之條件）

公聽會須經各委員會輪值之召集委員同意，或經各委員會全體委員三分之一以上之連署或附議，並經議決，方得舉行。

第五十六條 （公聽會出席人員之邀請）

公聽會以各委員會召集委員為主席，並得邀請政府人員及社會上有關係人員出席表達意見。

前項出席人員，應依正反意見之相當比例邀請，並以不超過十五人為原則；其人選由各委員會決定之。

應邀出席人員非有正當理由，不得拒絕出席。

第五十七條（公聽會相關資料之送達）

舉行公聽會之委員會應於開會日五日前，將開會通知、議程等相關資料，以書面送達出席人員，並請其提供口頭或書面意見。

同一議案舉行多次公聽會時，得由公聽會主席於會中宣告下次舉行日期，不受五日之限制，但仍應發出書面通知。

立法院對應邀出席人員，得酌發出席費。

第五十八條（公聽會報告之提出）

委員會應於公聽會終結後十日內，依出席者所提供之正、反意見提出公聽會報告，送交本院全體委員及出席者。

第五十九條（公聽會報告之用途）

公聽會報告作為審查該特定議案之參考。

第十章　行政命令之審查

第六十條（行政命令之審查）

各機關依其法定職權或基於法律授權訂定之命令送達立法院後，應提報立法院會議。

出席委員對於前項命令，認為有違反、變更或牴觸法律者，或應以法律規定事項而以命令定之者，如有十五人以上連署或附議，即交付有關委員會審查。

第六十一條（審查行政命令之期限）

各委員會審查行政命令，應於院會交付審查後三個月內完成之；逾期未完成者，視為已經審查。但有特殊情形者，得經院會同意後展延；展延以一次為限。

前項期間，應扣除休會期日。

第六十二條（行政命令之更正或廢止）

行政命令經審查後，發現有違反、變更或牴觸法律者，或應以法律規定事項而以命令定之者，應提報院會，經議決後，通知原訂頒之機關更正或廢止之。

前條第一項視為已經審查或經審查無前項情形之行政命令，由委員會報請院會存查。

第一項經通知更正或廢止之命令，原訂頒機關應於二個月內更正或廢止；逾期未為更正或廢止者，該命令失效。

第六十三條（準用法律案之規定）

各委員會審查行政命令，本章未規定者，得準用法律案之審查規定。

第十一章　請願文書之審查

第六十四條（收受請願文書之辦理規定）

立法院於收受請願文書，應依下列規定辦理：

一　秘書處收受請願文書後，應即送程序委員會。

二　各委員會收受請願文書後，應即送秘書處收文。

三　立法院會議時，請願人面遞請願文書，由有關委員會召集委員代表接受，並於接見後，交秘書處收文。

四　請願人向立法院集體請願，面遞請願文書有所陳述時，由院長指定之人員接見其代表。

前項請願人，包括經我國認許之外國法人。

第六十五條（請願文書內容之審核）

立法院收受請願文書後，應先由程序委員會審核其形式是否符合請願法規定，其有不符或文字意思表示無法瞭解者，通知其補正。

請願文書之內容明顯非屬立法職權事項，程序委員會應逕行移送權責機關處理；其屬單純之行政事項，得不交審查而逕行函復，或委託相關委員會函復。如顯有請願法第三條、第四條規定情事，依法不得請願者，由程序委員會通知請願人。

第六十六條（請願文書應否成為議案之審查）

請願文書應否成為議案，由有關委員會審查；審查時得先函請相關部會於一個月內查復。必要時得派員先行瞭解，或通知請願人到會說明，說明後應即退席。

請願文書在審查未有結果前，請願人得撤回之。

第六十七條（請願文書審查後之處置）

請願文書經審查結果成為議案者，由程序委員會列入討論事項，經大體討論後，議決交付審查或逕付二讀或不予審議。

請願文書經審查結果不成為議案者，應敘明理由及處理經過，送由程序委員會報請院會存查，並通知請願人。但有出席委員提議，十五人以上連署或附議，經表決通過，仍得成為議案。

第十二章　黨團協商

第六十八條（黨團協商之請求與裁決）

為協商議案或解決爭議事項，得由院長或各黨團向院長請求進行黨團協商。

立法院院會於審議不須黨團協商之議案時，如有出席委員提出異議，十人以上連署或附議，該議案即交黨團協商。

各委員會審查議案遇有爭議時，主席得裁決進行協商。

第六十九條（黨團協商會議之出席人員及主持）

黨團協商會議，由院長、副院長及各黨團負責人或黨鞭出席參加；並由院長主持，院長因故不能主持時，由副院長主持。

前項會議原則上於每週星期三舉行，在休會或停會期間，如有必要時，亦得舉行，其協商日期由主席通知。

第七十條（各黨團代表之指派）

議案交由黨團協商時，由該議案之院會說明人所屬黨團負責召集，通知各黨團書面簽名指派代表二人參加，該院會說明人為當然代表，並由其擔任協商主席。但院會說明人更換黨團時，則由原所屬黨團另指派協商主席。

各黨團指派之代表，其中一人應為審查會委員。但黨團所屬委員均非審查會委員時，不在此限。

依第六十八條第二項提出異議之委員，得向負責召集之黨團，以書面簽名推派二人列席協商說明。

議案進行協商時，由秘書長派員支援，全程錄影、錄音、記錄，併同協商結論，刊登公報。

協商結論如與審查會之決議或原提案條文有明顯差異時，應由提出修正之黨團或提案委員，以書面附具條文及立法理由，併同協商結論，刊登公報。

第七十一條（協商結論之作成）

黨團協商經各黨團代表達成共識後，應即簽名，作成協商結論，並經各黨團負責人簽名，於院會宣讀後，列入紀錄，刊登公報。

第七十一條之一（黨團協商無法達成共識之處理）

議案自交黨團協商逾一個月無法達成共識者，由院會定期處理。

第七十二條（出席委員之異議及反對之禁止）

黨團協商結論於院會宣讀後，如有出席委員提議，八人以上之連署或附議，得對其全部或一部提出異議，並由院會就異議部分表決。

黨團協商結論經院會宣讀通過，或依前項異議議決結果，出席委員不得再提出異議；逐條宣讀時，亦不得反對。

第七十三條（經協商之議案發言之限制）

經協商之議案於廣泛討論時，除經黨團要求依政黨比例派員發言外，其他委員不得請求發言。

經協商留待院會表決之條文，得依政黨比例派員發言後，逕行處理。

前二項議案在逐條討論時，出席委員不得請求發言。

第七十四條（分發協商之順序）

程序委員會應依各委員會提出審查報告及經院會議決交由黨團協商之順序，依序將議案交由黨團協商。

議案有時效性者，負責召集之黨團及該議案之院會說明人應優先處理。

第十三章　附則

第七十五條（連署或附議人數限制之例外）

符合立法院組織法第三十三條規定之黨團，除憲法另有規定外，得以黨團名義提案，不受本法有關連署或附議人數之限制。

第七十六條（立法院議事規則之訂定）

立法院議事規則另定之。

第七十七條（施行日期）

本法自公布日施行。

本法中華民國九十六年十一月三十日修正之條文，自立法院第七屆立法委員就職日起施行。

立法院議事規則

民國三十七年五月二十日立法院第一會期第二次會議訂定
三十七年十一月十九日立法院第二會期第二十一次會議修正
四十二年一月十九日立法院第十次會期第三十次會議修正
四十四年十一月二十九日立法院第十六會期第十九次會議修正
四十五年四月十三日立法院第十七會期第十四次會議修正
四十九年四月一日立法院第二十五會期第十二次會議修正
五十六年十二月二十六日立法院第四十會期第二十七次會議修正
五十七年八月六日立法院第四十一會期第三十七次會議修正
六十九年十二月二十六日立法院第六十六會期第二十六次會議修正
七十五年七月八日立法院第七十七會期第四十一次會議修正
七十八年七月八日立法院第八十三會期第四十四次會議修正
八十年三月十三日立法院第八十七會期第七次會議修正
八十年六月十四日立法院第八十七會期第三十六次會議修正
八十一年一月七日立法院第八十八會期第三十四次會議修正
八十二年一月十五日立法院第九十會期第二十三次會議修正
八十三年十一月十日立法院第二屆第四次會期第十八次會議修正
八十八年一月十二日立法院第三屆第六次會期第十四次會議修正
八十九年五月十二日立法院第四屆第三會期第十五次會議修正
九十一年一月十五日立法院第四屆第六會期第十三次會議修正
九十一年十一月二十九日立法院第五屆第二會期第十二次會議修正

九十六年六月十四日立法院第六屆第五會期第十七次會議修正
九十六年十一月三十日立法院第六屆第六會期第十三次會議修正
九十七年十二月二十六日立法院第七屆第二會期第十五次會議修正
一百零五年十一月十一日立法院第九屆第二會期第十次會議通過修正第六一條條文

第一章 總則

第一條（訂定依據）
本規則依立法院職權行使法第七十六條規定訂定之。

第二條（法規適用位階）
本院會議除憲法、立法院組織法、立法院各委員會組織法、立法院職權行使法及立法委員行為法另有規定外，依本規則行之。

第三條（立委席次決定）
立法委員席次，於每屆第一會期開議三日前，由院長召集各黨團會商定之；席次如有變更時，亦同。
前項席次於開議前一日仍未商定者，由委員親自抽籤定之。

第四條（不能出席院會之處理）
立法委員因事故不能出席本院會議時，應通知議事處請假；未請假者，列為缺席。

第五條（秘書長列席並辦理會議事項）
本院會議，秘書長應列席；秘書長因事故不能列席時，由副秘書長列席，並配置職員辦理會議事項。

第六條（院會出席列席人員簽到）
本院會議出席者及列席者，均應署名於簽到簿。

第二章 委員提案

第七條（議案之提出方式）
議案之提出，以書面行之；如係法律案，應附具條文及立法理由。

第八條（提案連署與連署效果）
立法委員提出之法律案，應有十五人以上之連署；其他提案，除另有規定外，應有十人以上之連署。
連署人不得發表反對原提案之意見；提案人撤回提案時，應先徵得連署人之同意。

第九條（臨時提案之事項與處理程序）
出席委員提出臨時提案，以亟待解決事項為限，應於當次會議上午十時前，以書面提出，並應有十人以上之連署。每人每次院會臨時提案以一案為限，於下午五時至六時處理之；提案人之說明，每案以一分鐘為限。
臨時提案之旨趣，如屬邀請機關首長報告案者，由主席裁決交相關委員會；其涉及各機關職權行使者，交相關機關研處。
法律案不得以臨時提案提出。
臨時提案如具有時效性之重大事項，得由會議主席召開黨團協商會議；協商同意者，應即以書面提交院會處理。

第十條（否決議案之處理）
經否決之議案，除復議外，不得再行提出。

第十一條（修正動議之提出與處理）
修正動議，於原案二讀會廣泛討論後或三讀會中提出之，並須經十人以上之連署或附議，始得成立。
修正動議應連同原案未提出修正部分，先付討論。
修正動議之修正動議，其處理程序，比照前二項之規定。
對同一事項有兩個以上修正動議時，應俟提出完畢並成立後，就其與原案旨趣距離較遠者，依次提付討論；其無距離遠近者，依其提出之先後。

第十二條（修正動議之撤回）
修正動議在未經議決前，原動議人徵得連署或附議人之同意，得撤回之。

第三章 議事日程

第十三條（議事日程之編製）
議事日程，應按每會期開會次數，依次分別編製。

第十四條（議事日程應記載內容與事項分配）
議事日程，應記載開會年、月、日、時，分列報告事項、質詢事項、討論事項或選舉等其他事項，並附具各議案之提案全文、審查報告暨關係文書。
由政府提出之議案及委員所提法律案，於付審查前，應先列入報告事項。
經委員會審查報請院會不予審議之議案，應列入報告事項。但有出席委員提議，十五人以上連署或附議，經表決通過，應交付程序委員會改列討論事項。

第十五條（議案合併與決定討論程序）
本院會議審議政府提案與委員提案性質相同者，得合併討論。
前項議案之排列，由程序委員會定之。

第十六條（議事日程編印送達）
議事日程，由秘書長編擬，經程序委員會審定後付印；除有特殊情形外，至遲於開會前二日送達。

第十七條（變更議事日程）
遇應先處理事項未列入議事日程，或已列入而順序在後者，主席或出席委員得提議變更議事日程；出席委員之提議，並應經十五人以上之連署或附議。
前項提議，不經討論，逕付表決。

第十八條（未完結議案之處理）
議事日程所定議案未能開議，或議而未能完結者，由程序委員會編入下次議事日程。

第四章　開　會

第十九條（預備會議之進行程序）

本院每屆第一會期首日舉行預備會議，依下列程序進行之：

一　委員報到。

二　就職宣誓。

三　推選會議主席。

四　院長選舉：

㈠投票。

㈡開票。

㈢宣布選舉結果。

五　副院長選舉：

㈠投票。

㈡開票。

㈢宣布選舉結果。

前項第四款及第五款之選舉，如第一次投票未能選出時，依序繼續進行第二次投票。

第一項會議之時程，由秘書長定之。

第二十條（院會開會時間與會次計算）

本院會議於每星期二、星期五開會，必要時經院會議決得增減會次。

本院會議超過一日者，經黨團協商之同意，得合併若干日為一次會議。

第二十一條（院會限制行為）

本院舉行會議時，出席委員不得提出更正議事錄、臨時提案、會議詢問、權宜問題、秩序問題或其他程序之動議，但得以書面為之。

第二十二條（院會會議時間與委員發言之程序）

本院會議開會時間為上午九時至下午六時。但舉行質詢時，延長至排定委員質詢結束為止。

出席委員得於每次院會時間上午九時起，就國是問題發表意見，時間不得逾一小時，依其抽籤順序，每人發言三分鐘，並應遵守立法委員行為法第七條第一項之規定。發言時間屆至應即停止發言，離開發言臺。

前項委員發言之順序，應於每次院會上午七時至八時四十分登記，並於上午八時四十分抽籤定之。

已屆上午十時，不足法定人數，主席得延長之，延長兩次仍不足法定人數時，主席即宣告延會。

第二十三條（報告事項及其處理）

議事日程所列報告事項，按次序報告之。

報告事項內程序委員會所擬處理辦法，如有出席委員提議，八人以上連署或附議，得提出異議，不經討論，逕付表決。如在場委員不足表決法定人數時，交程序委員會重新提出。

前項出席委員提出異議時，不足連署或附議人數，依程序委員會所擬處理辦法通過。

第二十四條（報告後進行討論）

報告事項畢，除有變更議程之動議外，主席即宣告進行討論事項。

第二十五條（酌定休息時間）

院會進行中，主席得酌定時間，宣告休息。

第二十六條（散會）

議事日程所列之議案議畢，或散會時間已屆，主席即宣告散會。

會議進行中，出席委員得提出散會之動議，經十五人以上連署或附議，不經討論，由主席逕付表決。

第二十七條（延長散會時間）

散會時間已屆而議事未畢，主席得徵詢出席委員同意，酌定延長時間。

第五章　討　論

第二十八條（逐案討論）

主席於宣告進行討論事項後，即照議事日程所列議案次序，逐案提付討論。

第二十九條（委員發言順序決定）

出席委員請求發言，應親自向主席臺議事處簽名登記，並依登記順序發言，如經雙方同意者，得互調發言順序。

登記發言之委員，經主席唱名三次仍不在場者，視為棄權。

主席得於討論適當時間，宣告截止發言之登記。

第三十條（委員發言時間）

委員發言之時間，由主席於發言前宣告之。

超過前項時間者，主席得中止其發言。

第三十一條（委員發言次數）

除下列情形外，每一委員就同一議題之發言，以一次為限：

一　說明提案之要旨。

二　說明審查報告之要旨。

三　質疑或答辯。

第三十二條（程序動議之提出與處理）

預備會議時，出席委員提出權宜問題、秩序問題、會議詢問或其他程序之動議時，主席應為決定之宣告。

院會時，出席委員提出權宜問題、秩序問題、會議詢問或其他程序之動議時，應以書面提出，由主席逕為決定之宣告。

前二項宣告，如有出席委員提出異議，經十五人以上連署或附議，不經討論，主席即付表決，該異議未獲出席委員過半數贊成時，仍維持主席之宣告。

第三十三條（停止討論）

主席對於議案之討論，認為已達可付表決之程度時，經徵得出席委員同意後，得宣告停止討論。

出席委員亦得提出停止討論之動議，經十五人以上連署或附議，不經討論由主席逕付表決。

第六章　表　決

第三十四條（停止討論異議之處理）

討論終結或停止討論之議案出席委員有異議時，主席得提付表決，如當場不能進行第三十五條第一項第二款至第五款之表決時，主席應即宣告定期表決及表決日期，並於表決前三日通知之。

第三十五條（議案表決方法）

本院議案之表決方法如下：

一　口頭表決。

二　舉手表決。

三　表決器表決。

四　投票表決。

五　點名表決。

前項第一款至第四款所列方法之採用，由主席決定宣告之。第五款所列方法，經出席委員提議，二十五人以上之連署或附議，不經討論，由主席逕付表決。但有關人事問題之議案，不適用記名或點名表決方法。

採用表決器記名表決須經出席委員十五人以上之連署或附議。

第三十六條（決定方法）

表決應就可否兩方依次行之。

用口頭方法表決不能得到結果時，改用舉手或其他方法表決。

用舉手或表決器方法表決可否兩方均不過半數時，應重行表決；重行表決時以多數為可決。

用投票或點名方法表決可否兩方均不過半數時，本案不通過。

第三十七條（修正動議表決程序）

修正動議討論終結，應先提付表決；表決得可決時，次序在後之同一事項修正動議，無須再討論及表決；修正動議提付表決時，應連同未修正部分合併宣讀。

第三十八條（表決後不得提出動議）

主席宣告提付表決後，出席委員不得提出其他動議。但與表決有關之程序問題，不在此限。

第三十九條（重付表決）

出席委員對於表決結果提出異議時，經十五人以上連署或附議，得要求重付表決。但以一次為限。用投票或點名方法表決，非有足以明顯影響表決結果之重大瑕疵者，不得要求重付表決。

第四十條（表決結果應報告並記錄）

表決之結果，應當場報告，並記錄之。

第四十一條（不得表決原因）

院會進行中，出席委員對於在場人數提出疑問，經清點不足法定人數時，不得進行表決。

第七章　復　議

第四十二條（一般復議要件）

決議案復議之提出，應具備下列各款：

一　證明動議人確為原案議決時之出席委員，而未曾發言反對原決議案者；如原案議決時，係依表決器或投票記名表決或點名表決，並應證明為贊成原決議案者。

二　具有與原決議案不同之理由。

三　二十人以上之連署或附議。

第四十三條（復議提出與討論時間）

復議動議，應於原案表決後下次院會散會前提出之。但討論之時間，由主席徵得出席委員同意後決定之。

第四十四條（特別議案復議程序）

對於法律案、預算案部分或全案之復議，得於二讀或三讀後，依前兩條之規定行之。

第四十五條（復議表決後不得再復議）

復議動議經表決後，不得再為復議之動議。

第八章　秘密會議

第四十六條（秘密會議召開程序）

本院秘密會議，除討論憲法第六十三條所定各案，或經行政院院長、各部會首長請開者外，應於本院定期院會以外之日期舉行。但有時間性者，不在此限。

在公開會議進行中，有改開秘密會議之必要時，除法律另有規定外，得由主席或出席委員提議改開秘密會議，不經討論，逕付表決。出席委員之提議，並應經十五人以上之連署或附議。

第四十七條（秘密會議人員限制）

本院舉行秘密會議時，除立法委員及由主席指定之列席人員暨會場員工外，其他人員均不得入場。

立法委員憑出席證入場，列席人員及會場員工憑特別通行證入場。

秘密會議開始前，秘書長應將列席人員及會場員工人數、姓名、職別一併報告。

第四十八條（秘密會議文件保密方式）

秘密會議中之秘密文件，由秘書處指定專人蓋印、固封、編定號數，分送各委員簽收；其有收回必要者，當場分發，當場收回，不得攜出會場。

關於繕印、保管、分發秘密文件之手續及指定負責辦理此等事項員工之管理，由秘書處另定辦法，嚴格執行。

第四十九條（秘密會議報告方式）

秘密會議議事日程中政府首長報告案，必要時得列入報告事項第一案。

第五十條（相關人員保密義務）

秘密會議之紀錄及決議，立法委員、列席人員及本院員工，不得以任何方式對外宣洩。

關於秘密會議如須發表新聞時，其稿件應經院長核定之。

第五十一條（秘密會議文件之公開）

秘密會議文件，除法令另有規定者外，於全案通過，總統公布後得予公開。但有關國防外交及其他機密文件已失秘密時效者，得由院長於每會期終了前報告院會解密之。

第五十二條（違反保密義務之處理）

立法委員違反本規則第五十條規定者，應付紀律委員會議處；本院員工違反者，由院長依法處分之；列席人員違反者，由本院函各該主管機關依法辦理。

第九章　議事錄

第五十三條（議事錄應記載事項）

議事錄應記載下列事項：

一　屆別、會次及其年、月、日、時。
二　會議地點。
三　出席者之姓名、人數。
四　請假者之姓名、人數。
五　缺席者之姓名、人數。
六　列席者之姓名、職別。
七　主席。
八　記錄者姓名。
九　報告及報告者姓名、職別暨報告後決定事項。
十　議案及決議。
十一　表決方法及可否之數。
十二　其他事項。

第五十四條（宣讀議事錄）

每次院會之議事錄，於下次院會時由秘書長宣讀，每屆最後一次院會之議事錄，於散會前宣讀。

前項議事錄，出席委員如認為有錯誤、遺漏時，應以書面提出，由主席逕行處理。

第五十五條（議事錄登載公報）

議事錄應印送全體委員，經宣讀後，除認為秘密事項外，並登載本院公報。

第五十六條（院會發言紀錄之印送）

院會中出席委員及列席人員之發言，應由速記人員詳為記錄，並將速記錄印送全體委員。

第十章　附則

第五十七條（委員會特別程序規定）

各種委員會會議關於連署或附議人數，應依本規則所定人數五分之一比例行之。

各種委員會會議得不適用本規則第三十一條之規定。

第五十八條（委員會之討論）

各種委員會會議列席委員得就議案發表意見或詢問。但不得提出程序問題及修正動議。

第五十九條（黨團提案之特別規定）

符合立法院組織法第三十三條規定之黨團，除法律另有規定外，得以黨團名義提案，不受本規則有關連署或附議人數之限制。

第六十條（委員登記發言）

各種委員會委員發言之登記，由委員於開會前一小時起，親自登記於該委員會登記簿，該委員會委員在開會前登記者，得優先發言。

第六十一條（委員會旁聽限制）

各種委員會開會時，除出席、列席、會務工作人員及持本院核發採訪證人員外，其餘人員經會議主席同意後，始得進入旁聽。

第六十二條（旁聽、採訪規則）

本院會議旁聽規則、採訪規則，由院長訂定，報告院會後施行。

第六十三條（施行日期）

本規則由本院會議通過後施行。

本規則中華民國九十六年十一月三十日院會通過之條文，自立法院第七屆立法委員就職日起施行。

立法委員行為法

民國八十八年一月二十五日總統令公布
九十一年一月二十五日總統令修正公布第二八條條文

第一章 總則

第一條（立法目的）
為維護國會尊嚴，確立立法委員倫理風範及行為準則，健全民主政治發展，依立法院組織法第二條制定本法。
本法未規定者，適用其他法律之規定。

第二條（立法委員關係人之定義）
本法所稱立法委員關係人係指下列人員：
一 立法委員之配偶及其直系親屬。
二 立法委員之公費助理。

第二章 倫理規範

第三條（立法委員之權責）
立法委員代表人民依法行使立法權，應恪遵憲法，效忠國家，增進全體人民之最高福祉。

第四條（立法委員之政治倫理）
立法委員應努力貫徹值得國民信賴之政治倫理。如有違反公共利益及公平正義原則，應以誠摯態度面對民眾，勇於擔負政治責任。

第五條（立法委員從事政治活動之規範）
立法委員從事政治活動，應符合國民期待，公正議事，善盡職責，不損及公共利益，不追求私利。

第六條（立法委員應遵守決議）
立法委員對院會通過之決議，應切實遵守。

第七條（立法委員議事之禁止行為）
立法委員應秉持理性問政，共同維護議場及會議室秩序，不得有下列行為：
一 不遵守主席依規定所作之裁示。
二 辱罵或涉及人身攻擊之言詞。
三 發言超過時間，不聽主席制止。
四 未得主席同意，插言干擾他人發言而不聽制止。
五 破壞公物或暴力之肢體動作。
六 占據主席臺或阻撓議事之進行。
七 脅迫他人為議事之作為或不作為。
八 攜入危險物品。
九 對依法行使職權議事人員做不當之要求或干擾。
十 其他違反委員應共同遵守之規章。
違反前項各款情事之一者，主席得交紀律委員會議處。

第三章 義務與基本權益

第八條（宣誓之義務）
立法委員應依法公開宣誓，並遵守誓詞，未經依法宣誓者，不得行使職權。

第九條（會議主席中立之義務）
院會及委員會之會議主席主持會議，應嚴守中立。

第十條（保密之義務）
立法委員依法參加秘密會議時，對其所知悉之事項及會議決議，不得以任何方式，對外洩漏。

第十一條（兼任公營事業機構職務之禁止）
立法委員不得兼任公營事業機構之職務。

第十二條（立法委員之免責權）
立法委員在院內依法行使職權所為之議事行為，依憲法規定，享有免責權。

第十三條（立法委員之待遇）
立法委員待遇之支給，比照中央部會首長之標準。

第十四條（立法委員之保護）
立法委員因行使職權，而受他人強暴、脅迫或恐嚇，致其本人或關係人之生命、身體、自由、名譽或財產受有危害之虞時，得通知治安機關予以保護，治安機關亦應主動予以保護。
前項保護辦法，由行政院會同立法院定之。

第四章 遊說及政治捐獻

第十五條（立法委員受託遊說之法律依據及定義）
立法委員受託對政府遊說或接受人民遊說，在遊說法制定前，依本法之規定。
前項所稱對政府遊說，指為影響政府機關或公營事業決策或處分之作成、修正、變更或廢止，所從事之任何與政府機關或公營事業人員之直接或間接接觸及活動；所稱接受人民遊說，指人民為影響法律案、預算案或其他議案之審議，所從事之任何與立法委員之直接或間接接觸及活動。

第十六條（立法委員受託遊說之限制）
立法委員受託對政府遊說或接受人民遊說，不得涉及財產上利益之期約或授受。

第十七條（司法案件不得遊說）
立法委員不得受託對進行中之司法案件進行遊說。

第十八條（收受政治捐獻之禁止）
立法委員非依法律，不得收受政治捐獻。
立法委員收受政治捐獻，另以法律定之。

第五章 利益之迴避

第十九條（利益之定義）

本章所稱之利益係指立法委員行使職權不當增加其本人或其關係人金錢、物品或其他財產上之價值。

第二十條（涉及利益之迴避）

立法委員行使職權所牽涉或辦理之事務，因其作為獲取前條所規定之利益者，應行迴避。

第二十一條（私人承諾或差別對待之禁止）

立法委員行使職權時，不得為私人承諾，或給予特定個人或團體任何差別對待。

第二十二條（有利益迴避情事之議案應迴避審議及表決）

立法委員行使職權就有利益迴避情事之議案，應迴避審議及表決。

第二十三條（不迴避時紀律委員會之舉發、調查）

立法委員應行迴避而不迴避時，利害關係人得向立法院紀律委員會舉發；紀律委員會亦得主動調查，若調查屬實者，得請其迴避。

第二十四條（列席說明之義務）

立法院紀律委員會處理有關利益迴避情事時，應要求立法委員列席說明。立法委員亦得主動向紀律委員會提出說明。

第六章　紀　律

第二十五條（紀律委員會之職掌）

立法院紀律委員會審議本法所規定之懲戒案。紀律委員會召集委員按月輪值。

第二十六條（移付懲戒）

立法院紀律委員會審議懲戒案件時，被移付懲戒之立法委員得提出說明。紀律委員會委員對關係其個人本身之懲戒案，應自行迴避。

第二十七條（紀律委員會處理之事項）

立法院紀律委員會應每月定期開會一次，必要時得召開臨時會議，處理下列事項：

一　院會主席裁示交付之懲戒案件。

二　院會議決交付之懲戒案件。

三　委員會主席裁決移送院會議決交付之懲戒案件。

紀律委員會召集委員或委員不依前項規定開會處理懲戒案件者，應停止其出席院會四次，本項之處分報告院會即生效。

第二十八條（懲戒案之處分）

立法院紀律委員會審議懲戒案，得按情節輕重提報院會決定為下列之處分：

一　口頭道歉。

二　書面道歉。

三　停止出席院會四次至八次。

四　經出席院會委員三分之二以上同意，得予停權三個月至半年。

前項停權期間之計算及效力範圍如下：

一　停權期間自院會決定當日起算，不扣除休會及停會期間。

二　停權期間禁止進入議場及委員會會議室。

三　停權期間停發歲費及公費。

四　停權期間不得行使專屬於立法委員之選舉權與被選舉權。

第二十九條（懲戒案之不成立）

立法院紀律委員會對應行審議之懲戒案，未能於三個月內完成審議並提報院會者，懲戒案不成立。

第三十條（紀律委員會之調查審議）

立法委員違反本法有關規定者，由立法院紀律委員會主動調查、審議，作成處分建議後，提報院會決定之。紀律委員會不依前項規定進行調查審議者，依第二十七條第二項之規定辦理。

第七章　附　則

第三十一條（施行日期）

本法自公布日施行。

司法院組織法

民國三十六年三月三十一日國民政府公布
三十六年十二月二十五日國民政府修正公布
四十六年十二月十三日總統令修正公布
六十九年六月二十九日總統令修正公布
八十一年十一月二十日總統令修正公布
九十年五月二十三日總統令修正公布
九十八年一月二十一日總統令修正公布
一百零二年五月二十二日總統令修正公布
一百零四年二月四日總統令修正公布
一百零八年十二月三十一日總統令修正公布
一百零九年六月十日總統令修正公布
一百一十一年一月十九日總統令修正公布第九條條文

第一條（立法依據）

本法依憲法第八十二條制定之。

第二條（職權之行使）

司法院行使憲法所賦予之職權。

＊（司法院職權）憲七七、七八。

第三條（大法官之設置及憲法法庭之成立）

司法院置大法官十五人，依法成立憲法法庭行使職權。

＊（大法官）憲七九，憲增修五。

第四條（大法官之資格）

大法官應具有下列資格之一：

一　曾任實任法官十五年以上而成績卓著者。
二　曾任實任檢察官十五年以上而成績卓著者。
三　曾實際執行律師業務二十五年以上而聲譽卓著者。
四　曾任教育部審定合格之大學或獨立學院專任教授十二年以上，講授法官法第五條第四項所定主要法律科目八年以上，有專門著作者。
五　曾任國際法庭法官或在學術機關從事公法學或比較法學之研究而有權威著作者。
六　研究法學，富有政治經驗，聲譽卓著者。

具有前項任何一款資格之大法官，其人數不得超過總名額三分之一。

第一項資格之認定，以提名之日為準。

▲釋五三○。

第五條（大法官之獨立行使職權及其任期）

大法官須超出黨派以外，獨立行使職權，不受任何干涉。

實任法官轉任之大法官任期屆滿者，視同停止辦理審判案件之法官，不計入機關所定員額，支領法官法第七十二條第一項及第二項所定俸給總額之三分之二，並準用政務人員退職撫卹條例之規定。

實任檢察官轉任之大法官任期屆滿者，準用前項規定。

▲釋四七○。

第六條（所轄機關之設置）

司法院設各級法院、行政法院及懲戒法院；其組織均另以法律定之。

第七條（院長職務及正副院長出缺之處理）

司法院院長綜理院務及監督所屬機關。

司法院院長因故不能視事時，由副院長代理其職務。

司法院院長出缺時，由副院長代理；其代理期間至總統提名繼任院長經立法院同意，總統任命之日為止。

司法院副院長出缺時，暫從缺；至總統提名繼任副院長經立法院同意，總統任命之日為止。

司法院院長、副院長同時出缺時，由總統就大法官中指定一人代理院長；其代理期間至總統提名繼任院長、副院長經立法院同意，總統任命之日為止。

＊（司法院院長）憲七九。

第八條（正副秘書長之設置及職務）

司法院置秘書長一人，特任；副秘書長一人，職務列簡任第十四職等，秘書長承院長之命處理本院事務，並指揮、監督所屬職員，副秘書長承院長之命襄助秘書長處理本院事務。

第九條（各廳處之設置）

司法院設下列各廳、處，掌理本院行使職權之相關事項：

一　民事廳。
二　刑事廳。
三　行政訴訟及懲戒廳。
四　少年及家事廳。
五　司法行政廳。
六　憲法法庭書記廳。
七　秘書處。
八　資訊處。
九　公共關係處。
十　新聞及法治宣導處。

第十條（正副廳長正副處長之設置及職務）

司法院各廳各置廳長、副廳長一人，各處各置處長、副處長一人。廳長、處長職務均列簡任第十二職等至第十三職等；副廳長、副處長職務均列簡任第十一職等至第十二職等；其餘所需工作人員，應就本法所定員額內派充之。

前項廳長、處長分別掌理各該廳、處業務；各副廳長、副處長襄助廳長、處長處理業務。

第十一條（參事之設置及職務）

司法院置參事六人至八人，職務列簡任第十二職等至第十三職等，掌理法案、命令之撰擬、審核、法制意見之提供及其他交辦事項。

第十二條（各級人員之職稱、職務列等及員額）

司法院置秘書八人至十四人，職務列薦任第八職等至第九職等，其中七人職務得列簡任第十職等至第十二職等編纂三人，職務列簡任第十職等至第十二職等專門委員八人至十五人高級分析師一人高級管理師一人職務均列簡任第十職等至第十一職等；科長三十一人至五十五人職務列薦任第九職等編審六人至八人專員四十二人至五十四人分析師四人技正一人職務均列薦任第七職等至第九職等設計師三人管理師四人職務均列薦任第六職等至第八職等科員八十七人至一百三十五人職務列委任第五職等或薦任第六職等至第七職等；速記員一人至二人職務列委任第五職等或薦任第六職等至第七職等技士五人職務列委任第五職等或薦任第六職等至第七職等；一等書記官五人至九人職務列薦任第八職等至第九職等；二等書記官六人至九人薦任第六職等至第七職等；三等書記官十二人至十九人委任第四職等至第五職等助理設計師八人職務列委任第五職等或薦任第六職等至第七職等；操作員八人職務列委任第四職等至第五職等其中四人，職務得列薦任第六職等；助理員一人至六人職務列委任第四職等至第五職等；法警一人至三人職務列委任第三職等至第五職等書記二十人至三十人職務列委任第一職等至第三職等。

司法院原依雇員管理規則僱用之現職雇員，其未具公務人員任用資格者，得占用前項書記職缺繼續僱用至離職時為止。

第十三條（法官協助辦理案件）

司法院因業務需要，得調各級法院法官至司法院辦理行政事項。

司法院因大法官審理案件需要，得調實任法官至司法院辦事，承大法官之命，協助辦理案件之審查、法律問題分析、裁判書草擬及其他交辦事項。

第十四條（大法官助理之設置及職務）

司法院置大法官助理十五人至六十人，依相關法令聘用專業人員充任之；承大法官之命，協助辦理案件之審查、爭點整理、資料蒐集及其他交辦事項。

具專業證照執業資格者，經聘用充任大法官助理期間，計入其專業執業年資。

大法官助理之遴聘、訓練、業務管理及考核等相關事項，由司法院定之。

第十五條（人事處、會計處、統計處及政風處之設置及其正副處長職務列等）

司法院設人事處、會計處、統計處及政風處，依法律規定分別辦理人事、歲計、會計、統計及政風事項。

人事處、會計處、統計處及政風處各置處長一人、副處長一人，處長職務列簡任第十二職等至第十三職等；副處長職務列簡任第十一職等至第十二職等；其餘所需工作人員，應就本法所定員額內派充之。

第十六條（各廳處分科辦事）

各廳、處得視業務需要分科辦事；各科於必要時得再分股，股長由薦任秘書、編審、專員、分析師或薦任科員兼任，不另列等。

憲法法庭書記廳辦理支援審判業務事項之科長得由一等書記官兼任，股長得由一等書記官或二等書記官兼任，均不另列等。

第十七條（司法院會議之召開）

司法院院長為集思廣益研商重要事項，得召開司法院會議；其會議規則由司法院定之。

第十八條（依業務需要設委員會）

司法院得因業務需要，於院內設各種委員會；其委員及所需工作人員，由院長就所屬人員中指派兼任之。

第十九條（法官學院之設立）

司法院設法官學院；其組織另以法律定之。

第二十條（司法博物館之設立）

司法院因保存、陳列司法文物需要，得設司法博物館；其組織規程由司法院定之。

第二十一條（處務規程之訂定）

司法院處務規程，由司法院定之。

第二十二條（施行日期）

本法自公布日施行。

本法修正條文自公布日施行。但中華民國一百零八年十二月十日修正之第三條、第九條及第十六條自一百十一年一月四日施行。

憲法訴訟法

民國四十七年七月二十一日總統令公布
八十二年二月三日總統令修正公布全文及法規名稱（原名為「司法院大法官會議法」）
一百零八年一月四日總統令修正公布全文及法規名稱（原名為「司法院大法官審理案件法」）
一百一十二年六月二十一日總統令修正公布第一、三三、五三、五九、六三、九五條條文

第一章 總　則

第一條（憲法法庭審理之案件）
司法院大法官組成憲法法庭依本法之規定審理下列案件：
一 法規範憲法審查及裁判憲法審查案件。
二 機關爭議案件。
三 總統、副總統彈劾案件。
四 政黨違憲解散案件。
五 地方自治保障案件。
六 統一解釋法律及命令案件。
其他法律規定得聲請司法院解釋者，其聲請仍應依其性質，分別適用本法所定相關案件類型及聲請要件之規定。

第二條（憲法法庭之審判長）
憲法法庭審理案件，以並任司法院院長之大法官擔任審判長；其因故不能擔任時，由並任司法院副院長之大法官任之。二人均不能擔任時，由參與案件審理之資深大法官任之；資同由年長者任之。

第三條（審查庭之設置）
憲法法庭得設數審查庭，由大法官三人組成之，依本法之規定行使職權。
審查庭審判長除由並任司法院院長、副院長之大法官擔任外，餘由資深大法官任之；資同由年長者任之。
各審查庭大法官之組成，每二年調整一次。

第四條（審理規則之訂定）
憲法法庭審理規則，由司法院定之。
前項規則由全體大法官議決之。

第五條（法院組織法之準用）
憲法法庭審理案件之司法年度、事務分配、法庭秩序、法庭用語及裁判書公開，除本法或憲法法庭審理規則別有規定外，準用法院組織法規定。

第二章 一般程序規定

第一節 當事人及訴訟代理人

第六條（當事人）
本法所稱當事人，係指下列案件之聲請人及相對人：
一 第三章案件：指聲請之國家最高機關、立法委員、法院及人民。
二 第四章案件：指聲請之國家最高機關，及與其發生爭議之機關。
三 第五章案件：指聲請機關及被彈劾人。
四 第六章案件：指聲請機關及被聲請解散之政黨。
五 第七章案件：指聲請之地方自治團體或其立法、行政機關。
六 第八章案件：指聲請之人民。
受審查法規範之主管機關或憲法法庭指定之相關機關，視為前項之相對人。

第七條（共同聲請）
共同聲請人得由其中選定一人至三人為全體聲請。但撤回聲請案件，應經全體聲請人同意。
共同聲請人逾十人者，未依前項規定選定當事人者，審查庭得限期命為選定；逾期未選定者，審查庭得依職權指定之。
被選定或被指定之人中有因死亡或其他事由喪失其資格者，其他被選定或被指定之人得為全體為訴訟行為；無其他被選定或被指定之人時，準用前項規定。
案件繫屬後經選定或指定當事人者，其他聲請人脫離訴訟。

第八條（訴訟代理人及其資格）
當事人得委任律師為訴訟代理人；除有下列情形之一者外，言詞辯論期日應委任律師為訴訟代理人：
一 當事人或其代表人、法定代理人具有法官、律師或第三項第一款得為訴訟代理人之資格。
二 第六條第二項所稱相對人。
三 被彈劾人已選任辯護人。
每一當事人委任之訴訟代理人不得逾三人。
非律師具有下列情形之一者，亦得為訴訟代理人：
一 法學教授、副教授或助理教授。
二 當事人為公法人、機關、公法上之非法人團體時，其所屬辦理法制或法務相關業務之專任人員。
委任前項非律師為訴訟代理人者，應經憲法法庭審判長許可。
第一項第一款情形，應提出資格證明文件；委任訴訟代理人應提出委任書及受任人之資格證明文件。
訴訟代理人不得委任複代理人。

第二節 迴　避

第九條（自行迴避(一)）
大法官有下列情形之一者，應自行迴避，不得執行職務：
一 大法官或其配偶、前配偶或訂有婚約者，為聲請案件當事人。

二　大法官現為或曾為聲請案件當事人之法定代理人、代表人、家長、家屬、三親等內之血親或二親等內之姻親。
三　大法官曾為聲請案件之證人或鑑定人。
四　大法官曾參與原因案件之裁判或仲裁判斷。
五　大法官曾因執行職務而參與該案件之聲請。
六　大法官曾為聲請案件之訴訟代理人或辯護人。
七　大法官於執行律師業務期間，其同事務所律師為該聲請案件之訴訟代理人或辯護人。

第十條（聲請迴避）

有下列情形之一者，當事人得向憲法法庭聲請大法官迴避：
一　大法官有前條所定情形之一，而不自行迴避。
二　大法官有前條所定以外之情形，足認其執行職務有偏頗之虞。

當事人如已就案件有所聲明或陳述後，不得依前項第二款規定聲請大法官迴避。但其迴避原因發生在後或知悉在後者，不在此限。

第一項聲請，應以書面附具理由為之。

憲法法庭關於聲請迴避之裁定，被聲請迴避之大法官不得參與。

第十一條（自行迴避㈡）

因前二條以外之其他事由，大法官認有自行迴避之必要者，得經其他大法官過半數同意迴避之。

第十二條（現有總額人數之計算）

依本法迴避之大法官，不計入現有總額之人數。

第十三條（書記官及通譯準用迴避之規定）

大法官迴避之規定，於書記官及通譯準用之。

第三節　書狀及聲請

第十四條（書狀應記載事項）

書狀，除本法別有規定外，應記載下列各款事項：
一　當事人姓名、身分證明文件字號及住所或居所；當事人為法人、機關或其他團體者，其名稱及所在地、事務所或營業所。
二　有法定代理人、代表人或管理人者，其姓名、住所或居所，及其與法人、機關或團體之關係。
三　有訴訟代理人或辯護人者，其姓名、職業、住所或居所。
四　應為之聲明。
五　事實上及法律上之陳述。
六　供證明或釋明用之證據。
七　附屬文件之名稱及其件數。
八　憲法法庭。
九　年、月、日。

當事人、法定代理人、代表人、管理人或訴訟代理人應於書狀內簽名或蓋章。

書狀之格式及其記載方法，由司法院定之。

書狀不合程式或有其他欠缺者，審判長應定期間命其補正。

當事人得以科技設備將書狀傳送於憲法法庭；其適用範圍、程序、效力及其他應遵循事項之辦法，由司法院定之。

當事人以科技設備傳送之書狀未依前項辦法為之者，不生書狀提出之效力。

第十五條（聲請書應附具相關佐證資料與補正）

聲請憲法法庭裁判，應以聲請書記載本法規定之應記載事項，並附具相關佐證資料提出於憲法法庭。

前項聲請有下列各款情形之一者，審查庭得以一致決裁定不受理。但其情形可以補正者，審判長應定期間命其補正：
一　聲請人無當事人能力。
二　聲請人未由合法之法定代理人、代表人或管理人為訴訟行為。
三　由訴訟代理人聲請，而其代理權有欠缺。
四　聲請逾越法定期限。
五　本法明定不得聲請或不得更行聲請之事項。
六　對憲法法庭或審查庭之裁判聲明不服。
七　聲請不合程式或不備其他要件。

聲請書未表明聲請裁判之理由者，毋庸命其補正，審查庭得以一致決裁定不受理。

第十六條（法定期間之計算）

當事人不在憲法法庭所在地住居者，計算法定期間，應扣除其在途期間。但有訴訟代理人住居憲法法庭所在地，得為期間內應為之訴訟行為者，不在此限。

前項應扣除之在途期間，由司法院定之。

第十七條（憲法法庭應將聲請書送達於相對人）

除裁定不受理者外，憲法法庭應將聲請書送達於相對人，並得限期命相對人以答辯書陳述意見。

第十八條（聲請書及答辯書之公開）

憲法法庭應於受理聲請案件後，於憲法法庭網站公開聲請書及答辯書。

聲請書或答辯書含有應予限制公開之事項者，得僅就其他部分公開之。

聲請書及答辯書公開之方式及限制公開之事項，由司法院定之。

第十九條（憲法法庭得通知當事人等到庭說明、陳述意見）

憲法法庭審理案件認有必要時，得依職權或依聲請，通知當事人或關係人到庭說明、陳述意見，並得指定專家學者、機關或團體就相關問題提供專業意見或資料。

前項通知或指定，應以通知書送達。

當事人、關係人以外之人民或團體，依第一項指定提出專業意見或資料時，應揭露以下資訊：

一　相關專業意見或資料之準備或提出，是否與當事人、關係人或其代理人有分工或合作關係。
二　相關專業意見或資料之準備或提出，是否受當事人、關係人或其代理人之金錢報酬或資助及其金額或價值。
三　其他提供金錢報酬或資助者之身分及其金額或價值。

第二十條（第三人得經許可提出專業意見或資料）

當事人以外之人民、機關或團體，認其與憲法法庭審理之案件有關聯性，得聲請憲法法庭裁定許可，於所定期間內提出具參考價值之專業意見或資料，以供憲法法庭參考。

前項聲請，應以書面敘明關聯性為之。

當事人以外之人民、機關或團體依裁定許可提出專業意見或資料時，準用前條第三項之規定。

當事人以外之人民、機關或團體依裁定許可提出專業意見或資料時，應委任代理人；其資格及人數依第八條之規定。

憲法法庭審理案件認有必要，通知其裁定許可之當事人以外之人民、機關或團體到庭說明、陳述意見時，應以通知書送達。

第二項人民、機關或團體提出專業意見或資料，經當事人引用者，視為該當事人之陳述。

第二十一條（聲請之撤回）

聲請人於裁判宣示或公告前得撤回其聲請之全部或一部。但聲請案件於憲法上具原則之重要性，憲法法庭得不准許其撤回。

前項撤回，有相對人且經言詞辯論者，應得其同意。

聲請之撤回，應以書面為之。但於言詞辯論期日，得以言詞為之，並記載於筆錄。

前項以言詞所為之聲請撤回，如相對人不在場，應將筆錄送達。

聲請之撤回，相對人於言詞辯論到場，未為同意與否之表示者，自該期日起；其未於言詞辯論到場或係以書面撤回者，自筆錄或撤回書繕本送達之日起，十日內未提出異議者，視為同意撤回。

案件經撤回者，聲請人不得更行聲請。

第二十二條（裁判費）

憲法法庭審理案件，不徵收裁判費。

第二十三條（閱卷規則）

當事人、訴訟代理人及辯護人得聲請閱覽、抄錄、影印或攝影卷內文書，或預納費用請求付與複本。

第三人經當事人同意或釋明有法律上之利害關係者，亦得為前項之聲請。

前二項聲請，應經審查庭裁定許可。

閱卷規則及收費標準，由司法院定之。

第四節　言詞辯論

第二十四條（合併審理）

分別提起之數宗聲請，憲法法庭得合併審理，並得合併裁判。但其聲請審查之法規範或爭議同一者，憲法法庭應就已受理之聲請案件合併審理。

聲請人以同一聲請書聲請數事項，憲法法庭得分別審理，並得分別裁判。

第二十五條（總統、副總統彈劾案件與政黨違憲解散案件應經言詞辯論）

第五章及第六章案件，其判決應本於言詞辯論為之。」

除前項所列案件外，判決得不經言詞辯論為之。

第二十六條（言詞辯論應有大法官現有總額三分之二以上出席參與）

憲法法庭行言詞辯論，應有大法官現有總額三分之二以上出席參與；未參與言詞辯論之大法官不得參與評議及裁判。

經言詞辯論之案件，其裁判應於言詞辯論終結後三個月內宣示之；必要時，得延長二個月。

第二十七條（言詞辯論應於公開法庭行之）

言詞辯論應於公開法庭行之，並應以適當方式實施公開播送。但有妨害國家安全、公共秩序、善良風俗或造成個人生命、身體、隱私或營業秘密重大損害之虞者，得不予公開或播送。

憲法法庭之旁聽、錄音、錄影及其利用保存之辦法，由司法院定之。

第二十八條（言詞辯論期日應通知當事人等到庭）

言詞辯論期日應通知當事人、訴訟代理人或關係人到庭。

訴訟代理人或依第八條毋庸委任訴訟代理人到庭辯論之當事人，無正當理由不到庭者，除本法別有規定外，憲法法庭得逕為裁判。

第二十九條（言詞辯論應製作筆錄）

憲法法庭行言詞辯論時，應製作筆錄。

第五節　裁　判

第三十條（判決應經大法官現有總額三分之二以上參與評議，現有總額過半數同意）

判決，除本法別有規定外，應經大法官現有總額三分之二以上參與評議，大法官現有總額過半數同意。

第三十一條（裁定應經大法官現有總額過半數參與評議，參與大法官過半數同意）

裁定，除本法別有規定外，應經大法官現有總額過半數參與評議，參與大法官過半數同意。

審查庭所為之裁定，除本法別有規定外，應以大法官過半數之意見決定之。

第三十二條（裁定不受理）

聲請不合法或顯無理由者，憲法法庭應裁定不受理。」

聲請案件之受理，除本法別有規定外，應經大法官現有總額三分之二以上參與評議，參與大法官過半數同意未達同意人數者，應裁定不受理。

不受理之裁定應附理由並應記載參與裁定之大法官姓名及其同意與不同意之意見。

第三十三條（判決書應記載事項）

判決應作判決書，記載下列事項：

一　當事人姓名、住所或居所；當事人為法人、機關或其他團體者，其名稱及所在地、事務所或營業所。

二　有法定代理人、代表人、管理人者，其姓名、住所或居所及其與法人、機關或團體之關係。

三　有訴訟代理人或辯護人者，其姓名、住所或居所。

四　案由。

五　主文。

六　理由。

七　年、月、日。

八　憲法法庭。

判決書應記載參與判決之大法官姓名及其同意與不同意主文之意見，並標示主筆大法官。

判決得於主文諭知執行機關、執行種類及方法。

理由項下，應記載當事人陳述之要旨、受理依據，及形成判決主文之法律上意見。

第三十四條（裁定之準用）

前條第一項及第三項規定，於裁定準用之。

裁定除本法別有規定外，得不附理由。

第三十五條（協同意見書與部分或全部之不同意見書之提出）

大法官贊成裁判之主文，而對其理由有補充或不同意見者，得提出協同意見書。

大法官對於裁判之主文，曾於評議時表示部分或全部不同意見者，得提出部分或全部之不同意見書。

第三十六條（判決與裁定之宣示與公告）

經言詞辯論之判決，應宣示之；不經言詞辯論之判決，應公告之。

經言詞辯論之裁定，應宣示之；終結訴訟之裁定，應公告之。

裁判應以正本送達當事人及指定之執行機關。但不受理裁定僅送達聲請人。

各大法官之協同意見書或不同意見書，由憲法法庭隨同裁判一併公告及送達。

第三十七條（裁判之生效）

裁判自宣示或公告之日起發生效力。

未經宣示或公告之裁定，自送達之日起發生效力。

第三十八條（判決之拘束力）

判決，有拘束各機關及人民之效力；各機關並有實現判決內容之義務。

前項規定，於憲法法庭所為之實體裁定準用之。

第三十九條（就裁判不得聲明不服）

對於憲法法庭及審查庭之裁判，不得聲明不服。

第四十條（經憲法法庭為判決或實體裁定之案件，不得更行聲請）

案件經憲法法庭為判決或實體裁定者，聲請人不得更行聲請。

第四十一條（以裁定宣告判決效力及於其他案件）

憲法法庭就第三章、第四章、第七章及第八章聲請案件之判決，應以裁定宣告判決效力及於其他以同一法規範或爭議聲請而未及併案審理之案件。但該其他聲請案件，以於判決宣示或公告前已向憲法法庭聲請，且符合受理要件者為限。

前項裁定之評決，依案件性質準用第三十二條或第八十七條關於受理之規定，並應附具理由。

前二項規定，於第五十九條及第八十三條案件，不適用之。

第四十二條（一事不再理）

法規範審查案件或機關爭議案件，經司法院解釋或憲法法庭判決宣告不違憲或作成其他憲法判斷者，除有本條第二項或第三項之情形外，任何人均不得就相同法規範或爭議聲請判決。

各法院、人民或地方自治團體之立法或行政機關，對於經司法院解釋或憲法法庭判決宣告未違憲之法規範，因憲法或相關法規範修正，或相關社會情事有重大變更，認有重行認定與判斷之必要者，得分別依第三章或第七章所定程序，聲請憲法法庭為變更之判決。

國家最高機關就機關爭議事項，有前項情形者，得依第四章所定程序，聲請憲法法庭為變更之判決。

第四十三條（暫時處分之裁定）

聲請案件繫屬中，憲法法庭為避免憲法所保障之權利或公益遭受難以回復之重大損害，且有急迫必要性，而無其他手段可資防免時，得依聲請或依職權，就案件相關之爭議、法規範之適用或原因案件裁判之執行等事項，為暫時處分之裁定。

憲法法庭為前項裁定前，得命當事人或關係人陳述意見或為必要之調查。

暫時處分之裁定，應經大法官現有總額三分之二以上參與評議，大法官現有總額過半數同意，並應附具理由。

暫時處分有下列情形之一者，失其效力：

一　聲請案件業經裁判。

二　裁定後已逾六個月。

三　因情事變更或其他特殊原因，經憲法法庭依前項之評決程序裁定撤銷。

第四十四條（評議過程應保密）

憲法法庭審理案件評議之過程應嚴守秘密。

第六節　準用規定

第四十五條（總統副總統彈劾案件與政黨違憲解散案件必要時得為搜索或扣押）

憲法法庭審理第五章及第六章案件，必要時得為搜索或扣押，並得囑託地方法院或調度司法警察為之。

前項程序準用刑事訴訟法及調度司法警察條例有關之規定。

第四十六條（行政訴訟法之準用）

行政訴訟法之規定，除本法或審理規則別有規定外，與本法性質不相牴觸者準用之。

第三章　法規範憲法審查及裁判憲法審查案件

第一節　國家機關、立法委員聲請法規範憲法審查

第四十七條（機關行使職權適用法規範有牴觸憲法疑慮得聲請憲法審查）

國家最高機關，因本身或下級機關行使職權，就所適用之法規範，認有牴觸憲法者，得聲請憲法法庭為宣告違憲之判決。

下級機關，因行使職權，就所適用之法規範，認有牴觸憲法者，得報請上級機關為前項之聲請。

中央行政機關組織基準法所定相當二級機關之獨立機關，於其獨立行使職權，自主運作範圍內，準用第一項規定。

第四十八條（機關得自行排除疑義者不得聲請）

前條之法規範牴觸憲法疑義，各機關於其職權範圍內得自行排除者，不得聲請。

第四十九條（立法委員行使職權認法規範牴觸憲法得聲請憲法審查）

立法委員現有總額四分之一以上，就其行使職權，認法律位階法規範牴觸憲法者，得聲請憲法法庭為宣告違憲之判決。

第五十條（聲請書應記載事項）

本節聲請，應以聲請書記載下列事項：

一　聲請機關名稱、代表人及機關所在地，或聲請人姓名、住所或居所及應為送達之處所。
二　有訴訟代理人者，其姓名、職業、住所或居所。
三　應受判決事項之聲明。
四　法規範違憲之情形及所涉憲法條文或憲法上權利。
五　聲請判決之理由及聲請人對本案所持之法律見解。
六　關係文件之名稱及件數。

第五十一條（違憲判決）

憲法法庭認法規範牴觸憲法者，應於判決主文宣告法規範違憲。

第五十二條（違憲判決之效力）

判決宣告法規範違憲且應失效者，該法規範自判決生效日起失效。但主文另有諭知溯及失效或定期失效者，依其諭知。

判決宣告法規範定期失效者，其所定期間，法律位階法規範不得逾二年，命令位階法規範不得逾一年。

第五十三條（法規範立即失效或溯及失效之處理）

判決宣告法規範立即失效或溯及失效者，於判決前已繫屬於各法院而尚未終結之案件，各法院應依判決意旨為裁判。

判決前適用立即失效之法規範作成之確定裁判，其效力除法律另有規定外，不受影響。

判決前以溯及失效之法規範為基礎作成之確定裁判，得依法定程序或判決意旨救濟之；其為刑事確定裁判者，檢察總長得據以提起非常上訴。

第五十四條（法規範經判決宣告定期失效之處理）

判決宣告法律位階法規範定期失效者，除主文另有諭知外，於期限屆至前，各法院審理案件，仍應適用該法規範。但各法院應審酌人權保障及公共利益之均衡維護，於必要時得依職權或當事人之聲請，裁定停止審理程序，俟該法規範修正後，依新法續行審理。

駁回前項聲請之裁定，得為抗告。

第二節　法院聲請法規範憲法審查

第五十五條（法院審理案件中得聲請憲法審查）

各法院就其審理之案件，對裁判上所應適用之法律位階法規範，依其合理確信，認有牴觸憲法，且於該案件之裁判結果有直接影響者，得聲請憲法法庭為宣告違憲之判決。

第五十六條（聲請書應記載事項）

本節聲請，應以聲請書記載下列事項：

一　聲請法院及其法官姓名。
二　應受判決事項之聲明。
三　應受審查法律位階法規範違憲之情形及所涉憲法條文或憲法上權利。
四　聲請判決之理由、應受審查法律位階法規範在裁判上適用之必要性及客觀上形成確信其違憲之法律見解。
五　關係文件之名稱及件數。

第五十七條（因聲請憲法審查裁定停止程序之處理）

各法院就其審理之原因案件，以本節聲請為由而裁定停止程序時，應附以前條聲請書為裁定之一部。如有急迫情形，並得為必要之處分。

第五十八條（相關規定之準用）

第五十一條至第五十四條規定，於本節案件準用之。

第三節　人民聲請法規範憲法審查及裁判憲法審查

第五十九條（人民聲請法規範憲法審查或裁判憲法審查）

人民於其憲法上所保障之權利，遭受不法侵害，經依法定程序用盡審級救濟程序，對於所受不利確定終局裁判，或該裁判及其所適用之法規範，認有牴觸憲法者，得聲請憲法法庭為宣告違憲之判決。

前項聲請，應自用盡審級救濟之最終裁判送達後翌日起之六個月不變期間內為之。

第六十條（聲請書應記載事項）

本節聲請，應以聲請書記載下列事項：

一　聲請人姓名、身分證明文件字號、住所或居所及應為送達之處所；聲請人為法人或其他團體者，其名稱及所在地、事務所或營業所。

二　有法定代理人、代表人或管理人者，其姓名、身分證明文件字號、住所或居所。

三　有訴訟代理人者，其姓名、職業、住所或居所。

四　應受判決事項之聲明。

五　確定終局裁判所適用之法規範或該裁判違憲之情形，及所涉憲法條文或憲法上權利。

六　聲請判決之理由及聲請人對本案所持之法律見解。

七　確定終局裁判及遵守不變期間之證據。

八　關係文件之名稱及件數。

第六十一條（人民聲請案件受理原則）

本節案件於具憲法重要性，或為貫徹聲請人基本權利所必要者，受理之。

審查庭就承辦大法官分受之聲請案件，得以一致決為不受理之裁定，並應附理由；不能達成一致決之不受理者，由憲法法庭評決受理與否。

前項一致決裁定作成後十五日內，有大法官三人以上認應受理者，由憲法法庭評決受理與否；未達三人者，審查庭應速將裁定公告並送達聲請人。

第六十二條（違憲判決）

憲法法庭認人民之聲請有理由者，應於判決主文宣告該確定終局裁判違憲，並廢棄之，發回管轄法院；如認該確定終局裁判所適用之法規範違憲，並為法規範違憲之宣告。

第五十一條及第五十二條規定，於前項判決準用之。

第六十三條（法規範立即失效或溯及失效之準用）

本節案件判決宣告法規範立即或溯及失效者，除本法別有規定外，準用第五十三條規定。

第六十四條（法規範經判決宣告定期失效之處理）

判決宣告法規範定期失效者，於期限屆至前，審理原因案件之法院應依判決宣告法規範違憲之意旨為裁判，不受該定期失效期限之拘束。但判決主文另有諭知者，依其諭知。

前項法規範定期失效之情形，各法院於審理其他案件時，準用第五十四條規定。

第四章　機關爭議案件

第六十五條（機關爭議案件）

國家最高機關，因行使職權，與其他國家最高機關發生憲法上權限之爭議，經爭議之機關協商未果者，得聲請憲法法庭為機關爭議之判決。

前項聲請，應於爭議機關協商未果之日起六個月之不變期間內為之。

第一項爭議機關協商未果之事實，聲請機關應釋明之。

第六十六條（聲請書應記載事項）

前條聲請，應以聲請書記載下列事項：

一　聲請機關名稱、代表人及機關所在地。

二　發生爭議之相對機關名稱、代表人及機關所在地。

三　有訴訟代理人者，其姓名、職業、住所或居所。

四　應受判決事項之聲明。

五　爭議之性質與發生爭議機關間之協商經過及所涉憲法條文或憲法上權限。

六　聲請判決之理由及聲請機關對本案所持之見解。

七　遵守不變期間之證據。

八　關係文件之名稱及件數。

第六十七條（憲法法庭應於判決主文確認相關機關之權限）

本章案件，憲法法庭應於判決主文確認相關機關之權限，亦得視案件情形，另於主文為其他適當之諭知。

第五章　總統、副總統彈劾案件

第六十八條（總統、副總統彈劾案件）

立法院得依憲法增修條文第四條第七項規定，就總統、副總統提出彈劾案聲請憲法法庭為宣告彈劾成立之判決。

前項聲請，應以聲請書記載下列事項：

一　聲請機關名稱、代表人及機關所在地。

二　有訴訟代理人者，其姓名、職業、住所或居所。

三　被彈劾人之姓名、住所或居所。

四　彈劾案決議作成之程序。

五　彈劾之原因事實、證據及應予解職之理由。

六　關係文書之名稱及件數。

第六十九條（裁定不受理等情形）

本章案件程序之進行，不因被彈劾人卸任、立法院之解散或該屆立法委員任期屆滿而受影響。但被彈劾人於判決宣示前辭職、去職或死亡者，憲法法庭應裁定不受理。

第七十條（聲請之撤回）

案件之聲請，得於宣示判決前經立法院全體委員三分之二以上之決議撤回。

聲請之撤回應以書面為之，並附具前項決議文正本。」

經撤回者，聲請機關就同一原因事實不得更行聲請。

第七十一條（言詞辯論）

審判長認已適於為言詞辯論時，應速定言詞辯論期日。

前項言詞辯論期日，距聲請書之送達，至少應有二十日為就審期間。

第七十二條（選任辯護人）

被彈劾人得選任辯護人為其辯護。

辯護人應由律師充之。但經審判長許可者，亦得選任非律師為辯護人。

辯護人有數人者，送達文書應分別為之。

本法關於訴訟代理人之規定，於辯護人準用之。

第七十三條（再定期日仍未到庭得逕為裁判）

言詞辯論期日，如有當事人一造未到庭者，應再定期日。

前項再定期日，聲請機關或被彈劾人未到庭者，得逕為裁判。

第七十四條（言詞辯論之進行）

言詞辯論期日，聲請機關及被彈劾人應依序陳述彈劾意旨及就彈劾事實為答辯。

被彈劾人答辯後，審判長應調查證據，並應命依下列次序就事實及法律辯論之：

一　聲請機關。

二　被彈劾人。

三　辯護人。

已辯論者，得再為辯論；審判長亦得命再行辯論。

審判長於宣示辯論終結前，最後應訊問被彈劾人有無陳述。

第七十五條（宣告彈劾成立之判決）

宣告彈劾成立之判決，其評決應經大法官現有總額三分之二以上同意，主文並應諭知被彈劾人解除職務。

評決未達前項同意人數者，應為彈劾不成立之判決。

第七十六條（裁判期限）

憲法法庭應於收受彈劾案件聲請之日起六個月內為裁判。

第六章　政黨違憲解散案件

第七十七條（政黨違憲解散案件）

政黨之目的或行為，危害中華民國之存在或自由民主之憲政秩序者，主管機關得聲請憲法法庭為宣告政黨解散之判決。

第七十八條（聲請書應記載事項）

前條聲請，應以聲請書記載下列事項：

一　聲請機關名稱、代表人及機關所在地。

二　被聲請解散政黨之名稱及所在地，其代表人之姓名、住所或居所。

三　聲請解散政黨之意旨。

四　政黨應予解散之原因事實及證據。

五　關係文件及件數。

第七十九條（聲請機關應檢附證據）

聲請機關就政黨應予解散之原因事實，應檢附證據。」

憲法法庭於言詞辯論期日前，認為聲請機關所舉事證顯有不足時，應定期間命其補正；逾期未補正者，得裁定不受理。

聲請機關就前項經裁定不受理之同一原因事實案件，不得更行聲請。

第八十條（宣告政黨解散之判決）

宣告政黨解散之判決，其評決應經大法官現有總額三分之二以上同意。

評決未達前項同意人數時，應為不予解散之判決。

第八十一條（相關規定之準用）

本章案件，準用第七十一條及第七十四條規定。

第七章　地方自治保障案件

第八十二條（地方自治保障案件㈠）

地方自治團體之立法或行政機關，因行使職權，認所應適用之中央法規範牴觸憲法，對其受憲法所保障之地方自治權有造成損害之虞者，得聲請憲法法庭為宣告違憲之判決。

前項案件，準用第五十條至第五十四條規定。

第八十三條（地方自治保障案件㈡）

地方自治團體，就下列各款事項，依法定程序用盡審級救濟而受之不利確定終局裁判，認為損害其受憲法所保障之地方自治權者，得聲請憲法法庭為宣告違憲之判決：

一　自治法規，經監督機關函告無效或函告不予核定。

二　其立法機關議決之自治事項，經監督機關函告無效。

三　其行政機關辦理之自治事項，經監督機關撤銷、變更、廢止或停止其執行。

前項聲請，應於確定終局裁判送達後六個月之不變期間內為之。

第一項案件，準用第六十條、第六十一條及第六十二條第一項前段規定。

第八章 統一解釋法律及命令案件

第八十四條（統一解釋法律及命令案件）

人民就其依法定程序用盡審級救濟之案件，對於受不利確定終局裁判適用法規範所表示之見解，認與不同審判權終審法院之確定終局裁判適用同一法規範已表示之見解有異，得聲請憲法法庭為統一見解之判決。

前項情形，如人民得依法定程序聲明不服，或後裁判已變更前裁判之見解者，不得聲請。

第一項聲請，應於該不利確定終局裁判送達後三個月之不變期間內為之。

第八十五條（聲請書應記載事項）

前條聲請，應以聲請書記載下列事項：

一 聲請人姓名、身分證明文件字號、住所或居所及應為送達之處所；聲請人為法人或其他團體者，其名稱及所在地、事務所或營業所。

二 有法定代理人、代表人或管理人者，其姓名、身分證明文件字號、住所或居所。

三 有訴訟代理人者，其姓名、職業、住所或居所。

四 應受判決事項之聲明。

五 見解發生歧異之經過及所涉法規範。

六 聲請判決之理由及聲請人對本案所持之法律見解。

七 遵守不變期間之證據。

八 關係文件之名稱及件數。

第八十六條（憲法法庭得函請各該終審法院說明）

憲法法庭審理本章案件時，就不同審判權之終審法院，對於確定終局裁判適用同一法規範所生之歧異見解，得函請各該終審法院說明。

第八十七條（統一解釋法律及命令案件之受理及其評決）

本章案件之受理及其評決，應有大法官現有總額過半數參與評議，參與評議大法官過半數同意；未達同意受理人數者，應裁定不受理。

第八十八條（救濟與非常上訴）

憲法法庭判決就法規範所表示之見解與原因案件確定終局裁判有異時，聲請人得依法定程序或判決意旨請求救濟；原因案件為刑事確定裁判者，檢察總長亦得據以提起非常上訴。

第八十九條（憲法法庭判決之效力）

憲法法庭就法規範見解所為之統一解釋判決，各法院應依判決意旨為裁判。

前項判決不影響各法院已確定裁判之效力。

第九章 附則

第九十條（修法前已繫屬而尚未終結之案件之適用(一)）

本法修正施行前已繫屬而尚未終結之案件，除本法別有規定外，適用修正施行後之規定。但案件得否受理，依修正施行前之規定。

本法修正施行前已繫屬而尚未終結之原第五條第一項第一款前段、第三款前段及第七條第一項第一款案件，其審理程序分別準用修正施行後第三章第一節及第八章之規定。

第九十一條（修法前已繫屬而尚未終結之案件之適用(二)）

本法修正施行前已繫屬而尚未終結之人民聲請法規範憲法審查案件，不適用第六十二條第一項前段關於宣告確定終局裁判違憲並廢棄發回管轄法院之規定。

前項聲請案件，判決宣告法規範違憲且應失效者，就已確定之原因案件，聲請人得依法定程序或判決意旨請求救濟；原因案件為刑事確定裁判者，檢察總長亦得據以提起非常上訴。

第一項聲請案件，自聲請案件繫屬之日起至判決送達聲請人之日止，不計入法律規定原因案件再審之最長期間。

第九十二條（修法前已送達之確定終局裁判不得聲請憲法審查）

第五十九條第一項之裁判憲法審查案件，聲請人所受之確定終局裁判於本法修正施行前已送達者，不得聲請。但在本法修正施行前已援用大法庭之法律見解之裁判，得於本法修正施行後六個月內聲請。

第五十九條第一項之法規範憲法審查案件或第八十三條第一項之案件，聲請人所受之確定終局裁判於本法修正施行前已送達者，六個月之聲請期間，自本法修正施行日起算；其案件之審理，準用第九十條第一項但書及第九十一條之規定。

前項案件，除刑事確定終局裁判外，自送達時起已逾五年者，不得聲請。

依第六十五條第一項聲請之案件，其爭議發生於本法修正施行前者，六個月之聲請期間，自本法修正施行日起算。

第九十三條（服制及法庭之席位布置）

大法官、律師及書記官於憲法法庭執行職務時，應服制服。

前項人員之服制及法庭之席位布置，由司法院定之。

第九十四條（訴訟卷宗保管歸檔及其保存規定之訂定）

大法官審理案件之訴訟卷宗保管、歸檔及其保存規定，由司法院定之。

卷宗滅失事件之處理，準用民刑事訴訟卷宗滅失案件處理法之規定。

第九十五條（施行日期）

本法自公布後三年施行。

本法修正條文施行日期由司法院以命令定之。

憲法法庭審理規則

民國一百一十年六月三十日司法院令發布全文

第一章　總　則

第一條（訂定依據）

本規則依憲法訴訟法（以下簡稱本法）第四條訂定之。

第二條（憲法法庭審理案件適用本規則）

憲法法庭審理案件，其程序除依本法之規定外，適用本規則之規定。

第一節　憲法法庭及審查庭之組成

第三條（憲法法庭之組成）

憲法法庭得依大法官現有總額設數審查庭，由具有司法院組織法第四條第一項所列不同款資格或不同專業領域之大法官三人組成之；未滿三人者由其他審查庭大法官支援組成之。

審查庭審判長及庭別次序依本法第三條第二項規定定之。

第四條（研究法官及大法官助理）

各大法官因審理案件需要，得配置研究法官一人及大法官助理若干人，二者之人數合計不逾五人。

第二節　司法年度及事務分配

第五條（司法年度）

憲法法庭審理案件之司法年度，每年自一月一日起至十二月三十一日止。

第六條（得舉行行政會議之情形）

大法官為議決下列事項，得舉行行政會議：

一　年度事務分配、代理次序及大法官之席次。

二　審理案件相關規則之訂定及修正。

三　其他與審理案件相關之行政事項。

任一大法官就前項各款事項，得請求召開行政會議。

第七條（行政會議之召開）

行政會議由並任司法院院長之大法官召開並擔任主席；其因故不能召開或擔任主席時，依序由並任副院長之大法官、資深大法官召開或擔任主席；資同由年長者為之。

行政會議之決議，除法令別有規定外，應經大法官現有總額過半數出席，出席大法官過半數同意。可否同數時，取決於主席。

第三節　法庭之開閉及秩序

第八條（大法官蒞庭時在庭之人均應起立）

大法官蒞庭，在庭之人均應起立；審判長宣示裁判時，亦同。

第九條（公開審理原則）

憲法法庭開庭以公開為原則。但有妨害國家安全、公共秩序、善良風俗，或造成個人生命、身體、隱私或營業秘密重大損害之虞者，得不予公開；審判長並應宣示不公開之理由。

第十條（審判長之指揮權）

審判長於憲法法庭之開閉及審理訴訟，有指揮之權。

第十一條（審判長之維持秩序權）

憲法法庭開庭時，審判長有維持秩序之權。

憲法法庭開庭時，有妨害法庭秩序或其他不當行為者，審判長得禁止其進入法庭或命其退出法庭，必要時得命看管至閉庭時。

律師在憲法法庭代理訴訟或辯護案件，其言語行動如有不當，審判長得加以警告或禁止其開庭當日之代理或辯護。非律師而為訴訟代理人或辯護人者，亦同。

第四節　法庭之用語

第十二條（文字之使用）

憲法訴訟文書應用我國文字。但有供參考之必要時，得附記所用之外國文字。

前項文書所附證據及文件內容為外國文字者，憲法法庭得命提出我國文字之譯本或註解。

第二章　一般程序規定

第一節　當事人及訴訟代理人

第十三條（訴訟代理人之選任資格）

行言詞辯論案件之當事人，無資力委任訴訟代理人參與言詞辯論者，得釋明其事由聲請憲法法庭選任訴訟代理人。

憲法法庭得選任具下列資格之人為其訴訟代理人：

一　律師。

二　法學教授、副教授或助理教授。

第二節　迴　避

第十四條（大法官之迴避）

大法官於下列情形，應以書面敘明自行迴避之事由，並得附具相關資料，向憲法法庭提出：

一　有本法第九條各款應自行迴避之事由者。

二　因本法第九條、第十條以外之其他事由，認有自行迴避之必要者。

前項第一款情形，應經憲法法庭確認之；前項第二款情形，得經其他大法官過半數同意迴避之。

筆錄、裁判應記載迴避之大法官。

第十五條（得駁回迴避聲請之事由）

聲請迴避未以書面附具理由，聲請不合法或無理由者，得以裁定或於本案裁判併予駁回。

第十六條（迴避聲請應經裁定始得迴避）

被聲請迴避之大法官，以該聲請為有理由者，應經憲法法庭裁定始得迴避。

第十七條（訴訟程序不因迴避聲請停止）

迴避之聲請，除憲法法庭認有必要外，不停止訴訟程序。

第三節　書狀及聲請

第十八條（命提出補充書狀）

憲法法庭認有必要時，得限期命聲請人、相對人就他造之主張提出補充聲請書、補充答辯書。

聲請人於收受答辯書後，認有補充主張必要，得於七日內提出補充聲請書於憲法法庭；相對人於收受補充聲請書後，認有補充答辯必要，得於七日內提出補充答辯書於憲法法庭。補充書狀之提出，除另依憲法法庭所命提出者外，各以一次為限。

第十九條（聲請回復原狀㈠）

因天災或其他不應歸責於聲請人之事由，致遲誤不變期間者，於其原因消滅後一個月內，得聲請回復原狀。

前項期間不得伸長或縮短之。

遲誤不變期間已逾一年者，不得聲請回復原狀。

聲請回復原狀，應以聲請書釋明遲誤期間之原因及其消滅時期，並應同時補行期間內應為之聲請。

第二十條（聲請回復原狀㈡）

回復原狀之聲請，與補行之聲請合併裁判之。

第二十一條（送達代收人之指定）

當事人、訴訟代理人、辯護人或關係人，於中華民國無住居所、事務所及營業所者，應指定送達處所在中華民國之送達代收人，向憲法法庭陳明。

第二十二條（電子訴訟文書之送達）

應受送達人以司法院電子訴訟文書（含線上起訴）服務平台寄送書狀者，憲法法庭經應受送達人同意，得將電子書狀複本、開庭通知書、裁判及意見書傳送至司法院電子訴訟文書（含線上起訴）服務平台，以為送達。

前項規定，於對受逮捕拘禁之人為送達時，不適用之。」

第一項傳送，依憲法訴訟書狀使用科技設備傳送辦法之規定。

第一項情形，書記官應列印送達證書附卷。

第二十三條（書狀之提出）

當事人、訴訟代理人或辯護人就他造之主張或為準備言詞辯論提出之書狀及附具之證據、文件，除提出正本於憲法法庭外，應以複本直接通知他造；直接通知有困難者，得聲請憲法法庭送達。

前項複本與正本不符時，以提出於憲法法庭之正本為準。

第二十四條（聲請書及答辯書之公開）

憲法法庭應於受理聲請案件後，於憲法法庭網站公開聲請書及答辯書；憲法法庭認有必要時，得提前公開之。

第二十五條（專業意見或資料之提出）

當事人以外之人民、機關或團體，認其與憲法法庭審理之案件有關聯性，得於憲法法庭公開聲請書、答辯書後三十日內，聲請憲法法庭裁定許可，就聲請案件提出具參考價值之專業意見或資料。

前項三十日之聲請期間，憲法法庭認為必要時，得裁定延展之。

第一項具參考價值之專業意見或資料，應以當事人或關係人所未主張者為原則，並以提出一次為限。

第四節　分案及審查庭之程序審查

第二十六條（案件之編號）

聲請憲法法庭裁判案件，應按案件繫屬先後之順序編定號次，以電腦系統隨機輪分予大法官承辦並由其所屬審查庭進行程序審查。

第二十七條（得定期命補正之情形）

審查庭審查聲請案件，認有本法第十四條第四項及第十五條第二項各款情形可以補正者，由審判長定期命補正。但顯無必要者，不在此限。

第二十八條（審查聲請案件時得通知當事人、關係人及有關機關說明）

審查聲請案件，大法官得通知當事人、關係人及有關機關說明，或為其他必要處置。

第二十九條（審查報告之提出）

承辦大法官審查聲請案件，應提出審查報告，送所屬審查庭其他大法官表示意見。

前項審查報告，認應受理者，應擬具爭點分析及建議受理之理由；認應不受理者，應起草附理由之不受理裁定。

第三十條（審查庭一致決裁定不受理之處理）

本法所定聲請案件，經審查庭以一致決裁定不受理者，應將不受理裁定上傳於憲法法庭審判作業系統。於上傳之翌日起十五日內，有大法官三人以上提出書面意見，認應受理者，由憲法法庭評決受理與否；未達三人者，審查庭應速將裁定公告並送達聲請人。

應送憲法法庭評決之聲請案件，審查庭應於審查報告附記意見，送憲法法庭。

第三十一條（案件應以裁定宣告受前案判決效力所及者之處理）

聲請案件符合本法第四十一條第一項，應以裁定宣告受前案判決效力所及者，由承辦大法官起草附理由之裁定草案，經審查庭審查後送憲法法庭評議。

第三十二條（評議次序之排定）

聲請案件應由憲法法庭評決受理與否者，除憲法法庭另有決議外，按審查庭提出審查報告之先後順序，排定評議次序。

第三十三條（定審理案件次序斟酌之因素）

憲法法庭審理受理聲請案件之次序，斟酌下列因素定之：

一　評決受理之先後。

二　案件之重要性及急迫性。

三　案件準備之程度。

第五節　言詞辯論

第三十四條（行言詞辯論前得行準備程序）

憲法法庭審理案件，得為必要之調查與處置。

憲法法庭行言詞辯論前，得行準備程序；必要時，並得指定大法官行之。

言詞辯論期日之通知書，至遲應於二十日前送達當事人。

第三十五條（受理併案之公告）

行言詞辯論案件之受理併案，應於言詞辯論期日公告前為之。

第三十六條（言詞辯論之流程）

言詞辯論期日，當事人、訴訟代理人、辯護人之發言時間由憲法法庭定之。

大法官得於任何時點中斷當事人、訴訟代理人或辯護人之陳述並為發問。

當事人之訴訟代理人或辯護人有數人者，除另得審判長之許可外，由一人代表為陳述或辯論。

前三項規定，於關係人、鑑定人、憲法法庭裁定許可之當事人以外之人民、機關或團體，亦適用之。

第三十七條（審判長得命當事人交互詢答）

審判長得依聲請或依職權命當事人交互詢答。

第三十八條（言詞辯論筆錄之公開）

憲法法庭書記官應作言詞辯論筆錄，公開於憲法法庭網站。但其程序依第九條規定不公開者，不在此限。

第三十九條（得以視訊方式行言詞辯論之情形）

應於憲法法庭準備程序或言詞辯論到庭陳述之人，其所在處所或所在地法院與憲法法庭間，有影音即時相互傳送之科技設備者，憲法法庭認為適當時，得許其於所在處所或所在地法院利用該科技設備陳述之。

因天災、不可抗力或其他事變，憲法法庭認不能或不宜於憲法法庭之所在行準備程序或言詞辯論時，得以指定適當科技設備即時相互傳送影音或聲音之方式，於指定之適當處所行之。

憲法法庭以前項方式所行審理，其非依法不得公開者，應指定適當之播送方式公開之。

第一項及第二項以影音或聲音即時相互傳送之科技設備審理之作業規定另定之。

第六節　裁　判

第四十條（案件經受理後仍得裁定不受理）

聲請案件經憲法法庭受理後，仍得裁定不受理。

第四十一條（決定草擬判決之主筆大法官之依據）

受理之聲請案件，其判決主文草案經憲法法庭評決後，依下列次序決定草擬判決之主筆大法官：

一　與多數意見相同之原承辦大法官。

二　多數意見大法官所推舉之大法官；不能推舉者，由審判長從中指定之；審判長為少數意見時，由持多數意見之大法官中最資深者從中指定之。

前項第二款主筆大法官之決定，應斟酌案件爭點所涉領域及大法官案件負擔之公平性。

第四十二條（判決草案之提出）

主筆大法官應於評決判決主文草案之翌日起五十日內，提出經多數大法官同意之判決草案於憲法法庭。

前項五十日之期間，必要時審判長得延長之。

審判長徵詢大法官意見後，應指定確認判決文本評議期日；該期日與判決草案提出日間應至少間隔十日。

大法官之協同或不同意見書，應於確認判決文本評議期日三日前提出於憲法法庭。

第四十三條（評決不受理裁定之準用）

前二條規定於憲法法庭評決不受理裁定準用之。

第四十四條（判決及裁定之簽名）

參與裁判之大法官，應於判決、本法第四十一條及第四十三條裁定簽名。

大法官因故不能簽名者，由審判長附記其事由；審判長因故不能簽名者，由參與裁判之大法官依其年資深者資同由年長者依序附記之。

第四十五條（不受理裁定之簽名或蓋章）

審查庭大法官應於不受理裁定簽名或蓋章。

應送憲法法庭評決之聲請案，以憲法法庭評議確認之最後文本為原本。除本規則另有規定外，原本以憲法法庭確認裁判文本評議紀錄證之。

第四十六條（意見書原本之簽名）

大法官應於其提出之意見書原本簽名。

加入意見書之大法官，應提出書面載明加入之範圍，並簽名；前開書面於意見書已於確認裁判文本評議時提出並經評議確認加入前開事項者，得以確認裁判文本評議紀錄代之。

第四十七條（宣示裁判於公開法庭為之）

宣示裁判，於公開法庭為之，並朗讀主文，必要時簡述理由；各大法官有提出意見書者，並應一併宣示提出者之姓名、其意見書名稱及加入該意見書之大法官姓名。

第四十八條（宣示裁判之效力）

宣示裁判，不問當事人是否在場，均有效力。

第四十九條（裁判及意見書之送達）

裁判及各大法官之意見書，應以正本一併送達當事人及指定之執行機關。但不受理裁定及意見書僅送達聲請人。

前項送達，自書記官收領原本日起，不得逾十日。但審查庭一致決不受理裁定及意見書之送達，自審查庭審判長准予公告日起，不得逾十五日。

第五十條（裁判之更正）

裁判如有誤寫、誤算或其他類此之顯然錯誤者，憲法法庭或審查庭得依聲請或依職權以裁定更正，並公告之；其正本與原本不符者，亦同。

前項裁定，附記於裁判原本及正本；如正本已經送達，不能附記者，應製作該裁定之正本送達。

駁回更正裁判之聲請，以裁定為之。

第五十一條（意見書之更正）

協同或不同意見書如有誤寫、誤算或其他類此之顯然錯誤者，該大法官得指明顯然錯誤及更正之文字，經審判長同意公告更正；其正本與原本不符者，亦同。

前條第二項於前項公告更正準用之。

第七節　暫時處分

第五十二條（有為暫時處分裁定之必要者優先評決）

大法官認有依本法第四十三條為暫時處分裁定之必要者，應速擬具附理由之裁定草案，經審查庭審查附記意見後，送由憲法法庭優先評決。

大法官認暫時處分之聲請應予駁回，得準用前項規定，或由憲法法庭審查庭於本案裁判併予駁回。

第五十三條（為暫時處分裁定前得行準備程序）

憲法法庭為暫時處分裁定前，認有命當事人或關係人到庭陳述或為調查之必要者，得指定大法官行準備程序。

第五十四條（撤銷暫時處分之準用）

憲法法庭裁定撤銷暫時處分，其審理及評決，適用前二條之規定。

第三章　法規範憲法審查及裁判憲法審查案件

第一節　國家機關、立法委員聲請法規範憲法審查

第五十五條（地方自治團體聲請法規範憲法審查）

地方自治團體之行政機關因辦理中央行政機關委辦事項，就所適用之法規範，認有牴觸憲法者，得依本法第四十七條第二項報請中央主管機關層轉國家最高機關聲請憲法法庭為宣告違憲之判決。

第五十六條（立法委員現有總額之計算標準）

本法第四十九條所稱立法委員現有總額，以聲請案提出於憲法法庭時為準，不因立法院之解散、該屆立法委員任期屆滿、辭職、去職或死亡而受影響。

前項總額，以每會期實際報到人數為計算標準。但會期中辭職、去職或死亡者，應減除之。

第二節　法院聲請法規範憲法審查

第五十七條（法院聲請法規範憲法審查）

法院聲請法規範憲法審查之法官，因職務調動或其他事由更易者，由接辦之法官承受原聲請。但憲法法庭認有必要時，得通知原聲請法官以書面或於言詞辯論期日到庭陳述意見。

第五十八條（陳述意見書之提出(一)）

原因案件之當事人得向憲法法庭就法規範違憲與否提出陳述意見書。

憲法法庭審理本節案件，得通知原因案件之當事人

以書面陳述意見。

第三節 人民聲請法規範憲法審查及裁判憲法審查

第五十九條（不變期間之起算日）

本法第五十九條第二項所稱六個月不變期間，自用盡審級救濟之最終裁判送達之翌日起算。

第六十條（陳述意見書之提出(二)）

原因案件他造當事人得向憲法法庭提出陳述意見書。

憲法法庭審理本節案件得通知原因案件他造當事人以書面陳述意見。

第四章 機關爭議案件

第六十一條（陳述意見書之提出(三)）

當事人以外之其他機關就本章案件審理之結果有法律上之利害關係，或本章案件審理結果對其憲法上權限具有重要性，得向憲法法庭提出陳述意見書。

前項情形，憲法法庭得通知其他相關機關以書面陳述意見。

第五章 總統、副總統彈劾案件

第六十二條（彈劾案件訊問前應告知事項）

憲法法庭應先確認被彈劾人之人別，訊問前應告知其下列事項：

一 聲請書所載彈劾事由及所涉法條。

二 得保持緘默，並得陳明不為答辯或拒絕陳述。

三 得選任辯護人為其辯護。

四 得請求調查有利之證據。

第六十三條（得行準備程序之事由）

憲法法庭為處理下列事項，得於言詞辯論期日前通知聲請機關及其訴訟代理人、被彈劾人及其辯護人到庭行準備程序：

一 確認彈劾事由所涉事實及法條。

二 整理事實、法律及證據爭點。

三 有關證據能力之意見。

四 應調查證據之範圍、次序及方法。

五 命提出證物或可為證據之文書。

六 其他與審判有關之事項。

前項之人經合法通知，無正當理由不到庭者，憲法法庭得對到庭之人行準備程序。

憲法法庭行準備程序，得為下列之處置：

一 調取或命提出證物。

二 預料證人不能於言詞辯論期日到場者，得於準備程序期日訊問之。

三 命為鑑定及通譯。

四 就必要之事項，請求該管機關報告。

五 搜索、扣押。

六 勘驗。

七 其他必要之處置。

憲法法庭為準備言詞辯論，得指定大法官行準備程序；其權限除強制處分之裁定外，與憲法法庭同。

第六十四條（命聲請機關及被彈劾人交互詢答）

審判長認有必要時，就法律上之爭點，得於言詞辯論期日依聲請或依職權命聲請機關及被彈劾人交互詢答。

第六章 政黨違憲解散案件

第六十五條（政黨特別代表人之選任）

已備案之政黨無負責人或負責人不能行使代表權者，憲法法庭得依聲請或依職權，自其黨員中選任一人為特別代表人。

前項選任特別代表人之裁定，應送達於特別代表人。

特別代表人於政黨負責人承當訴訟前，代表政黨為一切訴訟行為。

第六十六條（政黨違憲解散案件審理之準用）

本章案件之審理準用第六十二條至第六十四條之規定。

第七章 地方自治保障案件

第六十七條（地方自治團體之立法機關之定義）

本章所稱地方自治團體之立法機關，指直轄市議會及縣（市）議會；所稱地方自治團體之行政機關，指直轄市政府及縣（市）政府。

第六十八條（不變期間起算日之準用(一)）

本章案件之聲請，關於不利確定終局裁判之不變期間之起算，準用第五十九條之規定。

第六十九條（陳述意見書之提出(四)）

當事人以外之地方自治團體就本章案件審理之結果有法律上之利害關係，或本章案件審理結果對其受憲法保障之地方自治權限具有重要性，得向憲法法庭提出陳述意見書。

前項情形，憲法法庭得通知相關地方自治團體以書面陳述意見。

第八章 統一解釋法律及命令案件

第七十條（不變期間起算日之準用(二)）

本章案件之聲請，關於不利確定終局裁判之不變期間之起算，準用第五十九條之規定。

第九章　附　則

第七十一條　（憲法法庭收入文件之處理）

憲法法庭收入之文件，應註明收文年、月、日、時，登錄編號，按憲法法庭審判事務、司法行政事務分別辦理。

收入文件屬司法行政事務者，由憲法法庭書記廳分科擬辦。

有下列情形之一者，為司法行政事務，由憲法法庭書記廳函復：

一　聲請人以外之第三人詢問憲法法庭曾作成之裁判，繫屬中或已終結之案件。

二　來文意旨非查詢特定聲請、意旨不明，或其請求不屬於憲法法庭審判權範圍。

三　單純表達意見或為法律諮詢。

已終結之聲請案補充意見或資料，得由憲法法庭函復，並附於審判尾卷。

第七十二條　（已援用大法庭法律見解之確定終局裁判之審理）

本法第九十二條第一項但書就本法修正施行前已援用大法庭法律見解之確定終局裁判聲請裁判憲法審查案件，其聲請書之記載，依本法第六十條之規定，並應表明援用大法庭之法律見解之確定終局裁判違憲之情形；其審理依本法第三章第三節之規定。

第七十三條　（確定終局裁判援用之判例、決議違憲之聲請書應記載事項）

本法修正施行前，聲請人所受確定終局裁判所援用之判例、決議，發生牴觸憲法之疑義，於本法修正施行後聲請憲法法庭裁判者，其聲請書之記載，準用本法第六十條之規定，並應表明確定終局裁判援用之判例、決議違憲之情形。

前項案件之受理，準用本法第五十九條第一項、第六十一條第二項、第三項之規定；其審判，準用本法第六十二條第一項後段、第二項、第六十三條、第六十四條、第九十一條第二項、第三項之規定。

第七十四條　（施行日期）

本規則自中華民國一百十一年一月四日施行。

法院組織法

民國二十一年十月二十八日國民政府公布
二十四年七月二十二日國民政府修正公布
二十七年九月二十一日國民政府修正公布
三十四年四月十七日國民政府修正公布
三十五年一月十七日國民政府修正公布
五十七年十二月十九日總統令修正公布
五十八年四月十日總統令修正公布
六十九年六月二十九日總統令修正公布
七十八年十二月二十二日總統令修正公布
八十八年二月三日總統令修正公布
九十年一月十七日總統令修正公布
九十年五月二十三日總統令修正公布
九十四年六月十五日總統令修正公布
九十五年二月三日總統令修正公布
九十五年十二月二十七日總統令修正公布
九十六年七月十一日總統令修正公布
九十七年六月十一日總統令修正公布
九十九年十一月二十四日總統令修正公布
一百年十一月二十三日總統令修正公布
一百零三年一月二十九日總統令修正公布
一百零四年二月四日總統令修正公布
一百零四年七月一日總統令修正公布
一百零五年六月二十二日總統令修正公布
一百零五年十二月七日總統令修正公布
一百零六年六月十四日總統令修正公布
一百零七年五月二十三日總統令修正公布
一百零七年六月十三日總統令修正公布
一百零八年一月四日總統令修正公布
一百一十年十二月八日總統令修正公布第一二、一三、一五、一六、二七、三四～三六、四三、五一、五八、五九、六三、六三之一、六五～六六之二、六六之四、六七～七二、七三及附表（略）～七五及附表（略）、七八、八三、一一一、一一四之一、一一四之二、一一五條；刪除第五九之一條；並增訂第七之一～七之一一條條文
一百一十一年二月十八日總統令修正公布第一四之一、一一五條條文
一百一十一年六月二十二日總統令修正公布第一四、一五、一七、一七之一、一八、三七、五一之五～五一之八、七九、九〇之二、一一五條條文

第一章　總　　則

第一條　（法院之審級）

本法所稱法院，分左列三級：

一　地方法院。
二　高等法院。
三　最高法院。

第二條　（管轄之訴訟案件及非訟事件）

法院審判民事、刑事及其他法律規定訴訟案件，並依法管轄非訟事件。

＊（非訟事件之管轄）非訟一～四。

▲釋八九、一一五。

▲民事訴訟制度原為保護私法上權利而設，故凡人民對國家本於公法上權力之作用所為處分，即行政處分有所不服，應向該管上級行政官署提起訴願，不得依民事訴訟程序向通常法院訴求裁判。（一九上二四一四）

第三條　（法院之組織——獨任制與合議制）

地方法院審判案件，以法官一人獨任或三人合議行之。

高等法院審判案件，以法官三人合議行之。

最高法院審判案件，除法律另有規定外，以法官五人合議行之。

＊（軍事法院）軍審八、一五～一七。

▲地方法院審判案件，以法官一人獨任或三人合議行之，為法院組織法第三條第一項所明定。故地方法院審判案件，如行合議審判，應以法官三人合議行之，始屬適法。而地方法院於審理個別案件時，經裁定行合議審判，並為準備審判起見，指定受命法官於審判期日前訊問被告及蒐集或調查證據後，該受理訴訟之（狹義）法院組織即確定，不容任意加以變更。受命法官於訴訟程序上之職權，復設有一定之限制，並非等同於（狹義）法院或審判長，觀之刑事訴訟法第二百七十九條、第一百六十七條、第一百六十八條、第一百七十八條及第四百十六條第一項第一款等相關規定甚明。因之，受命法官踰越權限，於訴訟程序中規避合議審判，僭行審判長職權，致法院組織不合法所為之審判，非但所踐行之程序顯然違法，抑且足使被告應受法院依相關法律規定與程序公平審判之訴訟權受有侵害。此項侵害被告訴訟權之不合法審判之重大瑕疵，當亦不能因上訴於上級法院審判而得以治癒。本件第一審法院係採合議審判，由審判長法官陳某、法官簡某、法官吳某組織合議庭，並裁定由受命法官吳某於審判期日前，訊問被告及蒐集或調查證據。乃受命法官逕自指定審判期日，自為審判長進行言詞辯論，定期宣判，其法院之組織及所踐行之審判程序，即非合法。（註：應注意刑事訴訟法第二七九條已修正。）（八九臺上一八七七）

第四條　（審判長）

合議審判，以庭長充審判長；無庭長或庭長有事故時，以庭員中資深者充之，資同以年長者充之。

獨任審判，即以該法官行審判長之職權。

第五條　（事務分配及代理次序祇具訓示性質）

法官審判訴訟案件，其事務分配及代理次序，雖有未合本法所定者，審判仍屬有效。

前項規定，於非訟事件之處理準用之。

第六條　（分院適用本院之規定）

高等法院分院及地方法院分院審判訴訟案件及處理非訟事件，適用關於各該本院之規定。

第七條　（管轄區域之劃分或變更）

地方法院及其分院、高等法院及其分院管轄區域之劃分或變更，由司法院定之。

第七條之一　（審判權爭議處理之適用）

本法規範之法院及其他審判權法院間審判權爭議之處理，適用本章之規定。

第七條之二　（審判權不受影響）

起訴時法院有審判權者，不因訴訟繫屬後事實及法律狀態變更而受影響。

訴訟已繫屬於法院者，當事人不得就同一事件向不同審判權之法院更行起訴。

法院認其有審判權而為裁判經確定者，其他法院受該裁判關於審判權認定之羈束。

第七條之三　（無審判權之移送）

法院認其無審判權者，應依職權以裁定將訴訟移送

至有審判權之管轄法院。但其他法律另有規定者，不在此限。

前項有審判權之管轄法院為多數而原告有指定者，移送至指定之法院。

當事人就法院之審判權有爭執者，法院應先為裁定。

法院為第一項及前項裁定前，應先徵詢當事人之意見。

第一項及第三項裁定，得為抗告。

第七條之四（受移送法院認其無審判權應停止訴訟）

前條第一項移送之裁定確定時，受移送法院認其亦無審判權者，應以裁定停止訴訟程序，並向其所屬審判權之終審法院請求指定有審判權之管轄法院。但有下列情形之一者，不在此限：

一　原法院所屬審判權之終審法院已認原法院無審判權而為裁判。

二　民事法院受理由行政法院移送之訴訟，當事人合意願由民事法院為裁判。

前項所稱終審法院，指最高法院、最高行政法院或懲戒法院第二審合議庭。

第一項但書第二款之合意，應記明筆錄或以文書證之。

第一項之終審法院認有必要時，得依職權或依當事人、其代理人或辯護人之聲請，就關於審判權之專業法律問題選任專家學者，以書面或於言詞辯論時到場陳述其法律上意見。

前項陳述意見之人，應揭露下列資訊：

一　相關專業意見或資料之準備或提出，是否與當事人、關係人或其代理人或辯護人有分工或合作關係。

二　相關專業意見或資料之準備或提出，是否受當事人、關係人或其代理人或辯護人之金錢報酬或資助及其金額或價值。

三　其他提供金錢報酬或資助者之身分及其金額或價值。

第七條之五（終審法院認有審判權之駁回）

前條第一項之終審法院認受移送法院有審判權，應以裁定駁回之；認受移送法院無審判權，應以裁定指定其他有審判權之管轄法院。

前項受指定之法院，應受指定裁定關於審判權認定之羈束。

受移送法院或經前條第一項之終審法院指定之有審判權法院所為裁判，上級審法院不得以無審判權為撤銷或廢棄之理由。

第七條之六（受移送法院撤銷停止訴訟）

第七條之四第一項停止訴訟程序之裁定，受移送法院得依聲請或依職權撤銷之。

第七條之四第一項停止訴訟程序之裁定及前項撤銷停止之裁定，得為抗告。

受移送法院為第一項裁定後，應速通知受理其指定請求之終審法院。

受移送法院所為第一項裁定確定之同時，視為撤回其指定之請求。

第七條之七（急迫情形之必要處分）

移送訴訟前如有急迫情形，法院應依當事人聲請或依職權為必要之處分。

移送訴訟之裁定確定時，視為該訴訟自始即繫屬於受移送之法院。

前項情形，法院書記官應速將裁定正本附入卷宗，送交受移送之法院。

第七條之八（移送法院訴訟費用之徵收）

訴訟移送至其他法院者，依受移送法院應適用之訴訟法令定其訴訟費用之徵收。

移送前所生之訴訟費用視為受移送法院訴訟費用之一部分。

應行徵收之訴訟費用，原法院未加徵收、徵收不足額或溢收者，受移送法院應補行徵收或通知原收款法院退還溢收部分。

第七條之九（終審法院指定裁定準用移送之規定）

第七條之三第二項、第七條之七第二項、第三項及前條之規定，於第七條之四第一項之終審法院依第七條之五第一項規定為指定裁定之情形準用之。

第七條之四第一項之終審法院受理請求指定事件，除本法另有規定外，民事訴訟法、刑事訴訟法、行政訴訟法及其他相關法律之規定，於性質不相牴觸之範圍內，亦準用之。

第七條之十（不得上訴終審法院之準用）

第七條之四至第七條之六及前條規定，於不得上訴第七條之四第一項所定終審法院之訴訟準用之。

第七條之十一（移送規定之準用）

第七條之二至前條規定，於其他程序事件準用之。

第二章　地方法院

第八條（地方法院、分院、專業地方法院之設置及管轄區域之調整）

直轄市或縣（市）各設地方法院。但得視其地理環境及案件多寡，增設地方法院分院；或合設地方法院；或將其轄區之一部劃歸其他地方法院或其分院，不受行政區劃限制。

在特定地區，因業務需要，得設專業地方法院；其組織及管轄等事項，以法律定之。

第九條（地方法院管轄事件）

地方法院管轄事件如左：

一　民事、刑事第一審訴訟案件。但法律別有規定者，不在此限。

二　其他法律規定之訴訟案件。

三　法律規定之非訟事件。

*（內亂、外患及妨害國交罪之管轄）刑訴四；（軍事法院之管轄）軍審二七～三五。

第十條（簡易庭之設置及管轄）

地方法院得設簡易庭，其管轄事件依法律之規定。

第十一條（地方法院或其分院之類別及員額）

地方法院或其分院之類別及員額，依附表（略）之規定。

各地方法院或其分院應適用之類別及其變更，由司法院定之。

第十二條（地方法院法官之設置）

地方法院置法官，試署法官或候補法官。

地方法院於必要時，得置法官助理，依相關法令聘用各種專業人員充任之；承法官之命，辦理案件程序之審查、法律問題之分析、資料之蒐集等事務。

具律師執業資格者，經聘用充任法官助理期間，計入其律師執業年資。

法官助理之遴聘、訓練、業務、管理及考核等相關事項，由司法院定之。

第十三條（地方法院院長之設置）

地方法院置院長一人，由法官兼任，綜理全院行政事務。

第十四條（民事庭、刑事庭及專業法庭之設置）

地方法院分設民事庭、刑事庭，其庭數視事務之繁簡定之；必要時得設專業法庭。

第十四條之一（刑事強制處分庭之設置）

地方法院與高等法院分設刑事強制處分庭，辦理偵查中強制處分及暫行安置聲請案件之審核。但司法院得視法院員額及事務繁簡，指定不設刑事強制處分庭之法院。

承辦前項案件之法官，不得辦理同一案件之審判事務。

第十五條（庭長之設置）

民事庭、刑事庭、專業法庭及簡易庭之庭長，除由兼任院長之法官兼任者外，餘由其他法官兼任，監督各該庭事務。

第十六條（民事執行處之設置）

地方法院設民事執行處，由法官或司法事務官辦理其事務；必要時得置庭長，監督該處事務。

第十七條（地院公設辯護人之設置及職等）

地方法院設公設辯護人室，置公設辯護人，薦任第七職等至第九職等或簡任第十職等至第十一職等；其公設辯護人在二人以上者，置主任公設辯護人，薦任第九職等或簡任第十職等至第十二職等。

實任公設辯護人服務滿十五年以上，成績優良，經審查合格者，得晉敘至簡任第十二職等。

曾任高等法院或其分院、智慧財產及商業法院公設辯護人四年以上，調地方法院或其分院之公設辯護人，成績優良，經審查合格者，得晉敘至簡任第十二職等。

曾任高等法院或其分院、智慧財產及商業法院公設辯護人之服務年資，合併計算。

第二項、第三項之審查辦法，由司法院定之。

具律師資格者於擔任公設辯護人期間，計入其律師執業期間。

第十七條之一（司法事務官之設置及職等）

地方法院設司法事務官室，置司法事務官；司法事務官在二人以上者，置主任司法事務官一人。

司法事務官，薦任第七職等至第九職等；第十一條第一項附表所定第一類地方法院或其分院之司法事務官，其中二人得列簡任第十職等；主任司法事務官，薦任第九職等至簡任第十職等。

具律師執業資格者，擔任司法事務官期間，計入其律師執業年資。

第十七條之二（司法事務官辦理之事務）

司法事務官辦理下列事務：

一　返還擔保金事件、調解程序事件、督促程序事件、保全程序事件、公示催告程序裁定事件、確定訴訟費用額事件。

二　拘提、管收以外之強制執行事件。

三　非訟事件法及其他法律所定之非訟事件。

四　其他法律所定之事務。

司法事務官得承法官之命，彙整起訴及答辯要旨，分析卷證資料，整理事實及法律疑義，並製作報告書。

司法事務官辦理第一項各款事件之範圍及日期，由司法院定之。

第十八條（調查保護室之設置及少年調查官之職等）

地方法院設調查保護室，置少年調查官、少年保護官、家事調查官、心理測驗員、心理輔導員及佐理員。少年調查官、少年保護官及家事調查官合計二人以上者，置主任調查保護官一人；合計六人以上者，得分組辦事，組長由少年調查官、少年保護官或家事調查官兼任，不另列等。

少年調查官、少年保護官及家事調查官，薦任第七職等至第九職等；第十一條第一項附表所定第一類地方法院或其分院之少年調查官、少年保護官及家事調查官，其中二人得列簡任第十職等；主任調查保護官，薦任第九職等至簡任第十職等；心理測驗員及心理輔導員，薦任第六職等至第八職等；佐理員，委任第四職等至第五職等，其中二分之一得列薦任第六職等。

第十九條（公證處之設置及公證人之職等）

地方法院設公證處，置公證人及佐理員；公證人在二人以上者，置主任公證人。公證人，薦任第七職等至第九職等；主任公證人薦任第九職等或簡任第十職等；佐理員委任第三職等至第五職等。

第二十條（提存所之設置及提存所主任等之職等）

地方法院設提存所，置主任及佐理員。主任，薦任第九職等或簡任第十職等；佐理員委任第三職等至第五職等或薦任第六職等至第八職等。

前項薦任佐理員員額，不得逾同一法院佐理員總額二分之一。

第二十一條（登記處之設置及登記處主任等之職等）

地方法院設登記處，置主任及佐理員。主任，薦任第九職等或簡任第十職等；佐理員委任第三職等至第五職等或薦任第六職等至第八職等。

前項薦任佐理員員額，不得逾同一法院佐理員總額二分之一。

第二十二條（書記處之設置及書記官長等之職等）

地方法院設書記處，置書記官長一人，薦任第九職等至簡任第十職等，承院長之命處理行政事務；一等書記官，薦任第八職等至第九職等；二等書記官，薦任第六職等至第七職等；三等書記官，委任第四職等至第五職等，分掌紀錄、文書、研究考核、總務、資料及訴訟輔導等事務，並得分科、分股辦事，科長由一等書記官兼任，股長由一等書記官或二等書記官兼任，均不另列等。

前項一等書記官、二等書記官總額，不得逾同一法院一等書記官、二等書記官、三等書記官總額二分之一。

第二十三條（通譯、法警之設置及其職等）

地方法院置一等通譯，薦任第七職等至第八職等；二等通譯，薦任第六職等至第七職等；三等通譯，委任第四職等至第五職等；技士，委任第五職等或薦任第六職等至第七職等；執達員，委任第三職等至第五職等；錄事、庭務員，均委任第一職等至第三職等。

前項一等通譯、二等通譯總額，不得逾同一法院一等通譯、二等通譯、三等通譯總額二分之一。

地方法院為辦理值庭、執行、警衛、解送人犯及有關司法警察事務，置法警；法警長，委任第五職等或薦任第六職等至第七職等；副法警長，委任第四職等至第五職等或薦任第六職等；法警，委任第三職等至第五職等；其管理辦法，由司法院會同行政院定之。

地方法院因傳譯需要，應逐案約聘原住民族或其他各種語言之特約通譯；其約聘辦法，由司法院定之。

第二十四條（人事室之設置及人事室主任等之職等）

地方法院設人事室，置主任一人，薦任第八職等至第九職等，副主任一人，薦任第七職等至第九職等；必要時得依法置佐理人員，依法律規定辦理人事管理、人事查核等事項。

直轄市地方法院人事室，必要時得分股辦事，由佐理人員兼任之，不另列等。事務較簡之地方法院，得僅置人事管理員，委任第五職等至薦任第七職等。

第二十五條（會計室、統計室之設置及其主任等之職等）

地方法院設會計室、統計室，各置主任一人，均薦任第八職等至第九職等；必要時得依法各置佐理人員，依法律規定分別辦理歲計、會計、統計等事項。

直轄市地方法院會計室、統計室，必要時得分股辦事，均由佐理人員兼任，不另列等。事務較簡之地方法院，得僅置會計員、統計員，均委任第五職等至薦任第七職等。

▲釋一五四。

第二十六條（資訊室之設置及資訊室主任等之職等）

地方法院設資訊室，置主任一人，薦任第七職等至第九職等，承院長之命處理資訊室之行政事項；資訊管理師，薦任第六職等至第七職等；操作員，委任第三職等至第五職等；必要時得置設計師，薦任第六職等至第八職等，以處理資訊事項。

第二十七條（地方法院分院院長之設置）

地方法院分院置院長一人，由法官兼任，綜理該分院行政事務。

第二十八條（本院法官兼行分院法官職務）

地方法院院長得派本院法官兼行分院法官之職務。

第二十九條（地方分院之管轄）

地方法院分院管轄事件，與地方法院同。

第三十條（準用規定）

第十一條至第二十六條規定，於地方法院分院準用之。

第三章　高等法院

第三十一條（高等法院、分院之設置及轄區之調整）

省、直轄市或特別區域各設高等法院。但得視其地理環境及案件多寡，增設高等法院分院；或合設高等法院；或將其轄區之一部劃歸其他高等法院或其分院，不受行政區劃之限制。

第三十二條（高等法院之管轄事件）

高等法院管轄事件如下：

一　關於內亂、外患及妨害國交之刑事第一審訴訟案件。

二　不服地方法院及其分院第一審判決而上訴之民事、刑事訴訟案件。但法律另有規定者，從其規定。

三　不服地方法院及其分院裁定而抗告之案件。但法律另有規定者，從其規定。

四　其他法律規定之訴訟案件。

＊（軍事法院之管轄）軍審二七～三五。

第三十三條（高等法院或其分院之類別及員額）

高等法院或其分院之類別及員額，依附表（略）之規定。

高等法院或其分院應適用之類別及其變更，由司法院定之。

第三十四條（高等法院法官之設置）

高等法院置法官、試署法官。

司法院因應高等法院業務需要，得調地方法院或其分院之候補法官至高等法院辦事，承法官之命，辦理訴訟案件程序及實體之審查、法律問題之分析、資料之蒐集、裁判書之草擬等事務。

高等法院於必要時得置法官助理，依相關法令聘用各種專業人員充任之；承法官之命，辦理案件程序之審查、法律問題之分析、資料之蒐集等事務。

候補法官調高等法院辦事期間，計入其候補法官年資。

具律師執業資格者，經聘用充任法官助理期間，計入其律師執業年資。

第十二條第四項規定，於高等法院準用之。

第三十五條（高等法院院長之設置）

高等法院置院長一人，由法官兼任，綜理全院行政事務。

第三十六條（高等法院民事庭刑事庭專業法庭之設置）

高等法院分設民事庭、刑事庭，其庭數視事務之繁簡定之；必要時得設專業法庭。各庭庭長，除由兼任院長之法官兼任者外，餘由其他法官兼任，監督各該庭事務。

第三十七條（高院公設辯護人之設置及職等）

高等法院設公設辯護人室，置公設辯護人，簡任第十職等至第十一職等或薦任第九職等；其公設辯護人在二人以上者，置主任公設辯護人，簡任第十職等至第十二職等。

前項公設辯護人繼續服務四年以上，成績優良，經審查合格者，得晉敘至簡任第十二職等；已依第十七條第二項、第三項、少年及家事法院組織法第十一條第二項、第三項規定晉敘有案者，得敘至簡任第十二職等。

前項公設辯護人之服務年資，與曾任高等法院、分院、智慧財產及商業法院公設辯護人之服務年資，合併計算。

第二項之審查辦法，由司法院定之。

第三十八條（書記處之設置及書記官長等之職等）

高等法院設書記處，置書記官長一人，薦任第九職等至簡任第十一職等，承院長之命處理行政事務；一等書記官，薦任第八職等至第九職等；二等書記官，薦任第六職等至第七職等；三等書記官，委任第四職等至第五職等，分掌紀錄、文書、研究考核、總務、資料及訴訟輔導事務，並得分科、分股辦事，科長由一等書記官兼任；股長由一等書記官或二等書記官兼任，均不另列等。

前項一等書記官、二等書記官總額，不得逾同一法院一等書記官、二等書記官、三等書記官總額二分之一。

第三十九條（通譯、技士、執達員等之設置及其職等）

高等法院置一等通譯，薦任第八職等至第九職等；二等通譯，薦任第六職等至第七職等；三等通譯，委任第四職等至第五職等；技士，委任第五職等或薦任第六職等至第七職等；執達員，委任第三職等至第五職等；錄事、庭務員，均委任第一職等至第三職等。

前項一等通譯、二等通譯總額，不得逾同一法院一等通譯、二等通譯、三等通譯總額二分之一。

第二十三條第三項、第四項規定，於高等法院或其分院準用之。

第四十條（人事室之設置及人事室主任等之職等）

高等法院設人事室，置主任一人，簡任第十職等，副主任一人，薦任第九職等或簡任第十職等；科員，委任第四職等至第五職等或薦任第六職等至第七職等，其中薦任科員不得逾同一法院科員總額三分之一，依法律規定辦理人事管理、人事查核等事項，並得分科辦事；科長，薦任第九職等。

第四十一條（會計室、統計室之設置及其主任等之職等）

高等法院設會計室、統計室，各置主任一人，均簡任第十職等；必要時得依法各置佐理人員，依法律規定分別辦理歲計、會計、統計等事項，並得分科辦事；科長，薦任第九職等。

第四十二條（資訊室之設置及資訊室主任等之職等）

高等法院設資訊室，置主任一人，簡任第十職等，承院長之命處理資訊室之行政事項；資訊管理師，薦任第六職等至第七職等，操作員，委任第三職等至第五職等；必要時得置科長、設計師，科長，薦任第九職等，設計師，薦任第六職等至第八職等，處理資訊事項。

第四十三條（高等法院分院院長之設置）

高等法院分院置院長一人，由法官兼任，綜理該分院行政事務。

第四十四條（派本院法官兼行分院法官職務）

高等法院院長得派本院法官兼行分院法官職務。

第四十五條（高等法院分院之管轄）

高等法院分院管轄事件，與高等法院同。

第四十六條（準用規定）

第三十四條至第四十二條之規定，於高等法院分院準用之。

第四章　最高法院

第四十七條（所在地）

最高法院設於中央政府所在地。

第四十八條（最高法院之管轄事件）

最高法院管轄事件如左：

一　不服高等法院及其分院第一審判決而上訴之刑事訴訟案件。

二　不服高等法院及其分院第二審判決而上訴之民事、刑事訴訟案件。

三　不服高等法院及其分院裁定而抗告之案件。

四　非常上訴案件。

五　其他法律規定之訴訟案件。

*（軍審法院之管轄）軍審二七～三五。

▲第三審法院裁定之事件，不得聲明不服。（一八聲三一二）

▲最高法院以受理不服各高等法院第二審裁判而上訴之案件為其職掌，其未經高等法院裁判之案件，即不得越級聲明不服。（二〇聲四〇五）

第四十九條（最高法院員額）

最高法院員額，依附表（略）之規定。

第五十條（最高法院院長之設置及其職等）

最高法院置院長一人，特任，綜理全院行政事務，並任法官。

第五十一條（最高法院民事庭、刑事庭之設置）

最高法院置法官，分設民事庭、刑事庭，其庭數視事務之繁簡定之；各庭置庭長一人，除由院長兼任者外，餘由法官兼任，監督各該庭事務。

司法院得調高等法院以下各級法院及其分院法官至最高法院辦事，承法官之命，辦理訴訟案件程序及實體之審查、法律問題之分析、資料之蒐集、裁判書之草擬等事務。

最高法院於必要時得置法官助理，依相關法令聘用各種專業人員充任之；承法官之命，辦理案件程序之審查、法律問題之分析、資料之蒐集等事務。

法官調最高法院辦事期間，計入其法官年資。具律師執業資格者經聘用充任法官助理期間，計入其律師執業年資。

第十二條第四項規定，於最高法院準用之。

第五十一條之一（民事大法庭、刑事大法庭之設置）

最高法院之民事庭、刑事庭為數庭者，應設民事大法庭、刑事大法庭，裁判法律爭議。

第五十一條之二（最高法院裁定提案——法律見解歧異）

最高法院民事庭、刑事庭各庭審理案件，經評議後認採為裁判基礎之法律見解，與先前裁判之法律見解歧異者，應以裁定敘明理由，依下列方式處理：

一　民事庭提案予民事大法庭裁判。

二　刑事庭提案予刑事大法庭裁判。

最高法院民事庭、刑事庭各庭為前項裁定前，應先以徵詢書徵詢其他各庭之意見。受徵詢庭應於三十日內以回復書回復之，逾期未回復，視為主張維持先前裁判之法律見解。經任一受徵詢庭主張維持先前裁判之法律見解時，始得為前項裁定。

第五十一條之三（最高法院裁定提案——法律見解具原則重要性）

最高法院民事庭、刑事庭各庭審理案件，經評議後認採為裁判基礎之法律見解具有原則重要性，得以裁定敘明理由，提案予民事大法庭、刑事大法庭裁判。

第五十一條之四（當事人聲請提案）

最高法院民事庭、刑事庭各庭審理案件期間，當事人認為足以影響裁判結果之法律見解，民事庭、刑事庭先前裁判之見解已產生歧異，或具有原則重要性，得以書狀表明下列各款事項，向受理案件之民事庭、刑事庭聲請以裁定提案予民事大法庭、刑事大法庭裁判：

一　所涉及之法令。

二　法律見解歧異之裁判，或法律見解具有原則重要性之具體內容。

三　該歧異見解或具有原則重要性見解對於裁判結果之影響。

四　聲請人所持法律見解。

前項聲請，檢察官以外之當事人應委任律師為代理人或辯護人為之。但民事事件之聲請人釋明有民事訴訟法第四百六十六條之一第一項但書、第二項情形，不在此限。

最高法院民事庭、刑事庭各庭受理第一項之聲請，認為聲請不合法律上之程式或法律上不應准許，應以裁定駁回之。

第五十一條之五（撤銷提案）

提案庭於大法庭言詞辯論終結前，因涉及之法律爭議已無提案之必要，得以裁定敘明理由，撤銷提案。

第五十一條之六（大法庭採合議制）

民事大法庭、刑事大法庭裁判法律爭議，各以法官十一人合議行之，並分別由最高法院院長及其指定之庭長，擔任民事大法庭或刑事大法庭之審判長。

民事大法庭、刑事大法庭之庭員，由提案庭指定庭員一人及票選之民事庭、刑事庭法官九人擔任。

前項由票選產生之大法庭庭員，每庭至少應有一人。

第五十一條之七（大法庭審判長庭員之任期、遞補等）

前條第一項由院長指定之大法庭審判長、第二項之票選大法庭庭員任期均為二年。票選庭員之人選、遞補人選，由法官會議以無記名投票分別自民事庭、刑事庭全體法官中依得票數較高且符合前條第三項規定之方式選舉產生。

院長或其指定之大法庭審判長出缺或有事故不能擔任審判長時，由前項遞補人選遞補之，並以大法庭庭員中資深庭長充審判長，無庭長者，以其他資深庭員充之；資同以年長者充之。票選之大法庭庭員出缺或有事故不能擔任民事大法庭、刑事大法庭庭員時，由前項遞補人選遞補之。

前條第二項提案庭指定之庭員出缺、有事故不能擔任民事大法庭、刑事大法庭庭員時，由提案庭另行指定庭員出任。

民事大法庭、刑事大法庭審理中之法律爭議，遇民事大法庭、刑事大法庭庭員因改選而更易時，仍由原審理該法律爭議之民事大法庭、刑事大法庭繼續審理至終結止；其庭員出缺或有事故不能擔任民事大法庭、刑事大法庭庭員時，亦按該法律爭議提交民事大法庭、刑事大法庭時之預定遞補人選遞補之。

大法庭法官曾參與提案庭提交案件再審前之裁判者，如其於大法庭之裁判迴避，將致其原所屬庭無大法庭成員時，無庸迴避。

大法庭法官迴避之聲請，由大法庭以合議裁定之。

前項裁定，被聲請迴避之法官不得參與。其遞補人選依第二項、第三項規定遞補或指定出任，遞補任期至該聲請迴避事件裁判之日為止。

院長、院長指定之大法庭審判長或大法庭庭員出缺、有事故不能擔任大法庭審判長或庭員者，其遞補人選之任期或指定出任人選執行大法庭職務之期間，至該事故終結之日為止。但原任期所餘未滿三個月者，其遞補人選任期至原任期屆滿為止。

第五十一條之八（大法庭應行言詞辯論）

民事大法庭、刑事大法庭裁判法律爭議，應行言詞辯論。

前項辯論，檢察官以外之當事人應委任律師為代理人或辯護人為之。於民事事件委任訴訟代理人，準用民事訴訟法第四百七十四條第三項之規定；於刑事案件被告未選任辯護人者，審判長應指定公設辯護人或律師為被告行言詞辯論。

第一項之辯論期日，民事事件被上訴人未委任訴訟代理人或當事人一造之訴訟代理人未到場者，由他造之訴訟代理人陳述後為裁定；兩造之訴訟代理人均未到場者，得不行辯論。刑事案件被告之辯護人、自訴代理人中一造或兩造未到場者，亦同。

民事大法庭、刑事大法庭認有必要時，得依職權或依當事人、其代理人或辯護人之聲請，就專業法律問題選任專家學者，以書面或於言詞辯論時到場陳述其法律上意見。

前項陳述意見之人，應揭露下列資訊：

一　相關專業意見或資料之準備或提出，是否與當事人、關係人或其代理人或辯護人有分工或合作關係。

二　相關專業意見或資料之準備或提出，是否受當事人、關係人或其代理人或辯護人之金錢報酬或資助及其金額或價值。

三　其他提供金錢報酬或資助者之身分及其金額或價值。

第五十一條之九（大法庭裁判法律爭議之方式）

民事大法庭、刑事大法庭裁判法律爭議，應以裁定記載主文與理由行之，並自辯論終結之日起三十日內宣示。

法官於評議時所持法律上之意見與多數意見不同，經記明於評議簿，並於裁定宣示前補具不同意見書者，應與裁定一併公布。

第五十一條之十（大法庭裁定之拘束力）

民事大法庭、刑事大法庭之裁定，對提案庭提交之案件有拘束力。

第五十一條之十一（相關法規之準用）

除本法另有規定外，民事訴訟法、刑事訴訟法及其他相關法律之規定與大法庭規範性質不相牴觸者，亦準用之。

第五十二條（書記廳之設置及書記官長等之職等）

最高法院設書記廳，置書記官長一人，簡任第十一職等至第十三職等，承院長之命處理行政事務；一等書記官，薦任第八職等至第九職等；二等書記官，薦任第六職等至第七職等；三等書記官，委任第四職等至第五職等，分掌紀錄、文書、研究考核、總務、資料及訴訟輔導等事務，並得分科、分股辦事，科長由一等書記官兼任，股長由一等書記官或二等書記官兼任，均不另列等。

前項一等書記官、二等書記官總額，不得逾一等書記官、二等書記官、三等書記官總額二分之一。

第五十三條（通譯、技士、執達員等之設置及其職等）

最高法院置一等通譯，薦任第八職等至第九職等；二等通譯，薦任第六職等至第七職等；三等通譯，委任第四職等至第五職等；技士，委任第五職等或薦任第六職等至第七職等；執達員，委任第三職等至第五職等；錄事、庭務員，均委任第一職等至第三職等。

前項一等通譯、二等通譯總額，不得逾一等通譯、二等通譯、三等通譯總額二分之一。

第二十三條第三項、第四項之規定，於最高法院準用之。

第五十四條（人事室之設置及人事室主任等之職等）

最高法院設人事室，置主任一人，簡任第十職等，副主任一人，薦任第九職等或簡任第十職等；科員，委任第四職等至第五職等或薦任第六職等至第七職等，其中薦任科員不得逾總額三分之一，依法律規定辦理人事管理、人事查核等事項，並得分股辦事；股長由科員兼任，不另列等。

第五十五條（會計室、統計室之設置及其主任等之

職等）

最高法院設會計室、統計室，各置主任一人，均簡任第十職等，必要時得依法各置佐理人員，依法律規定分別辦理歲計、會計、統計等事項，並得分股辦事，股長由佐理人員兼任，不另列等。

第五十六條（資訊室之設置及資訊室主任等之職等）

最高法院設資訊室，置主任一人，簡任第十職等，承院長之命處理資訊室之行政事項；設計師，薦任第六職等至第八職等；資訊管理師，薦任第六職等至第七職等；操作員，第三職等至第五職等，處理資訊事項。

第五十七條（刪除）

第五十七條之一（判例之停止適用及效力）

最高法院於中華民國一百零七年十二月七日本法修正施行前依法選編之判例，若無裁判全文可資查考者，應停止適用。

未經前項規定停止適用之判例，其效力與未經選編為判例之最高法院裁判相同。

於中華民國一百零七年十二月七日本法修正之條文施行後三年內，人民於上開條文施行後所受確定終局裁判援用之判例、決議，發生牴觸憲法之疑義者，得準用司法院大法官審理案件法第五條第一項第二款之規定聲請解釋憲法。

第五章　檢察機關

第五十八條（檢察署之設置）

各級法院及分院對應設置檢察署及檢察分署。

前項所稱檢察署，分下列三級：

一　地方檢察署。

二　高等檢察署。

三　最高檢察署。

第五十九條（檢察官、檢察總長、檢察長之配置及檢察官之分配）

各級檢察署及檢察分署置檢察官，最高檢察署以一人為檢察總長，其他檢察署及檢察分署各以一人為檢察長，分別綜理各該署行政事務。

各級檢察署及檢察分署檢察官員額在六人以上者，得分組辦事，每組以一人為主任檢察官，監督各該組事務。

第五十九條之一（刪除）

第六十條（檢察官之職權）

檢察官之職權如左：

一　實施偵查、提起公訴、實行公訴、協助自訴、擔當自訴及指揮刑事裁判之執行。

二　其他法令所定職務之執行。

＊（職權之行使）刑事訴訟法。

第六十一條（檢察官獨立於法院）

檢察官對於法院，獨立行使職權。

第六十二條（執行職務之區域與例外）

檢察官於其所屬檢察署管轄區域內執行職務。但遇有緊急情形或法律另有規定者，不在此限。

第六十三條（檢察總長、檢察長之指揮監督權）

檢察總長依本法及其他法律之規定，指揮監督該署檢察官及高等檢察署以下各級檢察署及檢察分署檢察官。

檢察長依本法及其他法律之規定，指揮監督該署檢察官及其所屬檢察署檢察官。

檢察官應服從前二項指揮監督長官之命令。

▲釋五三〇。

第六十三條之一（高等檢察署以下各級檢察署及其檢察分署借調相關機關之專業人員協助偵查之權限）

高等檢察署以下各級檢察署及其檢察分署為辦理重大貪瀆、經濟犯罪、嚴重危害社會秩序案件需要，得借調相關機關之專業人員協助偵查。

高等檢察署以下各級檢察署及其檢察分署檢察官執行前項職務時，得經臺灣高等檢察署檢察長或檢察總長之指定，執行各該審級檢察官之職權，不受第六十二條之限制。

中華民國一百零五年十一月十八日修正之本條規定，自一百零六年一月一日施行。

第六十四條（檢察總長、檢察長之介入權及移轉權）

檢察總長、檢察長得親自處理其所指揮監督之檢察官之事務，並得將該事務移轉於其所指揮監督之其他檢察官處理之。

▲釋五三〇。

▲上級檢察官命令下級檢察官施行偵查，並不因檢察官分配配置於各級法院，必須受法院之土地或事務管轄之限制，此觀於法院組織法第三十一條、第三十二條之規定可以瞭然，誠以檢察官上下一體，與法院之因土地或事務管轄而各行其審判職權之情形不同，高等法院首席檢察官對於配置全省各級法院之檢察官既有其監督之權，則對於土地管轄不同之分院所屬案件，命令發交他分院所屬檢察官實施偵查，即不能謂為於法不合，而下級法院檢察官奉其命令以行偵查，尤不能謂為違法。（三〇聲一六）

第六十五條（派本署檢察官兼行其檢察分署檢察官之職務）

高等檢察署及地方檢察署檢察長得派本署檢察官兼行其檢察分署檢察官之職務。

第六十六條（檢察總長、檢察長、檢察官之設置）

最高檢察署檢察總長特任。

最高檢察署檢察總長由總統提名，經立法院同意任命之，任期四年，不得連任。

最高檢察署檢察總長除年度預算案及法律案外，無須至立法院列席備詢。

最高檢察署檢察總長因故出缺或無法視事時，總統應於三個月內重新提出人選，經立法院同意任命之，其任期重行計算四年，不得連任。

最高檢察署檢察總長於任命時具法官、檢察官身分者，於卸任時得回任法官、檢察官。

最高檢察署檢察總長於任滿前一個月，總統應依第二項規定辦理。

第六十六條之一（檢察官之調任）

法務部得調高等檢察署以下各級檢察署及其檢察分署檢察官、試署檢察官或候補檢察官至最高檢察署辦事，承檢察官之命，辦理訴訟案件程序之審查、法律問題之分析、資料之蒐集及書類之草擬等事項。

法務部得調地方檢察署及其檢察分署試署檢察官或候補檢察官至高等檢察署或其檢察分署辦事，承檢察官之命，協助檢察官辦理訴訟案件程序之審查、法律問題之分析、資料之蒐集及書類之草擬等事項。」

法務部得調候補檢察官至地方檢察署或其檢察分署辦事，承實任檢察官之命，協助檢察官辦理訴訟案件程序之審查、法律問題之分析、資料之蒐集及書類之草擬等事項。

檢察官、試署檢察官或候補檢察官依前三項規定調辦事期間，計入其檢察官、試署檢察官或候補檢察官年資。

第六十六條之二（檢察事務官室之設置及檢察事務官之職等）

各級檢察署及其檢察分署設檢察事務官室，置檢察事務官；檢察事務官在二人以上者，置主任檢察事務官；並得視業務需要分組辦事，各組組長由檢察事務官兼任，不另列等。

檢察事務官薦任第七職等至第九職等，第七十三條第一項附表（略）所定第一類地方檢察署及其檢察分署之檢察事務官，其中二人得列簡任第十職等；主任檢察事務官薦任第九職等或簡任第十職等。

第六十六條之三（檢察事務官處理之事務）

檢察事務官受檢察官之指揮，處理下列事務：

一　實施搜索、扣押、勘驗或執行拘提。

二　詢問告訴人、告發人、被告、證人或鑑定人。

三　襄助檢察官執行其他第六十條所定之職權。

檢察事務官處理前項前二款事務，視為刑事訴訟法第二百三十條第一項之司法警察官。

第六十六條之四（檢察事務官之任用資格）

檢察事務官，應就具有下列資格之一者任用之：

一　經公務人員高等考試或司法人員特種考試相當等級之檢察事務官考試及格者。

二　經律師考試及格，並具有薦任職任用資格者。

三　曾任警察官或法務部調查局調查人員三年以上，成績優良，並具有薦任職任用資格者。

四　具有公立或經立案之私立大學、獨立學院以上學歷，曾任法院或檢察署書記官，辦理民刑事紀錄三年以上，成績優良，具有薦任職任用資格者。

各級檢察署及其檢察分署為辦理陸海空軍刑法或其他涉及軍事、國家與社會安全及相關案件需要，得借調國防部所屬具軍法官資格三年以上之人員，辦理檢察事務官事務，並準用前條第二項規定。借調期間不得逾四年，其借調方式、年資、待遇、給與、考績、獎懲及相關事項之辦法，由法務部會同國防部定之。

主任檢察事務官，應就具有檢察事務官及擬任職等任用資格，並具有領導才能者遴任之。

具律師執業資格者任檢察事務官期間，計入其律師執業年資。

第六十七條（觀護人室之設置及觀護人等之職等）

地方檢察署及檢察分署設觀護人室，置觀護人、臨床心理師及佐理員。觀護人在二人以上者，置主任觀護人；在六人以上者，得分組辦事，組長由觀護人兼任，不另列等。

觀護人薦任第七職等至第九職等，第七十三條第一項附表（略）所定第一類地方檢察署及其檢察分署之觀護人，其中二人得列簡任第十職等；主任觀護人薦任第九職等或簡任第十職等；臨床心理師列師㈢級；佐理員委任第四職等至第五職等，其中二分之一得列薦任第六職等。

第六十八條（法醫師之設置及其職等）

高等檢察署以下各級檢察署及其檢察分署，置法醫師，法醫師在二人以上者，置主任法醫師。法醫師薦任第七職等至第九職等；主任法醫師薦任第九職等或簡任第十職等。但地方檢察署及其檢察分署法醫師得列委任第五職等。

高等檢察署以下各級檢察署及其檢察分署，置檢驗員，委任第三職等至第五職等或薦任第六職等至第八職等。

第六十九條（科之設置及其編制人員之職等）

第二十二條、第二十三條第三項、第三十八條、第五十二條之規定，於地方檢察署或其檢察分署、高等檢察署或其檢察分署、最高檢察署分別準用之。

高等檢察署以下各級檢察署及其檢察分署，得設執行科，掌理關於刑事執行事務，並得分股辦事。科長由一等書記官兼任；股長由一等書記官或二等書記官兼任，均不另列等。

高等檢察署或其檢察分署，得設所務科，掌理關於監督看守所及少年觀護所之行政事務，並得分股辦事。置科長一人，薦任第九職等；科員，委任第五職等或薦任第六職等至第七職等；書記，委任第一職等至第三職等。股長由薦任科員兼任，不另列等。

第七十條（通譯等之設置及其職等）

最高檢察署、高等檢察署及檢察分署置一等通譯，薦任第八職等至第九職等；二等通譯，薦任第六職等至第七職等；三等通譯，委任第四職等至第五職等；技士，委任第五職等或薦任第六職等至第七職等。

地方檢察署及檢察分署置一等通譯，薦任第七職等至第八職等；二等通譯，薦任第六職等至第七職等；三等通譯，委任第四職等至第五職等；技士，委任第五職等或薦任第六職等至第七職等。

前二項一等通譯、二等通譯總額，不得逾同一檢察署一等通譯、二等通譯、三等通譯總額二分之一。

第七十一條（錄事之設置及其職等）

各級檢察署及檢察分署置錄事，委任第一職等至第三職等。

第七十二條（各級法院人事室等規定之分別準用）

第二十四條至第二十六條、第四十條至第四十二條、第五十四條至第五十六條之規定，於地方檢察署或其檢察分署、高等檢察署或其檢察分署、最高檢察署分別準用之。

第七十三條（地方檢察署或其檢察分署之類別及員額）

地方檢察署或其檢察分署之類別及員額，依附表（略）之規定。

各地方檢察署或其檢察分署應適用之類別及其變更，由行政院定之。

第七十四條（高等檢察署或其檢察分署之類別及員額）

高等檢察署或其檢察分署之類別及員額，依附表（略）之規定。

高等檢察署或其檢察分署應適用之類別及其變更，由行政院定之。

第七十五條（最高檢察署員額）

最高檢察署員額，依附表（略）之規定。

第七十六條（調度司法警察權）

檢察官得調度司法警察，法官於辦理刑事案件時，亦同。

調度司法警察條例另定之。

第六章　司法年度及事務分配

第七十七條（司法年度）

司法年度，每年自一月一日起至十二月三十一日止。

第七十八條（處務規程之規定）

各級法院及分院與各級檢察署及檢察分署之處務規程，分別由司法院與法務部定之。

第七十九條（各級法院及分院年度會議及其工作）

各級法院及分院於每年度終結前，由院長、庭長、法官舉行會議，按照本法、處務規程及其他法令規定，預定次年度司法事務之分配及代理次序。

辦理民事、刑事訴訟及其他特殊專業類型案件之法官，其年度司法事務分配辦法，由司法院另定之。

第一項會議並應預定次年度關於合議審判時法官之配置。

第八十條（年度會議之主席及決議）

前條會議，以院長為主席，其決議以過半數之意見定之，可否同數時，取決於主席。

第八十一條（事務分配、代理次序等之變更）

事務分配、代理次序及合議審判時法官之配置，經預定後，因案件或法官增減或他項事故，有變更之必要時，得由院長徵詢有關庭長、法官意見後定之。

第八十二條（法官不能執行職務時其職務之暫代）

地方法院及其分院法官因事故不能執行職務時，得由地方法院院長命候補法官暫代其職務。

高等法院或地方法院法官因事故不能執行職務時，得由高等法院或地方法院院長調用其分院法官暫代其職務。

高等法院及其分院法官因事故不能執行職務時，得由高等法院院長調用地方法院或其分院法官暫代其職務。

最高法院法官因事故不能執行職務時，得由最高法院院長商調高等法院或其分院法官暫代其職務。

前二項暫代其職務之期間，不得逾六個月。

第八十三條（公報之出版）

各級法院及分院應定期出版公報或以其他適當方式，公開裁判書。但其他法律另有規定者，依其規定。

前項公開，除自然人之姓名外，得不含自然人之身分證統一編號及其他足資識別該個人之資料。

高等檢察署以下各級檢察署及其檢察分署，應於第一審裁判書公開後，公開起訴書，並準用前二項規定。

第七章　法庭之開閉及秩序

第八十四條（開庭地點、席位之設置及法庭秩序）

法庭開庭，於法院內為之。但法律別有規定者，不在此限。

法院內開庭時，在法庭實施訴訟程序之公務員及依法執行職務之人、訴訟當事人與訴訟關係人，均應設置席位；其席位布置，應依當事人平等之原則為之。

除參與審判之法官或經審判長許可者外，在庭之人陳述時，起立，陳述後復坐。

審判長蒞庭及宣示判決時，在庭之人均應起立。

法庭席位布置及旁聽規則，由司法院定之。

第八十五條（臨時開庭之地點、法官及開庭辦法）

高等法院以下各級法院或分院於必要時，得在管轄區域內指定地方臨時開庭。

前項情形，其法官除就本院法官中指派者外，得以所屬分院或下級法院法官充之。

第一項臨時開庭辦法，由司法院定之。

第八十六條（公開審理原則）

訴訟之辯論及裁判之宣示，應公開法庭行之。但有妨害國家安全、公共秩序或善良風俗之虞時，法院得決定不予公開。

*（審判不公開）軍審三七，少年事件三四、七三，家暴一二。

第八十七條（不公開審判）

法庭不公開時，審判長應將不公開之理由宣示。

前項情形，審判長仍得允許無妨礙之人旁聽。

第八十八條（審判長之指揮權）

審判長於法庭之開閉及審理訴訟，有指揮之權。

第八十九條（審判長之維持秩序權）

法庭開庭時，審判長有維持秩序之權。

第九十條（法院秩序及有關錄音規定）

法庭開庭時，應保持肅靜，不得有大聲交談、鼓掌、攝影、吸煙、飲食物品及其他類似之行為。

法庭開庭時，除法律另有規定外，應予錄音。必要時，得予錄影。

在庭之人非經審判長許可，不得自行錄音、錄影；未經許可錄音、錄影者，審判長得命其消除該錄音、錄影內容。

前項處分，不得聲明不服。

第九十條之一（聲請法院許可交付法庭錄音或錄影內容）

當事人及依法得聲請閱覽卷宗之人，因主張或維護其法律上利益，得於開庭翌日起至裁判確定後六個月內，繳納費用聲請法院許可交付法庭錄音或錄影內容。但經判處死刑、無期徒刑或十年以上有期徒刑之案件，得於裁判確定後二年內聲請。

前項情形，依法令得不予許可或限制聲請閱覽、抄錄或攝影卷內文書者，法院得不予許可或限制交付法庭錄音或錄影內容。

第一項情形，涉及國家機密者，法院得不予許可或限制交付法庭錄音或錄影內容；涉及其他依法令應予保密之事項者，法院得限制交付法庭錄音或錄影內容。

前三項不予許可或限制交付內容之裁定，得為抗告。

第九十條之二（法庭錄音錄影內容之保存期限）

法庭錄音錄影內容，應保存至裁判確定後三年六個月，始得除去其錄音、錄影。但經判處死刑或無期徒刑確定之案件，其保存期限依檔案法之規定。

第九十條之三（法庭錄音錄影及其利用保存等相關辦法之訂定）

前三條所定法庭之錄音、錄影及其利用保存等相關事項之辦法，由司法院定之。

第九十條之四（持有法庭錄音、錄影內容之人禁止散布、公開播送或不當使用）

持有法庭錄音、錄影內容之人，就所取得之錄音、錄影內容，不得散布、公開播送，或為非正當目的之使用。

違反前項之規定者，由行為人之住所、居所，或營業所、事務所所在地之地方法院處新臺幣三萬元以上三十萬元以下罰鍰。但其他法律另有特別規定者，依其規定。

前項處罰及救濟之程序，準用相關法令之規定。

第九十一條（審判長對妨害法庭秩序者之處分）

有妨害法庭秩序或其他不當行為者，審判長得禁止其進入法庭或命其退出法庭，必要時得命看管至閉庭時。

前項處分，不得聲明不服。

前二項之規定，於審判長在法庭外執行職務時準用之。

第九十二條（審判長對律師等之警告或禁止代理或辯護）

律師在法庭代理訴訟或辯護案件，其言語行動如有不當，審判長得加以警告或禁止其開庭當日之代理或辯護。非律師而為訴訟代理人或辯護人者，亦同。

第九十三條（記明筆錄）

審判長為第九十條第三項、第九十一條及第九十二條之處分時，應命記明其事由於筆錄。

第九十四條（準用規定）

第八十四條至第九十三條有關審判長之規定，於受命法官、受託法官執行職務時準用之。

第九十五條（違反法官維持法庭秩序命令之處罰）

違反審判長、受命法官、受託法官所發維持法庭秩序之命令，致妨害法院執行職務，經制止不聽者，處三月以下有期徒刑、拘役或新臺幣三萬元以下罰金。

第九十六條（穿著制服）

法官及書記官在法庭執行職務時，應服制服，檢察官、公設辯護人及律師在法庭執行職務時，亦同。

前項人員之服制，由司法院會同行政院定之。

第八章 法院之用語

第九十七條（審判時所用語言）

法院為審判時，應用國語。

第九十八條（傳譯）

訴訟當事人、證人、鑑定人及其他有關係之人，如有不通曉國語者，由通譯傳譯之；其為聽覺或語言障礙者，除由通譯傳譯外，並得依其選擇以文字訊問，或命以文字陳述。

第九十九條（訴訟文書所用文字）

訴訟文書應用我國文字。但有供參考之必要時，應附記所用之方言或外國語文。

第一百條（準用規定）

前三條之規定，於辦理檢察事務時準用之。

第九章 裁判之評議

第一百零一條（合議裁判案件之評議）

合議裁判案件，應依本法所定法官人數評議決定之。

▲（九四臺上一九九八）參見刑訴第一百六十三條之二。

第一百零二條（評議之主席）

裁判之評議，以審判長為主席。

第一百零三條（評議不公開）

裁判之評議，於裁判確定前均不公開。

第一百零四條（評議時陳述意見之順序）

評議時法官應各陳述意見，其次序以資淺者為先，資同以年少者為先，遞至審判長為終。

第一百零五條（評議意見之決定）

評議以過半數之意見決定之。

關於數額，如法官之意見分三說以上，各不達過半數時，以最多額之意見順次算入次多額之意見，至達過半數為止。

關於刑事，如法官之意見分三說以上，各不達過半數時，以最不利於被告之意見順次算入次不利於被告之意見，至達過半數為止。

第一百零六條（評議意見之記載及保密義務）

評議時各法官之意見應記載於評議簿，並應於該案裁判確定前嚴守秘密。

案件之當事人、訴訟代理人、辯護人或曾為輔佐人，得於裁判確定後聲請閱覽評議意見。但不得抄錄、攝影或影印。

第十章 司法上之互助

第一百零七條（法院互相協助義務）

法院處理事務，應互相協助。

第一百零八條（檢察官互相協助義務）

檢察官執行職務，應互相協助。

第一百零九條（書記官等互相協助義務）

書記官於權限內之事務，應互相協助，觀護人、執達員、法警亦同。

第十一章 司法行政之監督

第一百十條（對法院之行政監督）

各級法院行政之監督，依左列規定：

一 司法院院長監督各級法院及分院。
二 最高法院院長監督該法院。
三 高等法院院長監督該法院及其分院與所屬地方法院及其分院。
四 高等法院分院院長監督該分院與轄區內地方法院及其分院。
五 地方法院院長監督該法院及其分院。
六 地方法院分院院長監督該分院。

▲執行法院違反職務，故意將執行案件擱置不理者，利害關係人可向監督長官請予督飭依法辦理。（一八聲二三九）

▲以高等法院辦案延滯有所聲請者，應向該監督司法行政之上級官署為之。（一九聲一七二）

第一百十一條（對檢察署之行政監督）

各級檢察署行政之監督，依下列規定：

一 法務部部長監督各級檢察署及檢察分署。
二 最高檢察署檢察總長監督該檢察署。
三 高等檢察署檢察長監督該檢察署及其檢察分署與所屬地方檢察署及其檢察分署。
四 高等檢察分署檢察長監督該檢察署與轄區內地方檢察署及其檢察分署。
五 地方檢察署檢察長監督該檢察署及其檢察分署。
六 地方檢察分署檢察長監督該檢察署。

▲釋五三〇。

第一百十二條（行政監督權之行使）

依前二條規定有監督權者，對於被監督之人員得為左列處分：

一 關於職務上之事項，得發命令使之注意。
二 有廢弛職務，侵越權限或行為不檢者，加以警告。

▲釋五三〇。

第一百十三條（被監督人員之處分）

被監督之人員，如有前條第二款情事，而情節較重或經警告不悛者，監督長官得依公務員懲戒法辦理。

▲釋五三〇。

第一百十四條（行政監督與審判權之行使分開）

本章之規定，不影響審判權之行使。

第十二章 附則

第一百十四條之一（未具任用資格者之職缺占用）

各級法院及各級檢察署原依雇員管理規則進用之現職執達員、法警、錄事、庭務員、雇員，其未具公務人員任用資格者，得占用原職之職缺，繼續僱用至離職時為止。

第一百十四條之二（名稱改稱）

其他法律所稱地方法院檢察署、高等法院檢察署、最高法院檢察署、高等法院及其分院檢察署、高等法院檢察署智慧財產分署、高等法院以下各級法院及其分院檢察署、地方法院及其分院檢察署、各級法院及分院檢察署，自本法中華民國一百零七年五月八日修正條文施行之日起，分別改稱為地方檢察署、高等檢察署、最高檢察署、高等檢察署及其檢察分署、高等檢察署智慧財產檢察分署、高等檢察署以下各級檢察署及其檢察分署、地方檢察署及其檢察分署、各級檢察署及檢察分署。

第一百十五條（施行日期）

本法自公布日施行。

中華民國一百零五年五月二十七日修正之條文，自一百零六年一月一日施行。

中華民國一百零七年十二月七日修正之條文，自公布後六個月施行。

中華民國一百一十年十一月二十三日修正之條文，除增訂第七條之一至第七條之十，自一百一十一年一月四日施行外，自公布日施行。

中華民國一百一十一年五月三十一日修正之條文，除第十七條、第十七條之一、第十八條及第三十七條自公布日施行外，其施行日期由司法院定之。

智慧財產及商業法院組織法

民國九十六年三月二十八日總統令公布
九十八年七月八日總統令修正公布
九十九年五月十二日總統令修正公布
一百年十一月二十三日總統令修正公布
一百零三年六月四日總統令修正公布
一百零七年六月十三日總統令修正公布
一百零九年一月十五日總統令修正公布
一百十二年四月二十六日總統令修正公布第三、六、九、一〇、一二、一三、一五、一六、一七及一八條條文

第一章　總　則

第一條（立法目的）
為保障智慧財產權，優化經商環境，妥適處理智慧財產及商業案件，促進國家科技與經濟發展，特制定本法。

第二條（掌理事務）
智慧財產及商業法院依法掌理下列事務：
一　智慧財產之民事、刑事及行政訴訟。
二　商業之民事訴訟與非訟事件。

第三條（管轄範圍）
智慧財產及商業法院管轄案件如下：
一　依專利法、商標法、著作權法、光碟管理條例、營業秘密法、積體電路電路布局保護法、植物品種及種苗法或公平交易法所保護之智慧財產權益所生之第一審及第二審民事事件，及依商業事件審理法規定之商業事件。
二　因刑法第二百五十三條、第二百五十四條、第三百十七條、第三百十八條之罪或違反商標法、著作權法及智慧財產案件審理法第七十二條至第七十四條案件，不服地方法院依通常、簡式審判或協商程序所為之第一審裁判而上訴或抗告之刑事案件。營業秘密法第十三條之一、第十三條之二、第十三條之三第三項及第十三條之四之第一審刑事案件、營業秘密法之第二審刑事案件、國家安全法第八條第一項至第三項之第一審刑事案件。但少年刑事案件，不在此限。
三　因專利法、商標法、著作權法、著作權集體管理團體條例、光碟管理條例、積體電路電路布局保護法、植物品種及種苗法或公平交易法涉及智慧財產權所生之第一審行政事件及強制執行事件。
四　其他依法律規定或經司法院指定由智慧財產及商業法院管轄之案件。

第四條（地點及分院之設置）
智慧財產及商業法院之設置地點，由司法院定之。司法院得視地理環境及案件多寡，增設智慧財產及商業法院分院。

第五條（高等檢察署智慧財產分署類別及員額之規定）
智慧財產及商業法院對應設置高等檢察署智慧財產分署，其類別及員額依附表之規定。
各地方檢察署及其分署檢察官辦理第三條第二款及第四款之刑事案件，其直接上級檢察署檢察長為高等檢察署智慧財產分署檢察長。

第六條（合議及獨任審判）
智慧財產及商業法院審判案件，以法官三人合議行之。但有下列情形之一者，以法官一人獨任行之：
一　智慧財產之民事事件第一審程序。
二　犯營業秘密法第十三條之一、第十三條之二、第十三條之三第三項及第十三條之四之罪，適用簡式審判、簡易或協商程序之第一審刑

事案件。

三　與前款之案件有裁判上一罪或刑事訴訟法第七條所定相牽連關係而起訴或合併起訴之簡式審判、簡易或協商程序。

四　前二款適用簡易程序案件之附帶民事訴訟。

合議審判，以庭長充審判長；無庭長或庭長有事故時，以庭員中資深者充之，資同以年長者充之。獨任審判，即以該法官行審判長之職權。

第七條　（類別及員額之規定）

智慧財產及商業法院或其分院之類別及員額，依附表之規定。

智慧財產及商業法院或其分院應適用之類別及其變更，由司法院以命令定之。

第八條　（院長之設置、職權及遴任）

智慧財產及商業法院置院長，由法官兼任，綜理全院行政事務。

智慧財產及商業法院院長，應就具有最高法院法官、最高行政法院法官或最高檢察署檢察官任用資格，並有領導才能者遴任之。

第九條　（法庭分流及庭長遴兼）

智慧財產及商業法院分設智慧財產法庭、商業法庭，其庭數視事務之繁簡定之。

各庭置庭長一人，除由兼任院長之法官兼任者外，餘由法官中遴兼之，監督各該庭事務。

第十條　（法官及法官助理之設置）

智慧財產及商業法院置法官、試署法官。

司法院因應業務需要，得調地方法院及其分院試署法官或候補法官至智慧財產及商業法院辦事，協助法官辦理案件程序之進行、爭點之整理、資料之蒐集、分析及裁判書之草擬等事項。

試署法官或候補法官調智慧財產及商業法院辦事期間，計入其試署法官或候補法官年資。

智慧財產及商業法院置法官助理，依聘用人員相關法令聘用專業人員，或調派各級法院或行政法院其他司法人員或借調其他機關適當人員充任，協助法官辦理案件程序之進行、爭點之整理、資料之蒐集、分析等事項。

具專業證照執業資格者，經聘用充任法官助理期間，計入其專業執業年資。

法官助理之遴聘、訓練、業務管理及考核等相關事項，由司法院定之。

第十一條　（執行處之設置）

智慧財產及商業法院得設執行處，由法官或司法事務官辦理智慧財產案件之強制執行事務，或囑託普通法院民事執行處或行政機關代為執行。

第十二條　（公設辯護人室之設置）

智慧財產及商業法院設公設辯護人室，置公設辯護人，簡任第十職等至第十一職等或薦任第九職等；其合計在二人以上者，置主任公設辯護人一人，簡任第十職等至第十二職等。

前項公設辯護人繼續服務四年以上，成績優良，經審查合格者，得晉敘至簡任第十二職等；已依法院組織法第十七條第二項、第三項、少年及家事法院組織法第十一條第二項、第三項規定晉敘有案者，得敘至簡任第十二職等。

前項智慧財產及商業法院公設辯護人之服務年資，與曾任高等法院或其分院公設辯護人之服務年資，合併計算。

第二項之審查辦法，由司法院定之。

具律師資格者於擔任公設辯護人期間，計入其律師執業期間。

第十三條　（司法事務官室之設置）

智慧財產及商業法院設司法事務官室，置司法事務官，薦任第七職等至第九職等；司法事務官在二人以上者，置主任司法事務官一人，薦任第九職等至簡任第十職等。

具律師執業資格者擔任司法事務官期間，計入其律師執業年資。

第二章　法官之任用資格

第十四條　（法官之任用資格）

智慧財產及商業法院法官，應就具有下列資格之一者任用之：

一　曾任智慧財產及商業法院法官。

二　曾任實任法官或實任檢察官。

三　曾任法官、檢察官職務並任薦任以上公務人員合計八年以上。

四　曾實際執行智慧財產或商業訴訟律師業務八年以上，具擬任職務任用資格。

五　公立或經立案之私立大學、獨立學院法律、政治、行政學系或其研究所畢業，曾任教育部審定合格之大學或獨立學院專任教授、副教授或助理教授合計八年以上，講授智慧財產權或商事法類之相關法律課程五年以上，有上述相關之專門著作，具擬任職務任用資格。

六　公立或經立案之私立大學、獨立學院法律、政治、行政學系或其研究所畢業，曾任中央研究院特聘研究員、研究員、副研究員或助研究員合計八年以上，有智慧財產權或商事法類之相關法律專門著作，具擬任職務任用資格。

七　公立或經立案之私立大學、獨立學院法律、政治、行政學系或其研究所畢業，曾任簡任公務人員，辦理有關智慧財產、商業管理、證券交易或管理、期貨交易或管理之審查、訴願或法制業務合計十年以上，有智慧財產權或商事法類之相關法律專門著作。

前項第五款、第六款之任職年資得分別依其講授著作之法律類別合併計算。

符合第一項第二款第三款之人員其改任資格、程序、在職研習及調派辦事等事項適用法官法第十條第一項所定辦法之規定。

符合第一項第四款至第七款之人員，其遴選程序、法官年齡限制及研習等事項適用法官法第八條第二項、第三項所定辦法之規定。

第十五條（法官之改任與遴選及在職進修）

任用符合前條第一項資格之人為智慧財產及商業法院法官，其改任與遴選審查，應審酌其操守、能力、身心狀態、敬業精神、經驗與專業法學之素養。

司法院每年應辦理智慧財產及商業法院人員在職進修，以充實其法學及相關專業素養，提昇裁判品質。

第三章　技術審查官及商業調查官之配置

第十六條（技術審查官室及商業調查官室之設置）

智慧財產及商業法院設技術審查官室與商業調查官室，分別置技術審查官與商業調查官，均薦任第八職等至第九職等。技術審查官室、商業調查官室之技術審查官、商業調查官其中二分之一，得分別列簡任第十職等；合計在二人以上者，得各置主任技術審查官或主任商業調查官一人，簡任第十職等至第十一職等。

前項技術審查官與商業調查官，於業務需要時，得依聘用人員相關法令聘用或借調各種專業人員充任；其遴聘及借調辦法，由司法院定之。

技術審查官室、商業調查官室得視業務需要分組辦事，各組組長由技術審查官、商業調查官兼任，不另列等。

技術審查官及商業調查官分別承法官之命，辦理下列事務：

一　案件技術或商業問題之判斷、資料之蒐集、分析及提供意見。

二　其他法令所定之事務。

第十七條（技術審查官及商業調查官之任用資格）

技術審查官，應就具有下列資格之一，並有擬任職務任用資格者任用之：

一　擔任專利審查官或商標審查官合計三年以上，成績優良並具證明者；或經公立或立案之私立大學、獨立學院研究所或經教育部承認之外國大學、獨立學院研究所畢業，具相關系所碩士以上學位，擔任專利或商標審查官或助理審查官合計六年以上，成績優良並具證明者；或公立或立案之私立專科以上學校或經教育部承認之國外專科以上學校相關系科畢業，擔任專利或商標審查官或助理審查官合計八年以上，成績優良並具證明者。

二　現任或曾任公立或立案之私立大學、獨立學院相關系所講師六年以上，助理教授、副教授、教授合計三年以上，或公私立專業研究機構研究人員六年以上，有智慧財產權類專門著作，並具證明者。

商業調查官，應就具有下列資格之一，並有擬任職務任用資格者任用之：

一　曾於經濟部、金融監督管理委員會、臺灣證券交易所、證券櫃檯買賣中心、臺灣期貨交易所股份有限公司、臺灣集中保管結算所或其他相當單位任職合計三年以上，具會計、投資、財務分析、經濟及金融市場專業，成績優良並具證明者。

二　經公立或立案之私立大學、獨立學院研究所或經教育部承認之外國大學、獨立學院研究所畢業，具相關系所碩士以上學位，曾於經濟部、金融監督管理委員會、臺灣證券交易所、證券櫃檯買賣中心、臺灣期貨交易所股份有限公司、臺灣集中保管結算所或其他相當單位任職合計二年以上，具會計、投資、財務分析、經濟及金融市場專業，成績優良並具證明者。

三　現任或曾任公立或立案之私立大學、獨立學院相關系所講師三年以上，助理教授、副教授、教授合計二年以上，或公私立專業研究機構研究人員三年以上，有會計、投資、財務分析、經濟及金融市場專業著作，並具證明者。

四　現任或曾任財經事務組之司法事務官合計三年以上，成績優良並具證明者。

第一項第一款技術審查官資格，於專利審查官資格條例及商標審查官資格條例施行前，曾在專利商標審查機關擔任專利商標審查工作之年資，得採計為擔任第一項技術審查官之年資。

第一項第一款、第二項第一款、第二款及第四款所稱成績優良，係指於最近三年考績二年列甲等、一年列乙等以上，且未受刑事懲戒或平時考核記過以上處分，並經其服務機關出具證明者。

第四章　書記處、輔助單位及其人員之配置

第十八條（書記處之設置）

智慧財產及商業法院設書記處，置書記官長，薦任第九職等至簡任第十一職等，承院長之命處理行政事務；一等書記官，薦任第八職等至第九職等；二等書記官，薦任第六職等至第七職等；三等書記官，委任第四

職等至第五職等，分掌紀錄、文書研究考核、總務、資料及訴訟輔導事務；並得分科分股辦事，科長由一等書記官兼任，股長由一等書記官或二等書記官兼任，均不另列等。但一等書記官人數少於設科數，且有業務需要時，科長得由二等書記官兼任之。

前項一等書記官、二等書記官總額，不得逾同一智慧財產及商業法院一等書記官、二等書記官、三等書記官總額二分之一。

第十九條（提存所之設置）

智慧財產及商業法院得設提存所，置主任，簡任第十職等；二等書記官，薦任第六職等至第七職等；三等書記官，委任第四職等至第五職等。

第二十條（通譯技士執達員等人員之設置）

智慧財產及商業法院置一等通譯，薦任第八職等至第九職等；二等通譯，薦任第六職等至第七職等；三等通譯，委任第四職等至第五職等；技士，委任第五職等或薦任第六職等至第七職等；執達員，委任第三職等至第五職等；錄事、庭務員，均委任第一職等至第三職等。

前項一等通譯、二等通譯總額，不得逾同一智慧財產及商業法院一等通譯、二等通譯、三等通譯總額二分之一。

智慧財產及商業法院因傳譯之需要，應逐案約聘原住民族或其他各種語言之特約通譯；其約聘辦法，由司法院定之。

第二十一條（法警之設置）

智慧財產及商業法院置法警；法警長，委任第五職等或薦任第六職等至第七職等；副法警長，委任第四職等至第五職等或薦任第六職等；法警，委任第三職等至第五職等。

第二十二條（人事室之設置）

智慧財產及商業法院設人事室，置主任，薦任第九職等至簡任第十職等；並得置專員，薦任第七職等至第八職等；科員，委任第五職等或薦任第六職等至第七職等，依法辦理人事管理事項。

第二十三條（會計室、統計室之設置）

智慧財產及商業法院設會計室、統計室，各置主任，均薦任第九職等至簡任第十職等；並得置專員，薦任第七職等至第八職等；科員，委任第五職等或薦任第六職等至第七職等，依法分別辦理歲計、會計及統計等事項。

第二十四條（政風室之設置）

智慧財產及商業法院設政風室，置主任，薦任第九職等至簡任第十職等；並得置專員，薦任第七職等至第八職等；科員，委任第五職等或薦任第六職等至第七職等，依法辦理政風事項。

第二十五條（資訊室之設置）

智慧財產及商業法院設資訊室，置主任，薦任第九職等至簡任第十職等；設計師、管理師均薦任第六職等至第八職等；助理設計師，委任第四職等至第五職等或薦任第六職等，處理資訊事項。

前項薦任助理設計師員額，不得逾同一智慧財產及商業法院助理設計師總額二分之一。

第五章　司法年度及事務分配

第二十六條（司法年度）

司法年度，每年自一月一日起至同年十二月三十一日止。

第二十七條（處務規程）

智慧財產及商業法院之處務規程，由司法院定之。臺灣高等檢察署智慧財產分署之處務規程，由法務部定之。

第二十八條（法官會議之設立及其相關規定）

智慧財產及商業法院設法官會議。

法官會議之組成、召開時間、議決事項及議決程序等事項除另有規定外，適用法官法第四章之規定。

第六章　法庭之開閉及秩序

第二十九條（開庭場所）

智慧財產及商業法院開庭，於法院內為之。但法律別有規定者，不在此限。

智慧財產及商業法院法庭席位布置及旁聽規則，由司法院定之。

第三十條（臨時庭）

智慧財產及商業法院於必要時得在管轄區域內指定地點臨時開庭。

前項臨時開庭辦法，由司法院定之。

第三十一條（審判長之法庭指揮權）

審判長於法庭之開閉及審理訴訟，有指揮之權。

第三十二條（審判長之秩序維持權）

法庭開庭時，審判長有維持秩序之權。

第三十三條（妨害法庭之處分及效力）

有妨害法庭秩序或其他不當行為者，審判長得禁止其進入法庭或命其退出法庭，必要時得命看管至閉庭時。

前項處分，不得聲明不服。

前二項之規定，於審判長在法庭外執行職務時準用之。

第三十四條（訴訟代理人、辯護人言語行動不當之處分）

訴訟代理人、辯護人在法庭代理訴訟或辯護案件，其言語行動如有不當，審判長得加以警告或禁止其開庭當日之代理或辯護。

第三十五條（妨害法庭或言語行動不當處分之筆

錄）

審判長為前二條之處分時，應記明其事由於筆錄。

第三十六條（受命或受託法官之準用）

本章有關審判長之規定，於受命法官或受託法官執行職務時準用之。

第三十七條（妨害法庭秩序之處罰）

違反審判長、受命法官、受託法官所發維持法庭秩序之命令，致妨害法院執行職務，經制止不聽者，處三月以下有期徒刑、拘役或新臺幣三萬元以下罰金。

第三十八條（散布、公開播送法庭錄音錄影內容之禁止及處罰）

持有法庭錄音、錄影內容之人，就所取得之錄音、錄影內容，不得散布、公開播送，或為其他非正當目的之使用。

違反前項之規定者，由行為人之住所、居所，或營業所、事務所所在地之地方法院處新臺幣三萬元以上三十萬元以下罰鍰。但其他法律另有特別規定者，依其規定。

前項處罰及救濟之程序，準用相關法令之規定。

第七章　司法行政之監督

第三十九條（行政監督系統）

智慧財產及商業法院行政之監督，依下列規定：

一　司法院院長監督智慧財產及商業法院及其分院。

二　智慧財產及商業法院院長監督該法院及其分院。

第四十條（監督權人對於被監督之人員得為之處分）

依前條規定有監督權者，對於被監督之人員得為下列處分：

一　關於職務上之事項，得發命令使之注意。

二　有廢弛職務、逾越權限或行為不檢者，依法懲處或懲戒。

第四十一條（監督之限制）

本章各條之規定，不影響審判權之獨立行使。

第八章　附　則

第四十二條（訴訟裁判之期限）

智慧財產及商業法院訴訟之裁判，應規定期限；其期限由司法院以命令定之。

第四十三條（裁判書涉及營業秘密部分揭露之禁止）

智慧財產及商業法院及其分院之裁判書，涉及當事人或第三人之營業秘密部分，不得揭露。

第四十四條（本法之準用）

本法未規定者，準用法院組織法及其他有關法律之規定。

第四十五條（施行日期）

本法施行日期，由司法院以命令定之。

少年及家事法院組織法

民國九十九年十二月八日總統令公布
一百零二年五月八日總統令修正公布
一百零三年一月二十九日總統令修正公布
一百一十一年五月四日總統令修正公布第二條條文
一百一十一年六月二十二日總統令修正公布第一、三條條文

第一章　總　則

第一條（立法目的）

為保障未成年人健全之自我成長，妥適處理家事紛爭，並增進司法專業效能，特制定本法。

第二條（管轄範圍）

少年及家事法院，除法律別有規定外，管轄下列第一審事件：

一　少年事件處理法之案件。

二　家事事件法之事件。

三　其他法律規定由少年及家事法院、少年法院、地方法院少年法庭或家事法庭處理之事件。

前項第二款及第三款所生非訟事件之抗告事件，除法律別有規定外，由少年及家事法院管轄。

前二項事件，於未設少年及家事法院地區，由地方法院少年法庭、家事法庭辦理之。但得視實際情形，由專人兼辦之。

第一項及第二項之第一審事件，由少年及家事法院所在地之地方檢察署檢察官對應執行之。

第三條（設置地點）

少年及家事法院之設置地點，由司法院定之，並得視地理環境及案件多寡，增設少年及家事法院分院。

少年及家事法院管轄區域之劃分或變更，由司法院

以命令定之。

高等法院及其分院設少年法庭、家事法庭。但得視實際情形由專人兼辦之。

第四條（獨任制與合議制）

少年及家事法院審判案件，以法官一人獨任或三人合議行之。

合議審判，以庭長充審判長；無庭長或庭長有事故時，以庭員中資深者充之，資同以年長者充之。

獨任審判，即以該法官行審判長之職權。

第五條（類別及員額之規定）

少年及家事法院之類別及員額，依附表（略）之規定。

少年及家事法院應適用之類別及其變更，由司法院以命令定之。

第二章　法院組織編制及職等

第六條（法官及法官助理之設置）

少年及家事法院置法官。

少年及家事法院於必要時，得置法官助理，依相關法令聘用各種專業人員充任之；承法官之命，辦理訴訟案件程序之審查、法律問題之分析、資料之蒐集等事務。

具律師執業資格者，經聘用充任法官助理期間，計入其律師執業年資。

第七條（院長之設置及職權）

少年及家事法院置院長一人，由法官兼任，綜理全院行政事務。

第八條（少年及家事法庭之設立）

少年及家事法院設少年法庭、家事法庭。

少年法庭得分設保護庭、刑事庭；家事法庭得應法律規定或業務特性分設專庭。

第九條（庭長之設置及職權）

少年及家事法院之庭長，除由兼任院長之法官兼任者外，餘由其他法官兼任，監督各該庭事務。

第十條（執行處之設立及人員設置）

少年及家事法院為辦理強制執行事務，得設執行處，或囑託地方法院民事執行處代為執行。

執行處置法官或司法事務官、書記官及執達員，辦理執行事務。

第十一條（公設辯護人之設置）

少年及家事法院設公設辯護人室，置公設辯護人，薦任第七職等至第九職等或簡任第十職等至第十一職等；其公設辯護人合計在二人以上者，置主任公設辯護人，薦任第九職等或簡任第十職等至第十二職等。

實任公設辯護人服務滿十五年以上，成績優良，經審查合格者，得晉敘至簡任第十二職等。

曾任高等法院或其分院、智慧財產法院公設辯護人四年以上，調少年及家事法院之公設辯護人，成績優良，經審查合格者，得晉敘至簡任第十二職等。

曾任高等法院或其分院、智慧財產法院公設辯護人之服務年資，合併計算。

第二項、第三項之審查辦法，由司法院定之。

具律師資格者於擔任公設辯護人期間，計入其律師執業期間。

第十二條（司法事務官之設置及年資採計）

少年及家事法院設司法事務官室，置司法事務官，薦任第七職等至第九職等；司法事務官在二人以上者，置主任司法事務官一人，薦任第九職等至簡任第十職等。

具律師執業資格者，擔任司法事務官期間，計入其律師執業年資。

第十三條（調查保護室之組成）

少年及家事法院設調查保護室，置少年調查官、少年保護官、家事調查官、心理測驗員、心理輔導員及佐理員。少年調查官、少年保護官及家事調查官合計在二人以上者，置主任調查保護官一人；合計在六人以上者，得分組辦事，組長由少年調查官、少年保護官或家事調查官兼任，不另列等。

少年調查官、少年保護官及家事調查官，薦任第七職等至第九職等；第五條第一項附表所定第一類少年及家事法院之少年調查官、少年保護官及家事調查官，其中二人得列簡任第十職等；主任調查保護官，薦任第九職等至簡任第十職等；心理測驗員及心理輔導員，薦任第六職等至第八職等；佐理員，委任第四職等至第五職等，其中二分之一得列薦任第六職等。

第十四條（書記處之設置及職權）

少年及家事法院設書記處，置書記官長一人，薦任第九職等至簡任第十職等，承院長之命處理行政事務；一等書記官，薦任第八職等至第九職等；二等書記官，薦任第六職等至第七職等；三等書記官，委任第四職等至第五職等，分掌紀錄、強制執行、提存、文書、研究考核、總務、資料及訴訟輔導等事務，並得視業務需要分科、分股辦事，科長由一等書記官兼任，股長由一等書記官或二等書記官兼任，均不另列等。

前項一等書記官、二等書記官總額，不得逾同一法院一等書記官、二等書記官、三等書記官總額二分之一。

第十五條（通譯技士執達員等之設置）

少年及家事法院置一等通譯，薦任第七職等至第八職等；二等通譯，薦任第六職等至第七職等；三等通譯，委任第四職等至第五職等；技士，委任第五職等或薦任第六職等至第七職等；執達員，委任第三職等至第五職等；錄事、庭務員，均委任第一職等至第三職等。

前項一等通譯、二等通譯總額，不得逾同一法院一等通譯、二等通譯、三等通譯總額二分之一。

少年及家事法院為辦理值庭、執行、警衛、解送人犯及有關司法警察事務置法警；法警長委任第五職等或薦任第六職等至第七職等；副法警長委任第四職等至第五職等或薦任第六職等；法警委任第三職等至第五職等。

第十六條（人事室之組成）

少年及家事法院設人事室，置主任一人，薦任第八職等至第九職等；科員委任第五職等或薦任第六職等至第七職等，依法辦理人事管理事項。

第十七條（會計室、統計室之組成）

少年及家事法院設會計室、統計室，各置會計主任、統計主任一人，均薦任第八職等至第九職等；科員委任第五職等或薦任第六職等至第七職等，依法分別辦理歲計、會計、統計等事項。

第十八條（政風室之組成）

少年及家事法院設政風室，置主任一人，薦任第八職等至第九職等；科員委任第五職等或薦任第六職等至第七職等，依法辦理政風事項。

第十九條（資訊室之組成）

少年及家事法院設資訊室，置主任一人，薦任第八職等至第九職等，承院長之命處理資訊室之行政事項；資訊管理師，薦任第七職等；助理設計師，委任第四職等至第五職等，其中二分之一得列薦任第六職等，處理資訊事項。

第十九條之一（資訊室之組成）

少年及家事法院應提供場所、必要之軟硬體設備及其他相關協助，供直轄市、縣（市）主管機關自行或委託民間團體設置資源整合連結服務處所，於經費不足時，由司法院編列預算補助之。

前項之補助辦法，由司法院定之。

第三章　庭長、法官及其他人員之任用

第二十條（庭長及法官之積極資格與法院人員在職進修義務）

少年及家事法院庭長及法官，應遴選具有處理少年或家事事務之學識、經驗及熱忱者任用之。

前項遴選辦法，由司法院定之。

少年及家事法院人員應定期在職進修，以充實其法學及相關專業素養，提升裁判品質。

前項進修得由司法院或其他適當機關辦理之。

第二十一條（少年調查官少年保護官之任用資格）

少年調查官、少年保護官應就具有下列資格之一者任用之：

一　經公務人員高等考試或公務人員特種考試司法人員考試相當等級之少年調查官、少年保護官、觀護人考試及格。

二　具有法官、檢察官任用資格。

三　曾任少年調查官、少年保護官、家事調查官、觀護人，經銓敘合格。

四　曾在公立或經立案之私立大學、獨立學院社會工作、心理、教育、輔導、法律、犯罪防治、青少年兒童福利或其他與少年調查保護業務相關學系、研究所畢業，具有薦任職任用資格。

第二十二條（家事調查官之任用資格）

家事調查官，應就具有下列資格之一者任用之：

一　經公務人員高等考試或公務人員特種考試司法人員考試相當等級之家事調查官考試及格。

二　具有法官、檢察官任用資格。

三　曾任家事調查官、少年調查官、少年保護官、觀護人，經銓敘合格。

四　曾在公立或經立案之私立大學、獨立學院社會工作、心理、教育、輔導、法律、犯罪防治、青少年兒童福利或其他與家事調查業務相關學系、研究所畢業，具有薦任職任用資格。

第二十三條（調查保護室主任之任用資格）

調查保護室之主任調查保護官，應就具有少年調查官、少年保護官或家事調查官及擬任職務所列職等之任用資格，並有領導才能者遴任之。

第二十四條（心理測驗員及心理輔導員之任用資格）

心理測驗員、心理輔導員，應就具有下列資格之一者任用之：

一　經公務人員高等考試或公務人員特種考試司法人員考試相當等級之心理測驗員、心理輔導員考試及格。

二　曾在公立或經立案之私立大學、獨立學院心理、社會、社會工作、教育輔導或其他與心理測驗或輔導業務相關學系、研究所畢業，具有薦任職任用資格。

第四章　法官以外人員之職務

第二十五條（司法事務官辦理之事務）

司法事務官辦理下列事務：

一　返還擔保金事件、調解程序事件、督促程序事件、保全程序事件、公示催告程序裁定事件、確定訴訟費用額事件。

二　拘提、管收以外之強制執行事件。

三　非訟事件法及其他法律所定之非訟事件。

四　其他法律所定之事務。

司法事務官辦理前項各款事件之範圍及日期，由司法院定之。

第二十六條（少年調查官及少年保護官之職務及

服從監督義務）

少年調查官應服從法官之監督，執行下列職務：

一　調查、蒐集關於少年事件之資料。

二　對於責付、收容少年之調查、輔導事項。

三　其他法令所定之事務。

少年保護官應服從法官之監督，執行下列職務：

一　掌理由少年保護官執行之保護處分。

二　其他法令所定之事務。

少年調查官、少年保護官得相互兼理之。

第二十七條（家事調查官之職務及服從監督義務）

家事調查官應服從法官之監督，執行下列職務：

一　調查、蒐集關於第二條第一項第二款至第九款事件之資料。

二　其他法令所定之事務。

第二十八條（心理測驗員之職務及服從監督義務）

心理測驗員應服從法官、司法事務官、少年調查官、少年保護官及家事調查官之監督，執行下列職務：

一　對所交付個案進行心理測驗、解釋及分析，並製作書面報告等事項。

二　其他法令所定之事務。

第二十九條（心理輔導員之職務及服從監督義務）

心理輔導員應服從法官、司法事務官、少年調查官、少年保護官及家事調查官之監督，執行下列職務：

一　對所交付個案進行心理輔導、轉介心理諮商或治療之先期評估，並製作書面報告等事項。

二　其他法令所定之事務。

第三十條（書記官佐理員及執達員之服從監督義務）

書記官、佐理員及執達員隨同司法事務官、少年調查官、少年保護官或家事調查官執行職務者，應服從其監督。

第三十一條（少年調查官、家事調查官之協助義務）

司法事務官執行職務時，少年調查官、家事調查官應協助之。

第五章　司法年度及事務分配

第三十二條（司法年度）

司法年度每年自一月一日起至同年十二月三十一日止。

第三十三條（處務規程）

少年及家事法院之處務規程，由司法院定之。

第三十四條（事務分配及代理次序）

少年及家事法院於每年度終結前，由院長、庭長、法官舉行會議，按照處務規程及其他法令規定預定次年度司法事務之分配及代理次序。

前項會議並應預定次年度關於合議審判時法官之配置。

第三十五條（事務分配會議之主席）

前條會議以院長為主席，其決議以過半數之意見定之，可否同數時，取決於主席。

第三十六條（事務分配變更之程序）

事務分配、代理次序及合議審判時法官之配置，經預定後，因事件或法官增減或他項事故有變更之必要時，得由院長徵詢有關庭長、法官意見後定之。

第六章　法庭之開閉及秩序

第三十七條（開庭場所）

少年及家事法院開庭，於法院內為之。但法律別有規定者，不在此限。

少年及家事法院法庭席位布置及旁聽規則，由司法院定之。

第三十八條（臨時開庭）

少年及家事法院於必要時，得在管轄區域內指定地點臨時開庭。

前項臨時開庭辦法，由司法院定之。

第三十九條（審判長之法院指揮權及秩序維持權）

審判長於法庭之開閉及審理訴訟，有指揮及維持秩序之權。

第四十條（妨害法庭之處分及效力）

有妨害法庭秩序或其他不當行為者，審判長得禁止其進入法庭或命其退出法庭，必要時得命看管至閉庭時。

前項處分，不得聲明不服。

前二項之規定，於審判長在法庭外執行職務時準用之。

第四十一條（代理人、辯護人、輔佐人妨害法庭之處分）

訴訟代理人、辯護人、輔佐人在法庭代理訴訟、辯護或輔佐案件，其言語行動如有不當，審判長得加以警告或禁止其開庭當日之代理、辯護或輔佐。

第四十二條（妨害法庭處分之筆錄）

審判長為前二條之處分時，應記明其事由於筆錄。

第四十三條（受命或受託法官之準用）

本章有關審判長之規定，於受命法官或受託法官執行職務時準用之。

第四十四條（妨害法庭秩序之處罰）

違反審判長、受命法官、受託法官所發維持法庭秩序之命令，致妨害法院執行職務，經制止不聽者，處三月以下有期徒刑、拘役或科新臺幣九千元以下罰金。

第七章　司法行政之監督

第四十五條（行政監督）

少年及家事法院行政之監督，依下列規定：

一 司法院院長監督少年及家事法院及其分院。
二 高等法院院長監督少年及家事法院及其分院。
三 少年及家事法院院長監督該法院及其分院。

第四十六條（行政監督權之行使）
依前條規定有監督權者，對於被監督之人員得為下列處分：
一 關於職務上之事項，得發命令使之注意。
二 有廢弛職務、逾越權限或行為不檢者，加以警告。

第四十七條（被監督人員之處分）
被監督之人員，如有前條第二款情事，而情節較重或經警告無效者，監督長官得依公務員懲戒法辦理。

第四十八條（監督權之限制）
本章各條之規定，不影響審判權之獨立行使。

第八章 附則

第四十九條（審理期限之訂定）
少年及家事法院之審理，應規定期限，其期限由司法院以命令定之。

第五十條（準用規定(一)）
本法未規定者，準用法院組織法及其他有關法律之規定。

第五十一條（準用規定(二)）
本法於少年及家事法院分院及於未設少年及家事法院地區之地方法院少年法庭、家事法庭準用之。

第五十二條（預算支應）
少年及家事法院於年度預算執行中成立，其因調配人力移撥員額及業務時所需各項相關經費，得由移撥機關在原預算範圍內調整支應，不受預算法第六十二條及第六十三條規定之限制。

第五十三條（施行日期）
本法施行日期由司法院以命令定之。

懲戒法院組織法

民國二十年六月八日國民政府令制定公布
二十一年六月二十九日國民政府令修正公布
二十三年五月二十二日國民政府令修正公布
二十五年十一月六日國民政府令修正公布
二十七年五月十二日國民政府令修正公布
三十四年十月三十日國民政府令修正公布條文及法規名稱（原名為「公務員懲戒委員會組織法」）
三十五年三月十二日國民政府令修正公布條文及法規名稱（原名為「中央公務員懲戒委員會組織法」）
三十七年四月十五日國民政府修正公布全文
七十四年一月十六日總統令修正公布全文
八十二年八月四日總統令修正公布全文
一百零四年五月六日總統令修正公布全文
一百零八年七月十七日總統令修正公布
一百零九年六月十日總統令修正公布全文及法規名稱（原名為「公務員懲戒委員會組織法」）

第一條（懲戒法院之職掌）
懲戒法院掌理全國公務員之懲戒及法官法第四十七條第一項第二款至第四款之事項。

第二條（成員及人數）
懲戒法院置院長一人，特任，綜理全院行政事務，並任法官；法官九人至十五人。

第三條（院長之資格）
懲戒法院院長應具有下列資格之一：
一 曾任司法院大法官、最高法院院長、最高行政法院院長、懲戒法院院長或最高檢察署檢察總長者。
二 曾任最高法院法官、行政法院評事、最高行政法院法官、懲戒法院法官、最高檢察署檢察官、高等法院院長、高等行政法院院長、智慧財產法院院長或高等檢察署檢察長合計五年以上者。

三　曾任實任法官、實任檢察官十七年以上或任實任法官、實任檢察官並任司法行政人員合計十七年以上者。

第四條（懲戒法庭各審級合議庭成員及審判長之規定）

懲戒法院設懲戒法庭，分庭審判公務員懲戒案件，其庭數視事務之繁簡定之。但法律另有規定者，從其規定。

懲戒法庭第一審案件之審理及裁判，以法官三人合議行之，並由資深法官充審判長，資同以年長者充之；第二審案件之審理及裁判，以法官五人合議行之，並由院長充審判長，院長有事故時，以庭員中資深者充之，資同以年長者充之。

第五條（職務法庭之審判範圍）

懲戒法院設職務法庭，分庭審判法官法第四十七條第一項各款及第八十九條第八項案件，其庭數視事務之繁簡定之。

職務法庭合議庭成員，依法官法第四十八條、第四十八條之二定之。

第六條（書記廳之設置）

懲戒法院設書記廳，置書記官長一人，簡任第十一職等至第十三職等，承院長之命處理行政事務；一等書記官、二等書記官合計七人至十三人，一等書記官薦任第八職等至第九職等，二等書記官，薦任第六職等至第七職等；三等書記官七人至十七人，委任第四職等至第五職等，分掌紀錄、文書、研究考核、總務、資料及訴訟輔導等事務，並得分科、股辦事，科長由一等書記官兼任，股長由一等書記官或二等書記官兼任，均不另列等。但一等書記官人數少於設科數，且有業務需要時，科長得由二等書記官兼任之。

前項所定分科、分股及兼任、免兼等事項，由司法院定之。

第七條（法警長、法警、錄事之設置及通譯之約聘）

懲戒法院置法警長一人，委任第五職等或薦任第六職等至第七職等；法警二人至八人，委任第三職等至第五職等；錄事五人至十七人，委任第一職等至第三職等；庭務員一人至三人，委任第一職等至第三職等。」

懲戒法院因傳譯之需要，應逐案約聘原住民族或其他各種語言之特約通譯；其約聘辦法，由司法院定之。

第八條（人事室之設置）

懲戒法院設人事室，置主任一人，簡任第十職等；並得置科員一人，委任第五職等或薦任第六職等至第七職等，依法律規定辦理人事管理事項。

第九條（會計室、統計室之設置）

懲戒法院設會計室、統計室，各置主任一人，均簡任第十職等；並得各置科員一人，委任第五職等或薦任第六職等至第七職等，依法律規定分別辦理歲計、會計及統計等事項。

第十條（政風室之設置）

懲戒法院設政風室，置主任一人，簡任第十職等；其餘所需工作人員，應就本法所定員額內派充之，依法律規定辦理政風事項。

第十一條（資訊室之設置）

懲戒法院設資訊室，置主任一人，簡任第十職等；設計師一人，薦任第六職等至第八職等；資訊管理師一人，薦任第七職等；助理設計師二人至四人，委任第四職等至第五職等，其中二人得列薦任第六職等，處理資訊事項。

第十二條（法官助理之聘用）

懲戒法院於必要時得置法官助理一人至四人，依聘用人員相關法令聘用專業人員充任之，協助法官辦理案件程序之審查、法律問題之分析、資料之蒐集等事項。

具專業證照執業資格者，經聘用充任法官助理期間，計入其專業執業年資。

法官助理之遴聘、訓練、業務、管理及考核等相關事項，由司法院定之。

第十三條（法官會議）

懲戒法院設法官會議，法官會議之組成、召開時間、議決事項及議決程序等事項，除另有規定外，適用法官法第四章之規定。

懲戒法院設職務法庭法官會議，其會議之組成、召開時間、議決事項及議決程序等事項，於性質不相牴觸之範圍內，準用法官法第四章之規定。

第十四條（審判長之訴訟指揮權）

審判長於法庭之開閉及審理訴訟有指揮之權。

第十五條（審判長之秩序維持權）

法庭開庭時，審判長有維持秩序之權。

第十六條（妨害法庭行為之處分）

有妨害法庭秩序或其他不當行為者，審判長得禁止其進入法庭或命其退出法庭，必要時得命看管至閉庭時。

前項處分，不得聲明不服。

前二項之規定，於審判長在法庭外執行職務時準用之。

第十七條（律師妨害法庭之處分）

律師在法庭代理訴訟或辯護案件，其言語行動如有不當，審判長得加以警告或禁止其開庭當日之代理或辯護。非律師而為代理人或辯護人者，亦同。

第十八條（處分事由記明筆錄）

審判長為前二條之處分時，應記明其事由於筆錄。

第十九條（受命法官受託法官準用審判長之規定）

第十四條至前條有關審判長之規定，於受命法官、受託法官執行職務時準用之。

第二十條（違反維持法庭秩序命令之處罰）

違反審判長、受命法官或受託法官所發維持法庭秩序之命令，致妨害執行職務，經制止不聽者，處三月以下有期徒刑、拘役或科新臺幣三萬元以下罰金。

第二十一條（職務法庭第一審懲戒案件之評議組織、程序、方法）

職務法庭第一審懲戒案件之裁判，應依法官法第四十八條第一項所定職務法庭法官及參審員人數評議決定之。

前項評議應遵守下列規定：

一　職務法庭法官及參審員應全程參與，並以審判長為主席，依序討論事實之認定、法律之適用、懲戒處分種類及效果。

二　評議時應依序由參審員、職務法庭法官個別陳述意見，其次序以資淺者為先，資同以年少者為先，遞至審判長為終。

三　參審員、職務法庭法官不得因其就評議事項係屬少數意見，而拒絕對次一應行評議之事項陳述意見。

四　評議以過半數之意見決定之。如職務法庭法官及參審員之意見分三說以上，各不達過半數時，以最不利於被付懲戒人之意見順次算入次一不利於被付懲戒人之意見，至達過半數為止。

五　評議時各法官及參審員之意見應記載於評議簿。評議簿之原本應由參與評議之法官及參審員簽名；法官或參審員拒絕簽名或因故不能簽名者，由審判長附記其事由；審判長因故不能簽名者，由資深陪席法官附記之。

第二十二條（行政監督）

懲戒法院行政之監督，依下列規定：

一　司法院院長監督懲戒法院。

二　懲戒法院院長監督該法院。

第二十三條（職務監督處分）

依前條規定有監督權者，對於被監督之人員得為下列處分：

一　關於職務上之事項，得發命令使之注意。

二　有廢弛職務，逾越權限或行為不檢者，加以警告。

第二十四條（審判獨立）

前二條之規定，不影響審判權之獨立行使。

第二十五條（處務規程）

懲戒法院之處務規程，由司法院定之。

第二十六條（法院組織法及其他有關法律之準用）

本法未規定者，準用法院組織法及其他有關法律之規定。

第二十七條（現職雇員權益保障）

懲戒法院原依雇員管理規則進用之現職雇員，其未具公務人員任用資格者，得占用錄事或庭務員之職缺，繼續雇用至離職時為止。

第二十八條（名稱用詞一致）

本法以外之其他法律所稱公務員懲戒委員會、委員長及委員，分別改稱為懲戒法院、院長及法官。

第二十九條（施行日期）

本法施行日期，由司法院定之。

考試院組織法

民國三十六年三月三十一日國民政府公布
三十六年十二月二十五日國民政府修正公布
四十九年十一月二十一日總統令修正公布
五十六年六月十九日總統令修正公布
八十三年七月一日總統令修正公布
一百零九年一月八日總統令修正公布
一百一十二年四月二十六日總統令修正公布全文

第一條（訂定依據）

本法依憲法第八十九條制定之。

第二條（考試院之職責）

考試院掌理憲法增修條文第六條第一項所定事項及憲法所賦予之職權。

第三條（考試委員）

考試院考試委員之名額，定為七人至九人。

考試院院長、副院長及考試委員之任期為四年。

總統應於前項人員任滿三個月前提名之；前項人員出缺時，繼任人員之任期至原任期屆滿之日為止。

考試委員具有同一黨籍者，不得超過委員總額二分之一。

第四條（考試委員應具之資格）

考試委員應具有下列各款資格之一：

一　曾任大學教授十年以上，聲譽卓著，有專門著作者。

二　高等考試及格二十年以上，曾任簡任職滿十年，成績卓著，而有專門著作者。

三　學識豐富，有特殊著作或發明者。

前項資格之認定，以提名之日為準。

第五條（考試委員不得赴中國大陸地區兼職）

考試委員不得赴中國大陸地區兼職。

違反前項規定者，即喪失考試委員之資格。

第六條（考試院之部會）

考試院設下列各部、會：

一　考選部。

二　銓敍部。

三　公務人員保障暨培訓委員會。

第七條（考試院會議）

考試院設考試院會議，以院長、副院長、考試委員及前條各部會首長組織之，決定憲法所定職掌之政策及其有關重大事項。

前項會議以院長為主席。

考試院就其掌理或全國性人事行政事項，得召集有關機關會商解決之。

第八條（考試院院長）

考試院院長綜理院務，並監督所屬機關。

考試院院長因事故不能視事時，由副院長代理其職務。

第九條（考試院秘書長）

考試院置秘書長一人，特任，承院長之命處理本院事務，並指揮監督所屬職員。

秘書長應列席考試院會議。

第十條（各職稱官等職等及員額）

考試院各職稱之官等職等及員額，另以編制表定之。

第十一條（施行日期）

本法施行日期由考試院定之。

監察院組織法

民國三十六年三月三十一日國民政府公布
三十六年十二月二十五日國民政府修正公布
三十七年四月三日國民政府修正公布
五十七年七月二日總統令修正公布
六十年四月十四日總統令修正公布
六十年十一月四日總統令修正公布
六十一年十二月六日總統令修正公布
六十四年四月二十二日總統令修正公布
八十一年十一月四日總統令修正公布
八十七年一月七日總統令修正公布
九十九年五月十九日總統令修正公布
一百零九年一月八日總統令修正公布第三、三之一、四、一〇、一二、一三、一五條條文

第一條（制定依據）

本法依憲法第一百零六條制定之。

第二條（職權之行使）

監察院行使憲法所賦予之職權。

＊（監察院職權）憲九〇、九四～一〇〇、一〇五，憲增修七。

▲釋三、一四、三三。

第三條（委員會及國家人權委員會之設置）

監察院得分設委員會，其組織另以法律定之。

監察院設國家人權委員會，其組織另以法律定之。

第三條之一（監察委員之資格）

監察院監察委員，須年滿三十五歲，並具有下列資格之一：

一　曾任立法委員一任以上或直轄市議員二任以上，聲譽卓著者。

二　任本俸十二級以上之法官、檢察官十年以上，並曾任高等法院、高等行政法院以上法官或高等檢察署以上檢察官，成績優異者。

三　曾任簡任職公務員十年以上，成績優異者。

四　曾任大學教授十年以上，聲譽卓著者。

五　國內專門職業及技術人員高等考試及格，執行業務十五年以上，聲譽卓著者。

六　清廉正直，富有政治經驗或主持新聞文化事業，聲譽卓著者。

七　對人權議題及保護有專門研究或貢獻，聲譽卓著者；或具與促進及保障人權有關之公民團體實務經驗，著有聲望者。

具前項第七款資格之委員應為七人，不得從缺，並應具多元性，由不同族群、專業領域等代表出任，且任一性別比例不得低於三分之一，提名前並應公開徵求公民團體推薦人選。

第一項所稱之服務或執業年限，均計算至次屆監察委員就職前一日止。

第四條（審計部之設置及職掌）

監察院設審計部，其職掌如下：

一　監督政府所屬全國各機關預算之執行。

二　核定政府所屬全國各機關收入命令及支付命令。

三　審核政府所屬全國各機關財務收支及審定決算。

四　稽察政府所屬全國各機關財物及財政上不法或不忠於職務之行為。

五　考核政府所屬全國各機關財務效能。

六　核定各機關人員對於財務上之責任。

七　其他依法律應行辦理之審計事項。

審計部之組織，另以法律定之。

第五條（審計長之職權）

審計長綜理審計部事務。

＊（審計長）憲一〇四、一〇五。

第六條（院長之職務、出缺之代理及院長、副院長、監委出缺之繼任人任期）

監察院院長綜理院務，並監督所屬機關；監察院院長

因事故不能視事時，由副院長代理其職務。

監察院院長出缺時，由副院長代理，其代理期間至總統提名繼任院長經立法院同意，總統任命之日為止。」

監察院院長、副院長同時出缺時，由總統就監察委員中指定一人代理院長；其代理期間至總統提名繼任院長、副院長經立法院同意，總統任命之日為止。

監察院院長、副院長及監察委員出缺時，其繼任人之任期至原任期屆滿之日為止。

*（監察院院長）憲九二，憲增修七。

第七條（院會）

監察院會議由院長、副院長及監察委員組織之，以院長為主席。

第八條（行署）

監察院視事實之需要，得將全國分區設監察院監察委員行署，其組織另以法律定之。

第九條（秘書長、副秘書長之設置、職掌）

監察院置秘書長一人，特任，承院長之命，處理本院事務，並指揮監督所屬職員；副秘書長一人，職務列簡任第十四職等，承院長之命，襄助秘書長處理本院事務。

第十條（各處之設置及掌理事項）

監察院設監察業務處、監察調查處、公職人員財產申報處、秘書處、綜合業務處，分別掌理下列事項，並得分組或分科辦事：

一　關於人民書狀之收受、處理及簽辦事項。
二　關於糾舉、彈劾事項。
三　關於調查案件之協查事項。
四　關於公職人員財產申報、利益衝突迴避、政治獻金及遊說事項。
五　關於會議紀錄、公報編印及發行事項。
六　關於文書收發、保管及印信典守事項。
七　關於出納及庶務事項。
八　關於綜合計畫之研擬及研究發展與考核事項。
九　關於資訊計畫、資訊系統、資通設備、資訊安全與訓練等之整體規劃及管理事項。
十　關於協調聯繫及新聞發布事項。
十一　其他有關事項。

第十一條（刪除）

第十二條（各級人員之職稱、職務列等及員額）

監察院置參事二人至四人，處長五人，職務均列簡任第十二職等至第十三職等；副處長五人，職務列簡任第十一職等至第十二職等；調查官二十四人至二十八人，職務列簡任第十職等至第十二職等；調查主任八人，由調查官兼任；陳情受理中心主任一人，組長十一人，專門委員四人，高級分析師一人，職務均列簡任第十職等至第十一職等；秘書二十六人至三十一人，職務列薦任第八職等至第九職等，其中十一人，職務得列簡任第十職等至第十二職等；科長十一人，職務列薦任第九職等；調查專員三十四人至三十八人，職務列薦任第八職等至第九職等；專員十人至十六人，分析師二人，職務均列薦任第七職等至第九職等；設計師二人，管理師一人，職務均列薦任第六職等至第八職等；調查員二十四人至三十八人，科員二十人至二十八人，速記員二人至四人，職務均列委任第五職等或薦任第六職等至第七職等；助理員四人至八人，操作員二人，職務均列委任第四職等至第五職等，其中助理員四人，操作員一人，職務得列薦任第六職等；辦事員十人至十八人，職務列委任第三職等至第五職等；書記七人，職務列委任第一職等至第三職等；藥師一人、護理師二人，職務均列師（三）級。

前項所列秘書員額內，其中八人由留任原職稱原官等之研究委員三人、組長二人、書記三人出缺後改置；科員員額內其中五人由留任原職稱原官等之書記五人出缺後改置。

本法修正施行前僱用之現職書記，其未具公務人員任用資格者，得占用前項書記職缺繼續其僱用至離職時為止。

第十三條（會計室、統計室、人事室及政風室之編制）

監察院設會計室、統計室、人事室及政風室，依法律規定分別辦理歲計、會計、統計、人事及政風事項。

會計室、統計室、人事室及政風室各置主任一人，職務均列簡任第十職等至第十一職等；其餘所需工作人員，就本法所定員額內派充之。

第十三條之一（助理之聘用）

監察院應為每位委員聘用助理一人，與監察委員同進退。

第十四條（會議規則及處務規程之訂定）

監察院會議規則及處務規程，由監察院定之。

第十五條（施行日期）

本法自公布日施行。

本法修正條文自公布日施行。

監察法

民國三十七年七月十七日總統令公布
三十八年六月十一日總統令修正公布
三十九年十二月七日總統令修正公布
四十年九月二十六日總統令修正公布
四十二年四月三十日總統令修正公布
五十六年八月二十八日總統令修正公布
八十一年十一月十三日總統令修正公布
一百零八年六月十九日總統令修正公布
一百一十年一月二十日總統令刪除公布第一七條條文

第一章 總則

第一條（監察院之職權）
監察院依憲法及憲法增修條文之規定，行使彈劾、糾舉及審計權，並提出糾正案。除審計權之行使另有規定外，悉依本法之規定。
(81)刪除有關同意權之規定。
*（監察院職權）憲增修七。

第二條（職權之行使）
監察院以監察委員行使彈劾權、糾舉權及以各委員會提出糾正案。
(81)刪除同意權。

第三條（分區巡迴監察）
監察委員得分區巡迴監察。

第四條（人民書狀之收受）
監察院及監察委員得收受人民書狀，其辦法由監察院定之。

第五條（刪除）
*（彈核權）憲增修二⑩、七。

第二章 彈劾權

第六條（彈劾案之提議）
監察委員對於公務人員認為有違法或失職之行為者，應經二人以上之提議向監察院提彈劾案。
(81)對於公務人員認有違失時，監察委員提議彈劾案之人數，增列二人以上，以符憲法增修條文第十五條第三、四項之規定。
*（公務員之彈劾）憲九七～九九。
▲釋一四、三三。

第七條（彈劾案之提議方式）
彈劾案之提議，以書面為之，並應詳敘事實，在未經審查決定前，原提案委員得以書面補充之。

第八條（彈劾案之提出）
彈劾案經提案委員外之監察委員九人以上之審查及決定成立後，監察院應即向懲戒機關提出之。彈劾案向懲戒機關提出後，於同一案件如發現新事實或新證據，經審查後，應送懲戒機關併案辦理。

第九條（彈劾案之審查）
彈劾案之審查，應由全體監察委員按序輪流擔任之。
彈劾案之審查會，應以記名投票表決，以投票委員過半數同意成立決定之。
*（懲戒機關）憲七七，公懲二三。

第十條（審查不成立之異議）
彈劾案經審查認為不成立，而提案委員有異議時，應即將該彈劾案另付其他監察委員九人以上審查，為最後之決定。

第十一條（審查委員之迴避）
彈劾案之審查委員與該案有關係者，應行迴避。

第十二條（院長之不干涉義務）
監察院院長對於彈劾案，不得指使或干涉。
*（監察院院長）憲九二。

第十三條（保密義務）
監察院人員對於彈劾案在未經審查決定確定前，不得對外宣洩。
監察院於彈劾案審查決定確定後，應公布之。其涉及國防外交或其他法律規定應秘密之案件應隱去其應秘密之資訊。

第十四條（急速救濟之處理）
監察院向懲戒機關提出彈劾案時，如認為被彈劾人員違法或失職之行為情節重大，有急速救濟之必要者，得通知該主管長官為急速救濟之處理。
主管長官接到前項通知，不為急速救濟之處理者，於被彈劾人受懲戒時，應負失職責任。

第十五條（刑事或軍法之涉及）
監察院認為被彈劾人員違法或失職之行為有涉及刑事或軍法者，除向懲戒機關提出外，並應逕送各該管司法或軍法機關依法辦理。
*（刑事移送）憲九七。

第十六條（彈劾案之辦理）
彈劾案經向懲戒機關提出及移送司法或軍法機關後，各該管機關應急速辦理，並將辦理結果迅即通知監察院轉知原提案委員。
懲戒機關於收到被彈劾人員答辯時，應即通知監察院轉知原提案委員，原提案委員接獲通知後如有意見時，應於十日內提出轉送懲戒機關。

第十七條（刪除）

第十八條（因彈劾受懲戒之處分）
凡經彈劾而受懲戒之人員，在停止任用期間任何機關不得任用。
被彈劾人員在懲戒案進行期間，如有依法升遷，應於懲戒處分後撤銷之，但其懲戒處分為申誡者不在此限。

第三章 糾舉權

第十九條（糾舉權之行使）

監察委員對於公務人員認為有違法或失職之行為，應先予以停職或其他急速處分時，得以書面糾舉，經其他監察委員三人以上之審查及決定，由監察院送交被糾舉人員之主管長官或其上級長官，其違法行為涉及刑事或軍法者，應逕送各該管司法或軍法機關依法辦理。

監察委員於分派執行職務之該管監察區內，對薦任以下公務人員提議糾舉案於監察院，必要時得通知該主管長官或其上級長官予以注意。

＊（糾舉權）憲九〇、九七，憲增修七。

第二十條（糾舉不成立之異議）

糾舉案經審查認為不成立，而提案委員有異議時，應即將該糾舉案另付其他監察委員三人以上審查，為最後之決定。

第二十一條（被糾舉人員長官之處理）

被糾舉人員之主管長官或其上級長官接到糾舉書後，除關於刑事或軍法部分另候各該管機關依法辦理外，至遲應於一個月內依公務員懲戒法之規定予以處理，並得先予停職或為其他急速處分，其認為不應處分者，應即向監察院聲復理由。

第二十二條（彈劾案之改提）

被糾舉人員之主管長官或其上級長官對於糾舉案，不依前條規定處理或處理後監察委員二人以上認為不當時，得改提彈劾案。

被糾舉人員之主管長官或其上級長官接到糾舉書後，不依前條規定處分或決定不應處分，如被糾舉人員因改被彈劾而受懲戒時，其主管長官或其上級長官應負失職責任。

(81)一、為配合本法第六條修正條文，將第一項關於監察委員之人數，修正為二人以上。二、第二項不修正。

第二十三條（糾舉案準用之規定）

本法第八條、第十一條、第十二條、第十三條、第十六條之規定，於糾舉案準用之。

第四章　糾　正

第二十四條（糾正案之提出）

監察院於調查行政院及其所屬各機關之工作及設施後，經各有關委員會之審查及決議，得由監察院提出糾正案，移送行政院或有關部會，促其注意改善。

＊（糾正案）憲九七。

第二十五條（接到糾正案後之處置）

行政院或有關部會接到糾正案後，應即為適當之改善與處置，並應以書面答復監察院，如逾二個月仍未將改善與處置之事實答復監察院時，監察院得質問之。

第五章　調　查

第二十六條（調查權之行使）

監察院為行使監察職權，得由監察委員持監察證或派員持調查證，赴各機關部隊公私團體調查檔案冊籍及其他有關文件，各該機關部隊或團體主管人員及其他關係人員不得拒絕，遇有詢問時，應就詢問地點負責為詳實之答復，作成筆錄，由受詢人署名簽押。

調查人員調查案件，於必要時得通知書狀具名人及被調查人員就指定地點詢問。

調查人員對案件內容不得對外宣洩。

監察證、調查證使用規則，由監察院定之。

＊（調查權）憲九五、九六。

第二十七條（證件之封存或攜去）

調查人員必要時得臨時封存有關證件，或攜去其全部或一部。

前項證件之封存或攜去，應經該主管長官之允許，除有妨害國家利益者外，該主管長官不得拒絕。

凡攜去之證件，該主管人員應加蓋圖章，由調查人員給予收據。

第二十八條（要求協助㈠）

調查人員必要時得知會當地政府法院或其他有關機關協助。

調查人員於調查證據遭遇抗拒或為保全證據時，得通知警憲當局協助，作必要之措施。

第二十九條（要求協助㈡）

調查人員在調查案件時，如認為案情重大，或被調查人有逃亡之虞者，得通知當地警憲當局協助，予以適當之防範。

第三十條（委託調查）

監察院於必要時，得就指定案件或事項，委託其他機關調查。

各機關接受前項委託後，應即進行調查，並以書面答復。

第六章　附　則

第三十一條（施行細則之訂定）

本法施行細則，由監察院定之。

第三十二條（施行日期）

本法自公布日施行。

本法第一條、第二條、第五條、第六條及第三十二條第一項自中華民國八十二年二月一日起施行。

(81)依照憲法增修條文第十六條第二項規定，第二屆監察委員，於中華民國八十二年二月一日就職。爰增訂第二項如上文。

審計法

民國十四年十一月二十八日國民政府公布
十七年四月十九日國民政府修正公布
二十七年五月三日國民政府修正公布
二十八年三月四日國民政府修正公布
三十九年十月三十日總統令修正公布
六十一年五月一日總統令修正公布
八十七年十一月十一日總統令修正公布
一百零四年六月十七日總統令修正公布
一百零四年十二月九日總統令修正公布第四一條條文

第一章 通則

第一條（法律之適用）
政府及其所屬機關財務之審計，依本法之規定。

第二條（審計職權之範圍）
審計職權如左：
一 監督預算之執行。
二 核定收支命令。
三 審核財務收支，審定決算。
四 稽察財物及財政上之不法或不忠於職務之行為。
五 考核財務效能。
六 核定財務責任。
七 其他依法律應行辦理之審計事項。

*（審計權）憲九〇。

第三條（審計職權之行使機關）
審計職權，由審計機關行使之。

第四條（中央審計事務之辦理單位）
中央各機關及其所屬機關財務之審計，由審計部辦理；其在各省（市）地方者，得指定就近審計處（室）辦理之。

第五條（地方審計事務之辦理單位）
各省（市）政府及其所屬機關財務之審計，由各該省（市）審計處辦理之；各縣（市）政府及其所屬機關財務之審計，由各該縣（市）酌設審計室辦理之。

▲釋二三五。

第六條（特種機關及公營事業審計之辦理）
特種公務機關、公有營業機關、公有事業機關財務之審計，由各該組織範圍審計處（室）辦理之。

第七條（其他審計）
未設審計處（室）者，其財務之審計，由各該管審計機關辦理，或指定就近審計處（室）兼理之。

第八條（委託審計）
審計機關對於審計事務，為辦理之便利，得委託其他機關辦理，其決定應通知原委託機關。

第九條（專技事項之諮詢與委辦）
審計機關對於審計上涉及特殊技術及監視、鑑定等事項，得諮詢其他機關、團體或專門技術人員，或委託辦理，其結果仍由原委託之審計機關決定之。

第十條（審計職權之獨立行使）
審計人員依法獨立行使其審計職權，不受干涉。

▲釋三五七。

第十一條（審核會議）
審計機關處理重要審計案件，在部以審計會議，在處（室）以審核會議決議行之。
前項會議規則，由審計部訂定之。

第十二條（審計事務之就地辦理）
審計機關應經常或臨時派員赴各機關就地辦理審計事務；其未就地辦理者，得通知其送審，並得派員抽查之。

第十三條（隨時稽察）
審計機關對於各機關一切收支及財物，得隨時稽察之。

第十四條（審計人員之查閱權）
審計人員為行使職權，向各機關查閱簿籍、憑證或其他文件，或檢查現金、財物時，各該主管人員不得隱匿或拒絕；遇有疑問，或需要有關資料，並應為詳實之答復或提供之。
如有違背前項規定，審計人員應將其事實報告該管審計機關，通知各該機關長官予以處分或呈請監察院核辦。

第十五條（審計機關稽察之實施與協助）
審計機關為行使職權，得派員持審計部稽察證，向有關之公私團體或個人查詢，或調閱簿籍、憑證或其他文件，各該負責人不得隱匿或拒絕；遇有疑問，並應為詳實之答復。
行使前項職權，必要時，得知照司法或警憲機關協助。

第十六條（詢問筆錄及封提文件權）
審計機關或審計人員行使前二條之職權，對於詢問事項，得作成筆錄，由受詢人簽名或蓋章；必要時得臨時封鎖各項有關簿籍、憑證或其他文件，並得提取全部或一部。

第十七條（不法行為之報告義務）
審計人員發覺各機關人員有財務上不法或不忠於職務上之行為，應報告該管審計機關，通知各該機關長官處分之，並得由審計機關報請監察院依法處理；其涉及刑事者，應移送法院辦理，並報告於監察院。

第十八條（緊急處分）
審計人員對於前條情事，認為有緊急處分之必要，應立即報告該管審計機關，通知該機關長官從速執行之。

第十九條（機關長官應負責不法行為之通知）
該機關長官接到前項通知，不為緊急處分時，應連帶負責。

第十四條第二項、第十七條、第十八條及第七十八條所舉情事應負責者為機關長官時，審計機關應通知其上級機關執行處分。

第二十條（處分案件之督促辦理）

對於審計機關通知處分之案件，各機關有延壓或處分不當情事，審計機關應查詢之，各機關應為負責之答復。

審計機關對各機關不負責答復，或對其答復認為不當時，得由審計部呈請監察院核辦。

第二十一條（不當支出之拒簽或剔除）

審計機關或審計人員，對於各機關違背預算或有關法令之不當支出，得事前拒簽或事後剔除追繳之。

第二十二條（審計結果之通知）

審計機關處理審計案件，應將審計結果，分別發給核准通知或審核通知於被審核機關。

第二十三條（聲復期間）

各機關接得審計機關之審核通知，除決算之審核依決算法規定外，應於接到通知之日起三十日內聲復，由審計機關予以決定；其逾限者，審計機關得逕行決定。

第二十四條（聲請覆議）

各機關對於審計機關前條之決定不服時，除決算之審定依決算法之規定辦理外，得自接到通知之日起三十日內，聲請覆議；其逾期者，審計機關不予覆議。聲請覆議，以一次為限。

第二十五條（聲復及聲請覆議之展期）

各機關對於審計機關逕行決定案件之聲請覆議或審核通知之聲復，因特別事故未能依照前二條所定期限辦理時，得於限內聲敘事實，請予展期。前項展期由審計機關定之，並以一次為限。

第二十六條（派員說明）

審計機關對於重大審計案件之審查，必要時得通知被審核機關派員說明，並答復詢問。

第二十七條（再審查）

審計機關對於審查完竣案件，自決定之日起二年內發現其中有錯誤、遺漏、重複等情事，得為再審查；若發現詐偽之證據，十年內仍得為再審查。

第二十八條（變更決定之效力）

審計機關因前條為再審查之結果，如變更原決定者，其已發之核准通知及審定書，失其效力，並應限期繳銷。

第二十九條（負責人行蹤不明致不能結案之處理）

審計機關如因被審核機關之負責人員之行蹤不明，致案件無法清結時，除通知其主管機關負責查追外，得摘要公告，並將負責人員姓名通知銓敘機關，在未清結前，停止敘用。

第三十條（決議異議之效果）

各機關有關財務之組織，由審計機關派員參加者，其決議事項，審計機關不受拘束。但以審計機關參加人對該決議曾表示異議者為限。

第三十一條（會計制度及審核規章之核定）

各機關會計制度及有關內部審核規章，應會商該管審計機關後始得核定施行；變更時亦同；其有另行訂定業務檢核或績效考核辦法者，應通知審計機關。

第三十二條（審計法令之解釋）

各機關長官或其授權代簽人及主辦會計人員，簽證各項支出，對於審計有關法令，遇有疑義或爭執時，得以書面向該管審計機關諮詢，審計機關應解釋之。

前項解釋，得公告之。

第三十三條（債券或借款之備查）

政府發行債券或借款，應由主管機關將發行條例或借款契約等送該管審計機關備查；如有變更，應隨時通知審計機關。

第三十四條（總決算之審核）

政府於會計年度結束後，應編製總決算，送審計機關審核。

中央政府年度總決算，應由審計部於行政院提出後三個月內完成其審核，並提出審核報告於立法院。

立法院、監察院或兩院中之各委員會審議前項報告，如有諮詢或需要有關審核之資料，審計長應答復或提供之。

地方政府年度總決算之編送及審核，準用前列各項規定。

*（決算之審核）憲一〇五。

▲釋一八四。

第二章　公務審計

第三十五條（分配預算之送審）

各機關已核定之分配預算，連同施政計畫及其實施計畫，應依限送審計機關；變更時亦同。

前項分配預算，如與法定預算或有關法令不符者，應糾正之。

第三十六條（會計報告之送審）

各機關或各種基金，應依會計法及會計制度之規定，編製會計報告，連同相關資訊檔案，依限送該管審計機關審核；審計機關並得通知其檢送原始憑證或有關資料。

第三十七條（派員抽查）

審計機關對於公庫及各地區支付機構經管事務，得隨時派員抽查。

▲釋一八四。

第三十八條（刪除）

第三十九條（刪除）

第四十條（稅捐審計發現不法之處理）

審計機關派員赴徵收機關辦理賦稅捐費審計事務，

如發現有計算錯誤或違法情事，得通知該管機關查明，依法處理。

第四十一條（就地審核範圍之決定）

審計機關派員赴各機關就地辦理審計事務，應評核其相關內部控制建立及執行之有效程度，決定其審核之詳簡範圍。

第四十二條（就地審計之實施）

審計人員就地辦理各機關審計事務時，得通知該機關將各項報表送審計人員查核；該審計人員對其簿籍得隨時檢查，並與有關憑證及現金財物等核對。

第四十三條（就地審核結果之報核）

審計人員就地辦理各機關審計事務，應將審核結果，報由該管審計機關核定之。

第四十四條（刪除）

第四十五條（年度決算之送審）

各機關於會計年度結束後，應編製年度決算，送審計機關審核；審計機關審定後，應發給審定書。

第四十六條（逾期送審之催告）

各機關應送之會計報告，不依規定期限送審者，審計機關應予催告；經催告後，仍不送審者，得依第十七條規定辦理。

第三章　公有營業及公有事業審計

第四十七條（公營事業之定義）

應經審計機關審核之公有營業及事業機關如左：

一　政府獨資經營者。

二　政府與人民合資經營，政府資本超過百分之五十者。

三　由前二款公有營業及事業機關轉投資於其他事業，其轉投資之資本額超過該事業資本百分之五十者。

第四十八條（公營事業審計之適用㈠）

公有營業及事業機關財務之審計，除依本法及有關法令規定辦理外，並得適用一般企業審計之原則。

第四十九條（公營事業報表之送審㈠）

公有營業及事業機關之營業或事業計畫及預算暨分期實施計畫、收支估計表、會計月報，應送審計機關。

第五十條（公營事業報表之送審㈡）

公有營業及事業機關應編製結算表、年度決算表，送審計機關審核。

第五十一條（盈虧標準）

公有營業及事業之盈虧，以審計機關審定數為準。

第五十二條（盈虧撥補）

公有營業及事業盈虧撥補，應依法定程序辦理；其不依規定者，審計機關應修正之。

第五十三條（資產重估之送審）

公有營業及事業機關，依照法令規定為固定資產之重估價時，應將有關紀錄，送審計機關審核。

第五十四條（公營事業審計之適用㈡）

公有營業及事業審計，並適用第四十一條至第四十三條、第四十五條及第四十六條之規定。

第四章　財物審計

第五十五條（財物之調查）

審計機關對於各機關之現金、票據、證券及其他一切財物之管理、運用及其有關事項，得調查之；認為不當者，得隨時提出意見於各該機關。

第五十六條（財物變動報告之送審）

各機關對於所經管之不動產、物品或其他財產之增減、保管、移轉、處理等事務，應按會計法及其他有關法令之規定，編製有關財物會計報告，依限送審計機關審核；審計機關並得派員查核。

第五十七條（報廢及銷燬）

各機關對於所經管之財物，依照規定使用年限，已達報廢程度時，必須報廢，其在一定金額以上者，應報審計機關查核；在一定金額以上不能利用之廢品及已屆保管年限之會計憑證、簿籍、報表等，依照法令規定可予銷燬時，應徵得審計機關同意後為之。

第五十八條（遺失及毀損）

各機關經管現金、票據、證券、財物或其他資產，如有遺失、毀損，或因其他意外事故而致損失者，應檢同有關證件，報審計機關審核。

第五十九條（採購之規劃等相關作業之稽察）

審計機關對於各機關採購之規劃、設計、招標、履約、驗收及其他相關作業，得隨時稽察之；發現有不合法定程序，或與契約、章則不符，或有不當者，應通知有關機關處理。

各機關對於審計機關之稽察，應提供有關資料。

第六十條（成本查核）

各機關營繕工程及定製財物，其價格之議訂，係根據特定條件，按所需實際成本加利潤計算者，應於合約內訂明審計機關得派員就承攬廠商實際成本之有關帳目加以查核，並將結果通知主辦機關。

第六十一條（債券抽籤還本及銷燬之通知）

經管債券機關，於債券抽籤還本及銷燬時，應通知審計機關。

第五章　考核財務效能

第六十二條（逐級考核之通知）

各主管機關應將逐級考核各機關按月或分期實施計畫之完成進度、收入與經費之實際收支狀況，隨時通知審計機關。

第六十三條（公務機關會計報告及決算之編送）
公務機關編送會計報告及年度決算時，應就計畫及預算執行情形，附送績效報告於審計機關；其有工作衡量單位者，應附送成本分析之報告，並說明之。

第六十四條（公營事業結算及決算表之編送）
各公有營業及事業機關編送結算表及年度決算表時，應附業務報告；其適用成本會計者，應附成本分析報告，並說明之。

第六十五條（公務機關審計事務應注意事項）
審計機關辦理公務機關審計事務，應注意左列事項：
一 業務、財務、會計、事務之處理程序及其有關法令。
二 各項計畫實施進度、收支預算執行經過及其績效。
三 財產運用有效程度及現金、財物之盤查。
四 應收、應付帳款及其他資產、負債之查證核對。
五 以上各項應行改進事項。

第六十六條（公營事業審計事務應注意事項）
審計機關辦理公有營業及事業機關審計事務，除依前條有關規定辦理外，並應注意左列事項：
一 資產、負債及損益計算之翔實。
二 資金之來源及運用。
三 重大建設事業之興建效能。
四 各項成本、費用及營業收支增減之原因。
五 營業盛衰之趨勢。
六 財務狀況及經營效能。

第六十七條（審核決算應注意事項）
審計機關審核各機關或各基金決算，應注意左列事項：
一 違法失職或不當情事之有無。
二 預算數之超過或賸餘。
三 施政計畫、事業計畫或營業計畫已成與未成之程度。
四 經濟與不經濟之程度。
五 施政效能、事業效能或營業效能之程度及與同類機關或基金之比較。
六 其他與決算有關事項。

第六十八條（審核中央總決算應注意事項）
審計機關審核中央政府總決算，應注意左列事項：
一 歲入、歲出是否與預算相符，如不相符，其不符之原因。
二 歲入、歲出是否平衡；如不平衡，其不平衡之原因。
三 歲入、歲出是否與國民經濟能力及其發展相適應。
四 歲入、歲出是否與國家施政方針相適應。
五 各方所擬關於歲入、歲出應行改善之意見。
前項所列應行注意事項，於審核地方政府總決算準用之。

第六十九條（考核績效之報告與建議）
審計機關考核各機關之績效，如認為有未盡職責或效能過低者，除通知其上級機關長官外，並應報告監察院；其由於制度規章缺失或設施不良者，應提出建議改善意見於各該機關。
前項考核，如認為有可提升效能或增進公共利益者，應提出建議意見於各該機關或有關機關。
審計機關發現有影響各機關施政或營（事）業效能之潛在風險事項，得提出預警性意見於各該機關或有關機關，妥為因應。

第七十條（概算編擬前之提供資料及意見）
審計機關於政府編擬年度概算前，應提供審核以前年度預算執行之有關資料及建議意見。

第六章 核定財務責任

第七十一條（財務責任之解除條件）
各機關人員對於財務上行為應負之責任，非經審計機關審查決定，不得解除。
▲釋一八四。

第七十二條（長官及主管之損害賠償責任）
第五十八條所列情事，經審計機關查明未盡善良管理人應有之注意時，該機關長官及主管人員應負損害賠償之責。

第七十三條（連帶賠償㈠）
由數人共同經管之遺失、毀損或損失案件，不能確定其中孰為未盡善良管理人應有之注意或故意或重大過失時，各該經管人員應連帶負損害賠償責任；造意人視為共同行為人。

第七十四條（連帶賠償㈡）
經審計機關決定應剔除或繳還之款項，其未能依限悉數追還時，如查明該機關長官或其授權代簽人及主辦會計人員對於簽證該項支出有故意或過失者，應連帶負損害賠償責任。

第七十五條（超額或誤付之賠償責任）
各機關主辦及經辦出納人員簽發支票或給付現金；如查明有超過核准人員核准數額或誤付債權人者，應負損害賠償責任。
支票之經主辦會計人員及主管長官或其授權代簽人核簽者，如前項人員未能依限悉數賠償時，應連帶負損害賠償責任。
公庫地區支付機構簽發公庫支票，準用前二項規定。

第七十六條（憑證不符之賠償責任）
審計機關審核各機關會計簿籍或報告，如發現所載事項與原始憑證不符，致使公款遭受損害者，該主辦及經辦會計人員應負損害賠償責任。

第七十七條（責任之免除或糾正）
審計機關對於各機關剔除、繳還或賠償之款項或不當事項，如經查明覆議或再審查，有左列情事之一者，得審酌其情節免除各該負責人員一部或全部之損害賠償責任或予以糾正之處置：

一　非由於故意重大過失或舞弊之情事，經查明屬實者。

二　支出之結果，經查確實獲得相當價值之財物，或顯然可計算之利益者。

第七十八條（追繳執行及延誤之責任）

審計機關決定剔除、繳還或賠償之案件，應通知該負責機關之長官限期追繳，並通知公庫、公有營業或公有事業主管機關；逾期該負責機關長官應即移送法院強制執行；追繳後，應報告審計機關查核。

前項負責機關之長官違反前項規定，延誤追繳，致公款遭受損失者，應負損害賠償之責，由公庫、公有營業或公有事業主管機關，依法訴追，並報告審計機關查核。

▲機關首長應行移交之財物，移交不清者，依公務人員交代條例第十八條，既得逕行移送該管法院強制執行，則依強制執行法第四條第六款，執行法院自亦不得拒絕。惟機關首長應行移交之事項，在公務人員交代條例第四條已有列舉規定，他如政府機關在決算案內經審計部剔除之款項，應繳還國庫而不繳還者，依審計法（舊）第十七條第二項（民國三十九年修正），既須由主管公庫機關訴請法院執行，則在起訴取得執行名義前，執行法院即難根據移送，逕行開始執行，此就上開兩種法律之規定對照觀之自明。（四九臺抗一七六）（九二、一一、二八決議不再援用）

第七章　附　則

第七十九條（其他機關團體有關審計事務之適用）

審計機關對於公私合營之事業，及受公款補助之私人團體應行審計事務，得參照本法之規定執行之。

第八十條（審計章則及表格之訂定）

關於審計之各種章則及書表格式，由審計部定之。

第八十一條（施行細則之擬訂）

本法施行細則，由審計部擬訂，呈請監察院核定之。

第八十二條（施行日期）

本法自公布日施行。

本法修正條文第五十九條施行日期由審計部定之。

地方制度法

民國八十八年一月二十五日總統令公布
九十四年六月二十二日總統令修正公布
九十四年十一月三十日總統令修正公布
九十四年十二月十四日總統令修正公布
九十六年五月二十三日總統令修正公布
九十六年七月十一日總統令修正公布
九十八年四月十五日總統令修正公布
九十八年五月二十七日總統令修正公布
九十九年二月三日總統令修正公布
一百零三年一月二十九日總統令修正公布
一百零四年二月四日總統令修正公布
一百零四年六月十七日總統令修正公布
一百零五年六月二十二日總統令修正公布
一百一十一年五月二十五日總統令修正公布第五七、七八、八二條條文

第一章　總　則

第一條（制定依據）

本法依中華民國憲法第一百十八條及中華民國憲法增修條文第九條第一項制定之。

地方制度依本法之規定；本法未規定者，適用其他法律之規定。

第二條（用詞定義）

本法用詞之定義如下：

一　地方自治團體：指依本法實施地方自治、具公法人地位之團體。省政府為行政院派出機關，省為非地方自治團體。

二　自治事項：指地方自治團體依憲法或本法規定，得自為立法並執行，或依法律規定應由該團體辦理之事務，而負其政策規劃及行政執行責任之事項。

三　委辦事項：指地方自治團體依法律、上級法規

或規章規定，在上級政府指揮監督下，執行上級政府交付辦理之非屬該團體事務，而負其行政執行責任之事項。

四　核定：指上級政府或主管機關，對於下級政府或機關所陳報之事項，加以審查，並作成決定，以完成該事項之法定效力之謂。

五　備查：指下級政府或機關間就其得全權處理之業務，依法完成法定效力後，陳報上級政府或主管機關知悉之謂。

六　去職：指依公務員懲戒法規定受撤職之懲戒處分、依公職人員選舉罷免法規定被罷免或依本法規定被解除職權或職務者。

第三條（地方之劃分）

地方劃分為省、直轄市。

省劃分為縣、市〔以下稱縣（市）〕；縣劃分為鄉、鎮、縣轄市〔以下稱鄉（鎮、市）〕。

直轄市及市均劃分為區。

鄉以內之編組為村；鎮、縣轄市及區以內之編組為里。村、里〔以下稱村（里）〕以內之編組為鄰。

第四條（直轄市、市、縣轄市之設立）

人口聚居達一百二十五萬人以上，且在政治、經濟、文化及都會區域發展上，有特殊需要之地區得設直轄市。

縣人口聚居達二百萬人以上，未改制為直轄市前，於第三十四條、第五十四條、第五十五條、第六十二條、第六十六條、第六十七條及其他法律關於直轄市之規定，準用之。

人口聚居達五十萬人以上未滿一百二十五萬人，且在政治、經濟及文化上地位重要之地區，得設市。

人口聚居達十萬人以上未滿五十萬人，且工商發達、自治財源充裕、交通便利及公共設施完全之地區，得設縣轄市。

本法施行前已設之直轄市、市及縣轄市，得不適用第一項、第三項及第四項之規定。

第五條（省政府、省諮議會等之設立）

省設省政府、省諮議會。

直轄市設直轄市議會、直轄市政府；縣（市）設縣（市）議會、縣（市）政府；鄉（鎮、市）設鄉（鎮、市）民代表會、鄉（鎮、市）公所，分別為直轄市、縣（市）、鄉（鎮、市）之立法機關及行政機關。

直轄市、市之區設區公所。

村（里）設村（里）辦公處。

第六條（地方名稱之變更）

省、直轄市、縣（市）、鄉（鎮、市）、區及村（里）名稱，依原有之名稱。

前項名稱之變更，依下列規定辦理之：

一　省：由內政部報行政院核定。

二　直轄市：由直轄市政府提請直轄市議會通過，報行政院核定。

三　縣（市）：由縣（市）政府提請縣（市）議會通過，由內政部轉報行政院核定。

四　鄉（鎮、市）及村（里）：由鄉（鎮、市）公所提請鄉（鎮、市）民代表會通過，報縣政府核定。

五　直轄市、市之區、里：由各該市政府提請市議會通過後辦理。

鄉（鎮）符合第四條第四項規定，改制為縣轄市者，準用前項之規定。

第七條（行政區域之新設、廢止或調整）

省、直轄市、縣（市）、鄉（鎮、市）及區〔以下簡稱鄉（鎮、市、區）〕之新設、廢止或調整，依法律規定行之。

縣（市）改制或與其他直轄市、縣（市）行政區域合併改制為直轄市者，依本法之規定。

村（里）、鄰之編組及調整辦法，由直轄市、縣（市）另定之。

第七條之一（改制及合併改制）

內政部基於全國國土合理規劃及區域均衡發展之需要，擬將縣（市）改制或與其他直轄市、縣（市）合併改制為直轄市者，應擬訂改制計畫，徵詢相關直轄市政府、縣（市）政府意見後，報請行政院核定之。

縣（市）擬改制為直轄市者，縣（市）政府得擬訂改制計畫，經縣（市）議會同意後，由內政部報請行政院核定之。

縣（市）擬與其他直轄市、縣（市）合併改制為直轄市者，相關直轄市政府、縣（市）政府得共同擬訂改制計畫，經各該直轄市議會、縣（市）議會同意後，由內政部報請行政院核定之。

行政院收到內政部陳報改制計畫，應於六個月內決定之。

內政部應於收到行政院核定公文之次日起三十日內，將改制計畫發布，並公告改制日期。

第七條之二（改制計畫應載明之事項）

前條改制計畫應載明下列事項：

一　改制後之名稱。

二　歷史沿革。

三　改制前後行政區域範圍、人口及面積。

四　縣原轄鄉（鎮、市）及村改制為區、里，其改制前後之名稱及其人口、面積。

五　標註改制前後行政界線之地形圖及界線會勘情形。

六　改制後對於地方政治、財政、經濟、文化、都會發展、交通之影響分析。

七　改制後之直轄市議會及直轄市政府所在地。

八　原直轄市、縣（市）、鄉（鎮、市、區）相關機關（構）、學校，於改制後組織變更、業務調整、人員移撥、財產移轉及自治法規處理之規劃。

九　原直轄市、縣（市）、鄉（鎮、市、區）相關機關（構）、學校，於改制後預算編製及執行等事項之規劃原則。
十　其他有關改制之事項。

第七條之三（改制之直轄市行政區域整併）
依第七條之一改制之直轄市，其區之行政區域，應依相關法律規定整併之。

第二章　省政府與省諮議會

第八條（省政府辦理之事項）
省政府受行政院指揮監督，辦理下列事項：
一　監督縣（市）自治事項。
二　執行省政府行政事務。
三　其他法令授權或行政院交辦事項。

第九條（省政府委員會議之組成）
省政府置委員九人，組成省政府委員會議，行使職權，其中一人為主席，由其他特任人員兼任，綜理省政業務，其餘委員為無給職，均由行政院院長提請總統任命之。

第十條（諮詢及意見之提供）
省諮議會對省政府業務提供諮詢及興革意見。

第十一條（諮議員之任期及人數）
省諮議會置諮議員，任期三年，為無給職，其人數由行政院參酌轄區幅員大小、人口多寡及省政業務需要定之，至少五人，至多二十九人，並指定其中一人為諮議長，綜理會務，均由行政院院長提請總統任命之。

第十二條（預算之編列等）
省政府及省諮議會之預算，由行政院納入中央政府總預算，其預算編列、執行及財務收支事項，依預算法、決算法、國庫法及其他相關法令規定辦理。

第十三條（組織規程之訂定）
省政府組織規程及省諮議會組織規程，均由行政院定之。

第三章　地方自治

第一節　地方自治團體及其居民之權利與義務

第十四條（地方自治團體）
直轄市、縣（市）、鄉（鎮、市）為地方自治團體，依本法辦理自治事項，並執行上級政府委辦事項。
▲釋四九八。

第十五條（直轄市民等之定義）
中華民國國民，設籍在直轄市、縣（市）、鄉（鎮、市）地方自治區域內者，為直轄市民、縣（市）民、鄉（鎮、市）民。

第十六條（直轄市民等之權利）
直轄市民、縣（市）民、鄉（鎮、市）民之權利如下：
一　對於地方公職人員有依法選舉、罷免之權。
二　對於地方自治事項，有依法行使創制、複決之權。
三　對於地方公共設施有使用之權。
四　對於地方教育文化、社會福利、醫療衛生事項，有依法律及自治法規享受之權。
五　對於地方政府資訊，有依法請求公開之權。
六　其他依法律及自治法規賦予之權利。
▲釋四九八。

第十七條（直轄市民等之義務）
直轄市民、縣（市）民、鄉（鎮、市）民之義務如下：
一　遵守自治法規之義務。
二　繳納自治稅捐之義務。
三　其他依法律及自治法規所課之義務。

第二節　自治事項

第十八條（直轄市自治事項）
下列各款為直轄市自治事項：
一　關於組織及行政管理事項如下：
㈠直轄市公職人員選舉、罷免之實施。
㈡直轄市組織之設立及管理。
㈢直轄市戶籍行政。
㈣直轄市土地行政。
㈤直轄市新聞行政。
二　關於財政事項如下：
㈠直轄市財務收支及管理。
㈡直轄市稅捐。
㈢直轄市公共債務。
㈣直轄市財產之經營及處分。
三　關於社會服務事項如下：
㈠直轄市社會福利。
㈡直轄市公益慈善事業及社會救助。
㈢直轄市人民團體之輔導。
㈣直轄市宗教輔導。
㈤直轄市殯葬設施之設置及管理。
㈥直轄市調解業務。
四　關於教育文化及體育事項如下：
㈠直轄市學前教育、各級學校教育及社會教育之興辦及管理。
㈡直轄市藝文活動。
㈢直轄市體育活動。
㈣直轄市文化資產保存。
㈤直轄市禮儀民俗及文獻。
㈥直轄市社會教育、體育與文化機構之設置、營運及管理。
五　關於勞工行政事項如下：

㈠直轄市勞資關係。
㈡直轄市勞工安全衛生。

六　關於都市計畫及營建事項如下：
㈠直轄市都市計畫之擬定、審議及執行。
㈡直轄市建築管理。
㈢直轄市住宅業務。
㈣直轄市下水道建設及管理。
㈤直轄市公園綠地之設立及管理。
㈥直轄市營建廢棄土之處理。

七　關於經濟服務事項如下：
㈠直轄市農林、漁、牧業之輔導及管理。
㈡直轄市自然保育。
㈢直轄市工商輔導及管理。
㈣直轄市消費者保護。

八　關於水利事項如下：
㈠直轄市河川整治及管理。
㈡直轄市集水區保育及管理。
㈢直轄市防洪排水設施興建管理。
㈣直轄市水資源基本資料調查。

九　關於衛生及環境保護事項如下：
㈠直轄市衛生管理。
㈡直轄市環境保護。

十　關於交通及觀光事項如下：
㈠直轄市道路之規劃、建設及管理。
㈡直轄市交通之規劃、營運及管理。
㈢直轄市觀光事業。

十一　關於公共安全事項如下：
㈠直轄市警政、警衛之實施。
㈡直轄市災害防救之規劃及執行。
㈢直轄市民防之實施。

十二　關於事業之經營及管理事項如下：
㈠直轄市合作事業。
㈡直轄市公用及公營事業。
㈢與其他地方自治團體合辦之事業。

十三　其他依法律賦予之事項。

第十九條　下列各款為縣（市）自治事項：

一　關於組織及行政管理事項如下：
㈠縣（市）公職人員選舉、罷免之實施。
㈡縣（市）組織之設立及管理。
㈢縣（市）戶籍行政。
㈣縣（市）土地行政。
㈤縣（市）新聞行政。

二　關於財政事項如下：
㈠縣（市）財務收支及管理。
㈡縣（市）稅捐。
㈢縣（市）公共債務。
㈣縣（市）財產之經營及處分。

三　關於社會服務事項如下：
㈠縣（市）社會福利。
㈡縣（市）公益慈善事業及社會救助。
㈢縣（市）人民團體之輔導。
㈣縣（市）宗教輔導。
㈤縣（市）殯葬設施之設置及管理。
㈥市調解業務。

四　關於教育文化及體育事項如下：
㈠縣（市）學前教育、各級學校教育及社會教育之興辦及管理。
㈡縣（市）藝文活動。
㈢縣（市）體育活動。
㈣縣（市）文化資產保存。
㈤縣（市）禮儀民俗及文獻。
㈥縣（市）社會教育、體育與文化機構之設置、營運及管理。

五　關於勞工行政事項如下：
㈠縣（市）勞資關係。
㈡縣（市）勞工安全衛生。

六　關於都市計畫及營建事項如下：
㈠縣（市）都市計畫之擬定、審議及執行。
㈡縣（市）建築管理。
㈢縣（市）住宅業務。
㈣縣（市）下水道建設及管理。
㈤縣（市）公園綠地之設立及管理。
㈥縣（市）營建廢棄土之處理。

七　關於經濟服務事項如下：
㈠縣（市）農林、漁、牧業之輔導及管理。
㈡縣（市）自然保育。
㈢縣（市）工商輔導及管理。
㈣縣（市）消費者保護。

八　關於水利事項如下：
㈠縣（市）河川整治及管理。
㈡縣（市）集水區保育及管理。
㈢縣（市）防洪排水設施興建管理。
㈣縣（市）水資源基本資料調查。

九　關於衛生及環境保護事項如下：
㈠縣（市）衛生管理。
㈡縣（市）環境保護。

十　關於交通及觀光事項如下：
㈠縣（市）管道路之規劃、建設及管理。
㈡縣（市）交通之規劃、營運及管理。
㈢縣（市）觀光事業。

十一　關於公共安全事項如下：
㈠縣（市）警衛之實施。
㈡縣（市）災害防救之規劃及執行。
㈢縣（市）民防之實施。

十二　關於事業之經營及管理事項如下：

㈠縣（市）合作事業。

㈡縣（市）公用及公營事業。

㈢縣（市）公共造產事業。

㈣與其他地方自治團體合辦之事業。

十三　其他依法律賦予之事項。

第二十條　（鄉（鎮市）自治事項）

下列各款為鄉（鎮、市）自治事項：

一　關於組織及行政管理事項如下：

㈠鄉（鎮、市）公職人員選舉、罷免之實施。

㈡鄉（鎮、市）組織之設立及管理。

㈢鄉（鎮、市）新聞行政。

二　關於財政事項如下：

㈠鄉（鎮、市）財務收支及管理。

㈡鄉（鎮、市）稅捐。

㈢鄉（鎮、市）公共債務。

㈣鄉（鎮、市）財產之經營及處分。

三　關於社會服務事項如下：

㈠鄉（鎮、市）社會福利。

㈡鄉（鎮、市）公益慈善事業及社會救助。

㈢鄉（鎮、市）殯葬設施之設置及管理。

㈣鄉（鎮、市）調解業務。

四　關於教育文化及體育事項如下：

㈠鄉（鎮、市）社會教育之興辦及管理。

㈡鄉（鎮、市）藝文活動。

㈢鄉（鎮、市）體育活動。

㈣鄉（鎮、市）禮儀民俗及文獻。

㈤鄉（鎮、市）社會教育、體育與文化機構之設置、營運及管理。

五　關於環境衛生事項如下：

鄉（鎮、市）廢棄物清除及處理。

六　關於營建、交通及觀光事項如下：

㈠鄉（鎮、市）道路之建設及管理。

㈡鄉（鎮、市）公園綠地之設立及管理。

㈢鄉（鎮、市）交通之規劃、營運及管理。

㈣鄉（鎮、市）觀光事業。

七　關於公共安全事項如下：

㈠鄉（鎮、市）災害防救之規劃及執行。

㈡鄉（鎮、市）民防之實施。

八　關於事業之經營及管理事項如下：

㈠鄉（鎮、市）公用及公營事業。

㈡鄉（鎮、市）公共造產事業。

㈢與其他地方自治團體合辦之事業。

九　其他依法律賦予之事項。

第二十一條　（自治事項之共同辦理）

地方自治事項涉及跨直轄市、縣（市）、鄉（鎮、市）區域時，由各該地方自治團體協商辦理；必要時，由共同上級業務主管機關協調各相關地方自治團體共同辦理或指定其中一地方自治團體限期辦理。

第二十二條　（刪除）

第二十三條　（自治事項之執行）

直轄市、縣（市）、鄉（鎮、市）對各該自治事項，應全力執行，並依法負其責任。

第二十四條　（自治團體合辦之事業）

直轄市、縣（市）、鄉（鎮、市）與其他直轄市、縣（市）、鄉（鎮、市）合辦之事業，經有關直轄市議會、縣（市）議會、鄉（鎮、市）民代表會通過後，得設組織經營之。

前項合辦事業涉及直轄市議會、縣（市）議會、鄉（鎮、市）民代表會職權事項者，得由有關直轄市議會、縣（市）議會、鄉（鎮、市）民代表會約定之議會或代表會決定之。

第二十四條之一　（自治團體跨區自治事務之合作）

直轄市、縣（市）、鄉（鎮、市）為處理跨區域自治事務、促進區域資源之利用或增進區域居民之福祉，得與其他直轄市、縣（市）、鄉（鎮、市）成立區域合作組織、訂定協議、行政契約或以其他方式合作，並報共同上級業務主管機關備查。

前項情形涉及直轄市議會、縣（市）議會、鄉（鎮、市）民代表會職權者，應經各該直轄市議會、縣（市）議會、鄉（鎮、市）民代表會同意。

第一項情形涉及管轄權限之移轉或調整者，直轄市、縣（市）、鄉（鎮、市）應制（訂）定、修正各該自治法規。

共同上級業務主管機關對於直轄市、縣（市）、鄉（鎮、市）所提跨區域之建設計畫或第一項跨區域合作事項，應優先給予補助或其他必要之協助。

第二十四條之二　（自治團體跨區自治事務之行政契約應載事項）

直轄市、縣（市）、鄉（鎮、市）與其他直轄市、縣（市）、鄉（鎮、市）依前條第一項規定訂定行政契約時，應視事務之性質載明下列事項：

一　訂定行政契約之團體或機關。

二　合作之事項及方法。

三　費用之分攤原則。

四　合作之期間。

五　契約之生效要件及時點。

六　違約之處理方式。

七　其他涉及相互間權利義務之事項。

第二十四條之三　（自治團體間之義務履行）

直轄市、縣（市）、鄉（鎮、市）應依約定履行其義務；遇有爭議時，得報請共同上級業務主管機關協調或依司法程序處理。

第三節　自治法規

第二十五條　（自治法規之訂定）

直轄市、縣（市）、鄉（鎮、市）得就其自治事項或依法律及上級法規之授權，制定自治法規。自治法規經地方立法機關通過，並由各該行政機關公布者，稱自治條例；自治法規由地方行政機關訂定並發布或下達者，稱自治規則。

第二十六條（自治條例應冠之名稱）

自治條例應分別冠以各該地方自治團體之名稱，在直轄市稱直轄市法規，在縣（市）稱縣（市）規章，在鄉（鎮、市）稱鄉（鎮、市）規約。

直轄市法規、縣（市）規章就違反地方自治事項之行政業務者，得規定處以罰鍰或其他種類之行政罰。但法律另有規定者，不在此限。其為罰鍰之處罰，逾期不繳納者，得依相關法律移送強制執行。

前項罰鍰之處罰，最高以新臺幣十萬元為限；並得規定連續處罰之。其他行政罰之種類限於勒令停工、停止營業、吊扣執照或其他一定期限內限制或禁止為一定行為之不利處分。

自治條例經各該地方立法機關議決後，如規定有罰則時，應分別報經行政院、中央各該主管機關核定後發布；其餘除法律或縣規章另有規定外，直轄市法規發布後，應報中央各該主管機關轉行政院備查；縣（市）規章發布後，應報中央各該主管機關備查；鄉（鎮、市）規約發布後，應報縣政府備查。

第二十七條（自治規則之訂定）

直轄市政府、縣（市）政府、鄉（鎮、市）公所就其自治事項，得依其法定職權或法律、基於法律授權之法規、自治條例之授權，訂定自治規則。

前項自治規則應分別冠以各該地方自治團體之名稱，並得依其性質，定名為規程、規則、細則、辦法、綱要、標準或準則。

直轄市、縣（市）、鄉（鎮、市）自治規則，除法律或基於法律授權之法規另有規定外，應於發布後分別函報行政院、中央各該主管機關、縣政府備查，並函送各該地方立法機關查照。

第二十八條（以自治條例訂定之事項）

下列事項以自治條例定之：

一　法律或自治條例規定應經地方立法機關議決者。

二　創設、剝奪或限制地方自治團體居民之權利義務者。

三　關於地方自治團體及所營事業機構之組織者。

四　其他重要事項，經地方立法機關議決應以自治條例定之者。

▲釋五二七。

第二十九條（委辦規則之訂定）

直轄市政府、縣（市）政府、鄉（鎮、市）公所為辦理上級機關委辦事項，得依其法定職權或基於法律、中央法規之授權，訂定委辦規則。

委辦規則應函報委辦機關核定後發布之；其名稱準用自治規則之規定。

▲釋五二七。

第三十條（法律之位階性）

自治條例與憲法、法律或基於法律授權之法規或上級自治團體自治條例牴觸者，無效。

自治規則與憲法、法律、基於法律授權之法規、上級自治團體自治條例或該自治團體自治條例牴觸者，無效。

委辦規則與憲法、法律、中央法令牴觸者，無效。

第一項及第二項發生牴觸無效者，分別由行政院、中央各該主管機關、縣政府予以函告。第三項發生牴觸無效者，由委辦機關予以函告無效。

自治法規與憲法、法律、基於法律授權之法規、上級自治團體自治條例或該自治團體自治條例有無牴觸發生疑義時，得聲請司法院解釋之。

▲釋五二七。

第三十一條（自律規則之訂定）

地方立法機關得訂定自律規則。

自律規則除法律或自治條例另有規定外，由各該立法機關發布，並報各該上級政府備查。

自律規則與憲法、法律、中央法規或上級自治法規牴觸者，無效。

第三十二條（自治條例、自治法規、委辦規則之公布或發布）

自治條例經地方立法機關議決後，函送各該地方行政機關，地方行政機關收到後，除法律另有規定，或依第三十九條規定提起覆議、第四十三條規定報請上級政府予以函告無效或聲請司法院解釋者外，應於三十日內公布。

自治法規、委辦規則依規定應經其他機關核定者，應於核定文送達各該地方行政機關三十日內公布或發布。

自治法規、委辦規則須經上級政府或委辦機關核定者，核定機關應於一個月內為核定與否之決定；逾期視為核定，由函報機關逕行公布或發布。但因內容複雜、關係重大，須較長時間之審查，經核定機關具明理由函告延長核定期限者，不在此限。

自治法規、委辦規則自公布或發布之日起算至第三日起發生效力。但特定有施行日期者，自該特定日起發生效力。

第一項及第二項自治法規、委辦規則，地方行政機關未依規定期限公布或發布者，該自治法規、委辦規則自期限屆滿之日起算至第三日起發生效力，並由地方立法機關代為發布。但經上級政府或委辦機關核定者，由核定機關代為發布。

第四節　自治組織

第一款　地方立法機關

第三十三條（地方議員代表之任期及名額）

直轄市議員、縣（市）議員、鄉（鎮、市）民代表分別由直轄市民、縣（市）民、鄉（鎮、市）民依法選舉之，任期四年，連選得連任。

直轄市議員、縣（市）議員、鄉（鎮、市）民代表名額，應參酌各該直轄市、縣（市）、鄉（鎮、市）財政、區域狀況，並依下列規定，於地方立法機關組織準則定之：

一　直轄市議員總額：

㈠區域議員名額：直轄市人口扣除原住民人口在二百萬人以下者，不得超過五十五人；人口在二百萬人以上者，不得超過六十二人。

㈡原住民議員名額：有平地原住民人口在二千人以上者，應有平地原住民選出之議員名額；有山地原住民人口在二千人以上或改制前有山地鄉者，應有山地原住民選出之議員名額。

二　縣（市）議員總額：

㈠縣（市）人口在一萬人以下者，不得超過十一人；人口在二十萬人以下者，不得超過十九人；人口在四十萬人以下者，不得超過三十三人；人口在八十萬人以下者，不得超過四十三人；人口在一百六十萬人以下者，不得超過五十七人；人口超過一百六十萬人者，不得超過六十人。

㈡縣（市）有平地原住民人口在一千五百人以上者，於前目總額內應有平地原住民選出之縣（市）議員名額。有山地鄉者，於前目總額內應有山地原住民選出之縣議員名額。有離島鄉且該鄉人口在二千五百人以上者，於前目總額內應有該鄉選出之縣議員名額。

三　鄉（鎮、市）民代表總額：

㈠鄉（鎮、市）人口在一千人以下者，不得超過五人；人口在一萬人以下者，不得超過七人；人口在五萬人以下者，不得超過十一人；人口在十五萬人以下者，不得超過十九人；人口超過十五萬人者，不得超過三十一人。

㈡鄉（鎮、市）有平地原住民人口在一千五百人以上者，於前目總額內應有平地原住民選出之鄉（鎮、市）民代表名額。

直轄市議員由原住民選出者，以其行政區域內之原住民為選舉區，並得按平地原住民、山地原住民或在其行政區域內劃分選舉區。

臺北市第十一屆議員選舉，其原住民選舉區之變更，應於第十屆議員任期屆滿之日六個月前公告，不受公職人員選舉罷免法第三十七條第一項但書規定之限制。

各選舉區選出之直轄市議員、縣（市）議員、鄉（鎮、市）民代表名額達四人者，應有婦女當選名額一人；超過四人者，每增加四人增一人。

直轄市、縣（市）選出之山地原住民、平地原住民名額在四人以上者，應有婦女當選名額；超過四人者，每增加四人增一人。鄉（鎮、市）選出之平地原住民名額在四人以上者，應有婦女當選名額；超過四人者，每增加四人增一人。

依第一項選出之直轄市議員、縣（市）議員、鄉（鎮、市）民代表，應於上屆任期屆滿之日宣誓就職。該宣誓就職典禮分別由行政院內政部、縣政府召集，並由議員、代表當選人互推一人主持之。其推選會議由曾任議員、代表之資深者主持之；年資相同者，由年長者主持之。

▲釋四九八。

第三十四條（地方議會之召開）

直轄市議會、縣（市）議會、鄉（鎮、市）民代表會會議，除每屆成立大會外，定期會每六個月開會一次，由議長、主席召集之，議長、主席如未依法召集時，由副議長、副主席召集之；副議長、副主席亦不依法召集時，由過半數議員、代表互推一人召集之。每次會期包括例假日或停會在內，依下列規定：

一　直轄市議會不得超過七十日。

二　縣（市）議會議員總額四十人以下者，不得超過三十日；四十一人以上者不得超過四十日。

三　鄉（鎮、市）民代表會代表總額二十人以下者，不得超過十二日；二十一人以上者，不得超過十六日。

前項每年審議總預算之定期會，會期屆滿而議案尚未議畢或有其他必要時，得應直轄市長、縣（市）長、鄉（鎮、市）長之要求，或由議長、主席或議員、代表三分之一以上連署，提經大會決議延長會期。延長之會期，直轄市議會不得超過十日，縣（市）議會、鄉（鎮、市）民代表會不得超過五日，並不得作為質詢之用。

直轄市議會、縣（市）議會、鄉（鎮、市）民代表會遇有下列情事之一時，得召集臨時會：

一　直轄市長、縣（市）長、鄉（鎮、市）長之請求。

二　議長、主席請求或議員、代表三分之一以上之請求。

三　有第三十九條第四項之情事時。

前項臨時會之召開，議長、主席應於十日內為之，其會期包括例假日或停會在內，直轄市議會每次不得超過十日，每十二個月不得多於八次；縣（市）議會每次不得超過五日，每十二個月不得多於六次；鄉（鎮、市）民代表會每次不得超過三日，每十二個月不得多於五次。但有第三十九條第四項之情事時，不在此限。

第三十五條（直轄市議會之職權）

直轄市議會之職權如下：
一　議決直轄市法規。
二　議決直轄市預算。
三　議決直轄市特別稅課、臨時稅課及附加稅課。
四　議決直轄市財產之處分。
五　議決直轄市政府組織自治條例及所屬事業機構組織自治條例。
六　議決直轄市政府提案事項。
七　審議直轄市決算之審核報告。
八　議決直轄市議員提案事項。
九　接受人民請願。
十　其他依法律賦予之職權。

▲釋四九八。

第三十六條（縣（市）議會之職權）

縣（市）議會之職權如下：
一　議決縣（市）規章。
二　議決縣（市）預算。
三　議決縣（市）特別稅課、臨時稅課及附加稅課。
四　議決縣（市）財產之處分。
五　議決縣（市）政府組織自治條例及所屬事業機構組織自治條例。
六　議決縣（市）政府提案事項。
七　審議縣（市）決算之審核報告。
八　議決縣（市）議員提案事項。
九　接受人民請願。
十　其他依法律或上級法規賦予之職權。

▲釋四九八。

第三十七條（鄉（鎮、市）民代表會之職權）

鄉（鎮、市）民代表會之職權如下：
一　議決鄉（鎮、市）規約。
二　議決鄉（鎮、市）預算。
三　議決鄉（鎮、市）臨時稅課。
四　議決鄉（鎮、市）財產之處分。
五　議決鄉（鎮、市）公所組織自治條例及所屬事業機構組織自治條例。
六　議決鄉（鎮、市）公所提案事項。
七　審議鄉（鎮、市）決算報告。
八　議決鄉（鎮、市）民代表提案事項。
九　接受人民請願。
十　其他依法律或上級法規規章賦予之職權。

▲釋四九八。

第三十八條（議決案之執行）

直轄市政府、縣（市）政府、鄉（鎮、市）公所，對直轄市議會、縣（市）議會、鄉（鎮、市）民代表會之議決案應予執行，如延不執行或執行不當，直轄市議會、縣（市）議會、鄉（鎮、市）民代表會得請其說明理由，必要時得報請行政院、內政部、縣政府邀集各有關機關協商解決之。

▲釋五二七。

第三十九條（議決案之覆議）

直轄市政府對第三十五條第一款至第六款及第十款之議決案，如認為窒礙難行時，應於該議決案送達直轄市政府三十日內，就窒礙難行部分敘明理由送請直轄市議會覆議。第八款及第九款之議決案，如執行有困難時，應敘明理由函復直轄市議會。

縣（市）政府對第三十六條第一款至第六款及第十款之議決案，如認為窒礙難行時，應於該議決案送達縣（市）政府三十日內，就窒礙難行部分敘明理由送請縣（市）議會覆議。第八款及第九款之議決案，如執行有困難時，應敘明理由函復縣（市）議會。

鄉（鎮、市）公所對第三十七條第一款至第六款及第十款之議決案，如認為窒礙難行時，應於該議決案送達鄉（鎮、市）公所三十日內，就窒礙難行部分敘明理由送請鄉（鎮、市）民代表會覆議。第八款及第九款之議決案，如執行有困難時，應敘明理由函復鄉（鎮、市）民代表會。

直轄市議會、縣（市）議會、鄉（鎮、市）民代表會對於直轄市政府、縣（市）政府、鄉（鎮、市）公所移送之覆議案，應於送達十五日內作成決議。如為休會期間，應於七日內召集臨時會，並於開議三日內作成決議。覆議案逾期未議決者，原決議失效。覆議時，如有出席議員、代表三分之二維持原議決案，直轄市政府、縣（市）政府、鄉（鎮、市）公所應即接受該決議。但有第四十條第五項或第四十三條第一項至第三項規定之情事者，不在此限。

直轄市、縣（市）、鄉（鎮、市）預算案之覆議案，如原決議失效，直轄市議會、縣（市）議會、鄉（鎮、市）民代表會應就直轄市政府、縣（市）政府、鄉（鎮、市）公所原提案重行議決，並不得再為相同之決議，各該行政機關亦不得再提覆議。

▲釋五二七。

第四十條（總預算案之送達）

直轄市總預算案，直轄市政府應於會計年度開始三個月前送達直轄市議會；縣（市）、鄉（鎮、市）總預算案，縣（市）政府、鄉（鎮、市）公所應於會計年度開始二個月前送達縣（市）議會、鄉（鎮、市）民代表會。直轄市議會、縣（市）議會、鄉（鎮、市）民代表會應於會計年度開始一個月前審議完成，並於會計年度開始十五日前由直轄市政府、縣（市）政府、鄉（鎮、市）公所發布之。

直轄市議會、縣（市）議會、鄉（鎮、市）民代表會對於直轄市政府、縣（市）政府、鄉（鎮、市）公所所提預算案不得為增加支出之提議。

直轄市、縣（市）、鄉（鎮、市）總預算案，如不能依第一項規定期限審議完成時，其預算之執行，依下列規定為之：

一　收入部分暫依上年度標準及實際發生數覈實收入。

二　支出部分：

㈠新興資本支出及新增科目，須俟本年度預算完成審議程序後始得動支。

㈡前目以外之科目得依已獲授權之原訂計畫或上年度執行數覈實動支。

三　履行其他法定義務之收支。

四　因應前三款收支調度需要之債務舉借，覈實辦理。

直轄市、縣（市）、鄉（鎮、市）總預算案在年度開始後三個月內未完成審議，直轄市政府、縣（市）政府、鄉（鎮、市）公所得就原提總預算案未審議完成部分，報請行政院、內政部、縣政府邀集各有關機關協商，於一個月內決定之；逾期未決定者，由邀集協商之機關逕為決定之。

直轄市、縣（市）、鄉（鎮、市）總預算案經覆議後，仍維持原決議，或依前條第五項重行議決時，如對歲入、歲出之議決違反相關法律、基於法律授權之法規規定或逾越權限，或對維持政府施政所必須之經費、法律規定應負擔之經費及上年度已確定數額之繼續經費之刪除已造成窒礙難行時，準用前項之規定。

▲釋四九八。

第四十條之一（改制之直轄市總預算案之送達）

改制後之首年度直轄市總預算案應由改制後之直轄市政府於該年度一月三十一日之前送達改制後之直轄市議會，該直轄市議會應於送達後二個月內審議完成，並由該直轄市政府於審議完成日起十五日內發布之，不受前條第一項規定之限制。

會計年度開始時，前項總預算案如未送達或審議通過，其預算之執行，依下列規定為之：

一　收入部分依規定標準及實際發生數，覈實收入。

二　支出部分除新興資本支出外，其維持政府施政所必須之經費得按期分配後覈實動支。

三　履行其他法定及契約義務之收支，覈實辦理。

四　因應前三款收支調度需要之債務舉借，覈實辦理。

前項收支均應編入該首年度總預算案。

第四十一條（總預算案之審議）

直轄市、縣（市）、鄉（鎮、市）總預算案之審議，應注重歲出規模、預算餘絀、計畫績效、優先順序，其中歲入以擬變更或擬設定之收入為主，審議時應就來源別分別決定之；歲出以擬變更或擬設定之支出為主，審議時應就機關別、政事別及基金別分別決定之。

法定預算附加條件或期限者，從其所定。但該條件或期限為法律、自治法規所不許者，不在此限。

直轄市議會、縣（市）議會、鄉（鎮、市）民代表會就預算案所為之附帶決議，應由直轄市政府、縣（市）政府、鄉（鎮、市）公所參照法令辦理。

▲釋四九八。

第四十二條（決算案之提出）

直轄市、縣（市）決算案，應於會計年度結束後四個月內，提出於該管審計機關，審計機關應於決算送達後三個月內完成其審核，編造最終審定數額表，並提出決算審核報告於直轄市議會、縣（市）議會。總決算最終審定數額表，由審計機關送請直轄市、縣（市）政府公告。直轄市議會、縣（市）議會審議直轄市、縣（市）決算審核報告時，得邀請審計機關首長列席說明。

鄉（鎮、市）決算報告應於會計年度結束後六個月內送達鄉（鎮、市）民代表會審議，並由鄉（鎮、市）公所公告。

第四十三條（法律之位階性）

直轄市議會議決自治事項與憲法、法律或基於法律授權之法規牴觸者無效；議決委辦事項與憲法、法律、中央法令牴觸者無效。

縣（市）議會議決自治事項與憲法、法律或基於法律授權之法規牴觸者無效；議決委辦事項與憲法、法律、中央法令牴觸者無效。

鄉（鎮、市）民代表會議決自治事項與憲法、法律、中央法規、縣規章牴觸者無效；議決委辦事項與憲法、法律、中央法令、縣規章、縣自治規則牴觸者無效。

前三項議決事項無效者，除總預算案應依第四十條第五項規定處理外，直轄市議會議決事項由行政院予以函告；縣（市）議會議決事項由中央各該主管機關予以函告；鄉（鎮、市）民代表會議決事項由縣政府予以函告。

第一項至第三項議決自治事項與憲法、法律、中央法規、縣規章有無牴觸發生疑義時，得聲請司法院解釋之。

▲釋五二七。

第四十四條（議長、主席之選舉及職掌）

直轄市議會、縣（市）議會置議長、副議長各一人，鄉（鎮、市）民代表會置主席、副主席各一人，由直轄市議員、縣（市）議員、鄉（鎮、市）民代表以記名投票分別互選或罷免之。但就職未滿一年者，不得罷免。

議長、主席對外代表各該議會、代表會，對內綜理各該議會、代表會會務。

第四十五條（地方議會代表會之選舉）

直轄市議會議長、副議長，縣（市）議會議長、副議長，鄉（鎮、市）民代表會主席、副主席之選舉，應於議員、代表宣誓就職典禮後即時舉行，並應有議員、代表總額過半數之出席，以得票達出席總數之過半數者為當選。選舉結果無人當選時，應立即舉行第二次投票，以得票較多者為當選；得票相同者，以抽籤定之。補選時亦同。

前項選舉出席議員代表人數不足時，應即訂定下一次選舉時間，並通知議員代表。第三次舉行時，出席議員代表已達議員代表總額三分之一以上者，得以實到人數進行選舉，並均以得票較多者為當選；得票相同者以抽籤定之。第二次及第三次選舉，均應於議員代表宣誓就職當日舉行。

議長、副議長、主席、副主席選出後，應即依宣誓條例規定宣誓就職。

第一項選舉投票及前項宣誓就職，均由第三十三條第七項規定所推舉之主持人主持之。

第四十六條（議長、主席之罷免規定）

直轄市議會、縣（市）議會議長、副議長，鄉（鎮、市）民代表會主席、副主席之罷免，依下列之規定：

一　罷免案應敘述理由，並有議員、代表總額三分之一以上之簽署，備具正、副本，分別向行政院、內政部、縣政府提出。

二　行政院、內政部、縣政府應於收到前款罷免案後七日內將副本送達各該議會、代表會於五日內轉交被罷免人。被罷免人如有答辯，應於收到副本後七日內將答辯書送交行政院、內政部、縣政府，由其將罷免案及答辯書一併印送各議員、代表，逾期得將罷免案單獨印送。

三　行政院、內政部、縣政府應於收到罷免案二十五日內，召集罷免投票會議，由出席議員、代表就同意罷免或不同意罷免，以記名投票表決之。

四　罷免案應有議員、代表總額過半數之出席，及出席總數三分之二以上之同意罷免為通過。

五　罷免案如經否決，於該被罷免人之任期內，不得對其再為罷免案之提出。

前項第三款之罷免投票，罷免議長、主席時，由副議長、副主席擔任主席；罷免副議長、副主席時，由議長、主席擔任主席；議長、副議長、主席、副主席同時被罷免時，由出席議員、代表互推一人擔任主席。

第一項罷免案，在未提會議前，得由原簽署人三分之二以上同意撤回之。提出會議後，應經原簽署人全體同意，並由主席徵詢全體出席議員、代表無異議後，始得撤回。

第四十七條（選舉罷免之制定機關）

除依前三條規定外，直轄市議會、縣（市）議會議長、副議長及鄉（鎮、市）民代表會主席、副主席之選舉罷免，應於直轄市議會、縣（市）議會、鄉（鎮、市）民代表會組織準則定之。

第四十八條（施政報告之提出與質詢）

直轄市議會、縣（市）議會、鄉（鎮、市）民代表會定期會開會時，直轄市長、縣（市）長、鄉（鎮、市）長應提出施政報告；直轄市政府各一級單位主管及所屬一級機關首長、縣（市）政府、鄉（鎮、市）公所各一級單位主管及所屬機關首長，均應就主管業務提出報告。

直轄市議員、縣（市）議員、鄉（鎮、市）民代表於議會、代表會定期會開會時，有向前項各該首長或單位主管，就其主管業務質詢之權；其質詢分為施政總質詢及業務質詢。業務質詢時，相關之業務主管應列席備詢。

▲釋四九八。

第四十九條（列席說明）

直轄市議會、縣（市）議會、鄉（鎮、市）民代表會大會開會時，對特定事項有明瞭必要者，得邀請前條第一項各該首長或單位主管列席說明。

直轄市議會、縣（市）議會委員會或鄉（鎮、市）民代表會小組開會時，對特定事項有明瞭必要者，得邀請各該直轄市長、縣（市）長、鄉（鎮、市）長以外之有關業務機關首長或單位主管列席說明。

▲釋四九八。

第五十條（言論免責權）

直轄市議會、縣（市）議會、鄉（鎮、市）民代表會開會時，直轄市議員、縣（市）議員、鄉（鎮、市）民代表對於有關會議事項所為之言論及表決，對外不負責任。但就無關會議事項所為顯然違法之言論，不在此限。

第五十一條（不得逮捕或拘禁之特權）

直轄市議員、縣（市）議員、鄉（鎮、市）民代表除現行犯、通緝犯外，在會期內，非經直轄市議會、縣（市）議會、鄉（鎮、市）民代表會之同意，不得逮捕或拘禁。

第五十二條（費用之支給）

直轄市議員、縣（市）議員、鄉（鎮、市）民代表得支研究費等必要費用；在開會期間並得酌支出席費、交通費及膳食費。

違反第三十四條第四項規定召開之會議，不得依前項規定支領出席費、交通費及膳食費，或另訂項目名稱、標準支給費用。

第一項各費用支給項目及標準，另以法律定之；非依法律不得自行增加其費用。

第五十三條（兼任之禁止）

直轄市議員、縣（市）議員、鄉（鎮、市）民代表不得兼任其他公務員、公私立各級學校專任教師或其他民選公職人員，亦不得兼任各該直轄市政府、縣（市）政府、鄉（鎮、市）公所及其所屬機關、事業機構任何職務或名義。但法律、中央法規另有規定者，不在此限。

直轄市議員、縣（市）議員、鄉（鎮、市）民代表當選人有前項不得任職情事者，應於就職前辭去原職，不辭去原職者，於就職時視同辭去原職，並由行政院、內政部、縣政府通知其服務機關解除其職務、職權或解聘。就職後有前項情事者，亦同。

第五十四條（議會、代表會組織準則、規程擬訂之機關）

直轄市議會之組織，由內政部擬訂準則，報行政院核定；各直轄市議會應依準則擬訂組織自治條例，報行政院核定。

縣（市）議會之組織，由內政部擬訂準則，報行政院核定；各縣（市）議會應依準則擬訂組織自治條例，報內政部核定。

鄉（鎮、市）民代表會之組織，由內政部擬訂準則，報行政院核定；各鄉（鎮、市）民代表會應依準則擬訂組織自治條例，報縣政府核定。

新設之直轄市議會組織規程，由行政院定之；新設之縣（市）議會組織規程，由內政部定之；新設之鄉（鎮、市）民代表會組織規程，由縣政府定之。

直轄市議會、縣（市）議會、鄉（鎮、市）民代表會之組織準則、規程及組織自治條例，其有關考銓業務事項，不得牴觸中央考銓法規；各權責機關於核定後，應函送考試院備查。

▲釋五二七。

第二款　地方行政機關

第五十五條（直轄市市長之產生與任期）

直轄市政府置市長一人，對外代表該市，綜理市政，由市民依法選舉之，每屆任期四年，連選得連任一屆。置副市長二人，襄助市長處理市政；人口在二百五十萬以上之直轄市，得增置副市長一人，職務均比照簡任第十四職等，由市長任命，並報請行政院備查。

直轄市政府置秘書長一人，由市長依公務人員任用法任免；其一級單位主管或所屬一級機關首長除主計、人事、警察及政風之主管或首長，依專屬人事管理法律任免外，其餘職務均比照簡任第十三職等，由市長任免之。

副市長及職務比照簡任第十三職等之主管或首長，於市長卸任、辭職、去職或死亡時，隨同離職。

依第一項選出之市長，應於上屆任期屆滿之日宣誓就職。

▲釋四九八。

第五十六條（縣（市）長之產生與任期）

縣（市）政府置縣（市）長一人，對外代表該縣（市），綜理縣（市）政，並指導監督所轄鄉（鎮、市）自治。

縣（市）長由縣（市）民依法選舉之，每屆任期四年，連選得連任一屆。置副縣（市）長一人，襄助縣（市）長處理縣（市）政，職務比照簡任第十三職等；人口在一百二十五萬人以上之縣（市），得增置副縣（市）長一人，均由縣（市）長任命，並報請內政部備查。

縣（市）政府置秘書長一人，由縣（市）長依公務人員任用法任免；其一級單位主管及所屬一級機關首長除主計、人事、警察、稅捐及政風之主管或首長，依專屬人事管理法律任免，其總數二分之一得列政務職，職務比照簡任第十二職等，其餘均由縣（市）長依法任免之。

副縣（市）長及職務比照簡任第十二職等之主管或首長，於縣（市）長卸任、辭職、去職或死亡時，隨同離職。

依第一項選出之縣（市）長，應於上屆任期屆滿之日宣誓就職。

第五十七條（鄉（鎮、市）長之產生與任期）

鄉（鎮、市）公所置鄉（鎮、市）長一人，對外代表該鄉（鎮、市），綜理鄉（鎮、市）政，由鄉（鎮、市）民依法選舉之，每屆任期四年，連選得連任一屆；其中人口在三十萬人以上之縣轄市，得置副市長一人，襄助市長處理市政，以機要人員方式進用，或以簡任第十職等任用，以機要人員任用之副市長，於市長卸任、辭職、去職或死亡時，隨同離職。

山地鄉鄉長以山地原住民為限。依第八十二條規定派員代理者，亦同。

鄉（鎮、市）公所除主計、人事、政風之主管，依專屬人事管理法律任免外，其餘一級單位主管均由鄉（鎮、市）長依法任免之。

依第一項選出之鄉（鎮、市）長，應於上屆任期屆滿之日宣誓就職。

第五十八條（區長之任用）

直轄市、市之區公所，置區長一人，由市長依法任用，承市長之命綜理區政，並指揮監督所屬人員。

直轄市之區由鄉（鎮、市）改制者，改制日前一日仍在職之鄉（鎮、市）長，由直轄市長以機要人員方式進用為區長；其任期自改制日起，為期四年。但有下列情事之一者，不得進用：

一　涉嫌犯第七十八條第一項第一款及第二款所列之罪，經起訴。
二　涉嫌犯總統副總統選舉罷免法、公職人員選舉罷免法、農會法或漁會法之賄選罪，經起訴。
三　已連任二屆。
四　依法代理。

前項以機要人員方式進用之區長，有下列情事之一者，應予免職：

一　有前項第一款、第二款或第七十九條第一項各款所列情事。
二　依刑事訴訟程序被羈押或通緝。

直轄市之區由山地鄉改制者，其區長以山地原住民為限。

第五十八條之一（區政諮詢委員之任用）

鄉（鎮、市）改制為區者，改制日前一日仍在職之鄉（鎮、市）民代表，除依法停止職權者外，由直轄市長聘任為區政諮詢委員；其任期自改制日起，為期四年，期滿不再聘任。

區政諮詢委員職權如下：
一　關於區政業務之諮詢事項。
二　關於區政之興革建議事項。
三　關於區行政區劃之諮詢事項。
四　其他依法令賦予之事項。

區長應定期邀集區政諮詢委員召開會議。

區政諮詢委員為無給職，開會時得支出席費及交通費。

區政諮詢委員有下列情事之一者，應予解聘：
一　依刑事訴訟程序被羈押或通緝。
二　有第七十九條第一項各款所列情事。

第五十九條　（村（里）長之產生與任期）

村（里）置村（里）長一人，受鄉（鎮、市、區）長之指揮監督，辦理村（里）公務及交辦事項。村（里）長由村（里）民依法選舉之，任期四年，連選得連任。

村（里）長選舉，經二次受理候選人登記，無人申請登記時，得由鄉（鎮、市、區）公所就該村（里）具村（里）長候選人資格之村（里）民遴聘之，其任期以本屆任期為限。

依第一項選出之村（里）長，應於上屆任期屆滿之日就職。

第六十條　（村（里）民大會之召集）

村（里）得召集村（里）民大會或基層建設座談會；其實施辦法，由直轄市、縣（市）定之。

第六十一條　（薪給、退職金及撫卹金之支給）

直轄市長、縣（市）長、鄉（鎮、市）長，應支給薪給；退職應發給退職金；因公死亡或病故者，應給與遺族撫卹金。

前項人員之薪給、退職金及撫卹金之支給，以法律定之。

村（里）長為無給職，由鄉（鎮、市、區）公所編列村（里）長事務補助費，其補助項目及標準，以法律定之。

第六十二條　（地方政府組織準則之訂定）

直轄市政府之組織，由內政部擬訂準則，報行政院核定；各直轄市政府應依準則擬訂組織自治條例，經直轄市議會同意後，報行政院備查；直轄市政府所屬機關及學校之組織規程，由直轄市政府定之。

縣（市）政府之組織，由內政部擬訂準則，報行政院核定；各縣（市）政府應依準則擬訂組織自治條例，經縣（市）議會同意後，報內政部備查；縣（市）政府所屬機關及學校之組織規程，由縣（市）政府定之。

前項縣（市）政府一級單位定名為處，所屬一級機關定名為局；二級單位及所屬一級機關之一級單位除主計、人事及政風機構外，定名為科。但因業務需要所設之派出單位與警察及消防機關之一級單位，得另定名稱。

鄉（鎮、市）公所之組織，由內政部擬訂準則，報行政院核定；各鄉（鎮、市）公所應依準則擬訂組織自治條例，經鄉（鎮、市）民代表會同意後，報縣政府備查。

鄉（鎮、市）公所所屬機關之組織規程，由鄉（鎮、市）公所定之。

新設之直轄市政府組織規程，由行政院定之；新設之縣（市）政府組織規程，由內政部定之；新設之鄉（鎮、市）公所組織規程，由縣政府定之。

直轄市政府、縣（市）政府、鄉（鎮、市）公所與其所屬機關及學校之組織準則、規程及組織自治條例，其有關考銓業務事項，不得牴觸中央考銓法規；各權責機關於核定或同意後，應函送考試院備查。

▲釋五二七。

第五節　自治財政

第六十三條　（直轄市之收入）

下列各款為直轄市收入：
一　稅課收入。
二　工程受益費收入。
三　罰款及賠償收入。
四　規費收入。
五　信託管理收入。
六　財產收入。
七　營業盈餘及事業收入。
八　補助收入。
九　捐獻及贈與收入。
十　自治稅捐收入。
十一　其他收入。

第六十四條　（縣（市）之收入）

下列各款為縣（市）收入：
一　稅課收入。
二　工程受益費收入。
三　罰款及賠償收入。
四　規費收入。
五　信託管理收入。
六　財產收入。
七　營業盈餘及事業收入。
八　補助及協助收入。
九　捐獻及贈與收入。
十　自治稅捐收入。
十一　其他收入。

第六十五條　（鄉（鎮、市）之收入）

下列各款為鄉（鎮、市）收入：
一　稅課收入。
二　工程受益費收入。
三　罰款及賠償收入。
四　規費收入。
五　信託管理收入。

（六）財產收入。
七　營業盈餘及事業收入。
八　補助收入。
九　捐獻及贈與收入。
十　自治稅捐收入。
十一　其他收入。

第六十六條　（稅之分配）
直轄市、縣（市）、鄉（鎮、市）應分配之國稅、直轄市及縣（市）稅，依財政收支劃分法規定辦理。

第六十七條　（收入及支出之辦理）
直轄市、縣（市）、鄉（鎮、市）之收入及支出，應依本法及財政收支劃分法規定辦理。
地方稅之範圍及課徵，依地方稅法通則之規定。
地方政府規費之範圍及課徵原則，依規費法之規定；其未經法律規定者，須經各該立法機關之決議徵收之。

第六十八條　（預算收支差短之彌平）
直轄市、縣（市）預算收支之差短，得以發行公債、借款或移用以前年度歲計賸餘彌平；鄉（鎮、市）預算收支之差短，得以借款或移用以前年度歲計賸餘彌平。
前項直轄市、縣（市）公債及借款之未償餘額比例，鄉（鎮、市）借款之未償餘額比例，依公共債務法之規定。

第六十九條　（對地方政府之補助）
各上級政府為謀地方均衡發展，對於財力較差之地方政府應酌予補助；對財力較優之地方政府，得取得協助金。
各級地方政府有依法得徵收之財源而不徵收時，其上級政府得酌減其補助款；對於努力開闢財源具有績效者，其上級政府得酌增其補助款。
第一項補助須明定補助項目、補助對象、補助比率及處理原則；其補助辦法，分別由行政院或縣定之。
▲釋四九八。

第七十條　（中央費用與地方費用之區分）
中央費用與地方費用之區分，應明定由中央全額負擔、中央與地方自治團體分擔以及地方自治團體全額負擔之項目。中央不得將應自行負擔之經費，轉嫁予地方自治團體。
直轄市、縣（市）、鄉（鎮、市）辦理其自治事項，應就其自有財源優先編列預算支應之。
第一項費用之區分標準，應於相關法律定之。

第七十一條　（預算籌編原則）
直轄市、縣（市）、鄉（鎮、市）年度總預算、追加預算與特別預算收支之籌劃、編製及共同性費用標準，除其他法律另有規定外，應依行政院訂定之中央暨地方政府預算籌編原則辦理。
地方政府未依前項預算籌編原則辦理者，行政院或縣政府應視實際情形酌減補助款。

第七十二條　（規劃替代財源）
直轄市、縣（市）、鄉（鎮、市）新訂或修正自治法規，如有減少收入者，應同時規劃替代財源；其需增加財政負擔者，並應事先籌妥經費或於法規內規定相對收入來源。

第七十三條　（公共造產）
縣（市）、鄉（鎮、市）應致力於公共造產；其獎助及管理辦法，由內政部定之。

第七十四條　（公庫之設置）
直轄市、縣（市）、鄉（鎮、市）應設置公庫，其代理機關由直轄市政府、縣（市）政府、鄉（鎮、市）公所擬定，經各該直轄市議會、縣（市）議會、鄉（鎮、市）民代表會同意後設置之。

第四章　中央與地方及地方間之關係

第七十五條　（法律之位階性）
省政府辦理第八條事項違背憲法、法律、中央法令或逾越權限者，由中央各該主管機關報行政院予以撤銷、變更、廢止或停止其執行。
直轄市政府辦理自治事項違背憲法、法律或基於法律授權之法規者，由中央各該主管機關報行政院予以撤銷、變更、廢止或停止其執行。
直轄市政府辦理委辦事項違背憲法、法律、中央法令或逾越權限者，由中央各該主管機關報行政院予以撤銷、變更、廢止或停止其執行。
縣（市）政府辦理自治事項違背憲法、法律或基於法律授權之法規者，由中央各該主管機關報行政院予以撤銷、變更、廢止或停止其執行。
縣（市）政府辦理委辦事項違背憲法、法律、中央法令或逾越權限者，由委辦機關予以撤銷、變更、廢止或停止其執行。
鄉（鎮、市）公所辦理自治事項違背憲法、法律、中央法規或縣規章者，由縣政府予以撤銷、變更、廢止或停止其執行。
鄉（鎮、市）公所辦理委辦事項違背憲法、法律、中央法令、縣規章、縣自治規則或逾越權限者，由委辦機關予以撤銷、變更、廢止或停止其執行。
第二項、第四項及第六項之自治事項有無違背憲法、法律、中央法規、縣規章發生疑義時，得聲請司法院解釋之；在司法院解釋前，不得予以撤銷、變更、廢止或停止其執行。
▲釋五二七。

第七十六條　（代行處理）
直轄市、縣（市）、鄉（鎮、市）依法應作為而不作為，致嚴重危害公益或妨礙地方政務正常運作，其適於代行處理者得分別由行政院中央各該主管機關、縣政府命其於一定期限內為之；逾期仍不作為者，得代行處理。但情況急迫時，得逕予代行處理。

直轄市、縣（市）、鄉（鎮、市）對前項處分如認為窒礙難行時，應於期限屆滿前提出申訴。行政院、中央各該主管機關、縣政府得審酌事實變更或撤銷原處分。」

行政院、中央各該主管機關、縣政府決定代行處理前，應函知被代行處理之機關及該自治團體相關機關，經權責機關通知代行處理後，該事項即轉移至代行處理機關，直至代行處理完竣。

代行處理所支出之費用，應由被代行處理之機關負擔，各該地方機關如拒絕支付該項費用，上級政府得自以後年度之補助款中扣減抵充之。

直轄市、縣（市）、鄉（鎮、市）對於代行處理之處分，如認為有違法時，依行政救濟程序辦理之。

第七十七條　（爭議之解決方法）

中央與直轄市、縣（市）間，權限遇有爭議時，由立法院院會議決之；縣與鄉（鎮、市）間，自治事項遇有爭議時，由內政部會同中央各該主管機關解決之。

直轄市間、直轄市與縣（市）間，事權發生爭議時，由行政院解決之；縣（市）間，事權發生爭議時，由中央各該主管機關解決之；鄉（鎮、市）間，事權發生爭議時，由縣政府解決之。

▲釋五二七。

第七十八條　（地方首長被停止職務之情形）

直轄市長、縣（市）長、鄉（鎮、市）長、村（里）長，有下列情事之一者，分別由行政院、內政部、縣政府、鄉（鎮、市、區）公所停止其職務，不適用公務員懲戒法第三條之規定：

一　涉嫌犯內亂、外患、貪污治罪條例或組織犯罪防制條例之罪，經第一審判處有期徒刑以上之刑者。但涉嫌貪污治罪條例上之圖利罪者，須經第二審判處有期徒刑以上之刑者。

二　涉嫌犯前款以外，法定刑為死刑、無期徒刑或最輕本刑為五年以上有期徒刑之罪，經第一審判處有罪者。

三　依刑事訴訟程序被羈押或通緝者。

依前項第一款或第二款停止職務之人員，如經改判無罪時，或依前項第三款停止職務之人員，經撤銷通緝或釋放時，於其任期屆滿前，得准其先行復職。

依第一項規定予以停止其職務之人員，經依法參選，再度當選原公職並就職者，不再適用該項之規定。

依第一項規定予以停止其職務之人員，經刑事判決確定，非第七十九條應予解除職務者，於其任期屆滿前，均應准其復職。

直轄市長、縣（市）長、鄉（鎮、市）長，於本法公布施行前，非因第一項原因被停職者，於其任期屆滿前，應即准其復職。

第七十九條　（地方民代應解除職權、職務之情事）

直轄市議員、直轄市長、縣（市）議員、縣（市）長、鄉（鎮、市）民代表、鄉（鎮、市）長及村（里）長有下列情事之一，直轄市議員、直轄市長由行政院分別解除其職權或職務；縣（市）議員、縣（市）長由內政部分別解除其職權或職務；鄉（鎮、市）民代表、鄉（鎮、市）長由縣政府分別解除其職權或職務，並通知各該直轄市議會、縣（市）議會、鄉（鎮、市）民代表會；村（里）長由鄉（鎮、市、區）公所解除其職務。應補選者，並依法補選：

一　經法院判決當選無效確定，或經法院判決選舉無效確定，致影響其當選資格者。

二　犯內亂、外患或貪污罪，經判刑確定者。

三　犯組織犯罪防制條例之罪，經判處有期徒刑以上之刑確定者。

四　犯前三款以外之罪，受有期徒刑以上刑之判決確定，而未受緩刑之宣告、未執行易科罰金或不得易服社會勞動者。

五　受保安處分或感訓處分之裁判確定者。但因緩刑而付保護管束者，不在此限。

六　戶籍遷出各該行政區域四個月以上者。

七　褫奪公權尚未復權者。

八　受監護或輔助宣告尚未撤銷者。

九　有本法所定應予解除職權或職務之情事者。

十　依其他法律應予解除職權或職務者。

有下列情事之一，其原職任期未滿，且尚未經選舉機關公告補選時，解除職權或職務之處分均應予撤銷：

一　因前項第二款至第四款情事而解除職權或職務，經再審或非常上訴判決無罪確定者。

二　因前項第五款情事而解除職權或職務，保安處分經依法撤銷，感訓處分經重新審理為不付感訓處分之裁定確定者。

三　因前項第八款情事而解除職權或職務，經提起撤銷監護或輔助宣告之訴，為法院判決撤銷宣告監護或輔助確定者。

第八十條　（因病解除職務、職權之情形）

直轄市長、縣（市）長、鄉（鎮、市）長、村（里）長，因罹患重病，致不能執行職務繼續一年以上，或因故不執行職務連續達六個月以上者，應依前條第一項規定程序解除其職務；直轄市議員、縣（市）議員、鄉（鎮、市）民代表連續未出席定期會達二會期者，亦解除其職權。

第八十一條　（地方民代之補選）

直轄市議員、縣（市）議員、鄉（鎮、市）民代表辭職、去職或死亡，其缺額達總名額十分之三以上或同一選舉區缺額達二分之一以上時，均應補選。但其所遺任期不足二年，且缺額未達總名額二分之一時，不再補選。

前項補選之直轄市議員、縣（市）議員、鄉（鎮、市）民代表以補足所遺任期為限。

第一項直轄市議員、縣（市）議員、鄉（鎮、市）民代表之辭職，應以書面向直轄市議會、縣（市）議會、鄉（鎮、市）民代表會提出，於辭職書送達議會、代表會時，即行生效。

第八十二條（地方首長之代理）

直轄市長、縣（市）長、鄉（鎮、市）長及村（里）長辭職、去職、死亡者，直轄市長由行政院派員代理；縣（市）長由內政部報請行政院派員代理；鄉（鎮、市）長由縣政府派員代理；村（里）長由鄉（鎮、市、區）公所派員代理。

直轄市長停職者，由副市長代理，副市長出缺或不能代理者，由行政院派員代理。縣（市）長停職者，由副縣（市）長代理，副縣（市）長出缺或不能代理者，由內政部報請行政院派員代理。鄉（鎮、市）長停職者，由縣政府派員代理，置有副市長者，由副市長代理。村（里）長停職者，由鄉（鎮、市、區）公所派員代理。

前二項之代理人，不得為被代理者之配偶、前配偶、四親等內之血親、三親等內之姻親關係。

直轄市長、縣（市）長、鄉（鎮、市）長及村（里）長辭職、去職或死亡者，應自事實發生之日起三個月內完成補選。但所遺任期不足二年者，不再補選，由代理人代理至該屆任期屆滿為止。

前項補選之當選人應於公告當選後十日內宣誓就職，其任期以補足該屆所遺任期為限，並視為一屆。

第一項人員之辭職，應以書面為之。直轄市長應向行政院提出並經核准；縣（市）長應向內政部提出，由內政部轉報行政院核准；鄉（鎮、市）長應向縣政府提出並經核准；村（里）長應向鄉（鎮、市、區）公所提出並經核准，均自核准辭職日生效。

第八十三條（延期辦理改選、補選之情形）

直轄市議員、直轄市長、縣（市）議員、縣（市）長、鄉（鎮、市）民代表、鄉（鎮、市）長及村（里）長任期屆滿或出缺應改選或補選時，如因特殊事故，得延期辦理改選或補選。

直轄市議員、直轄市長、縣（市）議員、縣（市）長依前項延期辦理改選或補選，分別由行政院、內政部核准後辦理。

鄉（鎮、市）民代表、鄉（鎮、市）長、村（里）長依第一項規定延期辦理改選或補選，由各該直轄市政府、縣（市）政府核准後辦理。

依前三項規定延期辦理改選或補選時，其本屆任期依事實延長之。如於延長任期中出缺時，均不補選。

▲釋五五三。

第八十三條之一（地方公職人員任期之調整）

下列地方公職人員，其任期調整至中華民國一百零三年十二月二十五日止：

一　應於一百零二年十二月二十日任期屆滿之縣（市）長。

二　應於一百零三年三月一日任期屆滿之縣（市）議員及鄉（鎮、市）長。

三　應於一百零三年八月一日任期屆滿之鄉（鎮、市）民代表及村（里）長。

四　應於一百零四年一月十六日任期屆滿之臺北市里長。

第四章之一　直轄市山地原住民區

第八十三條之二（直轄市山地原住民區為地方自治團體）

直轄市之區由山地鄉改制者，稱直轄市山地原住民區（以下簡稱山地原住民區），為地方自治團體，設區民代表會及區公所，分別為山地原住民區之立法機關及行政機關，依本法辦理自治事項，並執行上級政府委辦事項。

山地原住民區之自治，除法律另有規定外，準用本法關於鄉（鎮、市）之規定；其與直轄市之關係，準用本法關於縣與鄉（鎮、市）關係之規定。

第八十三條之三（山地原住民區自治事項）

下列各款為山地原住民區自治事項：

一　關於組織及行政管理事項如下：
㈠山地原住民區公職人員選舉、罷免之實施。
㈡山地原住民區組織之設立及管理。
㈢山地原住民區新聞行政。

二　關於財政事項如下：
㈠山地原住民區財務收支及管理。
㈡山地原住民區財產之經營及處分。

三　關於社會服務事項如下：
㈠山地原住民區社會福利。
㈡山地原住民區公益慈善事業及社會救助。
㈢山地原住民區殯葬設施之設置及管理。
㈣山地原住民區調解業務。

四　關於教育文化及體育事項如下：
㈠山地原住民區社會教育之興辦及管理。
㈡山地原住民區藝文活動。
㈢山地原住民區體育活動。
㈣山地原住民區禮儀民俗及文獻。
㈤山地原住民區社會教育、體育與文化機構之設置、營運及管理。

五　關於環境衛生事項如下：
山地原住民區廢棄物清除及處理。

六　關於營建、交通及觀光事項如下：
㈠山地原住民區道路之建設及管理。
㈡山地原住民區公園綠地之設立及管理。

㈢山地原住民區交通之規劃、營運及管理。
㈣山地原住民區觀光事業。
七　關於公共安全事項如下：
㈠山地原住民區災害防救之規劃及執行。
㈡山地原住民區民防之實施。
八　關於事業之經營及管理事項如下：
㈠山地原住民區公用及公營事業。
㈡山地原住民區公共造產事業。
㈢與其他地方自治團體合辦之事業。
九　其他依法律賦予之事項。

第八十三條之四　（山地原住民區之改制日）

山地原住民區以當屆直轄市長任期屆滿之日為改制日，並以改制前之區或鄉為其行政區域；其第一屆區民代表、區長之選舉以改制前區或鄉之行政區域為選舉區，於改制日十日前完成選舉投票，並準用第八十七條之一第三項選舉區劃分公告及第四項改制日就職之規定。

第八十三條之五　（原直轄市自治法規之繼續適用）

山地原住民區之自治法規未制（訂）定前，繼續適用原直轄市自治法規之規定。

山地原住民區由山地鄉直接改制者，其自治法規有繼續適用之必要，得由山地原住民區公所公告後，繼續適用二年。

第八十三條之六　（山地原住民區之機關人員資產及其他權利義務應由直轄市移撥）

山地原住民區之機關（構）人員、資產及其他權利義務，應由直轄市制（訂）定自治法規移撥、移轉或調整之。但其由山地鄉直接改制者，維持其機關（構）人員、資產及其他權利義務。

山地原住民區之財政收支劃分調整日期，由行政院洽商直轄市政府以命令定之；未調整前，相關機關（構）各項預算之執行，仍以直轄市原列預算繼續執行。

山地原住民區首年度總預算，應由區公所於該年度一月三十一日之前送達區民代表會，該區民代表會應於送達後一個月內審議完成，並由該區公所於審議完成日起十五日內發布之。會計年度開始時，總預算案如未送達或審議通過，其預算之執行，準用第四十條之一第二項之規定。

依第一項移撥人員屬各項公務人員考試及格或依專門職業及技術人員轉任公務人員條例轉任之現職公務人員者，其轉調準用第八十七條之三第六項至第九項之規定。

依第一項移撥人員屬各種考試錄取尚在實務訓練人員者，視同改分配其他機關繼續實務訓練，其受限制轉調之限制者，比照前項人員予以放寬。

第八十三條之七　（山地原住民區之財源補助）

山地原住民區實施自治所需財源，由直轄市依下列因素予以設算補助，並維持改制前各該山地鄉統籌分配財源水準：
一　第八十三條之三所列山地原住民區之自治事項。
二　直轄市改制前各該山地鄉前三年度稅課收入平均數。
三　其他相關因素。

前項補助之項目、程序、方式及其他相關事項，由直轄市洽商山地原住民區定之。

第八十三條之八　（山地原住民區不適用本法之法條）

第五十八條及第五十八條之一規定，於山地原住民區不適用之。

第五章　附　則

第八十四條　（公務員服務法之適用）

直轄市長、縣（市）長、鄉（鎮、市）長適用公務員服務法；其行為有違法、廢弛職務或其他失職情事者，準用政務人員之懲戒規定。

第八十五條　（公務人員俸給法等之適用）

省政府、省諮議會、直轄市議會、直轄市政府、縣（市）議會、縣（市）政府、鄉（鎮、市）民代表會、鄉（鎮、市）公所員工給與事項，應依公務人員俸給法及相關中央法令辦理。

第八十六條　（日據時期財產之承受）

村（里）承受日據時期之財產，或人民捐助之財產，得以成立財團法人方式處理之。

第八十七條　（法規之繼續適用）

本法公布施行後，相關法規應配合制（訂）定、修正。未制（訂）定、修正前，現行法規不牴觸本法規定部分，仍繼續適用；其關於鄉（鎮、市）之規定，山地原住民區準用之。

第八十七條之一　（改制日）

縣（市）改制或與其他直轄市、縣（市）合併改制為直轄市者，應以當屆直轄市長任期屆滿之日為改制日。縣（市）議員、縣（市）長、鄉（鎮、市）民代表、鄉（鎮、市）長及村（里）長之任期均調整至改制日止，不辦理改選。

改制後第一屆直轄市議員、直轄市長及里長之選舉，應依核定後改制計畫所定之行政區域為選舉區，於改制日十日前完成選舉投票。

前項直轄市議員選舉，得在其行政區域內劃分選舉區；其由原住民選出者，以其行政區域內之原住民為選舉區；直轄市議員選舉區之劃分，應於改制日六個月前公告，不受公職人員選舉罷免法第三十七條第一項但書規定之限制。

改制後第一屆直轄市議員、直轄市長及里長，應於改制日就職。

第八十七條之二（原自治法規之廢止及繼續適用）

縣（市）改制或與其他直轄市、縣（市）合併改制為直轄市，原直轄市、縣（市）及鄉（鎮、市）自治法規應由改制後之直轄市政府廢止之；其有繼續適用之必要者，得經改制後之直轄市政府核定公告後，繼續適用二年。

第八十七條之三（改制後之概括承受等規定）

縣（市）改制或與其他直轄市、縣（市）合併改制為直轄市者，原直轄市、縣（市）及鄉（鎮、市）之機關（構）與學校人員、原有資產、負債及其他權利義務，由改制後之直轄市概括承受。

縣（市）改制或與其他直轄市、縣（市）合併改制為直轄市之財政收支劃分調整日期，由行政院以命令定之。

縣（市）改制或與其他直轄市、縣（市）合併改制為直轄市時，其他直轄市、縣（市）所受統籌分配稅款及補助款之總額，不得少於該直轄市改制前。

在第二項財政收支劃分未調整前，改制後之直轄市相關機關（構）、學校各項預算執行，仍以改制前原直轄市、縣（市）、鄉（鎮、市）原列預算繼續執行。

改制後之直轄市，於相關法律及中央法規未修正前，得暫時適用原直轄市、縣（市）之規定。

依第一項改制而移撥人員屬各項公務人員考試及格之現職公務人員者，移撥至原分發任用之主管機關及其所屬機關、學校或原得分發之機關、原請辦考試機關及其所屬機關、學校以外之機關、學校服務時，得不受公務人員考試法、公務人員任用法及各項公務人員考試規則有關限制轉調規定之限制。

前項人員日後之轉調，仍應以原考試及格人員得分發之機關、原請辦考試機關或移撥機關之主管機關及其所屬機關有關職務為限。

各項公務人員考試法規定有限制轉調年限者，俟轉調年限屆滿後，得再轉調其他機關。

依專門職業及技術人員轉任公務人員條例轉任，於限制轉調期間內移撥之人員，得不受該條例限制轉調機關規定之限制。但須於原轉任機關、移撥機關及所屬機關合計任職滿三年後，始得調任其他機關任職。

第八十八條（施行日期）

本法自公布日施行。

本法中華民國九十六年六月十四日修正之條文，自九十六年一月一日施行；九十八年五月十二日修正之條文，自九十八年十一月二十三日施行；一百零三年一月十四日修正之第四章之一及第八十七條，其施行日期，由行政院定之。

公民投票法

民國九十二年十二月三十一日總統令公布
九十五年五月三十日總統令修正公布
九十八年五月二十七日總統令修正公布
九十八年六月十七日總統令修正公布
一百零七年一月三日總統令修正公布
一百零八年六月二十一日總統令修正公布第九、一〇、一二、一三、一七、二三條條文

第一章 總　則

第一條（立法目的）

依據憲法主權在民之原則，為確保國民直接民權之行使，特制定本法。本法未規定者，適用其他法律之規定。

公民投票涉及原住民族權利者，不得違反原住民族基本法之規定。

第二條（公民投票之適用事項）

本法所稱公民投票，包括全國性及地方性公民投票。

全國性公民投票，依憲法規定外，其他適用事項如下：

一　法律之複決。

二　立法原則之創制。

三　重大政策之創制或複決。

地方性公民投票適用事項如下：

一　地方自治條例之複決。

二　地方自治條例立法原則之創制。

三　地方自治事項重大政策之創制或複決。

預算、租稅、薪俸及人事事項不得作為公民投票之提案。

第三條（主管機關）

全國性公民投票之主管機關為中央選舉委員會，並指揮監督直轄市、縣（市）選舉委員會辦理之。

地方性公民投票之主管機關為直轄市政府、縣（市）政府。

各級選舉委員會於辦理公民投票期間得調用各級政府機關職員及公立學校教職員辦理事務；受調用之政府機關、公立學校及受遴派之政府機關職員、學校教職員無正當理由均不得拒絕。

第四條（投票方式）

公民投票，以普通、平等、直接及無記名投票之方法行之。

第五條（經費來源）

辦理公民投票之經費，分別由中央政府、直轄市政府、縣（市）政府依法編列預算。

第六條（本法所定各種期間之計算）

本法所定各種期間之計算，準用公職人員選舉罷免法第四條第二項及第五條規定。

第二章　提案人、連署人及投票權人

第七條（公民投票權資格）

中華民國國民，除憲法另有規定外，年滿十八歲，未受監護宣告者，有公民投票權。

第八條（提案人、連署人及投票權人資格）

有公民投票權之人，在中華民國、各該直轄市、縣（市）繼續居住六個月以上，得分別為全國性、各該直轄市、縣（市）公民投票案之提案人、連署人及投票權人。

提案人年齡及居住期間之計算，以算至提案提出日為準；連署人年齡及居住期間之計算，以算至連署人名冊提出日為準；投票權人年齡及居住期間之計算，以算至投票日前一日為準，並均以戶籍登記資料為依據。

前項投票權人年齡及居住期間之計算，於重行投票時，仍以算至原投票日前一日為準。

第三章　公民投票程序

第一節　全國性公民投票

第九條（公民投票案之提出程序）

公民投票案之提出，除另有規定外，應由提案人之領銜人檢具公民投票案主文、理由書及提案人名冊正本、影本各一份，向主管機關為之。

前項領銜人以一人為限；主文以不超過一百字為限；理由書以不超過二千字為限，超過字數者，其超過部分，不予公告及刊登公報。

第一項主文應簡明、清楚、客觀中立；理由書之闡明及其立場應與主文一致。

主文與理由書之文字用詞、字數計算、語法及其他相關事項之辦法，由主管機關定之。

第一項提案人名冊，應依規定格式逐欄填寫，提案人應親自簽名或蓋章，填具本人國民身分證統一編號及戶籍地址，並分直轄市、縣（市）、鄉（鎮、市、區）別裝訂成冊。

主管機關應建置電子系統，提供提案人之領銜人徵求提案及連署；其提案及連署方式、查對作業等事項之辦法及實施日期，由主管機關定之。

採電子提案及連署者，其文件以電磁紀錄之方式提供。

公民投票案之提出，以一案一事項為限。

第十條（全國性公民投票案提案人人數及審核程序）

第二條第二項各款之事項，公民投票案提案人人數，應達提案時最近一次總統、副總統選舉選舉人總數萬分之一以上。

公民投票案提案表件不合前條第一項、第三項規定、未依前條第五項分直轄市、縣（市）、鄉（鎮、市、區）別裝訂成冊或提案人名冊不足前項規定之提案人數者，主管機關應不予受理。

主管機關於收到公民投票提案或補正之提案後，應於六十日內完成審核。經審核有下列情事之一者，應敘明理由，通知提案人之領銜人於三十日內補正，並以一次為限，屆期未補正或經補正仍不符規定者，予以駁回：

一　提案非第二條規定之全國性公民投票適用事項。
二　提案違反前條第四項所定辦法之規定。
三　提案不合第一條第二項或前條第八項規定。
四　提案有第三十二條規定之情事。
五　提案內容不能瞭解其提案真意。

主管機關依前項規定命補正者，應先舉行聽證會，釐清相關爭點並協助提案人之領銜人進行必要之補正。

公民投票案經主管機關認定合於規定者，應函請戶政機關於十五日內查對提案人。

戶政機關應依據戶籍登記資料查對提案人名冊，有下列情事之一者，應予刪除：

一　提案人不合第八條第一項規定資格。
二　提案人姓名、國民身分證統一編號或戶籍地址書寫錯誤或不明。
三　提案人名冊未經提案人簽名或蓋章。
四　提案人提案，有偽造情事。

提案人名冊經查對後，其提案人數不足本條第一項規定時，主管機關應通知提案人之領銜人於三十日內補提，補提以一次為限，補提後仍不足規定人數或屆期不補提者，該提案應予駁回。

提案合於本法規定者，主管機關應依該提案性質分別函請相關立法機關及行政機關於收受該函文後四十五日內提出意見書，內容並應敘明通過或不通過之法律效果；屆期未提出者，視為放棄。意見書以二千字為限，超過字數者，其超過部分不予公告及刊登公報。

前項提案經審核完成符合規定者，主管機關應通知提案人之領銜人於十日內向主管機關領取連署人名冊格式或電子連署系統認證碼，徵求連署；屆期未領取者，視為放棄連署。

第十一條　（公民投票案撤回提案之程序）

公民投票案於主管機關通知連署前，得經提案人總數二分之一以上同意，由提案人之領銜人以書面撤回之。

第十二條　（全國性公民投票案連署人人數及連署程序）

第二條第二項各款之事項，連署人數應達提案時最近一次總統、副總統選舉選舉人總數百分之一點五以上。

公民投票案提案人之領銜人，應於領取連署人名冊格式或電子連署系統認證碼之次日起六個月內，將連署人名冊正本、影本各一份或其電磁紀錄，向主管機關一次提出；屆期未提出者，視為放棄連署。

前項連署人名冊，應依規定格式逐欄填寫，連署人應親自簽名或蓋章，填具本人國民身分證統一編號及戶籍地址，並分直轄市、縣（市）、鄉（鎮、市、區）別裝訂成冊，向主管機關提出。

公民投票案依第二項或第十條第九項規定視為放棄連署者，自視為放棄連署之日起，原提案人於二年內不得就同一事項重行提出之。

第十三條　（連署人名冊不予受理、查對連署人名冊刪除之情形，以及是否成案之公告）

主管機關收到連署人名冊後，經清查連署人數不足前條第一項之規定，或未依前條第三項分直轄市、縣（市）、鄉（鎮、市、區）別裝訂成冊提出者，主管機關應不予受理。合於規定者，應函請戶政機關於六十日內完成查對。

戶政機關應依據戶籍登記資料查對連署人名冊，有下列情事之一者，應予刪除：

一　連署人不合第八條第一項規定資格。

二　連署人姓名、國民身分證統一編號或戶籍地址書寫錯誤或不明。

三　連署人名冊未經連署人簽名或蓋章。

四　連署人連署有偽造情事。

連署人名冊經查對後，其連署人數合於前條第一項規定者，主管機關應於十日內為公民投票案成立之公告，該公民投票案並予編號；連署人數不合規定者，主管機關應通知提案人之領銜人於三十日內補提，補提以一次為限，補提後仍不足規定人數或屆期不補提者，主管機關應為公民投票案不成立之公告。

第十四條　（重大政策之創制或複決有必要進行公民投票之提出程序）

行政院對於第二條第二項第三款之事項，認為有進行公民投票之必要者，得附具主文、理由書，經立法院同意，交由主管機關辦理公民投票，不適用第九條至第十三條、第十七條第一項第三款及第十九條規定。

行政院向立法院提出公民投票之提案後，立法院應在十五日內議決，於休會期間提出者，立法院應於十五日內自行集會，三十日內議決。

行政院之提案經立法院否決者，自該否決之日起二年內，不得就該事項重行提出。

第十五條　（立法院對重大政策之創制或複決，經院會通過後交辦公民投票）

立法院依憲法之規定提出之複決案，經公告半年後，應於十日內交由主管機關辦理公民投票。

立法院對於第二條第二項第三款之事項，認有提出公民投票之必要者，得附具主文、理由書，經立法院院會通過後十日內，交由主管機關辦理公民投票，不適用第九條至第十三條、第十七條第一項第三款及第十九條規定。

立法院之提案經院會否決者，自該否決之日起二年內不得就該事項重行提出。

第十六條　（總統對攸關國家安全事項，經行政院院會決議交付公民投票）

當國家遭受外力威脅，致國家主權有改變之虞，總統得經行政院院會之決議，就攸關國家安全事項，交付公民投票。

前項之公民投票，不適用第九條至第十三條、第十七條第一項關於期間與同條項第三款、第十九條及第二十三條規定。

第十七條　（投票日前公告事項及進行辯論）

主管機關應於公民投票日九十日前，就下列事項公告之：

一　公民投票案投票日期、投票起止時間。

二　公民投票案之編號、主文、理由書。

三　政府機關針對公民投票案提出之意見書。

四　公民投票權行使範圍及方式。

五　正反意見支持代表於全國性無線電視頻道發表意見或進行辯論之辦理期間與應遵行之事項。

主管機關應以公費，在全國性無線電視頻道提供時段，供正反意見支持代表發表意見或進行辯論，受指定之電視臺不得拒絕。其實施辦法，由主管機關定之。

前項發表會或辯論會應在全國性無線電視頻道至少舉辦五場。

發表會或辯論會應網路直播，其錄影、錄音並應公開於主管機關之網站。

第十八條　（張貼及公開公民投票公報）

主管機關應彙集前條公告事項及其他投票有關規定，編印公民投票公報，於投票日二日前送達公民投票案投票區內各戶，並分別張貼適當地點及公開於網際網路。

第十九條（主管機關應停止公民投票程序之進行）

創制案或法律之複決案於公告前，如經立法機關實現創制、複決之目的，通知主管機關者，主管機關應即停止公民投票程序之進行，並函知提案人之領銜人。

第二十條（辦事處募集經費禁止之捐贈及經費收支之申報）

公民投票案成立公告後，提案人及反對意見者，經許可得設立辦事處，從事意見之宣傳，並得募集經費從事相關活動，但不得接受下列經費之捐贈。其許可及管理辦法，由中央選舉委員會定之：

一　外國團體、法人、個人或主要成員為外國人之團體、法人。

二　大陸地區人民、法人、團體或其他機構，或主要成員為大陸地區人民之法人、團體或其他機構。

三　香港、澳門居民、法人、團體或其他機構，或主要成員為香港、澳門居民之法人、團體或其他機構。

四　公營事業或接受政府捐助之財團法人。

前項募款人應設經費收支帳簿，指定會計師負責記帳保管，並於投票日後三十日內，經本人及會計師簽章負責後，檢具收支結算申報表，向中央選舉委員會申報。

收支憑據、證明文件等，應於申報後保管六個月。但於發生訴訟時，應保管至裁判確定後三個月。

中央選舉委員會對其申報有事實足認其有不實者，得要求檢送收支憑據或證明文件。

中央選舉委員會於收受收支結算申報四十五日內，應將申報資料彙整列冊，並刊登政府公報。

第一項辦事處不得設於機關（構）、學校、依法設立之團體、經常定為投票所、開票所之處所及其他公共場所。但政黨之各級黨部及依人民團體法設立之社會團體、職業團體及政治團體辦公處，不在此限。

公民投票辦事處與辦事人員之設置辦法，由主管機關定之。

第二十一條（公投票之印製及圈定）

公民投票應在公投票上刊印公民投票案編號、主文及同意、不同意等欄，由投票人以選舉委員會製備之工具圈定之。

投票人圈定後不得將圈定內容出示他人。

第二十二條（令投票人退出投開票所之情形）

在公民投票案投票所或開票所有下列情事之一者，主任管理員應會同主任監察員令其退出：

一　穿著佩帶具有公民投票相關文字、符號或圖像之貼紙、服飾或其他物品、在場喧嚷或干擾、勸誘他人投票或不投票，不服制止。

二　攜帶武器或危險物品入場。

三　有其他不正當行為，不服制止。

公民投票案投票人有前項情事之一者，令其退出時，應將其所持公民投票之票收回，並將事實附記於公民投票投票權人名冊該投票權人姓名下。其情節重大者，並應專案函報各該選舉委員會。

第二十三條（投票日之訂定）

公民投票日定於八月第四個星期六，自中華民國一百十年起，每二年舉行一次。

公民投票日為應放假日。

第二十四條（投票權人名冊相關作業事項準用之規定）

公民投票投票權人名冊之編造、公告閱覽、更正、投票、開票及有效票、無效票之認定，準用公職人員選舉罷免法第十七條至第二十三條、第五十七條至第六十二條、第六十四條、第六十六條規定。

公民投票案與全國性之選舉同日舉行投票時，其投票權人名冊，與選舉人名冊分別編造。

第二十五條（得以不在籍投票方式為之）

主管機關辦理全國性公民投票得以不在籍投票方式為之，其實施方式另以法律定之。

第二節　地方性公民投票

第二十六條（公民投票案之受理機關）

公民投票案應分別向直轄市、縣（市）政府提出。

公民投票案相關事項，除本法已有規定外，由直轄市、縣（市）以自治條例定之。

直轄市、縣（市）政府對於公民投票提案，是否屬地方自治事項有疑義時，應報請行政院認定。

第二十七條（準用相關規定）

公民投票案之公告、公投票之印製、投票權人名冊之編造、公告閱覽、更正、公民投票公報之編印、公民投票程序之中止、辦事處之設立、經費之募集、投票、開票及有效票、無效票之認定，除主管機關外，準用第十七條至第二十四條規定。

第二十八條（地方性公民投票案之提案等程序之訂定）

公民投票案提案、連署人數、應附具文件、查核程序及發表會或辯論會之舉辦，由直轄市、縣（市）以自治條例定之。

第四章　公民投票結果

第二十九條（投票結果通過或不通過之門檻）

公民投票案投票結果，有效同意票數多於不同意票，且有效同意票達投票權人總額四分之一以上者，即為通過。

有效同意票未多於不同意票，或有效同意票數不足前項規定數額者，均為不通過。

第三十條（公民投票案通過者投票結果之公告及處理方式）

公民投票案經通過者，各該選舉委員會應於投票完畢七日內公告公民投票結果，並依下列方式處理：

一　有關法律、自治條例之複決案，原法律或自治條例於公告之日算至第三日起，失其效力。

二　有關法律、自治條例立法原則之創制案，行政院、直轄市、縣（市）政府應於三個月內研擬相關之法律、自治條例提案，並送立法院、直轄市議會、縣（市）議會審議。立法院、直轄市議會、縣（市）議會應於下一會期休會前完成審議程序。

三　有關重大政策者，應由總統或權責機關為實現該公民投票案內容之必要處置。

四　依憲法之複決案，立法院應咨請總統公布。

立法院審議前項第二款之議案，不受立法院職權行使法第十三條規定之限制。

立法院、直轄市議會或縣（市）議會依第一項第二款制定之法律或自治條例與創制案之立法原則有無牴觸發生疑義時，提案人之領銜人得聲請司法院解釋之。

經創制之立法原則，立法機關不得變更；於法律、自治條例實施後，二年內不得修正或廢止。

經複決廢止之法律、自治條例，立法機關於二年內不得再制定相同之法律。

經創制或複決之重大政策，行政機關於二年內不得變更該創制或複決案內容之施政。

第三十一條（公民投票案不通過者投票結果之公告）

公民投票案不通過者，主管機關應於投票完畢七日內公告公民投票結果，並通知提案人之領銜人。

第三十二條（同一事項再行提出之期間限制）

主管機關公告公民投票之結果起二年內，不得就同一事項重行提出。

同一事項之認定由主管機關為之。

第五章　罰　則

第三十三條（對公務員施暴妨害公民投票之處罰）

意圖妨害公民投票，對於公務員依法執行職務時，施強暴脅迫者，處五年以下有期徒刑。

犯前項之罪，因而致公務員於死者，處無期徒刑或七年以上有期徒刑；致重傷者，處三年以上十年以下有期徒刑。

第三十四條（聚眾以暴力妨害公民投票之處罰）

公然聚眾犯前條之罪者，在場助勢之人，處三年以下有期徒刑、拘役或科新臺幣三十萬元以下罰金；首謀及下手實施強暴脅迫者，處三年以上十年以下有期徒刑。

犯前項之罪，因而致公務員於死者，首謀及下手實施強暴脅迫者，處無期徒刑或七年以上有期徒刑；致重傷者，處五年以上十二年以下有期徒刑。

第三十五條（以強暴脅迫等方法妨害公民投票案之處罰）

以強暴、脅迫或其他非法之方法，妨害他人為公民投票案之提案、撤回提案、連署或投票，或使他人為公民投票案之提案、撤回提案、連署或投票者，處五年以下有期徒刑。

前項之未遂犯罰之。

第三十六條（以賄賂或其他不正利益妨害投票權行使之處罰）

對於有投票權之人，行求、期約或交付賄賂或其他不正利益，而約其不行使投票權或為一定之行使者，處三年以上十年以下有期徒刑，得併科新臺幣一百萬元以上一千萬元以下罰金。

預備犯前項之罪者，處一年以下有期徒刑。

預備或用以行求、期約或交付之賄賂，不問屬於犯罪行為人與否，沒收之。

犯第一項或第二項之罪，於犯罪後六個月內自首者，減輕或免除其刑；因而查獲提案人為正犯或共犯者，免除其刑。

犯第一項或第二項之罪，在偵查中自白者，減輕其刑；因而查獲提案人為正犯或共犯者，減輕或免除其刑。

第三十七條（以賄賂或其他不正利益使其不為提案之處罰）

有下列行為之一者，處一年以上七年以下有期徒刑，併科新臺幣一百萬元以上一千萬元以下罰金：

一　對於該公民投票投票區內之團體或機構，假借捐助名義，行求、期約或交付賄賂或其他不正利益，使其團體或機構之構成員，不為提案、撤回提案、連署或投票，或為一定之提案、撤回提案、連署或投票。

二　以賄賂或其他不正利益，行求、期約或交付公民投票案提案人或連署人，使之不為提案、撤回提案、連署或投票，或為一定之提案、撤回提案、連署或投票。

預備犯前項之罪者，處一年以下有期徒刑。

預備或用以行求、期約或交付之賄賂，不問屬於犯罪行為人與否，沒收之。

第三十八條（意圖漁利等之處罰）

意圖漁利，包攬第三十六條第一項或前條第一項各款之事務者，處三年以上十年以下有期徒刑，得併科新臺幣一百萬元以上一千萬元以下罰金。

前項之未遂犯罰之。

第三十九條（妨礙公民投票案進行之處罰）

公民投票案之進行有下列情事之一者，在場助勢之人處一年以下有期徒刑、拘役或科新臺幣十萬元以下罰金；首謀及下手實施者處五年以下有期徒刑：

一　聚眾包圍公民投票案提案人、連署人或其住、居所者。

二　聚眾以強暴、脅迫或其他非法之方法，妨害公民投票案提案人、連署人對公民投票案之進行者。

第四十條（意圖妨害或擾亂投、開票行為之處罰）

意圖妨害或擾亂公民投票案投票、開票而抑留、毀壞、隱匿、調換或奪取投票匭、公民投票案投票權人名冊、投票報告表、開票報告表、開票統計或圈選工具者，處五年以下有期徒刑。

第四十一條（將公投票攜出場外者之處罰）

將領得之公投票攜出場外者，處一年以下有期徒刑、拘役或科新臺幣一萬五千元以下罰金。

第四十二條（在投票所四周喧嚷干擾或勸誘他人投票或不投票之處罰）

在投票所四周三十公尺內喧嚷、干擾或勸誘他人投票或不投票，經警衛人員制止後仍繼續為之者，處一年以下有期徒刑、拘役或科新臺幣一萬五千元以下罰金。

第四十三條（違法將投票內容出示他人及妨害秩序之處罰）

違反第二十一條第二項規定或有第二十二條第一項各款情事之一，經令其退出而不退出者，處二年以下有期徒刑、拘役或科新臺幣二十萬元以下罰金。

第四十四條（將公投票或選舉票以外之物投入票匭或故意撕毀之處罰）

將公投票或選舉票以外之物投入票匭，或故意撕毀領得之公投票者，處新臺幣五千元以上五萬元以下罰鍰。

第四十五條（違法接受捐贈之處罰）

對於第二十條第一項第一款至第三款之捐贈，收受者應予查證，不符規定時，應於收受後二個月內繳交受理申報機關辦理繳庫。未依規定期限辦理繳庫者，處五年以下有期徒刑。

對於第二十條第一項第四款之捐贈，收受者應予查證，不符規定時，應於一個月內返還；逾期或不能返還者，應於收受後二個月內繳交受理申報機關辦理繳庫。違反者處新臺幣二十萬元以上一百萬元以下罰鍰，並得限期命其繳交；屆期不繳交者，得按次連續處罰。

前二項收受者已盡查證義務者，不在此限。

捐贈違反第二十條第一項者，按其捐贈之金額處二倍之罰鍰。但最高不得超過新臺幣一百萬元。

違反第二十條第二項規定不依規定申報或違反第四項規定檢送收支憑據或證明文件者，處新臺幣十萬元以上五十萬元以下罰鍰，並限期申報或補正，逾期不申報或補正者，得按次連續處罰。

對於經費之收入或支出金額，故意為不實之申報者，處新臺幣五十萬元以上二百五十萬元以下罰鍰。

違反第二十條第六項規定或第七項所定辦法中關於登記設立及設立數量限制者，處新臺幣十萬元以上一百萬元以下罰鍰。

第四十六條（從重處罰）

犯本章之罪，其他法律有較重處罰之規定者，從其規定。

辦理公民投票事務人員，假借職務上之權力、機會或方法，以故意犯本章之罪者，加重其刑至二分之一。

犯本章之罪宣告有期徒刑以上之刑者，併宣告褫奪公權。

第六章　公民投票爭訟

第四十七條（公民投票之管轄法院）

公民投票之管轄法院，依下列之規定：

一　第一審全國性公民投票訴訟，專屬中央政府所在地之高等行政法院管轄；第一審地方性公民投票訴訟，由公民投票行為地之該管高等行政法院管轄，其行為地跨連或散在數高等行政法院管轄區域內者，各該高等行政法院均有管轄權。

二　不服高等行政法院第一審裁判而上訴、抗告之公民投票訴訟事件，由最高行政法院管轄。

第四十八條（公民投票投票無效之訴提起之期限、程序）

有下列情事之一者，檢察官、提案人之領銜人，得於投票結果公告之日起十五日內，以各該選舉委員會為被告，向管轄法院提起公民投票投票無效之訴：

一　各級選舉委員會辦理公民投票違法，足認有影響投票結果之虞。

二　對於提案領銜人、有公民投票權人或辦理公民投票事務人員施以強暴、脅迫或其他非法方法，妨害公民投票之宣傳、自由行使投票權或執行職務，足認有影響投票結果之虞。

三　有違反第三十六條、第三十七條、刑法第一百四十六條第一項、第二項規定之情事，足認有影響投票結果之虞。

前項公民投票投票無效之訴經判決確定者，不因同一事由經刑事判決無罪而受影響。

第四十九條（公民投票判決無效確定之重行投票）

公民投票投票無效之訴，經法院判決無效確定者，其公民投票之投票無效，並定期重行投票。其違法屬公民投票之局部者，局部之公民投票投票無效，並就該局部無效部分定期重行投票。但局部無效部分顯不足以影響結果者，不在此限。

前項重行投票後，變更投票結果者，依第三十條之規定辦理。

第五十條（公民投票案通過或不通過確認之訴提起之期限、程序）

公民投票案之通過或不通過，其票數不實足以影響投票結果者，檢察官、公民投票案提案人之領銜人，得於投票結果公告之日起十五日內，以該管選舉委員會為被告，向管轄法院提起確認公民投票案通過或不通過之訴。

公民投票案通過或不通過確認之訴，經法院判決確定，變更原投票結果者，主管機關應於法院確定判決送達之日起七日內，依第三十條、第三十一條之規定辦理。

第五十一條（投票權人之舉發）

投票權人發覺有構成公民投票投票無效、公民投票案通過或不通過無效之情事時，得於投票結果公告之日起七日內，檢具事證，向檢察官舉發之。

第五十二條（公民投票訴訟不得再審）

公民投票訴訟不得提起再審之訴；各審受理之法院應於六個月內審結。

第五十三條（公民投票訴訟程序適用規定）

主管機關駁回公民投票提案、認定連署不成立或於法定期間內不為決定者，提案人之領銜人得依法提起行政爭訟。

公民投票訴訟程序，除本法規定者外，適用行政訴訟法之規定。

高等行政法院實施保全證據，得囑託地方法院為之。」民事訴訟法第一百十六條第三項規定，於保全證據時，得準用之。

第七章　附　則

第五十四條（罰鍰）

本法所定罰鍰，由各該主管機關處罰；經通知限期繳納，逾期不繳納者，依法移送強制執行。

第五十五條（施行細則之訂定）

本法施行細則，由主管機關定之。

第五十六條（施行日期）

本法自公布日施行。

公民投票法施行細則

民國一百零七年二月二十六日中央選舉委員會令發布
一百零八年十月十四日中央選舉委員會令修正發布第六、八、九、一二條；並刪除第七條條文

第一條（訂定依據）

本細則依公民投票法（以下簡稱本法）第五十五條規定訂定之。

第二條（主管機關）

全國性公民投票之主管機關為中央選舉委員會（以下簡稱本會），依本法及中央法規辦理相關事項，並指揮監督直轄市、縣（市）選舉委員會辦理之。」

地方性公民投票之主管機關為直轄市政府、縣（市）政府，依本法及自治法規辦理相關事項；直轄市、縣（市）選舉委員會依本法及自治法規權限範圍內辦理相關事項，並受本會之指揮監督。

直轄市、縣（市）選舉委員會於辦理公民投票期間，得於鄉（鎮、市、區）設選務作業中心。

第三條（執行業務）

本會除辦理公民投票提案、聽證、經費募集之許可及管理事項外，與直轄市、縣（市）選舉委員會分別辦理下列事項：

一　公民投票連署事項。
二　公民投票之公告事項。
三　公民投票投票事務之進行程序及計畫事項。
四　公民投票電視發表會或辯論會之辦理事項。
五　公民投票宣導之策劃事項。
六　公民投票之監察事項。
七　投票所、開票所之設置及管理之規劃辦理事項。
八　投票所、開票所工作人員訓練及儲備之規劃

辦理事項。

九　公民投票結果之審查事項。

十　其他有關公民投票之事項。

直轄市、縣（市）選舉委員會就下列公民投票事務，指揮監督鄉（鎮市區）公所辦理：

一　投票權人名冊公告閱覽之辦理事項。

二　投票所開票所設置及管理之辦理事項。

三　投票所、開票所工作人員遴報事項。

四　公投票之轉發事項。

五　公民投票公報及投票通知單之分發事項。

六　公民投票法令之宣導事項。

七　其他有關公民投票事務之辦理事項。

第四條（公民投票期間）

本法第三條第三項所定辦理公民投票期間，由本會定之。

第五條（居住期間之計算）

本法第八條第二項所定居住期間之計算所依據之戶籍登記，應由戶政機關切實查察，其遷入登記不實者，應依法處理。

前項居住期間之計算，遇有於投票日前二十日戶籍登記資料載明遷出登記，而於投票日前二十日以後，始依戶籍法規定撤銷遷出者，其居住期間不繼續計算。

第六條（公民投票案之提出）

本法第九條第一項所定全國性公民投票案之提出，提案人之領銜人應備具提案函及檢具相關表件資料向本會為之。

第七條（刪除）

第八條（名冊查對機關之指定）

本法第十條第五項及第十三條第一項所定查對提案人名冊及連署人名冊之戶政機關，得由本會指定一個或數個戶政事務所為之。

第九條（補提名冊、刪除事由之通知）

本法第十條第七項所定提案人名冊及第十三條第三項所定連署人名冊經戶政機關查對後，其人數不足規定，本會通知提案人之領銜人補提時，應將刪除之提案人或連署人及其個別事由列冊通知提案人之領銜人；補提之名冊經刪除後仍不足規定人數者，亦同。

戶政機關查對提案人名冊時，提案人有本法第十二條第四項所定情事，應予刪除。

第十條（計算數值尾數為小數之計算）

本法第十條第一項及第十二條第一項、第二十九條第一項所定公民投票案提案人人數、連署人人數、有效同意票達投票權人總額四分之一，其計算數值尾數為小數者，該小數即以整數一計算。

第十一條（重複簽署之計算）

公民投票案提案或連署，一人簽署二次以上提案人名冊或連署人名冊，以一人計算。

第十二條（查對結果之函復）

戶政機關依本法第十條第六項、第十三條第二項查對提案人名冊、連署人名冊應於查對完成後三日內填具提案人名冊、連署人名冊查對結果統計表，並將刪除之提案人、連署人不符規定事由列冊連同提案人名冊、連署人名冊資料，函復本會。

第十三條（公民投票案之編號）

本法第十三條第三項所定公民投票案之編號，應依全國性公民投票案由本會依序編號。

第十四條（公民投票公報之印製）

本法第十八條所定公民投票公報，由本會編製，直轄市、縣（市）選舉委員會印發。

第十五條（公告）

本法第十九條所定公告，指依本法第十七條第一項所為之公告。

第十六條（公投票之印製）

本法第二十一條第一項所定之公投票，由直轄市、縣（市）選舉委員會依本會規定之式樣印製；所定公投票之圈選工具由直轄市、縣（市）選舉委員會依本會規定之式樣製備。

第十七條（事項之委任辦理）

本法第二十六條第三項所定事項，行政院得委任所屬機關辦理。

第十八條（裁處之委任辦理）

本法第四十四條規定之裁處，於全國性公民投票案，本會得委任直轄市、縣（市）選舉委員會辦理。

第十九條（定期重行投票）

本法第四十九條第一項所定定期重行投票，應自法院判決確定之日起三個月內完成投票。

第二十條（檢察官發現有投票無效等情事時之處理）

各級檢察官發現有本法第四十八條規定公民投票投票無效或第五十條規定公民投票案通過或不通過之情事，應報請或通知有管轄權之法院檢察署檢察長核辦。

第二十一條（檢察官接受舉發時之處理）

檢察官接受本法第五十一條之舉發時，應報請或通知有管轄權之法院檢察署檢察長核辦。

第二十二條（書件表冊格式之訂定）

本法及本細則所定各種書件表冊之格式，由本會定之。

第二十三條（施行日期）

本細則自發布日施行。

總統副總統選舉罷免法

民國三十六年三月三十一日國民政府公布
四十三年三月十三日總統令修正公布
八十四年八月九日總統令修正公布
九十二年十月二十九日總統令修正公布
九十三年四月七日總統令修正公布
九十五年五月三十日總統令修正公布
九十六年八月八日總統令修正公布
九十七年一月十六日總統令修正公布
九十八年五月二十七日總統令修正公布
一百零六年四月十九日總統令修正公布
一百零七年十二月五日總統令修正公布
一百零九年五月六日總統令修正公布
一百一十年十二月十五日總統令修正公布
一百一十二年六月九日總統令修正公布第一、五、六、七、九、第三章章名、一一、一五、一六、一八、二二、二三、二五～二七、三一、三二、第三章第五節節名、三六、四一、四三～四六、四七、四八～五二、五三～五五、六〇、六二、六三、六三之一、七二、七三、九〇、九二、九三之一、九六、九八、一〇四、一〇六、一〇八、一一一、一一三條；增訂第五之一、二三之一、四六之一、四七之一～四七之三、五五之一、第三章第九節節名、八八之一、九〇條之一；並刪除第八條、第四章章名

第一章 總　則

第一條（制定依據及適用範圍）

本法依憲法第四十六條及憲法增修條文第二條第一項制定之。

總統、副總統選舉、罷免依本法之規定。

第二條（投票方法）

總統、副總統選舉、罷免，除另有規定外，以普通、平等、直接及無記名投票之方法行之。

第三條（選舉區）

總統、副總統選舉，以中華民國自由地區為選舉區。

第四條（年齡及居住期間之計算）

選舉人、候選人年齡及居住期間之計算，除另有規定外，均以算至投票日前一日為準，並以戶籍登記資料為依據。

前項居住期間之計算，自戶籍遷入登記之日起算。

重行投票者，仍依原投票日計算。

第五條（各種期間之計算）

本法所定選舉、罷免各種期間之計算，除另有規定外，依行政程序法之規定。但期間之末日，除因天然災害政府機關停止上班外，其為星期六、星期日、國定假日或其他休息日時，不予延長。

本法所定投票日前幾日，自投票日前一日起算，向前逆算至規定日數之當日；所定投票日後幾日，自投票日次日起算，向後算至規定日數之當日；所定投票日幾日前，其期限之最終期日之計算，自投票日前一日起算，向前逆算至規定日數之前一日，為該期限之終止日。

選舉、罷免之各種申請，以郵寄方式向選舉機關提出者，以選舉機關收件日期為準。

第五條之一（投票日為應放假之日）

總統、副總統選舉、罷免投票日為應放假之日。

第二章 選舉罷免機關

第六條（選舉罷免機關）

總統、副總統選舉、罷免由中央選舉委員會主管，並指揮、監督直轄市、縣（市）選舉委員會辦理之。但總統、副總統罷免案之提議、提出及副總統之缺位補選，由立法院辦理之。

各級選舉委員會應依據法令公正行使職權。

第七條（中選會辦理事項）

中央選舉委員會辦理下列事項：

一　選舉、罷免之公告事項。
二　選舉、罷免事務進行程序及計畫事項。
三　候選人申請登記事項。
四　候選人資格之審定事項。
五　選舉、罷免宣導之策劃事項。
六　候選人電視政見發表會、電視罷免說明會之辦理事項。
七　選舉、罷免之監察事項。
八　選舉、罷免結果之審定事項。
九　當選證書之製發事項。
十　候選人競選費用之補貼事項。
十一　其他有關選舉、罷免事項。

第八條（刪除）

第九條（直轄市、縣（市）選委會辦理事項）

直轄市、縣（市）選舉委員會分別辦理下列事項：

一　投票所、開票所之設置及管理事項。
二　選舉、罷免票之印製事項。
三　選舉人名冊公告閱覽之督導事項。
四　選舉公報之印製事項。
五　選舉、罷免宣導之執行事項。
六　選舉、罷免之監察事項。
七　其他有關選舉、罷免事項。

直轄市、縣（市）選舉委員會就下列選舉、罷免事務，指揮監督鄉（鎮、市、區）公所辦理：

一　選舉人名冊公告閱覽之辦理事項。
二　投票所、開票所設置及管理之辦理事項。
三　投票所、開票所工作人員之遴報事項。
四　選舉、罷免票之轉發事項。
五　選舉公報及投票通知單之分發事項。
六　選舉、罷免法令之宣導事項。
七　其他有關選舉、罷免事務之辦理事項。

第十條（選舉罷免期間各級政府職員之調用）

各級選舉委員會在辦理選舉罷免期間，得調用各級政府職員辦理事務。

第三章　選舉及罷免

第一節　選舉人

第十一條（選舉權之要件）

中華民國自由地區人民年滿二十歲，有選舉權。

第十二條（選舉人之要件）

前條有選舉權人具下列條件之一者，為選舉人：

一　現在中華民國自由地區繼續居住六個月以上者。

二　曾在中華民國自由地區繼續居住六個月以上，現在國外，持有效中華民國護照，並在規定期間內向其最後遷出國外時之原戶籍地戶政機關辦理選舉人登記者。

前項第二款在國外之中華民國自由地區人民申請返國行使選舉權登記查核辦法，由中央選舉委員會會同外交部、僑務委員會另定之。

第十三條（選舉人投票地點）

選舉人除另有規定外，應於戶籍地投票所投票。

返國行使選舉權之選舉人，應於最後遷出國外時之原戶籍地投票所投票。

投票所工作人員，得在戶籍地或工作地之投票所投票。但在工作地之投票所投票者，以戶籍地及工作地在同一直轄市、縣（市）為限。總統、副總統選舉與他種公職人員選舉同日舉行投票時，並應在該選舉人行使他種公職人員選舉權之選舉區內。

第十四條（領取選票所需證件及代為圈投情形）

選舉人投票時，除另有規定外，應憑本人國民身分證領取選舉票。

返國行使選舉權之選舉人，應憑本人有效之中華民國護照領取選舉票。

選舉人領取選舉票時，應在選舉人名冊上簽名或蓋章或按指印，按指印者，並應有管理員及監察員各一人蓋章證明。選舉人名冊上無其姓名或姓名不符者，不得領取選舉票。但姓名顯係筆誤、因婚姻關係而冠姓或回復本姓致與國民身分證不符者，經主任管理員會同主任監察員辨明後，應准領取選舉票。

選舉人領得選舉票後，應自行圈投。但因身心障礙不能自行圈投而能表示其意思者，得依其請求，由家屬或陪同之人一人在場，依據本人意思，眼同協助或代為圈投；其無家屬或陪同之人在場者，亦得依其請求，由投票所管理員及監察員各一人，依據本人意思，眼同協助或代為圈投。

為防止重複投票或冒領選舉票之情事，應訂定防範規定；其辦法由中央選舉委員會定之。

第十五條（投票時間）

選舉人應於規定之投票時間內到投票所投票；逾時不得進入投票所。但已於規定時間內到達投票所尚未投票者，仍可投票。

總統、副總統選舉與公職人員選舉、罷免、公民投票同日於同一投票所舉行投票時，選舉人應一次進入投票所投票，離開投票所後不得再次進入投票所投票。

第二節　選舉人名冊

第十六條（選舉人名冊之編造）

選舉人名冊，除另有規定外，由鄉（鎮、市、區）戶政機關依據戶籍登記資料編造，應載明編號、姓名、性別、出生年月日及戶籍地址；凡投票日前二十日已登錄戶籍登記資料，依規定有選舉人資格者，應一律編入名冊；投票日前二十日以後遷出之選舉人，仍應在原戶籍地之投票所投票。

返國行使選舉權之選舉人名冊，應由最後遷出國外時之原戶籍地戶政機關編造。

選舉人名冊編造後，除選舉委員會、鄉（鎮、市、區）公所、戶政機關依本法規定使用外，不得以抄寫、複印、攝影、錄音或其他任何方式對外提供。

第十七條（選舉人名冊之合併編造）

總統、副總統選舉與他種公職人員選舉同日舉行投票時，選舉人名冊得合併編造。

第十八條（選舉人名冊之公告閱覽及申請更正）

選舉人名冊編造後，戶政機關應送由鄉（鎮、市、區）公所函報直轄市、縣（市）選舉委員會備查，並由鄉（鎮、市、區）公所公告閱覽，選舉人得到場查閱，發現錯誤或遺漏時，得於閱覽期間內申請更正。

前項查閱選舉人應憑本人國民身分證，並以查閱其本人及其戶內人員為限。

第十九條（選舉人名冊之更正、確定及人數之公告）

選舉人名冊經公告閱覽期滿後，鄉（鎮、市、區）公所應將原冊及申請更正情形，送戶政機關查核更正。

選舉人名冊經公告、更正後即為確定，並由各直轄市、縣（市）選舉委員會公告選舉人人數。

第三節　候選人

第二十條（候選人資格）

在中華民國自由地區繼續居住六個月以上且曾設籍十五年以上之選舉人，年滿四十歲，得申請登記為總統、副總統候選人。

回復中華民國國籍、因歸化取得中華民國國籍、大陸地區人民或香港澳門居民經許可進入臺灣地區者，不得登記為總統、副總統候選人。

第二十一條（聯名登記）

總統、副總統候選人，應備具中央選舉委員會規定之表件及保證金，於規定時間內，向該會聯名申請登記。未聯名申請登記、表件或保證金不合規定，或未於規定時間內辦理者，不予受理。

前項候選人應經由政黨推薦或連署人連署。

同一組總統副總統候選人如經審定一人或二人資格不符規定，則該組候選人應不准予登記。

第二十二條（政黨推薦方式申請登記）

依政黨推薦方式向中央選舉委員會申請登記為總統副總統候選人者，應檢附加蓋內政部發給該政黨圖記之政黨推薦書；二個以上政黨共同推薦一組候選人時，應檢附一份政黨推薦書，排列推薦政黨之順序，並分別蓋用圖記。同一政黨，不得推薦二組以上候選人，推薦二組以上候選人者，其後登記者，不予受理。」

前項之政黨應符合下列規定之一：

一　最近一次總統、副總統選舉，其所推薦候選人得票數之和，達該次選舉有效票總和百分之五以上。二個以上政黨共同推薦一組總統、副總統候選人者，各該政黨推薦候選人之得票數，以推薦政黨數除其推薦候選人得票數計算之。

二　選舉公告發布前最近一次全國不分區及僑居國外國民立法委員選舉或區域及原住民立法委員選舉得票率，達百分之五以上。

第二十三條（申請連署繳納保證金）

依連署方式申請登記為總統副總統候選人者，應於選舉公告發布後五日內，向中央選舉委員會申請為被連署人，申領連署人名冊格式，並繳交連署保證金新臺幣一百萬元。

中央選舉委員會受理前項申請後，應定期公告申請人為被連署人，通知被連署人應於公告之次日起四十五日內完成連署，並函請直轄市、縣（市）選舉委員會於連署期間內受理被連署人或其代理人提出連署書件。但補選或重行選舉時，應於公告之次日起二十五日內為之。

中華民國自由地區人民，於選舉公告日年滿二十歲者，得為前項之連署人。

連署人數，於第二項規定期間內，已達最近一次總統、副總統選舉選舉人總數百分之一點五者，中央選舉委員會應定期為完成連署之公告，發給被連署人完成連署證明書，並發還保證金。連署人數不足規定人數二分之一者，保證金不予發還。

被連署人或其代理人應依中央選舉委員會規定之連署人名冊及切結書格式，於連署期間內依式印製，徵求連署。連署人連署時，並應附本人之國民身分證影本。同一連署人，以連署一組被連署人為限，同時為二組以上之連署時，其連署均無效。

直轄市、縣（市）選舉委員會受理前項連署書件後，應予抽查，並應於抽查後，將受理及抽查結果層報中央選舉委員會。連署人之連署有下列情事之一者，應予刪除：

一　連署人不合第三項或第五項規定者。

二　連署人之國民身分證影本記載資料不明或影印不清晰，致不能辨認連署人之姓名、出生年月日或國民身分證統一編號者。

三　連署人名冊未經連署人簽名或蓋章者。

四　連署人連署，有偽造情事者。

前項連署書件應保管至開票後三個月。但保管期間，如有選舉訴訟者，應延長保管至裁判確定後三個月。」

連署及查核辦法，由中央選舉委員會定之。

第二十三條之一（被連署人於連署期間內死亡）

總統被連署人於連署期間內死亡，中央選舉委員會應公告該組總統、副總統被連署人停止連署；副總統被連署人於連署期間內死亡，其連署書件仍為有效，該組總統被連署人應於事實發生三日內，向中央選舉委員會申請更換副總統被連署人，繼續徵求連署。」

總統被連署人於完成連署後，申請登記為候選人前死亡，該組總統、副總統被連署人不得申請登記為總統、副總統候選人；副總統被連署人於完成連署後，申請登記為候選人前死亡，該組總統被連署人應另提出副總統候選人，申請聯名登記為總統、副總統候選人。

第二十四條（檢附完成連署證明書）

依連署方式向中央選舉委員會申請登記為總統、副總統候選人者，應檢附完成連署證明書。

第二十五條（他種公職候選人登記之無效）

總統、副總統選舉與他種公職人員選舉同日舉行投票時，同時為二種以上候選人登記者，他種公職候選人之登記無效，其保證金不予發還。

第二十六條（候選人之消極資格）

有下列情事之一者，不得登記為總統、副總統候選人：

一　動員戡亂時期終止後，曾犯內亂、外患罪，經有罪判決確定。

二　曾犯貪污罪，經有罪判決確定。

三　曾犯第八十四條第一項、第二項、第八十五條、第八十六條第一項、第八十七條第一項、第八十八條、第八十九條第一項、第六項、第七項、公職人員選舉罷免法第九十七條第一項、第二項、第九十八條、第九十九條第一項、第一百條第一項、第二項、第一百零一條第一項、第六項、第七項、第一百零二條第一項、第一百零三條、刑法第一百四十二條、第一百四十四條之罪，或為直轄市、縣（市）議會議長、副議長、鄉（鎮、市）民代表會、原住民區民代表會主席、副主席選舉之有投票權人犯刑法第一百四十三條之罪，經有罪判決確定。

四　曾犯國家安全法第七條第一項至第四項、第八條第一項至第三項、第十二條第一項、第二項、國家機密保護法第三十二條第一項、第二項、第四項、第三十三條第一項、第二項、第四項、第三十四條第一項至第四項、國家情報工作法第三十條第一項至第四項、第三十條之一、第三十一條、反滲透法第三條、第四條、第五條第三項、第六條或第七條之罪，經有罪判決確定。

五　曾犯組織犯罪防制條例之罪，經有罪判決確定。

六　曾犯毒品危害防制條例第四條至第九條、第十二條第一項、第二項、該二項之未遂犯、第十三條、第十四條第一項、第二項、第十五條、槍砲彈藥刀械管制條例第七條、第八條第一項至第五項、第十二條、第十三條、洗錢防制法第十四條、第十五條、刑法第三百零二條之一或第三百三十九條之四之罪，經有罪判決確定。但原住民單純僅犯未經許可製造、轉讓、運輸、出借或持有自製獵槍、其主要組成零件或彈藥之罪，於中華民國一百零九年五月二十二日修正之槍砲彈藥刀械管制條例施行日前經有罪判決確定者，不在此限。

七　曾犯前六款之罪，經有罪判決確定並受緩刑之宣告者，亦同。

八　曾犯第一款至第六款以外之罪，其最輕本刑為七年以上有期徒刑之刑，並經判處十年以上有期徒刑之刑確定。

九　犯第一款至第六款以外之罪，判處有期徒刑以上之刑確定，尚未執行、執行未畢、於緩刑期間或行刑權因罹於時效消滅。

十　受死刑、無期徒刑或十年以上有期徒刑之判決尚未確定。

十一　受保安處分之裁判確定，尚未執行或執行未畢。

十二　受破產宣告或經裁定開始清算程序確定，尚未復權。

十三　曾受免除職務之懲戒處分。

十四　依法停止任用或受休職處分，尚未期滿。

十五　褫奪公權，尚未復權。

十六　受監護或輔助宣告，尚未撤銷。

第二十七條　（不得為候選人之人員）

下列人員不得申請登記為總統、副總統候選人：

一　現役軍人。

二　辦理選舉事務人員。

三　具有外國國籍者。

四　依其他法律規定不得登記為候選人者。

前項第一款之現役軍人，屬於後備軍人應召者，在應召未入營前，或係受教育、勤務及點閱召集，均不受限制。

同一組當選人因第一百零四條第一項第二款、第三款所定情事之一，經法院同時判決當選無效確定者，不得申請登記為該次總統、副總統補選候選人。

第二十八條　（撤銷登記或提起當選無效之訴）

總統、副總統候選人名單公告後，經發現候選人在公告前或投票前有下列情事之一者，投票前由中央選舉委員會撤銷其候選人登記；當選後依第一百零五條規定提起當選無效之訴：

一　候選人資格不合第二十條規定者。

二　有第二十六條各款情事之一者。

三　依前條第一項、第三項規定不得登記為候選人者。

四　依第七十八條第一項規定不得登記為候選人者。

第二十九條　（重行選舉）

總統候選人之一於登記截止後至選舉投票日前死亡，中央選舉委員會應即公告停止選舉，並定期重行選舉。

依前項規定辦理之重行選舉，於公告停止選舉前取得之總統、副總統候選人完成連署證明書，於重行選舉仍適用之。

第三十條　（經登記或推薦者不得撤回其登記或推薦）

經登記為總統、副總統候選人者，不得撤回其總統、副總統候選人登記。

經政黨推薦為總統、副總統候選人者，其推薦之政黨，不得撤回其推薦。

第三十一條　（候選人應繳納保證金之金額）

登記為總統、副總統候選人時，各組應繳納保證金新臺幣一千五百萬元。

前項保證金應於公告當選人名單後三十日內發還。但得票數不足選舉人總數百分之五者，不予發還。

前項保證金發還前，依第一百十三條第二項規定應逕予扣除者，應先予以扣除，有餘額時，發給其餘額。

第三十二條　（保證金繳納之限制）

第二十三條第一項及前條第一項保證金之繳納，以現金、金融機構簽發之本票、保付支票或郵局之業務專用劃撥支票為限；繳納現金不得以硬幣為之。

第三十三條　（候選人資格審定及姓名號次之抽籤）

候選人資格，由中央選舉委員會審定公告，不合規定者，不准予登記。審定之候選人名單，其姓名號次，由中央選舉委員會通知各組候選人於候選人名單公告三日前公開抽籤決定之。

前項候選人姓名號次之抽籤，於候選人僅一組時，其號次為一號，免辦抽籤。

候選人姓名號次之抽籤，應由監察人員在場監察。各組候選人應由其中一人到場親自抽籤，各組候選人無人親自到場參加抽籤時，得委託他人持各組候選人之委託書代為抽籤，該組候選人均未親自參加或未委託他人代抽或雖到場經唱名三次後仍不抽籤者，由中央選舉委員會代為抽定。

第四節　選舉公告

第三十四條（各種公告之發布期間）

選舉委員會應依下列規定期間發布各種公告：

一　選舉公告須載明選舉種類、選舉區、投票日期及投票起止時間，並應於總統、副總統任期屆滿一百二十日前發布之。但重行選舉、重行投票或補選之公告日期，不在此限。

二　候選人登記，應於投票日五十日前公告，其登記期間不得少於五日。但補選或重行選舉之候選人登記，應於投票日三十五日前公告，其登記期間不得少於三日。

三　選舉人名冊，應於投票日十五日前公告，其公告期間不得少於三日。

四　候選人名單應於競選活動開始前一日公告。

五　選舉人人數，應於投票日三日前公告。

六　當選人名單應於投票日後七日內公告。

第三十五條（正副總統選舉投票完成日期）

總統、副總統選舉，應於總統、副總統任期屆滿三十日前完成選舉投票。但重行選舉、重行投票或補選之投票完成日期，不在此限。

第五節　選舉及罷免活動

第三十六條（競選活動期間）

總統、副總統選舉競選及罷免活動期間為二十八日。

前項期間，以投票日前一日向前推算；其每日競選及罷免活動時間，自上午七時起至下午十時止。

第三十七條（刪除）

第三十八條（候選人競選經費最高金額）

同一組候選人競選經費最高金額，由中央選舉委員會訂定，並於發布選舉公告之日同時公告之。

前項競選經費最高金額，應以中華民國自由地區人口總數百分之七十，乘以基本金額新臺幣二十元所得數額，加上新臺幣一億元之和。

競選經費最高金額計算有未滿新臺幣一千元之尾數時，其尾數以新臺幣一千元計算之。

第二項所稱中華民國自由地區人口總數，係指投票之月前第六個月月底戶籍統計之人口總數。

第三十九條（刪除）

第四十條（競選經費得於申報所得稅時列舉扣除）

自選舉公告之日起，至投票日後三十日內，同一組候選人所支付與競選活動有關之競選經費，於第三十八條規定候選人競選經費最高金額內，減除接受捐贈，得於申報所得稅時合併作為當年度列舉扣除額。

第四十一條（候選人競選經費之補貼）

各組候選人選舉得票數達當選票數三分之一以上者，應補貼其競選費用，每票補貼新臺幣三十元。但其最高額，不得超過候選人競選經費最高金額。

政黨推薦之候選人其補貼費用，應由該推薦之政黨領取；二個以上政黨共同推薦一組候選人時，應共同具名領取。

第一項候選人競選費用之補貼，應於當選人名單公告之次日起三十日內，由中央選舉委員會核算補貼金額，並通知依連署方式登記之同一組候選人，或推薦候選人之政黨，於三個月內掣據，向中央選舉委員會領取。

候選人或政黨未於規定期限內領取競選費用補貼者，中央選舉委員會應催告其於三個月內具領；屆期未領者，視為放棄領取。

第一項競選費用之補貼，依第一百十三條第二項規定應逕予扣除者，應先予以扣除，有餘額時發給其餘額。

領取競選費用補貼之候選人犯第八十四條、第八十六條第一項、第八十七條第一項第一款、第八十九條第一項之罪經有罪判決確定者或因第一百零四條第一項第三款之情事經法院判決當選無效確定者，選舉委員會應於收到法院確定判決書後，以書面通知其於三十日內繳回已領取及依前項先予扣除之競選費用補貼金額，屆期不繳回者，依法移送強制執行。

第四十二條（候選人設置競選辦事處）

同一組候選人於競選活動期間，得設立競選辦事處；其設立競選辦事處二所以上者，除主辦事處以候選人為負責人外，其餘各辦事處，應由候選人指定專人負責，並應將辦事處地址、負責人姓名，向中央選舉委員會登記。

候選人競選辦事處不得設於機關（構）、學校、依法設立之人民團體或經常定為投票所、開票所之處所及其他公共場所。但政黨之各級黨部辦公處，不在此限。

第四十三條（辦理選舉事務人員於選舉公告發布後禁止之行為）

各級選舉委員會之委員、監察人員、職員、鄉（鎮、市、區）公所辦理選舉事務人員，於選舉公告發布後或罷免案宣告成立之日起，不得有下列行為：

一　公開演講或署名推薦為候選人宣傳或支持、反對罷免案。

二　為候選人或支持、反對罷免案站台或亮相造勢。

三　召開記者會或接受媒體採訪時為候選人或支持、反對罷免案宣傳。

四　印發、張貼宣傳品為候選人或支持、反對罷免案宣傳。

五　懸掛或豎立標語、看板、旗幟、布條等廣告物為候選人或支持、反對罷免案宣傳。

六　利用廣播電視、網際網路或其他媒體為候選人或支持、反對罷免案宣傳。

七　參與競選或支持反對罷免案遊行、拜票、募款活動。

第四十四條（選舉公報之編印及錄製）

中央選舉委員會應彙集各組候選人之號次、相片、姓名、出生年月日、性別、出生地、登記方式、學歷、經歷、政見及選舉投票等有關規定，編印選舉公報，並得錄製有聲選舉公報。

前項所定學歷、經歷合計以三百字為限，其為大學以上學歷，以經主管教育行政機關立案或認可之學校取得學位者為限。候選人並應於登記時檢附證明文件，未檢附證明文件者，不予刊登該學歷。

第一項候選人資料，應於申請登記時，一併繳送中央選舉委員會。

第一項之政見內容，得以文字、圖案為之，並應使所有候選人公平使用選舉公報版面；其編製、格式、印發及其他相關事項之辦法，由中央選舉委員會定之。

政見內容，有違反第四十九條規定者，中央選舉委員會應通知限期自行修改；屆期不修改或修改後仍有未符規定者，對未符規定部分，不予刊登選舉公報。

候選人個人資料，由候選人自行負責。其個人資料為中央選舉委員會職務上所已知或經查明不實者，不予刊登選舉公報。候選人登記方式欄，依政黨推薦方式登記之候選人，應刊登推薦之政黨名稱加推薦二字，二個以上政黨共同推薦一組總統、副總統候選人時，政黨名稱次序，依其政黨推薦書填列之順位；依連署方式登記之候選人，刊登連署。

選舉公報應於投票日二日前送達選舉區內各戶，並應於選舉委員會網站公開，且以其他適當方式公開。

第四十五條（以公費提供候選人電視時段發表政見）

總統、副總統選舉，中央選舉委員會應以公費，在全國性無線電視頻道提供時段，供候選人發表政見，同一組候選人每次時間不得少於三十分鐘，受指定之電視台不得拒絕；其實施辦法，由中央選舉委員會定之。

經二組以上候選人同意，個人或團體得舉辦全國性無線電視辯論會，電視台應予受理，並得向中央選舉委員會申請經費補助；其申請程序、補助辦理場次、基準及其他相關事項之辦法，由中央選舉委員會定之。

前項總統電視辯論會以三場為限，每場每人限三十分鐘。副總統候選人電視辯論得比照辦理。但以一場為限。

第一項、第二項候選人發表政見或辯論內容，應由候選人自行負責。

第四十六條（廣播電視事業有償提供時段，供候選人從事競選宣傳）

廣播電視事業得有償提供時段，供推薦或登記候選人之政黨、候選人從事競選宣傳；供罷免案提議人或被罷免人從事支持或反對罷免案之宣傳，並應為公正、公平之對待。

公共廣播電視台及非營利之廣播電台、無線電視或有線電視台不得播送競選及支持或反對罷免案之宣傳廣告。

廣播電視事業從事選舉或罷免相關議題之論政、新聞報導或邀請候選人、罷免案提議人或被罷免人參加節目，應為公正、公平之處理，不得為無正當理由之差別待遇。

廣播電視事業有違反前三項規定之情事者，任何人得於播出後一個月內，檢具錄影帶、錄音帶等具體事證，向選舉委員會舉發。

第四十六條之一（中央及地方政府各級機關不得從事與競選或罷免有關之宣傳）

中央及地方政府各級機關於總統、副總統選舉競選或罷免活動期間，不得從事任何與競選或罷免宣傳有關之活動。

第四十七條（競選廣告應載明政黨名稱或候選人姓名）

報紙、雜誌、廣播電視、網際網路或其他媒體所刊登或播送之競選或罷免廣告，應於該廣告中載明或敘明刊播者、出資者及其他相關資訊。

前項競選或罷免廣告應載明或敘明之事項、內容、格式及其他應遵行事項之辦法，由中央選舉委員會定之。

第四十七條之一（不得被媒體業者接受委託刊播競選廣告之人）

報紙、雜誌、廣播電視事業、利用網際網路提供服務者或其他媒體業者刊播前條之競選或罷免廣告，應進行查證，不得接受下列各款之個人、法人、團體或機構直接或間接委託刊播：

一　外國人民、法人、團體或其他機構，或主要成員為外國人民、法人、團體或其他機構之法人、團體或其他機構。

二　大陸地區人民、法人、團體或其他機構，或主要成員為大陸地區人民、法人、團體或其他機構之法人、團體或其他機構。

三　香港、澳門居民、法人、團體或其他機構，或主要成員為香港、澳門居民、法人、團體或其他機構之法人、團體或其他機構。

受他人委託向報紙、雜誌、廣播電視事業、利用網際網路提供服務者或其他媒體業者接受委託刊播競選或罷免廣告者，應查證委託者是否屬前項各款情形，並應提出委託者出具非屬前項各款情形之切結書供媒體業者留存。

第四十七條之二（媒體業者應留存受委託刊播競

選、廣告之相關紀錄）

報紙、雜誌、廣播電視事業、利用網際網路提供服務者或其他媒體業者應留存受委託刊播競選、罷免廣告之廣告檔案、所設定放送之觀眾及條件、前條第二項之切結書等完整紀錄；該紀錄自刊播競選或罷免廣告時起應留存四年。

前項應留存紀錄應包括之事項、內容及其他應遵行事項之辦法，由中央選舉委員會定之。

第四十七條之三（得申請鑑識之情形）

選舉公告發布或罷免案宣告成立之日起至投票日前一日止，擬參選人、候選人、被罷免人或罷免案提議人之領銜人知有於廣播電視、網際網路刊播其本人之深度偽造聲音、影像，得填具申請書表並繳納費用，向警察機關申請鑑識。

前項所稱深度偽造，指以電腦合成或其他科技方法製作本人不實之言行，並足使他人誤信為真之技術表現形式。

擬參選人、候選人、被罷免人或罷免案提議人之領銜人對於經第一項警察機關鑑識之聲音、影像具深度偽造之情事者，應檢具鑑識資料，以書面請求廣播電視事業、網際網路平臺提供者或網際網路應用服務提供者依第四項規定處理所刊播之聲音、影像，並副知主辦選舉委員會。

廣播電視事業、網際網路平臺提供者或網際網路應用服務提供者應於接獲前項請求之日起二日內，依下列規定辦理：

一　廣播電視事業：停止刊播該聲音、影像。

二　網際網路平臺提供者、網際網路應用服務提供者：限制瀏覽、移除或下架該聲音、影像。

廣播電視事業、網際網路平臺提供者或網際網路應用服務提供者應自接獲第三項請求之日起六個月內，留存所刊播聲音、影像之電磁紀錄或網頁資料，及委託刊播者資料、網路使用紀錄資料；發生訴訟時，應延長留存至裁判確定後三個月。

第一項申請鑑識之資格程序、書表與影音檔案格式、費用、警察機關出具之鑑識資料應載明內容及其他相關事項之辦法，由內政部定之。

第四十八條（候選人及政黨印發及張貼宣傳品）

候選人、罷免案提議人、被罷免人印發以文字、圖畫從事競選、罷免之宣傳品，應親自簽名；政黨於競選、罷免活動期間，得為其所推薦之候選人或所屬之罷免案提議人、被罷免人印發以文字、圖畫從事競選、罷免之宣傳品，並應載明政黨名稱。二個以上政黨共同推薦一組候選人者，應同時載明共同推薦之所有政黨名稱。宣傳品之張貼，以候選人競選辦事處、政黨辦公處及宣傳車輛為限。

前項宣傳品於競選或罷免活動期間前印製，準備於競選或罷免活動期間開始後散發者，視為競選或罷免活動期間所印製。

政黨及任何人懸掛或豎立標語、看板、旗幟、布條等競選或罷免廣告物應具名，並不得於道路、橋梁、公園、機關（構）、學校或其他公共設施及其用地懸掛或豎立之。但經直轄市、縣（市）政府公告供候選人、罷免案提議人、被罷免人、推薦候選人或罷免案提議人、被罷免人所屬之政黨使用之地點，不在此限。

前項直轄市、縣（市）政府公告指定之地點，應公平合理提供使用；其使用管理規則，由直轄市、縣（市）政府定之。

廣告物之懸掛或豎立，不得妨礙公共安全或交通秩序，並應於投票日後七日內自行清除；違反者，依有關法令規定處理。

違反第一項或第三項規定所張貼之宣傳品、懸掛、豎立之廣告物，應由選舉委員會通知直轄市、縣（市）政府相關主管機關（單位）依規定處理。

第四十九條（競選言論之禁止事項）

候選人或為其助選之人之競選言論；罷免案提議人、被罷免人及為罷免案助勢之人之罷免言論，不得有下列情事：

一　煽惑他人犯內亂罪或外患罪。

二　煽惑他人以暴動破壞社會秩序。

三　觸犯其他刑事法律規定之罪。

第五十條（政黨及任何人不得違反之事項）

政黨及任何人，不得有下列情事：

一　於競選或罷免活動期間之每日上午七時前或下午十時後，從事公開競選、助選或罷免活動。但不妨礙居民生活或社會安寧之活動，不在此限。

二　於投票日從事競選、助選或罷免活動。

三　妨害其他政黨或候選人競選活動；妨害其他政黨或其他人從事罷免活動。

四　邀請外國人民、大陸地區人民或香港、澳門居民為第四十三條各款之行為。但受邀者為候選人、被罷免人之配偶，其為第四十三條第二款之站台、亮相造勢及第七款之遊行、拜票而未助講者，不在此限。

第五十一條（競選活動擴音器之使用）

政黨及候選人從事競選或罷免活動使用擴音器，不得製造噪音。違反者，由環境保護主管機關或警察機關依有關法律規定處理。

第五十二條（民意調查資料之發布時間及應載明事項）

政黨及任何人自選舉公告發布或罷免案宣告成立之日起至投票日十日前所為有關候選人、被罷免人或選舉、罷免民意調查資料之發布，應載明負責調查單位、主持人、辦理時間、抽樣方式、母體數、樣本數、誤差值及經費來源。

未載明前項應載事項及其他各式具民意調查外觀之選舉罷免資料，於前項期間均不得發布、報導、散布、評論或引述。但參選之政黨、候選人、提議人之領銜人或被罷免人自行推估者，不在此限。

政黨及任何人自投票日前十日起至投票時間截止前，不得以任何方式發布、報導、散布、評論或引述前二項資料。

第六節　投票及開票

第五十三條（投、開票所之設置及開票）

總統、副總統選舉應視選舉人分布情形，就機關（構）、學校、公共場所或其他適當處所，分設投票所。

前項之投票所應選擇具備無障礙設施之場地，若無符合規定之無障礙場地，應使用相關輔具或器材協助行動不便者完成投票。選舉委員會應視場所之無障礙程度，適度增加投票所之工作人力，主動協助行動不便者。

投票所除選舉人及其照顧之六歲以下兒童、第十四條第四項規定之家屬或陪同之人外，未佩帶各級選舉委員會製發證件之人員，不得進入投票所。但檢察官依法執行職務者，不在此限。

投票所於投票完畢後，即改為開票所，當眾唱名開票。開票完畢，開票所主任管理員及主任監察員即依投開票報告表宣布開票結果，於開票所門口張貼，並應將同一內容之投開票報告表副本，當場簽名交付推薦候選人之政黨或依連署方式登記之候選人所指派之人員；其領取，以一份為限。

投開票完畢後，投開票所主任管理員應會同主任監察員，將選舉票按用餘票、有效票、無效票及選舉人名冊分別包封，並於封口處簽名或蓋章，一併送交鄉（鎮、市、區）公所轉送直轄市、縣（市）選舉委員會保管。

前項選舉票除檢察官或法院依法行使職權外，不得開拆。

第五項選舉票及選舉人名冊，自開票完畢後，其保管期間如下：

一　用餘票為一個月。

二　有效票及無效票為六個月。

三　選舉人名冊為六個月。

前項保管期間發生訴訟時，其與訴訟有關部分，應延長保管至裁判確定後三個月。

第五十四條（投、開票所管理人員之設置）

投票所、開票所置主任管理員一人，管理員若干人，由選舉委員會派充，辦理投票、開票工作。

前項主任管理員須為現任公教人員，管理員須三分之一以上為現任公教人員，選舉委員會得洽請各級政府機關及公立學校推薦後遴派之，受洽請之政府機關、公立學校及受遴派之政府機關職員、學校教職員，均不得拒絕。

投票所、開票所置警衛人員，由直轄市、縣（市）選舉委員會洽請當地警察機關調派之。

第五十五條（投、開票所監察人員之設置）

投票所、開票所置主任監察員一人，監察員若干人，監察投票、開票工作。除候選人僅一組時，置監察員一人外，每一投票所、開票所至少應置監察員二人。

主任監察員須為現任或曾任公教人員，由選舉委員會洽請各級政府機關及公立學校推薦後遴派之；受洽請之政府機關、公立學校及受遴派之政府機關職員、學校教職員，均不得拒絕。

監察員依下列方式推薦後，由選舉委員會審核派充之：

一　各組候選人各自推薦一人。但經政黨推薦之候選人，由其所屬政黨推薦。二個以上政黨共同推薦一組候選人者，以一政黨計，並由政黨推薦書所填順序首位之政黨負責處理推薦事宜。

二　總統、副總統罷免由提議人所屬政黨及被罷免人平均推薦，但提議人分屬二個以上政黨，或由任一政黨推薦，被罷免人由政黨推薦者，由其所屬政黨推薦。

各投票所推薦不足二名之監察員時，由選舉委員會就下列人員遴派之：

一　地方公正人士。

二　各機關（構）、團體、學校人員。

三　大專校院成年學生。

監察員資格、推薦程序及服務之規則，由中央選舉委員會定之。

第五十五條之一（投、開票所工作人員應支給工作費）

投票所、開票所工作人員應支給工作費，並參照物價水準調整，其數額基準由中央選舉委員會擬訂，報請行政院核定。

第五十六條（投開票所工作人員應參加講習）

投票所、開票所之工作人員應參加選舉委員會舉辦之講習。

第五十七條（工作人員因公傷殘死亡請領慰問金辦法）

各級選舉委員會之委員、監察人員、職員、鄉（鎮、市、區）公所辦理選舉事務人員及投票所、開票所工作人員因執行職務致死亡、失能或傷害者，依其本職身分有關規定請領慰問金。

前項人員不能依其本職身分請領慰問金者，由中央選舉委員會發給慰問金；其發給之對象、數額基準、程序及其他相關事項之辦法，由中央選舉委員會定之。

第五十八條（選舉票之印製與點清）

選舉票應由各直轄市、縣（市）選舉委員會印製、分發及應用。選舉票上應刊印各組總統、副總統候選人之號次、姓名、登記方式及相片；依政黨推薦方式登記之候選人，應刊印推薦該組候選人之政黨名稱；加推薦二字，二個以上政黨共同推薦一組候選人時，政黨名稱次序，依其政黨推薦書填列之順位；依連署方式登記之候選人，刊印連署。

前項選舉票由直轄市、縣（市）選舉委員會依中央選舉委員會規定之式樣印製，並由監察小組委員到場監印，於投票日前一日交各該投票所主任管理員會同主任監察員當眾點清。

第五十九條 （投票方法）

選舉之投票，由選舉人於選舉票圈選欄上，以選舉委員會製備之圈選工具圈選一組。

選舉人圈選後，不得將圈選內容出示他人。

第一項圈選工具，由直轄市、縣（市）選舉委員會依中央選舉委員會規定之式樣製備。

第六十條 （選舉票無效之情事）

選舉票有下列情事之一者，無效：

一　不用選舉委員會製發之選舉票。
二　未依前條第一項規定圈選一組。
三　所圈位置不能辨別為何組。
四　圈後加以塗改。
五　簽名、蓋章、按指印、加入任何文字或符號。
六　將選舉票撕破致不完整。
七　將選舉票污染致不能辨別所圈選為何組。
八　不用選舉委員會製備之圈選工具。

前項無效票，應由開票所主任管理員會同主任監察員認定；認定有爭議時，由全體監察員表決之。表決結果正反意見同數者，該選舉票應為有效。

第六十一條 （違反投開票所秩序之處理）

在投票所或開票所有下列情事之一者，主任管理員應會同主任監察員令其退出：

一　在場喧嚷或干擾勸誘他人投票或不投票，不服制止。
二　攜帶武器或危險物品入場。
三　投票進行期間，穿戴或標示政黨、政治團體、候選人之旗幟、徽章、物品或服飾，不服制止。
四　干擾開票或妨礙他人參觀開票，不服制止。
五　有其他不正當行為，不服制止。

選舉人有前項情事之一者，令其退出時，應將所持選舉票收回，並將事實附記於選舉人名冊內該選舉人姓名下；其情節重大者，並應專案函報各該選舉委員會。

除執行公務外，任何人不得攜帶行動電話或具攝影功能之器材進入投票所。但已關閉電源之行動裝置，不在此限。

任何人不得於投票所以攝影器材刺探選舉人圈選選舉票內容。

第六十二條 （投、開票發生或可預見將發生天災或其他不可抗力情事之處理）

選舉投票日前或投開票當日發生或可預見將發生天災或其他不可抗力情事，致個別投開票所，不能投票或開票時，由直轄市、縣（市）選舉委員會報中央選舉委員會核准，改定投票日期或由直轄市、縣（市）選舉委員會逕行改定投開票場所，並報中央選舉委員會備查。

前項不能投票或開票之投開票所，已達或可預見其將達各直轄市、縣（市）三分之一以上投開票所，不能投票或開票時，各該直轄市、縣（市）選舉委員會應報中央選舉委員會改定各該直轄市、縣（市）之投開票日期；全國有三分之一以上直轄市、縣（市）投開票所，不能投票或開票時，中央選舉委員會應逕行改定投開票日期。

改定之投開票日期，應於改定之投票日三日前公告。

選舉投票日前或投開票當日發生天災或其他不可抗力情事處理辦法，由中央選舉委員會定之。

選舉委員會於候選人競選活動期間公告改定投票日期時，競選活動期間順延至新定之投票日前一日。但改定投票日期公告日距新定之投票日前一日之期間，長於原定之競選活動期間者，依新定之投票日前一日重新計算競選活動期間。

第七節　選舉結果

第六十三條 （當選及最低得票數）

選舉結果以候選人得票最多之一組為當選；得票相同時，應自投票之日起三十日內重行投票。

候選人僅有一組時，其得票數須達選舉人總數百分之二十以上，始為當選。選舉結果未能當選時，應自投票之日起三個月內，完成重行選舉投票。

依前二項規定當選之同一組總統候選人於當選人名單公告前死亡，中央選舉委員會應公告副總統候選人為總統當選人，副總統視同缺位。

第六十三條之一 （重新計票之聲請與程序）

選舉結果得票數最高與次高之候選人得票數差距，在有效票數千分之三以內時，次高票之候選人得於投票日後七日內，向第一百十條規定之管轄法院聲請查封全部或一部分投票所之選舉人名冊及選舉票，就查封之投票所於四十日內完成重新計票，並將重新計票結果通知中央選舉委員會。中央選舉委員會應於七日內依管轄法院重新計票結果重行審定選舉結果。審定結果有不應當選而已公告當選之情形，應予撤銷；有應當選而未予公告之情形，應重行公告。

前項聲請，應以書面載明重新計票之投票所，並繳納一定金額之保證金；其數額以投票所之投票數每票新臺幣三元計。

重新計票由管轄法院選定地點，就查封之投票所選舉人名冊及選舉票逐張認定。

管轄法院辦理重新計票，應通知各候選人或其指定人員到場，並得指揮直轄市、縣（市）選舉委員會、鄉（鎮、市、區）公所及投票所工作人員協助。

重新計票結果未改變當選或落選時，第二項保證金不予發還；重新計票結果改變當選或落選時，保證金應予發還。

任何人提起選舉訴訟時，依第一項規定查封之投票所選舉人名冊及選舉票，不得聲請重新計票。

第一項辦理重新計票所需費用，由中央選舉委員會編列預算負擔之。

第六十四條（正、副總統候選人或當選人就職前死亡或經判決當選無效之處理）

同一組副總統候選人死亡，該組總統候選人仍當選為總統時，其副總統視同缺位。

總統或副總統當選人之一在就職前死亡或就職前經判決當選無效確定者，視同缺位。

總統、副總統當選人在就職前死亡或就職前經判決當選無效確定，致同時視同缺位時，應自死亡之日或中央選舉委員會收到法院判決書之日起三個月內，完成重行選舉投票。

第六十五條（當選人就職日期）

總統、副總統當選人應於現任總統、副總統任滿之日就職，重行選舉或重行投票之當選人，未能於現任總統、副總統任滿之日就職者，其任期仍應自該日起算。

第六十六條（當選證書之製發機關）

總統、副總統之當選證書，由中央選舉委員會製發。副總統缺位時之補選當選證書，由立法院製發。

第六十七條（法院審定結果之撤銷、重行公告）

當選人經判決當選無效確定，依法院確定判決認定之事實，候選人得票數有變動致影響當選或落選時，中央選舉委員會應依法院確定判決認定之事實，重行審定。審定結果有不應當選而已公告當選之情形，應予撤銷；如有應當選而未予公告之情形，應重行公告，不適用重行選舉之規定。

前項重行公告之當選人，其任期至原任總統、副總統任期屆滿日止。

第八節　副總統之缺位補選

第六十八條（副總統缺位時補選之程序及機關）

副總統缺位時，總統應於三個月內提名候選人，由立法院補選之。

第六十九條（補選之副總統就任日期）

立法院補選之副總統，應於當選後二十日內就任。

第四章　（刪除）

第九節　罷　免

第七十條（正、副總統罷免案之程序）

總統、副總統之罷免案，經全體立法委員四分之一之提議，全體立法委員三分之二之同意提出後，立法院應為罷免案成立之宣告。但就職未滿一年者，不得罷免。

前項罷免案宣告成立後十日內，立法院應將罷免案連同罷免理由書及被罷免人答辯書移送中央選舉委員會。

第七十一條（公告事項）

中央選舉委員會應於收到立法院移送之罷免理由書及答辯書次日起二十日內，就下列事項公告之：

一　罷免投票日期及投票起止時間。

二　罷免理由書。

三　答辯書。

第七十二條（中選會應舉辦公辦電視罷免說明會）

罷免活動期間，中央選舉委員會應舉辦公辦電視罷免說明會，提議人之領銜人及被罷免人，應親自或指派代表到場發表。但經提議人之領銜人及被罷免人雙方同意不辦理者，應予免辦。

前項公辦電視罷免說明會舉辦之場數、時間、程序及其他相關事項之辦法，由中央選舉委員會定之。

第七十三條（罷免案之投票日期）

罷免案之投票，中央選舉委員會應於收到立法院移送之罷免理由書及答辯書次日起六十日內為之。該期間內有其他各類選舉時，應同時舉行投票。

被罷免人於投票日前死亡、去職或辭職者，中央選舉委員會應即公告停止該項罷免。

第七十四條（罷免票之印製及投票方法）

總統、副總統罷免票應分別印製。但立法院移送之罷免案，同案罷免總統、副總統時，罷免票應將總統、副總統聯名同列一組印製。

罷免票應在票上刊印同意罷免、不同意罷免二欄，由投票人以選舉委員會製備之工具圈定之。

投票人圈定後，不得將圈定內容出示他人。

第七十五條（選舉規定之準用）

罷免案之投票人、投票人名冊及投票、開票，準用本法有關選舉人、選舉人名冊及投票、開票之規定。

第七十六條（罷免案通過之標準）

罷免案經中華民國自由地區選舉人總額過半數之投票，有效票過半數同意罷免時，即為通過。

第七十七條（罷免案投票結果之公告）

罷免案經投票後，中央選舉委員會應於投票完畢七日內公告罷免投票結果。罷免案通過者，被罷免人應自公告之日起，解除職務。

第七十八條（罷免案通過與否決之效果）

罷免案通過者，被罷免人自解除職務之日起四年內不得為總統、副總統候選人；其於罷免案宣告成立後辭職者，亦同。

罷免案否決者，在該被罷免人之任期內不得對其再為罷免案之提議。

第五章　妨害選舉罷免之處罰

第七十九條（違法之處罰㈠）

違反第四十九條第一款規定者，處七年以上有期徒刑；違反第二款規定者，處五年以上有期徒刑；違反第三款規定者，依各該有關處罰之法律處斷。

第八十條（公然聚眾以暴動破壞社會秩序之處罰）

利用競選、助選或連署機會，公然聚眾，以暴動破壞社會秩序者，處七年以上有期徒刑；首謀者處無期徒刑或十年以上有期徒刑。

前項之未遂犯罰之。

第八十一條（以暴力妨害選舉或罷免之處罰）

意圖妨害選舉或罷免，對於公務員依法執行職務時，施強暴脅迫者，處五年以下有期徒刑。

犯前項之罪，因而致公務員於死者，處無期徒刑或七年以上有期徒刑；致重傷者，處三年以上十年以下有期徒刑。

第八十二條（公然聚眾以暴力妨害選舉或罷免之處罰）

公然聚眾，犯前條之罪者，在場助勢之人，處三年以下有期徒刑、拘役或科新臺幣三十萬元以下罰金；首謀及下手實施強暴脅迫者，處三年以上十年以下有期徒刑。

犯前項之罪，因而致公務員於死者，首謀及下手實施強暴脅迫者，處無期徒刑或七年以上有期徒刑；致重傷者，處五年以上十二年以下有期徒刑。

第八十三條（刪除）

第八十四條（賄選行為之處罰㈠）

對於候選人或具有候選人資格者，行求期約或交付賄賂或其他不正利益，而約其放棄競選或為一定之競選活動者，處三年以上十年以下有期徒刑，併科新臺幣二百萬元以上二千萬元以下罰金。

候選人或具有候選人資格者，要求期約或收受賄賂或其他不正利益，而許以放棄競選或為一定之競選活動者，亦同。

預備犯前二項之罪者，處一年以下有期徒刑。

犯第一項、前項之罪者，預備或用以行求期約或交付之賄賂，不問屬於犯罪行為人與否，沒收之。

第八十五條（妨害他人選舉罷免或連署之處罰）

以強暴脅迫或其他非法之方法為下列行為之一者，處五年以下有期徒刑：

一　妨害他人競選或使他人放棄競選者。

二　妨害他人依法為被連署人連署者。

三　妨害他人為罷免案之提議、同意或使他人為罷免案之提議、同意者。

前項之未遂犯罰之。

第八十六條（對於有投票權之人賄賂之處罰）

對於有投票權之人，行求期約或交付賄賂或其他不正利益，而約其不行使投票權或為一定之行使者，處三年以上十年以下有期徒刑，得併科新臺幣一百萬元以上一千萬元以下罰金。

預備犯前項之罪者，處一年以下有期徒刑。

預備或用以行求期約或交付之賄賂，不問屬於犯罪行為人與否，沒收之。

犯第一項或第二項之罪，於犯罪後六個月內自首者，減輕或免除其刑；因而查獲候選人為正犯或共犯者，免除其刑。

犯第一項或第二項之罪，在偵查中自白者，減輕其刑；因而查獲候選人為正犯或共犯者，減輕或免除其刑。

第八十七條（賄選行為之處罰㈡）

有下列行為之一者，處一年以上七年以下有期徒刑，併科新臺幣一百萬元以上一千萬元以下罰金：

一　對於團體或機構，假借捐助名義，行求期約或交付財物或其他不正利益，使其團體或機構之構成員，不行使投票權或為一定之行使。

二　對連署人行求期約或交付賄賂或其他不正利益，使其為特定被連署人連署或不為連署。

三　對罷免案提議人或同意人行求期約或交付賄賂或其他不正利益，使其不為提議或同意，或為一定之提議或同意。

預備犯前項之罪者，處一年以下有期徒刑。

預備或用以行求期約或交付之賄賂，不問屬於犯罪行為人與否，沒收之。

第八十八條（包攬賄選之處罰）

意圖漁利，包攬第八十四條第一項、第二項、第八十六條第一項或前條第一項各款之事務者，處三年以上十年以下有期徒刑，得併科新臺幣一百萬元以上一千萬元以下罰金。

前項之未遂犯罰之。

第八十八條之一（在公共或公眾得出入之場所以選罷結果為標的之賭博財物者之處罰）

在公共場所或公眾得出入之場所以選舉、罷免結果為標的之賭博財物者，處六月以下有期徒刑、拘役或科新臺幣十萬元以下罰金。

以電信設備、電子通訊、網際網路或其他相類之方法以選舉、罷免結果為標的之賭博財物者，亦同。

前二項以供人暫時娛樂之物為賭者，不在此限。

意圖營利，以選舉、罷免結果為標的，供給賭博場所或聚眾賭博財物者，處五年以下有期徒刑，得併科新臺幣五十萬元以下罰金。

第八十九條（政黨間賄選賄賂之處罰）

政黨辦理總統、副總統候選人黨內提名，自公告其提名作業之日起，於提名作業期間，對於黨內候選人有第八十四條第一項、第二項之行為者，依第八十四條第一項、第二項規定處斷；對於有投票資格之人，有第八十六條第一項之行為者，依第八十六條第一項規定處斷。

預備犯前項之罪者，處一年以下有期徒刑。

犯前二項之罪者，預備或用以行求期約、交付或收受之賄賂，不問屬於犯罪行為人與否，沒收之。

犯第一項或第二項之罪，於犯罪後六個月內自首者，減輕或免除其刑；因而查獲正犯或共犯者，免除其刑。

犯第一項或第二項之罪，在偵查中自白者，減輕其刑；因而查獲正犯或共犯者，免除其刑。」

意圖漁利，包攬第一項之事務者，依前條之規定處斷。

前項之未遂犯罰之。

第一百條規定，於政黨辦理總統、副總統候選人黨內提名時，準用之。

政黨依第一項規定辦理黨內提名作業，應公告其提名作業相關事宜，並載明起止時間、作業流程、黨內候選人及有投票資格之人之認定等事項；各政黨於提名作業公告後，應於五日內報請內政部備查。

第九十條（散布謠言等之處罰）

意圖使候選人當選或不當選，或意圖使被罷免人罷免案通過或否決者，以文字、圖畫、錄音、錄影、演講或他法，散布謠言或傳播不實之事，足以生損害於公眾或他人者，處五年以下有期徒刑。

以散布、播送或以他法供人觀覽候選人、被罷免人、罷免案提議人之領銜人本人之深度偽造聲音、影像、電磁紀錄之方法，犯前項之罪者，處七年以下有期徒刑。」

意圖營利，而犯前二項之罪者，依各該項之規定，加重其刑至二分之一，得併科新臺幣二百萬元以上一千萬元以下罰金。

第九十條之一（政府各級機關首長或其代理人受其指示之人違法之處罰）

中央及地方政府各級機關首長或其代理人、受其指示之人違反第四十六條之一規定者，處三年以下有期徒刑。

犯前項之罪，經判刑確定者，其所屬機關得就所支之費用，予以追償；二人以上共同犯前項之罪者，應連帶負責。

第九十一條（違法之處罰㈡）

違反第五十九條第二項或第七十四條第三項規定者或有第六十一條第一項各款情事之一，經令其退出而不退出者，處二年以下有期徒刑、拘役或科新臺幣二十萬元以下罰金。

第九十二條（違反選舉罷免活動之行為及處罰）

選舉、罷免之進行，有下列情事之一者，在場助勢之人，處一年以下有期徒刑、拘役或科新臺幣十萬元以下罰金；首謀及下手實施者，處五年以下有期徒刑：

一　聚眾包圍被連署人、連署人、候選人、被罷免人、罷免案提議人、同意人之服務機關、辦事處或住居所。

二　聚眾以強暴、脅迫或其他非法之方法，妨害被連署人、連署人、候選人、被罷免人執行職務或罷免案提議人、同意人對罷免案之進行。

第九十三條（將選舉票或罷免票攜出場外之處罰）

將領得之選舉票或罷免票攜出場外者，處一年以下有期徒刑、拘役或科新臺幣一萬五千元以下罰金。

在投票所四周三十公尺內，喧嚷、干擾或勸誘他人投票或不投票，經警衛人員制止後仍繼續為之者，處一年以下有期徒刑、拘役或科新臺幣一萬五千元以下罰金。

第九十三條之一（攜入手機及其他攝影器材等之處罰）

違反第六十一條第三項規定者，處新臺幣三萬元以上三十萬元以下罰鍰。

違反第六十一條第四項規定者，處五年以下有期徒刑，併科新臺幣五十萬元以下罰金。

第九十四條（妨害選舉結果之各種行為之處罰）

意圖妨害或擾亂投票、開票而抑留、毀壞、隱匿、調換或奪取投票匭、選舉票、罷免票、選舉人名冊、投票報告表、開票報告表、開票統計或圈選工具者，處五年以下有期徒刑。

第九十五條（刪除）

第九十六條（違法之處罰㈢）

違反第四十二條、第四十三條、第四十八條第一項、第三項規定者，處新臺幣十萬元以上一百萬元以下罰鍰。

廣播電視事業違反第四十六條第一項、第二項或第三項規定者，處新臺幣二十萬元以上二百萬元以下罰鍰。

違反第四十七條第二項所定辦法中關於廣告應載明或敘明事項內容或第四十七條之三第五項規定者，處新臺幣二十萬元以上二百萬元以下或該廣告費二倍之罰鍰。

違反第四十七條之一、第四十七條之二第一項、第二項所定辦法中關於廣告應留存紀錄事項或內容之規定者，處新臺幣二十萬元以上一千萬元以下或該廣告費二倍之罰鍰。

違反第四十七條之三第四項規定者，未停止刊播、限制瀏覽、移除或下架者，處新臺幣二十萬元以上一千萬元以下罰鍰，並令限期改善；屆期未改善者，得按次處罰。

違反第五十條或第五十二條規定者，依下列規定處罰；違反第五十條之規定，經制止不聽者，按次處罰：

一　政黨、候選人、罷免案提議人、被罷免人及其受僱人、代理人或使用人：處新臺幣二十萬元以上二百萬元以下罰鍰。

二　前款以外之人：處新臺幣十萬元以上一百萬元以下罰鍰。

候選人、罷免案提議人、被罷免人之受僱人、代理人或使用人違反第四十二條、第四十八條第一項、第三項、第五十條或第五十二條規定者，併處罰候選人、罷免案提議人、被罷免人。

政黨、法人或非法人團體違反第四十八條第一項或第三項規定者，依第一項規定，併處罰其代表人及行為人；違反第五十條或第五十二條規定者，依第六項規定，併處罰其代表人及行為人。

委託報紙、雜誌、廣播電視事業、利用網際網路提供服務者或其他媒體業者刊播競選、罷免廣告或委託夾報散發宣傳品，違反第五十條第二款規定者，依第六項規定處罰委託人及受託人。委託人或受託人為政黨、法人或非法人團體者，併處罰其代表人及行為人。

將選舉票或罷免票以外之物投入票匭，或故意撕毀領得之選舉票或罷免票者，處新臺幣五千元以上五萬元以下罰鍰。

第九十七條（自首或自白者減免其刑）

犯第八十四條第二項之罪或刑法第一百四十三條第一項之罪，於犯罪後三個月內自首者，免除其刑；逾三個月者，減輕或免除其刑，在偵查或審判中自白者，減輕其刑。

第九十八條（政黨推薦候選人犯罪之處罰）

政黨推薦之候選人犯第八十條至第八十二條、第八十四條第一項、第二項、第八十五條第一項第一款或其未遂犯、第八十六條第一項、第八十七條第一項第一款、第九十四條、刑法第一百四十二條或第一百四十五條至第一百四十七條之罪，經判刑確定者，處推薦之政黨新臺幣五百萬元以上五千萬元以下罰鍰；已獲政黨黨內提名之參選人犯第八十四條第一項、第二項之罪經有罪判決確定者，亦同。

政黨推薦之候選人，對於其他候選人或已獲政黨黨內提名之參選人犯刑法第二百七十一條、第二百七十七條、第二百七十八條、第三百零二條、第三百零二條之一、第三百零四條、第三百零五條、第三百四十六條至第三百四十八條或其特別法之罪，經有罪判決確定者，依前項規定處罰。

第九十九條（從重處罰）

犯本章之罪，其他法律有較重處罰之規定者，從其規定。

辦理選舉、罷免事務人員，假借職務上之權力、機會或方法，以故意犯本章之罪者，加重其刑至二分之一。

犯本章之罪或刑法分則第六章之妨害投票罪，宣告有期徒刑以上之刑者，並宣告褫奪公權。

第一百條（選舉、罷免期間檢察官之司法監察）

總統、副總統選舉、罷免，由最高檢察署檢察總長督率各級檢察官分區查察，自動檢舉有關妨害選舉、罷免之刑事案件，並接受機關、團體或人民是類案件之告發、告訴、自首，即時開始偵查，為必要之處理。

前項案件之偵查，檢察官得依刑事訴訟法及調度司法警察條例等規定，指揮司法警察人員為之。

第一百零一條（選舉之犯罪速審速結）

犯本章之罪或刑法第六章妨害投票罪之案件，各審受理法院應於六個月內審結。

第六章　選舉罷免訴訟

第一百零二條（選舉或罷免無效之訴提起要件及程序）

選舉罷免機關辦理選舉、罷免違法，足以影響選舉或罷免結果，檢察官、候選人、被罷免人或罷免案提議人，得自當選人名單或罷免投票結果公告之日起十五日內，以各該選舉罷免機關為被告，向管轄法院提起選舉或罷免無效之訴。

第一百零三條（選舉或罷免無效之效果）

選舉或罷免無效之訴，經法院判決無效確定者，其選舉或罷免無效，並定期重行選舉或罷免。其違法屬選舉或罷免之局部者，局部之選舉或罷免無效，並就該局部無效部分，定期重行投票。

第一百零四條（當選無效之訴提起要件及程序）

當選人有下列情事之一者，選舉罷免機關、檢察官或候選人得以當選人為被告，自公告當選之日起六十日內，向管轄法院提起當選無效之訴：

一　當選票數不實，足認有影響選舉結果之虞。

二　對於候選人、有投票權人或選務人員，以強暴、脅迫或其他非法之方法，妨害他人競選、自由行使投票權或執行職務。

三　有第八十四條、第八十六條第一項、第八十七條第一項第一款、第八十九條第一項、刑法第一百四十六條第一項、第二項之行為。

前項各款情事，經判決當選無效確定者，不因同一事由經刑事判決無罪而受影響。

第一百零五條（當選人資格不合之處置）

當選人有第二十八條各款規定情事之一者，選舉罷免機關、檢察官或候選人得以當選人為被告，於其任期屆滿前，向管轄法院提起當選無效之訴。

第一百零六條（當選無效之結果）

當選無效之訴經判決無效確定者，當選人之當選，無效；已就職者，並應自判決確定之日起，解除職務。

第一百零七條（選舉無效或當選無效之判決）

選舉無效或當選無效之判決，不影響原當選人就職後職務上之行為。

第一百零八條（罷免案之通過或否決無效之訴之提起要件及程序）
罷免案之通過或否決，有下列情事之一者，選舉委員會、檢察官、被罷免人或罷免案提議人，得於罷免投票結果公告之日起六十日內，以罷免案提議人或被罷免人為被告，向管轄法院提起罷免案通過或否決無效之訴：
一　罷免案通過或否決之票數，不實足認有影響投票結果之虞。
二　被罷免人或罷免案提議人，對於有投票權人或選務人員，以強暴、脅迫或其他非法之方法，妨害他人自由行使投票權或執行職務。
三　被罷免人或罷免案提議人有刑法第一百四十六條第一項之行為。
四　被罷免人或罷免案提議人有第八十六條第一項之行為，足認有影響選舉結果之虞。
五　被罷免人有第八十七條第一項第三款之行為。
罷免案否決無效之訴，經法院判決無效確定者，其罷免案之否決無效，並定期重行投票。
罷免案之通過經判決無效者，被罷免人之職務應予恢復。但無法恢復者，不在此限。

第一百零九條（選舉人舉發選舉無效等之程序）
選舉人發覺有構成選舉無效、當選無效或罷免無效、罷免案通過或否決無效之情事時，得於當選人名單或罷免投票結果公告之日起七日內，檢具事證，向檢察官或選舉委員會舉發之。

第一百十條（選舉罷免訴訟之管轄法院）
選舉罷免訴訟，專屬中央政府所在地之高等法院管轄。

第一百十一條（二審終結）
選舉罷免訴訟，設選舉法庭，採合議制審理，並應先於其他訴訟審判之，以二審終結，並不得提起再審之訴。各審受理之法院應於六個月內審結。
法院審理選舉、罷免訴訟時，應依職權調查必要之事證。

第一百十二條（選舉、罷免訴訟程序之準用規定）
選舉、罷免訴訟程序，除本法規定者外，準用民事訴訟法之規定。但關於捨棄、認諾、訴訟上自認或不爭執事實效力之規定，不在準用之列。

第七章　附　則

第一百十三條（罰鍰之處罰機關與強制執行）
本法及組織犯罪防制條例第十四條第一項所定罰鍰，由選舉委員會處罰之。
前項之罰鍰，候選人或政黨經通知後屆期不繳納者，選舉委員會並得於第三十一條候選人繳納之保證金或第四十一條所定應撥給候選人或政黨之競選費用補助金款項內逕予扣除。

第一百十四條（候選人之安全維護機關）
自候選人完成登記日起至選舉投票日之翌日止，國家安全局應協同有關機關掌理總統、副總統候選人在中華民國自由地區之安全維護事項；其安全維護實施辦法，由國家安全局定之。

第一百十五條（修正前規定之適用）
本法修正施行前已發布選舉公告之選舉或已移送中央選舉委員會之罷免案，仍適用修正前之規定。

第一百十六條（施行細則）
本法施行細則，由內政部會同中央選舉委員會定之。

第一百十七條（施行日期）
本法自公布日施行。
本法中華民國九十五年五月五日修正之條文，自九十五年七月一日施行；九十八年五月十二日修正之條文，自九十八年十一月二十三日施行。

總統副總統選舉罷免法施行細則

民國八十四年十月十一日內政部令發布
八十八年十一月十七日內政部令修正發布
九十二年十二月十一日內政部中央選舉委員會令修正發布
九十七年一月二十一日內政部中央選舉委員會令修正發布
一百年九月一日內政部中央選舉委員會令修正發布
一百零七年二月八日內政部中央選舉委員會令修正發布
一百一十年六月二日內政部中央選舉委員會令修正發布第一一、四二、四三條條文

第一章 總則

第一條（訂定依據）

本細則依總統副總統選舉罷免法（以下簡稱本法）第一百十六條規定訂定之。

第二條（無記名投票）

本法第二條所定無記名投票之方法，以圈選行之。

第三條（居住期間之計算）

本法第四條所定居住期間之計算所依據之戶籍登記，應由戶政機關切實查察，其遷入登記不實者，應依法處理。

前項居住期間之計算，遇有於投票日前二十日戶籍登記資料載明遷出登記，而於投票日前二十日以後，始依戶籍法規定撤銷遷出者，其居住期間不繼續計算。

第二章 選舉罷免機關

第四條（選務作業中心之設置）

辦理選舉罷免期間，直轄市、縣（市）選舉委員會於鄉（鎮市區）設選務作業中心；其設置要點，由直轄市縣（市）選舉委員會定之。

第五條（辦理選舉罷免期間）

本法第十條所定辦理選舉罷免期間，由中央選舉委員會規定之。

第三章 選舉

第一節 選舉人

第六條（僑民選舉權之行使）

在國外之中華民國自由地區人民申請返國行使選舉權宣導事項，由中央選舉委員會僑務委員會負責辦理。

第七條（刪除）

第二節 選舉人名冊

第八條（選舉人名冊之編造）

本法第十六條所定選舉人名冊，得分別或合併編造，按投票所分開編訂，加蓋編造機關印信。

返國行使選舉權之選舉人名冊編造，因選舉人原戶籍地之村里行政區域調整致變更者，以調整後之村里為準。

戶政機關依本法編造選舉人名冊時，受直轄市、縣（市）選舉委員會之指導監督。

第九條（選舉人名冊之公告閱覽）

選舉人名冊應編造四份，並切實核對後，先以一份按鄰分訂成冊，送由鄉（鎮市區）公所依本法第十八條及第三十四條第三款規定，於投票日十五日前在鄉（鎮市區）公所公開陳列、公告閱覽；俟更正確定後，一份由戶政機關留存，其餘三份分別送由鄉（鎮、市區）公所存查、函報直轄市縣（市）選舉委員會備查及作為投票所發票之用。

選舉人名冊經公告閱覽後，如更正過多時，得重行編造。

第十條（選舉人人數之公告與投票通知單之分送）

選舉人名冊確定後，戶政機關應填造選舉人人數統計表，送由鄉（鎮市區）公所轉報直轄市縣（市）選舉委員會依本法第三十四條第五款規定，於投票日三日前公告選舉人人數。

在工作地投票之選舉人人數，由工作地之戶政機關併入工作地之選舉人人數內計算；戶籍地之戶政機關不予計算。

戶政機關應依據確定之選舉人名冊編造投票通知單，送由鄉（鎮市區）公所於投票日二日前分送選舉區內各戶。但返國行使選舉權之選舉人投票通知單，選舉人有指定國內代收人者，寄交指定代收人；未指定代收人者，留存原戶籍地鄉（鎮市區）公所備供領取。

第三節 候選人

第十一條（申請登記為候選人之應備表件）

申請聯名登記為總統副總統候選人，應備具下列表件，於規定期間內向中央選舉委員會為之：

一 候選人登記申請書。
二 每一候選人登記申請調查表。
三 每一候選人最近三個月內之戶籍謄本。
四 每一候選人足資證明曾設籍十五年以上之戶籍謄本。
五 每一候選人二寸脫帽正面半身光面相片。
六 每一候選人刊登選舉公報之個人資料，候選人學歷為學士以上學位，其為國內學歷者，應檢附公立或已立案之私立大學授予之學位證明文件；其為國外學歷者，應檢附經我國駐

外使領館、代表處、辦事處或其他經外交部授權機構驗證之國外學歷證明文件，畢業學校應經中央教育行政機關列入參考名冊，未列入參考名冊者，應經當地國政府權責機關或專業評鑑團體認可。

七　設競選辦事處者，其登記書。

八　政黨推薦書或完成連署證明書。

九　每一候選人國民身分證，驗後當面發還。

十　候選人授權查證外國國籍同意書，同意書應經認證。

十一　每一候選人財產申報表。

委託他人代為辦理前項申請登記者，並應繳驗受託人之國民身分證及委託書；國民身分證驗後當面發還。

第一項第六款之國內外學歷證明文件，於九十三年三月二十日以後辦理之總統、副總統選舉及九十七年一月十二日以後辦理之各項公職人員選舉，曾刊登選舉公報學歷欄內之候選人學歷，得予免附。

第一項之表件份數，由中央選舉委員會於候選人登記公告中規定之。

第十一條之一（最近一次立法委員選舉選舉人總數之計算）

本法第二十三條第四項所定最近一次立法委員選舉選舉人總數，指最近一次區域、平地原住民及山地原住民立法委員選舉選舉人數之和。

第十二條（刪除）

第十三條（辦理選舉事務人員）

本法第二十七條第一項第二款所定辦理選舉事務人員，指各級選舉委員會之委員、監察人員、職員及鄉（鎮、市、區）公所辦理選舉事務人員及投票所、開票所工作人員。

第十四條（登記為候選人之資格）

本法第二十七條第一項所列第一款、第二款人員，非於申請登記期間截止前已退伍、停役、辭職，不得申請登記為總統、副總統候選人，並應於申請登記期間截止前繳驗證明文件。

本法第二十七條第一項第三款所定具有外國國籍者，指於申請登記時仍未喪失外國國籍者。

第十五條（定期重行選舉之投票）

本法第二十九條第一項所定之定期重行選舉，應自公告停止選舉之日起六個月內完成選舉投票。

第四節　選舉公告

第十六條（選舉委員會之公告）

本法第三十四條第一款、第二款、第四款及第六款規定之公告，由中央選舉委員會為之；第三款及第五款規定之公告，由直轄市、縣（市）選舉委員會為之。

第十七條（候選人登記之公告）

本法第三十四條第二款所定候選人登記之公告，應參酌總統、副總統選舉候選人登記、資格審定、姓名號次抽籤及競選活動所需時間，於候選人申請登記開始三日前為之，其公告事項如下：

一　申請登記之起止日期、時間及地點。

二　應備具之表件及份數。

三　領取書表之時間及地點。

四　應繳納之保證金額。

第五節　選舉活動

第十八條（競選活動期間）

本法第三十六條所定競選活動期間之起止日期及每日競選活動之起止時間，由中央選舉委員會於公告候選人名單公告中載明。

第十九條（競選經費之查核）

同一組候選人依本法第四十條規定申報綜合所得稅競選經費列舉扣除額時，應檢附依自行協議比例列舉扣除之協議書及財政部規定之憑證或證明文件，以供稅捐稽徵機關查核。

第二十條（刪除）

第二十一條（刪除）

第二十二條（選舉公報之編製）

本法第四十四條第一項所定選舉公報，由中央選舉委員會編製，直轄市、縣（市）選舉委員會印發；有聲選舉公報由中央選舉委員會錄製，直轄市、縣（市）選舉委員會複製分發。

選舉公報各組候選人之號次，依中央選舉委員會公告候選人名單上之號次。

第二十三條（親自簽名之方式）

本法第四十八條第一項所定親自簽名，得以簽名套印或逐張加蓋簽名章方式為之。

第六節　投票及開票

第二十四條（投開票所之設置與選舉人名冊之查閱）

本法第五十三條第一項所定之投票所，由直轄市、縣（市）選舉委員會設置編號，於投票日十五日前公告之，並分別載入選舉公報。

總統、副總統選舉與他種公職人員選舉同日舉行投票時，其投票所合併設置。

投開票所主任管理員與主任監察員依本法第五十三條第三項規定交付投開票報告表副本時，推薦候選人之政黨或依連署方式登記之候選人所指派之人員，應憑委託書，於投開票報告表張貼於投開票所門口後至投開票所全部工作人員離開投開票所前領取之，每一推薦候選人之政黨或依連署方式登記之同一組候選人以領取一份為限。

直轄市、縣（市）選舉委員會依本法第五十三條第五項規定受理選舉人或候選人申請查閱選舉人名冊應安排申請人於申請查閱期間查閱並作成查閱紀錄。選舉人、候選人或其受託人查閱選舉人名冊時，不得抄寫、複印、攝影或錄音。

第二十五條（票匭之設置）

投票所投票匭應由主任管理員會同主任監察員於投票開始前公開查驗後加封。

前項投票匭由直轄市、縣（市）選舉委員會製備，分發應用。

第二十六條（投票報告表）

投票完畢後，投票所主任管理員應將投票所編號、投票日期、發出票數、用餘票數及其他有關事項會同主任監察員填具投票報告表。

第二十七條（開票程序）

投票完畢後，主任管理員應會同主任監察員將投票匭密封，並即將投票所改為開票所。

開票應公開為之，逐張唱名開票，並設置參觀席，備民眾入場參觀開票。

第二十八條（開票報告表）

開票完畢後，開票所主任管理員應將開票所編號、開票時間、開出選舉票總數、候選人得票數等，會同主任監察員填具開票報告表。

第二十九條（得票數列表之寄送）

直轄市、縣（市）選舉委員會於當選人名單公告後十日內，應將各組候選人在每一投票所得票數列表寄送各組候選人。

第三十條（投開票所管理員之設置）

投票所、開票所置主任管理員一人，管理員三人至十四人，由直轄市、縣（市）選舉委員會依本法第五十四條第一項及第二項規定派充之。

第三十一條（主任管理員之職掌）

投票所、開票所主任管理員綜理投票、開票事務，並指揮監督管理員辦理下列事項：

一　管理選舉人名冊及選舉票。
二　管理投票匭。
三　發票、唱票、記票。
四　計算候選人得票數目。
五　維持投票、開票秩序。
六　其他有關投票、開票之工作。

第三十二條（刪除）

第三十三條（投開票所工作人員之執行職務）

投票所、開票所工作人員，應按時到達被指定之投票所、開票所執行職務，主任管理員或主任監察員因故未能按時到達者，應由到達之管理員或監察員互推一人暫行代理。

前項工作人員應配帶之證件，由直轄市、縣（市）選舉委員會製發之。

第三十四條（獎勵規定）

投票所、開票所工作人員服務成績優良者，予以獎勵。

第三十五條（違法行為之處置）

投票所、開票所工作人員，擅離職守或有其他違法行為，經查明屬實者，除依法處理外，由直轄市、縣（市）選舉委員會立即免除其職務，另行派員接替。

第三十六條（選舉票之發交）

直轄市、縣（市）選舉委員會應於投票日前二日，按選舉人名冊所載人數分別將選舉票發交鄉（鎮、市、區）公所，並於投票日前一日，轉發投票所主任管理員會同主任監察員點收後密封，由鄉（鎮、市、區）公所統一保管或主任管理員負責保管，於投票開始前會同主任監察員，當眾啟封點交管理員發票。

前項選舉票之分發，於山地或離島地區，得由直轄市、縣選舉委員會視實際情況提前辦理。

第七節　選舉結果

第三十七條（當選證書）

本法第六十六條所定總統、副總統之當選證書、副總統補選之當選證書，其格式分別由中央選舉委員會、立法院定之。

第八節　副總統之缺位補選

第三十八條（就任期間之計算）

本法第六十九條所定當選後二十日內就任，指立法院公告副總統當選人名單之日起算。

第四章　罷　免

第三十九條（罷免投票結果之公告）

罷免案經投票後，直轄市、縣（市）選舉委員會應即造具罷免投票結果清冊，層報由中央選舉委員會依本法第七十七條規定公告罷免投票結果。

第五章　選舉罷免訴訟

第四十條（選舉罷免機關）

本法第一百零四條及第一百零五條所定之選舉罷免機關，為中央選舉委員會或立法院。

第四十一條（選舉罷免訴訟之提出）

選舉罷免訴訟，原告應提出訴狀，記載應受判決事項之聲明及事實與證據。

第四十二條（檢察官發現選舉、罷免當選、罷免案通過或否決無效之處理）

各級檢察官發現有本法第一百零二條規定選舉或罷免無效或第一百零四條及第一百零五條規定當選無效或第一百零八條規定罷免案通過或否決無效之情事，應報請或通知中央政府所在地之高等檢察署檢察長核辦。

第四十三條（檢察官接受舉發之處理）
檢察官接受本法第一百零九條規定之舉發時，應報請或通知中央政府所在地之高等檢察署檢察長核辦。

第四十四條（有關選舉罷免機關之協助）
檢察官依法執行職務時，得隨時洽請有關選舉罷免機關為必要之協助。

第四十五條（民事訴訟法規定之準用）
選舉、罷免訴訟程序，依本法第一百十二條規定，準用民事訴訟法之規定。當事人於案件起訴前或起訴後，認為證據有滅失或礙難使用之虞或經他造同意者，得向法院聲請保全。

第六章　附　則

第四十六條（施行日期）
本細則自發布日施行。

公職人員選舉罷免法

民國六十九年五月十四日總統令公布
七十二年七月八日總統令修正公布
七十八年二月三日總統令修正公布
八十年八月二日總統令修正公布條文及法規名稱（原名為「動員戡亂時期公職人員選舉罷免法」）
八十一年十一月六日總統令修正公布
八十三年六月十日總統令修正公布
八十三年七月二十三日總統令修正公布
八十三年十月十八日總統令修正公布
八十三年十月二十二日總統令修正公布
八十六年六月十八日總統令修正公布
八十九年七月十九日總統令修正公布
八十九年十一月一日總統令修正公布
九十一年一月二十五日總統令修正公布
九十二年七月九日總統令修正公布
九十三年四月七日總統令修正公布
九十四年二月五日總統令修正公布
九十四年六月二十二日總統令修正公布
九十四年十一月三十日總統令修正公布
九十五年二月三日總統令修正公布
九十五年五月三十日總統令修正公布
九十六年十一月七日總統令修正公布
九十七年一月二十六日總統令修正公布
九十八年五月二十七日總統令修正公布
九十九年九月一日總統令修正公布
一百年五月二十五日總統令修正公布
一百零三年五月二十八日總統令修正公布
一百零四年二月四日總統令修正公布
一百零五年四月十三日總統令修正公布
一百零五年十二月七日總統令修正公布
一百零五年十二月十四日總統令修正公布
一百零七年五月九日總統令修正公布
一百零八年一月九日總統令修正公布
一百零九年五月六日總統令修正公布
一百一十年十二月十五日總統令修正公布
一百一十二年六月九日總統令修正公布第四、六、七、一二、一四、一九、二〇、二二、二六、二八、二九、三一、三二、三六、三八、四一～四三、四五～四八、五一、五二、五三、五六、五七～五九、六二、六六、六七、六八、七四、七六、八六、九二、一〇四、一一〇、一一二、一一七、一二〇、一二四條；增訂第五之一、四八之一、五一之一～五一之三、五九之一、七〇之一、七三之一、九八之一、一〇三之一、一〇四之一條；並刪除第八、九、一三二條條文

第一章　總　則

第一條（法律之適用）
公職人員選舉、罷免，依本法之規定。
▲釋四九八。

第二條（公職人員之定義）
本法所稱公職人員，指下列人員：
一　中央公職人員：立法院立法委員。
二　地方公職人員：直轄市議會議員、縣（市）議會議員、鄉（鎮、市）民代表會代表、直轄市山地原住民區（以下簡稱原住民區）民代表會代表、直轄市長、縣（市）長、鄉（鎮、市）長、原住民區長、村（里）長。
▲釋四九八。

第三條（選舉及罷免方法）
公職人員選舉，以普通、平等、直接及無記名單記投票之方法行之。
全國不分區及僑居國外國民立法委員選舉，依政黨名單投票選出。
公職人員罷免，由原選舉區之選舉人以無記名投票之方法決定。
＊（投票方法）憲一二九。

第四條（年齡及居住期間之計算）
選舉人、候選人年齡及居住期間之計算，除另有規定外，均以算至投票日前一日為準，並以戶籍登記資料為依據。
前項居住期間之計算，自戶籍遷入登記之日起算。
重行投票者，仍依原投票日計算。

第五條　（選舉罷免期間之計算）

本法所定各種選舉、罷免期間之計算，除另有規定外，依行政程序法之規定。但期間之末日，除因天然災害政府機關停止上班外，其為星期六、星期日、國定假日或其他休息日時，不予延長。

本法所定投票日前幾日，自投票日前一日起算，向前逆算至規定日數之當日；所定投票日後幾日，自投票日次日起算，向後算至規定日數之當日；所定投票日幾日前，其期限之最終期日之計算，自投票日前一日起算，向前逆算至規定日數之前一日，為該期限之終止日。

選舉、罷免之各種申請，以郵寄方式向選舉機關提出者，以選舉機關收件日期為準。

*（民法規定）民一一九～一二四。

第五條之一　（投票日為應放假之日）

公職人員選舉、罷免投票日為應放假之日。

第二章　選舉罷免機關

第六條　（選舉、罷免由選舉委員會辦理）

公職人員選舉、罷免由中央、直轄市、縣（市）選舉委員會辦理之。

第七條　（各級選舉機關與監督）

立法委員、直轄市議員、直轄市長、縣（市）議員及縣（市）長選舉、罷免，由中央選舉委員會主管並指揮、監督直轄市、縣（市）選舉委員會辦理之。

原住民區民代表及區長選舉、罷免，由直轄市選舉委員會辦理之；鄉（鎮、市）民代表及鄉（鎮、市）長選舉、罷免，由縣選舉委員會辦理之。

村（里）長選舉、罷免，由各該直轄市、縣（市）選舉委員會辦理之。

直轄市、縣（市）選舉委員會辦理前二項之選舉、罷免，並受中央選舉委員會之監督。

辦理選舉、罷免期間，直轄市、縣（市）選舉委員會並於鄉（鎮、市、區）設辦理選務單位。

第八條　（刪除）

第九條　（刪除）

第十條　（各級政府職員之調用）

各級選舉委員會在辦理選舉、罷免期間，得調用各級政府職員辦理事務。

第十一條　（各級選舉委員會辦理事項）

各級選舉委員會分別辦理下列事項：

一　選舉、罷免公告事項。
二　選舉、罷免事務進行程序及計畫事項。
三　候選人資格之審定事項。
四　選舉、罷免宣導之策劃事項。
五　選舉、罷免之監察事項。
六　投票所、開票所之設置及管理事項。
七　選舉、罷免結果之審查事項。
八　當選證書之製發事項。
九　訂定政黨使用電視及其他大眾傳播工具從事競選宣傳活動之辦法。
十　其他有關選舉、罷免事項。

直轄市、縣（市）選舉委員會就下列各種公職人員選舉、罷免事務，指揮、監督鄉（鎮、市、區）公所辦理：

一　選舉人名冊公告閱覽之辦理事項。
二　投票所、開票所設置及管理之辦理事項。
三　投票所、開票所工作人員遴報事項。
四　選舉、罷免票之轉發事項。
五　選舉公報及投票通知單之分發事項。
六　選舉及罷免法令之宣導事項。
七　其他有關選舉、罷免事務之辦理事項。

第十二條　（選舉委員會監察小組）

公職人員選舉、罷免由中央選舉委員會委員、直轄市、縣（市）選舉委員會監察小組委員監察之。

各級選舉委員會執行監察職務準則，由中央選舉委員會定之。

第十三條　（選舉委員會預算之編列）

各級選舉委員會之經費預算，其年度經常費由中央政府統籌編列。其辦理選舉、罷免所需經費，立法委員選舉、罷免由中央政府編列；直轄市議員、直轄市長選舉、罷免由直轄市政府編列；縣（市）議員、縣（市）長選舉、罷免由縣（市）政府編列；鄉（鎮、市）民代表、鄉（鎮、市）長、村（里）長選舉、罷免由鄉（鎮、市）公所編列；原住民區民代表、區長選舉、罷免由原住民區公所編列；直轄市、市之里長選舉、罷免由直轄市、市政府編列。但原住民區里長選舉、罷免由原住民區公所編列。

第三章　選舉及罷免

第一節　選舉人

第十四條　（選舉權之要件）

中華民國國民年滿二十歲，有選舉權。

*（年齡限制）憲一三〇；（監護宣告）民一四；（監護宣告之撤銷）民一四，家事一六四～一七六。

第十五條　（選舉人之資格）

有選舉權人在各該選舉區繼續居住四個月以上者，為公職人員選舉各該選舉區之選舉人。

前項之居住期間，在其行政區域劃分選舉區者，仍以行政區域為範圍計算之。但於選舉公告發布後，遷入各該選舉區者，無選舉投票權。

第十六條　（原住民選舉人之資格）

原住民公職人員選舉，以具有原住民身分並有前條資格之有選舉權人為選舉人。

第十七條　（投票地點）

選舉人，除另有規定外，應於戶籍地投票所投票。

投票所工作人員得在戶籍地或工作地之投票所投票。但在工作地之投票所投票者，以戶籍地及工作地在同一選舉區並在同一直轄市、縣（市）為限。

第十八條（選舉票之領取）

選舉人投票時，應憑本人國民身分證領取選舉票。

選舉人領取選舉票時，應在選舉人名冊上簽名或蓋章或按指印，按指印者，並應有管理員及監察員各一人蓋章證明。選舉人名冊上無其姓名或姓名不符者，不得領取選舉票。但姓名顯係筆誤、因婚姻關係而冠姓或回復本姓致與國民身分證不符者，經主任管理員會同主任監察員辨明後，應准領取選舉票。

選舉人領得選舉票後應自行圈投。但因身心障礙不能自行圈投而能表示其意思者，得依其請求，由家屬或陪同之人一人在場，依據本人意思，眼同協助或代為圈投；其無家屬或陪同之人在場者，亦得依其請求，由投票所管理員及監察員各一人，依據本人意思，眼同協助或代為圈投。

為防止重複投票或冒領選舉票之情事，應訂定防範規定；其辦法由中央選舉委員會定之。

第十九條（投票時間）

選舉人應於規定之投票時間內到投票所投票；逾時不得進入投票所。但已於規定時間內到達投票所尚未投票者，仍可投票。

二種以上公職人員選舉、罷免或公職人員選舉、罷免與總統、副總統選舉、公民投票同日於同一投票所舉行投票時，選舉人應一次進入投票所投票，離開投票所後不得再次進入投票所投票。

第二節　選舉人名冊

第二十條（選舉人名冊之編定）

選舉人名冊，由鄉（鎮、市、區）戶政機關依據戶籍登記資料編造，應載明編號、姓名、性別、出生年月日及戶籍地址；投票日前二十日已登錄戶籍登記資料，依規定有選舉人資格者，一律編入名冊；投票日前二十日以後遷出之選舉人，仍應在原戶籍地之投票所投票。

原住民選舉人名冊，其原住民身分之認定，以戶籍登記資料為準，由戶政機關依前項規定編造。

選舉人名冊編造後，除選舉委員會、鄉（鎮、市、區）公所、戶政機關依本法規定使用外，不得以抄寫、複印、攝影、錄音或其他任何方式對外提供。

第二十一條（選舉人名冊之分編或合編）

二種以上公職人員選舉同日舉行投票時，選舉人名冊得視實際需要分別或合併編造。

第二十二條（選舉人名冊之報備閱覽及申請更正）

選舉人名冊編造後，戶政機關應送由鄉（鎮、市、區）公所函報直轄市、縣（市）選舉委員會備查，並由鄉（鎮、市、區）公所公告閱覽，選舉人得到場查閱，發現錯誤或遺漏時，得於閱覽期間內申請更正。

前項查閱選舉人，應憑本人國民身分證，並以查閱其本人及其戶內人員為限。

第二十三條（選舉人名冊之更正確定）

選舉人名冊經公告閱覽期滿後，鄉（鎮、市、區）公所應將原冊及申請更正情形，送戶政機關查核更正。

選舉人名冊經公告更正後即為確定，並由各直轄市、縣（市）選舉委員會公告選舉人人數。

第三節　候　選　人

第二十四條（候選人年齡及資格限制）

選舉人年滿二十三歲，得於其行使選舉權之選舉區登記為公職人員候選人。但直轄市長、縣（市）長候選人須年滿三十歲；鄉（鎮、市）長、原住民區長候選人須年滿二十六歲。

選舉人年滿二十三歲，得由依法設立之政黨登記為全國不分區及僑居國外國民立法委員選舉之全國不分區候選人。

僑居國外之中華民國國民年滿二十三歲，在國內未曾設有戶籍或已將戶籍遷出國外連續八年以上者，得由依法設立之政黨登記為全國不分區及僑居國外國民立法委員選舉之僑居國外國民候選人。

前二項政黨應符合下列規定之一：

一　於最近一次總統、副總統選舉，其所推薦候選人得票數之和，達該次選舉有效票總和百分之二以上。二個以上政黨共同推薦一組總統、副總統候選人者，各該政黨推薦候選人之得票數，以推薦政黨數除其推薦候選人得票數計算之。

二　於最近三次全國不分區及僑居國外國民立法委員選舉得票率，曾達百分之二以上。

三　現有立法委員五人以上，並於申請候選人登記時，備具名冊及立法委員出具之切結書。

四　該次區域及原住民立法委員選舉推薦候選人達十人以上，且經中央選舉委員會審查合格。

第三項所稱八年以上之計算，以算至投票日前一日為準，並自戶籍遷出登記之日起算。

政黨登記之全國不分區及僑居國外國民立法委員選舉候選人，應為該政黨黨員，並經各該候選人書面同意；其候選人名單應以書面為之，並排列順位。

回復中華民國國籍滿三年或因歸化取得中華民國國籍滿十年者，始得依第一項至第三項規定登記為候選人。

前項所稱滿三年或滿十年之計算，均以算至投票日前一日為準。

第二十五條（候選人登記種類之限制）

二種以上公職人員選舉同日舉行投票時，其申請登記之候選人，以登記一種為限。為二種以上候選人登記時，其登記均無效。

同種公職人員選舉具有二個以上之候選人資格者，以登記一個為限。為二個以上候選人登記時，其登記均無效。

第二十六條（候選人之消極資格㈠）

有下列情事之一者，不得登記為候選人：

一 動員戡亂時期終止後，曾犯內亂、外患罪，經有罪判決確定。

二 曾犯貪污罪，經有罪判決確定。

三 曾犯第九十七條第一項、第二項、第九十八條、第九十九條第一項、第一百條第一項、第二項、第一百零一條第一項、第六項、第七項、第一百零二條第一項、第一百零三條、總統副總統選舉罷免法第八十四條第一項、第二項、第八十五條、第八十六條第一項、第八十七條第一項、第八十八條、第八十九條第一項、第六項、第七項、刑法第一百四十二條、第一百四十四條之罪，或為直轄市、縣（市）議會議長、副議長、鄉（鎮、市）民代表會、原住民區民代表會主席、副主席選舉之有投票權人犯刑法第一百四十三條之罪，經有罪判決確定。

四 曾犯國家安全法第七條第一項至第四項、第八條第一項至第三項、第十二條第一項、第二項、國家機密保護法第三十二條第一項、第二項、第四項、第三十三條第一項、第二項、第四項、第三十四條第一項至第四項、國家情報工作法第三十條第一項至第四項、第三十條之一、第三十一條、反滲透法第三條、第四條、第五條第三項、第六條或第七條之罪，經有罪判決確定。

五 曾犯組織犯罪防制條例之罪，經有罪判決確定。

六 曾犯毒品危害防制條例第四條至第九條、第十二條第一項、第二項、該二項之未遂犯、第十三條、第十四條第一項、第二項、第十五條、槍砲彈藥刀械管制條例第七條、第八條第一項至第四項、第十二條、第十三條、洗錢防制法第十四條、第十五條、刑法第三百零二條之一或第三百三十九條之四之罪，經有罪判決確定。但原住民單純僅犯未經許可製造、轉讓、運輸、出借或持有自製獵槍、其主要組成零件或彈藥之罪，於中華民國一百零九年五月二十二日修正之槍砲彈藥刀械管制條例施行日前，經有罪判決確定者，不在此限。

七 曾犯前六款之罪，經有罪判決確定並受緩刑之宣告者，亦同。

八 曾犯第一款至第六款以外之罪，其最輕本刑為七年以上有期徒刑之刑，並經判處十年以上有期徒刑之刑確定。

九 犯第一款至第六款以外之罪，判處有期徒刑以上之刑確定，尚未執行、執行未畢、於緩刑期間或行刑權因罹於時效消滅。

十 受死刑、無期徒刑或十年以上有期徒刑之判決尚未確定。

十一 受保安處分之裁判確定，尚未執行或執行未畢。

十二 受破產宣告或經裁定開始清算程序確定，尚未復權。

十三 曾受免除職務之懲戒處分。

十四 依法停止任用或受休職處分，尚未期滿。

十五 褫奪公權，尚未復權。

十六 受監護或輔助宣告，尚未撤銷。

*（內亂罪）刑一〇〇、一〇一；（外患罪）刑一〇三～一一五；（有期徒刑）刑三三③；（緩刑）刑七四～七六。

第二十七條（候選人之消極資格㈡）

下列人員不得登記為候選人：

一 現役軍人。

二 服替代役之現役役男。

三 軍事學校學生。

四 各級選舉委員會之委員、監察人員、職員、鄉（鎮、市、區）公所辦理選舉事務人員及投票所、開票所工作人員。

五 依其他法律規定不得登記為候選人者。

前項第一款之現役軍人，屬於後備軍人或補充兵應召者，在應召未入營前，或係受教育、勤務及點閱召集，均不受限制。第二款服替代役之現役役男，屬於服役期滿後受召集服勤者，亦同。

當選人就職後辭職或因第一百二十條第一項第二款、第三款情事之一，經法院判決當選無效確定者，不得申請登記為該次公職人員補選候選人。

第二十八條（政黨推薦候選人）

依法設立之政黨，得推薦候選人參加公職人員選舉，經政黨推薦之候選人，應為該政黨黨員，並檢附加蓋中央主管機關發給該政黨圖記之政黨推薦書，於候選人申請登記期間內，向選舉委員會辦理登記。

前項推薦書，一名候選人以一個政黨推薦為限，應於申請登記候選人時繳送受理登記之選舉委員會，同時或先後繳送二個以上政黨推薦書，視同放棄政黨推薦。登記期間截止後補送者，不予受理。

第二十九條（候選人登記之撤銷、當選無效之訴之提起）

候選人名單公告後，經發現候選人在公告前或投票前有下列情事之一者，投票前由選舉委員會撤銷其候選人登記；當選後依第一百二十一條規定提起當選無效之訴：

一　同一候選人資格不合第二十四條第一項至第三項、第七項規定。

二　有第二十六條或第二十七條第一項、第三項之情事。

三　依第九十二條第一項規定不得登記為候選人。

全國不分區及僑居國外國民立法委員選舉候選人名單公告後，經發現登記政黨之資格在公告前或投票前有下列情事之一者，投票前由中央選舉委員會撤銷其政黨候選人名單登記；當選後依第一百二十一條規定提起當選無效之訴：

一　不合第二十四條第四項規定。

二　經解散或廢止備案。但因合併而解散者，不在此限。

第三十條（停止選舉活動之原因）

區域立法委員、直轄市長及縣（市）長選舉候選人於登記截止後至選舉投票日前死亡者，選舉委員會應即公告該選舉區停止該項選舉，並定期重行選舉。

其他公職人員選舉候選人登記截止後至選舉投票日前，因候選人死亡，致該選舉區之候選人數未超過或不足該選舉區應選出之名額時，應即公告停止選舉，並定期重行選舉。

第三十一條（撤回候選人登記）

經登記為候選人者，不得撤回其候選人登記。

經政黨推薦之區域、原住民立法委員及地方公職人員選舉候選人，政黨得於登記期間截止前，備具加蓋中央主管機關發給該政黨圖記之政黨撤回推薦書，向原受理登記之選舉委員會撤回推薦，逾期不予受理。

經政黨登記之全國不分區及僑居國外國民立法委員選舉候選人名單，政黨得於登記期間截止前，備具加蓋中央主管機關發給該政黨圖記之政黨撤回或更換登記申請書，向原受理登記之選舉委員會撤回或更換，逾期不予受理。其候選人名單之更換，包括人數變更、人員異動、順位調整，其有新增之候選人者，政黨應依規定繳交表件及保證金。

經登記為候選人者，於登記後將戶籍遷出其選舉區者，不影響其候選人資格，並仍應在原戶籍地之投票所投票。

＊（年滿）憲一三〇，本法四。

第三十二條（候選人保證金繳納與發還）

登記為候選人時，應繳納保證金；其數額由選舉委員會先期公告。

全國不分區及僑居國外國民立法委員選舉候選人之保證金，依公告數額，由登記之政黨按登記人數繳納。

保證金之繳納，以現金、金融機構簽發之本票、保付支票或郵局之業務專用劃撥支票為限；繳納現金不得以硬幣為之。

保證金應於當選人名單公告日後三十日內發還。但有下列情事之一者，不予發還：

一　依第二十五條規定為無效登記之候選人。

二　全國不分區及僑居國外國民立法委員選舉候選人未當選。

三　前款以外選舉未當選之候選人，得票不足各該選舉區應選出名額除該選舉區選舉人總數所得商數百分之十。

前項第三款所稱該選舉區選舉人總數，應先扣除依戶籍法第五十條第一項規定戶籍暫遷至該戶政事務所之選舉人人數。

第四項保證金發還前，依第一百三十條第二項規定應逕予扣除者，應先予以扣除，有餘額時，發還其餘額。

第三十三條（候選人應備具表件及保證金）

登記為候選人時，應備具選舉委員會規定之表件及保證金，於規定時間內，向受理登記之選舉委員會辦理。表件或保證金不合規定，或未於規定時間內辦理者，不予受理。

第三十四條（候選人資格審定及姓名號次抽籤）

各種公職人員選舉候選人資格，應由主管選舉委員會審定公告。

全國不分區及僑居國外國民立法委員選舉，政黨所提名單中之候選人，經中央選舉委員會審查有不合規定者，不准予登記，其名單所排列之順位由後依序遞補。

全國不分區及僑居國外國民立法委員選舉，申請登記之政黨，不符合第二十四條第四項之規定者，不准予登記。

區域、原住民立法委員及地方公職人員選舉，經審定之候選人名單，其姓名號次，由選舉委員會通知各候選人於候選人名單公告三日前公開抽籤決定之。但鄉（鎮、市）民代表、原住民區民代表、鄉（鎮、市）長、原住民區長、村（里）長候選人姓名號次之抽籤，得指定鄉（鎮、市、區）公所辦理之。

前項候選人姓名號次之抽籤，應由監察人員在場監察。候選人未克親自到場參加抽籤者，得委託他人持候選人本人之委託書代為抽籤，候選人未親自參加或未委託他人代抽，或雖到場經唱名三次後仍不抽籤者，由辦理機關代為抽定。

全國不分區及僑居國外國民立法委員選舉政黨名單公告之政黨號次，由中央選舉委員會於候選人名單公告三日前公開抽籤決定其號次。

前項政黨號次之抽籤，由政黨指定之人員一人親自到場抽籤，政黨未指定或指定之人未親自到場參加抽籤或雖到場經唱名三次後仍不抽籤者，由中央選舉委員會代為抽定。

第四節　選舉區

第三十五條（立法委員選舉區）

立法委員選舉，其選舉區依下列規定：

一　直轄市、縣（市）選出者，應選名額一人之縣（市），以其行政區域為選舉區；應選名額二人以上之直轄市、縣（市），按應選名額在其行政區域內劃分同額之選舉區。

二　全國不分區及僑居國外國民選出者，以全國為選舉區。

三　平地原住民及山地原住民選出者，以平地原住民、山地原住民為選舉區。

前項第一款直轄市、縣（市）選舉區應選出名額之計算所依據之人口數，應扣除原住民人口數。

第一項第一款直轄市、縣（市）選出之立法委員，其名額分配及選舉區以第七屆立法委員為準，除本法或其他法律另有規定外，自該屆立法委員選舉區變更公告之日起，每十年重新檢討一次，如有變更之必要，應依第三十七條第三項至第五項規定辦理。

第三十六條（地方公職人員選舉區）

地方公職人員選舉，其選舉區依下列規定：

一　直轄市議員、縣（市）議員、鄉（鎮、市）民代表、原住民區民代表選舉，以其行政區域為選舉區，並得在其行政區域內劃分選舉區；其由原住民選出者，以其行政區域內之原住民為選舉區，並得按平地原住民、山地原住民或在其行政區域內劃分選舉區。

二　直轄市長、縣（市）長、鄉（鎮、市）長、原住民區長、村（里）長選舉，各依其行政區域為選舉區。

前項第一款直轄市議員、縣（市）議員、鄉（鎮、市）民代表、原住民區民代表，按行政區域劃分之選舉區，其應選名額之計算所依據之人口數，有原住民應選名額時，應扣除原住民人口數。

第三十七條（選舉區之劃分）

第三十五條之立法委員選舉區及前條第一項第一款之直轄市議員、縣（市）議員選舉區，由中央選舉委員會劃分；前條第一項第一款之原住民區民代表、鄉（鎮、市）民代表選舉區，由直轄市、縣選舉委員會劃分之；並應於發布選舉公告時公告。但選舉區有變更時，應於公職人員任期或規定之日期屆滿一年前發布之。

前項選舉區，應斟酌行政區域、人口分布、地理環境、交通狀況、歷史淵源及應選出名額劃分之。

第一項立法委員選舉區之變更，中央選舉委員會應於本屆立法委員任期屆滿前二年二個月月底戶籍統計之人口數為準，於一年八個月前，將選舉區變更案送經立法院同意後發布。

立法院對於前項選舉區變更案，應以直轄市、縣（市）為單位行使同意或否決。如經否決，中央選舉委員會應就否決之直轄市、縣（市），參照立法院各黨團意見，修正選舉區變更案，並於否決之日起三十日內，重行提出。

立法院應於立法委員任期屆滿一年一個月前，對選舉區變更案完成同意，未能於期限內完成同意部分，由行政、立法兩院院長協商解決之。

第三十七條之一（改制後選舉區之劃分）

縣（市）改制或與其他直轄市、縣（市）合併改制為直轄市，改制後第一屆直轄市議員、直轄市長及里長之選舉，應依核定後改制計畫所定之行政區域為選舉區，於改制日十日前完成選舉投票。

原住民區以改制前之區或鄉為其行政區域，其第一屆區民代表、區長之選舉以改制前區或鄉之行政區域為選舉區，於改制日十日前完成選舉投票。

前二項之直轄市議員、原住民區民代表選舉區之劃分，應於改制日六個月前公告，不受前條第一項但書規定之限制。

第五節　選舉公告

第三十八條（選舉公告）

選舉委員會應依下列規定期間，發布各種公告：

一　選舉公告，須載明選舉種類、名額、選舉區之劃分、投票日期及投票起止時間，並應於公職人員任期或規定之日期屆滿四十日前發布之。但總統解散立法院辦理之立法委員選舉、重行選舉、重行投票或補選之公告日期，不在此限。

二　候選人登記，應於投票日二十日前公告，其登記期間不得少於五日。但重行選舉、補選及鄉（鎮、市）民代表、原住民區民代表、鄉（鎮、市）長、原住民區長、村（里）長之選舉，不得少於三日。

三　選舉人名冊，應於投票日十五日前公告，其公告期間，不得少於三日。

四　候選人名單，應於競選活動開始前一日公告。

五　選舉人人數，應於投票日三日前公告。

六　當選人名單，應於投票日後七日內公告。

前項第一款之名額，其依人口數計算者，以選舉投票之月前第六個月月底戶籍統計之人口數為準。

第一項第二款候選人登記期間截止後，如有選舉區無人登記時，得就無人登記之選舉區，公告辦理第二次候選人登記，其登記期間，不得少於二日。

第一項各款之公告，有全國一致之必要者，上級選舉委員會得逕行公告。

第三十九條（選舉投票完成日）

公職人員選舉，應於各該公職人員任期或規定之日期屆滿十日前完成選舉投票。但重行選舉、重行投票或補選之投票完成日期不在此限。

總統解散立法院後辦理之立法委員選舉，應於總統宣告解散立法院之日起六十日內完成選舉投票。

第六節　選舉及罷免活動

第四十條（競選及罷免活動期間）

公職人員選舉競選及罷免活動期間依下列規定：

一　直轄市長為十五日。

二　立法委員、直轄市議員、縣（市）議員、縣（市）長、鄉（鎮、市）長、原住民區長為十日。

三　鄉（鎮、市）民代表、原住民區民代表、村（里）長為五日。

前項期間，以投票日前一日向前推算；其每日競選及罷免活動時間，自上午七時起至下午十時止。

第四十一條（競選經費最高金額）

各種公職人員競選經費最高金額，除全國不分區及僑居國外國民立法委員選舉外，應由選舉委員會於發布選舉公告之日同時公告。

前項競選經費最高金額，依下列規定計算：

一　立法委員、直轄市議員、縣（市）議員、鄉（鎮、市）民代表、原住民區民代表選舉為以各該選舉區之應選名額除選舉區人口總數百分之七十，乘以基本金額新臺幣三十元所得數額，加上一固定金額之和。

二　直轄市長、縣（市）長、鄉（鎮、市）長、原住民區長、村（里）長選舉為以各該選舉區人口總數百分之七十，乘以基本金額新臺幣二十元所得數額，加上一固定金額之和。

前項所定固定金額，分別定為立法委員、直轄市議員新臺幣一千萬元、縣（市）議員新臺幣六百萬元、鄉（鎮、市）民代表、原住民區民代表新臺幣二百萬元、直轄市長新臺幣五千萬元、縣（市）長新臺幣三千萬元、鄉（鎮、市）長、原住民區長新臺幣六百萬元、村（里）長新臺幣二十萬元。

競選經費最高金額計算有未滿新臺幣一千元之尾數時，其尾數以新臺幣一千元計算之。

第二項所稱選舉區人口總數，指投票之月前第六個月之末日該選舉區戶籍統計之人口總數。

第二項第一款所定公職人員選舉各該選舉區之應選名額，於補選時，指各該選舉區之原應選名額。

第四十二條（候選人競選經費之列入所得稅列舉扣除額）

候選人競選經費之支出，於前條規定候選人競選經費最高金額內，減除政治獻金及依第四十三條規定之政府補貼競選經費之餘額，得於申報綜合所得稅時作為投票日年度列舉扣除額。

各種公職人員罷免案，提議人之領銜人及被罷免人所為支出，於前條規定候選人競選經費最高金額內，減除政治獻金之餘額，得於申報綜合所得稅時作為罷免案宣告不成立之日或投票日年度列舉扣除額。

前二項所稱之支出，指自選舉公告發布之日起至投票日後三十日內，或罷免案自領取連署人名冊格式之日起至宣告不成立之日止；已宣告成立者則延長至投票日後三十日內，以競選或罷免活動為目的所支出之費用。

第四十三條（競選費用之補貼）

候選人除全國不分區及僑居國外國民立法委員選舉外，當選人在一人，得票數達各該選舉區當選票數三分之一以上者，當選人在二人以上，得票數達各該選舉區當選票數二分之一以上者，應補貼其競選費用，每票補貼新臺幣三十元。但其最高額，不得超過各該選舉區候選人競選經費最高金額。

前項當選票數，當選人在二人以上者，以最低當選票數為準；其最低當選票數之當選人，以婦女保障名額當選，應以前一名當選人之得票數為最低當選票數。

第一項對候選人競選費用之補貼，應於當選人名單公告日後三十日內，由選舉委員會核算補貼金額，並通知候選人於三個月內掣據，向選舉委員會領取。

前項競選費用之補貼，依第一百三十條第二項規定應逕予扣除者，應先予以扣除，有餘額時，發給其餘額。

領取競選費用補貼之候選人犯第九十七條、第九十九條第一項、第一百零一條第一項、第一百零二條第一項第一款之罪經有罪判決確定者或因第一百二十條第一項第三款之情事經法院判決當選無效確定者，選舉委員會應於收到法院確定判決書後，以書面通知其於三十日內繳回已領取及依前項先予扣除之補貼金額，屆期不繳回者，依法移送強制執行。

候選人未於規定期限內領取競選費用補貼者，選舉委員會應催告其於三個月內具領；屆期未領者，視為放棄領取。

第一項所需補貼費用，依第十三條規定編列預算。

第四十四條（競選辦事處之設置）

候選人於競選活動期間，得在其選舉區內設立競選辦事處；其設立競選辦事處二所以上者，除主辦事處以候選人為負責人外，其餘各辦事處，應由候選人指定專人負責，並應將各辦事處地址、負責人姓名，向受理登記之選舉委員會登記。

候選人競選辦事處不得設於機關（構）、學校、依法設立之人民團體或經常定為投票所、開票所之處所及其他公共場所。但政黨之各級黨部辦公處，不在此限。

第四十五條（辦理選舉事務人員之禁止行為）

各級選舉委員會之委員、監察人員、職員、鄉（鎮、市、區）公所辦理選舉事務人員，於選舉公告發布或收到罷免案提議後，不得有下列行為：

一　公開演講或署名推薦為候選人宣傳或支持、反對罷免案。
二　為候選人或支持、反對罷免案站台或亮相造勢。
三　召開記者會或接受媒體採訪時為候選人或支持反對罷免案宣傳。
四　印發張貼宣傳品為候選人或支持反對罷免案宣傳。
五　懸掛或豎立標語、看板、旗幟、布條等廣告物為候選人或支持反對罷免案宣傳。
六　利用廣播電視網際網路或其他媒體為候選人或支持、反對罷免案宣傳。
七　參與競選或支持反對罷免案遊行、拜票、募款活動。

第四十六條　（政見發表會之舉辦）

公職人員選舉，除全國不分區及僑居國外國民立法委員選舉依第四十八條規定辦理外，選舉委員會應於競選活動期間內舉辦公辦政見發表會，候選人應親自到場發表政見。但經選舉區內候選人全體同意不辦理者，應予免辦；鄉（鎮、市）民代表、原住民區民代表及村（里）長選舉，得視實際情形辦理或免辦。

前項公辦政見發表會得透過電視或其他大眾傳播媒體辦理。

前二項公辦政見發表會中候選人發表政見時間，每場每人以不少於十五分鐘為原則；其舉辦之場數、時間、程序及其他相關事項之辦法，由中央選舉委員會定之。

第四十七條　（選舉公報之編印及錄製）

選舉委員會應彙集下列資料及選舉投票等有關規定，編印選舉公報，並得錄製有聲選舉公報：

一　區域、原住民立法委員及地方公職人員選舉，各候選人之號次、相片、姓名、出生年月日、性別、出生地、推薦之政黨、學歷、經歷及政見。
二　全國不分區及僑居國外國民立法委員選舉，各政黨之號次、名稱、政見及其登記候選人之姓名、出生年月日、性別、出生地、學歷及經歷。有政黨標章者，其標章。

前項第一款第二款學歷，其為大學以上者，以經中央教育行政機關立案或認可之學校取得學位者為限。候選人並應於登記時檢附證明文件；未檢附證明文件者，不予刊登該學歷。

第一項第一款學歷、經歷合計以一百五十字為限，同項第二款學歷、經歷合計以七十五字為限。

第一項政見內容，得以文字、圖案為之，並應使所有候選人公平使用選舉公報版面；其編製、格式、印發及其他相關事項之辦法，由中央選舉委員會定之。

第一項候選人及政黨之資料，應於申請登記時，一併繳送選舉委員會。

第一項之政見內容，有違反第五十五條規定者，選舉委員會應通知限期自行修改；屆期不修改或修改後仍有未符規定者，對未符規定部分，不予刊登選舉公報。

候選人個人及政黨資料，由候選人及政黨自行負責。其為選舉委員會職務上所已知或經查明不實者，不予刊登選舉公報。

推薦之政黨欄，經政黨推薦之候選人，應刊登其推薦政黨名稱；非經政黨推薦之候選人，刊登無。

第一項第二款之政黨標章，以經中央主管機關備案者為限；未經備案者不予刊登。

選舉公報應於投票日二日前送達選舉區內各戶，並應於選舉委員會網站公開，且以其他適當方式公開。

第四十八條　（電視政見發表會之舉辦）

全國不分區及僑居國外國民立法委員選舉，中央選舉委員會應以公費，在全國性無線電視頻道，供登記之政黨從事競選宣傳或發表政見，每次時間不得少於一小時，受指定之電視台不得拒絕；其舉辦之次數、時間、程序及其他相關事項之辦法，由中央選舉委員會定之。

經登記之政黨三分之一以上同意，個人或團體得舉辦全國性無線電視辯論會，電視台應予受理，並得向中央選舉委員會申請經費補助；其申請程序、補助辦理場次、基準及其他相關事項之辦法，由中央選舉委員會定之。

第四十八條之一　（選舉及政黨選舉活動之辦理）

選舉委員會得視實際需要，選定公職人員選舉種類，透過電視或其他大眾傳播媒體辦理選舉及政黨選舉活動；其舉辦之次數、時間、程序及其他相關事項之辦法，由中央選舉委員會定之。

第四十九條　（廣播電視之競選宣傳）

廣播電視事業得有償提供時段，供推薦或登記候選人之政黨、候選人從事競選宣傳；供提議人之領銜人或被罷免人從事支持或反對罷免案之宣傳，並應為公正、公平之對待。

公共廣播電視臺及非營利之廣播電臺、無線電視或有線電視臺不得播送競選及支持或反對罷免案之宣傳廣告。

廣播電視事業從事選舉或罷免相關議題之論政、新聞報導或邀請候選人、提議人之領銜人或被罷免人參加節目，應為公正、公平之處理，不得為無正當理由之差別待遇。

廣播電視事業有違反前三項規定之情事者，任何人得於播出後一個月內，檢具錄影帶、錄音帶等具體事證，向選舉委員會舉發。

第五十條　（中央及地方政府禁止從事競選或罷免宣傳活動）

中央及地方政府各級機關於公職人員選舉競選或

罷免活動期間，不得從事任何與競選或罷免宣傳有關之活動。

第五十一條（競選或罷免廣告應載明事項）

報紙、雜誌、廣播電視、網際網路或其他媒體所刊登或播送之競選或罷免廣告，應於該廣告中載明或敘明刊播者、出資者及其他相關資訊。

前項競選或罷免廣告應載明或敘明之事項、內容、格式及其他應遵行事項之辦法，由中央選舉委員會定之。

第五十一條之一（不得被媒體業者接受委託刊播競選廣告之人）

報紙、雜誌、廣播電視事業、利用網際網路提供服務者或其他媒體業者，刊播前條之競選或罷免廣告，應進行查證，不得接受下列各款之個人、法人、團體或機構直接或間接委託刊播：

一　外國人民、法人、團體或其他機構，或主要成員為外國人民、法人、團體或其他機構之法人、團體或其他機構。

二　大陸地區人民、法人、團體或其他機構，或主要成員為大陸地區人民、法人、團體或其他機構之法人、團體或其他機構。

三　香港、澳門居民、法人、團體或其他機構，或主要成員為香港、澳門居民、法人、團體或其他機構之法人、團體或其他機構。

受他人委託向報紙、雜誌、廣播電視事業、利用網際網路提供服務者或其他媒體業者刊播競選或罷免廣告，應查證委託者是否屬前項各款情形，並應提出委託者出具非屬前項各款情形之切結書供媒體業者留存。

第五十一條之二（媒體業者應留存受委託刊播競選或罷免廣告之相關紀錄）

報紙、雜誌、廣播電視事業、利用網際網路提供服務者或其他媒體業者應留存受委託刊播競選或罷免廣告之廣告檔案、所設定放送之觀眾及條件、前條第二項之切結書等完整紀錄；該紀錄自刊播競選或罷免廣告時起應留存四年。

前項應留存紀錄應包括之事項、內容及其他應遵行事項之辦法，由中央選舉委員會定之。

第五十一條之三（得申請鑑識之情形）

選舉公告發布或罷免案宣告成立之日起至投票日前一日止，擬參選人、候選人、被罷免人或罷免案提議人之領銜人知有於廣播電視、網際網路刊播其本人之深度偽造聲音、影像，得填具申請書表並繳納費用，向警察機關申請鑑識。

前項所稱深度偽造，指以電腦合成或其他科技方法製作本人不實之言行，並足使他人誤信為真之技術表現形式。

擬參選人、候選人、被罷免人或罷免案提議人之領銜人對於經第一項警察機關鑑識之聲音、影像具深度偽造之情事者，應檢具鑑識資料，以書面請求廣播電視事業、網際網路平臺提供者或網際網路應用服務提供者依第四項規定處理所刊播之聲音、影像，並副知主辦選舉委員會。

廣播電視事業、網際網路平臺提供者或網際網路應用服務提供者應於接獲前項請求之日起二日內，依下列規定辦理：

一　廣播電視事業：停止刊播該聲音、影像。

二　網際網路平臺提供者、網際網路應用服務提供者：限制瀏覽、移除或下架該聲音、影像。

廣播電視事業、網際網路平臺提供者或網際網路應用服務提供者應自接獲第三項請求之日起六個月內留存所刊播聲音、影像之電磁紀錄或網頁資料，及委託刊播者資料、網路使用紀錄資料；發生訴訟時，應延長留存至裁判確定後三個月。

第一項申請鑑識之資格、程序、書表與影音檔案格式、費用、警察機關出具之鑑識資料應載明內容及其他相關事項之辦法，由內政部定之。

第五十二條（宣傳品印發及競選廣告物之懸掛、豎立注意事項）

政黨及任何人印發以文字、圖畫從事競選、罷免之宣傳品，應親自簽名；其為非候選人、罷免案提議人之領銜人或被罷免人者，並應載明其住址或地址；其為法人或團體者，並應載明法人或團體之名稱與其代表人姓名及地址。宣傳品之張貼，以候選人競選辦事處、政黨辦公處、罷免辦事處及宣傳車輛為限。

前項宣傳品於競選或罷免活動期間開始後散發者，視為競選或罷免活動期間所印製。

政黨及任何人懸掛或豎立標語、看板、旗幟、布條等競選或罷免廣告物應具名，並不得於道路、橋梁、公園、機關（構）、學校或其他公共設施及其用地懸掛或豎立之。但經直轄市、縣（市）政府公告供候選人、罷免案提議人之領銜人、被罷免人、推薦候選人或被罷免人所屬之政黨使用之地點，不在此限。

前項直轄市、縣（市）政府公告之地點，應公平合理提供使用；其使用管理規則，由直轄市、縣（市）政府定之。

廣告物之懸掛或豎立，不得妨礙公共安全或交通秩序，並應於投票日後七日內自行清除；違反者，依有關法令規定處理。

違反第一項或第三項規定所張貼之宣傳品、懸掛、豎立之廣告物，應由選舉委員會通知直轄市、縣（市）政府相關主管機關（單位）依規定處理。

第五十三條（民意調查資料之發布）

政黨及任何人自選舉公告發布或罷免案成立宣告之日起至投票日十日前所為有關候選人、被罷免人或選舉、罷免民意調查資料之發布，應載明負責調查單位、主持人、辦理時間、抽樣方式、母體數、樣本數、誤差值及經費來源。

未載明前項應載事項及其他各式具民意調查外觀之選舉罷免資料，於前項期間均不得發布、報導、散布、評論或引述。但參選之政黨、候選人、提議人之領銜人或被罷免人自行推估者，不在此限。

政黨及任何人自投票日前十日起至投票時間截止前，不得以任何方式發布、報導、散布、評論或引述前二項資料。

第五十四條（製造噪音之處理）

政黨及任何人從事競選或罷免活動使用擴音器，不得製造噪音。違反者，由環境保護主管機關或警察機關依有關法律規定處理。

第五十五條（競選言論及罷免言論之禁止）

候選人或為其助選之人之競選言論；提議人之領銜人、被罷免人及為罷免案助勢之人、罷免案辦事處負責人及辦事人員之罷免言論，不得有下列情事：

一　煽惑他人犯內亂罪或外患罪。

二　煽惑他人以暴動破壞社會秩序。

三　觸犯其他刑事法律規定之罪。

＊（內亂罪）刑一〇〇、一〇一；（外患罪）刑一〇三～一一五。

第五十六條（政黨及任何人不得有之行為）

政黨及任何人，不得有下列情事：

一　於競選或罷免活動期間之每日上午七時前或下午十時後，從事公開競選、助選或罷免活動。但不妨礙居民生活或社會安寧之活動，不在此限。

二　於投票日從事競選、助選或罷免活動。

三　妨害其他政黨或候選人競選活動；妨害其他政黨或其他人從事罷免活動。

四　邀請外國人民、大陸地區人民或香港、澳門居民為第四十五條各款之行為。但受邀者為候選人、被罷免人之配偶，其為第四十五條第二款之站台、亮相造勢及第七款之遊行、拜票而未助講者，不在此限。

第七節　投票及開票

第五十七條（投開票所之設置及開票）

公職人員選舉，應視選舉區廣狹及選舉人分布情形，就機關（構）、學校、公共場所或其他適當處所，分設投票所。

前項之投票所應選擇具備無障礙設施之場地，若無符合規定之無障礙場地，應使用相關輔具或器材協助行動不便者完成投票。選舉委員會應視場所之無障礙程度，適度增加投票所之工作人力，主動協助行動不便者。

原住民公職人員選舉，選舉委員會得斟酌實際情形，單獨設置投票所或於區域選舉投票所內辦理投票。

投票所除選舉人及其照顧之六歲以下兒童、第十八條第三項規定之家屬或陪同之人外，未佩帶各級選舉委員會製發證件之人員不得進入。但檢察官依法執行職務者，不在此限。

投票所於投票完畢後，即改為開票所，當眾唱名開票。開票完畢，開票所主任管理員與主任監察員即依投開票報告表宣布開票結果，除於開票所門口張貼外，並應將同一內容之投開票報告表副本，當場簽名交付推薦候選人之政黨，及非經政黨推薦之候選人所指派之人員；其領取，以一份為限。

投開票完畢後，投開票所主任管理員應會同主任監察員，將選舉票按用餘票、有效票、無效票及選舉人名冊分別包封，並於封口處簽名或蓋章，一併送交鄉（鎮、市、區）公所轉送直轄市、縣（市）選舉委員會保管。

前項選舉票除檢察官或法院依法行使職權外，不得開拆。

第六項選舉票及選舉人名冊，自開票完畢後，其保管期間如下：

一　用餘票為一個月。

二　有效票及無效票為六個月。

三　選舉人名冊為六個月。

前項保管期間，發生訴訟時，其與訴訟有關部分，應延長保管至裁判確定後三個月。

第五十八條（投開票所之管理員）

投票所、開票所置主任管理員一人，管理員若干人，由選舉委員會派充，辦理投票、開票工作。

前項主任管理員須為現任公教人員，管理員須三分之一以上為現任公教人員，選舉委員會得洽請各級政府機關及公立學校推薦後遴派之，受洽請之政府機關、公立學校及受遴派之政府機關職員、學校教職員，均不得拒絕。

投票所、開票所置警衛人員，由直轄市、縣（市）選舉委員會洽請當地警察機關調派之。

第五十九條（投開票所之監察員）

投票所、開票所置主任監察員一人，監察員若干人，監察投票、開票工作。除候選人僅一人時，置監察員一人外，每一投票所、開票所至少應置監察員二人。

主任監察員須為現任或曾任公教人員，由選舉委員會洽請各級政府機關及公立學校推薦後遴派之；受洽請之政府機關職員、學校教職員，均不得拒絕。

監察員依下列方式推薦後，由選舉委員會審核派充之：

一　公職人員選舉，由候選人就所需人數平均推薦。但經政黨推薦之候選人，由其所屬政黨推薦。

二　公職人員選舉與總統副總統選舉同日舉行投票時，依總統副總統選舉罷免法第五十五條第二項規定推薦。

三　立法委員、直轄市長、縣（市）長選舉與其他地方公職人員選舉同日舉行投票時，由立法委員、直轄市長、縣（市）長選舉之候選人依第一款規定推薦。

四　公職人員罷免由提議人之領銜人及被罷免人就所需人數平均推薦。

候選人、政黨、提議人之領銜人或被罷免人得就其所推薦之監察員，指定投票所、開票所，執行投票、開票監察工作。如指定之監察員超過該投票所、開票所規定名額時，以抽籤定之。但投開票所監察員不得全屬同一政黨推薦。

除候選人僅一人外，各投票所推薦不足二名之監察員時，由選舉委員會就下列人員遴派之：

一　地方公正人士。

二　各機關（構）、團體、學校人員。

三　大專校院成年學生。

監察員資格、推薦程序及服務之規則，由中央選舉委員會定之。

第五十九條之一（投、開票所之工作人員應支給工作費）

投票所、開票所工作人員應支給工作費，並參照物價水準調整；其數額基準由中央選舉委員會擬訂，報請行政院核定。

第六十條（工作人員應參加講習）

投票所、開票所之工作人員應參加選舉委員會舉辦之講習。

第六十一條（慰問金之請領）

各級選舉委員會之委員、監察人員、職員、鄉（鎮、市、區）公所辦理選舉事務人員及投票所、開票所工作人員因執行職務致死亡、失能或傷害者，依其本職身分有關規定請領慰問金。

前項人員不能依其本職身分請領慰問金者，由選舉委員會發給慰問金；其發給之對象、數額基準、程序及其他相關事項之辦法，由中央選舉委員會定之。

第六十二條（選舉票）

選舉票由選舉委員會按選舉區，依下列各款規定印製、分發及應用：

一　區域、原住民立法委員及地方公職人員選舉，選舉票應刊印各候選人之號次、姓名及相片；經政黨推薦之候選人，應同時刊印推薦該候選人之政黨名稱；非經政黨推薦之候選人，刊印無。

二　全國不分區及僑居國外國民立法委員選舉，選舉票應刊印政黨之號次、標章及名稱。

前項第二款之政黨標章，以經中央主管機關備案者為限；未經備案者不予刊登。

第一項選舉票，由直轄市、縣（市）選舉委員會依中央選舉委員會規定之式樣及顏色印製，並由監察小組委員到場監印，於投票日前一日交各該投票所主任管理員會同主任監察員當眾點清。

第六十三條（投票方式）

選舉之投票，由選舉人於選舉票圈選欄上，以選舉委員會製備之圈選工具圈選一人。但全國不分區及僑居國外國民立法委員選舉，圈選一政黨。

選舉人圈選後，不得將圈選內容出示他人。

第一項圈選工具，由直轄市、縣（市）選舉委員會依中央選舉委員會規定之式樣製備。

第六十四條（選舉票之無效）

選舉票有下列情事之一者，無效：

一　圈選二政黨或二人以上。

二　不用選舉委員會製發之選舉票。

三　所圈位置不能辨別為何政黨或何人。

四　圈後加以塗改。

五　簽名、蓋章、按指印、加入任何文字或符號。

六　將選舉票撕破致不完整。

七　將選舉票污染致不能辨別所圈選為何政黨或何人。

八　不加圈完全空白。

九　不用選舉委員會製備之圈選工具。

前項無效票，應由開票所主任管理員會同主任監察員認定；認定有爭議時，由全體監察員表決之。表決結果正反意見同數者，該選舉票應為有效。

第六十五條（投開票所秩序之維持）

在投票所或開票所有下列情事之一者，主任管理員應會同主任監察員令其退出：

一　在場喧嚷或干擾勸誘他人投票或不投票，不服制止。

二　攜帶武器或危險物品入場。

三　投票進行期間，穿戴或標示政黨、政治團體、候選人之旗幟、徽章、物品或服飾，不服制止。

四　干擾開票或妨礙他人參觀開票，不服制止。

五　有其他不正當行為，不服制止。

選舉人有前項情事之一者，令其退出時，應將所持選舉票收回，並將事實附記於選舉人名冊內該選舉人姓名下；其情節重大者，並應專案函報各該選舉委員會。

除執行公務外，任何人不得攜帶行動電話或具攝影功能之器材進入投票所。但已關閉電源之行動裝置，不在此限。

任何人不得於投票所以攝影器材刺探選舉人圈選選舉票內容。

第六十六條（投開票之日期或場所之改定）

選舉投票日前或投開票當日發生或可預見將發生天災或其他不可抗力情事，致個別投開票所不能投票或開票時，依下列規定辦理：

一　縣（市）級以上選舉由直轄市、縣（市）選舉委員會報中央選舉委員會核准，改定投開票日期或由直轄市、縣（市）選舉委員會逕行改定投開票場所，並報中央選舉委員會備查。

二　前款以外之選舉，由直轄市、縣（市）選舉委員會改定投開票日期或場所，並報中央選舉委員會備查。

前項不能投票或開票之投開票所，已達或可預見其將達各該選舉區三分之一以上投開票所不能投票或開票時，主管選舉委員會應逕行改定該選舉區投開票日期。

改定之投開票日期，應於改定之投票日三日前公告」。

選舉投票日前或投開票當日發生天災或其他不可抗力情事處理辦法，由中央選舉委員會定之。

選舉委員會於候選人競選活動期間公告改定投票日期時，該選舉之競選活動期間順延至新定之投票日前一日。但改定投票日期公告日距新定之投票日前一日之期間，長於原定之競選活動期間者，依新定之投票日前一日，重新計算競選活動期間。

第八節　選舉結果

第六十七條（當選及婦女保障名額之計算方法）

公職人員選舉，除另有規定外，按各選舉區應選出之名額，以候選人得票比較多數者為當選；票數相同時，以抽籤決定之。

全國不分區及僑居國外國民立法委員選舉當選名額之分配，依下列規定：

一　以各政黨得票數相加之和，除各該政黨得票數，求得各該政黨得票比率。

二　以應選名額乘前款得票比率所得積數之整數，即為各政黨分配之當選名額；按政黨名單順位依序當選。

三　依前款規定分配當選名額後，如有剩餘名額，應按各政黨分配當選名額後之剩餘數大小，依序分配剩餘名額。剩餘數相同時，以抽籤決定之。

四　政黨登記之候選人名單人數少於應分配之當選名額時，視同缺額。

五　各該政黨之得票比率未達百分之五以上者，不予分配當選名額；其得票數不列入第一款計算。

六　第一款至第三款及前款小數點均算至小數點第四位，第五位以下四捨五入。

前項各政黨當選之名額，婦女不得低於二分之一。

各政黨分配之婦女當選名額，按各政黨登記之候選人名單順位依序分配當選名額；婦女當選人少於應行當選名額時，由名單順位在後之婦女候選人優先分配當選。婦女候選人少於應分配之婦女當選名額時，視同缺額。

▲釋七二一。

第六十八條（婦女當選名額之計票方式及分配）

地方公職人員選舉，其婦女當選人少於應行當選名額時，應將婦女候選人所得選舉票單獨計算，以得票比較多數者為當選；其計算方式，依下列規定：

一　直轄市議員、縣（市）議員、鄉（鎮、市）民代表、原住民區民代表選舉，在各該直轄市、縣（市）、鄉（鎮、市、區）劃分選舉區時，各該選舉區開票結果，婦女當選人不足各該選舉區規定名額時，應將該選舉區未當選婦女候選人所得票數，單獨計算，以得票較多之婦女候選人，依序當選；無婦女候選人者，視同缺額。

二　平地原住民、山地原住民直轄市議員、平地原住民、山地原住民縣（市）議員、平地原住民鄉（鎮、市）民代表選舉，婦女當選人不足規定名額時，應將各直轄市、縣（市）、鄉（鎮、市）選舉區未當選婦女候選人所得票數單獨計算，相互比較，以得票數較多之婦女候選人於其選舉區之當選名額中依序當選；無婦女候選人者，視同缺額。

第六十九條（重新計票之申請）

區域立法委員、直轄市長、縣（市）長選舉結果，得票數最高與次高之候選人得票數差距，或原住民立法委員選舉結果得票數第三高與第四高之候選人得票數差距，在有效票數千分之三以內時，次高票或得票數第四高之候選人得於投票日後七日內，向第一百二十六條規定之管轄法院聲請查封全部或一部分投票所之選舉人名冊及選舉票，就查封之投票所於二十日內完成重新計票，並將重新計票結果通知各主管選舉委員會。各主管選舉委員會應於七日內依管轄法院重新計票結果，重行審定選舉結果。審定結果，有不應當選而已公告當選之情形，應予撤銷；有應當選而未予公告之情形，應重行公告。

前項重新計票之申請，於得票數最高或原住民立法委員選舉得票數第三高之候選人有二人以上票數相同時，得由經抽籤而未抽中之候選人為之。

第一項聲請，應以書面載明重新計票之投票所，並繳納一定金額之保證金；其數額以投票所之投票數每票新臺幣三元計。

重新計票由管轄法院於直轄市、縣（市）分別選定地點，就查封之投票所選舉人名冊及選舉票逐張認定。

管轄法院辦理重新計票，應通知各候選人或其指定人員到場並得指揮直轄市縣（市）選舉委員會鄉（鎮市區）公所及投票所工作人員協助。

重新計票結果未改變當選或落選時，第三項保證金不予發還；重新計票結果改變當選或落選時，保證金應予發還。

任何人提起選舉訴訟時，依第一項規定查封之投票所選舉人名冊及選舉票，不得聲請重新計票。

第一項辦理重新計票所需費用，由第十三條規定編列預算之機關負擔。

第七十條（最低當選票數）

候選人數未超過或不足各該選舉區應選出之名額時，以所得票數達下列規定以上者，始為當選。但村（里）長選舉不在此限：

一　區域立法委員、直轄市長、縣（市）長、鄉（鎮、市）長、原住民區長選舉為各該選舉區選舉人總數百分之二十。

二　原住民立法委員、直轄市議員、縣（市）議員、鄉（鎮、市）民代表、原住民區民代表選舉為各該選舉區應選出之名額除該選舉區選舉人總數所得商數百分之十。

前項選舉結果未能當選或當選不足應選出之名額時，區域立法委員、直轄市長、縣（市）長、鄉（鎮、市）長、原住民區長應自投票之日起三個月內完成重行選舉投票；原住民立法委員、直轄市議員、縣（市）議員、鄉（鎮、市）民代表、原住民區民代表視同缺額。同一選舉區內缺額達二分之一時，應自事實發生之日起三個月內完成補選投票。

第七十條之一（當選之候選人於當選人名單公告前死亡之處理）

依第六十七條第一項、第六十八條或第七十條第一項規定當選之候選人，於當選人名單公告前死亡，選舉委員會應公告為當選人，其所遺缺額，依下列規定辦理：

一　區域立法委員、直轄市長、縣（市）長、鄉（鎮、市）長、原住民區長、村（里）長，應自公告之日起三個月內完成重行選舉投票。

二　原住民立法委員、直轄市議員、縣（市）議員、鄉（鎮、市）民代表、原住民區民代表，視同缺額；同一選舉區內缺額達二分之一時，應自公告之日起三個月內完成補選投票。

第七十一條（當選人死亡或判定當選無效之處理）

當選人於就職前死亡或於就職前經判決當選無效確定者，依下列規定辦理：

一　區域立法委員、直轄市長、縣（市）長、鄉（鎮、市）長、原住民區長、村（里）長，應自死亡之日或選舉委員會收到法院確定判決證明書之日起三個月內完成重行選舉投票。

二　原住民立法委員、直轄市議員、縣（市）議員、鄉（鎮、市）民代表、原住民區民代表，視同缺額；同一選舉區內缺額達二分之一時，應自死亡之日或選舉委員會收到法院確定判決證明書之日起三個月內完成補選投票。

三　全國不分區及僑居國外國民立法委員，除以書面聲明放棄遞補者外，由該政黨登記之候選人名單按順位依序遞補；該政黨登記之候選人名單無人遞補時，視同缺額。

全國不分區及僑居國外國民立法委員選舉當選人，在就職前喪失其所屬政黨黨籍者，自喪失黨籍之日起，喪失其當選資格；其所遺缺額，除以書面聲明放棄遞補者外，由該政黨登記之候選人名單按順位依序遞補；如該政黨登記之候選人名單無人遞補時，視同缺額。

全國不分區及僑居國外國民立法委員選舉婦女當選人，在就職前死亡、就職前經判決當選無效確定或喪失其所屬政黨黨籍而出缺，致該政黨婦女當選人不足婦女應當選名額時，其所遺缺額，除以書面聲明放棄遞補者外，由該政黨登記之候選人名單中之婦女候選人順位依序遞補；該政黨登記之候選人名單無婦女候選人遞補時，視同缺額。

前二項政黨黨籍之喪失，應由所屬政黨檢附黨籍喪失證明書，向中央選舉委員會備案。

第一項第三款、第二項及第三項所定立法委員之遞補，應自死亡之日、選舉委員會收到法院確定判決證明書或黨籍喪失證明書送達選舉委員會之日起十五日內，由中央選舉委員會公告遞補當選人名單。

第七十二條（就職日）

當選人應於規定之日就職，重行選舉或重行投票之當選人未能於規定之日就職者，其任期仍應自該規定之日起算。

前項當選人因徵集入營服役，尚未就職者，不得就職；已就職者，視同辭職。

第七十三條（出缺補選之處理）

立法委員於就職後因死亡、辭職、經判決當選無效確定或其他事由出缺時，依下列規定辦理：

一　區域選出者，應自死亡之日、辭職之日或選舉委員會收到法院確定判決證明書之日或其他出缺事由發生之日起三個月內完成補選投票。但其所遺任期不足一年時，不予補選。

二　原住民選出者，同一選舉區內缺額達二分之一時，應自死亡之日、辭職之日或選舉委員會收到法院確定判決證明書之日或其他出缺事由發生之日起三個月內完成補選投票。但其所遺任期不足一年時，不予補選。

三　全國不分區及僑居國外國民選出者，其所遺缺額，除以書面聲明放棄遞補者外，由該政黨登記之候選人名單按順位依序遞補；如該政黨登記之候選人名單無人遞補時，視同缺額。

全國不分區及僑居國外國民立法委員，在就職後喪失其所屬政黨黨籍者，自喪失黨籍之日起，喪失其資格，由中央選舉委員會函請立法院予以註銷，其所遺缺額，除以書面聲明放棄遞補者外，由該政黨登記之候選人名單按順位依序遞補；如該政黨登記之候選人名單無人遞補時，視同缺額。

全國不分區及僑居國外國民立法委員選舉婦女當選人，於就職後因死亡、辭職、經判決當選無效確定、喪失其所屬政黨黨籍或其他事由出缺，致該政黨婦女當選人不足婦女應當選名額時，其所遺缺額，除以書面聲明放棄遞補者外，由該政黨登記之候選人名單中之婦女候選人順位依序遞補；如該政黨登記之候選人名單無婦女候選人遞補時，視同缺額。

前二項政黨黨籍之喪失，應由所屬政黨檢附黨籍喪失證明書，向中央選舉委員會備案。

第一項第三款、第二項及第三項所定立法委員之遞補，應自立法院註銷名籍公函送達之日起十五日內，由中央選舉委員會公告遞補名單。

第七十三條之一（當選人原登記之政黨解散或廢止備案之處理）

全國不分區及僑居國外國民立法委員選舉當選人，於就職前或就職後，原登記之政黨解散或廢止備案，除因合併而解散外，自司法院憲法法庭判決生效之日或主管機關公告之日起，喪失其資格，由中央選舉委員會函請立法院予以註銷，其所遺缺額，視同缺額。

第七十四條（當選人經判決當選無效確定之處理）

當選人經判決當選無效確定，依法院確定判決認定之事實，候選人得票數有變動致影響當選或落選時，主管選舉委員會應依法院確定判決認定之事實，重行審定。審定結果，有不應當選而已公告當選之情形，應予撤銷；有應當選而未予公告之情形，應重行公告，不適用重行選舉或缺額補選之規定。

地方民意代表當選人於登記參選該公職身分之選舉因第一百二十條第一項第三款之情事，經法院判決當選無效確定者或經提起當選無效之訴後辭職者，或因犯第一百二十條第一項第三款所列之罪，經有罪判決確定者，其缺額於法院判決確定日或辭職生效日由落選人依得票數之高低順序遞補，不適用重行選舉或缺額補選之規定。

前項落選人之得票數應達選舉委員會原公告該選舉區得票數最低之當選人得票數二分之一，且於該次選舉得遞補當選時，未有犯第九十七條、第九十八條之一第一項及其未遂犯、第九十九條第一項、第二項、第一百零一條第一項、第二項、第一百零二條第一項第一款及其預備犯、刑法第一百四十四條或第一百四十六條之罪，經有罪判決確定之情事。

遞補當選人名單公告後，經發現遞補人員在公告前或就職前有死亡、受褫奪公權宣告尚未復權、不符前項規定經選舉委員會撤銷公告或公告後未就職者，所遺缺額不適用第二項缺額依序遞補之規定。但遞補人員有犯第一百二十條第一項第三款所列之罪，經法院判決有罪情事者，不在此限。

第四章（刪除）

第九節　罷　免

第一款　罷免案之提出

第七十五條（罷免案之提出）

公職人員之罷免，得由原選舉區選舉人向選舉委員會提出罷免案。但就職未滿一年者，不得罷免。

全國不分區及僑居國外國民立法委員選舉之當選人，不適用罷免之規定。

▲釋四〇一、四九八。

第七十六條（罷免案之提議人）

罷免案以被罷免人原選舉區選舉人為提議人，由提議人之領銜人一人，填具罷免提議書一份，檢附罷免理由書正、副本各一份，提議人正本、影本名冊各一份，向選舉委員會提出。

前項提議人人數應為原選舉區選舉人總數百分之一以上，其計算數值尾數如為小數者，該小數即以整數一計算。

第一項提議人名冊，應依規定格式逐欄詳實填寫，填具提議人國民身分證統一編號及戶籍地址分村（里）裝訂成冊，並指定提議人一人為備補領銜人。

罷免理由書以不超過五千字為限。

罷免案，一案不得為二人以上之提議。但有二個以上罷免案時，得同時投票。

罷免案表件不合第一項、第三項、前項規定或提議人名冊不足第二項規定之提議人數者，選舉委員會應不予受理。

中央選舉委員會應建置電子系統，提供提議人之領銜人徵求連署；其適用罷免種類、連署方式、查對作業及其他相關事項之辦法，由中央選舉委員會定之。

採電子連署者，其文件以電磁紀錄之方式提供。

罷免案提議人之領銜人死亡或經提議人總數二分之一以上書面同意者，由備補領銜人遞補為領銜人，並以一次為限。

第七十七條（罷免案提議人之限制）

現役軍人、服替代役之現役役男或公務人員，不得為罷免案提議人。

前項所稱公務人員，為公務員服務法第二十四條規定之公務員。

＊（公務人員）公服二四。

第七十八條（罷免案之撤回）

罷免案於未徵求連署前，經提議人總數三分之二以上同意得以書面向選舉委員會撤回之。

第二款　罷免案之成立

第七十九條（提議人名冊之查對）

選舉委員會收到罷免案提議後，應於二十五日內查對提議人名冊，有下列情事之一者，應予刪除：

一　提議人不合第七十六條第一項規定。

二　提議人有第七十七條第一項之身分。

三　提議人姓名、國民身分證統一編號或戶籍地址書寫錯誤或不明。

四　提議人名冊未經提議人簽名或蓋章。

五　提議人提議有偽造情事。

提議人名冊經依前項規定刪除後，如不足規定人數，由選舉委員會將刪除之提議人及其個別事由列冊通知提議人之領銜人於十日內補提，屆期不補提或補提仍不足規定人數者，均不予受理。符合規定人數，即函告提議人之領銜人自收到通知之次日起十日內領取連署人名冊格式，並於一定期間內徵求連署，未依限領取連署人名冊格式者，視為放棄提議。

前項補提，以一次為限。補提之提議人名冊，應依第一項規定處理。如刪除後，不足規定人數，應不予受理。選舉委員會應將刪除之提議人及其個別事由列冊通知提議人之領銜人。

第八十條（提議人之連署期間）

前條第二項所定徵求連署之期間如下：

一　立法委員、直轄市議員、直轄市長、縣（市）長之罷免為六十日。

二　縣（市）議員、鄉（鎮、市）長、原住民區長之罷免為四十日。

三　鄉（鎮、市）民代表、原住民區民代表、村（里）長之罷免為二十日。

前項期間之計算，自領得連署人名冊格式之次日起算。

罷免案提議人之領銜人，應將連署人名冊正、影本各一份，於第一項規定期間內向選舉委員會一次提出，逾期不予受理。

前項連署人名冊，應依規定格式逐欄詳實填寫，並填具連署人國民身分證統一編號及戶籍地址，分村（里）裝訂成冊。連署人名冊未依規定格式提出者，選舉委員會應不予受理。

第八十一條（罷免案之連署人）

罷免案之連署人，以被罷免人原選舉區選舉人為連署人，其人數應為原選舉區選舉人總數百分之十以上。

前項罷免案連署人人數，其計算數值尾數如為小數者，該小數即以整數一計算。

同一罷免案之提議人不得為連署人。提議人及連署人之人數應分別計算。

第八十二條（選舉人總數及選舉人之認定）

第七十六條及前條所稱選舉人總數，以被罷免人當選時原選舉區之選舉人總數為準；所稱選舉人，其年齡及居住期間之計算，以罷免案提出日為準。

第八十三條（罷免案之宣告）

選舉委員會收到罷免案連署人名冊後，立法委員、直轄市議員、直轄市長、縣（市）長之罷免應於四十日內，縣（市）議員、鄉（鎮、市）長、原住民區長之罷免應於二十日內，鄉（鎮、市）民代表、原住民區民代表、村（里）長之罷免應於十五日內，查對連署人名冊，有下列各款情事之一者，應予刪除。但連署人名冊不足第八十一條第一項規定之連署人數者，選舉委員會應逕為不成立之宣告：

一　連署人不合第八十一條第一項規定。

二　連署人有第八十一條第三項規定情事。

三　連署人姓名、國民身分證統一編號或戶籍地址書寫錯誤或不明。

四　連署人名冊未經連署人簽名或蓋章。

五　連署人連署有偽造情事。

前項連署人名冊經查對後，如不足規定人數，由選舉委員會通知提議人之領銜人於十日內補提，屆期不補提或補提仍不足第八十一條第一項規定人數，選舉委員會應為罷免案不成立之宣告，並應將刪除之連署人及其個別事由列冊通知提議人之領銜人；連署人數符合規定者，選舉委員會應為罷免案成立之宣告。

前項補提，以一次為限。補提之連署人名冊，應依第一項規定處理。

罷免案有下列情事之一者，原提議人對同一被罷免人，一年內不得再為罷免案之提案：

一　罷免案經宣告不成立。

二　未於第七十九條第二項規定期限內領取連署人名冊格式，視為放棄提議。

三　未於第八十條第一項規定期限內提出連署人名冊。

罷免案提議人名冊及連署人名冊查對作業辦法，由中央選舉委員會定之。

第八十四條（罷免理由書副本之送達）

罷免案宣告成立後，應將罷免理由書副本送交被罷免人，於十日內提出答辯書。

前項答辯書內容，以不超過一萬字為限。

第八十五條（公告）

選舉委員會應於被罷免人提出答辯書期間屆滿後五日內，就下列事項公告之：

一　罷免投票日期及投票起、止時間。

二　罷免理由書。

三　答辯書。但被罷免人未於規定期間內提出答辯書者，不予公告。答辯書內容超過前條第二項規定字數者，其超過部分亦同。

第八十六條（罷免案辦事處之設置）

罷免案提議人之領衔人、被罷免人，於罷免案提議後，得於罷免區內設立支持與反對罷免案之辦事處，置辦事人員。

前項罷免辦事處不得設於機關（構）、學校、依法設立之團體、經常定為投票所、開票所之處所及其他公共場所。但政黨之各級黨部及依法設立之社會團體、職業團體辦公處，不在此限。

罷免辦事處設立與辦事人員之登記、辦事人員名額與資格限制及其他相關事項之辦法，由中央選舉委員會定之。

立法委員、直轄市議員、直轄市長及縣（市）長罷免活動期間，選舉委員會應舉辦公辦電視罷免說明會，提議人之領衔人及被罷免人，應親自到場發表。但經提議人之領衔人及被罷免人雙方同意不辦理者，應予免辦。

前項公辦電視罷免說明會舉辦之場數、時間、程序等事項之辦法，由中央選舉委員會定之。

第八十六條之一（罷免案提議人連署人名冊之保管期間）

罷免案宣告成立者，其提議人名冊、連署人名冊應保管至開票後三個月。宣告不成立者，應保管至宣告不成立之日後一年二個月。

罷免案不予受理者，其提議人名冊或連署人名冊應保管至不予受理之日後一年二個月。

罷免案視為放棄提議或逾期未提出連署人名冊者，其提議人名冊應保管至視為放棄提議或連署期間屆滿之日後一年二個月。

前三項保管期間，如有罷免訴訟，應延長保管至裁判確定後三個月。

第三款　罷免之投票及開票

第八十七條（罷免案之投票）

罷免案之投票，應於罷免案宣告成立後二十日起至六十日內為之，該期間內有其他各類選舉時，應同時舉行投票。但被罷免人同時為候選人時，應於罷免案宣告成立後六十日內單獨舉行罷免投票。

被罷免人於投票日前死亡、去職或辭職者，選舉委員會應即公告停止該項罷免。

第八十八條（罷免票之刊印、圈定）

罷免票應在票上刊印同意罷免、不同意罷免二欄，由投票人以選舉委員會製備之圈選工具圈定。

投票人圈定後，不得將圈定內容出示他人。

第八十九條（投票人及投開票規定之準用）

罷免案之投票人、投票人名冊及投票、開票，準用本法有關選舉人、選舉人名冊及投票、開票之規定。

第九十條（罷免之最低投票人數）

罷免案投票結果，有效同意票數多於不同意票數，且同意票數達原選舉區選舉人總數四分之一以上，即為通過。

有效罷免票數中，不同意票數多於同意票數或同意票數不足前項規定數額者，均為否決。

第九十一條（罷免投票結果之公告）

罷免案經投票後，選舉委員會應於投票完畢七日內公告罷免投票結果。罷免案通過者，被罷免人應自公告之日起，解除職務。

前項罷免案通過後，依規定應辦理補選者，應自罷免投票結果公告之日起三個月內完成補選投票。但經提起罷免訴訟者，在訴訟程序終結前，不予補選。

第九十二條（罷免案通過或否決之效果）

罷免案通過者，被罷免人自解除職務之日起，四年內不得於同一選舉區為同一公職人員候選人；其於罷免案進行程序中辭職者，亦同。

罷免案否決者，在該被罷免人之任期內，不得對其再為罷免案之提議。

第五章　妨害選舉罷免之處罰

第九十三條（違反競選言論之處罰）

違反第五十五條第一款規定者，處七年以上有期徒刑；違反第二款規定者，處五年以上有期徒刑；違反第三款規定者，依各該有關處罰之法律處斷。

第九十四條（公然聚眾暴動之處罰）

利用競選、助選或罷免機會，公然聚眾，以暴動破壞社會秩序者，處七年以上有期徒刑；首謀者，處無期徒刑或十年以上有期徒刑。

前項之未遂犯罰之。

第九十五條（施暴公務員之處罰）

意圖妨害選舉或罷免，對於公務員依法執行職務時，施強暴脅迫者，處五年以下有期徒刑。

犯前項之罪，因而致公務員於死者，處無期徒刑或七年以上有期徒刑；致重傷者，處三年以上十年以下有期徒刑。

第九十六條（公然聚眾對公務員施強暴脅迫之處罰）

公然聚眾，犯前條之罪者，在場助勢之人，處三年以下有期徒刑、拘役或科新臺幣三十萬元以下罰金；首謀及下手實施強暴脅迫者，處三年以上十年以下有期徒刑。

犯前項之罪，因而致公務員於死者，首謀及下手實施強暴脅迫者，處無期徒刑或七年以上有期徒刑；致重傷者，處五年以上十二年以下有期徒刑。

第九十七條（賄選之處罰㈠）

對於候選人或具有候選人資格者，行求期約或交付賄賂或其他不正利益而約其放棄競選或為一定之競選活動者處三年以上十年以下有期徒刑，併科新臺幣二百萬元以上二千萬元以下罰金。候選人或具有候選人資格者要求期約或收受賄賂或其他不正利益，而許以放棄競選或為一定之競選活動者，亦同。

預備犯前二項之罪者，處一年以下有期徒刑。

預備或用以行求期約或交付之賄賂，不問屬於犯罪行為人與否，沒收之。

▲公職人員選舉罷免法第九十條之一第一項之賄選罪係以對於有投票權之人，行求期約或交付賄賂或其他不正利益，而約其不行使投票權或為一定之行使為構成要件。亦即須視行為人主觀上是否具有行賄之犯意，而約使有投票權人為投票權一定之行使或不行使；客觀上行為人所行求期約或交付之賄賂或不正利益是否可認係約使投票權人為投票權之一定行使或不行使之對價；以及所行求、期約、交付之對象是否為有投票權人而定。上開對價關係，在於行賄者之一方，係認知其所行求、期約或交付之意思表示，乃為約使有投票權人為投票權一定之行使或不行使；在受賄者之一方，亦應認知行賄者對其所行求、期約或交付之意思表示，乃為約使其為投票權一定之行使或不行使。且對有投票權人交付之財物或不正利益，並不以金錢之多寡為絕對標準，而應綜合社會價值觀念、授受雙方之認知及其他客觀情事而為判斷。（九二臺上八九三）

第九十八條（妨害他人選罷之處罰）

以強暴、脅迫或其他非法之方法為下列行為之一者，處五年以下有期徒刑：

一　妨害他人競選或使他人放棄競選。

二　妨害他人為罷免案之提議、連署或使他人為罷免案之提議、連署。

前項之未遂犯罰之。

第九十八條之一（意圖影響選罷虛偽遷徙戶籍而為投票者之處罰）

意圖使特定候選人當選，以虛偽遷徙戶籍取得投票權而為投票者，處五年以下有期徒刑。

意圖影響罷免案之結果，以虛偽遷徙戶籍取得罷免案投票權而為投票者，處五年以下有期徒刑。

前二項之未遂犯罰之。

第九十九條（賄選之處罰㈡）

對於有投票權之人，行求期約或交付賄賂或其他不正利益，而約其不行使投票權或為一定之行使者，處三年以上十年以下有期徒刑，得併科新臺幣一百萬元以上一千萬元以下罰金。

預備犯前項之罪者，處一年以下有期徒刑。

預備或用以行求期約或交付之賄賂，不問屬於犯罪行為人與否，沒收之。

犯第一項或第二項之罪，於犯罪後六個月內自首者，減輕或免除其刑；因而查獲候選人為正犯或共犯者，免除其刑。

犯第一項或第二項之罪，在偵查中自白者，減輕其刑；因而查獲候選人為正犯或共犯者，減輕或免除其刑。

第一百條（賄選之處罰㈢）

直轄市、縣（市）議會議長、副議長、鄉（鎮、市）民代表會、原住民區民代表會主席及副主席之選舉，對於有投票權之人，行求期約或交付賄賂或其他不正利益，而約其不行使投票權或為一定之行使者，處三年以上十年以下有期徒刑，得併科新臺幣二百萬元以上二千萬元以下罰金。

前項之選舉，有投票權之人要求期約或收受賄賂或其他不正利益，而許以不行使其投票權或為一定之行使者，亦同。

預備犯前二項之罪者，處一年以下有期徒刑。

預備或用以行求期約或交付之賄賂，不問屬於犯罪行為人與否，沒收之。

犯第一項或第二項之罪，於犯罪後六個月內自首者，減輕或免除其刑；因而查獲候選人為正犯或共犯者，免除其刑。在偵查中自白者，減輕其刑；因而查獲候選人為正犯或共犯者，減輕或免除其刑。

第一百零一條（黨內提名）

政黨辦理第二條各種公職人員候選人黨內提名，自公告其提名作業之日起，於提名作業期間，對於黨內候選人有第九十七條第一項、第二項之行為者，依第九十七條第一項、第二項規定處斷；對於有投票資格之人，有第九十九條第一項之行為者，依第九十九條第一項規定處斷。

預備犯前項之罪者，處一年以下有期徒刑。

犯前二項之罪者預備或用以行求期約、交付或收受之賄賂，不問屬於犯罪行為人與否，沒收之。

犯第一項或第二項之罪，於犯罪後六個月內自首者，減輕或免除其刑；因而查獲正犯或共犯者，免除其刑。」

犯第一項或第二項之罪，在偵查中自白者，減輕其刑；因而查獲正犯或共犯者，免除其刑。

意圖漁利，包攬第一項之事務者，依第一百零三條規定處斷。

前項之未遂犯罰之。

第一百十五條規定，於政黨辦理公職人員黨內提名時，準用之。

政黨依第一項規定辦理黨內提名作業，應公告其提名作業相關事宜，並載明起止時間、作業流程、黨內候選人及有投票資格之人之認定等事項；各政黨於提名作業公告後，應於五日內報請內政部備查。

第一百零二條（對選舉團體及罷免案提議人、連署人行賄之處罰）

有下列行為之一者，處一年以上七年以下有期徒刑，併科新臺幣一百萬元以上一千萬元以下罰金：

一　對於該選舉區內之團體或機構，假借捐助名義，行求期約或交付財物或其他不正利益，使其團體或機構之構成員，不行使投票權或為一定之行使。

二　以財物或其他不正利益，行求期約或交付罷免案有提議權人或有連署權人，使其不為提議或連署，或為一定之提議或連署。

預備犯前項之罪者，處一年以下有期徒刑。

預備或用以行求期約或交付之賄賂，不問屬於犯罪行為人與否，沒收之。

第一百零三條（賄選之處罰㈣）

意圖漁利，包攬第九十七條第一項、第二項、第九十九條第一項、第一百條第一項、第二項或第一百零二條第一項各款之事務者，處三年以上十年以下有期徒刑，得併科新臺幣一百萬元以上一千萬元以下罰金。

前項之未遂犯罰之。

第一百零三條之一（在公共或公眾得出入之場所以選罷結果為標的之賭博財物者之處罰）

在公共場所或公眾得出入之場所以選舉罷免結果為標的之賭博財物者，處六月以下有期徒刑、拘役或科新臺幣十萬元以下罰金。

以電信設備、電子通訊、網際網路或其他相類之方法以選舉罷免結果為標的之賭博財物者，亦同。

前二項以供人暫時娛樂之物為賭者，不在此限。

意圖營利，以選舉罷免結果為標的之供給賭博場所或聚眾賭博財物者，處五年以下有期徒刑，得併科新臺幣五十萬元以下罰金。

第一百零四條（誹謗之處罰）

意圖使候選人當選或不當選，或意圖使被罷免人罷免案通過或否決者，以文字、圖畫、錄音、錄影、演講或他法，散布謠言或傳播不實之事，足以生損害於公眾或他人者，處五年以下有期徒刑。

以散布、播送或以他法供人觀覽候選人、被罷免人、罷免案提議人之領銜人本人之深度偽造聲音、影像、電磁紀錄之方法，犯前項之罪者，處七年以下有期徒刑。

意圖營利而犯前二項之罪者，依各該項之規定加重其刑至二分之一，得併科新臺幣二百萬元以上一千萬元以下罰金。

第一百零四條之一（各級機關首長或其代理人、受其指示之人違法之處罰）

中央及地方政府各級機關首長或其代理人、受其指示之人違反第五十條規定者，處三年以下有期徒刑。

犯前項之罪，經判刑確定者，其所屬機關得就所支之費用，予以追償；二人以上共同犯前項之罪者，應連帶負責。

第一百零五條（妨害投開票所秩序之處罰）

違反第六十三條第二項或第八十八條第二項規定或有第六十五條第一項各款情事之一，經令其退出而不退出者，處二年以下有期徒刑、拘役或科新臺幣二十萬元以下罰金。

第一百零六條（攜帶手機及攝影器材進入投票所之處罰）

違反第六十五條第三項規定者，處新臺幣三萬元以上三十萬元以下罰鍰。

違反第六十五條第四項規定者，處五年以下有期徒刑，併科新臺幣五十萬元以下罰金。

第一百零七條（妨害選舉罷免進行之處罰）

選舉罷免之進行，有下列情事之一者，在場助勢之人，處一年以下有期徒刑、拘役或科新臺幣十萬元以下罰金；首謀及下手實施者，處五年以下有期徒刑：

一　聚眾包圍候選人、被罷免人、罷免案提議人、連署人或其辦事人員之服務機關、辦事處或住居所。

二　聚眾以強暴、脅迫或其他非法之方法，妨害候選人從事競選活動、被罷免人執行職務或罷免案提議人、連署人或其辦事人員對罷免案之進行。

第一百零八條（選舉票或罷免票攜出場外之處罰）

將領得之選舉票或罷免票攜出場外者，處一年以下有期徒刑、拘役或科新臺幣一萬五千元以下罰金。

在投票所四周三十公尺內喧嚷或干擾勸誘他人投票或不投票，經警衛人員制止後仍繼續為之者，處一年以下有期徒刑、拘役或科新臺幣一萬五千元以下罰金。

第一百零九條（抑留毀壞奪取投票匭等之處罰）

意圖妨害或擾亂投票開票而抑留、毀壞、隱匿、調換或奪取投票匭、選舉票、罷免票、選舉人名冊、投票報告表、開票報告表、開票統計或圈選工具者，處五年以下有期徒刑。

第一百十條（違反競選活動限制之處罰）

違反第四十四條、第四十五條、第五十二條第一項、第三項、第八十六條第二項、第三項所定辦法中關於辦事處及其人員登記設立、設立數量、名額或資格限制規定者，處新臺幣十萬元以上一百萬元以下罰鍰。

廣播電視事業違反第四十九條第一項、第二項或第三項規定者，處新臺幣二十萬元以上二百萬元以下罰鍰。

違反第五十一條第二項所定辦法中關於廣告應載明或敘明事項、內容或第五十一條之三第五項之規定者，處新臺幣二十萬元以上二百萬元以下或該廣告費二倍之罰鍰。

違反第五十一條之一、第五十一條之二第一項、第二項所定辦法中關於廣告應留存紀錄事項或內容之規定者，處新臺幣二十萬元以上一千萬元以下或該廣告費二倍之罰鍰。

違反第五十一條之三第四項規定，未停止刊播、限制瀏覽、移除或下架者，處新臺幣二十萬元以上一千萬元以下罰鍰，並令限期改善；屆期未改善者，得按次處罰。

違反第五十三條或第五十六條規定者，依下列規定處罰；違反第五十六條規定，經制止不聽者，按次處罰：

一　政黨候選人罷免案提議人之領銜人被罷免人及其受僱人、代理人或使用人處新臺幣二十萬元以上二百萬元以下罰鍰。

二　前款以外之人：處新臺幣十萬元以上一百萬元以下罰鍰。

候選人、罷免案提議人之領銜人、被罷免人之受僱人、代理人或使用人違反第四十四條、第五十二條第一項、第三項、第五十三條、第五十六條或第八十六條第二項、第三項所定辦法中關於辦事處及其人員登記設立、設立數量、名額或資格限制規定者，併處罰候選人、罷免案提議人之領銜人、被罷免人。

政黨、法人或非法人團體違反第五十二條第一項或第三項規定者，依第一項規定，併處罰其代表人及行為人；違反第五十三條或第五十六條規定者，依第六項規定併處罰其代表人及行為人。

委託報紙、雜誌、廣播電視事業、利用網際網路提供服務者或其他媒體業者，刊播競選、罷免廣告或委託夾報散發宣傳品，違反第五十六條第二款規定者，依第六項規定，處罰委託人及受託人；委託人或受託人為政黨、法人或非法人團體者，併處罰其代表人及行為人。

將選舉票或罷免票以外之物投入票匭，或故意撕毀領得之選舉票或罷免票者，處新臺幣五千元以上五萬元以下罰鍰。

第一百十一條（自首）

犯第九十七條第二項之罪或刑法第一百四十三條第一項之罪，於犯罪後三個月內自首者，免除其刑；逾三個月者，減輕或免除其刑；在偵查或審判中自白者，減輕其刑。

意圖他人受刑事處分，虛構事實，而為前項之自首者，依刑法誣告罪之規定處斷。

第一百十二條（政黨推薦之候選人犯罪之處罰）

政黨推薦之候選人犯第九十四條至第九十六條第九十七條第一項、第二項、第九十八條第一項第一款或其未遂犯、第九十八條之一第一項或其未遂犯、第九十九條、第一百零二條第一項第一款或其預備犯、第一百零九條、刑法第一百四十二條或第一百四十五條至第一百四十七條之罪，經判刑確定者，按其確定人數，各處推薦之政黨新臺幣五十萬元以上五百萬元以下罰鍰；已獲政黨黨內提名之參選人犯第九十七條第一項、第二項之罪，經有罪判決確定者，亦同。」

政黨推薦之候選人，對於其他候選人或已獲政黨黨內提名之參選人犯刑法第二百七十一條、第二百七十七條、第二百七十八條、第三百零二條、第三百零二條之一、第三百零四條、第三百零五條、第三百四十六條至第三百四十八條或其特別法之罪，經有罪判決確定者，依前項規定處罰。

第一百十三條（從重主義）

犯本章之罪，其他法律有較重處罰之規定者，從其規定。

辦理選舉、罷免事務人員，假借職務上之權力、機會或方法，以故意犯本章之罪者，加重其刑至二分之一。

犯本章之罪或刑法分則第六章之妨害投票罪，宣告有期徒刑以上之刑者，並宣告褫奪公權。

第一百十四條（公務員候選人違法之處理）

已登記為候選人之現任公務人員，有下列情形之一者，經選舉委員會查明屬實後，通知各該人員之主管機關先行停止其職務，並依法處理：

一　無正當理由拒絕選舉委員會請協辦事項或請派人員。

二　干涉選舉委員會人事或業務。

三　藉名動用或挪用公款作競選之費用。

四　要求有部屬或有指揮、監督關係之團體暨各該團體負責人作競選之支持。

五　利用職權無故調動人員，對競選預作人事之安排。

第一百十五條（偵查）

中央公職人員選舉、罷免，由最高檢察署檢察總長督率各級檢察官；地方公職人員選舉、罷免，由該管檢察署檢察長督率所屬檢察官，分區查察，自動檢舉有關妨害選舉、罷免之刑事案件，並接受機關、團體或人民是類案件之告發、告訴、自首，即時開始偵查，為必要之處理。

前項案件之偵查，檢察官得依刑事訴訟法及調度司法警察條例等規定，指揮司法警察人員為之。

第一百十六條（妨害選舉罷免案件之審結）

犯本章之罪或刑法第六章妨害投票罪之案件，各審受理法院應於六個月內審結。

第一百十七條（當選人賄賂之處罰）

當選人於登記參選該公職身分之選舉，犯第九十七條第一項至第三項、第九十九條第一項、第二項、第一百零二條第一項第一款或其預備犯或第一百零三條之罪，或地方民意代表當選人犯第一百條第一項至第三項之罪，經法院判處有期徒刑以上之刑而未受緩刑之宣告者，自判決之日起，當然停止其職務或職權。

依前項停止職務或職權之人員，經改判無罪時，於其任期屆滿前復職。

第六章　選舉罷免訴訟

第一百十八條（選舉或罷免無效之訴之提起）

選舉委員會辦理選舉、罷免違法，足以影響選舉或罷免結果，檢察官、候選人、被罷免人或罷免案提議人，得自當選人名單或罷免投票結果公告之日起十五日內，以各該選舉委員會為被告，向管轄法院提起選舉或罷免無效之訴。

選舉委員會辦理全國不分區及僑居國外國民立法委員選舉違法，足以影響選舉結果，申請登記之政黨，得依前項規定提起選舉無效之訴。

*（選舉委員會）公職選罷施五二。

第一百十九條（選舉或罷免無效之效果）

選舉或罷免無效之訴，經法院判決無效確定者，其選舉或罷免無效，並定期重行選舉或罷免。其違法屬選舉或罷免之局部者，局部之選舉或罷免無效，並就該局部無效部分，定期重行投票。

第一百二十條（當選無效之訴之提起）

當選人有下列情事之一者，選舉委員會、檢察官或同一選舉區之候選人得以當選人為被告，自公告當選人名單之日起六十日內，向該管轄法院提起當選無效之訴：

一　當選票數不實，足認有影響選舉結果之虞。

二　對於候選人、有投票權人或選務人員，以強暴、脅迫或其他非法之方法，妨害他人競選、自由行使投票權或執行職務。

三　有第九十七條、第九十八條之一第一項、第九十九條第一項、第一百零一條第一項、第一百零二條第一項第一款、刑法第一百四十六條第一項之行為。

全國不分區及僑居國外國民立法委員選舉之當選人，因政黨得票數不實，而足認有影響選舉結果之虞，或有前項第二款、第三款所列情事之一者，其他申請登記之政黨得依前項規定提起當選無效之訴。

前二項當選無效之訴經判決確定者，不因同一事由經刑事判決無罪而受影響。

第一百二十一條（資格不合當選無效之訴）

當選人有第二十九條第一項所列各款之一或第二項規定情事者，選舉委員會、檢察官或同一選舉區之候選人得以當選人為被告，於其任期或規定之日期屆滿前，向該管轄法院提起當選無效之訴。

全國不分區及僑居國外國民立法委員選舉之當選人有前項情事時，其他申請登記之政黨亦得依前項規定提起當選無效之訴。

第一百二十二條（當選無效）

當選無效之訴經判決無效確定者，當選人之當選無效；已就職者，並應自判決確定之日起，解除職務。

第一百二十三條（選舉無效或當選無效之效果）

選舉無效或當選無效之判決，不影響當選人就職後職務上之行為。

第一百二十四條（罷免案通過或否決無效之訴）

罷免案之通過或否決，有下列情事之一者，選舉委員會、檢察官、被罷免人或罷免案提議人之領銜人，得於罷免投票結果公告之日起六十日內，以罷免案提議人之領銜人或被罷免人為被告，向管轄法院提起罷免案通過或否決無效之訴：

一　罷免案通過或否決之票數不實，足認有影響投票結果之虞。

二　被罷免人、罷免案提議人之領銜人或其各該辦事處負責人、辦事人員，對於有投票權人或選務人員，以強暴、脅迫或其他非法之方法，妨害他人自由行使投票權或執行職務。

三　被罷免人、罷免案提議人之領銜人或其各該辦事處負責人、辦事人員有第九十八條第一項第二款、第九十八條之一第二項、第九十九條第一項、刑法第一百四十六條第一項之行為。

四　被罷免人有第一百零二條第一項第二款之行為。

罷免案否決無效之訴，經法院判決無效確定者，其罷免案之否決無效，並定期重行投票。

罷免案之通過經判決無效者，被罷免人之職務應予恢復。但無法恢復者，不在此限。

第一百二十五條（選舉無效等之舉發）

選舉人發覺有構成選舉無效、當選無效或罷免無效、罷免案通過或否決無效之情事時，得於當選人名單或罷免投票結果公告之日起七日內，檢具事證，向檢察官或選舉委員會舉發之。

第一百二十六條（管轄法院）

選舉、罷免訴訟之管轄法院，依下列之規定：

一　第一審選舉、罷免訴訟，由選舉、罷免行為地之該管地方法院或其分院管轄，其行為地跨連或散在數地方法院或分院管轄區域內者，各該管地方法院或分院俱有管轄權。

二　不服地方法院或分院第一審判決而上訴之選舉、罷免訴訟事件，由該管高等法院或其分院管轄。

第一百二十七條（選舉法庭與再審）

選舉、罷免訴訟，設選舉法庭，採合議制審理，並應先於其他訴訟審判之，以二審終結，並不得提起再審之訴。各審受理之法院應於六個月內審結。

法院審理選舉、罷免訴訟時，應依職權調查必要之事證。

▲釋四四二。

第一百二十八條（民事訴訟法之準用）

選舉、罷免訴訟程序，除本法規定者外，準用民事訴訟法之規定。但關於捨棄、認諾、訴訟上自認或不爭執事實效力之規定，不在準用之列。

第一百二十九條（選舉票或選舉人名冊之查閱、影印）

選舉訴訟程序中，訴訟當事人或其訴訟代理人得查閱、影印選舉票或選舉人名冊。

第七章　附　則

第一百三十條（罰鍰之處罰、扣除）

本法及組織犯罪防制條例第十四條第一項所定罰鍰，由選舉委員會處罰之。

前項之罰鍰，候選人或政黨經通知後屆期不繳納者，選舉委員會並得於第三十二條候選人或政黨繳納之保證金或第四十三條所定應撥給候選人之競選費用補助金款項內逕予扣除。

*（罰鍰裁定）公職選罷施五八。

第一百三十一條（本法修正前之選舉、罷免案適用規定）

本法修正施行前已發布選舉公告之選舉，或已向主管選舉委員會提出之罷免案，仍適用修正前之規定。

第一百三十二條（刪除）

第一百三十三條（施行細則之訂定）

本法施行細則，由內政部會同中央選舉委員會定之。

第一百三十四條（施行日期）

本法自公布日施行。

本法中華民國九十八年五月十二日修正之條文，自九十八年十一月二十三日施行。

公職人員選舉罷免法施行細則

民國六十九年六月五日內政部令發布
七十年六月九日內政部令修正發布
七十二年九月二十日內政部令修正發布
七十四年八月九日內政部令修正發布
七十五年五月二十六日內政部令修正發布
七十八年七月十四日內政部令修正發布
八十年八月二十八日內政部令修正發布條文及法規名稱（原名為「動員戡亂時期公職人員選舉罷免法施行細則」）
八十三年九月十六日內政部令修正發布
八十六年九月十日內政部令修正發布
九十一年七月十日內政部令修正發布
九十二年十二月十七日中央選舉委員會令修正發布
九十三年八月十八日中央選舉委員會令修正發布
九十四年七月二十二日中央選舉委員會令修正發布
九十四年十月五日中央選舉委員會令修正發布
九十六年十一月九日內政部中央選舉委員會令修正發布
九十八年八月四日內政部中央選舉委員會令修正發布
九十九年二月二十六日內政部中央選舉委員會令修正發布
一百年九月一日內政部中央選舉委員會令修正發布
一百零三年七月二十四日內政部中央選舉委員會令修正發布
一百零四年七月二十七日內政部中央選舉委員會令修正發布
一百零六年五月五日內政部中央選舉委員會令修正發布
一百零七年七月二十三日內政部中央選舉委員會令修正發布
一百一十年六月二日內政部中央選舉委員會令修正發布第一五、二七、五四、五五條條文

第一章　總　則

第一條（訂定依據）

本細則依公職人員選舉罷免法（以下簡稱本法）第一百三十三條規定訂定之。

第二條（圈選投票）

本法第三條第一項所定無記名單記投票之方法，以圈選行之。

*（無記名投票）憲一二九。

第三條（居住期間之計算）

本法第四條所定居住期間之計算所依據之戶籍登記，應由戶政機關切實查察，其遷入登記不實者，應依法處理。

前項居住期間之計算，遇有於投票日前二十日戶籍登記資料載明遷出登記而於投票日前二十日以後始依戶籍法規定撤銷遷出者，其居住期間不繼續計算。

第二章　選舉罷免機關

第四條（選舉委員會之區分及其主辦單位）

各級選舉委員會依本法第七條規定辦理選舉時，其主辦之選舉委員會區分如下：

一　全國不分區及僑居國外國民立法委員選舉，由中央選舉委員會主辦。

二　區域及原住民立法委員選舉，由直轄市、縣（市）選舉委員會主辦，受中央選舉委員會指揮監督。

三　直轄市議員、直轄市長選舉，由直轄市選舉委員會主辦，受中央選舉委員會指揮監督。

四　縣（市）議員、縣（市）長選舉，由縣（市）選舉委員會主辦，受中央選舉委員會指揮監督。

五　鄉（鎮、市）民代表、直轄市山地原住民區（以下簡稱原住民區）民代表、鄉（鎮、市）長、原住民區長、村（里）長選舉，由直轄市、縣（市）

選舉委員會主辦，並得指揮鄉（鎮、市、區）公所辦理之直轄市、縣（市）選舉委員會辦理選舉，並受中央選舉委員會之監督。

前項規定於公職人員之罷免準用之。

第五條（選務作業中心設置要點）

依本法第七條第五項規定設置之辦理選務單位為選務作業中心，其設置要點由直轄市、縣（市）選舉委員會定之。

第六條（辦理選舉、罷免期間）

本法第七條第五項所定辦理選舉期間及第十條所定辦理選舉、罷免期間，由中央選舉委員會定之。

第七條（當選證書之製發）

本法第十一條第一項第八款所定當選證書，由主管選舉委員會製發。

第三章　選舉及罷免

第一節　選舉人

第八條（原住民之定義）

本法第十六條所稱原住民，指自由地區之平地原住民及山地原住民。

第二節　選舉人名冊

第九條（編造選舉人名冊之指導監督）

戶政機關依本法編造選舉人名冊時，受直轄市、縣（市）選舉委員會之指導監督。

第十條（選舉人名冊之編造）

本法第二十條第一項、第二項所定選舉人名冊，得分別或合併編造，按投票所分開編訂，加蓋編造機關印信。

第十一條（選舉人名冊之分派）

選舉人名冊應編造四份，並切實核對後，先以一份按鄉分訂成冊，送由鄉（鎮、市、區）公所，依本法第二十二條及第三十八條第一項第三款規定於投票日十五日前，在鄉（鎮、市、區）公所公開陳列、公告閱覽；俟更正確定後，一份由戶政機關留存，其餘三份分別送由鄉（鎮、市、區）公所存查、函報直轄市、縣（市）選舉委員會備查及作為投票所發票之用。

選舉人名冊經公告閱覽後，如更正過多時，得重行編造。

第十二條（選舉人名冊之分派）

選舉人名冊確定後，戶政機關應填造選舉人人數統計表，送由鄉（鎮、市、區）公所轉報直轄市、縣（市）選舉委員會，依本法第三十八條第一項第五款規定於投票日三日前公告選舉人人數。

在工作地投票之選舉人人數，由工作地之戶政機關併入工作地之選舉人人數內計算，戶籍地之戶政機關不予計算。

戶政機關應依據確定之選舉人名冊填造投票通知單，送由鄉（鎮、市、區）公所於投票日二日前分送選舉區內各戶。但鄉（鎮、市）及原住民區以下公職人員之選舉，得免填送。

第三節　候選人

第十三條（山地鄉鄉長及原住民區長候選人之資格）

山地鄉鄉長及原住民區長候選人應為山地原住民。

第十四條（候選人申請登記之機關）

申請登記為候選人，應於規定期間內分別向下列機關為之：

一　全國不分區及僑居國外國民立法委員為中央選舉委員會。
二　區域及原住民立法委員為直轄市、縣（市）選舉委員會。
三　直轄市議員、直轄市長為直轄市選舉委員會。
四　縣（市）議員、縣（市）長為縣（市）選舉委員會。但福建省金門縣、連江縣議員選舉得指定鄉（鎮）公所為之。
五　鄉（鎮、市）民代表、原住民區民代表、鄉（鎮、市）長、原住民區長及村（里）長為直轄市、縣（市）選舉委員會或其指定之鄉（鎮、市、區）公所。

第十五條（申請登記為候選人之應備表件）

申請登記為區域、原住民選舉候選人，應備具下列表件：

一　候選人登記申請書。
二　候選人登記申請調查表。
三　本人最近三個月內之戶籍謄本。
四　本人二寸脫帽正面半身光面相片。
五　刊登選舉公報之政見及個人資料。候選人學歷為學士以上學位，其為國內學歷者，應檢附公立或已立案之私立大學授予之學位證明文件；其為國外學歷者，應檢附經我國駐外使領館、代表處、辦事處或其他經外交部授權機構驗證之國外學歷證明文件、畢業學校應經中央教育行政機關列入參考名冊，未列入參考名冊者，應經當地國政府權責機關或專業評鑑團體認可；其為大陸地區學歷者，應檢附中央教育行政機關採認之證明文件；其為香港或澳門學歷者，應檢附經行政院在香港或澳門設立或指定機構或委託之民間團體驗證之學歷證明文件，畢業學校應經中央教育行政機關列入認可名冊。
六　設競選辦事處者，其登記書。
七　經政黨推薦者，其政黨推薦書。
八　國民身分證，驗後當面發還。

九　立法委員、直轄市議員、直轄市長、縣（市）議員及縣（市）長選舉候選人應檢附候選人財產申報表。

委託他人代為辦理前項申請登記者，並應繳驗受託人之國民身分證及附委託書；國民身分證驗後當面發還。

依法設立之政黨申請登記全國不分區及僑居國外國民選舉候選人名單，應備具下列表件：

一　登記申請書及其名單，並應加蓋中央主管機關發給該黨之圖記。
二　每一候選人登記申請調查表。
三　每一全國不分區選舉候選人最近三個月內之戶籍謄本；每一僑居國外國民選舉候選人，由僑務委員會出具之華僑身分證明書及經中華民國駐外使領館、代表處、辦事處或其他外交部授權機構認證未曾設有戶籍之切結書或戶政機關最近三個月內核發之戶籍遷出國外連續八年以上之戶籍謄本。
四　每一候選人二寸脫帽正面半身光面相片。
五　每一候選人同意書。
六　刊登選舉公報之政黨政見。
七　刊登選舉公報之候選人個人資料。候選人學歷為學士以上學位，其為國內學歷者，應檢附公立或已立案之私立大學授予之學位證明文件；其為國外學歷者，應檢附經我國駐外使領館、代表處、辦事處或其他經外交部授權機構驗證之國外學歷證明文件，畢業學校應經中央教育行政機關列入參考名冊；未列入參考名冊者，應經當地國政府權責機關或專業評鑑團體認可；其為大陸地區學歷者，應檢附中央教育行政機關採認之證明文件；其為香港或澳門學歷者，應檢附經行政院在香港或澳門設立或指定機構或委託之民間團體驗證之學歷證明文件，畢業學校應經中央教育行政機關列入認可名冊。
八　刊登選舉公報及選舉票之政黨標章式樣與電子檔及經中央主管機關備案之證明文件。但未有政黨標章者免附。
九　依本法第二十四條第四項第三款申請登記之政黨，應檢附該政黨現有立法委員名冊及其每位立法委員出具之切結書。
十　依本法第二十四條第四項第四款申請登記之政黨，應檢附該次區域及原住民立法委員選舉推薦候選人名冊。
十一　政黨使用電視從事競選宣傳者，其申請書。
十二　每一候選人財產申報表。

前項第三款所定華僑身分證明書，不包括檢附華裔證明文件向僑務委員會申請核發者。

第一項第五款、第三項第七款之國外學歷證明文件，候選人於與我國簽署免除重複驗證國際書面協定國家取得者，如檢附經其政府指定之權責機關驗證之該國學歷證明文件，得免經我國駐外使領館代表處、辦事處或其他經外交部授權機構驗證。

第一項第五款、第三項第七款之國內外學歷證明文件，於九十三年三月二十日以後辦理之總統副總統選舉及九十七年一月十二日以後辦理之各項公職人員選舉、大陸地區學歷證明文件於一百零三年十一月二十九日以後辦理之各項公職人員選舉，曾刊登選舉公報學歷欄內之候選人學歷得予免附。

第一項及第三項之表件份數，由選舉機關於候選人登記公告中定之。

第十六條（軍事學校學生之定義）

本法第二十七條第一項第三款所稱軍事學校學生，指依軍事教育條例規定正在接受基礎教育、進修教育及深造教育者。

第十七條（登記資格之限制及證明）

本法第二十七條第一項第一款至第四款所列人員，非於申請登記期間截止前已退伍、退役、停役、辭職或退學，不得申請登記為候選人，並應於申請登記期間截止前繳驗正式證明文件。

第十八條（撤銷登記之公告）

本法第二十九條第一項所定之選舉委員會，為主管選舉委員會；其撤銷候選人登記，以公告為之。

第十九條（遷出選舉區不影響選舉權之行使）

本法第三十一條第四項所定經登記為候選人者，於登記後將戶籍遷出其選舉區者，仍列入原選舉區選舉人名冊，行使選舉權。

第二十條（表件之審查、審定及候選人號次抽籤）

候選人申請登記期間截止後，受理登記之機關應將第十五條第一項第五款至第七款所定表件彙由直轄市、縣（市）選舉委員會依規定辦理，並應造具候選人登記冊三份，連同各項表件送由主辦選舉委員會審查，報請主管選舉委員會審定。

本法第三十四條第四項所定候選人姓名號次之抽籤，於該選舉區候選人僅一名時，其號次為一號，免辦抽籤。

第四節　選舉區及選舉公告

第二十一條（保證金數額之預計及公告）

本法第三十二條所定候選人保證金數額之預計及先期公告，由主管選舉委員會為之。

本法第三十二條第四項第二款規定之計算方式，所得計算數值尾數如為小數，即以整數一計算。

第二十一條之一（選出之立法委員其名額分配及選舉區）

本法第三十五條第三項所定直轄市、縣（市）選出之立法委員其名額分配及選舉區以第七屆立法委員為準,自該屆立法委員選舉區變更公告之日起,於每十年重新檢討立法委員選舉區變更之期間內遇有縣(市)改制或與其他直轄市、縣(市)合併改制為直轄市或村(里)之編組及調整時,由中央選舉委員會公告調整立法委員選舉區名稱及其所轄行政區域範圍。

第二十二條 (選舉公告之發布機關)

本法第三十八條第一項所定各種公告之發布,依下列之規定:

一 立法委員選舉:第一款、第二款、第四款及第六款之公告由中央選舉委員會為之;第三款及第五款之公告由直轄市、縣(市)選舉委員會為之。

二 直轄市議員、直轄市長選舉:第一款、第二款及第六款之公告由中央選舉委員會為之;第三款至第五款之公告由直轄市選舉委員會為之。

三 縣(市)議員、縣(市)長選舉:第一款、第二款及第六款之公告由中央選舉委員會為之;第三款至第五款之公告由縣(市)選舉委員會為之。

四 鄉(鎮、市)民代表、原住民區民代表、鄉(鎮、市)長、原住民區長及村(里)長選舉:各款之公告均由直轄市、縣(市)選舉委員會為之。

第二十三條 (候選人登記公告時間及公告事項)

本法第三十八條第一項第二款所定候選人登記之公告,應分別參酌各種公職人員選舉候選人登記、資格審定、姓名號次抽籤及競選活動所需時間,於候選人申請登記開始三日前為之;其公告事項如下:

一 申請登記之起止日期、時間及地點。

二 應具備之表件及份數。

三 領取書表之時間及地點。

四 應繳納之保證金額。

本法第三十八條第三項所定之第二次候選人登記公告,應於候選人登記期間截止後二日內為之。

第五節 選舉及罷免活動

第二十四條 (競選活動起止之公告)

本法第四十條所定競選活動期間之起止日期及每日競選活動之起止時間,由主管或主辦選舉委員會於公告候選人名單公告中載明。

本法第四十條所定罷免活動期間之起止日期及每日罷免活動之起止時間,由主管選舉委員會於發布本法第八十五條所定公告中載明。

第二十五條 (選舉委員會)

本法第四十一條第一項所定之選舉委員會,為主管選舉委員會。

第二十六條 (綜合所得稅之申報)

候選人、罷免案提議人之領銜人及被罷免人依本法第四十二條規定申報綜合所得稅競選或罷免經費列舉扣除額時,應檢附財政部規定之憑證或證明文件,以供稅捐稽徵機關查核。

第二十七條 (競選費用之補貼)

本法第四十三條第三項所定之選舉委員會,為主辦選舉委員會。

本法第四十三條第三項所定候選人競選費用之補貼,於鄉(鎮、市)民代表、原住民區民代表、鄉(鎮、市)長、原住民區長、村(里)長選舉,向主辦選舉委員會指定之鄉(鎮、市、區)公所領取。

第二十八條 (選舉公報之編印)

本法第四十七條第六項所定之通知,由主辦選舉委員會為之。

選舉公報由直轄市、縣(市)選舉委員會編印。有聲選舉公報,全國不分區及僑居國外國民、原住民立法委員選舉由中央選舉委員會錄製;直轄市、縣(市)選舉委員會複製分發。區域立法委員、直轄市議員、直轄市長、縣(市)議員、縣(市)長選舉由直轄市、縣(市)選舉委員會錄製及複製分發。

選舉公報各候選人及政黨之號次,依選舉委員會公告候選人名單及政黨候選人名單上之號次。

第二十九條 (親自簽名)

本法第五十二條第一項所定親自簽名,得以簽名套印或逐張加蓋簽名章之方式為之。

第六節 投票及開票

第三十條 (投票所之設置)

本法第五十七條第一項、第三項所定之投票所,由直轄市、縣(市)選舉委員會設置、編號,於投票日十五日前公告之,並分別載入選舉公報。

二種以上公職人員選舉同日舉行投票時,其投票所合併設置。

投開票所主任管理員及主任監察員依本法第五十七條第五項規定交付投開票報告表副本時,推薦候選人之政黨及非經政黨推薦之候選人所指派之人員,應憑委託書,於投開票報告表張貼於投開票所門口後至開票所全部工作人員離開開票所前領取之;每一推薦候選人之政黨及非經政黨推薦之候選人,以領取一份為限。

直轄市、縣(市)選舉委員會依本法第五十七條第七項規定受理選舉人、候選人或其指派人員申請查閱選舉人名冊,應安排申請人於申請查閱期間查閱,並作成查閱紀錄。選舉人、候選人或其指派人員查閱選舉人名冊時,不得抄寫、複印、攝影或錄音。

第三十一條 (投票匭之加封)

投票所投票匭應由主任管理員會同主任監察員於投票開始前公開查驗後加封。

前項投票匭由直轄市、縣（市）選舉委員會製備，分發應用。

第三十二條 （投票報告表）

投票完畢後，投票所主任管理員應將投票所編號、投票日期、發出票數、用餘票數及其他有關事項會同主任監察員填具投票報告表。

第三十三條 （開票）

投票完畢後，主任管理員應會同主任監察員將投票匭密封，並即將投票所改為開票所。

開票應公開為之，逐張唱名開票並設置參觀席，備民眾入場參觀開票。

第三十四條 （開票報告表）

開票完畢後，開票所主任管理員應將開票所編號、開票時間、開出選舉票總數、候選人得票數等會同主任監察員填具開票報告表。

第三十五條 （得票數列表寄送候選人）

直轄市、縣（市）選舉委員會於當選人名單公告後十日內，應將各候選人在每一投票所得票數列表寄送各候選人。

第三十六條 （投、開票所管理員之設置）

投票所、開票所置主任管理員一人，管理員三人至十四人，由直轄市、縣（市）選舉委員會依本法第五十八條第一項及第二項規定遴派。

第三十七條 （主任管理員之職務）

投票所、開票所主任管理員綜理投票、開票事務，並指揮監督管理員辦理下列事項：

一　管理選舉人名冊及選舉票。
二　管理投票匭。
三　發票、唱票、記票。
四　計算候選人得票數目。
五　維持投票、開票秩序。
六　其他有關投票、開票之工作。

第三十八條 （票所人員之執行職務）

投票所、開票所工作人員應按時到達被指定之投票所、開票所執行職務，主任管理員或主任監察員因故未能按時到達者，應由到達之管理員或監察員互推一人暫行代理。

前項工作人員應佩帶之證件由直轄市、縣（市）選舉委員會製發之。

第三十九條 （獎勵規定）

投票所、開票所工作人員服務成績優良者，予以獎勵。

第四十條 （票所人員違法之處理）

投票所、開票所工作人員擅離職守或有其他違法行為，經查明屬實者，除依法處理外，由直轄市、縣（市）選舉委員會立即免除其職務，另行派員接替。

第四十一條 （選舉票之發交）

直轄市、縣（市）選舉委員會應於投票日前二日，按選舉人名冊所載人數分別將選舉票發交鄉（鎮、市、區）公所，並於投票日前一日，轉發投票所主任管理員會同主任監察員點收後密封，由鄉（鎮、市、區）公所統一保管或主任管理員負責保管，於投票開始前會同主任監察員，當眾啟封點交管理員發票。

前項選舉票之分發，於山地或離島地區得由直轄市、縣選舉委員會視實際情況提前辦理。

第七節　選舉結果

第四十二條 （抽籤之程序）

本法第六十七條第一項及第二項第三款所定之抽籤，主辦選舉委員會應通知票數相同之候選人或剩餘數相同之政黨，於投票日後二日內會同監察人員公開為之。候選人或政黨書面指派之人員未到場參加抽籤或雖到場經唱名三次後仍不抽籤者，由主辦選舉委員會代為抽定。

第四十三條 （選舉結果）

公職人員選舉結果應由主辦選舉委員會造具選舉結果清冊及當選人名單連同當選人相片二張，於投票日後四日內函報主管選舉委員會審定當選人名單依本法第三十八條第一項第六款公告之。

全國不分區及僑居國外國民立法委員選舉，應由中央選舉委員會造具選舉結果清冊及當選人名單，其當選人名單經審定後應依本法第三十八條第一項第六款規定公告之。

第四十四條 （黨籍喪失證明書之加蓋圖記）

本法第七十一條第四項、第七十三條第四項所定黨籍喪失證明書，應加蓋中央主管機關發給該黨之圖記。

第四章　（刪除）

第八節　罷　免

第一款　罷免案之提出

第四十五條 （罷免案之提出對象）

公職人員之罷免案，應向本法第七條所定之主管選舉委員會提出之。

第四十六條 （罷免案於連署前撤回之對象）

本法第七十八條所定罷免案於未徵求連署前之撤回，向主管選舉委員會為之。

第二款　罷免案之成立

第四十七條 （罷免案提議書件之處理）

主管選舉委員會收到罷免案提議書件後，應即交由主辦選舉委員會於二十日內依本法第七十九條第一項規定查對提議人名冊，其中第一款及第三款之查對由主辦選舉委員會函請戶政機關依據戶籍登記資料為之。

主辦選舉委員會查對提議人名冊後，有不合規定者，應予以刪除，並於前項規定期間內，將查對結果函報主管選舉委員會。

本法第七十九條第二項、第三項所定之選舉委員會為主管選舉委員會。

第四十八條（受理罷免案之選舉委員會）

本法第八十條第三項所定之選舉委員會為主辦選舉委員會。但原住民立法委員罷免案為中央選舉委員會。

第四十九條（罷免案連署人名冊人數不足之處理及查對）

本法第八十三條第一項但書所定連署人名冊不足規定之連署人人數由主辦選舉委員會函報主管選舉委員會，逕為罷免案不成立之宣告。

主辦選舉委員會依本法第八十三條第一項規定查對連署人名冊時，其中第一款及第三款之查對，應函請戶政機關依據戶籍登記資料為之。連署人名冊經查對後，有不合規定者，應予以刪除。主辦選舉委員會應將查對結果函報主管選舉委員會為罷免案成立或不成立之宣告。

本法第八十三條第二項所定之選舉委員會為主管選舉委員會。

第五十條（被罷免人答辯書之提出）

被罷免人應於罷免理由書副本送達後十日內提出答辯書。主管選舉委員會於接到答辯書或提出答辯書期間屆滿後，除依本法第八十五條公告外，並應將公告內容交由主辦選舉委員會印發選舉區內各戶。

第五十條之一（其他各類選舉之定義）

本法第八十七條第一項所稱其他各類選舉，指已發布選舉公告之選舉，其選舉區與罷免投票在同一直轄市、縣（市），且選舉區範圍全部或一部分重疊者。

第三款　罷免投票

第五十一條（罷免投票結果之公告）

罷免案經投票後，主辦選舉委員會應即造具罷免投票結果清冊，報由主管選舉委員會依本法第九十一條第二項規定公告罷免投票結果。

第五章　選舉罷免訴訟

第五十二條（主管選舉委員會）

本法第一百二十條第一項及第一百二十一條第一項所定之選舉委員會為主管選舉委員會。

第五十三條（選罷訴訟之起訴）

選舉罷免訴訟，原告應提出訴狀，記載應受判決事項之聲明及事實與證據。

第五十四條（檢察官發現選舉、罷免、當選、罷免案通過或否決無效之處理）

各級檢察官發現有本法第一百十八條規定選舉或罷免無效或第一百二十條及第一百二十一條規定當選無效或第一百二十四條規定罷免案通過或否決無效之情事，應報請或通知有管轄權之檢察署檢察長核辦。

第五十五條（檢察官接受舉發之處理）

檢察官接受本法第一百二十五條之舉發時，應報請或通知有管轄權之檢察署檢察長核辦。

第五十六條（職務之洽請協助）

檢察官依法執行職務時，得隨時洽請有關選舉罷免機關為必要之協助。

第五十七條（準用民事訴訟法）

選舉罷免訴訟程序，依本法第一百二十八條規定，準用民事訴訟法之規定。當事人於案件起訴前或起訴後，認為證據有滅失或礙難使用之虞，或經他造同意者，得向法院聲請保全。

第六章　附　則

第五十八條（罰鍰之處罰）

本法第一百三十條第一項所定罰鍰之處罰，除立法委員選舉由中央選舉委員會為之外，由主辦選舉委員會為之。

同一行為人、政黨、法人或非法人團體之一行為或數行為違反本法同一規定，數選舉委員會均有管轄權者，中央選舉委員會得指定一選舉委員會管轄或函請主辦選舉委員會移送中央選舉委員會管轄。

第五十九條（書件表冊格式之訂定）

本細則所定各種書件表冊之格式，由中央選舉委員會定之。

第六十條（施行日期）

本細則自發布日施行。

政黨法

民國一百零六年十二月六日總統令公布全文

第一章 總則

第一條（立法目的）

為建立政黨公平競爭環境，確保政黨之組織及運作符合民主原則，以健全政黨政治，特制定本法。

第二條（主管機關）

本法所稱主管機關為內政部。

第三條（政黨之定義）

本法所稱政黨，指由中華民國國民組成，以共同政治理念，維護自由民主憲政秩序，協助形成國民政治意志，推薦候選人參加公職人員選舉之團體。

第四條（政黨組織區域及其主事務所之設置）

政黨以中華民國自由地區為其組織區域，得設立分支機構。

政黨之主事務所，應設於前項組織區域內。

第五條（組織運作之民主原則）

政黨之組織及運作，應符合民主原則。

第六條（政黨公平對待原則）

政黨使用公共場地、大眾傳播媒體及其他公共給付，應受公平之對待，不得為無正當理由之差別待遇。

第二章 政黨之設立

第七條（政黨設立之程序、應備具文件及政黨負責人之消極資格）

設立政黨，應由申請人於政黨成立大會後三十日內，檢具申請書、章程、一百人以上黨員簽名或蓋章之名冊、負責人名冊、成立大會及負責人選任會議紀錄，向主管機關申請備案。經完成備案者，主管機關應發給圖記及證書。

前項成立大會之召開，應有五十人以上之黨員參加；並應於十五日前通知主管機關，主管機關得派員列席。

政黨負責人，以具有中華民國國籍，年滿二十歲，在國內設有戶籍，且無下列情事之一者為限：

一　動員戡亂時期終止後，曾犯內亂、外患罪，經判刑確定。

二　曾犯貪污罪，經判刑確定。

三　曾犯總統副總統選舉罷免法第七十九條、第八十條、第八十四條第一項、第二項、第八十五條第一項第一款及其未遂犯、第八十六條第一項、第八十七條第一項第一款、第八十八條第一項之意圖漁利、包攬第八十四條第一項、第二項、第八十六條第一項或第八十七條第一項第一款事務者及其未遂犯、第八十九條第一項、第六項、第七項、公職人員選舉罷免法第九十三條、第九十四條、第九十七條第一項、第二項、第九十八條第一項第一款及其未遂犯、第九十九條第一項、第一百條第一項、第一百零一條第一項、第六項、第七項、第一百零二條第一項第一款、第一百零三條之意圖漁利、包攬第九十七條第一項、第二項、第九十九條第一項、第一百條第一項、第二項或第一百零二條第一項第一款事務者及其未遂犯、刑法第一百四十二條及第一百四十四條之罪，經判刑確定。

四　曾犯組織犯罪防制條例之罪，經判刑確定。

五　犯前四款以外之罪，判處有期徒刑以上之刑確定，尚未執行或執行未畢。但受緩刑宣告或易科罰金或易服社會勞動者，不在此限。

六　受死刑、無期徒刑或十年以上有期徒刑之判決尚未確定。

七　受宣告強制工作之保安處分之裁判確定，尚未執行、執行未畢或執行完畢未滿十年。

八　受其他保安處分之裁判確定，尚未執行或執行未畢。

九　受破產宣告確定，尚未復權。

十　受監護或輔助宣告，尚未撤銷。

政黨申請備案時，其負責人有前項各款情事之一者，主管機關應不予備案；備案後發生者，政黨應於十五日內函報主管機關，並於三個月內重行選任負責人，未函報者，主管機關應通知其限期重行選任負責人。

第八條（政黨名稱或簡稱之限制）

政黨之名稱或簡稱，不得有下列情形：

一　與已設立之政黨名稱或簡稱相同或類似者。

二　於已設立之政黨名稱或簡稱附加文字者。

三　足以使人誤認為政府機關或營利事業機構者。

四　有歧視性或仇恨性者。

政黨之名稱或簡稱有前項各款情形之一者，主管機關應通知其限期補正；屆期未補正或經補正後仍不符規定者，不予備案。

第九條（法人之設立登記）

依第七條規定完成備案之政黨，應依法向主事務所所在地地方法院聲請辦理法人設立登記，並於完成法人登記後三十日內將法人登記證書影本送主管機關備查。

第十條（章程變更或負責人異動之處理）

政黨章程變更或負責人異動時，應於三十日內向主管機關申請備案。

政黨申請負責人異動備案時，有第七條第三項各款情事之一者，主管機關應不予備案。

已完成法人登記之政黨，其政黨章程變更或負責人異動經主管機關備案後，應向法院聲請辦理變更登記，並於完成變更登記後三十日內，將變更後之法人登記證書影本送主管機關備查。

第三章 政黨之組織及活動

第十一條（國民參加政黨之自由、政黨黨員身分之認定）

國民有加入或退出政黨之自由。

政黨不得招收未滿十六歲之國民為黨員；非基於國民之自由意願，不得強制其加入或退出政黨。但對黨員為除名之處分者，不在此限。

黨員身分之認定，以登載於黨員名冊者為準。

第十二條（政黨章程應載明事項）

政黨之章程，應載明下列事項：

一 名稱。有簡稱者，其簡稱。
二 有標章者，其標章。
三 宗旨。
四 主事務所所在地。
五 組織及職權。
六 黨員之入黨、退黨、紀律、除名、仲裁及救濟。
七 黨員之權利及義務。
八 負責人與選任人員之職稱、名額、產生方式、任期及解任。
九 黨員大會或黨員代表大會召集之條件、期限及決議方式。
十 章程變更之程序。
十一 黨費之收取方式及數額。
十二 經費來源及會計制度。
十三 其他依法律規定應載明之事項。

第十三條（政黨標章備案之處理及其申請書應載明事項）

新設立之政黨得於申請政黨備案時，同時檢具標章備案申請書及標章電子檔向主管機關申請標章備案。

已設立之政黨，辦理標章備案或變更標章時，應檢具章程、標章備案申請書及標章電子檔向主管機關申請標章備案或變更備案。

政黨標章備案申請書，應載明下列事項：

一 政黨名稱。
二 申請日期。
三 政黨標章設計意涵。
四 政黨標章圖樣。
五 成立大會或黨員大會或黨員代表大會通過日期。

第十四條（政黨標章之限制）

政黨標章，不得有下列情形：

一 與已設立之政黨標章相同或近似者。
二 有減損已設立政黨標章之識別性者。
三 有歧視性或仇恨性意涵者。

政黨之標章有前項各款情形之一者，主管機關應通知其限期補正；屆期未補正或經補正後仍不符規定者，不予備案。

第十五條（黨員大會或黨員代表大會之召開）

政黨以黨員大會為最高權力機關。黨員大會至少每二年召開一次。

前項黨員大會得依章程規定由黨員選出代表，召開黨員代表大會，行使黨員大會職權。

第十六條（黨員大會或黨員代表大會之決議）

黨員大會或黨員代表大會之決議，應有黨員或黨員代表二分之一以上之出席，出席人數二分之一以上之同意行之。但下列事項應經出席人數三分之二以上決議：

一 章程之訂定或變更。
二 政黨之合併或解散。

第十七條（政黨專責單位之設置）

政黨應設專責單位處理章程之解釋、黨員之紀律處分、除名處分及救濟事項。

第十八條（設置黨團組織之限制）

政黨不得在政府機關、機構、公營事業機構、行政法人、法院、軍隊或學校設置黨團組織。但在各級民意機關設置者，不在此限。

第四章 政黨之財務

第十九條（政黨之經費及收入來源）

政黨之經費及收入，其來源如下：

一 黨費。
二 依法收受之政治獻金。
三 政黨補助金。
四 政黨為宣揚理念或從事活動宣傳所為之出版品、宣傳品銷售或其權利授與、讓與所得之收入。
五 其他依本法規定所得之收入。
六 由前五款經費及收入所生之孳息。

第二十條（政黨之會計制度）

政黨之會計年度採曆年制，會計基礎採權責發生制，並應設置帳簿，詳細記錄有關會計事項。

各項會計憑證，除應永久保存或有關未結會計事項者外，應自該會計年度結束起保存七年；會計帳簿除有關未結會計事項者外，應自該會計年度結束起保存十年。

第二十一條（財產及財務狀況決算書表之申報及公）

政黨應於每年五月三十一日前，向主管機關提出上一年度財產及財務狀況決算書表。

前項財產及財務狀況決算書表規定如下：

一 決算報告書。

二 收支決算表。

三 資產負債表。

四 財產目錄。

第一項財產及財務狀況決算書表，應由政黨負責人簽名或蓋章，委託會計師查核簽證，並提經黨員大會或黨員代表大會通過。但當年度未召開黨員大會或黨員代表大會者，應於書表上加註，並於下一年度黨員大會或黨員代表大會提請追認。

主管機關應於受理第一項財產及財務狀況決算書表截止後四十五日內彙整列冊，刊登政府公報或新聞紙，並公開於電腦網路。

政黨未依第一項至第三項規定申報者，主管機關應通知其限期申報；申報資料與規定不符者，主管機關應通知其限期補正。屆期未申報、未補正或補正後仍不符規定者，主管機關得將其情形註記，刊登政府公報或新聞紙及公開於電腦網路。

第二十二條 （政黨補助金）

主管機關對於最近一次全國不分區及僑居國外國民立法委員選舉得票率達百分之三以上之政黨，應編列年度預算補助之。

前項補助，依最近一次全國不分區及僑居國外國民立法委員選舉各該政黨得票數計算之，每年每票補助新臺幣五十元，並按會計年度由主管機關核算補助金額，通知政黨於二個月內掣據向主管機關領取，至該屆立法委員任期屆滿為止。

政黨未於規定期限內領取補助者，主管機關應催告其於三個月內具領；屆期未領取者，視為放棄。

政黨依第二項規定領取之補助，應用於競選費用、人事費用、辦公費用、業務費用、政策研究費用及人才培育費用。

第二十三條 （政黨經營或投資營利事業之禁止）

政黨不得經營或投資營利事業，並不得從事第十九條第四款規定以外之營利行為。

第二十四條 （政黨購置不動產之禁止）

政黨不得購置不動產。但供辦公使用之處所，不在此限。

第五章 政黨之處分、解散及合併

第二十五條 （政黨之處分）

主管機關為審議政黨之處分事件、政黨之名稱、簡稱或政黨標章備案疑義之認定及相關事項，應遴聘社會公正人士以合議方式辦理之。

前項合議制之成員，具有同一黨籍者不得超過總額三分之一，且任一性別不得少於三分之一。

第二十六條 （政黨之解散）

政黨有憲法增修條文第五條第五項之情事，應予解散者，由主管機關檢具相關事證，聲請司法院憲法法庭審理之。

第二十七條 （政黨廢止備案之情形）

政黨有下列情形之一者，廢止其備案：

一 連續四年未召開黨員大會或黨員代表大會，經主管機關限期召開仍不召開。

二 連續四年未依法推薦候選人參加公職人員選舉。

三 備案後一年內未完成法人登記。

第二十八條 （政黨之解散、合併）

政黨得依黨員大會或黨員代表大會之決議，解散或與其他政黨合併。

前項政黨解散後，應於三十日內報主管機關備案。

第一項政黨與其他政黨合併而設立新政黨者，應依第七條第一項規定辦理，原政黨之權利義務並由新政黨承受；因合併而解散者，由合併後存續之政黨依第十條規定辦理解散政黨之權利義務，並由合併後存續之政黨承受。

第二十九條 （政黨解散或廢止備案後由主管機關公告）

政黨解散或經廢止備案後，應由主管機關公告；完成法人登記之政黨，應囑託法院為解散之登記。

第三十條 （政黨違憲解散之效果）

經司法院憲法法庭宣告解散之政黨，應自判決生效之日即停止一切活動，並不得成立目的相同之代替組織。

前項經宣告解散之政黨，不得以同一政黨之名稱或簡稱，再設立政黨或從事活動。

政黨解散後，其依政黨比例方式產生之全國不分區及僑居國外國民立法委員，自司法院憲法法庭判決生效之日或主管機關為解散公告之日起，喪失其資格。但其因合併而解散者，不在此限。

第三十一條 （政黨合併後依政黨比例出缺遞補及申領政黨補助之限制）

政黨合併者，其依政黨比例方式產生之全國不分區及僑居國外國民立法委員資格不受影響；如有出缺時，依出缺人原屬政黨合併前登記之候選人名單按順位依序遞補。

政黨合併者其各該合併政黨之得票率未達第二十二條第一項之規定者，不因合併後已達第二十二條第一項規定予以補助。

第三十二條 （未經法人登記之政黨解散後，其財產清算方式及程序）

未經法人登記之政黨解散或廢止備案後，其財產之清算，應依章程、黨員大會或黨員代表大會決議辦理。章程未規定黨員大會或黨員代表大會無法召開時，由主管機關選任清算人並準用民法清算之規定。

政黨財產清算後，如有賸餘者其賸餘之財產歸屬國庫。

第六章　罰　則

第三十三條（政黨負責人、中央直轄市及縣（市）級選任人員選舉賄選之處罰）

政黨辦理負責人中央直轄市及縣（市）級選任人員之選舉，有下列情形之一者，處行為人三年以下有期徒刑，得併科新臺幣三十萬元以下罰金：

一　有投票資格之人要求、期約或收受財物或其他不正利益，而許以不行使其選舉權或為一定之行使。

二　對於有投票資格之人行求、期約或交付財物或其他不正利益，而約其不行使選舉權或為一定之行使。

三　對於候選人行求、期約或交付財物或其他不正利益，而約其放棄競選或為一定之競選活動。

四　候選人要求期約或收受財物或其他不正利益，而許以放棄競選或為一定之競選活動。

政黨辦理負責人中央直轄市及縣（市）級選任人員之選舉，應公告其選舉作業相關事宜，並載明起止時間、作業流程、候選人資格及有投票資格之人之認定等事項；政黨於選舉作業公告後，應於五日內報請主管機關備查。

第三十四條（政黨違反經營或投資營利事業之處罰）

違反第二十三條規定者，處政黨新臺幣五百萬元以上二千五百萬元以下罰鍰；經限期停止經營或投資而不遵從者，並得按次處罰。

第三十五條（政黨違反購置不動產之處罰）

違反第二十四條規定者，處政黨新臺幣五百萬元以上二千五百萬元以下罰鍰；經限期轉讓而不遵從者，並得按次處罰。

第三十六條（政黨違反宣告解散停止一切活動之處罰）

違反第三十條第一項、第二項規定者，處首謀者新臺幣一百萬元以上五百萬元以下罰鍰，其餘參與者處新臺幣五萬元以上二十五萬元以下罰鍰；經主管機關制止而不遵從者，並得按次處罰。

第三十七條（政黨違反設置黨團組織之處罰）

違反第十八條規定者，處政黨新臺幣五十萬元以上二百五十萬元以下罰鍰；經限期解散該黨團組織屆期仍不解散者，並得按次處罰。

第三十八條（政黨違反會計制度之處罰）

違反第二十條規定者，處政黨新臺幣五十萬元以上二百五十萬元以下罰鍰。

第三十九條（政黨違反備案限制之處罰）

違反第七條第四項規定者，處政黨新臺幣二十萬元以上一百萬元以下罰鍰；經限期辦理而不遵從者，並得按次處罰。

第四十條（政黨違反財產及財務狀況決算書表申報及公告之處罰）

違反第二十一條第一項、第三項規定，不為申報或不依法定方式申報，經主管機關通知其限期申報或補正，屆期未申報者，處政黨新臺幣一百萬元以上五百萬元以下罰鍰；未補正或經補正後仍不符規定者，處政黨新臺幣二十萬元以上一百萬元以下罰鍰；經限期辦理而不遵從者，並得按次處罰。

第四十一條（政黨違反強制國民加入或退出之處罰）

違反第十一條第二項規定者，處政黨新臺幣十萬元以上五十萬元以下罰鍰；經主管機關制止而不遵從者，並得按次處罰。

第七章　附　則

第四十二條（政黨未依限期繳納罰鍰，主管機關得於政黨補助金內扣除抵充）

依本法所處之罰鍰，經限期繳納，屆期仍不繳納者，主管機關得於第二十二條第一項規定應撥給政黨補助金款項內逕予扣除抵充。

第四十三條（本法施行前已依人民團體法備案之政黨，與本法規定不符者依法依限補正）

本法施行前已依人民團體法備案之政黨，其組織、章程及相關事項與本法規定不符者，應於本法施行後二年內依本法規定補正；屆期未補正者，經主管機關限期補正而不遵從或經補正後仍不符規定者，得廢止其備案。

本法施行前已依人民團體法立案之政治團體，應於本法施行後二年內依本法規定修正章程轉換為政黨；屆期未修正者，經主管機關限期修正而不遵從或經修正後仍不符規定者，得廢止其立案。

前項經廢止立案之政治團體，應予解散，其財產之清算，依本法第三十二條規定辦理。

第四十四條（各項書表及政黨標章電子檔格式之訂定）

本法所定書表及政黨標章電子檔格式，由主管機關定之。

第四十五條（自本法施行日起，不再適用公職人員選舉罷免法及人民團體法有關政黨之相關規定）

公職人員選舉罷免法第四十三條第六項及人民團

體法有關政黨之規定自本法施行日起不再適用。

第四十六條（施行日期）

本法自公布日施行。

促進轉型正義條例

民國一百零六年十二月二十七日總統令公布
一百一十一年五月二十七日總統令修正公布第二、六、二〇、二一條；並增訂第六之一～六之三、二一之一、二一之二、二〇之一、二〇之二條條文

第一條（立法目的及適用範圍）

為促進轉型正義及落實自由民主憲政秩序，特制定本條例。

威權統治時期違反自由民主憲政秩序之不法行為與結果，其轉型正義相關處理事宜，依本條例規劃、推動之；本條例未規定者，適用其他相關法律之規定。

第二條（主管機關及推動事項）

本條例主管機關為促進轉型正義委員會（以下簡稱促轉會），不受中央行政機關組織基準法第五條第三項、第三十二條、第三十六條及行政院組織法第九條規定之限制。

促轉會隸屬於行政院，為二級獨立機關，除政黨及其附隨組織不當取得財產處理條例另有規定外，依第四條至第七條規定規劃、推動下列事項：

一 開放政治檔案。
二 清除威權象徵、保存不義遺址。
三 平復司法不法及行政不法、還原歷史真相，並促進社會和解。
四 不當黨產之處理及運用。
五 其他轉型正義事項。

第三條（用語定義）

本條例用語定義如下：

一 威權統治時期，指自中華民國三十四年八月十五日起至八十一年十一月六日止之時期。
二 政治檔案，指由政府機關（構）、政黨、附隨組織及黨營機構所保管，於威權統治時期，與二二八事件、動員戡亂體制、戒嚴體制相關之檔案或各類紀錄及文件；已裁撤機關（構）之檔案亦適用之。
三 政黨，指依據政黨及其附隨組織不當取得財產處理條例第四條第一款所稱者。
四 附隨組織，指依據政黨及其附隨組織不當取得財產處理條例第四條第二款所稱者。
五 黨營機構，指獨立存在但現由政黨實質控制其人事、財務或業務經營之法人、團體或機構。
六 政府機關（構），指中央、地方各級機關、行政法人及受政府機關委託行使公權力之個人、法人或團體及各級機關設立之實（試）驗、研究、文教、醫療等機構、財團法人或公營事業機構。

第四條（兼顧調查開放及隱私保護之原則）

威權統治時期，違反自由民主憲政秩序而蒐集、製作或建立之政治檔案相關資料，應予徵集、彙整、保存，並兼顧檔案當事人之隱私權與資訊自由及轉型正義研究與民主法治及人權教育之需要，區別類型開放應用。

為完整回復威權統治時期相關歷史事實，並促進社會和解，促轉會應主動進行真相調查，依本條所徵集之檔案資料，邀集各相關當事人陳述意見，以還原人權受迫害之歷程，並釐清壓迫體制加害者及參與者責任。

促轉會應基於相關陳述、調查結果及檔案資料，撰寫調查報告，並規劃人事清查處置及相關救濟程序。

真相調查之執行程序及步驟，由促轉會另以辦法定之。

第五條（移除威權象徵及保存不義遺址）

為確立自由民主憲政秩序、否定威權統治之合法性

及記取侵害人權事件之歷史教訓，出現於公共建築或場所之紀念緬懷威權統治者之象徵，應予移除改名或以其他方式處置之。

威權統治時期統治者大規模侵害人權事件之發生地，應予保存或重建並規劃為歷史遺址。

第六條（平復司法不法還原歷史真相並促進社會和解）

威權統治時期，違反自由民主憲政秩序、侵害公平審判原則所追訴或審判之刑事案件，應重新調查，不適用國家安全法第九條規定，以平復司法不法、彰顯司法正義、導正法治及人權教育，並促進社會和解。

前項平復司法不法得以識別加害者並追究其責任、回復並賠償被害者或其家屬之名譽及權利損害，及還原並公布司法不法事件之歷史真相等方式為之。」

下列案件，如基於同一原因事實而受刑事審判者，其有罪判決與其刑、保安處分及沒收之宣告、單獨宣告之保安處分、單獨宣告之沒收，或其他拘束人身自由之裁定或處分，於本條例施行之日均視為撤銷，並公告之：

一　受難者或受裁判者依二二八事件處理及賠償條例、戒嚴時期不當叛亂暨匪諜審判案件補償條例與戒嚴時期人民受損權利回復條例之規定而獲得賠償、補償或回復受損權利之刑事審判案件。

二　前款以外經促轉會依職權或申請，認屬依本條例應平復司法不法之刑事審判案件。

檢察官或軍事檢察官於第一項刑事案件為追訴所為拘束人身自由或對財產之處分，準用前項規定。

依前二項規定撤銷之有罪判決、單獨宣告之裁定或處分，有關追訴之處分等前科紀錄，應塗銷之。

第三項第二款及第四項申請人對於促轉會駁回申請之處分不服者，自送達駁回處分之次日起二十日內，得以第一項之事由就該刑事有罪判決、單獨宣告之裁定或處分、有關追訴之處分向高等法院及其分院設立之專庭提起上訴、抗告或聲請撤銷之。

被告死亡者，刑事訴訟法有關被告不到庭不能進行審判及第三百零三條第五款之規定，於前項規定不適用之。

高等法院及其分院設立專庭審理第六項之案件，其組織及相關辦法，由司法院定之。

第六條之一（不法處分視為撤銷及平復不法之準用）

威權統治時期，政府機關或公務員為達成鞏固威權統治之目的，違反自由民主憲政秩序所為侵害人民生命、人身自由或剝奪其財產所有權之處分或事實行為，由促轉會依職權或申請確認不法，以平復行政不法。

前條第三項第一款案件之受難者或受裁判者，於獲得賠償、補償或回復受損權利範圍內所受之前項處分或事實行為，於本條例修正施行之日起，均視為不法。

前二項處分經確認或視為不法者，於本條例修正施行之日起視為撤銷。

前條第二項平復司法不法之方式，於本條準用之。

第六條之二（不法之審查及審查程序之訂定）

第六條第三項第二款、第四項及前條第一項之申請，由受不法追訴、審判、行政處分或事實行為而權利受損之人為之。但權利受損之人死亡者，由家屬為之。

為辦理前二條所定之平復司法不法及行政不法事項，該管中央主管機關應組成審查會依審查會之決議作成處分或相關處置。

前項審查會之組成、委員資格、遴（解）聘、任期、迴避、調查程序、範圍、方式、審查、決議、保密義務及其他相關事項之辦法，由該管中央主管機關定之。

關於辦理第六條第二項識別及處置加害者之相關事宜，另以法律定之。

第六條之三（準用法律之訂定）

第六條第二項及第六條之一第四項準用第六條第二項被害者或其家屬之權利回復事宜，另以法律定之。

第七條（不當黨產處理原則）

為落實自由民主憲政秩序，促成政黨公平競爭，自中華民國三十四年八月十五日起取得之不當黨產，除可明確認定其原屬之所有權人或其繼承人外，應移轉為國家所有，並由中央成立特種基金作為推動轉型正義人權教育、長期照顧、社會福利政策及轉型正義相關文化事務之用。

不當取得財產之調查、返還、追徵、權利回復及其他相關事項，由不當黨產處理委員會依政黨及其附隨組織不當取得財產處理條例為之。

第八條（促轉會之組成方式）

促轉會置委員九人，由行政院長提名經立法院同意後任命之。行政院長為提名時，應指定一人為主任委員、一人為副主任委員。主任委員、副主任委員及其他委員三人為專任；其餘四人為兼任。但全體委員中同一政黨之人數不得逾三人；同一性別之人數不得少於三人。

立法委員及監察委員不得兼任促轉會委員。

促轉會主任委員，特任，對外代表促轉會；副主任委員，職務比照簡任第十四職等；其餘專任委員職務比照簡任第十三職等。

委員任期至促轉會依第十一條第二項解散為止。但行政院長依第十一條第一項規定延長促轉會任務期間時，得依第一項程序更換主任委員、副主任委員或其他專、兼任委員。

委員有下列情形之一者，得由行政院院長予以免除或解除其職務：

一　死亡或因罹患疾病致不能執行職務。

二　辭職。

三　受監護或輔助宣告尚未撤銷。

四　違法、廢弛職務或其他失職行為。

五　因刑事案件受羈押或經起訴。

委員因故出缺者，依第一項程序補齊。

第九條　（促轉會設四任務小組及其組成方式）

促轉會設四任務小組，分別研究、規劃及推動第二條第二項各款所列事項，由副主任委員及其他專任委員三人擔任召集人，兼任委員四人並分別以每小組一人之方式加入協助處理相關事務。

前項任務小組得個別聘請無給職顧問二人至三人；一年一聘。

第十條　（促轉會之幕僚組織人事及其預算來源）

促轉會得指派、借調或聘僱適當人員兼充研究或辦事人員。

前項借調人員，行政機關不得拒絕。

促轉會所需相關經費由行政院預算支應。

第十一條　（促轉會報告提出時程任務完成後即解散）

促轉會應於二年內就第二條第二項所列事項，以書面向行政院長提出含完整調查報告、規劃方案及具體實施步驟在內之任務總結報告；有制定或修正法律及命令之必要者，並同時提出相關草案。其於二年內未能完成者，得報請行政院長延長之；每次以一年為限。

促轉會於完成前項任務後解散，由行政院長公布任務總結報告。

在第一項期間內，促轉會每半年應以書面向行政院長提出任務進度報告；其就第二條第二項事項所為之規劃已具體可行者，並得隨時以書面提請行政院長召集各相關機關（構）依規劃結果辦理。

第十一條之一　（促轉會解散後應設推動轉型正義會報）

促轉會依前條第二項規定解散後，行政院應設推動轉型正義會報，由行政院院長擔任召集人，負責第二條第二項所定事項及前條第一項任務總結報告之統合、協調及監督。

第十一條之二　（促轉會解散後轉型正義事項之各該中央主管機關）

促轉會解散後，國家應辦理之轉型正義事項，依下列各款規定移交予各該中央主管機關辦理：

一　平復司法不法、行政不法、與識別及處置加害者事項，由法務主管機關辦理。

二　清除威權象徵事項，由內政主管機關辦理。

三　保存不義遺址事項，由文化主管機關辦理。

四　照顧療癒政治受難者及其家屬之政治暴力創傷事項，由衛生福利主管機關辦理。

五　轉型正義教育事項，由教育主管機關辦理。

六　促進轉型正義基金之收支、保管及運用事項，由國家發展委員會辦理。

七　其他轉型正義事項由行政院指定之；前六款所定事項需變更中央主管機關者亦同。

前項各款事項涉及各機關（構）之職掌或業務時，各級政府機關（構）應配合辦理。

第一項第一款至第三款之中央主管機關執行各該款所定事項，得依第十四條至第十七條規定辦理；國家發展委員會辦理第二條第二項第一款及第十八條事項，亦同。

第十二條　（促轉會行使職權之獨立性及委員地位之中立性）

促轉會應依據法律，獨立行使職權。

促轉會委員應超出黨派以外，依法獨立行使職權，於任職期間不得參加政黨活動。

第十三條　（促轉會之決議方式）

促轉會之決議，應經過半數委員之出席，及出席委員過半數之同意行之。

促轉會依第十一條第一項及第三項規定向行政院長提出之書面報告，其定稿應經全體委員過半數同意通過。

促轉會委員對前項報告，得加註不同意見或協同意見。

第十四條　（促轉會各種行政調查之進行方式及若干必要之程序要求）

促轉會為完成第十一條第一項及第三項之任務，得以下列行為調查相關事項：

一　通知有關機關（構）、團體、事業或個人到場陳述事實經過或陳述意見。

二　要求有關機關（構）、團體、事業或個人提出檔案冊籍、文件及其他必要之資料或證物。但審判中案件資料之調閱，應經繫屬法院之同意。

三　派員前往有關機關（構）、團體、事業或個人之辦公處所、事務所、營業所或其他場所為必要之調查或勘驗。

四　委託鑑定與委託研究。

五　委託其他機關（構）辦理特定案件或事項。

六　其他必要之調查行為。

各機關接受前項第五款之委託後，應即辦理，並以書面答復辦理結果。

促轉會調查人員依法執行職務時，應出示相關證明文件；其未出示者，受調查者得拒絕之。

其他關於本條例所定調查之相關事項，由促轉會另以調查程序辦法定之。

第十五條　（促轉會保全資料及證物之方式及其相

關程序）

促轉會調查人員得於必要時，臨時封存有關資料或證物或攜去、留置其全部或一部。

封存、攜去或留置屬於中央或地方機關（構）持有之資料或證物者，應經主管長官允許。但主管長官除經證明確有妨害重大國家利益並於七日內取得行政法院假處分裁定同意者外，不得拒絕。

攜去之資料或證物原持有之機關（構）應加蓋圖章，並由調查人員發給收據。

第十六條（促轉會進行行政調查時被調查者之配合義務及其違反時之處罰）

依本條例規定接受調查之有關機關（構）、團體、事業或有關人員，無正當理由不得規避、拒絕或妨礙調查。

依本條例規定接受調查之有關人員，除有刑事訴訟法第一百八十一條規定得拒絕證言之事項外，應據其所知如實為完全陳述，並提供相關資料，不得隱匿或虛偽陳述。

促轉會對於依本條例規定接受調查之有關人員，認有保護及豁免其刑責之必要者，準用證人保護法關於證人保護及豁免刑責之規定；該等人員為公務人員者，得決議免除其相關之行政責任。

依本條例接受調查之有關人員提供促轉會因其職務或業務所知悉與政黨、附隨組織或黨營機構之相關資料者，不受其對政黨、附隨組織或黨營機構所負保密義務之拘束，免除其因提供該等資料之法律責任。

促轉會依本條例規定進行之調查，涉及個人資料保護法所定個人資料之使用者，視為符合該法第十六條第二款及第二十條第一項第二款所定之增進公共利益所必要之事由。

違反第一項規定者，處新臺幣十萬元以上五十萬元以下罰鍰，並得按次連續處罰。

第十七條（各相關單位於促轉會進行行政調查時之協助義務）

促轉會調查人員必要時，得知會當地政府或其他有關機關（構）予以協助。

第十八條（政治檔案應移歸為國家檔案之範圍及處理程序）

政黨、附隨組織或黨營機構持有政治檔案者，應通報促轉會，經促轉會審定者，應命移歸為國家檔案。

前項通報得以書面或言詞向促轉會表示；其以言詞為之者，促轉會應作成紀錄。

促轉會得主動調查政黨、附隨組織或黨營機構持有政治檔案之情形，並經審定後命移歸為國家檔案。

政黨、附隨組織或黨營機構移歸政治檔案以原件為原則。

政黨、附隨組織或黨營機構拒絕將促轉會審定之政治檔案移歸為國家檔案者，處新臺幣一百萬元以上五百萬元以下罰鍰，並得按次連續處罰。

政治檔案之徵集、彙整、保存、開放應用、研究及教育等事項，除本條例有規定外，另以法律定之。

第十九條（違反檔案保全之處分）

明知為由政府機關（構）、政黨、附隨組織或黨營機構所保管之政治檔案，以毀棄、損壞、隱匿之方式或致令不堪用者，處五年以下有期徒刑。

前項之未遂犯罰之。

第二十條（復查與行政訴訟）

對於促轉會之行政處分不服者，除本條例另有規定外，得於收受處分書或公告期滿之次日起三十日內向促轉會申請復查；對於復查決定不服者，得於收受決定書之次日起二個月內提起行政訴訟。

第二十條之一（撤銷之效力）

已依第六條第三項撤銷有罪判決與其刑、保安處分及沒收之宣告並公告之案件，有第六條第四項所定情形者，其撤銷效力及於同一案件中第六條第四項之處分。

本條例修正施行前，依第六條第三項第二款提出申請而經促轉會駁回確定者，不得再依同款規定提出申請。

第二十條之二（於修正施行日尚未逾救濟期間者之救濟期間）

本條例於中華民國一百十一年五月十七日修正之條文施行前得提起上訴之案件，於修正施行日尚未逾救濟期間者，適用修正施行後第六條第六項之規定。

第二十一條（施行日期）

本條例自公布日施行。

本條例修正條文施行日期，由行政院定之。

貳、民商法及關係法規

民法

民國十八年五月二十三日國民政府公布
七十一年一月四日總統令修正公布
九十七年五月二十三日總統令修正公布
一百零四年六月十日總統令修正公布
一百零八年六月十九日總統令修正公布
一百一十年一月十三日總統令修正公布第一二、一三條

條文

第一編　總　則

⇧謹按夷考周禮一書，地官司市以質劑，結信而止訟，是為保物要還之規模。質人掌司市之書契，同其度量，壹其純制，巡而考之，是為擔保物權之濫觴。媒氏掌萬民之判，凡娶判妻入子者皆書之，是為婚姻契約之萌芽。秋官司約之治民、治地、治功、治摯諸約，是為登記之權輿。其他散逮六典者甚多，然不盡屬諸法司。漢興去古未遠，九章舊第戶居其一，厥後因革損益流派滋繁，顧以儒者鄙夷文法，不事講求，遂令政府舊藏，隨代散佚。貞觀準開皇之舊，凡戶婚錢債田土等事，摭取入律，宋以後因之，沿而未替。夫民法為人民日常生活之準繩，而總則又為一切民事法規之根據，清末民初，雖兩次編訂民法草案，而因循遷就，迄未施行，近以統一告成，乃有民法全部法典之頒布，更錄列綱要，弁諸編首，俾為一切民事共通之規則，都凡七章一百五十二條，是曰總則。

第一章　法　例

⇧謹按法例者，關於全部民法之法則，以總括規定之謂也。各國民法，導源於羅馬邱司基尼恩人民法典，要皆各按己國風俗習尚之情形，而異其編制。有不設法例者，如瑞士、暹邏及蘇俄之民法是。有設法例者，如德意志、法蘭西等國之民法是。惟民法為人民權利義務之準繩，間亦有共通適用之法則，分門編訂，重複必多。故舉其大綱，概括規定，庶幾繁簡適中，體例斯當，是曰法例。

第一條（法源）

民事，法律所未規定者依習慣，無習慣者依法理。

⇧查民律草案第一條理由謂凡關於民事，應先依法律所規定，法律未規定者，依習慣，無習慣者，則依法理判斷之。法理者，乃推定社交上必應之處置，例如事親以孝及一切當然應遵守者皆是。法律中必規定其先後關係者，以凡屬民事，審判官不得藉口於法律無明文，將法律關係之爭議，拒絕不為判斷，故設本條以為補充民法之助。

*（民事）憲七七；（法律）憲一七〇、一七二，中標四、七；（習慣）民二、六八、一六一、二〇七、三一四、三六九、三七二、三七八、四二九、四三九、四五〇、四八三、四八六、四八八、四九一、五二四、五三七、五四七、五五六〇、五六六、五七〇、五七九、五八二、五九二、六〇二、六三二、六五四、七七六、七七八、七八四～七八六、七九〇、七九三、八〇〇、八三四、八三六、八三八、八四六、九一五。

▲習慣法之成立，須以多年慣行之事實及普通一般人之確信心為其基礎。（一七上六一三）

▲付款人於承兌後應負付款之責，固為票據法第四十九條第一項所明定，然如執票人不能以背書之連續證明其權利，依同法第三十四條第一項之規定，仍不得請求付款，縱令該地方有此項與成文法相抵觸之習慣，亦不能認為有法之效力。（二一上二〇三七）

▲民事法律所未規定者方依習慣，承租人未得出租人承諾，將租賃物全部轉租於他人者，出租人得終止契約，法律既有明文規定，當事人自無主張應依相反習慣之餘地。（二一上三二五三）

▲依民法第一條前段之規定，習慣固僅就法律所未規定之事項有補充之效力，惟法律於其有規定之事項明定另有習慣時，不適用其規定者，此項習慣即因法律之特別規定，而有優先之效力。民法第二百零七條第二項既明定前項規定，如商業上另有習慣者不適用之，則商業上得將利息滾入原本再生利息之習慣，自應優先於同條第一項之規定而適用之，不容再執民法第一條前段所定之一般原則，以排斥其適用。（二六渝上九四八）

▲被上訴人因票載付款人拒絕承兌，業經請求當地商會作成拒絕證書，按照票據法第八十二條規定，原得對於發票之上訴人行使追索權，縱令該處商場有與此項成文法相反之習慣，亦不能認為有法之效力。（二八上五五九）

▲民法第九百十五條第一項但書所稱之習慣，固有優先於成文法之效力，惟此係指限制典權人將典物轉典或出租於他人之習慣而言，並不包含轉典得不以書面為之之習慣在內，轉典為不動產物權之設定，依民法第七百六十條之規定應以書面為之，縱有相反之習慣，亦無法之效力。（二八上一〇七八）

▲債權人所得請求之遲延利息，如無高於法定利率之約定利率，依民法第二百三十三條第一項之規定，祇能依法定利率計算，縱令該地方另有一種習慣上所認之利率，但除當事人有以此項習慣，為其法律行為內容之意思者，其利率即為約定利率外，依民法第一條之規定，仍不得反於法律之規定，以此為計算遲延利息之標準。（二八上一九七七）

▲原判決雖謂依習慣出賣典當在外之產業，應邀同典權人到場簽押，方能發生所有權移轉之效力，然民法第一條所謂法律所未規定者，係指法律無明文規定，且依現存之法條解釋，仍不能知其法意之所在者而言，出典人將典物所有權讓與他人，在法律上並無必須典權人到場簽押之限制，其讓與行為苟已具備民法第七百六十條之方式，及其他法定要件即屬有效，是原判決所稱之習慣，顯與法律之規定抵觸，不能認為有法律之效力。（二九上二〇）

▲婚約應由男女當事人自行訂定，民法第九百七十二條定有明文，依民法第一條之規定，雖有得由雙方父母於其年幼時為之訂定婚約之習慣，亦無法之效力。（二九上六一八）

▲不動產物權之移轉或設定，應以書面為之，民法第七百六十條設有明文規定，縱令當地移轉不動產所有權確有交付老契以代訂立書面之習慣，依民法第一條之規定，亦無適用之餘地。（二九上一五一三）

▲上訴人所主張該地習慣訂立文契無須證人簽名一節，不知民法第一條規定，民事法律所未規定者依習慣，兩願離婚之書面應有證人二人以上之簽名，為民法第一千零五十條所明定，該條又未定有先從習慣之特則，縱使該地確有此項習慣，亦無適用之餘地。（三一上一五五四）

▲民法第七百六十條規定不動產物權之移轉或設定，應以書面為之，上訴人自訴某甲轉賣訟爭地時，並未另立契據，原審認為不生物權移轉之效力，於法自無不合，茲上訴人稱臨洮地方習慣，原業主或利害關係人或繼承人等，由買受人贖回出賣產業時，果雙方意思一致者，則將原立契照返還於出賣之一方為已足，並不以另立契據為必要等情，縱令所稱屬實，亦不能反於法律明文，認此項習慣為有法之效力。（三一上二六六五）

▲未定給付期之議單買賣，買方至比期（每月十五及月底）不交款，賣方得通知買方取銷議單，縱為臨川縣之商業習慣，但與民法第二百五十四條之規定不無抵觸，除當事人於訂約時有作為契約內容之意思者，應依其習慣外，自無民法第一條所稱習慣之效力。（三二上七九六）

▲依不定期限租用耕地之契約，出租人收回自耕時得終止之，土地法（舊）第一百八十條第三款定有明文，自不得以地方有利於承租人之習慣，而排斥其適用。（三二上六〇三九）

▲習慣僅於法律無明文規定時有補充之效力，公同共有物之處分及其他權利之行使，除由公同關係所由規定之法律或

契約另有規定外，應得公同共有人全體之同意，為民法第八百二十八條第二項所明定。縱如原判決所稱該地習慣，嘗產值理，有代表公同共有人全體處分嘗產之權，苟非當事人有以此為其契約內容之意思，得認其公同關係所由規定之契約已另有規定，在民法施行以後殊無適用之餘地。原判決僅以該地有此習慣，即認被上訴人之買受為有效，其法律上之見解實有違誤。（三七上六八〇九）

▲臺灣關於祭祀公業之制度，雖有歷來不問是否具備社團法人或財團法人之法定要件，均得視為法人之習慣，然此種習慣自臺灣光復民法施行後，其適用應受民法第一條規定之限制，僅就法律所未規定者有補充之效力，法人非依民法或其他法律之規定不得成立，在民法施行前，亦須具有財團及以公益為目的社團之性質而有獨立之財產者，始得視為法人，民法第二十五條及民法總則施行法第六條第一項既設有明文規定，自無適用與此相反之習慣，認其祭祀公業為法人之餘地。（三九臺上三六四）（九七、八、一二決議自九七、七、一不再援用）

▲按因私法上法律行為而成立之法律關係，非以民法（實質民法）有明文規定者為限，苟法律行為之內容，並不違反公序良俗或強行規定，即應賦予法律上之效力，如當事人本此法律行為成立之法律關係起訴請求保護其權利，法院不得以法無明文規定而拒絕裁判。所謂信託行為，係指委託人授與受託人超過經濟目的之權利，而僅許可其於經濟目的範圍內行使權利之法律行為而言，就外部關係言，受託人固有行使超過委託人所授與之權利，就委託人與受託人之內部關係言，受託人仍應受委託人所授與權利範圍之限制。信託關係係因委託人信賴受託人代其行使權利而成立。應認委託人有隨時終止信託契約之權利。（六六臺再四二）（九一、一〇、二一決議不再援用）

▲受託人因受信託之土地被政府徵收，除所得之補償費仍為受託財產外，受託人因徵收可自政府獲配之其他期待權，及由期待權所得之財產，亦為受託財產。至受託人因配得財產所支出之金錢，為信託人於終止信託關係，請求返還信託物時如何償還之問題，尚不能因此謂該財產非受託財產。（七八臺上二〇六二）

第二條（適用習慣之限制）

民事所適用之習慣，以不背於公共秩序或善良風俗者為限。

⇧謹按我國幅員寥廓，禮尚殊俗，南朔東西，自為風氣，雖各地習慣之不同，而其適用習慣之範圍，要以不背公共秩序或善良風俗者為限，庶幾存誠去偽，阜物通財，流弊悉除，功效斯著。此本條所由設也。

*（民事習慣）民一；（公共秩序或善良風俗）憲二二，民一七、七二。

▲習慣法則應以一般人所共信不害公益為要件，否則縱屬舊有習慣，亦難認為有法的效力。（一七上六九一）

▲親房攔產之習慣，不惟舊律有明文禁止，且足長親房把持掯勒之風，於社會經濟毫無實益，不能認為有法之效力。（一八上一三四六）

▲賣產應先儘親房之習慣，有背於公共秩序，不能認有法之效力。（一九上一七一〇）

▲現行法上並無認不動產之近鄰有先買權之規定，即使有此習慣，亦於經濟之流通、地方之發達，均有障礙，不能予以法之效力。（三〇上一九一）

第三條（使用文字之準則）

依法律之規定，有使用文字之必要者，得不由本人自寫，但必須親自簽名。

如有用印章代簽名者，其蓋章與簽名生同等之效力。

如以指印、十字或其他符號代簽名者，在文件上，經二人簽名證明，亦與簽名生同等之效力。」

⇧謹按文字者，所以證明法律行為之成立，或權利義務之存在也。依法律之規定，有使用文字之必要者，即法律上規定某種法律行為，須以訂立書面為必要也。此種書面，原則上應由本人自寫，方符法定程式，然我國教育尚未普及，不能自寫文字之人，殆居多數，故其例外，復規定得不由本人自寫，而許其使他人代寫。但為慎重計，在他人代寫之後，仍應由本人親自簽名耳。第一項所謂簽名，即自己書寫姓名之謂，經自己書寫姓名，即不蓋章，亦能發生效力，若由他人代寫，於其姓名下加蓋印章，以代簽名，其效力亦與自己簽名無異。第二項所謂代簽名者，或用指印，或用十字，或用其他符號，均無不可。惟此種簽名方法，不似親自簽名之正確，故必須經二人簽名證明，始與親自簽名生同等之效力。

*（法律）憲一七〇、一七二，中標四、七；（使用文字）民五二、七三、四〇八、四二二、五三一、七三〇、七六〇、一〇〇七、一〇五〇、一〇七九、一一九〇；（簽名蓋章）民四六二、六一六、六二四、六二五，公司四〇、九八、一〇五、一二九、一六二，票據五、六，海商五四。

▲㈡訂立移轉或設定不動產物權之書面以十字代簽名者，依民法第三條第三項，既以經二人在該書面上簽名證明，為與簽名生同等效力之要件，則證明者二人，亦僅簽十字時，立書面人之以十字代簽名，自不能與簽名生同等之效力。惟法律行為法定方式之欠缺，並非不許補正，一經補正，該法律行為即為有效。（院一九〇九）

▲消費借貸契約之訂立，法律上並無應以書面為之之規定，民法第三條第一項所謂依法律之規定有使用文字之必要者，即不包含消費借貸契約之訂立在內。（二七上三二四〇）

▲養父母與養子女之關係，依民法第一千零八十條固得由雙方以書面終止之，但所謂雙方既指養父母與養子女而言，則同意終止之書面，自須由養父母與養子女，依民法第三條之規定作成之，始生效力。（二八上一七二三）

▲保留買回權利之買賣契約，或將已買受之標的物，賣與原所有人之再買賣契約，或其再買賣之預約，均屬債權契約，一經當事人互相表示意思一致，即為成立，縱令當事人約定須經原代筆人批註老契，亦於此項約定方式完成時成立，並無民法第三條之適用。（三〇上二三二八）

▲民法第三條第三項規定之適用，以依法律之規定有使用文字之必要者為限，本件兩造所訂和解契約，本不以訂立書面為必要，自難以和約內僅有某甲一人簽名，即指為不生效力。（三一上六九二）

▲不動產物權之移轉或設定，應以書面為之，此項書面得不由本人自寫，但必須親自簽名或蓋章，其以指印、十字或其他符號代簽名者，應經二人簽名證明，否則法定方式有欠缺，依法不生效力。（三一上三二五六）

▲民法總則施行前所為法律行為，雖依當時法例有以書面為之之必要者，依民法總則施行法第一條之規定，亦不適用民法總則之規定，自不得以該項書面未備民法第三條所定之方式，而謂為無效。（三三上五〇三四）

▲在票據上記載禁止背書轉讓者，必由為此記載之債務人簽名或蓋章，始生禁止背書轉讓之效力，此就票據法第三十條第二項及第三項各規定觀之甚明（依同法第一百四十四條規定，各該項規定準用於支票），未經簽名或蓋章者，不知其係何人為禁止背書轉讓之記載，亦與票據為文義證券之意義不符。本件支票背面雖有「禁止背書轉讓」之記載，但卻未經為此記載者簽名或蓋章，尚難謂可生禁止背書轉讓之效力。支票為文義證券（形式證券），不允債務人以其他立證方法變更或補充其文義。（六八臺上三七七九）

第四條（以文字為準）

關於一定之數量，同時以文字及號碼表示者，其文字與號碼有不符合時，如法院不能決定何者為當事人之原意，應以文字為準。

⇧謹按關於一定數量之記載，如同時以文字及號碼各別表示，而其表示之數量，彼此有不符合時，究應以文字所表示之數量為準乎，抑應以號碼所表示之數量為準乎，此於權利之得喪及其範圍，至有關係，若不明定標準，勢必易滋疑問，故設本條規定。法院遇有此種情形時，應推求當事人之原意定之，其不能決定何者為當事人之原意者，則以文字所表示之數量為準。所以免事實之糾紛，而期適用之便利也。

*（當事人原意）民九八；（以文字為準）票據七。

第五條　（以最低額為準）

關於一定之數量，以文字或號碼為數次之表示者，其表示有不符合時，如法院不能決定何者為當事人之原意，應以最低額為準。

⇧謹按前條指文字與號碼同時各別表示而言，本條指文字及號碼數次各別表示而言。凡以文字及號碼各為數次之表示，而其所表示之數量，彼此有不符合時，則不問其為文字與文字不符合，或號碼與號碼不符合，或文字與號碼不符合，均應以當事人之原意定之。法院不能決定何者為當事人之原意者，則比較其所表示之各種數量，而以其中最低額為準，其理由蓋與前條相同也。

*（當事人原意）民九八。

第二章　人

⇧謹按人為權利義務之主體，其權利能力、行為能力之發生、變更、消滅等，均應以法律規定之，俾資適用。但法律上所謂人者，實兼指自然人、法人而言。民律草案採日本、德國民法之先例，以法人另列專章，而舉人之一語，專屬諸自然人，此種編例，準之論理，似欠允當，本法併為一章，分兩節：㈠自然人。㈡法人。蓋以法人於法令限制內，得為權利義務之主體，固與自然人毫無差異也。

第一節　自然人

⇧謹按本節稱自然人者，為別於法人而言也。自然人為權利義務之主體，其權利能力之始終，行為能力之限制，及住所之設立，人格之保護等，皆於本節規定之。

第六條　（自然人之權利能力）

人之權利能力，始於出生，終於死亡。

⇧謹按自然人之權利能力，關係重要，在民法草案僅規定以出生為始，未及其終，蓋以終於死亡，為當然之事，故未特設規定。本法以自然人自出生以迄死亡，皆為權利能力之存續期間，故並規定其始期及終期。

*（生存權）憲一五；（平等權）憲七；（權利能力）民一六、二六；（出生）民七；（出生登記）戶籍六；（死亡宣告）民八、九，家事一五四～一六三；（同死推定）民一一；（死亡登記）戶籍一四、三六～三九；（死亡）民一一四七。

▲人之權利能力終於死亡，其權利義務因死亡而開始繼承，由繼承人承受，故關於遺產之法律行為，自當由繼承人為之，被繼承人生前委任之代理人，依民法第五百五十條之規定，其委任關係，除契約另有訂定，或因委任事務之性質不能消滅者外，自應歸於消滅。（五一臺上二八一三）

▲土地法所稱之權利人，係指民法第六條及第二十六條規定之自然人及法人而言，非法人之團體，設有代表人或管理人者，依民事訴訟法第四十條第三項規定，固有當事人能力，但在實體法上並無權利能力。（六八臺抗八二）

第七條　（胎兒之權利能力）

胎兒以將來非死產者為限，關於其個人利益之保護，視為既已出生。

⇧謹按依前條之原則，自然人必須出生，方有權利能力，而本條則未出生者，亦得為權利之主體，即對於在胎內之兒女，以日後非死產者為條件，使得為出生前所成立之權利主體，例如本於不法行為而生之損害賠償請求權是。蓋本條為前條之例外規定，所以保護個人出生前之利益也。

*（受胎期間）民一〇六二；（胎兒之繼承權）民一一六六；（墮胎罪）刑二八八；（出生）民六。

▲不法侵害他人致死者，被害人之子女得請求賠償相當數額之慰撫金，又胎兒以將來非死產者為限，關於其個人利益之保護，視為既已出生，民法第一百九十四條、第七條定有明文，慰撫金之數額如何始為相當，應酌量一切情形定之，但不得以子女為胎兒或年幼為不予賠償或減低賠償之依據。（六六臺上二七五九）

第八條　（死亡宣告）

失蹤人失蹤滿七年後，法院得因利害關係人或檢察官之聲請，為死亡之宣告。

失蹤人為八十歲以上者，得於失蹤滿三年後，為死亡之宣告。

失蹤人為遭遇特別災難者，得於特別災難終了滿一年後，為死亡之宣告。

(71)一、目前交通發達，通訊方便，原定失蹤期間，似嫌過長，宜將一般人、老年人及遭遇特別災難人三種失蹤期間，分別比例縮短為七年、三年、一年。又為顧及公益上需要，倘利害關係人不聲請為死亡宣告或無利害關係人時，宜許檢察官亦得聲請，爰於本條第一項增訂之（參考日本民法第三十條、德國失蹤法第十六條第二項第一款、韓國民法第二十七條第一項）。

二、因現代醫藥衛生之進步，國人壽命已普遍增長，即就臺灣地區而言，民國二十四年至二十九年間，男子平均壽長為四一・一歲，女子壽長為四五・七歲。至六十五年男子平均壽長六八・九歲，女子為七三・七二歲（臺灣省政府統計資料），足見在此四十年間，男女平均壽命已增長二十六歲以上，故老年人之失蹤年齡似應相對提高，爰將本條第二項失蹤人七十歲以上者改為八十歲以上，並將七十歲以上至未滿八十歲者列入一般失蹤人範圍。

三、失蹤人遭遇特別災難者，將原規定得於失蹤滿三年後，改為得於特別災難終了滿一年後，為死亡宣告，較為合理（參考德國失蹤法第四條第一項）。

*（滿七年）民一二〇、一二一；（死亡宣告）民九，家事一五四～一六三；（滿八十歲）刑一八㈢；（失蹤期間特別規定）民航九八。

▲遺產稅徵收機關，非民法第八條第一項所稱之利害關係人，不得為死亡宣告之聲請。（院解三二三〇）

第九條　（死亡時間之推定）

受死亡宣告者，以判決內所確定死亡之時，推定其為死亡。

前項死亡之時，應為前條各項所定期間最後日終止之時。但有反證者，不在此限。

⇧謹按受死亡之宣告者，以判決內所確定死亡之時日，即推定其為業已死亡。即從是時起，失蹤人所有財產上及親屬上之法律關係，視與死亡者同，否則失蹤人之法律關係，仍不確定也。然前條各項所定期間最後日終止之時，以無反證者為限，即為推定其死亡之時。

*（宣告死亡之判決）家事一五九；（推定）民訴二八一；（死亡）民六、一一四七；（撤銷死亡宣告）家事一五四、一五五、一六〇～一六二；（撤銷死亡宣告之效力）家事一六三；（死亡宣告登記）戶籍一四、三九。

▲民法第九條第一項規定受死亡宣告者，以判決內所確定死亡之時，推定其為死亡。所謂推定，並無擬制效力，自得由法律上利害關係人提出反證以推翻之。（五一臺上一七三二）

第十條　（失蹤人財產之管理）

失蹤人失蹤後，未受死亡宣告前，其財產之管理，除其他法律另有規定者外，依家事事件法之規定。

(104)一百零一年一月十一日公布，自一百零一年六月一日施行之家事事件法第四編第八章，就失蹤人財產管理事件已有整體規範，且非訟事件法有關失蹤人財產管理之規定（第一百零八條至第一百二十條），已於一百零二年五月八日配合刪除，現行非訟事件法已無失蹤人財產管理之規定，爰將原條文修正為除其他法律另有規定者外，依家事事件法。

＊（死亡宣告）民八、九，家事一五四～一六三；（財產管理）家事一四二～一五三。

▲以失蹤人為被告提起財產權上之訴訟時，由失蹤人之財產管理人代為訴訟行為，在外多年音訊不通之人，自可認為失蹤人。（院解三四四五）

▲民法第十條規定失蹤人失蹤後，未受死亡宣告前，其財產之管理依非訟事件法之規定，現在非訟事件法尚未頒行，失蹤人如未於離去住所或居所時自設管理人，其配偶或其最近親屬，自得為之管理財產。（三〇上二三六）（九一、九、三〇決議不再援用）

▲失蹤人失蹤後未受死亡之宣告前，其財產之管理依非訟事件法之規定，為民法第十條所明定。現在非訟事件法尚未頒行，按之我國習慣及法理，失蹤人未自置管理人者，其配偶有管理權，無配偶或雖有配偶而已改嫁者，其最近親屬有管理權。出典之不動產為兄弟二人所公同共有，而兄已失蹤者，其弟向典權人回贖，固應得兄之財產管理人之同意，兄無配偶或其他最近親屬為其財產管理人者，其弟就公同共有物有為其兄管理之權，自得單獨向典權人提起放贖之訴。（三二上一六〇八）（九一、九、三〇決議不再援用）

▲失蹤人失蹤後未受死亡宣告前，其財產之管理依非訟事件法之規定，民法第十條定有明文，現在非訟事件法尚未頒行，按之我國習慣及法理，失蹤人未自置管理人者，其配偶有管理權，無配偶者其最近親屬有管理權，本件據原審確定之事實，被上訴人之父甲偕妻乙攜同幼子丙，於民國二十五年外出謀生久無消息，均屬生死不明，是原判決以被上訴人為失蹤人甲之最近親屬，認其對於甲之財產有管理權，就上訴人等向甲承典或為甲代贖之田土房屋，得代為請求放贖與交還，自非違法。（三三上三〇二七）（九一、九、三〇決議不再援用）

第十一條（同死推定）

二人以上同時遇難，不能證明其死亡之先後時，推定其為同時死亡。

⇧謹按特別災難之發生，如臨於戰地、船舶沈沒、或其他遭遇可為死亡原因之危難，而有二人以上同時失蹤者，則其死亡之孰先孰後，應依其證明者而定。若不能證明其先後時，則推定其為同時死亡。蓋二人既係同時遇難，復不能別有證明，自應推定其為同時死亡。故設本條以明其旨。

＊（死亡）民六、一一四七；（推定之效力）民訴二八一。

第十二條（成年時期）

滿十八歲為成年。

⑪⓪原有關成年年齡之規定乃於十八年間制定並施行，迄今已施行約九十一年，鑑於現今社會網路科技發達、大眾傳播媒體普及、資訊大量流通，青年之身心發展及建構自我意識之能力已不同以往，本條對於成年之定義，似已不符合社會當今現況；又世界多數國家就成年多定為十八歲，與我國鄰近之日本亦於二〇一八年將成年年齡自二十歲下修為十八歲；另現行法制上，有關應負刑事責任及行政罰責任之完全責任年齡，亦均規定為十八歲（刑法第十八條、行政罰法第九條），與民法成年年齡有異，使外界產生權責不相符之感，是為符合當今社會青年身心發展現況，保障其權益，並與國際接軌，爰將成年年齡修正為十八歲。

⇧查民律草案第十條理由謂自然人達於一定之年齡，則智識發達，可熟權利害，而為法律行為。然智識程度如何，若以之為事實問題，聽審判官臨時酌定，則遇有爭訟，須調查當事人之智識程度，始得定之，既屬困難，又慮訴訟遲延，本法採多數立法例，及舊有習慣，認定滿二十歲為成年。此本條所由設也。

＊（年齡之計算）民一二三、一二四。

第十三條（未成年人及其行為能力）

未滿七歲之未成年人，無行為能力。

滿七歲以上之未成年人，有限制行為能力。

⑪⓪一、第一項及第二項未修正。

二、因應修正條文第十二條將成年年齡修正為十八歲，以及修正條文第九百八十條將男、女最低結婚年齡修正均為十八歲後，民法成年年齡與男、女最低結婚年齡一致，爰配合刪除第三項有關未成年人已結婚而取得行為能力之規定。

⇧查民律草案第十二條理由謂無意思能力者，亦無行為能力，固屬當然之事。未滿七歲之幼者，雖不得謂為全無意思能力，然確有意思能力與否，實際上頗不易證明，故本條規定七歲未滿之幼者為無能力人，以防無益之爭論。

謹按第二項所以有限制行為能力之規定者，蓋因滿七歲以上之未成年人，雖不能謂為全無意思能力，然其智識究不若成年人之充足，若不加以限制，殊不足以保護其利益也。第三項所以定未成年，而已經結婚即有行為能力者，蓋因已結婚之人，已能獨立組織家庭，智識當已充足，故不應認為無行為能力也。

＊（年齡之計算）民一二四；（無行為能力人之意思表示）民七五、七六；（限制行為能力人之意思表示）民七七～八五；（未成年人之監護）民一〇九一～一一〇九；（無行為能力人及限制行為能力人之侵權行為）民一八七；（結婚年齡）民九八〇；（結婚）民九八二；（未成年人之結婚）民九八一、九八二；（行為能力）民一六。

▲未成年之婦女已結婚者有行為能力，不因夫之死亡而隨同喪失，其有和誘之者，不能成立犯罪。（院四六八）

▲㈠不達法定結婚年齡而結婚者，在未依法撤銷以前，應認為有行為能力。（院一二八二）

▲民法第一千二百十條所定不得執行遺囑之人，稱為未成年人，禁治產人，而不稱為無行為能力人，是關於未成年人，顯係專就年齡上加以限制，故未成年人雖因結婚而有行為能力，仍應依該條規定，不得為遺囑執行人。（院一六二八）

第十四條（監護之宣告及撤銷）

對於因精神障礙或其他心智缺陷，致不能為意思表示或受意思表示，或不能辨識其意思表示之效果者，法院得因本人、配偶、四親等內之親屬、最近一年有同居事實之其他親屬、檢察官、主管機關、社會福利機構、輔助人、意定監護受任人或其他利害關係人之聲請，為監護之宣告。

受監護之原因消滅時，法院應依前項聲請權人之聲請，撤銷其宣告。

法院對於監護之聲請，認為未達第一項之程度者，得依第十五條之一第一項規定，為輔助之宣告。

受監護之原因消滅，而仍有輔助之必要者，法院得依第十五條之一第一項規定，變更為輔助之宣告。

⑩⑧一、依第十五條之一第一項規定，對於因精神障礙或其他心智缺陷，致其為意思表示或受意思表示，或辨識其意思表示效果之能力，顯有不足者，法院得依聲請為輔助宣告，置輔助人，協助受輔助宣告人為重要行為。是以，輔助人對於受輔助人之精神或心智狀況，知之最稔，故倘受輔助人已達因精神障礙或其他心智缺陷，致不能為意思表示或受意思表示，或不能辨識其意思表示效果之程度，而有依第十五條之一第三項規定受監護宣告之必要者，自宜許由輔助人向法院聲請對原受輔助人為監護宣告，爰於第一項增訂輔助人得為監護宣告之聲請人。

二、又第一千零九十四條第三項有關選定監護人之規定，及第一千零九十八條第二項有關選任特別代理人之規定，均定有「其他利害關係人」得向法院聲請之規定，爰參考於第一項增訂其他利害關係人得為監護宣告之聲請人。

三、另配合親屬編第四章「監護」增訂第三節「成年人之意定監護」，本人得於意思能力尚健全時，與受任人約定，於本人受監護宣告時，受任人允為擔任監護人，是以，自亦應得由意定監護受任人於本人有因精神障礙或其他心智缺陷，致不能為意思表示或受意思表示，或不能辨識其意思表示之效果之情形時，向法院聲請為本人之監護宣告，爰併於第一項增訂。
四、第二項至第四項未修正。
*（心神喪失）刑一九；（精神耗弱）刑一九；（監護宣告程序）家事一六四～一七一；（檢察官）法組五九；（撤銷程序）家事一七二、一七三。

第十五條 （受監護宣告人之能力）

受監護宣告之人，無行為能力。

(97)一、「禁治產人」，修正為「受監護宣告之人」，修正理由同第十四條修正說明一。
二、按外國立法例，雖有將成年受監護人之法律行為，規定為得撤銷者（例如日本民法第九條）；亦即受監護宣告之人不因監護宣告而完全喪失行為能力。惟因本法有關行為能力制度，係採完全行為能力、限制行為能力及無行為能力三級制；而禁治產人，係屬無行為能力，其所為行為無效。此一制度業已施行多年，且為一般民眾普遍接受，為避免修正後變動過大，社會無法適應，爰仍規定受監護宣告之人，無行為能力。
*（無行為能力人之意思表示）民七五、七六；（成年人之監護）民一一一〇～一一一三。

第十五條之一 （輔助之宣告及撤銷）

對於因精神障礙或其他心智缺陷，致其為意思表示或受意思表示，或辨識其意思表示效果之能力，顯有不足者，法院得因本人、配偶、四親等內之親屬、最近一年有同居事實之其他親屬、檢察官、主管機關或社會福利機構之聲請，為輔助之宣告。

受輔助之原因消滅時，法院應依前項聲請權人之聲請，撤銷其宣告。

受輔助宣告之人有受監護之必要者，法院得依第十四條第一項規定變更為監護之宣告。

(97)一、本條新增。
二、現行本法有關禁治產宣告之規定，採宣告禁治產一級制，缺乏彈性，不符社會需求，爰於監護宣告之外，增加「輔助宣告」，俾充分保護精神障礙或其他心智缺陷者之權益。
三、受輔助宣告之人，其精神障礙或其他心智缺陷程度，較受監護宣告之人為輕，參酌行政罰法第九條第四項及刑法第十九條第二項規定，關於受輔助宣告之人之精神狀況須為「因精神障礙或其他心智缺陷，致其為意思表示或受意思表示，或辨識其意思表示效果之能力，顯有不足者」，並參照修正條文第十四條第一項規定，列舉輔助宣告聲請權人之範圍，爰為第一項規定。
四、第一項所稱「主管機關」之範圍，依相關特別法之規定，例如老人福利法第三條、身心障礙者保護法第二條、精神衛生法第二條。
五、受輔助之原因消滅時，法院應依第一項聲請權人之聲請，撤銷其輔助宣告，爰為第二項規定。
六、受輔助宣告之人須輔助之情況加重，而有受監護之必要者，理應准由法院依第十四條第一項規定，逕行變更為監護之宣告，俾簡化程序，爰為第三項規定。至於法院所為原輔助宣告，則當然失效。
七、輔助宣告適用之對象為成年人及未成年人已結婚者；至未成年人未結婚者，因僅有限制行為能力或無行為能力，無受輔助宣告之實益，不適用本條規定，併此說明。

第十五條之二 （應經輔助人同意之情形）

受輔助宣告之人為下列行為時，應經輔助人同意。但純獲法律上利益，或依其年齡及身分、日常生活所必需者，不在此限：

一 為獨資、合夥營業或為法人之負責人。
二 為消費借貸、消費寄託、保證、贈與或信託。
三 為訴訟行為。
四 為和解、調解、調處或簽訂仲裁契約。
五 為不動產、船舶、航空器、汽車或其他重要財產之處分、設定負擔、買賣、租賃或借貸。
六 為遺產分割、遺贈、拋棄繼承權或其他相關權利。
七 法院依前條聲請權人或輔助人之聲請，所指定之其他行為。

第七十八條至第八十三條規定，於未依前項規定得輔助人同意之情形，準用之。

第八十五條規定，於輔助人同意受輔助宣告之人為第一項第一款行為時，準用之。

第一項所列應經同意之行為，無損害受輔助宣告之人利益之虞，而輔助人仍不為同意時，受輔助宣告之人得逕行聲請法院許可後為之。

(97)一、本條新增。
二、受輔助宣告之人僅係因精神障礙或其他心智缺陷，致其為意思表示或受意思表示，或辨識其所為意思表示效果之能力，顯有不足，並不因輔助宣告而喪失行為能力，惟為保護其權益，於為重要之法律行為時，應經輔助人同意，爰於第一項列舉應經輔助人同意之行為。但純獲法律上利益，或依其年齡及身分、日常生活所必需者，則予排除適用，以符實際。
三、為免第一項前六款規定仍有掛一漏萬之虞，故於同項第七款授權法院得依前條聲請權人或輔助人之聲請，視個案情況，指定第一項前六款以外之特定行為，亦須經輔助人同意，以保護受輔助宣告之人。
四、第一項第五款之「其他重要財產」，係指其重要性與不動產、船舶、航空器或汽車相當之其他財產；其所稱「財產」，包括物或權利在內，例如債權、物權及無體財產權均屬之。另同項第六款之「其他相關權利」，係指與繼承相關之其他權利，例如受遺贈權、繼承回復請求權以及遺贈財產之扣減權（民法第一千二百二十五條）等。
五、受輔助宣告之人未經輔助人同意而為第一項所列之行為或輔助人同意受輔助宣告之人為第一項第一款行為之效力，分別準用第七十八條至第八十三條及第八十五條有關限制行為能力之相關規定，以避免爭議，爰為第二項及第三項規定。
六、第一項所列應經同意之行為，無損害受輔助宣告之人利益之虞，而輔助人仍不為同意時，受輔助宣告之人得逕行聲請法院許可後為之，以免影響其生活，爰為第四項規定。至本項所稱「法院許可」，性質上係代替輔助人之同意；受輔助宣告之人依本項規定聲請法院許可時，無須經輔助人同意，自不待言。又受輔助宣告之人為本條規定以外之法律行為時，有行為能力，其效力不因其為受輔助宣告之人而受影響，併予敘明。

第十六條 （能力之保護）

權利能力及行為能力，不得拋棄。

⇧查民律草案第四十九條理由謂凡人若將權利能力及行為能力之全部或一部拋棄之，人格必受缺損。故對權利能力及行為能力之拋棄，特用法律禁止之，以均強弱而杜侵凌之弊。此本條所由設也。
*（權利能力）民六；（行為能力）民一三、一五。

第十七條 （自由之保護）

自由不得拋棄。

自由之限制，以不背於公共秩序或善良風俗者為限。

⇧查民律草案第五十條理由謂法治國尊重人格，均許人享受法律中之自由權，人若拋棄其自由，則人格受缺損。又背乎公共秩序或善良風俗而限制自由，則有害於公益，均當然在所不許。故設本條，以防強者迫弱者拋棄其自由，或限制其自由之弊也。

*（自由）憲八、一〇～一四；（公序良俗）民二、三六、七二、一四八。

第十八條　（人格權之保護）

人格權受侵害時，得請求法院除去其侵害；有受侵害之虞時，得請求防止之。

前項情形，以法律有特別規定者為限，得請求損害賠償或慰撫金。

⑪一、人格尊嚴之維護，日趨重要，為加強人格權之保護，不但於人格權受侵害時，應許被害人請求除去其侵害，即對於未然之侵害，亦應許其請求防止，爰增訂本條第一項後段規定。

二、第二項不修正。

*（請求損害賠償或慰撫金之特別規定）民一九、一九二～一九五、九七九、一〇五六。

▲兩造為同族，其族規並無對於其族人可以記過，及如何情形不得充當祠首之訂定，既為上訴人所不爭，則上訴人等以被上訴人管理祠穀有折耗情事，且以被上訴人不服理論，即於祠簿內載明記大過一次，世不許接充祠首字樣，顯係非法侵害被上訴人之人格權，原判決依被上訴人之聲明判定此項記載應予除去，按之民法第十八條第一項之規定自無不合。（三三上三八二六）

▲被上訴人與某甲間之婚姻關係，既因某甲之死亡而消滅，即得自由改嫁。茲被上訴人因上訴人有阻其改嫁情事，訴請命上訴人任其自由改嫁勿加干涉，第一審如其聲明而為判決，原法院判予維持均無不合。（三三上六三三五）

第十九條　（姓名權之保護）

姓名權受侵害者，得請求法院除去其侵害，並得請求損害賠償。

⇧謹按姓名權者，因區別人己而存人格權之一也。故姓名使用權受他人侵害時，使得請求侵害之屏除，更為完全保護其人格計，凡因侵害而受有損害者，並得請求賠償。

*（姓之取得）民一〇五九；（本名）姓名一、五～七；（姓名之更改）姓名一、一〇；（損害賠償）民二一三～二一六。

▲(1)已經註冊之商號，如有他人冒用或故用類似之商號，為不正之競爭者，該號商人得呈請禁止其使用。(2)所謂商號之類似者，原指具有普通知識之商品，購買人施以普通所用之注意，猶有誤認之虞者而言。（二〇上二四〇一）

第二十條　（住所之設定）

依一定事實，足認以久住之意思，住於一定之地域者，即為設定其住所於該地。

一人同時不得有兩住所。

⑪一、本條第一項規定住所之設定，兼採主觀主義及客觀主義之精神，所謂「以久住之意思」一語，本應依據客觀事實認定，非當事人可任意主張，原條文規定欠明，易滋疑義，爰在第一項原條文首句前增列「依一定事實，足認」等字樣，明示應依客觀事實，認定其有無久住之意思，以避免解釋上之爭執，並符原立法意旨。

二、第二項不修正。

*（法人之住所）民二九，公司三㈠；（住所之效力）民三一四，公司四〇，票據二〇，民訴一，刑訴五，涉外民事三、四、一一、一二、二〇、二八、四五、四七、四八、五〇、五六、六一，國籍三～五，破產二，所得稅七。

▲以久住之意思住於一定之地域者，即為設定其住所於該地，至該地域是否為其父母丘壟之所在，及是否為其結婚時之地域，在所不問。（二八滬上一一(二)）

第二十一條　（無行為能力人及限制行為能力人之住所）

無行為能力人及限制行為能力人，以其法定代理人之住所為住所。

⇧謹按未滿七歲之未成年人與禁治產人，為無行為能力人，其行為須由法定代理人代理，滿七歲以上之未成年人為限制行為能力人，其行為須經法定代理人允許或追認，自應以法定代理人之住所為住所，以適於實際上之便利。此本條所由設也。

*（無行為能力人）民一三㈠、一五；（限制行為能力人）民一三㈡；（未成年人之法定代理人）民一〇八六、一〇九八；（夫妻之住所）民一〇〇二；（未成年子女之住所）民一〇六〇、一〇七七。

▲㈡無行為能力人及限制行為能力人，依民法總則第二十一條自應以其法定代理人之住所為住所。若無法定代理人時，應以其自己之居所視為住所。（院四七四）

第二十二條　（居所視為住所㈠）

遇有下列情形之一，其居所視為住所：

一　住所無可考者。

二　在我國無住所者。但依法須依住所地法者，不在此限。

⑰一、本條序文之「左列」修正為「下列」，以符合現行法制用語。

二、第二款之「中國」修正為「我國」，以與現行法制體例之用語配合（參考立法院職權行使法第六十四條第二項、國家情報工作法第三條第一項第二款、離島建設條例第二條、華僑身分證明條例第五條第一項第五款、兵役法第七條第二款、第八條第二款、第二十八條第五款、第三十六條第五款、兵役法施行法第二十三條、菸酒管理法第三十九條第三項第三款及洗錢防制法第八條之一第四項、第十二條第三項、第十二條之一第二項等規定）。

*（居所）戶籍二〇⑥；（須依住所地法）涉外民事三。

第二十三條　（居所視為住所㈡）

因特定行為選定居所者，關於其行為，視為住所。

⇧查民律草案第四十五條理由謂當事人住址在遠隔地，於實際上有不便時，因其特定行為，使得選定與住所有同一效力之暫時居所，始為適宜。至其選定之暫時居所，當事人得自由變更或廢止之，自屬當然之事，無待明文規定也。

第二十四條　（住所之廢止）

依一定事實，足認以廢止之意思離去其住所者，即為廢止其住所。

⑪本條之廢止住所與第二十條之設定住所，立法意旨相同，現第二十條既予修正，爰在本條首句增列「依一定事實，足認……」等字樣，俾能前後一致。

*（離去住所）戶籍一六、一八。

第二節　法人

⇧謹按自來關於法人本質之學說雖多，然不外實在之團體。其與自然人異者，以法人非自然之生物，乃社會之組織體也。近世各國法典，對於法人之規定，日增詳密，其原未規定者，如法國民法及模仿法國民法而制定之諸國法典，亦復增訂法規，以期適用。本法亦以法人為實在之團體，特為本節之設，而復分三款：一通則。二社團。三財團。其不曰社團法人、財團法人，而簡稱社團、財團者，以未經登記或許可之社團、財團，在法律上尚未取得人格，而已經登記或許可之社團、財團，其為法人又無疑義，故為條文意義之明瞭醒豁起見，似可省去法人二字也。

第一款　通則

第二十五條　（法人成立之法定原則）

法人非依本法或其他法律之規定，不得成立。

⇧查民律草案第六十條理由謂因欲達某種之目的，而為人之集合，名曰社團。因使用於特定之目的，而為財產之集合，名曰財團。此二者，依本法及其他法律，得使之成為有人格者，故特設本條，以示社團、財團，皆得為法人，並其區別。

*（本法或其他法律之規定）民四五、五九，公司一，合作社一、二，銀行二，農會二，工會二，商團二，私校三三；（外國法人）民總施一一～一五。

▲（三九臺上三六四）參見本法第一條。（九七、八、一二決議自九七、七、一不再援用）

第二十六條　（法人之權利能力）

法人於法令限制內，有享受權利、負擔義務之能力。但專屬於自然人之權利義務，不在此限。

⇧謹按法人與自然人有同一之人格，若非親屬法上之權利義務專屬於自然人之性質者，應使法人亦享受之，並不專限於財產上之權利義務也。

*（自然人之權利能力）民六；（法令限制）公司一三、一五、一六。

▲政府任何機關與人民或商號發生私經濟關係，均應受私法之適用。（一九上一八三八）

▲國家所設之營業機關，於法律上固非有獨立之人格，惟該營業機關之官吏，本有代理國家處理該機關私法上事項之權，故因該機關與私人間所生之私法上關係，得逕以該機關為權利義務之當事人。（一九上三二六四）

▲法人之董事為法人之代表及執行機關，聲請法人登記，由董事為之，民法第四十八條第二項、第六十一條第二項定有明文。本件卷附之法人登記證書載明法人名稱為「財團法人私立永達工業專科學校」，臺灣屏東地方法院復原法院函之意旨亦同，原法院竟以聲請法人登記及登記之公告均為該學校董事會，即認法人為該學校董事會，於法顯屬有誤。法人之董事既為法人之代表及執行機關，即不可能為另一有權利能力之主體，原判決謂被上訴人學校與學校董事會「乃係二個個別之主體」法律見解，尤有違誤。（六三臺上六二八）

▲（六八臺抗八二）參見本法第六條。

第二十七條　（法人之機關）

法人應設董事。董事有數人者，法人事務之執行，除章程另有規定外，取決於全體董事過半數之同意。

董事就法人一切事務，對外代表法人。董事有數人者，除章程另有規定外，各董事均得代表法人。

對於董事代表權所加之限制，不得對抗善意第三人。

法人得設監察人，監察法人事務之執行。監察人有數人者，除章程另有規定外，各監察人均得單獨行使監察權。

（71）一、董事有數人者，如何行使職權，現行法未設明文，為使法人之內部關係更為明確，爰在本條第一項末段增列「董事有數人者，法人事務之執行，除章程另有規定外，取決於董事過半數之同意。」蓋所以尊重法人自治之原則也（參考日本民法第五十二條第二項、韓國民法第五十八條第二項）。

二、為配合本條第一項之修正，並使法人對外關係更為明確，爰於第二項增列：董事有數人者，除章程另有規定外，各董事均得代表法人，以維交易之安全。

三、第三項不修正。

（現行法本條第三項指對於董事代表權之部分限制，而依修正後第二項規定，章程另有規定有代表權之董事時，則將全部剝奪其他董事對外之代表權，故二者有所不同。第二項之規定，不能適用第三項不得對抗善意第三人之規定。且與本條第三項有關之第四十八條第一項第八款、第六十一條第一項第七款，應先後呼應，故均改為：「定有代表法人之董事者，其姓名。」以資適應事實之需要。）

四、監察人雖非法人必設之機關，但實際上一般法人及團體多有監察人之設置，本法未設明文，雖可委諸章程訂定，終不若法有明文為憑。又監察人有數人時，應如何行使職權，亦應明確規定。爰增訂本條第四項規定。

*（董事之任免）民四七③、五〇㊁②；（董事之職權）民三五、三七、四八、五一、六一、六三。

▲釋一五七。

▲㈠法人之代表人在民法上固非所謂法定代理人，在民事訴訟法上則視作法定代理人，適用關於法定代理之規定，故法人之代表人有數人時，在訴訟上是否均得單獨代表法人，按諸民事訴訟法第四十七條，應依民法及其他法令定之，民法第二十七條第二項所定代表法人之董事有數人時，均得單獨代表法人，公司法第三十條所定代表無限公司之股東有數人時，亦均得單獨代表公司，若依實體法之規定，法人之代表人數人必須共同代表者，在訴訟上不得準用民事訴訟法第七十一條之規定，使之單獨代表。至非法人之團體其代表人或管理人有數人時，在訴訟上是否均得單獨代表團體，按諸民事訴訟法第五十二條、第四十七條亦應依民法及其他法令定之，法令未就此設有規定者，應解為均得單獨代表團體。（院解二九三六）

▲董事相互間縱曾劃分期間各自辦理，但對外究係一體，不能藉口係其他某董事經手之事，而冀置身事外。（一七上一一五九）

▲財團法人之董事，就法人一切事務對外代表法人，此在民法施行以前為當然之條理，故除有特別習慣，或其捐助章程，訂明董事出賣法人財產，應得捐助人全體之同意外，法人之財產如有出賣之必要，或以出賣為有益時，不得謂董事無出賣之權限，亦不得謂其出賣為法人目的範圍外之行為。（一九上三二一）（九一、一〇、三一決議不再援用）

▲公司如未經合法註冊，則雖名為有限公司，仍難認有獨立之人格，即應以合夥論。（二〇上二〇一四）

▲董事（合作社之理事相當於民法及公司法之董事）就法人之一切事務對外代表法人，對於董事代表權所加之限制，不得對抗善意第三人，為民法第二十七條所明定，合作社法既未認合作社有特殊理由，不許理事有對外代表之權，則理事之代表權仍應解為與其他法人相同，不受任何之限制，且理事代表合作社簽名，以載明為合作社代表之旨而簽名為已足，加蓋合作社之圖記並非其要件。（四九臺上二四三四）

▲董事代表法人簽名，以載明為法人代表之旨而簽名為已足，加蓋法人之圖記並非其要件。（六三臺上三五六）

▲（六三臺上六二八）參見本法第二十六條。

第二十八條　（法人侵權責任）

法人對於其董事或其他有代表權之人因執行職務所加於他人之損害，與該行為人連帶負賠償之責任。

（71）原條文所稱「職員」一詞，含義有欠明確，解釋上係指有代表權之職員而言。蓋本條相關之外國立法例，多標明為關於「法人之侵權行為能力」之規定（日本民法第四十四條），而法人之機關有意思機關、監察機關及執行機關三者，前二者與法人侵權行為無關，本條所謂之「職員」自係指法人之執行機關而言，否則，即難認為法人之侵權行為。而法人之董事，對外代表法人為一切行為，董事為執行機關，固無問題，現行法本條與董事並列之「職員」，係指與董事地位相當而有代表權之職員而言。

又本條與第一百八十八條所規定之對象不同，前者以有代表權之職員為對象，後者以一般職員為對象，法人就其有代表權之職員所加於他人之損害，無免責之規定，所負責任較重，故範圍宜小，否則第一百八十八條將鮮有適用餘地。本條修正文字「其他有代表權之人」，係指民法第一百八十八條以外具有法人代表權之職員而言，如清算人、公司之重整人等是。

*（法人之董事）民二七；（代表權人）民五五三、五五四，公司八；（侵權行為）民一八四、一八八；（連帶責任）民二七二～二八二，公司二三；（國家賠償責任）國賠二㊁、

三。

▲被上訴人甲、乙兩股份有限公司，均非以保證為業務，被上訴人丙、丁分別以法定代理人之資格，用各該公司名義保證主債務人向上訴人借款，顯非執行職務，亦非業務之執行，不論該被上訴人丙、丁等應否負損害賠償之責，殊難據民法第二十八條、公司法第三十條，令各該公司負損害賠償責任，上訴人對此部分之上訴顯無理由，惟查被上訴人丙、丁等對其所經理之公司，如係明知其並非以保證為業務，而竟以各該公司之名義為保證人，依民法第一百十條及第一百八十四條規定，對於相對人即應負損害賠償之責，不得因公司法第二十二條、第二十三條、第二十四條，未有公司負責人應賠償其擔保債務之規定予以寬免。（四四臺上一五六六）（九一、九、三〇決議不再援用）

▲民法第二十八條所加於法人之連帶賠償責任，以該法人之董事或其職員，因執行職務所加於他人之損害者為限，若法人之董事及職員因個人之犯罪行為而害及他人之權利者，即與該條規定之責任要件不符，該他人殊無據以請求連帶賠償之餘地。（四八臺上一五〇一）

▲被上訴人（臺北市自來水廠）苟係依法律規定而成立之法人，則其職員因收取水費而向上訴人浮收巨款，不能謂非因執行職務所加於上訴人之損害而免其連帶賠償責任。（四九臺上一〇一八）

▲民法第二十八條所謂法人對於董事或職員，因執行職務所加於他人之損害，與該行為人連帶負賠償之責任，係專以保護私權為目的。換言之，權利之為侵權行為之客體者，為一切之私權，政府向人民徵稅，乃本於行政權之作用，屬於公權範圍，納稅義務人縱有違反稅法逃漏稅款，致政府受有損害，自亦不成立民法上之侵權行為，無由本於侵權行為規定，對之有所請求。公司法第二十三條所謂公司負責人，對於公司業務之執行，如有違反法令致他人受損害時，對他人應與公司連帶負賠償責任云云，仍以違反法令致他人私權受有損害，為責任發生要件，若公權受有損害，則不得以此為請求賠償之依據。（六二臺上二）

▲民法第二十八條所謂「因執行職務所加於他人之損害」，並不以因積極執行職務行為而生之損害為限，如依法律規定，董事負執行該職務之義務，而怠於執行時所加於他人的損害，亦包括在內。（六四臺上二二三六）

▲公務員因故意違背對於第三人應執行之職務，致第三人之權利受損害者，負賠償責任，其因過失者，以被害人不能依他項方法受賠償時為限，負其責任，為民法第一百八十六條第一項所明定。本條所定公務員執行之職務，既為公法上之行為，其任用機關自無民法第一百八十八條第一項或第二十八條規定之適用。（六七臺上一一九六）

第二十九條　（法人之住所）

法人以其主事務所之所在地為住所。

⇧查民律草案第六十四條理由謂法人與自然人，同有人格，則亦應有住所，是屬當然之事。此本條所由設也。

＊（住所）民二〇；（事務所之登記）民四八㈠③、六一㈠③；（公司之住所）公司三。

第三十條　（法人設立之登記）

法人非經向主管機關登記，不得成立。

⑺一、「官署」一詞，為行憲前之法律用語，新近制定或修正之法律，皆改用「機關」二字，本條自當予以修正，以後各條內有「官署」一詞者，亦均應修正為「機關」或其他適當名詞。

二、又本條、第四十八條第二項、第六十一條第二項之「主管機關」，依民法總則施行法第十條之規定，雖指法院而言，但如改「主管機關」為「法院」，而將來法制變更，法人登記機關，改為其他機關時（如日本設有登記所），則又須修正民法，反增困擾，不如改為「主管機關」較富彈性。

＊（登記機關）民總施一〇，非訟三一；（應登記事項）民四八、六一；（登記之聲請）法登三、二五、二六。

▲㈠監督慈善團體法施行規則第三條所稱之主管官署，乃許可設立之官署，即民法第四十六條、第五十九條所定登記前應得許可之主管官署，非法人登記之主管官署（參閱民法總則施行法第十條）。慈善團體得許可設立之主管官署設立許可後，未依法定程式向主管官署登記，雖在該規則施行前成立，依民法第三十條規定，不得成立為法人，自不能認為有法人資格。（院一四〇七）

▲關於法人之登記，民法並未定有時期之限制，本無所謂不遵限聲請登記，縱令久不聲請登記，法院亦無從為何種處置。（院解四〇〇七）

▲法人依非訟事件法聲請設立登記後，一經法院依法登記於法人登記簿，即行成立而取得法人資格，得為權利義務主體，此觀民法第三十條之規定自明。已經為設立登記之財團法人之董事，無與財團法人對財團法人之債權人負連帶責任之可言，與民法規定合夥財產為合夥人公同共有，合夥人對合夥債務負連帶責任者，迥不相同。某私立高級中學，請臺灣臺北地方法院准予為財團法人之設立登記並將聲請登記事項登記於法人登記簿，雖未領得登記證書，但該校已取得法人資格，上訴人依民法規定之合夥關係，請求為該校董事之被上訴人對於該校向上訴人所借款項負清償責任，於法無據。（六四臺上一五五八）

第三十一條　（登記之效力）

法人登記後，有應登記之事項而不登記，或已登記之事項有變更而不為變更之登記者，不得以其事項對抗第三人。

⇧謹按所謂應行登記之事項者，即本法第四十八條規定關於社團設立時及於第六十一條規定關於財團設立時，應行登記之事項是也。蓋法人雖因登記而成立，然有應登記之事項而不登記者，即不得以其事項對抗第三人。或已登記之事項，有所變更時，而不為變更之登記者，亦不得以其變更對抗第三人，皆所以保護第三人之利益也。

＊（設立登記）民三〇；（應登記事項）民四八、六一；（變更登記之聲請）法登二七。

第三十二條　（法人業務之監督）

受設立許可之法人，其業務屬於主管機關監督，主管機關得檢查其財產狀況及其有無違反許可條件與其他法律之規定。

⑺修正理由，見第三十條修正說明之一。

＊（受設立許可之法人）民四六、五九；（妨礙監督權行使之處罰）民三三。

第三十三條　（妨礙監督權行使之處罰）

受設立許可法人之董事或監察人，不遵主管機關監督之命令，或妨礙其檢查者，得處以五千元以下之罰鍰。

前項董事或監察人違反法令或章程，足以危害公益或法人之利益者，主管機關得請求法院解除其職務，並為其他必要之處置。

⑺一、因社會經濟情況變遷，原定罰鍰數額，難收懲儆之效，爰參考經濟變動情形，將罰鍰金額提高為五千元以下，俾法院可斟酌情形而為適當量處，以加強制裁之效果。又於本條增列「監察人」以配合第二十七條新增第四項之規定。至主管「官署」改為「機關」，其理由同第三十條修正說明之一。

二、增設主管機關於必要時得請求法院解除董事或監察人職務之規定，期能確保公益（參考私立學校法第三十條、合作社法第四十三條），並與第六十四條修正草案，前後呼應。惟為維護法人業務之繼續進行，不致因董事或監察人職務之解除而受影響，應許主管機關為各種必要之處置，例如於新任董事或監察人產生之前，或依非訟事件法第六十五條規定法院依聲請而選任臨時管理人以前，得由主管機關派員暫行管理，或為其他適當之處理。

＊（受設立許可之法人）民四六、五九；（董事）民二七、四八㈠④、六一㈠⑥；（監察人）民二七㊃。

第三十四條　（撤銷法人許可）

法人違反設立許可之條件者，主管機關得撤銷其許可。

⑺將「官署」改為「機關」，其理由見第三十條修正說明之一。

*（設立許可）民四六、五九；（業務監督）民三二。

第三十五條　（法人之破產及其聲請）

法人之財產不能清償債務時，董事應即向法院聲請破產。

不為前項聲請，致法人之債權人受損害時，有過失之董事，應負賠償責任，其有二人以上時，應連帶負責。

⑺一、第一項不修正。

二、本條董事有二人以上時，應否負連帶賠償責任，宜以明文規定，爰予增列。

*（破產原因）破產一；（董事之責任）破產三；（董事）民二七、四八㈠④、六一㈠⑥；（聲請破產）破產二、六二。

▲特別法無規定者應適用普通法，公司法（舊）第一百四十七條第二項僅載公司財產顯有不足抵償債務時，董事應即聲請宣告破產，至不為此項聲請致公司之債權人受損害時，該董事對於債權人應否負責，在公司法既無規定，自應適用民法第三十五條第二項之一般規定。（二三上二〇四）

▲法人之債權人，主張法人之財產不能清償債務，其董事未即聲請宣告法人破產，致其債權受損害，而對董事請求賠償損害者，應就董事如即時為此聲請，其債權較有受償可能之事實，負舉證證明之責，此就民法第三十五條規定之旨趣推之自明。（六二臺上五二四）

第三十六條　（法人宣告解散）

法人之目的或其行為，有違反法律、公共秩序或善良風俗者，法院得因主管機關、檢察官或利害關係人之請求，宣告解散。

⑺本條將「官署」改為「機關」之理由，同第三十條修正說明之一。

*（業務監督）民三二；（公序良俗）民一七、七二、一四八；（宣告解散之聲請）非訟六〇；（管轄法院）非訟五九；（解散登記）非訟六五。

第三十七條　（法定清算人）

法人解散後，其財產之清算，由董事為之。但其章程有特別規定，或總會另有決議者，不在此限。

⇧謹按法人既經解散後，即須清算其財產，俾資結束。凡清算須有實行清算之人，其清算人可以章程訂定，或由總會決議選任之。若章程既無特別規定，而總會又未議決時，則其清算職務，應由董事任之。因董事熟悉法人對內對外之一切情形也。

*（法人之解散）民三六、五七、五八、六五；（董事）民二七、四八㈠④、六一㈠⑥；（清算人之解任）民三九。

第三十八條　（選任清算人）

不能依前條規定，定其清算人時，法院得因主管機關、檢察官或利害關係人之聲請，或依職權，選任清算人。

⑺不能依前條規定，定其清算人，亦無利害關係人聲請選任時，宜有補救之道，爰增訂法院得依主管機關、檢察官之聲請或依職權，選任清算人之規定（參考日本民法第七十五條）。

*（法定清算人）民三七；（清算人之解任）民三九；（管轄法院）非訟五九；（主管機關）民三〇、三二；（檢察官）法組五九。

第三十九條　（清算人之解任）

清算人，法院認為有必要時，得解除其任務。

⇧謹按必要事項者，如清算人不勝任，或其執行清算事務不忠實等是。此際法院得解除清算人之任務，所以期清算之適當也。

*（清算人）民三七、三八；（賸餘財產）民四四；（管轄法院）非訟五九。

第四十條　（清算人之職務及法人存續之擬制）

清算人之職務如左：

一　了結現務。

二　收取債權，清償債務。

三　移交賸餘財產於應得者。

法人至清算終結止，在清算之必要範圍內，視為存續。

⇧謹按查民律草案第一百二十六條理由謂清算者，以清償法人之債務，與移交賸餘財產於應得人為目的，故其達此目的之方法，清算人理宜行之，如完結解散時尚未終結之事務，請求法人債權之履行，清償法人之債務，以其賸餘財產移交於應得之人等項（參照第四十四條），此皆屬於清算目的範圍以內之事務，亦即為清算人必應處置之事務也。故設第一項以明清算人之職責。又民律草案第一百二十二條理由謂法人雖因解散而失其權利能力，然於清算目的之必要範圍內，至清算之終結為止，仍應視為存續，俾得完結清算。故設第二項，以免實際上之窒礙。

*（清算人）民三七、三八。

▲釋四九二。

第四十一條　（清算之程序）

清算之程序，除本通則有規定外，準用股份有限公司清算之規定。

⇧謹按清算程序在公司法上規定特詳，法人之清算程序，要與公司法上所定關於股份有限公司清算之程序相同，除本章規定外，應準照股份有限公司之清算程序辦理，以期適用之便利。故設本條以明其旨。

*（股份有限公司之清算）公司三二二～三五六。

第四十二條　（清算之監督機關及方法）

法人之清算，屬於法院監督。法院得隨時為監督上必要之檢查及處分。

法人經主管機關撤銷許可或命令解散者，主管機關應同時通知法院。

法人經依章程規定或總會決議解散者，董事應於十五日內報告法院。

⑺一、法人開始清算程序後，即歸法院監督。法院監督清算中之法人，除隨時得為監督上必要之檢查外，關於清算中法人財產之處分及債務之負擔，亦在監督範圍之內，必要時應得為適當之處分。本條原條文後段僅言及「必要之檢查」，而未將得為必要之處分表明，有欠周密，易生爭議，爰於本條第一項末加「及處分」三字，以求明顯。此處所謂「處分」，自係指監督上之「必要處分」而言，即與民法第六十二條之「處分」意義相類似。

二、法人經法院依本法第五十八條宣告解散者，法院固得逕行監督其清算之進行，惟法人係經主管機關撤銷許可（本法第三十四條）、命令解散（第六十五條）或依章程規定（第四十八條第一項第九款、第六十一條第一項第八款）或依總會決議（第五十七條）解散，未經主管機關通知或董事報告者，法院難於知悉而開始實施監督，故增列第二項及第三項，俾法院得及時行使監督權。

*（管轄法院）非訟五九；（主管機關）民三〇、三二；（檢察官）法組五九。

▲受設立許可之法人，經主管官署撤銷其許可者，關於法人解散之登記，固應由清算人聲請之，惟撤銷許可之處分確定後，法人董事並不履行清算及為解散之登記時，法院因該管行政官署之請求，命為解散登記並進行清算，既係基於法院監督權之作用，尚難指為違法。（四七臺抗一三二）

第四十三條　（妨礙之處罰）

清算人不遵法院監督命令，或妨礙檢查者，得處以五千元以下之罰鍰。董事違反前條第三項之規定者亦同。

⑪一、提高罰鍰金額理由與第三十三條第一項同。
二、為加重法人董事之責任，爰規定董事違反前條第三項規定，未於十五日內報告法院者，亦得處五千元以下之罰鍰，以貫徹立法目的。

第四十四條　（賸餘財產之歸屬）

法人解散後，除法律另有規定外，於清償債務後，其賸餘財產之歸屬，應依其章程之規定，或總會之決議。但以公益為目的之法人解散時，其賸餘財產不得歸屬於自然人或以營利為目的之團體。

如無前項法律或章程之規定或總會之決議時，其賸餘財產歸屬於法人住所所在地之地方自治團體。

⑪一、增加「除法律另有規定外」一語，係為顧及特別法之規定；本項但書之增列，則為防假公益之名而圖私利之弊。
二、因第一項增加「除法律另有規定外」一語，本項為配合修正，增列「法律」二字。

*（法人之住所）民二九；（清償債務）民四〇㈠②；（移交賸餘財產）民四〇㈠③。

第二款　社　團

⇧謹按社團者，是由人之集合體而成之社員團體也。從得其目的分為非經濟的社團及經濟的社團，非經濟的社團，應於民法中規定，至經濟的社團，規定於特別法中為宜，故本款專規定非經濟的社團。

第四十五條　（營利法人之設立）

以營利為目的之社團，其取得法人資格，依特別法之規定。

⇧謹按社團法人之以營利為目的者，種類甚多，其設立及其他事件，應規定於特別法中。例如公司之設立，應依公司法之規定是也。

*（營利社團）公司一；（法人資格）民二五。

第四十六條　（公益法人之設立）

以公益為目的之社團，於登記前，應得主管機關之許可。

⑪將「官署」改為「機關」，其理由同第三十條修正說明之一。

*（設立許可之撤銷）民三四；（社團登記）民四八。

▲㈠以營利為目的之法人，依法人登記規則第三十四條規定，固應準用公司登記之規定，惟公司法現雖公布尚未施行，依現行公司條例公司註冊暫行規則及公司註冊暫行規則補充辦法規定，經註冊所核准註冊，即可認為法人成立，毋須向法院聲請登記。㈢許可法人設立之主管官署，即管理法人目的之事業之官署，應依法人之目的事業而認定之，其許可權是否專屬於中央官署，抑受中央主管官署之指揮監督，執行法令之地方官署亦有許可之權，如法令無明文規定者，應以法人目的事業之性質定之。至法人經主管官署許可後，法院於登記時，仍有審查關於登記事項及程序之權。（院四四三）

第四十七條　（章程應記載事項）

設立社團者，應訂定章程，其應記載之事項如左：

一　目的。
二　名稱。
三　董事之人數、任期及任免。設有監察人者，其人數、任期及任免。
四　總會召集之條件、程序及其決議證明之方法。
五　社員之出資。
六　社員資格之取得與喪失。
七　訂定章程之年、月、日。

⑪一、董事之人數、任期，宜在章程定明，其設有監察人者亦同，爰於第三款增列之（參考公司法第一百二十九條第六款、農會法第十一條第九款、商業團體法第十二條第十款、醫師法第三十九條第四款）。
二、訂定章程之日期，關係社員之權利義務甚大，爰增設第七款，以利實務（參考公司法第四十一條第一項第十一款、第一百零一條第一項第十款、第一百二十九條第七款）。

*（社團之設立）民四五、四六；（章程之變更）民五〇㈠、五三。

第四十八條　（社團設立應登記事項）

社團設立時，應登記之事項如左：

一　目的。
二　名稱。
三　主事務所及分事務所。
四　董事之姓名及住所。設有監察人者，其姓名及住所。
五　財產之總額。
六　應受設立許可者，其許可之年、月、日。
七　定有出資方法者，其方法。
八　定有代表法人之董事者，其姓名。
九　定有存立時期者，其時期。

社團之登記，由董事向其主事務所及分事務所所在地之主管機關行之，並應附具章程備案。

⑪一、本條第一項第一、二、三、五、六、七、九款不修正。現行法第二十七條第三項係指對於董事代表權之部分限制。而修正後第二項所謂章程另有規定有代表權之董事時，則將全部剝奪其他董事對外之代表權，故二者有所不同。該條第二項之規定，不能適用同條第三項不得對抗善意第三人之規定。惟如經登記，則依第三十一條之反面解釋，即可對抗第三人，爰將本條第一項第八款及第六十一條第一項第七款，均改為：「定有代表法人之董事者，其姓名。」以維護交易之安全。
二、第一項第四款，為配合法人設置監察人制度，予以增列。
三、第二項之「官署」改為「機關」之理由，同第三十條修正說明之一。

*（社團之設立）民四五、四六；（法人之登記）民三〇；（登記主管機關）民總施一〇㈠；（登記之聲請）法登二五、二六。

▲（六三臺上六二八）參見本法第二十六條。

第四十九條　（章程得載事項）

社團之組織，及社團與社員之關係，以不違反第五十條至第五十八條之規定為限，得以章程定之。

⇧謹按社團內部之組織，及社團與社員相互間之關係，使得以章程定之者，蓋欲使法人易於行動也。然認此法則而若無限制，則有害於公益。故以不違反第五十條至第五十八條之規定為限，使章程不致與法律牴觸也。

*（章程應記載之事項）民四七。

第五十條　（社團總會之權限）

社團以總會為最高機關。

左列事項應經總會之決議：

一　變更章程。
二　任免董事及監察人。

三　監督董事及監察人職務之執行。

四　開除社員。但以有正當理由時為限。

⑺因第二十七條已增列第四項規定：「法人得設監察人，監察法人事務之執行」，故本條第二、三兩款，亦分別增列「監察人」，以資配合。

＊（變更章程）民五三；（任免董事）民二七、四七③。

第五十一條（社團總會之召集）

總會由董事召集之，每年至少召集一次。董事不為召集時，監察人得召集之。

如有全體社員十分一以上之請求，表明會議目的及召集理由，請求召集時，董事應召集之。

董事受前項之請求後，一個月內不為召集者，得由請求之社員，經法院之許可召集之。

總會之召集，除章程另有規定外，應於三十日前對各社員發出通知。通知內應載明會議目的事項。

⑺一、社團總會常會每年召集次數，現行法未設明文，致有多年不召集情事，影響社團與社員之利益至鉅，爰增訂第一項後段，規定每年至少召集一次（參考韓國民法第六十九條、日本民法第六十條），並規定董事不為召集時，得由監察人召集之（參考我國公司法第二百二十條）。

二、第二項「須」字改為「應」字。

三、第三項不修正。

四、總會召集方法現行民法未設明文，爰增訂第四項，俾資遵循。為顧及居住較遠地區之社員利益起見，規定總會之召集，除章程另有規定外，應於三十日前對各社員發出通知（參考韓國民法第七十一條、日本民法第六十二條）。通知內並應載明會議目的事項，俾社員得於先考慮有關事項。

＊（董事）民二七、四八㈠④；（監察人）民二七；（總會召集之程序）民四七④；（管轄法院）非訟五九。

第五十二條（總會之決議）

總會決議，除本法有特別規定外，以出席社員過半數決之。

社員有平等之表決權。

社員表決權之行使，除章程另有限制外，得以書面授權他人代理為之。但一人僅得代理社員一人。

社員對於總會決議事項，因自身利害關係而有損害社團利益之虞時，該社員不得加入表決，亦不得代理他人行使表決權。

⑺一、第一項不修正。

二、第二項不修正。

三、社員表決權之行使，除章程另有限制外，宜許社員以書面委託代理人出席總會，行使表決權，爰增訂本條第三項，以應需要（參考韓國民法第七十三條第二項、日本民法第六十五條第二項），但為免總會為少數人操縱，爰限制一人僅得代理社員一人行使表決權（參考公司法第一百七十七條第二項）。

四、總會決議事項，因社員自身利害關係而有損害社團利益之虞時，該社員應無表決權，並應防止其與他社員勾串，以代理人名義行使表決權，爰增訂本條第四項（參考公司法第一百七十八條、韓國民法第七十四條、日本民法第六十六條、德國民法第三十四條、瑞士民法第六十八條）。

＊（總會之召集）民五一；（特別決議）民五三、五七；（書面）民三㈠；（代理）民一〇三。

第五十三條（社團章程之變更）

社團變更章程之決議，應有全體社員過半數之出席，出席社員四分三以上之同意，或有全體社員三分二以上書面之同意。

受設立許可之社團，變更章程時，並應得主管機關之許可。

⑺一、第一項不修正。

二、第二項之「官署」改為「機關」，其理由同第三十條修正說明之一。

＊（變更章程）民五〇；（受設立許可之社團）民四六。

第五十四條（社員退社自由原則）

社員得隨時退社。但章程限定於事務年度終，或經過預告期間後，始准退社者，不在此限。

前項預告期間，不得超過六個月。

⇧謹按社員一經入社，如永遠不許退社，是有背於公益，固得使社員隨時自由退社。然若章程內定有退社之時期，須在事務年度之終了，或明定退社之方法，必須經過預告期間者，若不從章程所定辦理，亦有害於社團法人之利益也。社員退社之預告期間，不得超過六個月，蓋斟酌情形，似不宜使之過長也。

＊（退社自由）民六八六㈢，公司六五㈡；（社員資格之得喪）民四七⑥。

第五十五條（退社或開除後之權利義務）

已退社或開除之社員，對於社團之財產，無請求權。但非公益法人，其章程另有規定者，不在此限。

前項社員，對於其退社或開除以前應分擔之出資，仍負清償之義務。

⇧謹按第一項規定已退社或開除之社員，除非以公益為目的之社團法人，得以章程規定退社或開除社員對於社團財產得有請求權外，餘則對於社團之財產，均無請求權。蓋社員既經退社，或經議決開除，是已與社團脫離關係，如仍許其對於社團財產有請求權，恐不免因此而動搖社團之基礎，且不免因此而破壞以公益為目的之社團也。第二項規定社員在退社或開除前所應行分擔之出貲，仍應使負清償之義務，蓋以社員如因退社或開除而遽免其清償責任，勢將動搖社團之基礎也。

＊（社員之退社）民五四；（社員之開除）民五〇㈡④；（社員之出資）民四七⑤。

第五十六條（總會決議之無效及撤銷）

總會之召集程序或決議方法，違反法令或章程時，社員得於決議後三個月內請求法院撤銷其決議。但出席社員，對召集程序或決議方法，未當場表示異議者，不在此限。

總會決議之內容違反法令或章程者，無效。

⑺一、本條原第一項關於總會之召集程序或決議方法違法者，應非無效而為得訴請撤銷，但曾經出席總會並對召集程序或決議方法，未當場表示異議之社員，自無許其再行訟爭之理。爰修正第一項前段並增設但書規定，以資限制（參考瑞士民法第七十五條、我國公司法第一百八十九條）。

二、總會決議之內容違反法令或章程者，其決議當然無效，無待請求法院宣告，爰修正增列第二項（參考公司法第一百九十一條），以防不法之徒假藉社團名義，作成違法決議，危害公眾利益。

＊（總會之權限）民五〇；（總會之召集）民五一；（總會之決議）民五二、五三、五七；（撤銷）民一一四、一一六。

▲律師公會係職業團體之一，其關於會長之選舉，係本於會員之私權作用，應屬於私法關係，即該章程第三十一條，將選舉事項與提議決議事項分款列舉，亦係就兩者之性質顯示區別，同章程第三十四條所定得由司法行政長官宣示為無效者，既僅以第三十一條第三款所定之決議事項為限，則會員依民法關係就此提起確認無效之訴，自非法所不許。（院一五七〇）

▲合作社社員大會之決議有違反法令或章程者，對該決議原不同意之社員，雖得依民法第五十六條第一項之規定，請求法院宣告其決議為無效，然合作社社務會議，係社員大會選出之理事與監事所組成，其性質職權與全體社員組成之社員大會大不相同，法理上自不得援用上開法條提起同一訴訟。（五七臺上四三四）（九七、一二、二決議不再援用）

▲社團法人總會之決議有違反法令或章程時，對該決議原不同意之社員，得請求法院宣告其決議為無效，民法第五十六條固有明文規定。惟此條規定，僅適用於總會之決議。如理監事之決議有違反法令或章程時，要不得援用上開法條規定提起同一訴訟。（六四臺上二六二八）（九七、一二、二決議不再援用）

▲依公司法第一百八十九條規定訴請法院撤銷股東會決議之股東，應受民法第五十六條第一項之限制。此綜觀公司法與民法關於股東得訴請法院撤銷股東會決議之規定，始終一致。除其提起撤銷之訴，所應遵守之法定期間不同外，其餘要件，應無何不同。若謂出席而對股東會召集程序或決議方法，原無異議之股東，事後得轉而主張召集程序或決議方法為違反法令或章程，而得訴請法院撤銷該決議，不啻許股東任意翻覆，影響公司之安定甚鉅，法律秩序，亦不容許任意干擾。故應解為依公司法第一百八十九條規定訴請法院撤銷股東會決議之股東，仍應受民法第五十六條第一項但書之限制。又同條係關於撤銷訴權之規定，股東依此規定提起撤銷之訴，其於股東會決議時，雖尚未具有股東資格，然若其前手即出讓股份之股東，於股東會決議時，具有股東資格，且已依民法第五十六條規定取得撤銷訴權時，其訴權固不因股份之轉讓而消滅。但若其前手未取得撤銷訴權，則繼受該股份之股東，亦無撤銷訴權可得行使。查本件系爭股東會決議事項，既屬全體股東無異議後併案一致通過而無人異議。則上訴人之前手既未依民法第五十六條規定取得撤銷訴權，依上說明，上訴人亦無由繼受其前手訴權之可言。（七三臺上五九五）

▲股份有限公司之股東，依公司法第一百八十九條規定訴請撤銷股東會之決議，仍應受民法第五十六條第一項但書之限制，如已出席股東會而其對於股東會之召集程序或決議方法未當場表示異議者，不得為之。（七五臺上五九四）

第五十七條（社團決議解散）

社團得隨時以全體社員三分二以上之可決，解散之。

⇧謹按社團之組織，既因於多數社員之意思而成立，則社團之取消，自亦可因多數社員之意思而解散。故除本法第三十五條、第三十六條及第五十八條所定得為社團解散之各原因外，並得依總會之決議行之。但解散社團，事關重大，總會於何時得決議將社團解散，雖無限制，而其決議之方法，必須有全體社員三分之二以上之可決，方為有效。本條特設規定，所以昭慎重也。

＊（法人之一般解散原因）民三六；（解散登記）法登二八。

第五十八條（法院宣告解散）

社團之事務，無從依章程所定進行時，法院得因主管機關、檢察官或利害關係人之聲請解散之。

(71)為期與本法原第三十六條及修正草案第三十八條、第六十二條、第六十四條等規定一致起見，增列主管機關及檢察官為得聲請解散之人。

＊（管轄法院）非訟五九；（解散登記）非訟六五；（營利社團之命令解散）公司七一㊀⑦、一一三、一一五、三一五㊀⑦。

第三款　財　團

⇧謹按財團者，因為特定與繼續之目的，所使用財產之集合而成之法人是也。其目的有公共目的（如學校病院等），私益目的（如親屬救助等）之二種。本款為關於財團法人之設立、組織及變更、解散等之規定。

第五十九條（設立許可）

財團於登記前，應得主管機關之許可。

(71)「官署」修正為「機關」，其理由同第三十條修正說明之一。

＊（財團之登記）民三〇、六一，法登一、二六，民總施一〇㊀。

第六十條（捐助章程之訂定）

設立財團者，應訂立捐助章程。但以遺囑捐助者，不在此限。

捐助章程，應訂明法人目的及所捐財產。

以遺囑捐助設立財團法人者，如無遺囑執行人時，法院得依主管機關、檢察官或利害關係人之聲請，指定遺囑執行人。

(71)一、第一項不修正。

二、第二項不修正。

三、以遺囑捐助設立財團法人者，如有遺囑執行人，應由遺囑執行人辦理財團之設立，如遺囑執行人怠於執行職務，則依民法第一千二百十八條規定處理之。倘無遺囑執行人，應另設處理辦法，以實現遺囑人熱心公益事業之願望，爰增設本條第三項規定，法院得依主管機關、檢察官或利害關係人之聲請，指定遺囑執行人，辦理財團設立事項（參考德國民法第八十三條之立法旨趣）。

＊（遺囑）民一一八六～一二二五。

第六十一條（財團設立應登記事項）

財團設立時，應登記之事項如左：

一　目的。

二　名稱。

三　主事務所及分事務所。

四　財產之總額。

五　受許可之年、月、日。

六　董事之姓名及住所。設有監察人者，其姓名及住所。

七　定有代表法人之董事者，其姓名。

八　定有存立時期者，其時期。

財團之登記，由董事向其主事務所及分事務所所在地之主管機關行之。並應附具捐助章程或遺囑備案。

(71)一、本條第一項第一、二、三、四、五、八各款不修正。第六款為配合法人設置監察人制度，予以增列。第七款之修正，其理由見第四十八條修正說明之一。

二、財團法人之聲請許可及登記等程序，應包括在前條第一項設立行為之內，且前條第一項但書之遺囑，應可代替捐助章程，為配合前條之規定，爰在本條第二項末句增列「或遺囑」字樣，以應實用需要。

＊（財團之設立）民五九、六〇；（法人之登記）民三〇；（登記主管機關）民總施一〇㊀；（登記之聲請）法登三、二五、二六；（捐助章程）民六〇；（遺囑）民一一八七、一一八九。

第六十二條（財團組織及管理方法）

財團之組織及其管理方法，由捐助人以捐助章程或遺囑定之。捐助章程或遺囑所定之組織不完全，或重要之管理方法不具備者，法院得因主管機關、檢察官或利害關係人之聲請，為必要之處分。

(71)一、為配合前條第二項之修正，本條「捐助章程」一詞下，亦增列「或遺囑」字樣。

二、為期與本法第三十六條及修正第三十八條、第六十三條、第六十四條等規定一致起見，增設主管機關或檢察官，亦得為聲請之規定。

＊（捐助章程）民六〇；（遺囑）民一一八七、一一八九；（管

轄法院）非訟五九。

▲聖母會財產，除合於民法上財團法人之規定，依民法第六十二條因捐助章程所定重要管理之方法不具備時，法院得因利害關係人之聲請，依非訟程序為必要之處分外，如其財產僅為多數人所共有，儘可由共有人全體協議定其管理方法，或由共有人共同管理之，苟對於管理權誰屬有所爭執，亦應提起訴訟以求解決，不得依非訟程序，聲請法院以裁定選任臨時管理人或撤銷臨時管理人。（三八臺抗六六）

第六十三條（財團變更組織）

為維持財團之目的或保存其財產，法院得因捐助人、董事、主管機關、檢察官或利害關係人之聲請，變更其組織。

(71)本條增設主管機關及檢察官亦得為聲請之規定，其理由同前條說明之二。

*（捐助人）民六〇；（管轄法院）非訟五九；（變更登記）法登二七。

第六十四條（財團董事行為無效之宣告）

財團董事有違反捐助章程之行為時，法院得因主管機關、檢察官或利害關係人之聲請，宣告其行為為無效。

(71)為維護社會公益，防止財團董事濫用職權，違反章程以圖私利，增設主管機關或檢察官亦得聲請法院宣告其行為無效之規定。

*（董事）民二七、六一㊀⑦；（捐助章程）民六〇。

第六十五條（財團目的不達時之保護）

因情事變更，致財團之目的不能達到時，主管機關得斟酌捐助人之意思，變更其目的及其必要之組織，或解散之。

(71)「官署」改為「機關」，其理由同第三十條修正說明之一。

*（財團目的）民六〇㊁、六一㊀①；（主管機關）民三二。

▲財團法人與人民團體性質迥不相同，上訴人由財團法人改組為人民團體，雖其宗旨未變，然殊難謂僅係上訴人內部組織之變更，而非主體之變更。（四四臺上五六）

第三章 物

⇧謹按物為權利之客體，即所謂權利之標的。各國關於物之意義，界說不一，有包括有體、無體一切之物而言者，如法國法系諸國之民法是。有僅指有體物而言者，如德、日民法是。有於原則上認物僅為有體物而加以補充之規定者，如暹邏是。有不設物之定義，而僅於條文中明示法律上之所謂物者，如瑞士、蘇俄民法是。綜上諸說或則含義過廣，或則曖昧不明，均非允當。本法則採用瑞、俄之先例，不立物之界說，僅規定動產、不動產、主物、從物、及物之孳息等，以明示其意義與範圍，故於總則中特設本章之規定。

第六十六條（物之定義㈠——不動產）

稱不動產者，謂土地及其定著物。

不動產之出產物，尚未分離者，為該不動產之部分。

⇧謹按動產與不動產之區別，於權利之得失，頗有關係。本法所稱不動產者，指土地及定著於土地之物而言。又不動產上之出產物，除已與不動產分離者，應視為獨立之物外，其在未分離之前，則不問其所有權誰屬，均應視為該不動產之部分。此本條所由設也。

*（不動產物權之公示方法）民七五八、七五九，土地三七、四八～七九。

▲釋九三。

▲㈠物之構成部分，除有如民法第七百九十九條之特別規定外，不得單獨為物權之標的物，未與土地分離之甘蔗，依民法第六十六條第二項之規定，為土地之構成部分，與同條第一項所稱之定著物為獨立之不動產者不同，自不得單獨就甘蔗設定抵押權，以此項抵押權之設定聲請登記者，不應准許。惟當事人之真意，係就將來收穫之甘蔗為設定動產質權之預約者，自甘蔗與土地分離並由債權人取得占有時，動產質權即為成立。（院一九八八）

▲物之構成部分，除法律有特別規定外，不得單獨為物權之標的物。未與土地分離之樹木，依民法第六十六條第二項之規定，為土地之構成部分，與同條第一項所稱之定著物為獨立之不動產者不同。故土地所有人保留未與土地分離之樹木，而將土地所有權讓與他人時，僅對於受讓人有砍伐樹木之權利，不得對於更自受讓人受讓所有權之第三人，主張其有獨立之樹木所有權。（二九上一六七八）

▲不動產之出產物尚未分離者，為該不動產之部分，民法第六十六條第二項有明文規定，某甲等在某乙所有地內侵權種植其出產物，當然屬於某乙所有，如果該項出產物經某甲等割取，即不能謂某乙未因其侵權行為而受損害。（三一上九五二）

▲物之構成部分除法律有特別規定外，不得單獨為物權之標的物，未與土地分離之樹木，依民法第六十六條第二項之規定，為土地之構成部分，與同條第一項所稱之定著物為獨立之不動產者不同，故向土地所有權人購買未與土地分離之樹木，僅對於出賣人有砍伐樹木之權利，在未砍伐以前未取得該樹木所有權，即不得對於更自出賣人或其繼承人購買該樹木而砍取之第三人，主張該樹木為其所有。（三二上六二三二）

▲耕地既被徵收，則地上之樹木乃該耕地之部分，當然隨之附帶徵收，不因清冊內未記明附帶徵收而受影響。（四九臺上二五〇七）（九一、一〇、三一決議不再援用）

▲系爭地上茶樹、桐樹等未與土地分離前為土地之一部分並非附合於土地之動產而成為土地之重要成分，與民法第八百十一條至第八百十五條所定之情形無一相符，則上訴人依同法第八百十六條規定訴求被上訴人返還不當得利，自難謂合。（六四臺上二七三九）

第六十七條（物之定義㈡——動產）

稱動產者，為前條所稱不動產以外之物。

⇧謹按凡稱動產者，即前條所稱不動產以外之物也。動產及不動產之意義及其範圍，不可不明示區別。故設本條以明其旨。

*（動產）動擔四；（不動產）民六六；（動產物權之公示方法）民七六一，動擔五。

第六十八條（主物與從物）

非主物之成分，常助主物之效用，而同屬於一人者，為從物。但交易上有特別習慣者，依其習慣。

主物之處分，及於從物。

⇧謹按從物者，附隨於主物而存在之物也。然則何為而稱從物，即該物要非主物之成分，而能常助主物之效用，且與主物同屬於一人者也，反此三者之性質，即不得稱為從物。然若交易上有特別習慣，而不視為從物者，則仍應依其習慣，視其為獨立之物，不得以從物論。蓋以從物之得失，應視主物之存在與否為衡，主物既被處分，其效力當然及於從物。此中區別得失，至關權利。故設本條以明示其旨。

*（成分）海商七；（一人）民六、二五；（習慣）民二；（處分）民八四、七六五；（抵押權效力）民八六二。

▲㈠在民法物權編所規定之登記法律尚未施行以前，抵押權人於債權已屆清償期而未受清償聲請法院拍賣抵押物時，如債務人或第三人就該抵押關係並未發生爭執，毋庸經過判決程序，即可逕予拍賣，亦不因該地之已未實行登記制度而有差異。㈡工廠之機器，除可認為工廠之從物，得與工廠同時設定抵押權外，倘僅以機器設定抵押權，而未移轉占有者，在未制定工廠抵押法以前，依民法第八八五條第一項規定，尚不能生質權之效力。（院一四〇四）

▲工廠中之機器生財，如與工廠同屬於一人，依民法第六十

八條第一項之規定，自為工廠之從物，若以工廠設定抵押權，除有特別約定外，依同法第八百六十二條第一項規定，其抵押權效力，當然及於機器生財（參照院字第一四〇四號解釋）。至抵押權之設定聲請登記時，雖未將機器生財一併註明，與抵押權所及之效力，不生影響。（院一五一四）

▲㈠院字第一四〇四號解釋，對於民法第八百七十三條第一項之聲請，既謂債務人或第三人就抵押關係並未發生爭執，毋庸經過判決程序，逕予拍賣，即明示此項拍賣，不須取得裁判上之執行名義，即可逕予執行，在拍賣法未頒布施行以前，自可準照關於不動產執行之程序辦理，如債務人就抵押關係有爭執時，仍應由債權人提起確認之訴，如第三人就執行拍賣標的有爭執時，則應由該第三人依法提起異議之訴。㈡同號解釋所謂工廠之機器可認為工廠之從物者，凡該工廠所設備之機器，皆可認為從物，不以已經登記或附著於土地房屋者為限，至工廠之土地及房屋，若係租賃而來，則工廠與機器既非同屬於一人，機器固不能單獨為抵押權標的物，工廠如未得所有人許可，亦不得以之為抵押權之設定。（院一五五三）

第六十九條　（天然孳息與法定孳息）

稱天然孳息者，謂果實、動物之產物及其他依物之用法所收穫之出產物。

稱法定孳息者，謂利息、租金及其他因法律關係所得之收益。

⇧謹按孳息，有天然孳息與法定孳息之二種。天然孳息者，調依物之有機的或物理的作用，由原物直接發生之收穫物，如果實、動物之產物、及其他依物之使用方法所收穫之出產物是也。法定孳息者，謂由原本使用之對價，而應受之金錢及其他之物，如利息、租金、及其他因法律關係所得之收益是也。兩者之意義及範圍，亟應規定明晰，以防無益之爭。故設本條以明其旨。

＊（天然孳息之歸屬）民七〇、四二一、七六五、七六八、八三二、八四二、八八九、九一一、九三五、九五二、一〇一九、一〇八八、一二〇四；（利息）民二〇三～二〇七；（租金）民一二六、四三九；（法定孳息之歸屬）民七〇、八六四；（果實歸屬之特別規定）民七九八。

第七十條　（孳息之歸屬）

有收取天然孳息權利之人，其權利存續期間內，取得與原物分離之孳息。

有收取法定孳息權利之人，按其權利存續期間內之日數，取得其孳息。

⇧查民律草案第一百七十四條理由謂天然孳息與原物分離，尚為原物之成分，固屬於原物之所有人，若與原物分離，不問其分離之原因如何，應使收取權利人取得之，藉以保全其利益。又法定孳息，係為使用原本之報酬，則按其收取權利存續期間之日數，使之取得，以昭平允。

＊（孳息）民六九；（期間）民一二〇、一二一。

▲民法第七十條第一項規定，有收取天然孳息權利之人，其權利存續期間內取得與原物分離之孳息，是無收取天然孳息權利之人，雖與原物分離之孳息為其所培養，亦不能取得之，耕作地之承租人依民法第四百二十一條第一項之規定，固得行使出租人之收益權，而有收取天然孳息之權利，惟出租人無收益權時，承租人如非民法第九百五十二條所稱之善意占有人，雖於該耕作地培養孳息，亦無收取之權利。本件被上訴人主張坐落某處之田，經所有人甲租與被上訴人耕種，民國二十七年上造禾穀為被上訴人所種，請求確認為被上訴人所有，上訴人則主張此項田畝經所有人乙租與上訴人耕種，民國二十七年上造禾穀為上訴人所種，提起反訴，請求確認為上訴人所有，原審於兩造之出租人對於該項田畝，孰為依民法第七百六十五條或第九百五十二條有收益權之人，如其出租人無收益權，而於民國二十七年上造耕種之一造，是否為善意占有人並未闡明確定，僅以民國二十七年上造之禾穀為被上訴人所耕種，即確認為被上訴人所有，將上訴人之反訴駁回，於法殊有未合。（二九上四〇三）

▲土地所有人本於所有權之作用，就其所有土地固有使用收益之權，但如將所有土地出租於人而收取法定孳息，則承租人為有收取天然孳息權利之人，在租賃關係存續中，即為其權利之存續期間，取得與土地分離之孳息。（四八臺上一〇八六）

▲有收取天然孳息權利之人，其權利存續期間內取得與原物分離（民法第七十條第一項）。故有權收取天然孳息之人，不以原物之所有權人為限。（五一臺上八七三）

第四章　法律行為

⇧謹按凡權利須依一定之事實而得失，或依一定之事實而變更者，是國家為維持秩序計，當然採取之立法政策也。而其事實，則為人與法人之行為，如買賣是，或與行為無關之事實，如出生死亡等是。凡可發生法律上效力之行為，有因行為人之所欲而生效力，及不問是否行為人之所欲，亦生效力之二種。前者在實際上頗為重要，故本法採多數立法例，特設本章規定之，名為法律行為。

第一節　通　則

⇧謹按各國法典，於法律行為有不設通則者，然按各條之規定，有能適用於法律行為之全部，實宜設為專節，弁諸篇首，以免重複。此本節通則所由設也。

第七十一條　（違反強行規定之效力）

法律行為，違反強制或禁止之規定者，無效。但其規定並不以之為無效者，不在此限。

⇧查民律草案第一百七十六條理由謂以違反法律所強制或禁止之法律行為，應使無效，否則強制或禁止之法意，無由貫徹。然法律中亦有特別規定，並不以之為無效者，例如宣告破產後，破產人所為之法律行為，惟對破產債權人為無效。又如以強制拍賣時不得干預之人而為拍賣人，則須利害關係人之同意，始為有效。故設本條以明示其旨。

＊（無效）民一一一～一一三；（不以之為無效者）民三一、三五、二〇五、三八〇、四四九、九一二。

▲蓄婢既為法令所禁，對於所蓄婢女，自無監護或保佐之權。（院三八一）

▲未成年之夫妻自行離婚，民法第一千零四十九條既定明應得法定代理人之同意，同法對於違反該條，並無不以為無效之規定，自應依同法第七十一條所定，認為無效。（院一五四三）

▲法律行為違反強制或禁止之規定者無效，在民法第七十一條著有明文。販賣煙土，既為現行法令所禁止，則當事人以此等禁止事項為標的之合夥契約，依法當然無效，其因此契約所發生之債權債務關係訴請裁判，法院自應於受理後予以駁回。（院一五八五）

▲有獎債券之券面既載有還本字樣，其性質自與跡近賭博之彩票不同，後雖奉令禁止，而兩造原有之權利關係仍未可視為失效。（一八上二四五一）

▲買賣人身契約當然無效，其權義關係無從發生，買者既無請求交人之權，其因找人支出之費用，亦不能認為因侵權行為所生之損害，而責令相對人賠償。（一九上二六）

▲販賣煙土，為現行刑法所禁止，則其債權債務之關係自無從發生。（二〇上二〇二）

▲販賣煙土，為現行法上禁止之行為，託運人本於運送煙土之契約，對於運送人請求損害賠償，自為法所不許。（二〇上二三六）

▲違背法令所禁止之行為不能認為有效，其因該行為所生之債權債務關係，亦不能行使請求權。（二〇上七九九）

▲違法與否，應以中央政府頒行之法律為準，若地方官吏之命令與全國應當遵守之法令有背馳時，當事人間若違背法

律而為不法之行為，仍不得藉口於地方官署之命令，而解為適法。（二〇上一七四八）

▲販賣鴉片煙土，除領有特許照證外，為現行法令之所禁止，委託處理此種違禁事項而給付報酬之契約自非有效，如已給付報酬，則係因不法原因而為給付，依民法第一百八十條第四款之規定，不得請求返還。（二九上六二六）

▲上訴人在原審稱，被上訴人買產僅付價金一千六百元，餘價迄未給付，而被上訴人則謂所有業價二千七百元悉已付清，內以煙坭四碗折價若干云云，是被上訴人已自認應付之價金二千七百元內，有一部係以煙坭折抵，所謂煙坭如為法律禁止授受之鴉片煙土，上訴人雖曾受以折抵價金，依民法第七十一條之規定，此項代物清償之契約亦屬無效，其原有債之關係仍難認為已經消滅。原審於此未注意審酌，僅據中人某甲等所稱上訴人早將業價收清之證言，即認被上訴人已將價金二千七百元悉數交清，於法殊有未合。（三〇上六四）

▲贛省雖早已施行新衡制度，然上訴人與被上訴人約定交貨須用市秤折合老秤計算，尚難指其契約為違反禁止規定而謂為無效。（三〇上一三六〇）

▲依民法第九百七十三條之規定，男未滿十七歲女未滿十五歲者不得訂定婚約，訂定婚約違反此規定者自屬無效。（三二上一〇九八）

▲蓄養奴婢為現行法律所禁止，如訂立契約以此種法律上禁止之事項為其標的，依民法第七十一條之規定自非有效。（三二上五七八〇）

▲兩造更新之耕地租賃契約，其訂立時期為民國四十二年十二月間，既在耕地三七五減租條例公布施行之後，自應受同條例第二條第一項所定，原約定地租不及千分之三百七十五者不得增加之限制，則上訴人就原約定以正產物收穫總額四分之一為準之地租，增加為千分之三百七十五，顯係違反上開條例之禁止規定，依民法第七十一條自屬無效。（四五臺上四六五）

▲被上訴人合會儲蓄股份有限公司所組織之合會，係以投標方式由各參加會員投標，以標面最低金額為得標，其投標金額與給付金額之差額，則平均分配於未受給付之會員，此為參加合會會員間契約所約定，並報經臺灣省財政廳予以核准，自與民法第二百零六條所謂巧取利益之情節不同，該契約仍應認為有效成立。（四七臺上一八〇八）

▲合夥商號為人保證，在民法上並無如公司法第二十三條設有禁止之規定，故合夥商號業務執行人以合夥商號名義為人作保之行為，倘經合夥人全體事先同意或事後追認者，即應認其保證為合法生效。（四九臺上一五二二）

▲臺灣在日據時期，其森林管理機關，就非私有林經編入為保安林之林木，與私人間訂立之採伐契約，不惟與當時適用之臺灣森林令第二條、及臺灣森林令施行手續第二條、第三條之各強制規定有所牴觸，且係違反臺灣光復後即經施行之森林法，關於保安林在未經農林部核准解除以前，不能砍伐其林木之禁止規定（參照森林法第十一條以下），應在無效之列，縱使是項契約光復後曾經該地接管委員會予以認可，究難因此而謂即可發生私法上權利義務之效力。（四九臺上二四八〇）

▲訴訟之和解成立者，依民事訴訟法第三百八十條第一項規定，固與確定判決有同一之效力，惟此項和解亦屬法律行為之一種，如其內容違反強制或禁止之規定者，依民法第七十一條前段之規定仍屬無效。（五五臺上二七四五）

▲證券交易法第六十條第一項第一款雖明定：證券商不得收受存款或辦理放款，惟如有違反時，僅生主管機關得依同法第六十六條為警告、停業或撤銷營業特許之行政處分及行為人應負同法第一百七十五條所定刑事責任之問題，非謂其存款及放款行為概為無效。（六六臺上一七二六）

▲證券交易法第六十條第一項第一款乃取締規定，非效力規定，無民法第七十一條之適用。證券商違反該項規定而收受存款或辦理放款，僅主管機關得依證券交易法第六十六條為警告，停業或撤銷營業特許之行政處分，及行為人應負同法第一百七十五條所定刑事責任，非謂其存款或放款行為概為無效。（六八臺上八七九）

▲公司法第十六條第一項規定公司除依其他法律或公司章程規定以保證為業務者外，不得為任何保證人，旨在穩定公司財務，用杜公司負責人以公司名義為他人作保而生流弊，倘公司提供財產為他人設定擔保物權，就公司財務之影響而言，與為他人保證人之情形無殊，仍應在上開規定禁止之列。（七四臺上七〇三）

第七十二條（違背公序良俗之效力）

法律行為，有背於公共秩序或善良風俗者，無效。

⇧查民律草案第一百七十五條理由謂有背於公共秩序、善良風俗之法律行為，雖不為犯罪，然有使國民道德日趨卑下之弊，當然使其法律行為為無效。此本條所由設也。

*（公序良俗）民二、一七、三六、一八四、五七三、九三〇；（無效）民一一二～一一三。

▲孀婦改嫁與否，應由孀婦自主，主婚權之制度與婚姻自由之原則相反，雖在民法親屬編施行前，亦不適用。（院五五四）

▲夫妻離婚後訂約，使其所生子女與其父或母斷絕關係，此種法律行為，於法當然無效。（院一三四一）

▲以人身為抵押標的之契約根本不生效力，即不得據以責令相對人負交人之義務。（一八上一七四五）

▲上訴人先祖黃某與被上訴人先祖李某訂立合同，載明「其屋左側小門有礙李墳，永不許開，以息爭端」，此項契約不得認為有背善良風俗，即難依民法第七十二條謂為無效。（二一上三〇〇二）

▲上訴人與被上訴人均為某甲之養子，於養父母健在時預分管合約為財產之瓜分，載明該約俟父百年後始生效力，固堪認係以某甲死亡之日為契約發生效力之始期之法律行為，然兩造對於其父之財產不待其父自行贈與，或於壽終後再行協議分析，乃急不暇擇，於父生前預行訂約剝奪母之應繼分，此項矇父欺母而訂立之契約，衡諸我國崇尚孝悌之善良風俗，既屬有違，依民法第七十二條，該契約即在無效之列。（四六臺上一〇六八）

▲外匯在政府管制之下，必須特定人基於特定事故始得請求，而非得以自由買賣之權利，臺灣銀行所發結匯許可證結匯證實書內載「不得轉讓或抵押」等字，一若僅為該行片面之規定，然聽任自由轉讓或出質之結果，實足影響國家外匯政策，即應解為有背公共秩序，依民法第七十二條其行為為無效。（五〇臺上六九一）（九一、一一〇、三一決議不再援用）

▲夫妻間為恐一方於日後或有虐待或侮辱他方情事，而預立離婚契約者，其契約即與善良風俗有背，依民法第七十二條應在無效之列。（五〇臺上二五九六）

▲民法第七十二條所謂法律行為，有背於公共秩序或善良風俗者無效，乃指法律行為本身有背於公序良俗之情形而言，至構成法律行為要素之意思表示，倘因被脅迫所為時，依照民法第九十二條規定，僅得由表意人撤銷其意思表示，並非當然無效。（六〇臺上五八四）

▲上訴人為有婦之夫，涎被上訴人之色，誘使同居，而將系爭土地之所有權移轉登記與被上訴人，復約定一旦終止同居關係，仍須將該地返還，以資箝制，而達其久占私慾，是其約定自係有背善良風俗，依民法第七十二條規定應屬無效，上訴人依據此項約定，訴請被上訴人移轉系爭土地之所有權殊非正當。（六五臺上二四三六）

▲民法第七十二條所謂法律行為有背於公共秩序或善良風俗者無效，乃指法律行為為本身違反國家社會一般利益及道德觀念而言。本件被上訴人雖違反與某公司所訂煤氣承銷權合約第六條規定，以收取權利金方式頂讓與第三人，但究與國家社會一般利益無關，亦與一般道德觀念無涉，尚不生是否違背公序良俗問題。（六九臺上二六〇三）

第七十三條（不依法定方式之效力）

法律行為，不依法定方式者，無效。但法律另有規定者，不在此限。

⇧謹按法律行為，有所謂要式之行為者，即法律上規定其方式，凡法律行為，必須依此方式，始能發生效力也，否則其法律行為應為無效。然若法律上另有規定時，則其有效與否，自當依其規定，不以方式為必要，是為不要式之行為也。故本條特明白規定之。

＊（法定方式）民四七、六〇、一六四、三九一、四二二、五三一、五五四㈡、五五八㈢、六一六、六一八、六二四㈡、六二五㈡、七三〇、七三五、七六〇、九〇四、九〇八、九八二、一〇〇七、一〇五〇、一〇七九、一〇八〇㈡、一一七四㈡、一一九〇～一一九五，公司四一、一〇一、一〇四、一一六、一二九、一三七、一五六、一五七、一六二、二七三，票據二四、三一、四三、五四、五九、一〇七、一二〇、一二五、一三九，海商八、一九、三三、三九、四〇、五四，保險四三、五五、八七、一〇五、一〇八、一二九、一三二；（無效）民一一一～一一三；（法律另有規定）民四二二、一一九三，票據三一、四三㈡。

▲繼承人之拋棄繼承權，依民法第一千一百七十四條第二項之規定，應於知悉其得繼承之時起二個月內，以書面向法院、親屬會議或其他繼承人為之，是繼承權之拋棄為要式行為，如不依法定方式為之，依民法第七十三條之規定自屬無效。（二三上二六八三）（九一、一〇、三一決議不再援用）

▲兩願離婚應以書面為之，並應有二人以上證人之簽名，是為民法第一千零五十條所規定之方式，夫妻間雖有離婚之合意，如未依此方式為之，依民法第七十三條之規定自屬無效。（二八上一三〇六）（九一、一〇、三一決議不再援用）

▲收養年已十九歲之人為子未以書面為之，既於民法第一千零七十九條所定之方式有未具備，依民法第七十三條之規定，即屬無效，自不能發生收養關係。（二九上一八一七）

▲遺囑成立於民法繼承編施行以前，縱令方式未備，亦不能因此而謂為無效。（三七上七八三一）

▲保證本票之債務，依票據法第一百二十條準用第五十六條第一項之規定，應由保證人在本票上簽名，此項簽名，依同法第三條之規定，雖得以蓋章代之，然必其蓋章確係出於保證人之意思而為之，始生代簽名之效力。若圖章為他人所盜用，即難謂為已由保證人以蓋章代簽名，既未具備上開法條所定之方式，依民法第七十三條，自不生保證本票債務之效力。（四三臺上一一六〇）

▲執行法院就抵押物所為之拍賣及投標人應此拍賣而為之投標，揆其性質原與買賣之法律行為無異，投標人應以書件密封投入執行法院所設之標匭，既為強制執行法第八十七條第一項所明定，則書件密封投入標匭，即屬此項法律行為所應遵循之法定方式，違之者，依民法第七十三條前段之規定，其投標即非有效。（四六臺抗一〇一）

第七十四條（暴利行為）

法律行為，係乘他人之急迫、輕率或無經驗，使其為財產上之給付，或為給付之約定，依當時情形顯失公平者，法院得因利害關係人之聲請，撤銷其法律行為，或減輕其給付。

前項聲請，應於法律行為後一年內為之。

⇧謹按法律行為，如係乘他人之急迫，或乘他人之輕率，或利用他人之無經驗，而使他人為財產上之給付，或與為將來給付之期約，而依其行為時之情形，顯失公平者，則為保護利害關係人之利益計，應許其得為聲請撤銷，或減輕其數額，法院亦應依據其聲請，撤銷此法律行為，或減輕其給付，以期事理之平。惟其聲請之時期，則須於該法律行為成立時起，一年內為之，逾限即不許再行聲請。蓋一方既須顧全社會之公益，一方又應維持法律之效力也。

＊（撤銷）民一一四；（利息之限制）民二〇五、二〇六；（違反公序良俗無效）民七二；（重利罪）刑三四四。

▲法院依民法第七十四條第一項之規定撤銷法律行為，不僅須行為人有利用他人之急迫、輕率、或無經驗，而為法律行為之主觀情事，並須該法律行為，有使他人為財產上之給付或為給付之約定，依當時情形顯失公平之客觀事實，始得因利害關係人之聲請為之，本件兩造所訂立之兩願離婚契約，並未使被上訴人為財產上之給付或為給付之約定，自無依同條第一項撤銷之餘地，原審竟認上訴人乘被上訴人之輕率與無經驗，而為不公平之法律行為，援用同條項之規定，將該兩願離婚契約撤銷，於法顯有違背。（二八上一〇七）

第二節　行為能力

⇧謹按凡人既因其行為，而有取得權利或負擔義務之能力，故於其行為能力，特設本節規定之。

第七十五條（無行為能力人及無意識能力人之意思表示）

無行為能力人之意思表示，無效。雖非無行為能力人，而其意思表示，係在無意識或精神錯亂中所為者亦同。

⇧謹按無行為能力人者，即未滿七歲之未成年人，及禁治產人是也。無行為能力人所為之行為使之無效者，蓋為保護無行為能力人之利益也。至若雖非無行為能力之人，而其所為之意思表示，係在無意識或精神錯亂中（例如睡夢中、泥醉中、疾病昏沈中、偶發的精神病人在心神喪失中皆是）者，其效力與無行為能力人之行為，並無區別，故亦當然無效也。

＊（無行為能力人）民一三、一五；（意思表示）民九四、九五；（無效）民一一一～一一三；（無行為能力人之代理）民七六。

▲依民法第十五條、第七十五條之規定，禁治產人所訂之契約固屬無效，但訂立契約在民法總則施行前者，依民法總則施行法第一條不適用民法總則之規定，民法總則施行前係認禁治產人為限制行為能力人，其所為法律行為，未得法定代理人允許或承認者，僅得撤銷之，並非自始不生效力。（註：依民法總則施行法第四條之一規定，修正民法第十四條、第十五條自民國九十八年十一月二十三日施行。本則判例內容所載禁治產人改稱為受監護宣告之人；未受禁治產之宣告改稱未受監護之宣告。）（二一上二一六一）

▲協議分割公同共有之遺產，為法律行為之一種，須有行為能力者始得為之。無行為能力人未由法定代理人為之代理，與夫限制行為能力人未得法定代理人之允許而參與協議者，前者之意思表示無效，後者之意思表示，非經法定代理人之承認不生效力。（四〇臺上一五六三）

▲上訴人提出之證明書，雖證明被上訴人於五十四年間曾患有精神病症，但不能證明被上訴人於和解時，係無意識或有精神錯亂之情形，且被上訴人又未受禁治產之宣告，難認和解有無效之原因。（註：依民法總則施行法第四條之一規定，修正民法第十四條、第十五條自民國九十八年十一月二十三日施行。本則判例內容所載禁治產人改稱為受監護宣告之人；未受禁治產之宣告改稱未受監護之宣告。）（五八臺上三六五三）

第七十六條（無行為能力人之代理）

無行為能力人由法定代理人代為意思表示，並代受意思表示。

⇧謹按依前條之規定，無行為能力人之意思表示，概屬無效。然則無行為能力人竟不能為有效之意思表示，其不便孰甚，法律為救濟此缺點起見，特有法定代理人之設置。即無行為能力人凡欲對於他人為有效之意思表示，不可不由法定代理人代為之，他人欲對於無行為能力人為有效之意思表示，亦不可不由法定代理人代受之。所謂法定代理人者，即行親權人及監護人等是，所以保護無行為能力人之利益者也。

＊（無行為能力人）民一三、一五；（法定代理人）民一〇八六、一〇九八；（向無行為能力人為意思表示）民九六。

第七十七條（限制行為能力人之意思表示）

限制行為能力人為意思表示及受意思表示，應得法定代理人之允許。但純獲法律上之利益，或依其年齡及身分，日常生活所必需者，不在此限。

⇧謹按限制行為能力人，即滿七歲以上之未成年人是也。限制行為能力人，因其知識尚未充分發達，故亦有法定代理人之設置。凡對於他人為意思表示或受他人之意思表示，均應得法定代理人之允許，然後發生效力，蓋以保護其利益也。但係單純的獲得法律上之利益者，如單得權利、單免義務之行為，或依其年齡及身分，為日常生活所必需者，則雖未得法定代理人之允許，亦使其發生效力，蓋以關於此種情形，對於他人之意思表示，或受他人之意思表示，縱令限制行為能力人直接為之，亦屬有益無損也。

*（限制行為能力人）民一三㈡；（意思表示）民九四～九六；（法定代理人）民一〇八六、一〇九八。

▲限制行為能力人為意思表示及受意思表示，依民法第七十七條規定，以得法定代理人之允許為已足。無使法定代理人到場，並於契內簽名之必要。（二二上三〇四三）

▲法定代理人之允許，非限制行為能力人所為法律行為之一部。不過為使其法律行為發生完全效力之法律上條件而已，此項允許，法律上既未定其方式，則雖限制行為能力人所為法律行為為要式行為時，亦無須踐行同一之方式。（三二上三二七六）

第七十八條（限制行為能力人為單獨行為之效力）

限制行為能力人未得法定代理人之允許，所為之單獨行為，無效。

⇧謹按單獨行為者，即由一方之意思表示而成立之行為也。有有相對人者，亦有無相對人者，前者如契約之解除，債務之免除是，後者如寄附行為是。大抵此種行為，要皆有損於行為人。限制行為能力人智識尚未充分發達，其所為之單獨行為，自應使其得法定代理人之允許，方為有效，始足以保護其利益。此本條所由設也。

*（應得法定代理人之允許）民七七；（單獨行為）民六〇、一一六、一一六九、二二五八、二二六三、三三四、三四三、七一〇、七一九、一〇六五、一一八〇。

▲拋棄繼承之繼承人中，有甲、乙、丙三人，於書立拋棄書時均為限制行為能力人，其拋棄繼承倘未得其法定代理人之允許，依民法第七十八條規定，應屬無效。（六九臺上二〇四一）

第七十九條（限制行為能力人訂立契約之效力）

限制行為能力人未得法定代理人之允許，所訂立之契約，須經法定代理人之承認，始生效力。

⇧謹按法律對於限制行為能力人之利益，常思所以保護之。故規定限制行為能力人與他人訂立契約時，須得法定代理人之允許，否則所訂契約，應為無效，蓋以契約一經訂立，即足生權利義務之關係。雖其已經成立之契約，仍須經法定代理人事後承認，始生效力，方足以保護限制行為能力人之利益。此本條所由設也。

*（法定代理人之允許）民七七；（訂立契約）民一五三；（相對人之催告）民八〇；（限制原因消滅後之承認）民八一；（相對人之撤回）民八二；（承認之方法）民一一六；（承認之效力）民一一五。

▲限制行為能力人未得法定代理人之允許所訂立契約，經相對人定一個月以上之期限，催告法定代理人是否承認，而法定代理人於期限內不為確答者，依民法第八十條第二項之規定，尚應視為拒絕承認。則相對人未為此項催告者，自不能以法定代理人未即時向相對人交涉或登報聲明，即謂法定代理人業已承認。（二一上二一〇八）

第八十條（相對人之催告權）

前條契約相對人，得定一個月以上期限，催告法定代理人，確答是否承認。

於前項期限內，法定代理人不為確答者，視為拒絕承認。

⇧謹按限制行為能力人之利益，保護過厚，其契約相對人之利益，保護過薄，殊失公平，故本條認相對人有承認催告權，使相對人得免其義務。催告得定一個月以上之期限，向法定代理人為之，令其確答是否承認，法定代理人接受催告後，不於期限內確答者，視為拒絕承認。蓋一方顧及契約相對人之利益，一方仍所以保護限制行為能力人也。

*（限制行為能力人）民一三；（法定代理人）民一〇八六、一〇九八；（承認之方法）民一一六；（承認之效力）民一一五。

第八十一條（限制原因消滅後之承認）

限制行為能力人於限制原因消滅後，承認其所訂立之契約者，其承認與法定代理人之承認，有同一效力。」

前條規定，於前項情形準用之。

⇧謹按限制行為能力人，如因達於成年而變為有行為能力，或雖未達於成年，因已經結婚而變為有行為能力，即所謂限制原因消滅者也。限制行為能力人，在限制行為能力中所訂立之契約，當時未經法定代理人承認，而於限制行為能力之原因消滅後，經本人自己承認者，應與法定代理人之承認有同一之效力，蓋以其此時已具有完全之行為能力也。若限制行為能力之原因消滅後，而限制行為能力中所訂立之契約，尚未經其承認時，此際契約相對人，亦有定期催告之權，令其確答是否承認。若逾限不為確答，亦視為拒絕承認，與催告法定代理人之情形相同。

*（限制行為能力人）民一三；（限制原因消滅）民一二、一三㈢；（承認之方法）民一一六；（承認之效力）民一一五。

▲未成年人於成年後承認其所訂立之契約者，其承認與法定代理人之承認有同一效力。（一九上一一五五）

第八十二條（相對人之撤回權）

限制行為能力人所訂立之契約，未經承認前，相對人得撤回之。但訂立契約時，知其未得有允許者，不在此限。

⇧謹按依前條之規定，於限制行為能力中所訂立之契約，契約相對人於限制原因消滅後，得為定期承認之催告固矣。然在未經承認以前，契約相對人如不願契約之成立，亦可將契約撤回。惟於訂約之初，明知限制行為能力人未得法定代理人之允許，而猶故意與之訂約者，則不許撤回。蓋善意之契約相對人，固應加以保護，而惡意之契約相對人，仍須加以制裁也。

*（限制行為能力人）民一三；（契約之承認）民七九、八一、一一五、一一六；（催告權之行使）民八〇。

第八十三條（強制有效行為）

限制行為能力人用詐術使人信其為有行為能力人或已得法定代理人之允許者，其法律行為為有效。

⇧謹按限制行為能力人用詐術使人信其為有行為能力人者，例如欲使人信其為成年人，將戶籍簿之偽造抄本，出示於相對人，因與之為交易時，則限制行為能力人，已無保護之必要，故直認其法律行為為有效。又用詐術使人信其已得法定代理人之允許者，例如偽造法定代理人允許處分財產之書信，出示於相對人，因與之為買賣時亦然。

*（限制行為能力人）民一三；（有行為能力人）民一二、一三㈢；（法定代理人之允許）民七七～七九。

第八十四條（特定財產處分之允許）

法定代理人允許限制行為能力人處分之財產，限制行為能力人就該財產有處分之能力。

⇧謹按限制行為能力人，達於相當之年齡，則當應其智能，使隨意得為法律行為，以增長其經驗。故法定代理人對於特定財產允許其處分時，則限制行為能力人，對於此特定之財產，即有處分之能力，而其處分行為，即可發生法律上之效力。此本條所由設也。

*（法定代理人）民一〇八六、一〇九八；（限制行為能力人）民一三㈡；（處分）民六八、七六五。

▲民法第八十四條所謂法定代理人之允許，係指為使限制行

為能力人所為之特定行為有效，於其行為前表示贊同其行為之意思而言，故此項允許之意思表示，應對於限制行為能力人，或與之為法律行為之相對人為之，始生效力。（四八臺上六六一）

第八十五條　（獨立營業之允許）

法定代理人允許限制行為能力人獨立營業者，限制行為能力人，關於其營業，有行為能力。

限制行為能力人，就其營業有不勝任之情形時，法定代理人得將其允許撤銷或限制之。但不得對抗善意第三人。

⑪一、第一項不修正。

二、為維護交易之安全及保障善意第三人起見，於第二項增設但書，明定「允許」之撤銷或限制，不得對抗善意第三人。

*（法定代理人之允許）民七七；（撤銷之方法）民一一六；（允許營業之登記）商登一〇、一一。

第三節　意思表示

⇧謹按意思表示，為法律行為之一重要事件，故於法律上有效之意思表示，不可不規定之。此本節所由設也。

第八十六條　（真意保留或單獨虛偽意思表示）

表意人無欲為其意思表示所拘束之意，而為意思表示者，其意思表示，不因之無效。但其情形為相對人所明知者，不在此限。

⇧查民律草案第一百七十八條理由謂意思表示，以相對人之受領為必要。故受此意思表示之相對人，明知表意人無受其拘束之意者，應使無效外，其表意人雖無欲為其意思表示所拘束之意，而相對人仍信其有受拘束之意者，其意思表示仍為有效，蓋以維持交易之安全也。

*（意思表示）民九四、九六；（通謀虛偽意思表示）民八七；（代理行為之真意保留）民一〇五。

▲所謂通謀為虛偽意思表示，乃指表意人與相對人互相故意為非真意之表示而言，故相對人不僅須知表意人非真意，並須就表意人非真意之表示相與為非真意之合意，始為相當，若僅一方無欲為其意思表示所拘束之意，而表示與真意不符之意思者，尚不能指為通謀而為虛偽意思表示。（六二臺上三一六）

第八十七條　（虛偽意思表示）

表意人與相對人通謀而為虛偽意思表示者，其意思表示無效。但不得以其無效對抗善意第三人。

虛偽意思表示，隱藏他項法律行為者，適用關於該項法律行為之規定。

⇧謹按表意人與相對人通謀而為虛偽意思表示者，是欲欺第三人，非欲欺相對人也。無論於相對人無效，即對於第三人亦當然無效，惟此無效，不得與善意第三人對抗，以保護善意第三人之利益。又虛偽之意思表示，有隱藏在當事人間已成立之真正法律行為以欺第三人者，被其隱藏之法律行為，並不因隱藏而無效。例如甲實以土地贈與乙，而與乙通謀，作成買賣之契約，此際仍應適用關於贈與的法律行為之規定。故設本條以明其旨。

*（單獨虛偽意思表示）民八六；（代理行為之虛偽意思表示）民一〇五。

▲假裝買賣係由雙方通謀所為之虛偽意思表示，依民法第八十七條第一項之規定當然無效，並非得撤銷之行為，不得謂未撤銷前尚屬有效。（二七上三一九五）

▲上訴人於臺灣光復前買受系爭土地，雖在被上訴人買受之前，但係隱藏買賣之法律行為，而為設定不動產質權之虛偽意思表示，此項虛偽意思表示，依臺灣當時適用之法例係屬無效。至隱藏之買賣法律行為固為當時法例之所許，惟當時既未依臨時農地管理令申請該管政府之許可，迨臺灣光復民法施行後，又未為該土地所有權移轉之登記，亦僅生買賣之債權關係，則該土地所有權，即歸屬其後買受已為所有權移轉登記而發生物權關係之被上訴人。（三九臺上五八三）

▲第三人主張表意人與相對人通謀而為虛偽意思表示者，該第三人應負舉證之責。（四八臺上二九）

▲民法第八十七條第一項所謂通謀虛偽意思表示，係指表意人與相對人雙方故意為不符真意之表示而言，若僅一方無欲為其意思表示所拘束之意而表示與真意不符之意思者，即難指為通謀而為虛偽意思表示。（五〇臺上四二一）

▲虛偽買賣乃雙方通謀而為虛偽意思表示，依民法第八十七條第一項規定，其買賣當然無效，與得撤銷之法律行為經撤銷始視為自始無效者有別，故虛偽買賣雖屬意圖避免強制執行，但非民法第二百四十四條所謂債權人得聲請法院撤銷之債務人行為。（五〇臺上五四七）

▲民法第八十七條第二項所謂虛偽意思表示隱藏他項法律行為者，適用關於該項法律行為之規定，係指為虛偽意思表示之當事人間，隱藏有他項真實之法律行為而言，其所隱藏之行為當無及於他人之效力。（五〇臺上二六七五）

▲民法第八十七條之通謀虛偽表示，指表意人與相對人相互明知為非真意之表示而言，故表意人之相對人不僅須知表意人非真意，並須就表意人非真意之表示相與為非真意之合意，始為相當。（五一臺上二一五）

▲虛偽設定抵押權，乃雙方通謀而為虛偽意思表示，依民法第八十七條第一項規定，其設定抵押權當然無效，與得撤銷後始視為無效者有別。故虛偽設定抵押權雖屬意圖避免強制執行，但非民法第二百四十四條所謂債權人得聲請法院撤銷之債務人行為。（五二臺上七二二）

▲在合同行為之當事人間，不妨成立通謀虛偽意思表示。（五七臺上二五五七）

▲（六二臺上三一六）參見本法第八十六條。

▲（六六臺再四二）參見本法第一條。

▲所謂通謀而為虛偽意思表示，係指表意人與相對人通謀而為虛偽意思表示而言，查訴外人黃某取得系爭房屋之所有權，係以債權人身分聲請法院拍賣因無人應買承受而來，拍賣及承受，悉由法院介於其間，債務人李某並未參與其事，黃某當無與李某通謀而為虛偽意思表示之可言。（六七臺上一四〇二）

▲債務人欲免其財產被強制執行，與第三人通謀而為虛偽意思表示，將其所有不動產為第三人設定抵押權者，債權人可依侵權行為之法則，請求第三人塗銷登記，亦可行使代位權，請求塗銷登記。二者之訴訟標的並不相同。（七三臺抗四七二）

第八十八條　（錯誤之意思表示）

意思表示之內容有錯誤，或表意人若知其事情即不為意思表示者，表意人得將其意思表示撤銷之。但以其錯誤或不知事情，非由表意人自己之過失者為限。

當事人之資格或物之性質，若交易上認為重要者，其錯誤，視為意思表示內容之錯誤。

⇧查民律草案第一百八十一條理由謂撤銷錯誤之意思表示，須用法律規定，以防無益之爭論。凡關於意思表示內容之錯誤（關於當事人標的物及法律行為種類之錯誤），及於交易上認為重要，而當事人之資格或物之性質有錯誤等（如信用交易之買主支付能力或房屋賃貸契約之房屋性質），若表意人知其事情即不為其意思表示者，均當然謂之錯誤。至表意人雖表示有一定內容之意思，惟不欲為其內容之表示，且可認表意人若知其事情則不為其意思表示者亦然（如表意人誤信為有真正之內容而署名於其書件者）。

*（傳達錯誤）民八九；（代理行為之錯誤）民一〇五；（撤銷之方法）民一一六；（撤銷之效力）民一一四。

▲民法第八十八條第一項所謂意思表示之錯誤，表意人得撤銷之者，以其錯誤係關於意思表示之內容為限，該條項規定甚明。兩造成立之訴訟上和解，既未以被上訴人收回系

爭房屋，以供自住及開設診所之需，為上訴人遷讓之內容，則縱使如上訴人所稱在和解當時，因誤信被上訴人主張收回系爭房屋，以供自住及開設診所之需為真實，致所為遷讓之意思表示顯有錯誤云云，亦與上開條項得為撤銷意思表示錯誤之要件不符，仍不得執此指該項和解有得撤銷之原因，而為請求繼續審判之理由。（四三臺上五七〇）

▲民法第八十八條之規定，係指意思表示之內容或表示行為有錯誤者而言，與為意思表示之動機有錯誤之情形有別。（五一臺上三三一一）

▲意思表示之內容有錯誤或表示行為有錯誤者，唯表意人始得將其意思表示撤銷之，又有撤銷權人，欲撤銷其自己之意思表示或他人之法律行為者，除法律規定必須訴經法院為之者外，以意思表示為之為已足，勿庸提起形成之訴請求撤銷。（五二臺上八三六）

第八十九條（傳達錯誤）

意思表示，因傳達人或傳達機關傳達不實者，得比照前條之規定撤銷之。

⇧查民律草案第一百八十二條理由謂表意人因使用人、電報局、及其他傳達機關，而表示其意思時，因而傳達不實，致其所為之意思表示錯誤者，此與表意人自己陷於錯誤者無異。故得依前條規定撤銷之。

＊（意思表示錯誤）民八八；（撤銷之方法）民一一六；（撤銷之效力）民一一四。

第九十條（錯誤表示撤銷之除斥期間）

前二條之撤銷權，自意思表示後，經過一年而消滅。

⇧查民律草案第一百八十三條理由謂意思表示之撤銷權，如許永久存續，是使相對人及其他利害關係人之權義狀態，永不確定。故本條特設撤銷權行使之期限，是使以保護利害關係人之利益。

＊（意思表示錯誤）民八八；（傳達錯誤）民八九；（期間之計算）民一二三；（撤銷）民一一四、一一六。

▲行政官署依臺灣省放領公有土地扶植自耕農實施辦法，將公有土地放領於人民，係私法上之契約行為，依此行為所生法律上之效果，自應適用民法之規定，而契約因當事人互相表示意思一致而成立，其意思表示發生效力之時期，如為對話，以相對人了解時為準，如非對話以通知達到相對人時為準，從而撤銷意思表示之除斥期間，自應以意思表示發生效力之時起算。（五二臺上一二七八）

▲和解不得以錯誤為理由撤銷之，但當事人之一方，對於他方當事人之資格或對於重要之爭點有錯誤而為和解者，不在此限，此觀民法第七百三十八條第三款之規定自明。此種撤銷權之行使，既係以錯誤為原因，則民法第九十條關於以錯誤為原因，行使撤銷權除斥期間之規定，於此當有其適用。（八三臺上二三八三）

第九十一條（錯誤表意人之賠償責任）

依第八十八條及第八十九條之規定撤銷意思表示時，表意人對於信其意思表示為有效而受損害之相對人或第三人，應負賠償責任。但其撤銷之原因，受害人明知或可得而知者，不在此限。

⇧謹按依第八十八條及第八十九條之規定，錯誤及傳達不實之意思表示，均得為撤銷之原因。然當其表意之時，相對人或第三人固確信其表意為有效也，無論其撤銷之原因若何，斷不能因此而損害善意之第三者，故應使其賠償因撤銷而生之損害，以昭平允。然若表意人之表意，含有得行撤銷之原因，已為受損害人之所明知，或本可得而知，因不注意而不知者，則是出於自己之故意或過失，即令受有損害，表意人亦不負賠償之責任矣。

＊（意思表示錯誤）民八八；（傳達錯誤）民八九；（撤銷權行使期間）民九〇。

第九十二條（意思表示之不自由）

因被詐欺或被脅迫而為意思表示者，表意人得撤銷其意思表示。但詐欺係由第三人所為者，以相對人明知其事實或可得而知者為限，始得撤銷之。

被詐欺而為之意思表示，其撤銷不得以之對抗善意第三人。

⇧查民律草案第一百八十五條理由謂意思表示，所以生法律上之效力，應以其意思之自由為限。若表意人受詐欺或受脅迫，而表示其意思，並非出於自由，則其意思表示，使得撤銷之，以保護表意人之利益。又因詐欺之意思表示，是使相對人受領之意思表示，若行其詐欺者為第三人，則以相對人惡意為限，始許其撤銷，此為保護相對人之利益而設。若其所為之意思表示全非出於表意人之自由，而因被脅迫所致者，則不問其脅迫，屬於何人，亦不問相對人之是否惡意，均得撤銷，蓋以此種情形，實無保護相對人理由之可言。此本條第一項所由設也。因詐欺意思表示之撤銷，若使之得與善意第三人對抗，既有害於善意第三人之利益，且於交易上亦不安全。此第二項所由設也。

＊（詐欺脅迫與侵權行為）民一八四；（代理人之被詐欺脅迫）民一〇五；（被詐欺脅迫之婚姻撤銷）民九九七、九九八；（以詐欺脅迫所為之遺囑行為）民一一四五㊀②、③；（撤銷之方法）民一一六；（撤銷之效力）民一一四、九九八；（詐欺罪）刑三三九～三四一；（脅迫罪）刑三〇四、三〇五、三四六。

▲民事法上所謂詐欺云者，係謂欲相對人陷於錯誤，故意示以不實之事，令其因錯誤而為意思之表示。（一八上三七一）

▲民法第九十二條第一項所謂詐欺，雖不以積極之欺罔行為為限，然單純之緘默除在法律上、契紙上或交易之習慣上就某事項負有告知之義務者外，其緘默並無違法性，即與本條項之所謂詐欺不合。（三三上八八四）

▲被上訴人當時在場同意伊子之代為簽押，縱其簽押之動機係受上訴人之脅迫，然此項終止租賃契約之意思表示，在未依法撤銷前尚非當然無效，即不容於約定返還租賃物期限屆滿之後，仍以曾受上訴人之脅迫，為拒絕返還之藉口。（三七上五九九二）

▲被詐欺而為意思表示者，依民法第九十二條第一項之規定，表意人固得撤銷其意思表示，惟主張被詐欺而為表示之當事人，應就此項事實負舉證之責任。（四四臺上七五）

▲民法上所謂詐欺，係欲相對人陷於錯誤，故意示以不實之事，令其因錯誤而為意思之表示，收受聘禮後故延婚期，迫使相對人同意退婚，雖志在得財，但不得謂為詐欺，僅屬民法第九百七十六條違反婚約，及同法第九百七十七條損害賠償問題。（五六臺上三三八〇）

▲因被脅迫而為之意思表示，依民法第九十二條及第九十三條之規定，表意人非不得於一年內撤銷之。而此項撤銷權，祇須當事人以意思表示為之，並不須任何方式，上訴人既於第二審上訴理由狀中表示撤銷之意思，倘被上訴人果有脅迫上訴人立借據情事，即不能謂上訴人尚未行使撤銷權。（五八臺上一九三八）

▲（六〇臺上五八四）參見本法第七十二條。

▲鄉鎮市（區）調解委員會依鄉鎮市調解條例調解成立之民事調解，如經法院核定，即與民事確定判決有同一之效力，該條例第二十四條第二項前段定有明文。而經法院核定之民事調解，有得撤銷之原因者，依同條例第二十六條第一項規定，當事人得向原核定法院提起撤銷調解之訴。當事人欲求救濟，惟有循此方法為之，殊無依民法第九十二條第一項規定聲明撤銷之餘地。兩造依鄉鎮市調解條例成立之調解，業經法院核定，即令有如上訴人所稱得撤銷之原因，在上訴人提起撤銷調解之訴，並得有勝訴之確定判決以前，被上訴人仍得據為執行名義，聲請強制執行。（七五臺上一〇三五）

▲保險法第六十四條之規定，乃保險契約中關於因詐欺而為意思表示之特別規定，應排除民法第九十二條規定之適用。（八六臺上二一一三）

第九十三條（撤銷不自由意思表示之除斥期間）

前條之撤銷，應於發見詐欺或脅迫終止後，一年內為之。但自意思表示後，經過十年，不得撤銷。

⇧謹按民律草案第一百八十七條理由謂因詐欺或脅迫而為意思表示者，雖許其撤銷，然不加以限制，則權利狀態永不確定。故本條規定表意人行使撤銷權，應於發見詐欺或脅迫行為終止後，一年內為之，逾限不許撤銷。若自意思表示後，經過十年，始行發見者，亦不許再行撤銷，蓋以期交易之安全也。

＊（被詐欺或被脅迫之意思表示）民九二；（撤銷）民一一四、一一六；（期間之計算）民一二三。

▲因被脅迫而為負擔債務之意思表示者，即為侵權行為之被害人，該被害人固得於民法第九十三條所定之期間內，撤銷其負擔債務之意思表示，使其債務歸於消滅，但被害人於其撤銷權因經過此項期間而消滅後，仍不妨於民法第一百九十七條第一項所定之時效未完成前，本於侵權行為之損害賠償請求權，請求廢止加害人之債權，即在此項時效完成後，依民法第一百九十八條之規定，亦得拒絕履行。（二八上一二八二）

▲（五八臺上一九三八）參見本法第九十二條。

第九十四條（對話意思表示之生效時期）

對話人為意思表示者，其意思表示，以相對人了解時，發生效力。

⇧謹按向對話人之意思表示，應取了解主義，自相對人了解其意思表示時，即生效力是屬當然之事。惟對話不以覿面為必要，如電話等雖非覿面，亦不礙其為對話也。故設本條以明示其旨。

＊（非對話要約）民一五七；（票據上拒絕事由付郵通知之特別規定）票據九一。

▲對話人為意思表示者，以相對人了解時發生效力，非對話者，以通知達到相對人時發生效力，民法第九十四條及第九十五條定有明文。同法第四百五十一條所謂表示反對之意思是否發生效力，自亦應分別對話或非對話，以相對人已否了解或通知已否達到相對人為斷。（五七臺上三六四七）

第九十五條（非對話意思表示之生效時期）

非對話而為意思表示者，其意思表示，以通知達到相對人時，發生效力。但撤回之通知，同時或先時到達者，不在此限。

表意人於發出通知後死亡或喪失行為能力，或其行為能力受限制者，其意思表示，不因之失其效力。

⇧謹按向非對話人之意思表示，即向不得直接通知之相對人為意思表示是也。此種表示，應於何時發生效力，立法例有表意主義、發信主義、受信主義、了解主義四種。本法採用受信主義，以其通知達到於相對人時發生效力，但表意人既經表意後，又將表意撤回時，其在撤回之通知未達到以前，表意之效力，當然存在，必俟撤回之通知達到後，其表意始失其效力。若撤回之通知，與表意之通知，同時或先時達到於相對人，其意思表示，當然不生效力。此本條第一項之所由設也。表意人於發出通知後，死亡或失其行為能力（如宣告禁治產），或其行為能力受限制（例如第八十五條第二項情形）者，其意思表示，似應無效，然相對人不知表意人之死亡，或失其能力，或其能力受限制，因而為種種之行為者有之，此時如使無效，則相對人易蒙不測之損害。此第二項之所由設也。

＊（向無行為能力人或限制行為能力人之意思表示）民九六；（對話要約）民一五六。

▲依民法第四百四十條得終止契約之出租人，於訴狀表示其終止之意思者，依民法第二百六十三條、第二百五十八條第一項、第九十五條規定，自其訴狀送達於承租人時，契約即為終止，並非至其所受勝訴判決確定之時，始生終止之效力。（二三上三八六七）

▲民法第四百四十條第一項所謂支付租金之催告，屬於意思通知之性質，其效力之發生，應準用同法關於意思表示之規定（見四十一年臺上字第四九〇號判例），而民法第九十五條第一項規定：「非對話而為意思表示者，其意思表示以通知達到相對人時發生效力」，所謂達到，係僅使相對人已居可了解之地位即為已足，並非須使相對人取得占有，故通知已送達於相對人之居住所或營業所者，即為達到，不必交付相對人本人或其代理人，亦不問相對人之閱讀與否，該通知即可發生為意思表示之效力。（五四臺上九五二）

▲非對話而為意思表示者，其意思表示以通知達到相對人時，發生效力，民法第九十五條第一項定有明文，所謂達到，係指意思表示達到相對人之支配範圍，置於相對人隨時可了解其內容之客觀之狀態而言。（五八臺上七一五）

第九十六條（向無行為能力人或限制行為能力人為意思表示之生效時期）

向無行為能力人或限制行為能力人為意思表示者，以其通知達到其法定代理人時，發生效力。

⇧查民律草案第一百九十五條理由謂向非對話人所為之意思表示，如相對人為無行為能力人，或限制行為能力人，其所受之意思表示，不能十分了解，故須其通知，達到於法定代理人時，始生效力。蓋以保護無行為能力人，或限制行為能力人之利益也。

＊（無行為能力人）民一三㊀、一五；（限制行為能力人）民一三㊁；（法定代理人）民一〇八六、一〇九八。

第九十七條（公示送達）

表意人非因自己之過失，不知相對人之姓名、居所者，得依民事訴訟法公示送達之規定，以公示送達為意思表示之通知。

⇧謹按表意人不知相對人之姓名及居所，並非因自己之過失者，應使其依公示送達之方法，而為意思表示。至公示送達之程序，規定於民事訴訟法中，表意人應依其規定辦理，為意思表示之通知。此本條所由設也。

＊（姓名）姓名二；（居所）民二二；（過失）刑一四，民二二〇、二二二；（公示送達之規定）民訴一四九～一五三。

▲民法第四百四十條第一項所謂支付租金之催告，屬於意思通知之性質，其效力之發生，應準用同法關於意思表示之規定，如催告人非因自己之過失不知相對人之居所者，僅得準用同法第九十七條，依民事訴訟法公示送達之規定，向該管法院聲請以公示送達為催告之通知，始生催告之效力。被上訴人定期催告承租人某商號支付租金，僅將催告啟事標貼已被查封無人居住之某商號門首，自無催告效力之可言。（四一臺上四九〇）

第九十八條（意思表示之解釋）

解釋意思表示，應探求當事人之真意，不得拘泥於所用之辭句。

⇧查民律草案第二百條理由謂意思表示，其意義往往有欠明瞭者，應將不甚明瞭之處解釋之。但應探求當事人之真意，不得拘泥於所用之辭句，致失真意。此本條所由設也。

＊（誠信原則）民一四八；（當事人真意）民四。

▲解釋契約，固須探求當事人立約時之真意，不能拘泥於契約之文字，但契約文字業已表示當事人真意，無須別事探求者，即不得反捨契約文字而更為曲解。（一七上一一一八）

▲解釋私人之契約應通觀全文，並斟酌立約當時之情形，以期不失立約人之真意。（一八上一七二七）

▲解釋當事人所立書據之真意，以當時之事實及其他一切證據資料為其判斷之標準，不能拘泥字面或截取書據中一二語，任意推解致失真意。（一九上二八）

▲解釋當事人之契約，應於文義上及理論上詳為推求，不得拘泥字面，致失當時立約之真意。（一九上五八）

▲契約應以當事人立約當時之真意為準，而真意何在，又應以過去事實及其他一切證據資料為斷定之標準，不能拘泥文字致失真意。（一九上四五三）

▲抵押權為對於債務人或第三人不移轉占有而供擔保之不動產，得就其賣得價金受清償之權利，民法第八百六十條規定甚明。債務人就其所有之不動產向債權人設定如斯內容之權利時，雖其設定之書面稱為質權而不稱為抵押權，亦

不得拘泥於所用之辭句，即謂非屬抵押權之設定。（二八上五九八）

▲土地之租賃契約，以承租人自行建築房屋而使用之為其目的者，非有相當之期限不能達其目的，故當事人雖未明定租賃之期限，依契約之目的探求當事人之真意，亦應解為定有租至房屋不堪使用時為止之期限，惟應受民法第四百四十九條第一項之限制而已。至民法第四百二十二條固規定不動產之租賃契約，其期限逾一年者，應以字據訂立之，未以字據訂立者，視為不定期限之租賃，然以字據訂立之土地租賃契約，依字據所載契約之目的解為定有一年以上之租賃期限，仍無背於該條規定之本旨。（三〇渝上三一一）

▲典權人以不能維持其額面價格之地方銀行兌換券支付典價者，雖其典契係以所付兌換券之數額表明典價，而探求普通當事人之真意，其典價之數額仍應以所付兌換券，按支付時市價折合國幣之數為準。本件上訴人因加找典價，支付與被上訴人之舊滇幣四百五十元，據稱當時舊滇幣每百元抵現金八十元，共折合現金三百六十元云云，如果屬實，則現在被上訴人回贖典物，應按加典時舊滇幣之市價折合法幣返還，方與當事人立約之本旨相合。（三〇上三三七）

（九〇、四、一七決議不再援用）

▲被上訴人於民國二十五年將其所有之小灣田業出典與上訴人，其典約內僅註「取當死當均照國例」字樣，此外並未訂明典權期限，為不爭之事實，原審探求契約當事人之真意，認上項典約，係屬未定期限之典權，得由出典人隨時回贖典物，因予維持第一審所為上訴人應於秋收後，准許被上訴人以原典價回贖之判決，於法尚非有違。（三二上五六一五）

▲某甲將承典上訴人之田地典與被上訴人，其所立之典契內，既載有「自典之後或湊或贖，聽憑原主之事，與甲無干」字樣，則探求當事人締約之真意，顯係為民法第九百十七條第一項所謂典權之讓與。（三三永上二〇六）

▲解釋當事人之契約，應以當事人立約當時之真意為準，而真意何在，又應以過去事實及其他一切證據資料為斷定之標準，不能拘泥文字致失真意。（三九臺上一〇五三）

▲合約內所列之副署人，在法律上應負如何之責任，須視契約當事人在當時之真意如何而定，原審未予斟酌各方情形，以探求當事人之真意，遽認為係參加契約之另一當事人，應與主債務人負連帶清償之責，尚難謂合。（四三臺上五七七）

▲解釋當事人立約之真意，除雙方中途有變更立約內容之同意，應從其變更以為解釋外，均以當事人立約當時之真意為準。（四九臺上三〇三）

▲解釋契約固屬事實審法院之職權，惟其解釋如違背法令或有悖於論理法則或經驗法則，自非不得以其解釋為不當，援為上訴第三審之理由。（八三臺上二一一八）

第四節　條件及期限

⇧查民律草案總則編第五章第四節原案謂條件者，當事人隨意將法律行為效力之發生或消滅，使繫諸客觀上不確定的未來事實成否之附隨條款是也。其實際上最為重要者，停止條件及解除條件是。本法專就此二者規定之。期限者，當事人隨意將法律行為效力之發生或消滅，使繫諸確定的未來事實屆至之附隨條款是也。其實際上最為重要者，始期及終期是。故本法專規定此二者。

第九十九條（停止條件與解除條件）

附停止條件之法律行為，於條件成就時，發生效力。

附解除條件之法律行為，於條件成就時，失其效力。

依當事人之特約，使條件成就之效果，不於條件成就之時發生者，依其特約。

⇧查民律草案第二百四十三條理由謂附停止條件與附解除條件之法律行為，應從條件成就時生效力，抑應溯諸法律行為成立之時生效力，於此問題，各國之立法例不一。本法則以當事人不表示溯及既往之意思為限，認為法律行為附有停止條件者，必須於條件成就後發生效力。附有解除條件者，必須於條件成就後失其效力，期合於當事人之意思也。至條件成就之效果，應否溯及既往，即應否追溯於法律行為成立之時，此際應依當事人之特約定之。故設本條以明示其旨。

＊（不得附條件之法律行為）民三三五，票據二～四、二四㊀⑤、一二〇㊀④、一二五㊀⑤；（附條件之遺贈）民一二〇〇；（關於條件之特別規定）民二四六。

▲買賣契約附有停止條件者，於條件成就時，始生效力，若條件已屬不能成就，則該項契約自無法律上效力之可言。（二二上一一三〇）

▲買賣貨物之契約，訂定買受人應將定金以外之貨款儘本月底交付，到期不交，契約即告失效者，係以到期不交貨款為其契約之解除條件，此項解除條件成就時，買賣契約失其效力，出賣人即免其交付貨物之義務。（二九上一二四九）

▲租賃契約訂明承租人須於一定期日支付租金，屆期不為支付，租賃契約當然失其效力者，係以屆期不支付租金為解除條件，屆期如不支付租金，則其租賃契約當然因解除條件之成就失其效力。（二九上二〇一八）

▲附有解除條件之法律行為，於條件成就時當然失其效力，無待於撤銷之意思表示，此觀於民法第九十九條第二項之規定極為明顯。（三一上三四三三）

▲土地法第一百零三條之規定，並非禁止租用基地建築房屋之契約附有解除條件，亦不排除民法所定解除條件成就之效果，上訴人與某甲所訂如業主需要隨時可拆還基地之特約，自應解為附有解除條件。（四〇臺上一六三六）

▲債務人約定，以其將來可取得某特定不動產所有權，為因供擔保設定抵押權之條件，即屬民法第九十九條第一項所謂附停止條件之法律行為，於條件成就時發生效力，故在債務人取得某特定不動產所有權之前，所附停止條件尚未成就，其約定因供擔保設定抵押權之法律行為，亦未發生效力，此際債務人自不負就某特定不動產，為因供擔保設定抵押權登記之義務。（四〇臺上一六八二）

▲上訴人願就主債務人應依限期交付被上訴人之款，負保證責任，既於合約書內訂明，在後之諒解書，亦有自訂約日起生效之記載，是上訴人與被上訴人所訂保證契約，已於立約時生效，與民法第九十九條第一項所謂附停止條件之法律行為，於條件成就時發生效力者，顯然有別。（四四臺上五〇）

▲兩造就系爭工款所為之和解契約，既附有須經上訴人之上級官署核准之停止條件，則其上級官署未予核准，即難謂非其條件不成就，依民法第九十九條第一項規定之反面解釋，自屬未生效力。（四四臺上五四一）

▲兩造就系爭房屋訂立之租賃契約第三條所定一年期限之下，並有「期滿時上訴人應將房屋無條件交還被上訴人，決無異議」等語之記載，係屬定有期限之租賃，極為明顯。至其附載「如被上訴人繼續將房屋出租者，上訴人有優先承租權」一節，則係附有以被上訴人須將該房屋繼續出租，而上訴人始有優先承租權之停止條件，此項條件之成就，應由主張之上訴人負舉證之責任。（四六臺上二二七）

▲凡訂立婚約而授受聘金禮物，固為一種贈與，惟此種贈與，並非單純以無償移轉財物為目的，實係預想他日婚約之履行，而以婚約解除或違反為解除條件之贈與，嗣後婚約經解除或違反時，當然失其效力，受贈人依民法第一百七十九條，自應將其所受利益返還於贈與人。（四七臺上九一七）

▲租賃契約定有存續期間，同時並訂有以出租人確需收回自住為收回之解除條件者，必於條件成就時始得終止租約。所謂自住，係指客觀上有收回自住之正當理由及必要情形，並能為相當之證明者而言，不以主觀情事之發生為已足。（四八臺上二二八）

▲不定期之租賃，同時訂有以出租人確需收回自住之解除條件者，必於條件成就時，始得終止租約。所謂收回自住，係指客觀上有收回自住之正當理由及必要情形，並能為相當之證明者而言，不以主觀情事之發生，即謂租約所訂解除條件業已成就。（五〇臺上一七六一）

▲押標金除督促投標人於得標後，必然履行契約外，兼有防範投標人故將標價低於業經公開之底價，以達圍標或妨礙標售程序之作用，被上訴人既經公告標價低於底價者沒收押標金，原不以是否有實際損害為要件，上訴人以被上訴

人未受損害，不得沒收押標金，自非可取。（五九臺上一六六三）

▲民法第二百五十八條第一項，係就契約有法定之解除原因，而行使其解除權之情形所為規定，如契約附有解除條件，則條件成就時，契約當然失其效力，無待於當事人解除權之行使。（六〇臺上四〇〇一）

▲法律行為成立時，其成就與否業已確定之條件即所謂既成條件，亦即法律行為所附條件，係屬過去既定之事實者，雖具有條件之外形，但並無其實質之條件存在，故縱令當事人於法律行為時，不知其成否已經確定，亦非民法第九十九條所謂條件。我民法關於既成條件雖未設明文規定，然依據法理，條件之成就於法律行為成立時已確定者，該條件若係解除條件，則應認法律行為為無效。（六八臺上二八六一）

第一百條（附條件利益之保護）

附條件之法律行為當事人，於條件成否未定前，若有損害相對人因條件成就所應得利益之行為者，負賠償損害之責任。

⇧查民律草案第二百四十五條理由謂為附停止條件法律行為，其當事人之一造，於條件成就前，有因條件之成就，當然取得本來權利之權利，則他造有尊重此權利之義務。又為附解除條件法律行為，某當事人之一造，雖直取得本來之權利，然對於他造因條件成就所取得本來權利之權利，有尊重之義務，即他造有此種權利。故附條件義務人，不得害及附條件權利人之利益，若害之，則為不法行為，須任損害賠償之責。故設本條以明示其旨。

*（附條件之法律行為）民九九、二四六；（條件成就或不成就之擬制）民一〇一；（損害賠償）民二一三～二一六。

▲附條件之法律行為當事人於條件成否未定前，若有損害相對人因條件成就所應得利益之行為者，負損害賠償責任，民法第一百條固定有明文。然此種期待權之侵害，其賠償責任亦須俟條件成就時，方始發生。蓋附條件之法律行為，原須俟條件成就時始得主張其法律上之效果，在條件成否未定之前，無從預為確定以後因條件成就時之利益，如其條件以後確定不成就，即根本無所謂因條件成就之利益。（六九臺上三九八六）

第一百零一條（條件成就或不成就之擬制）

因條件成就而受不利益之當事人，如以不正當行為阻其條件之成就者，視為條件已成就。

因條件成就而受利益之當事人，如以不正當行為促其條件之成就者，視為條件不成就。

⇧謹按條件成就而受不利益之當事人，若以不正當之行為，阻害條件之成就者，其條件視為已成就。又因條件成就，而受利益之當事人，如以不正當行為，促使條件成就者，其條件視為不成就。如此然後可以保護相對人之利益，而禁止不正當之行為也。至依前條規定，而賠償損害，是屬當然之事，無待明白規定。

*（附條件之法律行為）民九九、二四六；（附條件利益之保護）民一〇〇。

▲民法第一百零一條第二項所定：「因條件成就而受利益之當事人，如以不正當行為，促其條件之成就者，視為條件不成就」，所謂促其條件之成就，必須有促其條件成就之故意行為，始足當之，若僅與有過失，不在該條適用之列。（六七臺上七七〇）

▲保險契約（保險單或暫保單）之簽訂，原則上須與保險費之交付，同時為之。此觀保險法施行細則第二十七條第一項之規定甚明。若保險人向要保人先行收取保險費，而延後簽訂保險契約；則在未簽訂保險契約前，發生保險事故，保險人竟可不負保險責任，未免有失公平。故同條第二項、第三項又作補充規定，以杜流弊。其中第三項之補充規定，既謂：「人壽保險人於同意承保前，得預收相當於第一期保險費之金額。保險人應負之保險責任，以保險人同意承保時，溯自預收相當於第一期保險費金額時開始。」足見此種人壽保險契約，係於預收相當於第一期保險費金額時，附以保險人「同意承保」之停止條件，使其發生溯及的效力。如果依通常情形，被上訴人應「同意承保」，因見被保險人柯某已經死亡，竟不「同意承保」，希圖免其保險責任；是乃以不正當行為阻其條件之成就，依民法第一百零一條第一項規定，視為條件已成就。此時被上訴人自應負其保險責任。（六九臺上三一五三）

第一百零二條（附期限法律行為之效力及其保護）

附始期之法律行為，於期限屆至時，發生效力。

附終期之法律行為，於期限屆滿時，失其效力。

第一百條之規定，於前二項情形準用之。

⇧查民律草案第二百五十一條理由謂期限分為始期及終期兩種。法律行為附有始期者，於期限屆至時發生效力。若於期限未至之時，有終期者，於期限屆滿時失其效力。其附損害相對人因期限屆至所應得之利益者，應負賠償損害之責任，此與條件成就前之損害賠償同。故準用第一百條之規定。

*（不許附期限之法律行為）民三三五㈡、八四二㈡；（關於期限之特別規定）民二四六、三一五、三一六、三八六、三八七、四五〇、四七〇、四七八、四八八、五四九、五六一、五九七、五九八、六九三、七五二、七五三、七五五、八二三、一一六四；（附期限利益之保護）民一〇〇。

▲民法第一百零二條第二項所稱附終期之法律行為，係指約明期限屆滿時，當然失其效力之法律行為而言。本件雙方所訂買賣布疋之契約，約定二十四年六月內出清，不過定明應為履行之期限，並非同條項所稱附終期之法律行為。（二六渝上一一六三）

第五節 代理

⇧查民律草案總則編第五章第三節原案，謂凡行為能力不完全者，為保護其利益計，須藉他人補充其能力之欠缺。又因疾病或其他原因，事實上不得親自為法律行為者，許依他人而為行為能力事實上之擴張。近世各國法律，均認代理之制度，故本法特設本節之規定。

謹按關於代理之本質，各國立法例亦不一致。有詳加規定者，如德、日民法是。有不設規定而置委任於債權編中者，如暹邏民法是。本法則以法定代理、意定代理共通適用之條文，概括規定於總則編中，而以僅關意定代理各條，規定於債權編委任章內焉。

第一百零三條（代理行為之要件及效力）

代理人於代理權限內，以本人名義所為之意思表示，直接對本人發生效力。

前項規定，於應向本人為意思表示，而向其代理人為之者，準用之。

⇧查民律草案第二百十三條理由謂代理者，例如甲以乙之名義，向丙為意思表示，又甲以乙之名義，親受丙之意思表示者，其效力直接及於乙是也。此與依意思傳達機關而為意思表示者不同，故代理人於代理權限內，以本人名義所為之意思表示，直接對於本人發生效力。至凡應向本人表示意思，而向其代理人為之者亦同。此本條所由設也。

*（意思表示）民九四～九六；（本人名義）票據九；（法定代理人）民一〇〇三、一〇八六、一〇九八、一一一三、一一二一五㈢；（意定代理）民一六七、五五三；（代理人之能力）民一〇四；（代理人意思表示之瑕疵）民一〇五；（自己代理、雙方代理）民一〇六；（無權代理）民一一〇、一七〇、一七一；（表見代理）民一六九；（共同代理）民一一六八；（代理權之限制及撤回）民一〇七、一〇八。

▲執行業務之合夥人，對於第三人應有代理他合夥人之權，苟其所為之行為係屬業務範圍內者，雖於他合夥人有損，在法律上仍然有效，而其權利義務可直接及於他合夥人。（一八上一二五三）

▲處分族中公共之要事，雖本應得族人全體之同意，但依地

方習慣或族中特約，如果各房長得共同代理全族以為處分，或各房長得集族眾會議，依多數議決以為處分，或於處分後經族眾追認者，均應有效。（一八上一五三二）

▲子代其父為法律行為，如果本在授權範圍內，對於其父當然有效。（二〇上二二〇九）

▲受任人本於委任人所授與之代理權，以委任人名義與他人為法律行為時，固直接對委任人發生效力，若受任人以自己或第三人之名義與他人為法律行為，則對於委任人不生效力，其委任人與法律行為之他造當事人間，自不發生何等法律關係，此在民法施行以前，亦屬當然之法理。（二二上三二一二）

▲公同共有物之處分，固應得公同共有人全體之同意，而公同共有人中之一人，已經其他公同共有人授與處分公同共有物之代理權者，則由其人以公同共有人全體之名義所為之處分行為，仍不能謂為無效。（二三上一九一〇）

▲兩願離婚，固為不許代理之法律行為，惟夫或妻自行決定離婚之意思，而以他人為其意思之表示機關，則與以他人為代理人使之決定法律行為之效果意思者不同，自非法所不許。本件據原審認定之事實，上訴人提議與被上訴人離婚，託由某甲徵得被上訴人之同意，被上訴人於訂立離婚書面時未親自到場，惟事前已將自己名章交與某甲，使其在離婚文約上蓋章，如果此項認定係屬合法，且某甲已將被上訴人名章蓋於離婚文約，則被上訴人不過以某甲為其意思之表示機關，並非以之為代理人，使之決定離婚之意思，上訴理由就此指摘原判決為違法，顯非正當。（二九上一六〇六）

▲子於父之財產，除別有授權行為外，並無代為處分之權。（三二上四一八）

▲委任他人為法律行為，同時授與他人以代理權者，受任人所為之意思表示直接對於委任人發生效力，委任人固有請求權。即無代理權之委任，受任人以自己之名義為委任人取得之權利，包括損害賠償請求權，已依民法第五百四十一條第二項之規定，移轉於委任人者，委任人亦有請求權。（五二臺上二九〇八）

第一百零四條　（代理人之能力）

代理人所為或所受意思表示之效力，不因其為限制行為能力人而受影響。

⇧查民律草案第二百十六條理由謂代理人所為、所受之意思表示，其效力及於本人，而不及於代理人，雖代理人為限制行為能力人，其所為或所受之意思表示，並不因此而妨其效力。故限制行為能力人，亦得代理他人，為法律行為。此本條所由設也。

*（意思表示）民九四～九六；（限制行為能力人）民一三㊁。

第一百零五條　（代理行為之瑕疵）

代理人之意思表示，因其意思欠缺、被詐欺、被脅迫或明知其事情或可得而知其事情，致其效力受影響時，其事實之有無，應就代理人決之。但代理人之代理權係以法律行為授與者，其意思表示，如依照本人所指示之意思而為時，其事實之有無，應就本人決之。

⇧查民律草案第二百十五條理由謂代理人所為之意思表示，及所受之意思表示，二者雖均由代理人，然其效力及於本人。故關於意思表示要件之事項，其有無應就代理人而定。若代理人之代理權係以法律行為所授與（即意定代理），而其意思表示，又係依照本人所指示之意思而為之者，其有無此種事項，則就本人而定，是屬當然之事。此本條所由設也。

*（意思表示欠缺）民八六～八九；（被詐欺或脅迫）民九二；（明知或可得而知其事情）民八六但、九一但、九二㊀但、一〇七但、一一三、一一四㊁、一一七但、一七六、二四七、三〇九㊁但、三五五、四九六但、五九六但、七四三、七九六、一〇二〇；（以法律行為授與代理權）民一六七。

▲當事人知悉和解有無效或得以撤銷之原因之時期，原不以其和解當時是否到場為據，故如非和解當時所得而知之原因，則縱令當事人本人在場，亦應從其實際得知之時起算。苟為和解當時已得知之原因，則雖本人未到場而委任代理人為和解，其知悉與否，按之民法第一百零五條規定，亦當就代理人決之，當事人不得以其本人未得知而主張從本人知悉之時起算。（五二臺抗六）

第一百零六條　（自己代理及雙方代理之禁止）

代理人非經本人之許諾，不得為本人與自己之法律行為，亦不得既為第三人之代理人，而為本人與第三人之法律行為。但其法律行為，係專履行債務者，不在此限。

⇧查民律草案第二百十七條理由謂代理人許其代理本人，祇以法律行為為限，本節之隸於法律行為章以此。然亦非舉一切法律行為均許其代理，如親屬上之法律行為，其性質上不許代理是，此理甚明，無待明文規定也。又如當事人之一方，得為他方之代理人，而為法律行為，然使之得為雙方之代理人，而為法律行為，則利益衝突，代理人決不能完全盡其職務，自為法律所不許。但經本人許諾，或其法律行為係專履行債務者，應作為例外，以其無利益衝突之弊也。故設本條以明示其旨。

*（利益相反行為之特別規定）民一一〇二。

▲民法第一百零六條關於禁止雙方代理之規定於意定代理及法定代理均有其適用。（六五臺上八四〇）

第一百零七條　（代理權之限制及撤回）

代理權之限制及撤回，不得以之對抗善意第三人。但第三人因過失而不知其事實者，不在此限。

⇧謹按本人將代理權授與代理人之後，非必不可加以限制也。又既經授與代理權之後，亦非不可仍將代理權撤回也。惟其限制及撤回，均不得對抗善意之第三人。蓋代理權之受有限制及被撤回與否，第三人固無由知之，若許其得以對抗，是使善意第三人常蒙不測之損害也。故除其限制及撤回之事實，本可得知，而由於第三人自己之過失陷於不知者外，均不得以其代理權之限制及撤回為對抗之理由。蓋為保護善意第三人之利益計也。

*（代理權之撤回）民一〇八㊁；（表見代理）民一六九。

▲耕地租額之約定，屬於耕地租賃契約內容之必要事項，上訴人既已授權某甲與被上訴人改訂系爭耕地之租賃契約，即不得謂某甲無代理上訴人為約定租額之權限，縱使上訴人曾就其代理權加以限制，而依民法第一百零七條之規定，仍不得以之對抗善意之被上訴人。（四〇臺上六四七）

▲支票之背書如確係他人逾越權限之行為，按之票據法第十條第二項之規定，就權限外部分，即應由無權代理人自負票據上之責任，此乃特別規定優先於一般規定而適用之當然法理，殊無適用民法第一百零七條之餘地。（五〇臺上一〇〇〇）

▲上訴人等既將已蓋妥印章之空白本票交與某甲，授權其代填金額以辦理借款手續，則縱使曾限制其填寫金額一萬元，但此項代理權之限制，上訴人未據舉證證明，為被上訴人所明知或因過失而不知其事實，依民法第一百零七條之規定，自無從對抗善意之被上訴人，從而某甲逾越權限，多填票面金額為六萬八千元，雖經刑事法院判處罪刑在案，亦屬對上訴人應否負侵權行為損害賠償責任之別一法律問題，上訴人自不得執是而免除其發票人應付票款之責任。（五二臺上三五二九）

▲民法上所謂代理，係指本人以代理權授與他人，由他人代理本人為法律行為，該代理人之意思表示對本人發生效力而言。故必先有代理權之授與，而後始有民法第一百零七條前段「代理權之限制及撤回，不得以之對抗善意第三人」規定之適用。（六二臺上一〇九九）

▲法定代理人通常固有受領清償之權限，如為意定代理人，受領權之有無，尚應依授與代理權之範圍定之。（六六臺上一八九三）

第一百零八條　（代理權之消滅與撤回）

代理權之消滅，依其所由授與之法律關係定之。

代理權，得於其所由授與之法律關係存續中撤回之。但依該法律關係之性質不得撤回者，不在此限。

⇧查民律草案第二百二十五條理由謂授與代理權之法律行為，其為要因行為，抑為不要因行為，學者頗滋聚訟。本法於當事人無特別之意思表示者，作為要因行為，如代理權授與原因之法律關係存續，代理權亦因而存續，授與原因之法律關係消滅，代理權亦因而消滅。此第一項所由設也。又代理權之授與人，於授與原因之法律關係存續中，使其得將代理權撤回，亦無弊害。惟依該法律關係之性質不許撤回者，則為例外。此第二項所由設也。

*（法定代理之消滅）民一二、一四㊂、一〇九〇；（代理權所由授與之法律關係）民四八二、五二八、五五三、五五八、六六七、七〇一；（代理權之撤回）民一〇七。

第一百零九條　（授權書交還義務）

代理權消滅或撤回時，代理人須將授權書交還於授權者，不得留置。

⇧謹按代理人於代理權消滅或撤回時，須將授權書交還於授與人，不得留置。蓋代理權消滅，授權書亦應消滅，防代理人之濫用，害及於授與人也。故設本條以明示其旨。

*（代理權之消滅及撤回）民一〇七、一〇八；（留置權）民九二八。

▲受任人本於委任人所授與之代理權，以委任人名義與他人為法律行為時，固直接對委任人發生效力；若受任人以自己之名義與他人為法律行為，因而為委任人取得之權利，則須經受任人依民法第五百四十一條第二項規定，將其移轉於委任人，委任人始得逕向該他人請求履行。前者，因法律行為發生之權利義務，於委任人及該他人之間直接發生效力；後者，則該他人得以對抗受任人之事由，對抗委任人，二者尚有不同。（七二臺上四七二〇）

第一百十條　（無代理權人之責任）

無代理權人，以他人之代理人名義所為之法律行為，對於善意之相對人，負損害賠償之責。

⇧謹按本無代理權之人，而以他人之代理人名義，與相對人為法律行為時，其所為之法律行為，當然無效。若善意之相對人因此而受有損害者，無權代理人並應負賠償之責任，藉以保護善意相對人之利益。此本條所由設也。

*（無權代理之承認）民一七〇；（無權代理相對人之催告及撤回權）民一七〇㊁、一七一；（損害賠償）民二一三～二一六；（無權代理人責任）票據一〇。

▲被上訴人公司非以保證為業務，其負責人違反公司法第二十三條之規定，以公司名義為保證，依司法院釋字第五十九號解釋，其保證行為應屬無效，則上訴人除因該負責人無權代理所為之法律行為而受損害時，得依民法第一百十條之規定請求賠償外，並無仍依原契約，主張應由被上訴人負其保證責任之餘地。（四八臺上一九一九）（九一、九、三〇決議不再援用）

▲無權代理人責任之法律上根據如何，見解不一，而依通說，無權代理人之責任，係直接基於民法之規定而發生之特別責任，並不以無權代理人有故意或過失為其要件，係屬於所謂原因責任、結果責任或無過失責任之一種，而非基於侵權行為之損害賠償。故無權代理人縱使證明其無故意或過失，亦無從免責，是項請求權之消滅時效，在民法既無特別規定，則以民法第一百二十五條第一項所定十五年期間內應得行使，要無民法第一百九十七條第一項短期時效之適用，上訴人既未能證明被上訴人知悉其無代理權，則雖被上訴人因過失而不知上訴人無代理權，上訴人仍應負其責任。（五六臺上三〇五）

第六節　無效及撤銷

⇧查民律草案總則編第五章第五節原案謂法律行為，有因其要件不完備，而其為目的之效力不發生者，亦有其為目的之效力雖發生，而法律上特定之人得除去其效力者。前者名為無效之行為，後者名為可得撤銷之行為。故於本節設二者之規定。

第一百十一條　（一部無效之效力）

法律行為之一部分無效者，全部皆為無效。但除去該部分亦可成立者，則其他部分，仍為有效。

⇧查民律草案第二百五十二條理由謂法律行為，係屬一體，一部無效，全部亦當然無效。然除無效之一部分外，而法律行為仍可成立者，則其他部分，仍為有效，如是斯能符當事人之意思也。

*（無效之法律行為）民七一～七三、七五、七八、八六、八七；（無效行為之轉換）民一一二；（無效行為當事人之責任）民一一三；（仍為有效）票據八、一五、六一㊂。

▲無效之行為在法律行為當時即已確定不生效力，與得撤銷之行為須經撤銷權人之撤銷始失其效力者，顯有不同。（三二上六七一）

▲無效之行為在法律行為當時已確定不生效力，即不得依據此項行為主張取得任何權利。（三三上五〇六）

▲民法第一百十一條但書之規定，非謂凡遇給付可分之場合，均有其適用。尚須綜合法律行為全部之旨趣，當事人訂約時之真意、交易之習慣、其他具體情事，並本於誠信原則予以斟酌後，認為使其他部分發生效力，並不違反雙方當事人之目的者，始足當之。（七五臺上一二六一）

第一百十二條　（無效行為之轉換）

無效之法律行為，若具備他法律行為之要件，並因其情形，可認當事人若知其無效，即欲為他法律行為者，其他法律行為，仍為有效。

⇧查民律草案第二百五十三條理由謂法律行為為無效時，若其行為，備有他法律行為之要件，且依他法律行為可達同一之目的者，是當事人若知其無效有為他法律行為之意思，此時應使其他之法律行為為有效，藉以副當事人之意思。例如發出票據之行為，雖因法定要件欠缺而無效，若可作為不要因債務之承受契約者，其契約仍為有效也。

*（仍為有效）民九八；（無效之法律行為）民七一～七三、七五、七八、八六、八七。

第一百十三條　（無效行為當事人之責任）

無效法律行為之當事人，於行為當時知其無效，或可得而知者，應負回復原狀或損害賠償之責任。

⇧謹按無效之法律行為，當事人若於行為之當時已知其無效，或可得而知之者，應負回復原狀或損害賠償之責任，所以保護相對人之利益也。

*（無效之法律行為）民七一～七三、七五、七八、八六、八七；（損害賠償）民二一三～二一六。

▲契約無效，乃法律上當然且確定的不生效力，其當事人於行為當時，知其無效或可得而知者，應負回復原狀或損害賠償之責任。至契約之解除，乃就現已存在之契約關係而以溯及的除去契約為目的，於契約解除時，當事人雙方均有回復原狀之義務，故契約無效與契約解除，性質上並不相同。（四九臺上一五九七）

▲上訴人間之設定抵押權及買賣土地行為，如確屬無效，被上訴人原非不得依據民法第二百四十二條及第一百十三條之規定，代位行使上訴人某之回復原狀請求權，以保全其債權，惟此項回復損害請求權，與刑事訴訟法第四百八十七條之回復損害請求權有別，不容被上訴人依附帶民事訴訟程序，行使其回復原狀請求權。（五九臺上二五五六）

第一百十四條　（撤銷之自始無效）

法律行為經撤銷者，視為自始無效。當事人知其得撤銷或可得而知者，其法律行為撤銷時，準用前條之規定。

⇧查民律草案第二百五十七條理由謂為撤銷之法律行為，經有撤銷權人撤銷時，則使當事人之行為為無效，抑使第三人之行為亦屬無效，於此問題，各國之立法例不一，本法則依多數之立法例，認為對於第三人亦得使其無效。故相對人因撤銷行為而取得權利者，當然復歸於撤銷權人。又從其相對人讓受同一權利之第三人，亦當然喪失其權利，惟法律上別有規定者，如第九十二條第二項之情形，則善意之第三人，並不因此而喪失其權利。至可以撤銷之法律行為在行為當時，已為當事人所明知，或可得知者，則其撤銷時，當依前條之規定，負回復原狀或損害賠償之責。

＊（撤銷權之主體）民七四、八八、八九、九二、一六五、二四四、四〇八、四一六、四一七、九八九～九九一、九九五～九九七、一二一九；（撤銷之對象㈠——法律行為）民七四、八八、八九、九二、一六五、二四四、四〇八、四一六、四一七、九八八、九八九～九九一、一二一九；（撤銷之對象㈡——非法律行為）民一一四、三四，民訴六三五；（撤銷之方法）民一一六；（撤銷權之消滅）民七四㊂、九〇、九三、二四五、四一六㊂、四一七但、九八九～九九一、九九五但、九九六、九九七；（撤銷效果之限制）民九二㊁；（結婚撤銷之特別規定）民九九八。

第一百十五條（承認之溯及效力）

經承認之法律行為，如無特別訂定，溯及為法律行為時發生效力。

⇧查民律草案第二百六十四條理由謂同意於事前事後均得為之，事後之同意，即所謂承認。蓋以除去法律行為效力發生之障害為標的，而於法律行為之成立，並無關係，故無特別訂定，而其法律行為為已經承認者，則應溯及為法律行為之時，發生效力，所以保護第三人之利益也。

＊（法定代理人之承認）民七九、八〇；（限制行為能力原因消滅後之承認）民八一；（本人之承認）民一七〇、一七一；（有權利人之承認）民一一八；（承認之方法）民一一六。

第一百十六條（撤銷及承認之方法）

撤銷及承認應以意思表示為之。

如相對人確定者，前項意思表示應向相對人為之。

⇧謹按撤銷及承認者，要相對人接受之一方行為也。撤銷及承認之方法，應以意思表示為之，其有確定之相對人者，則其意思表示，應向相對人為之，是屬當然之事。此本條所由設也。

＊（撤銷）民一一四；（承認）民一一五；（意思表示）民九四～九六。

▲撤銷法律行為之意思表示，法律上並未限定其表示方法，無論其為明示或默示，均可發生效力。（二九上一六三㈢）

▲撤銷和解契約之意思表示，本無一定方式。（三二上一九四二）

▲（五二臺上八三六）參見本法第八十八條。

第一百十七條（同意或拒絕之方法）

法律行為須得第三人之同意始生效力者，其同意或拒絕得向當事人之一方為之。

⇧謹按法律行為，有須經第三人之同意始生效力者，例如限制行為能力人所訂之契約，須經本人承認而生效力，無權利人之處分行為，須經權利人之承認而生效力是。欲知第三人為同意或拒絕之方法，須於法律規定之，以防無益之爭議。即同意或拒絕，以應向雙方表示為原則，而為便利第三人起見，向當事人之一方表示者，亦為法所許可也。

＊（須得第三人同意之法律行為）民九七四、九八一、一〇〇六、一〇二〇、一〇三三、一〇四九、一〇七六、一一七一；（允許）民七七、七八、八四、八五、一一〇一；（承認）民七九、八一、一一八、一七〇、三〇一。

第一百十八條（無權處分）

無權利人就權利標的物所為之處分，經有權利人之承認始生效力。

無權利人就權利標的物為處分後，取得其權利者，其處分自始有效。但原權利人或第三人已取得之利益，不因此而受影響。

前項情形，若數處分相牴觸時，以其最初之處分為有效。

⑪一、第一項不修正。

二、無權利人就權利標的物為處分後，迄其取得其權利之期間內，原權利人對該項標的物，未為使用收益者，固不生問題，倘仍使用收益，則承認無權利人之處分為自始有效，即顯然足以妨害原權利人及第三人在該期間內使用收益之權能，殊不相宜，故增設第二項但書，以資補救。

三、第三項不修正。

＊（承認之方法）民一一六；（承認之效力）民一一五；（有關處分之規定）民六八㊁、八四、七六五、八一九、一〇二一、一〇八八、一一〇一。

▲負扶養義務者指定一定之贍產，由受扶養權利者自行收益以資養贍時，其所有權既不移轉於受扶養權利者，即不容受扶養權利者擅行處分。（二一上三〇七八）

▲無權利人就權利標的物為處分時，如其行為合於侵權行為成立要件，雖其處分已經有權利人之承認而生效力，亦不得謂有權利人之承認，當然含有免除處分人賠償責任之意思表示。（二三上二五一〇）

▲處分官產之行政公署，誤認人民所有之土地為官產以之標賣與人，其不生物權移轉之效力，與私人之處分他人所有物無異。故人民以行政公署之處分無效為原因，提起確認所有權存在之訴，不得謂非屬於普通法院權限之民事訴訟。（二七上四三三）

▲（二九上二〇）參加本法第一條。

▲無權利人就權利標的物為處分後，因繼承或其他原因取得其權利者，其處分為有效，民法第一百十八條第二項定有明文。無權利人就權利標的物為處分後，權利人繼承無權利人者，其處分是否有效，雖無明文規定，然在繼承人就被繼承人之債務負無限責任時，實具有同一之法律理由，自應由此類推解釋，認其處分為有效。（二九上一四〇五）

▲無權利人就權利標的物所為之處分，經有權利人之承認始生效力，在民法第一百十八條第一項設有明文，是無權利人得權利人之同意後，就權利標的物所為之處分，應認為有效，自不待言。（三〇上三四四）

▲被上訴人甲於丙生前，將丙之田產讓與於被上訴人乙為業，縱令當時係無權處分，但其後甲已因繼承丙之遺產，而取得此項田產之所有權，依民法第一百十八條第二項之規定，其處分即屬自始有效。（三一上二八九八）

▲私人捐助於會館之財產，其所有權即不屬於該私人而屬於會館，該私人之後裔，不得以原所有人之資格任意處分。（三三上四六八二）

▲民法第一百十八條第一項所謂有權利人之承認，無須踐行一定之方式，如有權利人就此有明示或默示之意思表示，雖未以書面為之，亦無妨於承認效力之發生。（三三上六九五〇）

▲系爭房屋就令如上訴人所稱，係因上訴人出國往加拿大經商，故僅交其母某氏保管自行收益以資養贍，並未授與處分權，但某氏既在上訴人提起本件訴訟之前死亡，上訴人又為某氏之概括繼承人，對於某氏之債務原負無限責任，以民法第一百十八條第二項之規定類推解釋，應認某氏就該房屋與被上訴人訂立之買賣契約為有效，上訴人仍負使被上訴人取得該房屋所有權之義務，自不得藉口某氏無權處分，請求確認該房屋所有權仍屬於己，並命上訴人回復原狀。（三九臺上一〇五）

第五章　期日及期間

⇧查民律草案總則編第六章原案謂時與權利之成立及消滅，有重大之關係，各國皆規定之，如逾一定之時間，則生法律上之效力，或失法律上之效力。又或於一定之期間行使其權利者，則取得其權利，於一定之期間不行使其權利者，則喪失其權利是。但時有期日及期間之別，期日者，其時點不得區分之特定日。期間者，即時間之謂也。如約定明年五月一日交付物品者，則其日即為期日。又如約定自明年五月一日起至十五日止交付物品者，則其時間即為期間。謹按關於期日及期間之計算法有二：㊀自然計算法。㊁曆法計算法。前者雖略嫌煩瑣，然甚精密，後者雖不完密，然甚簡便。兩者固互有得失，各國民法，在原則上皆用曆法計算法，惟遇以時定期間者，則用自然計算法。故本法亦依此規定，以時定期間者，即時起算。以日、星期、月、或年定期間者，其始日概不算入，並以期間末日之終止，為期間之終止焉。

第一百十九條（本章規定之適用範圍）

法令、審判或法律行為所定之期日及期間，除有特別訂定外，其計算依本章之規定。

⇧查民律草案第二百六十七條理由謂期間及期日，有以法令定之者，有以審判定之者，又有以法律行為定之者。此種期日及期間之計算，如無特別訂定時，則依本章之規定為宜。此本條所由設也。

*（法令）憲一七〇、一七二，中標四、七；（特別訂定）民訴一五四～一六七，刑訴六三～七〇，票據六五～六八。

第一百二十條（期間之起算）

以時定期間者，即時起算。

以日、星期、月或年定期間者，其始日不算入。

⇧查民律草案第二百六十八條理由謂計算期間，分曆法計算法及自然計算法之二種。前者以曆日之一日為單位，而計算期間之方法也。所稱一日，指自午前零時起至午後十二時而言，此外之小時在所不計。後者將曆日之一日細分之，自起算期間之時刻或自事件屆至之時刻計算期間之方法也。所稱一日，自起算期間或事件屆至之時刻起算，經過二十四時間也。本法採多數之立法例，原則上認曆法計算法。其以時定期間者，是注重在時，故以即時起算。其以日、星期、月、或年定期間者，其始日不算入，蓋以一日未滿之時間為一日，實為不當也。故設本條以明示其旨。

*（起算點之特別規定）民一九七、二二九、四九八、六六六、九四九、九九〇、九九五、一一四六㊁、一一七四㊁，民訴一六〇、一六一，刑訴六五，保險六五。

第一百二十一條（期間之終止）

以日、星期、月或年定期間者，以期間末日之終止，為期間之終止。

期間不以星期、月或年之始日起算者，以最後之星期、月或年與起算日相當日之前一日，為期間之末日。但以月或年定期間，於最後之月，無相當日者，以其月之末日，為期間之末日。

⇧查民律草案第二百七十一條理由謂本法既採多數立法例定曆法計算法，則以日、星期、月、或年定期間者，應否以期間末日之開始，為期間之終止，抑以其末日之終止，為期間之終止，法律須明定之。本法以期間末日之終止，為期間之終止，蓋謂最終之日，須閱全日。此第一項所由設也。期間以星期、月、或年之開始起算者，則以星期、月、或年之終止為終止，自屬當然之事。例如從星期日起算，至星期六為一星期，從月之一日起算，至月之末日為一個月，從一月一日起算，至十二月末日為一年是也。反之其期間不從星期、月、或年之開始起算者，必以特別之明文，定期間之末日，然後期間之終止，可得而知。以有相當日者，即以其相當日為期間之末日，無相當日者，以其月之末日為期間之末日。如於星期一午後三時起算，約定一星期之期間，則從翌日星期二起算，以下星期二之前一日即相當日，為期間之末日。又如於一月三十日起算，約定一個月之期間，至二月無相當日，則以二月二十八日為期間之末日。此第二項所由設也。

*（年月之計算法）民一二三；（末日之延長）民一二二；（訴訟上之適用）民訴一六一，刑訴六五；（終止點之特別規定）票據六八，民訴一六二，刑訴六六。

第一百二十二條（期間終止之延長）

於一定期日或期間內，應為意思表示或給付者，其期日或其期間之末日，為星期日、紀念日或其他休息日時，以其休息日之次日代之。

⇧查民律草案第二百七十二條理由謂於一定之期日或期間內，為意思表示或為給付者，其期日或期間之末日，適值星期日、紀念日或其他休息日，則不能為意思表示或給付，故規定以其休息日之次日代之，以防無益之爭議。此本條所由設也。

*（意思表示）民九四～九六；（給付）民一九九；（期間之終止）民一二一。

▲期間之末日為星期日、紀念日或其他休息日時，以其休息日之次日代之，民事訴訟法第一百六十一條及民法第一百二十二條定有明文，是休息日在期間中而非期間之末日者，自不得予以扣除。（三〇抗二八七）

▲法院書記官未經審判長或受命推事、受託推事之許可，於星期日或其他休息日或日出前、日沒後為送達，而應受送達人不拒絕領收者，仍生送達之效力，此觀民事訴訟法第一百四十條第一項但書之規定自明。本件抗告人與相對人清償債務事件，經第一審法院將其判決書，於民國五十三年十一月一日，送達於其收受送達權限之訴訟代理人收受，有送達證書附卷可稽，該日雖為星期日，但既未拒絕收領，其送達即屬合法，不生民法第一百二十二條以次日代送達日之問題。（五四臺抗一二八）

▲再抗告人因與陳某等聲請撤銷假處分事件，於五十八年十一月五日收受第一審法院裁定，算至同月十五日屆滿十日，惟該十一月十五日為星期六，下午各機關均休息不辦公，十六日為星期日，於扣除一日半後，算至同月十七日上午抗告期間始行屆滿，再抗告人係於五十八年十一月十七日上午提出抗告書狀於第一審法院，顯未逾十日之不變期間。（五九臺抗二三〇）

第一百二十三條（連續或非連續期間之計算法）

稱月或年者，依曆計算。

月或年非連續計算者，每月為三十日，每年為三百六十五日。

⇧謹按以月或年定期間者，一月之日數不等，一年之日數亦不等，如何計算，亟應規定明確，以免滋生疑義。故本條定為依曆計算於交易上實為便利。此第一項所由設也。月或年非連續計算者，如工作之期間，時作時輟，而工資則係按月計算，則此際之工作日期，既非連續，即無從依曆計算，故應就其日數以一月為三十日，一年為三百六十五日計算之。此第二項所由設也。

*（票據之到期日）票據六八、一二四。

第一百二十四條（年齡之計算）

年齡自出生之日起算。

出生之月、日無從確定時，推定其為七月一日出生。知其出生之月，而不知其出生之日者，推定其為該月十五日出生。

⇧查民律草案第二百六十九條理由謂計算年齡，其出生之日，應否算入，古來學說聚訟，各國立法例亦不一致。然出生之日，亦行算入，實合於人類生活上之觀念。此第一項所由設也。

謹按出生之月日，無從確定時，各國立法例，有推定其為年初出生者，亦有推定其為年終出生者，似均非持平之論。本法特折衷於其間，推定為七月一日出生，其知出生之月而不知出生之日者，推定為該月十五日出生，蓋斟酌損益，以期適中。此第二項所由設也。

*（年齡）民一二、一三、九七三、九八〇、一一八六㊁。

第六章　消滅時效

⇧謹按時效者，因一定之期間，永續行使其權利，或不行使其權利，而生權利得失之法律事實之謂也，分取得時效，及消滅時效之二種。各國關於時效之規定，互有同異，有將取得時效，及消滅時效，均規定於總則編，並設有通則一節者，如日本民法是。有將消滅時效，規定於總則編，而置取得時效於物權占有章中者，如德國民法是。有僅規定消滅時效，而無取得時效之規定者，如蘇俄法典是。惟規定取得時效為占有之結果，應否承認，尚待研究，即使有規定之必要，亦似以取法德國，置諸物權占有章中為宜，故本章祇設消滅時效之規定。消滅時效者，消滅其權利之時效也。關於消滅時效之結果，德日民法亦復互異，依德國民法之規定，僅喪失其權利之請求權，依日本民法之規定，並權利之本身而喪失之，本法從德國制，規定請求權經若干年不行使而消滅，蓋期確保交易之安全，維持社會之秩序耳。

第一百二十五條 （一般消滅時效期間）

請求權，因十五年間不行使而消滅。但法律所定期間較短者，依其規定。

⇧謹按通常債權之請求權消滅時效，其期間之長短，各國立法例亦不一致。本法定期限為十五年，自請求權可以行使時起算（第一百二十八條），經過十五年而不行使者，則其請求權消滅。但請求權之消滅期限，法律定有較短期間者，如後列第一百二十六條、第一百二十七條之規定是，則依其所定期間為準，蓋以請求權永久存在，足以礙社會經濟之發展。故設本條以明示其旨。

*（消滅時效之起算）民一二八，強執四㊂；（短期消滅時效）民一二六、一二七；（特別消滅時效）民一九七、四五六、四七三、五一四、五六三、六一一、六二三、九六三、一〇九、一一四六，票據二二，海商五六、九九、一二五、一五二，保險六五；（消滅時效之中斷）民一二九～一三八；（消滅時效之不完成）民一三九～一四三；（消滅時效之效力）民一四四～一四七；（取得時效）民七六八～七七二；（時效消滅與抵銷）民三三七；（除斥期間）民五六、七四、九〇、九三、二四五、三六五、四〇五、四一六、四一七、四九八～五〇〇、八八〇、九二三、九二四、九四九、九九〇～九九一、九九五～九九七、一〇五三、一〇五四、一〇六七、一一三七、一一七四，保險六四。

▲釋三九、一〇七、一三二、一六四。

▲執行名義上債權人所有之請求權，雖已罹時效而消滅，執行法院仍應依債權人之聲請，予以執行，惟債務人得主張時效，提起執行異議之訴。（院一四九八）

▲請求權如於民法總則施行時，依民法總則之規定，消滅時效業已完成，而自其完成後至總則施行時，雖尚未逾民法總則所定時效期間二分之一者，亦僅得於民法總則施行後一年內行使請求權，若在總則施行後已逾一年者，則其請求權自應消滅而不許其行使。（二〇抗二七八）

▲民法所定之消滅時效，僅以請求權為其客體，故就形成權所定之存續期間，並無時效之性質。契約解除權為形成權之一種，民法第三百六十五條第一項所定六個月之解除權存續期間，自屬無時效性質之法定期間。（二二上七一六）

▲民法第一百二十五條所稱之請求權，包含所有物返還請求權在內，此項請求權之消滅時效完成後，雖占有人之取得時效尚未完成，占有人亦得拒絕返還。（二八上二三〇一）

▲共有物分割請求權為分割共有物之權利，非請求他共有人同為分割行為之權利，其性質為形成權之一種並非請求權，民法第一百二十五條所謂請求權，自不包含共有物分割請求權在內。（二九上一五二九）

▲民法第一百九十七條第二項之不當得利返還請求權，依同法第一百二十五條之規定，因十五年間不行使而消滅。（二九上一六一五）

▲票據之出立不問其原因如何，其權利義務應依票據法之規定，貸款債權既因票據之出立而不存在，自不能再以貸款請求權消滅時效業已完成為抗辯，至票據上之權利，對支票發票人雖因一年間不行使而消滅，但執票人對於發票人於其所受利益之限度，仍得請求償還，為票據法第十九條第四項所明定。被上訴人即執票人對於上訴人即發票人，於其所受利益之限度之償還請求權，並未經過民法第一百二十五條所定十五年之期間，固仍得合法行使。（三七上八一五四）（九一、九、三〇決議不再援用）

▲不動產所有權之回復請求權，應適用民法第一百二十五條關於消滅時效之規定，故所有人未經登記之不動產，自被他人占有而得請求回復之時起，已滿十五年尚未請求者，不問占有人之取得時效已否完成，而因消滅時效之完成即不得為回復之請求。（四〇臺上二五八）

▲共有人就其應有分登記為他共有人所有後，而仍保留應有分返還請求權者，自為民法第一百二十五條所謂請求權之一種，應依該條規定因十五年間不行使而消滅。至本院二十九年上字第一五二九號判例，所謂共有人請求分割共有物之權利為形成權，無消滅時效規定之適用，當以其應有分之所有權存在為其必要條件，若共有人就其應有分已登記為他共有人所有，而其保留之應有分返還請求權又因時效完成而消滅，則該共有人就原有共有物已無共有之關係，自無分割之可言，此與上述判例之情形自屬不同。（四〇臺上七七九）

▲原所有人於民法施行臺灣時，既經過十五年消滅時效之期間，並逾此期間二分之一，縱令當時日本民法並無物上請求權消滅時效之規定，但依民法總則施行法第十六條其原所有人之物上請求權，早因時效完成而消滅。被上訴人於原所有人經過消滅時效期間並逾期間二分之一後，始向之買受訟爭基地，並為所有權移轉之登記，則上訴人以此為抗辯拒絕返還，殊難謂非正當。（四〇臺上九〇〇）

▲因侵權行為受利益致被害人受損害時，依法被害人固有損害賠償請求權，與不當得利返還請求權，其損害賠償請求權雖因時效而消滅，而其不當得利返還請求權，在同法第一百二十五條之消滅時效完成前，仍得行使之。（四一臺上八七一）

▲民法第一百二十五條所稱之請求權，包括所有物返還請求權在內，此項請求權之消滅時效完成後，雖占有人之取得時效尚未完成，占有人亦得拒絕返還，該條祇規定請求權因十五年間不行使而消滅，對於所有物返還請求權既無特別規定，則不動產所有物返還請求權之消滅時效，自不以該不動產未經登記為其適用要件，此與民法第七百六十九條、第七百七十條所規定之取得時效，須限於占有他人未登記之不動產之情形迥然不同。（四二臺上七八六）

▲民法第一百二十五條之請求權消滅時效，自請求權可行使時起算，同法第一百二十八條定有明文。被上訴人占有系爭土地之原因，縱如原審所認，係由上訴人之承租人某乙及某丙之先後轉租，而在各該承租人與上訴人間之租賃契約終止租賃關係消滅前，上訴人之租賃物返還請求權，仍難謂為已可行使而在得為起算之列。（四五臺上一三七八）

▲請求權因十五年間不行使而消滅，固為民法第一百二十五條所明定，然其請求權若著重於身分關係者，即無該條之適用（例如因夫妻關係而生之同居請求權）。履行婚約請求權，純係身分關係之請求權，自無時效消滅之可言。（四八臺上一〇五〇）

▲短期時效，因受確定判決而中斷後重新起算時，在外國法律有定為延長時效期間至一般長期時效之期間者（德國民法第二百十八條、日本民法第一百七十四條之二）；我國民法就此既無明文規定，則計算時效，仍應依權利之性質定其長短，不因裁判上之確定而變更。（四九臺上一九五六）（九一、九、三〇決議不再援用）

▲政府依實施耕者有其田條例規定徵收私有耕地，係屬原始取得，觀同條例第十八條對於耕地徵收後，就原設定之他項權利定有各種處理之辦法益明。上訴人占有之系爭地，既在政府徵收之範圍，則徵收後新取得所有權之被上訴人，就其所有物被侵奪行使回復請求權之期間，自應從徵收時起算，其提起本件訴訟回溯至徵收時並未逾十五年，上訴人以已罹於消滅時效為拒絕還地之論據，殊難認為正當。（五一臺上三二五七）（附註：實施耕者有其田條例民國八十二年七月三十日廢止）

▲被上訴人主張上訴人（三灣鄉農會職員）因離職移交未清而請求給付之款項，除合於侵權行為，得行使損害賠償請

求權外，其基本之法律關係，乃為委任契約返還處理事務所收取金錢之請求權（民法第五百四十一條第一項），上訴人雖主張損害賠償之請求權消滅時效已完成，而基於委任契約所生之上開請求權，顯未逾民法第一百二十五條之時效期間。（五二臺上一八八）

▲請求權時效期間為十五年，但法律所定期間較短者，依其規定（民法第一百二十五條），故時效期間僅有較十五年為短者，而無超過十五年者，至於民法第一百四十五條第一項，係就請求權罹於時效消滅後，債權人仍得就其抵押物、質物或留置物取償而為規定，同法第八百八十條，係抵押權因除斥期間而消滅之規定，均非謂有抵押權擔保之請求權，其時效期間較十五年為長。（五三臺上一三九一）

▲（五六臺上三〇五）參見本法第一百十條。

▲不動產所有權之回復請求權，應適用民法第一百二十五條關於消滅時效之規定，早經司法院二十八年院字第一八三三號著有解釋，降及五十四年始以釋字第一〇七號補充解釋，謂已登記不動產所有人之回復請求權，無民法第一百二十五條消滅時效規定之適用，此項補充解釋，當然自解釋之翌日起生效，不能溯及既往，是原確定判決依當時有效之司法院院字第一八三三號解釋所為判斷，要無若何違法之可言。（五九臺再三九）

▲被上訴人依土地法第一百零二條之規定，請求上訴人協同為地上權設定登記，此項請求權，仍有民法第一百二十五條消滅時效規定之適用。（六二臺上三〇一二）

▲本院五十年臺上字第二八六八號判例係指拋棄時效利益之人，不得對於已拋棄之時效利益再行主張，但不禁止債務人主張自拋棄時效利益後重行起算之新時效利益。（六四臺再一六四）

▲司法院大法官會議釋字第一〇七號解釋係就物上回復請求權而言，與登記請求權無涉。共有人成立不動產協議分割契約後，其分得部分所有權移轉請求權，乃係請求履行協議分割契約之權利，自有民法第一百二十五條消滅時效規定之適用。（六七臺上二六四七）

▲土地法第一百零二條所定請求協同辦理地上權設定登記之請求權，有民法第一百二十五條所定消滅時效之適用，其請求權時效應自基地租賃契約成立時起算。（六八臺上一六二七）

▲司法院大法官會議釋字第一〇七號解釋所謂已登記之不動產，無消滅時效之適用，其登記應係指依吾國法令所為之登記而言。系爭土地如尚未依吾國法令登記為被上訴人所有，而登記為國有後，迄今已經過十五年，被上訴人請求塗銷此項國有登記，上訴人既有時效完成拒絕給付之抗辯，被上訴人之請求，自屬無從准許。（七〇臺上三一一）

▲就債之履行有利害關係之第三人為清償後，依民法第三百十二條規定，以自己之名義所代位行使者，係債權人之權利，而非第三人之求償權。第三人之求償權雖於代為清償時發生，但第三人以自己之名義代位行使債權人之權利時，其請求權是否因罹於時效而消滅，應以債權人之請求權為準。（七七臺上二二一五）（九一、九、二〇決議不再援用）

▲按消滅時效完成，僅債務人取得拒絕履行之抗辯權，得執以拒絕給付而已，其原有之法律關係並不因而消滅。在土地買賣之情形，倘出賣人已交付土地與買受人，雖買受人之所有權移轉登記請求權之消滅時效已完成，惟其占有土地既係出賣人本於買賣之法律關係所交付，即具有正當權源，原出賣人自不得認係無權占有而請求返還。（八五臺上三八九）

第一百二十六條 （五年之短期消滅時效期間）

利息、紅利、租金、贍養費、退職金及其他一年或不及一年之定期給付債權，其各期給付請求權，因五年間不行使而消滅。

⇧謹按利息、紅利、租金、贍養費、退職金，及其他一年或不及一年之定期給付債權，其各期給付之請求權，逾五年而不行使者，則其請求權消滅。因此種債權，債權人本可從速請求債務人履行，故其消滅時效之期間，以定五年為最適宜。此本條所由設也。

＊（一年或不及一年之定期給付債權）民七三三；（一般時效期間）民一二五；（時效之起算）民一二八；（時效之中斷）民一二九～一三八；（時效之不完成）民一三九～一四三。

▲民法第一百二十六條所載其他一年或不及一年之定期給付債權，係指與利息等同一性質之債權而言。至普通債權之定有給付期間，或以一債權而分作數期給付者，不包括在內。（院一二二七）

▲民法第一百二十六條所載其他一年或不及一年之定期給付債權，係指與利息等同一性質之債權而言，故其請求權因五年間不行使而消滅。至第二百二十九條內稱給付有確定期限之債權，乃為普通債權定有期限者之一種，二者性質迥不相同（參照院字第一二二二號解釋）。（院一三三一）

▲股東對於公司每年應分派之股息紅利，如於接受公司通知後，有積欠不來領取，或自變更住址，未照章報明公司，致公司通知無從送達，均屬自己之過失；若從可行使請求權之日起，業已經過五年不為請求，依民法第一百二十六條之規定，應認其請求權已因時效而消滅，其在五年之後更為請求，即可拒絕給付。至拒絕給付所得之利益，當然屬於公司財產。（院一四七六）

▲民法第一百二十六條所謂一年或不及一年之定期給付債權，係指基於一定法律關係，因每次一年以下期間之經過順次發生之債權而言，其清償期在一年以內之債權，係一時發生且因一次之給付即消滅者，不包含在內。（二八上六〇五）

▲租金之請求權因五年間不行使而消滅，既為民法第一百二十六條所明定，至於終止租約後之賠償與其他無租賃契約關係之賠償，名稱雖與租金異，然實質上仍為使用土地之代價，債權人應同樣按時收取，不因其契約終止或未成立而謂其時效之計算應有不同。（四九臺上一七三〇）

▲一年或不及一年之定期給付債權，其各期給付請求權因五年間不行使而消滅，為民法第一百二十六條所明定，凡屬上項定期給付債權，即有該條之適用，無庸當事人就此有所約定，且不得預先拋棄時效之利益。（五〇臺上一九六〇）（一〇四、一〇、二〇決議不再援用）

第一百二十七條 （二年之短期消滅時效期間）

左列各款請求權，因二年間不行使而消滅：

一　旅店、飲食店及娛樂場之住宿費、飲食費、座費、消費物之代價及其墊款。

二　運送費及運送人所墊之款。

三　以租賃動產為營業者之租價。

四　醫生、藥師、看護生之診費、藥費、報酬及其墊款。

五　律師、會計師、公證人之報酬及其墊款。

六　律師、會計師、公證人所收當事人物件之交還。

七　技師、承攬人之報酬及其墊款。

八　商人、製造人、手工業人所供給之商品及產物之代價。

⇧查民律草案第三百零七條理由謂本條臚舉請求權，宜速履行，亦有速行履行之性質。故消滅時效期間，定為二年。

＊（一般時效期間）民一二五；（時效之起算）民一二八；（時效之中斷）民一二九～一三八；（時效之不完成）民一三九～一四三。

▲債權之讓與不過變更債權之主體，該債權之性質仍不因此有所變更，故因債權之性質所定之短期消滅時效，在債權之受讓人亦當受其適用。本件被上訴人向某甲受讓之債權，既為商人供給商品之代價請求權，則民法第一百二十七條第八款之規定，當然在適用之列。（二六渝上一二一九）

▲上訴人開設某商號以供給農民豆餅肥料為其營業，其所供給被上訴人豆餅肥料之代價請求權，自不得謂非民法第一百二十七條第八款所列之請求權，縱令此項代價，約明俟農產物收穫時附加利息償還，亦仍不失其商品代價請求權之性質，不能據此即謂係以貨物折算金錢而為借貸，上訴

人主張該貨款為借貸性質並非商品代價，原審認為不當，於法並無不合。（二九上一一九五）

▲民法第一百二十七條第八款之請求權，僅指商人、製造人、手工業人所供給之商品及產物之代價請求權而言，不包含交付出賣標的物之請求權在內，關於交付出賣標的物請求權之消滅時效，仍應適用同法第一百二十五條之規定。（三一上一二〇五）

▲民法第一百二十七條第八款所定，商人、製造人、手工業人所供給之商品及產物之代價，係指商人就其所供給之商品及製造人、手工業人就其所供給之產物之代價而言，蓋此項代價債權多發生於日常頻繁之交易，故賦予較短之時效期間以促從速確定，若以商品或產物為標的之債，其債權人既不必為商人、製造人或手工業人，即因此所生之請求權與一般之請求權無異，自應適用一般之長期時效規定，而不包括於本款所定短期時效之內。（三九臺上一一五五）

▲民法第一百二十七條第八款之請求權，僅指商人、製造人、手工業人所供給之商品及產物之代價請求權而言，不包含交付出賣標的物之請求權在內，關於交付出賣標的物請求權之消滅時效，仍應適用第一百二十五條之規定。被上訴人於民國三十七年向上訴人之故父訂購土磚二萬七千個，除已交外，尚欠二萬零九百七十個，因之請求交付，自非法所不許，茲上訴人執民法第一百二十七條第八款為抗辯，謂被上訴人之請求權已因二年間不行使而消滅，非有理由。（四一臺上五五九）

▲民法第一百二十七條第二款運送費及運送人所墊之款之請求權，因二年間不行使而消滅，法律所以對於此項時效特別短促，係以從速解決為宜。至於所謂延滯費，並非因債務不履行而生之損害賠償，而為對於運送人就運送契約上約定以外所為給付之報酬，依一般之慣例，係以運送費為標準定之名稱，雖與運送費異，然實質上仍為運送之對價，不因其為對於運送契約上約定以外所為給付之對價，而謂其時效之計算應有不同，自應解為包括於民法第一百二十七條第二款所定短期時效之內，而不應適用一般之長期時效規定。（四九臺上二六二〇）

▲民法第一百二十七條第八款所定之商人、製造人、手工業人所供給之商品及產物之代價，係指商人就其所供給之商品及製造人、手工業人就其所供給之產物之代價而言。本件上訴人係將其發行之報紙，委託被上訴人代為分銷，分銷所得之價款按期繳納，此項基於委任關係所生之債，與商人、製造人、手工業人所供給之商品及產物之代價有別，不能謂有民法第一百二十七條第八款之適用。（五一臺上二九四）

▲民法第一百二十七條第二款載：運送費及運送人所墊之款之請求權，因二年間不行使而消滅，法律所以對此特定短期時效，旨在從速解決，而所謂延滯費，並非因債務不履行而生之損害賠償，而為對於運送人就運送契約上約定以外所為給付之報酬，名稱雖與運送費異，實質上仍為運送之對價，不因其為對於運送契約上約定以外所為給付之對價，而謂其時效之計算應有不同，自應解為包括於民法第一百二十七條第二款所定短期時效之內，而不應適用一般之長期時效。（五一臺上一九四〇）

▲民法第一百二十七條第八款規定之商品代價請求權，係指商人自己供給商品之代價之請求權而言。上訴人因清償被上訴人墊付之貨款所簽付之支票，既未能兌現，被上訴人遂仍請求上訴人償還伊所墊付之貨款，即與商人請求其自己供給商品之代價不同，被上訴人之請求權自應適用民法第一百二十五條所規定之長期時效。（六二臺上一三八一）

第一百二十八條　（消滅時效之起算）

消滅時效，自請求權可行使時起算。以不行為為目的之請求權，自為行為時起算。

⇧查民律草案第三百十一條理由謂消滅時效，自得行使請求權時起算，是屬當然之事。如債權無停止條件或無期限者，以債權成立時即得行使，故從此時起算。至其物權，自第三人為與其內容相反之行為時起算之。又附停止條件權利與期限權利，從其條件成就或期限屆至時起算之，但以不行為為目的之請求權，則於債務人不為違反義務之行為間，債權人均得受清償，對於債務人無須請求。故其期間，應自債務人為違反義務之行為時起，使計算時效。此本條所由設也。

＊（消滅時效期間）民一二五～一二七；（期間之起算）民一二〇。

▲債權未定清償期者，債權人得隨時請求清償，為民法第三百十五條所明定。是此項請求權自債權成立時即可行使，依民法第一百二十八條之規定，其消滅時效應自債權成立時起算。（二八上一七六〇）

▲請求權定有清償期者，自期限屆滿時起即可行使，依民法第一百二十八條之規定，其消滅時效應自期限屆滿時起算。（二九上一四八九）

▲出租人對於承租人返還租賃物之請求權，其消滅時效應自租賃關係消滅時起算。（三三上三五四一）

▲民法第一百二十五條所稱之請求權，固包含所有物返還請求權在內，惟依同法第一百二十八條消滅時效，自請求權可行使時起算之規定，所有物返還請求權之消滅時效，應自該所有物經相對人實行占有之時起算。原審以該物係經公同共有人私自將其出賣，即以買賣契約成立之日，為計算消滅時效之起點，尚難謂洽。（三七上七三六七）

▲（四五臺上一三七八）參見本法第一百二十五條。

▲人民在臺灣省日據時期買受之土地，依當時日本民法第一百七十六條之規定，於雙方意思表示一致時，即生物權移轉之效力，並不以登記為生效要件，迨光復後，土地權利人祇須檢同證明文件，向地政機關聲請為所有權保存登記，而無須由原出賣人共同聲請為所有權移轉登記，其期間亦不以臺灣光復之日為限，此觀土地法第五十一條、土地登記規則第十八條及第五十四條之規定自明。若原出賣人或其繼承人，於臺灣光復前業已喪失所有權之土地，至光復後，乘真正權利人尚未辦理登記之機會，仍聲請登記為所有人，致真正權利人無從依上開各規定單獨聲請登記，而不得不求命登記名義人共同聲請登記，是此項請求權縱應適用消滅時效之規定，亦祇應從原出賣人或其繼承人登記之日起算，而不應從臺灣光復之日起算。（五二臺上一九二五）

▲民法第二百六十條規定解除權之行使，不妨礙損害賠償之請求，據此規定，債權人解除契約時，得併行請求損害賠償，惟其請求損害賠償，並非另因契約解除所生之新賠償請求權，乃使因債務不履行（給付不能或給付遲延）所生之舊賠償請求權，不因解除失其存在，仍得請求而已，故其賠償範圍，應依一般損害賠償之法則，即民法第二百十六條定之。其損害賠償請求權，自債務不履行時起即可行使，其消滅時效，亦自該請求權可行使時起算。（五五臺上一一八八）

▲民法第一百二十八條規定，消滅時效自請求權可行使時起算，所謂請求權可行使時，乃指權利人得行使請求權之狀態而言。至於義務人實際上能否為給付，則非所問。（六三臺上一八八五）

▲信託契約成立後，得終止時而不終止，並非其信託關係當然消滅。上訴人亦必待信託關係消滅後，始得請求返還信託財產。故信託財產之返還請求權消滅時效，應自信託關係消滅時起算。（六七臺上五〇七）

第一百二十九條　（消滅時效中斷之事由）

消滅時效，因左列事由而中斷：

一　請求。
二　承認。
三　起訴。

左列事項，與起訴有同一效力：

一　依督促程序，聲請發支付命令。
二　聲請調解或提付仲裁。
三　申報和解債權或破產債權。
四　告知訴訟。

五　開始執行行為或聲請強制執行。

⑪一、第一項不修正。

二、第二項第一款係參照民事訴訟法第五百十九條第一項之規定，債權人支付命令之聲請，應視為起訴或聲請調解，而予修正。

三、第二項第二款，原係根據前民事訴訟條例第四百九十三條規定而設，茲依現行民事訴訟法第四百零五條之規定，修正為「聲請調解」。凡其他法律有得聲請調解之規定而在性質上亦應認其與起訴有同一效力者，均包括在內（參考最高法院四十八年臺上字第七二二號及第九三六號判例）。又㈠依商務仲裁條例第二十一條之規定：仲裁人之判斷，於當事人間，與法院之確定判決有同一之效力；㈡證券交易法第一百六十六條第一項規定：依本法所為有價證券交易所生之爭議，不論當事人間有無訂立仲裁契約，均應進行仲裁。同條第二項規定：前項仲裁，除本法規定外，依商務仲裁條例之規定；㈢勞資爭議處理法第三十八條第二項之規定：爭議當事人對第三條第二項、第七條第二項所定視同爭議當事人間契約之決定裁決，得由爭議當事人另依民事法規，逕向法院請求強制執行；並參照民法第五百三十四條第六款等規定，則提付仲裁，亦應發生時效中斷之效力。爰增列「或提付仲裁」，以適應日益發達之工商業社會需要。

四、第二項第三款，申報和解債權應與申報破產債權有同一之效力，並參照破產法第十二條第一項第三款、第二項及同法第六十五條第一項第五款申報債權之用語，將本款修正為：「申報和解債權或破產債權」，以便適用。

五、第二項第四、五兩款不修正。

*（時效中斷之效力）民一三七、一三八；（請求）民一九九、二二九、二八五、三一五、三一六，票據六九、七〇、一三〇，保險三四；（承認）民一一五、一一六；（起訴）民訴二四四、四二七；（督促程序）民訴五一九㈠；（聲請調解）民訴四〇五；（提付仲裁）仲裁一八；（和解）民訴三七七～三八〇、四〇三、四三二；（破產債權）破產六五；（告知訴訟）民訴六五；（聲請強制執行）強執五。

▲(1)為民法第一百二十九條第一項第一款所稱之請求，雖無需何種之方式，要必債權人對於債務人發表請求履行債務之意思，方能認為請求。
(2)民法第一百二十九條第一項第二款所稱之承認，為認識他方請求權存在之觀念表示，僅因債務人之一方行為而成立，無須得他方之同意，此與民法第一百四十四條第二項後段所稱之承認，須以契約為之者，其性質迥不相同。
(3)債務人就其債務支付利息，實為包含認識他方原本請求權存在之表示行為，自應解為對於原本請求權已有默示之承認。（二六鄂上三二）

▲以支付金錢為標的之債務，債務人因無金錢清償，將所有之田交債權人收取租金抵償利息，自係對於債權人承認請求權存在之表示，依民法第一百二十九條第一項第二款之規定，該請求權之消滅時效即因而中斷。（三八臺上二三七〇）

▲耕地三七五減租條例所定之調解、調處，與民法第一百二十九條第二項第二款所稱之和解，尚屬相當。（四八臺上七二二）

▲民法第一百二十九條第一項第一款所謂請求，係指於該條其他各款情形以外，債權人對於債務人請求履行債務之催告而言，其因和解而傳喚，該條第二項第二款已有特別規定，自不得以請求視之。又民法第一百二十九條第二項第二款所謂因和解而傳喚，原指依前民事訴訟律及民事訴訟條例所定，當事人於起訴前聲請傳喚他造當事人試行和解，法院依其聲請而為傳喚者而言，其制度與現行民事訴訟法之調解相當，但不以依民事訴訟法規定之調解為限，故凡其他法令有聲請調解之規定者，亦應解為有該條之適用。（四八臺上九三六）

▲債務人對於時效完成後所為之承認，除債務人知時效之事實而為承認者，其承認可認為拋棄時效利益之默示意思表示外，本無中斷時效之可言。（四九臺上二六二〇）

▲民法第一百二十九條第一項第二款所謂之承認，為認識他方請求權存在之觀念表示，僅因債務人一方行為而成立，此與民法第一百四十四條第二項後段所謂之承認，須以契約為之者，性質迥不相同。又債務人於時效完成後所為之承認，固無中斷時效之可言，然既明知時效完成之事實而仍為承認行為，自屬拋棄時效利益之默示意思表示，且時效完成之利益一經拋棄，即恢復時效完成前狀態，債務人顯不得再以時效業經完成拒絕給付。（五〇臺上二八六八）

▲民法第一百二十九條第一項第一款所稱之請求，並無需何種之方式，祇債權人對債務人發表請求履行債務之意思即為已足，債權人為實現債權，對債務人聲請調解之聲請狀，如已送達於債務人，要難謂非發表請求之意思。（五一臺上四九〇）

▲消滅時效因請求、承認、起訴而中斷。所謂承認，指義務人向請求權人表示是認其請求權存在之觀念通知而言，又承認不以明示為限，默示的承認，如請求緩期清償、支付利息等，亦有承認之效力。（五一臺上一二一六）

▲民法第一百二十九條第一項第一款所稱之請求，並無需何種之方式，祇債權人對債務人發表請求履行債務之意思即為已足。又訴之撤回，祇係原告於起訴後，表示不求法院判決之意思，故訴經撤回者，仍不妨認請求權人於提出訴狀於法院，並經送達之時，對義務人已為履行之請求，使其得於法定期內另行起訴，而保持中斷時效之效力。（五一臺上三五〇〇）

▲民法第一百二十九條第一項第三款所謂起訴，係指正當權利人對正當義務人為之者而言，故時效因起訴而中斷者，若因當事人不適格關係而受駁回之判決時，於其判決確定後，亦應視為不中斷。（五一臺上三六二四）

▲民法第一百二十九條第一項第二款所稱之承認，乃債務人向請求權人表示認識其請求權存在之觀念通知（二十六年鄂上字第三二號判例參照），並非權利之行使，公同共有人之一人，出賣其共有物，於立買賣契約之初，果已得全體共有人之同意或授權，則其嗣後本於出賣人之地位所為之承認，自應使其發生時效中斷之效力。（六一臺上六一五）

▲時效因撤回起訴而視為不中斷者，仍應視為請求權人於提出訴狀於法院並經送達之時，已對義務人為履行之請求，如請求權人於法定六個月期間內另行起訴者，仍應視為時效於訴狀送達時中斷，然究應以訴狀送達時，時效尚未完成者為限，否則時效既於訴狀送達前已完成，即無復因請求而中斷之可言。（六二臺上二二七九）

▲上訴人所欠被上訴人貨款六萬元既以所得佣金三千元抵償其一部分，自係對被上訴人為請求權存在之承認，依民法第一百二十九條第一項第二款，被上訴人之請求權消滅時效即因而中斷。（六三臺上一九四八）

▲按時效因請求而中斷者，若於請求後六個月內不起訴，視為不中斷，為民法第一百三十條所明定。此之所謂起訴，對於已取得執行名義之債務，係指依同法第一百二十九條第二項第五款規定與起訴有同一效力之開始強制執行或聲請強制執行而言。換言之，即對於已取得執行名義之債務，若於請求後六個月內不開始強制執行，或不聲請強制執行，其時效視為不中斷。（六七臺上四三四）

▲依民法第七百四十七條規定，向主債務人請求履行及為其他中斷時效之行為，對於保證人亦生效力者，僅以債權人向主債務人所為請求、起訴或與起訴有同一效力之事項為限，若同法第一百二十九條第一項第二款規定之承認，性質上乃主債務人向債權人所為之行為，既非民法第七百四十七條所指債權人向主債務人所為中斷時效之行為，對於保證人自不生效力。（六八臺上一八一三）

▲民法第一百二十九條將請求與起訴併列為消滅時效之事由，可見涵義有所不同，前者係於訴訟外行使其權利之意思表示，後者則為提起民事訴訟以行使權利之行為，本件被上訴人前提起刑事附帶民事訴訟，既因不合法而被駁回確定，依民法第一百三十一條之規定，其時效應視為不因起訴而中斷，依本院六十二年臺上字第二二七九號判例意旨，雖可解為於上開起訴狀送達於上訴人時，視為被上訴人對之為履行之請求。仍應有民法第一百三十條之適用，倘被上訴人於請求後六個月內不起訴，時效視為不中斷。（七一臺上一七八八）

▲消滅時效因承認而中斷，為民法第一百二十九條第一項第

二款所明定，至同法第一百三十條，係就因請求而中斷者為規定，原審於因承認而中斷之情形，亦予適用，自有適用法規不當之違法。（七一臺上三四三三）

第一百三十條　（不起訴視為不中斷）

時效因請求而中斷者，若於請求後六個月內不起訴，視為不中斷。

⇧謹按依前條之規定，消滅時效，因權利人之請求，而中斷固矣。然若請求後，而不於六個月內起訴者，則仍與不請求同，其時效視為不中斷。本條之設，所以保護相對人之利益也。

＊（時效因請求而中斷）民一二九㈠①、一九九、二二九、二八五、三一五、三一六，票據六九、七〇、一三〇；（起訴）民訴二四四、四二七。

▲（六二臺上二二七九）參見本法第一百二十九條。

▲（六七臺上四三四）參見本法第一百二十九條。

▲（七一臺上一七八八）參見本法第一百二十九條。

▲由民法第一百三十條之規定而觀，時效因請求而中斷者，請求人苟欲保持中斷之效力，非於請求後六個月內起訴不可。如僅繼續不斷的為請求，而未於請求後六個月內起訴，其中斷之效力，即無由保持。（七一臺上三四三五）

第一百三十一條　（因訴之撤回或駁回而視為不中斷）

時效因起訴而中斷者，若撤回其訴，或因不合法而受駁回之裁判，其裁判確定，視為不中斷。

(71)本條所謂駁回之「判決」，係沿用前民事訴訟條例用語，應修正為「裁判」，以符現制。

＊（時效因起訴而中斷）民一二九㈠③，民訴二四四、四二七；（訴之撤回或駁回）民訴一九〇、二四九、二六二、二六三、四九二。

▲民法第一百三十一條所謂時效因起訴而中斷者，係僅指有請求權之人，以訴行使其請求權，其消滅時效因而中斷者而言。系爭土地雖經兩造因互易登記別一訴訟事件，上訴人受敗訴之判決確定在案，然起訴為原告者乃屬上訴人，而被上訴人係僅居於被告之地位，且未提起任何反訴，以行使該土地之返還請求權，即其返還請求權之消滅時效，自不因此而生中斷之效果。（四六臺上一一七三）

第一百三十二條　（因送達支付命令而中斷時效之限制）

時效因聲請發支付命令而中斷者，若撤回聲請，或受駁回之裁判，或支付命令失其效力時，視為不中斷。

(71)為配合第一百二十九條第二項第一款之修正，修正本條條文。

＊（因送達支付命令而中斷）民一二九㈡①，民訴五〇八以下；（訴訟拘束失其效力）民訴五一五、五一九。

第一百三十三條　（因聲請調解、提付仲裁而中斷時效之限制）

時效因聲請調解或提付仲裁而中斷者，若調解之聲請經撤回、被駁回、調解不成立或仲裁之請求經撤回、仲裁不能達成判斷時，視為不中斷。

(71)一、為配合第一百二十九條第二項第二款之修正，修正本條之規定。

二、又依現行民事訴訟法第四百零六條第一項規定，既得逕以裁定駁回調解之聲請，遇此情形，時效應視為不中斷；又民法總則第一百三十一條、第一百三十四條均規定有撤回之情形，並增列「經撤回」或「請求經撤回」亦視為不中斷。且民事訴訟法第四百二十條規定調解之當事人兩造或一造於期日不到場者，法院得酌量情形，視為調解不成立，本條亦應酌予修正。至調解不成立或仲裁不能達成判斷，應視為時效不中斷，乃屬理所當然。

＊（因調解傳喚而中斷）民一二九㈡②，民訴三七七～三八〇、四〇三、四三二；（調解不成）民訴三八〇㈡。

第一百三十四條　（因申報和解債權或破產債權而中斷時效之限制）

時效因申報和解債權或破產債權而中斷者，若債權人撤回其申報時，視為不中斷。

(71)為配合第一百二十九條第二項第三款之修正，修正本條規定。

＊（因報明破產債權而中斷）民一二九㈡③，破產六五。

第一百三十五條　（因告知訴訟而中斷時效之限制）

時效因告知訴訟而中斷者，若於訴訟終結後，六個月內不起訴，視為不中斷。

⇧查民律草案第二百八十六條理由謂因民事訴訟法之規定，當事人之一造，對於第三人為訴訟之告知，若訴訟終結後六個月內，告知人不提起履行或確認之訴者，是不欲完全行使其權利，亦不使因訴訟告知而生時效中斷之效力。此本條所由設也。

＊（因告知訴訟而中斷）民一二九㈡④，民訴六五。

第一百三十六條　（因執行而中斷時效之限制）

時效因開始執行行為而中斷者，若因權利人之聲請，或法律上要件之欠缺而撤銷其執行處分時，視為不中斷。

時效因聲請強制執行而中斷者，若撤回其聲請，或其聲請被駁回時，視為不中斷。

(71)一、第一項不修正。

二、第二項於「強制執行而中斷者」一語上增「聲請」二字，俾臻明確。

＊（因開始執行行為而中斷）民一二九㈡⑤，強執五；（強制執行之法律上要件）強執四～六；（撤銷執行）強執一六、一七。

第一百三十七條　（時效中斷及於時之效力）

時效中斷者，自中斷之事由終止時，重行起算。

因起訴而中斷之時效，自受確定判決，或因其他方法訴訟終結時，重行起算。

經確定判決或其他與確定判決有同一效力之執行名義所確定之請求權，其原有消滅時效期間不滿五年者，因中斷而重行起算之時效期間為五年。

(71)一、第一項及第二項不修正。

二、按法律規定短期消滅時效，係以避免舉證困難為主要目的，如請求權經法院判決確定，或和解、調解成立者，其實體權利義務關係，業已確定，不再發生舉證問題，為保護債權人之合法利益，以免此種債權人明知債務人無清償能力，仍須不斷請求強制執行或為其他中斷時效之行為，並為求其與強制執行法第四條第三項相呼應，爰增訂本條第三項以延長時效期間為五年（參考德國民法第二百十八條、日本民法第一百七十四條之二）。

＊（時效中斷之事由）民一二九～一三六；（時效期間）民一二五～一二七；（時效之起算）民一二八；（時效中斷對於人之效力）民一三八；（確定判決）民訴三九八；（因其他方法訴訟終結）民訴三八〇、四一六、五二一，破產三二、三三、一三五、一三六、一四六、一四八。

▲（六三臺上一九四八）參見本法第一百二十九條。

第一百三十八條　（時效中斷及於人之效力）

時效中斷，以當事人、繼承人、受讓人之間為限，始有效力。

⇧查民律草案第二百九十二條理由謂時效之中斷，以當事人、繼承人、受讓人之間為限，始有效力，蓋他人不能無故而受中斷之利益或被損害也。故設本條以明示其旨。

*（時效中斷）民一二九～一三六；（時效之起算）民一二八；（連帶債務之消滅時效）民二七六㈡。

▲時效中斷，限於當事人、繼承人、受讓人之間始有效力（民法第一百三十八條），故時效之中斷僅有相對的效力。所謂當事人者，係關於致時效中斷行為之人，故連帶債務人中之一人對債權人承認債務，對該債務人債權之消滅時效雖因而中斷，但對其他債務人債權之消滅時效並不中斷。（五六臺上一一一二）

第一百三十九條　（時效因事變而不完成）

時效之期間終止時，因天災或其他不可避之事變，致不能中斷其時效者，自其妨礙事由消滅時起，一個月內，其時效不完成。

⇧謹按因天災或其他不可避之事實（如因兵燹疫癘交通斷絕），致不能中斷其時效之債權人利益，亦須保護，故遇有此種情形，應自天災事變消滅後，經過一個月，其時效方得完成。此本條所由設也。

*（時效期間）民一二五～一二七；（時效中斷）民一二九～一三六；（天災事變與民訴）民訴一六四、一八〇、一八一；（天災事變與刑訴）刑訴六七。

第一百四十條　（時效因繼承人、管理人未確定而不完成）

屬於繼承財產之權利，或對於繼承財產之權利，自繼承人確定或管理人選定或破產之宣告時起，六個月內，其時效不完成。

⇧查民律草案第二百九十五條理由謂屬於繼承財產之權利，或對於繼承財產之權利，其時效應從繼承人之確定，或管理人之選定，或破產管理人之選任時起，六個月內，時效不完成。蓋此時缺為中斷行為人，或缺受中斷行為人故也。

*（繼承人確定）民一一三八、一一四八、一一五四、一一五六、一一七四、一一七六；（管理人選定）民一一七七；（破產之宣告）破產五九。

▲所謂時效不完成，乃時效期間行將完成之際，有不能或難於中斷時效之事由發生，使時效於該事由終止後一定期間內，暫緩完成，俾請求權人得於此一定期間內行使權利，以中斷時效之制度。故有時效不完成之事由時，於該時效不完成之一定期間內，如無時效中斷事由發生，其時效即告完成。我國民法僅有時效不完成制度，而未採時效進行停止制度，故時效進行中，不論任何事由，均不因而停止。原審謂時效不完成，即指時效停止進行，有時效不完成之事由時，其消滅時效期間，以不完成事由發生前已進行之期間與不完成事由終止後繼續進行之期間，合併計算之。所持見解，顯有違誤。（八〇臺上二四九七）

第一百四十一條　（時效因欠缺法定代理人而不完成）

無行為能力人或限制行為能力人之權利，於時效期間終止前六個月內，若無法定代理人者，自其成為行為能力人或其法定代理人就職時起，六個月內，其時效不完成。

⇧查民律草案第二百九十六條理由謂時效之期間終止前，六個月內，無行為能力人或限制行為能力人，尚無法定代理人者，自其成為行為能力人，或其法定代理人就職時起，六個月內，停止時效之進行，以保護其利益。此本條所由設也。

*（無行為能力人）民一三㈡；（法定代理人）民一〇八六、一〇九八、一一一〇、一一一一、一一一三；（成為行為能力人）民一二、一三㈢、一四㈡。

第一百四十二條　（時效因法定代理關係存在而不完成）

無行為能力人或限制行為能力人，對於其法定代理人之權利，於代理關係消滅後一年內，其時效不完成。

⇧謹按無行為能力人，或限制行為能力人，對於法定代理人之權利，應於代理關係消滅（如親權喪失或本人已屆成年）後一年內，其時效不完成，以保護此等無能力人或限制行為能力人之利益。故設本條以明示其旨。

*（無行為能力人）民一三㈠、一五；（限制行為能力人）民一三㈡；（法定代理人）民一〇八六、一〇九四、一〇九八、一一一〇、一一一一、一一一三；（法定代理權消滅）民一二、一三㈢、一四㈡。

第一百四十三條　（因夫妻關係存在而不完成）

夫對於妻或妻對於夫之權利，於婚姻關係消滅後一年內，其時效不完成。

⇧謹按夫對於妻之權利，或妻對於夫之權利，在婚姻關係存續中，固應維持家室之和平，即在婚姻關係消滅後，亦應停止時效之進行。故在一年內，時效不完成。

*（夫妻財產制）民一〇〇四以下；（離婚）民一〇四九、一〇五二；（撤銷婚姻）民九八九～九九一、九九五～九九八。

第一百四十四條　（時效完成之效力——發生抗辯權）

時效完成後，債務人得拒絕給付。

請求權已經時效消滅，債務人仍為履行之給付者，不得以不知時效為理由，請求返還；其以契約承認該債務或提出擔保者亦同。

⇧謹按時效完成後，債務人得為拒絕給付，此屬當然之事。至加於權利人之限制，則僅使喪失其請求權耳，而其權利之自身，固依然存在也。故消滅時效完成後，債務人固得拒絕請求，但債務人如已為給付之履行，或以契約承認其債務，或提供債務之擔保者，則此際之債務人，不得以不知時效為理由，請求返還。此本條所由設也。

*（時效期間）民一二五～一二七；（時效之起算）民一二八；（時效中斷）民一二九～一三八；（時效之不完成）民一三九～一四三；（時效效力之範圍）民一四五、一四六；（時效效力之強制性）民一四七；（時效與抵銷）民三三七，破產一一三。

▲民法第一百四十四條第一項之規定，於民法第一千一百四十六條第二項所定，繼承回復請求權之消滅時效，亦有適用，故此項消滅時效完成後，非經回復，義務人以此為抗辯，法院不得據以裁判。（二九上八六七）

▲民法第一百四十四條第一項規定時效完成後，債務人得拒絕給付，是消滅時效完成之效力，不過發生拒絕給付之抗辯權，並非使請求權當然消滅，債務人若不行使其抗辯權，法院自不得以消滅時效業已完成，即認請求權已歸消滅。（二九上一一九五）

▲當事人於言詞辯論時，就他造所為給付之請求為認諾者，即令該請求權之消滅時效已完成，亦應本於其認諾，為該當事人敗訴之判決，不得再以言詞辯論終結前消滅時效之完成，為拒絕給付之理由。（三〇上四七三）

▲被上訴人在第一審起訴，縱已逾民法第一千一百四十六條第二項所定之時效期間，但上訴人在原審並未以此為抗辯，原審未予置議，自不能謂為違法。（三二上一九九二）

▲不當得利，須以無法律上之原因而受利益，致他人受損害為其成立要件，其因時效而取得權利，民法上既有明文規定，即與無法律上之原因而受利益之情形有別，不生不當得利之問題。（四七臺上三〇三）

▲（五〇臺上二八六八）參見本法第一百二十九條。

第一百四十五條　（附有擔保物權之請求權時效完成之效力）

以抵押權、質權或留置權擔保之請求權，雖經時效消

民法總則施行法

民國十八年九月二十四日國民政府公布
七十一年一月四日總統令修正公布
九十七年五月二十三日總統令修正公布
一百零四年六月十日總統令修正公布
一百一十年一月十三日總統令增訂公布第三之一條條文

第一條（不溯既往原則）

民事在民法總則施行前發生者，除本施行法有特別規定外，不適用民法總則之規定；其在修正前發生者，除本施行法有特別規定外，亦不適用修正後之規定。

⑺①不溯既往，為法律適用之大原則，惟在例外情形，承認法律有溯及既往之效力，方符立法旨趣者，須於施行法特加規定，以免爭議，民法總則修正後之適用問題，亦宜採同一原則，爰於第一條末增列：「其在修正前發生者，除本施行法有特別規定外，亦不適用修正後之規定」。

第二條（外國人之權利能力）

外國人於法令限制內，有權利能力。

*（外國人之行為能力）涉外民事一〇；（本國人之行為能力）民一二、一三。

▲民法總則施行法第二條所謂外國人，係指無中華民國國籍者而言，其有中華民國國籍者，雖有外國之國籍，亦非外國人。（二六渝上九七六）

第三條（不溯既往之例外）

民法總則第八條、第九條及第十一條之規定，於民法總則施行前失蹤者，亦適用之。

民法總則施行前已經過民法總則第八條所定失蹤期間者，得即為死亡之宣告，並應以民法總則施行之日為失蹤人死亡之時。

修正之民法總則第八條之規定，於民法總則施行後修正前失蹤者，亦適用之。但於修正前失蹤者，其情形已合於修正前民法總則第八條之規定者，不在此限。

⑺①因民法總則第八條已經修正，爰依本條第一項之立法旨趣，增訂第三項前段，明定上開修正之規定，有溯及既往之效力。其範圍則限於民法總則施行後至修正前之期間。又民法總則修正前，其情形已合於修正前民法總則第八條之規定者，應從舊法之規定，較為公允。爰增訂第三項但書之規定。

第三條之一（調降成年年齡為十八歲規定之施行及適用）

中華民國一百零九年十二月二十五日修正之民法第十二條及第十三條，自一百十二年一月一日施行。」

於中華民國一百十二年一月一日前滿十八歲而於同日未滿二十歲者，自同日起為成年。

於中華民國一百十二年一月一日未滿二十歲者，於同日前依法令、行政處分、法院裁判或契約已得享有至二十歲或成年之權利或利益，自同日起，除法律另有規定外，仍得繼續享有該權利或利益至二十歲。

⑾⓪一、本條新增。

二、調降民法成年年齡涉及社會重要制度之變革，無論對於人民或政府機關均有所影響，參酌日本於二〇一八年六月十三日修正民法調降成年年齡，為減緩對社會之影響與衝擊，乃訂於二〇二二年四月一日始施行，即設有將近四年之緩衝期。鑑此，本次調降成年年齡，允宜設有緩衝期間二年，以利政府機關及社會大眾因應新制之實施；並配合所得稅採年度申報制，將其施行日期訂於一月一日，俾利稅捐稽徵作業，爰增訂第一項，將施行日期訂為一百十二年一月一日。

三、針對新法施行前已滿十八歲而於施行後仍未滿二十歲者，其應於何時起成年，允宜明確規範，以杜爭議，例如無行為能力人或限制行為能力人若無法定代理人之權利或其等對於其法定代理人之權利，即應先確定其成年之日，始得據以計算其權利時效不完成之期間（民法第一百四十一條、第一百四十二條參照），爰增訂第二項，以期明確。

四、本於法律不溯及既往原則，自然人在第一項所定之施行日前，依法令、行政處分、法院裁判或契約已得享有至二十歲或成年之權利或利益，仍得繼續享有該權利或利益至二十歲，例如夫妻兩願離婚或經裁判離婚時，有關扶養費之約定或裁判，應按月支付至子女成年時，於法院裁判或約定時民法成年年齡為二十歲，因本次修正調降為十八歲，其子女之權利仍不受影響，即仍得受領扶養費至二十歲；又如於新法施行前依公務人員退休資遣撫卹法、軍人撫卹條例及公立學校教職員退休資遣撫卹條例等規定，已取得撫卹請領資格或其他給付行政事項之未成年子女，其於新法施行前已依法令取得之權利或利益均不受影響，仍得享有該權利或利益至二十歲，爰增訂第三項。

第四條（施行前經立案之禁治產者）

民法總則施行前，有民法總則第十四條所定之原因，經聲請有關機關立案者，如於民法總則施行後三個月內向法院聲請宣告禁治產者，自立案之日起，視為禁治產人。

民法總則中華民國九十七年五月二日修正之條文施行前，已為禁治產宣告者，視為已為監護宣告；繫屬於法院之禁治產事件，其聲請禁治產宣告者，視為聲請監護宣告；聲請撤銷禁治產宣告者，視為聲請撤銷監護宣告；並均於修正施行後，適用修正後之規定。

⑼⑦一、現行條文未修正，移列為第一項。

二、民法總則編部分條文修正草案，業將現行「禁治產宣告」之用語，以「監護宣告」取代。為解決新法施行前後之銜接問題，爰增訂第二項規定，本次修正民法總則施行前，已為禁治產宣告者，於新法施行後，視為已為監護宣告；新法施行前已繫屬於法院之禁治產事件，其聲請禁治產宣告者，視為聲請監護宣告；聲請撤銷禁治產宣告者，則視為聲請撤銷監護宣告；以上情形，於新法施行後，均適用新法之規定。

第四條之一（禁治產之改稱）

民法規定之禁治產或禁治產人，自民法總則中華民國九十七年五月二日修正之條文施行後，一律改稱為監護或受監護宣告之人。

⑼⑦一、本條新增。

二、為期同一法典用語之一致，爰增訂本條，將民法各編、章所規定之禁治產或禁治產人，一律改稱為監護或受監護宣告之人。

第四條之二（施行日期㈠）

中華民國九十七年五月二日修正之民法總則第十四條至第十五條之二之規定，自公布後一年六個月施行。

⑼⑦一、本條新增。

二、本次民法修正禁治產及監護相關規定，包括總則編禁治產部分及親屬編監護部分條文，修正之幅度甚大，其中新增「輔助」制度，刪除成年監護之監護人法定順序及監護事務改由法院實施監督等修正內容，對監護實務之運作影響深遠，為避免驟然公布施行，相關程序法規未及配合修正及民眾對新制度不明瞭，致衍生適用困擾，宜有適當之準備期間，爰參酌民法親屬編施行法第六條之一之立法例，增訂自公布後一年六個月施行。

第五條（施行前已許可設立之法人）

依民法總則之規定設立法人須經許可者，如在民法總則施行前已得主管機關之許可，得於民法總則施行後三個月內聲請登記為法人。

(71)本條「官署」一詞，改為「機關」，其理由同民法總則第三十條修正說明之一。

*（設立法人須經許可者）民四六、五九。

第六條（施行前具有公益法人性質而有獨立財產者視為法人及其審核）

民法總則施行前具有財團及以公益為目的社團之性質而有獨立財產者，視為法人，其代表人應依民法總則第四十七條或第六十條之規定作成書狀，自民法總則施行後六個月內聲請主管機關審核。

前項書狀所記載之事項，若主管機關認其有違背法令或為公益上之必要，應命其變更。

依第一項規定經核定之書狀，與章程有同一效力。

(71)本條第一項「官署」一詞，改為「機關」，其理由同民法總則第三十條修正說明之一。

又「呈請」一詞，為舊式公文書所習用之名詞，宜依現行公文習用語法改為「聲請」。

第七條（視為法人者經核定後登記之聲請）

依前條規定經主管機關核定者，其法人之代表人，應於核定後二十日內依民法總則第四十八條或第六十一條之規定聲請登記。

(71)本條「官署」一詞，改為「機關」，其理由同民法總則第三十條修正說明之一。

*（法人之登記）民三〇、三一、四八、六一；（登記主管機關）民總施一〇。

第八條（視為法人者財產目錄、社員名簿編造之義務）

第六條所定之法人，如未備置財產目錄、社員名簿者，應於民法總則施行後速行編造。

第九條（祠堂寺廟等不視為法人）

第六條至第八條之規定，於祠堂、寺廟及以養贍家族為目的之獨立財產，不適用之。

第十條（法人登記之主管機關）

依民法總則規定法人之登記，其主管機關為該法人事務所所在地之法院。

法院對於已登記之事項，應速行公告，並許第三人抄錄或閱覽。

(71)一、本條第一項「官署」，改為「機關」，其理由同民法總則第三十條之修正說明之一。二、現行法人登記法規「公布」一詞，已改為「公告」（如非訟事件法第三十九條，法人及夫妻財產制契約登記規則第十條、第十一條等），爰將本條第二項「公布」一詞，改為「公告」。

第十一條（外國法人成立之認許）

外國法人，除依法律規定外，不認許其成立。

第十二條（經認許之外國法人權利能力）

經認許之外國法人，於法令限制內與同種類之我國法人有同一之權利能力。

前項外國法人，其服從我國法律之義務，與我國法人同。

(97)本條之「中國」修正為「我國」，以與目前法制體例之用語配合（參考立法院職權行使法第六十四條第二項、國家情報工作法第三條第一項第二款、離島建設條例第二條、華僑身分證明條例第五條第一項第五款、兵役法第七條第二款、第八條第二款、第二十八條第五款、第三十六條第五款、兵役法施行法第二十三條、菸酒管理法第三十九條第三項第三款及洗錢防制法第八條之一第四項、第十二條第三項、第十二條之一第二項等規定）。

*（法人之權利能力）民二六。

第十三條（外國法人在我國設事務所之準用）

外國法人在我國設事務所者，準用民法總則第三十條、第三十一條、第四十五條、第四十六條、第四十八條、第五十九條、第六十一條及前條之規定。

(97)本條「中國」修正為「我國」，修正理由同前條。

第十四條（外國法人事務所之撤銷）

依前條所設之外國法人事務所，如有民法總則第三十六條所定情事，法院得撤銷之。

第十五條（未經認許成立之外國法人為法律行為之責任）

未經認許其成立之外國法人，以其名義與他人為法律行為者，其行為人就該法律行為應與該外國法人負連帶責任。

第十六條（施行前消滅時效已完成或將完成之請求權之行使）

民法總則施行前，依民法總則之規定消滅時效業已完成，或其時效期間尚有殘餘不足一年者，得於施行之日起一年內行使請求權。但自其時效完成後至民法總則施行時，已逾民法總則所定時效期間二分之一者，不在此限。

第十七條（施行前之撤銷權之除斥期間）

民法總則第七十四條第二項、第九十條、第九十三條之撤銷權，準用前條之規定。

第十八條（施行前消滅時效之比較適用）

民法總則施行前之法定消滅時效已完成者，其時效為完成。

民法總則施行前之法定消滅時效，其期間較民法總則所定為長者，適用舊法。但其殘餘期間，自民法總則施行日起算較民法總則所定時效期間為長者，應自施行日起適用民法總則。

▲民法總則施行法第十八條第二項所稱之舊法，不包括臺灣光復前適用之日本民法在內，日本民法所定消滅時效之期間，雖較民法總則所定為長，仍應適用民法總則關於消滅時效之規定。（四一臺上一五七三）

第十九條（施行日期㈡）

本施行法自民法總則施行之日施行。

民法總則修正條文及本施行法修正條文之施行日

期，除另定施行日期者外，自公布日施行。

(104)一、原條文第一項未修正。
二、修正原條文第二項。此次配合家事事件法及非訟事件法修正之民法總則第十條及本施行法修正條文，宜自公布日施行，並參酌民法親屬編施行法第十五條及中華民國刑法施行法第十條之立法例，爰刪除本項「以命令定之」之文字，修正為自公布日施行。
三、查民法總則及本施行法前二次以命令定施行日期者，包括中華民國七十一年七月一日修正公布之民法總則修正條文及本施行法修正條文，自中華民國七十二年一月一日施行；及九十七年五月二十三日修正公布之民法總則第二十二條及本施行法修正條文自九十八年一月一日施行。

民法

第二編 債

民國十八年十一月二十二日國民政府公布
八十八年四月二十一日總統令修正公布
八十九年四月二十六日總統令修正公布
九十八年十二月三十日總統令修正公布
九十九年五月二十六日總統令修正公布
一百一十年一月二十日總統令修正公布第二〇五條條文

⇧謹按各國民法之編制，其第二編統稱債權，大都根據於羅馬法與拿破崙法典而成，多偏重於保護債權人之權利，而忽略多數人之利益，殊有畸輕畸重之弊。本編則以債務人之經濟地位，恆非優越，亟應於可能之範圍內，俾受法律同等之保護，斟酌情形，妥為規定。故不名曰債權，而名曰債，蓋專注重於社會之公益，而期貫徹全編之精神也。

第一章 通則

⇧謹按通則為各種債權債務關係共通適用之法則，以總揭為宜。故設通則一章，弁冕本編。

第一節 債之發生

⇧謹按各國立法例有僅認契約、不當得利、及侵權行為，為債之發生原因者，本法則以債權債務之關係，由於法律行為及法律行為以外之事實而生。故明定契約、代理權之授與、無因管理、不當得利、侵權行為等，皆為債發生之普通原因。此本節所由設也。

第一款 契約

⇧謹按契約為發生債權債務之重要原因，其一般的成立要件，已於本法總則第四章規定之，本款所定則關於契約之特則。

第一百五十三條（契約之成立）

當事人互相表示意思一致者，無論其為明示或默示，契約即為成立。

當事人對於必要之點，意思一致，而對於非必要之點，未經表示意思者，推定其契約為成立，關於該非必要之點，當事人意思不一致時，法院應依其事件之性質定之。

⇧謹按契約者，由二人以上之意思表示一致而成之雙方行為也。即須當事人之一方，將欲為契約內容之旨，提示於他方，得他方之承諾，而後契約始能成立也。其僅由一方表示要約之意思，而他方不表示承諾之意思者，當然不受契約之拘束。其一方所表示之意思，與他方所表示之意思，彼此不一致者，亦當然不受契約之拘束。若當事人之表示意思彼此一致，而其表示之方法，則無論其為明示或默示，契約即為成立。此第一項所由設也。當事人於締結契約之事項中，是否合意，須依當事人之意思而定，故凡契約中必要之點，當事人既經合意，而其他非必要之點，雖未表示意思，其契約亦推定為成立。若當事人意思不一致時，法院應依其事項之性質，斟酌斷定之。蓋必要事項既經合意，不能因非必要事項之不合意，而妨礙契約之成立。此第二項所由設也。

＊（意思表示之生效）民九四～九六；（限制行為能力人之契約）民七九～八二；（物權契約）民七五八、七六〇、七六一；（雙務契約）民二四五、四二一、四八二、四九〇；（單務契約）民四〇六、四六四、四七四、五二八、七三九；（諾成契約）民三四五、三九八、四〇〇、四〇六、四二一、四八二、四九〇、五二八、七三九；（踐成契約）民五八九；（要式契約）民三九一、四二二、七三〇、七六〇；（有償契約）民三四五、三九八、四二一、四八二、四九〇、五六五、五七六、六一三、六二二、六六〇；（無償契約）民四〇六、四六四；（有償或無償）民四七四、五一五、五二八、五八九、七二九；（從契約）民二四九、二五〇、三七九、七三九、八六〇、八八四、九〇〇；（要約）民一五四～一五八；（承諾）民一五八～一六三。

▲債權債務之主體，以締結契約之當事人為準，故出立借約之債務人，不問其果為實際受益與否，就其債務應負償還之責，債權人不得對於債務人以外之人而請求履行。（一七上九〇六）

▲（一七上一一一八） 參見本法第九十八條。

▲當事人締結不動產買賣契約，如已合法成立，其私法上之權利義務，即應受其拘束，非一造於事後所能主張增減。（一八上一二七）

▲當事人間契約之成立，依法係以兩造意思合致為要件，至於列名中人是否到場或簽押，均與契約成立之要件無關。（一八上一五七）

▲當事人締結之契約一經合法成立，雙方均應受其拘束。（一八上四八四）

▲當事人締結契約一經合意成立，即應受其拘束。（一八上一四九五）

▲（一九上四五三） 參見本法第九十八條。

▲當事人間合法締結之契約，雙方均應受其拘束，除兩造同意或有解除原因發生外，不容一造任意反悔請求解約。（一九上九八五）

▲當事人間所訂契約，除與強行法令相反外，其契約中所表示之意思，法院自應依據以為判斷。（一九上二五八四）

▲按契約當事人一經意思表示一致，其契約即屬合法成立，不容一造無故撤銷。（二〇上六三二）

▲契約之成立本不以署名畫押為要件，故凡當事人間締結契約，其書面之形式雖不完全，而能以其他方法，足以證明其意思已有合致之表示者，自無妨於契約之成立，當然發生法律上之效力。（二〇上一七二七）

▲當事人締結之契約一經合法成立，其在私法上之權利義務，即應受契約之拘束，不能由一造任意撤銷。（二〇上一九四一）

▲當事人間往來存款之利息，向依市面拆息，即市面利率漲落之行情計算者，嗣後繼續存款，如未別為明示之約定，應認當事人間就仍照向例計算利息一事，已有默示之意思表示互相一致，自不得謂其利率未經約定。（二一上八二四）

▲默示之承諾，必依要約受領人之舉動，或其他情事足以間接推知其有承諾之意思者，始得認之，若單純之沉默，則除依交易上之慣例或特定人間之特別情事，足認為承諾者外，不得認為承諾。（二一上一五九八）

▲和解契約非必當事人雙方當面協商而後成立，苟由調處人從中接洽，雙方意思已歸一致，各向調處人表示，經其互相傳達於他方者，其和解契約即為成立。（二一上一八〇七）

▲所謂默示之意思表示，係指依表意人之舉動或其他情事，足以間接推知其效果意思者而言，若單純之沉默，則除有特別情事，依社會觀念可認為一定意思表示者外，不得謂為默示之意思表示。（二九上七六二）

▲所有權之讓與人與受讓人，於不違反公益之程度，所訂禁止受讓人處分所有權之特約，固應認為有效，但僅於當事人間發生債之關係，不能發生物權的效力。（三〇上一二一）

▲被上訴人於民國二十八年四月五日立給上訴人之當契，並未親自簽名，僅在出當人名下畫有十字，亦未經二人在該當契上簽名證明，為原審合法認定之事實，原判決以被上訴人所為設定典權之行為，不依法定方式，認為不能發生物權契約之效力，固非不當，惟兩造當時約定由上訴人支付定額典價，占有被上訴人之某處田業而為使用收益，其

互相表示意思既屬一致，即已成立一種債權契約，雖其設定典權契約，因欠缺法定方式而無效，然該債權契約未經解除，被上訴人對於上訴人仍負補正法定方式，使典權設定契約合法成立之義務，自不得藉口物權契約無效，即謂該債權契約為不存在，請求准其返還原典價取回典物。（三一上五一五）

▲土地所有人與鄰地所有人，於不違反公益之程度，所訂禁止鄰地所有人建築房屋之契約，固非無效，但僅於契約當事人間發生債之關係，不能發生物權之效力。（三三上四〇四一）

▲當事人締結不動產買賣之債權契約，固非要式行為，惟對於契約必要之點意思必須一致，買賣契約以價金及標的物為其要素，價金及標的物，自屬買賣契約必要之點，苟當事人對此兩者意思未能一致，其契約即難謂已成立。（四〇臺上一四八二）

▲上訴人所有之系爭土地，經被上訴人於五十年一月二十四日函請上訴人仍照四十七年原價新臺幣七千四百五十一元八角讓售，並願補賠利息與地稅，而上訴人即於同年二月十三日函復，囑被上訴人於同月二十二日以前來會辦理承購手續，自係對於被上訴人之要約予以承諾，依民法第一百五十三條，兩造就系爭地之買賣關係自難謂未成立。（五一臺上九七七）

▲公產機關通知承租人辦理國有特種房地申購手續，其性質為要約之誘引，上訴人既未依照通知，提出承購申請書為要約之意思表示，兩造間之買賣契約顯未合法成立。（五一臺上三一二一）

▲（五二臺上一二七八）參見本法第九十條。

▲租金為租賃契約之重要條件，出租人固有將此條件通知優先承租權人之義務，如優先承租權人未表示依此條件承租時，出租人尚不負與優先承租權人訂立租約之義務，雙方之租賃關係，尤無從認已合法成立。（五六臺上六七二）

▲契約除當事人約定保留之解除權外，固以有民法第二百五十四條至第二百五十六條或其他法定之情形為限，有解除權人始得向他方當事人為解除之意思表示。但契約既因當事人雙方意思表示一致而成立，自亦可因互相表示意思一致而解除，所謂意思表示一致，無論其為明示或默示，均包含在內。（五七臺上三二一一）

▲契約有預約與本約之分，兩者異其性質及效力，預約權利人僅得請求對方履行訂立本約之義務，不得逕依預定之本約內容請求履行，又買賣預約，非不得就標的物及價金之範圍先為擬定，作為將來訂立本約之張本，但不能因此即認買賣本約業已成立。（六一臺上九六四）

▲公法上契約與私法上之契約，其主要之區別為契約之內容與效力，是否均為公法所規定。苟契約之內容及效力，並無公法規定，而全由當事人之意思訂定者，縱其一方為執行公務，仍屬於私法上契約之範圍。（六一臺上一六七二）

▲預約係約定將來訂立一定契約（本約）之契約。倘將來係依所訂之契約履行而無須另訂本約者，縱名為預約，仍非預約。本件兩造所訂契約，雖名為「土地買賣預約書」，但買賣坪數、價金、繳納價款、移轉登記期限等均經明確約定，非但並無將來訂立買賣本約之約定，且自第三條以下，均為雙方照所訂契約履行之約定，自屬本約而非預約。（六四臺上一五六七）

▲契約固須當事人互相表示意思一致始能成立，但所謂互相表示意思一致，並不限於當事人間直接為之，其由第三人為媒介而將各方互為之意思表示從中傳達因而獲致意思表示之一致者，仍不得謂契約並未成立。（六八臺上一五〇四）

▲當事人締結不動產買賣之債權契約，固非要式行為，惟對於買賣契約必要之點，即價金與標的物之意思表示必須一致，否則其契約即難謂已成立。（六九臺上一七一〇）

▲租賃契約主體之變更，屬於更改或契約承擔之性質，非得契約原當事人之同意不得為之。（六九臺上二一八三）

▲不動產抵押權之設定，固應以書面為之。但當事人約定設定不動產抵押權之債權契約，並非要式行為。若雙方就其設定已互相同意，則同意設定抵押權之一方，自應負使他方取得該抵押權之義務。又口頭約定設定抵押權時，若為有償行為，當不因債務人以後為履行義務，補訂書面抵押權設定契約及辦理抵押權設定登記，而使原有償之抵押權設定行為變為無償行為。原審所持相反之見解，尚有未合。（七〇臺上四五三）

▲物品運送係託運人與運送人間之契約，因雙方意思表示一致而成立，其運送物不以屬於託運人所有為限，原審因被上訴人所運送之鋼線為上訴人所有，即認定兩造已成立運送契約，立論殊有可議。（七一臺上二七一五）

▲保險契約為要保人與保險人所訂立之債權契約，要保人指定第三人為受益人者，該第三人並非契約當事人，原審認被上訴人（保險人）得向上訴人（受益人）解除契約，並據以認定上訴人無請求被上訴人給付保險金之權利，自欠允洽。（七六臺上一八〇）

第一百五十四條　（要約之拘束力、要約引誘）

契約之要約人，因要約而受拘束。但要約當時預先聲明不受拘束，或依其情形或事件之性質，可認當事人無受其拘束之意思者，不在此限。

貨物標定賣價陳列者，視為要約。但價目表之寄送，不視為要約。

⇧謹按依前條之規定，契約以當事人互相表示意思一致而成立，契約一經成立，雙方同受拘束，此屬當然之事。若當事人之一方已經要約，而他方尚未表示承諾者，則此時要約之拘束力若何，頗滋聚訟。本法規定要約人既經要約以後，雖在他方未承諾以前，仍須受要約之拘束，此為原則。惟當要約時預先聲明不受拘束，或依其情形或事件之性質可認當事人無受其拘束之意思者，則不受要約之拘束，是為例外耳。此第一項所由設也。標定賣價，陳列之貨物，視為要約，價目表之寄送，不視為要約，此與標價人或寄送人之應否受其拘束，極有關係，自應明白規定，俾免爭議。此第二項所由設也。

*（契約之成立）民一五三；（要約失其拘束力）民一五五～一六〇；（要約之撤回）民一六二。

▲標賣之表示，究為要約之引誘抑為要約，法律無明文規定，應解釋標賣人之意思定之。依普通情形而論，標賣人無以之為要約之意思，應解為要約之引誘，但標賣之表示，如明示與出價最高之投標人訂約者，除別有保留外，則應視為要約，出價最高之投標即為承諾，買賣契約因之成立，標賣人自負有出賣人之義務。（三三永上五三一）

第一百五十五條　（要約之失效㈠——拒絕要約）

要約經拒絕者，失其拘束力。

⇧謹按要約既經拒絕，則要約不得存續，此時要約人即可不受要約之拘束。蓋法律為保護他方之利益，所以使要約人受要約之拘束，他方既經拒絕，自無使要約效力繼續存在之必要也。

*（要約之拘束力）民一五四；（承諾轉換為新要約）民一六〇。

第一百五十六條　（要約之失效㈡——非即承諾）

對話為要約者，非立時承諾，即失其拘束力。

⇧謹按對話間之要約，他方承諾與否本可立時決定。故必立時承諾，始生拘束力，否則契約不能成立也。

*（要約之拘束力）民一五四；（對話意思表示）民九四；（非對話意思表示）民九五；（非對話要約）民一五七。

第一百五十七條　（要約之失效㈢——不為承諾）

非對話為要約者，依通常情形可期待承諾之達到時期內，相對人不為承諾時，其要約失其拘束力。

⇧謹按非對話間之要約，依通常情形，要約人於可期待承諾之到達時期內，應使受其拘束，否則即無從締結契約。此所謂可期待承諾之到達時期者，係指依通常之交通方法，書信往返必需之時期而言，至應否需用電報，亦必視要約人是否有此特約定之，相對人無負以電報回答之義務。若逾此時期而相對人尚未為承諾，是相對人已顯有不欲承諾之意思，自不得再令要約受其拘束，以免權利狀態久不確定。此本條所由設也。

*（要約之拘束力）民一五四；（非對話意思表示）民九五；（對話要約）民一五六；（定承諾期限之要約）民一五八。

▲非對話為要約者，須相對人之承諾達到要約人時，其契約始行成立，故承諾行為應對要約人為之。本件被上訴人向上訴人申請承購系爭土地，上訴人所為徵詢異議之公告明載「查某甲等申購臺北市國有特種基地案四十筆，茲列表公告，如有權利關係人提出異議，應自公告之日起一星期內，檢同有關證件正本，並聲敍理由申請本部核辦，逾期概不受理」等語，就其記載內容觀之，顯係對第三人所為，不能視為對被上訴人之承諾行為。（五〇臺上一七一六）

▲兩造所訂契約係約定房屋及土地各半平分，並非平分房屋及土地出售之價款。雖被上訴人曾於六十五年九月十四日函向上訴人表明願意將第二批房屋出售價款平分，但該函件並非契約，僅屬一種要約，上訴人並未於相當期間內承諾，依民法第一百五十七條規定，該要約已失其拘束力。縱如上訴人所稱，伊於六十八年七月四日提起本件訴訟，得認為承諾。惟此項承諾顯然遲到，依同法第一百六十條第一項規定應視為新要約，被上訴人對此項新要約既未承諾，兩造間尚難謂有平分房屋出售價款之契約存在。（七〇臺上二四九五）

第一百五十八條　（要約之失效㈣——非依限承諾）

要約定有承諾期限者，非於其期限內為承諾，失其拘束力。

⇧謹按定有承諾期限之要約，於其期限以內，要約人當然應受要約之拘束。若其期限已經經過，而他方尚未承諾者，則此項要約，即應失其拘束力，蓋無使要約人之一方受其拘束之理也。故設本條以明示其旨。

*（要約之拘束力）民一五四；（對話要約）民一五六；（非對話要約）民一五七。

第一百五十九條　（承諾通知之遲到及遲到之通知）

承諾之通知，按其傳達方法，通常在相當時期內可達到而遲到，其情形為要約人可得而知者，應向相對人即發遲到之通知。

要約人怠於為前項通知者，其承諾視為未遲到。

⑧一、承諾之通知，按其傳達方法，通常在相當時期內可達到而遲到者，要約人須否具備可得而知之主觀要件，始應向相對人即發遲到之通知？現行條文尚乏明確規定，惟解釋上以採肯定說為當（史尚寬著債法總論第二十七頁參照）。為避免疑義並保障要約人之權益，爰仿日本民法第五百二十二條第一項及德國民法第一百四十九條之立法例，增列要約人可得而知之要件，修正第一項。

二、第二項未修正。

*（要約之撤回）民一六二；（承諾之撤回）民一六三。

第一百六十條　（遲到之承諾）

遲到之承諾，除前條情形外，視為新要約。

將要約擴張、限制或為其他變更而承諾者，視為拒絕原要約而為新要約。

⑧一、對於承諾遲到之事實，要約人如已通知相對人，足見要約人無復訂約之意思。反之，如未為通知，則依前條第二項規定，該承諾視為未遲到。是以無論有未通知，其遲到之承諾均無更視為新要約之必要。爰增列「除前條情形外」等字，明示本條所指遲到之承諾，專以因相對人之遲誤而遲到之承諾者為限，而修正第一項。

二、第二項所謂「擴張」、「限制」，亦為「變更」之意，為使文意明晰起見，爰修正為：「將要約擴張、限制或為其他變更而承諾者，視為拒絕原要約而為新要約。」

*（承諾遲到之通知）民一五九；（要約之失效）民一五五～一五八；（要約之撤回）民一六二；（承諾之撤回）民一六三。

▲查投標單載明「投標人今願承包貴府工程，估計總價為七十六萬七千元」等語，此為被上訴人要約之表示，上訴人如欲承諾（決標）自須照被上訴人之要約為之，其將要約變更而為承諾者，視為拒絕原要約而為新要約（民法第一百六十條第二項）。被上訴人另所出具之包商估價單，既非其要約之表示，上訴人於開標後宣布，估價單之總價低於投標單時，以估價單為準，係變更被上訴人之要約而為新要約，被上訴人未為承諾之表示，契約即不成立。（六二臺上七八七）

▲（七〇臺上二四九五）參見本法第一百五十七條。

第一百六十一條　（意思實現）

依習慣或依其事件之性質，承諾無須通知者，在相當時期內，有可認為承諾之事實時，其契約為成立。

前項規定，於要約人要約當時預先聲明承諾無須通知者，準用之。

⇧查民律草案第二百零八條理由謂契約，以對於要約為有效之承諾而成立。又承諾得以明示或默示表示之，均屬當然之事。然依習慣或依事件之性質，以承諾之通知為不必要者，以在相當時期內，有可認為有承諾之事實時，其契約即為成立，以防止無益之爭論。又依要約人之意思表示以承諾為不必通知者，亦同。此本條所由設也。

*（契約成立）民一五三；（要約之拘束力）民一五四。

第一百六十二條　（撤回要約通知之遲到）

撤回要約之通知，其到達在要約到達之後，而按其傳達方法，通常在相當時期內應先時或同時到達，其情形為相對人可得而知者，相對人應向要約人即發遲到之通知。

相對人怠於為前項通知者，其要約撤回之通知，視為未遲到。

⑧一、本條與第一百五十九條之立法體例相同。第一百五十九條已修正，本條第一項亦宜配合修正，爰增列相對人可得而知之主觀要件，以期明確。

二、第二項未修正。

*（意思表示之撤回）民九五；（承諾遲到之通知）民一五九。

第一百六十三條　（撤回承諾通知之遲到及遲到之通知）

前條之規定，於承諾之撤回準用之。

⇧謹按契約以對於要約為有效之承諾而成立，承諾一經撤回，即失其拘束力，此屬當然之事。然承諾之通知，到達在前，而撤回之通知，到達在後，此時之相對人即應負發遲到通知之義務，通知承諾人。如果怠於通知，則雖實際上撤回承諾之通知確係遲到，法律上亦視為並未遲到，此與撤回要約遲到應行通知之情形相同。故本條明定準用前條之規定。

*（意思表示之撤回）民九五；（要約之撤回）民一六二。

第一百六十四條　（懸賞廣告之定義及其效力）

以廣告聲明對完成一定行為之人給與報酬者，為懸賞廣告。廣告人對於完成該行為之人，負給付報酬之義務。

數人先後分別完成前項行為時，由最先完成該行為之人，取得報酬請求權；數人共同或同時分別完成行為時，由行為人共同取得報酬請求權。

前項情形，廣告人善意給付報酬於最先通知之人時，其給付報酬之義務，即為消滅。

前三項規定，於不知有廣告而完成廣告所定行為之人，準用之。

⑧一、以廣告聲明對完成一定行為之人給與報酬，即為學說與實務上所謂之懸賞廣告。爰於第一項第一句末「者」下

增列「，為懸賞廣告」等文字。又懸賞廣告之性質如何，有單獨行為與契約之不同立法例。我國學者間亦有如是二種見解。惟為免理論爭議影響法律之適用，並使本法之體例與規定之內容一致，爰將第一項末段「對於不知有廣告而完成該行為之人，亦同」移列為第四項，並將「亦同」修正為「準用之」，以明示本法採取契約說之旨。

二、數人先後分別或共同或同時分別完成廣告人所指定之行為時，何人取得報酬請求權？現行條文第二項規定未臻明確，為免解釋分歧，爰增列第二項規定數人先後分別完成前項行為時，由最先完成該行為之人，取得報酬請求權；數人共同或同時分別完成行為時，由行為人共同取得報酬請求權，俾利適用（德國民法第六百五十九條及日本民法第五百三十一條參考）。

三、現行條文第二項移列為第三項，並以該項規定於善意之廣告人始有其適用。如廣告人知悉最先通知之人非最先完成指定行為之人，竟對於最先通知而非最先完成之人給與報酬，當不能免其對於最先完成行為之人再給付報酬之義務，惟其善意不知另有最先完成行為人而以為最先通知者即為最先完成行為者時，始應予以保護，免其再負給付報酬之義務。爰於「廣告人」下加列「善意」之限制。

四、不知有廣告而完成廣告所定行為之人，因不知要約之存在，原無從成立契約。惟因懸賞廣告之特性，亦應使其有受領報酬之權利。且其受領報酬之權利，與知廣告而完成一定行為之人，應無分別；爰將第一項後段之規定，移列於第四項，並規定前三項之規定，於不知有廣告而完成廣告所定行為之人，皆可準用。

*（懸賞廣告之撤回）民一六五。

▲凡以廣告聲明對完成一定行為之人給與報酬者，對於完成該行為之人，應負給付報酬之義務。至完成該行為之人所用完成方法如何，是否利用時機或事出不意，苟非廣告內特有聲明，皆非廣告人所應過問，蓋此種債務之性質，本係僅就一定之結果給與報酬，原不須別具何項條件。（一九上一八九一）

第一百六十四條之一　（懸賞廣告權利之歸屬）

因完成前條之行為而可取得一定之權利者，其權利屬於行為人。但廣告另有聲明者，不在此限。

(88)一、本條新增。

二、完成一定行為之結果，如可取得一定權利者，例如專利、著作權者，因係行為人個人心血及勞力之結果，其權利仍屬於行為人。但廣告中如有特別聲明，例如對於行為人有請求其移轉於己之權利，則依其聲明。爰增訂本條規定。

第一百六十五條　（懸賞廣告之撤回）

預定報酬之廣告，如於行為完成前撤回時，除廣告人證明行為人不能完成其行為外，對於行為人因該廣告善意所受之損害，應負賠償之責。但以不超過預定報酬額為限。

廣告定有完成行為之期間者，推定廣告人拋棄其撤回權。

(88)一、懸賞廣告係對不特定人為要約，在行為人完成行為為前，依本法第一百五十四條第一項但書規定，並無拘束力。故於行為完成前，應許廣告人任意撤回之，爰將「撤銷」二字修正為「撤回」並列為第一項。

二、廣告人於廣告中，定有完成行為之期間者，通常情形，可解為廣告人於該期間內，有受其拘束而不撤回之意思，未便由廣告人任意於期間屆滿前予以撤回，以免一般大眾誤信其不撤回而從事指定行為致受不測之損害，此所以在外國立法例（德國民法第六百五十八條第二項、日本民法第五百三十條第三項參考）設有推定廣告人拋棄其撤回權之規定，俾對行為人有適度之保護，兼符廣告人之意思。現行法未設類似規定，似嫌未周，爰於本條增設第二項之規定。

*（懸賞廣告之成立）民一六四。

第一百六十五條之一　（優等懸賞廣告之定義）

以廣告聲明對完成一定行為，於一定期間內為通知，而經評定為優等之人給與報酬者，為優等懸賞廣告。

廣告人於評定完成時，負給付報酬之義務。

(88)一、本條新增。

二、近日常見獎勵學術上、技術上之發明、發現或徵求學術上、技術上或文學上之著作、製造品或為運動競賽，僅對於入選之作品或成果給付報酬之懸賞廣告，其性質雖屬懸賞廣告之一種，惟與本法第一百六十四條所定者仍有不同之處。德、日民法就此均設有特別規定（德國民法第六百六十一條、日本民法第五百三十二條參考），我國現行法則無明文，適用上易滋疑義。為明確計，有增訂優等懸賞廣告規定之必要。所謂優等懸賞廣告係指完成廣告所指定之行為人有數人，就其中經評定為優等者，始給與報酬之廣告。其特點有三：㈠廣告中聲明完成一定行為者須經評定為優等始給與報酬。㈡須定有一定期間。㈢須有應徵之通知。此項行為於評定完成時發生效力，廣告人對經評定為優等之人，負給付報酬之義務。

*（優等懸賞廣告）民一六五之二～一六五之四。

第一百六十五條之二　（優等懸賞廣告之評定）

前條優等之評定，由廣告中指定之人為之。廣告中未指定者，由廣告人決定方法評定之。

依前項規定所為之評定，對於廣告人及應徵人有拘束力。

(88)一、本條新增。

二、優等懸賞廣告，因優等之評定而發生效力。由廣告中已指定之人評定之。倘廣告中未指定者，則由廣告人決定其評定之方法而評定之。或於廣告聲明外另指定評定之人，或自任評定人，其方式不一，由廣告人自行決定之。爰增訂第一項規定（德國民法第六百六十一條第二項第一款、日本民法第五百三十二條第二項參考）。

三、評定乃主觀價值之比較，故依第一項規定所為評定之結果，廣告人及應徵人均應受其拘束。不得以評定不公，而訴請法院裁判，以代評定。爰增訂第二項規定（德國民法第六百六十一條第二項第二款、日本民法第五百三十二條第三項參考）。

第一百六十五條之三　（共同取得報酬請求權）

被評定為優等之人有數人同等時，除廣告另有聲明外，共同取得報酬請求權。

(88)一、本條新增。

二、經評定之結果，優等者有數人同等時，為示公平，應由數人共同取得報酬請求權。但廣告另有聲明者，依契約自由原則，從其聲明，爰增訂本條規定（德國民法第六百六十一條第三項、日本民法第五百三十二條第四項參考）。

第一百六十五條之四　（優等懸賞廣告權利之歸屬）

第一百六十四條之一之規定，於優等懸賞廣告準用之。

(88)一、本條新增。

二、優等懸賞廣告與通常懸賞廣告性質上固有不同，惟對應徵人之保障應無二致，始為允當。爰增訂本條準用規定（德國民法第六百六十一條第四項參考）。

第一百六十六條　（契約方式之約定）

契約當事人約定其契約須用一定方式者，在該方式未完成前，推定其契約不成立。

⇧謹按依第一百五十三條規定，當事人互相表示意思一致者，契約即為成立，本不須踐行何種之方式。然若契約當事人特別約定，締結契約必須一定方式者，則其意思，非專為證據之用，乃以方式為契約成立之要件，在方式未完成以前，推定其契約不成立。故設本條以明示其旨。

*（法定方式）民七三、七三〇、七六〇、一〇七九、一〇八〇。

▲當事人約定之契約須用一定方式者，在未完成方式前，依法應推定為不成立，當事人自得變更其要約或承諾。（院一二七八）

▲契約當事人約定其契約須用一定之方式者，在該方式未完成前，推定其契約不成立，固為民法第一百六十六條所明定。但當事人約定其契約須用一定之方式，有以保全其契約之證據為目的者，亦有為契約須待方式完成始行成立之意思者，同條不過就當事人意思不明之情形設此推定而已，若當事人約定其契約須用一定方式，係以保全契約之證據為目的，非屬契約成立之要件，其意思已明顯者，即無適用同條規定之餘地。（二八滬上一一〇）

第一百六十六條之一　（公證之概括規定）

契約以負擔不動產物權之移轉、設定或變更之義務為標的者，應由公證人作成公證書。

未依前項規定公證之契約，如當事人已合意為不動產物權之移轉、設定或變更而完成登記者，仍為有效。

⑱一、本條新增。

二、不動產物權具有高度經濟價值，訂立契約約定負擔移轉、設定或變更不動產物權之義務者，不宜輕率。為求當事人締約時能審慎衡酌，辨明權義關係，其契約應由公證人作成公證書，以杜事後之爭議，而達成保障私權及預防訴訟之目的；爰參考德國民法第三百十三條第一項及瑞士債務法第二百十六條第一項之立法例，增訂第一項規定。

三、當事人間合意訂立以負擔不動產物權之移轉、設定或變更之義務為標的之契約（債權契約），雖未經公證，惟當事人間如已有變動物權之合意，並已向地政機關完成物權變動之登記者，則已生物權變動之效力，自不宜因其債權契約未具備第一項規定之公證要件，而否認該項債權契約之效力，俾免理論上滋生不當得利之疑義；爰參考前開德國民法第二項，增訂第二項規定。此際，地政機關不得以當事人間之債權契約未依前項規定公證，而拒絕受理登記之申請。至對此項申請應如何辦理登記，宜由地政機關本其職權處理，併此敘明。

第二款　代理權之授與

⇧謹按代理有法定代理、意定代理之別，本法總則編，僅規定其共通適用之條文，而以意定代理於本編中規定之。意定代理權之發生，實由於本人之授權行為，因此本人與代理人及相對人之相互間，遂生種種之關係，是曰代理權之授與。

第一百六十七條　（意定代理權之授與）

代理權係以法律行為授與者，其授與應向代理人或向代理人對之為代理行為之第三人，以意思表示為之。

⇧查民律草案第二百二十一條理由謂授與意定代理權之行為，是有相對人之單獨行為，非委任，亦非他種契約也。又代理人所為之行為，效力直接及於本人。故代理權之授與，對於與代理人為行為之第三人為意思表示，即使之發生效力，亦無弊害，且轉有利於交易也。

*（法定代理）民一〇〇三、一〇八六、一〇九八、一一一〇、一一一三、一一二一五㊂；（代理行為之要件）民一〇三；（代理人之能力）民一〇四；（代理人意思表示之瑕疵）民一〇五；（雙方代理）民一〇六；（共同代理）民一六八；（表見代理）民一六九；（無權代理）民一一〇、一七〇、一七一；（代理權之限制及撤回）民一〇七；（代理權之消滅）民一〇八。

▲公同共有物之處分，固應得公同共有人全體之同意，而公同共有人中之一人，已經其他公同共有人授與處分公同共有物之代理權者，則由其一人以公同共有人全體之名義所為處分，不能謂為無效。此項代理權授與之意思表示不以明示為限，如依表意人之舉動或其他情事，足以間接推知其有授權之意思者，即發生代理權授與之效力。（三二上五一八八）

▲借據內印章及作押房契既均屬真正，雖由他人代為立據而除有確切反證外，自應推定為本人授權行為。（三七上八八一六）

▲民法第一百六十七條所稱之代理權，與同法第五百三十一條所稱之處理權，迥不相同，蓋代理權之授與，因本人之意思表示而生效力，無須一定之方式，縱代理行為依法應以書面為之，而授與此種行為之代理權，仍不必用書面。原審適用民法第五百三十一條及第七百六十條各規定，謂被上訴人應以書面為代理權之授與方為合法云云，自難謂當。（四四臺上一二九〇）（九〇、三、二〇決議不再援用）

第一百六十八條　（共同代理）

代理人有數人者，其代理行為應共同為之。但法律另有規定或本人另有意思表示者，不在此限。

⇧謹按代理人有數人，其代理權為共同代理權，抑為各別代理權，依法律或本人之意思表示定之，是為通例。如法律別無規定，而本人又未另有意思表示者，則視為共同代理權，以防無益之爭議。此本條所由設也。

*（代理權之授與）民一六七。

▲合夥之事務約定由合夥人中數人執行者，不惟其內部關係，依民法第六百七十一條第二項應由該數人共同執行之，即民法第一百六十八條，亦應由該數人共同為代理行為，若僅由其中一人為之，即屬無權代理行為，非經該數人共同承認，對於合夥不生效力。（二八上一五三二）

第一百六十九條　（表見代理）

由自己之行為表示以代理權授與他人，或知他人表示為其代理人而不為反對之表示者，對於第三人應負授權人之責任。但第三人明知其無代理權或可得而知者，不在此限。

⇧謹按本人由自己之行為，表示以代理權授與他人，或他人妄稱為本人之代理人，已為本人所明知，而仍不為反對之表示者，則對於第三人均應負授權人之責任。蓋第三人既確信他人有代理權，因而與他人為法律行為，其效力自應直接及於本人，否則第三人將蒙不測之損害也。惟第三人明知他人無代理權，或依其情形，可得而知，而猶與他人為法律行為者，則係出於第三人之故意或過失，本人自不負授權人之責任。此本條所由設也。

*（代理權之授與）民一六七；（代理權之限制及撤回）民一〇七；（代理權之消滅）民一〇八；（無權代理）民一一〇、一七〇、一七一。

▲公司許他人以其支店名義營業者，他人所開設之店，固不因此而成為公司之支店，惟其許他人使用自己支店名義與第三人為法律行為，即係民法第一百六十九條所謂，表示以代理權授與他人之行為，如無同條但書情形，對於第三人自應負授權人之責任。本件上訴人所與交易之某分公司，係某甲向被上訴人租用牌號自行開設，並非被上訴人之支店，雖為原審所認定之事實，但被上訴人既許某甲使用被上訴人分公司名義與人交易，自係表示以代理權授與某甲之行為，原審於被上訴人所稱，曾將出租牌號情事登載上海申、新兩報是否屬實，及其登報是否可據以認定上訴人可得而知其情事各節，並未予以審認，遽依其所認定之上開事實，斷定該分公司因與上訴人交易所負債務，被上訴人不負責任，將上訴人之訴駁回，於法殊有未合。（二八上一五七三）

▲民法第一百六十九條關於由自己之行為表示以代理權授與他人者，對於第三人應負授權人之責任之規定，原以本人有使第三人信為以代理權授與他人之行為，為保護代理交易之安全起見，有使本人負相當責任之必要而設，故本人就他人以其名義與第三人所為之代理行為，應負授權人之

責任者，須以他人所為之代理行為，係在其曾經表示授與他人代理權之範圍內為其前提要件。（四〇臺上一二八一）
▲民法第一百六十九條係為保護善意第三人而設，故本人有使第三人信以為以代理權授與他人之行為而與之交易，即應使本人負其責任。又此本人責任係指履行責任而言，並非損害賠償責任，故本人有無過失在所不問。（四四臺上一四二四）
▲表見代理云者，即代理人雖無代理權而因有可信其有代理權之正當理由，遂由法律課以授權人責任之謂，而代理僅限於意思表示範圍以內，不得為意思表示以外之行為，故不法行為及事實行為不僅不得成立代理，且亦不得成立表見代理。（五五臺上一〇五四）
▲由自己之行為表示以代理權授與他人者，對於第三人應負授權人之責任，必須本人有表見之事實，足使第三人信該他人有代理權之情形存在，且須第三人基此表見之事實，主張本人應負授權人之責任，若第三人不為此項主張，法院不得逕將法律上之效果，歸屬於第三人。（六〇臺上二一三〇）
▲民法第一百六十九條所規定者為表見代理，所謂表見代理乃原無代理權，但表面上足令人信為有代理權，故法律使本人負一定之責任，倘確有授與代理權之事實，即非表見代理，自無該條之適用。（六二臺上七八二）
▲傳達意思之機關（使者）與代為表示意思之代理人不同，前者其所完成之意思表示，為本人之意思表示，其效果意思由本人決定，後者代理行為之意思表示為代理人之意思表示，其效果意思由代理人決定，表見代理人之意思表示亦然。（六二臺上二四一三）
▲民法第一百六十九條所謂知他人表示為其代理人而不為反對之表示者，以本人實際知其事實為前提，其主張本人知此事實者，應負舉證之責。（六八臺上一〇八一）
▲由自己之行為表示以代理權授與他人者，對於第三人應負授權人之責任，必須本人有表見之事實，足使第三人信該他人有代理權之情形存在，始足當之（參看本院六十年臺上字第二一三〇號判例）。我國人民將自己印章交付他人，委託該他人辦理特定事項者，比比皆是，倘持有印章之該他人，除受託辦理之特定事項外，其他以本人名義所為之任何法律行為，均須由本人負表見代理之授權人責任，未免過苛。原審徒憑上訴人曾將印章交付與呂某之事實，即認被上訴人就保證契約之訂立應負表見代理之授權人責任，自屬率斷。（七〇臺上六五七）
▲上訴人明知朱某等表示為其代理人，以其名義訂購系爭貨物，而未為反對之表示，致被上訴人信以為上訴人公司所購買，將檢收校對單及統一發票上買受人記載為上訴人，並將貨物送至上訴人工廠交付。按諸民法第一百六十九條規定，系爭貨物縱非上訴人所買，上訴人亦應負授權人之責任。至上訴人所稱系爭貨款已由朱某簽發支票支付，因支票未兌現，被上訴人始轉向上訴人請求乙節，查支票乃無因及流通證券，系爭貨物，縱曾以朱某之支票為付款方式，亦不能因此即謂系爭貨物為朱某所購買而與上訴人間無表見代理關係，遂使上訴人藉以解免其授權人之責任。茲朱某簽付之支票既不能兌現，則被上訴人本於買賣關係，訴請上訴人給付貨款及其法定遲延利息，即無不當。（七〇臺上一〇四一）
▲民法第一百六十九條規定之表見代理，係為保護第三人而設，本人如有使第三人信以為其有以代理權授與他人之行為，而與該他人交易，即應使本人負授權人責任，而此項表見代理云者，原係指代理人雖無代理權，而有可使人信其有代理權之情形而言，與民法第一百零七條所定代理權之限制及撤回之情形無關。（七〇臺上三五一五）
▲民法第一百六十九條關於表見代理之規定，唯意定代理始有其適用，若法定代理則無適用該規定之餘地。（七九臺上二〇一二）

第一百七十條（無權代理）

無代理權人以代理人之名義所為之法律行為，非經本人承認，對於本人，不生效力。
前項情形，法律行為之相對人，得定相當期限，催告本人確答是否承認，如本人逾期未為確答者，視為拒絕承認。

⇧謹按民律草案第二百三十六條理由謂無代理權人，以他人之代理人名義，與第三人為法律行為，在理論上應使無效。然經本人追認，則對於本人發生效力，藉以保護其利益，即於相對人之利益亦無損。此第一項所由設也。又同律第二百三十八條理由謂無代理權人以他人之代理人名義，與第三人為法律行為，須經本人追認始生效力。蓋不確定之法律關係，若永久存續，則有害於相對人之利益，故法律特許相對人有催告權，使得除去不確定之狀態。至本人接受催告，逾期不為確答者，則應視為拒絕承認。此第二項所由設也。
*（代理權之授與）民一六七；（表見代理）民一六九；（法定代理）民一〇〇三、一〇八六、一〇九八、一一一〇、一一一三、一二一五㊁；（承認）民一一五、一一一六；（無權代理人之責任）民一一〇；（票據上之無權代理）票據一〇。
▲債務之免除，須由債權人向債務人表示免除其債務之意思始生效力。此法律行為雖非不許代理，但無代理權人所為之免除，非經債權人承認，對於債權人不生效力。（二二上三九七三）
▲民法第一百七十條所謂無代理權人，不僅指代理權全不存在者而言，有代理權而逾越其範圍者，亦包含在內。故代理人逾越代理權所為之法律行為，非經本人承認，對於本人不生效力。（二三上三八八八）
▲無代理權人以代理人之名義所為之法律行為，不許代理者，不因本人之承認而生效力。兩願離婚為不許代理之法律行為，其由無代理權人為之者，本人縱為承認，亦不因之而生效力。（二九上一九〇四）
▲婚約應由男女當事人自行訂定，民法第九百七十二條定有明文，其由父母代為訂定者當然無效。且婚約為不許代理之法律行為，縱令本人對於父母代訂之婚約為承認，亦不適用關於無權代理行為得由本人一方承認之規定，如由當事人雙方承認，應認為新訂婚約。（三三上一七二三）
▲無代理權人以本人名義所為法律行為，僅發生其法律行為之效果，是否對本人發生效力之問題，並不因本人之否認，而使原法律行為之主體發生變更，成為該無代理權人之行為。（六九臺上三三一一）
▲代表與代理固不相同，惟關於公司機關之代表行為，解釋上應類推適用關於代理之規定，故無代表權人代表公司所為之法律行為，若經公司承認，即對於公司發生效力。（七四臺上二〇一四）
▲無代理權人以代理人之名義所為之法律行為，係效力未定之法律行為，固得經本人承認而對於本人發生效力。惟本人如已為拒絕承認，該無權代理行為即確定的對於本人不生效力，縱本人事後再為承認，亦不能使該無權代理行為對於本人發生效力。（八五臺上九六三）

第一百七十一條（無權代理相對人之撤回權）

無代理權人所為之法律行為，其相對人於本人未承認前，得撤回之。但為法律行為時，明知其無代理權者，不在此限。

⇧查民律草案第二百三十九條理由謂無權代理人，以他人之代理人名義，與相對人為法律行為，其相對人若不知其無代理權之事實，使得撤回，藉以保護其利益。但本人追認後，其法律行為為有效，此時無許相對人撤回之理。若相對人明知其無代理權之事實時，則無須保護也。
*（無權代理）民一七〇。

第三款　無因管理

⇧謹按民律草案債權編第六章原案謂無因管理者，無委任亦無義務，而管理他人事務之行為也。管理他人之事務者，為管理人，被人管理其事務者為本人。夫欲完全保護私益，不能以有因委任而管理事務及因有義務而管理事務為已足，即無委任及無義務之管理事務，亦應認之。如鄰人偶爾他出暫為照料之類是也。各國民法，皆採斯制，本法亦特設無因管理一款。至管理人與第三人之關係，應依無權代理之法則，固不待言。而本法管理人與本人之關係，則於本款規定之。

第一百七十二條（無因管理人之管理義務）

未受委任，並無義務，而為他人管理事務者，其管理應依本人明示或可得推知之意思，以有利於本人之方法為之。

⇧查民律草案第九百十八條理由謂無因管理之成立，應規定明晰，以防無益之爭。此本條所由設也。

＊（委任）民五二八～五五二；（管理人之義務）民一七三；（管理人之責任）民一七四；（管理人之權利）民一七六、一七七；（拾得遺失物）民八〇三～八〇七；（海上救助及撈救）海商一〇二～一〇九。

▲無委任或無義務為他人管理事務者，應依本人真意或得以推知之意，用有利於本人之方法管理之。（一七上二一一六）

▲無因管理成立後，管理人因故意或過失不法侵害本人之權利者，侵權行為仍可成立，非謂成立無因管理後，即可排斥侵權行為之成立。（五五臺上二二八）

第一百七十三條（管理人之通知與計算義務）

管理人開始管理時，以能通知為限，應即通知本人，如無急迫之情事，應俟本人之指示。

第五百四十條至第五百四十二條關於委任之規定，於無因管理準用之。

⇧謹按無因管理，有藉此為口實，妄干涉他人事務以害本人利益之弊，故須使管理人於開始管理時，負通知本人之義務，且於無急迫情事時，應受本人之指示，始足以矯正其弊。故設第一項規定。查本法第五百四十條之規定，即無因管理人應將管理狀況報告本人，管理終止時，應明確報告其顛末是。又第五百四十二條之規定，即管理人為自己之利益，使用應交付於本人之金錢，或使用應為本人利益而使用之金錢，應自使用日起支付利息，如有損害，並應賠償是。管理人雖非受任人，而其所負之義務則應與受任人同，始足以保護本人之利益，故準用關於委任各該條之規定。

＊（管理人之管理義務）民一七二。

▲上訴人基於繼承其父之遺產關係而取得系爭房屋所有權，原與其叔某甲無涉，某甲之代為管理，曾用自己名義出租於被上訴人，如係已受委任，則生委任關係，依民法第五百四十一條第二項之規定，受任人以自己名義為委任人取得之權利，固應移轉於委任人，如未受委任則為無因管理，依同法第一百七十三條第二項之規定，關於第五百四十一條亦在準用之列，均不待承租之被上訴人同意而始生效，從而某甲將其代為管理之系爭房屋，因出租於被上訴人所生之權利移轉於上訴人，縱使未得被上訴人之同意，亦難謂為不生效力，上訴人自得就系爭房屋行使出租人之權利。（四五臺上六三七）

第一百七十四條（管理人之無過失責任）

管理人違反本人明示或可得推知之意思，而為事務之管理者，對於因其管理所生之損害，雖無過失，亦應負賠償之責。

前項之規定，如其管理係為本人盡公益上之義務，或為其履行法定扶養義務，或本人之意思違反公共秩序善良風俗者，不適用之。

[88]一、第一項未修正。

二、第二項立法意旨原在維護社會公益及鼓勵履行法律上之義務，使熱心公益及道義者，可無所顧慮。為使此旨更為貫徹起見，對於管理行為雖違反本人之意思，而本人之意思係違反公共秩序善良風俗者，例如對自殺者之救助、對放火者之滅火，此種管理行為亦不應令管理人負管理無過失之損害賠償責任，爰修正如上。

＊（管理人之管理義務）民一七二；（法定扶養義務）民一一一四～一一二一；（因急迫危險而為管理之免責）民一七五。

第一百七十五條（因急迫危險而為管理之免責）

管理人為免除本人之生命、身體或財產上之急迫危險，而為事務之管理者，對於因其管理所生之損害，除有惡意或重大過失者外，不負賠償之責。

⇧查民律草案第九百二十條理由謂管理人於管理上有過失，應負責任，固當然之理。然管理人意在免本人急迫危害時，對於因管理所生之損害，以有惡意或重大過失為限，始任損害賠償之責。此本條所由設也。

＊（管理人之管理義務）民一七二；（管理人之無過失責任）民一七四。

第一百七十六條（適法管理時管理人之權利）

管理事務利於本人，並不違反本人明示或可得推知之意思者，管理人為本人支出必要或有益之費用，或負擔債務，或受損害時，得請求本人償還其費用及自支出時起之利息，或清償其所負擔之債務，或賠償其損害。

第一百七十四條第二項規定之情形，管理人管理事務雖違反本人之意思，仍有前項之請求權。

⇧謹按管理人管理事務，如於本人有利益，且合於本人之真意，或可以推知之意思，則凡管理人為本人支出必要或有益之費用，或因管理所負擔之債務，或所受之損害，均應使其得向本人要求償還其費用，及自支出時起之利息，或要求清償所負擔之債務，或賠償其損害，以免管理人受不當之損失。此第一項所由設也。無因管理人為本人盡公益上之義務，或為其履行法定的扶養義務，所支出之費用，雖違反本人之意思，仍有向本人要求償還之權，以保護管理人之利益。此第二項所由設也。

＊（管理人之管理義務）民一七二；（遺失物拾得人之報酬請求）民八〇五；（海上救助及撈救之報酬請求）海商一〇二～一〇九。

第一百七十七條（非適法管理時本人之權利義務）

管理事務不合於前條之規定時，本人仍得享有因管理所得之利益，而本人所負前條第一項對於管理人之義務，以其所得之利益為限。

前項規定，於管理人明知為他人之事務，而為自己之利益管理之者，準用之。

[88]一、現行條文未修正，移列為第一項。

二、無因管理之成立，以管理人有「為他人管理事務」之管理意思為要件。如因誤信他人事務為自己事務（誤信的管理），或誤信自己事務為他人事務（幻想的管理）而為管理，均因欠缺上揭主觀要件而無適用無因管理規定之餘地。同理，明知係他人事務，而為自己之利益管理時，管理人並無「為他人管理事務」之意思，原非無因管理。然而，本人依侵權行為或不當得利之規定請求損害賠償或返還利益時，其請求之範圍卻不及於管理人因管理行為所獲致之利益；如此不啻承認管理人得保有不法管理所得之利益，顯與正義有違。因此宜使不法之管理準用適法無因管理之規定，使不法管理所生之利益仍歸諸本人享有，俾能除去經濟上之誘因而減少不法管理之發生，爰增訂第二項（德國民法第六百八十四條第一項參考）。

＊（管理人之管理義務）民一七二；（適法管理時管理人之請求權）民一七六。

第一百七十八條（無因管理經承認之效力）

管理事務經本人承認者，除當事人有特別意思表示

外溯及管理事務開始時適用關於委任之規定

(88)管理事務經本人承認者，適用關於委任之規定，惟究自管理事務開始抑自承認時始適用關於委任之規定，法無明文，在實用上易滋疑義，爰予明確規定。

＊（承認）民一一五、一一六；（委任）民五二八～五五二。

第四款　不當得利

⇧謹按民律草案債權編第七章原案謂不當得利者，無法律上原因，而因他人給付，或因其他方法受利益，致他人受損害之事實也。古時以不當得利為準犯罪，近世則僅使其負返還利益之義務，本法因之，而設本款之規定。

第一百七十九條（不當得利之效力）

無法律上之原因而受利益，致他人受損害者，應返還其利益。雖有法律上之原因，而其後已不存在者，亦同。

⇧查民律草案第九百二十九條理由謂凡無法律上之原因，而受利益，致他人受損害者，不可不返還其利益於他人，否則於事理不合。其先雖有法律上之原因，而其後法律上之原因已不存在者（如撤銷契約解除契約之類），亦應返還其利益。此本條所由設也。

＊（不當得利返還之標的）民一八一；（不當得利返還之範圍）民一八二；（第三人之返還責任）民一八三；（契約解除之回復原狀）民二五九；（添附之利得返還）民八一一～八一六；（因侵權行為所受利益之返還）民一九七㈡；（因無權占有所受利益之返還）民九五三～九五八；（利益償還請求權）票據二二㈣。

▲凡無法律上原因而因他人之給付受利益，致他人受損害者，應負歸還其利益之義務。（一八上一一九二）

▲因他人之給付而受利益者，為給付之原因消滅時，應將所受利益返還。（一九上四七五）

▲債權人本於確定判決，於債務人為強制執行受金錢之支付者，該確定判決如未經其後之確定判決予以廢棄，縱令判決之內容不當，亦非無法律上之原因而受利益。（二二上三七七一）

▲因履行契約而為給付後，該契約經撤銷者，給付之目的既歸消滅，給付受領人受此利益之法律上原因即已失其存在，依民法第一百七十九條之規定，自應返還其利益。（二三上一五二八）

▲非債清償之不當得利返還請求權，以債務不存在為其成立要件之一，主張此項請求權成立之原告，應就債務不存在之事實負舉證之責任。本件被上訴人為原告，主張伊父生前並無向上訴人借用銀兩之事，上訴人歷年收取伊家所付之利息，均屬不當得利，請求返還，除須證明其已為給付之事實外，自應就債務不存在之事實負舉證之責任，原審僅以上訴人不能證明其債權之存在，即認其歷年收取之利息為不當得利，於法殊有未合。（二八上一七三九）

▲被上訴人為上訴人清償債務，縱非基於上訴人之委任，上訴人既因被上訴人之為清償，受有債務消滅之利益，上訴人又非有受此利益之法律上原因，自不得謂被上訴人無不當得利之返還請求權。（二八上一八七二）

▲㈠約定利率超過週年百分之二十者，民法第二百零五條既僅規定債權人對於超過部分之利息無請求權，則債務人就超過部分之利息任意給付，經債權人受領時，自不得謂係不當得利請求返還。

㈡債務人就利息超過週年利率百分之二十部分已任意給付者，不得請求返還，業經本院著有判例。（二九上一三〇六）

▲上訴人在兩造因確認賣約無效案判決確定後，仍將系爭地強行耕種，其所用籽種肥料及牛工人工等損失，非由於被上訴人之侵權行為，固不得請求賠償。但被上訴人就上訴人耕種所獲之農產品，如已收取，顯係無法律上之原因而受利益，致他人受有損害，則上訴人所施用之籽種肥料牛工人工等項，依不當得利之法則，尚非無請求返還之權。（三一上四五三）

▲債務人將其土地出租於債權人，以其應付之租穀扣作借款之利息，僅須支付租穀之餘額者，雖其扣作利息之租穀按支付時市價折算為金錢，已超過週年百分之二十，而債務人於其請求支付租穀之餘額時，或於債權人支付租穀之餘額時，不請求支付超過部分之租穀者，即應認為超過部分之利息已任意給付，自不得請求返還。（三三上七六四）

▲上訴人主張因被上訴人惡意遺棄，經第一審判決離婚確定在案，其所收受之聘金飾物及支付之酒水費二百元，依不當得利之規定，被上訴人應負返還之義務。按因離婚而消滅婚姻之關係，並無溯及既往之效力，在離婚前之婚姻關係既已成立，自不發生不當得利問題，上訴人所為不當得利之主張，殊難謂為有據。（四三臺上一五八）

▲（四七臺上三〇三）參見本法第一百四十四條。

▲（四七臺上九一七）參見本法第九十九條。

▲當事人間為經濟周轉上所必需，約定互開支票以利使用，事所恒有，惟此種情形除有特別意思表示外，未有不使雙方因此互負支付對價之義務者，故如一方因他方之票據受有財產上之利益，而一方票據反因存底匱乏未能兌現時，其受此利益之法律上之原因即已失其存在，依民法第一百七十九條之規定，自應將其所受之利益返還。（四九臺上八五一）

▲支票之付款人以銀錢業者及信用合作社為限，為票據法第一百二十七條所明定。支票上所記載之付款人如非銀錢業者或信用合作社，即不能適用票據法關於支票之規定，應認為民法債編所稱之指示證券。被上訴人由上訴人處受讓之四千九百八十元支票一紙，其付款人為彰化縣竹塘鄉農會，依上說明，該支票祇應納入民法上指示證券之範圍，於被指示人拒絕承擔或給付時，領取人僅可向指示人請求清償其原有債務，受讓人如因該指示證券已交付對價於領取人，亦僅可本於不當得利向領取人請求返還對價，不得依票據法規定行使追索權。（四九臺上二四二四）

▲聘金乃一種贈與，除附有解除條件之贈與，於條件成就時失其效力，贈與人得依民法第一百七十九條之規定，請求受贈人返還其所受之利益外，要不得以此為因判決離婚所受之損害，而依民法第一千零五十六條第一項請求賠償。（五〇臺上三五一）

▲上訴人因房屋拆除向政府領得之人口救濟費，其性質係屬對於該屋現住人口之周濟，與所有權人無關，則上訴人基於買賣取得所有權之原因，雖因契約解除而不存在，然其以現住人關係取得之利益，尚非當然即為被上訴人之損失，按之民法第一百七十九條無法律上之原因而受利益，致他人受損害者，應返還其利益之規定，尚未盡符。（五一臺上五一四）

▲因時效而免負義務，雖得認為受利益，但法律規定時效制度，其目的即在使受益人取得其利益，故除另有不當得利請求權與之競合之情形外，不能謂無法律上之原因而受利益。本件上訴人受被上訴人毆傷，當時對於被上訴人僅有侵權行為之損害賠償請求權，並無不當得利返還請求權與之競合，可得選擇行使之情形存在，則於侵權行為之損害賠償請求權罹於時效後，即無行使不當得利請求權之可言。（五一臺上二八八一）

▲執行法院拍賣查封之不動產，以其價金分配於各債權人者，縱該不動產嗣後經確定判決，認為不屬於債務人所有，不能移轉與買受人，而買受人因此所受價金之損害，亦祇能向直接受其利益之債務人請求償還，各債權人所受清償之利益，係另一原因事實，除有惡意外，不能認與買受人所受之損害有直接因果關係，自不負返還其利益之責任。（五二臺上二六六一）（九〇、二、九決議不再援用）

▲破產人在破產宣告前以其不動產為他人設定抵押權，經破產管理人依破產法第七十八條之規定訴請撤銷，此項形成判決，於拍賣抵押物之強制執行程序終結後始告確定，雖對拍定人或承受人不生任何效力，然對債權人所受優先受償之利益，其法律上之原因即難謂仍存在，破產管理人依民法第一百七十九條之規定，訴請返還其利益，要非法所不許。（五四臺上二三九一）

▲民法第八百十八條所定各共有人按其應有部分，對於共有物之全部有使用收益之權。係指各共有人得就共有物全部，於無害他共有人之權利限度內，可按其應有部分行使用益權而言。故共有人如逾越其應有部分之範圍使用收益時，即係超越其權利範圍而為使用收益，其所受超過利益，

要難謂非不當得利。（五五臺上一九四九）

▲依不當得利之法則請求返還不當得利，以無法律上之原因而受利益，致他人受有損害為其要件，故其得請求返還之範圍，應以對方所受之利益為度，非以請求人所受損害若干為準，無權占有他人土地，可能獲得相當於租金之利益為社會通常之觀念，是被上訴人抗辯其占有系爭土地所得之利益，僅相當於法定最高限額租金之數額，尚屬可採。（六一臺上一六九五）

▲所受利益雖原有法律上之原因，而其後原因已不存在者，依民法第一百七十九條後段之規定，仍屬不當得利，再審原告於將戲院改組為公司後，再審被告既已失去合夥經營戲院之權利，是再審原告繼續使用再審被告之土地，即係其後已無法律上之原因，原確定判決認定再審原告獲有不當得利，要無適用法規錯誤之可言。（六一臺再一七四）

▲兩造既經訴訟，被上訴人應徵之土地增值稅，應否優先於上訴人之抵押債權以獲清償，上訴人自應受上開訴訟確定判決之拘束，今既判決確定被上訴人勝訴，則上訴人前由法院依分配表受領之系爭款項，即成為無法律上之原因而受領，是其受領時雖有法律上之原因，而其後已不存在，仍屬民法第一百七十九條後段之不當得利，被上訴人既因而受有損害，依不當得利之法律關係請求返還，自屬正當。（六二臺上一八九三）

▲上訴人之土地及地上物，係因政府之徵收而喪失，被上訴人係因政府之放領而取得該土地及地上物菓樹、竹、木之所有權，非無法律上之正當原因，上訴人謂為不當得利，請求返還為無理由，至於地價之補償，無論為徵收之耕地地價，或附帶徵收之地上物及其基地價額，均依法詳估由政府核定補償之（實施耕者有其田條例第十三條），被徵收耕地之地主，就該未與土地分離之地上物，已否受合法之補償，係該地主與政府間之關係，與承領耕地之佃農無關，亦不能以政府未予系爭地上物之補償，而謂被上訴人取得該地上物之所有權為不當得利。（六二臺上二一四二）

▲民法第一百七十九條規定之不當得利，凡無法律上之原因，而一方受利益，致他方受損害，即可成立，至損益之內容是否相同，及受益人對於受損人有無侵權行為，可以不問。（六五臺再一三八）

▲債權人本於確定判決對於債務人為強制執行而受金錢之支付者，該確定判決如未經其後之確定判決予以廢棄，縱令判決內容不當，在債務人對於原執行名義之確定判決提起再審之訴予以變更前，亦非無法律之原因而受利益，自無不當得利可言。（六九臺上一一四二）

第一百八十條（不得請求返還之不當得利）

給付，有左列情形之一者，不得請求返還：

一　給付係履行道德上之義務者。

二　債務人於未到期之債務因清償而為給付者。

三　因清償債務而為給付，於給付時明知無給付之義務者。

四　因不法之原因而為給付者。但不法之原因僅於受領人一方存在時，不在此限。

⇧謹按給付有左列情形之一者，在受領人雖為不當得利，而給付人則不得請求返還。即

（甲）因履行道德上義務所為之給付　此種義務，本不能強制履行（例如破產律所謂依協諧契約而得免除之債務是），而債務人既已任意履行以後，即不得請求返還。

（乙）因清償未到期債務所為之給付　未到期之債務，債權人雖不得期前請求履行，然債務人欲於期前清償，亦為法所許可。惟為免除法律關係致臻煩雜計，故不許給付人請求返還。

（丙）清償債務人在給付時明知無給付義務所為之給付　於給付時明知債務不存在，而故為給付者，可推定其有意拋棄其所給付之請求返還權。故不得請求返還。

（丁）因不法原因所為之給付　例如因賄賂而給付之金錢，均不得請求返還。然若不法之原因，僅存在於受領人之一方時，則仍許給付人有請求返還權。

*（不當得利）民一七九；（清償期）民三一五、三一六；（不法原因）民七一、七二、一八四。

▲違背法令所禁止之行為不能認為有效，其因該行為所生之債權債務關係，亦不能行使請求權。（二〇上七九九）

▲上訴人之夫，陸續以充當土匪所劫得之贓物交由被上訴人寄藏，自屬因不法之原因而為給付，依民法第一百八十條第四款之規定，上訴人不得請求返還。（二〇上二一二九）

▲販賣鴉片煙土為現行法令之所禁止，故因合夥經營此項禁止事業而為出資，即係民法第一百八十條第四款所謂因不法之原因而為給付，自不得請求返還。（二九上四六四）

▲販賣鴉片煙土除領有特許照證外，為現行法令之所禁止，委託處理此種違禁事項而給付報酬之契約，自非有效，如已給付報酬，則係因不法原因而為給付，依民法第一百八十條第四款之規定，不得請求返還。（二九上六二六）

▲上訴人以法幣三百五十元向被上訴人等價買某女，在其所開堂班內為娼藉以謀生，業由本院維持一、二兩審有罪之判決確定在案，是其交付被上訴人之身價，實為基於不法原因所為之給付，依民法第一百八十條第四款之規定，上訴人自不得請求返還。（二九附六〇〇）

▲為行使基於侵權行為之損害賠償請求權，有主張自己不法之情事時，例如擬用金錢力量，使考試院舉行之考試發生不正確之結果，而受他人詐欺者。是其為此不法之目的所支出之金錢，則應適用民法第一百八十條第四款前段之規定，認為不得請求賠償。（五六臺上二二三二）（一〇二、五、二八決議不再援用）

▲實施詐欺行為之詐術，非以欺罔為限，即利用人之錯誤使其為財物之交付亦屬之。被上訴人因上訴人冒名登記為所有人之錯誤，致通知上訴人繳納其差額地價，而上訴人必須憑該地價收據，始能取得增配土地之所有權，顯在意圖取得非法利益而為給付，其給付之原因不法，依法自不得請求返還不當得利。（六六臺上一〇九二）

第一百八十一條（不當得利返還之標的物）

不當得利之受領人，除返還其所受之利益外，如本於該利益更有所取得者，並應返還。但依其利益之性質或其他情形不能返還者，應償還其價額。

⇧查民律草案第九百三十六條理由謂不當得利之受領人，其應返還之利益，須明示之，以息無益之爭。此本條所由設也。

*（不當得利）民一七九；（返還範圍）民一八二；（第三人之返還責任）民一八三。

▲不當得利之受領人，依其利益之性質或其他情形不能返還者，依民法第一百八十一條但書之規定，固應償還其價額，惟受領人因將原物出賣而不能返還者，其所受之利益既僅為賣得之價金，即應以賣得之價金為其應償還之價額。（三〇上四〇）

第一百八十二條（不當得利受領人之返還範圍）

不當得利之受領人，不知無法律上之原因，而其所受之利益已不存在者，免負返還或償還價額之責任。

受領人於受領時，知無法律上之原因或其後知之者，應將受領時所得之利益，或知無法律上之原因時所現存之利益，附加利息，一併償還；如有損害，並應賠償。

⇧謹按受領人在受領時，不知無法律上之原因，而於受領以後，其利益又因不可抗力而滅失，此際或因善意而消費者，不問其有無過失，均應免其返還利益或償還價格之責任，以保護善意之受領人。此第一項所由設也。又民律草案第九百三十八條理由謂受領人於受領時，明知無法律上之原因，則其自始即有惡意。或受領後始知無法律上之原因，其先為善意，而其後變為惡意者，均須加重其責任，以保護相對人之利益。此第二項所由設也。

*（不當得利）民一七九；（現存增額或利益之償還）民四三一、九二七；（善意占有人之返還責任）民九五三～九五五；（惡意占有人之返還責任）民九五六～九五八；（法定利率）民二〇三。

▲民法第一百八十二條所謂其所受之利益已不存在者，非指所受利益之原形不存在者而言，原形雖不存在，而實際上受領人所獲財產總額之增加現尚存在時，不得謂利益已不存在。（四一臺上六三七）

第一百八十三條（第三人之返還責任）

不當得利之受領人，以其所受者，無償讓與第三人，而受領人因此免返還義務者，第三人於其所免返還義務之限度內，負返還責任。

⇧查民律草案第九百四十四條理由謂本於不當得利之請求權，以原則論，僅有對人之效力，祇能對於受領人主張之。故不當得利之受領人，以其所受利益之全部或一部，讓與第三人，而不索報償時，受領人得免返還義務之全部或一部（參照前條），第三人亦無返還之責。然似此辦理，不足以保護債權人，故本法以第三人為無直接法律上原因而由債務人受利益之人，仍使其負返還之責，以保護債權人之利益。此本條所由設也。

＊（不當得利）民一七九；（返還標的物）民一八一；（受領人因此免返還義務）民一八二㈠。

第五款　侵權行為

⇧查民律草案債權編第八章原案謂侵權行為（即不法行為）者，侵害他人權利，且有責違法之行為也。加侵害者，謂之加害人。受侵害者，謂之被害人。此種侵權行為，為債權債務發生之重要原因，實際上往往行之。近世各國，皆編入民法，故本法亦設本款之規定。

第一百八十四條（一般侵權行為之責任）

因故意或過失，不法侵害他人之權利者，負損害賠償責任。故意以背於善良風俗之方法，加損害於他人者亦同。

違反保護他人之法律，致生損害於他人者，負賠償責任。但能證明其行為無過失者，不在此限。

⑻一、第一項未修正。

二、現行條文第二項究為舉證責任之規定，抑為獨立之侵權行為類型？尚有爭議，為明確計，爰將其修正為獨立之侵權行為類型，凡違反保護他人之法律，致生損害於他人者，即應負賠償責任。惟為避免對行為人課以過重之責任，增訂但書規定，俾資平衡。

＊（故意）刑一三；（過失）刑一四；（不法）民七一、七二、一四八；（阻卻違法事由）民一四九～一五一、一七二；（公務員之侵權行為責任）憲二四，民一八六，國賠二，土地七〇，警械一〇，刑補三四；（法人之責任）民二八，公司二三；（法定代理人之責任）民一八七；（僱用人之責任）民一八八；（定作人之責任）民一八九；（動物占有人之責任）民一九〇；（工作物所有人之責任）民一九一；（國家損害賠償責任）憲二四，國賠二，土地六八，警械一〇，行訴七，刑補三四；（侵權行為為訴訟之特別審判籍）民訴一五。

▲侵權行為，須以故意或過失不法侵害他人之權利為要件。（一七上三五）

▲使用商標是否與他人同一商品所用之註冊商標相近似，自應以一般人之識別力為斷，如使用近似他人之註冊商標於同一商品以圖影射，即屬侵害他人商標專用之權利，自不能不負賠償之責任。（一八上一一〇二）

▲違背租約與否，純屬私法上之爭執，當事人自可訴求司法機關裁判，如不依法訴求，乃利用行政官署之處分以為侵害他人權利之手段，則對於被害人因此所受之損害，仍難免賠償之責任。（一八上一二五四〇）

▲債權之行使，通常雖應對特定之債務人為之，但第三人如教唆債務人合謀，使債務之全部或一部陷於不能履行時，則債權人因此所受之損害，得依侵權行為之法則，向該第三人請求賠償。（一八上二六三三）

▲怠於業務上應盡之注意，致損害他人權利者，應負賠償責任。至賠償之數額，自應視其實際所受損害之程度以定其標準，如實際確已受有損害，而其數額不能為確切之證明者，法院自可依其調查所得，斟酌情形為之判斷。（一八上二七四六）

▲以侵權行為為原因，請求回復原狀或賠償損害者，應就其權利被侵害之事實負立證之責。（一九上三八）

▲關於侵權行為賠償損害之請求權，以受有實際損害為成立要件，若絕無損害亦即無賠償之可言。（一九上三六三）

▲因過失不法侵害他人之權利者，固應負損害賠償責任。但過失之有無，應以是否怠於善良管理人之注意為斷者，苟非怠於此種注意，即不得謂之有過失。（一九上二七四六）

▲實際上有無妨害他人之利益，當以客觀的一般之見解為斷。（一九上三〇四一）

▲行政官署以行政處分拍賣人民不動產者，承買人除以私人資格，假行政官署之處分為侵權行為之手段外，不負回復原狀或賠償損害之責。（二〇上一八九）

▲租賃物因承租人失火而毀損滅失者，以承租人有重大過失為限，始對出租人負損害賠償責任，民法第四百三十四條已有特別規定，承租人之失火僅為輕過失時，出租人自不得以侵權行為為理由，依民法第一百八十四條第一項之規定，請求損害賠償。（二二上一三一一）

▲依行政規程，某種事業須向行政機關納稅領照後始得經營者，如未納稅領照而經營之，固屬違反行政規程，但已納稅領照而經營此項事業之人，並不因納稅領照而取得經營之獨占權，縱令因有未納稅領照者之經營，致其事業受有影響，亦祇能報告行政機關核辦，不得指為侵害自己之權利，請求損害賠償。（二二上三九八一）

▲因失火燒毀他人之房屋者，除民法第四百三十四條所定情形外，縱為輕過失而非重大之過失，依民法第一百八十四條第一項之規定，亦應負損害賠償責任。失火人有重大過失時始負侵權行為責任之立法例，為我國民法所不採，自不得以此為口實。（二六鄂上三）

▲債權人在無權受理民事訴訟之公安局，請求將債務人之姪拘押，本非適法行為，第三人將其保釋，不得謂為侵害債權人債權。（二八上四五）

▲質權人於質權存續中，將質物轉質於第三人後，受破產之宣告，出質人清償質權所擔保之債權，請求返還質物時，破產管理人自應向第三人清償債務取回質物，以之返還出質人，不得謂出質人與破產管理人不法侵害破產債權人之權利。（二八滬上二〇六）

▲甲與其子乙共同對於某女以正式婚姻相許，騙使與乙同居，致某女受有損害者，即不能不對某女共負賠償之責。（二八上一一七二）

▲某甲充某商號夥友，係由被上訴人保證，因某甲聽從上訴人之教唆，捐取該商號款項，交上訴人存放，上訴人對於被上訴人自屬共同侵權行為，被上訴人請求上訴人返還該商號款項，以消滅其保證債務，即係請求回復其損害發生前之原狀，並非法所不許。（二八上一三七三）

▲上訴人明知被上訴人之所在，竟主使被上訴人之夫甲，以生死不明已逾三年為原因，訴請離婚，並利用公示送達之方法，使被上訴人無法防禦，因而取得離婚之判決，致被上訴人受有精神上之損害，對於被上訴人自應負賠償責任。（二九上四七〇）

▲不動產之買受人對於出賣人，固有請求交付不動產及其他給付之權利，然如當事人間移轉不動產所有權之契約，曾經有效成立，而買受人已有得向第三人主張之所有權，則依民法第七百六十七條、第一百八十四條第一項之規定，對於無權占有或侵奪其所有物者，得請求返還之。對於因故意或過失不法侵害其所有權者，得請求賠償其損害。此等請求權本與其對於出賣人之請求權獨立存在，不能以其對於出賣人別有請求權，而排斥其行使。（三〇上二〇七）

▲不動產登記條例施行後，就同一不動產重為所有權移轉契約時，如先之移轉尚未登記，而後之移轉已登記，依條例第五條之規定，先受移轉之人，不得以其先受之移轉對抗後受移轉之人，法律上既許後受移轉之人否認在先未經登記之移轉，則於其行使否認權後，自無從更以在先已有未經登記之移轉為理由，認後之移轉為無效。本件據原審認

定事實，被上訴人甲雖於民國二十七年二月間，已將訟爭之稻田二畝二分賣與被上訴人乙，至同年十二月開始重賣與上訴人，然如被上訴人乙所受所有權之移轉未經登記，而上訴人所受之移轉已經登記，則依上開說明，自不得以被上訴人乙受移轉在先，遂認上訴人所受之移轉為無效。乃原判決竟謂上訴人縱令曾經合法登記，其所受之移轉亦屬無效，於法殊有未合。至上訴人如果明知被上訴人乙已受所有權之移轉，乘其未經登記，唆使被上訴人甲更行移轉於自己而為登記，致被上訴人乙受其損害，誠係故意以背於善良風俗之方法加損害於他人，依民法第一百八十四條第一項後段之規定，應負賠償責任。然此係另一問題，究不得因此遽認上訴人所受之移轉為無效，原審以上訴人之買賣不正當為其判決之理由，亦非有據。（三一上八九一）

▲當事人支出之旅費，並不在現行民事訴訟費用法所定費用之內，自無從認為訴訟費用，如依民法之規定，可認為因他造之侵權行為所受之損害者，得向他造請求賠償，此項賠償請求權，不因民事訴訟法定有訴訟費用之負擔，及民事訴訟費用法定有訴訟費用之範圍而被排除。（三二上三一四五）

▲損害係因侵權行為人之故意或重大過失所致者，依民法第二百十八條之規定，縱令該侵權行為人，因賠償致其生計有重大影響，亦不得減輕其賠償金額，其不能以侵權行為人之無資力，即謂受害人不應請求賠償，更無待言。（三三上五五一）

▲因故意或過失不法侵害他人之權利者，負損害賠償責任，此在民法第一百八十四條第一項規定甚明。所謂權利，應指一切私權而言，故因身體上所受損害致生財產上之損害者，當然包括在內。（三九臺上九八七）

▲民法親屬編施行前之所謂夫權，已為現行法所不採，故與有夫之婦通姦者，除應負刑事責任外，固無所謂侵害他人之夫權。惟社會一般觀念，如明知為有夫之婦而與之通姦，不得謂非有以違背善良風俗之方法，加損害於他人之故意，苟其夫確因此受有財產上或非財產上之損害，依民法第一百八十四條第一項後段，自仍得請求賠償。（四一臺上二七八）

▲與已成年未結婚之女子通姦，如係得該女子之自由承諾而為之，則其行為阻卻違法性，不成立侵權行為，自無損害賠償責任之可言。（四二臺上三一九）

▲被上訴人向某某儲蓄有限公司辦事處交存款項之日期，既在該公司停止付款，亦即不能清償債務之後，則任該辦事處主任職務之上訴人，自應負告知停止存款之義務，乃竟矇蔽不為告知而仍吸收其存款，對於被上訴人因此不能受償之損害，究難辭其賠償之責任。（四二臺上四九〇）

▲共有，乃數人共同享受一所有權，故各共有人本其所有權之作用，對於共有物之全部均有使用收益權。惟其使用收益權應按其應有部分而行使，不得損及他共有人之利益，若有侵害，則與侵害他人之所有權同。被侵害之他共有人，自得依侵權行為之規定，而行使其損害賠償請求權。（五一臺上三四九五）

▲原告以私權侵害為理由，對於行政官署提起除去侵害或損害賠償之訴者，既為私法上之法律關係，縱被告以基於行政處分，不負民事上之責任為抗辯，亦不得謂其事件非民事事件，此際法院應就被告主張之行政處分是否存在，有無效力而為審究，如其處分確係有效存在，雖內容有不當或違法，而在上級官署未依訴願程序撤銷以前，司法機關固亦不能否認其效力，反之，若該處分為權限外之行為，應認為無效時，則其因此所生之損害自不能不負賠償責任。（五二臺上六九四）

▲無因管理成立後，管理人因故意或過失不法侵害本人之權利者，侵權行為仍可成立，非謂成立無因管理後，即可排斥侵權行為之成立。（五五臺上二二八）

▲民法第一百八十四條第一項前段規定，以權利之侵害為侵權行為要件之一，故有謂非侵害既存法律體系所明認之權利，不構成侵權行為。惟同法條後段規定，故意以背於善良風俗之方法加害於他人者，亦同。則侵權行為係指違法以及不當加損害於他人之行為而言，至於侵害係何權利，要非所問。而所謂違法以及不當，不僅限於侵害法律明定之權利，即違反保護個人法益之法規，或廣泛悖反規律社會生活之根本原理的公序良俗者，亦同。通姦之足以破壞夫妻間之共同生活而非法之所許，此從公序良俗之觀點可得斷言，不問所侵害係何權利，對於配偶之他方應構成共同侵權行為。婚姻係以夫妻之共同生活為其目的，配偶應互相協力保持其共同生活之圓滿安全及幸福，而夫妻互守誠實，係為確保其共同生活之圓滿安全及幸福之必要條件，故應解為配偶因婚姻契約而互負誠實之義務，配偶之一方行為不誠實，破壞共同生活之圓滿安全及幸福者，即為違反因婚姻契約之義務而侵害他方之權利。（五五臺上二〇五三）

▲違警裁決書之送達，應向當事人為之，如向當事人以外為之者，不生送達之效力，當事人得提起訴願之五日不變期間，在裁決書合法送達以前，不能進行。茲警局將應送達於上訴人之裁決書誤送被上訴人，僅生送達不合法之效果，自難謂被上訴人代收裁決書為不法侵害上訴人權利之行為，至被上訴人未得上訴人之同意，擅自代向警局繳納罰鍰，旨在善意代理他人履行義務，係屬事務管理，核與侵害他人權利之情形有間，上訴人遽指被上訴人之代收裁決書及代繳罰鍰為侵權行為，謂其自由及名譽已受損害，據以請求被上訴人賠償慰藉金，應為無據。（五六臺上一八一五）

▲（五六臺上二二三二）參見本法第一百八十條。

▲賠償權利人除有損害賠償請求權外，雖同時享有對於第三人之請求權，但此僅係權利競合，其損害賠償請求權所具「受有損害」之要件，不能因此認有欠缺。（五八臺上一二九六）

▲侵權行為固以故意或過失侵害他人之權利為成立要件，惟關於假扣押裁定，因自始不當而撤銷，或因民事訴訟法第五百二十九條第二項及第五百三十條第三項之規定而撤銷者，債權人應賠償債務人因假扣押或供擔保所受之損害，同法第五百三十一條定有明文，故債權人所負此項賠償損害責任，乃本於假扣押裁定撤銷之法定事由而生，債務人賠償請求權之成立，即不以債權人之故意或過失為要件，至債權人對於分配表聲明異議，並對於他債權人起訴雖受敗訴判決，但法律上既無該聲明異議人應賠償他債權人因此所受損害之明文規定，則該他債權人對於聲明異議人如請求損害賠償，惟得依民法侵權行為之法則辦理，亦即對於聲明異議人之有故意或過失應負證明之責。（五八臺上一四二一）

▲因犯罪而受損害之人，於刑事訴訟程序固得附帶提起民事訴訟，對於被告請求回復其損害，但其請求回復之損害，以被訴犯罪事實所生之損害為限，否則縱令得依其他事由，提起民事訴訟，亦不得於刑事訴訟程序附帶為此請求。（六〇臺上六三三）

▲因被強姦所生子女而支出之扶養費，為侵權行為所生之財產上損害，被害人固得依民法第一百八十四條第一項規定請求賠償損害，但非同法第一百九十三條第一項所定之被害人因此增加生活上之需要。（六二臺上二六九三）

▲盜贓之牙保，係在他人犯罪完成後所為之行為，性質上難認為與該他人共同侵害被害人之權利，牙保之人與實施竊盜之人，固不構成共同侵害行為。惟盜贓之牙保，既足使被害人難於追回原物，因而發生損害，仍難謂非對於被害人為另一侵權行為，倘被害人因而受有損害，尚非不得依一般侵權行為之法則，請求牙保之人賠償其損害。（六四臺上一三六四）

▲支票發票人簽發一定之金額，委託銀錢業者或信用合作社，於見票時無條件支付與受款人或執票人，其性質為民法第二百六十九條第一項向第三人為給付之契約，支票之受款人或執票人雖係委託付款契約之第三人，但亦係依該項契約關係而為付款之請求，付款人無故拒絕付款，自僅負債務不履行之責任，尚不能謂係對於支票執票人一種侵權行為。（六五臺上二二六四）

▲上訴人原向被上訴人抵押借款新臺幣十一萬二千元，尚結欠二萬八千九百七十五元未還，既為上訴人不爭之事實，則依民法第八百六十一條前段規定，其抵押物所擔保之債務即未全部消滅。抵押權人於債權已屆清償期而未受清償者，得聲請法院拍賣抵押物，就其賣得價金而受清償，為

民法第八百七十三條第一項所明定。被上訴人聲請拍賣抵押物，按抵押權之不可分性，其依法行使權利，自難令其負侵權行為之損害賠償責任。（六六臺上二五〇）

▲違反保護他人之法律者，推定其有過失，民法第一百八十四條第二項有明文規定。又交通部會同內政部依道路交通管理處罰條例第九十二條所訂定之道路交通安全規則第一百二十二條第一款及第一百二十八條分別規定：「腳踏車載物寬度，不得超過把手」，「慢車（包括腳踏車）在夜間行車，應燃亮燈光」，旨在保障公眾之安全，倘被上訴人夜間乘腳踏車未燃亮燈光，而其後載竹簍復超過規定寬度，即難謂其未違反保護他人之法律。（註：民法第一百八十四條第二項雖有修正，惟本則判例旨在闡釋違反保護他人之法律之涵義，仍具有繼續援用之價值。）（六六臺上一〇一五）

▲數人因共同過失不法侵害他人之權利者，依法應負連帶賠償責任，苟各行為人之過失均為其所生損害之共同原因，即所謂行為關連共同，亦足成立共同侵權行為。本件加害人某甲之過失責任，縱較加害人某乙為輕，然對於被害人之賠償，則應與某乙負連帶責任，原判決僅按十分之三給付尚有未合。（六六臺上二一一五）

▲查證券遺失時，是否聲請公示催告，俾獲除權判決而對證券義務人主張其權利，乃證券權利人之自由。本件上訴人原執有之支票，既經查明認定為被上訴人所竊取並撕毀，且將撕毀殘片寄回發票人，則原執票人之上訴人當時業已不能行使其票據上之權利，殊難因上訴人尚得依公示催告程序主張權利，而認上訴人未受損害，不得依侵權行為之法律關係請求賠償。（六六臺上三五一五）

▲上訴人明知加害人張某未領有駕駛執照，仍將該小客車交其駕駛，顯違道路交通管理處罰條例第二十一條第一項第一款、第二十八條之規定，亦即違反保護他人之法律，應推定其有過失。（註：民法第一百八十四條第二項雖有修正，惟本則判例旨在闡釋違反保護他人之法律之涵義，仍具有繼續援用之價值。）（六七臺上二一一一）

▲被上訴人與債務人間之租賃關係，既經執行法院裁定除去後，實施拍賣，由上訴人拍定取得權利移轉證書，則自是時起被上訴人繼續占有該房屋，自屬侵害上訴人之房屋所有權，上訴人對於被上訴人，非不得請求賠償相當於租金之損害金。（六七臺上三六二二）

▲依漁會法第三十四條第二項規定，凡漁會收受與保管之財物，非因不可抗力致生損害時，概由其總幹事及有關職員負連帶賠償責任，並不以總幹事或有關職員有侵權行為為時為限。故該項規定，本質上排除侵權行為短期時效之適用，被上訴人之請求，雖已逾兩年期間，但未逾一般之時效期間，從而被上訴人請求上訴人連帶給付系爭款項及法定遲延利息，即屬正當。（六九臺上二四七一）

▲飼料管理法第二十七條第一項規定，為保護他人之法律，如刑事判決認定相對人違反該條項之規定，抗告人並受騙而購買此等未經核准擅自製造之飼料，予以使用，致其飼養之豬隻死亡，依民法第一百八十四條第二項規定，即應推定相對人為有過失。雖於刑事法上所犯之罪，由於牽連關係不另單獨宣告其刑，抗告人仍非不得於刑事訴訟程序附帶提起民事訴訟，對該相對人及其他依民法應負賠償責任之人請求賠償其損害。（註：民法第一百八十四條第二項雖有修正，惟本則判例旨在闡釋違反保護他人之法律之涵義，仍具有繼續援用之價值。）（七〇臺抗四〇六）

▲國民身分證，係由政府機關所製發，乃證明人民身分之文書，且須人民隨身攜帶，以備必要時作為身分證明或供查驗使用，其所有權應屬於國民身分證上記載名義人之所有，因此，任何人不得擅自強取或扣留。雖上訴人與被上訴人係夫妻，亦不能私擅扣留被上訴人之國民身分證。被上訴人請求上訴人返還其國民身分證，自屬正當。（七〇臺上三六三七）

▲（七三臺抗四七二）　參見本法第八十七條。

▲本院五十八年臺上字第一四二一號判例所謂債務人賠償請求權之成立，不以債權人之故意或過失為要件，乃指假扣押（假處分）裁定，因自始不當而撤銷，或因民事訴訟法第五百二十九條第二項及第五百三十條第三項之規定而撤銷者，依同法第五百三十一條規定，債權人應賠償債務人因假扣押（假處分）或供擔保所受損害之情形而言，並不包括假處分裁定依民事訴訟法第五百三十三條準用同法第五百三十條第一項規定，因假處分之原因消滅或其他因假處分之情事變更，而由債務人聲請撤銷之情形在內。（七五臺上二七二三）

▲土地所有人經營工業及行使其他之權利，應注意防免鄰地之損害，民法第七百七十四條定有明文。而空氣污染防制法係行政法，其立法目的，僅在維護國民健康、生活環境，以提高生活品質，此觀該法第一條之規定自明。故工廠排放空氣污染物雖未超過主管機關依空氣污染防制法公告之排放標準，如造成鄰地農作物發生損害，仍不阻卻其違法。（八三臺上二一九七）

第一百八十五條（共同侵權行為之責任）

數人共同不法侵害他人之權利者，連帶負損害賠償責任。不能知其中孰為加害人者，亦同。

造意人及幫助人，視為共同行為人。

⇧查民律草案第九百五十條理由謂數人共同為侵害行為，致加損害於他人時（即意思及結果均共同），各有賠償其損害全部之責任。至造意人及幫助人，應視為共同加害人，始足以保護被害人之利益。其因數人之侵權行為，生共同之損害時（即結果共同）亦然。此本條所由設也。

＊（侵權行為）民一八四；（連帶債務）民二七二～二八二；（法人之連帶責任）民二八，公司二三；（法定代理人之連帶責任）民一八七㈠；（僱用人之連帶責任）民一八八㈠；（共犯）刑二八；（教唆）刑二九；（幫助）刑三〇。

▲數人共同為侵權行為致加害於他人時，本各有賠償其損害全部之責。（一七上一〇七）

▲數人共同為侵權行為加損害於他人時，應連帶負賠償之責任。（一八上三三四）

▲損害本於侵權行為者，須有侵權之行為，如共有人中一人，私將共有物締結典押契約，固屬侵害行為，要與承受典押人無直接之關係，故非證明承受典押人確係共同侵害，則承受典押人自不負何等賠償之責。（一八上一九一二）

▲數人共同為侵權行為加損害於他人，各有賠償其損害全部之責任。（一九上一二〇二）

▲他人所有物而為數人各別所侵害，若各加害人並無意思上之聯絡，祇能由加害人各就其所加害之部分，分別負賠償責任。（二〇上一九六〇）

▲依民法第一百八十五條第一項之規定，共同侵權行為人固連帶負損害賠償責任，惟同條項前段所謂共同侵權行為，須共同行為人皆已具備侵權行為之要件始能成立，若其中一人無故意過失，則其人非侵權行為人，不負與其他具備侵權行為要件之人連帶賠償損害之責任。（二二上三四三七）

▲本件車禍係計程車與卡車司機駕駛不慎肇事，依司法院第二三八三號解釋，無共同過失之侵權行為，法院僅得就各該司機應負過失責任程度之範圍內，令其與僱用人連帶賠償。（五五臺上一七九八）

▲民事上之共同侵權行為（狹義的共同侵權行為，即共同加害行為，下同），與刑事上之共同正犯，其構成要件並不完全相同，共同侵權行為人間不以有意思聯絡為必要，數人因過失不法侵害他人之權利，苟各行為人之過失行為均為其所生損害之共同原因，即所謂行為關連共同，亦足成立共同侵權行為。最高法院五十五年臺上字第一七九八號判例應予變更。至前大理院五年上字第一〇一二號及最高法院二十年上字第一九六〇號判例，則指各行為人既無意思聯絡，而其行為亦無關連共同者而言，自當別論。（六六例變一）

▲民事上之共同侵權行為（狹義的共同侵權行為，即加害行為）與刑事上之共同正犯，其構成要件並不完全相同，共同侵權行為人間不以有意思聯絡為必要，數人因過失不法侵害他人之權利，苟各行為人之過失行為，均為其所生損害之共同原因，即所謂行為關連共同，亦足成立共同侵權行為，依民法第一百八十五條第一項前段之規定，各過失行為人對於被害人應負全部損害之連帶賠償責任。（六七臺

上一七三七）

第一百八十六條（公務員之侵權責任）

公務員因故意違背對於第三人應執行之職務，致第三人受損害者，負賠償責任。其因過失者，以被害人不能依他項方法受賠償時為限，負其責任。

前項情形，如被害人得依法律上之救濟方法，除去其損害，而因故意或過失不為之者，公務員不負賠償責任。

[88]一、現行條文第一項規定以第三人之「權利」受損害者，公務員始負賠償責任。範圍太過狹窄，無法周延保障第三人利益。為擴大保障範圍，且為配合第一百八十四條第二項之修正，爰仿德國民法第八百三十九條第一項規定，刪除第一項內「之權利」等字，使保護客體及於「利益」。
二、第二項未修正。

＊（公務員）刑一〇㊁，公服二四，公任二、二〇～二二，公考二，國賠二㊀；（公務員賠償責任之特別規定）憲二四，土地七〇，警械一〇，行訴七，刑補三四，郵政一五、二七，國賠二㊁；（法律上之救濟方法）民訴四三七、四六四、四八二、四九六，強執一二～一五，刑訴三六一、三七五、四〇三、四二〇，訴願一，行訴一；（故意）刑一三；（過失）刑一四。

▲（六七臺上一一九六）參見本法第二十八條。

▲公務員與政府間雖為公法上之關係，若公務員於執行公務時，假公務上之權力，故意不法侵害其所服務機關私法上之權利者，仍非不得成立侵權行為。（七〇臺上一五六一）

第一百八十七條（法定代理人之責任）

無行為能力人或限制行為能力人，不法侵害他人之權利者，以行為時有識別能力為限，與其法定代理人連帶負損害賠償責任。行為時無識別能力者，由其法定代理人負損害賠償責任。

前項情形，法定代理人如其監督並未疏懈，或縱加以相當之監督，而仍不免發生損害者，不負賠償責任。

如不能依前二項規定受損害賠償時，法院因被害人之聲請，得斟酌行為人及其法定代理人與被害人之經濟狀況，令行為人或其法定代理人為全部或一部之損害賠償。

前項規定，於其他之人，在無意識或精神錯亂中所為之行為致第三人受損害時，準用之。

[88]一、第一項及第二項未修正。
二、無行為能力人或限制行為能力人之經濟狀況，在目前社會殊少有能力足以賠償被害人之損害。苟僅斟酌行為人之經濟狀況，而不及其法定代理人，則本條項立法之目的，實難達到。為期更周延保障被害人之權利，第三項爰予修正，增列「法定代理人」，其經濟狀況亦為法院得斟酌並令負損害賠償之對象。
三、第四項未修正。

＊（無行為能力人）民一三㊀、一五；（限制行為能力人）民一三㊁；（法定代理人）民一〇八六、一〇九八、一一一〇、一一一三；（連帶債務）民二七二～二八二；（未成年人及心神喪失人之刑事責任）刑一八、一九。

▲上訴人之子甲年十六歲，侵占被上訴人款項時已有識別能力，上訴人為甲之法定代理人，又無民法第一百八十七條第二項所定之免責事由，自應與其子甲就被上訴人之損害，負連帶賠償責任。（二八上四九七）

▲父母對於未成年子女，有保護及教養之權利義務，為民法第一千零八十四條第二項所明定。此項因身分關係所生之權利義務，性質上固不得拋棄，但夫妻協議離婚後，關於子女之監護，依民法第一千零五十一條之規定，原則上由夫任之，亦得約定由一方監護。於此情形下，他方監護權之行使，即暫時停止。此與親權之拋棄尚屬有別。監護權之行使暫時停止之一方，既無從對於未成年子女為監督，當然不能令其就該未成年子女之侵權行為負責賠償。（八〇臺上一三二七）

第一百八十八條（僱用人之責任）

受僱人因執行職務，不法侵害他人之權利者，由僱用人與行為人連帶負損害賠償責任。但選任受僱人及監督其職務之執行，已盡相當之注意或縱加以相當之注意而仍不免發生損害者，僱用人不負賠償責任。」

如被害人依前項但書之規定，不能受損害賠償時，法院因其聲請，得斟酌僱用人與被害人之經濟狀況，令僱用人為全部或一部之損害賠償。

僱用人賠償損害時，對於為侵權行為之受僱人，有求償權。

⇧謹按受僱人因執行職務不法侵害他人之權利者，由僱用人與行為人連帶負賠償之責，蓋因故意或過失加害於人者，其損害不問其因自己之行為，抑他人之行為故也。然若僱用人對於受僱人之選任及監督，已盡相當之注意，或雖加以相當之注意，而其損害仍不免發生者，則不應使僱用人再負賠償之責任。故設第一項以明其旨。僱用人對於受僱人之選任及監督，已盡相當之注意，或縱加以相當之注意，其損害仍不免發生者，得免賠償之責任固矣，然若應負責賠償之受僱人，絕對無賠償之資力時，則是被害人之損失，將完全無所取償，殊非事理之平，此時應斟酌僱用人與被害人之經濟狀況，以定僱用人之賠償數額，以保護被害人。故設第二項以明其旨。僱用人賠償損害時，不問其賠償情形如何，均得於賠償後向受僱人行使求償權，蓋以加害行為，究係出於受僱人，當然不能免除責任也。故設第三項以明其旨。

＊（僱傭契約）民四八二；（連帶債務）民二七二～二八二；（法人之連帶責任）民二八，公司二三；（船舶所有人之責任）海商二一。

▲郵政局員所為開拆信件抽換內容之侵權行為，郵局應否負賠償責任，既為郵政條例及郵局章程所未規定之事項，當然依普通法則，應負賠償之責。（一八上八七五）

▲使用主對於被用人執行業務本負有監督之責，此項責任並不因被用人在被選之前，已否得官廳之准許而有差異，蓋官廳准許，係僅就其技術以為認定，而其人之詳慎或疏忽，仍屬於使用主之監督範圍，使用主漫不加察，竟任此性情疏忽之人執行業務，是亦顯有過失，由此過失所生之侵權行為，當然不能免責。（一八上二〇四一）

▲被用人執行事業加害於第三人時，除使用主於選任被用人及監督其事業已盡相當之注意，或雖注意仍不免發生損害外，在使用主應負賠償之義務。（一八上二一〇九）

▲為某種事業使用他人，於被用人執行事業加害於第三人時，其使用主於選任被用人及監督其事業，已盡相當之注意，或雖注意仍不免發生損害者，使用主固不負賠償責任，但此種情形係為使用主之免責要件，使用主苟欲免其責任，即應就此負舉證之責。（一九上三〇二五）

▲法律上所謂僱用主必須注意之趣旨，係預防受僱人執行業務發生危害之意，故注意範圍，除受僱人之技術是否純熟而外，尚須就其人之性格是否謹慎精細亦加注意，蓋性格狂放或粗疏之人執此業務，易生危害乃意中之事。（二〇上五六八）

▲船舶之出租人選任之船員，於船舶出租後，受承租人之僱用而為船員者，如因執行職務不法侵害他人之權利，僅承租人應依民法第一百八十八條之規定負損害賠償責任，其出租人既已失其僱用人之資格，即不得本於其最初之選任，使負賠償責任。（二一上二五七）

▲僱用人選任受僱人雖曰盡相當之注意，而監督其職務之執行未盡相當之注意者，如無縱加以相當之注意，仍不免發生損害之情事，仍負民法第一百八十八條第一項之賠償責任。（二二上三一一六）

▲使用主苟非於選任及監督已盡相當之注意，即應就此損害負賠償責任。（二八上五六八）

▲民法第一百八十八條第一項所謂受僱人因執行職務不法侵害他人之權利，不僅指受僱人因執行其所受命令，或委託之職務自體，或執行該職務所必要之行為，而不法侵害他人之權利者而言，即受僱人之行為，在客觀上足認為與其執行職務有關，而不法侵害他人之權利者，就令其為自己利益所為亦應包括在內。（四二臺上一二二四）

▲民法第一百八十八條所稱之受僱人，係以事實上之僱用關係為標準，僱用人與受僱人間已否成立書面契約，在所不問。（四五臺上一五九九）

▲僱傭契約於當事人間，固以約定一方於一定或不定之期限內為他方服勞務，他方給付報酬為其成立之要件，然其與第三人間之關係，受僱人既係以聽從僱用人之指示而作為，倘受僱人確係因服勞務而生侵害第三人權利之情事時，僱用人即不能藉口曾與受僱人有何約定，而諉卸其對第三人之責任。（五六臺上一六一二）

▲民法第一百八十八條第一項所謂受僱人，並非僅限於僱傭契約所稱之受僱人，凡客觀上被他人使用為之服勞務而受其監督者均係受僱人。（五七臺上一六六三）

▲（六七臺上一一九六）參見本法第二十八條。

▲民法第一百八十八條所定僱用人之連帶賠償責任，以受僱人因執行職務不法侵害他人之權利者為限，始有其適用，本件受僱人黃某所犯與何女相姦及誹謗等罪責，均由於其私生活不檢所致，顯與其執行職務無關，即與該條所定成立要件不合，上訴人據以訴請被上訴人與其負連帶賠償責任，於法無據。（六七臺上二〇三二）

▲受僱人因執行職務，不法侵害他人致死者，被害人之父、母、子、女及配偶受有非財產上之損害，依民法第一百九十四條及第一百八十八條第一項規定，請求受僱人及其僱用人連帶賠償相當金額之慰撫金時，法院對於慰撫金之量定，應斟酌該受僱人及應負連帶賠償責任之僱用人，並被害人暨其父、母、子、女及配偶之身分、地位及經濟狀況等關係定之，不得僅以被害人與實施侵權行為之受僱人之資力為衡量之標準。（七六臺上一九〇八）

第一百八十九條（定作人之責任）

承攬人因執行承攬事項，不法侵害他人之權利者，定作人不負損害賠償責任。但定作人於定作或指示有過失者，不在此限。

⇧查民律草案第九百五十三條理由謂承攬人獨立承辦一事，如加害於第三人，其定作人不能負損害賠償之責，因承攬人獨立為其行為，而定作人非使用主比故也。但定作人於定作或指示有過失時，仍不能免賠償之義務，蓋此時承攬人有似定作人之使用人。此本條所由設也。

*（承攬契約）民四九〇。

▲承攬人為承攬事項，加害於第三人者，定作人除於定作或指示有過失外，不負賠償之義務。（一八上二〇一〇）

第一百九十條（動物占有人之責任）

動物加損害於他人者，由其占有人負損害賠償責任。但依動物之種類及性質，已為相當注意之管束，或縱為相當注意之管束而仍不免發生損害者，不在此限。」

動物係由第三人或他動物之挑動，致加損害於他人者，其占有人對於該第三人或該他動物之占有人，有求償權。

⇧查民律草案第九百五十四條理由謂動物因占有人不注意，而傷害他人之生命身體，或毀損物件者，應使占有人負賠償之責任。因占有人既占有動物，應負注意保管之義務也。故設本條以明示其旨。

*（占有人）民九四〇。

第一百九十一條（工作物所有人之責任）

土地上之建築物或其他工作物所致他人權利之損害，由工作物之所有人負賠償責任。但其對於設置或保管並無欠缺，或損害非因設置或保管有欠缺，或於防止損害之發生，已盡相當之注意者，不在此限。

前項損害之發生，如別有應負責任之人時，賠償損害之所有人，對於該應負責者有求償權。

(88)一、土地上之建築物或其他工作物使他人權利遭受損害時，應推定其所有人就設置或保管有欠缺，被害人於請求損害賠償時，對於此項事項無須負舉證責任，方能獲得周密之保護。但所有人能證明其對於建築物或工作物之設置或保管無欠缺，或於防止損害之發生，已盡相當之注意，或損害非因設置或保管有欠缺所致者，仍得免負賠償責任，方為平允，爰修正第一項。

二、第二項未修正。

*（別有應負責任之人）民四三七、四六八、四九五。

▲民法第一百九十一條第一項所謂設置有欠缺，係指土地上之建築物或其他工作物，於建造之初即存有瑕疵而言。所謂保管有欠缺，係指於建造後未善為保管，致其物發生瑕疵而言。（五〇臺上一四六四）

第一百九十一條之一（商品製造人之責任）

商品製造人因其商品之通常使用或消費所致他人之損害，負賠償責任。但其對於商品之生產、製造或加工、設計並無欠缺或其損害非因該項欠缺所致或於防止損害之發生，已盡相當之注意者，不在此限。

前項所稱商品製造人，謂商品之生產、製造、加工業者。其在商品上附加標章或其他文字、符號，足以表彰係其自己所生產、製造、加工者，視為商品製造人。

商品之生產、製造或加工、設計，與其說明書或廣告內容不符者，視為有欠缺。

商品輸入業者，應與商品製造人負同一之責任。

(88)一、本條新增。

二、商品製造人之責任，宜採侵權行為說。凡商品之製造人，對其商品之通常使用或消費所生之損害，應負賠償責任，以保護消費者之利益。商品製造人欲免除其責任，則須證明對商品之生產、製造（包括設計）、加工，並無欠缺或其損害非因該項欠缺所致或防止損害之發生，已盡相當之注意。例如商品如有危險性，商品製造人有附加說明之義務，應說明而未為說明，即為防止損害之發生，未盡相當之注意。至於商品之經過品質管制或已送政府機關檢驗合格，則不能謂為當然已盡防止損害發生之注意，商品製造人均不得以此免責。商品製造人於此係負中間責任。爰增訂第一項規定。

三、本條所稱商品，係包括自然產物及工業產品在內，從而所謂「商品製造人」，亦兼指前述自然產物及工業產品等之生產、製造及加工業者而言。除其為真正生產、製造、加工業者外，不論何人，在該商品上標示其姓名、商號、商標或其他文字、符號足以表彰係其自己所生產、製造、加工者，亦視為該商品之製造人，使負與商品製造人同一之責任，爰增訂第二項規定。

四、按商品之生產、製造責任誰屬，或商品之優劣如何，通常消費者之習慣，於購買或使用、消費該商品時，均信賴該商品之說明書或廣告之內容，倘該商品之品質、功能，事實上與其說明書或廣告之內容不相符合，使該商品之購買者或使用、消費者誤信而為使用、消費，致發生損害，即應視為商品之生產、製造或加工有欠缺，爰增訂第三項規定。

五、按商品如係國外所輸入者，每因轉賣、運銷等原因致使該商品之製造人難於追查，應使該商品之輸入業者，對該商品之瑕疵，負與製造人同一責任，藉保護消費者之權益；爰增訂第四項規定。又本項之「輸入業」者，包括在外國輸出商品至我國之出口商及在我國之進口商在內。

*（企業經營者之責任）消保七～一〇；（說明義務）消保四。

第一百九十一條之二（動力車輛駕駛人之責任）

汽車、機車或其他非依軌道行駛之動力車輛，在使用中加損害於他人者，駕駛人應賠償因此所生之損害。但於防止損害之發生，已盡相當之注意者，不在此限。

(88)一、本條新增。
二、近代交通發達，而因動力車輛肇事致損害人之身體或財產者，日見增多，各國法律如義大利民法第二千零五十四條、西德道路交通法第七條、瑞士公路法第三十七條、日本汽車損害賠償保障法第三條等，對汽車肇事賠償責任均有特別規定。爰參考他國立法例並斟酌我國國情增訂本條，規定汽車、機車或其他非依軌道行駛之動力車輛，在使用中加損害於他人者，駕駛人應賠償因此所生之損害。惟如駕駛人於防止損害之發生，已盡相當之注意，不在此限，以期緩和駕駛人之責任。

＊（交通事故損害賠償）強制車險五。

第一百九十一條之三（一般危險之責任）

經營一定事業或從事其他工作或活動之人，其工作或活動之性質或其使用之工具或方法有生損害於他人之危險者，對他人之損害應負賠償責任。但損害非由於其工作或活動或其使用之工具或方法所致，或於防止損害之發生已盡相當之注意者，不在此限。

(88)一、本條新增。
二、近代企業發達，科技進步，人類工作或活動之方式及其使用之工具與方法日新月異，伴隨繁榮而產生危險性之機會大增。如有損害發生，而須由被害人證明經營一定事業或從事其他工作或活動之人有過失，被害人將難獲得賠償機會，實為社會不公平現象。且鑑於：㈠從事危險事業或活動者製造危險來源；㈡僅從事危險事業或活動者於某種程度控制危險；㈢從事危險事業或活動者因危險事業或活動而獲取利益，就此危險所生之損害負賠償之責，係符合公平正義之要求。為使被害人獲得周密之保護，凡經營一定事業或從事其他工作或活動之人，對於因其工作或活動之性質或其他使用之工具或方法有生損害於他人之危險（例如工廠排放廢水或廢氣、筒裝瓦斯廠裝填瓦斯、爆竹廠製造爆竹、舉行賽車活動、使用炸藥開礦、開山或燃放焰火），對於他人之損害，應負損害賠償責任。請求賠償時，被害人衹須證明加害人之工作或活動之性質或其使用之工具或方法，有生損害於他人之危險性，而在其工作或活動中受損害即可，不須證明其間有因果關係。但加害人能證明損害非由於其工作或活動或其使用之工具或方法所致，或於防止損害之發生已盡相當之注意者，則免負賠償責任，以期平允，爰增訂本條規定（義大利民法第二千零五十條參考）。

第一百九十二條（侵害生命權之損害賠償）

不法侵害他人致死者，對於支出醫療及增加生活上需要之費用或殯葬費之人，亦應負損害賠償責任。

被害人對於第三人負有法定扶養義務者，加害人對於該第三人亦應負損害賠償責任。

第一百九十三條第二項之規定，於前項損害賠償適用之。

(88)一、不法侵害他人致死者，其於被害人生前為之支出醫療及增加生活上需要之費用，固可本於無因管理或其他法律關係，請求被害人之繼承人或其遺產管理人償還。但此項損害，原應由加害人負最後賠償責任，為鼓勵熱心助人之風尚，及免除輾轉求償之繁瑣，基於加害人對於支出殯葬費之人直接負損害賠償責任之同一立法理由，使此等支出醫療等費用之人，得逕向加害人請求損害賠償，爰修正第一項之規定。
二、第二項未修正。
三、按扶養費之支付，具有組織之性質，如許為定期金之支付，較合當事人之目的，爰增設規定，適用第一百九十三條第二項之規定，如當事人聲請支付定期金時，法院亦得命為定期金之支付，但仍應命加害人提出擔保，以擔保其按期切實履行，爰增訂第三項規定（德國民法第八百四十四條第二項、第九百七十條，第二次民律草案第九百六十八條第二項、第二百六十條第二項、第一次民律草案第二百六十四條及梅仲協著民法要義第一四九頁參考）。

＊（不法侵害他人致死者）民一九四；（法定扶養義務）民一一一四～一一二一；（損害賠償責任）民二一三～二一八。

▲被害人雖尚無養贍其父母之能力，而其父母將來賴其養贍，苟無反對情形，不得謂其將來亦無養贍能力，侵害被害人將來應有之養贍能力，即與侵害其父母將來應受養贍之權利無異，其父母得因此訴請賠償。至養贍費數額，應以被害人將來供給養贍能力為準，不應以父母此時需要養贍之生活狀況為準。（一八上二〇四一）

▲甲之行為與乙之死亡間，縱有如無甲之行為，乙即不致死亡之關係，而此種行為，按諸一般情形，不適於發生該項結果者，即無相當因果關係，自不得謂乙係被甲侵害致死。（二三上一〇七）

▲依民法第一百九十二條第二項，命加害人一次賠償扶養費用，須先認定被害人於可推知之生存期內，應向第三人支付扶養費用之年數及其歷年應付之數額，並就歷年將來應付之數額，各以法定利率為標準，依霍夫曼式計算法，扣除各該年以前之利息，俾成歷年現在應付之數額，再以歷年現在應付之總數為賠償額，方為合法。（二九附三七九）

▲上訴人於民國二十七年六月間，將其與某甲共同販賣之炸藥寄放於某乙開設之洗染店樓上，至民國二十九年八月十三日夜間，因該洗染店屋內設置之電線走電引燃該項炸藥，致將住宿於該店之被上訴人胞兄某丙炸死，雖為原審斟酌上訴人等公共危險案件之刑事確定判決，及被上訴人對於某甲等請求賠償殯葬費、扶養費事件之民事確定判決所確定之事實，然上訴人寄放之炸藥，係因走電引燃，以致爆炸，上訴人於走電引燃，原審既未認定其有何過失，對於某丙之被炸身死即無何等責任，縱令上訴人如無寄放炸藥之行為，某丙不致被炸身死，然寄放之炸藥，非自行爆炸者，其單純之寄放行為，按諸一般情形，實不適於發生炸死他人之結果，是上訴人之寄放炸藥，與某丙之被炸身死，不得謂有相當之因果關係。被上訴人對於上訴人為賠償殯葬費、扶養費之請求，無從認為有理由。原判決乃以某丙非因炸藥爆炸，即不致發生死亡之結果，遂維持第一審命上訴人賠償殯葬費六十六元七角，扶養費一千元於被上訴人之判決，於法殊有未合。（三三上七六九）

▲因過失不法侵害他人致死者，固應負民法第一百九十二條、第一百九十四條所定之損害賠償責任，惟過失為注意之欠缺，民法上所謂過失，以其欠缺注意之程度為標準，可分為抽象的過失、具體的過失，及重大過失三種。應盡善良管理人之注意（即依交易上一般觀念，認為有相當知識經驗及誠意之人應盡之注意）而欠缺者，為抽象的過失，應與處理自己事務為同一注意而欠缺者，為具體的過失，顯然欠缺普通人之注意者，為重大過失。故過失之有無，抽象的過失，則以是否欠缺應盡善良管理人之注意定之，具體的過失，則以是否欠缺應與處理自己事務為同一之注意定之，重大過失，則以是否顯然欠缺普通人之注意定之，苟非欠缺其注意，即不得謂之有過失。（四二臺上八六五）

▲因扶養請求權被侵害而生之損害賠償請求權，以扶養請求權存在為前提，而扶養之請求，乃請求權人身分上專屬之權利，該權利因請求權人死亡而消滅，其繼承人不得繼承其身分關係，對加害人請求賠償死亡後之扶養費。（四九臺上六二五）

▲不法侵害他人致死者，其繼承人得否就被害人如尚生存所應得之利益，請求加害人賠償，學者間立說不一。要之，被害人之生命因受侵害而消滅時，其為權利主體之能力即已失去，損害賠償請求權亦無由成立，則為一般通說所同認，參以我民法就不法侵害他人致死者，特於第一百九十二條及第一百九十四條定其請求範圍，尤應解為被害人如尚生存所應得之利益，並非被害人以外之人所得請求賠償。（五四臺上九五一）

▲撫卹金係依公務人員撫卹法（公法）之規定而受領之給與，其性質與依民法規定對於加害人請求賠償之扶養費全異其趣，自不得於依法應賠償扶養費金額中予以扣除。（六三臺上二五二〇）

▲民法第一百九十二條第一項規定不法侵害他人致死者，對於支出殯葬費之人，亦應負損害賠償責任，係間接被害人得請求賠償之特例。此項請求權，自理論言，雖係固有之權利，然其權利係基於侵權行為之規定而發生，自不能不負擔直接被害人之過失，倘直接被害人於損害之發生或擴大與有過失時，依公平之原則，亦應有民法第二百十七條過失相抵規定之適用。（七三臺再一八二）

第一百九十三條 （侵害身體、健康之財產上損害賠償）

不法侵害他人之身體或健康者，對於被害人因此喪失或減少勞動能力或增加生活上之需要時，應負損害賠償責任。

前項損害賠償，法院得因當事人之聲請，定為支付定期金。但須命加害人提出擔保。

⇧查民律草案第九百五十八條理由謂不法傷害他人之身體或健康，致被害人因此喪失或減少勞動能力，或因傷害之結果，需以機械補助身體，致增加生活上之需要者，加害人須負損害賠償之責任。賠償之方法，得命支付定期金，但應使加害人提供擔保，俾臻確實。此本條所由設也。

*（終身定期金）民七二九；（提出擔保）民七三九、八六〇、八八四、九〇〇，動擔一五。

▲不法侵害他人之身體，致被害人喪失或減少勞動能力，或增加生活上之需要者，應支付定期金於被害人，法院就此定期金之支付，並應斟酌情形，命加害人提供相當之擔保。（一八上一六五〇）

▲依民法第一百九十三條第一項命加害人一次支付賠償總額，以填補被害人所受喪失或減少勞動能力之損害，應先認定被害人因喪失或減少勞動能力而不能陸續取得之金額，按其日後本可陸續取得之時期，各照霍夫曼式計算法，扣除依法定利率計算之中間利息，再以各時期之總數為加害人一次所應支付之賠償總額，始為允當。（二二上三五三）

▲民法第二百十三條第二項所謂因回復原狀而應給付金錢者，例如所侵害者為金錢，則應返還金錢，如所侵害者為取得利益之物，則於返還原物外，更應給付金錢抵償其所得利益，始克回復原狀。是我民法明定身體健康之傷害，應為金錢賠償（民法第一百九十三條、第一百九十五條第一項前段），此即民法第二百十三條第一項所謂法律另有規定，自無適用同條第二項規定之餘地。原審竟憑該條第二項規定，命上訴人就醫藥費及慰藉金加給利息，顯有錯誤。（五六臺上一八六三）

▲身體或健康受侵害，而減少勞動能力者，其減少及殘存勞動能力之價值，不能以現有之收入為準，蓋現有收入每因特殊因素之存在而與實際所餘勞動能力不能相符，現有收入高者，一旦喪失其職位，未必能自他處獲得同一待遇，故所謂減少及殘存勞動能力之價值，應以其能力在通常情形下可能取得之收入為標準。（六一臺上一九八七）

▲（六二臺上二六九三） 參見本法第一百八十四條。

▲被害人因身體健康被侵害而喪失勞動能力所受之損害，其金額應就被害人受侵害前之身體健康狀態、教育程度、專門技能、社會經驗等方面酌定之，不能以一時一地之工作收入為準。又商人之經營能力固為勞動能力之一種，但營業收入乃出於財產之運用，資本及機會等皆其要素，不能全部視為勞動能力之所得。（六三臺上一三九四）

第一百九十四條 （侵害生命權之非財產上損害賠償）

不法侵害他人致死者，被害人之父、母、子、女及配偶，雖非財產上之損害，亦得請求賠償相當之金額。

⇧查民律草案第九百七十一條理由謂侵害他人生命之場合，須使被害人之父、母、子、女及配偶人（即夫或妻），有金錢上之賠償請求權，以救濟之。此本條所由設也。

*（侵害人格權之損害賠償）民一八、一九二、一九三、一九五；（侵權行為）民一八四～一九一。

▲不法侵害他人致死者，被害人之父母子女及配偶，雖非財產上之損害，原得對於加害人請求給付賠償相當之金額，但須他人有不法加害之行為，方得對之為此請求。（一九上九一六）

▲（四二臺上八六五） 參見本法第一百九十二條。

▲（五四臺上九五一） 參見本法第一百九十二條。

▲（六六臺上二七五九） 參見本法第七條。

▲（七六臺上一九〇八） 參見本法第一百八十八條。

▲非財產上之損害賠償請求權，因與被害人之人身攸關，具有專屬性，不適於讓與或繼承。民法第一百九十五條第二項規定，於同法第一百九十四條規定之非財產上損害賠償請求權，亦有其適用。（八四臺上二九三四）

第一百九十五條 （侵害身體、健康等非財產法益之損害賠償）

不法侵害他人之身體、健康、名譽、自由、信用、隱私、貞操，或不法侵害其他人格法益而情節重大者，被害人雖非財產上之損害，亦得請求賠償相當之金額。其名譽被侵害者，並得請求回復名譽之適當處分。

前項請求權，不得讓與或繼承。但以金額賠償之請求權已依契約承諾，或已起訴者，不在此限。

前二項規定，於不法侵害他人基於父、母、子、女或配偶關係之身分法益而情節重大者，準用之。

(88)一、第一項係為配合民法總則第十八條規定而設，現行規定採列舉主義，惟人格權為抽象法律概念，其內容與範圍，每隨時間、地區及社會情況之變遷有所不同，立法上自不宜限制過嚴，否則受害者將無法獲得非財產上之損害賠償，有失情法之平。反之，如過於寬泛，則易啟人民好訟之風，亦非國家社會之福，現行條文第一項列舉規定人格權之範圍，僅為身體、健康、名譽、自由四權。揆諸現代法律思潮，似嫌過窄，爰斟酌我國傳統之道德觀念，擴張其範圍，及於信用、隱私、貞操等之侵害，並增訂「不法侵害其他人格法益而情節重大」等文字，俾免掛漏並杜浮濫。

二、第二項未修正。

三、身分法益與人格法益同屬非財產法益。本條第一項僅規定被害人得請求人格法益被侵害時非財產上之損害賠償。至於身分法益被侵害，可否請求非財產上之損害賠償？則付之闕如，有欠周延，宜予增訂。惟對身分法益之保障亦不宜太過寬泛。鑑於父、母、子、女或配偶與本人之關係最為親密，基於此種親密關係所生之身分法益被侵害時，其所受精神上之痛苦最深，故明定「不法侵害他人基於父、母、子、女或配偶關係之身分法益而情節重大者」，始受保障。例如未成年子女被人擄掠時，父母監護權被侵害所受精神上之痛苦。又如配偶之一方被強姦，他方身分法益被侵害所致精神上之痛苦等是，爰增訂第三項準用規定，以期周延。

*（侵害人格權之損害賠償）民一八、一九二～一九四；（侵害身體健康之財產上損害賠償）民一九三。

▲不法侵害人之身體或健康，並不限於因此喪失或減少勞動能力，始負損害賠償之責任，即其侵害程度，尚不至因而有財產上之損失，亦得請求賠償相當之金額。（一九上一一五二）

▲名譽被侵害者雖許被害人請求以金錢賠償，但其損失原非如財產損失之有價額可以計算，究竟如何始認為相當，自得由法院斟酌情形定其數額。（一九上一六一三）

▲名譽被侵害者，關於非財產上之損害，加害人雖亦負賠償責任，但以相當之金額為限，民法第一百九十五條第一項定有明文，所謂相當，自應以實際加害情形與其名譽影響是否重大，及被害者之身分地位與加害人經濟狀況等關係定之。（四七臺上一二二一）

▲受精神之損害得請求賠償者，法律皆有特別規定，如民法

第十八條、第十九條、第一百九十四條、第一百九十五條、第九百七十九條、第九百九十九條等是。未成年子女被人誘姦，其父母除能證明因此受有實質損害，可依民法第二百十六條請求賠償外，其以監督權被侵害為詞，請求給付慰藉金，於法究非有據。（五〇臺上一一一四）（九一、九、九決議不再援用）

▲慰藉金之賠償須以人格權遭遇侵害，使精神上受有痛苦為必要，其核給之標準固與財產上損害之計算不同，然非不可斟酌雙方身分資力與加害程度，及其他各種情形核定相當之數額，原審對於被上訴人所受之名譽損害有如何痛苦情事，並未究明，若僅以上訴人之誣告為賠償依據，則案經判處上訴人罪刑，是非明白，被上訴人似亦無甚痛苦之可言，且原判決何以增加賠償慰藉金之數額，亦未說明其理由，遽命上訴人再賠償五千元，自有未合。（五一臺上二二三）

▲（五五臺上二〇五三） 參見本法第一百八十四條。

▲凡不法侵害他人之身體、健康、名譽、或自由者，被害人雖非財產上之損害，亦得請求賠償相當之金額，民法第一百九十五條第一項固有明定，但此指被害人本人而言，至被害人之父母就此自在不得請求賠償之列。（五六臺上一〇一六）

▲（五六臺上一八六三） 參見本法第一百九十三條。

▲公司係依法組織之法人，其名譽遭受損害，無精神上痛苦之可言，登報道歉已足回復其名譽，自無依民法第一百九十五條第一項規定請求精神慰藉金之餘地。（六二臺上二八〇六）

▲被上訴人於姦淫時尚未滿十六歲，顯無同意姦淫之意思能力，雖上訴人以其與被上訴人相姦係得被上訴人之同意為抗辯，仍不能阻卻其違法性，上訴人此項不法行為，同時侵害被上訴人之身體健康及名譽，被上訴人謂其因此而受有非財產上之損害，訴求給付慰撫金殊無不合。（六六臺上三四八四）

▲（八四臺上二九三四） 參見本法第一百九十四條。

▲民法上名譽權之侵害非即與刑法之誹謗罪相同，名譽有無受損害，應以社會上對個人評價是否貶損作為判斷之依據，苟其行為足以使他人在社會上之評價受到貶損，不論其為故意或過失，均可構成侵權行為，其行為不以廣佈於社會為必要，僅使第三人知悉其事，亦足當之。（九〇臺上六四六）

▲於他人居住區域發出超越一般人社會生活所能容忍之噪音，應屬不法侵害他人居住安寧之人格法益，如其情節重大，被害人非不得依民法第一百九十五條第一項規定請求賠償相當之金額。（九二臺上一六四）

第一百九十六條（物之毀損之賠償方法）

不法毀損他人之物者，被害人得請求賠償其物因毀損所減少之價額。

[88]物因毀損所減少之價額，有時難於估計，且被毀損者有回復原狀之可能時，被害人有時較願請求回復原狀。為使被害人獲得周密之保護，不宜剝奪被害人請求回復原狀之權利。爰參考德國民法第二百四十九條之立法例，加以修正，賦予被害人選擇之自由，使被害人得向不法毀損其物者請求賠償其物因毀損所減少之價額，亦不排除其選擇請求回復原狀。

*（損害賠償之方法） 民二一三～二一五。

第一百九十七條（損害賠償請求權之消滅時效與不當得利之返還）

因侵權行為所生之損害賠償請求權，自請求權人知有損害及賠償義務人時起，二年間不行使而消滅，自有侵權行為時起，逾十年者亦同。

損害賠償之義務人，因侵權行為受利益，致被害人受損害者，於前項時效完成後，仍應依關於不當得利之規定，返還其所受之利益於被害人。

⇧查民律草案第九百七十六條理由謂侵權行為之損害賠償請求權，一債權也，因清償及其他方法而消滅，固屬當然之事。至關於消滅時效，則應設特別規定，俾久為社會所遺忘之侵權行為，不至忽然復起，更主張損害賠償之請求權，以擾亂社會之秩序，且使相對人不至因證據湮滅而有難於防禦之患。此第一項所由設也。至損害賠償之義務人，因侵權行為而受利益，致被害人蒙損害時，於因侵權行為之請求權外，更使發生不當得利之請求權，且此請求權，與因侵權行為之請求權時效無涉，依然使其獨立存續。此第二項所由設也。

*（消滅時效） 民一二五～一四七；（不當得利之返還） 民一七九、一八一、一八二。

▲因被脅迫而為負擔債務之意思表示者，即為侵權行為之被害人，該被害人固得於民法第九十三條所定之期間內，撤銷其負擔債務之意思表示，使其債務歸於消滅，但被害人於其撤銷權因經過此項期間而消滅後，仍不妨於民法第一百九十七條第一項所定之時效未完成前，本於侵權行為之損害賠償請求權，請求廢止加害人之債權，即在此項時效完成後，依民法第一百九十八條之規定，亦得拒絕履行。（二八上一二八二）

▲民法第一百九十七條第二項之不當得利返還請求權，依同法第一百二十五條之規定，因十五年間不行使而消滅。（二九上一六一五）

▲侵權行為，即不法侵害他人權利之行為，屬於所謂違法行為之一種，債務不履行為債務人侵害債權之行為，性質上雖亦屬侵權行為，但法律另有關於債務不履行之規定，故關於侵權行為之規定，於債務不履行不適用之。民法第二百三十一條第一項，因債務遲延所發生之賠償損害請求權，與同法第一百八十四條第一項，因故意或過失不法侵害他人之權利所發生之損害賠償請求權有別，因之基於民法第二百三十一條第一項之情形，所發生之賠償請求權，無同法第一百九十七條第一項所定短期時效之適用，其請求權在同法第一百二十五條之消滅時效完成前，仍得行使之，應為法律上當然之解釋。（四三臺上七五二）

▲上訴人自四十一年起即已知有損害及賠償義務人，至四十四年九月九日始提起本件訴訟，其因侵權行為所生之損害賠償請求權，依民法第一百九十七條第一項之規定，雖因二年間不行使而消滅，但查所謂知有損害，非僅指單純知有損害而言，其因而受損害之他人行為為侵權行為，亦須一併知之，若僅知受損害及行為人，而不知其行為之為侵權行為，則無從本於侵權行為請求賠償，時效即無從進行。（四六臺上三四）

▲被上訴人出賣與上訴人之土地係屬公同共有，因未能取得公同共有人全體之同意，致所有權無法移轉，上訴人因對被上訴人起訴求命賠償損害，是其訴之原因，顯係基於債務不履行而非基於侵權行為所發生，自無民法第一百九十七條第一項短期時效之適用。（四七臺上一一〇七）

▲主債務人因竊取債權人之財物，債權人對之既得基於損害賠償之法律關係，請求回復原狀，同時又得基於不當得利之法律關係，請求返還其所受之利益，此即學說上所謂請求權之並存或競合，有請求權之債權人，得就二者選擇行使其一，請求權之行使已達目的者，其他請求權即行消滅，如未達目的者，仍得行使其他請求權。（四八臺上一一七九）

▲被上訴人占用上訴人土地建屋，經上訴人阻止後，乃與上訴人訂立使用借貸契約，訂明上訴人要處分該地時即須拆遷，有卷附切結書可稽，嗣上訴人賣地時，被上訴人不依約定拆屋還地，自屬債務不履行之行為，與侵權行為之性質不同，應於受催告未為履行時，負賠償因遲延所生損害之責任，無民法第一百九十七條第一項所定短期時效之適用。（四九臺上一四四）

▲民法第一百九十七條所謂知有損害，即知悉受有何項損害而言，至對於損害額則無認識之必要，故以後損害額變更而於請求權消滅時效之進行並無影響。（四九臺上二六五二）

▲被上訴人主張上訴人（三灣鄉農會職員）因離職移交未清而請求給付之款項，除合於侵權行為，得行使損害賠償請求權外，其基本之法律關係，乃為委任契約返還處理事務

所收取金錢之請求權（民法第五百四十一條第一項），上訴人雖主張損害賠償之請求權消滅時效已完成，而基於委任契約所生之上開請求權，顯未逾民法第一百二十五條之時效期間。（五二臺上一八八）

▲（五六臺上三〇五）參見本法第一百十條。

▲不當得利返還請求權與損害賠償請求權，法律上之性質雖有未同，但二者訴訟上所據之事實如屬同一，則原告起訴時雖係基於侵權行為之法律關係，然在訴訟進行中於他造為時效之抗辯後，亦不妨再基於不當得利之請求權而為主張。（五六臺上三〇六四）

▲關於侵權行為損害賠償請求權之消滅時效，應以請求權人實際知悉損害及賠償義務人時起算，非以知悉賠償義務人因侵權行為所構成之犯罪行為經檢察官起訴，或法院判決有罪為準。（七二臺上七三八）

▲民法第一百九十七條第一項規定：「因侵權行為所生之損害賠償請求權，自請求權人知有損害及賠償義務人時起，二年間不行使而消滅」。所謂知有損害及賠償義務人之知，係指明知而言。如當事人間就知之時間有所爭執，應由賠償義務人就請求權人知悉在前之事實，負舉證責任。（七二臺上一四二八）

第一百九十八條（債務履行之拒絕）

因侵權行為對於被害人取得債權者，被害人對該債權之廢止請求權，雖因時效而消滅，仍得拒絕履行。

⇧查民律草案第九百七十七條理由謂因侵權行為，對於被害人取得債權，例如因詐欺而對於被害人使為債務約束時，被害人對於加害人，有債權廢止之請求權。然在請求權有因時效而消滅者，以原則論，既已消滅，則被害人不能據此請求權提出抗辯，以排斥債權人履行之請求。然似此辦理，不足以保護被害人，故本條特設例外之規定，使被害人於債權廢止之請求權因時效消滅後，仍得拒絕債務之履行也。

＊（侵權行為特別消滅時效）民一九七。

第二節　債之標的

⇧查民律草案債權編第一章第一節原案謂債之標的者，債務人之行為或不行為總稱為給付者是也。

第一百九十九條（債權人之權利及給付之範圍）

債權人基於債之關係，得向債務人請求給付。

給付，不以有財產價格者為限。

不作為亦得為給付。

⇧謹按債權者，即得向債務人請求作為或不作為之標相對權，其作為或不作為，實為債之標的，故總稱為給付。至給付須有財產價格與否，古來議論不一，本條規定，雖無財產價格之給付，亦得為債之標的，於實際上方為賅括。又可稱為給付者，固不僅限於債務人履行之作為義務，即履行不作為義務亦得為給付。此本條所由設也。

＊（不作為義務）民四二九、四六七、四八四、五三六、五四三、五六二、五七五、五九一、五九四、六一九、六三三、六七〇、六八三、六九一、七七五、七七七、七九一、七九二、七九六、八二八、八二九、八四五、八五三、九一三。

▲名義上之債務人，應向債權人負擔清償之責，不得以所借之款係供給他人使用為詞，對於債權人主張免責。（一八上八六七）

▲名義上之債務人，就其債務應負償還之責，無論其有無為他人代借或轉借情事，均不得對債權人主張免責。（一八上九三七）

▲債權債務之主體以締結契約之當事人為準，無論其實際享用債權金額之人為何人，當然應由締結契約之當事人負歸償之責。（一八上一四二二）

▲債務債權之主體，應以締結契約之當事人為準，故凡以自己名義與人結約為債務之負擔者，即對於債權人當然負契約上當事人應有之責任，至其實際享用債權金額之為何人，原非所問。（一八上一六〇九）

▲凡以自己名義與人結約為債務之負擔者，無論實際享用債權金額之人為何人，對於債權人當然負契約當事人之責任。（一八上一八三二）

▲擔保物之設置所以擔保債權之效力，故凡債權曾經設定擔保物者，在債權人固得先於債務人之其他債權人，就該擔保物受清償，而債務人要不得藉口有擔保物，即可拒絕債權人清償債務之請求。（一八上一八九八）

▲債權為對於特定人之權利，債權人只能向債務人請求給付，而不能向債務人以外之人請求給付。（一八上一九五三）

▲擔保權為債權之從權利，債權人於債務人屆期不為履行時，固可就擔保之標的上行使物權，然決不能因此即限制債權人之行使債權。（一九上一一〇）

▲債權債務之主體，應以締結契約之當事人為準，依據契約應負償還義務之當事人，不得以所借之款係供給他人使用為詞，對於債權人主張免責。（一九上三八二）

▲債權債務原係特定人間之關係，故依據契約應負償還義務之當事人，斷不容以他人欠款亦未清償為詞，對於債權人抗辯。（一九上一七一八）

▲名義上之債務人，應向債權人負清償之責，縱有為他人代借或轉借情事，非與債權人有特別約定不能有所對抗。（一九上一七六一）

▲債務關係無論實際上享用債款之人為何人，總須由借券上出名之債務人，負擔履行之責。（一九上二三六八）

▲債權債務之關係，應依確實可信之證據為憑，借券上所載明之債務人，不問其果為實際上受益之人與否，就其債務總須以名義上之債務人擔負履行之責，不得以與第三人之交涉，對抗債權人而求減輕其責任。（二〇上八二）

▲名義上之債務人應向債權人負擔清償之責，有無為他人代借或轉借情事，非與債權人有特別約定，不能有所對抗。（二〇上一五〇三）

▲受任人以自己名義為委任人訂立契約取得債權時，僅該受任人得向他方當事人請求履行債務，故在受任人未將其債權移轉於委任人以前，委任人不得逕向他方當事人請求履行。（二一上九三四）

▲契約當事人之一方履行遲延時，他方當事人苟未定相當期限為履行之催告，並因其於限期內仍未履行而行使解除權，則已成立之契約，即仍屬存在，負有遲延責任之一方，並非無請求他方履行之權。（三〇上二一四）

▲被上訴人於民國十三年向案外人某氏典受坐落某處住房一棟，約定該房出賣時，被上訴人有優先承買之權，民國十七年，某氏竟將該房賣給上訴人之夫某甲管業，為原審所認定之事實，此項約定僅生某氏與被上訴人間之權利義務關係，某氏違反此項約定而將該房之所有權讓與某甲，被上訴人僅得向某氏請求賠償損害，不得對某甲訴請確認其有先買權，並主張某甲受讓該房所有權之契約為無效。（三〇上三二三）

▲被上訴人某某縣志局，未於縣志刊載上訴人先人為某某之施主，在私法上無從認上訴人對於被上訴人有刊載請求權。（三二上二五九二）

▲債權債務之主體應以締結契約之當事人為準，故買賣約據所載明之買受人，不問其果為實際上之買受人與否，就買賣契約所生買賣標的物之給付請求權涉訟，除有特別情事外，須以該約據上所載之買受人名義起訴，始有此項請求權存在之可言。（四〇臺上一二四一）

▲債權債務之主體應以締結契約之當事人為準，故凡契約上所載明之債權人，不問其實際情形如何，對於債務人當然得行使契約上之權利。（四三臺上九九）

▲契約成立後，債務人有依契約內容而為履行之義務，縱其契約標的為給付不能，不免罹於無效，而對於非因過失信其契約為有效，致受損害之他方當事人，仍負賠償責任。（五二臺上五一八）

▲上訴人公司係依公司法成立之社團法人，其以私法人地位，與被上訴人公司成立本件互易契約，既未附有何種停止條件，自難謂尚未生效，此種私經濟行為，應受私法之適用，不因內部稽察程序而有所影響，被上訴人以其已依

契約履行自己應負之義務，爰訴請上訴人亦就系爭建地為所有權移轉登記與伊，即無不合。（六二臺上二七八三）

▲（七一臺上一八九〇）參見本法第一百五十三條。

▲單獨所有土地之特定部分買受人，除出賣人有不能將該部分分割後移轉登記與買受人之情形外，不得請求出賣人移轉登記按該部分計算之土地應有部分，而與原所有人共有該土地。（七五臺上四〇四）

第二百條　（種類之債）

給付物僅以種類指示者，依法律行為之性質或當事人之意思不能定其品質時，債務人應給以中等品質之物。

前項情形，債務人交付其物之必要行為完結後，或經債權人之同意指定其應交付之物時，其物即為特定給付物。

⇧查民律草案第三百二十六條理由謂僅以種類指示給付物者，於實際上屢見之，如指定白米百石棉花十擔是也。此時既不能依法律行為之性質，或當事人之意思而定其品質，則使債務人給付中等品質之物，方合於當事人之意思。故從多數立法例，而設第一項。又該項規定，替代物債務，須由履行債務人先定其標的物，始行交付於債權人，故替代物之債務，一變為特定物之債務，於此時期，各國立法例，亦不一致。本法以債務人為給付其物所必要之行為完結後（如債務人將其物託諸運送之行為完結時），或經債權人同意指定其應交付之物時，使其替代物之債務，成為特定物之債務。此第二項所由設也。

*（以法律行為性質而決定其品質）民三八八、四七四、六〇二；（當事人意思）民九八；（交付其物之必要行為）民二三五、三〇九、三一四、三二六、三七四；（特定之效力）民二二五～二二七、二六六。

▲金錢債務其訂立契約時僅表明錢數者，日後債務人履行債務，應按立約當時之洋價折合給付。（一九上三六七）

第二百零一條　（特種通用貨幣之債）

以特種通用貨幣之給付為債之標的者，如其貨幣至給付期失通用效力時，應給以他種通用貨幣。

⇧查民律草案第三百二十八條理由謂以特種通用貨幣之給付為標的者，若其通用貨幣，至給付時已失強制通用之效力，則與並未定特種通用貨幣者同，債務人應以他種通用貨幣為給付。蓋定特種通貨之約，不過一附隨事件也。

*（給付期）民三一五、三一六；（金錢借貸之返還）民四八〇；（外國貨幣之債）民二〇二；（票據金額）票據二四、一二〇、一二五；（票據上貨幣之特別規定）票據七五。

▲金錢債務固可以通用票幣為給付，但較市價為低時，則非補足其差額，自無強債權人按票面數額收受之理。（一八上四六八）

▲我國係以銀元為主幣，錢幣不過輔幣之一，故當事人訂約時，縱或表明為錢數，而日後履行債務，仍應按照訂約時主幣折合以為給付，蓋錢價時有變遷，苟不以主幣為準，無論錢價低落至若何程度，均得盡數以錢給付，殊於公平交易之原則未合，而立約當事人之真意，亦不能符合。（一八上一一九〇）

▲銀行兌換券若不能維持票面之價額，關於存款之支付，應依存款時收入之現款或票券時值，定其應支付之款，無令債權人無故受損之理，惟當事人間，如確有無論如何漲落均應以之償還之意思者，則債權人即不能以票價低落拒絕收受。（一八上二〇五九）

▲締結契約如以一種通用紙幣表示其給付額者，其後該紙幣之價額漲落懸殊，為當事人始料所不及，應仍以約定時該紙幣之市價，為給付之標準。（一八上二一九六）

▲銀行兌換券若不能維持票面之價額，關於存款之支付，應依存款時收入之現款或票券時值，定其應支付之款，無令債權人無故受損之理。（一八上二六四〇）

▲凡以特種貨幣為債之標的者，則債務人於債權人求償時當然用該貨幣清償，不得以喪失通用之他種貨幣代之。（一八上二八〇九）

▲江西省匯劃公所所規定之匯兌規則，乃錢業家所組之匯劃公所，於民國三年間始定之辦法，自與基於自然事實一般人歷久信守之習俗不同，該規則只能視為屬於匯劃公所範圍之錢業，彼此間所定之規約，縱該地方之錢業，於民國三年以後彼此有照原價折補之事，亦係其共同遵守該規則之現象，不得以此現象謂為特別習慣，有先於條理適用之效力。（一九上三二七）

▲通用於市面之特種貨幣，若因時代變更失其通用效力者，當事人自應以他種貨幣為之給付，惟給付他種通用貨幣應比較當事人締約時所交貨幣，以兩者相差之額為其折補標準，方能合於當事人締約時之本意，而免一造受不當之損失。（一九上四三八）

▲紙幣之不能維持其票面價額，而時有起落之市價例須彼此折補者，自應以當事人締約時與償還時相差之價額為其折補標準。（一九上一一七八）

▲以不能維持票面價額之銀行票券為存款之支付，若有無論該票券如何漲落均應以之支付之意思，則該票券不問低落至何程度，當事人不得就其結存餘款，為應依存款時收入之時值以為償還之主張。（一九上三一六五）

▲依當事人間之契約以特種通用貨幣之給付為債之標的者，無論其債之關係係因債務人受領債權人何種貨幣之給付而發生，當事人雙方均應受該契約之拘束，除該特種貨幣至給付期失通用效力時，應給以他種通用貨幣外，不得以一方之意思變更之。（二一上三〇〇四）

第二百零二條　（外國貨幣之債）

以外國通用貨幣定給付額者，債務人得按給付時，給付地之市價，以中華民國通用貨幣給付之。但訂明應以外國通用貨幣為給付者，不在此限。

⇧查民律草案第三百二十九條理由謂當事人以外國通用貨幣，指定在中國給付之債權額，應使債務人得依給付時及給付地之市價，以中國通用貨幣給付之，此等辦法，於債權人之利益，毫無損害。然以外國通用貨幣為債權標的而訂有特約者，是必以外國通用貨幣之給付，為有益於交易之實用，自不可不依其約定。此本條所由設也。

*（特種通用貨幣之債）民二〇一；（票據金額）票據二四、一二〇、一二五。

▲以黃金美鈔之給付為債之標的者，當事人聲明按給付時給付地折付中華民國通用貨幣時，以往均以臺灣銀行外匯牌告之價格為折合之標準，惟近年外匯於牌告匯率以外尚有結匯證之設置，即政府舉辦之郵匯亦不單以牌價為給付，故本院最近見解認為黃金美鈔如不能返還時，應照返還時臺灣銀行牌告黃金結購外匯及外匯結匯證價格折合新臺幣計算之。（四六臺上一七一三）

第二百零三條　（法定利率）

應付利息之債務，其利率未經約定，亦無法律可據者，週年利率為百分之五。

⇧查民律草案第三百三十條理由謂依法令或法律行為，其債權可生利息者，若法令無特別規定，當事人亦無特別約定，不可無法定利率，以杜無益之爭。故本條斟酌本國習慣，定利率為週年百分之五分。

*（較高利率提前還本）民二〇四；（約定利率之限制）民二〇五；（巧取利益之禁止）民二〇六；（複利）民二〇七；（法定利息）民一七三、一七六、一八二、二一三、二三三、二五九、二八一、四〇四、五四二、五四六、五八二、六八〇；（特別法定利率）票據二八；（利息之短期時效）民一二六；（高利貸之刑事責任）刑三四四、三四五。

▲貸款到期因無力歸繳轉帳生息，如為該地通行之商業習慣，債權人自可請求轉帳以後之利息。（一八上九〇）

▲法定利率不過限制利率之最高度，如約定利率低於法定利率者，於法並無違反。（一八上二三八三）

▲民法債編施行前發生之利息債務，於施行時尚未履行，如其利率未經約定，亦無法律可據者，按照民法債編施行法

第五條，應依民法債編第二百零三條規定，其利率為週年百分之五。（二〇上二六五）

▲（二一上八二四） 參見本法第一百五十三條。

▲民法第二百零三條固規定應付利息之債務，其利率未經約定，亦無法律可據者，週年利率為百分之五。但利率之約定不以訂明固定之百分率為要件，當事人約明依市場上隨時變動之通行利率計算利息者，即為利率已有約定。（二一上二七二七）

▲應付利息之債務，其利率未經約定者，依利率管理條例第六條之規定，債權人固得請求按中央銀行授權臺灣銀行核定之放款日拆二分之一計付利息。但此規定限於債之標的，以中華民國貨幣為給付者，始有其適用。至以外國通用貨幣為給付之債務，其利息之計付自難以此為標準。（四六臺上二一）（附註：利率管理條例民國七十四年十一月二十七日廢止）

▲應付利息之債務，非以中華民國貨幣為給付而其利率未經約定者，固不得依利率管理條例第六條之規定，以中央銀行核定放款利率二分之一為準，但可依民法第二百零三條請求利息者，就年息百分之五部分，仍非不得准許。（六六臺上一〇六四）（附註：利率管理條例民國七十四年十一月二十七日廢止）

第二百零四條 （債務人之提前清償權）

約定利率逾週年百分之十二者，經一年後，債務人得隨時清償原本。但須於一個月前預告債權人。

前項清償之權利，不得以契約除去或限制之。

⇧查民律草案第三百三十一條理由謂約定之利率，應否全委諸當事人之自由契約，抑以法律定一最高限度，逾最高限度之部分，審判上即不許其請求，抑民事則採利率限制主義，商事則採利率無限制主義，關於此事，各國皆不一致，本法則在民法上採利息無限制主義。夫遇經濟上有急迫情事，約明利率逾週年百分之十二者，為事所常有，法律為保護債務人起見，不問其債務有無期限，經過一年後，使債務人有隨時清償原本之權利，不得以契約除去或限制之。但須於一個月以前預告債權人，以隨時清償原本，於債權人誠有利害關係，故須使債務人負預告之責也。

*（法定利率）民二〇三；（清償期）民三一五、三一六；（清償抵充順序）民三二三。

第二百零五條 （最高利率之限制）

約定利率，超過週年百分之十六者，超過部分之約定，無效。

(110)一、鑑於近年來存款利率相較於本法制定時已大幅調降，本條所定最高約定利率之限制亦應配合社會現況作適度調整，另考量本條之適用範圍廣泛，仍須保留一定彈性容由當事人約定，不宜過低，爰將最高約定利率調降為週年百分之十六。

二、約定利率如超過最高約定利率上限，原條文規定債權人對於超過部分之利息「無請求權」，並未規定超過部分之約定為「無效」，故司法實務見解均認為僅債權人對之無請求權，並非約定無效而謂其債權不存在，倘若債務人就超過部分之利息已為任意給付，經債權人受領後，不得謂係不當得利而請求返還。為強化最高約定利率之管制效果，保護經濟弱者之債務人，爰將本條法律效果修正為「超過部分之約定，無效」，以符立法原意。

⇧謹按本法為防止資產階級之重利盤剝起見，特設最高利率之限制。凡約定利率超過週年百分之二十者，其超過部分之利息無效，債權人僅就週年百分之二十之限度，有請求權，所以保護經濟弱者之債務人也。

*（法定利率）民二〇三；（巧取利益之禁止）民二〇六。

▲現行法定最高利率，自十六年八月一日起即不得超過年利百分之二十，既經國府通令遵行，凡在此令頒行前未清償之利息，係在十六年八月一日後責令債務人履行者，仍應一律遵照現定利率辦理。（一八上二六六）

▲債務人係在民國十六年八月一日以後履行債務者，祇應按年利百分之二十計算利息。（一八上六三四）

▲抵押字內載明月息三分，雖超過現定利率，然係在國民政府禁令前業已依約給付，當然不溯及既往，不容於事後再行爭執。（一八上六八八）

▲按現定利率年利不得超過百分之二十，自十六年八月一日實行，已有明令公布。其在十六年八月一日以前債務人已經依約給付利息，雖超過現定利率，可不溯及既往，若在明令頒布前未清償之利息，係於十六年八月一日以後，責令債務人履行此種義務，自應一律遵照現定利率辦理。（一八上七五七）

▲利息之業經給付者，在給付當時，如未超過利息限制之法令，自不能援引在後頒布之法令，而主張從前之給付為無效。（一八上一一一四）

▲最高利率不得超過年利百分之二十，國民政府已於十六年八月一日通令在案，其於通令之後，請求履行以前未經清償之利息，亦應受其限制。（一九上九四六）

▲民法債編施行以前關於法定利率並無明文可據，應付利息之債務當事人間未約定利率者，應調查該地方通行之利率以為判斷，至年利不得超過百分之二十，則係限制利率之最高額，並非法定利率。（一九上九八七）

▲利息總額超過原本，仍不得過一本一利之規定，係專就未付之利息而言。（一九上一一二一）

▲約定利率超過週年百分之二十者，民法第二百零五條僅規定債權人對於超過部分之利息無請求權，並未規定其約定為無效，則債權人對於未超過部分，即依週年百分之二十計算之利息，仍非無請求權。上訴人謂約定利率超過週年百分之二十時，與利率未經約定無異，應依週年百分之五之法定利率計算利息，殊非有據。（二七上三二六七）

▲（二九上一三〇六） 參見本法第一百七十九條。

▲應付利息之金錢債務，約定以糧食納年利者，如按給付時之價額折算為金錢，超過週年百分之二十者，依民法第二百零五條之規定，債權人對於超過部分，固無請求權，惟債務人在週年百分之二十之限度內，仍應以糧食為給付，事實審法院自亦僅能依當事人之聲明，按言詞辯論終結時糧食之價額予以折算，命債務人給付糧食，不能於當事人聲明之外，命債務人按週年百分之二十以金錢為給付。（三二上二三九七）

▲應付利息之金錢債務，約定以糧食納年利者，如按給付時之價額折算為金錢，超過週年百分之二十者，依民法第二百零五條之規定，債權人對於超過部分之利息無請求權。（三三上三五〇）

▲（三三上七六四） 參見本法第一百七十九條。

▲出典人為耕地之承租人時，其應支付之租穀並非對於典價支付之利息，故無論租穀按市價折算為金錢之數，與典價之比例如何，要不能適用民法第二百零五條之規定，以減少租穀之數額。（三三上一四七九）

▲典權人將典受耕地出租而收取之租穀，係就典物行使使用收益權之結果，而非就典價所收取之利息，除應受土地法（舊）第一百七十七條規定之限制外，自無民法第二百零五條之適用。（三四上四一三九）

▲金錢債務以實物給付利息者，如依給付時給付地之價額折合為金錢，並未超過週年百分之二十之限制，即難謂債權人受有過分之利益。（三七上六一三二）

▲民法第二百零五條所定約定利率最高額之限制，不僅適用於金錢之消費借貸，金錢以外其他代替物之消費借貸，亦在適用之列。（四〇臺上七四〇）

▲借據內既詳載息穀及違約利息情形，其所稱延滯利息，即係限期屆滿後仍然滯納之違約金，相當於民法第二百五十條之規定，並無同法第二百零五條之適用。（四四臺上一四九）

▲利率管理條例之規定，僅於應付利息之金錢債務有其適用，若金錢以外其他代替物之消費借貸，其約定利息，仍應受民法第二百零五條之限制。（四四臺上一六九六）（附註：利率管理條例民國七十四年十一月二十七日廢止）

▲超過法定最高限額利率之利息，依民法第二百零五條及利率管理條例第五條規定，僅債權人對之無請求權而已，並非約定無效，而謂其債權不存在。債務人於利息到期後，同意將利息（包括超過限額部分）滾入原本，立約約定期

限清償，為債之更改，就超過限額部分之利息而言，不啻已為任意給付，更難謂債權人就更改後之債權中原來超過限額之利息部分，不能請求。至於本院十八年上字第五五六號判例，係就國民政府令年利不得超過百分之二十而為解釋，該令屬於禁止規定，違反者，其行為當然無效，與現行法之僅規定債權人對於超過部分之利息無請求權者不同，不得再予採用。（七一臺上二五三二）（九一、一二、六決議不再援用）

▲民法第二百零五條既已立法限制最高利率，明定債權人對於超過週年百分之二十部分之利息無請求權，則當事人將包含超過週年百分之二十部分之遲付利息滾入原本，約定期限清償，其滾入之利息數額，仍應受法定最高利率之限制。故債權人對於滾入原本之超過限額利息部分，應認仍無請求權。（九一臺簡抗四九）

第二百零六條（巧取利益之禁止）

債權人除前條限定之利息外，不得以折扣或其他方法，巧取利益。

⇧謹按所謂債權人以折扣或其他方法巧取利益者，如借債時約定九五實收或預扣一年利息等情形是也。此種方法，殊有擾亂社會經濟及破壞善良風俗之嫌，自為法所不許，故本條特設禁止之規定。

＊（法定利率）民二〇三；（約定利率之限制）民二〇五；（複利）民二〇七。

▲據上訴人稱，借字上所載一千二百元之數額，實照八折扣算，祇收到九百六十元云云。如果屬實，自係民法第二百零六條所謂以折扣方法巧取利益，關於折扣之二百四十元，被上訴人既未實行交付，即不發生返還請求權。（二九上一三〇六）

▲被上訴人提出之借用證書，所載借用金額，既包含民法第二百零六條所謂以其他方法巧取之利益在內，則關於巧取利益部分，係屬違反禁止規定，被上訴人自不得請求上訴人給付。（四四臺上一一六五）

▲（四七臺上一八〇八）參見本法第七十一條。

▲（九一臺簡抗四九）參見本法第二百零五條。

第二百零七條（複利）

利息不得滾入原本再生利息。但當事人以書面約定，利息遲付逾一年後，經催告而不償還時，債權人得將遲付之利息滾入原本者，依其約定。

前項規定，如商業上另有習慣者，不適用之。

⇧謹按以利息滾入原本，再生利息者，有害債務人之利益實甚，應使之無效。然若當事人以書面約定，利息遲付逾一年後經催告而不償還時，得將遲付之利息滾入原本者，則為保護債權人利益起見，應認其約定為有效。蓋此種約定，債務人必熟權自己利害而後為之，不應使之無效也。其商業上另有習慣者，則應依其習慣，不必依此規定。故設本條以明示其旨。

＊（法定利率）民二〇三；（約定利率）民二〇四、二〇五。

▲逾期延欠之利息，若屆時經債務人同意滾入原本，固與滾利作本之預約不同，不得謂為無效。惟依國民政府令，年利不得超過百分之二十，則雖曾經債務人同意滾入原本，而其超過百分之二十部分，要不能向債務人請求清償。（一八上五五六）

▲現定年利不得超過百分之二十，自民國十六年八月一日起實行，在是年八月一日以前，債務人已經依約給付之利息，雖超過現定利率，當然不溯及既往，如債務人應清償之利息，在是年八月一日以後尚未清償者，仍應遵照現定利率計算，亦不得滾利作本。（一九上八七二）

▲㈠依民法第一條前段之規定，習慣固僅就法律所未規定之事項，有補充之效力，惟法律於其有規定之事項，明定另有習慣時不適用其規定者，此項習慣，即因法律之特別規定而有優先之效力，民法第二百零七條第二項既明定前項規定，如商業上另有習慣者不適用之，則商業上得將利息滾入原本，再生利息之習慣，自應優先於同條第一項之規定而適用之，不容再執民法第一條前段所定之一般原則，以排斥其適用。㈡利息已依法滾入原本再生利息者，其已滾入原本之利息，即為原本之一部，不得仍指為利息。（二六渝上九四八）

▲民法第二百零七條第一項所謂利息不得滾入原本再生利息，係限制債權人一方行為，將遲付之利息滾入原本，若經債權債務雙方之同意，約定將以前遲付之利息滾入原本，並已由實物之借貸更改為金錢之借貸者，其更改前之利息，已變為更改後之原本，自不受該條規定之限制。（四一臺上一一〇五）

▲在銀錢業方面，如確有將利息滾入原本再生利息之特別習慣，亦不失其為民法第二百零七條第二項所稱之商業上習慣。（四三臺上四七七）

▲利息已依法滾入原本再生利息者，其已滾入原本之利息，即為原本之一部，不得仍指為利息，固經本院著有判例（參照二十六年渝上字第九四八號判例），惟該例所稱依法滾入原本，自不包括違法滾利之情形在內，意甚明顯。（四三臺上六四五）

▲利息除當事人以書面約定因遲付逾一年後，經催告而不償還或商業上另有習慣者外，不得滾入原本再生利息，此就民法第二百零七條之規定觀之甚明，是利息之滾入原本再生利息，必須依法為之，如僅憑債權人一方滾利作本，自無拘束債務人之效力。（五三臺上三一六一）

▲（九一臺簡抗四九）參見本法第二百零五條。

第二百零八條（選擇之債）

於數宗給付中得選定其一者，其選擇權屬於債務人。但法律另有規定或契約另有訂定者，不在此限。

⇧查民律草案第三百三十三條理由謂給付之標的，雖有數宗，債務人祇須履行其一，即可消滅債權者，以法律無特別規定或契約無特別訂定為限，使債務人有選擇權，藉以保護債務人之利益也。

＊（法定選擇之債）民二二五、二二六；（選擇權之行使）民二〇九；（選擇權之移轉）民二一〇；（選擇之債之給付不能）民二一一；（選擇之溯及效力）民二一二。

▲選擇之債，謂於數宗給付中，得選擇其一以為給付之債；任意之債，謂債務人或債權人得以他種給付代替原定給付之債。選擇之債，在特定前，數宗給付處於同等地位以待選擇，非予特定，債務人不能為給付，債權人亦不能請求特定之給付。任意之債，其給付物為特定，代替給付僅居於補充地位而已，故債務人有代替權時，債權人祇得請求原定之給付，債權人有代替權時，債務人應為原定之給付。選擇權之行使，以意思表示為之，即生效力。代替權之行使，則為要物行為，代替之意思雖已表示，若未同時提出代替物，其債之標的仍為原定給付。（七八臺上一七五三）

第二百零九條（選擇權之行使）

債權人或債務人有選擇權者，應向他方當事人以意思表示為之。

由第三人為選擇者，應向債權人及債務人以意思表示為之。

⇧謹按有選擇權人，行使選擇權，須向相對人以意思表示為之者，使有選擇權人隨意撤銷其行使選擇權之意思表示也。故設第一項以明其旨。依法律行為使第三人為選擇者，其選擇之方法，亦應先行規定，以杜無益之爭議。此第二項所由設也。

＊（意思表示之生效）民九四～九六；（選擇權行使期間）民二一〇。

第二百十條（選擇權之行使期間與移轉）

選擇權定有行使期間者，如於該期間內不行使時，其選擇權，移屬於他方當事人。

選擇權未定有行使期間者，債權至清償期時，無選擇權之當事人，得定相當期限催告他方當事人行使其選擇權，如他方當事人不於所定期限內行使選擇權者其選擇權移屬於為催告之當事人由第三人為選擇者，如第三人不能或不欲選擇時，選擇權屬於債務人。

⇧謹按選擇權，定有行使期間者，如逾期不行使，應使選擇權移轉於他方當事人。選擇權，未定有行使期間者，如於債權至清償期經催告後逾期而仍不行使，應使其選擇權移轉於催告人。其選擇權由第三人行使者，如第三人不能或不欲行使時，應使其選擇權屬於債務人。此蓋為選擇權定有行使期間與未定有行使期間，及由第三人為選擇者，應生如何之結果之分別規定，藉免無益之爭議也。故設本條以明其旨。

*(選擇權之行使)民二〇九；(清償期)民三一五、三一六；(選擇權人)民二〇八。

第二百十一條　(選擇之債之給付不能)

數宗給付中有自始不能或嗣後不能給付者，債之關係僅存在於餘存之給付。但其不能之事由應由無選擇權之當事人負責者不在此限。

⇧查民律草案第三百四十條理由謂選擇給付之數宗標的中，因天災不可抗力，或因有選擇權人之過失，致自始不能或嗣後不能給付，其債權應存在於餘存給付中，是屬當然之事。但因無選擇權當事人之過失，致不能給付者，則使相對人得請求可能之給付，或請求因給付不能而生之損害賠償，以保護其利益。故設本條以明其旨。

*(給付不能與損害賠償)民二二五、二二六、二四六、二四七；(選擇權人)民二〇八、二一〇；(歸責事由)民二二〇～二二四。

第二百十二條　(選擇之溯及效力)

選擇之效力溯及於債之發生時。

⇧查民律草案第三百三十九條理由謂既被選擇之給付，不啻從始即為債之標的，故選擇者，不過除去其他之標的而已。選擇使溯及債權發生時生其效力，自屬當然之事。此本條所由設也。

*(選擇權之行使)民二〇九。

第二百十三條　(損害賠償之方法——回復原狀)

負損害賠償責任者，除法律另有規定或契約另有訂定外，應回復他方損害發生前之原狀。

因回復原狀而應給付金錢者，自損害發生時起，加給利息。

第一項情形債權人得請求支付回復原狀所必要之費用，以代回復原狀。

(88)一、第一項及第二項未修正。

二、我民法損害賠償之方法，以回復原狀為原則，金錢賠償為例外。然回復原狀，若必由債務人為之，對被害人有時可能緩不濟急，或不能符合被害人之意願。為期合乎實際需要，並使被害人獲得更周密之保障，爰參考德國民法第二百四十九條後段之立法例，增設第三項，使被害人得請求支付回復原狀所必要之費用，以代回復原狀。

*(損害賠償之方法——金錢賠償)民二一四、二一五；(損害賠償之範圍)民二一六；(法律另有規定之損害賠償方法)民一八、一九、一九二～一九六、二三三、三五八；(侵權行為之損害賠償責任)民一八四～一九六；(債務不履行之損害賠償責任)民二二五～二二七、二三一、二五〇、二六〇、三五三、三六〇；(法定利率)民二〇三。

▲損害賠償之債，以有損害之發生及有責任原因之事實，並二者之間有相當因果關係為其成立要件。(三〇上一八)

▲(五六臺上一八六三)　參見本法第一百九十三條。

▲民法第六百三十八條第一項規定：「運送物有喪失、毀損或遲到者，其損害賠償額，應依其應交付時目的地之價值計算之」，此與民法第二百十三條第一項所謂法律另有規定相當，上訴人託運之漁鹽既經滅失，自得請求以金錢為賠償。又海商法第一百條第二項規定之損害賠償請求權，僅對於運送物之毀損或一部滅失有其適用，對於全部滅失不適用之，此觀同條第一項第一、二款規定而自明。原審以上訴人不得請求被上訴人以金錢賠償，並以上訴人未於一年內行使權利，認為依海商法第一百條第二項規定已罹消滅時效，不無誤解。(五八臺上三八一二)

▲以身體被傷害而請求金錢賠償者，固不得依民法第二百十三條第二項請求就該金錢加給利息，惟侵權行為人支付該金錢遲延時，被害人非不得依民法第二百三十三條第一項規定請求法定利息。(七〇臺上六八九)

▲(七〇臺上三六三七)　參見本法第一百八十四條。

▲運送物有喪失、毀損或遲到者，其損害賠償額應依其「應交付時」、「目的地」之價值計算之。運費及其他費用因運送物之喪失毀損無須支付者，應由前項賠償額扣除之，民法第六百三十八條第一項及第二項定有明文，此為民法就運送物之滅失、毀損或遲到所特設之規定。依上開規定，託運人自不得按關於損害賠償之債之一般原則而為回復原狀之請求。(七一臺上二二七五)

第二百十四條　(損害賠償之方法——金錢賠償㈠)

應回復原狀者，如經債權人定相當期限催告後，逾期不為回復時，債權人得請求以金錢賠償其損害。

⇧謹按賠償之方法，原則上應為回復原狀。債權人對於負回復原狀之債務人，如經催告其於一定期限內，履行回復原狀之義務，債務人逾期而不為回復時，債權人得請求債務人改以金錢賠償其損害，並得依前條第二項之規定，要求自損害發生時起之利息。此本條所設也。

*(回復原狀)民二一三；(損害賠償之範圍)民二一六。

第二百十五條　(損害賠償之方法——金錢賠償㈡)

不能回復原狀或回復顯有重大困難者，應以金錢賠償其損害。

⇧謹按債務人遇不能回復原狀，或原狀之回復顯有重大困難之情形時，自不得不使其得以金錢賠償其損害，藉資救濟。此與前條之規定相同，債權人亦得要求自損害發生時起之利息。故設本條以明示其旨。

*(回復原狀)民二一三；(損害賠償之範圍)民二一六。

▲因損壞他人房屋負損害賠償責任時，如該房屋已被全部拆除，其回復原狀即顯有重大困難，被害人自得請求金錢賠償其損害。(二六上五一五)

▲不能回復原狀或回復顯有重大困難者，應以金錢賠償其損害，為民法第二百十五條所明定，再審原告砍伐毀棄再審被告種植之桃樹及樹薯，縱能以移植同年生、同品種、同數量之桃樹及樹薯方法賠償損害，亦難期與原桃樹、樹薯完全相同，則其回復原狀即顯有重大困難之情形，再審被告依前開法條規定，自得請求以金錢賠償其損害。(六七臺再一七六)

第二百十六條　(法定損害賠償範圍)

損害賠償，除法律另有規定或契約另有訂定外，應以填補債權人所受損害及所失利益為限。

依通常情形，或依已定之計劃、設備或其他特別情事，可得預期之利益，視為所失利益。

⇧查民律草案第三百八十六條理由謂賠償損害者，不外填補債權人所失法律上之利益而已，其範圍以填補債權人所受之損害及已失之利益為限。惟所謂已失之利益，其範圍頗難確定，故以依通常情形或依已定之計畫、設備或其他特別情事，可得預期之利益為準，以防無益之爭議。此本條所由設也。

*(法律另有規定)民二四〇、二五〇、三九七、六三八～六四〇、七四一，票據九三、一三四，海商一一一、一一二、一四一、一四二，保險七三～七七、一〇二，民航九三，國賠七；(賠償額之減免)民二一七、二一八；(限制責任)海商二一；(損害賠償之方法)民二一三～二一五；(賠償額之預定)民二五〇、二五一；(金錢債務之特別規

定）民二三三。

▲侵權行為賠償之標準，應調查被害人實際上損害如何，以定其數額之多寡。（一八上二一七〇）

▲㈠關於侵權行為賠償損害之請求，以受有實際損害為要件。

㈡損害賠償之範圍，應以被害人實際所受損害為衡。（一九上二三一六）

▲損害賠償之預約與無償贈與契約不同，如其預行約定之賠償額數，果與實際損害顯相懸殊者，法院自得以當事人實際之所受損失為標準，酌予核減。（一九上二三四〇）

▲關於侵權行為賠償損害之請求權，以受有實際上之損害為成立要件。（一九上三一五〇）

▲損害賠償，除法律另有規定或契約另有訂定外，應以填補債權人所受損害及所失利益為限，為民法第二百十六條第一項所明定。故同一事實，一方使債權人受有損害，一方又使債權人受有利益者，應於所受之損害內，扣抵所受之利益，必其損益相抵之結果尚有損害，始應由債務人負賠償責任。（二七滬上七三）

▲民法第二百十六條第一項所謂所受損害，即現存財產因損害事實之發生而被減少，屬於積極的損害。所謂所失利益，即新財產之取得，因損害事實之發生而受妨害，屬於消極的損害。本件被上訴人以上訴人承攬之工程違約未予完成，應另行標建，須多支付如其聲明之酬金，並非謂房屋如已完成可獲轉售之預期利益，因上訴人違約而受損失，是其請求賠償者，顯屬一種積極損害，而非消極損害。（四八臺上一九三四）

▲損害賠償，除法律另有規定或契約另有訂定外，不僅須填補債權人所失利益（即消極損害），並須填補債權人所受損害（即積極損害），民法第二百十六條規定甚明。本件兩造訂立之調解契約，雖載有自四十四年六月一日起至遷讓交還日止，按月賠償上訴人損害金新臺幣一千七百九十一元六角之約定，但此所謂損害金，似係指相當於租金之損害，即消極損害而言，若果上訴人曾與訴外人某公司約定，交付同一廠房土地之期限，因被上訴人履行遲延致未交付，而須對某公司支付系爭款項時，則屬於積極之損害，不能謂已包括於上開調解契約範圍之內，上訴人不得另行請求。（五二臺上二一三九）

▲（五五臺上一一八八）參見本法第一百二十八條。

▲如上訴人確因被上訴人不當假扣押裁定之執行，而受利息差額之損害，自不能因上訴人已向公庫領取低利，而謂上訴人不得請求賠償。（六六臺上八五一）

▲按保險制度，旨在保護被保險人，非為減輕損害事故加害人之責任。保險給付請求權之發生，係以定有支付保險費之保險契約為基礎，與因侵權行為所生之損害賠償請求權，並非出於同一原因。後者之損害賠償請求權，殊不因受領前者之保險給付而喪失，兩者除有保險法第五十三條關於代位行使之關係外，並不生損益相抵問題。（六八臺上四二）

第二百十六條之一（損害賠償應損益相抵）

基於同一原因事實受有損害並受有利益者，其請求之賠償金額，應扣除所受之利益。

⑻一、本條新增。

二、按損益相抵，自羅馬法、德國普通法以來，即為損害賠償之一大法則，蓋損害賠償之目的，雖在排除損害，回復損害發生前之同一狀態，然非使被害人因此而受不當之利益，故如被害人基於同一原因事實受有損害並受有利益時，即應由損害額中扣除利益額，以其餘額為請求之賠償額，此項損益相抵之原則，早經我國最高法院肯認（最高法院二十二年上字第三五三號及二十七年滬上字第七三號判例參考），且民法中亦不乏寓有此原則之規定，如第二百六十七條但書、第六百三十八條第二項等，惟尚無專條規定，爰增訂本條，俾利適用。

▲（二七滬上七三）參見本法第二百十六條。

▲（六三臺上二五二〇）參見本法第一百九十二條。

▲（六八臺上四二）參見本法第二百十六條。

第二百十七條（損害賠償之過失相抵）

損害之發生或擴大，被害人與有過失者，法院得減輕賠償金額，或免除之。

重大之損害原因，為債務人所不及知，而被害人不預促其注意或怠於避免或減少損害者，為與有過失。

前二項之規定，於被害人之代理人或使用人與有過失者，準用之。

⑻一、第一項及第二項未修正。

二、按學者通說及實務上之見解（最高法院第六八二一號民庭會議決議參考），均認為民法第二百二十四條之規定，於過失相抵之情形，被害人方面應有其類推適用。亦即第一項及第二項之規定，關於被害人之代理人或使用人之過失，應視同被害人之過失，方得其平，爰增訂第三項之規定。

＊（損害賠償之範圍）民二一六。

▲本件契約係職務保證性質，與一般之金錢債務保證不同，其保證書所載「保證擔任職務期間操行廉潔，恪遵法令暨貴公司各種規章，倘有違背情事或侵蝕公款、財物及其他危害公司行為，保證人願放棄先訴抗辯權，並負責指交被保人及照數賠償之責」字樣，如係對於被保證人職務行為致損害於被上訴人時，負賠償責任之意思，即為獨立負擔之損害賠償義務，非無民法第二百十七條之適用。（四九臺上二六三七）

▲民法第二百十七條第一項規定，損害之發生或擴大，被害人與有過失者，法院得減輕賠償金額或免除之。此項規定之適用，原不以侵權行為之法定損害賠償請求權為限，即契約所定之損害賠償，除有反對之特約外，於計算賠償金額時亦難謂無其適用，且此項基於過失相抵之責任減輕或免除，非僅視為抗辯之一種，亦可使請求權全部或一部為之消滅，故債務人就此得為提起確認之訴之標的，法院對於賠償金額減至何程度，抑為完全免除，雖有裁量之自由，但應斟酌雙方原因力之強弱與過失之輕重以定之。（五四臺上二四三三）

▲雙方互毆乃雙方互為侵權行為，與雙方行為為損害之共同原因者有別，無民法第二百十七條過失相抵原則之適用。（六八臺上九六七）

▲民法第二百二十四條所謂代理人，應包括法定代理人在內，該條可類推適用於同法第二百十七條被害人與有過失之規定，亦即在適用民法第二百十七條之場合，損害賠償權利人之代理人或使用人之過失，可視同損害賠償權利人之過失，適用過失相抵之法則。（七三臺上二二〇一）

▲被害人許某雖患有肝硬化等症，而為上訴人所不知，惟許某之死亡，本由於上訴人毆打行為所致，不能以許某未預為告知其已患有何疾病，而謂許某就其死亡之發生，亦與有過失。（七三臺上四〇四五）

▲（七三臺再一八二）參見本法第一百九十二條。

▲駕駛機車有過失致坐於後座之人被他人駕駛之車撞死者，後座之人係因藉駕駛人載送而擴大其活動範圍，駕駛人為之駕駛機車，應認係後座之人之使用人，原審類推適用民法第二百二十四條規定依同法第二百十七條第一項規定，減輕被上訴人之賠償金額，並無不合。（七四臺上一一七〇）

▲民法第二百十七條關於被害人與有過失之規定，於債務人應負無過失責任者，亦有其適用。（七九臺上二七三四）

▲損害之發生或擴大，被害人與有過失者，法院得減輕賠償金額或免除之，民法第二百十七條第一項定有明文。此項規定之目的，在謀求加害人與被害人間之公平，故在裁判上法院得以職權減輕或免除之。（八五臺上一七五六）

第二百十八條（因賠償義務人生計關係之酌減）

損害非因故意或重大過失所致者，如其賠償致賠償義務人之生計有重大影響時，法院得減輕其賠償金額。

⇧謹按凡非因故意或重大過失所生之損害，如因責令賠償之故，致使加害人之生計頓生重大之影響，按之事理，似亦過酷，故亦得由法院減輕其賠償金額，以昭平允。此本條所由設也。

＊（損害賠償之範圍）民二一六；（故意重大過失與損害賠償）民一七五、一八六、二二二、二二三、二三七、三五五、三六〇、四一〇、四一一、四三四、四六六、四七六、四九六、五四四、六三八；（斟酌生計影響之其他規定）民三一八、四一八、一〇五七、一〇八二、一一一八，強執五二、一二二，破產八二㊂。

▲損害係因侵權行為人之故意所致者，縱令該侵權行為人，因賠償致其生計有重大影響，亦不得減輕其賠償金額，其資力如何，自可不問。（二三上三〇五七）

第二百十八條之一　（賠償義務人之權利讓與請求權）

關於物或權利之喪失或損害負賠償責任之人，得向損害賠償請求權人請求讓與基於其物之所有權或基於其權利對於第三人之請求權。

第二百六十四條之規定，於前項情形準用之。

▲（二三上五五一）參見本法第一百八十四條。

(88)一、本條新增。

二、按第二百二十八條係規範關於負損害賠償責任之人於為損害賠償前之適則，應規定於本章第二節「債之標的」內損害賠償部分，始合本條立法之旨趣，且本條原仿德國民法第二百五十五條之立法例，該國民法第二百五十四條規定之共同過失，與本法第二百十七條相當，而本法第二百十八條，則同為減輕賠償義務之規定，爰將第二百二十八條移列第二百十八條之後，列為第二百十八條之一，並為本條之第一項。

三、按賠償義務人之權利讓與請求權，立法例有採當然代位主義者，如日本民法第四百二十二條之規定，有採請求讓與主義者，如德國民法第二百五十五條之規定。本法第二百二十八條係採德國立法例，其讓與請求權，應解為與損害賠償義務有對價關係。現今一般學者通說雖皆認為其間可類推適用關於同時履行抗辯之規定，究不若以明文規定準用，可免除適用上之疑義，爰增訂第二項，明定第二百六十四條之規定，於前項情形準用之。

第三節　債之效力

⇧謹按債之效力者，謂債權人與債務人相互間所受之拘束也。效力有普通效力及特別效力之二種，債之特別效力，應於各個債之關係中規定之。本節所規定者，為債之普通效力，即給付、遲延、保全、契約等是。

第一款　給　付

⇧謹按債之效力，在於債之給付，故給付者，債務人履行其作為或不作為之義務也。本款特規定之。

第二百十九條　（刪除）

(88)關於誠實信用原則，已於本法總則第一百四十八條第二項增訂規定，本條刪除。

第二百二十條　（債務人責任之酌定）

債務人就其故意或過失之行為，應負責任。

過失之責任，依事件之特性而有輕重，如其事件非予債務人以利益者，應從輕酌定。

⇧謹按債務人之行為，有故意或過失者，應就其行為而負責任，此屬當然之理。至過失之行為，應負責任之標準若何，不可不明文規定之。本條定過失之責任，應依事件之特性，而定責任之輕重，如其事件非予債務人以利益者，即應從輕酌定，俾得稍寬其責任也。

＊（故意）刑一三；（過失）刑一四；（僅就故意負責）民三五五、三六六、四一一、四六六、四七六㊂、四九六；（就故意或重大過失負責）民一七五、二二二、二三七、四一〇、四三四、六三八㊂、六四八㊂；（就具體輕過失負責——與處理自己事務為同一之注意）民五三五、五九〇、六七二、一一〇〇；（就抽象輕過失負責——善良管理人之注意）民四三二、四六八、五三五、五九〇、八八八、九三三；（無過失責任）民一七四、一八七㊂、一八八㊁、二二一、二三一、三五四、四三三、四四四、五一一、五二五、五四六㊂、六〇六、六〇七、六三四、六五八，民航八九。

▲債務人就其故意或過失之行為應負責任，固為民法第二百二十條第一項之所規定，惟當事人間定有特約，債務人就事變亦應負責任者，仍應從其特約辦理。（二八滬上二四六）

第二百二十一條　（行為能力欠缺人之責任）

債務人為無行為能力人或限制行為能力人者，其責任依第一百八十七條之規定定之。

⇧謹按債務人為無行為能力人或限制行為能力人，其責任依第一百八十七條之規定者，即未成年或禁治產之債務人，應負賠償責任之情形有四：㊀債務人有識別能力者，使與法定代理人連帶負責，無識別能力者，使法定代理人負責。㊁法定代理人監督並未疏懈，或縱加監督，而其行為仍不能免者，不應使法定代理人負責。㊂不能依此種規定負責時，應斟酌債務人與債權人之經濟狀況，令債務人負全部或一部之責。㊃於其他之人，在無意識或精神錯亂中所為之行為，致第三人受損害者，亦應斟酌債權人債務人雙方之經濟狀況，使負全部或一部之責。均須明白規定，以杜無益之爭論也。故設本條以明示其旨。

＊（無行為能力人）民一三㊀、一五；（限制行為能力人）民一三㊁；（法定代理人之責任）民一八七。

第二百二十二條　（故意或重大過失責任之強制性）

故意或重大過失之責任，不得預先免除。

⇧謹按當事人雖得就通常過失之行為，預以特約免除行為人之責任，然對於故意或重大過失所生之責任，則無可免除之理由。若許其預以特約免除行為人將來因故意或重大過失所生之責任，則未免過信行為人，而使相對人蒙非常之損害，其特約應歸無效。故設本條以明示其旨。

＊（故意過失責任）民二二〇；（故意或重大過失責任）民一七五、二三七、四一〇、四三四、六三八㊂、六四八㊂；（減免責任約款之效力）民六四九、六五九，海商六一。

▲債務人因欠缺善良管理人之注意而發生之輕過失責任，依民法第二百二十二條反面解釋，非不得由當事人依特約予以免除。（六一臺再六二）

▲依民法第二百二十二條規定，重大過失雖不得預先免除，但僅欠缺善良管理人之注意或欠缺與處理自己事務為同一之注意者，並非所謂重大過失，原審未予詳稽，率以上訴人未盡善良管理人之注意，即屬重大過失，進而斷定兩造所訂預先免除之特約無效，自有違誤。（六五臺上二四二一）

第二百二十三條　（具體輕過失之最低責任）

應與處理自己事務為同一注意者，如有重大過失，仍應負責。

⇧查民律草案第三百五十八條理由謂依法律規定，債務人責任，應與自己事務同一注意者，（參照第五百九十條）於事實上即應與自己事務為同一之注意。若有重大過失時，應仍使負因過失而生之責任，始足以保護相對人之利益。此本條所由設也。

＊（故意過失責任）民二二〇；（故意或重大過失責任之強制性）民二二二；（應與處理自己事務為同一注意）民五三五、五九〇、六七二、一一〇〇。

▲委任關係中之受任人，依民法第五百三十五條前段之規定，雖未受有報酬，其處理委任事務，仍應與處理自己事務為同一之注意，亦即對於具體之輕過失仍須負責，同法第五百四十四條第二項之規定，如解為此種受任人，僅以有重大過失為限始負責任，則與同法第五百三十五條之規定未免牴觸，故應參照同法第二百二十三條，認為此種受任人除與處理自己事務為同一之注意，欠缺此種注意，即

應就具體過失負責外，如顯然欠缺一般人之注意而有重大過失，仍應負責。（六二臺上一三二六）

第二百二十四條（履行輔助人之故意過失）

債務人之代理人或使用人，關於債之履行有故意或過失時，債務人應與自己之故意或過失負同一責任。但當事人另有訂定者，不在此限。

⇧查民律草案第三百六十條理由謂凡人就自己之故意或過失負責任，是為原則。然為確保交易之安全起見，則關於其代理人及使用人之故意或過失，亦應使債務人任其責。但當事人訂有免除責任之特約者，法律亦所許可，蓋以保護債務人之利益也。故設本條以明示其旨。

＊（法定代理人）民一〇八六、一〇九八、一一一〇、一一一三；（意定代理）民一六七、一六八；（債之履行）民三〇九；（故意過失責任）民二二〇；（行為能力欠缺人之責任）民二二一。

▲（七三臺上二二〇一）參見本法第二百十七條。

▲（七四臺上一一七〇）參見本法第二百十七條。

第二百二十五條（給付不能之效力㈠——免給付義務與代償請求權之發生）

因不可歸責於債務人之事由，致給付不能者，債務人免給付義務。

債務人因前項給付不能之事由，對第三人有損害賠償請求權者，債權人得向債務人請求讓與其損害賠償請求權，或交付其所受領之賠償物。

⇧查民律草案第三百六十一條理由謂給付於債務關係發生後，依客觀或主觀之不能，並其原因非歸責於債務人之事由時，應使債務人免其義務。故設第一項以明示其旨。又同律第三百六十四條理由謂債務人因其債務標的不能給付，有由第三人受損害賠償者，有向第三人取得損害賠償請求權者，此時其不能給付，不問其債務人應否負責，須以債務人所受之損害賠償或其所有之損害賠償請求權，代債務之標的，以保護債權人之利益。故設第二項以明示其旨。

＊（契約標的給付不能之效力）民二四六、二四七；（雙務契約因不可歸責於雙方當事人之給付不能）民二六六；（雙務契約因可歸責於他方當事人之給付不能）民二六七；（可歸責於債務人之給付不能）民二二六。

▲釋五〇四。

▲雙務契約因不可歸責於雙方當事人之事由，致一方之給付一部不能，而他方已就該部為對待給付者，得依不當得利之規定請求返還。（一九上一〇二二）

▲有無資力償還，乃係執行問題，不得據為不負履行義務之抗辯。（一九上一七三三）

▲金錢債務不容有不能之觀念，即有不可抗力等危險，亦應由其負擔，決不能藉口損失及人欠未收以冀減免責任。（二〇上二三三）

▲民法上所謂給付不能，係指依社會觀念其給付已屬不能者而言，買受人無支付價金之資力，按諸社會觀念，不得謂為給付不能。（二二上三一八〇）

▲因不可歸責於債務人之事由致給付不能者，免其給付義務，固為民法第二百二十五條第一項所明定。惟寄託物為金錢時，如依民法第六百零三條第二項之規定，其危險已移轉於受寄人，即不生給付不能之問題，自無適用第二百二十五條第一項規定之餘地。（二九上二〇五）

▲受有報酬之受寄人，對於寄託物之滅失，非證明自己於善良管理人之注意無所欠缺，不能免其賠償責任。（二九上一一三九）

▲本件系爭之變壓器二具，其一具之交付期限於二十六年十月十九日屆滿，其時上海戰事正在進行，被上訴人工廠所在地之浦東屬戰爭地帶，不久即告淪陷，既為上訴人所不爭，原判決認定該一具，因不可歸責於被上訴人之事由以致給付不能，依民法第二百二十五條第一項之規定，被上訴人免其給付義務，自無不合。至被上訴人在其給付期以後，是否恢復工作，又可製造上訴人所定造之變壓器，於其已因給付不能免除給付之義務並無影響。（三〇滬上二〇九）

▲租賃物因不可歸責於雙方當事人之事由而毀損，致全部不能為約定之使用收益者，當事人間之法律關係，因其租賃物是否尚能修繕而異，其租賃物已不能修繕者，依民法第二百二十五條第一項、第二百六十六條第一項之規定，出租人免其以該物租與承租人使用收益之義務，承租人亦免其支付租金之義務，租賃關係即當然從此消滅。其租賃物尚能修繕者，依民法第二百二十五條第一項、第二百六十六條第一項之規定，在修繕完畢以前，出租人免其以該物租與承租人使用收益之義務，承租人亦免其支付租金之義務，惟其租賃關係依民法第四百三十條之規定並不當然消滅，必承租人定相當期限催告負擔修繕義務之出租人修繕，而出租人於其期限內不為修繕者，承租人始得終止契約，更須承租人為終止契約之意思表示，其租賃關係始歸消滅。（三〇上三四五）

▲債之關係發生後給付不能者，無論其不能之事由如何，債權人均不得請求債務人為原定之給付，此觀於民法第二百二十五條及第二百二十六條之規定自明。物之交付請求權發生後，其物經法律禁止交易致為不融通物者，給付即因法律上之規定而不能，其禁止交易在訴訟繫屬中者，為原告之債權人，如仍求為命被告交付該物之判決，自應認其訴為無理由，予以駁回。（三一上三九一）

▲被上訴人主張上訴人借其港幣五百元，訂明應還港幣，上訴人並不爭執，祇辯稱港幣現時不通行，並非謂港幣現已客觀的失其存在，即非給付不能，自難免給付義務。（三一上二七三六）

▲租賃之房屋，因天災或其他事變致全部滅失者，如當事人間未經訂有出租人應重蓋房屋租與承租人使用之特約，其租賃關係當然從此消滅，至房屋承租人對於房屋之基地，雖得因使用房屋而使用之，若租賃關係已因房屋滅失而消滅，即無獨立使用之權。（三二上二七六九）

▲被上訴人主張上訴人於民國二十九年十一月二十七日，出賣於被上訴人之八寸軟片一百打，已於同月二十九日交付五十打，其餘五十打經被上訴人於同年十二月一日去函催交，上訴人遂於原函批以片日內由碚運到，即送上不悞字樣，業經原審查據被上訴人提出之函件，認定屬實，上訴人對於此項認定，並未有所指摘，是其出賣之軟片僅以種類指示，並非特定物，通常不致給付不能，且上訴人應為給付之期，係在民國二十九年十二月間，縱令當時軟片來源已屬稀少，亦僅給付困難，不得謂為給付不能，上訴人乃主張依民法第二百二十五條第一項之規定，免其給付義務，殊無理由。（三二上四七五七）

▲松柴債務係僅以種類指示給付物之債務，並非特定物給付之債務，縱令上訴人所稱存積之松柴，在杭州淪陷時被敵偽毀滅非虛，亦不生給付不能之問題。（三二上七一四〇）

▲房屋之租賃一經出租人移轉占有後，出租人能否收回房屋應受法律之限制，非可任意終止租約。故縱令某甲與某乙間之租約已合法成立，某甲並負有交付租賃物之義務，但此項義務之履行，既在某甲將房屋另租他人移轉占有之後，自不能謂無法律上之障礙，此項障礙應包括於給付不能觀念之中。原判決以給付不能為理由，駁回某乙請求交屋之訴，尚無不當。（三七上八一四一）

▲租賃之房屋因天災或其他事變致全部滅失者，依民法第二百二十五條第一項、第二百六十六條第一項，出租人免其以該房屋租與承租人使用之義務，承租人亦免其支付租金之義務，租賃關係當然從此消滅，原承租人對於原出租人嗣後重建之房屋，無租賃權。（三九臺上一〇二〇）

▲當事人約定運輸國際間之買賣標的物，因訂約後輸入國之法令變更其物禁止輸入時，亦屬因不可歸責於雙方當事人之事由，致給付不能之一種情形，依民法第二百二十五條第一項、第二百六十六條第一項、第二項之規定，出賣人免其以出賣物輸入於禁止輸入國交付買受人之義務，買受人亦免其支付價金於出賣人之義務，其已支付部分得依關於不當得利之規定請求返還，其買賣關係即當然從此消滅，自無待於解除。（四四臺上三八三）

▲系爭土地編定為都市計畫範圍內住宅區建築用地後，倘尚未定期實行，依土地法第八十三條之規定，仍得繼續為從來之使用，則被上訴人不能謂有民法第二百二十五條第一項所謂給付不能之情形，因而使兩造間原租賃契約當然歸於消滅。（四九臺上一三七五）

▲系爭土地，業經桃園縣政府依獎勵投資條例第四十六條規定編定為工業用地，並於原審言詞辯論終結前之六十九年四月二十五日公告停止所有權之移轉在案，從而上訴人依買賣契約，請求被上訴人為所有權之移轉，即屬給付不能。至修正後土地登記規則第六十條但書規定，係指聲請人取得法院確定判決在前，在未及聲請辦理所有權移轉登記時，為政府公告停止移轉之情形而言，與本件情形不同。（七〇臺上一八四〇）

▲政府徵收土地給與上訴人（即出賣人）之補償地價，雖非侵權行為之賠償金，惟係上訴人於其所負債務陷於給付不能發生之一種代替利益，此項補償地價給付請求權，被上訴人（即買受人）非不得類推適用民法第二百二十五條第二項之規定，請求讓與。（八〇臺上二五〇四）

第二百二十六條　（給付不能之效力㈡——損害賠償與一部履行之拒絕）

因可歸責於債務人之事由，致給付不能者，債權人得請求賠償損害。

前項情形，給付一部不能者，若其他部分之履行，於債權人無利益時，債權人得拒絕該部之給付，請求全部不履行之損害賠償。

⇧查民律草案第三百五十五條理由謂因歸責於債務人之事由，致不能給付者，應使債權人得本於債權之效力，請求其不履行之損害賠償，以保護債權人之利益。此第一項所由設也。又同律第三百五十六條理由謂給付之一部因歸責於債務人之事由而不能者，債權人得依本條第一項，請求一部不履行之損害賠償，固屬當然之事，即其他可能之一部履行，而於債權人無所利益，則為保護其起見，應使其得拒絕可能給付部分之履行，而請求全部不履行之損害賠償。此第二項所由設也。

*（不可歸責於債務人之給付不能）民二二五；（解除權之行使）民二五六；（雙務契約因不可歸責於雙方當事人之給付不能）民二六六；（雙務契約因可歸責於他方當事人之給付不能）民二六七；（契約解除權之發生）民二五六；（損害賠償）民二一三～二一八。

▲民法債編施行法第七條所謂不履行之責任，係指債務人因給付遲延或給付不能應負之責任而言。（二〇上二六五）

▲訟爭之地現為某甲所有，某甲且已得有認其阻止被上訴人交地於上訴人為正當之確定判決，是被上訴人對於上訴人所負交地之債務已屬給付不能，縱令其給付不能，係因可歸責於被上訴人之事由所致，上訴人亦僅得請求被上訴人賠償損害，不得再行請求交地。（二九上一二四〇）

▲物之出賣人固有使買受人取得該物所有權之義務，惟買賣契約成立後，出賣人為二重買賣，並已將該物之所有權移轉於後之買受人者，移轉該物所有權於原買受人之義務即屬不能給付，原買受人對於出賣人僅得請求賠償損害，不得請求為移轉該物所有權之行為。（三〇上一二五三）

▲土地法第一百七十三條所定承租人之優先承買權，即為承租人對於出租人之買賣契約訂立請求權，出租人出賣耕地時，承租人依同樣條件聲明承買者，出租人有承諾出賣之義務，若出租人於出賣耕地時未通知承租人，逕與他人訂立買賣契約，將耕地所有權移轉於他人，其承諾出賣之義務即已不能履行，承租人對於出租人祇能依民法第二百二十六條第一項請求賠償損害，不得對於承買耕地之他人主張優先承買該耕地。（三一上六七二）（九一、九、二〇決議不再援用）

▲被上訴人向上訴人承租之房屋，縱由上訴人擅行拆除，而上訴人依原租賃契約所負以房屋交付被上訴人使用之義務，亦已因可歸責於上訴人之事由致不能給付，依民法第二百二十六條第一項之規定，被上訴人僅得請求上訴人賠償其損害，要不得占用上訴人在原地新建之房屋。（三三上五二六四）

▲物之出賣人應負交付其物於買受人並使其取得該物所有權之義務，固為民法第三百四十八條第一項所明定。惟債之給付不能時，除係因可歸責於債務人之事由所致者，債權人得依同法第二百二十六條第一項規定，請求損害賠償外，不得仍請求履行契約。（三九臺上四一一）

▲租賃契約成立後，依民法第四百二十三條之規定出租人固負交付租賃物於承租人之義務，惟此僅為出租人與承租人間債之關係，出租人違反此項義務而將租賃物租與他人，並經交付時，則其交付租賃物之義務，即已不能履行，承租人對於出租人，祇能依民法第二百二十六條第一項請求賠償損害，不得再行請求交付租賃物。（四〇臺上五九九）

▲債權人於有民法第二百二十六條之情形時，得解除契約，為同法第二百五十六條所明定，依本條規定之意旨，被上訴人自毋庸為定期催告即得解除契約。其請求上訴人償還當時受領之價金及其法定遲延利息，難謂不當。（六七臺上三七〇一）

▲已故釋道安生前將系爭土地出賣與上訴人，價金並已付清，在辦理所有權移轉登記中，釋道安死亡，因釋道安無人繼承，被上訴人經法院指定為遺產管理人。查釋道安就該土地對上訴人負有辦理移轉登記使其取得所有權之義務。其為他人設定抵押權，既係在與上訴人訂約出賣之後，該土地於其後被抵押權人聲請拍賣，致對上訴人移轉登記之請求，成為給付不能，即難謂不應歸責於釋道安，上訴人當得為損害賠償之請求。因被上訴人為釋道安之遺產管理人，上訴人以之為被告，訴求給付，自屬正當。（七〇臺上二一一）

第二百二十七條　（不完全給付之處置）

因可歸責於債務人之事由，致為不完全給付者，債權人得依關於給付遲延或給付不能之規定行使其權利。

因不完全給付而生前項以外之損害者，債權人並得請求賠償。

⑧⑧一、按強制執行之目的在於以國家之公權力實現債權人之權利以滿足其請求，其滿足債權人請求之方法，有就債務人之動產或不動產或其他財產權為執行者，亦有就債務人予以管收以促其履行債務者，凡此均為強制執行之方法。祇須債權人取得強制執行法第四條所規定之執行名義之一種，即可請求執行法院實施強制執行，且強制執行之問題不限於債之關係始有之，物權、親屬（例如交付子女）、繼承均有強制執行之問題，故債權人對執行法院之執行請求權不宜規定於本編中。又現行條文中所謂「不為給付」之涵義為何？學者間爭論紛紜，有主張屬於給付遲延範圍者；有主張係「給付拒絕」者，為免滋生爭議，爰並予刪除。次按債務不履行之種類，除給付遲延及因可歸責於債務人之事由致給付不能兩種消極的債務違反外，更有另一種不完全給付之積極的債務違反，即因可歸責於債務人之事由，提出不符合債務本旨之給付。此在學者間已成通說，我國實務上亦承認此種債務違反之態樣，惟法條上尚欠明白之規定，學者雖有主張現行條文中所謂「不為完全之給付」即屬關於不完全給付之規定者，但其規定之效果，仍欠周詳。按不完全給付，有瑕疵給付及加害給付兩種，瑕疵給付，僅發生原來債務不履行之損害，可分別情形，如其不完全給付之情形可能補正者，債權人可依遲延之法則行使其權利；如其給付不完全之情形不能補正者，則依給付不能之法則行使權利。為期明確，爰修正本條為不完全給付之規定。

二、不完全給付如為加害給付，除發生原來債務不履行之損害外，更發生超過履行利益之損害，例如出賣人交付病雞致買受人之雞群亦感染而死亡，或出賣人未告知機器之特殊使用方法，致買受人因使用方法不當引起機器爆破，傷害買受人之人身或其他財產等是。遇此情形，固可依侵權行為之規定請求損害賠償，但被害人應就加害人之過失行為負舉證責任，保護尚嫌不周，且學者間亦有持不同之見解者，為使被害人之權益受更周全之保障，並杜疑義，爰於本條增訂第二項，明定被害人就履行利益以外之損害，得依不完全給付之理論請求損害賠償。

*（執行名義）強執四；（對於動產之執行）強執四五以下；（對於不動產之執行）強執七五以下；（對於其他財產權之執行）強執一一五；（關於物之交付請求權之執行）強執一二三以下；（關於行為及不行為請求權之執行）強執一二七以下；（不許強制執行）民九七五，強執五二、五三、一二二、一二八㊁；（損害賠償）民二一三～二一八。

第二百二十七條之一（債務不履行侵害人格權之賠償）

債務人因債務不履行，致債權人之人格權受侵害者，準用第一百九十二條至第一百九十五條及第一百九十七條之規定，負損害賠償責任。

(88)一、本條新增。

二、債權人因債務不履行致其財產權受侵害者，固得依債務不履行之有關規定求償。惟如同時侵害債權人之人格權致其受有非財產上之損害者，依現行規定，僅得依據侵權行為之規定求償。是同一事件所發生之損害竟應分別適用不同之規定解決，理論上尚有未妥，且因侵權行為之要件較之債務不履行規定嚴苛，如故意、過失等要件舉證困難，對債權人之保護亦嫌未周。為免法律割裂適用，並充分保障債權人之權益，爰增訂本條規定，俾求公允。

第二百二十七條之二（情事變更原則）

契約成立後，情事變更，非當時所得預料，而依其原有效果顯失公平者，當事人得聲請法院增、減其給付或變更其他原有之效果。

前項規定，於非因契約所發生之債，準用之。

(88)一、本條新增。

二、情事變更原則為私法上之一大原則，民事訴訟法第三百九十七條雖有明文，惟民法上除有個別具體之規定，例如第二百五十二條、第二百六十五條、第四百四十二條等外，尚乏一般性之原則規定，致適用上易生困擾。目前實務上雖以誠實信用原則依民事訴訟法第三百九十七條之規定，為增、減給付或變更原有效果之判決。但誠實信用原則為上位抽象之規定，究不如明定具體條文為宜。爰參考民事訴訟法第三百九十七條之立法體例，增訂第一項規定，俾利適用。又情事變更，純屬客觀之事實，當無因可歸責於當事人之事由所引起之事例，故民事訴訟法第三百九十七條規定「因不可歸責於當事人之事由致」等文字無贅列之必要，併予敘明。

三、情事變更原則，適用於契約之情形最多。惟非因契約所發生之債，例如無因管理，不當得利等，遇情事變更時，亦宜準用，爰增訂第二項規定，俾符公允。

*（公平原則）民七四、二四七之一、三五九、五二七、五七二、一〇三〇之一，民訴三九七、四三六之一四。

▲因情事變更，增加給付之法理，於適用時，應斟酌當事人因情事變更，一方所受不相當之損失，他方所得不預期之利益及彼此間之關係，為公平之裁量。（四七臺上一七七一）

▲因情事變更為增加給付之判決，非全以物價變動為根據，並應依客觀之公平標準，審酌一方因情事變更所受之損失，他方因情事變更所得之利益，及其他實際情形，以定其增加給付之適當數額。（六六臺上二九七五）

▲民事訴訟法第三百九十七條所謂依職權裁量，應在當事人訴之聲明增減之範圍內為之，上訴人未在事實審法院主張因情事變更而請求增加給付，原審未予斟酌，並不違法，自不得以此作為上訴第三審之原因。（七一臺上三八六）（九二、三、一八決議自九二、九、一起不再援用）

▲未定期限之基地租賃，契約當事人約定租金按基地申報地價之固定比率計算者，雖所約定之租金係隨基地申報地價之昇降而調整，惟契約成立後，如基地周邊環境、工商繁榮之程度、承租人利用基地之經濟價值及所受利益等項，已有變更，非當時所得預料，而租金依原約定基地申報地價之固定比率計算顯失公平者，出租人自得依民法第二百二十七條之二第一項規定，訴請法院調整其租金。（九三臺上二四四六）

第二百二十八條（刪除）

(88)本條移列為修正條文第二百十八條之一第一項。

第二款 遲延

⇧謹按債務人不履行其債務，或債權人不受債務之履行時，應各負遲延之責任。其因遲延之責任，而發生法律上之效果者，是為債之效力。

第二百二十九條（給付期限與債務人之給付遲延）

給付有確定期限者，債務人自期限屆滿時起，負遲延責任。

給付無確定期限者，債務人於債權人得請求給付時，經其催告而未為給付，自受催告時起，負遲延責任。其經債權人起訴而送達訴狀，或依督促程序送達支付命令，或為其他相類之行為者，與催告有同一之效力。」

前項催告定有期限者，債務人自期限屆滿時起負遲延責任。

(88)一、第一項未修正。

二、現行第二項規定經債權人起訴者，與催告有同一之效力。但起訴究應自提出訴狀於法院時，抑應自將訴狀送達於債務人時發生效力，學者間見解不一，為杜爭議並確保債務人權益，爰明定起訴者，以訴狀送達時，始與催告有同一之效力。又該項僅列舉起訴或依督促程序送達支付命令兩種，與催告有同一之效力，其他如依民事訴訟法或其他特別法規定所為調解之聲請（鄉鎮市調解條例第九條、耕地三七五減租條例第二十六條、勞資爭議處理法第九條參照）、提付仲裁（商務仲裁條例第一條、證券交易法第一百六十六條、勞資爭議處理法第二十五條參照）等，均未規定在內，尚欠周延，爰予修正增列「其他相類之行為」之概括規定，以免掛漏。

三、第三項未修正。

*（期限）民一〇二；（清償期）民三一五、三一六；（借用物之返還期限）民四七〇；（買賣標的物與價金之交付時）民三六九、三七〇；（債務人給付遲延之效力）民二三一～二三三、二五四、二五五、四四〇、五〇三、六三四；（債之履行）民二一九、三〇九；（給付遲延之阻卻成立事由）民二三〇、五〇四；（支付命令）民訴五〇八以下。

▲㈠普通商業，按照習慣於年中三節清帳，即係以節期到來，為債權人得請求給付之時，債務人如經催告未為給付，應自受催告時起，負遲延責任。（院一八一九）

▲不定期債務，應於受債權人催告履行後，始發生遲延責任。（一八上一三一八）

▲債務之定有清償期，縱令當時約定不計利息，如債務人屆期不為履行，自不能不擔負遲延責任。（一八上二八一七）

▲抵押權人於債權已屆清償期而未受清償者，依民法第八百七十三條第一項之規定，雖得聲請法院拍賣抵押物，就其賣得價金而受清償，然此係抵押權人之權利而非其義務，債務人依民法第二百二十九條應負之遲延責任，並不因此而受影響，縱令抵押權人於債務已屆清償期後，不即聲請法院拍賣抵押物，債務人亦不得謂因不可歸責於己之事由致未為給付，以卸其遲延責任。（二二上三八七三）

▲（四九臺上一四四）參見本法第一百九十七條。

▲債務人享有同時履行抗辯權者，在未行使此抗辯權以前，仍可發生遲延責任之問題，必須行使以後始能免責。（五〇臺上一五五〇）

▲債權人允許緩期給付，為債務人遲延責任終了原因之一，至於既已發生之遲延賠償請求權是否隨同消滅，則依債權人當時之真意定之，被上訴人既在調解中允許上訴人緩期交地，則在此緩期履行期間內，上訴人應無遲延責任之可

言，至調解成立前之遲延損害賠償請求權是否仍屬存在，則有待調查被上訴人允許緩期給付當時之真意。（六一臺上一一八七）

▲民法第二百三十三條第一項規定，遲延之債務，以支付金錢為標的者，債權人得請求依法定利率計算之遲延利息，慰撫金債權仍屬以支付金錢為標的，本件吳某請求謝某自收受訴狀繕本之翌日起加給遲延利息，依民法第二百二十九條第二項及第二百三十三條第一項規定，尚無不合。（六九臺上七四六）

▲所謂往取債務，係指以債務人之住所為清償地之債務而言，此種債務，必須債權人於清償期屆滿後至債務人之住所收取時，債務人拒絕清償，始負給付遲延之責任。（六九臺上一二八〇）

▲租賃定有期限者，其租賃關係於期限屆滿時消滅，民法第四百五十條第一項定有明文，如無同法第四百五十一條所定視為以不定期限繼續契約情事，依同法第四百五十五條規定，承租人應於租期屆滿時返還租賃物，否則，即應負給付遲延責任。（六九臺上四〇〇一）

▲解除權之行使，不妨礙損害賠償之請求，民法第二百六十條定有明文。此項損害賠償，應不包括同法第二百五十九條第二款所定應返還自受領時起之利息，蓋此項利息之支付，為回復原狀之方法，而非同法第二百六十條之損害賠償。從而被上訴人除依民法第二百五十九條第二款規定，請求返還自受領時起之利息外，尚非不得依約定請求給付違約金以為賠償。（七二臺上四三六五）

第二百三十條（給付遲延之阻卻成立事由）

因不可歸責於債務人之事由，致未為給付者，債務人不負遲延責任。

⇧查民律草案第三百六十八條理由謂使債務人任遲延之責者，其不為給付，是否須因債務人之故意或過失，關於此點，各國立法例不一。本法為保護債務人利益起見，凡不為給付，若係本於天災及其他不可抗力者，債務人不任遲延之責。此本條所由設也。

＊（債務人之遲延）民二二九；（得拒絕自己之給付）民二六四、二六五、七四五、九二八。

▲給付有確定期限者，債務人自期限屆滿時起當然負遲延責任，其因不可歸責於債務人之事由致未為給付者，債務人雖不負遲延責任，但不可歸責於債務人之事由，應由債務人負舉證之責。（二一上一九五六）

第二百三十一條（遲延賠償——非常事變責任）

債務人遲延者，債權人得請求其賠償因遲延而生之損害。

前項債務人，在遲延中，對於因不可抗力而生之損害，亦應負責。但債務人證明縱不遲延給付，而仍不免發生損害者，不在此限。

⇧查民律草案第三百六十九條理由謂債務人於正當之時期內不為給付，應使債權人得請求其因遲延而生之損害賠償，俾與期限內受給付者同。此第一項所由設也。又同律第三百七十條理由謂債務人既有遲延，則雖因不可抗力而滅失其給付之標的物，致不能給付，其原因究係本於債務人遲延之故，仍使債權人得請求其不履行之損害賠償，此為對於第二百二十五條第一項及第二百三十條之例外規定。然若債務人能證明即使不遲延給付，而標的物仍不免因不可抗力而滅失者，則其損害不得謂為本於債務人之遲延，自不應使任損害賠償之責。此第二項所由設也。

＊（債務人遲延）民二二九；（損害賠償）民二一三～二一八；（替補賠償之請求）民二三二；（金錢之債遲延給付之效力）民二三三；（契約之解除）民二五四、二五五；（證明）民訴二七七。

▲遲延履行債務之當事人，若於催告所定期間仍不給付者，相對人得請求不履行之損害賠償。（一八上二四四九）

▲（二〇上二六五）參見本法第二百二十六條。

▲被上訴人欠上訴人在來穀雖非金錢債務，但上訴人請求被上訴人給付遲延利息，如其真意係認被上訴人若如期履行，彼有此項數額之利益，否則有同額之損害，以此為計算賠償損害之標準者，依民法第二百三十一條第一項之規定，即難指為不合。（四三臺上五七五）

▲給付遲延與侵權行為，性質上雖屬相同，但因債務人之遲延行為侵害債權，在民法上既有特別規定，自無關於侵權行為規定之適用。（四三臺上六三九）

▲（四三臺上七五二）參見本法第一百九十七條。

▲債務人之遲延責任，因債務人依債務之本旨提出給付而消滅，惟所謂消滅，乃指以後免遲延責任而言，若以前已生遲延之效果，並非因此當然消滅，故債權人就以前遲延所生之損害，仍得請求賠償。（五八臺上七一五）

第二百三十二條（替補賠償——拒絕受領給付而請求賠償）

遲延後之給付，於債權人無利益者，債權人得拒絕其給付，並得請求賠償因不履行而生之損害。

⇧謹按債務人遲延後所為之給付，於債權人無利益者，債權人得拒絕收受其給付，並得請求因不履行所生之損害賠償，以保護其利益。此本條所由設也。

＊（債務人遲延）民二二九；（金錢之債遲延給付之效力）民二三三；（契約之解除）民二五五。

▲遲延後之給付於債權人無利益者，債權人雖得拒絕其給付，但遲延後之給付於債權人無利益之事實，應由債權人負舉證之責。（二一上二四五〇）

第二百三十三條（遲延利息與其他損害之賠償）

遲延之債務，以支付金錢為標的者，債權人得請求依法定利率計算之遲延利息。但約定利率較高者，仍從其約定利率。

對於利息，無須支付遲延利息。

前二項情形，債權人證明有其他損害者，並得請求賠償。

⇧查民律草案第三百七十一條理由謂金錢債權，債權人於清償期仍未受給付者，債務人當然任遲延之責，應使債權人得依法定利率（第二百零三條），請求遲延利息。但其金錢債權本有約定利率，而其約定利率，超過法定利率者，應依約定利率計算遲延利息。故設第一項以明其旨。遲延利息，無論其按照法定利率計算，抑按照約定利率計算，均應依照本法第二百零七條之規定不許利上生利。故設第二項以明其旨。遲延利息，於依第一項，以法定或約定利率計算，依第二項，不許利上生利外，債權人尚有其他損害者，仍得請求賠償，惟須由債權人證明其損害耳。故設第三項以明其旨。

＊（金錢之債）民二〇一、二〇二；（法定利率）民二〇三；（特別法定利率）票據二八；（約定利率）民二〇四、二〇五、二〇七；（債務人遲延）民二二九；（非金錢之債遲延之效力）民二三一、二三二、二五四。

▲金錢債權即無約定利息，而於債務人清償遲延時，債權人亦得請求遲延利息。（一八上四三三）

▲定期債權，債務人到期即負給付之義務，若到期而未給付，則為賠償債權人因愆期所生之損害起見，自應給付遲延利息。（一八上一二〇一）

▲定期金錢債務，當事人間縱有止利還本之特約，然其所免除者當然為定期內之利益，苟逾期仍未清償，債權人自可請求定期以後之遲延利息。（一八上一三一八）

▲期條內雖載明無利交還字樣，但所謂無利交還者，係指上告人等依期償還而言，苟逾期不還，則被上告人自得請求定期以後之遲延利息。（一九上四五一）

▲因買受貨物所負之價金支付義務，亦為民法第二百三十三條第一項所稱，以支付金錢為標的之債務，債務人遲延時，債權人自得依同條項之規定，請求遲延利息。（二一上二三九三）

▲對於利息既無須支付遲延利息，則對於遲延利息，自無須支付遲延利息，民法第二百三十三條第二項所謂利息包含

遲延利息在內，故對於遲延利息，亦無須支付遲延利息。（二二上一四八四）

▲民法第二百零三條關於法定利率之規定，雖於請求金錢債務之遲延利息時有其適用，然不得以之限制損害賠償之請求，觀同法第二百三十三條第三項之規定自明。（二二上二七九二）

▲遲延之債務以支付金錢為標的者，不問其債務是否原應支付利息，債權人均得請求依法定利率計算之遲延利息，不過應付利息之債務，有較高之約定利率時，從其約定利率計算遲延利息，並不以債務之有約定利率，為遲延利息請求權之發生要件。（二二上三五三六）

▲民法上所謂利息並不包含租金在內，故民法第二百三十三條第二項之規定不能適用於租金，承租人於租金之支付負遲延責任時，出租人請求依法定利率計算之遲延利息，不得謂非民法第二百三十三條第一項之所許。（二三上三〇八七）

▲民法第二百三十三條第二項所稱之利息，係指未經依法滾入原本之利息而言，若利息已經依法滾入原本，則失其利息之性質，而成為原本之一部，債務人就該部分給付負遲延責任時，債權人自得依同條第一項請求遲延利息，不在適用同條第二項規定之列。（二六渝上二五三）

▲（二八上一九七七）參見本法第一條。

▲遲延之債務以支付金錢為標的者，債權人始得請求依法定利率計算之遲延利息，上訴人負欠被上訴人之債務，既為黃穀並非金錢，則上訴人縱有遲延給付情事，被上訴人亦無從請求遲延之利息。（三七上八〇一四）

▲上訴人借與被上訴人之米既非以支付金錢為標的，在借據上復無關於利率之約定，其請求判令給付依法定利率之遲延利息，揆諸民法第二百三十三條規定不符，自屬無可准許。（四一臺上一二一八）

▲金錢債務之遲延利息，如其約定利率較法定利率為高者，依民法第二百三十三條第一項但書之規定，固應仍從其約定，但此項遲延利息，除當事人係約定債務人不履行債務時支付違約金，應依同法第二百五十條、第二百三十三條第三項請求賠償外，其約定利率，仍應受法定最高額之限制。（四一臺上一五四七）

▲遲延之債務以支付金錢為標的者，債權人得請求依法定利率計算之遲延利息，固為民法第二百三十三條第一項之所明定，惟此項規定僅於當事人無特約時始有其適用，若當事人就此已訂有免除之特約者，即應受其特約之限制，債權人自不得更依該條項之規定，請求給付遲延利息。（四三臺上九九〇）

▲民法第七百五十五條固規定就定有期限之債務為保證者，如債權人允許主債務人延期清償時，保證人除對於其延期已為同意外，不負保證之責任。然同法第二百三十三條第一項又規定，遲延之債務以支付金錢為標的者，債權人得請求依法定利率計算之遲延利息，但約定利率較高者仍從其約定利率。故債務人遲延後，債權人一面得請其履行債務，一面仍有權收取遲延利息，換言之，收取遲延利息者，不得謂其必未請求履行債務，而准許債務人延期履行。（五〇臺上一八二）

▲違約金，有屬於懲罰之性質者，有屬於損害賠償約定之性質者，本件違約金如為懲罰之性質，於上訴人履行遲延時，被上訴人除請求違約金外，固得依民法第二百三十三條規定，請求給付遲延利息及賠償其他之損害，如為損害賠償約定之性質，則應視為就因遲延所生之損害，業已依契約預定其賠償，不得更請求遲延利息賠償損害。（六二臺上一三九四）

▲（六九臺上七四六）參見本法第二百二十九條。

▲（七〇臺上六八九）參見本法第二百十三條。

第二百三十四條（受領遲延）

債權人對於已提出之給付，拒絕受領或不能受領者，自提出時起，負遲延責任。

⇧查民律草案第三百七十五條理由謂凡債務人或第三人所為之債務履行，債權人拒絕受領，或不能受領者，不問債權人有無過失，自債務人提出給付時起，應使債權人任遲延之責，以保護債務人之利益。此本條所由設也。

＊（給付之提出）民二三五、三〇九、三七四；（清償期）民三一五、三一六；（清償地）民三一四；（給付遲延）民二二九～二三三；（受領遲延之效力）民二三七～二四一。

▲債權人領受遲延時，債務人始可不負遲延利息之責。（一八上二〇六〇）

▲有約定利息之定期債務，必債務人於清償時期，對於債權人確已依契約本旨提出全部給付，而債權人無故拒絕收受，始應令其負遲延責任。（一九上七五一）

▲債權人對於已提出之給付，拒絕受領者，固自提出時起負遲延責任，但主張債權人應負遲延責任之債務人，就債權人拒絕受領給付之事實，有舉證之責任。（二一上八二四）

▲債權人有受領給付之權利，除法律有如民法第三百六十七條、第五百十二條第二項等特別規定，契約有特別訂定外，不負受領給付之義務。故債權人對於已提出之給付拒絕受領者，通常祇負遲延責任，債務人不得強制其受領給付。（二九上九六五）

第二百三十五條（現實與言詞提出）

債務人非依債務本旨實行提出給付者，不生提出之效力。但債權人預示拒絕受領之意思，或給付兼需債權人之行為者，債務人得以準備給付之事情，通知債權人，以代提出。

⇧查民律草案第三百七十六條理由謂依前條規定，欲使債權人任遲延之責者，須於正當時期、正當處所、以正當之標的物，實行提出於債權人，否則債務人輒行提出，使債權人任遲延之責，易生流弊。然若債權人向債務人預先表示拒絕受領之意思，或其給付兼須債權人之行為者（如必須債權人接收其物），則祇須以書件或言詞，為準備給付之通知足矣，無須實行提出也。

＊（依債務本旨）民三〇九；（清償期）民三一五、三一六；（清償地）民三一四；（一部清償）民三一八；（債權人遲延）民二三四。

▲履行債務則須給付一定之標的物，不能以書立將來給付之票據，即為履行完畢。（一八上七六〇）

▲金錢債務之清償須依契約本旨交付金錢，始能發生履行之效力，至代物清償，苟未得債權人之承諾，自不得謂已將應行清償之標的物提出給付，而主張不負遲延之責。（一八上一三一八）

▲已經破產之債務，該債務人與債權人就償還能力有所爭執，固應就債務人之財產估計價額以定償還標準，若未經宣告破產之普通債務，即不得以資力薄弱為理由主張減償。（一八上一九六二）

▲給付低價鈔票不按締約時行情折合返還，在受償人原可拒絕受領。（一九上四三八）

▲債務人非依債務本旨實行提出給付者，不生提出之效力，為民法第二百三十五條所明定。若債務人僅提出給付之一部，除法律別有規定外，不得謂為依債務本旨之提出，自不生提出之效力，債權人拒絕受領，即不負遲延責任。（二三上九八）

▲債務人非依債務本旨實行提出給付者，不生提出之效力，為民法第二百三十五條所明定。物之交付義務人所提出交付之物與契約訂定之內容不符者，不得謂為依債務本旨之提出，自不生提出之效力，債權人拒絕受領，即不負遲延責任。（三一上二四八一）

▲即令被上訴人於民國二十九年二月攜款償本，係屬實在，但如被上訴人欠有利穀未償，而未於攜款償本之時一併實行提出，即不能謂為依債務本旨之提出，依民法第二百三十五條前段之規定，本不生提出之效力。（三一上三三三一）

▲債務非依債務本旨實行提出給付者，不生提出之效力，為民法第二百三十五條所明定。若其應履行之債務曾經判決確定者，該給付之提出尤須與判決本旨相符，否則債權人拒絕受領即不負遲延責任。（三二上四三二八）

▲債權人對於已提出之給付，拒絕受領或不能受領者，自提出時起負遲延責任，固為民法第二百三十四條所明定。惟所謂已提出之給付，係指債務人依債務本旨，於適當之處

所及時期實行提出給付者而言。（四八臺上一二七一）

▲上訴人催告支付之租金，為其自行調整之租額，既未經法院判決確定，則被上訴人依原定租額提存，尚難謂其非依債務之本旨而為給付，上訴人自不能以欠租為由終止租約。（六〇臺上三八五）

第二百三十六條　（一時受領不能）

給付無確定期限或債務人於清償期前得為給付者，債權人就一時不能受領之情事，不負遲延責任。但其提出給付由於債權人之催告，或債務人已於相當期間前預告債權人者，不在此限。

⇧謹按無清償確定期限之給付，或於清償期前債務人得為給付者（參照第二百零四條），應使債權人有受領給付之準備。若債務人提出給付時，而因債權人一時有不能受領之情事，遽使任遲延之責，未免過酷，故使債權人不負遲延之責任也。然若債務人之給付，係本於債權人之催告，或債務人已於相當期前預告債權人者，則此時之債權人，已有受領之準備，自仍須負遲延之責任。此本條所由設也。

*（清償期）民三一五、三一六；（債權人遲延）民二三四。

第二百三十七條　（受領遲延時債務人責任）

在債權人遲延中，債務人僅就故意或重大過失，負其責任。

⇧查民律草案第三百七十九條理由謂債務人之債務，雖於債權人之遲延後，仍當然存續，然因債權人遲延，則債務人之責任，應使減輕。故債務人於債權人遲延後，祇就故意或重大過失負其責任，雖依債務關係之內容，其負責任之範圍應較廣者，亦所不問。此本條所由設也。

*（債權人遲延）民二三四、二三六；（故意過失責任）民二二〇；（故意或重大過失責任）民二二二、二二三。

第二百三十八條　（受領遲延利息支付之停止）

在債權人遲延中，債務人無須支付利息。

⇧查民律草案第三百八十二條理由謂生有利息之金錢債權，於債權人遲延後，債務人是否停止支付利息，抑至金錢提存以前仍支付利息，關於此點，各國立法例不一。本法則規定債權人遲延後，債務人無須支付利息，以保護債務人之利益。此本條所由設也。

*（債權人遲延）民二三四、二三六。

第二百三十九條　（孳息返還範圍之縮小）

債務人應返還由標的物所生之孳息或償還其價金者，在債權人遲延中，以已收取之孳息為限，負返還責任。

⇧查民律草案第三百八十三條理由謂債務人應返還由債權標的物所生之孳息，或應償還其價金者，於債權人遲延後，債務人祇須返還現已收取之孳息。至可收取之孳息，因債務人之故意或過失而不收取者，不負遲延與償還之責任，亦所以保護債務人之利益。此本條所由設也。

*（債權人遲延）民二三四、二三六；（負返還孳息責任人）民一七三、一八一、一八二、二五九④、五四一、五九九、八八九、九五八。

第二百四十條　（受領遲延費用賠償之請求）

債權人遲延者，債務人得請求其賠償提出及保管給付物之必要費用。

⇧查民律草案第三百八十四條理由謂本法規定不問債權人有無故意或過失，若債務人已提出給付後，債權人有拒絕受領，或不能受領之事由，則依此事實，債權人應負遲延之責。故認債務人有賠償費用之請求權，以保護其利益。此本條所由設也。

*（債權人遲延）民二三四、二三六；（清償費用）民三一七；（買賣費用之負擔）民三七八。

▲債權人之受領遲延，僅為權利之不行使，除有民法第二百四十條之適用，債務人得請求賠償提出及保管給付物之必要費用，或當事人間另有特別約定外，殊不負任何之賠償責任。（五九臺上三六六二）

第二百四十一條　（拋棄占有）

有交付不動產義務之債務人，於債權人遲延後，得拋棄其占有。

前項拋棄，應預先通知債權人。但不能通知者，不在此限。

⇧查民律草案第三百八十條理由謂負交付不動產義務之債務人，於債權人遲延後，得免其義務。至其免義務之方法，應於法律規定之，以防無益之爭。此本條所由設也。謹按負有交付動產義務之債務人於債權人遲延後，債務人得將動產提存而免除其義務。（參照本章第六節第三款）

*（不動產）民六六；（債權人遲延）民二三四、二三六。

第三款　保　全

⇧謹按保全者，債權人於債務人怠於行使權利或有害其權利時，為鞏固自己債權起見，得代債務者行使其權利，或排除債務人詐害行為之謂也。前者謂之間接訴權，後者謂之撤銷訴權，要皆為債權人鞏固自己權利之行為也。

第二百四十二條　（債權人代位權）

債務人怠於行使其權利時，債權人因保全債權，得以自己之名義，行使其權利。但專屬於債務人本身者，不在此限。

⇧謹按債權人得就債務人之財產受清償，是為通例。債務人財產之增減，於債權人之債權有重大關係，故於債務人怠於行使其權利時（例如債務人不向第三人索還欠款），應許債權人為保全其債權起見，得以自己之名義，行使屬於債務人權利，以保護其利益。但專屬於債務人一身之權利（如債務人對於第三人之扶養請求權），則不許債權人行使之。此本條所由設也。

*（債權人得行使代位權之時期）民二四三；（專屬債務人本身之權利）民一九四、一九五、四一六、七二九、九七九、九九九、一〇五六、一〇八二、一一一七；（禁止扣押之財產）強執五二、五三、一二二，破產八二㊂。

▲債權人依民法第二百四十二條之規定，行使債務人對於第三債務人之債權時，雖應以其行使債權所得之利益歸屬於債務人，俾總債權人得均霑之，但不得因此即謂該債權人無受領第三債務人清償之權限。（二一上三〇五）

▲股份有限公司，對於股東之股款繳納請求權怠於行使者，該公司之債權人，自得依民法第二百四十二條、第二百四十三條之規定代位行使。（二七上二三七七）

▲債權人基於民法第二百四十二條規定，行使債務人之權利時，第三人之對於債權人與對於債務人同，故第三人得以對於債務人之一切抗辯，對抗債權人。（四〇臺上三〇四）

▲民法第二百四十二條，關於債權人之代位權之規定，原為債務人怠於行使其權利，致危害債權人之債權安全，有使債權人得以自己之名義行使債務人之權利，以資救濟之必要而設。故債權人對於債務人之權利得代位行使者，其範圍甚廣，凡非專屬於債務人本身之財產上權利均得為之（參照同條但書）。對於債務人負有債務之第三人之財產上權利，債務人得代位行使時，亦為非專屬於債務人本身之財產上權利之一種，如債務人怠於行使此項權利，致危害債權人之債權安全者，自難謂為不在債權人得代位行使之列。（四三臺上一二四三）

▲債務人怠於行使其權利時，債權人因保全債權，得以自己名義行使其權利，為民法第二百四十二條所明定。登記請求權性質上得類推適用債權人代位權之規定，故甲代位乙行使乙對丙之不動產移轉登記請求權，如該不動產係由丁讓與丙，亦尚未為移轉登記時，則甲亦自得代位丙行使對丁之移轉登記請求權。（四六臺上四二二）

▲出租人有以合於所約定使用收益之租賃物交付承租人之義務，苟租賃物為第三人不法占有時，並應向第三人行使其

返還請求權，以備交付，其怠於行使此項權利者，承租人因保全自己債權得代位行使之，此觀民法第四百二十三條及第二百四十二條之規定自明。（四七臺上一八一五）

▲違章建築之房屋，原非債務人所有，而被執行法院誤予查封者，買受人因不能登記，自得代位原所有人提起異議之訴，若該房屋為債務人所有，買受人雖買受在先，亦無排除強制執行之權利。（四八臺上二〇九）

▲債權人得以自己名義代位行使者，為債務人之權利而非自己之權利，若債務人自己並無該項權利，債權人自無代位行使之可言。（四九臺上一七五）

▲代位權係債權人代行債務人之權利，故代行者與被代行者之間，必須有債權債務關係之存在，否則即無行使代位權之可言。（四九臺上一二七四）

▲債權人代位行使之權利，原為債務人之權利，必於債務人有怠於行使其權利情事時，始得為之，若債務人對於第三人已無權利之存在，或經行使而無效果時，即無代位行使權利之餘地。（五〇臺上四〇八）

▲債權人代位債務人起訴，求為財產上之給付，因債務人財產為總債權人之共同擔保，故訴求所得應直接屬於債務人，即代位起訴之債權人不得以之僅供清償一己之債權，如須滿足自己之債權應另經強制執行程序始可，債權人雖亦有代位受領第三債務人清償之權限，但係指應向債務人給付而由債權人代位受領而言，非指債權人直接請求第三債務人對自己清償而言，故債權人代位債務人起訴請求給付者，須聲明被告（第三債務人）應向債務人為給付之旨，並就代位受領為適當之表明，始與代位權行使效果之法理相符。（六四臺上二九一六）

▲民法第二百四十二條前段所定債務人怠於行使其權利時，債權人因保全債權，得以自己之名義，行使其權利之先決條件，須債務人果有此權利，且在可以行使之狀態，始有債權人代位行使之可言。玆債務人對被上訴人之移轉系爭房屋所有權之請求權，尚不得行使，上訴人主張代位其行使，殊非有理。（六五臺上三八一）

▲債務人怠於行使其權利時，債權人因保全債權，得以自己名義行使其權利，為民法第二百四十二條前段所明定。此項代位權行使之範圍，就同法第二百四十三條但書規定旨趣推之，並不以保存行為為限，凡以權利之保存或實行為目的之一切審判上或審判外之行為，諸如假扣押、假處分、聲請強制執行、實行擔保權、催告、提起訴訟等，債權人皆得代位行使。（六九臺抗二四〇）

▲債權人主張債務人與第三人所為之不動產買賣，係通謀虛偽意思表示，而代位債務人請求塗銷不動產移轉登記者，僅得向該第三人為之，不得對債務人一併為此請求。（七一臺上四三四二）

▲債權人為保全其債權，行使民法第二百四十二條規定之代位權者，於債務人怠於行使其權利時，即得為之。至於債權人所欲保全之債權與債務人怠於行使之權利，孰先孰後，則與代位權之行使，不生影響。（七二臺上三五三四）

▲（七三臺抗四七二）參見本法第八十七條。

▲按民法第二百四十二條所定代位權行使之範圍，固可包括提起訴訟之行為在內，惟在訴訟程序進行中之行為，則僅訴訟當事人或訴訟法規定之關係人始得為之，債務人如已提起訴訟或被訴，該已由債務人進行之訴訟程序，唯有債務人始得續行，是債權人對該債務人所受法院之不利判決自無代位提起上訴之權。（九二臺上一八八六）

第二百四十三條（代位權行使時期）

前條債權人之權利，非於債務人負遲延責任時，不得行使。但專為保存債務人權利之行為，不在此限。

⇧謹按債權人非於保全債權所必要時，不得行使前條之權利，故必債務人負有遲延責任之場合，方許債權人行使屬於債務人之權利。但專為保存債務人權利之行為（例如中斷債權之消滅時效）仍得為之，蓋以有益於債務人也。故設本條以明示其旨。

＊（債權人之代位權）民二四二；（債務人遲延）民二二九；（保存行為）民一二九、七五八，強執三三、三四，破產六四、六五。

▲（六九臺抗二四〇）參見本法第二百四十二條。

第二百四十四條（債權人之撤銷權）

債務人所為之無償行為，有害及債權者，債權人得聲請法院撤銷之。

債務人所為之有償行為，於行為時明知有損害於債權人之權利者，以受益人於受益時亦知其情事者為限，債權人得聲請法院撤銷之。

債務人之行為非以財產為標的，或僅有害於以給付特定物為標的之債權者，不適用前二項之規定。

債權人依第一項或第二項之規定聲請法院撤銷時，得並聲請命受益人或轉得人回復原狀。但轉得人於轉得時不知有撤銷原因者，不在此限。

⑧一、第一項及第二項未修正。

二、債務人之全部財產為總債權人之共同擔保，債權人應於債權之共同擔保減少致害及全體債權人之利益時，方得行使撤銷權。易言之，撤銷權之規定，係以保障全體債權人之利益為目的，非為確保特定債權而設。爰於第三項增訂不得僅為保全特定債權而行使撤銷權之規定（日本民法第四百二十四條、第四百二十五條參考）。

三、債權人行使撤銷權，使債務人之行為溯及消滅其效力後，可能發生回復原狀返還給付物等問題。債權人可否於聲請撤銷時並為此聲請，抑須另依第二百四十二條代位權之規定代位行使，多數學者及實務上均採肯定說，認債權人行使撤銷權，除聲請法院撤銷詐害行為外，如有必要，並得聲請命受益人返還財產權及其他財產狀態之復舊。又對轉得人可否聲請回復原狀？現行條文亦無規定。惟學者通說以為轉得人於轉得時知悉債務人與受益人間之行為有撤銷之原因者，債權人撤銷之效果，始及於該轉得人。如轉得人於轉得時不知有撤銷之原因，則應依物權法上善意受讓之規定，取得權利，不得令其回復原狀。如此，方足以維護交易安全並兼顧善意轉得人之利益，爰增訂第四項規定（日本民法第四百二十四條第一項但書參考）。

＊（無償行為）民六〇、二九四、三四三、四〇六、四六四、四七四、七三九、一一七四、一二〇〇；（有償行為）民三四五、三九八、四二一、四八二、四九〇、五六五、五七六、六一三、六二二、六六〇、七三六；（非財產權）民一九、一九四、一九五、四八四、九七二、九八二、一〇〇一、一〇五九、一〇七二、一〇八〇；（禁止扣押之財產）強執五二、五三、一二二，破產八二㈡；（有瑕疵意思表示之撤銷）民八八、八九、九二；（破產法上之撤銷）破產七八～八〇；（撤銷權之除斥期間）民二四五。

▲不動產經查封後，債務人將其所有權移轉於第三人者，其移轉行為對於債權人固不生效力，若其移轉行為係在查封之前，則雖在債權人聲請強制執行之後，亦惟其行為為雙方通謀所為之虛偽意思表示，或有其他之無效原因始為無效。其僅為民法第二百四十四條所謂有害於債權人之行為者，在債權人提起撤銷之訴得有勝訴之確定判決以前，仍不失其效力，不得僅以其為債權人聲請強制執行後之行為，即認為無效。（二二上五四六）

▲債務人以無償行為處分其財產，如害及債權，債權人固得聲請法院撤銷之，而在未經撤銷以前，其處分既非當然無效，則因其處分而取得所有權之第三人，自得拒絕債權人之執行，不能因其處分具有撤銷之原因，即謂不生移轉所有權之效力。（二二上六一九）

▲據被上訴人所述起訴原因之事實，上訴人與甲訂立之契約，為雙方通謀而為之虛偽意思表示，其主張如果屬實，依民法第八十七條第一項之規定本屬當然無效，被上訴人雖援用民法第二百四十四條之規定請將該契約撤銷，依民法第二百四十條之規定，撤銷契約亦使契約自始無效。法院就原告所主張起訴原因之事實判斷其法律上之效果，不受原告所述法律上見解之拘束，原審確認該契約為無效，與被上訴人聲明之本旨並無不符，不得謂為就當事人未聲明之事項為判決。（二六渝上三五〇）（九〇、二、一

三決議不再援用）

▲民法第二百四十四條所稱債務人所為之無償行為或有償行為，均係真正成立之行為，不過因其行為有害於債權人之權利，許債權人於具備同條所定要件時聲請法院撤銷，若債務人與他人通謀而為虛偽意思表示者，依民法第八十七條第一項之規定，其意思表示當然無效。此種行為有害於債權人之權利者，債權人祇須主張其無效，以保全自己之權利，無聲請撤銷之必要。（二六上六〇九）

▲債務人不能清償債務而未受破產之宣告時，對於自己之財產尚未喪失處分權，縱令將其不動產廉價賣與債權人中之一人，以所得價金對於該債權人清償債務，其他債權人亦僅於有民法第二百四十四條第二項情形時，得以訴請求撤銷買賣行為，究不能認其行為為無效。（二七上一〇四〇）

▲債權人依民法第二百四十四條第二項行使其撤銷權，如僅請求撤銷債務人之行為，則應以行為當事人為被告，即其行為為單獨行為時，應以債務人為被告，其行為為雙方行為時，應以債務人及其相對人為被告，故其行為為當事人有數人時，必須一同被訴，否則應認其當事人之適格有欠缺。（二八上九七八）

▲債權人依民法第二百四十四條第二項行使其撤銷權，請求撤銷債務人之行為，如其行為為雙方行為時，固應以債務人及其相對人為被告，否則應認其當事人之適格有欠缺。惟破產管理人就屬於破產財團之財產為訴訟，依民事訴訟法第四百條第二項之規定，其所受判決既對於破產人亦有既判力，是破產管理人為破產法第七十八條之聲請，破產人自無一同被訴之必要。（三八臺上三〇八）

▲債權人依民法第二百四十四條規定，撤銷債務人所為之有償或無償行為者，祇須具備下列之條件，㈠為債務人所為之法律行為㈡其法律行為有害於債權人㈢其法律行為係以財產權為目的㈣如為有償之法律行為，債務人於行為時，明知其行為有害於債權人，受益人於受益時，亦明知其事情。至於債務人之法律行為除有特別規定外，無論為債權行為抑為物權行為，均非所問。（四二臺上三二三）

▲債權人之債權，因債務人之行為，致有履行不能或困難之情形者，即應認為有損害於債權人之權利。故在特定債權，倘債務人所為之有償行為，於行為時明知有損害於債權人之權利，而受益人於受益時，亦知其情事者，債權人即得行使民法第二百四十四條第二項之撤銷權以保全其債權，並不以債務人因其行為致陷於無資力為限。（四五臺上一三一六）（九〇、四、一七決議不再援用）

▲債權人對於債務人所為之有償行為，如欲聲請法院予以撤銷，必先證明自己之權利係因該項行為致受損害而後可，否則無撤銷權行使之可言。（四八臺上三二八）

▲債務人所有之財產除對於特定債權人設有擔保物權外，應為一切債務之總擔保，故債務人明知其財產不足清償一切債務，而竟將財產出賣於人，及受益人於受益時亦知其情事者，債權人即得依民法第二百四十四條第二項之規定，聲請法院撤銷。此項撤銷權之效力，不特及於債權行為，即物權行為亦無例外。（四八臺上一七五〇）

▲（五〇臺上五四七） 參見本法第八十七條。

▲債務人出賣其財產非必生減少資力之結果，苟出賣之財產已獲得相當之對價，用以清償具有優先受償權之債務，則一方面減少其財產，一方面減少其債務，其對於普通債權人，即難謂為詐害行為。（五一臺上三〇二）

▲債務人以其所有之不動產設定抵押權，同時向他人借貸款項，其設定抵押權之行為，固屬有償行為，若先有債權之存在而於事後為之設定抵押權者，如無對價關係，即屬無償行為。倘有害及債權，則債權人自得依民法第二百四十四條第一項之規定以撤銷之。（五一臺上三五二八）

▲破產人在破產宣告前所為之有償行為，有損害於債權人之權利，依破產法第七十八條之規定，破產管理人固得聲請法院撤銷之，惟仍應以依民法第二百四十四條第二項之規定得撤銷者，始得撤銷之。（五一臺上三六三五）

▲（五二臺上七二二） 參見本法第八十七條。

▲民法第二百四十四條之撤銷權，即學說所稱之撤銷訴權，須以訴之形式向法院請求為撤銷其行為之形成判決，始能發生撤銷之效果，此與同法第一百十六條所定僅以意思表示為撤銷者迥有不同。原審認上訴人請求塗銷登記及交還土地，性質上已包含撤銷債務人所為詐害行為之形成之訴在內，毋庸經法院為撤銷之宣告，其法律上之見解殊有錯誤。（五四臺上九七五）

▲債務已屆清償期，債務人就既存債務為清償者，固生減少積極財產之結果，但同時亦減少其消極財產，於債務人之資力並無影響，不得指為民法第二百四十四條第一項或第二項之詐害行為。惟在代物清償，如代償物之價值較債權額為高，有損害於債權人之權利時，而受益人於受益時方知其情事者，仍有同法條第二項之適用。（五五臺上二八三九）

▲民法第二百四十四條所規定債權人撤銷權之行使方法，與一般撤銷權不同，一般撤銷權僅依一方之意思表示為之為已足，而民法第二百四十四條所規定之撤銷權，則必須聲請法院撤銷之，因此在學說上稱之為撤銷訴權。撤銷訴權雖亦為實體法上之權利而非訴訟法上之權利，然倘非以訴之方法行使，即不生撤銷之效力，在未生撤銷之效力以前，債務人之處分行為尚非當然無效，從而亦不能因債務人之處分具有撤銷之原因，即謂已登記與第三人之權利當然應予塗銷。（五六臺上一九）

▲民法第二百四十四條規定之因詐害行為所得行使之撤銷權，係屬一種撤銷訴權，非先經債權人訴求撤銷債務人與第三人間之有償或無償行為，尚不得遽行塗銷其所有權移轉登記。（五六臺上三四七）

▲有擔保物權（抵押權、質權）之債權，而其擔保物之價值超過其債權額時，自毋庸行使撤銷權以資保全，又擔保物雖滅失，然有確實之賠償義務人者，依照民法第八百八十一條及八百九十九條之規定，該擔保物權即移存於得受之賠償金之上，而不失其存在，此即所謂擔保物權之代物擔保性，凡此各點，於處理撤銷權事件時，不能不予注意。（五九臺上三一三）

▲債務人在破產宣告前所為之有償行為，有損害於債權人之權利者，破產管理人聲請法院撤銷時，仍應以依民法第二百四十四條第二項之規定得撤銷者始得為之。本件上訴人之所為，依事實審判決認定係屬有償行為，則依民法第二百四十四條第二項規定，須上訴人於受益時亦明知有損害債權人之權利者，方得撤銷。（六〇臺上三七九五）

▲債權人得依民法第二百四十四條規定行使撤銷權，以其債權於債務人為詐害行為時，業已存在者為限，若債務人為詐害行為時，其債權尚未發生，自不許其時尚非債權人之人，於嗣後取得債權時，溯及的行使撤銷權。（六二臺上二六〇九）

▲債權人行使民法第二百四十四條第二項所規定之撤銷訴權，以債務人於行為時，明知有損害於債權人之權利，且事實上將發生有害於債權人之結果為要件，如果設定動產抵押權之系爭計程車十六輛之價值，除該抵押權所擔保之債權額外，顯足以清償債務人所負其他一切債務，則設定抵押權既不發生有害債權人之結果，自仍不容債權人對該設定抵押權之行為行使撤銷訴權。（六七臺上一五六四）

▲（七〇臺上四五三） 參見本法第一百五十三條。

▲上訴人間成立之訴訟上和解，與確定判決有同一之效力，亦兼有私法上和解之性質，惟於法不能拘束非當事人之被上訴人。被上訴人係行使民法第二百四十四條第二項規定之撤銷權，請求撤銷上訴人間因和解所成立之代償契約行為，與民事訴訟法第三百八十條第二項之規定，毫無相涉。不得謂其未具備民事訴訟法上開規定有關當事人請求繼續審判之原因而指其起訴為不合法。（七一臺上一〇〇九）

▲抵押權設定行為為詐害行為時，其抵押權雖嗣後因抵押物拍賣而消滅，破產管理人仍得行使撤銷權，俾使返還基於抵押權所為拍賣而得之價金，以保全債務人共同擔保。（七三臺上二六九六）

▲民法第二百四十四條第一項之撤銷訴權，依同法第二百四十五條規定，自債權人知有撤銷原因時起，一年間不行使而消滅。該項法定期間為除斥期間，其時間經過時權利即告消滅。此項除斥期間有無經過，縱未經當事人主張或抗辯，法院亦應先為調查認定，以為判斷之依據。（八五臺上一九四一）

第二百四十五條　（撤銷權之除斥期間）

前條撤銷權，自債權人知有撤銷原因時起，一年間不行使，或自行為時起經過十年而消滅。

⇧查民律草案第四百零二條理由謂撤銷權永久存續，則權利之狀態，永不確定，實有害於交易之安全。故撤銷權之消滅時效，應以明文定之。此本條所由設也。

＊（債權人之撤銷權）民二四四；（其他撤銷權之除斥期間）民九〇、九三，破產八一。

▲我國民法總則所定消滅時效之客體，係以請求權為限，並不及於一切財產權，故民法第二百四十五條所定撤銷權得行使之期間，自係法定除斥期間，其時間經過時權利即告消滅，非如消滅時效得因中斷或不完成之事由而延長。又此項撤銷權須以裁判上之方法行使之，即應以訴請求法院予以撤銷。（五〇臺上四一二）

▲民法第二百四十五條所定之期間，乃指詐害行為撤銷權之行使而言。本件被上訴人則因上訴人與某甲間所為之所有權移轉登記，根本不生效力，而請求上訴人等恢復原狀，自無適用該條規定之餘地。（五二臺上二四七六）

▲（八五臺上一九四一）　參見本法第二百四十四條。

第四款　契　約

⇧謹按契約為發生債權債務之重要原因，契約之成立，已於本編第一章第一節第一款規定之。本款所定，則屬契約之內容，契約之履行或不履行及契約之解除等事項，亦債之效力之一端也。

第二百四十五條之一　（締約過失責任）

契約未成立時，當事人為準備或商議訂立契約而有左列情形之一者，對於非因過失而信契約能成立致受損害之他方當事人，負賠償責任：

一　就訂約有重要關係之事項，對他方之詢問，惡意隱匿或為不實之說明者。

二　知悉或持有他方之秘密，經他方明示應予保密，而因故意或重大過失洩漏之者。

三　其他顯然違反誠實及信用方法者。

前項損害賠償請求權，因二年間不行使而消滅。

⑧⑧一、本條新增。

二、近日工商發達，交通進步，當事人在締約前接觸或磋商之機會大增。當事人為訂立契約而進行準備或商議，即處於相互信賴之特殊關係中，如一方未誠實提供資訊、嚴重違反保密義務或違反進行締約時應遵守之誠信原則，致他方受損害，既非侵權行為，亦非債務不履行之範疇，現行法對此未設有賠償責任之規定，有失周延。而外國立法例，例如希臘一九四〇年新民法第一百九十七條及第一百九十八條、義大利民法第一千三百三十七條及第一千三百三十八條，均有「締約過失責任」之規定。為保障締約前雙方當事人間因準備或商議訂立契約已建立之特殊信賴關係，並維護交易安全，我國實有規定之必要，爰增訂第一項規定。

三、為早日確定權利之狀態，而維持社會之秩序，爰參考前述希臘新民法第一百九十八條規定，明定「前項損害賠償請求權，因二年間不行使而消滅」。

＊（誠實信用原則）民一四八。

第二百四十六條　（契約標的給付不能之效力）

以不能之給付為契約標的者，其契約為無效。但其不能情形可以除去，而當事人訂約時並預期於不能之情形除去後為給付者，其契約仍為有效。

附停止條件或始期之契約，於條件成就或期限屆至前，不能之情形已除去者，其契約為有效。

⇧謹按民律草案第五百十三條及第五百十七條謂當事人，得自由以契約訂定債務關係之內容，而其標的，則以可能給付為必要。故以客觀之不能給付（不問其為相對的不能或絕對的不能）為標的之契約，法律上認為無效，所以防無益之爭議也。但係主觀之不能給付，其契約仍應認為有效，使債務人負損害賠償之責，此無待明文規定也。至給付之不能，如祇係暫時，並非繼續者，或其契約中已含有待不能給付之情形除去後始生效力之意者，其契約為附有停止條件之契約，不得以訂定契約時不能給付之故而遽認為無效也。故設第一項以明其旨。又以附停止條件之契約，或以附始期之契約，為不能給付之約定者，其不能給付之情形，於條件成就以前或到期以前既經除去者，於事實上既無妨礙，其契約自應認為有效。故設第二項以明示其旨。

＊（無效行為）民一一一～一一三；（停止條件）民九九；（始期）民一〇二；（因契約標的給付不能之損害賠償）民二四七；（給付不能之效力）民二二五、二二六、二五六、二六六、二六七。

▲公同共有人中之一人，以公同共有物所有權之移轉為買賣契約之標的，並非所謂以不能之給付為契約標的，其移轉所有權之處分行為，雖因未經其他公同共有人之承認不能發生效力，而其關於買賣債權契約則非無效。（三三上二四八九）

▲為擴大農場經營規模，防止農地細分，現有之每宗耕地不得分割及移轉為共有，為農業發展條例第二十二條所明定。本件兩造買賣之土地，其地目為田，且並非全部買賣而僅為部分之買賣，上訴人既不能變更地目，將其分割或移轉登記與被上訴人為共有，是本件即係以不能之給付為契約之標的，依民法第二百四十六條第一項前段之規定，應屬無效，且亦無該條項但書及第二項之情形，從而被上訴人請求上訴人返還已給付之價款五萬元，即無不合。（六四臺上三三一）（九一、九、二〇決議不再援用）

▲土地法第三十條規定，私有農地所有權之移轉，其承受人以承受後能自耕者為限，而此項承受人自耕能力之有無，縱未經當事人主張或抗辯，法院亦應先為調查認定，以為判斷之依據，倘承買人並無自耕能力而竟承買私有農地，即係以不能之給付為契約標的，依民法第二百四十六條第一項前段之規定，其契約為無效。（六四臺上一三五二）（九〇、三、二〇決議不再援用）

▲查私有農地所有權之移轉，其承受人以能自耕者為限，違反前項規定者，其所有權之移轉無效，土地法第三十條第一、二項定有明文。故約定出賣私有農地與無自耕能力人之買賣契約，除有民法第二百四十六條第一項但書及第二項之情形外，依同條第一項前段規定，其契約應屬無效。如此項契約當事人訂約時並無預期買賣之農地變為非農地後再為移轉之情形，縱令契約成立後該農地已變為非農地，亦不能使無效之契約成為有效。（六六臺上二六五五）（九〇、三、二〇決議不再援用）

▲以不能之給付為契約之標的，如其不能情形可以除去，而當事人訂約時並預期於不能之情形除去後為給付者，依民法第二百四十六條第一項但書規定，固應認其契約仍為有效。惟在不能之情形除去前，債權人尚不得據以對債務人為給付之請求。（七〇臺上四五三七）

第二百四十七條　（因契約標的給付不能之賠償及時效）

契約因以不能之給付為標的而無效者，當事人於訂約時知其不能或可得而知者，對於非因過失而信契約為有效致受損害之他方當事人，負賠償責任。

給付一部不能，而契約就其他部分仍為有效者，或依選擇而定之數宗給付中有一宗給付不能者，準用前項之規定。

前二項損害賠償請求權，因二年間不行使而消滅。

⑧⑧一、第一項及第二項未修正。

二、本條之損害賠償請求權，原無特別規定，本應適用本法第一百二十五條十五年之時效規定。惟時效期間過長，使權利狀態久懸不決，有礙社會秩序。又有關時效規定，本條與第二百四十五條之一第三項有相同之立法理由，爰增訂第三項短期時效期間之規定。

＊（契約標的不能之效力）民二四六；（一部無效）民一一一；（選擇之債）民二〇八、二一一。

▲契約因出賣人以不能之給付為標的而歸無效者，買受人所得請求賠償之範圍，依民法第二百四十七條第一項自以因信賴契約有效所受之損害為限，此即所謂消極的契約利益，亦稱之為信賴利益。例如訂約費用、準備履行所需費用或另失訂約機會之損害等是。至於積極的契約利益，即因契約履行所得之利益，尚不在得為請求賠償之列。（五一臺上二一〇一）

▲（五二臺上五一八）參見本法第一百九十九條。

第二百四十七條之一　（定型化契約之限制）

依照當事人一方預定用於同類契約之條款而訂定之契約，為左列各款之約定，按其情形顯失公平者，該部分約定無效：

一　免除或減輕預定契約條款之當事人之責任者。

二　加重他方當事人之責任者。

三　使他方當事人拋棄權利或限制其行使權利者。

四　其他於他方當事人有重大不利益者。

⑧⑧一、本條新增。

二、當事人一方預定契約之條款，而由需要訂約之他方，依照該項預定條款簽訂之契約，學說上名之曰「附合契約」（contratdádhésion）。此類契約，通常由工商企業者一方，預定適用於同類契約之條款，由他方依其契約條款而訂定之。預定契約條款之一方，大多為經濟上較強者，而依其預定條款訂約之一方，則多為經濟上之較弱者，為防止契約自由之濫用，外國立法例對於附合契約之規範方式有二：其一，在民法法典中增設若干條文以規定之，如義大利於一九四二年修正民法時增列第一千三百四十一條、第一千三百四十二條及第一千三百七十條之規定；其二，以單行法方式規定之，如以色列於一九六四年頒行之標準契約法之規定是。以上兩種立法例，各有其優點，衡之我國國情及工商業發展之現況，為使社會大眾普遍知法、守法起見，宜於民法法典中列原則性規定，爰增訂本條，明定附合契約之意義，為依照當事人一方預定用於同類契約之條款而訂定之契約，此類契約他方每無磋商變更之餘地。為防止此類契約自由之濫用及維護交易之公平，列舉四款有關他方當事人利害之約定，如按其情形顯失公平者，明定該部分之約定為無效。至於所謂「按其情形顯失公平者」，係指依契約本質所生之主要權利義務，或按法律規定加以綜合判斷而有顯失公平之情形而言。例如以在他人土地上有建築物而設定之地上權，約定地上權期間為一年或約定買受人對物之瑕疵擔保之契約解除權為十年等是。

＊（公平原則）民七四、二二七之二、三五九、五二七、一〇三〇之一，民訴三九七、四三六之一四。

第二百四十八條　（收受定金之效力）

訂約當事人之一方由他方受有定金時，推定其契約成立。

⑧⑨「訂金」係「定金」之誤繕，予以修正。

＊（定金之效力）民二四九；（交付）民七六一。

▲契約有預約與本約之分。其因當事人由他方受有定金，依民法第二百四十八條規定，視為成立之契約。究為「本約」抑係「預約」，應依其情事解釋當事人之意思定之，不得謂凡有定金之授受者，即概視為已成立「本約」。（七〇臺上一四七四）（九〇、四、一七決議不再援用）

第二百四十九條　（定金之效力）

定金除當事人另有訂定外，適用左列之規定：

一　契約履行時，定金應返還或作為給付之一部。

二　契約因可歸責於付定金當事人之事由，致不能履行時，定金不得請求返還。

三　契約因可歸責於受定金當事人之事由，致不能履行時，該當事人應加倍返還其所受之定金。

四　契約因不可歸責於雙方當事人之事由，致不能履行時，定金應返還之。

⇧謹按依前條之規定，授受定金，既視為契約之成立，則將來契約之履行或不履行，對於定金之應否返還，或須加倍返還，均須有明確之規定，俾資適用。此本條所由設也。

＊（定金）民二四八；（因可歸責於一方當事人之事由）民二二〇、二二四、二二六、二二七、二三一、二五四、二五五；（因不可歸責於雙方當事人之事由）民二二五、二二六。

▲民法第二百四十九條第三款雖僅就履行不能而為規定，於給付遲延或受領遲延不適用之。但因給付遲延或受領遲延致履行不能時，仍在適用之列。（二八滬上二三九）

▲主債務人對於上訴人之債務，僅係不為給付，而非不能履行，上訴人不得依民法第二百四十九條第三款請求加倍返還定金。惟上訴人如與主債務人確已解除契約，則上訴人請求加倍返還定金雖屬不當，但法院可不受當事人法律上主張之拘束，應適用民法第二百五十九條之規定，認主債務人負有返還原付定金，回復原狀之義務。（四三臺上六〇七）

▲上訴人出賣與被上訴人之土地，在交付前被徵收為都市計畫用地之部分，已屬給付不能，此項危險應由上訴人自行負擔，而其餘可能部分，又因上訴人另行出賣與第三人，並已交割完畢，亦已成為給付不能，則被上訴人援引民法第二百四十九條第四款之規定，求命上訴人返還其所受領之定金，自非不應准許。（四九臺上一一四六）

▲民法第二百四十九條第三款規定之加倍返還定金，以契約因可歸責於受定金當事人之事由致不能履行為其前提，與民法第二百五十九條第二款規定之附加利息償還所受領之金額，須以解除契約為前提者不同。原審未就本件契約有無因可歸責於受定金當事人即被上訴人之事由，致不能履行之情形加以審究，徒以兩造訂立在前之公司股權轉讓合約書尚未解除，上訴人不得請求加倍返還定金云云，為不利於上訴人之斷定，自屬難資折服。（六三臺上二三六七）

▲契約當事人之一方，為確保其契約之履行，而交付他方之定金，依民法第二百四十九條第三款規定，除當事人另有約定外，祇於契約因可歸責於受定金當事人之事由，致不能履行時，該當事人始負加倍返還其所受定金之義務，若給付可能，而僅為遲延給付，即難謂有該條款之適用。（七一臺上二九九二）

▲解約定金，係以定金為保留解除權之代價，定金付與人固得拋棄定金，以解除契約；定金收受人亦得加倍返還定金，以解除契約。惟此項解除須於相對人著手履行前為之，相對人已著手履行時，則不得再為此項解除權之行使。（七二臺上八五）

第二百五十條　（違約金之約定）

當事人得約定債務人於債務不履行時，應支付違約金。

違約金，除當事人另有訂定外，視為因不履行而生損害之賠償總額。其約定如債務人不於適當時期或不依適當方法履行債務時，即須支付違約金者，債權人除得請求履行債務外，違約金視為因不於適當時期或不依適當方法履行債務所生損害之賠償總額。

(88)一、第一項「不履行債務」,係指債務違反之情形,包括給付不能、給付遲延及不完全給付。而上述情形,法規上用語應為「債務不履行」(第三百五十三條參照),為統一用語,爰將「不履行債務」修正為「於債務不履行」。
二、第二項但書規定之違約金究指懲罰性違約金,抑指損害賠償額之預定?眾說紛紜,莫衷一是。惟如謂但書規定之違約金係違約罰之性質,則何以僅對給付遲延及不完全給付之情形加以規定,而未規定給付不能之情形?法理上有欠周延。故此處所規定之違約金應不具違約罰之性質,而係債務不履行中之給付遲延及不完全給付所生損害賠償額之預定。為避免疑義並期明確,爰將「但」字修正為「其」字。又將違約金明白規定為「不於適當時期或不依適當方法履行債務所生損害之賠償總額」。至於給付遲延後,因可歸責於債務人之事由致給付不能或遲延後之給付於債權人無利益者,債權人除違約金外,並得請求不履行之損害賠償,此乃當然之效果,毋庸訂定,爰予刪除。
*(債務不履行)民二二五~二二七、二二九。
▲雙方約定違約金之債權,於約定之原因事實發生時,即已獨立存在。定作人於遲延後受領工作時,雖因未保留而推定為同意於遲延之效果,仍不影響於已獨立存在之違約金債權。(四二臺上四九七)
▲(四四臺上一四九)參見本法第二百零五條。
▲借用證書雖載為延遲利息穀,但其真意如係訂明債務人遲延給付時,應賠償債權人因到期未能受償相當於利息損害,即屬約定違約金之性質。(四四臺上五九二)
▲稻穀借據內既載明逾期不還,其逾期利息穀按每百臺斤二臺斤計付,則其所稱逾期息穀,當係限期屆滿後依約應納之違約金,相當於民法第二百五十條之規定。法院如認其約定之違約金額過高,亦僅得依同法第二百五十二條之規定減至相當之數額,不能置其有關違約金之約定於不顧。(五二臺上三六〇二)
▲違約罰性質之違約金,於有違約情事時其請求權即已發生,不因其後契約之解除而謂並無違約情事,自無因契約解除而隨同消滅之理。本件被上訴人既經原審認定其已發生違約情事,並認定兩造約定之違約金,係違約罰性質,而又謂契約已經解除,上訴人不得請求該項違約金,將第一審該部分之判決廢棄,改為上訴人敗訴之判決,核諸前開說明,即難謂無違誤。(六一臺上二九二二)
▲(六二臺上一三九四)參見本法第二百三十三條。
▲違約金係當事人約定契約不履行時,債務人應支付之懲罰金或損害賠償額之預定,以確保債務之履行為目的。至若當事人約定一方解除契約時,應支付他方相當之金額,則以消滅契約為目的,屬於保留解除權之代價,兩者性質迥異。(六八臺上三八八七)

第二百五十一條 (一部履行之酌減)

債務已為一部履行者,法院得比照債權人因一部履行所受之利益,減少違約金。

⇧謹按當事人以契約預定違約金者,於債務人不履行債務時,應即支付違約金,此屬當然之事。然債務人已為一部之履行時,如仍使照約支付違約金,則債務人備受不測之損害,殊失情理之平。故法院得比照債權人因一部履行所受之利益,減少違約金,以期得公平之結果。此本條所由設也。
*(違約金)民二五〇;(一部履行)民三一八;(違約金額過高之酌減)民二五二;(金錢以外給付之準用)民二五三。

第二百五十二條 (違約金額過高之酌減)

約定之違約金額過高者,法院得減至相當之數額。

⇧謹按違約金之數額,雖許當事人自由約定,然使此約定之違約金額,竟至超過其損害額,有顯失公平之情形時,債務人尚受此約定之拘束否,各國法例不一。本法則規定對於違約金額過高者,得由法院減至相當數額,以救濟之。蓋以保護債務人之利益,而期得公平之結果也。
*(違約金)民二五〇;(一部履行之酌減)民二五一;(金錢以外給付之準用)民二五三。
▲違約金本應推定為損害賠償之預約,與無償贈與契約不同。關於損害賠償之額數,在當事人間雖不妨於事前預為約定,而其所約定之額數,如果與實際損害顯相懸殊者,法院自得以當事人實際上所受損失為標準,酌予核減。(一九上一五五四)
▲民法第二百五十二條僅規定約定之違約金額過高者,法院得減至相當之數額,並未規定債務人之不履行債務,非由於故意或重大過失者,法院亦得減少違約金。原審既認債務人某等所稱違約金過高之主張為非正當,而又以某等之不履行債務非由於故意或重大過失,即減少其與債權人約定之違約金額,於法殊有未合。(二九滬上一八)
▲當事人約定契約不履行之違約金過高者,法院固得依民法第二百五十二條以職權減至相當之數額,惟是否相當仍須依一般客觀事實、社會經濟狀況及當事人所受損害情形,以為酌定標準,而債務已為一部履行者,亦得比照債權人所受利益減少其數額。(四九臺上八〇七)
▲系爭抵押權設定契約所擔保之債權,不僅限於借款本金,即借額以外之違約金亦在其內,而有違約金約定者,不問其作用為懲罰抑為損害賠償額之預定,除其金額過高,經訴由法院依民法第二百五十二條規定減至相當之數額外,債務人要應照約履行,不得以約定之違約金超過法定利率甚多,為拒絕債權人聲請拍賣抵押物之藉口。(五〇臺抗五五)
▲約定之違約金是否過高,應就債務人若能如期履行債務時,債權人可得享受之一切利益為衡量之標準,而非以僅約定一日之違約金額若干為衡量之標準。(五一臺上一九)
▲(五二臺上三六〇二)參見本法第二百五十條。

第二百五十三條 (準違約金)

前三條之規定,於約定違約時應為金錢以外之給付者,準用之。

⇧查民律草案第三百九十五條理由謂依契約自由之原則,當事人得預定以金錢外之給付,充損害賠償(如移轉特定物之所有權)。此時應與以金錢充損害賠償者,一律辦理,故準用前三條之規定。此本條所由設也。
*(違約金)民二五〇;(一部履行之酌減)民二五一;(違約金額過高之酌減)民二五二。
▲關於延滯利息穀部分,原審以該項食穀債務既非以支付金錢為標的之債,縱令債務人到期未能清償,應負遲延之責,亦不容債權人依民法第二百三十三條之規定請求遲延利息。惟遲延利息原有違約金之性質,如該項契約當事人之真意,其約定債務人給付遲延時應支付遲延利息,即係關於違約金之訂定,自應依民法關於違約金之規定而為實質上之裁判,不得以其契約字面用語為遲滯利息,遽予一概駁回。(四三臺上五七六)
▲民法第二百五十二條規定:「約定之違約金額過高者,法院得減至相當之數額。」故約定之違約金苟有過高情事,法院即得依此規定核減至相當之數額,並無應待至債權人請求給付後始得核減之限制。此項核減,法院得以職權為之,亦得由債務人訴請法院核減。(七九臺上一六一二)
▲約定之違約金過高者,除出於債務人之自由意思,已任意給付,可認債務人自願依約履行,不容其請求返還外,法院仍得依民法第二百五十二條規定,核減至相當之數額。(七九臺上一九一五)

第二百五十四條 (非定期行為給付遲延之解除契約)

契約當事人之一方遲延給付者,他方當事人得定相當期限催告其履行,如於期限內不履行時,得解除其契約。

⇧查民律草案第五百三十七條理由謂第二百三十一條,於債務人遲延給付時,認債權人有請求賠償因遲延所生損害之權。第二百三十二條遲延後之給付,於債權人無利益者,認債權人有拒絕給付,並請求賠償因不履行所生損害之權。然欲以是律交易上一切之雙務契約,未免有所不足,故設本條，於雙務契約因一方遲延給付時，而定相對人定期催告及解除契約之權利也。

*（給付遲延）民二二九；（債之履行）民三〇九、三一八；（定期行為遲延之解除契約）民二五五；（因給付不能之解除契約）民二五六；（買賣契約之解除）民三五九～三六五；（承攬契約之解除）民五〇三、五〇六；（解除權之行使）民二五七、二五八；（契約解除之效力）民二五九、二六〇、二六一；（解除權之消滅）民二五七、二六二。

▲和解契約一方履行遲延者，如該契約未以此為解除條件，他方僅得依民法第二百五十四條之規定解除契約，並非於一方履行遲延時，當然失其效力。（二〇上一八〇七）

▲解除契約，除當事人間有保留解除權之特別約定外，非有法律所認之解除權不得為之。（二三上三九六八）

▲民法第二百五十四條所謂解除契約，固指解除債權契約而言，但本於債權契約而成立物權移轉契約後，如有解除契約之原因，仍得將該債權契約解除。債權契約解除時，物權契約之效力雖仍存在，而依民法第二百五十九條之規定，受物權移轉之一方，負有將該物權移轉於他方以回復原狀之義務，不得謂物權契約一經成立，債權契約即不得解除。（二八上二一一三）

▲上訴人縱已負有遲延責任，然被上訴人如未依民法第二百五十四條之規定，定相當期限，催告上訴人履行，並因上訴人於期限內不履行，為解除契約之意思表示，仍不能不受契約之拘束，上訴人提出應為之給付，請求被上訴人履行，自非被上訴人所得拒絕。（二九上七八二）

▲（三〇上二一四）參見本法第一百九十九條。

▲被上訴人承買上訴人之某處田三塊，縱於價金之支付應負遲延責任，依民法第二百五十四條之規定，亦須上訴人定相當期限催告其履行，於期限內不履行時，始得解除契約。上訴人既未主張此項解除契約之要件業已具備，並曾為解除之意思表示，即不得謂其買賣契約已失效力。（三一上二八三六）

▲債權人非因債務人遲延給付當然取得契約解除權，必定相當期限催告其履行，如於期限內不履行時，始得解除契約，此觀民法第二百五十四條之規定自明。本件上訴人於民國二十九年九月二十三日與被上訴人約定，將其所有坐落某處坐西向東園地一幅出賣於被上訴人，限於同年十月二十三日立契過交，嗣後被上訴人未支付價金，固為原判決所認定之事實，惟上訴人僅催告被上訴人履行，並未主張其催告定有相當期限，則被上訴人縱於價金之支付應負遲延責任，而上訴人所為解除契約之意思表示，究不能發生效力。（三一上二八四〇）

▲契約當事人之一方催告他方履行給付義務，依民法第二百五十四條之規定應定相當期限，上訴人致被上訴人之催告書中僅定一週之期間，而當日該省道路尚未復舊，交通並非便利，其應給付之鐵軌等交通器材，又須經省行政長官之准許始能搬運，限定七日之內取得搬運許可，並蒐集鐵軌一千三百支全部運抵交付，揆諸實際，勢所難能，是其所定履行之期限，顯不相當，自不能借此而謂契約業已合法解除。（三八臺上三三五）

▲系爭房屋其建築之四十日完工期限，僅為通常約定完成工程之期限，原與民法第二百五十五條所謂非於一定時期為給付不能達其目的者有間，而依兩造訂立前開合約之內容，又未就此項履行期間有特別重要之合意表示，自無適用該條逕行解除契約之餘地。（四五臺上一七一八）

▲民法第二百五十四條之規定，僅為法律所認解除權之一種，並非禁止契約當事人間另有保留解除權之特別約定。故買賣契約當事人間，就買受人一方支付價金之履行期有特別重要之意思表示，如買受人一方不按照時期履行者，則出賣人一方自得依同法第二百五十五條之規定，不經催告逕行解除其契約。（四六臺上一六八五）

▲原訂買賣契約第四條雖有一造違反本契約時，他方不另催告本約視為解除之約定，然該條意旨在約定雙方任何一方違約時，他方得解除契約，並得按照價金請求賠償其損害，而解除權之行使屬於不違約一方，被上訴人既將價金全部交付清楚，自無違約情形，其不願解除契約而請求履行契約，自非不可准許。（五〇臺上一八八三）

▲系爭押金雖為擔保契約履行之性質，但既為兩造成立合約內容之一部分，與其餘部分，不可分離，契約當事人如違反有關押金之約定，不為履行，即當然構成違約。被上訴人於定期催告給付無效果之後，捨解除契約外，即別無他途，上訴人謂押金之約定與提供土地建屋之契約不相牽連，被上訴人不得因其未依約交付押金而解除建築房屋之契約，實不可採。（六四臺上五八九）

▲買受人對於出賣人有受領標的物之義務，為民法第三百六十七條所明定，故出賣人已有給付之合法提出而買受人不履行其受領義務時，買受人非但陷於受領遲延，並陷於給付遲延，出買人非不得依民法第二百五十四條規定據以解除契約。（六四臺上二三六七）

▲債權人就買賣價金所為之過大催告，僅該超過部分不生效力，尚難謂就債務人應給付部分亦不生催告之效力。本件兩造所訂買賣契約，就令祇訟爭土地部分有效，上訴人催告被上訴人給付二、三期價款，亦僅超過該土地應付價款部分不生催告之效力。如被上訴人未依限給付應付部分之價款，尚不能謂上訴人據此所為解除該部分之買賣契約，不生效力。（七〇臺上三一五九）

▲當事人約定債務人遲延給付時，須經債權人定一定之期限催告其履行，而債務人於期限內仍不履行，債權人始得解除契約者，債權人催告所定期限雖較約定之期限為短，但如自催告時起，已經過該約定之期限，債務人仍不履行，基於誠實信用原則，應解為債權人得解除契約。（九〇臺上一二三一）

第二百五十五條　（定期行為給付遲延之解除契約）

依契約之性質或當事人之意思表示，非於一定時期為給付不能達其契約之目的，而契約當事人之一方不按照時期給付者，他方當事人得不為前條之催告，解除其契約。

⇧查民律草案第五百五十二條理由謂依契約之性質，或當事人之意思表示，若非於一定時期內給付，不能達契約之目的者，推定當事人有因一造不履行而保留解除權之意思。於此情形，若一方不履行義務，須使他方得即解除契約，以保護其利益。此本條所由設也。

*（非定期行為給付遲延之解除契約）民二五四；（給付遲延）民二二九、二三二。

▲定期行為，有絕對的定期行為與相對的定期行為之分，前者經過給付期，固即成為給付不能，而後者則不因經過給付期而成為給付不能。（三〇滬上一）

▲民法第二百五十五條之規定，固於相對定期行為亦有適用，惟相對定期行為之成立，以當事人間就履行期之特別重要成立合意為要件。上訴人賣地於被上訴人，僅與被上訴人約定立契過交日期，並未主張別有可認其履行期特別重要之合意，既無從認為相對定期行為，即無適用同條之餘地。（三一上二八四〇）

▲（四五臺上一七一八）參見本法第二百五十四條。

▲（四六臺上一六八五）參見本法第二百五十四條。

▲民法第二百五十五條所謂依契約之性質，非於一定時期為給付不能達其契約之目的者。係指就契約本身，自客觀上觀察，即可認識非於一定時期為給付不能達其契約目的之情形而言，如定製慶祝國慶牌坊是。又所謂依當事人之意思表示，非於一定時期為給付不能達其契約之目的者，必須契約當事人間有嚴守履行期間之合意，並對此期間之重要（契約之目的所在）有所認識，如定製手工藝品一套，並告以係為本月五日出國贈送親友之用。必須於本月四日交付是。本件再審原告應為之給付，係買賣價金，自客觀上觀察殊無非於一定時期為給付不能達其契約目的之情形，而兩造間又無從證明有嚴守六個月履行期限之合意，並對此期限之重要已有所認識，自無民法第二百五十五條之適用。（六四臺再一七七）

第二百五十六條　（因給付不能之解除契約）

債權人於有第二百二十六條之情形時，得解除其契約。

⇧謹按依本法第二百二十六條之規定，因可歸責於債務人之事由，致給付不能者，債權人得請求賠償損害。其僅給付之一部不能者，若其他部分之履行，於債權人無利益時，債權人得拒絕該部之給付，並請求全部不履行之損害賠償。債權人遇有此種情形時，僅得解除其契約，蓋於行使損害賠償請求權之外復予以解除契約之權，使債權人之權利，得受充分之保護也。

*（因給付遲延之解除契約）民二五四、二五五。

▲債權人於有民法第二百二十六條因可歸責於債務人之事由，致給付不能之情形，得解除其契約，為同法第二百五十六條所明定。又契約一經解除，與契約自始不成立生同一之結果，故因契約所生之債權債務，溯及當初全然消滅，其已由他方所受領之給付物，依同法第二百五十九條第一款之規定，自應返還。（四〇臺上一〇二〇）

▲（六七臺上三七〇一）參見本法第二百二十六條。

第二百五十七條　（解除權之消滅(一)——未於期限內行使解除權）

解除權之行使，未定有期間者，他方當事人得定相當期限，催告解除權人於期限內確答是否解除，如逾期未受解除之通知，解除權即消滅。

⇧查民律草案第五百五十條理由謂依契約而保留解除權，有附期限者，有不附期限者。後者情形，須設除斥期間，使相對人有使解除權消滅之權利，始足以保護相對人之利益。蓋解除權為不依時效而消滅之權利，無此規定，別無消滅之法，於相對人甚不便也。

*（解除權）民二五四～二五六、三五九、五〇三、五〇六；（解除權之消滅）民二六二、三六一、三六五、五一四。

▲（二二上七一六）參見本法第一百二十五條。

第二百五十八條　（解除權之行使方法）

解除權之行使，應向他方當事人以意思表示為之。

契約當事人之一方有數人者，前項意思表示，應由其全體或向其全體為之。

解除契約之意思表示，不得撤銷。

⇧查民律草案第五百四十三條理由謂當事人之一方，依第二百五十四條、第二百五十五條及第二百五十六條之規定，解除契約者，其行使解除權之方法，應規定明晰，以防無益之爭論。又行使解除權之意思表示，不得撤銷，以免法律關係流於複雜。此第一項及第三項所由設也。又同律第五百五十六條理由謂解除權有不可分之性質，若反其性質使其可分，則法律關係，煩雜殊甚。此第二項所由設也。

*（意思表示之發生效力）民九四～九七；（多數當事人）民二七一、二七二、二八三、二九二；（解除權）民二五四～二五六、三五九、五〇三、五〇六。

▲解除權之行使，祇須向他方當事人以意思表示為之，不必請求法院為宣告解除之形成判決。當事人間於解除之意思表示有效與否有爭執時，雖須訴請法院裁判，但法院認為此項意思表示有效者，解除之效力，仍於此項意思表示達到他方時即已發生，非自判決確定時始行發生。（二三上二四五四）

▲契約解除權之行使，僅須有解除權之一方，以意思表示向他方為之，其於訴狀為此意思表示者，於訴狀送達他方時發生效力。本件被上訴人在訴狀內已表示契約應予解除之意思，該訴狀在第一審言詞辯論前即已送達於上訴人，是系爭買賣契約在第一審言詞辯論前應認為已合法解除，嗣後第一審判決准予解除，不過就認其解除之意思表示為合法，不得謂為以形成判決將兩造間之契約宣示解除，則被上訴人在第一審言詞辯論後宣示判決前，縱有受領上訴人米穀之事實，亦僅生不當得利之問題，仍難因此遽謂已合法解除之契約尚屬存在。（三二上二一八〇）

▲買賣契約雖訂有保留解除權之特約，但有解除權之一方，若不為解除權之行使，則他方仍非不能請求履行契約。（三三上四四〇三）

▲契約解除權之行使，依民法第二百五十八條第一項之規定，應由當事人向他方當事人以意思表示為之，不得請求法院為宣告解除之形成判決。此項意思表示本不限於訴訟外為之，亦無一定方式，苟於訴訟上以書狀或言詞，由有解除權人向他方當事人表示其解除契約之意思，即應認為有解除之效力。（三七上七六九一）

▲被上訴人所為訴之聲明，關於契約上爭執部分，雖稱請求解除兩造間所締結租賃坐落某處店屋之預約，第此為解除權之行使，依法祇須以意思表示為之。茲被上訴人既依訴訟向上訴人表示解除契約之意思，即應認此部請求，係基於契約解除之原因，而確認該契約關係不存在之訴，原判宣告解除該契約，即屬確認該契約關係不存在。（三七上七六九六）

▲租賃契約當事人之一方既有數人，其終止租約之意思表示即應由其全體為之。（四四臺上一一九）

▲支付租金之催告，係意思通知之一種，其通知應向承租人為之，如承租人有數人者，應向承租人全體為之，否則對於未受催告之承租人，不發生催告之效力。（四八臺上一三八二）

▲(一)出租人或承租人之終止租約，依民法第二百六十三條準用第二百五十八條規定，應向他方當事人以意思表示為之，承租人於執行中，就其押金債權向執行法院聲明參與分配，在法律上僅能視有請求權消滅時效中斷之效力，而不能類推解為其就租賃契約對出租人亦有終止之意思表示。

(二)因擔保承租人之債務而授受之押金，未經交付於租賃物之受讓人者，受讓人既未受有押金權利之移轉，則承租人即得逕向原出租人為返還押金之請求，無待租賃契約終止而後可。（四九臺上三〇七）

▲解除契約，係指當事人之一方，行使其本於法律或契約所定之解除權，使契約自始歸於消滅之一方的意思表示而言，租賃契約一經合法成立，除有終止之原因外，不能以解除之意思表示使之消滅。（五一臺上二八二九）

▲所謂調解、起訴，均有催告通知終止契約之效力，係指調解聲請書或起訴書有催告或終止契約之意思表示者，於調解聲請書或起訴書之繕本送達對方時，有催告或止約之效力而言，並非謂調解或起訴當然有催告或止約效力。（五六臺上二〇〇九）

▲（五七臺上三二一一）參見本法第一百五十三條。

▲民法第二百五十八條第一項係就契約有法定之解除原因，而行使其解除權之情形所為規定，如契約附有解除條件，則條件成就時，契約當然失其效力，無待於當事人解除權之行使。（六〇臺上四〇〇一）

▲租賃權亦為財產權一種，應由全體繼承人共同繼承而為公同共有，依民法第二百六十三條準用第二百五十八條規定，上訴人如欲終止租約，應向全體繼承人為之，始生終止租約之效力。（六二臺上八九二）

▲民法第四百五十一條之規定，乃出租人表示反對續租之意思，有阻卻繼續契約之效力，此與同法第二百六十三條所定，當事人依法律之規定終止契約之情形，具有同一之法律理由，自應類推適用。故租賃物為數人所共同出租者，表示此項意思時，應準用第二百五十八條第二項規定，由出租人全體為之。本件系爭土地為上訴人等四人所共有，而由上訴人等四人共同出租與被上訴人使用，則其依民法第四百五十一條為反對續租之意思表示，自應由上訴人全體為之。（六三臺上二一三九）

▲終止租賃契約，依民法第二百六十三條準用同法第二百五十八條規定，應向他方當事人以意思表示為之，上訴人向該管耕地租佃委員會，申請調解，終止伊等與被上訴人間之耕地租賃契約收回耕地，如在申請調解前，未曾以意思表示，向被上訴人聲明終止租賃契約，須俟該調解申請書或嗣後之訴狀繕本送達被上訴人時，始生終止租賃契約之效力，並非申請調解或起訴時當然有止約之效力。（六五臺上一一〇七）

▲（七六臺上一八〇）參見本法第一百五十三條。

第二百五十九條　（契約解除後之回復原狀）

契約解除時，當事人雙方回復原狀之義務，除法律另有規定或契約另有訂定外依左列之規定：

一　由他方所受領之給付物，應返還之。

二　受領之給付為金錢者，應附加自受領時起之利息償還之。

三　受領之給付為勞務或為物之使用者，應照受領時之價額，以金錢償還之。

四　受領之給付物生有孳息者，應返還之。

五　就返還之物，已支出必要或有益之費用，得於他方受返還時所得利益之限度內，請求其返還。

六　應返還之物有毀損、滅失，或因其他事由，致不能返還者，應償還其價額。

⇧謹按契約解除時，當事人雙方均負回復契約成立前原狀之義務，除法律另有規定，或當事人另有約定者，仍當從其所定外，其所負義務之範圍，亟應明白規定，以杜無謂之爭論。此本條所由設也。

*（契約解除之效力）民二六〇、二六一；（不當得利之返還）民一八一、一八二；（法定利率）民二〇三。

▲契約解除後一切權義回復原狀，其所應返還之金錢，自須添附利息。（一九上四七五）

▲契約經解除者，溯及訂約時失其效力，與自始未訂契約同。此與契約之終止，僅使契約嗣後失其效力者迥異。（二三上三九六八）

▲契約解除時，當事人之一方受領之給付為金錢者，依民法第二百五十九條第二款之規定，當然應附加自受領時起之利息償還他方，並非須經他方之催告始發生附加利息之義務。（二八上五七六）

▲運送物之未運送，縱因不可抗力所致，運送人亦不過就託運人因未運送所受之損害不負賠償責任，其就未運送之運送物所受領之運費，要不容於契約解除時，以此為拒絕返還之理由。（二九上一七三六）

▲上訴人與被上訴人訂約承攬之橡皮水管，其工作之完成，既有與原約定品質不符及不適於使用之各重要瑕疵，而又拒絕被上訴人之催告修補，依民法第四百九十四條之規定，被上訴人本有法律所認之契約解除權存在，自得向上訴人為解除契約之意思表示，從而其以此項契約已經合法解除為原因，請求返還已交付之酬金與附加利息，並賠償因解除契約所生之損害，自為同法第四百九十五條、第二百五十九條第一款、第二款之所許。（四一臺上一〇四）

▲（四三臺上六〇七）　參見本法第二百四十九條。

▲契約解除，雙方互負回復原狀之義務，民法第二百五十九條定有明文，此項互負之義務，依同法第二百六十一條準用第二百六十四條之規定，於他方未為對待給付前，得拒絕自己之給付。（四四臺上七〇二）

▲上訴人出賣與被上訴人之土地，登記之地目既為建築用地，依民法第三百五十四條第一項之規定，自負有擔保其物依第三百七十三條危險移轉於買受人時，無滅失或減少其價值之瑕疵，或滅少通常效用或契約預定效用之瑕疵。茲系爭建地在交付前既屬於運河碼頭用地，依照都市計畫不得為任何建築，則不惟其通常效用有所減少，抑且減低經濟上之價值，從而被上訴人以此項瑕疵為原因，對上訴人解除買賣契約而請求返還定金及附加之利息，自為民法第三百五十九條、第二百五十九條第一款第二款之所許。

（四九臺上三七六）

▲（四九臺上一五九七）　參見本法第一百十三條。

▲契約之解除，出於雙方當事人之合意時，無論有無可歸責於一方之事由，除經約定應依民法關於契約解除之規定外，並不當然適用民法第二百五十九條之規定，倘契約已為全部或一部之履行者，僅得依不當得利之規定請求返還其利益。（五九臺上四二九七）

▲出賣人解除已經履行之買賣契約，該買賣標的物（機器），倘現由第三人占有，買受人不過負向第三人取回該物返還於出賣人之義務（民法第二百五十九條第一款），非謂買賣契約一經解除，該物即當然復歸於出賣人所有，出賣人自不得本於所有權，向第三人主張權利。（六二臺上一〇四五）

▲契約之合意解除與法定解除權之行使性質不同，效果亦異。前者為契約行為，即以第二次契約解除第一次契約，其契約已全部或一部履行者，除有特別約定外，並不當然適用民法第二百五十九條關於回復原狀之規定。後者為單獨行為，其發生效力與否，端視有無法定解除原因之存在，既無待他方當事人之承諾，更不因他方當事人之不反對而成為合意解除。（六三臺上一九八九）

▲（六三臺上二三六七）　參見本法第二百四十九條。

▲（六七臺上三七〇一）　參見本法第二百二十六條。

▲（七二臺上四三六五）　參見本法第二百二十九條。

第二百六十條　（損害賠償之請求）

解除權之行使，不妨礙損害賠償之請求。

⇧謹按契約之解除，與損害賠償之請求，有無妨礙，各國立法例，有契約當事人一方遲延給付時，他方當事人或請求賠償損害，或解除契約兩者之中，任擇其一者，亦有由他方當事人除解除契約外，並得請求損害賠償者，兩種法例。後者最為妥適。本條特定解除權之行使，於損害賠償請求權並無妨礙，所以袪實際上之疑惑也。

*（因給付不能之損害賠償）民二二六；（因拒絕給付或不完全給付之損害賠償）民二二七；（因給付遲延之損害賠償）民二三一～二三三；（損害賠償）民二一三～二一六。

▲（五五臺上一一八八）　參見本法第一百二十八條。

▲民法第二百六十條規定解除權之行使，不妨礙損害賠償之請求，並非積極的認有新賠償請求權發生，不過規定因其他原因已發生之賠償請求權，不因解除權之行使而受妨礙。故因契約消滅所生之損害，並不包括在內，因此該條所規定之損害賠償請求權，係專指因債務不履行之損害賠償而言。（五五臺上二七二七）

▲當事人行使解除權後，依民法第二百五十九條及第二百六十條之規定，除請求回復原狀外，並得請求損害賠償，兩者法律關係不同，其請求權各別存在。本件上訴人起訴請求被上訴人等連帶賠償新臺幣五萬元，原審既認上訴人解除契約為合法，則上訴人非不得請求損害賠償，乃原判遽謂上訴人損害賠償之請求為錯誤，而命被上訴人等返還價金三萬九千元，自係就當事人未聲明之事項為判決，顯屬訴外裁判。（五九臺上七九七）

▲（七二臺上四三六五）　參見本法第二百二十九條。

第二百六十一條　（雙務契約規定之準用）

當事人因契約解除而生之相互義務，準用第二百六十四條至第二百六十七條之規定。

⇧謹按因契約解除而生之相互義務者，例如物品買賣，因契約成立而相互交付之物品或金錢之一部，自應因契約之解除，而相互負返還之義務是也。此種因契約解除而生之相互義務，應與因雙務契約而生之債務相同，故準用第二百六十四條至第二百六十七條之規定。此本條所由設也。

*（同時履行抗辯權）民二六四；（不安抗辯權）民二六五；（危險負擔）民二六六、二六七。

▲（四四臺上七〇二）　參見本法第二百五十九條。

第二百六十二條　（解除權之消滅(二)——受領物不能返還或種類變更）

有解除權人，因可歸責於自己之事由，致其所受領之給付物有毀損、滅失或其他情形不能返還者，解除權消滅；因加工或改造，將所受領之給付物變其種類者，亦同。

⇧查民律草案第五百四十七條理由謂有解除權人，因歸責於己之事由，致不能履行回復原狀之義務時，若仍使其有解除權，有害相對人之利益，故應使其解除權消滅。又同律第五百四十八條理由謂有解除權人，因加工或改造，將其所受領之給付物，變為他種類之物時，亦應使其解除權消滅，否則解除後必須回復原狀，而物已變更，相對人受之，未必能有利益也。

＊（解除權）民二五四～二五六、三五九、五〇三、五〇六；（解除權之消滅）民二五七、三六一、三六五、五一四。

第二百六十三條（終止權之行使方法及效力——準用解除權之規定）

第二百五十八條及第二百六十條之規定，於當事人依法律之規定終止契約者，準用之。

⇧謹按終止契約者，謂不使契約繼續進行也，其性質與契約之解除相同。故當事人依法律之規定終止契約者，亦得準用關於解除契約之規定，即終止契約，應向他方當事人以意思表示為之。當事人一方有數人者，其意思表示，應由全體或向全體為之。已為終止契約之意思表示，不得撤銷，及契約之終止，不妨礙損害賠償之請求是也。

＊（終止權之行使方法）民二五八；（終止權行使之效力）民二六〇；（法定終止權）民四二四、四三五、四三六、四三八、四四〇、四四三、四四七、四五〇、四五二、四五八、四五九、四七二、四八四、四八五、四八九、五一一、五六一、五九七、五九八、六一九，破產七七，三七五減租一七。

▲（二三上三八六七）參見本法第九十五條。

▲被上訴人甲、乙、丙為同一租賃契約之承租人，上訴人既因甲為出征抗敵軍人，依優待出征抗敵軍人家屬條例第二十九條第一項之規定，在出征抗敵期內不得對之為終止租賃契約之意思表示，則依民法第二百六十三條準用第二百五十八條第二項規定，自亦無由對於乙、丙為終止租賃契約之意思表示。（三三上五二九四）

▲（四八臺上一三八二）參見本法第二百五十八條。

▲（四九臺上三〇七）參見本法第二百五十八條。

▲（五六臺上二〇〇九）參見本法第二百五十八條。

▲終止權之行使，依民法第二百六十三條準用同法第二百五十八條之規定，應向他方當事人以意思表示為之，契約當事人之一方有數人者，該意思表示，應由其全體或向其全體為之，此為終止權行使之不可分性。被上訴人既主張系爭房屋，乃上訴人夫婦與沈某夫婦四人以臺北菸廠職工身分共同承租居住，則其終止權之行使即應向該四人為之，如果僅對上訴人一人為終止租約之意思表示，尚難謂為已生終止租約之效力。（六四臺上二二九四）

第二百六十四條（同時履行抗辯權）

因契約互負債務者，於他方當事人未為對待給付前，得拒絕自己之給付。但自己有先為給付之義務者，不在此限。

他方當事人已為部分之給付時，依其情形，如拒絕自己之給付有違背誠實及信用方法者，不得拒絕自己之給付。

⇧查民律草案第五百三十一條理由謂就雙務契約言之，各當事人之債務，互相關聯，故一方不履行其債務，而對於他方請求債務之履行，則為保護他方之利益起見，應使其得拒絕自己債務之履行（同時履行之抗辯）。然若自己負有先履行之義務者，則不得以相對人未履行為理由，而拒絕自己債務之履行。此第一項所由設也。

謹按雙務契約當事人之一方，雖得因他方當事人不履行其債務，而拒絕自己債務之履行，然若他方當事人已經為一部分債務之履行，所餘至微，而自己仍藉口以拒絕債務之履行，則依其情形，顯有違背誠實及信用之方法。故於此時，應使其不得拒絕自己債務之履行。此第二項所由設也。

＊（債之履行）民三〇九；（清償期）民三一五、三一六；（同時履行與留置權）民九二八；（同時給付）民三六九、三七〇；（不安抗辯權）民二六五；（本條之準用）民二六一。

▲兩造互負有給付之義務者，除一方有負先為給付之義務外，本應由兩造同時履行，如一造並未履行其債務，自不得以對造未先履行，請求賠償損害。（二〇上一二七七）

▲被告在裁判上援用民法第二百六十四條之抗辯權時，原告如不能證明自己已為給付或已提出給付，法院應為原告提出對待給付時，被告即向原告為給付之判決，不能遽將原告之訴駁回。（二九上八九五）

▲承租人所有民法第四百三十一條第一項之費用償還請求權，與其在租賃關係終止後所負返還租賃物之義務，非有互為對價之關係，不得藉口其支出之有益費用未受清償，即拒絕租賃物之返還。（三三上二三二六）

▲原審既認定被上訴人負欠上訴人價金日鈔一千五百元，未經給付，上訴人據為拒絕自己給付之抗辯，則除上訴人有先給付之義務外，即應為被上訴人提出對待給付時，上訴人始向被上訴人為交付該房及基地之判決，尚不得命上訴人無條件交付買賣之標的物。（三七上六二一七）

▲被告就原告請求履行因雙務契約所負之債務，在裁判上援用民法第二百六十四條之抗辯權時，原告如不能證明自己已為對待給付或已提出對待給付，法院應為原告提出對待給付時，被告即向原告為給付之判決，不得僅命被告為給付，而置原告之對待給付於不顧。（三九臺上九〇二）

▲（四四臺上七〇二）參見本法第二百五十九條。

▲（五〇臺上一五五〇）參見本法第二百二十九條。

▲承攬人完成之工作，依工作之性質，有須交付者，有不須交付者，大凡工作之為有形的結果者，原則上承攬人於完成工作後，更須將完成物交付於定作人，且承攬人此項交付完成物之義務，與定作人給付報酬之義務，並非當然同時履行，承攬人非得於定作人未為給付報酬前，遽行拒絕交付完成物。（五〇臺上二七〇五）

▲所謂同時履行之抗辯，乃係基於雙務契約而發生，倘雙方之債務，非本於同一之雙務契約而發生，縱令雙方債務在事實上有密切之關係，或雙方之債務雖因同一之雙務契約而發生，然其一方之給付，與他方之給付，並非立於互為對待給付之關係者，均不能發生同時履行之抗辯。（五九臺上八五〇）

▲（六二臺上二七八三）參見本法第一百九十九條。

▲被上訴人以系爭耕地六筆，均已劃入都市計畫範圍，必須收回建築，乃於訴狀表示其終止租約之意思，自其訴狀送達於上訴人時，租約即為終止。至實施都市平均地權條例第五十六條第二項所規定之改良費及補償金，與同條第一項所規定之終止租約收回耕地，並非立於互為對待給付之關係，自不發生同時履行抗辯問題。（六三臺上八二八）

▲承攬人苟無特別約定，固負有將工作物剩餘材料返還於定作人之義務，但此項義務，與定作人給付報酬之義務，並無對價關係。定作人不得以承攬人未返還剩餘材料，而拒絕自己之給付。（六三臺上二三二七）

▲因契約而互負債務，一方有先為給付之義務者，縱其給付兼需他方之行為始得完成，而由於他方之未為其行為，致不能完成，並不能因而免除給付之義務。嗣後向他方請求給付時，他方仍得為同時履行之抗辯，如自己未再提出給付，他方以此拒絕履行，不能令負違約責任。（七一臺上八二）

▲約定向第三人為給付之契約，債務人固得以由契約所生之一切抗辯，對抗該第三人。如為雙務契約，即得於要約人未為對待給付前，拒絕對該第三人為給付。惟第三人僅為債權人，究非契約當事人，債務人要不得對之請求履行要約人應為之對待給付。（七一臺上一四九八）

▲（七二臺上四三六五）參見本法第二百二十九條。

▲雙務契約之一方當事人受領遲延者，其原有之同時履行抗辯權，並未因而歸於消滅。故他方當事人於其受領遲延後，請求為對待給付者，仍非不得提出同時履行之抗辯。除他方當事人應為之給付，因不可歸責於己之事由致給付不能，依民法第二百二十五條第一項規定，免其給付義務者外，法院仍應予以斟酌，如認其抗辯為有理由，應命受領遲延之一方當事人，於他方履行債務之同時，為對待給付。（七五臺上五三四）

▲民法第八百四十條第一項規定：地上權人之工作物為建築物者，如地上權因存續期間屆滿而消滅，土地所有人應按該建築物之時價為補償。此與土地所有人請求塗銷地上權登記係屬二事，互無對價關係，地上權人不得執此主張同

時履行抗辯權。（七九臺上二六二三）

▲耕地三七五減租條例第十七條第二項規定之補償，與同條第一項第五款所規定之終止租約收回耕地，並非立於互為對待給付之關係，自不發生同時履行抗辯問題。（八三臺上二四〇〇）

▲上訴人雖僅就命其對待給付部分，提起上訴，惟命為對待給付之判決，係將本案給付附加對待給付之條件，對待給付並非訴訟標的，本案給付始為訴訟標的，故本案給付與對待給付具有不可分之關係，對待給付部分如無可維持，本案給付部分應併予廢棄。（八三臺上三〇三九）

▲民法第二百六十四條規定之同時履行抗辯權，須由雙務契約之債務人行使，倘債務人於訴訟上未主張，法院即無從斟酌，故債權人持法院判令協同辦理所有權移轉登記之判決申辦所有權移轉登記，若判決主文無命原告為對待給付同時協同辦理移轉登記之諭知，登記機關即應據以辦理移轉登記，不應於判決主文之外，再行審查有無為對待給付之事實。（行七三判七四六）

第二百六十五條 （不安抗辯權）

當事人之一方應向他方先為給付者，如他方之財產，於訂約後顯形減少，有難為對待給付之虞時，如他方未為對待給付或提出擔保前，得拒絕自己之給付。

⇧查民律草案第五百三十二條理由謂雙務契約，有約定當事人之一造先向相對人為給付者，推此契約之意，乃就相對人所應為之對待給付，而信認相對人故也。若契約成立後，相對人之財產顯形減少，有不能受對待給付之虞，是相對人不足信認，故於受對待給付或提出擔保以前，應使其得拒絕自己債務之履行，以保護其利益。此本條所由設也。

*（給付）民一九九、三〇九、三一五、三一六；（同時履行抗辯權）民二六四；（拒絕給付）民四一八，破產一二。

▲民法第二百六十五條之規定，乃予先為給付義務人以不安之抗辯權，此項抗辯權，與同法第二百六十四條之同時履行抗辯權異其性質。既有前者，不能仍認後者之存在。（五七臺上三〇四九）

▲民法第二百六十五條所定不安之抗辯權，以他方之財產於訂約後顯形減少，致有難為對待給付之虞為要件。若訂約時他方之財產已難為對待給付，雖訂約時一方不知其情事，亦不得援用該條之抗辯權。（六六臺上二八八九）

第二百六十六條 （危險負擔——債務人負擔主義）

因不可歸責於雙方當事人之事由，致一方之給付全部不能者，他方免為對待給付之義務，如僅一部不能者，應按其比例減少對待給付。

前項情形已為全部或一部之對待給付者，得依關於不當得利之規定，請求返還。

⇧查民律草案第五百三十四條理由謂以雙務契約言之，其債務之標的，若非因歸責於當事人兩造之事由而不能給付時，應歸何人負擔，此為擔負危險問題，古來學說不一，立法例亦不同。本法因雙務契約，其標的互相關聯，一造之給付義務，即為他造之給付請求權。故訂立契約後，當事人一造所負擔之給付，非因歸責於當事人兩造之事由而不能給付時（例如應交付之馬於給付前死亡），則對於他方無對待給付之請求權，他方亦免為對待給付之義務，以求合於雙務契約之本質，並與當事人兩造之意思相符。但僅係一部不能給付者，無使對待給付義務全部消滅之理，惟應使減少適當之額而已。此第一項所由設也。謹按當事人一方因不可歸責於雙方之事由致給付不能，他方固得免對待給付之義務，然若他方已為全部或一部之對待給付者，此時之受領人即屬不當得利，自應許他方得依關於不當得利之規定，請求返還，以保護其利益。此第二項所由設也。

*（不可歸責於債務人之給付不能）民二二五；（可歸責於債務人之給付不能）民二二六；（因可歸責於當事人一方之給付不能）民二六七；（雙務契約關於危險負擔之特別規定）民三七三～三七五、四九七、五〇八、五二五；（不當得利之返還）民一八一、一八二。

▲（三〇上三四五）參見本法第二百二十五條。

第二百六十七條 （因可歸責於當事人一方之給付不能）

當事人之一方因可歸責於他方之事由，致不能給付者，得請求對待給付。但其因免給付義務所得之利益，或應得之利益，均應由其所得請求之對待給付中扣除之。

⇧謹按雙務契約，當事人一方所負擔之給付，若因歸責於他方之事由致給付不能者，應使其得免給付義務，然並不因此而喪失對於他方之對待給付請求權。惟因免除自己給付義務所取得之利益，或應行取得之利益均應由其所得請求之對待給付中扣除之，蓋以此種利益，係屬不當得利也。故設本條以明示其旨。

*（可歸責於債務人之給付不能）民二二六；（不可歸責於雙方當事人之給付不能）民二六六。

第二百六十八條 （第三人負擔契約）

契約當事人之一方，約定由第三人對於他方為給付者，於第三人不為給付時，應負損害賠償責任。

⇧謹按契約當事人之一方，約定由第三人對於他方為給付者，若第三人不為給付時，則本人對於他方，仍應負損害賠償之責任，以保護他方當事人之利益。此本條所由設也。

*（利益第三人契約）民二六九、二七〇。

第二百六十九條 （第三人利益契約）

以契約訂定向第三人為給付者，要約人得請求債務人向第三人為給付，其第三人對於債務人，亦有直接請求給付之權。

第三人對於前項契約，未表示享受其利益之意思前，當事人得變更其契約或撤銷之。

第三人對於當事人之一方表示不欲享受其契約之利益者，視為自始未取得其權利。

⇧謹按訂立向第三人為給付之契約，應否允許，古來學說不一，立法例亦不同。本法以為當事人訂立契約，不盡使自己受利益。故使自己受利益，非契約有效所必需之要件。然則當事人彼此訂立向第三人為給付之契約，以法理論之，不能不認其成立也明矣。至因第三人而訂立之契約，是否祇第三人對於債務人有請求給付之權利，抑要約人亦有向債務人請求其向第三人為給付之權利，不可不明文規定之。故使要約人有請求債務人向第三人為給付之權，即第三人亦有直接向債務人請求給付之權，以期貫徹立約之本旨。此第一項所由設也。以契約訂定向第三人為給付之契約，應以第三人表示享受契約利益之意思而發生效力，在第三人未表示意思以前，當事人仍得將契約變更或撤銷之。蓋此時權利尚未發生，契約亦無拘束力也。故設第二項以明示其旨。向第三人為給付之契約，因此第三人對於債務人取得直接請求給付之權利，必俟第三人表示享受利益之意思而後可，若第三人表示不願享受其契約之利益者，即與自始未取得權利無異。故又設第三項以明其旨。

*（第三人負擔契約）民二六八；（為他人利益訂立保險契約）保險四五、五二、一〇四～一〇七。

▲父母向他人購買不動產，而約定逕行移轉登記為其未成年子女名義，不過為父母與他人間為未成年子女利益之契約（民法第二百六十九條第一項之契約），在父母與未成年子女之間，既無贈與不動產之法律行為，自難謂該不動產係由於父母之贈與。故父母事後就該不動產取得代價，復以未成年子女名義為第三人提供擔保而設定抵押權者，不得藉口非為子女利益而處分應屬無效，而訴請塗銷登記。（五三臺上一四五六）

▲以使第三人取得給付請求權為標的之契約（利他契約），乃要約人與債務人間之契約，在要約人與第三人之間，固常

有其原因關係（對價關係）之存在，然此原因關係，與利他契約之成立，並不生影響，第三人無須證明其原因關係之存在。（五八臺上三五四五）

▲（六五臺上二一六四）參見本法第一百八十四條。

▲利他契約之給付，係約定向第三人為之，第三人有向債務人直接請求給付之權利，固有不履行給付之損害賠償請求權，惟債權人亦有請求債務人向第三人為給付之權利，茍債權人因債務人不履行向第三人為給付之義務，致其受有損害時（如債權人與第三人約定，債務人不履行給付時，應對第三人支付違約金是），自亦得請求債務人賠償。（六六臺上一二〇四）

▲第三人利益契約係約定債務人向第三人為給付之契約，第三人有向債務人直接請求給付之權利，於債務人不履行債務時，對於債務人有債務不履行之損害賠償請求權。而債權人亦有請求債務人向第三人為給付之權利，於債務人不履行向第三人為給付之義務時，對於債務人自亦有債務不履行之損害賠償請求權。惟此二者，具有不同之內容，即第三人係請求賠償未向自己給付所生之損害；而債權人則祇得請求賠償未向第三人為給付致其所受之損害。（八三臺上八三六）

第二百七十條　（債務人對第三人之抗辯）

前條債務人，得以由契約所生之一切抗辯，對抗受益之第三人。

⇧查民律草案第五百四十二條理由謂因第三人而訂立之契約，第三人之權利，係本於該契約。故債務人本於契約得向要約人對抗者，須使之亦得向第三人對抗，否則無以保護債務人之利益。此本條所由設也。

*（利益第三人契約）民二六九；（由契約所生之抗辯事由）民二四六、二六四。

▲（七一臺上一四九八）參見本法第二百六十四條。

第四節　多數債務人及債權人

⇧查民律草案債權編第一章第六節原案謂，多數債務人及多數債權人之債務關係，自昔為各國所認許，且實際上至為重要，故本法採多數之立法例，特設本節，以規定多數債務人與多數債權人債務關係之法則。本法特將多數當事人之債務關係，分為連合債務與連合債權關係、連帶債務與連帶債權關係、及不可分債務與不可分債權關係三種。至保證債務關係，則於第二章規定之。

第二百七十一條　（可分之債）

數人負同一債務或有同一債權，而其給付可分者，除法律另有規定或契約另有訂定外，應各平均分擔或分受之。其給付本不可分而變為可分者亦同。

⇧謹按可以分給之債務或債權，乃指無害於本質及其價值而得分割其給付而言。如有多數債務人或多數債權人時，則多數債務人或多數債權人，應按各平等比例而負擔債務或享有債權，既合於事理之公平，且適於當事人之意思。至其給付之本不可分，而其後變為可分者，亦同。然若法律別有規定，或契約另有訂定，不應平均分擔或分受者，則應從其所定。此本條所由設也。

*（不可分之債）民二九二、二九三；（連帶債務）民二七二～二八二；（連帶債權）民二八三～二九一。

▲民法第二百七十一條規定數人負同一債務而其給付可分者，應各平均分擔之。此項屬可分之債，應於平均分擔後各就其分擔之部分負清償之責，不能就他人於平均分擔後已清償之餘額，再主張平均分擔。（六二臺上二六七三）

第二百七十二條　（連帶債務）

數人負同一債務，明示對於債權人各負全部給付之責任者，為連帶債務。

無前項之明示時，連帶債務之成立，以法律有規定者為限。

⇧查民律草案第四百八十三條理由謂連帶債務者，使各債務人各獨立負有清償全部債務之義務，使債權人易於實行其權利也。此項債務，祇須債務中之一人富有資產，其他債務人雖係無資產者，亦得受全部之清償，便利實甚。各國立法例皆公認之，故本法亦採用焉。

謹按連帶債務，有因法律行為而發生者，有因法律之規定而發生者（第一百八十五條第一項、第一百八十七條第一項、第一百八十八條第一項），若各債務人並未明示連帶負責之意思時，則連帶債務之成立，應以法律有規定者為限。此本條所由設也。

*（法定連帶債務）民二八、一八五、一八七、一八八、三〇五、四七一、六三七、六八一、七四八、一一五三，公司二三，票據五、六二、九六，海商九三、九七；（連帶債權）民二八三～二九一。

第二百七十三條　（債權人之權利——對連帶債務人之請求）

連帶債務之債權人，得對於債務人中之一人或數人或其全體，同時或先後請求全部或一部之給付。

連帶債務未全部履行前，全體債務人仍負連帶責任。

⇧謹按債權人對於連帶債務人中之一人或數人或其全體，皆得請求履行債務之全部或一部之給付，蓋各債務人各負有全部清償之責也。故在連帶債務未全部履行前，全體債務人仍應負連帶之責任。此本條所由設也。

*（連帶債務）民二七二；（債權人之請求權）民一九九。

▲債權人得向連帶債務人之一人或同時或依次，向總債務人請求其全部或一部之給付，故對於連帶債務人之一人或數人，雖已有命其為全部給付之確定判決，而在其未為清償以前，仍得對於他之連帶債務人，訴請清償其全部。（一八上三三四）

▲連帶債務之債權人，得對於債務人中之一人或數人或其全體，同時或先後請求全部或一部之給付，此在民法第二百七十三條第一項定有明文。故確定判決如就同一債務命數債務人連帶履行者，債權人得專對債務人中之一人，聲請為全部給付之執行。（二三抗五七二）

▲某甲之繼承人雖不僅被上訴人一人，但依民法第一千一百五十三條第一項之規定，被上訴人對於某甲之債務既負連帶責任，則上訴人僅對被上訴人一人提起請求履行該項債務之訴，按諸民法第二百七十三條第一項之規定自無不可，乃原審認為必須以繼承人全體為共同被告，將上訴人對於被上訴人之訴駁回，實屬違法。（二七上二五八七）

第二百七十四條　（清償等發生絕對效力）

因連帶債務人中之一人為清償、代物清償、提存、抵銷或混同而債務消滅者，他債務人亦同免其責任。

⇧謹按連帶債務人中之一人，如對債權人業已清償，或為得與清償同視之代物清償，及提存、抵銷、混同而消滅債務者，其他債務人，亦得以此而免除債務之責任。否則債權人得受兩次清償，與連帶關係之本質相背也。故設本條以明示其旨。

*（相對效力之原則）民二七九；（清償）民三〇九；（代物清償）民三一九；（提存）民三二六以下；（抵銷）民三三四以下；（混同）民三四四。

▲合夥財產不足清償合夥之債務時，依民法第六百八十一條之規定，各合夥人對於不足之額雖連帶負其責任，但合夥人之債權人為合夥人中之一人時，自己亦為連帶債務人中之一人，其對於合夥之債權與其所負之連帶債務已因混同而消滅，依民法第二百七十四條之規定，他合夥人亦同免其責任，故該合夥人對於他合夥人，僅得依民法第二百八十一條、第二百八十二條之規定，行使其求償權，不得更行請求連帶清償。（二九上一一〇五）

▲債權人繼承債務人財產，適用民法第三百四十四條因混同而消滅其債之關係時，雖尚有其他共同繼承人，依民法第一千一百五十三條發生連帶債務之關係，而就民法第二百

七十四條，連帶債務人中之一人因混同而消滅債務者，他債務人亦同免責任之規定觀之，自不影響於因混同而消滅之繼承債務之關係。惟其債權為設有抵押權者，則雖依民法第二百八十一條第二項，並參照同法第三百四十四條但書之規定，在其得向他債務人求償其各自分擔之部分及自免責時起之利息範圍內，承受債權人之權利，可認原抵押權關於此部分範圍內仍有其存在，然其抵押權所及之範圍，自亦僅以此為限，而非仍然存在於原來全部債權之上。（五一臺上二三七〇）

第二百七十五條　（確定判決之限制絕對效力㈠）

連帶債務人中之一人受確定判決，而其判決非基於該債務人之個人關係者，為他債務人之利益，亦生效力。

⇧謹按連帶債務人中之一人，經債權人提起訴訟而受法院確定判決時，其判決如係基於該債務人之個人關係，則僅對於該債務人生效力。如非基於該債務人之個人關係。則對於其他債務人，亦生效力。蓋以本於連帶關係之性質，應有利益於其他債務人也。故設本條以明示其旨。

*（相對效力之原則）民二七九；（確定判決）民訴三九八～四〇二。

▲繼承人對於被繼承人之債務，雖與他繼承人負連帶責任，但連帶債務人中之一人所受之確定判決，除依民法第二百七十五條之規定，其判決非基於該債務人之個人關係者，為他債務人之利益亦生效力外，對於他債務人不生效力。故債權人對於繼承人未得有確定判決或其他之執行名義時，不得依其與他繼承人間之確定判決，就該繼承人所有或與他繼承人公同共有之財產為強制執行。（二六渝上二四七）

▲債權人向連帶債務人中之一人免除債務，而無消滅全部債務之意思表示者，他債務人就該債務人應分擔之部分，亦同免其責任，此觀民法第二百七十六條第一項之規定自明。故連帶債務人中之一人所受勝訴之確定判決，以債權人向該債務人免除債務為基礎者，關於該債務人應分擔之部分，非基於該債務人之個人關係為之，依民法第二百七十五條之規定，為他債務人之利益亦生效力。（三一上二六八三）

第二百七十六條　（免除與時效完成之限制絕對效力）

債權人向連帶債務人中之一人免除債務，而無消滅全部債務之意思表示者，除該債務人應分擔之部分外，他債務人仍不免其責任。

前項規定，於連帶債務人中之一人消滅時效已完成者，準用之。

⇧查民律草案第四百九十一條理由謂債權人對於連帶債務人之一人，免除債務者，對於總債務人，有無消滅債務之效力，不無疑義。以理論言，應以債權人有此意思與否為斷，苟債權人本無此意思，則其免除，於其他債務人毫無關係。然如此辦理，必致債權人對於其他債務人，請求履行債務之全部，其他債務人對於已受免除之債務人，就其所負擔部分行使求償權，而已受免除之債務人，對於債務人，亦必須行使求償權。誠如是，則關係複雜，徒滋煩擾，不若使債權人先將已受免除債務人應行分擔之部分扣除，僅就其殘餘部分，使其他債務人負其責任，較為簡捷。此第一項所由設也。又同律第四百九十二條第二項理由謂連帶債務人之一人其時效已完成者，僅該債務人之債務消滅，於其他債務人之債務，似無影響。然如此辦理，則債權人請求他債務人履行債務，其他債務人，向已受時效利益之債務人，得行其求償權，卒至發生該債務人不得受時效利益之結果。故設第二項以防其弊。

*（相對效力之原則）民二七九；（免除）民三四三；（消滅時效）民一二五～一二七、一四四；（不可分債務之不適用）民二九二、二九三。

第二百七十七條　（抵銷之限制絕對效力）

連帶債務人中之一人，對於債權人有債權者，他債務人以該債務人應分擔之部分為限，得主張抵銷。

⇧謹按抵銷者，二人互負債務因而互相抵充之行為也。抵銷為一種簡便清償之方法，如連帶債務人中之一人，對於債權人享有債權者，得以其自己之債權，向債權人主張抵銷，以消滅連帶債務。然則其他連帶債務人，亦得以該債務人之債權，主張抵銷乎，各國立法例不一。有不許其他債務人援用該債務人之債權主張抵銷者，本法規定，則以該債務人應行分擔之部分為限，許其他債務人亦得主張抵銷，所以保護該債務人之利益也。故設本條以明示其旨。

*（相對效力之原則）民二七九；（抵銷）民三三四以下；（債務人以自己之債權為抵銷）民二七四；（不可分債務之不適用）民二九二、二九三。

第二百七十八條　（受領遲延之限制絕對效力）

債權人對於連帶債務人中之一人有遲延時，為他債務人之利益，亦生效力。

⇧查民律草案第四百八十七條理由謂對於連帶債務人中之一人，債權人有遲延時，則其效力及於他債務人。蓋恐債權人故意拒絕清償，不為受領，使債務關係，有流於遲延之弊。故特設本條以限制之。

*（相對效力之原則）民二七九；（債權人受領遲延）民二三四。

第二百七十九條　（效力相對性原則）

就連帶債務人中之一人所生之事項，除前五條規定或契約另有訂定者外，其利益或不利益，對他債務人不生效力。

⇧謹按連帶債務，為複數之債務，非唯一之債務。故就連帶債務人一人所生之事項，無論利益不利益，不得對於他債務人發生效力。然關於特種事項，亦有應認為例外，如前五條所定之情形，或契約另有訂定，而使對於其他債務人發生效力者，則應從其所定。此本條所由設也。

*（連帶債務）民二七二；（連帶債務債權人之權利）民二七三；（生絕對效力事項）民二七四～二七八；（生相對效力事項）民二二六、二二七、二二九。

▲（五六臺上一一一二）參見本法第一百三十八條。

第二百八十條　（連帶債務人相互間之分擔義務）

連帶債務人相互間，除法律另有規定或契約另有訂定外，應平均分擔義務。但因債務人中之一人應單獨負責之事由所致之損害，及支付之費用，由該債務人負擔。

⇧謹按連帶債務人，相互間之關係，除法律另有規定或契約另有訂定外，應使各債務人平均負擔義務，方為公允。但因債務人中之一人，所生之損害及其所支出之費用，應單獨負責之事由而發生者，則應由該債務人單獨負責，不應使其他債務人共同負擔也。故設本條以明示其旨。

*（連帶債務人之求償權及代位權）民二八一；（無償還資力人負擔部分之分擔）民二八二；（法定分擔額）民一八八、六七七、一一五三。

第二百八十一條　（連帶債務人同免責任之範圍）

連帶債務人中之一人，因清償、代物清償、提存、抵銷或混同，致他債務人同免責任者，得向他債務人請求償還各自分擔之部分，並自免責時起之利息。

前項情形，求償權人於求償範圍內，承受債權人之權利。但不得有害於債權人之利益。

⑱一、第一項「其他行為」是否包括「混同」？文義不明。為免紛爭，應明定與第二百七十四條規定之範圍一致，爰將「或其他行為」修正為「代物清償、提存、抵銷或混同」。

二、第二項未修正。

*（連帶債務人相互間之分擔義務）民二八〇；（清償之代位）民三一二；（法定利率）民二〇三。

▲債權人對於連帶債務人之一人，得請求履行全部債務，其為全部清償之人，得對於他債務人求償。（一八上二一〇四）

▲（二九上一一〇五）參見本法第二百七十四條。

▲（五一臺上二三七〇）參見本法第二百七十四條。

第二百八十二條　（無償還資力人負擔部分之分擔）

連帶債務人中之一人不能償還其分擔額者，其不能償還之部分由求償權人與他債務人按照比例分擔之。但其不能償還係由求償權人之過失所致者，不得對於他債務人請求其分擔。

前項情形他債務人中之一人應分擔之部分已免責者，仍應依前項比例分擔之規定負其責任。

⇧謹按依前條之規定，連帶債務人中之一人，因清償或其他行為，致他債務人同免責任者，得就各債務人各自負擔之部分，行使求償權。若其中之一人，有不能償還應分擔之額時，其不能償還之部分，準備酌理，自應使各債務人按照比例分擔之。但其不能償還，係因求償權人之過失所致者，則應由求償權人單獨負擔其損失，不得請求他債務人分擔。此第一項所由設也。連帶債務人中一人不能償還之部分，應由求償權人與其他債務人按照比例平均分擔，故其他債務人中之一人，雖其自己應分擔之部分，已經免責者（例如消滅時效已完成或已由債權人免除），對於他人不能償還之部分，仍應比例分擔，負其責任。本法特設明文規定，所以杜無謂之爭執也。

*（連帶債務人相互間之分擔義務）民二八〇；（連帶債務人之求償權及代位權）民二八一；（連帶債務免除與消滅時效）民二七六；（抵銷）民二七七。

第二百八十三條　（連帶債權）

數人依法律或法律行為，有同一債權，而各得向債務人為全部給付之請求者，為連帶債權。

⇧查民律草案第四百九十九條理由謂連帶債權者，使各債權人各得獨立請求履行其全部債務之債權利也。有連帶債權，故代理非必要之事，蓋不必代理，亦得實行其權利也。故本條申明連帶債權之意義。連帶債權，以依據法律行為所設定者為主，如當事人別無訂定，則應以本法規定辦理。

*（連帶債務）民二七二～二八二。

▲所謂連帶債權，係指多數債權人有同一目的之數個債權，得各自或共同請求全部或一部之給付，而債務人對於其中任何一人為全部給付即可消滅其債務而言，與公同共有之債權為一個債權，其債務人僅得向公同共有人全體清償始生消滅債務之效力者，迥不相同。（六九臺上一三六四）

▲繼承人共同出賣公同共有之遺產，其所取得之價金債權，仍為公同共有，並非連帶債權。公同共有人受領公同共有債權之清償，應共同為之，除得全體公同共有人之同意外，無由其中一人或數人單獨受領之權。（七四臺上七四八）

第二百八十四條　（債務人之權利——對連帶債權人之給付）

連帶債權之債務人，得向債權人中之一人，為全部之給付。

⇧查民律草案第五百條理由謂連帶債權，其各債權人，各得向債務人請求全部之給付，債務人亦得任意選定債權人中之一人，而為全部之給付，蓋欲使其易於履行債務也。故設本條以明示其旨。

*（連帶債權）民二八三。

▲（六九臺上一三六四）參見本法第二百八十三條。

第二百八十五條　（請求之絕對效力）

連帶債權人中之一人為給付之請求者，為他債權人之利益，亦生效力。

⇧查民律草案第五百零二條理由謂連帶債權人之一人所為給付之請求，對於他債權人之利益，亦當然發生效力，蓋使其易於實行債權也。

*（相對效力之原則）民二九〇；（連帶債權之債務人之給付）民二八四。

第二百八十六條　（受領清償等發生絕對效力）

因連帶債權人中之一人，已受領清償、代物清償，或經提存、抵銷、混同而債權消滅者，他債權人之權利亦同消滅。

⇧謹按連帶債權人中之一人，已受領債務人之清償、代物清償，提存，抵銷或混同，而債權消滅者，此與第二百七十四條所規定連帶債務之性質，完全相同，故使其他債權人之債權，亦同時歸於消滅。此本條所由設也。

*（相對效力之原則）民二九〇；（清償）民三〇九、三一一；（代物清償）民三一九；（提存）民三二六以下；（抵銷）民三三四以下；（混同）民三四四。

第二百八十七條　（確定判決之限制絕對效力(二)）

連帶債權人中之一人，受有利益之確定判決者，為他債權人之利益，亦生效力。

連帶債權人中之一人，受不利益之確定判決者，如其判決非基於該債權人之個人關係時，對於他債權人，亦生效力。

⇧謹按連帶債權人中之一人，受有確定判決者，其效力是否及於其他債權人，應以該判決有利益於其他債權人與否為斷。如有利益於其他債權人者，則其判決之效力，自可及於其他債權人，若其判決不利益於其他債權人時，則以非基於該債權人個人關係為限，始得對於其他債權人發生效力。此本條所由設也。

*（相對效力之原則）民二九〇；（確定判決）民訴三九八～四〇二。

第二百八十八條　（免除與時效完成之限制絕對效力）

連帶債權人中之一人，向債務人免除債務者，除該債權人應享有之部分外，他債權人之權利，仍不消滅。

前項規定，於連帶債權人中之一人消滅時效已完成者準用之。

⇧謹按債權消滅之原因甚多，而債務之免除，及消滅時效之完成，各居其一。故連帶債權人中之一人，由債務人表示免除債務之意思，則該債權人應享部分之債權，即行消滅，而他債權人之權利，固依然存在也。又連帶債權人中之一人，因久不行使權利，致罹於消滅時效，則該債權人應享部分之債權，即行消滅，而他債權人之權利，亦依然存在也。是一人所為之免除，與一人之消滅時效完成，僅以其自己所享有之部分，消滅其權利，至於其他債權人之權利，則法應保護，不使消滅也。故設本條以明示其旨。

*（相對效力之原則）民二九〇；（免除）民三四三；（消滅時效）民一二五～一二七、一四四；（不可分債權之不適用）民二九二、二九三。

第二百八十九條　（受領遲延之絕對效力）

連帶債權人中之一人有遲延者，他債權人亦負其責任。

⇧查民律草案第五百零三條理由謂連帶債權，其債務人得於選定之債權人而為清償，連帶債權人之一人有遲延，若對於其他債權人不生效力，則債務人必於各債權人皆有遲延之情形，始生遲延之效力，是使債務人失其選擇之利益矣。故設本條，使不至有此不當之結果，所以保護債務人也。

*（相對效力之原則）民二九〇；（債權人受領遲延）民二三四。

第二百九十條（效力相對性原則）

就連帶債權人中之一人所生之事項，除前五條規定或契約另有訂定者外，其利益或不利益對他債權人不生效力。

⇧查民律草案第五百零一條理由謂連帶債權，乃複數之債權，與連帶債務同，就連帶債權人中之一人所生之事項，對於其他債權人，無論利益或不利益，皆不生效力，是為原則。至前五條之所規定，或契約另有訂定者，則應從其所定，是為例外。故設本條以明示其旨。

*（連帶債權）民二八三；（連帶債權債務人之給付）民二八四；（生絕對效力事項）民二八五～二八九。

第二百九十一條（連帶債權人之均受利益）

連帶債權人相互間除法律另有規定或契約另有訂定外，應平均分受其利益。

⇧查民律草案第五百零七條理由謂連帶債權人相互間之關係，如法律別無規定，或契約別無訂定，自以平等比例享有權利為當。此本條所由設也。

*（連帶債務人之分擔義務）民二八〇。

第二百九十二條（不可分債務之準用）

數人負同一債務，而其給付不可分者，準用關於連帶債務之規定。

(88)一、按本條立法意旨，原係預定第二百九十三條為不可分債權及不可分債務兩者之特別規定，惟該條第二項規定既規定「債權人中之一人與債務人間所生之事項。」又規定「對他債權人不生效力」，實僅為不可分債權之特則，其於不可分債務，並無規定。從而現行條文中預定次條為不可分債權及不可分債務之特別規定，已失其意義。次查外國立法例，如德國民法第四百三十一條、第四百三十二條、日本民法第四百二十八條至第四百三十一條、瑞士債務法第七十條，均將不可分債權與不可分債務分別加以規定，為免混淆並使適用明確起見，爰將本條與第二百九十三條分別予以修正。前者專為不可分債務而設，後者專為不可分債權而設。

二、數人負同一債務，而其給付不可分者，各債務人各有為全部給付之義務，此與連帶債務並無稍異，爰規定準用關於連帶債務之規定。如本法第二百七十三條、第二百七十四條、第二百七十五條、第二百七十八條、第二百七十九條、第二百八十條、第二百八十一條及第二百八十二條第一項等規定，自均在準用之列，至於第二百七十三條中關於一部給付之規定及第二百七十六條、第二百七十七條、第二百八十二條第二項，則性質上不能準用，應不待言。

*（連帶債務有關規定之準用）民二七三～二七五、二七八、二八〇、二八一、二八二㊀。

第二百九十三條（不可分債權之效力）

數人有同一債權，而其給付不可分者，各債權人僅得請求向債權人全體為給付，債務人亦僅得向債權人全體為給付。

除前項規定外，債權人中之一人與債務人間所生之事項，其利益或不利益，對他債權人不生效力。

債權人相互間，準用第二百九十一條之規定。

(88)一、第一項規定，係採德國、瑞士立法例，認不可分債權之各債權人雖得單獨為請求，但不得請求對自己為給付，亦即僅得請求向債權人全體為給付，債務人亦僅得向債權人全體為給付。為期充分表達此一關係，爰修正為「各債權人僅得請求向債權人全體為給付，債務人亦僅得向債權人全體為給付。」

二、第二項未修正。

三、本條既專為不可分債權而設，則不可分債權，其債權人相互間之關係，宜準用本法第二百九十一條之規定，即不可分債權之債權人相互間，除法律另有規定或契約另有訂定外，應平均分受其利益，爰增訂第三項規定。

▲數人有同一債權而以移轉一物之所有權為標的者，雖依給付之性質非不可分，然除當事人有特別意思表示外，其給付應解為依當事人之意思為不可分，此項債權依民法第二百九十三條第一項之規定，固無須債權人全體共同請求給付，但各債權人僅得請求向其全體為給付，債務人亦僅得向債權人全體為給付。（三〇上一六〇）

▲不可分債權依民法第二百九十三條第一項之規定，不必債權人全體共同請求給付，但各債權人僅得為債權人全體請求給付，故債權人中之一人提起給付之訴時，其原告之適格雖無欠缺，而該債權人請求債務人向自己為給付，而非請求債務人向債權人全體為給付者，仍不能認為有理由。（三二上六二九二）

第五節　債之移轉

⇧查民律草案債權編第一章第三節原案調古代之立法例，有不認債之移轉者，近世各國皆認之，於實際上不得不然也。故本法規定債之移轉。

第二百九十四條（債權之讓與性）

債權人得將債權讓與於第三人。但左列債權，不在此限：

一　依債權之性質，不得讓與者。

二　依當事人之特約，不得讓與者。

三　債權禁止扣押者。

前項第二款不得讓與之特約，不得以之對抗善意第三人。

⇧謹按債權人得將債權讓與他人，讓與之後，讓受人當然有讓與人之地位（即債權人）。但其讓與，為不要式行為，亦不須得債務人之承認。然有特種之債權，即非變更債權內容不得讓與之債權（如扶養請求權），及當事人約定不許讓與之債權，則不得讓與，所以保護公益當事人之利益也。又禁止扣押之債權（於執行法中規定之，例如民事訴訟執行規則第九十七條規定，債務人對於第三人之債權係維持生活必要費用者，不得為強制執行），依同一之法意，亦不許其讓與。此第一項所由設也。前項第二款依當事人之特約，不得將債權讓與於他人者，此種特約，僅於當事人間發生效力，不得以之對抗善意之第三人。此第二項所由設也。

*（法定債權讓與）民二八一㊁、三一二、四二五、七四九、一一四八；（經債務人同意始得讓與之債權）民四四三㊀、四六七㊁、四八四㊀、五四三、五九一、六八三、七三四；（債權禁止扣押者）強執五二、五三、一二二，破產八二㊁；（債權讓與之效力）民二九五。

▲商號與營業之讓與，凡讓受人所應償之債務，除法律有特別規定外，一應以讓與契約所訂定者為準。故讓與人之債權人欲於讓與契約外，無故加重讓受人之義務，實為法所不許。（二〇上二八〇）

▲（二六渝上一二一九）參見本法第一百二十七條。

▲被上訴人於受讓系爭房屋時，已含有受讓出租人對於承租人之一切權利之意思，其因此繼承出租人之地位，對於承租人行使其權利，不因登記之未完畢而受影響。（四〇臺上一二三五）

▲系爭房屋承租人某甲，在租賃關係存續中，得出租人某乙之同意，以改由上訴人占有使用，租金亦歸上訴人直接支付，其訂約之真意，如為租賃權之讓與，則其租賃權既經移轉於上訴人，某甲即失其承租人之地位，承受出租人某乙地位之被上訴人，就系爭房屋通知於租賃期限屆滿時即行返還，以為表示反對續租之意思，須對於受讓其租賃權之上訴人為之，始有阻卻繼續契約之效力，對於已失承租

人地位之某甲為之，則不得謂有此項效力。（四三臺上七〇七）

▲違反禁止債權讓與契約所為之讓與，依民法第二百九十四條第一項第二款之規定固屬無效，惟此項不得讓與之特約，不得以之對抗善意第三人，為同法條第二項所明定，若第三人不知有此特約其讓與應為有效。（五〇臺上五三九）

▲當事人之一方將其因契約所生之權利義務，概括的讓與第三人承受者，係屬契約承擔，與單純的債權讓與不同，非經他方之承認，對他方不生效力。（七三臺上一五七三）

第二百九十五條 （從權利之隨同移轉）

讓與債權時，該債權之擔保及其他從屬之權利，隨同移轉於受讓人。但與讓與人有不可分離之關係者，不在此限。

未支付之利息，推定其隨同原本移轉於受讓人。

⇧謹按債權之讓與，讓與人與受讓人契約完成，即生效力，無須債務人承諾，並無須向債務人通知，觀前條可知，無待明文規定。然擔保債權之權利，如質權、保證之類，及從屬於債權之權利，如優先權之類，以無反對之特約為限，當然隨債權移轉於受讓人。但其擔保或從屬之權利，與讓與人有不可分離之關係者，則不隨債權之讓與而移轉。故設第一項以明示其旨。凡以前未經債務人支付之利息，應否隨債權之讓與而移轉，亟應明白規定，以杜爭議。故設第二項以明示其旨。

*（讓與債權）民二九四；（利息）民二〇三、二〇四；（違約金）民二五〇；（損害賠償）民二一三～二一六；（債之擔保）民七三九、八六〇、八八四、九〇〇，動擔一五；（與讓與人有不可分離之從權利）民九二九，海商二四㈠①，民訴九六。

▲債權之讓與，該債權之擔保權利隨同移轉於受讓人，對於為擔保之保證債務人，祇須經讓與人或受讓人以此事由而為通知即生效力，不以債務人另立書據承認為其要件。（四二臺上二四八）

第二百九十六條 （證明文件之交付與必要情形之告知）

讓與人應將證明債權之文件，交付受讓人，並應告以關於主張該債權所必要之一切情形。

⇧查民律草案第四百零六條理由謂債權之讓與人，須使受讓人於已受讓之債權，易於實行，並易於保全，故使讓與人對於受讓人負交付債權證書，並說明債權所必要之主張之義務。此本條所由設也。

*（證明債權之文件）民三〇八、三〇九。

第二百九十七條 （債權讓與之通知）

債權之讓與，非經讓與人或受讓人通知債務人，對於債務人不生效力。但法律另有規定者，不在此限。

受讓人將讓與人所立之讓與字據提示於債務人者，與通知有同一之效力。

⇧謹按債權之讓與，在當事人間，於契約完成時即生效力，無須通知於債務人。然債務人究未知有債權讓與之事，為保護債務人之利益起見，故使讓與人或受讓人負通知之義務。在未通知以前，其讓與行為僅當事人間發生效力，對於債務人不生效力，但法律別有規定者，則無須通知也。至債權之讓與，如立有讓與字據者，苟經受讓人將字據提示於債務人，即與通知生同一之效力，蓋以省無益之程序也。

*（債權讓與）民二九四；（表見讓與之效力）民二九八；（讓與與通知時抗辯權抵銷權之援用）民二九九；（不適用讓與通知之例外規定）民七一六、七一九，公司一六四、一六五、二六〇，票據三一、三二、一二四、一四四。

▲債權之讓與，雖須經讓與人或受讓人通知債務人始生效力，但不以債務人之承諾為必要。（二〇上五八）

▲債權之讓與，依民法第二百九十七條第一項之規定，非經讓與人或受讓人通知債務人，對於債務人固不生效力，惟法律設此規定之本旨，無非使債務人知有債權讓與之事實，受讓人對於債務人主張受讓事實行使債權時，既足使債務人知有債權讓與之事實，即應認為兼有通知之效力。（二二上一一六二）

▲債權讓與之通知，為讓與人或受讓人向債務人通知債權讓與事實之行為，其性質為觀念通知。（二八上一二八四）

▲民法債編施行前發生之債，除民法債編施行法有特別規定外，固不適用民法債編之規定，但債權之讓與一經讓與人通知債務人，對於債務人即生效力，無待於債務人之同意，債務人除得以受通知時所得對抗讓與人之事由對抗受讓人外，殊無拒絕清償之餘地，此在民法債編施行前亦為當然之法理。（三〇上四七二）

▲債權之讓與，依民法第二百九十七條規定，非經讓與人或受讓人通知債務人不生效力，此項通知不過為觀念通知，使債務人知有債權移轉之事實，免誤向原債權人清償而已，在債務人既知債權已移轉於第三人，而向之請求返還擔保債務履行之契據，自不容猶藉詞債權之移轉尚未通知，拒絕對受讓人履行此項債務，而僅向之請求返還擔保債務之契據。（三九臺上四四八）

▲（四二臺上二四八）參見本法第二百九十五條。

▲債權之讓與，依民法第二百九十七條第一項之規定，雖須經讓與人或受讓人通知債務人始生效力，但不以債務人之承諾為必要，而讓與之通知，為通知債權讓與事實之行為，原得以言詞或文書為之，不需何等之方式，故讓與人與受讓人間成立債權讓與契約時，債權即移轉於受讓人，除法律另有規定外，如經讓與人或受讓人通知債務人，即生債權移轉之效力。至同法條第二項所謂受讓人將讓與人所立之讓與字據提示於債務人，蓋使債務人閱覽讓與字據，可知讓與之事實與通知有同一之效力，並非以提示讓與字據為發生債權讓與效力之要件。（四二臺上六二六）

▲訟爭甘藷之給付請求權，既經上訴人合意受讓於前，復讓與之被上訴人通知債務人某某於後，即生移轉之效力，是上訴人提起請求給付此項甘藷之訴，僅得對於該債務人為之，縱令該債務人因無支付能力延不履行，而依民法第三百五十二條之規定，除其讓與契約另有訂定外，被上訴人仍不負擔保責任。（四三臺上一二二）

▲租用基地建築房屋，如當事人間無禁止轉讓房屋之特約，固應推定出租人立約時，即已同意租賃權得隨建築物而移轉於他人，但租賃權亦屬債權之一種，其讓與非經讓與人或受讓人通知出租人，對於出租人不生效力，此就民法第二百九十七條之規定推之而自明。（五二臺上二〇四七）（九一、一一、一五決議不再援用）

第二百九十八條 （表見讓與）

讓與人已將債權之讓與通知債務人者，縱未為讓與或讓與無效，債務人仍得以其對抗受讓人之事由，對抗讓與人。

前項通知，非經受讓人之同意，不得撤銷。

⇧查民律草案第四百十條理由謂債權之讓與人，若已將讓與之事，通知債務人，其債權之讓與雖不成立，或其讓與無效，債務人亦得以其對抗受讓人之事由，對抗讓與人，蓋其讓與不成立或無效，債務人無從知之，應保護其利益也。又債權讓與之通知，於受讓人之利益，亦生效力，故非經受讓人之同意，不得將其通知撤銷也。

*（債權讓與）民二九四；（債權讓與之通知）民二九七；（撤銷）民一一四、一一六。

第二百九十九條 （對於受讓人抗辯之援用與抵銷之主張）

債務人於受通知時，所得對抗讓與人之事由，皆得以之對抗受讓人。

債務人於受通知時，對於讓與人有債權者，如其債權之清償期，先於所讓與之債權或同時屆至者，債務人得對於受讓人主張抵銷。

⇧查民律草案第四百十四條理由謂債權之讓與，在債務人若未與聞，則不得使債務人無故而變其地位，應使債務人於債權讓與時，對於讓與人所生之事由，（雖專發生原因如解除條件附行為）得以與讓受人對抗。故設第一項以明示其旨。又同律第四百十六條理由謂債權之讓與，並非欲使債務人陷於不利益之地位，故債權讓與後，債務人對於讓與人所有之債權，仍許其對於受讓人主張抵銷，然必該債權之清償期，先於所讓與之債權或同時屆至者，始許主張抵銷，蓋抵銷以彼此債權，均到清償期為要件也。故設第二項以明示其旨。

*（債權讓與之通知）民二九七；（表見讓與之效力）民二九八。

▲債務人於受通知時，對於讓與人有債權者，以其債權之清償期先於所讓與之債權或同時屆至者為限，債務人始得對於受讓人主張抵銷。上訴人於收受執行法院所發之轉付命令後，始代債務人墊繳各款，自無主張抵銷之餘地。（四八臺上一八六七）

▲債權之讓與，債務人於受通知時對於讓與人有債權者，方得於民法第二百九十九條第二項所定之條件下，對於受讓人主張抵銷，否則其債權縱令早已存在，而債務人受通知時尚未取得，亦無對受讓人主張抵銷之餘地。（四九臺上一一九〇）

▲債權讓與，債務人於受通知時所得對抗讓與人之事由，皆得以之對抗受讓人，民法第二百九十九條第一項定有明文。所謂得對抗之事由，不以狹義之抗辯權為限，而應廣泛包括，凡足以阻止或排斥債權之成立、存續或行使之事由在內，蓋債權之讓與，在債務人既不得拒絕，自不宜因債權讓與之結果，而使債務人陷於不利之地位。（五二臺上一〇八五）

▲（七二臺上四七二〇）參見本法第一百零九條。

▲債務人於受債權讓與通知時，對於讓與人有債權者，如其債權之清償期，先於所讓與之債權，或同時屆至者，債務人得對於受讓人主張抵銷，民法第二百九十九條第二項定有明文。此項規定，依同法第九百零二條規定，對於權利質權之設定，仍有其準用。是為質權標的物之債權，其債務人於受質權設定之通知時，對於出質人有債權，如其債權之清償期，先於為質權標的物之債權，或同時屆至者，債務人自得於同額內主張抵銷。（八六臺上一四七三）

第三百條（免責的債務承擔(一)——與債權人訂立契約）

第三人與債權人訂立契約承擔債務人之債務者，其債務於契約成立時移轉於該第三人。

⇧謹按承擔者，第三人擔負債務人債務之謂也。債務之承擔，因第三人與債權人訂立契約而生效力，其債務人是否承諾及知悉，均非所問。第三人既與債權人訂立承擔契約，則債權人之債務，即於契約成立時移轉於第三人，從而第三人為新債務人，舊債務人即可免其責任。因債務承擔，係為債務人之利益而設也。故設本條以明示其旨。

*（債務人與第三人之債務承擔契約）民三〇一、三〇二；（債務人抗辯權之援用及其限制）民三〇三；（從權利之存續及其例外）民三〇四；（併存之債務承擔）民三〇五、三〇六；（法定之債務承擔）民四二五、一一四八。

▲第三人承任債務人之債務而經債權人同意者，嗣後該承任人即應對於債權人負清償之責。至債務人是否同意及知悉，均所不問。（一八上五四五）

▲債務經第三人承任後債務人即脫退關係，還由承任人負清償之責，故此項債務移轉之契約，非得債權人同意不生效力。（一八上一三〇八）

▲承任契約係為債務人之利益而設，其主旨在使債務人免其責任，故承任人一經表示承任並經債權人同意，原債務人即脫退原債務關係，經由承任人對於債權人負清償之責。（一九上一七三）

▲第三人特向債權人訂立承任債務之契約者，債權人因承認契約之效力，即得向第三人為履行債務之請求，雖原債務人嗣後又有自行清償之意思，苟非實行清償，承任人要難主張免責。（一九上四五一）

▲第三人承任債務並非要式行為，祇須得有債權人之同意，其契約即已成立，雖未訂立書據，亦不得謂為無效。（二〇上四八九）

▲承擔債務，須有第三人與債權人訂立承擔債務之契約，其債務始移轉於該第三人。（二〇上一四七三）

▲第三人與債權人訂立契約承擔債務人之債務者，其債務固於契約成立時移轉於該第三人，惟第三人與債權人訂立之契約，係由該第三人加入為債務人，而與原債務人就同一債務各負全部給付之責任者，雖學說上稱為重疊的債務承擔，究與民法第三百條所規定之免責的債務承擔不同，原債務人就其債務仍與該第三人連帶負其責任。（二三上一三七七）

▲債務承擔契約，係以移轉債務於第三人為目的之契約，第三人與債權人間一有此項契約之成立，債務即移轉於第三人，嗣後原債務人既不復負擔債務，債權人自不得更向原債務人請求履行。（二三上三〇〇八）

▲承租人以金錢貸與前業主，約定將息抵租，是債之關係顯僅發生於承租人與前業主間，故在租賃關係存續中，前業主縱將租賃物讓與第三人，但除有民法第三百條所定之債務承擔情形外，原約定對該第三人並非繼續有效，此與一般依租賃契約所為租金之預付，得以對抗受讓人之情形，初非相同。（四五臺上五九〇）

▲上訴人以訴外人某甲所簽發之支票二紙交與被上訴人，為其清償租金之方法，並非該訴外人與債權人或債務人間，有何訂立承擔債務之契約，上開支票既不能兌現，則其租金債務自難謂已消滅。（四六臺上二〇一八）

▲第三人向債權人訂立承擔債務之契約者，債權人因承認契約之效力，雖得向第三人為履行債務之請求，但原債務人嗣後已實行清償，承擔人即非不得為免責之主張。（四八臺上一九九）

▲第三人與債權人訂約承擔債務人之債務者，依民法第三百條之規定，其債務於契約成立時固應移轉於該第三人，但債務人因其法律關係所得對抗債權人之事由，承擔人亦得以之對抗債權人，此在同法第三百零三條第一項前段亦有明定。上訴人主張被上訴人因承攬而製成之蔴布，其規格均與約定不符，為定作人所拒收，即屬所謂因債務人之法律關係所得對抗債權人之事由。（四八臺上四八二）

▲債務承擔，有免責的債務承擔及併存的債務承擔之別，前者於契約生效後原債務人脫離債務關係，後者為第三人加入債務關係與原債務人併負同一之債務，而原債務人並未脫離債務關係。（四九臺上二〇九〇）

▲債務承擔契約係以第三人與債權人為當事人，祇須第三人與債權人互相表示意思一致，其契約即為成立，不必得債務人之同意，故債務人縱對本件債務承擔契約不同意，亦不影響該契約之成立。（五二臺上九二五）

▲按債之更改，謂因變易債務人以消滅舊債務而發生新債務，與債務承擔僅變更債務人，而債務仍屬同一之情形迥異。（六八臺上三四〇七）

第三百零一條（免責的債務承擔(二)——與債務人訂立契約）

第三人與債務人訂立契約承擔其債務者，非經債權人承認，對於債權人不生效力。

⇧查民律草案第四百二十二條理由謂第三人與債務人，訂立承擔債務之契約，若使其契約即生效力，恐有害於債權人之利益，故以經債權人同意為限，始使其發生承擔之效力。此本條所由設也。

*（債權人與第三人之債務承擔契約）民三〇〇；（對於債權人之催告）民三〇二；（債務人抗辯權之援用及其限制）民三〇三。

▲第三人與債務人約明承任其債務者，於通知債權人經其同意時，其債務移轉於該第三人，而債權人於受通知後還向該第三人請求清償者，即應認為已有同意。（一八上六一）

▲債務之承任，關係債權人之利害甚大，非得債權人之同意，不能發生拘束債權人之效力。（一八上二三六九）

▲債務之承任，於債權人有重大之利害關係，非經債權人承認，對於債權人不生效力。（二〇上一一）

▲第三人與債務人訂立承任其債務之契約，非經債權人同意，對於債權人不生效力。（二〇上一五二七）

▲債務之承任（即承擔），乃第三人與債權人或債務人所為以移轉債務為標的之契約，依法須第三人與債權人訂立契約，承擔債務人之債務，或與債務人訂約而經債權人承認而始克生效。（二〇上二〇一七）

▲合夥人將自己之股份轉讓於他人時，雖已將自己應分擔之損失交付受讓人，並約明以前合夥所負之債務由受讓人清償，亦僅得請求受讓人向債權人清償，俾自己免其責任，對於債權人則依民法第三百零一條之規定，非經債權人承認不生效力。惟轉讓後合夥所負之債務，如受讓人為他合夥人，或雖非他合夥人而其轉讓已得他合夥人全體之同意者，應由繼承該合夥人地位之受讓人負其責任。（二一上一六七九）

▲第三人與債務人訂立債務承擔契約，如未經債權人承認，僅對債權人不生效力而已，非謂訂約之當事人不受其拘束，債務人或承擔人如欲撤銷此項承擔契約，必須踐行民法第三百零二條第一項所定定期催告債權人承認之程序，待債權人拒絕承認後，始得撤銷其承擔契約。（六八臺上一三四六）

第三百零二條（債務人或承擔人之定期催告）

前條債務人或承擔人，得定相當期限，催告債權人於該期限內確答是否承認，如逾期不為確答者，視為拒絕承認。

債權人拒絕承認時，債務人或承擔人得撤銷其承擔之契約。

⇧謹按承擔契約之是否生效力，一以債權人之承認與否為斷，故使債務人或承擔人得定相當期限向債權人催告之。若債權人接受催告後，逾期而不為確答者，則視為拒絕承認，使權利狀態易於確定。此第一項所由設也。債權人拒絕承認時，則其承擔契約，對於債權人即不發生效力，此時之債務人或承擔人，得撤銷其承擔之契約，使回復以前之狀態。此第二項所由設也。

＊（債務人與第三人間之債務承擔契約）民三〇一；（承認）民一一五、一一六；（撤銷）民一一四、一一六。

▲（七三臺上一五七三）參見本法第二百九十四條。

▲（六八臺上一三四六）參見本法第三百零一條。

第三百零三條（債務人抗辯權之援用及其限制）

債務人因其法律關係所得對抗債權人之事由，承擔人亦得以之對抗債權人。但不得以屬於債務人之債權為抵銷。

承擔人因其承擔債務之法律關係所得對抗債務人之事由，不得以之對抗債權人。

⇧查民律草案第四百二十六條理由謂承擔契約，不過使第三人（承擔人）代債務人而已，並非使之變更其債務關係，應使承擔人得本於債權人與債務人間法律關係之抗辯，與債權人對抗，如債務人與債權人已行抵銷者，則承擔之債務亦消滅。然承擔人不得以債務人所有之債權，向債權人抵銷其債務，因缺抵銷之要件故也。故設第一項以明其旨。承擔契約，為絕對契約，不得本於承擔人與債務人間承擔原因之抗辯，與債權人對抗，蓋必如是而後承擔契約始確實也。例如承擔人甲，承擔債務人乙之債務，其承擔之原因，則以乙曾交付千圓於甲，甲與乙雖可因此而為特約，對於債權人丙，則不得主張本於該特約之抗辯。故設第二項以明其旨。

＊（債務承擔契約）民三〇〇、三〇一；（抵銷）民三三四。

▲債務之承擔與保證債務不同，保證債務，為於他人不履行債務時代負履行責任之從債務，該他人仍為主債務人，故除有民法第七百四十六條所列各款情形之一者外，保證人於債權人未就主債務人之財產強制執行而無效果前，對於債權人得拒絕清償。債務之承擔，則係債務之移轉，原債務人已由債之關係脫退，僅由承擔人負擔債務。故承擔人縱令曾與原債務人約明將來清償債務之資金，仍由原債務人交付承擔人向債權人清償，亦不得以之對抗債權人。（二二上四二六）

▲（四八臺上四八二）參見本法第三百條。

第三百零四條（從權利之存續及其例外）

從屬於債權之權利，不因債務之承擔而妨礙其存在。但與債務人有不可分離之關係者，不在此限。

由第三人就債權所為之擔保，除該第三人對於債務之承擔已為承認外，因債務之承擔而消滅。

⇧謹按債務之承擔，不過以第三人代債務人而已，其債務關係，並不變更，故從屬於債權之權利，不因債務之承擔，而妨礙其存在。但與債務人有不可分離之關係者，性質上不能脫離債務人而移轉於第三人，若亦適用此項規定，則於事理相反。故設第一項以明其旨。第三人為擔保債務人之債務，於自己之不動產上設定抵押權、質權、或為之保證者，於債務移轉於承擔人時，當視為債權人拋棄其擔保之利益，而消滅其權利。但供擔保之第三人，對於債務之承擔已為承認者，則不妨認其擔保之存在。故設第二項以明其旨。

＊（債務承擔契約）民三〇〇、三〇一；（從權利）民二〇三、二〇四、二五〇、四四四；（債之擔保）民七三九、八六〇、八八四、九〇〇，動擔一五；（承認）民一一五、一一六。

第三百零五條（併存的債務承擔(一)——概括承受）

就他人之財產或營業，概括承受其資產及負債者，因對於債權人為承受之通知或公告，而生承擔債務之效力。

前項情形，債務人關於到期之債權，自通知或公告時起，未到期之債權，自到期時起，二年以內，與承擔人連帶負其責任。

⇧謹按債務之承受，亦承擔之一種。承擔以特定債務為限，而承受則就債務人之資產及其所負一切債務概括繼受之也。關於承受效力之發生，及債務人與承受人之連帶責任，不可不明文規定之，以免無謂之爭議也。此本條所由設也。

＊（免責的債務承擔契約）民三〇〇、三〇一；（法定之併存債務承擔）民三〇六、一一七一；（連帶責任）民二七二～二八二；（第三人利益契約）民二六九。

▲國家接收民營事業概括承受其資產及負債者，固立於私人之地位同受私法之適用，惟依民法第三百零五條規定，就他人之財產或營業概括承受其資產及負債者，因對於債權人為承受之通知或公告而生承擔債務之效力，是承受人未對於債權人為概括承受資產及負債之通知或公告，則承擔債務之效力尚未發生，債權人自不得以未發生承擔效力之債務，向承受人為清償之請求。（二三上二一三六）

第三百零六條（併存的債務承擔(二)——營業合併）

營業與他營業合併，而互相承受其資產及負債者，與前條之概括承受同，其合併之新營業，對於各營業之債務，負其責任。

⇧謹按一營業與他營業合併，而互相承受其資產及負債者，亦屬概括承受之一。營業既經合併，則兩種營業之資產，及其所負之一切債務，悉因合併而移轉於新營業，其合併之新營業，對於各營業所負之債務自應負其責任。故設本條以明示其旨。

＊（免責的債務承擔契約）民三〇〇、三〇一；（約定併存之債務承擔）民三〇五；（法定併存債務承擔）民一一七一。

第六節　債之消滅

⇧謹按債之消滅，雖有種種原因，本編祇規定清償、提存、抵銷、免除、混同等五項。至如法律行為之撤銷，解除條件之成就，期限之滿了，消滅時效之完成等原因，已於總則中規定之。而於契約之解除，當事人之死亡，及其他原因，則散見各條或任諸解釋焉。

第一款　通　則

⇧謹按凡清償、提存、抵銷、免除、混同等，皆債之消滅原因。關於其共通適用之法則，特設通則，以免各款分別規定之煩。

第三百零七條　（從權利之隨同消滅）

債之關係消滅者，其債權之擔保及其他從屬之權利，亦同時消滅。

⇧謹按債之關係消滅者，其債權擔保，及其他從屬之權利，亦同時消滅，蓋從權利附屬於主權利，當然之結果也。故設本條以明示其旨。

＊（從權利）民二〇三、二〇四、二五〇；（債之擔保）民七三九、八六〇、八八四、九〇〇，動擔一五；（負債字據之返還及塗銷）民三〇八。

第三百零八條　（負債字據之返還及塗銷）

債之全部消滅者，債務人得請求返還或塗銷負債之字據，其僅一部消滅或負債字據上載有債權人他項權利者，債務人得請求將消滅事由，記入字據。

負債字據，如債權人主張有不能返還或有不能記入之事情者，債務人得請求給與債務消滅之公認證書。

⇧謹按負債字據者，證明債權、債務之重要文件也。債務消滅後，債務人固有請求返還或塗銷負債字據之權，然必債之全部消滅而後可。若僅一部消滅，或負債字據上載有債權人他項權利者，債務人僅得請求將債務消滅事由，記入字據。又或債權人主張有不能返還或有不能記入之事情者，債務人亦得請求給與債務消滅之公認證書，以資證明而免危險。故設本條以明示其旨。

＊（從權利之消滅）民三〇七；（公認證書）民債施九。

▲債之全部消滅者，債務人雖得請求返還或塗銷負債字據，惟負債字據之返還或塗銷，並非債務消滅之要件，故債務已清償者，不能因負債字據未經返還或塗銷，即謂其債務尚未消滅。（二一上二五二二）

▲債之全部消滅者，債務人固得請求返還或塗銷負債字據，惟負債字據之返還或塗銷，不過為證明債之消滅之證據方法，並非債之消滅之要件，故債已清償者，不得因負債字據未經返還或塗銷，即謂其債尚未消滅。（四四臺上一二二六）

第二款　清　償

⇧查民律草案債權編第一章第五節第一款原案謂，清償為給付債權之標的以消滅其債權之行為，即債務之履行是也。但彼則從債權消滅之點觀察之，此則從債權效力之點觀察之。至清償為債務消滅之最正原因，古來各國皆規定之，本法亦然。

第三百零九條　（清償之效力及受領清償人）

依債務本旨，向債權人或其他有受領權人為清償，經其受領者，債之關係消滅。

持有債權人簽名之收據者，視為有受領權人。但債務人已知或因過失而不知其無權受領者，不在此限。

⇧謹按履行債務，得由債務人或第三人為之。（第三百十一條）至債務人或第三人，向債權人或有受領權限之人（如債權人之代理人）為清償，經其受領者，其債權歸於消滅，此屬當然之事。故設第一項以明示其旨。持有債權人簽名之收據者，法律上推定其為有受領權人，故除債務人已知或因過失而不知其無權受領外，其持有收據之人，即視為有權受領清償之人。故設第二項以明示其旨。

＊（向第三人為清償之效力）民三一〇；（第三人清償之效力）民三一一；（第三人清償之代位權）民三一二、三一三。

▲債權之成立由於特定人間之法律關係，故債務人清償債務應向債權人為之，苟將還債之資交付保證人，而未經債權人追認或已實受其利益者，不生清償之效力。（一八上二一一八）

▲債務業經指定償還方法，雖雙方當事人均有遵守之義務，然若其償還方法為事實上所不可能，自無強債權人遵守，致其債權等於消滅之理。（二〇上一五五〇）

▲（二一上三〇五）　參見本法第二百四十二條。

▲依債務本旨向有受領權人為清償，經其受領者，債之關係即歸消滅，縱令債權人不因其受領而受利益，亦無據以對抗債務人之餘地。（二三上九一七）

▲不依債務本旨之提存，不生清償之效力。（三九臺上一三五五）

▲負債字據之返還，並非債務消滅之要件，故債務實已清償者，不能因該項字據尚存債權人之手，即謂其債務未經消滅。（四〇臺上八五五）

▲債之清償雖得由第三人為之，但第三人代為之清償，仍須依債務之本旨，如以他種給付代原定之給付，自非得債權人之承諾不可。（四二臺上八四三）

▲債務人依債務本旨，向債權人以外有受領權之第三人為清償，並經其受領者，依民法第三百零九條第一項，固使債之關係趨於消滅，惟該第三人如非基於受領權，而係受債務人委任代向債權人本人而為清償時，則債之關係是否消滅，仍應視債權人實際已否受領清償為斷。（四八臺上一九〇）

▲（六六臺上一八九三）　參見本法第一百零七條。

第三百十條　（向第三人為清償之效力）

向第三人為清償，經其受領者，其效力依左列各款之規定：

一　經債權人承認，或受領人於受領後取得其債權者，有清償之效力。

二　受領人係債權之準占有人者，以債務人不知其非債權人者為限，有清償之效力。

三　除前二款情形外，於債權人因而受利益之限度內，有清償之效力。

⇧謹按凡清償須向債權人或有受領權限之人為之，方為有效。若向第三人為清償，雖經第三人受領，亦不生清償之效力，此屬當然之事。然有左列各款之情形，其清償仍為有效：㈠向第三人清償債務，經債權人承認者，其為事前承認，或事後承認，皆所不問。或雖未經債權人承認，而第三人於受領清償後，已取得其債權者，均有清償之效力。㈡又同律第四百三十一條理由謂債權之準占有人，非債權人，而以為自己意思行使債權人權利之人也。（債權人已將債權讓與他人而仍行使其權利，如收取利息之類是，為債權準占有人。）債務人於清償時，不知其非債權人，而向其清償，為保護善意之債務人起見，亦使其發生清償之效力。㈢又同律第四百三十三條理由謂向無受領權之人為清償者，雖以無效為原則，然除前二款情形外，若債權人已向無受領權限之人受取所受清償之一部或全部，於其所受利益之限度內，使生清償之效力。

＊（清償之效力及受領清償人）民三〇九；（承認）民一一五、一一六；（占有人）民九四〇；（準占有人）民九六六。

▲債務之履行應向債權人為之，其向第三人而為給付者，應以債權人承認者為限，始生清償之效力。（一八上一八六五）

▲財產權不因物之占有而成立者，行使其財產權之人為準占有人，債權乃不因物之占有而成立之財產權之一種，故行

使債權人之權利者，即為債權之準占有人，此項準占有人如非真正之債權人而為債務人所不知者，債務人對於其人所為之清償，仍有清償之效。此通觀民法第三百十條第二款及第九百六十六條第一項之規定，極為明顯。（四二臺上二八八）

第三百十一條　（第三人清償）

債之清償，得由第三人為之。但當事人另有訂定或依債之性質不得由第三人清償者，不在此限。

第三人之清償，債務人有異議時，債權人得拒絕其清償。但第三人就債之履行有利害關係者，債權人不得拒絕。

⇧謹按清償有於債之性質上，須債務人親自為之者，有依當事人之約定，須債務人親自為之者，此時不得使第三人為債務之清償。此外使第三人為之，既無害於債務人，亦無損於債權人。故設第一項以明示其旨。債權人若無故拒絕第三人之清償，因此而生遲延之責任，當然由債權人負之。惟就第三人之清償，債務人先述其異議者，則債權人雖拒絕其清償，亦不負遲延之責，蓋為尊重債務人之意思也。但第三人就債之履行有利害關係者，則債權人不得拒絕清償，所以保護第三人之利益也。故設第二項以明示其旨。

*（清償之效力及受領清償人）民三〇九；（依債之性質不得由第三人清償者）民四八四、五三七、五九二；（第三人清償之代位權）民三一二。

▲名義上之主債務人，僅限於第三人業經代償之部分可以主張免責，若第三人未經代償，縱令該第三人應負保證之責，亦不得拒絕清償。（二〇上二三二）

第三百十二條　（第三人清償之權利）

就債之履行有利害關係之第三人為清償者，於其清償之限度內承受債權人之權利，但不得有害於債權人之利益。

[88]為避免與第二百四十二條代位權之意義混淆，爰參照第二百八十一條第二項及第七百四十九條規定之體例，將其中「得按其限度就債權人之權利，以自己之名義代位行使。」等文字修正為「於其清償之限度內承受債權人之權利，」。

*（第三人清償）民三一一。

▲借款時在場之中人雖非保證人，但約明該中人有催收借款之責任者，就借款之返還非無利害關係，如該中人清償此項債務，即有民法第三百十二條之權利。（二九上一三五四）

▲物上保證人及擔保財產之第三取得人，均屬民法第三百十二條所指就債之履行有利害關係之第三人，自抵押權言，所謂物上保證人，乃非債務人而為設定抵押權行為之當事人，亦即非債務人設定抵押權契約之設定人，所謂擔保財產之第三取得人就抵押權而言，即抵押物第三取得人，亦即抵押權設定之後取得抵押物之人。（六五臺上七九六）

▲（七七臺上二二一五）參見本法第一百二十五條。

第三百十三條　（承受之通知、抗辯、抵銷準用債權讓與之規定）

第二百九十七條及第二百九十九條之規定，於前條之承受權利準用之。

[88]為配合前條之修正，爰將末句中「代位行使」等字，修正為「承受」。

*（第三人清償）民三一一、三一二；（債權讓與之通知）民二九七；（抗辯權抵銷權之援用）民二九九。

第三百十四條　（清償地）

清償地，除法律另有規定或契約另有訂定，或另有習慣，或得依債之性質或其他情形決定者外，應依左列各款之規定：

一　以給付特定物為標的者，於訂約時，其物所在地為之。

二　其他之債，於債權人之住所地為之。

[88]現行條文規定誤將「不能依債之性質」決定清償地之情形除外，致不能適用第一款、第二款之規定，顯非立法本意，故應將其中「不」字刪除，並將「能」字修正為「得」字，以符立法意旨。

*（法律特別規定之清償地）民三七一、六〇〇，票據二四[六]；（住所）民二〇～二四。

▲依契約應由出租人赴承租人處收取租金，而出租人並未赴承租人處收租者，則祇構成出租人受領之遲延，不能謂為承租人之欠租，設此際承租人業已催告出租人收租，或已將租金提存者，其不能謂承租人欠租固不待言，縱或承租人未為此項催告或提存，其不能構成承租人之欠租責任亦同。（五二臺上一三二四）

▲（六九臺上一二八〇）參見本法第二百二十九條。

▲耕地出租人以承租人積欠地租達兩年之總額為原因終止租約，應依民法第四百四十條第一項規定，定相當期限催告承租人支付，於往取債務，並須於催告期滿，至承租人之住所收取，承租人仍不為支付，出租人始得終止租約。（八六臺上三三二四）

第三百十五條　（清償期）

清償期，除法律另有規定或契約另有訂定，或得依債之性質或其他情形決定者外，債權人得隨時請求清償，債務人亦得隨時為清償。

[88]現行條文中之「不」字應予刪除，「能」字修正為「得」字，其理由同前條說明。

*（期前清償）民三一六；（法律特別規定之清償期）民三六九、三七〇、四三九、四五〇、四七〇、四七八、四八六、五〇五、五二四、五四八、六〇一、六一九、六五五、七二〇、七三二，票據二四[二]；（緩期清償）民三一八，民訴三九六。

▲當事人預期不確定事實之發生，以該事實發生時為債務之清償期者，應認該事實發生時或其發生已不能時，為清償期屆至之時。本件據原判決確定之事實，上訴人因某錳礦公司復業缺資，向被上訴人之夫借用毫銀二千元，約明俟該公司運礦至某地發沽後償還，顯係預期該公司將來必有運礦至某地發沽之事實，以該事實之發生為既存債務之清償期，並非以之為發生債務之停止條件，該公司既於民國二十二年被政府撤銷，此後已無運礦至某地發沽之可能，即應以其運礦至某地發沽事實之發生已不能時，為清償屆至之時。（二八上一七四〇）

▲（二八上一七六〇）參見本法第一百二十八條。

▲當事人預期不確定事實之發生，以該事實發生時為債務之清償期者，倘債務人以不正當行為阻止該事實之發生，類推適用民法第一百零一條第一項規定，應視為清償期已屆至。（八七臺上一二〇五）

第三百十六條　（期前清償）

定有清償期者，債權人不得於期前請求清償，如無反對之意思表示時，債務人得於期前為清償。

⇧謹按債務清償之時期，原為債務人與債權人雙方之利益而設。本法規定，凡定有清償期之債務，對於債權人，無論如何情形，不得於期前請求清償，而對於債務人，則以無反對之意思表示為限，許其得於期前為清償。其所以保護債務人較保護債權人為周至者，蓋為扶植經濟弱者起見也。

*（清償期）民三一五。

▲債之清償期當事人另有訂定者，應從其訂定，債權人不得於期前請求清償。（一九上二六〇）

▲請求權定有清償期者，自期限屆滿時起即可行使，依民法第一百二十八條之規定，其消滅時效應自期限屆滿時起算。（二八上六〇五）

▲履行期未到與履行之條件未成就不同，故於履行期未到前，如被告有到期不履行之虞者，固得提起請求將來給付之訴，但在履行之條件未成就前，則不許提起將來給付之

訴。（四六臺上七四五）（九五、八、一決議不再援用）

第三百十七條　（清償費用之負擔）

清償債務之費用，除法律另有規定或契約另有訂定外，由債務人負擔。但因債權人變更住所或其他行為，致增加清償費用者，其增加之費用，由債權人負擔。

⇧謹按清償債務，乃債務人解除義務之行為，則因清償債務所生之費用，若法律別無規定，或契約別無訂定時，自應歸債務人負擔。然因債權人之變更住所或其他行為，致增加清償費用者，其所增加之額，即應由債權人負擔，始為公允。此本條所由設也。

＊（清償地）民三一四；（住所）民二〇～二四；（買賣費用之負擔）民三七八。

第三百十八條　（分期給付或緩期清償）

債務人無為一部清償之權利。但法院得斟酌債務人之境況，許其於無甚害於債權人利益之相當期限內，分期給付或緩期清償。

法院許為分期給付者，債務人一期遲延給付時，債權人得請求全部清償。

給付不可分者，法院得比照第一項但書之規定，許其緩期清償。

(88)一、第一項未修正。

二、本條意旨為保護債務人而設，但債權人之利益，亦應予顧及，故在法院許為分期給付之情形，如債務人一期遲延給付時，基於私法自治原則，由債權人自行決定其權利之行使方式，即可對債務人請求全部之清償，亦可依法院之原判決而仍為分期給付之請求。爰參照第三百八十九條之立法旨趣，增訂第二項規定。

三、現行條文第二項移置於第三項，爰將「前項」二字，修正為「第一項」，以資配合。

＊（債之清償）民三〇九；（法律特別規定之一部清償）民二七一，票據七三，破產一三九，強執三八，民訴三九六；（法律特別規定之緩期清償）強執二七，破產一四八，民訴三九六。

▲無款暫緩，不過暫時延緩之意，與通常習慣上之興隆票必待債務人有償還資力，始應清償者不同。（一九上三一二〇）

▲分期歸還之債額如已屆分還之期，債務人不依約履行，不得仍享期限之利益。（二〇上六九〇）

▲民法第三百十八條第一項但書之規定，不過認法院有斟酌債務人境況，許其分期給付或緩期清償之職權，非認債務人有要求分期給付或緩期清償之權利。故法院斟酌債務人境況之結果，認為不應許其分期給付或緩期清償時，債務人不得以認定不當為提起第三審上訴之理由。（二三上二二四）

▲法院得斟酌債務人之境況，許其於無甚害於債權人利益之相當期限內分期給付或緩期清償，為民法第三百十八條所明定，房屋承租人所負返還房屋之義務，亦得依該條規定許其緩期返還。（三〇滬上二〇六）

第三百十九條　（代物清償）

債權人受領他種給付以代原定之給付者，其債之關係消滅。

⇧謹按債務人之清償債務，原應依債務之本旨而為履行，不得以他種給付，以代原定之給付。然為事實上之便利，債務人以他種給付代原定之給付，而債權人亦經承諾，且已受領者，是債權人既得達其目的，應使債之關係歸於消滅，方為公允，即所謂代物清償也。故設本條以明示其旨。

＊（債之清償）民三〇九。

▲債務人欲以他種給付代債務標的之給付者，非得債權人承諾不能強其受領。（一九上四八八）

▲清償既須依債務本旨為之，則以他種給付代原定之給付，自非得債權人之承諾不可，故必債務人以代原定給付之意思為他種給付，債權人之受領他種給付亦係以許代原定給付之意思為之者，始與民法第三百十九條之規定相符，若債務人未得債權人之承諾，自以代原定給付之意思而為他種給付，債權人則以增加擔保或其他之意思而受領者，債之關係不能因此消滅。（二八上一九七七）

▲（三〇上六六四）參見本法第七十一條。

▲代物清償係一種消滅債之方法，故債權人與債務人間授受他種給付時，均須有以他種給付代原定給付之合意，代物清償始能認為成立。代物清償經成立者，無論他種給付與原定之給付其價值是否相當，債之關係均歸消滅。（五二臺上三六九六）

▲代物清償為要物契約，其成立僅當事人之合意尚有未足，必須現實為他種給付，他種給付為不動產物權之設定或轉移時，非經登記不得成立代物清償。如僅約定將來應為某他種給付以代原定給付時，則屬債之標的之變更，而非代物清償。（六五臺上一三〇〇）

第三百二十條　（間接給付——新債清償）

因清償債務而對於債權人負擔新債務者，除當事人另有意思表示外，若新債務不履行時，其舊債務仍不消滅。

⇧謹按民律草案債權編第一章第五節第四款原案謂債務之更改者，即以新債務之發生為原因，而消滅其舊債務之契約也。此種契約，在不認債務讓與及債務承擔之國家，其效用頗多，若既明認讓與或債務承擔，則更改之效用因而減少。各國立法例，有委諸契約之自由，不設特別規定者，如德意志民法是。有設更改之規定者，如法蘭西、意大利、日本諸國民法是。本法仿照德國，對於因清償債務而負擔新債務者，除當事人另有意思表示外，如新債務不履行時，舊債務仍不使其消滅，蓋不採更改制度所生之結果也。故設本條以明示其旨。

＊（債之清償）民三〇九。

▲借款居償還期後，當事人更約償還期限換立借券者，其債務之要素並不變更，自不得謂為消滅舊債務而發生新債務。（一九上七八八）

▲上訴人既自願照額訂立分期撥付據付與被上訴人收執，以清償從前之債務而負擔新債務，被上訴人並將以前借據作廢退還上訴人，其有消滅舊債務之意思表示毫無疑義，自不得再事主張。被上訴人僅能就最初本金按銀行放款日拆為求償範圍，其超過者無請求權。（四〇臺上一〇六八）

▲因清償舊債務而負擔新債務，如新債務業已履行完畢，既不得復請求確認舊債務中利息部分之請求權不存在。（四一臺上八六）

▲上訴人既自願照約定數額另行設定抵押權，書立銀錢借據付與被上訴人收執，以清償前欠之債務而負擔新債務，被上訴人亦將以往之借用證書退還上訴人，其有消滅舊債務之意思表示初無容疑。（四一臺上七〇〇）

▲依民法第三百二十條之規定，因清償舊債務而對於債權人負擔新債務，除當事人另有意思表示外，若新債務不履行時其舊債務仍不消滅。上訴人因清償原有給付烏銑十二公噸之舊債務，而對於被上訴人負擔給付黃金五臺兩之新債務，當時雙方並未另有意思表示，其負擔給付黃金五臺兩之新債務，復因以後法令禁止而不能履行，為原審合法確定之事實，依上法條上訴人原有給付烏銑十二公噸之舊債務既不因之消滅，被上訴人自非不得請求履行此項舊債務。（四二臺上二九〇）

▲賭博為法令禁止之行為，其因該行為所生債之關係原無請求權之可言，除有特別情形外，縱使經雙方同意以清償此項債務之方法而變更為負擔其他新債務時，亦屬脫法行為，仍不能因之而取得請求權。（四四臺上四二一）

▲（四六臺上二〇一八）參見本法第三百條。

▲上訴人將第三人所簽發之支票依背書交付與被上訴人，並未將被上訴人持有之借據收回或塗銷，顯係以負擔票據債務為使被上訴人受清償之方法，票據債務既未因履行而消滅，則兩造間原有之消費借貸債務，自仍屬存在。（四八臺上一二〇八）

第三百二十一條　（清償之抵充㈠——當事人指定）

對於一人負擔數宗債務，而其給付之種類相同者，如清償人所提出之給付，不足清償全部債額時，由清償人於清償時，指定其應抵充之債務。

⇧查民律草案第四百三十七條理由謂債務人對於同一債權人，負擔同種標的之數宗債務，其為清償而提出之給付，不足消滅總債務時，則其給付，究係抵充某債務，必須指定。本法認清償人有指定抵充某宗債務之權，所以保護債務人也。故設本條以明示其旨。

＊（法定抵充）民三二二；（清償期）民三一五、三一六。（不同種類債務之抵充順序）民三二三；

▲民法第三百二十一條之規定，係指對於一人負擔數宗債務而其給付之種類相同者，如清償人所提出之給付不足清償全部債額時，由清償人於清償時指定其應抵充之債務，與上訴人係對於一人負擔一宗債務之情形不同。而清償人所提出之給付應先充費用，次充利息，次充原本，既為同法第三百二十三條所明定，則被上訴人謂上訴人所還之新臺幣四千元應先充利息，次充原本，自非無據。（四三臺上七六七）

▲對於一人負擔數宗債務而其給付之種類相同者，如清償人所提出之給付不足清償全部債額時，依民法第三百二十一條之規定，原應由清償人於清償時指定其應抵償之債務，如未為指定，即應依同法第三百二十二條之規定，定其應抵充之債務，非債權人所得任意充償某宗之債務。（四四臺上九二三）

第三百二十二條　（清償之抵充㈡——法定抵充）

清償人不為前條之指定者，依左列之規定，定其應抵充之債務：

一　債務已屆清償期者，儘先抵充。

二　債務均已屆清償期或均未屆清償期者，以債務之擔保最少者，儘先抵充；擔保相等者，以債務人因清償而獲益最多者，儘先抵充；獲益相等者，以先到期之債務，儘先抵充。

三　獲益及清償期均相等者，各按比例，抵充其一部。

⇧查民律草案第四百三十八條理由謂清償人不指定抵充某種債務者，理論上債權人有指定之權利，債權人不為指定者，則依法律規定抵充之，各國雖有此立法例，然本法以債權人之指定清償抵充權，於實際上並非必要。若清償人不行使指定抵充權時，即使依法律規定抵充之，而依法律規定抵充者，須以無害債權人利益之範圍為限，又須保護債權人之利益。故設本條以明示其旨。

＊（指定抵充）民三二一；（清償期）民三一五、三一六；（不同種類債務之抵充順序）民三二三；（擔保）民七三九、八六〇、八八四、九〇〇，動擔一五。

第三百二十三條　（不同種類債務之抵充順序）

清償人所提出之給付，應先抵充費用，次充利息，次充原本；其依前二條之規定抵充債務者亦同。

⇧查民律草案第四百四十條理由謂於原本外，尚須支付利息及費用者，若債務人之給付，不足消滅其全部債務，則先費用，次利息，再次原本，依次抵充之，以限制債務人之抵充指定權，而保護債權人之利益。此本條所由設也。

＊（指定抵充）民三二一；（法定抵充）民三二二；（清償費用）民三一七；（利息）民二〇三、二〇四。

▲債務人對於債權人欠有本息而為給付者，如未得債權人之同意，應以之先充利息之清償，不能主張係屬還本。（一八上一六六一）

▲債務人對於同一債權人負有原本及利息數宗債務，苟其給付不足清償全部債務，除經債權人同意，得先充原本後充利息外，應先充利息後充原本，不許債務人僅以一方之意思予以變更。（一九上九八九）

▲民法第三百二十三條並非強行規定，故其所定費用、利息及原本之抵充順序，得以當事人之契約變更之。（二七上三二七〇）

▲上訴人對於被上訴人負有原本及利息數宗債務，其提出新臺幣二千五百元之給付不足清償全部債務，在不能證明被上訴人同意先充原本時，不過應依民法第三百二十三條所定順序，先充利息，後充原本而已，本與上訴人就其約定超過法定利率限制之利息是否任意給付，係屬別一問題，且該條所謂應先抵充之利息，係僅指未超過法定利率限制之利息而言，至超過法定利率限制之利息，則無論在民法或利率管理條例，既均規定為無請求權，自難謂為包含在內，亦不得僅執該條前開規定，遂謂上訴人就其約定超過法定利率限制之利息，已為任意給付。（四一臺上八〇七）

第三百二十四條　（受領證書給與請求權）

清償人對於受領清償人，得請求給與受領證書。

⇧查民律草案第四百四十一條理由謂欲知清償之正確，必使清償人對於受領清償人，得請求其交付受領證書以易自己之清償，方足以保護清償人之利益。故設本條以明示其旨。

＊（債之清償）民三〇九；（清償人）民三一一；（負債字據之塗銷及返還）民三〇八；（給與受領證書或返還債權證書之效力）民三二五；（票據之繳回及另給收據）票據七四、一〇〇、一〇一。

第三百二十五條　（給與受領證書或返還債權證書之效力）

關於利息或其他定期給付，如債權人給與受領一期給付之證書，未為他期之保留者，推定其以前各期之給付已為清償。

如債權人給與受領原本之證書者，推定其利息亦已受領。

債權證書已返還者，推定其債之關係消滅。

⇧謹按關於利息或其他定期之給付，事實上多係按照時種期先後而為清償，如債權人給與受領一期給付之證書，未為他期之保留者，推定其以前各期之給付，已經清償。又依第三百二十三條之規定，債務人之清償，本應先充利息，後充原本。故既給與受領原本之證書，當然推定其利息亦已受領。又債權證書之返還，例須在清償債務之後，故已返還債權證書者，推定其債之關係為已消滅。此本條所由設也。

＊（債之清償）民三〇九；（負債字據之塗銷及返還）民三〇八；（票據之繳回及另給收據）票據七四、一〇〇、一〇一。

第三款　提　存

⇧查民律草案債權編第一章第五節第二款原案謂清償標的物之提存，為欲消滅債之關係，將清償之標的物，寄存於一定處所之謂也。債權人有遲延或其他事由，債務人不能向債權人及有受領權人為清償，則使債務人寄存清償之標的物而免其義務，此提存之方法，各國共認，本法從之。

第三百二十六條　（提存之要件）

債權人受領遲延，或不能確知孰為債權人而難為給付者，清償人得將其給付物，為債權人提存之。

⇧查民律草案第四百四十五條理由謂債務人提出給付，而債權人拒絕受領，或不能確知孰為債權人，致債務人無從給付者，應使債務人得為債權人提存其標的物，而免其債務，方足以保護債務人之利益。此本條所由設也。

＊（受領遲延）民二三四；（債之清償）民三〇九；（票據金額之提存）票據七六。

▲釋一三二。

▲債權人除契約有特別訂定或法律有如民法第三百六十七

條、第五百十二條第二項等特別規定外，不負受領給付之義務，依民法第二百三十四條之規定，債權人負受領遲延責任，並非以負有受領給付之義務為要件，第三百二十六條所謂債權人受領遲延，自不以負有受領給付之義務者為限。（院二一八七）

▲因不能確知孰為債權人而難為給付者，清償人固得將其給付物為債權人提存之，惟其提存，除有雙務契約債權人未為對待給付或提出相當擔保之情形外，不得限制債權人隨時受取提存物，否則即難謂依債務之本旨為之，不生清償之效力。（四六臺上九四七）

第三百二十七條（提存之處所）

提存應於清償地之法院提存所為之。

(88)一、依提存法第一條之規定，地方法院設提存所，辦理提存事務。故自提存法公布施行後，各地方法院均設有提存所，且在法院之外亦不再有獨立之提存所。爰將第一項修正為：「提存應於清償地之法院提存所為之。」以符實際。

二、又依提存法第十條第二項規定，如為清償提存，提存所應將提存通知書送達債權人。此項送達，依同條第三項規定，準用民事訴訟法關於送達之規定。是清償提存，提存所依法已通知債權人，似無由提存人再為通知之必要。況清償提存係因債權人受領遲延或不能確知孰為債權人而難為給付者，始得為之。法律課提存人通知之義務，殊無實益，且對當事人權益之衡量，亦有失當之處，爰將第二項刪除。

＊（提存之要件）民三二六；（清償地）民三一四、三七一、六〇〇，票據二四㈥；（提存所）提存一。

▲釋三三五。

第三百二十八條（危險負擔之移轉）

提存後，給付物毀損、滅失之危險，由債權人負擔，債務人亦無須支付利息，或賠償其孳息未收取之損害。

⇧謹按提存之方法，亦消滅債務之重要原因也。清償之標的物提存後，債務人即不負提存物毀損滅失之責任，並不負支付利息及賠償未收取孳息之責任。蓋給付物既經提存，則其毀損滅失之危險，自應由債權人負擔，從而債務人亦無須支付利息或賠償其孳息未收取之損害，所以貫徹其提存之效力也。故設本條以明示其旨。

＊（提存之要件）民三二六；（危險負擔）民二六六、三七三、三七四；（提存物之拍賣）提存一四。

▲債務人將清償之標的物提存後，債權人固應擔負其物滅失、損毀或落價之危險，惟所謂標的物者，自指當事人之約定者而言。如約定以現金給付為標的，債務人強欲以業經落價之紙幣或有價證券為給付，而又不肯按市價折合現金者，則在債權人自得拒絕受領，雖經債務人將該紙幣或有價證券提存，嗣後更行落價，亦非債權人遲延所致，自不能令其負擔由此所生之損失。（一七上八三二）

第三百二十九條（提存物之受取及受取之阻止）

債權人得隨時受取提存物，如債務人之清償，係對債權人之給付而為之者，在債權人未為對待給付或提出相當擔保前，得阻止其受取提存物。

⇧謹按提存物者，債務人以消滅債務為目的，為債權人而提存之給付物也，則債權人對於此提存物，當然有受取之權利，然不得因此遽使債務人喪失其對於債權人所有之對待給付請求權。故在債權人未為對待給付或提出相當擔保前，債務人仍有阻止其受取提存物之權利，所以保護債務人之利益也。故設本條以明示其旨。

＊（提存之要件）民三二六；（同時履行抗辯權）民二六四；（擔保）民七三九、八六〇、八八四、九〇〇，動擔一五；（為對待給付或提出相當擔保後受取提存物）提存一七。

▲（四六臺上九四七）參見本法第三百二十六條。

第三百三十條（受取權之除斥期間）

債權人關於提存物之權利，應於提存後十年內行使之，逾期其提存物歸屬國庫。

(88)本條所定十年之期間，因有「不行使而消滅」字句，究為時效期間，抑為除斥期間，學者間見解不一。惟就期間經過後，即發生提存物歸屬於國庫之效果而觀，似以認係除斥期間較為正確。爰修正為「債權人關於提存物之權利，應於提存後十年內行使之，逾期其提存物歸屬國庫。」以示該十年之期間為除斥期間，俾杜爭議。

＊（提存之要件）民三二六；（提存之通知）提存一〇；（提存物之受取）民三二九；（提存人之請求返還提存物）提存一五。

▲釋三三五。

第三百三十一條（提存價金㈠——拍賣給付物）

給付物不適於提存，或有毀損滅失之虞，或提存需費過鉅者，清償人得聲請清償地之法院拍賣，而提存其價金。

(88)查法院組織法不採「初級法院」之用語，爰將「法院」上之「初級」二字刪除，以符實際。

＊（提存之要件）民三二六；（提存物之拍賣）提存一四；（拍賣之方式）民債施二八。

第三百三十二條（提存價金㈡——變賣）

前條給付物有市價者，該管法院得許可清償人照市價出賣，而提存其價金。

⇧謹按凡給付物之不適於提存，或有毀損滅失之虞，或提存需費過鉅者，如有市價，應許清償人按照市價出賣，而提存其價金，以省拍賣之手續，而期實際上之便利。此本條所由設也。

＊（提存之要件）民三二六。

第三百三十三條（提存等費用之負擔）

提存拍賣及出賣之費用，由債權人負擔。

⇧謹按提存之規定，本為債務人因債權人之受領遲延，或不能確知孰為債權人等情形，致不能以給付消滅債權時而設，故關於提存所需之費用，應由債權人負擔。至於拍賣及出賣，均為債權人之利益而設，則關於拍賣及出賣所需之費用，亦應由債權人負擔。此本條所由設也。

＊（保管費用）民六二二；（拍賣及出賣費用之規定）民三五八、六二一、六五〇、八〇六、八〇七。

第四款 抵銷

⇧查民律草案債權編第一章第五節第三款原案謂抵銷者，二人互有債權，互負債務，各以其債權充債務之清償，使同時消滅債務關係之方法也。無受領現物之勞，而雙方債之關係均得同時消滅，有節省時間費用及勞力之實益，古來各國皆認之。故本法亦設本款之規定。

第三百三十四條（抵銷之要件）

二人互負債務，而其給付種類相同，並均屆清償期者，各得以其債務，與他方之債務，互為抵銷。但依債之性質不能抵銷或依當事人之特約不得抵銷者，不在此限。

前項特約，不得對抗善意第三人。

(88)一、債之內容，本可由當事人自由決定，因此當事人間就其債務若有不得抵銷之特約者，應排除關於抵銷權行使之規定。故參考日本民法第五百零五條第二項之立法例，於但書增列「依當事人之特約不得抵銷」者，亦為互相抵銷之例外，並改列為第一項。

二、關於當事人以特約排除抵銷權行使之效力，究為絕對排除？抑為相對排除？學者見解不一。按第二百九十四條第二項「當事人不得讓與之特約，不得以之對抗善意第三人」之規定，乃為免第三人遭受不測之損害及保護交易之安全而設。基於同一理由，排除抵銷權行使之特約，當以不得對抗善意第三人為宜。故參考日本民法第五百零五條第二項之規定，增列第二項規定。

＊（清償期）民三一五、三一六；（連帶債權債務之抵銷）民二七四、二八六；（破產法上之抵銷）破產一一三；（交互計算）民四〇〇～四〇五；（抵銷與既判力）民訴四〇〇；（抵銷之禁止與限制）民三三八～三四一；（抵銷之方法及溯及效力）民三三五；（抵充之準用）民三四二。

▲抵銷以二人互負同種標的之債務為其要件之一，商號夥友個人所欠款項自不得與商號債權主張抵銷。（一八上一二八）

▲債務之抵銷，以雙方當事人互負債務為必須具備之要件，若一方並未對他方負有債務，則根本上即無抵銷之可言。（一八上一七〇九）

▲債務之抵銷須彼此互負債務，而其給付種類相同，並均屆清償期為要件。（一九上一〇四八）

▲抵銷不以雙方之債權明確為要件，故損害賠償債權當事人間，雖於其成立或範圍有所爭執，亦非必俟判決確定後始得抵銷。（二二上一一一二）

▲民法第三百三十四條但書所謂，依債務之性質不能抵銷者，係指互相抵銷即反於成立債務之本旨者而言，以有擔保之債務與無擔保之債務互相抵銷，並不反於成立債務之本旨。原判決謂有擔保之債務與無擔保之債務，依其性質不能抵銷，其見解未免錯誤。（二六渝上四五〇）

▲上訴人在原審雖以自己為被上訴人商號合夥人之一，其應收回之出資及應分配之利益，足與所欠該號之款抵銷等情為抗辯。但據原審確定之事實，上訴人尚未退夥，無收回出資之可言，縱有利益可以分配，亦未屆分配之期，是原審以上訴人對於被上訴人之債權尚未屆清償期，不得與被上訴人已屆清償期之債權抵銷，認其抵銷抗辯為不當，於法並無不合。（二八上八二二）

▲因他方之侵權行為所受貨物之損害，如得請求以金錢賠償時，其損害賠償請求權自屬金錢債權，此項損害賠償請求權於其請求權發生時，即應認為已屆清償期，故賠償權利人對於賠償義務人，負有金錢債務已屆清償期者，賠償權利人以其債務與他方之債務互相抵銷，不得謂與民法第三百三十四條所定抵銷要件不符。（三二抗二四六）

▲上訴人於其占有之訟爭耕地，即使有代被上訴人支出水租戶稅情事，但此項水租戶稅均係以金錢為計算支付之標準，既為上訴人所不爭執，顯與上訴人應給付被上訴人在來穀及甘藷之債務彼此種類不同，依民法第三百三十四條之規定，仍不在得互相抵銷之列，原法院認上訴人以此為抵銷抗辯，係為上開法條所不許，自非不當。（四三臺上三六三）

▲抵銷應以意思表示向他方為之，其性質為形成權之一種，為抵銷時既不須相對人之協助，亦無經法院裁判之必要。（四七臺上三五五）

▲民法第三百三十四條所稱之抵銷，係以二人互負債務，而其給付種類相同並均屆清償期者為要件，故得供債務人抵銷之債權，須為對於自己債權人之債權，而不得以對於他人之債權，對於債權人為抵銷。（四九臺上一二五）

▲抵銷為消滅債務之單獨行為，只須與民法第三百三十四條所定之要件相符，一經向他方為此意思表示即生消滅債務之效果，原不待對方之表示同意。（五〇臺上二九一）

▲抵銷除法定抵銷之外，尚有約定抵銷，此項抵銷契約之成立及其效力，除法律另有規定（如民法第四百條以下交互計算之抵銷）外，無須受民法第三百三十四條所定抵銷要件之限制，即給付種類縱不相同或主張抵銷之主動債權已屆清償期，而被抵銷之被動債權雖未屆清償期，惟債務人就其所負擔之債務有期前清償之權利者，亦得於期前主張抵銷之。（五〇臺上一八五二）

▲被告對於原告起訴主張之請求，提出抵銷之抗辯，祇須其對於原告確有已備抵銷要件之債權即可，至原告對於被告所主張抵銷之債權曾有爭執，或被告已另案起訴請求，均不影響被告抵銷權之行使。（六七臺上一六四七）

第三百三十五條（抵銷之方法與效力）

抵銷，應以意思表示，向他方為之。其相互間債之關係，溯及最初得為抵銷時，按照抵銷數額而消滅。

前項意思表示附有條件或期限者，無效。

⇧查民律草案第四百七十三條及第四百七十四條理由謂抵銷之方法，各國立法例亦不一致，有謂須依訴訟為之者，有謂法律上當然抵銷者，有謂須表示抵銷之意思者，本法則規定由當事人之一方向他方以意思表示為之，於實際上方為妥協，且於法律關係亦無煩雜之虞。至抵銷之效力，須以法律定之，以防無益之爭議。既經抵銷，即應就當事人雙方債務之相當額，溯及最初得為抵銷時，按照抵銷數額，使生消滅債務之效力，始足以貫徹抵銷之目的。所謂按照抵銷數額者，蓋因雙方債權數額，未必盡同，應以其相當數額為抵銷也。故設第一項以明示其旨。謹按抵銷制度之設，原為節省清償之手續，於經濟上頗為有益，故必為單純之意思表示，不得附以條件及期限，其意思表示，附條件及期限者，應視為無效。蓋以當事人一方之意思如有為條件或期限附之希望，則不能單純消滅其債務，而有背於法律設抵銷制度之本意也。故設第二項以明示其旨。

＊（抵銷之要件）民三三四；（意思表示）民九四～九六；（條件）民九九；（期限）民一〇二。

▲抵銷，應就兩造債務相當額，溯及宜為抵銷時生其效力者，係使得為抵銷之債務，於宜為抵銷時消滅，此後即不生計算利息之問題。（一八上三一六）

▲抵銷固使雙方債務溯及最初得為抵銷時消滅，惟雙方互負得為抵銷之債務，並非當然發生抵銷之效力，必一方對於他方為抵銷之意思表示而後雙方之債務乃歸消滅，此觀民法第三百三十五條第一項規定自明。故給付之訴之被告對於原告有得為抵銷之債權，而在言詞辯論終結前未主張抵銷，迨其敗訴判決確定後表示抵銷之意思者，其消滅債權人請求之事由，不得謂非發生在該訴訟言詞辯論終結之後，依強制執行法第十四條之規定，自得提起執行異議之訴。（二九上一一二三）

第三百三十六條（清償地不同之債務之抵銷）

清償地不同之債務，亦得為抵銷。但為抵銷之人，應賠償他方因抵銷而生之損害。

⇧謹按抵銷者，雙方節省清償手續之方法也。故雖清償地不同之債務，亦得為抵銷。但他方因抵銷所生之損害，應使為抵銷之人賠償之，方為公允。此本條所由設也。

＊（清償地）民三一四、三七一、六〇〇，票據二四⑥；（清償費用）民三一七。

第三百三十七條（時效消滅債務之抵銷）

債之請求權雖經時效而消滅，如在時效未完成前，其債務已適於抵銷者，亦得為抵銷。

⇧謹按債之請求權雖經時效而消滅，若在時效未完成前，其債務已適於抵銷者，仍應使其得為抵銷，始足以保護債權人之利益。故設本條以明示其旨。

＊（消滅時效）民一二五～一四七。

第三百三十八條（禁止抵銷之債㈠——禁止扣押之債）

禁止扣押之債，其債務人不得主張抵銷。

⇧謹按禁止扣押之債，即維持債權人生活上所必要者，其債務人如得主張抵銷，則不足以貫徹法定禁止扣押之法意。故本條規定，禁止扣押之債，不許債務人主張抵銷，蓋以保護債權人之利益也。

＊（禁止扣押之債）強執五二、五三、一二二，破產八二㈢、一〇八㈢，軍屬優待一〇，公退撫六九。

第三百三十九條（禁止抵銷之債㈡——因侵權行為而負擔之債）

因故意侵權行為而負擔之債，其債務人不得主張抵銷。

⇧查民律草案第四百六十九條理由謂因故意侵權行為而負擔

之債，與他項債務之性質不同，必不許其抵銷，始足以保護債權人之利益。此本條所由設也。

*（侵權行為）民一八四～一九八。

▲上訴人於租期屆滿後，仍未依約履行還屋之義務，致被上訴人因而受相當於租金額之損害，固屬違背民法第四百五十五條之規定，難免於賠償之責。顧此種因遲延返還租賃物所生之損害賠償之債，揆與因故意侵權行為而負擔之債並非相同，故上訴人以所支出之修理費互相抵銷，即不在同法第三百三十九條規定不得抵銷之列。（四六臺上一七八〇）

第三百四十條（禁止抵銷之債㈢——受扣押之債權）

受債權扣押命令之第三債務人，於扣押後，始對其債權人取得債權者，不得以其所取得之債權與受扣押之債權為抵銷。

⇧謹按第三債務人，於債權扣押前，對於債務人所取得之債權，雖得互相抵銷，若在扣押後，對於債務人所取得之債權，則彼此不得抵銷，如是始能達扣押之目的。例如甲對乙有債權，乙對丙亦有債權，甲因乙之不履行債務，訴請法院將乙對丙之債權扣押，禁止支付，嗣丙雖因他種原因，對乙取得債權，然不得主張與乙互相抵銷。蓋以乙對丙之債權，固已扣押在先也。故設本條以明示其旨。

*（受扣押之債權）強執一一五。

第三百四十一條（禁止抵銷之債㈣——向第三人為給付之債）

約定應向第三人為給付之債務人，不得以其債務與他方當事人對於自己之債務為抵銷。

⇧謹按當事人約定使債務人向第三人給付者，如許債務人以其債務，與他方當事人對於自己之債務為抵銷，則不特有反於當事人約定之目的，且將使第三人受不測之損害。故設本條以明示其旨。

*（向第三人為給付之契約）民二六九。

第三百四十二條（準用清償之抵充）

第三百二十一條至第三百二十三條之規定，於抵銷準用之。

⇧查民律草案第四百七十五條理由謂抵銷制度，為省略清償程序而設，故關於抵充清償之法則，於抵銷亦當然準用之。此本條所由設也。

*（指定抵充）民三二一；（法定抵充）民三二二；（抵充順序）民三二三。

第五款 免除

⇧查民律草案債權編第一章第五節第五款原案謂債權人對於債務人免除其債務，因而消滅其債之關係，古來各國皆公認之。故本法亦設本款規定。

第三百四十三條（免除之效力）

債權人向債務人表示免除其債務之意思者，債之關係消滅。

⇧查民律草案第四百八十條理由謂債務免除之方法，各國之立法例，雖多以契約為據，然本法求實際上之便利，以債權人之單獨行為，即生債務免除之效力。此本條所由設也。

*（連帶債務債權之免除）民二七六、二八八、二九二、二九三；（免除之無效）民三六六、六〇九、六四九、六五九。

▲負有債務者如欲減成還本，免除利息，應得債權人之同意。不能因當事人以外之人所訂章程，認為有拘束當事人之效力。（一七上一三二二）

▲債務關係乃特定人間之關係，債務人對於債權人不能以曾受其他債權人之免除利益，希圖一併減免。（一八上一二二〇）

▲當事人資力如何，係屬執行問題，與債權數額應否讓免，不生影響。（一八上二二〇七）

▲債權之讓免，須由債權人表示意思，若第三人代債權人為之，苟非本於債權人之授權行為，或經其為明示或默示之追認，不能生效。（一九上九一五）

▲債權已經認定其適法成立者，苟非當事人有捨棄之意思表示，法院不得蔑視其權利而強令減免。（一九上三一八一）

▲債務之免除與否，屬於債權人之自由，債務人決不能以其片面之意思，強債權人以免除。即法院亦不得反於債權人之意思，而為強制免除之判斷。（二〇上一七七）

▲免除債務，須債權人向債務人表示免除其債務之意思，債之關係始歸消滅。（二〇上四五二㈡）

▲債權人向債務人表示免除債權之全部或一部者，則其全部或一部債之關係即應消滅，債務人對於免除部分之債自得為消滅之抗辯。（二〇上七〇三）

▲因債務人資力減少，以其財產按成攤還眾債權人，除債權人就未受清償之部分，顯然表示免除之意思，或於受領之際，將債務證書交還銷毀，依通常情形得認為免除者外，債權人雖已受領攤還之款，而其餘部分之債務，仍不得即認為免除。（二〇上七一六）

▲（二二上三九七三）參見本法第一百七十條。

▲（二三上二五一〇）參見本法第一百十八條。

第六款 混同

⇧查民律草案債權編第一章第五節第六款原案謂債權人與債務人資格，不得兩立者也。若同歸一人時，則因此而消滅其債權及債務，是之謂混同，古來各國皆認之。故本法設本款之規定。

第三百四十四條（混同之效力）

債權與其債務同歸一人時，債之關係消滅。但其債權為他人權利之標的或法律另有規定者，不在此限。

⇧謹按因繼承及其他事由，其債權及債務同歸一人者，則其債之關係消滅，然不得因此而害及他人之權利。故其債權，若為他人權利之標的者，例如為質權之標的物，則為保護他人利益計，不使債之關係消滅。其法律別有規定者，亦同。此本條所由設也。

*（連帶債務債權之混同）民二七四、二八六、二九二；（法律另有規定者）民一一五四，票據二五、三四；（物權之混同）民七六二、七六三；（債權為他人權利標的）民九〇〇；（回頭背書）票據三四。

▲（五一臺上二三七〇）參見本法第二百七十四條。

第二章 各種之債

⇧謹按債之發生，種類不一，各有其特殊之性質。故於通則之外，復就各種債務規定之，名曰各種之債。

第一節 買賣

⇧查民律草案債權編第二章第二節原案謂買賣者，當事人彼此約定移轉其財產權而支付其價金之契約也。此種契約，頗占重要，各國民法，皆有規定。故本法特設本節，使買賣得以確實推行焉。

第一款 通則

⇧謹按各國法律對於買賣，多設有通則之規定，本法亦以其共通適用之法則，特於本款規定之。

第三百四十五條（買賣之定義及成立）

稱買賣者，謂當事人約定一方移轉財產權於他方，他方支付價金之契約。

當事人就標的物及其價金互相同意時，買賣契約即為成立。

㊀謹按買賣者，謂當事人約定一方移轉財產於他方，他方支付價金之契約也，此為明示其成立之要件，故設第一項規定。凡契約之成立，祇須當事人雙方之意思表示互相一致，並不以具備何種之方式為要件，買賣契約，何獨不然。故當事人就買賣標的物及其價金互相同意時，買賣契約即成立。此第二項所由設也。

*（契約）民一五三～一六三；（價金與市價）民三四六。

▲不動產買賣契約一經以書面合法成立，即發生物權移轉之效力。賣主不得以其親房有先買權，主張解除契約。（一七上六二）（九一、一一、一五決議不再援用）

▲買賣契約並不以訂明交貨期限，及訂立定式字據為要件。（一八上三一六）

▲買賣契約之成立，須以雙方當事人之合意為要件，故契約成立後，一方欲變更原約內容之一部，如未經他方合意，則日後他方因變更受有損害，自可以對方違反原約為理由，請求賠償。（一八上四五二）

▲買空賣空之成立，須當事人於訂約之初，即有僅憑市價差額計算輸贏之意思，而當事人訂約之初，是否即有此意思，不能僅憑至期有無授受實貨之事實以為臆測。倘其買賣，原約明以至期授受實貨為目的，而嗣後因違約不能履行或其他原因，僅依市價差額以定盈虧者，不能即與買空賣空同論。（一八上八一八）

▲不動產所有權人，倘因某種事由，經該管行政官署將其所有物依行政處分或命令予以沒收，其所有人原有之物權，即因此不能存在。故凡就沒收之不動產，向該行政官署繳價承買，並領有管業執照者，原所有人苟欲向承買人訴求返還所有物，則非經行政方式，將前項沒收處分或命令撤銷，法院自不得逕為實體上之裁判，遽認承買人之承買無效。（一八上一五七二）

▲無代理權人所締結之買賣契約，原可依本人之追認而發生效力。（一八上一六〇一）

▲當事人合意所生之先買權，如買賣當時買主並不知情，則其先買權僅得對於不遵合意之賣主請求損害賠償，不得主張該買賣契約為無效。（一八上一八六七）

▲買賣之債權契約並非要式行為，除第一百六十六條情形外，自無須以訂立書據為其要件，苟有其他證據方法，足以證明確有買賣事實，則因買賣所發生之債務關係，即不容藉口無書據而任意否認。（一八上二九五六）

▲賣主就同一標的物為二重買賣，如前買約僅生債權關係，而後買約已發生物權關係時，前之買主不得主張後買約為無效。（一九上一三八）

▲買賣契約非要式行為，除第一百六十六條情形外，不論言詞或書據祇須意思表示合致即可成立，其寫立書據者，亦無履行何種方式之必要。若囑人簽字即係授權行為，當然對於本人直接生效。（一九上三三五）

▲區別定期買賣與買空賣空之標準，當以買賣當事人間在訂約之初，其意思係在交付實貨抑僅計算市價差額，以定輸贏為斷。（一九上四三八）

▲買賣房屋僅交付定洋書立草契，該草契祇為買賣之預約，屬於一種債權關係，祇能對於出賣人請求履行。若出賣人將房屋另賣是否應負賠償之責，亦祇能向出賣人主張，蓋此時既未取得所有權不能對抗第三人，故無論後之買受人是否已經登記投稅，皆無過問之餘地。（一九上二三六二）

▲當事人就標的物及其價金互相同意時，買賣契約即為成立，縱當事人之一方遲延給付，亦應予以相當期限催告其履行，於期限內不履行時，始得解除其契約。（二〇上二一）

▲不動產物權移轉之契約，雖以書立契據為必要之方式，而關於買賣不動產之債權契約，則本為不要式行為，若雙方就房屋之標的物及價金互相同意，即不能謂其買賣之債權契約尚未成立。（二〇上一二〇七）

▲當事人間所立之買賣不動產字據，苟已明確表示買賣之合意，即生買賣之效力，原不以盈尺之紙，繁重之語，與其字據開始處寫有立賣契人等字樣及推糧過戶等，為成立之要件。（二〇上一八三四）

▲買賣契約為諾成契約，一經當事人就標的物及其價金互相同意，買賣契約即為成立。（二〇上二二〇二）

▲買賣契約僅有債權效力，不能對抗契約以外之第三人。（二〇上二四〇五）

▲買賣契約因當事人約定一方移轉財產權於他方，他方支付價金而成立。關於田產之買賣其老契分關之交付，及出賣人族人之到場作中，除當事人間有特別約定外，並不以之為成立要件。（二一上二八一）

▲買賣契約之成立，以當事人就標的物及其價金互相同意為要件，其未就標的物及價金互相同意者，自不得謂其買賣契約為已成立。（二二上四五九）（九二、五、二七決議不再援用）

▲不動產買賣之未立書面者，固不生物權移轉之效力，惟當事人若已就標的物及其價金互相同意，則其買賣之債權契約即為成立，買受人對於出賣人自有請求履行之權利。（二二上九一四）

▲寫立定單並非買賣契約成立之要件，本件兩造於合意買賣系爭田業後，已曾書立正式契據，定單之有無，自於其買賣契約之成立不生影響。（三一上三三九四）

▲標賣之表示，究為要約之引誘抑為要約，法律無明文規定，應解釋標賣人之意思定之。依普通情形而論，標賣人無以之為要約之意思，應解為要約之引誘，但標賣之表示，如明示與出價最高之投標人訂約者，除別有保留外，則應視為要約，出價最高之投標即為承諾，買賣契約因之成立，標賣人自負有出賣人之義務。（三三永上五三一）

▲上訴人於臺灣光復前買受系爭土地，雖在被上訴人買受之前，但係隱藏買賣之法律行為，而為設定不動產質權之虛偽意思表示。此項虛偽意思表示，依臺灣當時適用之法例係屬無效。至隱藏之買賣法律行為，固為當時法例之所許，惟當時既未依臨時農地管理令，申請該管政府之許可，迨臺灣光復民法施行後，又未為該土地所有權移轉之登記，亦僅生買賣之債權關係，則該土地所有權，即歸屬於其後買受已為所有權移轉登記而發生物權關係之被上訴人。（三九臺上五八三）

▲當事人締結不動產買賣之債權契約，固非要式行為，惟對於契約必要之點意思必須一致。買賣契約以價金及標的物為其要素，價金及標的物，自屬買賣契約必要之點，苟當事人對此兩者意思未能一致，其契約即難謂已成立。（四〇臺上一四八二）

▲被上訴人所訂現職人員眷屬宿舍處理辦法，雖規定現住人申購房地經被上訴人公司核准通知承購，完全為其內部處理職員宿舍之行為，無從認其為一種要約，故上訴人縱曾委託律師去函請求承購，不得指為係對於要約之承諾，其買賣關係無從認為成立。（四九臺上一八二）

▲兩造就買賣之標的物已互相同意，至於價金，政府對公產有一定價額，則依民法第三百四十六條第一項，應屬依其情形可得而定，即視為定有價金，故縱認本件兩造就價金未具體約定，亦應認就價金已互相同意，依同法第三百四十五條第二項，本件買賣契約即為成立。（五五臺上一六四五）

▲契約有預約與本約之分，兩者異其性質及效力，預約權利人僅得請求對方履行訂立本約之義務，不得逕依預定之本約內容請求履行，又買賣預約，非不得就標的物及價金之範圍先為擬定，作為將來訂立本約之張本，但不能因此即認買賣本約業已成立。（六一臺上九六四）

▲上訴人與建築房屋之某建築公司所訂委建房屋合約書，核其內容係上訴人將價款交付某建築公司，於房屋建成後，由該公司將土地及房屋過戶與上訴人，名為委建，其實質仍為房屋之買賣，上訴人自不能主張係原始建築人而取得其所有權。（六二臺上一五四六）

▲預約係約定將來訂立一定契約（本約）之契約。倘將來係依所訂之契約履行而無須另訂本約者，縱名為預約，仍非預約。本件兩造所訂契約，雖名為「土地買賣預約書」，但買賣坪數、價金、繳納價款、移轉登記期限等均經明確約定，非但並無將來訂立買賣本約之約定，且自第三條以下，均為雙方照所訂契約履行之約定，自屬本約而非預約。（六四臺上一五六七）

▲強制執行程序中之拍賣，為買賣方法之一種，關於出賣人

所為允為出賣之意思表示（拍定），應由執行法院為之，如執行法院於拍賣時就應買之出價未為拍定之表示，雙方之意思表示自未合致，即不能認以拍賣為原因之買賣關係業已成立。（六四臺上二二〇〇）

▲買賣契約僅有債之效力，不得以之對抗契約以外之第三人。本件上訴人雖向訴外人林某買受系爭土地，惟在林某將系爭土地之所有權移轉登記與上訴人以前，既經執行法院查封拍賣，由被上訴人標買而取得所有權，則被上訴人基於所有權請求上訴人返還所有物，上訴人即不得以其與林某間之買賣關係，對抗被上訴人。（七二臺上九三八）

▲依強制執行法所為之拍賣，通說係解釋為買賣之一種，即債務人為出賣人，拍定人為買受人，而以拍賣機關代替債務人立於出賣人之地位（最高法院四十七年臺上字第一五二號及四十九年臺抗字第八三號判例參照），故債務人若於其不動產被拍賣時再參加投標，則同時兼具出賣人與買受人之地位，與買賣須有出賣人與買受人兩個主體，因雙方意思表示一致而成立買賣契約之性質有違，自應解為債務人不得參與應買。（八〇臺抗一四三）

▲買賣契約僅有債之效力，不得以之對抗契約以外之第三人。因此在二重買賣之場合，出賣人如已將不動產之所有權移轉登記與後買受人，前買受人縱已占有不動產，後買受人仍得基於所有權請求前買受人返還所有物，前買受人即不得以其與出賣人間之買賣關係，對抗後買受人。（八三臺上三二四三）

第三百四十六條（買賣價金）

價金雖未具體約定，而依情形可得而定者，視為定有價金。

價金約定依市價者，視為標的物清償時清償地之市價。但契約另有訂定者，不在此限。

⇧謹按買賣契約，當事人於買賣之標的物，業已互相同意，而於價金並未具體約定者，或價金雖經約定，而無一定價目，僅表示依照市價者，於此情形，不可不明文規定。本法明定價金雖未具體約定，而依情形可得而定者，視為定有價金。其價金約定依市價者，除契約另有訂定外，視為依標的物清償時清償地之市價，蓋期適用之便利，而免無益之爭論也。故設本條以明示其旨。

*（買賣）民三四五；（清償地）民三一四；（清償期）民三一五。

▲民法第三百四十六條第一、二兩項之規定，係以價金未具體約定或約定依市價者，始有其適用。若業經具體約定價金之額數，則以後市價縱有昇降，雙方當事人亦應受其拘束，不容任意變更。（四七臺上一五四九）

▲上訴人就系爭房屋與被上訴人訂立之杜盡根絕賣契，其價金舊臺幣之下雖未載明確數若干，但契末既批明「即日全部業價已將上訴人前所積欠債務以舊臺幣借據相殺清楚」等字，則按其情形，顯係約定以欠債額為賣價額，依民法第三百四十六條第一項規定，即應視為定有價金。（四七臺上一六六五）

▲兩造就買賣之標的物已互相同意，至於價金，政府對公產有一定價額，則依民法第三百四十六條第一項，應屬依其情形可得而定，即視為定有價金。故縱認本件兩造就價金未具體約定，亦應認就價金已互相同意，依同法第三百四十五條第二項，本件買賣契約即為成立。（五五臺上一六四五）

第三百四十七條（有償契約準用買賣規定）

本節規定，於買賣契約以外之有償契約準用之。但為其契約性質所不許者，不在此限。

⇧查民律草案第五百六十一條理由調有償契約中，以買賣契約最為重要，故於買賣設完全之規定，而準用於其他有償契約，以節繁複。此本條所由設也。

*（有償契約）民三九八、四二一、四八二、四九〇、五六五、五七六、六一三、六二二、六六〇；（有償或無償）民四七四、五一五、五二八、五八九、七二九。

第二款 效 力

⇧謹按本款規定出賣人與買受人之義務，交付價金之時地，標的物利益及危險之負擔，並買賣費用等，以示買賣之效力。

第三百四十八條（出賣人之移轉財產權及交付標的物之義務）

物之出賣人，負交付其物於買受人，並使其取得該物所有權之義務。

權利之出賣人，負使買受人取得其權利之義務，如因其權利而得占有一定之物者，並負交付其物之義務。

⇧謹按買賣以財產權之移轉為標的，不僅以移轉占有或擔保其處分權為標的。故所有權之出賣人，負交付標的物於買受人，並使買受人取得該物所有權之義務，其所有權以外權利之出賣人，負使買受人取得其權利之義務，如買受人因其權利而得占有一定之物者（如地上權之買受以占有其物為必要），出賣人並負交付其物之義務，否則買受人不能達其目的也。

*（買賣）民三四五；（權利瑕疵擔保）民三四九～三五三；（物之瑕疵擔保）民三五四、三五五；（不動產物權之移轉）民七五八、七六〇；（動產物權之移轉）民七六一。

▲第三人就債務人已被查封拍賣之標的物不繳價向法院拍定，而逕向處分權已受限制之債務人私相授受，債權人本可主張其買賣無效。（一八上七六五）

▲不動產物權之移轉，未以書面為之者，固不生效力，惟當事人間約定一方以其不動產之物權移轉於他方，他方支付價金之買賣契約已成立者，出賣人即負有成立移轉物權之書面，使買受人取得該不動產物權之義務。（二二上二一二）

▲物之出賣人依民法第三百四十八條第一項之規定，負有使買受人取得該物所有權之義務，不動產所有權之移轉，應以書面為之，為民法第七百六十條之所明定，不動產之出賣人對於買受人自有訂立書面，以移轉其所有權於買受人之義務。（二八上二二三三）

▲不動產之買受人對於出賣人，固有請求交付不動產及其他給付之權利，然如當事人間移轉不動產所有權之契約，曾經有效成立，而買受人已有得向第三人主張之所有權，則依民法第七百六十七條、第一百八十四條第一項之規定，對於無權占有或侵奪其所有物者，得請求返還之。對於因故意或過失不法侵害其所有權者，得請求賠償其損害。此等請求權本與其對於出賣人之請求權獨立存在，不能以其對於出賣人別有請求權而排斥其行使。（三〇上二〇七）

▲不動產之出賣人於買賣契約成立後，本有使物權契約合法成立之義務，系爭之買賣契約，苟已合法成立，縱令移轉物權契約未經某甲簽名，欠缺法定方式，但被上訴人為某甲之概括繼承人，負有補正法定方式，使物權契約合法成立之義務，自不得藉口該物權契約尚未合法成立，即請求確認買賣契約為不存在。（三〇上四四一）

▲物之出賣人固有使買受人取得該物所有權之義務，惟買賣契約成立後，出賣人為二重買賣，並已將該物之所有權移轉於後之買受人者，移轉該物所有權於原買受人之義務即屬不能給付，原買受人對於出賣人僅得請求賠償損害，不得請求為移轉該物所有權之行為。（三〇上一二五三）

▲民法第三百四十八條所謂交付其物於買受人，即移轉其物之占有於買受人之謂。占有之移轉，依民法第九百四十六條第二項準用第七百六十一條之規定，如買賣標的物由第三人占有時，出賣人得以對於第三人之返還請求權讓與買受人以代交付。故除有出賣人之交付義務，在第三人返還前仍不消滅之特約外，出賣人讓與其返還請求權於買受人時，其交付義務即為已經履行，買受人不得以未受第三人返還，為拒絕交付價金之理由。（三二上五四五五）

▲被上訴人某甲係訟爭房地之出賣人，對於買受人即上訴人本有交付買賣標的物之義務，無論其與某乙所定之租賃期限是否尚未屆滿，苟非將其對於某乙之返還請求權已讓與於上訴人，仍不得免其交付買賣標的物之義務。（三二上五

六〇五）

▲上訴人出賣與被上訴人之土地，雖據稱係與子女公同共有，現尚未得子女之同意云云，然既不能謂其買賣契約即債權契約尚未合法成立，則在該項債權契約未解除前，究不能即謂其得以請求被上訴人返還訂約時所立之字據。（三七上七四六〇）

▲買賣契約與移轉所有權之契約不同，出賣人對於出賣之標的物，不以有處分權為必要。（三七上七六四五）

▲買賣契約不過一種以移轉物權為目的之債權契約，尚難謂即為移轉物權之物權契約。惟經雙方合意之債權契約已經成立，上訴人基於買賣契約，請求被上訴人履行物權移轉必要程序之義務，如非另有其他情事，尚非無據。（三八臺上一一一）

▲物之出賣人應負交付其物於買受人，並使其取得該物所有權之義務，固為民法第三百四十八條第一項所明定，惟債之給付不能時，除係因可歸責於債務人之事由所致者，債權人得依同法第二百二十六條第一項規定請求損害賠償外，不得仍請求履行契約。（三九臺上四一一）

▲不動產買賣契約成立後，其收益權屬於何方，依民法第三百七十三條之規定，應以標的物已否交付為斷，與移轉登記已未完成無關。而民法第三百四十八條所謂交付，即移轉其物之占有之謂，如買賣標的物由第三人占有時，依民法第九百四十六條第二項，準用第七百六十一條之規定，出賣人得以對於第三人之返還請求權讓與於買受人以代交付，且承租人如對前業主欠租，除原出租人於讓與前已拋棄其契約終止權，或於讓與後已免除承租人之交租義務外，受讓人得定期催告承租人向原出租人交租，如承租人逾期不交，亦得由受讓人行使其契約終止權，故受讓人以承租人欠租為原因而行使租約終止權時，並不以移轉登記後之欠租額為準據，倘前後欠租與土地法第一百條第三款相符，又無其他特別情事，則以定期催告無效而聲明終止租約，即非無據。（四〇臺上一二〇〇）

▲被上訴人為訟爭土地之出賣人，依民法第三百四十八條第一項之規定，應負交付出賣物於買受之上訴人之義務，就令被上訴人並非訟爭土地之現在占有人，而除有給付不能之特別情事外，仍不得以此而為免除交付義務之理由。（四一臺上八一一）

▲訟爭土地被上訴人係為出賣人，依民法第三百四十八條第一項之規定，固負交付於買受人即上訴人之義務，惟該條項所謂交付其物於買受人，係指移轉其物之占有於買受人而言。被上訴人既以對於占有該土地之第三人某某之返還請求權讓與於上訴人以代交付，而又並無在該第三人返還前其交付義務仍不消滅之特約，則依同法第九百四十六條第二項，準用第七百六十一條之規定，其交付義務即屬已經履行，上訴人自無再向被上訴人請求交付之餘地。（四一臺上一五六四）

▲不動產買賣契約，一經雙方表示意思合致即為成立。上訴人出賣系爭田地，縱因當時法令須經州知事許可，始能發生移轉所有權之效力，但被上訴人於光復後，根據此項債權契約，主張上訴人負有使被上訴人取得該田地所有權之義務，按之民法第三百四十八條第一項之規定自無不合。（四二臺上二三四）

▲物之出賣人負交付其物於買受人，並使其取得該物所有權之義務，民法第三百四十八條第一項定有明文。所謂交付其物於買受人，即移轉其物之占有於買受人之謂，依民法第九百四十六條第二項準用第七百六十一條之規定，如買賣標的物由第三人占有時，出賣人固得以對於第三人之返還請求權讓與買受人以代交付。第上訴人與買受人某甲締結買賣契約，當時既訂有應由上訴人收回出賣標的物亦即系爭工廠及土地後，再行交付與買受人某甲，並在交付前扣留上訴人一部價金之特約，則依此項特約之內容，上訴人就系爭工廠及土地，仍應負向占有之被上訴人收回交付買受人某甲之義務。在依約履行之前，其義務並不因已為所有權移轉之登記而消滅。（四七臺上五一一）

▲國際貿易，出口商通常皆待收到信用狀後，始辦理貨物裝運手續，可見信用狀之交付，應先於貨品之交付。（六三臺上二〇六）

▲（七〇臺上二一一）參見本法第二百二十六條。

▲買賣並非處分行為，故公同共有人中之人，未得其他公同共有人之同意，出賣公同共有物，應認為僅對其他公同共有人不生效力，而在締約當事人間非不受其拘束。苟被上訴人簽立之同意書，果為買賣，縱出賣之標的為公同共有土地，而因未得其他公同共有人之同意，對其他公同共有人不生效力。惟在其與上訴人間既非不受拘束，而如原審認定之事實，該土地其後又已因分割而由被上訴人單獨取得，則上訴人請求被上訴人就該土地辦理所有權移轉登記，尚非不應准許。（七一臺上五〇五一）

▲單獨所有土地之特定部分買受人，除出賣人有不能將該部分分割後移轉登記與買受人之情形外，不得請求出賣人移轉登記按該部分計算之土地應有部分，而與原所有人共有該土地。（七五臺上四〇四）

▲（八五臺上三八九）參見本法第一百二十五條。

第三百四十九條　（權利瑕疵擔保㈠——權利無缺）

出賣人應擔保第三人就買賣之標的物，對於買受人不得主張任何權利。

⇧謹按出賣人之義務，在擔保無第三人就買賣之標的物，對於買受人主張任何權利。若有，則出賣人應負除去之義務，所謂追奪擔保是也。故買受人基於買賣關係取得標的物後，設遇有第三人對於買受人主張標的物上之任何權利時，應由出賣人負其責任，以保護買受人之利益。但第四百二十五條之情形，則為例外。此本條所由設也。

＊（出賣人之移轉財產權及交付標的物義務）民三四八；（權利瑕疵擔保之效果）民三五三。

▲所有人既未自行賣業得價，則買主因買賣無效所受之損失，無論承買之時是否善意，原不應取償於所有人。（一八上九二）

▲房屋之買賣無論房屋為違章建築與否，除其前手本身即為債務人外，在未為移轉登記前，凡因第三人就買賣標的物對於承買人主張權利，指由執行法院實施查封時，原出賣人既均負有擔保之義務，以排除第三人對於承買人之侵害（參照民法第三百四十九條），則承買人本於民法第二百四十二條代位前手行使此項權利，要無不合。（五二臺上六八一）

第三百五十條　（權利瑕疵擔保㈡——權利存在）

債權或其他權利之出賣人，應擔保其權利確係存在。有價證券之出賣人，並應擔保其證券未因公示催告而宣示為無效。

⇧謹按債權或其他權利之出賣人對於買受人，應擔保其權利之確實存在。前者如甲寄存乙處米穀十石，乙以之出讓於丙，設甲對丙主張該米穀為自己所有之物，則乙應負賠償之責。後者如著作權之出賣，應由出賣人擔保其有專有權是也。若有價證券之出賣人，並應擔保其證券未因公示催告而宣示無效。例如甲所遺失之有價證券，已依公示催告程序，宣示證券無效，被乙拾得出賣於丙，則丙因買受其證券所受之損失，應由乙負賠償之責是也。本條特為保護買受人之利益而設此規定。

＊（出賣人之移轉財產權及交付標的物義務）民三四八；（公示催告）民訴五三九以下；（權利瑕疵擔保之免除）民三五一；（權利瑕疵擔保之效果）民三五三。

第三百五十一條　（權利瑕疵擔保之免除）

買受人於契約成立時，知有權利之瑕疵者，出賣人不負擔保之責。但契約另有訂定者，不在此限。

⇧謹按權利之出賣人對於買受人，應負瑕疵擔保之義務，此屬當然之事。然於設立買賣契約之時，買受人已明知其權利有瑕疵者，則應認為拋棄對於出賣人之追奪擔保權，如契約別無訂定，出賣人即不負瑕疵擔保之責。故設本條以明示其旨。

＊（買賣契約之成立）民一五三、三四五㈢；（權利瑕疵擔保）

民三四九、三五〇；（免除擔保責任特約之無效）民三六六。

▲權利之出賣人，應擔保該權利無瑕疵，如出賣人主張買受人於契約成立時知權利有瑕疵，出賣人可不負擔保之責時，應由出賣人就買受人之知情負舉證責任。（六五臺上一一九）

第三百五十二條（債務人支付能力之擔保責任）

債權之出賣人對於債務人之支付能力，除契約另有訂定外，不負擔保責任。出賣人就債務人之支付能力，負擔保責任者，推定其擔保債權移轉時債務人之支付能力。

⇧謹按債權之出賣人對於債務人之支付能力，應否負追奪擔保之責，各國立法例不同，本法則以買賣當事人有契約訂定者為限，使出賣人負擔保之責。然則出賣人對於買受人擔保債務人之支付能力，應擔保債權移轉時之支付能力乎，抑應擔保債務履行時之支付能力乎，仍須依其特約而定。其特約擔保債務履行時之支付能力者，自當依其特約。若特約僅表示擔保支付能力，而未表示擔保何時之支付能力者，則應推定其為擔保債權移轉時之支付能力，以保護出賣人之利益。故設本條以明示其旨。

*（遺產分割之資力擔保責任）民一一六九、一一七〇。

▲債權之出賣人就債務人之支付能力，有民法第三百五十二條所稱之擔保責任時，惟於債務人無支付能力之際，應賠償買受人之損害，不負代為履行之責任。則無此項擔保責任時，買受人不得請求出賣人履行債務，尤不待言。（三二上五八三九）

▲訟爭甘藷之給付請求權，既經上訴人合意受讓於前，復由讓與之被上訴人通知債務人某某於後，即生移轉之效力，是上訴人提起請求給付此項甘藷之訴，僅得對於該債務人為之，縱令該債務人因無支付能力延不履行，而依民法第三百五十二條之規定，除其讓與契約另有訂定外，被上訴人仍不負擔保責任。（四三臺上一二二）

第三百五十三條（權利瑕疵擔保不履行之處置）

出賣人不履行第三百四十八條至第三百五十一條所定之義務者，買受人得依關於債務不履行之規定，行使其權利。

⇧謹按出賣人對於第三百四十八條至第三百五十一條之各規定，皆應盡履行之義務，方足以保護買受人之利益。出賣人如不履行此種義務，則與債務人之不履行債務無異，此時買受人即得依照債務不履行之規定，行使其權利。所謂行使關於債務不履行所生之權利者，即契約解除權、違約金請求權、損害賠償請求權等是也。故設本條以明示其旨。

*（債務不履行）民二二六、二二七、二三一、二三二、二五〇、二五四～二五六；（同時履行抗辯權）民二六四。

▲債權債務之主體應以締結契約之當事人為準，故買賣約據所載明之買受人，不問其果為實際上之買受人與否，就買賣契約所生買賣標的物之給付請求權涉訟，除有特別情事外，須以該約據上所載之買受人名義起訴，始有此項請求權存在之可言。（四〇臺上一二四一）

▲（七〇臺上二一一一）參見本法第二百二十六條。

第三百五十四條（物之瑕疵擔保責任）

物之出賣人對於買受人，應擔保其物依第三百七十三條之規定危險移轉於買受人時無滅失或減少其價值之瑕疵，亦無滅失或減少其通常效用或契約預定效用之瑕疵。但減少之程度無關重要者，不得視為瑕疵。

出賣人並應擔保其物於危險移轉時，具有其所保證之品質。

⇧查民律草案第五百六十七條理由謂買賣標的物之價值，或其通常之效用，有滅失或減少之瑕疵，應使出賣人負法律上之擔保責任，以維持交易上之誠實及信用。此第一項所由設也。又同律第五百六十八條理由謂關於買賣標的物品質之瑕疵，以當事人間有特約擔保其物實有確保品質者為限，使出賣人任擔保之責。此第二項所由設也。

*（物之瑕疵擔保責任之免除）民三五五。

▲㈠民法上關於出賣人應負物之瑕疵擔保責任之規定，係為補充當事人之意思表示而設，除當事人有免除擔保責任之特約外，出賣人當然有此責任，不得謂當事人未訂有出賣人應負擔保責任之特約，出賣人即無此種責任。㈡民法第三百五十四條第一項規定，物之出賣人對於買受人，應擔保其物依第三百七十三條之規定危險移轉於買受人時，無滅失或減少其價值之瑕疵，亦無滅失或減少其通常效用或契約預定效用之瑕疵。是依第三百七十三條之規定，危險移轉於買受人之時，有第三百五十四條第一項所稱之瑕疵者，雖在契約成立時此項瑕疵尚未存在，出賣人對於買受人，亦應負擔保之責。（二九上八二六）

▲上訴人出賣與被上訴人之土地，登記之地目既為建築用地，依民法第三百五十四條第一項之規定，自負有擔保其物依第三百七十三條危險移轉於買受人時，無滅失或減少其價值之瑕疵，或減少通常效用或契約預定效用之瑕疵。茲系爭建地在交付前既屬於運河碼頭用地，依照都市計畫不得為任何建築，則不惟其通常效用有所減少，抑且減低經濟上之價值，從而被上訴人以此項瑕疵為原因，對上訴人解除買賣契約而請求返還定金及附加之利息，自為民法第三百五十九條、第二百五十九條第一款第二款之所許。（四九臺上三七六）

▲所謂物之瑕疵係指存在於物之缺點而言。凡依通常交易觀念，或依當事人之決定，認為物應具備之價值、效用或品質而不具備者，即為物有瑕疵，且不以物質上應具備者為限。若出賣之特定物所含數量缺少，足使物之價值、效用或品質有欠缺者，亦屬之。（七三臺上一一七三）

第三百五十五條（物之瑕疵擔保責任之免除）

買受人於契約成立時，知其物有前條第一項所稱之瑕疵者，出賣人不負擔保之責。

買受人因重大過失，而不知有前條第一項所稱之瑕疵者，出賣人如未保證其無瑕疵時，不負擔保之責。但故意不告知其瑕疵者，不在此限。

⇧謹按買受人於締結買賣契約時，若已明知標的物之價值或效用有滅失或減少之瑕疵，則是拋棄本於瑕疵而請求擔保之權利，不必使出賣人負其責任。又關於標的物之價值或效用，有滅失或減少之瑕疵，買受人因重大過失不知者，如未保證其無瑕疵為限，始負擔保之責，如未保證其無瑕疵時，出賣人即可不負責任。但出賣人明知標的物有瑕疵，而故意不告知買受人，則應使出賣人就其瑕疵，負擔保責任，蓋期確保交易之誠實及信用也。故設本條以明示其旨。

*（買賣契約之成立）民一五三、二四八、三四五㈢；（物之瑕疵擔保責任）民三五四。

▲上訴人向被上訴人購買房屋時，已知該屋有一部分在必須拆除之列，乃不向市政府預為查詢明確，難謂無重大過失，而兩造所訂買賣契約，又未有出賣人保證該房屋絕無拆除危險之記載，依民法第三百五十五條第二項規定，被上訴人自不負擔保責任，即無賠償義務可言。（四九臺上二五四四）

第三百五十六條（買受人之檢查通知義務）

買受人應按物之性質，依通常程序從速檢查其所受領之物。如發見有應由出賣人負擔保責任之瑕疵時，應即通知出賣人。

買受人怠於為前項之通知者，除依通常之檢查不能發見之瑕疵外，視為承認其所受領之物。

不能即知之瑕疵，至日後發見者，應即通知出賣人，怠於為通知者，視為承認其所受領之物。

⇧謹按標的物之價值及效用，有無滅失或減少之瑕疵，在出賣人固應負瑕疵擔保之義務，在買受人亦應負檢查及通知之責任。其怠於通知者，除依通常之檢查不能發見之瑕疵外，應視為承認其所受領之物，蓋以對於標的物瑕疵之擔保，以從速決定為宜，不應使出賣人久負不可知之責任也。至標的物之瑕疵，非即時所能知，而於日後始行發見者，買受人對於出賣人，亦應負通知之責任。若發見瑕疵後，怠於通知，亦視為承認其所受領之物。此本條所由設也。

＊（物之瑕疵擔保責任）民三五四；（檢查通知義務之排除）民三五七。

第三百五十七條　（檢查通知義務之排除）

前條規定，於出賣人故意不告知瑕疵於買受人者，不適用之。

⇧謹按依前條之規定，買受人負檢查通知之義務，有怠於通知之制裁，此指出賣人不知標的物有瑕疵時而言。若出賣人明知標的物有瑕疵，而故意不向買受人告知，則有違交易上之誠實及信用，即不適用前條規定，仍應使出賣人負擔保之責，蓋以保護買受人之利益也。

＊（故意責任）民二二〇。

第三百五十八條　（異地送到之物之保管、通知、變賣義務）

買受人對於由他地送到之物，主張有瑕疵，不願受領者，如出賣人於受領地無代理人，買受人有暫為保管之責。

前項情形，如買受人不即依相當方法證明其瑕疵之存在者，推定於受領時為無瑕疵。

送到之物易於敗壞者，買受人經依相當方法之證明，得照市價變賣之。如為出賣人之利益，有必要時，並有變賣之義務。

買受人依前項規定為變賣者，應即通知出賣人。如怠於通知，應負損害賠償之責。

⑧一、第一項及第二項未修正。

二、易於敗壞之物，若須經物之所在地之有關機關之許可，始得變賣，恐在時間上難以濟急，為便捷計，爰將「經物之所在地官署、商會、或公證人之許可」修正為「經依相當方法之證明」，僅須由買受人經依相當方法證明物之易於腐敗，即可變賣。又為兼顧出賣人及買受人雙方權益，變賣宜依市價為之，爰修正第三項。

三、第四項未修正。

＊（物之瑕疵擔保）民三五四；（買受人之檢查通知義務）民三五六；（代理人）民一〇三。

第三百五十九條　（物之瑕疵擔保效力㈠——解約或減少價金）

買賣因物有瑕疵，而出賣人依前五條之規定，應負擔保之責者，買受人得解除其契約或請求減少其價金。但依情形，解除契約顯失公平者，買受人僅得請求減少價金。

⇧謹按買賣因物有瑕疵，而出賣人依前五條之規定，應負擔保之責者，於此情形，或退還原物而解除買賣契約，或欲受領其物而減少價金，買受人均有自由選擇之權。但依買賣之情形，其解除契約顯失公平，如限於特定事項所需之物，契約解除，即難銷售者，買受人即不得解除契約，僅得請求減少價金，蓋一方保護買受人之利益，一方仍顧及出賣人之損失也。故設本條以明示其旨。

＊（解除之催告）民二五七、三六一；（解除權之行使及其效力）民二五八～二六一、三六二、三六三；（解除權之消滅）民三六一、三六五；（請求不履行之損害賠償）民三六〇；（另行交付無瑕疵之物）民三六四。

▲（四九臺上三七六）參見本法第三百五十四條。

▲因買賣之標的物有瑕疵而解除契約，請求返還價金，與因解除契約顯失公平，僅得請求減少價金，在實體法上為兩種不同之請求權，在訴訟法上為兩種不同之訴訟標的，法院不得將原告基於解除契約所為返還價金之請求，依職權改為命被告減少價金之判決。（六七臺上三八九八）

▲買受人依民法第三百五十九條規定所得主張之價金減少請求權，一經買受人以意思表示行使，出賣人所得請求之價金，即於應減少之範圍內縮減之。換言之，出賣人於其減少之範圍內，即無該價金之請求權存在。（八七臺簡上一〇）

第三百六十條　（物之瑕疵擔保效力㈡——請求不履行之損害賠償）

買賣之物，缺少出賣人所保證之品質者，買受人得不解除契約或請求減少價金，而請求不履行之損害賠償。出賣人故意不告知物之瑕疵者，亦同。

⇧查民律草案第五百七十二條理由謂其出賣人就標的物之品質，特約擔保者，視為因此所生之一切結果，皆有擔保之意，故使買受人得請求不履行之損害賠償，以代契約之解除，或代減少價金之請求。出賣人明知有瑕疵而故意不告知買受人者，亦使買受人得請求不履行之損害賠償，以代契約之解除，或減少價金之請求，以保護買受人之利益。此本條所由設也。

＊（物之瑕疵擔保）民三五四；（不履行之損害賠償）民二二六、二二七；（故意責任）民二二〇。

▲被上訴人出賣系爭房屋於上訴人，當時縱曾告知該房屋係屬違章建築，未能辦理所有權登記情事，亦僅危險負擔移轉與上訴人後，政府機關命令拆除時，不負擔保責任而已，至其他瑕疵擔保責任，仍不因此而免除。（四六臺上六八九）

第三百六十一條　（解約催告）

買受人主張物有瑕疵者，出賣人得定相當期限，催告買受人於其期限內是否解除契約。

買受人於前項期限內不解除契約者，喪失其解除權。

⇧查民律草案第五百七十四條理由謂買賣契約，是否因標的物之瑕疵而解除，此不確定之狀態也。除去不確定之狀態，為出賣人必要之行為，故使出賣人得依定期催告除去之。此本條所由設也。

＊（物之瑕疵擔保）民三五四；（買受人之檢查通知義務）民三五六；（解除權之行使及其效力）民二五八～二六一、三六二、三六三；（解除權之消滅）民三六五。

第三百六十二條　（解約與從物）

因主物有瑕疵而解除契約者，其效力及於從物。

從物有瑕疵者，買受人僅得就從物之部分為解除。

⇧謹按依從物附隨於主物之例，如買賣契約之標的物，其主物因有瑕疵而解除契約者，其效力及於從物。若僅從物有瑕疵，則買受人僅得就從物之部分而為解除，其效力不得及於主物。故設本條以明示其旨。

＊（主物從物）民六八；（物之瑕疵擔保之效力）民三五九、三六〇、三六四。

第三百六十三條　（數物併同出賣時之解除契約）

為買賣標的之數物中，一物有瑕疵者，買受人僅得就有瑕疵之物為解除。其以總價金將數物同時賣出者，買受人並得請求減少與瑕疵物相當之價額。

前項情形，當事人之任何一方，如因有瑕疵之物，與他物分離而顯受損害者，得解除全部契約。

⇧謹按為買賣標的之數物中，如僅一物有瑕疵者，買受人僅得就有瑕疵之一物解除契約，其數宗買賣之標的物，係以總價金買受者。並得請求減少與瑕疵物相當之價額。例如買賣米五十石，價金五百元，麵粉一百袋，價金五百元，如發見麵粉有瑕疵，買受人即得對麵粉部分解除契約，而單為米之買受。若米與麵粉，係以總價金一千元購入者，則僅得減少麵粉相當之價額，不必全部解除契約也。依此情形，當事人之任何一方，如因有瑕疵之物，與他物分離而顯受損害者，得解除全部契約。例如買古對聯一副，其一聯有瑕疵，而僅餘一聯，亦即無懸掛之價值，則應許其解約是也。故設本條以明示其旨。

*（物之瑕疵擔保）民三五四；（物之瑕疵擔保之效力）民三五九、三六〇、三六四。

▲買賣之標的物有瑕疵者，買主固得請求解除契約，然其性質可分離者，究不能以一部之瑕疵而解除全部契約。（一九上一二二三）

第三百六十四條（瑕疵擔保之效力——另行交付無瑕疵之物）

買賣之物，僅指定種類者，如其物有瑕疵，買受人得不解除契約或請求減少價金，而即時請求另行交付無瑕疵之物。

出賣人就前項另行交付之物，仍負擔保責任。

⇧謹按買賣之標的物，僅指定種類者，如其物有瑕疵，得使買受人即時請求另行交付無瑕疵之物，以省解除契約，或請求減少價金之煩，蓋以計當事人之便利也。但對於另行交付之物，仍須使出賣人負瑕疵擔保之責任，方足以保護買受人之利益。故設本條以明示其旨。

*（種類之債）民二〇〇；（物之瑕疵擔保）民三五四；（物之瑕疵擔保效力）民三五九、三六〇。

第三百六十五條（解除權或請求權之消滅）

買受人因物有瑕疵，而得解除契約或請求減少價金者，其解除權或請求權，於買受人依第三百五十六條規定為通知後六個月間不行使或自物之交付時起經過五年而消滅。

前項關於六個月期間之規定，於出賣人故意不告知瑕疵者，不適用之。

⑧⑧一、由於現代科技發達，有許多建築物、土地上之工作物或工業產品之瑕疵，不易於短期間內發現。原條文規定因物之瑕疵而生之契約解除權或減少價金請求權，於物之交付後六個月間，不行使而消滅，似嫌過短，且無法與第三百五十六條之規定配合。為更周密保障買受人權益，本條解除權或請求權發生消滅效果之期間之起算點，宜由買受人依第三百五十六條規定為通知時起算六個月，始為允當。又為使權利狀態早日安定，爰參考瑞士債務法第二百十九條第三項，增列「其解除權或請求權，於買受人依第三百五十六條規定為通知後六個月間不行使或自物之交付時起經過五年而消滅。」，第一項修正如上。

二、出賣人故意背於交易之誠實及信用，而不告知物之瑕疵時，買受人應受保護，其解除權或請求權，不受前項關於通知後六個月期間之限制。惟如自物交付時起經過五年而未行使，仍為消滅。爰修正第二項。

*（物之瑕疵擔保）民三五四；（物之瑕疵擔保效力）民三五九、三六〇；（解除權之消滅）民三六一；（故意責任）民二二〇。

▲民法所定之消滅時效，僅以請求權為其客體，故就形成權所定之存續期間，並無時效之性質。契約解除權為形成權之一種，民法第三百六十五條第一項所定六個月之解除權存續期間，自屬無時效性質之法定期間。（二二上七一六）

第三百六十六條（免除或限制擔保義務之特約）

以特約免除或限制出賣人關於權利或物之瑕疵擔保義務者，如出賣人故意不告知其瑕疵，其特約為無效。

⇧查民律草案第五百八十四條理由謂瑕疵擔保之義務，因買受人之利益而設，故有免除義務或加以限制之特約，當然有效。若出賣人故意不告知物之瑕疵，則違交易上之誠實及信用，雖有免除或限制特約，仍應認為無效。此本條所由設也。

*（權利瑕疵擔保）民三四九～三五三；（物之瑕疵擔保）民三五四、三五九、三六〇、三六四；（出賣人故意不告知瑕疵時之責任）民三五五、三五七、三六〇、三六五；（故意責任）民二二〇、二二二。

第三百六十七條（買受人之義務）

買受人對於出賣人，有交付約定價金及受領標的物之義務。

⇧謹按買受人對於出賣人之義務有二：一為交付約定之價金，一為受領所買之標的物，此為當然之事。故設本條以明示其旨。

*（買賣）民三四五；（買受人之保管義務）民三五八；（價金標的物交付之處所）民三一四、三七一；（買賣標的物與價金之交付時期）民三一五、三一六、三六九、三七〇；（買受人之價金支付拒絕權）民三六八；（受領標的物之費用）民三七八㊂。

▲定約時既無交貨期限，則出賣人依照約載數額，請求買受人收貨交價，買受人即無可以拒絕之理。（一九上三〇四四）

▲不動產之買受人雖未支付價金，而依物權法之規定，出賣人移轉所有權於買受人之法律行為已生效力者，自不能因買受人尚未交付價金，即謂其所有權未曾取得。（三二上二〇五五）

▲買賣契約成立後，買受人應負交付約定價金於出賣人之義務，既為民法第三百六十七條所明定，則買受人對於出賣人所交付之價金，在買賣契約未失其效力之前，自無返還請求權。（四一臺上一五六〇）

▲買受人對於出賣人有受領標的物之義務，為民法第三百六十七條所明定，故出賣人已有給付之合法提出而買受人不履行其受領義務時，買受人非但陷於受領遲延，並陷於給付遲延，出賣人非不得依民法第二百五十四條規定據以解除契約。（六四臺上二三六七）

第三百六十八條（價金支付拒絕權）

買受人有正當理由，恐第三人主張權利，致失其因買賣契約所得權利之全部或一部者，得拒絕支付價金之全部或一部。但出賣人已提出相當擔保者，不在此限。

前項情形，出賣人得請求買受人提存價金。

⇧查民律草案第五百九十六條理由謂買受人恐第三人在標的物上主張權利，而失其所買受權利之全部或一部者，如有正當理由，應使其得拒絕價金全部或一部之支付，以保護其利益。但出賣人已提供相當之擔保，則不得拒絕支付。又出賣人若請求提存價金，亦應許之，以保護出賣人之利益。此本條所由設也。

*（價金支付義務）民三四五、三六七；（權利瑕疵擔保）民三四九；（同時履行抗辯權）民二六四；（不安抗辯權）民二六五；（提存）民三二六、三三一、三三二。

▲民法第三百六十八條所定「買受人有正當理由，恐第三人主張權利，致失其因買賣契約所得權利之全部或一部者，得拒絕支付價金之全部或一部」，並不以出賣物業已交付，而排除其適用。（五九臺上四三六八）

第三百六十九條（標的物與價金交付時期）

買賣標的物與其價金之交付，除法律另有規定或契約另有訂定或另有習慣外，應同時為之。

⇧謹按買賣之標的物，與其價金之交付，原則上應使同時為之，俾符當事人之意思。若法律別有規定，或契約別有訂定，或另有習慣者，則應從其所定。此本條所由設也。

*（出賣人之交付標的物義務）民三四八；（買受人之交付價金義務）民三六七；（清償期）民三一五、三一六；（價

金交付期限之推定）民三七〇。

第三百七十條（價金交付期限之推定）

標的物交付定有期限者，其期限推定其為價金交付之期限。

⇧謹按關於買賣標的物之交付定有期限者，其交付標的物之期限，推定其為價金交付之期限，庶合於當事人之意思。蓋依前條之規定，買賣標的物與其價金之交付，本應同時為之也。故設本條以明示其旨。

*（標的物與價金交付時期）民三六九；（清償期）民三一五、三一六。

第三百七十一條（價金交付之處所）

標的物與價金應同時交付者，其價金應於標的物之交付處所交付之。

⇧查民律草案第五百九十四條理由謂應於買賣標的物之交付時支付價金者，應使其於標的物交付處所支付價金，以節勞力。此本條所由設也。

*（標的物與價金交付時期）民三六九；（清償地）民三一四。

第三百七十二條（依重量計算價金之方法）

價金依物之重量計算者，應除去其包皮之重量。但契約另有訂定或另有習慣者，從其訂定或習慣。

⇧謹按價金之支付，應依標的物之重量計算者，其包皮之重量，應除去之，方合於真實之事理。但契約另有訂定或另有習慣者，則當從其訂定或習慣，俾符當事人之意思。此本條所由設也。

*（價金）民三四六。

第三百七十三條（標的物利益與危險之承受負擔）

買賣標的物之利益及危險，自交付時起，均由買受人承受負擔。但契約另有訂定者，不在此限。

⇧謹按買賣之標的物，於其交付前，因天災及其他不可抗力而滅失毀損者，損失應歸何人負擔，古來學說聚訟，各國立法例亦不一致，此所謂危險擔保之問題是也。本法明定買賣之標的物，除契約另有訂定外，其利益及危險，應自交付時起，均使買受人承受負擔，所以杜無益之爭論也。

*（雙務契約之危險負擔）民二二五、二六六；（送往清償地以外標的物之危險負擔）民三七四；（交付前之標的物危險負擔）民三七五。

▲民法第三百七十三條規定買賣標的物之利益及危險，自交付時起，均由買受人承受負擔。是買賣標的物苟已交付，雖所有權尚未移轉，其危險亦由買受人負擔。本件被上訴人向某甲買受之船，已由某甲交付被上訴人收受，如被上訴人與某甲並無民法第三百七十三條但書所稱之特別訂定，該船之危險即由被上訴人負擔，某甲自得向上訴人請求支付價金，而上訴人代被上訴人向某甲支付價金後，要非被上訴人所得請求返還。原判決謂民法第三百七十三條所謂交付，係指所有權已移轉者而言，該船尚未立契交易，即不能適用該條之規定，即使上訴人將價金交付某甲，被上訴人亦得請求返還，遂為上訴人敗訴之判決，於法殊有未合。（三一上一〇四〇）

▲不動產買賣契約成立後，其收益權屬於何方，依民法第三百七十三條之規定，應以標的物已否交付為斷。所有權雖已移轉，而標的物未交付者，買受人仍無收益權。所有權雖未移轉，而標的物已交付者，買受人亦有收益權。（三三上六〇四）

▲（四〇臺上一二〇〇）參見本法第三百四十八條。

▲系爭房屋於兩造訂立買賣契約之前，既由被上訴人本於租賃關係而占有，則依民法第九百四十六條準用同法第七百六十一條第一項但書之規定，被上訴人就系爭房屋自買賣契約成立之日起，即已接受上訴人之交付，依同法第三百七十三條，該屋之利益由此當然歸屬被上訴人。乃上訴人猶謂原有租賃關係並未消滅，基於出租人地位請求被上訴人支付租金，顯非正當。（四六臺上六四）

▲民法第三百七十三條所稱之危險負擔，除契約另有訂定外，概自標的物交付時起，移轉於買受人，至買受人已否取得物之所有權，在所不問。（四七臺上一六五五）

▲上訴人出賣與被上訴人之土地，在交付前被徵收為都市計畫用地之部分，已屬給付不能，此項危險應由上訴人自行負擔，而其餘可能部分，又因上訴人另行出賣與第三人，並已交割完畢，亦已成為給付不能，則被上訴人援引民法第二百四十九條第三款之規定，求命上訴人返還其所受領之定金，自非不應准許。（四九臺上一二四六）

第三百七十四條（標的物送交清償地以外處所之危險負擔）

買受人請求將標的物送交清償地以外之處所者，自出賣人交付其標的物於為運送之人或承攬運送人時起，標的物之危險，由買受人負擔。

(88)現行條文「運送承攬人」解釋上不以承攬運送人為限，舉凡運送人、其他選定運送之人或運送機構，均包括在內，為求明確，爰將「運送承攬人」修正為「運送之人或承攬運送人」（德國民法第四百四十七條參考）。

*（危險負擔）民二六六、三七三；（清償地）民三一四、三七一；（承攬運送）民六六〇。

第三百七十五條（交付前負擔危險之買受人費用返還義務）

標的物之危險，於交付前已應由買受人負擔者，出賣人於危險移轉後，標的物之交付前，所支出之必要費用，買受人應依關於委任之規定，負償還責任。

前項情形，出賣人所支出之費用，如非必要者，買受人應依關於無因管理之規定，負償還責任。

⇧查民律草案第六百零二條理由謂關於買賣標的物之危險，於其交付前移轉於買受人者，如不動產之買賣，買受人在交付前為登記或有特約是也。此等情形，出賣人若就買賣標的物所支出之費用，應使買受人賠償之，且費用賠償範圍，以是否必要而異。此本條所由設也。

*（危險負擔）民二六六、三七三；（費用之負擔）民三一七、三七八；（依關於委任之規定償還費用）民五四六；（依關於無因管理之規定償還費用）民一七六。

第三百七十六條（出賣人違反關於送交方法特別指示之損害賠償）

買受人關於標的物之送交方法，有特別指示，而出賣人無緊急之原因，違其指示者，對於買受人因此所受之損害，應負賠償責任。

⇧謹按買受人關於標的物之送交方法，有特別指示者，出賣人應依其方法而為送交，否則買受人因此所生之損害，應使出賣人負賠償之責任，以保護買受人之利益。但出賣人違背指示送交之方法，係出於緊急之原因者，則不使負賠償之責。故設本條以明示其旨。

*（危險負擔）民二六六、三七三；（運送人變更指示之限制）民六三三。

第三百七十七條（以權利為買賣標的之利益與危險之承受負擔）

以權利為買賣之標的，如出賣人因其權利而得占有一定之物者，準用前四條之規定。

⇧謹按前四條之規定，均關於物的買賣交付之責任。若以權利為買賣之標的，本無有體物可以交付，自難適用物的交付之規定。然權利之出賣人，因其權利而得占有一定之物者（例如地上權之買賣），其負交付其物之義務，與物的出賣必須交付其物者無異，故準用關於物的交付責任之規定。此本條所由設也。

*（權利瑕疵擔保）民三四九、三五〇；（因權利而得占有一

定之物者）民四二一、八三二、八四二、八八四、九〇〇、九一一。

第三百七十八條　（買賣費用之負擔）

買賣費用之負擔，除法律另有規定或契約另有訂定或另有習慣外，依左列之規定：

一　買賣契約之費用，由當事人雙方平均負擔。

二　移轉權利之費用、運送標的物至清償地之費用及交付之費用，由出賣人負擔。

三　受領標的物之費用、登記之費用及送交清償地以外處所之費用，由買受人負擔。

⇧謹按第三百七十五條，係關於標的物交付前所支出費用之規定，本條係關於因買賣所生一切費用之規定。此種買賣費用之負擔，如法律別無規定，契約別無訂定，習慣亦無可依據者，應視其利益及義務之所在，而定其負擔費用之人，蓋以免無益之爭議，而期事理之公平也。

＊（清償費用）民三一七。

第三款　買　回

⇧謹按關於買回之性質，學說不一，各國立法例亦不同。德國舊民法認買回為新買賣，新民法認為權利之保留，法、日民法則認為買賣契約之解除。本法採德國新民法之法例，亦認買回為保留買賣契約解除權之特約，故設本款之規定。

第三百七十九條　（買回之要件）

出賣人於買賣契約保留買回之權利者，得返還其所受領之價金，而買回其標的物。

前項買回之價金，另有特約者，從其特約。

原價金之利息，與買受人就標的物所得之利益，視為互相抵銷。

⇧謹按買回契約，為保留權利之特約，故出賣人欲保留買回權利，須於為買賣契約時訂立特約，方得享有買回權。又出賣人必須返還出賣時所領受之價金，否則不許買回。故設第一項以明其旨。前項買回之價金，應與出賣時之價金數額相同，此屬當然之事，然當事人訂有特約者，應以特約所定之數額為準。故設第二項以明其旨。又買回人於返還原價金外，仍須支付利息者，此項原價金之利息，自應返還於買受人，然此應視為與買受人就標的物所得之利益抵銷，以免彼此核算之不便，方合於實際情形。故設第三項以明示其旨。

＊（買回之期限）民三八〇；（買回費用）民三八一、三八二；（買受人之義務）民三八三。

▲永佃權，在民法上有得為抵押權標的物之明文，而無得為典權標的物之規定，永佃權人就其永佃權設定典權自屬無效。惟當事人之真意，係在基於買賣契約讓與永佃權，而其買賣契約訂明出賣人得返還其受領之價金，買回永佃權者，雖誤用出典之名稱，亦應認為出賣人於買賣契約保留買回之權利。（二八上九九六）

▲如果兩造於民國十五年訂立之複約確係買賣契約，其所謂二十年內准許贖取，即屬民法第三百七十九條所謂保留買回之權利，則依民法債編施行日起，適用民法第三百八十條之規定，將其殘餘期限縮短為五年。被上訴人如未於民國十九年五月五日民法債編施行時起五年內，向上訴人行使買回權，即不得再行買回。（三一上二九三九）

▲買回契約效力之發生，以出賣人即買回人於買回期限內，提出買回價金向買受人表示買回為要件，此觀民法第三百七十九條第一項之規定自明。上訴人僅於買回期限內，向被上訴人表示買回其原出賣之系爭不動產，並未將約定之買回價金提出，則買回契約尚未發生效力。（七九臺上二二二一）

第三百八十條　（買回之期限）

買回之期限，不得超過五年，如約定之期限較長者，縮短為五年。

⇧謹按買回權行使之期限，不得使之過長，否則有阻礙國家經濟之發展。例如土地買賣，當事人預約有買回之期限者，則在此期限以內，買受人因土地將來復歸於出賣人，遂不施以改良土地之良好方法，因而土地之生產力，遂形薄弱，即國家之經濟力無由增進，期限愈長，影響愈大。故本條明定期限，最長為五年，其約定之期限較長者，亦縮短為五年，蓋以防流弊也。

＊（期間之計算）民一二〇以下。

▲民法第三百八十條所謂約定之期限，係指買回權之存續期限而言。即買回權僅得於約定之期限內行使之，一逾此項期限，買回權即歸消滅，此與民法第九百十二條所謂典權約定期限，為回贖權停止行使之期限者不同。當事人間定有四年滿後始得買回之特約者，為買回權停止行使之期限，固非民法第三百八十條所謂約定之期限，惟同條前段之規定，於當事人未約定買回權之存續期間者，亦適用之，觀民法債編施行法第十二條後段之規定自明。故當事人約定四年滿後始得買回，而未約定買回權之存續期間者，仍應受法定五年期間之限制，買回人於四年滿後為買回時，如自買賣契約成立時起，已逾五年，自不能不認其買回權為已消滅。（三〇上六〇六）

▲民法第三百八十條及民法債編施行法第十二條所定買回之期限，不得因當事人間有特殊關係，而認其相反之特約為有效。（三三上一五七九）

第三百八十一條　（買賣費用之償還與買回費用之負擔）

買賣費用由買受人支出者，買回人應與買回價金連同償還之。

買回之費用，由買回人負擔。

⇧謹按買回人既有買回之事，則出賣時由買受人支出之費用，買回人應與買回價金連同償還之，其買回之費用，亦應由買回人負擔。蓋買回人既享買回原物之權利，自應盡負擔費用之義務也。故設本條以明示其旨。

＊（買賣費用之負擔）民三七八；（改良及有益費用之償還）民三八二。

第三百八十二條　（改良及有益費用之償還）

買受人為改良標的物所支出之費用及其他有益費用，而增加價值者，買回人應償還之。但以現存之增價額為限。

⇧謹按買受人因增加標的物之價值，所支出之改良費用及其他有益費用，應使買回人償還之，方足以昭公允。但其償還之數額，應以標的物現存之增價額為限，庶於保護之中，仍寓限制之意。故設本條以明示其旨。

＊（買賣費用之償還）民三八一㈠；（買回費用之負擔）民三八一㈡。

第三百八十三條　（原買受人之義務及責任）

買受人對於買回人負交付標的物及其附屬物之義務。

買受人因可歸責於自己之事由，致不能交付標的物或標的物顯有變更者，應賠償因此所生之損害。

⇧查民律草案第六百十條理由謂買受人因出賣人之行使買回權，對於出賣人，祇須交付買賣之標的物及其附屬物，不必返還其所收益，因收益視為與價金之利息相抵銷也。又買賣之標的物，因歸責於買受人之事由而不能交付，或標的物顯有變更者，因此所生之損害，買受人應負賠償之責。此本條所由設也。

＊（物之交付義務）民三四八。

第四款　特種買賣

⇧查民律草案債權編第二章第二節第四款原案謂買賣之種類不一，而試驗買賣、貨樣買賣、分期付價之買賣及拍賣關係尤重。故設本款之規定。

第三百八十四條　（試驗買賣之定義）

試驗買賣，為以買受人之承認標的物為停止條件，而訂立之契約。

⇧查民律草案第六百十八條理由謂試驗買賣者，關於買賣之標的物，以買受人承認為條件之買賣也。買賣關係成立後，特附以必須買受人就於買賣標的物表示承認之條件，始生買賣契約之效力，故試驗買賣契約，為停止條件附之契約。此本條所由設也。

*（停止條件）民九九㈠；（試驗之容許）民三八五；（視為拒絕承認標的物）民三八六；（視為承認標的物）民三八七；（承認）民一一五、一一六。

第三百八十五條　（容許試驗義務）

試驗買賣之出賣人，有許買受人試驗其標的物之義務。

⇧查民律草案第六百十九條理由謂試驗買賣，既以買受人之承認標的物為條件，則買受人之是否承認，當就其標的物實行試驗而決定之。故使出賣人對於買受人，負有許其試驗標的物之義務。此本條所由設也。

*（試驗買賣）民三八四。

第三百八十六條　（視為拒絕承認標的物）

標的物經試驗而未交付者，買受人於約定期限內，未就標的物為承認之表示，視為拒絕，其無約定期限，而於出賣人所定之相當期限內未為承認之表示者，亦同。

⇧謹按標的物經買受人試驗後，如即時表示承認之意思者，則買賣契約即行發生效力，此屬當然之事。若雖經試驗，而標的物尚未交付於買受人以前其有約定期限者，買受人不於期限內為承認之表示，則應視為拒絕。其無約定期限，而由出賣人定有相當之期限催告者，買受人不於所定期限內為承認之表示，亦應視為拒絕。蓋以契約之是否生效，亟應從速決定，不宜使之久不確定也。故設本條以明示其旨。

*（承認）民一一五、一一六；（視為承認標的物）民三八七。

第三百八十七條　（視為承認標的物）

標的物因試驗已交付於買受人，而買受人不交還其物，或於約定期限或出賣人所定之相當期限內不為拒絕之表示者，視為承認。

買受人已支付價金之全部或一部，或就標的物為非試驗所必要之行為者，視為承認。

⇧謹按前條係指標的物經試驗，而未交付於買受人之規定，本條係指標的物因試驗，已交付於買受人之規定。故出賣人送交標的物以供買受人之試驗者，買受人於試驗後，應即為承認與否之表示，或即交還其物，以示拒絕。若既不交還其物，復不於約定期限或出賣人所定之相當期限內，表示拒絕之意思者，即應視為承認。又買受人已支付價金之全部或一部，或已就標的物為非試驗所必要之行為者，雖未表示承認，然已顯有承認其物之意思，亦應視為承認，法律特為明確之規定，蓋使於實際上得所準據也。

*（視為拒絕承認標的物）民三八六。

第三百八十八條　（貨樣買賣）

按照貨樣約定買賣者，視為出賣人擔保其交付之標的物與貨樣有同一之品質。

⇧查民律草案第六百十七條理由謂貨樣買賣者，出賣人對於買受人約明以符合貨樣之物品，為給付之無條件買賣也。此種買賣，出賣人應擔保買賣標的物與貨樣有同一之品質，買受人亦得提出貨樣，主張買賣標的物與貨樣同一品質，以明出賣人之責任。

*（物之瑕疵擔保）民三五四、三五九、三六〇、三六四。

第三百八十九條　（分期付價買賣利益喪失約款之限制）

分期付價之買賣，如約定買受人有遲延時，出賣人得即請求支付全部價金者，除買受人遲付之價額已達全部價金五分之一外，出賣人仍不得請求支付全部價金。

⑧現行條文規定須「連續兩期給付之遲延」，取巧者可隔一期，遲延給付一期，毫無限制，並非妥適，且既以遲付之價額達全部價金五分之一為另一要件，參之本法第四百四十條第二項、土地法第一百條第三款及第一百十四條第七款等規定，現行規定「買受人有連續兩期給付之遲延」為喪失期限利益之要件，實無意義，為簡明計，爰予刪除。

*（解約扣價約款之限制）民三九〇；（附條件買賣）動擔二六以下。

第三百九十條　（解約扣價約款之限制）

分期付價之買賣，如約定出賣人於解除契約時，得扣留其所受領價金者，其扣留之數額，不得超過標的物使用之代價，及標的物受有損害時之賠償額。

⇧謹按分期付價之買賣，當事人如約定於解除契約時，出賣人得扣留其所受領之價金者，其應扣留之數額，不可不加以限制，即不得超過標的物使用之代價，及標的物受有損害時之賠償額是。本條明為規定，蓋以防無益之爭議也。

*（期限利益喪失約款之限制）民三八九；（解除契約）民二五四、二五六、二五八～二六〇、三五九。

第三百九十一條　（拍賣之成立）

拍賣，因拍賣人拍板或依其他慣用之方法為賣定之表示而成立。

⇧謹按拍賣者，關於清償之標的物不依權利人之意思而為者也。拍賣之性質，學說不一，有謂拍賣係公法處分者，有謂拍賣非買賣者，本法以拍賣為買賣之一種，並規定其如何成立之方法，俾資適用。此本條所由設也。

*（買賣之成立）民三四五㈡；（法定拍賣）民三三一、五八五、六二一、六五〇、六五一、六五六、八〇六、八九二、八九三、九三六；（拍賣之方法及程序）民債施一四；（強制拍賣）民八七三，動擔一九，強執六四、八一。

▲拍賣與標賣，雖皆為使競買人各自提出條件，擇其最有利者而出賣之方法。惟拍賣時，各應買人均得知悉他人之條件而有再行提出條件之機會，標賣時，各投標人均不知悉他人之條件而無再行提出條件之機會，此為其不同之點。拍賣之表示為要約之引誘，而非要約，民法第三百九十一條以下定有明文，而標賣之表示，究為要約之引誘抑為要約，法律既無明文規定，自應解釋標賣人之意思定之。依普通情形而論，標賣人無以之為要約之意思，應解為要約之引誘，且投標非見他投標人之條件而為之，雖有出價較高之投標，而其他之投標亦不失其拘束力，故開標後標賣人或不與全體投標人訂約，或竟與出價較低之投標人訂約，均無不可。但標賣之表示明示與出價最高之投標人訂約者，除別有保留外，則應視為要約，出價最高之投標即為承諾，買賣契約因之成立，標賣人自負有出賣人之義務。

（三二永上三七八）

▲（三三永上五三一）參見本法第三百四十五條。

第三百九十二條　（拍賣人應買之禁止）

拍賣人對於其所經管之拍賣，不得應買，亦不得使他

人為其應買

⇧謹按經管拍賣之人，不得自為應買人，亦不得使他人應買，法律特加限制，蓋以防拍賣發生不公平之弊也。故設本條以明示其旨。

*（債權人本人或其家屬之買受抵押物）動擔一九㊁。

第三百九十三條（拍賣物之拍定）

拍賣人除拍賣之委任人有反對之意思表示外，得將拍賣物拍歸出價最高之應買人。

⇧謹按拍賣者，招集多人以最高價賣去其物之方法也。故拍賣人除拍賣之委任人，有反對之意思表示外，得將拍賣物拍歸出價最高之應買人，以符拍賣之本旨。此本條所由設也。

*（拍賣之成立）民三九一。

第三百九十四條（拍定之撤回）

拍賣人對於應買人所出最高之價，認為不足者，得不為賣定之表示而撤回其物。

⇧謹按依前條之規定，拍賣物固得拍歸出價最高之應買人，然應買人所出最高之價，與拍賣人所預定之價，相差甚鉅而認為不足者，如亦依拍板或其他慣用方法，為賣定之表示而成立，則拍賣人將受無限之損失，而無所救濟，殊非事理之平。此時應使拍賣人得不為賣定之表示，而撤回拍賣物，以保護其利益。此本條所由設也。

*（賣定）民三九一。

第三百九十五條（應買表示之效力）

應買人所為應買之表示，自有出價較高之應買或拍賣物經撤回時，失其拘束力。

⇧謹按為應買之表示後，應買人當然受其意思表示之拘束，必須有其他出價較高之應買人，此出價較低之應買人，所為應買之表示，始失其拘束力。或雖無其他出價較高之應買人，而因拍賣人認為出價不足撤回其拍賣物，此則應買人所為應買之表示，亦失其拘束力。本條特設規定，所以防爭議也。

*（要約之失其拘束力）民一五五～一五八；（拍賣物之拍定）民三九三。

第三百九十六條（以現金支付買價及支付時期）

拍賣之買受人，應於拍賣成立時或拍賣公告內所定之時，以現金支付買價。

⇧謹按拍賣既經成立，拍賣之買受人，應即時支付買價，如拍賣公告內定有支付之時期者，則應依拍賣公告內所定之時支付買價。其買價之支付，須以現金為之，蓋斯適合於拍賣之意思也。故設本條以明示其旨。

*（拍賣之成立）民三九一、三九三；（買賣價金之支付）民三六七～三七一。

第三百九十七條（不按時支付價金之效力——解約再拍賣及賠償差額）

拍賣之買受人如不按時支付價金者，拍賣人得解除契約，將其物再為拍賣。

再行拍賣所得之價金，如少於原拍賣之價金及再行拍賣之費用者，原買受人應負賠償其差額之責任。

⑧⑧一、第一項未修正。

二、第二項所謂「所得之利益」，概念尚欠明瞭，有指再拍賣所得之價金扣除再行拍賣之費用後實際所得者，有謂再行拍賣所得之價金扣除原拍賣及再行拍賣之費用後實際所得者，解說不一，易滋疑義。如依原規定之計算結果，則兩次拍賣費用均由原買受人負擔，亦甚不公平，蓋無論拍賣次數如何，第一次之拍賣費用當由出賣人負擔，始合乎情理。為示公平並避免疑義，爰將「利益」修正為「價金」，「費用」修正為「再行拍賣之費用」，以期公平而明確。例如原拍賣之價金為新臺幣（以下同）一百萬元，原拍賣之費用為十萬元，再行拍賣之價金為八十萬元，再行拍賣之費用為五萬元，則原買受人應負賠償之差額為一百萬元加五萬元減八十萬元等於二十五萬元。

*（拍賣之成立）民三九一、三九三；（價金支付時期）民三九六。

第二節　互　易

⇧查民律草案債權編第二章第三節原案謂互易者，當事人之兩造互為移轉金錢所有權以外之財產權之契約也，古來各國皆行之，我國亦有此習慣。互易為有償契約，當然準用買賣之規定（參照第三百四十七條），故本節祇明示互易之本義。

第三百九十八條（互易準用買賣之規定）

當事人雙方約定互相移轉金錢以外之財產權者，準用關於買賣之規定。

⇧謹按互易雖與買賣及有償契約同為雙務契約，然其標的物則異。蓋買賣契約，係當事人之一方，移轉財產權於他方，他方支付價金為標的，而互易契約，則當事人雙方互相移轉金錢以外之財產權（動產或不動產）為標的也。然互易之性質，究與買賣無異，故準用關於買賣之規定。

*（買賣）民三四五以下。

▲互易準用關於買賣之規定，土地所有權之移轉為絕賣者，其增值稅向出賣人徵收之，民法第三百九十八條及土地法第一百八十二條分別定有明文，又土地因買賣而移轉，買受人逾期不申請登記，經查明令其申請者，其應徵收之土地增值稅應由買受人代為繳納，復為實施都市平均地權條例第四十四條所明定，兩造間既係互易土地所有權，如無土地增值稅應由上訴人負擔之特約，上訴人於代繳後，請求被上訴人附加法定遲延利息返還，殊難謂為無據。（六六臺上一七五二）

第三百九十九條（附有補足金之互易準用買賣之規定）

當事人之一方，約定移轉前條所定之財產權，並應交付金錢者，其金錢部分，準用關於買賣價金之規定。

⇧查民律草案第六百二十一條理由謂當事人之一方，約定以金錢之所有權，與其他之財產權，同時移轉者，其契約為互易契約。至其金錢部分，與買賣之價金無異，故準用關於買賣價金之規定。

*（買賣價金之支付）民三六七～三七一。

第三節　交互計算

⇧謹按交互計算者，雙方就其相互間交易上所生之債權債務，定期計算，互相抵銷，而僅支付其差額之契約也。此方法各國法律多於商法中規定之，本法本於民商法合一之旨，特設本節之規定。

第四百條（交互計算之定義）

稱交互計算者，謂當事人約定，以其相互間之交易所生之債權債務為定期計算，互相抵銷，而僅支付其差額之契約。

⇧謹按當事人雙方相互間，約定因交易而生之債權債務，為定期計算，互相抵銷，專就其相差額而為支付者，此種契約，是為交互計算。蓋以信用發達之社會，如使盡以現金交易，反多不便，故以交互計算代其效用，俾節省清償之手續，而靈活資金之運用。故設本條以明示其旨。

*（抵銷）民三三四～三四二。

第四百零一條（票據及證券記入交互計算項目之除去）

匯票、本票、支票及其他流通證券，記入交互計算項目者，如證券之債務人不為清償時，當事人得將該記入之項目除去之。

⇧謹按匯票、本票、支票及其他流通證券，雖許記入交互計算，互相抵銷，然若證券之債務人不為清償時，則無從收抵銷之效用。故為保護當事人之利益計，應將該記入之項目除去之，俾符實際。此本條所由設也。

*（匯票）票據二；（本票）票據三；（支票）票據四；（指示證券）民七一〇；（無記名證券）民七一九；（不獲付款）民七一四，票據八五、一三一。

第四百零二條　（交互計算之計算期）

交互計算之計算期，如無特別訂定，每六個月計算一次。

⇧謹按交互計算之計算期，如由當事人預先約定者，自應從其所定，若無特別訂定，應以每六個月計算一次。本條特設法定期限，蓋使便於適用也。

*（交互計算）民四〇〇。

第四百零三條　（交互計算之終止）

當事人之一方，得隨時終止交互計算契約，而為計算。但契約另有訂定者，不在此限。

⇧謹按一方交互計算契約之終止，非必於他方有所不利益也。故當事人之一方，隨時終止交互計算契約而計算固可，即約定於特定期間內不許終止交互計算契約，亦無不可也。特設本條以明示其旨。

*（契約之終止）民二六三。

第四百零四條　（利息之附加）

記入交互計算之項目，得約定自記入之時起，附加利息。

由計算而生之差額，得請求自計算時起，支付利息。

⇧謹按交互計算所記入之項目，得附加利息與否，應聽當事人之自由意思。其約定附加利息者，得自記入之時起算，至因交互計算結果所生之差額，當然可以支付利息。但其請求支付利息之起算時期，亦應明白規定，俾資適用。此本條所由設也。

*（法定利率）民二〇三；（約定利率之限制）民二〇五；（複利之禁止）民二〇七。

第四百零五條　（記入交互計算項目之除去或改正）

記入交互計算之項目，自計算後，經過一年，不得請求除去或改正。

⇧謹按記入交互計算之項目，如為匯票、本票、支票及其他流通證券，債務人不為清償時，當事人得將該項目除去，又計算如有錯誤，亦得請求改正。此種除去及改正之請求權，當事人固得隨時行使之，然使為時過久，亦非所宜，故本條規定除去或改正之請求，應於計算後一年內為之，逾期即不得再行請求，蓋使權利之狀態，得以從速確定也。

*（票據及證券等記入交互計算項目之除去）民四〇一。

第四節　贈　與

⇧查民律草案債權編第二章第四節原案謂贈與者，當事人之一方，以無償而移轉其財產權於他方之契約也。各國法律，多規定之，以其為實際上關係重要之契約，故本法特設本節之規定。

第四百零六條　（贈與之定義及成立）

稱贈與者，謂當事人約定，一方以自己之財產無償給與他方，他方允受之契約。

⑧現行條文「經他方允受而生效力」一語，易使人產生究為贈與之成立要件抑生效要件之疑義，為免爭議，爰仿各種之債各節首揭條文例如第三百四十五條、第五百二十八條等之體例，作文字上之修正。

*（贈與）遺贈稅四㈢；（不動產贈與之特別生效要件）民四〇七。

▲贈與行為一經成立，苟非附有限制，受贈人有自由處分之權。（一七上一〇四六）

▲父在生前以其所有財產分給諸子，係贈與性質，諸子間受贈財產之多寡父得自由定之。此與繼承開始後，諸子按其應繼分繼承遺產者不同，故贈與諸子財產之數量縱有不均，受贈較少之子亦不得請求其父均分。（二一上一五九五）

▲民法第四百零六條所謂自己之財產，不以現在屬於自己之財產為限，將來可屬自己之財產，亦包含在內。（二六渝上一二四一）

第四百零七條　（刪除）

⑧贈與為債權契約，於依民法第一百五十三條規定成立時，即生效力。惟依現行條文規定，以非經登記不得移轉之財產為贈與者，須經移轉登記始生效力，致不動產物權移轉之生效要件與債權契約之生效要件相同，而使贈與契約之履行與生效混為一事。為免疑義，爰將本條刪除。

第四百零八條　（贈與之任意撤銷及其例外）

贈與物之權利未移轉前，贈與人得撤銷其贈與。其一部已移轉者，得就其未移轉之部分撤銷之。

前項規定，於經公證之贈與，或為履行道德上義務而為贈與者，不適用之。

⑧一、贈與契約於具備成立要件時，即生效力。惟贈與為無償行為，應許贈與人於贈與物之權利未移轉前有任意撤銷贈與之權。現行條文規定以贈與物未交付前，贈與人始得行使撤銷權，適用範圍太過狹隘，爰將第一項「未交付」修正為「權利未移轉」，以期周延。

二、立有字據之贈與，間有因一時情感因素而欠於考慮時，如不許贈與人任意撤銷，有失事理之平。為避免爭議並求慎重，明定凡經過公證之贈與，始不適用前項撤銷之規定，爰修正第二項。

*（贈與之成立）民四〇六；（贈與人之撤銷權）民四一六；（繼承人之撤銷權）民四一七；（撤銷之方法）民一一六、四一九；（撤銷之效果）民一一四；（撤銷權之消滅）民四二〇。

▲民法第四百零八條第一項前段規定贈與物未交付前，贈與人得撤銷其贈與。同條第二項(舊)則規定前項規定，於立有字據之贈與，或為履行道德上之義務而為贈與者，不適用之。此二項規定，不問於動產或不動產之贈與，均有適用。（八三臺上一六一三）

第四百零九條　（受贈人之請求權）

贈與人就前條第二項所定之贈與給付遲延時，受贈人得請求交付贈與物；其因可歸責於自己之事由致給付不能時，受贈人得請求賠償贈與物之價額。

前項情形，受贈人不得請求遲延利息或其他不履行之損害賠償。

⑧一、現行條文語意不明，從文字上觀之，贈與人不履行贈與時，受贈人得選擇請求交付贈與物或請求給付贈與物之價金，初不問贈與標的物之履行是否可能，亦不問贈與人之意思如何，如此解釋，頗為不當。為避免誤解及減輕贈與人之責任，爰予修正。明定贈與人因給付遲延時，受贈人得請求交付贈與物。贈與人因可歸責於自己之事由致給付不能時，受贈人始可請求賠償其價額。又贈與不同於買賣，並無「價金」可言，爰將「價金」修正為「價額」。

二、現行條文但書「利息」究何所指？易滋疑義。學者通說認為應指「遲延利息」而言。為明確計，爰仿德國民法第五百二十二條，將「利息」二字修正為「遲延利息」，以符實際。而所謂「其他不履行之損害賠償」，依上文可知係指遲延利息及價額以外之損害而言。爰將但書修正並移列為第二項。

*（贈與之成立）民四〇六；[illegible]

履行賠償）民二二六㈢。

▲被上訴人為上訴人之妻，前因上訴人納妾失和，乃由上訴人與其母某氏，於民國二十四年正月二十日，憑同族戚將所有某處田地房屋書立分關給被上訴人管業，為兩造不爭之事實。原審依據該分關，認當日上訴人分給財產，係屬一種贈與性質，並非作為扶養費，亦未附有被上訴人不同居即不給予之條件，上訴人自不得以被上訴人不同居，即無扶養義務，為拒絕交付贈與物之論據。（三二上一二七二）

第四百十條　（贈與人之責任）

贈與人僅就其故意或重大過失，對於受贈人負給付不能之責任。

⑧⑧修正條文第四百零九條規定，贈與人僅於因可歸責於自己之事由致給付不能時，受贈人始得請求賠償贈與物之價額。而贈與屬無償行為，依第二百二十條之原則，對於贈與人之責任，應從輕規定。故本條原規定之「其」字，應係指上揭修正條文「因可歸責致給付不能」之情形，爰予明示，將「其」字修正為「給付不能之」，以期明確。

＊（故意或重大過失責任）民二二二；（贈與人之瑕疵擔保責任）民四一一、四一四。

第四百十一條　（瑕疵擔保責任）

贈與之物或權利如有瑕疵，贈與人不負擔保責任。但贈與人故意不告知其瑕疵或保證其無瑕疵者，對於受贈人因瑕疵所生之損害，負賠償之義務。

⇧謹按贈與專因受贈人之利益而為之，故應減輕贈與人之責任。關於現物或權利之贈與，贈與人通常不負瑕疵擔保之責任，須以贈與人對於受贈人故意隱蔽瑕疵，或曾經保證其無瑕疵者為限，因此所生之損害，始負賠償之責，蓋因其行為有反於誠實及信用故也。立法意旨，殆恐贈與人之責任過重，有妨贈與之實行耳。此本條所由設也。

＊（權利之瑕疵擔保責任）民三四九～三五三；（物之瑕疵擔保責任）民三五四～三六六；（附負擔贈與之瑕疵擔保責任）民四一四。

第四百十二條　（附負擔之贈與）

贈與附有負擔者，如贈與人已為給付而受贈人不履行其負擔時，贈與人得請求受贈人履行其負擔，或撤銷贈與。

負擔以公益為目的者，於贈與人死亡後，主管機關或檢察官得請求受贈人履行其負擔。

⑧⑧一、第一項未修正。

二、為配合民法總則之修正，爰將第二項內「官署」一詞，修正為「機關」。又主管機關得「命」受贈人履行其負擔之「命」字究指何意義？學者間意見不一，有主張係指行政命令者，有主張僅係私法上之請求權者。鑑於民法乃以私法自治為最高原則，贈與屬私權之範圍，似不宜由行政機關過於干預，參考德國民法第五百二十五條第二項規定，爰將「命」字修正為「請求」，以期明確。又負擔既以公益為目的，於贈與人死亡後，為維護公益，爰增列「檢察官」亦得請求受贈人履行其負擔。

＊（附負擔贈與受贈人履行負擔責任之限度）民四一三；（附負擔贈與之瑕疵擔保責任）民四一四；（撤銷之方法）民一一六、四一九；（撤銷權之消滅）民四二〇。

▲所謂附有負擔之贈與，係指贈與契約附有約款，使受贈人負擔應為一定給付之債務者而言。必其贈與契約附有此項約款，而受贈與人，於贈與人已為給付後不履行其負擔時，贈與人始得依民法第四百十二條第一項之規定撤銷贈與。（三二上二五七五）

▲被上訴人為上訴人之直系血親卑親屬，因上訴人依民法第四百十二條第一項將其贈與撤銷，致被上訴人衣食無著，上訴人對之應否負擔扶養之義務，係另一問題，不能因此即謂上訴人不得撤銷贈與。（三三上六六九四）

第四百十三條　（受贈人履行負擔責任之限度）

附有負擔之贈與，其贈與不足償其負擔者，受贈人僅於贈與之價值限度內，有履行其負擔之責任。

⇧謹按附有負擔之贈與，受贈人所應受之利益，其價值不足償其所負擔之義務者（例如甲以房屋租與乙居住，不收租金，而令乙擔任工作，以資抵償，實則租金祇值洋二十元，而所任之工作極繁，須有值洋五十元之報酬），此時應使受贈人僅於贈與之價值限度內，有履行其負擔之責任（如前例受贈人僅得工作至二十元之價額是），以保護受贈人之利益。故設本條以明示其旨。

＊（附負擔贈與）民四一二，遺贈稅二一，遺贈稅施一八。

第四百十四條　（附負擔贈與之瑕疵擔保責任）

附有負擔之贈與，其贈與之物或權利如有瑕疵，贈與人於受贈人負擔之限度內，負與出賣人同一之擔保責任。

⇧謹按附有負擔之贈與，其贈與物或權利如有瑕疵，則受贈人必因此瑕疵而減少其所受之利益，然其所約定之負擔則仍如故也。此時受贈人所得之利益，與所負之負擔，既非相當之價值，自受不當之損失。故為保護受贈人之利益計，應使贈與人於受贈人負擔之限度內，負與出賣人同一之擔保責任，俾昭公允。此本條所由設也。

＊（附負擔贈與）民四一二；（贈與之瑕疵擔保責任）民四一一；（出賣人之瑕疵擔保責任）民三四九～三六六。

第四百十五條　（定期贈與當事人之死亡）

定期給付之贈與，因贈與人或受贈人之死亡，失其效力。但贈與人有反對之意思表示者，不在此限。

⇧查民律草案第六百二十五條理由謂以定期給付為標的之贈與，大抵皆為專屬於當事人一身之法律關係。若當事人間無特別之意思表示，應隨贈與人或受贈人死亡而失其效力，不得移轉於繼承人也。故設本條以明示其旨。

＊（終身定期金）民七二九、七三五；（附有終期之法律行為）民一〇二㈡。

第四百十六條　（贈與人之撤銷權）

受贈人對於贈與人，有左列情事之一者，贈與人得撤銷其贈與：

一　對於贈與人、其配偶、直系血親、三親等內旁系血親或二親等內姻親，有故意侵害之行為，依刑法有處罰之明文者。

二　對於贈與人有扶養義務而不履行者。

前項撤銷權，自贈與人知有撤銷原因之時起，一年內不行使而消滅。贈與人對於受贈人已為宥恕之表示者，亦同。

⑧⑧一、贈與人與其配偶之關係不亞於贈與人與其最近親屬之關係，甚至更為密切。惟配偶是否為親屬，最近親屬之範圍如何，解釋上均有爭論。為杜爭議，本條第一項第一款爰予增列「配偶」。又現行規定「最近親屬」範圍不明，爰參照刑事訴訟法第二百三十四條第四項、第五項所定告訴人之範圍，將「最近親屬」修正為「直系血親、三親等內旁系血親或二親等內姻親」，以期明確。

二、第二項未修正。

＊（扶養義務與扶養權利）民一一一四～一一一六；（撤銷權之行使方法與效力）民一一四、四一九；（撤銷權之消滅）民四二〇。

第四百十七條　（繼承人之撤銷權）

受贈人因故意不法之行為，致贈與人死亡或妨礙其為贈與之撤銷者，贈與人之繼承人，得撤銷其贈與。但其撤銷權自知有撤銷原因之時起，六個月間不行使而消滅。

⇧謹按受贈人因故意不法之行為，致贈與人於死，或故意妨害其贈與之撤銷者，此時贈與人既經死亡，已不能行使撤銷權，或雖未死亡，而因受贈人妨害其贈與之撤銷，致事實上不能行使撤銷權，自應使贈與人之繼承人行使之，以期貫徹撤銷贈與之意思。但其撤銷權，不應永久存在，故設消滅時效，俾得從速確定。此本條所由設也。

*（繼承人）民一一三八；（故意不法致贈與人死亡）刑二七一、二七二、二七七㊁、二七八㊁；（贈與人對於贈與之撤銷）民四〇八、四一六；（撤銷權之行使方法與效力）民一一四、四一九；（撤銷權之消滅）民四二〇。

第四百十八條　（贈與人之窮困抗辯——贈與履行之拒絕）

贈與人於贈與約定後，其經濟狀況顯有變更，如因贈與致其生計有重大之影響，或妨礙其扶養義務之履行者，得拒絕贈與之履行。

⇧查民律草案第六百二十四條理由謂贈與人雖已為贈與，若履行其契約，則恐不能維持與自己身分相當之生計，或不能履行扶養義務者，應使其有拒絕履行贈與之權，以保護其利益。此本條所由設也。

*（贈與之成立）民四〇六；（受贈人之請求權）民四〇九；（扶養義務）民一一一四。

▲贈與人於贈與約定後，其經濟狀況之變更，除具有惡意之特別情形外，並不問其原因如何，即與其變更之為自致或他致無關，觀諸民法第四百十八條之立法意旨自明。（四一臺上四）

第四百十九條　（撤銷贈與之方法及其效力）

贈與之撤銷，應向受贈人以意思表示為之。

贈與撤銷後，贈與人得依關於不當得利之規定，請求返還贈與物。

⇧查民律草案第六百三十三條理由謂撤銷贈與之方法，及其效力，應規定明晰，以防無益之爭論。此本條所由設也。

*（贈與之撤銷）民四〇八、四一二、四一六、四一七；（撤銷之效力）民一一四；（不當得利）民一七九；（意思表示）民九四～九六；（撤銷權之消滅）民四一六㊁、四一七但、四二〇。

第四百二十條　（撤銷權之消滅）

贈與之撤銷權，因受贈人之死亡而消滅。

⇧謹按受贈人死亡，為撤銷權消滅之當然原因。本條明為規定，蓋以防無益之爭論也。

*（贈與之撤銷）民四〇八、四一二、四一六、四一七。

第五節　租　賃

⇧謹按租賃者，當事人約定一方以物租與他方，由他方支付租金之契約也。本法所謂租賃，包括一般租賃及耕作地租賃而言。此種契約，在經濟上頗占重要，故特設本節之規定。

第四百二十一條　（租賃之定義）

稱租賃者，謂當事人約定，一方以物租與他方使用、收益，他方支付租金之契約。

前項租金，得以金錢或租賃物之孳息充之。

⇧謹按租賃者，當事人約定一方以物租與他方使用（例如房屋），或收益（例如田地），他方支付租金之契約也。其當事人有二：曰出租人，即以物供他方之使用或收益，而收取租金者也。曰承租人，即支付租金以使用他人之物或就他人之物而為收益者也。雙方互相約定，契約即已成立。故設第一項明定其意義。租金種類之充當，法律上亦有明定之必要。故設第二項以明示其旨。

*（不動產租賃）民四二二；（耕作地租賃）民四五七～四六三，土地一〇六～一二四，三七五減租一以下；（房屋及其他租賃）民四二四、四四〇、四四三，土地九四～一〇五；（租賃之期限）民四四九～四五一，三七五減租五。

▲釋四四。

▲租金之金額，除有特別規定，或當事人間有特約，或該處有特別習慣不得增減者外，應以當事人雙方意思之合致定之。（一七上一一六五）

▲商會議決鋪主客關係暫行辦法，當然無強行效力，故除當事人間有特約，應從其特約外，無援用該辦法之餘地。（一八上二一三六）

▲使用租賃為諾成契約，一造約明以某物租與相對人使用，其相對人約明支付租金，即生效力。（一九上三四三）

▲當事人間關於租金數額之約定，僅於租賃關係存續中受其拘束，租賃期限屆滿時，除有民法第四百五十一條之情形外，其租賃關係即行消滅。如承租人於租賃物之返還應負遲延責任，出租人自得按時值之租金，請求損害賠償。（二三上三〇七八）

▲承租人惟於租賃關係存續中負支付租金之義務，若租賃關係已經終止，承租人雖負返還租賃物之遲延責任，出租人亦僅得請求賠償因此而生之損害，不得請求支付租金。（二三上三八六七）

▲民法第七十條第一項規定有收取天然孳息權利之人，其權利存續期間內取得與原物分離之孳息。是無收取天然孳息權利之人，雖與原物分離之孳息為其所培養，亦不能取得之。耕作地之承租人，依民法第四百二十一條第一項之規定，固得行使出租人之收益權，而有收取天然孳息之權利，惟出租人無收益權時，承租人如非民法第九百五十二條所稱之善意占有人，雖於該耕作地培養孳息，亦無收取之權利。本件被上訴人主張坐落某處之田，經所有人甲租與被上訴人耕種，民國二十七年上造禾穀為被上訴人所種，請求確認為被上訴人所有，上訴人則主張此項田畝，經所有人乙租與上訴人耕種，民國二十七年上造禾穀為上訴人所種，提起反訴，請求確認為上訴人所有，原審於兩造之出租人對於該項田畝孰為依民法第七百六十五條或第九百五十二條有收益權之人，如其出租人無收益權，而於民國二十七年上造耕種之一造，是否為善意占有人，並未闡明確定，僅以民國二十七年上造之禾穀為被上訴人所耕種，即確認為被上訴人所有，將上訴人之反訴駁回，於法殊有未合。（二九上四〇三）

▲租賃，就出租人無所有權之物，亦得成立。（三三上八四）

▲使用租賃為諾成契約，當事人約定一方以物租與他方使用，他方支付租金，即生效力，不以押金之交付為成立要件。（三三上六三七）

▲承租人就租賃物受典權之設定時，如無特別情事，其租賃關係即因典權之設定而消滅。（三三上六六〇二）

▲上訴人既將承租田沃壤取去而填回瘠土，勢必生產率降低，原審因認上訴人此種行為有違民法第四百三十二條規定之義務，依土地法第一百十四條第五款之規定，被上訴人自得據為終止租約之原因。（四〇臺上一）

▲租賃契約之成立，除不動產之租賃契約，其期限逾一年者，應以字據為之外，並無一定之方式。苟合於民法第四百二十一條所謂當事人約定一方以物租與他方使用收益，他方支付租金之情形，即令未經訂立書面，仍不得謂當事人間之租賃關係尚未成立。（四〇臺上三〇四）

▲兩造間於三十五年成立之租賃關係，既因判決確定其不存在，上訴人又不能證明其與被上訴人間有新租賃關係之成立，則以租賃關係成立為前提之租金請求權，自無從發生。（四四臺上一〇二九）

▲因使用租賃物而支付之對價，即為租金，其約定之名稱如何，原非所問。上訴人使用系爭房屋，依調解結果，按月應給付被上訴人稻穀一百五十臺斤，不得謂非使用房屋之對價，應不因其名為補貼而謂非屬租金性質。（四六臺上五一九）

▲兩造所訂之耕作合約，既定耕地所穫之地上物，出租人分得一半，是當事人間業經約定一方以物租與他方使用收益，而由他方支付租金甚明。而耕地租佃依耕地三七五減

定期三年，仍應受此限制。且承租之被上訴人在租賃關係存續中，又無同條例第十七條第二款所列遷徙或轉業之情事發生，則縱其間曾自動表示放棄耕作權，亦無上訴人執為終止租約餘地。（四七臺上二一〇）（九一、九、九決議不再援用）

▲上訴人以其所有之房屋提供為被上訴人之營業場所，既僅按日收取一定之金額，而不負擔合夥損益之分配，所謂出資之系爭房屋又不屬於合夥財產，仍由上訴人保有所有權，顯與合夥契約之性質不相符合，實為一種租賃關係。（四七臺上一八八九）

▲租賃，乃特定當事人間所締之契約，出租人既不以所有人為限，則在租賃關係存續中，關於租賃上權利之行使，例如欠租之催告，終止之表示等項，概應由締結契約之名義人行之。始能生效。（四八臺上一二五八）

▲租賃非如消費借貸，係移轉物之所有權於相對人之契約，不過使承租人就其物而為使用收益。故出租人對其物有所有權或其他權利與否，全非租賃之成立要件，至於耕地承領人於承領後將承領耕地出租，亦僅構成由政府收回耕地沒入地價之原因，並非使當事人間之租約當然無效。（五〇臺上二八四）

▲司法院院字第二一三二號及二三九八號解釋，乃對地方習慣有所謂大佃契約者而言。系爭房屋之地方，如無此項大佃習慣，當視當事人訂約時之本意，有無成立租賃契約與典權設定契約之聯立意思，方足為適用上開解釋之準據。（五一臺上二一二七）

▲租金為租賃契約之重要條件，出租人固有將此條件通知優先承租權人之義務，如優先承租人未表示依此條件承租時，出租人尚不負與優先承租權人訂立租約之義務，雙方之租賃關係，尤無從認已合法成立。（五六臺上六七二）

▲租賃契約，係以當事人約定，一方以物租與他方使用收益，他方支付租金而成立，並不以出租人對於租賃物有所有權為要件。（六四臺上四二四）

▲所謂土地押租契約，一般指出租人將土地出租與承租人，承租人另借款與出租人，雙方約定以借款利息抵付土地租金，俟租賃關係終了時互相返還土地借款之聯立契約，其有關法律關係應分別適用民法租賃、借貸之規定。（六四臺上二四〇〇）

▲民法第四百二十五條所謂對於受讓人繼續存在之租賃契約，係指民法第四百二十一條第一項所定意義之契約而言，若因擔保承租人之債務而接受押租金，則為別一契約，並不包括在內，此項押租金契約為要物契約，以金錢之交付為其成立要件，押租金債權之移轉，自亦須交付金錢，始生效力，出租人未將押租金交付受讓人時，受讓人既未受押租金債權之移轉，對於承租人自不負返還押租金之義

發。（六五臺上一一五六）

▲房租津貼為受僱人或受任人報酬之一部，其獲准配住房屋者，亦同，故獲准配住房屋者，當然不得再支領房租津貼，自不得以不支領之房租津貼，認係受配住房屋之對價，而謂與僱用人或委任人間發生租賃關係。（七九臺上二一一七）

▲押租金在擔保承租人租金之給付及租賃債務之履行，在租賃關係消滅前，出租人不負返還之責。本件租賃關係既已消滅，承租人且無租賃債務不履行之情事，從而其請求出租人返還押租金，自為法之所許。（八三臺上二一〇八）

第四百二十二條（不動產租賃契約之方式）

不動產之租賃契約，其期限逾一年者，應以字據訂立之，未以字據訂立者，視為不定期限之租賃。

⇧查民律草案第六百三十七條理由謂存續期間，逾一年之不動產租賃契約，於當事人之利害極有關係，應使其訂立字據，藉防日後之爭論。其未訂立字據者，則應視為不定期限之租賃，當事人自得隨時終止契約。故設本條以明示其旨。

*（不動產）民六六；（字據訂立）民三。

▲（三〇渝上三一一）參見本法第九十八條。

▲租賃之房屋，因天災或其他事變致全部滅失者，如當事人間尚未經訂有出租人應重蓋房屋租與承租人使用之特約，其租賃關係當然從此消滅。至房屋承租人對於房屋之基地，雖得因使用房屋而使用之，若租賃關係已因房屋滅失而消滅，即無獨立使用之權。（三二上二七六九）

▲租賃契約在法律上並無必須訂立字據之規定，自不容上訴人以未經訂立字據，主張未與被上訴人發生租賃關係，不負給付租穀之義務。（三七上六七六二）（一〇五、八、二三決議不再援用）

第四百二十二條之一（地上權登記之請求）

租用基地建築房屋者，承租人於契約成立後，得請求出租人為地上權之登記。

⑧⑧一、本條新增。

二、土地法第一百零二條所定協同辦理地上權設定登記之請求權，有「二個月」之期間限制。惟實務上見解以為該期間為訓示規定，縱令經過二個月期間，不生失權效果，承租人仍得請求出租人為地上權之登記（參考最高法院六十七年臺上字第一〇一四號、六十八年臺上字第一六二七號判例）。為保護租用基地建築房屋之承租人，並期規定之明確，爰將土地法前述特別規定移列於本法，並作適度之修正。

▲租用基地建築房屋經向該管市縣地政機關聲請為地上權之

登記，既不得訂非地上權之設定，此項登記依土地法第一百零二條，既明定應由出租人與承租人共同為之，除有相反之約定外，實負與承租人同為聲請登記之義務。（四一臺上一一一七）

▲被上訴人租用系爭基地建築房屋，就令如上訴人所稱未依土地法第一百零二條規定為地上權之登記，亦不過不生地上權之效力而已，究不得以此指為影響於租賃契約之成立。（四三臺上四五四）

▲房屋與基地不同屬一所有權人，對該房屋辦理所有權總登記時，依照臺灣省政府頒發，臺灣省各縣市辦理土地登記有關建築改良物登記補充要點規定，須由房屋所有人會同土地所有人，依照土地法第一百零二條規定，先為地上權之登記後，再為房屋所有權登記，有某某市政府地政科致第一審之復函足據。是訟爭房屋雖係租用基地建築，其房屋與基地不同屬一所有權人，但非不能登記，已如前述。上訴人主張依民法物權編施行法第三條第二項，不適用民法物權編關於登記之規定，自屬不合，且該屋與違章建築不許登記之情形迥殊，上訴人援引本院關於違章建築之決議與判決，亦難謂合。（四四臺上一六四六）

▲（六二臺上三〇一二）參見本法第一百二十五條。

▲依土地法第一百零二條規定，祇須當事人雙方訂有租地建屋之租賃契約，承租人即有隨時請求出租人就租用土地為地上權設定之權利。（六七臺上一〇一四）

▲土地法第一百零二條所定請求協同辦理地上權設定登記之請求權，有民法第一百二十五條所定消滅時效之適用，其請求權時效應自基地租賃契約成立時起算。（六八臺上一六二七）

第四百二十三條（租賃物之交付及保持義務）

出租人應以合於所約定使用收益之租賃物，交付承租人，並應於租賃關係存續中，保持其合於約定使用、收益之狀態。

⇧查民律草案第六百三十八條理由謂出租人負有依約定方法，將租賃物交付於承租人使用收益之義務，並於租賃關係存續中，負有保持租賃物使用收益狀態之義務。此本條所由設也。

*（租賃）民四二一；（出租人之負擔稅捐義務）民四二七；（出租人之修繕義務）民四二九、四三〇；（費用償還義務）民四三一。

▲房屋之租賃一經出租人移轉占有後，出租人能否收回房屋應受法律之限制，非可任意終止租約。故縱令某甲與某乙間之租約已合法成立，某甲並負有交付租賃物之義務，但此項義務之履行，既在某甲將房屋另租他人移轉占有之後，自不能謂無法律上之障礙，此項障礙應包括於給付不

能觀念之中。原判決以給付不能為理由，駁回某乙請求交屋之訴，尚無不當。（三七上八一四一）

▲租賃物交付後，承租人於租賃關係存續中，有繼續占有其物而為使用收益之權利。故其占有被侵奪時，承租人自得對於無權占有之他人，行使其占有物返還請求權，此就民法第四百二十三條、第九百四十一條及第九百六十二條等規定觀之甚明。（四三臺上一七六）

▲（四七臺上一八一五）參見本法第二百四十二條。

第四百二十四條（承租人之契約終止權）

租賃物為房屋或其他供居住之處所者，如有瑕疵，危及承租人或其同居人之安全或健康時，承租人雖於訂約時已知其瑕疵，或已拋棄其終止契約之權利，仍得終止契約。

⇧謹按房屋或其他供人居住之租賃物，如有瑕疵，足以危及承租人或其同居人之安全或健康者，承租人於訂約時不知其瑕疵，而其後始知之者，自得隨時終止租賃契約。然若承租人於訂約時已知其有瑕疵，或已拋棄其終止契約之權利者，此時如須受其拘束，不許終止契約，則不特危及生命，抑且背於公秩良俗，故為保護承租人之利益計，仍得終止契約。此本條所由設也。

＊（契約終止）民二六三；（物之瑕疵擔保）民三五四。

第四百二十五條（買賣不破租賃原則）

出租人於租賃物交付後，承租人占有中，縱將其所有權讓與第三人，其租賃契約，對於受讓人仍繼續存在。」前項規定，於未經公證之不動產租賃契約，其期限逾五年或未定期限者，不適用之。

⑧⑧一、司法院三十五年院解字第三〇七三號解釋要旨稱「租賃物經出租人交付承租人後，即為承租人所占有，出租人如將其所有權讓與第三人，第三人可就承租人之占有，知有租賃契約之存在，不致因租賃契約於受讓後繼續存在，而受不測之損害。民法第四百二十五條，係基於承租人受交付後，必占有租賃物之普通情形而為規定。若出租人於承租人中止租賃物之占有後，將其所有權讓與第三人，則第三人無從知有租賃契約之存在，絕無使其租賃契約對於受讓人繼續存在之理。」為期明確，爰於第一項增列「承租人占有中」等文字，使買賣不破租賃之規定，僅適用於出租人於租賃物交付後，承租人占有中之情形，以保障第三人之權益。

二、本條第一項規定買賣不破租賃原則，具有債權物權化之效力，……義關係影響甚鉅，宜付公證，以求其權利義務內容合法明確，且可防免實務上常見之弊端，即債務人於受強制執行時，與第三人虛偽訂立長期或不定期限之租賃契約，以妨礙債權人之強制執行（目前因有土地法第一百條及第一百零三條之規定，民法第四百五十條第二項於出租人幾無適用之餘地），俾杜爭議而減訟源。故明定未經公證之不動產租賃契約，其期限逾五年或未定期限者，排除買賣不破租賃原則，而不適用第一項之規定，爰增訂第二項。

＊（租賃）民四二一；（出租人就租賃物設定物權之效力）民四二六。

▲民法債編施行法第十三條第一項規定，民法債編施行前所定之租賃契約，於施行後其效力依民法債編之規定。是民法第四百二十五條關於租賃契約對受讓人繼續存在之規定，於施行前所定之租賃契約亦應適用。（二一上二一四七）

▲民法債編施行前所定之租賃契約，於施行後其效力雖依民法債編之規定，而出租人於施行前將租賃物之所有權讓與第三人者，其讓與時租賃契約既無民法第四百二十五條所定之效力，對於受讓人即不繼續存在。（二二上三四三三）

▲出租人於租賃物交付後，將其所有權讓與第三人時，依民法第四百二十五條之規定，其租賃契約既對於受讓人繼續存在，受讓人即當然繼承出租人行使或負擔由租賃契約所生之權利或義務，原出租人不得更行終止契約，請求承租人返還租賃物。（二六上三六五）

▲原出租人已將訟爭房屋之所有權讓與上訴人，依民法第四百二十五條之規定，其租賃契約既對上訴人繼續存在，上訴人當然繼承原出租人行使或負擔由租賃契約所生之權利或義務。上訴人以收回自用為原因，依據原租賃契約向被上訴人訴求遷讓房屋，自無不合。（三八臺上一九五）

▲上訴人受讓訟爭房屋，雖未為不動產所有權取得之登記，第查出租人原不限於所有權人，租賃又為債權之一種，按債權之讓與，依民法第二百九十七條第一項之規定，一經讓與人或受讓人通知債務人，對於債務人即生效力。是上訴人關於此項債權之受讓，既經合法通知被上訴人，已生效力，究不能因上訴人取得訟爭房屋所有權之未登記，而謂其對被上訴人為無出租人之權利。（三九臺上一五六七）

▲在臺灣公產管理處出賣訟爭房屋後，如已將對於訟爭房屋之返還請求權隨之移付於上訴人，則上訴人就訟爭房屋，縱因未為移轉登記不能為所有權之主張，而本於上述房屋返還請求權，向被上訴人請求返還訟爭房屋，除被上訴人另有足以對抗出賣人之事由以對抗上訴人外，自不容被上訴人藉詞於未經登記，拒絕交付。（四一臺上二七）

▲出租人於租賃物交付後，將其所有權讓與第三人時，依民法第四百二十五條之規定，其租賃契約既對於受讓人繼續存在，受讓人即當然繼承出租人地位，而行使或負擔租賃契約所生之權利或義務，原出租人自不得更行終止租約，請求承租人返還租賃物。（四一臺上一一〇〇）

▲訟爭房屋上訴人果於臺灣光復前向日人合法取得其所有權，則日產處理機關雖曾誤認為日產予以接收，要難遽謂其就房屋有權出租，被上訴人即不得以其與日產處理機關所訂租約，對於上訴人主張繼續存在。（四二臺上一一五八）

▲系爭房屋既為被上訴人自始向日人所買受，而與公產無關，縱經某市政府誤認為公產以之出租於上訴人，亦屬無正當權源，對於被上訴人不生效力，上訴人自不得依民法第四百二十五條之規定，主張其租賃關係對於被上訴人仍繼續存在。（四二臺上一三〇五）

▲被上訴人與某甲就訟爭土地訂立租賃契約時，如未由某甲將該土地交付被上訴人耕作，則上訴人受讓該土地既無從知被上訴人與某甲間租賃契約之存在，依民法第四百二十五條及耕地三七五減租條例第二十五條規定之本旨推之，被上訴人與某甲間之租賃契約，即不能對於受讓該土地之上訴人主張繼續有效。（四三臺上二五〇）

▲系爭基地之房屋，被上訴人與原所有人某甲間之租賃關係，雖因其租賃物即房屋全部，因不可歸責於雙方當事人之事由滅失而消滅，然某甲於被上訴人在系爭基地重新建築房屋，不惟並無反對之表示，且受領其地租有年，是雙方既有租用基地建築房屋合致之意思實現，自難謂其租賃契約未經成立，依民法第四百二十五條之規定，此項租賃契約，對於向某甲受讓其基地所有權之上訴人，仍繼續存在。（四三臺上四五四）

▲依民法第四百二十五條之規定，系爭房屋租賃契約既對於受讓房屋所有權之被上訴人繼續存在，被上訴人當然繼承出租人行使或負擔由租賃契約所生之權利或義務。（四四臺上三〇）

▲被上訴人向訴外人某甲買受系爭房屋後，雖未完成其所有權移轉登記，但其行使之租賃物返還請求權，係基於租賃關係即債之關係所發生，被上訴人既已向原出租人之某甲一併受讓其權利，並將此項事由通知上訴人，則其對上訴人行使出租人之權利，自不因系爭房屋之未完成所有權移轉登記而受影響。（四四臺上一一〇一）

▲承租人以金錢貸與前業主，約定將息抵租，是債之關係顯係發生於承租人與前業主間，故在租賃關係存續中，前業主縱將租賃物讓與第三人，但除有民法第三百條所定之債務承擔情形外，原約定對該第三人並非繼續有效。此與一般依租賃契約所為租金之預付，得以對抗受讓人之情形，初非相同。（四五臺上五九〇）

▲典權存續中，典權人將典物出租他人，其租賃之期限不得逾原典權之期限，既為民法第九百十五條第二項所明定，則典物經出典人回贖後，該他人與典權人所訂之租約，對於出典人，自無援用同法第四百二十五條規定，主張繼續存在之餘地。（四五臺上八四一）

於受讓人時，受讓人對於承租人雖不負返還押租金之義務，惟受讓人承受之租賃關係，係依其讓予契約內容，如為無押租金之租賃，當不得向承租人請求押租金之交付，如為有押租金之租賃，則除承租人尚未履行交付押租金者，得依原約請求交付外，若承租人已依原約將押租金交付於原出租人時，則其既已依約履行，受讓人如欲取得押租金以供租金之擔保，亦屬是否可向原出租人請求轉付之問題，其仍向承租人請求履行之交付押租金義務，於法即屬不合。（五一臺上二八五八）

▲使用借貸，非如租賃之有民法第四百二十五條之規定，縱令上訴人之前手將房屋及空地，概括允許被上訴人等使用，被上訴人等要不得以上訴人之前手，與其訂有使用借貸契約，主張對現在之房地所有人即上訴人有使用該房地之權利。（五九臺上二四九〇）

▲抵押人於抵押權設定後，與第三人訂立租約，致影響於抵押權者，對於抵押權人雖不生效，但執行法院倘不依聲請或依職權認為有除去該影響抵押權之租賃關係之必要，而為有租賃關係存在之不動產拍賣，並於拍賣公告載明有租賃關係之事實，則該租賃關係非但未被除去，且已成為買賣（拍賣）契約內容之一部。無論應買人投標買得或由債權人承受，依繼受取得之法理，其租賃關係對應買人或承受人當然繼續存在。（六〇臺上四六一五）

▲（六五臺上一五六八）　參見本法第四百二十一條。

▲民法第四百二十五條所定所有權讓與不破租賃之原則，應以所有權移轉業已生效為其要件。不動產所有權依法律行為移轉者，非經登記，不生效力，原審既認定系爭房屋未為保存登記，縱令屬於郭某所有，於出租後贈與被上訴人，無從辦理所有權移轉登記，自難認被上訴人已取得系爭房屋之所有權，應無民法第四百二十五條規定之適用。（六九臺上七二〇）

▲民法第四百二十五條規定之適用，固以讓與租賃物之所有人為出租人為其要件，然第三人如得所有人同意而為出租時，仍得類推適用該條之規定。（八四臺上一六三）

第四百二十五條之一　（土地所有人與房屋所有人之租賃關係）

土地及其土地上之房屋同屬一人所有，而僅將土地或僅將房屋所有權讓與他人，或將土地及房屋同時或先後讓與相異之人時，土地受讓人或房屋受讓人與讓與人間或房屋受讓人與土地受讓人間，推定在房屋得使用期限內，有租賃關係。其期限不受第四百四十九條第一項規定之限制。

前項情形，其租金數額當事人不能協議時，得請求法院定之。

⑧⑧一、本條新增。

二、土地及房屋為各別之不動產，各得單獨為交易之標的。惟房屋性質上不能與土地分離而存在。故土地及其土地上之房屋同屬一人所有，而僅將土地或僅將房屋所有權讓與他人，或將土地及房屋同時或先後讓與相異之人時，實務上見解（最高法院四十八年臺上字第一四五七號判例、七十三年五月八日七十三年度第五次民事庭會議決議參照）認為除有特別約定外，應推斷土地受讓人默許房屋受讓人繼續使用土地，但應支付相當代價，故其法律關係之性質，當屬租賃。為杜爭議並期明確，爰將其明文化。又為兼顧房屋受讓人及社會經濟利益，明定當事人間在房屋得使用期限內，除有反證外，推定有租賃關係，其期限不受第四百四十九條第一項二十年之限制。爰增訂第一項。

三、前項情形，其租金數額本於契約自由原則，宜由當事人協議定之。如不能協議時，始得請求法院裁判之。爰增訂第二項。

▲（四三臺上六三九）　參見本法第二百三十一條。

▲土地與房屋為各別之不動產，各得單獨為交易之標的，且房屋性質上不能與土地使用權分離而存在，亦即使用房屋必須使用該房屋之地基，故土地及房屋同屬一人，而將土地及房屋分開同時或先後出賣，其間雖無地上權設定，然除有特別情事，可解釋為當事人之真意，限於賣屋而無基地之使用外，均應推斷土地承買人默許房屋承買人繼續使用土地。（四八臺上一四五七）

▲土地法第一百零四條第一項後段所謂房屋出賣時，基地所有權人有依同樣條件優先購買之權，係指出租人於承租人之房屋出賣時，有依同樣條件優先購買之權，若基地房屋係屬一人所有，先後分別出賣與二人者，即無該條項之適用。（五三臺抗五七〇）（九一、三、四決議不再援用）

▲本院四十八年臺上字第一四五七號判例係指土地及房屋同屬一人，而將土地及房屋分開同時或先後出賣時，應推斷土地承買人默許房屋承買人繼續使用基地而言，與本件無權占有土地建造房屋，其後房屋出賣與他人之情形不同，自不能謂被上訴人已知他人蓋有房屋，及後拍賣時未有所主張，即認為已容忍地上建物之存在而默許繼續使用系爭土地。（六四臺上一一〇）

第四百二十六條　（就租賃物設定物權之效力）

出租人就租賃物設定物權，致妨礙承租人之使用收益者，準用第四百二十五條之規定。

⑧⑧配合修正條文第四百二十五條之一之增訂，現行規定「前條」二字，爰配合修正為「第四百二十五條」。

＊（出租人讓與租賃物之效力）民四二五。

第四百二十六條之一　（房屋所有權移轉時租約之效力）

租用基地建築房屋，承租人房屋所有權移轉時，其基地租賃契約，對於房屋受讓人，仍繼續存在。

⑧⑧一、本條新增。

二、租用基地建築房屋，於房屋所有權移轉時，房屋受讓人如無基地租賃權，基地出租人將可請求拆屋收回基地，殊有害社會之經濟。為促進土地利用，並安定社會經濟，實務上於此情形，認為其房屋所有權移轉時，除當事人有禁止轉讓房屋之特約外，應推定基地出租人於立約時，即已同意租賃權得隨建築物而移轉於他人；房屋受讓人與基地所有人間，仍有租賃關係存在（最高法院四十三年臺上字第四七九號、四十八年臺上字第二二七號及五十二年臺上字第二〇四七號等判例參照）。爰參酌上開判例意旨，增訂本條，並明定其租賃契約繼續存在，以杜紛爭。

▲租地建築房屋除當事人間有禁止轉讓房屋之特約外，應推定出租人於立約時，即已同意租賃權得隨建築物而移轉於他人。（四三臺上四七九）（九二、七、一五決議不再援用）

▲租地建屋之契約如無相反之特約，自可推定出租人於立約時，即已同意租賃權得隨房屋而為移轉，故承租人將房屋所有權讓與第三人時，應認其對於基地出租人仍有租賃關係之存在，所謂相反之特約，係指禁止轉讓基地上所建房屋之特約而言。（四八臺上二二七）（九一、一一、一五決議不再援用）

▲（五二臺上二〇四七）　參見本法第二百九十七條。

第四百二十六條之二　（租用基地建築房屋之優先承買權）

租用基地建築房屋，出租人出賣基地時，承租人有依同樣條件優先承買之權。承租人出賣房屋時，基地所有人有依同樣條件優先承買之權。

前項情形，出賣人應將出賣條件以書面通知優先承買權人。優先承買權人於通知達到後十日內未以書面表示承買者，視為放棄。

出賣人未以書面通知優先承買權人而為所有權之移轉登記者，不得對抗優先承買權人。

⑧⑧一、本條新增。

二、建築基地之出租人將基地出賣於第三人時，承租人之租賃權雖繼續存在，然其使用與所有仍不能合一。承租人在承租基地上設置之建築物出賣於第三人時，亦然。為達到使用與所有合一之目的，促進物之利用並減少糾紛，爰參照土地法第一百零四條，增訂本條。

▲承租人代出租人出資建築房屋，既約明其房屋所有權仍屬於出租人，即與單純承租基地建築房屋，其房屋所有權屬於承租人之情形不同，自無土地法第一百零四條第一項之適用。（三九臺上一三二三）

▲土地法第一百零四條第一項後段所謂房屋優先購買權，係指買賣契約訂立請求權而言。兩造別一訴訟事件確定判決，既經確認系爭房屋被上訴人有優先購買權存在，則上訴人即應受其既判力之拘束，負有就系爭房屋與被上訴人訂立買賣契約之義務。（四四臺上七七六）

▲土地法第一百零四條第一項後段所謂房屋出賣時，基地所有權人有依同樣條件優先購買之權，係指基地出租之情形而言，其基地係被占用者，自無該條項之適用。（四九臺上一五四六）

▲土地法第一百零四條規定：「基地出賣時，承租人有依同樣條件優先購買之權。房屋出賣時，基地所有人有依同樣條件優先購買之權」，立法意旨，在於房屋及基地如不屬於同一人所有時，毋論基地或房屋之所有人，出賣其基地或房屋時，對方均有優先購買其基地或房屋之權利，至於房屋之所有人係租地自建，或向前手購買房屋承租基地，均有土地法第一百零四條之適用。（六二臺上二九六二）

▲土地法第一百零四條係規定租用基地建築房屋之承租人，於出租人之基地出賣時，有優先承買權，其出租人於承租人之房屋出賣時，有優先購買權，旨在使基地上之房屋合歸一人所有，以盡經濟上之效用，並杜紛爭，如基地承租人於基地上根本未為房屋之建築者，當無該條規定之適用。（六五臺上五三〇）

▲土地法第三十四條之一第四項僅規定共有人出賣共有土地或建築改良物之應有部分時，他共有人得以同一價格共同或單獨優先承購，並未如同法第一百零四條第二項後段設有出賣人未通知優先購買權人而與第三人訂立買賣契約者，其契約不得對抗優先購買權人之明文。故該條項規定之優先承購權係指他共有人於共有人出賣共有土地或建築改良物時，對於該共有人有請求以同樣條件訂立買賣契約之權而言。倘共有人違反法律規定將應有部分賣與他人已依法取得所有權時，他共有人不得主張該買賣為無效而塗銷其依法所為之登記。（六五臺上八五三）

▲土地法第一百零四條第二項已於六十四年七月二十四日修訂為出賣人未通知優先購買權人而與第三人訂立買賣契約者，其契約不得對抗優先購買權人。上訴人間之買賣，既在土地法修訂以後，則有上開優先購買權之被上訴人請求所有權移轉登記，由上訴人乙與被上訴人補訂書面契約，並協同辦理所有權移轉登記，委無不合。（六五臺上二七〇一）

▲土地法第三十四條之一第四項之優先購買權，係屬債權性質，此由該條項用語，與同法第一百零四條第二項及耕地三七五減租條例第十五條第三項用語不同，可以知之，被上訴人相互間就系爭土地應有部分之買賣，既經辦畢所有權移轉登記，則上訴人本於土地法第三十四條之一第四項規定之優先承購權，請求塗銷被上訴人間之所有權移轉登記及將該應有部分出賣並移轉登記於伊，既無可准許。（六六臺上一五三〇）

▲依行使優先承買權所成立之契約，與當事人任意所成立之契約，性質並無不同，若該契約有解除原因，非不得將其解除。（六六臺上三六八一）

▲土地法第一百零四條第一項規定：承租人於基地出賣時，有依同樣條件優先購買之權，在六十四年七月二十四日該條文修正前，僅為承租人與基地所有人間之權利義務關係，即祇發生債之效力。如出租基地之所有人違反此項義務，將其基地之所有權出賣與第三人，並已辦理所有權移轉登記時，承租人僅得向出租基地之所有人請求賠償損害，不得主張第三人承買基地之契約為無效（參看四十七年臺上字第一五二號判例）。現行法該條文第二項所定出賣人未通知優先購買權人，而與第三人訂立買賣契約者，其契約不得對抗優先購買權人，為六十四年七月二十四日修正時所新增，自是厥後該項優先購買權始具物權之效力。本件被上訴人間就系爭建地為出賣並辦畢所有權移轉登記行為，時在六十三年三月二十五日舊法尚未修改之際，雖未通知上訴人優先購買，然依法律不溯既往之原則，並無上開修正條文之適用。（六七臺上四七九）

▲土地法第一百零四條第一項，在六十四年七月二十四日修正公布前，其原文為「基地出賣時，承租人有依同樣條件優先購買之權，房屋出賣時，基地所有權人有依同樣條件優先購買之權」，修正後，已擴張為「基地出賣時，地上權人、典權人或承租人有依同樣條件優先購買之權。房屋出賣時，基地所有權人有依同樣條件優先購買之權，其順序以登記之先後定之」，條文內所稱之房屋，既未特別限定承租人之房屋，則依其一貫之文義，地上權人，典權人之房屋自應一併包括在內。（六七臺上三八八七）

▲共有人出賣其應有部分時，依土地法第三十四條之一第四項規定，他共有人固得以同一價格優先承購。惟此僅有債權效力。非如承租土地建築房屋之人，對於出租人出賣其土地時之優先購買權，具有相對的物權之效力。（六八臺上三一四一）

▲土地法第一百零四條第一項規定：基地出賣時，地上權人、典權人或承租人有依同樣條件優先購買之權。房屋出賣時，基地所有權人有依同樣條件優先購買之權，係指房屋與基地分屬不同之人所有，房屋所有人對於土地並有地上權、典權或租賃關係存在之情形而言。（六九臺上九四五）

第四百二十七條　（租賃物稅捐之負擔）

就租賃物應納之一切稅捐，由出租人負擔。

⇧查民律草案第六百四十六條理由謂關於租賃物上應納之諸項租稅，均以租賃物為目的，而租賃物仍為出租人所有，故以契約無特別訂定者為限，仍使出租人任其責，以期合於事理。此本條所由設也。

＊（地價稅）平均地權一七，土稅三、一四；（田賦）土稅三、二二；（土地增值稅）土稅五、二八；（房屋稅）房屋稅二～四；（使用牌照稅）牌照稅二、三、五、六。

▲民法第四百二十七條之規定，並非強行法規，自得由當事人另訂相反之特約。但行政命令，不得與現行法律相牴觸，倘有與該條相異之命令，自難認為有效。（院一一四一）

▲民法第四百二十七條所謂就租賃物應納之稅捐由出租人負擔並非強制規定，當事人不妨為相反之約定。（六五臺上一一一九）

第四百二十八條　（動物租賃飼養費之負擔）

租賃物為動物者，其飼養費由承租人負擔。

⇧謹按以動物為租賃之標的，其飼養費之費用，本為承租人之所預期，故應使承租人負擔飼養之義務，俾符當事人之原意。此本條所由設也。

＊（出租人之保持租賃物義務）民四二三。

第四百二十九條　（出租人之修繕義務）

租賃物之修繕，除契約另有訂定或另有習慣外，由出租人負擔。

出租人為保存租賃物所為之必要行為，承租人不得拒絕。

⇧謹按出租人有使承租人使用租賃物之義務，雖已交付其物，亦須為以後使用上必要之修繕，故除契約另有訂定或另有習慣外，其因修繕所需之費用，應由出租人負擔。此本條第一項所由設也。又為完全其修繕義務計，於承租人之權利，亦不得不略加以限制，故出租人關於保存租賃物所為之必要行為，承租人不得拒絕，為雙方均得持平之保護。此第二項所由設也。

＊（物之瑕疵擔保）民三五四；（出租人之保持租賃物義務）民四二三；（修繕義務不履行之效力）民四三〇。

▲出租人之修繕義務，在使承租人就租賃物能為約定之使用

在出租人修繕義務範圍。（六三臺上九九）

第四百三十條（修繕義務不履行之效力）

租賃關係存續中，租賃物如有修繕之必要，應由出租人負擔者，承租人得定相當期限，催告出租人修繕，如出租人於其期限內不為修繕者，承租人得終止契約或自行修繕而請求出租人償還其費用或於租金中扣除之。

⇧謹按租賃關係存續中，租賃物如有修繕之必要，其修繕之費用，應由出租人負擔者，即既無使承租人負擔修繕費用之特約，亦無使承租人負擔修繕費用之習慣是也。此際承租人得定相當期限，催告出租人修繕，如出租人逾期不為修繕，則承租人或為終止契約，或自行修繕而請求出租人償還其費用，或將其費用於租金中扣除之，承租人有自由選擇之權，藉以保護其利益。此本條所由設也。

*（出租人之保持租賃物義務）民四二三；（出租人之修繕義務）民四二九。

▲租賃物因不可歸責於雙方當事人之事由而毀損，致全部不能為約定之使用收益者，當事人間之法律關係，因其租賃物是否尚能修繕而異。其租賃物已不能修繕者，依民法第二百二十五條第一項、第二百六十六條第一項之規定，出租人免其以該物租與承租人使用收益之義務，承租人亦免其支付租金之義務，租賃關係即當然從此消滅。其租賃物尚能修繕者，依民法第二百二十五條第一項、第二百六十六條第一項之規定，在修繕完畢以前，出租人免其以該物租與承租人使用收益之義務，承租人亦免其支付租金之義務，惟其租賃關係，依民法第四百三十條之規定並不當然消滅，必承租人定相當期限催告負擔修繕義務之出租人修繕，而出租人於其期限內不為修繕者，承租人始得終止契約，更須承租人為終止契約之意思表示，其租賃關係始歸消滅。（三〇渝上三四五）

第四百三十一條（有益費用之償還及工作物之取回）

承租人就租賃物支出有益費用，因而增加該物之價值者，如出租人知其情事而不為反對之表示，於租賃關係終止時，應償還其費用，但以其現存之增價額為限。

承租人就租賃物所增設之工作物，得取回之。但應回復租賃物之原狀。

⇧謹按承租人就租賃物支出有益費用，因而增加其物之價值者，則本於不當得利之法則，出租人應負償還費用之義務。但其費用之償還，須以租賃關係終止時現存之增價額為準，且須出租人曾知其支出有益費用之情事，而未為反對之表示者，始得請求償還耳。故於租賃關係存續中，承租人雖確曾支出有益費用，而至租賃關係終止時已無增加價值者，即不得請求償還。又承租人支出增加價值之有益費用，自始即為出租人所表示反對者，亦不得要求償還也。至承租人就租賃物上所增設之工作物，如無害於出租人之利益，應許承租人取回，但應回復租賃物之原狀，庶於雙方保護，咸得其平。此本條所由設也。

*（費用償還請求權之期限）民四五六；（租賃關係之終止）民四五〇～四五三、四六〇，土地一〇〇、一〇三、一一四，三七五減租一七、一九。

▲攬種田畝施用相當工資，原屬當然之事，在訂立攬種契約之初，既無賠償工資之約定，自不得於地主收地時，藉口地價增漲，要求賠償。（一八上一五六）

▲租賃房屋由承租人出費修理後仍繼續使用，雖其價格已因修理而增加，然所增加之利益仍歸自己享受，則欲求償有益費用尚非其時。（一八上一六九七）

▲於他人土地有建築房屋之租賃權或其他之權利，在其權利存續間，房屋與基地固歸屬於各別之所有人，但其權利消滅時，房屋所有人既無使用基地之權，則除基地所有人自願留買該房屋或法律上別有規定外，房屋所有人當然有回復原狀，交還基地之義務。（一八上二九五七）

▲承租人就租賃物支出有益費用，因而增加該物之價值者，出租人雖應償還其費用，但以現存之增價額為限。其現存之增價額，多於所支出之費用或與之相等者，固應償還其費用之全部，若其現存之增價額，少於所支出之費用者，則祇須償還其現存之增價額。（一九上六〇）

▲承租人就租賃物所增設之工作物，依民法第四百三十一條第二項之規定，承租人得取回之，出租人自不得於終止契約時，主張無償留用。（二一上一六九二）

▲因房屋之承租人就房屋支出有益費用，約定在一定期間內，出租人不得終止契約，增加租金者，如無特別意思表示，不得謂承租人之費用償還請求權即因此約定而當然消滅。（二二上四九九）

▲民法第四百三十一條第一項之規定並非強制之規定，當事人間如有相反之特約，自應依其特約辦理。（二九上一五四二）

▲民法第四百三十一條第一項所稱出租人應償還之費用，係指承租人就租賃物支出之有益費用而言，惟以承租人支出之費用額多於現存之增價額時，不應責令出租人償還費用之全額，故於其但書規定出租人償還費用之義務，以現存之增價額為其限度，非謂承租人支出之費用額少於現存之增價額時，出租人即應償還現存之增價額。（三〇上一九三）

▲民法第四百三十一條第一項但書所稱現存之增價額，係指租賃關係終止時，現存增加之價額而言。（三三上七三四）

▲承租人所有民法第四百三十一條第一項之費用償還請求權，與其在租賃關係終止後所負返還租賃物之義務，非有互為對價之關係，不得藉口其支付之有益費用未受清償，即拒絕租賃物之返還。（三三上二三二六）

第四百三十二條（承租人之保管義務）

承租人應以善良管理人之注意保管租賃物，租賃物有生產力者，並應保持其生產力。

承租人違反前項義務，致租賃物毀損、滅失者，負損害賠償責任。但依約定之方法或依物之性質而定之方法為使用、收益，致有變更或毀損者，不在此限。

⇧謹按承租人對於租賃物，應以善良管理人之注意保管之，租賃物有生產力者，並應保持其生產力，例如耕作地之必須逐年用肥料使地力不致減損是也。故設第一項以明示其旨。承租人違反善良管理之注意，或不保持其生產力，致租賃物因而毀損滅失者，自應負損害賠償之責任。惟依約定方法或依物之性質而定之方法而為使用收益，致有變更或毀損者，則屬當然之結果，承租人即不負賠償之責任。故設第二項以明示其旨。

*（對於第三人行為之責任）民四三三；（失火責任）民四三四；（通知義務）民四三七；（租賃物返還義務）民四五五。

▲租賃存續中，租賃物因不應由承租人負責之事由而滅失時，承租人不負損害賠償責任。所謂應由承租人負責之事由，除法有特別規定或該地方有特別習慣或當事人間有特別約定，承租人於事變亦應負責外，以承租人之故意或過失為限。（一八上一〇七四）

▲租戶對於租賃物，負有善良保管之責。（一九上二九五）

▲承租人應以善良管理人之注意保管租賃物，如違反此項義務，致租賃物毀損滅失者，應負損害賠償責任，固為民法第四百三十二條所明定。惟租賃物因承租人失火而毀損滅失者，同法第四百三十四條既已減輕承租人之注意義務，而以承租人有重大過失為其賠償責任發生之要件，出租人即不得仍依承租人應如何保管租賃物之一般規定，向承租人為損害賠償之請求。（三〇上七二一）

▲上訴人某甲將其承租被上訴人之耕地讓與所有權於他人，係變更被上訴人間接占有人之地位，使其土地所有權失其從來之圓滿狀態，不得謂非違反民法第四百三十二條之規定，被上訴人自得依土地法第一百八十條第五款，終止租用耕地契約。（三二上二八三）

▲承租人將其承租之耕地一部變更原狀占為己有者，對於該

部分，係指出租人失其間接占有人之地位，致其土地所有權失其從來之圓滿狀態，不得謂承租人非違反民法第四百三十二條之規定，出租人自得依土地法第一百十四條第五款，終止租用耕地契約。（四一臺上二二二）

第四百三十三條 （對於第三人行為之責任）

因承租人之同居人或因承租人允許為租賃物之使用、收益之第三人應負責之事由，致租賃物毀損、滅失者，承租人負損害賠償責任。

⇧謹按租賃物之毀損滅失，係因承租人之同居人，或因承租人允許為租賃物之使用收益之第三人，應負責之事由所致者，承租人仍應負損害賠償之責任，法律明為規定，蓋以杜無謂之爭執也。故設本條以明示其旨。

＊（承租人之保管義務）民四三二。

第四百三十四條 （失火責任）

租賃物因承租人之重大過失，致失火而毀損、滅失者，承租人對於出租人負損害賠償責任。

⇧謹按租賃物因失火而致毀損滅失，其失火之情形，係出於承租人之重大過失所致者，承租人對於出租人應負損害賠償之責任，法律特以承租人之重大過失為限，所以保護承租人也。故設本條以明示其旨。

＊（承租人之保管義務）民四三二；（重大過失責任）民二二二。

▲租賃物因承租人失火而毀損滅失者，以承租人有重大過失為限，始對出租人負損害賠償責任，民法第四百三十四條已有特別規定。承租人之失火僅為輕過失者，出租人自不得以侵權行為為理由，依民法第一百八十四條第一項之規定，請求損害賠償。（二二上一三一一）

▲民法第四百三十四條所謂重大過失，係指顯然欠缺普通人應盡之注意而言，承租人之失火，縱因欠缺善良管理人之注意所致，而於普通人應盡之注意無欠缺者，不得謂有重大過失。（二二上二五五八）

▲上訴人承租被上訴人之房屋，因上訴人店內失火焚毀其一部，雖為不爭之事實，然被上訴人請求上訴人賠償其損害，尚須證明上訴人係因重大過失而失火。（二六鄂上四六〇）

▲租賃物因承租人失火而毀損、滅失者，以承租人有重大過失為限，始對出租人負損害賠償責任，民法第四百三十四條定有明文。如出租人非租賃物所有人，而經所有人同意出租者，亦以承租人有重大過失為限，始對所有人負損害賠償責任。（七六臺上一九六〇）

第四百三十五條 （租賃物一部滅失之處置）

租賃關係存續中，因不可歸責於承租人之事由，致租賃物之一部滅失者，承租人得按滅失之部分，請求減少租金。

前項情形，承租人就其存餘部分不能達租賃之目的者，得終止契約。

⇧謹按租賃關係中，租賃物有一部之滅失，而其滅失之原因，係因不可歸責於承租人之事由所致者（例如因天災地變及其他不可抗力者是），如其存餘部分尚可達租賃之目的，則承租人因使用收益範圍縮小之故，得按滅失之部分請求減少租金。如其存餘部分，不能達租賃之目的，則承租人並得終止契約。本條之設，所以保護承租人之利益也。

＊（租賃）民四二一；（租金支付之時期）民四三九；（不得減免之事由）民四四一；（契約終止）民二六三。

▲租賃物全部被火焚毀者，租賃關係即從此消滅，原承租人對於原出租人嗣後重建之房屋無租賃權（參照院字第一九五〇號第五項解釋）。（院解二九七九）

▲租賃標的物因天災或意外事變滅失者，其租賃關係既無存續之可能，無論原契約有無存續期間，均可為終止之原因。（一九上一〇六〇）

第四百三十六條 （權利瑕疵之準用）

前條規定，於承租人因第三人就租賃物主張權利，致不能為約定之使用、收益者準用之。

⇧謹按第三人在租賃物上主張權利，則承租人不能達約定之使用或收益之目的，此時應依前條之規定。如一部可達租賃之目的，承租人有按照滅失部分請求減少租金之權，如全部不能達租賃之目的，承租人有終止契約之權。故設本條以明示其旨。

＊（權利瑕疵擔保）民三四九、三五〇、三五三；（承租人之減少租金請求權與契約終止權）民四三五。

第四百三十七條 （承租人之通知義務）

租賃關係存續中，租賃物如有修繕之必要，應由出租人負擔者，或因防止危害有設備之必要，或第三人就租賃物主張權利者，承租人應即通知出租人。但為出租人所已知者，不在此限。

承租人怠於為前項通知，致出租人不能及時救濟者，應賠償出租人因此所生之損害。

⇧謹按租賃關係存續中，租賃物如有修繕之必要，而其修繕費應由出租人負擔，或因防止危害有設備之必要，或有第三人就租賃物上主張權利者，承租人須負速行通知出租人之義務，使出租人得以實行修繕及設備，或排斥第三人在租賃物上主張之權利，否則不能達使用收益之目的。若出租人已知有此種情形，承租人即無須再行通知。此第一項所由設也。法律使承租人負通知之義務者，蓋欲使出租人得速施救濟之方法耳，若承租人怠於通知，致出租人不能及時救濟，則因此所生之損害，承租人自不能免責，故應使負賠償之責任。此第二項所由設也。

＊（租賃）民四二一；（出租人之修繕義務）民四二九、四三〇；（設備之必要）民四二三、四二四；（第三人之主張權利）民四三六。

第四百三十八條 （承租人使用收益租賃物之方法及違反之處置）

承租人應依約定方法，為租賃物之使用、收益；無約定方法者，應以依租賃物之性質而定之方法為之。

承租人違反前項之規定為租賃物之使用、收益，經出租人阻止而仍繼續為之者，出租人得終止契約。

⇧謹按承租人祇有依約定方法，使用收益租賃物之權利，無約定方法者，亦祇有依租賃物之性質而定之方法，為使用收益之權利，不得違反契約或物之性質而定之方法為使用或收益。故承租人不依照契約或物之性質而定之方法為使用或收益租賃物，應使出租人有阻止之權，如經阻止而仍繼續為之者，並使其有終止契約之權，所以保護出租人也。故設本條以明示其旨。

＊（租賃）民四二一；（契約終止）民二六三。

▲一般基地租賃，承租人欲建築何種房屋，固非出租人所得過問，惟如雙方當事人就租賃物之使用方法有所約定，而承租人違反約定之使用方法，經出租人阻止而仍繼續為之者，依照土地法第一百零三條第五款規定，並參照民法第四百三十八條規定，出租人非不得終止租約，請求收回其土地。（五九臺上四四二三）

▲民法第四百三十八條所謂違反約定使用方法，係指不依約定方法使用，並積極的為約定以外方法之使用者而言，如僅消極的不為使用，應不在違反約定使用方法之列。原審以上訴人不再經營瓦窯，已棄置不用（按租約所定使用方法為經營磚瓦窯之用），為違反約定使用方法，所持法律上之見解，不無違誤。（六四臺上一一二二）

第四百三十九條 （支付租金之時期）

承租人應依約定日期，支付租金。無約定者，依習慣，無約定亦無習慣者，應於租賃期滿時支付之。如租金分期支付者，於每期屆滿時支付之。如租賃物之收益有季節者，於收益季節終了時支付之。

⇧謹按租金之支付日期，當事人有約定者，依約定，無約定者，依習慣，無約定亦無習慣者，應依法定之支付日期。本條特為明白規定，蓋以防無益之爭論也。

＊（租金）民四二一㊁；（預收地租之限制）土地一一二，三七五減租一四；（租金支付遲延之效力）民四四〇。

▲押櫃本為擔保租金而設，與一般保證金相同，係屬普通債權，自不得於該鋪業產所得價內優先受償。（一八上一九三一）

▲租鋪時所交之按櫃，係為擔保欠租而設，並非以之按月抵租，故交付按櫃後仍須依約按月付租，不得以有按櫃，遂謂並非欠租。（一九上三四五）

第四百四十條　（租金支付遲延之效力）

承租人租金支付有遲延者，出租人得定相當期限，催告承租人支付租金，如承租人於其期限內不為支付，出租人得終止契約。

租賃物為房屋者，遲付租金之總額，非達二個月之租額，不得依前項之規定，終止契約。其租金約定於每期開始時支付者，並應於遲延給付逾二個月時，始得終止契約。

租用建築房屋之基地，遲付租金之總額達二年之租額時，適用前項之規定。

⑧⑧一、第一項未修正。

二、現行規定「兩期之租額」，其所謂「期」，究係指計算租金之時間單位，抑係約定支付租金之時期，適用上易滋疑義，且依約定有以一週為一期者，有以一月為一期者，亦有以一季或一年為一期者，其兩期之租額，多寡懸殊。若一律以兩期租額為準，亦顯不公平，按房屋租賃，其租金通常按月支付，爰將「兩期」修正為「二個月」。如約定支付期間非一個月，亦可換算。又租金每有預付者，則承租人於每期開始應支付租金而未支付者，即應負遲延責任，如約定以二個月以上之時期為一期，則承租人負遲延責任之同時，其遲付租金總額即已達二個月之租額，出租人即得終止契約，對承租人未免過苛，爰規定此際於遲付租金總額須達二個月之租額外，並應於其遲延二個月時，始得終止契約。

三、租用建築房屋之基地，承租人之遲付租金，應達如何之程度，出租人始得終止契約，現行法並無明文規定。為期周延，爰參照土地法第一百零三條第四款規定，增訂本條第三項。

＊（租金）民四二一㊁；（支付租金之時期）民四三九；（其他法定之遲延）土地一〇〇③、一〇三④、一一四⑦，三七五減租一七㊀③；（契約終止）民二六三。

▲租穀因退租涉訟致遲未繳納，與抗租情形不同。（一八上二〇五一）（九一、九、二〇決議不再援用）

▲租金因房主已起訴不往收租，縱令承租人未即繳納，亦不能歸責於承租人。（一八上二一一五）

▲承租人遲付租金，出租人得定相當期限催告，如期限內仍不支付，出租人自得終止契約。（二〇上二一一一）

▲依民法第四百四十條得終止契約之出租人，於訴狀表示其終止之意思者，依民法第二百六十三條、第二百五十八條第一項、第九十五條規定，自其訴狀送達於承租人時，契約即為終止，並非至其所受勝訴判決確定之時，始生終止之效力。（二三上三八六七）

▲房屋出租人定期催告承租人支付租金之方式未有一定，亦非限於訴訟外為之，苟於訴訟上已有書狀或言詞，向他造表示意思者，即應認為已有催告。（三九臺上五五四）

▲（四一臺上四九〇）　參見本法第六十二條。

▲不定期之房屋租賃，承租人積欠租金除擔保金抵償外達二個月以上時，依土地法第一百條第三款之規定，出租人固得收回房屋。惟該條款所謂因承租人積欠租金之事由收回房屋，應仍依民法第四百四十條第一項規定，對於支付租金遲延之承租人，定相當期限催告其支付，承租人於其期限內不為支付者，始得終止租賃契約。在租賃契約得為終止前，尚難謂出租人有收回房屋請求權存在。（四二臺上一一八六）

▲依民法第四百四十條第一項之規定，承租人欠租於催告期限內未為支付，出租人固得終止契約。但在出租人終止契約之意思表示前，承租人依債務本旨為給付，出租人如無正當理由自不得拒絕受領，更不得再以未為給付為理由，終止租賃契約。（四三臺上三二九）

▲出租人基於土地法第一百條第三款承租人欠租之事由，並依民法第四百四十條第一項規定，對於支付租金遲延之承租人，定相當期限催告其支付，承租人於其期限內不為支付者，固得終止契約，惟承租人曾於出租人所定之期限內，依債務本旨提出支付之租金，而因出租人或其他有代為受領權限之人拒絕受領，致未能如期完成時，尚難謂與上開條項所定之情形相當。依民法第二百十九條關於行使債權，應依誠實及信用方法之規定，出租人自不得執是為終止契約之理由。（四三臺上一一四三）

▲承租人租金支付有遲延者，出租人得定相當期限催告承租人支付租金，如承租人於其期限內不為支付者，出租人固得終止契約，惟承租人如於其終止租約之聲明到達前，已為租金之支付者，出租人縱有聲明，亦不生終止之效力。（四四臺上二三九）

▲民法第四百四十條第一項僅定出租人應定相當期限，催告承租人支付欠租，無須敘明不於期限內支付欠租，將發生若何效果。上訴人之催告書如其所定期限係屬相當，縱未記載苟不依限支付欠租即行終止契約，亦不能謂其不發生催告之效力。（四四臺上一〇九八）

▲出租人對於支付租金遲延之承租人所定催告支付租金之期限，以承租人於其期限內不為支付者，始得終止契約。若已於期限內支付，僅因可歸責於出租人之事由未經領受，致再支付時已逾期限而為出租人所拒收，經依法提存者，仍不發生終止契約之效力，此觀民法第四百四十條第一項之規定自明。（四四臺上一三四五）

▲民法第四百四十條第一項載，承租人租金支付有遲延者，出租人得定相當期限催告承租人支付，如承租人於其期限內不為支付者，出租人得終止契約。此項規定，於出租人依耕地三七五減租條例第十七條第三款終止契約時亦適用之。上訴人就系爭耕地對被上訴人之欠租兩年，雖曾派員面催剋速清繳，但所謂剋速清繳一語，仍與未定相當期限之情形並無二致，故其催告，依法尚難謂為有效。（四五臺上二〇五）

▲民法第四百四十條第二項所謂遲付租金兩期之總額，係指前後兩期總額之合計而言，並非指末期總額之二倍。兩造就系爭房屋所定之租金，在四十二年既為每年新臺幣一千五百元，至四十三年始為每年二千元，則被上訴人欠繳四十三年以前租金三千八百元，即難謂非遲付租金兩期之總額，其於上訴人所定之催告期限內仍不支付，自不能不負遲延履行之責。（四六臺上六五五）（九〇、四、一七決議不再援用）

▲承租人租金支付有遲延者，出租人得定相當期限催告承租人支付租金，如承租人於其期限內不為支付者，出租人固得終止契約，惟承租人如於其終止租約之聲明到達前已為租金之支付者，出租人縱有聲明，亦不生終止之效力。（四六臺上一五〇八）

▲（四八臺上一二五八）　參見本法第四百二十一條。

▲支付租金之催告，係意思通知之一種，其通知應向承租人為之，如承租人有數人者，應向承租人全體為之，否則對於未受催告之承租人，不發生催告之效力。（四八臺上一三八二）

▲出租人依民法第四百四十條第一項所定催告承租人支付租金之期限，是否相當，應依一般觀念為衡量之標準，不得僅據承租人個人之情事決之，出租人所定之期限在承租人個人雖嫌不足，但若以一般觀念衡之，其期限尚非過短者，仍應認為相當。（四九臺上一〇九四）

▲承租人租金支付有遲延者，經出租人定相當期限催告後，承租人於期限內不為支付，出租人固得終止契約，非於催告期限屆滿時，即當然終止，出租人如欲終止者，仍須為終止之聲明。若承租人於終止租約之聲明到達前已為租金

之支付者，出租人不得以租約已經終止為理由，請求交還租賃物。（五二臺上一二八九）

▲民法第四百四十條第一項所謂支付租金之催告，屬於意思通知之性質，其效力之發生，應準用同法關於意思表示之規定（見四十一年臺上字第四九〇號判例），而民法第九十五條第一項規定：「非對話而為意思表示者，其意思表示以通知達到相對人時發生效力」，所謂達到，係僅使相對人已居可了解之地位即為已足，並非須使相對人取得占有，故通知已送達於相對人之居住所或營業所者，即為達到，不必交付相對人本人或其代理人，亦不問相對人之閱讀與否，該通知即可發生為意思表示之效力。（五四臺上九五二）

▲再審原告交付與前業主之保證金拾萬元，依契約第三條規定係以保證金所生之利息抵沖租金，並非預付租金，前業主既未將此項保證金移轉與再審被告，再審被告亦未承擔該保證金債務，自無從就該保證金之利息取得租金，再審被告以再審原告遲付租金二個月以上，經定期催告交付仍不履行，據以終止租約，請求收回房屋，自屬正當。（五八臺再八）

▲上訴人催告支付之租金，為其自行調整之租額，既未經法院判決確定，則被上訴人依原定租額提存，尚難謂其非依債務之本旨而為給付，上訴人自不能以欠租為由終止租約。（六〇臺上三八五）

▲出租人限期催告承租人支付欠租，其催告租金額超過承租人應付之金額時，僅超過部分不發生效力，並非該催告全不發生效力。（六六臺上一二二四）

▲建築房屋基地之出租人，以承租人積欠租金額達二年以上為原因，終止租賃契約，仍應依民法第四百四十條第一項規定，定相當期限催告承租人支付租金，必承租人於其期限內不為支付者，始得終止租賃契約，非謂一有承租人欠租達二年以上之事實，出租人即得隨時終止租賃契約，對於地上權人之保護，不宜較土地承租人為薄，故土地所有人以地上權人積欠地租達二年之總額為原因，依民法第八百三十六條第一項規定，撤銷其地上權，仍應類推適用民法第四百四十條第一項之規定，踐行定期催告程序。（六八臺上七七七）

▲（八六臺上三三二四）　參見本法第三百十四條。

第四百四十一條　（租金之續付）

承租人因自己之事由，致不能為租賃物全部或一部之使用收益者，不得免其支付租金之義務。

⇧謹按所謂承租人因自己之事由者，即承租人因疾病或其他自己一身上之事由，致不能為租賃物全部或一部之使用收益是也。此種情形，承租人不得免支付租金之義務，蓋以不能為使用收益之事由，既由承租人自己之所致，自不應使出租人受不當之損失也。故設本條以明示其旨。

＊（支付租金之義務及時期）民四二一、四三九；（租金減少請求權）民四三五。

第四百四十二條　（不動產租賃租金增減請求權）

租賃物為不動產者，因其價值之昇降，當事人得聲請法院增減其租金。但其租賃定有期限者，不在此限。

⇧謹按不動產之價值，在經濟流通之社會，常多變動，因之租賃之價值，遂亦時有昇降。其租賃之定有期限者，當事人自有遵守期限之義務，無論該租賃物價值昇降如何，均不得於期限內請求增減租金，此屬當然之事。若為不定期限之租賃，則租賃物價值昇高時，出租人勢必聲請增加租金，租賃物價值降落時，承租人亦必聲請減少租金，昇降愈繁，糾紛愈甚。故法律規定得向法院聲請增減其租金，所以免當事人之爭議，而期增減之允當也。

＊（不動產）民六六；（租金減少請求權）民四三五；（不得減免之事由）民四四一。

▲不動產租賃契約未定有存續期間，業主對於租戶要求增租，除依法令規定或訂有特約應受限制外，本不禁止。但應增與否及增加若干，自得由法院斟酌該地經濟狀況定之。（一八上二八一二）

▲鋪房應否增租及應增加若干，須由法院就該租戶對於租賃物之需要及其使用所受之利益，暨該地一般經濟狀況而斷定之，無任業主要求必增若干之理。（一九上一三二二）

▲租賃物為不動產者，其價值如有昇漲，出租人依法本得為增租之請求，至所加租額之多寡，應以土地繁榮之程度及鄰地租金之比較等情形為標準。（二〇上二八三）

▲民法第四百四十二條之規定，於永佃權佃租之增減，應類推適用。（二三上四八九）

▲民法第四百四十二條所謂價值之昇降，係指租賃物本身之價值，於租賃契約成立後有昇降者而言。（二六滬上四）

▲民法第四百四十二條之規定，於永佃權佃租之增減，亦應類推適用，曾經司法院院字第二二六七號解釋有案。又土地法第一百七十七條第一項之規定於永佃權準用之，亦為土地法施行法第四十二條所明定。土地所有人自得於不超過耕地正產物收穫總額千分之三百七十五範圍內，依民法第四百四十二條之規定，聲請法院增加佃租金。（三三上四七〇）

▲被上訴人承耕上訴人所有之系爭土地，經於民國三十八年六月間訂立私有耕地租約書，載明年交租穀四千零六臺斤，為不爭之事實，上訴人請求自四十二年一月一日起每年租穀應增加為六千零七十二臺斤，雖以該處水利設施已經改善，系爭土地之主要作物正產品之收穫總量增高為論據。第原耕地租約書定有自三十八年一月一日起至四十年十二月三十一日止三年之租賃期限，其期限扣至四十年六月七日耕地三七五減租條例施行時，既尚未屆滿，而同條例第五條又經明定耕地租佃期間不得少於六年，依同條例第一條民法第四百四十二條但書之規定，自屬不得請求增加租穀。（四三臺上七〇二）

▲租賃物為不動產者，因其價值之昇降，當事人固得依民法第四百四十二條聲請法院增減其租金，但在未聲請法院增減其租金以前，原約定之租金額，並不因租賃不動產價值之昇降，而失其拘束雙方當事人之效力。（四七臺上一一五二）

▲租約既載明出租之房屋租至反攻大陸時為止，雖係以不確定之期間為終止契約之時期，亦不失為定有期限之租賃關係，自不在適用民法第四百四十二條之規定聲請增減其租金之列。（四七臺上一六三五）

▲房屋或土地出租人，依民法第四百四十二條提起請求增加租金之訴，如起訴前之租金並未按原約定租額付清，則法院准許增加之判決，得自出租人為調整租金之意思表示時起算。故起訴前未為此項意思表示者，即不得溯及請求調整。（四八臺上五二一）

▲當事人就不動產所訂之租金，於租賃關係存續中，因租賃物價值之昇降，固得聲請法院增減其數額，惟此項聲請，以租約未定期限者為限，倘定有期限，則不在准許之列，此觀民法第四百四十二條之規定自明。至約定之租金額數，因法律變更致超過法定限度以外者（例如房屋租金超過土地法第九十七條之規定，土地租金超過實施都市平均地權條例第四十二條規定），關於超過部分，亦僅生請求權是否存在之問題，其與租賃物價值發生昇降之情形既非相同，自亦不得援用該條規定而為增減之聲請。（四八臺上一五三六）

▲租賃契約依民法第四百五十一條規定更新後，僅發生期限變更之效果，其餘內容（如租金及其他條件）並未隨同變更。不動產租賃契約就增減租金所為之約定，並不因民法第四百四十二條已有得聲請法院增減租金之規定而失其效力，或認於定期租賃不能有此約定，果有合於增減租金約定之情事發生時，當事人即得直接依該約定方法增減租金，殊無待雙方當事人之另行協議。（六四臺上一五七九）

▲租賃物為不動產者，因其價值之昇降，當事人固得依民法第四百四十二條規定，聲請法院增減其租金。惟調整租金之訴，祇能增減租金之數額，不得將原約定之租金種類變更。（七五臺上二一二六）

▲（九三臺上二四四六）　參見本法第二百二十七條之二。

第四百四十三條　（轉租之效力㈠）

承租人非經出租人承諾，不得將租賃物轉租於他人。但租賃物為房屋者，除有反對之約定外，承租人得將其一部分轉租於他人，承租人違反前項規定將租賃物轉租於他人者，出租人得終止契約。

⇧謹按租賃契約者，出租人信任承租人而訂立之契約也，若出租人不信任其人，自不能強使其出租。故非經出租人承諾，不得轉租。但租賃物為房屋者，則以我國習慣多許轉租，故除當事人有反對之約定外，承租人得將其一部轉租於他人。此第一項所由設也。又承租人未經出租人承諾，竟將不動產之租賃物轉賃於他人，或將契約訂定不得轉租之房屋租賃轉租於他人，或契約雖未為不得轉租之訂定，而以房屋之全部轉租於他人者，出租人有終止租賃契約之權。此第二項所由設也。

*（合法轉租之效力）民四四四；（轉租之法定限制）土地一〇八，三七五減租一六；（契約終止）民二六三。

▲租賃物為房屋者，承租人固得將其一部分轉租他人，但以無反對之約定為限。（二〇上二一三）

▲租賃物為房屋，承租人固得將其一部分轉租於他人，但如有反對之約定而仍行轉租者，出租人自得終止契約。（二〇上一一九六）

▲民事法律所未規定者方依習慣，承租人未得出租人承諾，將租賃物全部轉租於他人者，出租人得終止契約，法律既有明文規定，當事人自無主張應依相反習慣之餘地。（二〇上三二五三）

▲承租人非經出租人承諾，固不得將承租之房屋全部轉租於他人，但此項為承諾之意思表示，則不以訂立書據為必要。其由出租人或經其授權之代理人口頭承諾者，出租人即不得更依民法第四百四十三條之規定終止租約。（三二上五五八九）

▲租賃關係之成立與存續，係基於當事人間之信任，故租賃權通常為不得讓與之債權，如房屋之承租人未得出租人之同意，擅將租賃權讓與第三人時，其情形有甚於全部轉租，出租人自得終止租約。（三七上六八八六）

▲租賃房屋之契約，並無反對轉租之約定者，依民法第四百四十三條第一項之規定，承租人雖得將房屋一部轉租他人，然如將房屋全部轉租他人，則雖無此約定，亦非經出租人承諾，不得為之。（三七上七六三三）

▲承租人非經出租人承諾，不得將租賃物轉租於他人。如係租用耕地，則承租人縱經出租人承諾，仍不得將耕地全部或一部轉租於他人。又承租人應自任耕作，並不得將耕地全部或一部轉租於他人，承租人違反前項規定時，原定租約無效。此在民法第四百四十三條第一項前段、土地法第一百零八條、耕地三七五減租條例第十六條分別設有規定，違反此項禁止規定所訂立之轉租契約當然無效，其基於無效之轉租契約而占有租賃物，即非有正當權源。（四三臺上八六八）

第四百四十四條（轉租之效力㈡）

承租人依前條之規定，將租賃物轉租於他人者，其與出租人間之租賃關係，仍為繼續。

因次承租人應負責之事由所生之損害，承租人負賠償責任。

⇧謹按依前條之規定，承租人經出租人承諾，而以租賃物轉租於他人，或因房屋之租賃契約內無不得轉租之訂定，而以房屋一部轉租於他人者，此時出租人與承租人間之租賃關係，仍然存續，並不因承租人與次承租人間之租賃關係，而受其影響，故承租人對於出租人，仍負租賃之責。此第一項所由設也。承租人以租賃物轉租於他人，其與出租人間之租賃關係，既仍為存續，則因次承租人所加於租賃物之損害，應由承租人對於出租人負賠償之責任，是屬當然之結果。此第二項所由設也。

*（轉租）民四四三。

▲上訴人向被上訴人承租漁船一艘，依其契約書第八條所載，為有關違法使用所生損害應負賠償責任之規定，第九條則為合法使用因不可抗力所生損害，得免賠償之規定。上訴人既係將系爭漁船轉租與人，從事走私潛駛香港，不能謂非違法，從而縱使回航途中，係因颱風漂至匪區被扣拆毀，亦與第八條規定相當，而無依第九條免除賠償責任之餘地。（四九臺上一五三七）

▲民法債編施行前所定之租賃契約，於施行後其效力依民法債編之規定，民法債編施行法第十三條第一項已有明定，則自臺灣省光復時起，依我民法第四百四十四條規定，承租人將租賃物轉租於他人者，其與出租人間之租賃關係仍為繼續，因次承租人應負責之事由，所生之損害，承租人負賠償責任，即次承租人對出租人並不直接負擔任何義務。上訴人祇得請求承租人清償租金，並向承租人定期催告給付租金，逾期後進而為終止租約之意思表示，其竟向次承租人之被上訴人請求清償租金，並表示止約，顯有未合。（五八臺上一〇六八）

▲按轉租係轉租人與次承租人成立新租賃關係，與租賃權之讓與不同。轉租人與出租人間之租賃關係仍然存在，惟次承租人與原出租人並無直接租賃關係之可言。本件被上訴人將系爭房屋出租與共同被告王某等人，租賃期限固已屆滿，但王某等既將之轉租，被上訴人不得依出租人之地位，對次承租人之上訴人請求返還租賃物。（六八臺上三六九一）

第四百四十五條（不動產出租人之留置權）

不動產之出租人就租賃契約所生之債權，對於承租人之物置於該不動產者，有留置權。但禁止扣押之物，不在此限。

前項情形，僅於已得請求之損害賠償及本期與以前未交之租金之限度內，得就留置物取償。

⇧謹按不動產出租人之利益，應設保護之法。各國立法例，有使出租人於承租人之動產上有法定質權者，有使其有先取特權者，有使其有留置權者，本法亦以不動產之出租人，就租賃契約所生之債權，對於承租人之物置於該不動產者（例如因利用土地而附設於建築物之動產），除禁止扣押之物外，均有留置權。蓋以此種法例，最為妥協，故採用之。此第一項所由設也。不動產出租人留置權行使之範圍，如無限制，殊有害承租人之利益，亦應明白規定，以杜無益之爭。此第二項所由設也。

*（不動產）民六六；（動產）民六七；（留置權）民九二八；（禁止扣押之物）強執五二、五三、一二二，破產八二㈢。

▲民法第四百四十五條第一項所稱之留置權，不以該留置物為不動產之出租人所占有，為其發生要件，此通觀同條至第四百四十七條之規定，極為明顯。（二八上六八七）

第四百四十六條（留置權之消滅與出租人之異議）

承租人將前條留置物取去者，出租人之留置權消滅。但其取去係乘出租人之不知，或出租人曾提出異議者，不在此限。

承租人如因執行業務取去其物，或其取去適於通常之生活關係，或所留之物足以擔保租金之支付者，出租人不得提出異議。

⇧謹按不動產出租人，就承租人所設備之動產而行使留置權時，原以置於該不動產者為限，若承租人已將其留置物取去，則其物已脫離得以留置之範圍，其留置權當然消滅。然於出租人不知之時，或知之並有異議而仍取去時，則有背誠實及信用，應使其留置權依然存續。但若承租人取去其物，係因執行業務，或適於通常之生活關係，非取去不足以維持其通常之生活時，或其所留之物尚足擔保租金之支付者，雖經承租人將該物取去，乃無背於情理，故使出租人不得提出異議，即有異議，亦為無效。此本條所由設也。

*（不動產出租人之留置權）民四四五；（出租人之自助權）民四四七。

第四百四十七條（出租人之自助權）

出租人有提出異議權者，得不聲請法院，逕行阻止承租人取去其留置物。如承租人離去租賃之不動產者，並得占有其物。

承租人乘出租人之不知或不顧出租人提出異議而取去其物者，出租人得終止契約。

⇧謹按欲使不動產之出租人，得完全行使其留置權，須使出租人得以自己之力，阻止承租人之取去留置物，如承租人離去租賃不動產所在地之時，並應使出租人得占有其物，俾得完全其租賃契約所生之債權。此第一項所由設也。承租人乘出租人之不知而取去其物，或不顧出租人之提出異議，而仍取去其物者，應使出租人有終止租賃契約之權，以保護其利益。此第二項所由設也。

*（出租人之異議權）民四四六；（自助行為）民一五一。

第四百四十八條　（留置權之消滅——提供擔保）

承租人得提出擔保，以免出租人行使留置權，並得提出與各個留置物價值相當之擔保，以消滅對於該物之留置權。

⇧謹按承租人提出擔保，以避免出租人之行使留置權，或提出與各個留置物價值相當之擔保，以消滅對於該物之留置權，均於出租人之利益無害，故應許承租人為之。此本條所由設也。

*（不動產出租人之留置權）民四四五；（因承租人取去留置物而消滅）民四四六。

第四百四十九條　（租賃之最長期限及其例外）

租賃契約之期限，不得逾二十年。逾二十年者，縮短為二十年。

前項期限，當事人得更新之。

租用基地建築房屋者，不適用第一項之規定。

⑧⑧一、第一項及第二項未修正。

二、租用基地建築房屋者，鑑於現代建築技術發達，房屋之使用期限一般超過二十年。如出租人與承租人於租賃契約滿二十年時未達更新契約之合致，契約即行消滅，對承租人之保障欠周，且有礙社會經濟利益，為祛除上開弊端，並配合第四百二十五條之一之增訂，爰增訂第三項，使租用基地建築房屋者，不適用二十年租賃期限之規定。

*（租賃之意義及成立）民四二一；（耕地租約之最短期限）三七五減租五。

▲租賃契約之期限不得逾二十年，其逾二十年者，縮短為二十年，民法第四百四十九條第一項定有明文。租賃契約訂明年限不定，祇許客辭主，不許主辭客者，縱可解為以租賃物存在之時期為其租賃期限，但其期限逾二十年者，應縮短為二十年。依民法第四百五十條第一項之規定，其租賃關係於二十年屆滿時消滅，如二十年屆滿後已依民法第四百五十一條視為以不定期限繼續契約者，依民法第四百五十條第二項之規定，出租人亦得隨時終止契約。（二九上一七三一）

▲（三〇渝上三一一）參見本法第九十八條。

▲被上訴人某甲等於民國二十三年二月間，以某某公房首士名義，與上訴人所訂之租約，載明如租交清，任憑租主（即上訴人）永遠發達承租字樣，據上訴人主張即係永久租賃之約定，而被上訴人某乙等亦稱，如業主不變，當然照約履行，現業主變更當然應予廢止云云。如果訂約時雙方有使其租賃關係永久存續之意思，則其租賃契約，除有特別情事，可認為當事人之真意別有所在外，自應解為定有逾二十年之期限，雖依民法第四百四十九條第一項之規定應縮短為二十年，究不得謂為未定期限之租賃。乃原審於此未予審酌，遽認其租賃契約未定期限，某甲等得隨時終止租賃契約，於法殊有未合。（三〇上一五二四）

▲兩造租賃契約第四款載有如乙方（即被上訴人）不向甲方（即上訴人）退租，則甲方亦不得向乙方辭房等語。此項特約依法並非無效，自兩造訂立租賃契約之日起算至今，既未逾二十年，上訴人又無其他終止契約之法定原因，自應受特約之拘束，其以收回自住為原因，請求遷讓，自非有理。（三三上三九四六）

▲原租賃契約並未另定租賃期限，縱係以金錢借貸契約之期限為其期限，於民國二十九年四月八日屆滿後，被上訴人既仍為租賃物之使用，上訴人亦續允以借款之利息抵付房租，而未為反對意思之表示，依民法第四百五十一條之規定，即應變更為不定期限繼續契約，自不受民法第四百四十九條第一項所定，租賃契約之期限不得逾二十年之限制。上訴人於現行土地法公布施行後，請求被上訴人返還系爭房屋，依特別法優於普通法之原則，即無排除土地法之適用，非有同法第一百條所列各款情形之一不得為之，顯無依本院在現行土地法施行前二十九年上字第一七三一號判例，主張得隨時終止租約之餘地。（五一臺上一二八八）

▲民法第四百四十九條第一項所定租賃契約之期限不得逾二十年，係指定有期限之租賃而言。（六二臺上三一二八）

▲民法第四百四十九條第一項之規定，不適用於不定期租賃，此觀之該條項所定「逾二十年者縮短為二十年」，可以瞭然。（六五臺上二七二二）

第四百五十條　（租賃契約之消滅）

租賃定有期限者，其租賃關係，於期限屆滿時消滅。

未定期限者，各當事人得隨時終止契約。但有利於承租人之習慣者，從其習慣。

前項終止契約，應依習慣先期通知。但不動產之租金，以星期、半個月或一個月定其支付之期限者，出租人應以曆定星期、半個月或一個月之末日為契約終止期，並應至少於一星期、半個月或一個月前通知之。

⇧謹按租賃契約之定有期限者，其租賃關係，於期限屆滿時消滅，此屬當然之事。其未定期限者，各當事人固得隨時終止契約，然若另有習慣，則應從其習慣，但其習慣僅以有利於承租人為限耳。至當事人之一，無論其方為隨時終止契約，或依習慣終止契約，均應使負通知相對人之義務，俾得有所準備。惟不動產之租金，係以星期、半個月或一個月定其支付之期限者，出租人應以曆定星期、半個月或一個月之末日為契約終止期，並應至少於一星期、半個月或一個月前通知之，以保護承租人之利益。故設本條以明示其旨。

*（默示更新）民四五一；（定有期限租約之終止）民四五二、四五三；（租約終止之限制）土地一〇〇、一一四，三七五減租一七、一九；（租約之其他終止原因）民四二四、四三〇、四三五、四三八、四四〇、四四三、四四七、四五八、四五九；（視為不定期租賃）民四二二、四五一；（契約終止）民二六三。

▲租賃契約定有期限者，當然因期滿而消滅。（一八上五五）

▲租賃契約定有存續期間同時並訂有解除條件者，必於條件成就後，始得終止租約。（一八上一七〇一）

▲未定期限之租賃契約雖可隨時聲明終止，而自結約之日起，究應經相當期間，俾租戶得受租賃之實益，始與交易上誠實信用不相違背。（一八上一八五一）

▲租賃契約雖定有存續期間，但如一造反悔願認賠償損失，即無不許終止之理。（一八上二〇〇一）

▲合夥契約係以各合夥員為權利義務之主體，故合夥員中之一人，於其他合夥員退夥後，仍繼續營業時，其與第三人原訂之租賃契約，如定有期限尚未屆滿，自應繼續存在，租主不得無故聲明終止契約。（一八上二五九六）

▲租賃契約未定有存續期間者，除有特別習慣外，房主無論何時，得於相當期間前，向租戶聲明終止。（一九上二九五）

▲未定存續期間之租賃契約，固可不論何時主張終止，但在主張之一造，應於相當期間前預行通知。（一九上二五五八）

▲民法第四百五十條第三項之通知，並無一定方式，亦非限於訴訟外為之，苟訴訟上已有書狀或言詞向他造表示終止租賃契約之意思，即應認為已有通知。（二二上八五六）

▲上訴人當買受系爭房屋之前，被上訴人與原所有人之租賃關係，果依民法第四百五十條第一項規定，已因期限屆滿而消滅，則被上訴人之繼續使用系爭房屋，除有民法第四

百五十一條之情形外，係屬無權占有，上訴人於取得系爭房屋所有權後，自可以系爭房屋所有權人之地位，本物上返還請求權，對被上訴人訴請返還系爭房屋。（三七上五九九四）

▲在戰時房屋租賃條例失效後土地法施行前，未定期限之租賃契約，依民法第四百五十條第二項之規定，本得隨時終止，被上訴人既已當庭向上訴人為終止租約之通知，則依同法第四百五十五條之規定，上訴人自應負返還訟爭房屋於被上訴人之義務。（三七上六〇六九）

▲租賃契約屆滿後，如非有民法第四百五十一條所定，視為以不定期限繼續契約之情形，則其租賃關係應依同法第四百五十條第一項規定，於租期屆滿時消滅，不受土地法第一百條所定各款之限制，業經司法院院解字第三四八九號解釋有案。雖原判決成立於該號解釋發表以前，而係以司法院院解字第三二三八號解釋為依據，但第三四八九號解釋已將三二三八號解釋所持之見解變更，則土地法第一百條規定，實應解為不包含定有期限之租賃契約在內。原審乃以兩造所訂有期限之租賃契約，應與未定期限之租賃契約，同受土地法第一百條規定之限制，不問其有無民法第四百五十一條規定之情形，不容以期限屆滿而主張租賃關係消滅收回房屋，自嫌未合。（三七上七七二九）

▲租賃定有期限者，承租人雖因戰事致不能於期限內使用租賃物，亦不得將不能使用期間，於租賃期限內扣除。（三七上七九四三）

▲承租基地僅作曬醬之用，並非建築房屋，自與土地法第一百零三條所載租用建築房屋之基地不符，其租賃標的又祇有基地而無房屋，亦無同法第一百條之適用。此項未定期限之租賃，依民法第四百五十條第二項之規定，除有利於承租人之習慣外，各當事人自得隨時終止契約。（三八穗上四五）

▲在戰時房屋租賃條例失效後房屋租賃條例施行前，關於房屋之租賃，不問所定期限為若干時期，仍有民法第四百五十條第一項之適用，其租賃關係當然因期限屆滿而消滅。（四〇臺上五七一）

▲某甲承租之土地既約明放置物件不得建築房屋，自非租用建築房屋之基地，其租約又未訂有租期，顯係未定期限之租賃，不惟無土地法第一百零三條之適用，且依民法第四百五十條第二項前段之規定，出租人得隨時終止租約。（四四臺上一三三）

▲以非耕地或非供建築房屋之土地為租賃物之租賃，其終止契約，土地法及其他特別法並未就此設有特別規定，依特別法無規定者，適用普通法之原則，應仍適用民法關於租賃之規定，其未定期限者，除應依習慣先期通知外，各當事人得隨時終止契約。（四五臺上一五一四）

▲兩造就系爭房屋訂立之租賃契約第三條所定一年期限之下，並有「期滿時上訴人應將房屋無條件交還被上訴人，決無異議」等語之記載，係屬定有期限之租賃，極為明顯。至其附載「如被上訴人繼續將房屋出租者，上訴人有優先承租權」一節，則係附有以被上訴人須將該房屋繼續出租，而上訴人始有優先承租權之停止條件，此項條件之成就，應由主張之上訴人負舉證之責任。（四六臺上二二七）

▲上訴人以不定期限向被上訴人承租土地，於租約內載明租作汽車置場之用，而「汽車置場」一語，望文生義，自係指放置汽車之場所而言，不應解作「建築汽車修理工廠之場所」，故此項單純租地以充放置汽車而非建築房屋之契約，其終止與否，應依民法第四百五十條第二、三項之規定辦理，並無土地法第一百零三條規定之適用。（四六臺上八七八）

▲租賃契約定有存續期間，同時並訂有以出租人確需自住為收回之解除條件者，必於條件成就時始得終止租約。所謂自住，係指客觀上有收回自住之正當理由及必要情形，並能為相當之證明者而言，不以主觀情事之發生為已足。（四八臺上二二八）

▲房屋租賃保證金（即押租金）之返還，當然為租期屆滿時，出租人與保證人所負回復原狀之義務。如出租人與保證人於租期屆滿時未履行此義務，縱租賃關係於租期屆滿時消滅，而其返還保證金之義務，要難認為隨同失其存在。（四八臺上一一九六）

▲單純租地以充堆炭及牛圈之用，與租地建屋之性質並非相同，故土地法第一百零三條之規定，於此項契約無其適用，倘其契約為不定期限者，依民法第四百五十條第二項前段規定，出租人尚得隨時終止租約。（四八臺上一九二〇）

▲出租人原不限於所有權人，訟爭土地雖為被上訴人與他人所共有，被上訴人以出租人之地位，向上訴人表示終止契約，交還土地，亦不能指為當事人不適格。（四九臺上二〇二一）

▲租賃定有期限者，其租賃關係於期限屆滿時消滅，承租人於租賃關係終止後，應返還租賃物與出租人，民法第四百五十條第一項及第四百五十五條定有明文。上訴人承租系爭土地之租賃期限既已屆滿，除有以不定期限繼續契約之情形外，兩造間之租賃關係當然消滅，上訴人應將系爭土地返還被上訴人，縱上訴人在該地上種植之竹木，林業機關不准砍伐，亦係交還土地應否酌定相當履行期間之問題，不能因此即可謂兩造間之租賃關係自然延緩。上訴人之次子雖應徵入營服役，但系爭土地係屬林地並非畑地，要亦無軍人及其家屬優待條例第九條規定之適用。（五二臺上二〇九）

▲民法第四百五十條第三項所定應先期通知終止租約，係指依同條第二項規定，對於未定期限之租賃，隨時任意終止租約者而言，本件係以欠租為理由而終止租約，自無該條項之適用。（六〇臺上二二三）

▲民法第四百五十條第三項所定之出租人應以曆定星期、半個月或一個月之末日為契約終止期，並應至少於一星期、半個月或一個月前通知，係列舉之規定，非謂不動產之租金以一年或半年定其支付之期限者，亦得類推適用該條項之規定。（六七臺上二二九三）

▲租賃定有期限者，其租賃關係於期限屆滿時消滅，民法第四百五十條第一項定有明文，如無同法第四百五十一條所定視為以不定期限繼續契約情事，依同法第四百五十五條規定，承租人應於租期屆滿時返還租賃物。否則，即應負給付遲延責任。（六九臺上四〇〇一）

第四百五十一條　（租賃契約之默示更新）

租賃期限屆滿後，承租人仍為租賃物之使用收益，而出租人不即表示反對之意思者，視為以不定期限繼續契約。

⇧謹按承租人於租賃期限屆滿後，仍就租賃物繼續使用或收益，而出租人不即表示反對之意思者，推其意欲繼續租賃契約者為多，故視為以不定期限繼續契約，以防無益之爭論。此本條所由設也。

＊（租賃契約之最長期限）民四四九；（租期屆滿之效力）民四五〇㊀。

▲上訴人如於期限屆滿後，仍為租賃物之使用收益，被上訴人並已收受其期限屆滿後之租金，則依民法第四百五十一條之規定，自應視為以不定期限繼續契約，非被上訴人另有合法終止契約之意思表示，兩造間之租賃關係，尚不得謂非存續。（三三上三七六三）

▲當事人約定租至民國三十四年六月三十日之期限，雖尚在戰時房屋租賃條例有效期間，惟當時上海市尚未收復，依法律施行日期條例第四條之規定，戰時房屋租賃條例未在該市發生效力，不能溯及於其效力發生前而適用之。故兩造之租賃關係是否因期限之屆滿而消滅，仍應以有無民法第四百五十一條所定之情形，為解決之關鍵。（三七上七四七六）

▲民法第四百五十一條所謂不即表示反對之意思，係指一般交易觀念所認為相當之時期內，不表示反對之意思而言，此項意思表示亦不必以明示之方法為之。（三七上八二八八）

▲租賃契約以當事人就租賃物及租金互相同意時方為成立，承租人於租期屆滿後，雖仍為租賃物之使用收益，然既經出租人對原定租金表示爭執，並未協議一致，自與不即表示反對之意思者有別，不能適用民法第四百五十一條規定，視為不定期限繼續契約。（三七上九四一八）

▲上訴人雖以原租賃契約載明「滿期再訂」字樣，實含有滿

期仍應繼續租賃之意思為抗辯，第查此項約定僅屬期滿後得協商再訂租賃契約，不能解為期滿後，當然繼續租賃，其抗辯顯無可採。（四一臺上四三三）

▲民法第四百五十一條之規定，乃出租人表示反對續租之意思，有阻卻繼續契約之效力，此與同法第二百六十三條所定當事人依法律之規定終止契約之情形，具有同一之法律理由，自應類推適用。故租賃物為數人所共有，表示此項意思時，應準用第二百五十八條第二項規定，由共有人全體為之。（四一臺上七六七）

▲民法第四百五十一條所謂出租人不即表示反對之意思，係指依一般交易觀念，出租人於可能表示意思時而不表示者而言，上訴人之辦公處所與被上訴人之營業所既係設在同一街道，而上訴人之管理員復在系爭房屋樓上居住，均為兩造所不爭執，則被上訴人於租賃期限屆滿後，仍為租賃物之使用，揆諸一般交易觀念，上訴人顯非不能即時表示反對之意思，乃竟沉默不言，遲至月餘始表示異議，自難謂非與上開法條規定之事由相當。（四二臺上一二二）

▲租賃定有期限者，其租賃關係於期限屆滿時消滅，為民法第四百五十條第一項所明定。同法第四百五十一條所謂視為不定期限繼續契約者，須承租人於租期屆滿後，仍為租賃物之使用收益，而出租人不即表示反對之意思時，始有其適用。此種出租人之異議，通常固應於租期屆滿後，承租人仍為租賃物之使用收益時，即行表示之，惟出租人慮承租人取得此項默示更新之利益，而於租期行將屆滿之際，向之預為表示不願繼續契約者，仍不失為有反對意思之表示。（四二臺上四一〇）

▲被上訴人對於系爭房屋之租賃關係，既於租賃期限將屆滿時，以書面表示於期限屆滿後不再繼續契約之意思，並因上訴人覓屋困難，限至四十一年三月底遷居，顯與民法第四百五十一條規定之情形有間，縱於其後有收受上訴人支付是年一月至三月之租金，亦屬租賃關係消滅後，因租賃物遲延返還所生損害之性質，不容上訴人以不定期限繼續契約為爭執。（四二臺上四九三）

▲民法第四百五十一條所謂出租人不即表示反對之意思，係指依一般觀念，出租人於租期屆滿後，相當時期內，能表示反對意思而不表示者而言。本件被上訴人表示反對續租之意思與租期屆滿之日相距僅有十日，在一般觀念上，自難指為非於相當時期內表示反對之意思。（四三臺上三六七）

▲系爭房屋承租人某甲，在租賃關係存續中，得出租人某乙之同意，以改由上訴人占有使用，租金亦歸上訴人直接支付，其訂約之真意，如為租賃權之讓與，則其租賃權既經移轉於上訴人，某甲即失其承租人之地位，承受出租人某乙地位之被上訴人，就系爭房屋通知於租賃期限屆滿時即行返還，以為表示反對續租之意思，須對於受讓其租賃權之上訴人為之，始有阻卻繼續契約之效力，對於已失承租人地位之某甲為之，則不得謂有此項效力。（四三臺上七〇七）

▲民法第四百五十一條所謂出租人不即表示反對之意思，固不以明示之反對為限，但若僅於租期屆滿後未收取租金，則係一種單純的沉默，尚難認為已有默示反對續租之意思。（四六臺上一八二八）

▲被上訴人於租期屆滿後仍為租賃耕地之耕作收益，而上訴人不即表示反對之意思，依耕地三七五減租條例第一條適用民法第四百五十一條之規定，視為以不定期限繼續契約，雖其租佃期間可由兩造續訂，但依同條例第五條規定不得少於六年，兩造租賃關係既在存續中，則上訴人縱能自任耕作，要不能謂有收回耕地之原因。（四七臺上一五六八）

▲定期租賃契約期滿後之得變為不定期租賃者，在出租人方面係以有無即表示反對之意思為條件，而非以有無收取使用收益之代價為條件，故苟無即表示反對之意思而未為使用收益代價之收取，其條件仍為成就，苟已即為反對之意思而為使用收益代價之收取，其條件仍為不成就。（四七臺上一八二〇）

▲原租賃契約並未另定租賃期限，縱係以金錢借貸契約之期限為其期限，於民國二十九年四月八日屆滿後，被上訴人既仍為租賃物之使用，上訴人亦續允以借款之利息抵付房租，而未為反對意思之表示，依民法第四百五十一條之規定，即應變更為不定期限繼續契約，自不受民法第四百四十九條第一項所定，租賃契約之期限不得逾二十年之限制。上訴人於現行土地法公布施行後，請求被上訴人返還系爭房屋，依特別法優於普通法之原則，即無排除土地法之適用，非有同法第一百條所列各款情形之一不得為之，顯無依本院在現行土地法施行前二十九年上字第一七三一號判例，主張得隨時終止租約之餘地。（五一臺上一二八八）

▲民法第四百五十一條所定出租人於租期屆滿後須即表示反對之意思，始生阻止續租之效力。意在防止出租人於租期屆滿後，明知承租人就租賃物繼續使用收益而無反對之表示，過後忽又主張租賃關係消滅，使承租人陷於窘境而設，並非含有必須於租期屆滿時，始得表示反對之意義存在。故於訂約之際，訂明期滿後絕不續租，或續租應另訂契約者，仍難謂不發生阻止續約之效力。（五五臺上二七七六）

▲對話人為意思表示者，以相對人了解時發生效力，非對話者，以通知達到相對人時發生效力，民法第九十四條及第九十五條定有明文。同法第四百五十一條所謂表示反對之意思是否發生效力，自亦應分別對話或非對話，以相對人已否了解或通知已否達到相對人為斷。（五七臺上三六四七）

▲被上訴人於租期屆滿前，即已表示期滿後不再續租，寬限二個月拆遷，又係基於上訴人要求而允予之履行期間，縱上訴人於被上訴人拒收租金後有提存之情形，亦不發生不定期限繼續契約之問題。（五九臺上五五五）

▲為租賃物之使用收益者，法律並未規定以承租人本人為限，故民法第四百五十一條所指「承租人仍為租賃物之使用收益」者，應包括承租人之家屬、受僱人及經承租人允許之其他第三人，而為租賃物使用收益之情形在內。（六〇臺上二二四六）

▲民法第四百五十一條之規定，乃出租人表示反對續租之意思，有阻卻繼續契約之效力，此與同法第二百六十三條所定，當事人依法律之規定終止契約之情形，具有同一之法律理由，自應類推適用。故租賃物為數人所共同出租者，表示此項意思時，應準用第二百五十八條第二項規定，由出租人全體為之。本件系爭土地為上訴人等四人所共有，而由上訴人等四人共同出租與被上訴人使用，則其依民法第四百五十一條為反對續租之意思表示，自應由上訴人全體為之。（六三臺上二一三九）

▲租賃契約依民法第四百五十一條規定更新後，僅發生期限變更之效果，其餘內容（如租金及其他條件）並未隨同變更。不動產租賃契約就增減租金所為之約定，並不因民法第四百四十二條已有得聲請法院增減租金之規定而失其效力，或認於定期租賃不能有此約定，果有合於增減租金約定之情事發生時，當事人即得直接依該約定方法增減租金，殊無待雙方當事人之另行協議。（六四臺上一五七九）

▲法律關係定有存續期間者，於期間屆滿時消滅，期滿後，除法律有更新規定外，並不當然發生更新之效果，地上權並無如民法第四百五十一條之規定，其期限屆滿後自不生當然變更為不定期限之效果，因而應解為定有存續期間之地上權於期限屆滿時，地上權當然消滅。（七〇臺上三六七八）

第四百五十二條（因承租人死亡而終止租約）

承租人死亡者，租賃契約雖定有期限，其繼承人仍得終止契約。但應依第四百五十條第三項之規定，先期通知。

⇧謹按承租人死亡，租賃契約雖定有期限，其繼承人，有無須繼續租賃契約者，應使其得終止租賃之契約。惟繼承人終止契約時，須依照第四百五十條第三項之規定，負先期通知之義務，使出租人有所準備，以期公允。此本條所由設也。

*（定期租約之消滅）民四五〇㈠；（契約終止）民二六三。

第四百五十三條（定期租約之終止）

定有期限之租賃契約，如約定當事人之一方於期限屆滿前得終止契約者其終止契約應依第四百五十條第三項之規定先期通知。

⇧謹按當事人約定租賃之期限者，固應受期限之拘束，然若約定當事人之一方，得於期限屆滿前解除契約者，是即解約權之保留，法律亦所許可。惟一方終止契約時，亦須依照第四百五十條第三項之規定，負先期通知之義務，使他方有所準備，以期公允。此本條所由設也。

*（定期租約之消滅）民四五〇㈠；（契約終止）民二六三。

第四百五十四條　（預收租金之返還）

租賃契約依前二條之規定終止時，如終止後始到期之租金出租人已預先受領者，應返還之。

⇧謹按依前二條之規定，租賃契約因承租人死亡，由其繼承人聲明終止，或當事人一方，根據契約於期限屆滿前終止時，如終止後始到期之租金，出租人已預先受領者，是為不當得利。故應使出租人負返還之義務，以保護承租人之利益。此本條所由設也。

*（不當得利）民一七九；（預收租金之禁止）土地一一二，三七五減租一四。

第四百五十五條　（租賃物之返還）

承租人於租賃關係終止後，應返還租賃物。租賃物有生產力者，並應保持其生產狀態，返還出租人。

⇧謹按租賃關係終止後，承租人對於出租人自應將租賃物返還，其有生產力之租賃物，不得有所破壞。故返還於出租人時，並應使其保持其本來之生產狀態，此屬當然之結果。故設本條以明示其旨。

*（租賃關係之終止）民四二四、四三〇、四三五、四三八、四四〇、四四三、四四七、四五〇、四五二、四五三、四五八、四五九，土地一〇〇、一〇三、一一四，三七五減租一七、一九；（承租人之保管義務）民四三二；（必要及有益費用之返還）民四三〇、四三一。

▲租賃定有期限者，無土地法第一百條之適用，已見院解字第三四八九號解釋，故租賃期限屆滿時，如無民法第四百五十一條情形，依同法第四百五十條第一項之規定，其租賃關係即為消滅，出租人自得向承租人請求返還租賃物。（院解三六〇五）

▲訟爭房地如果係上訴人出租於被上訴人使用收益，則上訴人於終止租賃契約時所得行使之租賃物返還請求權，自不因其所有權之未受合法移轉而受影響。（三一上二六六五）

▲承租人所有民法第四百三十一條第一項之費用償還請求權，與其在租賃關係終止後所負返還租賃物之義務，非有互為對價之關係，不得藉口其支付之有益費用未受清償，即拒絕租賃物之返還。（三三上二三二六）

▲被上訴人承租上訴人之舖屋既因火災致全部滅失，其租賃關係即因之而消滅，該舖屋之基地顯為租賃物之一部，然除別有訂定外，被上訴人僅得因使用舖屋而使用之，本無獨立使用之權。租賃關係因舖屋滅失而消滅後，被上訴人仍占有使用，如別無合法原因，即不能謂上訴人無返還請求權，雖該項地基曾經上訴人於民國三十年三月間立契出賣於訴外人某甲，其所有權已移轉於該訴外人，然依民法第三百四十八條第一項之規定，上訴人負有交付出賣標的物於買受人之義務，而民法第四百五十五條之租賃物返還請求權，又不以出租人就租賃物有所有權為要件，則原判決以該地基所有權已移轉於他人為理由，認上訴人無返還請求權，於法顯有未合。（三三上三〇六一）

▲承租人之農舍原由出租人無條件供給者，於耕地三七五減租條例施行後，依該條例第十二條之規定固仍應由承租人繼續使用。惟此項農舍使用權既係附屬於耕地之租賃關係而發生，則耕地之租賃關係消滅時亦即隨之喪失，承租人自應負返還其農舍於出租人之義務。（四三臺上一）

▲被上訴人向訴外人某甲買受系爭房屋後，雖未完成其所有權移轉登記，但其行使之租賃物返還請求權，係基於租賃關係即債之關係所發生，被上訴人既已向原出租人之某甲一併受讓其權利，並將此項事由通知上訴人，則其對上訴人行使出租人之權利，自不因系爭房屋之未完成所有權移轉登記而受影響。（四四臺上一一〇一）

▲上訴人於租期屆滿後，仍未依約履行還屋之義務，致被上訴人因而受相當於租金額之損害，固屬違背民法第四百五十五條之規定，難免於賠償之責，顧此種因遲延返還租賃物所生之損害賠償之債，揆與因故意侵權行為而負擔之債並非相同，故上訴人以所支出之修理費互相抵銷，即不在同法第三百三十九條規定不得抵銷之列。（四六臺上一七八〇）

▲（五二臺上二二〇九）參見本法第四百五十條。

▲租賃定有期限者，其租賃關係於期限屆滿時消滅，民法第四百五十條第一項定有明文，如無同法第四百五十一條所定視為以不定期限繼續契約情事，依同法第四百五十五條規定，承租人應於租期屆滿時返還租賃物。否則，即應負給付遲延責任。（六九臺上四〇〇一）

▲租約終止後，出租人除得本於租賃物返還請求權，請求返還租賃物外，倘出租人為租賃物之所有人時，並得本於所有權之作用，依無權占有之法律關係，請求返還租賃物。（七五臺上八〇一）

第四百五十六條　（消滅時效期間及其起算點）

出租人就租賃物所受損害對於承租人之賠償請求權，承租人之償還費用請求權及工作物取回權，均因二年間不行使而消滅。

前項期間，於出租人，自受租賃物返還時起算。於承租人，自租賃關係終止時起算。

⇧謹按出租人就租賃物所受之損害，對於承租人之賠償請求權，因二年間不行使而消滅，承租人對於出租人之償還費用請求權，及工作物取回權，亦因二年間不行使而消滅，蓋使法律關係得以從速確定也。其期間之起算，亦應明白規定，俾資適用。故設本條以明示其旨。

*（普通消滅時效期間）民一二五～一二七；（普通消滅時效之起算）民一二八。

第四百五十七條　（耕作地租賃之租金減免請求權）

耕作地之承租人，因不可抗力，致其收益減少或全無者，得請求減少或免除租金。

前項租金減免請求權，不得預先拋棄。

⇧謹按租金減免之請求權，在保險制度完備之國，其實用甚少，然在未完備時，為保護承租人計，其請求權極為必要。故本條規定耕作地之承租人，因不可抗力致收益減少或全無者，得請求減少或免除租金。此第一項所由設也。又租金減免請求權，耕作地承租人因受出租人之壓迫，而預先拋棄減免請求權者，亦事實上所難免。故為保護經濟弱者起見，特設禁止之規定。此第二項所由設也。

*（耕作地租賃之定義）民四二一，土地一〇六，三七五減租一；（終止租約之限制）民四五八～四六〇，土地一〇九、一一四、一一五，三七五減租六、一六～一九；（租金最高額之限制）土地一一〇、一一二，三七五減租二、七；（預收租金及押租之禁止）土地一一二，三七五減租一四；（承租人優先承買承典權）土地一〇七、一一七，三七五減租一五。

▲土地法第一百七十七條規定，地租不得超過耕地正產物收穫總額千分之三百七十五，約定地租超過千分之三百七十五者，應減為千分之三百七十五。所謂正產物收穫總額，係指通常可收穫之總額而言，故約定地租如未超過正產物通常可收穫之總額千分之三百七十五，而因不可抗力致其收益減少時，僅得依民法第四百五十七條第一項之規定，請求減少地租，自無適用土地法第一百七十七條減租之餘地。（三三上一七〇二）

第四百五十七條之一　（耕作地預收租金之禁止與租金之一部支付）

耕作地之出租人不得預收租金。

承租人不能按期支付應交租金之全部，而以一部支付時，出租人不得拒絕收受。

⑧一、本條新增。
二、為加強耕作地承租人之保護。爰參照耕地三七五減租條例第十四條第一項增訂第一項。
三、耕作地之承租人不能按期支付全部租金者，許其得為一部之支付，而出租人不得拒絕收受，以保障承租人之利益，爰參照土地法第一百十三條增設第二項。

▲系爭土地係屬耕地三七五減租條例第十四條第一項之情形，出租人固不得預向承租人收取地租，但承租人如願預付地租於出租人，究為法所不禁。（五二臺上二二〇八）

第四百五十八條　（耕作地租約之終止㈠）

耕作地租賃於租期屆滿前，有左列情形之一時，出租人得終止契約：

一　承租人死亡而無繼承人或繼承人無耕作能力者。
二　承租人非因不可抗力不為耕作繼續一年以上者。
三　承租人將耕作地全部或一部轉租於他人者。
四　租金積欠達兩年之總額者。
五　耕作地依法編定或變更為非耕作地使用者。

⑧現行規定究適用於定期租賃抑未定期限之租賃，尚有疑義。司法院院字第八五二號解釋認為僅適用於未定期限之租賃，惟耕作地之定期租賃，出租人得終止契約之條件如僅限於第四百四十條之欠租及第四百四十三條之轉租二種情形，對出租人未免過苛，為兼顧出租人與承租人雙方利益之平衡，爰參照平均地權條例第七十六條、耕地三七五減租條例第十七條、土地法第一百十四條及土地法施行法第二十七條等規定，增訂第一款至第五款，規定得終止契約之情形，並修正本條如上，俾使其適用於定有期限之耕作地租賃。

＊（耕作地租賃）民四二一，土地一〇六，三七五減租一；（契約終止）民二六三。

第四百五十九條　（耕作地租約之終止㈡）

未定期限之耕作地租賃，出租人除收回自耕外，僅於有前條各款之情形或承租人違反第四百三十二條或第四百六十二條第二項之規定時，得終止契約。

⑧現行規定是否僅適用於未定有期限之租賃，尚有疑義。為期明確，爰參照土地法第一百十四條，修正本條為未定期限耕作地租賃終止契約之限制規定。

＊（耕作地租賃）民四二一，土地一〇六，三七五減租一；（契約終止）民二六三。

▲耕作地之租賃未定期間者，各當事人於收穫時節後，原得聲明終止契約。但耕種多年相安無異，地主基於特定事實之發生以為訴求終止之原因，而查明其事實並不存在，自不宜率行准許。（一八上二〇五一）（九一、九、二〇決議不再援用）

第四百六十條　（耕作地租約之終止期）

耕作地之出租人終止契約者，應以收益季節後，次期作業開始前之時日，為契約之終止期。

㈠謹按耕作地之租賃，其由出租人終止契約者，應使其於收穫時節後，次期耕作著手前之時日，為契約終止期。否則已耕作者，因新舊易主，荒蕪者多，易生經濟上之損害也。

＊（耕作地租約之終止）民四五八、四五九，土地一〇九、一一四、一一五，三七五減租六、一六～一九。

▲上訴人倘本於大佃關係請求放贖典物及交還租賃物，其起訴之時縱非在收益季節後次期作業開始前，如在第二審辯論終結前，已屆收益季節後次期作業開始前，仍應認上訴人請求之時期為合於法律規定，其依土地法第一百八十條第三款、第五款終止租約時，關於同法第一百八十三條所定之通知時期，亦應按上開之說明辦理。（三二上五〇九三）

第四百六十條之一　（耕作地之優先承買或承典權）

耕作地出租人出賣或出典耕作地時，承租人有依同樣條件優先承買或承典之權。

第四百二十六條之二第二項及第三項之規定，於前項承買或承典準用之。

⑧一、本條新增。
二、耕作地出租人將耕作地出賣或出典於第三人時，承租人之租賃權雖繼續存在，然使用與所有仍不能合一。為能達到使用與所有合一之目的，促進物之利用並減少糾紛，爰參照土地法第一百零七條增設本條。

▲㈠耕地承租人在耕地出租人通知出賣耕地後，即於十日內為承買之表示，不過得認為不生土地法第一百零七條第二項準用第一百零四條第二項之規定，視為放棄依同樣條件優先承買權之效果，而於出租人出賣之耕地，仍須具有同條第一項所定依同樣條件之要件，始有優先承買之權。
㈡耕地出租人出賣耕地時承租人有優先承買之權者，以依同樣條件為限，此為土地法第一百零七條第一項所明定，耕地價金為耕地出賣之重要條件，故承租人就其承買耕地表示之價金數額須與出租人要約，或第三人承諾之價金數額相當，而後有優先承買權之可言。（三九臺上九〇三）

▲出租人將出租耕地出賣第三人，所約定之價金自為土地法第一百零七條第一項所謂出賣耕地之重要條件，如承租人未於接受出賣之通知後十日內，對出租人為依上述同一價額承買租賃物之表示，則依同條第二項準用第一百零四條第二項之規定，仍應視為承租人放棄優先承買權。（三九臺上一五一三）

▲出租人出賣耕地時，承租人有依同樣條件優先承買之權，土地法第一百零七條第一項固有明文規定，然所謂耕地係指農地與漁牧地而言，林地則不得認為包含在內，觀於同法第一百零六條及第二條第一項之規定自明。（四〇臺上一五二四）

▲土地法第一百零四條第一項及第一百零七條第一項，關於基地或耕地承租人之優先承買權，即為承租人對於出租人之買賣契約訂立請求權，須以對於基地或耕地有租賃關係存在為其成立之前提要件，故提起此項訴訟之原告，應先證明其基地或耕地之租賃關係存在，始有買賣契約訂立請求權之可言。（四四臺上七〇〇）

▲依耕地三七五減租條例第十五條第一項之規定，被上訴人固有優先承買之權，然上訴人於出賣耕地時，祇須將出賣條件以書面通知被上訴人，至被上訴人於接受通知後十五日內，如未以書面表示承買者，按之該條所定，既應視為放棄，則被上訴人就此項優先權之是否行使，對於上訴人顯不負有必須確答之義務，而其不為確答所生法律上效果，於上開法條內規定至明，自無待以判決宣示之必要。（四四臺上一三七〇）

▲耕地出賣時承租人有優先承買之權，出賣人應將買賣條件以書面通知承租人，如違反是項規定而與第三人訂立契約者，其契約不得對抗承租人，為耕地三七五減租條例第十五條第一、三項所明定。所謂不得對抗承租人者，即出租人（即出賣人）與承買人不得主張基於買賣而承租人之優先承買權為之消滅之意。故承租人如未接獲出賣條件之書面通知，仍非不得請求確認其就耕地有優先承買權之存在。（四七臺上一五一）

▲耕地出租人出賣耕地時，如不依耕地三七五減租條例第十五條第一、二項所定出賣條件，以書面通知承租人優先承買，而與第三人訂立契約者，依同條第三項之規定，其契約不得對抗承租人。所謂不得以其契約對抗承租人，固係指該項以買賣為原因而成立之移轉物權行為，對於承租人不生效力而言。惟優先承買權亦為權利之一種，原則上因拋棄而消滅，承租人就其優先承買權倘曾向出租人為拋棄之意思表示，自後即不得再行主張及行使，而依強制執行法所為之拍賣，仍屬買賣性質，拍定人為買受人，執行法院僅代表債務人立於出賣人地位，故拍賣前承租人向出租人所為先買權之拋棄，於拍賣時乃有效力。（四九臺上二三

八五）

▲強制執行法上之拍賣，應解釋為買賣之一種，即拍定人為買受人，而以拍賣機關代替債務人立於出賣人之地位。故出賣人於出賣時所應踐行之程序，例如依耕地三七五減租條例第十五條規定，應將買賣條件以書面通知有優先承買權之承租人，使其表示意願等等，固無妨由拍賣機關為之踐行，但此究非強制執行法第十二條所謂執行時應遵守之程序，縱令執行法院未經踐行或踐行不當，足以影響於承租人之權益，該承租人亦祇能以訴請求救濟，要不能引用該條規定為聲請或聲明異議。（四九臺抗八三）

▲耕地三七五減租條例第十五條第一項所謂賣典條件，係指出租人與他人間所訂契約條件或他人承諾之條件而言，非謂僅依出租人一方所提出之條件，即與該條項所定者相當。故承租人對出租人一方所提條件與之成立買賣，仍為普通買賣，而非行使優先權之結果，反之若未成立買賣，固無拋棄優先權之問題發生，且亦無同條第二項規定之適用。（五二臺上三五〇四）

▲如果上訴人確係系爭土地之承租人，原所有人將土地出賣與被上訴人時，不依法通知上訴人，其移轉所有權之行為，對於承租人不生效力（參見本院四十九年臺上字第二三八五號判例），被上訴人即不得以出租人地位訴請交還。（六五臺上四二六）

▲土地法第三十四條之一第四項之優先購買權，係屬債權性質，此由該條項用語，與同法第一百零四條第二項及耕地三七五減租條例第十五條第三項用語不同，可以知之。被上訴人相互間就系爭土地應有部分之買賣，既經辦畢所有權移轉登記，則上訴人本於土地法第三十四條之一第四項規定之優先承購權，請求塗銷被上訴人間之所有權移轉登記及將該應有部分出賣並移轉登記於伊，既無可准許。（六六臺上一五三〇）

▲耕地租用，係指以自任耕作為目的，約定支付地租使用他人之農地者而言，土地法第一百零六條第一項定有明文，所稱農地，參照同條第二項之立法精神，應包括漁地及牧地在內。承租他人之非農、漁、牧地供耕作之用者，既非耕地租用，自無耕地三七五減租條例規定之適用。本院六十二年臺上字第一六四七號及六十三年臺上字第一五二九號判例應予變更，不再予援用。（八八臺上一）

第四百六十一條 （耕作費用之償還）

耕作地之承租人，因租賃關係終止時未及收穫之孳息，所支出之耕作費用，得請求出租人償還之。但其請求額不得超過孳息之價額。

⇧謹按與耕作地尚未分離之孳息，承租人不得收取，蓋租賃關係終止時，承租人須依第四百五十五條，保持生產狀態，返還於出租人。故有時出租人可取得孳息，而承租人轉不能取得，此時出租人取得不當之得利，為法所不許，應使其就孳息之耕作費，償還於承租人。但其償還之價額，不得超過孳息之價額，以示平允。此本條所由設也。

*（租賃關係終止期）民四六〇；（天然孳息）民六九㊀、七〇㊀。

第四百六十一條之一 （承租人對耕作地之特別改良）

耕作地承租人於保持耕作地之原有性質及效能外，得為增加耕作地生產力或耕作便利之改良。但應將改良事項及費用數額，以書面通知出租人。

前項費用，承租人返還耕作地時，得請求出租人返還。但以其未失效能部分之價額為限。

㊇一、本條新增。

二、耕作地之特別改良，可促進土地之利用及生產之增加，爰參照土地法第一百十九條、第一百二十條及耕地三七五減租條例第十三條增訂本條。

第四百六十二條 （耕作地附屬物之範圍及其補充）

耕作地之租賃，附有農具、牲畜或其他附屬物者，當事人應於訂約時，評定其價值，並繕具清單，由雙方簽名，各執一份。

清單所載之附屬物，如因可歸責於承租人之事由而滅失者，由承租人負補充之責任。

附屬物如因不可歸責於承租人之事由而滅失者，由出租人負補充之責任。

⇧謹按耕作地之租賃，如附有農具、牲畜、或其他附屬物者，應由當事人雙方於訂立契約時，評定價值，開單簽名，各執一份，藉資點查。至關於附屬物上承租人與出租人相互間之責任，亦須明示，以防無益之爭。此本條所由設也。

*（耕作地租賃）民四二一，土地一〇六，三七五減租一。

第四百六十三條 （耕作地附屬物之返還）

耕作地之承租人依清單所受領之附屬物，應於租賃關係終止時，返還於出租人。如不能返還者，應賠償其依清單所定之價值。但因使用所生之通常折耗，應扣除之。

⇧謹按租賃關係終止時，耕作地之承租人，應依照清單所受領之附屬物，負返還於出租人之義務。其附屬物因滅失毀損不能返還者，則應依照清單所定之價值，負賠償之義務，但因使用上通常所生之折耗，應扣除之，以保護承租人之利益。此本條所由設也。

*（耕作地附屬物之範圍及其補充）民四六二；（耕作地租約之終止）民四五八、四五九，土地一〇九、一一四、一一五，三七五減租六、一六～一九。

第四百六十三條之一 （權利租賃之準用）

本節規定，於權利之租賃準用之。

㊇一、本條新增。

二、關於權利之租賃，事所常見。例如著作權與國營礦業權之出租等是。特別法雖設有規定（例如著作權法第二十九條及礦業法第五十二條第一項），惟皆屬行政或訓示事項；對於出租人與承租人間之權利義務並未規範。故增訂本條使權利租賃得準用一般租賃之規定，俾因應經濟發展暨實務上之需要。

第六節 借貸

⇧謹按借貸者，借用人與貸與人相互間之契約也。有使用借貸、消費借貸之別，二者之性質不同，故本節分款規定之。

第一款 使用借貸

⇧查民律草案債權編第二章第七節原案謂使用借貸者，當事人約定一方以其所有物無償貸與他方使用，他方使用後返還其物之契約也。此種借貸，各國習慣上多有之，且為人生日用交際上必不可少者，故特設本款之規定。顧使用借貸之標的物也非權利也，權利之使用借貸，為本法所不認，即有此事，僅能以無名契約論，許其準用本款規定而已，不得即以本款之契約論。至使用借貸之標的，各國立法例，有僅規定使用而不及收益者，故本法採用之。

第四百六十四條 （使用借貸之定義）

稱使用借貸者，謂當事人一方以物交付他方，而約定他方於無償使用後返還其物之契約。

㊇我國民法規定之使用借貸，通說認係要物契約，於當事人合意外，更須交付借用物始能成立。惟依現行法本條及次條（第四百六十五條）合併觀察，易使人誤認為使用借貸為諾成契約，而以物之交付為其生效要件。為免疑義，爰修正如上。

*（物）民六六～六八。

▲使用借貸原屬無償契約，並不能因停止收取費用，作為借

貸關係消滅之論據。（四三臺上六一一）

▲使用借貸，乃債權契約非物權契約，貸與人對借用物縱無所有權，亦可本於貸與人地位請求借用人返還，亦即使用借貸之成立與所有權之有無，並無牽連關係，不生民事訴訟法第一百八十二條所定中止訴訟程序之問題。（五〇臺抗一六六）

▲使用借貸，非如租賃之有民法第四百二十五條之規定。縱令上訴人之前手將房屋及空地，概括允許被上訴人等使用，被上訴人等要不得以上訴人之前手，與其訂有使用借貸契約，主張對現在之房地所有人即上訴人有使用該房地之權利。（五九臺上二四九〇）

▲使用借貸必係無償，有償則非使用借貸。換耕田地，互有對價關係，自非無償。（六七臺上二四八八）

第四百六十五條　（刪除）

⑧本條之規定，易使人誤為借用物之交付為使用借貸之生效要件。為配合前條之修正，爰將本條刪除。

第四百六十五條之一　（使用借貸之預約）

使用借貸預約成立後，預約貸與人得撤銷其約定。但預約借用人已請求履行預約而預約貸與人未即時撤銷者，不在此限。

⑧一、本條新增。

二、預約為約定負擔訂立本約之義務之契約。通常在要式或要物契約始有其存在價值。使用借貸為要物契約，常先有預約之訂立，惟其亦為無償契約，故於預約成立後，預約貸與人如不欲受預約之拘束，法律應許其撤銷預約，始為合理。但預約借用人已請求履行預約而預約貸與人未即時撤銷者，應限制其復任意撤銷其預約。爰參照第四百零八條第一項、第二百六十九條第二項規定，增訂本條。

第四百六十六條　（貸與人之責任）

貸與人故意不告知借用物之瑕疵，致借用人受損害者，負賠償責任。

⇧謹按使用借貸之貸與人，既無償於約定期間內以物貸與他方使用，是貸與人所負義務，無可取償，實與通常債務人有別，若令其與通常債務人負同一之責任，殊未公允。故設立本條。惟以因故意不告知借用物之瑕疵，致借用人因其瑕疵而受有損害者為限，貸與人始負賠償之責任也。

＊（物之瑕疵）民三五四；（故意之責任）民二二〇、二二二。

第四百六十七條　（依約定方法使用借用物義務）

借用人應依約定方法，使用借用物；無約定方法者，應以依借用物之性質而定之方法使用之。

借用人非經貸與人之同意，不得允許第三人使用借用物。

⇧謹按借用人對於借用物，應切實注意，善為保存，徵諸債權通則，已極明晰。故有約定方法者，應依約定方法，使用借用物，無約定方法者，應依物之性質所定之方法使用借用物。至借用人得允許第三人使用其借用物與否，尤應以貸與人之是否同意為斷，貸與人如不同意，借用人即不得允許第三人使用借用物，蓋恐借用人之濫用使用權。故設本條之規定，以保護貸與人之利益也。

＊（使用借貸）民四六四。

第四百六十八條　（借用人之保管義務）

借用人應以善良管理人之注意，保管借用物。

借用人違反前項義務，致借用物毀損、滅失者，負損害賠償責任。但依約定之方法或依物之性質而定之方法使用借用物，致有變更或毀損者，不負責任。

⇧謹按借用人有以善良管理人之注意，保管借用物之義務，若違反此項義務，致其物有毀損滅失情形者，應負損害賠償之責任，此理之當然，自無疑義。若依約定之方法或依物之性質而定之方法，而為使用，致其物有變更或毀損情形者，有無責任，亦應以明文規定之。故設本條以明示其旨。

＊（借用人使用借用物之方法）民四六七；（損害賠償之短期時效）民四七三。

第四百六十九條　（通常保管費用之負擔及工作物之取回）

借用物之通常保管費用，由借用人負擔。借用物為動物者，其飼養費亦同。

借用人就借用物支出有益費用，因而增加該物之價值者，準用第四百三十一條第一項之規定。

借用人就借用物所增加之工作物，得取回之。但應回復借用物之原狀。

⑧一、第一項未修正。

二、我民法就借用人支出有益之費用，於借貸關係終止時，並無得請求償還之明文，致學者間意見紛紜，有主張得依不當得利或無因管理請求償還者，有認為不得請求償還者。查外國立法例關於借用人就借用物支出之有益費用，大都明定由貸與人負責償還（德國民法第六百零一條第二項、法國民法第一千八百九十條、瑞士債務法第三百零七條參考）。為明確計，爰仿外國立法例，增訂本條第二項，以杜爭議。

三、原第二項移列為第三項。

＊（借用人之保管義務）民四六八。

第四百七十條　（借用人返還借用物義務）

借用人應於契約所定期限屆滿時，返還借用物；未定期限者，應於依借貸之目的使用完畢時返還之。但經過相當時期，可推定借用人已使用完畢者，貸與人亦得為返還之請求。

借貸未定期限，亦不能依借貸之目的而定其期限者，貸與人得隨時請求返還借用物。

⇧謹按借用物返還之期限，其有約定期限者，借用人應於約定期限屆滿時返還借用物，其未定期限者，借用人應於使用完畢時返還，其經過相當期限，可以推定其使用完畢者，貸與人亦得請求返還。若既無約定期限，又不能依借用之目的定其何時使用完畢者，貸與人可以隨時請求返還，本條特設明文規定，所以免無謂之爭議也。

＊（清償期）民三一五、三一六；（清償地）民三一四；（貸與人之終止契約）民四七二。

▲因任職關係獲准配住系爭房屋，固屬使用借貸之性質，然其既經離職，依借貸之目的，當然應視為使用業已完畢，按諸民法第四百七十條之規定，被上訴人自得據以請求交還系爭房屋。（四四臺上八〇二）

▲物之所有人本於所有權之效用，對於無權占有其所有物者請求返還所有物，與物之貸與人基於使用借貸關係，對於借用其物者請求返還借用物之訴，兩者之法律關係亦即訴訟標的並非同一，不得謂為同一之訴。（四七臺上一〇一）

▲因任職關係獲准配住宿舍，其性質為使用借貸，目的在使任職者安心盡其職責，是倘借用人喪失其與所屬機關之任職關係，當然應認依借貸之目的，已使用完畢，配住機關自得請求返還。故公務員因任職關係配住宿舍，於任職中死亡時，既喪失其與所屬機關之任職關係，依借貸目的應認已使用完畢，使用借貸契約因而消滅，此與一般使用借貸契約，借用人死亡時，貸與人僅得終止契約之情形尚有不同。（九一臺上一九二六）

第四百七十一條　（借用人之連帶責任）

數人共借一物者，對於貸與人，連帶負責。

⇧謹按貸與人約定以物無償貸與借用人使用，而借用人有數人時，其對於貸與人應負返還及賠償之責任若何，不可不明文規定之。此本條所由設也。

＊（使用借貸）民四六四；（連帶責任）民二七二～二八二。

第四百七十二條（貸與人之終止契約權）

有左列各款情形之一者，貸與人得終止契約：

一　貸與人因不可預知之情事，自己需用借用物者。

二　借用人違反約定或依物之性質而定之方法使用借用物，或未經貸與人同意允許第三人使用者。

三　因借用人怠於注意，致借用物毀損或有毀損之虞者。

四　借用人死亡者。

⇧謹按使用借貸契約，貸與人因不可預知之情事，自己需用借用物者，自應許其有終止契約之權。又借用人違反約定或依物之性質而定之使用方法，或未經貸與人之同意，允許第三人使用借用物，或怠於注意，致其物毀損或有毀損之虞者，若不許其終止契約，貸與人之利益，必被侵害。至借用人死亡，貸與人不欲其繼承人繼續使用借貸者，既不能以法律強其繼續，即應認其有終止契約權。凡此應均令終止契約，藉以保護權利，以昭公允。此本條所由設也。

*（期限屆滿之終了）民四七〇；（違反使用方法與保管義務）民四六七、四六八。

▲使用借貸為無償契約，原屬貸與人與使用人之特定關係，除當事人另有特約外，自無移轉其權利於第三人之可言。倘借用人未經貸與人同意，擅將借用物轉讓第三人使用者，貸與人自得終止契約。（四九臺上三八一）

▲貸與人因不可預知之情事自己需用借用物者，得終止契約，為民法第四百七十二條第一款所明定。本條之適用，不問使用借貸是否定有期限，均包括在內。所謂不可預知之情事，指在訂立使用借貸契約以後所發生之情事，而非訂立契約時所能預見者而言。而所謂自己需用借用物，祇須貸與人有自己需用借用物之原因事實為已足，其是否因正當事由而有收回之必要，不必深究。被上訴人有自己需用系爭土地以供建屋之事實，而為出借系爭土地時所不能預知，在原判決既已詳為闡明，則被上訴人所為終止借貸關係之意思表示，於法自非無據。（五八臺上七八八）

第四百七十三條（消滅時效期間及其起算）

貸與人就借用物所受損害，對於借用人之賠償請求權、借用人依第四百六十六條所定之賠償請求權、第四百六十九條所定有益費用償還請求權及其工作物之取回權，均因六個月間不行使而消滅。

前項期間於貸與人自受借用物返還時起算。於借用人自借貸關係終止時起算。

⑱一、為配合第四百六十九條第二項增訂關於借用人有益費用償還請求權之規定，第一項爰予修正如上。

二、第二項未修正。

*（普通消滅時效之期間）民一二五～一二七；（普通消滅時效期間之起算）民一二八。

第二款　消費借貸

⇧謹按消費借貸者，當事人約定一方移轉金錢或其他代替物之所有權於他方，而他方於消費後，以種類、品質、數量相同之物返還之契約也。各國習慣上多有此事，且為實際上所必不可少者，故設本款之規定。

第四百七十四條（消費借貸之定義）

稱消費借貸者，謂當事人一方移轉金錢或其他代替物之所有權於他方，而約定他方以種類、品質、數量相同之物返還之契約。

當事人之一方對他方負金錢或其他代替物之給付義務而約定以之作為消費借貸之標的者，亦成立消費借貸。

⑱一、我國民法規定之消費借貸，通說認係要物契約，於當事人合意外，更須交付金錢或其他代替物，以移轉其所有權於他方，始能成立。惟依現行法本條及次條（第四百七十五條）合併觀察，易使人誤為消費借貸為諾成契約，而以物之交付為其生效要件。為免疑義，爰修正如上，並移列為第一項。

二、消費借貸契約，固以當事人約定，一方移轉金錢或其他代替物之所有權於他方，他方以種類、品質、數量相同之物返還，並因物之交付而成立為典型；惟當事人之一方對他方負金錢或其他代替物之給付義務而約定以之作為消費借貸之標的者，例如：積欠工資、價金、工程款等而以之作為消費借貸時，亦應成立消費借貸契約，否則，必令當事人反覆交付而後始能成立消費借貸，非僅不便，且與社會生活之實情不符。爰參考德國民法第六百零七條第二項、日本民法第五百八十八條規定，增訂第二項。惟其標的，仍以金錢或其他代替物為限，俾與消費借貸之係以種類、品質、數量相同之物返還之性質相等。

*（金錢之債）民二〇一、二〇二；（種類之債）民二〇〇；（消費寄託）民六〇二、六〇三；（所有權之移轉）民七六一、八〇一、九四八～九五一。

▲金錢之借貸本可僅憑個人信用，並不以有保證人及抵押品為契約成立要件。（一八上一四二二）

▲借用人向貸與人所述借用金錢之緣由，是否屬實，借用人就其所借得之金錢作何用途，均與消費借貸契約之成立無關。（二一上一一一四）

▲消費借貸契約之訂立，法律上並無應以書面為之之規定，民法第三條第一項所謂依法律之規定，有使用文字之必要者，即不包含消費借貸契約之訂立在內。（二七上三二四〇）

▲金錢借貸而以耕地收穫之糧食納息者，應以糧食折算為金錢之價額為約定利息之數額，除其折算價額應受民法第二百零五條之限制外，不能以當事人未另約定利息之金錢數額，遂謂該契約之性質非金錢借貸。（三三上一五九八）

▲水泥係屬代替物之一種，而代替物之借貸，原則上應返還種類、品質、數量相同之物，例外如借用人不能以此返還時，始得以時價折還現款，此觀民法第四百七十四條、第四百七十九條第一項規定自明。原判就系爭水泥還命借用人即上訴人折付現金與被上訴人，顯非適法。（四七臺上七九三）

▲所謂土地押租契約，一般指出租人將土地出租與承租人，承租人另借款與出租人，雙方約定以借款利息抵付土地租金，俟租賃關係終了時互相返還土地借款之聯立契約，其有關法律關係應分別適用民法租賃、借貸之規定。（六四臺上二四〇〇）

第四百七十五條（刪除）

⑱本條之規定，易使人誤會金錢或其他代替物之交付為消費借貸之生效要件。為配合前條之修正，爰將本條刪除。

第四百七十五條之一（消費借貸之預約）

消費借貸之預約，其約定之消費借貸有利息或其他報償，當事人之一方於預約成立後，成為無支付能力者，預約貸與人得撤銷其預約。

消費借貸之預約，其約定之消費借貸為無報償者，準用第四百六十五條之一之規定。

⑱一、本條新增。

二、消費借貸為要物契約，常先有預約之訂立。消費借貸如為有償契約，預約借用人於預約成立後，成為無支付能力者，為免危及預約貸與人日後之返還請求權，自宜賦予預約貸與人撤銷預約之權。而在預約貸與人於預約成立後成為無支付能力者，預約貸與人亦應有撤銷預約之權，方符消費借貸預約之旨趣，以及誠信之原則。爰參考德國民法第六百十條、日本民法第五百八十九條、瑞士債務法第三百十六條第一項規定與本法第四百十八條之法意，增訂本條第一項。三、消費借貸之預約，其約定之消費借貸為無報償者，不應令預約貸與人負過苛之責任，方為平允，爰增訂第二項，明示準用使用借貸預約之有關規定。

第四百七十六條（物之瑕疵擔保責任）

消費借貸，約定有利息或其他報償者，如借用物有瑕疵時，貸與人應另易以無瑕疵之物。但借用人仍得請求損害賠償。

消費借貸為無報償者，如借用物有瑕疵時，借用人得照有瑕疵原物之價值，返還貸與人。

前項情形，貸與人如故意不告知其瑕疵者，借用人得請求損害賠償。

⇧查民律草案第七百十二條理由謂消費借貸，為單務契約，貸與人自無義務可負。然約付利息或其他報償之消費借貸，貸與人既有受利息或其他報償之利益，則其物含有瑕疵時，自應使負擔保責任，以保護借用人之利益。至無利息或其他報償之消費借貸，若其物含有瑕疵，借用人即可仍以有瑕疵之物返還之，第與前物同一有瑕疵之物，得之綦難，故按照有瑕疵物之價值返還，亦無不可。但貸與人知其物有瑕疵，故意不告知借用人，是有背於交易上之誠實及信用，故仍使其負擔保之責任。

*（消費借貸）民四七四；（物之瑕疵擔保）民三五四、三五五；（損害賠償）民二一三～二一六。

第四百七十七條（消費借貸報償之支付時期）

利息或其他報償，應於契約所定期限支付之；未定期限者，應於借貸關係終止時支付之。但其借貸期限逾一年者，應於每年終支付之。

⇧查民律草案第七百十五條理由謂約付利息或其他報償之消費借貸，其支付利息或報償之期限，必須規定明確，始能杜無益之爭論。故設本條以明示其旨。

*（利息之債）民二〇三～二〇七。

第四百七十八條（借用人返還借用物義務）

借用人應於約定期限內，返還與借用物種類、品質、數量相同之物。未定返還期限者，借用人得隨時返還，貸與人亦得定一個月以上之相當期限，催告返還。

⇧謹按消費借貸，借用人約定有返還時期者，應於約定期限內，返還與借用物種類、品質、數量相同之物，此屬當然之結果。其未定返還期限者，在借用人自得隨時返還，在貸與人亦得定一個月以上之相當期限催告返還。故本條特明設規定，以杜爭執。

*（消費借貸）民四七四；（返還不能之補償）民四七九；（金錢借貸之返還）民四八〇、四八一。

▲銀行兌換券原為現金之代用品，故以兌換券為消費借貸之標的物，而其實際可兌得之金額較券面所定為少者，除經特別約定，日後無論實際可兌得之金額多少，均照借貸數量之券面額返還者，從其約定外，自應認為以該兌換券在借貸時實際可兌得之金額為借貸之金額，始合於當事人之真意，至返還時該兌換券實際可兌得之金額更減少者，借用人即應按該兌換券在借貸時實際可兌得之金額，以現金返還之，如以該項兌換券返還，亦應補足其差額。（二二上一一五四）

▲被上訴人既已對上訴人起訴，起訴狀繕本又於六十八年八月九日送達上訴人，自可認被上訴人已對上訴人為催告，且截至第二審更審言詞辯論之日止，為時逾一個月以上，縱本件借貸未定有返還期限，亦可認被上訴人之請求與民法第四百七十八條規定相符。（七〇臺上二〇一一）

▲民法第四百七十八條規定：消費借貸未定返還期限者，借用人得隨時返還，貸與人亦得定一個月以上之相當期限催告返還。所謂貸與人之催告必須定有期限，祇須貸與人有催告還，非謂貸與人之催告必須定有期限，祇須貸與人有催告之事實，而催告後已逾一個月以上相當期限者，即認借用人有返還借用物之義務。（七三臺抗四一三）

第四百七十九條（返還不能之補償）

借用人不能以種類、品質、數量相同之物返還者，應以其物在返還時、返還地所應有之價值償還之。

返還時或返還地未約定者，以其物在訂約時或訂約地之價值償還之。

⇧謹按消費借貸，借用人本應以與借用物種類、品質、數量相同之物返還貸與人，若不能以種類、品質、數量相同之物返還，而遽免其義務，則保護貸與人，失之過薄。故令以該物在返還時及返還地之價值，償還貸與人，然此僅限於有約定返還時日及返還地點者，方可適用，若當事人間於借貸之際，並未為返還時及返還地之約定，此時應使借用人以其物在訂約時或訂約地之價值償還貸與人，以昭公允。此本條所由設也。

*（借用物之返還）民四七八；（給付不能）民二二五、二二六；（清償地）民三一四；（清償期）民三一五、三一六；（金錢借貸之返還）民四八〇。

▲民法第四百七十九條第一項所謂不能以種類、品質、數量相同之物返還，係指依社會觀念其返還種類、品質、數量相同之物已屬不能者而言。若依社會觀念其返還種類、品質、數量相同之物，並非不能，自無同條項之適用。（三二上二一五〇）

▲（四七臺上七九三）參見本法第四百七十四條。

第四百八十條（金錢借貸之返還）

金錢借貸之返還，除契約另有訂定外，應依左列之規定：

一　以通用貨幣為借貸者，如於返還時，已失其通用效力，應以返還時有通用效力之貨幣償還之。

二　金錢借貸，約定折合通用貨幣計算者，不問借用人所受領貨幣價格之增減，均應以返還時有通用效力之貨幣償還之。

三　金錢借貸，約定以特種貨幣為計算者，應以該特種貨幣，或按返還時返還地之市價，以通用貨幣償還之。

⇧謹按金錢借貸，既以通用貨幣為標的，則因社會經濟之情況，貨幣價值，自必時有變動。有借用時之貨幣，至返還時已失其通用效力者，有須折合通用貨幣計算者，有以特種貨幣計算者，究應以何種貨幣償還，自須明白規定，方足以免糾紛。故設本條以明示其旨。（參照第二百零一條、第二百零二條）

*（貨幣之債）民二〇一、二〇二；（貨物折算金錢之消費借貸）民四八一；（返還時）民三一五、三一六、四七八；（清償地）民三一四；（非金錢借貸返還不能之補償）民四七九。

第四百八十一條（貨物或有價證券折算金錢之消費借貸）

以貨物或有價證券折算金錢而為借貸者，縱有反對之約定，仍應以該貨物或有價證券按照交付時交付地之市價所應有之價值，為其借貸金額。

㊇商業發達後，有價證券常成為交易之標的，而「貨物」是否包括有價證券在內，易滋疑義，為明確計，爰仿瑞士債務法第三百十七條規定，增列「有價證券」亦在本條適用之列，以符實際，並杜爭議。

*（消費借貸）民四七四；（金錢借貸之返還）民四八〇。

▲上訴人開設某商號以共合農民經濟、肥料為其營業，其所

供給被上訴人豆餅、肥料之代價請求權，自不得謂非民法第一百二十七條第八款所列之請求權，縱令此項代價約明，俟農產物收穫時附加利息償還，亦仍不失其商品代價請求權之性質，不能據此即謂係以貨物折算金錢而為借貸。上訴人主張該貨款為借貸性質，並非商品代價，原審認為不當，於法並無不合。（二九上一一九一）

第七節 僱傭

⇧查民律草案債權編第二章第九節原案謂僱傭者，當事人約定一方服勞務，一方給與報酬之契約也。勞務不僅身體，即高尚之精神，亦為勞務。報酬不僅金錢，各種給付，亦為報酬。近世各國所認僱傭契約，其勞務及給付之定義，俱依此為準，於實際上亦良便，故本法設本節規定。

第四百八十二條 （僱傭之定義）

稱僱傭者，謂當事人約定，一方於一定或不定之期限內為他方服勞務，他方給付報酬之契約。

⇧謹按僱傭關係，為僱用人與受僱人之契約關係，即當事人約定，一方於一定或不定之期限內為他方服勞務，他方給付報酬之契約。故本條特明示其意義，以資準據。

＊（有償契約之準用）民三四七；（承攬）民四九〇；（委任）民五二八；（居間）民五六五；（寄託）民五八九。

▲僱傭契約依民法第四百八十二條之規定，係以約定受僱人於一定或不定之期限內，為僱用人服勞務，僱用人給與報酬為其成立要件。就此項成立要件言之，僱傭契約在受僱人一方，僅止於約定為僱用人供給一定之勞務，即除供給一定勞務之外，並無其他目的，在僱用人一方，亦僅約定對於受僱人一定勞務之供給而與以報酬，縱使受僱人供給之勞務不生預期之結果，仍應負給與報酬之義務，此為其所有之特徵。（四五臺上一六一九）

▲僱傭契約於當事人間，固以約定一方於一定或不定之期限內，為他方服勞務，他方給付報酬為其成立之要件，然其與第三人間之關係，受僱人既係以聽從僱用人之指示而作為，倘受僱人確係因服勞務而生侵害第三人權利之情事時，僱用人即不能藉口曾與受僱人有何約定，而諉卸其對第三人之責任。（五六臺上一六一二）

第四百八十三條 （報酬及報酬額）

如依情形，非受報酬即不服勞務者，視為允與報酬。

未定報酬額者，按照價目表所定給付之；無價目表者，按照習慣給付。

⇧查民律草案第七百十七條理由謂僱傭契約之成立，必應規定明確，始杜無益之爭論。報酬為僱傭之一要件，故為人服勞務，不向人索報酬者，不得以僱傭論。例如子為父母服勞務，非因報酬而然，即不得謂之僱傭契約。然有非受報酬不服勞務之情事者，仍應視為僱用人允給報酬。至報酬額之多寡，如無特約，可依公定傭率或習慣相沿之數而定。此本條所由設也。

＊（僱傭）民四八二；（報酬給付之時期）民四八六；（受領遲延之報酬請求）民四八七。

第四百八十三條之一 （僱用人對受僱人之保護義務）

受僱人服勞務，其生命、身體、健康有受危害之虞者，僱用人應按其情形為必要之預防。

(88)一、本條新增。

二、基於社會政策之理由，德國及瑞士各國（參考德國民法第六百十八條、瑞士債務法第三百三十九條）多設有使僱用人對於受僱人負保護義務之規定。而在民生主義立法政策下之我國民法，獨付闕如。為了受僱人周全之保障，尤有增訂必要，爰增訂本條規定。本條所謂「服勞務」，除指勞務本身外，尚包括工作場所、設備、工具等有使受僱人受危害之虞之情形。

第四百八十四條 （勞務之專屬性）

僱用人非經受僱人同意，不得將其勞務請求權讓與第三人。受僱人非經僱用人同意，不得使第三人代服勞務。

當事人之一方違反前項規定時，他方得終止契約。

⇧謹按依僱傭契約，僱用人與受僱人相互間之權利義務，基於專屬之關係而生。故僱用人非經受僱人同意，不得將其勞務請求權讓與第三人，受僱人亦非經僱用人同意，不得使第三人代服勞務。故設第一項以明示其旨。若僱用人之一方，未得受僱人同意，遽將勞務請求權讓與第三人，或受僱人之一方，未得僱用人同意，遽使第三人代服勞務者，此時應使受僱人或僱用人之他方，有終止契約之權。故設第二項以明示其旨。

＊（債權之讓與性）民二九四；（第三人之清償）民三一一、三一二；（誠信原則）民一四八；（契約終止）民二六三。

第四百八十五條 （特種技能之保證）

受僱人明示或默示保證其有特種技能者，如無此種技能時，僱用人得終止契約。

⇧謹按僱傭契約既經成立，受僱人因無特種技能不能勝任時，僱用人能否終止契約，應以受僱人曾否明示或默示保證其有特種技能為斷。若受僱人曾經自己明示或默示保證其有特種技能者，如無此種技能，自屬違反契約，應使僱用人有終止契約之權。否則受僱人之有無特種技能，僱用人亦有審慎選擇之責任，自不得據此遽行解約，使受僱人蒙不當之損失，是又理之當然，無待明文規定。此本條所由設也。

＊（給付不能）民二二五、二二六；（詐欺）民九二；（錯誤）民八八；（契約終止）民二六三。

第四百八十六條 （報酬給付之時期）

報酬應依約定之期限給付之；無約定者，依習慣；無約定亦無習慣者，依左列之規定：

一 報酬分期計算者，應於每期屆滿時給付之。

二 報酬非分期計算者，應於勞務完畢時給付之。

⇧謹按報酬給付之期限，應依契約之所定，無約定者，依習慣，並習慣而無之者，則依本條之所定，蓋以杜無益之爭議也。

＊（報酬）民四八二、四八三；（受領遲延之報酬請求）民四八七。

第四百八十七條 （受領遲延之報酬請求）

僱用人受領勞務遲延者，受僱人無補服勞務之義務，仍得請求報酬。但受僱人因不服勞務所減省之費用，或轉向他處服勞務所取得或故意怠於取得之利益，僱用人得由報酬額內扣除之。

⇧謹按僱用人怠於領受受僱人所服勞務，與受僱人無故不為服務不同，故無論受僱人已否服畢，應以已為服務論，均應有請求報酬之權。然受僱人因此所得之利益，乃屬不當利益，故對於受僱人因不服勞務所節省之費用，或轉向他處服勞務所取得之利益，及可取而不取之利益，均許僱用人自其報酬額內扣除之，以昭平允。此本條所由設也。

＊（受領遲延）民二三四、二三五；（報酬）民四八二、四八三；（報酬給付之時期）民四八六。

第四百八十七條之一 （受僱人之請求賠償）

受僱人服勞務，因非可歸責於自己之事由，致受損害者，得向僱用人請求賠償。

前項損害之發生，如別有應負責任之人時，僱用人對於該應負責者，有求償權。

(88)一、本條新增。

二、按為自己利益使用他人從事具有一定危險性之事務者，縱無過失，亦應賠償他人因從事該項事務所遭受之損害。此乃無過失責任之歸責原則中所謂危害責任原則之一類型。本法第五百四十六條第三項規定，受任人處理委任事務，因非可歸責於自己之事由，致受損害者，得向委任人請求賠償，即其著例，蓋為圖自己利益，使他人從事具有危險性之事務，就他人因此遭受損害，理應賠償。鑑於僱傭契約與委任契約同屬勞務契約，且受僱人之服勞務，須絕對聽從僱用人之指示，自己無獨立裁量之權；而受任人之處理委任事務，雖亦須依委任人之指示（民法第五百三十五條參照），但有時亦有獨立裁量之權（民法第五百三十六條參照），受任人於處理委任事務，因非可歸責於自己之事由，致受損害者，尚且得向委任人請求賠償；受僱人於服勞務，因非可歸責於自己之事由，致受損害者，自亦宜使其得向僱用人請求賠償，始能充分保護受僱人之權益，爰仿本法第五百四十六條第三項規定，增訂第一項。

三、基於造成損害者，應負最後責任之法理。爰仿本法第一百九十條第二項、第一百九十一條第二項規定，增訂第二項，明定僱用人於賠償受僱人之損害後，對於應負責任之人，有求償權。

第四百八十八條　（僱傭關係之消滅㈠——屆期與終止契約）

僱傭定有期限者，其僱傭關係於期限屆滿時消滅。

僱傭未定期限，亦不能依勞務之性質或目的定其期限者，各當事人得隨時終止契約。但有利於受僱人之習慣者，從其習慣。

⇧謹按僱傭關係之定有期限者，應於約定期限屆滿時消滅，此屬當然之事。其僱傭未定期限，亦不能依勞務之性質或目的定其期限者，應使各當事人有隨時終止契約之權。然有習慣可資依據者，亦僅以有利於受僱人之習慣為限，從其習慣，藉以保護受僱人之利益。故設本條以明示其旨。

*（僱傭）民四八二；（其他消滅原因）民四八四㊁、四八五、四八九；（契約終止）民二六三。

第四百八十九條　（僱傭關係之消滅㈡——遇重大事由之終止）

當事人之一方，遇有重大事由，其僱傭契約，縱定有期限，仍得於期限屆滿前終止之。

前項事由，如因當事人一方之過失而生者，他方得向其請求損害賠償。

⇧謹按僱傭契約之定有期限者，在期限未屆滿以前，當事人應受期限之拘束，此屬當然之事。然若當事人一方遇有重大事由，有不得不終止契約之情形時，其僱傭契約之期限，縱未屆滿，亦應許其有終止契約之權。但其重大事由，係因當事人一方之過失所致者，雖亦許其有期限屆滿前終止契約之權，同時亦許他方損害賠償之請求權，蓋兼顧當事人雙方之利益也。故設本條以明示其旨。

*（定期僱傭關係之消滅）民四八八㊀；（僱傭契約之終止）民四八四㊁、四八五、四八八㊁；（損害賠償）民二一三～二一七；（契約終止）民二六三。

第八節　承　攬

⇧謹按民律草案債權編第二章第十節原案謂承攬者，當事人約定一方為他方完成一定之工作，他方俟工作完成給付報酬之契約也。為人完成工作者，謂之承攬人，俟工作完成給付報酬者，謂之定作人。惟本節所稱承攬，係專指建築、製造及改造物品而言，而於運送及承攬運送，則各獨立一節焉。承攬契約，為近世各國所公認，實際亦便，故本法特設本節之規定。

第四百九十條　（承攬之定義）

稱承攬者，謂當事人約定，一方為他方完成一定之工作，他方俟工作完成，給付報酬之契約。

約定由承攬人供給材料者，其材料之價額，推定為報酬之一部。

(88)一、現行條文未修正，改列為第一項。

二、承攬契約約定由承攬人供給材料之情形，事所恆有。其材料之價額，在無反證時，宜計入為報酬之一部。如有反證時，可另外計算，爰增訂第二項規定，以期明確。

*（有償契約之準用）民三四七；（僱傭）民四八二；（委任）民五二八；（懸賞廣告）民一六四、一六五。

▲因承攬契約而完成之動產，如該動產係由定作人供給材料，而承攬人僅負有工作之義務時，則除有特約外，承攬人為履行承攬之工作，無論其為既成品之加工或為新品之製作，其所有權均歸屬於供給材料之定作人。（五四臺上三二一）

▲承攬除當事人間有特約外，非必須承攬人自服其勞務，其使用他人，完成工作，亦無不可。（六五臺上一九七四）

第四百九十一條　（承攬之報酬）

如依情形，非受報酬即不為完成其工作者，視為允與報酬。

未定報酬額者，按照價目表所定給付之；無價目表者，按照習慣給付。

⇧謹按報酬為承攬之一要件，故為人完成工作，不向人索報酬者，不得謂為承攬。然有非受報酬即不能完成工作之情事者，仍應視為定作人允給報酬。至報酬額之多寡，如無特約，應使其按照價目表或習慣相沿之數而定其給付，此與第四百八十三條之理由相同。故設本條以明示其旨。

*（承攬）民四九〇；（報酬給付之時期）民五〇五。

第四百九十二條　（物之瑕疵擔保責任）

承攬人完成工作，應使其具備約定之品質，及無減少或滅失價值或不適於通常或約定使用之瑕疵。

⇧謹按工作承攬人之義務，應與買賣物品之出賣人同，應使其對於工作物之品質、價值及使用，負瑕疵擔保之責任。故設本條以明示其旨。

*（出賣人之物的瑕疵擔保責任）民三五四；（承攬人瑕疵擔保之效力）民四九三～五〇一。

第四百九十三條　（瑕疵擔保之效力㈠——瑕疵修補）

工作有瑕疵者，定作人得定相當期限，請求承攬人修補之。

承攬人不於前項期限內修補者，定作人得自行修補，並得向承攬人請求償還修補必要之費用。

如修補所需費用過鉅者，承攬人得拒絕修補，前項規定，不適用之。

⇧查民律草案第七百三十六條理由謂工作有瑕疵，定作人不得遽行請求解除契約或減少報酬，應使其向承攬人請求修補瑕疵，蓋承攬人所完成者，應無瑕疵之工作，決非有瑕疵之工作，若其工作有瑕疵，自應修補。至承攬人不為修補瑕疵，定作人自行出費修補，若不向承攬人請求償還其費用，是保護定作人利益，未為完備，故畀以償還請求權，以昭平允。然修補瑕疵，有時需費過鉅者，例如房屋建築告竣，因土地疆界，位置不便，遽欲移動，則與創造無異，仍令承攬人修補，似覺過酷，故許其有拒絕權也。

*（承攬人之瑕疵擔保責任）民四九二；（易以無瑕疵之物）民三四七、三六四；（時效期間）民五一四；（不為修補或不能修補之效力）民四九四。

第四百九十四條　（瑕疵擔保之效力㈡——解約或減少報酬）

承攬人不於前條第一項所定期限內修補瑕疵或依前條第三項之規定拒絕修補或其瑕疵不能修補者，定作人得解除契約或請求減少報酬。但瑕疵非重要，或所承攬之工作為建築物或其他土地上之工作物者，定作人不得解除契約。

⇧查民律草案第七百三十七條理由謂修補瑕疵之目的，既不能達，則定作人或解除契約，或減少報酬，二者必居其一，否則定作人之利益，必受損害。但瑕疵甚微，或所承攬之工作為建築物或其他土地上之工作物，祇許請求減少報酬，不許解除契約，所以重公益也。

*（承攬人之瑕疵擔保責任）民四九二；（解除契約）民二五八～二六一；（除斥期間）民五一四；（報酬）民四九〇、四九一。

▲上訴人與被上訴人訂約承攬之橡皮水管，其工作之完成，既有與原約定品質不符及不適於使用之各重要瑕疵，而又拒絕被上訴人之催告修補，依民法第四百九十四條之規定，被上訴人本有法律所認之契約解除權存在，自得向上訴人為解除契約之意思表示，從而其以此項契約已經合法解除為原因，請求返還已交付之酬金與附加利息，並賠償因解除契約所生之損害，自為同法第四百九十五條、第二百五十九條第一款、第二款之所許。（四一臺上一〇四）

▲民法第四百九十四條但書規定，所承攬之工作為建築物或其他土地上之工作物者，定作人不得解除契約，係指承攬人所承攬之建築物，其瑕疵程度尚不致影響建築物之結構或安全，毋庸拆除重建者而言。倘瑕疵程度已達建築物有倒塌之危險，猶謂定作人仍須承受此項危險，而不得解除契約，要非立法本意所在。（八三臺上三二六五）

第四百九十五條（瑕疵擔保之效力(三)——損害賠償或解約）

因可歸責於承攬人之事由致工作發生瑕疵者，定作人除依前二條之規定請求修補或解除契約或請求減少報酬外，並得請求損害賠償。

前項情形，所承攬之工作為建築物或其他土地上之工作物，而其瑕疵重大致不能達使用之目的者，定作人得解除契約。

⑧⑧一、現行條文未修正，改列為第一項。

二、依第四百九十四條但書之規定，承攬之工作為建築物或其他土地上之工作物者，縱因可歸責於承攬人之事由致有瑕疵時，定作人仍不得解除契約。在瑕疵重大致不能達使用之目的時，例如承攬人利用海砂建材建築房屋，如海砂嚴重腐蝕鋼筋，致不能達使用之目的時，此項規定對定作人即有失公平，且有礙社會公益。為兼顧定作人之權益及維護社會公益，爰增訂第二項，俾資公平。

*（瑕疵擔保責任）民四九二；（損害賠償）民二一三～二一七。

▲（四一臺上一〇四）參見本法第四百九十四條。

▲定作人依民法第四百九十五條規定請求損害賠償，並不以承攬契約經解除為要件。（七〇臺上二六九九）

▲（八三臺上三二六五）參見本法第四百九十四條。

第四百九十六條（瑕疵擔保責任之免除）

工作之瑕疵，因定作人所供給材料之性質或依定作人之指示而生者，定作人無前三條所規定之權利。但承攬人明知其材料之性質或指示不適當而不告知定作人者，不在此限。

⇧謹按工作之瑕疵，因定作人所供給材料之性質，或依定作人之指示而生者，自應由定作人任其責，不能有承攬契約之解除權，及修補或償還自行修補費用，或減少報酬或損害賠償之請求權。但承攬人明知其材料之性質或指示不適當，足以發生瑕疵，而故意不告知定作人者，亦有背於交易誠實信用之道，故仍使定作人得行使其權利，以昭公允。此本條所由設也。

*（瑕疵擔保責任）民四九二；（被害人與有過失）民二一七；（故意不告知）民三四七、三六六；（誠信原則）民一四八。

第四百九十七條（瑕疵預防請求權）

工作進行中，因承攬人之過失，顯可預見工作有瑕疵，或有其他違反契約之情事者，定作人得定相當期限，請求承攬人改善其工作或依約履行。

承攬人不於前項期限內，依照改善或履行者，定作人得使第三人改善或繼續其工作，其危險及費用，均由承攬人負擔。

⇧謹按工作進行中，因承攬人之過失，其工作之瑕疵顯然可見，或有其他違反契約之情事者，應使定作人有定期請求改善或依約履行之權。若承攬人逾期而不為改善，或不依約履行時，定作人得使第三人改善或繼續工作，其因瑕疵所生之危險，及因改善或繼續工作所生之費用，均應由承攬人負擔，以保護定作人之利益。故設本條以明示其旨。

*（承攬人之瑕疵擔保責任）民四九二～四九五。

第四百九十八條（一般瑕疵發見期間——瑕疵擔保期間）

第四百九十三條至第四百九十五條所規定定作人之權利，如其瑕疵自工作交付後經過一年始發見者，不得主張。

工作依其性質無須交付者，前項一年之期間，自工作完成時起算。

⇧謹按第四百九十三條至第四百九十五條所規定定作人之權利，即請求修補或自行修補請求償還費用之權利，又解除契約或請求減少報酬之權利，及請求損害賠償之權利是。此種權利，均以從速行使為宜，故在應行交付之工作，若其瑕疵自交付後經過一年始發見者，即不得更行主張，其工作有無須交付之性質者，則自工作完成時起，經過一年，亦不得主張。蓋以定作人所有之權利，若未特約期間負擔保責任，則其權利狀態，恆有不確實之虞，故一年後使因時效而消滅，庶權利有確定之期限也。

*（土地上工作物之瑕疵發見期間）民四九九；（瑕疵發見期間之延長）民五〇〇；（瑕疵發見期間之強制性）民五〇一；（瑕疵擔保請求權之行使期間）民五一四。

第四百九十九條（土地上工作物瑕疵發見期間——瑕疵擔保期間）

工作為建築物或其他土地上之工作物，或為此等工作物之重大之修繕者，前條所定之期限延為五年。

⇧謹按建築物，或其他土地上之工作物，或為此等工作物之重大修繕者，其瑕疵若非即時所能發見，則定作人行使權利之期限自應酌予延長，方足以保護其利益。故設本條以明示其旨。

*（一般瑕疵發見期間）民四九八；（瑕疵發見期間之延長）民五〇〇；（瑕疵發見期間之強制性）民五〇一；（瑕疵擔保請求權之行使期間）民五一四。

第五百條（瑕疵發見期間之延長）

承攬人故意不告知其工作之瑕疵者，第四百九十八條所定之期限，延為五年，第四百九十九條所定之期限，延為十年。

⇧謹按本條所謂承攬人故意不告知其工作物之瑕疵者，即指承攬人明知定作人所供給材料之性質，或其指示不適當，足以發生瑕疵，而故意不告知定作人而言。關於此種情形，定作人行使權利之期限，自應酌予延長，方足以昭公允。故於通常工作物，其行使權利之期限，則延為五年，於建築物及土地上工作物，其行使權利之期限，則延為十年，蓋以保護定作人之利益也。

＊（瑕疵發見期間）民四九八、四九九；（善良風俗與誠信原則）民七二、一四八；（故意責任）民二二〇、二二二。

第五百零一條　（瑕疵發見期間之強制性）

第四百九十八條及第四百九十九條所定之期限，得以契約加長。但不得減短。

⇧謹按第四百九十八條及第四百九十九條所規定，一為通常工作物，一為建築物及土地上工作物，其所定主張權利之期限，一為一年，一為五年，此種期限，僅許當事人以契約延長，而不許以契約縮短，蓋為維持公益計也。故設本條以明示其旨。

＊（違反禁止規定之效果）民七一；（免責之特約）民三四七、三六六。

第五百零一條之一　（特約免除或限制承攬人瑕疵擔保義務之例外）

以特約免除或限制承攬人關於工作之瑕疵擔保義務者，如承攬人故意不告知其瑕疵，其特約為無效。

⑧⑧一、本條新增。

二、承攬人故意不告知瑕疵時，縱當事人間有不負瑕疵擔保責任之特約，仍不許免其擔保責任。日本民法第六百四十條、德國民法第六百三十七條均有明文規定。我國民法債編承攬一節雖無類似規定，惟學者通說則認應準用民法第三百六十六條之規定而為同一解釋（戴修瓚著民法債編各論第一七七頁、史尚寬著債法各論第三二二頁及鄭玉波著民法債編各論上冊第三七二頁參照）。為杜疑義，爰增訂本條。

第五百零二條　（完成工作遲延之處置）

因可歸責於承攬人之事由，致工作逾約定期限始完成，或未定期限而逾相當時期始完成者，定作人得請求減少報酬或請求賠償因遲延而生之損害。

前項情形，如以工作於特定期限完成或交付為契約之要素者，定作人得解除契約，並得請求賠償因不履行而生之損害。

⑧⑧一、本條第一項是否僅適用於工作完成之情形，現行條文文義不明，易滋疑義，為明確計，爰修正為僅適用於「工作完成」之情形。又定作人於本項情形，是否僅得請求減少報酬，而不得請求損害賠償，學說上不無爭議，為期明確，爰修正為定作人得請求減少報酬或請求賠償因遲延而生之損害，使定作人在無法舉證證明其損害之情形時，可請求減少報酬，而在可證明其損害時，可逕行請求賠償因遲延而生之損害（民法第二百三十一條參照）。

二、第一項既經修正，為免使人誤解定作人於第二項之情形，僅得解除契約而不得請求損害賠償，爰予修正，明定並得請求賠償因不履行而生之損害（民法第二百三十二條參照）。

＊（給付遲延）民二二九～二三三；（遲延責任之免除）民五〇四。

第五百零三條　（期前遲延之解除契約）

因可歸責於承攬人之事由，遲延工作，顯可預見其不能於限期內完成而其遲延可為工作完成後解除契約之原因者，定作人得依前條第二項之規定解除契約，並請求損害賠償。

⑧⑧本條規定於有前條第二項之情形時，始得適用。為配合前條第二項之修正，爰予修正，以期一致並避免誤會。

＊（完成工作遲延之解除契約）民五〇二；（給付遲延）民二二九～二三三；（解除契約）民二五八～二六一；（遲延責任之免除）民五〇四。

第五百零四條　（遲延責任之免除）

工作遲延後，定作人受領工作時不為保留者，承攬人對於遲延之結果，不負責任。

⇧謹按依本法第五百零二條及第五百零三條之規定，因可歸責於承攬人之事由，遲延工作，定作人得於期前解約，亦得因逾期完成而請求減少報酬，其以特定期限完成或交付為契約之要素者，並得解除契約。惟定作人行使此種權利，必須於受領工作時聲明保留，如不為保留，則定作人所得主張之減少報酬請求權及解除契約權，即因受領而推定其為拋棄其權利，承攬人對於遲延之結果，自應不負責任。本條特明示其旨，蓋又保護承攬人之利益也。

＊（完成工作之遲延）民五〇二、五〇三。

第五百零五條　（報酬給付之時期）

報酬，應於工作交付時給付之，無須交付者，應於工作完成時給付之。

工作係分部交付，而報酬係就各部分定之者，應於每部分交付時，給付該部分之報酬。

⇧謹按雙務契約之原則，兩造之義務，應同時履行。承攬為雙務契約，故須於交付工作時支給報酬，其工作之性質，無須交付者，應於工作完成之時，支給報酬。此第一項所由設也。至工作係分部交付，而其報酬亦係就各部分定之者，則應於每一部分工作交付時，即給付該部分所應受領之報酬，以符雙務契約同時履行義務之旨趣。此第二項所由設也。

＊（報酬）民四九〇、四九一、五〇九、五一二；（報酬之消滅時效）民一二七；（實際報酬超過預估概數甚多時之處置）民五〇六；（報酬與留置權）民九二八；（報酬之減少）民四九四、四九五、五〇六。

▲承攬人完成之工作，依工作之性質有須交付者，有不須交付者，大凡工作之為有形的結果者，原則上承攬人於完成工作後，更須將完成物交付於定作人，且承攬人此項交付完成物之義務，與定作人給付報酬之義務，並非當然同時履行，承攬人不得於定作人未為給付報酬前，遽行拒絕交付完成物。（五〇臺上二七〇五）

第五百零六條　（實際報酬超過預估概數甚鉅時之處理）

訂立契約時，僅估計報酬之概數者，如其報酬，因非可歸責於定作人之事由，超過概數甚鉅者，定作人得於工作進行中或完成後，解除契約。

前項情形，工作如為建築物或其他土地上之工作物，或為此等工作物之重大修繕者，定作人僅得請求相當減少報酬，如工作物尚未完成者，定作人得通知承攬人停止工作，並得解除契約。

定作人依前二項之規定解除契約時，對於承攬人，應賠償相當之損害。

⇧謹按訂立承攬契約之時，承攬人僅估計報酬之概數，而未確保其敷用額，及至工作進行以後，始知須加巨額之報酬，方能完成其工作，於此情形，如其超過概數之原因，係不應歸責於定作人之事由，若強定作人續行契約，於理實有未當，故應使定作人於工作進行中或完成後，隨時得解除契約，以保護其利益。此第一項所由設也。又前項情形，其工作如係建築物或其他土地上之工作物，或係此等工作物之重大修繕者，於此情形，如亦許定作人隨時得解除契約，則承攬人之損失，未免過鉅，故限於工作尚未完成時，方許定作人解除契約。倘其工作業已完成，僅許請求相當減少報酬，不許解除契約，以保護承攬人之利益。此第二項所由設也。依本條前二項之規定，雖許定作人解除契約，然不得因此害及承攬人之利益。故承攬人如因解除契約而致受有損害時，應使定作人負相當賠償之責任，方足以昭公允。此第三項所由設也。

*（報酬）民四九〇、四九一；（解除契約）民二五七～二六一；（解除契約與損害賠償請求權之行使期間）民五一四。

第五百零七條　（定作人之協力義務）

工作需定作人之行為始能完成者，而定作人不為其行為時，承攬人得定相當期限，催告定作人為之。

定作人不於前項期限內為其行為者，承攬人得解除契約，並得請求賠償因契約解除而生之損害。

(88)一、第一項未修正。

二、承攬人依本條第二項之規定解除契約後，是否尚得請求損害賠償，現行法並無規定。學者間有認為應適用債編通則之規定（鄭玉波著民法債編各論上冊第三八八頁，薛祀光著民法債編各論第一五八頁參照）；有認為應參照第五百零六條第三項及第五百零九條，以為解釋者（史尚寬著債法各論第三三三頁參照）。為免疑義，爰參考德國民法第六百四十二條第一項、本法第五百十一條但書，明定承攬人除得解除契約外，並得請求賠償因契約解除而生之損害。

*（解除契約）民二五七～二六一；（契約解除權之除斥期間）民五一四㊁。

第五百零八條　（危險負擔）

工作毀損、滅失之危險，於定作人受領前，由承攬人負擔。如定作人受領遲延者，其危險由定作人負擔。

定作人所供給之材料，因不可抗力而毀損、滅失者，承攬人不負其責。

⇧謹按工作毀損滅失之危險，應歸承攬人負擔，抑應歸定作人負擔，自古學說聚訟。本法折衷定制，於定作人受領工作以前，其危險歸承攬人負擔，若定作人遲延不受領，仍歸定作人負擔。至定作人所供材料，其危險自不能歸承攬人負擔，方足以昭公允。故設本條以明示其旨。

*（工作之受領）民五一〇；（有償契約之危險負擔）民三四七、三七三～三七五；（受領遲延）民二三四、二三五；（給付不能）民二二五、二二六；（雙務契約之對待給付）民二六四、二六六、二六七。

第五百零九條　（可歸責於定作人之履行不能）

於定作人受領工作前，因其所供給材料之瑕疵或其指示不適當，致工作毀損、滅失或不能完成者，承攬人如及時將材料之瑕疵或指示不適當之情事通知定作人時，得請求其已服勞務之報酬及墊款之償還，定作人有過失者，並得請求損害賠償。

⇧謹按定作人受領工作以前，其工作有滅失、毀損或有不能完成情事者，若其原因，皆由於定作人所供給材料有瑕疵，或因依定作人指示不適當所致，而承攬人又曾於事前將材料之瑕疵，或指示不適當之情事，通知定作人者，於此情形，既不能歸責於承攬人，自不應使承攬人受其損害。故應許承攬人有請求已服勞務之報酬，及墊款償還之權。至工作之毀損、滅失或不能完成，定作人確有過失者，並許承攬人得向定作人要求損害賠償，以保護承攬人之利益。此本條所由設也。

*（危險負擔）民五〇八；（工作之受領）民五一〇；（定作人供給材料之瑕疵）民四九六；（雙務契約之對待給付）民二六六、二六七；（損害賠償）民二一三～二一八；（損害賠償請求權之消滅時效）民五一四。

第五百十條　（視為受領工作）

前二條所定之受領，如依工作之性質，無須交付者，以工作完成時視為受領。

⇧謹按依工作之性質，有無須交付者，應以工作完成時視為受領，蓋如何始可稱為受領，亦不可不有明文規定，以免爭議。此本條所由設也。

*（危險負擔）民五〇八、五〇九；（交付）民七六一。

第五百十一條　（定作人之終止契約）

工作未完成前，定作人得隨時終止契約。但應賠償承攬人因契約終止而生之損害。

⇧謹按承攬人未完成工作以前，定作人無論何時，得聲明解除契約，以保護定作人之利益，然不能因此不顧及承攬人之利益。故本條使定作人於不害承攬人利益之範圍內，行使解約之權，即就承攬人因解約而生之損害，應使定作人負賠償之責也。

*（承攬契約之解除）民四九四、五〇二、五〇三、五〇六；（承攬契約之當然終止）民五一二；（契約終止）民二六三；（損害賠償）民二一三～二一八。

▲民法第五百十一條係規定「工作未完成前，定作人得隨時終止契約。但應賠償承攬人因契約終止而生之損害」。可知終止契約與賠償損害各為一事，原審解為須定作人對承攬人賠償損害後始得終止契約，自非的論。（六七臺上二九三八）

第五百十二條　（承攬契約之當然終止）

承攬之工作，以承攬人個人之技能為契約之要素者，如承攬人死亡或非因其過失致不能完成其約定之工作時，其契約為終止。

工作已完成之部分，於定作人為有用者，定作人有受領及給付相當報酬之義務。

⇧謹按承攬之工作，係以承攬人個人之技能，為契約之要素者，如承攬人於工作進行中死亡，或非由於承攬人之過失，而不能完成約定之工作，於此情形，應許終止契約。蓋以此種工作，既非他人所能代為完成，自應許其解約，較為適當也。惟承攬人雖於工作進行中死亡，或非因過失致工作不能完成，然其工作已有一部分完成，而已完成之部分，又於定作人實為有用者，自應使定作人負受領工作及支給相當報酬之義務，以保承攬人之利益。故設本條以明示其旨。

*（承攬）民四九〇；（報酬）民四九〇、四九一、五〇五、五〇六、五〇九；（定作人之終止契約）民五一一。

第五百十三條　（承攬人之法定抵押權）

承攬之工作為建築物或其他土地上之工作物，或為此等工作物之重大修繕者，承攬人得就承攬關係報酬額，對於其工作所附之定作人之不動產，請求定作人為抵押權之登記；或對於將來完成之定作人之不動產，請求預為抵押權之登記。

前項請求，承攬人於開始工作前亦得為之。

前二項之抵押權登記，如承攬契約已經公證者，承攬人得單獨申請之。

第一項及第二項就修繕報酬所登記之抵押權，於工作物因修繕所增加之價值限度內，優先於成立在先之抵押權。

(88)一、依現行規定，承攬人對於其工作所附之定作人之不動產有法定抵押權。由於法定抵押權之發生不以登記為生效要件，實務上易致與定作人有授信往來之債權人，因不明該不動產有法定抵押權之存在而受不測之損害，為確保承攬人之利益並兼顧交易安全，爰將本條修正為得由承攬人請求定作人會同為抵押權登記，並兼採「預為抵押權登記」制度，因現行條文規定抵押權範圍為「承攬人就承攬關係所生之債權」，其債權額於登記時尚不確定，故修正為以訂定契約時已確定之「約定報酬額」為限，不包括不履行之損害賠償，爰修正本條改列為第一項，規定承攬人得就約定之報酬，對於其工作所附之定作人之不動產，請求定作人為抵押權之登記，或對於將來完成之定作人之不動產，請求預為抵押權之登記，使第三人不致受不測之損害。

二、為確保承攬人之利益，爰增訂第二項，規定前項請求，承攬人於開始工作前亦得為之。
三、按公證制度具有促使當事人審慎將事並達到預防司法之功能，倘承攬契約內容業經公證人作成公證書者，雙方當事人之法律關係自可確認，且亦足認定作人已有會同前往申辦登記抵押權之意，承攬人無庸更向定作人請求，爰增訂第三項，規定第一項及第二項之抵押權登記，如承攬契約已經公證者，承攬人得單獨申請登記。
四、建築物或其他土地上之工作物，因修繕而增加其價值，則就工作物因修繕所增加之價值限度內，因修繕報酬所設定之抵押權，當優先於成立在先之抵押權，始為合理。爰增訂第四項，明定其旨。
五、本條單獨申請抵押權或預為抵押權登記之程序，所應提出之證明文件及應通知定作人等詳細內容，宜由登記機關在登記規則內妥為規定。

＊（不動產）民六六；（抵押權）民八六〇。

▲上訴人為被上訴人完成一建築物之工作，約定以被上訴人所有之基地一處，移轉登記與上訴人所有，自係一種因承攬關係所生之債權，該基地既屬給付不能。則上訴人請求確認對於其工作物所附之定作人之不動產上有抵押權，要難謂與民法第五百十三條之規定有所不符。（四八臺上一八七四）

▲承攬人就承攬關係所生之債權，對於其工作所附之定作人之不動產有抵押權，承攬人果有因承攬關係取得對定作人之債權，在未受償前，自得聲請法院拍賣定作人之不動產。惟承攬人有無因承攬關係取得對定作人之債權，非如設有抵押權登記之被擔保債權，得逕依國家機關作成之登記文件證明確有債權，則定作人有無債務自無從遽行斷定，從而如定作人就債權之發生或存在有爭執時，仍應由承攬人提起確認之訴，以保護定作人之利益，此與實行經登記之抵押權時，債務人就抵押關係有爭執者，應由債務人提起確認之訴，不能作同一解釋。（五五臺抗六一六）（九一、九、二〇決議不再援用）

▲民法第五百十三條之法定抵押權，係指承攬人就承攬關係所生之債權，對於其工作所附之定作人之不動產，有就其賣得價金優先受償之權，倘無承攬人與定作人之關係，不能依雙方之約定而成立法定抵押權。（六一臺上一三二六）

▲參照民法第八百六十五條規定，就同一不動產設定數抵押權者，其次序依登記（即抵押權生效）之先後定之之法意，被上訴人之法定抵押權，雖無須登記，但既成立生效在先，其受償順序自應優先於上訴人嗣後成立生效之設定抵押權。（六三臺上一二四〇）（九一、九、二〇決議不再援用）

第五百十四條　（權利行使之期間）

定作人之瑕疵修補請求權、修補費用償還請求權、減少報酬請求權、損害賠償請求權或契約解除權，均因瑕疵發見後一年間不行使而消滅。

承攬人之損害賠償請求權或契約解除權，因其原因發生後，一年間不行使而消滅。

⑧⑧一、第四百九十五條第一項定作人之損害賠償請求權，現行法尚無適用短期時效之規定，易滋疑義，為期明確，爰於第一項增列定作人之損害賠償請求權亦因瑕疵發見後一年間不行使而消滅。
二、第二項未修正。

＊（瑕疵修補請求權及修補費用償還請求權）民四九三；（減少報酬請求權）民四九四、五〇二、五〇六；（定作人之契約解除權）民四九四、五〇二、五〇三、五〇六；（承攬人之契約解除權）民五〇七；（定作人之損害賠償請求權）民四九五；（承攬人之損害賠償請求權）民五〇六、五〇九、五一一。

▲民法第五百十四條第一項所定定作人之減少報酬請求權，一經行使，即生減少報酬之效果，應屬形成權之性質，該條項就定作人減少報酬請求權所定之一年期間為除斥期間。（七一臺上二九九六）

第八節之一　旅　遊

⑧⑧一、本節新增。
二、近年來，由於交通便利、通訊發達，國民生活水準大幅提高，因而重視休閒生活，旅遊遂蔚為風氣。旅遊糾紛時有所聞，惟現行民法並無專節或專條規定，法院僅得依混合契約法理就個案而為處理，為使旅遊營業人與旅客間之權利義務關係明確，有明文規範之必要，爰增訂本節規定，節名定為「旅遊」。

第五百十四條之一　（旅遊營業人之定義及旅遊服務之範圍）

稱旅遊營業人者，謂以提供旅客旅遊服務為營業而收取旅遊費用之人。

前項旅遊服務係指安排旅程及提供交通、膳宿、導遊或其他有關之服務。

⑧⑧一、本條新增。
二、第一項規定旅遊營業人之意義。
三、旅遊營業人所提供之旅遊服務至少應包括二個以上司等重要之給付，其中安排旅程為必要之服務，另外尚須具備提供交通、膳宿、導遊或其他有關之服務，始得稱為「旅遊服務」。爰參考一九七〇年布魯塞爾旅行契約國際公約第一條(1)至(3)、德國民法第六百五十一條a，增訂第二項規定。

第五百十四條之二　（應請求以書面記載之事項）

旅遊營業人因旅客之請求，應以書面記載左列事項，交付旅客：

一　旅遊營業人之名稱及地址。
二　旅客名單。
三　旅遊地區及旅程。
四　旅遊營業人提供之交通、膳宿、導遊或其他有關服務及其品質。
五　旅遊保險之種類及其金額。
六　其他有關事項。
七　填發之年月日。

⑧⑧一、本條新增。
二、為使旅客明悉與旅遊有關之事項，爰明定旅遊營業人於旅客請求時，應以書面記載旅遊相關資料，交付旅客。惟該書面並非旅遊契約之要式文件。

第五百十四條之三　（旅客之協力義務）

旅遊需旅客之行為始能完成，而旅客不為其行為者，旅遊營業人得定相當期限，催告旅客為之。

旅客不於前項期限內為其行為者，旅遊營業人得終止契約，並得請求賠償因契約終止而生之損害。

旅遊開始後，旅遊營業人依前項規定終止契約時，旅客得請求旅遊營業人墊付費用將其送回原出發地。於到達後，由旅客附加利息償還之。

⑧⑧一、本條新增。
二、本條規定旅客之協力義務。旅遊需旅客之行為始能完成者，例如需旅客提供資料始得申辦旅遊有關手續等是，旅客不為其行為，即無從完成旅遊。為保障旅遊營業人之利益，爰明定其得定相當期間，催告旅客為協力。
三、旅客如仍不予協力，則賦予旅遊營業人終止契約並請求損害賠償之權，爰為第二項規定。
四、旅遊開始後，旅遊營業人依前項規定終止契約時，旅客亦應得請求旅遊營業人墊付費用將其送回原出發地。而於到達原出發地後，附加利息償還於旅遊營業人，爰於第三項明文規定。

第五百十四條之四（第三人參加旅遊）

旅遊開始前，旅客得變更由第三人參加旅遊。旅遊營業人非有正當理由，不得拒絕。

第三人依前項規定為旅客時，如因而增加費用，旅遊營業人得請求其給付。如減少費用，旅客不得請求退還。

⑧⑧一、本條新增。

二、本條規定旅客之變更權。旅客於締約後旅遊開始前因故不能參加旅遊，宜賦予變更權。旅遊營業人非有正當理由，例如第三人參加旅遊，不符合法令規定、不適於旅遊等情形，不得拒絕，爰參考德國民法第六百五十一條b第一項，為第一項規定。

三、因第三人依前項規定參加旅遊而為旅客，如因而增加費用，宜許旅遊營業人請求給付；惟如第三人參加因而減少費用，旅客則不得請求退還，俾免影響旅遊營業人原有之契約利益，爰為第二項規定。

第五百十四條之五（旅遊內容之變更）

旅遊營業人非有不得已之事由，不得變更旅遊內容。

旅遊營業人依前項規定變更旅遊內容時，其因此所減少之費用，應退還於旅客；所增加之費用，不得向旅客收取。

旅遊營業人依第一項規定變更旅程時，旅客不同意者，得終止契約。

旅客依前項規定終止契約時，得請求旅遊營業人墊付費用將其送回原出發地。於到達後，由旅客附加利息償還之。

⑧⑧一、本條新增。

二、為保障旅客之權益，旅遊營業人對其所提供之旅遊內容，不得任意變更。但有不得已之事由，宜允許變更，方為合理，爰為第一項規定。

三、旅遊營業人依前項規定變更旅遊內容，可能造成旅遊費用之增減，特於第二項明定其因此所減少之費用應由旅遊營業人退還於旅客。至於因此而增加之費用，則應由旅遊營業人自行負擔，不得向旅客收取，爰明文規定，以杜爭議。

四、依第一項規定變更旅遊內容，如涉及旅遊行程之變更，將影響旅客旅遊之目的，故宜考慮旅客之意願。如旅客不同意時，應賦予終止權。

五、旅客依前項規定終止契約時，身處異地，不免陷於困境，爰於第四項明定旅客得請求旅遊營業人墊付費用，將其送回原出發地，而於到達後，由旅客付加利息償還於旅遊營業人，以期平允。

第五百十四條之六（旅遊服務之品質）

旅遊營業人提供旅遊服務，應使其具備通常之價值及約定之品質。

⑧⑧一、本條新增。

二、本條規定旅遊營業人對於其提供之旅遊服務之價值及品質，負瑕疵擔保責任。

第五百十四條之七（旅遊營業人之瑕疵擔保責任）

旅遊服務不具備前條之價值或品質者，旅客得請求旅遊營業人改善之。旅遊營業人不為改善或不能改善時，旅客得請求減少費用。其有難於達預期目的之情形者，並得終止契約。

因可歸責於旅遊營業人之事由致旅遊服務不具備前條之價值或品質者，旅客除請求減少費用或並終止契約外，並得請求損害賠償。

旅客依前二項規定終止契約時，旅遊營業人應將旅客送回原出發地。其所生之費用，由旅遊營業人負擔。

⑧⑧一、本條新增。

二、本條規定旅遊營業人瑕疵擔保責任之效果。旅遊服務不具備前條之價值或品質者，旅遊營業人於旅客請求改善時，有改善之義務。如不為改善或不能改善時，旅客得請求減少費用。如其有難於達預期目的之情形，旅客不欲繼續其旅遊者，並得終止契約。

三、如旅遊服務不具備前條之價值或品質，係因可歸責於旅遊營業人之事由所致者，旅客除請求減少費用或並終止契約外，並得請求損害賠償，以填補其所受損害，爰為第二項規定。

四、因旅遊服務不具備應有之價值或品質致旅客依前二項規定終止契約時，為免旅客身處異地陷於困境，應令旅遊營業人將旅客送回原出發地，且因其係屬可歸責於旅遊營業人之事由，應由其負擔費用以保障旅客之權益，爰為第三項規定。

第五百十四條之八（旅遊時間浪費之求償）

因可歸責於旅遊營業人之事由致旅遊未依約定之旅程進行者，旅客就其時間之浪費，得按日請求賠償相當之金額。但其每日賠償金額，不得超過旅遊營業人所收旅遊費用總額每日平均之數額。

⑧⑧一、本條新增。

二、本條規定旅遊時間浪費之損害賠償。現代社會重視旅遊休閒活動，旅遊時間之浪費，當認其為非財產上之損害，爰參考德國民法第六百五十一條f第二項，於本條明定得請求賠償相當之金額。所謂「按日請求」，係以「日」為計算賠償金額之單位，但不以浪費之時間達一日以上者為限。至其賠償金額，應有最高數額之限制，始為平允，爰設但書規定。如當事人對於賠償金額有爭議，由法院在此範圍，按實際上所浪費時間之長短及其他具體情事，斟酌決定之。

第五百十四條之九（旅客隨時終止契約之規定）

旅遊未完成前，旅客得隨時終止契約。但應賠償旅遊營業人因契約終止而生之損害。

第五百十四條之五第四項之規定，於前項情形準用之。

⑧⑧一、本條新增。

二、第一項規定旅客之終止權。旅遊未完成前，旅客無論何時，得終止契約。但為兼顧旅遊營業人之利益，應令旅客賠償因契約終止而生之損害。

三、旅客依前項規定終止契約時，為免身處異地陷於困境，應準用第五百十四條之五第四項之規定，亦許其得請求旅遊營業人墊付費用將其送回原出發地。惟於到達後，旅客應附加利息償還於旅遊營業人。爰於第二項明文規定。

第五百十四條之十（旅客在旅遊途中發生身體或財產上事故之處置）

旅客在旅遊中發生身體或財產上之事故時，旅遊營業人應為必要之協助及處理。

前項之事故，係因非可歸責於旅遊營業人之事由所致者，其所生之費用，由旅客負擔。

⑧⑧一、本條新增。

二、旅遊營業人係以提供旅客旅遊服務為營業之人，則旅客在旅遊途中，因天災、地變或旅客之過失等非可歸責於旅遊營業人之事由，致身體或財產受有傷亡損害時，旅遊營業人應對旅客為必要之協助及處理，爰為第一項規定。

三、前項事故，如係因不可歸責於旅遊營業人之事由所致者，旅遊營業人依前項規定所生之費用，當由旅客自行負擔，始為公允，爰為第二項規定。

第五百十四條之十一（旅遊營業人協助旅客處理購物瑕疵）

旅遊營業人安排旅客在特定場所購物，其所購物品有瑕疵者，旅客得於受領所購物品後一個月內，請求旅遊營業人協助其處理。

⑧一、本條新增。
二、旅客在旅遊地點購物之場所如係旅遊營業人所安排，因旅遊營業人對於旅遊地之語言、法令及習慣等均較旅客熟稔，為顧及旅客之權益，若所購之物品有瑕疵時，旅遊營業人理當於一定期間內協助旅客行使瑕疵擔保請求權，其期間以一個月為相當，爰設本條規定。
三、本條及前條，均為旅遊營業人之附隨義務，如有違反，應負債務不履行之責任，併予敘明。

第五百十四條之十二（請求權之行使期間）

本節規定之增加、減少或退還費用請求權，損害賠償請求權及墊付費用償還請求權，均自旅遊終了或應終了時起，一年間不行使而消滅。

⑧一、本條新增。
二、本條規定本節所定各項權利行使之期間。鑑於旅遊為時間短暫，為期早日確定法律關係，本節規定之權利以從速行使為宜，爰明定為自旅遊終了或應終了時起，一年間不行使而消滅。

第九節　出　版

⇧謹按出版品者，謂用機械或化學之方法所印製，而供出售或散布之文書圖畫也。出版者，著作人與印刷發行人相互之契約也。關於出版品，已另有法律規定，關於出版，即著作人與印刷發行人相互間之權利義務，亦須特別規定，方足以資準據。故本法特仿瑞士債務法，專設本節。

第五百十五條（出版之定義）

稱出版者，謂當事人約定，一方以文學、科學、藝術或其他之著作，為出版而交付於他方，他方擔任印刷或以其他方法重製及發行之契約。
投稿於新聞紙或雜誌經刊登者，推定成立出版契約。

⑧一、現行條文將可供出版之著作，以列舉之方式限於文藝、學術或美術。惟現代之精神與文化生活複雜廣泛，加以出版事業日新月異，可供出版之著作繁多。本條所定可供出版之著作，不宜列舉，以例示為妥。又出版事業進步，著作除以印刷方式出版外，尚有以其他方法重製者。本條爰參照著作權法第三條第一項第一款、第五款修正如上並改列為第一項。
二、投稿可能有贈與、買賣、使用借貸、租賃等各種不同性質。如契約內容未約定為何種契約，宜推定成立出版契約，惟當事人仍得以反證推翻該項推定，爰增訂第二項。

*（出版自由）憲一一；（著作）著作三；（享有著作權人）著作四、一一、一二、一五。

第五百十五條之一（出版權之授與及消滅）

出版權於出版權授與人依出版契約將著作交付於出版人時，授與出版人。
依前項規定授與出版人之出版權，於出版契約終了時消滅。

⑧一、本條新增。
二、出版契約，須有出版權之授與，出版人始能承擔著作之重製發行。而出版權，於出版權授與人依出版契約將著作交付於出版人時，授與出版人，為期明確並避免疑義，爰參考德國出版法第九條第一項，於本條第一項增訂出版人出版權之授與時期。
三、又仿前開外國立法例，於第二項規定出版人依第一項規定取得之出版權，於契約終了時消滅。

第五百十六條（出版人及出版權授與人之權利）

著作財產權人之權利，於合法授權實行之必要範圍內，由出版人行使之。
出版權授與人應擔保其於契約成立時，有出版授與之權利，如著作受法律上之保護者，並應擔保該著作有著作權。
出版權授與人，已將著作之全部或一部，交付第三人出版，或經第三人公開發表，為其所明知者，應於契約成立前將其情事告知出版人。

⑧一、按著作人之權利可分為著作人格權及著作財產權，其中著作人格權專屬於著作人本身，不得讓與或繼承，而著作財產權則得讓與。現行條文第一項所謂「著作人之權利」實係指「著作財產權人之權利」而言，為期明確，爰予修正。又現行條文第一項「移轉」一語，易使人誤解著作人於其權利移轉後，無從回復。為避免疑義，爰並予修正，明示著作財產權人之權利，於合法授權實行之必要範圍內，由出版人行使。
二、為期與著作權法第三條第一項第一款之用語一致，爰將第二項之「著作物」修正為「著作」。並將末句之「其」字修正為「該著作」，以期明確。
三、第三項所稱「出版物授與人」實為「出版權授與人」之誤，爰予更正。又為期與著作權法之用語一致，爰將「著作物」亦修正為「著作」，「公表」修正為「公開發表」。

*（著作權）著作一、三、一〇；（權利瑕疵擔保）民三四七、三四九、三五〇。

第五百十七條（出版權授與人為不利於出版人處分之禁止及例外）

出版權授與人於出版人得重製發行之出版物未賣完時，不得就其著作之全部或一部，為不利於出版人之處分。但契約另有訂定者，不在此限。

⑧為配合第五百十五條之修正，爰將第一項「印行」修正為「重製發行」，「著作物」修正為「著作」。又出版契約之當事人間如另有相反之約定時，基於私法自治之契約自由原則，宜從其約定，爰增訂但書規定。

*（版數之約定與續版義務）民五一八；（數著作之出版）民五二一。

第五百十八條（版數之約定與續版義務）

版數未約定者，出版人僅得出一版。
出版人依約得出數版或永遠出版者，如於前版之出版物賣完後，怠於新版之重製時，出版權授與人得聲請法院令出版人於一定期限內再出新版。逾期不遵行者，喪失其出版權。

⑧一、第一項未修正。
二、為期與著作權法第三條第一項第五款之用語一致，爰將第二項「印刷」修正為「重製」。

*（訂正或修改）民五二〇；（出版之報酬）民五二三；（給付之訴）民訴二四五、二四六。

第五百十九條（出版人之發行義務）

出版人對於著作，不得增減或變更。
出版人應以適當之格式重製著作，並應為必要之廣告及用通常之方法推銷出版物。
出版物之賣價，由出版人定之。但不得過高，致礙出版

物之銷行

⑧修正理由同第五百十五條。

*（出版）民五一五；（版數之約定與續版義務）民五一八；（著作之分合）民五二一。

第五百二十條　（著作之訂正或修改）

著作人於不妨害出版人出版之利益，或增加其責任之範圍內，得訂正或修改著作。但對於出版人因此所生不可預見之費用，應負賠償責任。

出版人於重製新版前，應予著作人以訂正或修改著作之機會。

⑧為期與著作權法第三條第一項第一款、第五款之用語一致，爰將本條第一項「著作物」修正為「著作」，第二項「印刷」修正為「重製」。

*（尊重著作權人人格之義務）民五一九。

第五百二十一條　（著作出版之分合）

同一著作人之數著作，為各別出版而交付於出版人者，出版人不得將其數著作，併合出版。

出版權授與人就同一著作人或數著作人之數著作為併合出版，而交付於出版人者，出版人不得將著作，各別出版。

⑧一、為期與著作權法第三條第一項第一款之用語一致，爰將本條第一項及第二項之「著作物」修正為「著作」。

二、依出版契約，有義務交付著作予出版人者，為「出版權授與人」，原條文第二項僅表明「著作人」，尚無法完全涵蓋其範圍，為期周延，爰予修正。

*（出版人之發行義務）民五一九；（著作之訂正或修改）民五二〇。

第五百二十二條　（刪除）

⑧按出版權係指得將著作出版之權利，本不包括翻譯之改作權在內，且出版權授與人未必均享有翻譯之改作權，為免滋生疑義，爰將本條刪除。

第五百二十三條　（著作之報酬）

如依情形，非受報酬即不為著作之交付者，視為允與報酬。

出版人有出數版之權者，其次版之報酬，及其他出版之條件，推定與前版相同。

⑧修正理由同第五百二十一條。

*（出版）民五一五；（版數）民五一八；（給付報酬之時效）民五二四。

第五百二十四條　（給付報酬之時效及銷行證明之提出）

著作全部出版者，於其全部重製完畢時，分部出版者，於其各部分重製完畢時應給付報酬。

報酬之全部或一部，依銷行之多寡而定者，出版人應依習慣計算，支付報酬，並應提出銷行之證明。

⑧修正理由同第五百二十條。

*（著作之報酬）民五二三；（著作之危險負擔）民五二五。

第五百二十五條　（著作之危險負擔——著作滅失）

著作交付出版人後，因不可抗力致滅失者，出版人仍負給付報酬之義務。

滅失之著作，如出版權授與人另存有稿本者，有將該稿本交付於出版人之義務。無稿本時，如出版權授與人係著作人，且不多費勞力，即可重作者，應重作之。

前項情形，出版權授與人得請求相當之賠償。

⑧修正理由同第五百二十一條。

*（給付不能）民二二五、二二六；（雙務契約之對待給付）民二六六、二六七；（著作之報酬）民五二三；（給付報酬之時效）民五二四；（債務人遲延）民二三一；（受領遲延）民二三四、二三七～二四〇；（有償契約之危險負擔）民三四七、三七三。

第五百二十六條　（出版物之危險負擔——出版物滅失）

重製完畢之出版物，於發行前，因不可抗力，致全部或一部滅失者，出版人得以自己費用，就滅失之出版物，補行出版，對於出版權授與人，無須補給報酬。

⑧修正理由同第五百十八條說明二。

*（著作之危險負擔）民五二五；（報酬）民五二三；（出版人之發行義務）民五一九；（有償契約之危險負擔）民三四七、三七三。

第五百二十七條　（出版契約關係之消滅及其例外）

著作未完成前，如著作人死亡，或喪失能力，或非因其過失致不能完成其著作者，其出版契約關係消滅。

前項情形，如出版契約關係之全部或一部之繼續為可能，且公平者，法院得許其繼續，並命為必要之處置。

⑧修正理由同第五百二十一條。

*（出版）民五一五；（著作之危險負擔）民五二五；（出版物之危險負擔）民五二六。

第十節　委　任

第五百二十八條　（委任之定義）

稱委任者，謂當事人約定，一方委託他方處理事務，他方允為處理之契約。

⇧謹按民律草案債權編第二章第十二節原案謂委任者，當事人之一方，委任他方為其處理某事務，他方允為處理，因而生效力之契約也。此項契約，其應處理之事務，要必為法律行為。至關於勞務給付之契約，不屬於法律所定其他契約之種類者，亦得適用關於委任之規定也。又此項契約，可為委任人或第三人之利益而為之，可為委任人及第三人或受任人之利益而為之，可為第三人及受任人之利益而為之，惟不得僅為受任人之利益而為之。其他如無報酬，亦為此契約之特質，其與僱傭契約相異之點，亦即在此。然其先既為委任，其後即受報酬，而委任之性質，究不變更，此項契約為各國通行，於實際上亦必不可少，故本法設本節之規定。

⇧謹按本條為規定委任之意義，及委任契約之成立要件，因一方委託他方處理事務，他方允為處理，其委任契約，即為成立。至於有否報酬，學說聚訟，各國立法例亦不一致。有以有報酬之委任，祇能以僱傭、承攬、居間等契約論，非真正之委任者。本法則不問其受報酬與否，凡為他人處理事務者，皆視為委任也。

*（概括委任及特別委任）民五三二、五三三；（複委任）民五三七、五三八；（委任事務處理權之授與方式）民五三一；（委任與無因管理）民一七二、一七三、一七八；（委任與合夥）民六八〇；（訴訟之委任）民訴六八～七四，刑訴二七、三〇、三六、三七，律師一九以下；（委任背書）票據四〇；（僱傭）民四八二；（經理人與代辦商）民五五三、五五八；（居間）民五六五；（行紀）民五七六、五七七；（背信罪）刑三四二；（委任與代理權）民一〇八；（勞務給付契約之適用）民五二九。

第五百二十九條　（勞務給付契約之適用）

關於勞務給付之契約，不屬於法律所定其他契約之種類者，適用關於委任之規定。

⇧謹按關於債務給付之契約，不屬於法律所定其他契約之種類者，其契約之性質，亦與委任契約相同，若不明為規定，實際上自必無所依據，故適用關於委任之規定，俾有準據。此本條所由設也。

*（勞務給付）民四八二、四九〇；（委任之準用）民五七七、六八〇。

第五百三十條　（視為允受委託）

有承受委託處理一定事務之公然表示者，如對於該事務之委託不即為拒絕之通知時，視為允受委託。

⇧謹按委任契約之關係，因一方委託他方處理事務，他方允為處理其事務而成立，設他方不欲允為處理其事務，自應為積極的拒絕之表示，方為適當。若已有承受委託處理之公然表示，而對於該事務之委託，不即為拒絕之通知時，自應視為允受委託，俾法律關係，得以從速確定。故設本條以明示其旨。

*（委任）民五二八；（契約之成立）民一五三、一五五～一五九。

第五百三十一條　（委任事務處理權或代理權之授與）

為委任事務之處理，須為法律行為，而該法律行為依法應以文字為之者，其處理權之授與，亦應以文字為之。其授與代理權者，代理權之授與亦同。

[88]現行條文「其處理權之授與」究何所指，學者間意見不一：有認為該項處理權實即指代理權而言者（錢國成著民法判解研究第五五頁，戴修瓚著民法債編各論下冊第一一一頁參照）；有認為處理權與代理權乃屬個別之概念，在委任契約必須授與處理權，但不一定授與代理權（鄭玉波著民法債編各論下冊第四二六頁參照）；有認為該項處理權，在委任並授與代理權時，乃兼指內部處理權及對外代理權而言，但在僅委任處理事務，而未授與代理權時，則僅指內部處理權而言（史尚寬著債法各論第三六四頁參照）。實務上之見解，認為此之處理權，與代理權迥不相同（最高法院四十四年臺上字第一二九〇號判例參照）。為免解釋上發生歧見；爰增列「其授與代理權者，代理權之授與亦同。」使處理本條委任事務時，僅授與處理權者，則該處理權之授與應以文字為之。如授與處理權及代理權者，則二者之授與，均應以文字為之，以示慎重，並杜爭議。

*（委任）民五二八、五三二、五三三；（代理權之授與）民一六七；（法律行為以使用文字為必要者）民四〇七、四二二、五五四㊁、五五八㊂、七三〇、七三五、七六〇、一〇〇七、一〇五〇、一〇七九；（使用文字之準則）民三。

▲民法第五百三十一條所定之授權文字，乃委任人與受任人間契約上應行具備之形式，並非受任人必須交付他造當事人之書證。（三九臺上一一九〇）

第五百三十二條　（受任人之權限——特別委任或概括委任）

受任人之權限，依委任契約之訂定。未訂定者，依其委任事務之性質定之。委任人得指定一項或數項事務而為特別委任，或就一切事務，而為概括委任。

⇧謹按受任人處理事務之權限，一依委任事務之範圍為準，故受任人處理事務之權限範圍，亦不可不有明白之規定。若委任契約已將受任人之權限訂定時，自應依其所定，若委任契約未訂定其權限時，則依委任事務之性質定之，蓋從其委任之性質上，推定其有此權限，所以資處理事務之便利也。至於委任人或指定一項事務或數項事務而為特別委任，或就一切事務而為概括委任，應悉依其自由之意思為之，初無若何限制。所謂特別委任者，謂指定特種事項而為委任者也。所謂概括委任者，謂就一切事項悉行委任者也。惟無論其為特別委任，為概括委任，不過其委任之權限，有大小廣狹之不同，而委任之性質，則固無或少異。故設本條以明示其旨。

*（委任）民五二八；（委任事務處理權或代理權之授與）民五三一。

第五百三十三條　（特別委任）

受任人受特別委任者，就委任事務之處理，得為委任人為一切必要之行為。

⇧謹按受任人之受有特別委任者，應使其就委任事務之處理，得為委任人為一切必要之行為。本條設此規定，蓋以保護委任人之利益也。

*（受任人之權限）民五三二；（概括委任）民五三四；（特別委任有關之規定）民五五四、五五八；（委任事務處理權或代理權之授與）民五三一。

第五百三十四條　（概括委任）

受任人受概括委任者，得為委任人為一切行為。但為左列行為，須有特別之授權：

一　不動產之出賣或設定負擔。
二　不動產之租賃其期限逾二年者。
三　贈與。
四　和解。
五　起訴。
六　提付仲裁。

[88]受概括委任之受任人，不僅可為法律行為，事實行為亦得為之。為明確計，爰將「法律」二字刪除。

*（受任人之權限）民五三二；（特別委任）民五三三；（不動產之出賣或設定負擔）民七五八、七六〇、八三二、八四二、八五一、八六〇、九一一；（不動產之租賃逾二年者）民四二一、四二二；（不動產）民六六；（贈與）民四〇六；（和解）民七三六；（起訴）民訴二四四以下。

第五百三十五條　（受任人之依從指示及注意義務）

受任人處理委任事務，應依委任人之指示，並與處理自己事務為同一之注意。其受有報酬者，應以善良管理人之注意為之。

⇧謹按受任人處理委任之事務，其結果無論利與害，均由委任人受之，則凡事務之處理，均應依委任人之指示為之。又受任人之處理事務，為顧及委任人之利益計，自必特加注意，而其注意之程度則又視其受有報酬與否而不同。其未受報酬者，衹須與處理自己事務，為同一之注意即為已足，其受有報酬者，則須以善良管理人之注意為之，否則應負損害賠償之責。此本條所由設也。

*（委任）民五二八；（受任人之權限）民五三二～五三四；（變更指示）民五三六；（自己處理原則）民五三七、五三八；（逾越權限之損害賠償）民五四四；（報酬）民五四七、五四八。

▲委任關係中之受任人，依民法第五百三十五條前段之規定，雖未受有報酬，其處理委任事務，仍應與處理自己事務為同一之注意，亦即對於具體之輕過失仍須負責，同法[舊]第五百四十四條第二項之規定，如解為此種受任人僅以有重大過失為限始負責任，則與同法第五百三十五條之規定未免牴觸，故應參照同法第二百二十三條，認為此種受任人，除與處理自己事務為同一之注意，欠缺此種注意，即應就具體過失負責外，如顯然欠缺一般人之注意而有重大過失，仍應負責。（六二臺上一三二六）

第五百三十六條　（變更指示之限制）

受任人非有急迫之情事，並可推定委任人若知有此情事亦允許變更其指示者，不得變更委任人之指示。

⇧謹按受任人既非為自己之利益處理委任事務，故應以委任人所指示者為主，非實有急迫之情事，並委任人若知其有此情事，於受任人不依其指示，亦允許其變更者，不得變更委任人之指示。故本條明定受任人變更委任人指示之要件有二：㈠須有急迫情事。㈡須推知委任人知有此情事亦允許其變更指示。所以保護委任人之利益也。

＊（依從指示之義務）民五三五。

第五百三十七條 （處理事務之專屬性與複委任）

受任人應自己處理委任事務。但經委任人之同意或另有習慣，或有不得已之事由者，得使第三人代為處理。

⇧謹按委任之關係，基於信任而來，故委任人因信任受任人之結果，特委任受任人處理自己之事務，則對於委任人所委任之事務，受任人亦應由自己處理之，方合契約之本旨。若第三人既非委任人所信任，受任人自不得使第三人代為處理委任事務也，但經委任人之同意，或另有習慣，或有不得已之事由者，亦不妨使第三人代為處理，蓋有時因特種情形，受任人既不能自己處理，又不能使第三人代為處理，反使事務停頓，致難貫徹委任之初意，自不若轉使第三人代為處理，較易進行無阻也。故設本條以明示其旨。

＊（受任人之依從指示及注意義務）民五三五；（複委任之效力）民五三八、五三九；（類似規定）民四八四、五九二。

第五百三十八條 （複委任之效力㈠）

受任人違反前條之規定，使第三人代為處理委任事務者，就該第三人之行為，與就自己之行為，負同一責任。

受任人依前條之規定，使第三人代為處理委任事務者，僅就第三人之選任，及其對於第三人所為之指示，負其責任。

⇧謹按依前條之規定，受任人使第三人處理委任事務，須經委任人之同意，或另有習慣，或有不得已之事由，始為有效。若違反此項規定，並未經委任人同意，亦無習慣可以依據，且非有不得已之事由者，此時第三人之行為，應視為受任人自己之行為，如有損害，自應由受任人負其責任。反之受任人使第三人處理委任事務，係已得委任人同意，或有習慣可以依據，或有不得已之事由者，則受任人僅就第三人之選任，及其對於第三人所為之指示，負其責任。此本條所由設也。

＊（處理事務之專屬性與複委任）民五三七；（無因管理）民一七二、一七八。

第五百三十九條 （複委任之效力㈡——委任人對第三人之直接請求權）

受任人使第三人代為處理委任事務者，委任人對於該第三人關於委任事務之履行，有直接請求權。

⇧謹按受任人所應處理之委任事務，已由第三人承擔代為處理者，此時應使委任人對於該第三人有直接請求履行關於委任事務之權。若必依順序，使委任人向受任人請求，再由受任人向第三人請求，則轉輾需時，殊鮮實益。故設本條以明示其旨。

＊（處理事務之專屬性與複委任）民五三七。

第五百四十條 （受任人之報告義務）

受任人應將委任事務進行之狀況，報告委任人，委任關係終止時，應明確報告其顛末。

⇧謹按受任人既受委任人之委任，處理某項事務，則應將委任事務進行之狀況，隨時報告於委任人，其於委任關係終止時，亦應將其所處理事務之始末情形，詳細報告於委任人，此皆委任性質上當然之事。故設本條以明示其旨。

＊（委任）民五二八；（委任關係終止）民五四九～五五二；（本條之準用）民一七八、五七七、六八〇；（類似規定）民五五九。

▲依民法第五百四十條之規定，受任人應將委任事務進行之狀況，報告委任人，商號經理人對於商號所有人係居受任人之地位，自有將委任事務進行狀況，報告商號所有人之義務。（二一上一九九二）

第五百四十一條 （交付金錢物品孳息及移轉權利之義務）

受任人因處理委任事務，所收取之金錢、物品及孳息，應交付於委任人。

受任人以自己之名義為委任人取得之權利，應移轉於委任人。

⇧謹按受任人於處理委任事務之際，其所收取之金錢、物品及孳息，既因委任之故而收取，自屬於委任人所有，至其後均應交付於委任人。若受任人以自己名義取得權利，此權利既為委任人之權利，亦應移轉於委任人，此亦委任性質上當然之不可缺事也。

＊（孳息）民六九；（本條之準用）民一七八、五七七、六八〇。

▲受任人以自己名義為委任人訂立契約取得債權時，僅該受任人得向他方當事人請求履行債務，故在受任人未將其債權移轉於委任人以前，委任人不得逕向他方當事人請求履行。（二一上九三四）

▲受任人以自己名義，為委任人取得之不動產所有權，依民法第五百四十一條第二項之規定，雖應負移轉於委任人之義務，然此僅為受任人與委任人間之權利義務關係，在受任人移轉其所有權於委任人以前，要難謂委任人已取得該不動產所有權。（四一臺上一〇一一）

▲系爭土地登記為被上訴人所有，如係被上訴人受上訴人之委任，以自己名義為委任人取得權利，依法受任人即被上訴人自有將所取得之土地權利，返還於委任人即上訴人之義務。（四四臺上一二六二）

▲上訴人基於繼承其父之遺產關係而取得系爭房屋所有權，原與其叔某甲無涉，某甲之代為管理，曾用自己名義出租於被上訴人，如係已受委任，則生委任關係，依民法第五百四十一條第二項之規定，受任人以自己名義為委任人取得之權利，固應移轉於委任人，如未受委任則為無因管理，依同法第一百七十三條第二項之規定，關於第五百四十一條亦在準用之列，均不待承租之被上訴人同意而始生效，從而某甲將其代為管理之系爭房屋，因出租於被上訴人所生之權利移轉於上訴人，縱使未得被上訴人之同意，亦難謂為不生效力，上訴人自得就系爭房屋行使出租人之權利。（四五臺上六三七）

▲被上訴人主張上訴人（三灣鄉農會職員）因離職移交未清而請求給付之款項，除合於侵權行為，得行使損害賠償請求權外，其基本之法律關係，乃為委任契約返還處理事務所收取金錢之請求權（民法第五百四十一條第一項），上訴人雖主張損害賠償之請求權消滅時效已完成，而基於委任契約所生之上開請求權，顯未逾民法第一百二十五條之時效期間。（五二臺上一八八）

▲委任他人為法律行為，同時授與他人以代理權者，受任人所為之意思表示直接對於委任人發生效力，委任人固有請求權，即無代理權之委任，受任人以自己之名義為委任人取得之權利，包括損害賠償請求權，已依民法第五百四十一條第二項之規定移轉於委任人者，委任人亦有請求權。（五二臺上二九〇八）

▲受任人本於委任人所授與之代理權，以委任人名義與他人為法律行為時，固直接對委任人發生效力；若受任人以自己之名義與他人為法律行為，因而為委任人取得之權利，則須經受任人依民法第五百四十一條第二項規定，將其移轉於委任人，委任人始得逕向該他人請求履行。前者，因法律行為發生之權利義務，於委任人及該他人之間直接發生效力；後者，則該他人得以對抗受任人之事由，對抗委任人，二者尚有不同。（七二臺上四七二〇）

第五百四十二條 （支付利息與損害賠償）

受任人為自己之利益，使用應交付於委任人之金錢或使用應為委任人利益而使用之金錢者，應自使用之日起支付利息。如有損害，並應賠償。

⇧查民律草案第七百七十二條理由謂受任人將應交與委任人之金錢，或應為委任人之利益使用之金錢，自行消費者，無論受任人有無過失，委任人曾否受損害，均應支給利息，因而致委任人受損害者，更須賠償。各國多數立法例，皆設此規定，以保護委任人之利益。故本條亦採用之。

＊（本條之準用）民一七八、五七七、六八〇；（利息）民二〇三～二〇七；（損害賠償）民二一三～二一八。

第五百四十三條（處理委任事務請求權讓與之禁止）

委任人非經受任人之同意，不得將處理委任事務之請求權，讓與第三人。

⇧查民律草案第七百七十三條理由謂委任關係，既為專屬之法律關係，故委任人非得受任人允諾，不得將以請求處理事務為標的之權利，讓與他人。此本條所由設也。

＊（委任）民五二八；（債權之讓與性）民二九四；（委任之專屬性）民五三七；（類似規定）民四八四。

第五百四十四條（受任人之損害賠償責任）

受任人因處理委任事務有過失，或因逾越權限之行為所生之損害，對於委任人應負賠償之責。

(88)一、第一項未修正。

二、委任為無償時，依照第五百三十五條規定，受任人應與處理自己事務為同一之注意。現行條文第二項規定，有使人誤解為無償之受任人，僅就重大過失負責，對於具體之輕過失，可不負責任，則顯與上述條文之規定相牴觸。為免疑義，爰將第二項刪除。

＊（受任人之權限）民五三二～五三四；（受任人之注意義務）民五三五；（過失責任）民二二〇；（損害賠償）民二一三～二一八；（本條之準用）民一七八、五七七。

▲執行合夥事務之合夥人，因其過失致合夥財產受有損失時，對於合夥人全體，應負賠償責任。（二〇上二七六〇）

第五百四十五條（必要費用之預付）

委任人因受任人之請求，應預付處理委任事務之必要費用。

⇧查民律草案第七百七十四條理由謂處理委任事務必需之費用，受任人無代墊之義務，故應使其得以請求預付，以期事務進行之順利。此本條所由設也。

＊（受任人之報告義務）民五四〇；（委任人費用償還義務）民五四六。

第五百四十六條（委任人之償還費用、代償債務、損害賠償義務及求償權）

受任人因處理委任事務，支出之必要費用，委任人應償還之，並付自支出時起之利息。

受任人因處理委任事務，負擔必要債務者，得請求委任人代其清償，未至清償期者，得請求委任人提出相當擔保。

受任人處理委任事務，因非可歸責於自己之事由，致受損害者，得向委任人請求賠償。

前項損害之發生，如別有應負責任之人時，委任人對於該應負責者，有求償權。

(88)一、第一項、第二項及第三項未修正。

二、基於造成損害者，應負最後責任之法理及平衡委任人、受任人間之權益。爰仿第四百八十七條之一第二項規定，增訂第四項，明定委任人於賠償受任人之損害後，對於應負責任之人，有求償權。

＊（委任人之預付費用義務）民五四五；（利息）民二〇三～二〇七；（清償）民三〇九、三一一；（清償期）民三一五、三一六；（擔保）民七三九、八六〇、八八四、九〇〇，動擔一五；（損害賠償）民二一三～二一八。

▲保證人受主債務人之委任而為保證者，對於主債務人即有受任人之權利，除依一般委任法則，保證人因受任保證而代償之數額，應由委任之主債務人償還外，並應償還自支出時起之利息。（一八上一五六一）

第五百四十七條（委任報酬之支付）

報酬縱未約定，如依習慣，或依委任事務之性質，應給與報酬者，受任人得請求報酬。

⇧謹按受任人允為委任人處理委任之事務，雖委任契約內並未訂定報酬，然依委任事務之性質，或習慣，須支給報酬者，應許受任人有請求報酬之權，以保護其利益。故設本條以明示其旨。

＊（委任）民五二八；（請求報酬之時期）民五四八；（報酬之有關規定）民四八三、四九一、五二三、五六六、五八九。

第五百四十八條（請求報酬之時期）

受任人應受報酬者，除契約另有訂定外，非於委任關係終止及為明確報告顛末後，不得請求給付。

委任關係，因非可歸責於受任人之事由，於事務處理未完畢前已終止者，受任人得就其已處理之部分，請求報酬。

⇧謹按受任人應受報酬之時期，契約有訂定者，自應從其所定。若契約並未訂定，則須俟委任關係終止及為明確報告顛末後，始得請求給付。故設第一項以明示其旨。雖然受任人請求報酬，固應以委任關係之終止為原則，但有時受任人處理委任事務尚未完畢前，已終止委任關係，而委任關係終止之原因，並非可歸責於受任人之事由者，亦應許受任人請求報酬，惟其請求報酬之範圍，須以受任人對於事務已經處理之部分為限耳。故設第二項以明示其旨。

＊（受任人支付報酬義務）民五四七；（受任人之報告義務）民五四〇；（委任關係終止）民五四九～五五二。

▲兩造所定委任契約，既定酬金十萬元，包括受任人承辦地方法院、高等法院、最高法院及強制執行等事務之酬勞在內，則上訴人於受任後，雖曾代為撰狀向臺灣臺北地方法院聲請調解，充其量不過辦理第一審事務中小部，在調解程序中，其代理權既因當事人在外成立和解而撤銷，依契約本旨及誠信法則，自祇能請求給付第一審事務之酬金，而不得及於全部。（四九臺上一二八）

第五百四十九條（委任契約之終止——任意終止）

當事人之任何一方，得隨時終止委任契約。

當事人之一方，於不利於他方之時期終止契約者，應負損害賠償責任。但因非可歸責於該當事人之事由，致不得不終止契約者，不在此限。

⇧查民律草案第七百七十六條理由謂委任根據信用，信用既失，自不能強其繼續委任。故各當事人無論何時，均得聲明解約，然除有不得已之事由，而其事由又非可歸責於解約人者外，當事人之一方聲明解約，若在他方最不利之時，應使解約人賠償其損害，否則不足以保護他方之利益。此本條所由設也。

＊（委任關係之消滅）民五五〇；（委任事務之繼續處理）民五五一；（委任關係之存續）民五五二；（代辦權之終止）民五六一；（董事等之解任）公司一九五、一九七、一九九、二〇〇、二二七；（船員之辭退）船員一九～二三；（契約終止）民二六三。

▲未經分割之遺產，經各繼承人互推一人管理者，此項管理權係基於委任契約而發生，依照民法第五百四十九條第一項規定，委任人本得隨時予以終止。（二〇上一九五五）

▲委任契約依民法第五百四十九條第一項規定，不論有無報酬，或有無正當理由，均得隨時終止。上訴人等之被繼承

人對被上訴人終止委任契約，無論於何時為之，均不能謂被上訴人原可獲得若干之報酬，因終止契約致未能獲得，係受損害。同法條第二項規定：「於不利於他方之時期終止契約者，應負損害賠償責任」其所謂損害，係指不於此時終止，他方即可不受該項損害而言，非指當事人間原先約定之報酬。（六二臺上一五三六）

第五百五十條（委任關係之消滅——當事人死亡、破產或喪失行為能力）

委任關係，因當事人一方死亡、破產或喪失行為能力而消滅。但契約另有訂定或因委任事務之性質不能消滅者，不在此限。

⇧查民律草案第七百七十七條理由謂委任既根據於信用，故委任人或受任人死亡、破產、或喪失行為能力（禁治產人）時，除曾表示有他項意思或因委任事務之性質生反對之結果外，委任關係，皆應終止，始合於委任之性質。此本條所由設也。

＊（委任契約之終止）民五四九；（委任事務之繼續處理）民五五一；（委任關係之存續）民五五二；（破產）破產一、五七以下；（行為能力）民一二～一五；（訴訟代理權之不消滅）民訴七三。

▲人之權利能力終於死亡，其權利義務因死亡而開始繼承，由繼承人承受。故關於遺產之法律行為，自當由繼承人為之，被繼承人生前委任之代理人，依民法第五百五十條之規定，其委任關係除契約另有訂定，或因委任事務之性質不能消滅者外，自應歸於消滅。（五一臺上二八一三）

第五百五十一條（委任事務之繼續處理）

前條情形，如委任關係之消滅有害於委任人利益之虞時，受任人或其繼承人或其法定代理人，於委任人或其繼承人或其法定代理人能接受委任事務前，應繼續處理其事務。

⇧查民律草案第七百七十八條理由謂依前條規定委任終止時，若有害於委任人之利益，當事人一方之受任人或其繼承人或法定代理人，應為他之一方繼續處理委任事務，否則委任終結委任人尚未接收之時，遇有必須處理之事務，受任人或其繼承人或法定代理人竟坐視不為處理，必致委任人之損害不可逆測。故設本條以彌縫其闕。

＊（委任關係之終止）民五四九；（委任關係之消滅）民五五〇；（類似規定）民一一〇七、一一一三；（無因管理之適用）民一七八。

第五百五十二條（委任關係之視為存續）

委任關係消滅之事由，係由當事人之一方發生者，於他方知其事由或可得而知其事由前，委任關係視為存續。

⇧謹按委任關係消滅之事由，如當事人之一方死亡、破產、或喪失行為能力等是。此種委任關係，消滅之原因，如係因一方之事由而發生，必待他方知其事由或可得知其事由時，委任關係方使消滅，在他方未知其事由以前，委任關係，即應推定其為存續。本條設立之意，既保護一方之利益，又不使他方蒙不利益也。

＊（委任關係之終止）民五四九；（委任關係之消滅）民五五〇；（委任事務之繼續處理）民五五一。

第十一節　經理人及代辦商

⇧謹按稱經理人者，謂有為商號管理事務，及代其簽名之權利之人也。稱代辦商者，謂非經理人而受商號之委託，於一定處所，或一定區域內，以該商號名義辦理其事務之全部或一部之人也。經理人及代辦商之權利義務，各國立法例，多於商法中規定之，本法因民商法統一之結果，特設本節之規定。

第五百五十三條（經理人之定義及經理權之授與）

稱經理人者，謂由商號之授權，為其管理事務及簽名之人。

前項經理權之授與，得以明示或默示為之。

經理權得限於管理商號事務之一部或商號之一分號或數分號。

(88)一、經理人必先由商號授與經理權，始得為商號管理事務及簽名。而管理事務及簽名，為經理人之權限並非權利，現行條文第一項規定，易滋疑義，為期明確，爰予修正。
二、第二項及第三項未修正。

＊（經理權）民五五四、五五五；（經理人之選任）公司二九、海商一七；（經理人之登記）商登九、一二；（經理權之限制）民五五七。

▲經理人於商店歇閉後，未經主人明白將其解任者，則關於清理商店歇業後之事務，自應認為有代主人為一切審判上、審判外行為之權限。（一八上一〇一七）

▲錢莊營業之合夥，其執行業務之合夥人或經理人代合夥借款，固為關於營業上之事務，應認其有此權限。惟合夥已解散時，此項權限即屬當然消滅，如仍以合夥名義向人借款，自不能對於合夥發生效力，除他合夥人追認其行為或承認其債務外，債權人不得向他合夥人請求清償。（一八上一八四四）

▲商號經理人，有代商號為審判上及審判外一切行為之權。（一八上二一〇〇）

▲商號經理人，對於一切店夥有指揮監督之職責，若因怠於監督致有舞弊情事，則經理人不能不負責任。（一九上一〇一四）

▲商號經理人所為之行為，其效力依法直接及於商業主人者，應以關於該商號營業上之事務為限。（一九上三〇〇一）

▲商號經理人，關於營業有代商業主人為審判上與審判外一切行為之權限，故如清理商號所負債務與處理因營業所發生之事項，均為其權限以內之事。（二〇上一三四九）

第五百五十四條（經理權㈠——管理行為）

經理人對於第三人之關係，就商號或其分號，或其事務之一部，視為其有為管理上之一切必要行為之權。

經理人除有書面之授權外，對於不動產，不得買賣，或設定負擔。

前項關於不動產買賣之限制，於以買賣不動產為營業之商號經理人，不適用之。

(88)一、第一項及第二項未修正。
二、商號若係以買賣不動產為營業者，其經理人是否仍須受第二項之限制，現行法尚無明文規定。學者通說以為無須另有書面授權（鄭玉波著民法債編各論下冊第四六八頁，史尚寬著債法各論第四〇八頁參照）。為明確計，爰增訂本條第三項。

＊（經理權之授與）民五五三㈡、㈢；（經理權之限制）民五五七。

▲銀錢業商店經理人，本其營業性質有向人借貸款項之權，不問其借貸行為如何，均應由店東直接負責。（一七上八一四）

▲合夥財產不足清償合夥債務時，應由各合夥員任清償之責，經理人自身無代為償還之義務。（一八上一三八五）

▲商號所負之債務，若值股東不明時，固得令經理人負清理追償之責，然究不得即認經理人自身有代為償還之義務。（一八上二六二八）

▲無限公司或合夥之債務，其應負清償責任者，應以股東或合夥員為限。如果執行業務之人並非股東或合夥員，則對於公司或合夥之債務，不過有清理之責，無遽負償還責任之理。（一八上二七〇七）

▲經理人關於營業之行為對於本人當然發生效力，縱有舞弊情事，亦係主人與經理人間之內部關係，於債權人無關，不能以之為免責之理由。（一九上三九）

▲商號經理人收受債務人所付之款，雖得對於店東發生效

力，然除得店東之同意者外，斷無私擅減免店債之權。（一九上一一六）

▲經理人收受存款或向人借款之行為，除依營業之性質或其他情事可認其有此權限者外，並非當然對於本人發生效力。（一九上二七六）

▲副經理之權限，除經理有事故時，得代行處理營業範圍內一切事務外，仍應受經理之指揮監督，而對於店債之讓減，則不特副經理無此權限，即經理非得店東同意，亦屬無權擅專。（一九上四〇七）

▲商號經理人於營業上應負忠實之義務，若有違背此項義務，欠缺善良管理人之注意，以致損害及於主人者，不能不負賠償之責。（一九上一〇一四）

▲經理人之權限，可於營業目的範圍內，有代理全體股東之權，若以商號名義充其他合夥之股東，既屬營業目的範圍以外之事項，除能證明全體股東已經同意外，不能以與經理人有商量合夥之事，主張對於合夥團體發生效力。（一九上一九九二）

▲商業經理人於營業範圍外未受主人委任，以自己意思所為借貸之行為，除該地方另有特別習慣外，原則上難認其有直接及於主人之效力。（二〇上九一〇）

▲商店經理人，於商店歇業後，如未經明白表示解任，則對於商店所負之債務，仍應負清理償還之責。（二〇上一四七二）

▲經理人於營業外所為之借貸行為，除經主人特別委任或有特別習慣外，難認其直接及於主人之效力。所謂特別委任云者，例如就各個借貸行為予以允許，或另以契約付與以一切借款權限之類。（二〇上二四五九）

▲經理人於其權限內為商號發行票據，已載明為商號代理之旨而簽名於票據者，應由商號負責，不能令經理人自負票據上之責任。（二二上二七九）

▲以受質為營業之押店，向錢莊通用款項，為營業上之必要行為，自不得謂經理人無為之之權限。（二二上一〇一二）

▲銀錢業商號經理人為商號借貸款項，係其權限內之行為，此項行為直接對於商號所有人發生效力。（二二上一九〇一）

▲依民法第五百五十四條第二項之規定，經理人就不動產設定負擔雖須有書面之授權，機器則為動產，自不得以經理人無書面之授權，遽謂其就機器設定負擔為無權限之行為。（二二上二五一四）

▲經理人對於不動產設定抵押權，按之民法第五百五十四條第二項之規定，非有書面之授權不得為之。（二七上八七八）

▲商號經理人蓋用號章為人保證，除屬於該商號之營業範圍，或依特殊情事為營業上之行為，或保證行為為號東所承認者外，對於商號不能發生效力。（三二永上二二）

▲依民法第五百五十四條第二項之規定，經理人就不動產設定負擔雖須有書面之授權，但不動產以外之其他財產，縱無書面之授權，亦不能遽謂其設定負擔為無權限之行為。（五二臺上一一七〇）

▲公司經理人有為公司為營業上所必要之一切行為之權限，其為公司為營業上所必要之和解，除其內容法律上設有特別限制外，並無經公司特別授權之必要，此為經理權與一般受任人權限之不同處。（六七臺上二七三二）

第五百五十五條　（經理權㈡——訴訟行為）

經理人就所任之事務，視為有代理商號為原告或被告或其他一切訴訟上行為之權。

⑱經理人為商號法定之委任代理人，其與商號間，無論民事上或訴訟上均為代理關係。為避免疑義，爰將「代表」二字修正為「代理」。

*（經理人之管理權）民五五四；（經理權之限制）民五五七；（訴訟代理）民訴四七、五二、六八～七五。

▲經理人對於第三人之關係，就商號或其分號或其事務之一部，視為其有為管理上一切必要行為之權。經理人就所任之事務，視為有代表商號為原告或被告或其他一切訴訟上行為之權，民法第五百五十四條第一項、第五百五十五條定有明文。公司得依章程規定設置總經理或經理，亦為公司法第二百十四條所明定，故公司所設置之經理人，法律上既未另設限制，自不能因其為法人而有所差異。（四二臺上五五四）

▲經理人就所任之事務，視為有代表商號為原告或被告或其他一切訴訟行為之權，此觀民法第五百五十五條之規定自明，此項規定於公司之經理人並未排斥適用。安某既為被上訴人（公司）之經理，而系爭工程又為其所任事務權限範圍內之事項，自有代表被上訴人（公司）應訴之權限。（七五臺上一五九八）

第五百五十六條　（共同經理人）

商號得授權於數經理人。但經理人中有二人之簽名者，對於商號，即生效力。

⇧謹按商號因事務繁雜，非一經理人所能辦理者，或商號所有人欲互相箝制，多設經理人者，亦可授權於數經理人，自不必限定一人為經理。惟商號所有人授權於數經理人時，祇須經理人中二人簽名，對於商號即生效力，蓋為便利交易起見，亦不必使商號中之對經理人，全體簽名，始為有效也。故設本條以明示其旨。

*（經理權之授與）民五五三㈡、㈢；（經理權）民五五四、五五五；（經理人之登記）商登九、一二；（共同代理）民一六八；（消極代理）民一〇三㈡。

第五百五十七條　（經理權之限制）

經理權之限制，除第五百五十三條第三項、第五百五十四條第二項及第五百五十六條所規定外，不得以之對抗善意第三人。

⇧謹按經理人對於第三人之關係，有就商號或分號或其事務之一部，視為其有一切必要行為之權。若商號所有人，就經理人本來之權限，加以限制，亦不過為商號所有人與經理人相互間之關係，對於不知情之第三人，自屬不生效力，否則不足以保交易上之安全。故如第三人不知經理權受有限制，而與經理人所為之交易，無論其限制若何，商號所有人及經理人均不得以該事項曾受限制為理由，而以之對抗善意之第三人，蓋不得使第三人受不測之損失也。然如依第五百五十三條第三項、第五百五十四條第二項及第五百五十六條各規定，第三人對於管理一部或一分號事務之經理人，與其為不屬於該部或該分號事務之交易，對於無書面授權之經理人，與其為不動產買賣或在不動產上設定負擔，對於應由二人簽名之事項，與其中一人交易，僅由一人簽名，此種情形，第三人應注意而不注意，即有損失，亦屬第三人自己之過失所致，則不問其為善意與否，商號所有人及經理人，均得對抗之。此本條所由設也。

*（經理權）民五五四、五五五。

▲就已授與經理權之事務，加以該經理人須經商號所有人審查同意後始得為之之限制，依民法第五百五十七條之規定，不得以之對抗善意第三人。（二七上一二五八）

▲商號所有人與經理人間，就不屬於經理權範圍內之事項，訂有禁止經理人為之之特約，不過預防經理人之為越權行為，特加訂明，並非就其固有之經理權加以限制，自無適用民法第五百五十七條之餘地。（二八上一二六〇）

第五百五十八條　（代辦商之定義及其權限）

稱代辦商者，謂非經理人而受商號之委託，於一定處所或一定區域內，以該商號之名義，辦理其事務之全部或一部之人。

代辦商對於第三人之關係，就其所代辦之事務，視為其有為一切必要行為之權。

代辦商，除有書面之授權外，不得負擔票據上之義務，或為消費借貸，或為訴訟。

⇧謹按本條為規定代辦商之意義，特明定曰，稱代辦商者，謂非經理人，而受商號之委託，於一定處所，或一定區域內，以商號名義辦理其事務之全部或一部之人也。故設第一項以明示其旨。又代辦商對於第三人之關係，就其所代辦之事務，視為其有為一切必要行為之權，此與經理人對於第三人之關係相同。故設第二項以明示其旨。至代辦商僅為商號之獨立輔助機關，故不得使代商號負擔票據上之義務，或為消費借貸，或代表訴訟，以示限制。然若商號以書面授與代辦商以此種權限者，自亦為法所許。故設第三項以明示其旨。

＊（代辦業）商登二；（代辦商之義務）民五五九、五六二；（報酬）民五六〇；（代辦商與本人之關係）民五二八～五五二；（消費借貸）民四七四、四七五之一以下。

▲購買貨物之莊客，於其購買貨物之權限內所負之債務，商業主人自應負責。（一九上三六六）

▲莊客代理權限縱與經理人同，而依法亦應以營業上之事務為限，不容以莊客個人挪用之款而強令莊主負責。（一九上三一四八）

▲民法第五百五十八條第一項規定「稱代辦商者，謂非經理人而受商號之委託，於一定處所或一定區域內，以該商號之名義，辦理其事務之全部或一部之人」。是代辦商本係以商號名義處理其受委託之事務，其因此所發生之請求權，與民法第一百二十七條第一、第八兩款所定情形不符。故代辦商因處理所受委託事務，而收取金錢、物品及孳息時，應依民法第五百四十一條第一項規定以之交付於委託之商號，而其交付之時間，自不受同法第一百二十七條第一、第八兩款之限制。（四二臺上六一七）

▲代辦商與委託人間之關係，為委任性質，除民法代辦商一節別有規定外，準用委任之規定。（六六臺上二八六七）

第五百五十九條　（代辦商報告義務）

代辦商，就其代辦之事務，應隨時報告其處所或區域之商業狀況於其商號，並應將其所為之交易，即時報告之。

⇧謹按代辦商所代辦之商業事務，其利與害，均由商號直接承受，故商號對於代辦商代辦之事務，有隨時決定方針之必要。且代辦商與商號，既非同在一處，代辦商如不將其所在地之商業狀況，隨時報告，商號何由得知，故應使代辦商負報告之義務。於其處所或其區域內之商業狀況，固應委曲周詳，隨時報告，於其所為之交易，尤須敏捷迅速，即時報告，庶商號得收統籌計畫、相機指示之實效。此本條所由設也。

＊（代辦商）民五五八㈠；（受任人之報告義務）民五四〇。

第五百六十條　（報酬及費用償還請求權）

代辦商得依契約所定，請求報酬或請求償還其費用。無約定者依習慣，無約定亦無習慣者，依其代辦事務之重要程度及多寡定其報酬。

⇧謹按代辦商為獨立之商人，其所代辦之事務，自亦有其應得之權利。故商號之於代辦商，如有契約訂定，應給與報酬或償還費用者，自應依照契約所定，請求報酬，或請求償還其代墊之費用。又雖未約定報酬，而為習慣所有者，應從習慣，其無約定亦無習慣者，仍應依其代辦事務之重要程度及多寡，定其報酬，以保護代辦商之利益。本條設此規定，蓋以杜無益之爭論也。

＊（必要費用之償還）民五四五、五四六；（給付報酬之時期）民五四八。

第五百六十一條　（代辦權終止）

代辦權未定期限者，當事人之任何一方得隨時終止契約。但應於三個月前通知他方。

當事人之一方，因非可歸責於自己之事由，致不得不終止契約者，得不先期通知而終止之。

⇧謹按代辦權定有存續期間者，自以契約屆滿而終止，此屬當然之理。若契約未訂定存續期間，係契約一般之原則，當事人之任何一方，隨時終止契約，他方亦不得有所非難，然為事實便利起見，一方解除契約，亦必使他方有所準備，方免有措手不及致受損失之情事發生，故解約之一方，應於三個月前通知他方，始為平允。故設第一項以明示其旨。至當事人之解除契約，原則上雖應於三個月前通知，然亦難保不有臨時特種事由發生，致不得不終止契約者，若此特種事由之發生，係非可歸責於解約人，而事實上又不能不即行解約，則不得不設例外，許解約人不先期通知，逕行終止契約。故設第二項以明示其旨。

＊（委任關係之終了）民五四九、五五〇；（僱傭關係之消滅）民四八九；（契約終止）民二六三；（代辦權消滅之限制）民五六四。

第五百六十二條　（競業禁止）

經理人或代辦商，非得其商號之允許，不得為自己或第三人經營與其所辦理之同類事業，亦不得為同類事業公司無限責任之股東。

⇧謹按經理人與代辦商，均為商業上之輔助人，對於商號自有忠於其職責之義務，若未得商號之允許，一方為商號辦理營業事務，一方又為自己或第三人辦理同類之營業事務，或為同類事業公司之無限責任股東，則同業競爭之結果，勢必至有利自己或第三人，而損失其商號，故本法特絕對禁止之，以減免商號之危險。若經理人或代辦商有上述情形，而得商號之允許者，自不在禁止之列。蓋以商號既予允許，當必熟權利害，自無流弊發生也。故設本條以明示其旨。

＊（經理人）民五五三；（代辦商）民五五八；（違反競業禁止之效力——商號之損害賠償請求權）民五六三；（其他競業禁止之規定）公司三二、一一五；（雙方代理之禁止）民一〇六。

第五百六十三條　（違反競業禁止之效力——商號之損害賠償請求權及其時效）

經理人或代辦商，有違反前條規定之行為時，其商號得請求因其行為所得之利益，作為損害賠償。

前項請求權，自商號知有違反行為時起，經過二個月或自行為時起，經過一年不行使而消滅。

⑻一、第一項未修正。

二、商號知其經理人或代辦商違反競業禁止之義務時，一個月內恐難以明瞭違反行為之詳情。為期商號能切實蒐集證據，瞭解詳情，原規定「一個月」期間過短，爰延長為「二個月」，以符實際需要並收成效。

＊（經理人及代辦商之競業禁止義務）民五六二。

▲公司經理人違反公司法第三十二條競業禁止之規定者，其所為之競業行為並非無效，但公司得依民法第五百六十三條之規定請求經理人將因其競業行為所得之利益，作為損害賠償。（八一臺上一四五三）

第五百六十四條　（經理權或代辦權消滅之限制）

經理權或代辦權，不因商號所有人之死亡、破產或喪失行為能力而消滅。

⇧謹按經理人及代辦商之關係，與委任之關係異。委任關係，因當事人之一方死亡、破產、或喪失行為能力而消滅，經理權及代辦權，則不因商號所有人之死亡、破產、或喪失行為能力而消滅。蓋經理權及代辦權，須依於商號而存在，方能收商業交易敏活之效，商號所有人之情形若何，則所不問。此本條所由設也。

＊（經理權）民五五四、五五五；（代辦權）民五五八㈡、㈢；（代辦權之終止）民五六一；（委任關係之消滅）民五五〇。

第十二節　居　間

⇧查民律草案債權編第二章第十一節原案謂居間者，當事人約定一方為他方報告訂約之機會，或為訂約之媒介，他方給付報酬之契約也。為報告訂約機會或為訂約之媒介者，謂之居間人，給付報酬者，謂之委託人，此項契約，為特別契約。自其所服勞務之性質言之，與委任契約異，蓋委任事務之處理，必須為法律行為，而居間則僅報告訂約之機會，或為訂約之媒介也。自其給付報酬之性質言之，與僱傭契約異，蓋僱傭為對於勞務之給付支給報酬，而居間則對於勞務之結果支給報酬也。自其於勞務之結果祇有權利不負義務之點言之，與承攬契約異，蓋承攬受報酬而負義務，而居間則僅有報酬而無義務也。民事商事，皆有居間，各國立法例，有僅於商法中規定商業居間人，而民法中獨付缺如者，殊不足法。本法採民商法統一之旨，特設本節之規定，使買賣不動產，設定抵押權、質權，及僱傭等事之居間人，有可適用之規則焉。

第五百六十五條　（居間之定義）

稱居間者，謂當事人約定，一方為他方報告訂約之機會，或為訂約之媒介，他方給付報酬之契約。

⇧查民律草案第七百五十七條理由謂居間契約之成立，必規定明確，始可杜無益之爭論。此本條所由設也。

＊（報酬）民五六六、五六八、五七〇、五七二；（婚姻居間之報酬）民五七三；（營業登記）商登二。

▲民法第五百六十五條所定之居間有二種情形，一為報告訂約機會之報告居間，一為訂約之媒介居間。所謂報告居間，不以於訂約時周旋於他人之間為之說合為必要，僅以為他方報告訂約之機會為已足，而居間人之報酬，於雙方當事人因居間而成立契約時，應許其請求。至於居間行為就令自始限於媒介居間，而僅為報告即已有效果時，亦應許居間人得請求報酬之支付。（五二臺上二六七五）

▲依民法第五百六十五條規定，須為他方報告訂約之機會或為訂約之媒介，始能取得居間報酬（佣金），本件被上訴人在原審自陳，被上訴人並非將生意介紹給上訴人，上訴人係受被上訴人之委託製造系爭貨品，並陳明本件並無佣金之約定，原審置被上訴人上開自陳之事實於不顧，認被上訴人係居間介紹，依民法第五百六十六條第一項規定，上訴人有給付居間報酬（佣金）之義務，於法不無違背。（六三臺上二六六二）

第五百六十六條　（報酬及報酬額）

如依情形，非受報酬，即不為報告訂約機會或媒介者，視為允與報酬。

未定報酬額者，按照價目表所定給付之。無價目表者，按照習慣給付。

⇧謹按居間之報酬，依前條之規定，固以約定為原則，然有時雖未約定，而依其情形，有非受報酬即不為報告訂約機會或媒介者，應視委託人為默認給與報酬，以保護居間人之利益。此第一項所由設也。又給付報酬之數額，契約有訂定者，自應從其所定，若契約並未訂定，應按照公定價目表所定給付之，無價目表者，應按照習慣上通行之價目給付之，以昭公允。此第二項所由設也。

＊（報酬請求之時期）民五六八；（報酬之給付人）民五七〇；（報酬請求權之喪失）民五七一；（報酬之酌減）民五七二；（婚姻居間之報酬）民五七三；（類似規定）民四八三、四九一、五二三。

第五百六十七條　（居間人據實報告、妥為媒介及調查之義務）

居間人關於訂約事項，應就其所知，據實報告於各當事人。對於顯無履行能力之人，或知其無訂立該約能力之人，不得為其媒介。

以居間為營業者，關於訂約事項及當事人之履行能力或訂立該約之能力，有調查之義務。

[88]一、現行規定「支付能力」範圍太小，爰修正為「履行能力」，並改列為第一項。

二、目前社會上，以居間為營業者日多，為保障當事人權益及維護交易安全，爰增訂第二項，明定此種以居間為營業之人，關於訂約事項及當事人之履行能力或訂立該約之能力，有調查之義務。

＊（誠信原則）民一四八；（忠實辦理義務）民五七一；（不告知當事人姓名或商號義務）民五七五。

第五百六十八條　（報酬請求之限制）

居間人，以契約因其報告或媒介而成立者為限，得請求報酬。

契約附有停止條件者，於該條件成就前，居間人不得請求報酬。

⇧查民律草案第七百五十九條理由謂居間之報酬，俟居間人報告或媒介契約成立後支付，此當然之理，亦最協當事人之意思。故契約無效，或契約已成而撤銷者，居間人不得請求報酬。至契約雖已成立，而附有停止條件者，其停止條件成就前，亦不得請求報酬，蓋停止條件成就，契約即不成立也。附有解除條件者，亦可以此類推，無待明文規定也。

＊（報酬）民五六六；（停止條件）民九九～一〇一；（報酬請求權之喪失）民五七一；（費用償還請求之限制）民五六九；（類似規定）民四八六、五〇五、五二四、五四八。

▲居間人於契約因其媒介而成立時，即得請求報酬，其後契約因故解除，於其所得報酬並無影響。（四九臺上一六四六）

▲媒介居間人固以契約因其媒介而成立時為限，始得請求報酬。但委託人為避免報酬之支付，故意拒絕訂立該媒介就緒之契約，而再由自己與相對人訂立同一內容之契約者，依誠實信用原則，仍應支付報酬。又委託人雖得隨時終止居間契約，然契約之終止，究不應以使居間人喪失報酬請求權為目的而為之，否則仍應支付報酬。（五八臺上二九二九）

第五百六十九條　（費用償還請求之限制）

居間人支出之費用，非經約定，不得請求償還。

前項規定，於居間人已為報告或媒介而契約不成立者適用之。

⇧查民律草案第七百六十條理由謂居間人所支出之費用，不問其契約因居間人報告或媒介成立與否，但使訂有特約，委託人即應照約支給。蓋此項費用，通常皆包在報酬之中，若契約不成，不予報酬，恐居間人並此項費用亦無從取償也。

＊（報酬之請求）民五六六、五六八；（費用償還請求權之喪失）民五七一。

第五百七十條　（報酬之給付義務人）

居間人因媒介應得之報酬，除契約另有訂定或另有習慣外，由契約當事人雙方平均負擔。

⇧謹按居間人因媒介應得之報酬，應歸何人負擔，亦須明白規定，方免爭論。若契約當事人雙方有特別約定，歸一方負擔或雙方負擔額區分多寡者，則從其約定，或另有習慣者，亦即從其習慣。若既無約定，又無習慣，則由契約當事人雙方平均負擔，以昭公允。此本條所由設也。

＊（報酬）民五六六、五六八；（報酬請求權之喪失）民五七一；（報酬之酌減）民五七二。

第五百七十一條　（違反忠實辦理義務之效力——報酬及費用償還請求權之喪失）

居間人違反其對於委託人之義務，而為利於委託人之相對人之行為，或違反誠實及信用方法，由相對人收受利益者，不得向委託人請求報酬及償還費用。

⇧謹按居間人既受委託人之委託，即有忠於所事之義務，居間人如違反其對於委託人之義務，而為利於委託人之相對人之行為，或違反誠實及信用方法，而由相對人收受利益者，自屬違背忠實義務。本條明定不許居間人向委託人請求報酬，暨請求償還其支出之費用，蓋一方保護委託人之利益，一方示予居間人之制裁也。

*（誠信原則）民一四八；（居間人之忠實辦理義務）民五六七、五七五；（請求報酬）民五六六、五六八；（償還費用）民五六九。

第五百七十二條 （報酬之酌減）

約定之報酬，較居間人所任勞務之價值，為數過鉅失其公平者，法院得因報酬給付義務人之請求酌減之。但報酬已給付者，不得請求返還。

(88)本法第五百七十條規定，在媒介居間之情形，與委託人訂立契約之相對人亦有給付報酬之義務。德國民法第六百五十五條及瑞士債務法第四百十七條均定為因債務人之請求得酌減報酬，不以委託人為限。為期公平，爰將「委託人」修正為「報酬給付義務人」。

*（報酬）民五六六、五六八；（報酬之給付義務人）民五七〇。

第五百七十三條 （婚姻居間之報酬無請求權）

因婚姻居間而約定報酬者，就其報酬無請求權。

(88)本條立法原意，係因婚姻居間而約定報酬，有害善良風俗，故不使其有效。惟近代工商業發達，社會上道德標準，亦有轉變，民間已有專門居間報告結婚機會或介紹婚姻而酌收費用之行業，此項服務，亦漸受肯定，為配合實際狀況，爰仿德國民法第六百五十六條規定，修正本條為非禁止規定，僅居間人對報酬無請求權。如已為給付，給付人不得請求返還。

*（報酬）民五六六；（費用請求）民五六九；（給付報酬之不得請求返還）民一八〇①。

第五百七十四條 （居間人無為給付或受領給付之權）

居間人就其媒介所成立之契約，無為當事人給付或受領給付之權。

⇧謹按居間人之任務，僅以報告訂約之機會或為其媒介而止。至於當事人間如因契約而有所給付，或有所受領時，均須由各當事人自己為之，居間人無為當事人代為給付或受領給付之權也。故設本條以明示其旨。

*（居間）民五六五；（居間人之履行責任）民五七五。

第五百七十五條 （隱名居間之不告知與履行義務）

當事人之一方，指定居間人不得以其姓名或商號告知相對人者，居間人有不告知之義務。

居間人不以當事人一方之姓名或商號告知相對人時，應就該方當事人由契約所生之義務，自己負履行之責，並得為其受領給付。

⇧謹按本條規定，為前條之例外，當事人之一方，如指定居間人不得以其姓名或商號告知相對人時，居間人即應依當事人之指示，負不以一方之姓名或商號告知於他方之義務。惟相對人既不知一方之姓名或商號，即無由請求契約之履行，故應就該方當事人由契約所生之義務，使居間人負履行之責，並得為其受領給付，以謀事之便利。此本條所由設也。

*（居間人之忠實辦理義務）民五六七、五七一；（行紀人之介入權）民五八七；（第三人清償）民三一一、三一二。

第十三節 行紀

⇧謹按行紀者，謂以自己之名義，為他人之計算，為動產之買賣或其他商業上之交易，而受報酬之營業也。關於行紀，各國多於商法中規定之，我國向稱牙行，亦稱經紀，本為商業中之一種，茲因民商事統一之結果，特設本節之規定。

第五百七十六條 （行紀之定義）

稱行紀者，謂以自己之名義，為他人之計算，為動產之買賣或其他商業上之交易，而受報酬之營業。

⇧謹按行紀之意義，必須明白規定，以期實際之適用。所謂行紀之本質，即以自己之名義，為他人之計算，此與代辦商及其他代理人異。又專限於為動產之買賣，或其他商業上之交易，而不動產不在其內，則又便於遠地商人之轉徙貿遷也。

*（動產）民六七；（買賣）民三四五；（報酬）民五七七、五四七、五四八；（承攬運送）民六六〇；（委任之適用）民五二八以下、五七七；（寄託之適用）民五八三、五八九以下；（行紀人與相對人之關係）民五七八；（取回權）破產一一〇；（登記）商登三。

▲佣金之性質，係牙行代客買賣所應得之報酬，故苟無代客買賣之事實，即不應憑空取得報酬，縱令牙行就貨本及運送關稅等費曾經代客墊付，貨主除償還墊款外，苟無特別習慣，不能令其給付佣金。（一八上二一一〇）

第五百七十七條 （委任規定之適用）

行紀除本節有規定者外，適用關於委任之規定。

⇧謹按行紀係以自己之名義，為他人之計算，為動產之買賣及其他商業上之交易，而受報酬之營業，此種營業，亦為委任之關係，故行紀與委託人相互間之關係，與受託人與委任人相互間之關係完全相同，如無特別規定，自應適用關於委任之規定，俾有準據。此本條所由設也。

*（委任）民五二八以下。

▲貨主將所有貨物委託牙行代賣，係屬一種委任契約，依委任契約之性質，非不可隨時終止。（一八上二一一〇）

第五百七十八條 （行紀人與相對人之權義）

行紀人為委託人之計算所為之交易，對於交易之相對人，自得權利並自負義務。

⇧謹按行紀人計算所為之交易，雖受委託人所委託，然對於交易之相對人，係以自己之名義為之，此與普通買受人與出賣人間之關係無異。故行紀人對於交易之相對人，應自得權利，並自負義務，所以謀交易之安全也。故設本條以明示其旨。

*（債權讓與）民二九四以下；（債務承擔）民三〇〇以下；（委託人之受領及買入物之拍賣提存）民五八五；（報告義務）民五四〇、五七七；（物品金錢孳息交付義務）民五四一、五四二、五七七；（保管義務）民五八三、五九〇。

第五百七十九條 （行紀人之直接履行義務）

行紀人為委託人之計算所訂立之契約，其契約之他方當事人不履行債務時，對於委託人，應由行紀人負直接履行契約之義務。但契約另有訂定或另有習慣者，不在此限。

⇧謹按行紀人雖係受委託人之委託、計算，與他方訂立之契約，然係以自己之名義行之，若契約之他方當事人不履行契約時，對於委託人應由行紀人負直接履行之義務，此當然之理也。但行紀人與委託人另有契約訂定，或另有習慣者，行紀人即可免責。故設本條以明示其旨。

*（行紀人與相對人之權義）民五七八；（第三人清償）民三一一、三一二。

第五百八十條 （差額之補償）

行紀人以低於委託人所指定之價額賣出，或以高於委託人所指定之價額買入者，應補償其差額。

(88)查行紀人係以自己之名義為動產之買賣，故有關買賣之效力，應僅屬行紀人與其相對人間之關係。本條後段規定「其賣出或買入，對委託人發生效力」云云，不免費解。又依現行規定，行紀人如未補償其差額，其賣出或買入，對於委託人不生效力，則買賣標的物已由行紀人交付予相對人，將產生善意受讓問題，衍生法律關係之複雜化。為使法律關係明確單純，爰修正為由行紀人補償其差額，而使其賣出或買入對於委託人則一律生效。

*（行紀人之依從指示義務）民五三五、五三六、五七七；（高價賣出或低價買入利益之歸屬）民五八一。

第五百八十一條 （高價賣出或低價買入利益之歸屬）

行紀人以高於委託人所指定之價額賣出，或以低於委託人所指定之價額買入者，其利益均歸屬於委託人。

⇧謹按依前條之規定，行紀人不依委託人所指定之價額而為買賣，其因此所生之不利益，應由行紀人擔任補償其差額，此指不利益而言之也。若行紀人以高於委託人所指定之價額賣出，或以低於委託人所指定之價額買入者，則因此所生之利益，應歸於行紀人乎，抑仍應歸於委託人乎，亦不可不有明文規定，以免無益之爭論。故本條明定行紀人不依委託人指定之價額而為買賣，如有利益，均歸屬於委託人，蓋以行紀人有忠於其事之義務，自應為委託人謀最有利益之價額也。

*（行紀人之依從指示義務）民五三五、五三六、五七七；（行紀人補償差額）民五八〇。

第五百八十二條 （報酬及費用償還之請求）

行紀人得依約定或習慣請求報酬、寄存費及運送費，並得請求償還其為委託人之利益而支出之費用及其利息。

⇧謹按行紀人既有忠於其事之義務，亦應有享受報酬及請求償還費用之權利。依本條規定，行紀人對於委託人之權利有四：㈠報酬請求權。㈡寄存費請求權。㈢運送費請求權。㈣為委託人利益而支出之費用及其利息之償還請求權。雖然此種權利固為行紀人所應有，然亦以契約有訂定，或有習慣可以依據者方得為之，否則亦不許濫行請求也。

*（受任人之報酬）民五四七、五四八；（受任人之費用償還請求權）民五四五、五四六；（利息）民二〇三～二〇七。

第五百八十三條 （行紀人保管義務）

行紀人為委託人之計算所買入或賣出之物，為其占有時，適用寄託之規定。

前項占有之物，除委託人另有指示外，行紀人不負付保險之義務。

⇧謹按行紀人受委託人之委託，而因買入、賣出占有其貨物時，應負保管之責任。所謂因買入、賣出而占有貨物者，例如貨物買入而尚未移轉於委託人，或貨物賣出而尚未移轉於買受人，此時行紀人之占有其物，而與受寄人之占有寄託物無異，故應適用關於寄託之規定。此第一項所由設也。又行紀人占有之貨物，是否為之保險，亦應依委託人之指示定之，如無指示，行紀人自不負付保險之義務。此第二項所由設也。

*（保管義務之履行）民五九〇、五九二～五九四；（占有）民九四〇～九四三；（保險）保險一四、一五、二〇、四五、四六。

第五百八十四條 （行紀人委託物處置義務）

委託出賣之物，於達到行紀人時有瑕疵，或依其物之性質易於敗壞者，行紀人為保護委託人之利益，應與保護自己之利益為同一之處置。

⇧謹按委託人託賣之物，如有瑕疵，或依其物之性質有易於敗壞之虞者，行紀人於收到後，對於該物，應有相當之處置，即須為保護委託人之利益，應與保護自己之利益為同一之處置，以明責任。此本條所由設也。

*（行紀人之保管義務）民五八三、五九〇～五九四；（有償契約規定之準用）民三四七、三五六、三五八。

第五百八十五條 （買入物之拍賣提存權）

委託人拒絕受領行紀人依其指示所買之物時，行紀人得定相當期限，催告委託人受領，逾期不受領者，行紀人得拍賣其物，並得就其對於委託人因委託關係所生債權之數額，於拍賣價金中取償之，如有賸餘，並得提存。

如為易於敗壞之物，行紀人得不為前項之催告。

⇧謹按行紀人既依照委託人之指示買入貨物，而委託人忽欲拒絕受領時，應許行紀人有定期催告受領之權。委託人逾期而仍不受領者，並許行紀人有拍賣其物之權，且得就其對於委託人因委託關係所生債權之數額，於拍賣價金中取償，以免損失，如有賸餘，並許提存，以免代為保管之責。其為容易敗壞之物，不及定期催告委託人之受領者，應許行紀人不經催告，逕行拍賣，以保護行紀人之利益。此本條所由設也。

*（行紀人與相對人之權義關係）民五七八；（保管義務）民五八三、五九〇～五九四；（拍賣）民債施一四；（提存）民三二六；（債權人遲延）民二三四、二四〇；（委託物之拍賣提存權）民五八六。

第五百八十六條 （委託物之拍賣提存權）

委託行紀人出賣之物，不能賣出或委託人撤回其出賣之委託者，如委託人不於相當期間取回或處分其物時，行紀人得依前條之規定，行使其權利。

⇧謹按委託人委託行紀人出賣之物，如不能賣出，或委託人在先委託出賣，而其後撤回其出賣之委託者，此時委託人如不於相當期間內取回或處分其物，則行紀人亦不負保管之責，故應許行紀人有定期催告及拍賣之權，以保護其利益。此本條所由設也。

*（買入物之拍賣提存權）民五八五；（保管義務）民五八三、五九〇～五九四；（誠信原則）民一四八；（報告義務）民五四〇、五七七；（債權人遲延）民二三四、二四〇；（拍賣）民債施二八；（提存）民三二六。

第五百八十七條 （行紀人之介入權）

行紀人受委託出賣或買入貨幣、股票或其他市場定有市價之物者，除有反對之約定外，行紀人得自為買受人或出賣人，其價值以依委託人指示而為出賣或買入時市場之市價定之。

前項情形，行紀人仍得行使第五百八十二條所定之請求權。

⇧謹按行紀人對於受託出賣或買入之物，固應以自己之名義，向第三人為買賣，不得自為買受人或出賣人。然如受託出賣或買入貨幣、股票或其他市場定有市價之物，而無反對之約定者，行紀人亦得自為買受人或出賣人，但其價值須依委託人之指示，而為出賣或買入時市場之市價定之，期免流弊。故設第一項以明示其旨。依第五百八十二條之規定，行紀人得依契約或習慣，有請求報酬、寄存費及運送費，並得請求償還其為委託人之利益，而支出之費用及其利息之權。行紀人有時雖自為買入或出賣人，究不得因此而變更行紀人之本質，使喪失其固有之權利也。故設第二項以明示其旨。

*（依從指示之義務）民五三五、五三六、五七七；（行紀人與相對人之權義關係）民五七八；（行紀人之直接履行義務）民五七九；（視為介入）民五八八。

第五百八十八條 （介入之擬制）

行紀人得自為買受人或出賣人時，如僅將訂立契約之情事通知委託人，而不以他方當事人之姓名告知者，視為自己負擔該方當事人之義務。

⇧謹按行紀人得自為買受人或出賣人時，即為受託買入或出賣貨幣、股票或其他市場定有市價之物各事項，是此時行紀人雖非自為買受人或出賣人，若僅以訂立契約之情事通知委託人，而不以他方當事人之姓名告知委託人者，則委託人即無由知買賣者究為何人，不能請求契約之履行，自應視為行紀人自為買賣人，而由行紀人負擔該方當事人之義務，以保護委託人之利益。此本條所由設也。

＊（行紀人之介入權）民五八七。

第十四節　寄　託

⇧查民律草案債權編第二章第十三節原案謂寄託者，當事人一方以物交付他方，他方允為保管其物之契約也。以物交付他方者，謂之寄託人，允為保管其物者，謂之受寄人。寄託之標的物，是否以動產為限，抑無論動產及不動產皆可寄託，各國立法例未能一致，本法則認動產不動產皆可為寄託之標的物。又寄託是否因領收其標的物而始成立（要物契約），抑因約定保管其標的物而始成立（諾成契約），各國立法例亦不一致。本法以寄託為要物契約，似最適於當事人之意思，且於實際亦多便益。寄託既為各國自古相沿之法，亦日用交際上必不可缺之事，故特設本節之規定。

第五百八十九條　（寄託之定義及報酬）

稱寄託者，謂當事人一方以物交付他方，他方允為保管之契約。

受寄人除契約另有訂定或依情形非受報酬即不為保管者外，不得請求報酬。

⇧謹按寄託之成立，必以法律規定明確，始能杜無益之爭論，而寄託應有報酬與否，自來學說聚訟，各國立法例亦不一致。本法則以無報酬為原則，若受寄人依照特訂之契約，或依當時之情形，有非受報酬即不為之保管者，亦得請求報酬。此本條所由設也。

＊（交付）民七六一；（消費寄託）民六○二、六○三；（報酬之給付）民六○一；（寄託物之返還）民五九七～六○○；（行紀倉庫之準用）民五八三、六一四。

第五百九十條　（受寄人之注意義務）

受寄人保管寄託物，應與處理自己事務為同一之注意，其受有報酬者，應以善良管理人之注意為之。

⇧謹按受寄人受有報酬而保管寄託物者，須為善良管理人之注意方法，為人保管其物，一有過失，致寄託物毀損滅失時，即應負賠償之責任。至未受報酬，而亦使與受報酬者負同一之責任，殊覺過酷，故祇使其與處理自己事務為同一之注意，即為已足。如寄託物遭毀損滅失，受寄人非有重大過失，自不應使負損害賠償之責，以昭平允。故設本條以明示其旨。

＊（寄託）民五八九；（使用寄託物之禁止）民五九一；（寄託之專屬性）民五九二、五九三；（寄託物之保管方法）民五九四；（保管之場所）民六○○；（報酬）民五八九㈡、六○一；（行紀倉庫之準用）民五八三、六一四。

▲有償受寄人對於受寄物，應盡善良管理人之注意，為契約上之原則。（一七上一一三○）

▲受有報酬之受寄人，對於寄託物之滅失，非證明自己於善良管理人之注意無所欠缺，不能免其賠償責任。（二九上一一三九）

第五百九十一條　（受寄人使用寄託物之禁止）

受寄人非經寄託人之同意，不得自己使用或使第三人使用寄託物。

受寄人違反前項之規定者，對於寄託人，應給付相當報償，如有損害，並應賠償。但能證明縱不使用寄託物，仍不免發生損害者，不在此限。

⇧謹按寄託因於寄託人之信任，而委託受寄人代為保管其物，受寄人自應忠於所事，不得使用寄託物，而減損其價值，故非經寄託人之同意，受寄人不得自己使用，亦不得使第三人使用。若擅行使用，是違反寄託人之意旨，受寄人有給付相當報償之義務，其因使用而生有損害者，並應負損害賠償之責任，以保護寄託人之利益。但其損害係非由於使用所生，如受寄人能證明縱不使用寄託物，仍不免發生損害者，即亦不負賠償責任。故設本條以明示其旨。

＊（保管寄託物之注意義務）民五九○；（消費寄託）民六○二、六○三；（損害賠償）民二一三～二一八；（同意）民一一七。

第五百九十二條　（寄託之專屬性）

受寄人應自己保管寄託物。但經寄託人之同意或另有習慣或有不得已之事由者，得使第三人代為保管。

⇧謹按寄託基於信任，故受寄人對於寄託物，應自己妥為保管，不得將其物轉寄託於第三人，致違反寄託人信任之意思。但有時經寄託人之同意，或另有習慣，或有不得已之事由者，亦得使第三人代為保管，以示變通。此本條所由設也。

＊（保管寄託物之注意義務）民五九○；（使第三人保管之效力）民五九三；（類似規定）民四八四、五三七。

第五百九十三條　（受寄人使第三人保管之效力）

受寄人違反前條之規定，使第三人代為保管寄託物者，對於寄託物因此所受之損害，應負賠償責任。但能證明縱不使第三人代為保管，仍不免發生損害者，不在此限。

受寄人依前條之規定，使第三人代為保管者，僅就第三人之選任及其對於第三人所為之指示，負其責任。

⇧謹按受寄人違反前條之規定，未經寄託人同意，亦無習慣可以依據，並非有不得已之事由，而使第三人代為保管寄託物者，此時因第三人保管所生之損害，應視為受寄人自己保管所生之損害，除受寄人能證明其縱不使第三人代為保管仍不免發生損害者外，受寄人自應負賠償之責任。至受寄人使第三人保管寄託物，係已得寄託人之同意，或另有習慣，或有不得已之事由者，此時受寄人祇須就第三人之選任，及對於第三人所為之指示，負其責任。設使選任確已注意，指示又極適當，縱第三人因保管而生有損害，受寄人即亦無須負損害賠償之責任矣。故設本條以明示其旨。

＊（保管寄託物之注意義務）民五九○；（寄託物之專屬性）民五九二；（損害賠償）民二一三～二一八；（代理人或使用人之過失責任）民二二四；（類似規定）民五三八。

第五百九十四條　（保管方法之變更）

寄託物保管之方法經約定者，非有急迫之情事，並可推定寄託人若知有此情事亦允許變更其約定方法時，受寄人不得變更之。

⇧謹按受寄人既係為寄託人之利益保管寄託物，則保管之方法，自應依寄託人之所約定者為主，除實有急迫之情事，並寄託人若知其有此情事亦必允許變更約定方法者外，受寄人不得變更其約定之方法。故本條明定受寄人變更約定保管方法之要件有二：㈠須有急迫情事。㈡須推知寄託人若知有此情事亦允許變更其約定方法。所以保護寄託人之利益也。

＊（寄託）民五八九；（保管寄託物之注意義務）民五九○；（寄託之專屬性）民五九二；（保管地）民六○○。

第五百九十五條　（必要費用及其利息之償還）

受寄人因保管寄託物而支出之必要費用，寄託人應償還之，並付自支出時起之利息。但契約另有訂定者，依其訂定。

(88)必要費用之償還應附加利息，方為公允，惟現行法尚無明文規定，爰參照第五百四十六條第一項後段規定，增列「並付自支出時起之利息」，以期明確。

＊（費用之預付）民五二九、五四五；（留置權之行使）民九二八；（無因管理）民一七二；（不當得利）民一七九；（短期時效）民六〇一之二。

第五百九十六條　（寄託人損害賠償責任）

受寄人因寄託物之性質或瑕疵所受之損害，寄託人應負賠償責任。但寄託人於寄託時非因過失而不知寄託物有發生危險之性質或瑕疵，或為受寄人所已知者，不在此限。

⇧查民律草案第七百八十九條理由謂受寄人不能因受寄致被損害，若因寄託物之性質或瑕疵而受損害，寄託人應賠償受寄人。然不論何種情形，均使其負損害賠償之責任，亦失之於酷，故本條設但書之規定。

＊（委任人之結果責任）民五四六；（與有過失）民二一七；（本條規定以外之損害賠償責任）民二二〇～二二二、二二四；（檢點寄託物）民六二〇；（短期時效）民六〇一之二。

第五百九十七條　（寄託物返還請求權）

寄託物返還之期限，雖經約定，寄託人仍得隨時請求返還。

⇧查民律草案第七百九十條理由謂寄託為寄託人之利益而設，雖定有返還寄託物之時期，然寄託人無論何時，仍得請求受寄人返還其物，所以保護寄託人之利益也。

＊（受寄人之返還）民五九八；（消費寄託之返還）民四七八、六〇二；（金錢寄託之返還）民六〇三㊂；（返還之物）民五九九；（返還之處所）民六〇〇。

第五百九十八條　（受寄人之返還寄託物）

未定返還期限者，受寄人得隨時返還寄託物。

定有返還期限者，受寄人非有不得已之事由，不得於期限屆滿前返還寄託物。

⇧查民律草案第七百九十一條理由謂未定返還寄託物之期限者，受寄人無論何時，均得返還，此固當然之理。至定有返還期限者，除另訂有辦法外，不得不以返還時期為寄託人應享之利益，故受寄人非因罹病旅行等不得已之事由，不得於期限屆滿前返還寄託物。此本條所由設也。

＊（寄託物返還之請求）民五九七；（第三人主張權利時之返還）民六〇一之一；（倉庫營業移去寄託物之規定）民六一九；（返還之物）民五九九；（返還之處所）民六〇〇。

第五百九十九條　（孳息一併返還）

受寄人返還寄託物時，應將該物之孳息，一併返還。

⇧謹按寄託物所產生之孳息，當然為寄託人應享之利益，故受寄人返還寄託物時，應將該物之孳息，一併返還寄託人。此本條所由設也。

＊（返還寄託物）民五九七、五九八；（孳息）民六九；（給付不能）民二二五、二二六。

第六百條　（寄託物返還之處所）

寄託物之返還，於該物應為保管之地行之。

受寄人依第五百九十二條或依第五百九十四條之規定，將寄託物轉置他處者，得於物之現在地返還之。

⇧謹按寄託為寄託人之利益而設，非為受寄人之利益而設，返還寄託物，應於保管其物之地返還之，而返還寄託物之費用，及寄託物之危險，均歸寄託人負擔。然受寄人依第五百九十二條之規定，經寄託人之同意或習慣或不得已之事由，而使第三人代為保管寄託物，或依第五百九十四條之規定，因急迫情事而變更保管方法致將寄託物轉置他處時，如必令其於原地返還，亦失於酷，故使受寄人得於物之現在地返還，以減輕其責任。此本條所由設也。

＊（保管之方法）民五九四；（保管之場所）民六一六㊀②；（清償地）民三一四。

第六百零一條　（寄託報酬給付之時期）

寄託約定報酬者，應於寄託關係終止時給付之；分期定報酬者，應於每期屆滿時給付之。

寄託物之保管，因非可歸責於受寄人之事由而終止者，除契約另有訂定外，受寄人得就其已為保管之部分，請求報酬。

⇧謹按寄託經當事人約定有報酬者，其報酬給付之時期，應於寄託關係終止時給付之，約定分期報酬者，應於每期屆滿時給付之。至寄託物之保管，因特種事由而中途終止寄託契約，若其終止之原因非可歸責於受寄人者，除契約另有訂定外，受寄人亦得就其已為保管之部分，請求報酬。本條設此規定，所以杜無益之爭論也。

＊（報酬）民五八九㊁；（報酬額）民四八三㊁、四九一㊁；（短期時效）民六〇一之二；（寄託關係終止）民五九七、五九八。

第六百零一條之一　（第三人主張權利時之返還及通知義務）

第三人就寄託物主張權利者，除對於受寄人提起訴訟或為扣押外，受寄人仍有返還寄託物於寄託人之義務。

第三人提起訴訟或扣押時，受寄人應即通知寄託人。

[88]一、現行條文第六百零四條移列。

二、條文內容僅適用於通常寄託之情形，惟因原條次排列於第六百零四條，易使人誤解亦適用於消費寄託，為避免疑義，爰將其移列為本條。

第六百零一條之二　（短期消滅時效）

關於寄託契約之報酬請求權、費用償還請求權或損害賠償請求權，自寄託關係終止時起，一年間不行使而消滅。

[88]一、現行條文第六百零五條移列。

二、移列理由同第六百零一條之一說明二。

第六百零二條　（消費寄託）

寄託物為代替物時，如約定寄託物之所有權移轉於受寄人，並由受寄人以種類、品質、數量相同之物返還者，為消費寄託。自受寄人受領該物時起，準用關於消費借貸之規定。

消費寄託，如寄託物之返還，定有期限者，寄託人非有不得已之事由，不得於期限屆滿前請求返還。

前項規定，如商業上另有習慣者，不適用之。

[88]一、本條前段係消費寄託之定義規定，而學說及實務上亦稱本條情形為消費寄託，為明確計，爰予明示。又消費寄託與消費借貸雖相類似，但性質上仍有差異，例如消費寄託係以保管為目的，而消費借貸則以消費為目的。消費寄託雖兼為受寄人之利益，惟主要係為寄託人之利益，消費借貸則為借用人之利益而訂定。故現行規定「適用關於消費借貸之規定」似尚有不妥，爰仿日本民法第六百六十六條、韓國民法第七百零二條之立法例，將「適用」修正為「準用」，並移列為第一項。

二、現行條文第六百零三條第三項之規定，通說認為非僅適用於金錢寄託，對於一般消費寄託，均應有其適用，爰移列為本條第二項，且將首句原文「前項情形」修正為「消費寄託」，末段之請求「償還」修正為「返還」，俾與同項前段之用語相一致。

三、目前金融界等各種行業定有期限之消費寄託，在商業上常另有寄託物返還之習慣，爰增訂第三項，明定其不適用第二項規定，以符實際。

*（消費借貸）民四七四～四八一；（所有權移轉）民七六一；（寄託物之返還請求）民四七七、四七八、五九七、五九八；（返還之物體）民四七九、四八一；（第三人主張權利之返還）民六〇一之一。

▲（二九上二〇五）參見本法第二百二十五條。

▲金融機關與客戶間之乙種活期存款契約，具有消費寄託之性質，客戶得隨時請求返還寄託物。上訴人係金融機關，就客戶具領存款，究以何種方法判別印章之真偽，為其內部處理業務之問題，縱令金融機關之職員，以肉眼判別印章之真偽，並無過失，然存款為第三人偽刻印章所冒領，上訴人僅得對該冒領人為損害賠償之請求，要不得以第三人冒領之事由，主張對於被上訴人已生清償之效力。（五七臺上二九六五）

第六百零三條（法定消費寄託——金錢寄託）

寄託物為金錢時，推定其為消費寄託。

(88)一、現行條文第一項即為消費寄託之內容，關於消費寄託之意義，第六百零二條第一項已有規定，為期簡明，爰將第一項修正為「推定其為消費寄託」。
二、寄託物為金錢時，既推定為消費寄託，而消費寄託自受寄人受領該寄託之金錢時起，即準用關於消費借貸之規定，則該金錢之所有權已移轉於受寄人，其利益與危險，當然移轉於受寄人，毋待規定，現行第二項爰予刪除。
三、現行第三項移列為第六百零二條第二項。

*（消費寄託）民六〇二。

第六百零三條之一（混藏寄託）

寄託物為代替物，如未約定其所有權移轉於受寄人者，受寄人得經寄託人同意，就其所受寄託之物與其自己或他寄託人同一種類、品質之寄託物混合保管，各寄託人依其所寄託之數量與混合保管數量之比例，共有混合保管物。

受寄人依前項規定為混合保管者，得以同一種類、品質、數量之混合保管物返還於寄託人。

(88)一、本條新增。
二、寄託除一般寄託及消費寄託外，尚有一種特殊型態之寄託，其特徵在於：寄託物須為代替物，其所有權未移轉於受寄人，但受寄人因寄託人之同意，得將寄託物與其自己或其他寄託人同一種類、品質之寄託物混合保管，各寄託人則依其所寄託之數量與混合保管數量之比例，共有混合保管物。此種型態之寄託學者通稱為「混藏寄託」，其在目前社會上使用機會頻繁，惟現行法尚無明文，易滋疑義，爰增訂第一項規定。
三、前項混藏寄託之受寄人得以同一種類、品質、數量之混合保管物返還於寄託人，爰增設第二項規定。

第六百零四條（刪除）

(88)本條移列為修正條文第六百零一條之一。

第六百零五條（刪除）

(88)本條移列為修正條文第六百零一條之二。

第六百零六條（旅店等供客人住宿之場所主人之責任）

旅店或其他供客人住宿為目的之場所主人，對於客人所攜帶物品之毀損、喪失，應負責任。但因不可抗力或因物之性質或因客人自己或其伴侶、隨從或來賓之故意或過失所致者，不在此限。

(88)第三人之侵權行為，為普通事變，仍應由旅店主人負責，此乃當然解釋，不待明文規定。又第六百零七條在相同情形下亦未作規定。為求一致，爰將第一項後段刪除，並作文字調整，將現行第二項改列為但書規定，以期精簡。

*（飲食店浴堂或相類場所主人之責任）民六〇七；（貴重物品之保管責任）民六〇八；（客人之通知義務）民六一〇；（減免責任揭示之效力）民六〇九；（短期時效）民六一一；（主人之留置權）民六一二。

第六百零七條（飲食店浴堂或相類場所主人之責任）

飲食店、浴堂或其他相類場所之主人，對於客人所攜帶通常物品之毀損、喪失，負其責任。但有前條但書規定之情形時，不在此限。

(88)因時代變遷，目前社會除飲食店、浴堂外，尚有許多相類場所，提供客人為一時停留及利用，例如理髮店、健身房等。該等場所主人對於客人所攜帶通常物品之毀損、喪失，仍應負責，始為平允。現行條文規定已難因應實際需要，爰增列「或其他相類場所」，以期周延並符實際。又為配合前條之修正，爰將其中「第二項」等字修正為「但書」。

*（旅店等供客人住宿之場所主人之責任）民六〇六；（貴重物品之保管責任）民六〇八；（客人之通知義務）民六一〇；（減免責任揭示之效力）民六〇九；（短期時效）民六一一；（主人之留置權）民六一二。

第六百零八條（貴重物品之保管責任）

客人之金錢、有價證券、珠寶或其他貴重物品，非經報明其物之性質及數量交付保管者，主人不負責任。

主人無正當理由拒絕為客人保管前項物品者，對於其毀損、喪失，應負責任。其物品因主人或其使用人之故意或過失而致毀損、喪失者，亦同。

(88)一、第一項未修正。
二、現行條文第二項「傭用人」一語，學者通說以為有誤。鑑於「使用人」乃受主人選任、監督或指揮之人，不限於僱傭關係，亦不以在經濟上或社會上有從屬地位者為限，其範圍較廣。為對客人保障更周延，爰仿外國立法例（德國民法第七百零二條、日本商法第五百九十四條第二項、瑞士債務法第四百八十八條第一項）將「傭用人」修正為「使用人」。

*（旅店等供客人住宿之場所主人之責任）民六〇六；（飲食店浴堂或相類場所主人之責任）民六〇七；（減免責任揭示之效力）民六〇九；（短期時效）民六一一；（主人之留置權）民六一二；（客人之通知義務）民六一〇。

第六百零九條（減免責任揭示之效力）

以揭示限制或免除前三條所定主人之責任者，其揭示無效。

⇧謹按前三條規定旅店或住宿場所飲食店浴堂等主人之賠償責任，皆所以維持社會之公益，此屬強行性質，自不能由一方以揭示限制或免除之。故本條明定以揭示限制或免除前三條所定主人之賠償責任者，其揭示無效，俾有所遵守也。

*（旅店等供客人住宿之場所主人之責任）民六〇六；（飲食店浴堂或相類場所主人之責任）民六〇七；（貴重物品之保管責任）民六〇八；（類似規定）民六四九、六五九，海商六一。

第六百十條（客人之通知義務）

客人知其物品毀損、喪失後，應即通知主人。怠於通知者，喪失其損害賠償請求權。

⇧謹按客人之賠償請求權，亦不宜使其長久存在，俾權利永不確定，故應使客人知其物品毀損喪失時，負通知主人之義務。如怠於通知，即視為拋棄其索償之權利，應喪失其損害賠償請求權，以保護主人之利益。此本條所由設也。

*（旅店等供客人住宿之場所主人之責任）民六〇六；（飲食店浴堂或相類場所主人之責任）民六〇七；（貴重物品之保管責任）民六〇八。

第六百十一條（短期消滅時效）

依第六百零六條至第六百零八條之規定所生之損害賠償請求權，自發見喪失或毀損之時起，六個月間不行使而消滅。自客人離去場所後經過六個月者，亦同。

⇧謹按客人依第六百零六條至第六百零八條之規定，對於旅店或其他住宿場所及飲食店浴堂主人之賠償請求權，應以從速行使為宜。故本條規定客人自發見喪失或毀損之時起經過六個月，其賠償請求權，因不行使而消滅。又自客人離去場所後，不問其喪失或毀損係何時發見，經過六個月，其賠償請求權，亦因不行使而消滅。蓋使權利之狀態，得以從速確定也。

*（寄託之短期時效）民六〇一之二；（主人之留置權）民六一二。

第六百十二條　（主人之留置權）

主人就住宿、飲食、沐浴或其他服務及墊款所生之債權，於未受清償前，對於客人所攜帶之行李及其他物品有留置權。

第四百四十五條至第四百四十八條之規定，於前項留置權準用之。

[88]一、第六百零六條及第六百零七條規定旅店、飲食店及浴堂主人之責任，而本條關於場所主人之留置權，則僅列舉客人因住宿、飲食或墊款所生之債權，不及於沐浴所生之債權，對於浴堂主人之保護有失公平。為期周延，增列「沐浴」二字。又為配合第六百零七條增列「或其他相類場所」之概括規定，本條亦增列「或其他服務」，並改列為第一項。二、場所主人之留置權與出租人之留置權均不以「占有」為發生要件，在觀念上與行使上兩者較為接近，惟現行法尚無準用規定，適用上易滋疑義。為明確計，爰仿瑞士債務法第四百九十一條第二項，增訂第二項，明定「第四百四十五條至第四百四十八條之規定，於前項留置權準用之。」

*（留置權）民九二八～九三〇；（其他留置權規定之準用）民四四五～四四八，海商一二二。

第十五節　倉　庫

⇧謹按倉庫者，調受報酬為他人堆藏及保管物品之營業也，受報酬而為他人堆藏及保管物品者，謂之倉庫營業人，託其堆藏及保管物品而支給報酬者，謂之寄託人。倉庫營業，各國多於商法中規定之，惟瑞士則規定於民法中，我國因民商法統一之結果，特設本節之規定。

第六百十三條　（倉庫營業人之定義）

稱倉庫營業人者，謂以受報酬而為他人堆藏及保管物品為營業之人。

⇧謹按本條為規定倉庫營業人之意義，故明定曰，稱倉庫營業人者，謂以受報酬而為他人堆藏及保管物品為營業之人，蓋以期實際上之適用也。

*（寄託）民五八九～六一二、六一四；（登記）商登三、八；（倉單）民六一五～六一八；（保管期間）民六一九。

第六百十四條　（寄託規定之準用）

倉庫，除本節有規定者外，準用關於寄託之規定。

⇧謹按倉庫依前條之規定，係以為他人堆藏及保管物品為營業，是倉庫之性質殆與寄託相類似，即倉庫營業人與寄託人之關係，與受寄人與寄託人之關係相同。故除本節特有規定外，應準用關於寄託之規定。此本條所由設也。

*（受寄人之注意義務）民五九〇；（受寄人不得使用寄託物）民五九一；（受寄人應自己保管寄託物）民五九二、五九三；（寄託物之保管方法）民五九四；（寄託人之費用償還義務）民五九五；（寄託人之損害賠償義務）民五九六；（返還之處所）民六〇〇；（報酬請求之時期）民六〇一；（危險通知義務）民六〇一之一；（短期時效）民六〇一之二；（留置權之發生）民六一二。

▲被上訴人租與上訴人之冷凍庫，既有固定之空間，設有門鎖，由上訴人自行開關，依面積坪數計收費用，物品之放入、取出，均上訴人自為，不經被上訴人手。此與一般倉庫營業準用關於寄託之規定有間。從而上訴人主張之失竊情形縱屬實在，亦難令被上訴人負賠償之責。（七〇臺上二七七二）

第六百十五條　（倉單之填發）

倉庫營業人於收受寄託物後，因寄託人之請求，應填發倉單。

[88]目前倉庫實務作業上，倉單之填發，有依據點收之結果填發再入帳者，有先列入登記簿再發給倉單者，情形不一。又且各倉庫簿冊名稱各有不同，現行法規定，易滋弊端。又倉庫寄託契約之性質如何？學者間意見分歧，有主張為要物契約者，有主張為諾成契約者，為免於寄託物收受前，能否填發倉單，發生疑義，爰參照海商法第九十七條立法例修正如上，以期明確。

*（指示證券）民七一〇；（倉單滅失公示催告之準用）民六一八、七一八，民訴五三九；（倉單之法定記載事項）民六一六；（倉單之分割）民六一七；（倉單之背書）民六一八、七一六，票據三一。

第六百十六條　（倉單之法定記載事項）

倉單應記載左列事項，並由倉庫營業人簽名：

一　寄託人之姓名及住址。

二　保管之場所。

三　受寄物之種類、品質、數量及其包皮之種類、個數及記號。

四　倉單填發地，及填發之年月日。

五　定有保管期間者，其期間。

六　保管費。

七　受寄物已付保險者，其保險金額、保險期間及保險人之名號。

倉庫營業人應將前列各款事項，記載於倉單簿之存根。

⇧謹按倉單內應記載之事項，必須規定明確，俾資依據，而適實用。此本條所由設也。

*（倉單之填發）民六一五；（簽名）民三；（保險）保險一四～二〇、四三～四七。

第六百十七條　（寄託物之分割與新倉單之填發）

倉單持有人得請求倉庫營業人將寄託物分割為數部分，並填發各該部分之倉單。但持有人應將原倉單交還。

前項分割，及填發新倉單之費用，由持有人負擔。

⇧謹按法律許倉單持有人得請求倉庫營業人將寄託物分割為數部分，並得請求填發各該部分之倉單者，蓋以倉單持有人之請求分割，係本於所有權之作用也。惟倉庫營業人之利益，亦不可不予以保護，故應使倉單持有人將原倉單交還，而因分割及填發新倉單所生之費用，仍由持有人負擔，以昭平允。此本條所由設也。

*（倉單之填發）民六一五；（倉單之法定記載事項）民六一六。

第六百十八條　（倉單之背書及其效力）

倉單所載之貨物，非由寄託人或倉單持有人於倉單背書，並經倉庫營業人簽名，不生所有權移轉之效力。

[88]依第六百十六條第一項第一款規定，倉單上僅記載寄託人之姓名及住址，然寄託人未必為貨物所有人，如依現行條

文規定，倉單所載貨物之移轉，須由貨物所有人於倉單背書，事實上有窒礙難行之處，為配合第六百二十條、第六百二十一條規定，爰將「貨物所有人」修正為「寄託人或倉單持有人」，以符實際。

＊（倉單之填發）民六一五；（倉單之法定記載事項）民六一六；（背書）民七一六，票據三一；（權利質權）民九〇八、九〇九。

▲倉單依民法第六百十八條規定，係得依背書轉讓之有價證券，其權利之行使與證券之占有有不可分離之關係，證券如有遺失，須依民事訴訟法公示催告程序，經法院為除權判決後，始使持有人生失權之效果。上訴人對於某甲所稱倉單遺失，既未依上開公示催告程序經過除權判決，遽以自己在倉單上所訂辦法，許某甲不憑倉單提取貨物，則持有倉單之被上訴人自不因此而喪失其權利，其基於合法受質之關係，請求上訴人就倉單簽證及行使質權人之權利，上訴人殊無可為拒絕之正當理由。（五一臺上三一九七）

第六百十八條之一（倉單遺失被盜或滅失之救濟程序）

倉單遺失、被盜或滅失者，倉單持有人得於公示催告程序開始後，向倉庫營業人提供相當之擔保，請求補發新倉單。

[88]一、本條新增。
二、倉單之遺失、被盜或滅失，依實務上之見解雖可循民事訴訟法公示催告程序聲請依公示催告宣告其為無效後，由原持有人主張倉單之權利或請求倉庫營業人補發新倉單。惟因公示催告程序需時甚久，如持有人急於提貨則緩不濟急，為避免因長久之公示催告程序而喪失倉單之市場機能，爰仿日本商法第六百零五條、我國票據法第十九條第二項增訂本條規定。

第六百十九條（寄託物之保管期間）

倉庫營業人於約定保管期間屆滿前，不得請求移去寄託物。

未約定保管期間者，自為保管時起經過六個月，倉庫營業人得隨時請求移去寄託物。但應於一個月前通知。

⇧謹按寄託人所寄託堆藏及保管之物，其定有期限者，倉庫營業人固不得於約定保管期間屆滿前，請求移去寄託物，其未定有期限者，倉庫營業人雖得隨時請求移去，然亦非自保管時起經過六個月，並於一個月前通知寄託人者，不得請求移去寄託物，以保護寄託人之利益。故設本條以明示其旨。

＊（寄託物之返還期間）民五九七、五九八；（返還之物體）民五九九、六〇二。

第六百二十條（檢點寄託物、摘取樣本或為必要保存行為之允許）

倉庫營業人因寄託人或倉單持有人之請求，應許其檢點寄託物、摘取樣本，或為必要之保存行為。

[88]依德國、日本商法及瑞士債務法之規定，倉庫營業人，因寄託人或倉單持有人之請求，應許其檢點寄託物或摘取樣本外，並得請求許其為寄託物保存所必要之處分（德國商法第四百十八條、日本商法第六百十六條第一項、瑞士債務法第四百八十三條第三項），本法則付諸闕如。學者有謂我民法亦可為同樣之解釋者，有稱在不妨礙倉庫營業人之營業範圍內，倉庫營業人自不能拒絕者，有曰立法論上，以明文予以規定為宜者，為期適用方便，爰仿上開多數立法例，於本條末段增加「或為必要之保存行為」。

＊（受寄人之注意義務）民五九〇；（特種買賣）民三八四、三八八。

第六百二十一條（拒絕或不能移去寄託物之處理）

倉庫契約終止後，寄託人或倉單持有人，拒絕或不能移去寄託物者，倉庫營業人得定相當期限，請求於期限內移去寄託物，逾期不移去者，倉庫營業人得拍賣寄託物，由拍賣代價中扣去拍賣費用及保管費用，並應以其餘額交付於應得之人。

⇧謹按倉庫契約終止後，寄託人或倉單持有人，應即將寄託物移去，以免妨礙倉庫營業人之利益。若拒絕或不能移去時，應使倉庫營業人有定期請求移去之權，其逾期仍不移去者，應使倉庫營業人有拍賣寄託物，並由拍賣代價中，扣去拍賣費用及保管費用之權，以保護其利益。其扣除後，尚有餘額者，應交付於應得之人，以免受不當得利之嫌，此又事之當然。故設本條以明示其旨。

＊（寄託物之保管期間）民六一九；（拍賣）民三九一～三九七，民債施二八；（債權人遲延）民二三四、二三七、二四〇、三二六；（留置權）民六一二、九二八、九二九。

第十六節　運　送

[88]各種之債各節之規定，其內容有屬於營業者，例如行紀、代辦商、倉庫、運送、承攬運送均是。惟除運送外，其他各節節名，均未另加「營業」二字，而獨本節節名則特標明為「運送營業」，顯與其他各節節名之立法體例有異，為期一致，爰將「營業」二字刪除。

第一款　通　則

⇧謹按運送之營業有二：一曰物品運送。二曰旅客運送。而其共通適用之法則，是曰通則。故設本款之規定。

第六百二十二條（運送人之定義）

稱運送人者，謂以運送物品或旅客為營業而受運費之人。

⇧謹按本條為規定運送人之意義，故明定曰，稱運送人者，謂以運送物品或旅客為營業而受運費之人也，凡物品運送或旅客運送之人，均稱之為運送人。特設本條以明示其旨。

＊（物品運送）民六二四～六五三，海商三八～七八；（旅客運送）民六五四～六五九，海商七九～九一；（承攬運送）民六六〇～六六六。

▲運送人通常於運送完成後，即可請求給付運費，至於受貨人拒絕受領運送物，而運送人不即通知託運人者，係屬義務之違反，託運人如因此受有損害，雖得向運送人請求賠償，但不得因此即謂運送人不得請求運費。（六三臺上二〇六七）

▲物品運送係託運人與運送人間之契約，因雙方意思表示一致而成立，其運送物不以屬於託運人所有為限，原審因被上訴人所運送之鋼線為上訴人所有，即認定兩造已成立運送契約，立論殊有可議。（七一臺上二七一五）

第六百二十三條（短期時效）

關於物品之運送，因喪失、毀損或遲到而生之賠償請求權，自運送終了，或應終了之時起，一年間不行使而消滅。

關於旅客之運送，因傷害或遲到而生之賠償請求權，自運送終了，或應終了之時起，二年間不行使而消滅。

[88]一、關於物品運送，其因喪失、毀損或遲到而生之賠償請求權，外國立法例多規定因一年間不行使而消滅，如德國商法第四百三十九條、第四百十四條第一項，瑞士債務法第四百五十四條第一項，法國商法第一百零八條第一項，日本商法第五百六十六條第一項、第五百八十九條是。我國海商法第一百條第二項、鐵路法第五十四條第一款、公路法第五十四條第一項第一款亦然，蓋此種請求權以從速行使為宜。現行法將物品運送及旅客運送併列於同一法條內，均適用二年之時效期間，尚有未洽。爰仿上開立法例，將二年之消滅時效期間修正為一年，並改列為第一項。至

於現行條文「遲延」二字，文義欠明，參照第六百三十六條，應指「遲到」而言，併予修正。
二、關於旅客運送，如因傷害或遲到而生之賠償請求權，為保障旅客權益，仍以維持二年之消滅時效期間為妥，爰予列為第二項。

＊（消滅時效）民一二五～一二八。

第二款 物品運送

⇧謹按物品運送者，謂收受運費在陸上或水上為他人運送物品之營業也。近世交通便利，運送業極為發達，關於運送人與託運人相互間之權利義務，不可不有詳密之規定，俾資適用。此本款所由設也。

第六百二十四條（託運單之填發及其應記載事項）

託運人因運送人之請求，應填給託運單。

託運單應記載左列事項，並由託運人簽名：

一 託運人之姓名及住址。
二 運送物之種類、品質、數量及其包皮之種類、個數及記號。
三 目的地。
四 受貨人之名號及住址。
五 託運單之填給地及填給之年月日。

⇧謹按託運單者，記載運送主要事項之單據也。此種託運單雖非運送契約書，又非有價證券，然託運人所交付運送人之貨物，運送人須憑此單據連同物品，一併交付受貨人，由受貨人照單審核收受，故亦頗關重要，運送人如向託運人請求填給託運單時，託運人自應負填給之義務。至託運單內應行記載之事項，務須明確規定，俾有依據。此本條所由設也。

＊（其他運送之必要文件）民六二六。

第六百二十五條（提單之填發及其應記載事項）

運送人於收受運送物後，因託運人之請求，應填發提單。

提單應記載左列事項，並由運送人簽名：

一 前條第二項所列第一款至第四款事項。
二 運費之數額及其支付人為託運人或為受貨人。
三 提單之填發地及填發之年月日。

⑧一、運送人於收受運送物前，能否填發提單？現行法尚乏明文規定。惟通常提單具有受領物品收據之效力。為避免疑義，並期與第六百十五條修正條文相配合，爰將本條第一項修正為「運送人於收受運送物後，因託運人之請求，應填發提單」。
二、第二項第二款、第三款標點符號「，」係屬多餘，爰予刪除。

＊（託運單之填發及其應記載事項）民六二四；（載貨證券）海商五四～六〇；（提單之文義性）民六二七；（提單之背書性）民六二八；（提單之物品證券）民六二九；（提單之繳回證券性）民六三〇；（提單之處分效力）民六三〇、六四二。

第六百二十六條（必要文件之交付及說明義務）

託運人對於運送人應交付運送上及關於稅捐警察所必要之文件，並應為必要之說明。

⇧謹按關於運送上及關於稅捐警察所必要之文件，如護照捐票免驗證已受檢查證等是，此種文件，託運人均有交付運送人之必要，並應將關於運送物品之性質，及其採運之事實，暨由何處公署核准之情形等，為必要之說明，俾運送人澈底了解，以利通行，此亦託運人所應為之義務也。故設本條以明示其旨。

＊（託運單之填發及其應記載事項）民六二四。

第六百二十七條（提單之文義性）

提單填發後，運送人與提單持有人間，關於運送事項，依其提單之記載。

⇧謹按依文義證券必至之結果，運送人與提單持有人相互間之關係，應專以提單所記載者為準。故自提單填發後，關於運送事項，運送人祇就提單上之記載，對於提單持有人負其責任。提單持有人，亦僅得就提單上之記載，對於運送人主張其權利，不得以提單外之約定事項變更之。此本條所由設也。

＊（提單之填發及其應記載事項）民六二五；（載貨證券之準用）海商六〇。

第六百二十八條（提單之背書性）

提單縱為記名式，仍得以背書移轉於他人。但提單上有禁止背書之記載者，不在此限。

⇧謹按提單雖為記名式，然皆具有移轉之性質，故提單上除有禁止背書之記載，不許以背書移轉者外，其通常記名之提單，許其以背書移轉於他人，以謀交易之敏活。此本條所由設也。

＊（倉單之背書性）民六一八；（提單之填發及其應記載事項）民六二五；（提單之文義性）民六二七；（背書）民七一六，票據三一；（載貨證券之準用）海商六〇。

第六百二十九條（提單之物權證券性）

交付提單於有受領物品權利之人時，其交付就物品所有權移轉之關係，與物品之交付，有同一之效力。

⇧謹按託運人與受貨人相互間，其物品所有權之移轉，究應於何時發生效力，不可無明文之規定，俾資依據。故本條明示交付提單於有受領物品權利之人時，其交付就物品所有權移轉之關係，與物品之交付，有同一之效力。是物品所有權移轉之效力，自交付提單時即已發生，不必更俟交付物品而始發生也。

＊（提單之填發及其應記載事項）民六二五；（交付）民七六一、九四〇～九四二；（提單之物權處分效力）民六四二；（載貨證券之準用）海商六〇。

▲交付載貨證券於有受領貨物權利之人時，其交付就貨物所有權移轉之關係，與貨物之交付，有同一之效力，固為海商法第一百零四條準用民法第六百二十九條所明定，惟此係就運送人尚未喪失其對貨載之占有（包括間接占有）之情形而言，倘貨載已遺失或被盜用，而不能回復其占有或已為第三人善意受讓取得者，則載貨證券持有人縱將載貨證券移轉與他人，亦不發生貨物所有權移轉之物權效力，僅發生損害賠償債權讓與之問題。（七六臺上七七一）

第六百二十九條之一（提單適用倉單遺失被盜或滅失之救濟程序）

第六百十八條之一之規定，於提單適用之。

⑧一、本條新增。
二、提單為得依背書轉讓之有價證券，因其性質與倉單近似，故於遺失、被盜或滅失時，學者通說以為得適用倉單遺失、被盜或滅失之補救方法，為期明確，爰明定提單適用第六百十八條之一之規定。

第六百三十條（提單之繳回證券性）

受貨人請求交付運送物時，應將提單交還。

⇧謹按提單為受領貨物之憑證，受貨人受領物品，應以提單為憑，故非將提單交還，不得請求運送人交付運送物，此當然之理也。故設本條以明示其旨。

＊（提單之填發及其應記載事項）民六二五；（提單之文義性）民六二七；（提單之背書性）民六二八；（提單之物權證券性）民六二九。

▲載貨證券具有換取或繳還證券之性質，運送貨物，經發給載貨證券者，貨物之交付，憑載貨證券為之，即使為實際

之受貨人，苟不將載貨證券提出及交還，依海商法第一百零四條準用民法第六百三十條規定，仍不得請求交付運送物。（六七臺上一二二九）

▲載貨證券具有換取或繳還證券之性質，運送貨物經發給載貨證券者，貨物之交付，應憑載貨證券為之，即使為運送契約所載之受貨人，苟不將載貨證券提出及交還，依海商法第一百零四條準用民法第六百三十條規定，仍不得請求交付運送物。故運送契約所載之受貨人不憑載貨證券請求交付運送物，運送人不拒絕而交付，如因而致託運人受有損害，自應負損害賠償責任。（八六臺上二五〇九）

第六百三十一條 （託運人之告知義務）

運送物依其性質，對於人或財產有致損害之虞者，託運人於訂立契約前，應將其性質告知運送人。怠於告知者，對於因此所致之損害，應負賠償之責。

⇧謹按運送之物品，如依其性質上對於人或財產有足以致損害之虞者，託運人應於訂立契約前，負將其性質告知運送人之義務，否則運送人無由知悉，即不能盡相當之注意也。若託運人怠於告知，致運送物毀損滅失時，應使託運人負損害賠償之責任，以保護運送人之利益。故設本條以明示其旨。

*（託運人之文件交付及說明義務）民六二六；（託運單之填發及其應記載事項）民六二四。

第六百三十二條 （運送人之按時運送義務）

託運物品，應於約定期間內運送之。無約定者，依習慣。無約定亦無習慣者，應於相當期間內運送之。

前項所稱相當期間之決定，應顧及各該運送之特殊情形。

⇧謹按關於運送之期間，為杜免爭論起見，亦不可不有明確之規定。本條明定託運物品訂有運送期間者，應於約定期間內運送之，無約定者應依習慣，若並無約定，亦無習慣可以依據者，則應於相當期間內運送之。至於此種相當期間，則又須依該物品之性質及其運送之特殊情形，而決定之也。

*（運送人之遲延責任）民六三四；（運送人之中止運送）民六四二。

第六百三十三條 （變更指示之限制）

運送人非有急迫之情事，並可推定託運人若知有此情事亦允許變更其指示者，不得變更託運人之指示。

⇧謹按運送人原為託運人之利益而設，關於運送事項，自應依託運人之指示為主，非有急迫之情事，並可推定託運人若知有此種情事對於運送人之變更指示亦必表同意者，不得變更其指示，蓋恐運送人之輕易變更指示，害及託運人之利益。故變更指示，須以有急迫之情事及可以推定表同意為限。此本條所由設也。

*（運送人依指示為處分之義務）民六四二。

▲運送人應照託運人之指示，將運送物運交所指定之受貨人，除託運人有變更指示外，不得自將應行送達之貨物交與指示以外之第三人，至受貨人所在不明或竟無其人，亦應通知託運人請求指示，不得自行處置。（四九臺上五七七）

第六百三十四條 （運送人之責任）

運送人對於運送物之喪失、毀損或遲到，應負責任。但運送人能證明其喪失、毀損或遲到，係因不可抗力或因運送物之性質或因託運人或受貨人之過失而致者，不在此限。

⇧謹按運送人對於運送物之喪失、毀損或遲到，均應負相當之責任，此契約必至之結果也。但其喪失、毀損或遲到，運送人能證明係因不可抗力，或因運送物之性質，或因託運人或受貨人之過失而生者，即亦可以免責，蓋於保護託運人之中，仍須顧及運送人之利益也。故設本條以明示其旨。

*（損害賠償）民二一三～二一八；（使用人之過失責任）民六三六；（數運送人之連帶責任）民六三七；（運送物有易見瑕疵時之責任）民六三五；（貴重物品之賠償責任）民六三九；（損害賠償範圍）民六三八、六四〇；（運送人責任之消滅及例外）民六二三、六四八；（減免責任約款之效力）民六四九。

▲運送人對於運送品本有善良保管之責，於運送責任尚未終了以前，僱人看守仍屬履行保管責任之事項，因此所支費用，自不能責由託運人賠償。（一九上一一一二）

▲承運之貨物既有短少，則非證明確因不應歸責於己之事由以致不能交付，自不能辭其賠償之責。（一九上三一六九）

▲運送物之未運送縱因不可抗力所致，運送人亦不過就託運人因未運送所受之損害不負賠償責任。其就未運送之運送物所受領之運費，要不容於契約解除時以此為拒絕返還之理由。（二九上一七八六）

▲關於運送人之責任，祇須運送物有喪失、毀損或遲到情事，經託運人或受貨人證明屬實，而運送人未能證明運送物之喪失、毀損或遲到係因不可抗力，或因運送物之性質，或因託運人或受貨人之過失所致者，則不問其喪失、毀損或遲到之原因是否為可歸責於運送人之事由，運送人均應負法律上或契約之責任。（四九臺上七一三）

第六百三十五條 （運送物有易見瑕疵時運送人之責任）

運送物因包皮有易見之瑕疵而喪失或毀損時，運送人如於接收該物時不為保留者，應負責任。

⇧謹按運送物之包皮，若託運人於交付之時，有顯著之瑕疵，運送人在接收該物時，即應聲明保留，以明責任。若當時並不聲明保留，縱其後運送物之喪失或毀損，係因包皮瑕疵之所致，運送人仍不能免其責任。蓋事後藉口於運送物之喪失毀損，係因包皮之瑕疵所致，究難證明，徒滋爭論。故設本條以明示其旨。

*（免責事項）民六三四但；（運送人之必要注意及處置責任）民六四一。

第六百三十六條 （刪除）

⑻第六百三十四條係仿法國商法之規定，運送人需負事變責任。依此規定，運送人之受僱人或其所委託為運送之人，因過失所致運送物之喪失、毀損或遲到，運送人當然應負責。而本條又仿德國商法第四百三十一條而制定，按德國商法第四百二十九條，運送人係採過失責任，故其第四百三十一條規定運送人就其使用人之過失，與自己之過失，負同一責任，以加重運送人之責任。本條情形既已包含於第六百三十四條內，應無存在必要，爰予刪除，以免解釋上發生疑義。至於運送人之受僱人或其所委託為運送之人於執行職務時，因故意或重大過失致運送物有喪失、毀損或遲到者，依第二百二十四條規定，應適用第六百三十八條第三項。如其非因執行職務所致者，則應適用第六百三十八條第一項規定計算損害賠償額。

第六百三十七條 （相繼運送人之連帶責任）

運送物由數運送人相繼運送者，除其中有能證明無第六百三十五條所規定之責任者外，對於運送物之喪失、毀損或遲到，應連帶負責。

⑻第六百三十四條為相繼運送人共同免責之事由，其中任何運送人如能證明有該條情形，其他運送人同免責任，乃當然之法理，毋庸規定。又修正草案已將第六百三十六條刪除，本條爰將「前三條」修正為「第六百三十五條」，俾運送人除能證明有第六百三十五條個別之免責事由，毋庸負責外，對於運送物之喪失、毀損或遲到，應連帶負責。

*（連帶債務）民二七二～二八二；（海商法之特別規定）海商七四～七八；（最後運送人之責任）民六四六；（最後運送人之權利）民六五三。

第六百三十八條（損害賠償之範圍）

運送物有喪失、毀損或遲到者，其損害賠償額，應依其應交付時目的地之價值計算之。

運費及其他費用，因運送物之喪失、毀損，無須支付者，應由前項賠償額中扣除之。

運送物之喪失、毀損或遲到，係因運送人之故意或重大過失所致者，如有其他損害，託運人並得請求賠償。

⇧謹按運送物有喪失、毀損或遲到之情事時，運送人應負損害賠償之責任，此屬當然之事。然其物品之價值計算，應究以何時何地之價值，為其計算之標準，亦不可不有明文規定，以杜爭論。此第一項所由設也。又運送物既經喪失毀損，其運費及其他費用自亦無須支付，惟此種因喪失毀損而無須支付之運費及其他費用，應許運送人在賠償額中扣除之，以昭公允。此第二項所由設也。至運送物之喪失、毀損或遲到，係因運送人之故意或重大過失所致者，運送人除就喪失毀損遲到應負賠償之責任外，如有其他損害，託運人並得請求賠償，以保護其利益。此第三項所由設也。

*（運送人之損害賠償責任）民六三四；（貴重物品之賠償）民六三九㈡；（遲到之賠償）民六四〇。

▲民法第六百三十八條第一項規定：「運送物有喪失、毀損或遲到者，其損害賠償額，應依其應交付時目的地之價值計算之」，此與民法第二百十三條第一項所謂法律另有規定相當，上訴人託運之漁鹽既經滅失，自得請求以金錢為賠償。又海商法第一百條第二項規定之損害賠償請求權，僅對於運送物之毀損或一部滅失有其適用，對於全部滅失不適用之，此觀同條第一項第一、二款規定而自明。原審以上訴人不得請求被上訴人以金錢賠償，並以上訴人未於一年內行使權利，認為依海商法第一百條第二項規定已罹消滅時效，不無誤解。（五八臺上三八一二）

▲運送物有喪失、毀損或遲到者，其損害賠償額應依其「應交付時」、「目的地」之價值計算之。運費及其他費用因運送物之喪失毀損無須支付者，應由前項賠償額扣除之，民法第六百三十八條第一項及第二項定有明文，此為民法就運送物之滅失、毀損或遲到所特設之規定。依上開規定，託運人自不得按關於損害賠償之債之一般原則而為回復原狀之請求。（七一臺上二二七五）

第六百三十九條（貴重物品之賠償責任）

金錢、有價證券、珠寶或其他貴重物品，除託運人於託運時報明其性質及價值者外，運送人對於其喪失或毀損，不負責任。

價值經報明者，運送人以所報價額為限，負其責任。

⇧謹按金錢、有價證券、珠寶、或其他貴重物品，託運人有於託運時負報明其性質及價值之義務，否則縱有喪失或毀損之情事，運送人亦不負賠償之責任。若價值已經報明者，運送人亦僅依託運人於託運時報明之價額為限，負損害賠償之責任，所以杜流弊而免爭論也。故設本條以明示其旨。

*（運送人之損害賠償責任）民六三四；（類似規定）民六〇八，海商七四；（其他運送之準用）民六五七、六六五。

第六百四十條（遲到之損害賠償額）

因遲到之損害賠償額，不得超過因其運送物全部喪失可得請求之賠償額。

⇧謹按貨物之市價，漲落無常，早晚互易，如受貨人得因貨物之遲到，市價之低落請求運送人賠償所受之損害，則標準既無一定，勢必引起無益之糾紛，而致影響社會之治安。本條明定因貨物遲到而生之損害賠償額，不得超過因其運送物全部喪失可得請求之賠償額，以示限制，所以保護運送人之利益也。

*（運送人之損害賠償責任）民六三四；（損害賠償之範圍）民六三八；（債務人遲延）民二二九～二三三。

第六百四十一條（運送人之必要注意及處置義務）

如有第六百三十三條、第六百五十條、第六百五十一條之情形，或其他情形足以妨礙或遲延運送，或危害運送物之安全者，運送人應為必要之注意及處置。

運送人怠於前項之注意及處置者，對於因此所致之損害應負責任。

⑧⑧一、依現行法第一項規定，運送人之必要注意及處置義務，似專為保護運送物所有人之利益，惟事實上此時運送人與託運人、受貨人或其他權利人之關係更為密切，其利益均應受保護，原規定僅指出為保護運送物所有人之利益，適用上將發生疑義，爰將「為保護運送物所有人之利益」等文字刪除。

二、第二項未修正。

*（履行輔助人之故意過失）民二二四；（損害賠償）民二一三～二一八。

第六百四十二條（中止運送、返還運送物或為其他處置之請求權）

運送人未將運送物之達到通知受貨人前，或受貨人於運送物達到後，尚未請求交付運送物前，託運人對於運送人，如已填發提單者，其持有人對於運送人，得請求中止運送、返還運送物，或為其他之處置。

前項情形，運送人得按照比例，就其已為運送之部分，請求運費，及償還因中止、返還或為其他處置所支出之費用，並得請求相當之損害賠償。

⑧⑧一、現行條文規定託運人或提單持有人對於運送人，得請求中止運送或返還運送物時，均為一種行為，其涵義應較「處分」為廣，參照第五百二十七條第二項、第五百八十四條及第六百四十一條均用「處置」字樣，爰將「處分」修正為「處置」。又為期本條文義明確，爰將第一項內「託運人對於運送人」之後，「如已……」之前，增加一逗點「，」。

二、第二項內「中止返還」乃緣第一項規定而來，應為二種行為，為明確計，爰於「中止」之後，「返還」之前，增加一頓號「、」，以示區分。又此處中止、返還乃動詞，與其並列之「其他處分」亦應作動詞用，惟原規定易使人誤解為名詞，爰將「其他處分」修正為「為其他處置」，以期一致。

*（運送人之通知義務）民六四三；（受貨人之請求交付運送物）民六四四；（提單之填發）民六二五；（提單之效力）民六二七～六二九；（運費）民六二二、六二五㈡②、六四六、六五二；（損害賠償）民二一三～二一八；（留置權）民六四七；（承攬契約之中止）民五一一、五一二；（破產時之取回權）破產一一一。

第六百四十三條（運送人通知義務）

運送人於運送物達到目的地時，應即通知受貨人。

⇧謹按運送人於運送物到達目的地時，應負即時通知受貨人之義務。本條設此規定，所以使受貨人得為受領運送物之準備也。

*（受貨人）民六二四㈡④、六二五㈡①、六二九、六三〇；（受貨人之請求交付）民六四四；（海上運送之通知）海商五〇～五二；（未通知前之處置）民六四二。

▲航空運送，遍布全球，動輒牽連二國以上，故運送人多於他地或他國設立分公司或代理人，代為辦理有關承運貨物在該地之一切事務，民法第六百四十三條所規定之運送物達到之通知義務，自亦有其適用。（六三臺上九九四）

第六百四十四條（受貨人請求交付之效力）

運送物達到目的地，並經受貨人請求交付後，受貨人取得託運人因運送契約所生之權利。

⇧謹按運送物未達到目的地以前，受貨人尚不能取得其權利，又運送物雖達到目的地，在未經交付以前，受貨人亦無從取得其權利。故託運人對於運送人，因運送契約所生之權利，須運送物達到目的地，並經受貨人請求交付後，受貨人始取得其權利。本條特明為規定，俾有所依據也。

＊（受貨人）民六二四㊁④、六二五㊁①、六二九、六三〇；（目的地）民六二四㊁③、六二五㊁①；（清償地）民三一四；（海上運送受貨人之義務）海商五〇；（受貨人為提單持有人時之權利）民六二七、六二九、六三〇、六四二；（受貨人之受領運送物及支付運費）民六二五㊁②、六四八、六五〇。

第六百四十五條（運送物喪失時之運費）

運送物於運送中因不可抗力而喪失者，運送人不得請求運費。其因運送而已受領之數額，應返還之。

⇧謹按運費者，所以償運送之報酬者也。運送物於運送中毀損滅失，既無由達運送之目的，自亦無報酬之可言，雖其毀損滅失，係因不可抗力，然託運人之損失已鉅，自不應再許運送人有請求運費之權，其因運送而已受領之數額，仍須返還，蓋以期事理之公平，而免託運人受重大之損失也。故設本條以明示其旨。

＊（運送人之損害賠償責任）民六三四、六三八～六四〇；（運費之請求）民六二二、六二五㊁②、六四六、六五二；（危險負擔）民二六六、二六七；（返還）民一七九；（運費之保險及委付）海商一三七、一四三、一四五～一四七。

第六百四十六條（最後運送人之責任）

運送人於受領運費及其他費用前交付運送物者，對於其所有前運送人應得之運費及其他費用，負其責任。

⇧謹按運送人於運送物交付時，有請求支給全部運費及其他費用之權，其為數人相繼運送之者，最後運送人，亦有請求全部運費及其他費用之權。若受貨人不清償其運費及其他費用，運送人並得依第六百四十七條之規定，對於運送物行使留置權，運送人怠於行使權利，而於運費及其他費用未受清償之前，遽將運送物交付於受貨人，致無從取償者，則應使對於其所有前運送人應得之運費及其他費用，負賠償之責任，以示制裁，而昭公允。此本條所由設也。

＊（運費）民六二二、六二五㊁②、六五二；（留置權）民六四七。

第六百四十七條（運送人之留置權與受貨人之提存權）

運送人為保全其運費及其他費用得受清償之必要，按其比例，對於運送物有留置權。

運費及其他費用之數額有爭執時，受貨人得將有爭執之數額提存，請求運送物之交付。

⇧謹按受貨人不清償運費及其他費用時，運送人為保全其運費及其他費用得受清償之必要計，得按其比例（所謂按其比例即不許超過程度），對於運送物行使留置權，所以保護運送人之利益也。又運費及其他費用之數額有爭執時，如在爭執未解決以前，不許受貨人請求交付運送物，則曠日持久，遷延不決，受貨人勢必重受損失，故許受貨人得將有爭執之數額提存，請求運送物之交付，蓋又保護受貨人之利益也。

＊（留置權）民九二八；（法定寄託之留置權）民六一二；（租賃之留置權）民四四五、四四七、四四八；（承攬運送之留置權）民六六二；（旅客運送之準用）民六五七；（別除權）破產一〇八、一〇九；（運費請求權之消滅時效）民一二七②；（提存）民三二六。

第六百四十八條（運送人責任之消滅及其例外）

受貨人受領運送物並支付運費及其他費用不為保留者，運送人之責任消滅。

運送物內部有喪失或毀損不易發見者，以受貨人於受領運送物後，十日內將其喪失或毀損通知於運送人為限，不適用前項之規定。

運送物之喪失或毀損，如運送人以詐術隱蔽，或因其故意或重大過失所致者，運送人不得主張前二項規定之利益。

⇧謹按運送人之責任，以受貨人受領運送物，並支付運費及其他費用而消滅，故受貨人於受領運送物並支付費用時，必須預先保留其請求損害賠償之權利，運送人始負損害賠償之責任。若受貨人不為保留而逕行受領運送物並支付費用，則運送人之責任，自歸消滅。此第一項所由設也。又運送物內部之喪失或毀損，一時不易發見者，如亦責受貨人即時保留，損害賠償之權利，未免失之過酷，故許其於受領運送物後十日內，將其喪失或毀損通知運送人，苟受貨人如期通知，則運送人之責任仍不消滅，反之逾期而不通知者，運送人之責任，仍應消滅。此第二項所由設也。至運送物之喪失或毀損，係由運送人用詐術隱蔽，使其不易發見或係因運送人之故意或重大過失所致者，則不問受貨人是否保留，亦不問受貨人是否於十日內通知，運送人之責任，均不消滅。此第三項所由設也。

＊（運送人之責任）民六三四、六三五、六三七、六三九；（短期消滅時效）民六二三；（故意或重大過失責任）民二二三。

第六百四十九條（減免責任約款之效力）

運送人交與託運人之提單或其他文件上有免除或限制運送人責任之記載者，除能證明託運人對於其責任之免除或限制明示同意外，不生效力。

⇧謹按運送人為免除或限制其責任計，往往於交與託運人之提單或其他文件上，記載免除或限制其責任之文句，以為諉卸之地步，託運人偶不注意，即受其欺，殊非保護運送安全之道。故本條規定運送人所交付之提單或其他文件上，雖有免除或限制運送人責任之記載，仍應作為無效。然能證明託運人對於此項免除或限制運送人責任之記載，確曾有明示之同意者，亦不妨認為有效，蓋法律固不必加以嚴密之干涉也。

＊（運送人之責任）民六三四、六三五、六三七～六四〇；（侵權行為責任）民一八四、一八五；（運送人之故意或重大過失責任）民二二三、六四八㊂；（運送人責任之消滅）民六二三、六四八㊀；（運送物喪失之運送費）民六四五；（提單）民六二五；（類似規定）民六五九，海商六一。

第六百五十條（運送人之通知並請求指示義務及運送物之寄存、拍賣權）

受貨人所在不明或對運送物受領遲延或有其他交付上之障礙時，運送人應即通知託運人，並請求其指示。

如託運人未即為指示，或其指示事實上不能實行，或運送人不能繼續保管運送物時，運送人得以託運人之費用，寄存運送物於倉庫。

運送物如有不能寄存於倉庫之情形，或有易於腐壞之性質或顯見其價值不足抵償運費及其他費用時，運送人得拍賣之。

運送人於可能之範圍內，應將寄存倉庫或拍賣之事情，通知託運人及受貨人。

(88)一、現行條文第一項規定運送人僅於受貨人所在不明或拒絕受領運送物時，應即通知託運人，並請求其指示。但受貨人主觀的或客觀的不能受領，均應有其適用，故將拒絕受領改為受領遲延，以期周延。又對於其他交付障礙，例如法令有輸出輸入之禁止而妨礙運送物之交付等，是否仍有本項之適用？解釋上雖多採肯定說，惟無明文規定，易滋疑義，為期明白周延，爰仿德國商法第四百三十七條第一項，增列一概括性規定「或有其他交付上之障礙」。
二、依第一項規定，運送人請求託運人指示，如託運人未為指示，運送人應如何處理，現行法未為規定，難以解決實際問題。鑑於今日通訊發達，運送物亦宜及早處理，爰修正為此際託運人如未即為指示，運送人亦得以託運人之費用，寄存運送物於倉庫。
三、為期與第六百五十六條第二項之用語一致，爰將「有腐壞之性質」修正為「有易於腐壞之性質」。
四、第四項未修正。

*（依從指示義務）民六三三；（運送人之必要注意及處置義務）民六四一；（費用）民六四六～六四八、六五二；（訴訟遲延之適用）民六五一；（拍賣）民債施二八；（類似規定）民三五八、五八四、五八五、六二一；（相繼運送）民六五三。

▲（四九臺上五七七）參見本法第六百三十三條。

▲運送人通常於運送完成後，即可請求給付運費，至於受貨人拒絕受領運送物，而運送人不即通知託運人者，係屬義務之違反，託運人如因此受有損害，雖得向運送人請求賠償，但不得因此即謂運送人不得請求運費。（六三臺上二〇六七）

第六百五十一條　（有關通知義務及寄存拍賣權之適用）

前條之規定，於受領權之歸屬有訴訟，致交付遲延者，適用之。

⇧謹按關於運送物之受領權，如應歸屬何人，發生爭執，業經提起訴訟，非一時所能解決者，此時運送人仍不能即時交付，若俟訴訟解決，始行交付，則其所負責任，未免過重，故使準用前條之規定，以昭公允。此本條所由設也。

*（運送人之通知義務）民六四三；（受貨人請求交付之效力）民六四四；（持有提單之效力）民六二七～六三〇；（運送人之必要注意及處置義務）民六四一。

第六百五十二條　（拍賣代價之處理）

運送人得就拍賣代價中扣除拍賣費用、運費及其他費用，並應將其餘額交付於應得之人，如應得之人所在不明者，應為其利益提存之。

⇧謹按運送人依前兩條之規定而為運送物之拍賣時，其所需之拍賣費、運費及其他費用等，應許其在拍賣所得代價中扣除之，若有餘額，並應交付於應得之人，倘應得之人所在不明，應為其利益提存之，以明責任。蓋以此種拍賣之情形，非運送人自己之過失所致，自不應受意外之損失，故許其有於拍賣代價中，扣除拍賣費用、運費及其他費用之權利。至並其餘額而亦占有之，則為不當之得利，運送人自又負交付於應得之人或代為提存之義務也。

*（運送物之拍賣寄存權）民六五〇、六五一；（運送人之必要注意及處置義務）民六四一；（提存）民三二六～三三三；（拍賣）民債施二八；（類似規定）民五八五、六二一；（本條之適用）民六五七、六六三；（相繼運送）民六五三。

第六百五十三條　（相繼運送——最後運送人之代理權）

運送物由數運送人相繼運送者，其最後之運送人，就運送人全體應得之運費及其他費用，得行使第六百四十七條、第六百五十條及第六百五十二條所定之權利。

⇧謹按一運送人得行使第六百四十七條、第六百五十條及第六百五十二條所定之權利，則數運送人相繼為運送時，應如何行使權利，亦不可不有明文規定，俾資適用。本條明定運送物由運送人相繼運送者，最後運送人於物品交付時，應代行前運送人之權利，故就運送人全體應得之全部運費及其他費用，最後運送人應負責向受貨人請求支給，受貨人不為支給或所在不明，或拒絕受領時，最後運送人即得行使留置、提存、拍賣、及扣除費用之權也。

*（相繼運送人之連帶責任）民六三七；（最後運送人之代理義務）民六四六。

第三款　旅客運送

⇧謹按旅客運送者，謂收受運費在陸上或水上為運送旅客之營業也。旅客運送，各國法律規定，均極簡單，然關於運送人與旅客相互間之權利義務，關係亦頗重要。本法特設本款之規定。

第六百五十四條　（旅客運送人之責任）

旅客運送人對於旅客因運送所受之傷害及運送之遲到應負責任。但因旅客之過失或其傷害係因不可抗力所致者，不在此限。

運送之遲到係因不可抗力所致者，旅客運送人之責任，除另有交易習慣者外，以旅客因遲到而增加支出之必要費用為限。

⑧⑧一、為配合第六百二十三條之修正，爰將現行條文內「遲延」二字修正為「遲到」。又現行條文但書所稱「但其傷害係因不可抗力，或因旅客之過失所致者，不在此限。」其真意如何？學者間見解不一，有謂旅客運送人對於因不可抗力所致之運送遲延毋庸負責；有謂旅客運送人對於因不可抗力所致之運送遲延仍應負責。惟按現行條文之立法理由係謂：「若旅客因運送而致受傷或致運送遲延時，旅客運送人均應負其責任，但其傷害之原因，係因不可抗力，而非可歸責於運送人，或其傷害及遲延係因旅客自己過失所致者，旅客運送人即可免責。」可知立法意旨係認為旅客運送人對於因不可抗力所致之運送遲延仍應負責，亦即不在免責之範圍內。且鑑於旅客乃經濟上之弱勢，基於社會公益，有必要於法律上加以保護，故對於運送之遲到，係因不可抗力所致者，為保護旅客，以免旅客於旅途中陷於困境，仍應由經濟上之強者即旅客運送人負其責任，旅客運送人並得藉由責任保險或價格機能分散其損失。爰將但書修正為「但因旅客之過失，或其傷害係因不可抗力所致者，不在此限。」

二、運送之遲到係因不可抗力所致者，為保護旅客，以免旅客於旅途中陷於困境，仍應由經濟上之強者即旅客運送人負其責任。已如上述，惟為免旅客運送人所負責任過重，並期公允，旅客運送人之賠償責任，除另有交易習慣者（據交通部函稱，國內運送實務，除航空旅客運送人對不可抗力之遲到有提供必要之餐飲或住宿外，陸、海運之旅客運送業則尚未有此商業習慣。）外，應以旅客因遲到而增加支出之必要費用為限，例如增加之膳宿、交通等費用是，爰增訂第二項規定。

三、本條僅係民法上一般性之規定，如鐵路法、公路法、民用航空法等特別法就此另有規定時，依特別法優於普通法之原則，自當從特別法之規定。

*（海上旅客運送）海商七九～九一；（物品運送人之責任）民六三四、六三五、六三七～六四〇；（損害賠償）民二一三～二一八；（航空運送人之損害賠償責任）民航八九～九一；（減免責任約款之效力）民六五九。

第六百五十五條　（行李返還義務）

行李及時交付運送人者，應於旅客達到時返還之。

⇧謹按本條規定旅客之行李，若係及時交付於運送人者，運送人應於旅客達到目的地時返還之，由是可知旅客雖有行李，若並未交付於運送人或交付不以其時，運送人均不負達到時返還之責。反是旅客有行李而又係及時交付，運送人自應負於達到時返還之義務也。

*（運送期間）民六三二；（運送人之責任）民六三四、六三五～六三七。

第六百五十六條　（行李之拍賣）

旅客於行李到達後一個月內不取回行李時，運送人得定相當期間催告旅客取回，逾期不取回者，運送人得拍賣之。旅客所在不明者，得不經催告逕予拍賣。

行李有易於腐壞之性質者，運送人得於到達後經過二十四小時，拍賣之。

第六百五十二條之規定，於前二項情形準用之。

⑻一、為早日免除運送人保管行李之煩累及責任並兼顧旅客之利益，爰參考日本商法第五百九十一條第二項規定，修正第一項如上。

二、行李之性質有易於腐壞者，宜早日處理，爰將第二項內原定「四十八」小時修正為「二十四」小時。

三、第三項未修正。

*（運費之扣回）民六五二；（類似規定）民六二一、六五〇；（拍賣）民債施二八。

第六百五十七條　（交託之行李適用物品運送之規定）

運送人對於旅客所交託之行李，縱不另收運費，其權利義務，除本款另有規定外，適用關於物品運送之規定。

⇧謹按旅客之行李，如經交託於運送人，則運送人對於旅客所交託之行李，雖未另收運費，而其與旅客相互間之權利義務，仍與物品之運送無異，故適用關於物品運送之規定，以保護旅客之利益。此本條所由設也。

*（運送人之賠償責任）民六三四、六三五、六三七；（損害賠償之範圍）民六三八、六四〇；（短期時效）民六二三；（留置權）民六四七；（旅客運送人對未交託行李之責任）民六五八；（減免責任約款之效力）民六四九、六五九。

第六百五十八條　（對未交託行李之責任）

運送人對於旅客所未交託之行李，如因自己或其受僱人之過失，致有喪失或毀損者，仍負責任。

⑻本條所定僱用人，應係受僱人之誤，爰予修正。

*（對交託行李之責任）民六五七；（損害賠償之範圍）民六三八；（履行輔助人之故意過失）民二二四；（短期時效）民六二三。

▲(1)旅客未交託運送人之行李，因運送人之受僱人之故意，致有喪失或毀損者，運送人雖於選任僱用人及監督其職務之執行已盡相當之注意，亦不能免其責任。

(2)民法（舊）第六百五十八條所謂過失，包含故意在內。運送人對於旅客所未交託之行李，因其受僱人之故意致有喪失或毀損者，亦負責任。（二六渝上四三八）

第六百五十九條　（減免責任約款之效力）

運送人交與旅客之票、收據或其他文件上，有免除或限制運送人責任之記載者，除能證明旅客對於其責任之免除或限制明示同意外，不生效力。

⇧謹按本條立法之意旨，與第六百四十九條之規定相同，故運送人若於交與旅客之票據或其他文件上，有免除或限制運送人責任之記載，亦應認為無效。然如運送人能證明旅客對於此種免除或限制責任之記載，確曾為明示之同意者，其記載仍可認為有效也。

*（類似規定）民六四九，海商六一、七九；（旅客運送人之責任）民六五四、六五七；（運送物喪失時之運送費）民六四五。

第十七節　承攬運送

第六百六十條　（承攬運送人之定義及行紀規定之準用）

⇧謹按承攬運送者，謂以自己之名義，為他人之計算，使運送人運送物品而受報酬之營業也。近日交通便利，承攬運送之營業，日益發達，故本法特設本節之規定。

稱承攬運送人者，謂以自己之名義，為他人之計算，使運送人運送物品而受報酬為營業之人。

承攬運送，除本節有規定外，準用關於行紀之規定。

⇧謹按本條為規定承攬運送人之意義及其性質，特明定曰，稱承攬運送人者，謂以自己之名義，為他人之計算，使運送人運送物品而受報酬為營業之人也。故設第一項以明示其旨。又承攬運送人，係以自己之名義，為他人之計算，使運送人運送物品而受報酬之營業，與行紀之以自己之名義為他人之計算，為動產之買賣或其他商業上之交易而受報酬之營業，性質相同，自可準用關於行紀之規定。故設第二項以明示其旨。

*（登記）商登三、八；（承攬）民四九〇以下；（物品運送）民六二四、六三五、六三七～六五三，海商三八～七八；（行紀）民五七六～五八八。

▲承攬運送契約法律上並非要式行為，除當事人間曾約定須用一定方式外，凡明示或默示均可成立。（二〇上二〇二七）

第六百六十一條　（承攬運送人之損害賠償責任及其例外）

承攬運送人對於託運物品之喪失、毀損或遲到，應負責任。但能證明其於物品之接收保管、運送人之選定、在目的地之交付，及其他與承攬運送有關之事項，未怠於注意者，不在此限。

⑻承攬運送人與運送人所負之責任不同，前者為中間責任，後者為事變責任。現行條文但書規定承攬運送人之免責事由，以「與運送有關之事項」為限，惟承攬運送人既不自為運送，則與運送有關事項，並非其所能完全掌握，不應令其負注意義務，為符合承攬運送之本質，爰修正如上。

*（物品運送人之損害賠償責任）民六三四、六三五、六三七；（旅客運送人之損害賠償責任）民六五四、六五五七、六五八；（損害賠償）民二一三～二一八；（善良管理人之注意）民五三五、五七七；（履行輔助人之過失）民二二四；（損害賠償之範圍）民六三五、六三八～六四〇、六六五；（短期時效）民六六六。

▲承攬運送人對於託運物品之喪失，能證明其於物品之接收、保管、運送人之選定、在目的地之交付及其他與運送有關之事項，未怠於注意者，固不負責任。但承攬運送人係以自己之名義，為委託人之計算，使運送人運送物品，依民法第六百六十條第二項準用同法第五百七十八條之規定，對於運送人自得行使權利，故運送人於運送物品之喪失應負損害賠償責任時，惟承攬運送人得向運送人請求損害賠償。依民法第六百六十條第二項、第五百七十七條、第五百四十一條之規定，承攬運送人自應向運送人行使其請求權，將其所受領之賠償物交付委託人，或將其損害賠償請求權移轉於委託人，方可免其責任。（二一上八七）

▲託運物品喪失時，委託人固得對於承攬運送人請求賠償。但本於其物上請求權，逕向該託運物品之無權占有人請求返還，要亦非法所不許。（三〇上二一一九）

第六百六十二條　（留置權之發生）

承攬運送人為保全其報酬及墊款得受清償之必要，按其比例，對於運送物有留置權。

⇧謹按承攬運送人應得之報酬及墊款，本可請求受貨人清償，然使受貨人不為清償時，自不得不謀保全方法，以資救濟，故許承攬運送人在運送物上得行使留置權，以保全其利益。但此種權利之行使，仍須按其比例，不得為過分之留置耳。此本條所由設也。

*（留置權）民九二八、九二九；（別除權）破產一〇八、一〇九；（運送人之留置權）民六四七、六五七；（其他留置權）民四四五、六一二、六一四，海商一二二；（運送費及墊款之消滅時效）民一二七②。

第六百六十三條　（介入權——自行運送）

承攬運送人除契約另有訂定外，得自行運送物品。如自行運送，其權利義務與運送人同。

⇧謹按承攬運送人對於運送物品，本以使運送人運送為原則，然有時因契約並無特別訂定，承攬運送人不給運送人運送，而自為運送，亦為法所許可。惟承攬運送人於自為運送時，其與委託人相互間之權利義務，應與運送人對於託運人之權利義務完全相同，以保護託運人之利益。故設本條以明示其旨。

*（承攬運送）民六六〇；（運送人之權義）民六三三～六三五、六三九、六四一～六四三、六四七、六五〇～六五三；（提單之填發）民六二五；（運送之報酬）民六六四；（行紀之介入權）民五八七。

第六百六十四條　（介入之擬制）

就運送全部約定價額，或承攬運送人填發提單於委託人者，視為承攬人自己運送，不得另行請求報酬。

⇧謹按承攬運送人之報酬，與運送人之報酬，雖可分別訂定，然若承攬運送人已就運送全部約定價額，或已由承攬運送人填發提單於委託人者，則與承攬運送人自己運送無異，自不許於約定價額之外，另有請求報酬之權利也。故設本條以明示其旨。

*（介入權）民六六三；（提單之填發）民六二五；（承攬運送之通常報酬）民五八二、六六〇。

第六百六十五條　（物品運送規定之準用）

第六百三十一條、第六百三十五條及第六百三十八條至第六百四十條之規定，於承攬運送準用之。

⇧謹按第六百三十一條之規定，係關於運送物依其性質對於人或財產足致損害者，託運人有預先告知運送人之義務。第六百三十五條之規定，係因包皮有易見之瑕疵而喪失或毀損時，運送人須為預先保留之聲明。第六百三十八條至第六百四十條之規定，係關於賠償額計算之標準，無須支付之費用應於賠償額中扣除，故意或重大過失，並應賠償其他損害，貴重物品非報明不任賠償，遲到損害之賠償額須有限制等等。凡此各規定，均準用於承攬運送人，蓋以承攬運送之性質，與物品運送無異也。故本條設準用之規定，以明示其旨。

*（損害賠償請求權）民六三一；（包皮有易見瑕疵之責任）民六三五；（損害賠償之範圍）民六三八～六四〇。

第六百六十六條　（短期消滅時效）

對於承攬運送人因運送物之喪失、毀損或遲到所生之損害賠償請求權，自運送物交付或應交付之時起，一年間不行使而消滅。

⑧對於運送人，關於物品之運送，因喪失、毀損或遲到而生之賠償請求權，其消滅時效期間，第六百二十三條已修正為一年。承攬運送人之責任，不宜較運送人者為重，故本條請求權之消滅時效期間亦修正為一年，以資配合。

*（損害賠償責任）民六六一。

第十八節　合　夥

⇧查民律草案債權編第二章第十四節原案謂合夥者，謂二人以上互約出資以經營共同事業之契約也。其契約謂之合夥，其各當事人謂之合夥人。至其共同之目的，或為財產上之目的，或為精神上之目的，不能一概而論，自來各國，皆有此事，且實際上亦關重要，故特設本節之規定。

第六百六十七條　（合夥之定義及合夥人之出資）

稱合夥者，謂二人以上互約出資以經營共同事業之契約。

前項出資，得為金錢或其他財產權，或以勞務、信用或其他利益代之。

金錢以外之出資，應估定價額為其出資額。未經估定者，以他合夥人之平均出資額視為其出資額。

⑧一、第一項未修正。

二、第二項所謂「他物」是否包括所有權以外之財產權？信用或其他利益（例如物之使用或不為營業之競爭等）是否得代出資？未盡明確，爰將第二項之出資，修正得為金錢或其他財產權，或以勞務、信用或其他利益代之，以期周延。

三、出資額與合夥人間分配損益之成數有關（第六百七十七條參照），故在金錢以外之出資，合夥人間應估定價額以為其出資額，以明其權義。至若未經估定者，明定為以他合夥人之平均出資額視為其出資額，以杜爭議。爰增訂第三項規定。

*（隱名合夥）民七〇〇～七〇九；（契約）民一五三～一六六；（登記）商登三；（有償契約之準用）民三四七；（合夥人資格之限制）公司一三㊀、五四、一一五；（公同共有）民六六八、八二七。

▲合夥為諾成契約，並不以訂立合同紅帳為其成立要件。（一八上二七九）

▲訂立合同文據，並非合夥契約成立之要件，故合夥人間雖未訂立合同文據，或其合同文據未經合夥人簽名畫押，如依其他證憑足以證明其為合夥者，亦應認其合夥契約為有效成立。（一八上一六七五）

▲合夥契約為諾成契約，苟經合法表示入夥意思，則股金是否實交，股票是否收執，均非所問，而合同議單之有無，自亦不得認為合夥之要件。（一八上二五二四）

▲合夥營業，其出資方法或以貨物或以金錢並無一定，但出資果有貨物與金錢之不同，則貨物勢須先定其所值金錢若干，並以若干為一股，而後以金錢出資認股者，乃有一定之標準。（一八上二六五八）

▲未經呈請登記取得公司資格，祇能認為合夥。（一九上三一五〇）

▲共同看管青苗，乃農業合作辦法之一種，或以一村為合作之範圍，或聯合數村合作或分一村為數個合作團體，當然屬於村民各合作團員之自由，此蓋純然基於私法上權利義務關係（即合夥關係），除有違約情形當作別論外，自無任由一部分合夥人強令其他合夥人繼續合夥之理。（二〇上四九〇）

▲合夥非要式行為，除當事人間有以作成書據為成立要件之約定外，苟二人以上已為互相出資以經營共同事業之約定，雖未訂立書據，其合夥亦屬成立。（二一上一四四二）

▲合夥為二人以上互約出資以經營共同事業之契約，祇須有各合夥人悉為出資之約定，並不以各合夥人皆已實行出資為成立要件。合夥人不履行其出資之義務者，雖得依民法第二百五十四條解除契約，或依民法第六百八十八條予以開除，要不得因此而謂合夥契約尚未成立。（二二上二八九四）

▲合夥為二人以上互約出資以經營共同事業之契約，隱名合夥則為當事人約定一方對於他方所經營之事業出資，而分受其營業所生之利益及分擔其所生損失之契約，故合夥所經營之事業，係合夥人全體共同之事業，隱名合夥所經營之事業，則係出名營業人一人之事業，非與隱名合夥人共同之事業，苟其契約係互約出資以經營共同之事業，則雖約定由合夥人中一人執行合夥之事務，其他不執行合夥事務之合夥人，僅於出資之限度內負分擔損失之責任，亦屬合夥而非隱名合夥。（二六上九七一）

▲上訴人與被上訴人合夥開設甲商號，由上訴人執行合夥事務，嗣由乙商號在甲商號原店址營業，仍由上訴人執行合夥事務，固為兩造不爭之事實。惟上訴人如將甲商號歇業另與他人夥開乙商號，而非僅就同一合夥變更其名稱，則雖甲商號之合夥未經解散或退夥，上訴人並以被上訴人之款項及甲商號之店底傢具使用於乙商號，亦屬上訴人對於被上訴人應負如何責任之別一問題，被上訴人與乙商號之合夥人既無合夥契約，即不能認其對於乙商號有合夥關係。（二九上四〇七）

▲合夥非要式行為，除當事人間有以作成書據為成立要件之

約定外，苟二人以上已互約出資以經營共同事業，雖未訂立書據，其合夥亦不得謂未成立。（二二上四七一八）

▲上訴人以其所有之房屋提供為被上訴人之營業場所，既僅按日收取一定之金額，而不負擔合夥損益之分配，所謂出資之系爭房屋又不屬於合夥財產，仍由上訴人保有所有權，顯與合夥契約之性質不相符合，實為一種租賃關係。（四七臺上一八八九）

▲合夥商號為人保證，在民法上並無如公司法設有禁止之規定，其為他人保證尚難謂為不發生效力。（五五臺上二六七四）

▲合夥關係之存在與否，應就當事人有無互約出資經營共同事業之客觀事實予以認定，至有無辦理廠商登記，在所不問。（六四臺上一一二二）

▲合夥財產，為合夥人全體公同共有，其為金錢出資、勞務出資、抑以他物出資，均無不同（包括動產或不動產）。又於合夥關係存續中，執行合夥事業之合夥人為他合夥人之代表，其為合夥取得之物及權利，亦屬合夥人全體公同共有。（六四臺上一九二三）

▲債務人對於第三人之金錢債權，經執行法院發扣押命令禁止債務人收取或為其他處分後，債務人對第三人提起給付訴訟，僅屬保存債權之行為，無礙執行效果，尚非不得為之。（九一臺上八一二）

第六百六十八條　（合夥財產之公同共有）

各合夥人之出資及其他合夥財產，為合夥人全體之公同共有。

⇧謹按合夥契約既為互約出資經營共同之事業，則各合夥人之出資，及其他合夥財產，自應為合夥人全體之公同共有，以符契約之本旨。所謂其他合夥財產者，如因執行合夥業務，或就合夥財產所屬權利，或其所屬標的之毀損滅失及追奪，因受賠償而取得之財產等是。此種財產，既由合夥業務或其所屬權利所產生，故應認為合夥人全體所共有。此本條所由設也。

*（合夥人之出資）民六六七、六六九；（出資）民六六七㊁；（合夥財產）民六八二～六八五；（公同共有）民八二七～八三一。

▲合夥人之出資及其合夥財產，為合夥人全體之公同共有，故合夥營業之移轉，非經合夥人全體之同意，不得為之。如執行業務之合夥人未得合夥人全體同意，專擅將合夥營業移轉於人者，即屬侵權行為，對於其他合夥人因此所受損害，應負賠償之責。（一九上三一五〇）

▲合夥營業雖已停止，各合夥人對於合夥財產之公同共有關係，亦非當然消滅。自不能僅因合夥營業已經停止，即以合夥財產之一部，為合夥人中一人債務之執行標的物。（二七上三一七）

▲合夥所購入之貨物，為合夥人全體之公同共有，不因合夥人出資之種類而異。本件上訴人既與被上訴人合夥營業，則被上訴人之出資雖為勞務，而其合夥所買之木油、草果，仍為兩造之公同共有。（二九上四一）

▲法人依非訟事件法聲請設立登記後，一經法院依法登記於法人登記簿，即行成立而取得法人資格，得為權利義務主體，此觀民法第三十條之規定自明。已經為設立登記之財團法人之董事，無與財團法人對財團法人之債權人負連帶責任之可言，與民法規定合夥財產為合夥人公同共有，合夥人對合夥債務負連帶責任者，迥不相同。某私立高級中學，請臺灣臺北地方法院准予為財團法人之設立登記，並將聲請登記事項登記於法人登記簿，雖未領得登記證書，但該校已取得法人資格，上訴人依民法規定之合夥關係，請求為該校董事之被上訴人對於該校向上訴人所借款項負清償責任，於法無據。（六四臺上一五五八）

▲（六四臺上一九二三）參見本法第六百六十七條。

▲（九一臺上八一二）參見本法第六百六十七條。

第六百六十九條　（合夥人不增資權利）

合夥人除有特別訂定外，無於約定出資之外增加出資之義務。因損失而致資本減少者，合夥人無補充之義務。

⇧謹按合夥契約若無特別訂定，合夥人無於約定出資外，增加出資之義務，亦無因營業損失致資本減少而負補充資本之義務，蓋合夥之權利義務，悉依契約而定，不得隨意變更也。故設本條以明示其旨。

*（合夥人之出資義務）民六六七㊀；（出資）民六六七㊁；（財產之公同共有）民六六八；（類似規定）公司一〇六㊀。

▲民法第六百七十七條不過規定分配損益之成數，非謂一有損失，即應填補。合夥人除有特別訂定外，無於約定出資之外增加出資之義務，因損失而致資本減少者，合夥人無補充之義務，民法第六百六十九條定有明文。故合夥契約如無隨時填補損失之特別訂定，縱令因事業之經營一時生有損失，亦無填補之義務，須至清算之際，合夥財產不足清償合夥之債務時，始負填補損失之義務。（二六渝上一九九）

第六百七十條　（合夥之決議及合夥契約或其事業種類之變更）

合夥之決議，應以合夥人全體之同意為之。

前項決議，合夥契約約定得由合夥人全體或一部之過半數決定者，從其約定。但關於合夥契約或其事業種類之變更，非經合夥人全體三分之二以上之同意，不得為之。

⑧⑧一、現行條文僅規定合夥人對於合夥契約或其事業種類變更之方式，對於其他合夥事務之決議，則未為規定，有欠周延，為期周全，並避免疑義，爰修正並改列於第一項，規定合夥之決議，應以合夥人全體之同意，始得為之。

二、現行條文定有「除契約另有訂定外」之法文，則少數合夥人，甚或僅合夥人中之一人，得依據契約，任意變更合夥之組織，難免專恣跋扈之弊。為免除上述弊端，並兼顧合夥組織多樣之靈活運用，爰增訂第二項，明定合夥契約如約定得由合夥人全體或一部之過半數決定者，從其約定。惟合夥契約或其事業種類之變更，與各合夥人之利害關係甚鉅，為示慎重，如契約有約定時，應限以合夥人全體三分之二以上之同意，始得為之，較為平允。

*（合夥）民六六七；（類似規定）民八二八，公司四二、四七、二七七。

第六百七十一條　（合夥事務之執行人及其執行）

合夥之事務，除契約另有訂定或另有決議外，由合夥人全體共同執行之。

合夥之事務，如約定或決議由合夥人中數人執行者，由該數人共同執行之。

合夥之通常事務，得由有執行權之各合夥人單獨執行之。但其他有執行權之合夥人中任何一人，對於該合夥人之行為有異議時，應停止該事務之執行。

⑧⑧一、第六百七十條已修正為關於「合夥之決議」之規定。為期周延並兼顧合夥組織之彈性運用，本條第一項及第二項應配合修正，爰增列「決議」之除外規定。

二、第三項未修正。

*（合夥）民六六七；（合夥人之注意義務）民六七二；（合夥事務執行人之辭任與解任）民六七四；（不執行事務合夥人之檢查權）民六七五；（清算人）民六九四、六九五；（事務執行人之權利）民六七八～六八〇。

▲合夥財產之處分，依法固非得合夥人全體之同意不得為之，惟法律行為之同意，並不限於行為時為之，苟有其他明確之事實，足以證明他合夥人已經為明示或默示之同意者，則執行業務之合夥人之處分行為，仍不得謂為無效。（三九臺上四七四）

第六百七十二條　（合夥人之注意義務）

合夥人執行合夥之事務，應與處理自己事務為同一注意其受有報酬者，應以善良管理人之注意為之。

⑧第六百七十一條以下各條均是有關合夥人執行合夥事務之規定，為本條與其前後條文之規定相連貫，且執行合夥事務，方有有償與無償之區別，爰將「履行依合夥契約所負擔之義務」修正為「執行合夥之事務」，又合夥人執行合夥之事務，僅負具體過失責任即足，固為羅馬法以來之立法例所採（鄭玉波著民法債編各論第六七〇頁），惟瑞士債務法第五百三十八條則分別有無受有報酬，以定合夥人注意義務之輕重。我國學者通說亦同。爰修正如上。

＊（合夥事務之執行）民六七一；（故意過失）民二二〇、二二三；（有償委任）民五三五、五四四、六八〇。

第六百七十三條（合夥人之表決權）

合夥之決議，其有表決權之合夥人，無論其出資之多寡，推定每人僅有一表決權。

⑧為配合第六百七十條之修正，本條關於表決權之規定，當適用於一切合夥之決議，爰修正如上。

＊（合夥事務之執行）民六七一；（合夥人之開除）民六八八；（執行事務合夥人之解任）民六七四㈡；（清算人之選任）民六九四㈡；（合意解散）民六九二②；（清算之決議）民六九五。

第六百七十四條（合夥事務執行人之辭任與解任）

合夥人中之一人或數人，依約定或決議執行合夥事務者，非有正當事由不得辭任。

前項執行合夥事務之合夥人，非經其他合夥人全體之同意，不得將其解任。

⑧一、執行合夥事務之合夥人與他合夥人間，非有真正委任關係，此觀第六百八十條之規定可知。惟現行條文規定易誤解為其間具有委任關係，為避免疑義，及配合第六百七十條之修正，爰將第一項「被委任」修正為「依約定或決議」。又鑑於合夥重在人合性，如執行合夥事務之合夥人既經其他合夥人全體同意其解任即應解任，不須另有其他理由，爰將「其他合夥人亦不得將其解任」之規定刪除。

二、第二項配合第一項之修正，作文字修正。

＊（合夥事務之執行）民六七一；（清算人解任與辭任之準用）民六九六。

▲被上訴人雖為某旅舍其他合夥人全體委任執行合夥事務之人，然依民法（舊）第六百七十四條之規定，居於承受其他合夥人全體地位之上訴人，如有正當事由自非不得將其解任。至此種解任權之行使，該條及其他法律既未規定須以訴之方式為之，則有解任權之一方，不問在訴訟上或訴訟外，均得對之為是項之意思表示，而使生解任之效力，無庸請求法院為宣告解任之形成判決。（四三臺上八八一）

第六百七十五條（合夥人之事務檢查權）

無執行合夥事務權利之合夥人，縱契約有反對之訂定，仍得隨時檢查合夥之事務及其財產狀況，並得查閱帳簿。

⇧查民律草案第八百零六條理由謂合夥人既屬合夥中之一人，雖無執行合夥業務之權，而於合夥業務及其財產之狀況，應使其有檢查權，縱合夥契約有反對之訂定，亦為無效。蓋合夥之業務，在達合夥人共同之目的，非如是，則目的不能達也。故設本條以明示其旨。

＊（合夥財產）民六六八；（合夥人之責任）民六八一；（合夥事務執行之委任）民六七一、六七九；（執行事務合夥人之報告義務）民五四〇、六八〇。

▲合夥股東不問其所占股本或股數多寡，均有隨時查驗帳簿之權。（一八上五五二）

▲無執行合夥事務權利之合夥人，固得隨時檢查合夥之事務及其財產狀況，並得查閱帳簿。但不得以檢查及查閱為名，妨害合夥事務之執行。（二三抗三三〇四）

第六百七十六條（決算及損益分配之時期）

合夥之決算及分配利益，除契約另有訂定外，應於每屆事務年度終為之。

⇧查民律草案第八百零八條理由謂合夥財產，多於合夥人出資總數，是為利益，少於合夥人出資總數，是為損失。利益及損失，非屆合夥解散之期，不能確知。然合夥之存續期間，有過長，不能待至解散期者，則此種合夥，每屆年度既終，亦應辦理決算及分配損益。故設本條以明示其旨。

＊（損益分配之成數）民六七七；（出資之增加及補充）民六六九。

第六百七十七條（損益分配之成數）

分配損益之成數，未經約定者，按照各合夥人出資額之比例定之。

僅就利益或僅就損失所定之分配成數，視為損益共通之分配成數。

以勞務為出資之合夥人，除契約另有訂定外，不受損失之分配。

⇧謹按合夥契約，若定有合夥人分配損益之成數，固應據此為準，若契約內未將成數定明，應以法律規定補充之。惟合夥人分配損益之成數，若令無特別規定時，應使其依各合夥人出資之數額，為分配之標準，以昭平允。此第一項所由設也。又僅就損失定分配之成數，或僅就利益定分配之成數者，其成數均視為損失及利益之共通成數，以二者於當事人之意思最協。此第二項所由設也。至於以供給勞務為出資之合夥人，若契約另有訂定者，應從其訂定，若契約並無訂定，應自不使受損失之分配。此第三項所由設也。

＊（決算及損益分配之時期）民六七六；（出資）民六六七；（出資之增加及補充）民六六九；（退夥之結算）民六八九；（賸餘財產之分配）民六九九。

▲合夥人分配損益之成數，應以合夥人出資之多寡為準。（一七上五九八）

▲合夥契約定有利益分配之標準，未定有損失分擔之標準者，除合夥員有其他證據證明其對於損失不負責任外，自應即以約定利益分配之標準，為其損失分擔之標準，不得藉口於契約上未載明損失分擔，即主張不負責任。（一八上一七二二）

▲合夥人分配損益之成數，曾經約定者，固當從其約定，惟主張有此約定者，有舉證之責任。（二一上一五九八）

第六百七十八條（費用及報酬請求權）

合夥人因合夥事務所支出之費用，得請求償還。

合夥人執行合夥事務，除契約另有訂定外，不得請求報酬。

⇧謹按合夥人因合夥事務所支出之費用，應由合夥人全體負擔，故許支出費用人有求償權。蓋以其所支出之費用，係為達合夥人共同之利益，非為支出人個人之利益，故得請求償還。此第一項所由設也。又合夥人執行合夥事務，雖為總合夥人之利益，然亦為執行事務合夥人之義務，況又有以勞力為出資者，故非契約另有訂定，不得請求報酬。此第二項所由設也。

＊（合夥事務之執行）民六七一；（受任人之費用償還請求權）民五四六、六八〇。

▲合夥非有獨立之人格，其財產為各合夥人全體公同共有，故合夥人因合夥事務所支出之費用，而依民法第六百七十八條第一項之規定求償者，其相對人為他合夥人全體，而非合夥，亦不必以合夥業經解散或合夥財產不足清償合夥債務為限。（五一臺上三六五九）

第六百七十九條（合夥事務執行人之對外代表權）

合夥人依約定或決議執行合夥事務者，於執行合夥事務之範圍內，對於第三人，為他合夥人之代表。

⑧修正理由同第六百七十四條說明一前段。

＊（合夥事務之執行）民六七一；（代理權之準用）民一〇三～一一〇。

▲執行業務之合夥人，對外所為營業上之法律行為，其效力直接及於合夥人全體。（一八上九五九）

▲錢莊營業之合夥，其執行業務之合夥人或經理人代合夥借款，固為關於營業上之事務，應認其有此權限。惟合夥已解散時，此項權限即屬當然消滅，嗣後該執行業務之合夥人或經理人縱以合夥名義向人借款，亦不能對於合夥發生效力。除他合夥人追認其行為或承認其債務外，債權人不得向他合夥人請求清償。（一八上一八四四）

▲執行業務之合夥員就合夥債務，應並負清理償還責任。（一八上二六四三）

▲合夥之積極消極財產，均為合夥人全體所有，而合夥事務又本得由有執行權之合夥人執行，凡執行合夥事務之合夥人對第三人所締之契約，其他合夥人決無可以卸責之理。（一九上二〇）

▲被委任執行合夥事務之合夥人，於依委任本旨執行合夥事務之範圍內，代表合夥與第三人所為之行為，直接對於合夥人全體發生效力，即使其行為係為他人為之，他合夥人亦不得據以對抗第三人。（二二上一六四〇）

▲合夥之事務約定由合夥人中數人執行者，不惟其內部關係依民法第六百七十一條第二項應由該數人共同執行之，即民法第六百七十九條所規定之對外關係，依民法第一百六十八條亦應由該數人共同為代理行為，若僅由其中一人為之，即屬無權代理行為，非經該數人共同承認，對於合夥不生效力。（二八上一五三三）

▲執行合夥事務之合夥人，在其權限內以本人名義代表合夥與他人訂立租賃房屋契約，其租賃權應屬於合夥，而不屬於該執行合夥之合夥人，故在合夥存續期間內，縱令出名訂約之合夥人有變更，其與出租人之租賃關係仍為繼續，不得視為消滅。（三七上六九八七）

▲合夥商號為人保證，在民法上並無如公司法第二十三條設有禁止之規定，故合夥商號業務執行人以合夥商號名義為人作保之行為，倘係在其依委任本旨執行該商號事務之權限範圍內者，即應認其保證為合法生效。（五〇臺上二八五二）

▲（六四臺上一九二三）參見本法第六百六十七條。

第六百八十條（委任規定之準用）

第五百三十七條至第五百四十六條關於委任之規定，於合夥人之執行合夥事務準用之。

⇧謹按合夥人執行合夥事務之一切權利義務，應依合夥契約或合夥之規定，此屬當然之事。然合夥契約或合夥，對於合夥人執行合夥事務之權利義務，無明文規定時，勢必無所依據，故本條明定於合夥人之執行合夥事務，準用關於委任之規定。

＊（自己處理事務義務）民五三七～五三九；（顛末報告義務）民五四〇；（金錢物品交付及權利移轉義務）民五四一；（支付利息及損害賠償義務）民五四二；（處理事務請求權不得讓與義務）民五四三；（損害賠償責任）民五四四；（費用預付請求權）民五四五；（債務清償請求權）民五四六。

▲合夥之虧折如係由於執行業務合夥人之故意或過失者，他合夥人對之得為損害賠償之請求。（一八上一七八五）

▲執行合夥事務之合夥人因其過失，致合夥財產受有損失時，對於合夥人全體應負賠償責任。（二一上二七六〇）

▲合夥人執行合夥事務，以自己名義為合夥取得權利者，依民法第六百八十條準用第五百四十一條第二項之規定，負有移轉其權利於合夥之債務，必已履行其債務而為移轉權利之行為，其權利始歸屬於合夥。（三二上二八三一）

第六百八十一條（合夥人之補充連帶責任）

合夥財產不足清償合夥之債務時，各合夥人對於不足之額，連帶負其責任。

⇧謹按合夥財產，不足清償合夥之債務時，關於不足之額，各合夥人應如何負擔責任，不可不有明文之規定，俾資適用。故本法明定各合夥人應連帶負其責任，使各合夥人對於不足之額，各負全部清償之責，債權人亦得對於合夥中之一人，請求全部清償，蓋為保護合夥債權人之利益，及增進合夥事業之信用計也。

＊（公同共有）民六六八；（連帶債務）民二七二～二八二；（破產債權）破產一〇四、一〇五。

▲來呈所述原確定判決，雖僅令合夥團體履行債務，但合夥財產不足清償時，自得對合夥人執行，合夥人如有爭議應另行起訴。（院九一八）

▲合夥債務應由合夥人負責償還，其經理人除對於債權人已為債務之承擔外，僅應就合夥財產負清理償還之責，不負代償之義務。（一八上一三八）

▲合夥債務應先就合夥財產為清償，必合夥財產不足清償合夥債務時，始由各合夥人任清償之責。（一八上三八七）

▲合夥營業之債務，合夥解散後，合夥人當然為該營業之債務主體，雖合夥營業之經理人本於營業時合夥人之委任，對於合夥尚負有清理該營業殘餘財產之責，然債務主體既為合夥人，債權人自得向其求償，不能以尚有經理為詞，而主張主體錯誤。（一八上二二五六）

▲因合夥營業而發生之債務，當合夥財產不足清償時，當然應由各合夥人任償還之責。（一八上二二六四）

▲非合夥股東而有可以令人信其為股東之行為者，對於不知情之第三者，應與股東負同一之責任。（一九上九七三）

▲民法債編施行前發生之債，依民法債編施行法第一條，除有特別規定外，不適用民法債編之規定，合夥債務係發生在民法債編施行以前，依當時法例應由各合夥人按股分擔，縱合夥人中之一人因先未如約出資，致將合夥債務之全部使該合夥人一人負擔，然此係內部關係，不得以之對抗債權人。（一九上一二五八）

▲民法債編施行前已發生而迄施行時尚未履行之合夥債務，並不因民法債編之施行而變為連帶債務。（二〇上二六五）

▲合夥財產不足清償其全部債務時，各合夥人均應以其私產清償。（二〇上一三九四）

▲合夥債務發生於民法債編施行前者，依民法債編施行法第一條之規定，不得適用民法第六百八十一條，使各合夥人負連帶清償之責。（二三上四四二五）

▲合夥契約訂定，合夥人中之一人，於其出資之限度外不負分擔損失之責任者，在各合夥人間，固非無效，但不得以之對抗合夥之債權人。合夥財產不足清償合夥之債務時，該合夥人對於不足之額亦連帶負其責任。（二六上九七一）

▲合夥財產不足清償合夥之債務時，各合夥人對於不足之額連帶負其責任，為民法第六百八十一條之所明定。所謂合夥財產，不僅指合夥債權人向合夥人請求連帶清償時屬於合夥之動產、不動產而言，即其時合夥對於第三人之債權及其他有交易價額之一切財產權，得為強制執行之標的者，亦包含之。如就此等財產按照時價估計，其總額並不少於債務總額，固非所謂不足清償，即使財產總額少於債務總額，各合夥人亦僅對於不足之額連帶負責，並非對於債務全額負有此種責任。（二八上一八六四）

▲合夥財產不足清償合夥之債務時，依民法第六百八十一條之規定，各合夥人對於不足之額雖連帶負其責任，但合夥之債權人為合夥人中之一人時，自己亦為連帶債務人中之一人，其對於合夥之債權與其所負之連帶債務已因混同而消滅，依民法第二百七十四條之規定，他合夥人亦同免其責任，故該合夥人對於他合夥人僅得依民法第二百八十一條、第二百八十二條之規定，行使其求償權，不得更行請求連帶清償。（二九上一一〇五）

▲民法第六百八十一條規定，合夥財產不足清償合夥之債務時，各合夥人對於不足之額連帶負其責任。是合夥財產不足清償合夥之債務，為各合夥人連帶責任之發生要件，債權人請求命各合夥人對於不足之額連帶清償，自應就此項要件之存在，負主張並舉證之責任。（二九上一四〇〇）

▲合夥未定有存續期間，合夥人聲明退夥，應於兩個月前通知他合夥人，否則不生退夥之效力，此觀民法第六百八十六條第一項但書之規定自明。上訴人所稱聲明退夥之日期係為民國四十一年五月十日，即使屬實，而被上訴人於同月二十九日因出賣魷魚與上訴人合夥之某商行所取得之價

金支付請求權，尚在上訴人聲明退夥未生效力之前，依同法第六百八十一條、第六百九十條之規定，上訴人仍應連帶負其責任。（四二臺上一一五〇）

▲合夥之債務應由合夥財產清償，於合夥財產不足清償時，各合夥人對於不足之額始負連帶清償之責任。故合夥之債權人請求合夥人清償合夥之債務者，應就合夥財產不足清償合夥之債務，負舉證之責。（四九臺上一一一八）

▲上訴人對於被上訴人所經營之合夥商號已取得一萬五千元之執行名義，無論債之發生係基於何種原因，而在該確定判決未依再審程序變更以前，要難否認其為合夥之債務，在合夥財產不足清償合夥債務時，各合夥人對於不足之額，不能不負連帶清償責任。（四九臺上七八九）

▲合夥關係之存在與否，固可為確認之訴之標的，但執為某合夥之合夥人，則為事實問題，不得為確認之訴之標的，且合夥債權人對於合夥人提起確認合夥關係存在之訴，以合夥財產不足清償合夥債務時，始能謂其有即受確認判決之法律上利益。（五一臺上二三〇七）

▲保證債務之成立，並非債務之承擔，主債務人之債務不因有保證人之故，而失其存在。合夥債務亦不因有保證人之故，其合夥人即可免負民法第六百八十一條對於不足之額之連帶償還責任。（五八臺上三四二〇）

▲民法第六百八十一條係規定合夥財產不足清償合夥之債務時，各合夥人對於不足之額始連帶負其責任。現上訴人既未向合夥人請求貨款，即無從知悉其合夥財產是否不足清償債務，更不知其不足金額如何，是顯難令被上訴人逕負連帶給付責任。（六三臺上一八六二）

▲（六四臺上一五五八）參見本法第六百六十八條。

第六百八十二條（合夥財產分析與抵銷之禁止）

合夥人於合夥清算前，不得請求合夥財產之分析。

對於合夥負有債務者，不得以其對於任何合夥人之債權與其所負之債務抵銷。

⇧謹按合夥財產，為達合夥人全體共同之目的而存在，故合夥財產，不可不與各合夥人之財產分離獨立，否則不能達共同之目的。故合夥人於合夥清算前不得請求合夥財產之分析，對於合夥之債務人，亦不得以其所負之債務，與合夥人中之任何一人之債權相抵銷。此本條所由設也。

＊（合夥財產之公同共有）民六六八；（公同共有物之分割）民八二九、八三〇；（合夥人之連帶責任）民六八一；（抵銷）民三三四～三四二；（抵銷之禁止）公司六四、一〇八㈠。

第六百八十三條（股份轉讓之限制）

合夥人非經他合夥人全體之同意，不得將自己之股份轉讓於第三人。但轉讓於他合夥人者，不在此限。

⇧謹按合夥人非經他合夥人全體之同意，不得將自己之股份轉讓於第三人，此亦當然之理。蓋以合夥契約，因合夥人彼此信任而成立，第三人非其他合夥人全體之所信任，自不應許其闌入也。然若合夥人以其自己之股份，轉讓於其他合夥人者，則因受讓之其他合夥人，早為合夥人全體之所信任，自不在禁止轉讓之列。故設本條以明示其旨。

＊（合夥財產之公同共有）民六六八；（合夥人之連帶責任）民六八一、六九〇、六九一㈡。

▲合夥人將自己之股份轉讓於他人時，雖已將自己應分擔之損失交付受讓人，並約明以前合夥所負之債務由受讓人清償，亦僅得請求受讓人向債權人清償，俾自己免其責任，對於債權人則依民法第三百零一條之規定，非經債權人承認不生效力。惟轉讓後合夥所負之債務，如受讓人為他合夥人，或雖非他合夥人而其轉讓已得他合夥人全體之同意者，應由繼承該合夥人地位之受讓人負其責任。（二一上一六七九）

▲合夥人以自己之股份為合夥人以外之人設定質權，依民法第九百零二條、第六百八十三條之規定，須經他合夥人全體之同意。（二二上二三五）

▲合夥人未經他合夥人全體之同意將其股份轉讓於第三人者，依民法第六百八十三條之規定，除有同條但書之情形外，其轉讓行為無效。（二九上七一六）

第六百八十四條（債權人代位權行使之限制）

合夥人之債權人，於合夥存續期間內，就該合夥人對於合夥之權利，不得代位行使。但利益分配請求權，不在此限。

⇧謹按合夥存續期間內，合夥人對於合夥之權利，不得由合夥人之債權人代位行使。所謂合夥存續期間者，蓋指合夥未解散以前，或雖解散而尚在清算中而言。所謂不許代位行使者，蓋以合夥契約之成立，完全基於合夥人之彼此信任，此種由合夥關係所生之權利，自不許全體不信任之第三人代位行使也。至於因財產上所生之關係，如利益分配請求權，則與信任無涉，自不妨使第三人代位行使，俾資便利。故設本條以明示其旨。

＊（代位權）民二四二；（合夥財產之公同共有）民六六八；（合夥人之連帶責任）民六八一；（賸餘財產之分配）民六九九；（合夥之決算及損益分配）民六七六、六七七；（合夥財產分析與抵銷之禁止）民六八二。

第六百八十五條（合夥人股份之扣押及其效力）

合夥人之債權人，就該合夥人之股份，得聲請扣押。

前項扣押實施後兩個月內，如該合夥人未對於債權人清償或提供相當之擔保者，自扣押時起，對該合夥人發生退夥之效力。

(88)一、現行條文第一項但書規定，將使合夥幫助該欠債之合夥人脫產，導致債權人之扣押落空，對債權人不利，為杜流弊，爰刪除但書「應於兩個月前通知合夥人」。

二、現行條文第二項規定，對於有償債誠意之合夥人，未免過苛。為兼顧該合夥人之利益，爰仿日本商法第九十一條第二項立法例，並參酌學者意見（史尚寬著債法各論第六六四頁），加以修正，規定於前項扣押實施後兩個月內，如該合夥人對於債權人為清償或提供擔保，則阻止退夥效力之發生。若該合夥人未為清償或提供擔保，始自扣押時起，對該合夥人發生退夥之效力。

＊（退夥）民六八六、六八七；（假扣押）民訴五二二以下，強執一三二～一四〇；（退夥之結算與股份之抵還）民六八九。

▲依民法第六百八十五條之規定，合夥人之債權人就該合夥人之股份聲請扣押，僅於通知合夥後有為該合夥人聲明退夥之效力，並無轉讓股份於債權人之效力。故債權人除就合夥人因退夥所得行使之出資返還請求權、及利益分配請求權，得依執行法院之收取命令或移轉命令行使權利外，不得對於合夥主張其承受原合夥人之地位，而有繼續存在之股份。（二九上五九二）（九〇、三、二〇決議不再援用）

▲合夥財產為合夥人全體之公同共有，自不得以合夥財產之一部，為合夥人中一部分人債務之執行標的物。民法第六百八十五條第一項雖規定合夥人之債權人，就該合夥人之股份得聲請扣押，然由同條第二項之規定推之，其扣押之標的物，實僅為該合夥人因退夥所得行使之出資返還請求權及利益分配請求權，仍非以合夥財產之一部為合夥人中一部分人債務之執行標的物。（三一上三〇八三）

第六百八十六條（合夥人之聲明退夥）

合夥未定有存續期間，或經訂明以合夥人中一人之終身，為其存續期間者，各合夥人得聲明退夥，但應於兩個月前通知他合夥人。

前項退夥，不得於退夥有不利於合夥事務之時期為之。

合夥縱定有存續期間，如合夥人有非可歸責於自己之重大事由，仍得聲明退夥，不受前二項規定之限制。

(88)一、第一項及第二項未修正。

二、依現行條文第三項聲明退夥時，是否須先期通知或得義。學者通說以為各合夥人如有非可歸責於自己之重大事由，無須先期通知，並得於不利於合夥事務之時期聲明退夥，始足以保護其利益。為期明確，爰明定「不受前二項規定之限制」。

*（法定退夥）民六八七；（合夥人之開除）民六八八；（退夥之效力）民六八九、六九〇。

▲退夥為單獨行為，固無待他合夥人之承諾，然必須向他合夥人確實表示其意思，方能發生效力。（一八上九六）

▲合夥人之退夥，須對於各合夥人為退夥之表示，始能生效，若僅向合夥之經理人為表示，則必其表示可認為向各合夥人為之者，始能發生代理行為之效力，若單獨向經理人交涉，顯未對於他合夥人表示意思，自不能認為合法之退夥。（一八上二二六四）

▲合夥人之退股，固須對於各合夥人為明示或默示之表示，始能生效。但執行合夥業務之經理人有代理各合夥人之權，則對於經理人為退夥之表示，可認為向各合夥人所為者，自應認為合法退夥。（一九上四四九）

▲合夥人聲明退夥，本應通知他合夥人，若其行為不足以使他合夥人得知其有退夥之意思，仍不生退夥之效力，即其對於合夥債務，當然仍負責任。（一九上一五三六）

▲退夥未通知他合夥人，不生效力，則其應與他合夥人同負合夥債務，自無疑義。（一九上一五三七）

▲退夥雖不必有何等要式行為，要必曾經通知他合夥人，始為有效。（一九上二三四九）

▲合夥未定有存續期間者，各合夥人雖無特別之理由，亦得聲明退夥。其聲明退夥，祇須向他合夥人全體以意思表示為之，無須訴請法院為准予退夥之判決，惟他合夥人對其聲明之效力有爭執時，始有訴請法院確認之必要。（二二上二九六七）

▲合夥人之退夥，除未退夥之合夥人僅存一人外，不影響於未退夥人間合夥之存續，此與合夥之解散，合夥歸於消滅者不同。（三三永上一七七）

▲少數合夥人之退夥，不影響於合夥之存續。（三七上六九八七）

▲合夥人之聲明退夥，祇須具備民法第六百八十六條所規定之要件，即生退夥之效力。不以並須公開表示及予善意第三人得知之機會為限。（四一臺上一一三）

▲（四二臺上一一五〇）參見本法第六百八十一條。

▲合夥已依商業登記法（舊）第九條第一項為登記，而合夥人退夥者，依同法第十條尚應於十五日內將退夥事項為登記，其未為退夥登記者，按諸同法第十三條第一項即不得對抗善意第三人。至本院四十一年臺上字第一一三號判例，所謂合夥人之聲明退夥，祇須具備民法第六百八十六條所規定之要件，即生退夥之效力，不以並須公開表示及登記之情形而言，若業經依法登記之合夥，其退夥則非登記，不生對抗善意第三人之效力。（四九臺上一八四〇）

▲經營商業之合夥，原應依照商業登記法（舊）第九條第一項規定，向主管官署聲請登記，倘未依此項規定為登記，則合夥人之聲明退夥，祇須具備民法第六百八十六條所規定之要件，即生退夥之效力，不以並須公開表示及予善意第三人得知之機會為限（參照本院四十一年臺上字第一一三號判例），惟合夥已依前項規定為登記，則合夥人聲明退夥，依商業登記法（舊）第十三條第一項規定，應登記之事項非經登記及公告後，不得對抗善意第三人。（四九臺上二一八九）

第六百八十七條　（法定退夥事由）

合夥人除依前二條規定退夥外，因下列事項之一而退夥：

一　合夥人死亡者。但契約訂明其繼承人得繼承者，不在此限。

二　合夥人受破產或監護之宣告者。

三　合夥人經開除者。

⑨⑧一、配合九十七年五月二十三日修正公布之民法總則編（禁治產部分）、親屬編（監護部分）及其施行法部分條文，已將「禁治產宣告」修正為「監護宣告」，爰將現行條文第二款「受禁治產之宣告」修正為「受監護之宣告」；其餘各款未修正。

二、又依民法第十五條之二第一項第一款規定，受輔助宣告之人經輔助人同意，得為合夥營業之負責人。此乃因受輔助宣告之人僅係因精神障礙或其他心智缺陷，致其為意思表示或受意思表示，或辨識其所為意思表示效果之能力，顯有不足，並不因輔助宣告而喪失行為能力，惟為保護其權益，於為重要之法律行為時，應經輔助人同意。故受輔助宣告之人經輔助人之同意，仍得為合夥營業之負責人。

*（退夥）民六八五、六八六；（破產宣告）破產五七～六〇；（監護宣告）民一四，家事一六四～一七六；（開除）民六八八；（退夥之效力）民六八九、六九〇。

▲合夥人擅自提取其出資，不得謂無開除之正當理由。如果被上訴人擅自提取其出資，經他合夥人全體之同意予以開除，並曾通知被上訴人，則雖被上訴人提取出資並未罄盡，亦未具有退夥字據，依民法第六百八十七條第三款及第六百八十八條之規定，被上訴人仍因之而退夥。（三二上六一二一）

第六百八十八條　（合夥人之開除）

前項開除應以他合夥人全體之同意為之，並應通知被開除之合夥人。

⇧謹按合夥人有應行開除之事由發生時，為合夥人全體之公益，及合夥事業之發展計，自應將該合夥人開除，以保護其他合夥人之利益。但開除之要件有二：㈠必須有正當理由。㈡必須以他合夥人全體之同意為之。否則濫行開除，自非法律所許。至開除以後，並應通知被開除之合夥人。本條設此規定，所以使適用時有所依據也。

*（法定退夥）民六八七；（表決權）民六七三；（退夥之效力）民六八九、六九〇。

▲合夥人中如有具備除名之正當理由者，其他合夥人得以全體意思一致，將該合夥人除名，至所謂除名之正當理由，如對於合夥全體有不法侵害之行為，即其一種。（二〇上一六八二）

▲合夥為二人以上互約出資，以經營共同事業之契約，合夥人不履行其出資之義務者，不得謂無民法第六百八十八條第一項所定開除之正當理由。至同條第二項所謂「通知」，並無一定之方式，在訴訟上以言詞或書狀為之者，亦生通知效力。（六九臺上七四二）

第六百八十九條　（退夥之結算與股份之抵還）

退夥人與他合夥人間之結算，應以退夥時合夥財產之狀況為準。

退夥人之股分，不問其出資之種類，得由合夥以金錢抵還之。

合夥事務，於退夥時尚未了結者，於了結後計算，並分配其損益。

⇧謹按退夥人退夥時，與他合夥人相互間，必須結算關於合夥財產之損益，以便分配，此屬當然之事。惟此種結算，俾資應以何時之財產狀況為準，亦不可不有明文之規定，俾資依據。此第一項所由設也。又合夥之出資，本不以金錢為限，有以金錢或他物者，亦有以勞務代之者，退夥時為便利計算起見，則不問其出資之種類若何，均由合夥以金錢抵還之。此第二項所由設也。至合夥人退夥時尚未了結之事務，此時尚不能計算其損益，故規定雖經退夥，仍須俟該事務了結後，再行計算損益，按股分配，以昭公允。此第三項所由設也。

*（退夥）民六八五～六八八；（結算方法）民六九七、六九八；（合夥財產之公同共有）民六六八；（出資之種類）民六六七㈡；（損益分配之成數）民六七七；（退夥後之責

任）民六九〇。

▲合夥未定存續期間者，合夥人得於兩個月前聲明退夥，其有死亡等原因者，則即因之而退夥，退夥人與他合夥人間之結算，應以退夥時合夥財產之狀況為準。（一九上一二七三）

▲合夥人退夥時其出資之返還，就民法第六百八十九條之規定觀之，自須就退夥時合夥財產狀況結算，於未受虧損之情形，始得為全部返還之請求。（五一臺上一四五二）

第六百九十條　（退夥人之責任）

合夥人退夥後，對於其退夥前合夥所負之債務，仍應負責。

⇧謹按依前條之規定，退夥人與他合夥人間之結算，應以退夥時合夥財產之狀況為準，則合夥損益之分配，均應以退夥時之狀況為準，其退夥以前合夥所負之債務，退夥人自應按股分擔，不得藉口業已退夥，希圖免責。本條設此規定，所以保護他合夥人之利益也。

*（退夥）民六八五～六八八；（合夥人之責任）民六八一；（退夥之結算與股份之抵還）民六八九；（損益分配之成數）民六七七。

▲合夥人於退夥後所有新欠債務固不負責，若退夥以前之合夥債務，縱其他之合夥人已為債務之承擔（在合夥人間之內部關係當然有效），然非通知債權人得其同意，仍不發生債務移轉之效力。（一八上二四七三）

▲退夥人對於退夥前之合夥債務，仍應負責。（一九上二〇）

▲合夥人之聲明退夥，乃其合夥中內部關係，祇須向其他合夥人為退夥合法之表示，即生退夥之效力，無須得合夥債權人之同意，若于該合夥人退夥後，始行取得之合夥債權，該合夥人依法應不負責。（一九上七二五）

▲（四二臺上一一五〇）參見本法第六百八十一條。

第六百九十一條　（入夥）

合夥成立後，非經合夥人全體之同意，不得允許他人加入為合夥人。

加入為合夥人者，對於其加入前合夥所負之債務，與他合夥人負同一之責任。

⇧謹按本條立法之意旨，與第六百八十三條之規定相同，蓋以合夥之關係，因彼此信任而成立，他人非其他合夥人全體所信任，自不應許其闌入，故明定非經合夥人全體之同意，不得允許他人加入為合夥人。至允許他人加入為合夥人後，對於加入前合夥所負之債務，其中途加入之合夥人，仍須與他合夥人負同一之責任，蓋以合夥之本質間應如是

*（合夥種類之變更）民六七〇；（合夥財產之公同共有）民六六八；（合夥人之連帶責任）民六八一。

▲被上訴人參加某營業為合夥人，繼續經營其業務，倘某營業並未協議解散清算完結，而被上訴人參加後又未為新營業之設立登記，則其對於該營業之原有債務，自應與其他合夥人負同一責任。（四七臺上一五五二）

第六百九十二條　（合夥之解散）

合夥因左列事項之一而解散：

一　合夥存續期限屆滿者。

二　合夥人全體同意解散者。

三　合夥之目的事業已完成或不能完成者。

⇧查民律草案第八百十六條理由謂合夥因解除條件成就，或解除契約等普通原因而解散，是固當然之理，不必以明文規定。然其特別解散之原因，應規定明晰，以杜無益之爭論。此本條所由設也。

*（不定期繼續合夥契約）民六九三；（解散後之清算）民六九四～六九九。

第六百九十三條　（不定期繼續合夥契約）

合夥所定期限屆滿後，合夥人仍繼續其事務者，視為以不定期限繼續合夥契約。

⇧查民律草案第八百十八條理由謂合夥因存續期限屆滿而消滅，然有時存續期限雖已屆滿，而合夥人全體仍默示同意繼續其事務者，此不外一種未定存續期間之新合夥，故視為以不定期限繼續合夥契約。此本條所由設也。

*（合夥之解散）民六九二；（類似規定）民四五一。

第六百九十四條　（清算人之選任）

合夥解散後，其清算由合夥人全體或由其所選任之清算人為之。

前項清算人之選任，以合夥人全體之過半數決之。

⇧查民律草案第八百二十四條理由謂既經解散之合夥，僅於清算之目的範圍內，視與存續同，故某合夥人因合夥契約而有之執行業務權，當然消滅。其合夥清算，以使合夥人共同為之，或由其共同選任之清算人為之，最為妥協。蓋於合夥之利害關係，惟合夥人最切故也。

謹按至於清算人選任之方法，則以合夥人全體之過半數決之。故設本條以明示其旨。

*（合夥之解散）民六九二；（表決權）民六七三；（清算之執行及決議）民六九五；（清算人之職務）民六九七～六

～九七、一二七、三二二～三五六。

▲合夥商店閉歇，經理人放棄清算，合夥人中之一人或數人為合夥利益計，自得出而清理。（一七上七九六）

▲關於合夥解散後之清算事務，合夥人未經另選有清算人者，則以前執行業務之合夥人當然任清理之責。（一九上四四九）

▲合夥解散後，其清算由合夥人全體或由其選任之清算人為之，此為民法第六百九十四條第一項所明定，合夥解散時其原執行合夥事務人之執行權，即應歸於消滅。對於清算事務，除原為合夥人者應與其他合夥人全體共同為之外，如非被選任之清算人，不得單獨為之。（四〇臺上八五一）

▲合夥解散後，始生清算問題，原審一面認兩造之合夥並未解散，一面又認被上訴人請求清算為有據，理由殊有矛盾。（五八臺上八〇）

第六百九十五條　（清算之執行及決議）

數人為清算人時，關於清算之決議，應以過半數行之。

⇧謹按清算人有數人時，其共同處理清算事務之方法，亦不可不有明文之規定。本條明定關於清算之決議，以全體清算人過半數行之，蓋為杜清算人專擅之弊而設。

*（解散）民六九二；（清算人之選任）民六九四；（表決權）民六七三；（合夥事務之執行）民六七一。

第六百九十六條　（清算人之辭任與解任）

以合夥契約選任合夥人中一人或數人為清算人者，適用第六百七十四條之規定。

⇧謹按由合夥人中選任之清算人，或為一人，或為數人，此種被選任執行合夥事務之清算人，其清算權限，係由合夥契約而來，在該清算人，非有正當事由，既不得任意辭任，其他合夥人，亦不得任意將其解任。縱令解任，亦非經其他合夥人全體之同意，不得為之，此與合夥人被委任執行合夥之事務相同，故適用第六百七十四條之規定。此本條所由設也。

*（合夥事務執行人之辭任與解任）民六七四；（清算人之選任）民六九四；（委任之準用）民六八〇。

第六百九十七條　（清償債務與返還出資）

合夥財產，應先清償合夥之債務。其債務未至清償期，或在訴訟中者，應將其清償所必需之數額，由合夥財產中劃出保留之。

依前項清償債務，或劃出必需之數額後，其賸餘財產

金錢以外財產權之出資應以出資時之價額返還之」為清償債務及返還合夥人之出資應於必要限度內，將合夥財產變為金錢。

⑻一、第一項未修正。

二、現行條文第二項所稱合夥賸餘財產之返還出資，應以金錢或其他財產權之出資為限。至於勞務、信用或其他利益之出資，因其性質上無從返還，不生返還問題。為期明確，爰明示賸餘財產應返還各合夥人「金錢或其他財產權」之出資。

三、第六百六十七條增訂第三項「金錢以外之出資，應估定價額為其出資額」。則於返還出資時，仍以出資時之價額返還，較為平允。因現行法尚無明文規定，為避免疑義並配合上開條文之修正，爰仿德國民法第七百三十三條第二項第二段規定，增訂第三項「金錢以外財產權之出資，應以出資時之價額返還之」。

四、現行條文第三項移列為第四項。

＊（合夥財產之公同共有）民六六八；（合夥人之連帶責任）民六八一；（出資額之比例返還）民六九八；（賸餘財產之分配）民六九九；（出資）民六六七；（合夥財產分析之限制與抵銷之禁止）民六八二。

▲合夥非解散後清算完結，其合夥之關係不能消滅，至清算人之職務實包含了結現在事務、索取債權、清償債務及分配餘存財產各項，並不僅限於結算帳目即為完結。故對於合夥之財產在清算未完結以前，不得由合夥人中之一人，向執行清算人請求按其成數先行償還股本。（一八上二五三六）

▲合夥商業改號以後，合夥關係既不存續，其以前合夥營業之狀況如何，自非經清算不能明晰。清算結果應先以其財產充償合夥債務，如有餘存，他合夥人始能對於執行清算事務之合夥人，就其餘存之額，請求償還其出資或受紅利之分配。（一九上一一九）

▲合夥解散後，須其合夥財產足以清償外債而有餘，始得就所餘之數按照各合夥人出資額之比例，返還各合夥人之出資。（一九上三一一五）

▲合夥財產須依民法第六百九十七條第一項清償債務，或劃出必需之數額後尚有賸餘，始應返還各合夥人之出資，必返還各合夥人之出資後尚有賸餘，始應按各合夥人應受分配利益之成數，分配於各合夥人，此在民法第六百九十七條第二項、第六百九十九條規定甚明。各合夥人中之一人，若在清算人未將合夥財產清償合夥債務，或劃出必需之數額以前，即向清算人請求返還出資及分配利益，自非法之所許。（二九上七五九）

▲合夥人中之一人，若在清算人未將合夥財產清償合夥債

出資及分配利益，並非法之所許，其未經清算者，更不待論。（三二上五二五二）

▲合夥解散後，應先經清算程序，合夥財產於清算完畢，清償合夥債務或劃出必需數額後，始能就賸餘財產返還各合夥人之出資及應受分配利益之成數，在未經清算終結確定盈虧以前，自不得就原來出資為全部返還之請求。（五三臺上二〇三）

第六百九十八條（出資額之比例返還）

合夥財產，不足返還各合夥人之出資者，按照各合夥人出資額之比例返還之。

⇧謹按依前條第二項之規定，合夥財產，經清償債務或劃出必需之數額後，其賸餘財產，應返還各合夥人之出資。然其賸餘數額，如較出資之數額為少，不足以資返還時，則應按照各合夥人出資額之比例而為返還。蓋以此種不足之數額，即為合夥人共同所負之損失，使之比例分擔，自足以昭平允。故設本條以明示其旨。

＊（出資）民六六七；（清償債務與返還出資）民六九七；（賸餘財產之分配）民六九九。

▲（五三臺上二〇三）參見本法第六百九十七條。

第六百九十九條（賸餘財產之分配）

合夥財產，於清償合夥債務及返還各合夥人出資後，尚有賸餘者，按各合夥人應受分配利益之成數分配之。

⇧查民律草案第八百二十九條理由謂合夥之賸餘財產，應由各合夥人分割，使清算終結，蓋合夥財產，本屬合夥人共同所有，既屬共有，自可分割。至分割方法，應依分割共有物之規定，理至易明，無須另設明文也。

＊（清償債務返還出資）民六九七、六九八；（損益分配之成數）民六七七。

▲合夥解散後，各合夥人應就合夥財產通盤清算，如以合夥財產清償合夥債務後尚有盈餘，則依分配利益標準以之分配於各合夥人，如有不敷，亦應由各合夥人負擔。（一八上一七八五）

▲（五三臺上二〇三）參見本法第六百九十七條。

第十九節 隱名合夥

⇧查民律草案債權編第二章第十五節原案謂隱名合夥者，當事人之一方約明對於他方所經營之事業出資，而分配其營業所生之利益，及分擔其所生損失之契約也。其性質為合

定之事，任學者自為解釋。惟此項契約，自古有之，於實際上亦必不可少，故特設本節之規定。

第七百條（隱名合夥）

稱隱名合夥者，謂當事人約定，一方對於他方所經營之事業出資，而分受其營業所生之利益，及分擔其所生損失之契約。

⇧謹按隱名合夥之意義及其性質，必須明白規定，始足以杜無益之爭論。故設本條以明示其旨。

＊（合夥）民六六七～六九九；（隱名合夥人之出資）民七〇二；（隱名合夥人之責任）民七〇三；（隱名合夥業務之執行）民七〇四、七〇五；（隱名合夥之終止）民七〇八；（隱名合夥人之權義）民七〇六、七〇七、七〇九。

▲隱名合夥係為出名營業之人而出資，並不協同營業，與普通合夥由合夥員共同出資，以經營共同之事業者，顯有區別。（二八上一七二二）

▲附股於他人出名之股內，附股人就合夥營業之關係，乃由出名人而生，其對於合夥營業之權利義務，自應依出名人與其他合夥人間之分派為準。（一八上二六五八）

▲合夥為二人以上互約出資以經營共同事業之契約，隱名合夥則為當事人約定一方對於他方所經營之事業出資，而分受其營業所生之利益，及分擔其所生損失之契約。故合夥所經營之事業，係合夥人全體共同之事業，隱名合夥所經營之事業，則係出名營業人一人之事業，非與隱名合夥人共同之事業。苟其契約係互約出資以經營共同之事業，則雖約定由合夥人中一人執行合夥之事務，其他不執行合夥事務之合夥人，僅於出資之限度內負分擔損失之責任，亦屬合夥而非隱名合夥。（二九上九七一）

▲合夥為二人以上互約出資以經營共同事業之契約，隱名合夥則為當事人約定一方對於他方所經營之事業出資，而分受其營業所生之利益，及分擔其所生損失之契約。故合夥所經營之事業，係合夥人全體共同之事業，隱名合夥所經營之事業，則係出名營業人一人之事業，非與隱名合夥人共同之事業。苟其契約係互約出資以經營共同之事業，則雖約定由合夥人中一人執行合夥之事務，其他不執行合夥事務之合夥人，僅於出資之限度內負分擔損失之責任，亦屬合夥而非隱名合夥。（四二臺上四三四）

第七百零一條（合夥規定之準用）

隱名合夥，除本節有規定者外，準用關於合夥之規定。

⇧查民律草案第八百三十七條理由謂隱名合夥，與合夥相類，以無特別規定為限，得準用關於合夥之規定。此本條所由設也。

＊（得準用之規定）民六六九、六七〇、六七二、六七七、六八〇、六八五、六八九、六九三；（依性質不得準用之規定）民六六七、六六八、六七一、六七三、六七四、六七八、六七九、六八一、六八四、六八八～六九二、六九四～六九七、六九九。

第七百零二條　（隱名合夥人之出資）

隱名合夥人之出資，其財產權移屬於出名營業人。

⇧謹按隱名合夥，僅當事人間約定一方對於他方所經營之事業出資，而分配其營業所生之損益，其營業之主體，仍為出名營業人。故隱名合夥人之出資，其財產權應移屬於出名營業人，以資事實之便利，而維業務之信譽。此本條所由設也。

＊（合夥之出資）民六六七；（合夥財產之公同共有）民六六八；（契約終止時之返還出資）民七〇九。

第七百零三條　（隱名合夥人之責任）

隱名合夥人，僅於其出資之限度內，負分擔損失之責任。

⇧謹按本條規定隱名合夥人，於合夥損失時應負之責任，而隱名合夥人，既不干預營業，則其責任，應以出資為限。故其所出資本，縱有損失淨盡，不足清償債務之情事時，隱名合夥人亦不再負清償之責。此本條所由設也。

＊（出資）民七〇〇、七〇二；（合夥人之責任）民六八一；（隱名合夥人責任之加重）民七〇五。

第七百零四條　（隱名合夥事務之執行）

隱名合夥之事務，專由出名營業人執行之。

隱名合夥人就出名營業人所為之行為，對於第三人不生權利義務之關係。

⇧謹按隱名合夥，於營業人之地位，毫無變更，其營業之主體，仍為出名營業人，故隱名合夥之事務，應由出名營業人執行之。此第一項所由設也。至隱名合夥之事務，既由出名營業人執行，則因營業上行為所生權利義務之關係，亦應歸屬於出名營業人，故出名營業人所為之行為，對於第三人之一切權利義務，應由出名營業人負擔，隱名合夥人與第三人相互間自不生權利義務之關係。此第二項所由設也。

＊（出名營業人之注意義務）民六七二、七〇一；（委任之準用）民六八〇、七〇一；（合夥事業之變更）民六七〇；（隱名合夥人之參與執行）民七〇五；（隱名合夥人之監督檢查權）民七〇六；（合夥事務之執行）民六七一。

▲隱名合夥出資後，其合夥之事務專由出名營業人執行之。（一九上一九〇七）

▲隱名合夥之事務，專由出名營業人執行之，隱名合夥人如參與合夥事務之執行，對於第三人應負出名營業人之責任，固為民法第七百零四條第一項、第七百零五條之所明定。惟此種規定，不能據以斷定未執行合夥事務之合夥人，均為隱名合夥人，法文本甚明瞭。且由民法第六百七十一條第二項及第六百七十四條、第六百七十五條、第六百七十九條等規定觀之，合夥人非必執行合夥之事務，尤不得僅以未經參與合夥事務之執行，即認為隱名合夥人。（二八上一三一二）

▲依民法第七百零四條第二項之規定，隱名合夥人就出名營業人所為之行為，對於第三人不生權利義務之關係，故隱名合夥人除有同法第七百零五條規定情形外，合夥債權人不得請求隱名合夥人清償債務。（三三上九〇）

▲現行商業登記法，並未規定由出名營業人登記為獨資營業時，其他合夥人即視為隱名合夥人，上訴人究為隱名合夥抑為普通合夥，端視上訴人與其他合夥人間之合夥契約內容而定，尚不能以商業登記為獨資即認上訴人為隱名合夥人，謂有民法第七百零四條第二項之適用。（六五臺上二九三六）

第七百零五條　（隱名合夥人參與業務執行——表見出名營業人）

隱名合夥人如參與合夥事務之執行，或為參與執行之表示，或知他人表示其參與執行而不否認者，縱有反對之約定，對於第三人，仍應負出名營業人之責任。

⇧謹按隱名合夥人，因不干預合夥事務，故對於第三人，僅於其出資之限度內，負分擔損失之責任。若隱名合夥人參與合夥事務之執行，或為參與執行之表示，或知他人表示其參與執行而不否認者，則是已處於執行合夥事務之地位，縱使合夥契約內，有不負責任之記載，對於第三人，仍應負出名營業人之責任。蓋以其於合夥事務之內容，業經明白知悉，且已參與執行，自應與出名營業人負同一之責任也。故設本條以明示其旨。

＊（隱名合夥業務之執行）民七〇四；（隱名合夥人之責任）民七〇三；（合夥人之連帶責任）民六八一；（表見代理）民一六九；（類似規定）公司六二、一二一。

第七百零六條　（隱名合夥人之監督權）

隱名合夥人，縱有反對之約定，仍得於每屆事務年度終查閱合夥之賬簿，並檢查其事務及財產之狀況。

如有重大事由，法院因隱名合夥人之聲請，得許其隨時為前項之查閱及檢查。

⇧謹按隱名合夥人應有查閱合夥帳簿，並檢查其事務及財產狀況之權利，此種權利之行使，應於每屆事務年度終了時為之，縱有反對之約定，亦屬無效。若有重大事由，隱名合夥人並得聲請法院隨時查閱帳簿，暨檢查事務及財產之狀況，以保護其利益。此本條所由設也。

＊（隱名合夥事務之執行）民七〇四；（合夥人之監督權）民六七五；（公司不執行業務股東之監督權）公司四八、一〇九、一一八。

第七百零七條　（損益之計算及其分配）

出名營業人，除契約另有訂定外，應於每屆事務年度終計算營業之損益，其應歸隱名合夥人之利益，應即支付之。

應歸隱名合夥人之利益而未支取者，除另有約定外，不得認為出資之增加。

⇧謹按隱名合夥計算損益及分配利益之時期，應有明白之規定，以杜無益之爭論。故設第一項以明示其旨。至應歸隱名合夥人之利益，尚未支取者，若合夥契約訂定將其利益作為出資之增加，自應從其訂定，以期適合於當事人之意思，否則不得認為出資之增加。蓋以每次所分配之利益，均須加入資本，於隱名合夥人殊無利益可圖也。故設第二項以明示其旨。

＊（損益分配）民七〇〇；（損益分配之成數）民六七七、七〇一；（損失分擔之限制）民七〇三；（餘額及出資之返還）民七〇九；（合夥損益之計算及分配）民六七六、六七七。

第七百零八條　（隱名合夥之終止）

除依第六百八十六條之規定得聲明退夥外，隱名合夥契約，因下列事項之一而終止：

一　存續期限屆滿者。

二　當事人同意者。

三　目的事業已完成或不能完成者。

四　出名營業人死亡或受監護之宣告者。

五　出名營業人或隱名合夥人受破產之宣告者。

六　營業之廢止或轉讓者。

⑱第四款之修正理由，同修正條文第六百八十七條，其餘各款未修正。

～一七六；（破產宣告）破產五七；（終止之效果）民七〇九。

第七百零九條　（隱名合夥出資及餘額之返還）

隱名合夥契約終止時，出名營業人應返還隱名合夥人之出資及給與其應得之利益。但出資因損失而減少者，僅返還其餘存額。

⇧謹按隱名合夥契約終止時，出名營業人應履行之義務有二：㈠須返還隱名合夥人之出資。㈡須給與其應得之利益，但出資因損失而減少者，祇返還其餘額。本條設此規定，蓋明示隱名合夥契約終止之效果也。

*（出資）民七〇〇、七〇二；（隱名合夥人之責任）民七〇三；（合夥出資及餘額之返還）民六九七～六九九。

第十九節之一　合　會

⑧一、本節新增。

二、按合會者為由會首邀集二人以上，約定交付會款及標取合會金之契約。合會乃東南亞國家習見之私人間小額資金融通之金融制度，為西方國家所無，現行民法尚無任何規定，為使其權利義務關係臻於明確，特增訂本節規定。

第七百零九條之一　（合會、合會金之定義及會款之範圍）

稱合會者，謂由會首邀集二人以上為會員，互約交付會款及標取合會金之契約。其僅由會首與會員為約定者，亦成立合會。

前項合會金，係指會首及會員應交付之全部會款。

會款得為金錢或其他代替物。

⑧一、本條新增。

二、第一項規定合會之意義，查我國合會，習慣上係由會首出面邀集二人以上會員組織而成。合會既係以標取合會金為目的之契約，故會首與會員間及會員與會員間須互約交付會款及標取合會金。但習慣上，亦有僅由會首與會員為約定而亦成立合會者。爰將民間習慣明文化，俾資適用。

三、「合會金」與「會款」意義應有不同，惟民間習慣上，向未區別，概以會錢或會款稱之。為澄清觀念，避免混淆，爰於第二項明定合會金之定義，以示區別。

四、會款之種類，以金錢最為常見，惟間亦有給付稻穀或其他代替物者。為期周延，爰明定「會款得為金錢或其他代替物」為第三項。

*（合會契約之成立）民七〇九之一；（會首及會員）民七〇九之二。

▲（四七臺上一八〇八）參見本法第七十一條。

▲臺灣合會性質乃會員與會首間締結之契約，會員相互間除有特約外，不發生債權債務關係。（四九臺上一六三五）（九一、三、四決議不再援用）

▲依臺灣省民間合會習慣，合會係會首與會員間所訂立之契約，會員與會員間並無法律關係之存在，合會定期開標，以標金（即所謂會息）最高者為得標，會員得標時應付出標金，此項標金為未得標會員所應得之利益，會首倒會應認為有損害未得標會員所應得利益之行為，對於未得標會員，除應給付原繳會款外，並應負給付標金之義務。（六三臺上一一五九）（九一、三、四決議不再援用）

▲一般民間合會，係會首與會員間之債權、債務契約。會員除向會首領取得標金外，在得標前須按期繳納活會會款，得標後須按期繳納死會會款。會員將其會份讓與第三人，如為活會轉讓，則係債權、債務之轉讓，並非單純之債權讓與。如係死會轉讓，則純係債務之承擔。故無論為活會、死會之轉讓，均非得會首之同意，不生效力。（六七臺上三〇〇八）（九一、三、四決議不再援用）

▲一般民間合會為會員與會首間之債權債務契約，會首依契約行使其權利，應向契約當事人之會員為之，與會員之配偶無關，不因會員與其配偶間依法定夫妻財產制之結果，定其所標得會款之誰屬，而認定會員之夫當然負擔其妻應繳會款之義務。（七一臺上一八九〇）（九一、三、四決議不再援用）

第七百零九條之二　（會首及會員之資格限制）

會首及會員，以自然人為限。

會首不得兼為同一合會之會員。

無行為能力人及限制行為能力人不得為會首，亦不得參加其法定代理人為會首之合會。

⑧一、本條新增。

二、合會為民間經濟互助之組織。為防止合會經營企業化，致造成鉅額資金之集中，運用不慎，將有牴觸金融法規之虞，爰於第一項限制會首及會員之資格，非自然人不得為之。

三、依修正條文第七百零九條之七第二項後段及第四項規定，逾期未收取之會款，會首應代為給付，並於給付後有求償權。如會首兼為同一合會之會員，則對等之債權債務將集於一身，致使法律關係混淆，且易增加倒會事件之發生，故於第二項明文禁止之。

四、會首在合會中占重要地位，其對會員負有甚多義務，例如主持標會及收取會款等，尤其會員未按期給付會款時，會首有代為給付之義務，無行為能力人及限制行為能力人，其本身思慮未周，處事能力不足，且資力有限，尚難有擔任會首之能力。又為維持合會之穩定，遏止倒會之風，無行為能力人及限制行為能力人亦不應參加其法定代理人為會首之合會，爰為第三項規定。

*（合會）民七〇九之一；（法定代理人）民一〇八六。

第七百零九條之三　（會單之訂立、記載事項及保存）

合會應訂立會單，記載左列事項：

一　會首之姓名、住址及電話號碼。

二　全體會員之姓名、住址及電話號碼。

三　每一會份會款之種類及基本數額。

四　起會日期。

五　標會期日。

六　標會方法。

七　出標金額有約定其最高額或最低額之限制者，其約定。

前項會單，應由會首及全體會員簽名，記明年月日，由會首保存並製作繕本，簽名後交每一會員各執一份。

會員已交付首期會款者，雖未依前二項規定訂立會單，其合會契約視為已成立。

⑧一、本條新增。

二、查民間合會習慣上類多訂立會單，但記載事項多不一致，致易引起糾紛，為期有助於合會之正常運作，第一項規定合會應訂立會單，並明定會單記載之事項，俾資依據，而利實用。

三、目前民間合會冒標及虛設會員之情形相當嚴重，為杜流弊並保障入會者之權益，爰為第二項規定。

四、為緩和合會之要式性過於僵化，爰於第三項明定會員如事實上已交付首期會款，則雖未完成前二項法定方式，其合會契約亦視為已成立。

第七百零九條之四　（標會之方法㈠——召開）

標會由會首主持，依約定之期日及方法為之。其場所由會首決定並應先期通知會員。

會首因故不能主持標會時，由會首指定或到場會員推選之會員主持之。

⑧一、本條新增。

二、合會既係由會首邀集會員而成立之契約，標會為合會之主要事務，應由會首依約定之期日及方法主持之。至於標會之場所，宜由會首決定並應先期通知會員，俾利標會之進行，爰為第一項規定。
三、會首因暫時性事故不能主持標會，宜有補救規定，爰於第二項明定由會首指定或到場會員推選之會員主持，以利標會。

第七百零九條之五 （合會金之歸屬）

首期合會金不經投標，由會首取得，其餘各期由得標會員取得。

[88]一、本條新增。
二、民間合會之運作方式，首期合會金係由會首取得，不經過投標手續。其餘各期由會員依約定方法標取，由得標會員取得，爰將習慣明文化，俾資遵循。

第七百零九條之六 （標會之方法(二)——出標及得標）

每期標會，每一會員僅得出標一次，以出標金額最高者為得標。最高金額相同者以抽籤定之。但另有約定者，依其約定。

無人出標時，除另有約定外，以抽籤定其得標人。

每一會員限得標一次。

[88]一、本條新增。
二、本條規定標會之方法。民間習慣上，每期標會，每一會員僅得出標一次，向以出標最高者為得標。如最高金額相同者，除當事人另有約定，例如以先開出之人為得標者外，以抽籤決定，方為公平。爰於第一項明定之。
三、如有無人出標之情形，除契約另有約定例如以坐次輪收（收會款之次序預先排定，按期輪收），拈鬮搖彩（由會首抽籤唱名，被抽出之會員用搖骰，依點數之最多者為得標），或議定（以公開討論方式決定得標者）等方法定其得標人外，當以抽籤決定得標人，最稱公允，爰於第二項明定之。
四、依常理言，每一會份限於得標一次，已得標之會份，不得再行參與出標，爰於第三項明定之。

第七百零九條之七 （會首及會員交付會款之期限）

會員應於每期標會後三日內交付會款。

會首應於前項期限內代得標會員收取會款，連同自己之會款，於期滿之翌日前交付得標會員。逾期未收取之會款，會首應代為給付。

會首依前項規定收取會款，在未交付得標會員前，對其喪失、毀損，應負責任。但因可歸責於得標會員之事由致喪失、毀損者，不在此限。

會首依第二項規定代為給付後，得請求未給付之會員附加利息償還之。

[88]一、本條新增。
二、為使得標會員早日取得會款，並期合會得以正常運作，第一項明定會員交付會款之義務及交付期限。
三、收取會款交付於得標會員為會首之義務。前項已明定會員交付會款之期限為標會後三日，茲於第二項規定會首應於前條期限內代得標會員收取會款。收到之會款屬於得標會員所有，會首自應將所收取之會款連同自己之會款，於期滿之翌日前交付與得標會員。又為保障得標會員之權益，並加重會首責任，逾期未收取之會款，應由會首代為給付。
四、會首對已收取之會款，在未交付得標會員前，有保管義務，且動產係以交付時為危險負擔移轉之時點，故會款在未交付得標會員前發生喪失、毀損之情形，自應由會首負擔。況依修正條文第七百零九條之五之規定，首期合會金不經投標，由會首取得。是以，會首實際上已獲有無息使用首期合會金之利益，從而宜由會首負較重之不可抗力責任。惟如因可歸責於得標會員之事由致喪失、毀損者，則應由該得標會員負責，始為公允，爰於第三項明定之。
五、會首履行代為給付之義務後，得請求未給付之會員附加利息償還之，方為公平，爰明定第四項規定。

第七百零九條之八 （會首及會員轉讓權義之限制）

會首非經會員全體之同意，不得將其權利及義務移轉於他人。

會員非經會首及會員全體之同意，不得退會，亦不得將自己之會份轉讓於他人。

[88]一、本條新增。
二、合會係由會首出面邀集，則會員必因信任會首而入會。他人既未必為會員所信任，自不應許其任意將權利義務移轉於他人，實際上變換他人為會首。然若會員全體信任該他人，同意其受移轉為會首，當不在禁止之列，故為第一項規定。
三、為期合會正常運作及維持其穩定性，會員不得任意退會。惟經會首及其他會員全體同意，不在此限。又合會契約，係因會首與會員及會員與會員間彼此信任關係而成立，員全體同意，應無不許之理。爰明定於第二項。
四、第一項之「移轉」，第二項之「轉讓」，係指依法律行為而移轉或轉讓者而言，當然不包括繼承之情形在內，併此敘明。

▲（六七臺上三〇〇八）參見本法第七百零九條之一。

第七百零九條之九 （合會不能繼續進行之處理）

因會首破產、逃匿或有其他事由致合會不能繼續進行時，會首及已得標會員應給付之各期會款，應於每屆標會期日平均交付於未得標之會員。但另有約定者，依其約定。

會首就已得標會員依前項規定應給付之各期會款，負連帶責任。

會首或已得標會員依第一項規定應平均交付於未得標會員之會款遲延給付，其遲付之數額已達兩期之總額時，該未得標會員得請求其給付全部會款。

第一項情形，得由未得標之會員共同推選一人或數人處理相關事宜。

[88]一、本條新增。
二、合會之基礎，係建立在會首之信用與會員間彼此之誠信上，如遇會首破產、逃匿或有其他事由致合會不能繼續進行時，為保障未得標會員之權益，減少其損害，應由會首及已得標會員將各期應給付之會款，於每屆標會期日，按未得標會員之債權額數，平均分配交付之。但當事人另有約定，例如約定已得標會員應交付之各期會款，於未得標會員中以抽籤決定取得人或已得標會員將全部會款一次付出，一次平均分配於未得標會員是。依契約自由原則，自應從其約定，爰為第一項規定。又此際，無須再為標會。如會首破產、逃匿等事由致不能繼續交付會款時，已得標會員對此部分亦無須分攤給付。
三、會首因前項事由致合會不能繼續進行時，其給付會款及擔保付款之責任不能減免。爰參酌修正條文第七百零九條之七之規定，並兼顧未得標會員之權益，增訂第二項規定，令會首對已得標會員依第一項規定應給付之各期會款，負連帶責任。
四、依第一項規定，會首及已得標會員應於每屆標會期日將會款平均交付於未得標會員。如會首或已得標會員遲延給付，其遲延之數額已達應給付未得標會員各人平均部分兩期之總額時，為保障未得標會員之權益，該未得標會員得請求其給付全部會款，爰增訂第三項規定。

時，得由未得標之會員共同推選一人或數人處理相關事宜，以杜紛爭，爰增訂第四項規定。

▲（四九臺上一六三五）參見本法第七百零九條之一。

▲（六三臺上一一五九）參見本法第七百零九條之一。

▲（七一臺上一八九〇）參見本法第七百零九條之一。

第二十節　指示證券

⇧查民律草案債權編第四章原案謂指示證券者，不問為其原因之法律關係如何，指示人以權利授與領取人，使其得以自己名義向被指示人索取為債權標的之給付，又以權利授與被指示人，使其得向證券受取人為給付，而後與指示人計算之法律行為也（絕對之法律行為、不要因之法律行為）。此制度自古各國，或以明文規定其大要，或以明文承認其習慣。至關於此制度之性質，則諸家之學說不同，有謂應為契約者，有謂應為一方行為者，本法則不認其為契約，且此制度，本於種種義務之原因，為達種種經濟上之目的，甚屬有益，故設本節之規定。

第七百十條　（指示證券及其關係人之定義）

稱指示證券者，謂指示他人將金錢、有價證券或其他代替物給付第三人之證券。

前項為指示之人，稱為指示人，被指示之他人，稱為被指示人，受給付之第三人，稱為領取人。

⇧查民律草案第八百八十六條理由謂甲發行證券，指示乙將金錢、有價證券或其他代替物給付於丙，而將證券交給於丙時，即謂之發行指示證券。甲為指示人，乙為被指示人，丙為證券領取人，省稱之為領取人。甲因發行指示證券，故授與丙以用自己之名，向被指示人領取給付之權利（即領取人），授與乙以向丙給付而歸與甲計算之權利。本條明示發行指示證券，即係授與人以索取給付權，並授與人以為給付之權利，以防止無益之爭論也。

*（指示證券之承擔）民七一一、七一三；（指示證券之效力）民七一二；（指示證券之撤回）民七一五；（指示證券之短期時效）民七一七；（公示催告之適用）民七一八；（指示證券之背書性）民七一六；（票據）票據一～四；（無記名證券）民七一九；（倉單）民六一五～六一八；（提單）民六二五～六三〇；（載貨證券）海商五三～六〇。

▲指示證券並非不可附有保證契約。（四三臺上二三七）

▲支票之付款人以銀錢業者及信用合作社為限，為票據法第一百二十七條所明定。支票上所記載之付款人如非銀錢業者或信用合作社，即不能適用票據法關於支票之規定，應認為民法債編所稱之指示證券。被上訴人由上訴人處受讓

會，依上說明，該支票祇應納入民法上指示證券之範圍，於被指示人拒絕承擔或給付時，領取人僅可向指示人請求清償其原有債務，受讓人如因該指示證券已交付對價於領取人，亦僅可本於不當得利向領取人請求返還對價，不得依票據法規定行使追索權。（四九臺上二四二四）

第七百十一條　（指示證券之承擔及被指示人之抗辯權）

被指示人向領取人承擔所指示之給付者，有依證券內容而為給付之義務。

前項情形，被指示人僅得以本於指示證券之內容，或其與領取人間之法律關係所得對抗領取人之事由，對抗領取人。

⇧查民律草案第八百八十九條理由謂被指示人對於領取人，不負承擔指示證券或為清償之義務，蓋發行證券，不足令被指示人及領取人之間發生法律關係故也。若被指示人業經向領取人承擔所指示之給付（是即債務之承擔），則其效果，對於領取人，即應依指示證券之旨趣，擔負給付之義務，否則不足以維持證券之信用也。故設本條規定以明其旨，並明示被指示人得對抗領取人之事由，以杜無益之爭執。

*（指示證券）民七一〇㊀；（被指示人領取人）民七一〇㊁；（指示證券之效力）民七一二；（基礎關係與指示證券）民七一三；（拒絕承擔之通知）民七一四；（承擔之撤回）民七一五；（匯票之承兌）票據四三、五二；（票據抗辯）票據一三、一四。

第七百十二條　（指示證券發行之效力）

指示人為清償其對於領取人之債務而交付指示證券者，其債務於被指示人為給付時消滅。

前項情形，債權人受領指示證券者，不得請求指示人就原有債務為給付。但於指示證券所定期限內，其未定期限者於相當期限內，不能由被指示人領取給付者，不在此限。

債權人不願由其債務人受領指示證券者，應即時通知債務人。

⇧謹按民律草案第八百八十七條理由謂交付指示證券，非使人知指示人及領取人間之法律關係，乃由指示人直接以其財產移轉於領取人之一法也。此法律關係，依交付該證券而交付指示證券，或因清償債務而交付指示證券，其原因無一定。）又交付指示證券，僅可為指示人證其移轉某財產於領取人之方法，非竟移轉財產，必待被指示人已給付於領取人，始生移轉財產之效力。例如甲欲以一定金額，返還於乙，交付指示證券，丙為被指示人，則其清償，必至丙給付乙後，始生效力，於交付證券承擔證券時，不生效力也。故設第一項以明示其旨。債權人受領指示證券後，不得請求指示人就原有債務再為給付，蓋應視為由被指示人領取給付也。然若定有期限之指示證券，被指示人逾期不為給付，或未定期限之指示證券，被指示人不於相當期限內給付者，證券領取人仍得向指示人請求給付，以保護其利益。故設第二項以明示其旨。債權人不願由其債務人受領指示證券者，應即通知債務人，俾有準備而免徒勞。故設第三項以明示其旨。

*（間接給付）民三二〇；（指示證券之承擔）民七一一、七一三；（拒絕承擔或給付之通知）民七一四；（指示證券之撤回）民七一五。

▲支票之付款人以銀錢業為限，為票據法第一百二十三條所明定。支票上所記載之付款人如非銀錢業，即不能適用票據法關於支票之規定，祇應認為民法債編所稱之指示證券。此項指示證券並無須記載領取人之姓名，其未記載者固亦屬指示證券之性質，領取人並得將其讓與第三人，惟被指示人拒絕承擔或給付時，領取人僅可向指示人請求清償其原有債務，受讓人如因受讓該指示證券已交付對價於領取人，亦可本於不當得利向領取人請求返還對價，領取人及受讓人均不得仍持該指示證券，請求指示人給付證券上所載之金額。（四〇臺上一三七一）

第七百十三條　（指示證券與其基礎關係）

被指示人雖對於指示人負有債務，無承擔其所指示給付或為給付之義務，已向領取人為給付者，就其給付之數額，對於指示人，免其債務。

⇧查民律草案第八百九十三條理由謂指示人與被指示人之關係，依二人間所成立之法律關係定之。故被指示人依指示證券支付債務時，對於指示人有無求償權，又被指示人有無承擔證券或為給付之義務，亦須依被指示人與指示人彼此間之法律關係決之。被指示人固不因其為指示人之債務人之故，而負承擔或為給付之義務，然被指示人對於指示人負債務，指示人因索償債務而發行指示證券，被指示人已為給付時，就其所給付之額，使得免債務，亦無不可。故設本條以明示其旨。

*（指示證券發行之效力）民七一二；（指示證券之承擔）民

七一一；（拒絕承擔之通知）民七一四。

第七百十四條 （拒絕承擔或給付之通知義務）

被指示人對於指示證券拒絕承擔或拒絕給付者，領取人應即通知指示人。

⇧查民律草案第八百八十八條理由謂被指示人不為給付時，領取人對於指示人有無求償權，須依交付指示證券之法律關係定之，例如因贈與而交付指示證券之法律關係為給付，且贈與因欠缺方式無效時，求償權即不存在。又領取人對於被指示人索取時，被指示人究負給付之義務與否，亦然。（領取人有索取之權利而無索取之義務。）此等事項，徵諸交給指示證券之性質，已甚明瞭，無須另以明文規定。然被指示人於應為給付之時期未屆之先，拒絕承擔，或預先拒絕給付時，領取人應從速通知指示人，以保交易上之誠實及信用。故設本條以明示其旨。

＊（指示證券之承擔）民七一一、七一三；（指示證券之撤回）民七一五。

第七百十五條 （指示證券之撤回）

指示人於被指示人未向領取人承擔所指示之給付或為給付前，得撤回其指示證券。其撤回應向被指示人以意思表示為之。

指示人於被指示人未承擔或給付前，受破產宣告者，其指示證券視為撤回。

⇧謹按被指示人尚未向領取人承擔所指示之給付，或未向領取人為給付之前，其證券尚未完全發生效力，應使指示人得自由撤回其指示證券，蓋因發行指示證券，為一授權行為故也。故本條第一項明示撤回權，及其撤回之方法。又被指示人於未為承擔或未為給付前，指示人已宣告破產者，其所指示之證券，應即視為撤回，蓋以此時證券領取人對於指示人之債權，應按破產程序辦理也。故設第二項明示其效力。

＊（指示證券之承擔）民七一一、七一三；（宣告破產）破產五七。

第七百十六條 （指示證券之讓與）

領取人得將指示證券讓與第三人。但指示人於指示證券有禁止讓與之記載者，不在此限。

前項讓與，應以背書為之。

被指示人對於指示證券之受讓人已為承擔者，不得以自己與領取人間之法律關係所生之事由，與受讓人對抗。

⇧查民律草案第八百九十五條理由謂指示證券，除指示人禁止讓與之外，應使領取人得將其證券讓與他人，庶證券得流通之益，而指示證券之讓與，非將指示人與被指示人間之債權讓與他人，乃將因交給指示證券而生之權利移轉與人而已。本條第一項設此規定，所以保護被指示人之利益也。又同律第八百九十七條理由謂指示證券讓與之方式，須規定明晰，始能免無益之爭執。故設第二項以明示其旨。又同律第八百九十八條理由謂被指示人與證券受讓人彼此之間，指示證券之效力若何，須以法律定之，始能杜無益之爭論。此第三項所由設也。

＊（債權讓與）民二九四～二九九；（指示證券發行之效力）民七一二；（拒絕承擔或給付之通知）民七一四；（背書）票據三〇～四一；（關於抗辯之類似規定）票據一三；（受讓人請求權之時效）民七一七。

第七百十七條 （短期消滅時效）

指示證券領取人或受讓人，對於被指示人因承擔所生之請求權，自承擔之時起，三年間不行使而消滅。

⇧查民律草案第八百九十二條理由謂被指示人已承擔指示證券，其領取人即有請求權，此請求權為期過長，流弊滋甚，須因短期時效消滅，始足以保護被指示人之利益。此本條所由設也。

＊（指示證券之承擔）民七一一、七一三；（指示證券之讓與）民七一六；（消滅時效）民一二五～一四七。

第七百十八條 （指示證券喪失）

指示證券遺失、被盜或滅失者，法院得因持有人之聲請，依公示催告之程序，宣告無效。

⇧謹按指示證券如有遺失、被盜或滅失等情事時，不可不明定救濟之方法，俾資適用。故本條規定法院得因持有人之聲請，依公示催告程序，宣告證券無效，以保護持有人之利益。至公示催告應行如何程序，民事訴訟法中第五編第三章，蓋有詳細之規定也。

＊（公示催告程序）民訴五三九以下；（類似規定）民七二五，票據一九；（本條之適用）民六一八、六二八，海商五四。

第二十一節 無記名證券

⇧查民律草案債權編第五章原案謂無記名證券者，約明依券面之所載，給付於其持券人之證券也。故無記名證券持有人，對於發行人，有請求其依所記載之內容，為給付之權利，發行此種證券，有使債權易於移轉之利，實際上甚為重要，故本法特設本節之規定。

第七百十九條 （無記名證券之定義）

稱無記名證券者，謂持有人對於發行人得請求其依所記載之內容為給付之證券。

⇧謹按本條為規定無記名證券之意義及其性質，故明定稱無記名證券者，謂持有人對於發行人得請求其依所記載之內容為給付之證券，俾資適用。簡言之，即無記名證券之持有人，得向發行人請求給付也。

＊（簽名）民三；（交付）民七六一；（無記名證券發行人之責任）民七二一；（無記名證券發行人之抗辯權）民七二二；（無記名證券之交還）民七二三；（無記名證券之換發）民七二四；（公示催告）民七二五、七二六；（指示證券）民七一〇。

▲無記名證券所載付款日期不過為債務之清償期，並非一經過期，發行人即可免除給付之義務。（三二上一九九四）

第七百二十條 （無記名證券發行人之義務）

無記名證券發行人，於持有人提示證券時，有為給付之義務。但知持有人就證券無處分之權利，或受有遺失、被盜或滅失之通知者，不得為給付。

發行人依前項規定已為給付者，雖持有人就證券無處分之權利，亦免其債務。

⇧謹按無記名證券，係約明因依券面所載向持券人而為給付，其發行人乃就其約付為單務契約，故證券之持有人，有依券面記載請求給付之權利，證券發行人，亦即有依券面記載而為給付之義務。然若已知證券持有人就證券無處分之權利，則發行人毋庸給付，得證明其事實，以拒絕持有人之請求，或證券因有證券遺失、被盜或滅失等情事，發行人已受有通知者，亦不得再為給付。故設第一項以保護正當持有人之利益。又發行人對於證券持有人，得以其無處分權而拒絕給付，然此拒絕，乃發行人之權利，而非發行人之義務。若發行人已向持有人為給付，即使持有人無處分權，發行人亦當免其債務。故設第二項以保護發行人之利益。惟發行人明知證券持有人無處分權，而故意為給付時，則視為侵權行為，應負損害賠償之責，此又當然之理，毋待明文規定者也。

＊（無記名證券）民七一九；（無記名證券之喪失）民七二五、七二七；（無記名證券發行人之責任）民七二一；（占有）民九四〇、九四三。

▲釋一八六、三八六。

第七百二十條之一 （無記名證券持有人為證券遺

失被盜或滅失之通知應為已聲請公示催告之證明）

無記名證券持有人向發行人為遺失、被盜或滅失之通知後，未於五日內提出已為聲請公示催告之證明者，其通知失其效力。

前項持有人於公示催告程序中，經法院通知有第三人申報權利而未於十日內向發行人提出已為起訴之證明者，亦同。

(88)一、本條新增。

二、為解決無記名證券遺失、被盜或滅失之問題，俾免久延時日致損及他人利益，爰仿票據法第十八條第一項但書及第二項規定，增訂本條第一項，以免爭執。

三、持有人於聲請法院為公示催告中，如有第三人申報權利，實務上法院通常以裁定停止公示催告程序（民事訴訟法第五百四十八條），如當事人未向法院起訴以確定所報權利之歸屬，則法律關係將久懸不決，損及他人利益，爰於第二項明定持有人未於十日內向發行人提出已起訴之證明者，持有人為遺失，被盜或滅失之通知，亦失其效力。

第七百二十一條（無記名證券發行人之責任）

無記名證券發行人，其證券雖因遺失、被盜或其他非因自己之意思而流通者，對於善意持有人，仍應負責。

無記名證券，不因發行在發行人死亡或喪失能力後，失其效力。

⇧查民律草案第九百零一條理由謂原因於無記名證券之債務關係，非因授受證券人彼此間締結契約而生，乃因發行人有使債務發生之單獨意思表示而生，即因製就無記名證券而發生也。故無記名證券之發行人，其所製就之證券，雖因遺失，被盜或其他與發行人意思相反之事由而流通，發行人亦不得免其責任。又證券製就後，未發行前，發行人死亡或喪失能力，證券之效力，不受其影響。此本條所由設也。

＊（無記名證券發行人之義務）民七二〇；（無記名證券之喪失）民七二五、七二七；（死亡）民六；（喪失能力）民一四；（善意占有人之保護）民九五〇、九五一；（善意取得）民八〇一、九四八、九四九。

▲釋一八六。

第七百二十二條（無記名證券發行人之抗辯權）

無記名證券發行人，僅得以本於證券之無效、證券之內容或其與持有人間之法律關係所得對抗持有人之事由，對抗持有人。但持有人取得證券出於惡意者，發行人並得以對持有人前手間所存抗辯之事由對抗之。

(88)現行條文規定無記名證券發行人，僅得以本於證券之無效、證券內容或其與持有人間之法律關係所得對抗持有人之事由，對抗持有人。至於發行人以持有人取得證券如出於惡意，得否以對持有人前手間之事由而為抗辯，並未規定，其適用上不無疑義。按無記名證券之持有人，其取得證券如出於惡意，應許發行人以對持有人前手間所存抗辯之事由對抗持有人，為學者間之通說（史尚寬著債法各論第七八六、七八七頁，鄭玉波著民法債編各論第七七八頁參照）。為保護發行人，爰參考票據法第十三條但書，瑞士債務法第九百七十九條第二項之立法例，增列但書規定，許發行人對惡意取得證券之持有人，得以發行人對於持有人前手間所存抗辯之事由，對抗持有人。

＊（無記名證券發行人之義務）民七二〇；（無記名證券發行人之責任）民七二一；（指示證券之抗辯）民七一一、七一六；（票據之抗辯）票據一三。

第七百二十三條（無記名證券之交還義務）

無記名證券持有人請求給付時，應將證券交還發行人。

發行人依前項規定收回證券時，雖持有人就該證券無處分之權利，仍取得其證券之所有權。

⇧謹按無記名證券持有人，請求給付時，應將所持證券，與所受給付，彼此互易，此乃當然之理。若證券持有人不將證券交還，發行人自無為給付之義務。故設第一項以明示其旨。又發行人如已向持有人為給付，雖其持有人無處分之權利，仍應使發行人免其債務，既已免其債務，自應取得證券之所有權，即使有真正之持有人出，亦不能取回該證券。故設第二項以明示其旨。

＊（無記名證券發行人之義務）民七二〇；（無記名證券發行人之責任）民七二一；（票據之交還）票據七四、一二四、一四四。

第七百二十四條（無記名證券之換發）

無記名證券，因毀損或變形不適於流通，而其重要內容及識別記號仍可辨認者，持有人得請求發行人換給新無記名證券。

前項換給證券之費用，應由持有人負擔。但證券為銀行兌換券或其他金錢兌換券者，其費用應由發行人負擔。

⇧謹按無記名證券因毀損或變形至不適於流通時，應使持有人得以自己費用，向發行人請求換給新證券。若毀損或變形過甚，致其重要內容及識別記載不能辨認者，則與滅失同視，應依公示催告程序辦理。故設第一項以明示其旨。至於新證券之換給，乃為持有人之利益，非為發行人之利益，故其費用應由持有人負擔。但證券為銀行兌換券或其他金錢兌換券者，則因換給所生之費用，即不應使持有人負擔，而應由發行人負擔。故設第二項明為規定，以保護持有人之利益。

＊（無記名證券）民七一九；（無記名證券之喪失）民七二五；（費用負擔）民三一七。

第七百二十五條（無記名證券喪失）

無記名證券遺失、被盜或滅失者，法院得因持有人之聲請，依公示催告之程序，宣告無效。

前項情形，發行人對於持有人，應告知關於實施公示催告之必要事項，並供給其證明所必要之材料。

⇧謹按無記名證券有遺失、被盜或滅失情事，須依公示催告之程序，宣告證券無效，使持有人得因此請求換給無記名證券，以保護其利益。此種情形，發行人對於持有人，應告知關於實施公示催告之必要事項，並供給其證明所必要之材料，俾持有人得提出證券繕本，或開示證券要旨，及足以辨認證券之必要事項，並釋明證券遺失、被盜或滅失及其聲請權之原因事實，向法院自為聲請也。故設本條以明示其旨。

＊（無記名證券發行人之義務）民七二〇；（無記名證券發行人之責任）民七二一；（無記名證券之換發）民七二四；（無利息見票即付無記名證券之提示期間）民七二六；（公示催告程序）民訴五三九以下；（類似規定）民七一八。

▲釋八八、一八六、三八六。

第七百二十六條（無記名證券提示期間之停止進行）

無記名證券定有提示期間者，如法院因公示催告聲請人之聲請，對於發行人為禁止給付之命令時，停止其提示期間之進行。

前項停止，自聲請發行前項命令時起，至公示催告程序終止時止。

⇧謹按無記名證券定有提示期間者，持有人應於期限屆滿時，提示證券，請求給付，若逾限而不提示，則因時效經過，其請求權當然消滅，此為原則。然如證券有遺失、被盜或滅失情事，自己無從提示，此時若強令證券持有人仍照預定期間提示，逾期即使失效，則待遇證券持有人未免過酷，故不可不有例外之規定。即於法院因公示催告聲請人之聲請，對於發行人為禁止給付之命令時，停止提示期間之進行，俾請求權不致因時效而消滅，以保護聲請人之利益。此第一項所由設也。又提示期間之停止進行，應於何時起止，亦不可不有明文規定，故明示自聲請發前項命令時起，至公示催告程序終止為止，為其停止期間，俾資適用。此第二項所由設也。

*（無記名證券之喪失）民七二五；（公示催告程序）民訴五三九以下。

第七百二十七條 （定期給付證券喪失時之通知）

利息、年金及分配利益之無記名證券，有遺失、被盜或滅失而通知於發行人者，如於法定關於定期給付之時效期間屆滿前，未有提示，為通知之持有人得向發行人請求給付該證券所記載之利息、年金或應分配之利益。但自時效期間屆滿後，經過一年者，其請求權消滅。

如於時效期間屆滿前，由第三人提示該項證券者，發行人應將不為給付之情事，告知該第三人，並於該第三人與為通知之人合意前，或於法院為確定判決前，應不為給付。

⇧謹按無記名證券中，如利息、年金、及分配利益之無記名證券等，其性質與通常無記名證券稍異，不得以公示催告，宣示無效，自不可不別定方法，使遺失、被盜或滅失該證券之持有人，得向發行人主張其本於證券之請求權。但此種請求權，務須迅速實行，不宜久不確定，故規定經過一年而不行使者，其請求權消滅。此第一項所由設也。又如於時效期間屆滿前，由第三人提示該項證券者，此時發行人應將不為給付之情事，告知該第三人，不為給付，其於該第三人與為通知之人合意給付前，或經法院確定判決命其給付前，發行人亦不得擅為給付，以昭慎重。此第二項所由設也。

*（一般無記名證券之喪失）民七二五、七二六；（利息年金之消滅時效）民一二六；（無利息見票即付無記名證券喪失時之例外）民七二八。

▲釋三八六。

第七百二十八條 （無利息見票即付無記名證券喪失時之例外）

無利息見票即付之無記名證券，除利息、年金及分配利益之證券外，不適用第七百二十條第一項但書及第七百二十五條之規定。

⇧謹按無利息見票即付之無記名證券，與現金無異，既不能拒絕給付，復不能適用公示催告程序。故除其證券係利息、年金及其他分配利益之無記名證券外，不適用第七百二十條第一項但書及第七百二十五條之規定。故設本條以明示其旨。

*（一般無記名證券之喪失）民七二五、七二七；（明知無處分權者不得為給付）民七二〇㊀但；（公示催告）民七二五。

第二十二節 終身定期金

⇧查民律草案債權編第二章第十六節原案謂終身定期金者，當事人約定一方於自己或他方或第三人生存期內，定期以金錢給付他方或第三人之契約也。其應給付之金錢，謂之定期金，負此給付之義務者，謂之定期金債務人。此項契約，與保險契約相似，實際上關係重要，故本法特設本節之規定。

第七百二十九條 （終身定期金契約之定義）

稱終身定期金契約者，謂當事人約定，一方於自己或他方或第三人生存期內，定期以金錢給付他方或第三人之契約。

⇧謹按終身定期金契約之成立，必以法律規定明確，始能杜無益之爭論。此本條所由設也。

*（終身定期金契約之訂立）民七三〇；（終身定期金之存續期間）民七三一；（終身定期金之給付時期）民七三二；（終身定期金權利之移轉）民七三四；（終身定期金之消滅及其例外）民七三三；（遺贈）民七三五、一二〇〇～一二〇八；（定期贈與）民四一五；（消滅時效）民一二六；（死亡）民六；（第三人利益契約）民二六九、二七〇；（法定定期金）民一九三；（金錢之債）民二〇一、二〇二。

▲終身定期金契約與民法親屬編關於扶養義務之性質不同，自無民法第一千一百十七條、第一千一百十八條等規定之適用。（四七臺上九）

第七百三十條 （終身定期金契約之訂立）

終身定期金契約之訂立，應以書面為之。

⇧查民律草案第八百四十八條理由謂終身定期金契約，為永續契約，故應訂立書據，以免日後之爭執。此本條所由設也。

*（法定方式）民三、七三；（終身定期金契約之意義）民七二九；（終身定期金之存續期間）民七三一。

第七百三十一條 （終身定期金契約之存續期間及應給付金額）

終身定期金契約，關於期間有疑義時，推定其為於債權人生存期內，按期給付。

契約所定之金額有疑義時，推定其為每年應給付之金額。

⇧查民律草案第八百四十九條理由謂終身定期金契約，得以債務人、債權人或第三人生存之期間為期間，然其期間若無特別約定時，視為約定以債權人生存之期間為其期間。又契約所定之金額有疑義時，若無特別約定，應推定其為每年應給付之金額，蓋以其最協於當事人之意思。至終身定期金之債權，以債務人或第三人之生存期間為期間者，以無特別約定為限，得移轉於債權人之繼承人，此亦當然之事，不必以明文規定也。

*（終身定期金契約）民七二九；（終身定期金之給付時期）民七三二；（金錢之債）民二〇一、二〇二；（期間）民一〇二。

第七百三十二條 （終身定期金之給付時期）

終身定期金，除契約另有訂定外，應按季預行支付。

依其生存期間而定終身定期金之人，如在定期金預付後，該期屆滿前死亡者，定期金債權人，取得該期金額之全部。

⇧謹按本條第一項係規定支付終身定期金之方法。又依其生存期間而定終身定期金之人，如在定期金預付後屆滿期前，而一方死亡應使其債權消滅者，債權人能否主張有按照日數請求終身定期金之權，或有請求全期間終身定期金之權，亦不可不規定明確。故斟酌當事人之意思，特設第二項之規定。

*（終身定期金契約）民七二九、七三〇；（終身定期金之存續期間及應給付金額）民七三一。

第七百三十三條 （終身定期金契約仍為存續之宣告）

因死亡而終止定期金契約者，如其死亡之事由，應歸責於定期金債務人時法院因債權人或其繼承人之聲請得宣告其債權在相當期限內仍為存續。

⇧查民律草案第八百五十三條理由謂終身定期金債權，因以終身為期之人死亡而消滅，此固當然之事，無待明文規定。然其死亡應歸責於終身定期金債務人時，若債權亦因此而消滅，則其弊至大，故使債權人或其繼承人得聲請法院宣告其債權，在相當期限內仍為存續，以保護債權人之利益。此本條所由設也。

*（終身定期金契約）民七二九、七三〇；（終身定期金契約之存續期間）民七三一。

第七百三十四條（終身定期金權利之移轉）

終身定期金之權利，除契約另有訂定外不得移轉。

⇧謹按終身定期金，為債務人與債權人間相互之關係，即終身定期金之權利，為專屬之權利。故除契約另有訂定外，不得移轉，以期合於當事人之意思。此本條所由設也。

*（債之移轉）民二九四～二九九；（終身定期金契約）民七二九、七三〇。

第七百三十五條（遺贈之準用）

本節之規定，於終身定期金之遺贈準用之。

⇧查民律草案第八百五十四條理由謂終身定期金債權，以因契約而發生為通例，然亦有因遺囑而使其發生者，此亦各國法律所公認，實際上亦必不可少。此本條所由設也。

*（遺贈）民一二〇〇～一二〇八。

第二十三節　和　解

⇧查民律草案債權編第二章第十八節原案謂和解者，當事人約定互相讓步以終止爭執，或防止爭執發生之契約也。此項契約，皆涉及財產上、人事上之關係，為各國法律所公認，亦實際上必不可少之事。故本法特設本節之規定。

第七百三十六條（和解之定義）

稱和解者，謂當事人約定互相讓步，以終止爭執或防止爭執發生之契約。

⇧謹按和解之成立，必以法律規定明確，始能杜無益之爭論。本條明示和解之意義及其性質，即謂當事人間互相讓步，終止現在已經發生之爭執，及防止將來可以發生之爭執之契約也。

*（訴訟上之和解）民訴三七七～三八〇；（有償契約之準用）民三四七；（雙務契約對待給付）民二六四～二六七；（和解之效力）民七三七；（和解與錯誤之關係）民七三八。

▲和解契約當事人固應受其拘束，不得無故翻異，惟當事人兩造若皆不願維持該契約之效力，即應認為合意解除，自不能更依該契約判斷其權義關係。（二八上三四七）

▲當事人於審判外就訴訟爭點為和解後，更為訴之撤回，以致訴訟終結者，應受該和解契約之拘束，不得就和解前之法律關係，再行主張。（一八上一一二九）

▲基於和解契約所生之請求權，自係債權而非物權。（一八上一五二四）

▲(1)和解原由兩造互相讓步而成立，和解之後任何一方所受之不利益均屬其讓步之結果，不能據為撤銷之理由。

(2)和解契約合法成立，兩造當事人即均應受該契約之拘束，縱使一造因而受不利益之結果，亦不得事後翻異，更就和解前之法律關係再行主張。

(3)和解契約以當事人締約當時兩造合致之意思表示，為成立要件，雖一造表意人於其表示意思時，本無欲受其所表示意思拘束之意，苟非此意為他一造所明知，其表示之意思究不因之而無效，即於和解契約之成立及效力，不生影響。（一九上一九六四）

▲和解契約非必當事人雙方當面協商而後成立，苟由調處人從中接洽，雙方意思已歸一致，各向調解人表示，經其互相傳達於他方者，其和解契約即為成立。（二一上一八〇七）

▲已經確定判決確定之法律關係，當事人雖不得於裁判上再行爭執，但因在事實上仍有爭執，約定互相讓步以終止之，自屬和解契約，不得謂無民法第七百三十七條所定之效力。（二二上二八一九）

▲訴訟外之和解，在法律上並非要式行為，自無適用民法第七十三條之餘地。（三三上三四三）

▲和解內容，倘以他種法律關係替代原有法律關係者，則係以和解契約創設新法律關係，故債務人如不履行和解契約，債權人應依和解創設之新法律關係請求履行，不得再依原有法律關係請求給付。（八三臺上六二〇）

第七百三十七條（和解之效力）

和解有使當事人所拋棄之權利消滅及使當事人取得和解契約所訂明權利之效力。

⇧謹按和解成立以後，其和解契約，應即發生效力。惟其效力，有消極、積極二種，在消極方面，有使當事人所拋棄之權利而為消滅，在積極方面，有使當事人取得和解契約所訂明之權利。故設本條以明示其旨。

*（和解）民七三六；（和解與錯誤之關係）民七三八。

▲夫與妻所訂和解契約，約明日後妻如受夫不堪同居之虐待提起離婚之訴時，夫應給妻生活費洋一千元者，嗣後妻因受夫不堪同居之虐待提起離婚之訴時，苟夫之經濟狀況無重大變遷，自有向妻照約給付之義務。（二八上二四四一）

▲和解之範圍，應以當事人相互間欲求解決之爭點為限，至於其他爭點，或尚未發生爭執之法律關係，雖與和解事件有關，如當事人並無欲求一併解決之意思，要不能因其權利人未表示保留其權利，而認該權利已因和解讓步，視為拋棄而消滅。（五七臺上二一八〇）

▲（八三臺上六二〇）參見本法第七百三十六條。

第七百三十八條（和解之撤銷——和解與錯誤之關係）

和解不得以錯誤為理由撤銷之。但有左列事項之一者，不在此限：

一　和解所依據之文件，事後發見為偽造或變造，而和解當事人若知其為偽造或變造即不為和解者。

二　和解事件，經法院確定判決，而為當事人雙方或一方於和解當時所不知者。

三　當事人之一方，對於他方當事人之資格或對於重要之爭點有錯誤，而為和解者。

⇧謹按和解既屬契約之一，則依契約原則，凡有錯誤被詐欺或被脅迫情事，據本法總則第八十八條、第九十二條之規定，均得為撤銷之原因，毫無疑義。惟本條則屬例外規定，凡事一經和解，即使有於當事人一方有不利之情形，亦不得以錯誤為理由而撤銷之。然若和解所依據之文件，係偽造或變造，經事後始行發見，而和解當事人如知其為偽造或變造，即不為和解者，或和解事件經法院確定判決，而為當事人雙方或一方，於和解當時所不知者，或當事人之一方，對於他方當事人之資格，或對於重要之爭點有錯誤而為和解者，此種情事，均關重要，既反乎真實符合之主義，自仍許當事人據為撤銷之理由，以保護其利益。故設本條以明示其旨。

*（和解）民七三六；（和解之效力）民七三七；（錯誤）民八八、八九；（詐欺）民九二；（撤銷）民一一四、一一六；（確定判決）民訴四〇〇。

▲被上訴人最初起訴，即謂上訴人應賠償因遲延移交飼料廠所生之損害，而上訴人於和解時，復同意賠償此項損害無異，則當事人之一方對於重要之爭點，並無因錯誤而為和解，不得依民法第七百三十八條第三款主張撤銷。（四八臺上七三〇）

▲和解契約成立後，除當事人之一方對於重要之爭點有錯誤而為和解者外，不得以錯誤為理由聲請撤銷之，此觀民法第七百三十八條之規定自明，從而倘無民事訴訟法第三百

八十條第二項之情形，自無繼續審判之可言。（五二臺上五〇〇）

▲和解不得以錯誤為理由撤銷之，但當事人之一方，對於他方當事人之資格或對於重要之爭點有錯誤而為和解者，不在此限，此觀民法第七百三十八條第三款之規定自明。此種撤銷權之行使，既係以錯誤為原因，則民法第九十條關於以錯誤為原因，行使撤銷權除斥期間之規定，於此當有其適用。（八三臺上二三八三）

第二十四節 保 證

⇧查民律草案債權編第二章第二十節原案調保證者，謂當事人約定一方於他方之債務人不履行債務時，由其代負履行責任之契約也。負此義務之人，謂之保證人，負擔債務之人，謂之主債務人。既約定由保證人履行債務人之債務，遂生擔保之效用，此自古各國法律所認者也。本法亦採用之，特設本節之規定。

第七百三十九條 （保證之定義）

稱保證者，謂當事人約定，一方於他方之債務人不履行債務時，由其代負履行責任之契約。

⇧謹按本條為揭明保證契約之內容，以杜無益之爭論。保證契約，各國立法例，如德國民法第七百六十六條，瑞士債權編第四百九十一條，均規定以文書為限，然於實際諸多不便，故本法不採用之。特明示保證契約之成立，不以書面為必要。

*（保證之範圍）民七四〇、七四一；（保證之抗辯）民二六四、七四二～七四六；（中斷時效之效力）民七四七；（保證人之代位權）民七四九；（保證人之保證責任除去請求權）民七五〇；（保證人責任之滅免）民七五一～七五五；（共同保證）民七四八；（信用委任）民七五六；（票據保證）票據五八～六四；（公司保證之限制）公司一六㊀；（主債務人或保證人破產）破產一〇四、一〇五。

▲保人狀具隨傳隨到字樣，係聲明該當事人奉法院傳喚屆期必到之意，該當事人如有不到情事，固應由保人對法院負責，並非對於相對人之債務加以保證，擔負賠償之責。又保人除自己具名於保狀外，縱蓋有合夥鋪號圖記，該鋪號其他之合夥人，自不能與具名人同負保人之責。（一七上四三七）

▲合法成立之保證債務，苟無正當免除責任之原因，則於主債務人無力清償之時，債權人無論何時得向保證人請求清償債務，並不因債權人不即行使權利，而遂生義務消滅之效力。（一七上七一五）

▲保證人之責任，須主債務人不履行債務時，始代為履行。（一九上一五九）

▲保證為債權人與保證人間締結之契約，依契約一般之原則，非得相對人之同意，不能解除。（一九上三四七）

▲保證契約之成立，本不以作成書據為要件，雖無書據而有其他證明方法，足證其契約成立者，亦應發生效力。（一九上一八三八）

▲商號經理人或夥友為人蓋章作保，除經號東同意或追認外，無論有無特別習慣，其效力皆不及於號東。（一九上一八九七）

▲主債務人逃匿無蹤並已無可執行之財產，則保證人自應依契約本旨履行義務，不得拒絕。（二〇上二一一七）

▲保證債務契約，係保證人與債權人約明於主債務人有不履行或不能履行時，代負償還責任之契約。（二〇上一一九七）

▲債務之承擔與保證債務不同，保證債務為於他人不履行債務時代負履行責任之從債務，該他人仍為主債務人，故除有民法第七百四十六條所列各款情形之一者外，保證人於債權人未就主債務人之財產強制執行而無效果前，對於債權人得拒絕清償。債務之承擔則係債務之移轉，原債務人已由債之關係脫退，僅由承擔人負擔債務。故承擔人縱令曾與原債務人約明將來清償債務之資金，仍由原債務人交付承擔人向債權人清償，亦不得以之對抗債權人。（二二上四二六）

▲保證債務之存在以主債務之存在為前提，主債務人所負債務縱有一部未經清償，而該部分已由債權人免除，因而主債務全部消滅者，保證債務當然隨之消滅。（二二上四九五）

▲當事人於本契約外為確保其契約之履行起見，同時或事後另以契約訂定違約金之給付，依其內容給付祇以違約為條件，並非有預定賠償損害之性質，其本契約之保證人於該契約苟未經簽名認可，或有經其同意之證明，縱該保證人於本契約經已拋棄其先訴抗辯權，亦不負連帶給付之責任。（四二臺上六二四）

▲對保與否，並非保證契約之成立要件。上訴人不得以對保過遲，為免負保證責任之論據。（四六臺上一六三二）

▲民法所稱保證契約之保證人，於主債務人不履行債務時，由其代負履行之責，與票據法所稱支票之背書人，應照支票文義擔保付款之情形不同。故簽名於支票而為背書者，應依票據法之規定負背書人之責任，執票人即不得僅憑支票上之背書，而主張背書人應負民法上之保證責任。（四八臺上九二二）

▲保證契約係基於保證人與主債務人間之信任，若主債務人有所變更，除已得保證人同意外，尚難謂其仍負保證之責。（四九臺上一七〇九）

▲本件契約係職務保證性質，與一般之金錢債務保證不同，其保證書所載「保證擔任職務期間操行廉潔，恪遵法令暨[illegible]危害公司行為，保證人願放棄先訴抗辯權，並負責指交被保人及照數賠償之責」字樣。如係對於被保證人職務行為致損害於被上訴人時，負賠償責任之意思，即為獨立負擔之損害賠償義務，非無民法第二百十七條之適用。（四九臺上二六三七）

▲職務保證原有專屬性，除有特約或特殊情形外，保證人之責任因其死亡而消滅。蓋此種保證於保證契約成立時，被保人尚未有具體的賠償之債務，必待被保人發生虧損情事後，其賠償之責任始能具體確定。而遺產繼承，應以繼承開始時被繼承人之權利義務狀態為準，倘繼承開始時，被保人尚未發生具體而確定之賠償義務，則此種保證契約自不在其繼承人繼承範圍之內。（五一臺上二七八九）

▲刑事庭移送民事庭之附帶民事訴訟，僅移送後之訴訟程序應適用民事訴訟法，至移送前之訴訟行為是否合法，仍應依刑事訴訟法決定之。第一審「刑事庭」依刑事訴訟法第五百零八條第一項移送民事庭之附帶民事訴訟事件，其提起合法與否，自應依刑事訴訟法予以判斷。民法第七百三十九條載稱保證者，謂當事人約定一方於他方之債務人不履行債務時，由其代負履行責任之契約，保證人係依契約以第三人之資格為被保人保證代被保人履行，本身既未為侵權行為，且亦非依民法負賠償責任之人，故不應許對保證人提起附帶民事訴訟。（五二臺上三〇五五）

▲保證債務之成立，並非債務之承擔，主債務人之債務不因有保證人之故，而失其存在。合夥債務亦不因有保證人之故，其合夥人即可免負民法第六百八十一條對於不足之額之連帶償還責任。（五八臺上三四二〇）

▲公司除依其他法律或公司章程規定，以保證為業務者外，不得為任何保證人，為公司法第十六條第一項所明定。本件被上訴人公司係以某報之出版發行等為業務，而非以保證為業務，自有上開禁止規定之適用。且所謂不得為任何保證人，非僅指公司本身與他人訂立保證契約為保證人，即承受他人之保證契約，而為保證人之情形，亦包括在內。（六九臺上一六七六）

▲民法上所謂保證，為債權人與保證人間之契約。本件合作社社員與合作社債權人既未締結保證契約，自不發生民法上之保證責任問題。至合作社法第四條第二款所謂保證責任，係指社員以其所認股額及保證金額為限負其責任而言，合作社於其財產（包括社員已認繳之股款）不足清償債務時，得在社員所認保證金額內追繳，以供清償，合作社之債權人要無依據該條款規定逕向保證責任社員請求履行保證債務之餘地。（六九臺上二〇八〇）

▲所謂職務保證，乃保證人與僱用人約定，將來被保人之職務行為致生損害於僱用人時，由保證人負賠償責任之從契約。其效力僅向將來發生。當事人間如無特別約定，對於

第七百三十九條之一 （保證人之權利不得預先拋棄）

本節所規定保證人之權利，除法律另有規定外，不得預先拋棄。

⑧⑧一、本條新增。

二、本節所規定之保證人權利有一般抗辯權（第七百四十二條）、拒絕清償權、先訴抗辯權等。保證契約雖為從契約，惟目前社會上，甚多契約均要求保證人預先拋棄一切權利，對保證人構成過重之責任，有失公平。為避免此種不公平之現象，爰仿瑞士債務法第四百九十二條第四項規定，增訂除法律另有規定（例如第七百四十六條第一款保證人得拋棄先訴抗辯權）外，本節所規定之保證人之權利，不得預先拋棄。

第七百四十條 （保證債務之範圍）

保證債務除契約另有訂定外，包含主債務之利息、違約金、損害賠償及其他從屬於主債務之負擔。

⇧查民律草案第八百六十四條理由調保證債務之範圍，雖依保證契約而定，然有時保證契約內不規定及此，應以法律預定其範圍，而保證者，擔保債務人必能履行債務之債務也。故主債務原本之外，如利息、違約金、損害賠償及其他從屬於主債務之負擔，亦應擔保其履行，始合於保證之本旨。

*（保證債務之從屬性）民七四一；（利息）民二〇三、二〇四；（損害賠償）民二一三～二一八；（違約金）民二五〇、二五一、二五三；（主債務人和解破產時保證人之責任）破產三七、三八、一三七。

▲保證範圍既未約定，則關於主債務之元本、利息及因主債務人不履行債務所生之損害，與夫附屬於主債務之負擔，均負有保證償還之責任。（一八上八二四）

▲營利事業必須覓具納稅保證書，乃基於營利事業登記規則之規定（同規則第四條參照），故納稅保證範圍，當以被保商號因營利事業所生或營利事業有關之納稅義務為限。（五五臺上二五二六）

第七百四十一條 （保證債務負擔之從屬性）

保證人之負擔，較主債務人為重者，應縮減至主債務之限度。

⇧查民律草案第八百六十五條理由調保證債務，乃擔保債權之一種方法，為從債務而非主債務，必須主債務存在，始能成立，且保證債務之標的必與主債務之標的同。又保證人之負擔，較重於主債務人之負擔者，應使其縮減至主債務人負擔之限度為止。此本條所由設也。

*（保證人之責任）民七三九；（保證債務之範圍）民七四〇；（票據保證之特則）票據六一。

第七百四十二條 （保證人之抗辯權）

主債務人所有之抗辯，保證人得主張之。

主債務人拋棄其抗辯者，保證人仍得主張之。

⇧查民律草案第八百六十六條理由調保證債務為從債務，故主債務人所有之抗辯，如留置權之抗辯，延期之抗辯等，保證人皆得主張之。至保證人於訂立保證契約時，將可主張主債務人所有抗辯之權利拋棄者，其契約應為負擔債務契約，不得為保證契約，此當然之理，無須另行規定。又主債務人雖拋棄其抗辯權，而不得因此害及保證人之利益，否則保證人將蒙不測之損害也。

*（保證人之責任）民七三九；（保證人之拒絕清償權）民七四四；（保證人之先訴抗辯權）民七四五、七四六；（同時履行抗辯權）民二六四；（不安抗辯權）民二六五；（消滅時效）民一二五～一二八、一四四；（抵銷權）民三三四；（票據保證之特則）票據六一。

▲保證人於其保證之債務，除有民法第七百四十四條及第七百四十五條所定事由，對於債權人得為拒絕清償之抗辯外，就主債務人所有之抗辯，亦得主張之，固為同法第七百四十二條所明定。惟該條所謂保證人得主張主債務人所有之抗辯，係僅指主債務人所有與主債務自身之發生、消滅或履行有牽連關係之抗辯（如主債務有不法事由，或當事人無行為能力等原因而發生，或因清償及其他原因而消滅，或由契約互負債務，他方未為對待給付前，得拒絕自己給付等抗辯），因其效力當然及於有從屬性之保證債務，故亦得由保證人主張之者而言。若主債務人與債權人互負給付種類相同之債務，關於主債務人所有之抵銷抗辯，係本於主債務以外之獨立原因所生，而與主債務之發生、消滅或履行並無牽連關係，則除保證契約另有訂定外，自不在保證人得為主張之列。（四二臺上一〇六〇）（九〇、三、二〇決議不再援用）

第七百四十二條之一 （保證人之抵銷權）

保證人得以主債務人對於債權人之債權，主張抵銷。

⑧⑧一、本條新增。

二、主債務人對債權人有債權者，保證人得否以之主張抵銷，學者及實務見解不一。為避免保證人於清償後向主債務人求償困難，爰參考日本民法第四百五十七條第二項之規定，增列本條，明定保證人得以主債務人對於債權人之債權主張抵銷。

第七百四十三條 （無效債務之保證）

保證人對於因行為能力之欠缺而無效之債務，如知其情事而為保證者，其保證仍為有效。

⑧⑧債務人因錯誤而負擔之債務，依第八十八條規定，得撤銷之，並非當然無效，且依第九十二條規定，因被詐欺或被脅迫而負擔之債務，亦得撤銷之。現行條文稱「因錯誤而無效」，恐將引起誤會，又僅列舉「錯誤」一種情形，而置「詐欺」及「脅迫」於不顧，理由亦不易明瞭，爰刪除「錯誤或」等字，使本條僅適用於因欠缺行為能力而無效之一種情形。

*（錯誤）民八八、八九；（因行為能力欠缺而無效之法律行為）民七五、七七～七九；（行為能力）民一二、一三、一五；（保證債務之從屬性）民七四一；（保證人之抗辯權）民七四二；（票據保證）票據六一。

第七百四十四條 （保證人之拒絕清償權）

主債務人就其債之發生原因之法律行為有撤銷權者，保證人對於債權人，得拒絕清償。

⇧查民律草案第八百六十七條理由調法律行為之撤銷權，為保護當事人之利益而設，主債務人撤銷發生債務之法律行為之權利，不能使保證人直接行使之，然亦不能不為保證人之利益計。故於主債務人可得撤銷之法律行為，應以拒絕清償保證債務之抗辯權，予保證人。若保證人不知主債務人有撤銷權，履行保證債務，及其後主債務人行使撤銷權時，保證人可依不當得利之原則，向債權人請求返還其給付。本條設此規定，所以保護保證人之利益也。

*（撤銷）民八八～九〇、九二、九三、一一四、一一六；（無效保證之例外）民七四三；（保證人之抗辯權）民七四二。

第七百四十五條 （先訴抗辯權）

保證人於債權人未就主債務人之財產強制執行而無效果前，對於債權人得拒絕清償。

⇧查民律草案第八百六十八條理由調保證債務者，因主債務人不履行主債務時而履行之債務也。故債權人應先就主債務人之財產而為強制執行，必須強制執行而無效果，始得請求保證人清償，否則保證人對於債權人有拒絕清償之權利。蓋保證債務，為從債務，債權人應先向主債務人請求清償，於未向主債務人請求之先，不得向保證人請求也。故設本條以明示其旨。

*（保證人之責任）民七三九；（保證人之抗辯權）民七四二；（保證人之拒絕清償權）民七四四；（先訴抗辯權之喪失）

民七四六；（強制執行）強執四五、七五、一一五～一一七、一二三、一二四、一二七、一三六；（票據保證之例外）票據八五、九六。

▲保證債務非因主債務人絕無資力償還或償還不足時，債權人不得逕向保證債務人請求代償。（一八上九三）

▲保證債務人受債權人履行之請求，如主債務人確有資力，並未經債權人證明已向主債務人強制執行而無效果時，固有先訴及檢索之抗辯權。但保證契約內已特別定明主債務人屆期不還，由保證人如數墊還者，即認為先訴及檢索抗辯權之捨棄，不得再行主張。（一八上二五七〇）

▲未據債權人證明其已就主債務人財產強制執行而無效果，於法自許保證人提出先訴抗辯。（二〇上一二〇〇）

▲保證債務之所謂連帶，係指保證人與主債務人負同一債務，對於債權人各負全部給付之責任者而言，此就民法第二百七十二條第一項規定連帶債務之文義參照觀之甚明。故連帶保證與普通保證不同，縱使無民法第七百四十六條所揭之情形，亦不得主張同法第七百四十五條關於檢索抗辯之權利。（四五臺上一四二六）

▲被上訴人並未拋棄為債權擔保之物權，自無民法第七百五十一條之適用。又上訴人既係連帶保證人，應與主債務人負同一清償責任，而被上訴人對於主債務人就實行擔保物權受清償，或起訴請求保證人清償，既得擇一行使，則對於與主債務人負同一清償責任之上訴人，自亦得擇一請求。（六九臺上一九二四）

第七百四十六條（先訴抗辯權之喪失）

有下列各款情形之一者，保證人不得主張前條之權利：

一　保證人拋棄前條之權利。

二　主債務人受破產宣告。

三　主債務人之財產不足清償其債務。

[99]刪除原條文第二款「保證契約成立後，主債務人之住所、營業所或居所有變更，致向其請求清償發生困難者。」之規定，但保證人拋棄先訴抗辯權者，不在此限；促使債權人之求償仍應以主債務人為第一順位，以提升保證人權益。

*（保證人之責任）民七三九；（保證人之抗辯權）民七四二；（保證人之拒絕清償權）民七四四；（保證人之先訴抗辯權）民七四五；（住居所）民二〇～二四；（破產宣告）破產五七、一〇四、一〇五。

▲保證債務人受債權人履行之請求時，依法雖得為先訴之抗辯，但當事人間如有特別約定，則不在此限。（一八上九四一）

及檢索抗辯之餘地。（一八上一八一五）

▲各主債務人均陷於履行不能之境遇，催告亦屬無效，而又無可供執行之財產，則保證人不得主張先訴抗辯。（一八上二一七二）

▲保證債務，債權人未能證明主債務人無力清還，或蹤跡不明，或其財產不易執行以前，保證人原得拒絕代償債務。但當事人間訂有特約者，則不在此限。（一八上二七三五）

▲主債務人已受破產之宣告時，保證人就其債務即應負代位履行義務，不得為先訴之抗辯。（一八上二九〇九）

▲保證債務人雖得主張債權人應先向主債務人請求，但當事人間於其償還責任及方法先已訂有特約者，即應依照契約本旨履行義務。（一九上七二二）

▲保證債務本以主債務人不履行債務時，由保證人代負履行責任為其內容，此觀民法第七百三十九條之規定自明。故消費借貸字據載明借用人屆期不返還時，由保證人代為返還者，不過為負擔普通保證債務之約定，不得謂為保證人拋棄民法第七百四十五條權利之意思表示。（三一上二二三四）

▲保證債務人受債權人履行之請求時，依法雖得為先訴之抗辯。但當事人間如已特別約定主債務人屆期不履行，由保證人如數償還者，即應認為先訴抗辯權之拋棄，不得更為主張。（三八臺上三〇七）

▲（四五臺上一四二六）參見本法第七百四十五條。

▲保證契約係保證人與債權人間成立之契約，不因主債務人之死亡而歸於消滅。（四八臺上五五七）

▲（六九臺上一九二四）參見本法第七百四十五條。

第七百四十七條（請求履行及中斷時效之效力）

向主債務人請求履行，及為其他中斷時效之行為，對於保證人亦生效力。

⇧查民律草案第八百七十條理由謂向保證人請求履行及時效中斷，對於主債務人不生效力，然對於主債務人請求履行及時效中斷，則對於保證人不能不生效力。蓋保證在擔保主債務之履行，若不發生效力，則有反於保證之本旨也。

*（保證人之責任）民七三九；（保證人之抗辯權）民七四二；（中斷時效）民一二九、一三七；（履行請求）民二二九；（共同保證）民七四八。

▲依民法第七百四十七條規定，向主債務人請求履行及為其他中斷時效之行為，對於保證人亦生效力者，僅以債權人向主債務人所為請求、起訴或與起訴有同一效力之事項為限，若同法第一百二十九條第一項第二款規定之承認，性質上乃主債務人向債權人所為之行為，既非民法第七百四十七條所指債權人向主債務人所為中斷時效之行為，對於

第七百四十八條（共同保證）

數人保證同一債務者，除契約另有訂定外，應連帶負保證責任。

⇧查民律草案第八百七十一條理由謂保證債務人有數人時，其保證人有分別之利益，即非其擔負之部分，不任其責，此多數之立法例也。然本條為鞏固保證之效力起見，保證人有數人時，均使其為連帶債務人而任其責，排除分別利益之抗辯，以保護債權人之利益。但契約另有訂定者，仍應從其所訂定，此又不易之理也。故設本條以明示其旨。

*（保證）民七三九；（連帶債務）民二七二～二八二；（票據之共同保證）票據六二；（共同保證人之破產）破產一〇四、一〇五。

▲民法債編施行前數人保證同一債務者，依該編施行法第一條不適用民法第七百四十八條之規定，除契約另有訂定或數人先後各就主債務全額保證者外，其保證債務由數人各自平均分擔，並不連帶負保證責任。（二八上一七四二）

第七百四十九條（保證人之代位權）

保證人向債權人為清償後，於其清償之限度內，承受債權人對於主債務人之債權。但不得有害於債權人之利益。

[88]保證人為清償後，依現行規定，應按其清償限度，受讓原有債權，此際如保證人為一部清償，原債權人既仍保留未受清償部分之債權，則保證人受讓之部分債權與債權人其餘原有債權併存，如有擔保物權，強制執行程序中何者優先受償？現行法尚無明文規定，易滋疑義，一般解釋認原債權人之利益不因保證人之清償而受影響。為避免發生疑義，爰參考德國民法第七百七十四條第一項第二段及瑞士債務法第五百零七條第二項後段之規定，並審酌條文用語在文法結構上主詞與動詞之銜接情形，而仿本法第二百八十一條第二項及第三百十二條但書之立法例，修正如上。

*（保證人之責任）民七三九；（第三人清償）民三一二；（清償行為）民三〇九、三一九、三二〇、三二六、三三四。

▲保證人受主債務人之委託而為保證時，須其對於債權人所為之清償或其他出資行為，足使主債務人消滅其債務，始得將其出資額連同出資以後之利息，及不可避之費用，並其他之損害，向主債務人行使求償權。若保證人於主債務人所負債務之範圍以外，向債權人為清償，或其清償縱係在債務之範圍內，而主債務人若已先向債權人為清償，則除主債務人不將其事通知保證人，而保證人為清償時確係不知者外，皆不得向主債務人行使求償權。（一八上一〇八六）

債權人同。則債務人所有財產於其所負之債務總額如有不數清償，自應與各債權人平均分配，殊無主張獨享優先權利之餘地。（一八上一二三五）（九一、九、三〇決議不再援用）

▲承擔契約為債務人利益而設，其主旨在使債務人免除責任。保證契約為債權人利益而設，保證人代位清償之後，對於主債務人仍可行使求償權，自不能與債務承擔相提並論。（一八上二五七〇）（九一、九、三〇決議不再援用）

第七百五十條（保證責任除去請求權）

保證人受主債務人之委任而為保證者，有左列各款情形之一時，得向主債務人請求除去其保證責任：

一　主債務人之財產顯形減少者。

二　保證契約成立後，主債務人之住所、營業所或居所有變更，致向其請求清償發生困難者。

三　主債務人履行債務遲延者。

四　債權人依確定判決得令保證人清償者。

主債務未屆清償期者，主債務人得提出相當擔保於保證人，以代保證責任之除去。

⇧謹按受主債務人委任而為保證人者，法律應指定事項，認其有保證免責之請求權，始能保護其利益。此第一項所由設也。又主債務未屆清償期者，主債務人得提出擔保於保證人，以代保證責任之除去，蓋以免責請求權之設置，原為防止保證人意外之損失，主債務人既經提出相當之擔保，則保證人自可減免保證之責任。此第二項所由設也。

*（保證人之責任）民七三九；（委任）民五二八以下；（住居所）民二〇～二四；（給付遲延）民二二九、二三一、二三三；（確定判決）民訴四〇〇；（清償期）民三一五、三一六；（無因管理）民一七二、一七八；（先訴抗辯權之拋棄）民七四六㈠；（保證責任之免除）民七五一～七五五。

▲保證人向主債務人請求除去其保證責任，僅為其與主債務人之關係，其對於債權人所負代償責任，並不因此而受影響。（二二上三六五）

第七百五十一條（保證責任之免除——拋棄擔保物權）

債權人拋棄為其債權擔保之物權者，保證人就債權人所拋棄權利之限度內，免其責任。

⇧謹按債權人將擔保其債權之物權拋棄者，無論其物權於保證成立與否，應使保證人就債權人所拋棄權利之限度內，免其責任。但其擔保物權係擔保主債務之全部者，債權人拋棄其擔保物權時，保證人得免全部之保證責任，其擔保物權，係擔保主債務之一部者，債權人拋棄其擔保物權時，保證人得免一部之保證責任。本條設此規定，蓋以保護保證人之利益也。

*（擔保物權）民八六〇、八八四、九〇〇、九二八，動擔一五；（先訴抗辯權）民七四五、七四六；（共同保證）民七四八；（保證責任除去請求權）民七五〇；（保證人之責任）民七三九。

▲債務關係如於設定擔保物權而外並有保證人者，該主債務人不清償其債務時，依原則固應先儘擔保物拍賣充償，惟當事人間如有特別約定，仍從其特約。（一九上三三〇）

▲債權人拋棄為其債權擔保之物權者，保證人就債權人所拋棄權利之限度內免其責任。但債權人於其債權已屆清償期後，未即行使擔保物權，嗣後該擔保物價格低落者，不得即謂為拋棄擔保物權。（二一上一〇一五）

▲民法第七百五十一條關於債權人拋棄為其債權擔保之物權者，保證人就債權人所拋棄權利之限度內免其責任之規定，所謂為其債權擔保之物權，係指已具備物權之生效要件者而言，若欠缺物權之生效要件者，在物權法上既不得稱之為其債權擔保之物權，縱使債權人有不為主張或怠於行使之情形，亦無拋棄之可言，保證人仍不得因此而於其限度內免除保證責任。（四二臺上四一六）

▲上訴人將擔保物電瓶全部返還於主債務人，無論其所調換之擔保物價值究為若干，既係拋棄為其債權擔保之物權，依民法第七百五十一條之規定，被上訴人即保證人自應就上訴人所拋棄權利之限度內，免其責任。（四四臺上六五九）

▲（六九臺上一九二四）參見本法第七百四十五條。

第七百五十二條（定期保證責任之免除——不為審判上之請求）

約定保證人僅於一定期間內為保證者，如債權人於其期間內，對於保證人不為審判上之請求，保證人免其責任。

⇧查民律草案第八百七十六條理由謂保證有期限之債務者，保證人得於期限經過後，向主債務人請求保證之免責，蓋債務既已屆期，遲延之責，自應由主債務人負擔故也。至保證債務，其自己定有期限者，若使保證人於其期限經過後，即時可以免責，於保證債權人之利益，未免過薄。故特設本條，債權人不於期限內向保證人為審判上之請求者，保證人始能免責。

*（保證人之責任）民七三九；（未定期保證責任之免除）民七五三、七五四；（延期清償之免責）民七五五；（清償期）民三一五、三一六；（給付之訴）民訴二四五、二四六；（保證責任除去請求權）民七五〇。

▲借用證所謂清償期限，係債務之清償期限，而非保證人負保證責任之期間。被上訴人是否於此項期限請求清償，於上訴人之保證責任不生影響。（四三臺上一二七五）

▲就定有期限之債務為保證，與約定保證人於一定期間內為保證之情形不同，此項保證未定期間，而定有清償期限之債務，在主債務清償期屆滿後，除保證人已定期催告債權人向主債務人為審判上之請求者外，保證人不得以債權人遲遲不為審判上之請求，為免其保證責任之論據。（四九臺上一七五六）

▲就定有期限之債務為保證者，如債權人允許主債務人延期清償時，保證人除對於其延期已為同意外，不負保證責任，固為民法第七百五十五條所明定。但約定保證人於一定期間內為保證者，則在此一定期間內所發生之債務，如債權人允許主債務人延期清償，而所延展之清償期仍在該一定期間內者，保證人自不得援引前開法條，而主張不負保證責任。（五〇臺上一四七〇）

第七百五十三條（未定期保證責任之免除——不為審判上之請求）

保證未定期間者，保證人於主債務清償期屆滿後，得定一個月以上之相當期限，催告債權人於其期限內向主債務人為審判上之請求。

債權人不於前項期限內向主債務人為審判上之請求者，保證人免其責任。

⇧謹按主債務定有期限，而保證未定期限者。保證人得於主債務清償期屆滿後，定一個月以上之相當期限，催告債權人於其期限內，向主債務人為審判上之請求。若債權人不於其期限內，向主債務人為審判上之請求，應使保證人得免除保證責任，以保護保證人之利益。故設本條以明示其旨。

*（保證人之責任）民七三九；（定期保證之免責）民七五二；（連續發生未定期保證之免責）民七五四；（延期清償之免責）民七五五；（先訴抗辯權）民七四五、七四六；（給付之訴）民訴二四四～二四六；（保證責任除去請求權）民七五〇。

▲債權人依民法第八百七十三條第一項之規定，聲請法院拍賣抵押物，自亦為同法第七百五十三條第一項所謂審判上之請求。（二一上二八三五）

第七百五十三條之一（法人董事、監察人之保證責任）

因擔任法人董事、監察人或其他有代表權之人而為該法人擔任保證人者，僅就任職期間法人所生之債務負保證責任。

⑲一、本條新增。
二、明訂法人擔任保證人之董事、監察人或其他有代表權之人，如已卸任，則其保證人之身分與義務自應隨之終止。

第七百五十四條 （連續發生債務保證之終止）

就連續發生之債務為保證而未定有期間者，保證人得隨時通知債權人終止保證契約。

前項情形，保證人對於通知到達債權人後所發生主債務人之債務，不負保證責任。

⇧謹按保證人就連續發生之債務為保證，而其保證又未定有期間者，其應就連續發生之債務，負其責任，此乃當然之理，然此種情形，保證人之責任未免過重，故使其有隨時通知債權人終止保證契約之權。又保證人欲終止保證契約時，須對於債權人發終止保證契約之通知，俾有準備，但此種通知，應以達到於債權人後，始生效力，保證人於通知達到後所發生之債務，即可免除責任，藉以保護保證人之利益。故設本條以明示其旨。

*（保證人之責任）民七三九；（定期保證之免責）民七五二；（未定期保證之免責）民七五三；（延期清償之免責）民七五五；（契約終止）民二六三；（保證責任除去請求權）民七五〇。

▲保證人中途退保者，原則上祇能自退保之日起發生效力，除退保時曾特別訂明關於被保證人退保前後一切行為，概不負責，已得債權人同意外，其在退保前對於被保證人之行為，仍難免保證責任。（一八上一五二〇）

▲就連續發生之債務為保證而未定有期間者，保證人固得隨時終止保證契約，惟依民法第七百五十四條之規定，其終止保證契約之通知，應向債權人為之，若僅登報公告，則不能發生效力。（二九上四三〇）

▲就連續發生之債務為保證而未定有期間者，保證人得隨時通知債權人終止保證契約，前項情形，保證人對於通知到達債權人後，所發生主債務人之債務，不負責任，民法第七百五十四條定有明文。尋繹該條立法意旨，係以債權人對於通知以後所發生之債權可以停止給付，無使保證人永負無限責任之必要，本件醫藥費係每日連續發生，而債權人亦可隨時停止給付，與該法條之文義及立法意旨相合，保證人自得隨時通知債權人，終止保證契約。（五二臺上一六六三）

載明住院規則所需住院費、特別藥費、手續費，於接受通知時即行交納，如有遲延由保證人負完全責任，除上訴人終止保證契約已辦妥手續外，即難謂其不負保證責任。（五二臺上三七五一）

▲所謂最高限額之抵押契約，係指所有人提供抵押物，與債權人訂立在一定金額之限度內，擔保現在已發生及將來可能發生之債權之抵押權設定契約而言。此種抵押權所擔保之債權，除訂約時已發生之債權外，即將來發生之債權，在約定限額之範圍內，亦為抵押權效力所及。雖抵押權存續期間內已發生之債權，因清償或其他事由而減少或消滅，原訂立之抵押契約依然有效，嗣後在存續期間內陸續發生之債權，債權人仍得對抵押物行使權利。此種抵押契約如未定存續期間，其性質與民法第七百五十四條第一項所定就連續發生之債務為保證而未定有期間之保證契約相似，類推適用同條項規定，抵押人固得隨時通知債權人終止抵押契約，對於終止契約後發生之債務，不負擔保責任。反之，此種抵押契約定有存續期間者，訂立契約之目的，顯在擔保存續期間內所發生之債權，凡在存續期間所發生之債權，皆為抵押權效力所及，於存續期間屆滿前所發生之債權，債權人在約定限額範圍內，對於抵押物均享有抵押權，除債權人拋棄為其擔保之權利外，自無許抵押人於抵押權存續期間屆滿前，任意終止此種契約。縱令嗣後所擔保之債權並未發生，僅債權人不得就未發生之債權實行抵押權而已，非謂抵押人得於存續期間屆滿前終止契約而享有請求塗銷抵押權設定登記之權利。（六六臺上一〇九七）

▲保證人與債權人約定就債權人與主債務人間所生一定債之關係範圍內之不特定債務，預定最高限額，由保證人保證之契約，學說上稱為最高限額保證。此種保證契約如定有期間，在該期間內所生約定範圍內之債務，不逾最高限額者，均為保證契約效力所及；如未定期間，保證契約在未經保證人依民法第七百五十四條規定終止或有其他消滅原因以前，所生約定範圍內之債務，亦同。故在該保證契約有效期間內，已發生約定範圍內之債務，縱因清償或其他事由而減少或消滅，該保證契約依然有效，嗣後所生約定範圍內之債務，於不逾最高限額者，債權人仍得請求保證人履行保證責任。（七七臺上九四三）

第七百五十五條 （定期債務保證責任之免除——延期清償）

就定有期限之債務為保證者，如債權人允許主債務人延期清償時，保證人除對於其延期已為同意外，不負保證責任。

⇧謹按保證人就定有清償期限之債務而為保證者，若債權人允許主債務人延期清償時，此種延期清償之允許，對於保證人之效力若何，不可不有明白之規定，俾免無益之爭論，故本條明示應以保證人之意思為準。如保證人對於債權人延期清償之允許，表示同意，則主債務延期，保證債務亦延期，保證人自應繼續負責。若保證人對於債權人延期清償之允許，不表同意，則主債務延期，保證債務消滅，保證人即不再負保證責任，蓋債權人自己拋棄期限之利益，應不使保證人因此而受不利之影響也。

*（定期保證之免責）民七五二；（同意與承認）民一一六、一一七；（清償期）民三一五、三一六。

▲就定有期限之債務為保證者，如債權人允許債務人延期清償時，保證人除於其延期已為同意外，不負保證責任。（一九上一五六七）

▲保證契約既載明自某日起至某日止一年期間內負保證責任，即屬概括保證之性質，在此一年期間內所發生之債務，不問次數若干，均應負保證責任。縱使債權人同意主債務人某一次借貸延期清償，而該一次借貸所延展之期間，既在原約定一年期間之內，自不得藉此主張不負保證之責任。（四三臺上一九二）

▲就定有期限之債務為保證者，如債權人允許主債務人延期清償時，保證人除於其延期已為同意外，不負保證責任，為民法第七百五十五條之所明定。此項規定凡保證債務均適用之，連帶保證債務不過保證人喪失先訴及檢索抗辯權，仍不失為保證債務之一種，自無排斥上開法條適用之理由。（四四臺上一一八二）

▲民法第七百五十五條之規定，以債務人延期清償係出自債權人之允許，並未得保證人之同意者，始有其適用。若債務人任意不履行債務，致有延期，而保證人又不能確實證明延期係出自債權人之允許時，自無許其免除保證責任之理。（四八臺上二六〇）

▲民法第七百五十五條固規定就定有期限之債務為保證者，如債權人允許主債務人延期清償時，保證人除對於其延期已為同意外，不負保證之責任。然同法第二百三十三條第一項又規定，遲延之債務以支付金錢為標的者，債權人得請求依法定利率計算之遲延利息，但約定利率較高者仍從其約定利率，故債務人遲延後，債權人一面得請求其履行債務，一面仍有權收取遲延利息，換言之，收取遲延利息者，不得謂其必未請求履行債務，而准許債務人延期履行。（五〇臺上一八二）

▲（五〇臺上一四七〇）參見本法第七百五十二條。

▲承銷保證契約記載：「茲擔保某甲在臺灣省某市菓菜批發市場經營菓菜承銷業務……如有虧欠貨款……等情事，保證人願負法律上一切責任」等語，其性質非屬一般債務保

第七百五十五條所謂就定有期限之債務為保證之情形迥不相同。（五一臺上一八五四）

▲就定有期限之債務為保證，保證人主張債權人允許主債務人延期清償，援引民法第七百五十五條之規定為抗辯時，對於債權人允許延期之事實固負舉證責任，但債權證書之到期日經塗改者，保證人簽名究在塗改前抑在其後，如有爭執，自應由持有債權證書之債權人負舉證責任。（五二臺上二七九九）

第七百五十六條（信用委任）

委任他人以該他人之名義及其計算，供給信用於第三人者，就該第三人因受領信用所負之債務，對於受任人負保證責任。

⇧謹按本條係採德國新民法特設信用委任之規定，所謂信用委任，如甲委任乙，以乙之名義及其計算，供給信用於第三人丙，即由乙借款若干於丙是，此種情形，實具有擔保債務之性質，故甲對於乙應負保證之責任。蓋信用委任係以受任人名義供給信用於第三人，所以別於普通委任，復以受任人計算供給信用於第三人，又以別於通常委任也。

＊（保證）民七三九；（委任）民五二八以下。

▲（五一臺上二八八九）參見本法第七百三十九條。

第二十四節之一　人事保證

(88)一、本節新增。

二、按人事保證者謂當事人約定，一方於他方之受僱人將來因職務上之行為而應對他方為損害賠償時，由其代負賠償責任之契約。人事保證在我國社會上已行之有年，自民國五年大理院上字第一〇一二號判決以來，實務上迭見相關案例，惟現行民法尚無任何規定，為使當事人間權利義務臻於明確，爰增訂本節規定。

第七百五十六條之一（人事保證之定義）

稱人事保證者，謂當事人約定，一方於他方之受僱人將來因職務上之行為而應對他方為損害賠償時，由其代負賠償責任之契約。

前項契約，應以書面為之。

(88)一、本條新增。

二、本條規定人事保證之意義。一般所稱之人事保證，或稱職務保證，乃係就僱傭或其他職務關係中將來可能發生之債務所為具有繼續性與專屬性，而獨立負擔損害賠償責任之一種特殊保證，惟仍係就受僱人之行為而代負損害賠償責任。為免人事保證之保證人負過重之責任，爰明定其責任範圍為他方受僱人將來因職務上之行為而應負之損害賠償責任，惟不及於僱用人對於受僱人之求償權，亦不及於非損害賠償債務，如受僱人因故逃匿而代為搜尋是。又本條稱受僱人者，與第一百八十八條所稱之受僱人同其意義，亦即非僅限於僱傭契約所稱之受僱人，凡客觀上被他人使用為之服勞務而受其監督者均屬之（最高法院五十七年臺上字第一六六三號民事判例參照）。

三、為示慎重，並期減少糾紛，爰於第二項明定人事保證契約，應以書面為之。

＊（賠償責任）民七五六之二。

▲（五一臺上一八五四）參見本法第七百五十五條。

第七百五十六條之二（保證人之賠償責任）

人事保證之保證人，以僱用人不能依他項方法受賠償者為限，負其責任。

保證人依前項規定負賠償責任時，除法律另有規定或契約另有訂定外，其賠償金額以賠償事故發生時，受僱人當年可得報酬之總額為限。

(88)一、本條新增。

二、人事保證為無償之單務契約，對保證人至為不利，故如僱用人能依他項方法獲得賠償者，諸如僱用人已就受僱人之不誠實行為參加保證保險（保險法第三章第四節之一第九十五條之一至第九十五條之三參照），或已由受僱人或第三人提供不動產就受僱人職務上行為所致損害為僱用人設定最高限額抵押權等是，自宜要求僱用人先依各該方法求償，其有不能受償，或不足受償，始令保證人負其責任，俾減輕保證人之責任，爰增訂本條。

＊（人事保證）民七五六之一。

第七百五十六條之三（人事保證之期間）

人事保證約定之期間，不得逾三年。逾三年者，縮短為三年。

前項期間，當事人得更新之。

人事保證未定期間者，自成立之日起有效期間為三年。

(88)一、本條新增。

二、人事保證契約係以將來內容不確定之損害賠償債務為保證對象，對於保證人極為不利，不可不設期間之限制。爰參考日本「有關身分保證之法律」第二條，並酌予縮短其期間，於第一項增訂人事保證約定之期間，及逾期縮短之規定。

三、人事保證定有期間者，於約定期間屆滿後，當事人得更新之，方符契約自由之原則。爰仿日本前開法律第二條規定，增訂本條第二項規定。至於更新之契約，依前條第二項應以書面為之，且依本條第一項規定，其期限亦不得逾三年，毋庸再予明文。

四、為免保證人負擔無限期之責任，爰於第三項明定人事保證未定期間者，其有效期間自成立日起算亦為三年。經過三年有效期間後，其人事保證關係消滅，如當事人重新訂約，自無不可。

第七百五十六條之四（保證人之契約終止權）

人事保證未定期間者，保證人得隨時終止契約。

前項終止契約，應於三個月前通知僱用人。但當事人約定較短之期間者，從其約定。

(88)一、本條新增。

二、人事保證未定期間者，應許保證人於法定之三年有效期間（修正條文第七百五十六條之三第三項參照）內，得隨時通知終止契約，以消滅其人事保證關係，爰為第一項規定。

三、保證人於終止契約時，應先期通知僱用人，俾僱用人及受僱人得於通知期限內另覓適當之保證人。惟當事人如約定較短之期間者，自宜從其約定，俾符合契約自由之精神。爰參考瑞士債務法第五百十二條而設第二項規定。

第七百五十六條之五（僱用人負通知義務之情形）

有左列情形之一者，僱用人應即通知保證人：

一　僱用人依法得終止僱傭契約，而其終止事由有發生保證人責任之虞者。

二　受僱人因職務上之行為而應對僱用人負損害賠償責任，並經僱用人向受僱人行使權利者。

三　僱用人變更受僱人之職務或任職時間、地點，致加重保證人責任或使其難於注意者。

保證人受前項通知者，得終止契約。保證人知有前項各款情形者，亦同。

(88)一、本條新增。

二、保證契約訂立後，無論其係定有期間或未定期間，如有因可歸責於受僱人之事由發生，僱用人依法得終止僱傭契約，而其終止事由有發生保證人責任之虞（例如僱用人依民法第四百八十四條、第四百八十五條、勞動基準法第十二條等規定或依契約所定得終止契約之事由，本得終止契約而不終止之情形）；或受僱人因職務上之行為而應對僱用人負損害賠償責任，並經僱用人向受僱人行使權利；或僱用人變更受僱人之職務或任職時間、地點，致加重保證人責任或使其難於注意受僱人職務之執行等情形，均有加重保證責任之虞，僱用人應即通知保證人，俾能及時處理，爰仿日本「關於身分保證之法律」第三條規定增訂第一項。

三、有第一項之事由時，保證人對於已發生之賠償責任，固難脫免，惟為免將來繼續發生或加重保證人之責任，應許其有終止保證契約之權利，爰仿日本前開法律第四條增訂第二項。

第七百五十六條之六（得減免保證人賠償金額之情形）

有左列情形之一者，法院得減輕保證人之賠償金額或免除之：

一　有前條第一項各款之情形而僱用人不即通知保證人者。

二　僱用人對受僱人之選任或監督有疏懈者。

⑧一、本條新增。

二、僱用人於有前條第一項各款足使保證人責任發生或加重之情事之一時，應即有通知義務，又僱用人對於受僱人有監督義務，故若有前條第一項各款之情事而僱用人怠於為前條之通知，或對於受僱人之監督有疏懈，其對損害之發生或擴大既與有過失，自應依其比例自負其責，方稱公允，為使其責任明確及具體化，並避免適用之困難，爰參考最高法院四十九年臺上字第二六三七號判例意旨而設本條規定。至於本條第一款之適用，自以損害係因僱用人應通知而未通知後所生，或因此而擴大者為限。

第七百五十六條之七（人事保證關係之消滅）

人事保證關係因左列事由而消滅：

一　保證之期間屆滿。

二　保證人死亡、破產或喪失行為能力。

三　受僱人死亡、破產或喪失行為能力。

四　受僱人之僱傭關係消滅。

⑧一、本條新增。

二、人事保證以保證人之信用為基礎，且以受僱人有能力及其與僱用人之僱傭關係存在為前提。因此，保證之期間屆滿、保證人或受僱人死亡、破產或喪失行為能力，或受僱人與僱用人之僱傭關係消滅時，其人事保證關係均應消滅。為杜疑義，爰增訂本條。至所謂保證期間屆滿，解釋上當包括約定保證期間屆滿及未定期間之保證契約，其法定有效期間已滿三年者而言。

第七百五十六條之八（請求權之時效）

僱用人對保證人之請求權，因二年間不行使而消滅。

⑧一、本條新增。

二、僱用人對於人事保證之保證人所得主張之損害賠償請求權，宜設短期時效，俾免保證人負擔之責任持續過長，爰訂本條。至請求權消滅時效起算點，依本法第一百二十八條前段之規定，應自請求權可行使時起算，即自僱用人受有損害而得請求賠償時起算，惟如僱用人尚有他項方法可受賠償時，依修正條文第七百五十六條之二之規定，應自不能依他項方法受賠償時起算，併予敘明。

*（保證期間）民七五六之三。

第七百五十六條之九（人事保證之準用）

人事保證除本節有規定者外，準用關於保證之規定。

⑧一、本條新增。

二、人事保證之性質與保證相類，以本節無特別規定者為限，得準用關於保證之規定，爰設本條規定。

*（保證）民七三九～七五六。

民法債編施行法

民國十九年二月十日國民政府公布
八十八年四月二十一日總統令修正公布
八十九年五月五日總統令修正公布
九十八年十二月三十日總統令修正公布
一百一十年一月二十日總統令修正公布第三六條；並增訂第一〇之一條條文

第一條（不溯既往原則）
民法債編施行前發生之債，除本施行法有特別規定外，不適用民法債編之規定；其在修正施行前發生者，除本施行法有特別規定外，亦不適用修正施行後之規定。

第二條（消滅時效已完成請求權之行使期間）
民法債編施行前，依民法債編之規定，消滅時效業已完成，或其時效期間尚有殘餘不足一年者，得於施行之日起，一年內行使請求權。但自其時效完成後，至民法債編施行時，已逾民法債編所定時效期間二分之一者，不在此限。
依民法債編之規定，消滅時效，不滿一年者，如在施行時，尚未完成，其時效自施行日起算。

第三條（法定消滅時效）
民法債編修正施行前之法定消滅時效已完成者，其時效為完成。
民法債編修正施行前之法定消滅時效，其期間較民法債編修正施行後所定為長者，適用修正施行前之規定。但其殘餘期間自民法債編修正施行日起算較民法債編修正施行後所定期間為長者，應自施行日起，適用民法債編修正施行後之規定。

第四條（無時效性質法定期間之準用）
前二條之規定，於民法債編所定無時效性質之法定期間準用之。

第五條（懸賞廣告之適用）
修正之民法第一百六十四條之規定，於民法債編修正施行前成立之懸賞廣告，亦適用之。

第六條（廣告定有完成行為期間者之適用）
修正之民法第一百六十五條第二項之規定，於民法債編修正施行前所為之廣告定有完成行為之期間者，亦適用之。

第七條（優等懸賞廣告之適用）
修正之民法第一百六十五條之一至第一百六十五條之四之規定，於民法債編修正施行前成立之優等懸賞廣告，亦適用之。

第八條（法定代理人之適用）
修正之民法第一百八十七條第三項之規定，於民法債編修正施行前無行為能力人或限制行為能力人不法侵害他人之權利者，亦適用之。

第九條（侵害身體等非財產法益賠償之適用）
修正之民法第一百九十五條之規定，於民法債編修正施行前，不法侵害他人信用、隱私、貞操，或不法侵害其他人格法益或基於父、母、子、女、配偶關係之身分法益而情節重大者，亦適用之。

第十條（債務人提前還本權之適用）
民法第二百零四條之規定，於民法債編施行前，所約定之利率，逾週年百分之十二者，亦適用之。

第十條之一（最高利率限制之適用）
修正之民法第二百零五條之規定，於民法債編修正施行前約定，而於修正施行後發生之利息債務，亦適用之。

第十一條（利息債務之適用）
民法債編施行前，發生之利息債務，於施行時尚未履行者，亦依民法債編之規定，定其數額。但施行時未付之利息總額，已超過原本者，仍不得過一本一利。

第十二條（回復原狀之適用）
修正之民法第二百十三條第三項之規定，於民法債編修正施行前因負損害賠償責任而應回復原狀者，亦適用之。

第十三條（法定損害賠償範圍之適用）
修正之民法第二百十六條之一之規定，於民法債編修正施行前發生之債，亦適用之。

第十四條（過失相抵與義務人生計關係酌減規定之適用）
民法第二百十七條第一項、第二項及第二百十八條之規定，於民法債編施行前負損害賠償義務者，亦適用之。
修正之民法第二百十七條第三項之規定，於民法債編修正施行前被害人之代理人或使用人與有過失者，亦適用之。

第十五條（情事變更之適用）
修正之民法第二百二十七條之二之規定，於民法債編修正施行前發生之債，亦適用之。

第十六條（債務不履行責任之適用）
民法債編施行前發生之債務，至施行後不履行時，依民法債編之規定，負不履行之責任。
前項規定，於債權人拒絕受領或不能受領時，準用之。

第十七條（因契約標的給付不能賠償之適用）
修正之民法第二百四十七條之一之規定，於民法債編修正施行前訂定之契約，亦適用之。

第十八條（違約金之適用）
民法第二百五十條至第二百五十三條之規定，於民法債編施行前約定之違約金，亦適用之。

第十九條（債務清償公認證書之作成）
民法第三百零八條之公認證書，由債權人作成，聲請債務履行地之公證人、警察機關、商業團體或自治機關蓋印簽名。

第二十條（一部清償之適用）

民法第三百十八條之規定，於民法債編施行前所負債務，亦適用之。

修正之民法第三百十八條第二項之規定，於民法債編修正施行前所負債務，並適用之。

第二十一條（抵銷之適用）

民法債編施行前之債務，亦得依民法債編之規定為抵銷。

第二十二條（買回期限之限制）

民法債編施行前所定買回契約定有期限者，依其期限，但其殘餘期限自施行日起算較民法第三百八十條所定期限為長者，應自施行日起適用民法第三百八十條之規定，如買回契約未定期限者，自施行日起不得逾五年。

第二十三條（出租人地上權登記之適用）

修正之民法第四百二十二條之一之規定，於民法債編修正施行前租用基地建築房屋者，亦適用之。

第二十四條（租賃之效力及期限）

民法債編施行前所定之租賃契約，於施行後其效力依民法債編之規定。

前項契約，訂有期限者，依其期限，但其殘餘期限，自施行日起算較民法第四百四十九條所規定之期限為長者，應自施行日起適用民法第四百四十九條之規定。

第二十五條（使用借貸預約之適用）

修正之民法第四百六十五條之一之規定，於民法債編修正施行前成立之使用借貸預約，亦適用之。

第二十六條（消費借貸預約之適用）

修正之民法第四百七十五條之一之規定，於民法債編修正施行前成立之消費借貸預約，亦適用之。

第二十七條（承攬契約之適用）

修正之民法第四百九十五條第二項之規定，於民法債編修正施行前成立之承攬契約，亦適用之。

▲民法第四百九十四條但書規定，所承攬之工作為建築物或其他土地上之工作物者，定作人不得解除契約，係指承攬人所承攬之建築物，其瑕疵程度尚不致影響建築物之結構或安全，毋庸拆除重建者而言。倘瑕疵程度已達建築物有倒塌之危險，猶謂定作人仍須承受此項危險，而不得解除契約，要非立法本意所在。（八三臺上三二六五）

第二十八條（拍賣之方法及程序）

民法債編所定之拍賣，在拍賣法未公布施行前，得照市價變賣，但應經公證人、警察機關、商業團體或自治機關之證明。

▲釋五五。

第二十九條（旅遊之適用）

民法債編修正施行前成立之旅遊，其未終了部分自修正施行之日起，適用修正之民法債編關於旅遊之規定。

第三十條（遺失被盜或滅失倉單之適用）

修正之民法第六百十八條之一之規定，於民法債編修正施行前遺失、被盜或滅失之倉單，亦適用之。

第三十一條（遺失被盜或滅失提單之適用）

修正之民法第六百二十九條之一之規定，於民法債編修正施行前遺失、被盜或滅失之提單，亦適用之。

第三十二條（無記名證券發行人抗辯權之適用）

修正之民法第七百二十二條之規定，於民法債編修正施行前取得證券出於惡意之無記名證券持有人，亦適用之。

第三十三條（保證人之權利不得預先拋棄之適用）

修正之民法第七百三十九條之一之規定，於民法債編修正施行前成立之保證，亦適用之。

第三十四條（保證人抵銷權之適用）

修正之民法第七百四十二條之一之規定，於民法債編修正施行前成立之保證，亦適用之。

第三十五條（人事保證之適用）

新增第二十四節之一之規定，除第七百五十六條之二第二項外，於民法債編修正施行前成立之人事保證，亦適用之。

第三十六條（施行日期）

本施行法自民法債編施行之日施行。

民法債編修正條文及本施行法修正條文，除另定施行日期者外，自公布日施行。

中華民國八十八年四月二十一日修正公布之民法債編修正條文及本施行法修正條文，自八十九年五月五日施行。但民法第一百六十六條之一施行日期，由行政院會同司法院另定之。

中華民國九十八年十二月十五日修正之民法第六百八十七條及第七百零八條，自九十八年十一月二十三日施行。

中華民國一百零九年十二月二十九日修正之民法第二百零五條，自公布後六個月施行。

民　法

民國十八年十一月三十日國民政府公布
八十四年一月十六日總統令修正公布
九十六年三月二十八日總統令修正公布
九十八年一月二十三日總統令修正公布
九十九年二月三日總統令修正公布
一百零一年六月十三日總統令修正公布第八〇五、八〇五之一條條文

第三編　物　權

⇧查民律草案物權編原案謂物權者，直接管領特定物之權利也。此權利有對抗一般人之效力（即自己對於某物有權利，若人為害及其權利之行為時，有可以請求勿為之效力）。故有物權之人實行其權利時，較通常債權及其後成立之物權，占優先之效力，謂之優先權。又能追及物之所在，而實行其權利，謂之追及權。既有此重大之效力，自應詳細規定，使其關係明確。此本編之所由設也。

第一章　通　則

⇧謹按通則為各種物權共通適用之法則，與債編之通則同，亦以總揭為宜。故設通則一章，弁諸本編。

第七百五十七條　（物權法定主義）

物權除依法律或習慣外，不得創設。

⑱為確保交易安全及以所有權之完全性為基礎所建立之物權體系及其特性，物權法定主義仍有維持之必要，然為免過於僵化，妨礙社會之發展，若新物權秩序法律未及補充時，自應許習慣予以填補，故習慣形成之新物權，若明確合理，無違物權法定主義存立之旨趣，能依一定之公示方法予以公示者，法律應予承認，以促進社會之經濟發展，並維護法秩序之安定，爰仿韓國民法第一百八十五條規定修正本條。又本條所稱「習慣」係指具備慣行之事實及法的確信，即具有法律上效力之習慣法而言，併予指明。

*（權利）民一四八；（法律）民一，憲一七〇，中標二、四～六；（本法規定之物權）民七七三、八〇一、八三二、[illegible]九二八；（其他法律所規定之物權或準物權）礦業一一，水利一五、二七，海商六、八、三三、三四，動擔二，民航一八。

▲民法第七百五十七條規定：物權，除本法或其他法律有規定外，不得創設。此所謂法律，按之採用物權限定主義之本旨，係指成文法而言，不包含習慣在內。故依地方習慣房屋之出租人出賣房屋時，承租人得優先承買者，惟於租賃契約當事人間有以之為契約內容之意思時，發生債之效力，不能由是創設有物權效力之先買權。（三〇上二〇四〇）（九九、二、二三決議不再援用）

▲依民法第七百五十七條之規定，承租人對於租用之房屋，既不得依習慣取得有物權效力之先買權，自難援用民法物權編施行前之十八年上字第一五三號判例，以排斥民法第七百五十七條之適用。上訴人徒以該判例載有凡租房以開設工廠或商店之長期租戶，如依地方習慣應有先買權，固無妨認其習慣有法之效力等語，即謂上訴人長期租房開設酒坊，依某地習慣及上開判例，應有先買權，因而指摘原判決適用法規為不當，亦無足採。（三一上二一三五）（九九、二、二三決議不再援用）

▲上訴人主張訟爭房屋伊有先買權，無非以本院十八年上字第一五三號判例為其依據。第查依民法第七百五十七條之規定，承租人對於租用之房屋既不得依習慣取得有物權效力之先買權，自難援用民法物權編施行前之上項判例，以排斥該條之適用。（三八臺上二六九）（九九、二、二三決議不再援用）

▲未定期限之典權，訂明回贖時，須先訂立永遠批約。雖非無債權的效力，但變更物權內容即屬創設物權，依民法第七百五十七條規定，不能發生物權效力。（三八穗上二八三）

第七百五十八條　（設權登記——登記生效要件主義）

不動產物權，依法律行為而取得、設定、喪失及變更者，非經登記，不生效力。

前項行為，應以書面為之。

⑱一、現行條文未修正，改列為第一項。

二、不動產物權之得、喪、變更之物權行為，攸關當事人之權益至鉅，為示慎重，並便於實務上作業，自應依當事人之書面為之，現行條文第七百六十條之「書面」，究為債權行為，或為物權行為，適用上有不同見解，爰增訂第二項，並將上述第七百六十條刪除。又此所謂「書面」，係指具備足以表示有取得、設定、喪失或變更某特定不動產物權之物權行為之書面而言。如為契約行為，須載明雙方當[illegible]一方之意思表示。至以不動產物權變動為目的之債權行為者，固亦宜以書面為之，以昭慎重；惟核其性質則以於債編中規定為宜，第一百六十六條之一第一項已明定「契約以負擔不動產物權之移轉、設定或變更之義務為標的者，應由公證人作成公證書。」併此敘明。

*（不動產）民六六；（不動產物權）民七七三、八三二、八五〇之一、八五一、八六〇、九一一；（法律行為）民七一～七四；（不動產物權登記）民物施三、七、八，土地三七、四三、四八～七九，礦業一七，水利二七，土登二～五、七；（法定物權——不動產物權無須登記者）民五一三，土地一〇四、一〇七、二一九；（登記對抗主義）海商九、三六，船登四，動擔五，民航二〇；（相對登記主義）民七五九。

▲釋二一七。

▲民法物權編關於登記之規定，在物權未能依該編施行法第三條所稱之法律登記前，不適用之。故在此時期依法律行為設定不動產物權者，該法律行為成立時即生效力，不以登記為其效力發生要件。惟在不動產登記條例已施行之區域，非經登記仍不得對抗第三人。（二二上一〇八四）

▲不動產之買受人雖未支付價金，而依物權法之規定，出賣人移轉所有權於買受人之法律行為已生效力者，自不能因買受人尚未支付價金，即謂其所有權未曾取得。（二七上八一六）（三一上二〇五五）

▲不動產所有權之移轉，不以交付該不動產為其效力發生要件，此就民法第七百五十八條與第七百六十一條之規定，對照觀之自明。（二八上五三三）

▲在土地法關於登記之部分施行前設定抵押權者，依民法物權編施行法第三條，不適用民法第七百五十八條之規定，自不以登記為發生效力之要件，雖其設定在該地方施行不動產登記條例之後，依同條例第三條、第五條不得以其設定對抗第三人，而在當事人間究已發生抵押權設定之效力，不因嗣後土地法關於登記部分之施行而受影響。被上訴人甲在土地法關於登記部分施行前，為被上訴人乙向上訴人設定抵押權，自不能僅以其在土地法關於登記部分施行後未經登記，即適用民法第七百五十八條之規定，認為無效。（二八上一三二三）

▲被上訴人因上訴人回贖權消滅而取得典物所有權，係依法律行為以外之原因所生不動產物權之變動，本無民法第七百五十八條之適用。上訴人以被上訴人未依民法第七百五十八條為取得典物所有權之登記，即不生物權得喪之效力，藉此指摘原判決不許回贖為違法，自難認為有理由。（三一上三二二六）

▲不動產所有權之移轉，不以交付該不動產為其效力發生要件，此就民法第七百五十八條與第七百六十一條之規定對

照觀之自明。故在物權未能依民法物權編施行法第三條所稱之法律登記前，移轉不動產所有權之契約，祇須依民法第七百六十條之規定，訂立書面即可發生效力。（三二上五七三）

▲（三九臺上五八三）參見本法第八十七條。

▲上訴人提出登記收費據、房捐收據及縣政府登記審查完畢之批示，均不能證明已經登記完畢，即未合法取得所有權，不得對於強制執行提起異議之訴。（四〇臺上一二二六）

▲被上訴人未將其所有權移轉登記於他人，縱令其與他人已有買賣之債權契約，然其在物權尚未消滅以前，以自己名義起訴，亦非法所不許。（四〇臺上一二二七）

▲因繼承而取得不動產物權，係依法律行為以外之事由所生不動產物權之變動，不受民法第七百五十八條所定須經登記始生效力之限制。（四〇臺上一〇〇一）

▲（四〇臺上一二三五）參見本法第二百九十四條。

▲臺灣光復後，政府機關因代表國家接收日產房屋所取得之物權，與依法律行為而取得者有別，自無民法第七百五十八條之適用。（四〇臺上一二四二）

▲國家機關代表國庫接收敵偽不動產，係基於國家之權力關係而為接收，並非依法律行為而取得不動產所有權，依民法第七百五十八條之反面解釋，既無須登記已能發生取得所有權之效力，自得本其所有權對抗一般人，不能因接收前所有權之取得未經登記，而謂其仍無對抗第三人之效力。（四〇臺上一九一二）

▲當事人買賣不動產，如因買賣時地方淪陷無合法之登記機關，致不能為登記者，其買賣契約之書面成立時，即發生物權移轉之效力。（四一臺上一八〇）

▲物權之設定、移轉，依當時臺灣所適用之法律，僅須當事人之意思表示即生效力，所有權取得人雖未為所有權取得之登記，亦可為取得所有權之主張。（四一臺上三八六）

▲訟爭房屋係被上訴人之父生前買自訴外人，因與上訴人有親戚之誼借與居住，雖被上訴人之父當時因戰事逃返原籍，未及為移轉登記。但前業主既就訟爭房屋之返還請求權，隨該房屋之買賣契約移轉於被上訴人之父，則被上訴人基此主張權利，自非上訴人以借用人之地位，於使用借貸權利之外，所得藉詞抗爭。（四一臺上四三〇）

▲自己建築之房屋，與依法律行為而取得者有別，縱使不經登記，亦不在民法第七百五十八條所謂非經登記不生效力之列。（四一臺上一〇三九）

▲某股份有限公司股東以其所有之某處土地與該公司訂約，將約定價金抵充股款，亦屬不動產所有權依法律行為而移轉之性質，依民法第七百五十八條之規定，非經登記不生效力。在其所有權移轉登記之前，尚難謂該公司為此項土地之所有權人。（四三臺上一一七）

經登記不生效力，為民法第七百五十八條所明定，同法施行法第三條第二項所謂物權未能依前項法律登記前，不適用民法物權編關於登記之規定，乃指未施行登記之區域而言，若在土地法關於登記已施行之區域，自非經登記不生效力，要無該條項之適用。（四三臺上七九〇）

▲不動產物權依法律行為而取得者，非經登記不生效力。如非依法律行為而取得者，雖不以登記為取得所有權之要件，但其取得所有權之原因必須有相當之證明，否則無從認為有所有權之存在，而得據以排除強制執行。（四七臺上七〇五）

▲被上訴人取得系爭土地之所有權，乃基於國家機關之權力關係，並非依法律行為而取得，依民法第七百五十八條之反面解釋，既無須登記已能發生所有權之效力，則其以上訴人轉租為原因訴請還地，於法並無不合。（四八臺上一三六二）

▲得為預告登記之保全者，係以土地權利之移轉、消滅、或其內容次序之變更為標的之請求權，與民法第七百五十八條所定因法律行為而取得不動產物權非經登記不生效力之情形不同。故上訴人就系爭房屋執有上開預告登記之通知書，亦難謂有排除強制執行之權利存在。（四九臺上二四）

▲系爭土地於日據時期既經日軍徵收作為軍用機場用地，並已對上訴人付清價款，依當時適用之日本民法，其所有權即已移轉於日軍。上訴人於本省光復後隱匿徵收情形，向主管官署矇混聲請辦理所有權登記，當時既非系爭土地之真正權利人，則縱使業經登記完畢取得所有權狀，亦無從確定其權利。而且國家權利之取得又係基於戰勝國之權力關係所為之接收，並非由於法律行為，依民法第七百五十八條之反面解釋，自無須登記即發生取得所有權之效力。上訴人顯不得再以日軍就系爭土地未辦所有權移轉登記，而謂系爭土地之所有權仍屬於上訴人，被上訴人不得請求塗銷就系爭土地所為之所有權登記。（五二臺上一四八五）

▲不動產所有權之移轉，不以交付該不動產為其效力發生要件，不動產之買受人雖未受交付，而依物權法之規定，出賣人移轉所有權於買受人之法律行為已生效力者，自不能因買受人尚未交付即謂其所有權未曾取得，又不動產之重複買賣，以先辦妥所有權移轉登記者，應受法律之保護。（五九臺上一五三四）

▲買賣乃法律行為，基於買賣取得不動產之所有權，非經登記不生效力，與承攬之定作人原始取得工作物所有權之情形不同。至所謂工作物供給契約，即工作物全部材料由承攬人供給者，如當事人之意思重在工作物財產權之移轉時，乃不失為買賣之一種。（五九臺上一五九〇）

▲訟爭房屋，被上訴人既係購自日產清理處，自屬依法律行為而取得，倘未辦理所有權移轉登記，不能徒憑一紙日產

權。（六〇臺上一三一七）

▲不動產物權依法律行為而取得者，非經登記不生效力，為民法第七百五十八條所明定。此項規定，並不因不動產為違章建築而有例外。（六二臺上二四一四）

▲系爭房地雖登記為被上訴人之妻所有，但依民法第一千零十六條及第一千零十七條第二項之規定，其所有權應屬於被上訴人，此與民法第七百五十八條所定依法律行為而取得不動產物權，非經登記，不生效力之情形不同。上訴人以被上訴人尚未依登記取得系爭房屋地之所有權，不無誤會。（六三臺上五二二）（九一、九、九決議不再援用）

▲民法第七百五十九條所謂因法院之判決，於登記前已取得不動產物權者，係指以該判決之宣告足生物權法上取得某不動產效果之力，恆有拘束第三人之必要，而對於當事人以外之一切第三人亦有效力者而言，惟形成判決始足當之，不包含其他判決在內。關於命被上訴人陳某辦理所有權移轉登記之確定判決，性質上既非形成判決，尚須上訴人根據該確定判決辦畢所有權移轉登記後，始能取得所有權，自難謂上訴人於該所有權移轉登記事件判決確定時，即取得系爭土地之所有權。嗣後上訴人既迄未辦畢所有權移轉登記，則其尚未取得系爭土地之所有權，殊無疑義，是上訴人本於所有權請求排除被上訴人楊某等之強制執行，即難認為有理由。（六五臺上一七九七）

▲提起分割共有物之訴，參與分割之當事人，以共有人為限。請求分割之共有物，如為不動產，共有人之應有部分各為若干，以土地登記總簿登記者為準，雖共有人已將其應有部分讓與他人，在辦妥所有權移轉登記前，受讓人仍不得以共有人之身分，參與共有物之分割。（六七臺上三一三一）

▲系爭房屋原計畫蓋建二樓，而建築之程度，二樓結構業已完成，僅門窗尚未裝設及內部裝潢尚未完成，此項尚未完全竣工之房屋，已足避風雨，可達經濟上之使用目的，即成為獨立之不動產。上訴人向被上訴人買受系爭房屋，依民法第七百五十八條規定，自須辦理所有權移轉登記手續，始能取得系爭房屋之所有權，不能以行政上變更起造人名義之方式，取得系爭房屋之所有權。（七〇臺上二二二一）

▲民法第七百五十八條規定，不動產物權依法律行為而喪失者，非經登記不生效力。拋棄對於不動產公同共有之權利者，亦屬依法律行為喪失不動產物權之一種，如未經依法登記，仍不生消滅其公同共有權利之效果。（七四臺上二三二二）

第七百五十九條（宣示登記——相對登記主義）

因繼承、強制執行、徵收、法院之判決或其他非因法律

處分其物權

(98)一、按土地法、土地徵收條例及強制執行法等現行規定多使用「徵收」一語，為避免法律用語兩歧，本條現行用語「公用徵收」配合修正為「徵收」。
二、「於登記前已取得不動產物權者」，非僅限於繼承、強制執行、徵收及法院之判決四種，其他尚有因法律之規定而取得不動產物權者，例如因除斥期間之屆滿而取得典物所有權（民法第九百二十三條第二項規定）等是，亦有因法律事實而取得不動產物權者，例如自己出資興建建築物等是。為期周延，爰增列概括規定「其他非因法律行為」，於登記前已取得不動產物權者，應經登記，始得處分其物權，並酌作文字修正。

*（創設登記）民七五八；（不動產）民六六；（不動產物權）民七七三、八三二、八五〇之一、八五一、八六〇、九一一；（不動產物權登記）民物施三、七、八，土地三七、四三、四八～七九，礦業一七，水利二七，土登二～五、七；（繼承）民一一四七、一一四八、一一五一；（強制執行）強執四、七五、一一四；（公用徵收）土地二〇八、二〇九、二一一、二二二、二二八、二二九、二三一、二三五；（處分）民七六五；（其他先取得物權者之準用）民五一三、七六九、七七〇、九二三、一〇〇八、一〇一六、一〇三一、一一八五，土地一〇～一三。

▲不動產物權因法院之判決而取得者，不以須經登記為生效要件，固為民法第七百五十九條之所明定。惟此之所謂判決，係僅指依其宣告足生物權法上取得某不動產物權效果之力，恆有拘束第三人之必要，而對於當事人以外之一切第三人亦有效力者（形成力亦稱創效力）而言，惟形成判決（例如分割共有物之判決）始足當之，不包含其他判決在內。（四三臺上一〇一六）

▲因繼承原因於登記前已取得不動產物權者，非經登記，不得處分其物權，固為民法第七百五十九條所明定。惟該條之登記並無期間之限制，繼承人先與第三人成立移轉不動產所有權之債權契約，並於完成登記後以之移轉登記於受讓其權利之第三人，究非法所不許。（五一臺上一三三）

▲共有物之分割，經分割形成判決確定者，即生共有關係終止及各自取得分得部分所有權之效力。共有人對於他共有人分得之部分，既喪失共有權利，則其占有，除另有約定外，即難謂有何法律上之原因。（五一臺上二六四一）

▲在日據時期買受之不動產，於臺灣光復後仍由原出賣人登記為其所有者，買受人僅得向原出賣人請求為所有權移轉登記，而不得提起塗銷登記之訴，固經本院著有先例。惟土地所有權之移轉係由於強制徵收時，政府既可依權力作用即取得所有權，縱須補償價金亦與單純買賣行為不同，如原所有人仍為所有權保存登記，則國家機關自得訴請塗銷其登記。（五二臺上一〇四一）

▲基於強制執行而取得不動產物權者，屬於民法第七百五十九條規定之範圍，一經法院發給所有權權利移轉證書，即發生取得不動產物權之效力。倘非更予處分，則不以登記為生效要件。（五六臺上一八九八）

▲（六五臺上一七九七）參見本法第七百五十八條。

▲分割共有物，性質上為處分行為，依民法第七百五十九條規定，共有不動產之共有人中有人死亡時，於其繼承人未為繼承登記以前，固不得分割共有物。惟上訴人因被上訴人劉某就系爭建地尚未辦理繼承登記，依法不得為物權之處分。於本件訴訟中，請求劉某等辦理繼承登記，並合併對劉某等及其餘被上訴人為分割共有物之請求，不但符合訴訟經濟原則，抑與民法第七百五十九條及強制執行法第一百三十條規定之旨趣無違。（六九臺上一〇一二）

▲法院裁判分割共有物而以原物分配於各共有人時，係使共有關係變更為單獨所有，其性質為共有人間應有部分之交換，自屬處分行為，如係變賣共有物而以價金分配於共有人，即係以處分共有物為分割之方法，均以共有人之處分權存在為前提，如果共有人就共有物並無處分權可資行使，法院即無從基此為裁判分割。本件被上訴人之被繼承人某甲及某乙死亡後，被上訴人迄未辦理繼承登記，依民法第七百五十九條規定，自不得處分該應有部分，上訴人未先行或同時請求被上訴人辦理繼承登記，逕訴請分割共有物，自有未當。（六九臺上一一三四）

▲民法第七百五十九條所謂未經登記不得處分其物權，係指物權處分行為而言。繼承人簡甲、簡乙代表全體繼承人出賣系爭土地，所訂買賣契約僅屬債權行為。訂約時，即令繼承人未辦畢繼承登記亦不生違反民法第七百五十九條規定，而使債權契約成為無效之問題。（七四臺上二〇二四）

第七百五十九條之一（不動產物權登記之變動效力）

不動產物權經登記者，推定登記權利人適法有此權利。

因信賴不動產登記之善意第三人，已依法律行為為物權變動之登記者，其變動之效力，不因原登記物權之不實而受影響。

(98)一、本條新增。
二、「登記」與「占有」同為物權公示方法之一，民法就占有既於第九百四十三條設有權利推定效力之規定，「登記」自亦應有此種效力，爰仿德國民法第八百九十一條、瑞士民法第九百三十七條第一項規定，增訂第一項，以期周延。又此項登記之推定力，乃為登記名義人除不得援以對抗其直接前手之真正權利人外，得對其他任何人主張之。為貫徹登記之效力，此項推定力，應依法定程序塗銷登記，始得推翻。至於土地法第四十三條雖規定依該法所為之登記有絕對效力；惟實務上向認在第三者信賴登記而取得土地權利之前，真正權利人仍得對登記名義人主張登記原因之無效或撤銷（最高法院四十年臺上字第一八九二號判例參照），是該條文所稱絕對效力，其範圍既僅止於保護信賴登記之善意第三人，其效果自與新增之本條文無異。惟為免文義兩歧，於修正土地法時，應將第四十三條配合本條修正。
三、不動產物權之登記所表彰之物權如與實際狀態不一致，例如無所有權登記為有所有權，或土地有地上權負擔而未登記該地上權等不實情形，而信賴不動產登記之善意第三人因信賴登記與之為交易行為，依法律行為再為物權變動之登記者，其效力如何？現行法尚無明文規定，惟實務上見解均承認其效力（司法院院字第一九五六號解釋、最高法院四十一年臺上字第三二三號判例參照）。為確保善意第三人之權益，以維護交易安全，爰依上開解釋、判例及參照德國民法第八百九十二條、瑞士民法第九百七十三條規定，增訂第二項。

第七百六十條（刪除）

第七百六十一條（動產物權之讓與方法——交付、簡易交付、占有改定、指示交付）

動產物權之讓與，非將動產交付，不生效力。但受讓人已占有動產者，於讓與合意時，即生效力。

讓與動產物權，而讓與人仍繼續占有動產者，讓與人與受讓人間，得訂立契約，使受讓人因此取得間接占有，以代交付。

讓與動產物權，如其動產由第三人占有時，讓與人得以對於第三人之返還請求權，讓與於受讓人，以代交付。

⇧查民律草案第九百八十條理由謂動產物權之讓與，與不動產物權之讓與，同為保護第三人之利益，及保護交易安全計，應設一定之方式，而動產與不動產異，既無一定之地位，且種類極多，不得援用不動產物權應登記之例，自不待言。自來各國，皆以交付（即占有移轉）為動產物權讓與之公示方法，又以交付為動產物權成立之要件，蓋占有移轉最能使第三人自外部推知動產物權之權利狀態也。惟交付主義，又分為二：一為交付公示主義，以占有移轉為讓與動產物權之公示方法，在占有移轉以前，當事人不得以動產物權之讓與對抗第三人（雖不能對抗第三人，而當事人間，以意思表示即完全生效力）。一為交付要件主義，以占有移轉為動產物權讓與成立之要件，在占有移轉以前，物權之讓與，匪惟不得對抗第三人，即於當事人之間亦不發生效力。交付公示主義辦法繁雜，於交易上殊多不便，且有已成物權而不得對抗第三人之弊。就實際理論言之，均覺未協，交付要件主義異是。此第一項所由設也。依讓與以外之權利原因取得動產物權者，以法令別無規定為限，無須占有移轉即應發生效力，例如因繼承而取得動產物權是也。本條指明讓與，意在於此。動產物權之讓與，雖以交付為要件（此交付指現實之交付而言，即讓與人將其現在直接之占有，移轉於受讓人也），然受讓人於讓與之先，已占有其動產者，當其讓與時，祇須彼此合意移轉其物權，即發生讓與之效力（謂之簡易交付）。若於讓與之後，讓與人仍繼續占有其動產者，讓與人與受讓人得訂立契約，使生受讓人應取得間接占有之法律關係（例如另結租賃借貸契約是也）以代交付（謂之占有改定）。又以第三人占有之動產物權而行讓與者，讓與人得以其向第三人請求返還權，讓與受讓人以代交付。以上三者，似與以交付為要件之主義不合，然為使動產物權易於移轉起見，不能不設變通之法。此第一項但書，及第二項、第三項之所由設也。

*（動產）民六七；（動產物權）民八〇一、八八四、九二八；（動產物權之登記）海商九、三六，船登三～五、七，民航八、二〇，動擔五；（占有）民九四〇～九四二、九四六；（證券交付之效力）民六一八、六二九、六三〇，海商六〇；（契約）民一五三。

▲（四四臺上八二八）參見本法第三百七十三條。

▲被上訴人占有之房屋既經上訴人向原所有人合法買受，並經出賣人將該占有物之返還請求權讓與於上訴人，則除被上訴人在該房屋上另有權利外，上訴人非不得向之請求交屋。（四五臺上四〇六）

▲（四六臺上六四）參見本法第九百四十六條。

▲系爭房屋上訴人於買受後，出租與原出賣人居住，則依民法第九百四十六條第二項，準用第七百六十一條第二項之規定，既已取得間接占有以代交付，即應以租賃契約成立之日期，為系爭房屋移轉占有之日期。（四八臺上六一一）

▲依民法第七百六十一條第一項前段規定，動產物權之讓與，非將動產交付，不生效力，此之所謂交付，非以現實交付為限，如依同條第一項但書及第二項、第三項規定之簡易交付，占有改定及指示交付，亦發生交付之效力，此項規定於汽車物權之讓與，亦有適用。（七〇臺上四七七一）

第七百六十二條　（物權之消滅㈠——所有權與其他物權混同）

同一物之所有權及其他物權，歸屬於一人者，其他物權因混同而消滅。但其他物權之存續，於所有人或第三人有法律上之利益者，不在此限。

⇧查民律草案第九百八十一條理由謂一物之所有權，及其他物權同歸於一人時，其物權因混同而消滅。例如甲於乙所有土地有地上權，其後乙為甲之繼承人時，地上權與所有權混同，地上權應消滅。自理論言之，混同祇不能實行權利而已，不得為權利消滅之原因，然必使不能實行之權利存續，既無實益，徒使法律關係，趨於錯雜，故混同仍應為權利消滅之原因，此為原則。亦有例外，一物之所有權，及其他物權同歸於一人時，若所有人或第三人於其物權存續有法律上之利益時，其物權不因混同而消滅，蓋有時若因混同而消滅，必至害及所有人或第三人之利益。例如甲將其所有土地，先抵當與乙，乙為第一抵當人，次又抵當與丙，丙為第二抵當人，若其後甲為乙之繼承人，則乙前有之第一抵當權仍舊存續，甲（此時仍為所有人）有法律上之利益。蓋丙之第二抵當權，本不能得完全之清償，若使第一抵當權消滅，則丙遞升為第一抵當權人，能受完全之清償，受其害者在甲，故第一抵當權存續，於甲有法律上之利益。又如甲於乙所有土地有地上權，將其抵當於丙，其後甲向乙購得此土地，則丙（第三人）於地上權存續，有法律上之利益。蓋地上權消滅，則丙之抵當權，因標的物消滅，不利於丙實甚。此本條之所由設也。

*（債之混同）民三四四；（所有權以外物權之混同）民七六三、八八二、八九一；（物權之拋棄）民七六四；（物權之其他消滅原因）民三三〇、八三六、八三六之三、八五〇之二、八五〇之四、八五〇之五、八八〇、八八一、八九七～八九九、一一八五；（限定繼承）民一一五四。

▲釋一三九。

第七百六十三條　（物權之消滅㈡——所有權以外物權之混同）

所有權以外之物權，及以該物權為標的物之權利，歸屬於一人者，其權利因混同而消滅。

前條但書之規定，於前項情形準用之。

⇧查民律草案第九百八十二條理由謂所有權以外之物權，及以其為標的物之他種物權同歸於一人，亦應用前條之例而消滅。例如甲以其地上權抵當於乙，其後甲為乙之繼承人，則乙之抵當權，因混同而消滅。然甲若先將其地上權抵當於乙，乙為第一抵當權人，次又將其地上權抵當於丙，丙為第二抵當權人，其後甲為乙之繼承人，則甲於乙之第一抵當權存續有法律上之利益，故不因混同之故，而使其消滅。此本條之所由設也。

*（物）民六六、六七；（所有權）民七六五；（所有權以外之物權）民八三二、八五〇之一、八五一、八六〇、八八四、九〇〇、九一一、九二八；（債之混同）民三四四；（以所有權以外物權為標的之權利）民八八二；（限定繼承）民一一五四；（物權之拋棄）民七六四。

第七百六十四條　（物權之消滅㈢——拋棄）

物權除法律另有規定外，因拋棄而消滅。

前項拋棄，第三人有以該物權為標的物之其他物權或於該物權有其他法律上之利益者，非經該第三人同意，不得為之。

拋棄動產物權者，並應拋棄動產之占有。

⑼一、現行條文未修正，改列為第一項。

二、以物權為標的物而設定其他物權或於該物權有其他法律上之利益者，事所恆有。例如以自己之所有權或以取得之地上權或典權為標的物，設定抵押權而向第三人借款；或如以質權或抵押權連同其所擔保之債權設定權利質權；或地上權人於土地上建築房屋後，將該房屋設定抵押權予第三人等是。如允許原物權人拋棄其地上權等，則所設定之其他物權將因為標的物之物權之消滅而受影響，因而減損第三人之利益，對第三人保障欠周，爰增訂第二項。

三、又拋棄動產物權者，並應拋棄動產之占有，爰增訂第三項。至於所拋棄者為不動產物權時，仍應作成書面並完成登記始生效力。惟因係以單獨行為使物權喪失，應有第七百五十八條規定之適用，無待重複規定，併予敘明。

*（物權之混同）民七六二、七六三；（法律另有規定）民八三四、八三五；（物權）民七七三、八〇一、八三二、八五〇之一、八五一、八六〇、八八四、九〇〇、九一一、九二八。

▲民法第七百六十四條所謂拋棄，係指物權人不以其物權移轉於他人，而使其物權絕對歸於消滅之行為而言。（三二上六〇三六）

▲（七四臺上二三二二）參見本法第七百五十八條。

第二章　所　有　權

⇧查民律草案物權編第二章原案謂所有權為最重要之物權，自來學者，聚訟滋多，各國之立法例，亦不一致。本法參酌各種學說及各國之立法例，特設本章之規定。

第一節　通　則

⇧謹按本節為所有權之共通法則，關於所有權之內容及其範圍，暨所有權之請求權等，均設詳細之規定，俾資適用。

第七百六十五條（所有權之權能）

所有人，於法令限制之範圍內，得自由使用、收益、處分其所有物，並排除他人之干涉。

⇧查民律草案第九百八十三條理由謂所有權者，依其物之性質及法令所定之限度內，於事實上、法律上管領其物唯一之權利，不能將其內容，悉數列記，特設本條以明所有權重要之作用，且以明所有權非無限制之權利也。限制所有權之法令有二：一為公法之限制。一為私法之限制。民法所定以私法之限制為主，若公法之限制，不能規定於民法中也。又所有人得自由行使其權利，可要求一般之人，不得稍加妨害，若他人干涉其所有物時，得排除之。故設本條以明示其旨。

*（財產權之保障）憲一五、二二、一四三；（相鄰權之限制）民七七四～八〇〇；（法令限制）憲二二、一四三、一四五，土地二〇八以下，三七五減租二、五、一三、一五、一七、一九、二〇，森林七，礦業一二、一四，總動員五以下；（所有權與刑法）刑三二〇～三三八、三四二、三五三、三五四；（物上請求權）民七六七；（權利濫用之禁止）民一四八。

▲物權之移轉，非由有處分權之當事人為意思表示，不能發生物權移轉之效力。若僅保管他人所有物，未經所有權人授以處分之權限，而有擅行代理表示處分該物之意思者，即為無權代理，設未經本人追認，該無權代理之行為，對於本人不能發生效力。（一七上一一二三）

▲所有物之處分，為所有權效用之一，所有人當然有此權能。（一八上八一〇）

▲凡物權之移轉設定，非有完全處分權之人為法律上有效之意思表示，不生物權法上之效力。（一八上一四二〇）

▲無所有權人私擅將他人不動產出賣者，無論買主是否知情，均不能發生物權移轉之效力。（一九上二四四八）

▲土地所有人自由使用、收益、處分其所有物，雖僅得於法令限制之範圍內行之。但無法律根據之行政命令，不得對於所有權加以限制。（二一上一〇一〇）

▲物權有排他性，在同一標的物上，不能同時成立兩個以上互不相容之物權。故同一不動產設定兩個互不相容之同種物權者，惟其在先之設定為有效。（二七抗八二〇）

▲（三〇上二二一）　參見本法第一百二十一條。

▲某甲將財產分給諸孫，其所立析產證書內雖載吾均有監督之權字樣。然將財產給與子孫，移轉所有權後，限制其處分，無對抗第三人之效力。（三二上一一一）

▲系爭耕地，係政府依實施耕者有其田條例第二十一條之法定程序放領與上訴人者，被上訴人如果認為放領有誤，應依同條第三款規定申請更正，被上訴人當時既未依法申請更正，事後不得任意主張放領錯誤。上訴人因政府之放領而合法取得土地所有權，在未經政府撤銷放領或依其他法定程序，塗銷其所有權登記以前，原審竟確認系爭耕地為被上訴人所有，殊有違誤。（六二臺上二八一七）

▲我民法並無關於信託行為之規定，亦無信託法之頒行，通常所謂信託行為，係指信託人將財產所有權移轉與受託人，使其成為權利人，以達到當事人間一定目的之法律行為而言，受託人在法律上為所有權人，其就受託財產所為一切處分行為，完全有效。縱令其處分違反信託之內部約定，信託人亦不過得請求賠償因違反約定所受之損害，在受託人未將受託財產移還信託人以前，不能謂該財產仍為信託人之所有。（六二臺上二九九六）（九一、一一、一五決議不再援用）

第七百六十六條（所有人之收益權）

物之成分及其天然孳息，於分離後，除法律另有規定外，仍屬於其物之所有人。

⇧謹按除法律另有規定或當事人有特約外，凡物之成分，分離以後，是否為原物之一部分，抑為另一新物體，或以其物為其所有，須另有權利原因，若不規定明晰，必有爭論。至分離後之天然孳息，如果實動物之產物及其他依物之用法所收穫出產物之類，應屬於原物之所有人，此亦當然之理。故本條規定，除法律另有規定外，凡物之成分及其天然孳息，於分離後，仍屬於其物之所有人。

*（物之成分）民六八；（不動產之出產物）民六六㈢；（天然孳息）民六九；（法律另有規定）民七〇、一八一、二五九④、七九〇、七九八、八三二、八五〇之一、八八九、九一一、九三五、九五二、一〇一九、一〇八八；（租賃契約終止時之孳息）民四六一；（所有人）民七六五、八一七、八二七。

▲（二九上一六七八）　參見本法第六十六條。

第七百六十七條（所有權之保護——物上請求權）

所有人對於無權占有或侵奪其所有物者，得請求返還之。對於妨害其所有權者，得請求除去之。有妨害其所有權之虞者，得請求防止之。

前項規定，於所有權以外之物權，準用之。

(98)一、現行條文未修正，改列為第一項。

二、本條規定「所有物返還請求權」及「所有物保全請求權」，具有排除他人侵害作用。學者通說以為排除他人侵害之權利，不僅所有權有之，即所有權以外之其他物權，亦常具有排他作用。茲民法第八百五十八條僅規定「第七百六十七條之規定，於地役權準用之」，於其他物權未設規定，易使人誤解其他物權無適用之餘地，為期周延，爰增訂第二項準用之規定。

*（所有權之權能）民七六五；（占有）民九四〇～九四二、九四六；（相鄰關係）民七七四～八〇〇；（權利之行使）民一四八～一五二；（占有之類似規定）民九六二；（惡意占有人之責任）民九五六、九五八。

▲釋一六四。

▲所有權有對世效力，所有權人於其所有物因他人債案被執行時，縱未提起異議之訴，要無因此喪失其所有權之理。則因此而持有管業證書之人，除得向執行案內之債務人請求賠償損失外，對於未經喪失所有權之所有人，自不能以投標拍定而為對抗。（一八上一九〇二）

▲民法第一百二十五條所稱之請求權，包含所有物返還請求權在內，此項請求權之消滅時效完成後，雖占有人之取得時效尚未完成，占有人亦得拒絕返還。（二八上二三〇一）（註：關於「已登記不動產所有人之返還請求權」部分依大法官會議釋字第一〇七號解釋，不再適用本則判例。其餘部分仍繼續有效。）

▲請求返還所有物之訴，應以現在占有該物之人為被告，如非現在占有該物之人，縱令所有人之占有係因其人之行為而喪失，所有人亦僅於此項行為具備侵權行為之要件時，得向其人請求賠償損害，要不得本於物上請求權，對之請求返還所有物。（二九上一〇六一）

▲（三〇上二〇七）　參見本法第一百八十四條。

▲（三〇上一一一九）　參見本法第六百六十一條。

▲強制執行中拍賣之不動產為第三人所有者，其拍賣為無效。所有權人於執行終結後，亦得提起回復所有權之訴請求返還，法院判令返還時，原發管業證書當然失其效力，法院自得命其繳銷，業經司法院院字第五七八號解釋在案。至強制執行法第九十八條規定拍賣之不動產，買受人自領得執行法院所發給權利移轉證書之日起，取得該不動產所有權，係指拍賣之不動產本得為強制執行之標的物者而言，若不動產屬於第三人所有，而不應為強制執行之標的物者，即應依上開解釋辦理。（三〇上二二〇三）

▲果如被上訴人所稱，系爭田業之所有權已由被上訴人合法受讓，本不因上訴人矇請查封拍賣而受影響。被上訴人提起異議之訴，雖因執行程序已經終結，而被駁回，猶可另案起訴請求確認其所有權存在，或請求返還所有物，以資救濟。（三二上二九四一）

▲被上訴人在系爭海坦地上建築圍基，及鹽田模形各工事，及堆置石塊等物，既妨害上訴人對於該海坦之所有權，無論各該工事是否呈准建築，並已否完成，按照民法第七百六十七條上訴人請求被上訴人將其建築之圍基及鹽田模形

除去，並將石頭等物搬遷回復原狀，即不能謂無理由。第一審依其聲明而為判決，於法本無不合。原審判決乃援據粵西鹽務管理局另案致原法院之公函，謂抗戰時期增加鹽斤為當前要政，已成鹽漏不能重行破壞等語，以社會經濟上之理由，廢棄該部分之第一審判決，駁回上訴人之訴，顯與前開民法規定有違。（三三上一〇一五）

▲扶養權利人擅行處分膳產而喪失其占有，扶養義務人得基於所有權，還向占有人請求返還此項膳產。（三三上五八〇八）

▲（四七臺上一〇一）參見本法第四百七十條。

▲物上請求權，除法律另有規定外，以所有人或占有人始得行使之，此觀民法第七百六十七條及第九百六十二條之規定自明。地上權人既無準用第七百六十七條規定之明文，則其行使物上請求權，自以設定地上權之土地已移轉地上權人占有為前提。（五二臺上九〇四）（九九、二、二三決議不再援用）

▲（五二臺上一〇四一）參見本法第七百五十九條。

▲日據時期贈與不動產，於臺灣光復後，仍登記為贈與人之名義者，僅贈與人對於受贈人負有移轉所有權之義務，並非不法侵害受贈人之權利，受贈人於臺灣光復後，僅得請求贈與人就受贈之不動產為所有權移轉登記，如請求塗銷贈與人光復後之所有權登記者，則為法所不許。（六八臺上一三三七）

▲上訴人之被繼承人鄭某既已於生前將訟爭土地出具字據贈與被上訴人，因該地實際上早由被上訴人占有使用中，故應認於贈與契約成立之日即已交付贈與物，並不因被上訴人之土地所有權移轉登記請求權罹於消滅時效而成為無權占有。（六九臺上一六六五）

▲（七二臺上九三八）參見本法第三百四十五條。

▲（七五臺上八〇一）參見本法第四百五十五條。

▲（八三臺上三二四三）參見本法第三百四十五條。

▲（八五臺上三八九）參見本法第一百二十五條。

第七百六十八條　（動產所有權之一般取得時效）

以所有之意思，十年間和平、公然、繼續占有他人之動產者，取得其所有權。

(98)一、動產所有權取得時效，雖未明白規定須以「繼續占有」為要件，惟從取得時效之性質言，宜採肯定解釋。況民法關於不動產所有權之取得時效，亦以「繼續占有」為要件，爰增列「繼續占有」為動產所有權取得時效之要件。

二、現行條文未區分占有之始是否善意並無過失，一律適用五年之時效期間，與不動產所有權取得時效以是否善意並無過失，規定不同期間者，不盡一致。參諸外國立法例，如日本民法第一百六十二條以占有之始是否善意並無過失為要件，分別定時效期間為十年或二十年；韓國民法第二百四十六條規定，占有之始善意並無過失者為五年，否則為十年。爰仿上開立法例並參酌我國國情，修正現行規定「五年」為「十年」；另將其占有之始為善意並無過失者，增訂於第七百六十八條之一。

*（不動產所有權之取得時效）民七六九、七七〇；（動產所有權取得時效之中斷）民七七一；（其他財產權取得之準用）民七七二；（消滅時效）民一二五～一二七；（時效中斷及不完成）民一三〇～一四三；（以所有之意思占有）民九四四㈠；（和平公然占有）民九四四㈠、九四五；（繼續占有之推定）民九四四㈡。

▲釋二九一。

▲所有權取得時效之第一要件，須為以所有之意思而占有，故占有依其所由發生之事實之性質，無所有之意思者，非有民法第九百四十五條所定，變為以所有之意思而占有之情事，其所有權之取得時效，不能開始進行。（二六上八七六）

▲吾國過去縣政府或縣佐，均與中央行政機關同為執行國家行政機構之一部，凡散在各省區之國有財產，縱為行使私法上之所有權便利起見，多由代表國家之各級行政機關分別使用收益，而各該財產之所有權，究應同屬於國家之整個國庫。故各行政機關間之彼此占有事實，與私人占有國有財產之情形不同，不能適用民法上關於因占有而取得權利之規定。（三五上六二一六）

第七百六十八條之一　（動產所有權之特別取得時效）

以所有之意思，五年間和平、公然、繼續占有他人之動產，而其占有之始為善意並無過失者，取得其所有權。

(98)一、本條新增。

二、為期動產所有權取得時效與不動產所有權取得時效之體例一致，並期衡平，爰仿日本民法第一百六十二條、韓國民法第二百四十六條規定，增訂本條，明定以所有之意思，五年間和平、公然、繼續占有他人之動產，而其占有之始為善意並無過失者，取得其所有權。

第七百六十九條　（不動產之一般取得時效）

以所有之意思，二十年間和平、公然、繼續占有他人未登記之不動產者，得請求登記為所有人。

(98)現行規定關於不動產所有權取得時效之要件，除自主占有外，僅規定須和平、繼續占有，至於「公然占有」是否為要件之一，則付闕如。惟學者通說以為占有他人不動產，不得以隱秘之方式為之，必須公然占有，始有對占有加以保護之必要。況我國民法第七百六十八條關於因時效取得動產所有權，亦以「公然占有」為要件。爰增列「公然占有」為不動產所有權取得時效之要件。

*（動產所有權之取得時效）民七六八；（不動產之特別取得時效）民七七〇；（不動產）民六六；（登記）民七五八、七五九；（取得時效之中斷）民七七一；（所有權以外財產權取得之準用）民七七二；（時效中斷及不完成之準用）民一三〇～一四三；（和平及繼續占有之推定）民九四四；（以所有之意思為占有之推定）民九四四。

▲釋二九一、三五〇、四五一。

▲民法第七百七十條所定十年之取得時效，雖以占有之始善意並無過失為要件，而民法第七百六十九條所定二十年之取得時效，則無以此為要件之明文。且民法第七百七十條特設短期取得時效，係以增此要件為其唯一理由，其他關於期間以外之要件，仍與民法第七百六十九條所定者無異，則二十年之取得時效，不以此為要件，實甚明瞭。故以所有之意思二十年間和平繼續占有他人未登記之不動產者，縱令占有之始為惡意，或雖係善意而有過失，亦得請求登記為所有人。（二六上四四二）

▲取得時效係於他人物上取得所有權之方法，在自己物上固無取得時效之可言，惟公同共有物之所有權，屬於公同共有人之全體，非各公同共有人對於公同共有物均有一個單獨所有權。如公同共有人中之一人以單獨所有之意思占有公同共有之不動產，即係民法第七百六十九條所謂占有他人之不動產。（三二上一一〇）

▲上訴人占有訟爭田產之初，縱係基於共有之關係，然嗣後如可認其已變為以獨有之意思而占有，則就他共有人之應有部分不外為他人之不動產，若其占有具備民法第七百六十九條或第七百七十條之要件，並與民法物權編施行法第七條、第八條之規定相符，不得謂未取得單獨所有權。（三二上八二六）

▲（三五上六一六）參見本法第七百六十八條。

▲上訴人占有系爭土地，縱在民法物權編施行之前，而其請求登記為所有人，則在同編施行之後，依同編施行法第七條之規定，仍須具備民法第七百六十九條或第七百七十條所定之要件者，始得謂有此項登記請求權存在。（四三臺上九二一）

▲（六〇臺上一三一七）參見本法第七百五十八條。

▲上訴人主張因時效而取得地役權，既未依法請求登記為地役權人，自不能本於地役權之法律關係，而向被上訴人有所請求。（六〇臺上一六七七）

▲未登記之土地無法聲請為取得地上權之登記，故依民法第七百七十二條準用同法第七百六十九條及第七百七十條主張依時效而取得地上權時，顯然不以占有他人未登記之土地為必要。苟以行使地上權之意思，二十年間和平繼續公

然在他人地上有建築物或其他工作物或竹木者，無論該他人土地已否登記，均得請求登記為地上權人。（六〇臺上四一九五）

▲地上權為一種物權，主張取得時效之第一要件須為以行使地上權之意思而占有，若依其所由發生之事實之性質，無行使地上權之意思者，非有變為以行使地上權之意思而占有之情事，其取得時效，不能開始進行。上訴人占有系爭土地之始，即係基於承租人之意思而非基於行使地上權之意思，嗣後亦非有民法第九百四十五條所定變為以地上權之意思而占有，自不能本於民法第七百七十二條準用同法第七百六十九條之規定，請求登記為地上權人。（六四臺上二五五二）

▲地上權非以地上權人交付地租為必要。原審僅以上訴人之前手無償使用系爭土地，即認上訴人不得主張因時效取得地上權，自有未合。（六七臺上三七七九）

▲占有他人未登記之不動產而具備民法第七百六十九條或第七百七十條所定要件者，性質上係由一方單獨聲請地政機關為所有權之登記，並無所謂登記義務人之存在，亦無從以原所有人為被告，訴由法院逕行判決予以准許，此就所有權取得時效之第一要件須以所有之意思，於他人未登記之不動產上而占有，暨依土地法第五十四條規定旨趣參互推之，實至明瞭。（六八臺上一五八四）

▲占有他人之土地，依民法第七百七十二條準用第七百六十九條、第七百七十條規定主張依時效取得地上權者，土地所有人固不負擔同意占有人登記為地上權人之義務。然占有人若依土地登記規則第一百十三條規定，由其一方申請登記為地上權人，經登記機關受理，在公告期間，土地所有人提出異議者，登記機關應依土地法第五十九條第二項規定予以調處；不服調處者，應於接到調處通知後十五日內向司法機關訴請處理。調處結果，若對占有人不利，占有人對土地所有人提起之訴訟，即得請求該所有人容忍其辦理地上權登記，以排除土地所有人之異議，使登記程序之障礙除去，俾完成地上權登記。（八三臺上三二五二）

▲森林係指林地及其群生竹、木之總稱。森林以國有為原則。森林所有權及所有權以外之森林權利，除依法登記為公有或私有者外，概屬國有。森林法第三條及該法施行細則第二條定有明文。未依法登記為公有或私有之林地，既概屬國有，則不論國家已否辦理登記，均不適用關於取得時效之規定，俾達國土保安長遠利益之目標，並符保育森林資源，發揮森林公益及經濟效用之立法意旨（森林法第一條及第五條參照），自無民法第七百六十九條、第七百七十條取得時效規定之適用。（八九臺上九四九）

第七百七十條（不動產之特別取得時效）

以所有之意思，十年間和平、公然、繼續占有他人未登記之不動產，而其占有之始為善意並無過失者，得請求登記為所有人。

⑱酌作修正，理由同第七百六十九條。

*（動產之取得時效）民七六八；（不動產之一般取得時效）民七六九；（不動產）民六六；（取得時效之中斷）民七七一；（所有權以外財產權取得之準用）民七七二；（時效中斷及不完成之準用）民一三〇～一四三；（善意、繼續及和平占有之推定）民九四四；（以所有之意思為占有之推定）民九四四。

▲釋二九一、四五一。

▲民法第七百七十條規定之取得時效，一經完成，當然發生同條或民法物權編施行法第八條所定之效果。雖未經占有人援用，法院亦得據以裁判，惟取得時效完成之基礎事實，苟未經當事人提出法院，仍無從予以斟酌。（二九上一〇〇三）

▲（三五上六一六） 參見本法第七百六十八條。

▲（六〇臺上一三一七） 參見本法第七百六十九條。

▲（六〇臺上一六七七） 參見本法第七百六十九條。

▲（六〇臺上四一九五） 參見本法第七百六十九條。

▲（六七臺上三七七九） 參見本法第七百六十九條。

▲（六八臺上一五八四） 參見本法第七百六十九條。

▲占有為一種單純事實，故占有人本於民法第七百七十二條準用第七百七十條取得時效規定，請求登記為地上權人時，性質上並無所謂登記義務人存在，無從以原所有人為被告，訴請命其協同辦理該項權利登記，僅能依土地法規定程序，向該管市縣地政機關而為聲請。（六八臺上三三〇八）

▲（八三臺上三二五二） 參見本法第七百六十九條。

▲（八九臺上九四九） 參見本法第七百六十九條。

第七百七十一條（取得時效之中斷）

占有人有下列情形之一者，其所有權之取得時效中斷：

一　變為不以所有之意思而占有。

二　變為非和平或非公然占有。

三　自行中止占有。

四　非基於自己之意思而喪失其占有。但依第九百四十九條或第九百六十二條規定，回復其占有者，不在此限。

依第七百六十七條規定起訴請求占有人返還占有物者，占有人之所有權取得時效亦因而中斷。

⑱一、占有人以非和平或非公然之方式占有（即強暴占有、隱秘占有）者，是否為取得時效之中斷事由？學者均持肯定見解。而就占有之和平、公然為取得時效之要件言，亦宜作肯定解釋，爰將現行規定「變為不以所有之意思而占有」移列為第一項第一款，並增列第二款「變為非和平或非公然占有」，俾求明確。又現行規定時效中斷事由中所謂「占有為他人侵奪」，範圍過於狹隘，宜修正為「非基於自己之意思而喪失其占有」，又因與現行規定「自行中止占有」之性質相近，故分別列明為第三款及第四款。至現行條文但書規定僅於非因己意喪失占有之情形始有適用，爰改列為第四款但書，免滋疑義。

二、占有人於占有狀態存續中，所有人如依第七百六十七條規定起訴請求返還占有物者，占有人之所有權取得時效是否中斷，現行法雖無明文，惟占有人之占有既成訟爭對象，顯已失其和平之性質，其取得時效自以中斷為宜，爰仿德國民法第九百四十一條及瑞士債務法第六百六十三條等規定，增訂第二項。

*（動產所有權之取得時效）民七六八；（不動產所有權取得時效）民七六九、七七〇；（所有權以外財產權取得之準用）民七七二；（以所有之意思為占有之推定）民九四四；（消滅時效中斷之效力）民一三七、一三八。

▲釋二九一。

第七百七十二條（取得時效之準用）

前五條之規定，於所有權以外財產權之取得，準用之。於已登記之不動產，亦同。

⑱一、配合增訂第七百六十八條之一，爰將現行規定「前四條」修正為「前五條」。

二、按現行規定是否僅以於他人未登記之不動產為限，始得因時效而取得所有權以外之其他財產權，理論上非無疑義。最高法院六十年臺上字第四一九五號判例則認因時效取得地上權，不以他人未登記之土地為限。為杜爭議，爰於本條後段增訂對於已登記之不動產，亦得準用前五條之規定，因時效而取得所有權以外財產權。

*（準占有）民九六六；（不動產役權之時效取得）民八五二；（動產所有權之取得時效）民七六八；（不動產所有權之取得時效）民七六九、七七〇。

▲釋二九一、三五〇、四五一。

▲（六〇臺上一三一七） 參見本法第七百六十九條。

▲（六〇臺上一六七七） 參見本法第七百六十九條。

▲（六〇臺上四一九五） 參見本法第七百六十九條。

▲（六四臺上二五五二） 參見本法第七百六十九條。

▲系爭土地既係水利用地（排水溝間堤防用地），依法免於為

所有權之編號登記，上訴人自無從因時效之完成而取得及請求登記其地上權。（六五臺上二五五八）

▲依占有事實完成時效而取得通行地役權者，固非不可請求地政機關登記為通行地役權人，但不動產所有人尚無協同請求登記之義務，其未登記為地役權人，尤不能本於地役權之法律關係對土地所有人有所請求。（六八臺上二九九四）

▲（六八臺上三三〇八）參見本法第七百七十條。

▲（八三臺上三二五二）參見本法第七百六十九條。

第二節　不動產所有權

⇧謹按不動產所有權之內容及其限制，不可不明白規定，俾適於實際上之需要。蓋以一方面須尊重所有權，一方面尤須注重社會上之公共利益也。故特設本節之規定。

第七百七十三條　（土地所有權之範圍）

土地所有權，除法令有限制外，於其行使有利益之範圍內及於土地之上下。如他人之干涉，無礙其所有權之行使者，不得排除之。

⇧查民律草案第九百九十一條理由謂所有權者，依其物之性質及法律規定之限制內，於事實上、法律上管領其物之權利也，故土地所有人在法令之限制內，於地面地上地下皆得管領之。然因此遽使土地所有人，於他人在其地上地下為不妨害其行使所有權之行為，均有排除之權，保護所有人，未免偏重，在所有人既無實益，而於一切公益，不無妨礙。此本條之所由設也。

＊（所有權之權能）民七六五；（所有權之保護）民七六七；（權利濫用之禁止）民一四八；（法令限制）憲二二、一四三、一四五，三七五減租二、五、一三、一五、一七、一九、二〇，土地一四～一七、一九、九〇～九三，礦業一、八、九，建築五八，總動員五以下；（相鄰權之限制）民七七四～七九八。

▲土地與房屋為各別之不動產，其所有權人各得行使其權利，被上訴人雖將基地及其第一、二層房屋出賣與上訴人，其對於未出賣之部分自得行使權利，又系爭房屋所用之基地，買賣契約既無特別約定，亦應推斷默許被上訴人繼續使用。（四三臺上六三九）

▲（四八臺上一四五七）參見本法第四百二十五條之一。

▲（六四臺上一一〇）參見本法第四百二十五條之一。

第七百七十四條　（鄰地損害之防免）

土地所有人經營事業或行使其所有權，應注意防免鄰地之損害。

⑱按工業一語，不足以涵蓋農、林、漁、礦、牧或服務業等事業在內，為適用明確，爰將經營「工業」修正為經營「事業」。又經營事業為行使所有權之例示規定，爰參考瑞士民法第六百八十四條第一項規定，將「及行使其他之權利」修正為「或行使其所有權」，俾資明確。

＊（權利濫用之禁止）民一四八；（危險預防之類似規定）民七七六、七七七、七九三～七九五。

▲土地所有人經營工業及行使其他之權利，應注意防免鄰地之損害，民法第七百七十四條定有明文。而空氣污染防制法係行政法，其立法目的，僅在維護國民健康、生活環境，以提高生活品質，此觀該法第一條之規定自明。故工廠排放空氣污染物雖未超過主管機關依空氣污染防制法公告之排放標準，如造成鄰地農作物發生損害，仍不阻却其違法。（八三臺上二一九七）

第七百七十五條　（自然流水之排水權及承水義務）

土地所有人不得妨阻由鄰地自然流至之水。

自然流至之水為鄰地所必需者，土地所有人縱因其土地利用之必要，不得妨阻其全部。

⑱一、水流固以高地流向低地為常，但潮水逆溯，平地相流，間亦有之，如為自然流至，土地所有人悉有承受之義務，爰仿日本民法第二百十四條規定，將第一項「高地」、「低地」等文字修正為「鄰地」，並酌作文字修正。

二、第二項原規定「高地」、「低地」、「所有人」及「妨堵」等文字，配合前項用語酌作修正。又為期語意明確，爰於「土地」之後增列「利用」二字。

＊（高地所有人之疏水權）民七七八；（排水）民七七六、七七七、七七九、七八〇；（類似規定）水利六六。

▲水圳之水係由人工開設導入者，與民法第七百七十五條所謂由高地自然流至之水有別。被上訴人所有甲號耕地就令如上訴人所稱，其地勢較上訴人耕作之乙號耕地為高，上訴人仍不得援用民法第七百七十五條之規定，而謂被上訴人應負不得妨阻其由水圳引水之義務。（四四臺上四九〇）

第七百七十六條　（蓄水等工作物破潰阻塞之修繕、疏通或預防）

土地因蓄水、排水或引水所設之工作物破潰、阻塞，致損害及於他人之土地，或有致損害之虞者，土地所有人應以自己之費用，為必要之修繕、疏通或預防。但其費用之負擔，另有習慣者，從其習慣。

⇧查民律草案第一千零二條理由謂土地之蓄水、排水或引水等工作物，因破潰或阻塞，致水之濫溢者，其損害必及於他人之土地，他地所有人雖有承水之義務，然必令其受此損害，是加重其義務矣。故特設本條，使土地所有人，為必要之修繕。至其費用之負擔，若另有習慣者，自應從其習慣，若別無習慣，則應由土地所有人以自己之費用，負修繕之義務也。故設本條以明示其旨。

＊（鄰地損害之防免）民七七四；（土地上工作物設置或保管欠缺之責任）民一九一；（類似規定）水利六七；（習慣）民一、二。

第七百七十七條　（使雨水或其他液體直注於相鄰不動產之禁止）

土地所有人不得設置屋簷、工作物或其他設備，使雨水或其他液體直注於相鄰之不動產。

⑱鑒於社會發展快速，生活環境改變，土地間之相鄰關係，今非昔比，例如現代家居使用冷氣機排出之水滴，抽油煙機排出之油滴，直注於相鄰不動產之情形，間亦有之。現行條文已無法滿足現代社會生活環境，爰增列屋簷、工作物以外之「其他設備」，土地所有人亦不得設置，使雨水或「其他液體」直注於相鄰之不動產，以期周延，並維相鄰關係之和諧。

＊（權利濫用之禁止）民一四八；（自然流水之排水權）民七七五；（鄰地損害之防免）民七七四。

第七百七十八條　（土地所有人之疏水權）

水流如因事變在鄰地阻塞，土地所有人得以自己之費用，為必要疏通之工事。但鄰地所有人受有利益者，應按其受益之程度，負擔相當之費用。

前項費用之負擔，另有習慣者，從其習慣。

⑱一、第七百七十五條已將「高地」、「低地」等文字修正為「鄰地」，本條自應配合修正。又現行規定土地所有人得以自己之費用，為必要疏通之工事，惟如因疏通阻塞之水流，於鄰地所有人亦受利益時，為公平起見，於其受益之程度內，令負擔相當之費用，爰修正第一項。

二、現行條文但書移列為第二項。

＊（自然排水）民七七五；（人工排水）民七七九、七八〇；（類似規定）水利七〇；（習慣）民一、二。

第七百七十九條　（土地所有人之過水權——人工排水）

土地所有人因使浸水之地乾涸，或排泄家用或其他用水，以至河渠或溝道，得使其水通過鄰地。但應擇於鄰地損害最少之處所及方法為之。

前項情形有通過權之人對於鄰地所受之損害應支付償金。

前二項情形，法令另有規定或另有習慣者，從其規定或習慣。

第一項但書之情形，鄰地所有人有異議時，有通過權之人或異議人得請求法院以判決定之。

⑨⑧一、排泄家用、農工業用之水，以至河渠或溝道，固以經過低地為常，但因科學發達，實際上亦不乏將低地之水，排經高地，以至河渠或溝道者。又本法第七百七十五條、第七百七十八條已將「高地」、「低地」等文字修正為「鄰地」，本條自應配合修正，爰將第一項「低地」修正為「鄰地」，並仿現行條文第七百八十七條體例，將第一項「高地所有人」修正為「土地所有人」；第二項「高地所有人」修正為「有通過權之人」。

二、本條僅係民法上一般性之規定。至於農工業用之水是否適合排放於河渠或溝道？是否造成環境污染等問題，乃涉及環境保護之範疇，法令另有規定或另有習慣者，自當從其規定或習慣，爰增訂第三項。至於本法所稱「法令」，係指法律及基於法律規定得發布之命令而言。本編各條有相類之規定者，均同。

三、第一項有通過權之土地所有人固應於通過必要之範圍內，擇其鄰地損害最少之處所及方法為之。惟何者為「損害最少之處所及方法」，有時不易判定，宜於鄰地所有人有異議時，賦予有通過權之人及異議人均得請求法院以判決定之，爰仿德國民法第九百十七條規定，增訂第四項，並於相關條文（修正條文第七百八十六條、第七百八十七條）增訂準用規定，以資簡明。至於地上權人、地役權人、承租人等利害關係人，於第八百條之一定有準用規定，併予敘明。

四、第四項訴訟性質係屬形成之訴，對於何謂鄰地之「損害最少之處所及方法」，審理法院不受當事人聲明之拘束，得依職權認定之。惟若主張有通過權之人或異議人請求對特定之處所及方法確認其有無通過之權時，則非形成之訴，而為確認之訴，此際，法院即應受當事人聲明之拘束。又各該訴訟均以有通過權為其勝訴之前提要件，故訴訟中法院必須審酌主張有通過權人之土地是否符合第一項前段規定，乃屬當然。

＊（自然流水之排水權及承水義務）民七七五；（他人過水工作物使用權）民七八〇；（類似規定）水利六七。

▲積水地所有人因使土地乾涸，設置排泄工作物，本為法律所准許。（一九上九五一）

▲相鄰關係之內容，雖類似地役權，但基於相鄰關係而受之

之相對人因此而取得一種獨立的限制物權。而地役權則為所有權以外之他物權（限制物權），二者不能混為一談，果上訴人家庭用水及天然水非流經被上訴人之土地排出不可，亦祇能依民法第七百七十九條規定行使權利，其依相鄰關係而請求確認其排水地役權存在，尚難謂合。（六三臺上二一一七）

第七百八十條　（鄰地所有人過水工作物使用權）

土地所有人因使其土地之水通過，得使用鄰地所有人所設置之工作物。但應按其受益之程度，負擔該工作物設置及保存之費用。

⑨⑧本條配合第七百七十五條、第七百七十八條，爰將「高地」、「低地」等文字修正為「鄰地」，俾求用語一致。

＊（土地所有人之過水權）民七七九；（自然流水之排水權）民七七五。

第七百八十一條　（水流地所有人之自由用水權）

水源地、井、溝渠及其他水流地之所有人得自由使用其水。但法令另有規定或另有習慣者，不在此限。

⑨⑧現行規定水源地、井、溝渠及其他水流地之所有人，對水有自由使用權。惟現行法令有加以限制者，例如水利法施行細則第二十五條規定是。為期周延並明確計，爰於但書增列「法令另有規定」之除外規定。又但書所定「特別習慣」，觀諸其他條文僅規定「習慣」二字，為求體例一致，爰刪除「特別」二字。

＊（用水權人之物上請求權）民七八二；（自然流水之排水權）民七七五；（水權）水利一五、一六、二七、二八；（習慣）民一、二。

▲水流地所有人得自由使用公共之流水，並得因用水之必要，設置相當之工作物。但須於不妨害他人使用之限度內為之。（一八上一二四二）

▲使用流水之權利，除能證明歷來確有使用之事實，得為其用水權取得之原因外，自應以契據為憑。但契據所載之用水權，必以其有正當權源始為有效，若其所載並無權源可據，或無特別原因，而任意限制他人之使用者，則依契約原則，自不發生效力，而第三人亦不受該契約之拘束。（一八上二六三八）（九二、一、二決議不再援用）

▲上訴人謂西江之水係發源於碧雲山，該山為上訴人所有云云，縱令屬實，亦不得援用民法第七百八十一條之規定，主張其有使用下流西江之水之權利。（三二上一九〇八）

第七百八十二條　（用水權人之物上請求權）

水源地或井之所有人對於他人因工事杜絕、減少或污染其水者，得請求損害賠償。如其水為飲用或利用土地所必要者，並得請求回復原狀；其不能為全部回復者，仍應於可能範圍內回復之。

前項情形，損害非因故意或過失所致，或被害人有過失者，法院得減輕賠償金額或免除之。

⑨⑧一、「污穢」之定義如何？法無明文。按水污染防治法第二條第五款對「水污染」已有立法定義，其適用範圍較廣而明確，爰將「污穢」修正為「污染」。又現行條文係仿瑞士民法第七百零六條及第七百零七條而訂定，其立法原意為，水源及井水，凡為飲用水或利用土地所必要者，「於可能範圍內」應回復原狀，其究全部回復原狀或一部回復原狀，均視可能性決定，惟現行條文易予人以若不能「全部回復原狀」，則應改請求損害賠償之誤解，為避免疑義，爰仿瑞士民法第七百零六條及第七百零七條規定修正，並移列為第一項。

二、本條究採過失責任抑無過失責任？學者間見解不一。為期周密保障水源地、井所有人之權益，本條宜採無過失責任。惟若使加害人負全部損害賠償責任，似失諸過苛，爰仿瑞士民法第七百零六條第二項之立法體例，增訂第二項，規定得由法院斟酌情形，減輕或免除加害人之賠償金額，以求衡平。

＊（水流地所有人之自由用水權）民七八一；（所有人之物上請求權）民七六七；（占有人之物上請求權）民九六二；（損害賠償）民二一三～二一八；（污穢用水罪）刑一九〇；（類似規定）水利五七、五八、六一。

第七百八十三條　（使用鄰地餘水之用水權）

土地所有人因其家用或利用土地所必要，非以過鉅之費用及勞力不能得水者，得支付償金，對鄰地所有人請求給與有餘之水。

⇧查民律草案第一千零十七條理由謂土地所有人，得利用其鄰地有餘之水，蓋於自己地內欲得家用所需之水，有時所需費用及勞力過鉅，若不使其利用鄰地之水，於經濟上所損實大。故特設此條，以維持公私之利益。

＊（水流地所有人之自由用水權）民七八一；（類似規定）水利二一。

第七百八十四條　（水流地所有人變更水流或寬度之限制）

水流地對岸之土地屬於他人時，水流地所有人不得變更其水流或寬度。

兩岸之土地均屬於水流地所有人者，其所有人得變更其水流或寬度。但應留下游自然之水路。

前二項情形，法令另有規定或另有習慣者，從其規定或習慣。

[98]一、為求文義明確，第一項酌作文字修正。
二、對岸土地屬於他人時，水流地所有人變更水流或寬度，引起水道變更或水位減低，不免有害對岸土地用水之方便，應予禁止。至兩岸土地均屬於水流地所有人者，其所有人固得保留下游自然之水道，而變更其水流或寬度。惟為顧及河道土質、河道形狀可能引發水患等因素，水利法第九條著有「變更水道或開鑿運河，應經中央主管機關核准」之規定。為期周延並明確計，爰將第三項修正為「前二項情形，法令另有規定或另有習慣者，從其規定或習慣」。

*（鄰地損害之防免）民七七四；（自然流水之排水權及承水義務）民七七五；（堰之設置與利用）民七八五；（損害賠償）民二一三～二一八；（水道變更）水利九、二三、七二；（習慣）民一、二。

第七百八十五條　（堰之設置與利用）

水流地所有人有設堰之必要者，得使其堰附著於對岸。但對於因此所生之損害，應支付償金。

對岸地所有人於水流地之一部屬於其所有者，得使用前項之堰。但應按其受益之程度，負擔該堰設置及保存之費用。

前二項情形，法令另有規定或另有習慣者，從其規定或習慣。

[98]一、第一項酌作標點符號修正。
二、為求文義明確，第二項酌作文字修正。
三、水流地所有人如須設堰，雖對岸土地非其所有，亦應賦予設堰權。又對岸所有人，若水流地一部屬其所有者，亦享有用堰權，以符經濟效益。惟設堰蓄水，事涉公共安全，依水利法第四十六條規定，經主管機關核准，得使其堰附著於對岸。為期周延並明確計，爰將第三項修正為「法令另有規定或另有習慣者，從其規定或習慣」。

*（變更水流或寬度之限制）民七八四；（習慣）民一、二。

第七百八十六條　（管線設置權）

土地所有人非通過他人之土地，不能設置電線、水管、瓦斯管或其他管線，或雖能設置而需費過鉅者，得通過他人土地之上下而設置之。但應擇其損害最少之處所及方法為之，並應支付償金。

依前項之規定，設置電線、水管、瓦斯管或其他管線後，如情事有變更時，他土地所有人得請求變更其設置。

前項變更設置之費用，由土地所有人負擔。但法令另有規定或另有習慣者，從其規定或習慣。

第七百七十九條第四項規定，於第一項但書之情形準用之。

[98]一、配合「共同管道法」第二條第二款規定，將第一項及第二項「煤氣管」修正為「瓦斯管」、「筒管」修正為「管線」；並配合第一百九十一條、第七百七十七條等規定，將第一項至第三項所定「安設」修正為「設置」，以符實際。
二、依電信法第四十五條第三項授權所定電信線路遷移費用及電信設備損壞賠償負擔辦法第八條序文「既設電信線路通過請求權人自己或他人之土地，致自己土地使用收益有下列情形之一者，土地所有權人、合法占有人或使用人得請求該電信線路所屬機關（構）免費遷移」，係第三項變更設置費用負擔之特別規定。為期周延並明確計，爰將第三項修正為「法令另有規定或另有習慣者，從其規定或習慣」。
三、為確保土地所有人及鄰地所有人之權利，爰增訂第四項，使其得以準用第七百七十九條第四項，以資周延。又其準用範圍限於損害最少處所及方法有關之異議程序規定，不包括償金，併予指明。

*（權利濫用之禁止）民一四八；（漏逸電氣煤氣罪）刑一七七；（習慣）民一、二。

第七百八十七條　（袋地所有人之必要通行權）

土地因與公路無適宜之聯絡，致不能為通常使用時，除因土地所有人之任意行為所生者外，土地所有人得通行周圍地以至公路。

前項情形，有通行權人應於通行必要之範圍內，擇其周圍地損害最少之處所及方法為之；對於通行地因此所受之損害，並應支付償金。

第七百七十九條第四項規定，於前項情形準用之。

[98]一、按鄰地通行權係為調和相鄰地關係所定，此項通行權乃就土地與公路無適宜之聯絡者而設。若該土地本與公路有適宜之聯絡，可為通常使用，竟因土地所有人之任意行為而阻斷，則其土地與公路無適宜之聯絡，致不能為通常使用者，應由土地所有人自己承受，自不能適用第一項有關必要通行權之規定，爰仿德國民法第九百十八條第一項，增訂第一項除外規定，原但書規定移列於第二項並酌作文字修正。至於所謂任意行為（德文 willkurliche Hand-lung），係指於土地通常使用情形下，因土地所有人自行排除或阻斷土地對公路之適宜聯絡而言，例如自行拆除橋樑或建築圍牆致使土地不能對外為適宜聯絡即是。惟土地之通常使用，係因法律之變更或其他客觀情事變更，致土地所有人須改變其通行者，則不屬之。
二、增訂第三項，理由同第七百八十六條說明三。

*（開路通行權）民七八八；（通行權之限制）民七八九；（不動產役權）民八五一～八五九之五。

▲民法第七百八十七條第一項所謂土地與公路無適宜之聯絡，致不能為通常之使用，其情形不以土地絕對不通公路為限，即土地雖非絕對不通公路，因其通行困難以致不能為通常之使用時，亦應許其通行周圍地以至公路。（五三臺上二九九六）

▲系爭土地原屬兩造共有，分割後上訴人所有土地既為他人之地所圍繞，以致不通於公路，如上訴人出賣與訴外人部分之土地全無隙地可供其通行，而被上訴人之土地係與上訴人之土地相鄰接，且屬原共有地之一部因分割取得其所有權，按諸民法第七百八十七條及第七百八十九條之規定，自不能謂上訴人無通行被上訴人土地以至公路之權利。（五七臺上九〇一）

▲民法第七百八十七條第一項所定之通行權，其主要目的，不僅專為調和個人所有之利害關係，且在充分發揮袋地之經濟效用，以促進物盡其用之社會整體利益，不容袋地所有人任意預為拋棄。（七五臺上九四七）

▲鄰地通行權之行使，在土地所有人方面，為其所有權之擴張，在鄰地所有人方面，其所有權則因而受限制，參照民事訴訟費用法第九條規定之法意，鄰地通行權訴訟標的之價額，如主張通行權之人為原告，應以其土地因通行鄰地所增價額為準；如否認通行權之人為原告，則以其土地因被通行所減價額為準。（七八臺抗三五五）

▲土地因與公路無適宜之聯絡，致不能為通常之使用者，土地所有人得通行周圍地以至公路，民法第七百八十七條第一項前段定有明文。其立法意旨在於調和土地相鄰之關係，以全其土地之利用，故明定周圍地所有人負有容忍通行之義務。惟如土地嗣後與公路已有適宜之聯絡，而能為通常之使用者，周圍地所有人自無須繼續容忍其通行，土地所有人不得再主張通行周圍地。（八五臺上一七八一）

第七百八十八條　（開路通行權）

有通行權人於必要時，得開設道路。但對於通行地因此所受之損害，應支付償金。

前項情形，如致通行地損害過鉅者，通行地所有人得請求有通行權人以相當之價額購買通行地及因此形成之畸零地，其價額由當事人協議定之；不能協議者，得請求法院以判決定之。

⑱一、現行條文未修正，改列為第一項。

二、土地所有人行使其通行權，開設道路，如致通行地損害過鉅者，應許通行地所有人得請求有通行權人以相當之價額購買其土地，俾求公平並維持不動產相鄰關係之和諧。雙方是否買賣土地及其價額，由當事人協議定之，不能協議者，得請求法院以判決定之，爰增訂第二項。

＊（袋地所有人之必要通行權）民七八七；（通行權之限制）民七八九；（不動產役權）民八五一～八五九之五。

第七百八十九條　（通行權之限制）

因土地一部之讓與或分割，而與公路無適宜之聯絡，致不能為通常使用者，土地所有人因至公路，僅得通行受讓人或讓與人或他分割人之所有地。數宗土地同屬於一人所有，讓與其一部或同時分別讓與數人，而與公路無適宜之聯絡，致不能為通常使用者，亦同。」

前項情形，有通行權人，無須支付償金。

⑱一、數宗土地同屬於一人所有，而讓與其一部（包括其中一宗或數宗或一宗之一部分）或同時分別讓與數人，而與公路無適宜之聯絡，致不能為通常使用者，土地所有人因至公路，亦僅得通過該讓與之土地，以貫徹本條立法精神，爰仿德國民法第九百十八條第二項後段規定，修正第一項。又所謂「同屬於一人」非指狹義之一人，其涵義包括相同數人，併予指明。

二、第二項未修正。

＊（袋地所有人之必要通行權）民七八七；（開路通行權）民七八八。

▲（五七臺上九〇一）參見本法第七百八十七條。

第七百九十條　（土地之禁止侵入及例外）

土地所有人得禁止他人侵入其地內。但有下列情形之一，不在此限：

一　他人有通行權者。

二　依地方習慣，任他人入其未設圍障之田地、牧場、山林刈取雜草，採取枯枝枯幹，或採集野生物，或放牧牲畜者。

⑱將「左列」修正為「下列」，以符合法制用語，並酌作標點符號之修正。

＊（通行權）民七八七～七八九；（因尋查取回物品或動物之允許侵入）民七九一；（習慣）民一、二。

▲行政機關除法律有特別規定外，不得准許私人侵害他人之土地所有權。本件訟爭山場如非官荒而為上訴人之那谷屯所有，縱令曾經百色縣政府劃為公共牧場，准許火旺村所屬六屯放牧牲畜，然上訴人屯內之所有權並不因此而受影響，苟無民法第七百九十條第二款情形，仍得禁止該六屯侵入其地內放牧牲畜。（三〇上二〇）

第七百九十一條　（因尋查取回物品或動物之允許侵入）

土地所有人遇他人之物品或動物偶至其地內者，應許該物品或動物之占有人或所有人入其地內，尋查取回。

前項情形，土地所有人受有損害者，得請求賠償。於未受賠償前，得留置其物品或動物。

⇧謹按因風力、水力或其他天然力使他人之物，至自己所有地內，或他人之鳥獸魚類，至自己之所有地內時，若他人欲進入地內，從事尋查及取回者，該土地之所有人應許之。至土地所有人因他人之物品，或動物偶至其地受有損害者，得請求賠償，並於未賠償之先，應許其有留置物品或動物之權。蓋一方保護占有人之利益，一方復顧及所有人之利益也。

＊（土地之禁止侵入與例外）民七九〇；（留置權）民九二八；（占有）民九四〇～九四二；（損害賠償）民二一三～二一八。

第七百九十二條　（鄰地使用權）

土地所有人因鄰地所有人在其地界或近旁，營造或修繕建築物或其他工作物有使用其土地之必要，應許鄰地所有人使用其土地。但因而受損害者，得請求償金。

⑱現行條文規定鄰地使用權以鄰地所有人在土地所有人疆界或近旁，營造或修繕「建築物」為要件。惟事實上營造或修繕者，不以建築物為限，尚有其他工作物例如圍牆等是，於營造或修繕時，亦有使用鄰地土地之必要。為期周延，爰仿日本民法第二百零九條第一項規定，增列「或其他工作物」，以達經濟利用之目的。又為求用語一致，爰仿土地法用語，將「疆界」修正為「地界」。

＊（權利濫用之禁止）民一四八；（損害賠償）民二一三～二一八。

第七百九十三條　（氣響侵入之禁止）

土地所有人於他人之土地、建築物或其他工作物有瓦斯、蒸氣、臭氣、煙氣、熱氣、灰屑、喧囂、振動及其他與此相類者侵入時，得禁止之。但其侵入輕微，或按土地形狀、地方習慣，認為相當者，不在此限。

⑱按本條有關氣響侵入致影響相鄰關係者，除來自土地外，常有來自相鄰之建築物或其他工作物者，是否亦在本條禁止之列？易滋疑義，為明確計，爰明定「建築物或其他工作物」有氣響侵入時，亦得禁止之規定。又配合「共同管道法」第二條第二款規定，將「煤氣」修正為「瓦斯」。

＊（鄰地損害之防免）民七七四；（習慣）民一、二。

第七百九十四條　（損害鄰地地基、建築物或其他工作物危險之預防義務）

土地所有人開掘土地或為建築時，不得因此使鄰地之地基動搖或發生危險，或使鄰地之建築物或其他工作物受其損害。

⑱土地所有人開掘土地或為建築時，所負防免危險或損害義務之客體，現行條文規定以鄰地之地基或工作物為限。究竟工作物是否包括建築物在內？易滋疑義，為明確計，爰明定「建築物或其他工作物」均為本條保護之客體。

＊（工作物傾倒危險之預防）民七九五；（鄰地損害之防免）民七七四；（建築之施工管理）建築五三～六九。

第七百九十五條　（工作物傾倒危險之預防）

建築物或其他工作物之全部，或一部有傾倒之危險，致鄰地有受損害之虞者，鄰地所有人，得請求為必要之預防。

⇧謹按建築物或其他工作物之全部或一部，如有損壞，或年久失修，致有傾倒之危險時，則有累及鄰地之虞，鄰地所有人，自可就其一部或全部有傾倒危險，將受損害之程度，請求此項所有人為必要之防禦，以維公益，而免危險，此當然之理也。故設本條以明示其旨。

＊（損害鄰地地基或工作物危險之預防義務）民七九四；（鄰地損害之防免）民七七四。

第七百九十六條　（越界建屋之異議）

土地所有人建築房屋非因故意或重大過失逾越地

界者，鄰地所有人如知其越界而不即提出異議，不得請求移去或變更其房屋。但土地所有人對於鄰地因此所受之損害，應支付償金。

前項情形，鄰地所有人得請求土地所有人，以相當之價額購買越界部分之土地及因此形成之畸零地，其價額由當事人協議定之；不能協議者，得請求法院以判決定之。

[98]一、現行條文規定對越界建築者，主觀上不區分其有無故意或重大過失，一律加以保護，有欠公允，爰仿德國民法第九百十二條、瑞士民法第六百七十四條之立法體例，於第一項增列「非因故意或重大過失」越界建築者，始加以保障，以示平允。又依現行規定意旨，前段所保護者為「房屋」，爰將其末句「建築物」一詞，修正為「房屋」，使法條用語前後一貫。又「房屋」應包括建築完成及未完成者在內，併予敘明。

二、至因越界建築，鄰地所有人因此所受之損害，土地所有人應支付償金，如使鄰地所有人之土地成為畸零地者，該畸零地每不堪使用，亦應賦予鄰地所有人請求土地所有人購買權，以符實際，爰仿第七百八十八條，將現行條文但書規定酌予修正並增訂第二項規定。又本條規定不排除償法上不當得利請求權及侵權行為請求權。

*（物上請求權）民七六七；（建築許可）建築二一～四一；（建築基地）建築四二～四七；（建築界限）建築四八～五二；（損害賠償）民二一三～二一八。

▲民法第七百九十六條所謂土地所有人建築房屋逾越疆界，係指土地所有人在其自己土地建築房屋，僅其一部分逾越疆界者而言。若其房屋之全部建築於他人之土地，則無同條之適用。（二八上六三四）

▲土地所有人建築房屋逾越疆界者，鄰地所有人如知其越界而不即提出異議，不得請求移去或變更其建築物，固為民法第七百九十六條前段之所明定。惟主張鄰地所有人知其越界而不即提出異議者，應就此項事實負舉證之責任。（四五臺上九三一）

▲所謂越界建築，係指土地所有人建築房屋，逾越疆界者而言。至於因越界而占用之土地，究為鄰地之一部抑或全部，在所不問。（五八臺上一二〇）

▲民法第七百九十六條所謂越界建築，其建築物必為房屋，苟屬非房屋構成部分之牆垣、豬欄、狗舍或屋外之簡陋廚廁，尚不能謂有該條之適用。（五九臺上一七九九）

▲牆垣非房屋構成部分，如有越界建築，不論鄰地所有人是否知情而不即提出異議，要無民法第七百九十六條之適用。上訴人之圍牆既確有越界情事，縱令占地無幾，被上訴人亦無容忍之義務，即非不得請求拆除。（六二臺上一一一二）

▲民法第七百九十六條所定鄰地所有人之忍受義務，係為土地所有人所建房屋之整體，有一部分逾越疆界，若予拆除，勢將損及全部建築物之經濟價值而設。倘土地所有人所建房屋整體之外，越界加建房屋，則鄰地所有人請求拆除，原無礙於所建房屋之整體，即無該條規定之適用。（六七臺上八〇〇）

▲鄰地所有人知悉土地所有人越界建屋而不即提出異議者，依民法第七百九十六條但書之規定，尚得請求土地所有人購買越界部分之土地，舉重以明輕，不知情而得請求移去或變更建物之鄰地所有人，當然更得不請求土地所有人移去或變更建物而請求其以相當之價額購買越界部分之土地。（八三臺上二七〇一）

第七百九十六條之一 （越界建屋法院之判決）

土地所有人建築房屋逾越地界，鄰地所有人請求移去或變更時，法院得斟酌公共利益及當事人利益，免為全部或一部之移去或變更。但土地所有人故意逾越地界者，不適用之。

前條第一項但書及第二項規定，於前項情形準用之。

[98]一、本條新增。

二、對於不符合第七百九十六條規定者，鄰地所有人得請求移去或變更逾越地界之房屋。然有時難免對社會經濟及當事人之利益造成重大損害。為示平允，宜賦予法院裁量權，爰參酌最高法院六十七年臺上字第八〇〇號判例，由法院斟酌公共利益及當事人之利益，例如參酌都市計畫法第三十九條規定，考慮逾越地界與鄰地法定空地之比率、容積率等情形，免為全部或一部之移去或變更，以顧及社會整體經濟利益，並兼顧雙方當事人之權益。但土地所有人故意逾越地界者，不適用上開規定，始為公平，爰增訂第一項。

三、土地所有人如因法院之判決，免為全部或一部房屋之移去或變更者，為示平允，宜許鄰地所有人對於越界部分之土地及因此形成之畸零地，得以相當之價格請求土地所有人購買，如有損害，並得請求賠償，爰增訂第二項準用規定。

第七百九十六條之二 （越界建屋之準用）

前二條規定，於具有與房屋價值相當之其他建築物準用之。

[98]一、本條新增。

二、房屋以外建築物之價值亦有超越房屋者，事所恆有。如對該等建築物之越界建築一律不予保障，亦有害於社會經濟。惟建築物之種類甚多，如一律加以保障，亦將侵害鄰地所有人之權益，故權衡輕重，以具有與房屋價值相當之其他建築物，例如倉庫、立體停車場等是，始得準用前二條之規定，爰增訂本條規定，以期周延。

第七百九十七條 （植物枝根越界之刈除）

土地所有人遇鄰地植物之枝根有逾越地界者，得向植物所有人，請求於相當期間內刈除之。

植物所有人不於前項期間內刈除者，土地所有人得刈取越界之枝根，並得請求償還因此所生之費用。

越界植物之枝根，如於土地之利用無妨害者，不適用前二項之規定。

[98]一、本條可能越界者不宜限於「竹木」，爰將其一律修正為「植物」，以資明確，並期周延。

二、在往昔農業社會，土地所有人刈取越界之枝根，具有經濟上之價值，可為利用，以補償其刈除之勞力及費用。惟今日社會變遷，刈除之枝根可利用之經濟價值減低，或需僱工搬運，將造成負擔，爰於第二項增列「並得請求償還因此所生之費用」，以符實際，並期平允。

*（權利濫用之禁止）民一四八；（越界建屋之異議）民七九六。

第七百九十八條 （鄰地之果實獲得權）

果實自落於鄰地者，視為屬於鄰地所有人。但鄰地為公用地者，不在此限。

[98]土地不得為權利之主體，本條「鄰地」一詞宜修正為「鄰地所有人」，以符原立法旨趣。又本條之「自落」，凡非基於鄰地所有人之行為致果實掉落者，均屬之，學說均無異見，併此敘明。

*（天然孳息之歸屬）民六九、七〇、七六六。

第七百九十九條 （建築物之區分所有）

稱區分所有建築物者，謂數人區分一建築物而各專有其一部，就專有部分有單獨所有權，並就該建築物及其附屬物之共同部分共有之建築物。

前項專有部分，指區分所有建築物在構造上及使用上可獨立，且得單獨為所有權之標的者。共有部分，指區分所有建築物專有部分以外之其他部分及不屬於專有部分之附屬物。

專有部分得經其所有人之同意依規約之約定供區分所有建築物之所有人共同使用；共有部分除法律另有規定外，得經規約之約定供區分所有建築物之特定所有人使用。

區分所有人就區分所有建築物共有部分及基地之應有部分，依其專有部分面積與專有部分總面積之比例定之。但另有約定者，從其約定。

專有部分與其所屬之共有部分及其基地之權利，不得分離而為移轉或設定負擔。

(98)一、按公寓大廈管理條例第一條之立法目的係為加強公寓大廈之管理維護，提升居住品質，該條例原係為行政機關基於管理之目的所制定，其規範重點在住戶之權利義務、管理組織及管理服務人等，與民法重在建築物各住戶所有權之物權關係有異。又以區分所有建築物之一部為客體之區分所有權乃所有權之特殊型態，民法應設有原則性規範，俾建立所有權制度之完整體系。民法與行政法規兩者於性質、規範範圍及功能有其不同，應屬私法與公法之協力關係，此種雙軌規範體系之建構，應能有效率規範和諧之社會生活，並滿足其不同制定目的之需求。

二、所謂區分所有建築物者，必數人區分一建築物，各有其專有部分，始足當之，為明確計，爰將現行條文前段「各有其一部」之規定修正列為第一項「各專有其一部」規定，明定就該部分有單獨所有權，且就該建築物及其附屬物之共同部分為共有。又本條所稱「就專有部分有單獨所有權」者，係指對於該專有部分有單一之所有權而言，與該單獨所有權係一人所有或數人共有者無關。現行條文後段規定移列修正條文第七百九十九條之一。

三、第一項所定區分建築物之專有部分與共有部分，宜以明文規定其範圍，俾杜爭議，爰增訂第二項。得為區分所有權客體之專有部分，除須具有使用之獨立性外，並以具有構造上之獨立性為必要（王澤鑑，民法物權第一冊第二五五、二八二頁，二〇〇一年出版；溫豐文，區分所有權——民法物權編修正草案之評析，台灣本土法學雜誌九十期，第一一九至一二二頁；最高法院八十九年度臺上字第一三七七號、九十三年度臺上字第二〇六三號、九十四年度臺上字第一六三六號民事判決；日本建物區分所有法第一條參照），爰就此予以明定，以符物權客體獨立性之原則。至建築物經區分之特定部分是否具備構造上之獨立性，其需求嚴密之程度因客體用途之不同而有差異，隨著未來建築技術之發展，與社會生活之演變亦有寬嚴之不同，併予指明。

四、區分建築物之專有部分經其所有人同意後，得依規約約定共同使用，共有部分亦得依規約約定由特定所有人使用，俾符物盡其用之旨。惟如其他法律對於共有部分之約定使用有特別規定者，應從其規定，爰增訂第三項。

五、關於區分所有建築物之共有部分及基地，各區分所有人應有部分比例究為若干，應有原則性之規範，俾供遵循，爰於第四項明定依區分所有人專有部分面積與專有部分總面積之比例定之。

六、專有部分與其所屬對應之共有部分及其基地之權利，有不可分離之關係，爰增訂第五項，規定不得分離而為移轉或設定其他負擔。至於所屬之共有部分，僅指區分所有建築物之專有部分所配屬之共有部分，例如游泳池、網球場等公共設施，併予敘明。

*（共有）民八一七～八二六；（他人正中宅門之使用）民八〇〇。

▲釋三五八。

▲民法第八百條所稱前條情形，係指第七百九十九條所謂「數人區分一建築物而各有其一部者」之情形而言，樓房之分層所有，即屬該條所揭情形之一種，其正中宅門雖非共同部分，仍有第八百條之適用。至第八百條所謂有使用他人正中宅門之必要者，係指依客觀事實有使用之必要者而言，如非使用他人之正中宅門，即無從通行出外者，自包含在內。（五二臺上一〇五六）

第七百九十九條之一（建築物之費用分擔）

區分所有建築物共有部分之修繕費及其他負擔，由各所有人按其應有部分分擔之。但規約另有約定者，不在此限。

前項規定，於專有部分經依前條第三項之約定供區分所有建築物之所有人共同使用者，準用之。

規約之內容依區分所有建築物之專有部分、共有部分及其基地之位置、面積、使用目的、利用狀況、區分所有人已否支付對價及其他情事，按其情形顯失公平者，不同意之區分所有人得於規約成立後三個月內，請求法院撤銷之。

區分所有人間依規約所生之權利義務，繼受人應受拘束；其依其他約定所生之權利義務，特定繼受人對於約定之內容明知或可得而知者，亦同。

(98)一、本條新增。

二、按區分所有建築物共有部分之修繕費及其他負擔，立法例上有「按其所有部分之價值」定之者，亦有依應有部分比例定之者，我國因缺乏如奧地利住宅法由法院鑑定專有部分價值之制度，民法第七百九十九條後段規定形同具文，為期簡便易行，爰仿民法第八百二十二條修正為原則上由各所有人按其應有部分分擔之，但規約另有約定者，不在此限，俾簡易可行，並維彈性，爰增訂第一項。

三、區分所有建築物之專有部分經約定供區分所有建築物之所有人共同使用者，該專有部分之修繕費及其他負擔應如何分擔，亦宜明文規定，以期明確，爰增訂第二項。

四、規約之約定對特定之區分所有人若有顯失公平之情事者，宜有救濟之途徑，爰增訂第三項。又規約之約定是否有顯失公平情事，須就各項具體因素及其他相關情形綜合予以斟酌，以為判斷之準據。至所謂不同意之區分所有人包括自始未同意該規約約定或未參與其訂定者在內。

五、區分所有建築物之各區分所有人因各專有該建築物之一部或共同居住其內，已形成一共同團體。而規約乃係由區分所有人團體運作所生，旨在規範區分所有人相互間關於區分所有建築物及其基地之管理、使用等事項，以增進共同利益，確保良好生活環境為目的，故區分所有人及其繼受人就規約所生之權利義務，依團體法法理，無論知悉或同意與否，均應受其拘束，方足以維持區分所有人間所形成團體秩序之安定。至區分所有人依其他約定所生之權利義務，其繼承人固應承受，但因非由團體運作所生，基於交易安全之保護，特定繼受人僅以明知或可得而知者為限，始受其拘束，爰增訂第四項。又所謂繼受人包括概括繼受與因法律行為而受讓標的之特定繼受人在內；區分所有人依法令所生之權利義務，繼受人應受拘束乃屬當然，無待明文，均併予指明。

第七百九十九條之二（同一建築物之所有人區分）

同一建築物屬於同一人所有，經區分為數專有部分登記所有權者，準用第七百九十九條規定。

(98)一、本條新增。

二、同一建築物屬於同一人所有，經區分為數專有部分登記所有權者，其使用情形與數人區分一建築物者相同，均有專有部分與共有部分。其中一部轉讓他人時，即生應否與其共有部分、基地相關之應有部分一併讓與等問題，爰明定準用第七百九十九條規定，俾杜爭議。

第八百條（他人正中宅門之使用）

第七百九十九條情形，其專有部分之所有人，有使用他專有部分所有人正中宅門之必要者，得使用之。但另有特約或另有習慣者，從其特約或習慣。

因前項使用致他專有部分之所有人受損害者，應支付償金。

⑱一、他人正中宅門之使用僅適用於第七百九十九條建築物之區分所有。本條配合第七百九十九條之修正，爰將第一項「一部分」修正為「專有部分」，並將「他人」修正為「他專有部分所有人」。至於所謂「特約」，應有第七百九十九條之一第四項規定之適用，乃屬當然，併予敘明。
二、第二項「所有人」配合前項修正為「他專有部分之所有人」，俾求前後用語一致。

*（建築物之區分所有）民七九九；（習慣）民一、二；（權利濫用之禁止）民一四八。

▲（五二臺上一〇五六）參見本法第七百九十九條。

第八百條之一 （建築物或其他工作物利用人之準用）

第七百七十四條至前條規定，於地上權人、農育權人、不動產役權人、典權人、承租人、其他土地、建築物或其他工作物利用人準用之。

⑲配合新增第四章之一「農育權」及修正第五章章名「不動產役權」與條文，而修正本條。

第三節 動產所有權

⇧謹按動產所有權之內容及其限制，雖有通則規定，可資適用，然動產所有權得喪之方法，則不可不明晰規定，俾適於實際之用。此本節所由設也。

第八百零一條 （善意受讓）

動產之受讓人占有動產，而受關於占有規定之保護者，縱讓與人無移轉所有權之權利，受讓人仍取得其所有權。

⇧查民律草案第一千零二十七條理由謂凡讓與動產之所有權時，若讓與人有移轉其所有之權利，則受讓人因讓與之效力取得所有權，此當然之理。然有時讓與人雖無移轉其所有權之權利，受讓人不得藉讓與之效力取得所有權，而可藉占有之效力取得所有權，如是始能確保交易上之安全也。故設本條以明示其旨。

*（動產）民六七；（占有規定之保護）民九四八；（盜贓遺失物之例外）民九四九～九五一；（占有權利之推定）民九四三；（和平公然善意占有之推定）民九四四；（無權處分）民一一八；（質權之善意受讓）民八八六；（無記得）票據八、一〇、一四、一五；（船舶之例外）海商九。

▲動產之受讓人占有動產，而有民法第九百四十八條規定之情形者，依同法第八百零一條之規定，縱讓與人無移轉所有權之權利，受讓人仍取得其所有權。（三一上一九〇四）

第八百零二條 （無主物之先占）

以所有之意思占有無主之動產者，除法令另有規定外，取得其所有權。

⑱現行規定無主之動產，如以所有之意思而占有者，取得其所有權。惟現行法令對於具備上開要件定有限制其取得所有權之規定者，例如野生動物保育法第十六條、文化資產保存法第八十三條之規定是。為期周延並明確計，爰增列「法令另有規定」之除外規定。

*（占有）民九四〇～九四二；（以所有之意思為占有之推定）民九四四㊀；（占有之保護）民八〇一、九四八；（動產）民六七。

第八百零三條 （遺失物拾得者之招領報告義務）

拾得遺失物者應從速通知遺失人、所有人、其他有受領權之人或報告警察、自治機關。報告時，應將其物一併交存。但於機關、學校、團體或其他公共場所拾得者，亦得報告於各該場所之管理機關、團體或其負責人、管理人，並將其物交存。

前項受報告者，應從速於遺失物拾得地或其他適當處所，以公告、廣播或其他適當方法招領之。

⑱一、現行條文修正改列第一項，其修正理由如下：㈠拾得人有通知義務，「通知」之對象，現行條文僅規定「所有人」，惟學者通說以為應從廣義解釋，即遺失物之所有人、限定物權人、占有人均包括在內，爰將「所有人」修正為「遺失人、所有人、其他有受領權之人」，以期明確，並符實際。至於因不知所有人或其所在不明時，現行法則規定拾得人有揭示及報告之義務，為慮及拾得人為揭示之不便及揭示方法之妥適性，爰刪除「不知所有人或所有人所在不明者，應為招領之揭示」，並為避免課予拾得人過重之義務，乃採雙軌制，使拾得人可選擇通知遺失人等，或逕報告、交存警察或自治機關。㈡又為顧及遺失人急於搜尋遺失物之情形，且為使遺失物之歸屬早日確定，爰仿德國民法第九百六十五條、日本遺失物法第一條規定，於「通知」前，增列「從速」二字。㈢為配合民法總則將「官署」用語修正為「機關」，本條以下各條所定「警署」均修正為「警察或自治機關」。㈣凡於機關、學校、團體或其他公共場所拾得遺失管理人報告並交存其物，由其招領較為便捷，且具實益，爰增列但書規定，由拾得人自由選擇報告並交存其物於各該場所之管理機關、團體或其負責人、管理人。
二、第二項增列招領地點及招領方法之規定。招領地點不以遺失物拾得地為限，而招領方法亦不以公告為限，凡適當處所（例如警察、自治機關）或適當方法（例如電臺廣播、電視廣播）均得從速為之，較富彈性。又此處之受報告者，係指已接受交存遺失物者，始得進行招領程序，併予敘明。

*（遺失物之認領或交存）民八〇四；（遺失物之返還與費用及報酬之請求）民八〇五；（遺失物之拍賣）民八〇六；（拾得人取得所有權）民八〇七；（埋藏物之發現）民八〇八、八〇九；（漂流物與沉沒品）民八一〇；（遺失物之回復）民九四九～九五一；（動物物品之尋查取回）民七九一；（一時不能實行管領力）民九六四；（遺失物侵占）刑三三七。

第八百零四條 （招領後無人認領之處置——交存遺失物）

依前條第一項為通知或依第二項由公共場所之管理機關、團體或其負責人、管理人為招領後，有受領權之人未於相當期間認領時，拾得人或招領人應將拾得物交存於警察或自治機關。

警察或自治機關認原招領之處所或方法不適當時，得再為招領之。

⑱一、為配合前條之修正，爰將現行規定「揭示」修正為「依前條第一項為通知或依第二項由公共場所之管理機關、團體或其負責人、管理人為招領」；「所有人」修正為「有受領權之人」；「拾得人」修正為「拾得人或招領人」；「其物」修正為「拾得物」。
二、又為貫徹保護有受領權之人之利益，爰增訂警察或自治機關，認原招領之處所或方法不適當時，得再為招領，俾有受領權之人更有適當機會知悉其遺失物之所在，並改列為第二項。

*（遺失物拾得人之揭示報告義務）民八〇三；（揭示及保管費用之請求）民八〇五㊀；（遺失物之拍賣）民八〇六；（拾得人取得所有權）民八〇七。

第八百零五條 （認領之期限、費用及報酬之請求）

遺失物自通知或最後招領之日起六個月內，有受領權之人認領時，拾得人、招領人、警察或自治機關，於通有受領權之人認領遺失物時拾得人得請求報酬但不得超過其物財產上價值十分之一；其不具有財產上價值者，拾得人亦得請求相當之報酬。

有受領權人依前項規定給付報酬顯失公平者，得請求法院減少或免除其報酬。

第二項報酬請求權，因六個月間不行使而消滅。

第一項費用之支出者或得請求報酬之拾得人，在其費用或報酬未受清償前，就該遺失物有留置權；其權利人有數人時，遺失物占有人視為為全體權利人占有。

(101)一、修正通過。
二、原規定拾得人得向遺失人索取之三成報酬之規定偏高，爰將第二項規定請求報酬上限十分之三修正為十分之一。
三、為符合公平原則，若有受領權人依規定給付報酬顯失公平者，得請求法院減少或免除報酬，爰增訂第三項文字。
四、原第三項改為第四項，並將句首之「前項」修正為「第二」。
五、原第四項改列為第五項。

*（遺失物拾得人之揭示報告交存義務）民八〇三、八〇四；（遺失物之拍賣）民八〇六。

第八百零五條之一（認領報酬之例外）

有下列情形之一者，不得請求前條第二項之報酬：

一　在公眾得出入之場所或供公眾往來之交通設備內，由其管理人或受僱人拾得遺失物。

二　拾得人未於七日內通知、報告或交存拾得物，或經查詢仍隱匿其拾得遺失物之事實。

三　有受領權之人為特殊境遇家庭、低收入戶、中低收入戶、依法接受急難救助、災害救助，或有其他急迫情事者。

(101)一、修正通過。
二、為規範拾得人請求報酬之限制條件，爰將第二款修正為「拾得人未於七日內通知、報告或交存拾得物，或經查詢仍隱匿其拾得遺失物之事實。」以作更明確之規定。
三、為避免社會救助法所稱對象及特殊境遇家庭等弱勢民眾，因拾得人主張報酬請求權及留置權，而造成生活之困境，爰增訂第三款，以限制拾得人之請求報酬。

第八百零六條（遺失物之拍賣及變賣）

拾得物易於腐壞或其保管需費過鉅者，招領人、警察或自治機關得為拍賣或逕以市價變賣之，保管其價金。

(98)現行規定拾得物採拍賣方法，雖拍賣法尚未公布，惟拍賣仍須經一定之程序（債編施行法第二十八條參考），需時既多，費用亦鉅，為求經濟簡便，爰修正兼採變賣方法，「得逕以市價變賣」，以兼顧有受領權之人及拾得人雙方之權益，並配合第八百零三條酌作文字修正。

*（遺失物之保管及交存）民八〇三、八〇四；（拍賣）民債施二八；（提存物之拍賣）民三三一。

第八百零七條（逾期未認領之遺失物之歸屬——拾得人取得所有權）

遺失物自通知或最後招領之日起逾六個月，未經有受領權之人認領者，由拾得人取得其所有權。警察或自治機關並應通知其領取遺失物或賣得之價金；其不能通知者，應公告之。

拾得人於受前項通知或公告後三個月內未領取者，其物或賣得之價金歸屬於保管地之地方自治團體。

(98)一、為配合第八百零五條之修正，爰將「拾得後」修正為「自通知或最後招領之日起」；「所有人」修正為「有受領權之人」；「警署」修正為「警察」機關。又拾得人於法定期間屆滿，即取得其物之所有權；若該物已變賣者，拾得人當然取得該價金之權利。為期拾得人早日領取遺失物或因拍賣或變賣所得之價金，爰課予警察或自治機關以通知或公告之義務，現行條文修正改列為第一項。又有關本條期間之起算當然適用民法第一百十九條及第一百二十條之規定，併予敘明。
二、拾得人於受前項通知或公告後，經過一定期間未領取時，應如何處理？現行法尚無明文規定，易滋疑義，爰參考德國民法第九百七十六條第二項、日本遺失物法第十四條，我國民法第四十四條第二項規定，增訂第二項，明定拾得人喪失其物或賣得之價金，歸屬於保管地之地方自治團體。

*（拾得人之揭示報告交存義務）民八〇三、八〇四；（遺失物之拍賣）民八〇六；（遺失物之回復請求權）民九四九。

第八百零七條之一（五百元以下遺失物之歸屬）

遺失物價值在新臺幣五百元以下者，拾得人應從速通知遺失人、所有人或其他有受領權之人。其有第八百零三條第一項但書之情形者，亦得依該條第一項但書及第二項規定辦理。

前項遺失物於下列期間未經有受領權之人認領者，由拾得人取得其所有權或變賣之價金：

一　自通知或招領之日起逾十五日。

二　不能依前項規定辦理，自拾得日起逾一個月。

第八百零五條至前條規定，於前二項情形準用之。

(98)一、本條新增。
二、財產價值輕微之遺失物，考量招領成本與遺失物價值成本效益，並求與社會脈動一致，爰參考德國民法第九百六十五條之立法意旨，增訂簡易招領程序規定。遺失物價值在新臺幣五百元以下者，拾得人如知遺失人、所有人或其他有受領權之人時，始負通知義務。其若於機關、學校、團體或其他公共場所拾得者，亦得向各該場所之管理機關、團體或其負責人、管理人報告並交存其物，由其招領較為便捷，爰增訂第一項，以簡化程序，達成迅速及節省招領成本之目的。又本條僅適用於具財產價值之遺失物價值在新臺幣五百元以下者，不具財產價值之遺失物不適用之。
三、遺失物價值在新臺幣五百元以下者，拾得人踐行第一項通知或招領程序逾十五日，或不能依第一項辦理自拾得日起逾一個月，未經有受領權之人認領者，則由拾得人取得其所有權或變賣之價金，爰增訂第二項，以達節省招領成本及迅速之旨。
四、第八百零五條至第八百零七條，於本條性質相同者，仍得準用，爰增訂第三項。

第八百零八條（埋藏物之發現）

發見埋藏物而占有者，取得其所有權。但埋藏物係在他人所有之動產或不動產中發見者，該動產或不動產之所有人與發見人，各取得埋藏物之半。

⇧查民律草案第一千零三十四條理由謂凡發見埋藏物而占有之者，即（永年埋沒於他物之中，不知其所有人之動產）須使其取得埋藏貨物之所有權，以酬其發見之勞。但包藏物屬他人之所有時，其埋藏物應為共有物，多數之立法例，使發見人取得埋藏物之所有權，然本法則於發見之外，尚以占有為必要之條件，以杜無益之爭論。故設本條以明示其旨。

*（占有）民九四〇～九四二；（不動產）民六六；（動產）民六七；（有學術價值等埋藏物之歸屬）民八〇九。

第八百零九條　（有學術價值埋藏物之歸屬）

發見之埋藏物足供學術、藝術、考古或歷史之資料者，其所有權之歸屬依特別法之規定。

⇧謹按發見之埋藏物，如係足以供學術、藝術、考古或歷史之資料者，此種物品，於社會文化之進步，至有關係，是否應為所有人與發見人所共有，抑應依特別法之規定，而定其所有權之歸屬，不可不設明文規定，以杜無益之爭論。此本條所由設也。

*（埋藏物之發現）民八〇八；（特別法之規定）文化資產保存法。

第八百十條　（漂流物或沈沒物之拾得）

拾得漂流物、沈沒物或其他因自然力而脫離他人占有之物者，準用關於拾得遺失物之規定。

(98)漂流物、沈沒物均為因水之自然力而脫離他人占有之物。事實上尚有其他自然力，例如颱風、大雨致使物品脫離他人占有之情形，為期周延，爰以漂流物、沈沒物為例示，增列概括規定「其他因自然力而脫離他人占有之物」（參考瑞士民法第七百二十五條第二項），並酌作文字及標點符號修正。

*（遺失物之拾得）民八〇三～八〇七；（侵占漂流物遺失物罪）刑三三七；（海上救助及撈救）海商一〇二～一〇九。

第八百十一條　（不動產上之附合）

動產因附合而為不動產之重要成分者，不動產所有人取得動產所有權。

⇧查民律草案第一千零三十六條理由謂動產與不動產附合，為其構成之一部分，不動產之所有人，以其與主物同視者，其動產之所有權，屬於不動產之所有人，否則必有因動產所有權存續，而害及經濟之虞。例如房屋之瓦，既附合於房屋之上，勢不能使他人復對於其瓦有動產所有權也。故設本條以明示其旨。

*（動產）民六七；（不動產）民六六；（添附及於所有權之效果）民八一五；（添附之求償關係）民一七九～一八三、八一六；（附合物之取回）民四三一、八三九、八五〇之七；（遺贈物之附合）民一二〇三。

▲上訴人主張對系爭房屋曾加以裝修，縱屬真實，然其所購買之磚、瓦、塑膠板等，既因附合於債務人之不動產而成為系爭不動產之成分，無單獨所有權存在，亦自無足以排除強制執行之權利。（五六臺上二三四六）

▲系爭地上茶樹、桐樹等未與土地分離前為土地之一部分並非附合於土地之動產而成為土地之重要成分，與民法第八[illegible]依同法第八百十六條規定訴求被上訴人返還不當得利，自難謂合。（六四臺上二七三九）

第八百十二條　（動產之附合）

動產與他人之動產附合，非毀損不能分離，或分離需費過鉅者，各動產所有人，按其動產附合時之價值，共有合成物。

前項附合之動產，有可視為主物者，該主物所有人，取得合成物之所有權。

⇧查民律草案第一千零三十七條理由謂數動產其所有人各異，若一人之動產與他人之動產附合，非毀損不能分離，或非過鉅之費用不能分離時，作為合成物，使各所有人共有之。若其物有主從之區別者，使主物之所有人專有之。蓋數動產既已附合為一，若仍使其各所有權存續，必有害及經濟之虞。故特設本條以杜其弊。

*（動產）民六七；（動產與不動產之附合）民八一一；（動產與動產之混合）民八一三；（主物從物）民六八；（附合之效果）民八一五、八一六。

第八百十三條　（混合）

動產與他人之動產混合，不能識別，或識別需費過鉅者，準用前條之規定。

⇧查民律草案第一千零三十八條理由謂動產與他人之動產互相混合，不能識別，或識別而需費過鉅者，應準用附合之法，庶免害及經濟之虞。此本條之所由設也。

*（動產）民六七；（主物從物）民六八；（動產與動產附合）民八一二；（混合之效果）民八一五、八一六。

第八百十四條　（加工）

加工於他人之動產者，其加工物之所有權，屬於材料所有人。但因加工所增之價值顯逾材料之價值者，其加工物之所有權屬於加工人。

⇧查民律草案第一千零四十條理由謂於他人之動產，而為製作、圖畫、變形、彩色、印刷、鍍金等事者，為保護材料所有人之利益計，使材料所有人取得其所有權。然因加工所增之價值顯逾材料之價值者，為保護加工之所有人計，使其加工物，仍為加工人之所有。此本條所由設也。

*（動產）民六七；（加工之效果）民八一五、八一六。

第八百十五條　（添附之效果(一)——其他權利之同消滅）

依前四條之規定，動產之所有權消滅者，該動產上之其他權利，亦同消滅。

⇧查民律草案第一千零三十九條理由謂附合及混合，皆以舊物另組織一新物也。為其構成部分之原物，既不能獨立存在，故其原物之所有權，及關於其物而成立之他項權利，均當然消滅。此本條所由設也。

*（動產）民六七；（添附）民八一一～八一四；（添附之補償請求）民八一六；（添附與遺贈）民一二〇三；（添附效果之特別規定）民四三一、八三九、八五〇之七。

第八百十六條　（添附之效果(二)——補償請求）

因前五條之規定而受損害者，得依關於不當得利之規定，請求償還價額。

(98)一、本條原規定主體為「喪失權利而受損害者」，其規範意旨，在於指出不當得利請求權之權利主體。惟依民法第一百七十九條規定，不當得利請求權之權利主體，為「受損害之他人」（受損人）。解釋上，只要「受損害」即可，不以「喪失權利」為必要。蓋不當得利規定之「損害」概念，範圍相當廣泛，除喪失權利外，尚包括單純提供勞務、支出費用或權益歸屬之侵害等。且「喪失權利」等文字，未盡概括完整，其固然可以說明因附合、混合而喪失動產所有權或該動產上其他權利之情形，但無法涵蓋因加工單純提供勞務而受損害之情形。為求精確，爰刪除「喪失權利」等文字。

二、本條規範意義有二，一為宣示不當得利請求權，縱使財產上損益變動係依法（例如第八百十一條至第八百十五條規定）而發生，仍屬無法律上原因。其二係指明此本質上為不當得利，故本法第一百七十九條至第一百八十三條均在準用之列，僅特別排除第一百八十一條關於不當得利返還客體規定之適用。因添附而受損害者，依關於不當得利之規定請求因添附而受利益者返還其所受之利益時，僅得適用本法第一百八十一條但書規定請求「償還價額」，不能適用同條本文規定，請求返還「利益原形」，以貫徹添附制度重新分配添附物所有權歸屬、使所有權單一化、禁止添附物再行分割之立法意旨。為求明確，將現行規定「償金」修正為「價額」。又添附行為如該當侵權行為之要件，自有侵權行為損害賠償請求權之適用，乃屬當然，併予指明。

*（添附）民八一一～八一四；（不當得利）民一七九～一八三。

第四節　共　有

⇧查民律草案物權編第二章第四節原案謂所有權，為事實上、[illegible]

上有數個所有權，固不待言。然數人共於一物之上有一所有權，初無反於所有權之觀念，且為近世各國民法所公認，於實際亦頗重要。故特設本節之規定。

第八百十七條　（分別共有——共有人及應有部分）

數人按其應有部分，對於一物有所有權者，為共有人。」

各共有人之應有部分不明者，推定其為均等。

⇧查民律草案第一千零四十三條理由謂共有者，一所有權而有多數權利主體之謂也。自理論言之，各共有人皆有完全之所有權，互相競合，故必須限制共有人之權利範圍，調和其競合，使各共有人完全享有其權利。而欲達此目的，應依各共有人理想之分割部分使其共有。此第一項所由設也。各共有人之應有部分，以無反證為限，推定其為均等，蓋共有時其應有部分均等者多，不均等者少。此第二項所由設也。

＊（共有物之使用收益）民七六五、八一八；（共有物之處分）民八一九；（共有物之管理）民八二〇；（各共有人對第三人之權利）民七六七、八二一；（共有物費用之分擔）民八二二；（共有物之分割）民八二三～八二六；（公同共有）民八二七～八三〇；（準共有）民八三一；（建築物之區分所有）民七九九；（附合混合之共有）民八一二、八一三。

▲各共有人之應有部分不明者，民法第八百十七條第二項固推定其為均等，惟各共有人之應有部分通常應依共有關係發生原因定之，如數人以有償行為對於一物發生共有關係者，除各共有人間有特約外，自應按出資比例定其應有部分。（二九上一〇二）

▲系爭土地既為兩造所共有，過去雖曾分管，在法律上仍不能認為分割，故在合法分割前共有關係猶無稍變，且政府徵收放領之對象又係向共有人全體為之，則因徵收所生之損失，自應由全體共有人共同負擔。（四七臺上八六一）

▲共有，乃數人共同享受一所有權，故各共有人本其所有權之作用，對於共有物之全部均有使用收益權，惟此使用收益權應按其應有部分而行使，不得損及他共有人之利益，若有侵害，則與侵害他人之所有權同。被侵害之他共有人，自得依侵權行為之規定，而行使其損害賠償請求權。（五一臺上三四九五）

第八百十八條　（共有人之使用收益權）

各共有人，除契約另有約定外，按其應有部分，對於共有物之全部，有使用收益之權。

[98]本條意旨在規定共有物使用收益權能之基本分配，若共有人在此基礎上已有分管協議，法律自應尊重。縱使各共有人依該協議實際可為使用或收益之範圍超過或小於應有部分，亦屬契約自由範圍。至其效力是否拘束應有部分之受讓人，則應依修正條文第八百二十六條之一而定，爰仿修正條文第八百二十條第一項加以明定。

＊（共有人）民八一七㊀；（應有部分）民八一七㊁；（所有權之權能）民七六五；（共有人之物上請求權）民七六七、八二一。

▲民法第八百十八條所定各共有人按其應有部分，對於共有物之全部有使用收益之權，係指各共有人得就共有物全部，於無害他共有人之權利限度內，可按其應有部分行使用收益權而言。故共有人如逾越其應有部分之範圍使用收益時，即係超越其權利範圍而為使用收益，其所受超過利益，要難謂非不當得利。（五五臺上一九四九）

▲分別共有之各共有人，按其應有部分對於共有物之全部有使用收益之權，所謂應有部分，係指分別共有人得行使權利之比例，而非指共有物之特定部分，因此分別共有之各共有人，得按其應有部分之比例，對於共有物之全部行使權利。至於共有物未分割前，各共有人實際上劃定範圍使用共有物者，乃屬一種分管性質，與共有物之分割不同。（五七臺上二三八七）

▲各共有人按其應有部分，對於共有物之全部雖有使用收益之權，惟共有人對共有物之特定部分使用收益，仍須徵得他共有人全體之同意，非謂共有人得對共有物之全部或任何一部有自由使用收益之權利。如共有人不顧他共有人之利益，而就共有物之全部或一部任意使用收益，即屬侵害他共有人之權利。（六二臺上一八〇三）

第八百十九條　（應有部分及共有物之處分）

各共有人，得自由處分其應有部分。

共有物之處分、變更及設定負擔，應得共有人全體之同意。

⇧查民律草案第一千零四十五條理由謂各共有人，於不害他共有人之權利範圍內，得行使其權利，故共有人得將其應有部分讓與他人，或以其應有部分供擔保之用，且共有人之債權人，得扣押其應有部分。但變更共有物（變更物之本質及其用法），或讓與他人或以其供擔保之用，必須他共有人同意，始能為之。故特設本條以定其關係。

＊（共有人）民八一七㊀；（應有部分）民八一七㊁；（共有物之管理）民八二〇；（設定負擔）民八三二、八四二、八五一、八六〇、八八四、九一一、九二八，動擔一五，海商三三～三五，民航一八；（船舶共有之處分）海商一一～一三；（善意占有人之保護）民八〇一、八八六、九四八；（船舶應有部分之設定抵押權）海商一三；（共有土地或建築改良物之處分變更或設定負擔）土地三四之一。

▲釋一四一。

▲共有財產非得共有人全體同意，自不能擅為處分。（一七上六八四）

▲共有人中一人或數人未經全體共有人同意，專擅處分共有物者，其處分行為固不生移轉物權之效力。惟法律行為之同意不必限於行為時為之，若於事前預示，或事後追認者，不得謂為無效。（一七上一〇一四）

▲共有財產未分析前，共有人一人或數人未得他共有人同意擅為處分，自非有效。（一八上八六二）

▲共有人之一人指共有物為己有，私擅典押，無論其相對人是否善意，不生物權法上之效力。（一八上一九一二）

▲共有財產固非得全體共有人之同意，不得私擅處分，惟同意與否，不僅以處分該財產之約據形式上曾否表示為斷，苟有其他明確之事實，足以證明他共有人已經為明示或默示之同意者，則共有人中一人或數人之處分行為，仍不能不認為有效。（一九上九八一）

▲共有人中一人處分共有物，非其他共有人共同處分者，必事前為他共有人之同意或得其事後之追認，其處分行為始能有效。（一九上二〇一四）

▲處分共有物固應得全體共有人之同意，但因共有人眾多，苟願開會議依多數之議決，經各共有人均舉有代表到場預議者，自應遵從議決，不得事後翻異。（一九上二二〇八）

▲共有財產非經共有人全體同意，不得由共有人之一部分自由處分。（一九上二四〇一）

▲共有物之處分，應得共有人全體之同意。（二〇上一三二二）

▲共有物之處分固應得共有人全體之同意，但共有人之一人自由處分其應有部分，原非法所不許。（二〇上一七四〇）

▲管理家務之人處分共有財產，能否即認為代表全家之行為，仍應以其處分家產有無必要用途，即是否用以清償公共負擔之費用為斷。（二〇上一八八八）

▲管理家務之人因清償公共負擔之費用，而處分其家產之全部或一部者，其他共有人除於處分當時表示異議外，固不得於事後以無權處分為理由，主張其代理處分之不當。（二〇上三二〇四）

▲債權人就債務人與人共有之物，祇得扣押債務人之應有部分，不得扣押共有物之全部或一部。（二一上八〇五）

▲共有人固得自由讓與其應有部分，惟讓與應有部分時，受讓人仍按其受讓之應有部分與他共有人繼續共有關係，若將共有物特定之一部讓與他人，使受讓人就該一部取得單獨所有權，則非民法第八百十九條第一項所謂應有部分之處分，而為同條第二項所謂共有物之處分，雖該一部之所值低於按其應有部分所應分得之一部，其讓與亦非得共有人全體之同意，不生效力。（三二上一一）

▲典權為數人所準共有者，出典人僅就共有人中一人之應有部分，向該共有人回贖得其同意時，依民法第八百三十一

條、第八百十九條第一項規定固應認為有效，惟出典人向共有人中之一人回贖全部者，雖得該共有人之同意，依民法第一百十一條之規定亦屬全部無效。本件典權係上訴人所準共有，被上訴人僅向上訴人甲一人為全部回贖，如果未得上訴人乙之同意，而上訴人甲與被上訴人間，又無專就上訴人甲應有部分成立回贖行為之意思，依照上開規定，其回贖自屬全部無效。（三二上一六八）

▲共有人原得自由處分其應有部分，共有人間縱為相反之約定，對於第三人亦不生效力。（三三上三七六八）

▲共有人固得自由讓與其應有部分，惟讓與應有部分時，受讓人仍按其應有部分與他共有人繼續共有關係，若將共有特定之一部分讓與他人，使受讓人就該一部分取得單獨所有權，則非民法第八百十九條第一項所謂應有部分之處分，而為同條第二項所謂共有物之處分，其讓與非得共有人全體之同意，不生效力。（四〇臺上一四七九）

▲被繼承人係在臺灣光復前死亡，依當時有效之法律，並無公同共有之規定，各繼承人對於遺產自各按其應有部分而為分別共有，共有人某甲未徵得其他共有人全體之同意，將其應有部分出賣與被上訴人，核與民法第八百十九條第一項之規定，並無不合。（四七臺上一一二六）

▲共有人將共有物特定之一部讓與他人，固為共有物之處分，其讓與非得共有人全體之同意，對於其他共有人不生效力。然受讓人得對於締約之共有人，依據債權法則而請求使其就該一部取得單獨所有權，對於不履行之締約人除要求追償定金或損害賠償外，亦得請求使其取得按該一部計算之應有部分，與他共有人繼續共有之關係。（五五臺上三二六七）

▲土地法已於六十四年七月二十四日修正公布施行，依其第三十四條之一第一項前段規定共有土地之處分、變更，以共有人過半數及其應有部分合計過半數即可行之，非必需共有人全體同意，上訴人將共有之墓地變更使用種菜建屋，如在該法修正之後，且已獲過半數共有人及應有部分合計過半數同意，即無適用民法第八百十九條第二項餘地。（六七臺上九四九）

第八百二十條　（共有物之管理）

共有物之管理，除契約另有約定外，應以共有人過半數及其應有部分合計過半數之同意行之。但其應有部分合計逾三分之二者，其人數不予計算。

依前項規定之管理顯失公平者，不同意之共有人得聲請法院以裁定變更之。

前二項所定之管理，因情事變更難以繼續時，法院得因任何共有人之聲請，以裁定變更之。

共有人依第一項規定為管理之決定，有故意或重大過失，致共有人受損害者，對不同意之共有人連帶負賠償責任。

共有物之簡易修繕及其他保存行為，得由各共有人單獨為之。

⑱一、為促使共有物有效利用，立法例上就共有物之管理，已傾向依多數決為之（如瑞士民法第六百四十七條之一、第六百四十七條之二、日本民法第二百五十二條、義大利民法第一千一百零五條、第一千一百零六條、第一千一百零八條、奧國民法第八百三十三條、德國民法第七百四十五條），爰仿多數立法例，修正第一項。

二、共有人依第一項規定就共有物所定之管理，對少數不同意之共有人顯失公平時，不同意之共有人得聲請法院以裁定變更該管理，俾免多數決之濫用，並保障全體共有人之權益，爰增訂第二項。又依第一項規定之管理，係指多數決或應有部分超過三分之二所定之管理。

三、對共有人原定之管理嗣因情事變更致難以繼續時，任何共有人均得聲請法院變更之，俾符實際，爰增訂第三項。

四、共有人依第一項為共有物管理之決定時，有故意或重大過失，致共有人受有損害者，為保護不同意該管理方法之少數共有人權益，爰增訂第四項，明定共有人應負連帶賠償責任。又該責任為法定責任，但不排除侵權行為規定之適用，併予敘明。

五、現行條文第二項移列為第五項。

六、第一項規定之「管理」，為上位概括規定，已可包括現行條文第三項之下位概念「改良」在內，故現行條文第三項規定已無實益，爰予刪除。

＊（契約）民一五三；（共有船舶之管理）海商一七、一八。

▲釋三四九。

▲共有物之管理人不能自由處分共有物，若未經共有人全體同意擅自處分，其處分行為，不能生移轉物權之效力。（一七上一一七九）

▲假處分之效力，僅在禁止債務人就特定財產自由處分，並不排除法院之強制執行，亦不能因此而阻礙共有人請求法院分割共有物之權能。且依強制執行法第五十一條第二項之規定，實施查封後，債務人就查封物所為移轉、設定負擔或其他有礙執行效果之行為，僅對債權人不生效力。而裁判分割，係由法院依職權為之。既於查封之效力無礙，殊無於實施假處分之後，不准分割之法律上理由。（六九臺上二四〇三）

第八百二十一條　（共有人對第三人之權利）

各共有人對於第三人，得就共有物之全部為本於所有權之請求。但回復共有物之請求，僅得為共有人全體之利益為之。

⇧查民律草案第一千零四十八條理由謂各共有人，即為所有人，即應與所有人受同一之保護，故共有人對於第三人得為一切行為，與單獨所有人同。然關於請求回復其共有物，非有共有人全體而為之，恐害及共有人利益，至為共有人全體請求回復共有物，應依何種方法，則依當事人之意思及法院之意見為最適當。例如請求交付標的物，於各共有人之代理人，為各共有人請求提存或於不得為提存時，請求將標的物交付於法院所選定之保管人，皆為實際上最適當之方法。總之各共有人祇能依其應有部分，向他共有人主張所有權而已，此事理之所當然，故於此不另設明文也。

＊（物上請求權）民七六五、七六七、七七三、九六二；（共有物之管理）民八二〇；（不可分債權）民二九三；（相鄰關係）民七七四～八〇〇。

▲依民法第八百二十一條之規定，各共有人對於第三人，得就共有物之全部，為本於所有權之請求，此項請求權既非必須由共有人全體共同行使，則以此為標的之訴訟，自無由共有人全體共同提起之必要。所謂本於所有權之請求權，係指民法第七百六十七條所規定之物權的請求權而言，故對於無權占有或侵奪共有物者，請求返還共有物之訴，得由共有人中之一人單獨提起，惟依民法第八百二十一條但書之規定，應求為命被告向共有人全體返還共有物之判決而已。（二八上二三六一）

▲民法第八百二十一條之規定，於公同共有不適用之。（二九上四九四）（九九、二、二三決議不再援用）

▲各共有人對於無權占有或侵奪共有物者，請求返還共有物之訴，依民法第八百二十一條但書之規定，應求為命被告向共有人全體返還共有物之判決，其請求僅向自己返還者，應將其訴駁回。（三七上六七〇三）

▲民法物權編關於分別共有之規定，各共有人對於第三人得就共有物之全部，為共有人之全體之利益，而為回復共有物之請求，如以此為標的之訴訟，無由共有人全體提起之必要。（三八臺上六二）

▲各共有人對於第三人，得就共有物之全部，為本於所有權之請求，固為民法第八百二十一條所明定，惟對於無權占有或侵奪共有物者，請求返還共有物之訴，依同法條但書之規定，並參照司法院院字第一九五〇號解釋，應求為命被告向共有人全體返還共有物之判決，不得請求僅向自己返還。（四一臺上六一一）

▲民法第八百二十一條但書所稱之利益，乃指客觀之法律上利益而言，至各共有人主觀上有無行使回復共有物請求權之意思，原非所問。（五八臺上八七二）

▲共有人依民法第八百二十一條規定，就共有物之全部為本

於所有權之請求，除請求回復共有物須為共有人全體利益為之外，非不得僅由其中一人起訴請求，上訴人提起本件訴訟，僅在請求被上訴人拆除牆垣，以回復原有巷道之寬度，並非請求被上訴人交還其占有之土地，自不必為共有人全體之利益為之。（七一臺上一六六一）

▲各共有人對於第三人，得就共有物之全部為本於所有權之請求，但回復共有物之請求，僅得為共有人全體之利益為之，民法第八百二十一條定有明文。倘共有人中之一人起訴時，在聲明中請求應將共有物返還於共有人全體，即係為共有人全體利益請求，無須表明全體共有人之姓名。（八四臺上三三九）

第八百二十二條（共有物費用之分擔）

共有物之管理費及其他負擔，除契約另有約定外，應由各共有人按其應有部分分擔之。

共有人中之一人，就共有物之負擔為支付，而逾其所應分擔之部分者，對於其他共有人得按其各應分擔之部分，請求償還。

⑱本條文原用「擔負」一語應配合前後文義修正為「負擔」，又契約乃當事人互相表示意思一致之法律行為，現行條文「除契約另有訂定外」修正為「除契約另有約定外」，以期明確。

＊（共有物之管理）民八二〇；（應有部分）民八一七㊁。

▲兄弟共有之商店分歸一人時，僅該店嗣後所負債務與其他兄弟無涉，其於未分以前所負債務，仍應由各兄弟分任清償之責。兄弟間約明未分以前所負債務概歸分得之人負擔，在兄弟間之內部關係固非無效，而對於債權人，則非依債務承擔之法則，通知債權人得其同意，不能發生債務移轉之效力。（一八上一六四五）

第八百二十三條（共有物之分割與限制）

各共有人，除法令另有規定外，得隨時請求分割共有物。但因物之使用目的不能分割或契約訂有不分割之期限者，不在此限。

前項約定不分割之期限，不得逾五年；逾五年者，縮短為五年。但共有之不動產，其契約訂有管理之約定時，約定不分割之期限，不得逾三十年；逾三十年者，縮短為三十年。

前項情形，如有重大事由，共有人仍得隨時請求分割。

⑱一、現行條文第一項規定各共有人原則上得隨時請求分割共有物，惟如法令另有規定者自當從其規定，為期周延，爰增列除外規定。

二、不動產利用恆須長期規劃且達一定經濟規模，始能發揮其效益，若共有人間就共有之不動產已有管理之協議時，該不動產之用益已能圓滑進行，共有制度無效率之問題足可避免，是法律對共有人此項契約自由及財產權之安排，自應充分尊重，爰於第二項增列但書規定，放寬約定不分割期限至三十年（瑞士民法第六百五十條第二項規定參照）。

三、至共有人間雖訂有禁止分割期限之契約，但在該期限內如有重大事由，可否仍得隨時請求分割？現行法尚無明文規定，易滋疑義。惟參考外國立法例（德國民法第七百四十九條第二項、義大利民法第一千一百十一條第三項）仍有准許當事人得隨時請求分割之規定，且當事人契約既已明定不得分割，應限例外情事始得請求分割，爰增訂第三項，以期明確。所謂「重大事由」，係指法院斟酌具體情形認為該共有物之通常使用或其他管理已非可能，或共有難以繼續之情形而言，例如共有人之一所分管之共有物部分已被徵收，分管契約之履行已屬不能或分管契約有其他消滅事由等是。

＊（共有物分割之方法）民八二四；（共有物分割之效果）民八二五、八二六；（公同共有之適用）民八三〇；（共有農地分割之限制）農發一六。

▲釋三五八。

▲共有田畝如絕對不許分割，則有妨害該田畝之改良與融通，足以影響於社會上經濟之發展，故共有田畝即令向有不許分割之特約，若共有人因重要事由主張分割為有利益時，則該特約亦無不許變更之理。（一八上一二四）（九二、一一、二八決議不再援用）

▲共有物雖得由共有人請求分析，但已經分析，並於分析時約定保留某部分為各共有人公共之用者，嗣後非得各共有人全體之同意，自不得將該保留部分強求分析。（一八上二一九九）

▲共有物依其使用目的並非不能分割，而又未有不分割之期約者，各共有人自得隨時請求分割。（一九上一八五三）

▲共有物分割請求權為分割共有物之權利，非請求他共有人同為分割行為之權利，其性質為形成權之一種，並非請求權。民法第一百二十五條所謂請求權，自不包含共有物分割請求權在內。（二九上一五二九）

▲共有人於與其他共有人訂立共有物分割或分管之特約後，縱將其應有部分讓與第三人，其分割或分管契約，對於受讓人仍繼續存在。（四八臺上一〇六五）

▲民法第八百二十三條第一項所謂因物之使用目的不能分割，係指共有物繼續供他物之用，而為其物之利用所不可缺，或為一權利之行使所不可缺者而言，僅因聚族而居之傳統關係，究難認有不能分割情形存在。（五〇臺上九七〇）

▲兩造均係向原共有人購買應有部分，分管分收，不過定耕作之暫時狀態，既無消滅共有關係之特約，即與分割有間。縱其中曾有部分土地被水流失，亦難謂被上訴人不得請求按應有部分分割。（五〇臺上二五三一）

▲分割共有物之訴，係使共有關係變為單獨所有。故以原物分配於各共有人時，除應顧及均衡之原則外，並須就各共有人應行分得之範圍，例如面積多寡、交通、位置等等，予以確定，否則名為判決分割，實際仍難收判決分割之效果，自非法之所許。（五五臺上一九八二）

▲共有道路，除請求分割之共有人，願就其分得部分土地為他共有人設定地役權外，原則上不得分割。原審以系爭共有道路，因該土地之使用目的，不能分割，駁回上訴人分割之請求，於法尚無違誤。（五八臺上二四三一）

▲（六七臺上三三一一）參見本法第七百五十八條。

▲債務人就查封物所為移轉、設定負擔或其他有礙執行效果之行為，依強制執行法第五十一條第二項規定，僅對於債權人不生效力而已，並非絕對無效；裁判分割，既係法院基於公平原則，決定適當之方法分割共有物，自不發生有礙執行效果之問題，債權人即不得對之主張不生效力；且債務人之應有部分，經實施查封以後，因裁判分割，其權利即集中於分割後之特定物，此為債務人原有權利在型態上之變更，當為查封效力之所及，於假處分亦無影響。（七二臺上二六四二）

▲各共有人得隨時請求分割共有物，為民法第八百二十三條第一項前段所明定，此項規定，旨在消滅物之共有狀態，以利融通與增進經濟效益。不動產共有人協議分割後，其辦理分割登記請求權之消滅時效完成，共有人中有為消滅時效完成之抗辯而拒絕給付者，該協議分割契約既無從請求履行，協議分割之目的無由達成，於此情形，若不許裁判分割，則該不動產共有之狀態將永無消滅之可能，揆諸分割共有物之立法精神，自應認為得請求裁判分割。（八一臺上二六八八）

第八百二十四條（共有物分割之方法）

共有物之分割，依共有人協議之方法行之。

分割之方法不能協議決定，或於協議決定後因消滅時效完成經共有人拒絕履行者，法院得因任何共有人之請求，命為下列之分配：

一　以原物分配於各共有人。但各共有人均受原物之分配顯有困難者，得將原物分配於部分共有人。

二　原物分配顯有困難時，得變賣共有物，以價金分配於各共有人；或以原物之一部分分配於各共有人，他部分變賣，以價金分配於各共有人。

以原物為分配時，如共有人中有未受分配，或不能按其應有部分受分配者，得以金錢補償之。

以原物為分配時，因共有人之利益或其他必要情形，得就共有物之一部分仍維持共有。

共有人相同之數不動產，除法令另有規定外，共有人得請求合併分割。

共有人部分相同之相鄰數不動產，各該不動產均具應有部分之共有人，經各不動產應有部分過半數共有人之同意，得適用前項規定，請求合併分割。但法院認合併分割為不適當者，仍分別分割之。

變賣共有物時，除買受人為共有人外，共有人有依相同條件優先承買之權，有二人以上願優先承買者，以抽籤定之。

(98)一、第一項未修正。

二、裁判分割之原因，除共有人不能協議決定外，實務上認為共有人訂立之協議分割契約，其履行請求權倘已罹於消滅時效，共有人並有為拒絕給付之抗辯者，共有人得請求法院判決分割（最高法院六十九年度第八次民事庭會議決議參照）。為期周延，爰修正第二項序文予以明定。又現行條文第二項規定之裁判上共有物分割方法，過於簡單，致社會之經濟或共有人個人利益，常無以兼顧，實務上亦頗為所苦，為解決上述問題，爰參照德國民法第七百五十三條第一項、瑞士民法第六百五十一條第二項及日本民法第二百五十八條第二項等立法例，將裁判上之分割方法作如下之修正：原則上以原物分配於各共有人。以原物分配如有事實或法律上之困難，以致不能依應有部分為分配者，得將原物分配於部分共有人，其餘共有人則受原物分配者之金錢補償；或將原物之一部分分配予各共有人，其餘部分則變賣後將其價金依共有部分之價值比例妥為分配；或變賣共有物，以價金分配於各共有人。法院為上述分割之裁判時，自應斟酌共有人之利害關係、共有物之性質、價格及利用效益等，以謀分割方法之公平適當。

三、為配合第二項關於分割方法之修正，爰修正第三項。以原物分配於部分共有人，未受分配之共有人得以金錢補償之，始為平允。至於按其應有部分受分配者，如依原物之數量按其應有部分之比例分配，價值顯不相當者，自應依其價值按其應有部分比例分配。

四、法院為裁判分割時，固應消滅其共有關係，然因共有人之利益或其他必要情形，就共有物之一部，有時仍有維持共有之必要。例如分割共有土地時，需保留部分土地供為通行道路之用是，爰增訂第四項，賦予法院就共有物之特定部分不予分割之裁量權，以符實際並得彈性運用。又此項共有，應包括由原共有人全體或部分共有人維持共有之二種情形。

五、共有人相同之數筆土地常因不能合併分割，致分割方法採酌上甚為困難，且因而產生土地細分，有礙社會經濟之發展，爰增訂第五項，以資解決。但法令有不得合併分割之限制者，如土地使用分區不同，則不在此限。

六、為促進土地利用，避免土地過分細分，爰於第六項增訂相鄰各不動產應有部分過半數共有人之同意，即得請求法院合併分割。此時，各該不動產均具應有部分之共有人始享有訴訟權能。其於起訴後請求合併分割者，原告可依訴之追加，被告可依反訴之程序行之。共有物分割方法如何適當，法院本有斟酌之權，故法院為裁判時，得斟酌具體情形，認為合併分割不適當者，則不為合併分割而仍分別分割之。

七、共有物變價分割之裁判係賦予各共有人變賣共有物，分配價金之權利，故於變價分配之執行程序，為使共有人仍能繼續其投資規劃，維持共有物之經濟效益，並兼顧共有人對共有物之特殊感情，爰於第七項增訂以變價分配時，共有人有依相同條件優先承買之權。但為避免回復共有狀態，與裁判分割之本旨不符，爰仿強制執行法第九十四條規定，有二人以上願優先承買時，以抽籤定之。又買受人為共有人時，因本項規範目的已實現，且為免法律關係之複雜化，故明定於此種情形時，排除本項之適用。

＊（共有物之分割與限制）民八二三；（共有土地或建築改良物分割方法之調解及審理）土地三四之一㈤；（可分給付）民二七一；（共有物分割之訴）民訴一〇、一一八；（共有物分割之效果）民八二五、八二六。

▲釋三四九。

▲分析共有物於當事人協議不諧時，如當事人無特約或共有人之不同意顯無理由者，得以裁判定之。（一八上二一九九）

▲共有物非有特種情形，各共有人固得隨時請求分割。但其分割，須依共有人協議之方法行之。（一九上一〇〇四）

▲原判決雖謂共有物之分割，應依共有人協議之方法行之，上訴人不得遽向法院訴請分割。然被上訴人主張西南角之田八十畝、西北角之田三十畝均應歸伊所有，不願與上訴人分割，既為原判決所認定之事實，則兩造不能協議決定分割之方法，已甚明瞭，上訴人依民法第八百二十四條第二項訴請分割，尚非法所不許。（二九上四七二）

▲裁判上定共有物分割之方法時，分配原物與變賣之而分配價金，孰為適當，法院本有自由裁量之權，不受任何共有人主張之拘束。（二九上一七九二）

▲協議分割公同共有之遺產，為法律行為之一種，須有行為能力者始得為之。無行為能力人未由法定代理人為之代理，與夫限制行為能力人未得法定代理人之允許而參與協議者，前者之意思表示無效，後者之意思表示非經法定代理人之承認不生效力。（四〇臺上一五六三）

▲共有物之分割，依共有人協議之方法行之，民法第八百二十四條第一項定有明文。兩造間就系爭房屋與基地及其他共有物，既經協議以抽籤方法實行分割，揆諸上開條項之規定，即生分割之效力，不因上訴人未在鬮分證書加蓋名章而受影響。（四三臺上九五二）

▲共有人因共有物分割之方法不能協議決定，而提起請求分割共有物之訴，應由法院依民法第八百二十四條命為適當之分配，不受任何共有人主張之拘束，即不得以原告所主張分割方法之不當，遽為駁回分割共有物之訴之判決。（四九臺上二五六九）

▲共有物分割之方法不能協議決定者，法院得由任何共有人之聲請，命為以原物分配於各共有人，或變賣原物為價金之分配，此等分割方法之判決一經確定，則各共有人對他共有人因分割而取得之物，按其應有部分，即應負與出賣人同一之擔保義務。不得於判決確定後，再行主張使用已久，交還困難，以圖翻異。（五〇臺上九一九）

▲共有物分割之方法，須先就原物分配，於原物分配有困難時，則予變賣，以價金分配於各共有人。而就原物分配時，如發見共有人中有不能按其應有部分受分配者，亦得以金錢補償之，並非定出於變賣之一途。（五一臺上二七一）

▲共有物分割之方法不能協議決定者，法院得因各共有人之聲請，命為左列分配：㈠以原物分配於各共有人，㈡變賣共有物，以價金分配於各共有人，民法第八百二十四條第二項定有明文。依此推論，不問係以原物分配於各共有人，抑變賣共有物，而以價金分配於共有人，皆係合法處置，不生違法之問題。（五一臺上四二八）

▲定共有物分割之方法，固可由法院自由裁量，但亦須以其方法適當者為限。本件兩造共有之土地，上訴人請求按其在第一審所提出之圖樣分割，被上訴人亦非絕對不願分割，祇求按各人占有形勢以為分割而已，是將原物分配於各共有人之原則，兩造已有同意，惟應如何按其成分，劃分地區分配於各共有人，或對不能按其應有部分受分配者，如何酌以金錢補償之，在審理事實之法院，非不能定一適當之方法以為分割。若遽將土地予以變賣，則兩造在系爭地上建築居住之房屋，勢非拆遷不可，其方法自非適當。（五一臺上一六五九）

▲法院裁判分割共有物，除應斟酌各共有人之利害關係，及共有物之性質外，尚應斟酌共有物之價格，倘共有人中有不能按其應有部分受分配，或所受分配之不動產，其價格不相當時，法院非不得命以金錢補償之。（五七臺上二一一七）

▲共有人就共有物已訂立協議分割契約者，縱使拒絕辦理分割登記，當事人亦僅得依約請求履行是項登記義務，而不得訴請法院按協議之方法，再為分割共有物之判決。（五九臺上一一九八）

▲民法第八百二十四條第三項規定「以原物為分配時，如共有人中有不能按其應有部分受分配者，得以金錢補償之」，係指共有人已就原物受分配，但其受配部分較其應有部分計算者為少之情形而言，若將原物全部分配予共有人中之一人或數人，而對其餘共有人全不予分配，僅以金錢補償者，則非裁判分割之方法。此觀同條第二項第一款規定「以原物分配於各共有人」而自明。（六二臺上二五七五）（九九、二、二三決議不再援用）

▲關於共有物之分割，如依原物之數量按其應有部分之比例分配，價值顯不相當者，依其價值按其應有部分比例分配，仍不失為以原物分配於各共有人，否則不顧慮經濟上之價值，一概按其應有部分核算之原物數量分配者，將顯失公平，惟依其價值按應有部分比例分配原物，如有害經濟上之利用價值者，應認有民法第八百二十四條第三項之共有人中有不能按其應有部分受分配之情形，得以金錢補償之。（六三臺上二六八〇）

▲共有耕地整筆變賣，以價金分配共有人，並不發生農地細分情形，應不在農業發展條例第二十二條限制之列。是以共有耕地之共有人請求採變賣共有物分配價金之分割方法，並非不得准許。（六四臺上四二〇）

▲共有物之協議分割，祇須共有人全體同意分割方法，即生協議分割之效力，不因共有人中之一人或數人因協議分割取得之利益不等，而受影響。（六八臺再四四）

▲（六九臺上一一三四）參見本法第七百五十九條。

▲分割共有物，以消滅共有關係為目的。法院裁判分割共有土地時，除因該土地內部分土地之使用目的不能分割（如為道路）或部分共有人仍願維持其共有關係，應就該部分土地不予分割或准該部分共有人成立新共有關係外，應將土地分配於各共有人單獨所有。（六九臺上一八三一）

▲（八一臺上二六八八）參見本法第八百二十三條。

▲共有物之原物分割，依民法第八百二十五條規定觀之，係各共有人就存在於共有物全部之應有部分互相移轉，使各共有人取得各自分得部分之單獨所有權。故原物分割而應以金錢為補償者，倘分得價值較高及分得價值較低之共有人均為多數時，該每一分得價值較高之共有人即應就其補償金額對於分得價值較低之共有人全體為補償，並依各該短少部分之比例，定其給付金額，方符共有物原物分割為共有物應有部分互相移轉之本旨。（八五臺上二六七六）

第八百二十四條之一　（共有物分割之效力）

共有人自共有物分割之效力發生時起，取得分得部分之所有權。

應有部分有抵押權或質權者，其權利不因共有物之分割而受影響。但有下列情形之一者，其權利移存於抵押人或出質人所分得之部分：

一　權利人同意分割。

二　權利人已參加共有物分割訴訟。

三　權利人經共有人告知訴訟而未參加。

前項但書情形，於以價金分配或以金錢補償者，準用第八百八十一條第一項、第二項或第八百九十九條第一項規定。

前條第三項之情形，如為不動產分割者，應受補償之共有人，就其補償金額，對於補償義務人所分得之不動產，有抵押權。

前項抵押權應於辦理共有物分割登記時，一併登記，其次序優先於第二項但書之抵押權。

[98]一、本條新增。

二、共有物分割之效力，究採認定主義或移轉主義，學者間每有爭論，基於第八百二十五條之立法精神，爰增訂第一項，本法採移轉主義，即共有物分割後，共有人取得分得部分單獨所有權，其效力係向後發生而非溯及既往。又本條所謂「效力發生時」，在協議分割，如分割者為不動產，係指於辦畢分割登記時；如為動產，係指於交付時。至於裁判分割，則指在分割之形成判決確定時。

三、分割共有物之效力，因採移轉主義，故應有部分原有抵押權或質權者，於分割時，其權利仍存在於原應有部分上，爰增訂第二項。但為避免法律關係轉趨複雜，並保護其他共有人之權益，另增訂但書三款規定，明定於有但書情形時，其抵押權或質權僅移存於抵押人或出質人所分得之部分。第一款明定於協議分割時，權利人同意分割之情形。此所謂同意係指同意其分割方法而言，但當事人仍得另行約定其權利移存方法，要屬當然，不待明文。第二款、第三款係指於裁判分割時，權利人已參加共有物分割訴訟或已受告知訴訟之情形。權利人於該訴訟中，有法律上之利害關係，故適用民事訴訟法有關訴訟參加之規定，權利人於訴訟參加後，就分割方法陳述之意見，法院於為裁判分割時，應予斟酌，乃屬當然。若權利人未自行參加者，於訴訟繫屬中，任何一共有人均可請求法院告知權利人參加訴訟。如其已參加訴訟，則應受該裁判之拘束。至若經訴訟告知而未參加者，亦不得主張本訴訟之裁判不當。

四、共有人將其應有部分抵押或出質者，嗣該共有物經分割，抵押人或出質人並未受原物分配時，該抵押權或質權應準用第八百八十一條第一項、第二項，或第八百九十九條之規定，由抵押人或出質人所受之價金分配或金錢補償，按各抵押權人或質權人之次序分配之，其次序相同者，按債權額比例分配之，並對該價金債權或金錢債權有權利質權，俾保障抵押權人或質權人之權益，爰增訂第三項。

五、為保障因不動產之裁判分割而應受補償共有人之權益，爰於第四項增訂應受補償人對於補償義務人之補償金債權，就補償義務人分得之不動產，有法定抵押權。本項僅適用於不動產分割之情形。蓋因動產，請求法院裁判分割之案例甚少，且動產質權之設定，必以占有質物為要件，如分割時，共有物由補償義務人占有，則與動產質權之精神不符；又動產有善意受讓問題，如予規定，實益不大，故本項適用範圍不及於動產。

六、前項法定抵押權，於辦理共有物分割登記時，由地政機關併予登記。其次序應優先於因共有物分割訴訟而移存於特定應有部分之抵押權，始足以確保應受金錢補償之共有人之利益，並兼顧交易安全，爰增訂第五項。至此項法定抵押權與其他抵押權之次序，仍依第八百六十五條規定定之。又不動產分割，應受補償者有多數人時，應按受補償金額比例登記為共有抵押權人，併予指明。

第八百二十五條　（分得物之擔保責任）

各共有人，對於他共有人因分割而得之物，按其應有部分，負與出賣人同一之擔保責任。

⇧查民律草案第一千零五十六條理由謂分割，依各共有人應有部分為之，若因分割而歸屬於共有人中一人之物，依分割前發生之原因，被第三人追奪或發見藏有瑕疵，是分割之部分與應有部分不符矣。故本條使各共有人依其應有部分，與賣主負同一之擔保，以昭公允。

*（應有部分）民八一七㊁；（分割不影響擔保物權）民八六八；（出賣人之擔保責任）民三四九、三五〇、三五三、三五四、三五九、三六〇。

▲（五〇臺上九一九）參見本法第八百二十四條。

▲（八五臺上二六七六）參見本法第八百二十四條。

第八百二十六條　（所得物與共有物證書之保存）

共有物分割後，各分割人應保存其所得物之證書。

共有物分割後，關於共有物之證書歸取得最大部分之人保存之，無取得最大部分者，由分割人協議定之，不能協議決定者，得聲請法院指定之。
各分割人得請求使用他分割人所保存之證書。

⇧謹按分割終結後，關於分割物之證書，應保存之，而此共有物證書之保存，應以歸取得大部分之人保存之為宜，無取得最大部分者，由分割人協議定之，分割人協議而不能決定者，得聲請法院指定之。又分割人亦得請求使用他分割人所保存之證書，本條明設規定，所以免事後之無益爭論也。

*（共有物之分割）民八二三、八二四；（指定證書保存之法院）非訟六九、七〇；（不動產分割之登記）土地七二。

第八百二十六條之一　（共有物讓與之責任）

不動產共有人間關於共有物使用、管理、分割或禁止分割之約定或依第八百二十條第一項規定所為之決定，於登記後，對於應有部分之受讓人或取得物權之人，具有效力。其由法院裁定所定之管理，經登記後，亦同。
動產共有人間就共有物為前項之約定、決定或法院所為之裁定，對於應有部分之受讓人或取得物權之人，以受讓或取得時知悉其情事或可得而知者為限，亦具有效力。
共有物應有部分讓與時，受讓人對讓與人就共有物因使用、管理或其他情形所生之負擔連帶負清償責任。

⑨⑧一、本條新增。
二、共有物之管理或協議分割契約，實務上認為對於應有部分之受讓人仍繼續存在（最高法院四十八年臺上字第一〇六五號判例參照）。使用、禁止分割之約定或依本法修正條文第八百二十條第一項所為之決定，亦應做相同之解釋。又上述契約、約定或決定之性質屬債權行為，基於債之相對性原對第三人不生效力，惟為保持原約定或決定之安定性，特賦予物權效力，爰參照司法院釋字第三四九號解釋，並仿外國立法例，於不動產為上述約定或決定經登記後，即對應有部分之受讓人或取得物權之人，具有效力（德國民法第七百四十六條、第一千零十條第一項，瑞士民法第六百四十九條之一參照）。又經由法院依第八百二十條第二項、第三項裁定所定之管理，屬非訟事件，其裁定效力是否及於受讓人，尚有爭議（最高法院六十七年臺上字第四〇四六號判例參照），且該非訟事件裁定之公示性與判決及登記不同，故宜明定該裁定所定之管理亦經登記後，對於應有部分之受讓人或取得物權之人始具有效力，爰增訂第一項，以杜爭議，並期周延。
三、共有人間就共有物因為關於第一項使用、管理等行為之約定、決定或法院之裁定，在不動產可以登記之公示方法，使受讓人等有知悉之機會，而動產無登記制度，法律上又保護善意受讓人，故以受讓人等於受讓或取得時知悉或可得而知其情事者為限，始對之發生法律上之效力，方為持平，爰增訂第二項。
四、共有物應有部分讓與時，受讓人對讓與人就共有物因使用、管理或其他情形（例如協議分割或禁止分割約定等）所生之負擔（第八百二十二條參照），為保障該負擔之共有人，應使受讓人與讓與人連帶負清償責任，惟為免爭議，俾使之明確，爰增訂第三項。又所積欠之債務雖明定由讓與人與受讓人連帶負清償責任，則於受讓人清償後，自得依第二百八十條規定定其求償額。

第八百二十七條　（公同共有人及其權利）

依法律規定、習慣或法律行為，成一公同關係之數人，基於其公同關係，而共有一物者，為公同共有人。
前項依法律行為成立之公同關係，以有法律規定或習慣者為限。
各公同共有人之權利，及於公同共有物之全部。

⑨⑧一、公同關係之成立，學者通說及實務上均認為非以法律規定或契約約定者為限，依習慣或單獨行為成立者所在多有，為期周延，爰將第一項「契約」修正為「法律行為」，並增設「習慣」，以符實際。又本項所稱「習慣」，例如最高法院十九年上字第一八八五號判例（祭田）、十八年上字第一四七三號判例（祀產）、三十九年臺上字第三六四號判例（祭祀公業）、四十二年臺上字第一一九六號判例（同鄉會館）、九十三年度臺上字第二二一四號判決（家產），均屬之。
二、依法律行為而成立之公同關係，其範圍不宜過廣，為避免誤解為依法律行為得任意成立公同關係，爰增訂第二項，明定此種公同關係以有法律規定（例如第六百六十八條）或習慣者為限。
三、現行條文第二項移列為第三項。

*（分別共有）民八一七～八二六；（公同共有之效力）民八二八、八二九；（公同共有之消滅）民八三〇㈠；（合夥財產之公同共有）民六六八；（夫妻財產之公同共有）民一〇三一；（遺產之公同共有）民一一五一；（準公同共有）民八三一。

▲釋四五一。
▲兄弟同居共財時所創之營業商號，若無特別證據證明為兄弟中一人或少數人所獨有，應推定為公同共有。（一九上三〇一二）
▲兄弟雖尚合居，如其營業財產足以證明其為個人私有者，不能認為各房公同共有。（一九上三三〇二）
▲繼承人有數人時，在分割遺產前，各繼承人對於遺產全部為公同共有，民法第一千一百五十一條定有明文。被上訴人自不得在分割遺產前，主張遺產中之特定部分，由其個人承受。（三〇上二〇二）
▲民法第八百十九條第一項所謂各共有人得自由處分其應有部分云云，係指分別共有，即同法第八百十七條規定數人按其應有部分，對於一物有所有權者而言，其依同法第八百二十七條第一項基於公同關係而共有一物者，依同條第二項之規定，各公同共有人之權利，既係及於公同共有物之全部，則各該共有人自無所謂有其應有部分，從而公同共有人中之一人如無法律或契約之根據，亦未得其他公同共有人之同意，而就公同共有物為處分，自屬全部無效。（三七上六四一九）
▲訟爭基地既係兩廣旅臺人士捐贈與兩廣會館，其所有權即已移轉於兩廣會館，而兩廣會館又係兩廣旅臺多數同鄉所組織，並非限於少數捐資設立人為其構成之分子，則兩廣會館縱經解散，而其財產仍應歸屬於兩廣旅臺多數同鄉所共有，自不能仍由少數捐資設立人取得其所有權。（四二臺上一一九六）

第八百二十八條　（公同共有人之權利義務與公同共有物之處分）

公同共有人之權利義務，依其公同關係所由成立之法律、法律行為或習慣定之。
第八百二十條、第八百二十一條及第八百二十六條之一規定，於公同共有準用之。
公同共有物之處分及其他之權利行使，除法律另有規定外，應得公同共有人全體之同意。

⑨⑧一、為配合前條之修正，第一項「契約」修正為「法律行為或習慣」，並酌作文字修正。
二、關於共有物之管理、共有人對第三人之權利、共有物使用、管理、分割或禁止分割之約定對繼受人之效力等規定，不惟適用於分別共有之情形，其於公同共有亦十分重要，且關係密切，為期周延，爰增訂第二項準用規定。
三、第一項已規定公同共有人權利義務之依據，現行條文第二項「或契約另有規定」已無規定必要，爰予修正，並移列為第三項。又本項所謂「法律另有規定」之意義，就法條適用順序而言，應先適用第一項，其次依第二項，最後方適用本項所定應得公同共有人全體同意之方式。

*（公同共有人）民八二七㈠；（合夥人之權義關係）民六六九～六七一、六七三、六七五～六七八、六八一；（夫妻共同財產制之權義關係）民一〇三二、一〇三三、一〇三七～一〇四〇；（繼承人之權義關係）民一一五二、一一五三；（共同海損之權義關係）海商一一〇～一二五。

▲釋四五一。

▲族人處分祀田，就公同共有物性質而言，自以得族人全體同意為有效。（一七上一七九）

▲遺產既係公同共有，非經公同共有人全體表示贈與之意思，自屬不生效力，斷不能僅以共有人中之一人贈與行為，遂指為全體共有人默認之理。（一七上二一一七）

▲族人處分祖遺塋田，除有特定規約或習慣法外，非得族中共有人全體之同意，不得處分。（一七上一一〇九）

▲族人處分祖遺祭田，固以得族人全體同意為有效要件，惟依規約得由族長、房長或董事或多數議決以為處分者，雖未得族人全體同意，亦應認為有效。（一八上三四）

▲塋地為公同共有性質，非遇有必要情形經派下各房全體同意，或有確定判決後，不准分析、讓與或為其他處分行為。（一八上一七二）

▲公同共有人未得共有人全體同意，雖無擅自處分共有物之權，然一共有人若係他共有人之家長，事實上確係以家長資格代表共有人全體所為之法律行為，則不能概謂為無效。（一八上一九六）

▲祀產雖在設定字據內載有永遠不得典賣等字樣，但遇有必要情形，如得各房全體明示或默示之同意，亦未始不可為典賣之處分。（一八上四七八）

▲合族共有之祀產，原則上固須族人全體之同意，方能處分，惟依該處慣例，可由各房房長或多數族人議決代為處分時，亦不能謂為無效。（一八上一四七三）

▲公同共有之合夥財產，依法非經全體合夥員之同意，不得處分。（一八上一六一九）

▲按族人處分祖遺祭田，縱謂依地方習慣，得從多數議決行之，然必要召集全體族眾，予以與議機會。（一九上一八一三）

▲族人處分祭田，以共有物之常規言之，固當以得族人全體之同意為有效，惟依族中特定之規約，各房房長可以代理該房以為處分者，自亦應認為有效。（一九上一八八五）

▲公同共有物之處分及其他權利之行使，除其公同關係所由規定之法律或契約另有規定外，應得公同共有人全體之同意，非任何一人所得私擅處分。（一九上二四一八）

▲公同共有物之處分，固應得公同共有人全體之同意，而公同共有人中之一人，已經其他公同共有人授與處分公同共有物之代理權者，則由其人以公同共有人全體之名義所為之處分行為，仍不能謂為無效。（二三上一九一〇）

▲族人公同共有之嘗產被管理人侵占時，除定其公同關係之契約訂明得由族中一人或數人起訴追還，或該地有得由族中一人或數人起訴追還之習慣，可認族人有作為契約內容之意思者外，依民法第八百二十八條第二項之規定，非得管理人以外之族人全體同意，不得對之起訴追還。（三一上一四九）

▲公同共有物被一部分公同共有人為處分行為時，須得處分行為人以外之公同共有人全體之同意，始得起訴。（三二上一一五）

▲關於公同共有物之處分，除依其公同關係所由規定之法律或契約另有規定外，固應得公同共有人全體之同意。惟該地如有房長得代表該房處分祭產之習慣，可認祭產公同共有人有以此為契約內容之意思者，自應認該房長之處分為有效。（三二上三〇一四）

▲公同共有物之處分，固應得公同共有人全體之同意，而公同共有人中之一人，已經其他公同共有人授與處分公同共有物之代理權者，則由其一人以公同共有人全體之名義所為處分，不能謂為無效。此項代理權授與之意思表示不以明示為必要，如依表意人之舉動或其他情事，足以間接推知其有授權之意思者，即發生代理權授與之效力。（三二上五一八八）

▲繼承人數人公同共有之遺產，依民法第八百二十八條第二項之規定，固非得公同共有人全體之同意不得設定負擔，惟該數人同居一家而由其中一人為家長管理家務者，如因清償共同負擔之債務，而有就遺產設定負擔之必要時，其在必要限度內就遺產設定負擔，自可推定其已得公同共有人全體之同意。（三三上五七六）

▲繼承人數人公同共有之遺產，依民法第八百二十八條第二項之規定，固非得公同共有人全體之同意不得處分，惟該數人由其中一人管理家務者，如因清償共同負擔之債務而有處分遺產之必要時，其在必要限度內處分遺產，自可推定其已得公同共有人全體之同意。（三三上一二九六）

▲公同共有物之處分及其他之權利行使，依其公同關係所由規定之法律或契約得由公同共有人中之一人為之者，固得由其人為之，即使此項法律或契約無此規定，得公同共有人全體之同意時，自亦得由其中一人為之，此觀民法第八百二十八條之規定自明。（三三上五三四二）

▲因公同共有祭產與第三人涉訟，縱其公同關係所由規定之契約未明定得由何人起訴或被訴，然我國一般習慣，祭產設有管理人者，其管理人有數人時，得共同以自己名義代表派下全體起訴或被訴，如僅一人，得單獨以自己名義代表派下全體起訴或被訴，無管理人者，各房長得共同以自己名義代表派下全體起訴或被訴，此項習慣，通常可認祭產公同共有人有以之為契約內容之意思。（三七上六〇六四）（九九、一二、二三決議不再援用）

▲習慣僅於法律無明文規定時有補充之效力，公同共有物之處分及其他權利之行使，除由公同關係所由規定之法律或契約另有規定外，應得公同共有人全體之同意，為民法第八百二十八條第二項所明定。縱如原判決所稱該地習慣，嘗產值理有代表公同共有人全體處分嘗產之權，苟非當事人有以此為契約內容之意思，得認其公同關係所由規定之契約已另有規定，在民法施行以後殊無適用之餘地。原判決僅以該地有此習慣，即認被上訴人之買受為有效，其法律上之見解實有違誤。（三七上六八〇九）

▲因公同共有物被一部分公同共有人為移轉物權之處分，而其他公同共有人對之提起物權契約無效之訴時，如已得處分行為人（包含同意處分人）以外之公同共有人全體之同意，則無論公同共有人中之一人或數人，自均得單獨或共同起訴，要不能謂其當事人之適格有所欠缺。（三七上六九三九）

▲共同繼承之遺產在分割以前，應為各繼承人公同共有，如公同共有人中之一人或數人，以其他公同共有人處分公同共有物為無效，對於主張因處分而取得權利之人，雖非不可提起確認該物仍屬公同共有人全體所有之訴，但提起確認自己部分公同共有權存在或交還自己部分之訴，則為法所不許。（三七上七三〇二）

▲公同共有人中之一人或數人得公同共有人全體之同意起訴者，其同意之事實固不必以文書證之，然亦須有其他佐證足以證明其事實之存在，始得認為當事人之適格。（三九臺上三一八）

▲被上訴人之故夫遺子二人均未成年，其以自己名義就訟爭遺產起訴，自可認為本於法定代理人資格，代表其未成年之子女表示同意，即無當事人不適格之可言。（三九臺上一一六七）

▲公同共有祭產之處分，如由公同共有人中之一人或數人為之者，固應以得其他公同共有人全體之同意，為生效要件。惟該地如有祭產管理人得代表祭產公同共有人全體處分祭產之習慣，可認祭產公同共有人有以此為契約內容之意思者，自不得謂祭產管理人之處分為無效。（四〇臺上九九八）

▲某氏既係以家長資格代表共有人將訟爭房屋出賣，維持共同生活，或清償公共負擔，上訴人自不得主張其所有權移轉契約無效。（四一臺上八四）

▲時效利益之拋棄係處分行為之一種，公同共有人中一人未得全體共有人同意，向他人為拋棄時效利益之意思表示者，依法即非有效。（五三臺上二七一七）

▲民法第八百二十八條第二項所定應得公同共有人全體之同意者，係指對公同共有物之處分或對公同共有物其他權利

之行使而言，然公同共有物之管理權與公同共有物本身之權利有別，確認管理權之有無，並非公同共有物之處分行為，亦非對公同共有物之其他權利行使行為，應無民法第八百二十八條第二項之適用，而被上訴人未得其他派下同意而提起本件確認管理權之訴，仍應認其當事人之適格並無欠缺。（五四臺上二〇三五）

▲民法第一百二十九條第一項第二款所稱之承認，乃債務人向請求權人表示認識其請求權存在之觀念通知（二十六年鄂上字第三二號判例參照），並非權利之行使，公同共有人之一人，出賣其共有物，於立買賣契約之初，果已得全體共有人之同意或授權，則其嗣後本於出賣人之地位所為之承認，自應使其發生時效中斷之效力。（六一臺上六一五）

▲公同共有人中之一人，依民法第八百二十八條第二項規定得其他共有人之同意行使權利而起訴請求，與民事訴訟法第四十一條規定之選定一人為全體起訴不同，前者不以文書證之為必要，不論以任何方法，凡能證明公同共有人已為同意即可。（六五臺上一四一六）

▲買賣並非處分行為，故公同共有人中之人，未得其他公同共有人之同意，出賣公同共有物，應認為僅對其他公同共有人不生效力，而在締約當事人間非不受其拘束。苟被上訴人簽立之同意書，果為買賣，縱出賣之標的為公同共有土地，而因未得其他公同共有人之同意，對其他公同共有人不生效力。惟在其與上訴人間既非不受拘束，而如原審認定之事實，該土地其後又已因分割而由被上訴人單獨取得，則上訴人請求被上訴人就該土地辦理所有權移轉登記，尚非不應准許。（七一臺上五〇五一）

▲繼承人共同出賣公同共有之遺產，其所取得之價金債權，仍為公同共有，並非連帶債權。公同共有人受領公同共有債權之清償，應共同為之，除得全體公同共有人之同意外，無由其中一人或數人單獨受領之權。（七四臺上七四八）

第八百二十九條　（公同共有物分割之限制）

公同關係存續中，各公同共有人不得請求分割其公同共有物。

⇧查民律草案第一千零六十六條理由謂依法令或契約，成立之公同關係尚存在時，不宜使各公同共有人得請求分割公同共有物，亦不宜使其有處分公同共有人所有之權利，所以維持公同之關係也。故設本條以明示其旨。

*（分別共有物之分割）民八二三；（合夥之解散）民六八二～六八七、六九二、六九七～六九九；（法定之分別財產制）民一〇〇九～一〇一一、一〇四〇；（遺產之分割）民一一六四～一一七三。

▲公同共有之關係雖發生於民法物權編施行前，但依物權編施行法第二條及民法第八百二十九條規定，公同關係存續中，各公同共有人不得請求分割其公同共有物。（二八上一三五八）

▲公同共有物之分割，惟對公同共有人全體之關係始得為之，故提起請求分割之訴，應以其他公同共有人之全體為被告。本件上訴人某氏之夫原有同父兄弟四人，該上訴人與其子媳在第一審為原告請求分割其故翁遺產，僅對其夫弟即被上訴人一人為之，而不以其他公同共有人之全體為被告，揆諸上開說明，殊於被告之適格有所欠缺。（三〇上一三五）

▲公同關係存續中，各公同共有人不得請求分割公同共有物，在民法第八百二十九條固定有明文。但此項公同關係之存續既非不可終止，則公同共有人中之一人或數人於訴訟外或於起訴時，以訴狀向其他公同共有人表示終止公同關係之意思，而請求分割公同共有物，在審理事實之法院，自應審認其所為終止公同關係之意思表示是否正當，能否認為已有合法之終止，為適當之裁判，如可認終止為合法，則其公同關係已不復存續，即無適用民法第八百二十九條之餘地。（三七上七三五七）

▲請求分割公同共有物之訴，為固有之必要共同訴訟，應由同意分割之公同共有人全體一同起訴，並以反對分割之其他公同共有人全體為共同被告，於當事人適格始無欠缺。（三七上七三六六）

第八百三十條　（公同共有關係之消滅與公同共有物之分割方法）

公同共有之關係，自公同關係終止，或因公同共有物之讓與而消滅。

公同共有物之分割，除法律另有規定外，準用關於共有物分割之規定。

(98)一、第一項未修正。

二、共有物分割之效力，即修正條文第八百二十四條之二至第八百二十六條之規定，於公同共有物之分割亦有準用必要。現行條文第二項僅規定公同共有物分割之方法，應依關於共有物分割之規定，未將分割效力，併予準用，有欠周延，爰修正為公同共有物之分割，於性質不相牴觸之情形下，均可準用關於共有物分割之規定，俾共有物分割之效力，亦得準用。

*（公同共有物之分割）民八二九；（分別共有物之分割方法）民八二四；（合夥之退夥與解散）民六八六～六九九；（夫妻共同財產制之終止）民一〇〇九～一〇一二、一〇三九、一〇四〇；（遺產之分割）民一一六四～一一七三。

第八百三十一條　（準共有）

本節規定，於所有權以外之財產權，由數人共有或公同共有者準用之。

⇧謹按數人有所有權以外之財產權，如地上權、永佃權、抵押權之類，無論依其應有部分為數人共有，或公同共有，均使適用本節之規定。蓋權利之性質雖殊，而其為共有則一，故仍得用同一之規定也。

*（所有權以外之財產權）民八三二、八五〇之一、八五一、八六〇、八八四、九〇〇、九二八，動擔二、二五、二六、三二，土地一〇四、一〇七，專利五～一〇，商標三三，著作一〇，礦業四、一一、一二，水利一五、二七；（不可分債權）民二七一、二九二。

第三章　地　上　權

⇧謹按稱地上權者，謂以在他人土地上有建築物，或其他工作物或竹木為目的而使用其土地之權也。供給土地之人，謂之土地所有人，其權利人，謂之地上權人。蓋社會進步，經濟發達，土地價格，逐漸騰貴，建築物或其他工作物及竹木之所有人，有時不得併有土地之所有權，宜設地上權以應經濟上之需要，故有本章之規定。

第一節　普通地上權

(99)一、新增節名。

二、按區分地上權雖屬地上權之一種，惟區分地上權性質及效力仍有其特殊性，故為求體系完整，爰仿質權章，分設二節規範普通地上權及區分地上權，並於修正條文第八百四十一條之一增訂區分地上權之定義性規定，以示其不同之特性。

第八百三十二條　（普通地上權之定義）

稱普通地上權者，謂以在他人土地之上下有建築物或其他工作物為目的而使用其土地之權。

(99)一、本章將地上權分為普通地上權及區分地上權二節，本條至第八百四十一條為有關普通地上權之規定。而本條係關於普通地上權之定義性規定，故仍表明「普通地上權」之文字。至於本節以下各條規定中所稱之「地上權」，既規定於同一節內，當然係指「普通地上權」而言。

二、本編已增訂第四章之一「農育權」，其內容包括以種植竹木為目的，在他人之土地為使用、收益之情形。為避免地上權與農育權之內容重複，爰將本條「或竹木」三字刪除，俾地上權之使用土地目的僅限於有建築物或其他工作物。又當事人間為上開目的約定已構成地上權之內容，地政機關於辦理登記時，宜將該設定目的予以配合登記。三、地上權之範圍依現行條文規定「……以在他人土地上……」等文字觀之，易使人誤解為僅限於在土地之上設定，惟學者通說及實務上見解均認為在土地上空或地下均得設定。為避免疑義，爰將「土地上」修正為「土地之上下」，以期明確。

*（孳息之收取）民七〇、七六六、八八九、九三五；（租賃）民四二一；（農育權）民八五〇之一；（不動產役權）民八五一；（不動產物權之設定）民七五八、七六〇；（法定地上權）民八七六；（竹木為目的之地上權）森林四；（基地租賃與地上權）土地一〇二；（地上權之拋棄）民八三四、八三五；（地上權之撤銷）民八三六；（地上權之讓與）民八三八；（地上權之消滅）民八四〇、八四一；（地上權之共有）民八三一。

▲釋四〇八、四五一。

▲茶桑雖係木本植物，惟依民法第八百三十二條之規定，僅以在他人土地上有竹木而使用他人之土地為目的者，始稱為地上權，若其目的在於定期收穫，而施人工於他人之土地以栽培植物，則為耕作，其支付佃租而以永久為目的者，依民法第八百四十二條第一項之規定，稱為永佃權，若當事人間定有期限，則依該條第二項規定，視為租賃，適用關於租賃之規定。（院七三八）

▲地上權為物權之一種，依法得以對抗第三人，無論業主更換何人，當然得以存在，不受影響。（一八上六五一）

▲稱地上權者，謂以在他人土地上有建築物，或其他工作物，或竹木為目的而使用其土地之權，固為民法第八百三十二條所明定。但承租他人之土地建築房屋之租賃權，亦係在他人土地上有建築物而使用其土地之權，故在他人土地上有建築物而使用其土地之權，究為地上權抑為租賃權，應觀察地上權與租賃權在法律上種種不同之點，解釋當事人之意思，予以判定，不得僅以在他人土地上有建築物之一端，遂認為地上權。（註：有關竹木部分之地上權，新法已將之改列為民法第八百五十條之一，納入農育權之範圍。）（二九滬上一〇一）

▲地上權依民法第八百三十二條之規定，係以在他人土地上有建築物，或其他工作物，或竹木為目的而使用其土地之權，是為地上權人，設定地上權之他人，應為土地所有人。（註：有關竹木部分之地上權，新法已將之改列為民法第八百五十條之一，納入農育權之範圍。）（三二上一二四）

▲地上權係以在他人土地上有建築物，或其他工作物，或竹木為目的而使用其土地之權，其以有建築物為目的者，並不禁止先設定地上權，然後在該地上進行建築，且地上權之範圍，不以建築物或其他工作物等本身占用之土地為限，其周圍之附屬地，如房屋之庭院，或屋後之空地等，如在設定之範圍內，不得謂無地上權之存在。（註：有關竹木部分之地上權，新法已將之改列為民法第八百五十條之一，納入農育權之範圍。）（四八臺上九二八）

▲（四八臺上一四五七）參見本法第四百二十五條之一。

▲（六七臺上三七七九）參見本法第七百六十九條。

▲法律關係定有存續期間者，於期間屆滿時消滅，期滿後，除法律有更新規定外，並不當然發生更新之效果，地上權並無如民法第四百五十一條之規定，其期限屆滿後自不生當然變更為不定期限之效果，因而應解為定有存續期間之地上權於期限屆滿時，地上權當然消滅。（七〇臺上三六七八）

▲民法第八百七十六條第一項規定之法定地上權，係為維護土地上建築物之存在而設，則於該建築物滅失時，其法定地上權即應隨之消滅，此與民法第八百三十二條所定之地上權，得以約定其存續期限，於約定之地上權存續期限未屆至前，縱地上之工作物或竹木滅失，依同法第八百四十一條規定其地上權仍不因而消滅者不同。（八五臺上四四七）

第八百三十三條（刪除）

第八百三十三條之一（未定期限地上權之存續期間）

地上權未定有期限者，存續期間逾二十年或地上權成立之目的已不存在時，法院得因當事人之請求，斟酌地上權成立之目的、建築物或工作物之種類、性質及利用狀況等情形，定其存續期間或終止其地上權。

⑲一、本條新增。
二、地上權雖未定有期限，但非有相當之存續期間，難達土地利用之目的，不足以發揮地上權之社會機能。又因科技進步，建築物或工作物之使用年限有日漸延長趨勢，為發揮經濟效用，兼顧土地所有人與地上權人之利益，爰明定土地所有人或地上權人均得於逾二十年後，請求法院斟酌地上權成立之目的、建築物或工作物之各種狀況而定地上權之存續期間；或於地上權成立之目的不存在時，法院得終止其地上權。又此項請求係變更原物權之內容，性質上為形成之訴，應以形成判決為之。若地上權經設定抵押權者，法院得依民事訴訟法第六十七條之一規定告知參加訴訟，以保障抵押權人之權益，併予敘明。

第八百三十三條之二（存續期限）

以公共建設為目的而成立之地上權，未定有期限者，以該建設使用目的完畢時，視為地上權之存續期限。

⑲一、本條新增。
二、按以公共建設（例如大眾捷運、高速鐵路等）為目的而成立之地上權，原即難以定其使用年限，爰增訂本條明定以公共建設為目的而成立之地上權，以該建設使用目的完畢時，視為其存續期限。

第八百三十四條（地上權之拋棄）

地上權無支付地租之約定者，地上權人得隨時拋棄其權利。

⑲一、無支付地租之地上權，無論是否定有期限，地上權人拋棄其權利，對於土地所有人有利而無害，爰將現行條文第一項以地上權人未定有期限者，地上權人始得隨時拋棄權利之限制規定加以修正。又從保障土地所有人之利益言，縱有不同之習慣，亦無規定之必要，爰將該項但書刪除。
二、現行條文第二項牽涉拋棄之方式，不僅為地上權之問題，其他限制物權亦有之，且現行條文第七百六十四條已有概括規定，爰予刪除。

*（物權之拋棄）民七六四；（意思表示）民九四～九六；（地上權拋棄時應盡之義務）民八三五。

▲地上權之存續期間，在民法或其他法律並未設有最短期間之限制，故當事人之約定，不能不認為有效。（四二臺上一四二）

第八百三十五條（地上權拋棄時應盡之義務）

地上權定有期限，而有支付地租之約定者，地上權人得支付未到期之三年分地租後，拋棄其權利。

地上權未定有期限，而有支付地租之約定者，地上權人拋棄權利時，應於一年前通知土地所有人，或支付未到期之一年分地租。

因不可歸責於地上權人之事由，致土地不能達原來使用之目的時，地上權人於支付前二項地租二分之一後，得拋棄其權利；其因可歸責於土地所有人之事由，致土地不能達原來使用之目的時，地上權人亦得拋棄其權利，並免支付地租。

⑲一、支付地租而定有期限之地上權，於地上權人拋棄其權利時，對土地所有人而言，較諸支付地租而未定有期限之地上權人拋棄權利之影響為大，為保障其利益，爰修正第一項，明定地上權人須支付未到期之三年分地租後，始得拋棄其權利。至殘餘之地上權期限不滿三年者，即無此項規定之適用，僅應支付殘餘期間之地租，自不待言。
二、支付地租而未定有期限之地上權人，應於一年前通知

土地所有人，或支付未到期之一年分地租後，始得拋棄其權利，爰增訂第二項。
三、地上權旨在充分使用土地，如因不可歸責於地上權人之事由，致不能達原來使用土地之目的時，應許地上權人拋棄其權利。惟如仍依前二項規定始得拋棄，未免過苛，為兼顧土地所有人及地上權人雙方之利益，其危險應由雙方平均負擔。至土地所有人因負有消極容忍地上權人使用土地之義務，是以如因可歸責於土地所有人之事由，致不能達地上權原來使用土地之目的時，地上權人已無法行使權利，此際應許其免支付地租，無條件拋棄地上權，始為公允，爰增訂第三項。

*（地上權之拋棄）民八三四；（物權之拋棄）民七六四。

▲按地上權之地租與租賃契約之租金，固屬不同，然就其（因使用土地而支付金錢為對價）之點言之，則二者實相類似，故關於民法第四百四十二條之規定，於地上權地租之增加，亦應類推適用。（院九八六）

第八百三十五條之一　（地租之增減及酌定）

地上權設定後，因土地價值之昇降，依原定地租給付顯失公平者，當事人得請求法院增減之。

未定有地租之地上權，如因土地之負擔增加，非當時所得預料，仍無償使用顯失公平者，土地所有人得請求法院酌定其地租。

⑲一、本條新增。
二、土地之價值，在社會經濟有變遷之情形下，常多變動，如於地上權設定後，因土地價值之昇降，地上權人給付原定地租，依一般觀念顯然不公平者，為保障雙方當事人之權益，並避免爭議，爰增訂第一項，由當事人提起民事訴訟，請求法院以判決增減其地租，以期允當。
三、原未訂有地租之地上權，如因土地所有人就土地之租稅及其他費用等負擔增加，而非設定地上權當時所得預料者，如仍令土地所有人單獨負擔，顯失公平，基於情事變更法則，土地所有人亦得提起民事訴訟，請求法院酌定地租，爰增訂第二項。

第八百三十六條　（地上權之終止㈠）

地上權人積欠地租達二年之總額，除另有習慣外，土地所有人得定相當期限催告地上權人支付地租，如地上權人於期限內不為支付，土地所有人得終止地上權。地上權經設定抵押權者，並應同時將該催告之事實通知抵押權人。

地租之約定經登記者，地上權讓與時，前地上權人積欠之地租應併同計算。受讓人就前地上權人積欠之地租，應與讓與人連帶負清償責任。

第一項終止，應向地上權人以意思表示為之。

⑲一、依現行條文第一百十四條規定，法律行為經撤銷者，視為自始無效。惟本條所謂撤銷地上權，並無溯及效力，僅係向將來發生消滅效力，其性質應為終止權，爰將本條「撤銷」二字修正為「終止」。又地上權人積欠地租達二年之總額，土地所有人終止地上權前，仍應踐行定期催告程序，以兼顧地上權人之利益，最高法院六十八年臺上字第七七七號判例著有明文，為明確計，爰以明文規定之。其地上權經設定抵押權者，為保障抵押權人之權益，爰增訂土地所有人於催告地上權人時，應同時將催告之事實通知抵押權人，俾抵押權人得以利害關係人之身分代位清償，使地上權不被終止。土地所有人如違反本條規定不予通知時，則對抵押權人因此所受之損害，應負損害賠償之責。
二、地上權有地租之約定經登記者，因該地租已為地上權之內容，具有物權效力。地上權讓與時，受讓人即應合併計算讓與人所欠租額，並與其連帶負清償責任，以保障土地所有人之權益。惟受讓人就前地上權人積欠之地租清償後，得否向該前地上權人求償，則依其內部關係定之。如地租之約定未經登記者，則僅發生債之關係，地上權讓與時，該地租債務並不當然由受讓人承擔，爰增訂第二項。
三、現行條文第二項移列為第三項，並將「撤銷」二字修正為「終止」。

*（習慣）民一、二；（意思表示）民九四～九六；（租金之支付）民四三九、四四〇；（租金之減免）民四四一、四四二、四五七、八三七；（法定地上權）民八七六。

▲地上權於有民法第八百三十六條所定情形時，土地所有人雖得撤銷之，而其設定地上權之物權契約，要無請求解除之可言。（二一上四七六）

▲（六八臺上七七七）參見本法第四百四十條。

第八百三十六條之一　（地租之登記對抗效力）

土地所有權讓與時，已預付之地租，非經登記，不得對抗第三人。

⑲一、本條新增。
二、地上權有地租之約定，而其預付地租之事實經登記者，方能發生物權效力，足以對抗第三人，故土地及地上權之受讓人或其他第三人（例如抵押權人），當受其拘束，爰增訂本條。至於未經登記者，僅發生債之效力，地上權人仍應向受讓人支付地租，惟其得向讓與人請求返還該預付部分，無待明文。

第八百三十六條之二　（地上權人之義務）

地上權人應依設定之目的及約定之使用方法，為土地之使用收益；未約定使用方法者，應依土地之性質為之，並均應保持其得永續利用。

前項約定之使用方法，非經登記，不得對抗第三人。

⑲一、本條新增。
二、土地是人類生存之重要資源，土地之物盡其用與其本質維護，俾得永續利用，應力求其平衡，爰增設第一項（瑞士民法第七百六十八條、第七百六十九條、日本民法第二百七十一條、魁北克民法第一千一百二十條、義大利民法第九百七十二條第一項第一款、第一千零六十七條第一項、德國民法第一千零二十條第一項參照）。地上權人使用土地不僅應依其設定之目的及約定之方法為之，且應保持土地之本質，不得為使其不能回復原狀之變更、過度利用或戕害其自我更新能力，以維護土地資源之永續利用。
三、若地上權有約定之使用方法者，其約定須經登記，方能構成地上權之內容，發生物權效力，足以對抗第三人，故土地及地上權之受讓人或其他第三人（例如抵押權人），當受其拘束，爰增訂第二項。

第八百三十六條之三　（地上權之終止㈡）

地上權人違反前條第一項規定，經土地所有人阻止而仍繼續為之者，土地所有人得終止地上權。地上權經設定抵押權者，並應同時將該阻止之事實通知抵押權人。

⑲一、本條新增。
二、地上權人使用土地如有違反前條第一項規定之情事者，應使土地所有人有阻止之權。如經阻止而仍繼續為之者，並使其有終止地上權之權，以維護土地資源之永續性及土地所有人之權益，爰仿現行條文第四百三十八條之立法體例，增訂前段規定。若地上權經設定抵押權者，為保障抵押權人之權益，爰參酌修正條文第八百三十六條第一項規定，增訂土地所有人於阻止地上權人時，應同時將該阻止之事實通知抵押權人之規定。

第八百三十七條　（租金減免請求之限制）

地上權人，縱因不可抗力，妨礙其土地之使用，不得請求免除或減少租金。

⇧查民律草案第一千零八十二條理由謂地上權存續期間，類皆長久，雖因一時之不可抗力，妨及土地之使用，然他日仍得回復之，應不許其請求免除地租或請求減少租額。若請求，則不足保護土地所有人之利益，且有啟人僥訟之弊也。故設本條以明示其旨。

*（租金之支付）民四三九、四四〇；（租金之減免）民四四一、四四二、四五七。

第八百三十八條　（地上權之讓與）

地上權人得將其權利讓與他人或設定抵押權。但契約另有約定或另有習慣者，不在此限。

前項約定非經登記，不得對抗第三人。

地上權與其建築物或其他工作物，不得分離而為讓與或設定其他權利。

⑲一、地上權為財產權之一種，依其性質，地上權人原則上得自由處分其權利，亦得以其權利設定抵押權，以供擔保債務之履行。為周延計，爰增列地上權人得以其權利設定抵押權，並將現行條文之「訂定」修正為「約定」後，改列為第一項。

二、前項約定經登記者，方能發生物權效力，足以對抗第三人，故土地及地上權之受讓人或其他第三人（例如抵押權人），當受其拘束，爰增訂第二項。

三、地上權之社會作用，係在調和土地與地上物間之使用關係，建築物或其他工作物通常不能脫離土地而存在，兩者必須相互結合，方能發揮其經濟作用。故地上權與其建築物或其他工作物之讓與或設定其他權利，應同時為之，以免地上物失其存在之權源，有違地上權設置之目的，爰增訂第三項。

*（其他所有權以外物權之讓與）民八四三、八五三、八七〇、八九一、九一七；（地上權之設定擔保）民八八二；（租賃之轉租）民四四三、四四四。

第八百三十八條之一　（視為有地上權之設定）

土地及其土地上之建築物，同屬於一人所有，因強制執行之拍賣，其土地與建築物之拍定人各異時，視為已有地上權之設定，其地租、期間及範圍由當事人協議定之；不能協議者，得請求法院以判決定之。其僅以土地或建築物為拍賣時，亦同。

前項地上權，因建築物之滅失而消滅。

⑲一、本條新增。

二、土地及其土地上之建築物，同屬於一人所有，宜將土地及其建築物，併予查封、拍賣，為強制執行法第七十五條第三項、辦理強制執行事件應行注意事項四十㈦所明定。如未併予拍賣，致土地與其建築物之拍定人各異時，因無從期待當事人依私法自治原則決定土地使用權，為解決基地使用權問題，自應擬制當事人有設定地上權之意思，以避免建築物被拆除，危及社會經濟利益，爰明定此時視為已有地上權之設定。惟其地租、期間及範圍，宜由當事人協議定之；如不能協議時，始請求法院以判決定之。如土地及其土地上之建築物同屬一人所有，執行法院僅就土地或建築物拍賣時，依前述同一理由，亦宜使其發生法定地上權之效力，爰增訂第一項。

三、法定地上權係為維護土地上之建築物之存在而設，該建築物於當事人協議或法院判決所定期間內滅失時，即無保護之必要（最高法院八十五年臺上字第四四七號判例參照），爰增訂第二項，以杜爭議。

第八百三十九條　（工作物之取回權）

地上權消滅時，地上權人得取回其工作物。但應回復土地原狀。

地上權人不於地上權消滅後一個月內取回其工作物者，工作物歸屬於土地所有人。其有礙於土地之利用者，土地所有人得請求回復原狀。

地上權人取回其工作物前，應通知土地所有人。土地所有人願以時價購買者，地上權人非有正當理由，不得拒絕。

⑲一、為配合現行條文第八百三十二條之修正，爰將現行條文「及竹木」、「或竹木」三字刪除，並將現行條文第二項調移列為第三項，並酌作文字修正。

二、地上權消滅時，地上權人有取回其工作物之權利。惟地上權人如不欲行使取回權時，工作物究應如何處理？現行法尚無明文規定，易滋疑義。而該物如有礙土地之利用，為兼顧土地所有人之權益，土地所有人得請求地上權人回復原狀，爰增訂第二項。

三、為促使土地所有人早日知悉地上權人是否行使取回權，爰修正第三項，明定地上權人取回其工作物前，有通知土地所有人之義務。又依現行條文第二項規定，土地所有人行使購買權時，地上權人有無拒絕之權？學者間見解不一，為兼顧當事人雙方之利益及參考修正條文第九百十九條、日本民法第二百六十九條第一項但書規定，爰於第三項明定土地所有人行使購買權時，地上權人非有正當理由，不得拒絕，以期明確。

*（地上權之消滅）民七七二、八三四、八三六、八四〇、八四一，土地重劃二二、二四；（地上權消滅之效力）民八四〇；（區分地上權之準用）民八四一之六；（承租人之工作物取回權）民四三一。

第八百四十條　（建築物之補償）

地上權人之工作物為建築物者，如地上權因存續期間屆滿而消滅，地上權人得於期間屆滿前，定一個月以上之期間，請求土地所有人按該建築物之時價為補償。但契約另有約定者，從其約定。

土地所有人拒絕地上權人前項補償之請求或於期間內不為確答者，地上權之期間應酌量延長之。地上權人不願延長者，不得請求前項之補償。

第一項之時價不能協議者，地上權人或土地所有人得聲請法院裁定之。土地所有人不願依裁定之時價補償者，適用前項規定。

依第二項規定延長期間者，其期間由土地所有人與地上權人協議定之；不能協議者，得請求法院斟酌建築物與土地使用之利益，以判決定之。

前項期間屆滿後，除經土地所有人與地上權人協議者外，不適用第一項及第二項規定。

⑲一、地上權人之工作物為建築物者，如地上權因存續期間屆滿而歸消滅，究由土地所有人購買該建築物，抑或延長地上權期間，宜儘速確定，俾該建築物能繼續發揮其社會經濟功能，爰於第一項增列「地上權人得於期間屆滿前，定一個月以上之期間，請求土地所有人按該建築物之時價為補償」之規定，並將但書中之「訂定」修正為「約定」。至於地上權人所定一個月以上期間之末日，不得在地上權存續期間屆滿之日之後，是乃當然之理。

二、為維持建築物之社會經濟功能，兼顧地上權人之利益，並迅速確定其法律關係，爰於第二項增訂「土地所有人拒絕地上權人前項補償之請求或於期間內不為確答者，地上權之期間應酌量延長之」之規定，使地上權期間當然接續原存續期間而延長，僅生應延長期間之長短問題。

三、如土地所有人願按該建築物之時價補償，由地上權人與土地所有人協議定之；於不能協議時，地上權人或土地所有人得聲請法院為時價之裁定。如土地所有人不願依裁定之時價補償時，適用第二項規定酌量延長地上權之期間，爰增訂第三項。至於上述聲請法院為時價之裁定，性質上係非訟事件（如同非訟事件法第一百八十二條第一項有關收買股份價格之裁定）。

四、依第二項規定地上權應延長期間者，其延長之期間為何，亦由土地所有人與地上權人協議定之；於不能協議時，土地所有人或地上權人得請求法院斟酌建築物與土地使用之利益，以判決酌定延長期間，爰增訂第四項。又此項請求，應依民事訴訟程序行之，性質上係形成之訴，法院酌定期間之判決，為形成判決。

五、依第四項延長期間，以一次為限，故於延長之期間屆滿後，不再適用第一項及第二項規定，俾免地上權期間反覆綿延；但如土地所有人與地上權人另達成協議延長地上權期間者，當尊重其協議，爰增訂第五項。

六、至地上權非因存續期間屆滿而消滅者，因建築物屬工作物之一種，應回歸修正條文第八百三十九條之適用，要屬當然，併予指明。

*（地上權之消滅）民七七二、八三四、八三六、八四一，土地重劃二二、二四；（附合）民八一一、八一六；（法定地上權）民八七六；（有益費用之償還）民四三一。

▲地上權因存續期間屆滿而消滅者，除契約另有訂定外，地上權人固得依民法第八百四十條第一項之規定，請求土地所有人按建築物之時價為補償。但地上權因解除條件成就而消滅者，不在同條規定之列，地上權人自無請求土地所有人收買建築物之權。（二二上四二）

▲地上權因存續期間屆滿而消滅者，除契約另有訂定外，地上權人固得依民法第八百四十條第一項，請求土地所有人按建築物之時價為補償，但地上權因拋棄而消滅者，不在同條項規定之列，地上權人自無請求土地所有人收買建築物之權。（三二上二五八八）

▲民法第八百四十條第一項規定：地上權人之工作物為建築物者，如地上權因存續期間屆滿而消滅，土地所有人應按該建築物之時價為補償。此與土地所有人請求塗銷地上權登記係屬二事，互無對價關係，地上權人不得執此主張同時履行抗辯權。（七九臺上二六二三）

第八百四十一條　（地上權之永續性）

地上權不因建築物或其他工作物之滅失而消滅。

(99)為配合現行條文第八百三十二條之修正，爰於「工作物」上增列「建築物或其他」等文字，並將「或竹木」三字刪除。

*（地上權之消滅）民七七二、八三四、八三六，土地重劃二二、二四；（土地徵收）土地二〇八以下。

▲按在他人土地上建築房屋，其所在法律上之效果，當視契約之內容分別認定，如為不定期之租賃關係，在所有人自可隨時終止契約，若該地有利於承租人之習慣，固可繼續租賃，但依民法第四百四十九條之規定，其續租租期亦不得於民法施行後更逾二十年，至建築房屋存在與否，祇為解約時應否償還有益費用之問題，與租賃期間無涉，惟在存續期間之內，若因經濟狀況發達，所有人得以請求增加地租自不待言。如為地上權則其撤銷原因，以有民法第八百三十六條之情形為限，不因工作物之滅失先而消滅，但地上權人亦不得藉口該地習慣，對於使用之土地而主張所有。（院五三六）

▲（八五臺上四四七）參見本法第八百三十二條。

第二節　區分地上權

(99)一、本節新增。

二、區分地上權與普通地上權不同，已於本章第一節為說明，且關於區分地上權之規定已增訂六條，為使地上權章之體系更為完整，爰增訂本節節名。

第八百四十一條之一　（區分地上權之定義）

稱區分地上權者，謂以在他人土地上下之一定空間範圍內設定之地上權。

(99)一、本條新增。

二、由於人類文明之進步，科技與建築技術日新月異，土地之利用已不再侷限於地面，而逐漸向空中與地下發展，由平面化而趨於立體化，遂產生土地分層利用之結果，有承認土地上下一定空間範圍內設定地上權之必要。爰仿日本民法第二百六十九條之二第一項之立法例，增訂「區分地上權」之定義性規定。

第八百四十一條之二　（區分地上權人使用收益之約定）

區分地上權人得與其設定之土地上下有使用、收益權利之人，約定相互間使用收益之限制。其約定未經土地所有人同意者，於使用收益權消滅時，土地所有人不受該約定之拘束。

前項約定，非經登記，不得對抗第三人。

(99)一、本條新增。

二、區分地上權呈現垂直鄰接狀態，具有垂直重力作用之特性，與平面相鄰關係不同。為解決區分地上權人與就其設定範圍外上下四周之該土地享有使用、收益權利之人相互間之權利義務關係，爰於第一項前段明定得約定相互間使用收益之限制。此項限制，包括限制土地所有人對土地之使用收益，例如約定土地所有人於地面上不得設置若干噸以上重量之工作物或區分地上權人工作物之重量範圍等是。又與土地所有人約定時，土地所有權人自應受該約定之拘束，僅於與其他使用權人約定時，始發生該約定是否須經土地所有人同意及對其發生效力與否之問題，爰增訂後段規定。至所謂使用收益權，包括區分地上權與普通地上權均屬之。

三、又前項約定經登記者，方能發生物權效力，足以對抗第三人，故土地及地上權之受讓人或其他第三人（例如抵押權人），當受其拘束，爰增訂第二項。

第八百四十一條之三　（第三人利益之斟酌）

法院依第八百四十條第四項定區分地上權之期間，足以影響第三人之權利者，應併斟酌該第三人之利益。

(99)一、本條新增。

二、區分地上權如為第三人之權利標的或第三人有使用收益權者，法院依修正條文第八百四十條第四項定該地上權延長之期間時，勢必影響該第三人之權利，為兼顧該第三人之權益，法院應併斟酌其利益，以期允當。

第八百四十一條之四　（第三人之補償）

區分地上權依第八百四十條規定，以時價補償或延長期間，足以影響第三人之權利時，應對該第三人為相當之補償。補償之數額以協議定之；不能協議時，得聲請法院裁定之。

(99)一、本條新增。

二、區分地上權之工作物為建築物，依修正條文第八百四十條規定以時價補償或延長期間，足以影響第三人之權利時，例如同意設定區分地上權之第三人或相鄰之區分地上權人，其權利原處於睡眠狀態或受限制之情況下，將因上開情形而受影響等是，基於公平原則，應由土地所有人或區分地上權人對該第三人為相當之補償。補償之數額宜由當事人以協議方式行之；如不能協議時，始聲請法院裁定，此裁定性質上屬非訟事件。

第八百四十一條之五　（權利行使之限制）

同一土地有區分地上權與以使用收益為目的之物權同時存在者，其後設定物權之權利行使，不得妨害先設定之物權。

(99)一、本條新增。

二、基於區分地上權係就土地分層立體使用之特質，自不宜拘泥於用益物權之排他效力，是土地所有人於同一土地設定區分地上權後，宜許其得再設定用益物權（包括區分地上權），反之，亦然，以達土地充分利用之目的。此際，同一不動產上用益物權與區分地上權同時存在，自應依設定時間之先後，定其優先效力，亦即後設定之區分地上權或其他用益物權不得妨害先設定之其他用益物權或區分地上權之權利行使。又區分地上權（或用益物權）若係獲得先存在之用益物權（或區分地上權）人之同意而設定者，後設定之區分地上權（或用益物權）則得優先於先物權行使權利，蓋先物權人既已同意後物權之設定，先物權應因此而受限制。再所謂同一土地，乃指同一範圍內之土地，要屬當然，併予敘明。

第八百四十一條之六（區分地上權規定之準用）

區分地上權除本節另有規定外，準用關於普通地上權之規定。

(99)一、本條新增。
二、關於普通地上權之規定，依其性質與區分地上權不相牴觸者，皆在適用之列，爰設準用規定，以期周延。

第四章　（刪除）

第八百四十二條（刪除）
第八百四十三條（刪除）
第八百四十四條（刪除）
第八百四十五條（刪除）
第八百四十六條（刪除）
第八百四十七條（刪除）
第八百四十八條（刪除）
第八百四十九條（刪除）
第八百五十條（刪除）

第四章之一　農育權

(99)一、本章新增。
二、本法修正條文已將永佃權章刪除，另地上權章修正條文第八百三十二條亦已刪除「或竹木」，俾地上權之使用目的僅限於有建築物或其他工作物，是民法就用益物權有以建築物或其他工作物為目的之地上權，而對於以農業之使用收益為內容之用益物權則付諸闕如，參酌我國農業政策、資源永續利用及物盡其用之本法物權編修正主軸，增訂本章，以建立完整之用益物權體系，並符實際需要。又此項新設物權係以農業使用及土地保育為其重要內容，且單純之種植竹木，未達森林之程度，亦非農業使用所能涵蓋，爰名為「農育權」，俾求名實相符。

第八百五十條之一（農育權之定義）

稱農育權者，謂在他人土地為農作、森林、養殖、畜牧、種植竹木或保育之權。

農育權之期限，不得逾二十年；逾二十年者，縮短為二十年。但以造林、保育為目的或法令另有規定者，不在此限。

(99)一、本條新增。
二、本條規定農育權之意義。其內容參考農業發展條例第三條第十二款規定為㈠農育權係存在於他人土地之用益物權。㈡農育權係以農作、森林、養殖、畜牧、種植竹木或保育為目的之物權，使用上並包括為達成上開目的所設置、維持之相關農業設施。所謂「森林」，依森林法第三條第一項規定，指林地及其群生竹、木之總稱，與「種植竹木」二者程度容有差異，爰併列為農育權設定目的之一。又當事人間為上開目的之約定，已構成農育權之內容，地政機關於辦理農育權登記時，宜將該農育權之設定目的予以配合登記。
三、農育權之期限如過於長久，將有害於公益，經斟酌農業發展、經濟利益及實務狀況等因素，認以二十年為當。如訂約期間超過二十年者，亦縮短為二十年。但以造林、保育為目的，實務上須逾二十年始能達其目的者，事所恆有，或法令另有規定之情形時，為期顧及事實，爰增訂第二項但書。

第八百五十條之二（農育權之終止㈠）

農育權未定有期限時，除以造林、保育為目的者外，當事人得隨時終止之。

前項終止，應於六個月前通知他方當事人。

第八百三十三條之一規定，於農育權以造林、保育為目的而未定有期限者準用之。

(99)一、本條新增。
二、按農育權未定有期限者，除以造林、保育為目的之農育權外，當事人自得隨時終止，惟為兼顧土地所有人與農育權人利益，參考農業發展條例第二十一條第三項規定，應於六個月前通知他方當事人，爰增訂第一項及第二項。又依第一項規定得使農育權消滅者，包括土地所有人及農育權人，故明定當事人均有此項終止權。
三、至於農育權以造林、保育為目的而未定有期限者，非有相當之存續期間，難達土地利用之目的，爰明定準用修正條文第八百三十三條之一規定，土地所有人或農育權人得請求法院斟酌造林或保育之各種狀況而定農育權之存續期間；或於造林、保育之目的不存在時，法院得終止其農育權。又此項請求係變更原物權之內容，性質上為形成之訴，應以形成判決為之，併予敘明。

第八百五十條之三（農育權之讓與）

農育權人得將其權利讓與他人或設定抵押權。但契約另有約定或另有習慣者，不在此限。

前項約定，非經登記不得對抗第三人。

農育權與其農育工作物不得分離而為讓與或設定其他權利。

(99)一、本條新增。
二、農育權為財產權之一種，依其性質，農育權人原則上得自由處分其權利，亦得以其權利設定抵押權，以供擔保債務之履行。惟契約另有約定或另有習慣者，則應從其約定或習慣，以示限制，爰增訂第一項。
三、前項約定經登記者，方能構成農育權之內容，發生物權效力，始足以對抗第三人，故土地及農育權之受讓人或其他第三人（例如抵押權人），當受其拘束，爰增訂第二項。
四、因農育權而設置於土地上之農育工作物例如水塔、倉庫等，應與農育權相互結合，始能發揮其經濟作用。為避免該權利與其農育工作物之使用割裂，於第三項明定二者不得分離而為讓與或設定其他權利，例如農育工作物不得單獨設定典權是。

第八百五十條之四（農育權之終止㈡）

農育權有支付地租之約定者，農育權人因不可抗力致收益減少或全無時，得請求減免其地租或變更原約定土地使用之目的。

前項情形，農育權人不能依原約定目的使用者，當事人得終止之。

前項關於土地所有人得行使終止權之規定，於農育權無支付地租之約定者準用之。

(99)一、本條新增。
二、農育權人在他人之土地為農作、森林、養殖、畜牧或種植竹木等收益，通常情形雖可預期，然若遭遇不可抗力，致其原約定目的之收益減少或全無者，事所恆有。例如耕作因天旱水災，皆屬不可抗力，此種收益減少或全無之事實，既非農育權人故意或過失所致，於有支付地租約定之農育權，若仍令其依原約定給付全額地租，有失公平。又土地設定農育權之用途不止一端，雖因不可抗力致其原約定目的之收益減少或全無，惟農育權人如變更原約定土地使用之目的仍可繼續使用該土地回復原來之收益者，如原約定之目的為養殖，嗣因缺水而不能養殖，惟仍可作為畜牧使用而回復原來之收益是。此種情形，宜許其有請求變更之權，俾求地盡其利。爰增訂第一項，明定農育權人得向土地所有人請求減免其地租或請求變更原約定土地使用之目的，以昭公允。又本項所定農育權人之減免地租請求權，一經行使，即生減免地租之效果，應屬形成權之性質（最高法院七十一年臺上字第二九九六號判例意旨參照），併予指明。

三、至農育權人如因不可抗力致不能依原約定之目的使用時，有違農育權設定之目的，為兼顧農育權人及土地所有人雙方之利益，爰於第二項增訂，此種情形農育權人及土地所有人均得終止農育權，俾使土地資源得另作合理之規劃。

四、惟於無約定支付地租之農育權者，如因不可抗力致不能依原約定之目的使用時，農育權人可依修正條文第八百五十條之九準用修正條文第八百三十四條規定，隨時使其權利消滅。此際另應賦予土地所有人亦得終止農育權，始為公允，爰增訂第三項，以兼顧土地所有人之利益。

第八百五十條之五　（農育權之終止㈢）

農育權人不得將土地或農育工作物出租於他人。但農育工作物之出租另有習慣者，從其習慣。

農育權人違反前項規定者，土地所有人得終止農育權。

⑲一、本條新增。

二、土地所有人設定農育權於農育權人，多置重於農育權人能有效使用其土地。如農育權人不自行使用土地或設置於土地上之農育工作物，而以之出租於他人，使農地利用關係複雜化，並與土地所有人同意設定農育權之原意不符，爰增訂第一項，明定禁止出租之限制。但關於農育工作物之出租另有習慣者，例如倉庫之短期出租等是，自宜從其習慣。

三、第二項明定農育權人違反前項規定之效果，土地所有人得終止農育權。

第八百五十條之六　（農育權人之義務）

農育權人應依設定之目的及約定之方法，為土地之使用收益；未約定使用方法者，應依土地之性質為之，並均應保持其生產力或得永續利用。

農育權人違反前項規定，經土地所有人阻止而仍繼續為之者，土地所有人得終止農育權。農育權經設定抵押權者，並應同時將該阻止之事實通知抵押權人。

⑲一、本條新增。

二、土地是人類生存之重要自然資源，農育權本即以土地之農業生產或土地保育為其內容，故一方面應物盡其用，他方面則應維護土地之本質，保持其生產力，俾得永續利用，為謀兩者間之平衡，爰增訂第一項（瑞士民法第七百六十八條、第七百六十九條、日本民法第二百七十一條、魁北克民法第一千一百二十條、義大利民法第九百七十二條第一項第一款、荷蘭民法第五編第七章第八十九條第二項參照）。農育權人使用土地不僅應依其設定之目的及約定之方法為之，且應保持土地之生產力；土地之使用不得為使其不能回復原狀之變更、過度利用或戕害其自我更新能力，以避免自然資源之枯竭，例如某種殺蟲劑或除草劑之過度、連年使用，有害土地之自我更新能力時，即不得任意施用等，方符農育權以農業使用或保育為內容之本質。至所謂設定之目的，係指修正條文第八百五十條之一第一項所定農作、森林、養殖、畜牧、種植竹木或保育等目的而言，併予敘明。

三、農育權人違反前項義務，經土地所有人阻止而仍繼續者，為達地盡其利之目的，並兼顧農育權人與土地所有人間利益之平衡，爰增訂第二項前段，明定土地所有人得終止農育權。若農育權經設定抵押權者，為保障抵押權人之權益，爰參酌修正條文第八百三十六條之三規定，增訂第二項後段。

第八百五十條之七　（出產物及農育工作物之取回）

農育權消滅時，農育權人得取回其土地上之出產物及農育工作物。

第八百三十九條規定，於前項情形準用之。

第一項之出產物未及收穫而土地所有人又不願以時價購買者，農育權人得請求延長農育權期間至出產物可收穫時為止，土地所有人不得拒絕。但延長之期限，不得逾六個月。

⑲一、本條新增。

二、依現行條文第六十六條第二項規定，不動產之出產物，尚未分離者，為該不動產之部分。惟土地上之出產物，為農育權人花費勞力或資金之所得；農育工作物，如係農育權人因實現農育權而設置，皆宜於農育權消滅時由農育權人收回，始合乎情理。爰增訂第一項。

三、農育權人於取回前項之出產物及工作物時應盡之義務，及不取回時該物之歸屬等，宜準用修正條文第八百三十九條有關地上權之規定，爰增訂第二項。

四、農育權消滅時，土地上之出產物因尚未成熟而未及收穫，土地所有人又不願以時價購買者，應許農育權人得請求延長農育權期間至該出產物可收穫時為止，土地所有人不得拒絕，俾保障農育權人之權益，惟為兼顧土地所有人之權益，其期間最長不得逾六個月，以期平允，爰增訂第三項。

第八百五十條之八　（特別改良）

農育權人得為增加土地生產力或使用便利之特別改良。

農育權人將前項特別改良事項及費用數額，以書面通知土地所有人，土地所有人於收受通知後不即為反對之表示者，農育權人於農育權消滅時，得請求土地所有人返還特別改良費用。但以其現存之增價額為限。

前項請求權，因二年間不行使而消滅。

⑲一、本條新增。

二、農育權人於保持土地原有性質及效能外，其因增加勞力、資本，致增加土地生產力或使用上之便利，為土地特別改良，可增進土地利用及土地生產之增加，爰增訂第一項。

三、為調整農育權人與土地所有人財產損益變動，農育權人自得向土地所有人請求返還特別改良事項費用，但其費用之返還，須農育權人曾以書面將特別改良事項及費用數額通知土地所有人，土地所有人於收受通知後不即為反對之表示，且農育權消滅時現存之增價額為限，始得請求返還，以兼顧雙方當事人權益之保障，爰增訂第二項。

四、為使法律關係得以從速確定，參考現行條文第四百五十六條規定費用返還請求權時效為二年，爰增訂第三項。

第八百五十條之九　（農育權規定之準用）

第八百三十四條、第八百三十五條第一項、第二項、第八百三十五條之一至第八百三十六條之一、第八百三十六條之二第二項規定，於農育權準用之。

⑲一、本條新增。

二、農育權與地上權均為使用他人土地之物權，性質近似，爰增訂本條。

第五章　不動產役權

(99)本章需役及供役客體已從土地擴張至其他不動產，為使章名名實相符，爰將本章章名由地役權修正為不動產役權，其他相關條文併配合調整之。

第八百五十一條（不動產役權之定義）

稱不動產役權者，謂以他人不動產供自己不動產通行、汲水、採光、眺望、電信或其他以特定便宜之用為目的之權。

(99)一、地役權之現行規定係以供役地供需役地便宜之用為內容。惟隨社會之進步，不動產役權之內容變化多端，具有多樣性，現行規定僅限於土地之利用關係已難滿足實際需要。為發揮不動產役權之功能，促進土地及其定著物之利用價值，爰將「土地」修正為「不動產」。

二、不動產役權係以他人之不動產承受一定負擔以提高自己不動產利用價值之物權，具有以有限成本實現提升不動產資源利用效率之重要社會功能，然因原規定「便宜」一詞過於抽象及概括，不僅致社會未能充分利用，且登記上又僅以「地役權」登記之，而無便宜之具體內容，無從發揮公示之目的，爰明文例示不動產役權之便宜類型，以利社會之運用，並便於地政機關為便宜具體內容之登記。又法文所稱「通行、汲水」係積極不動產役權便宜類型之例示，凡不動產役權人得於供役不動產為一定行為者，均屬之；至「採光、眺望」則為消極不動產役權便宜類型之例示，凡供役不動產所有人對需役不動產負有一定不作為之義務，均屬之。至「其他以特定便宜之用為目的」，則除上述二種類型以外之其他類型，例如「電信」依其態樣可能是積極或消極，或二者兼具，均依其特定之目的定其便宜之具體內容。不動產役權便宜之具體內容屬不動產役權之核心部分，基於物權之公示原則以及為保護交易之安全，地政機關自應配合辦理登記，併予指明。

*（不動產役權之設定）民七五八、七六〇，土登一～七、八二、八三；（時效取得）民七七二、八五二；（物上請求權）民七六七、八五八；（不動產役權之不可分性）民八五六、八五七；（不動產役權之從屬性）民八五三；（不動產役權人之權利）民八五四；（不動產役權人之義務）民八五五；（不動產役權消滅之宣告）民八五九；（訴訟管轄）民訴一〇。

▲通行地役權，如係因設定行為而取得，其通行於他人之土地，是否出於必要情形，則在所不問。（一九上七九四）

第八百五十一條之一（權利行使之限制）

同一不動產上有不動產役權與以使用收益為目的之物權同時存在者，其後設定物權之權利行使，不得妨害先設定之物權。

(99)一、本條新增。

二、不動產役權多不具獨占性，宜不拘泥於用益物權之排他效力，俾使物盡其用，爰增訂本條。準此，不動產所有人於其不動產先設定不動產役權後，無須得其同意，得再設定用益物權（包括不動產役權），反之，亦然。此際，同一不動產上用益物權與不動產役權同時存在，自應依設定時間之先後，定其優先效力，亦即後設定之不動產役權或其他用益物權不得妨害先設定之其他用益物權或不動產役權之權利行使。又不動產役權（或用益物權）若係獲得先存在之用益物權（或不動產役權）人之同意而設定者，後設定之不動產役權（或用益物權）則得優先於先物權行使權利，蓋先物權既已同意後物權之設定，先物權應因此而受限制。再所謂同一不動產，乃指同一範圍內之不動產，要屬當然，併予敘明。

第八百五十二條（取得時效）

不動產役權因時效而取得者，以繼續並表見者為限。

前項情形，需役不動產為共有者，共有人中一人之行為，或對於共有人中一人之行為，為他共有人之利益，亦生效力。

向行使不動產役權取得時效之各共有人為中斷時效之行為者，對全體共有人發生效力。

(99)一、現行條文移列為第一項，並作文字修正。

二、需役不動產為共有者，可否因時效而取得不動產役權？再者，如數人共有需役不動產，其中部分需役不動產所有人終止通行，其餘需役不動產所有人是否因此而受影響？現行法尚無明文規定，易滋疑義。鑑於共有人間利害攸關，權利與共，爰仿日本民法第二百八十四條規定，增訂第二項，明定「共有人中一人之行為，或對於共有人中一人之行為，為他共有人之利益，亦生效力」。又本項中之「行為」係包括「作為」及「不作為」，亦屬當然。

三、為對供役不動產所有人之衡平保護，如部分需役不動產共有人因行使不動產役權時效取得進行中者，則供役不動產所有人為時效中斷之行為時，僅需對行使不動產役權時效取得進行中之各共有人為之，不需擴及未行使之其他共有人，即對全體共有人發生效力；準此，中斷時效若非對行使不動產役權時效取得之共有人為之，自不能對他共有人發生效力，爰參照前開日本民法第二百八十四條第二項規定，增訂第三項。

*（不動產役權之設定）民七五八、七六〇；（取得時效）民七六九、七七〇、七七二；（時效中斷及不完成）民一二九～一四三。

▲不得建築橫牆遮蔽窗戶光線與空氣之地役權，雖係繼續而不表見，汲水地役權之行使，以地役權人每次之行為為必要，雖係表見而不繼續，均與民法第八百五十二條所定地役權因時效而取得之要件不合。（三二上一五二七）

▲地役權係以他人土地之利用為其目的，而得直接支配該土地之一種不動產物權，性質上僅為限制他人土地所有權之作用，而存在於他人所有土地之上，故有繼續並表見利用他人土地之情形，即可因時效而取得地役權，並不以他人所有未經登記之土地為限。（五四臺上六九八）

▲（六〇臺上一六七七）參見本法第七百六十九條。

▲地役權固有因時效而取得之規定，但依民法第七百七十二條準用民法第七百六十九條及第七百七十條之結果，僅使需役地人獲有得請求登記為地役權人之權利，在未登記為地役權人以前，固無地役權存在之可言，即無依民法第八百五十八條準用民法第七百六十七條規定請求排除侵害之餘地。（六三臺上一二三五）

▲（六八臺上二九九四）參見本法第七百七十二條。

第八百五十三條（不動產役權之從屬性）

不動產役權不得由需役不動產分離而為讓與，或為其他權利之標的物。

(99)配合章名修正。

*（其他物權之讓與）民八三八、九一七；（抵押權之類似規定）民八七〇。

第八百五十四條（不動產役權人之必要行為權）

不動產役權人因行使或維持其權利，得為必要之附隨行為。但應擇於供役不動產損害最少之處所及方法為之。

(99)不動產役權人為遂行其權利之目的，於行使其不動產役權或維持其不動產役權起見，有另須為必要行為之時，學者有稱此必要行為為「附隨不動產役權」，並認為其與「主不動產役權」同其命運。故此必要行為非指行使不動產役權之行為，乃行使不動產役權以外之另一概念，如汲水不動產役權於必要時，得為埋設涵管或通行之附隨行為，即其適例。因此，為期立法之明確，並杜爭端，爰於「必要行為」增列「附隨」二字。

*（不動產役權人之物上請求權）民七六七；（相鄰關係）民

七七四～八〇〇。

第八百五十五條 （設置之維持及使用）

不動產役權人因行使權利而為設置者，有維持其設置之義務；其設置由供役不動產所有人提供者，亦同。

供役不動產所有人於無礙不動產役權行使之範圍內，得使用前項之設置，並應按其受益之程度，分擔維持其設置之費用。

(99)一、為行使不動產役權而須使用工作物者，該工作物有由不動產役權人設置者；亦有由供役不動產所有人提供者。在該設置如由供役不動產所有人提供之情形，因其係為不動產役權人之利益，自應由不動產役權人負維持其設置之義務，始為平允，爰增訂第一項後段。又不動產役權人既有維持其設置之義務，自係以自己費用為之，自屬當然。

二、現行條文第二項及第三項，合併規定為第二項，俾求文字簡潔。

＊（不動產役權人之必要行為權）民八五四；（設置費用負擔之其他規定）民七七六、七七八、七八〇、七八五。

第八百五十五條之一 （得以自己費用請求變更）

供役不動產所有人或不動產役權人因行使不動產役權之處所或方法有變更之必要，而不甚妨礙不動產役權人或供役不動產所有人權利之行使者，得以自己之費用，請求變更之。

(99)一、本條新增。

二、設定不動產役權時，雖定有行使不動產役權之處所或方法，惟供役不動產所有人或不動產役權人認有變更之必要時，有無請求變更之權？現行法尚無明文規定，學者通說採肯定見解。基於誠信原則，如其變更不甚妨礙不動產役權人或供役不動產所有人權利之行使，應許其有此請求權。爰參考德國民法第一千零二十三條、瑞士民法第七百四十二條立法例，明定供役不動產所有人或不動產役權人得以自己之費用請求變更不動產役權人行使權利之處所或方法，以期明確。

第八百五十六條 （需役不動產之分割）

需役不動產經分割者，其不動產役權為各部分之利益仍為存續。但不動產役權之行使，依其性質祇關於需役不動產之一部分者，僅就該部分仍為存續。

(99)配合章名修正，並為標點符號之整理。

＊（不動產役權之從屬性）民八五三；（供役不動產之分割）民八五七；（不動產役權人之必要行為權）民八五四。

第八百五十七條 （供役不動產之分割）

供役不動產經分割者，不動產役權就其各部分仍為存續。但不動產役權之行使，依其性質祇關於供役不動產之一部分者，僅對於該部分仍為存續。

(99)配合章名修正，並為標點符號之整理。

＊（不動產役權之從屬性）民八五三；（需役不動產之分割）民八五六；（不動產役權人之必要行為權）民八五四。

第八百五十八條 （刪除）

第八百五十九條 （不動產役權之宣告消滅）

不動產役權之全部或一部無存續之必要時，法院因供役不動產所有人之請求，得就其無存續必要之部分，宣告不動產役權消滅。

不動產役權因需役不動產滅失或不堪使用而消滅。

(99)一、不動產役權因情事變更致一部無存續必要之情形，得否依本條規定請求法院宣告不動產役權消滅，法無明文，易滋疑義，為期明確，爰於本條增列不動產役權之一部無存續必要時，供役不動產所有人亦得請求法院就其無存續必要之部分，宣告不動產役權消滅，俾彈性運用，以符實際，並改列為第一項。又不動產役權原已支付對價者，不動產役權消滅時，不動產役權人得依不當得利之規定，向供役不動產所有人請求返還超過部分之對價，乃屬當然，不待明定。

二、不動產役權於需役不動產滅失或不堪使用時，是否仍須依本條第一項向法院請求宣告不動產役權消滅，學說上有不同意見。為免爭議，爰增訂第二項，明定上開情形其不動產役權當然消滅，毋待法院為形成判決之宣告。

＊（土地滅失）土地一二；（土地徵收）土地二〇八以下；（存續期間屆滿或解除條件成就）民九九、一〇二；（不動產役權之拋棄）民七六四；（混同）民七六二；（取得時效）民七六九、七七〇、七七二。

第八百五十九條之一 （不動產役權規定之準用㈠）

不動產役權消滅時，不動產役權人所為之設置，準用第八百三十九條規定。

(99)一、本條新增。

二、不動產役權消滅時，不動產役權人有無回復原狀之義務，以及其與供役不動產所有人間就不動產役權有關之設置，權利義務關係如何？現行法尚無如修正條文第八百五十條之七農育權準用修正條文第八百三十九條地上權之規定，適用上易滋疑義，爰參酌學者意見並斟酌實際需要，增訂準用規定。又本條之「設置」，係指不動產役權人為行使不動產役權而為之設置，應屬當然。

第八百五十九條之二 （不動產役權規定之準用㈡）

第八百三十四條至第八百三十六條之三規定，於不動產役權準用之。

(99)一、本條新增。

二、不動產役權與地上權均使用他人土地之物權，性質近似，爰增訂本條。

第八百五十九條之三 （其他不動產役權之設定）

基於以使用收益為目的之物權或租賃關係而使用需役不動產者，亦得為該不動產設定不動產役權。

前項不動產役權，因以使用收益為目的之物權或租賃關係之消滅而消滅。

(99)一、本條新增。

二、為發揮不動產役權之功能，增進土地及其定著物之價值，爰增訂第一項，得設定不動產役權之人，不限於需役不動產之所有人，地上權人、其他基於以使用收益為目的之物權或租賃關係而使用需役不動產者，亦得為之。

三、前項之不動產役權乃基於以使用收益為目的之物權或租賃關係而使用需役不動產者為自己使用需役不動產之利益而設定，其設定又無須得到土地所有人之同意，是以，該不動產役權之存續自應與原得使用需役不動產之權利同，爰增訂第二項，使其隨原權利消滅而歸於消滅。

第八百五十九條之四 （自己不動產役權之設定）

不動產役權，亦得就自己之不動產設定之。

(99)一、本條新增。

二、按現行供役不動產僅限於對他人土地設定之，若供役不動產為需役不動產所有人所有，所有人本得在自己所有之不動產間，自由用益，尚無設定不動產役權之必要，且有權利義務混同之問題，是自己不動產役權承認與否，學說上不無爭議。然而隨社會進步，不動產資源有效運用之型態，日新月異，為提高不動產之價值，就大範圍土地之利用，對各宗不動產，以設定自己不動產役權方式，預為規劃，即可節省嗣後不動產交易之成本，並維持不動產利用關係穩定。例如建築商開發社區時，通常日後對不動產相互利用必涉及多數人，為建立社區之特殊風貌，預先設計建築之風格，並完整規劃各項公共設施，此際，以設定自己不動產役權方式呈現，遂有重大實益。對於自己不動產役權，德國學說及實務見解亦予以承認。為符合社會脈動，使物盡其用，並活絡不動產役權之運用，爰增設自己不動產役權之規定（瑞士民法第七百三十三條規定參照），以利適用。

第八百五十九條之五　（不動產役權規定之準用㊂）

第八百五十一條至第八百五十九條之二規定，於前二條準用之。

(99)一、本條新增。
二、基於以使用收益為目的之物權或租賃關係而使用需役不動產者，為該不動產設定之不動產役權，以及自己不動產役權，除不動產役權之設定人及設定客體與一般不動產役權有異者外，於性質不相牴觸之情形下，仍得準用一般不動產役權之規定，爰增訂本條。

第六章　抵　押　權

第一節　普通抵押權

(96)一、新增節名。
二、按最高限額抵押權雖屬抵押權之一種，然其性質上與普通抵押權諸多不同，應屬特殊抵押權，又第八百八十二條及第八百八十三條規定之抵押權亦有別於普通抵押權，為求體系完整，爰分設三節規範普通抵押權、最高限額抵押權及其他抵押權，並於修正條文第八百八十一條之一增訂最高限額抵押權之定義性規定，以示其不同之特性。

第八百六十條　（普通抵押權之定義）

稱普通抵押權者，謂債權人對於債務人或第三人不移轉占有而供其債權擔保之不動產，得就該不動產賣得價金優先受償之權。

(96)抵押權所擔保者為債權，而所受清償者亦其債權，現行規定未標明「債權」，易使人誤解受清償者為抵押權。為避免疑義，爰仿德國民法第一千一百十三條、奧國民法第四百四十七條、韓國民法第三百五十六條，修正本條如上。又本章將抵押權分為普通抵押權、最高限額抵押權及其他抵押權三節，本條至第八百八十一條為有關普通抵押權之規定。而本條係關於普通抵押權之定義性規定，故仍表明「普通抵押權」等文字。至於本節以下各條規定中所稱之「抵押權」，既規定於同一節內，當然係指「普通抵押權」而言，毋庸逐條修正。

*（占有）民七六七、九四〇、九四一、九四八；（不動產）民六六；（抵押權之設立）民七五八、七六〇；（抵押權之效力）民八六一～八七九；（抵押權之消滅）民八八〇、八八一；（抵押權之標的物）民八八二、八八三；（法定抵押權）民五一三；（其他特別法關於抵押權之規定）海商三三～三七，民航一八～二〇，礦業一一、一四、四五～四八；（動產抵押）動擔二、一五～二五；（別除權）破產一〇八、一〇九。

▲釋一四一。

▲債權人不願變賣抵押品而請求履行現款，債務人即不能以附有擔保物品為抗辯。（一八上八四）

▲設定抵押權原須由抵押物所有人自為之，但債務人得抵押物所有人之許可者，則其抵押行為亦與所有人自為無異。（一八上五七〇）

▲以動產為抵押，不能生抵押權之效力。（一八上七七四）（九二、一、二八決議不再援用）

▲有抵押權之債權人，雖可就抵押物之賣得價金優先受償，然不能因其設有抵押權，即謂清償債務應以抵押物為限。（一八上一六二四）

▲不動產抵押權應由不動產所有人設定之，其由第三人設定者，則須經所有人同意或追認，始能認為有效。（一八上一八九九）

▲抵押權本為確保債務履行，而以該物交換所得之價值歸屬權利人之物權。故至債務清償之期，債務若不履行，債權人自得本於抵押權之效力，就擔保物賣價較普通債權人先受完全之清償。（一八上一九三二）

▲(1)設定抵押權，不以交付老契為成立要件。
(2)業主抄契短價投稅，與抵押權之設定無關。（一八上二〇六四）

▲擔保物權之設定，所以擔保債權之效力。故債權經設定擔保，債權人自可就該擔保物受清償，或逕向債務人請求清償。債務人不得藉口有擔保物存在，拒絕債權人清償之請求。（一九上三八〇）

▲債權之附有擔保者，債權人固得就擔保物行使權利，然並非其義務。故債權人如要求現款清償，債務人即不得以應先就擔保物行使權利為抗辯。（一九上七四六）

▲民法總則第六十六條規定稱不動產者，謂土地及其定著物。工廠中之機器，雖有附著於土地者，然其性質究可離土地而獨立。申言之，即不必定著於土地，自應認為動產。故在民法物權編施行後，就機器設定質權，固非移轉占有不生效力，然在物權編施行以前，尚無法定明文限制。苟該地方一般交易觀念，以工廠之機器不移轉占有，而設定擔保物權已成習慣，在審判上即亦不妨認其有擔保物權之效力。（一九上一〇四五）

▲抵押權除依民法第八百八十二條之規定，得以地上權、永佃權、典權等不動產上之物權為其標的物外，非就不動產不得設定。動產及營業權均不能為抵押權之標的物。（二一上八六）（九二、一、二八決議不再援用）

▲抵押權人就抵押物之賣得價金受清償之權利，不因抵押人之債權人對於該抵押物聲請假扣押而受影響。（二一上二九七）

▲抵押權人無收取抵押物所生法定孳息之權利，此項孳息，除依民法第八百六十四條之規定為抵押權之效力所及者外，仍由抵押人收取。縱令抵押權所擔保之原債權應由債務人支付利息者，除別有法律關係外，抵押權人亦不得收取孳息以充利息之清償。（二二上二三五）

▲抵押權人就抵押物之賣得價金，有優先於他債權人而受清償之權，此在民法第八百六十條雖無優先字樣，而依民法第八百七十四條及第八百七十七條但書之規定，甚為明顯。（二二上二五二）

▲（二八上五九八）　參見本法第九十八條。

▲抵押權之設定，依民法第八百六十條規定，並不移轉占有，雖有交付租簿取租作息之約定，究係別一法律關係，不得因此即指為業已移轉占有。（四〇臺上七八三）

▲抵押權之性質既係從屬於債權而存在，則債權人於主債務人不能清償時，自得就抵押物拍賣而受清償。至提供抵押物作債權之擔保者，究為債務人本人抑為第三人，均可不問。而所謂拍賣清償，本含有給付意義，基於擔保物權所擔保者及於債務全體之原則，故在債務本身有應增加給付之情形時，該抵押物本身所負擔保之義務，自亦不能不隨之而增加。（四六臺上一〇九八）

▲不動產之所有權狀，不過為權利之證明文件，並非權利之本身，不能為擔保物權之標的。如不動產所有人同意以其所有權狀交與他人擔保借款，自係就該不動產設定抵押權，而非就所有權狀設定質權。（四九臺上二三五）

▲抵押權之設定，依法固無須將抵押之不動產移轉占有，但當事人間有特約以不動產交與債權人使用收益以抵利息，並由債權人負擔捐稅者，並非法所不許，不得以此遂推定抵押權設定契約為買賣契約。（五四臺上一八七〇）

▲最高額抵押與一般抵押不同，最高額抵押係就將來應發生之債權所設定之抵押權，其債權額在結算前並不確定，實際發生之債權額不及最高額時，應以其實際發生之債權額為準。（六二臺上七七六）

▲（六六臺上一〇九七）　參見本法第七百五十四條。

▲抵押權人聲請拍賣抵押物，在一般抵押，因必先有被擔保之債權存在，而後抵押權始得成立，故祇須抵押權已經登記，且登記之債權已屆清償期而未受清償，法院即應准許之。惟最高限額抵押，抵押權成立時，可不必先有債權存在，縱經登記抵押權，因未登記已有被擔保之債權存在，如債務人或抵押人否認先已有債權存在，或於抵押權成立後，曾有債權發生，而從抵押權人提出之其他文件為形式上之審查，又不能明瞭是否有債權存在時，法院自無由准

許拍賣抵押物。（七一臺抗三〇六）

▲抵押權為不動產物權，非經登記，不生效力，抵押權人僅能依設定登記之內容行使權利，是抵押債務人究為何人，應以設定登記之內容為準。（七二臺上二四三二）

▲最高限額抵押契約定有存續期間者，其期間雖未屆滿，然若其擔保之債權所由生之契約以合法終止或因其他事由而消滅，且無既存之債權，而將來亦確定不再發生債權，其原擔保之存續期間內所可發生之債權，已確定不存在，依抵押權之從屬性，應許抵押人請求抵押權人塗銷抵押權設定登記。（八三臺上一〇五五）

▲抵押權所擔保之債權，其種類及範圍，屬於抵押權之內容，依法應經登記，始生物權之效力，但如因內容過於冗長，登記簿所列各欄篇幅不能容納記載，可以附件記載，作為登記簿之一部分。因此關於最高限額抵押權所擔保之債權，雖未記載於土地登記簿，然於聲請登記時提出之最高限額抵押權設定契約書，有該項債權之記載者，此契約書既作為登記簿之附件，自為抵押權效力所及。（八四臺上一九六七）

▲所謂最高限額抵押權者，乃為預定抵押物應擔保債權之最高限額所設定之抵押權。如所預定擔保之債權非僅限於本金，而登記為本金最高限額新臺幣若干元，其約定利息、遲延利息及約定擔保範圍內之違約金，固為抵押權效力之所及，但仍受最高限額之限制，故其約定利息、遲延利息及違約金連同本金合併計算，如超過該限額者，其超過部分即無優先受償之權。（八五臺上二〇六五）

第八百六十一條　（抵押權之擔保範圍）

抵押權所擔保者為原債權、利息、遲延利息、違約金及實行抵押權之費用。但契約另有約定者，不在此限。

得優先受償之利息、遲延利息、一年或不及一年定期給付之違約金債權，以於抵押權人實行抵押權聲請強制執行前五年內發生及於強制執行程序中發生者為限。

⑯一、學者通說及實務上見解認為違約金應在抵押權所擔保之範圍內，爰於本條增列之，使擔保範圍更臻明確，並將「訂定」修正為「約定」，改列為第一項。至原債權乃抵押權成立之要件，且為貫徹公示效力，以保障交易安全，連同其利息或遲延利息均應辦理登記，始生物權效力。惟其登記方法及程序應由地政機關配合辦理（最高法院八十四年臺上字第一九六七號判例參照），併此敘明。

二、為兼顧第三人及抵押權人之權益，並參照本法第一百二十六條關於短期消滅時效之規定，爰增訂第三項，明定得優先受償之利息、遲延利息、一年或不及一年定期給付之違約金債權，以於抵押權人實行抵押權聲請強制執行前五年內發生及於強制執行程序中發生者為限，以免擔保債權範圍擴大。本項所稱「實行抵押權」，包括抵押權人聲請強制執行及聲明參與分配之情形。

*（利息）民二〇三～二〇五、二〇七；（遲延利息）民二三三；（抵押權登記之債權額）土登八五、八六；（抵押權之實行）民八七三。

▲以抵押權擔保之債權，除有特約外，其利息當然受抵押權之擔保。（一九上一九五）

▲抵押權所擔保之債權，原可由契約當事人自行訂定，此觀民法第八百六十一條但書之規定自明。故契約當事人如訂定以將來可發生之債權為被擔保債權，自非法所不許。（四七臺上五三五）

▲（五〇臺抗五五）參見本法第二百五十二條。

▲破產法第一百零三條第一款規定破產宣告後之利息，不得為破產債權，並不包括同法第一百零八條規定在破產宣告前對於債務人之財產有抵押權之別除權在內。又該抵押權依民法第八百六十一條本文規定，除原債權外，尚包括利息及遲延利息在內。被上訴人計算上開利息，其利率未超過法律限制部分，自得主張之。（六九臺上三三六一）

▲抵押權所擔保債權之範圍，應包括遲延利息在內，且不以登記為必要。（註：所謂遲延利息，依民國十八年民法第八百六十一條立法意旨之說明及判例之案例事實，係指法定遲延利息。）（七三臺抗二三九）

第八百六十二條　（抵押權效力及於標的物之範圍(一)——從物及從權利）

抵押權之效力，及於抵押物之從物與從權利。

第三人於抵押權設定前，就從物取得之權利，不受前項規定之影響。

以建築物為抵押者，其附加於該建築物而不具獨立性之部分，亦為抵押權效力所及。但其附加部分為獨立之物，如係於抵押權設定後附加者，準用第八百七十七條之規定。

⑯一、學者通說及實務上見解認為違約金應在抵押權所擔保之範圍內，爰於本條增列之，使擔保範圍更臻明確，並將「訂定」修正為「約定」，改列為第一項。至原債權乃抵押權成立之要件，且為貫徹公示效力，以保障交易安全，連同其利息或遲延利息均應辦理登記，始生物權效力。惟其登記方法及程序應由地政機關配合辦理（最高法院八十四年臺上字第一九六七號判例參照），併此敘明。

二、為兼顧第三人及抵押權人之權益，並參照本法第一百二十六條關於短期消滅時效之規定，爰增訂第三項，明定得優先受償之利息、遲延利息、一年或不及一年定期給付之違約金債權，以於抵押權人實行抵押權聲請強制執行前五年內發生及於強制執行程序中發生者為限，以免擔保債權範圍擴大。本項所稱「實行抵押權」，包括抵押權人聲請強制執行及聲明參與分配之情形。

*（從物）民六八；（附合物）民八一一；（抵押權效力及於標的物之範圍）民八六三、八六四。

▲工廠中之機器生財，如與工廠同屬於一人，依民法第六十八條第一項之規定，自為工廠之從物，若以工廠設定抵押權，除有特別約定外，依同法第八百六十二條第一項規定，其抵押權效力，當然及於機器生財（參照院字第一四〇四號解釋）。至抵押權之設定聲請登記時，雖未將機器生財一併註明，與抵押權所及之效力，不生影響。（院一五一四）

▲(一)院字第一四〇四號解釋，對於民法第八百七十三條第一項之聲請，既謂債務人或第三人就抵押關係並未發生爭執，毋庸經過判決程序，逕予拍賣，即明示此項拍賣，不須取得裁判上之執行名義，即可逕予執行，在拍賣法未頒布施行以前，自可準照關於不動產執行之程序辦理，如債務人就抵押關係有爭執時，仍應由債權人提起確認之訴，如第三人就執行拍賣標的有爭執時，則應由該第三人依法提起異議之訴。(二)同號解釋所謂工廠之機器可認為工廠之從物者，凡該工廠所設備之機器，皆可認為從物，不以已經登記或附著於土地房屋者為限，至工廠之土地及房屋，若係租賃而來，則工廠與機器既非同屬於一人，機器固不能單獨為抵押權標的物，工廠如未得所有人許可，亦不得以之為抵押權之設定。（院一五五三）

第八百六十二條之一　（抵押物滅失之殘餘物）

抵押物滅失之殘餘物，仍為抵押權效力所及。抵押物之成分非依物之通常用法而分離成為獨立之動產者，亦同。

前項情形，抵押權人得請求占有該殘餘物或動產，並依質權之規定，行使其權利。

⑯一、本條新增。

二、抵押物滅失致有殘餘物時，例如抵押之建築物因倒塌而成為動產是，從經濟上言，其應屬抵押物之變形物。又抵押物之成分，非依物之通常用法，因分離而獨立成為動產者，例如自抵押建築物拆取之「交趾陶」是，其較諸因抵押物滅失而得受之賠償，更屬抵押物之變形物，學者通說以為仍應為抵押權效力所及，始得鞏固抵押權之效用。因現行法尚無明文規定，易滋疑義，為期明確，爰予增訂。

三、為期充分保障抵押權人之權益，爰增訂第二項，明定前項情形，抵押權人得請求占有該殘餘物或動產，並依質權之規定，行使其權利。惟如抵押權人不請求占有該殘餘物或動產者，其抵押權自不受影響，併予敘明。

第八百六十三條　（抵押權效力及於標的物之範圍(二)——天然孳息）

抵押權之效力及於抵押物扣押後自抵押物分離，而得由抵押人收取之天然孳息。

⑯抵押權設定後，於同一抵押物得設定地上權或成立其他權利（例如租賃、使用借貸），故土地之天然孳息收取權人未必即為抵押人（參照本法第七十條），則抵押物扣押後，由抵押物分離時，如抵押人無收取權者，抵押權之效力，自不及於該分離之天然孳息。至於在抵押權設定之前，抵押物上已設定地上權或成立其他權利者，其天然孳息為抵押權效力所不及，乃屬當然。為明確計，爰將現行條文修正如上，以符實際。

*（天然孳息）民六九、七〇；（抵押權效力及於標的物之範圍）民八六二、八六四；（抵押物扣押）強執四、七、七五～七九。

第八百六十四條　（抵押權效力及於標的物之範圍(三)——法定孳息）

抵押權之效力，及於抵押物扣押後抵押人就抵押物得收取之法定孳息。但抵押權人，非以扣押抵押物之事情，通知應清償法定孳息之義務人，不得與之對抗。

⇧查民律草案第一千一百四十二條理由謂抵押權當行使其權利時，對於得由抵押物收取之法定孳息有效力，亦所以鞏固抵押權之信用。此本條所由設也。然清償法定孳息義務人之利益，亦應保護，故復設但書之規定。

*（法定孳息）民六九、七〇；（抵押權效力及於標的物之範圍）民八六二、八六三；（扣押抵押物）強執四、七、七五～七九。

第八百六十五條　（抵押權之順位）

不動產所有人，因擔保數債權，就同一不動產，設定數抵押權者，其次序依登記之先後定之。

⇧查民律草案第一千一百四十三條理由謂為擔保數債權於一不動產上，設定數抵押權者，其抵押權之優先次序，不應依設定行為之先後，應依登記之先後。蓋抵押權以登記為要件，因登記而成立者也。

*（抵押權之設定）民七五八、七六〇；（登記之次序）土登三六、四二、四三、四五、四九；（賣得價金之分配次序）民八七四、八八一。

▲不動產所有人因擔保數債權，就同一不動產設定數抵押權者，依民法第八百六十五條之規定，固應依其登記之先後定其次序。惟依民法物權編施行法第三條在未能依其所稱之法律登記前，既不適用民法第八百六十五條之規定，則就同一不動產設定之數抵押權，除施行不動產登記條例之區域應適用該條例之規定外，當然依其設定之先後定其次序。（二八上一二三六）

▲（六三臺上一二四〇）參見本法第五百十三條。

第八百六十六條　（其他權利之設定）

不動產所有人設定抵押權後，於同一不動產上，得設定地上權或其他以使用收益為目的之物權，或成立租賃關係。但其抵押權不因此而受影響。

前項情形，抵押權人實行抵押權受有影響者，法院得除去該權利或終止該租賃關係後拍賣之。

不動產所有人設定抵押權後，於同一不動產上，成立第一項以外之權利者，準用前項之規定。

⑯一、現行條文規定「地上權及其他權利」究何所指，易滋疑義。學者通說及實務上見解均認為除地上權外，包括地役權、典權等用益物權或成立租賃關係。為明確計，爰將上開法文修正為「地上權或其他以使用收益為目的之物權，或成立租賃關係」，並改列為第一項。

二、第一項但書「但其抵押權不因此而受影響」之解釋，學者間意見不一，有謂仍得追及供抵押之不動產而行使抵押權；有謂如因設定他種權利之結果而影響抵押物之賣價者，他種權利歸於消滅。為避免疑義，爰參照司法院院字第一四四六號、釋字第一一九號及釋字第三〇四號解釋，增訂第二項，俾於實體法上訂定原則，以為強制執行程序之依據。上述除去其權利拍賣，法院既得依聲請，亦得依職權為之。又上述之權利雖經除去，但在抵押之不動產上，如有地上權等用益權人或經其同意使用之人之建築物者，就該建築物則應依第八百七十七條第二項規定辦理併付拍賣，併予敘明。

三、不動產所有人，設定抵押權後，於同一不動產上，成立第一項以外之關係，如使用借貸關係者，事所恆有。該等關係為債之關係，在理論上當然不得對抗抵押權，但請求點交時，反須於取得強制執行名義後，始得為之（強制執行法第九十九條第二項規定參照），與前二項情形觀之，有輕重倒置之嫌，且將影響拍賣時應買者之意願，為除去前述弊端，爰增訂第三項準用之規定。

*（地上權）民八三二；（其他權利）民四二一、八四二、八五一、九一一；（併付拍賣之準用）民八七七。

▲釋一一九、一三九、三〇四。

▲抵押權之設定，並不以移轉占有為其要件，設定抵押權後對於抵押物設定典權，為法律所准許。（一九上二四一〇）

▲抵押權不能妨礙抵押物之交付或讓與，此觀民法第八百六十六條、第八百六十七條之規定自明。故第三人對於執行標的物之抵押權，並非足以排除強制執行之權利。（二八上一七三四）

▲民法第八百六十六條但書及第八百六十七條但書之規定，非民法物權編施行法第三條第二項所謂關於登記之規定，於物權未能依同條第一項之法律登記前亦適用之。故在未施行登記制度之區域，不動產所有人設定抵押權後於同一不動產上設定典權，或將該不動產之所有權讓與他人時，縱令典權人或所有權受讓人不知先有抵押權之設定，其抵押權亦不因此而受影響。（二九渝上一二三四）

▲（六〇臺上四六一五）參見本法第四百二十五條。

▲執行法院認抵押人於抵押權設定後，與第三人訂立之租約，致影響於抵押權者，得依聲請或職權除去其租賃關係，依無租賃狀態逕行強制執行。執行法院所為此種除去租賃關係之處分，性質上係強制執行方法之一種，當事人或第三人如有不服，應依強制執行法第十二條規定，向執行法院聲明異議，不得逕行對之提起抗告。（七四臺抗二二七）

▲抵押權為擔保物權，不動產所有人設定抵押權後，於同一不動產上，固仍得為使用收益，但如影響於抵押權者，對於抵押權人不生效力。故土地所有人於設定抵押權後，在抵押之土地上營造建築物，並將該建築物出租於第三人，致影響於抵押權者，抵押權人自得聲請法院除去該建築物之租賃權，依無租賃狀態將該建築物與土地併付拍賣。（八六臺抗五八八）

第八百六十七條　（抵押不動產之讓與及其效力）

不動產所有人設定抵押權後，得將不動產讓與他人。但其抵押權不因此而受影響。

⇧查民律草案第一千一百四十七條理由謂不動產之所有人，設定抵押權後，但使不至害及抵押權人之利益，得將其不動產讓與他人。故為抵押物之不動產，縱已讓與，而抵押權之關係，依然存在，毫不受其影響。故設本條以明示其旨。

*（不動產）民六六；（不動產之讓與）民七五八、七六〇；（債務承擔及於抵押權之效力）民三〇〇、三〇四。

▲同一不動產上，於設定擔保物權後，非不可再行出賣，不過已設定之擔保物權，不因其物之所有權移轉而被妨害。（一八上一五二四）

▲債務人就全部債務，已設定之抵押物自行出賣，苟非依清

債或免除而消滅抵押權，則債權人自可本於追及其物之效力，就抵押物全部而行使權利。（一八抗六）

▲抵押權人僅得就抵押物之賣得價金優先受償，不得阻止抵押人讓與其所有權。故抵押人之他債權人就抵押物聲請強制執行時，抵押權人僅得行使優先受償之權利，不得據以訴請阻止執行。（二一上二一一七）

▲被上訴人向某甲受讓之房地，已先由某甲之父向上訴人設定抵押權，以為借用元錢一千吊之擔保，固為原判決所認定之事實，惟上訴人除得實行其抵押權外，法律上殊無得向被上訴人還行請求清償之根據。（三一上二八五一）

▲（三三上三一八）參見本法第二百零四條。

▲不動產所有人設定抵押權後，將不動產讓與他人者，依民法第八百六十七條但書規定，其抵押權不因此而受影響，抵押權人得本於追及其物之效力實行抵押權。系爭不動產既經抵押人讓與他人而屬於受讓之他人所有，則因實行抵押權而聲請法院裁定准許拍賣該不動產時，自應列受讓之他人為相對人。（七四臺抗四三一）

第八百六十八條　（不可分性(一)——抵押物分割）

抵押之不動產如經分割，或讓與其一部，或擔保一債權之數不動產而以其一讓與他人者，其抵押權不因此而受影響。

⇧查民律草案第一千一百四十九條理由謂抵押權人，於其標的物存在時為限，就全部債權得行使其權利，所以鞏固抵押權之基礎也。故抵押不動產雖分割與數人，抵押權人對於其分割之部分，仍得就全部債權行使其權利，分割人中之一人，不得僅支付與其分割部分相當之金額，即免其責。此本條所由設也。

*（不動產）民六六；（共有物之分割）民八一九、八二三、八二四、八二九；（不動產物權之讓與）民七五八、七六〇；（數不動產賣得價金之受清償）民八七五；（類似規定）民八五六、八五七、九三二；（債權分割與抵押權之關係）民八六九。

▲抵押之不動產如經分割，或讓與其一部者，其抵押權不因此而受影響，民法第八百六十八條定有明文。故抵押之不動產雖讓與為數人所共有，抵押權人對於受讓抵押物之各人之應有部分，仍得就全部債權行使權利，受讓抵押物應有部分之人，不得僅支付與受讓部分相當之金額，而免其責任。（八二臺上三一五三）

第八百六十九條　（不可分性(二)——債權分割）

以抵押權擔保之債權，如經分割或讓與其一部者，其抵押權不因此而受影響。

前項規定，於債務分割或承擔其一部時適用之。

(96)一、第一項未修正。

二、債務之一部承擔與債務分割同屬債之移轉，均有擔保物權不可分性之適用，爰於第二項增訂之，以資明確。

*（抵押物分割與抵押權之關係）民八六八；（債權讓與）民二九四。

第八百七十條　（抵押權之從屬性）

抵押權不得由債權分離而為讓與，或為其他債權之擔保。

⇧查民律草案第一千一百六十二條理由謂抵押權者，從物權也，非隨所擔保之債權，不得讓與，亦不得為他債權之擔保。若抵押權與債權分離而為他債權之擔保，或債權人為同一債務人之他債權人之利益，得讓與或拋棄其抵押權及次序，非唯於實際上無益，且有使法律關係趨於煩雜，故本條禁止之，以防斯弊。

*（債權讓與之效力）民二九五；（抵押權之設定）民七五八、七六〇、八六〇。

第八百七十條之一　（多數抵押權之優先受償分配額）

同一抵押物有多數抵押權者，抵押權人得以下列方法調整其可優先受償之分配額。但他抵押權人之利益不受影響：

一　為特定抵押權人之利益，讓與其抵押權之次序。

二　為特定後次序抵押權人之利益，拋棄其抵押權之次序。

三　為全體後次序抵押權人之利益，拋棄其抵押權之次序。

前項抵押權次序之讓與或拋棄，非經登記，不生效力。並應於登記前，通知債務人、抵押人及共同抵押人。

因第一項調整而受利益之抵押權人，亦得實行調整前次序在先之抵押權。

調整優先受償分配額時，其次序在先之抵押權所擔保之債權，如有第三人之不動產為同一債權之擔保者，在因調整後增加負擔之限度內，以該不動產為標的物之抵押權消滅。但經該第三人同意者，不在此限。

(96)一、本條新增。

二、抵押權人依其次序所能支配者係抵押物之交換價值，即抵押權人依其次序所得優先受償之分配額。為使抵押權人對此交換價值之利用更具彈性，俾使其投下之金融資本在多數債權人間仍有靈活週轉之餘地，並有相互調整其複雜之利害關係之手段，日本民法第三百七十五條及德國民法第八百八十條均設有抵押權次序讓與之規定，日本民法並及於抵押權次序之拋棄。我國民法就此尚無明文規定，鑑於此項制度具有上述經濟機能，且與抵押人、第三人之權益無影響，而在學說及土地登記實務（參考土地登記規則第一百十六條規定）上均承認之。為符實際並期明確，爰增訂第一項規定，明定抵押權人得以讓與抵押權之次序，或拋棄抵押權之次序之方法，調整其可優先受償之分配額。但他抵押權人之利益不受影響。所謂「特定抵押權人」，係指因調整可優先受償分配額而受利益之該抵押權人而言，不包括其他抵押權人在內。又其得調整之可優先受償之分配額，包括全部及一部。其內容包括學說上所稱抵押權次序之讓與及拋棄。詳述之：(一)次序之讓與與次序之讓與係指抵押權人為特定抵押權人之利益，讓與其抵押權之次序調，亦即指同一抵押物之先次序或同次序抵押權人，為特定後次序或同次序抵押權人之利益，將其可優先受償之分配額讓與該後次序或同次序抵押權人之調。此時讓與人與受讓人仍保有原抵押權及次序，讓與人與受讓人仍依其原次序受分配，惟依其次序所能獲得分配之合計金額，由受讓人優先受償，如有剩餘，始由讓與人受償。例如債務人甲在其抵押物上分別有乙、丙、丁第一、二、三次序依次為新臺幣（以下同）一百八十萬元、一百二十萬元、六十萬元之抵押權，乙將第一優先次序讓與丁，甲之抵押物拍賣所得價金為三百萬元，則丁先分得六十萬元，乙分得一百二十萬元，丙仍為一百二十萬元。又如甲之抵押物拍賣所得價金為二百八十萬元，則丁先分得六十萬元，乙分得一百二十萬元，丙分得一百萬元。(二)次序之拋棄：有相對拋棄及絕對拋棄兩種，分述如下：1.相對拋棄：相對拋棄係指抵押權人為特定後次序抵押權人之利益，拋棄其抵押權之次序之調，亦即指同一抵押物之先次序抵押權人，為特定後次序抵押權人之利益，拋棄其優先受償利益之調。此時各抵押權人之抵押權歸屬與次序並無變動，僅係拋棄抵押權次序之人，因拋棄次序之結果，與受拋棄利益之抵押權人成為同一次序，將其所得受分配之金額共同合計後，按各人債權額之比例分配之。例如前例，甲之抵押物拍賣所得價金為三百萬元，乙將其第一次序之優先受償利益拋棄予丁，則乙、丁同列於第一、三次序，乙分得一百三十五萬元，丁分得四十五萬元，至丙則乃分得一百二十萬元，不受影響。又如甲之抵押物拍賣所得價金為二百八十萬元，則乙、丁所得分配之債權總額為一百八十萬元（如乙未為拋棄，則乙之應受分配額為一百八十萬元，丁之應受分配額為零），乙拋棄後，依乙、丁之債權額比例分配（三比一），乙分得一百三十五萬元，丁分得四十五萬元，丙仍分得一百萬元不受影響。2.絕對拋棄：絕對拋棄係指抵押權人為全體後次序抵押權人之利益，拋棄其抵押權之次序之謂，亦即指先次序抵押權人並非專為某一特定後次序抵押權人之利益，拋棄優先受償利益之謂。此時後次序抵押權人之次序各依次序昇進，而拋棄人退處於最後之地位，但於拋棄後新設定之抵押權，其次序仍列於拋棄者之後。如為普通債權，不論其發生在抵押權次序拋棄前或後，其次序本列於拋棄者之後，乃屬當然。例如前例，甲之抵押物拍賣所得價金為三百萬元，乙絕對拋棄其抵押權之第一次序，則丙分得一百二十萬元，丁分得六十萬元，乙僅得一百二十萬元。又如甲之抵押物拍賣所得價金為四百八十萬元，戊之抵押權二百萬元成立於乙絕對拋棄其抵押權次序之後，則丙分得一百二十萬元，丁分得六十萬元，乙可分得一百八十萬元，戊分得一百二十萬元。

三、我國民法關於不動產物權行為採登記生效要件主義（第七百五十八條），前項可優先受償分配額之調整，已涉及抵押權內容之變更，自須辦理登記，始生效力。又抵押權之債務人或抵押人，於提供抵押物擔保之情形，債務人仍得為債務之任意清償；抵押人為有利害關係之人，亦得向抵押權人為清償。於抵押權人調整可優先受償分配額時，如債務人或抵押人不知有調整情形仍向原次序在先之抵押權人清償，自足影響其權益。爰增訂第二項，規定前項可優先受償分配額之調整，非經登記，不生效力。並以通知債務人、抵押人及共同抵押人為其登記要件，以期周延。至於登記時，應檢具已為通知之證明文件，乃屬當然。

四、抵押權人間可優先受償分配額之調整，對各抵押權人之抵押權歸屬並無變動，僅係使因調整而受利益之抵押權人獲得優先分配利益而已。故該受利益之後次序抵押權人亦得實行調整前次序在先之抵押權。惟其相互間之抵押權均須具備實行要件，始得實行抵押權，乃屬當然。例如債務人甲在其抵押物上分別有乙、丙、丁第一、二、三次序之抵押權，乙將第一優先次序讓與丁，如乙、丁之抵押權均具備實行要件時，丁得實行乙之抵押權，聲請拍賣抵押物。爰增訂第三項規定。

五、為同一債權之擔保，於數不動產上設定抵押權者，抵押權人本可就各個不動產賣得之價金，受債權全部或一部之清償。如先次序或同次序之抵押權人，因調整可優先受償分配額而喪失其優先受償利益，則必使其他共同抵押人增加負擔，為示公平，除經該第三人即共同抵押人同意外，殊無令其增加負擔之理，爰於第四項明定在因調整後增加負擔之限度內，以該不動產為標的物之抵押權消滅。

第八百七十條之二 （優先受償分配額之保證）

調整可優先受償分配額時，其次序在先之抵押權所擔保之債權有保證人者，於因調整後所失優先受償之利益限度內，保證人免其責任。但經該保證人同意調整者，不在此限。

(96)一、本條新增。

二、抵押權所擔保之債權有保證人者，於保證人清償債務後，債權人對於債務人或抵押人之債權，當然移轉於保證人，該債權之抵押權亦隨同移轉，足見該抵押權關乎保證人之利益甚大。基於誠信原則，債權人不應依自己之意思，使保證人之權益受影響。又先次序抵押權人有較後次序抵押權人優先受償之機會，則次序在先抵押權所擔保債權之保證人代負履行債務之機會較少。如因調整可優先受償分配額而使先次序或同次序之抵押權喪失優先受償利益，將使該保證人代負履行債務之機會大增，對保證人有失公平。故於先次序或同次序之抵押權因調整可優先受償分配額而喪失優先受償之利益時，除經該保證人同意調整外，保證人應於喪失優先受償之利益限度內，免其責任，始為平允。爰仿民法第七百五十一條規定之立法意旨，增訂規定如上。

第八百七十一條 （抵押權之保全㈠——抵押物價值減少之防止）

抵押人之行為，足使抵押物之價值減少者，抵押權人得請求停止其行為。如有急迫之情事，抵押權人得自為必要之保全處分。

因前項請求或處分所生之費用，由抵押人負擔。其受償次序優先於各抵押權所擔保之債權。

(96)一、第一項未修正。

二、第二項前段未修正。又因前項請求或處分所生之費用，係由保全抵押物而生，其不僅保全抵押權人之抵押權，亦保全抵押人之財產，對其他債權人均屬有利。故應較諸各抵押權所擔保之債權優先受償，為期明確，爰本項後段增訂之。

*（權利之行使）民一四八～一五二；（不作為之強制執行）強執一二七、一二九；（損害賠償）民二一三～二一八、二二五、二二六；（抵押物價值減少之補救）民八七二。

第八百七十二條 （抵押權之保全㈡——抵押物價值減少之補救）

抵押物之價值因可歸責於抵押人之事由致減少時，抵押權人得定相當期限，請求抵押人回復抵押物之原狀，或提出與減少價額相當之擔保。

抵押人不於前項所定期限內，履行抵押權人之請求時，抵押權人得定相當期限請求債務人提出與減少價額相當之擔保。屆期不提出者，抵押權人得請求清償其債權。

抵押人為債務人時，抵押權人得不再為前項請求，逕行請求清償其債權。

抵押物之價值因不可歸責於抵押人之事由致減少者，抵押權人僅於抵押人因此所受利益之限度內，請求提出擔保。

(96)一、現行條文第一項規定之情形，條文內雖未明定可歸責於抵押人之事由為原因，學者通說以為其與同條第二項比較觀之，應係指因可歸責於抵押人之事由而致價值減少者，爰予明示。又為兼顧抵押人之利益，爰增訂抵押權人請求回復抵押物之原狀或提出擔保時，應定相當期限之規定。

二、抵押人與債務人非同一人時，瑞士民法第八百零九條、德國民法第一千一百三十三條均設有抵押人不應抵押權人之請求為增加擔保或回復原狀時，喪失債務清償期限利益之規定。為更周延保障抵押權人之利益並兼顧債務人之利益，爰參考上開外國立法例，增訂第二項規定。

三、如抵押人即為債務人時，債務人既已受有提出與減少價額相當擔保之請求，而得逕行請求清償其債權，以資便捷，爰增訂第三項規定。

四、現行條文第二項移列為第四項，並將「『非』可歸責」修正為「『不』可歸責」，以期與民法第二百二十五條、第二百六十六條等條文之用語一致。另抵押權人得請求抵押人提出擔保之範圍不以抵押人所受損害賠償為限，尚應包括不當得利、公法上損失補償等利益，爰將抵押權人僅於抵押人「得受損害賠償」之限度內，請求提出擔保，修正為抵押權人僅得於抵押人「因此所受利益」之限度內，請求提出擔保。

*（抵押物價值減少之防止）民八七一；（回復原狀）民二一三；（擔保物權）民八六〇、八八四、九〇〇、九〇一；（保證）民七三九；（損害賠償）民二一三～二一八、二二五、二二六。

▲擔保物權之設定，乃為確保債務之履行，債權人於債務人逾期不履行債務時，固得行使其擔保物權而以擔保物變價

備抵。但其是否行使此項權利，乃債權人之自由，在債務人則無強以擔保物供清償債務之權。且抵押物如因意外事變而致減損滅失者，此等危險仍應由設定抵押權人負擔，尤不能藉口抵押物現狀變更，要求免責。（一九上八九五）

第八百七十三條　（抵押權之實行）

抵押權人，於債權已屆清償期，而未受清償者，得聲請法院，拍賣抵押物，就其賣得價金而受清償。

⑯一、第一項未修正。

二、現行條文第二項改列為第八百七十三條之一第一項，並酌予修正。

＊（清償期）民三一五、三一六；（清償）民三〇九；（拍賣之聲請）強執四⑤、五、六⑤；（不動產之拍賣）強執八〇～一〇二；（物上保證人之權利）民八七九；（其他抵押權之準用）民八八二、八八三，海商三三，民航一八、二〇；（類似規定）民八九三，動擔二三；（抵押物拍賣之管轄）非訟七二。

▲擔保債務之抵押物，除經債權人同意得以抵償債款外，債務人不得強以抵押物作價代充債務之清償。（一八上二〇二九）

▲指房作押預立絕賣文契，約明屆期不償即由債權人將所押房屋稅契管業，此項賣契係屬一種流質契約，於法不能認為有效。（一八抗八一）

▲抵押權人於債務人不履行債務時，雖得就抵押物上行使抵押權，然究不過得就抵押物主張優先受償而已。如不經過相當程序，不能逕將該抵押物之所有權移轉於債權人，縱令當事人於設定抵押權時，曾以特約聲明債權屆期不償即移轉所有權，其約定亦應認為無效。（一九上九四五）

▲民法第八百七十三條雖規定抵押權人，於債權已屆清償期而未受清償者，得聲請法院拍賣抵押物，就其賣得價金而受清償。但依同法第七百五十八條，不動產物權依法律行為而取得、設定、喪失及變更者，非經登記不生效力。而依民法物權編施行法第三條第一項，民法物權編所規定之登記，另以法律定之。故抵押權人苟未能依該項所謂之登記法為登記者，即不能謂係依物權編規定已經登記之抵押權，現在該物權編施行法所謂之登記法，既尚未制定施行，且拍賣法現在亦尚未制定施行，對於拍賣之程序尚未有嚴密之法規，故司法院統一解釋法令會議第四九三號解釋，謂抵押權人對於抵押物欲實行其抵押權，非經訴請法院判決確定，不得執行。（二〇上七七二）（九二、一、二八決議不再援用）

▲兩造合意成立之借約，訂定如到期不還，聽憑債權人將抵押品變賣，以償本利等語。係債權人之一種權利，並非義務。故在債務屆清償期，而債務人不清償時，縱令債權人得以行使此項權利而不行使，要無因此喪失其債權之理。（二〇上二三七三）

▲約定於債權已屆清償期，而未為清償時，抵押物之所有權移屬於抵押權人者，其約定為無效，固為民法第八百七十三條第二項之所規定。惟抵押權設定契約，並不因而無效。（二二上三三四四）

▲借款契約，訂有屆期不償，可將抵押物自行覓主變賣抵償之特約，實不啻將抵押物之所有權移屬於抵押權人，按諸民法第八百七十三條第二項之規定，其約定為無效。（四〇臺上二二三）

▲民法第八百七十三條第二項所稱之抵押權，雖係指已登記之抵押權而言，然該條項立法意旨，係在保護債務人，免其因一時之急迫而蒙重大之不利。故對於未登記之抵押權所為流質契約之訂定，亦屬無效。（四〇臺上七六六）

▲司法院院字第一五五三號關於民法第八百七十三條所為之解釋，係指債務人就抵押權設定契約之本身，即就契約之訂立並不爭執為有無效或撤銷之原因，毋庸經過判決程序，得逕予拍賣而言。意在加強抵押權設定契約之效力，以保護抵押權人之利益。若債務人就抵押權設定契約外之事項，無論是否有爭執，既不影響於該項契約之成立，即不應阻卻民法第八百七十三條規定之適用。（四〇臺抗五一）

▲抵押權人，於債權已屆清償期，而未受清償，依民法第八百七十三條第一項之規定，僅得聲請拍賣抵押物，若債務人對於金錢債務之數額有爭執，則應提起確認之訴，以求解決，自非於聲請拍賣抵押物程序中所得一併請求。（四〇臺抗八〇）

▲民法第八百七十三條第二項載約定於債權已屆清償期間，而未為清償時，抵押物之所有權移屬於抵押權人者，其約定為無效等語，立法意旨，原係保護債務人，使其不至因一時急迫受重大之損害，故債務人以不動產為擔保向債權人借款，而有上述約定，縱未為抵押權設定之登記，而為貫徹保護債務人起見，其約定仍難認為有效。（四一臺上二〇一）

▲被上訴人以所負之債額作為房屋賣價，與上訴人訂立買賣契約，既不移轉占有，祇約明於一定期限內備價回贖，則此種契約名為買賣，實係就原有債務設定抵押權，而以回贖期間為其清償之期間。縱令被上訴人屆期未回贖，亦不發生所有權移轉之效力，更無何項損害之可言。上訴人儘可本於債之關係請求被上訴人清償本息，如具備抵押權之法定要件，亦得聲請拍賣抵押物，就其賣得價金優先受償，不得請求交付房屋及損害賠償。（四三臺上四三七）

▲（四六臺上一〇九八）　參見本法第八百六十條。

▲礦業權視為物權，兩造曾約定於債權已屆清償期未為清償時，該項礦業權即移轉屬於上訴人，依礦業法第十二條（現修正為第十一條）準用民法第八百七十三條第二項之規定，該項約定為無效。（四八臺上一七〇五）

▲聲請拍賣抵押物，原屬非訟事件，祇須其抵押權已經依法登記，且債權已屆清償期而未受清償，法院即應為准許拍賣之裁定。至於為拍賣程序基礎之私法上權利有瑕疵時，應由爭執其權利之人提起訴訟，以資救濟，抵押權人並無於聲請拍賣抵押物前，先行訴請確認其權利存在之義務。（四九臺抗二四四）

▲（五〇臺抗五五）　參見本法第二百五十二條。

▲抵押權經設定登記後，債權人因債務屆期未受清償，依民法第八百七十三條第一項之規定，即得聲請法院拍賣抵押物，如對於此項法律關係有爭執時，亦應由有爭執之人提起訴訟，以求解決，不得僅依抗告程序聲明其有爭執，並據為廢棄拍賣裁定之理由。（五一臺抗二六九）

▲質權與抵押權均屬擔保物權，抵押權人依民法第八百七十三條第一項規定，得聲請法院拍賣抵押物，而以法院所為許可強制執行之裁定為執行名義，至質權人依民法第八百九十三條第一項規定，本可拍賣質物不經強制執行，惟質權人不自行拍賣而聲請法院拍賣質物，則法院自亦應為許可強制執行之裁定。（五二臺抗一二八）

▲（五五臺抗六一六）　參見本法第五百十三條。

▲聲請拍賣抵押物，原屬非訟事件，祇須其抵押權已經依法登記，並依登記之清償期業已屆滿而未受清償時，法院即應為許可拍賣之裁定，至實際上之清償期有無變更，本非所問。倘當事人就此有爭執時，不妨提起訴訟以求解決，殊不容依抗告程序聲明不服。（五八臺抗五二四）

▲兩造所訂擔保借款契約，倘係設定抵押權性質，則抵押權人為受清償，亦僅得於債權清償期屆滿後，與抵押人訂立取得抵押物所有權之契約。茲兩造在清償期未屆滿前，預為債務人如屆期未為清償時，抵押物之所有權移屬於抵押權人之約定，難謂非民法第八百七十三條第二項所規定之流質契約。（五九臺上二三五三）

▲債務人之子現應徵召服役中，有無軍人及其家屬優待條例第十條情形，乃其對於強制執行得否聲明異議之問題，與再抗告人依法聲請拍賣抵押物之應否許可無涉。（五九臺抗六二〇）

▲（六六臺上二二五〇）　參見本法第一百八十四條。

▲（七一臺抗三〇六）　參見本法第八百六十條。

▲（七四臺抗四三一）　參見本法第八百六十七條。

▲法院為准許拍賣抵押物之裁定後，抵押權人即得以之為執行名義聲請強制執行，若該抵押權人嗣後重複聲請法院裁定拍賣，為無實益，應不予准許。（八〇臺抗六六）

第八百七十三條之一　（流抵約款之相對禁止）

約定於債權已屆清償期而未為清償時，抵押物之所有權移屬於抵押權人者非經登記不得對抗第三人」
抵押權人請求抵押人為抵押物所有權之移轉時，抵押物價值超過擔保債權部分，應返還抵押人；不足清償擔保債權者，仍得請求債務人清償。
抵押人在抵押物所有權移轉於抵押權人前，得清償抵押權擔保之債權，以消滅該抵押權。

⑯一、本條新增。
二、本條為配合條文內容有關流抵契約之規定，原第八百七十三條第二項規定，改列為本條第一項本文，並予修正，另增列第二項及第三項規定。
三、按於抵押權設定時或擔保債權屆清償期前，約定債權已屆清償期，而債務人不為清償時，抵押物之所有權移屬於抵押權人者，須經登記，始能成為抵押權之物權內容，發生物權效力，而足以對抗第三人，爰增訂第一項規定。
四、因抵押權旨在擔保債權之優先受償，非使抵押權人因此獲得債權清償以外之利益，故為第一項之流抵約款約定時，抵押權人自負有清算義務，抵押物之價值如有超過債權額者，自應返還抵押人，爰增訂第二項規定。本項並明定抵押物價值估算之基準時點，為抵押權人請求抵押人為抵押物所有權之移轉時，以杜抵押物價值變動之爭議。又計算抵押物之價值時，應扣除增值稅負擔、前次序抵押權之擔保債權額及其他應負擔之相關費用等，自屬當然。
五、於擔保債權清償期屆至後，抵押物所有權移轉於抵押權人前，抵押權及其擔保債權尚未消滅，債務人或抵押人自仍得清償債務，以消滅抵押權，並解免其移轉抵押物所有權之義務，爰增訂第三項規定，俾利適用。

第八百七十三條之二（實行抵押權之效果）
抵押權人實行抵押權者，該不動產上之抵押權，因抵押物之拍賣而消滅。
前項情形，抵押權所擔保之債權有未屆清償期者，於抵押物拍賣得受清償之範圍內，視為到期。
抵押權所擔保之債權未定清償期或清償期尚未屆至，而拍定人或承受抵押物之債權人聲明願在拍定或承受之抵押物價額範圍內清償債務，經抵押權人同意者，不適用前二項之規定。

⑯一、本條新增。
二、抵押權所支配者係抵押物之交換價值，此項價值已因抵押物之拍賣而具體化為一定價金，該價金並已由抵押權人依其優先次序分配完畢，是抵押權之內容已實現，該抵押權及其他抵押權自應歸於消滅。上開見解為學說及執行程序之實務上所採用，復配合強制執行法第九十八條之規定，爰增訂第一項規定，以資明確。
三、抵押權人依第八百七十三條規定實行抵押權時，其他抵押權所擔保之債權，有未屆清償期之情形者，為貫徹本條第一項原則，兼顧債務人、執行債權人及抵押權人之利益並避免法律關係複雜，俾有助於拍賣之易於實施，爰增訂第二項規定，該其他抵押權於抵押物拍賣得受清償之範圍內，視為到期。
四、拍賣之不動產上存在之抵押權，原則上因拍賣而消滅；但拍定人或承受人聲明承受抵押權及其所擔保之未到期或未定期之債務，經抵押權人同意者，對當事人及拍定人俱屬有利，爰參照強制執行法第九十八條第三項之規定，增訂第三項規定，例外採承受主義，而無本條第一項及第二項規定之適用。又本項所稱之「拍定人」，係專指依強制執行程序拍定抵押物之人；所稱之「承受抵押物之債權人」，係專指依強制執行程序拍賣抵押物，因無人應買或應買人所出之最高價未達拍賣最低價額，依強制執行法第九十一條第一項、第七十一條等規定承受抵押物之債權人而言。併予敘明。

第八百七十四條（抵押物賣得價金之次序分配）
抵押物賣得之價金，除法律另有規定外，按各抵押權成立之次序分配之。其次序相同者，依債權額比例分配之。

⑯一、抵押物賣得價金之分配次序，法律不乏另有規定者，如稅捐稽徵法第六條第一項、國民住宅條例第十七條、第二十七條、強制執行法第二十九條第二項、國民住宅條例第十七條、第二十七條、本法修正條文第八百七十條之一、第八百七十一條第二項等是，為期周延，爰增列「除法律另有規定外」一語，以資配合。
二、現行條文中所謂「按各抵押權人之次序」云云，究竟指何種次序而言，又末段「其次序同者，平均分配之」，文義亦不甚明顯，易生爭議，爰予修訂，以期明確。

*（抵押權之實行）民八七三㈠；（抵押權之次序）民八六五；（清償之抵充）民三二一、三二三。

第八百七十五條（共同抵押）
為同一債權之擔保，於數不動產上設定抵押權，而未限定各個不動產所負擔之金額者，抵押權人得就各個不動產賣得之價金，受債權全部或一部之清償。

⇧謹按為擔保同一債權，於數不動產上設定抵押權者，如各個不動產所負擔之金額，並未限定，則抵押權人可以就各個不動產賣得之價金，受清償其全部或一部之債額。蓋抵押權為不可分之權利，此數不動產設定抵押權時，既未限定各個擔保之金額，抵押權人自得就其全部行使權利，而受其清償也。

*（同一債權之擔保）民七四八；（抵押權之不可分性）民八六八、八六九；（拍賣之限制）強執九六；（清償之抵充）民三二二、三二三。

▲上訴人既係就同一債權之擔保，於數不動產上設定抵押權，復未限定各個不動產所負擔之金額，是上訴人因設定抵押權所提供之兩筆土地，均須擔保債權之全部，在債權未全部受償前，尚不生抵押權部分消滅之效力。（五二臺上一六九三）

第八百七十五條之一（共同抵押權之分配次序）
為同一債權之擔保，於數不動產上設定抵押權，抵押物全部或部分同時拍賣時，拍賣之抵押物中有為債務人所有者，抵押權人應先就該抵押物賣得之價金受償。

⑯一、本條新增。
二、為同一債權之擔保，於數不動產上設定抵押權者，於抵押權人請求就數抵押物或全部抵押物同時拍賣時，如拍賣之抵押物中有為債務人所有者，為期減少物上保證人之求償問題，而又不影響抵押權人之受償利益，宜使抵押權人先就債務人所有而供擔保之該抵押物賣得之價金受償。
三、本條之適用，不限於未限定各個不動產所負擔之金額者；其已限定者，亦同。又共同抵押權制度各國立法例不一，爰於修正條文第八百七十五條之一、第八百七十五條之二、第八百七十五條之三明定各抵押物同時拍賣之情形；第八百七十五條之二及第八百七十五條之四則適用於各抵押物異時拍賣之情形，併予敘明。

第八百七十五條之二（擔保債權金額之計算方法）
為同一債權之擔保，於數不動產上設定抵押權者，各抵押物對債權分擔之金額，依下列規定計算之：
一　未限定各個不動產所負擔之金額時，依各抵押物價值之比例。
二　已限定各個不動產所負擔之金額時，依各抵押物所限定負擔金額之比例。
三　僅限定部分不動產所負擔之金額時，依各抵押物所限定負擔金額與未限定負擔金額之各抵押物價值之比例。

計算前項第二款、第三款分擔金額時，各抵押物所限定負擔金額較抵押物價值為高者，以抵押物之價值為準。

(96)一、本條新增。

二、共同抵押權之抵押物不屬同一人所有或抵押物上有後次序抵押權存在時，為期平衡物上保證人與抵押物後次序抵押權人之權益，並利求償權或承受權之行使，宜就各抵押物內部對債權分擔金額之計算方式予以明定，爰增訂第一項規定。如各不動產限定負擔金額之總額超過所擔保之債權總額者，當然依各抵押物所限定負擔金額之比例定之；若未超過總額時，亦應依各抵押物所限定負擔金額計算。

三、依第一項第二款、第三款計算分擔額時，如各抵押物所限定負擔之金額較抵押物之價值為高者，為期平允，宜以抵押物之價值為準，爰增訂第二項規定。

第八百七十五條之三（賣得價金超過擔保債權額之計算方法）

為同一債權之擔保，於數不動產上設定抵押權者，在抵押物全部或部分同時拍賣，而其賣得價金超過所擔保之債權額時，經拍賣之各抵押物對債權分擔金額之計算，準用前條之規定。

(96)一、本條新增。

二、共同抵押權之抵押權人請求就二以上（包括全部或部分）之抵押物同時拍賣，如其賣得之價金總額超過所擔保之債權總額時，於不影響抵押權人之受償利益下，各抵押物賣得之價金，應如何分配，以清償抵押權人之債權，攸關共同抵押人等之權益。為期減少求償或承受問題並利實務運作，宜就該等經拍賣之各抵押物對債權分擔金額之計算方法，予以明定，爰增訂本條準用之規定。例如甲對乙負有六百萬元之債務，由丙、丁、戊分別提供其所有之A、B、C三筆土地設定抵押權於乙，共同擔保上開債權，而均未限定各個不動產所負擔之金額。嗣甲逾期未能清償，乙遂聲請對A、B二地同時拍賣，A地拍賣所得價金為五百萬元，B地拍賣所得價金為三百萬元，於此情形，A地、B地對債權分擔之金額，應準用第八百七十五條之二第一項第一款之規定計算之，故A地對債權之分擔金額為三百七十五萬元（=600×[500÷(500+300)]），B地對債權之分擔金額則為二百二十五萬元（=600×[300÷(500+300)]）。拍賣抵押物之執行法院，自應按此金額清償擔保債權。又上例中，如分別限定A、B、C三筆土地所負擔之金額為三百萬元、二百萬元、一百萬元，乙聲請對A、B二地同時拍賣，A地拍賣所得價金為五百萬元，B地拍賣所得金為三百萬元，於此情形，A地、B地對債權分擔之金額，則應準用第八百七十五條之二第一項第二款前段之規定計算之，故A地對債權之分擔金額為三百萬元，B地對債權之分擔金額為二百萬元。又上述第一例中，A、B抵押物賣得價金清償債權額均已逾其分擔額（第八百七十五條之二第一項第一款參照），此際丙、丁對C抵押物可行使第八百七十五條之四第一款所定之權利，自屬當然。

第八百七十五條之四（共同抵押權行使權利之範圍與方法）

為同一債權之擔保，於數不動產上設定抵押權者，在各抵押物分別拍賣時，適用下列規定：

一　經拍賣之抵押物為債務人以外之第三人所有，而抵押權人就該抵押物賣得價金受償之債權額超過其分擔額時，該抵押物所有人就超過分擔額之範圍內，得請求其餘未拍賣之其他第三人償還其供擔保抵押物應分擔之部分，並對該第三人之抵押物，以其分擔額為限，承受抵押權人之權利。但不得有害於該抵押權人之利益。

二　經拍賣之抵押物為同一人所有，而抵押權人就該抵押物賣得價金受償之債權額超過其分擔額時，該抵押物之後次序抵押權人就超過分擔額之範圍內，對其餘未拍賣之同一人供擔保之抵押物，承受實行抵押權人之權利。但不得有害於該抵押權人之利益。

(96)一、本條新增。

二、按共同抵押權之各抵押物內部分擔擔保債權金額之計算方式已於第八百七十五條之二明定。是以，於抵押物異時拍賣時，如抵押權人就其中某抵押物賣得價金受償之債權額超過其分擔額時，即生求償或承受問題，為期公允明確，宜就求償權人或承受權人行使權利之範圍與方式予以明定，爰增訂本條規定，並仿民法第二百八十一條第二項、第三百十二條、第七百四十九條之立法意旨，於各款設但書之規定。又本條第一款雖規定物上保證人間之求償權及承受權，惟基於私法自治原則，當事人乃可以契約為不同約定而排除本款規定之適用。另第二款係規定同一人所有而供擔保之抵押物經拍賣後，該抵押物後次序抵押權人就超過分擔額之範圍內有承受權；本款所稱之「同一人」所有，除債務人所有之抵押物經拍賣之情形外，亦包括物上保證人所有之抵押物經拍賣之情形。至於物上保證人對債務人或對保證人之求償權或承受權，則另規定於第八百七十九條，併此敘明。

第八百七十六條（法定地上權）

設定抵押權時，土地及其土地上之建築物，同屬於一人所有，而僅以土地或僅以建築物為抵押者，於抵押物拍賣時，視為已有地上權之設定，其地租、期間及範圍由當事人協議定之。不能協議者，得聲請法院以判決定之。

設定抵押權時，土地及其土地上之建築物，同屬於一人所有，而以土地及建築物為抵押者，如經拍賣，其土地與建築物之拍定人各異時，適用前項之規定。

(96)一、於以建築物設定抵押權時，土地業已存在，固無問題，於僅以土地設定抵押權時，建築物是否以當時已存在，始有本條之適用？學說上爭議頗多，參照第八百六十六條、第八百七十七條規定之意旨，避免拍定後建築物無從利用土地致拆除之結果，有害社會經濟發展，似以肯定說為是，實務上亦採相同見解（最高法院五十七年度臺上字第一三〇三號判例）。為杜爭議，爰於第一項、第二項「土地及其土地上之建築物」等文字上增列「設定抵押權時」，以期明確。

二、依本條所成立之地上權，為法定地上權。其租金若干，期間長短，範圍大小均有待當事人協議定之，現行條文僅規定及於「地租」，似有不足，爰修正當事人協議之事項並及於地上權之期間、範圍，而於不能協議時，則聲請法院以判決定之。

*（土地及其上建築物）民六六；（抵押權之設定）民七五八、七六〇；（地上權）民八三二～八四一；（抵押權之實行）民八七三㊀；（營造建築物之併付拍賣）民八七七。

▲民法第八百七十六條第一項之法定地上權，須以該建築物於土地設定抵押時業已存在，並具相當之經濟價值為要件。系爭甲部分房屋，既足認係建築於設定抵押權之後，於抵押權設定當時尚未存在，系爭乙部分豬舍，雖建於設定抵押權之前，但其價值無幾，雖予拆除，於社會經濟亦無甚影響，均不能視為上開法條中，可成立法定地上權之建築物。（五七臺上一三〇三）

▲（八五臺上四四七）參見本法第八百三十二條。

第八百七十七條　（營造建築物之併付拍賣）

土地所有人於設定抵押權後，在抵押之土地上營造建築物者，抵押權人於必要時，得於強制執行程序中聲請法院將其建築物與土地併付拍賣。但對於建築物之價金，無優先受清償之權。

前項規定，於第八百六十六條第二項及第三項之情形，如抵押之不動產上，有該權利人或經其同意使用之人之建築物者，準用之。

⑯一、現行條文規定「得將其建築物與土地併付拍賣」，究係指抵押權人僅得聲請執行法院併付拍賣，抑由抵押權人自行併付拍賣？易滋疑義。鑑於「拍賣」，乃執行方法，故宜明定於強制執行程序中由抵押權人聲請執行法院決定之，爰修正第一項如上。

二、為維護抵押權人利益，於不動產抵押後，在該不動產上有用益物權人或經其同意使用之人之建築物者，該權利人使用不動產之權利雖得先依第八百六十六條第二項規定予以除去，惟為兼顧社會經濟及土地用益權人利益，該建築物允應併予拍賣為宜，但建築物拍賣所得價金，抵押權人無優先受償權，爰增訂第二項規定。

*（抵押權之設定）民七五八、七六〇、八六〇；（法定地上權）民八七六；（通常債權之平均分配）強執三八。

▲（八六臺抗五八八）參見本法第八百六十六條。

▲民法第八百七十七條係為保護抵押權人之利益，及社會之經濟而設之規定，故於土地抵押後，在其上營造之建築物，雖非土地所有人所建，但於抵押權實行時，該建築物若與抵押之土地已歸一人所有，則為貫徹上開立法目的，宜解為有該條之適用，得於必要時，將土地抵押後，在其上營造之建築物，與該土地併付拍賣。（八九臺抗三五二）

第八百七十七條之一　（抵押物得讓與權利者之併付拍賣）

以建築物設定抵押權者，於法院拍賣抵押物時，其抵押物存在所必要之權利得讓與者，應併付拍賣。但抵押權人對於該權利賣得之價金，無優先受清償之權。

⑯一、本條新增。

二、土地與建築物固為各別之不動產，各得單獨為交易之標的，但建築物性質上不能與土地使用權分離而存在，故以建築物設定抵押權，於抵押物拍賣時，其抵押物對土地存在所必要之權利得讓與者，例如地上權、租賃權等是，應併付拍賣，始無害於社會經濟利益（民法債編增訂第四百二十五條之一、第四百二十六條之一及最高法院四十八年臺上字第一四五七號判例參照）。然該權利非抵押權之標的物，抵押權人對其賣得之價金，不得行使優先權，始為平允，爰增訂本條規定。

第八百七十八條　（拍賣以外其他方法處分抵押物）

抵押權人於債權清償期屆滿後，為受清償，得訂立契約，取得抵押物之所有權或用拍賣以外之方法，處分抵押物。但有害於其他抵押權人之利益者，不在此限。

⇧查民律草案第一千一百五十六條理由謂在清償債權期之前，若使抵押權人能取得抵押物之所有權，以代清償或用拍賣以外之方法處分抵押物，是害及抵押人利益。若已逾清償期之後，抵押權人與抵押人締結契約，則無此慮，應於不害及抵押人之利益範圍內，保護抵押權人之利益。但有害於其他抵押權人之利益者，不在此限。此本條之所由設也。

*（抵押物之拍賣與絕押之禁止）民八七三；（清償期）民三一五、三一六；（不動產物權之移轉）民七五八、七六〇；（代物清償）民三一九；（撤銷）民七四、二四四㊁。

第八百七十九條　（物上保證人之求償權）

為債務人設定抵押權之第三人，代為清償債務，或因抵押權人實行抵押權致失抵押物之所有權時，該第三人於其清償之限度內，承受債權人對於債務人之債權。但不得有害於債權人之利益。

債務人如有保證人時，保證人應分擔之部分，依保證人應負之履行責任與抵押物之價值或限定之金額比例定之。抵押物之擔保債權額少於抵押物之價值者，應以該債權額為準。

前項情形，抵押人就超過其分擔額之範圍，得請求保證人償還其應分擔部分。

⑯一、物上保證人對於債務人之求償權，現行條文規定「依關於保證之規定」。惟其不但涉及物上保證人與債務人之關係，間亦涉及與保證人之關係，頗為複雜，為期周延，宜設有根本解決之明文，爰將現行條文修正為物上保證人代為清償債務，或因抵押權人實行抵押權致失抵押物之所有權時，於其清償之限度內，承受債權人對於債務人之債權。但不得有害於債權人之利益，並改列為第一項。

二、債務人如有保證人時，物上保證人與保證人實質上均係以自己之財產擔保他人之債務，晚近各立法例對普通保證自由主義色彩之干涉漸增，此亦包括保證人範圍之干預及管制，使物上保證與普通保證不應有不同責任範圍。因之，物上保證人於代為清償債務，或因抵押權人實行抵押權致失抵押物之所有權時，自得就超過其應分擔額之範圍內對保證人具有求償權與承受權，即採物上保證人與保證人平等說。為期公允，宜就物上保證人向保證人行使權利之範圍與方式予以明定，爰增訂第二項及第三項規定。而有關保證人應分擔之部分，依保證人應負之履行責任與抵押物拍賣時之價值或限定之金額比例定之。抵押物之擔保債權額少於抵押物拍賣時之價值者，應以該債權額為準，始為平允。例如甲對乙負有六十萬元之債務，由丙為全額清償之保證人，丁則提供其所有價值三十萬元之土地一筆設定抵押權予乙。嗣甲逾期未能清償，乙遂聲請拍賣丁之土地而受償三十萬元。依本條規定，乙對甲之原有債權中之三十萬元部分，由丁承受；保證人丙就全部債務之應分擔部分為四十萬元（$=60\times[60\div(30+60)]$），丁就全部債務之應分擔部分則為二十萬元（$=60\times[30\div(30+60)]$），丁已清償三十萬元，故僅得就超過自己分擔部分對丙求償十萬元。反之，如丁係以其所有價值七十萬元之土地設定抵押權予乙，嗣乙聲請拍賣該土地而其六十萬元債權全額受清償時，保證人丙之分擔額則為三十萬元（$=60\times[60\div(60+60)]$），丁得向丙求償三十萬元。又前開物上保證人向保證人求償時，應視該保證之性質定之。如為連帶保證或拋棄先訴抗辯權之保證人時，該物上保證人得直接向保證人求償；如為普通保證人，因其有先訴抗辯權，如其主張先訴抗辯權時，該物上保證人則應先向債務人求償，於債務人不能償還時，始得向保證人求償，此乃當然法理。至於保證人對物上保證人之承受權部分，則係依民法第七百四十九條規定，其求償權則依其內部關係或類推適用民法第二百八十一條第一項規定定之，併予敘明。

*（抵押權之設定）民七五八、七六〇、八六〇；（第三人清償）民三一一、三一二；（保證人之求償權）民七三九、七四九；（抵押權之實行）民八七三。

▲為債務人設定抵押權之第三人，代為清償債務時，固得依關於保證之規定，對於債務人有求償權。但不得據此即謂第三人有代償債務之責任。（二三上三二〇一）

第八百七十九條之一　（物上保證人之免責規定）

第三人為債務人設定抵押權時，如債權人免除保證人之保證責任者，於前條第二項保證人應分擔部分之限度內，該部分抵押權消滅。

⑯一、本條新增。

二、物上保證人代為清償債務，或因抵押權人實行抵押權致失抵押物之所有權時，依前條第一項之規定，於其清償之限度內，承受債權人對於債務人之債權。如該債務有保證人時，該物上保證人對之即有求償權。故於債權人免除保證人之保證責任時，該物上保證人原得向保證人求償之權利，即因之受影響。為示公平並期明確，爰增訂本條，明定第三人為債務人設定抵押權時，如債權人免除保證人之保證責任者，於前條第二項保證人應分擔部分之限度內，該部分抵押權消滅。

第八百八十條 （時效完成後抵押權之實行）

以抵押權擔保之債權，其請求權已因時效而消滅，如抵押權人，於消滅時效完成後，五年間不實行其抵押權者，其抵押權消滅。

⇧謹按抵押權為物權，本不因時效而消滅。惟以抵押權擔保之債權已因時效而消滅，而抵押權人於消滅時效完成後，又復經過五年不實行其抵押權，則不能使權利狀態永不確定，應使抵押權歸於消滅，以保持社會之秩序。此本條所由設也。

＊（請求權之消滅時效與抵押權）民一二五～一二七、一四四、一四五；（抵押權）民八六〇；（抵押權之消滅原因）民三〇九、三二六、三三四、三四三、七六二、七六四、八七三、八七八、八七九、八八一，土地一二、二〇八。

▲釋一三九。

▲（五三臺上一三九〇）參見本法第一百二十五條。

第八百八十一條 （抵押權之消滅——物上代位性）

抵押權除法律另有規定外，因抵押物滅失而消滅。但抵押人因滅失得受賠償或其他利益者，不在此限。

抵押權人對於前項抵押人所得行使之賠償或其他請求權有權利質權，其次序與原抵押權同。

給付義務人因故意或重大過失向抵押人為給付者，對於抵押權人不生效力。

抵押物因毀損而得受之賠償或其他利益，準用前三項之規定。

⑯一、關於抵押物滅失時，抵押權之效力問題，本法修正草案已增訂第八百六十二條之一，為期周延，爰增訂「除法律另有規定」之除外規定。又現行條文所稱之「賠償金」，易使人誤解為抵押物之代位物僅限於金錢，實則抵押物之代位物，在賠償或其他給付義務人未給付前，抵押人對該義務人僅有給付請求權，給付物並未特定，金錢、動產、不動產或其他財產權均有可能，為避免疑義，爰將「賠償金」修正為「賠償或其他利益」。至抵押物滅失後，如抵押人因滅失得受賠償或其他利益者，抵押權人所得行使之權利不當然消滅，惟其性質已轉換為權利質權，行使之次序已於第二項增設明文，爰刪除現行但書後段次序分配之規定，並作文字調整。

二、抵押權人依物上代位所得行使之擔保權，其性質為何，非無爭議，為期明確，爰增訂第二項，明定係屬權利質權。又此項質權雖係嗣後始發生，然基於抵押權之物上代位性，該質權實為抵押權之代替，故該質權之次序，應與原抵押權同，爰一併明定，以保障抵押權人之權益。

三、抵押物滅失時，依第一項規定之意旨，負賠償或其他給付義務之給付義務人應向抵押權人給付，始為公允。而為涵蓋第一項所稱賠償或其他利益之給付人，乃概括以給付義務人稱之。故給付義務人如因故意或重大過失已向抵押人為給付，對抵押權人不生效力。易言之，抵押權人如請求給付，給付義務人仍負給付之義務，爰增訂第三項。

四、抵押物因毀損而得受之賠償或其他利益，是否亦為抵押物之代位物？現行法尚無明文，易滋疑義，惟學者通說認為其係抵押權之物上代位，為期明確，爰增訂第四項。又本項與修正條文第八百七十二條可同時併存，抵押權人依本項所生之物上代位權與依該條所生之提出擔保請求權，發生請求權競合問題，由抵押權人擇一行使，乃屬當然。

＊（抵押權之次序）民八六五、八七四；（質權之類似規定）民八九九。

▲釋五〇四。

▲抵押物全部或一部滅失時，抵押權雖因而消滅或減縮其範圍。但抵押權所擔保之債權，並不因而消滅或減縮其範圍。（二二上三八六六）

▲（五九臺上三一一三）參見本法第二百四十四條。

第二節 最高限額抵押權

⑯一、本節新增。

二、最高限額抵押權性質與普通抵押權不同，已如上述，且關於最高限額抵押權之規定已增訂達十七條，爰增訂本節節名。

第八百八十一條之一 （最高限額抵押權之定義）

稱最高限額抵押權者，謂債務人或第三人提供其不動產為擔保，就債權人對債務人一定範圍內之不特定債權，在最高限額內設定之抵押權。

最高限額抵押權所擔保之債權，以由一定法律關係所生之債權或基於票據所生之權利為限。

基於票據所生之權利，除本於與債務人間依前項一定法律關係取得者外，如抵押權人係於債務人已停止支付、開始清算程序，或依破產法有和解、破產之聲請或有公司重整之聲請，而仍受讓票據者，不屬最高限額抵押權所擔保之債權。但抵押權人不知其情事而受讓者，不在此限。

⑯一、本條新增。

二、實務上行之有年之最高限額抵押權，以抵押人與債權人間約定債權人對於債務人就現有或將來可能發生最高限額內之不特定債權，就抵押物賣得價金優先受償為其特徵，與供特定債權擔保之普通抵押權不同，是其要件宜予明定，俾利適用，爰增訂第一項規定。

三、最高限額抵押權之設定，其被擔保債權之資格有無限制？向有限制說與無限制說二說，鑑於無限制說有礙於交易之安全，爰採限制說，除於第一項規定對於債務人一定範圍內之不特定債權為擔保外，並增訂第二項限制規定，明定以由一定法律關係所生之債權或基於票據所生之權利，始得為最高限額抵押權所擔保之債權（日本民法第三百九十八條之二參考）。所謂一定法律關係，例如買賣、侵權行為等是。至於由一定法律關係所生之債權，當然包括現有及將來可能發生之債權，及因繼續性法律關係所生之債權，自不待言。

四、為避免最高限額抵押權於債務人資力惡化或不能清償債務，而其債權額尚未達最高限額時，任意由第三人處受讓債務人之票據，將之列入擔保債權，以經由抵押權之實行，優先受償，而獲取不當利益，致妨害後次序抵押權人或一般債權人之權益，爰仿日本民法第三百九十八條之三第二項，增列第三項明定基於票據所生之權利，列為最高限額抵押權所擔保債權之限制規定，以符公平。

第八百八十一條之二 （最高限額抵押權之擔保範圍）

最高限額抵押權人就已確定之原債權，僅得於其約定之最高限額範圍內，行使其權利。

前項債權之利息、遲延利息、違約金，與前項債權合計不逾最高限額範圍者，亦同。

⑯一、本條新增。

二、最高限額抵押權所擔保之債權，其優先受償之範圍須受最高限額之限制，亦即須於最高限額抵押權所擔保之債權確定時，不逾最高限額範圍內之擔保債權，始為抵押權效力所及，爰於第一項明定原債權之限制規定。又本項所圍所生之債權，併予敘明。
三、關於最高限額之約定額度，有債權最高限額及本金最高限額二說，目前實務上採債權最高限額說（最高法院七十五年十一月二十五日第二十二次民事庭會議決議參照），觀諸外國立法例日本民法第三百九十八條之三第一項、德國民法第一千一百九十條第二項、我國動產擔保交易法第十六條第二項亦作相同之規定，本條爰仿之。於第二項規定前項債權之利息、遲延利息或違約金，與前項債權合計不逾最高限額範圍者，始得行使抵押權。又此項利息、遲延利息或違約金，不以前項債權已確定時所發生者為限。其於前項債權確定後始發生，但在最高限額範圍內者，亦包括在內，仍為抵押權效力所及。詳言之，於當事人依第八百八十一條之一第二項規定限定一定法律關係後，凡由該法律關係所生債權，均為擔保債權之範圍。直接所生，或與約定之法律關係有相當關連之債權，或是該法律關係交易過程中，通常所生之債權，亦足當之。例如約定擔保範圍係買賣關係所生債權，買賣價金乃直接自買賣關係所生，固屬擔保債權，其他如買賣標的物之登記費用、因價金而收受債務人所簽發或背書之票據所生之票款債權、買受人不履行債務所生之損害賠償請求權亦屬擔保債權，亦包括在內。準此觀之，自約定法律關係所生債權之利息、遲延利息與違約金，自當然在擔保債權範圍之內，因此等債權均屬法律關係過程中，通常所生之債權。惟其均應受最高限額之限制，此即為本條規範意旨所在。
四、至於實行抵押權之費用，依第八百八十一條之十七準用第八百六十一條之規定，亦為抵押權效力所及。因此，不論債權人聲請法院拍賣抵押物（強制執行法第二十九條參照），或依第八百七十八條而用拍賣以外之方法處分抵押物受償，因此所生之費用均得就變價所得之價金優先受償，惟不計入抵押權所擔保債權之最高限額，併予敘明。

第八百八十一條之三（變更最高限額抵押權債權範圍或其債務人之約定）

原債權確定前，抵押權人與抵押人得約定變更第八百八十一條之一第二項所定債權之範圍或其債務人。

前項變更無須得後次序抵押權人或其他利害關係人同意。

⑯一、本條新增。
二、原債權未經確定前，最高限額抵押權所擔保第八百八十一條之一第二項所定債權之範圍或其債務人縱有變更，對於後次序抵押權人或第三人之利益並無影響，為促進最高限額抵押權之四第一項、第二項，明定抵押權人與抵押人得約定變更之，且該項變更，亦無須得後次序抵押權人或其他利害關係人之同意。又我國民法關於不動產物權行為，非如日本民法之採登記對抗主義，而係採登記生效要件主義，故本條變更自應適用第七百五十八條之規定而為登記，毋庸如日本民法同條第三項另有登記之明文規定。前述變更既限於原債權確定前，則在原債權經確定後，自不得變更。如有變更之約定而經登記者，該登記對於登記在前之其他物權人即有無效之原因，乃屬當然。

第八百八十一條之四（最高限額抵押權擔保之原債權應確定期日）

最高限額抵押權得約定其所擔保原債權應確定之期日，並得於確定之期日前，約定變更之。

前項確定之期日，自抵押權設定時起，不得逾三十年。逾三十年者，縮短為三十年。

前項期限，當事人得更新之。

⑯一、本條新增。
二、最高限額抵押權設定時，未必有債權存在。惟於實行抵押權時，所能優先受償之範圍，仍須依實際確定之擔保債權定之。故有定確定期日之必要，本條即為關於原債權確定期日之規定。第一項仿日本民法第三百九十八條之六第一項，規定該確定期日得由抵押權人與抵押人約定之，並得於確定之期日前，約定變更之。此所謂確定之期日，係指約定之確定期日而言。
三、為發揮最高限額抵押權之功能，促進現代社會交易活動之迅速與安全，並兼顧抵押權人及抵押人之權益，前項確定期日，不宜過長或太短，參酌我國最高限額抵押權實務現況，應以三十年為當。爰於第二項明定之。又當事人對於此法定之期限，得更新之，以符契約自由原則及社會實際需要，故設第三項規定。

第八百八十一條之五（最高限額抵押權擔保之原債權期日未定）

最高限額抵押權所擔保之原債權，未約定確定之期日者，抵押人或抵押權人得隨時請求確定其所擔保之原債權。

前項情形，除抵押人與抵押權人另有約定外，自請求之日起，經十五日為其確定期日。

⑯一、本條新增。

之期日者，為因應金融資產證券化及債權管理之實務需求，爰參酌我國實務見解（最高法院六十六年臺上字第一〇九七號判例參照），並仿日本民法第三百九十八條之十九第一項規定，於第一項明定抵押人或抵押權人得隨時請求確定其所擔保之原債權，以符實際需求。
三、對於抵押人或抵押權人請求確定之期日，如另有約定者，自應從其約定。如無約定，為免法律關係久懸不決，宜速確定該期日，爰仿日本民法第三百九十八條之十九第二項規定，於第二項明定自請求之日起經十五日為其確定期日。

第八百八十一條之六（最高限額抵押權債權移轉之效力）

最高限額抵押權所擔保之債權，於原債權確定前讓與他人者，其最高限額抵押權不隨同移轉。第三人為債務人清償債務者，亦同。

最高限額抵押權所擔保之債權，於原債權確定前經第三人承擔其債務，而債務人免其責任者，抵押權人就該承擔之部分，不得行使最高限額抵押權。

⑯一、本條新增。
二、最高限額抵押權於原債權確定前，與普通抵押之從屬性尚屬有異，為學說及實務上所承認（最高法院七十五年度臺上字第一〇一一號判決參照）。故如僅將擔保債權範圍所生之各個特定債權讓與他人，該債權即脫離擔保之範圍，其最高限額抵押權自不隨同移轉於受讓人。又第三人為債務人清償債務之情形，例如保證人依第七百四十九條為清償或第三人依第三百十二條為清償後，承受債權人之債權時，其最高限額抵押權亦不隨同移轉。日本民法第三百九十八條之七第一項亦有相同之規定，為維護最高限額抵押權之特性，及使其法律關係簡明計，爰於第一項後段明定之。
三、最高限額抵押權所擔保之債權，於原債權確定前，如有第三人承擔債務而債務人免其責任者，基於免責之債務承擔之法理，該承擔部分即脫離擔保之範圍，其最高限額抵押權並不伴隨而往，抵押權人自不得行使最高限額抵押權。爰仿日本民法第三百九十八條之七第二項，規定第二項如上。

第八百八十一條之七（最高限額抵押權之抵押權人或債務人為法人之合併）

原債權確定前，最高限額抵押權之抵押權人或債務人為法人而有合併之情形者，抵押人得自知悉合併之日起十五日內，請求確定原債權。但自合併登記之日起已逾三十日，或抵押人為合併之當事人者，不在此限。

有前項之請求者，原債權於合併時確定。

合併後之法人，應於合併之日起十五日內通知抵押人，其未為通知致抵押人受損害者，應負賠償責任。

前三項之規定，於第三百零六條或法人分割之情形，準用之。

(96)一、本條新增。

二、原債權確定前，最高限額抵押權之抵押權人或債務人為法人時，如有合併之情形，其權利義務，應由合併後存續或另立之法人概括承受。此時，為減少抵押人之責任，爰仿日本民法第三百九十八條之十第一項、第二項、第三項、第五項賦予抵押人請求確定原債權之權，該請求期間自知悉法人合併之日起十五日。又為兼顧抵押權人之權益，如自合併登記之日起已逾三十日，或抵押人即為合併之當事人者，自無保護之必要，而不得由抵押人請求確定原債權，爰設但書規定。

三、抵押人如已為前項之請求，為保障其權益，爰仿日本民法同條第四項，於第二項明定原債權溯及於法人合併時確定。而該合併之時點，應視法人之種類及實際情形，分階段完成各相關法律所規定之合併程序定之。

四、法人之合併，事實上不易得知，為保障抵押人之利益，爰於第三項規定合併之法人，負有通知抵押人之義務；違反義務時，則應依民法等規定負損害賠償責任。

五、原債權確定前，最高限額抵押權之抵押權人或債務人為營業，與他營業依第三百零六條規定合併之情形，事所恆有，且法人亦有分割之情形，例如公司法已增設股份有限公司分割之規定。為期周延，爰仿日本民法第三百九十八條之十之二第三項規定，設第四項規定，於性質不相牴觸之範圍內，準用前三項規定。

第八百八十一條之八（最高限額抵押權獨立讓與之方式與共有）

原債權確定前，抵押權人經抵押人之同意，得將最高限額抵押權之全部或分割其一部讓與他人。

原債權確定前，抵押權人經抵押人之同意，得使他人成為最高限額抵押權之共有人。

(96)一、本條新增。

二、最高限額抵押權具有一定獨立之經濟價值，且為因應金融資產證券化及債權管理之實務需求，並仿日本民法第三百九十八條之十二第一項規定，明定抵押權人於原債權確定前，經抵押人之同意，得單獨讓與最高限額抵押權，其方式有三：一為全部讓與他人，二為分割其一部讓與他人，三為得使他人成為該抵押權之共有人，爰於第一項明定前二種方式，第二項明定第三種方式。例如抵押人甲提供其所有之不動產設定最高限額抵押權一千萬元於抵押權人乙，嗣乙經甲同意將最高限額抵押權全部，或分割其一部即將最高限額抵押權四百萬元單獨讓與第三人丙，乙、丙成為同一次序之抵押權人；抵押權人乙亦得使他人丙加入成為該抵押權之共有人，乙、丙共享最高限額抵押權之擔保，此時，乙丙共有抵押權呈現之型態有二，其一，丙係單純加入成為共有人；其二，丙係以受讓應有部分之方式成為共有人。嗣後各該當事人實行抵押權時，前者依第八百八十一條之九第一項本文處理；後者則按第八百八十一條之九第一項但書處理。另丙為免受讓之最高限額抵押權無擔保債權存在而歸於確定，丙可與甲依修正條文第八百八十一條之三之規定，為擔保債權範圍或債務人之變更，俾其最高限額抵押權得繼續存在。

三、最高限額抵押權之單獨讓與行為屬物權行為，依民法第七百五十八條規定，應經登記始生效力，此為當然之理，併予敘明。

第八百八十一條之九（最高限額抵押權各共有人受償之分配與處分）

最高限額抵押權為數人共有者，各共有人按其債權額比例分配其得優先受償之價金。但共有人於原債權確定前，另有約定者，從其約定。

共有人得依前項按債權額比例分配之權利，非經共有人全體之同意，不得處分。但已有應有部分之約定者，不在此限。

(96)一、本條新增。

二、最高限額抵押權得由數人共有，本條第一項規定共有人間優先受償之內部關係，係按其債權額比例分配價金。但為使共有抵押權人對抵押物交換價值之利用更具彈性，並調整其相互間之利害關係，爰仿日本民法第三百九十八條之十四，設但書規定，於原債權確定前，共有人得於同一次序範圍內另行約定不同之債權額比例或優先受償之順序。所謂原債權確定前之約定，係指共有最高限額抵押權設定時之約定及設定後原債權確定前，各共有人相互間之另為約定。

三、第一項所稱各共有人按債權額分配之比例，性質上即為抵押權準共有人之應有部分，然此項應有部分受該抵押權確定時，各共有人所具有擔保債權金額多寡之影響，乃變動者，與一般之應有部分係固定者有異，若許其自由處分，勢必影響其他共有人之權益，故應經全體共有人之同意，始得為之。但共有人若依第一項但書規定，已為應有部分之約定者，則其應有部分已屬固定，其處分即得回復其自由原則（民法第八百十九條第一項參照），爰設第二項規定。

第八百八十一條之十（共同最高限額抵押權擔保之債權發生確定事由之效果）

為同一債權之擔保，於數不動產上設定最高限額抵押權者，如其擔保之原債權，僅其中一不動產發生確定事由時，各最高限額抵押權所擔保之原債權均歸於確定。

(96)一、本條新增。

二、按共同最高限額抵押權，係指為擔保同一債權，於數不動產上設定最高限額抵押權之謂，而設定共同最高限額抵押權之數不動產，如其中一不動產發生確定事由者，其他不動產所擔保之原債權有同時確定之必要，爰仿日本民法第三百九十八條之十七第二項規定，明定如上。又最高限額所擔保之債權範圍（第八百八十一條之一第一、二項參照）、債務人及最高限額均屬同一者時，固屬本條所謂同一債權，至於債務人相同，擔保之債權範圍僅部分相同時，是否為本條適用範圍，則留待學說與實務發展。

第八百八十一條之十一（最高限額抵押權原債權之約定確定事由）

最高限額抵押權不因抵押權人、抵押人或債務人死亡而受影響。但經約定為原債權確定之事由者，不在此限。

(96)一、本條新增。

二、最高限額抵押權之抵押權人、抵押人或債務人死亡，其繼承人承受被繼承人財產上之一切權利義務，其財產上之一切法律關係，皆因繼承之開始，當然移轉於繼承人（第一千一百四十七條、第一千一百四十八條參照）。故最高限額抵押權不因此而受影響。但當事人另有約定抵押權人、抵押人或債務人之死亡為原債權確定之事由者，本於契約自由原則，自應從其約定，爰增訂本條規定。

第八百八十一條之十二（最高限額抵押權原債權之法定確定事由）

最高限額抵押權所擔保之原債權，除本節另有規定外，因下列事由之一而確定：

一　約定之原債權確定期日屆至者。
二　擔保債權之範圍變更或因其他事由，致原債權不繼續發生者。
三　擔保債權所由發生之法律關係經終止或因其他事由而消滅者。
四　債權人拒絕繼續發生債權，債務人請求確定者。
五　最高限額抵押權人聲請裁定拍賣抵押物，或依第八百七十三條之一之規定為抵押物所有權移轉之請求時，或依第八百七十八條規定訂立契約者。
六　抵押物因他債權人聲請強制執行經法院查封，而為最高限額抵押權人所知悉，或經執行法院通知最高限額抵押權人者。但抵押物之查封經撤銷時，不在此限。
七　債務人或抵押人經裁定宣告破產者。但其裁定經廢棄確定時，不在此限。

第八百八十一條之五第二項之規定，於前項第四款之情形，準用之。

第一項第六款但書及第七款但書之規定，於原債權確定後，已有第三人受讓擔保債權，或以該債權為標的物設定權利者，不適用之。

⑯一、本條新增。

二、最高限額抵押權，於抵押權設定時，僅約定於一定金額之限度內擔保已發生及將來可能發生之債權而已，至於實際擔保之範圍如何，非待所擔保之原債權確定後不能判斷。惟原債權何時確定？除本節第八百八十一條之四、第八百八十一條之五、第八百八十一條之七第一項至第三項、第八百八十一條之十及第八百八十一條之十一但書等法律另有規定者外，尚有諸多確定事由，允宜明文規定，俾杜爭議。爰參酌日本民法第三百九十八條之二、同條之二十、最高法院七十六年二月十日民事庭會議決議、八十三年臺上字第一〇五五號判例、七十五年度臺上字第二〇九一號判決、司法院七十年十月十四日⑺秘臺廳㈠字第〇一七〇七號函意旨，增訂七款原債權確定之事由。茲詳述之：㈠最高限額抵押權之當事人雙方約定原債權之確定期日者，於此時點屆至時，最高限額抵押權所擔保之原債權即基於當事人之意思而歸於確定。㈡最高限額抵押權本係擔保一定範圍內不斷發生之不特定債權，如因擔保債權之範圍變更或債務人之變更、當事人合意確定最高限額抵押權擔保之原債權等其他事由存在，足致原債權不繼續發生時，最高限額抵押權擔保債權之流動性即歸於停止，自當歸於確定。至所謂「原債權不繼續發生」，係指該等事由，已使原債權確定的不再繼續發生者而言，如僅一時的不繼續發生，自不適用。㈢最高限額抵押權所擔保者，乃由一定法律關係所不斷發生之債權，如該法律關係因終止或因其他事由而消滅，則此項債權不再繼續發生，原債權因而確定。㈣債權人拒絕繼續發生債權時，例如債權人已表示不再繼續貸放借款或不繼續供應承銷貨物。為保障債務人之利益，允許債務人請求確定原債權。㈤抵押權人既聲請裁定拍賣抵押物，或依第八百七十三條之一之規定為抵押物所有權移轉之請求時，或依第八百七十八條規定訂立契約者，足見其已有終止與債務人間往來交易之意思，故宜將之列為原債權確定之事由。㈥抵押物因他債權人聲請強制執行而經法院查封，其所負擔保債權之數額，與抵押物拍賣後究有多少價金可供清償執行債權有關，自有確定原債權之必要。惟確定之時點，實務上（最高法院七十八年度第十七次民事庭會議決議參照）以最高限額抵押權人知悉該事實（例如未經法院通知而由他債權人自行通知最高限額抵押權人是），或經執行法院通知最高限額抵押權人時即告確定。但抵押物之查封經撤銷時，例如強制執行法第十七條後段、第五十條之一第二項、第七十條第五項、第七十一條、第八十條之一第一項、第二項，其情形即與根本未實行抵押權無異，不具原債權確定之事由。㈦債務人或抵押人不能清償債務，經法院裁定宣告破產者，應即清理其債務，原債權自有確定之必要。但其裁定經廢棄確定時，即與未宣告破產同，不具原債權確定之事由。

三、為期法律關係早日確定，以兼顧抵押權當事人雙方之權益，前項第四款債務人請求確定原債權之期日，宜準用第八百八十一條之五第二項之規定，爰設第二項規定。

四、第三人如於第一項第六款但書或第七款但書事由發生前，受讓最高限額抵押權所擔保之債權或以該債權為標的物設定權利者，因該抵押權已確定，回復其從屬性，是該抵押權自應隨同擔保，惟於該二款但書事由發生後，最高限額抵押權之確定效果消滅，為保護受讓債權或就該債權取得權利之第三人權益，爰參照日本民法第三百九十八條之二十第二項規定，設第三項規定如上。

第八百八十一條之十三（最高限額抵押權原債權確定事由生效後之效力）

最高限額抵押權所擔保之原債權確定事由發生後，債務人或抵押人得請求抵押權人結算實際發生之債權額，並得就該金額請求變更為普通抵押權之登記。但不得逾原約定最高限額之範圍。

⑯一、本條新增。

二、最高限額抵押權所擔保之原債權於確定事由發生後，其流動性隨之喪失，該抵押權所擔保者由不特定債權變為特定債權，惟其債權額尚未確定，爰賦予債務人或抵押人請求抵押權人結算之權，以實際發生之債權額為準。又原債權一經確定，該抵押權與擔保債權之結合狀態隨之確定，此時該最高限額抵押權之從屬性即與普通抵押權完全相同，故債務人或抵押人並得就該金額請求變更為普通抵押權之登記。但抵押權人得請求登記之數額，不得逾原約定最高限額之範圍，俾免影響後次序抵押權人等之權益。

第八百八十一條之十四（最高限額抵押權原債權確定後擔保範圍之限制）

最高限額抵押權所擔保之原債權確定後，除本節另有規定外，其擔保效力不及於繼續發生之債權或取得之票據上之權利。

⑯一、本條新增。

二、最高限額抵押權所擔保之原債權一經確定，其所擔保債權之範圍亦告確定。至於其後繼續發生之債權或取得之票據上之權利則不在擔保範圍之內。但本節另有規定者，例如第八百八十一條之二第二項規定，利息、遲延利息、違約金，如於原債權確定後始發生，但在最高限額範圍內者，仍為抵押權效力所及。

第八百八十一條之十五（最高限額抵押權擔保之債權罹於消滅時效）

最高限額抵押權所擔保之債權，其請求權已因時效而消滅，如抵押權人於消滅時效完成後，五年間不實行其抵押權者，該債權不再屬於最高限額抵押權擔保之範圍。

⑯一、本條新增。

二、最高限額抵押權所擔保之不特定債權，如其中一個或數個債權罹於時效消滅者，因有民法第一百四十五條第一項之規定，仍為最高限額抵押權擔保之範圍，該債權倘罹於時效消滅後五年間不實行時，因最高限額抵押權所擔保之債權尚有繼續發生之可能，故最高限額抵押權仍應繼續存在，應無民法第八百八十條之適用，然為貫徹該條規範意旨，明定該債權不屬於最高限額抵押權擔保之範圍，爰設本條規定。

第八百八十一條之十六（實際債權額超過最高限額時之效力）

最高限額抵押權所擔保之原債權確定後，於實際債權額超過最高限額時，為債務人設定抵押權之第三人，或其他對該抵押權之存在有法律上利害關係之人，於清償最高限額為度之金額後，得請求塗銷其抵押權。

(96)一、本條新增。

二、最高限額抵押權所擔保之原債權確定後，如第三人願代債務人清償債務，既無害於債務人，亦無損於債權人，應無不許之理。為債務人設定抵押權之第三人，例如物上保證人，或其他對該抵押權之存在有法律上利害關係之人，例如後次序抵押權人，於實際債權額超過最高限額時，均僅須清償最高限額為度之金額後，即得請求塗銷抵押權，爰仿日本民法第三百九十八條之二十二，規定本條。又上開利害關係人為清償而抵押權人受領遲延者，自可於依法提存後行之，乃屬當然。惟如債權額低於登記之最高限額，則以清償該債權額即可，自不待言。

第八百八十一條之十七（普通抵押權規定之準用）

最高限額抵押權，除第八百六十一條第二項、第八百六十九條第一項、第八百七十條、第八百七十條之一、第八百七十條之二、第八百八十條之規定外，準用關於普通抵押權之規定。

(96)一、本條新增。

二、本條規定最高限額抵押權準用普通抵押權之規定。惟基於最高限額抵押權之最高限額係採取債權最高限額說之規範意旨，係認凡在最高限額範圍內之已確定原債權及其所生之利息、遲延利息與違約金，均應有優先受償權，是利息等債權不應另受第八百六十一條第二項所定五年期間之限制，方屬合理；第八百六十九條第一項、第八百七十條之規定，在最高限額抵押權於第八百八十一條之六第一項，第八百八十一條之八已有特別規定；第八百七十條之一、第八百七十條之二之規定，為避免法律關係複雜，於最高限額抵押權不宜準用；第八百八十條之規定，在最高限額抵押權於第八百八十一條之十五已有特別規定，均排除在準用之列。

第三節　其他抵押權

(96)一、新增節名。

二、抵押權種類繁多，除第一節及第二節所列抵押權外，尚有權利抵押、法定抵押權及特別法上所定之抵押權（例如礦業權抵押權、漁業權抵押權），為期周延，爰增訂本節節名。又本節包括第八百八十二條及第八百八十三條，併予指明。

第八百八十二條（權利抵押權）

地上權、農育權及典權，均得為抵押權之標的物。

(99)配合刪除第四章「永佃權」及新增第四章之一「農育權」修正文字及標點符號。

*（準抵押權）民八八三；（地上權）民八三二；（農育權）民八五〇之一；（典權）民九一一；（抵押權之準用）民八六〇～八八一；（其他得為抵押權之標的物）礦業一一、一四、一七、一八，海商三三、三四，動擔二、四，民航一九。

▲釋一三九。

第八百八十三條（普通抵押權及最高限額抵押權之規定之準用）

普通抵押權及最高限額抵押權之規定，於前條抵押權及其他抵押權準用之。

(96)配合本章已分為三節，酌作文字修正，且為期周延，將「法定抵押權」修正為「其他抵押權」，俾使以礦業權、漁業權等為標的物之抵押權或其他特殊抵押權之準用，民法上亦有依據。

*（權利抵押）民八八二；（法定抵押）民五一三；（抵押權規定）民八六〇～八八一。

第七章　質　權

㊟謹按質權者，謂債權人為其債權之擔保，占有債務人之物，且就其物而有優先受償之權利也。自羅馬法以來，各國立法例，關於質權，大概分為三種：㈠不動產質權。㈡動產質權。㈢權利質權。我國素有典權之存在，不動產質權，於社會上向不習見，自無創設之必要。故本章僅設動產質權、權利質權之規定。

第一節　動產質權

㊟查民律草案物權編第六章第五節原案謂動產質權辦法簡易，而仍有擔保債權之效力，此其特色，自古各國皆行之，中國亦然。本法參酌各國多數立法例，及本國習慣，特設此節，以期增進交易上之便利。

第八百八十四條（動產質權之定義）

稱動產質權者，謂債權人對於債務人或第三人移轉占有而供其債權擔保之動產，得就該動產賣得價金優先受償之權。

(96)一、質權與抵押權同屬擔保物權之一種，設有質權擔保之債權，債權人就拍賣質物所得之價金受清償時，有優先受清償之權。為期立法體例一致，本條爰仿修正條文第八百六十條，作文字之調整。

二、質權分為動產質權及權利質權二種，本條係關於動產質權之定義性規定，故仍表明「動產質權」等文字。至於本節以下各條規定中所稱之「質權」，既規定於同一節內，當然係指「動產質權」而言，毋庸逐條修正。

*（動產）民六七；（占有）民七六一、八八五、八八六、九四〇～九四二、九四六；（動產質權所擔保債權之範圍）民八八七；（動產質權之效力）民八八九、八九〇、八九二～八九五；（質權人之義務）民八八八、八九六；（質權之消滅）民八九七～八九九；（其他得為動產質權之標的）海商六，民航一七；（動產抵押）動擔二、四、一五；（權利質權）民九〇〇。

▲動產質權之成立，以移轉占有為要件。（一八上七七四）

▲（一九上一〇四五）參見本法第八百六十條。

第八百八十五條（設定質權之生效要件）

質權之設定，因供擔保之動產移轉於債權人占有而生效力。

質權人不得使出質人或債務人代自己占有質物。

(96)一、現行條文第一項未標明移轉占有之客體及對象，為期明確，爰修正如上。

二、動產質權以占有由債務人或第三人移轉之動產為其成立及存續之要件，故質權人須占有質物，始能保全質權之效力。為使質權之關係明確，並確保質權之留置作用，爰於第二項增列質權人亦不得使債務人代自己占有質物。

*（動產之移轉）民七六一；（占有）民九四〇～九四二、九四六；（質權之善意取得）民八八六；（返還質物及喪失占有之效力）民八九七、八九八；（權利質權之準用）民九〇一。

▲依民法第八百八十五條第一項之規定，質權之設定，因移轉占有而生效力。其移轉占有，固應依民法第九百四十六條之規定為之，惟民法第八百八十五條第二項既規定質權人不得使出質人代自己占有質物，則民法第七百六十一條第二項之規定，自不得依民法第九百四十六條第二項準用於質物之移轉占有。（二六渝上三二一〇）

第八百八十六條　（質權之善意取得）

動產之受質人占有動產，而受關於占有規定之保護者，縱出質人無處分其質物之權利，受質人仍取得其質權。

⑯所謂「質權人」，係指已取得動產質權之人。現行條文援引之「質權人」，既尚未取得質權，而須依善意受質之規定取得之，其用語易滋疑義。為避免混淆，爰仿第八百零一條規定，將「質權人」修正為「受質人」，並作文字整理。

*（質權之設定）民八八四、八八五；（占有之保護）民九四八、九五二；（無權處分）民一一八；（動產所有權之善意取得）民八〇一、九四八；（權利質權之準用）民九〇一。

第八百八十七條　（動產質權之擔保範圍）

質權所擔保者為原債權、利息、遲延利息、違約金、保存質物之費用、實行質權之費用及因質物隱有瑕疵而生之損害賠償。但契約另有約定者，不在此限。

前項保存質物之費用，以避免質物價值減損所必要者為限。

⑯一、質權與抵押權同為擔保物權，修正條文第八百六十一條已增列「違約金」為抵押權擔保之範圍，本條亦配合增列。又質權存續中，質物由質權人占有，質權人因保存質物所生之費用，得向出質人請求償還，自亦應為質權擔保之範圍。日本民法第三百四十六條、德國民法第一千二百十條、韓國民法第三百三十四條均有相同之規定，本條爰仿上開立法例修正，並將「訂定」修正為「約定」後，改列為第一項。

二、為兼顧出質人之利益，爰增列第二項，明定保存質物之費用，以避免質物價值減損所必要者為限，始為質權擔保之範圍，例如稅捐、修繕費或其他必要之保存費用。至於為避免質物滅失所必要之費用，當然包括在內。又單純之保管費用，例如質物置於倉庫所須支付之倉租等是，若非為避免質物價值減損所必要者，其保管費用自仍應由質權人負擔，不在本項保存費用之內。

*（動產質權）民八八四；（利息）民二〇三～二〇七；（遲延利息）民二三三；（實行質權之費用）民八九二、八九三、八九五；（損害賠償）民二一三～二一八；（權利質權之準用）民九〇一；（不動產抵押權之擔保範圍）民八六一。

第八百八十八條　（質權人之注意義務）

質權人應以善良管理人之注意，保管質物。

質權人非經出質人之同意，不得使用或出租其質物。但為保存其物之必要而使用者，不在此限。

⑯一、現行條文未修正，改列為第一項。

二、質權為擔保物權而非用益物權，故質權人非經出質人之同意，不得使用或出租其質物。但為保存質物之必要而使用者，例如易生銹之機械，偶而使用之，以防其生銹等是，應得為之。日本民法第三百五十條準用第二百九十八條第二項、韓國民法第三百四十三條準用第三百二十四條第二項均設有明文，本條爰增訂第二項規定。

三、第八百八十九條、第八百九十條所稱之孳息，包括天然孳息及法定孳息，在動產出租後設定質權者，質權人當然得依第八百八十九條規定，收取法定孳息；僅在設定質權後由質權人出租者，依本條第二項規定，應經出質人同意。至於質權人經出質人同意使用或出租其質物，應否支付使用之對價或所收取之租金誰屬，本得由當事人自行約定；又此際，質權人如使用或出租其質物，仍應依第一項之規定，負善良管理人之注意義務，均併此敘明。

*（質物之占有）民八八四、八八五；（故意過失責任）民二二〇、二二二、二二三；（善良管理人注意義務之類似規定）民四三二、四六八、五三五、五九〇、九三三；（質物之返還義務）民八九六。

▲民法第八百八十八條所謂善良管理人之注意，即依交易上一般觀念，認為有相當知識經驗及誠意之人所用之注意，已盡此注意與否，應依抽象之標準定之，其質權人有無盡此注意之能力，在所不問。（二九滬上一〇六）

第八百八十九條　（質權人之孳息收取權）

質權人得收取質物所生之孳息。但契約另有約定者，不在此限。

⑯契約乃當事人互相表示意思一致之法律行為，現行條文中之「訂定」宜修正為「約定」。

*（孳息）民六九、七〇；（孳息收取人之注意義務及其抵充）民八九〇；（類似規定）民八六三、八六四、九三五。

第八百九十條　（孳息收取人之注意義務及其抵充）

質權人有收取質物所生孳息之權利者，應以對於自己財產同一之注意收取孳息，並為計算。

前項孳息，先抵充費用，次抵原債權之利息，次抵原債權。

孳息如須變價始得抵充者，其變價方法準用實行質權之規定。

⑯一、第一項未修正。

二、按保存質物之費用，依第八百八十七條規定，亦在質權擔保之範圍，故第二項謂「前項孳息，先抵充收取孳息之費用」，失之過窄，爰仿第三百二十三條之意旨，將「先抵充收取孳息之費用」修正為「費用」。此所稱「費用」自包括「保存質物及收取孳息之費用」在內。至於質權其餘擔保範圍，諸如違約金、實行質權之費用及因質物隱有瑕疵而生之損害賠償等，應分別依其性質納入本項相關項目定其抵充順序，要屬當然。

三、本條規定之孳息包括天然孳息與法定孳息，其為優先受償效力所及，應無疑義。質權人收取之孳息，非當然可依第二項規定抵充，為期周延，爰增列第三項，明示孳息如須變價始得抵充者，其變價方法準用實行質權之相關規定。

*（質權人之孳息收取權）民八八九；（清償之抵充）民三二二、三二三；（拍賣與其他處分）民八九二、八九五；（故意過失責任）民二二〇～二二三。

第八百九十一條　（責任轉質——非常事變責任）

質權人於質權存續中，得以自己之責任，將質物轉質於第三人。其因轉質所受不可抗力之損失，亦應負責。

⇧謹按質權為財產權之一種，質權人於質權存續期中，自得將其質權轉質於第三人。但此種規定，原為質權人之利益而設，其因轉質所受不可抗力之損失，自亦應由質權人負其全責，以昭公允。故設本條以明示其旨。

*（質權之設定）民八八四、八八五；（轉典）民九一五、九一六；（權利質權之準用）民九〇一。

第八百九十二條　（代位物——質物之拍賣價金與提存價金）

因質物有腐壞之虞，或其價值顯有減少，足以害及質權人之權利者，質權人得拍賣質物，以其賣得價金，代充質物。

前項情形，如經出質人之請求，質權人應將價金提存於法院。質權人屆債權清償期而未受清償者，得就提存物實行其質權。

⑯一、為期與第八百零六條之用語一致，爰將「敗壞」修正為「腐壞」。

二、質權人基於占有質物之權，本可占有前項賣得之價金，惟經出質人請求，質權人應將價金提存於法院，德國民法第一千二百十九條第二項第二款定有明文，爰仿上開立法例，增訂第二項。又質權人於屆債權清償期未受清償時，自得取回提存物，實行其質權，以之優先受償。此種提存，係以質權人為提存人，出質人為受取人，附以債權清償始得領取之條件。上述情形，提存法應配合修正，建議主管機關修正之。

*（質權）民八八四；（質權人之注意義務）民八八八；（拍賣之通知）民八九四；（拍賣）民債施二八。

第八百九十三條（質權之實行與流質契約之相對禁止）

質權人於債權已屆清償期，而未受清償者，得拍賣質物，就其賣得價金而受清償。

約定於債權已屆清償期而未為清償時，質物之所有權移屬於質權人者，準用第八百七十三條之一之規定。

⑯一、第一項未修正。

二、關於抵押權之流抵約款規定，於第八百七十三條之一修正條文已設有相對之禁止規定，爰修正第二項準用規定，以求立法體例之一致。又第八百七十三條之一第四項規定性質不相同，解釋上當然不在準用之列，併予指明。

*（清償期）民三一五、三一六；（清償）民三〇九；（拍賣）民債施一四；（拍賣外質權之實行）民八七八、八九五；（流抵契約之禁止）民八七三㈡，動擔二三；（物上保證人權利之準用）民八七九；（流質契約禁止之例外）民物施二八。

▲釋五五。

▲質權人於債權已屆清償期，而未受清償者，依民法第八百九十三條第一項雖得拍賣質物就其賣得價金而受清償，惟尋繹法意，拍賣質物與否，係聽質權人之自由，並非謂屆期未受清償，即須拍賣質物。故質權人不拍賣質物，而向債務人請求清償，仍非法所不許。（二二上二二四九）

▲民法第八百九十三條第一項所稱未受清償，不僅指全部未受清償者而言，一部未受清償者亦包含之，自不得以已為債務一部之清償，阻止債權人拍賣質物。（二三上三〇四五）

▲質權人拍賣質物，依民法第八百九十三條第一項之規定，係其權利，而非義務。縱使質權人於債權已屆清償期後，因欲就質物賣得較高之價金而受清償，致未即行拍賣，亦不能因嗣後價值低落，即謂其應負何種責任。（二七上三一〇二）

▲質權人於債權已屆清償期，而未受清償時，依照民法第八百九十三條第一項規定，固得拍賣質物，就其賣得價金而受清償。但所謂拍賣不由質權人自行為之，而聲請法院準照動產執行程序辦理，亦無不可。（四一臺上一四三㈡）

▲系爭借據上載有若到期不能清償時，以供擔保之金鐲作為絕賣，此項約定，依民法第八百九十三條第二項之規定，固應認為無效。惟此項約定無效，於債權債務之存在，不生影響。（四三臺上四四五）（九九、二、二三決議不再援用）

▲上訴人提供擔保之電話機，係向電話局所租用，僅有使用之權利，其以此項電話機之使用權利為質權之標的物，與被上訴人設定權利質權，依民法第九百零一條即應準用關於動產質權之規定。故兩造間於承諾書內所為：「若借限期滿未能清還時，隨即任意辦理電話過戶手續」之約定，依同法第八百九十三條第二項自屬無效。（四五臺上五一七）（九九、二、二三決議不再援用）

▲民法第八百九十三條之規定，祇謂質權人於債權屆期未受清償時，有拍賣質物優先受償之權利，並非認其必須負有拍賣之義務。故質權人就質物行使權利或逕向債務人請求清償，仍有選擇之自由，要無因拋棄質權，而債權亦歸於消滅之理。（四九臺上二二一一）

▲（五二臺抗一二八）參見本法第八百七十三條。

第八百九十四條（拍賣之通知義務）

前二條情形質權人應於拍賣前，通知出質人。但不能通知者，不在此限。

⇧謹按依前二條之情形，質權人主張拍賣質物時，應先期通知出質人，使出質人不願拍賣其質物，得設法清償其債務，俾有迴旋之餘地。若質權人不通知而逕行拍賣，則出質人難免不受意外之損失，殊非法律之平，故為保護債務人利益計，特設本條之規定。但有不能通知之情形，自不受本條之限制。

*（拍賣）民債施二八。

第八百九十五條（準用處分抵押物之規定）

第八百七十八條之規定，於動產質權準用之。

▲[illegible]質權人於債權清償期屆滿後，為受清償，得訂立契約，取得動產質物之所有權，或用拍賣以外之方法，處分質物，此與抵押權人之與抵押物情形相同，故準用第八百七十八條之規定。

*（動產質權）民八八四；（質權之實行）民八九三㈠；（動產之移轉）民七六一；（物上保證人權利之準用）民八七九。

第八百九十六條（質物之返還義務）

動產質權，所擔保之債權消滅時，質權人應將質物返還於有受領權之人。

⇧謹按動產質權之效用，原為擔保債權，其所擔保之債權消滅，其質權亦同時消滅。故質權人於質權消滅時，應將質物返還於有受交付質物權利之人，如出質人或質物之所有人等是。此本條所由設也。

*（質權人之注意義務）民八八八；（質權消滅之原因）民三〇九、三一〇、三一九、三二六、三三四、三四三、七六二、七六四、八一一～八一六、八九三、八九五、八九七～八九九。

▲民法第八百九十六條載動產質權所擔保之債權消滅時，質權人應將質物返還於有受領權之人等語，是質權人返還質物之義務，應於動產質權所擔保之債權消滅時始行發生。易詞言之，即動產質權所擔保之債權未消滅時，出質人尚無返還質物請求權之可言。（三三永上五五四）

▲民法第八百九十六條規定動產質權所擔保之債權消滅時，質權人應將質物返還於有受領權之人，所謂有受領權者，係指出質人或其所指定之人而言。（三七上六八四三）

第八百九十七條（質權之消滅㈠——返還質物）

動產質權，因質權人將質物返還於出質人或交付於債務人而消滅。返還或交付質物時，為質權繼續存在之保留者，其保留無效。

⑯為配合第八百八十五條第二項之修正，本條爰予修正，並作文字整理，合併為一項。

*（動產質權之設定）民八八四、八八五；（動產質權之善意取得）民八八六、九四八；（質權之消滅）民八九三、八九五、八九八、八九九。

第八百九十八條（質權之消滅㈡——喪失質物占有之請求權時效）

質權人喪失其質物之占有，於二年內未請求返還者，其動產質權消滅。

⑯質權人之物上請求權時效如過長，將使法律關係長久處於[illegible]

並促進經濟發展，爰明定質權人喪失其質物之占有，未於二年之消滅時效期間內請求返還者，其動產質權消滅。

*(動產質權之設定)民八八四、八八五；(動產所有權之善意取得)民八〇一、九四八；(回復之請求)民九四九；(物上請求權)民七六七、九六二。

第八百九十九條　(質權之消滅(三)——物上代位性)

動產質權，因質物滅失而消滅。但出質人因滅失得受賠償或其他利益者，不在此限。

質權人對於前項出質人所得行使之賠償或其他請求權仍有質權，其次序與原質權同。

給付義務人因故意或重大過失向出質人為給付者，對於質權人不生效力。

前項情形，質權人得請求出質人交付其給付物或提存其給付之金錢。

質物因毀損而得受之賠償或其他利益，準用前四項之規定。

(96)一、現行條文所稱之「賠償金」，易使人誤解為質物之代位物僅限於賠償之金錢，實則質物之代位物，不以賠償為限，且在賠償或其他給付義務人未給付前，出質人對該義務人有給付請求權，惟給付物並未特定，金錢、動產或其他財產權均有可能，為避免疑義，爰將「賠償金」修正為「賠償或其他利益」。又現行規定後段乃前段之例外規定，爰將「如」字修正為「但」字之但書規定，且因其易令人誤解為一旦質物滅失受有賠償金時，質權人即可就賠償金取償。實則，質物滅失後，如出質人因滅失得受賠償或其他利益者，基於擔保物權之物上代位性，質權人所得行使之權利並不消滅，故仍有質權，且其次序與原質權同。爰將「質權人得就賠償金取償」修正為「質權人對於前項出質人所得行使之賠償或其他請求權仍有質權，其次序與原質權同。」並改列為第二項。

二、質物滅失時，依第一項及第二項規定之意旨，負賠償或其他給付義務之給付義務人應向質權人給付，始為公允。故給付義務人如因故意或重大過失已向出質人為給付，對質權人不生效力。易言之，質權人如請求給付，給付義務人仍負給付之義務，爰增訂第三項。

三、第三項情形，如所擔保之債權已屆清償期，質權人得請求出質人交付其賠償物、給付物或賠償金、給付之金錢；如債權未屆清償期，質權人僅得請求出質人交付其賠償物、給付物或提存其賠償金、給付之金錢，爰增訂第四項。此種提存，係以出質人為提存人，質權人為受取人，附以債權屆期未受清償始得領取之條件，併予指明。

四、質物因毀損而得受之賠償或其他利益，是否亦為質物之代位物？現行法尚無明文，易滋疑義，惟學者通說認為其係質權之物上代位，為期明確，爰增訂第五項準用規定。

*(附合混合加工)民八一一～八一六；(抵押權之物上代位性)民八八一。

▲釋五〇四。

▲(五九臺上三一三)參見本法第二百四十四條。

第八百九十九條之一　(最高限額質權與準用規定)

債務人或第三人得提供其動產為擔保，就債權人對債務人一定範圍內之不特定債權，在最高限額內，設定最高限額質權。

前項質權之設定，除移轉動產之占有外，並應以書面為之。

關於最高限額抵押權及第八百八十四條至前條之規定，於最高限額質權準用之。

(96)一、本條新增。

二、基於質權之從屬性，必先有債權發生，始可設定質權，且擔保債權一旦消滅，質權即歸於消滅。長期繼續之交易，須逐筆重新設定質權，對於現代工商業社會講求交易之迅速與安全，不但徒增勞費，造成不便，亦生極大妨害，為彌補上述缺點，實有增訂最高限額質權之必要，爰仿第八百八十一條之一第一項最高限額抵押權之立法體例明定第一項。

三、第二項規定最高限額質權之設定為要式行為。鑑於質權之設定不若抵押權之設定須經登記，為期慎重及法律關係明確化，明定最高限額質權之設定，除須移轉動產之占有以符合質權成立之要件外，尚須以書面為之。

四、關於最高限額抵押權及第八百八十四條至前條有關動產質權之規定，依其性質與最高限額質權不相牴觸者，皆在適用之列，第三項爰設準用規定，以期周延。

第八百九十九條之二　(營業質與準用規定)

質權人係經許可以受質為營業者，僅得就質物行使其權利。出質人未於取贖期間屆滿後五日內取贖其質物時，質權人取得質物之所有權，其所擔保之債權同時消滅。

前項質權，不適用第八百八十九條至第八百九十五條、第八百九十九條、第八百九十九條之一之規定。

(96)一、本條新增。

二、當舖或其他以受質為營業者所設定之質權，通稱為「營業質」。其為一般民眾籌措小額金錢之簡便方法，有其存在之價值。惟民法對於營業質權人與出質人間之權利義務關係，尚無規定，致適用上易滋疑義，爰增訂本條規定。

三、為便於行政管理，減少流弊，以受質為營業之質權人以經主管機關許可者為限。又鑑於營業質之特性，質權人不得請求出質人清償債務，僅得專就質物行使其權利，即出質人如未於取贖期間屆滿後五日內取贖其質物時，質權人取得質物之所有權，其所擔保之債權同時消滅，爰參酌當舖業法第四條、第二十一條之精神，增訂第一項。

四、營業質雖為動產質權之一種，惟其間仍有不同之處，爰於第二項明定最高限額質權、質權人之孳息收取權、轉質、質權之實行方法、質物之滅失及物上代位性等均不在適用之列。

第二節　權利質權

⇧謹按權利質權者，以所有權以外之財產權為標的物之質權也。得為此種質權之標的物者，非有體物，而為權利，如債權質之設定，有價證券之質入等，大都可以讓與移轉，呈供擔保債權之實行。故本節特明為規定之。

第九百條　(權利質權之定義)

稱權利質權者，謂以可讓與之債權或其他權利為標的物之質權。

(96)限制物權例如地上權、典權、地役權、抵押權、動產質權等，均有定義規定。為期明確，並期立法體例一致，爰將本條修正為定義規定。

*(債權讓與)民二九四～二九九；(動產質權)民八八四；(普通債權外得為質權標的之權利)著作三、一四，專利六，公司一六三；(不得為權利質權標的之物權)民七七三、八三二、八五〇之三、八五一、八六〇、八八二、九一一；(不得讓與之債權)民一九二、一九三、一九五、二九四但、四八四、五〇七、五一二、五三七、五九二、五九三、一〇一九、一〇四五、一〇八二、一一一四，強執一二二，公退一四。

第九百零一條　(動產質權規定之準用)

權利質權，除本節有規定外，準用關於動產質權之規定。

▲(四九臺上二三五)參見本法第八百六十條。

⇧謹按權利質權與動產質權之性質相同，故關於權利質權，除本節另有規定外，應準用關於動產質權之規定，俾資便利。此本條所由設也。

*（權利質權之設定）民八八五、九〇二；（質權擔保債權之範圍）民八八七；（質權人之管理義務）民八八八；（質權人之收取孳息權）民八八九、八九〇；（轉質）民八九一；（質權之實行）民八九三、八九五；（質物之返還）民八九六；（動產質權之消滅）民八九七～八九九。

▲權利質權之設定，除以債權、或無記名證券、或其他之有價證券為標的物者，應依民法第九百零四條、第九百零八條之規定為之外，祇須依關於其權利讓與之規定為之，此在民法第九百零二條已有規定。關於規定動產質權設定方式之民法第八百八十五條，自不在民法第九百零一條所稱準用之列。（二六上八二三）

▲（四五臺上五一七）參見本法第八百九十三條。

第九百零二條（權利質權之設定）

權利質權之設定，除依本節規定外，並應依關於其權利讓與之規定為之。

(96)本條規定之原意為權利質權之設定，除依本節規定外，並應依關於其權利讓與之規定。惟現行條文易使人誤解為本節有規定者，僅須依本節之規定，如本節無規定時，始依關於其權利讓與之規定為之，為避免疑義，本條爰修正如上。

*（債權質權之形式要件）民九〇四；（債權質權設定之通知）民二九七、九〇七；（證券債權質權之設定）民九〇八、九一〇；（債權讓與之效力）民二九五；（其他權利讓與之規定）著作三六，專利六；（權利質權基於法律行為以外之取得）民八八六、九〇一、九四八、一一四八。

▲合夥人以自己之股份為合夥人以外之人設定質權，依民法第九百零二條、第六百八十三條之規定，須經他合夥人全體之同意。（二二上二三三五）

▲依民法第九百零二條規定，權利質權之設定，除有特別規定外，應依關於權利讓與之規定為之。此為質權設定之通則，對債權質權及證券質權俱有其適用，上訴人雖主張其依民法第九百零八條證券質權設定之要件，其出質人已將被上訴人公司發行之記名股票交付於上訴人，並依背書方法為之，但關於公司法第一百六十五條第一項對記名股票轉讓之規定於設定權利質權自亦有其適用，故非將質權人之本名或名稱記載於股票，並將質權人之本名或名稱及住所記載於公司股東名簿，不得以其設質對抗公司。（六〇臺上四三三五）

▲（八六臺上一四七三）參見本法第二百九十九條。

第九百零三條（處分質權標的物之限制）

為質權標的物之權利，非經質權人之同意，出質人不得以法律行為使其消滅或變更。

⇧謹按為質權標的物之權利，出質人非經質權人之同意，不得以法律行為使其消滅或變更。本條設此規定，蓋以保護質權人之利益也。

*（債權讓與）民二九四；（權利之消滅）民三〇九、三一〇、三一九、三二六、三三四、三四三、三四四。

第九百零四條（一般債權質權之設定）

以債權為標的物之質權，其設定應以書面為之。

前項債權有證書者，出質人有交付之義務。

(96)一、現行條文前段改列為第一項，原後段內容則改列為第二項，並作文字修正。

二、證書之交付，學者通說以為依現行規定為債權質權設定之要件，於設質時有證書而不交付，不生質權設定之效力。惟按債權證書僅係債權存在之證明方法，且證書之有無，質權人常難以知悉，於無債權證書時，設質以書面為之為已足，債權證書之交付並非成立或生效要件。至於有證書，出質人予以隱瞞時，質權人原屬被欺矇之人，若竟因而使質權設定歸於無效，殊非合理，應以出質人負有交付證書之義務為宜，爰將「如債權有證書者，並應交付其證書於債權人」修正為「前項債權有證書者，出質人有交付之義務。」移列為第二項，俾利適用。

*（權利質權）民九〇〇；（讓與文件之交付）民二九六；（交付）民七六一；（債權質權設定之通知）民九〇七。

▲依民法第九百零四條規定，以債權為標的物之質權，固應以書面設定之，然書面之形式，法未明定其一定之格式，由出質人與質權人同意將設定權利質權之意旨，載明於書面者，即為已足。（六四臺上六八四）

第九百零五條（一般債權質權之實行(一)——以金錢給付者）

為質權標的物之債權，以金錢給付為內容，而其清償期先於其所擔保債權之清償期者，質權人得請求債務人提存之，並對提存物行使其質權。

為質權標的物之債權，以金錢給付為內容，而其清償期後於其所擔保債權之清償期者，質權人於其清償期屆至時，得就擔保之債權額，為給付之請求。

(96)一、以債權為質權標的物，其質權之實行，因該債權與其所擔保債權之清償期不同，以及質權標的物之債權與其所擔保債權標的物種類之有異，而各有不同之方法，現行法第九百零五條、第九百零六條，僅就質權標的物債權之清償期與其所擔保債權清償期之先後區分而為規定，並未對質權標的物內容之不同而分別規定，致適用上易滋疑義，為期周延明確，爰就質權標的物債權之內容及其清償期之先後於修正條文第九百零五條、第九百零六條及第九百零六條之一詳為規定其實行方法。

二、本條規定為質權標的物之債權以金錢為給付內容之實行方法。第一項就其清償期先於所擔保債權清償期之實行方法加以規定，質權人不惟得請求債務人提存該金錢，且其質權移存於提存金之返還請求權上，質權人並得對其行使質權（日本民法第三百六十七條第三項參考）。

三、至於質權標的物之債權清償期後於所擔保債權清償期者，質權人自得待質權標的物之債權清償期屆至後，就擔保之債權額，向債務人直接為給付之請求，爰增訂第二項。又此種情形，亦包括二者之清償期同時屆至之情形在內。

*（清償期）民三一五、三一六；（提存）民三二六、三二七、三三〇～三三二，提存一、五～八。

第九百零六條（一般債權質權之實行(二)——以金錢以外之動產給付者）

為質權標的物之債權，以金錢以外之動產給付為內容者，於其清償期屆至時，質權人得請求債務人給付之，並對該給付物有質權。

(96)本條規定為質權標的物之債權，以金錢以外之動產為給付內容之實行方法。不論質權所擔保債權之清償期如何，均須待質權標的物債權之清償期屆至時，質權人始得請求債務人給付該動產，並對該動產有質權（日本民法第三百六十七條第四項參考）。此際，權利質權轉換為動產質權，依動產質權之實行方法實行質權。

*（清償期）民三一五、三一六；（金錢之債）民二〇一、二〇二；（給付之請求）民一九九。

第九百零六條之一（一般債權質權之實行(三)——以不動產物權之設定或移轉給付者）

為質權標的物之債權，以不動產物權之設定或移轉為給付內容者，於其清償期屆至時，質權人得請求債務人將該不動產物權設定或移轉於出質人，並對該不動產物權有抵押權。

前項抵押權應於不動產物權設定或移轉於出質人時，一併登記。

(96)一、本條新增。

二、本條規定為質權標的物之債權，以不動產物權之設定或移轉為給付內容之實行方法。不論質權所擔保債權之清償期如何，均須待質權標的物債權之清償期屆至時，質權人始得請求債務人將該不動產物權設定或移轉於出質人，並對該不動產物權有抵押權（日本民法第三百六十七條第四項、德國民法第一千二百八十七條參考）。俾使質權合法轉換為抵押權，以確保質權人之權益，爰增訂第一項規定。又本條所指「不動產物權」，不包括不能設定抵押權之不動產物權，例如地役權等，乃屬當然。

三、依前項規定而成立者，乃特殊型態之抵押權，固不以登記為生效要件，惟仍宜於該不動產物權設定或移轉於出質人時，一併登記，俾保障交易安全，而杜紛爭，爰增訂第二項規定。此項抵押權之登記，應依申請為之，且無待出質人之同意，地政機關當可於有關法令中作配合規定，併予敍明。

第九百零六條之二　（一般債權質權之實行(四)——其他實行方式）

質權人於所擔保債權清償期屆至而未受清償時，除依前三條之規定外，亦得依第八百九十三條第一項或第八百九十五條之規定實行其質權。

⑯一、本條新增。

二、權利質權之實行方法，第九百零五條至第九百零六條之一已設有明文規定，質權人可否仍依動產質權之規定，實行其權利質權，就第九百零一條規定之文字可能滋生疑義，為期明確，爰增訂本條。不論質權標的物債權之給付內容如何，其清償期如何，僅須質權所擔保債權之清償期屆至而未受清償時，除依第九百零五條至第九百零六條之一之規定外，亦得依第八百九十三條第一項或第八百九十五條之規定實行其質權。易言之，質權人不但得依前三條之規定行使權利，亦得拍賣質權標的物之債權或訂立契約、用拍賣以外之方法實行質權，均由質權人自行斟酌選擇之。

第九百零六條之三　（權利質權之質權人得行使一定權利質權使清償期屆至）

為質權標的物之債權，如得因一定權利之行使而使其清償期屆至者，質權人於所擔保債權清償期屆至而未受清償時，亦得行使該權利。

⑯一、本條新增。

二、質權以債權為標的物者，本須待供擔保之債權屆清償期後，質權人方得為給付之請求，然若干債權，其清償期之屆至並非自始確定，須待一定權利之行使後，方能屆至，例如未定返還期限之消費借貸債權，貸與人依民法第四百七十八條之規定須定一個月以上之相當期限催告，始得請求返還是。於此情形，質權人之債權已屆清償期，但供擔保之債權因出質人（債權人）未為或不為該一定權利之行使時，質權人能否行使此種權利，非無爭議，為維護其實行權，爰參考德國民法第一千二百八十三條，增訂本條規定，賦予質權人亦得行使該權利。

第九百零六條之四　（質權人之通知義務）

債務人依第九百零五條第一項、第九百零六條、第九百零六條之一為提存或給付時，質權人應通知出質人，但無庸得其同意。

⑯一、本條新增。

二、債務人依第九百零五條第一項、第九百零六條、第九百零六條之一為提存或給付時，因債權質權依法轉換為動產質權或抵押權，對出質人之權益雖無影響，惟出質人仍為質權標的物之主體，宜讓其有知悉實際狀況之機會，爰增訂本條，明定質權人應通知出質人，但無庸得其同意。又此項通知，並非債務人依上開規定所為提存或給付之成立或生效要件，如質權人未通知出質人，致出質人受有損害，僅生損害賠償之問題。

第九百零七條　（第三債務人之清償）

為質權標的物之債權，其債務人受質權設定之通知者，如向出質人或質權人一方為清償時，應得他方之同意。他方不同意時，債務人應提存其為清償之給付物。

⇧謹按以債權出質者，應依讓與之規定，通知於債務人，債務人既受質權設定之通知後，則債務人非經質權人或出質人之同意，不得向一方清償其債務。然使債務人因未得一方之同意，致永遠不能脫離其債務關係，亦未免失之於酷，故應使債務人得為提存清償債務之標的物，以保護雙方之利益。此本條所由設也。

*（債權質權之設定）民九〇四；（債權讓與之通知）民二九七、九〇二；（清償）民三〇九、三一〇；（同意）民一一七；（提存）民三二六、三二七、三三〇～三三二，提存一、五～八。

第九百零七條之一　（質權標的物之債權不得主張抵銷）

為質權標的物之債權，其債務人於受質權設定之通知後，對出質人取得債權者，不得以該債權與為質權標的物之債權主張抵銷。

⑯一、本條新增。

二、權利質權為擔保物權之一種，質權人於一定限度內，對該為標的物之債權，具有收取權能，故對該債權之交換價值，應得為相當之支配，方足以貫徹其擔保機能。出質人與債務人自不得為有害於該權能之行為。爰參照第三百四十條、第九百零二條、第二百九十七條之規定，增訂本條，明示第三債務人不得以受質權設定之通知後所生之債權與為質權標的物之債權抵銷，以保障質權人之權益。

第九百零八條　（證券質權之設定）

質權以未記載權利人之有價證券為標的物者，因交付其證券於質權人，而生設定質權之效力。以其他之有價證券為標的物者，並應依背書方法為之。

前項背書，得記載設定質權之意旨。

⑯一、本條所稱「無記名證券」實係指未記載權利人之證券，與第七百十九條規定無記名證券之定義無關，為避免混淆，爰將「無記名證券」修正為「未記載權利人之有價證券」，並將本條改列為第一項。

二、為謀出質人權益、交易安全之維護及交易成本減少之平衡，並符私法自治原則，爰增訂第二項，前項背書，得記載設定質權之意旨，以期明確。

*（無記名證券）民七一九～七二八；（背書）民六一八、六二八、七一六，海商六〇，票據三〇～四一；（有價證券質權之實行）民九〇九；（禁止背書）民六二八、七一六，海商六〇，票據三〇；（證券債權質權之標的物範圍）民九一〇。

▲權利質權以普通債權為標的物者，依民法第九百零四條之規定，其設定固應以書面為之。但以無記名證券為標的物者，因交付其證券於質權人而生設定質權之效力，在民法第九百零八條已有特別規定，自無須再以書面為之。（二九上三六四）

▲股票為有價證券，得為質權之標的，其以無記名式股票設定質權者，因股票之交付而生質權之效力，其以記名式股票設定質權者，除交付股票外，並應依背書方法為之。（五六臺抗四四四）

▲（六〇臺上四三三五）參見本法第九百零二條。

第九百零九條　（證券質權之實行）

質權以未記載權利人之有價證券、票據、或其他依背書而讓與之有價證券為標的物者，其所擔保之債權，縱未屆清償期，質權人仍得收取證券上應受之給付。如有使證券清償期屆至之必要者，並有為通知或依其他方法使其屆至之權利。債務人亦僅得向質權人為給付。

前項收取之給付，適用第九百零五條第一項或第九百零六條之規定。

第九百零六條之二及第九百零六條之三之規定，於以證券為標的物之質權，準用之。

(96)一、第九百零八條已將「無記名證券」修正為「未記載權利人之有價證券」，本條爰配合修正並改列為第一項。

二、現行條文中段規定「如有預行通知證券債務人之必要並有為通知之權利」，其意義為何，甚為隱晦，考其規範意義應係為前段之意旨而設，亦即考量票據等有價證券，必須在特定期間內為收取，以保全證券權利，故賦予質權人於其債權屆清償期前得單獨預先收取證券上之給付。然有價證券中有須先為一定權利之行使，其清償期方能屆至者，例如見票後定期付款之匯票（票據法第六十七條參照），出質人須先為匯票見票之提示，或約定債權人可提前請求償還之公司債券，出質人須先為提前償還之請求是。此種情況，若有必要時，質權人得否行使該權利，非無爭議，爰參考德國民法第一千二百九十四條規定，予以修正，以杜爭議。又所謂「有為通知或依其他方法使其屆至之權利」，例如須先為匯票提示以計算到期日或通知公司債之發行人提前清償是，併予指明。

三、質權人依第一項收取之給付，其內容有屬金錢者，有金錢以外之動產者，質權人之實行方法，應依第九百零五條第一項或第九百零六條之規定，爰增訂第二項，以期周延。

四、為保障以證券為標的物之質權人之權益，爰增訂第三項準用第九百零六條之二及第九百零六條之三之規定，以利適用。

＊（無記名證券）民七一九～七二八；（票據）票據一；（其他依背書而讓與之證券）民六一八、六二八、七一六，海商六〇；（清償期）民三一五、三一六。

第九百十條（證券質權設質後所生證券之效力）

質權以有價證券為標的物者，其附屬於該證券之利息證券、定期金證券或其他附屬證券，以已交付於質權人者為限，亦為質權效力所及。

附屬之證券，係於質權設定後發行者，除另有約定外，質權人得請求發行人或出質人交付之。

(96)一、附屬證券種類眾多，非僅利息證券、定期金證券或分配利益證券三種，爰將「利息證券、定期金證券或分配利益證券」修正為「利息證券、定期金證券或其他附屬證券」，以資涵蓋，並作文字整理，改列為第一項。

二、附屬之證券，如係於質權設定後發行者，是否為質權效力所及？現行法尚無明文規定，易滋疑義。依第九百零一條準用第八百八十九條規定，除契約另有約定外，質權人自得收取質物所生之孳息，亦即質權之效力，應及於證券設質後所生之孳息（最高法院六十三年五月二十八日、六十三年度第三次民庭庭推總會決議㈡參照）。故該附屬之證券如在發行人或出質人占有中，除另有如第八百八十九條但書特別約定者外，質權人自得請求交付之，俾質權人得就此附屬之證券行使權利質權。爰增訂第二項規定。

＊（證券質權之設定）民九〇八；（證券質權之實行）民九〇九；（孳息收取權）民八八九、九〇一。

第八章　典　權

⇧謹按我國之有典權，由來已久，此種習慣，各地均有，蓋因典僅用找貼之方法，即可取得所有權，非若不動產質於出質人不為清償時，須將其物拍賣，而就其賣得價金內扣還，手續至為繁複。且出典人於典物價格低減時，尚可拋棄其回贖權，於典物價格高漲時，可主張找貼之權利，有自由伸縮之餘地，實足以保護經濟上之弱者。故本法特設本章之規定。

第九百十一條（典權之定義）

稱典權者，謂支付典價在他人之不動產為使用、收益，於他人不回贖時，取得該不動產所有權之權。

(99)一、典權之成立究否以占有他人之不動產為要件，學說與實務（最高法院三十八年臺上字第一六三號判例參照）尚有爭議。惟查占有僅係用益物權以標的物為使用收益之當然結果，乃為典權之效力，而非成立要件，現行條文在定義規定內列入「占有」二字，易滋疑義，為期明確，爰將前段「占有」二字，修正為「在他人之不動產」，並酌為文字調整。

二、典權特質之一，乃出典人未行使回贖權時，典權人取得典物所有權（現行條文第九百二十三條、第九百二十四條參照），爰於後段增列「於他人不回贖時，取得該不動產所有權」，俾使定義更為周全，以活化典權之社會功能。

＊（不動產）民六六；（占有）民九四〇～九四二、九四六；（抵押權之標的）民八八二；（租賃）民四二一；（地上權）民八三二；（農育權）民八五〇之一；（不動產役權）民八五一。

▲典當契約係屬雙務契約，業主應移轉標的物之占有，典主應合法給付典價，如典主並不合法給付典價，而以他項不能發生債務之債款以為抵充，則業主自得以不給付典價為理由，請求撤銷其典約。（一八上一五八三）

▲不動產之出典，係將該不動產移轉於受典人使用收益為目的，在出典期限內，無論其受益之減少或增加，出典人與受典人兩方均應受典約之拘束，殊無翻異之餘地。（二〇上七六三）

▲兩造典權均未登記，如果受典均屬實在，他造又非出自惡意，即無拒絕他造平均行使典權之理。（二〇上一九三九）

▲（二八上九九六）（九九、五、四決議不再援用）參見本法第三百七十九條。

▲典權人支付之典價為取得典權之對價，非以此成立借貸關係，故出典人有於一定期間內以原典價回贖典物之權利，不負返還原典價之義務。雖其典物因不可抗力而滅失，或價值低落至少於原典價，典權人亦不得請求出典人返還原典價之全部或一部，此由民法第九百十一條、第九百二十三條、第九百二十四條、第九百二十條觀之可知，為典權特質之所在，而與他國民法所認之不動產質權不同者也。當事人之一方移轉不動產之占有於他方以押借金錢，約定他方得就其賣得價金受清償，如有不足仍得請求補償者，不過與他國民法所認之不動產質權相當，在我國民法上無論是否可認他方就該不動產有抵押權，要不得謂為典權之設定。（三二上五〇一一）

▲當事人之一方支付定額之金錢，取得占有他方之不動產，而為使用及收益之權，約明日後他方得以同額之金錢回贖者，不問當事人所用名稱如何，在法律上應認為出典。（三三上一七九）

▲使用房屋必同時使用基地，房屋與基地同屬一人所有者，該所有人出典房屋恆連基地一併出典，故有疑義時，應解為基地同在出典之列。（三三上一一九九）

▲民法第九百十一條所稱之占有，不以典權人直接占有為必要，此觀於民法第九百十五條之規定自明。出典人於典權設定後，仍繼續占有典物者，如已與典權人訂立契約，使典權人因此取得間接占有時，依同法第九百四十六條第二項、第七百六十一條第二項之規定，即不得謂典物之占有尚未移轉於典權人。（三三上三七五四）

▲上訴人先租用訟爭土地，嗣復典受該地，同一地上自不能同時並存二個內容完全相同之使用收益權，其租賃權即因典權設定而消滅。（三三上六六〇二）

▲典權之成立，依民法第九百十一條規定，固以移轉占有為要件。惟該條所稱之占有，不以典權人直接占有為必要。此觀同法第九百十五條之規定自明。是出典人於典權設定

請求權讓與典權人，使典權人因此取得間接占有時，依同法第九百四十六條第二項、第七百六十一條第二項之規定，即不得謂典物之占有尚未移轉於典權人。（三八臺上一六三）

▲日本民法施行於臺灣前，在臺灣發生之典權並無存續期間，當時典權之期間係限制債務人之回贖權行使，及限制債權人之被擔保債權行使之期間，而非典權之存續期間，此項典權，自民法施行於臺灣（民國十二年一月一日）以後，依日本民法施行法第三十四條、第三十二條、第三十一條及日本民法第三百六十條規定，固應適用日本民法關於不動產質權之規定，而變為有存續期限十年之不動產質權，於期限屆滿後，當事人亦得更新之，惟不動產質權期限之更新，以明示之更新為限，其質權關係未經更新契約另訂存續期限者，於期限屆滿時消滅（參看日本民法第三百六十條第二項、大審院大正六年（オ）第七九八號判決、大審院大正七年（ク）第七號裁定）。（四九臺上二四三二）

▲（五一臺上二一二七）參見本法第四百二十一條。

▲房屋與基地同屬一人所有者，其所有人設定典權之書面，雖無基地字樣，但使用房屋必須使用該房屋之基地，除有特別情事可解釋當事人之真意僅以房屋為典權標的外，應解為基地亦在出典之列。（八一臺上二九九）

第九百十二條（典權之期限）

典權約定期限不得逾三十年，逾三十年者縮短為三十年。

⇧謹按典權約定期間不得逾三十年，其逾三十年者，縮短為三十年，蓋以典權之存續期間，不可漫無限制，致礙社會上個人經濟之發展。故設本條以明示其旨。

*（典權之回贖）民九二三～九二五；（期限之更新）民四四九；（無效）民七一但。

▲清理不動產典當辦法施行後，民法物權編施行前設定之典權定有逾十年之期限者，依該辦法第八條之規定，一屆十年限滿，固應准出典人即時回贖。惟至民法物權編施行時尚未屆十年限滿者，其十年限滿之效力，既未於該辦法有效時期發生，依民法物權編施行法第二條之規定，自應依民法物權編定其得回贖之時期，如其約定期限逾三十年者，依民法第九百十二條、第九百二十三條第一項之規定，應將其約定期限縮短為三十年，俟三十年期限屆滿後，出典人始得以原典價回贖典物。（三〇上一六六八）

▲民法上所謂定有期限之典權，係指其典權定有回贖權停止行使之期限而言，若出典人與典權人約定出典人僅得於出典後三年內回贖者，乃就未定期限之典權，減短其回贖權之除斥期間為三年，並非所謂定有期限之典權。（三一上三五二三）

第九百十三條（絕賣之限制）

典權之約定期限不滿十五年者，不得附有到期不贖即作絕賣之條款。

典權附有絕賣條款者，出典人於典期屆滿不以原典價回贖時，典權人即取得典物所有權。

絕賣條款非經登記，不得對抗第三人。

(99)一、現行條文未修正，改列為第一項。

二、典權之典期在十五年以上而附有絕賣條款者，出典人於典期屆滿後不以原典價回贖時，典權人是否當然取得典物之所有權，學說並不一致，為免有害交易安全，自以明定為宜。爰增訂第二項，規定典權附有絕賣條款者，出典人於典期屆滿不以原典價回贖時，典權人即取得典物所有權，俾杜爭議。此所謂取得所有權者，與現行條文第九百二十三條第二項、第九百二十四條所定之「取得典物所有權」，性質上同屬繼受取得，併此敘明。

三、當事人約定有絕賣條款者，經登記後方能發生物權效力，足以對抗第三人，故土地及典權之受讓人或其他第三人（例如抵押權人），當受其拘束，爰增訂第三項。

*（典權之期限）民九一二；（期限之更新）民四四九；（典權人因期限之經過而取得典物所有權）民九二三㈡、九二四但；（類似規定）民八七三、八九三。

▲民法第九百十三條不過就典期不滿十五年之典權設定契約，禁止當事人附有到期不贖即作絕賣之條款，違者出典人仍得於典期屆滿後二年內回贖，非謂民法第九百二十三條第二項僅適用於典期屆滿十五年之典權。（三四上一一八八）

第九百十四條（刪除）

第九百十五條（典物之轉典或出租）

典權存續中，典權人得將典物轉典或出租於他人。但另有約定或另有習慣者，依其約定或習慣。

典權定有期限者，其轉典或租賃之期限，不得逾原典權之期限，未定期限者，其轉典或租賃，不得定有期限。」

轉典之典價，不得超過原典價。

土地及其土地上之建築物同屬一人所有，而為同一人設定典權者，典權人就該典物不得分離而為轉典或就其典權分離而為處分。

(99)一、按契約乃當事人互相表示意思一致之法律行為，現行條文第一項之「訂定」宜修正為「約定」，並酌為文字調整。

二、第二項後段文字改列為第三項，免滋疑義。

三、土地及土地上建築物之同一典權人，就其典權原得自由而為轉典或其他處分，然為避免法律關係之複雜化，爰對於同一人所有之土地及土地上建築物，同時或先後為同一人設定典權之情形，增訂第四項限制規定，典權人就其典物即土地及其土地上之建築物不得分離而為轉典或就其典權分離而為處分。

*（不動產物權之設定）民七五八、七六〇；（債權讓與之限制）民二九四㈠②；（轉租）民四四三、四四四；（租賃）民四二一、四二二；（轉質）民八九一；（優先承典權）土地一〇七；（習慣）民一、二。

▲典權人於其權利存續之期間，雖得以自己之責任逕行轉典於人，然轉典之範圍，應以原典權之範圍為準。苟典權人於原典權範圍以外，更指定該典產為他項債權之擔保或加價轉典者，其責任即應由原典權人負擔，而原出典人（即業主）祇須備齊原價，即能向轉典人取贖，消滅其物上之擔負。（一八上一八七）

▲民法第九百十五條第一項但書所稱之習慣，固有優先於成文法之效力，惟此係指限制典權人將典物轉典或出租於他人之習慣而言，並不包含轉典得不以書面為之之習慣在內，轉典為不動產物權之設定，依民法第七百六十條之規定，應以書面為之，縱有相反之習慣，亦無法之效力。（二八上一〇七八）

▲（三〇上一六六八）參見本法第九百十二條。

▲依民法第九百十五條設定之轉典權為物權之一種，不僅對於轉典人存在，對於出典人亦有效力。故出典人回贖典物，仍應向轉典權人為回贖之意思表示，如轉典權人對其回贖權有爭執時，自非不得以轉典權人為被告，提起請求放贖典物之訴。（三二上三一六四）

▲民法第九百十五條第二項所謂轉典之期限不得逾原典權之期限，係指轉典期限屆滿之時期，不得後於原典權期限屆滿之時期而言。故原典權之期限經過一部分後轉典者，其轉典之期限不得逾原典權之殘餘期限，原典權之期限屆滿後轉典者，其轉典不得定有期限。（三二上三九三四）

▲轉典權為物權之一種，不僅對於轉典權人存在，對於出典人亦有效力，且典權人既已將典物得價轉典，則出典人回贖典物時，典權人就原典價內相當於轉典價數額之部分，自無受領權。故出典人回贖典物應向典權人及轉典權人各為回贖之意思表示，並向典權人提出多於轉典價部分之原典價，向轉典權人提出轉典價，始得請求轉典權人返還典物，其僅向典權人提出原典價回贖者，不得以之對抗轉典權人。（三三上一九一八）

▲被上訴人於日據時期向某甲借用日金，就訟爭土地設定質權，約定期限十年，某甲即將該土地出租於某乙耕作，準照民法第九百十五條第二項之規定，其租賃期限自不得超

過質權設定之期間。（四四臺上一七三〇）

▲（四五臺上八四一）參見本法第四百二十五條。

▲民法第九百十五條設定之轉典權，為物權之一種，不僅對於轉典權人存在，對於出典人亦有效力。故出典人回贖典物，應向典權人及轉典權人各為回贖之意思表示，如出典人回贖典物時，典權人及轉典權人對於其回贖權有爭執者，得以典權人及轉典權人為共同被告，提起確認典權及轉典權不存在，並請求轉典權人返還典物之訴。（四六臺上五五五）

▲（八一臺上二九九）參見本法第九百十一條。

第九百十六條　（轉典或出租之責任）

典權人對於典物因轉典或出租所受之損害，負賠償責任。

⇧謹按典權人既得將典物轉典或出租於他人，則典物因轉典或出租所受之損害，自應由典權人負賠償責任，方足以昭公允。此本條所由設也。

*（典權人之轉典或出租）民九一五；（損害賠償）民二一三～二一八、九二二。

第九百十七條　（典權之讓與）

典權人得將典權讓與他人或設定抵押權。

典物為土地，典權人在其上有建築物者，其典權與建築物，不得分離而為讓與或其他處分。

⑲一、典權為財產權之一種，依其性質，典權人得自由處分其權利，亦得以其權利設定抵押權，以供擔保債務之履行。為周延計，爰修正第一項，增訂典權人得將典權設定抵押權之規定。

二、典權之受讓人當然取得其權利，無特別規定之必要，且修正條文第八百三十八條僅規定得讓與，而無受讓人取得原權利之文字，爰刪除現行條文第二項。

三、典權人在典物之土地上營造建築物者，典權與該建築物應不得各自分離而為讓與或其他處分，例如建築物設定抵押權時，典權亦應一併設定抵押權，反之亦同，俾免因建築物與土地之使用權人不同，造成法律關係複雜之困擾，爰增訂第二項。

*（不動產物權之設定）民七五八、七六〇；（其他物權之讓與）民八三八；（轉質）民八九一；（典權得為抵押權之標的）民八八二；（典權讓與與租賃之關係）民四二五～四二七；（買賣之瑕疵擔保責任）民三四九～三五三；（優先承買權）土地一〇七；（典物之讓與）民九一八；（典物之轉典或出租）民九一五；（類似規定）民四二五、八六七。

▲典權人將典物轉典於他人後，固得向轉典權人回贖，惟轉典之後又將其典權讓與於轉典權人者，自不得再向該轉典權人回贖。（三一上一六三一）

▲某甲將承典上訴人之田地典與被上訴人，其所立之典契內既載有「自典之後，或湊或贖，聽憑原主之事，與甲無干」字樣，則探求當事人締約之真意，顯係為民法第九百十七條第一項所謂典權之讓與。（三三永上二〇六）

第九百十七條之一　（典權人之義務）

典權人應依典物之性質為使用收益，並應保持其得永續利用。

典權人違反前項規定，經出典人阻止而仍繼續為之者，出典人得回贖其典物。典權經設定抵押權者，並應同時將該阻止之事實通知抵押權人。

⑲一、本條新增。

二、不動產是人類生存之重要資源，固應物盡其用，發揮其最大經濟效益，然為免自然資源之枯竭，與不動產本質之維護，使其得永續利用，仍應力求其平衡，爰增設第一項（瑞士民法第七百六十八條、第七百六十九條、日本民法第二百七十一條、魁北克民法第一千一百二十條、義大利民法第九百七十二條第一項第一款、第一千零六十七條第一項，德國民法第一千零二十條第一項參照）。典權人對典物之使用收益應依其性質為之，不得為性質之變更，就建築物之用益不得有不能回復其原狀之變更，土地尤不得過度利用，戕害其自我更新之能力，以保持典物得永續利用。

三、倘典權人違反上開義務，為維護出典人權益及不動產資源之永續性，應使出典人有阻止之權。如經阻止而仍繼續為之者，並使其有回贖典物之權，以保護出典人，爰仿修正條文第八百三十六條之三，增訂第二項前段。若典權經設定抵押權者，為保障抵押權人之權益，爰參酌修正條文第八百三十六條第一項規定，增訂出典人於阻止典權人時，應同時將該阻止之事實通知抵押權人之規定。

第九百十八條　（典物之讓與）

出典人設定典權後，得將典物讓與他人。但典權不因此而受影響。

⑲現行條文第二項只言權利未及義務，不夠周延，且易使人誤解典權為對人權，爰參酌現行條文第八百六十七條規定，刪除現行條文第二項，並於第一項酌為文字調整後增訂但書。

*（典權人之留買權）民九一九；（出典人之找貼讓與）民九一六；（不動產之移轉）民七五八、七六〇，土登三、八四；（典物之轉典或出租）民九一五；（典權之讓與）民九一七。

▲釋一三九。

▲房屋雖經買受，而成立在前之典權，自得本於追及效力，向原典之標的物行使權利。故買主非就該標的物即所買房屋所應分擔之典價完全剔除，其所有權之限制，自屬依然存在。（一九上四九一）

▲出典人於典權設定後，得將典物之所有權讓與他人，民法第九百十八條第一項定有明文。故出典人之債權人僅就典物為禁止出典人讓與其所有權之假扣押時，典權人不得提起異議之訴。（二八上一一二七五）

▲（二九上二〇）參見本法第一條。

▲出典人將典物之所有權讓與他人時，其回贖權即一併移轉於受讓人。故在讓與後不得復向典權人回贖。（三一上一六五五）

▲強制執行法第十五條所謂就執行標的物，有足以排除強制執行之權利，除所有權外，固兼括典權在內，惟此指典權本身因強制執行受有妨礙之情形而言。倘出典人之債權人，僅就典物為禁止出典人讓與其所有權之假扣押，或僅請就典物之所有權執行拍賣時，則依民法第九百十八條規定之精神，典權人自不得提起異議之訴。（五一臺上三四五）

第九百十九條　（典權人之留買權）

出典人將典物出賣於他人時，典權人有以相同條件留買之權。

前項情形，出典人應以書面通知典權人。典權人於收受出賣通知後十日內不以書面表示依相同條件留買者，其留買權視為拋棄。

出典人違反前項通知之規定而將所有權移轉者，其移轉不得對抗典權人。

⑲一、現行條文規定之留買權僅具債權之效力，其效力過於薄弱。為期產生物權之效力，該留買權必具有優先於任何人而購買之效果，出典人不得以任何理由拒絕出賣。又為兼顧出典人之利益，典權人聲明留買不宜僅限於同一之價額，必條件完全相同，始生留買問題，爰仿土地法第一百零四條第一項規定修正，改列為第一項，並作文字調整。

二、為期留買權之行使與否早日確定，爰仿土地法第一百零四條第二項規定，增訂第二項，明定出典人應踐行通知典權人之義務及典權人於收受通知後十日內不為表示之失權效果，期使法律關係早日確定。

三、為使留買權具有物權之效力，爰增訂第三項，明定出典人違反通知義務而將所有權移轉者，不得對抗典權人。

*（典物之讓與）民九一八；（其他法定優先承買權）土地一〇四、一〇七，三七五減租一五；（找貼取得所有權）民九二六；（不動產物權之移轉）民七五八、七六〇。

▲民法第九百十九條為關於典權效力之規定，依民法物權編施行法第二條，於民法物權編施行前發生之典權亦適用之。（二八上一八八一）

▲（二九上二〇）參見本法第一條。

▲民法第九百十九條之規定，限於典權存續中出典人將典物之所有權讓與他人時始能適用，若出典人於回贖典物後將其所有權讓與他人，則其時典權已因回贖而消滅，該物既不復為典物，當事人雙方亦各失其出典人與典權人之地位，自無適用同條之餘地。（二九上二〇一五）

▲民法第九百十九條所稱之留買，係典權人請求出典人訂立買賣契約之權利，此項權利限於出典人將典物所有權讓與他人時始得行使。（三三上六四七九）

第九百二十條（危險分擔——非常事變責任）

典權存續中，典物因不可抗力致全部或一部滅失者，就其滅失之部分，典權與回贖權，均歸消滅。

前項情形，出典人就典物之餘存部分，為回贖時，得由原典價扣除滅失部分之典價。其滅失部分之典價，依滅失時滅失部分之價值與滅失時典物之價值比例計算之。

(99)一、第一項未修正。

二、第二項所定回贖典物時扣減原典價之方法，在扣盡原典價之情形下，有類於典權人負擔全部損失，尚欠公平，且典權人之責任竟與現行條文第九百二十二條典權人有過失之責任無異，亦有不妥。爰修正為依滅失時典物滅失部分之價值與滅失時典物價值之比例扣減之，以期公允。例如出典房屋一棟，典價為九十萬元，因不可抗力致房屋一部滅失，經估算滅失時房屋價值為三百萬元，該滅失部分為一百八十萬元，如依現行法規定，回贖金額為$90-(180\times1/2)=0$即出典人不須支付任何金額即可回贖原典物之餘存部分，甚不公平。如依修正條文計算之，滅失時滅失部分之典價為五十四萬元$(90\times180/300)$，回贖金額為三十六萬元$(90-54)$即出典人須按比例支付三十六萬元，始得回贖典物房屋餘存之部分。

*（典權消滅之原因）民七六二、七六四、七六九、七七〇、七七二、九一三、九一九、九二三、九二四、九二六，土地二〇八；（典權之內容）民九一一；（回贖權）民九二三、九二四；（典權人之重建修繕權）民九二一；（典權人之保管典物責任）民九二二。

第九百二十一條（典權人之重建修繕權）

典權存續中，典物因不可抗力致全部或一部滅失者，除經出典人同意外，典權人僅得於滅失時滅失部分之價值限度內為重建或修繕。原典權對於重建之物，視為繼續存在。

(99)物權因標的物滅失而消滅，固係物權法之原則。惟為保護典權人之權益，典物因不可抗力致全部或一部滅失者，特賦予重建或修繕之權，是以典權人依本條規定為重建時，原典權仍應視為繼續存在於重建之標的物上，以釐清典權人與出典人間之權利義務關係，爰予修正。

*（危險分擔）民九二〇；（典權人之重建費用償還請求權）民九二七。

第九百二十二條（典權人保管典物責任）

典權存續中，因典權人之過失，致典物全部或一部滅失者，典權人於典價額限度內，負其責任。但因故意或重大過失，致滅失者，除將典價抵償損害外，如有不足，仍應賠償。

⇧謹按典權存續中，如因典權人之過失，致將典物全部或一部滅失者，典權人應否負損害賠償之責任，應視其過失之輕重，以定賠償之標準。如為輕微之過失，典權人僅於其典權限度內負其責任，如典物全部或一部之滅失，係出於典權人之故意或重大過失所致者，則除將典價抵充賠償外，並應依侵權行為之原則，使典權人再負賠償之全責，庶足以保護出典人之利益。此本條所由設也。

*（故意過失責任）民二二〇～二二四；（典物之轉典或出租）民九一五、九一六；（典期）民九一二；（損害賠償）民二一三～二一八；（讓與請求權之適用）民二二八；（典物因不可抗力而滅失）民九二〇、九二一。

第九百二十二條之一（典權之存續）

因典物滅失受賠償而重建者，原典權對於重建之物，視為繼續存在。

(99)一、本條新增。

二、物權通常因標的物之滅失而消滅，標的物於其後回復者，非有物權發生之原因或法律之規定，要不能當然回復。典權人因受賠償所重建滅失之典物，學者通說認為在重建範圍內原典權視為繼續存在，為期明確，爰將其明文化。

第九百二十三條（定期典權之回贖）

典權定有期限者，於期限屆滿後，出典人得以原典價回贖典物。

出典人於典期屆滿後，經過二年，不以原典價回贖者，典權人即取得典物所有權。

⇧謹按典權之特質，即在於出典人保有回贖之權利，故典權定有期限者，於期間屆滿後，出典人得以原典價回贖典物，典權人不得拒絕。若出典人於典期屆滿後，經過二年而不回贖者，應使典權人即取得典物所有權，所以使權利狀態，得以從速確定也。

*（期限）民一〇二；（典權之期限）民九一二；（絕賣之限制）民九一三；（未定期典權之回贖）民九二四；（回贖之時期與通知）民九二五；（找貼）民九二六。

▲清理不動產典當辦法第三條載未滿六十年之典當，無論有無回贖期限及曾否加典、續典，自立約之日起算已逾三十年者，統限原業主於本辦法施行後三年內回贖，如逾限不贖，祇准原業主向典主告找作絕，不許告贖等語。是典當契約已逾三十年，於民國四年辦法施行後三年內未回贖者，不得告贖。（一七上五八二）

▲上訴人於民國四年十月十八日將其所有之某地出典於被上訴人，雖約定期限二十年，惟其出典係在清理不動產典當辦法施行之後，依該辦法第八條之規定，在民法物權編施行前已屬不得回贖，自無適用民法物權編施行法第二條及民法第九百二十三條之規定，回贖典物之餘地。（二九上五八七）

▲典權定有期限者，出典人雖有於期限屆滿後二年內以原典價回贖典物之權利，要不負以原典價回贖典物之義務。典權人對於出典人自無備價回贖之請求權。（二九上一〇〇六）

▲上訴人所稱民國十年十二月間典受被上訴人之地六畝，約定六年期限，民國十年十月間典受被上訴人之地二畝及一畝三分，亦約定十年期限等情，如果屬實，則約定六年期限之六畝，依民法物權編施行法第十五條及清理不動產典當辦法第八條之規定，僅得於六年滿後之四年內回贖，其約定十年期限之二畝及一畝三分，依民法第九百二十三條之規定，亦僅得於十年滿後之二年內回贖，被上訴人遲至民國二十八年始行回贖，顯已經過得贖之期間。（二九上一五〇五）

▲民法第九百二十三條第二項所定二年之期間，為回贖權之除斥期間，此項期間經過時，回贖權絕對消滅，不得因當事人之行為使之回復。如其取得典物所有權之典權人，與出典人約定出典人支付與原典價同額之價金時，即將該物之所有權移轉於出典人，其契約固非無效，然此為別一法律關係，並非使出典人已經喪失之回贖權因此回復。（二九上一七九五）

▲當事人間就所設定之典權約定在若干時期內不得回贖者，為定有期限之典權，不適用民法第九百二十四條之規定。（二九上一八五五）

▲民法第九百二十三條第二項所定二年之期間，為無時效性質之法定期間，無適用民法第一百四十一條之餘地。（二九上二〇三四）

▲增加典價不過變更典價之數額，苟非同時別為伸長典期之訂明，則原定之典期自不因之而變更。（三〇上四四）

▲民法第九百二十三條第一項規定典權定有期限者，於期限屆滿後，出典人得以原典價回贖典物。是其所稱之期限，為回贖權停止行使之期限，苟無其他規定加以限制，出典人固得於期限屆滿後不拘年限隨時回贖。惟同條第二項又規定出典人於典期屆滿後經過二年不以原典價回贖者，典權人即取得典物所有權。此所謂典期，即指第一項所稱之期限而言，故當事人定期限時，縱有得於期限屆滿後不拘年限隨時回贖之意思，亦僅得於期限屆滿後二年內回贖，不得謂定有如斯意義之期限者，即可排斥第二項之適用。（三〇上一四八）

▲民法物權編施行前定有期限之典權，係在清理不動產典當辦法施行後設定者，如依民法已屬不得回贖，應依民法物權編施行法第十五條，適用清理不動產典當辦法第八條定其得回贖與否。查該辦法第八條所稱不滿十年之典當，係指約定期限不滿十年之典當而言，此項約定之期限，原為回贖權停止行使之期限，苟法文未加限制，出典人固得於期限屆滿後不拘年限隨時回贖。惟依該條規定此種不滿十年之典當，雖未附有到期不贖聽憑作絕之條件，亦祇准於立約之日起十年之期間內告贖，故當事人定期限時，縱有得於期限屆滿後不拘年限隨時回贖之意思，亦僅得於期限屆滿後，自立約日起未逾十年之期間內回贖。（三〇上三四七）

▲出典人之回贖權，為提出原典價向典權人表示回贖之意思，使典權歸於消滅之權利。故出典人僅向典權人表示回贖之意思而未提出典價者，仍無消滅典權之效力。（三〇上三七一）

▲清理不動產典當辦法施行後，設定之典權所定期限為十年，而在民法物權編施行時尚未屆十年期滿者，依民法物權編施行法第二條、民法第九百二十三條第二項規定，祇得於其十年期限屆滿後二年內以原典價回贖。在此期間內，如不以原典價回贖，則其典物之所有權即由典權人取得。（三〇上三八一）（三〇上三八二）

▲典權定有期限者，典權人拋棄其期限之利益，而許出典人於期限屆滿前回贖典物，並非法之所禁。（三〇上五一四）

▲被上訴人於民國二十五年就訟爭田業為上訴人設定之典權，其所立典契於載明以十五年為限之外，尚載有出典人如於典期內回贖，應補償典權人兌款及修整費之特約。則被上訴人於典期內依此特約向上訴人回贖，自非上訴人所能藉口典期未經屆滿，予以拒絕。（三〇上一三八八）

▲民法物權編施行前定有期限之典權，在清理不動產典當辦法施行前設定，而於該辦法施行後始滿三十年者，依該辦法第三條之本旨推之，應許出典人於滿三十年後三年內回贖。故在民法物權編施行時如尚未滿三十三年，雖已逾民法第九百二十三條第二項所定二年之期間，但依民法物權編施行法第十五條，仍得依舊法規回贖。（三〇上一七九七）

▲民法第九百二十三條第二項所定二年之期間，為無時效性質之法定期間，依民法物權編施行法第五條第一項規定，在同編施行前已屆滿者，其期間為屆滿。是民法物權編施行前定有期限之典權能否回贖，除該施行法別有規定外，應以此項法定期間是否尚未屆滿為斷。該施行法第十五條固就已逾此二年期間之典權，依舊法規得回贖者，仍許其回贖。但依舊法規不得回贖，而民法第九百二十三條第二項所定二年期間，亦已於民法物權編施行前屆滿者，即應逕依該施行法第五條第一項辦理，並無適用舊法規之餘地。（三〇上二一一二）

▲民法第九百十二條係就約定期限加以不得逾三十年之限制，第九百十三條則就約定期限不滿十五年者，加以不得附有到期不贖即作絕賣條款之限制，與第九百二十三條第二項係就回贖權之除斥期間而為規定者，旨趣各別。故違反第九百十二條之規定者，於屆滿三十年後，違反第九百十三條之規定者，於約定期限屆滿後，雖仍適用第九百二十三條第二項之規定，要不得因是即謂該條項非約定期限之在三十年以下十五年以上者，不得適用。（三一上一六九七）

▲民法第九百二十三條第二項所定二年之期間，為回贖權之除斥期間，此項期間經過時回贖權絕對消滅，並不因典權人之有無催告回贖而受影響。（三一上一八五六）

▲出典人在民法第九百二十三條第二項所定期間內，提出原典價向典權人回贖典物，而典權人無正當理由拒絕受領者，仍應認為已有合法之回贖。（三一上二四一〇）

▲不動產典價係以制錢或銅元定其數額者，出典人回贖典物，得按回贖時財政部所定銅元兌換法幣之價，折合法幣返還。（三一上二七九九）

▲民法物權編施行前定有期限之典權，依民法已不得回贖，而依舊法規尚得回贖者，依同編施行法第十五條之規定，既應適用舊法規准其回贖，即不受民法第九百二十三條第二項所定期間之限制。（三一上二九三五）

▲依民法第九百十五條設定之轉典權為物權之一種，不僅對於轉典人存在，對於出典人亦有效力。且典權人既已將典物得價轉典，則出典人回贖典物時，典權人就原價內相當於轉典價數額之部分自無受領權，故出典人僅向典權人提出原典價回贖者，[illegible]（三一上三〇三）

▲清理不動產典當辦法施行後，民法物權編施行前設定之典權，定有逾十年之期限者，依該辦法第八條之規定一屆十年限滿，固應准出典人即時回贖，惟至民法物權編施行時尚未屆十年限滿者，其十年限滿之效力既未於該辦法有效時期發生，依民法物權編施行法第二條之規定，自應依民法物權編定其得回贖之時期，如其約定期限不逾三十年者，依民法第九百二十三條第一項之規定，應俟期限屆滿後，出典人始得以原典價回贖典物。（三二上一一三四）

▲民法第九百二十三條第二項所定二年之期間，當事人不得以法律行為加長之。故定有期限之典權，當事人約定期限屆滿後超過二年之期間內，得為回贖，或不拘年限隨時得為回贖者，無效。（三二上三三五八）

▲民法上所謂定有期限之典權，係指其典權定有回贖權停止行使之期限者而言。若出典人與典權人約定出典人僅得於出典後三年內回贖者，乃就未定期限之典權減短其回贖權之除斥期間為三年，並非所謂定有期限之典權。（三二上三五二三）

▲出典人回贖典物，祇須提出原典價向典權人提示回贖之意思，即生消滅典權之效力。縱令典權人對於出典人提出之原典價拒絕收領，出典人亦未依法提存，於典權之消滅均不生影響。（三二上四〇九〇）

▲定有期限之典權復以契約加長期限者，為典權之變更，非典權之更新設定。（三二上五九〇二）

▲民法物權編施行前清理不動產典當辦法施行後所設定之典權，如在民法物權編施行時已滿十年者，依清理不動產典當辦法第八條之規定，無論曾否定有期限及所定期限為若干年，均不得再行回贖。其在民法物權編施行時未滿十年者，除未定期限之典權，得依民法物權編施行法第二條、第五條第二項、民法第九百二十四條之規定，於出典後三十年內回贖外，若係定有期限之典權，應先依民法物權編施行法第二條、第五條第一項、第二項、民法第九百二十三條第二項之規定，定其得否回贖如依民法已屬不得回贖，即應依清理不動產典當辦法第八條之規定，定其得回贖與否。（三三上二）

▲清理不動產典當辦法施行後設定之典權，其所定之期限為十年或超過十年者，依該辦法第八條之規定一屆十年期滿，應准業主即時回贖，業主屆十年之期不即時回贖者，聽憑典主過戶投稅，嗣後即不得再行回贖。其所謂即時者，係指十年期滿後一般交易觀念所認為回贖必需之時期而言，故在民法物權編施行時雖已十年期滿，而一般交易觀念所認為回贖必需之時期，在民法物權編施行時尚未屆滿者，仍得於十年期滿後之二年內回贖。（三三永上二八八）

▲典物之價額無論較出典時有無增漲，依民法第九百二十三[illegible]

事訴訟補充條例第十一條、第十二條聲請調解者，法院有時得依同條例第二十條第二項為加價回贖之裁判外，不得命出典人增加贖價。（三三上六一一）

▲典物之所有權原屬於出典人，典權人將典物轉典後，如未依法取得典物所有權，則轉典權人在典權人之回贖權消滅時，僅取得典權人之典權，與典權人讓與典權無異，並不取得出典人之所有權，出典人自得逕向轉典權人回贖典物。（三三上六八〇）

▲民法第九百二十三條第二項所定二年之期間，以得約定減短為原則，此觀民法第九百十三條對此原則設有例外規定自明，民法第九百二十四條但書所定之期間長至三十年，其得以法律行為減短之尤不待言。故未定期限之典權約定僅得於出典後十年內回贖者，自應認為有效。（三三上二五六六）

▲如果上訴人確已將典物依法轉典，被上訴人回贖典物時，固應向典權人及轉典權人各為回贖之意思表示，並向典權人提出多於轉典價部分之原典價，向轉典權人提出轉典價，始得請求轉典權人返還典物。惟出典人直接向典權人提出全部典價而為回贖之意思表示，並請求返還典物者，典權人仍負有消滅其設定之轉典權，取回典物返還於出典人之義務。（三三上三六五六）

▲耕地大佃契約定有期限者，出租人如依法律之規定有於期限屆滿前終止租賃契約之權，自得專就租賃部分終止契約，當事人明定期限屆滿前終止租賃契約時，典期即為屆滿者，從其所定。當事人雖未明定，依兩契約之結合關係，亦應解為有此意思，故於終止租賃契約時，得即回贖典物。（三三上三九五〇）

▲出典人設定典權後祇有回贖之權利，不負以原典價回贖典物之義務。故典權人對於出典人無備價回贖之請求權。（三三上六三八七）

▲清理不動產典當辦法施行後，民法物權編施行前設定有期限之典權，如在民法物權編施行時尚未滿十年者，除依民法物權編施行法第十五條規定應適用舊法規者外，應依同編施行法第二條、第五條合併計算其已經過之期間與施行後之期間，再依民法第九百二十三條第二項之規定，以定其得回贖與否。（三四上九三二）

▲定有期限之典權當事人，以契約加長期限者，須於期限屆滿前為之，於期限屆滿後以契約加長期限，既為法律所不許，即無從尊重當事人之意思，而認為有效。（三七上七八二四）

▲定有期限之典權當事人，以契約加長期限者，須於期限屆滿前為之，在期限屆滿後為之者不能認為有效，出典人自不得於原有期限之回贖期間經過後，據此項加長期限之契約回贖典物。（三八臺上三一七）

契約，即係所有權人對於所有物處分之另一行為，不能認為無效。（三九臺上三三〇）

▲出典人於其得回贖典物之期間內，向典權人提出原典價為回贖之意思表示者，其典權於意思表示發生效力時，始行消滅。（三九臺上一三一八）

▲民法第九百二十三條第二項所定回贖權行使之二年期間，不得由當事人以契約加長之。故定有期限之典權如當事人同意加長典期，應於典期尚未屆滿前為之，若於期滿後之法定二年回贖期間內，始為典期延長之約定者，無異由當事人以契約加長法定回贖期間，即為法所不許。（三九臺上一四二六）

▲臺灣光復前所發生之不動產質權，係屬一種擔保物權，與民法物權編所定之典權迥不相同。故質權人於質權存續期間屆滿後，未經出質人回贖，除有特別情事外，仍無取得質物所有權之可能。（四〇臺上一一〇九）

▲（八一臺上二九九）　參見本法第九百十五條。

第九百二十四條（未定期典權之回贖）

典權未定期限者，出典人得隨時以原典價回贖典物。但自出典後經過三十年不回贖者，典權人即取得典物所有權。

⇧謹按本條之立法意義，與前條大致相同，即未定期限之典權，出典人得隨時以原典價回贖之。但自出典後已經過三十年仍不回贖者，是出典人無意回贖，已甚明顯，法律即無再予保護之必要，典權人得即取得典物所有權，蓋使權利狀態得以從速確定也。

*（定期典權之回贖）民九二三；（回贖之時期與通知）民九二五；（典權最長期限之限制）民九一二；（找貼）民九二六。

▲民法第九百二十四條但書所定三十年之期間，雖出典後曾有加典情事，仍應從出典之翌日起算。（二一上二三四）

▲出典人在民法第九百二十四條所定期間內，提出原典價回贖，而典權人無正當理由拒絕受領者，仍應認為已有合法之回贖。（二七上一六八〇）

▲加找典價，不過就已設定之典權變更其典價之數額，並非使原典權消滅，重新設定典權。至於加價時換立典契，形式上雖與批載於典契者稍有不同，而其加價之性質並不因此變更。苟無其他特別情事，不能僅據換立典契一事，即認為重新設定典權。民法第九百二十四條但書所定三十年之期間，自不應由加找典價時起算。（二九上一九七四）

▲院字第一四一三號解釋，所謂在清理不動產典當辦法施行前立約，而於施行後屆滿三十年者，應於期滿後三年內回贖云云。係指清理不動產典當辦法施行前設定之典權定有期限，未經定有期限者，如依民法之規定已屬不得回贖，雖依清理不動產典當辦法尚得回贖，亦仍不得回贖。（三〇上一三六）

▲清理不動產典當辦法施行後所設定之典權未定期限者，如至民法物權編施行之日，尚未滿該辦法第八條所定十年之期間，則依民法物權編施行法第二條、第五條第二項、民法第九百二十四條之規定，出典人得於出典後三十年內隨時以原典價回贖典物，在此期間內典權人並無催告出典人回贖之權。此項回贖權，自不因典權人之催告回贖而受影響。（三〇上三二二）

▲清理不動產典當辦法施行前設定之典權，未經定有期限，其出典人之回贖權，依該辦法在民法物權編施行之日尚未消滅者，依民法物權編施行法第二條、第五條之規定，出典人僅得依民法第九百二十四條，於出典後三十年內回贖。（三〇上八五六）

▲民法物權編施行前設定之典權未定期限者，依民法物權編施行法第二條、第五條之規定，出典人固得依民法第九百二十四條，於出典後三十年內回贖典物。惟此僅指出典人之回贖權，依舊法規在民法物權編施行之日尚未消滅者而言，其回贖權在民法物權編施行前已依舊法規消滅者，不能因民法物權編之施行而回復。清理不動產典當辦法施行後，民法物權編施行前設定典權者，依該辦法第八條規定，務須約定不逾十年之期限，未約定期限者，按諸同條之本旨，僅得於出典後十年內隨時回贖。故自出典後至民法物權編施行時尚未滿十年者，出典人雖得依民法第九百二十四條，於出典後三十年內回贖，其已滿十年者，出典人仍不得回贖。（三〇上一九一一）

▲民法物權編施行前設定之典權未經定有期限者，如依民法之規定已屬不得回贖，雖依舊法規尚得回贖，亦仍不得回贖。此項典權設定於清理不動產典當辦法施行之前，而至該辦法施行時尚未滿三十年者，依該辦法第三條之本旨推之，固許出典人於滿三十年後三年內回贖，但在民法物權編施行時已滿三十年，或施行後始滿三十年者，依民法物權編施行法第二條、第五條第一、二兩項規定，在民法第九百二十四條所定三十年之期間屆滿後，不能以其未滿三十三年而許出典人回贖。（三一上四三九）

▲清理不動產典當辦法施行後，民法物權編施行前設定之典權，未經定有期限者，依清理不動產典當辦法第八條之規定，固僅得自出典後十年之期間內回贖，但至民法物權編施行時十年之期間尚未屆滿者，依民法物權編施行法第二條、第五條第二項之規定，自應適用民法第九百二十四條許出典人於出典後三十年內隨時回贖。（三二上一〇四九）

▲民法物權編施行法第十五條之規定，僅適用於定有期限之典權，同編施行前設定之典權未定期限者，依該施行法第

二條、第五條第一項、第二項，適用民法之規定，如已不得回贖，即無適用舊法規回贖之餘地。（三二上三五二三）

▲本件典權設定於民國前六十四年，依民法物權編施行法第五條第一項、民法第九百二十四條之規定，上訴人之回贖權早已因除斥期間之經過而消滅，自不得再向被上訴人主張回贖，其請求塗銷典權登記，亦屬無據。（五二臺上三六一六）

第九百二十四條之一　（出典人逕行回贖）

經轉典之典物，出典人向典權人為回贖之意思表示時，典權人不於相當期間向轉典權人回贖並塗銷轉典權登記者，出典人得於原典價範圍內，以最後轉典價逕向最後轉典權人回贖典物。

前項情形，轉典價低於原典價者，典權人或轉典權人得向出典人請求原典價與轉典價間之差額。出典人並得為各該請求權人提存其差額。

前二項規定，於下列情形亦適用之：

一　典權人預示拒絕塗銷轉典權登記。

二　典權人行蹤不明或有其他情形致出典人不能為回贖之意思表示。

(99)一、本條新增。

二、轉典後，出典人回贖時究應向典權人抑轉典權人為之，現行法尚無明文規定，易滋疑義。按行使回贖權時原應提出原典價為之，然轉典後，可能有多數轉典權存在，為避免增加出典人行使回贖權之負擔，及向典權人回贖，而其未能塗銷轉典權時，出典人若向最後轉典權人回贖，須再次提出典價，恐遭受資金風險之不利益，爰於第一項明定，出典人回贖時，僅須先向典權人為回贖之意思表示，典權人即須於相當期間內，向其他轉典權人回贖，並塗銷轉典權，嗣出典人提出原典價回贖時，典權人始塗銷其典權。如典權人不於相當期間向轉典權人回贖並塗銷轉典權登記者，為保障出典人之利益，特賦予出典人得提出於原典價範圍內之最後轉典價逕向最後轉典權人回贖之權利。

三、出典人依前項規定向最後轉典權人回贖時，原典權及全部轉典權均歸消滅。惟轉典價低於原典價或後轉典價低於前轉典價者，應許典權人及各轉典權人分別向出典人請求相當於自己與後手間典價之差額，出典人並得為各該請求權人提存該差額，俾能保護典權人與轉典權人之權益，而符公平。例如：甲將土地一宗以一千萬元出典於乙，乙以九百萬元轉典於丙，丙復以八百萬元轉典於丁。乙、丙、元向丁回贖者，乙之典權及丙、丁之轉典權均歸消滅，乙、丙就自己與後手間各一百萬元之典價差額，均得向甲請求返還。出典人甲並得分別為乙、丙提存典價之差額各一百萬元。爰增訂第二項。

四、轉典為典權人之權利，非出典人所得過問，然究不能因此過度增加出典人之負擔，故若典權人預示拒絕塗銷轉典權登記；行蹤不明或有其他情形致出典人不能為回贖之意思表示者，為避免增加出典人行使回贖權之困難，爰於第三項明定前二項規定亦適用之。

第九百二十四條之二　（推定租賃關係存在）

土地及其土地上之建築物同屬一人所有，而僅以土地設定典權者，典權人與建築物所有人間，推定在典權或建築物存續中，有租賃關係存在；其僅以建築物設定典權者，典權人與土地所有人間，推定在典權存續中，有租賃關係存在；其分別設定典權者，典權人相互間，推定在典權均存續中，有租賃關係存在。

前項情形，其租金數額當事人不能協議時，得請求法院以判決定之。

依第一項設定典權者，於典權人依第九百十三條第二項、第九百二十三條第二項、第九百二十四條規定取得典物所有權，致土地與建築物各異其所有人時，準用第八百三十八條之一規定。

(99)一、本條新增。

二、同屬於一人所有之土地及其建築物，可否僅以土地或建築物出典或將土地及其建築物分別出典於二人？實務上認為所有人設定典權之書面，雖僅記載出典者為建築物，並無基地字樣，但使用建築物必須使用該土地，除有特別情事，可解為當事人之真意，僅以建築物為典權之標的物外，應解為該土地亦在出典之列（司法院院解字第三七〇一號、第四〇九四號㈤解釋、最高法院三十三年上字第一二九九號判例參照）。惟查土地與建築物為各別獨立之不動產（現行條文第六十六條第一項），原得獨立處分，而法律又未限制典權人用益典物之方法，典權人不自為用益亦無不可，僅以土地或建築物設定典權或分別設定，亦有可能，是上開見解非無斟酌餘地。而同一人所有之土地及建築物單獨或分別設定典權時，建築物所有人與土地典權人、建築物典權人與土地所有人、建築物典權人與土地典權人間，關於土地之利用關係如何，倘當事人間有特別約定，自應物得繼續利用其基地，爰參考現行條文第四百二十五條之一，增訂第一項，明定於典權存續中，推定有租賃關係，以維護當事人及社會之經濟利益。例如：建築物與土地之所有人只出典土地，於典權存續中推定土地典權人與建築物所有人間有租賃關係，但若建築物先滅失時，租賃關係應歸於消滅；倘所有人只出典建築物，於典權存續中，推定建築物典權人與土地所有人間有租賃關係，若因建築物滅失而未重建致典權消滅者，租賃關係應歸於消滅；倘所有人將土地及建築物出典給不同人，於典權均存續中，建築物典權人與土地典權人間推定有租賃關係，如土地及建築物典權之一先消滅，則回歸適用本項前段或中段規定，至若建築物及土地均未經回贖者，則屬本條第三項之適用問題，併予敘明。

三、租金數額本應由當事人自行協議定之；如不能協議時，始得請求法院定之，爰增訂第二項。

四、依第一項設定典權者，於典權人依修正條文第九百十三條第二項、現行條文第九百二十三條第二項及第九百二十四條規定取得典物所有權致土地與建築物各異其所有人時，已回歸為建築物所有人與土地所有人間之關係，為使建築物對基地使用權單純及穩定，爰增訂第三項，明定準用修正條文第八百三十八條之一規定，視為已有地上權之設定。

第九百二十五條　（回贖之通知）

出典人之回贖，應於六個月前通知典權人。

(99)現代之土地耕作，邁向多元化，農作物之種植常有重疊情形，故收益季節難以明確劃分，如依現行法規定，出典人之回贖，事實上將有窒礙難行之處。為符實際，爰修正為出典人之回贖，不論典物為耕作地或其他不動產，均應於六個月前通知典權人，使典權人有從容預備之機會，而免意外之損失。

*（出典人之回贖權）民九二三、九二四；（類似規定）民四六〇，三七五減租一八；（回贖權之消滅）民九一三、九二〇、九二三㊁、九二四但、九二六。

▲上訴人倘本於大佃關係，請求放贖典物及交還租賃物，其起訴之時縱非在收益季節後次期作業開始前，如第二審辯論終結前，已屆收益季節後次期作業開始前，仍應認上訴人請求之時期為合於法律規定，其依土地法第一百八十條第三款、第五款終止租約時，關於同法第一百八十三條所定之通知時期，亦應按上開之說明辦理。（三二上五〇九三）

▲被上訴人於民國二十五年將其所有之小壙田業出典與上訴人，其典約內僅註「取當死當均照國例」字樣，此外並未訂明典權期限，為不爭之事實。原審探求契約當事人之真意，認上項典約係屬未定期限之典權，得由出典人隨時回

一五）

▲上訴人主張被上訴人起訴請求放贖，未於收益季節後次期作業開始前為之，與民法第九百二十五條之規定不合一節，查被上訴人起訴時確非在收益季節後次期作業開始前，但原審言詞辯論終結時，已屆收益季節後次期作業開始前，自可認被上訴人之請求時期為合於法律規定。（三三上三六一九）

第九百二十六條（找貼與其次數）

出典人於典權存續中，表示讓與其典物之所有權於典權人者，典權人得按時價找貼，取得典物所有權。

前項找貼，以一次為限。

⇧謹按出典人於典權存續中，表示讓與其典物之所有權於典權人者，典權人得按照時價找貼，取得典物所有權，此為我國固有之習慣，於出典人及典權人雙方均甚利益，故特設此項規定，以資便利。然習慣上往往有迭次請求找貼發生糾紛者，亦不可不示限制，故規定找貼以一次為限，所以杜無益之爭論也。

＊（出典人之讓與典物所有權）民九一八、九一九；（意思表示）民九四～九六；（不動產物權之移轉）民七五八、七六○；（典權之存續期間）民九一二、九二三、九二四。

▲民法物權編施行前適用之清理不動產典當辦法第三條，雖就不許告贖之典產仍准原業主（即出典人）向典主（即典權人）告找作絕。惟典權為民法物權編所定之物權，其在民法物權編施行前發生者，依民法物權編施行法第二條之規定，其效力自施行之日起依民法物權編之規定，民法物權編僅於第九百二十六條第一項規定，出典人於典權存續中，表示讓與其典物之所有權於典權人者，典權人得按時價找貼，取得典物所有權。若其典權人已因出典人不得回贖典物，依法取得典物所有權者，民法物權編既無許出典人向典權人告找之規定，自不得於民法物權編施行後再行告找。（二二上九七九）

▲民法第九百二十六條第一項僅規定，出典人於典權存續中，表示讓與其典物之所有權於典權人者，典權人得按時價找貼，取得典物所有權，並未認出典人有按時價找貼之請求權。即同條第二項亦不過規定典權人自願取得典物所有權時，所為之找貼以一次為限，仍不足為出典人有一次找貼請求權之論據。（三二上四二八三）

第九百二十七條（有益費用之求償權）

典權人因支付有益費用，使典物價值增加，或依第九百二十一條規定，重建或修繕者，於典物回贖時，得於現存利益之限度內，請求償還。

第八百三十九條規定，於典物回贖時準用之。

典物為土地，出典人同意典權人在其上營造建築物者，除另有約定外，於典物回贖時，應按該建築物之時價補償之。出典人不願補償者，於回贖時視為已有地上權之設定。

出典人願依前項規定為補償而就時價不能協議時，得聲請法院裁定之；其不願依裁定之時價補償者，於回贖時亦視為已有地上權之設定。

前二項視為已有地上權設定之情形，其地租、期間及範圍，當事人不能協議時，得請求法院以判決定之。

⑨一、現行條文未修正，改列為第一項。

二、學者通說以為典物上有工作物者，解釋上應可類推適用現行條文第八百三十九條規定，為兼顧出典人及典權人之利益，爰增訂第二項準用之規定。

三、典物為土地，出典人同意典權人在其上營造建築物者，除另有約定外，於典物回贖時，應按該建築物之時價補償之，以維護典權人之利益。出典人不願以時價補償者，於回贖時視為已有地上權之設定，俾顧及社會整體經濟利益，並解決建築基地使用權源之問題，爰增訂第三項。至如出典人未曾同意典權人營造建築物者，除另有約定外，於典物回贖時，出典人得請求典權人拆除並交還土地，乃屬當然。

四、出典人願依前項規定為補償而補償時價不能協議時，為兼顧雙方之權益，宜聲請法院裁定之。如經裁定後，出典人仍不願依裁定之時價補償，為保障典權人之利益及解決基地使用權問題，於典物回贖時，亦視為已有地上權之設定，爰增訂第四項。

五、前二項視為已有地上權設定之情形，其地租、期間及範圍，基於私法自治之原則，宜由當事人協議定之；如不能協議時，始請求法院以判決定之，爰增訂第五項。

＊（典物因不可抗力而滅失）民九二○、九二一；（典權人之重建修繕權）民九二一；（租賃權之類似規定）民四三一、三七五減租一三。

▲民法第九百二十七條載典權人因支付有益費用，使典物價值增加，或依第九百二十一條之規定重建或修繕者，於典物回贖時，得於現存利益之限度內，請求償還等語。此係以典權人支出本條所稱之有益費用、重建或修繕費用，其數額多於典物回贖時現存之利益額時，不應責令出典人償還費用之金額，故規定典權人僅於現存利益之限度內得請求償還，非謂典權人支出之費用少於現存之利益額時，典權人得按現存之利益額求償其費用。（三二上二六七二）

▲典權人雖有民法第九百二十七條所定之費用償還請求權，亦不得以此項費用未償還，為拒絕出典人回贖典物之理由。（三二上三二六四）

▲典權人因支付有益費用使典物價值增加者，依民法第九百二十七條之規定，於典物回贖時，得於現存利益之限度內請求償還。該條既不以支出有益費用先經出典人同意為償還請求權之發生要件，自不因未得出典人之同意影響償還請求權之行使。（三九臺上一○五二）

第九章 留置權

⇧謹按留置權者，謂債權人占有屬於債務人之動產，就其物所生之債權未受清償以前，有留置其物之權利也。故留置權之主旨，實為督促債務人之履行債務，以為雙方之公平。各國民法，多設此項規定，我民法亦仿瑞士及日本立法例，於物權編中特設本章規定之，亦為擔保物權之一。

第九百二十八條（留置權之定義）

稱留置權者，謂債權人占有他人之動產，而其債權之發生與該動產有牽連關係，於債權已屆清償期未受清償時，得留置該動產之權。

債權人因侵權行為或其他不法之原因而占有動產者，不適用前項之規定。其占有之始明知或因重大過失而不知該動產非為債務人所有者，亦同。

⑯一、限制物權例如地上權、永佃權、地役權、抵押權、動產質權、典權及修正之權利質權等，各該章節之首揭條文皆以定義規定之立法方式為之，為期明確並期立法體例一致，爰將本條修正為定義規定。又留置權在立法例上雖有債權性留置權與物權性留置權之分，且於物權性留置權，或僅有留置權能，或併有優先受償權能，各國立法例不一，故有關優先受償權能另規定於第九百三十六條，併此敘明。

二、留置權之標的物依現行法規定，以屬於債務人所有者為限，惟觀諸各國民法多規定不以屬於債務人所有者為限，例如瑞士民法第八百九十五條第三項、日本民法第二百九十五條第一項、韓國民法第三百二十條第一項等是，為期更能保障社會交易安全及貫徹占有之公信力，且事實上易常有以第三人之物作為留置對象，爰仿上開外國立法例，將「債務人之動產」修正為「他人之動產」。又所稱「動產」，解釋上當然包括有價證券在內，不待明文。

三、為維護公平原則，法律不允許債權人以侵權行為或其他不法原因取得留置權。又債權人占有動產之始明知或因重大過失而不知該動產非為債務人所有，如允許其取得留置權，將與民法動產所有權或質權之善意取得（第八百零一條、第八百八十六條）之精神有違，爰增訂第二項排除規定。

＊（動產）民六七；（占有）民九四〇～九四二、九四六；（同時履行抗辯權）民二六一、二六四；（牽連關係之擬制）民九二九；（留置權之效力）民一四五、九三二～九三六，破產一〇八、一〇九；（留置權擔保之範圍）民八八七、八九〇㊁；（法定留置權）民四四五、六一二、六四七、六五七、六六二、七九一，海商一二二；（不得留置之規定）民一〇九，土地一一八。

▲本件上訴人既將出賣之冷氣機交付被上訴人，依民法第七百六十一條第一項規定，其所有權已移轉於被上訴人。嗣後冷氣機因須修護而由上訴人卸回占有，其與有牽連關係之債權，惟為修護費用。茲上訴人所主張者為原買賣契約之價金債權，與其占有之冷氣機，即難認有牽連關係存在。上訴人主張基於價金債權，而將被上訴人交付修護之冷氣機予以留置不還，自非正當。（六二臺上一一八六）

第九百二十九條　（牽連關係之擬制）

商人間因營業關係而占有之動產，與其因營業關係所生之債權，視為有前條所定之牽連關係。

⑯占有動產與因營業關係所生之債權，二者合一，始得視為有前條所定之牽連關係，現行條文規定「及」字不妥，爰修正為「與」字。

＊（占有）民九四〇～九四二、九四六；（商業）商登二～五；（債之發生）民一五三、一六四、一六七、一七二、一七九、一八四～一九一；（適用動產之規定）海商六，民航一八。

▲依民法第九百二十九條之規定，商人間因營業關係所生之債權，與因營業關係而占有之動產，即可視為有牽連關係而成立留置權。縱其債權與占有，係基於不同關係而發生，且無任何因果關係，亦無不可。（六〇臺上三六六九）

第九百三十條　（留置權發生之限制）

動產之留置，違反公共秩序或善良風俗者，不得為之。其與債權人應負擔之義務或與債權人債務人間之約定相牴觸者，亦同。

⑯現行條文規定「……如違反公共秩序或善良風俗者，……」既有「如」，又有「者」，似嫌累贅，爰刪除「如」字，以期簡鍊。又所謂「與債權人所承擔之義務相牴觸者」，係指而言，例如物品運送人，負有於約定或其他相當期間內，將物品運送至目的地之義務，運送人卻主張託運人之運費未付，而扣留其物，不為運送者。所謂「與債務人於交付動產前或交付時所為之指示相牴觸者」，其本質為契約義務，現行規定易使人誤解為債務人之一方行為，且債務人事後所為之指示，如為債權人所接受者，已成為契約內容之一部，法律似無特予排除之理，例如債務人將汽車交債權人修理，於交付時言明汽車修復後，須交由債務人試用數日，認為滿意，始給付修理費者，債權人於汽車修畢後，仍以債務人之修理費未付而留置汽車，即屬適例。為期明確並避免誤解，本條爰修正如上。

＊（動產）民六七；（同時履行抗辯權）民二六四；（留置權之發生）民九二八；（公序良俗）民七二；（留置權之擴張）民九三一。

第九百三十一條　（留置權之擴張）

債務人無支付能力時，債權人縱於其債權未屆清償期前，亦有留置權。

債務人於動產交付後，成為無支付能力，或其無支付能力於交付後始為債權人所知者，其動產之留置，縱有前條所定之牴觸情形，債權人仍得行使留置權。

⇧謹按債權人行使留置權，須以債權已至清償期者為其要件，但債務人已無支付能力時，若仍須貫徹此旨，於債權人方面，未免失之過酷。故本條規定債務人無支付能力時，縱其債權未屆清償期之前，債權人亦得行使留置權。至債務人於動產交付後，成為無支付能力，或債務人無支付能力，於交付後始為債權人所知者，其動產之留置，雖與前條規定之情形有相牴觸，債權人仍得行使留置權，所以保護債權人之利益也。

＊（留置權之發生）民九二八；（留置權發生之限制）民九三〇；（動產）民六七；（動產之交付）民七六一；（清償期）民三一五、三一六；（不安抗辯權）民二六五。

第九百三十二條　（留置權之不可分性）

債權人於其債權未受全部清償前，得就留置物之全部，行使其留置權。但留置物為可分者，僅得依其債權與留置物價值之比例行使之。

⑯按留置權因係擔保物權，自具有不可分性。惟留置權之作用乃在實現公平原則，過度之擔保，反失公允，爰仿民法第六百四十七條意旨，增設但書規定，以兼顧保障債務人或留置物所有人之權益。

之不可分性）民八六八、八六九。

第九百三十二條之一　（留置物存有所有權以外的物權之效力）

留置物存有所有權以外之物權者，該物權人不得以之對抗善意之留置權人。

⑯一、本條新增。

二、留置物存有所有權以外物權之情形，事所恆有，例如留置物上存有質權等是。物權之優先效力，本依其成立之先後次序定之。惟留置權人在債權發生前已占有留置物，如其為善意者，應獲更周延之保障，該留置權宜優先於其上之其他物權，爰仿動產擔保交易法第二十五條，增訂本條規定。至留置物所有人於債權人之債權受清償前，本不得請求返還留置物之占有，要乃留置權之本質，自不生本條所謂對抗之問題，並予敘明。

第九百三十三條　（質權規定之準用）

第八百八十八條至第八百九十條及第八百九十二條之規定，於留置權準用之。

⑯留置權與質權同為擔保物權，均以占有動產促使債務人清償其債務為目的。故質權存續中質權人對質物之保管義務、使用或出租之限制、孳息收取權及有腐敗之虞時之變價權，在留置權本應準用。本條現行條文僅規定債權人對留置物之保管義務，有欠周延，爰修正為概括之準用規定。又因第九百二十八條之修正及準用修正條文第八百八十八條第二項之結果，留置物之使用或出租之同意，係指經留置物所有人之同意而言，併予敘明。

＊（保管費用之償還請求權）民九三四；（債權人之收取孳息權）民九三五；（善良管理人注意義務之類似規定）民四三二、四六八、五三五、五九〇、八八八；（故意過失責任）民二二〇、二二二、二二三。

第九百三十四條　（必要費用償還請求權）

債權人因保管留置物所支出之必要費用，得向其物之所有人，請求償還。

⇧謹按債權人因保管留置物所支出之必要費用，就理論言之，留置為謀債權人之利益，自應由債權人負擔其費用，然就事實言之，留置為因債務人之不為清償，否則無留置之必要。故此項費用，得使債務人償還，且所謂必要費用者，即有利於留置物之費用，係屬有利於債務人，尤應使其債權人得向債務人請求償還，方足以昭公允。故設本條以明示其旨。

五七。

第九百三十五條　（刪除）

㊈一、本條刪除。
二、現行規定已併入第九百三十三條修正條文，本條爰予刪除。

第九百三十六條　（留置權之實行）

債權人於其債權已屆清償期而未受清償者，得定一個月以上之相當期限，通知債務人，聲明如不於其期限內為清償時，即就其留置物取償；留置物為第三人所有或存有其他物權而為債權人所知者，應併通知之。

債務人或留置物所有人不於前項期限內為清償者，債權人得準用關於實行質權之規定，就留置物賣得之價金優先受償，或取得其所有權。

不能為第一項之通知者，於債權清償期屆至後，經過六個月仍未受清償時，債權人亦得行使前項所定之權利。

㊈一、現代社會資訊發達，交通便捷，一切講求快速，現行條文第一項規定債權人通知債務人清償之期限為「六個月以上」，對於債權已屆清償期而未為清償之債務人，保障過寬，將使留置權之實行耗費時日，對長期負保管責任之債權人，未免過苛，且有違現代工商社會之講求效率，為期早日免除債權人之責任並符實際，上開期限爰修正為「一個月以上」。又為配合修正條文第九百二十八條第一項及第九百三十二條之一之增訂，留置物如為第三人所有或存有其他物權而為債權人所知者，債權人應一併通知之，以維護其權益，爰增訂後段規定。
二、第三人之動產既得為留置權之標的物，該第三人自得以利害關係人之地位清償債務（民法第三百十一條參照），爰於第二項增列「留置物所有人」亦為清償之主體。又留置權之實行方法，不限於拍賣留置物，以訂約取得留置物之所有權、訂約以拍賣以外之方法處分留置物，應無不可（第八百九十五條準用第八百七十八條），另外有關權利質權之實行方法，與留置權性質不相牴觸者，亦在適用之列（第九百零五條、第九百零六條、第九百零六條之二）。而依留置權為擔保物權之本質，留置權人就留置物賣得之價金得優先受償，或取得其所有權，爰依上述意旨將第二項修正如上。

過長，爰修正為「六個月」，修正理由與第一項同。

*（清償）民三〇九；（清償期）民三一五、三一六；（拍賣）民八九三，民債施二八；（留置權實行之範圍）民八七八、八九五；（留置權實行之範圍）民九三二、九三五；（質權擔保範圍之準用）民八八七。

第九百三十七條　（留置權之消滅）

債務人或留置物所有人為債務之清償，已提出相當之擔保者，債權人之留置權消滅。

第八百九十七條至第八百九十九條之規定，於留置權準用之。

㊈一、配合第九百二十八條之修正，爰將本條「債務人」一詞修正為「債務人或留置物所有人」，俾前後一貫，並符實際。
二、第二項增列留置權消滅原因準用質權規定，係因留置權與質權均屬動產擔保物權，其目的係由債權人占有債務人或第三人所有之動產，以確保債務之受償，二者性質近似之故，是以本項之增設並不排除質權之其他相關規定仍得類推適用。

*（留置權消滅之原因）民七六二、七六四、八一五、八九九、九三八，破產一〇八、一〇九；（類似規定）民四四八。

第九百三十八條　（刪除）

㊈一、本條刪除。
二、現行條文已併入第九百三十七條第二項修正條文，本條爰予刪除。

第九百三十九條　（其他留置權之準用）

本章留置權之規定，於其他留置權準用之。但其他留置權另有規定者，從其規定。

㊈留置權之成立，無不由於法定者，本條所稱「法定留置權」，用語欠當，實指本章以外之「其他留置權」而言，為期明確，爰予修正並作文字整理。

*（法定留置權）民四四五、六一二、六四七、六五七、六六二、七九一㊁，海商一二二。

▲民法第四百四十五條第一項所稱之留置權，不以該留置物為不動產之出租人所占有為其發生要件，此通觀同條至第四百四十七條之規定極為明顯。（二八上六八七）

第十章　占　有

自來學者聚訟紛紜，各國立法例亦不一致，或有以占有為法律保護行使權利之事實之關係也。此說較為妥協，本章故定其名曰占有，不曰占有權也。

第九百四十條　（占有人之定義）

對於物有事實上管領之力者，為占有人。

⇧查民律草案第一千二百六十一條理由謂占有之意義，古今學說暨立法例均不一致。本法以事實上管領物之人為占有人，不問其為自己，抑為他人，均保護之，所以重公益也。但占有輔助人，例如僱工承雇主之命管領其物，則不得為占有人。故設本條以明示其旨。

*（物）民六六～七〇；（占有之原始取得）民八〇二、八〇三、八〇七、八〇八、八一一～八一四；（占有之保護）民八〇一、八八六、九四四、九四八、九五〇、九五一、九六〇、九六二；（占有之移轉）民七六一、九四六；（占有之推定）民九四三、九四四；（占有之合併）民九四七；（占有之效力）民九四三、九四四、九四八；（占有之變更）民七七一、九四五、九五九；（共同占有）民九六五；（占有之消滅）民七六四、九六四；（準占有）民九六六；（取得時效與占有）民七六八～七七〇；（間接占有人）民九四一；（占有輔助人）民九四二。

▲占有人對於占有之標的物有事實上之管領力，除真正所有權人得對之提起返還所有權之訴外，非他人所能干涉。（一八抗一〇一）

▲以占有被侵奪為原因請求返還占有物，惟占有人始得為之。所謂占有人，係指對於物有事實上管領之力者而言，此觀民法第九百六十二條、第九百四十條之規定自明。（四二臺上九二二）

▲強制執行法第十五條，所謂就執行標的物有足以排除強制執行之權利者，係指對於執行標的物有所有權、典權、留置權、質權存在情形之一者而言。占有，依民法第九百四十條之規定，不過對於物有事實上管領之力，自不包含在內。（四四臺上七二一）

▲占有僅占有人對於物有事實上管領力為已足，不以其物放置於一定處所，或標示為何人占有為生效條件。苟對於物無事實上管領力者，縱令放置於一定處所，並標示為何人占有，亦不能認其有占有之事實。（五三臺上八六一）

第九百四十一條　（間接占有人）

地上權人、農育權人、典權人、質權人、承租人、受寄人，或基於其他類似之法律關係，對於他人之物為占有者，該他人為間接占有人。

㊈現行條文關於直接占有人之例示多屬動產占有人，實則對

不動產亦得成立占有，為避免誤解，爰增列地上權人、農育權人、典權人，以資補充。

*（直接占有人）民九四〇；（占有輔助人）民九四二；（質權人）民八八四；（承租人）民四二一；（受寄人）民五八九；（其他類似法律關係）民四六四、四九〇、五二八、五七六、六一三、六二二、六六〇、八三二、八五〇之一、八五一、九一一、九二八、一〇九一、一一一〇、一一二〇九，破產八三。

▲占有人於標的物上所行使之權利，推定為適法。若他人就該標的物上之權利有所爭執，自須提出取得權原之證據，否則，仍應保護占有人之利益。（一七上四一九）

▲租賃物交付後，承租人於租賃關係存續中，有繼續占有其物而為使用收益之權利。故其占有被侵奪時，承租人自得對於無權占有之他人，行使其占有物返還請求權，此就民法第四百二十三條、第九百四十一條及第九百六十二條等規定觀之甚明。（四三臺上一七六）

第九百四十二條　（占有輔助人）

受僱人、學徒、家屬或基於其他類似之關係，受他人之指示，而對於物有管領之力者，僅該他人為占有人。

⑨⑨按本條所規定受他人指示而對於物有管領力者，乃指示人之占有輔助機關，亦即學說所稱之「占有輔助人」（黃右昌著：民法物權詮解第四四一頁參照）。而日常生活中亦常因家屬關係，受他人指示而為占有之輔助，爰增列「家屬」二字，以資涵括，俾利適用。

*（直接占有人）民九四〇；（間接占有人）民九四一；（僱傭）民四八二；（占有輔助人之權利）民九六〇、九六一；（占有之變更）民九四五；（占有之移轉）民九四六。

▲所謂輔助占有人，重在其對物之管領，係受他人之指示，至是否受他人之指示，仍應自其內部關係觀之，所謂內部關係，即民法第九百四十二條所指受僱人、學徒或其他類似關係。再抗告人雖為債務人之女，並與之住於同一屋內，但其本人如確已結婚成家獨立生活，而無從自內部關係證明其使用被執行之房屋係受債務人之指示時，尚難謂該再抗告人為債務人之輔助占有人。（六五臺抗一六三）

第九百四十三條　（占有權利之推定）

占有人於占有物上行使之權利，推定其適法有此權利。

前項推定，於下列情形不適用之：

一　占有已登記之不動產而行使物權。

二　行使所有權以外之權利者，對使其占有之人。

二、關於依占有而推定其權利適法之原則，德國民法第一千零六條、瑞士民法第九百三十條及日本民法第一百八十八條等均著有明文。其中日本民法以「物」為規範對象，德、瑞則限於動產始有適用。本法原參仿日本民法之體例而訂定本條。然而，關於物權之變動，動產以交付占有為生效要件，不動產則非經登記不生效力；兩者之公示方法完全不同。對於已登記之不動產物權，其交易相對人所應信賴者，乃地政機關之登記，尤不能依憑不動產之現時占有狀態而為權利之推定（現行條文第七百五十九條之一參照），因此，日本法制雖以登記為不動產物權變動之對抗要件，但其有力學說仍認第一百八十八條對於已登記之不動產並不適用（川島武宜編：注釋民法第七冊，物權2，第五五頁參照）；我國學者間亦多持同一主張（黃右昌著：民法物權詮解，第四四頁；史尚寬著：物權法論，第五二五頁等參照）是宜將「已登記之不動產物權」排除適用，俾免疑義，爰增列第二項第一款除外規定。

三、占有人依第一項規定，於占有物上行使權利，僅須證明其為占有人，即受本條權利之推定，就其占有物上行使之權利，不負舉證責任。惟於根據債權（如租賃或借貸）或限制物權（如動產質權）等所有權以外之權利而占有他人之物者，在占有人與使其占有人間，如逕依第一項規定而為權利適法之推定，其結果殊欠合理。例如甲將物交付乙占有，嗣甲以所有物返還請求權請求乙返還，乙認為其間有租賃關係存在，主張因租賃權而占有。依訴訟法上舉證責任分配之法則，乙對有權占有之事實負舉證責任，惟如依本條現行規定即得主張有租賃權而無庸另負舉證之責，顯與訴訟法上舉證責任分配之法則有違，且有欠公平。爰參考瑞士民法第九百三十一條第二項但書之精神，增訂第二項第二款，明定於占有人行使所有權以外之權利時，占有人不得對使其占有之人主張前項推定之效果，俾符公平。

*（占有人）民九四〇；（占有態樣之推定）民九四四；（物權之行使）民七六五。
民六六～七〇；（權利之行使）民七六五。

▲確認土地所有權存在之訴，原告就所有權存在之事實，固有舉證之責任。惟原告如為占有該土地而行使所有權之人，應依民法第九百四十三條推定其適法有所有權者，依民事訴訟法第二百八十一條之規定，除被告有反證外，原告即無庸舉證。（二九上三七八）

▲占有人以占有之事實，而主張占有物之所有權者，必爭執此所有權之人無相反之證明，或其所提出之反證無可憑信，始依民法第九百四十三條規定，生推定之效力。（三九臺上一二七）

第九百四十四條　（占有態樣之推定）

過失占有。

經證明前後兩時為占有者，推定前後兩時之間繼續占有。

⑨⑨一、占有人之占有是否無過失，第一項未設推定之規定。惟所謂「無過失」乃係就其善意占有已盡其注意義務，在「善意」已受推定之範圍內，學者認為無過失為常態，有過失為變態，且無過失為消極的事實，依一般舉證責任分配原則，占有人不須就常態事實及消極事實，負舉證責任。為明確計，爰於第一項增列之。

二、第二項未修正。

*（占有人）民九四〇；（占有權利之推定）民九四三；（所有意思之占有）民九四五；（善意占有）民九五二～九五五；（惡意占有）民九五六～九五九；（和平公然占有與取得時效）民七六八～七七〇、七七二；（善意受讓）民八〇一、八八六；（瑕疵占有者之責任）民九四九、九五〇。

第九百四十五條　（占有之變更）

占有依其所由發生之事實之性質，無所有之意思者，其占有人對於使其占有之人表示所有之意思時起，為以所有之意思而占有。其因新事實變為以所有之意思占有者，亦同。

使其占有之人非所有人，而占有人於為前項表示時已知占有物之所有人者，其表示並應向該所有人為之。

前二項規定，於占有人以所有之意思占有變為以其他意思而占有，或以其他意思之占有變為以不同之其他意思而占有者，準用之。

⑨⑨一、現行條文未修正，改列為第一項。

二、他主占有變為自主占有，現行條文規定占有人僅對使其占有之人表示所有之意思即可。惟使其占有之人非所有人之情形，事所恆有，為保障所有人之權益，爰增訂第二項，明定占有人於表示所有之意思時如已知占有物之所有人者，負有一併通知所有人之義務。

三、占有人占有特定物意思之變更，應不限於第一項所定之情形，有以所有之意思變為以其他意思而占有者，例如以所有之意思占有變為以地上權之意思占有等是。有以其他意思之占有變為以不同之其他意思而占有者，例如以地上權意思之占有變為以租賃或農育權意思而占有等是。此

*（自主占有之推定）民九四四；（善意占有變為惡意占有）民九五九；（意思表示）民八六～九八；（自主占有與取得時效）民七六八～七七〇、七七二；（取得時效之中斷）民七七一。

▲釋四五一。

▲（二六上八七六）參見本法第七百六十八條。

第九百四十六條 （占有之移轉）

占有之移轉，因占有物之交付而生效力。

前項移轉準用第七百六十一條之規定。

⇧謹按占有之事實，須依管領目的物之交付而成，目的物不交付，自無從辨認其占有事實之果否存在，故本條規定移轉占有，必同時交付其目的物方生效力。但為事實便利起見，凡簡易交付、改定占有，均可發生效力，故又準用本法第七百六十一條之規定。

*（占有人）民九四〇；（間接占有人）民九四一；（占有輔助人）民九四二；（動產之交付）民七六一；（占有之效力）民四二五、八〇一、八八六、九四三、九四四、九四八、九五二、九六〇、九六二。

▲民法第三百四十八條所謂交付其物於買受人，即移轉其物之占有於買受人之謂。占有之移轉，依民法第九百四十六條第二項準用第七百六十一條之規定，如買賣標的物由第三人占有時，出賣人得以對於第三人之返還請求權，讓與於買受人以代交付。故除有出賣人之交付義務在第三人返還前，仍不消滅之特約外，出賣人讓與其返還請求權於買受人時，其交付義務即為已經履行，買受人不得以未受第三人返還，為拒絕支付價金之理由。（三二上五四五五）

▲（三三上三七五四）參見本法第九百十一條。

▲（三八臺上一六三）參見本法第九百十一條。

▲買賣標的物之利益及危險，自交付時起，由買受人負擔，固為民法第三百七十三條所明定。但該條所謂交付，並非以現實交付為限，亦可準照同法第九百四十六條第二項、第七百六十一條第三項規定，讓與返還請求權以代交付。（四四臺上八二八）

▲（四五臺上四〇六）參見本法第七百六十一條。

▲系爭房屋於兩造訂立買賣契約之前，既由被上訴人本於租賃關係而占有，則依民法第九百四十六條準用同法第七百六十一條第一項但書之規定，被上訴人就系爭房屋自買賣契約成立之日起，即已接受上訴人之交付，依同法第三百七十三條該屋之利益，由此當然歸屬被上訴人。乃上訴人猶謂原有租賃關係並未消滅，基於出租人地位請求被上訴人支付租金，顯非正當。（四六臺上六四）

▲物之出賣人負交付其物於買受人，並使其取得該物所有權其物於買受人，即移轉其物之占有於買受人之謂。依民法第九百四十六條第二項準用第七百六十一條之規定，如買賣標的物由第三人占有時，出賣人固得以對於第三人之返還請求權，讓與買受人以代交付。第上訴人與買受人某甲締結買賣契約，當時既訂有應由上訴人收回出賣標的物亦即系爭工廠及土地後，再行交付與買受人某甲，並在交付前扣留上訴人一部價金之特約，則依此項特約之內容，上訴人就系爭工廠及土地，仍應負向占有之被上訴人收回交付買受人某甲之義務，在依約履行之前，其義務並不因已為所有權移轉之登記而消滅。（四七臺上五一一）

▲（四八臺上六一一）參見本法第七百六十一條。

第九百四十七條 （占有之合併）

占有之繼承人或受讓人，得就自己之占有，或將自己之占有與其前占有人之占有合併，而為主張。

合併前占有人之占有而為主張者，並應承繼其瑕疵。

⇧查民律草案第一千二百九十三條理由謂占有之繼承人或受讓人，應聽其選擇，或僅主張自己之占有，或並主張自己之占有及前主之占有，以享有取得時效之利益，何則，取得時效之完成，其期間內，本無需一人為占有人也。至占有之種類，依現占有人與其占有物之關係而定，故前主雖為惡意占有人，而其繼承人或受讓人為善意時，仍以善意占有論。若繼承人或受讓人，並主張前主之占有及自己之占有時，不得將其瑕疵及惡意等置諸度外，否則超越前主之占有範圍，殊覺不當。此本條所由設也。

*（繼承）民一一四八；（遺贈）民一一九九、一二〇〇；（繼續占有）民九四四㈡；（取得時效）民七六八～七七二。

▲占有乃對於物有事實上管領力之一種狀態，占有人主張時效上之利益，必其占有並未間斷，始得就占有開始之日起連續計算，故後占有人以前占有人之占有時間合併計算者，亦必後占有人為前占有人之合法繼承人時（包括一般繼承與特定繼承），始得為之。（五三臺上二一四九）

第九百四十八條 （善意受讓）

以動產所有權，或其他物權之移轉或設定為目的，而善意受讓該動產之占有者，縱其讓與人無讓與之權利，其占有仍受法律之保護。但受讓人明知或因重大過失而不知讓與人無讓與之權利者，不在此限。

動產占有之受讓，係依第七百六十一條第二項規定為之者，以受讓人受現實交付且交付時善意為限，始受前項規定之保護。

⊙一、現行規定在於保障動產交易之安全，故只要受讓人為善意（不知讓與人無讓與之權利），即應保護之。惟受讓人不知讓與人無讓與之權利係因重大過失所致者，因其本身具有疏失，應明文排除於保護範圍之外，以維護原所有權靜的安全，此不但為學者通說，德國民法第九百三十二條第二項亦作相同規定，爰仿之增列但書規定，並移列為第一項。

二、善意取得，讓與人及受讓人除須有移轉占有之合意外，讓與人並應將動產交付於受讓人。現行條文第七百六十一條第一項但書規定之簡易交付，第三項指示交付均得生善意取得之效力，且讓與人均立即喪失占有。惟如依同條第二項之占有改定交付者，因受讓人使讓與人仍繼續占有動產，此與原權利人信賴讓與人而使之占有動產完全相同，實難謂受讓人之利益有較諸原權利人者更應保護之理由，故不宜使之立即發生善意取得效力，參考德國民法第九百三十三條規定，於受讓人受現實交付且交付時善意者為限，始受善意取得之保護，以保障當事人權益及維護交易安全，爰增訂第二項。

*（動產）民六七；（動產物權之移轉或設定）民七六一、八八四、八八五；（善意占有之推定）民九四三、九四四；（善意受讓之效力）民八〇一、八八六；（善意受讓之例外）民九四九、九五〇；（占有）民九四〇～九四二、九四六。

▲占有具有民法第九百四十八條所定應受法律保護之要件，而其占有物非盜贓，亦非遺失物者，所有人不得請求回復其物。（二一上三三〇）

▲占有物非盜贓，亦非遺失物，其占有並具有民法第九百四十八條所定應受法律保護之要件者，所有人即喪失其物之回復請求權，此觀民法第九百四十九條之規定自明。至所謂盜贓，較諸一般贓物之意義為狹，係以竊盜、搶奪、或強盜等行為，奪取之物為限，不包含因侵占所得之物在內。（四〇臺上七〇四）

▲民法第九百四十八條之規定依文義觀察，係動產所有權人或其他物權人不得專以他人無權讓與為理由，對於善意受讓之占有人請求回復其物。至同法第九百四十九條及第九百五十條，乃專為盜贓或遺失物之占有而設，若占有物並非盜贓或遺失物，固不在該兩條範圍之內，其能否回復之爭執，仍應適用第九百四十八條，就占有人之讓受是否善意，以資判斷。（四〇臺上一六二二）

▲系爭魚翅既非盜贓或遺失物，被上訴人又為受讓其物之善意占有人，係具有民法第九百四十八條所定應受法律保護之要件，則上訴人縱為其物之原所有人，而依同法第九百四十九條規定之反面解釋，亦已喪失其物之回復請求權，不得向被上訴人請求返還。（四四臺上一〇四二）

第九百四十九條（善意受讓之例外㈠——盜贓、遺失物之回復請求）

占有物如係盜贓、遺失物或其他非基於原占有人之意思而喪失其占有者，原占有人自喪失占有之時起二年以內，得向善意受讓之現占有人請求回復其物。

依前項規定回復其物者，自喪失其占有時起，回復其原來之權利。

(99)一、善意取得，原占有人得請求返還者，現行條文僅限於盜贓及遺失物，惟德國民法第九百三十五條、瑞士民法第九百三十四條第一項等外國立法例，尚及於其他非因權利人之意思而脫離占有之物，例如遺忘物、誤取物等是，為更周延保障原權利人靜的安全，爰擴張適用範圍及於其他非基於原占有人之意思而喪失物之占有者。為配合修正，請求回復之人修正為「原占有人」。又請求回復之相對人，現行規定「占有人」之真意係指已符合動產物權善意取得要件之「現占有人」（最高法院二十九年臺上字第一〇六一號判例參照），為期明確，爰將「占有人」修正為「善意受讓之現占有人」，並藉以明示本條之適用須符合前條保護規定之意旨。本條爰予修正，並改列為第一項。

二、原占有人行使前項之回復請求權後，回復其物之效果如何，學者間雖有不同見解，惟善意取得占有喪失物之回復乃善意取得之例外，原即重在財產權靜之安全之保障，故以自喪失其占有時起，溯及回復其原來之權利為宜，爰增訂第二項，俾杜爭議。

*（善意受讓）民八〇一、八八六、九四八；（遺失物）民八〇三～八一〇；（盜贓）刑三二〇、三二五、三二八、三三三、三四六、三四九；（盜贓遺失物回復請求之限制）民九五〇、九五一；（意思表示）民九四～九八。

▲釋二六。

▲民法第九百四十九條所謂盜贓，係指以竊盜、搶奪、或強盜等行為奪取之物而言，其由詐欺取得之物，不包含在內。（二二上三三〇）

第九百五十條（善意受讓之例外㈡——盜贓、遺失物回復請求之限制）

盜贓、遺失物或其他非基於原占有人之意思而喪失其占有之物，如現占有人由公開交易場所，或由販賣與其物同種之物之商人，以善意買得者，非償還其支出之價金，不得回復其物。

增列「其他非基於原占有人之意思而喪失其占有之物」，亦適用無償回復之例外規定；「占有人」修正為「現占有人」。又現行規定「公共市場」易誤解為僅指公營之市場而已，惟推其真意，舉凡公開交易之場所均屬之，拍賣或一般商店亦包括在內，為避免誤解，爰將「拍賣或公共市場」修正為「公開交易場所」。

*（善意受讓）民八〇一、八八六、九四八；（盜贓遺失物之回復請求與限制）民九四九、九五一；（拍賣）民三九一～三九七；（買賣）民三四五、三四七；（善意占有）民九四四、九四八；（留置權之準用）民九二八。

▲釋二六。

▲被上訴人主張系爭物，係向販賣與其物同種之物之商人以善意購得，依民法第九百五十條之規定，上訴人非償還其支出之價金，不得回復其物，自非無據。至警察局扣押該物，係暫時停止被上訴人事實管領力，尚難認為其占有業已喪失。（四四臺上九三）

第九百五十一條（善意受讓之例外㈢——盜贓、遺失物回復請求之禁止）

盜贓、遺失物或其他非基於原占有人之意思而喪失其占有之物，如係金錢或未記載權利人之有價證券，不得向其善意受讓之現占有人請求回復。

(99)為配合修正條文第九百四十九條，爰將本條適用範圍擴張及於「其他非基於原占有人之意思而喪失其占有之物」；「占有人」修正為「善意受讓之現占有人」。另配合現行條文第九百零八條規定，將「無記名證券」修正為「未記載權利人之有價證券」。

*（善意受讓）民八〇一、八八六、九四八；（盜贓遺失物之回復請求與限制）民九四九、九五〇；（無記名證券）民七一九、七二一；（指示證券之不適用）民七一〇、七一八；（票據之不適用）票據一三、一四、一八、一九。

▲依民法第九百四十四條第一項之規定，占有人推定其為善意占有者，除上訴人有反證足以證明上開推定事實並非真實外，即不能空言否認被上訴人之善意占有，依同法第九百五十一條規定，盜贓或遺失物如係金錢或無記名證券，不得向其善意占有人請求回復。（四四臺上一〇〇）

第九百五十一條之一（善意受讓之例外㈣——惡意占有）

第九百四十九條及第九百五十條規定，於原占有人為惡意占有者，不適用之。

(99)一、本條新增。

條規定之回復請求權人，本不以占有物之所有人為限，尚及於其他具有占有權源之人，例如物之承租人、借用人、受寄人或質權人等是（黃右昌：民法物權詮解，第四六〇頁；史尚寬：物權法論，第五一九頁等參照）。此外，原占有人縱無占有本權，除係惡意占有之情形外，善意占有人所受之保護，依占有章之規定幾與有權占有人同，爰增訂本條。

第九百五十二條（善意占有人之權利）

善意占有人於推定其為適法所有之權利範圍內，得為占有物之使用、收益。

(99)得就占有物為使用、收益者，不以所有權為限，地上權、典權、租賃權等，亦得為之。惟其權利之內容，有得為占有物之使用或收益者，有依其性質無使用收益權者（如質權），後者無適用本條之必要，現行規定易使人誤解為不問權利之範圍如何，一律均得為占有物之使用及收益。為避免誤解並期明確，本條爰予修正。

*（善意之推定）民九四四；（權利之推定）民九四三；（善意占有人之權義）民九五三～九五五；（惡意占有人之權義）民九五六～九五八；（孳息）民六九、七〇。

第九百五十三條（善意占有人之責任）

善意占有人就占有物之滅失或毀損，如係因可歸責於自己之事由所致者，對於回復請求人僅以滅失或毀損所受之利益為限，負賠償之責。

(99)一、現行條文酌作文字及標點符號調整。

二、至於善意占有人如因不可歸責於自己之事由，致占有物滅失或毀損者，對於回復請求人雖不負損害賠償責任，然善意占有人若因此受有利益者，仍應依不當得利之規定負返還之責，乃屬當然，併此說明。

*（善意之推定）民九四四㈠；（善意占有人之權利）民九五二；（故意過失責任）民二二〇～二二四；（不當得利）民一七九～一八三；（惡意占有人之責任）民九五六。

第九百五十四條（善意占有人之必要費用求償權）

善意占有人因保存占有物所支出之必要費用，得向回復請求人請求償還。但已就占有物取得孳息者，不得請求償還通常必要費用。

(99)必要費用分為通常必要費用及特別必要費用兩種。前者例如占有物之維護費、飼養費或通常之修繕費。後者例如占有之建築物因風災或水災而毀損，所支出之重大修繕費用。參諸日本民法第一百九十六條第一項、德國民法第九百九相同之解釋。為期明確，爰增列於此情形善意占有人不得請求償還者，為通常必要費用。

*（善意之推定）民九四四㈠；（善意占有人之權利）民九五二；（善意占有人之責任）民九五三；（善意占有人之有益費用償還請求權）民九五五；（惡意占有人之必要費用求償權）民九五七；（其他必要費用返還請求權）民一七六、四三〇、四六一、五四六、五九五、六一四、九三四；（不當得利）民一七九～一八三；（留置權之準用）民九二八；（孳息）民六九、七〇。

第九百五十五條（善意占有人之有益費用求償權）

善意占有人因改良占有物所支出之有益費用，於其占有物現存之增加價值限度內，得向回復請求人請求償還。

⇧查民律草案第一千二百八十五條理由謂善意占有人，因改良其占有物所支出有益費，致使價格增加者，以增加之數為限，得請求清償其有益費，否則回復占有物人，不當得利，不足以昭公允。但奢侈費為占有人因快樂或便利而出之費用，不能向回復占有物人請求清償，權衡事理，可以推知，無須另設明文規定也。

*（善意之推定）民九四四㈠；（善意占有人之權利）民九五二；（善意占有人之責任）民九五三；（善意占有人之必要費用求償權）民九五四；（其他有益費用償還請求權）民一七六、四三一、四六一，土地一一九、一二〇，三七五減租一三；（留置權之準用）民九二八。

▲上訴人等擅自使用公有城壕空地，縱令所稱填壕及所費甚鉅，確屬真實，除得向土地所有人請求返還因此所增加之價值外，要不能謂已取得土地上之任何權利，因而主張優先承租。（三七上六二二六）

▲上訴人就其占有之系爭房屋關於建築未完工部分出資修建，係在被上訴人向原所有人某甲買受之後，業經兩造因本權涉訟，上訴人受敗訴之判決確定在案。依民法第九百五十九條之規定，上訴人自本權訴訟繫屬發生之日起，即應視為惡意占有人，固不得依同法第九百五十五條，以改良占有物所支出之有益費用為原因，請求償還。惟惡意占有人因保存占有物所支出之必要費用，對於回復請求人，依關於無因管理之規定請求償還，仍為同法第九百五十七條之所許。（四三臺上四三三）

第九百五十六條（惡意或無所有意思占有人之責任）

惡意占有人或無所有意思之占有人，就占有物之滅

回復請求人，負賠償之責。

⑲一、現行條文酌作文字調整。
二、至於惡意、他主占有人因不可歸責於自己之事由，致占有物滅失或毀損者，對於回復請求人應無損害賠償責任，然若因占有物之滅失或毀損受有利益者，應否負返還之責，則依不當得利規定，併此說明。

*（占有之轉變）民九四五；（善意占有人變為惡意占有人）民九五九；（占有態樣之推定）民九四四；（侵權行為）民一八四；（故意過失責任）民二二〇、二二二、二二四、二二六；（損害賠償）民二一三～二一八；（惡意占有人之必要費用求償權）民九五七；（惡意占有人之返還孳息義務）民九五八。

第九百五十七條（惡意占有人之必要費用求償權）

惡意占有人，因保存占有物所支出之必要費用，對於回復請求人，得依關於無因管理之規定，請求償還。

⇧查民律草案第一千二百八十六條理由謂惡意占有人，明知無占有其物之權利，祇許將必要之費用，依無因管理之規定，向回復占有物人請求清償，至其所出之有益費，不在請求清償之列。蓋此項費用，若許其請求清償，惡意占有人可於其占有物多加有益費，藉此以難回復占有物人，故設本條以杜其弊。

*（占有之轉變）民九四五；（善意占有人變為惡意占有人）民九五九；（占有態樣之推定）民九四四；（無因管理）民一七二～一七八；（善意占有人之必要費用求償權）民九五四；（惡意占有人之責任）民九五六；（留置權之準用）民九二八；（惡意占有人之返還孳息義務）民九五八。

▲（四三臺上四三三）參見本法第九百五十五條。

▲民法第九百五十七條，所謂因保存占有物所支出之必要費用，係僅指因占有物之保存不可欠缺所支出之費用而言，至支出之費用是否具備上述要件，應以支出當時之情事，依客觀的標準決定之。（四四臺上二一）

第九百五十八條（惡意占有人之返還孳息義務）

惡意占有人，負返還孳息之義務，其孳息如已消費，或因其過失而毀損，或怠於收取者，負償還其孳息價金之義務。

⇧查民律草案第一千二百八十一條理由謂惡意占有人，當其占有之時，逆知將來須以其占有物所生孳息，及占有物共返還於回復占有物人，縱使其返還現存之孳息，並清償現已無存孳息之價金，必不至因此而受不測之損害。此本條所由設也。

民九五九；（占有態樣之推定）民九四四；（惡意占有人之責任）民九五六；（惡意占有人之必要費用求償權）民九五七；（善意占有人之使用收益權）民九五二；（孳息）民六九、七〇；（侵權行為）民一八四；（故意過失）民二二〇、二二二、二二四、二二六、二三一。

▲土地法第一百七十七條第一項所謂約定地租，不得超過耕地正產物收穫總額千分之三百七十五，係就出租人與承租人之關係而為規定，與惡意占有人所負返還孳息之義務無涉。（三三上一九五九）

▲善意占有人，依推定其為適法所有之權利，得為占有物之使用及收益，固為民法第九百五十二條所明定。惟此項規定，於有同法第九百五十八條、第九百五十九條所定之情形時，不適用之。故善意占有人如於本權訴訟敗訴時，自其訴訟繫屬發生之日起，即視為惡意占有人，仍應負返還占有物孳息之義務。（四二臺上一二一三）

第九百五十九條（視為惡意占有人）

善意占有人自確知其無占有本權時起，為惡意占有人。

善意占有人於本權訴訟敗訴時，自訴狀送達之日起，視為惡意占有人。

⑲一、增訂第一項；現行條文移列為第二項，並酌為文字修正。
二、按善意占有人就其占有是否具有本權，本無查證之義務，惟若依客觀事實足認善意占有人嗣後已確知其係無占有本權者，例如所有人已向占有人提出權利證明文件或國家機關對其發出返還占有物之通知，此際，善意占有人應轉變為惡意占有人（德國民法第九百九十條第一項參照），爰增訂第一項，以求公允。至如不能證明善意占有人已有上開情事者，則其僅於本條第二項之情形，始轉變為惡意占有人，自屬當然。
三、又「訴訟拘束」一詞非民事訴訟法上之用語，其真意係指訴訟繫屬之時。惟通說均認為應以訴狀送達於占有人之日，視為惡意占有人，較符合本條規定之趣旨，爰將「訴訟拘束發生」修正為「訴狀送達」。又所謂「本權訴訟敗訴」，係指實體上判決確定而言，乃屬當然。

*（善意占有人之推定）民九四四；（他主占有變為自主占有）民九四五；（善意占有人之權義）民九五二～九五五；（惡意占有人之權義）民九五六～九五八；（本權之訴）民七六七，民訴二四四、二四五、二五五。

▲（三三上一九五九）參見本法第九百五十八條。

▲（四二臺上一二一三）參見本法第九百五十八條。

▲（四三臺上四三二）參見本法第九百五十五條。

第九百六十條　（占有人之自力救濟）

占有人對於侵奪或妨害其占有之行為，得以己力防禦之。

占有物被侵奪者，如係不動產，占有人得於侵奪後，即時排除加害人而取回之。如係動產，占有人得就地或追蹤向加害人取回之。

⇧查民律草案第一千二百九十五條理由謂欲完全保護占有，須使占有人有得以自力保全占有之權利（自力保護權）。然認此權利，漫無限制，亦於保護占有之道，失之於厚。故設本條認自力保護權，並明示其要件。

＊（占有人）民九四〇、九四一；（權利之行使）民一四八～一五二；（占有輔助人之適用）民九六一；（不動產）民六六；（動產）民六七；（占有人之物上請求權）民九六二；（所有人之物上請求權）民七六七；（共同占有）民九六五。

▲占有被侵奪請求回復占有，須先證明原有占有之事實。（四六臺上四七八）

第九百六十一條　（占有輔助人之自力救濟）

依第九百四十二條所定對於物有管領力之人，亦得行使前條所定占有人之權利。

⇧謹按僱用人、學徒等，或基於其他類似關係之人，對於物有管領力者，亦應使其得行使前條所定占有人之權利。否則於保護占有人之道，仍未完備也。

＊（占有輔助人）民九四二；（占有人之自力救濟）民九六〇；（權利之行使）民一四八～一五二。

▲行政機關對於人民之私權所為處分行為，以有法令根據為前提，否則即屬侵害人民之權利，其處分自在根本無效之列。承租人有無積欠租金達二年以上，是否構成租約終止原因，原屬私權爭執，該管縣政府於縣租佃委員會調處未能成立時，不依耕地三七五減租條例第二十六條移送管轄法院審判，竟以行政命令終止租約，及另招他人承耕，依上說明，自屬無效，原承租人仍得以權利被侵害為理由，對於該他人請求返還占有。（五〇臺上八五二）

第九百六十二條　（占有人之物上請求權）

占有人，其占有被侵奪者，得請求返還其占有物。占有被妨害者，得請求除去其妨害。占有有被妨害之虞者，得請求防止其妨害。

有人對於所有物所得主張之權利，占有人亦得主張之。故占有人於其占有被侵奪時，使其得向侵奪人或其繼受人，請求返還占有物及請求損害賠償，或占有被妨害時，亦應使其得向妨害其占有之人，及其一般繼受人請求除去其妨害（即回復原狀），或遇有被妨害之虞時，應使各占有人得向欲加妨害之人，或其繼承人請求預防其妨害，以完全保護其占有。此本條所由設也。

＊（所有人之物上請求權）民七六七；（占有人之自力救濟）民九六〇；（占有人物上請求權之行使期限）民九六三；（占有保護之訴）民訴四二七㈡④；（盜贓遺失物之回復請求）民九四九、九五〇；（權利之行使）民一四八～一五二；（共同占有之保護）民九六五；（本權與占有合併之訴）民訴二四八。

▲（四二臺上九二二）參見本法第九百四十條。

▲系爭耕地既經前承租人某某與上訴人之同意移轉被上訴人占有，則被上訴人即為占有人，依民法第九百六十二條之規定，自非不得以其占有被侵奪為理由，請求返還占有物，不容上訴人以其返還請求權不存在為爭辯。（四二臺上九八四）

▲租賃物交付後，承租人於租賃關係存續中，有繼續占有其物而為使用收益之權利，故其占有被侵奪時，承租人自得對於無權占有之他人，行使其占有物返還請求權，此就民法第四百二十三條、第九百四十一條及第九百六十二條等規定觀之甚明。（四三臺上一七六）

▲確認租賃權存在或不存在，及排除侵害之訴，係屬保存行為，被上訴人以管理人之資格，本諸管理權之作用提起上開訴訟，殊難指為訴權存在要件有所欠缺。（四四臺上一四三）

▲請求回復占有物之訴，應以現在占有該物之人為被告，如非現在占有該物之人，縱使占有人之占有係因其人之行為而喪失，占有人亦僅就此項行為具備侵權行為之要件時，得向其人請求賠償損害，要不得本於回復占有物請求權，對之請求回復其物。（四四臺上一六五）

▲（五二臺上九〇四）參見本法第七百六十七條。

▲占有被侵奪者，依民法第九百六十二條上段規定，其占有人固得請求返還其占有物，但所謂占有人，必就其占有物有事實上之管領力，否則，即使對於占有物有合法之權源，亦不能本於占有請求返還。（六四臺上二〇二六）

第九百六十三條　（占有人物上請求權之消滅時效）

前條請求權，自侵奪或妨害占有或危險發生後，一年間不行使而消滅。

⇧查民律草案第一千二百九十八條理由謂收回占有之請求權，若隨時皆得主張，則權利狀態恆不確定，害及社會之安寧。此本條所由設也。

＊（占有人之物上請求權）民九六二；（侵權行為損害賠償請求權之消滅時效）民一九七；（消滅時效之中斷及不完成）民一二九～一四三。

▲系爭土地由臺灣省政府撥交被上訴人管理使用，被上訴人本於管理人地位行使返還請求權，與所有人所得行使者無殊，自應適用十五年之長期時效。上訴人以被上訴人奉令管理後歷九整年始請求返還，依民法第九百六十三條規定，其請求權已因一年時效之經過而消滅為抗辯，不無誤會。（五二臺上三一四六）

▲占有人其占有被侵奪者，得請求返還其占有物，是項返還請求權，依民法第九百六十二條及第九百六十三條之規定，自被侵奪後一年間不行使而消滅，乃指以單純的占有之事實為標的，提起占有之訴而言。如占有人同時有實體上權利者，自得提起本權之訴，縱令回復占有請求權之一年短期時效業已經過，其權利人仍非不得依侵權行為之法律關係，請求回復原狀。（五三臺上二六三六）

第九百六十三條之一　（各占有人權利之行使）

數人共同占有一物時，各占有人得就占有物之全部，行使第九百六十條或第九百六十二條之權利。

依前項規定，取回或返還之占有物，仍為占有人全體占有。

⑲一、本條新增。

二、共同占有之占有物受第三人侵害時，應容許各占有人就占有物之全部，行使現行條文第九百六十條之自力救濟或現行條文第九百六十二條之物上請求權，始得保障各共同占有人之權益。

三、占有人依前項規定，取回或返還之占有物，於共同占有人間之效果如何？宜明文定之，爰增訂第二項，以期明確。

第九百六十四條　（占有之消滅）

占有，因占有人喪失其對於物之事實上管領力而消滅。但其管領力僅一時不能實行者，不在此限。

⇧查民律草案第一千三百十一條理由謂占有因於物有事實上之管領力而取得之，其喪失之時，占有自應消滅，即占有人喪失其占有動產無發見之希望，此事實即占有消滅之原因。然占有人僅暫時不得行其事實上之管領力，不得以喪失事實之管領力論，其占有不消滅，如占有人因遺忘，或洪水有不能管領其占有地之事實，仍不能為占有消滅之原六〇～九六二；（占有之其他消滅原因）民七六四，土地一二、二〇八。

▲占有為單純之事實，不得為確認之訴之標的。（五二臺上三一一五）（九二、一一、一〇決議不再援用）

第九百六十五條　（共同占有）

數人共同占有一物時，各占有人就其占有物使用之範圍，不得互相請求占有之保護。

⑲配合修正條文第九百六十三條之一酌作文字修正。

*（共有）民八一七、八二七、八三一；（共有人之使用收益權）民八一八；（共有物之處分管理）民八一九、八二〇、八二八；（共有人對第三人之回復請求權）民八二一；（占有之保護）民九六〇～九六二。

第九百六十六條　（準占有）

財產權，不因物之占有而成立者，行使其財產權之人，為準占有人。

本章關於占有之規定，於前項準占有準用之。

⇧查民律草案第一千三百十六條理由謂占有無體物（權利是也），應準占有有體物之例保護之。如占有地役權、抵押權等，不必占有某物，亦得行使權利之財產權是也。此本條所由設也。

*（準占有之標的）民一九九、八五一、八六〇、九〇〇，著作一〇，專利五、六，商標二、三三，礦業四、一一、一二，水利一五、二五，動擔二、一五、二六、三二；（債權之準占有）民三一〇；（性質上不得準用於準占有之規定）民九四〇、九四八～九五一；（準共有）民八三一。

▲財產權不因物之占有而成立者，行使其財產權之人為準占有人，債權乃不因物之占有而成立之財產權之一種，故行使債權人之權利者，即為債權之準占有人，此項準占有人，如非真正之債權人而為債務人所不知者，債務人對於其人所為之清償，仍有清償之效力，此通觀民法第三百十條第二款及第九百六十六條第一項之規定，極為明顯。（四二臺上二八八）

民法物權編施行法

民國十九年二月十日國民政府公布
九十六年三月二十八日總統令修正公布
九十八年一月二十三日總統令修正公布
九十九年二月三日總統令公布增訂第一三之一、一三之二條條文

第一條　（不溯既往原則）

物權在民法物權編施行前發生者，除本施行法有特別規定外，不適用民法物權編之規定；其在修正施行前發生者，除本施行法有特別規定外，亦不適用修正施行後之規定。

*（其他類似規定）民總施一，民債施一，民親施一，民繼施一，刑一、二。

▲永遠佃租他人之土地，就其土地有利害關係時，該地方習慣，租戶如有先買權利，法院固可採為判斷標準，否則無從引為根據。（一七上三六六）

▲賣主就同一標的物為二重買賣，在前之賣約僅發生債權關係，而後之賣約，已發生物權關係者，前買主除依習慣有先買權外，對於後買主不能就該標的物已經發生之物權關係，主張其為無效。（一八上二五）

▲當事人合意所生之先買權，原與法令習慣所生者不同，如賣買當時買主並不知其合意先買權之存在，則其先買權人僅得對於不遵合意之賣主請求損害賠償，而不得即主張該買賣為無效。（一八上三四）

▲鋪戶對於鋪房不得擅行創設鋪底，故非得其所有人之同意，或可認為同意之事實而創設，即不能認其鋪底合法存在。（一八上六一）

▲鋪底登記，於法本以通知鋪主為必要程序，否則鋪主既無了知之機會，則其有無異議全然不明，其登記自屬無從生效。（一八上六九）

▲設定鋪底，如不能證明已得房主之同意，即不足以對抗房主。（一八上一二二）

▲凡租房以開設工廠或商店之長期租戶，如依該地方習慣應有先買權，固無妨認其習慣有法之效力。惟認許此種先買權之習慣，應以期限較長或無期之租戶為限，若其他短期租戶主張先買權，不獨限制所有權人之處分自由，且於地方之發達暨經濟之流通不無影響，為維持公共之秩序及利益計，縱令該地方有此習慣，於法亦斷難認許。（一八上一

五三）

▲長期佃戶縱令依習慣有先買權，而且未經捨棄，亦祇能對於業主與買主所立之買賣契約訴請撤銷，而不能謂其契約當然無效。（一八上三九〇）

▲鋪底之設定於鋪房所有人有重大之關係，除其取得所有權時，該鋪房已有鋪底外，苟非得鋪房所有人之同意，或可認為同意之事實者，不能認其鋪底為合法存在。（一八上七二二）

▲鋪底係限制房屋所有權之一種物權，苟非得所有權人明示或默示之同意，不能設定。（一八上八〇三）

▲無先買權之第三人出而主張先買，實為法所不許。（一八上八一〇）

▲鋪底權之發生由於建築者，並非即以所建築之房屋為鋪底權發生之原因，而以出有建築費未向房主取償為其發生原因，且此等權利並不限於所建築之房屋，即地皮及他部分房屋亦為鋪底權之所及。故所建房屋雖經不可抗力之事實而滅失，其鋪底權並非當然消滅，因之所建房屋滅失後，其鋪底價值是否喪失，其全部抑僅減少一部，尚有審究之必要。（一八上一二六九）

▲本族地畝有先買權之習慣，因有背公共秩序不能認為有法之效力，自以原佃有先買權之習慣為有效，惟所謂原佃係指自始開墾佃種或持有價買佃權之賣據者而言，因其與所種之地有特別利害關係，自非普通租他人土地者所可比擬。（一八上一二七四）

▲(1)族鄰先買之習慣，於經濟之流通地方之發達不無障礙，難予以法之效力。
(2)依地方習慣典主本有儘先承買之權，自可認其習慣為有法之效力。（一八上二〇八〇）

▲歷久耕種旗地之佃戶，應推定其有佃權。（一八上二一七七）（九二、一、二八決議不再援用）

▲通常租戶有先買權之習慣，依法尚難認為有效。以同一不動產為二重買賣者，其在合法成立契約之買主，當然取得該不動產之所有權，其後之買主無論是否善意，其契約要不能發生移轉物權之效力。（一八上二七七二）（九一、一一、一五決議不再援用）

▲鋪屋既有鋪底，則關於拆修鋪面之費，當然應由鋪底權人負擔，不得以此抵租。（一九上三四五）

▲鋪底權為對於房屋之物權，房屋所有人之所有權當受種種限制，苟非主張權利之人證明其權利確有合法取得之原因（如承受原有鋪底之房屋或新由業主設定），斷難遽認其存在。（一九上八六六）

▲取得鋪底權之原因有二㈠傳來取得，㈡原始取得，前者為繼承的，後者為創設的，創設鋪底權者，僅有相當的設權行為已足，繼承鋪底權者，則不特應證明其有繼承的事實（即頂受），並應證明其前主（即原租戶）之出頂實為有權行為。（一九上一一七九）

▲鋪底權之性質，係對於鋪房所有權加以重大之限制，故非有合法取得之原因，或經鋪房所有人同意，不得任意創設。（一九上一六三四）

▲賣產先儘親房之習慣，有背於公共秩序，不能認為有法之效力。（一九上一八六三）

▲（一九上二〇一一）參見民法第八百四十二條。（九二、一、二八決議不再援用）

▲碼頭權利為不動產所有權之限制，除有特別習慣可由承租人一方之事實發生外，自非有出租人即不動產所有人之設定，不得發生。（一九上二〇七四）

▲(1)已經登記之鋪底權，無論是否物權，對於以後取得鋪房或鋪地之人，依法亦生效力。
(2)鋪底權因承頂而取得者，若因鋪房被焚，鋪主鋪客無力建復，即行消滅，是鋪客獨受損失，鋪主一方反因此而得利益，豈得謂平。故廣州市清理鋪底頂手辦法第八條所稱得由鋪主自由處分之語，不能解為無償消滅鋪底權，僅得以自由意思償還承頂價額，以消滅之。（二〇上二五六）

▲鋪底權合法成立後，非有正當消滅原因，不能由房鋪所有人任意否認。（二〇上一四九六）

▲質權之設定，既在民國十三年，自係民法物權編施行前所發生之物權，依民法物權編施行法第一條自不適用該編之規定，在民法物權編雖無不動產質權之規定，而該質權設定在民法施行前者，自應認其成立。（二〇上一五二六）

▲頂腳碼頭權如何發生，應由主張事實之人負立證責任。如係發生於年久租賃，亦須有此習慣方可依據，年久租賃之鋪房雖無頂腳碼頭權，業主亦不得任意終止租約之習慣，究應適用於鋪房全部抑僅限於店面，自應以店面以外之房屋是否與店面有必要之聯屬關係，分別論斷。（二〇上一八〇三）

▲被上訴人就訟爭土地取得不動產質權，既於民國三十四年十月十四日臺灣光復前辦理登記完畢，顯非如某某縣政府於上述公文內所稱，並未辦理登記之情形可比。我國民法雖無不動產質權之規定，本件既發生於臺灣光復以前，按諸民法物權編施行法第一條之規定，自應認其已取得之不動產質權，仍屬存在，從而臺灣省公產管理處審核本件不動產質權認為有效，被上訴人在其質權設定存續期間，應有使用及受益之權利，自無不當。（四三臺上二八三）

第二條　（物權效力之適用）

民法物權編所定之物權，在施行前發生者，其效力自施行之日起，依民法物權編之規定。

＊（物權）民七五七、七六五、七七三、八三二、八五〇之一、八五一、八六〇、八八四、九〇〇、九一一、九二八。

▲（二二上九七九）參見民法第九百二十六條。

▲民法物權編施行前取得之永佃權，其效力自施行之日起，依民法物權編之規定。（二二上三九四四）

▲（二八上一三五八）參見民法第八百二十九條。

▲（二八上一八八一）參見民法第九百十九條。

▲（二九上五八七）參見民法第九百二十三條。

▲（三〇上一三六）參見民法第九百二十四條。

▲（三〇上一六六）參見民法第九百十二條。

▲（三〇上三二二）參見民法第九百二十四條。

▲（三〇上三五八）參見民法第七百六十條。

▲（三〇上三八二）參見民法第九百二十三條。

▲（三〇上八五六）參見民法第九百二十四條。

▲（三二上一二三四）參見民法第九百二十三條。

▲上訴人雖謂加價回贖在清理不動產典當辦法第六條有明文規定，上訴人耕種該項田地已滿二十年，自得請求被上訴人加給增加之地價。然該條所規定者為典權效力之一端，依民法物權編施行法第二條之規定，即不得於民法物權編施行後再行適用。（三三上三四九八）

第三條　（物權之登記）

民法物權編所規定之登記，另以法律定之。

物權於未能依前項法律登記前，不適用民法物權編關於登記之規定。

＊（不動產物權之登記）民七五八、七五九；（動產物權之登記）動擔五，海商三六，民航二〇。

▲（二〇上七七二）參見民法第八百七十三條。（九二、一、二八決議不再援用）

▲民法第八百六十六條但書及第八百六十七條但書之規定，並非民法物權編施行法第三條第二項所謂關於登記之規定，於物權未能依同條第一項之法律登記前，亦適用之。故在未施行登記制度之區域，不動產所有人設定抵押權後，於同一不動產上設定典權，或將該不動產之所有權讓與他人時，縱令典權人或所有權受讓人不知先有抵押權之設定，其抵押權亦不因此而受影響。（二六渝上一三四）

▲民法物權編關於登記之規定，在物權未能依該編施行法第三條所稱之法律登記前不適用之。故在此時期依法律行為設定不動產物權者，該法律行為為成立時即生效力，不以登記為其效力發生要件。惟在不動產登記條例已施行之區域，非經登記，仍不得對抗第三人。（二八上一〇八四）

▲（二八上一三一三）參見民法第七百五十八條。

▲（二八上一三三六）參見民法第八百六十五條。

▲不動產之買賣如經當事人表示意思一致，並已訂立書據者，除已依土地法辦理登記之區域外，依民法物權編施行法第三條第二項之規定，應認為有物權法上移轉之效力。

（三七上六七二八）

▲（四一臺上一八〇）參見本法第七百五十八條。

▲民法物權編關於登記之規定，惟限於在未能依同編施行法第三條所稱之法律登記前，始在不適用之列，系爭房屋既因違章建築而未能登記，顯與前開法條所定之情形有間，上訴人自不得執是，而為不適用民法物權編關於登記之規定之論據。（四三臺上八五六）

▲房屋與基地不同屬一所有權人，對該房屋辦理所有權總登記時，依照臺灣省政府頒發，臺灣省各縣市辦理土地登記有關建築改良物登記補充要點規定，須由房屋所有人會同土地所有人，依照土地法第一百零二條規定，先為地上權之登記後，再為房屋所有權登記，有某某市政府地政科致第一審之復函足據。是訟爭房屋雖係租用基地建築，其房屋與基地不同屬一所有權人，但非不能登記，已如前述。上訴人主張依民法物權編施行法第三條第二項，不適用民法物權編關於登記之規定，自屬不合，且該屋與違章建築不許登記之情形迥殊，上訴人援引本院關於違章建築之決議與判決，亦難謂合。（四四臺上一六四六）

第四條（消滅時效已完成請求權之行使）

民法物權編施行前，依民法物權編之規定，消滅時效業已完成，或其時效期間尚有殘餘不足一年者，得於施行之日起，一年內行使請求權。但自其時效完成後，至民法物權編施行時，已逾民法物權編所定時效期間二分之一者，不在此限。

前項規定，於依民法物權編修正施行後規定之消滅時效業已完成，或其時效期間尚有殘餘不足一年者，準用之。

＊（消滅時效）民一二五～一二七、九六三。

第五條（無時效性質法定期間之準用）

民法物權編施行前，無時效性質之法定期間已屆滿者，其期間為屆滿。

民法物權編施行前已進行之期間，依民法物權編所定之無時效性質之法定期間，於施行時尚未完成者，其已經過之期間與施行後之期間，合併計算。

前項規定，於取得時效準用之。

＊（取得時效）民七六八～七七〇；（無時效性質之法定期間）民八三五、八三六、九一二、九一三、九二三、九二四。

▲（三〇上二一一二）參見民法第九百二十三條。

▲（三一上四三九）參見民法第九百二十四條。

▲（三四上九三）參見民法第九百二十三條。

▲（五二臺上三六一六）參見民法第九百二十四條。

第六條（修正施行後法定期間之準用與起算）

前條規定，於民法物權編修正施行後所定無時效性質之法定期間準用之。但其法定期間不滿一年者，如在修正施行時尚未屆滿，其期間自修正施行之日起算。

第七條（動產所有權之取得時效）

民法物權編施行前占有動產而具備民法第七百六十八條之條件者，於施行之日取得其所有權。

＊（動產）民六七；（占有）民九四〇～九四二、九四六。

第八條（不動產之取得時效）

民法物權編施行前占有不動產而具備民法第七百六十九條或第七百七十條之條件者，自施行之日起，得請求登記為所有人。

＊（不動產）民六六；（占有）民九四〇～九四二、九四六。

▲（四三臺上九二一）參見民法第七百六十九條。

▲民法物權編施行前占有他人之不動產而具備民法第七百六十九條或第七百七十條之條件者，依民法物權編施行法第七條之規定，僅自民法施行之日起，取得請求登記為所有人或他物權人之請求權而已，並非當然取得該不動產之所有權或他物權。（六五臺上一七〇九）

第八條之一（用水權人物上請求權之適用）

修正之民法第七百八十二條規定，於民法物權編修正施行前水源地或井之所有人，對於他人因工事杜絕、減少或污染其水，而得請求損害賠償或並得請求回復原狀者，亦適用之。

第八條之二（開路通行權之損害適用）

修正之民法第七百八十八條第二項規定，於民法物權編修正施行前有通行權人開設道路，致通行地損害過鉅者，亦適用之。但以未依修正前之規定支付償金者為限。

第八條之三（越界建屋之移去或變更之請求）

修正之民法第七百九十六條及第七百九十六條之一規定，於民法物權編修正施行前土地所有人建築房屋逾越地界，鄰地所有人請求移去或變更其房屋時，亦適用之。

第八條之四（等值建物之適用）

修正之民法第七百九十六條之二規定，於民法物權編修正施行前具有與房屋價值相當之其他建築物，亦適用之。

第八條之五（建物基地或專有部分之所有區分）

同一區分所有建築物之區分所有人間為使其共有部分或基地之應有部分符合修正之民法第七百九十九條第四項規定之比例而為移轉者，不受修正之民法同條第五項規定之限制。

民法物權編修正施行前，區分所有建築物之專有部分與其所屬之共有部分及其基地之權利，已分屬不同一人所有或已分別設定負擔者，其物權之移轉或設定負擔，不受修正之民法第七百九十九條第五項規定之限制。

區分所有建築物之基地，依前項規定有分離出賣之情形時，其專有部分之所有人無基地應有部分或應有部分不足者，於按其專有部分面積比例計算其基地之應有部分範圍內，有依相同條件優先承買之權利，其權利並優先於其他共有人。

前項情形，有數人表示優先承買時，應按專有部分比例買受之。但另有約定者，從其約定。

區分所有建築物之專有部分，依第二項規定有分離出賣之情形時，其基地之所有人無專有部分者，有依相同條件優先承買之權利。

前項情形，有數人表示優先承買時，以抽籤定之。但另有約定者，從其約定。

區分所有建築物之基地或專有部分之所有人依第三項或第五項規定出賣基地或專有部分時，應在該建築物之公告處或其他相當處所公告五日。優先承買權人不於最後公告日起十五日內表示優先承買者，視為拋棄其優先承買權。

第九條 （視為所有人）

依法得請求登記為所有人者，如第三條第一項所定之登記機關尚未設立，於得請求登記之日視為所有人。

＊（得請求登記為所有人）民七六九、七七〇。

▲（二九上一〇〇三）參見民法第七百七十條。

第十條 （動產所有權或質權之善意取得）

民法物權編施行前占有動產而具備民法第八百零一條或第八百八十六條之條件者，於施行之日取得其所有權或質權。

＊（善意受讓）民九四八。

第十一條 （拾得遺失物等規定之適用）

民法物權編施行前拾得遺失物、漂流物或沈沒物，而具備民法第八百零三條及第八百零七條之條件者，於施行之日取得民法第八百零七條所定之權利。

第十二條 （埋藏物與添附規定之適用）

民法物權編施行前，依民法第八百零八條或第八百十一條至第八百十四條之規定取得所有權者，於施行之日，取得其所有權。

＊（埋藏物之發現）民八〇八；（添附）民八一一～八一六。

第十三條 （共有物分割期限之適用）

民法物權編施行前以契約訂有共有物不分割之期限者，如其殘餘期限自施行日起算，較民法第八百二十三條第二項所定之期限為短者，依其期限，較長者，應自施行之日起適用民法第八百二十三條第二項規定。

修正之民法第八百二十三條第三項規定，於民法物權編修正施行前契約訂有不分割期限者，亦適用之。

＊（共有物之分割）民八二三；（共有物之分割方法）民八二四。

第十三條之一 （未定期限地上權之適用）

修正之民法第八百三十三條之一規定，於民法物權編中華民國九十九年一月五日修正之條文施行前未定有期限之地上權，亦適用之。

第十三條之二 （永佃權存續期限之縮短）

民法物權編中華民國九十九年一月五日修正之條文施行前發生之永佃權，其存續期限縮短為自修正施行日起二十年。

前項永佃權仍適用修正前之規定。

第一項永佃權存續期限屆滿時，永佃權人得請求變更登記為農育權。

第十四條 （溯及效力之規定㈠）

修正之民法第八百七十五條之一至第八百七十五條之四之規定，於抵押物為債務人以外之第三人所有，而其上之抵押權成立於民法物權編修正施行前者，亦適用之。

修正之民法第八百七十五條之四第二款之規定，於其後次序抵押權成立於民法物權編修正施行前者，亦同。

第十五條 （溯及效力之規定㈡）

修正之民法第八百七十九條關於為債務人設定抵押權之第三人對保證人行使權利之規定，於民法物權編修正施行前已成立保證之情形，亦適用之。

第十六條 （時效完成後抵押權之實行）

民法物權編施行前，以抵押權擔保之債權，依民法之規定，其請求權消滅時效已完成者，民法第八百八十條所規定抵押權之消滅期間，自施行日起算。但自請求權消滅時效完成後，至施行之日已逾十年者，不得行使抵押權。

＊（時效完成效力之例外）民一四五；（抵押權）民八六〇；（抵押權之實行）民八七三、八八〇。

第十七條 （溯及效力之規定㈢）

修正之民法第八百八十一條之一至第八百八十一條之十七之規定，除第八百八十一條之一第二項、第八百八十一條之四第二項、第八百八十一條之七之規定外，於民法物權編修正施行前設定之最高限額抵押權，亦適用之。

第十八條 （溯及效力之規定㈣）

修正之民法第八百八十三條之規定，於民法物權編修正施行前以地上權或典權為標的物之抵押權及其他抵押權，亦適用之。

第十九條 （拍賣質物之證明）

民法第八百九十二條第一項及第八百九十三條第一項所定之拍賣質物，除聲請法院拍賣者外，在拍賣法未公布施行前，得照市價變賣，並應經公證人或商業團體之證明。

第二十條 （當舖等不適用質權之規定）

民法物權編修正前關於質權之規定，於當舖或其他以受質為營業者，不適用之。

＊（質權）民八八四；（流質契約之禁止）民八九三㈡。

第二十一條 （溯及效力之規定㈤）

修正之民法第九百零六條之一之規定，於民法物權編修正施行前為質權標的物之債權，其清償期已屆至者，亦適用之。

第二十二條 （定期典權之依舊法回贖）

民法物權編施行前，定有期限之典權，依舊法規得回贖者，仍適用舊法規。

＊（典物之回贖）民九二三；（典權之期限）民九一二。

▲（一七上五八二）參見民法第九百二十三條。

▲尋繹民法物權編施行法第十五條之法意，不過關於定有期限之典權得否回贖之問題，新舊法規定不同時，仍適用舊法規許其回贖而已，並非其他關於典權之事項，概適用舊法規之謂。（二八上一八八一）

▲（二九上一五〇五）參見民法第九百二十三條。

▲（三〇上三四七）參見民法第九百二十三條。

▲（三〇上一七九七）參見民法第九百二十三條。

▲民法物權編施行法第十五條所謂定有期限之典權，係指其典權定有[illegible]之最短期限，即回贖權停止行使之期限者

而言。（三一上一〇四四）

▲（三一上二九三五）參見民法第九百二十三條。

▲（三二上三五二三）參見民法第九百二十四條。

第二十三條（溯及效力之規定㈥）

修正之民法第九百三十二條之一之規定，於民法物權編修正施行前留置物存有所有權以外之物權者，亦適用之。

第二十四條（施行日期）

本施行法自民法物權編施行之日施行。

民法物權編修正條文及本施行法修正條文，自公布後六個月施行。

民法

第四編　親屬

民國十九年十二月二十六日國民政府公布
七十四年六月三日總統令修正公布
八十五年九月二十五日總統令修正公布
八十七年六月十七日總統令修正公布
八十八年四月二十一日總統令修正公布
八十九年一月十九日總統令修正公布
九十一年六月二十六日總統令修正公布
九十六年五月二十三日總統令修正公布
九十七年一月九日總統令修正公布
九十七年五月二十三日總統令修正公布
九十八年四月二十九日總統令修正公布
九十八年十二月三十日總統令修正公布
九十九年一月二十七日總統令修正公布
九十九年五月十九日總統令修正公布
一百零一年十二月二十六日總統令修正公布
一百零二年十二月十一日總統令修正公布
一百零三年一月二十九日總統令修正公布
一百零四年一月十四日總統令修正公布
一百零八年四月二十四日總統令公布
一百零八年六月十九日總統令公布
一百一十年一月十三日總統令修正公布第九七三、九八〇、一〇四九、一〇七七、一〇九一、一一二七、一一二八條；並刪除第九八一、九九〇條條文
一百一十年一月二十日總統令修正公布第一〇三〇之一條條文

第一章　通則

第九百六十七條（直系與旁系血親）

稱直系血親者，謂己身所從出或從己身所出之血親。

稱旁系血親者，謂非直系血親，而與己身出於同源之血親。

*（血親親等之計算）民九六八；（姻親之親系）民九七〇。

▲妾對於親生子女，自係具有直系尊親屬資格，其與通常之妾對於家長之其他子女者，顯有不同。（一七上二六九）

▲母雖與父離婚，亦不過姻親關係因而消滅，母子間之血親關係法律上並無因此消滅之規定，自屬依然存在。（二一上一九八二）

▲妻於夫死亡後再婚，不過姻親關係因而消滅，其所生之子則為從己身所出之血親，此項血親關係並不因此消滅。（二七上八三）

▲子女因父為贅夫從母姓時，父之直系血親尊親屬仍不失為己身所從出之血親，父之旁系血親仍不失為與己身出於同源之血親，是該子女與其父之血親間之血親關係，並不因從母姓而受影響。（二七滬上一一七）

▲被上訴人與上訴人弟婦某氏通姦所生之女，依民法第一千零六十五條第二項之規定，與上訴人之弟婦發生母女關係，並依同條第一項之規定，因經被上訴人之撫育與被上訴人發生父女關係，既非上訴人之弟所生之女，即不能認為上訴人之姪女。（二九上一八三二）（九六、八、二八決議廢止）

▲血親關係原非當事人間所能以同意使其消滅，縱有脫離父子關係之協議，亦不生法律上之效力。（四一臺上一一五一）

第九百六十八條（血親親等之計算）

血親親等之計算，直系血親，從己身上下數，以一世為一親等；旁系血親，從己身數至同源之直系血親，再由同源之直系血親，數至與之計算親等之血親，以其總世數為親等之數。

*（血親）民九六七；（姻親之親系及親等）民九七〇。

第九百六十九條（姻親之定義）

稱姻親者，謂血親之配偶、配偶之血親及配偶之血親之配偶。

*（血親）民九六七；（配偶）民一〇〇〇～一〇〇二。

▲血親之配偶之血親，不在民法第九百六十九條所定姻親範圍之內，甲之女乙嫁與丙為妻，甲與丙之父丁，自無姻親關係。（院二二〇九）

▲父所娶之後妻為父之配偶，而非己身所從出之血親，故在舊律雖稱為繼母，而在民法上則為直系姻親而非直系血親。（二八上二四〇〇）

第九百七十條（姻親之親系及親等）

姻親之親系及親等之計算如左：

一　血親之配偶，從其配偶之親系及親等。
二　配偶之血親，從其與配偶之親系及親等。
三　配偶之血親之配偶，從其與配偶之親系及親等。

*（姻親）民九六九；（血親之親系及親等）民九六七、九六八。

第九百七十一條（姻親關係之消滅）

姻親關係，因離婚而消滅；結婚經撤銷者亦同。

(74)一、按姻親關係乃基於婚姻關係而發生，離婚或結婚經撤銷後，均失其存在之基礎，是故撤銷結婚者，當與離婚同列為姻親關係消滅之原因。現行法本條前段，僅列離婚為姻親關係消滅之原因，而不及於結婚經撤銷之情形，尚欠周全，爰予增列。

二、現行法本條後段，僅將「夫死妻再婚或妻死贅夫再婚」列為姻親關係消滅之原因，而不將妻死夫再婚或贅夫死妻再婚一併列入，顯見並非採取因夫妻一方死亡他方再婚，姻親關係均歸於消滅之原則，於男女平等之義，未能完全貫徹。而況我國民間，夫死妻再婚後，仍與前夫親屬維持原有姻親情誼者，所在多有，足見現行規定與民間實情亦有不符，爰將「夫死妻再婚或妻死贅夫再婚時」兩句刪除。

*（姻親）民九六九；（離婚）民一〇四九、一〇五〇、一〇五二～一〇五四；（婚姻之撤銷）民九八八～九九一、九九五～九九八。

▲姻親關係之消滅，依民法第九百七十一條規定，以離婚及夫死妻再婚或妻死贅夫再婚時為限，夫死妻未再婚者，妻雖與夫之父約定脫離翁媳關係，其姻親關係亦不因之而消滅。（三〇上二二三九）（九二、一一、一〇決議不再援用）

第二章　婚姻

第一節　婚約

第九百七十二條（婚約之要件㈠）

婚約，應由男女當事人自行訂定。

*（婚約訂定之年齡）民九七三；（法定代理人之同意）民九七四；（婚約之效力）民九七五；（婚約之解除）民九七六、九七七；（解除婚約之賠償）民九七七～九七九。

▲釋七四八。

▲孀婦改醮之婚約，應由其自行訂定。（二〇上一五九五）

▲婚約必須雙方均有確定之婚姻當事人，始得許其訂立，若一方尚無子女而與現有子女之一方預訂養媳契約，以待生育或抱養子女後再為婚配，是不特於對方子女之利益顯有

於法亦不應認為有效。（二〇上二三〇七）

▲父母為子女訂定之婚約，對於子女不生效力，故子女不必有民法第九百七十六條第一項所定解除婚約之原因，亦不必為解除婚約之意思表示，當然不受此項婚約之拘束。（二二上一九九九）

▲民法第九百七十二條所稱婚約，應由男女當事人自行訂定，並非專指男女當事人已成年者而言，未成年人訂定婚約依民法第九百七十四條之規定，雖應得法定代理人之同意，然此不過規定未成年人自行訂定婚約，以得法定代理人之同意為要件，非認法定代理人有為未成年人訂定婚約之權。（二九上一一九三）

▲婚約應由男女當事人自行訂定，民法第九百七十二條定有明文，由其父母代為訂定者當然無效，且婚約為不許代理之法律行為，縱令本人對於父母代訂之婚約為承認，亦不適用關於無權代理行為得由本人一方承認之規定，如由當事人雙方承認應認為新訂婚約。（三三上一七二三）

▲提起確認婚約無效之訴僅得於結婚前為之，若已結婚則不得以結婚之婚約有無效之原因，訴求確認，以消滅其婚姻關係。（三九臺上七九六）

第九百七十三條（婚約之要件㈡）

男女未滿十七歲者，不得訂定婚約。

⑪⓪修正條文第九百八十條修正男女最低結婚年齡均為十八歲，爰修正男女最低訂婚年齡均為十七歲。

*（年齡之計算）民一二四；（結婚之法定年齡）民九八〇；（未成年人之訂定婚約）民九七四；（無效）民七一。

▲依民法第九百七十三條之規定，男未滿十七歲女未滿十五歲者不得訂定婚約，訂定婚約違反此規定者，自屬無效。（三二上一〇九八）

▲男女為未成年人者，其訂定婚約，除依民法第九百七十四條應得法定代理人之同意外，應依民法第九百七十三條之規定，並須男已滿十七歲女已滿十五歲。（三三上二〇一六）

第九百七十四條（婚約之要件㈢）

未成年人訂定婚約，應得法定代理人之同意。

*（成年）民一二；（婚約之訂定）民九七二；（訂定婚約之年齡）民九七三；（法定代理人）民一〇八六、一〇九八；（同意）民一一七；（財產法上限制行為能力人之法律行為）民七七～八二；（親權之行使）民一〇八九。

▲未成年人訂定婚約，應得法定代理人之同意，在民法第九百七十四條有明文規定，故當事人於訂定婚約時未成年者，縱已達於同法第九百七十三條所定年齡，亦須得法定代理人之同意始生效力。（二三上三一八七）

▲上訴人與被上訴人訂定婚約時，上訴人雖尚未成年，但訂

其母之同意。（二七滬上三八）

第九百七十五條（婚約之效力）

婚約，不得請求強迫履行。

*（違反婚約之損害賠償）民九七七～九七九；（契約）民一五三。

▲婚約當事人之一方，無民法第九百七十六條之理由而違反婚約者，僅得依同法第九百七十八條對之為損害賠償之請求，其訴請履行婚約，既有同法第九百七十五條之限制，自應予以駁回。（院一一三五）

▲婚約不得請求強迫履行，民法第九百七十五條定有明文，故婚約當事人之一方違反婚約，雖無民法第九百七十六條之理由，他方亦僅得依民法第九百七十八條之規定，請求賠償因此所受之損害，不得提起履行婚約之訴。（二七上六九五）

▲婚約雖不得請求強迫履行，而解除婚約，仍非有民法第九百七十六條第一項所列情形之一，不得為之。（三三上三九七一）

第九百七十六條（婚約解除之事由及方法）

婚約當事人之一方，有下列情形之一者，他方得解除婚約：

一　婚約訂定後，再與他人訂定婚約或結婚。
二　故違結婚期約。
三　生死不明已滿一年。
四　有重大不治之病。
五　婚約訂定後與他人合意性交。
六　婚約訂定後受徒刑之宣告。
七　有其他重大事由。

依前項規定解除婚約者，如事實上不能向他方為解除之意思表示時，無須為意思表示，自得為解除時起，不受婚約之拘束。

⑩⑧一、依現行法制用語，將第一項序文「左列」修正為「下列」，並將各款之「者」字刪除。

二、第一項第五款所稱「花柳病」係指透過性行為而感染的傳染病，俗稱性病。考量此非現代醫學用語，且性病之嚴重程度有輕重之別，不宜於一方得病時即賦予他方解除婚約之權，倘該性病係屬重大不治時，可適用第四款「有重大不治之病」之解除婚姻事由，爰將本款花柳病部分刪除；至本款「有其他惡疾」之定義並不明確，爰併予刪除。

三、第一項第六款因有「殘廢」之不當、歧視性文字，經行政院身心障礙者權益推動小組列為身心障礙者權利公約優先檢視法規，爰依身心障礙者權利公約施行法第十條規定，予以刪除。

四、第一項第七款「與人通姦」，參酌第一千零五十二條第一項第二款，修正為「與他人合意性交」，並移列為第五款。

*（解除權之行使）民二五八；（結婚）民九八〇～九八五、九八八～九九一、九九五～九九九之一；（生死不明）民八；（通姦）刑二三九；（刑之宣告）刑訴二三九；（意思表示）民九四～九八；（離婚）民一〇四九、一〇五〇、一〇五二；（婚約解除之損害賠償）民九七七；（婚約解除時贈與物之返還）民九七九之一。

▲婚約訂定後，當事人之一方再與他人訂定婚約，不問任何名義，依民法第九百七十六條第一項第一款之規定，他方均得解除婚約，不能對於他人間所訂定之婚約而請求撤銷。（院一一二七一）

▲解除婚約，不過就未成之婚姻使不成立，與離婚係就已成之婚姻使之離異者，各為一事。（一九上二二三五）

▲民法第九百七十六條第一項第二款所謂故違結婚期約，係指婚約當事人之一方對於約定之結婚時期，故意違背者而言。（二二上三〇二五）

▲遭遇母喪循例延緩結婚時期，不得謂之故違結婚期約。（二二上三六七四）

▲婚約為男女當事人約定將來應互相結婚之契約，當事人之一方，有民法第九百七十六條第一項所列各款情形之一者，他方僅得於結婚前解除婚約，若已結婚，則除有撤銷結婚或離婚之法定原因時，得請求撤銷結婚或請求離婚外，不得以結婚前有解除婚約之理由，再行解除婚約以消滅其婚姻關係。（二九上六〇九）

▲民法第一千零五十二條第二款所謂他方與人通姦，係指結婚後他方與人通姦者而言，至結婚前與人通姦，如在婚約訂定之後，僅得於結婚前解除婚約，不得於結婚後據以請求離婚。（三三上二九四）

▲民法上所謂詐欺，係欲相對人陷於錯誤，故意示以不實之事，令其因錯誤而為意思之表示，收受聘禮後故延婚期，迫使相對人同意退婚，雖志在得財，但不得謂為詐欺，僅屬民法第九百七十六條違反婚約，及同法第九百七十七條損害賠償問題。（五六臺上三三八〇）

▲關於民法第九百七十六條第一項第九款，所謂「有其他重大事由」之認定及應如何解釋始公平合理，或為事實審法院認定事實之職權，或為法律審法院就該法律規定事項所表示之法律上之意見（通稱法律見解），無適用法規顯有錯誤之可言。（六三臺再六七）

第九百七十七條（解除婚約之賠償）

依前條之規定婚約解除時，無過失之一方，得向有過失之他方，請求賠償其因此所受之損害。

前項情形，雖非財產上之損害，受害人亦得請求賠償相當之金額。

前項請求權不得讓與或繼承。但已依契約承諾，或已起訴者，不在此限。

⑦④一、有第九百七十六條第一項所列情形之一，無過失之一方解除婚約時亦可能有非財產之損害，而現行法未規定其得請求賠償非財產上之損害，似屬缺漏。

二、又現行法第九百九十九條第二項規定當事人之一方因結婚無效或被撤銷而受有非財產上之損害者，得請求賠償相當之金額，第一千零五十六條第二項亦規定夫妻之一方因判決離婚而受有非財產上之損害者，亦得請求賠償相當之金額，而依第九百七十六條解除婚約，獨無得請求賠償非財產上損害之明文，前後條文規定在理論上亦欠一貫，爰增列本條第二項規定，將前項缺漏予以彌補。

三、非財產上之損害賠償請求權係專屬權，自不得讓與或繼承，但已依契約承諾或已起訴者，不在此限，爰並增列本條第三項之規定。

*（婚約解除之事由及方法）民九七六；（損害賠償）民二一三～二一八；（違反婚約之損害賠償）民九七八、九七九；（婚約解除時贈與物之返還）民九七九之一；（短期消滅時效）民九七九之二。

▲（五六臺上三三八〇）參見本法第九百七十六條。

第九百七十八條（違反婚約之損害賠償㈠）

婚約當事人之一方，無第九百七十六條之理由而違反婚約者，對於他方因此所受之損害，應負賠償之責。

*（婚約解除之事由及方法）民九七六；（違反婚約之非財產上損害之賠償）民九七九；（損害賠償）民二一三～二一八；（短期消滅時效）民九七九之二。

▲合意解除婚約時，除附有賠償損害金之條件者外，既與違反婚約而應負賠償責任之情形有間，即無民法第九百七十八條之適用。（五七臺上四二八）

第九百七十九條（違反婚約之損害賠償㈡）

前條情形，雖非財產上之損害，受害人亦得請求賠償相當之金額。但以受害人無過失者為限。

前項請求權，不得讓與或繼承。但已依契約承諾或已起訴者，不在此限。

*（違反婚約之財產上損害之賠償）民九七八；（讓與）民二九四；（繼承）民一一四八；（契約承諾）民一五三、一五六～一六一；（短期消滅時效）民九七九之二；（起訴）民訴二四四以下。

第九百七十九條之一（贈與物之返還）

因訂定婚約而為贈與者，婚約無效、解除或撤銷時，當事人之一方，得請求他方返還贈與物。

⑦④一、本條新增。

二、婚約當事人間，常有因訂定婚約而贈與財物之情事，若婚約無效，解除或撤銷時，應許當事人請求返還贈與物，爰增設本條。至於因當事人之一方死亡而婚約消滅時，當然不得請求返還贈與物，自無庸明文規定。

*（婚約之解除）民九七六、九七七；（短期消滅時效）民九七九之二；（贈與物之返還）民一七九、一八一、二五九、四一二、四一九。

第九百七十九條之二（贈與物返還請求權之消滅時效）

第九百七十七條至第九百七十九條之一所規定之請求權，因二年間不行使而消滅。

⑦④一、本條新增。

二、第九百七十七條、第九百七十八條因解除婚約所生損害賠償請求權，第九百七十九條因違反婚約所生損害賠償請求權，及第九百七十九條之一因婚約無效、解除或撤銷時之贈與物返還請求權，均不宜聽其久延不決，應設短期消滅時效之規定，爰增訂本條規定。

*（婚約之解除）民九七六；（解除婚約之賠償）民九七七；（違反婚約之賠償）民九七八～九七九；（贈與物之返還）民九七九之一；（消滅時效）民一二五～一二八；（時效不完成）民一三九、一四一、一四二。

第二節　結婚

第九百八十條（結婚之實質要件㈠——結婚年齡）

男女未滿十八歲者，不得結婚。

⑪⓪依消除對婦女一切形式歧視公約(CEDAW)第十五條第一項規定：「締約各國應給予男女在法律面前平等的地位。」第十六條第一項(a)款及第二項規定：「締約各國應採取一切適當措施，消除在有關婚姻和家庭關係的一切事務上[illegible]在男女平等的基礎上：(a)有相同的締結婚約的權利；」、「童年訂婚和結婚應不具法律效力，並應採取一切必要行動，包括制訂法律，規定結婚最低年齡，並規定婚姻必須向正式機構登記。」復依消除對婦女一切形式歧視公約(CEDAW)第二十一號一般性建議，該公約第十六條第二項和兒童權利公約均規定防止締約國允許未成年者結婚或使該等婚姻生效。根據兒童權利公約，兒童係指十八歲以下的任何人，除非對其適用之法律規定成年年齡低於十八歲。又未成年人，尤指少女結婚生育，對其健康會造成不利影響，同時妨礙其學業，導致其經濟自立也受到侷限。不僅影響婦女本身，還限制其能力發展和獨立性，減少其就業機會，從而對家庭和社區皆造成不利影響。是為保障兒童權益及男女平等，以符合消除對婦女一切形式歧視公約第十五條、第十六條規定，爰修正男女最低結婚年齡為十八歲。

*（年齡之計算）民一二四；（結婚之形式要件）民九八二；（結婚之其他實質要件）民九八一～九八五；（違反本條之效果）民九八九、九九八、九九九、九九九之一；（婚約之類似規定）民九七三。

第九百八十一條（刪除）

⑪⓪一、本條刪除。

二、因成年年齡與最低結婚年齡均修正為十八歲，故已無未成年人結婚應得法定代理人同意之情形，爰予刪除。

*（法定代理人）民一〇八六、一〇九八；（同意）民一一七；（成年）民一二；（結婚之形式要件）民九八二；（結婚之其他實質要件）民九八〇、九八三～九八五；（違反本條之效果）民九九〇、九九八、九九九、九九九之一；（婚約之類似規定）民九七四。

第九百八十二條（結婚之形式要件）

結婚應以書面為之，有二人以上證人之簽名，並應由雙方當事人向戶政機關為結婚之登記。

*（結婚之實質要件）民九八〇、九八一、九八三～九八五；（違反本條規定之效果）民九八八、九九八、九九九、九九九之一；（結婚之登記）戶籍四、九、三三。

▲民法第九百八十二條所謂結婚公開之儀式，及二人以上之證人云者，在結婚儀式未規定以前，無論其依舊俗或依新式，但使其舉行結婚儀式係屬公然，一般不特定之人均可共見，即為公開之儀式，至於證人雖不必載明於婚書，但必須當時在場親見，並願負證明責任之人。（院八五九）

▲㈠依民法第九百八十二條，結婚固應有公開之儀式及二人以上之證人，但儀式及證人之身分如何，法律本無限定，若於除夕日舉行拜祖或其他公開之儀式，並有家族或其他二人以上在場可為證人，即不能不認為與該條所定之要件相符。

不能為罪。（院九五五）

▲㈠男女二人，約證婚人二人及親友數人，在旅館之一房間內，舉行結婚儀式，其結婚既係在旅館之一房間內，自須有足使一般不特定之人均可知悉之表徵而得共見者，始得認為公開。

㈡男女二人，約證婚人二人及親友數人，在旅館之宴會廳，置酒一席，如其情狀無從認為舉行結婚儀式，雖其主觀以為舉行婚禮，仍不得謂有公開之儀式。

㈢男女二人，在某一官署內舉行婚禮，如無足使一般不特定之人均可知悉之表徵而得共見者，縱有該署之長官及證婚人二人在場，仍不得謂有公開之儀式。

㈣結婚時之證人，無論是否簽名於結婚證書之人，均以曾經到場者為限，若未親到，雖委託他人在結婚證書內代表簽名、蓋章，仍不得認為證人。

㈤結婚證書列名之證人二人，僅有一人到場者，其未到場之一人，不得認為證人。

㈥前開未到場之一人，雖於事後自稱曾經到場證婚，亦不得認為證人。（院一七〇一）

▲男女婚姻須經雙方合意，尤須經過一定之婚姻儀式方能認為合法成立，否則縱已同居，法律上仍不發生婚姻之效力。（一八上二〇七二）（九六、八、二八決議自九七、五、二三不再援用）

▲結婚並不以書立婚帖為要件，被上訴人與甲結婚曾有公開之儀式，及二人以上之證人，業經原審據乙丙等之證言予以認定，不容以婚帖未經當事人簽名蓋章，指其結婚為無效。（三一上一三五）（九七、一二、二決議不再援用）

▲日據時期婚姻之成立，並無如我國民法第九百八十二條所定要件之限制，上訴人彼時既與被上訴人開始同居，於戶籍及身分證上登記為夫妻，有女一，亦申報為兩造所生，是兩造婚姻在彼時即已合法成立，上訴人竟以此項婚姻未依前開法條舉行公開儀式及二人以上證人之證明為詞，訴請確認婚姻關係不存在，顯無可許。（四五臺上四四八）

▲民法第九百八十二條所謂結婚應有公開之儀式，指結婚之當事人應行定式之禮儀，使不特定人得以共聞共見認識其為結婚者而言，所謂二人以上之證人，祇須有行為能力在場親見而願證明者為已足，不以證婚人為限。（五一臺上五五一）（九六、八、二八決議自九七、五、二三不再援用）

▲民法第九百八十二條第二項，係就程序上移轉舉證責任所為之特別規定，依程序從新之原則，不受修正後民法親屬編施行法第一條後段有關實體不溯及既往規定之限制。（七九臺上二二一九）（九六、八、二八決議自九七、五、二三不再援用）

第九百八十三條（結婚之實質要件㈢——須非一定之親屬）

與左列親屬，不得結婚：

一　直系血親及直系姻親。

二　旁系血親在六親等以內者。但因收養而成立之四親等及六親等旁系血親，輩分相同者，不在此限。

三　旁系姻親在五親等以內，輩分不相同者。

前項直系姻親結婚之限制，於姻親關係消滅後，亦適用之。

第一項直系血親及直系姻親結婚之限制，於因收養而成立之直系親屬間，在收養關係終止後，亦適用之。

⑻既然依優生學之考慮，限制六、八親等堂兄弟姊妹不得結婚，則基於父母血緣各半及同為優生學之考慮，亦應限制六、八親等之表兄弟姊妹不得結婚。惟六、八親等血緣已疏，有無必要禁止其相婚，宜再檢討；故修訂為旁系姻親在五親等以內輩分不相同者，不得結婚。

*（直系與旁系血親）民九六七；（血親之親等）民九六八；（姻親之親系親等）民九六九、九七〇；（姻親關係之消滅）民九七一；（養子女之關係）民一〇七七；（違反本條之效果）民九八八②、九九九、九九九之一；（收養關係之終止）民一〇八〇～一〇八三。

▲釋一二、三二、三四、五八、九一。

▲養子女與養父母之關係，依民法第一千零七十七條之規定。既與婚生子女同，則養女對於養父兄弟之子，亦與同祖之兄弟姊妹無異，依民法第九百八十三條第一項第三款之規定，自屬不得結婚。（三二上二三六六）（九七、一二、二決議不再援用）

▲結婚與收養子女同為發生身分關係之行為，關於結婚無效及撤銷違法結婚之規定，在收養無效及撤銷違法收養時，亦有同一之法律理由，自應類推適用，故收養八親等以內之旁系血親為養子女，而輩分不相當（包括輩分相同）者，於結婚依民法第九百八十三條第一項第二款，及第九百八十八條第二款之規定，既應認為無效，則此種違反倫理觀念之收養，自亦無效力之可言。（四九臺上一九二七）（九六、八、二八決議不再援用）

第九百八十四條（結婚之實質要件㈣——須無監護關係）

監護人與受監護人，於監護關係存續中，不得結婚。但經受監護人父母之同意者，不在此限。

*（監護）民一〇九一以下；（同意）民一一一七；（違反本條之效果）民九九一、九九八、九九九、九九九之一。

第九百八十五條（結婚之實質要件㈤——須非重婚）

有配偶者，不得重婚。

一人不得同時與二人以上結婚。

⑷一、現行條文移列為第一項。

二、現行法規定有配偶者不得重婚，是否包括同時與二人以上結婚在內，學者見解頗不一致，或謂得適用民法第七十二條規定認其結婚為無效，究不若明文規定為宜，且我國刑法第二百三十七條重婚罪，亦包括有配偶者重婚及同時與二人以上結婚在內，為期民刑法規定一致及避免解釋之紛擾，爰增列第二項規定。

*（違反本條之效果）民九八八、九九九、九九九之一；（離婚之原因）民一〇五二㈠①；（重婚罪）刑二三七、二三八；（特別規定）兩岸人民關係六四。

▲釋二四二。

▲上訴人甲與被上訴人間，縱令如原判之所認定確有合法成立之婚約，但僅訂有婚約而未結婚者，不得謂為配偶，上訴人甲既未與被上訴人結婚，則其與上訴人乙結婚，自非違反民法第九百八十五條之規定，原判決竟依被上訴人之請求，將上訴人間之結婚撤銷，於法殊有未合。（二九上七三七）

第九百八十六條（刪除）

⑻一、本條刪除。

二、本條有道德制裁之意味，且無實益，淪為報復他人。允許撤銷其婚姻，將使子女成為非婚生子女，徒增社會問題。

第九百八十七條（刪除）

⑻一、本條刪除。

二、現在醫學技術發達，以 DNA 進行血緣鑑定並不困難，並無血統混淆之虞。

三、依第九百九十四條但書，一旦懷孕也不得撤銷後婚，則會因違反第九百八十七條被撤銷婚姻者，必係再婚而未懷孕者，則其既未懷孕已無血統混淆之虞，其後婚竟遭撤銷，顯失公平。

四、即使馬上結婚、懷孕致所生子女受前後婚雙重之婚生推定，亦可提起確定其父之訴加以救濟。

第九百八十八條（結婚之無效）

結婚有下列情形之一者，無效：

一　不具備第九百八十二條之方式。
二　違反第九百八十三條規定。
三　違反第九百八十五條規定。但重婚之雙方當事人因善意且無過失信賴一方前婚姻消滅之兩願離婚登記或離婚確定判決而結婚者，不在此限。

⑯一、第一款酌予文字修正。
二、因應司法院釋字第三六二號及第五五二號有關重婚之雙方當事人因善意且無過失信賴離婚確定判決及兩願離婚登記而致前後婚姻關係同時存在之解釋意旨，修正本條第二款，並增訂第三款但書規定。
三、鑒於因信賴國家機關之行為而重婚有效乃屬特例，自不宜擴大其範圍，爰將本條第三款重婚有效之情形限縮於釋字第三六二號及第五五二號解釋之「信賴兩願離婚登記或離婚確定判決」兩種情形，避免重婚有效之例外情形無限擴大，以致違反一夫一妻制度。至於信賴死亡宣告判決部分，因民事訴訟法第六百四十條已有明文，且學說與實務在適用上尚無爭議，故依上開民事訴訟法相關規定處理即可，爰未予增列。

*（結婚之形式要件）民九八二；（近親結婚之限制）民九八三；（結婚之實質要件）民九八五；（結婚無效之損害賠償）民九九九；（結婚無效時子女監護、贍養費及財產取回之準用）民九九九之一、一〇五五、一〇五七、一〇五八。

▲釋二四二、三六二、五五二。

▲兩造間既未有合於法定方式之結婚，本不發生夫妻之關係，斷不能因戶口冊上記載兩造為夫妻，遂認上訴人取得為被上訴人妻之身分。（三三永上三五）（九六、八、二八決議自九七、五、二三不再援用）

▲（四五臺上四四八）參見本法第九百八十二條。

▲（四九臺上一九二七）參見本法第九百八十三條。

第九百八十八條之一　（前婚姻視為消滅之效力、賠償及相關規定）

前條第三款但書之情形，前婚姻自後婚姻成立之日起視為消滅。

前婚姻視為消滅之效力，除法律另有規定外，準用離婚之效力。但剩餘財產已為分配或協議者，仍依原分配或協議定之，不得另行主張。

依第一項規定前婚姻視為消滅者，其剩餘財產差額之分配請求權，自請求權人知有剩餘財產之差額時起，二年間不行使而消滅。自撤銷兩願離婚登記或廢棄離婚判決確定時起，逾五年者，亦同。

前婚姻依第一項規定視為消滅者，無過失之前婚配偶得向他方請求賠償。

前項情形，雖非財產上之損害，前婚配偶亦得請求賠償相當之金額。

前項請求權，不得讓與或繼承。但已依契約承諾或已起訴者，不在此限。

⑯一、本條新增。
二、因應司法院釋字第三六二號及第五五二號有關重婚之雙方當事人因善意且無過失信賴離婚確定判決及兩願協議離婚登記而致前後婚姻關係同時存在時，為維護一夫一妻之婚姻制度，究應解消前婚姻或後婚姻，屬立法政策考量之解釋意旨，增訂本條規定。至於究應解消前婚姻或後婚姻，經審酌婚姻之本質重在夫妻共同生活，且前婚姻因已無共同生活之事實，且前婚夫妻雙方前曾達成離婚協議或一方請求裁判離婚，其婚姻已出現破綻，復基於身分安定性之要求，認以維持後婚姻為宜，以符婚姻本質。
三、由於後婚姻依第九百八十八條第三款但書規定而有效時，前婚姻仍為有效，爰於本條第一項明定前婚姻自後婚姻成立之日起視為消滅。所稱「消滅」，乃向後發生效力。
四、前婚姻依本條第一項規定視為消滅，將涉及贍養費給與、對未成年子女權利義務之行使或負擔之酌定及夫妻剩餘財產分配等事項，爰於本條第二項規定前婚姻視為消滅之效力，除法律另有規定外，準用離婚之效力。但如前婚姻因兩願離婚登記或離婚確定判決而已就夫妻剩餘財產為分配或協議者，其原分配或協議本因撤銷兩願離婚登記或廢棄離婚判決而失所附麗，原應重新計算至前婚姻視為消滅之日（後婚姻成立之日）之夫妻剩餘財產。惟鑑於前婚姻自兩願離婚登記或離婚確定判決，至前婚姻視為消滅之日（後婚姻成立之日）此段期間，並無共同生活之事實，對婚姻並無共同協力及貢獻，且為免產生複雜之法律關係，爰增列但書規定，明定剩餘財產已為分配或協議者，仍依原分配或協議定之，不得另行主張，以杜爭議。至所稱「法律另有規定」，目前係指本條第三項但書、第三項至第六項關於夫妻剩餘財產分配請求權之時效起算點以及前婚配偶之損害賠償請求權等規定。
五、前婚姻自後婚姻成立之日起視為消滅，除前婚姻因兩願離婚登記或離婚確定判決而已就夫妻剩餘財產為分配或協議而適用本條第二項但書規定外，應有剩餘財產分配之問題，並應適用本法第一千零三十條之一以下有關夫妻剩餘財產分配之規定。惟在後婚成立五年後，前婚之兩願離婚登記、離婚判決始被廢棄之情形，前婚配偶已逾本法第一千零三十條之一第四項所定時效而不及行使權利，如仍適用其規定，顯有未當，爰於本條第三項明定剩餘財產分配請求權，自請求權人知有剩餘財產之差額時起，二年間不行使而消滅。自「撤銷兩願離婚登記或廢棄離婚判決確定」時起，逾五年者，亦同，以保障前婚配偶之權益，並兼顧安定性之要求。
六、為貫徹一夫一妻制度，使前婚姻自後婚姻成立之日起視為消滅，此時前婚配偶可能受有財產及非財產上之損害，惟因後婚雙方當事人均為善意且無過失，故不能準用本法第一千零五十六條規定向有過失一方請求損害賠償，然為保障前婚配偶之權益，爰參酌第一千零五十六條規定，於本條第四項至第六項明定重婚配偶雖無過失，無過失之前婚配偶（如前婚配偶對於兩願離婚登記知有瑕疵，則非無過失）亦得向其請求賠償，以符司法院釋字第五五二號保障婚姻被解消者之意旨。

第九百八十九條　（結婚之撤銷㈠——未達結婚年齡）

結婚違反第九百八十條之規定者，當事人或其法定代理人得向法院請求撤銷之。但當事人已達該條所定年齡或已懷胎者，不得請求撤銷。

*（結婚年齡）民九八〇；（年齡之計算）民一二四；（法定代理人）民一〇八六、一〇九八；（撤銷之訴）家事五二～六〇；（撤銷之效力）民九九八；（撤銷之損害賠償）民九九九；（結婚經撤銷者子女監護、贍養費及財產取回之準用）民九九九之一、一〇五五、一〇五七、一〇五八。

▲民法第九百八十九條但書所謂已達結婚年齡之當事人，係包括雙方而言，故須雙方當事人均達結婚年齡，方受不得撤銷之限制，若有一方未達結婚年齡，則雙方當事人均不受其拘束。（院一七八三）

▲來電所述情形與民法第一千零五十二條各款之規定情形不符，不得請求離婚，惟妻如於結婚時未達結婚年齡，得依同法第九百八十九條之規定請求撤銷結婚。（院解四〇六六）

▲法定代理人所有民法第九百八十九條之結婚撤銷權，不因其事前同意結婚而受影響，此徵之同條認婚姻當事人有撤銷權之法意極為明瞭。（二二上一〇八三）

▲結婚違反民法第九百八十條之規定者，除當事人已達該條所定年齡或已懷胎者外，當事人或其法定代理人得向法院請求撤銷，此在民法第九百八十九條規定甚明，是未達結

婚年齡人之結婚，雖曾得法定代理人之同意，當事人亦得請求撤銷。（二九上五五五）

▲結婚違反民法第九百八十條之規定者，在當事人已達該條所定年齡或已懷胎前，關於當事人或其法定代理人撤銷權之行使，並無期間之限制。（二九上一五六一）

▲民法第九百八十九條但書，所謂當事人已達第九百八十條所定年齡，係指當事人於請求撤銷結婚之訴提起時，已達結婚年齡而言，如起訴時未達結婚年齡，縱令訴訟中已達結婚年齡，其已行使之撤銷權仍不因此而受影響。（三二上三四七七）

▲結婚撤銷權，是否因民法第九百八十九條但書，所謂當事人已達結婚年齡而消滅，應以請求撤銷結婚之訴提起時為準，故將請求離婚之訴變更為請求撤銷結婚之訴者，除其請求離婚之訴係以當事人未達結婚年齡為理由，本應認為請求撤銷結婚之訴無所謂訴之變更外，應以變更原訴時為準，請求離婚之訴提起時雖未達結婚年齡，而變更為請求撤銷結婚之訴時已達結婚年齡者，仍應認其撤銷權為已消滅。（三三湘粵上五三）

▲民法第九百八十九條但書，所謂已達第九百八十條所定年齡之當事人，包括雙方而言，必雙方當事人於起訴時俱達結婚年齡，其撤銷請求權始行消滅，若一方於起訴時已達結婚年齡，他方未達結婚年齡者，仍得請求撤銷其結婚。（三三上二八六三）

第九百九十條　（刪除）

⑩一、本條刪除。

二、配合原第九百八十一條規定刪除，爰刪除本條。

*（法定代理人對未成年人結婚之同意權）民九八一；（法定代理人）民一〇八六、一〇九八；（撤銷之訴）家事五二～六〇；（撤銷之效力）民九九八；（撤銷之損害賠償）民九九九；（子女監護、贍養費及財產取回之準用）民九九九之一；（期間之計算）民一二一、一二三。

▲民法第九百九十條但書，所謂結婚後已逾一年者不得請求撤銷，專指法定代理人，就違反民法第九百八十一條規定之結婚請求撤銷時而言，當事人就違反民法第九百八十條規定之結婚請求撤銷時，自不適用。（二九上五五五）

第九百九十一條　（結婚之撤銷㈢——有監護關係）

結婚違反第九百八十四條之規定者，受監護人或其最近親屬，得向法院請求撤銷之。但結婚已逾一年者，不得請求撤銷。

*（監護人與受監護人結婚之禁止）民九八四；（監護人）民一〇九一～一〇九四、一一一〇、一一一一；（撤銷之訴）家事五二～六〇；（撤銷之效力）民九九八；（撤銷之損害賠償）民九九九；（期間之計算）民一二一、一二三。

第九百九十二條　（刪除）

⑭為貫徹一夫一妻制，第九百八十八條既已規定結婚違反第九百八十五條重婚者無效，本條爰配合刪除之。

第九百九十三條　（刪除）

⑰一、本條刪除。

二、本條有道德制裁之意味，且無實益，淪為報復他人。允許撤銷其婚姻，將使子女成為非婚生子女，徒增社會問題。

第九百九十四條　（刪除）

⑰一、本條刪除。

二、依第九百九十四條但書，一旦懷孕也不得撤銷後婚，則會因違反第九百八十七條被撤銷婚姻者，必係再婚而未懷孕者，則其既未懷孕已無血統混淆之虞，其後婚竟遭撤銷，顯失公平。

第九百九十五條　（結婚之撤銷㈣——不能人道）

當事人之一方，於結婚時不能人道而不能治者，他方得向法院請求撤銷之。但自知悉其不能治之時起已逾三年者，不得請求撤銷。

*（撤銷之訴）家事五二～六〇；（期間之計算）民一二一、一二三；（撤銷之效力）民九九八；（撤銷之損害賠償）民九九九；（子女監護、贍養費及財產取回之準用）民九九九之一；（不治之惡疾）民一〇五二㈠⑦。

▲民法第九百九十五條但書所定三年之期間，為無時效性質之法定期間，並非消滅時效。（二一上一六一六）

▲夫妻之一方有不治之惡疾者，依民法第一千零五十二條第七款之規定，他方固得隨時請求離婚，惟一方於結婚時不能人道而不能治者，非同條款所謂不治之惡疾，他方僅得依民法第九百九十五條，於知悉其不能治之時起，三年內請求撤銷結婚。（二九上一九一三）

▲婚姻當事人之一方因不能人道而不能治者，雖他方當事人依法僅得向法院請求撤銷婚姻，而不得據以請求離婚，然請求離婚，亦係向法院求為使其婚姻關係消滅之判決，依其聲明解釋，仍應認為係提起撤銷婚姻之訴。（三七上七八三二）（一〇四、一、六決議不再援用）

第九百九十六條　（結婚之撤銷㈤——精神不健全）

當事人之一方，於結婚時係在無意識或精神錯亂中者，得於常態回復後六個月內向法院請求撤銷之。

*（無意識或精神錯亂）民一四、一五、七五；（期間之計算）民一二一、一二三；（撤銷之訴）家事五二～六〇；（撤銷之效力）民九九八；（撤銷之損害賠償）民九九九；（子女監護、贍養費及財產取回之準用）民九九九之一；（重大不治之精神病）民一〇五二㈠⑧。

第九百九十七條　（結婚之撤銷㈥——因被詐欺或脅迫）

因被詐欺或被脅迫而結婚者，得於發見詐欺或脅迫終止後，六個月內向法院請求撤銷之。

*（詐欺脅迫之意思表示）民九二、九三；（詐術締結婚姻罪）刑二三八；（妨害自由罪）刑二九八；（撤銷之訴）家事五二～六〇；（期間之計算）民一二一、一二三；（撤銷之效力）民九九八；（撤銷之損害賠償）民九九九；（子女監護、贍養費及財產取回之準用）民九九九之一。

▲婚約業經合法成立，雖因結婚之期未經協定致有強娶之事，惟成婚後苟已相安，固不得於事後藉此為請求離異之理由。（一八上二三二八）

▲結婚出於強迫僅為撤銷婚姻之原因，究不足據為應行離婚之理由。（一九上四九二）

▲父母為未成年子女所訂婚約未經其子女追認，自無拘束該子女之效力，如本於此項婚約以不正方法使其踐行者，縱使有成婚之事實，亦不得謂該婚姻已合法成立。（二〇上六七二）（九六、八、二八決議廢止）

▲當事人之一方於結婚時雙目失明未先通知他方者，他方祇得以因被詐欺而結婚為理由請求撤銷，不得據以請求離婚。（二一上二九六）

▲身心健康為一般人選擇配偶之重要條件，倘配偶之一方患有精神病，時癒時發，必然影響婚姻生活，故在一般社會觀念上，應認有告知他方之義務，如果被上訴人將此項婚姻成立前已存在之痼疾隱瞞，致上訴人誤信被上訴人精神正常，而與之結婚，即難謂上訴人非因被詐欺而為結婚。（七〇臺上八八〇）

第九百九十八條　（撤銷之不溯及效力）

結婚撤銷之效力，不溯及既往。

*（法律行為撤銷之效力）民一一四；（婚姻之撤銷）民九八九～九九一、九九五～九九七；（姻親關係之消滅）民九七一；（撤銷之損害賠償）民九九九。

▲離婚與撤銷婚姻雖均使已成立之婚姻對於將來失其效力，惟可得撤銷之婚姻係因其成立時即有瑕疵，而離婚之事由則為婚姻成立後所發生，彼此並非一致，故婚姻成立前業已存在之事由，除合於撤銷婚姻之條件時得請求撤銷外，殊無據以請求離婚之餘地。（二二上四二二）

第九百九十九條　（婚姻無效或撤銷之損害賠償）

當事人之一方，因結婚無效或被撤銷而受有損害者，得向他方請求賠償。但他方無過失者，不在此限。

前項情形，雖非財產上之損害，受害人亦得請求賠償相當之金額，但以受害人無過失者為限。

前項請求權，不得讓與或繼承。但已依契約承諾或已起訴者，不在此限。

*（結婚無效）民九八八；（結婚撤銷）民九八九～九九一、九九五～九九八；（損害賠償）民二一三～二一八；（讓與）民二九四；（繼承）民一一四八；（契約承諾）民一五三、一五六～一六一。

第九百九十九條之一　（結婚無效或經撤銷時子女之監護、贍養費及財產之取回）

第一千零五十七條及第一千零五十八條之規定，於結婚無效時準用之。

第一千零五十五條、第一千零五十五條之一、第一千零五十五條之二、第一千零五十七條及第一千零五十八條之規定，於結婚經撤銷時準用之。

⑧⑤一、結婚無效準用第一千零五十五條之規定，已因增定第一千零六十九條之一而當然適用，爰將原條文有關結婚無效之準用規定加以修正，並單獨列為第一項。

二、有關夫妻離婚時對於未成年子女權利義務之行使或負擔，已重新修正並增設規定，故於結婚經撤銷時，其準用條文，宜配合修正，並改列為第二項。

*（離婚夫妻對未成年子女權義之行使或負擔）民一〇五五；（贍養費）民一〇五七；（財產之取回）民一〇五八；（結婚無效）民九八八；（結婚撤銷）民九八九～九九一、九九五～九九八。

▲釋三六二。

第三節　婚姻之普通效力

第一千條　（夫妻之冠姓）

夫妻各保有其本姓。但得書面約定以其本姓冠以配偶之姓，並向戶政機關登記。

冠姓之一方得隨時回復其本姓。但於同一婚姻關係存續中以一次為限。

⑧⑦一、原條文以妻冠夫姓為原則，不但有違男女平等原則，且在戶籍登記及所使用資格證件、印章等均徒增麻煩，故修訂夫妻以不冠姓為原則，且冠姓之一方亦得隨時回復其本姓。

二、廢贅夫婚制度。婚姻是兩人為共同生活，彼此扶持而設之制度，無庸有嫁娶或招贅婚之分，應破除此種觀念。又贅夫婚姻制度之存在，徒然予以男女平等之假象及藉口，應予以廢除。

*（子女之姓）民一〇五九；（冠姓之申請）姓名五。

第一千零零一條　（夫妻之同居義務）

夫妻互負同居之義務。但有不能同居之正當理由者，不在此限。

▲釋一四七、四五二。

▲人民固有信仰宗教之自由，但不能因信仰宗教而免其法律上之義務，故妻矢志為尼，不得認為有民法第一千零零一條但書所謂不能同居之正當理由。（院一八七八）

▲夫妻間雖有同居之義務，但有不堪同居之事實，經雙方同意分別居住，亦非法所不許。（一七上二八）

▲妻有與夫同居之義務，在婚姻關係存續中非證明有不堪同居之虐待，或其他正當理由，不得請求給養分居。（一八上二一二九）

▲別居與離異係屬兩事，別居者事實上夫婦不同居，而婚姻之關係依然存續，與離異之消滅婚姻關係者不同。（一九上一一三）

▲婚姻關係成立後夫妻之一方出家為僧或為尼者，雖依其教規不得有配偶，而其夫妻之關係並不因此當然消滅。（二二上一八一九）

▲民法第一千零零一條所規定之夫妻同居義務，惟已結婚而有夫妻之身分者始負擔之，若僅訂有婚約而未結婚者，不負與他方同居之義務。（二三上九三七）

▲妻除招贅外既應以夫之住所為住所，自應在夫之住所與夫同居，不得藉口其父母在堂，主張應在其母家所在地與夫同居。（二七上一四四〇）（九一、一一、一五決議不再援用）

▲當事人之一方於結婚時不能人道而不能治者，依民法第九百九十五條規定，他方固得提起撤銷婚姻之訴，而在婚姻未撤銷前，究不能以此為拒絕同居之理由。（二八上二四六九）

▲㈠未成年人結婚雖未得法定代理人之同意，然在法定代理人依民法第九百九十條之規定，訴經法院撤銷其結婚以前，仍不失為夫妻，依民法第一千零零一條之規定，自亦互負同居之義務。

㈡夫秉性愚鈍缺乏常識，並非民法第一千零零一條所謂不能同居之正當理由。（二九上九一六）

▲扶養之程度應按扶養權利者之需要，與負扶養義務者之經濟能力及身分定之，為民法第一千一百十九條所明定，夫不與妻同居，應由夫供給妻之生活費用者，雖非同條所稱之扶養，而其供給費用之數額亦當準用該條定之。（三〇滬上一五〇）

▲夫妻之一方於同居之訴判決確定或在訴訟上和解成立後，仍不履行同居義務，在此繼續狀態存在中，而又無不能同居之正當理由者，即與民法第一千零五十二條第五款所定之離婚要件相當，所謂夫婦互負同居之義務，乃指永久同居而言，要非妻偶爾一、二日或十數日住居夫之住所，即屬已盡同居之義務。（四九臺上九九〇）

第一千零零二條　（夫妻之住所）

夫妻之住所，由雙方共同協議之；未為協議或協議不成時，得聲請法院定之。

法院為前項裁定前，以夫妻共同戶籍地推定為其住所。

⑧⑦一、妻以夫之住所為住所，不合男女平等之原則，爰修正為夫妻之住所由雙方共同協議定之。

二、夫妻之住所為夫妻生活之重心，對訴訟之管轄及離婚惡意遺棄要件之認定具有相當之影響，在夫妻就住所之決定無法協議時，有由法院介入決定之必要。

三、廢招贅婚制度。

*（住所）民二〇；（未成年子女之法定住所）民一〇六〇。

▲釋四一三、四五二。

▲離婚之訴，固應依民事訴訟法第五百六十四條第一項、第二項定其管轄，惟聲請人主張其夫某甲係入贅聲請人之家，依民法第一千零零二條，關於贅夫以妻之住所為住所之規定，聲請人儘可向自己現在住所地之管轄法院提起此項訴訟，自無民事訴訟法第二十三條第一項所定指定管轄之原因存在，乃逕向本院聲請指定管轄，顯難准許。（四三臺聲四一）（一〇四、二、三決議不再援用）

第一千零零三條　（日常家務代理權）

夫妻於日常家務，互為代理人。

夫妻之一方濫用前項代理權時，他方得限制之。但不得對抗善意第三人。

*（代理）民一〇三～一一〇。

▲妻處分其夫之不動產，通常固不屬於民法第一千零零三條第一項，所謂日常家務之範圍，惟其夫應負擔家庭生活費用而在淪陷期間僑居海外者，關於支付家庭生活之必要行為，不得謂非日常家務，如依其情形，妻非處分其夫之不動產不能維持家庭生活，而又不及待其夫之授權者，其處

分不動產，自屬關於支付家庭生活費用之必要行為，應解為包括於日常家務之內。（三六上五三五六）

▲上訴人與其妻未以契約訂立財產制，應以法定財產制為其夫妻財產制，訟爭房屋原屬上訴人夫妻之聯合財產，上訴人因戰事與其家屬隔絕，匯兌不通，其妻因維持伊與子女所需食糧出賣該房屋，係在民法第一千零零三條所定代理權限以內，尚非無效。（三八穗上二八一）

▲夫妻於日常家務固得互為代理人，但本件和解契約之訂立並非日常家務，則夫自非當然有代理其妻之權限。（四四臺上一〇二六）

第一千零零三條之一（家庭生活費用之分擔）

家庭生活費用，除法律或契約另有約定外，由夫妻各依其經濟能力、家事勞動或其他情事分擔之。

因前項費用所生之債務，由夫妻負連帶責任。

⑨一、本條新增。
二、夫妻基於獨立平等之人格，對於婚姻共同生活體之維持，均有責任，爰增訂此條規定為婚姻之普通效力，適用於法定財產制及約定財產制。

第四節 夫妻財產制

第一款 通 則

第一千零零四條（夫妻財產制契約之訂立——約定財產制之選擇）

夫妻得於結婚前或結婚後，以契約就本法所定之約定財產制中選擇其一，為其夫妻財產制。

*（結婚）民九八〇～九八五、九八八～九九一、九九五～九九九之一；（契約）民一五三～一六六；（約定財產制）民一〇三一～一〇四一、一〇四四～一〇四八；（法定財產制）民一〇一七～一〇三〇之四；（約定財產制之變更及廢止）民一〇一二；（夫妻財產制契約之要式與登記）民一〇〇七、一〇〇八；（分別財產制之適用）民一〇〇九～一〇一一。

第一千零零五條（法定財產制之適用）

夫妻未以契約訂立夫妻財產制者，除本法另有規定外，以法定財產制，為其夫妻財產制。

*（契約）民一五三～一六六；（夫妻財產制契約之訂立）民一〇〇四；（法定財產制）民一〇一七～一〇三〇之四；（約定財產制）民一〇三一～一〇四一、一〇四四～一〇四八；（另有規定）民一〇〇九～一〇一一。

▲夫妻間如未以契約訂立夫妻財產制，依民法第一千零零五條、第一千零二十六條之規定，夫於家庭生活費用有支付能力時，除妻有不得請求支付之法律上原因外，應由夫就其財產負擔之。（三三上六八五二）（九六、八、二八決議不再援用）

▲民法親屬編施行前已結婚者，如未以契約訂立夫妻財產制，不能適用民法第一千零零五條之規定，以法定財產制為其夫妻財產制，固經本院著有先例（三十年上字第二六二號判例），惟此係指在民法親屬編施行前結婚之夫妻，就該編施行前所置之財產，應不適用民法第一千零零五條之規定而言，俾於法律不溯及既往之原則無違，在該編施行後所置之財產，自不得排除前開法條規定之適用，故臺灣省人民在日據時期結婚，未以契約訂立夫妻財產制，迨臺灣省光復後妻於婚姻關係存續中始行取得之財產，如不能證明其為特有或原有財產，依民法第一千零十六條及第一千零十七條第二項之規定，即屬聯合財產，其所有權應屬於夫。（五五臺抗一六一）（九一、九、九決議不再援用）

▲關於法定財產制之規定，並不因入贅婚姻而異其效力。（六六臺上二一五四）

第一千零零六條（刪除）

⑨一、本條刪除。
二、原條文規定未成年人與禁治產人訂立、變更或廢止夫妻財產制契約時，應得其法定代理人之同意，與民法總則規定不符。為避免實務適用上之困擾，並期體例一貫，爰刪除本條規定。

第一千零零七條（夫妻財產制契約之要件㈠——要式契約）

夫妻財產制契約之訂立、變更或廢止，應以書面為之。

⑨將「變更」後之頓號刪除。

*（夫妻財產制契約之訂立）民一〇〇四；（契約）民一五三～一六六；（夫妻財產制之廢止及變更）民一〇一二；（要式行為）民三、七三；（夫妻財產制之登記）民一〇〇八，非訟一〇一～一〇七。

第一千零零八條（夫妻財產制契約之要件㈡——契約之登記）

夫妻財產制契約之訂立、變更或廢止，非經登記，不得以之對抗第三人。

前項夫妻財產制契約之登記，不影響依其他法律所為財產權登記之效力。

第一項之登記另以法律定之

⑨一、將原條文第一項「變更」後之頓號刪除。
二、為貫徹物權法定主義及保護交易安全，同時避免夫妻藉登記夫妻財產制之方式，逃避其債權人之強制執行，故明定其他財產權登記之效力不因與夫妻財產契約登記不一致而受影響。
三、原第二項規定做文字修正後，移列至第三項。

*（夫妻財產制契約之訂立）民一〇〇四；（夫妻財產制契約之廢止及變更）民一〇一二；（夫妻財產制契約之方式）民一〇〇七；（登記）非訟一〇一～一〇七。

第一千零零八條之一（夫妻財產其他約定之準用）

前二條之規定，於有關夫妻財產之其他約定準用之。

⑨原條文第一千零零六條之規定業已刪除，故本條配合修正為「前『二』條之規定……。」

*（夫妻財產制契約之訂立）民一〇〇四；（夫妻財產制契約之廢止及變更）民一〇一二；（夫妻財產制契約之方式）民一〇〇七。

第一千零零九條（刪除）

⑩一、本條刪除。
二、民法親屬編於民國十九年制定時，係以聯合財產制為法定財產制，故為解決夫妻一方受破產宣告時破產財團範圍之問題，訂有本條規定。惟為貫徹憲法保障之男女平等原則，現行法定財產制已修正以瑞士所得分配制為基礎，因此在財產分離為架構下，夫妻之財產均各自保有其所有權權能，亦各負擔債務。故可知我國民法基於男女平等、人格獨立之精神，對夫妻之債務既以各自清償為原則，本條已不符現行法定財產制之精神。
三、再法定財產制關係消滅時之剩餘財產分配請求權，既係一身專屬權，他人不得代位行使之，又消費者債務清理條例第九十八條第二項亦規定專屬於債務人本身之權利不屬於清算財團，故於法定財產制之情況下，本條已無規定之實益，爰刪除之。
四、又參酌日本個人破產制度立法例，夫妻僅於離婚時得由夫妻協議或訴請法院分配財產，婚姻關係存續中，縱使一方聲請個人破產，亦不將配偶財產納入破產財團，故不生財產分配之問題，考量我國清算制度多參酌日本個人破產制度，故實無再於本法另訂夫妻受破產後改為分別財產制之必要。
五、至於夫妻約定共同財產制者，因共同財產本為夫妻公同共有，債務人進入破產或清算程序後，共同財產本應依比例列入破產或清算財團，故無再改用分別財產制之必要，縱刪除本條，亦不影響共同財產制夫妻債務人破產或清算程序之進行。

第一千零十條　（分別財產制之原因——法院應夫妻一方之聲請而為宣告）

夫妻之一方有左列各款情形之一時，法院因他方之請求，得宣告改用分別財產制：

一　依法應給付家庭生活費用而不給付時。

二　夫或妻之財產不足清償其債務時。

三　依法應得他方同意所為之財產處分，他方無正當理由拒絕同意時。

四　有管理權之一方對於共同財產之管理顯有不當，經他方請求改善而不改善時。

五　因不當減少其婚後財產，而對他方剩餘財產分配請求權有侵害之虞時。

六　有其他重大事由時。

夫妻之總財產不足清償總債務或夫妻難於維持共同生活，不同居已達六個月以上時，前項規定於夫妻均適用之。

⑼一、第一項酌作文字修正。
二、第一、三、四款刪除「夫妻之一方」等字，並酌作文字修正。
三、第二款刪除後段文字。
四、增列第五款。
五、原條文第五款，改列為第二項，並作文字修正。

*（家庭生活費用之負擔）民一〇二六、一〇三七；（不能清償債務）破產一；（財產處分同意權）民一〇三三；（分別財產制之其他適用）民一〇〇九、一〇一一；（其他夫妻財產制）民一〇〇四、一〇〇五、一〇一六、一〇三一。

▲被上訴人對於上訴人所應支付者係家庭生活費，而非扶養費，其應支付又係由於約定而非依法為之，則上訴人有無謀生能力，即可置諸不問，殊無適用民法第一千零十條規定之餘地。（五五臺上二六三二）

第一千零十一條　（刪除）

⑽一、本條刪除。
二、現行法定財產制已改以瑞士所得分配制為基礎，採財產分離之架構，讓夫或妻各保有所有權之權能，並自負擔債務。然本條規定，造成目前司法實務上，債權銀行或資產管理公司為追討夫或妻一方之債務，得利用本條規定訴請法院宣告改用分別財產制，再依民法第二百四十二條代位債務人行使民法第一千零三十條之一之剩餘財產分配請求權，致使與夫妻關係完全無關之第三人，可以債權滿足為由，借國家權力之手，強行介入夫妻間財產制之狀態，除將導致夫妻婚後財產因第三人隨時可能介入而產生不穩定狀況，更與法定財產制係立基夫妻財產獨立之立法精神有悖。
三、本條規定與民法第一千零零九條相同，均係民國十九年以聯合財產制為法定財產制時所制定，多年來我國夫妻法定財產制已歷經多次修正，本條規定已不合時宜。
四、至於夫妻約定共同財產制者，因債權人本可直接對共同財產求償，無再訴請法院另宣告改用分別財產制之必要，故縱刪除本條，亦無損債權人對共同財產制夫妻之求償。
五、綜上理由，爰將本條刪除之。

第一千零十二條　（夫妻財產制之變更廢止）

夫妻於婚姻關係存續中，得以契約廢止其財產契約，或改用他種約定財產制。

*（夫妻財產制契約之訂立）民一〇〇四；（約定財產制）民一〇三一～一〇四一、一〇四四～一〇四八；（夫妻財產制契約之要式與登記）民一〇〇七、一〇〇八；（契約）民一五三～一六六。

第一千零十三條　（刪除）

⑼一、本條刪除。
二、修正後之法定財產制，係將夫或妻之財產區分為婚前財產與婚後財產，特有財產僅於約定之共同財產制有其存在實益。爰將之移列於第一千零三十一條之一第一項。

第一千零十四條　（刪除）

⑼一、本條刪除。
二、修正後之法定財產制，已無特有財產，僅約定之共同財產制仍訂有特有財產。但為保護交易安全，避免約定特有財產認定不易而影響第三人之權益，亦免夫妻任意約定特有財產致影響共同財產之範圍，爰刪除本條規定。

第一千零十五條　（刪除）

⑼一、本條刪除。
二、修正後之法定財產制，係將夫或妻之財產區分為婚前財產與婚後財產，特有財產僅於約定之共同財產制有其存在實益。爰將之移列於第一千零三十一條之一第二項。

第二款　法定財產制

第一千零十六條　（刪除）

⑼一、本條刪除。
二、現行聯合財產制係繼受歐陸法制，主要原自德、瑞之「管理共同制」，惟德、瑞早已因此制建構於夫妻不平等觀念上，先後改採淨益共同制及所得分配制。為切合時宜，及貫徹我憲法保障之男女平等原則，乃廢除聯合財產制，故刪除本條規定。

第一千零十七條　（婚前財產與婚後財產）

夫或妻之財產分為婚前財產與婚後財產，由夫妻各自所有。不能證明為婚前或婚後財產者，推定為婚後財產；不能證明為夫或妻所有之財產，推定為夫妻共有。

夫或妻婚前財產，於婚姻關係存續中所生之孳息，視為婚後財產。

夫妻以契約訂立夫妻財產制後，於婚姻關係存續中改用法定財產制者，其改用前之財產視為婚前財產。

⑼一、為明確界定夫妻財產之範圍，以及法定財產制關係消滅時，得列入剩餘財產分配之財產範圍，爰將夫或妻之財產區分為婚前財產與婚後財產。
二、為保障他方配偶之協力，及日後剩餘財產之分配，爰增訂第二項規定。
三、因剩餘財產分配之對象僅及「婚後財產」，故增設第三項規定，將改用前之財產視為婚前財產，不列入分配，以杜爭議。

*（結婚）民九八〇～九八五、九八八～九九一、九九五～九九九之一；（所有權）民七六五～八三一。

▲釋四一〇。

▲（五五臺抗一六一）參見本法第一千零零五條。

▲（五九臺上二二二七）參見本法第一千零十六條。

▲（六三臺上五二二）參見本法第七百五十八條。

▲土地法第四十三條規定之絕對效力，係為保護善意第三者因信賴登記而設，夫妻如係以法定財產制為其夫妻財產制，則以妻為登記名義人之不動產，除屬妻之原有財產或特有財產外，在善意第三者因信賴登記，自妻受讓取得不動產所有權以前，依民法第一千零十七條第二項規定，應認為屬於夫之所有。（六三臺上一八九五）（九一、九、九決議不再援用）

▲民法第一千零十七條第一項有關妻之原有財產內，妻因其他無償取得之財產之規定，雖不排除夫之無償贈與情形，但必有無償之贈與契約之存在為前提，並非一經登記為妻之名義，即可當然視為夫所贈與，否則民法第一千零十七條第二項就登記為妻名義之不動產，即無適用之餘地，未免有背立法原意。（七〇臺上三一〇〇）（九一、九、九決議不再援用）

▲（七五臺上一八四〇）參見本法第一千零十三條。

第一千零十八條　（夫妻財產之各自管理、使用、收益及處分）

夫或妻各自管理、使用、收益及處分其財產。

㉑原法定財產制對於夫妻之聯合財產，規定得約定由夫妻之一方管理；無約定時，則由夫管理。為確保夫妻權益之平等，並保障交易安全，爰將本條修正為夫妻各自管理、使用、收益及處分其財產。

＊（類似規定）民一〇三二。

▲釋四一〇。

▲㈠夫妻財產各別所有，於死亡時各由其所屬之繼承人分別繼承，為新民法所採之原則，故妻為被繼承人，如無直系血親卑親屬繼承其遺產時，即應依法定順序，屬於妻之父母或以次之繼承人。㈡法定財產制關於夫之管理權，對於贅婿並無特別規定，自應適用。（院六四七）

第一千零十八條之一　（自由處分金）

夫妻於家庭生活費用外，得協議一定數額之金錢，供夫或妻自由處分。

㉑一、本條新增。
二、傳統夫對妻支配服從關係，有違男女平等原則，不符潮流，故本於夫妻類似合夥關係之精神，以及家務有價之觀念，爰增訂本條。

第一千零十九條　（刪除）

㉑一、本條刪除。
二、修正後之法定財產制，以夫妻財產各自所有、管理、使用、收益及處分為原則，非經他方授權，對於他方財產原則上已無管理及收益權利，故原規定已無存在之必要，爰予刪除。

第一千零二十條　（刪除）

㉑一、本條刪除。
二、修正後之法定財產制，以夫妻財產各自所有、管理、使用、收益及處分為原則，非經他方授權，對於他方財產原則上已無管理及收益權利，故原規定已無存在之必要，爰予刪除。

第一千零二十條之一　（婚後剩餘財產之分配）

夫或妻於婚姻關係存續中就其婚後財產所為之無償行為，有害及法定財產制關係消滅後他方之剩餘財產分配請求權者，他方得聲請法院撤銷之。但為履行道德上義務所為之相當贈與，不在此限。

夫或妻於婚姻關係存續中就其婚後財產所為之有償行為，於行為時明知有損於法定財產制關係消滅後他方之剩餘財產分配請求權者，以受益人受益時亦知其情事者為限，他方得聲請法院撤銷之。

㉑一、本條新增。
二、修正後法定財產制第一千零三十條之一雖賦予夫或妻於法定財產制關係消滅時，對雙方婚後剩餘財產之差額，有請求平均分配之權，惟如夫或妻之一方於婚姻關係存續中，就其所有之婚後財產為無償行為，致有害及法定財產制消滅後他方之剩餘財產分配請求權時，如無防範之道，婚後剩餘財產差額分配容易落空。爰參酌民法第二百四十四條第一項規定之精神，增訂本條。

第一千零二十條之二　（撤銷權之行使期間）

前條撤銷權，自夫或妻之一方知有撤銷原因時起，六個月間不行使，或自行為時起經過一年而消滅。

㉑一、本條新增。
二、夫或妻之一方，就其婚後財產所為無償行為或惡意損及剩餘財產分配請求權之有償行為，他方固得依第一千零二十條之一聲請法院撤銷之。惟為免漫無時間限制，使既存之權利狀態，長期處於不確定狀態，危及利害關係人權益及交易安全，爰增訂本條。

第一千零二十一條　（刪除）

㉑一、本條刪除。
二、原法定財產制規定聯合財產由夫或妻之一方管理，於日常家務代理之範圍內一方得處分他方之財產。修正後之法定財產制已明定夫妻之財產由夫妻各自所有、管理、使用、收益及處分，故如夫或妻之一方欲處分他方之財產，自應獲得他方之授權後，始得為之。爰刪除本條之規定。

第一千零二十二條　（婚後財產之報告義務）

夫妻就其婚後財產，互負報告之義務。

㉑修正後之法定財產制規定夫或妻各自所有、管理、使用、收益及處分其財產，為促使夫妻雙方經濟地位平等、重視夫妻生活之和諧及肯定家事勞動價值之目的，並落實剩餘財產分配請求權之規定，爰予修正之。

第一千零二十三條　（各自債務清償之責）

夫妻各自對其債務負清償之責。

夫妻之一方以自己財產清償他方之債務時，雖於婚姻關係存續中，亦得請求償還。

㉑一、原聯合財產制夫妻對第三人所負債務之責任，依財產種類之不同而區分責任之所屬。其內容複雜且不易分辨，為貫徹男女平等原則及保護交易安全，爰於第一項明定夫妻各自對自己之債務負清償之責任。
二、修正後之法定財產制，由夫妻各自所有、管理、使用、收益及處分自己之財產，故夫妻之一方如以自己之財產清償他方之債務時，自應允其得於婚姻關係存續中請求他方清償之，爰增訂第二項之規定。

▲（三六上五三五六）參見本法第一千零零三條。

▲（三八穗上二八一）參見本法第一千零零三條。

第一千零二十四條　（刪除）

㉑一、本條刪除。
二、本條配合第一千零二十三條之修正，爰予刪除。

第一千零二十五條　（刪除）

㉑一、本條刪除。
二、本條配合第一千零二十三條之修正，爰予刪除。

第一千零二十六條　（刪除）

㉑一、本條刪除。
二、本條配合第一千零零三條之一之增訂，爰予刪除。

第一千零二十七條　（刪除）

㉑一、本條刪除。
二、本條係原聯合財產制有關妻原有財產與夫之財產，及妻之特有財產與聯合財產間，相互補償關係之規定。修正後之法定財產制，將夫或妻之財產只區分為婚前及婚後財產，已無原有財產、特有財產及聯合財產等觀念，其間之補償關係已不存在，爰刪除本條之規定。

第一千零二十八條　（刪除）

㉑一、本條刪除。
二、修正後之法定財產制明訂夫妻之財產由夫妻各自所有、管理、使用、收益及處分。故如夫或妻之一方死亡，除特定婚後財產依第一千零三十條之一應分配予他方外，其餘財產當然屬於遺產，適用民法繼承編之規定，故現行規定已無必要，爰予刪除。

第一千零二十九條　（刪除）

㉑一、本條刪除。
二、修正後之法定財產制明訂夫妻之財產由夫妻各自所有、管理、使用、收益及處分。故如夫或妻之一方死亡，除特定婚後財產依第一千零三十條之一應分配予他方外，其餘財產當然屬於遺產，適用民法繼承編之規定，故現行規定已無必要，爰予刪除。

第一千零三十條 （刪除）

⑨一、本條刪除。
二、修正後之法定財產制已無聯合財產及分割之觀念，爰刪除本條之規定。

第一千零三十條之一 （法定財產制關係消滅時剩餘財產之分配）

法定財產制關係消滅時，夫或妻現存之婚後財產，扣除婚姻關係存續所負債務後，如有剩餘，其雙方剩餘財產之差額，應平均分配。但下列財產不在此限：

一　因繼承或其他無償取得之財產。

二　慰撫金。

夫妻之一方對於婚姻生活無貢獻或協力，或有其他情事，致平均分配有失公平者，法院得調整或免除其分配額。

法院為前項裁判時，應綜合衡酌夫妻婚姻存續期間之家事勞動、子女照顧養育、對家庭付出之整體協力狀況、共同生活及分居時間之久暫、婚後財產取得時間、雙方之經濟能力等因素。

第一項請求權，不得讓與或繼承。但已依契約承諾，或已起訴者，不在此限。

第一項剩餘財產差額之分配請求權，自請求權人知有剩餘財產之差額時起，二年間不行使而消滅。自法定財產制關係消滅時起，逾五年者，亦同。

⑩一、第一項未修正。
二、剩餘財產分配請求權制度之目的，原在保護婚姻中經濟弱勢之一方，使其對婚姻之協力、貢獻得以彰顯，並於財產制關係消滅時，使弱勢一方具有最低限度之保障。然因具體個案平均分配或有顯失公平之情形，故原條文第二項規定得由法院審酌調整或免除其分配額。惟為避免法院對於具體個案之認定標準不一，爰修正第二項規定，增列「夫妻之一方對於婚姻生活無貢獻或協力，或有其他情事，致平均分配有失公平者」之要件，以資適用。
三、法院為第二項裁判時，對於「夫妻之一方有無貢獻或協力」或「其他情事」，應有具體客觀事由作為審酌之參考，爰增訂第三項規定「法院為前項裁判時，應綜合衡酌夫妻婚姻存續期間之家事勞動、子女照顧養育、對家庭付出之整體協力狀況（含對家庭生活之情感維繫）、共同生活及分居時間之久暫、婚後財產取得時間、雙方之經濟能力等因素」，例如夫妻雖以共通生活而分居，則分居期間已無共通生活之事實，夫妻之一方若對於婚姻生活無貢獻或協力，法院即應審酌，予以調整或免除其分配額。
四、原第三項及第四項移列為第四項及第五項規定。

第一千零三十條之二 （婚前或婚姻關係存續中所負債務之清償）

夫或妻之一方以其婚後財產清償其婚前所負債務，或以其婚前財產清償婚姻關係存續中所負債務，除已補償者外，於法定財產制關係消滅時，應分別納入現存之婚後財產或婚姻關係存續中所負債務計算。

夫或妻之一方以其前條第一項但書之財產清償婚姻關係存續中其所負債務者，適用前項之規定。

⑨一、本條新增。
二、法定財產制關係消滅時，依第一千零三十條之一規定，應進行現存婚後財產之清算，以示公平，爰增訂為第一項。
三、第一千零三十條之一第一項但書不列入剩餘財產分配之財產，亦與婚姻共同生活即婚姻貢獻無關，故夫或妻若以該財產清償婚姻關係存續中所負債務，除已先行補償者外，於法定財產制關係消滅時，應列入婚姻關係存續中所負債務計算，以示公平，爰為第二項規定。

第一千零三十條之三 （為減少他方對剩餘財產之分配而處分其婚後財產）

夫或妻為減少他方對於剩餘財產之分配，而於法定財產制關係消滅前五年內處分其婚後財產者，應將該財產追加計算，視為現存之婚後財產。但為履行道德上義務所為之相當贈與，不在此限。

前項情形，分配權利人於義務人不足清償其應得之分配額時，得就其不足額，對受領之第三人於其所受利益內請求返還。但受領為有償者，以顯不相當對價取得者為限。

前項對第三人之請求權，於知悉其分配權利受侵害時起二年間不行使而消滅。自法定財產制關係消滅時起，逾五年者，亦同。

⑨一、本條新增。
二、為避免夫妻之一方以減少他方對剩餘財產之分配為目的，而任意處分其婚後財產，致生不公平，爰明定法定財產制關係消滅前五年內處分之該部分財產應追加計算其價額，視為現存之婚後財產。惟為兼顧交易之安全，如該處分行為係屬有償性質時，須以顯不相當之對價取得者，始得為之，方屬公允，爰增訂第二項規定。
三、為使第二項所定請求權之法律關係早日確定，以維護交易之安定，爰為第三項之規定。

第一千零三十條之四 （婚後財產之價值計算）

夫妻現存之婚後財產，其價值計算以法定財產制關係消滅時為準。但夫妻因判決而離婚者，以起訴時為準。

依前條應追加計算之婚後財產，其價值計算以處分時為準。

⑨一、本條新增。
二、財產之價值計算，影響夫妻剩餘財產之分配計算。爰明定夫妻現存婚後財產與應追加計算財產之計價時點，以期明確，俾免適用上發生疑義。

第三款　約定財產制

第一目　共同財產制

第一千零三十一條 （共同財產之定義）

夫妻之財產及所得，除特有財產外，合併為共同財產，屬於夫妻公同共有。

⑨在現行之共同財產制下，共同財產屬於夫妻公同共有。而公同共有依民法第八百二十七條第一項規定，各共有人並無應有部分，爰將原規定第二項刪除，以符實際。

*（公同共有）民八二七～八三〇；（公同共有之處分）民八二八㊁；（夫妻財產制契約之訂立）民一〇〇四；（共同財產之管理）民一〇三二；（共同財產之處分）民一〇三三；（夫妻一方死亡時其財產之歸屬）民一〇三九；（共同財產關係消滅時其財產之分割）民一〇四〇；（所得共同財產制）民一〇四一；（法定財產制）民一〇〇五；（其他約定財產制）民一〇四四。

▲民法第一千零三十一條第一項所謂「夫妻之財產及所得，除特有財產外，合併為共同財產，屬於夫妻公同共有」。乃約定之共同財產制，須夫妻以契約訂立此項夫妻財產制者，始有其適用，若無此項約定，自難認其夫妻財產係屬公同共有。（四四臺上五九）

第一千零三十一條之一（特有財產）

左列財產為特有財產：

一　專供夫或妻個人使用之物。

二　夫或妻職業上必需之物。

三　夫或妻所受之贈物，經贈與人以書面聲明為其特有財產者。

前項所定之特有財產，適用關於分別財產制之規定。

⑨一、本條自原第一千零十三條及第一千零十五條移列。
二、按修正後之法定財產制，其財產種類不再有特有財產，惟於共同財產制尚有存在之必要，爰予移列，俾體例一致。
三、按特有財產非屬共同財產，應適用分別財產制之規定以符實際。

第一千零三十二條（共同財產之管理）

共同財產，由夫妻共同管理。但約定由一方管理者，從其約定。

共同財產之管理費用，由共同財產負擔。

⑨一、原規定共同財產由夫管理，未能貫徹男女平等原則，爰依公同共有之法理，修正為以夫妻共同管理原則，但夫妻得約定由一方管理，以符需要。
二、將原條文後段有關管理費用負擔之規定，移列為第二項。

*（共同財產）民一〇三一㈠；（共同財產之處分）民一〇三三；（類似規定）民一〇一八。

第一千零三十三條（對共同財產處分應得他方同意）

夫妻之一方，對於共同財產為處分時，應得他方之同意。

前項同意之欠缺，不得對抗第三人。但第三人已知或可得而知其欠缺，或依情形，可認為該財產屬於共同財產者，不在此限。

⑨為貫徹憲法保障之男女平等原則，共同財產之管理既已修正為由夫妻共同管理為原則，例外得約定一方管理。則為強化共同財產制夫妻公同共有之精神，並避免「管理上所必要之處分」一詞，在解釋上可能滋生之疑義。爰刪除第一項但書規定。

*（共同財產）民一〇三一；（公同共有之處分）民八二八㈢；（同意）民一一一六、一一一七；（共同財產之管理）民一〇三二。

第一千零三十四條（夫妻所負債務之清償）

夫或妻結婚前或婚姻關係存續中所負之債務，應由共同財產，並各就其特有財產負清償責任。

⑨原法區分夫之債務與妻之債務，分別於第一千零三十四條至第一千零三十六條規定負清償責任之人，不僅複雜且與共同財產之法理未盡相符，爰合併為一條。俾夫或妻之債權人得自由選擇先就共同財產或為債務人之夫或妻一方之特有財產請求清償，以保障其權益，並求簡化明確。

*（共同財產）民一〇三一；（清償）民三〇九；（夫妻日常家務之相互代理權）民一〇〇三；（婚姻）民九八〇～九八五、九八八～九九一、九九五～九九九之一；（補償請求權）民一〇三八；（類似規定）民一〇二三、一〇四六。

第一千零三十五條（刪除）

⑨一、本條刪除。
二、本條配合第一千零三十四條之修正，爰予刪除。

第一千零三十六條（刪除）

⑨一、本條刪除。
二、本條配合第一千零三十四條之修正，爰予刪除。

第一千零三十七條（刪除）

⑨一、本條刪除。
二、本條配合第一千零零三條之一之增定，爰予刪除。

第一千零三十八條（共同財產之補償請求權）

共同財產所負之債務，而以共同財產清償者，不生補償請求權。

共同財產之債務，而以特有財產清償，或特有財產之債務，而以共同財產清償者，有補償請求權，雖於婚姻關係存續中，亦得請求。

⑨原第一項規定共同財產債務之內部補償關係，所稱「夫妻間」，應為「共同財產」與「特有財產」相互間之誤，爰刪除「夫妻間」三字，以資明確。

*（共同財產）民一〇三一；（清償）民三〇九；（婚姻）民九八〇～九八五、九八八～九九一、九九五～九九九之一；（夫妻所負債務之清償）民一〇三四；（夫妻間因婚姻關係消滅之時效不完成）民一四三。

第一千零三十九條（共同財產制之消滅㈠——夫妻一方死亡）

夫妻之一方死亡時，共同財產之半數，歸屬於死亡者之繼承人，其他半數，歸屬於生存之他方。

前項財產之分劃，其數額另有約定者，從其約定。

第一項情形，如該生存之他方，依法不得為繼承人時，其對於共同財產得請求之數額，不得超過於離婚時所應得之數額。

*（死亡）民六、八、九、一一；（共同財產）民一〇三一；（繼承人）民一一三八～一一四一、一一四四～一一四六；（繼承權之喪失）民一一四五；（離婚時夫妻財產之分割）民一〇五八；（共同財產關係消滅時之分割）民一〇四〇。

第一千零四十條（共同財產制之消滅㈡——因其他原因之消滅）

共同財產制關係消滅時，除法律另有規定外，夫妻各取回其訂立共同財產制契約時之財產。

共同財產制關係存續中取得之共同財產，由夫妻各得其半數。但另有約定者，從其約定。

⑨一、共同財產之組成包括共同財產制契約訂定時之財產及共同財產制存續中增加之財產，原規定不作區分，與第一千零五十八條第一項規定未能配合，爰予修正之，以資明確。
二、至夫妻取回訂立共同財產制契約時之財產後，如有剩餘，顯係共同財產制關係存續中因夫妻共同協力所取得，除夫妻另有約定外，宜由夫妻各得其半數，以示公平，爰為第二項之規定。

*（共同財產）民一〇三一；（共同財產關係消滅）民一〇一〇、一〇一二、一〇四四、一〇五八；（夫妻一方死亡時共同財產之分割）民一〇三九；（類似規定）一〇三〇之一。

第一千零四十一條（勞力所得共同財產制）

夫妻得以契約訂定僅以勞力所得為限為共同財產。

前項勞力所得，指夫或妻於婚姻關係存續中取得之薪資、工資、紅利、獎金及其他與勞力所得有關之財產收入。勞力所得之孳息及代替利益，亦同。

不能證明為勞力所得或勞力所得以外財產者，推定為勞力所得。

夫或妻勞力所得以外之財產，適用關於分別財產制之規定。

第一千零三十四條、第一千零三十八條及第一千零四十條之規定，於第一項情形準用之。

(91)原法規定，夫妻得以契約訂定僅以所得為限為共同財產；夫妻於婚姻關係存續中之勞力所得與原有財產之孳息為所得，適用共同財產制之規定；夫妻結婚時及婚姻關係存續中之原有財產適用法定財產制之規定。惟修正後法定財產制已無原有財產概念，且夫妻財產之基本架構亦多所變革，爰修正本條規定，俾與配合。

＊（契約）民一五三～一六六；（婚姻）民九八〇～九八五、九八八～九九一、九九五～九九九之一；（孳息）民六九、七〇；（共同財產制之規定）民一〇三一～一〇四〇；（婚前財產）民一〇一七。

第二目　（刪除）

(74)本目各條均已刪除，本目名稱自應配合刪除。

第一千零四十二條　（刪除）

(74)按統一財產制，採自瑞士民法之立法例，該國所以採用此制度，係基於其歷史背景及傳統習慣，依瑞士民法第一百九十九條規定，夫妻得以合意將妻之財產估定價額之返還請求權，係屬聯合財產制之特殊型態，並非如我國現行法採為獨立之夫妻財產制，我現行法規定，將妻之所有財產，移轉歸屬於夫，妻僅保有於婚姻解消時之返還請求權，不但有背男女平等之原則，亦非我國習慣所能接受，以此規定列為獨立之約定財產制，尤非允妥，爰予刪除。

第一千零四十三條　（刪除）

(74)刪除理由同前條。

第三目　分別財產制

第一千零四十四條　（分別財產制之定義）

分別財產，夫妻各保有其財產之所有權，各自管理、使用收益及處分。

(91)原法僅規定分別財產制之所有權、管理權及使用收益權，對於處分，似漏未規定，爰依分別財產制之法理予以明定，使臻明確。

＊（法定財產制）民一〇〇五；（其他約定財產制）民一〇三一。

第一千零四十五條　（刪除）

(91)一、本條刪除。

二、分別財產之管理應分別為之，原規定妻以其財產之管理權付與夫者，推定夫有以該財產之收益供家庭生活費用之權，未能貫徹男女平等原則，且與家庭生活費用負擔之意旨不符。如夫妻之一方有事實上或法律上之事由不能或不願管理財產時，得依民法代理之規定授權他方為之，似無需於此規定，爰刪除本條規定。

第一千零四十六條　（夫妻債務清償之適用）

分別財產制有關夫妻債務之清償，適用第一千零二十三條之規定。

(91)原法對於分別財產制下夫或妻之債務負擔，分別於第一千零四十六條及第一千零四十七條規定，其內容不僅複雜，且與分別財產之法理不符，爰修正合併為本條，明定夫妻外部責任與內部之求償關係，均適用第一千零二十三條之規定，即與採用法定財產制者同。

＊（清償）民三〇九；（婚姻）民九八〇～九八五、九八八～九九一、九九五～九九九之一；（夫妻日常家務之相互代理權）民一〇〇三；（類似規定）民一〇二三、一〇三四。

第一千零四十七條　（刪除）

第一千零四十八條　（刪除）

(91)一、本條刪除。

二、本條配合第一千零零三條之一之增定，爰予刪除。

第五節　離　婚

第一千零四十九條　（兩願離婚）

夫妻兩願離婚者，得自行離婚。

(110)一、因成年年齡與最低結婚年齡均修正為十八歲，刪除但書所定未成年人離婚應得法定代理人同意之規定。

二、又於本次修正條文施行前結婚之未成年人，於修正條文施行後仍未滿十八歲而欲兩願離婚者，因其於離婚時修正條文業已施行，應直接適用修正條文，無須再得其法定代理人之同意，併此敘明。

＊（未成年人）民一三；（法定代理人）民一〇八六、一〇九八；（同意）民一一七；（兩願離婚之方式）民一〇五〇；（離婚時夫妻財產之分割）民一〇五八；（姻親關係之消滅）民九七一、九八三㊁。

▲未成年之夫妻自行離婚，民法第一千零四十九條既定明應得法定代理人之同意，同法對於違反該條，並無不以為無效之規定，自應依同法第七十一條所定，認為無效。（院一五四三）

▲婚姻自由之原則，不過謂婚姻事件須尊重雙方當事人之意思，不許第三人干涉，並非指當事人一方任意請求離異，不論有無理由即應准許之謂。（一七上七二九）

▲結婚、離婚之自由，係指婚姻事件不應由第三人干涉，並非謂其可由婚姻當事人之一造任意離合，而置他造之利害於不顧。（一八上一〇六一）

▲婚姻事件須尊重兩造當事人之意思，故結婚、離婚雖以自由為原則，究應尊重兩造之意思，非當事人一造可以任意離合。（一九上一七六四）

▲依民法第一千零四十九條但書之規定，未成年之夫或妻，與他方兩願離婚，應得法定代理人之同意，民法就違反此規定之兩願離婚，既未設有類於同法第九百九十條之規定，即不能不因其要件之未備，而認為無效。（二七上一〇六四）

▲兩願離婚固為不許代理之法律行為，惟夫或妻自行決定離婚之意思，而以他人為其意思之表示機關，則與以他人為代理人使之決定法律行為之效果意思者不同，自非法所不許。本件據原審認定之事實，上訴人提議與被上訴人離婚，託由某甲徵得被上訴人之同意，被上訴人於訂立離婚書面時未親自到場，惟事前已將自己名章交與某甲，使其在離婚文約上蓋章，如果此項認定係屬合法，且某甲已將被上訴人名章蓋於離婚文約，則被上訴人不過以某甲為其意思之表示機關，並非以之為代理人使之決定離婚之意思，上訴理由就此指摘原判決為違法，顯非正當。（二九上一六〇六）

▲無代理權人以代理人名義所為之法律行為不許代理者，不因本人之承認而生效力，兩願離婚為不許代理之法律行為，其由無代理權人為之者，本人縱為承認亦不因之而生效力。（二九上一九〇四）

第一千零五十條　（離婚之要式性）

兩願離婚，應以書面為之，有二人以上證人之簽名並應向戶政機關為離婚之登記。

(74)現行兩願離婚規定過於簡略，極易發生弊端，特增設「應向戶籍機關為離婚之登記」規定，使第三人對其身分關係更易於查考，符合社會公益。

＊（兩願離婚）民一〇四九；（簽名）民三；（法定方式）民七三；（親屬法上其他之要式行為）民九八二、一〇〇七、一〇七九、一〇八〇㊁、一一八九；（離婚之登記）戶籍四、九、三四。

▲民法親屬編施行前，夫妻兩願離婚並非要式行為，雖未以書面為之，亦不得謂為無效。（二二上一七二四）

▲民法第一千零五十條僅規定兩願離婚應以書面為之，並應有二人以上證人之簽名，並無證人須與當事人素相熟識之限制，故簽名於離婚書面之證人，縱與當事人素不相識，兩願離婚之效力亦不因此而受影響。（二八上三五三）

▲兩願離婚應以書面為之，並應有二人以上證人之簽名，是為民法第一千零五十條所規定之方式，夫妻間雖有離婚之合意，如未依此方式為之，依民法第七十三條之規定自屬無效。（二八上一三〇六）（九一、一〇、三一決議不再援用）

▲兩造僅當眾焚毀贅婚字條，而未依法另立離婚書面，尚不發生離婚之效力。（三三上三七四〇）

▲民法第一千零五十條之規定，惟於夫妻兩願離婚時有其適用，若妾與男方之結合關係並非婚姻關係，脫離此種關係無適用該條規定之餘地。（三三上五九六八）

▲兩願離婚書據關於證人之蓋章，依民法第一千零五十條之規定，既未限定須與書據作成同時為之，則證人某某等之名章，縱為離婚書據作成後聲請登記前所加蓋，亦不得執是而指為與法定方式不合。（四二臺上一〇〇一）

▲兩造之婚姻關係自訂立離婚同意書之日起已歸消滅，被上訴人雖與上訴人成立審判上之和解，表示願與上訴人回復婚姻關係，然此項和解，並不能使已因協議離婚而消滅之婚姻關係復活。（六四臺上一四〇）（九六、八、二八決議不再援用）

▲民法第一千零五十條所謂二人以上證人之簽名，固不限於作成離婚證書時為之，亦不限於協議離婚時在場之人，始得為證人，然究難謂非親見或親聞雙方當事人確有離婚真意之人，亦得為證人。本件證人某甲、某乙係依憑上訴人片面之詞，而簽名於離婚證明書，未曾親聞被上訴人確有離婚之真意，既為原審所確定之事實，自難認兩造間之協議離婚，已具備法定要件。（六八臺上三七九二）

第一千零五十一條　（刪除）

㊁一、本條刪除。
二、夫妻離婚後對於子女之親權並未因其係兩願離婚或判決離婚而有不同，故不宜區別兩願離婚或判決離婚而分列兩條規定，宜一併規定之。爰刪除第一千零五十一條，併入第一千零五十五條加以規定。

第一千零五十二條　（裁判離婚之原因）

夫妻之一方，有下列情形之一者，他方得向法院請求離婚：

一　重婚。
二　與配偶以外之人合意性交。
三　夫妻之一方對他方為不堪同居之虐待。
四　夫妻之一方對他方之直系親屬為虐待，或夫妻一方之直系親屬對他方為虐待，致不堪為共同生活。
五　夫妻之一方以惡意遺棄他方在繼續狀態中。
六　夫妻之一方意圖殺害他方。
七　有不治之惡疾。
八　有重大不治之精神病。
九　生死不明已逾三年。
十　因故意犯罪，經判處有期徒刑逾六個月確定。

有前項以外之重大事由，難以維持婚姻者，夫妻之一方得請求離婚。但其事由應由夫妻之一方負責者，僅他方得請求離婚。

＊（兩願離婚）民一〇四九、一〇五〇；（離婚之訴）家事五二～六〇；（重婚之撤銷）民九八五；（重婚罪）刑二三七；（通姦罪）刑二三九、二四五，刑訴二三四㊁、二三九；（重婚通姦之宥恕及時效）民一〇五三；（直系血親）民九六七、九六八；（施強暴於直系尊親屬罪）刑二八一；（遺棄罪）刑二九四；（意圖殺人）刑二七一㊂；（心神喪失或精神耗弱）民一四、一五、九九六；（判決離婚後子女之監護）民一〇五五；（判決離婚對財產之效力）民一〇五六～一〇五八；（姻親關係之消滅）民九七一、九八三㊁。

▲釋一八、一四七、三六二、三七二。

▲㊂娶妾並非婚姻，自無所謂重婚，如妻請求離異，祇得依其他理由，而不得援用民法第一千零五十二條第一項之規定。（院六四七）

▲夫妻之一方於同居之訴，判決確定後仍不履行同居義務，若無其他情形，尚不能指為合於民法第一千零五十二條第五款之規定。（院七五〇）

▲㊁民法親屬編無妾之規定，至民法親屬編施行後，自不得更以納妾為締結契約之目的，如有類此行為，即屬與人通姦，其妻自得依民法第一千零五十二條第二款請求離婚，如妻不為離婚之請求，僅請別居，自可認為民法第一千零零一條但書所稱之正當理由，惟在民法親屬編施行前業經成立之納妾契約，或在該編施行後得妻之明認或默認而為納妾之行為，其妻即不得據為離婚之請求，但因此而有不能同居之正當理由，仍得請求別居，至妻別居後之生活費用即家庭生活費用，若妻無財產或有財產而無民法第一千零二十六條、第一千零三十七條、第一千零四十七條第二項、第一千零四十八條之情形，均應由夫支付之，倘按時支付而有窒礙時，妻得就夫之財產收益中請求指定其一部以充支付。（院七七〇）

▲民法親屬編施行後請求離婚者，應以民法第一千零五十二條所列情形為限，該編施行前之判例，與該條不合者，均不得援用。（院一〇一〇）

▲贅夫應以妻之住所為住所，如對於妻之直系尊親屬為虐待，致不堪為共同生活時，即與民法第一千零五十二條第四款之情形相同，妻對於贅夫，自得請求離婚。（院一六五四）

▲單純之不育或不妊症，不能認為民法第一千零五十二條第七款所稱之惡疾。（院解二九四五）

▲男女婚姻一經成立，苟無法律上之原因，即不得由一方任意請求離異。（一九上二四〇）

▲夫婦因尋常細故迭次毆打，即有不堪同居之痛苦。（一九上一一二八）

▲婆媳之間，偶因家庭細故有所爭執，尚不能遽為離婚原因。（一九上二四二六）

▲慣行毆打，即為不堪同居之虐待，足以構成離婚之原因。（二〇上三七一）

▲夫妻固互負同居之義務，但違背義務之一方如未達於惡意遺棄之程度，他方不得據以請求離婚。（二〇上一五六九）

▲夫妻間偶爾失和毆打他方，致令受有微傷，如按其情形尚難認為不堪同居之虐待者，不得認他方之請求離婚為有正當理由。（二〇上二三四一）

▲（二二上四二二）　參見本法第九百九十八條。

▲夫妻之一方生死不明已逾三年者，依民法第一千零五十二條第九款之規定，他方雖得向法院請求離婚，但其生死已分明時，他方無再行離婚之必要，其離婚請求權當然消滅，故生死不明之一方，在事實審之言詞辯論終結前已由外歸家者，不得仍據以判決離婚。（二二上一一一六）

▲夫妻之一方有支付家庭生活費用之義務時，如無正當事由不為支付，以致他方不能維持生活，自屬民法第一千零五十二條第五款所謂以惡意遺棄他方。（二二上九二〇）

▲民法親屬編施行後夫納妾而與之同居者，即屬與人通姦，其妻自得依民法第一千零五十二條第二款請求離婚。（二二再五）

▲民法第一千零五十二條第三款所謂不堪同居之虐待，係指與以身體上或精神上不可忍受之痛苦，致不堪繼續同居者而言，故夫妻之一方受他方之重大侮辱，如夫誣稱其妻與人通姦，使之感受精神上之痛苦致不堪繼續同居者，不得謂非不堪同居之虐待。（二三上六七八）

▲夫妻之一方以他方有民法第一千零五十二條所列情形，向法院請求離婚者，須經宣告離婚之判決確定，始生離婚之效力，故在此項判決確定以前，其婚姻關係依然存在。（二三上四〇〇四）

▲夫妻之一方受他方不堪同居之虐待，固得請求離婚，惟因一方之行為不檢而他方一時忿激，致有過當之行為，不得即謂為不堪同居之虐待。（二三上四五五四）

▲民法第一千零五十二條第十款所謂被處徒刑，係指被處徒刑之判決已確定者而言，其諭知科刑之判決已宣示而未確定者，尚不得據以請求離婚。（二六上七九七）

▲刑法第二百四十條第三項之意圖營利和誘有配偶人脫離家庭罪，屬於民法第一千零五十二條第十款所謂不名譽之罪，夫妻之一方因犯該罪被處徒刑者，他方自得請求離婚。（二七上五〇六）（九六、八、二八決議不再援用）

▲民法第一千零五十二條第一款僅規定原配偶之一方，得以他方之重婚為理由請求離婚，並非認後配偶有離婚請求權，惟該後配偶為民法第九百九十二條所稱之利害關係人，自得請求撤銷結婚。（二七上一三一六）（九六、八、二八決議不再援用）

▲被上訴人與上訴人結婚後其雙目雖已因病失明，但不得謂有民法第一千零五十二條第七款所稱不治之惡疾。（二七上二七二四）

▲民法第一千零五十二條第四款固僅規定妻對於夫之直系尊親屬為虐待，或受夫之直系尊親屬之虐待，致不堪為共同生活者，夫妻之一方得向法院請求離婚，惟此係就妻以夫之住所為住所之普通情形而為規定，其以妻之住所為住所之贅夫，對於妻之直系尊親屬為虐待，或受妻之直系尊親屬之虐待，致不堪為共同生活者，按諸民法採用男女平等原則之本旨，實與該款規定有同一之法律理由，自應類推解釋，許其請求離婚。（二八上二一一六）

▲妻以夫納妾與之通姦為理由請求離婚，並不以夫已因通姦罪被處刑罰為要件，妻不為告訴而請求離婚，自無不可。（二八上二四七七）

▲（二九上一九一三）　參見本法第九百九十五條。

▲以妻之住所為住所之贅夫，對於妻之直系尊親屬為虐待，致不堪為共同生活者，依民法第一千零五十二條第四款之類推解釋，固應許妻請求離婚，若夫非贅夫，與妻之直系尊親屬本不同居一家為共同生活者，自無就同條款類推適用之餘地。（二九上二〇四三）

▲上訴人雖稱被上訴人患有白帶疾，縱使非虛，此項疾病原為婦女所常有，自與民法第一千零五十二條第七款規定不治之惡疾，未能相提併論。（三〇上一七九八）

▲民法第一千零五十二條第十款所謂被處三年以上之徒刑，係指宣告刑而言，此就其三年以上之徒刑冠以被處二字之文義觀之，至為明顯。（三一上一一九七）（九六、八、二八決議不再援用）

▲民法第一千零五十二條第四款，所謂妻對於夫之直系尊親屬為不堪共同生活之虐待，係指予以身體上或精神上不可忍受之痛苦，致不堪繼續共同生活者而言，上訴人對於被上訴人之母，既有屢為無理爭鬧並加以暴行之行為，使之感受身體上及精神上之痛苦，不能謂非不堪繼續共同生活之虐待。（三二一上一九四九）

▲夫妻之一方身患梅毒，雖不能謂非有惡疾，但其梅毒須達於不可治之程度，他方始得據以請求離婚。（三一上三一一〇）

▲男子與女子間類似夫妻之結合關係，雙方各得自由終止，上訴本件上訴人為被上訴人之妾，為被上訴人所不爭執，上訴人起訴既表示終止與被上訴人間之結合關係，請求確認其關係消滅，依上說明，其請求即非不當，縱使上訴人之終止並無正當事由，亦不過為被上訴人能否請求上訴人給付相當贍養費之別一問題，要難謂上訴人之終止為不合。（三二上五九四）

▲（三三上二九四）　參見本法第九百七十六條。

▲夫妻之一方受他方不堪同居之虐待時，雖他方之虐待行為構成犯罪，亦不以他方曾受刑事處分為請求離婚之要件。（三三上三二一三）

▲吸食鴉片固可認為民法第一千零五十二條第十款所謂犯不名譽之罪，如未判處徒刑，尚與該條款所定之情形不符。（三三上三四〇六）（九六、八、二八決議不再援用）

▲民法第一千零五十二條第四款所稱之直系尊親屬，不以血親為限，繼母為直系姻親尊親屬亦包含在內。（三三上四二七九）

▲夫右邊手足殘廢，並非民法第一千零五十二條第七款所稱不治之惡疾。（三三上六六八一）

▲夫妻互負同居之義務，為民法第一千零零一條所明定，夫妻之一方無正當理由而與他方別居，固屬違背同居義務，惟同法第一千零五十二條第五款所謂以惡意遺棄他方，不僅須有違背同居義務之客觀事實，並須有拒絕同居之主觀情事始為相當，妻與夫失和歸寧居住，久未返家，如僅因夫迄未過問而出此，別無拒絕同居之主觀情事，尚難謂為惡意遺棄。（四〇臺上九一）

▲民法第一千零五十二條第十款所謂不名譽之罪，係指社會上一般觀念皆認為不名譽之犯罪而言，例如竊盜、詐欺、侵占及姦淫等罪是，被上訴人所犯者為收買汽油之罪，雖兩度被判徒刑三月、二月不等，然其價購汽油既係用以代人洗滌衣服，維持生活，顯難與犯不名譽之罪同視。（四六臺上一七〇一）（九六、八、二八決議不再援用）

▲妻受夫之直系尊親屬之虐待，致不堪為共同生活者，始得請求離婚，民法第一千零五十二條第四款規定甚明，至夫之姊既非夫之直系尊親屬，縱有毆辱上訴人情事，亦不得據為離婚之原因。（四九臺上一九九）

▲（四九臺上九九〇）　參見本法第一千零零一條。

▲夫妻之一方以惡意遺棄他方者，不僅須有違背同居義務之客觀事實，並須有拒絕同居之主觀情事，始為相當，被上訴人僅因犯殺人未遂罪逃亡在外，尚無其他情形可認具有拒絕同居之主觀要件，縱令未盡家屬扶養義務，亦與有資力而無正當理由不為支付生活費用者有別，[illegible]民法第一千零五十二條第五款之規定，尚難謂合。（四九臺上一二五一）

▲（五〇臺上二五九六）　參見本法第七十二條。

▲民法第一千零五十二條第九款所謂「生死不明」，係指夫妻之一方於離家後，杳無音訊，既無從確知其生，亦無從確知其死之狀態而言。原告以被告生死不明已逾三年為理由，而提起離婚之訴者，就被告是生是死之事實，不負證明之責任。（六二臺上八四五）

▲為人父者姦及生女，殊屬違背倫常，滅絕理性，依社會道德觀念，自為人所共棄，恥與相近。本件被上訴人姦淫其生女倘屬實情，則為其母者即上訴人所受精神上之痛苦，自難謂非受不堪同居之虐待，依民法第一千零五十二條第三款規定，上訴人非不得據以請求離婚。（六三臺上一四四四）

▲民法第一千零五十二條第十款所定被處三年以上之徒刑或因犯不名譽之罪被處徒刑者，係指被處徒刑之判決已確定者而言。故民法第一千零五十四條所定知悉其情事，應自知悉被處徒刑之判決確定時起算，上訴人主張應自被處徒刑之判決確定時起算，自嫌無據。（六七臺上三三）（九六、八、二八決議不再援用）

▲夫妻結合，應立於兩相平等之地位，維持其人性之尊嚴。本件兩造為夫妻，被上訴人強命上訴人下跪，頭頂盆鍋，難謂無損於人性之尊嚴，倘上訴人因此感受精神上重大痛苦，尚不能謂其未受被上訴人不堪同居之虐待。（六九臺上六六九）

▲夫妻之一方，因犯不名譽罪被處徒刑確定者，他方即得依法請求離婚。至於處刑判決，是否失當，在辦理離婚事件之民事法院，無再為斟酌之餘地。（七四臺上一五〇七）

▲民法第一千零五十二條第一項第十款所謂不名譽之罪，係指社會上一般觀念，皆認為不名譽之罪而言。至所謂「社會上一般觀念皆認為不名譽」，應斟酌當事人之身分、地位、教育程度及其犯罪環境等情事，依社會上一般觀念而為觀察，夫妻之一方以此犯罪行為，足致他方不能忍受緒為婚姻上之共同生活者，始足當之，非以犯罪之種類為唯一憑據。（八〇臺再九九）（九六、八、二八決議不再援用）

▲民法第一千零五十二條第一項第十款規定被處三年以上徒刑或因犯不名譽之罪被處徒刑者得為離婚之原因，揆其立法意旨，係以夫妻之一方犯罪被處三年以上徒刑或所犯為不名譽之罪，造成他方精神上之痛苦，足以破壞婚姻共同生活，故許他方據以請求離婚。若夫妻雙方共犯詐欺罪者，即難謂其互相因該犯罪而造成對方精神上之痛苦，自應解為彼此均無離婚請求權。（八一臺上二五四五）（九六、八、二八決議不再援用）

第一千零五十二條之一（法院調解或和解離婚之

效力）

離婚經法院調解或法院和解成立者，婚姻關係消滅。法院應依職權通知該管戶政機關。

[98]為使調解離婚具有形成力而非屬於協議離婚之性質，本條明訂當事人經法院調解離婚成立者即與形成判決具有同一之效力，使離婚登記僅屬報告性質。又為使身分關係與戶籍登記一致，爰明訂法院應即通知戶政機關為離婚之登記。

第一千零五十三條（裁判離婚之限制㈠）

對於前條第一款、第二款之情事，有請求權之一方，於事前同意或事後宥恕，或知悉後已逾六個月，或自其情事發生後已逾二年者，不得請求離婚。

*（以重婚而請求裁判離婚）民一〇五二㊀①；（以通姦而請求裁判離婚）民一〇五二㊀②；（同意）民一一七；（消滅時效）民一二八～一三一、一三七、一四七；（期間之計算）民一二一、一二三；（離婚之訴之調解與中止程序）家事二三、四九。

▲夫妻之一方，知悉他方有民法第一千零五十二條第一款、第二款之情事後，雖未逾六個月，而自情事發生後已逾二年者，不得請求離婚，自情事發生後雖未逾二年，而自知悉後已逾六個月者，亦不得請求離婚。（二一上三九二）

▲夫之與妾通姦，實為納妾必然之結果，故妻對於夫之納妾已於事前同意者，依民法第一千零五十三條之規定，即不得以夫有與妾通姦之情事，請求離婚。（二六上七九四）

▲夫知悉其妻與人通姦後，雖於六個月內對於相姦之男子提起自訴，民法第一千零五十三條所定六個月之期間，亦不因此停止進行。（二八上二四三九）

▲夫之納妾為與妾連續通姦之預備行為，並非即為通姦行為，納妾後實行與妾通姦者，民法第一千零五十三條所定六個月之期間，固應自妻知其夫與妾通姦時起算，惟夫連續與妾通姦，妻之離婚請求權亦陸續發生，故妻自知悉其夫與妾最後之通姦情事後，提起離婚之訴尚未逾此項期間者，不得以其知悉從前之通姦情事後，已逾此項期間，遽將其訴駁回。（二九上一七二）

▲夫納妾後實行連續與妾通姦者，妻之離婚請求權即陸續發生，民法第一千零五十三條所定六個月之期間，應自妻知悉該夫與妾最後之通姦情事時起算，同條末段所定之二年期間，亦應從最後之通姦情事發生時起算。（三二上五七二六）

▲民法第一千零五十三條及第一千零五十四條所定之期間，為離婚請求權之除斥期間，與消滅時效性質不同，關於消滅時效中斷及不完成之規定，無可準用。（三三上四八八六）

第一千零五十四條（裁判離婚之限制㈡）

對於第一千零五十二條第六款及第十款之情事，有請求權之一方，自知悉後已逾一年，或自其情事發生後已逾五年者，不得請求離婚。

*（以他方配偶意圖殺害為由請求裁判離婚）民一〇五二㊀⑥；（以他方配偶被處三年以上徒刑或犯不名譽之罪被處徒刑為由請求裁判離婚）民一〇五二㊀⑩；（消滅時效）民一二八～一三一、一三七、一四七；（期間之計算）民一二一、一二三。

▲（六七臺上三三二）參見本法第一千零五十二條。

第一千零五十五條（離婚夫妻對未成年子女權義之行使或負擔）

夫妻離婚者，對於未成年子女權利義務之行使或負擔，依協議由一方或雙方共同任之。未為協議或協議不成者，法院得依夫妻之一方、主管機關、社會福利機構或其他利害關係人之請求或依職權酌定之。

前項協議不利於子女者，法院得依主管機關、社會福利機構或其他利害關係人之請求或依職權為子女之利益改定之。

行使、負擔權利義務之一方未盡保護教養之義務或對未成年子女有不利之情事者，他方、未成年子女、主管機關、社會福利機構或其他利害關係人得為子女之利益，請求法院改定之。

前三項情形，法院得依請求或依職權，為子女之利益酌定權利義務行使負擔之內容及方法。

法院得依請求或依職權，為未行使或負擔權利義務之一方酌定其與未成年子女會面交往之方式及期間。但其會面交往有妨害子女之利益者，法院得依請求或依職權變更之。

[85]一、夫妻兩願離婚或經判決離婚後，對於未成年子女之保護及教養之權利義務與民法親屬編第四章以下之監護章規定有所不同，爰將現行條文「監護」文字修正為「對於未成年子女權利義務之行使或負擔」，以期與第一千零八十九條用語一致。

二、離婚夫妻所為之前項協議，如不利於子女，基於未成年子女之利益，法院得依請求或依職權改定之，爰設第二項規定。

三、行使或負擔權利義務之夫或妻未盡保護教養之義務或對未成年子女有不利之情事，為保護該子女之權益，爰於第三項規定，法院得因請求而改定行使或負擔權利義務之人，以維護子女之權益。

四、對於第一項至第三項權利義務行使負擔之內容及方法，基於子女之利益，法院得依請求或依職權斟酌決定，爰為第四項規定。

五、為兼顧未任權利義務行使或負擔之夫或妻與未成年子女之親子關係，法院得依請求或依職權定其會面交往方式與期間。但其會面交往如有妨害子女之利益時，法院得依請求或依職權變更之，爰設第五項規定。

*（未成年人之監護）民一〇九一～一一〇九；（裁判離婚）民一〇五二。

▲夫妻判決離婚後，關於子女之監護，除法院另有酌定，或兩造另有約定者外，由夫任之，民法（舊）第一千零五十五條及第一千零五十一條定有明文，所謂監護當然包括扶養在內，本件兩造在離婚前所生之女，向由其母即上訴人單獨扶養，如未經法院以判決酌定監護人，或兩造間另有約定由上訴人監護，則上訴人在此期間所支出之扶養費用縱未舉債，而其求命被上訴人償還，於法亦非無據。（五六臺上四一九）（九二、五、二七決議不再援用）

▲夫妻之一方，對於未成年子女之監護權，不因離婚而喪失，依民法（舊）第一千零五十一條及第一千零五十五條規定，由一方監護者，不過他方之監護權一時的停止而已，任監護之一方死亡時，該未成年之子女當然由他方監護，倘任監護之一方，先他方而死亡，而以遺囑委託第三人行使監護職務者，則與民法第一千零九十三條：「後死之父或母，得以遺囑指定監護人」之規定不合，不生效力。（註：民法第一千零五十一條已刪除，第一千零九十三條第一項修正為「最後行使、負擔對於未成年子女之權利、義務之父或母，得以遺囑指定監護人」。）（六二臺上一三九八）

▲夫妻判決離婚後之子女，原則上固應歸由其父監護，惟依民法（舊）第一千零五十五條但書規定，法院亦得為其子女之利益，酌定監護人。所謂監護，除生活扶養外，尚包括子女之教育、身心之健全發展及培養倫理道德等習性而言。法院應就兩造之職業、經濟狀況、監護能力及其子女之多寡等一切情況，通盤加以考慮。（六九臺上二五九七）（九二、五、二七決議不再援用）

第一千零五十五條之一（最佳利益之提示性規定）

法院為前條裁判時，應依子女之最佳利益，審酌一切情狀，尤應注意下列事項：

一 子女之年齡、性別、人數及健康情形。
二 子女之意願及人格發展之需要。
三 父母之年齡、職業、品行、健康情形、經濟能力及生活狀況。
四 父母保護教養子女之意願及態度。
五 父母子女間或未成年子女與其他共同生活之人間之感情狀況。
六 父母之一方是否有妨礙他方對未成年子女權利義務行使負擔之行為。
七 各族群之傳統、習俗、文化及價值觀。

前項子女最佳利益之審酌，法院除得參考社工人員之訪視報告或家事調查官之調查報告外，並得依囑託警察機關、稅捐機關、金融機構、學校及其他有關機關、團體或具有相關專業知識之適當人士就特定事項調查之結果認定之。

⑩一、我國於民國八十五年九月二十五日增訂本條後，實務上均以各地縣市承接縣市政府社會局訪視報告業務之社團做為提出社工人員訪視報告主體，然因各該社團之經驗及專業知識的無法齊一，故訪視報告之製作內容及參考價值不一而足。
二、有鑑於父母親在親權酌定事件中，往往扮演互相爭奪之角色，因此有時會以不當之爭取行為（例如：訴訟前或訴訟中隱匿子女、將子女拐帶出國、不告知未成年子女所在等行為），獲得與子女共同相處之機會，以符合所謂繼續性原則，故增列第一項第六款規定，供法院審酌評估父母何方較為善意，以作為親權所屬之判斷依據。
三、原條文第一項增列第七款，以兼顧各族群之習俗及文化。
四、民國一百年十二月十二日三讀通過「家事事件法」，該法第十七條及第十八條規定，法院在承審家事事件審酌必要事項時，得囑託警察機關、稅捐機關、金融機構、學校及其他有關機關、團體、具有相關專業知識之適當人士或由家事調查官進行特定事項之調查，俾利審酌相關事項。
五、為因應家事事件法制定，民法第一千零五十五條之一有關子女最佳利益原則之審酌與認定，應該適當引進具備專業知識人士協助法院，或法院得參考除社工訪視報告以外之調查方式所得到之結論，以斟酌判斷子女最佳利益，爰增訂第二項。
*（最佳利益）家事一、一〇四～一一三、一九四。

第一千零五十五條之二（監護人之選定）

父母均不適合行使權利時，法院應依子女之最佳利益並審酌前條各款事項，選定適當之人為子女之監護人，並指定監護之方法、命其父母負擔扶養費用及其方式。

⑧一、本條新增。
二、對於未成年子女權利義務之行使或負擔，本應由父母之一方或雙方共同任之。惟父母均不適合行使權利時，為保護其子女之權益，宜選任其他適當之人出任子女之監護人，方為符合子女之最佳利益，爰增定本條規定，由法院選定適當之人為子女之監護人，並指定監護方法及命父母負擔費用及其方式。
*（最佳利益）家事一、一〇四～一一三、一九四。

第一千零五十六條（損害賠償）

夫妻之一方，因判決離婚而受有損害者，得向有過失之他方，請求賠償。

前項情形，雖非財產上之損害，受害人亦得請求賠償相當之金額，但以受害人無過失者為限。

前項請求權，不得讓與或繼承，但已依契約承諾或已起訴者，不在此限。

*（裁判離婚）民一〇五二；（讓與）民二九四；（繼承）民一一四八；（契約承諾）民一五三、一五六～一六一；（起訴）民訴二四四～二四六；（贍養費）民一〇五七；（親屬法上類似規定）民九七七、九九九。
▲判決離婚之原因如果由夫構成，則夫應就其妻所受損害予以賠償，或並給與贍養費，至其給與額數，則應斟酌其妻之身分、年齡及自營生計之能力與生活程度，並其夫之財力如何而定。（一九上三六）
▲民法第一千零五十六條所載之損害賠償，第一千零五十七條所載贍養費，均以判決離婚為其請求權發生之原因，而第一千零五十八條所定取回固有財產，亦以離婚之時為限，上訴人未與被上訴人離婚，竟訴請賠償損害、給與贍養費及返還粧奩金戒衣物，於法自屬無據。（三九臺上九二〇）
▲訂婚、結婚之宴客費，非婚姻上必須之開支，其併求賠償，難謂有據。（四五臺上八八五）
▲聘金乃一種贈與，除附有解除條件之贈與，於條件成就時失其效力，贈與人得依民法第一百七十九條之規定，請求受贈人返還其所受之利益外，要不得以此為因判決離婚所受之損害，而依民法第一千零五十六條第一項請求賠償。

第一千零五十七條（贍養費）

夫妻無過失之一方，因判決離婚而陷於生活困難者，他方縱無過失，亦應給與相當之贍養費。

*（裁判離婚）民一〇五二；（裁判離婚之損害賠償）民一〇五六；（類似規定）民一〇八二。
▲㈡陷於生活困難為贍養之所由生，其給與是否相當，當視贍養者之經濟能力及被贍養者需要狀況權衡認定，至贍養以何時為準，須於請求贍養時斟酌雙方現狀定之。（院七四四）
▲民法第一千零五十七條之規定，限於夫妻無過失之一方，因判決離婚而陷於生活困難者，始得適用，夫妻兩願離婚者，無適用同條之規定，請求他方給付贍養費之餘地。（二八上四八七）
▲男子與女子間類似夫妻之結合關係，雙方雖得自由終止，但男子無正當理由而終止，或女子因可歸責於男子之事由而終止者，如女子因此而陷於生活困難，自得請求男子賠償相當之贍養費，此就男子與女子發生結合關係之契約解釋之，當然含有此種約定在內，不得以民法第一千零五十七條之規定，於此情形無可適用，遂謂妾無贍養費給付請求權。（三三上四四一二）

第一千零五十八條（財產之取回）

夫妻離婚時，除採用分別財產制者外，各自取回其結婚或變更夫妻財產制時之財產。如有剩餘，各依其夫妻財產制之規定分配之。

⑨按原法夫妻離婚時，無論其原用何種夫妻財產制，各取回其「固有財產」之規定，與各種夫妻財產制之用語均有未符，致「固有財產」涵義不明，滋生疑義。又夫妻財產制中之分別財產制，其夫妻財產自始即完全分離，並無取回問題，應不在本條適用之列。為配合夫妻財產制之修正，並使夫妻自始採用一種夫妻財產制或嗣後改用其他財產制者，均有本條之適用，爰將原規定修正為：「夫妻離婚時，除採用分別財產制者外，各自取回其結婚或變更夫妻財產制時之財產。」
*（離婚）民一〇四九、一〇五二；（夫妻財產制）民一〇〇四～一〇四一、一〇四四～一〇四六；（特有財產）民一〇〇三、一〇一四；（原有財產）民一〇一七。
▲粧奩為妻之特有財產，故離婚之婦，無論其離婚由何原因，自應聽其攜去。（一九上九三七）
▲民法第一千零五十八條所定夫妻離婚時「各取回其固有財產」，在夫妻聯合財產制，係指夫取回夫之財產，及妻取回

第一千零六十六條　（認領之否認）

非婚生子女或其生母，對於生父之認領，得否認之。

*（婚生子女）民一〇六一；（非婚生子女之認領）民一〇六五。

第一千零六十七條　（認領之請求）

有事實足認其為非婚生子女之生父者，非婚生子女或其生母或其他法定代理人，得向生父提起認領之訴。

前項認領之訴，於生父死亡後，得向生父之繼承人為之。生父無繼承人者，得向社會福利主管機關為之。

(96)一、原條文第一項規定所設有關強制認領原因之規定，係採取列舉主義，即須具有列舉原因之一者，始有認領請求權存在始得請求認領。惟按諸外國立法例，認領已趨向客觀事實主義，故認領請求，悉任法院發現事實，以判斷有無親子關係之存在，不宜再予期間限制，爰修正本條第一項規定，由法院依事實認定親子關係之存在，並刪除第二項期間限制規定。

二、原條文第一項有關得請求其生父認領為生父之子女之規定，為避免誤認為有認領請求權存在始得請求認領，故參酌本條修正條文之意旨及民事訴訟法第五百八十九條及第五百九十六條第一項但書等規定，修正為得向生父提起認領之訴之規定。

三、有關生父死後強制認領子女之問題，原法未有規定，爰參酌外國立法例，明列該規定，以保護子女之權益及血統之真實，並配合我國國情及生父之繼承人較能了解及辨別相關書證之真實性，爰增訂生父死亡時，得向生父之繼承人提起認領之訴；無繼承人者，得向社會福利主管機關為之。

*（婚生子女）民一〇六一；（法定代理人）民一〇八六、一〇九八；（認領子女之訴）家事六六；（受胎期間）民一〇六二；（同居）民一〇〇一；（強制性交）刑二二一、二二二、二二五；（略誘）刑二四一、二九八、二九九；（利用權勢性交）刑二二八；（期間之計算）民一二〇、一二一；（請求認領之限制）民一〇六八。

▲民法親屬編無妾之名稱，其施行前之妾，與家長同居一家，雖得視為家屬，但不適用法律上關於婚姻之規定。故於脫離關係後與人結婚，自不受六個月期間之限制，如於結婚後所生子女，其受胎期間確能證明在與家長同居中者，該家長儘可提起認領之訴，不得訴請撤銷其婚姻。（院一〇四六）

▲㈠非婚生子女請求認領，僅能對於生存之生父為之。㈡非婚生子女經生父撫育者，並不限於教養，亦不問生父曾否與生母同居，祇須有撫育之事實，即應視為認領。㈢以刑事告訴遺棄其子女並附帶請求撫養者，原應在認領之後，惟在時效期間內訴其遺棄，並請求撫養，即係以認領為前提，因而認領之請求權，不能謂非已經行使，該項時效，自應認為中斷。（院一一二五）

▲非婚生子女未經其生父認領者，其生母依民法第一千零六十七條第一項之規定，請求其生父認領，固有同條第二項之適用，若該非婚生子女曾經其生父撫育，則依同法第一千零六十五條第一項之規定，已因視為認領而取得婚生子女之身分，縱令其身分嗣後又為其生父所否認，亦無須再行請求認領，如有提起確認身分之訴之必要，自可隨時提起，民法第一千零六十七條第二項之規定，殊無適用之餘地。（二三上三九七三）（九六、八、二八決議不再援用）

▲認領非婚生子女之訴，除其認領請求權，應受民法第一千零六十七條第一項所定要件之限制外，並須由非婚生子女之生母或其他法定代理人起訴，始得謂當事人之適格無欠缺。（三九臺上一〇九二）（九五、一二、一九決議不再援用）

▲非婚生子女，固得由其生母提起請求其生父認領之訴，惟須具有民法第一千零六十七條第一項各款所列情形之一者，始得謂有認領請求權存在，故此項訴訟，法院認原告之認領請求權存在，為原告勝訴之判決，苟未於判決理由項下記載原告主張之起訴原因，係合於上開條項各款所列之如何情形之意見者，即屬民事訴訟法第四百六十六條第六款，所謂判決不備理由。（四三臺上七九七）（九六、八、二八決議不再援用）

▲民法第一千零六十七條第一項第一款所謂同居，以男女雙宿同眠為已足，無須同住一處，此就同條項第三、四款規定比照觀之自明。上訴人於被上訴人受胎期間，既與被上訴人發生數次姦情，則縱兩造並未在同一居所或住所共同居住，亦未嘗不可據以訴請認領。（四七臺上一八〇六）

第一千零六十八條　（刪除）

(96)一、本條刪除。

二、原條文以生母之不貞，剝奪非婚生子女請求生父認領之權利，且只強調女性之倫理道德，不但與保護非婚生子女利益之意旨不符，亦違反男女平等原則。為保護非婚生子女之權益及符合男女平等原則，應以科學方法確定生父，故本條無規定必要，爰予刪除。

第一千零六十九條　（認領之效力㈡——溯及效力）

非婚生子女認領之效力，溯及於出生時。但第三人已得之權利，不因此而受影響。

*（婚生子女）民一〇六一；（非婚生子女之認領）民一〇六五㈠、一〇六七；（認領非婚生子女之效力）民一〇五九、一〇六〇、一〇六五㈠、一〇八四、一〇八六、一〇八八、一一三八①、一一四〇、一一四一。

第一千零六十九條之一　（認領之準用規定）

非婚生子女經認領者，關於未成年子女權利義務之行使或負擔，準用第一千零五十五條、第一千零五十五條之一及第一千零五十五條之二之規定。

(85)一、本條新增。

二、非婚生子女經認領後，父母對該未成年子女權利義務應如何行使或負擔，爰於第三章父母子女有關認領效力後增列本條規定，俾資明確。

第一千零七十條　（認領之效力㈢——絕對效力）

生父認領非婚生子女後，不得撤銷其認領。但有事實足認其非生父者，不在此限。

(96)本條規定「生父認領非婚生子女後，不得撤銷其認領。」但民訴第五百八十九條卻有撤銷認領之訴的規定。依民訴規定認為沒有真實血統之認領可訴請撤銷，造成實體法與程序法的規定相互衝突。本條立法目的基於保護非婚生子女及符合自然倫常之關係，對於因認領錯誤或經詐欺、脅迫等意思表示瑕疵之情形，亦不得撤銷其認領。爰增設但書規定，准許有事實足認其非生父時，可撤銷認領；以兼顧血統真實原則及人倫親情之維護。

*（婚生子女）民一〇六一；（非婚生子女之認領）民一〇六五㈠、一〇六七；（認領之溯及力）民一〇六九；（撤銷）民一一四、一一六。

第一千零七十一條　（刪除）

(74)繼承編七十四年之修正已將第一千一百四十三條刪除，不再採指定繼承人之制，故本條規定之指定繼承人與被繼承人之關係，已無所附麗，爰將本條予以刪除。

第一千零七十二條　（收養之定義）

收養他人之子女為子女時，其收養者為養父或養母，被收養者為養子或養女。

*（收養要件）民一〇七三～一〇七六；（收養行為之方式）民一〇七九；（收養之效力）民一〇七七、一〇七八；（收養之終止）民一〇八〇～一〇八三；（近親結婚之限制）民九八三、九八八。

▲㈠無直系血親卑親屬之人，生前未以遺囑指定繼承人，其親族及配偶，不得於其身後代為指定。㈡收養子女應由收養者本人為之，親族及配偶不能於其身後代為收養，但其

配偶人得自為收養。㈢本有親生子女者，得收養他人之子女為養子女，但將來遺產之繼承，依民法第一千一百四十二條第二項之規定，養子女之應繼分，為婚生子女之二分之一。（院九〇七）

▲子死亡後固不得以孀媳與贅夫所生之子為其亡子之子，但如收養孀媳為女，則其養女與贅夫所生之子自與之發生祖孫關係。（院解三九八六）

▲養子女與養父母之關係，須收養者有以他人之子女為子女之意思而收養之，始能發生，若僅有養育之事實而無以之為子女之意思，則被養育者，自不能取得養子女之身分。（二三上四八二三）

▲收養他人之子女為子女惟本人始得為之，若其人業已死亡，則不得由其配偶為之收養，故夫死亡後由妻為之收養者，不能認為夫之養子女。（二六上四八六）

▲收養他人之子女為子女，惟本人始得為之，若以遺囑委託他人於其故後代為收養子女，按之現行法律自非有效。（三二永上二八四）

▲收養他人之子女為子女，惟本人始得為之，若其人業已死亡或已受死亡之宣告，自不得由親屬會議代為收養。（三三上五一〇二）

▲（四九臺上一九二七）參見本法第九百八十三條。

第一千零七十三條（收養要件——年齡）

收養者之年齡，應長於被收養者二十歲以上。但夫妻共同收養時，夫妻之一方長於被收養者二十歲以上，而他方僅長於被收養者十六歲以上，亦得收養。

夫妻之一方收養他方之子女時，應長於被收養者十六歲以上。

⑯現行條文規定收養者之年齡應長於被收養者二十歲以上，其目的固在考量養父母應有成熟之人格、經濟能力等足以擔負為人父母保護教養子女之義務。惟為考慮夫妻共同收養或夫妻之一方收養他方子女時，應有彈性，以符實際需要，爰增訂第一項但書及第二項規定。又參酌我國民法規定結婚最低年齡為十六歲，故滿十六歲之人始得結婚並有養育子女之能力，且臺灣地區習俗亦係於十六歲舉行成年禮，爰規定上開情形夫妻之一方與被收養者之年齡差距至少為十六歲，併此敘明。

＊（收養）民一〇七二；（年齡之計算）民一二四；（違反本條之效果）民一〇七九之一。

▲釋八七、五〇二。

第一千零七十三條之一（不得收養為養子女之親屬）

下列親屬不得收養為養子女：

一　直系血親。

二　直系姻親。但夫妻之一方，收養他方之子女者，不在此限。

三　旁系血親在六親等以內及旁系姻親在五親等以內，輩分不相當者。

⑯一、本條序文酌作文字修正。

二、原條文第三款規定係參酌最高法院四十九年臺上字第一九二七號判例類推適用第九百八十三條第一項第二款規定之意旨於七十四年所增訂，然第九百八十三條已於八十七年修正調整禁婚親親等之規定，爰配合上開規定將第三款所定「旁系血親八親等」修正為「旁系血親六親等」，並一併修正體例。

＊（收養要件）民一〇七三～一〇七六；（血親）民九六七；（姻親）民九六九；（血親之親系及親等）民九六七、九六八；（違反本條之效果）民一〇七九之一。

第一千零七十四條（夫妻應為共同收養）

夫妻收養子女時，應共同為之。但有下列各款情形之一者，得單獨收養：

一　夫妻之一方收養他方之子女。

二　夫妻之一方不能為意思表示或生死不明已逾三年。

⑯依原條文規定，夫妻收養子女時，固應共同為之，以維持家庭之和諧。但在夫妻之一方不能為意思表示或生死不明已逾三年時，影響他方收養子女之權益，亦非公允，宜有例外之規定，爰將原條文但書改列為但書第一款並增訂第二款例外情形，以符實際需要。另本條序文部分酌作文字修正，以資明確。

＊（收養）民一〇七二；（撤銷收養之訴）家事六一～六九；（違反本條之效果）民一〇七九之二㈠、㈢。

▲㈡收養子女違反民法第一千零七十四條之規定者，民法雖未設有類於撤銷結婚之規定，僅許一定之人向法院請求撤銷，但結婚與收養子女同為發生身分關係之行為，關於撤銷違法結婚之規定，在違法之收養，亦有同一之法律理由，自應類推適用，況民法施行後須行之民事訴訟法第五百七十九條以下就撤銷收養之訴，規定特別訴訟程序，實以民法上認有撤銷收養之訴為前提，所謂撤銷收養之訴，係指請求法院以判決撤銷收養之形成訴訟而言，收養子女，因有民法第八十八條、第八十九條、第九十二條等情形得撤銷者，依民法第一百十六條之規定，其撤銷祇須以意思表示為之，確認此項意思表示有效與否之訴訟，為確認收養關係成立與不成立之訴，並非撤銷收養之訴，民法上既別無關於撤銷收養之訴之規定，則關於撤銷結婚之規定，於違法之收養類推適用，按諸民事訴訟法，就撤銷收養之訴，規定特別程序之法意，尤無疑義，故有配偶者，收養子女未與其配偶共同為之者，其配偶得向法院請求撤銷之，並非當然無效。（院二二七一）

▲收養子女違反民法第一千零七十四條之規定者，民法雖未設有類於撤銷結婚之規定，僅許一定之人向法院請求撤銷，但結婚與收養子女同為發生身分關係之行為，關於撤銷違法結婚之規定，在違法之收養亦有同一之法律理由，自應類推適用。故有配偶者收養子女未與其配偶共同為之者，其配偶得向法院請求撤銷之，並非當然無效。（三三上三二二五）（九六、八、二八決議不再援用）

▲收養子女未與配偶共同為之者，其配偶僅得依司法院院字第二二七一號解釋，向法院請求撤銷，不容於經過相當期間以後，猶以此為藉口主張收養無效。（四二臺上三五七）

第一千零七十五條（同時為二人養子女之禁止）

除夫妻共同收養外，一人不得同時為二人之養子女。

⑯因第一千零七十四條但書係夫妻得單獨收養之規定，非屬本條除外規定排除之情形，爰酌予文字修正，以資明確。

＊（收養）民一〇七二；（收養無效之訴）家事六一～六九；（違反本條之效果）民一〇七九之一。

第一千零七十六條（被收養人配偶之同意）

夫妻之一方被收養時，應得他方之同意。但他方不能為意思表示或生死不明已逾三年者，不在此限。

⑯原條文為維持婚姻和諧，明定夫妻之一方被收養時，應得他方之同意。然對於他方有不能為意思表示或生死不明已逾三年之情形，原條文未設例外規定，鑑於上開情形乃事實上不能為同意，已無婚姻和諧之考量，爰增列但書規定予以排除。另本文部分酌作文字修正，以資明確。

＊（收養）民一〇七二；（同意）民一一七；（撤銷收養之訴）家事六一～六九；（違反本條之效果）民一〇七九之二㈡、㈢。

▲收養子女違反民法第一千零七十六條之規定者，僅得向法院請求撤銷收養關係，並非當然無效。（三一上二〇九三）

第一千零七十六條之一（子女被收養應得父母之同意）

子女被收養時，應得其父母之同意。但有下列各款情形之一者，不在此限：

一　父母之一方或雙方對子女未盡保護教養義務或有其他顯然不利子女之情事而拒絕同意。
二　父母之一方或雙方事實上不能為意思表示。

前項同意應作成書面並經公證。但已向法院聲請收養認可者，得以言詞向法院表示並記明筆錄代之。

第一項之同意，不得附條件或期限。

(96)一、本條新增。

二、按收養關係成立後，養子女與本生父母之權利義務於收養關係存續中停止之，影響當事人權益甚鉅，故應經父母之同意，爰參酌德國民法第一千七百四十七條、瑞士民法第二百六十五條之一及奧地利民法第一百八十一條增訂第一項規定。又本條所定父母同意係基於父母子女身分關係之本質使然，此與第一千零七十六條之二規定有關法定代理人所為代為、代受意思表示或同意，係對於未成年人能力之補充，有所不同。因此，如未成年子女之父母離婚、父母之一方或雙方被停止親權時，法定代理人可能僅為父母之一方或監護人，此時法定代理人將子女出養，因將影響未任法定代理人之父或母與該子女間之權利義務，故仍應經未任未成年子女權利義務之行使或負擔之父母之同意，此即本條之所由設。至成年子女出養時亦應經其父母之同意，自不待言。

三、本條同意雖屬父母固有之權利，但在父母一方或雙方對子女未盡保護教養義務而濫用同意權、或有其他顯然不利子女之情事而拒絕同意、或事實上不能為意思表示之情形時，得例外免除其同意，以保護被收養者之權利，爰明定第一項但書規定。又第一項第二款所定「事實上不能」，例如父母不詳、父母死亡、失蹤或無同意能力，不包括停止親權等法律上不能之情形。

四、為強化同意權之行使，爰規定同意為要式行為，除應作成書面外，並應經公證，以示慎重。又鑑於收養應經法院之認可，故對於同意應經公證之規定，明定得以言詞向法院表示並記明筆錄代之，以為便民，爰為第二項規定。

五、基於身分行為之安定性考量，父母同意權之行使，不得附條件或期限，爰為第三項規定。

第一千零七十六條之二（未滿七歲及滿七歲之被收養者應得其法定代理人之同意）

被收養者未滿七歲時，應由其法定代理人代為並代受意思表示。

滿七歲以上之未成年人被收養時，應得其法定代理人之同意。

被收養者之父母已依前二項規定以法定代理人之身分代為並代受意思表示或為同意時，得免依前條規定為同意。

(96)一、本條新增。

二、本條第一項及第二項規定自原條文第一千零七十九條第二項及第三項移列，緣上開規定屬收養之實質要件，故移列至本條，並予修正；另配合新增第一千零七十六條之一增列第三項規定。

三、未成年人被收養時，應由其法定代理人代為、代受意思表示或得其同意，固無疑義，而依現行第一千零七十九條第二項及第三項但書規定，如無法定代理人時，則毋須由其法定代理人代為、代受意思表示或得其同意，造成被收養者無法定代理人時，其收養程序過於簡略，對未成年人之保護恐有未周。為保護未成年人之利益，在未成年人無法定代理人之情形，應先依民法親屬編或其他法律之規定定其監護人為法定代理人，以杜弊端，爰刪除第二項及第三項但書規定。

四、本條法定代理人所為、所受意思表示或同意，係對於未成年人能力之補充，因此，未成年人被收養時，除應依前二項規定，由其法定代理人代為、代受意思表示或得其同意外，並應依前條規定經未成年人父母之同意。惟於父母與法定代理人相同時，其父母已依前二項規定以法定代理人之身分代為並代受意思表示或為同意時，自不必行使第一千零七十六條之一父母固有之同意權，爰增列第三項規定。

第一千零七十七條（收養之效力㈠——養父母子女之關係）

養子女與養父母及其親屬間之關係，除法律另有規定外，與婚生子女同。

養子女與本生父母及其親屬間之權利義務，於收養關係存續中停止之。但夫妻之一方收養他方之子女時，他方與其子女之權利義務，不因收養而受影響。

收養者收養子女後，與養子女之本生父或母結婚時，養子女回復與本生父或母及其親屬間之權利義務。但第三人已取得之權利，不受影響。

養子女於收養認可時已有直系血親卑親屬者，收養之效力僅及於其未成年之直系血親卑親屬。但收養認可前，其已成年之直系血親卑親屬表示同意者，不在此限。

前項同意，準用第一千零七十六條之一第二項及第三項之規定。

(110)一、第一項至第三項及第五項未修正。

二、配合成年年齡與最低結婚年齡均修正為十八歲，爰將第四項「且未結婚」、「或已結婚」等文字刪除。

＊（婚生子女）民一〇六一；（近親婚姻之限制）民九八三、九八八；（子女之姓）民一〇五九；（養子女之姓）民一〇七八；（子女之住所）民一〇六〇；（法定代理人）民一〇八六、一〇九八；（親屬間相互扶養義務）民一一一四～一一二一；（父母之親權）民一〇八四～一〇八八；（養父母子女關係之終止）民一〇八〇～一〇八三。

▲釋二八、七〇。

▲民法第一千零七十七條所謂養子女與婚生子女同者，僅就養子女與養父母間之關係而設之規定，乙男丙女，雖均為甲收養之子女，但並非同法第九百六十七條所稱之血親，則乙丙結婚，自不受同法第九百八十三條之限制。（院一四四二）

▲嗣子與其所後父母，依民法親屬編施行法第九條之規定，既有與婚生子女與其父母同一之親屬關係，則與其所後父母之他子女，當然有與兄弟姊妹同一之親屬關係，故嗣子與其所後父母之他子女，亦不失為民法第一千一百三十八條第三款所稱之兄弟姊妹。至院字第七三五號解釋，不過謂同父異母或同母異父之兄弟姊妹，均為民法第一千一百三十八條第三款同一順序之繼承人，院字第八九八號解釋，亦不過謂民法第一千一百三十八條所謂兄弟姊妹，係指同父母之兄弟姊妹而言，同祖父母之兄弟姊妹，不包含在內，均非含有嗣子與其所後父母之他子女，非屬兄弟姊妹之意義，原電所列乙說未免誤會。（院二〇三七）

▲民法繼承編施行前所立之嗣子女，對於施行後開始之繼承，其繼承順序及應繼分與婚生子女同，為民法繼承編施行法第七條所明定，法律上對其與嗣父同一親屬關係之嗣母（民法親屬編施行法第九條），並未限制其代位繼承，來呈所稱已嫁之女，先於其父而死亡，其父之繼承開始，在該編施行之後，依民法第一千一百四十條，自應由其嗣子代位繼承其應繼分。（院二〇四八）

▲養父母係養子女之直系血親尊親屬（參照本院院字第二七四七號解釋），養父母之血親，亦即為養子女之血親。（院解三〇〇四）

▲（三二上一三六八）參見本法第九百八十三條。

▲養父母對於未成年養子女，不僅有保護及教養之權利，抑且有此義務，上訴人於收養某甲為養女後，任其同居人虐

待至於遍體鱗傷，雖謂已盡其保護之責任，則該養女拒絕返回上訴人家中，亦不得謂無正當理由，自無由命其生母即被上訴人，反於該養女之意思，而認其有交人之義務。（五〇臺上一〇三）

第一千零七十八條　（收養之效力㈡——養子女之姓氏）

養子女從收養者之姓或維持原來之姓。

夫妻共同收養子女時，於收養登記前，應以書面約定養子女從養父姓、養母姓或維持原來之姓。

第一千零五十九條第二項至第五項之規定，於收養之情形準用之。

*（子女之姓）民一〇五九；（養子女姓之回復）民一〇八三。

▲養子女從收養者之姓，既為民法第一千零七十八條所明定，則養子女自不得兼用本姓，如以本姓加入姓名之中，其本姓只能認為名字之一部，而不得視為複姓，至兼承兩姓宗祧，雖無禁止明文，但參照同法第一千零八十三條之趣旨，仍不生法律上之效力。（院一六〇二）

▲（三三上一一八〇）　參見本法第一千零七十二條。

第一千零七十九條　（收養之方法）

收養應以書面為之，並向法院聲請認可。

收養有無效、得撤銷之原因或違反其他法律規定者，法院應不予認可。

⑯一、收養係建立擬制親子關係之制度，為昭慎重，自應以書面為之。惟現今藉收養名義達成其他之目的者，亦時有所聞，為保護被收養者之權益，爰將原條文第一項但書所定：「但被收養者未滿七歲而無法定代理人時，不在此限」之例外規定，予以刪除。又原條文第四項與第一項同屬收養形式要件，爰併為一項，並移列至第一項規定。

二、原條文第二項及第三項規定係屬收養之實質要件，故移列至第一千零七十九條之一及第一千零七十九條之二已分別明定法院於認可未成年收養及成年收養事件時應審酌之要件，而本條第五項第一款所定「收養有無效或得撤銷之原因者」為法院於認可成年及未成年收養事件時共同之審酌事項，爰自第五項第一款移列至第二項規定，以符體例，並增列「或違反其他法律規定」，俾與其他法律規定相配合，以期明確。

*（收養）民一〇七二；（收養之實質要件）民一〇七三～一〇七六；（要式行為）民七三；（養父母子女關係終止之方式）民一〇八〇㈢；（規屬法上其他要式行為）民九八二、一〇〇七、一一八九；（違反之效果）民一〇七九之二㈡、㈢。

▲（院二二七一）　參見本法第一千零七十四條。

▲收養年已十九歲之人為子，未以書面為之，既於民法第一千零七十九條所定之方式有未具備，依民法第七十三條之規定即屬無效，自不能發生收養關係。（二九上一八一七）

第一千零七十九條之一　（未成年收養之認可）

法院為未成年人被收養之認可時，應依養子女最佳利益為之。

⑯一、本條自原條文第一千零七十九條第五項第二款移列，並予修正；原條文第一千零七十九條之一移列至第一千零七十九條之四。

二、法院審酌收養未成年人事件之指導原則為養子女之最佳利益，爰明定之，以資明確。又本條因已包括原條文第一千零七十九條第五項第二款所定內容，故將原條文第一千零七十九條第五項第二款規定予以刪除。

*（收養要件）民一〇七三～一〇七五。

▲釋五〇二。

第一千零七十九條之二　（不認可成年收養之情形）

被收養者為成年人而有下列各款情形之一者，法院應不予收養之認可：

一　意圖以收養免除法定義務。

二　依其情形，足認收養於其本生父母不利。

三　有其他重大事由足認違反收養目的。

⑯一、本條自原條文第一千零七十九條第五項第三款移列，並予修正；原條文第一千零七十九條之二移列至第一千零七十九條之五。

二、成年收養與未成年收養之情形不同，因此，法院於認可收養時，對於未成年收養係以未成年子女之最佳利益為主，成年收養則應以防止脫法行為為主。因此，為避免成年收養時，被收養者藉收養之手段達到免除扶養義務等脫法行為之目的，爰增訂成年收養時，法院應不予認可之情形。

*（收養要件）民一〇七四；（終止之效果）民一〇八二、一〇八三。

第一千零七十九條之三　（收養之生效時點）

收養自法院認可裁定確定時，溯及於收養契約成立時發生效力。但第三人已取得之權利，不受影響。

⑯一、本條新增。

二、關於收養之生效時點，現行法未設規定，究應以法院認可裁定確定時或收養契約成立時為生效時點，恐有爭議，爰明定自法院認可裁定確定時，溯及於收養契約成立時發生效力。惟第三人已取得之權利，不受影響，併此敘明。

第一千零七十九條之四　（收養之無效）

收養子女，違反第一千零七十三條、第一千零七十三條之一、第一千零七十五條、第一千零七十六條之一、第一千零七十六條之二第一項或第一千零七十九條第一項之規定者，無效。

⑯一、本條新增。

二、本條自原條文第一千零七十九條之一移列，並予修正。

三、按收養關係成立後，養子女與本生父母之權利義務於收養關係存續中停止之，影響當事人權益甚鉅，故應經父母之同意，新增第一千零七十六條之一已有明文。又為防止法定代理人有假借收養之名行販嬰之實的情形發生，爰增列收養未經父母同意者為無效情形之一。此外，若收養「經父母同意但未作成書面」或「經父母同意且作成書面但未公證」之情形，即未符第一千零七十六條之一第二項規定者，亦屬無效。至收養符合第一千零七十六條之一第一項但書規定收養不須經父母同意者，其收養自屬有效，併予敘明。

四、對於違反原條文第一千零七十九條第二項（已修正移列為第一千零七十六條之二第一項）所定「未滿七歲之未成年人被收養時，由其法定代理人代為意思表示並代受意思表示。」原法未設有效力規定。鑑於未滿七歲之未成年人為無行為能力人，應由其法定代理人代為並代受意思表示，如其被收養未經由真正之法定代理人代為並代受意思表示，即與無法定代理人之意思表示相同，其收養應屬無效，爰增列其為無效情形之一。

五、對於違反修正條文第一千零七十九條第一項規定，收養未以書面為之或未向法院聲請認可者，原法亦未設有效力規定，爰一併配合條次調整增列違反「第一千零七十九條第一項」者為無效情形之一。

第一千零七十九條之五　（收養之撤銷及其行使期間）

收養子女，違反第一千零七十四條之規定者，收養者之配偶得請求法院撤銷之。但自知悉其事實之日起，已逾六個月，或自法院認可之日起已逾一年者，不得請求撤銷。

收養子女，違反第一千零七十六條或第一千零七十六條之二第二項之規定者被收養者之配偶或法定代理人得請求法院撤銷之。但自知悉其事實之日起，已逾六個月，或自法院認可之日起已逾一年者，不得請求撤銷。

依前二項之規定，經法院判決撤銷收養者，準用第一千零八十二條及第一千零八十三條之規定。

⑯一、本條新增。
二、本條自原條文第一千零七十九條之二移列，並予修正。
三、原條文第一千零七十九條第三項已修正移列為第一千零七十六條之二第二項，爰配合條次調整將第二項所定「第一千零七十九條第三項」修正為「第一千零七十六條之二第二項」。

第一千零八十條（收養之終止㈠——合意終止）

養父母與養子女之關係，得由雙方合意終止之。

前項終止，應以書面為之。養子女為未成年人者，並應向法院聲請認可。

法院依前項規定為認可時，應依養子女最佳利益為之。

養子女為未成年人者，終止收養自法院認可裁定確定時發生效力。

養子女未滿七歲者，其終止收養關係之意思表示，由收養終止後為其法定代理人之人為之。

養子女為滿七歲以上之未成年人者，其終止收養關係，應得收養終止後為其法定代理人之人之同意。

夫妻共同收養子女者，其合意終止收養應共同為之。但有下列情形之一者，得單獨終止：

一　夫妻之一方不能為意思表示或生死不明已逾三年。

二　夫妻之一方於收養後死亡。

三　夫妻離婚。

夫妻之一方依前項但書規定單獨終止收養者，其效力不及於他方。

⑯一、法律上所稱之「同意」，多屬對於法律行為效力之補充，而第一項所定收養關係之終止，係屬養父母與養子女間對於收養關係終止之意思表示合致，應屬雙方「合意」終止，爰修正第一項「同意」為「合意」。

二、收養係由法律創設法定血親關係，影響身分關係至鉅，原條文第一項規定養父母與養子女之關係，得由雙方同意終止之，對於被收養者為成年人者，因其已有完全之行為能力，透過雙方終止收養之意思表示合致，以終止法定親子關係，尚稱妥適。惟於養子女為未成年人者，其雖為終止收養關係之當事人，然係由收養關係終止後之法定代理人代為、代受終止收養之意思表示或得其同意，即可終止收養關係，對於未成年養子女之保護，恐有不周，因此，為保障其最佳利益，有關未成年養子女與養父母間收養關係之終止，宜經法院認可，以判斷終止收養是否符合養子女之最佳利益，爰增訂第二項後段規定。

三、法院審酌未成年人終止收養事件之指導原則為養子女最佳利益，爰明定之，以資明確。

四、養子女為未成年人者，終止收養應經法院認可，爰於第四項明定終止收養之生效時點，以杜爭議。

五、原條文第三項及第四項依序遞移為第五項及第六項。

六、第一千零七十四條明定夫妻收養子女時，應共同為之，其意旨係為確保家庭生活之和諧。因此，終止收養時，亦應由夫妻共同為之，爰增列第七項規定。惟如夫妻之一方有不能為意思表示或生死不明已逾三年、於收養後死亡或夫妻離婚等情形，因上開情形已無影響家庭和諧之虞，應准予由夫妻之一方單獨終止收養，爰增列但書規定。

七、夫妻之一方依第七項但書規定單獨終止收養者，其終止收養之效力不應及於他方，爰增訂第八項規定，以資明確。

*（收養）民一〇七二；（養父母子女之關係）民一〇七七；（要式行為）民七三；（收養方式）民一〇七九；（收養關係之判決終止）民一〇八一。

▲釋五八、九一。

▲民法第一千零八十條第一項所謂雙方係指養父母及養子女而言，並不包含養子女之本生父母在內，惟養子女無行為能力而養父母為其法定代理人者，民法第一千零八十一條所稱終止收養關係之訴，依民事訴訟法第五百八十二條之規定，既應由其本生父母代為訴訟行為，則民法第一千零八十條第一項之同意，自應解為由其本生父母代為之，養子女為限制行為能力人而養父母為其法定代理人者，其為民法第一千零八十條第一項之同意，亦應得其本生父母之同意。（院解三七四九）

▲收養關係之終止，除由養父母與養子女雙方，依民法第一千零八十條之規定為之者外，必一方有民法第一千零八十一條所列各款情形之一，經法院因他方之請求以判決宣告之，俟判決確定時始生終止之效力，若僅一方對於他方為終止之意思表示，縱令他方有同條所列各款情形之一，其收養關係亦不因而終止。（二八上一五二五）

▲養父母與養子女之關係，依民法第一千零八十條，固得由雙方以書面終止之，但所謂雙方既指養父母與養子女而言，則同意終止之書面，自須由養父母與養子女依民法第三條之規定作成之，始生效力。（二八上一七二三）

第一千零八十條之一（收養之終止㈡——聲請法院許可）

養父母死亡後，養子女得聲請法院許可終止收養。

養子女未滿七歲者，由收養終止後為其法定代理人之人向法院聲請許可。

養子女為滿七歲以上之未成年人者，其終止收養之聲請，應得收養終止後為其法定代理人之人之同意。

法院認終止收養顯失公平者，得不許可之。

⑯一、本條新增。
二、在養父母死亡後，原條文第一千零八十條第五項規定僅限於養子女不能維持生活而無謀生能力時，始得聲請法院許可終止收養，失之過嚴。養父母死亡後，為保護養子女利益，應使其有聲請法院許可終止收養之機會，爰明定於本條第一項。至於單獨收養而收養者死亡後，或夫妻共同收養時，夫或妻死亡，而生存之一方與養子女已終止收養關係後，養子女亦可適用本項聲請法院許可終止其與已死亡之養父母之收養關係，併予敘明。
三、參酌原條文第一千零八十條第六項規定，於本條第二項及第三項分別規定養子女為未滿七歲者或滿七歲以上之未成年人者，聲請法院許可終止收養，應由收養關係終止後為其法定代理人之人代為或得其同意。
四、收養關係之終止影響雙方權益甚鉅，法院如認終止收養關係顯失公平者，得不予許可，爰增列第四項規定。

第一千零八十條之二（收養之終止㈢——無效）

終止收養，違反第一千零八十條第二項、第五項或第一千零八十條之一第二項規定者，無效。

⑯一、本條新增。
二、參酌第一千零七十九條之四之規定，增訂合意終止收養未以書面為之、養子女為未成年人未經法院認可終止、養子女未滿七歲，其合意終止或聲請法院許可終止收養未經由終止收養後為其法定代理人之人代為、代受意思表示或聲請者，均屬無效之規定。

第一千零八十條之三（收養之終止㈣——撤銷）

終止收養，違反第一千零八十條第七項之規定者，終止收養者之配偶得請求法院撤銷之。但自知悉其事實之日起，已逾六個月，或自法院認可之日起已逾一年者，不得請求撤銷。

終止收養，違反第一千零八十條第六項或第一千零八十條之一第三項之規定者，終止收養後被收養者之法定代理人得請求法院撤銷之。但自知悉其事實之日起，已逾六個月，或自法院許可之日起已逾一年者，不得請求撤銷。

⑯一、本條新增。

二、參酌第一千零七十九條之五之規定，增訂違反第一千零八十條第七項夫妻共同收養子女，其合意終止收養應共同為之規定者，或滿七歲以上未成年人合意終止或聲請法院許可終止收養未得終止收養後為其法定代理人之人之同意者，終止收養者之配偶或終止收養後被收養者之法定代理人得請求法院撤銷之規定，並明定撤銷權行使之期間，俾使收養關係早日確定。

第一千零八十一條（收養之終止(五)——判決終止）

養父母、養子女之一方，有下列各款情形之一者，法院得依他方、主管機關或利害關係人之請求，宣告終止其收養關係：

一　對於他方為虐待或重大侮辱。

二　遺棄他方。

三　因故意犯罪，受二年有期徒刑以上之刑之裁判確定而未受緩刑宣告。

四　有其他重大事由難以維持收養關係。

養子女為未成年人者，法院宣告終止收養關係時，應依養子女最佳利益為之。

⑯一、本條第一項係參考兒童及少年福利法第十六條之規定，增訂主管機關或利害關係人亦得請求法院判決終止收養關係，以保障收養當事人之權益，並酌作文字修正。

二、原條文第三款至第五款僅規範養子女，對養子女未盡公平，應使養子女或養父母之一方有上開情形之一時，均可聲請法院宣告終止收養關係。又因原條文第四款及第五款內容可併入修正條文第一項第四款概括規定中，爰予刪除，以求文字精簡。至原條文第三款規定，經審酌過失犯之非難性低，以及受緩刑宣告者尚不致因罪刑之執行而影響收養關係之生活照顧義務，爰修正限縮第三款所定要件範圍。而原條文第六款概括條款所稱重大事由，並未以難以維持收養關係為限，有欠周延，爰一併修正並調整款次。

三、法院審酌收養或判決終止收養未成年人事件之指導原則均為養子女之最佳利益，爰配合修正條文第一千零七十九條之一，於本條增訂第二項規定。

*（合意終止收養關係）民一〇八〇；（收養關係事件之訴）家事六一～六九；（遺棄罪）刑二九四、二九五；（生死不明）民八～一一；（給與金之請求）民一〇八二；（養子女本姓之回復）民一〇八三。

▲釋五八、九一。

▲嗣子意圖使嗣父受刑事處分而為虛偽之告訴，經檢察官為不起訴處分後復聲請再議，自係民法第一千零八十一條第六款所謂重大事由。（二八上八四三）

▲養子無故將其養母鎖在門內一日，不得謂非對於養母為虐待，依民法第一千零八十一條第一款之規定，養母自得請求法院宣告其收養關係之終止。（二九上二〇二七）

▲養子吸食鴉片煙，自屬民法第一千零八十一條第六款所謂其他重大事由。（三一上一三六九）

▲犯罪之被害人得為告訴，既為法律所明定，養子告訴養母犯傷害及遺棄罪，苟非意圖使養母受刑事處分而為虛偽之告訴，自不得認養子有民法第一千零八十一條第六款所謂之重大事由。（三三上三九九七）

▲被上訴人於收養上訴人為養子時，既以上訴人應與被上訴人同居一家為條件，而上訴人竟不履行諾言，終年在學校服務，雖在假期亦不還家對被上訴人為必要之扶助保養，殊難謂非惡意遺棄他方。（三三上五二九六）

▲終止收養關係之訴，如由養子女起訴者，須以養父母為被告，始得謂被訴當事人之適格無欠缺，觀民法第一千零八十一條之規定自明。（四〇臺上二七五）（一〇四、一、二〇決議不再援用）

▲養子女與養父母之關係與婚生子女同，為民法第一千零七十七條所明定。被上訴人甲乙間所訂立之離婚書，於上訴人之監護既有由被上訴人乙（養母）擔任之約定，此項約定原非法所不許，自不能以被上訴人甲（養父），將上訴人棄置不問為理由，請求終止收養關係。（四一臺上七四四）

▲養父母對於所收養之未成年女子，乘其年輕識淺誘使暗操淫業，自屬民法第一千零八十一條第六款所謂其他重大事由，該養女據以請求終止收養關係，即非不當。（四八臺上一六六九）

▲被上訴人為上訴人之養母，上訴人動輒與之爭吵，並惡言相加，肆意辱罵，有背倫常之道，已具有民法第一千零八十一條第一款及第六款情形，自得構成終止收養關係之原因。（五〇臺上八八）

▲未成年養子女，應受養父母之監護，其有不服從監護者，養父母非不得行使親權，以謀救濟，在行使親權並經證明無效果前，要難遽認已有民法第一千零八十一條第六款之重大事由。（五七臺上三五九）

第一千零八十二條（終止之效果(一)——給與金額之請求）

因收養關係終止而生活陷於困難者，得請求他方給與相當之金額。但其請求顯失公平者，得減輕或免除之。

⑯養父母與養子女間互負生活保持義務，故如一方因收養關係終止而生活陷於困難時，他方應予扶助，而不應因判決終止或合意終止而有所不同，爰將「經判決」三字刪除，並酌作文字修正。又於合意終止收養關係之情形，原則上並無「無過失」之問題，爰予刪除。至如請求他方給與金額有顯失公平之情形（如有過失等情形），明定得予以減輕或免除之規定。

*（收養關係）民一〇七二、一〇七七；（判決終止）民一〇八一。

▲民法第一千零八十二條所謂無過失之一方，係指養父母或養子女之本身而言，若養子女之配偶及其子女並不包含在內。（二二上二三八五）（九六、八、二八決議不再援用）

▲收養關係經判決終止時，無過失之一方因而陷於生活困難者，得請求他方給與相當之金額，固為民法第一千零八十二條所明定，惟養子女自收養關係終止時起，回復其與本生父母之關係，該子女尚未成年者，並應由其本生父母負擔教養之義務，苟其本生父母有負擔扶養費用之資力，即不得謂因判決終止收養關係而陷於生活困難。（三三上六〇九七）（九六、八、二八決議不再援用）

第一千零八十三條（終止之效果(二)——復姓）

養子女及收養效力所及之直系血親卑親屬，自收養關係終止時起，回復其本姓，並回復其與本生父母及其親屬間之權利義務。但第三人已取得之權利，不受影響。

⑯收養關係終止後，養子女及依第一千零七十七條第四項規定為收養效力所及之養子女之直系血親卑親屬，與養家之親屬關係消滅，其因此所生之權利義務亦終止，養子女及收養效力所及之直系血親卑親屬與本生父母及其親屬間之權利義務應予以回復，爰配合第一千零七十七條修正之。

*（收養關係之終止）民一〇八〇、一〇八一；（養父母子女之關係）民一〇七七；（子女之姓）民一〇五九；（養子女之姓）民一〇七八。

▲釋二八。

▲一人不得同時為二人之養子女，法律已有明文禁止，而獨子、獨女之為他人養子女，既無禁止明文，即可任憑當事人間之協議，收養關係未終止以前，養子女與其本生父母之關係未能回復（參照民法第一千零八十三條），自無所謂兼充，惟養子女之關係，原則上既與婚生子女相同，則旁系血親在八親等以內，旁系姻親在五親等以內，輩分不相當者，自不得為養子女，以免淆亂。（院七六一）

▲收養關係終止時，養子女之子女，如經收養者及養子女之同意，不隨同養子女離去收養者之家，則其與收養者之祖孫關係，不因終止收養關係而消滅。（院解三〇一〇）

▲養子與養親之關係以有收養關係為前提，在收養關係未經兩願或判決終止以前，對於養子之權利義務，當然應由養父母行使並負擔，而無其本生父母置喙之餘地。（二〇上二三〇五）

▲上訴人係甲之子，而其法定代理人則係甲之妻，上訴人及其法定代理人，與乙所有祖母與孫及姑與媳之關係，係因甲為乙之養子而發生，甲與乙之養母養子關係既經判決終止，則上訴人及其法定代理人與乙之親屬關係，亦自然隨之消滅。（三三上五三一八）

第一千零八十三條之一（準用規定）

法院依第一千零五十九條第五項、第一千零五十九條之一第二項、第一千零七十八條第三項、第一千零七十九條之一、第一千零八十條第三項或第一千零八十一條第二項規定為裁判時，準用第一千零五十五條之一之規定。

(96)一、本條新增。
二、按法院依第一千零五十九條第五項、第一千零五十九條之一第二項或第一千零七十八條第三項宣告變更未成年子女姓氏；依第一千零七十九條之一、第一千零八十條第三項或第一千零八十一條第二項為未成年人被收養之認可、合意終止收養之認可或宣告終止收養關係時，應依未成年子女之最佳利益為之，爰增訂法院為裁判應審酌之事由，準用第一千零五十五條之一之規定。

第一千零八十四條（親權㈠——孝親、保護及教養）

子女應孝敬父母。
父母對於未成年之子女，有保護及教養之權利義務。

(74)一、原條文移列第二項。
二、我國傳統倫理觀念，素重孝道，孔子視之為先王之至德要道，自天子以至庶人皆當奉行無違，方能民用和睦，上下無怨。蓋以孝之本義雖在善事其親，然推而廣之，則仁民愛物，盡在其中，是故孔門以「親親而仁民，仁民而愛物」教人，後世有「百善孝為先」之訓，於此世事變化日益加速，人際關係轉趨疏離之時代，如何加強人際紐帶，增進社會之親和感與凝聚力，實為當務之急，而提倡孝道，正為達成此項目的之最佳途徑。參以現代歐陸主要國家，如德、法、瑞士等國之民法，多有子女應服從及尊敬父母之規定（見德國民法第一千六百二十六條第一項：「子女未成年者，應服從父及母之親權。」法國民法第三百七十一條：「子女有尊敬父母之義務。」瑞士舊民法第二百七十五條第一項：「子女對其父母有服從及尊敬之義務。」及一九七六年修正民法第三百零一條第二項：「子女應服從父母。」），益見孝道之重要，殆為文明進步社會之所共認，爰增列第一項，以強調國家法律重視孝道之旨，對於傳統倫理觀念及當代民法思潮兩俱兼顧。

*（成年）民一二；（父母之法定代理權）民一〇八六；（父母之財產管理權）民一〇八七、一〇八八；（親權之行使）民一〇八九；（親權濫用之禁止）民一〇九〇；（子女）民一〇六一、一〇六四、一〇六五、一〇七二；（父母子女之相互扶養義務）民一一一四；（未成年人之監護）民一〇九一～一一〇九；（離婚後未成年子女權義之行使或負擔）民一〇五五。

▲母子之親本於天性，故在民法親屬編施行前嫡母之行親權，雖應先於生母，而究不得因有嫡母在堂，遂使其生母立約與其所生之子永遠斷絕關係而不許其過問，縱使雙方合意立有此約，亦應認為違背善良風俗，不能認為有效。（二〇上一九四一）

▲父母對於未成年之子女雖有保護及教養之權利，同時亦有此項義務，此在民法第一千零八十四條規定甚明，其權利義務既有不可分離之關係，即不得拋棄其權利。（二八上一八）

▲父母對於未成年子女有保護教養之權利，同時並負此義務，民法第一千零八十四條規定甚明，此項因身分關係所生與義務併存之權利，實含有禁止拋棄之性質，自不得謂因拋棄而消滅。（三八臺上一七一）

▲（五〇臺上一〇三）參見本法第一千零七十七條。

▲民法第一千零八十四條，乃規定父母對於未成年子女之保護及教養義務，與同法第一千一百十四條第一款所定，直系血親相互間之扶養義務者不同，後者凡不能維持生活而無謀生能力時，皆有受扶養之權利，並不以未成年為限。又所謂謀生能力並不專指無工作能力者而言，雖有工作能力而不能期待其工作，或因社會經濟情形失業，雖已盡相當之能事，仍不能覓得職業者，亦非無受扶養之權利，故成年之在學學生，未必即喪失其受扶養之權利。（五六臺上七九五）

▲（六二臺上一三九八）參見本法第一千零五十五條。

第一千零八十五條（親權㈡——懲戒）

父母得於必要範圍內懲戒其子女。

*（子女）民一〇六一、一〇六四、一〇六五、一〇七二；（父母之保護教養權）民一〇八四；（父母之法定代理權）民一〇八六；（父母之財產管理權）民一〇八七、一〇八八；（親權濫用之禁止）民一〇九〇。

第一千零八十六條（親權㈢——代理）

父母為其未成年子女之法定代理人。
父母之行為與未成年子女之利益相反，依法不得代理時，法院得依父母、未成年子女、主管機關、社會福利機構或其他利害關係人之聲請或依職權，為子女選任特別代理人。

(96)一、第一項未修正。
二、按父母之行為與未成年子女之利益相反，依法不得代理時，現行民法未設規定，導致實務上見解分歧，爭議不斷，爰參考日本民法第八百二十六條第一項立法例，增訂本條第二項規定，以杜爭議。
三、本條第二項所定「依法不得代理」係採廣義，包括民法第一百零六條禁止自己代理或雙方代理之情形，以及其他一切因利益衝突，法律上禁止代理之情形。又所定「主管機關」，或為社會福利主管機關、戶政機關、地政機關或其他機關，應依該利益相反事件所涉業務機關而定，如遺產分割登記時，地政機關為主管機關。
四、另查民事訴訟法第五十一條係有關無訴訟能力人為訴訟行為而其無法定代理人或其法定代理人不能行代理權時，得聲請法院選任特別代理人之訴訟程序上規定；而本條第二項則係關於父母之行為與未成年子女利益相反而依法不能代理時，得就該利益相反之特定事件聲請法院選任特別代理人之實體規定，且該利益相反事件並未進入民事訴訟程序，二者容有不同。如法院就該事件已依本條第二項規定選任特別代理人，就該事件而言，該特別代理人即為未成年子女之法定代理人，故如未成年子女與其父母因該利害相反事件爭訟，則該特別代理人即以該子女之法定代理人身分為訴訟行為，並無民事訴訟法第五十一條所定「無法定代理人或其法定代理人不能行代理權」之情形，自無須依上開規定選任訴訟上之特別代理人。如具體個案事件未先依本條選任實體上之特別代理人而逕進入訴訟程序，則法院得視個案情形選擇依本條規定依職權或依聲請選任特別代理人後再由其以法定代理人身分為訴訟行為，或選擇依民事訴訟法第五十一條規定選任訴訟上之特別代理人，併此敘明。

*（成年）民一二；（子女）民一〇六一、一〇六四、一〇六五、一〇七二；（監護人之法定代理權）民一〇九八；（代理）民一〇三～一〇八；（無行為能力人之意思表示）民七六；（限制行為人之意思表示）民七七～八五；（親屬法上法定代理人之親權）民九七四、九八一、九八九、九九〇、一〇〇六、一〇四九；（時效不完成）民一四一、一四二；（法定代理人之連帶責任）民一八七。

▲上訴人在民法親屬編施行前，為其故夫甲立被上訴人為嗣子，現被上訴人尚未成年，依民法親屬編施行法第九條、第十三條及民法第一千零八十六條之規定，上訴人為被上訴人之法定代理人，雖上訴人因出外求學，將被上訴人之扶養事項委託被上訴人之本生父乙暫為料理，乙仍不能因此而為被上訴人之法定代理人，乃乙自稱為被上訴人之法定代理人，向上訴人起訴請求確認上訴人對於被上訴人繼承之遺產無處分權，自不能認為有法定代理權。（二八上三四六）

▲母於父死亡後招贅他人為夫時，其為未成年子女法定代理人之資格，並不因此喪失。（二八上一六九八）

▲甲尚未成年，乙係甲之母，依民法第一千零八十六條之規定，乙即為甲之法定代理人，有代理甲為法律行為之權，乙以其自己及甲之義務將伊母子共有之房屋讓與於上訴人，自難謂尚須得甲之同意，至其處分該房屋是否為甲之利益為之，應斟酌當時之一切情事定之。（三二上三七一六）（九六、八、二八決議不再援用）

▲父所娶之後妻舊律雖稱為繼母，而在民法上則不認為有母與子女之關係，民法第一千零八十六條所稱之母，自不包含繼母在內。（三二上五五三二）

第一千零八十七條　（子女之特有財產）

未成年子女因繼承、贈與或其他無償取得之財產，為其特有財產。

*（成年）民一二；（子女）民一〇六一、一〇六四、一〇六五、一〇七二；（繼承）民一一四八；（贈與）民四〇六；（特有財產之管理權）民一〇八八。

▲子孫自以勞力或其他法律關係所得私財，非已奉歸於父母者，自可認為子孫所私有。（一九上六七）

第一千零八十八條　（親權㈣——子女特有財產之管理）

未成年子女之特有財產，由父母共同管理。

父母對於未成年子女之特有財產，有使用、收益之權。但非為子女之利益，不得處分之。

⑭一、本條所謂子女，當係指未成年子女。未成年子女之特有財產宜由父母共同管理，為貫徹男女平等原則，亦不應使父母之管理權有所軒輊。爰修正本條第一項（參與瑞士民法第二百九十條）。

二、第二項第一句在「子女」上加「未成年」三字，餘不修正。

*（子女之特有財產）民一〇八七；（使用收益處分）民七六五；（無權處分）民一一八。

▲訟爭土地為年甫六歲與十四歲之被上訴人因受贈而取得，即屬民法第一千零八十七條所謂未成年子女之特有財產，依同法第一千零八十八條第二項之規定，被上訴人之父，不過得在被上訴人成年之前有使用、收益之權。至設定抵押權，則屬於同條項但書之處分行為，尚須為被上訴人之利益始得為之，從而被上訴人之父，就該土地因擔保債權所為抵押權之設定，苟無足以認定有為被上訴人利益之特別情事，自為上開條項但書所不許。（四二臺上一二一六）

▲民法第一千一百四十六條所謂繼承權被侵害，須自命有繼承權之人獨自行使遺產上之權利，而置其他合法繼承人於不顧者，始足當之。父或母與其未成年之子女共同繼承時，依同法第一千零八十八條之規定，對於子女之特有財產既有管理及使用、收益之權，並得為子女之利益而處分之，不得謂有侵害其子女之繼承權。原審既認定上訴人等之母，係因清理維持上訴人等生活所負之債務而處分遺產，又謂係侵害上訴人等之繼承權，顯屬理由矛盾。（五一臺上二一〇八）

▲父母向他人購買不動產，而約定逕行移轉登記為其未成年子女名義，不過為父母與他人間為未成年子女利益之契約（民法第二百六十九條第一項之契約），在父母與未成年子女之間，既無贈與不動產之法律行為，自難謂該不動產係由於父母之贈與，故父母事後就該不動產取得代價，復以未成年子女名義，為第三人提供擔保而設定抵押權者，不得藉口非為子女利益而處分應屬無效，而訴請塗銷登記。（五三臺上一四五六）

▲（五三臺上二六一一）參見本法第一千零八十六條。

第一千零八十九條　（親權之行使及負擔）

對於未成年子女之權利義務，除法律另有規定外，由父母共同行使或負擔之。父母之一方不能行使權利時，由他方行使之。父母不能共同負擔義務時，由有能力者負擔之。

父母對於未成年子女重大事項權利之行使意思不一致時，得請求法院依子女之最佳利益酌定之。

法院為前項裁判前，應聽取未成年子女、主管機關或社會福利機構之意見。

⑮一、父母對於未成年子女權利義務之行使或負擔，仍維持現行規定以共同行使為原則，爰與將現行條文第一項前段本文及末段文字併列第一項。

二、父母對於未成年子女權利之行使意思不一致時，依家庭自治事項議定之，不成者，由公權力介入之方式以為救濟。爰於第二項增列得請求法院依子女之最佳利益，決定由父或母之一方行使之。

三、為保障子女之利益，並期法院為妥適之裁判，爰增列第三項。

*（成年）民一二；（子女）民一〇六一、一〇六四、一〇六五、一〇七二；（親權）民一〇八四～一〇八八；（親權濫用之禁止）民一〇九〇。

▲釋三六五。

▲所謂父母之一方不能行使對於未成年子女之權利，兼指法律上不能（例如受停止親權之宣告）及事實上之不能（例如在監受長期徒刑之執行、精神錯亂、重病、生死不明等）而言。至於行使有困難（例如自己上班工作無暇管教，子女尚幼須僱請傭人照顧等），則非所謂不能行使。（六二臺上四一五）

第一千零八十九條之一　（未成年子女權義之行使或負擔準用規定）

父母不繼續共同生活達六個月以上時，關於未成年子女權利義務之行使或負擔，準用第一千零五十五條、第一千零五十五條之一及第一千零五十五條之二之規定。但父母有不能同居之正當理由或法律另有規定者，不在此限。

⑯一、本條新增。

二、原條文有關未成年子女權利義務之行使或負擔，係由父母共同行使，如夫妻離婚，則依第一千零五十五條、第一千零五十五條之一及第一千零五十五條之二規定，由夫妻協議，或由法院酌定、改定或選定。

三、惟父母未離婚又不繼續共同生活已達一定期間以上者，其對於未成年子女權利義務之行使或負擔，現行法則未有規定。為維護子女之最佳利益，爰以父母不繼續共同生活達一定期間之客觀事實，並參酌離婚效果之相關規定，增訂關於未成年子女權利義務之行使或負擔，準用離婚效果之相關規定。惟如父母有不能同居之正當理由或法律另有規定，例如父母已由法院依家庭暴力防治法第十三條第二項第三款命遷出住居所而未能同居、或依同條項第六款定暫時親權行使或負擔之人，或依本法或兒童及少年福利法

第四十八條等規定停止親權一部或全部者等，自不得再依本條準用第一千零五十五條、第一千零五十五條之一及第一千零五十五條之二之規定，爰於本條但書將上開情形予以排除。

第一千零九十條（親權濫用之禁止）

父母之一方濫用其對於子女之權利時，法院得依他方、未成年子女、主管機關、社會福利機構或其他利害關係人之請求或依職權，為子女之利益，宣告停止其權利之全部或一部。

⑯一、原條文規定親權濫用時之糾正制度，於實際運作時難以發揮其功能，爰予刪除。

二、又為維護子女之權益，於父母之一方濫用其對子女之權利時（例如積極的施以虐待或消極的不盡其為父母之義務等），參酌本法第一千零五十五條第一項規定，明定父母之另一方、未成年子女、主管機關、社會福利機構或其他利害關係人均得向法院請求宣告停止其權利之全部或一部。而法院處理具體家事事件時，如認有必要，亦得依職權宣告，以保護未成年子女之利益。

*（父母之親權）民一〇八四～一〇八八；（親權之行使及負擔）民一〇八九；（子女）民一〇六一、一〇六四、一〇六五、一〇七二；（血親及親等）民九六七、九六八；（姻親及親等）民九六九、九七〇；（親屬會議）民一一二九～一一三七；（停止親權之訴）家事一〇四～一一三。

▲釋一七一。

▲民法第一千零九十條所稱其最近尊親屬之其字，係指父母本身而言，且僅稱最近尊親屬，則凡父母之最近尊親屬，自均包括在內，不以直系為限，故父母濫用權利時，現尚存在之尊親屬最近者，均得依該條規定糾正。（院一三九八）

▲宣告停止親權之訴，固得由親屬會議之組織會員全體提起之，惟所謂宣告停止親權，依民法第一千零九十條之規定，既以父母濫用其對於子女之權利，並經其子女最近尊親屬或親屬會議糾正無效者，為其前提要件，故此項訴訟之原告，須就上述要件能為相當之證明者，始有訴權，亦即為有訴訟標的之法律關係存在之可言。（四三臺上一一九四）（九六、八、二八決議不再援用）

第四章　監　護

第一節　未成年人之監護

第一千零九十一條（監護人之設置）

未成年人無父母或父母均不能行使、負擔對於其未成年子女之權利、義務時，應置監護人。

⑩配合成年年齡與最低結婚年齡均修正為十八歲，爰將但書規定刪除。

*（成年）民一二；（親權）民一〇八四～一〇八八；（親權之行使）民一〇八九；（親權之停止）民一〇九〇，家事一〇四～一一三；（監護宣告）民一四、一五、一〇九六，家事一六四～一七六；（委託監護人）民一〇九二；（指定監護人）民一〇九三；（法定監護人）民一〇九四；（監護人之辭職）民一〇九五；（監護人之資格限制）民一〇九六；（監護人之職務）民一〇九七；（監護人之法定代理權）民一〇九八；（監護人對受監護人財產之權義）民一〇九九～一一〇三；（監護人之報酬）民一一〇四；（監護人之撤退）民一一〇六；（監護終止時受監護人財產之清算）民一一〇七、一一〇八；（監護人賠償責任之短期時效）民一一〇九；（成年人之監護）民一一一〇～一一一三；（監護人與受監護人結婚之禁止）民九八四、九九一。

▲民法第四編第四章規定之監護，祇有未成年人之監護與禁治產人之監護兩種，若已成年而又未受禁治產宣告之人，法律上既無關於監護之規定，自不得為之置監護人。（二一上二一四三）

▲夫死亡後再婚，與其子女之關係本不因此消滅，如其對於未成年子女之權利、義務並無不能行使、負擔之情事，自不應為其未成年子女置監護人。（二二上一二二三）

▲父死亡而母再婚者，與母死亡而父再婚者無異，母再婚時對於未成年子女之權利、義務，並非當然不能行使、負擔。（二三抗一七二一）

第一千零九十二條（委託監護人）

父母對其未成年之子女，得因特定事項，於一定期限內，以書面委託他人行使監護之職務。

⑰基於交易安全及公益之考量，委託他人行使監護職務，改採要式行為，以資慎重，爰於本條末句增訂「以書面」三字。

*（成年）民一二；（子女）民一〇六一、一〇六四、一〇六五、一〇七二；（期限）民一〇二；（委託職務）民一〇九七；（委任）民五二八～五五二；（監護人資格之限制）民一〇九六。

▲父母依民法第一千零九十二條之規定，委託他人行使其對未成年子女之監護職務者，得隨時撤回之。（二八上一七一八）

第一千零九十三條（遺囑指定監護人）

最後行使、負擔對於未成年子女之權利、義務之父或母，得以遺囑指定監護人。

前項遺囑指定之監護人，應於知悉其為監護人後十五日內，將姓名、住所報告法院；其遺囑未指定會同開具財產清冊之人者，並應申請當地直轄市、縣（市）政府指派人員會同開具財產清冊。

於前項期限內，監護人未向法院報告者，視為拒絕就職。

⑰一、現行條文移列為第一項。以遺囑指定監護人時，必指定者本身得行使親權；如指定者受親權停止之宣告而不能行使親權時，則不得指定。再者，雖非後死之父或母，但生存之另一方有不能行使親權之情形（包括法律上之不能，例如受監護之宣告、受停止親權之宣告等；以及事實上之不能，例如失蹤等情形），亦有以遺囑指定監護人之實益。爰將第一項「後死」修正為「最後行使、負擔對於未成年子女之權利、義務」，俾符實際。

二、依第一項指定之監護人，於知悉其為監護人後十五日內，應向法院報告；其遺囑未指定會同開具財產清冊之人者，並應申請當地直轄市、縣（市）政府指派人員會同開具財產清冊。如逾期未向法院報告，則視為拒絕就職，爰增訂第二項及第三項。

*（死亡）民六、八、九、一一；（遺囑）民一一八六～一二二二；（監護人資格之限制）民一〇九六。

▲民法第一千零九十三條規定後死之父或母，得以遺囑指定監護人，是父母二人中，惟其後死之一人，得以遺囑指定監護人，若先死之父不欲其未成年之子女由母監護，而以遺囑另指定一監護人，自非法之所許。（二三上一七〇三）

▲（六二臺上一三九八）參見本法第一千零五十五條。

第一千零九十四條（法定監護人）

父母均不能行使、負擔對於未成年子女之權利義務或父母死亡而無遺囑指定監護人，或遺囑指定之監護人拒絕就職時，依下列順序定其監護人：

一　與未成年人同居之祖父母。

二　與未成年人同居之兄姊。

三　不與未成年人同居之祖父母。

前項監護人，應於知悉其為監護人後十五日內，將姓名、住所報告法院，並應申請當地直轄市、縣（市）政府指派人員會同開具財產清冊。

未能依第一項之順序定其監護人時，法院得依未成年子女、四親等內之親屬、檢察官、主管機關或其他利害關係人之聲請，為未成年子女之最佳利益，就其三親等旁系血親尊親屬、主管機關、社會福利機構或其他適當之人選定為監護人，並得指定監護之方法。

法院依前項選定監護人或依第一千一百零六條及第一千一百零六條之一另行選定或改定監護人時，應同時指定會同開具財產清冊之人。

未成年人無第一項之監護人，於法院依第三項為其選定確定前，由當地社會福利主管機關為其監護人。

(97)一、配合修正條文第一千零九十三條第三項規定，於第一項增訂「或遺囑指定之監護人拒絕就職」之文字，以涵蓋遺囑指定之監護人拒絕就職之情形在內，並酌作文字修正。

二、第一項之監護人，應於知悉其為監護人後十五日內，向法院報告，並同時申請當地直轄市、縣（市）政府指派人員會同開具財產清冊，爰增訂第二項。至於監護人若未依本項規定向法院報告並申請當地直轄市、縣（市）政府指派人員會同開具財產清冊者，其法定監護人之身分不受影響，此時監護人雖無從依修正條文第一千零九十九條規定，向法院陳報財產清冊，惟依修正條文第一千零九十九條之一規定，該監護人仍得對於受監護人之財產，為管理上必要之行為，併此說明。

三、現行條文第二項遞移為第三項，並酌作修正如下：

㈠增訂「四親等內之親屬」為聲請權人；並將「三親等內旁系血親尊親屬」修正為「三親等旁系血親尊親屬」，以資明確。

㈡另參考第一千零五十五條、第一千零八十九條第三項規定，將本項之「當地社會福利主管機關」及「社會福利主管機關」，均修正為「主管機關」，俾用語統一。

㈢至本項所稱「主管機關」之定義，依相關特別法規定，例如兒童及少年福利法第六條、身心障礙者保護法第二條。

㈣又本項就改定監護人之要件僅規定「為未成年子女之最佳利益」，過於簡略，爰予刪除，並刪除「或改定」之文字，將有關改定監護人之要件及程序，移至第一千一百零六條之一規定。

四、現行條文第三項，核與非訟事件法第一百三十八條第二項準用第一百二十五條第一項規定重複，爰予刪除。

五、配合本次修正已刪除第一千一百零六條有關親屬會議撤退監護人之規定，現行條文第四項已無實規定，爰併予刪除。

六、法院依第三項選定監護人或依第一千一百零六條及第一千一百零六條之一規定，另行選定或改定監護人時，均應同時指定會同開具財產清冊之人，以利實施監督，爰增訂第四項。

七、第五項「於法院依第二項」，因項次變更，配合修正為「……依第三項」。

*（親權）民一〇八四～一〇八八；（親權之行使）民一〇八九；（成年）民一二；（子女）民一〇六一、一〇六四、一〇六五、一〇七二；（死亡）民六、八、九、一一；（遺囑）民一一八六～一二二二；（遺囑指定監護人）民一〇九三；（親屬會議）民一一二九～一一三七；（監護人資格之限制）民一〇九六；（監護人之撤退）民一一〇六；（法院指定監護人）家事一六四～一七六。

▲應由親屬會議選定遺產管理人時，如無親屬，得由利害關係人聲請法院指定。（院一一〇七）

▲未成年之子女，於父母死亡後，如無民法第一千零九十四條所定監護人，得由利害關係人聲請法院指定之。（院一一二七九）

▲民法認父系與母系之直系血親尊親屬有同一之地位，故第一千零九十四條第一款、第三款所稱之祖父母，不僅指父之父母而言，母之父母亦包含在內。（二七上六九）

▲被上訴人為夫甲妻乙之養子，尚未成年，甲乙先後死亡，並未以遺囑指定監護人，乙之母丙，即為被上訴人之祖母，雖不與被上訴人同居，而被上訴人並無與之同居之祖父母及家長，依民法第一千零九十四條所定監護人之順序，自應由丙為被上訴人之監護人。（二八上一一七九）（九五、三、二一決議不再援用）

▲未成年人之監護人違反法定義務時，依民法第一千一百零六條之規定，惟親屬會議得撤退之。經親屬會議撤退後，如有向該監護人提起訴訟之必要，亦惟依民法第一千零九十四條規定為新監護人者，始得為該未成年人之法定代理人。本件上訴人為未成年人，其在第一審主張被上訴人違反監護人之法定義務，提起本件訴訟請求撤退監護及交還財產，係由甲為法定代理人，其提起第二審及第三審上訴，又由乙為法定代理人，而甲、乙兩人，均無從認為依民法第一千零九十四條之規定而為監護人，其法定代理權顯有欠缺。（二九上一二六三）（九七、一二、二決議自九八、一一、二三不再援用）

▲夫死改嫁，其未成年之女未隨母同往者，顯已不能行使、負擔對於其女之權利、義務，與其女同居之祖父，即為其女之監護人。（三二永上三〇四）

▲未成年人之養父母死亡，而無遺囑指定監護人時，應於養家親屬中，依民法第一千零九十四條所列順序定其監護人，至其本生父母，非經養家親屬會議選定，不得為監護人。（三二上五七五五）（九一、一二、六決議不再援用）

第一千零九十四條之一（最佳利益之審酌）

法院選定或改定監護人時，應依受監護人之最佳利益，審酌一切情狀，尤應注意下列事項：

一　受監護人之年齡、性別、意願、健康情形及人格發展需要。

二　監護人之年齡、職業、品行、意願、態度、健康情形、經濟能力、生活狀況及有無犯罪前科紀錄。

三　監護人與受監護人間或受監護人與其他共同生活之人間之情感及利害關係。

四　法人為監護人時，其事業之種類與內容，法人及其代表人與受監護人之利害關係。

(97)一、本條新增。

二、法院選定或改定監護人時，固應以受監護人之最佳利益為審酌時之最高指導原則，惟何謂受監護人之最佳利益，難免見仁見智，宜明定具體客觀事由作為審酌之參考，爰參酌第一千零五十五條之一規定，增訂提示性之規定。

三、鑒於現行制度下，社工人員之訪查，常無法發現監護人有無犯罪前科；民事法院如未調查監護人之前科紀錄，將無法排除不適任者擔任監護人。為消除疑慮，並參酌家庭暴力防治法第三十五條規定，於第二款將監護人「有無犯罪前科紀錄」，列為法院選定或改定監護人時，應審酌之事項。

第一千零九十五條（監護人之辭職）

監護人有正當理由，經法院許可者，得辭任其職務。

(97)一、遺囑指定監護人、法定監護人或法院選定、改定之監護人，其辭職均適用本條規定，爰刪除現行條文「依前條規定為監護人者，非」之文字。

二、監護職務涉及公益，監護人應限於有正當理由並經法院許可，始得辭任其職務，爰予增訂。

三、至於監護人經法院許可辭任後，是否選任新監護人，應視具體情形判定，並非須由原監護人向法院聲請，併此敘明。

*（法定監護人）民一〇九四；（委託監護人）民一〇九二；（遺囑指定監護人）民一〇九三；（監護人之撤退）民一一〇六；（監護人賠償責任之短期時效）民一一〇九。

第一千零九十六條（不得為監護人之情形）

有下列情形之一者，不得為監護人：

一 未成年。
二 受監護或輔助宣告尚未撤銷。
三 受破產宣告尚未復權。
四 失蹤。

⑨⑦一、配合民法總則編部分條文修正草案將「禁治產人」修正為「受監護……宣告尚未撤銷」，並鑒於監護人職責繁重，須有充分能力始能勝任，受監護或輔助宣告尚未撤銷者，或無行為能力、或自己之部分行為尚須經他人同意，自不宜擔任監護人，爰增訂第二款。
二、受破產宣告尚未復權者，其公（私）法上之權利受有限制；失蹤人已離去其住、居所，且生死不明，均不宜任監護人，爰增訂第三款及第四款。

*（成年）民一二；（受監護宣告人）民一四、一五；（監護人之設置）民一〇九一；（成年人監護之準用）民一一一三。

第一千零九十七條 （監護人之職務）

除另有規定外，監護人於保護、增進受監護人利益之範圍內，行使負擔父母對於未成年子女之權利、義務。但由父母暫時委託者，以所委託之職務為限。

監護人有數人，對於受監護人重大事項權利之行使意思不一致時，得聲請法院依受監護人之最佳利益，酌定由其中一監護人行使之。

法院為前項裁判前，應聽取受監護人、主管機關或社會福利機構之意見。

⑨⑦一、現行條文未修正，移列為第一項。
二、未成年人之監護人可能為複數，於監護人有數人，對於受監護人重大事項權利之行使意思不一致時，得聲請法院依受監護人之最佳利益，酌定由其中一監護人行使之。而法院為此項裁判前，應聽取受監護人、主管機關或社會福利機構之意見，爰增訂第二項及第三項。

*（監護人）民一〇九一～一〇九四；（父母對子女之親權）民一〇八四～一〇八八；（監護人對受監護人財產之權義）民一〇九九～一一〇三；（監護人之報酬請求權）民一一〇四。

▲父母對於子女之特有財產，非為子女之利益不得處分之，民法第一千零八十八條第二項但書定有明文。同居之祖父母為未成年人之監護人，而處分其不動產時，雖依同法第一千一百零五條不適用第一千一百零一條之規定，但同法第一千零九十七條既規定監護人於保護增進受監護人利益之範圍內，行使、負擔父母對於未成年子女之權利、義務，則處分未成年孫男女之財產，仍應與父母受同一之限制，非為孫男女之利益不得為之。（三三上四一〇七）（九七、一二、二決議自九八、一一、二三不再援用）

第一千零九十八條 （監護人之法定代理權）

監護人於監護權限內，為受監護人之法定代理人。

監護人之行為與受監護人之利益相反或依法不得代理時，法院得因監護人、受監護人、主管機關、社會福利機構或其他利害關係人之聲請或依職權，為受監護人選任特別代理人。

⑨⑦一、現行條文移列為第一項，並增訂「於監護權限內」等字，以示監護人之法定代理權受有限制。
二、按監護人之行為與受監護人之利益相反或依法不得代理時，應如何解決，現行法未設規定，導致實務上見解分歧。為避免爭議，爰參酌日本民法第八百六十條準用第八百二十六條第一項立法例，增訂第二項。

*（監護人）民一〇九一～一〇九四；（父母之法定代理權）民一〇八六；（代理）民一〇三～一〇八；（無行為能力及限制行為能力人之意思表示）民七六～八五；（親屬法上法定代理人之親權）民九七四、九八一、九八八、九九〇、一〇〇六、一〇四九；（法定住所）民二一；（時效不完成）民一四一、一四二；（法定代理人之連帶責任）民一八七。

第一千零九十九條 （監護人對受監護人財產之權義（一）——開具財產清冊）

監護開始時，監護人對於受監護人之財產，應依規定會同遺囑指定、當地直轄市、縣（市）政府指派或法院指定之人，於二個月內開具財產清冊並陳報法院。

前項期間，法院得依監護人之聲請，於必要時延長之。

⑨⑦一、現行條文移列為第一項。按現行法規定，親屬會議為監護監督機關，惟鑒於親屬會議在現代社會之功能已日漸式微，本次修正以法院取代之，將監護改由法院監督。故將第一項「會同親屬會議所指定之人」，修正為「依規定會同遺囑指定、當地直轄市、縣（市）政府指派或法院指定之人」。另關於開具財產清冊之時期，現行法並無規定，為儘速釐清法律關係，爰增訂監護人應於二個月內開具財產清冊，並陳報法院之規定。
二、第一項開具財產清冊之期間，法院得依監護人之聲請，於必要時予以延長，爰增訂第二項。

*（監護人）民一〇九一～一〇九四；（親屬會議）民一一二九～一一三七；（監護人對受監護人財產權義之其他規定）民一一〇〇～一一〇三；（財產管理方法及報酬規定之排除）民一一〇五、一一一三㈢；（監護人之撤退）民一一〇六；（監護終止時受監護人財產之清算）民一一〇七、一一〇八。

第一千零九十九條之一 （財產之管理）

於前條之財產清冊開具完成並陳報法院前，監護人對於受監護人之財產，僅得為管理上必要之行為。

⑨⑦一、本條新增。
二、監護人依前條規定開具財產清冊並陳報法院前，應限制其對於受監護人之財產，僅得為管理上必要之行為，以保護受監護人之財產權益。至監護人如違反本條規定，其所為之行為，應認為屬於無權代理。

第一千一百條 （監護人之注意義務）

監護人應以善良管理人之注意，執行監護職務。

⑨⑦一、現行條文第一項「受監護人之財產，由監護人管理，其管理費用，由受監護人之財產負擔。」移列至修正條文第一千一百零三條規定。
二、現行條文第二項移列為本條文。因「監護人管理受監護人之財產，應與處理自己事務為同一之注意」之規定，即僅就具體之輕過失負責，衡諸監護制度之社會義務性，以及第一千一百零四條允許監護人請求報酬，現行規定監護人之責任未免過輕，並參考日本民法第八百六十九條、第六百四十四條規定，亦令監護人負善良管理人之注意義務，爰將監護人之注意義務修正為應負善良管理人之注意義務，並將「管理受監護人之財產」，修正為「執行監護職務」，以資涵蓋。

*（監護人）民一〇九一～一〇九四；（監護人對受監護人財產權義之其他規定）民一〇九九、一一〇一～一一〇三；（監護人之報酬請求權）民一一〇四；（監護人之撤退）民一一〇六；（監護終止時受監護人財產之清算）民一一〇七、一一〇八；（父母之財產管理權）民一〇八八。

第一千一百零一條 （監護人對受監護人財產之權義（二）——限制）

監護人對於受監護人之財產，非為受監護人之利益，不得使用、代為或同意處分。

監護人為下列行為，非經法院許可，不生效力：

一 代理受監護人購置或處分不動產。

二　代理受監護人，就供其居住之建築物或其基地出租、供他人使用或終止租賃。

監護人不得以受監護人之財產為投資。但購買公債、國庫券、中央銀行儲蓄券、金融債券、可轉讓定期存單、金融機構承兌匯票或保證商業本票，不在此限。

⑨⑦一、現行條文前段移列為第一項。監護人對於受監護人之財產，並無以自己名義處分之權；僅得基於法定代理人之地位，代為處分或同意其處分，爰將第一項「使用或處分」修正為「使用、代為或同意處分」，以資明確。至監護人對於受監護人之財產，無收益之權，自不待言。

二、本次修正以法院取代親屬會議，將監護改由法院監督，其修正理由已見修正條文第一千零九十九條說明一，故刪除現行條文後段「為不動產之處分時，並應得親屬會議之允許」之文字，並就監護人代理受監護人購置或處分不動產，或就供受監護人居住用之建築物或其基地出租、供他人使用或終止租賃等，對受監護人之利益影響重大之行為，均非經法院許可，不生效力，爰增訂第二項。

三、監護人管理受監護人之財產，應謹慎為之，爰限制監護人不得以受監護人之財產為投資。但購買公債、國庫券、中央銀行儲蓄券、金融債券、可轉讓定期存單、金融機構承兌匯票或保證商業本票（銀行法第十一條、第十五條參照），因係政府發行或由金融機構擔保或自負付款之責，其安全性與存放金融機構無異，則例外准許為之，爰增訂第三項。

*（監護人）民一〇九一～一〇九四；（親屬會議）民一一二九～一一三七；（監護人對受監護人財產權義之其他規定）民一〇九九、一一〇〇、一一〇二、一一〇三；（允許）民一一六、一一一七；（財產管理方法及報酬規定之排除）民一一〇五、一一一三㈡；（父母對子女財產之使用收益處分權）民一〇八八㈡。

▲未成年人之監護人，為不動產之處分，未依民法第一千一百零一條之規定，得親屬會議之允許者，不生效力。（二八上四四七）（九七、一二、二決議自九八、一一、二三不再援用）

▲（三三上四一〇七）參見本法第一千零九十七條。

第一千一百零二條　（監護人對受監護人財產之權義㈢——受讓之禁止）

監護人不得受讓受監護人之財產。

*（監護人）民一〇九一～一〇九四；（不動產之移轉）民七五八～七六〇；（動產之讓與）民七六一；（監護人對受監護人財產權義之其他規定）民一〇九九～一一〇一、一一〇三；（財產管理方法及報酬規定之排除）民一一〇五、一一一三㈡。

第一千一百零三條　（監護人對受監護人財產之權義㈣——管理權）

受監護人之財產，由監護人管理。執行監護職務之必要費用，由受監護人之財產負擔。

法院於必要時，得命監護人提出監護事務之報告、財產清冊或結算書，檢查監護事務或受監護人之財產狀況。

⑨⑦一、現行條文第一千一百條第一項「受監護人之財產，由監護人管理，其管理費用，由受監護人之財產負擔。」移列為第一項，並將「其管理費用」修正為「執行監護職務之必要費用」，以資明確。

二、本次修正以法院取代親屬會議，將監護改由法院監督，其修正理由已見修正條文第一千零九十九條說明一，爰將現行條文「監護人應將受監護人之財產狀況，向親屬會議每年至少詳細報告一次。」之規定，予以刪除。

三、增訂第二項規定，法院於必要時，得命監護人提出監護事務之報告、財產清冊或結算書，檢查監護事務或受監護人之財產狀況，以符實際。

*（監護人）民一〇九一～一〇九四；（親屬會議）民一一二九～一一三七；（監護人對受監護人財產權義之其他規定）民一〇九九～一一〇二；（財產管理方法及報酬規定之排除）民一一〇五、一一一三㈡。

第一千一百零三條之一　（刪除）

第一千一百零四條　（監護人之報酬請求權）

監護人得請求報酬，其數額由法院按其勞力及受監護人之資力酌定之。

⑨⑦本次修正將監護改由法院監督，其修正理由已見修正條文第一千零九十九條說明一，爰將現行條文「由親屬會議」修正為「由法院」。此外，將「受監護人財產收益之狀況」修正為「受監護人之資力」，以資明確。

*（監護人）民一〇九一～一〇九四；（親屬會議）民一一二九～一一三七；（監護人對受監護人財產之權義）民一〇九九～一一〇三；（財產管理方法及報酬規定之排除）民一一〇五、一一一三㈡。

第一千一百零五條　（刪除）

第一千一百零六條　（另行選定監護人之情形）

監護人有下列情形之一，且受監護人無第一千零九十四條第一項之監護人者，法院得依受監護人、第一千零九十四條第三項聲請權人之聲請或依職權，另行選定適當之監護人：

一　死亡。

二　經法院許可辭任。

三　有第一千零九十六條各款情形之一。

法院另行選定監護人確定前，由當地社會福利主管機關為其監護人。

⑨⑦一、本次修正將監護改由法院監督，其修正理由已見修正條文第一千零九十九條說明一，現行本條有關親屬會議得撤退監護人之規定，爰予刪除。

二、監護人死亡、經法院許可辭任或有第一千零九十六條各款情形之一，且受監護人無第一千零九十四條第一項之監護人者，此時有另行選定監護人之需要，法院得依受監護人、第一千零九十四條第三項聲請權人之聲請或依職權，另行選定適當之監護人，爰增訂第一項。另監護人有修正條文第一千零九十六條各款情形之一者，依法既不得為監護人，當然喪失監護人之資格，併此敘明。

三、為免在法院另行選定監護人確定前，無人執行監護職務，爰增訂第二項，由當地社會福利主管機關為其監護人，以保障受監護人之權益。

*（監護人）民一〇九一～一〇九四；（親屬會議）民一一二九～一一三七；（法定義務）民一〇九七～一一〇三；（支付能力）破產一；（親屬會議選定監護人）民一〇九四⑤。

第一千一百零六條之一　（監護人之改定）

有事實足認監護人不符受監護人之最佳利益，或有顯不適任之情事者，法院得依前條第一項聲請權人之聲請，改定適當之監護人，不受第一千零九十四條第一項規定之限制。

法院於改定監護人確定前，得先行宣告停止原監護人之監護權，並由當地社會福利主管機關為其監護人。

⑨⑦一、本條新增。

二、第一項所稱「顯不適任之情事」，包括監護人年老體衰，不堪負荷監護職務；監護人長期滯留國外，不履行監護職務；或兒童及少年福利法第四十八條第一項所列之情形等，難以一一列舉，惟以明顯不適任者方屬之，由法院就具體個案審酌認定。

三、法院於改定監護人確定前，原監護人仍具監護人身分，若原監護人對受監護人疏於保護、照顧情節嚴重者，允宜賦予法院權限，得先行宣告停止原監護人之監護權，並由當地社會福利主管機關為其監護人，爰參酌兒童及少年福利法第四十八條規定，增訂第二項。

第一千一百零七條　（受監護人財產之移交與交還）

監護人變更時，原監護人應即將受監護人之財產移交於新監護人。

受監護之原因消滅時，原監護人應即將受監護人之財產交還於受監護人；如受監護人死亡時，交還於其繼承人。

前二項情形，原監護人應於監護關係終止時起二個月內，為受監護人財產之結算，作成結算書，送交新監護人、受監護人或其繼承人。

新監護人、受監護人或其繼承人對於前項結算書未為承認前，原監護人不得免其責任。

⑨⑦一、因本次修正已將監護事務改由法院監督，其修正理由已見修正條文第一千零九十九條說明一，爰刪除現行條文第一項「會同親屬會議所指定之人」之文字。

二、鑒於現行條文第一項之「監護關係終止」，包括「絕對終止」（例如因受監護人成年或死亡，致監護職務歸於消滅）及「相對終止」（監護人有更迭，包括法院另行選定或改定監護人，或監護人有第一千一百零六條第一項所列情形之一，且受監護人有第一千零九十四條第一項之監護人，由其遞補）二種情形在內，修正條文爰分為二項；第一項規定監護關係相對終止，第二項規定絕對終止，以資明確。監護關係終止時，原監護人應即為受監護人財產之移交；至「財產之清算」，未必能與財產之移交同時為之，爰移列為第三項。

三、現行條文「清算」之用語，均修正為「結算」，俾與法人及合夥之清算有所區別（本法第六十八條第一項、第六百九十四條第一項及信託法第五十條第一項等規定參照）。另現行條文並未規定清算之期限，為從速辦理，爰於第三項增訂原監護人應於監護關係終止時起二個月內，為受監護人財產之結算，作成結算書，送交新監護人、受監護人或其繼承人，以資明確。

四、現行條文第二項有關親屬會議對於清算結果承認之規定，配合本次修正不以親屬會議為監護之監督機關，爰修正為「新監護人、受監護人或其繼承人對於前項結算書未為承認前，原監護人不得免其責任。」並移列為第四項。

*（監護人）民一〇九一～一〇九四；（監護人之撤退）民一一〇六；（成年）民一二；（親權停止之訴）家事一〇四～一一三；（監護人死亡）民一一〇八；（監護宣告）民一四、一〇九六，家事一六四～一七六；（親屬會議）民一一二九～一一三七；（死亡）民八、九、一一；（繼承人）民一一三八～一一四一、一一四四；（承認）民一一五、一一一六；（監護人損害賠償責任之短期時效）民一一〇九；（監護人對受監護人財產之權義）民一〇九九～一一〇三之一。

▲對於未成年人之監護關係，因受監護人已達成年或已結婚而終了，監護關係一旦終了，監護人應將所管理之財產交出（參照民法第一千一百零七條），親屬會議就受監護人之財產管理方法所為決議，亦無再拘束已成年人之效力。（五八臺上一〇七一）（九七、一二、二決議自九八、一一、二三不再援用）

第一千一百零八條　（移交及結算之繼承）

監護人死亡時，前條移交及結算，由其繼承人為之；其無繼承人或繼承人有無不明者，由新監護人逕行辦理結算，連同依第一千零九十九條規定開具之財產清冊陳報法院。

⑨⑦一、按前條「清算」之用語均修正為「結算」（前條修正說明三參照），又監護人死亡時，前條所定移交事宜，亦應由監護人之繼承人為之，故將「清算」修正為「移交及結算」，以資明確。又本條所定由繼承人辦理移交及結算，無論概括繼承或限定繼承之繼承人均適用之，併予敘明。

二、增訂本條後段「其無繼承人或繼承人有無不明者，由新監護人逕行辦理結算，連同依第一千零九十九條規定開具之財產清冊陳報法院。」俾資適用。

*（監護人）民一〇九一～一〇九四；（死亡）民八、九、一一；（監護終止時受監護人財產之清算）民一一〇七；（繼承人）民一一三八～一一四一、一一四四。

▲行親權之母，本於管理未成年子女特有財產之占有權，以自己名義起訴，請求交還系爭田及稻穀，即屬合法。（三七上八四六七）

第一千一百零九條　（監護人之賠償責任）

監護人於執行監護職務時，因故意或過失，致生損害於受監護人者，應負賠償之責。

前項賠償請求權，自監護關係消滅之日起，五年間不行使而消滅；如有新監護人者，其期間自新監護人就職之日起算。

⑨⑦一、為立法簡潔明確，將監護人之損害賠償責任及短期時效，規定於同一條文，爰移列現行條文第一千一百零三條之一為第一項，並為貫徹保護受監護人，應不限於執行財產上之監護職務所生損害，方得請求賠償，爰將「執行財產上之監護職務」修正為「執行監護職務」，以資周延，並酌作文字修正。

二、現行條文第一千一百零九條所定二年短期時效，過於短促，參酌外國立法例，予以修正延長為五年（參酌日本民法第八百七十五條、義大利民法第三百八十七條立法例），關於時效之起算點，配合修正條文第一千一百零七條第四項，刪除親屬會議對於清算結果承認之規定，爰修正為自監護關係消滅之日起算；惟如有新監護人者，其期間自新監護人就職之日起算，並移列為第二項。

*（監護人）民一〇九一～一〇九四；（監護人對受監護人財產之權義）民一〇九九～一一〇三；（損害賠償）民二一三～二一八；（親屬會議）民一一二九～一一三七；（承認）民一一五、一一一六；（監護終止受監護人財產之清算）民一一〇七、一一〇八；（消滅時效）民一二五～一二八；（時效不完成）民一三九、一四一、一四二。

第一千一百零九條之一　（監護人之登記）

法院於選定監護人、許可監護人辭任及另行選定或改定監護人時，應依職權囑託該管戶政機關登記。

⑨⑦一、本條新增。

二、依戶籍法第十八條、第二十三條之規定，監護，應為監護之登記；戶籍登記事項有變更時，應為變更之登記。為使監護登記之資料完整，保護交易安全，爰增訂法院就有關監護事件，應依職權囑託該管戶政機關登記。

第一千一百零九條之二　（未成年人受監護宣告之適用）

未成年人依第十四條受監護之宣告者，適用本章第二節成年人監護之規定。

⑨⑦一、本條新增。

二、本條所稱「依第十四條受監護之宣告」，係指與本修正條文同步修正之民法總則編部分條文修正草案第十四條之監護宣告而言。按未成年人亦有可能受監護宣告，於受監護宣告時，即應適用本章第二節成年人監護之規定，爰增訂本條，以資明確。

第二節　成年人之監護及輔助

第一千一百十條（監護人之設置）

受監護宣告之人應置監護人。

(97)配合民法總則編部分條文修正草案第十五條，將本條「禁治產人」修正為「受監護宣告之人」。

*（未成年人之監護）民一〇九一～一一〇九；（受監護宣告之人）民一四、一五，家事一六四～一七六；（監護人之順序）民一一一一；（監護人之職務）民一一一二；（成年人監護規定之準用）民一一一三。

第一千一百十一條（監護人之選定）

法院為監護之宣告時，應依職權就配偶、四親等內之親屬、最近一年有同居事實之其他親屬、主管機關、社會福利機構或其他適當之人選定一人或數人為監護人，並同時指定會同開具財產清冊之人。

法院為前項選定及指定前，得命主管機關或社會福利機構進行訪視，提出調查報告及建議。監護之聲請人或利害關係人亦得提出相關資料或證據，供法院斟酌。

(97)一、現行條文第一項所定法定監護人之順序缺乏彈性，未必符合受監護宣告之人之最佳利益，且於受監護人為高齡者之情形，其配偶、父母、祖父母等亦年事已高，而無法勝任監護人職務，故刪除法定監護人順序，修正為配偶、四親等內之親屬、最近一年有同居事實之其他親屬、主管機關、社會福利機構或其他適當之人均得擔任監護人，由法院於監護之宣告時，針對個案，依職權選定最適當之人擔任。又鑑於監護職務有時具有複雜性或專業性，如財產管理職務需要財務或金融專業人員，身體照護職務需要醫事專業人員，為符合實際需要，法院得選定複數之監護人，並同時指定會同開具財產清冊之人，以利法院實施監督。

二、第一項修正後，現行條文第二項已無保留必要，爰予刪除。

三、監護之聲請人所提資料如尚不足，應賦予法院權限，於為第一項選定前，得命主管機關或社會福利機構進行訪視，提出調查報告及建議，以資慎重。另監護之聲請人或利害關係人亦得提出相關資料或證據，供法院斟酌，爰增訂第二項。

*（受監護宣告之人）民一四、一五，家事一六四～一七六；（監護人之設置）民一一一〇；（家長）民一一二三；（遺囑）民一一八六～一二二二；（親屬會議）民一一二九～一一三七；（同居）民一一二二；（未成年人之法定監護人）民一〇九四；（未成年人之遺囑指定監護人）民一〇九三。

第一千一百十一條之一（最佳利益之審酌）

法院選定監護人時，應依受監護宣告之人之最佳利益，優先考量受監護宣告之人之意見，審酌一切情狀，並注意下列事項：

一　受監護宣告之人之身心狀態與生活及財產狀況。

二　受監護宣告之人與其配偶、子女或其他共同生活之人間之情感狀況。

三　監護人之職業、經歷、意見及其與受監護宣告之人之利害關係。

四　法人為監護人時，其事業之種類與內容，法人及其代表人與受監護宣告之人之利害關係。

(97)一、本條新增。

二、法院選定監護人時，應依受監護宣告之人之最佳利益，為審酌之最高指導原則。惟何謂「受監護宣告之人之最佳利益」，未臻明確，允宜明定具體客觀事由作為審酌之參考，爰增訂提示性之規定。

三、受監護宣告之人仍具獨立人格，如其就監護人之人選曾表示意見者，法院自應參酌之，爰於序文明定，法院選定監護人時，應優先考量受監護宣告之人之意見。例如將受監護宣告之成年人如曾建議特定人為監護人者，倘不違背該成年人之利益，則應依其建議定監護人。至於本條所稱「受監護宣告之人之意見」，係指受監護宣告之人於未喪失意思能力前所表示之意見，或於其具有意思能力時所表示之意見，要屬當然。

第一千一百十一條之二（不得為受監護宣告之人之監護人之情形）

照護受監護宣告之人之法人或機構及其代表人、負責人，或與該法人或機構有僱傭、委任或其他類似關係之人，不得為該受監護宣告之人之監護人。但為該受監護宣告之人之配偶、四親等內之血親或二親等內之姻親者，不在此限。

(104)原條文之規定固係為避免提供照顧者與擔任監護人同一人時之利益衝突。惟實務上容有可能受監護人之配偶、父母、兒女、手足、女婿、媳婦或岳父母為提供照顧機構之代表人、負責人，或與該法人或機構有僱傭、委任或其他類似關係之人，以利就近提供照顧之情況，原條文一律排除適用，恐不符事實上之需要。爰增列「為該受監護宣告之人之配偶、四親等內之血親或二親等內之姻親」於但書予以排除。另倘若此類型監護人就特定監護事務之處理，有利益衝突之情事，得依民法第一千一百十三條之一準用第一千零九十八條第二項規定，選任特別代理人可資因應。

第一千一百十二條（監護人執行職務時之尊重及考量）

監護人於執行有關受監護人之生活、護養療治及財產管理之職務時，應尊重受監護人之意思，並考量其身心狀態與生活狀況。

(97)一、現行條文第一項僅就護養療治受監護人身體而為規定，範圍過狹；且何謂「受監護人之利益」亦欠明確。為貫徹尊重本人意思之立法意旨，爰修正為「監護人於執行有關受監護人之生活、護養療治及財產管理之職務時，應尊重受監護人之意思，並考量其身心狀態與生活狀況。」又本項所稱「受監護人之意思」，包括監護人選定前，受監護人所表明之意思在內，乃屬當然。

二、按精神衛生法第三章第二節已就嚴重精神病患強制就醫程序設有詳細規定，故現行條文第二項有關「監護人如將受監護人送入精神病醫院或監禁於私宅，應得親屬會議之同意」部分，已無庸規定，逕行適用精神衛生法已足，且僅依親屬會議之同意即剝奪受監護人之自由，有忽視其基本人權之嫌，爰將現行條文第二項刪除。

*（監護人）民一四、一五、一一一〇；（親屬會議）民一一二九～一一三七；（自由之限制）民一七；（同意）民一一七；（同居）民一一二二。

第一千一百十二條之一（數人為監護人）

法院選定數人為監護人時，得依職權指定其共同或分別執行職務之範圍。

法院得因監護人、受監護人、第十四條第一項聲請權人之聲請，撤銷或變更前項之指定。

(97)一、本條新增。

二、配合修正條文第一千一百十一條第一項有關法院得選定數人為監護人之規定，若監護職務具有複雜性或專業性時，法院得依職權指定其共同執行，或按其專業及職務需要指定其各自分擔，以求周全，爰增訂第一項。至法院選定數人為監護人，如未依職權指定其執行職務之範圍，依民法第一百六十八條規定，其代理行為自應共同為之，無庸另為明文規定。

三、已依第一項指定數監護人共同或分別執行職務之範圍者，為符合實際需要，應許聲請法院撤銷或變更，爰增訂第二項。

第一千一百十二條之二　（監護人之登記）

法院為監護之宣告、撤銷監護之宣告、選定監護人、許可監護人辭任及另行選定或改定監護人時，應依職權囑託該管戶政機關登記。

(97)一、本條新增。
二、依戶籍法第十八條、第二十三條規定，監護，應為監護之登記；戶籍登記事項有變更時，應為變更之登記。為使監護登記之資料完整，保護交易安全，爰予增訂。
三、至有關輔助或輔助人之登記，依修正條文第一千一百十三條之一準用本條規定，併予敘明。

第一千一百十三條　（成年人監護規定之準用）

成年人之監護，除本節有規定者外，準用關於未成年人監護之規定。

(97)一、將「禁治產人」修正為「成年人」，修正理由同本節節名之修正說明。
二、本次修正已將現行條文第一千一百零五條刪除，故現行條文第二項已無庸規定，爰予刪除。

*（未成年人之監護）民一〇九一～一一〇九；（監護人資格之限制）民一〇九六；（監護人之辭職）民一〇九五；（監護人之職務）民一〇九七；（監護人之法定代理權）民一一〇五；（監護人之撤退）民一一〇六；（監護終止受監護人財產之清算）民一一〇七、一一〇八；（監護人損害賠償責任之短期時效）民一一〇九。

第一千一百十三條之一　（輔助人之設置及其相關規定之準用）

受輔助宣告之人，應置輔助人。

輔助人及有關輔助之職務，準用第一千零九十五條、第一千零九十六條、第一千零九十八條第二項、第一千一百條、第一千一百零二條、第一千一百零三條第二項、第一千一百零四條、第一千一百零六條、第一千一百零六條之一、第一千一百零九條、第一千一百十條至第一千一百十一條之二、第一千一百十二條之一及第一千一百十二條之二之規定。

(97)一、本條新增。
二、與本修正條文同步修正之民法總則編部分條文修正草案，新增有關成年人「輔助」之規定，爰配合增訂第一項規定，受輔助宣告之人，應置輔助人。
三、為立法簡潔，於第二項列舉輔助人及有關輔助之職務得準用之成年人監護規定。

第三節　成年人之意定監護

第一千一百十三條之二　（意定監護契約之定義）

稱意定監護者，謂本人與受任人約定，於本人受監護宣告時，受任人允為擔任監護人之契約。

前項受任人得為一人或數人；其為數人者，除約定為分別執行職務外，應共同執行職務。

(108)一、本條新增。
二、第一項明定「意定監護」係於本人（委任人）意思能力尚健全時，本人與受任人約定，於本人受監護宣告時，受任人允為擔任監護人之契約，以替代法院依職權選定監護人。
三、依當事人意思自主原則，意定監護之本人得約定由一人或數人為受任人，惟受任人為數人時，該數人應如何執行職務恐生疑義。參酌第一百六十八條「代理人有數人者，其代理行為應共同為之。但法律另有規定或本人另有意思表示者，不在此限。」規定之立法意旨，應認受任人為數人者，原則上受任人應共同執行職務，亦即須經全體受任人同意，方得為之；但意定監護契約另有約定數人各就受監護人之生活、護養療治及財產管理等事項分別執行職務者，自應從其約定，爰將上開意旨明定於第二項，以資明確。
四、現行成年監護制度，並未排除法人得擔任監護人，依修正條文第一千一百十三條之十準用第一千一百十一條之一第四款規定，法人亦得為意定監護之受任人。另關於第一千一百十一條之二監護人資格限制之規定，既未經明文排除準用，自仍在修正條文第一千一百十三條之十所定準用範圍中，從而，意定監護受任人資格，仍受第一千一百十一條之二規定之限制，自不待言，附此敘明。

第一千一百十三條之三　（意定監護契約之成立及發生效力）

意定監護契約之訂立或變更，應由公證人作成公證書始為成立。公證人作成公證書後七日內，以書面通知本人住所地之法院。

前項公證，應有本人及受任人在場，向公證人表明其合意，始得為之。

意定監護契約於本人受監護宣告時，發生效力。

(108)一、本條新增。
二、意定監護契約涉及本人喪失意思能力後之監護事務，影響本人權益至為重大，故於第一項明定契約之訂立、變更採要式方式，除當事人意思表示合致外，須經由國內之公證人依公證法規定作成公證書始為成立，以加強對當事人之保障，並可避免日後爭議。另為避免法院不知意定監護契約存在，而於監護宣告事件誤行法定監護程序，故有使法院查詢意定監護契約存在與否之必要。又公證人屬法院之人員，民間公證人則由地方法院監督，法院應可就公證資料加以查詢，為期明確，爰明定由公證人作成公證書後七日內，以書面通知本人住所地之法院（依法院及行政機關之通例，通常均以戶籍登記住址推定為住所地），至於本人若住所無可考，或在我國無住所者，則得依第二十二條規定，將其居所視為其住所。又通知法院之目的，在使法院知悉意定監護契約之存在，此項通知及期間之規定，乃為訓示規定，倘公證人漏未或遲誤七日期間始通知法院，並不影響意定監護契約有效成立，附此敘明。
三、公證人依第一項規定為公證時，應有本人及受任人在場，向公證人表明雙方訂立或變更意定監護契約之合意，俾公證人得以確認本人及受任人意思表示合致之任意性及真實性，爰為第二項規定。
四、意定監護契約依第一項規定成立後，須待本人發生受監護之需求時，始有由受任人履行監護職務之必要，乃明定意定監護契約於本人受監護宣告時，始發生效力，以資明確，爰為第三項規定。

第一千一百十三條之四　（意定監護優先）

法院為監護之宣告時，受監護宣告之人已訂有意定監護契約者，應以意定監護契約所定之受任人為監護人，同時指定會同開具財產清冊之人。其意定監護契約已載明會同開具財產清冊之人者，法院應依契約所定者指定之，但意定監護契約未載明會同開具財產清冊之人或所載明之人顯不利本人利益者，法院得依職權指定之。

法院為前項監護之宣告時，有事實足認意定監護受任人不利於本人或有顯不適任之情事者，法院得依職權就第一千一百十一條第一項所列之人選定為監護人。

⑩⑧一、本條新增。
二、為尊重本人之意思自主，法院為監護之宣告時，於本人事前訂有意定監護契約者，應以意定監護優先為原則，即以意定監護契約所定之受任人為監護人，同時指定會同開具財產清冊之人，以保障本人之權益，爰為第一項規定。
三、法院為第一項監護之宣告時，有事實足認意定監護受任人不利於本人，或有顯不適任之情事（例如，受任人有意圖詐欺本人財產之重大嫌疑、受任人長期不在國內，無法勝任監護職務之執行等事由），法院得依職權就第一千一百十一條第一項所列之人選定為監護人，不受意定監護契約之限制，此為意定監護之例外規定，俾以保障本人之權益，爰為第二項規定。

第一千一百十三條之五　（意定監護契約之撤回或終止）

法院為監護之宣告前，意定監護契約之本人或受任人得隨時撤回之。

意定監護契約之撤回，應以書面先向他方為之，並由公證人作成公證書後，始生撤回之效力。公證人作成公證書後七日內，以書面通知本人住所地之法院。契約經一部撤回者，視為全部撤回。

法院為監護之宣告後，本人有正當理由者，得聲請法院許可終止意定監護契約。受任人有正當理由者，得聲請法院許可辭任其職務。

法院依前項許可終止意定監護契約時，應依職權就第一千一百十一條第一項所列之人選定為監護人。

⑩⑧一、本條新增。
二、法院依第十四條為監護宣告前，意定監護契約尚未生效，依委任契約之一般原則，本人或受任人得隨時撤回所為之意思表示，爰為第一項規定。
三、新增第二項，說明如下：
(一)前段規定意定監護契約之撤回應由本人或受任人一方以書面單獨向他方為之，不得僅以口頭表示，且於契約撤回後，須由公證人就一方撤回之事實作成公證書，始生撤回之效力，換言之，此時公證人應對於當事人撤回意定監護契約之真意加以公證，並非僅就該撤回之通知文書為認證而已。又公證人應於公證書作成後七日內以書面通知本人住所地之法院，俾使法院知悉，爰於中段明定之。
(二)意定監護契約，本人委任一個或數個意定監護受任人時，均屬一個監護契約。本人委任數個意定監護受任人，乃本人對多數意定監護受任人有分工合作之特別安排；對於個別意定監護受任人而言，其與其他受任人未來能否順利合作，係其締結意定監護契約時之重要考量，足以影響其締約之意願。故後段所稱「一部撤回者」，包括受任人之一部撤回或監護事務內容之一部撤回。是以，本人如就多數意定監護受任人撤回其中一人或數人之委任，或部分受任人撤回受任之意思，此一撤回之結果，即足以造成其他未被撤回之受任人未來執行監護職務之重大變動，如未得其同意，實難強令其接受他人片面決定之結果。惟鑑於意定監護契約之特殊信任關係，本即准許本人及受任人於契約生效前得隨時撤回，毋庸經他方之同意，是以，對其中一部撤回者，自亦毋庸經他方之同意。考量此一部撤回之結果將影響契約全部當事人之互動關係及契約內容，乃明定契約經一部撤回者，視為全部撤回。又對受任人中一人之撤回，毋庸通知其他受任人。至於當事人間如欲維持其他部分之意定監護關係或內容，自宜重新締約。
四、新增第三項，說明如下：
(一)一般之委任契約生效後，依委任契約之一般原則，當事人之任何一方得隨時終止之。是以，監護宣告後，若本人暫時性恢復意思能力，依家事事件法第十四條第三項規定，本人此際仍有程序能力，得聲請許可終止意定監護契約，惟為保護受監護宣告人之權益，受監護宣告人本人仍應有正當理由始得終止契約，爰於前段明定本人有正當理由者，得聲請法院許可終止意定監護契約。另倘受監護宣告人本人已長期回復意思能力，則應聲請撤銷監護宣告，而無前開規定之適用，併予敘明。
(二)又一般之委任契約生效後，固當事人之任何一方得隨時終止之，惟於意定監護契約成立，本人因喪失意思能力，法院為監護之宣告後，受監護宣告之人為無行為能力，若仍可任由受任人終止該契約，對於判斷能力已喪失之本人顯然保護不周。惟如受任人確有正當理由，得經法院許可辭任其職務。
五、又第三項所定「得聲請法院許可終止意定監護契約」，係指終止全部意定監護契約而言，而法院許可終止意定監護契約後，因監護宣告尚未經撤銷，應由法院另行就第一千一百十一條第一項所列之人選定法定監護人，爰為第四項規定。另如受任人依第三項規定經法院許可辭任，於受任人僅有一人時，得準用第一千一百零六條第一項規定，由法院另行選定適當之監護人；如受任人有數人時，則視其情形適用修正條文第一千一百十三條之六之規定，併予敘明。

第一千一百十三條之六　（監護宣告後法院得另行選定或改定監護人）

法院為監護之宣告後，監護人共同執行職務時，監護人全體有第一千一百零六條第一項或第一千一百零六條之一第一項之情形者，法院得依第十四條第一項所定聲請權人之聲請或依職權，就第一千一百十一條第一項所列之人另行選定或改定為監護人。

法院為監護之宣告後，意定監護契約約定監護人數人分別執行職務時，執行同一職務之監護人全體有第一千一百零六條第一項或第一千一百零六條之一第一項之情形者，法院得依前項規定另行選定或改定全體監護人。但執行其他職務之監護人無不適任之情形者，法院應優先選定或改定其為監護人。

法院為監護之宣告後，前二項所定執行職務之監護人中之一人或數人有第一千一百零六條第一項之情形者，由其他監護人執行職務。

法院為監護之宣告後，第一項及第二項所定執行職務之監護人中之一人或數人有第一千一百零六條之一第一項之情形者，法院得依第十四條第一項所定聲請權人之聲請或依職權解任之，由其他監護人執行職務。

⑩⑧一、本條新增。
二、依修正條文第一千一百十三條之二第二項規定，意定監護契約之受任人為數人者，除約定為分別執行職務外，應共同執行職務。法院為監護之宣告後，監護人共同執行職務時，須監護人全體有第一千一百零六條第一項或第一千一百零六條之一第一項之情形者，法院始得依第十四條第一項所定聲請權人之聲請或依職權，就第一千一百十一條第一項所列之人另行選定或改定為監護人。如監護人中僅一人或數人有第一千一百零六條第一項或第一千一百零六條之一第一項之情形時，因尚有其他監護人可執行職務，法院仍不得依聲請權人之聲請或依職權另行選定或改定為監護人，爰為第一項規定，俾將法院介入意定監護之情形適度予以限縮，以避免法院須動輒另行選定或改定監護人，使監護人更替頻繁，浪費司法資源，且不利監護事務之續行。又意定監護之受任人如有二人以上者，只須其中一人聲請即可，無須共同聲請，併為敘明。
三、倘意定監護契約之受任人為數人且另有約定受任人為分別執行職務時，則須執行同一職務之監護人全體均有第一千一百零六條第一項或第一千一百零六條之一第一項之情形，法院始得依第十四條第一項所定聲請權人之聲請或依職權，就第一千一百十一條第一項所列之人另行選定或改定全體監護人。例如：意定監護契約約定由甲、乙二人執行有關受監護人之護養療治事項，另由丙執行有關受監護人之財產管理事項，倘甲有顯不適任情事，因受監護人之護養療治事項仍得由乙繼續執行監護職務，故尚無須由法院介入；倘甲、乙二人均有顯不適任情事，或丙有顯不適任情事，此時護養療治事項或財產管理事項將無監護人得以執行職務，始須由法院介入另行選定或改定全體監護人。爰為第二項本文規定。惟於上開情形，倘執行其他職務之監護人無不適任之情形者，亦即無第一千一百零六條第一項或第一千一百零六條之一第一項之情形，鑑於彼等已執行監護職務相當時日，與受監護人已建立信賴感及熟悉度，此時法院應優先選定其為監護人。例如前開甲、乙二人均有顯不適任情事，但丙並無顯不適任，則法院另行選定監護人時，應優先選定丙為執行有關財產管理事項之監護人；反之，如丙有顯不適任情事，而甲、乙二人並無顯不適任，法院應優先選定甲、乙二人為執行有關養護療治事項之監護人，俾利監護事務之續行，並可落實尊重當事人意思自主，爰為第二項但書規定。

四、法院為監護之宣告後，第一項及第二項所定執行職務之監護人中之一人或數人有第一千一百零六條第一項之情形者，由於該等事由（死亡、經法院許可辭任、有第一千零九十六條各款情形之一）較為明確，監護人間對該情形之存否應無爭議，此際尚無聲請法院確認之必要，爰於第三項明定由其他監護人執行職務。此時，該執行職務之其他監護人得向戶政機關申請監護人之變更登記，俾便監護事務之遂行，併此敘明。

五、承前，倘法院為監護之宣告後，第一項及第二項所定執行職務之監護人中之一人或數人有第一千一百零六條之一之情形者，由於該等事由（有事實足認監護人不符受監護人之最佳利益，或有顯不適任之情事）係屬不確定法律概念，監護人間對此之認定容有爭議，此際宜由法院介入處理，爰於第四項明定法院得依第十四條第一項所定聲請權人之聲請或依職權解任之，由其他監護人執行職務。又法院解任監護人後，依修正條文第一千一百十三條之十準用第一千一百十二條之二規定，由法院依職權囑託戶政機關為監護人之變更登記，併此敘明。

第一千一百十三條之七（意定監護人之報酬）

意定監護契約已約定報酬或約定不給付報酬者，從其約定；未約定者，監護人得請求法院按其勞力及受監護人之資力酌定之。

⑩一、本條新增。

二、意定監護受任人之報酬支付，當事人如已約定報酬之數額，或約定毋庸給付報酬者，均屬當事人明示約定，自應依其約定，無再請求法院酌定之必要；當事人若未約定，參考第一千一百零四條規定，由意定監護受任人請求法院按其勞力及受監護人之資力酌定之，爰為本條規定。

第一千一百十三條之八（前後意定監護契約有相牴觸者視為本人撤回前意定監護契約）

前後意定監護契約有相牴觸者，視為本人撤回前意定監護契約。

⑩一、本條新增。

二、意定監護制度施行後，可能發生當事人重複訂立意定監護契約之情形，此時前後意定監護契約之法律效果如何，宜有明確規範，爰參考第一千二百二十條之規範意旨，明定前後意定監護契約有相牴觸者，視為本人撤回前意定監護契約。所稱「牴觸」，係指受任人之增減或監護內容之變動，與前契約不同者，均屬之。

第一千一百十三條之九（意定監護契約約定受任人代理受監護人購置、處分不動產或得以受監護人財產為投資者應優先落實當事人意思自主原則）

意定監護契約約定受任人執行監護職務不受第一千一百零一條第二項、第三項規定限制者，從其約定。

⑩一、本條新增。

二、為貫徹當事人意思自主原則，除監護人之產生得由本人事先約定外，對於本人之財產管理與處分等行為，允宜賦予本人事前之指定權限。是以，原監護契約未特別約定受任人得否行使第一千一百零一條第二項、第三項規定所列行為之權限時，固有由法院加以斟酌是否應予許可之必要；惟倘本人於意定監護契約已特別約定受任人代理受監護人購置、處分不動產或得以受監護人財產為投資者，此時應優先落實當事人意思自主原則，法院之許可權應僅於意定監護契約未約定時始予補充，爰為本條規定，以資明確。

第一千一百十三條之十（意定監護契約準用成年人監護之規定）

意定監護，除本節有規定者外，準用關於成年人監護之規定。

⑩一、本條新增。

二、意定監護雖具有委任契約之性質，惟其非處理單純事務之委任，其本質上仍屬監護制度之一環。是以，本節未規定者，應以與法定監護有關之條文予以補充，例如：第一千一百十二條（監護人於執行監護職務時，應尊重受監護人之意思，並考量其身心狀態與生活狀況）、第一千一百十二條之二（監護登記）、第一千一百十三條（準用關於未成年人監護之規定）等，爰明定本節未規定者，準用關於成年人監護之規定，以資明確，俾利適用。

三、為確保監護事務之有效遂行，監護事務之費用應由本人負擔為原則，故意定監護費用之負擔應準用法定監護之規定。又為遂行監護事務所生之必要費用，無論意定監護契約為有償或無償皆應由本人之財產支出。意定監護人關於監護事務，應以善良管理人之注意處理監護事務（第一千一百十三條準用第一千一百零三條第一項及第一千一百條之規定），附此說明。

第五章 扶 養

第一千一百十四條（互負扶養義務之親屬）

左列親屬，互負扶養之義務：

一 直系血親相互間。

二 夫妻之一方與他方之父母同居者，其相互間。

三 兄弟姊妹相互間。

四 家長家屬相互間。

*（直系血親）民九六七㈠；（家長家屬）民一一二三，所得稅一七㈠；（扶養義務人之順序）民一一一五；（受扶養權利人之順序）民一一一六、一一一六之一；（受扶養之要件）民一一一七；（扶養義務之免除）民一一一八；（扶養之程度及方法）民一一一九～一一二一；（同居）民一一二二；（判決離婚之原因）民一〇五二㈠③；（收養關係終止之原因）民一〇八一②；（贈與之撤銷）民四一六㈠②；（遺棄罪）刑二九四、二九五。

▲釋四一五。

▲前妻之子對其繼母，暨妾生之子對其嫡母，並非直系血親，如無民法第一千一百十四條第四款家長家屬關係，即不互負扶養之義務。（院一二二六）

▲妾既同居一家共同生活，即為家屬之一員，家長對於家屬亦應負扶養義務。（二〇上一九四三）

▲家長家屬相互間依民法第一千一百十四條第四款之規定，雖負扶養之義務，而在家屬相互間，則除夫妻間應依關於負擔家庭生活費用之規定辦理外，如無同條第一款至第三款所列親屬關係，自不負扶養之義務。（二七上一四一二）

▲民法第一千一百十四條第四款所謂家屬，係指以永久共同生活為目的而與家長同居一家者而言，其身分因與家長同居一家而發生，因由家分離而消滅，徵諸民法第一千一百二十二條、第一千一百二十三條規定，至為明顯。（二八上一五一四）

▲依民法第一千一百十四條第二款之規定，子婦必與翁姑同居，其互負扶養之義務乃得繼續存在，若子婦自願離去夫家，則不問其原因何在，不得再向翁姑請求扶養。（三一上五七九）

▲因扶養請求權被侵害而生之損害賠償請求權，以扶養請求權存在為前提，而扶養之請求，乃請求權人身分上專屬之權利，該權利因請求權人死亡而消滅，其繼承人不得繼承其身分關係，對加害人請求賠償死亡後之扶養費。（四九臺上六二五）

▲（五六臺上七九五）參見本法第一千零八十四條。

第一千一百十五條　（扶養義務人之順序）

負扶養義務者有數人時，應依左列順序定其履行義務之人：

一　直系血親卑親屬。
二　直系血親尊親屬。
三　家長。
四　兄弟姊妹。
五　家屬。
六　子婦、女婿。
七　夫妻之父母。

同係直系尊親屬或直系卑親屬者，以親等近者為先。

負扶養義務者有數人而其親等同一時，應各依其經濟能力分擔義務。

＊（互負扶養義務人）民一一一四、一一一六之一；（直系血親）民九六七㈠；（家長）民一一二三㈠；（家屬）民一一二三㈡、㈢；（親等）民九六八；（受扶養權利人之順序）民一一一六；（遺產酌給請求權）民一一四九。

▲與夫之父母同居甚或夫之父母為家長時，夫之父母固負扶養之義務，惟民法第一千一百十五條所定，履行扶養義務之順序，直系血親尊親屬在家長及夫之父母之先，苟自己之父母或其他履行扶養義務之順序在先之人，有充分之資力足以扶養，不得逕向夫之父母請求履行扶養義務，即使順序在先之人資力不甚充分，亦僅得請求夫之父母就不足部分履行扶養義務。

第一千一百十六條　（受扶養權利人之順序）

受扶養權利者有數人，而負扶養義務者之經濟能力，不足扶養其全體時，依左列順序定其受扶養之人：

一　直系血親尊親屬。
二　直系血親卑親屬。
三　家屬。
四　兄弟姊妹。
五　家長。
六　夫妻之父母。
七　子婦、女婿。

同係直系尊親屬或直系卑親屬者，以親等近者為先。

受扶養權利者有數人而其親等同一時，應按其需要之狀況，酌為扶養。

＊（互負扶養義務人）民一一一四、一一一六之一；（直系血親）民九六七㈠；（家長）民一一二三㈠；（家屬）民一一二三㈡、㈢；（親等）民九六八；（遺產酌給請求權）民一一四九。

第一千一百十六條之一　（夫妻與其他人扶養權利義務之順位）

夫妻互負扶養之義務，其負扶養義務之順序與直系血親卑親屬同，其受扶養權利之順序與直系血親尊親屬同。

⑭我國社會，素重人倫，夫婦既列為五倫之一，其應互負扶養義務，乃理所當然，是以舊律不著明文，迨民國肇造，前大理院判例即作肯定之闡釋（五年上字第一一〇七號），第一次至第四次親屬法草案，及外國立法例（如德國民法第一千三百六十條、第一千六百零八條、第一千六百零九條，瑞士民法第一百九十九條第三項，韓國民法第九百七十四條第一款等）亦均有明文規定。我國民法未有規定，致實際上每滋疑義，雖最高法院於四十三年著有判例（四十三年臺上字第七八七號），以資補救，究不若法有明文為愈，且我民事訴訟法第五百七十二條第二項列有夫妻請求扶養之訴；為使實體法與程序法互相配合，亦有於本法增設規定之必要。又以夫妻關係特為密切，故於新增條文規定其負扶養義務之順序與直系血親卑親屬同，其受扶養權利之順序則與直系血親尊親屬同。

▲七十四年六月三日修正公布之民法第一千一百十六條之一規定：「夫妻互負扶養之義務，其負扶養義務之順序與直系血親卑親屬同，其受扶養權利之順序與直系血親尊親屬同」。夫妻互受扶養權利之順序，既與直系血親尊親屬同，自不以無謀生能力為必要，本院四十三年臺上字第七八七號判例係就民法修正前所為之詮釋，自民法增訂第一千一百十六條之一規定後，即不再援用。（七九臺上二六二九）

第一千一百十六條之二　（父母對未成年子女之扶養義務）

父母對於未成年子女之扶養義務，不因結婚經撤銷或離婚而受影響。

⑮一、本條新增。
二、父母對未成年子女之扶養義務，是否因父母結婚經撤銷或離婚後僅由一方擔任對未成年子女權利義務之行使或負擔而受影響，實務上尚有異見，為杜爭議，爰參酌學者通說見解，採否定說。爰增列本條明定之。

第一千一百十七條　（受扶養之要件）

受扶養權利者，以不能維持生活而無謀生能力者為限。

前項無謀生能力之限制，於直系血親尊親屬，不適用之。

＊（受扶養權利人之順序）民一一一六、一一一六之一；（直系血親）民九六七㈠。

▲夫妻間扶養義務之發生原因，與一般親屬之扶養義務固異其趣，故在外國立法例及學說，多不以一方之生計困難為其要件，我國民法關於夫妻扶養義務未特設明文，依民法第一千一百十四條，及第一千一百十七條解為受扶養權利者，仍須以不能維持生活而無謀生能力者為限，自非毫無根據。（四三臺上七八七）

▲終身定期金契約與民法親屬編關於扶養義務之性質不同，自無民法第一千一百十七條、第一千一百十八條等規定之適用。（四七臺上九）

▲（七九臺上二六二九）參見本法第一千一百十六條之一。

第一千一百十八條　（扶養義務之免除）

因負擔扶養義務而不能維持自己生活者，免除其義務。但受扶養權利者為直系血親尊親屬或配偶時，減輕其義務。

⑭本法修正草案第一千零八十四條規定：「子女應孝敬父母」，以重人倫，為貫徹此旨，受扶養權利者，如為直系血

親尊親屬，負扶養義務之直系血親卑親屬，縱因負擔此項義務，而不能維持自己之生活，亦僅可減輕其義務，而不宜全予免除。第一千一百十六條之一增訂夫妻互負扶養義務，並規定其受扶養順序與直系血親尊親屬同，則本條關於免除扶養義務之例外規定，自亦應將「配偶」與「直系血親尊親屬」同列。

*（扶養義務人之順序）民一一一五；（互負扶養義務人）民一一一四、一一一六之一；（受扶養之要件）民一一一七；（直系血親）民九六七㊀。

▲扶養之程度應按受扶養權利者之需要，與負扶養義務者之經濟能力及身分定之，倘負扶養義務者因負擔扶養義務而不能維持自己生活時，應免除其義務。（二〇上九七二）

▲民法第一千一百十八條規定因負擔扶養義務而不能維持自己生活者，免除其義務。但受扶養權利者為直系血親尊親屬或配偶時，減輕其義務。依此規定，直系血親卑親屬因負擔扶養義務而不能維持自己生活者，固僅得減輕其義務，而不得免除之；惟此係指直系血親卑親屬有能力負擔扶養義務而言，倘該直系血親卑親屬並無扶養能力，自無該條規定之適用。（九一臺上一七九八）

第一千一百十八條之一（扶養義務之減輕及免除）

受扶養權利者有下列情形之一，由負扶養義務者負擔扶養義務顯失公平，負扶養義務者得請求法院減輕其扶養義務：

一　對負扶養義務者、其配偶或直系血親故意為虐待、重大侮辱或其他身體、精神上之不法侵害行為。

二　對負扶養義務者無正當理由未盡扶養義務。

受扶養權利者對負扶養義務者有前項各款行為之一，且情節重大者，法院得免除其扶養義務。

前二項規定，受扶養權利者為負扶養義務者之未成年直系血親卑親屬者，不適用之。

(99)一、本條新增。

二、按民法扶養義務乃發生於有扶養必要及有扶養能力之一定親屬之間，父母對子女之扶養請求權與未成年子女對父母之扶養請求權各自獨立（最高法院九十二年度第五次民事庭會議決議意旨參照），父母請求子女扶養，非以其曾扶養子女為前提。然在以個人主義、自己責任為原則之近代民法中，徵諸社會實例，受扶養權利者對於負扶養義務者本人、配偶或直系血親曾故意為虐待、重大侮辱或其他家庭暴力防治法第二條第一款所定身體、精神上之不法侵害行為，或對於負扶養義務者無正當理由未盡扶養義務之情形，例如實務上對於負扶養義務者施加毆打，或無正當理由惡意不予扶養者，即以身體或精神上之痛苦加諸於負扶養義務者而言均屬適例（最高法院七十四年臺上字第一八七〇號判例意旨參照），此際仍由渠等負完全扶養義務，有違事理之衡平，爰增列第一項，此種情形宜賦予法院衡酌扶養本質，兼顧受扶養權利者及負扶養義務者之權益，依個案彈性調整減輕扶養義務。

三、至受扶養權利者對負扶養義務者有第一項各款行為之一，且情節重大者，例如故意致扶養義務者於死而未遂或重傷、強制性交或猥褻、妨害幼童發育等，法律仍令其負扶養義務，顯強人所難，爰增列第二項，明定法院得完全免除其扶養義務。

四、又父母對於未成年子女，有保護及教養之權利義務，爰仿德國民法第一千六百十一條第二項規定，增列第三項，明定第一項及第二項規定不適用於受扶養權利者為負扶養義務者之未成年直系血親卑親屬，以保護未成年子女之利益。

第一千一百十九條（扶養程度）

扶養之程度，應按受扶養權利者之需要與負扶養義務者之經濟能力及身分定之。

*（受扶養權利人之順序）民一一一六；（互負扶養義務人）民一一一四、一一一六之一；（扶養義務人之順序）民一一一五；（扶養程度之變更）民一一二一。

▲受扶養權利者患病時，必須支出之醫藥費用，為維持生活所需要之費用，定扶養之程度，依民法第一千一百十九條之規定，既應參酌受扶養權利者之需要，則此項費用之供給，自在扶養義務範圍之內。（二九上一一二一）

▲扶養之程度，應按扶養權利者之需要，與扶養義務者之經濟能力及身分定之，為民法第一千一百十九條所明定，夫不與妻同居，應由夫供給妻之生活費用，雖非同條所稱之扶養，而其供給費用之數額當準用該條定之。至生活費用給付之方法兩造如未協議時，自得由法院斟酌情形定之。（三八臺上一一八）

▲受僱人因執行職務，不法侵害他人致死者，被害人之父、母、子、女及配偶受有非財產上之損害，依民法第一百九十四條及第一百八十八條第一項規定，請求受僱人及其僱用人連帶賠償相當金額之慰撫金時，法院對於慰撫金之量定，應斟酌該受僱人及應負連帶賠償責任之僱用人，並被害人暨其父、母、子、女及配偶之身分、地位及經濟狀況等關係定之，不得僅以被害人與實施侵權行為之受僱人之資力為衡量之標準。（七六臺上一九〇八）

第一千一百二十條（扶養方法之決定）

扶養之方法，由當事人協議定之；不能協議時，由親屬會議定之。但扶養費之給付，當事人不能協議時，由法院定之。

*（親屬會議）民一一二九～一一三七；（扶養方法之變更）民一一二一；（遺產酌給請求權）民一一四九。

▲負扶養義務者指定一定之膳產，由受扶養權利者自行收益以資養贍時，其所有權既不移轉於受扶養權利者，即不容受扶養權利者擅行處分。（二二上三〇七八）

▲受扶養權利者，應否與負扶養義務者同居一家而受扶養，抑應彼此另居，由負扶養義務者按受扶養權利者需要之時期，陸續給付生活資料或撥給一定財產，由受扶養權利者自行收益以資扶養，係屬扶養方法之問題，依民法第一千一百二十條之規定，應由當事人協議定之，不能協議時，應由親屬會議定之。對於親屬會議之決議有不服時，始得依民法第一千一百三十七條之規定，向法院聲訴，不得因當事人未能協議逕向法院請求裁判。（二六鄂上四〇一）

▲扶養方法，在民法第一千一百二十條僅定由當事人協議定之，不能協議時，由親屬會議定之，至經親屬會議仍不能議定時，究應如何辦理，雖無明文規定，惟參酌立法先例及學說，應解為由法院予以裁判方為適當。（四五臺上三四六）

▲被繼承人生前繼續扶養之人，基於民法第一千一百四十九條之規定，依同法第一千一百二十九條，召集親屬會議所為酌給遺產之決議，原應依其所受扶養之程度及其他關係而定，若親屬會議之決議未允洽時，法院因有召集權人之聲訴，自可斟酌情形逕予核定，所謂決議之不允洽，通常固指「給而過少」或「根本不給」之情形而言，但為貫徹保護被扶養者之利益，及防杜親屬會議會員之不盡職責起見，對於親屬會議已開而未為給否之任何決議時，亦應視為與決議不給之情形同，而賦有召集權人以聲訴不服之機會。（四八臺上一五三二）

第一千一百二十一條（扶養程度及方法之變更）

扶養之程度及方法，當事人得因情事之變更，請求變更之。

*（扶養程度）民一一一九；（扶養方法）民一一二〇；（情事變更）民訴三九七。

▲疾病非生活常態，原難於扶養費中預計，如遇有重大之病症，祇可要求臨時開支，要難援為扶養費用預算不敷之理由。（一八上九三四）

▲扶養方法雖曾經判定，但被扶養人因以後情事變遷，為鞏固其扶養權利起見。請求變更，非法所不許。（一八上一八

九一）

▲扶養義務人，對於扶養權利人應給付之扶養費數額，已經法院判決確定後，除扶養權利人，確能證明社會上經濟狀況發生重大變動，一般人日常生活所必要之費用急劇增加，致以前判定之數額顯形不足外，自不得無端率請增加。（一九上二三八五）

第六章　家

第一千一百二十二條　（家之定義）

稱家者，謂以永久共同生活為目的而同居之親屬團體。

＊（親屬）民九六七～九七〇、一〇七二；（家長家屬）民一一二三、一一二四；（家務之管理）民一一二五、一一二六；（家屬之分離）民一一二七、一一二八。

▲㈠稱家者謂以永久共同生活為目的而同居之親屬團體，民法第一千一百二十二條定有明文，兄弟數人業已分家，雖仍同門居住，不得謂之一家。（院八四八）

第一千一百二十三條　（家長與家屬）

家置家長。

同家之人，除家長外，均為家屬。

雖非親屬，而以永久共同生活為目的同居一家者，視為家屬。

＊（家）民一一二二；（家長之選定）民一一二四；（家務之管理）民一一二五、一一二六；（家屬之分離）民一一二七、一一二八。

▲釋四一五。

▲妾與男方依民法第一千一百二十三條第三項所有之家屬關係與其相互間之結合關係，不可混同，此與夫妻間家屬關係與其婚姻關係之區別，頗相類似，故妾與男方脫離結合關係，不適用民法第一千一百二十七條、第一千一百二十八條之規定，妾之身分，既為民法所不認，則妾不願繼續為妾時，自得自由脫離，無須訴請法院，准許脫離之形成判決，惟其訴訟如由男方不許脫離而起，可認為確認同居義務不存在之訴者，應即予以確認。（院一九三五）

▲父之妾如非自己之生母，固與之無親屬關係，惟以永久共同生活為目的而與之同居一家者，視為家屬，自己為家長時，即有扶養之義務。（二一上二二三八）

▲男女訂定婚約尚未結婚者，與他方之父母固不發生親屬關係，但男方之父母以永久共同生活為目的，而與子之未婚妻同居一家者，依民法第一千一百二十三條第三項之規定視為家屬。（二三上三〇九六）

第一千一百二十四條　（家長之選定）

家長由親屬團體中推定之；無推定時，以家中之最尊輩者為之；尊輩同者，以年長者為之；最尊或最長者不能或不願管理家務時，由其指定家屬一人代理之。

＊（家長）民一一二三㈠；（血親之親等）民九六八；（代理）民一〇三～一〇八；（家務之管理）民一一二五、一一二六。

第一千一百二十五條　（家務之管理）

家務由家長管理。但家長得以家務之一部，委託家屬處理。

＊（家長家屬）民一一二三、一一二四；（管理家務之注意義務）民一一二六。

▲公同共有人未得共有人全體同意，雖無擅自處分共有物之權，然一共有人若係他共有人之家長，事實上確係以家長資格代表共有人全體所為之法律行為，則不能概謂為無效。（一八上一九六）

▲管理家務之人代理全家所負之債務，應由家屬全員負清償之責，債權人自得就其未分之全部家產請求執行，不容以自己非債務主體或家產應行分析為藉口，主張異議。（二〇上二〇四）

▲繼承人數人公同共有之遺產，依民法第八百二十八條第二項之規定，固非得公同共有人全體之同意不得設定負擔，惟該數人同居一家而由其中一人為家長管理家務者，如因清償共同負擔之債務，而有就遺產設定負擔之必要時，其在必要限度內就遺產設定負擔，自可推定其已得公同共有人全體之同意。（三三上五七六）

第一千一百二十六條　（管理家務之注意義務）

家長管理家務，應注意於家屬全體之利益。

＊（家長）民一一二三㈠、一一二四；（家務之管理）民一一二五；（家屬）民一一二三㈡、㈢。

▲㈠家長管理家務如為家屬全體之利益，自得處分家產，但家屬所已繼承或係其私有之財產，須得家屬同意。（院一〇六九）

▲家長請求將家屬入譜，依民法第一千一百二十六條規定，原係注意家屬全體之利益事項，同宗集合修譜，各家家長對於家屬入譜事項，自屬有權主持。（四二臺上三六四）

第一千一百二十七條　（家屬之分離㈠——請求分離）

家屬已成年者，得請求由家分離。

⑪配合成年年齡與最低結婚年齡均修正為十八歲，爰將「或雖未成年而已結婚」等文字刪除。

＊（家屬）民一一二三㈡、㈢；（成年）民一二；（結婚）民九八〇～九八五、九八八～九九一、九九五～九九九之一；（家）民一一二二；（夫妻同居義務）民一〇〇一；（家長命家屬由家分離）民一一二八。

▲妾之制度雖為從前習慣所有，然究與男女平等之原則不符，基於此原則如該女不願作妾時，即應許其隨時與其家長脫離關係，不以有不得已之事由為限。（二〇上一四三七）

▲與家長有親屬關係之家屬由家分離時，其親屬之身分雖不因此喪失，而其家屬之身分，則不能謂仍存在。（二一上二一六〇）

▲家屬已成年或雖未成年而已結婚者，依民法第一千一百二十七條之規定，雖得請求由家分離，但該家屬與家長間別有不得請求由家分離之法律關係者，仍不在此限。夫妻如無不能同居之正當理由互負同居之義務，為民法第一千零一條之所明定，故夫為家長時，除離婚及撤銷婚姻時，其妻當然由家分離外，妻不得援用民法第一千一百二十七條之規定，對於其夫請求由家分離。（二九上五二七）

▲家屬已成年或雖未成年而已結婚者，依民法第一千一百二十七條之規定，即得請求由家分離，不必別有正當理由。（三一上一四九四）

▲被上訴人係上訴人之女，既未成年又未結婚，原不得請求由上訴人家分離，其請求由家分離並因而請求上訴人給付分居後生活等費，自非正當。（三二上五八七六）

▲男女雙方間類似夫妻之結合關係，雙方本得自由終止，不適用民法第一千一百二十七條、第一千一百二十八條之規定，亦毋須訴請法院為准許脫離之形成判決。（三三上五一一九）

▲已成年或雖未成年而已結婚之家屬，請求由家分離，依民法第一千一百二十七條之規定，不必有正當理由。（四一臺上四三四）

第一千一百二十八條　（家屬之分離㈡——命令分離）

家長對於已成年之家屬，得令其由家分離。但以有正當理由時為限。

⑪配合成年年齡與最低結婚年齡均修正為十八歲，爰將「或雖未成年而已結婚」等文字刪除。

＊（家長家屬）民一一二三、一一二四；（成年）民一二；（家屬請求由家之分離）民一一二七。

▲丙與甲之子雖未成婚，甲子死後，丙既以永久共同生活為

目的與甲同居一家，自為甲之家屬，甲非有正當理由，不得令其脫離關係，丙既係無夫之婦女，其犯姦罪自不成立。（院五六〇）

▲姑為家長，媳為家屬，媳於夫故後與人通姦時，姑令其媳由家分離，自難謂無正當理由。（二九上二〇〇八）

▲家長依民法第一千一百二十八條令家屬由家分離，本無給與一定財產之必要。（三三上四六四四）

第七章　親屬會議

第一千一百二十九條　（召集人）

依本法之規定應開親屬會議時，由當事人、法定代理人或其他利害關係人召集之。

＊（應召開親屬會議之規定）民一〇九〇、一一〇一、一一〇三、一一〇四、一一〇六、一一〇七、一一〇九、一一一一㊁、一一一二㊁、一一一三、一一二〇、一一四九、一一七四、一一七七、一一七八、一一七九㊁、一一八〇、一一八三、一一九七、一二一一～一二一三、一二一八；（法定代理人）民一〇八六、一〇九八；（親屬會議之組織）民一一三〇；（親屬會議法定會員及其選定順序）民一一三一；（指定會員）民一一三二；（會員資格之限制）民一一三三；（會員之辭職）民一一三四；（會議之召開及決議）民一一三五～一一三七。

▲被繼承人生前繼續扶養之人，於民法第一千一百四十九條之親屬會議，自屬民法第一千一百二十九條所稱之利害關係人，不得謂無召集權。（二二上二二四六）

第一千一百三十條　（親屬會議組織）

親屬會議，以會員五人組織之。

＊（親屬會議法定會員及其選定順序）民一一三一；（指定會員）民一一三二；（會員資格之限制）民一一三三；（會議之召開及決議）民一一三五～一一三七。

第一千一百三十一條　（親屬會議會員之選定順序）

親屬會議會員，應就未成年人、受監護宣告之人或被繼承人之下列親屬與順序定之：

一　直系血親尊親屬。

二　三親等內旁系血親尊親屬。

三　四親等內之同輩血親。

前項同一順序之人，以親等近者為先；親等同者，以同居親屬為先無同居親屬者以年長者為先。

依前二項順序所定之親屬會議會員，不能出席會議或難於出席時，由次順序之親屬充任之。

⑱一、第一項序言之修正理由，同修正條文第六百八十七條說明一。

二、第二項及第三項未修正。

＊（成年）民一二；（受監護宣告之人）民一四、一五，民訴五九七～六〇九；（繼承人）民一一三八～一一四一、一一四四；（直系旁系血親）民九六七；（血親之親等）民九六八；（親屬會議之組織）民一一三〇；（指定會員）民一一三二；（會員資格之限制）民一一三三；（會員之辭職）民一一三四。

▲既為親等較近之人，則親屬會議之組織非邀同到場與議，其決議亦顯難認為有效。（一八上二五九九）

第一千一百三十二條　（得由有召集權人或利害關係人聲請法院處理之情形）

依法應經親屬會議處理之事項，而有下列情形之一者，得由有召集權人或利害關係人聲請法院處理之：

一　無前條規定之親屬或親屬不足法定人數。

二　親屬會議不能或難以召開。

三　親屬會議經召開而不為或不能決議。

⑩③一、民法親屬編「親屬會議」之規定，係基於「法不入家門」之傳統思維，為農業社會「宗族制」、「父系社會」解決共同生活紛爭的途徑。但因時代及家族觀念之變遷，親屬共居已式微，親屬成員不足、召開不易、決議困難，所在多有。又近年「法入家門」已取代傳統的「法不入家門」思維，加強法院的監督及介入已成趨勢。民法繼承編關於遺產管理、遺囑提示、開示、執行，與親屬會議亦有許多關聯，但同有親屬成員不足、召開不易等困難。

二、原條文造成民法第一千二百十一條適用疑義：

㈠被繼承人或立遺囑人如無民法第一千一百三十一條親屬會議成員，或親屬會議成員不足法定人數五人，或親屬會議不能或難以召開、或召開而不為、不能決議時，實務見解常以原條文第一項為由，駁回聲請。

㈡但如不能直接適用第一千二百十一條第二項聲請法院指定遺囑執行人（即須先適用第一千一百三十二條第二項或第一千一百三十二條第一項，不能直接適用第一千一百三十二條第二項或第一千二百十一條第二項），只能聲請法院先指定親屬會議成員，再來召集親屬會議，不但無法預知親屬會議是否可以召開或決議，且容易形成讓與被繼承人或立遺囑人親等較遠或較無生活關聯的人來決定，不但讓親屬會議決定之原立法意義盡失，也讓法院有推案的藉口，對人民是無謂的延宕。

三、綜上所述，爰修正原條文。

＊（親屬會議之法定會員）民一一三一；（法定人數）民一一三〇；（召集權人）民一一二九；（會員資格之限制）民一一三三；（會員之辭職）民一一三四。

第一千一百三十三條　（會員資格之限制）

監護人、未成年人及受監護宣告之人，不得為親屬會議會員。

⑱修正理由同修正條文第六百八十七條說明一。

＊（監護人）民一〇九一～一〇九四、一一一〇、一一一一；（成年）民一二；（受監護宣告之人）民一四、一五，民訴五九七～六〇九；（親屬會議法定會員及其選定順序）民一一三一；（指定會員）民一一三二；（類似規定）民一〇九六、一二一〇。

第一千一百三十四條　（會員辭職之限制）

依法應為親屬會議會員之人，非有正當理由，不得辭其職務。

＊（親屬會議法定會員及其選定順序）民一一三一；（指定會員）民一一三二；（類似規定）民一〇九五。

第一千一百三十五條　（會議之召開及決議）

親屬會議，非有三人以上之出席，不得開會；非有出席會員過半數之同意，不得為決議。

＊（親屬會議之召集）民一一二九；（親屬會議之組織）民一一三〇；（決議之限制）民一一三六；（不服決議之聲訴）民一一三七。

▲親屬會議之會員，應於會議時自行出席，不得使他人代理。（三一上六三七）

▲凡使族眾增加負擔之決議，如非其族規或習慣有明確之規定或久經遵守之事實，足認為族眾間有以多數決定之約定者，不能認為有效，尤不容謂未經同意之族眾，亦應受該項決議之拘束。（四一臺上一五八〇）

第一千一百三十六條　（決議之限制）

親屬會議會員，於所議事件有個人利害關係者，不得加入決議。

＊（親屬會議法定會員及其選定順序）民一一三一；（指定會員）民一一三二；（會員之資格限制）民一一三三；（親屬會議之召開及決議）民一一三五；（不服決議之聲訴）民一一三七。

第一千一百三十七條（不服決議之聲訴）

第一千一百二十九條所定有召集權之人，對於親屬會議之決議有不服者，得於三個月內向法院聲訴。

＊（親屬會議之召集權人）民一一二九；（親屬會議之決議）民一一三五、一一三六；（期間之計算）民一二一、一二三。

▲民法第一千一百三十七條所謂向法院聲訴，係指提起不服之訴而言，法院對於此項聲訴之裁判，自應依民事訴訟法所定判決程序辦理，不得以裁定行之。（二九抗一〇）

▲（四八臺上一五三二）參見本法第一千一百二十條。

民法親屬編施行法

民國二十年一月二十四日國民政府公布
七十四年六月三日總統令修正公布
八十五年九月二十五日總統令修正公布
八十九年二月二日總統令修正公布
九十一年六月二十六日總統令修正公布
九十六年五月二十三日總統令修正公布
九十七年五月二十三日總統令修正公布
九十八年十二月三十日總統令修正公布
一百零一年十二月二十六日總統令公布
一百一十年一月十三日總統令增訂公布第四之二條條文

第一條（不溯既往原則）

關於親屬之事件，在民法親屬編施行前發生者，除本施行法有特別規定外，不適用民法親屬編之規定；其在修正前發生者，除本施行法有特別規定外，亦不適用修正後之規定。

㊹不溯既往，乃法律適用之基本原則，如認其事項有溯及適用之必要者，即應於施行法中定為明文，方能有所依據。本條舊法原條文，原係本此原則而設，應予維持，且於親屬編修正後之適用問題，仍須採取同一原則，爰參照民法總則施行法第一條修正之例，在本條之末增列：「其在修正前發生者，除本施行法有特別規定外，亦不適用修正後之規定。」以期一致。

＊（其他類似規定）民總施一，民債施一，民物施一，民繼施一，刑施七之一；（本施行法之特別規定）民親施二～一四。

▲釋四一〇。

▲（二二上一七二四）參見民法第一千零五十條。

▲甲收養被上訴人之父乙為子，係在民法親屬編施行之前，依民法親屬編施行法第一條不適用民法第一千零七十九條之規定，其收養縱未以書面為之，亦不得謂為無效。（二九上五三二）

▲被上訴人之年齡僅少於上訴人十餘歲，雖與民法第一千零七十三條之規定不符，但上訴人之立嗣既在民法親屬編施行以前，依該編施行法第一條，當然無民法第一千零七十三條之適用。（二九上九〇三）

▲民法第一千零七十九條之規定，惟在民法親屬編施行後收

養子女者有其適用，若在同編施行前立嗣者，不適用之。（三一上二一二七）

▲臺灣在日據時期本省人間之親屬及繼承事項不適用日本民法第四編（親屬）第五編（繼承）之規定，而依當地之習慣決之。（原大正十一年九月十八日敕令四〇七號參照）關於光復前，臺灣習慣養媳與養家為姻親關係，故以養家姓冠諸本姓，養女與養家發生擬制血親關係，故從養家姓。（五七臺上三四一〇）

▲依照我國民法親屬編規定，法律擬制之親子關係以收養關係為限，倘出於其他關係者，除民法親屬編施行法有特別規定者外，無該親屬編之適用，民法親屬編施行前所立之嗣子女，與其所後之父母之關係與婚生子女同，因民法親屬編施行法第九條定有明文，故承認該嗣父母與嗣子女間具有親子關係，至繼父繼子或嫡母庶子關係，雖發生於民法親屬編施行前，因民法親屬編施行法就此未有特別規定，故不能認其具有親子關係。（五八臺再九）

第二條　（消滅時效之特別規定）

民法親屬編施行前依民法親屬編之規定消滅時效業已完成，或其時效期間尚有殘餘不足一年者，得於施行之日起一年內行使請求權。但自其時效完成後，至民法親屬編施行時，已逾民法親屬編所定時效期間二分之一者，不在此限。

前項規定，於依民法親屬編修正後規定之消滅時效業已完成，或其時效期間尚有殘餘不足一年者，準用之。

⑭原條文移列為第一項。因民法第九百七十九條之二有新增消滅時效之規定，則關於此項規定應如何適用，宜有明文，爰增設第二項之規定。

＊（消滅時效）民一二五～一四七；（親屬編之消滅時效規定）民一〇六七、一一〇九；（其他類似規定）民總施一六，民債施二，民物施四。

第三條　（無時效性質之法定期間之準用）

前條之規定，於民法親屬編修正前或修正後所定無時效性質之法定期間準用之。但其法定期間不滿一年者，如在施行時或修正時尚未屆滿，其期間自施行或修正之日起算。

⑭修正之民法親屬編就無時效性質之法定期間，亦有增設者，如修正之民法第一千零七十九條之二是，則此項規定應如何適用，宜有明文，爰參考現行條文之立法旨趣，加以修正。

＊（消滅時效特別規定之準用）民親施二；（親屬編無時效性質法定期間之規定）民九七六⊖③、九九〇、九九一、九九五～九九七、一〇五二⊖⑨、一〇五三、一〇五四、一〇六三、一〇八一⑤、一一三七；（再婚期間計算之特別規定）民親施五；（其他類似規定）民債施三，民物施五，民繼施五。

第四條　（婚約規定之適用）

民法親屬編關於婚約之規定，除第九百七十三條外，於民法親屬編施行前所訂之婚約亦適用之。

修正之民法第九百七十七條第二項及第三項之規定，於民法親屬編修正前所訂之婚約並適用之。

⑭舊條文移列為第一項。民法第九百七十七條已經修正，其新增之第二項及第三項規定，依本條第一項之立法旨趣，於修正前所訂婚約，亦應適用，爰於本條增訂第二項之規定。

＊（婚約）民九七二～九七九；（婚約年齡）民九七三。

第四條之一　（重婚規定之適用）

中華民國九十六年五月四日修正之民法第九百八十二條之規定，自公布後一年施行。

修正之民法第九百八十八條之規定，於民法修正前重婚者，仍有適用。

⑯一、我國民法自民國二十年施行以來，即採儀式婚主義，本次修正將儀式婚改為登記婚，實屬制度之重大變革，故宜明定日出條款，俾行政機關妥為準備及宣導，使民眾得以瞭解，且不致使新法之適用產生混亂，爰增訂本條規定。

二、修正之民法第九百八十八條第二項之規定，於民法修正前重婚者，仍有適用。

第四條之二　（調降成年年齡為十八歲規定之施行及適用）

中華民國一百零九年十二月二十五日修正之民法第九百七十三條、第九百八十條、第九百八十一條、第九百九十條、第一千零四十九條、第一千零七十七條、第一千零九十一條、第一千一百二十七條及第一千一百二十八條，自一百十二年一月一日施行。

中華民國一百零九年十二月二十五日修正之民法第九百九十條、第一千零七十七條、第一千零九十一條、第一千一百二十七條及第一千一百二十八條施行前結婚，修正施行後未滿十八歲者，於滿十八歲前仍適用修正施行前之規定。

⑪一、本條新增。

二、有關訂婚、結婚年齡相關規定之修正，直接影響十六歲以上未滿十八歲女性結婚之權利，且間接影響未成年人因結婚而具行為能力之年齡，涉及民眾生活規劃及社會觀念之改變，宜設有緩衝期間二年，以維護法安定性及人民之信賴利益，另配合民法總則第十二條及第十三條關於成年年齡之修正及其施行法第三條之一修正，將本次修正規定之施行日期訂於一百十二年一月一日施行，爰為第一項規定。

三、本次民法修正成年年齡與最低結婚年齡均為十八歲，一百十二年一月一日施行後即無未成年已結婚之情形，惟考量於本次修正施行日前結婚，修正施行後未滿十八歲之情形，其婚姻之要件及於滿十八歲成年前之身分事宜，不宜受本次修法影響，爰有關結婚未得法定代理人同意時之撤銷、是否為收養認可效力所及、是否置監護人、得否請求或令其由家分離等情形，於修正施行後至其滿十八歲之期間，仍宜適用修正施行前有關未成年已結婚者之規定，爰於第二項增訂過渡規定，以資明確。

第五條　（再婚期間計算之特別規定）

民法第九百八十七條所規定之再婚期間，雖其婚姻關係在民法親屬編施行前消滅者，亦自婚姻關係消滅時起算。

＊（法定期間計算之特別規定）民親施二、三；（婚姻關係之消滅）民九七一、九八九～九九一、九九五～九九八、一〇四九、一〇五二。

第六條　（夫妻財產制之適用）

民法親屬編施行前已結婚者，除得適用民法第一千零零四條之規定外，並得以民法親屬編所定之法定財產制為其約定財產制。

修正之民法第一千零十條之規定，於民法親屬編施行後修正前已結婚者，亦適用之。其第五款所定之期間，在修正前已屆滿者，其期間為屆滿，未屆滿者，以修正前已經過之期間與修正後之期間合併計算。

⑭舊法條文移列為第一項。修正之民法第一千零十條之規定，其立法旨趣既在貫徹男女平等原則及保護夫妻各有之權

益，故此項規定，對於在民法親屬編施行後修正前結婚者，亦應有適用，爰增設第二項之規定。

*（約定財產制之選擇）民一〇〇四、一〇三一、一〇四四；（法定財產制）民一〇一七～一〇三〇之四；（分別財產制）民一〇一〇。

▲依民法親屬編施行法第六條之規定，民法親屬編施行前已結婚者，除得適用民法第一千零零四條之規定外，並得以民法親屬編所定之法定財產制為其約定財產制，則民法親屬編施行前已結婚者，如未以契約訂立夫妻財產制，自不得適用民法第一千零零五條之規定，以法定財產制為其夫妻財產制，從而民法關於法定財產制之規定，於此種夫妻不能適用。（三〇上二六二）

▲（五五臺抗一六一）參見民法第一千零零五條。

第六條之一　（夫妻聯合財產制關於財產權歸屬之溯及規定㈠）

中華民國七十四年六月四日以前結婚，並適用聯合財產制之夫妻，於婚姻關係存續中以妻之名義在同日以前取得不動產，而有左列情形之一者，於本施行法中華民國八十五年九月六日修正生效一年後，適用中華民國七十四年民法親屬編修正後之第一千零十七條規定：

一　婚姻關係尚存續中且該不動產仍以妻之名義登記者。

二　夫妻已離婚而該不動產仍以妻之名義登記者。

第六條之二　（夫妻聯合財產制關於財產權歸屬之溯及規定㈡）

中華民國九十一年民法親屬編修正前適用聯合財產制之夫妻，其特有財產或結婚時之原有財產，於修正施行後視為夫或妻之婚前財產；婚姻關係存續中取得之原有財產，於修正施行後視為夫或妻之婚後財產。

⑼一、本條新增。

二、按現行法定財產制將夫或妻之財產區分為「特有財產」及「原有財產」。而其中特有財產及結婚時之原有財產，依第一千零三十條之一規定，係不列入剩餘財產分配者。惟修正後法定財產制係將夫或妻之財產區分為「婚前財產」與「婚後財產」，其中婚前財產亦為不列入剩餘財產分配之財產。為保障人民之既得權益，並使現存之法律關係得順利過渡至法律修正施行之後，爰增訂本條規定，俾修正前結婚而婚姻關係尚存續夫妻之特有財產及結婚時之原有財產，仍得排除於剩餘財產分配之列；至於婚姻關係存續期間取得之原有財產，則仍列入分配。

第六條之三　（法律之適用範圍）

本法中華民國一百零一年十二月七日修正施行前，經債權人向法院聲請宣告債務人改用分別財產制或已代位債務人起訴請求分配剩餘財產而尚未確定之事件，適用修正後之規定。

⑽一、本條增訂。

二、本次民法親屬編已將夫妻剩餘財產分配請求權修正為僅限夫妻本人方得行使之一身專屬權，並配合刪除民法第一千零零九條與民法第一千零十一條規定。因上開民法第一千零十一條及代位行使剩餘財產分配請求權之規定有遭債權人濫用之情況，致使目前法院實務仍有大量「夫債妻償」或「妻債夫償」之案件仍於法院繫屬中，破壞家庭合諧、侵害人民生存權、財產權甚鉅。為兼顧法定財產制與夫妻剩餘財產分配請求權之立法精神及法安定性之要求，明定新法通過後關於債權人於修正前已向法院聲請宣告債務人改用分別財產制之案件或已起訴代位債務人行使剩餘財產分配請求權之案件，尚未確定者，亦應一併適用修正後之規定。爰增訂本條規定，俾期明確。

第七條　（裁判離婚規定之適用）

民法親屬編施行前所發生之事實，而依民法親屬編之規定得為離婚之原因者，得請求離婚。但已逾民法第一千零五十三條或第一千零五十四條所定之期間者，不在此限。

*（裁判離婚之原因）民一〇五二；（請求裁判離婚之除斥期間）民一〇五三、一〇五四。

第八條　（婚生子女之推定及否認規定之適用）

民法親屬編關於婚生子女之推定及否認，於施行前受胎之子女亦適用之。

民法親屬編修正前結婚，並有修正之民法第一千零五十九條第一項但書之約定而從母姓者，得於修正後一年內聲請改姓母姓。但子女已成年或已結婚者，不在此限。

修正之民法第一千零六十三條第二項之規定，於民法親屬編修正前受胎或出生之子女亦適用之。

⑺原條文移列為第一項。民法第一千零六十三條之修正，既在顧全子女之利益，爰依本條第一項之立法旨趣，增設第二項之規定，俾子女之身分，得以確定。

*（婚生子女）民一〇六一、一〇六四；（婚生子女之推定及否認）民一〇六三；（受胎期間）民一〇六二。

第八條之一　（否認婚生子女提訴期限）

夫妻已逾中華民國九十六年五月四日修正前之民法第一千零六十三條第二項規定所定期間，而不得提起否認之訴者，得於修正施行後二年內提起之。

⑼一、本條新增。

二、因原民法第一千零六十三條第二項所定法定起訴期間係「知悉子女出生之日起一年內」，而非本次修正之第一千零六十三條修正條文所定「知悉該子女非為婚生子女時起二年內」，是以，在本次民法修正前，夫妻如知悉其子女非為婚生子女時已逾「知悉子女出生之日一年」之期間，即不得提起否認之訴。惟本次民法修正條文第一千零六十三條第二項規定既已放寬至「知悉該子女非為婚生子女時起二年」，故對於修正前不得提起否認之訴者，亦宜放寬而使其得於本次民法修正施行後二年內提起否認之訴。至於本法修正施行後夫妻始知悉其子女非為婚生子女者，自應依修正後第一千零六十三條第二項及第三項規定提起否認之訴。

三、本次修正條文增列第二項子女提起否認之訴之規定，其規範目的在於取得血統真實與身分安定二者間之平衡，故子女依本次民法修正前之規定雖不得提起否認之訴，惟修正施行後如符合第一千零六十三條第二項及第三項之規定，自得依該等規定提起否認之訴，併此敘明。

第九條　（立嗣子女與其所後父母之關係）

民法親屬編施行前所立之嗣子女，與其所後父母之關係，與婚生子女同。

*（婚生子女）民一〇六一、一〇六四；（父母子女之關係）民一〇五九、一〇六〇、一〇八四～一〇九〇、一一一四。

▲民法親屬編施行前所立之嗣子女，與其所後父母之關係與婚生子女同，既為民法親屬編施行法第九條所明定，則多數嗣子相互間當然發生兄弟之關係，而互為民法第一千一百三十八條所定第三順序之繼承人。（三二上三四〇九）

▲（五八臺再九）參見本法第一條。

第十條（非婚生子女規定之適用）

非婚生子女在民法親屬編施行前出生者，自施行之日起適用民法親屬編關於非婚生子女之規定。

非婚生子女在民法親屬編修正前出生者，修正之民法第一千零六十七條之規定，亦適用之。

(74)舊條文移列為第一項。民法第一千零六十七條已有修正，爰依本條第一項之立法旨趣，增訂本條第二項，以保護非婚生子女之利益。

＊（婚生子女）民一〇六一、一〇六四；（親屬編有關非婚生子女之規定）民一〇六五～一〇七〇。

第十一條（收養效力規定之適用）

收養關係雖在民法親屬編施行前發生者，自施行之日起有民法親屬編所定之效力。

＊（收養關係之發生）民一〇七二；（收養之效力）民一〇七七、一〇七八。

▲養女對於養父母之遺產，依民法繼承編之規定雖有繼承權，但其養父母之繼承在該編施行前開始者，依其施行法第一條，自不得適用該編之規定繼承遺產，即使養父母之繼承係在施行法第二條所列日期之後開始，而收養關係在民法親屬編施行前發生者，依親屬編施行法第十一條之規定，自親屬編施行之日起，始有親屬編所定之效力，親屬編係與繼承編同日施行，在繼承編施行前，尚不能認養父母為養女之直系血親尊親屬，養女仍不得依繼承編施行法第二條之規定，繼承養父母之遺產。（二一上八五七）

第十二條（得請求宣告終止收養關係之規定之適用）

民法親屬編施行前所發生之事實，依民法親屬編之規定得為終止收養關係之原因者，得請求宣告終止收養關係。

民法親屬編施行後修正前所發生之事實，依修正之民法第一千零八十條第五項之規定得為終止收養關係之原因者，得聲請許可終止收養關係。

(74)舊法條文移列為第一項。為保護養子女之利益，民法第一千零八十條已有修正，爰依本條第一項之立法旨趣，增設第二項之規定。

＊（收養關係之發生）民一〇七二；（收養關係之效力）民一〇七七、一〇七八；（得請求宣告終止收養關係之原因）民一〇八一。

第十三條（父母子女權義規定之適用）

父母子女間之權利義務，自民法親屬編施行之日起，依民法親屬編之規定。其有修正者，適用修正後之規定。

(74)為期新舊法之效力一致起見，爰增本條後段之規定。

＊（父母子女之權義關係）民一〇五九、一〇六〇、一〇八四～一〇九〇、一一一四。

第十四條（監護人權義規定之適用㈠）

民法親屬編施行前所設置之監護人，其權利義務，自施行之日起，適用民法親屬編之規定。其有修正者，適用修正後之規定。

(74)為期新舊法之效力一致起見，爰增本條後段之規定。

＊（監護人之設置）民一〇九一～一〇九四、一一一〇、一一一一；（監護人之權義規定）民一〇九五～一一〇九、一一一二、一一一三。

第十四條之一（監護人權義規定之適用㈡）

本法於八十九年一月十四日修正前已依民法第一千零九十四條任監護人者，於修正公布後，仍適用修正後同條第二項至第四項之規定。

第十四條之二（監護人權義規定之適用㈢）

中華民國九十七年五月二日修正之民法親屬編第四章條文施行前所設置之監護人，於修正施行後，適用修正後之規定。

(97)一、本條新增。

二、為解決新法施行前後之銜接問題，爰明定民法親屬編關於未成年人及成年人監護之修正規定，對於修正條文施行前所設置之未成年人或禁治產人之監護人亦適用之。

第十四條之三（施行日期㈠）

中華民國九十七年五月二日修正之民法親屬編第四章之規定，自公布後一年六個月施行。

(97)一、本條新增。

二、本次民法親屬編第四章條文修正之幅度甚大，其中監護事務改由法院監督，刪除成年監護之監護人法定順序及新增「輔助」制度等修正內容，對監護實務運作影響深遠，為避免驟然公布施行，相關程序法規未及配合修正及民眾對新制度不明瞭，衍生適用困擾，宜有適當之準備期間，爰參酌本法第六條之一之立法例，增訂自公布後一年六個月施行。

第十五條（施行日期㈡）

本施行法自民法親屬編施行之日施行。

民法親屬編修正條文及本施行法修正條文，除另定施行日期，及中華民國九十八年十二月十五日修正之民法第一千一百三十一條及第一千一百三十三條自九十八年十一月二十三日施行者外，自公布日施行。

(98)一、第一項未修正。

二、配合九十七年五月二十三日修正公布之民法及其施行法修正條文自九十八年十一月二十三日施行，民法本次修正之第一千一百三十一條及第一千一百三十三條亦定自同日施行，爰修正現行條文第二項。

＊（施行日期）中標一二～一四。

民法

第五編 繼承

民國十九年十二月二十六日國民政府公布
七十四年六月三日總統令修正公布
九十七年一月二日總統令修正公布
九十八年六月十日總統令修正公布
九十八年十二月三十日總統令修正公布
一百零三年一月二十九日總統令修正公布
一百零四年一月十四日總統令修正公布第一一八三條；並增訂第一二一一之一條條文

第一章 遺產繼承人

第一千一百三十八條（法定繼承人及其順序）

遺產繼承人，除配偶外，依左列順序定之：
一　直系血親卑親屬。
二　父母。
三　兄弟姊妹。
四　祖父母。

*（繼承開始）民一一四七；（配偶之應繼分）民一一四四；（第一順序繼承人之決定）民一一三九；（代位繼承）民一一四〇；（同順序繼承人之應繼分）民一一四一；（繼承權之喪失）民一一四五；（繼承權之回復）民一一四六；（繼承之效力）民一一四八～一一五三；（胎兒為繼承人時應繼分之保留）民一一六六；（繼承之拋棄）民一一七四～一一七六。

▲釋四二四。

▲甲以所有地產典當與乙，甲死亡後，乙以其地轉賣於第三人，如甲果無應繼之子，除親女因承繼遺產得以告爭外，姪女無告爭回贖之權。（院三八九）

▲(一)民法第一千一百三十八條所謂直系血親卑親屬，包含女子在內。（院五五〇）

▲(一)夫妻財產各別所有，於死亡時各由其所屬之繼承人分別繼承，為新民法所採之原則，故妻為被繼承人，如無直系血親卑親屬繼承其遺產時，即應依法定順序，屬於妻之父母或以次之繼承人。（院六四七）

▲(一)妾雖為現民法所不規定，惟妾與家長既以永久共同生活為目的同居一家，依民法第一千一百二十三條第三項之規定，應視為家屬。則其遺腹子、女即受胎在妾與家長之關係存續中者，應認與經生父撫育者同。

(二)民法第一千一百三十八條第一項第三款所稱兄、弟、姊、妹者，凡同父異母或同母異父之兄、弟、姊、妹均為該款同一順序之繼承人。（院七三五）

▲開始繼承在民法繼承編施行後者，已嫁女子即同為遺產之法定繼承人，並不因出嫁年限之遠近及當時已否取得財產繼承權而生差異。（院七四七）

▲(一)民法第一千一百三十八條關於遺產繼承人順序之規定，既列兄弟姊妹於祖父母順序之前，其所謂兄弟姊妹，自係指同父母之兄弟姊妹而言。同祖父母之兄弟姊妹，當然不包含在內。

(二)民法親屬編關於血親之規定，僅有直系旁系之分，並無內外之別。該編施行前所稱之外祖父母，即母之父母，亦即為民法第一千一百三十八條所規定遺產繼承第四順序之祖父母。

(三)無法定繼承人亦無指定繼承人之遺產，應適用無人承認繼承之規定。於清償債權、交付遺贈物後，將其剩餘歸屬國庫。（院八九八）

▲僧死亡時所遺私產，以何人為其繼承人，現行法上尚無特別規定，自應依民法第一千一百三十八條所列順序定之，其徒如無同條所列之身分，亦非為其以遺囑指定之繼承人者，無遺產繼承權。（院二五一八）

▲養子女為被繼承人時，以其養方之父母兄弟姊妹祖父母為民法第一千一百三十八條所定第二至第四順序之遺產繼承人。（院二五六〇）

▲祖母與其孫之血親關係，並不因其改嫁而消滅，如其孫死亡在民法繼承編施行後，而無民法第一千一百三十八條第一款至第三款之繼承人者，依同條第四款之規定，自有繼承其孫遺產之權。（院二八二四）

▲男子入贅與其直系血親尊親屬及其兄弟姊妹之親屬關係並無影響，其直系血親尊親屬或兄弟姊妹死亡時，自係民法第一千一百三十八條所定第一或第三順序之遺產繼承人。入贅之男子死亡時，其父母或祖父母亦為同條所定第二或第四順序之遺產繼承人。至依民法繼承編施行前之法規，為他人之嗣子或依民法為他人之養子者，與其本生之直系或旁系血親相互間，並無遺產繼承權。（院解三三三四）

▲父所娶之後妻，舊時雖稱為繼母，而在民法上則不認有母與子女之關係，民法第一千一百三十八條第二款所稱之母，自不包含父所娶之後妻在內。（二六渝上六〇八）（一〇五、八、二三決議不再援用）

▲遺產繼承人資格之有無，應以繼承開始時為決定之標準，依民法第一千一百四十七條之規定，繼承因被繼承人死亡而開始，故被繼承人之子女於被繼承人死亡時尚生存者，雖於被繼承人死亡後即行夭亡，仍不失為民法第一千一百三十八條所定第一順序之遺產繼承人，自不得謂之無遺產繼承權。（二九上四五四）

▲父死亡而母再婚者，與母死亡而父再婚者無異，子女之死亡如在民法繼承編施行之後，依民法第一千一百三十八條第二款之規定，母對於子女之遺產繼承權，並不因其已經再婚而受影響。（三二上一〇六七）

▲某甲死亡於民國三十六年，其開始繼承係在繼承編施行之後，被上訴人既為某甲之婚生女，依民法第一千一百三十八條第一款之規定，自有繼承某甲遺產之權，即使被上訴人在某甲開始繼承前已經出嫁，其遺產繼承權仍不因此而受影響。（四一臺上五一八）

▲臺灣省光復前日據時期，習慣上嫡母與庶子間，有所謂法定血親，即擬制血親之關係，但庶子對於嫡母之遺產，究無繼承權可言。（五八臺上二八四五）

第一千一百三十九條（第一順序繼承人之決定）

前條所定第一順序之繼承人，以親等近者為先。

*（第一順序繼承人）民一一三八；（直系血親及親等）民九六七、九六八；（代位繼承）民一一四〇。

第一千一百四十條（代位繼承）

第一千一百三十八條所定第一順序之繼承人，有於繼承開始前死亡或喪失繼承權者，由其直系血親卑親屬代位繼承其應繼分。

*（第一順序繼承人）民一一三八、一一三九；（繼承開始）民一一四七；（死亡）民六、八～一一；（喪失繼承權）民一一四五；（直系血親）民九六七；（應繼分）民一一四一、一一四四。

▲釋五七、七〇。

▲(三)後母之子、女對於前母並非直系血親卑親屬，自不得代位繼承其應繼承之分。（院七四四）

▲妻依民法第一千一百四十四條繼承夫之遺產，即屬妻之所有，帶產出嫁，並無何種限制，至無嗣之寡媳及其收養之子女，關於其翁姑之遺產，依民法第一千一百四十條並無為其夫或為其養父母代位繼承之權，但得依民法第一千一百四十九條酌給遺產。又女子之於父母，依法固應負扶養義務，惟其扶養應以其私人之經濟能力為限。（院八五一）

▲民法第一千一百四十條所謂代位繼承其應繼分者，以被繼承人之直系血親為限，養子女之子女，對於養子女之養父母，既非直系血親卑親屬，當然不得適用該條之規定（參

照院字第八五一號解釋）。（院一三八二）

▲因前婚姻關係消滅而再婚者，依民法第一千一百四十四條雖有繼承其後配偶遺產之權，然於後配偶之繼承開始前死亡或喪失繼承權者，民法既無由其與前配偶所生子女代位繼承其應繼分之規定，民法第一千一百四十條所定被繼承人直系血親卑親屬之代位繼承，又無同一或類似之法律理由，可以類推適用，其與前配偶所生子女，自不得代位繼承其應繼分。至其與前配偶所生子女，如由後配偶收養為子女者，固應依民法第一千一百四十二條規定辦理，但是否為後配偶之養子女，應以有無收養行為為斷，不得謂其與前配偶所生子女，當然為後配偶之養子女，認其有繼承權。（院二六五九）

▲民法第一千一百三十八條所定第一順序之繼承人，有於繼承開始前死亡者，依同法第一千一百四十條之規定，僅其直系血親卑親屬得代位繼承其應繼分，其母並無代位繼承之權。（二六渝上六〇八）（一〇五、八、二三決議不再援用）

▲民法第一千一百四十條之規定，雖不適用於民法繼承編施行前開始之繼承，而其規定之趣旨則為同編施行前之法例所同認，父先於祖死亡者，祖之繼承開始雖在同編施行之前，不得謂孫無代位繼承權，同編施行法第二條所謂直系血親尊親屬，非專指父母而言，祖父母以上亦在其內，祖之繼承開始如在同條所列日期之後，孫女亦有代位繼承權，代位繼承，係以自己固有之繼承權直接繼承其祖之遺產，並非繼承其父之權利，孫女對於其祖之遺產有無代位繼承之資格，自應以祖之繼承開始時為標準而決定之，祖之繼承開始苟在同條所列日期之後，雖父死亡在同條所列日期之前，孫女之有代位繼承權亦不因此而受影響。（三二上一九九二）

▲婚生女先於其母而死亡，對於其母之遺產，該婚生女之配偶，既不在民法第一千一百四十條所謂代位繼承人之列，自無代位繼承權之可言。（四一臺上五四六）

第一千一百四十一條　（同順序繼承人之應繼分）

同一順序之繼承人有數人時，按人數平均繼承。但法律另有規定者，不在此限。

*（繼承人之順序）民一一三八；（配偶之應繼分）民一一四四。

▲父在生前以其所有財產分給諸子，係屬贈與性質，諸子間受贈財產之多寡父得自由定之，此與繼承開始後諸子按其應繼分繼承遺產者不同，故贈與諸子財產之數量縱有不均，受贈較少之子亦不得請求其父均分。（二一上一五九五）

第一千一百四十二條　（刪除）

⑦④現行民法親屬編規定養子女在身分上既與婚生子女同為一親等之直系血親卑親屬，自不發生繼承順序之疑問，且基於平等原則，在繼承法上其應繼分亦不應與婚生子女有所軒輕，況養子女一旦為人收養後，其與本生父母關係，已告停止，喪失其互相繼承之權利，若於養親間之繼承關係中，復遭受不平等之待遇，顯失法律之平，爰將本條予以刪除，使養子女之繼承順序及應繼分，均與婚生子女適用同一法則。

第一千一百四十三條　（刪除）

⑦④本法所稱繼承人於第一千一百三十八條已有所規定，本條復規定指定繼承人與其矛盾衝突，徒增紊亂；且本條遺產繼承目的，可另以收養或遺贈方式為之，故予刪除。

第一千一百四十四條　（配偶之應繼分）

配偶，有相互繼承遺產之權，其應繼分，依左列各款定之：

一　與第一千一百三十八條所定第一順序之繼承人同為繼承時，其應繼分與他繼承人平均。

二　與第一千一百三十八條所定第二順序或第三順序之繼承人同為繼承時，其應繼分為遺產二分之一。

三　與第一千一百三十八條所定第四順序之繼承人同為繼承時，其應繼分為遺產三分之二。

四　無第一千一百三十八條所定第一順序至第四順序之繼承人時，其應繼分為遺產全部。

*（配偶特留分）民一二二三③；（婚姻之無效）民九八二、九八三、九八八；（婚姻之撤銷）民九八九～九九一、九九五～九九八；（離婚）民一〇四九～一〇五八。

▲㈡甲如在民法繼承編施行後死亡，則其妻及婚生子女均為其繼承人，其應繼分為均等。

㈢甲在中國之婚姻如係無效，其相婚者固非繼承人。惟所生子女經甲認領或經甲撫育而視為認領者，依法視為甲之婚生子女，仍不失為甲之繼承人，其應繼分與其他繼承人均等。

㈣甲在萬隆重婚如別無無效原因，則在未撤銷結婚前該後妻仍有配偶之身分，惟其應繼分應與前妻各為法律所定配偶應繼分之二分之一。倘其結婚不具備有效要件，而該後妻由甲生前繼續扶養者，應由親屬會議依其所受扶養之程度及其他關係酌給遺產。

㈤兄弟、異母兄弟，姊妹、異母姊妹，均為民法第一千一百三十八條所定第三順序之繼承人，於被繼承人無直系血親卑親屬及父母時，方為繼承人，其應繼分為均等。惟被繼承人有配偶者，其遺產除由配偶繼承二分之一外，方由該順序之繼承人按人數平均繼承。（院解三七六二）

▲結婚違反民法第九百八十五條之規定者，依民法第九百九十二條之規定，僅得由利害關係人向法院請求撤銷，不在民法第九百八十八條所謂結婚無效之列，故有妻之人於重婚後死亡時，如後婚未經撤銷，其後妻亦不失為配偶，依民法第一千一百四十四條之規定，有與前妻一同繼承遺產之權，惟其應繼分，應與前妻各為民法第一千一百四十四條所定配偶應繼分之二分之一。（二八上六三二）（九六、八、二八決議不再援用）

▲配偶有相互繼承遺產之權，被上訴人於其妻某氏死亡時即已繼承其遺產，其後雖與人再婚，而其遺產之繼承仍不因此而受影響。（三〇上二〇一四）

第一千一百四十五條　（繼承權喪失之事由）

有左列各款情事之一者，喪失其繼承權：

一　故意致被繼承人或應繼承人於死或雖未致死因而受刑之宣告者。

二　以詐欺或脅迫使被繼承人為關於繼承之遺囑，或使其撤回或變更之者。

三　以詐欺或脅迫妨害被繼承人為關於繼承之遺囑，或妨害其撤回或變更之者。

四　偽造、變造、隱匿或湮滅被繼承人關於繼承之遺囑者。

五　對於被繼承人有重大之虐待或侮辱情事，經被繼承人表示其不得繼承者。

前項第二款至第四款之規定，如經被繼承人宥恕者，其繼承權不喪失。

⑦④第一項第二及第三兩款「撤銷」一詞，係使尚未發生效力之遺囑，預先阻止其生效，與一般所謂「撤銷」，係使業已發生效力之法律行為，溯及的失其效力者有所不同，爰將「撤銷」修正為「撤回」，並與本編第三章第五節之修正，前後一致。

*（繼承權）民一一四八；（應繼承人）民一一三八～一一四一、一一四四；（故意致人於死或傷）刑二七一、二七二、二七七、二七八、二八〇；（未遂犯）刑二五～二七；（刑之宣告）刑訴二九九㈠；（詐欺脅迫）民九二、九三，刑三〇四、三〇五、三三九～三四一、三四六；（遺囑）民一一八六～一二二二；（遺囑之撤回變更）民一二一九～

一二二；（偽造變造私文書）刑二一〇；（意思表示）民九四～九八；（侮辱）刑三〇九；（遺贈之準用）民一一八八。

▲民法第一千一百四十五條第一項第五款所稱被繼承人之表示，不必以遺囑為之。（二二上一二五〇）

▲民法第一千一百四十五條第一項第五款所謂對於被繼承人有重大之虐待情事，係指以身體上或精神上之痛苦加諸於被繼承人而言，凡對於被繼承人施加毆打，或對之負有扶養義務而惡意不予扶養者，固均屬之，即被繼承人（父母）終年臥病在床，繼承人無不能探視之正當理由，而至被繼承人死亡為止，始終不予探視者，衡諸我國重視孝道固有倫理，足致被繼承人感受精神上莫大痛苦之情節，亦應認有重大虐待之行為。（七四臺上一八七〇）

第一千一百四十六條（繼承回復請求權）

繼承權被侵害者，被害人或其法定代理人得請求回復之。

前項回復請求權，自知悉被侵害之時起，二年間不行使而消滅；自繼承開始時起逾十年者亦同。

*（繼承權）民一一四八；（侵害繼承權）民一一八四；（繼承人）民一一三八～一一四一、一一四四；（法定代理人）民一〇八六、一〇九八；（繼承開始）民一一四七；（消滅時效）民一二五、一一二八～一一四七。

▲釋四三七。

▲甲之妻乙如依民法繼承編施行法第八條及民法第一千一百四十四條之規定，自同編施行之日起繼承甲之遺產，則乙死亡時此項遺產為乙之養女丙所繼承，丙之繼承權被甲之侄丁、戊侵害，自得請求回復，倘甲有同編施行法第八條所稱之其他繼承人，則乙未嘗繼承甲之遺產，除乙別有取得甲遺產上權利之法律上原因外，丙不能以其為乙之繼承人而承受甲之遺產，丁、戊占有甲之遺產縱無正當之權原，亦非侵害丙之繼承權，丙對丁、戊自無繼承回復請求權。至乙是否自同編施行之日起繼承甲之遺產，可參照院解字第二九二五號解釋。丁、戊是否同編施行法第八條所定甲之其他繼承人，可參照院字第二六四三號解釋。又甲於同編施行前死亡，而於同編施行後十餘年經親屬會議為之立嗣者，所立嗣子溯及繼承開始之時為甲之遺產繼承人，如所立嗣子之繼承權被人侵害，其回復請求權之消滅時效依民法第一千一百四十六條第二項後段之規定，於立嗣時即已完成，惟據原呈所述情形，丁、戊並非繼承權被侵害之人，自不生請求回復之問題。（院解三八四二）

▲繼承人未於民法第一千一百七十四條第二項所定期間內，拋棄其繼承權者，嗣後縱為繼承權之拋棄，亦不生效力。惟其繼承權被侵害已逾十年者，其回復請求權之行使，應受同法第一千一百四十六條第二項後段之限制。（院解三八四五）

▲(一)父死無子，母因不知其女有繼承權，將其未成年之女應繼承之遺產立約贈與他人，實係以此項遺產應由自己繼承而為處分，其女之繼承權即因之而被侵害，其女得向受贈人請求回復，惟繼承人以因繼承而取得所有權為理由，向由自命為繼承人者轉得財產之人請求返還，亦為民法第一千一百四十六條所稱繼承回復請求，故其女於同條第二項所定之消滅時效完成後請求回復者，受贈人得以此為抗辯。（院解三八五六）

▲自命為繼承人之人於民法第一千一百四十六條第二項之消滅時效完成後，行使其抗辯權者，其與繼承權被侵害人之關係即與正當繼承人無異，被繼承人財產上之權利應認為繼承開始時，已為該自命為繼承人之人所承受，如因繼承權被侵害人出而爭執，對之提起確認所有權存在之訴，自不得謂為無理由。（院解三九九七）

▲未結婚之未成年人之繼承權被侵害，為其法定代理人所知悉者，繼承回復請求權之二年消滅時效，應自法定代理人知悉時進行。（二九上一七四）

▲民法第一百四十四條第一項之規定，於民法第一千一百四十六條第二項所定，繼承回復請求權之消滅時效亦有適用，故此項消滅時效完成後，非經回復義務人以此為抗辯，法院不得據以裁判。（二九上八六七）

▲(1)上訴人之父死亡後，上訴人如已置其姊妹之繼承權於勿顧，而以兄弟二人繼承全部遺產之狀態，實際上行使其權利，則雖未分割遺產，亦不得謂未侵害其姊妹之繼承權，上訴人既主張伊父所遺八處產業，歷來由伊兄弟二人每人一半分配利益，援用某字據為證，並以被上訴人之繼承回復請求權已因時效而消滅為抗辯，自應就其主張是否屬實予以審認。

(2)民法第一千一百四十六條第二項之規定，於民法繼承編施行前開始之繼承亦適用之，此觀民法繼承編施行法第四條之規定自明。民法繼承編公布前已嫁女子，應繼承之遺產已經其他繼承人分割者，依該施行法第三條之規定，固當然不得請求回復繼承，無再適用民法第一千一百四十六條第二項之餘地，惟其他繼承人侵害已嫁女子之繼承權，不合該施行法第三條所定情形者，仍應適用民法第一千一百四十六條第二項之規定。（二九上一三四〇）

▲兄於父之繼承開始時，即已自命為惟一繼承人，而行使遺產上之權利，即係侵害弟之繼承權。（二九上一五〇四）

▲民法第一千一百四十六條第二項後段之規定，惟繼承權被侵害人，於繼承開始後十年內，不知悉被侵害，或雖知悉，而同項前段所定二年之時效期間，於繼承開始後十年內未屆滿者，乃適用之，上訴人於其繼承權被侵害時，即已知悉，且於繼承開始後十年內，其二年之時效期間，業已屆滿，自應適用同項前段之規定，不在同項後段規定之列。（三三上三一四三）

▲繼承回復請求權，原係包括請求確認繼承人資格，及回復繼承標的之一切權利，此項請求權如因時效完成而消滅，其原有繼承權即已全部喪失，自應由表見繼承人取得其繼承權。（四〇臺上七三〇）

▲民法第一千一百四十六條第二項之規定，係指繼承權有被侵害，或知悉其被侵害之事實為其前提而言，倘繼承人有數人，在分割遺產前基於事實需要，互推一人管理公同共有之遺產，並同意用該一人名義登記，則其情形既無所謂繼承權被侵害，即不生該條項所定回復時效適用之問題。（四八臺上七八二）

▲繼承權之被侵害，不以繼承之遺產已經登記為要件，苟該繼承人獨自行使遺產上之權利，而置其他合法繼承人於不顧，即不得謂未侵害他繼承人之繼承權。（四八臺上八七三）

▲民法第一千一百四十六條所謂繼承權被侵害，須自命有繼承權之人獨自行使遺產上之權利，而置其他合法繼承人於不顧者，始足當之，父或母與其未成年之子女共同繼承時，依同法第一千零八十八條之規定，對於子女之特有財產既有管理及使用收益之權，並得為子女之利益而處分之，不得謂有侵害其子女之繼承權。原審既認定上訴人等之母，係因清理維持上訴人等生活所負之債務而處分遺產，又謂係侵害上訴人等之繼承權，顯屬理由矛盾。（五一臺上二一〇八）

▲財產權因繼承而取得者，係基於法律之規定，繼承一經開始，被繼承人財產上之一切權利義務，即為繼承人所承受，而毋須為繼承之意思表示，故自命為繼承人而行使遺產上權利之人，必須於繼承開始時，即已有此事實之存在，方得謂之繼承權被侵害，若於繼承開始後，始發生此事實，則其侵害者，為繼承人已取得之權利，而非侵害繼承權，自無民法第一千一百四十六條之適用。（五三臺上五九二）

▲繼承回復請求權，係指正當繼承人，請求確認其繼承資格，及回復繼承標的之權利而言。此項請求權，應以與其繼承爭執資格之表見繼承人為對象，向之訴請回復，始有民法第一千一百四十六條第二項時效之適用。（五三臺上一九二八）

第二章　遺產之繼承

第一節　效　力

第一千一百四十七條（繼承之開始）

繼承因被繼承人死亡而開始。

*（死亡）民六、八～一一；（遺產繼承人）民一一三八～一一四一、一一四四；（繼承之效力）民一一四八～一一五三；（限定繼承）民一一五四～一一六三；（繼承權之拋棄）民一一七四～一一七六；（無人承認之繼承）民一一七七～一一八五；（類似規定）民一一九九、一二〇一。

▲繼承因被繼承人死亡而開始，民法第一千一百四十七條定有明文，繼承開始之時期不因繼承權之被侵害而受影響，觀民法第一千一百四十六條第二項後段之規定亦無疑義，故被繼承人死亡後，繼承權被侵害者，儘可請求回復，不得因此即謂繼承尚未開始。（二一上五五）

▲失蹤人受死亡之宣告者，依民法第九條第一項之規定，以判決內確定死亡之時推定其為死亡，其繼承固因之而開始，若失蹤人未受死亡之宣告，即無從認其繼承為已開始。（二八上一五七二）

第一千一百四十八條（限定繼承之有限責任）

繼承人自繼承開始時，除本法另有規定外，承受被繼承人財產上之一切權利、義務。但權利、義務專屬於被繼承人本身者，不在此限。

繼承人對於被繼承人之債務，以因繼承所得遺產為限，負清償責任。

[98]一、第一項未修正。

二、現行民法繼承編係以概括繼承為原則，並另設限定繼承及拋棄繼承制度。九十七年一月二日修正公布之第一千一百五十三條第二項復增訂法定限定責任之規定，惟僅適用於繼承人為無行為能力人或限制行為能力人之情形，故繼承人如為完全行為能力人，若不清楚被繼承人生前之債權債務情形，或不欲繼承時，必須於知悉得繼承之時起三個月內向法院辦理限定繼承或拋棄繼承，否則將概括承受被繼承人之財產上一切權利及義務。鑑於社會上時有繼承人因不知法律而未於法定期間內辦理限定繼承或拋棄繼承，以致背負繼承債務，影響其生計，為解決此種不合理之現象，爰修正第二項規定，明定繼承人原則上依第一項規定承受被繼承人財產上之一切權利及義務，惟對於被繼承人之債務，僅須以因繼承所得遺產為限，負清償責任，以避免繼承人因概括承受被繼承人之生前債務而桎梏終生。

三、現行條文第二項有關繼承人對於繼承開始後，始發生代負履行責任之保證契約債務僅負有限責任之規定，已為本次修正條文第二項繼承人均僅負有限責任之規定所涵括，爰予配合刪除。

四、繼承人依本條規定仍為概括繼承，故繼承債務仍然存在上為繼承之標的，債係繼承人對於繼承債務以所得遺產為限，負清償責任，故繼承人如仍以其固有財產清償繼承債務時，該債權人於其債權範圍內受清償，並非無法律上之原因，故無不當得利可言，繼承人自不得再向債權人請求返還，併予敘明。

*（繼承之開始）民一一四七；（本法另有規定）民一一九五、九七九、九九九、一〇五六、一一五四、一一七四、一二〇四；（財產上權義之繼承）民三四四、五五六四、六八七①、七五九、七六二、七六三、一〇二八、一〇二九；（遺產酌給請求權）民一一四九；（被繼承人債務之共同繼承）民一一五三。

▲財產繼承權男女既應平等，已嫁女子如依法有繼承財產權，而於繼承開始前已亡故者，該女子所應繼承之財產，自應歸其直系血親卑親屬繼承。又女子不論已嫁、未嫁，既有財產繼承權，則其父母所負之債務，於其遺產不足抵償而未為限定之承繼時，自應與其兄弟負連帶責任。若其父母別無其他子女時，即應由其個人獨任償還之責。又現行法女子並無宗祧繼承權，則對於其父母家族之祭祀公產，自不能主張輪管或分割或分息。（院四〇五）

▲㈠公務員在任病故時所負交代責任，以財產上之義務為限，由其繼承人承受，其同居任地之家屬非繼承人者，不負責任。

㈡公務員交代條例第十條之規定，雖不適用於在任病故之公務員，但該公務員之繼承人所承受之償還公款義務不履行時，得依對於繼承人之執行名義為強制執行。至該公務員之財產，以虛偽行為隱匿於其同居任地之家屬名下者，其虛偽行為既屬當然無效，雖該家屬非繼承人，亦得依對於繼承人之執行名義就此項財產為強制執行。（院二四一六）

▲被承繼人死亡之當時，原則上自應即由有承繼權之人開始承繼遺產之全部，但被承繼人如有特別意思表示，則除與法令牴觸者外，自應從其意思。（一八上二七一五）

▲繼承人自繼承開始時，始承受被繼承人財產上之一切權利義務，在繼承開始前對於被繼承人財產上之權利，不過有因繼承開始而取得之期待權，並無所謂既得權，對於被繼承人財產上之義務，亦屬無須負擔。（二二上七九九）

▲婚生子固為民法第一千一百三十八條所定第一順序之遺產繼承人，惟依民法第一千一百四十七條、第一千一百四十八條之規定，繼承因被繼承人死亡而開始，繼承開始時被繼承人財產上之權利始由繼承人承受，故父生存時，子之債權人，不得對於子將來可取得之繼承財產，為強制執行。（二三上三八一）

▲依民法第一千一百四十七條、第一千一百四十八條之規定，繼承人於被繼承人死亡時，當然承受被繼承人財產上之一切權利義務，並無待於繼承人之主張。（三二上四四二）

▲被繼承人生前承租他人土地之耕作權，為財產權之一種，如繼承人有數人時，除不能自任耕作者外，均可承受被繼承人所遺之耕作權，不以與被繼承人同戶生活者為限。（五一臺上一一三四）

▲被繼承人生前固有將其所有財產為贈與之權，第以非經登記不得移轉之不動產為贈與者，如被繼承人與受贈人成立契約後，尚未為移轉登記，而被繼承人即已死亡，則被繼承人就該不動產仍有所有之權利，並負為移轉登記使受贈人取得所有權，俾贈與發生效力之義務，而被繼承人此項財產上之權利義務，於繼承開始時應由繼承人承受。（五一臺上二六六四）（註：民法第四百零七條已刪除）

▲職務保證原有專屬性，除有特約或特殊情形外，保證人之責任因其死亡而消滅，蓋此種保證於保證契約成立時，被保人尚未有具體的賠償之債務，必待被保人發生虧損情事後，其賠償之責任始能具體確定，而遺產繼承，應以繼承開始時，被繼承人之權利義務狀態為準，倘繼承開始時，被保人尚未發生具體而確定之賠償義務，則此種保證契約自不在其繼承人繼承範圍之內。（五一臺上二七八九）

▲上訴人等既已承受被繼承人之遺產取得權利在前，乃復表示拋棄繼承免除義務於後，自與我民法所定繼承原則，為包括的承受被繼承人財產上之一切權利義務本質不合，倘許繼承人於繼承開始時承認繼承，已為權利之行使，嗣後又准其拋棄繼承，為義務之免除，則不特有礙被繼承人之債權人之利益，且使權利狀態有不確定之虞，自非法所許可。（五二臺上四五一）

第一千一百四十八條之一（財產贈與視同所得遺產之計算期限）

繼承人在繼承開始前二年內，從被繼承人受有財產之贈與者，該財產視為其所得遺產。

前項財產如已移轉或滅失，其價額，依贈與時之價值計算。

[98]一、本條新增。

二、本次修正之第一千一百四十八條第二項已明定繼承人對於被繼承人之債務，僅以所得遺產為限，負清償責任。為避免被繼承人於生前將遺產贈與繼承人，以減少繼承開始時之繼承人所得遺產，致影響被繼承人債權人之權益，宜明定該等財產視同所得遺產。惟若被繼承人生前所有贈與繼承人之財產均視為所得遺產，恐亦與民眾情感相違，且對繼承人亦有失公允。故為兼顧繼承人與債權人之權益，爰參考現行遺產及贈與稅法第十五條規定，明定繼承人於繼承開始前二年內，從被繼承人受有財產之贈與者，該財產始視為所得遺產，爰增訂第一項規定。

三、依第一項視為所得遺產之財產，如已移轉或滅失，則如何計算遺產價額，宜予明定，爰參考第一千一百七十三條第三項規定，增訂第二項，明定依贈與時之價值計算。

四、本條視為所得遺產之規定，係為避免被繼承人於生前將遺產贈與繼承人，以減少繼承開始時之繼承人所得遺產，致影響被繼承人之債權人權益而設，並不影響繼承人間應繼遺產之計算，因此，本條第一項財產除屬於第一千一百七十三條所定特種贈與應予歸扣外，並不計入第一千一百七十三條應繼遺產，併予敘明。

第一千一百四十九條　（遺產酌給請求權）

被繼承人生前繼續扶養之人，應由親屬會議，依其所受扶養之程度及其他關係，酌給遺產。

*（負扶養義務人）民一一一四、一一一五、一一一八；（受扶養權利人）民一一一六、一一一七；（親屬會議）民一一二九～一一三七；（扶養程度與方法）民一一一九～一一二一。

▲（院八五二）參見本法第一千一百四十條。

▲民法第一千一百四十九條規定，被繼承人生前繼續扶養之人，應由親屬會議依其所受扶養之程度及其他關係酌給遺產，是被繼承人生前繼續扶養之人，如欲受遺產之酌給，應依民法第一千一百二十九條之規定，召集親屬會議請求決議，對於親屬會議之決議有不服時，始得依民法第一千一百三十七條之規定向法院聲訴，不得逕行請求法院以裁判酌給。（二三上二〇五三）

▲被繼承人已以遺囑，依其生前繼續扶養之人所受扶養之程度及其他關係，遺贈相當財產者，毋庸再由親屬會議酌給遺產。（二六渝上五九）

▲關於民法第一千一百四十九條所定之酌給遺產，應依同法第一千一百二十九條，召集親屬會議決議為之，對於親屬會議之決議有不服時，始得依同法第一千一百三十七條之規定，向法院聲訴，不得逕行請求法院以裁判酌給。（三七上七一三七）

▲被繼承人生前繼續扶養之人，基於民法第一千一百四十九條之規定，依同法第一千一百二十九條，召集親屬會議所為酌給遺產之決議，原應依其所受扶養之程度，及其他關係而定，若親屬會議之決議未允洽時，法院因有召集權人之聲訴，自可斟酌情形逕予核定，所謂決議之不允洽，通常固指「給而過少」或「根本不給」之情形而言，但為貫徹保護被扶養者之利益，及防杜親屬會議會員之不盡職責起見，對於親屬會議已開而未為給否之任何決議時，亦應視為與決議不給之情形同，而賦有召集權人以聲訴不服之機會。（四八臺上一五三二）

第一千一百五十條　（繼承費用之支付）

關於遺產管理、分割及執行遺囑之費用，由遺產中支付之。但因繼承人之過失而支付者不在此限。

*（遺產管理）民一一五二、一一七七～一一八〇、一一八三；（遺產分割）民一一六四～一一六六、一一六八～一一七三；（遺囑之執行）民一二〇九～一二一八。

第一千一百五十一條　（遺產之公同共有）

繼承人有數人時，在分割遺產前，各繼承人對於遺產全部為公同共有。

*（遺產繼承人）民一一三八～一一四一、一一四四；（遺產分割）民一一六四～一一六六、一一六八～一一七三；（公同共有）民八二七～八三〇；（共同繼承與繼承權之拋棄）民一一五四；（共同繼承與限定繼承）民一一七四～一一七六；（公同共有遺產之管理）民一一五二；（債務之連帶責任）民一一五三。

▲繼承人有數人時，在分割遺產前，各繼承人對於遺產全部為公同共有，民法第一千一百五十一條定有明文，被上訴人自不得在分割遺產前，主張遺產中之特定部分由其個人承受。（三〇上二〇二）

▲原審雖以被上訴人四子之分關四紙，均未載有訟爭地在內，認定該地經被上訴人與其故夫留作養老財產，然被上訴人之故夫，如無特將該地所有權移轉於被上訴人之行為，則在其故夫生前，該地為其故夫所有，在其故夫死後，亦屬於其故夫繼承人數人之公同共有，仍不能僅以被上訴人故夫曾將該地留為夫婦養老之產，遽認為被上訴人所有。（三二上三〇〇）

▲共同繼承之遺產在分割以前，應為各繼承人公同共有，如公同共有人中之一人或數人，以其他公同共有人處分公同共有物為無效，對於主張因處分而取得權利之人，雖非不可提起確認該物仍屬公同共有人全體所有之訴，但提起確認自己部分公同共有權存在，或交還自己部分之訴，則為法所不許。（三七上七三〇二）

▲依民法第一千一百五十一條規定：繼承人有數人時，在分割遺產前，各繼承人對於遺產全部為公同共有。至於土地之繼承登記，依照土地法第七十三條規定，得由任何繼承人為全體繼承人聲請之，原毋庸為裁判上之請求。又依最近修正而於六十九年三月一日生效之土地登記規則第二十九條規定，繼承之土地原則上應申請為公同共有之登記，其經繼承人全體之同意者，始得申請為分別共有之登記。（六九臺上一一六六）

▲繼承人共同出賣公同共有之遺產，其所取得之價金債權，仍為公同共有，並非連帶債權。公同共有人受領公同共有債權之清償，應共同為之，除得全體公同共有人之同意外，

無由其中一人或數人單獨受領之權。（七四臺上七四八）

第一千一百五十二條　（公同共有遺產之管理）

前條公同共有之遺產，得由繼承人中互推一人管理之。

*（遺產之公同共有）民一一五一；（遺產管理費用）民一一五〇；（委任）民五二八～五五二。

▲未經分割之遺產，經各繼承人互推一人管理者，此項管理權，係基於委任契約而發生，依照民法第五百四十九條第一項規定，委任人本得隨時予以終止。（三〇上一九五五）

▲公同共有之遺產，依民法第一千一百五十二條規定，由繼承人中互推一人管理時，管理人當然有向承租人請求支付租金及返還租賃物之權，即使未互推一人管理，如得其他公同共有人之同意，亦得單獨行使此項權利。（三三上三四四）

第一千一百五十三條　（債務之連帶責任）

繼承人對於被繼承人之債務，以因繼承所得遺產為限，負連帶責任。

繼承人相互間對於被繼承人之債務，除法律另有規定或另有約定外，按其應繼分比例負擔之。

⑨⑧一、第一千一百四十八條第二項已明定繼承人對於被繼承人之債務，僅以因繼承所得遺產，負清償責任，則本條第一項繼承人對外連帶責任之範圍，即應配合修正限於繼承人因繼承所得遺產之限度內，負連帶責任，爰修正第一項規定。

二、又本次修正之第一千一百四十八條第二項已明定繼承人對於繼承債務僅負限定責任，且適用於所有繼承人，故現行第二項已無規定之必要，爰予刪除。

三、第三項未修正。

*（遺產繼承人）民一一三八～一一四一、一一四四；（連帶債務）民二七二～二八二；（遺產之公同共有）民一一五一；（繼承之標的）民一一四八；（應繼分）民一一四〇、一一四一、一一四四；（限定繼承）民一一五四；（繼承之拋棄）民一一七四、一一七五。

▲父母所負債款，子因承繼關係，應負償還義務。（一九上三三〇二）

▲繼承人對於被繼承人之債務，雖與他繼承人負連帶責任，但連帶債務人中之一人所受之確定判決，除依民法第二百七十五條之規定，其判決非基於該債務人之個人關係者，為他債務人之利益亦生效力外，對於他債務人不生效力。故債權人對於繼承人未得有確定判決或其他之執行名義時，不得依其與他繼承人間之確定判決，就該繼承人所有

四七）

▲某甲之繼承人雖不僅被上訴人一人，但依民法第一千一百五十三條第一項之規定，被上訴人對於某甲之債務既負連帶責任，則上訴人僅對被上訴人一人提起請求履行該項債務之訴，按諸民法第二百七十三條第一項之規定，自無不可，乃原審認為必須以繼承人全體為共同被告，將上訴人對於被上訴人之訴駁回，實屬違法。（二七上二五八七）

▲上訴人之父如在民法繼承編施行前開始繼承，而其繼承人有數人時，上訴人對於其父之債務，僅須與其他繼承人按其應繼分比例分擔之，不負連帶責任。（二八上二三三九）

▲系爭房屋既為被上訴人之父生前向上訴人承租，則在其父死亡開始繼承後，因租賃關係消滅所負返還之義務，自係民法第一千一百五十三條第一項所謂被繼承人之債務，被上訴人對之本應負連帶責任，縱使如被上訴人所稱，其父所有遺產業經繼承人全體協議分割，此項房屋已移歸其他繼承人承受云云，而依同法第一千一百七十一條第一項之規定，被上訴人如不能就此證明曾經上訴人之同意，仍難免除連帶責任。（三八臺上一七四）

▲債權人繼承債務人財產，適用民法第三百四十四條因混同而消滅其債之關係時，雖尚有其他共同繼承人，依民法第一千一百五十三條發生連帶債務之關係，而就民法第二百七十四條，連帶債務中之一人因混同而消滅債務者，他債務人亦同免責任之規定觀之，自不影響於因混同而消滅之繼承債務之關係，惟其債權為設有抵押權者，則雖依民法第二百八十一條第二項，並參照同法第三百四十四條但書之規定，在其得向他債務人求償其各自分擔之部分及自免責時起之利息範圍內，承受債權人之權利，可認原抵押權關於此部範圍內仍有其存在，然其抵押權所及之範圍，自亦僅以此為限，而非仍然存在於原來全部債權之上。（五一臺上二三七〇）

第二節　（刪除）

第一千一百五十四條　（繼承人之權義）

繼承人對於被繼承人之權利、義務，不因繼承而消滅。

⑱一、第一千一百四十八條第二項所定繼承人對於繼承債務僅負限定責任之規定，適用於所有繼承人，且不待繼承人主張，故現行第一項及第二項已無規定之必要，爰予刪除。

二、現行條文第三項規定移列為第一項，並酌作文字修正。

*（繼承人）民一一三八～一一四一、一一四四；（繼承標的）民一一四八；（共同繼承）民一一五一～一一五三；（限定繼承利益之喪失）民一一六三。

▲在訴訟繫屬中，當事人死亡而由繼承人承受訴訟者，該繼

之地位，並不因此而受影響，從而該繼承人如為限定繼承人時，仍只就所繼承遺產之範圍內對被繼承人之債務負其清償責任，觀民法第一千一百五十四條第一項規定自明，倘債權人執該判決為執行名義，對其固有財產聲請強制執行時，限定繼承人自得提起第三人異議之訴，以排除強制執行。（六八臺上七一八）

▲限定繼承之繼承人，就被繼承人之債務，唯負以遺產為限度之物的有限責任。故就被繼承人之債務為執行時，限定繼承人僅就遺產之執行居於債務人之地位，如債權人就限定繼承人之固有財產聲請強制執行，應認限定繼承人為強制執行法第十五條之第三人，得提起第三人異議之訴，請求撤銷強制執行程序。（七七臺抗一四三）

第一千一百五十五條　（刪除）

⑱一、本條刪除。

二、本次修正後，繼承人自應依第一千一百五十六條至第一千一百六十條及第一千一百六十二條之一規定為之，本條尚無規範之必要，爰予刪除。

第一千一百五十六條　（繼承人開具遺產清冊之陳報）

繼承人於知悉其得繼承之時起三個月內開具遺產清冊陳報法院。

前項三個月期間，法院因繼承人之聲請，認為必要時，得延展之。

繼承人有數人時，其中一人已依第一項開具遺產清冊陳報法院者，其他繼承人視為已陳報。

⑱一、本次修正後，繼承人對於被繼承人之債務，雖僅須以所得遺產負清償責任，惟為釐清被繼承人之債權債務關係，宜使繼承人於享有限定責任利益之同時，負有清算義務，免失事理之平，爰維持繼承人應開具遺產清冊陳報法院，並進行第一千一百五十七條以下程序之規定。如此，一方面可避免被繼承人生前法律關係因其死亡而陷入不明及不安定之狀態；另一方面繼承人亦可透過一次程序之進行，釐清確定所繼承遺產之法律關係，以免繼承人因未進行清算程序，反致各債權人逐一分別求償，不勝其擾，爰維持現行條文第一項及第二項規定，並酌作修正。

二、又繼承人有數人時，如其中一人已依第一項陳報，其他繼承人原則上自無須再為陳報，爰增訂第三項。

三、繼承人如未於本條第一項所定期間開具遺產清冊陳報法院，並不當然喪失限定繼承之利益。嗣法院依第一千一百五十六條之一規定，因債權人聲請或依職權命繼承人陳

承人仍不遵命開具遺產清冊，繼承人即必須依第一千一百六十二條之一規定清償債務，若繼承人復未依第一千一百六十二條之二規定，負清償及損害賠償責任。

*（限定繼承之定義）民一一五四；（繼承開始）民一一四七；（期間之計算）民一二一、一二三；（呈報之法院）非訟七六。

▲(一)繼承人因為限定之繼承，既於繼承開始時起三個月內開具遺產清冊呈報法院，原不得為駁回之裁定，繼承人既重開遺產清冊，更為確切之統計，法院應即為之公示催告，不受前裁定之拘束。（院一〇五四）

第一千一百五十六條之一　（債權人遺產清冊之提出）

債權人得向法院聲請命繼承人於三個月內提出遺產清冊。

法院於知悉債權人以訴訟程序或非訟程序向繼承人請求清償繼承債務時，得依職權命繼承人於三個月內提出遺產清冊。

前條第二項及第三項規定，於第一項及第二項情形，準用之。

⑱一、本條新增。

二、鑑於本次修正施行後，繼承人可能因不知繼承債權人之存在，而認為無依前條第一項所定期間開具遺產清冊陳報法院之必要，故制度上宜使債權人有權向法院聲請命繼承人開具遺產清冊，一方面可使原不知債權存在之繼承人知悉，另一方面亦可使債權人及繼承人尚有藉由陳報法院進行清算程序之機會。又為使繼承法律關係儘速確定，宜參考前條第一項規定，明定法院命繼承人於三個月內開具遺產清冊，爰增訂第一項規定。

三、為求儘量透過清算遺產程序，一次解決紛爭，並利於當事人主張權利，制度上除使債權人得依第一項規定向法院請求命繼承人提出遺產清冊外，應讓法院得於知悉債權人以訴訟程序或非訟程序向繼承人請求清償債務時，依職權命繼承人提出遺產清冊並為清算，俾利續行裁判程序，爰增訂第二項規定。

四、法院命繼承人提出遺產清冊之三個月期間，參考前條第二項規定，明定法院因繼承人之聲請，認為必要時得延展之，以保障繼承人之權益。又法院如已命繼承人其中一人開具遺產清冊，其他繼承人亦已無再為陳報之必要，爰增訂第三項規定，明定前條第二項及第三項規定，於第一

項及第二項情形，準用之。又本次修正既明定繼承人中一人陳報，其他繼承人視為已陳報，則遺產清冊如有須補正之事項，法院自得命繼承人中之一人或數人補正，自不待言。

五、繼承人如未依第一千一百五十六條或本條規定開具遺產清冊陳報法院並進行清算程序，即必須依第一千一百六十二條之一規定清償債務，如復違反第一千一百六十二條之一清償債務之規定，其效果依第一千一百六十二條之二規定，對於被繼承人之債權人應受清償而為受償之部分，仍應負清償責任，且不以所得遺產為限。如尚有致被繼承人之債權人受有損害者，亦應負賠償之責，附予敘明。

第一千一百五十七條　（報明債權之公示催告及其期限）

繼承人依前二條規定陳報法院時，法院應依公示催告程序公告命被繼承人之債權人於一定期限內報明其債權。

前項一定期限，不得在三個月以下。

⑱一、配合第一千一百五十六條及第一千一百五十六條之一之規定，第一項酌作文字修正。

二、第二項未修正。

*（限定繼承之定義）民一一五四；（繼承人）民一一三八～一一四一、一一四四；（限定繼承人之開具遺產清冊）民一一五六；（呈報之法院）家事一二七；（公示催告程序）民訴五三九～五六七；（期間之計算）民一二一、一二三；（償還債務之限制）民一一五八；（依期報明債權之償還）民一一五九；（交付遺贈之限制）民一一六〇；（違反本條之效果）民一一六一、一一六二。

第一千一百五十八條　（償還債務之限制）

繼承人在前條所定之一定期限內，不得對於被繼承人之任何債權人償還債務。

*（報明債權之公示催告及其期限）民一一五七；（繼承人）民一一三八～一一四一、一一四四、一一五四；（期間計算）民一二一、一二三；（償還債務）民三〇七～三四四；（違反本條之損害賠償）民一一六一；（類似規定）民一一八一。

第一千一百五十九條　（依期報明債權之償還）

在第一千一百五十七條所定之一定期限屆滿後，繼承人對於在該一定期限內報明之債權及繼承人所已知之債權，均應按其數額，比例計算，以遺產分別償還。但不得害及有優先權人之利益。

繼承人對於繼承開始時未屆清償期之債權，亦應依第一項規定予以清償。

前項未屆清償期之債權，於繼承開始時，視為已到期。其無利息者，其債權額應扣除自第一千一百五十七條所定之一定期限屆滿時起至到期時止之法定利息。

⑱一、第一項未修正。

二、被繼承人債權人之債權如於被繼承人死亡時（即繼承開始時）尚未屆清償期，是否依第一項規定清償，未有明文。惟如未規範繼承人於繼承開始時為期前清償，則遺產清算程序勢將遲延，對於繼承債權人、受遺贈人及繼承人均造成不便，故參考日本民法第九百三十條第一項規定及破產法第一百條規定，明定繼承人對於未屆清償期之債權亦應依第一項規定清償，且該等債權於繼承開始時即視為已到期，以利清算，爰增訂第二項及第三項前段規定。

三、又未屆清償期之債權附有利息者，應合計其原本及至清償時止之利息，以為債權額，尚無疑義；惟未附利息者，則不應使繼承人喪失期限利益，故其債權額應扣除自第一千一百五十七條所定之一定期限屆滿時起至到期時止之法定利息，始為公允，並利於繼承人於第一千一百五十七條所定一定期限屆滿後，依第一項規定進行清算，爰參考破產法第一百零一條規定，增訂第三項後段規定。

四、至於附條件之債權或存續期間不確定之債權，其權利是否生效或其存續期間處於不確定之狀態，情況各別，宜就個案情形予以認定，不宜概予規範，以免掛一漏萬，併此敘明。

*（報明債權之公示催告及其期限）民一一五七；（繼承人）民一一三八～一一四一、一一四四、一一五四；（償還債務）民三〇七～三四四；（優先權）民八六〇、八八四、九〇〇、九〇一、九二八、四四五、六一二，海商二四、一六二；（違反本條之損害賠償）民一一六一；（交付遺贈之限制）民一一六〇。

第一千一百六十條　（交付遺贈之限制）

繼承人非依前條規定償還債務後，不得對受遺贈人交付遺贈。

*（繼承人）民一一三八～一一四一、一一四四、一一五四；（依期報明債權之償還）民一一五九；（遺贈）民一二〇〇～一二〇八；（違反本條之損害賠償）民一一六一；（交

第一千一百六十一條　（繼承人之賠償責任及受害人之返還請求權）

繼承人違反第一千一百五十八條至第一千一百六十條之規定，致被繼承人之債權人受有損害者，應負賠償之責。

前項受有損害之人，對於不當受領之債權人或受遺贈人，得請求返還其不當受領之數額。

繼承人對於不當受領之債權人或受遺贈人，不得請求返還其不當受領之數額。

⑱一、第一千一百五十七條係規定法院之公示催告程序，非本條第一項損害賠償規範之事項，爰將現行條文第一項所定「第一千一百五十七條」修正為「第一千一百五十八條」。

二、第二項未修正。

三、繼承人未依第一千一百五十九條及第一千一百六十條規定為清償，致債權人有受領逾比例數額之情形時，該債權人於其債權範圍內受領，並非無法律上之原因，自無不當得利可言，故增訂第三項，明定繼承人對於不當受領之債權人或受贈人，不得請求返還其逾比例受領之數額，以期明確。

*（繼承人）民一一三八～一一四一、一一四四、一一五四；（報明債權之公示催告及其期限）民一一五七；（償還債務之限制）民一一五八；（依期報明債權之償還）民一一五九；（交付遺贈之限制）民一一六〇；（損害賠償）民二一三～二一八；（遺贈）民一二〇〇～一二〇八。

第一千一百六十二條　（未依期報明債權之償還）

被繼承人之債權人，不於第一千一百五十七條所定之一定期限內報明其債權，而又為繼承人所不知者，僅得就賸餘遺產，行使其權利。

*（報明債權之公示催告及其期限）民一一五七；（繼承人）民一一三八～一一四一、一一四四、一一五四；（依期報明債權之償還）民一一五九；（類似規定）民一一八二。

第一千一百六十二條之一　（繼承人之清償債權責任）

繼承人未依第一千一百五十六條、第一千一百五十六條之一開具遺產清冊陳報法院者，對於被繼承人債權人之全部債權，仍應按其數額，比例計算，以遺產分別償還。但不得害及有優先權人之利益。

贈人交付遺贈。

繼承人對於繼承開始時未屆清償期之債權，亦應依第一項規定予以清償。

前項未屆清償期之債權，於繼承開始時，視為已到期。其無利息者，其債權額應扣除自清償時起至到期時止之法定利息。

⑱一、本條新增。

二、本次修法已於第一千一百四十八條第二項明定繼承人對於被繼承人之債務僅以所得遺產為限負清償責任，另於第一千一百五十六條及第一千一百五十六條之一設有三種進入法院清算程序之方式，如繼承人仍不願意或認為無須依上開規定開具遺產清冊陳報法院並進行清算程序者，對於被繼承人之債權人自為清償時，除有優先權之情形外，則應自行按各債權人之債權數額，比例計算，以遺產分別償還，以求債權人間權益之衡平，爰參考第一千一百五十九條規定，增訂第一項。

三、至於債務清償及交付遺贈之順序，亦宜明定，爰參考第一千一百六十條規定，增訂第二項。

四、本條係由繼承人自行清算之規定，然對於未屆清償期之債權應如何清算，則與繼承人依第一千一百五十九條第一項規定為清算時，同有爭議。故本條亦參考日本民法第九百三十條第一項規定及破產法第一百條規定，明定繼承人對於未屆清償期之債權亦應依第一項規定清償，且該等債權於繼承開始時即視為已到期，以利清算，爰增訂第三項及第四項前段規定。

五、又未屆清償期之債權附有利息者，應合計其原本及至清償時止之利息，以為債權額，尚無疑義；為未付利息者，則不應使繼承人喪失期限利益，然因本條係由繼承人自行清算，並無第一千一百五十七條法院命債權人報明債權之期間，與第一千一百五十九條所定情形不同，故其債權額應扣除自清償時起至到期時止法定利息，始為公允，爰參考破產法第一百零一條規定，增訂第四項後段規定。

第一千一百六十二條之二（限定繼承之例外原則）

繼承人違反第一千一百六十二條之一規定者，被繼承人之債權人得就應受清償而未受償之部分，對該繼承人行使權利。

繼承人對於前項債權人應受清償而未受償部分之清償責任，不以所得遺產為限。但繼承人為無行為能力人或限制行為能力人，不在此限。

繼承人違反第一千一百六十二條之一規定，致被繼承人之債權人受有損害者，亦應負賠償之責。

前項受有損害之人，對於不當受領之債權人或受遺贈人，得請求返還其不當受領之數額。

繼承人對於不當受領之債權人或受遺贈人，不得請求返還其不當受領之數額。

⑱一、本條新增。

二、本次修法已於第一千一百四十八條第二項明定繼承人對於被繼承人之債務僅以所得遺產為限負清償責任，另於第一千一百五十六條及第一千一百五十六條之一設有三種進入清算程序之方式，以期儘速確定繼承債權債務關係之義務。惟如繼承人不依第一千一百五十六條或第一千一百五十六條之一規定向法院陳報進行清算程序，則其自為債務之清償，即必須依第一千一百六十二條之一規定為之，以維債權人之權益。如繼承人不依上開規定向法院陳報並進行清算程序，又違反第一千一百六十二條之一規定，致債權人原得受清償部分未能受償額（例如：未應按比例受償之差額或有優先權人未能受償之部分），即應就該未能受償之部分負清償之責，始為公允，故明定債權人得向繼承人就該未受償部分行使權利，爰增定第一項規定。

三、第一項債權人未能受清償之部分乃係因繼承人之行為所致，繼承人自應對於該債權人未能受償部分負清償之責，已如前述。至於繼承人之債權人未按比例或應受償未受償部分之清償責任，即不應以所得遺產為限，以期繼承人與債權人間權益之衡平，爰增訂第二項規定。又此時繼承人僅係就應受償而未能受償部分負清償之責且不以所得遺產為限，該繼承人對於其他非屬本條第一項及第二項之繼承債務，仍僅以所得遺產為限負清償之責，併予敘明。

四、繼承人如為無行為能力人或限制行為能力人，依本次修正前第一千一百五十三條第二項規定，原無須辦理任何程序，對於被繼承人之債務，即僅以所得遺產為限負清償責任。本次修正因已明定所有繼承人對繼承債務負限定責任，故配合刪除第一千一百五十三條第二項，惟原保護無行為能力或限制行為能力人之立法原則並未改變，故於第二項但書規定，如繼承人為無行為能力人或限制行為能力人，有致債權人未能依比例受償之情形，仍僅以所得遺產為限負清償責任。

五、繼承人因違反第一千一百六十二條之一規定，致被繼承人之債權人受有損害者，自應負賠償之責，爰參考第一千一百六十一條規定，增訂第三項。

六、又繼承人違反第一千一百六十二條之一規定，致被繼債權人請求損害賠償，惟繼承人若資力不足或全無資力時，對受損害之債權人即無實際上之效果，故參考第一千一百六十一條第二項規定，增訂第四項，明定第三項之債權人對於不當受領之債權人或受遺贈人，得請求返還其不當受領之數額。

七、繼承人未依第一千一百六十二條之一規定為清償，致債權人有受領逾比例數額之情形時，該債權人於其債權範圍內受領，並非無法律上之原因，自無不當得利可言，故增訂第四項，明定繼承人對於不當受領之債權人或受遺贈人，不得請求返還其逾比例受領之數額，以期明確。

第一千一百六十三條（限定繼承利益之喪失）

繼承人中有下列各款情事之一者，不得主張第一千一百四十八條第二項所定之利益：

一　隱匿遺產情節重大。

二　在遺產清冊為虛偽之記載情節重大。

三　意圖詐害被繼承人之債權人之權利而為遺產之處分。

⑱一、本次修法已於第一千一百四十八條第二項明定繼承人對於被繼承人之債務，僅以所得遺產為限負清償責任，繼承人卻有隱匿遺產情節重大、在遺產清冊為虛偽之記載情節重大或意圖詐害被繼承人之債權人之權利，而為遺產之處分等情事之一，自應維持現行條文，明定該繼承人不得主張限定責任利益，爰參考法國民法第七百九十二條及德國民法第二千零五條之規定，修正第一項規定，明定繼承人如有上述情事之一者，對於被繼承人之債務應概括承受，不得主張第一千一百四十八條第二項所定有限責任之利益，以遏止繼承人此等惡性行為，並兼顧被繼承人債權人之權益。

二、配合第一千一百五十六條之修正，刪除現行條文第四款規定。至於繼承人如未於第一千一百五十六條所定期間開具遺產清冊陳報法院，並不當然喪失限定責任之利益。嗣法院依第一千一百五十六條之一規定，因債權人聲請或依職權命繼承人陳報時，繼承人仍有開具遺產清冊陳報法院之機會。惟如繼承人仍不遵命開具遺產清冊，繼承人即必須依第一千一百六十二條之一規定清償債務，若繼承人復未依第一千一百六十二條之一規定清償時，則須依第一千一百六十二條之二規定，負清償及損害賠償責任。

三、繼承人中如有一人有本條各款情事之一之行為，自應由該繼承人負責，其他繼承人之限定責任不因而受影響。又繼承人如為無行為能力人或限制行為能力人，而由其法定代理人開具遺產清冊，如其法定代理人在遺產清冊為虛偽記載之情事，致債權人受有損害，而該無行為能力或限制行為能力之繼承人不知情，該繼承人自不適用本條規定，而應由該法定代理人負損害賠償責任，其理至明。

＊（繼承人）民一一三八～一一四一、一一四四；（限定繼承之定義）民一一五四；（偽造私文書）刑二一〇、二一六；（開具遺產清冊）民一一五六；（詐欺）民九二、九三，破產一五四。

▲繼承人為限定之繼承，雖於法定期限內，開具遺產清冊呈報法院，且經公示催告，但被繼承人之債權人，主張有民法第一千一百六十三條第一款隱匿遺產情事，經查訊屬實，自可依債權人之聲請，而為繼承人不得享有限定繼承利益之裁定。（院一七一九）

第三節　遺產之分割

第一千一百六十四條　（遺產分割自由原則）

繼承人得隨時請求分割遺產，但法律另有規定或契約另有訂定者，不在此限。

＊（繼承人）民一一三八～一一四一、一一四四；（遺產之公同共有）民一一五一；（法律另有規定）民一一六五、一一六六，遺贈稅八，稅徵二四、二五；（共有物不分割之約定及其期限之限制）民八二三；（分割之效力）民一一六八～一一七一；（分割之計算）民一一七二、一一七三。

▲分析家產與承受遺產，其請求之目的既有不同，自屬另案訴訟，要不能謂分析家產之裁判，即為承受遺產之執行處分。（一七抗一七六）

▲同居共財之兄弟分析祖遺財產，應以現存財產為限，在同居共財時已經消費之財產，除管理人確有侵占肥私之情形，得命其賠償外，若係為日常生活之必要，致減少財產之一部或加重財產上之負擔者，自不能強令管理人回復原狀，據為分析之標準。（一九上八八七）

▲民法第一千一百六十四條所指之分割，非不得由各繼承人依協議方法為之，苟各繼承人已依協議為分割，除又同意重分外，殊不許任何共有人再行主張分割。（五四臺上二六六四）

▲繼承人協議分割遺產，原非要式行為，故就遺產之分割方法，於繼承人間苟已協議成立，縱令有繼承人漏未在閩書加蓋印章，於協議之成立，亦不發生影響。（七三臺上四〇五二）

第一千一百六十五條　（分割遺產之方法）

被繼承人之遺囑，定有分割遺產之方法，或託他人代定之。

遺囑禁止遺產之分割者，其禁止之效力以十年為限。

⑭遺囑禁止遺產分割之期間過長，有礙於經濟之發展，而個人資財，尤貴為適當之營運，方能發揮其價值。原第二項所定禁止之效力，以二十年為限，在今日工業社會，其期間實嫌過長，修正為以十年為限，俾於經濟發展與未成年繼承人利益保護之間能得其平衡。

＊（遺囑）民一一八六～一二二二；（特留分）民一二二三～一二二五；（應繼分）民一一四〇、一一四一、一一四四；（共有物分割之方法）民八二四。

▲㈠分割財產之遺囑，以不違背特留分之規定為限，應尊重遺囑人之意思。如遺囑所定分割方法，係因當時法律尚無女子繼承財產權之根據，而並非有厚男薄女之意思，此後開始繼承如女子已取得繼承權，自應依照法定順序按人數平均分受。若遺囑立於女子已有繼承財產權之後，而分割方法顯有厚男薄女之意思，則除違背特留分之規定外，於開始繼承時即應從其所定。（院七四一）

第一千一百六十六條　（胎兒應繼分之保留）

胎兒為繼承人時，非保留其應繼分，他繼承人不得分割遺產。

胎兒關於遺產之分割，以其母為代理人。

＊（應繼分）民一一四〇、一一四一、一一四四；（胎兒之權利能力）民七；（法律行為之無效）民七一；（遺產分割之自由）民一一六四；（繼承回復請求權）民一一四六。

第一千一百六十七條　（刪除）

⑭依第一千一百五十一條規定，在遺產分割前，各繼承人對於遺產為公同共有，而依本條規定，遺產之分割，溯及繼承開始時，發生單獨所有之效力，根本否定公同共有關係之存在，在法理上陷於自相矛盾，即與第一千一百六十八條所定共同繼承人應負之擔保責任，亦有歧異，爰將本條予以刪除。

第一千一百六十八條　（分割之效力㈠——繼承人之互相擔保責任）

遺產分割後，各繼承人按其所得部分，對於他繼承人因分割而得之遺產，負與出賣人同一之擔保責任。

＊（繼承人）民一一三八～一一四一、一一四四；（應繼分）民一一四〇、一一四一、一一四四；（遺產分割之自由）民一一六四；（遺產分割之方法及限制）民一一六五、一一六六；（出賣人之擔保責任）民三四九～三五九；（共有物分割之擔保責任）民八二五；（遺產分割效力之其他規

第一千一百六十九條　（分割之效力㈡——債務人資力之擔保責任）

遺產分割後，各繼承人按其所得部分，對於他繼承人因分割而得之債權，就遺產分割時債務人之支付能力，負擔保之責。

前項債權，附有停止條件或未屆清償期者，各繼承人就應清償時債務人之支付能力，負擔保之責。

＊（遺產分割之自由）民一一六四；（遺產分割之方法及限制）民一一六五、一一六六；（繼承人）民一一三八～一一四一、一一四四；（應繼分）民一一四〇、一一四一、一一四四；（停止條件）民九九㈠；（清償期）民三一五、三一六；（遺產分割效力之其他規定）民一一六八、一一七〇、一一七一；（債權出賣人之擔保責任）民三五二；（保證）民七三九～七五六。

第一千一百七十條　（分割之效力㈢——擔保責任人無資力時之分擔）

依前二條規定負擔保責任之繼承人中，有無支付能力不能償還其分擔額者，其不能償還之部分，由有請求權之繼承人與他繼承人，按其所得部分比例分擔之。但其不能償還，係由有請求權人之過失所致者，不得對於他繼承人請求分擔。

＊（繼承人）民一一三八～一一四一、一一四四；（應繼分）民一一四〇、一一四一、一一四四；（遺產分割效力之其他規定）民一一六八、一一六九、一一七一；（類似規定）民二八二。

第一千一百七十一條　（分割之效力㈣——連帶債務之免除）

遺產分割後，其未清償之被繼承人之債務，移歸一定之人承受，或劃歸各繼承人分擔，如經債權人同意者，各繼承人免除連帶責任。

繼承人之連帶責任，自遺產分割時起，如債權清償期在遺產分割後者，自清償期屆滿時起，經過五年而免除。

＊（遺產分割之自由）民一一六四；（遺產分割之方法及限制）

一一七；（連帶責任）民二七一～二七三；（期間之計算）民一二一、一二三；（共同繼承人之連帶責任）民一一五三。

▲（三八臺上一七四）參見本法第一千一百五十三條。

第一千一百七十二條（分割之計算㈠——債務之扣還）

繼承人中如對於被繼承人負有債務者，於遺產分割時，應按其債務數額，由該繼承人之應繼分內扣還。

*（繼承人）民一一三八～一一四一、一一四四；（遺產分割之自由）民一一六四；（遺產分割之方法及限制）民一一六五、一一六六；（應繼分）民一一四〇、一一四一、一一四四。

第一千一百七十三條（分割之計算㈡——贈與之歸扣）

繼承人中有在繼承開始前因結婚、分居或營業，已從被繼承人受有財產之贈與者，應將該贈與價額加入繼承開始時被繼承人所有之財產中，為應繼遺產。但被繼承人於贈與時有反對之意思表示者，不在此限。」

前項贈與價額，應於遺產分割時，由該繼承人之應繼分中扣除。

贈與價額依贈與時之價值計算。

*（繼承人）民一一三八～一一四一、一一四四；（繼承開始）民一一四七；（結婚）民九八〇～九八五、九八八～九九一、九九五～九九九之一；（家屬與家分離）民一一二七、一一二八；（贈與）民四〇六；（遺產分割之自由）民一一六四；（遺產分割之方法及限制）民一一六五、一一六六；（應繼分）民一一四〇、一一四一、一一四四；（特留分之計算及扣減）民一二二四、一二二五；（債務之扣還）民一一七二。

▲繼承人之特留分，依民法第一千二百二十四條固已規定由應繼財產中除去債務額算定之。而所謂應繼財產，則應依第一千一百七十三條算定之。查第一千一百七十三條第一項前半段，雖規定繼承人中有在繼承開始前因結婚分居或營業已從被繼承人受有財產之贈與者，應將該贈與價額加入繼承開始時被繼承人所有之財產中，為應繼遺產。惟同條項後半段之但書，已明有被繼承人於贈與時有反對之意思表示者，不在此限之規定。而關於特留分，民法繼承編又僅明定遺囑人以遺囑自由處分遺產時，應不違反特留分規定之範圍及被繼承人所為之遺贈，致應得特留分人應得之數不足者，得按其不足之數，由遺贈財產扣減（參照第一千一百八十七條、第一千二百二十五條）。可見特留分之規定，僅係限制遺產人處分其死後之遺產。若當事人處分其生前之財產，自應尊重當事人本人之意思。故關於當事人生前贈與其繼承人之財產，其贈與原因若非第一千一百七十三條所列舉者，固不得算入應繼遺產中，即其為第一千一百七十三條列舉之原因，如贈與人明有不得算入應繼遺產之意思表示，自應適用第一千一百七十三條但書之規定，而不得於法定之外曲解特留分規定復加何項限制。（院七四三）

▲民法僅於第一千二百二十五條規定應得特留分之人，如因被繼承人所為之遺贈致其應得之數不足者，得按其不足之數由遺贈財產扣減之，並未如他國立法例認其有於保全特留分必要限度內，扣減被繼承人所為贈與之權，解釋上自無從認其有此權利，院字第七四三號解釋未便予以變更。（院二三六四）

▲被繼承人在繼承開始前，因繼承人之結婚、分居或營業，而為財產之贈與，通常無使受贈人特受利益之意思，不過因遇此等事由，就其日後終應繼承之財產預行撥給而已，故除被繼承人於贈與時有反對之意思表示外，應將該贈與價額加入繼承開始時，被繼承人所有之財產中，為應繼財產，若因其他事由，贈與財產於繼承人，則應認其有使受贈人特受利益之意思，不能與因結婚、分居或營業而為贈與者相提並論，民法第一千一百七十三條第一項列舉贈與之事由，係限定其適用之範圍，並非例示之規定，於因其他事由所為之贈與，自屬不能適用。（二七上三二七一）

第四節　繼承之拋棄

第一千一百七十四條（繼承權拋棄之自由及方法）

繼承人得拋棄其繼承權。

前項拋棄，應於知悉其得繼承之時起三個月內，以書面向法院為之。

拋棄繼承後，應以書面通知因其拋棄而應為繼承之人。但不能通知者，不在此限。

⑨⑦一、第一項未修正。

二、依第一千一百四十八條規定繼承人自繼承開始時，除本法另有規定外，概括承受被繼承人財產上之一切權利、義務，但另設限定繼承及拋棄繼承制度，使繼承人有選擇權，故繼承人依本條規定主張拋棄繼承，即為第一千一百四十八條所定「除本法另有規定」之情形。然因現行規定繼承人為拋棄繼承者之期間過短，致未能於上開期間內完成拋棄繼承呈報，概括承受被繼承人財產上之一切權利義務，失之過苛；另因現行規定主張限定繼承及拋棄繼承之法定期間不同，為利人民適用，爰修正為一致，明定繼承人得自知悉其得繼承之時起三個月內拋棄繼承。又所謂「知悉其得繼承之時起」，係指知悉被繼承人死亡且自己已依第一千一百三十八條規定成為繼承人之時，始開始起算主張拋棄繼承之期間，蓋繼承人如為第一千一百三十八條第一順序次親等或第二順序以下之繼承人，未必確知自己已成為繼承人，故應自其知悉得繼承之時起算，以保障繼承人之權利；如繼承人因久未連繫，不知被繼承人婚姻及家庭狀況（如有無子女），縱日後知悉被繼承人死亡，惟不知悉自己是否成為繼承人者，仍非屬本條所定知悉之情形，故當事人是否知悉，宜由法院於具體個案情形予以認定。

三、現行條文第二項後段規定，於實務運作上易誤認通知義務為拋棄繼承之生效要件，即誤以書面向法院為之並以書面通知因其拋棄而應為繼承之人，始生拋棄繼承之效力，致生爭議。為明確計，並利繼承關係早日確定，爰改列為第三項規定，以示此通知義務係屬訓示規定。

*（繼承人）民一一三八～一一四一、一一四四；（繼承權）民一一四八；（繼承開始）民一一四七；（期間計算）民一二一、一二三；（要式行為）民七三；（親屬會議）民一一二九～一一三七，家事一八一；（繼承拋棄之效力）民一一七五；（拋棄繼承權人應繼分之歸屬）民一一七六；（拋棄繼承權者繼續管理遺產之義務）民一一七六之一。

▲㈠遺產繼承權者，為有應繼資格之人可以承受遺產之權利，不待繼承開始而發生（參考喪失繼承權各條），故拋棄其應繼之分為個人之自由，不問繼承編施行前或施行後均得為之。至拋棄之方式，在繼承編施行前，法無明文，如已向有利害關係人為拋棄之表示者，即應生效。惟在繼承編施行後，非具備法定方式不能認為有效之拋棄。

㈡陷於生活困難為贍養之所由生，其給與是否相當，當視贍養者之經濟能力及被贍養者需要狀況權衡認定，至贍養以何時為準，須於請求贍養時斟酌雙方現狀定之。

㈢後母之子、女對於前母並非直系血親卑親屬，自不得代位繼承其應繼之分。（院七四四）

▲（院解三八四五）參見本法第一千一百四十六條。

▲民法第一千一百七十四條所謂繼承權之拋棄，係指繼承開始後，否認繼承效力之意思表示而言，此觀同條第二項及同法第一千一百七十五條之規定甚為明顯，若繼承開始前預為繼承權之拋棄，則不能認為有效。（二二上二六五二）

▲繼承人之拋棄繼承權，依民法第一千一百七十四條第二項之規定，應於知悉其得繼承之時起二個月內，以書面向法院、親屬會議或其他繼承人為之，是繼承權之拋棄為要式行為，如不依法定方式為之，依民法第七十三條之規定自屬無效。（二三上二六八三）（九一、一〇、三一決議不再

援用）

▲被上訴人於某甲繼承開始後，縱未即為代位繼承之主張，亦不得因此謂其代位繼承權已合法拋棄。（三二上一九九二）

▲繼承權經合法拋棄者，該繼承人之繼承權即溯及於繼承開始時而喪失，其應繼分歸屬於其他同一順序之繼承人，此觀民法第一千一百七十四條至第一千一百七十六條第一項之規定自明，故拋棄繼承權之人，縱事後曾就被繼承人之遺產，以自己名義而為繼承之登記，亦不得謂其業經喪失之繼承權，已因此項登記而回復。（四四臺上一二五七）

▲繼承人就被繼承人生前之贈與內容，另訂和解契約加以變更，本與遺產繼承之拋棄不同，不以履踐民法第一千一百七十四條第二項所定之程式為其前提要件。（四八臺上三七一）

▲（五二臺上四五一）參見本法第一千一百四十八條。

▲拋棄繼承權，應於知悉其得繼承之時二個月內以書面向法院、親屬會議或其他繼承人為之，民法第一千一百七十四條定有明文。此所謂其他繼承人，並不包括次順序之繼承人在內。（六五臺上一五〇）（九一、一二、六決議不再援用）

▲繼承之拋棄，係指繼承人否認自己開始繼承效力之意思表示，即否認因繼承開始當然為繼承人之全部繼承效力之行為。與拋棄因繼承所取得之財產，性質不同。又民法第一千一百七十四條所謂拋棄繼承權，係指全部拋棄而言，如為一部拋棄，為繼承性質所不許，不生拋棄之效力。（六五臺上一五六三）

▲民法第一千一百七十四條第一項固規定繼承人得拋棄其繼承權，惟此所謂拋棄繼承權，係指全部拋棄而言，如為一部拋棄，即不生拋棄之效力，上訴人雖主張繼承權一部之拋棄符合社會民間之需要，應為法之所許云云，其見解無可採取。（六七臺上三四四八）

▲繼承之拋棄，係就被繼承人全部遺產，為拋棄繼承權之表示，不得專就被繼承人之某一特定債權為繼承之拋棄。（六七臺上三七八八）

第一千一百七十五條　（繼承拋棄之效力）

繼承之拋棄，溯及於繼承開始時發生效力。

*（繼承之拋棄）民一一七四；（繼承之開始）民一一四七；（拋棄繼承權人應繼分之歸屬）民一一七六。

第一千一百七十六條　（拋棄繼承權人應繼分之歸屬）

第一千一百三十八條所定第一順序之繼承人中有拋棄繼承權者，其應繼分歸屬於其他同為繼承之人。

第二順序至第四順序之繼承人中，有拋棄繼承權者，其應繼分歸屬於其他同一順序之繼承人。

與配偶同為繼承之同一順序繼承人均拋棄繼承權，而無後順序之繼承人時，其應繼分歸屬於配偶。

配偶拋棄繼承權者，其應繼分歸屬於與其同為繼承之人。

第一順序之繼承人，其親等近者均拋棄繼承權時，由次親等之直系血親卑親屬繼承。

先順序繼承人均拋棄其繼承權時，由次順序之繼承人繼承。其次順序繼承人有無不明或第四順序之繼承人均拋棄其繼承權者，準用關於無人承認繼承之規定。

因他人拋棄繼承而應為繼承之人，為拋棄繼承時，應於知悉其得繼承之日起三個月內為之。

⑱一、第一項至第六項未修正。

二、因第一千一百四十八條第一項但書所定繼承人對於繼承債務，僅負限定責任之規定，適用於所有繼承人，且不待繼承人主張，爰將現行第七項所定「限定繼承或」等字刪除。

*（法定繼承人）民一一三八～一一四一、一一四四；（繼承權）民一一四八；（拋棄繼承）民一一七四；（應繼分）民一一四〇、一一四一、一一四四；（配偶）民一〇〇〇～一〇〇二；（血親）民九六七；（無人承認之繼承）民一一七七～一一八五。

▲釋五七。

第一千一百七十六條之一　（拋棄繼承權者繼續管理遺產之義務）

拋棄繼承權者，就其所管理之遺產，於其他繼承人或遺產管理人開始管理前，應與處理自己事務為同一之注意繼續管理之。

⑭拋棄繼承權者所管理之遺產，於其拋棄後如任其廢棄，將有害於其他繼承人之利益，爰增設本條之規定（參考日本民法第九百四十條、韓國民法第一千零四十四條）。

*（拋棄繼承）民一一七四。

第五節　無人承認之繼承

第一千一百七十七條　（遺產管理人之選定及報明）

繼承開始時，繼承人之有無不明者，由親屬會議於一個月內選定遺產管理人，並將繼承開始及選定遺產管理人之事由向法院報明。

⑭繼承開始時繼承人之有無不明者，親屬會議應迅速選定遺產管理人，現行法第一千一百七十八條所定將繼承開始及選定遺產管理人之事由，向法院報明之行為，亦應有期間之限制，爰將其移置於此，一併規定其選定及報明，均應於一個月內為之，以維護公益及被繼承人債權人之利益。

*（繼承開始）民一一四七；（繼承人）民一一三八～一一四一、一一四四；（親屬會議）民一一二九～一一三七，家事一八一；（繼承人之搜索）民一一七八；（法院為保存遺產之必要處置）民一一七八之一；（遺產管理人之職務）民一一七九；（遺產管理人之權義）民一一八〇～一一八三；（利害關係人聲請法院指定）家事一三六。

▲應由親屬會議選定遺產管理人時，如無親屬，得由利害關係人聲請法院指定之。（院一一〇七）

▲甲、乙因房產涉訟，乙提起第二審上訴，在訴訟進行中死亡，而無人承受訴訟時，該訴訟程序應予中斷，不能遽認為終結。至乙之遺產，雖無合法繼承人，自可依繼承編關於無人承認繼承之規定，選任遺產管理人，由其依法承受訴訟，在未承受前，原判決既未確定，自不生執行問題。（院一六四〇）

第一千一百七十八條　（搜索繼承人之公示催告與選任遺產管理人）

親屬會議依前條規定為報明後，法院應依公示催告程序，定六個月以上之期限，公告繼承人，命其於期限內承認繼承。

無親屬會議或親屬會議未於前條所定期限內選定遺產管理人者，利害關係人或檢察官得聲請法院選任遺產管理人，並由法院依前項規定為公示催告。

⑭為配合第一千一百七十七條之修正，並簡化本條現行規定，將原第二項關於公示催告之期限之規定與第一項合併修正為本條第一項。又原定一年之公示催告期限，在目前交通發達之時代，似嫌過長，並縮短為六個月。

為保護法定繼承人及利害關係人之正當權益，親屬會議如未於一個月內選定遺產管理人時，宜許利害關係人或檢察官聲請法院選任遺產管理人，並由法院依前項規定為公示催告搜索繼承人，使遺產之歸屬早日確定，爰增設本條第二項（參考日本民法第九百五十二條第一項）。

無親屬會議或不能依第一千一百七十七條選定遺產管理人時，雖已有非訟事件法第七十八條規定可資補救，為使一般人易於明瞭起見，爰將其納入本條中一併規定，使上述不能選定遺產管理人情形，適用本條第二項由利害關係人或檢察官聲請法院選任。

＊（親屬會議）民一一二九～一一三七，家事一八一；（遺產管理人之選定）民一一七七，家事一三六；（繼承開始）民一一四七；（呈報之法院）家事一二七；（公示催告程序）民訴五三九～五六七；（繼承人）民一一三八～一一四一、一一四四；（承認）民一一一六；（期間之計算）民一二一、一一二三；（公示催告之內容）家事一三〇。

▲（院一一〇七）參見本法第一千一百七十七條。

第一千一百七十八條之一 （法院為保存遺產之必要處置）

繼承開始時繼承人之有無不明者，在遺產管理人選定前，法院得因利害關係人或檢察官之聲請，為保存遺產之必要處置。

⑭繼承開始時繼承人之有無不明者，在遺產管理人選定前，如無妥適之措施，恐被繼承人之遺產易致散失，因而影響被繼承人債權人及社會經濟之利益，爰增設本條之規定，俾法院得因利害關係人或檢察官之聲請，為保存遺產之必要處置（參考韓國民法第一千零二十三條第一項之規定）。

＊（繼承人）民一一三八～一一四一、一一四四；（利害關係人聲請法院指定）家事一三六。

第一千一百七十九條 （遺產管理人之職務）

遺產管理人之職務如左：

一　編製遺產清冊。

二　為保存遺產必要之處置。

三　聲請法院依公示催告程序，限定一年以上之期間，公告被繼承人之債權人及受遺贈人，命其於該期間內報明債權及為願受遺贈與否之聲明，被繼承人之債權人及受遺贈人為管理人所已知者，應分別通知之。

四　清償債權或交付遺贈物。

五　有繼承人承認繼承或遺產歸屬國庫時，為遺產之移交。

前項第一款所定之遺產清冊，管理人應於就職後三個月內編製之；第四款所定債權之清償，應先於遺贈物之交付，為清償債權或交付遺贈物之必要，管理人經親屬會議之同意得變賣遺產。

＊（遺產管理人之選定）民一一七七，家事一三六；（公示催告程序）民訴五三九～五六七；（期間之計算）民一二一、一二三；（遺贈）民一二〇〇～一二〇八；（清償）民三〇九；（繼承人）民一一三八～一一四一、一一四四；（賸餘遺產之歸屬）民一一八五；（親屬會議）民一一二九～一一三七，家事一八一；（同意）民一一七；（遺產管理人之權義）民一一八〇～一一八三。

▲遺產依民法第一千一百八十五條規定歸屬國庫時，遺產管理人依民法第一千一百七十九條第一項第五款應向國庫為遺產之移交，此項私法上之義務如不履行，國庫自得向法院提起請求履行之訴。（院二二九五）

▲依照民法第一千一百七十九條第一項第三款規定，遺產管理人應聲請法院依公示催告程序，公告命被繼承人之債權人於限定期間內報明債權，又依同法第一千一百八十一條規定，非於上項公告期間屆滿後，債權人不得請求清償債權，上訴人不依上開法定程序行使其權利，竟於公示催告程序所定期間屆滿前遽行訴求被上訴人給付，自有未合。（六八臺上二六八六）（九五、八、一決議不再援用）

▲已故釋道安生前將系爭土地出賣與上訴人，價金並已付清，在辦理所有權移轉登記中，釋道安死亡，因釋道安無人繼承，被上訴人經法院指定為遺產管理人。查釋道安就該土地對上訴人負有辦理移轉登記使其取得所有權之義務。其為他人設定抵押權，既係在與上訴人訂約出賣之後，該土地於其後被抵押權人聲請拍賣，致對上訴人移轉登記之請求，成為給付不能，即難謂不應歸責於釋道安，上訴人當得為損害賠償之請求。因被上訴人為釋道安之遺產管理人，上訴人以之為被告，訴求給付，自屬正當。（七〇臺上二一一）

第一千一百八十條 （遺產管理人之報告義務）

遺產管理人因親屬會議，被繼承人之債權人或受遺贈人之請求，應報告或說明遺產之狀況。

＊（遺產管理人之選定）民一一七七，家事一三六；（親屬會議）民一一二九～一一三七，家事一八一；（遺贈）民一二〇〇～一二〇八；（遺產管理人之職務及其他權義）民一一七九、一一八一～一一八三；（類似規定）民五四〇、五五九、一〇二二、一〇二三。

第一千一百八十一條 （清償債務與交付遺贈物之限制）

遺產管理人非於第一千一百七十九條第一項第三款所定期間屆滿後，不得對被繼承人之任何債權人或受遺贈人，償還債務或交付遺贈物。

⑭本條立法意旨，應在限制遺產管理人，不得對被繼承人之任何債權人或受遺贈人，於期限屆滿前清償任何債務或交付遺贈物，而不在限制債權人或受遺贈人行使請求權，蓋清償債務及交付遺贈物，原為繼承人之義務，遺產管理人不過因繼承人之有無不明代為履行義務耳。爰予修正之，使與民法親屬編第一千一百五十八條之規定，前後一致。

＊（遺贈）民一二〇〇～一二〇八；（報明債權及聲明受遺贈之期間）民一一七九㈠③；（清償）民三〇九；（不於期間內報明及聲明之效果）民一一八二。

▲（六八臺上二六八六）參見本法第一千一百七十九條。

第一千一百八十二條 （未依期限報明債權及聲明受遺贈之償還）

被繼承人之債權人或受遺贈人，不於第一千一百七十九條第一項第三款所定期間內為報明或聲明者，僅得就賸餘遺產，行使其權利。

＊（遺贈）民一二〇〇～一二〇八；（報明債權及聲明受遺贈之期間）民一一七九㈠③；（清償債權及交付遺贈物之限制）民一一八一。

第一千一百八十三條 （遺產管理人之報酬）

遺產管理人得請求報酬，其數額由法院按其與被繼承人之關係、管理事務之繁簡及其他情形，就遺產酌定之，必要時得命聲請人先為墊付。

⑭一、為因應現代社會親屬會議功能不彰之情事，乃刪除親屬會議規定，並參酌家事事件法第一百四十一條準用第一百五十三條規定，由法院酌定遺產管理人之報酬。
二、如有繼承人承認繼承時，應為遺產之移交，原遺產管理人之報酬，由繼承人與原遺產管理人協議，無法達成協議時，則由原遺產管理人向法院請求，乃當然之理。
三、又遺產管理人之報酬，具有共益性質，依實務見解亦認屬民法第一千一百五十條所稱之遺產管理之費用（最高法院一〇一年度臺上字第二三四號及九十九年度臺上字第四〇八號判決參照），自得於遺產中支付。又法院為使遺產管理執行順利，必要時，得命聲請人先行墊付報酬。

＊（遺產管理人之選定）民一一七七，家事一三六；（親屬會議）民一一二九～一一三七，家事一八一；（遺產管理人之職務及權義）民一一七九～一一八二、一一八四。

第一千一百八十四條（遺產管理人行為效果之擬制）

第一千一百七十八條所定之期限內，有繼承人承認繼承時，遺產管理人在繼承人承認繼承前所為之職務上行為，視為繼承人之代理。

*（繼承人之搜索及其期限）民一一七八㈡；（繼承人）民一一三八～一一四一、一一四四；（承認）民一一一六；（遺產管理人之選定）民一一七七，家事一三六；（遺產管理人之職務及權義）民一一七九～一一八二；（代理）民一〇三～一〇九。

第一千一百八十五條（賸餘遺產之歸屬）

第一千一百七十八條所定之期限屆滿，無繼承人承認繼承時，其遺產於清償債權，並交付遺贈物後，如有賸餘，歸屬國庫。

*（繼承人之搜索及其期限）民一一七八；（繼承人）民一一三八～一一四一、一一四四；（承認）民一一一六；（遺贈）民一二〇〇～一二〇八；（清償）民三〇九；（遺產管理人之報酬請求權）民一一八三；（國庫）公庫二，遺贈稅二。

▲㈢無法定繼承人亦無指定繼承人之遺產，應適用無人承認繼承之規定，於清償債權、交付遺贈物後，將其剩餘歸屬國庫。（院八九九）

▲繼承開始時繼承人之有無不明者，依民法第一千一百七十七條及第一千一百七十八條第一項之規定，應由親屬會議選定遺產管理人，並將繼承開始及選定遺產管理人之事由呈報法院，並未認檢察官有此職權，即在親屬會議無人召集時，國庫雖因其依民法第一千一百八十五條於將來遺產之歸屬有期待權，得以民法第一千一百二十九條所稱利害關係人之地位召集之，但遺產歸屬國庫時由何機關代表國庫接收，現行法令尚無明文規定，按其事務之性質，應解為由管轄被繼承人住所地之地方行政官署接收，則因繼承開始時繼承人之有無不明須由國庫召集親屬會議者，亦應由此項官署行之，未便認檢察官有此權限。再依民法第一千一百八十五條之規定，遺產於清償債權並交付遺贈物後有賸餘者，於民法第一千一百七十八條所定之期限屆滿無繼承人承認繼承時，當然歸屬國庫，不以除權判決為此項效果之發生要件，民法第一千一百七十八條所謂法院應依公示催告程序公告繼承人於一定期限內承認繼承，僅其公告之方法，應依公示催告程序行之，非謂期限屆滿無繼承人承認繼承時，尚須經除權判決之程序，況依民事訴訟法第五百四十一條以下之規定，除權判決應本於公示催告聲請人之聲請為之，親屬會議不過將繼承開始及選定遺產管理人之事由呈報法院，並非聲請為公示催告，亦無從聲請為除權判決，則檢察官不得聲請為除權判決尤無疑義。（院二二一三）

▲民法第一千一百八十五條所稱之遺產包括債權在內，強制執行開始後，債權人死亡而有同條所定情形時，依民法第一千一百七十九條第一項第四款、第五款之規定，其遺產應由遺產管理人於清償債權並交付遺贈物後，將所賸餘者移交國庫，該強制執行事件，自應繼續進行。（院二二九九）

▲依民法第一千一百八十五條規定歸屬國庫之遺產，應由管轄被繼承人住所地之地方行政官署代表國庫接收管理（參照院字第二二一三號解釋），因遺產管理人不移交遺產或因其他必要情形，提起民事訴訟，亦應由此項官署代表國庫為之（參照院字第二二九五號解釋）。（院二八〇九）

第三章　遺　囑

第一節　通　則

第一千一百八十六條（遺囑能力）

無行為能力人，不得為遺囑。

限制行為能力人，無須經法定代理人之允許，得為遺囑。但未滿十六歲者，不得為遺囑。

*（無行為能力人）民一三～一五；（法律強制禁止規定）民七一；（限制行為能力人）民一三；（法定代理人）民一〇八六、一〇九八；（限制行為能力人之意思表示）民七七；（年齡之計算）民一二四。

第一千一百八十七條（遺產之自由處分）

遺囑人於不違反關於特留分規定之範圍內，得以遺囑自由處分遺產。

*（特留分）民一二二三、一二二四；（遺囑能力）民一一八六；（遺囑處分財產之規定）民一一六五、一二〇〇、一二〇九；（遺囑方式之種類）民一一八九。

▲㈢生前贈與，並無特留分之規定，自不受此限制。（院一五七八）

▲被繼承人生前所為之贈與行為，與民法第一千一百八十七條所定之遺囑處分財產行為有別，即可不受關於特留分規定之限制。（四八臺上三七一）

▲被繼承人之遺贈，在不違反特留分規定之範圍內，繼承人不得拒絕履行，誠以被繼承人處分自己之財產，不許繼承人擅為干與，本件贈與雖為生前行為，但如被繼承人至死亡時，仍無撤銷或拒絕履行之表示，依同一理由，繼承人不得拒絕履行，原判認被上訴人得任意拒絕履行，於法自屬不合。（五一臺上二四一六）

第一千一百八十八條（受遺贈權之喪失）

第一千一百四十五條喪失繼承權之規定，於受遺贈人準用之。

*（繼承權之喪失）民一一四五；（遺贈）民一一八七、一二〇〇～一二〇八。

第二節　方　式

第一千一百八十九條（遺囑方式之種類）

遺囑應依左列方式之一為之：

一　自書遺囑。

二　公證遺囑。

三　密封遺囑。

四　代筆遺囑。

五　口授遺囑。

*（要式行為）民七三；（自書遺囑）民一一九〇、一一九三；（公證遺囑）民一一九一、一一九八；（密封遺囑）民一一九二、一一九三、一一九八；（代筆遺囑）民一一九四、一一九八；（口授遺囑）民一一九五～一一九八；（遺囑之撤回及其方法）民一二一九～一二二二。

▲遺囑固不須本人親筆書立或畫押，但不能舉證證明其出於遺囑人之真意者，仍不得有效成立。（一七上八六一）

▲遺囑不須本人親自書立，若別有確證足以證明遺囑為真實，即不得遽謂無效。（一八上一〇五〇）

▲民法繼承編關於遺囑方式規定，於同編施行前為遺囑者，不適用之，此觀同編施行法第一條之規定自明。（三三上二九八九）

第一千一百九十條（自書遺囑）

自書遺囑者，應自書遺囑全文，記明年、月、日，並親自簽名。如有增減、塗改，應註明增減、塗改之處所及字數，另行簽名。

*（遺囑能力）民一一八六；（遺囑方式之種類）民一一八九；（要式行為）民七三；（簽名）民三；（密封遺囑之轉換）民一一九三。

▲遺囑應依法定方式為之，自書遺囑，依民法第一千一百九十條之規定，應自書遺囑全文，記明年月日，並親自簽名。

其非依此方式為之者，不生效力。（二八上二二九三）

▲遺囑成立於民法繼承編施行以前，縱令方式未備，亦不能因此而謂為無效。（三七上七八三一）

第一千一百九十一條 （公證遺囑）

公證遺囑，應指定二人以上之見證人，在公證人前口述遺囑意旨，由公證人筆記、宣讀、講解，經遺囑人認可後，記明年、月、日，由公證人、見證人及遺囑人同行簽名。遺囑人不能簽名者，由公證人將其事由記明，使按指印代之。

前項所定公證人之職務，在無公證人之地，得由法院書記官行之，僑民在中華民國領事駐在地為遺囑時，得由領事行之。

*（遺囑方式之種類）民一一八九；（簽名）民三；（見證人資格之限制）民一一九八，公證二五；（公證人）公證二；（法院書記官）法組二二、三八、五二、六九，司法人事一八～二〇；（本條第二項之準用）民一一九二㈡；（遺囑能力）民一一八六；（要式行為）民七三。

第一千一百九十二條 （密封遺囑）

密封遺囑，應於遺囑上簽名後，將其密封，於封縫處簽名，指定二人以上之見證人，向公證人提出，陳述其為自己之遺囑，如非本人自寫，並陳述繕寫人之姓名、住所，由公證人於封面記明該遺囑提出之年、月、日及遺囑人所為之陳述，與遺囑人及見證人同行簽名。

前條第二項之規定，於前項情形準用之。

*（遺囑方式之種類）民一一八九；（簽名）民三；（見證人資格之限制）民一一九八，公證二五；（公證人）公證二；（代行公證職務之人）民一一九一㈡；（密封遺囑之轉換）民一一九三；（密封遺囑之開視）民一二一三；（要式行為）民七三；（遺囑能力）民一一八六。

第一千一百九十三條 （密封遺囑之轉換）

密封遺囑，不具備前條所定之方式，而具備第一千一百九十條所定自書遺囑之方式者，有自書遺囑之效力。

*（密封遺囑之方式）民一一九二；（自書遺囑）民一一九〇；（無效行為之轉換）民一一二。

第一千一百九十四條 （代筆遺囑）

代筆遺囑，由遺囑人指定三人以上之見證人，由遺囑人口述遺囑意旨，使見證人中之一人筆記、宣讀、講解，經遺囑人認可後，記明年、月、日及代筆人之姓名，由見證人全體及遺囑人同行簽名，遺囑人不能簽名者，應按指印代之。

*（遺囑方式之種類）民一一八九；（見證人資格之限制）民一一九八，公證二五；（簽名）民三；（遺囑能力）民一一八六；（要式行為）民七三。

第一千一百九十五條 （口授遺囑之方法）

遺囑人因生命危急或其他特殊情形，不能依其他方式為遺囑者，得依左列方式之一為口授遺囑：

一　由遺囑人指定二人以上之見證人，並口授遺囑意旨，由見證人中之一人，將該遺囑意旨，據實作成筆記，並記明年、月、日，與其他見證人同行簽名。

二　由遺囑人指定二人以上之見證人，並口述遺囑意旨、遺囑人姓名及年、月、日，由見證人全體口述遺囑之為真正及見證人姓名，全部予以錄音，將錄音帶當場密封，並記明年、月、日，由見證人全體在封縫處同行簽名。

[74]錄音已為現代生活中常用之記錄方法，口授遺囑使用錄音予以記錄，最為便捷，此在遺囑人臨危之際，尤屬有此必要，爰將本條原第一項文字予以修正，並將第二項首句「口授遺囑應」等五字刪除，改列第一款，另增設第二款，明定錄音遺囑之方式（參考韓國民法第一千零六十七條）。

*（遺囑方式之種類）民一一八九；（見證人資格之限制）民一一九八，公證二五；（簽名）民三；（口授遺囑之失效）民一一九六；（口授遺囑之鑑定）民一一九七；（遺囑能力）民一一八六；（要式行為）民七三。

第一千一百九十六條 （口授遺囑之失效）

口授遺囑，自遺囑人能依其他方式為遺囑之時起，經過三個月而失其效力。

[74]按現行法規定口授遺囑有效存續期間為一個月，與德國民法規定之三個月及日本民法規定之六個月期間相較，似嫌過短，爰斟酌情形修正為三個月（參考德國民法第二千二百五十二條第二項、日本民法第九百七十八條）。

*（口授遺囑之方式）民一一九五；（其他種類之遺囑方式）民一一九〇～一一九四；（期間之計算）民一二〇、一二三。

第一千一百九十七條 （口授遺囑之鑑定）

口授遺囑，應由見證人中之一人或利害關係人，於為遺囑人死亡後三個月內，提經親屬會議認定其真偽。對於親屬會議之認定如有異議，得聲請法院判定之。

*（口授遺囑之方式）民一一九五；（見證人資格之限制）民一一九八，公證二五；（死亡）民六、八～一一；（期間之計算）民一二一、一二三；（利害關係人）民一一三八～一一四一、一一四四、一一四九、一一七七、一二〇〇。（親屬會議）民一一二九～一一三七，家事一八一；

第一千一百九十八條 （遺囑見證人資格之限制）

下列之人，不得為遺囑見證人：

一　未成年人。

二　受監護或輔助宣告之人。

三　繼承人及其配偶或其直系血親。

四　受遺贈人及其配偶或其直系血親。

五　為公證人或代行公證職務人之同居人助理人或受僱人。

[98]一、第二款修正理由同修正條文第六百八十七條說明一。

二、另考量受輔助宣告之人係因精神障礙或其他心智缺陷，致其為意思表示或受意思表示，或辨識其所為意思表示效果之能力，顯有不足，不宜擔任遺囑見證人，爰於同款增列「受輔助宣告」為遺囑見證人消極資格之規定；其餘各款未修正。

*（需用見證人之遺囑方式）民一一九一、一一九二、一一九四、一一九五；（未成年人）民一三；（受監護宣告之人）民一四、一五；（繼承人）民一一三八～一一四一、一一四四；（直系血親）民九六七㈠；（遺贈）民一二〇〇～一二〇八；（公證人）公證二；（同居人）民一一二二；（代行公證職務之人）民一一九一㈡；（僱傭）民四八二；（類似規定）公證二五。

▲民法第一千二百十條所定不得執行遺囑之人，稱為未成年人、禁治產人，而不稱為無行為能力人，是關於未成年人，顯係專就年齡上加以限制。故未成年人雖因結婚而有行為能力，仍應依該條規定，不得為遺囑執行人。（院一六二八）

第三節 效力

第一千一百九十九條（遺囑生效期）

遺囑，自遺囑人死亡時發生效力。

*（遺囑方式）民一一八九～一一九八；（死亡）民六、八～一一；（遺囑之撤回）民一二一九～一二二二；（繼承之生效期）民一一四七；（遺贈）民一二〇〇～一二〇八。

▲以遺囑分授遺產，受遺人於遺囑人死亡後，固得根據遺囑之效力承繼遺產上之權利，然受遺人於應承繼之遺產，更以協議讓出，而與第三人分析者，亦非無效，不能事後翻異，請求返還。（一八上一二〇七）

▲以遺囑分授遺產，於遺囑人死亡後，有拘束受遺人之效力。（一八上一八九七）

▲被承繼人對於承繼事項所立遺囑，如係出自本人之意思而合法成立者，即應認為有效。（一九上四六）

第一千二百條（附停止條件遺贈之生效期）

遺囑所定遺贈，附有停止條件者，自條件成就時，發生效力。

*（遺囑方式）民一一八九～一一九八；（遺產之自由處分）民一一八七；（停止條件）民九九㈠、㈢；（遺贈之失效）民一二〇一；（遺贈之無效）民一二〇二；（遺贈標的物之推定）民一二〇三；（用益權之遺贈及其期限）民一二〇四；（附負擔之遺贈）民一二〇五；（遺贈之拋棄）民一二〇六；（承認遺贈之催告及擬制）民一二〇七；（遺贈無效或拋棄之效果）民一二〇八。

第一千二百零一條（遺贈之失效）

受遺贈人於遺囑發生效力前死亡者，其遺贈不生效力。

*（遺囑之生效）民一一九九；（附停止條件遺贈之生效）民一二〇〇；（死亡）民六、八～一一；（遺贈之拋棄）民一二〇六；（遺贈之無效）民一二〇二；（遺贈無效或拋棄之效果）民一二〇八。

第一千二百零二條（遺贈之無效）

遺囑人以一定之財產為遺贈，而其財產在繼承開始時，有一部分不屬於遺產者，其一部分遺贈為無效；全部不屬於遺產者，其全部遺贈為無效。但遺囑另有意思表示者，從其意思。

*（遺產之自由處分）民一一八七；（繼承開始）民一一四七

第一千二百零三條（遺贈標的物之推定）

遺囑人因遺贈物滅失、毀損、變造、或喪失物之占有，而對於他人取得權利時，推定以其權利為遺贈；因遺贈物與他物附合或混合而對於所附合或混合之物取得權利時亦同。

*（物）民六六～七〇；（侵權行為）民一八四；（占有物之喪失）民九六二、九六四；（附合與混合）民八一一～八一三、八一五、八一六；（類似規定）民八八一。

第一千二百零四條（用益權之遺贈及其期限）

以遺產之使用、收益為遺贈，而遺囑未定返還期限，並不能依遺贈之性質定其期限者，以受遺贈人之終身為其期限。

*（遺囑方式）民一一八九～一一九八；（期限）民一〇二。

第一千二百零五條（附負擔之遺贈）

遺贈附有義務者，受遺贈人以其所受利益為限，負履行之責。

*（附負擔之贈與）民四一二～四一四；（限定繼承）民一一五四；（遺贈之拋棄）民一二〇六；（承認遺贈之催告及擬制）民一二〇七。

第一千二百零六條（遺贈之拋棄及其效力）

受遺贈人在遺囑人死亡後，得拋棄遺贈。

遺贈之拋棄，溯及遺囑人死亡時發生效力。

*（死亡）民六、八～一一；（遺贈之生效）民一一九九、一二〇〇；（遺贈拋棄之效果）民一二〇八；（繼承之拋棄）民一一七四～一一七六。

第一千二百零七條（承認遺贈之催告及擬制）

繼承人或其他利害關係人，得定相當期限，請求受遺贈人於期限內為承認遺贈與否之表示；期限屆滿，尚無表示者，視為承認遺贈。

*（繼承人）民一一三八～一一四一、一一四四；（利害關係人）民一一三八～一一四一、一一四四、一一四九、一一七七、一二〇九；（期限）民一〇二；（承認）民一一一六；

*（遺贈之拋棄）民一二〇六

第一千二百零八條（遺贈無效或拋棄之效果）

遺贈無效或拋棄時，其遺贈之財產，仍屬於遺產。

*（遺贈無效）民七一、七三、一一八六、一一八七、一二〇一、一二〇二；（受遺贈權之喪失）民一一八八；（遺贈之拋棄）民一二〇六；（無人承認遺產之歸屬）民一一八五。

第四節 執行

第一千二百零九條（遺囑執行人之產生㈠——遺囑指定）

遺囑人得以遺囑指定遺囑執行人，或委託他人指定之。

受前項委託者，應即指定遺囑執行人，並通知繼承人。

*（遺囑方式）民一一八九～一一九八；（遺囑執行人產生之其他規定）民一二一一；（遺囑執行人資格之限制）民一二一〇；（遺囑執行人之執行職務）民一二一四～一二一七；（遺囑執行人之解任）民一二一八；（繼承人）民一一三八～一一四一、一一四四。

第一千二百十條（遺囑執行人資格之限制）

未成年人、受監護或輔助宣告之人，不得為遺囑執行人。

⑱修正理由同修正條文第一千一百九十八條說明。

*（未成年人）民一三；（受監護宣告之人）民一四、一五；（遺囑執行人之產生）民一二〇九、一二一一；（類似規定）民一〇九六、一一三三。

▲（院一六二八）參見本法第一千一百九十八條。

第一千二百十一條（遺囑執行人之產生㈡——親屬會議、法院之選任）

遺囑未指定遺囑執行人，並未委託他人指定者，得由親屬會議選定之；不能由親屬會議選定時，得由利害關係人聲請法院指定之。

*（遺囑執行人之遺囑指定）民一二〇九；（親屬會議）民一一二九～一一三七，家事一八一；（利害關係人）民一一三八～一一四一、一一四四、一一四九、一二〇〇；（管轄之法院）家事一二七。

第一千二百十一條之一（遺囑執行人之報酬）

除遺囑人另有指定外，遺囑執行人就其職務之執行得請求相當之報酬，其數額由繼承人與遺囑執行人協議定之；不能協議時，由法院酌定之。

(104)一、本條新增。

二、民法第一千一百八十三條定有遺產管理人之報酬，惟遺囑執行人之報酬，卻未有相關規定，宜使其得請求報酬；惟報酬之數額應先由當事人協議，當事人如不能協議時，則由法院酌定，爰增訂本條規定。

三、又遺囑執行人之報酬，因具有共益性質，應認屬民法第一千一百五十條所稱之遺產管理之費用。

第一千二百十二條（遺囑之交付與通知）

遺囑保管人知有繼承開始之事實時，應即將遺囑交付遺囑執行人，並以適當方法通知已知之繼承人；無遺囑執行人者，應通知已知之繼承人、債權人、受遺贈人及其他利害關係人。無保管人而由繼承人發現遺囑者，亦同。

(103)一、依規定遺囑保管人有無提示，並不影響遺囑之真偽及其效力，且現今社會親屬會議召開不易且功能式微，故提示制度並未被廣泛運用。為使繼承人及利害關係人得以知悉遺囑之存在，爰將現行提示制度，修正為由遺囑保管人將遺囑交付遺囑執行人，並以適當方法通知已知繼承人之方式。如無遺囑執行人者，則應通知已知之繼承人、債權人、受遺贈人及其他利害關係人。至於遺囑無保管人而由繼承人發現遺囑者，亦為相同之處理。

二、又由於遺囑保管人僅係保管被繼承人之遺囑之人，未必了解立遺囑人其繼承人之狀態，包括究竟有無繼承人之情況，故條文所稱「已知之繼承人」宜參酌民法第一千一百七十七條「繼承人有無不明」之解釋，應從廣義解釋，亦即依戶籍資料之記載（最高法院八十五年度臺上字第二一〇一號判決參照）或其他客觀情事而為認定。

*（繼承開始）民一一四七；（遺囑方式）民一一八九～一一九八；（親屬會議）民一一二九～一一三七；（繼承人）民一一三八～一一四一、一一四四；（密封遺囑之開視）民一二一三。

▲遺囑保管人知有繼承開始之事實時，依法固應將遺囑提示於親屬會議，但遺囑保管人不於其時將遺囑提示於親屬會議，於遺囑之效力，並無影響。（二二上一八五五）

第一千二百十三條（密封遺囑之開視）

有封緘之遺囑，非在親屬會議當場或法院公證處，不得開視。

前項遺囑開視時應製作紀錄，記明遺囑之封緘有無毀損情形，或其他特別情事，並由在場之人同行簽名。

(74)一、「密封遺囑」為現行法所定遺囑方式之一種，事實上有封緘之遺囑不限於密封遺囑，其他如自書遺囑、代筆遺囑及口授遺囑等亦均得以封緘，故其開視，可視為公證法第四條第六款之「關於其他涉及私權之法律行為」，爰增列在「法院公證處」開視之規定，並能符合此次民法修正案加強公權力監督之立法意旨。

二、前項有封緘之遺囑，於開視時應製作紀錄，記明有無毀損及其他特別情事，以資證明，爰增設本條第二項。

*（密封遺囑）民一一九二、一一九三；（親屬會議）民一一二九～一一三七；（遺囑之提示）民一二一二；（簽名）民三。

第一千二百十四條（遺囑執行人之執行職務㈠——編製遺產清冊）

遺囑執行人就職後，於遺囑有關之財產，如有編製清冊之必要時，應即編製遺產清冊，交付繼承人。

*（遺囑執行人之產生）民一二〇九、一二一一；（遺囑執行人資格之限制）民一二一〇；（繼承人）民一一三八～一一四一、一一四四；（遺囑執行人執行職務之其他規定）民一二一五～一二一七；（遺囑執行人之解任）民一二一八。

第一千二百十五條（遺囑執行人之執行職務㈡——遺產管理及必要行為）

遺囑執行人有管理遺產並為執行上必要行為之職務。

遺囑執行人因前項職務所為之行為，視為繼承人之代理。

*（遺囑執行人之產生）民一二〇九、一二一一；（遺囑執行人資格之限制）民一二一〇；（繼承人）民一一三八～一一四一、一一四四；（代理）民一〇三～一一〇；（遺囑執行人執行職務之其他規定）民一二一四、一二一六、一二一七。

▲遺囑執行人有管理遺產並為執行上必要行為之職務，其因此項職務所為之行為，視為繼承人之代理人，民法第一千二百十五條定有明文，故當事人死亡，而有以遺囑指定之遺囑執行人者，依民事訴訟法第一百六十八條之規定，其訴訟程序，即應由遺囑執行人承受之。（四六臺上二三六）

第一千二百十六條（遺囑執行人之執行職務㈢——繼承人妨害之排除）

繼承人於遺囑執行人執行職務中，不得處分與遺囑有關之遺產，並不得妨礙其職務之執行。

*（繼承人）民一一三八～一一四一、一一四四；（遺囑執行人之產生）民一二〇九、一二一一；（遺囑執行人資格之限制）民一二一〇；（法律禁止規定）民七一；（遺囑執行人執行職務之其他規定）民一二一四、一二一五、一二一七。

第一千二百十七條（遺囑執行人之執行職務㈣——數執行人執行職務之方法）

遺囑執行人有數人時，其執行職務，以過半數決之。但遺囑另有意思表示者，從其意思。

*（遺囑執行人之產生）民一二〇九、一二一一；（遺囑執行人執行職務之規定）民一二一四～一二一六；（遺囑方式）民一一八九～一一九八。

第一千二百十八條（遺囑執行人之解任）

遺囑執行人怠於執行職務，或有其他重大事由時，利害關係人得請求親屬會議改選他人；其由法院指定者，得聲請法院另行指定。

*（遺囑執行人之產生）民一二〇九、一二一一；（利害關係人）民一一三八～一一四一、一一四四、一一四九、一一七七、一二〇〇；（親屬會議）民一一二九～一一三七；（管轄法院）家事一二七；（遺囑執行人之執行職務）民一二一四～一二一七。

第五節　撤　回

(74)遺囑，自遺囑人死亡時發生效力。本節所定係指於尚未發生效力之遺囑，預先阻止其生效之「撤回」而言，與一般所謂「撤銷」，係使業已發生效力之法律行為，溯及的失其效力者有所不同。爰將本節節名「撤銷」修正為「撤回」。

第一千二百十九條（遺囑撤回之自由及其方式）

遺囑人得隨時依遺囑之方式，撤回遺囑之全部或一部。

(74)遺囑，自遺囑人死亡時發生效力。第五節所定係指於尚未發生效力之遺囑，預先阻止其生效之「撤回」而言，與一般所謂「撤銷」，係使業已發生效力之法律行為，溯及的失其效力者有所不同。爰將「撤銷」修正為「撤回」（參考德國民法第二千二百五十三條第一項）。

*（遺囑方式）民一一八九～一一九八；（遺囑之法定撤回）

民一二二〇～一二二二。

第一千二百二十條（視為撤回(一)——前後遺囑牴觸）

前後遺囑有相牴觸者，其牴觸之部分，前遺囑視為撤回。

⑭遺囑，自遺囑人死亡時發生效力。第五節所定係指於尚未發生效力之遺囑，預先阻止其生效之「撤回」而言，與一般所謂「撤銷」，係使業已發生效力之法律行為，溯及的失其效力者有所不同。爰將「撤銷」修正為「撤回」（參考德國民法第二千二百五十八條第一項）。

*（遺囑方式）民一一八九～一一九八；（遺囑明示撤回）民一二一九；（法定撤回之其他規定）民一二二一、一二二二。

第一千二百二十一條（視為撤回(二)——遺囑與行為牴觸）

遺囑人於為遺囑後所為之行為與遺囑有相牴觸者，其牴觸部分，遺囑視為撤回。

⑭遺囑，自遺囑人死亡時發生效力。第五節所定係指於尚未發生效力之遺囑，預先阻止其生效之「撤回」而言，與一般所謂「撤銷」，係使業已發生效力之法律行為，溯及的失其效力者有所不同。爰將「撤銷」修正為「撤回」（參考德國民法第二千二百五十五條第二項後段）。

*（遺囑方式）民一一八九～一一九八；（遺囑明示撤回）民一二一九；（法定撤回之其他規定）民一二二〇、一二二二。

第一千二百二十二條（視為撤回(三)——遺囑之廢棄）

遺囑人故意破毀或塗銷遺囑，或在遺囑上記明廢棄之意思者，其遺囑視為撤回。

⑭遺囑，自遺囑人死亡時發生效力。第五節所定係指於尚未發生效力之遺囑，預先阻止其生效之「撤回」而言，與一般所謂「撤銷」，係使業已發生效力之法律行為，溯及的失其效力者有所不同。爰將「撤銷」修正為「撤回」（參考德國民法第二千二百五十五條第一項）。

*（遺囑方式）民一一八九～一一九八；（遺囑之明示撤回）民一二一九；（法定撤回之其他規定）民一二二〇、一二二一。

第六節　特留分

第一千二百二十三條（特留分之決定）

繼承人之特留分，依左列各款之規定：

一　直系血親卑親屬之特留分，為其應繼分二分之一。

二　父母之特留分，為其應繼分二分之一。

三　配偶之特留分，為其應繼分二分之一。

四　兄弟姊妹之特留分，為其應繼分三分之一。

五　祖父母之特留分，為其應繼分三分之一。

*（繼承人）民一一三八～一一四一、一一四四；（應繼分）民一一四〇、一一四一、一一四四；（直系血親）民九六七(一)；（特留分之計算及扣減）民一二二四、一二二五。

▲（四八臺上三七一）參見本法第一千一百八十七條。

第一千二百二十四條（特留分之算定）

特留分，由依第一千一百七十三條算定之應繼財產中，除去債務額算定之。

*（特留分之決定）民一二二三；（應繼財產計算時贈與之歸扣）民一一七三；（遺贈之扣減）民一二二五。

第一千二百二十五條（遺贈之扣減）

應得特留分之人，如因被繼承人所為之遺贈，致其應得之數不足者，得按其不足之數由遺贈財產扣減之。受遺贈人有數人時，應按其所得遺贈價額比例扣減。

*（應得特留分之人）民一二二三；（特留分之決定）民一二二三；（特留分之算定）民一二二四；（遺贈）民一二〇〇～一二〇八；（類似規定）民一一七三。

▲民法第一千二百二十五條，僅規定應得特留分之人，如因被繼承人所為之遺贈，致其應得之數不足者，得按其不足之數由遺贈財產扣減之，並未認特留分權利人，有扣減被繼承人生前所為贈與之權，是被繼承人生前所為之贈與，不受關於特留分規定之限制，毫無疑義。（二五上六六〇）

▲民法第一千二百二十五條，僅規定應得特留分之人，如因被繼承人所為之遺贈，致其應得之數不足者，得按其不足之數由遺贈財產扣減之，並未認侵害特留分之遺贈為無效。（五八臺上一二七九）

民法繼承編施行法

民國二十年一月二十四日國民政府公布
七十四年六月三日總統令修正公布
九十七年一月二日總統令修正公布
九十七年五月七日總統令修正公布
九十八年六月十日總統令修正公布
一百零一年十二月二十六日總統令修正公布第一之三條條文
一百零二年一月三十日總統令修正公布第一之一、一之二條條文

第一條（不溯既往原則）

繼承在民法繼承編施行前開始者，除本施行法有特別規定外，不適用民法繼承編之規定；其在修正前開始者，除本施行法有特別規定外，亦不適用修正後之規定。

⑭一、不溯既往，乃法律適用之基本原則，如認其事項有溯及適用之必要者，即應於施行法中定為明文，方能有所依據。本條舊法原條文，原係本此原則而設，應予維持，且於繼承編修正後之適用問題，仍須採取同一原則，爰參照民法總則施行法第一條修正之例，在本條之末增列：「其在修正前開始者，除本施行法有特別規定外，亦不適用修正後之規定。」以期一致。

二、第二條（舊法）刪除。我國女子之有財產繼承權，起自中國國民黨第二次全國代表大會之婦女運動決議案，早在十五年十月間，前司法行政委員會即已將該案通令隸屬國民政府各省施行，而民法繼承編則係自二十年五月五日施行，已在女子取得財產繼承權之後，為使女子既得權利獲致確認而不受影響，遂有本條之設。惟關於女子享有繼承權，自民法繼承編施行迄今，已無疑問，本條原係針對十五年十月至二十年五月間所生繼承事件而設，現已無適用之機會，爰予刪除。

三、第三條（舊法）刪除。本條與前條相關聯，前條既經刪除，本條即無單獨規定之必要，自應一併刪除。

*（類似規定）民總施一，民債施一，民物施一，民親施一，刑施七之一；（本施行法之特別規定）民親施二～一〇。

▲繼承開始在民法繼承編施行以前，被繼承人無直系血親卑親屬，而依當時之法律，有其他繼承人者，依民法繼承編施行法第一條、第八條之規定，不適用民法繼承編之規定，自應仍適用其當時之法律。（院五八六）

▲甲之夫乙於民國十九年死亡，其繼承開始係在民法繼承編施行之前。乙之遺產，其女丙、丁雖依同編施行法第二條有繼承權，而其妻甲則依當時法令並無繼承權，甲既未繼承乙之遺產，則甲於乙死亡後所招之贅夫戊，自不能因其對於甲之遺產有繼承權而承受乙之遺產。（院解三〇八七）

▲親族會議之組織，現行法上雖無明文之規定，然與被承繼人比較切近之人，自為會中重要之一員，倘事前未經通知，事後亦未得其追認者，自足為撤銷決議之原因，其因此而發生訴訟且涉及該親族會全體，即係會議不能期其合法成立，應由法院以裁判代行立繼。（一八上四三）

▲繼承開始，在民法繼承編施行法第二條所列日期前者，女子對於其直系血親尊親屬之遺產固無繼承權，惟依繼承編施行前之法例，親女為親所喜悅者得酌給財產，其數額由父在少於應分人數均分額之範圍內酌定之，父生前未表示意思者，由母酌定，父母生前俱未表示意思者，由親屬會議酌定，親屬會議未予酌定者，得由法院斟酌情形及遺產狀況核定之。（二二上二九八九）

▲（三三上二九八九）（二二上九一九）參見民法第一千一百八十九條。

▲繼承因被繼承人死亡而開始，繼承開始，如在民法繼承編施行法第二條所列日期之前，則親女對於其父之遺產，須乃父無直系血親卑親屬之男子，依當時之法律亦無其他繼承人者（即依當時法例，族中實無昭穆相當可為其父之後之人，得認為戶絕者）始得依民法繼承編之規定而有繼承權，此觀民法繼承編施行法第一條、第八條之規定自明。（三九臺上二一五）

▲被上訴人之故夫，既在民法繼承編施行前死亡，依當時法例，婦人夫亡無子守志者，合承夫分，須憑族長擇昭穆相當之人繼嗣，在擇立繼嗣之前，固得代應繼之人分受其夫應分之財產而管理之，但不能即為該財產之繼承人而主張所有，若已立有嗣子，則該財產當然由嗣子承受，守志婦即無請求分割之可言。（四一臺上七七四）

第一條之一（溯及既往之特別規定）

繼承在民法繼承編中華民國九十六年十二月十四日修正施行前開始且未逾修正施行前為拋棄繼承之法定期間者，自修正施行之日起，適用修正後拋棄繼承之規定。

繼承在民法繼承編中華民國九十六年十二月十四日修正施行前開始，繼承人於繼承開始時為無行為能力人或限制行為能力人，未能於修正施行前之法定期間為限定或拋棄繼承，以所得遺產為限，負清償責任。但債權人證明顯失公平者，不在此限。

前項繼承人依修正施行前之規定已清償之債務，不得請求返還。

⑩依原條文第二項規定，繼承人得以所得遺產為限，負有限清償責任，應就顯失公平事由負舉證之責，對繼承人過苛。為使立法之良法美意得以貫徹，宜由債權人就顯失公平事由負舉證之責，亦即債權人須舉證證明繼承人以所得遺產為限負清償責任，顯失公平者，繼承人始不以所得遺產為限，負清償責任，爰修正第二項規定。

第一條之二（繼承之特別規定）

繼承在民法繼承編中華民國九十七年一月四日前開始，繼承人對於繼承開始後，始發生代負履行責任之保證契約債務，以所得遺產為限，負清償責任。但債權人證明顯失公平者，不在此限。

前項繼承人依中華民國九十七年四月二十二日修正施行前之規定已清償之保證契約債務，不得請求返還。

⑩依原條文第一項規定，繼承人得以所得遺產為限，負有限清償責任，應就顯失公平事由負舉證之責，對繼承人過苛。為使立法之良法美意得以貫徹，宜由債權人就顯失公平事由負舉證之責，亦即債權人須舉證證明繼承人以所得遺產為限負清償責任，顯失公平者，繼承人始不以所得遺產為限，負清償責任，爰修正第一項規定。

第一條之三（法律適用範圍）

繼承在民法繼承編中華民國九十八年五月二十二日修正施行前開始，繼承人未逾修正施行前為限定繼承之法定期間且未為概括繼承之表示或拋棄繼承者，自修正施行之日起，適用修正後民法第一千一百四十八條、第一千一百五十三條至第一千一百六十三條之規定。

繼承在民法繼承編中華民國九十八年五月二十二日修正施行前開始，繼承人對於繼承開始以前已發生代負履行責任之保證契約債務，以所得遺產為限，負清償責任。但債權人證明顯失公平者，不在此限。

繼承在民法繼承編中華民國九十八年五月二十二日修正施行前開始，繼承人已依民法第一千一百四十條之規定代位繼承，以所得遺產為限負清償責任。但債權人證明顯失公平者，不在此限。

繼承在民法繼承編中華民國九十八年五月二十二日修正施行前開始，繼承人因不可歸責於己之事由或未同居共財者，於繼承開始時無法知悉繼承債務之存在，致未能於修正施行前之法定期間為限定或拋棄繼承，以所得遺產為限負清償責任。但債權人證明顯失公平者，不在此限。

前三項繼承人依修正施行前之規定已清償之債務，不得請求返還。

(101)一、改採限定繼承為原則，但債權人主張其為顯失公平者，始例外改採概括繼承，以維立法者美意。
二、依原條文第二項至第四項規定，繼承人得以所得遺產為限，負有限清償責任，應就顯失公平事由負舉證之責，對繼承人過苛。為使立法之良法美意得以貫徹，宜由債權人就顯失公平事由負舉證之責，亦即債權人須舉證證明繼承人以所得遺產為限負清償責任，顯失公平者，繼承人始不以所得遺產為限，負清償責任，爰修正第二項至第四項規定。

第二條（消滅時效之特別規定）

民法繼承編施行前，依民法繼承編之規定，消滅時效業已完成，或其時效期間尚有殘餘不足一年者，得於施行之日起，一年內行使請求權。但自其時效完成後，至民法繼承編施行時，已逾民法繼承編所定時效期間二分之一者，不在此限。

(74)本條條次變更。（原係舊法第四條）

*（消滅時效）民一二五～一四七；（繼承編之消滅時效規定）民一一四六；（其他類似規定）民總施一六，民債施二，民物施四，民親施二。

▲繼承開始，在民法繼承編施行法第二條所列日期之後者，已嫁女子同為遺產之法定繼承人，並不因出嫁年限之遠近及置產之先後而生差異。（三二上二二三六）

第三條（無時效性質之法定期間之準用）

前條之規定，於民法繼承編所定無時效性質之法定期間準用之。但其法定期間不滿一年者，如在施行時尚未屆滿，其期間自施行之日起算。

(74)本條條次變更。（原係舊法第五條）

*（消滅時效特別規定之準用）民繼施二；（繼承編無時效性質之法定期間之規定）民一一五六、一一七一、一一七四、一一七八、一一九六、一一九七。

▲（二九上一三四〇）參見民法第一千一百四十六條。

第四條（禁止分割遺產之遺囑與新舊法之適用）

禁止分割遺產之遺囑，在民法繼承編修正前生效者，民法第一千一百六十五條第二項所定之期間，仍適用修正前之規定。但其殘餘期間自修正施行日起算超過十年者，縮短為十年。

(74)本條新增。民法第一千一百六十五條第二項所定之期間，修正後縮短為五年。其目的在於適應社會發展之需要，依法律不溯既往原則，禁止分割遺產之遺囑在修正前已生效者，原依修正前規定已發生之效力，應不受影響，但其殘餘期間自修正施行日起算超過十年者，即應縮短為十年，俾能貫徹修正之目的。

*（禁止分割遺產之遺囑）民一一六五。

第五條（口授遺囑與新舊法之適用）

民法繼承編修正前生效之口授遺囑，於修正施行時尚未屆滿一個月者，適用修正之民法第一千一百九十六條之規定，其已經過之期間與修正後之期間合併計算。

(74)本條新增。民法第一千一百九十六條原定口授遺囑之有效存續期間為一個月，經審酌實際需要，予以修正為三個月，其在修正前所為口授遺囑，於修正施行時尚未屆滿一個月者，自應適用修正後較長之三個月期間，並將已經過之期間與修正後之期間合併計算，以符合修正之本旨。

*（口授遺囑之失效）民一一九六。

第六條（喪失繼承權規定之溯及既往效力）

民法繼承編關於喪失繼承權之規定，於施行前所發生之事實，亦適用之。

*（繼承權喪失之原因）民一一四五。

第七條（立嗣子女之繼承順序及應繼分）

民法繼承編施行前，所立之嗣子女，對於施行後開始之繼承，其繼承順序及應繼分與婚生子女同。

*（婚生子女）民一〇六一、一〇六四；（婚生子女之繼承順序）民一一三八①、一一三九；（婚生子女之應繼分）民一一四一、一一四四①。

▲異姓亂宗雖為現行律所不許，惟既定之承繼關係非依合法之告爭，自應仍認其存在，若係無承繼權之人，或雖有承繼權而久經拋棄者，縱出而告爭，仍不得認為合法，要屬無可推翻。（一七上一〇〇九）

▲異姓亂宗雖為法所不許，然非有承繼權而未捨棄之人，不能認其有告爭權。（一八上一〇九一）

第八條（繼承人規定之適用）

繼承開始在民法繼承編施行前，被繼承人無直系血親卑親屬，依當時之法律亦無其他繼承人者，自施行之日起，依民法繼承編之規定定其繼承人。

*（繼承人）民一一三八～一一四一、一一四四；（無人承認之繼承）民一一七七～一一八五。

▲本件被繼承人死亡之時，為民國三十四年九月三日，尚在民法繼承編施行於臺灣以前，因其無法定繼承人，依當時有效法例，應適用臺省習慣處理，其經親屬會議合法選任之戶長，繼承人不分男女皆得繼承遺產，選定期間亦無限制，是本件繼承，既在民法繼承編施行前開始，自不適用民法繼承編之規定，從而被繼承人之遺產，即應由被選定為戶長之被上訴人取得繼承權，無再依同編施行法第八條另定繼承人之餘地。（四七臺上二八九）

▲民法繼承編施行法第八條規定：繼承開始在民法繼承編施行前，被繼承人無直系血親卑親屬，依當時之法律亦無其他繼承人者，自施行之日起，依民法繼承編之規定定其繼承人，既明定自施行之日起，依民法繼承編之規定定其繼承人，該所定之繼承人自應以民法繼承編施行之日生存者為必要。（九一臺上八六三）

第九條（遺產管理人權義規定之適用）

民法繼承編施行前所設置之遺產管理人，其權利義務自施行之日起，適用民法繼承編之規定。

*（遺產管理人之權義）民一一七九～一一八三。

第十條（特留分規定之適用）

民法繼承編關於特留分之規定，於施行前所立之遺囑，而發生效力在施行後者，亦適用之。

*（遺囑）民一一八九；（遺產自由處分之限制）民一一八七；（遺囑之生效）民一一九九、一二〇〇；（特留分）民一二二三～一二二五。

第十一條（施行日期）

本施行法自民法繼承編施行之日施行。

民法繼承編修正條文及本施行法修正條文，除中華民國九十八年十二月十五日修正之民法第一千一百九十八條及第一千二百十條自九十八年十一月二十三日施行者外，自公布日施行。

[98]一、第一項未修正。
二、配合九十七年五月二十三日修正公布之民法及其施行法修正條文自九十八年十一月二十三日施行，民法本次修正之第一千一百九十八條及第一千二百十條亦定自同日施行，爰修正現行條文第二項。

司法院釋字第七四八號解釋施行法

民國一百零八年五月二十二日總統令制定全文
一百一十二年六月九日總統令修正公布第三、九、一六、二〇、二七條條文

第一條（立法目的）

為落實司法院釋字第七四八號解釋之施行，特制定本法。

第二條（同性婚姻關係之定義）

相同性別之二人，得為經營共同生活之目的，成立具有親密性及排他性之永久結合關係。

第三條（成立同性婚姻關係之最低年齡）

未滿十八歲者，不得成立前條關係。

第四條（同性婚姻關係結婚登記之形式要件）

成立第二條關係應以書面為之，有二人以上證人之簽名，並應由雙方當事人，依司法院釋字第七四八號解釋之意旨及本法，向戶政機關辦理結婚登記。

第五條（成立同性婚姻關係一定親屬關係之禁止）

與下列相同性別之親屬，不得成立第二條關係：

一　直系血親及直系姻親。

二　旁系血親在四親等以內者。但因收養而成立之四親等旁系血親，輩分相同者，不在此限。

三　旁系姻親在五親等以內，輩分不相同者。

前項與直系姻親成立第二條關係之限制，於姻親關係消滅後，適用之。

第一項與直系血親及直系姻親成立第二條關係之限制，於因收養而成立之直系親屬間，在收養關係終止後，適用之。

第六條（成立同性婚姻關係監護人與受監護人於監護關係之禁止）

相同性別之監護人與受監護人於監護關係存續中，不得成立第二條關係。但經受監護人父母同意者不在此限。

第七條（有配偶或已成立同性婚姻關係者禁止再成立同性婚姻關係）

有配偶或已成立第二條關係者，不得再成立第二條關係。

一人不得同時與二人以上成立第二條關係，或同時與二人以上分別為民法所定之結婚及成立第二條關係。

已成立第二條關係者，不得再為民法所定之結婚。

第八條（同性婚姻關係無效之情形）

第二條關係有下列情形之一者，無效：

一　不具備第四條之方式。

二　違反第五條之規定。

三　違反前條第一項或第二項之規定。

違反前條第三項之規定者，其結婚無效。

民法第九百八十八條第三款但書及第九百八十八條之一之規定，於第一項第三款及前項情形準用之。

第九條（同性婚姻關係之撤銷）

成立第二條關係違反第三條之規定者，當事人或其法定代理人，得向法院請求撤銷之。但當事人已達該項所定年齡者，不得請求撤銷之。

成立第二條關係違反第六條之規定者，受監護人或其最近親屬，得向法院請求撤銷之。但第二條關係成立後已逾一年者，不得請求撤銷之。

第十條（同性婚姻關係撤銷之要件及效力準用規定）

第二條關係撤銷之要件及效力，準用民法第九百九十六條至第九百九十八條之規定。

第二條關係無效或經撤銷者，其子女親權之酌定及監護、損害賠償、贍養費之給與及財產取回，準用民法第九百九十九條及第九百九十九條之一之規定。

第十一條（同性婚姻關係雙方互負同居之義務）

第二條關係雙方當事人互負同居之義務。但有不能同居之正當理由者，不在此限。

第十二條（同性婚姻關係住所之決定）

第二條關係雙方當事人之住所，由雙方共同協議；未為協議或協議不成時，得聲請法院定之。

第十三條（同性婚姻關係日常家務之代理）

第二條關係雙方當事人於日常家務，互為代理人。

第二條關係雙方當事人之一方濫用前項代理權時，他方得限制之。但不得對抗善意第三人。

第十四條（同性婚姻關係家庭生活費用之分擔及清償責任）

第二條關係雙方當事人之家庭生活費用，除法律或契約另有約定外，由雙方當事人各依其經濟能力、家事勞動或其他情事分擔之。

因前項費用所生之債務，由雙方當事人負連帶責任。

第十五條（同性婚姻關係之財產制準用規定）

第二條關係雙方當事人之財產制，準用民法親屬編第二章第四節關於夫妻財產制之規定。

第十六條（同性婚姻關係之合意及終止及其要件）

第二條關係得經雙方當事人合意終止。

前項終止應以書面為之，有二人以上證人簽名並應向戶政機關為終止之登記。

第十七條（同性婚姻關係得向法院請求終止之情形）

第二條關係雙方當事人之一方有下列情形之一者，他方得向法院請求終止第二條關係：

一　與他人重為民法所定之結婚或成立第二條關係。

二　與第二條關係之他方以外之人合意性交。

三　第二條關係之一方對他方為不堪同居之虐待。

四　第二條關係之一方對他方之直系親屬為虐待，或第二條關係之一方之直系親屬對他方為虐待，致不堪為共同生活。

五　第二條關係之一方以惡意遺棄他方在繼續狀態中。

六　第二條關係之一方意圖殺害他方。

七　有重大不治之病。

八　生死不明已逾三年。

九　因故意犯罪，經判處有期徒刑逾六個月確定。

有前項以外之重大事由，難以維持第二條關係者，雙方當事人之一方得請求終止之。

對於第一項第一款、第二款之情事，有請求權之一方，於事前同意或事後宥恕，或知悉後已逾六個月，或自其情事發生後已逾二年者，不得請求終止。

對於第一項第六款及第九款之情事，有請求權之一方，自知悉後已逾一年，或自其情事發生後已逾五年者，不得請求終止。

第十八條（同性婚姻關係之終止經法院調解或法院和解成立者）

第二條關係之終止經法院調解或法院和解成立者，第二條關係消滅。法院應依職權通知該管戶政機關。

第十九條（同性婚姻關係之終止其子女監護損害賠償等有關事項準用規定）

第二條關係終止者，其子女親權之酌定及監護、損害賠償、贍養費之給與及財產取回，準用民法第一千零五十五條至第一千零五十五條之二、第一千零五十六條至第一千零五十八條之規定。

第二十條（同性婚姻關係之收養他方子女或共同收養之準用規定）

第二條關係雙方當事人之一方收養他方之子女或共同收養時，準用民法關於收養之規定。

第二十一條（民法親屬監護相關規定於同性婚姻關係雙方當事人準用之）

民法第一千一百十一條至第一千一百十一條之二中關於配偶之規定，於第二條關係雙方當事人準用之。

第二十二條（同性婚姻關係雙方互負扶養之義務）

第二條關係雙方當事人互負扶養義務。

第二條關係雙方當事人間之扶養，準用民法第一千一百十六條之一、第一千一百十七條第一項、第一千一百十八條但書、第一千一百十八條之一第一項及第二項、第一千一百十九條至第一千一百二十一條之規定。

第二十三條（同性婚姻關係雙方之繼承權準用規定）

第二條關係雙方當事人有相互繼承之權利，互為法定繼承人，準用民法繼承編關於繼承人之規定。

民法繼承編關於配偶之規定，於第二條關係雙方當事人準用之。

第二十四條（民法總則編、債編及民法以外其他法規關於配偶、夫妻結婚或婚姻之規定及配偶或夫妻關係所生之規定於同性婚姻關係準用之）

民法總則編及債編關於夫妻、配偶、結婚或婚姻之規定，於第二條關係準用之。

民法以外之其他法規關於夫妻、配偶、結婚或婚姻之規定，及配偶或夫妻關係所生之規定，於第二條關係準用之。但本法或其他法規另有規定者，不在此限。

第二十五條（同性婚姻關係所生爭議適用家事事件法有關規定）

因第二條關係所生之爭議，為家事事件，適用家事事件法有關之規定。

第二十六條（宗教自由及其他自由權利不因本法而受影響）

任何人或團體依法享有之宗教自由及其他自由權利，不因本法之施行而受影響。

第二十七條（施行日期）

本法自中華民國一百零八年五月二十四日施行。

本法修正條文除另定施行日期者外，自公布日施行。」

中華民國一百十二年五月二十三日修正之第三條、第九條及第十六條，自一百十二年一月一日施行。

法人及夫妻財產制契約登記規則

民國六十二年七月六日司法行政部令發布
六十九年九月十八日司法院令修正發布
七十六年二月十六日司法院令修正發布
九十一年七月二十九日司法院令修正發布
九十三年十一月二十九日司法院令修正發布
九十四年九月十六日司法院令修正發布
九十七年四月八日司法院令修正發布
一百零一年一月二日司法院令修正發布
一百零八年三月四日司法院令修正發布第一〇、四二條條文

第一章 總則

第一條（訂定依據）

本規則依非訟事件法第一百零七條之規定訂定之。

第二條（法律之適用）

法人及夫妻財產制契約登記，除法律另有規定外，適用本規則之規定。

第三條（登記期限）

法人及夫妻財產制契約登記之聲請，應於收案後三日內登記完畢。其須經調查者，應即調查，除有特殊情形經法院院長核准外，應於七日內調查完竣，並於調查完畢後三日內登記完畢。

第四條（登記之審查）

法院登記處於登記前，應審查有無下列各款情形：

一　事件不屬該登記處之法院管轄者。

二　聲請登記事項不適於登記者。

三　應提出之證明文件不完備者。

四　所提出之財產目錄，其記載與證明文件不相符者。

五　聲請不備其他法定要件者。

第五條（不合規定聲請之處理）
聲請不合程式或有其他欠缺而可以補正者，應於收案後三日內酌定期間命其補正，並於補正後三日內登記完畢。逾期不補正者駁回其聲請。
駁回聲請之處分應以正本送達聲請人，並記明聲請人如有不服，得於送達後十日內聲明異議。

第六條（調查筆錄）
法院登記處為調查時，如命關係人以言詞陳述，應作成筆錄，記載下列事項，由為調查之人員簽名。
一　調查之處所及年、月、日。
二　調查人員之姓名。
三　調查之事項及其結果。
四　到場關係人、非訟代理人、輔佐人之姓名。
五　調查之公開或不公開。
前項筆錄應依聲請當場向受調查人朗讀或令其閱覽，並命其於筆錄內簽名。受調查人對於筆錄所記有異議者，法院登記處調查人員得更正或補充之。如以異議為不當，應於筆錄內附記其異議。

第七條（登載之方法）
法人及夫妻財產制契約登記簿之各欄，其登載之方法，應橫式書寫並自左至右。每次登記完畢，應於緊接末行之下邊以紅筆劃一直線，以迄登記年月日欄為止。其已變更或註銷之事項，以紅線劃銷，並於備註欄及附屬文件記明其日期暨事由，由承辦人員簽名或蓋章。簽名式或印鑑簿之登載亦同。

第八條（文字之書寫）
法人及夫妻財產制契約登記之簿冊及有關文件，應書寫明晰，不得潦草、挖補或塗改。如有增加、刪除，應蓋章並記明字數，其刪除處應留存字跡，俾得辨認。

第九條（重新登載之情形）
聲請人登載於新聞紙之內容有錯誤或遺漏，與登記不符時，登記處得命聲請人重新登載。

第十條（公告之方式）
公告應將登記內容為全部之記載。但依非訟事件法第九十三條第二項公告節本者，得僅公告其要點。

第十一條（謄本之登記）
非訟事件法第一百零六條第一項所定交付於請求人之法人登記簿或夫妻財產制契約登記簿謄本，應於其末端記載：「本謄本係依照法人登記簿或夫妻財產制契約登記簿第某頁作成」字樣及作成年、月、日，由承辦登記人員簽名並蓋法院印。

第十二條（登記簿之閱覽）
法人及夫妻財產制契約登記簿及其附屬文件之閱覽，應在法院內承辦登記人員前為之。閱覽人如有疑義，得請求承辦人員說明。

第十三條（登記文件之保管）
法院登記處應照法人登記簿或夫妻財產制契約登記簿之記載，另製副本一份，連同有關文件編卷歸檔。

第十四條（文件之發還）
聲請人提出之文件，於登記完畢後，除應由法院保管者外，應加蓋證物章並記明案號發還原提出人。

第二章　法人登記

第十五條（登記之類別）
本規則所稱法人登記，為設立登記、變更登記、解散登記、清算人任免或變更登記及清算終結登記。

第十六條（法人名稱）
登記之法人名稱，應標明其為社團法人或財團法人。但其他法律另有規定者，不在此限。
法人不得以其董事會或其他內部組織之名義為其登記之名稱。

第十七條（各款文件之含義解釋）
非訟事件法第八十四條第一項第二、三款所列文件，其含義如下：
一　董事證明資格之文件：係指董事之產生及其應備資格之證明文件。
二　財產證明文件：係指法人獲准登記成立時，即將該財產移轉為其所有之承諾書或其他文件。

第十八條（法人登記簿）
登記處所備之法人登記簿如附式一（略）。
登記處於登記後應發給專用於辦理法人取得財產之登記簿謄本，謄本上應載明「專用於辦理法人取得財產登記」字樣。
前項法人登記簿應永久保存。但法人經清算終結登記逾五年者，不在此限。

第十九條（簽名式或印鑑簿）
辦理法人登記所備置法人登記簽名式或印鑑簿如附式二（略），由地方法院自行印製使用，簿面及上下頁連綴騎縫處均蓋騎縫印。

第二十條（登記之聲請）
法人登記，應依聲請為之。但法律另有規定者，依其規定。聲請登記，應具聲請書，由聲請人或其非訟代理人簽名或蓋章。
前項非訟代理人，應附具委任書。

第二十一條（設立登記聲請之程式）
法人設立登記，應由全體董事聲請。其聲請書，應記載民法第四十八條第一項或第六十一條第一項所定應登記之事項，附具章程或捐助章程及非訟事件法第八十四條第一項所定之文件，並於聲請書內載明其名稱及件數。
法人設置分事務所者，應向主事務所所在地法院登記處辦理登記，並附具非訟事件法第八十四條第二項所定之文件，並於聲請書內載明文件名稱及件數。其分事務所不在同一法院管轄區域內者，並應檢同登記簿謄本及前項所定文件謄本向分事務所所在地法院登記處辦理登記。

第一項章程或捐助章程及財產目錄，應永久保存。但法人經清算終結登記逾五年者，不在此限。

第二十二條（變更登記聲請之程式）

法人變更登記聲請書應記載原已登記之事項、變更登記之內容及決定變更登記之程序與日期，附具非訟事件法第八十五條第二項所定之文件，並於聲請書內載明其名稱及件數。

第二十三條（解散登記聲請之程式）

法人解散登記聲請書應記載解散之原因、可決之程序與日期、清算人之姓名、住所，附具非訟事件法第八十八條第二項所定之文件，並於聲請書內載明其名稱及件數。

第二十四條（清算人任免或變更登記聲請之程式）

清算人任免或變更登記聲請書應記載清算人任免或決定變更之程序、新任清算人之姓名、住所，附具非訟事件法第九十條第二項所定之文件，並於聲請書內載明其名稱及件數。

第二十五條（清算終結登記聲請之程式）

清算終結登記聲請書，應記載民法第四十條第一項所定清算人職務執行之情形與清算終結之日期，附具非訟事件法第九十一條第二項所定之文件，並於聲請書內載明其名稱及件數。

第二十六條（證明文件之繕本或影本）

依前五條規定附具之證明文件，其原本須發還者，應提出繕本或影本，由提出人簽名或蓋章證明與原本無異，並由登記處核對相符後附卷。

第二十七條（撤銷法人登記之公告）

依非訟事件法第八十六條第一項撤銷法人登記時，應公告之。

第二十八條（法人登記證書）

法人登記證書如附式三（略）。

法人設立登記後，有變更事項而聲請變更登記者，登記處於登記完畢後，應換發法人登記證書。

法人登記證書應懸掛於法人主事務所顯明之處所。

依非訟事件法第八十六條第三項聲請補發法人登記證書時，其原因應釋明之。

第二十九條（撤銷許可或命令解散之通知）

主管機關對於已成立之法人，撤銷其許可，或命令解散者，應即通知該管法院登記處登記其事由。

第三十條（法人事務所遷移之處理）

法人之主事務所、分事務所遷移至原法院管轄區域以外而為變更登記者，原法院登記處應記明其事由。

前項情形，原法院應將原登記簿謄本或影本移送於管轄法院。

第三章　夫妻財產制契約登記

第三十一條（登記之類別）

夫妻財產制契約登記，為訂約登記、變更登記、廢止登記及囑託登記。

登記，應用夫妻財產制之法定名稱。

第三十二條（登記簿冊）

法院登記處辦理夫妻財產制契約登記，所備置夫妻財產制契約登記簽名式或印鑑簿如附式四（略），由地方法院自行印製使用，簿面及上下頁連綴騎縫處均蓋騎縫章。

第三十三條（夫妻財產制契約登記簿）

登記處應於夫妻財產制契約登記簿（附式五）（略）記載下列事項，由登記人員簽名或蓋章：

一　卷宗之年度字號。

二　夫妻財產制之種類。

三　採共同財產制，約定由夫妻之一方管理共同財產者，其財產管理權之約定。

四　登記及其公告日期。

第三十四條（簽名式或印鑑）

聲請訂約登記，應同時提出夫及妻之簽名式或印鑑於法院，以後提出於法院之文書，應為同式之簽名或蓋印鑑章。

前項印鑑，毀損、遺失或被盜，向法院聲請更換時，其原因應釋明之。

第三十五條（登記之聲請）

聲請登記，係委由非訟代理人為之者，應附具委任書。

聲請登記時，聲請人或代理人應提出其國民身分證或其他證件；聲請人或代理人為外國人者，應提出其護照或居留證或其他證件，以證明其確係聲請人或代理人本人。

第三十六條（聲請之程式）

聲請登記，應具聲請書，記載夫妻姓名、職業、住居所，由聲請人簽名或蓋章。

訂約登記之聲請書，應記載結婚年月日、結婚地點、約定財產制之種類，並附具非訟事件法第一百零四條第一項所定之文件。

變更登記之聲請書，應記載原登記之約定財產制、變更之種類、訂定變更契約之年月日，並附具其契約書。

廢止登記之聲請書，應記載原登記之約定財產制、訂定廢止契約之年月日，並附具其契約書。

第三十七條（重為登記）

依非訟事件法第一百零二條之規定為陳報者，應提出原登記簿謄本或影本及住居所變更後之戶籍謄本或影本各一份，向原住居所或新住居所之任一法院登記處為之。

原住居所地之法院登記處接獲第一項之陳報後，應即將聲請登記有關之文件移送新住居所地之法院登記處。

新住居所地之法院登記處接獲第一項之陳報後，應即向原住居所地之法院登記處調取聲請登記有關之文件。

自住居所變更之日起三個月以內，未向法院登記處陳報而遷回原住居所者，其住居所視為未變更。

住居所變更而新住居所仍在原法院管轄區域內者，毋須陳報。

第三十八條（登記之通知）

新住居所地法院之登記人員，應將其辦妥登記之事項及日期通知原登記法院。

原登記法院應將登記於新住居所地登記簿之事由及日期，註明於登記簿並將原登記註銷之。

第三十九條（囑託登記）

法院登記處依非訟事件法第一百零四條第二項為囑託登記時，應將囑託登記之文件及日期記載於夫妻財產契約登記簿。

登記處為前項登記後，應將登記事項黏貼於法院公告處。

第四十條（外國人之夫妻財產制登記）

依涉外民事法律適用法第四十八條之規定，而依中華民國法律訂立夫妻財產制契約聲請登記者，亦適用本規則之規定。

第四十一條（法定期間之重行起算）

修正非訟事件法有新增法定期間者，其期間自修正非訟事件法施行之日重行起算。

第四章　附　則

第四十二條（施行日期）

本規則自發布日施行。

本規則修正條文除中華民國一百零一年一月二日修正條文自一百年五月二十六日施行外，自發布日施行。

動產擔保交易法

民國五十二年九月五日總統令公布
五十九年五月二十八日總統令修正公布
六十五年一月二十八日總統令修正公布
九十六年七月十一日總統令修正公布第五、六、八～一一、一六、二一、二七、二八、三三、三四、四三條；刪除第二五、第五章章名、三八～四一條；並增訂第七之一條條文

第一章　總　則

第一條（立法目的）

為適應工商業及農業資金融通及動產用益之需要，並保障動產擔保交易之安全，特制定本法。

*（動產）民六七；（動產擔保交易）動擔二；（法）憲一七〇，中標二、五、六。

第二條（動產擔保交易之定義）

本法所稱動產擔保交易，謂依本法就動產設定抵押，或為附條件買賣或依信託收據占有其標的物之交易。

*（就動產設定抵押）動擔一五；（動產）民六七；（附條件買賣）動擔二六；（依信託收據占有其標的物）動擔三二。

第三條（法律之適用）

動產擔保交易，依本法之規定；本法無規定者，適用民法及其他法律之規定。

第四條（動產擔保交易之標的物）

機器、設備、工具、原料、半製品、成品、車輛、農林漁牧產品、牲畜及總噸位未滿二十噸之動力船舶或未滿五十噸之非動力船舶，均得為動產擔保交易之標的物。

前項各類標的物之品名，由行政院視事實需要及交易性質以命令定之。

*（標的物之品名）動產擔保交易標的物品類表。

第四條之一（效力及於加工附合混合物）

動產擔保交易之標的物有加工附合或混合之情形者，其擔保債權之效力及於加工物附合物或混合物，但以原有價值為限。

*（加工）民八一四、八一五；（附合）民八一一、八一二、八一五；（混合）民八一三、八一五。

第五條　（要式契約及登記效力）

動產擔保交易應以書面訂立契約。非經登記，不得對抗善意第三人。

債權人依本法規定實行占有或取回動產擔保交易標的物時，善意留置權人就動產擔保交易標的物有修繕、加工致其價值增加所支出之費用，於所增加之價值範圍內，優先於依本法成立在先之動產擔保權利受償。

*（禁止申請登記事由）動擔施一一。

第六條　（登記機關）

動產擔保交易之登記機關，由行政院定之。

*（登記機關）動擔施二；（有效區域）動擔施四；（命令）中標三、六、一一。

第七條　（登記之程序）

動產擔保交易之登記，應由契約當事人將契約或其複本，向登記機關為之。

登記機關應於收到之契約或其複本上記明收到之日期，存卷備查，並備登記簿，登記契約當事人之姓名或名稱、住居所或營業所、訂立契約日期、標的物說明、價格、擔保債權額、終止日期等事項。

前項登記簿應編具索引，契約當事人或第三人得隨時向登記機關查閱或抄錄契約登記事項。

*（登記機關）動擔施三；（登記申請人）動擔施五；（辦理登記時應具備之證件）動擔施六；（登記申請書應載事項）動擔施九；（登記簿）動擔施一四；（登記機關辦理登記時間）動擔施一八。

第七條之一　（補正）

申請動產擔保交易登記有不合規定者，登記機關應敘明理由限期命其補正；屆期不補正或補正不完全者，登記機關應予駁回。

第八條　（公告）

登記機關應將契約當事人之姓名或名稱、標的物說明、擔保債權額、訂立契約日期、終止日期及其他必要事項，公開於網站或以其他適當方法公告之。

*（登記簿）動擔施一三、一四；（公告期間）動擔施一九；（公告之揭示及處所）動擔施二〇；（公告事項錯誤或遺漏之更正）動擔施二一。

第九條　（登記之有效期間）

動產擔保交易之登記，其有效期間從契約之約定，契約無約定者，自登記之日起有效期間為一年，期滿前三十日內，債權人得申請延長期限，其效力自原登記期滿之次日開始。

前項延長期限登記，其有效期間不得超過一年。登記機關應比照第七條及第八條規定辦理，並通知債務人，標的物為第三人所有者，應併通知之。

*（登記效力）動擔五。

▲動產擔保交易法第九條，係規定動產擔保交易登記之有效期間，而非時效期間，不生起訴而中斷時效之問題，在登記有效期間屆滿後，被上訴人之動產抵押權，即無對抗善意第三人之效力。（六〇臺上三二〇六）

第十條　（清償證明文件）

擔保債權受清償後，債權人經債務人或利害關係人之書面請求，應即出具證明文件。債務人或利害關係人得憑證明文件，向登記機關註銷登記。

債權人不於收到前項請求十日內交付證明文件者，應負損害賠償責任。

債權人拒絕為第一項證明文件之交付時，債務人或利害關係人得以其他足以證明其已清償之方法，向登記機關註銷登記。

*（負債字據之返還或塗銷）民三〇八㈠；（債務消滅公認證書之給與）民三〇八㈡。

第十一條　（規費）

動產擔保交易之登記機關，辦理各項登記、閱覽、抄錄、出具證明書，應收取規費，其標準由行政院定之。

*（規費收取標準）動擔施二三。

第十二條　（占有人之責任）

動產擔保交易契約存續中，其標的物之占有人，應以善良管理人之注意，保管或使用標的物。

*（占有人）民九四〇。

第十三條　（利益及危險之承擔）

動產擔保交易標的物之利益及危險，由占有人承受負擔。但契約另有約定者，從其約定。

*（占有人）民九四〇；（動產擔保交易標的物）動擔四。

第十四條　（權利拋棄之禁止）

契約約定動產擔保交易之債務人，拋棄本法所規定之權利者，其約定為無效。

*（動產擔保交易）動擔二。

第二章　動產抵押

第十五條　（動產抵押之定義）

稱動產抵押者，謂抵押權人對債務人或第三人不移轉占有而就供擔保債權之動產設定動產抵押權，於債務人不履行契約時，抵押權人得占有抵押物，並得出賣，就其賣得價金優先於其他債權而受清償之交易。

*（占有）民九四〇；（移轉占有）民九四六；（動產）民六七；（占有抵押物）動擔一七、一八。

第十六條　（動產抵押契約應載事項）

動產抵押契約應載明下列事項：

一　契約當事人之姓名或名稱、住居所或營業所所在地。

二　所擔保債權之金額及利率。

三　抵押物之名稱及數量，如有特別編號標識或說明者，其記載。

四　債務人或第三人占有抵押物之方式及其所

在地。

五　債務人不履行債務時，抵押權人行使動產抵押權及債權之方法。

六　如有保險者，其受益人應為抵押權人之記載。

七　訂立契約年月日。

動產抵押契約以一定期間內所發生之債權作為所擔保之債權者，應載明所擔保債權之最高金額。

＊（住所）民二〇、二九，公司三；（抵押物之編號標識或說明）動擔施一六；（合意管轄）民訴二四、二五。

第十七條（抵押權人之占有及善意第三人之請求賠償）

債務人不履行契約或抵押物被遷移、出賣、出質、移轉或受其他處分，致有害於抵押權之行使者，抵押權人得占有抵押物。

前項之債務人或第三人拒絕交付抵押物時，抵押權人得聲請法院假扣押，如經登記之契約載明應逕受強制執行者，得依該契約聲請法院強制執行之。

第三人善意有償取得抵押物者，經抵押權人追蹤占有後，得向債務人或受款人請求損害賠償。

＊（出賣）民三四五；（出質）民八八四；（假扣押）民訴五二二㈠；（契約載明逕受強制執行者）動擔一六㈠⑥，強執四㈠⑥；（善意取得）民八〇一、九四八。

▲動產抵押權人欲實行其抵押權必先占有抵押物，其抵押物為第三人占有者，亦必追蹤取得占有後，始得出賣。（六〇臺上三二〇六）

第十八條（占有前之通知與抵押物之回贖）

抵押權人依前條第一項規定實行占有抵押物時，應於三日前通知債務人或第三人。

前項通知應說明事由並得指定履行契約之期限，如債務人到期仍不履行契約時，抵押權人得出賣占有抵押物，出賣後債務人不得請求回贖。

抵押權人不經第一項事先通知，逕行占有抵押物時，如債務人或第三人在債權人占有抵押物後之十日期間內履行契約，並負擔占有費用者，得回贖抵押物，但抵押物有敗壞之虞，或其價值顯有減少，足以妨害抵押權人之權利，或其保管費用過鉅者，抵押權人於占有後得立即出賣。

＊（查封之撤銷）強執五八。

第十九條（抵押物之出賣、拍賣）

抵押權人出賣占有抵押物，除前條第三項但書情形外，應於占有後三十日內，經五日以上之揭示公告，就地公開拍賣之，並應於拍賣十日前，以書面通知債務人或第三人。

抵押物為可分割者，於拍賣得價足以清償債務及費用時，應即停止。債權人本人或其家屬亦得參加拍賣，買受抵押物。

＊（拍賣）民三九一～三九七，民債施二八；（拍賣公告之內容）強執六四；（拍賣公告之揭示）動擔施二〇。

第二十條（受償之範圍及順序）

抵押物賣得價金，應先抵充費用，次充利息，再充原本，如有剩餘，應返還債務人，如有不足，抵押權人得繼續追償。

＊（抵押權之擔保範圍）民八六一、八七一、九三四。

第二十一條（出賣或拍賣之程序）

第十五條、第十八條及第十九條規定抵押權人對抵押物所為之出賣或拍賣，除依本法規定程序外，並應依民法債編施行法第二十八條規定辦理。

第二十二條（抵押權人違法占有或出賣之責任）

抵押權人占有或出賣抵押物，未依第十八條、第十九條及第二十一條規定辦理者，債務人得請求損害賠償。

第二十三條（流押契約之禁止）

契約約定於債權已屆清償期而未為清償時，抵押物之所有權移屬於抵押權人者，其約定為無效。

＊（清償期）民三一五、三一六；（流抵約款之禁止）民八七三㈡、八九三㈡。

第二十四條（設質之禁止）

動產抵押權不得為質權之標的物。

＊（質權）民八八四、九〇〇；（抵押權之從屬性）民八七〇。

第二十五條（刪除）

第三章　附條件買賣

第二十六條（附條件買賣之定義）

稱附條件買賣者，謂買受人先占有動產之標的物，約定至支付一部或全部價金，或完成特定條件時，始取得標的物所有權之交易。

＊（買賣）民三四五；（動產）民六七。

第二十七條（契約應載事項）

附條件買賣契約應載明下列事項：

一　契約當事人之姓名或名稱、住居所或營業所所在地。

二　買賣標的物之名稱、數量及價格，如有特別編號標識或說明者，其記載。

三　出賣人保有標的物所有權，買受人得占有使用之記載。

四　買賣標的物價款之支付方法。

五　買受人取得標的物所有權之條件。

六　買受人不履行契約時，出賣人行使物權及債權之方法。

七　如有保險者，其受益人應為出賣人之記載。

八　訂立契約年月日。

＊（條件）民九九～一〇一；（合意管轄）民訴二四、二五。

第二十八條（取回占有及賠償請求）

標的物所有權移轉於買受人前，買受人有下列情形之一，致妨害出賣人之權益者，出賣人得取回占有標的物：

一　不依約定償還價款者。

二　不依約定完成特定條件者。

三　將標的物出賣、出質或為其他處分者，

出賣人取回占有前項標的物，其價值顯有減少者，得向買受人請求損害賠償。

*（出賣）民三四五；（出質）民八八四；（取回占有標的物）動擔一七㊁、㊂、一八。

▲附條件買賣在標的物所有權移轉於買受人前，買受人如有不依約定償還價款之情形，依據動產擔保交易法第二十八條第一項之規定，出賣人固得行使其取回權，但取回權及取回後其他權利之行使，依同法第三十條規定，應準用同法第十七條第二項、第三項及第十八條至第二十二條所定程序為之。此項程序固為保護出賣人而設，實亦兼顧買受人之利益，非謂出賣人可隨時取回及取回後可置買受人一切利益於不顧。買受人即使於契約約定拋棄同法所規定之權利，依同法第十四條規定，其約定亦屬無效。（六二臺上一五五九）

第二十九條（標的物之再出賣之效力）

買受人得於出賣人取回占有標的物後十日內，以書面請求出賣人將標的物再行出賣。出賣人縱無買受人之請求，亦得於取回占有標的物後三十日內將標的物再行出賣。

出賣人取回占有標的物，未受買受人前項再行出賣之請求，或於前項三十日之期間內未再出賣標的物者，出賣人無償還買受人已付價金之義務，所訂附條件買賣契約失其效力。

第三十條（取回占有並出賣標的物程序及責任規定之準用）

第二章第十七條第二項、第三項及第十八條至第二十二條，對於附條件買賣之出賣人及買受人準用之。

第三十一條（不得為附條件買賣之標的物）

經依本法設定抵押之動產，不得為附條件買賣之標的物。

違反前項規定者，其附條件買賣契約無效。

*（依本法設定抵押之動產）動擔一五。

第四章　信託占有

第三十二條（信託占有之定義）

稱信託占有者，謂信託人供給受託人資金或信用，並以原供信託之動產標的物所有權為債權之擔保，而受託人依信託收據占有處分標的物之交易。

*（動產）民六七。

第三十三條（信託收據應載事項）

信託收據應記載下列事項：

一　當事人之姓名或名稱、住居所或營業所所在地。

二　信託人同意供給受託人資金或信用之金額。

三　標的物之名稱、數量、價格及存放地地點，如有特別編號標識或說明者，其記載。

四　信託人保有標的物所有權，受託人占有及處分標的物之方法。

五　供給資金或信用之清償方法，如受託人出賣標的物者，其買受人應將相當於第二款所列金額部分之價金交付信託人之記載。

六　受託人不履行契約時，信託人行使物權及債權之方法。

七　如有保險者，其受益人應為信託人之記載。

八　訂立收據年月日。

*（合意管轄）民訴二四、二五。

第三十四條（信託人取回占有）

受託人有下列情形之一，信託人得取回占有標的物：

一　不照約定清償債務者。

二　未經信託人同意將標的物遷移他處者。

三　將標的物出質或設定抵押權者。

四　不依約定之方法處分標的物者。

*（出質）民八八四；（設定抵押權）動擔一五，海商三三，民航一九。

第三十五條（信託人同意出賣標的物之責任）

信託人同意受託人出賣標的物者，不論已否登記，信託人不負出賣人之責任，或因受託人處分標的物所生債務之一切責任。

信託人不得以擔保債權標的物之所有權對抗標的物之買受人。但約定附有限制處分條款或清償方法者，對於知情之買受人不在此限。

第三十六條（不得為信託占有之標的物）

經依本法設定抵押之動產，不得為信託占有之標的物。

違反前項規定者，其信託收據無效。

*（依本法設定抵押之動產）動擔一五。

第三十七條（取回占有並出賣標的物程序及責任規定之準用）

第二章第十七條第二項、第三項及第十八條至第二十二條，對於信託占有之信託人及受託人準用之。

第五章（刪除）

第三十八條（刪除）

第三十九條（刪除）

第四十條（刪除）

第六章　附則

第四十一條（刪除）

第四十二條（施行細則之訂定）

本法施行細則，由行政院定之。

第四十三條（施行日期）

本法施行日期，以命令定之。

本法修正條文自公布日施行。

公司法

民國十八年十二月二十六日國民政府公布
三十五年四月十二日國民政府修正公布
五十五年七月十九日總統令修正公布
五十七年三月二十五日總統令修正公布
五十八年九月十一日總統令修正公布
五十九年九月四日總統令修正公布
六十九年五月九日總統令修正公布
七十二年十二月七日總統令修正公布
七十九年十一月十日總統令修正公布
八十六年六月二十五日總統令修正公布
八十九年十一月十五日總統令修正公布
九十年十一月十二日總統令修正公布
九十四年六月二十二日總統令修正公布
九十五年二月三日總統令修正公布
九十八年一月二十一日總統令修正公布
九十八年四月二十九日總統令修正公布
九十八年五月二十七日總統令修正公布
一百年六月二十九日總統令修正公布
一百年十一月九日總統令修正公布
一百年十二月二十八日總統令修正公布
一百零一年一月四日總統令修正公布
一百零一年八月八日總統令修正公布
一百零二年一月十六日總統令修正公布
一百零二年一月三十日總統令修正公布
一百零四年五月二十日總統令修正公布
一百零四年七月一日總統令修正公布
一百零七年八月一日總統令修正公布
一百一十年十二月二十九日總統令修正公布第一七二之二、三五六之八條條文

第一章　總　則

第一條　（公司之定義）

本法所稱公司，謂以營利為目的，依照本法組織、登記、成立之社團法人。

公司經營業務，應遵守法令及商業倫理規範，得採行增進公共利益之行為，以善盡其社會責任。

⑩⑦一、原條文移列第一項，內容未修正。二、增訂第二項。按公司在法律設計上被賦予法人格後，除了能成為交易主體外，另一層面之意義在於公司能永續經營。誕生於十七世紀初之公司，經過幾百年之發展，民眾樂於成立公司經營事業，迄今全世界之公司，不知凡幾，其經濟影響力亦日漸深遠，已是與民眾生活息息相關之商業經濟組織。尤其大型企業，可與國家平起平坐，其決策之影響力，常及於消費者、員工、股東、甚至一般民眾。例如企業所造成之環境污染、劣質黑心商品造成消費者身心受害等，不一而足。公司為社會之一分子，除從事營利行為外，大多數國家，均認為公司應負社會責任。公司社會責任之內涵包括：公司應遵守法令；應考量倫理因素，採取一般被認為係適當負責任之商業行為；得為公共福祉、人道主義及慈善之目的，捐獻合理數目之資源。又按證券交易法第三十六條第四項授權訂定之公開發行公司年報應行記載事項準則第十條第四款第五目已明定公開發行公司年報中之「公司治理報告」應記載履行社會責任情形。我國越來越多公開發行公司已將其年度內所善盡社會責任之活動，在其股東會所準備之年報內詳細載明，實際已化為具體之行動。鑒於推動公司社會責任已為國際潮流及趨勢，爰予增訂，導入公司應善盡其社會責任之理念。

*（以營利為目的）民四五，所得稅一一㊁；（組織）公司二㊀；（登記）公司六、七、一二；（成立）公司六，民二五、四五；（社團法人）民四五～五八。

▲公司既經合法登記即成為法人，該公司所負之債務，依法自應由該公司負償還之責。（二〇上二二五五）

第二條　（公司種類）

公司分為左列四種：

一　無限公司：指二人以上股東所組織，對公司債務負連帶無限清償責任之公司。

二　有限公司：由一人以上股東所組織，就其出資額為限，對公司負其責任之公司。

三　兩合公司：指一人以上無限責任股東，與一人以上有限責任股東所組織，其無限責任股東對公司債務負連帶無限清償責任；有限責任股東就其出資額為限，對公司負其責任之公司。

四　股份有限公司：指二人以上股東或政府、法人股東一人所組織，全部資本分為股份；股東就其所認股份，對公司負其責任之公司。

公司名稱，應標明公司之種類。

⑨⓪一、本次公司法修正將股份有限公司七人以上改為二人以上股東，以規模而言，股份有限公司一般無論在股東人數、員工人數及資本額均較有限公司為大，且有限公司大多都屬家族性中小企業，故而修正為一人以上股東所組成以符合實際。德國有限公司法第一條即允許一人有限公司之設立，可為參考。二、第二項未修正。

*（公司）公司一；（無限公司）公司四〇～九七；（有限公司）公司九八～一一三；（兩合公司）公司一一四～一二七；（股份有限公司）公司一二八～三二一；（股份）公司一五六～一六九；（連帶責任）公司六〇，民二七二～二八二；（公司名稱）公司一八。

第三條　（公司住所）

公司以其本公司所在地為住所。

本法所稱本公司，為公司依法首先設立，以管轄全部組織之總機構；所稱分公司，為受本公司管轄之分支機構。

*（住所）民二〇、二九，民訴二、九。

第四條　（外國公司之定義）

本法所稱外國公司，謂以營利為目的，依照外國法律組織登記之公司。

外國公司，於法令限制內，與中華民國公司有同一之權利能力。

⑩⑦一、原條文修正移列第一項。在國際化之趨勢下，國內外交流頻繁，依外國法設立之外國公司既於其本國取得法人格，我國對此一既存事實宜予尊重。且為強化國內外公司之交流可能性，配合實際貿易需要及國際立法潮流趨勢，爰廢除外國公司認許制度，刪除原條文後段規定。關於外國公司之定義，採取與企業併購法第四條第八款及證券交易法第四條第二項相同之定義。二、按民法總則施行法第十二條第一項規定「經認許之外國法人，於法令限制內，與同種類之我國法人有同一之權利能力。」本法廢除認許制度後，外國公司於我國究有如何之權利能力，宜予明定，爰參照上開規定，增訂第二項。

*（外國法人）民總施一一～一五，涉外民事一三；（外國公司）公司三七〇～三八二、三八四～三八六；（認許）公司三七一。

第五條　（主管機關）

本法所稱主管機關在中央為經濟部在直轄市為直轄市政府。
中央主管機關得委任所屬機關、委託或委辦其他機關辦理本法所規定之事項。

(90)為考量實際作業之需要，爰配合行政程序法第十五條及訴願法第七條至第九條之規定，增訂第二項規定中央主管機關得將本法所規定之事項委任所屬機關、委託或委辦其他機關辦理。

*（省）憲一一二、一一三；（直轄市）憲一一八。

第六條（成立要件）

公司非在中央主管機關登記後，不得成立。

(90)一、為配合公司登記電腦化作業，爾後人民得透過電腦連線查詢公司基本登記資料，無核發公司執照之必要。二、又公司執照核發後，如公司解散或經勒令歇業後，公司仍持有公司執照，作為交易工具者，則恐有危害社會交易安全之虞；再者，目前行政機關行政作業上，均以公司執照影本為據，核發相關證照，致解散或經勒令歇業之公司仍得持公司執照影本辦理，實務上滋生爭議，參考日本立法例亦無公司執照，爰予刪除「並發給執照」之文字，以杜紛擾。三、為維護社會交易安全，俾公司提供詳實之公司登記資料，爾後廢止執照後，公司得依第三百九十二條規定，請求主管機關核給證明書，以確認公司之登記現況，當可杜絕現行實務上之弊端。

*（主管機關）公司五；（登記）民三〇、四五，公司一七、三八七。

▲公司登記，須經核准發給執照後，始生效力。（一九上三二七）

▲公司未經核准登記，即不能認為有獨立之人格，其所負債務，各股東應依合夥之例，擔負償還責任。（一九上一四〇三）

▲公司登記，除設立登記為公司之成立要件（參看公司法第六條）外，其他登記，皆屬對抗要件（參看同法第十二條），變更董事、監察人，固屬應登記之事項，但此事項之有效存在，並不以登記為其要件。（六七臺上七六〇）

第七條（公司登記之查核）

公司申請設立登記之資本額，應經會計師查核簽證；公司應於申請設立登記時或設立登記後三十日內，檢送經會計師查核簽證之文件。
公司申請變更登記之資本額，應先經會計師查核簽證。
前二項查核簽證之辦法，由中央主管機關定之。

(101)一、為配合九十八年四月二十九日修正公司法第一百條第二項及第一百五十六條第三項，刪除授權由中央主管機關訂定公司設立最低資本額法源之改革措施，並為便利民眾申請設立公司，提升企業開辦效率，將原公司設立登記時，應先經會計師查核簽證之規定，修正為應於申請設立登記時或設立登記後三十日內，檢送經會計師查核簽證之文件。二、公司設立後，資本額如有變更，於申請變更登記時，仍應先經會計師查核簽證。原條文有關公司申請變更登記資本額之查核簽證規定，移列第二項。三、有關公司設立或變更登記資本額之查核簽證辦法，授權中央主管機關定之。原條文有關授權訂定辦法之規定，移列第三項。

*（設立登記）公司三八七；（主管機關）公司五。

第八條（公司負責人之定義）

本法所稱公司負責人：在無限公司、兩合公司為執行業務或代表公司之股東；在有限公司、股份有限公司為董事。
公司之經理人、清算人或臨時管理人，股份有限公司之發起人、監察人、檢查人、重整人或重整監督人，在執行職務範圍內，亦為公司負責人。
公司之非董事，而實質上執行董事業務或實質控制公司之人事、財務或業務經營而實質指揮董事執行業務者，與本法董事同負民事、刑事及行政罰之責任。但政府為發展經濟、促進社會安定或其他增進公共利益等情形，對政府指派之董事所為之指揮，不適用之。

(107)一、第一項未修正。二、按第二百零八條之一第一項規定「董事會不為或不能行使職權，致公司有受損害之虞時，法院因利害關係人或檢察官之聲請，得選任一人以上之臨時管理人，代行董事長及董事會職權……」旨在因應公司董事會不為或不能行使職權時，藉臨時管理人之代行董事長及董事會職務，以維持公司運作。由於該臨時管理人係代行董事長及董事會職權，是以，在執行職務範圍內，亦為公司負責人（經濟部九十三年十一月九日經商字第〇九三〇〇一九五一四〇號函釋參照）。又依第一百零八條第四項規定，有限公司董事準用第二百零八條之一規定，爰修正第二項。三、為強化公司治理並保障股東權益，實質董事之規定，不再限公開發行股票之公司始有適用，爰修正第三項，刪除「公開發行股票之」之文字。

*（執行業務代表公司股東）公司四〇、四五、四六、五六～五八、一一五；（有限公司董事）公司一〇八；（股份有限公司董事）公司一九二；（經理人）公司二九㈡；（清算人）公司七九、一一三、一二七；（監察人）公司二一六；（發起人）公司一二八㈠、一二九、一三一～一三三、一三八、一四三、一四五、一五〇；（檢查人）公司一四六㈡、一八四、二四五；（重整人）公司二八二以下；（重整監督人）公司二九七～三〇〇、三〇六、三一三。

▲公司之檢查人，在執行職務範圍內，亦為公司負責人，公司法第八條第二項定有明文。本件參加人某會計師，既經臺灣彰化地方法院依公司法第二百四十五條規定，選派為某公司之檢查人，執行檢查某公司業務帳目及財產情形之職務，則檢查人某會計師為執行其檢查職務，依法自應由伊以某公司負責人（法定代理人）身分，而以某公司為原告，對保管該業務帳冊等資料之董事或其他公司職員（如經理人等）起訴，請求交付業務帳冊等資料，方屬合法。（六九臺上三八四五）

第九條（應收股款股東並未實際繳納之處罰）

公司應收之股款，股東並未實際繳納，而以申請文件表明收足，或股東雖已繳納而於登記後將股款發還股東，或任由股東收回者，公司負責人各處五年以下有期徒刑、拘役或科或併科新臺幣五十萬元以上二百五十萬元以下罰金。
有前項情事時，公司負責人應與各該股東連帶賠償公司或第三人因此所受之損害。
第一項經法院判決有罪確定後，由中央主管機關撤銷或廢止其登記。但判決確定前，已為補正者，不在此限。
公司之負責人、代理人、受僱人或其他從業人員以犯刑法偽造文書印文罪章之罪辦理設立或其他登記，經法院判決有罪確定後，由中央主管機關依職權或依利害關係人之申請撤銷或廢止其登記。

(107)一、第一項及第二項未修正。二、修正第三項。原第三項本文「裁判確定」，原意係指「法院判決有罪確定」，為符實際，爰予修正；又既經法院判決有罪確定，中央主管機關即得撤銷或廢止其登記，爰刪除「檢察機關通知」之文字。但書「但裁判確定前，已為補正者」，立法原意係指該補正可由公司主動為之或被動為之，然無論何種方式，均須在「裁判確定前」補正。為免誤解公司被動補正之情形不須在「判決確定前」，爰刪除「或經主管機關限期補正已補正」之文字，以杜爭議。另「裁判」亦修正為「判決」，以期一致。三、修正第四項。原第四項「公司之設立或其他登記事項有偽造、變造文書」，立法原意係指犯刑法偽造文書印文罪章所規範之罪，即除偽造、變造文書罪外，公務員登載不實罪、使公務員登載不實罪、業務上登載不實罪、行使偽造變造或登載不實之文書罪、偽造盜用印章印文罪等，亦包括在內。惟個案上，有法院在認定上採狹義見解，認為不含業務上登載不實罪。為杜爭議，將「偽造、變造文書」修正為「刑法偽造文書印文罪章之罪」，且明定犯罪行為主體，以資明確並利適用。又「裁判確定」修正為「法院判決有罪確定」，並刪除「檢察機關通知」之文字。另明定中央主管機關得依職權或依利害關係人之申請撤銷或廢止其登記。

*（設立登記）公司六；（登記事項）公司四一、一一五、一一六；（撤銷）民一一四，商登施一八，法登三四。

第十條 （命令解散）

公司有下列情事之一者，主管機關得依職權或利害關係人之申請，命令解散之：

一 公司設立登記後六個月尚未開始營業。但已辦妥延展登記者，不在此限。

二 開始營業後自行停止營業六個月以上。但已辦妥停業登記者，不在此限。

三 公司名稱經法院判決確定不得使用，公司於判決確定後六個月內尚未辦妥名稱變更登記，並經主管機關令其限期辦理仍未辦妥。

四 未於第七條第一項所定期限內檢送經會計師查核簽證之文件者。但於主管機關命令解散前已檢送者，不在此限。

⑩一、序文配合法制用語，酌作文字修正。二、鑒於公司設立登記後，其資本額查核簽證之文件，依修正條文第七條第一項規定，固得於設立登記後三十日內檢送之，惟公司設立登記之資本額，仍應符合資本確實原則，以保障股東權益。對於公司未於修正條文第七條第一項所定期限內，檢送經會計師查核簽證之文件者，主管機關得依職權或利害關係人之申請，命令解散之；但於主管機關命令解散前，公司已檢送者，不在此限。爰增訂第四款。

*（主管機關）公司五；（解散）公司二四～二六、一一三、一一五、一二六㈠、三一五、三一六、三一九；（設立登記）公司六。

第十一條 （裁定解散）

公司之經營，有顯著困難或重大損害時，法院得據股東之聲請，於徵詢主管機關及目的事業中央主管機關意見，並通知公司提出答辯後，裁定解散。

前項聲請，在股份有限公司，應有繼續六個月以上持有已發行股份總數百分之十以上股份之股東提出之。

⑨一、臺灣省政府功能業務與組織調整後，在臺灣省部分由經濟部辦理，在直轄市部分由直轄市政府辦理，爰刪除第一項之「中央」二字。二、第二項未修正。

*（公司之解散）公司二四～二六、一一三、一一五、一二六㈠、三一五、三一六、三一九；（聲請）非訟一七一、一七二；（股份）公司一五六以下。

第十二條 （登記之效力）

公司設立登記後，有應登記之事項而不登記，或已登記之事項有變更而不為變更之登記者，不得以其事項對抗第三人。

*（設立登記）公司六、一七；（應登記事項）公司四一；（對抗第三人）民三一，商登一九。

▲釋四二〇。

▲（六七臺上七六〇）參見本法第六條。

▲公司法第十二條之規定，不包括同法第二百零五條第五項董事個人事由應向主管機關申請之登記在內，凡居住國外之股份有限公司董事，以書面委託居住國內之其他股東經常代理出席董事會者，必須將其事項向主管機關申請登記，否則不生授與代理權之效力，此項登記，非僅為對抗要件。而同條第四項規定居住國外之董事得以書面委託居住國內之其他股東，經常代理出席董事會，所謂其他股東並不包括居住國內已當選為董事之股東在內。此就該條項與同條第一、二項規定比較觀之，即可明瞭。（六八臺上一七四九）

▲股份有限公司之新任董事長，自其就任後即生效力，並非經主管機關准予變更登記後，始生效力，此觀公司法第十二條規定，不難明瞭。（六八臺上二二三七）

第十三條 （公司轉投資之限制）

公司不得為他公司無限責任股東或合夥事業之合夥人。

公開發行股票之公司為他公司有限責任股東時，其所有投資總額，除以投資為專業或公司章程另有規定或經代表已發行股份總數三分之二以上股東出席，以出席股東表決權過半數同意之股東會決議者外，不得超過本公司實收股本百分之四十。

出席股東之股份總數不足前項定額者，得以有代表已發行股份總數過半數股東之出席，出席股東表決權三分之二以上之同意行之。

前二項出席股東股份總數及表決權數，章程有較高之規定者，從其規定。

公司因接受被投資公司以盈餘或公積增資配股所得之股份，不計入第二項投資總額。

公司負責人違反第一項或第二項規定時，應賠償公司因此所受之損害。

⑩一、原第一項前段移列第一項。二、原第一項後段移列第二項。依原規定，無論無限公司、有限公司、兩合公司、公開發行或非公開發行股票之公司，如為他公司有限責任股東時，其所有投資總額，原則上不得超過本公司實收股本百分之四十，除非公司係以投資為專業或章程另有規定或經依一定程序解除百分之四十之限制時，始不受此限。此次予以鬆綁，讓無限公司、有限公司、兩合公司或非公開發行股票之公司，不再受限；另考量公開發行股票之公司為多角化而轉投資，屬公司重大財務業務行為，涉及投資人之權益，為健全公開發行股票公司之財務業務管理，避免因不當投資而使公司承擔過高之風險，致影響公司業務經營及損及股東權益，針對公開發行股票之公司，仍有加以規範之必要，爰刪除原第一款及第二款，並明定本項適用主體為公開發行股票之公司。三、原第二項至第五項移列第三項至第六項，並配合酌作修正。

*（無限責任股東）公司六〇、一一四㈡；（合夥）民六六七～六九九；（有限責任股東）公司九九、一一四㈠、一五四；（盈餘增資配股）公司二四〇；（公積增資配股）公司二四一；（公司負責人）公司八；（損害賠償）民二一三～二一八。

第十四條 （刪除）

⑨一、本條刪除。二、現行條文之立法目的係為防止公司以短期資金作長期運用，以確保公司財務健全。立法理由在

內難以回收，若以短期債款支應，則往往新的生產設備尚未完成生產，而債款清償期已屆至，易造成公司財務困難，故立法加以禁止。惟公司以短期債款支應因擴充生產設備而增加固定資產所需之資金，是否易造成財務困難，實宜由公司自行妥為考量。例如公司雖以短期債款作長期投資，但預期並確定短期債款清償期屆至前，會另有資金進帳，則財務危機之疑慮，並不存在。是以公司舉債究以長期或短期債款支應，允屬企業自治事項，不宜強制規定，俾企業彈性運作，且各國立法例皆無此借款限制之規定，本條爰予刪除。

第十五條（貸款之限制）

公司之資金，除有左列各款情形外，不得貸與股東或任何他人：

一　公司間或與行號間有業務往來者。

二　公司間或與行號間有短期融通資金之必要者。融資金額不得超過貸與企業淨值的百分之四十。

公司負責人違反前項規定時，應與借用人連帶負返還責任；如公司受有損害者，亦應由其負損害賠償責任。

⑼一、資金是企業經營的命脈，企業要擴張與發展，資金靈活通暢的調度更不可或缺。臺灣除金融機構外並無類似國外財務融資之公司，使資金調度暢通無阻，故必需適度開放資金融通管道。如為公司或行號間正常營運之需，祇要彼此有業務往來，不必受限於交易行為；即使無業務往來在必要時仍應給予融通，惟需受限於貸與企業淨值百分之四十之內。使資金取得更多元化。企業有充裕資金將有利於整體經濟發展。二、雖然本次公司法修正在資金融通方面，已給予企業募集資金有較多樣的選擇，可視資本市場狀況彈性選擇辦理現金增資發行新股，或發行可轉換公司債、認股權證、附認股權公司債或附認股權特別股。惟公司債之發行並無類似如美國垃圾債券發行及交易市場之便利性，仍需受各項法規及程序之限制，有緩不濟急之瑕疵。三、有關上市、上櫃公司之資金貸與，證交法令已有規範並優先適用。惟大多數中小企業不易自金融機構取得資金，茲增列第一項第二款開放中小企業資金融通之管道。本次公司法之修正對公司債可轉換為認股權證或股份等亦給予股東選擇權，使企業在資金的運用上有多重選擇，故增列本款以配合之。

*（經營之業務）公司四一、一〇一、一一五、一二九、二七

三，保險一三六、一三八；（公司負責人）公司八。

▲釋四二〇。

第十六條（公司為保證人之限制）

公司除依其他法律或公司章程規定得為保證者外，不得為任何保證人。

公司負責人違反前項規定時，應自負保證責任，如公司受有損害時，亦應負賠償責任。

⑼一、第一項未修正。二、因公司負責人之違反法律或章程之行為，自應由其自負保證之責任，而不必由公司負連帶賠償責任。同時配合除罪化之修訂原則，刪除有關罰金之規定。

*（保證）民七三九～七五六；（保證業務）銀行七一⑫、一〇一㈠④；（公司負責人）公司八。

▲釋五九。

▲公司法第二十三條（現行法第十六條）除外之規定，係以依其他法律或公司章程規定以保證為業務者為要件。被上訴人既無依其他法律或公司章程規定以保證為業務之情形，殊無因票據法第五十五條第二項，有不問何人均得為保證之規定，而排斥其適用之餘地。至公司法（舊）第二十四條，乃關於公司負責人違反第二十二條或第二十三條之規定時之處罰，並賠償公司因此所受損害之規定，不能因此即可謂違反同法（舊）第二十三條之保證應屬有效。上訴人執此為不服原判決之論據，不能認為有理由。（四三臺上八三）

▲被上訴人公司非以保證為業務，其負責人違反公司法第二十三條（現行法第十六條）之規定，以公司名義為保證，依司法院釋字第五十九號解釋，其保證行為對於公司不生效力，則上訴人除因該負責人無權代理所為之法律行為而受損害時，得依民法第一百十條之規定請求賠償外，並無仍依原契約主張，應由被上訴人負其保證責任之餘地。（四八臺上一九一九）（九一、九、三〇決議不再援用）

▲公司除依其他法律或公司章程規定，以保證為業務者外，不得為任何保證人，為公司法第十六條第一項所明定。本件被上訴人公司係以某報之出版發行等為業務，而非以保證為業務，自有上開禁止規定之適用。且所謂不得為任何保證人，非僅指公司本身與他人訂立保證契約為保證人，即承受他人之保證契約，而為保證人之情形，亦包括在內。（六九臺上一六七六）

▲公司法第十六條第一項規定公司除依其他法律或公司章程規定以保證為業務者外，不得為任何保證人，旨在穩定公司財務，用杜公司負責人以公司名義為他人作保而生流弊，倘公司提供財產為他人設定擔保物權，就公司財務之

影響而言，與為他人保證人之情形無殊，仍應在上開規定禁止之列。（七四臺上七〇三）

第十七條（特許之業務）

公司業務，依法律或基於法律授權所定之命令，須經政府許可者，於領得許可文件後，方得申請公司登記。

前項業務之許可，經目的事業主管機關撤銷或廢止確定者，應由各該目的事業主管機關，通知中央主管機關，撤銷或廢止其公司登記或部分登記事項。

⑼一、按許可業務並不一定以發給證照為必要，爰就第一項酌作文字修正。二、為釐清行政作業程序，依行政程序法第一百二十三條及第一百二十五條之規定增列「或廢止」文字，以資周延；並於撤銷或廢止許可業務之處分確定後，始撤銷或廢止其公司登記或部分登記事項，爰修正第二項。

*（須經政府許可）商登五，商登施五；（撤銷登記）商登二九。

第十七條之一（廢止登記）

公司之經營有違反法令受勒令歇業處分確定者，應由處分機關通知中央主管機關，廢止其公司登記或部分登記事項。

⑼為釐清行政作業程序，於勒令歇業之處分確定後，始依行政程序法第一百二十三條及第一百二十五條規定廢止其公司登記或部分登記事項。

第十八條（名稱專用）

公司名稱，應使用我國文字，且不得與他公司或有限合夥名稱相同。二公司或公司與有限合夥名稱中標明不同業務種類或可資區別之文字者，視為不相同。

公司所營事業除許可業務應載明於章程外，其餘不受限制。

公司所營事業應依中央主管機關所定營業項目代碼表登記。已設立登記之公司，其所營事業為文字敘述者，應於變更所營事業時，依代碼表規定辦理。

公司不得使用易於使人誤認其與政府機關、公益團體有關或妨害公共秩序或善良風俗之名稱。

公司名稱及業務，於公司登記前應先申請核准，並保留一定期間；其審核準則，由中央主管機關定之。

(107)一、依原第五項授權訂定之公司名稱及業務預查審核準則第五條已明定，公司名稱之登記應使用我國文字；修正條文第三百九十二條之一雖允許公司得向主管機關申請外文名稱登記，惟為避免公司誤解得僅以外文名稱登記，爰修正第一項，重申公司名稱應使用我國文字。換言之，公司之中文名稱，屬絕對必要，外文名稱則由公司自行斟酌是否申請登記。另鑒於我國已制定公布有限合夥法，爰明定公司名稱亦不得與有限合夥名稱相同；公司與有限合夥名稱中標明不同業務種類或可資區別之文字者，視為不相同。二、第二項至第五項未修正。

*（名稱）公司二㊁；（相同或類似名稱）商登二八，民一九；（政府機關公益團體有關之名稱）商登二六。

▲某甲等組設公司，所營業務既與他人呈准登記給照之公司同類，依公司法第二十六條（現行法第十八條）之規定，既不得使用相同或類似之名稱，縱令所用名稱為其沿用之舊商號，仍非同條之所許，依同法（舊）第三百零七條之規定，非經令其改正合法，不應予以登記。（院解四〇四一）

▲同類業務之公司，不問是否同一種類，是否在同一省市區域以內，不得使用相同或類似之名稱，公司法第二十六條（現行法第十八條）定有明文。所謂公司名稱是否類似，應以一般客觀的交易上有無使人混同誤認之虞為標準，如兩公司名稱甲名「某某某記」，乙名「新某某」除相同之「某某」兩字外，一加「某記」無「新」字，一無「某記」有「新」字，其登記在後之公司，即係以類似之名稱，為不正之競爭。（四八臺上一七一五）

第十九條　（未登記者而營業之限制）

未經設立登記，不得以公司名義經營業務或為其他法律行為。

違反前項規定者，行為人處一年以下有期徒刑、拘役或科或併科新臺幣十五萬元以下罰金，並自負民事責任；行為人有二人以上者，連帶負民事責任，並由主管機關禁止其使用公司名稱。

(90)一、第一項未修正。二、現行條文第二項所定「自負其責」，文義未臻明確，爰修正為「自負民事責任」。

*（設立登記）公司六、一七、三八八；（公司名稱）公司二㊁、一八；（連帶負責）民二七二、二七三；（主管機關）公司五。

第二十條　（年終查核）

公司每屆會計年度終了，應將營業報告書、財務報表及盈餘分派或虧損撥補之議案，提請股東同意或股東常會承認。

公司資本額達一定數額以上或未達一定數額而達一定規模者，其財務報表，應先經會計師查核簽證；其一定數額、規模及簽證之規則，由中央主管機關定之。但公開發行股票之公司，證券主管機關另有規定者，不適用之。

前項會計師之委任、解任及報酬，準用第二十九條第一項規定。

第一項書表，主管機關得隨時派員查核或令其限期申報；其辦法，由中央主管機關定之。

公司負責人違反第一項或第二項規定時，各處新臺幣一萬元以上五萬元以下罰鍰。規避、妨礙或拒絕前項查核或屆期不申報時，各處新臺幣二萬元以上十萬元以下罰鍰。

(107)一、第一項、第三項及第四項未修正。二、修正第二項：㈠按原第二項規定，公司資本額達一定數額以上者，其財務報表應先經會計師查核簽證。依經濟部九十年十二月十二日經（九〇）商字第〇九〇〇二二六二一五〇號令，係以實收資本額新臺幣三千萬元作為公司財務報表是否須由會計師查核簽證之基準。惟部分實收資本額不高但其經濟活動具有一定規模之公司，因對社會整體之影響，已達一定程度，實有必要納入規範。公司財務報表應否經會計師查核簽證，除以實收資本額為判斷基準外，另參考德、英、美、歐盟作法，採用亦能反映公司規模之指標，例如員工人數、總資產、營業額、超過票面金額發行股票所得之溢額等，修正第二項，增列「未達一定數額而達一定規模」之情形，並授權中央主管機關訂定數額及規模。㈡配合證券交易法第三條「主管機關」一詞，但書「證券管理機關」修正為「證券主管機關」。三、第五項依法制體例酌作文字修正。

*（會計年度）商會六，所得稅二三；（表冊）公司二二八㊀⑤；（盈餘分配表或虧損撥補表）公司二二八㊀⑦；（主管機關）公司五；（公司負責人）公司八。

第二十一條　（平時業務之檢查）

主管機關得會同目的事業主管機關，隨時派員檢查公司業務及財務狀況，公司負責人不得妨礙、拒絕或規避。

公司負責人妨礙、拒絕或規避前項檢查者，各處新臺幣二萬元以上十萬元以下罰鍰。連續妨礙、拒絕或規避者，並按次連續各處新臺幣四萬元以上二十萬元以下罰鍰。

主管機關依第一項規定派員檢查時，得視需要選任會計師或律師或其他專業人員協助辦理。

(90)一、為避免負責人逃避檢查，爰於第一項及第二項增訂「規避」二字，以資周延，並將第二項罰鍰數額酌作調整。二、第三項未修正。

*（主管機關）公司五。

第二十二條　（帳表查核之方法）

主管機關查核第二十條所定各項書表，或依前條檢查公司業務及財務狀況時，得令公司提出證明文件、單據、表冊及有關資料，除法律另有規定外，應保守秘密，並於收受後十五日內，查閱發還。

公司負責人違反前項規定，拒絕提出時，各處新臺幣二萬元以上十萬元以下罰鍰。連續拒絕者，並按次連續各處新臺幣四萬元以上二十萬元以下罰鍰。

(90)一、第一項文字酌作修正。有關證明文件、單據、表冊及有關資料等，增列除法律另有規定外，應保守秘密。二、公司提出之證明文件等有關資料如虛偽記載者，原即應依刑法規定處罰，爰修正第二項，刪除有關「依刑法或特別刑法有關規定處罰」之贅文；又罰鍰數額酌予調整，並採連續罰。

*（主管機關）公司五；（保守秘密）公服四、二〇，刑三一八。

第二十二條之一　（董、監等身分資料之申報）

公司應每年定期將董事、監察人、經理人及持有已發行股份總數或資本總額超過百分之十之股東之姓名或名稱、國籍、出生年月日或設立登記之年月日、身分證明文件號碼、持股數或出資額及其他中央主管機關指定之事項，以電子方式申報至中央主管機關建置或指定之資訊平臺；其有變動者，並應於變動後十五日內為之。但符合一定條件之公司，不適用之。

前項資料，中央主管機關應定期查核。

第一項資訊平臺之建置或指定資料之申報期間、格式、經理人之範圍、一定條件公司之範圍、資料之蒐集、處理、利用及其費用、指定事項之內容，前項之查核程序、方式及其他應遵行事項之辦法，由中央主管機關會同法務部定之。

未依第一項規定申報或申報之資料不實，經中央主管機關限期通知改正，屆期未改正者，處代表公司之董事新臺幣五萬元以上五十萬元以下罰鍰。經再限期通知改正仍未改正者，按次處新臺幣五十萬元以上五百萬元以下罰鍰至改正為止。其情節重大者，得廢止公司登記。

前項情形，應於第一項之資訊平臺依次註記裁處情形。

⑩7一、本條新增。二、第一項：㈠為配合洗錢防制政策，協助建置完善洗錢防制體制，強化洗錢防制作為，增加法人（公司）之透明度，明定公司應每年定期以電子方式申報相關資料至中央主管機關建置或指定之資訊平臺。申報資料如有變動，並應於變動後十五日內申報。㈡參照證券交易法第二十五條第一項、第二項規定，明定公司應申報之資料為董事、監察人、經理人及持有已發行股份總數或資本總額超過百分之十之股東之持股數或出資額等相關資料。㈢鑒於具特殊性質之公司例如國營事業等，因有特殊考量，宜予以排除適用，爰於但書規定，符合一定條件之公司，不適用之。三、政府應有效掌握公司相關資料，並應有一定機制確保該資料之正確性與及時性，爰於第二項明定中央主管機關應定期查核。四、為利後續執行與推動，於第三項明定相關子法由中央主管機關會同法務部定之；此資訊平臺，係為配合防制洗錢而設，不對外公開，關於資訊之處理及利用，並非漫無限制，有其一定之範圍，授權於子法中明定。五、於第四項及第五項明定未依規定申報或申報之資料不實者，中央主管機關應先限期通知公司改正，屆期未改正者，始予處罰，其罰則係參照洗錢防制法而定，並於資訊平臺依次註記處罰情形，俾利管理。

第二十三條 （負責人業務上之侵權行為）

公司負責人應忠實執行業務並盡善良管理人之注意義務，如有違反致公司受有損害者，負損害賠償責任。

公司負責人對於公司業務之執行，如有違反法令致他人受有損害時，對他人應與公司負連帶賠償之責。」

公司負責人對於違反第一項之規定，為自己或他人為該行為時，股東會得以決議，將該行為之所得視為公司之所得。但自所得產生後逾一年者，不在此限。

⑩1原公司法第二十三條「負責人忠實義務」之規定，係延續自英美法及日本商法「公司與董事間之委任關係」而來。公司法第二百零九條第三項「股東歸入權」以避免公司負責人動輒中飽私囊並逕為脫產。原公司法第二十三條顯有增訂該規定之必要。

*（公司負責人）公司八；（侵權行為）民二八、一八四；（連帶賠償）民一八八㈠、㈢、二七三。

▲上訴人既為某國某股份有限公司臺灣分公司之經理人，而又不能證明該分公司在中國境內另有指定之代表人，自難謂非該分公司之負責人，其在該分公司對於被上訴人所負給付價金之債務未履行完畢之前，遽以該公司無意在中國境內繼續營業，向主管官署聲請撤回認許，致被上訴人之前開價金無從受償，顯屬違反公司法（舊）第三百條但書之規定，依同法（舊）第二百九十九條準用第三十條（現行法第二十三條）之結果，被上訴人因此所受之損害，自應由上訴人連帶負賠償責任。（四三臺上六三四）

▲被上訴人甲、乙兩股份有限公司均非以保證為業務，被上訴人丙、丁分別以法定代理人之資格，用各該公司名義保證主債務人向上訴人借款，顯非執行職務，亦非業務之執行，不論該被上訴人丙、丁等應否負損害賠償之責，殊難據民法第二十八條、公司法第三十條（現行法第二十三條），令各該公司負損害賠償責任。上訴人對此部分之上訴顯無理由。惟查被上訴人丙、丁等對其所經理之公司，如係明知其並非以保證為業務，而竟以各該公司名義為保證人，依民法第一百十條及第一百八十四條規定，對於相對人即應負損害賠償之責，不得因公司法（舊）第二十二條、第二十三條、第二十四條，未有公司負責人應賠償其擔保債務之規定予以寬免。（四四臺上一五六六）（九一、九、三〇決議不再援用）

▲民法第二十八條所謂法人對於董事或職員，因執行職務所加於他人之損害，與該行為人連帶負賠償之責任，係專以保護私權為目的，換言之，權利之為侵權行為之客體者，為一切之私權。政府向人民徵稅，乃本於行政權之作用，屬於公權範圍，納稅義務人縱有違反稅法逃漏稅款致政府受有損害，自亦不成立民法上之侵權行為，無由本於侵權行為規定，對之有所請求。公司法第二十三條所謂公司負責人對於公司業務之執行，如有違反法令致他人受有損害時，對他人應與公司連帶負賠償責任云云，仍以違反法令致他人私權受有損害，為責任發生要件，若公司權益受有損害，則不得以此為請求賠償之依據。（六二臺上二）

▲公司法第二十三條所謂公司業務之執行，指公司負責人處理有關公司之事務而言。解散之公司進行清算，亦屬公司負責人執行業務之範圍。（六五臺上三〇三一）

第二十四條 （解散公司之清算）

解散之公司除因合併、分割或破產而解散外，應行清算。

⑨0為配合公司進行消滅分割，爰修正本條，納入消滅分割之公司得免行清算。

*（合併）公司七二～七五、一一三、三一六～三一九；（破產）民三五，破產一、六六；（清算）公司七九～九七、三二二～三五六。

第二十五條 （清算中之公司）

解散之公司，於清算範圍內，視為尚未解散。

*（解散）公司二四、七一、一一三、一一五、三一五；（清算範圍）公司八四。

▲上訴人申請辦理股權轉讓變更登記，係在被上訴人公司決議解散之後，此項事務，既非決議解散當時已經申請有案而未辦完之事務，不在公司法第七十七條（現行法第八十四條）第一項第一款所謂了結現務之範圍，又與同條項第二、三、四款之規定不合，自難認為在清算人職務範圍之內，依同法第三十一條（現行法第二十五條）反面之解釋，被上訴人公司就本件申請登記非得視為尚未解散，上訴人對被上訴人為此項請求，即無准許之餘地。（五二臺上一二三八）（一〇〇、一〇、一一決議不再援用）

▲釋四九二。

第二十六條 （清算中之營業）

前條解散之公司，在清算時期中，得為了結現務及便利清算之目的，暫時經營業務。

▲釋四九二。

第二十六條之一 （撤銷或廢止登記之準用）

公司經中央主管機關撤銷或廢止登記者，準用前三條之規定。

⑨0一、本條新增。二、按撤銷或廢止登記與解散同屬公司法人人格消滅之法定事由，亦有進行清算以了結債權債務關係之必要，現行本法對於公司撤銷或廢止登記後應否進行清算，並未規定，爰予以增訂，以符合行政程序法之規定。

第二十六條之二 （經解散、撤銷或廢止登記之公司

名稱）

經解散、撤銷或廢止登記之公司，自解散、撤銷或廢止登記之日起，逾十年未清算完結或經宣告破產之公司，自破產登記之日起，逾十年未獲法院裁定破產終結者，其公司名稱得為他人申請核准使用，不受第十八條第一項規定之限制。但有正當理由於期限屆滿前六個月內報中央主管機關核准者，仍受第十八條第一項規定之限制。

⑩一、本條新增。二、按經解散、撤銷或廢止登記之公司，係屬不得再經營業務之公司，依法應行清算。惟實務上，經解散、撤銷或廢止登記之公司，多數未進行清算。按第六條及第二十五條規定，公司之法人人格始於登記完成，終於清算完結。公司如未清算完結，因法人人格尚存在，其公司名稱仍受保護而不得為他人申請使用。此種情形，並不合理，爰予修正，明定經解散、撤銷或廢止登記之公司，超過十年未清算完結者，其公司名稱得為他人申請使用。又為避免與第十八條第一項「公司名稱，不得與他公司名稱相同……」之規定扞格，爰排除該項規定之適用。三、依司法院九十六年一月二十五日秘臺廳民二字第○九六○○○二二○八號函略以：「法院宣告公司破產之裁定遭抗告法院裁定廢棄，駁回破產之聲請確定，該宣告公司破產之裁定即失其效力，公司之人格自不因而消滅……」，上開見解業取代最高法院六十二年二月二十日第一次民事庭庭長會議決議「法人宣告破產後，其法人人格即歸消滅」之見解。四、經濟部辦理公司名稱之預查，向依上開最高法院六十二年度決議之見解，於公司經宣告破產後，其名稱即開放他人申請使用。為配合司法院變更其見解，對於經宣告破產之公司，不再開放其名稱供他人申請使用。惟亦不宜長久禁止他人申請使用，爰明定公司自破產登記之日起，逾十年未獲法院裁定破產終結者，開放其名稱供人申請。五、對於已進行清算或破產程序之公司，如有正當理由無法於十年內清算完結或破產終結，得於期限屆滿前六個月內，報中央主管機關核准，仍得適用第十八條第一項規定，以防止其名稱開放他人申請使用，爰增訂但書。

第二十七條　（政府或法人為股東）

政府或法人為股東時，得當選為董事或監察人。但須指定自然人代表行使職務。

政府或法人為股東時，亦得由其代表人當選為董事或監察人。代表人有數人時，得分別當選，但不得同時當選或擔任董事及監察人。

第一項及第二項之代表人，得依其職務關係，隨時改派補足原任期。

對於第一項、第二項代表權所加之限制，不得對抗善意第三人。

⑩第一、三、四項維持原條文，不予修正。第二項修正為：「政府或法人為股東時，亦得由其代表人當選為董事或監察人。代表人有數人時，得分別當選，但不得同時當選或擔任董事及監察人。」

＊（自然人）民六以下；（政府或法人股東）公司一○二㊁、一八一；（法人之代表）民二七。

▲釋三○五。

第二十八條　（公告方法）

公司之公告應登載於新聞紙或新聞電子報。

前項情形，中央主管機關得建置或指定網站供公司公告。

前二項規定，公開發行股票之公司，證券主管機關另有規定者，從其規定。

⑩一、原條文本文修正移列第一項。基於科技進步，原公司之公告應登載於本公司所在之直轄市或縣（市）日報顯著部分之規定，已不合時宜，爰修正為公司之公告應登載於新聞紙或新聞電子報。依本法規定，公司應公告之情形，例如第七十三條第二項有關無限公司為合併決議後，應即向各債權人分別通知及公告；第二百八十一條有關股份有限公司減資應向債權人公告；第一百零七條第一項有關有限公司變更組織應向債權人公告；第一百七十二條之一第二項有關受理股東提案之公告；第一百九十二條之一第二項有關股份有限公司應於股東會召開前之停止股票過戶日前，公告受理董事候選人提名之期間等事項；第二百十六條之一有關受理監察人候選人提名之公告等，均應依本條規定辦理。二、增訂第二項。公司之公告，除登載於新聞紙或新聞電子報外，中央主管機關亦得建置或指定網站供公司公告，提供多元化公告方式。三、原條文但書修正移列第三項，並配合證券交易法第三條「主管機關」一詞，爰將「證券管理機關」修正為「證券主管機關」。

＊（主管機關）公司五；（公告）商登一八。

第二十八條之一　（送達方法）

主管機關依法應送達於公司之公文書，得以電子方式為之。

主管機關依法應送達於公司之公文書無從送達者，改向代表公司之負責人送達之；仍無從送達者，得以公告代之。

電子方式送達之實施辦法，由中央主管機關定之。

⑩一、增訂第一項。因應電子科技之進步，明定主管機關依法應送達於公司之公文書，除維持現行書面送達之方式外，亦得以電子方式為之。二、原條文移列第二項，內容未修正。三、增訂第三項。公文書如何以電子方式送達，授權中央主管機關訂定實施辦法規範相關細節，以利執行。

＊（主管機關）公司五；（公司負責人）公司八；（公告）公司二八。

第二十九條　（經理人）

公司得依章程規定置經理人，其委任、解任及報酬，依下列規定定之。但公司章程有較高規定者，從其規定：

一　無限公司、兩合公司須有全體無限責任股東過半數同意。

二　有限公司須有全體股東表決權過半數同意。

三　股份有限公司應由董事會以董事過半數之出席，及出席董事過半數同意之決議行之。

公司有第一百五十六條之四之情形者，專案核定之主管機關應要求參與政府專案紓困方案之公司提具自救計畫，並得限制其發給經理人報酬或為其他必要之處置或限制；其辦法，由中央主管機關定之。

⑩一、按第一百零二條第一項規定，有限公司股東行使同意權係以表決權為準，並非以人數計算，爰修正第一項第二款。二、原第二項所定「公司有第一百五十六條第七項之情形」，係指第一百五十六條第九項專案紓困之情形，因該項於本次修法已移列修正條文第一百五十六條之四，爰予修正。三、為因應公司經營之國際化、自由化，經理人住、居所已無限制必要，爰刪除原第三項。

＊（經理人）民五五三～五五七、五六二～五六四；（住居所）民二○、二二、二九。

▲經理人對於第三人之關係，就商號或其分號或其事務之一部，視為其有為管理上一切必要行為之權。經理人就所任之事務，視為有代表商號為原告或被告或其他一切訴訟上行為之權，民法第五百五十四條第一項、第五百五十五條定有明文。公司得依章程規定設置總經理或經理，亦為公司法第二百十四條（現行法第二十九條）所明定，故公司

所設置之經理人，法律上既未另設限制，自不能因其為法人而有所差異。（四二臺上五五四）

第三十條（經理人之消極資格）

有下列情事之一者，不得充經理人，其已充任者，當然解任：

一　曾犯組織犯罪防制條例規定之罪，經有罪判決確定，尚未執行、尚未執行完畢，或執行完畢、緩刑期滿或赦免後未逾五年。

二　曾犯詐欺、背信、侵占罪經宣告有期徒刑一年以上之刑確定，尚未執行、尚未執行完畢，或執行完畢、緩刑期滿或赦免後未逾二年。

三　曾犯貪污治罪條例之罪，經判決有罪確定，尚未執行、尚未執行完畢，或執行完畢、緩刑期滿或赦免後未逾二年。

四　受破產之宣告或經法院裁定開始清算程序，尚未復權。

五　使用票據經拒絕往來尚未期滿。

六　無行為能力或限制行為能力。

七　受輔助宣告尚未撤銷。

⑩⑦一、配合法制作業用語，序文「左列」修正為「下列」。二、原第一款至第三款有關服刑期滿尚未逾一定年限之規定，揆諸其立法原意，應係包括判決確定後「尚未執行」、「尚未執行完畢」及「執行完畢未逾一定年限」等情形在內，另為杜爭議，亦參酌證券投資信託及顧問法第六十八條第一項規定，納入緩刑期滿及赦免後一定期間之情形，以資周延。三、原第二款所稱「經受有期徒刑一年以上宣告」，修正為「經宣告有期徒刑一年以上之刑確定」，以資明確。四、原第三款所稱「曾服公務虧空公款」，並非刑法上用語，爰予修正為「曾服公務犯貪污治罪條例之罪」；「判決確定」修正為「判決有罪確定」，以資明確。五、除法人得進行清算外，依消費者債務清理條例之規定，經法院裁定開始清算程序者，以自然人為限。是以，自然人亦得進行清算，自然人經法院裁定開始清算程序者，與受破產宣告之情形類似，爰第四款「受破產之宣告，尚未復權」修正為「受破產之宣告或經法院裁定開始清算程序，尚未復權」。六、按民法第十五條之一第一項規定，受輔助宣告之人係因精神障礙或其他心智缺陷，致其意思表示或受意思表示，或辨識其意思表示效果之能力，顯有不足者。同法第十五條之二第一項序文及第一款規定，受輔助宣告之人為獨資、合夥營業或為法人之負責人，應經輔助人同意；同條第二項及第三項規定，受輔助宣告人未經輔助人同意之行為，其效力分別準用第七十八條至第八十三條及第八十五條有關限制行為能力人之相關規定，顯見受輔助宣告尚未撤銷之人，並不具備完全行為能力。按經理人設置之目的在輔助公司業務之執行，若其無法獨立為有效之意思表示及為有效之法律行為，顯然無法輔助公司業務之執行，亦無法承擔身為經理人對於公司應盡之忠實義務及善良管理人之注意義務，爰增訂第七款。

＊（不得充任經理人）公司二二二；（內亂）刑一〇〇～一〇二；（外患）刑一〇三～一一五；（判決確定）刑訴三四九、三五九、四五六；（詐欺）刑三三九～三四一；（背信）刑三四二；（侵占罪）刑三三五～三三八；（復權）破產一五〇；（限制行為能力）民一三。

第三十一條（經理人之職權）

經理人之職權，除章程規定外，並得依契約之訂定。

經理人在公司章程或契約規定授權範圍內，有為公司管理事務及簽名之權。

⑨⓪一、第一項未修正。二、為明確規定經理人有為公司管理事務及簽名之權限，爰增訂第二項。

＊（職權）民五五三～五五七、五六二～五六四；（章程）公司四一。

▲公司經理人有為公司為營業上所必要之一切行為之權限，其為公司為營業上所必要之和解，除其內容法律上設有特別限制外，並無經公司特別授權之必要，此為經理權與一般受任人權限之不同處。（六七臺上二七二三）

第三十二條（經理人競業之禁止）

經理人不得兼任其他營利事業之經理人，並不得自營或為他人經營同類之業務。但經依第二十九條第一項規定之方式同意者，不在此限。

⑨⓪對經理人競業行為之同意方式，參照其設置方式修正之。

＊（經理人不競業義務）民五六二、五六三。

▲公司經理人違反公司法第三十二條競業禁止之規定者，其所為之競業行為並非無效，但公司得依民法第五百六十三條之規定請求經理人將因其競業行為所得之利益，作為損害賠償。（八一臺上一四五三）

第三十三條（遵守決議之義務）

經理人不得變更董事或執行業務股東之決定，或股東會或董事會之決議，或逾越其規定之權限。

⑨⓪配合現行有限公司採董事單軌制，而經理係受董事暨執行業務，經理人自不得變更其決定，爰予以修正。

＊（股東會或董事會之決議）公司二〇二；（違反之責任）公司三四。

第三十四條（經理人之損害賠償責任）

經理人因違反法令、章程或前條之規定，致公司受損害時，對於公司負賠償之責。

＊（損害賠償）民二一三～二一六、五四四。

第三十五條（刪除）

⑨⓪一、本條刪除。二、按經理人之權限範疇，宜由公司依其職務自行決定，本法不宜強制經理人須於公司所造具之各項表冊上簽名，本條爰予刪除。

第三十六條（經理權之限制）

公司不得以其所加於經理人職權之限制，對抗善意第三人。

＊（經理人職權）公司三一、三三，民五五三～五五六；（限制）民五五七。

第三十七條（刪除）

⑨⓪一、本條刪除。二、公開發行股票公司經理人申報股權之規定，於證券交易法第二十五條已有規定，本條規定已無必要，爰予刪除。

第三十八條（刪除）

⑨⓪一、本條刪除。二、配合第二十九條第一項之修正，凡經理人之職稱係由公司自行決定，無庸於本法規定，本條爰予刪除。

第三十九條（刪除）

⑨⓪一、本條刪除。二、配合第二十九條第一項之修正，凡經理人之職稱係公司自行決定，無庸於本法規定，本條爰予刪除。

第二章　無限公司

第一節　設　立

第四十條（股東之限制與章程之訂立）

無限公司之股東，應有二人以上，其中半數，應在國內有住所。

股東應以全體之同意訂立章程，簽名或蓋章，置於本公司，並每人各執一份。

⑨〇一、第一項酌作文字修正。二、依民法第三條規定，簽名與蓋章具同等效力，爰修正第二項「簽名蓋章」為「簽名或蓋章」，以資簡化。

*（無限公司）公司二㈠①；（章程）公司四一；（本公司）公司三㈡。

第四十一條（無限公司之章程內容）

無限公司章程應載明左列事項：

一　公司名稱。
二　所營事業。
三　股東姓名、住所或居所。
四　資本總額及各股東出資額。
五　各股東有以現金以外財產為出資者，其種類、數量、價格或估價之標準。
六　盈餘及虧損分派比例或標準。
七　本公司所在地；設有分公司者，其所在地。
八　定有代表公司之股東者，其姓名。
九　定有執行業務之股東者，其姓名。
十　定有解散事由者，其事由。
十一　訂立章程之年、月、日。

代表公司之股東不備置前項章程於本公司者，處新臺幣一萬元以上五萬元以下罰鍰。連續拒不備置者，並按次連續處新臺幣二萬元以上十萬元以下罰鍰。

⑨〇一、第一項未修正。二、章程有虛偽記載者，原即應依刑法規定處罰，爰修正第二項，刪除有關「依刑法或特別刑法有關規定處罰」之贅文；又罰鍰數額酌予調整，並採連續罰。

*（現金以外之出資）公司四三；（盈餘分派與虧損負擔）公司六三、九一；（代表公司之股東）公司五六～五九；（執行業務股東）公司四五㈠、四六；（解散事由）公司一〇、一一、七一；（罰鍰）公司四四八。

第二節　公司之內部關係

第四十二條（內部關係）

公司之內部關係，除法律有規定者外，得以章程定之。

*（內部關係）公司四三～五五；（章程）公司四一。

第四十三條（股東之出資）

股東得以勞務或其他權利為出資，並須依照第四十一條第一項第五款之規定辦理。

⑩⑦基於信用界定不易，且現行勞務或其他權利出資，已足敷股東使用，又查迄今為止，所有登記之無限公司並無以信用出資者，爰刪除無限公司信用出資之規定，並酌作文字修正。

*（勞務）公司一一七，民六六七㈡。

第四十四條（債權抵作股本）

股東以債權抵作股本，而其債權到期不得受清償者，應由該股東補繳；如公司因之受有損害，並應負賠償之責。

*（清償期）民三一五、三一六。

第四十五條（執行業務權）

各股東均有執行業務之權利，而負其義務。但章程中訂定由股東中之一人或數人執行業務者，從其訂定。

前項執行業務之股東須半數以上在國內有住所。

*（執行業務）公司四六；（章程）公司四一。

第四十六條（業務執行之方法）

股東之數人或全體執行業務時，關於業務之執行，取決於過半數之同意。

執行業務之股東關於通常事務，各得單獨執行；但其餘執行業務之股東有一人提出異議時，應即停止執行。

*（通常事務）民六七一㈢。

第四十七條（章程之變更）

公司變更章程，應得全體股東之同意。

*（章程）公司四一；（變更登記）公司一二。

第四十八條（不執行業務股東之監督權）

不執行業務之股東，得隨時向執行業務之股東質詢公司營業情形，查閱財產文件、帳簿、表冊。

*（執行業務股東）公司四五。

第四十九條（報酬）

執行業務之股東，非有特約，不得向公司請求報酬。

*（執行業務股東）公司四一㈠⑨、四五；（報酬）民五四七。

第五十條（償還與賠償請求權）

股東因執行業務所代墊之款項，得向公司請求償還，並支付墊款之利息；如係負擔債務，而其債務尚未到期者，得請求提供相當之擔保。

股東因執行業務，受有損害，而自己無過失者，得向公司請求賠償。

*（費用償還損害賠償請求權）民六七八；（利息）民二〇三。

第五十一條（執行業務之確保）

公司章程訂明專由股東中之一人或數人執行業務時，該股東不得無故辭職，他股東亦不得無故使其退職。

*（執行業務股東）公司四一㈠⑨、四五。

第五十二條（業務執行之依據）

股東執行業務，應依照法令、章程及股東之決定。

違反前項規定，致公司受有損害者，對於公司應負賠償之責。

*（章程）公司四〇、四一；（股東之決定）公司四六、四七、五五、六七、七二。

第五十三條（挪用公款）

股東代收公司款項，不於相當期間照繳，或挪用公司款項者，應加算利息，一併償還；如公司受有損害，並應賠償。

*（利息）民二〇三；（損害賠償）民二一三～二一八。

第五十四條（競業之限制）

股東非經其他股東全體之同意，不得為他公司之無限責任股東或合夥事業之合夥人。

執行業務之股東，不得為自己或他人為與公司同類營業之行為。

執行業務之股東違反前項規定時，其他股東得以過半數之決議，將其為自己或他人所為行為之所得作為公司之所得。但自所得產生後逾一年者，不在此限。

*（無限責任股東）公司二㈠①、③；（合夥人）民六六七；（競業之禁止）公司三二、一〇八、一一五、二〇九，民五六二、五六三。

第五十五條（出資之轉讓）

股東非經其他股東全體之同意，不得以自己出資之全部或一部，轉讓於他人。

*（全體股東之同意）公司四七；（出資轉讓）公司七〇㈢，民六八三。

第三節　公司之對外關係

第五十六條（代表公司之股東）

公司得以章程特定代表公司之股東；其未經特定者，各股東均得代表公司。

第四十五條第二項之規定，於代表公司之股東準用之。

*（章程）公司四一㈠⑧；（代表公司之股東）公司四一、五七～五九，民二七。

第五十七條（代表權限）

代表公司之股東，關於公司營業上一切事務，有辦理之權。

*（公司營業）公司四一㈠②；（代表權之限制）公司五八。

第五十八條（代表權之限制）

公司對於股東代表權所加之限制，不得對抗善意第三人。

*（代表權之限制）民二七㈢，公司二七㈣。

第五十九條（雙方代表之禁止）

代表公司之股東，如為自己或他人與公司為買賣、借貸或其他法律行為時，不得同時為公司之代表。但向公司清償債務時，不在此限。

*（買賣）民三四五以下；（借貸）民四六四以下；（清償）民三〇九以下；（雙方代理）民一〇六。

第六十條（股東連帶清償責任）

公司資產不足清償債務時，由股東負連帶清償之責。

*（公司資產）公司四一㈠④、⑤；（連帶債務）民二七三、六八一。

第六十一條（新入股東之責任）

加入公司為股東者，對於未加入前公司已發生之債務，亦應負責。

*（股東責任）公司六〇；（加入為股東）公司五五、七二。

第六十二條（表見股東之責任）

非股東而有可以令人信其為股東之行為者，對於善意第三人，應負與股東同一之責任。

*（股東責任）公司六〇。

第六十三條（盈餘分派）

公司非彌補虧損後，不得分派盈餘。

公司負責人違反前項規定時，各處一年以下有期徒刑、拘役或科或併科新臺幣六萬元以下罰金。

*（公司負責人）公司八；（刑之種類）刑三三。

第六十四條（抵銷之禁止）

公司之債務人，不得以其債務與其對於股東之債權抵銷。

*（抵銷）民三三四、三三五。

第四節　退　股

第六十五條（聲明退股）

章程未定公司存續期限者，除關於退股另有訂定外，股東得於每會計年度終了退股。但應於六個月前，以書面向公司聲明。

股東有非可歸責於自己之重大事由時，不問公司定有存續期限與否，均得隨時退股。

⑼⓪一、第一項配合商業會計法第六條規定，將「營業年度」修正為「會計年度」，統一法律用語。二、第二項未修正。

*（退股自由）憲一四，民五四、六八六；（會計年度）公司二〇；（書面）民三；（法定退股事由）公司六六、六七；（準用）公司一一五。

第六十六條（法定退股）

除前條規定外，股東有下列各款情事之一者退股：

一　章程所定退股事由。

二　死亡。

三　破產。

四　受監護或輔助宣告。

五　除名。

六　股東之出資，經法院強制執行者。

依前項第六款規定退股時，執行法院應於二個月前通知公司及其他股東。

⑼⑧配合「禁治產宣告」一級制已修正為「監護宣告」與「輔助宣告」二級制，爰修正本條第一項第四款文字。

*（章定退股事由）公司四二、六五㈠；（死亡）民六；（監護宣告）民一四；（除名）公司六七。

第六十七條（除名）

股東有左列各款情事之一者，得經其他股東全體之同意議決除名。但非通知後不得對抗該股東：

一　應出之資本不能照繳或屢催不繳者。

二　違反第五十四條第一項之規定者。

三　有不正當行為妨害公司之利益者。

四　對於公司不盡重要之義務者。

*（除名效果）公司六六㈠⑤；（應出之資本）公司四一㈠④；（競業禁止）公司五四㈠。

第六十八條（姓名之停止使用）

公司名稱中列有股東之姓或姓名者，該股東退股時，得請求停止使用。

*（公司名稱）公司一八、四一㈠①，商登二八；（退股）公司六五、六六。

第六十九條（退股之結算）

退股之股東與公司之結算，應以退股時公司財產之狀況為準。

退股股東之出資，不問其種類，均得以現金抵還。

股東退股時，公司事務有未了結者，於了結後計算其損益，分派其盈虧。

*（退股時）公司六五；（股東之出資）公司四一、四三、四四；（盈虧分派）公司六三。

第七十條（退股股東之責任）

退股股東應向主管機關申請登記，對於登記前公司之債務，於登記後二年內仍負連帶無限責任。

股東轉讓其出資者，準用前項之規定。

(90)一、臺灣省政府功能業務與組織調整後，在臺灣省部分由經濟部辦理，在直轄市部分由直轄市政府辦理，爰刪除第一項之「地方」二字。二、第二項未修正。

*（申請登記）公司一二；（連帶無限責任）公司六〇，民二七三；（轉讓出資）公司五五。

第五節　解散、合併及變更組織

第七十一條（解散之事由）

公司有下列各款情事之一者解散：

一　章程所定解散事由。

二　公司所營事業已成就或不能成就。

三　股東三分之二以上之同意。

四　股東經變動而不足本法所定之最低人數。

五　與他公司合併。

六　破產。

七　解散之命令或裁判。

前項第一款第二款得經全體或一部股東之同意繼續經營，其不同意者視為退股。

第一項第四款得加入新股東繼續經營。

因前二項情形而繼續經營者，應變更章程。

(107)一、配合法制作業用語，第一項序文「左列」修正為「下列」；修正第三款降低無限公司解散之門檻，以應需要。二、第二項至第四項未修正。

*（章定解散事由）公司四一㊀⑩；（所營事業）公司四一㊀②；（最低人數）公司二㊀①；（公司合併）公司七二～七五；（解散命令）公司一〇；（解散之裁判）民三六；（退股）公司六八～七〇；（加入新股東）公司六一；（變更章程）公司四七。

第七十二條（公司合併）

公司得以全體股東之同意，與他公司合併。

*（合併）公司一二、七一㊀⑤。

第七十三條（合併之程序）

公司決議合併時，應即編造資產負債表及財產目錄。

公司為合併之決議後，應即向各債權人分別通知及公告，並指定三十日以上期限，聲明債權人得於期限內提出異議。

(90)一、第一項未修正。二、按指定三個月以上債權人異議期限，係民國十八年公司法制定時已有之條文，查當時資訊不發達，交通不便利，故需時較久，於今資訊發達，交通便利，為利合併時程之簡化，爰予修正第二項指定期限為三十日以上。三、配合刑事罰則除罪化，又公司負責人如有違反前二項而損害債權人者，自依其他法律規定負民事責任；另資產負債表或財產目錄為虛偽記載者，原即應依刑法規定處罰，是「依刑法或特別刑法有關規定處罰」一文字，顯為贅文，爰予刪除現行條文第三項。

*（決議合併）公司七二；（資產負債表及財產目錄）公司二〇、二二八；（公告）公司二八；（期間）民一二一、一二三；（公司負責人）公司八。

第七十四條（通知及公告之效力）

公司不為前條之通知及公告，或對於在指定期限內提出異議之債權人不為清償，或不提供相當擔保者，不得以其合併對抗債權人。

(90)一、現行條文第一項未修正，列為修正條文。二、配合刑事罰則除罪化，且公司負責人如有違反前項規定而損害債權人者，自得依其他法律規定負民事責任，爰予刪除現行條文第二項。

*（公告）公司二八；（清償）民三〇九；（提供擔保）民七三九、八六〇、八八四、九〇〇、九〇一；（公司負責人）公司八。

第七十五條（權利義務之概括承受）

因合併而消滅之公司，其權利義務，應由合併後存續或另立之公司承受。

*（合併）公司七二、七三；（承受）民三〇五、三〇六。

第七十六條（變更組織㈠）

公司得經全體股東之同意，以一部股東改為有限責任或另加入有限責任股東，變更其組織為兩合公司。

前項規定，於第七十一條第三項所規定繼續經營之公司準用之。

*（兩合公司）公司一一四～一二七；（有限責任股東）公司七八、一一四㊁。

第七十六條之一（變更組織㈡）

公司得經股東三分之二以上之同意變更章程，將其組織變更為有限公司或股份有限公司。

前項情形，不同意之股東得以書面向公司聲明退股。

(107)一、本條新增。二、為利無限公司轉型，允許無限公司可經股東三分之二以上之同意變更章程將其組織變更為有限公司或股份有限公司，爰增訂第一項。三、無限公司股東如不同意變更組織為有限公司或股份有限公司者，得以書面向公司聲明退股，爰增訂第二項。

第七十七條（合併規定之準用）

公司依前二條變更組織時，準用第七十三條至第七十五條之規定。

(107)因新增第七十六條之一，爰本條配合修正。

*（合併之規定）公司七三～七五。

第七十八條（變更組織後股東之責任）

股東依第七十六條第一項或第七十六條之一第一項之規定，改為有限責任時，其在公司變更組織前，公司之債務，於公司變更登記後二年內，仍負連帶無限責任。

(107)因新增第七十六條之一，爰本條配合增列，以求法律效果一致。

*（變更登記）公司一二；（連帶責任）公司六〇、七〇，民二七三。

第六節　清　算

第七十九條（清算人）

公司之清算，以全體股東為清算人。但本法或章程另有規定或經股東決議，另選清算人者，不在此限。

*（公司清算）公司二五；（決議）公司八二但、一二七但；（本法另有規定）公司八一。

第八十條（清算之繼承）

由股東全體清算時，股東中有死亡者，清算事務由其繼承人行之；繼承人有數人時，應由繼承人互推一人

行之

*（繼承人）民一一三八～一一四一、一一四四～一一四六。

第八十一條　（選派清算人）

不能依第七十九條規定定其清算人時，法院得因利害關係人之聲請選派清算人。

*（選派）非訟一七五～一七七。

第八十二條　（清算人之解任）

法院因利害關係人之聲請，認為必要時，得將清算人解任。但股東選任之清算人，亦得由股東過半數之同意，將其解任。

*（股東選任之清算人）公司七九但；（解任）民六九六。

第八十三條　（清算人之聲報）

清算人應於就任後十五日內，將其姓名、住所或居所及就任日期，向法院聲報。

清算人之解任，應由股東於十五日內，向法院聲報。

清算人由法院選派時，應公告之；解任時亦同。

違反第一項或第二項聲報期限之規定者，各處新臺幣三千元以上一萬五千元以下罰鍰。

*（清算人之解任）公司八二；（選派清算人）公司八一；（公告）公司二八；（罰鍰）公司四四八。

第八十四條　（清算人之職務）

清算人之職務如左：

一　了結現務。

二　收取債權，清償債務。

三　分派盈餘或虧損。

四　分派賸餘財產。

清算人執行前項職務，有代表公司為訴訟上或訴訟外一切行為之權。但將公司營業包括資產負債轉讓於他人時，應得全體股東之同意。

*（職務）民四〇；（分派賸餘財產）公司九一；（代表公司）公司八、五七、八五；（營業包括轉讓）民三〇五。

▲釋四九二。

▲（五二臺上一二三八）參見本法第二十五條。

▲公司法第三百二十六條第一項規定：「清算人就任後，應即檢查公司財產情形，造具資產負債表及財產目錄，送經監察人審查，提請股東會請求承認後，並即報法院」，既已明定公司於清算中，其財產之檢查由清算人為之，而清算人執行職務應顧及股東之利益，清算人就任後，如有不適任情形，監察人及股東又得依公司法第三百二十三條第二項規定將清算人解任，是少數股東之權益已獲有相當之保障，故股份有限公司除在特別清算程序中，有公司法第三百五十二條第一項情形，法院得依聲請或依職權命令檢查公司之財產外，在普通清算程序中，自不容許股東依公司法第二百四十五條第一項聲請法院選派檢查人。（八一臺抗三三一）

第八十五條　（清算人之代表公司）

清算人有數人時，得推定一人或數人代表公司，如未推定時，各有對於第三人代表公司之權。關於清算事務之執行，取決於過半數之同意。

推定代表公司之清算人，應準用第八十三條第一項之規定向法院聲報。

*（代表公司）公司五六～五八；（事務執行）公司四五、四六；（向法院聲報）公司八三㈠。

第八十六條　（代表權之限制）

對於清算人代表權所加之限制，不得對抗善意第三人。

*（代表權之限制）公司五八，民二七。

第八十七條　（清算人之檢查財產、完結清算與答覆詢問）

清算人就任後，應即檢查公司財產情形，造具資產負債表及財產目錄，送交各股東查閱。

對前項所為檢查有妨礙、拒絕或規避行為者，各處新臺幣二萬元以上十萬元以下罰鍰。

清算人應於六個月內完結清算；不能於六個月內完結清算時，清算人得申敘理由，向法院聲請展期。

清算人不於前項規定期限內清算完結者，各處新臺幣一萬元以上五萬元以下罰鍰。

清算人遇有股東詢問時，應將清算情形隨時答覆。

清算人違反前項規定者，各處新臺幣一萬元以上五萬元以下罰鍰。

(90)一、第一項未修正。二、配合第二十條第五項之修正，爰於第二項增列「拒絕或規避」文字，以資周延，並參酌民法第四十三條之規定，爰將刑事罰規定，修正為行政罰鍰。又對登記事項為虛偽記載者，原即應依刑法規定處罰，毋庸於本法中另為贅文，爰予刪除第二項後段。三、第二項、第四項之罰鍰數額酌作調整，並將罰鍰比例修正為一比五。四、第三項酌作文字修正。五、第五項未修正。六、倘清算人不答覆股東詢問時，宜有處罰規定，爰增訂第六項。

*（展期）民訴一六三。

第八十八條　（催報債權）

清算人就任後，應以公告方法，催告債權人報明債權，對於明知之債權人，並應分別通知。

*（公告）公司二八；（通知）民九四、九五、九七。

第八十九條　（聲請宣告破產）

公司財產不足清償其債務時，清算人應即聲請宣告破產。

清算人移交其事務於破產管理人時，職務即為終了。

清算人違反第一項規定，不即聲請宣告破產者，各處新臺幣二萬元以上十萬元以下罰鍰。

(90)一、第一項及第二項未修正。二、參酌民法第四十三條之規定，爰將第三項刑事罰規定，修正為行政罰鍰。又將罰鍰數額酌作調整，並將罰鍰之比例修正為一比五。

*（宣告破產）破產一㈠、五七，民三五；（破產管理人）破產六四、八三。

第九十條　（分派財產之限制）

清算人非清償公司債務後，不得將公司財產分派於各股東。

清算人違反前項規定，分派公司財產時，各處一年以下有期徒刑、拘役或科或併科新臺幣六萬元以下罰金。

*（分派財產）公司八四，民六九九。

第九十一條　（賸餘財產之分派）

賸餘財產之分派，除章程另有訂定外，依各股東分派盈餘或虧損後淨餘出資之比例定之。

*（賸餘財產之分派）公司八四、九〇；（章程另有訂定）公

司四一㊀⑥。

第九十二條（結算表冊之承認）

清算人應於清算完結後十五日內，造具結算表冊，送交各股東，請求其承認，如股東不於一個月內提出異議，即視為承認。但清算人有不法行為時，不在此限。

＊（造具表冊）公司八七；（承認）民一一六。

第九十三條（清算完結之聲報）

清算人應於清算完結，經送請股東承認後十五日內，向法院聲報。

清算人違反前項聲報期限之規定時，各處新臺幣三千元以上一萬五千元以下罰鍰。

＊（清算完結）公司九二。

第九十四條（文件之保存）

公司之帳簿、表冊及關於營業與清算事務之文件，應自清算完結向法院聲報之日起，保存十年，其保存人，以股東過半數之同意定之。

＊（帳簿表冊之保存）商會三八。

第九十五條（清算人之注意義務）

清算人應以善良管理人之注意處理職務，倘有怠忽而致公司發生損害時，應對公司負連帶賠償之責任；其有故意或重大過失時，並應對第三人負連帶賠償責任。

＊（善良管理人之注意）民五三五、六七二。

第九十六條（連帶責任之消滅）

股東之連帶無限責任，自解散登記後滿五年而消滅。

＊（解散登記）公司一〇、一一、七一；（消滅）民一二五、一四四；（連帶責任）公司六〇、七〇、民二七三。

第九十七條（清算人之委任關係）

清算人與公司之關係，除本法規定外，依民法關於委任之規定。

＊（本法規定）公司八二～九五；（委任）民五二八～五五二。

第三章　有限公司

第九十八條（有限公司之組成）

有限公司由一人以上股東所組成。

股東應以全體之同意訂立章程，簽名或蓋章，置於本公司，每人各執一份。

(90)一、為因應公司經營之國際化、自由化，有關有限公司股東國籍、住所及出資額之限制規定已無必要，爰合併修正現行條文第一項及第二項為第一項。二、現行條文第三項移列為第二項，並依民法第三條規定，簽名與蓋章具同等效力，爰修正「簽名、蓋章」為「簽名或蓋章」，以資簡化。

＊（有限公司）公司二㊀②；（國籍）國籍一；（住所）民二〇；（繼承）民一一四七～一一六六、一一六八～一一八五；（遺贈）民一二〇〇以下；（章程）公司一〇一；（本公司）公司三㊁。

第九十九條（有限責任）

各股東對於公司之責任，除第二項規定外，以其出資額為限。

股東濫用公司之法人地位，致公司負擔特定債務且清償顯有困難，其情節重大而有必要者，該股東應負清償之責。

(107)一、配合第二項之增訂，爰修正原條文並移列第一項。二、增訂第二項。本法於一百零二年一月三十日引進「揭穿公司面紗原則」（Piercing the Corporate Veil），明定於第一百五十四條第二項，惟僅適用於股份有限公司。按「揭穿公司面紗原則」之目的，在防免股東利用公司之獨立人格及股東有限責任而規避其應負之責任。考量與股份有限公司股東同屬負有限責任之有限公司股東，亦有利用公司之獨立人格及股東有限責任而規避其應負責任之可能，爰一併納入規範，以資周延。

＊（有限責任）公司一一四㊀、一五四；（出資額）公司一〇一、一一一、四一二。

第九十九條之一（股東出資）

股東之出資除現金外，得以對公司所有之貨幣債權、公司事業所需之財產或技術抵充之。

(107)一、本條新增。二、按原登記實務上，有限公司股東出資之種類，除現金外，亦得以對公司所有之貨幣債權、公司事業所需之財產或技術抵充之。為符實際，爰予明定。

第一百條（履行出資）

公司資本總額，應由各股東全部繳足，不得分期繳款或向外招募。

(98)一、現行條文第一項未修正，列為本條文。二、現行條文第二項刪除，理由如下：㈠按公司最低資本額之規定，係要求公司於設立登記時，最低資本額需達一定數額，方得設立。惟資本僅為一計算上不變之數額，與公司之現實財產並無必然等同之關係；同時資本額為公示資訊，交易相對人可透過登記主管機關之資訊網站得知該項資訊，作為交易時之判斷；再者，公司申請設立登記時，其資本額仍應先經會計師查核簽證，如資本額不敷設立成本，造成資產不足抵償負債時，董事會應即聲請宣告破產，公司登記機關依本法第三百八十八條規定將不予登記。爰此，資本額如足敷公司設立時之開辦成本即准予設立，有助於公司迅速成立，亦無閒置資金之弊，該數額宜由個別公司因應其開辦成本而自行決定，尚不宜由主管機關統一訂定最低資本額。㈡又依據世界銀行公元二〇〇八年九月發布「二〇〇九全球經商環境報告」中有關「最低資本額」之調查指出，我國「最低資本額」占國人平均所得百分之一百以上，於世界排名為第一五七名。為改善我國經商環境，促進企業開辦，公司資本額應以經會計師查核簽證認定資本額足敷設立成本即可，爰刪除第二項。

＊（資本總額）公司一〇一；（分期繳款）公司一五二；（主管機關）公司五；（命令）中標四～七。

第一百零一條（有限公司之章程）

公司章程應載明下列事項：

一　公司名稱。
二　所營事業。
三　股東姓名或名稱。
四　資本總額及各股東出資額。
五　盈餘及虧損分派比例或標準。
六　本公司所在地。
七　董事人數。
八　定有解散事由者，其事由。
九　訂立章程之年、月、日。

代表公司之董事不備置前項章程於本公司者，處新臺幣一萬元以上五萬元以下罰鍰。再次拒不備置者，並按次處新臺幣二萬元以上十萬元以下罰鍰。

(107)一、修正第一項：㈠配合法制作業用語，序文「左列」修正為「下列」。㈡刪除第三款所定「住所或居所」及第六款所定」設有分公司者，其所在地」，以簡化章程記載事項，免除股東及分公司遷址須修正章程之程序。二、配合法制體例，原第二項「連續拒不備置」修正為「再次拒不備置」；「按次連續」刪除「連續」二字。

*（公司章程）公司九八㈡；（公司名稱）公司一八；（所營事業）公司一五、一六；（資本總額）公司一〇〇；（出資額）公司九九、一〇三㈠①；（盈餘分派）公司一一二；（董事）公司一〇八；（公告）公司二八；（公司負責人）公司八；（罰鍰）公司四四八；（罰金）刑三三。

第一百零二條　（股東表決權）

每一股東不問出資多寡，均有一表決權。但得以章程訂定按出資多寡比例分配表決權。

政府或法人為股東時，準用第一百八十一條之規定。

*（章程）公司九八㈡；（政府或法人為股東）公司二七、一八一。

第一百零三條　（股東名簿應記載事項）

公司應在本公司備置股東名簿，記載下列事項：

一　各股東出資額。

二　各股東姓名或名稱、住所或居所。

三　繳納股款之年、月、日。

代表公司之董事不備置前項股東名簿於本公司者，處新臺幣一萬元以上五萬元以下罰鍰。再次拒不備置者，並按次處新臺幣二萬元以上十萬元以下罰鍰。

⑩一、修正第一項：㈠配合法制作業用語，序文「左列」修正為「下列」。㈡鑒於原第一百零四條有關股單之規定已刪除，爰配合刪除第一款所定「及股單號數」。二、配合法制體例，原第二項「連續拒不備置」修正為「再次拒不備置」；「按次連續」刪除「連續」二字，並酌作標點符號修正。

*（本公司）公司三㈡；（住所）民二〇；（公司負責人）公司八。

第一百零四條　（刪除）

⑩一、本條刪除。二、股單並非有價證券，「股單之轉讓」亦不等同於「股東出資之轉讓」。本條規定未具實益，爰予刪除。

第一百零五條　（刪除）

⑩一、本條刪除。二、配合刪除原第一百零四條，爰予刪除。

第一百零六條　（資本增減與組織變更）

公司增資應經股東表決權過半數之同意。但股東雖同意增資，仍無按原出資數比例出資之義務。

有前項但書情形時，得經股東表決權過半數之同意，由新股東參加。

公司得經股東表決權過半數之同意減資或變更其組織為股份有限公司。

前三項不同意之股東，對章程修正部分，視為同意。

⑩一、按第一百零二條第一項規定，有限公司股東行使同意權係以表決權為準，並非以人數計算，爰修正第一項。二、原第三項修正移列第二項。降低新股東加入之同意門檻為股東表決權過半數之同意，並修正援引之項次。三、原第四項修正移列第三項。降低減資及變更組織之同意門檻為股東表決權過半數之同意。四、原第二項修正移列第四項。鑒於有限公司增資、新股東加入、減資或變更組織之程序，均已降低門檻為股東表決權過半數之同意，且經股東表決權過半數之同意後，即須進行修正章程，而修正章程須經股東表決權三分之二以上之同意。為避免不同意股東以反對修正章程為手段阻止程序之進行，爰參酌原第二項有關不同意增資之股東，對章程因增資修正部分，視為同意之規定，明定不同意增資、新股東加入、減資或變更組織之股東，對章程修正部分，視為同意。

*（修正章程之同意）公司四七、一一三；（變更組織）公司七七、一〇七、一一三。

▲釋一六七。

▲公司法第一百零六條第一項前段所謂：「公司不得減少其資本總額」，其立法意旨係藉此以確保有限公司之財產，不使無端減少，而維護有限公司之信用。茲被上訴人公司之財產已被股東分配殆盡，處於真空狀態，此項分產行為違反上開規定，自不生效力。（七七臺上七七一）

第一百零七條　（變更組織之通知、公告及債務之承擔）

公司為變更組織之決議後，應即向各債權人分別通知及公告。

變更組織後之公司，應承擔變更組織前公司之債務。

第七十三條及第七十四條之規定，於減少資本準用之。

⑩一、第一項及第二項未修正。二、增訂第三項。有限公司為減資之決議後，須否向各債權人分別通知及公告，尚無明文規定，為杜疑義，爰參酌第二百八十一條有關股份有限公司減資之規定，以資周延。

*（變更組織）公司七六、一一三；（公告）公司二八；（債務承擔）民三〇〇～三〇六。

第一百零八條　（執行業務之機關）

公司應至少置董事一人執行業務並代表公司，最多置董事三人，應經股東表決權三分之二以上之同意，就有行為能力之股東中選任之。董事有數人時，得以章程置董事長一人，對外代表公司；董事長應經董事過半數之同意互選之。

董事請假或因故不能行使職權時，指定股東一人代理之；未指定代理人者，由股東間互推一人代理之。

董事為自己或他人為與公司同類業務之行為，應對全體股東說明其行為之重要內容，並經股東表決權三分之二以上之同意。

第三十條、第四十六條、第四十九條至第五十三條、第五十四條第三項、第五十七條至第五十九條、第二百零八條第三項、第二百零八條之一及第二百十一條第一項及第二項之規定，於董事準用之。

代表公司之董事違反前項準用第二百十一條第一項或第二項規定者，處新臺幣二萬元以上十萬元以下罰鍰。

⑩一、按第一百零二條第一項規定，有限公司股東行使同意權係以表決權為準，並非以人數計算，爰修正第一項。依原第一項規定，董事有數人時，得以章程特定一人為董事長，考量實務上，或有公司誤認須於章程載明董事長姓名，致董事長變更時即須進行修正章程之程序，而徒增困擾，爰修正為「得以章程置董事長一人」。換言之，章程僅需載明置董事長一人，毋庸載明董事長姓名；並明定董事長之產生方式，以資明確。二、原第二項「執行業務之董事」，其中「執行業務之」等字為贅字，爰予刪除。三、基於有限公司股東行使同意權係以表決權為準，並非以人數計算，原第三項「經三分之二以上股東」修正為「經股東表決權三分之二以上」。四、依原第四項規定，董事準用第二百十一條之規定，由於第二百十一條第三項為處罰之規定，不宜準用之，爰第四項「第二百十一條」修正為「第二百十一條第一項及第二項」，而原準用第三項之處罰規定，則另定於第五項。五、增訂第五項。基於處罰明確性原則，法

制體例上，罰責規定不宜以「準用」之立法方式為之，爰予明定。

*（董事）公司八㈠、一〇一⑦；（行為能力）民七五～八五；（章程）公司九八㈡、一〇一；（國籍）國籍一；（住所）民二〇。

第一百零九條　（不執行業務股東之監察權）

不執行業務之股東，均得行使監察權；其監察權之行使，準用第四十八條之規定。

不執行業務之股東辦理前項事務，得代表公司委託律師、會計師審核之。

規避、妨礙或拒絕不執行業務股東行使監察權者，代表公司之董事各處新臺幣二萬元以上十萬元以下罰鍰。

⑩一、原條文移列第一項，內容未修正。二、增訂第二項。有限公司不執行業務股東行使監察權時，得否委託律師、會計師審核，法無明文，為杜爭議，參酌第二百十八條第二項規定明定之。三、增訂第三項。有限公司不執行業務股東行使監察權時，如遭規避、妨礙或拒絕，是否予以處罰，法無明文，為利監察權之行使，參酌第二百十八條第三項規定明定之。依第一百零八條第一項規定，本項具體適用情形如下：置有董事長者，處罰董事長；未置董事長者，處罰所有董事。

*（監察權）公司四八；（股份有限公司監察人）公司二一六～二二七。

第一百十條　（表冊之編造）

每屆會計年度終了，董事應依第二百二十八條之規定，造具各項表冊，分送各股東，請其承認；其承認應經股東表決權過半數之同意。

前項表冊，至遲應於每會計年度終了後六個月內分送。分送後逾一個月未提出異議者，視為承認。

第二百二十八條之一、第二百三十一條至第二百三十三條、第二百三十五條、第二百三十五條之一、第二百四十條第一項及第二百四十五條第一項之規定，於有限公司準用之。

對於依前項準用第二百四十五條第一項規定，聲請法院選派檢查人之檢查，有規避、妨礙或拒絕行為者，處新臺幣二萬元以上十萬元以下罰鍰。

⑩一、有限公司之董事，每屆會計年度終了，應造具各項表冊，分送各股東，請其承認。惟承認之程序為何，尚無明文，爰修正第一項，明定表冊之承認，應經股東表決權過半數之同意，以利適用。二、董事造具之各項表冊，應於何時分送股東請其承認，尚無明文，爰參酌第一百七十條及第二百三十條有關股份有限公司之表冊，至遲應於每會計年度終了後六個月內提出於股東常會請求承認之規定，修正第二項予以明定。又各項表冊之分送，由現行之送達主義改採發信主義，以避免股東以未收到表冊爭執，徒增董事須證明股東收到之困難度及送達不到等情形之困擾，明定各項表冊分送後逾一個月，股東未提出異議者，視為承認，以利適用並避免糾紛，更能簡化作業程序。三、修正第三項：㈠依修正條文第二百二十八條之一規定，所有股份有限公司均得一年為二次盈餘分派或虧損撥補。有限公司放寬一年為二次盈餘分派或虧損撥補，亦無不可，爰增列準用第二百二十八條之一之規定。㈡依原第二百三十五條之一第五項規定「本條規定，於有限公司準用之」。為符本法體例，移至本項規定，爰增列準用第二百三十五條之一之規定。㈢查本法現行第三章「有限公司」雖無盈餘轉增資之規定，亦無準用第二百四十條有關股份有限公司盈餘轉增資之規定，惟實務上，登記機關核准有限公司盈餘轉增資之案件行之已久，爰配合實務需求，增列準用第二百四十條第一項之規定。四、增訂第四項。依原第三項規定，有限公司準用第二百四十五條第一項選任檢查人之規定，而對於規避、妨礙或拒絕檢查人之檢查者，則未處罰。為強化檢查人行使檢查權，應比照處罰，始能奏效，爰予增訂。

*（會計年度）商會六；（董事）公司八㈠、一〇八；（表冊之承認）公司二三〇、二三一。

第一百十一條　（出資之轉讓）

股東非得其他股東表決權過半數之同意，不得以其出資之全部或一部，轉讓於他人。

董事非得其他股東表決權三分之二以上之同意，不得以其出資之全部或一部，轉讓於他人。

前二項轉讓，不同意之股東有優先受讓權；如不承受，視為同意轉讓，並同意修改章程有關股東及其出資額事項。

法院依強制執行程序，將股東之出資轉讓於他人時，應通知公司及其他股東於二十日內，依第一項或第二項之方式，指定受讓人；逾期未指定或指定之受讓人不依同一條件受讓時，視為同意轉讓，並同意修改章程有關股東及其出資額事項。

⑩一、按第一百零二條規定，有限公司股東行使同意權係以表決權為準，並非以人數計算，爰現行第一項「其他全體股東過半數」修正為「其他股東表決權過半數」。二、原第三項修正移列第二項。「公司董事」修正為「董事」，以精簡文字。又依原第三項規定，有限公司董事轉讓其出資，須經其他全體股東同意，為因應實務需要，修正降低為僅須取得其他股東表決權三分之二以上之同意即可。三、原第二項移列為第三項，鑒於董事轉讓出資，僅須取得其他股東表決權三分之二以上之同意，此際，不同意股東亦應享有優先受讓權，較為妥適，爰將「前項轉讓」修正為「前二項轉讓」。四、原第四項「其他全體股東」之「全體」二字實屬贅字，爰修正為「其他股東」，並配合項次調整酌作修正。

*（出資之轉讓）公司五五；（出資）公司九九～一〇一；（董事）公司八㈠、一〇八。

第一百十二條　（盈餘公積）

公司於彌補虧損完納一切稅捐後，分派盈餘時，應先提出百分之十為法定盈餘公積。但法定盈餘公積已達資本總額時，不在此限。

除前項法定盈餘公積外，公司得以章程訂定，或經股東表決權三分之二以上之同意，另提特別盈餘公積。

第二百三十九條、第二百四十一條第一項第二款及第三項之規定，於有限公司準用之。

公司負責人違反第一項規定，不提法定盈餘公積時，各處新臺幣二萬元以上十萬元以下罰鍰。

⑩一、第一項未修正。二、按修正條文第一百十三條規定，有限公司變更章程之門檻，已降為經股東表決權三分之二以上之同意，爰修正第二項，將提列特別盈餘公積之門檻亦降為經股東表決權三分之二以上之同意。三、增訂第三項。有限公司提列之法定盈餘公積及會計處理產生之資本公積，應如何處理或使用，尚無規定，經濟部一百年七月二十七日經商字第一〇〇〇二〇九三九八〇號函釋，係比照股份有限公司之規定辦理在案。為期明確計，爰予增訂，明定準用第二百三十九條、第二百四十一條第一項第二款及第三項之規定。準用之情形如下：有限公司之法定盈餘公積及資本公積，除填補公司虧損外，不得使用之；但第

二百四十一條第一項第二款之情形，或法律另有規定者，不在此限。又有限公司非於盈餘公積填補資本虧損，仍有不足時，不得以資本公積補充之。另有限公司無虧損者，得經股東表決權三分之二以上之同意，將法定盈餘公積及資本公積（受領贈與之所得）之全部或一部，按股東出資額之比例發給出資額或現金。以法定盈餘公積發給出資額或現金，以該項公積超過資本總額百分之二十五之部分為限。四、原第三項修正移列第四項。所定「不提出法定盈餘公積」修正為「不提法定盈餘公積」，以與第二百三十七條第三項用語一致；另配合刑事罰責除罪化政策，罰金修正為罰鍰，其數額並酌作調整。

＊（彌補虧損）公司二三二；（分派盈餘）公司一〇一㈠⑤；（公司負責人）公司八。

第一百十三條　（變更章程、合併、解散、清算之準用規定）

公司變更章程、合併及解散，應經股東表決權三分之二以上之同意。

除前項規定外，公司變更章程、合併、解散及清算，準用無限公司有關之規定。

(107)一、增訂第一項。依原條文規定，有限公司變更章程、合併、解散及清算，係準用無限公司有關之規定。惟為便利有限公司運作，修正有限公司變更章程、合併及解散之門檻為股東表決權三分之二以上之同意，不再準用無限公司有關變更章程、合併及解散須經全體股東同意門檻之規定。二、原條文修正移列第二項。有限公司之清算仍應準用無限公司有關之規定；至於有限公司之變更章程、合併及解散，除其門檻之規定依第一項規定辦理外，其餘仍準用無限公司有關之規定。

＊（無限公司有關規定）公司七一～九七。

▲釋四九二。

第四章　兩合公司

第一百十四條　（兩合公司組織與股東責任）

兩合公司以無限責任股東與有限責任股東組織之。

無限責任股東對公司債務負連帶無限清償責任；有限責任股東以出資額為限，對於公司負其責任。

＊（兩合公司）公司二㈠③；（無限責任股東）公司六〇、六一、一一五；（連帶無限清償責任）民二七三；（有限責任）公司九九、一五四。

第一百十五條　（無限公司）

兩合公司除本章規定外，準用第二章之規定。

＊（無限公司規定）公司四〇～九七。

第一百十六條　（章程之內容）

兩合公司之章程，除記載第四十一條所列各款事項外，並應記明各股東之責任為無限或有限。

＊（無限公司之章程）公司四一。

第一百十七條　（有限責任股東之出資限制）

有限責任股東，不得以勞務為出資。

(107)依第一百十五條規定「兩合公司除本章規定外，準用第二章之規定。」準此，兩合公司股東之出資，準用第四十三條規定。而修正條文第四十三條已刪除無限公司信用出資之規定。是以，不論無限公司或兩合公司，信用出資之情形將不復存在，爰予修正。

＊（勞務出資）公司四三，民六六七、七〇二。

第一百十八條　（有限責任股東之監督權）

有限責任股東，得於每會計年度終了時，查閱公司帳目、業務及財產情形；必要時，法院得因有限責任股東之聲請，許其隨時檢查公司帳目、業務及財產之情形。

對於前項之檢查，有妨礙、拒絕或規避行為者，各處新臺幣二萬元以上十萬元以下罰鍰。連續妨礙、拒絕或規避者，並按次連續各處新臺幣四萬元以上二十萬元以下罰鍰。

(90)一、第一項配合商業會計法第六條規定，將「營業年度」修正為「會計年度」，統一法律用語。二、第二項配合第二十條第五項之修正，爰增列「拒絕或規避」文字，以資周延，並參酌民法第四十三條之規定，將同項刑事罰規定，修正為行政罰鍰。又罰鍰數額酌作調整，並將罰鍰之比例修正為一比五，並採連續罰。

＊（會計年度）商會六；（監督權）公司一〇九；（有限責任股東）公司一一四、一一六。

第一百十九條　（有限責任股東之出資轉讓）

有限責任股東，非得無限責任股東過半數之同意，不得以其出資全部或一部，轉讓於他人。

第一百十一條第二項及第四項之規定，於前項準用之。

＊（出資之轉讓）公司五五、一一一。

第一百二十條　（競業禁止責任之免除）

有限責任股東，得為自己或他人，為與本公司同類營業之行為；亦得為他公司之無限責任股東，或合夥事業之合夥人。

＊（同類營業行為）公司五四、一一五。

第一百二十一條　（表見無限責任股東之責任）

有限責任股東，如有可以令人信其為無限責任股東之行為者，對於善意第三人，負無限責任股東之責任。

＊（表見股東責任）公司六二；（無限股東責任）公司一一四㈡。

第一百二十二條　（業務執行及代表公司之禁止）

有限責任股東，不得執行公司業務及對外代表公司。

＊（執行業務）公司四五、四六；（代表公司）公司五六、五八。

第一百二十三條　（退股之限制與出資之繼承）

有限責任股東，不因受監護或輔助宣告而退股。

有限責任股東死亡時，其出資歸其繼承人。

(98)配合「禁治產宣告」一級制已修正為「監護宣告」與「輔助宣告」二級制，爰修正本法條文用字。

＊（監護宣告）民一四；（退股）公司六五、六六、一一五、一二四；（死亡）民六；（繼承人）民一一三八～一一四一、一一四四～一一四六。

第一百二十四條　（退股）

有限責任股東遇有非可歸責於自己之重大事由時，得經無限責任股東過半數之同意退股，或聲請法院准其退股。

＊（退股）公司六五、六六。

第一百二十五條　（除名）

有限責任股東有左列各款情事之一者，得經全體無限責任股東之同意，將其除名：

一　不履行出資義務者。

二　有不正當行為妨害公司利益者。

前項除名，非通知該股東後，不得對抗之。

*（除名）公司六七；（通知）民九四、九五、九七。

第一百二十六條（解散與變更組織）

公司因無限責任或有限責任股東全體之退股而解散。但其餘股東得以一致之同意加入無限責任股東或有限責任股東繼續經營。

前項有限責任股東全體退股時，無限責任股東在二人以上者，得以一致之同意變更其組織為無限公司。

無限責任股東與有限責任股東以全體之同意，變更其組織為無限公司時，依前項規定行之。

公司得經股東三分之二以上之同意變更章程，將其組織變更為有限公司或股份有限公司。

前項情形，不同意之股東得以書面向公司聲明退股。

⑩⑦一、第一項酌作標點符號修正。二、第二項及第三項未修正。三、增訂第四項。為利兩合公司轉型，允許兩合公司經股東三分之二以上之同意，即可變更章程將其組織變更為有限公司或股份有限公司，爰予增訂。四、增訂第五項。兩合公司股東如不同意變更組織為有限公司或股份有限公司，明定其得以書面向公司聲明退股。

*（無限或有限責任股東）公司一一四㈡；（解散）公司一〇、一一、七一、一一三、一一五、三一五；（變更組織）公司七二、七六㈠、一〇六、一〇七、三一五。

第一百二十七條（清算人）

清算由全體無限責任股東任之。但無限責任股東得以過半數之同意另行選任清算人；其解任時亦同。

*（選任清算人）公司七九～八一、三二二；（解任清算人）公司八二、三二三。

第五章　股份有限公司

第一節　設　立

第一百二十八條（發起人之限制）

股份有限公司應有二人以上為發起人。

無行為能力人、限制行為能力人或受輔助宣告尚未撤銷之人，不得為發起人。

政府或法人均得為發起人。但法人為發起人者，以下列情形為限：

一　公司或有限合夥。

二　以其自行研發之專門技術或智慧財產權作價投資之法人。

三　經目的事業主管機關認屬與其創設目的相關而予核准之法人。

⑩⑦一、第一項未修正。二、鑒於發起人乃訂立章程，籌設公司之人，發起人除應以全體之同意訂立章程，於章程簽名或蓋章外，並應認股，按股繳足股款，選任董事及監察人等。公司從籌設至設立完成取得法人格前之相關事務，均由發起人為之，其須負頗重之設立責任及承擔一定之風險；又參酌修正條文第三十條有關經理人之消極資格，亦已於第七款納入受輔助宣告尚未撤銷之人，鑒於受輔助宣告尚未撤銷之人，並不具備完全之行為能力，實不宜由其擔任發起人，爰修正第二項予以明定。三、修正第三項：㈠配合法制作業用語，但書「左列」修正為「下列」。㈡第一款增列「有限合夥」亦得為公司之發起人，以應實務需要。

*（股份有限公司）公司二㈠④；（發起人）公司一二九；（住所）民二〇；（行為能力）民一三；（政府或法人）公司二七、民二五、二六；（公司）公司一。

第一百二十八條之一（政府或法人股東）

政府或法人股東一人所組織之股份有限公司，不受前條第一項之限制。該公司之股東會職權由董事會行使，不適用本法有關股東會之規定。

前項公司，得依章程規定不設董事會，置董事一人或二人；置董事一人者，以其為董事長，董事會之職權由該董事行使，不適用本法有關董事會之規定；置董事二人者，準用本法有關董事會之規定。

第一項公司，得依章程規定不置監察人；未置監察人者，不適用本法有關監察人之規定。

第一項公司之董事、監察人，由政府或法人股東指派。

⑩⑦一、第一項未修正。二、增訂第二項。為回應企業實務需求，開放政府或法人股東一人所組織之股份有限公司得不設董事會，而僅置董事一人或二人，惟應於章程中明定。其適用情形如下：㈠依第一百九十二條第一項規定，公司仍以設董事會並置董事三人以上為原則。惟允許政府或法人股東一人所組織之股份有限公司得不設董事會，而僅置董事一人或二人。㈡如僅置董事一人，以其為董事長，除適用本法有關董事長之規定外，本法處罰公司負責人或代表公司之董事等規定，亦適用之。另因公司已無董事會，爰董事會之職權由該董事行使之，不適用本法有關董事會之規定，例如經理人之選任，即可由該董事決定之，而無須召開董事會。㈢如僅置董事二人，準用本法有關董事會之規定，故關於召開董事會等規定，或由董事會選任董事長等規定均準用之；又此時經選任之董事長，即為本法所稱之董事長，適用本法關於董事長之規定，自屬當然。三、增訂第三項。考量政府或法人股東一人所組織之股份有限公司，因該一人股東對董事人選有完全之決定權，又無應予保障之其他股東存在，故明定允許得以其章程規定不置監察人。未置監察人者，不適用本法有關監察人之規定。四、原第二項移列第四項，並酌作修正。

第一百二十九條（章程之絕對應記載事項）

發起人應以全體之同意訂立章程，載明下列各款事項，並簽名或蓋章：

一　公司名稱。

二　所營事業。

三　採行票面金額股者，股份總數及每股金額；採行無票面金額股者，股份總數。

四　本公司所在地。

五　董事及監察人之人數及任期。

六　訂立章程之年月日。

⑩⑦一、配合法制作業用語，序文「左列」修正為「下列」。二、本法於一百零四年七月一日修正時引進國外無票面金額股制度，允許閉鎖性股份有限公司得發行無票面金額股。為配合所有股份有限公司均得發行無票面金額股，爰修正第三款，區分採票面金額股或無票面金額股之公司，其章程應記載之事項，以利適用。又依修正條文第三百九十三條第二項第七款及第三項規定，任何人得至主管機關之資訊網站查閱公司之「資本總額或實收資本額」，是以，採行無票面金額股者，雖章程僅記載股份總數，仍可經由主管機關之資訊網站查知公司之實收資本額，維護投資人知的權利及保障交易之安全。

*（簽名蓋章）民三㈠；（公司名稱）公司二、一八；（股份總數）公司一三二、一三七；（每股金額）公司一四〇、一四一、一五六、一六二；（本公司所在地）公司三；（公

告方法）公司二八；（董事監察人之人數與任期）公司一九二、一九五、二一六、二一七。

第一百三十條（章程之相對應記載事項）

下列各款事項，非經載明於章程者，不生效力：

一　分公司之設立。

二　解散之事由。

三　特別股之種類及其權利義務。

四　發起人所得受之特別利益及受益者之姓名。

前項第四款發起人所得受之特別利益，股東會得修改或撤銷之。但不得侵及發起人既得之利益。

⑩⑦一、配合法制作業用語，第一項序文「左列」修正為「下列」。依修正條文第一百二十九條第三款規定，股份總數及採行票面金額股之每股金額，為章程絕對必要記載事項；第三百九十三條第二項第七款及第三項規定，公司之資本總額或實收資本額係屬公示事項，任何人得至主管機關之資訊網站查閱。又實務上公司章程載明第一項第二款有關分次發行者，定於設立時之發行數額者（可換算成資本額），嗣後公司如進行增資，則設立時之發行數額，並無實益，爰予刪除；其餘款次依序順移。二、配合第一項款次變動，第二項酌作文字修正。

*（分公司）公司三㊁；（分次發行）公司一五六㊁；（設立時）公司六；（解散事由）公司三一五；（特別股）公司一五七以下；（發起人之特別利益）公司一四七；（股東會）公司一七〇以下。

第一百三十一條（發起設立）

發起人認足第一次應發行之股份時，應即按股繳足股款並選任董事及監察人。

前項選任方法，準用第一百九十八條之規定。

發起人之出資，除現金外，得以公司事業所需之財產、技術抵充之。

⑩⑦一、第一項及第二項未修正。二、修正第三項，明定發起人之出資，除現金外，得以公司事業所需之財產或技術抵充之，以符實際。

*（發起人）公司一二九；（第一次應發行股份）公司一五六㊁；（股款之繳納）公司一四一；（選任董監）公司一九八。

第一百三十二條（募集設立）

發起人不認足第一次發行之股份時，應募足之。

前項股份招募時，得依第一百五十七條之規定發行特別股。

*（發起人所認股份）公司一三三㊁；（募股）公司一三三、一三七；（特別股）公司一五七。

第一百三十三條（公開募股之申請）

發起人公開招募股份時，應先具備左列事項，申請證券管理機關審核：

一　營業計畫書。

二　發起人姓名、經歷、認股數目及出資種類。

三　招股章程。

四　代收股款之銀行或郵局名稱及地址。

五　有承銷或代銷機構者，其名稱及約定事項。

六　證券管理機關規定之其他事項。

前項發起人所認股份，不得少於第一次發行股份四分之一。

第一項各款，應於證券管理機關通知到達之日起三十日內，加記核准文號及年、月、日公告招募之。但第五款約定事項，得免予公告。

*（發起人募股）公司一三二；（主管機關）公司五；（發起人）公司一二九；（招股章程）公司一三七；（第一次發行股份）公司一五六㊁；（公告）公司二八。

第一百三十四條（代收股款之證明）

代收股款之銀行或郵局，對於代收之股款，有證明其已收金額之義務，其證明之已收金額，即認為已收股款之金額。

*（代收股款）公司一三三㊀④、二六八㊀⑦。

第一百三十五條（不予或撤銷核准之情形）

申請公開招募股份有左列情形之一者，證券管理機關得不予核准或撤銷核准：

一　申請事項有違反法令或虛偽者。

二　申請事項有變更，經限期補正而未補正者。

發起人有前項第二款情事時，由證券管理機關各處新臺幣二萬元以上十萬元以下罰鍰。

⑨〇一、第一項未修正。二、對申請事項為虛偽記載者，[illegible]依刑法規定處罰，本條自毋庸另為規定，爰修正第二項，刪除有關「依刑法或特別刑法有關規定處罰」之贅文。又申請事項有違反法令或虛偽者，證券交易法第一百七十四條第一項第一款已明定，處五年以下有期徒刑、拘役或科或併科二百四十萬元以下罰金，刑度較高，本法無另為規定之必要。又罰鍰數額酌作調整。

*（效力）公司一三六；（公司負責人）公司八。

第一百三十六條（撤銷核准之效力）

前條撤銷核准，未招募者，停止招募；已招募者，應募人得依股份原發行金額，加算法定利息，請求返還。

*（招募）公司一三二；（利息）民二〇三。

第一百三十七條（招股章程應載事項）

招股章程應載明下列各款事項：

一　第一百二十九條及第一百三十條所列各款事項。

二　各發起人所認之股數。

三　股票超過票面金額發行者，其金額。

四　招募股份總數募足之期限，及逾期未募足時，得由認股人撤回所認股份之聲明。

五　發行特別股者，其總額及第一百五十七條第一項各款之規定。

⑩⑦一、配合法制作業用語，序文「左列」修正為「下列」。二、鑒於修正條文第一百五十七條第一項各款均應於招股章程載明，爰配合修正第五款。三、於實務上，甚少公司發行無記名股票，且因欠缺透明度，易生弊端。又比較法上，無記名股票制度亦已逐漸遭到汰除。另為落實建構以風險分析為基礎之跨國洗錢防制制度，並有助於我國通過西元二〇一八年 APG 第三輪相互評鑑，採納 FATF 第二十四項第十一點(a)「廢止無記名股票」建議，以減少無記名股票被作為洗錢工具之風險，爰廢除無記名股票制度，並配合刪除原第六款。四、本次修法刪除無記名股票制度，為確保本法修正施行前無記名股票股東之權益，於修正條文第四百四十七條之一規定，應繼續適用施行前之規定，併予敘明。

*（發起人所認股份）公司一三三㊁；（溢價發行）公司一四〇；（撤回認股）公司一五二；（特別股）公司一五七；（無記名股）公司一六六。

第一百三十八條（認股書之備置）

發起人應備認股書，載明第一百三十三條第一項各款事項，並加記證券管理機關核准文號及年月日，由認股人填寫所認股數、金額及其住所或居所，簽名或蓋章。

以超過票面金額發行股票者，認股人應於認股書註明認繳之金額。

發起人違反第一項規定，不備認股書者，由證券管理機關各處新臺幣一萬元以上五萬元以下罰鍰。

(90)一、依民法第三條規定，簽名與蓋章具同等效力，爰修正第一項「簽名、蓋章」為「簽名或蓋章」，以資簡化。二、第二項未修正。三、對於申請事項為虛偽記載者，即應依刑法規定處罰，毋庸於本法另為贅文，爰刪除第三項後段規定，並將罰鍰數額酌予調整。

＊（發起人）公司一二八㊀；（每股金額）公司一二九；（溢價發行）公司一四〇。

第一百三十九條（繳款義務）

認股人有照所填認股書繳納股款之義務。

＊（認股書）公司一三八；（繳納股款）公司一四二、一五四。

▲股份有限公司對於股東之股款繳納請求權怠於行使者，該公司之債權人，自得依民法第二百四十二條、第二百四十三條之規定，代位行使。（二七上二三七七）

第一百四十條（股票發行價格）

採行票面金額股之公司，其股票之發行價格，不得低於票面金額。但公開發行股票之公司，證券主管機關另有規定者，不在此限。

採行無票面金額股之公司，其股票之發行價格不受限制。

(107)一、原條文修正移列第一項。配合本次修法，將無票面金額股制度擴大適用至所有股份有限公司，而原條文為採行票面金額股之公司應遵守之規定，爰予修正。又配合證券交易法第三條「主管機關」一詞，但書「證券管理機關」修正為「證券主管機關」。二、增訂第二項。明定採行無票面金額股之公司，其股票之發行價格，不受限制。是以，該股票之發行價格高低，由公司自行訂定，尚無限制。

＊（股票）公司一六二；（票面金額）公司一二九③。

第一百四十一條（催繳股款）

第一次發行股份總數募足時，發起人應即向各認股人催繳股款，以超過票面金額發行股票時，其溢額應與股款同時繳納。

＊（募足）公司一三二；（發起人）公司一二八；（繳款遲延）公司一四二、一四八；（認股人）公司一三九；（票面金額）公司一二九③、一四〇。

第一百四十二條（延欠股款）

認股人延欠前條應繳之股款時，發起人應定一個月以上之期限催告該認股人照繳，並聲明逾期不繳失其權利。

發起人已為前項之催告，認股人不照繳者，即失其權利，所認股份另行募集。

前項情形，如有損害，仍得向認股人請求賠償。

＊（發起人之連帶責任）公司一四八、一四九。

第一百四十三條（創立會之召開）

前條股款繳足後，發起人應於二個月內召開創立會。

(90)本條所稱「召集」，實為「召集開會」之意思，爰修正為「召開」，以臻明確。

＊（發起人）公司一二九；（期間）民一二一、一二三。

第一百四十四條（創立會之程序及決議）

創立會之程序及決議，準用第一百七十二條第一項、第四項、第五項、第一百七十四條、第一百七十五條、第一百七十七條、第一百七十八條、第一百七十九條、第一百八十一條、第一百八十三條第一項、第二項、第四項、第五項及第一百八十九條至第一百九十一條之規定。但關於董事及監察人之選任，準用第一百九十八條之規定。

發起人違反前項準用第一百七十二條第一項、第五項規定，或違反前項準用第一百八十三條第一項、第四項、第五項規定者，處新臺幣一萬元以上五萬元以下罰鍰。

(107)一、原條文修正移列第一項：㈠依原條文規定，創立會之程序及決議，準用第一百七十二條第三項。惟查本法九十年十一月十二日修正時，第一百七十二條第三項已移列第四項，爰配合修正所準用之項次。又依原條文規定，創立會之程序及決議，準用第一百七十二條第六項及第一百八十三條第六項，惟上開規定為處罰之規定，不宜準用之，爰刪除第一百七十二條「第六項」，並增訂第一百八十三條「第一項、第二項、第四項、第五項」，且另於第二項作處罰規範。另依修正條文第一百七十二條第六項規定，對於違反同條第五項者，亦納入處罰之列，爰增列第一百七十二條「第五項」。㈡依原條文規定，創立會之程序及決議準用第一百七十四條至第一百七十九條。惟修正條文第一百七十五條之一及第一百七十七條之一至第一百七十七條之三，無從準用，而原第一百七十六條已刪除，爰「第一百七十四條至第一百七十九條」修正為「第一百七十四條、第一百七十五條、第一百七十七條、第一百七十八條、第一百七十九條」。㈢創立會之召集程序、決議方法及其內容，違反法令或章程時，其法律效果為何，應如何救濟，尚無明文。基於創立會為股東會之前身，爰明定準用第一百八十九條至第一百九十一條股東會之相關規定。二、增訂第二項。基於處罰明確性原則，法制體例上，罰責規定不宜以「準用」之立法方式為之，爰予明定。

＊（創立會之召集）公司一七二；（決議）公司一七四、一七五、一八三；（出席）公司一七六、一七七。

第一百四十五條（發起人之報告義務）

發起人應就下列各款事項報告於創立會：

一　公司章程。

二　股東名簿。

三　已發行之股份總數。

四　以現金以外之財產、技術抵繳股款者，其姓名及其財產、技術之種類、數量、價格或估價之標準及公司核給之股數。

五　應歸公司負擔之設立費用，及發起人得受報酬。

六　發行特別股者，其股份總數。

七　董事、監察人名單，並註明其住所或居所、國民身分證統一編號或其他經政府核發之身分證明文件字號。

發起人對於前項報告有虛偽情事時，各科新臺幣六萬元以下罰金。

(107)一、配合法制作業用語，第一項序文「左列」修正為「下列」。第四款「以現金以外之財產抵繳股款者」修正為「以現金以外之財產、技術抵繳股款者」；「其財產之種類」修正為「其財產、技術之種類」，以與修正條文第一百三十一條第三項發起人之出資種類體例一致。二、第二項未修正。

第一百四十六條　（選任董監事及檢查人）

創立會應選任董事、監察人。董事、監察人經選任後，應即就前條所列事項，為確實之調查並向創立會報告。

董事、監察人如有由發起人當選，且與自身有利害關係者，前項調查，創立會得另選檢查人為之。

前二項所定調查，如有冒濫或虛偽者，由創立會裁減之。

發起人如有妨礙調查之行為或董事、監察人、檢查人報告有虛偽者，各科新臺幣六萬元以下罰金。

第一項、第二項之調查報告，經董事、監察人或檢查人之請求延期提出時，創立會應準用第一百八十二條之規定，延期或續行集會。

*（發起人）公司一二九；（創立會）公司一四三。

第一百四十七條　（創立會之裁減權）

發起人所得受之報酬或特別利益及公司所負擔之設立費用有冒濫者，創立會均得裁減之，用以抵作股款之財產，如估價過高者，創立會得減少其所給股數或責令補足。

*（發起設立之選任董監）公司一三一；（發起人）公司一二九；（檢查人）公司八㈡。

第一百四十八條　（連帶認繳義務）

未認足之第一次發行股份，及已認而未繳股款者，應由發起人連帶認繳；其已認而經撤回者亦同。

*（發起人所受特別利益）公司一三〇㈠⑤。

第一百四十九條　（公司損害賠償請求權）

因第一百四十七條及第一百四十八條情形，公司受有損害時，得向發起人請求賠償。

*（第一次發行股份）公司一五六㈡；（認股之撤回）公司一五二、一五三。

*（[illegible]）民[illegible]

第一百五十條　（公司不能成立時發起人之責任）

公司不能成立時，發起人關於公司設立所為之行為，及設立所需之費用，均應負連帶責任，其因冒濫經裁減者亦同。

*（發起人）公司一二九；（冒濫裁減）公司一四七；（連帶責任）民二七三。

第一百五十一條　（創立會之權限）

創立會得修改章程或為公司不設立之決議。

第二百七十七條第二項至第四項之規定，於前項修改章程準用之；第三百十六條之規定，於前項公司不設立之決議準用之。

*（創立會）公司一四三；（公司不創立）公司一五〇。

第一百五十二條　（撤回認股）

第一次發行股份募足後，逾三個月而股款尚未繳足，或已繳納而發起人不於二個月內召集創立會者，認股人得撤回其所認之股。

*（第一次發行股份）公司一五六㈡；（募足）公司一四一。

第一百五十三條　（股份撤回之限制）

創立會結束後，認股人不得將股份撤回。

*（認股人）公司一三九。

第一百五十四條　（股東之有限責任）

股東對於公司之責任，除第二項規定外，以繳清其股份之金額為限。

股東濫用公司之法人地位，致公司負擔特定債務且清償顯有困難，其情節重大而有必要者，該股東應負清償之責。

⑩㈠、配合第二項之增訂，爰修正第一項。

二、增訂第二項。按揭穿公司面紗之原則，係源於英、美等國判例法，其目的在防免股東濫用公司之法人地位而脫免責任導致債權人之權利落空，求償無門。為保障債權人權益，我國亦有引進揭穿公司面紗原則之必要。爰明定倘股東有濫用公司之法人地位之情形，導致公司負擔特定債務而清償有顯著困難，且其情節重大而有必要者，該股東仍應負擔清償債務之責任。法院適用揭穿公司面紗之原則時，[illegible]中程度；系爭債務是否係源於該股東之詐欺行偽；公司資本是否顯著不足承擔其所營事業可能生成之債務等情形。

*（股份金額）公司一二九、一四〇、一四一、一五六㈠；（有限責任）公司九九、一一四㈠。

第一百五十五條　（發起人之連帶賠償責任）

發起人對於公司設立事項，如有怠忽其任務致公司受損害時，應對公司負連帶賠償責任。

發起人對於公司在設立登記前所負債務，在登記後亦負連帶責任。

*（發起人）公司一二九；（設立事項）公司一二八以下；（連帶責任）民二七三；（設立登記）公司六。

第二節　股　份

第一百五十六條　（股份與資本）

股份有限公司之資本，應分為股份，擇一採行票面金額股或無票面金額股。

公司採行票面金額股者，每股金額應歸一律；採行無票面金額股者，其所得之股款應全數撥充資本。

公司股份之一部分得為特別股；其種類，由章程定之。

公司章程所定股份總數，得分次發行；同次發行之股份，其發行條件相同者，價格應歸一律。但公開發行股票之公司，其股票發行價格之決定方法，得由證券主管機關另定之。

股東之出資，除現金外，得以對公司所有之貨幣債權、公司事業所需之財產或技術抵充之；其抵充之數額需經董事會決議。

⑩㈠、考量原條文規範事項甚多，為利適用，經分類後，除保留本條條次並規範相關事項外，原第三項至第六項移列修正條文第一百五十六條之二、第八項移列修正條文第一百五十六條之三、第九項及第十項移列修正條文第一百五十六條之四。二、本法於一百零四年七月一日修正時引進國外無票面金額股制度，允許閉鎖性股份有限公司得發行無票面金額股。現擴大適用範圍讓所有股份有限公司均得發行無票面金額股。爰修正第一項，明定公司應選擇票面金額股或無票面金額股中一種制度發行之，惟不允許公司

發行之股票有票面金額股與無票面金額股併存之情形。三、原第一項「每股金額應歸一律」，屬票面金額股之規定，移列第二項，同時於該項規範採行無票面金額股者，其所得之股款應全數撥充資本。四、原第一項有關特別股之規定，移列第三項，並酌作修正。五、原第二項及第十一項合併移列第四項，並酌作修正。六、原第七項修正移列第五項，明定股東之出資，除現金外，得以對公司所有之貨幣債權、公司事業所需之財產或技術抵充之，以資明確；其抵充之數額需經董事會「通過」，修正為需經董事會「決議」，以統一用語。又原第七項所稱「其抵充之數額須經董事會通過，不受第二百七十二條之限制」，按第二百七十二條係規範出資之種類，與本項所規範者，係非現金出資時，其抵充之數額需經董事會通過，係屬二事，爰刪除「不受第二百七十二條之限制」之文字，以利適用。

*（股份）公司二㊀④、一七四、一七九、二三五；（每股金額）公司一二九③；（特別股）公司一五七；（章程定之）公司一三〇㊀；（股份總數）公司一二九③；（主管機關）公司八；（發起人出資）公司一三一；（另有規定）公司二七二。

▲釋一六七。

第一百五十六條之一（票面金額股之轉換）

公司得經有代表已發行股份總數三分之二以上股東出席之股東會，以出席股東表決權過半數之同意，將已發行之票面金額股全數轉換為無票面金額股；其於轉換前依第二百四十一條第一項第一款提列之資本公積，應全數轉為資本。

前項出席股東股份總數及表決權數，章程有較高之規定者，從其規定。

公司印製股票者，依第一項規定將已發行之票面金額股全數轉換為無票面金額股時，已發行之票面金額股之每股金額，自轉換基準日起，視為無記載。

前項情形，公司應通知各股東於轉換基準日起六個月內換取股票。

前四項規定，於公開發行股票之公司，不適用之。

公司採行無票面金額股者，不得轉換為票面金額股。

(107)一、本條新增。二、公司經股東會特別決議，得將已發行之票面金額股全數轉換為無票面金額股，轉換前提列之資本公積，應全數轉為資本，爰增訂第一項。三、公司從票面金額股轉換為無票面金額股，其出席股東股份總數及表決權數，章程有較高之規定者，從其規定，爰增訂第二項。四、公司印製股票者，公司將票面金額股全數轉換為無票面金額股時，已印製之票面金額股股票上之每股金額，自股東會決議轉換之基準日起，視為無記載，爰增訂第三項。五、票面金額股全數轉換為無票面金額股者，公司應通知各股東換取股票，爰增訂第四項。六、鑒於公開發行股票之公司涉及眾多投資人權益，原則上仍續維持現行票面金額股制度，不得轉換為無票面金額股，爰增訂第五項，明定第一項至第四項之規定，於公開發行股票之公司，不適用之。至於非公開發行股票之公司未來申請首次辦理公開發行或申請上市、上櫃掛牌時，其原為票面金額股者，於公開發行後，即不得轉換，以免造成投資人交易習慣及資訊之混淆，併予敘明。七、鑒於國外少見票面金額股與無票面金額股可自由互轉之立法例，且自由互轉將造成投資人交易習慣及資訊之混淆，爰本次修法採僅允許票面金額股轉成無票面金額股之單向轉換立法，亦即採無票面金額股者，不得轉換為票面金額股，爰增訂第六項。

第一百五十六條之二（公開發行）

公司得依董事會之決議，向證券主管機關申請辦理公開發行程序；申請停止公開發行者，應有代表已發行股份總數三分之二以上股東出席之股東會，以出席股東表決權過半數之同意行之。

出席股東之股份總數不足前項定額者，得以有代表已發行股份總數過半數股東之出席，出席股東表決權三分之二以上之同意行之。

前二項出席股東股份總數及表決權數，章程有較高之規定者，從其規定。

公開發行股票之公司已解散、他遷不明或因不可歸責於公司之事由，致無法履行證券交易法規定有關公開發行股票公司之義務時，證券主管機關得停止其公開發行。

公營事業之申請辦理公開發行及停止公開發行，應先經該公營事業之主管機關專案核定。

(107)一、第一項、第二項、第四項及第五項分別由原第一百五十六條第三項至第六項移列，內容未修正。二、增訂第三項，明定申請停止公開發行之公開發行股票公司，其出席股東股份總數及表決權數，如章程有較高之規定者，從其規定。

第一百五十六條之三（以發行新股作為受讓他公司股份之對價）

公司設立後得發行新股作為受讓他公司股份之對價，需經董事會三分之二以上董事出席，以出席董事過半數決議行之，不受第二百六十七條第一項至第三項之限制。

(107)本條由原第一百五十六條第八項移列，內容未修正。

第一百五十六條之四（發行新股轉讓政府）

公司設立後，為改善財務結構或回復正常營運，而參與政府專案核定之紓困方案時，得發行新股轉讓於政府，作為接受政府財務上協助之對價；其發行程序不受本法有關發行新股規定之限制，其相關辦法由中央主管機關定之。

前項紓困方案達新臺幣十億元以上者，應由專案核定之主管機關會同受紓困之公司，向立法院報告其自救計畫。

(107)第一項及第二項分別由原第一百五十六條第九項及第十項移列，內容未修正。

第一百五十七條（特別股）

公司發行特別股時，應就下列各款於章程中定之：

一　特別股分派股息及紅利之順序、定額或定率。

二　特別股分派公司賸餘財產之順序、定額或定率。

三　特別股之股東行使表決權之順序、限制或無表決權。

四　複數表決權特別股或對於特定事項具否決權特別股。

五　特別股股東被選舉為董事、監察人之禁止或限制，或當選一定名額董事之權利。

六　特別股轉換成普通股之轉換股數、方法或轉換公式。

七　特別股轉讓之限制。

八　特別股權利義務之其他事項。

前項第四款複數表決權特別股股東於監察人選舉，與普通股股東之表決權同。

下列特別股，於公開發行股票之公司，不適用之：

一　第一項第四款、第五款及第七款之特別股。

二　得轉換成複數普通股之特別股。

⑩⑦一、原條文修正移列第一項：㈠配合法制作業用語，序文「左列」修正為「下列」。㈡增訂第四款至第七款。按原第三百五十六條之七規定，閉鎖性股份有限公司為追求符合其企業特質之權利義務規劃及安排，已可於章程中設計相關類型之特別股，以應需要。為提供非公開發行股票公司之特別股更多樣化及允許企業充足之自治空間，爰參酌上開第三百五十六條之七第三款後段至第六款規定，增列第四款至第七款。㈢第一項第五款允許非公開發行股票公司以章程規定，禁止或限制特別股股東被選舉為董事或監察人，且其亦得於章程規定，保障特別股股東當選一定名額之董事。基於監察人為公司之監督機關，為落實監察權之行使及公司治理之需求，爰本款未允許公司以章程保障特別股股東當選一定名額之監察人，併予敘明。㈣原第四款移列第八款。二、增訂第二項。為避免具複數表決權特別股股東掌控董事及監察人席次，有違公司治理之精神。爰對於具有複數表決權特別股之股東，限制其於選舉監察人時，表決權應與普通股股東之表決權同（原則上回復為一股一權），始屬妥適，爰予明定。三、增訂第三項，明定公開發行股票公司排除適用下列特別股之情形：㈠考量放寬特別股限制，少數持有複數表決權或否決權之股東，可能凌駕或否決多數股東之意思，公開發行股票之公司股東眾多，為保障所有股東權益，並避免濫用特別股衍生萬年董事或監察人之情形，導致不良之公司治理及代理問題，且亞洲大多數國家對於發行複數表決權或否決權之特別股仍採較嚴謹之規範。㈡特別股股東被選舉為董事、監察人之禁止或限制，或當選一定名額董事之權利，有違股東平等原則；至一特別股轉換複數普通股者，其效果形同複數表決權；基此，考量公開發行股票之公司，股東人數眾多，為保障所有股東權益，不宜放寬限制。㈢特別股轉讓受到限制，即特別股股東無法自由轉讓其持有之特別股，此於公開發行股票之公司尤其上市、上櫃或興櫃公司，係透過集中市場、店頭市場交易之情形，將生扞格，實務執行上有其困難，不宜允許。四、至已發行具複數表決權特別股、對於特定事項有否決權特別股或其他類型特別股之非公開發行股票之公司，嗣後欲申請辦理公開發行時，應回復依股份平等原則辦理。

＊（特別股）公司一五六㈠；（章程）公司一二九；（分派股利）公司二三五；（分派賸餘財產）公司三三〇、三三三；（表決權）公司一七四、一七五、一七七、一七九、一八一。

▲公司各股東，每股有一表決權，公司法（舊）第一百二十九條定有明文，此為股東應有之權利，不問其為普通股東，抑為優先股東，均不得以公司章程剝奪之。公司發行優先股者，依公司法（舊）第一百八十八條但書之規定，雖應於公司章程中訂明優先股應有權利之種類，但所謂優先股應有權利之種類，係指優先股所享優先權之種類而言，非謂優先股東出席股東會而為表決之權，得以公司章程剝奪之。至公司法（舊）第一百八十九條第一項，亦僅規定公司章程之變更，如有損害優先股東之權利時，除經股東會之決議外，更應經優先股東會之決議，並不含有禁止優先股東出席股東會行使表決權之意義，優先股東自非不得出席股東常會或股東臨時會，行使其表決權。（院二二八六）

第一百五十八條　（特別股之收回）

公司發行之特別股，得收回之。但不得損害特別股股東按照章程應有之權利。

⑩⓪按公司收回發行之特別股，依原規定，僅得以盈餘或發行新股所得股款收回，尚不得以法條所列舉者以外之其他款項收回。此種限制，對企業之財務運用，欠缺彈性；又公司以何種財源收回特別股，允屬公司內部自治事項，宜由公司自行決定，毋庸以法律限制之，以利公司彈性運用，爰刪除「以盈餘或發行新股所得之股款」等文字。

＊（股份收回）公司一六七㈠；（特別股）公司一五七；（特別股東章定權利）公司一三〇㈠④。

第一百五十九條　（特別股之變更與其股東會）

公司已發行特別股者，其章程之變更如有損害特別股股東之權利時，除應有代表已發行股份總數三分之二以上股東出席之股東會，以出席股東表決權過半數之決議為之外，並應經特別股股東會之決議。

公開發行股票之公司，出席股東之股份總數不足前項定額者，得以有代表已發行股份總數過半數股東之出席，出席股東表決權三分之二以上之同意行之，並應經特別股股東會之決議。

前二項出席股東股份總數及表決權數，章程有較高之規定者，從其規定。

特別股股東會準用關於股東會之規定。

＊（特別股）公司一五七；（章程變更）公司二七七；（特別股東權）公司一五七；（變更章程特別決議）公司二七七；（股東會決議）公司一七四以下；（股東會）公司一七〇以下。

第一百六十條　（股份共有）

股份為數人共有者，其共有人應推定一人行使股東之權利。

股份共有人，對於公司負連帶繳納股款之義務。

＊（股份）公司一五六；（共有）民八一七以下；（連帶責任）民二七二以下。

第一百六十一條　（發行股票之時期㈠）

公司非經設立登記或發行新股變更登記後，不得發行股票。但公開發行股票之公司，證券管理機關另有規定者，不在此限。

違反前項規定發行股票者，其股票無效。但持有人得向發行股票人請求損害賠償。

⑨⓪一、第一項增訂但書規定公開發行股票之公司證券管理機關另有規定者，排除適用，允許公開發行股票之公司發行可轉換公司債時，公司得逕行交付股票，事後再以補辦變更登記之方式辦理。二、第二項未修正。三、按違反規定發行股票，究其本質並不必然具倫理非難性，而應科以刑罰。依其具體情形，如構成背信或詐欺者，可依刑法背信罪或詐欺罪處罰，毋庸於本法中另為特別刑罰規定，爰刪除現行條文第三項。

＊（設立登記）公司六，民三〇；（損害賠償）民二一三以下；（罰金）刑三三。

▲公司條例第一百二十八條第二項但書所謂損害，係指因股票之違法發行所受之損害而言，其損害之發生與股票之違法發行，並無相當因果關係者，不得據此規定請求賠償。（二二上一八八六）

第一百六十一條之一　（發行股票之時期㈡）

公開發行股票之公司，應於設立登記或發行新股變更登記後三個月內發行股票。

公司負責人違反前項規定，不發行股票者，除由證券主管機關令其限期發行外，各處新臺幣二十四萬元以上二百四十萬元以下罰鍰；屆期仍未發行者，得繼續令其限期發行，並按次處罰至發行股票為止。

⑩一、依原第一項規定，不論公開發行或非公開發行股票之公司，只要實收資本額達中央主管機關所定一定數額（新臺幣五億元）以上者，均應於設立登記或發行新股變更登記後三個月內發行股票（經濟部九十年十一月二十三日經（九〇）商字第〇九〇〇二二五四五六〇號公告參照）。惟考量非公開發行股票之公司是否發行股票，宜由公司自行決定，爰修正第一項，改以公司有無公開發行，作為是否發行股票之判斷基準。二、配合第一項修正為僅公開發行股票之公司始應於設立登記或發行新股變更登記後三個月內發行股票。是以，倘公司負責人有違反規定之情形，自應改由證券主管機關處置並提高罰鍰額度，並配合法制用語，爰修正第二項。

*（設立登記）公司六，民三〇；（公司負責人）公司八。

第一百六十一條之二 （無實體發行）

發行股票之公司，其發行之股份得免印製股票。

依前項規定未印製股票之公司，應洽證券集中保管事業機構登錄其發行之股份，並依該機構之規定辦理。

經證券集中保管事業機構登錄之股份，其轉讓及設質，應向公司辦理或以帳簿劃撥方式為之，不適用第一百六十四條及民法第九百零八條之規定。

前項情形，於公司已印製之股票未繳回者，不適用之。

⑩一、第一項由原第一百六十二條之二第一項移列。有價證券無實體化可有效降低實體有價證券遺失、被竊及被偽造、變造等風險，已為國際主要證券市場發展趨勢，目前各主要證券市場之國家亦陸續朝有價證券無實體化之方向推動。我國亦遵循國際證券市場之發展趨勢，自一百年七月二十九日起，所有上市、上櫃及興櫃之有價證券全面轉換為無實體發行，而未上市、上櫃或興櫃之公開發行股票之公司，依原第一項規定，亦得自行決定其發行之股票免印製。考量非公開發行股票之公司，亦有朝無實體證券方向推動之必要，爰刪除「公開」二字。二、第二項由原第一百六十二條之二第二項移列。不論公開發行或非公開發行股票之公司，如發行股票而未印製股票者，均應洽證券集中保管事業機構登錄，以資周延，並明定其登錄之程序及方式，應依證券集中保管事業機構有關無實體登錄之相關規定辦理，爰予修正。三、公司發行股票，未印製股票而洽證券集中保管事業機構登錄者，因已無實體股票，股東辦理股份轉讓或設質，無法再以背書、交付之方式為之，爰參酌證券交易法第四十三條第二項及第三項規定，增訂第三項，排除第一百六十四條有關股票背書轉讓之規定及民法第九百零八條有關證券質權設定規定之適用，並明定其轉讓及設質應向公司辦理或以帳簿劃撥方式為之。四、另鑒於現行實務上，部分公司於全部股份洽證券集中保管事業機構登錄前，仍存在已發行之實體股票並未繳回公司之情形，該實體股票仍為有效之有價證券，具有流通性，其轉讓及設質仍回歸實體股票之方式辦理，爰增訂第四項。五、一般而言，非公開發行股票之公司或非上市、上櫃或興櫃之公開發行股票之公司，其股票轉讓及設質作業本應回歸由股東洽發行公司辦理，發行公司於審查相關文件或稅單後自行辦理帳務調整或移轉；至上市、上櫃及興櫃公司之股票則採帳簿劃撥方式辦理轉帳，併予敘明。

第一百六十二條 （股票之製作）

發行股票之公司印製股票者，股票應編號，載明下列事項，由代表公司之董事簽名或蓋章，並經依法得擔任股票發行簽證人之銀行簽證後發行之：

一 公司名稱。

二 設立登記或發行新股變更登記之年、月、日。

三 採行票面金額股者，股份總數及每股金額；採行無票面金額股者，股份總數。

四 本次發行股數。

五 發起人股票應標明發起人股票之字樣。

六 特別股票應標明其特別種類之字樣。

七 股票發行之年、月、日。

股票應用股東姓名，其為同一人所有者，應記載同一姓名；股票為政府或法人所有者，應記載政府或法人之名稱，不得另立戶名或僅載代表人姓名。

第一項股票之簽證規則，由中央主管機關定之。但公開發行股票之公司，證券主管機關另有規定者，不適用之。

⑩一、修正第一項：㈠現行實務上，主管機關已不自辦股票簽證事務，且公開發行公司發行股票及公司債券簽證規則第二條第一項規定，股票之簽證，係由依法得擔任股票發行簽證人之銀行或信託投資公司為之。惟依信託業法第六十條規定，信託投資公司應自八十九年七月二十一日起五年內改制為銀行或信託業，實務上已無信託投資公司在營業，爰僅以銀行為股票發行簽證人，並增加「發行股票之公司印製股票者」之文字及改寫股票須經董事三人以上簽名或蓋章之規定為僅需由代表公司之董事簽名或蓋章即可。另配合法制作業用語，序文「左列」修正為「下列」。㈡本法於一百零四年七月一日修正時引進國外無票面金額股制度，允許閉鎖性股份有限公司得發行無票面金額股。為配合所有股份有限公司均得發行無票面金額股，爰修正第三款，區分採票面金額股或無票面金額股之公司，其股票應記載之事項，以利適用。二、此次修法已刪除無記名股票之規定，自毋庸再區別記名股票與無記名股票，爰第二項「記名股票」刪除「記名」二字。三、配合證券交易法第三條「主管機關」一詞，第三項但書「證券管理機關」修正為「證券主管機關」。

*（簽名蓋章）民三；（主管機關）公司五；（公司名稱）公司二㈢、一八；（發起人股票）公司一六三；（特別股票）公司一五七；（記名股票）公司一六四、一六五；（政府或法人股東）公司二七、一八一、二二七；（代表人）公司二七。

▲未發行公司股票之股份轉讓，並非證券交易，而屬財產交易，其有交易所得者，自應合併當年度所得總額，課徵綜合所得稅。至行政院臺七十財字第一四二〇五號函規定所停徵者為有價證券之交易所得稅，其未發行股票之股份有限公司，於成立時縱有製發股單，因非依公司法第一百六十二條規定發行之股票，僅屬證書之性質，即非有價證券，自不在停徵之列。（行七七判一九七八）

第一百六十二條之一 （刪除）

⑩一、本條刪除。二、單張大面額股票係為降低公開發行股票公司股票發行之成本，其股票須洽證券集中保管事業機構保管，為我國在上市、上櫃及興櫃公司有價證券全面無實體化前之過渡階段而設，配合有價證券集中保管實務，依此規定發行者均為上市、上櫃及興櫃公司。而我國現行上市、上櫃及興櫃公司股票業已全面無實體，證券集中保管事業機構就上市、上櫃及興櫃有價證券，將全面採無實體登錄方式保管，故本條已無適用之可能及存在之必要，爰予刪除。

第一百六十二條之二 （刪除）

⑩一、本條刪除。二、原條文已移列修正條文第一百六十一條之二規範，爰予刪除。

第一百六十三條 （股份轉讓）

公司股份之轉讓，除本法另有規定外，不得以章程禁止或限制之。但非於公司設立登記後，不得轉讓。

⑩一、按本法採股份自由轉讓原則，惟依修正條文第一百五十七條第一項第七款及第三百五十六條之七第一項第六款規定，公司[illegible]

一項增加「除本法另有規定外」之文字，並列為本條文。二、按股份有限公司之特色為股份自由轉讓，限制發起人股份之轉讓，並不合理；又此限制將降低發起人新創事業之意願；另查本限制為外國立法例所無，爰刪除原第二項，以貫徹股份自由轉讓原則。

*（股份）公司一五六；（章程）公司一二九；（股份轉讓）公司一六四、一六五；（發起人）公司一二八、一二九。

▲股份有限公司股份之轉讓，固係包括股東應有權利義務之全體而為轉讓，與一般財產權之讓與有別，但股東之個性與公司之存續並無重大關係，故除公司法第一百六十條（現行法第一百六十三條）、第一百六十一條但書（現行法第一百六十五條）規定外，股東自可將其股份自由轉讓於他人。（四三臺上七七一）

▲股份有限公司發起人之股份，非於公司設立登記一年後，不得轉讓，公司法第一百六十三條第二項定有明文。違反此項禁止規定之股份轉讓，應屬無效。（七〇臺上四五八）

第一百六十四條（背書轉讓）

股票由股票持有人以背書轉讓之，並應將受讓人之姓名或名稱記載於股票。

(107)配合無記名股票制度之廢除，刪除原後段有關無記名股票之規定，毋庸再區別記名股票與無記名股票，爰一併將「記名股票」刪除「記名」二字。

*（記名股票）公司一六二㊁。

▲公司法第一百六十四條規定：「記名股票由股票持有人以背書轉讓之」，此所謂股票持有人，應包括股票名義人，及因背書而取得股票之人，又背書為記名股票轉讓之唯一方式，只須背書轉讓，受讓人即為股票之合法持有人，因此記名股票在未過戶以前，可由該股票持有人更背書轉讓他人，至同法第一百六十五條第一項所謂：「不得以其轉讓對抗公司」，係指未過戶前，不得向公司主張因背書受讓而享受開會及分派股息或紅利而言，並不包括股票持有人請求為股東名簿記載變更之權利，此觀同法條第二項而自明。（六〇臺上八一七）

第一百六十五條（股東名簿）

股份之轉讓，非將受讓人之姓名或名稱及住所或居所，記載於公司股東名簿，不得以其轉讓對抗公司。

前項股東名簿記載之變更，於股東常會開會前三十日內，股東臨時會開會前十五日內，或公司決定分派股息及紅利或其他利益之基準日前五日內，不得為之。

公開發行股票之公司辦理第一項股東名簿記載之變更，於股東常會開會前六十日內，股東臨時會開會前三十日內不得為之。

前二項期間，自開會日或基準日起算。

(90)一、將第一項「本名」修正為「姓名」，統一法律用語，並配合第一百六十二條之二、第一百六十四條之修正，爰修正第一項，刪除部分文字。二、將第二項「一個月」修正為「三十日」，俾統一法律文字。三、鑒於公開發行股票公司之股東眾多且其結構複雜，邇來公司股東會委託書之使用出現脫序現象，為正本清源，建立委託書徵求資訊之公開制度，以導引委託書之正面功能，即由公司隨同開會通知附寄委託書徵求資料予股東，俾股東得有完整資訊，以評估是否授予徵求人委託書。惟因現行規定停止過戶日為股東常會開會前一個月內，股東臨時會開會前十五日內，公司如配合前揭作業，則因日期過短，勢所不能。故基於實務作業考量及管理必要性，爰增訂第三項，針對公開發行股票公司將停止過戶日時間提前為股東常會開會前六十日內，股東臨時會開會前三十日內。四、為便利公司股務作業處理，第三項期間之起算應自開會日或基準日起算，爰增訂第四項規定，以資明確。

*（記名股票轉讓）公司一六四；（股票上記載）公司一六二；（股東名簿）公司一六九；（股東常會）公司一七〇、一七二；（股東臨時會）公司一七〇、一七二。

▲股票為有價證券，得為質權之標的，其以無記名式股票設定質權者，因股票之交付而生質權之效力，其以記名式股票設定質權者，除交付股票外，並應依背書方法為之。（五六臺抗四四四）

▲（六〇臺上八一七）參見本法第一百六十四條。

▲依民法第九百零二條規定，權利質權之設定，除有特別規定外，應依關於權利讓與之規定為之。此為質權設定之通則，對債權質權及證券質權俱有其適用。上訴人雖主張其依民法第九百零八條證券質權設定之要件，其出質人已將被上訴人公司發行之記名股票交付於上訴人，並依背書方法為之，但關於公司法第一百六十五條第一項對記名股票轉讓之規定於設定權利質權自亦有其適用，故非將質權人之本名或名稱記載於股票，並將質權人之本名或名稱及住所記載於公司股東名簿，不得以其設質對抗公司。（六〇臺上四三三五）

▲記名股票遺失，在公示催告中，尚未經法院為除權判決者，公司對於其股東身分之認定，依公司法第一百六十五條第一項規定之旨趣，仍應以股東名簿之記載為依據。（六八臺上二一八九）

第一百六十六條（刪除）

(107)一、本條刪除。二、配合無記名股票制度之廢除，爰予刪除。三、又雖廢除無記名股票制度，公司自本次修正條文施行日起不得再發行無記名股票，惟已發行之無記名股票仍存在，為逐步走向全面記名股票制度，就本次修正施行前已發行之無記名股票，公司應依修正條文第四百四十七條之一第二項規定變更為記名股票，併予敘明。

第一百六十七條（股份收回收買收質）

公司除依第一百五十八條、第一百六十七條之一、第一百八十六條、第二百三十五條之一及第三百十七條規定外，不得自將股份收回、收買或收為質物。但於股東清算或受破產之宣告時，得按市價收回其股份，抵償其於清算或破產宣告前結欠公司之債務。

公司依前項但書、第一百八十六條規定，收回或收買之股份，應於六個月內，按市價將其出售，屆期未經出售者，視為公司未發行股份，並為變更登記。

被持有已發行有表決權之股份總數或資本總額超過半數之從屬公司，不得將控制公司之股份收買或收為質物。

前項控制公司及其從屬公司直接或間接持有他公司已發行有表決權之股份總數或資本總額合計超過半數者，他公司亦不得將控制公司及其從屬公司之股份收買或收為質物。

公司負責人違反前四項規定，將股份收回、收買或收為質物，或抬高價格抵償債務或抑低價格出售時，應負賠償責任。

(107)一、鑒於第二百三十五條之一第三項所定「員工酬勞以股票或現金為之」，所謂股票，不以新股為限，公司亦得收買其已發行股份發給員工，且本次修正第二百三十五條之一增訂第四項有關公司收買自己已發行股份之規定，爰修正第一項，增列第二百三十五條之一為公司不得將股份收買之除外規定，讓公司為上開目的有收買自己已發行股份之依據。二、第二項至第五項未修正。

*（特別股收回）公司一五八；（少數股份請求收買）公司一八六；（反對合併股東請求收買）公司三一七；（質物）民九〇八；（清算）公司三二二以下；（破產）公司二一一㊂；（公司負責人）公司八。

第一百六十七條之一　（公司收買股份）

公司除法律另有規定者外，得經董事會以董事三分之二以上之出席及出席董事過半數同意之決議，於不超過該公司已發行股份總數百分之五之範圍內，收買其股份；收買股份之總金額，不得逾保留盈餘加已實現之資本公積之金額。

前項公司收買之股份，應於三年內轉讓於員工，屆期未轉讓者，視為公司未發行股份，並為變更登記。

公司依第一項規定收買之股份，不得享有股東權利。

章程得訂明第二項轉讓之對象包括符合一定條件之控制或從屬公司員工。

(107)一、第一項至第三項未修正。二、增訂第四項。實務上，企業基於經營管理之需，常設立研發、生產或行銷等各種功能之從屬公司，且大型集團企業對集團內各該公司員工所採取之內部規範與獎勵，多一視同仁，因此，為利企業留才，賦予企業運用員工獎酬制度之彈性，故參酌外國實務作法，讓公司得於章程訂明員工庫藏股之實施對象，包含符合一定條件之控制公司或從屬公司員工，以保障流通性及符合實務需要。

第一百六十七條之二　（員工認股憑證）

公司除法律或章程另有規定者外，得經董事會以董事三分之二以上之出席及出席董事過半數同意之決議，與員工簽訂認股權契約，約定於一定期間內，員工得依約定價格認購特定數量之公司股份，訂約後由公司發給員工認股權憑證。

員工取得認股權憑證，不得轉讓。但因繼承者，不在此限。

章程得訂明第一項員工認股權憑證發給對象包括符合一定條件之控制或從屬公司員工。

(107)一、第一項及第二項未修正。二、增訂第三項，賦予公司發給員工認股權憑證之彈性。實務上，企業基於經營管理之需，常設立研發、生產或行銷等各種功能之從屬公司，且大型集團企業對集團內各該公司員工所採取之內部規範與獎勵，多一視同仁，因此，為利企業留才，賦予企業運用員工獎酬制度之彈性，故參酌外國實務作法，讓公司得於章程訂明員工庫藏股之實施對象，包含符合一定條件之控制公司或從屬公司員工，以保障流通性及符合實務需要。

第一百六十七條之三　（公司股份轉讓員工之轉讓限制）

公司依第一百六十七條之一或其他法律規定收買自己之股份轉讓於員工者，得限制員工在一定期間內不得轉讓。但其期間最長不得超過二年。

(100)一、本條新增。二、按股份以自由轉讓為原則，除非法有明文（例如第二百六十七條第六項），否則，不得限制員工轉讓持股。企業為激勵員工而發給員工庫藏股，無非希望員工長期持有並繼續留在公司服務，如員工取得股份後立即轉讓，將喪失用以激勵並留住員工之原意，爰參酌美國等先進國家有關「員工限制股」之精神，明定公司依第一百六十七條之一或其他法律規定（例如證券交易法第二十八條之二）收買自己之股份轉讓給員工，得限制員工在一定期間內不得轉讓，並規定其期限最長不得超過二年。

第一百六十八條　（銷除股份）

公司非依股東會決議減少資本，不得銷除其股份；減少資本，應依股東所持股份比例減少之。但本法或其他法律另有規定者，不在此限。

公司減少資本，得以現金以外財產退還股款；其退還之財產及抵充之數額，應經股東會決議，並經該收受財產股東之同意。

前項財產之價值及抵充之數額，董事會應於股東會前，送交會計師查核簽證。

公司負責人違反前三項規定者，各處新臺幣二萬元以上十萬元以下罰鍰。

(100)一、第一項未修正。二、依第一百五十六條規定，股東出資之種類除現金外，得以對公司所有之貨幣債權，或公司所需之技術抵充之。再者，為使公司靈活運用資本，以因應企業經營之實際需求，爰明定公司減資退還股款，得以現金以外財產為之。惟為保障股東權益，並落實公司治理，退還之財產及抵充之數額，應經股東會決議，並經該收受財產股東之同意，爰增訂第二項。三、為確保退還財產估價之合理，該財產之價值及抵充之數額，董事會應於股東會前送交會計師查核簽證，爰增訂第三項。四、原條文第二項移列第四項。公司負責人違反增訂之第二項或第三項規定者，亦應處以罰鍰，爰將「前項」修正為「前三項」。

（金）刑三三。

第一百六十八條之一　（公司為彌補虧損之處置）

公司為彌補虧損，於會計年度終了前，有減少資本及增加資本之必要者，董事會應將財務報表及虧損撥補之議案，於股東會開會三十日前交監察人查核後，提請股東會決議。

第二百二十九條至第二百三十一條之規定，於依前項規定提請股東臨時會決議時，準用之。

(90)一、本條新增。二、按股份有限公司為改善財務結構，以減資彌補虧損，並引進新資金，同時辦理時，可就當年度期中虧損彌補之，以利企業運作。爰明定第一項。三、第二項明定前項提請股東會決議者，包括股東臨時會，其董事會應造具表冊之規範事項則準用第二百二十九條至第二百三十一條有關股東常會之相關規定。

第一百六十九條　（股東名簿應記載事項）

股東名簿應編號記載下列事項：

一　各股東之姓名或名稱、住所或居所。

二　各股東之股數；發行股票者，其股票號數。

三　發給股票之年、月、日。

四　發行特別股者，並應註明特別種類字樣。

採電腦作業或機器處理者，前項資料得以附表補充之。

(107)一、配合法制作業用語，第一項序文「左列」修正為「下列」。又配合無記名股票制度之廢除，刪除原第四款有關無記名股票之規定；第五款配合移列第四款。二、第二項未修正。三、鑒於修正條文第二百十條第一項就代表公司之董事備置股東名簿之義務已有規定，且於該條第四項已有處罰規定，爰刪除原第三項。

＊（股東名簿）公司一六五、二一〇；（無記名股票）公司一六六；（特別股）公司一五七；（公司負責人）公司八；（股務代理機構）公司二一〇㈠。

第三節　股東會

第一百七十條　（股東會之種類及召集期限）

股東會分左列二種：

一　股東常會，每年至少召集一次。

二　股東臨時會於必要時召集之。

前項股東常會應於每會計年度終了後六個月內召開。但有正當事由經報請主管機關核准者，不在此限。

代表公司之董事違反前項召開期限之規定者，處新臺幣一萬元以上五萬元以下罰鍰。

(90)一、第一項未修正。二、配合商業會計法第六條修正，將第二項「營業年度」修正為「會計年度」。又本項所稱「召集」實為「召集開會」之意思，爰修正為「召開」，以臻明確。三、第三項罰鍰數額酌作調整。

*（召集）公司一七一、一七二；（必要時）公司二一一㈠、二四五㈢；（主管機關）公司五；（會計年度）商會六；（公司負責人）公司八。

第一百七十一條（股東會之召集）

股東會除本法另有規定外，由董事會召集之。

*（另有規定）公司一七三、二二〇、三二四；（董事會）公司一九二以下。

▲公司董事長代表公司秉承董事會之決議，通知召集股東臨時會，所發開會通知雖未記載由董事會名義召集，與單純無召集權之人擅自召集之情形有別，尚不得指其召集程序為違法，據為撤銷決議之原因。（七九臺上一三〇二）

第一百七十二條（股東會之召集程序）

股東常會之召集，應於二十日前通知各股東。

股東臨時會之召集，應於十日前通知各股東。

公開發行股票之公司股東常會之召集，應於三十日前通知各股東；股東臨時會之召集，應於十五日前通知各股東。

通知應載明召集事由；其通知經相對人同意者，得以電子方式為之。

選任或解任董事、監察人、變更章程、減資、申請停止公開發行、董事競業許可、盈餘轉增資、公積轉增資、公司解散、合併、分割或第一百八十五條第一項各款之事項，應在召集事由中列舉並說明其主要內容，不得以臨時動議提出；其主要內容得置於證券主管機關或公司指定之網站，並應將其網址載明於通知。

代表公司之董事，違反第一項至第三項或前項規定者，處新臺幣一萬元以上五萬元以下罰鍰。但公開發行股票之公司，由證券主管機關處代表公司之董事新臺幣二十四萬元以上二百四十萬元以下罰鍰。

(107)一、配合無記名股票制度之廢除，刪除第一項至第三項有關無記名股票之規定。二、配合第一項至第三項之修正，刪除第四項之「公告」二字。三、修正第五項：㈠鑒於公司減資涉及股東權益甚鉅；又授權資本制下，股份可分次發行，減資大多係減實收資本額，故通常不涉及變更章程，爰增列「減資」屬應於股東會召集通知列舉，而不得以臨時動議提出之事由，以保障股東權益；又公司申請停止公開發行，亦影響股東權益至鉅，一併增列。另董事競業許可、盈餘轉增資、公積轉增資亦屬公司經營重大事項，應防止取巧以臨時動議提出，以維護股東權益，爰一併納入規範。㈡由於本項之事由均屬重大事項，明定股東會召集通知除記載事由外，亦應說明其主要內容。所謂說明其主要內容，例如變更章程，不得僅在召集事由記載「變更章程」或「修正章程」等字，而應說明章程變更或修正之處，例如由票面金額股轉換為無票面金額股等。另考量說明主要內容，可能資料甚多，爰明定主要內容得置於證券主管機關指定之網站（例如公開資訊觀測站）或公司指定之網站，並明定公司應將載有主要內容之網址載明於開會通知，以利股東依循網址進入網站查閱。四、依第六項規定，違反第一項、第二項或第三項股東會召集通知期限之規定者，應處罰鍰；解釋上，未通知各股東者，更應處罰，實務執行上亦予以處罰。爰修正第六項刪除「通知期限」之文字，以符實際，並酌作文字修正。另對於違反第五項者，亦納入處罰之列，並增訂公開發行股票之公司，由證券主管機關處較重罰鍰之規定。

*（股東常會臨時會）公司一七〇㈠；（無記名股票）公司一六六；（公告）公司二八、一八二；（變更章程）公司二七七；（解散合併）公司三一五；（無表決權股東）公司一七九㈢；（公司負責人）公司八；（罰鍰）公司四四八。

▲股東常會召集之通知及公告，應載明召集事由，此項召集事由得列臨時動議，公司法第一百七十二條第三、四項定有明文。本件被上訴人公司召集股東常會之通知上所載「其他有關提案等事項」，依其文義，當然包括臨時動議在內。（六二臺上二六七四）

第一百七十二條之一（股東常會議案之提出）

持有已發行股份總數百分之一以上股份之股東，得向公司提出股東常會議案。但以一項為限，提案超過一項者，均不列入議案。

公司應於股東常會召開前之停止股票過戶日前，公告受理股東之提案、書面或電子受理方式、受理處所及受理期間；其受理期間不得少於十日。

股東所提議案以三百字為限；提案股東應親自或委託他人出席股東常會，並參與該項議案討論。

除有下列情事之一者外，股東所提議案，董事會應列為議案：

一　該議案非股東會所得決議。

二　提案股東於公司依第一百六十五條第二項或第三項停止股票過戶時，持股未達百分之一。

三　該議案於公告受理期間外提出。

四　該議案超過三百字或有第一項但書提案超過一項之情事。

第一項股東提案係為敦促公司增進公共利益或善盡社會責任之建議，董事會仍得列入議案。

公司應於股東會召集通知日前，將處理結果通知提案股東，並將合於本條規定之議案列於開會通知。對於未列入議案之股東提案，董事會應於股東會說明未列入之理由。

公司負責人違反第二項、第四項或前項規定者，各處新臺幣一萬元以上五萬元以下罰鍰。但公開發行股票之公司，由證券主管機關各處公司負責人新臺幣二十四萬元以上二百四十萬元以下罰鍰。

(107)一、修正第一項，將現行股東得以書面提出議案之規定，移至第二項規定，爰刪除第一項「以書面」之文字。二、修正第二項，增列電子方式亦為公司受理股東提案之方式之一，可由公司斟酌其設備之是否備妥而決定是否採行，採何種受理方式，應於公告中載明，以利股東使用。三、原第三項「超過三百字者，該提案不予列入議案」之規定移列第四項第四款，爰配合修正第三項。四、修正第四項：㈠為保障股東提案權益，爰修正第四項序文之文字，明定除所列各款情形外，董事會均應將股東提案列為議案。另配合法制作業用語，將序文「左列」修正為「下列」。㈡增訂第四款。由原條文第一項但書及第三項移列修正。五、增訂第五項，為呼應第一條增訂公司善盡社會責任之規定，例如公司注意環保議題、汙染問題等，股東提案如係為促使公司增進公共利益或善盡社會責任之建議，董事會仍得列入議案，爰增訂第五項。六、原第五項移列第六項。七、原第六項修正移列第七項。依原第六項規定，如有股東提案董事會應列入議案而未列入者，並無處罰之規定，為落實股東提案權之保障，爰予修正，一併將此種情形納入處罰。又考量實務上較常見公開發行股票之公司違反第二項、第四項或第六項規定，且公開發行股票之公司股權分散，保護其少數股東更有政策上之需要，爰提高公開發行股票公司之罰鍰額度，以收嚇阻成效。

第一百七十二條之二　（視訊會議）

公司章程得訂明股東會開會時，以視訊會議或其他經中央主管機關公告之方式為之。但因天災、事變或其他不可抗力情事，中央主管機關得公告公司於一定期間內得不經章程訂明，以視訊會議或其公告之方式開會。

股東會開會時，如以視訊會議為之，其股東以視訊參與會議者，視為親自出席。

前二項規定，於公開發行股票之公司應符合之條件、作業程序及其他應遵行事項，證券主管機關另有規定者，從其規定。

⑪⓪一、鑒於如因天災、事變或其他不可抗力情事，致使公司未及修訂章程，股東會即不得以視訊會議或其他經中央主管機關公告之方式開會，對公司運作及股東相關權益有所影響，爰於第一項增訂但書規定，於有上開不可抗力等情事時，中央主管機關得公告公司於一定期間內，得不經章程訂明，以視訊會議或其他經中央主管機關公告之方式開會，俾利公司彈性運作及保障股東參與股東會之權利。二、為應實務需求，放寬原公開發行股票公司召開股東會不適用視訊會議或其他經中央主管機關公告方式之規定，另考量公開發行股票公司股東人數眾多，採視訊方式召開股東會影響層面甚廣，須有相關配套措施，以保障股東權益，爰修正第三項規定，公開發行股票公司應符合之條件、相關作業程序及其他應遵行事項，證券主管機關依證券交易法第二十二條之一第二項授權訂定之準則另有規定者，從其規定。三、第二項未修正。股東以視訊方式參與股東會者，視為親自出席。準此，倘股東原已委託代理人行使表決權，或已以書面或電子方式行使表決權，後欲改以視訊出席股東會之情形，與親自出席同，仍應符合第一百七十七條第四項或第一百七十七條之二第二項規定，并予敘明。

第一百七十三條　（少數股東請求召集）

繼續一年以上，持有已發行股份總數百分之三以上股份之股東，得以書面記明提議事項及理由，請求董事會召集股東臨時會。

前項請求提出後十五日內，董事會不為召集之通知時，股東得報經主管機關許可，自行召集。

依前二項規定召集之股東臨時會，為調查公司業務及財產狀況，得選任檢查人。

董事因股份轉讓或其他理由，致董事會不為召集或不能召集股東會時，得由持有已發行股份總數百分之三以上股份之股東，報經主管機關許可，自行召集。

⑨⓪一、臺灣省政府功能業務與組織調整後，在臺灣省部分由經濟部辦理，在直轄市部分由直轄市政府辦理，爰刪除第二項、第四項之「地方」二字。二、股東會以董事會召集為原則，但如董事會不為召集或不能召集，允宜給予股東應有請求召集或自行召集之權，此為本條所由設，尚與監察人能否召集股東會無涉，爰修正第四項，以杜爭議。三、第一項及第三項未修正。

*（股份總數）公司一二九③、一五六；（股東臨時會）公司一七〇㈠；（主管機關）公司五；（檢查人）公司一八四㈡、二四五；（召集股東會）公司一七一、二二〇。

第一百七十三條之一　（股東臨時會）

繼續三個月以上持有已發行股份總數過半數股份之股東，得自行召集股東臨時會。

前項股東持股期間及持股數之計算，以第一百六十五條第二項或第三項停止股票過戶時之持股為準。

⑩⑦一、本條新增。二、增訂第一項。當股東持有公司已發行股份總數過半數股份時，其對公司之經營及股東會已有關鍵性之影響，倘其持股又達一定期間，賦予其有自行召集股東臨時會之權利，應屬合理，爰明定繼續三個月以上持有已發行股份總數過半數股份之股東，可自行召集股東臨時會，毋庸先請求董事會召集或經主管機關許可。三、增訂第二項。繼續三個月以上持有已發行股份總數過半數股份之股東，得召集股東臨時會，該股東所持有過半數股份及持股期間，究應以何時為準，宜予明定，爰於第二項明定股東持股期間及持股數之計算，以第一百六十五條第二項或第三項停止股票過戶時之持股為準，以利適用。

第一百七十四條　（決議方法）

股東會之決議，除本法另有規定外，應有代表已發行股份總數過半數股東之出席，以出席股東表決權過半數之同意行之。

*（股東會）公司一七〇；（另有規定）公司一五九、一八五、二〇九、二四〇、二四一、二七七、三一六；（表決權）公司一七九、一八〇；（股份總數）公司一二九、一五六。

第一百七十五條　（假決議）

出席股東不足前條定額，而有代表已發行股份總數三分之一以上股東出席時，得以出席股東表決權過半數之同意，為假決議，並將假決議通知各股東，於一個月內再行召集股東會。

前項股東會，對於假決議，如仍有已發行股份總數三分之一以上股東出席，並經出席股東表決權過半數之同意，視同前條之決議。

*（表決權）公司一七九、一八〇；（通知）民九四～九七；（無記名股票）公司一六六；（公告）公司二八。

⑩⑦一、配合無記名股票制度之廢除，刪除第一項有關無記名股票之規定。二、第二項未修正。

第一百七十五條之一　（股東表決權信託）

股東得以書面契約約定共同行使股東表決權之方式，亦得成立股東表決權信託，由受託人依書面信託契約之約定行使其股東表決權。

股東非將前項書面信託契約、股東姓名或名稱、事務所、住所或居所與移轉股東表決權信託之股份總數、種類及數量於股東常會開會三十日前或股東臨時會開會十五日前送交公司辦理登記，不得以其成立股東表決權信託對抗公司。

前二項規定，於公開發行股票之公司，不適用之。

⑩⑦一、本條新增。二、為使非公開發行股票公司之股東，得以協議或信託之方式，匯聚具有相同理念之少數股東，以共同行使表決權方式，達到所需要之表決權數，爰參酌修正條文第三百五十六條之九第一項有關閉鎖性股份有限公司之規定，於第一項明定公司股東得訂立表決權拘束契約及表決權信託契約。三、參酌修正條文第三百五十六條之

九第三項規定，於第二項明定股東應將相關資料送交公司辦理登記，否則不得以其成立股東表決權信託對抗公司。四、按證券交易法第二十五條之一及公開發行公司出席股東會使用委託書規則第十一條規定，明文禁止價購公開發行股票之公司股東會委託書，故公開發行股票之公司表決權不得以有償方式移轉，為避免股東透過協議或信託方式私下有償轉讓表決權，且考量股務作業亦有執行面之疑義，爰排除公開發行股票公司之適用，明定於第三項。

第一百七十六條　（刪除）

⑽一、本條刪除。二、配合無記名股票制度之廢除，爰予刪除。

第一百七十七條　（委託代理人出席）

股東得於每次股東會，出具委託書，載明授權範圍，委託代理人，出席股東會。但公開發行股票之公司，證券主管機關另有規定者，從其規定。

除信託事業或經證券主管機關核准之股務代理機構外，一人同時受二人以上股東委託時，其代理之表決權不得超過已發行股份總數表決權之百分之三，超過時其超過之表決權，不予計算。

一股東以出具一委託書，並以委託一人為限，應於股東會開會五日前送達公司，委託書有重複時，以最先送達者為準。但聲明撤銷前委託者，不在此限。

委託書送達公司後，股東欲親自出席股東會或欲以書面或電子方式行使表決權者，應於股東會開會二日前，以書面向公司為撤銷委託之通知；逾期撤銷者，以委託代理人出席行使之表決權為準。

⑽一、依最高法院六十九年度台上字第三八七九號判決，肯認非公開發行股票公司之股東得自行書寫委託書，委託他人代理出席，爰修正第一項刪除「公司印發之」之文字。又按公開發行公司出席股東會使用委託書規則第二條第二項規定「公開發行公司出席股東會使用委託書之用紙，以公司印發者為限」，爰增訂但書明定公開發行股票之公司依證券主管機關之規定辦理。二、第二項至第四項未修正。

＊（股東會）公司一七〇；（代理人）民一〇三以下；（委託書）公司一八三㈣、㈤；（表決權）公司一七九、一八〇。

▲股東委託他人出席股東會，應出具委託書，固為公司法第一百七十五條第一項（現行法第一百七十七條第一項）所明定，但此規定僅於股東委託代理人出席股東會時，始有其適用[illegible]人代為填寫被選人姓名，並將其投入票櫃，尚無上開法條之適用。（五四臺上一六八七）

▲公司法第一百七十七條第一項所定「股東得於每次股東會出具公司印發之委託書載明授權範圍，委託代理人出席股東會」，惟查該條項之規定乃為便利股東委託他人出席而設，並非強制規定，公司雖未印發，股東仍可自行書寫此項委託書，委託他人代理出席，公司未印發委託書並非股東會之召集程序有何違反法令，不得據為訴請撤銷決議之理由。（六五臺上一四一〇）

第一百七十七條之一　（表決權之行使方式）

公司召開股東會時，採行書面或電子方式行使表決權者，其行使方法應載明於股東會召集通知。但公開發行股票之公司，符合證券主管機關依公司規模、股東人數與結構及其他必要情況所定之條件者，應將電子方式列為表決權行使方式之一。

前項以書面或電子方式行使表決權之股東，視為親自出席股東會。但就該次股東會之臨時動議及原議案之修正，視為棄權。

⑽一、第一項酌作文字修正。二、第二項未修正。

第一百七十七條之二　（意思表示）

股東以書面或電子方式行使表決權者，其意思表示應於股東會開會二日前送達公司，意思表示有重複時，以最先送達者為準。但聲明撤銷前意思表示者，不在此限。

股東以書面或電子方式行使表決權後，欲親自出席股東會者，應於股東會開會二日前，以與行使表決權相同之方式撤銷前項行使表決權之意思表示；逾期撤銷者，以書面或電子方式行使之表決權為準。

股東以書面或電子方式行使表決權，並以委託書委託代理人出席股東會者，以委託代理人出席行使之表決權為準。

⑽一、鑒於外資股東係透過保管銀行行使股東權利，外資股東之意思表示，實務上，約在股東會開會前五日，甚至前二日始能送達。依原規定，股東之意思表示應在股東會開會五日前送達公司，常造成外資股東之意思表示，無法被[illegible]其意思表示送達公司之時間，由「開會五日前」修正為「開會二日前」，俾利外資股東行使表決權。二、依原規定，股東以書面或電子方式行使表決權後，欲親自出席股東會者，至遲應於股東會開會前一日撤銷前意思表示。惟股東於股東會開會前一日撤銷前意思表示，股務作業處理上，時間甚為緊迫，爰將第二項「開會前一日」修正為「開會二日前」，以利實務運作。三、第三項未修正。

第一百七十七條之三　（議事手冊之編製及相關資料之公告）

公開發行股票之公司召開股東會，應編製股東會議事手冊，並應於股東會開會前，將議事手冊及其他會議相關資料公告。

前項公告之時間、方式、議事手冊應記載之主要事項及其他應遵行事項之辦法，由證券管理機關定之。

第一百七十八條　（表決權行使之迴避）

股東對於會議之事項，有自身利害關係致有害於公司利益之虞時，不得加入表決，並不得代理他股東行使其表決權。

＊（表決權）公司一七九、一八〇；（代理股東）公司一七七。

第一百七十九條　（表決權之計算）

公司各股東，除本法另有規定外，每股有一表決權。

有下列情形之一者，其股份無表決權：

一　公司依法持有自己之股份。

二　被持有已發行有表決權之股份總數或資本總額超過半數之從屬公司，所持有控制公司之股份。

三　控制公司及其從屬公司直接或間接持有他公司已發行有表決權之股份總數或資本總額合計超過半數之他公司，所持有控制公司及其從屬公司之股份。

⑽一、鑒於原第三百五十六條之七第三款已有無表決權特別股及複數表決權特別股之規定；修正條文第一百五十七條第一項第四款亦增列複數表決權特別股，原第一項除書已有不足，又為免一一列舉而生掛一漏萬情形，爰修正第一

項除書為「除本法另有規定外」。二、配合法制作業用語，第二項序文「左列」修正為「下列」。

*（無表決權股）公司一五七③；（表決權）公司一七八、一八一；（股份總數）公司一二九③、一八〇；（章程）公司一二九以下；（公司持有股份）公司一五八、一八六、三二七。

第一百八十條（股份數表決權數）

股東會之決議，對無表決權股東之股份數，不算入已發行股份之總數。

股東會之決議，對依第一百七十八條規定不得行使表決權之股份數，不算入已出席股東之表決權數。

*（股東會決議）公司一七四；（無表決權）公司一五七③、④、一七九㊁；（股份總數）公司一二九③。

第一百八十一條（政府、法人股東表決權）

政府或法人為股東時，其代表人不限於一人。但其表決權之行使，仍以其所持有之股份綜合計算。

前項之代表人有二人以上時，其代表人行使表決權應共同為之。

公開發行公司之股東係為他人持有股份時，股東得主張分別行使表決權。

前項分別行使表決權之資格條件、適用範圍、行使方式、作業程序及其他應遵行事項之辦法，由證券主管機關定之。

(101)一、第一項及第二項未修正。二、為使保管機構、信託機構、存託機構或綜合帳戶等專戶之表決權行使，得依其實質投資人之個別指示，分別為贊成或反對之意思表示，爰參考日本公司法第三百十三條規定，股東得不統一行使議決權之立法精神，及信託業法第二十條之一規定，信託業之信託財產為股票，其表決權之行使得分別計算，增訂第三項，明定公開發行公司之股東係為他人持有股份時，股東得主張分別行使表決權。三、增訂第四項，授權證券主管機關訂定相關辦法。

*（表決權）公司一七九、一八〇；（政府法人股東）公司二七。

第一百八十二條（延期或續行集會）

股東會決議在五日內延期或續行集會，不適用第一百七十二條之規定。

*（股東會決議）公司一七四；（公告通知）公司一七二。

第一百八十二條之一（主席之產生及議事規則之訂定）

股東會由董事會召集者，其主席依第二百零八條第三項規定辦理；由董事會以外之其他召集權人召集者，主席由該召集權人擔任之，召集權人有二人以上時，應互推一人擔任之。

公司應訂定議事規則。股東會開會時，主席違反議事規則，宣布散會者，得以出席股東表決權過半數之同意推選一人擔任主席，繼續開會。

(90)一、本條新增。二、按現行公司董事會以外所召集之股東會，其主席人選為何，常滋生疑義，如少數股東申請許可自行召集之股東會或監察人認為有必要時召集之股東會，則股東會之主席，係由監察人、少數股東擔任，抑或由董事長擔任，頗有爭議，為防杜紛爭，爰於第一項明定之。三、按本法現行條文就股東會之散會程序並無規定，易流為主席之恣意行為，無法保障股東之權益，尤其股東會開會時，主席違反公司所定之議事規則任意宣布散會，置大多數股東之權益而不顧，則股東會再擇期開會，不但耗費諸多社會成本，亦影響國內經濟秩序，爰於第二項規定此時得以出席股東表決權過半數之同意推選一人擔任主席繼續開會。

第一百八十三條（議事錄之作成與保存）

股東會之議決事項，應作成議事錄，由主席簽名或蓋章，並於會後二十日內，將議事錄分發各股東。

前項議事錄之製作及分發，得以電子方式為之。

第一項議事錄之分發，公開發行股票之公司，得以公告方式為之。

議事錄應記載會議之年、月、日、場所、主席姓名、決議方法、議事經過之要領及其結果，在公司存續期間，應永久保存。

出席股東之簽名簿及代理出席之委託書，其保存期限至少為一年。但經股東依第一百八十九條提起訴訟者，應保存至訴訟終結為止。

代表公司之董事，違反第一項、第四項或前項規定者，處新臺幣一萬元以上五萬元以下罰鍰。

(100)一、第一項及第二項未修正。二、為節省公開發行股票公司辦理議事錄分發作業之成本及響應環保無紙化政策，並考量公開資訊觀測站之建置已臻完善，公開發行股票公司分發議事錄予股東時，不論股東持股多寡，均得以公告方式為之，爰修正第三項。三、第四項至第六項未修正。

*（議事錄）公司二一〇；（主席）公司二〇八㊂；（簽名蓋章）民三，票據五、六；（決議方法）公司一七四、一七五；（委託書）公司一七七；（保存）公司三三二；（公司負責人）公司八；（罰鍰）公司四四八。

第一百八十四條（股東會之查核權）

股東會得查核董事會造具之表冊、監察人之報告，並決議盈餘分派或虧損撥補。

執行前項查核時，股東會得選任檢查人。

對於前二項查核有妨礙、拒絕或規避之行為者，各處新臺幣二萬元以上十萬元以下罰鍰。

(90)一、股息紅利之分派原即為盈餘分派之一種，爰修正第一項，並增訂股東會得決議虧損撥補，以期周延。二、第二項未修正。三、配合第二十條第五項之修正，爰於第三項增訂「拒絕或規避」情形，以資周延，並將刑事罰責除罪化，修正為行政罰，又罰鍰數額酌作調整。

*（董事會表冊）公司二二八；（監察人報告）公司二一九；（檢查人）公司八㊁、一七三㊂、二四五。

第一百八十五條（營業政策重大變更）

公司為下列行為，應有代表已發行股份總數三分之二以上股東出席之股東會，以出席股東表決權過半數之同意行之：

一 締結、變更或終止關於出租全部營業，委託經營或與他人經常共同經營之契約。

二 讓與全部或主要部分之營業或財產。

三 受讓他人全部營業或財產，對公司營運有重大影響。

公開發行股票之公司，出席股東之股份總數不足前項定額者，得以有代表已發行股份總數過半數股東之出席，出席股東表決權三分之二以上之同意行之。

前二項出席股東股份總數及表決權數，章程有較高

之規定者從其規定

第一項之議案，應由有三分之二以上董事出席之董事會以出席董事過半數之決議提出之。

⑩⑦一、配合法制作業用語，第一項序文「左列」修正為「下列」；第三款刪除「者」字。二、第二項及第三項未修正。三、依修正條文第一百七十二條第五項規定，有關第一項各款之事項，已明定應在召集事由中列舉並說明其主要內容，原第四項已無存在必要，爰予刪除。四、原第五項移列第四項，內容未修正。

*（股份總數）公司一二九③、一五六、一八〇㈠；（表決權）公司一七九、一八〇；（公告）公司二八；（董事會決議）公司二〇六。

▲公司為公司法第一百八十五條第一項所列之行為，而召開股東會為決定時，出席之股東，不足代表已發行股份總數三分之二以上，乃違反公司法第一百八十五條第一項之規定，而為股東會之決議方法之違法，依公司法第一百八十九條規定，僅股東得於決議之日起一個月內，訴請法院撤銷之，而不屬於同法第一百九十一條決議內容違法為無效之範圍。（六三臺上九六五）（一〇三、八、五決議不再援用）

第一百八十六條（少數股東請求收買權）

股東於股東會為前條決議前，已以書面通知公司反對該項行為之意思表示，並於股東會已為反對者，得請求公司以當時公平價格，收買其所有之股份。但股東會為前條第一項第二款之決議，同時決議解散時，不在此限。

*（書面）民三；（通知）民九四～九六；（收買股份）公司三一七，非訟一八二；（決議解散）公司三一五㈠。

第一百八十七條（收買股份之價格）

前條之請求，應自第一百八十五條決議日起二十日內，提出記載股份種類及數額之書面為之。

股東與公司間協議決定股份價格者，公司應自決議日起九十日內支付價款，自第一百八十五條決議日起六十日內未達協議者，股東應於此期間經過後三十日內，聲請法院為價格之裁定。

公司對法院裁定之價格，自第二項之期間屆滿日起，應支付法定利息，股份價款之支付，應與股票之交付

[illegible]

*（股份收買請求權）公司一八六；（書面）民三；（收買股份價格）非訟一八二；（法定利息）民二〇三。

▲被上訴人所有股份之移轉，依公司法第一百八十七條第三項之規定，於上訴人支付價款時始生效力。上訴人係於六十八年十二月二十七日始行支付價款與被上訴人，在上訴人支付價款以前，前開股份既尚未移轉於上訴人，而仍為被上訴人所有，則被上訴人於該股份移轉前之六十八年一月十日及同年五月十日領取系爭股息增資股及股息，自難謂無法律上之原因，至於公司法第一百八十七條第三項規定公司對法院裁定之價格，自第二項之期間屆滿日起，應支付法定利息，純為保護小股東而設，意在促使公司早日為價款之支付，非謂一經法院裁定價格，即發生股份移轉之效力。（六九臺上二六一三）

第一百八十八條（股份收買請求之失效）

第一百八十六條股東之請求，於公司取銷第一百八十五條第一項所列之行為時，失其效力。

股東於前條第一項及第二項之期間內，不為同項之請求時亦同。

第一百八十九條（決議之撤銷）

股東會之召集程序或其決議方法，違反法令或章程時，股東得自決議之日起三十日內，訴請法院撤銷其決議。

⑨⓪為統一本法有關期間之規定，將「一個月」修正為「三十日」。

*（召集程序）公司一七二；（決議方法）公司一七四以下；（撤銷）民一一四。

▲股東會之決議違反公司法（舊）第一百三十一條之規定者，股東得依同法第一百三十七條（現行法第一百八十九條），聲請法院宣告其決議為無效。（二六渝上一一五三）（九一、一二、六決議不再援用）

▲(1)無召集權人召集之股東會所為之決議，固屬當然無效，不適用公司法第一百三十七條（現行法第一百八十九條）之規定，但有召集權人召集時，經無召集權人參與者，不得謂其決議當然無效。

(2)臨時股東會召集之通知，距開會期日不滿十五日，其召集程序固屬違反公司法（舊）第一百三十四條第二項之規定，但股東未依公司法第一百三十七條（現行法第一百八十九條）之規定聲請法院宣告其決議為無效者，其決議仍有效力。（二八上一九一一）（九一、一二、六決議不再援用）

▲股東會之召集程序或其決議方法違反法令或章程時，股東得自決議之日起一個月內，訴請法院撤銷其決議，固為公司法第一百八十九條所明示，然既謂股東得訴請法院撤銷其決議，則提起撤銷決議之訴之原告，在起訴時須具有股東身分，其當事人之適格，始無欠缺。（五七臺上三三八一）

▲（六三臺上九六五）參見本法第一百八十五條。

▲公司股東會之召集程序，或其決議方法，違反法令或章程時，股東得自決議之日起一個月內，訴請法院撤銷其決議，公司法第一百八十九條定有明文，該項決議在未撤銷前，仍非無效，此與公司法第一百九十一條規定「股東會決議之「內容」違反法令或章程者無效」不同。（六七臺上二五六一）

▲依公司法第一百八十九條所定請求撤銷股東會決議之訴，應以股東會所由屬之公司為被告，其當事人之適格始無欠缺。（六八臺上六〇三）

▲依公司法第一百八十九條規定訴請法院撤銷股東會決議之股東，應受民法第五十六條第一項之限制。此綜觀公司法與民法關於股東得訴請法院撤銷股東會決議之規定，始終一致。除其提起撤銷之訴，所應遵守之法定期間不同外，其餘要件，應無何不同。若謂出席而對股東會召集程序或決議方法，原無異議之股東，事後得轉而主張召集程序或決議方法為違反法令或章程，而得訴請法院撤銷該決議，不啻許股東任意翻覆，影響公司之安定甚鉅。法律秩序，亦不容許任意干擾。故應解為依公司法第一百八十九條規定訴請法院撤銷股東會決議之股東，仍應受民法第五十六條第一項但書之限制。又同條係關於撤銷訴權之規定，股東依此規定提起撤銷之訴，其於股東會決議時，雖尚未具有股東資格，然若其前手即出讓股份之股東，於股東會決議時，具有股東資格，且已依民法第五十六條規定取得撤銷訴權時，其訴權固不因股份之轉讓而消滅。但若其前手未取得撤銷訴權，則繼受該股份之股東，亦無撤銷訴權可得行使。查本件系爭股東會決議事項，既屬全體股東無異議後併案一致通過而無人異議。則上訴人之前手既未依民法第五十六條規定取得撤銷訴權，依上說明，上訴人亦無由繼受其前手訴權之可言。（七三臺上五九五）

▲股份有限公司之股東，依公司法第一百八十九條規定訴請撤銷股東會之決議，仍應受民法第五十六條第一項但書之限制，如已出席股東會而其對於股東會之召集程序或決議方法未當場表示異議者，不得為之。（七五臺上五九四）

▲（七九臺上一三〇二）參見本法第一百七十一條。

▲監察人於無召集股東會之必要時召集股東會，與無召集權人召集股東會之情形有別，僅係該股東會之召集程序有無違反法令，得否依公司法第一百八十九條規定，由股東自決議之日起一個月內，訴請法院撤銷其決議而已，該決議

在未經撤銷前，仍為有效。（八六臺上一五七九）

第一百八十九條之一（法院駁回撤銷決議之請求）

法院對於前條撤銷決議之訴，認為其違反之事實非屬重大且於決議無影響者，得駁回其請求。

⑨⓪一、本條新增。二、按法院受理前條撤銷決議之訴，如發現股東會召集程序或決議方法違反法令或章程之事實，非屬重大且於決議無影響，爰參酌日本商法第二百五十一條規定，特增訂法院得駁回其請求，以兼顧大多數股東之權益。

第一百九十條（撤銷登記）

決議事項已為登記者，經法院為撤銷決議之判決確定後，主管機關經法院之通知或利害關係人之申請時，應撤銷其登記。

*（撤銷決議）公司一八九；（判決確定）民訴三九八、四〇〇；（主管機關）公司五；（登記）公司三八七以下。

▲股份有限公司股東會違法決議（程序上違法）之事項，如已登記者，依公司法第一百九十條規定，主管機關須於法院為撤銷決議之判決確定後，並經法院通知或利害關係人之申請時，始得撤銷其登記。至同法第三百八十八條，係指主管機關對於公司登記之申請，認為有違法令或不合法定程式而得改正者而言，與決議違法而得訴請法院撤銷之情形不同。（六七臺上七六〇）

第一百九十一條（決議無效）

股東會決議之內容，違反法令或章程者無效。

*（章程）公司一二九、一三〇；（違反法令章程）民五六、七一。

▲（六三臺上九六五）參見本法第一百八十五條。

▲（六七臺上二五六一）參見本法第一百八十九條。

第四節　董事及董事會

第一百九十二條（董事之選任）

公司董事會，設置董事不得少於三人，由股東會就有行為能力之人選任之。

公司得依章程規定不設董事會，置董事一人或二人。置董事一人者，以其為董事長，董事會之職權並由該董事行使，不適用本法有關董事會之規定；置董事二人者，準用本法有關董事會之規定。

公開發行股票之公司依第一項選任之董事，其全體董事合計持股比例，證券主管機關另有規定者，從其規定。

民法第十五條之二及第八十五條之規定，對於第一項行為能力不適用之。

公司與董事間之關係，除本法另有規定外，依民法關於委任之規定。

第三十條之規定，對董事準用之。

⑩⑦一、第一項未修正。二、增訂第二項。為回歸企業自治，開放非公開發行股票之公司得不設董事會，而僅置董事一人或二人，惟應於章程中明定。至於公開發行股票之公司，則應依證券交易法第二十六條之三第一項「已依本法發行股票之公司董事會，設置董事不得少於五人。」之規定辦理。另因適用本條規定者，為非公開發行股票之公司，而其股東結構有一人者，亦有二人以上者，為保障股東權益，爰本條未開放股東有二人以上之公司得以章程排除置監察人之義務。至股東僅有一人之公司，則依修正條文第一百二十八條之一辦理，自屬當然，併予敘明。三、配合第二項增訂，原第二項移列第三項。「依前項」修正為「依第一項」；又配合證券交易法第三條「主管機關」一詞，將「證券管理機關」修正為「證券主管機關」。四、原第三項修正移列第四項。依民法第十五條之二第一項第一款規定，受輔助宣告之人為獨資、合夥營業或為法人之負責人時，應經輔助人同意；經該同意者，同條第三項規定準用該法第八十五條，受輔助宣告之人，關於該營業，有行為能力。惟原第三項已明文排除民法第八十五條之適用，本於同一事理，宜一併排除民法第十五條之二之適用，爰予修正。五、原第四項及第五項分別移列第五項及第六項，內容未修正。

*（行為能力）民一二、一三；（董事）公司八；（獨立營業）民八五；（委任）民五二八以下；（消極資格）公司三〇。

第一百九十二條之一（候選人提名制度之載明）

公司董事選舉，採候選人提名制度者，應載明於章程，股東應就董事候選人名單中選任之。但公開發行股票之公司，符合證券主管機關依公司規模、股東人數與結構及其他必要情況所定之條件者，應於章程載明採董事候選人提名制度。

公司應於股東會召開前之停止股票過戶日前，公告受理董事候選人提名之期間、董事應選名額、其受理處所及其他必要事項，受理期間不得少於十日。

持有已發行股份總數百分之一以上股份之股東，得以書面向公司提出董事候選人名單，提名人數不得超過董事應選名額；董事會提名董事候選人之人數，亦同。

前項提名股東應敘明被提名人姓名、學歷及經歷。

董事會或其他召集權人召集股東會者，除有下列情事之一者外，應將其列入董事候選人名單：

一　提名股東於公告受理期間外提出。

二　提名股東於公司依第一百六十五條第二項或第三項停止股票過戶時，持股未達百分之一。

三　提名人數超過董事應選名額。

四　提名股東未敘明被提名人姓名、學歷及經歷。

公司應於股東常會開會二十五日前或股東臨時會開會十五日前，將董事候選人名單及其學歷、經歷公告。但公開發行股票之公司應於股東常會開會四十日前或股東臨時會開會二十五日前為之。

公司負責人或其他召集權人違反第二項或前二項規定者，各處新臺幣一萬元以上五萬元以下罰鍰。但公開發行股票之公司，由證券主管機關各處公司負責人或其他召集權人新臺幣二十四萬元以上二百四十萬元以下罰鍰。

⑩⑦一、依原第一項規定，董事選舉，僅限公開發行股票之公司得採行候選人提名制度。惟非公開發行股票之公司亦有意願採行董事候選人提名制度，爰刪除第一項「公開發行股票之」之文字，讓非公開發行股票之公司，亦得採行董事候選人提名制度。另增訂但書授權證券主管機關就公開發行股票公司應採董事候選人提名制度者，訂定一定公司規模、股東人數與結構及其他必要情況之條件，以符合授權明確性原則。二、第二項及第三項未修正。三、為簡化提名股東之提名作業程序，修正第四項之「檢附」為「敘明」，且僅需敘明被提名人姓名、學歷、經歷即可。至於「當選後擔任董事之承諾書、無第三十條規定情事之聲明書」

者，鑒於是否當選，尚屬未定，實無必要要求提前檢附。況被提名人一旦當選，公司至登記主管機關辦理變更登記時，即知是否願任，爰刪除該等文件；另「被提名人為法人股東或其代表人者，並應檢附該法人股東登記基本資料及持有之股份數額證明文件」者，基於法人股東登記基本資料及持有之股份數額證明文件，公司已有相關資料，亦無必要要求檢附，爰予刪除。四、配合法制作業用語，第五項序文「左列」修正為「下列」。又配合第四項已修正簡化提名股東之作業程序，是否列入董事候選人名單，應依本項規定判斷，爰不再要求董事會或其他召集權人，對被提名人予以審查，刪除「對董事被提名人應予審查」之文字；另配合第四項之修正，原第四款「未檢附第四項規定之相關證明文件」修正為「提名股東未敘明被提名人姓名、學歷及經歷」。五、配合第五項已刪除董事會或其他召集權人對被提名人予以審查之規定，爰刪除原第六項。六、原第七項修正移列第六項。鑒於第一項修正後，所有股份有限公司均得採董事候選人提名制度，原第七項前段針對公開發行股票之公司所設計之「公司應於股東常會開會四十日前或股東臨時會開會二十五日前」將董事候選人名單等資料公告之期限規定，改置於但書，本文則規範非公開發行股票公司之期限規定，以利適用。另配合第四項及第五項之修正，刪除原公告持有股份數額等資料及有關審查董事被提名人之相關規定。七、原第八項修正移列第七項。依原第八項規定，公司負責人違反第五項規定（應列入董事候選人名單而未列入）者，並未處罰，又第五項規定之主體有董事會及其他召集權人，爰將「其他召集權人」一併納入處罰；另針對公開發行股票之公司，增訂但書由證券主管機關處較重之罰鍰。八、董事會及其他召集權人違反第五項規定（應列入董事候選人名單而未列入）者，提名股東得依民事訴訟法第七編「保全程序」辦理，併予敘明。

第一百九十三條　（董事之責任）

董事會執行業務，應依照法令章程及股東會之決議。

董事會之決議，違反前項規定，致公司受損害時，參與決議之董事，對於公司負賠償之責；但經表示異議之董事，有紀錄或書面聲明可證者，免其責任。

*（執行業務）公司二〇二；（股東會決議）公司一七四以下；（董事責任）公司二三㊀。

第一百九十三條之一　（責任保險）

公司得於董事任期內就其執行業務範圍依法應負之賠償責任投保責任保險。

公司為董事投保責任保險或續保後，應將其責任保險之投保金額、承保範圍及保險費率等重要內容，提最近一次董事會報告。

⑩一、本條新增。二、為降低並分散董事因錯誤或疏失行為而造成公司及股東重大損害之風險，參考外國立法例，增訂第一項，明定公司得為董事投保責任保險。三、為透明公開，增訂第二項，明定公司應將為董事投保責任保險之投保金額、承保範圍及保險費率等重要內容，提最近一次董事會報告。

第一百九十四條　（股東制止請求權）

董事會決議，為違反法令或章程之行為時，繼續一年以上持有股份之股東，得請求董事會停止其行為。

⑨配合第十五條第一項之刪除，修正部分文字。

*（登記業務）公司一五㊀；（章程）公司一二九、一三〇。

第一百九十五條　（董事任期）

董事任期不得逾三年。但得連選連任。

董事任期屆滿而不及改選時，延長其執行職務至改選董事就任時為止。但主管機關得依職權限期令公司改選；屆期仍不改選者，自限期屆滿時，當然解任。

⑨一、第一項未修正。二、按公司與董事間之關係，依民法關於委任之規定，委任契約期間屆滿，公司本應召集股東會改選之。然現行實務上，因公司經營權之爭致遲遲未為改選之事例，比比皆是，為保障股東之權益，促進公司業務正常經營，以貫徹本條之立法目的，爰修正第二項，主管機關依職權限期令公司改選，期滿仍不改選者，自限期屆滿時，當然解任。

*（董事長）公司二〇八㊀、㊂；（主管機關）公司五；（公司負責人）公司八。

第一百九十六條　（董事之報酬）

董事之報酬，未經章程訂明者，應由股東會議定，不得事後追認。

第二十九條第二項之規定，對董事準用之。

*（董事）公司一九二㊀；（章程）公司一二九、一三〇；（股東會）公司一七〇以下。

第一百九十七條　（董事股份轉讓限制）

董事經選任後，應向主管機關申報，其選任當時所持有之公司股份數額；公開發行股票之公司董事在任期中轉讓超過選任當時所持有之公司股份數額二分之一時，其董事當然解任。

董事在任期中其股份有增減時，應向主管機關申報並公告之。

公開發行股票之公司董事當選後，於就任前轉讓超過選任當時所持有之公司股份數額二分之一時，或於股東會召開前之停止股票過戶期間內，轉讓持股超過二分之一時，其當選失其效力。

⑩一、由本法前次修正理由，可知前次之修正目的在於防免選任時至就任時兩時點間大量股份轉讓，而使同條第一項的管制存有漏洞，是故新增規定以彌補之。二、第三項酌作文字調整。

*（董事選任）公司一九二㊀；（主管機關）公司五；（董事任期）公司一九五㊀。

第一百九十七條之一　（董事之股份設定或解除質權之通知義務）

董事之股份設定或解除質權者，應即通知公司，公司應於質權設定或解除後十五日內，將其質權變動情形，向主管機關申報並公告之。但公開發行股票之公司，證券管理機關另有規定者，不在此限。

公開發行股票之公司董事以股份設定質權超過選任當時所持有之公司股份數額二分之一時，其超過之股份不得行使表決權，不算入已出席股東之表決權數。

⑩一、本條第二項係屬增訂。二、發生財務困難之上市、上櫃公司，其董監事多將持股質押以求護盤，使持股質押比例往往較一般公司高；但股價下跌時，為免遭銀行催補擔保品，又再大肆借貸力守股價，惡性循環之結果導致公司財務急遽惡化，損害投資大眾權益。為健全資本市場與強化公司治理，實有必要對設質比重過高之董事、監察人加強控管。特修正「公司法」第一百九十七條之一，若公開發行股票之公司董事以股份設定質權超過選任當時所持有之公司股份數額二分之一時，其超過之股份不得行使表決權，不算入已出席股東之表決權數。藉此杜絕企業主炒作股票之動機與歪風，及防止董監事信用過度膨脹、避免多重授信。

第一百九十八條　（董事選任方式）

股東會選任董事時，每一股份有與應選出董事人數相同之選舉權，得集中選舉一人，或分配選舉數人，由所得選票代表選舉權較多者，當選為董事。

第一百七十八條之規定，對於前項選舉權，不適用之。

⑩現行公司法第一百九十八條將公司選任董事之選舉方法授權予公司章程規定，但部分公司經營者以及股權相對多數者，利用修改公司章程之方式，將選任公司董事之選舉法，變更為「全額連記法」，不僅違反「股東平等原則」，影響股東投資意願，更使公司失去制衡的力量變成一言堂，變成萬年董事會、萬年董事長，讓公司治理徹底崩盤，因此提出修法，以匡正弊端。

＊（選任董事）公司一九二；（股份）公司一五六㈠；（監察人）公司二一六。

第一百九十九條　（董事解任）

董事得由股東會之決議，隨時解任；如於任期中無正當理由將其解任時，董事得向公司請求賠償因此所受之損害。

股東會為前項解任之決議，應有代表已發行股份總數三分之二以上股東之出席，以出席股東表決權過半數之同意行之。

公開發行股票之公司，出席股東之股份總數不足前項定額者，得以有代表已發行股份總數過半數股東之出席，出席股東表決權三分之二以上之同意行之。

前二項出席股東股份總數及表決權數，章程有較高之規定者，從其規定。

⑩董事之解任，對於公司經營運作有重要影響，爰修正第一項，酌作文字修正，並增訂第二項至第四項，由現行普通決議事項改為特別決議事項，以昭慎重。

＊（解任）公司一九七；（任滿）公司一九五；（股東會決議）公司一七四以下。

第一百九十九條之一　（提前解任）

股東會於董事任期未屆滿前，改選全體董事者，如未決議董事於任期屆滿始為解任，視為提前解任。

前項改選，應有代表已發行股份總數過半數股東之出席。

⑩一、股東會於董事任期未屆滿前，提前改選全體董事者，只要有代表已發行股份總數過半數股東之出席，並依第一百九十八條規定辦理即可，無庸於改選前先經決議改選全體董事之程序，爰修正第一項，刪除「經決議」等字。二、第二項未修正。

第二百條　（解任董事之訴）

董事執行業務，有重大損害公司之行為或違反法令或章程之重大事項，股東會未為決議將其解任時，得由持有已發行股份總數百分之三以上股份之股東，於股東會後三十日內，訴請法院裁判之。

⑩按第一百九十九條修正後，提高股東會應出席股份數及表決權數，將致董事解任較為不易，爰配合放寬本條訴請解任之要件，刪除「繼續一年以上」等字，俾於董事確有重大損害公司之行為或違反法令、章程時，小股東仍得訴請法院裁判解任，以資補救。

＊（執行業務）公司一九三；（董事解任）公司一九九。

第二百零一條　（董事補選）

董事缺額達三分之一時，董事會應於三十日內召開股東臨時會補選之。但公開發行股票之公司，董事會應於六十日內召開股東臨時會補選之。

⑩一、現行條文第一項列為修正條文。所稱「應即召集」，並無一定時間上之限制，實務上易滋生爭議，爰修正為「於三十日內」。另鑒於公開發行股票之公司，其股務作業時間較長，爰增訂但書規定召集股東臨時會之期間為「六十日內」，避免董事會拖延召集股東臨時會之時日，影響公司正常經營。又所稱「召集」，實為「召集開會」之意思，爰修正為「召開」，以臻明確。二、按現行條文第二項所稱「代行職務」，其法律上之權義關係如何，語意不明；又為消弭現行實務藉口董事缺額未及補選，而以原選次多數之被選人代行職務，拖延補選董事情事，爰刪除現行條文第二項。

＊（股東臨時會）公司一七〇。

第二百零二條　（董事會職權）

公司業務之執行，除本法或章程規定應由股東會決議之事項外，均應由董事會決議行之。

⑩現行條文後段「……均得由董事會決議行之」之「得」字易生爭執，且與前段「由董事會決定之」之旨趣未盡相符，爰酌修正本條文字，以明確劃分股東會與董事會之職權。

＊（董事會）公司一九二；（股東會決議事項）公司一八四、一八五、一九二、一九六、二一四、二一六、二二五、二

第二百零三條　（第一次董事會之召集程序）

每屆第一次董事會，由所得選票代表選舉權最多之董事於改選後十五日內召開之。但董事係於上屆董事任滿前改選，並決議自任期屆滿時解任者，應於上屆董事任滿後十五日內召開之。

董事係於上屆董事任期屆滿前改選，並經決議自任期屆滿時解任者，其董事長、副董事長、常務董事之改選得於任期屆滿前為之，不受前項之限制。

第一次董事會之召開，出席之董事未達選舉常務董事或董事長之最低出席人數時，原召集人應於十五日內繼續召開，並得適用第二百零六條之決議方法選舉之。

得選票代表選舉權最多之董事，未在第一項或前項期限內召開董事會時，得由過半數當選之董事，自行召集之。

⑩一、原第一項本文移列第二百零三條之一第一項，爰予刪除。原第一項但書與第二項合併規範於第一項，並酌作修正。二、原第三項移列第二項，內容未修正。三、原第四項移列第三項。有關「第一次董事會之召集」之「召集」及「繼續召集」之「召集」實為「召集開會」之意，爰修正為「召開」。四、原第五項修正移列第四項。有關原第五項所定「未在第二項或前項限期內召集董事會」之「召集」，實為「召集開會」之意，爰修正為「召開」。另依原條文規定，得選票代表選舉權最多之董事，若未在限期內召開董事會時，得由五分之一以上當選之董事報經主管機關許可，自行召集之，為免除報經主管機關許可之程序，修正為得由過半數當選之董事，自行召集之；另酌作文字修正。

＊（董事長）公司二〇八㈢、㈣；（董事任滿）公司一九五。

第二百零三條之一　（董事會之召集）

董事會由董事長召集之。

過半數之董事得以書面記明提議事項及理由，請求董事長召集董事會。

前項請求提出後十五日內，董事長不為召開時，過半數之董事得自行召集。

⑩一、第一項由原第二百零三條第一項本文移列，內容未修

長不作為之情事，不僅導致公司之運作僵局，更嚴重損及公司治理。為解決董事長不召開董事會，而影響公司之正常經營，並考量避免放寬董事會召集權人後之濫行召集或減少董事會議發生雙胞或多胞之情況，爰增訂第二項，明定允許過半數之董事，得請求董事長召集董事會。三、倘董事長於法定期限內不為召開時，過半數之董事，毋庸經主管機關許可，得自行召集董事會，爰增訂第三項。

第二百零四條　（召集通知）

董事會之召集，應於三日前通知各董事及監察人。但章程有較高之規定者，從其規定。

公開發行股票之公司董事會之召集，其通知各董事及監察人之期間，由證券主管機關定之，不適用前項規定。

有緊急情事時，董事會之召集，得隨時為之。

前三項召集之通知，經相對人同意者，得以電子方式為之。

董事會之召集，應載明事由。

⑩一、修正第一項。鑒於董事會之召集，於三日前通知各董事及監察人，應已足夠，爰將原「七日」修正為「三日」。此「三日」為最低基準，尚不得於章程另定低於三日之規定，例如一日前或二日前通知之情形。又倘公司認為三日，不夠充裕，得於章程延長應於三日前通知各董事及監察人之規定，例如於章程定為四日前、五日前、六日前、七日前等，公司得自行斟酌情形訂定，爰為但書規定。二、增訂第二項，明定公開發行股票之公司董事會之召集，其通知各董事及監察人之期間，由證券主管機關定之，不適用第一項規定。三、原第二項移列第三項，並酌作修正。四、原第三項移列第四項，並酌作修正。五、原第一項前段「董事會之召集，應載明事由」，移列第五項。

*（董事會召集）公司二〇三；（通知）民九四～九七。

第二百零五條　（董事之代理）

董事會開會時，董事應親自出席。但公司章程訂定得由其他董事代理者，不在此限。

董事會開會時，如以視訊會議為之，其董事以視訊參與會議者，視為親自出席。

董事委託其他董事代理出席董事會時，應於每次出具委託書，並列舉召集事由之授權範圍。

公司章程得訂明經全體董事同意，董事就當次董事會議案以書面方式行使其表決權，而不實際集會。

前項情形，視為已召開董事會；以書面方式行使表決權之董事，視為親自出席董事會。

前二項規定，於公開發行股票之公司，不適用之。

⑩一、第一項至第四項未修正。二、依原第五項規定，董事經常代理制度，容許居住國外之董事得以書面委託居住國內之其他股東，經常代理出席董事會。此種制度下，居住國外之董事，可經常性不親自出席董事會，有違董事應盡之義務，並不妥適，況董事會開會已開放得以視訊會議為之，爰刪除原第五項及第六項。三、依原第一項及第二項規定，僅允許董事會以實體集會或視訊會議方式召開。而香港法原則上對董事會開會方式允許任何方式為之，董事會得以書面決議取代實際開會，但會前須取得全體董事同意；日本會社法亦有類似之規定，爰仿外國立法例，容許多元方式召開董事會，增訂第五項，明定公司得於章程訂明經全體董事同意，董事就當次董事會議案以書面方式行使其表決權，可不實際集會，以利公司運作之彈性及企業經營之自主。四、公司倘於章程訂明經全體董事同意，董事就當次董事會議案得以書面方式行使其表決權時，為明確規定其效果，爰增訂第六項，明定視為已召開董事會，毋庸實際集會；又董事就當次董事會議案以書面方式行使其表決權者，其法律效果，亦予明定視為親自出席董事會。五、增訂第七項，明定公開發行股票之公司不適用第五項及六項規定。

*（代理）民一〇三～一〇九、一六七以下；（委託書）公司一七七；（主管機關）公司五。

▲（六八臺上一七四九）參見本法第十二條。

▲公司法第二百零五條第二項規定：「董事委託其他董事出席董事會，應於每次出具委託書，並列舉召集事由之授權範圍」，旨在限制董事為概括之委任，以杜絕少數董事操縱董事會之弊，故董事委託其他董事出席董事會時，課其「每次」出具委託書，並於該委託書列舉「召集事由之授權範圍」之義務，違反此項規定而為委任者，不生委託出席之效力。（七〇臺上三四一〇）

第二百零六條　（董事會決議）

董事會之決議，除本法另有規定外，應有過半數董事之出席，出席董事過半數之同意行之。

董事對於會議之事項，有自身利害關係時，應於當次

董事之配偶、二親等內血親，或與董事具有控制從屬關係之公司，就前項會議之事項有利害關係者，視為董事就該事項有自身利害關係。

第一百七十八條、第一百八十條第二項之規定，於第一項之決議準用之。

⑩一、第一項及第二項未修正。二、增訂第三項。明定董事之配偶、二親等內血親，或與董事具有控制從屬關係之公司，就會議之事項有利害關係者，視為董事就該事項有自身利害關係，董事應於當次董事會說明其自身利害關係之重要內容。三、配合第三項之增訂，原第三項移列第四項。

*（董事人數）公司一九二；（利害股東之迴避）公司一七八；（表決權數）公司一八〇。

第二百零七條　（議事錄）

董事會之議事，應作成議事錄。

前項議事錄準用第一百八十三條之規定。

*（議事錄）公司一八三。

第二百零八條　（董事長、常務董事）

董事會未設常務董事者，應由三分之二以上董事之出席，及出席董事過半數之同意，互選一人為董事長，並得依章程規定，以同一方式互選一人為副董事長。

董事會設有常務董事者，其常務董事依前項選舉方式互選之，名額至少三人，最多不得超過董事人數三分之一。董事長或副董事長由常務董事依前項選舉方式互選之。

董事長對內為股東會、董事會及常務董事會主席，對外代表公司。董事長請假或因故不能行使職權時，由副董事長代理之；無副董事長或副董事長亦請假或因故不能行使職權時，由董事長指定常務董事一人代理之；其未設常務董事者，指定董事一人代理之；董事長未指定代理人者，由常務董事或董事互推一人代理之。

常務董事於董事會休會時，依法令、章程、股東會決議及董事會決議，以集會方式經常執行董事會職權，由

董事長隨時召集，以半數以上常務董事之出席及出席過半數之決議行之。

第五十七條及第五十八條對於代表公司之董事準用之。

(90)一、第一項至第四項未修正。二、為因應公司經營之國際化、自由化，董事之國籍、住所已無限制之必要，爰予刪除現行條文第五項。三、現行條文第六項移列第五項。

*（董事會）公司一九二以下；（章程）公司一二九以下；（股東會）公司一七〇以下、一六七以下；（代表）民二七㊁；（代理）民一〇三以下；（代表權限）公司五七；（代表權之限制）公司五八。

▲公司對於董事代表權所加之限制，固不得對抗善意第三人，然依公司法第一百四十五條第二項（現行法第二百零八條第六項）及（舊）第三十一條之規定，代表公司之董事，僅關於公司營業上之事務有辦理之權，若其所代表者非公司營業上之事務，本不在代表權範圍之內，自無所謂代表權之限制，此項無權限之行為，不問第三人是否善意，非經公司承認，不能對於公司發生效力。（二二上一四八六）

▲票據為文義證券，票據上之權利義務，悉應依票據記載之文字以為決定。股份有限公司之董事長，依公司法第一百九十三條（現行法第二百零八條）之規定，本有代表公司之權限，其於背書系爭支票時，除加蓋其個人私章外，既尚蓋有公司及董事長印章，即難謂非以公司名義為背書。（五五臺上一八七三）

第二百零八條之一（臨時管理人）

董事會不為或不能行使職權，致公司有受損害之虞時，法院因利害關係人或檢察官之聲請，得選任一人以上之臨時管理人，代行董事長及董事會之職權。但不得為不利於公司之行為。

前項臨時管理人，法院應囑託主管機關為之登記。

臨時管理人解任時，法院應囑託主管機關註銷登記。

(90)一、本條新增。二、按公司因董事死亡、辭職或當然解任，致董事會無法召開行使職權；或董事全體或大部分均遭法院假處分不能行使職權，甚或未遭假處分執行之剩餘董事消極地不行使職權，致公司業務停頓，影響股東權益及國內經濟秩序，增訂本條，俾符實際。

第二百零九條（不競業義務）

董事為自己或他人為屬於公司營業範圍內之行為，

股東會為前項許可之決議，應有代表已發行股份總數三分之二以上股東之出席，以出席股東表決權過半數之同意行之。

公開發行股票之公司，出席股東之股份總數不足前項定額者，得以有代表已發行股份總數過半數股東之出席，出席股東表決權三分之二以上之同意行之。」

前二項出席股東股份總數及表決權數，章程有較高之規定者，從其規定。

董事違反第一項之規定，為自己或他人為該行為時，股東會得以決議，將該行為之所得視為公司之所得。但自所得產生後逾一年者，不在此限。

*（營業範圍）公司一五㊀、一二九②；（股東會）公司一七〇以下；（不競業義務）公司三二、一二〇。

第二百十條（章程簿冊之備置）

除證券主管機關另有規定外，董事會應將章程及歷屆股東會議事錄、財務報表備置於本公司，並將股東名簿及公司債存根簿備置於本公司或股務代理機構。

前項章程及簿冊，股東及公司之債權人得檢具利害關係證明文件，指定範圍，隨時請求查閱、抄錄或複製；其備置於股務代理機構者，公司應令股務代理機構提供。

代表公司之董事，違反第一項規定，不備置章程、簿冊者，處新臺幣一萬元以上五萬元以下罰鍰。但公開發行股票之公司，由證券主管機關處代表公司之董事新臺幣二十四萬元以上二百四十萬元以下罰鍰。

代表公司之董事，違反第二項規定無正當理由而拒絕查閱、抄錄、複製或未令股務代理機構提供者，處新臺幣一萬元以上五萬元以下罰鍰。但公開發行股票之公司，由證券主管機關處代表公司之董事新臺幣二十四萬元以上二百四十萬元以下罰鍰。

前二項情形，主管機關或證券主管機關並應令其限期改正；屆期未改正者，繼續令其限期改正，並按次處罰至改正為止。

(107)一、第一項未修正。二、有關「抄錄」一詞，依經濟部八十五年三月四日商字第八五二〇三五六三號函釋「股東依公司法第二百十條規定向公司請求抄錄股東名簿，其所指之『抄錄』包括影印在內。」為期明確，爰修正第二項，增列「複製」之規定。又倘公司之股東名簿及公司債存根簿，備置於股務代理機構者，公司應令股務代理機構提供，供股東及公司之債權人查閱、抄錄或複製，以杜爭議。三、原第三項分別移列第三項及第四項規範。第三項規範代表公司之董事，不備置章程、簿冊處罰鍰之情形，增訂但書針對公開發行股票之公司，由證券主管機關處較重罰鍰之規定；第四項則規範代表公司之董事，無正當理由而拒絕查閱、抄錄、複製或未令股務代理機構提供章程、簿冊處罰鍰之情形，並增訂但書針對公開發行股票之公司，由證券主管機關處較重罰鍰之規定。四、增訂第五項。

*（章程）公司一二九以下；（股東會議事錄）公司一八三；（資產負債表損益表）公司二二八；（本公司分公司）公司三㊁；（股東名簿）公司一六九；（股務代理人）公司一六九㊂；（公司負責人）公司八；（罰鍰）公司四四八。

第二百十條之一（股東名簿之提供）

董事會或其他召集權人召集股東會者，得請求公司或股務代理機構提供股東名簿。

代表公司之董事拒絕提供股東名簿者，處新臺幣一萬元以上五萬元以下罰鍰。但公開發行股票之公司，由證券主管機關處代表公司之董事新臺幣二十四萬元以上二百四十萬元以下罰鍰。

股務代理機構拒絕提供股東名簿者，由證券主管機關處新臺幣二十四萬元以上二百四十萬元以下罰鍰。

前二項情形，主管機關或證券主管機關並應令其限期改正；屆期未改正者，繼續令其限期改正，並按次處罰至改正為止。

(107)一、本條新增。二、依本法規定，股東會召集權人包括董事會（第一百七十一條）、少數股東權之股東（第一百七十三條）、持有過半數股份之股東（修正條文第一百七十三條之一）、監察人（第二百二十條及第二百四十五條）等。實

[illegible]代理機構拒絕提供股東名簿而無法召開股東會，致本法賦予其股東會召集權之用意落空，爰增訂第一項，明定董事會或其他召集權人召集股東會者，得請求公司或股務代理機構提供股東名簿。三、代表公司之董事拒絕提供股東名簿者，應處罰鍰，並針對公開發行股票公司之董事拒絕提供股東名簿者，責由證券主管機關處較重之罰鍰，爰增訂第二項。四、股務代理機構拒絕提供股東名簿者，責由證券主管機關處罰鍰，爰增訂第三項。

第二百十一條 （虧損報告、破產聲請）

公司虧損達實收資本額二分之一時，董事會應於最近一次股東會報告。

公司資產顯有不足抵償其所負債務時，除得依第二百八十二條辦理者外，董事會應即聲請宣告破產。

代表公司之董事，違反前二項規定者，處新臺幣二萬元以上十萬元以下罰鍰。

(107)一、依經濟部九十一年十二月十一日經商字第○九一○二二八○六二○號函釋「第二百十一條所稱之虧損，為完成決算程序經股東會承認後之累積虧損，與公司年度進行中所發生之本期淨損之合計」。實務上，對於公司虧損之認定，以公司財務報表上之累積虧損及當期損益作為判斷依據。以公開發行股票之公司為例，其財務報表通常係於每年三月始編造完成，若發現公司虧損達實收資本額二分之一時，則其召開股東會之時間將與每年六月底前召開股東常會之時間相當接近。準此，為減輕公司行政上之負擔，爰將第一項「董事會應即召集股東會報告」修正為「董事會應於最近一次股東會報告」。二、第二項及第三項未修正。

*（資本總額）公司一二九③、一五六㈢；（召集股東會）公司一七〇㈠；（公司重整）公司二八二；（宣告破產）破產一㈡、五七。

▲特別法無規定者應適用普通法，公司法（舊）第一百四十七條第二項僅載公司財產顯有不足抵償債務時，董事應即聲請宣告破產，至不為此項聲請致公司之債權人受損害時，該董事對於債權人應否負責，在公司法既無規定，自應適用民法第三十五條第二項之一般規定。（二三上二〇四）

第二百十二條 （對董事訴訟）

股東會決議對於董事提起訴訟時，公司應自決議之日起三十日內提起之。

(90)將「一個月」修正為「三十日」，俾統一法律文字。

第二百十三條 （公司與董事訴訟之代表）

公司與董事間訴訟，除法律另有規定外，由監察人代表公司，股東會亦得另選代表公司為訴訟之人。

*（公司與董事訴訟）公司二一一、二一四、二一五；（另有規定）公司二一四。

第二百十四條 （少數股東請求對董事訴訟）

繼續六個月以上，持有已發行股份總數百分之一以上之股東，得以書面請求監察人為公司對董事提起訴訟。

監察人自有前項之請求日起，三十日內不提起訴訟時，前項之股東，得為公司提起訴訟；股東提起訴訟時，法院因被告之申請，得命起訴之股東，提供相當之擔保；如因敗訴，致公司受有損害，起訴之股東，對於公司負賠償之責。

股東提起前項訴訟，其裁判費超過新臺幣六十萬元部分暫免徵收。

第二項訴訟，法院得依聲請為原告選任律師為訴訟代理人。

(107)一、修正第一項。參酌各國公司法之規定，我國持股期間與持股比例之規定較各國嚴格，不利少數股東提起代位訴訟。然為防止股東濫行起訴，仍應保留持股比例與持股期間之限制，爰將持股期間調整為六個月以上，持股比例降低為已發行股份總數百分之一以上。二、第二項未修正。三、增訂第三項。為降低少數股東提起訴訟之障礙，爰參酌民事訴訟法第七十七條之二十二，明定股東提起訴訟，其裁判費超過新臺幣六十萬元部分暫免徵收。四、增訂第四項。明定法院得依聲請為原告選任律師為訴訟代理人。

*（公司對董事提起訴訟）公司二一二；（監察人）公司二一六；（損害賠償）民二一三以下。

第二百十五條 （代表訴訟之損害賠償）

提起前條第二項訴訟所依據之事實，顯屬虛構，經終局判決確定時，提起此項訴訟之股東，對於被訴之董事因此訴訟所受之損害，負賠償責任。

提起前條第二項訴訟所依據之事實，顯屬實在，經終[illegible]訟所受之損害，負賠償責任。

*（董事與公司訴訟）公司二一三、二一四；（確認判決）民訴三九八、四〇〇；（損害賠償）民二一三以下。

第五節 監察人

第二百十六條 （監察人選任）

公司監察人，由股東會選任之，監察人中至少須有一人在國內有住所。

公開發行股票之公司依前項選任之監察人須有二人以上，其全體監察人合計持股比例，證券主管機關另有規定者，從其規定。

公司與監察人間之關係，從民法關於委任之規定。

第三十條之規定及第一百九十二條第一項、第四項關於行為能力之規定，對監察人準用之。

(107)一、第一項及第三項未修正。二、配合證券交易法第三條「主管機關」一詞，第二項「證券管理機關」修正為「證券主管機關」。三、配合修正條文第一百九十二條項次之調整，爰第四項監察人準用「第一百九十二條第三項」之規定，修正為「第一百九十二條第四項」。

*（股東會）公司一七〇；（監察人選任）公司一三一、一四六、一九八；（住所）民二〇、二九；（委任）民五二八～五五二；（消極資格）公司三〇；（董事選任）公司一九二。

第二百十六條之一 （提名制度之準用）

公司監察人選舉，依章程規定採候選人提名制度者，準用第一百九十二條之一第一項至第六項規定。

公司負責人或其他召集權人違反前項準用第一百九十二條之一第二項、第五項或第六項規定者，各處新臺幣一萬元以上五萬元以下罰鍰。但公開發行股票之公司，由證券主管機關各處公司負責人或其他召集權人新臺幣二十四萬元以上二百四十萬元以下罰鍰。

(107)一、原條文修正移列第一項：㈠依原條文規定，監察人選舉，僅限公開發行股票之公司得採候選人提名制度。鑒於修正條文第一百九十二條之一已放寬非公開發行股票之公司董事選舉亦得採候選人提名制度，而監察人選舉係準用第一百九十二條之一規定，爰刪除「公開發行股票之」之文字，以求一致。㈢依原規定，公司監察人選舉準用第一百九十二條之一規定，由於第一百九十二條之一第七項為處罰之規定，不宜準用之，爰將所定「準用第一百九十二條之一」修正為「準用第一百九十二條之一第一項至第六項」。二、增訂第二項。基於處罰明確性原則，法制體例上，罰責規定不宜以「準用」之立法方式為之，爰予明定。

第二百十七條（監察人任期）

監察人任期不得逾三年。但得連選連任。

監察人任期屆滿而不及改選時，延長其執行職務至改選監察人就任時為止。但主管機關得依職權，限期令公司改選；屆期仍不改選者，自限期屆滿時，當然解任。

⑨⓪一、第一項未修正。二、按公司與監察人間之關係，依民法關於委任之規定，委任契約期間屆滿，公司本應召集股東會改選之。然現行實務上因公司經營權之爭致遲遲未為改選之事例時有所見，為保障股東之權益，促進公司業務正常經營，以貫徹本條之立法目的，爰修正第二項，主管機關依職權限期令公司改選，期滿仍不改選者，自限期屆滿時，其當然解任。

*（主管機關）公司五；（逾期不改選）公司一九五㈡。

第二百十七條之一（監察人全體解任）

監察人全體均解任時，董事會應於三十日內召開股東臨時會選任之。但公開發行股票之公司，董事會應於六十日內召開股東臨時會選任之。

⑨⓪一、本條新增。二、鑒於監察人全體均解任時，無監察人行使財務報表查核、業務及財務調查等情形，公司陷於無監察人監督狀態，爰規定董事會應於三十日內召開股東臨時會選任之，而公開發行股票之公司則應於六十日內召開股東臨時會選任之，俾健全公司之監督功能。

第二百十八條（監察人之檢查業務）

監察人應監督公司業務之執行，並得隨時調查公司業務及財務狀況，查核、抄錄或複製簿冊文件，並得請求董事會或經理人提出報告。

監察人辦理前項事務，得代表公司委託律師、會計師審核之。

違反第一項規定，規避、妨礙或拒絕監察人檢查行為者，代表公司之董事處新臺幣二萬元以上十萬元以下罰鍰。但公開發行股票之公司，由證券主管機關處代表公司之董事新臺幣二十四萬元以上二百四十萬元以下罰鍰。

前項情形，主管機關或證券主管機關並應令其限期改正；屆期未改正者，繼續令其限期改正，並按次處罰至改正為止。

⑩⑦一、監察人為監督公司業務之執行，原第一項僅規定得查核簿冊文件，而監察人為監督之需，得否抄錄或複製簿冊文件，不無疑義，監察人為善盡監督之責，應得抄錄或複製簿冊文件，始屬妥適，爰修正第一項，以資明確。二、第二項未修正。三、如有規避、妨礙或拒絕監察人檢查行為者，修正第三項，明定處罰對象為代表公司之董事，並增訂但書針對公開發行股票之公司，責由證券主管機關處較重之罰鍰，並依法制體例酌作文字修正。四、增訂第四項。

*（監察權）公司二二一、二二四；（代表公司）公司二一三、二二三。

第二百十八條之一（董事報告義務）

董事發現公司有受重大損害之虞時，應立即向監察人報告。

第二百十八條之二（監察權）

監察人得列席董事會陳述意見。

董事會或董事執行業務有違反法令、章程或股東會決議之行為者，監察人應即通知董事會或董事停止其行為。

⑨⓪一、在現行法中，董事會僅有董事參與，並未規定監察人有參與董事會並陳述意見之權利。然監察人既為公司業務之監督機關，其妥善行使職權之前提乃須明瞭公司之業務經營，若使監察人得出席董事會，則監察人往往能較早發覺董事等之瀆職行為。故參考日本商法規定，爰增訂第一項，使監察人亦得參加董事會。二、按現行條文僅就「董事會」執行業務違反法令、章程之行為，或經營登記範圍以外之業務為規範對象，惟查第一百九十三條第一項及第二百條之規定，董事執行業務，亦為規範對象，爰酌作修正，納入「董事」執行業務之規範，並移列為第二項。三、現行條文董事會「經營登記範圍以外之業務」，下屬「違反

法令」範圍，毋庸另為規定，爰予刪除。

*（停止請求權）公司一九四。

第二百十九條（監察人之查核表冊）

監察人對於董事會編造提出股東會之各種表冊，應予查核，並報告意見於股東會。

監察人辦理前項事務，得委託會計師審核之。

監察人違反第一項規定而為虛偽之報告者，各科新臺幣六萬元以下罰金。

⑨⓪一、依第二百十八條第一項，監察人有「調查」、「查核」之權責義務，非僅消極「核對簿據」，且簿據核對尚不足以發現真實，雖後段尚有「調查實況」之規定，惟為免誤會，爰修正第一項，以「查核」二字代之，以資周延。二、第二項未修正。三、第三項酌作文字修正。

*（表冊審核）公司二二八；（監察人責任）公司二二四。

第二百二十條（監察人召集股東會）

監察人除董事會不為召集或不能召集股東會外，得為公司利益，於必要時，召集股東會。

⑨⓪一、依最高法院七十七年臺上字第二一六〇號判例，現行條文所謂「必要時」，應以「不能召開股東會，或應召集而不為召集股東會，基於公司利害關係有召集股東會必要之情形，始為相當。」爰予配合修正。二、除董事會不為或不能召集情形下，為積極發揮監察人功能，宜參考德國股份法之立法例，由監察人認定於「為公司利益，而有必要」之情形，亦得召集之。

*（必要時）公司一九三、一九五、一九七、二一一；（股東會召集）公司一七一。

▲公司法第二百二十條所謂「必要時」，應以不能召開董事會，或應召集而不為召集股東會，基於公司利害關係有召集股東會必要之情形，始為相當。倘並無不能召開董事會或應召集而不為召集股東會之情形，任由監察人憑一己之主觀意旨，隨時擅自行使此一補充召集之權，勢將影響公司之正常營運，自失立法原意。（七七臺上二一六〇）（九五、一〇、三決議不再援用）

▲（八六臺上一五七九）參見本法第一百八十九條。

第二百二十一條（監察權之行使）

監察人各得單獨行使監察權。

*（監察權）公司二一三、二一八～二二〇、二二三。

第二百二十二條（兼職禁止）

監察人不得兼任公司董事、經理人或其他職員。

＊（董事）公司二七、一九二、二〇八、二〇九；（經理人）公司二九。

第二百二十三條　（監察人代表公司）

董事為自己或他人與公司為買賣、借貸或其他法律行為時，由監察人為公司之代表。

⑨⓪配合第五十九條，將「交涉」二字修正為「買賣、借貸或其他法律行為」，以資明確。

＊（公司代表）公司五七、五九、二〇八㊂、二〇九。

第二百二十四條　（監察人責任）

監察人執行職務違反法令、章程或怠忽職務，致公司受有損害者，對公司負賠償責任。

⑨⓪監察人執行職務違反法令、章程致公司受損害時，亦應負賠償之責（本法第一百九十三條參照），爰予增列。

＊（怠忽職務）民五三五；（責任解除）公司二三一。

第二百二十五條　（對監察人訴訟）

股東會決議，對於監察人提起訴訟時，公司應自決議之日起三十日內提起之。

前項起訴之代表，股東會得於董事外另行選任。

⑨⓪一、修正第一項，將「一個月」修正為「三十日」，俾統一法律文字。二、第二項未修正。

＊（股東會決議）公司一七四以下；（決議之日）公司一八三㊂。

第二百二十六條　（董、監連帶責任）

監察人對公司或第三人負損害賠償責任，而董事亦負其責任時，該監察人及董事為連帶債務人。

＊（監察人責任）公司八、二二三、二二四；（董事責任）公司八、二三、一九三；（連帶負責）民二七三。

第二百二十七條　（監察人之準用）

第一百九十六條至第二百條、第二百零八條之一、第二百十四條及第二百十五條之規定，於監察人準用之。但第二百十四條對監察人之請求，應向董事會為之。

⑨⓪按監察人如有不為或不能行使職權，為利公司運作，有準用第二百零八條之一之必要，爰予增訂。並酌作標點符號之修正。

＊（報酬）公司一九六；（申報股份）公司一九七；（選任）公司一九八；（決議解任）公司一九九；（裁判解任）公司二〇〇；（訴訟效果）公司二一五；（股東請求訴訟）公司二一四。

第六節　會　計

第二百二十八條　（會計表冊之編造）

每會計年度終了，董事會應編造左列表冊，於股東常會開會三十日前交監察人查核：

一　營業報告書。

二　財務報表。

三　盈餘分派或虧損撥補之議案。

前項表冊，應依中央主管機關規定之規章編造。

第一項表冊，監察人得請求董事會提前交付查核。

⑨⓪一、配合商業會計法第六條規定，將「營業年度」修正為「會計年度」，並將「資產負債表、損益表、股東權益變動表、現金流量表」修正為「財務報表」，而「主要財產之財產目錄」乙節，因公司財產種類繁多，編列成冊，耗時費資，並無實益，且有監察人之監督，股東之查閱抄錄表冊等機制可為監督，爰刪除現行條文第一項第二款至第六款，另增訂第一項第二款，並將現行條文第一項第七款移列為第一項第三款。二、第二項及第三項未修正。三、表冊有虛偽記載者，原即應依刑法規定處罰，爰刪除現行條文第四項之贅文。

＊（會計年度）商會六；（財務報表）商會二八、六六；（股東常會）公司一七〇；（盈餘分派或虧損彌補案）公司二三二、二三七，商會六四。

第二百二十八條之一　（盈餘分派或虧損撥補之時期）

公司章程得訂明盈餘分派或虧損撥補於每季或每半會計年度終了後為之。

公司前三季或前半會計年度盈餘分派或虧損撥補之議案，應連同營業報告書及財務報表交監察人查核後，提董事會決議之。

公司依前項規定分派盈餘時，應先預估並保留應納稅捐、依法彌補虧損及提列法定盈餘公積。但法定盈餘公積已達實收資本額時，不在此限。

公司依第二項規定分派盈餘而以發行新股方式為之時，應依第二百四十條規定辦理；發放現金者，應經董事會決議。

公開發行股票之公司，依前四項規定分派盈餘或撥補虧損時，應依經會計師查核或核閱之財務報表為之。

⑩⑦一、本條新增。二、按原公司法僅第三百五十六條之十規定閉鎖性股份有限公司可於一年內為兩次盈餘分派或虧損撥補。惟參諸國際立法例，包括英國、美國、新加坡均未限制盈餘分派或虧損撥補之次數，國際實務上多以每季分派盈餘或虧損撥補，甚或每月分派盈餘或虧損撥補者，亦有之。彈性化之盈餘分派或虧損撥補有助於提升股東投資意願，使公司治理更具彈性。爰增訂第二百二十八條之一，鬆綁盈餘分派次數限制得於每半年或每季為期限為之，並使公司得以章程訂定盈餘分派或虧損撥補之次數。三、第二項明定公司以章程規定採每半年或每季為盈餘分派者，應將該議案連同營業報告書及財務報表送董事會決議之。至每會計年度終了，公司應將盈餘分派議案提請股東常會承認，仍依第二百三十條規定為之。四、第三項明訂公司依第一項規定分派盈餘時，應先預估並保留應納稅捐、依法彌補虧損及提列法定盈餘公積。但法定盈餘公積，已達實收資本額時，不在此限。五、公司前半會計年度分派盈餘，如以發行新股方式為之時，因涉及股權變動而影響股東權益較大，因此，該議案除應依第二項提董事會決議外，並應依第二百四十條規定辦理，即須經股東會特別決議；至於發放現金者，毋庸經股東會決議而僅須經董事會決議，爰明訂於第四項。六、公開發行股票之公司，期中分派盈餘或撥補虧損時，應依經會計師查核或核閱之財務報表為之，明訂於第五項。

第二百二十九條　（表冊之備置與查閱）

董事會所造具之各項表冊與監察人之報告書，應於股東常會開會十日前，備置於本公司，股東得隨時查閱，並得偕同其所委託之律師或會計師查閱。

＊（董事會造具表冊）公司二二八；（監察人報告書）公司二一九；（股東常會）公司一七〇；（本公司）公司三。

第二百三十條　（會計表冊之承認與分發）

董事會應將其所造具之各項表冊，提出於股東常會請求承認，經股東常會承認後，董事會應將財務報表及盈餘分派或虧損撥補之決議，分發各股東。

前項財務報表及盈餘分派或虧損撥補決議之分發，公開發行股票之公司，得以公告方式為之。

第一項表冊及決議，公司債權人得要求給予、抄錄或複製。

代表公司之董事，違反第一項規定不為分發者，處新臺幣一萬元以上五萬元以下罰鍰。

⑩⑦一、第一項、第二項及第四項未修正。二、有關「抄錄」一詞，依經濟部八十五年三月四日商字第八五二〇三五六三號函釋「股東依公司法第二百十條規定向公司請求抄錄股東名簿，其所指之『抄錄』包括影印在內。」為期明確，爰修正第三項，增列「複製」之規定。又倘公司之股東名簿及公司債存根簿，備置於股務代理機構者，公司應令股務代理機構提供，供股東及公司之債權人查閱、抄錄或複製，以杜爭議。

*（董事會造具表冊）公司二二八；（股東常會）公司一七〇；（公司債）公司二四六；（主管機關）公司五；（公告）公司二八；（公司負責人）公司八。

第二百三十一條 （董監事責任之解除）

各項表冊經股東會決議承認後，視為公司已解除董事及監察人之責任。但董事或監察人有不法行為者，不在此限。

*（董監事責任）公司一九三、二二四；（表冊承認）公司二三〇，商會六八。

第二百三十二條 （股利分派）

公司非彌補虧損及依本法規定提出法定盈餘公積後，不得分派股息及紅利。

公司無盈餘時，不得分派股息及紅利。

公司負責人違反第一項或前項規定分派股息及紅利時，各處一年以下有期徒刑、拘役或科或併科新臺幣六萬元以下罰金。

⑩①一、第一項未修正。二、依原條文第二項規定，公司無盈餘時，不得分派股息及紅利；惟如符合本項但書規定，無盈餘之公司，於法定盈餘公積超過實收資本額百分之五十時，仍得分派股息及紅利。鑒於公司無盈餘，甚至嚴重虧損時，卻仍得分派股息及紅利，而未先將法定盈餘公積用於彌補虧損，顯不利公司之正常經營，爰將原條文第二項但書刪除。三、第三項未修正。

*（法定盈餘公積）公司二三七㈠；（股利分派）公司二三五；（公司負責人）公司八。

第二百三十三條 （違法分派效果）

公司違反前條規定分派股息及紅利時，公司之債權人，得請求退還，並得請求賠償因此所受之損害。

*（分派股利）公司二三二；（損害賠償）民二八、二一三以下。

第二百三十四條 （建設股息之分派）

公司依其業務之性質，自設立登記後，如需二年以上之準備，始能開始營業者，經主管機關之許可，得依章程之規定，於開始營業前分派股息。

前項分派股息之金額，應以預付股息列入資產負債表之股東權益項下，公司開始營業後，每屆分派股息及紅利超過實收資本額百分之六時，應以其超過之金額扣抵沖銷之。

⑨⓪一、第一項酌作文字修正，以資明確。二、第二項原訂預付股息「得列入資產項下」，與會計原則不符，應屬股東權益之減項，爰予修正改列「股東權益」項下，並將「得」字改為「應」字，以資明確；另「已收資本總額」並改為「實收資本額」，俾與本法用語一致。

*（分派股息）公司二三五。

第二百三十五條 （股息及紅利之分派方法）

股息及紅利之分派，除本法另有規定外，以各股東持有股份之比例為準。

⑩⑦按原條文所定「章程另有規定」，係指特別股分派股息及紅利之情形，即修正條文第一百五十七條第一項第一款及第三百五十六條之七第一項第一款規定，而非允許公司得以章程任意規定分派方式，爰修正「章程」二字為「本法」，以資明確。

*（股息及紅利之分派）公司二三二、二三三。

第二百三十五條之一 （年度獲利依定額或比率分派員工酬勞）

公司應於章程訂明以當年度獲利狀況之定額或比率，分派員工酬勞。但公司尚有累積虧損時，應予彌補。

公營事業除經該公營事業之主管機關專案核定於

項之規定。

前二項員工酬勞以股票或現金為之，應由董事會以董事三分之二以上之出席及出席董事過半數同意之決議行之，並報告股東會。

公司經前項董事會決議以股票之方式發給員工酬勞者，得同次決議以發行新股或收買自己之股份為之。

章程得訂明依第一項至第三項發給股票或現金之對象包括符合一定條件之控制或從屬公司員工。

⑩⑦一、第一項至第三項未修正。二、鑒於原第三項「員工酬勞以股票或現金為之」，所稱股票包含新股與已發行股份，爰增訂第四項，明定公司有收買自己之已發行股份以支應員工酬勞之法律依據，並明定得於同一次董事會決議以股票之方式發給員工酬勞，同時決議以發行新股或收買自己之已發行股份以支應之，毋庸召開二次董事會。三、原第四項酌修移列第五項。依原第四項規定，員工酬勞發給對象，除本公司員工外，亦可依據章程規定發給從屬公司員工。惟基於大型集團企業對集團內各該公司員工所採取之內部規範與獎勵，多一視同仁，爰擴及至控制公司員工，提供企業更大彈性。四、原第五項已於修正條文第一百十條第三項明文準用本條規定，尚無重複規範必要，爰予刪除。

第二百三十六條 （刪除）

⑨⓪一、本條刪除。二、本條前段「依法辦理」等字過於空泛並無實益，且係公司之當然義務不待明文；另後段依一般公認會計原則及商業會計法處理即為已足，且有關公司會計帳務問題，宜由上開會計法令原則統籌規範為當，以免掛一漏萬。爰予刪除。

第二百三十七條 （法定與特別盈餘公積）

公司於完納一切稅捐後，分派盈餘時，應先提出百分之十為法定盈餘公積。但法定盈餘公積，已達實收資本額時，不在此限。

除前項法定盈餘公積外，公司得以章程訂定或股東會議決，另提特別盈餘公積。

公司負責人違反第一項規定，不提法定盈餘公積時，各處新臺幣二萬元以上十萬元以下罰鍰。

本額為認定標準（經濟部九十一年十一月四日經商字第〇九一〇二二四七八六〇號函釋參照），亦即公司提列之法定盈餘公積，已達實收資本額時，即無庸再提列，爰修正第一項，以符實際。二、第二項未修正。三、配合刑事罰責除罪化政策，爰將第三項罰金修正為罰鍰。

*（盈餘公積）公司一一二；（資本總額）公司一二九③、一五六㈢；（股東會決議）公司一七四、一七五、一八三。

第二百三十八條（刪除）

⑨⓪一、本條刪除。二、按資本公積之規定，係屬商業會計處理問題，何種金額應累積為資本公積，商業會計法及相關法令已有明定且更周延，本條毋庸另為規定，爰予刪除，回歸前開法令之適用。

第二百三十九條（公積之使用㈠——填補虧損）

法定盈餘公積及資本公積，除填補公司虧損外，不得使用之。但第二百四十一條規定之情形，或法律另有規定者，不在此限。

公司非於盈餘公積填補資本虧損，仍有不足時，不得以資本公積補充之。

⑨⓪一、第一項配合第二百三十八條之刪除，爰修正刪除「前二條之」之文字。二、第二項未修正。

*（法定盈餘公積）公司二三七㈠；（另有規定）商會五二。

▲釋三一五。

第二百四十條（以發行新股方式分派股息與紅利）

公司得由有代表已發行股份總數三分之二以上股東出席之股東會，以出席股東表決權過半數之決議，將應分派股息及紅利之全部或一部，以發行新股方式為之；不滿一股之金額，以現金分派之。

公開發行股票之公司，出席股東之股份總數不足前項定額者，得以有代表已發行股份總數過半數股東之出席，出席股東表決權三分之二以上之同意行之。」

前二項出席股東股份總數及表決權數，章程有較高規定者，從其規定。

依本條發行新股，除公開發行股票之公司，應依證券主管機關之規定辦理者外，於決議之股東會終結時，即生效力，董事會應即分別通知各股東，或記載於股東名簿之質權人。

公開發行股票之公司，得以章程授權董事會以三分之二以上董事之出席，及出席董事過半數之決議，將應分派股息及紅利之全部或一部，以發放現金之方式為之，並報告股東會。

⑩⑦一、第一項至第三項未修正。二、配合無記名股票制度之廢除，刪除第四項有關無記名股票之規定。另配合證券交易法第三條「主管機關」一詞，爰將「證券管理機關」修正為「證券主管機關」。三、按原第一項規定，公司得以股東會特別決議，將應分派股息及紅利之全部或一部，以發行新股方式為之；依原第五項規定，公開發行股票之公司，其股息及紅利之分派，倘經章程訂明定額或比率並授權董事會決議辦理者，得以董事會特別決議將應分派股息及紅利之全部或一部，以發行新股或發放現金之方式為之，毋庸經股東會特別決議。惟第五項又稱「依第一項規定」，致適用上產生爭議，爰刪除第五項「依第一項規定」之文字，以利適用。又依本項規定，公開發行股票之公司，其股息及紅利之分派，章程訂明定額或比率並授權董事會決議辦理者，得經董事會特別決議，以發行新股或發放現金之方式為之，並報告股東會。鑒於其中發行新股影響股東權益較大，程序上僅須報告股東會，似有不妥，爰刪除「發行新股或」之文字，僅餘「發放現金」；另亦簡化公開發行股票公司以現金發放股息及紅利之程序，毋庸於章程訂明定額或比率，以應企業需求。

*（表決權）公司一七九、一八〇；（股息及紅利）公司二三五；（發行新股）公司二六六以下；（股東名簿）公司一六九；（質權人）民八八四以下；（無記名股票）公司一六六。

第二百四十一條（公積之使用㈡——轉增資）

公司無虧損者，得依前條第一項至第三項所定股東會決議之方法，將法定盈餘公積及下列資本公積之全部或一部，按股東原有股份之比例發給新股或現金：

一　超過票面金額發行股票所得之溢額。

二　受領贈與之所得。

前條第四項及第五項規定，於前項準用之。

以法定盈餘公積發給新股或現金者，以該項公積超過實收資本額百分之二十五之部分為限。

⑩⑦一、為期明確，第一項酌作文字修正。二、查第二百四十條於一百零四年五月二十日刪除第四項有關員工分紅之規定，原第二項未配合修正，爰該項之「前條第五項、第六項規定」修正為「前條第四項及第五項規定」。三、第三項未修正。

*（公積）公司二三七。

▲釋三一五。

第二百四十二條（刪除）

⑨⓪一、本條刪除。二、本條為公司會計處理之細節，由商業會計法或一般公認會計原則規定即可，不必於本法中重複規定。

第二百四十三條（刪除）

⑨⓪一、本條刪除。二、本條為公司會計處理之細節，由商業會計法令或一般公認會計原則規定即可，毋庸重覆規範。

第二百四十四條（刪除）

⑨⓪一、本條刪除。二、本條為公司會計處理之細節，由商業會計法令或一般公認會計原則規定即可，毋庸重覆規範。

第二百四十五條（檢查人之選派及權限）

繼續六個月以上，持有已發行股份總數百分之一以上之股東，得檢附理由、事證及說明其必要性，聲請法院選派檢查人，於必要範圍內，檢查公司業務帳目、財產情形、特定事項、特定交易文件及紀錄。

法院對於檢查人之報告認為必要時，得命監察人召集股東會。

對於檢查人之檢查有規避、妨礙或拒絕行為者或監察人不遵法院命令召集股東會者，處新臺幣二萬元以上十萬元以下罰鍰。再次規避、妨礙、拒絕或不遵法院命令召集股東會者，並按次處罰。

⑩⑦一、為強化公司治理、投資人保護機制及提高股東蒐集不法證據與關係人交易利益輸送蒐證之能力，爰修正第一項，擴大檢查人檢查客體之範圍及於公司內部特定文件。所謂特定事項、特定交易文件及紀錄，例如關係人交易及其文件紀錄等。另參酌證券交易法第三十八條之一第二項立法例，股東聲請法院選派檢查人時，須檢附理由、事證及說明其必要性，以避免浮濫。二、第二項未修正。三、第三項修正為「對於檢查人之檢查有規避、妨礙或拒絕行為者，或監察人不遵法院命令召集股東會者，處新臺幣二萬元以上十萬元以下罰鍰。再次規避、妨礙、拒絕或不遵法院命令召集股東會者，並按次處罰。」

*（檢查人）公司八㈡、一四六㈡、一四九、一八四㈡、三一

三㊂；（股東臨時會）公司一七〇；（監察人之召集）公司二二〇。

▲（六九臺上三八四五）參見本法第九條。

▲（八一臺抗三三一）參見本法第八十四條。

第七節　公司債

第二百四十六條　（公司債之募集）

公司經董事會決議後，得募集公司債。但須將募集公司債之原因及有關事項報告股東會。

前項決議，應由三分之二以上董事之出席，及出席董事過半數之同意行之。

*（董事會決議）公司一九二、二〇二；（股東會）公司一七〇、一七一。

第二百四十六條之一　（公司債之受償順序）

公司於發行公司債時，得約定其受償順序次於公司其他債權。

(90)一、本條新增。二、按以契約方式約定次順位債務，本屬私權行為，基於契約自由原則，該約定方式應屬可行。又查破產法第一百十二條規定：「對於破產財團之財產有優先權之債權，先於他債權而受清償，優先權之債權有同順位者，各按其債權額之比例而受清償」，按反面推之，對破產財團之財產有次順位之債權，其債權理應次於他債權而受清償。故以契約約定方式發行次順位債券尚無約定無效之虞。就涉及私權爭執，可依民事訴訟處理，並使公司之籌資管道更多樣化，亦可避免糾紛。

第二百四十七條　（公司債總額之限制）

公開發行股票公司之公司債總額，不得逾公司現有全部資產減去全部負債後之餘額。

無擔保公司債之總額，不得逾前項餘額二分之一。

(107)一、按證券交易法第二十八條之四第一款規定，公開發行股票之公司募集有擔保公司債、轉換公司債或附認股權公司債時，其發行總額不得逾全部資產減去全部負債餘額之百分之二百，不受本法第二百四十七條之限制；證券交易法第四十三條之六第三項規定，普通公司債之私募，其發行總額不得逾全部資產減去全部負債餘額之百分之四百，不受本法第二百四十七條之限制。上開規定尚無「全部資產減去全部負債及無形資產」之規定。又我國改採國際財務報導準則（International Financial Reporting Standards, IFRSs）後，公司之無形資產大幅增加，另基於特殊產業之行業特性，例如電信業、文創業等，其無形資產之比重甚大，如計算基礎須扣除無形資產，將使公司發行公司債之額度受到限制，爰修正第一項，刪除「及無形資產」之文字。另考量現行公開發行股票之公司募集發行公司債之總額限制雖已於證券交易法第二十八條之四明定，惟依證券交易法第四十三條之六第三項規定，私募轉換公司債及附認股權公司債，其私募數額仍須受本法第二百四十七條規定限制，爰修正第一項，以公開發行股票公司為適用對象。換言之，公開發行股票公司私募上開種類公司債仍有舉債額度限制，以免影響公司財務健全。至非公開發行股票之公司，為便利其籌資，私募公司債之總額，則無限制。二、第二項未修正。

*（無形資產）公司四三。

第二百四十八條　（公司債募集之審核事項）

公司發行公司債時，應載明下列事項，向證券主管機關辦理之：

一　公司名稱。
二　公司債總額及債券每張之金額。
三　公司債之利率。
四　公司債償還方法及期限。
五　償還公司債款之籌集計畫及保管方法。
六　公司債募得價款之用途及運用計畫。
七　前已募集公司債者，其未償還之數額。
八　公司債發行價格或最低價格。
九　公司股份總數與已發行股份總數及其金額。
十　公司現有全部資產，減去全部負債後之餘額。
十一　證券主管機關規定之財務報表。
十二　公司債權人之受託人名稱及其約定事項。公司債之私募不在此限。
十三　代收款項之銀行或郵局名稱及地址。
十四　有承銷或代銷機構者，其名稱及約定事項。
十五　有發行擔保者，其種類、名稱及證明文件。
十六　有發行保證人者，其名稱及證明文件。
十七　對於前已發行之公司債或其他債務，曾有違約或遲延支付本息之事實或現況。
十八　可轉換股份者，其轉換辦法。
十九　附認股權者，其認購辦法。
二十　董事會之議事錄。
二十一　公司債其他發行事項，或證券主管機關規定之其他事項。

普通公司債、轉換公司債或附認股權公司債之私募不受第二百四十九條第二款及第二百五十條第二款之限制，並於發行後十五日內檢附發行相關資料，向證券主管機關報備；私募之發行公司不以上市、上櫃、公開發行股票之公司為限。

前項私募人數不得超過三十五人。但金融機構應募者，不在此限。

公司就第一項各款事項有變更時，應即向證券主管機關申請更正；公司負責人不為申請更正時，由證券主管機關各處新臺幣一萬元以上五萬元以下罰鍰。

第一項第七款、第九款至第十一款、第十七款，應由會計師查核簽證；第十二款至第十六款，應由律師查核簽證。

第一項第十二款之受託人，以金融或信託事業為限，由公司於申請發行時約定之，並負擔其報酬。

第一項第十八款之可轉換股份數額或第十九款之可認購股份數額加計已發行股份總數、已發行轉換公司債可轉換股份總數、已發行附認股權公司債可認購股份總數、已發行附認股權特別股可認購股份總數及已發行認股權憑證可認購股份總數，如超過公司章程所定股份總數時，應先完成變更章程增加資本額後，始得為之。

(107)一、配合證券交易法第三條「主管機關」一詞，爰將第一項序文、第十一款、第二十一款、第二項及第四項「證券管理機關」修正為「證券主管機關」；又因修正條文第二百四十七條第一項已刪除「及無形資產」之文字，第一項第十款爰配合修正。二、按第三百五十六條之十一規定，於閉鎖性股份有限公司已放寬私募之標的，除私募普通公司債外，亦得私募轉換公司債及附認股權公司債。因此，普通公司債外，亦得私募轉換公司債及附認股權公司債，爰修正第二項，以利企業運用。三、第三項及第五項至第七項未修正。

*（公司名稱）公司二、一二九；（公司債之總額）公司二四七；（利率）民二〇三～二〇五；（受託人）公司二五五；（發行擔保）公司二五六；（用途）公司二五九；（董事會議事錄）公司二〇七；（公司負責人）公司八。

第二百四十八條之一　（私募轉換公司債或附認股權公司債）

公司依前條第二項私募轉換公司債或附認股權公司債時，應經第二百四十六條董事會之決議，並經股東會決議。但公開發行股票之公司，證券主管機關另有規定者，從其規定。

(107)一、本條新增。二、公司依第二百四十八條第二項私募轉換公司債或附認股權公司債時，因可能涉及股權變動而影響股東權益較深，爰明定公司除應經第二百四十六條之董事會特別決議外，並應經股東會決議。惟公開發行股票之公司，證券主管機關另有規定者，則從其規定。另公司依第二百四十八條第二項私募普通公司債時，應依第二百四十六條規定經董事會特別決議，併予敘明。

第二百四十九條　（無擔保公司債發行之禁止）

公司有下列情形之一者，不得發行無擔保公司債：

一　對於前已發行之公司債或其他債務，曾有違約或遲延支付本息之事實已了結，自了結之日起三年內。

二　最近三年或開業不及三年之開業年度課稅後之平均淨利，未達原定發行之公司債應負擔年息總額之百分之一百五十。

(101)一、依據票據法規定，退票後於三年內清償贖回，由票交所註銷其紀錄，如屬個人跳票註銷後，並不影響個人貸款行為，但卻限制公司發行無擔保公司債募集資金。二、公司如發生退票紀錄，不論金額大小、清償與否，均視為違反公司法第二百四十九條第一項規定，且永久無法發行無擔保公司債，有違法律之「比例原則」。三、各產業面對景氣循環與外在環境劇烈衝擊（如金融風暴），而發生財務危機跳票，清償後經過努力改善公司經營體質而成為穩定健全營運的公司（如山鴻鋼鐵，東隆五金等），卻因公司法限制了公司向投資大眾募集資金之管道，對國內產業無疑是

證費用，相較無擔保公司債而言，增加了籌資公司資金成本負擔。五、公司發行無擔保公司債需向主管機關申請，主管機關即有審查權，建議可透過主管機關的審查把關，排除不良公司，而不應以公司法限制所有公司之辦理權利。

*（公司債擔保）公司二五六、二五七；（公司債）公司二四六；（遲延）民二二九以下。

第二百五十條　（公司債發行之禁止）

公司有左列情形之一者，不得發行公司債：

一　對於前已發行之公司債或其他債務有違約或遲延支付本息之事實，尚在繼續中者。

二　最近三年或開業不及三年之開業年度課稅後之平均淨利，未達原定發行之公司債應負擔年息總額之百分之一百者。但經銀行保證發行之公司債不受限制。

*（公司債）公司二四六；（遲延）民二二九以下。

第二百五十一條　（撤銷核准）

公司發行公司債經核准後，如發現其申請事項，有違反法令或虛偽情形時，證券管理機關得撤銷核准。

為前項撤銷核准時，未發行者，停止募集；已發行者，即時清償。其因此所發生之損害，公司負責人對公司及應募人負連帶賠償責任。

第一百三十五條第二項規定，於本條第一項準用之。

*（發行公司債）公司二四六；（主管機關）公司五；（公司負責人）公司八；（連帶賠償責任）公司二三，民二七三。

第二百五十二條　（應募書之備置與公告）

公司發行公司債之申請經核准後，董事會應於核准通知到達之日起三十日內，備就公司債應募書，附載第二百四十八條第一項各款事項，加記核准之證券管理機關與年月日文號，並同時將其公告，開始募集。但第二百四十八條第一項第十一款之財務報表，第十二款及第十四款之約定事項，第十五款及第十六款之證明文件，第二十款之議事錄等事項，得免予公告。

請。

代表公司之董事，違反第一項規定，不備應募書者，由證券管理機關處新臺幣一萬元以上五萬元以下罰鍰。

(90)一、第一項配合第二百二十八條及第二百四十八條第一項第十一款之修正，爰將「營業報告書」修正為「財務報表」並刪除「財產目錄」四字，亦配合前條之修正而將第「十九」款修正為第「二十」款。二、第二項未修正。三、應募書有虛偽記載者，原即應依刑法規定處罰，爰修正第三項，刪除有關「依刑法或特別刑法有關規定處罰」之贅文；又罰鍰數額酌予調整。

*（核准及公告事項）公司二四八；（公告）公司二八；（董事）公司一九二；（罰鍰）公司四四八；（罰金）刑三三。

第二百五十三條　（應募）

應募人應在應募書上填寫所認金額及其住所或居所，簽名或蓋章，並照所填應募書負繳款之義務。

應募人以現金當場購買無記名公司債券者，免填前項應募書。

(90)一、依民法第三條規定，簽名與蓋章具同等效力，爰修正第一項「簽名、蓋章」為「簽名或蓋章」，並酌修標點符號。二、第二項未修正。

*（應募書）公司二五二；（繳款）證交三三；（簽名蓋章）民三㈠，票據五、六；（公司債券之交付）證交三四。

第二百五十四條　（繳足金額）

公司債經應募人認定後，董事會應向未交款之各應募人請求繳足其所認金額。

*（契約之成立）民一五三、一六六。

第二百五十五條　（受託人之查核與監督）

董事會在實行前條請求前，應將全體記名債券應募人之姓名、住所或居所，暨其所認金額，及已發行之無記名債券張數、號碼暨金額，開列清冊，連同第二百四十八條第一項各款所定之文件，送交公司債債權人之受託人。

前項受託人，為應募人之利益，有查核及監督公司履行公司債發行事項之權。

*（受託人）公司二四八㈠⑫。

第二百五十六條（受託人之特定權責）

公司為發行公司債所設定之抵押權或質權，得由受託人為債權人取得，並得於公司債發行前先行設定。

受託人對於前項之抵押權或質權或其擔保品，應負責實行或保管之。

*（抵押與質權）民八六〇、八八四；（受託人）公司二四八㈠⑫。

第二百五十七條（債券之製作與發行）

公司債之債券應編號載明發行之年、月、日及第二百四十八條第一項第一款至第四款、第十八款及第十九款之事項，有擔保、轉換或可認購股份者，載明擔保、轉換或可認購字樣，由代表公司之董事簽名或蓋章，並經依法得擔任債券發行簽證人之銀行簽證後發行之。

有擔保之公司債除前項應記載事項外，應於公司債正面列示保證人名稱，並由其簽名或蓋章。

(107)一、現行實務上，主管機關已不自辦股票簽證事務，且公開發行公司發行股票及公司債券簽證規則第二條第一項規定，股票之簽證，係由依法得擔任股票發行簽證人之銀行或信託投資公司為之。惟依信託業法第六十條規定，信託投資公司應自八十九年七月二十一日起五年內改制為銀行或信託業，實務上已無信託投資公司在營業，爰僅以銀行為股票發行簽證人，並增加「發行股票之公司印製股票者」之文字及放寬股票原需董事三人以上簽名或蓋章之規定為僅需由代表公司之董事簽名或蓋章即可。爰修正第一項，放寬公司債原需由董事三人以上簽名或蓋章之規定為僅需由代表公司之董事簽名或蓋章即可。另修正公司債之簽證機關為經依法得擔任債券發行簽證人之銀行。二、第二項未修正。

*（公司債）公司二四六；（發行年月日）公司二五八；（董事三人以上）公司一九二、二〇八、二〇九。

第二百五十七條之一（刪除）

(107)一、本條刪除。二、單張大面額公司債與第一百六十二條之一之單張大面額股票均係為降低公司發行成本，為我國在上市、上櫃及興櫃公司有價證券全面無實體化前之過渡階段而設。因應目前我國上市、上櫃及興櫃公司有價證券

第二百五十七條之二（免印製債票）

公司發行之公司債，得免印製債票，並應洽證券集中保管事業機構登錄及依該機構之規定辦理。

經證券集中保管事業機構登錄之公司債，其轉讓及設質應向公司辦理或以帳簿劃撥方式為之，不適用第二百六十條及民法第九百零八條之規定。

前項情形，於公司已印製之債券未繳回者，不適用之。

(107)一、原條文修正移列第一項。公司發行公司債，未印製債券而洽證券集中保管事業機構登錄者，明定應依證券集中保管事業機構有關無實體登錄之相關規定辦理。二、發行公司債之公司，未印製債票而洽證券集中保管事業機構登錄者，因已無實體債券，持有人辦理公司債轉讓或設質，無法再以背書、交付之方式為之，爰參酌證券交易法第四十三條第三項規定，增訂第二項，排除第二百六十條有關記名公司債背書轉讓之規定及民法第九百零八條有關證券質權設定規定之適用，並明定其轉讓及設質應向公司辦理或以帳簿劃撥方式為之。三、鑒於現行實務上，部分公司於全部債券洽證券集中保管事業機構登錄前，仍存在已發行之實體債券並未繳回公司之情形，該實體債券仍為有效之有價證券，具有流通性，其轉讓及設質仍回歸實體債券之方式辦理，爰增訂第三項。

第二百五十八條（公司債存根簿）

公司債存根簿，應將所有債券依次編號，並載明左列事項：

一　公司債債權人之姓名或名稱及住所或居所。

二　第二百四十八條第一項第二款至第四款之事項，第十二款受託人之名稱，第十五款、第十六款之發行擔保及保證、第十八款之轉換及第十九款之可認購事項。

三　公司債發行之年、月、日。

四　各債券持有人取得債券之年、月、日。

無記名債券，應以載明無記名字樣，替代前項第一款之記載。

(90)一、配合第二百四十八條增訂第一項第十九款，爰修正第一項。二、第二項未修正。三、按於公司債存根簿內為虛偽記載者，原即應依刑法有關規定處罰，毋庸於本法中另

*（備置義務）公司二一〇；（債券）公司二五七；（發行擔保）公司二五六；（轉換股份）公司二六二；（無記名債券）公司二六一。

第二百五十九條（債款變更用途之處罰）

公司募集公司債款後，未經申請核准變更，而用於規定事項以外者，處公司負責人一年以下有期徒刑、拘役或科或併科新臺幣六萬元以下罰金，如公司因此受有損害時，對於公司並負賠償責任。

*（公司負責人）公司八；（刑罰種類）刑三三。

第二百六十條（記名式公司債之轉讓）

記名式之公司債券，得由持有人以背書轉讓之。但非將受讓人之姓名或名稱，記載於債券，並將受讓人之姓名或名稱及住所或居所記載於公司債存根簿，不得以其轉讓對抗公司。

*（背書轉讓）公司一六四；（債權之讓與）民二九四、二九五；（存根簿）公司二五八；（公司債券）公司二五七。

第二百六十一條（無記名債券改換為記名式）

債券為無記名式者，債權人得隨時請求改為記名式。

*（記名債券）公司二五八㈠、二六〇；（無記名債券）公司二五八㈢；（公司債券）公司二五七。

第二百六十二條（股份之轉換）

公司債約定得轉換股份者，公司有依其轉換辦法核給股份之義務。但公司債債權人有選擇權。

公司債附認股權者，公司有依其認購辦法核給股份之義務。但認股權憑證持有人有選擇權。

(90)一、現行條文酌作文字修正，俾符實際狀況，列為第一項。二、配合第二百四十八條第一項增訂第十九款「附認股權者，其認購辦法」，對持有認股權憑證者有選擇換股權利之規定，增訂第二項。

*（轉換辦法）公司二四八㈠⑱；（選擇權）民二一一、二四七。

第二百六十三條（債權人會議）

發行公司債之公司，公司債債權人之受託人，或有同次公司債總數百分之五以上之公司債債權人，得為

債權人會議

前項會議之決議，應有代表公司債債權總額四分之三以上債權人之出席，以出席債權人表決權三分之二以上之同意行之，並按每一公司債券最低票面金額有一表決權。

無記名公司債債權人，出席第一項會議者，非於開會五日前將其債券交存公司，不得出席。

(107)一、第一項及第二項未修正。二、依原第三項規定，無記名公司債債權人，出席債權人會議者，準用第一百七十六條股份有限公司無記名股票之股東出席股東會之規定。鑒於無記名股票制度之廢除，本次修法已刪除原第一百七十六條，是以，第三項有關準用之規定，無從準用，爰將準用之法律效果自為規定，以利適用。

＊（公司債）公司二四六；（受託人）公司二四八㈠⑫；（無記名股東出席股東會）公司一七六。

第二百六十四條（議事錄之製成與執行）

前條債權人會議之決議，應製成議事錄，由主席簽名，經申報公司所在地之法院認可並公告後，對全體公司債債權人發生效力，由公司債債權人之受託人執行之。但債權人會議另有指定者，從其指定。

＊（議事錄）公司一八三、二〇七；（簽名）民三，票據五、六；（申報）非訟九〇；（公告）公司二八；（受託人）公司二四八㈠⑫。

第二百六十五條（不予認可之決議）

公司債債權人會議之決議，有左列情事之一者，法院不予認可：

一　召集公司債債權人會議之手續或其決議方法，違反法令或應募書之記載者。

二　決議不依正當方法達成者。

三　決議顯失公正者。

四　決議違反債權人一般利益者。

＊（公司債債權人會議）公司二六三；（認可）公司二六四；（應募書）公司二五二。

第八節　發行新股

第二百六十六條（發行新股之決議）

公司依第一百五十六條第四項分次發行新股，依本節之規定。

公司發行新股時，應由董事會以董事三分之二以上之出席，及出席董事過半數同意之決議行之。

第一百四十一條、第一百四十二條之規定，於發行新股準用之。

(107)一、配合修正條文第一百五十六條項次之調整，爰原第一項「公司依第一百五十六條第二項分次發行新股」修正為「公司依第一百五十六條第四項分次發行新股」；另配合刪除原第二百七十八條，第一項酌作修正。二、第二項及第三項未修正。

＊（分次發行）公司一五六㈡、二七八㈡；（董事會決議）公司二〇六；（催繳股款）公司一四一、一四二。

▲公司增資之新股認受行為，並不以經增資登記為生效要件，認股行為一經成立，認股人即取得公司股東之資格，依公司法之規定，一面就其所認股份對公司負出資責任，一面得享受股東之權利。至增資登記乃公司董事之職責，其未依限登記，公司董事僅應受處罰而已，並非公司基於認股行為對於認股人所負之債務。公司董事不依限辦理增資登記，股東應另謀救濟之道，公司對認受新股之股東，並不因而發生債務不履行或給付遲延之問題。（五七臺上一三七四）

第二百六十七條（發行新股與認股之程序）

公司發行新股時，除經目的事業中央主管機關專案核定者外，應保留發行新股總數百分之十至十五之股份由公司員工承購。

公營事業經該公營事業之主管機關專案核定者，得保留發行新股由員工承購；其保留股份，不得超過發行新股總數百分之十。

公司發行新股時，除依前二項保留者外，應公告及通知原有股東，按照原有股份比例儘先分認，並聲明逾期不認購者，喪失其權利；原有股東持有股份按比例不足分認一新股者，得合併共同認購或歸併一人認購；原有股東未認購者，得公開發行或洽由特定人認購。

前三項新股認購權利，除保留由員工承購者外，得與原有股份分離而獨立轉讓。

第一項、第二項所定保留員工承購股份之規定，於以公積抵充，核發新股予原有股東者，不適用之。

公司對員工依第一項、第二項承購之股份，得限制在一定期間內不得轉讓。但其期間最長不得超過二年。

章程得訂明依第一項規定承購股份之員工，包括符合一定條件之控制或從屬公司員工。

本條規定，對因合併他公司、分割公司、公司重整或依第一百六十七條之二、第二百三十五條之一、第二百六十二條、第二百六十八條之一第一項而增發新股者，不適用之。

公司發行限制員工權利新股者，不適用第一項至第六項之規定，應有代表已發行股份總數三分之二以上股東出席之股東會，以出席股東表決權過半數之同意行之。

公開發行股票之公司出席股東之股份總數不足前項定額者，得以有代表已發行股份總數過半數股東之出席，出席股東表決權三分之二以上之同意行之。

章程得訂明依第九項規定發行限制員工權利新股之對象，包括符合一定條件之控制或從屬公司員工。

公開發行股票之公司依前三項規定發行新股者，其發行數量、發行價格、發行條件及其他應遵行事項，由證券主管機關定之。

公司負責人違反第一項規定者，各處新臺幣二萬元以上十萬元以下罰鍰。

(107)一、第一項至第六項未修正。二、實務上，企業基於經營管理之需，常設立研發、生產或行銷等各種功能之從屬公司，且大型集團企業對集團內各該公司員工所採取之內部規範與獎勵，多一視同仁，因此，為利企業留才，賦予企業運用員工獎酬制度之彈性，故參酌外國實務作法，讓公司得於章程訂明員工庫藏股之實施對象，包含符合一定條件之控制公司或從屬公司員工，以保障流通性及符合實務需要。公司依第一項規定發行新股，應保留一定比率之股份由員工承購，放寬員工之範圍，包括符合一定條件之控制或從屬公司員工，爰增訂第七項。三、原第七項修正移列第八項。一百零四年五月二十日增訂之第二百三十五條之一有關員工酬勞之規定，係為獎勵員工，激勵其士氣，且係以當年度獲利狀況之定額或比率分派，均無保留員工承購及通知股東認股之情形，爰修正明定不適用本條規定。四、原第八項修正移列第九項。依原第八項規定，僅公開發行股票之公司得發行限制員工權利新股，此係一百年六月二十九日增訂，當時基於引進新制度之初，故從公開發行股票之公司先行，俟運作一定期間後，再考慮擴大適用範圍。迄今已過數年，企業亦有要求放寬至非公開發行股票公司之呼聲，爰刪除「公開發行股票之」之文字。五、原第九項修正移列第十項。配合第八項刪除「公開發行股票之」之文字，爰增列「公開發行股票之公司」之文字。六、實務上，企業基於經營管理之需，常設立研發、生產或行銷等各種功能之從屬公司，且大型集團企業對集團內各該公司員工所採取之內部規範與獎勵，多一視同仁，因此，為利企業留才，賦予企業運用員工獎酬制度之彈性，故參酌外國實務作法，讓公司得於章程訂明員工庫藏股之實施對象，包含符合一定條件之控制公司或從屬公司員工，以保障流通性及符合實務需要。爰增訂第十一項，賦予公司發行限制員工權利新股關於員工範圍之彈性。七、原第十項修正移列第十二項。因增訂第十一項，「依前二項」配合修正為「依前三項」。八、原第十一項移列第十三項，內容未修正。

＊（發行新股）公司二六六；（舊股東認股）公司一三一、一三二、一三七、一三八；（股份之共有）公司一六〇；（股份轉讓）公司一六三、一六四；（公積撥充新股）公司二四一；（公司合併）公司三一六以下。

第二百六十八條（公司發行新股之申請核准）

公司發行新股時，除由原有股東及員工全部認足或由特定人協議認購而不公開發行者外，應將下列事項申請證券主管機關核准，公開發行：

一　公司名稱。
二　原定股份總數、已發行數額及金額。
三　發行新股總數、每股金額及其他發行條件。
四　證券主管機關規定之財務報表。
五　增資計畫。
六　發行特別股者，其種類、股數、每股金額及第一百五十七條第一項第一款至第三款、第六款及第八款事項。
七　發行認股權憑證或附認股權特別股者，其可認購股份數額及其認股辦法。
八　代收股款之銀行或郵局名稱及地址。
九　有承銷或代銷機構者，其名稱及約定事項。
十　發行新股決議之議事錄。
十一　證券主管機關規定之其他事項。

公司就前項各款事項有變更時，應即向證券主管機關申請更正；公司負責人不為申請更正者，由證券主管機關各處新臺幣一萬元以上五萬元以下罰鍰。

第一項第二款至第四款及第六款，由會計師查核簽證；第八款、第九款，由律師查核簽證。

第一項、第二項規定，對於第二百六十七條第五項之發行新股，不適用之。

公司發行新股之股數、認股權憑證或附認股權特別股可認購股份數額加計已發行股份總數、已發行轉換公司債可轉換股份總數、已發行附認股權公司債可認購股份總數、已發行附認股權特別股可認購股份總數及已發行認股權憑證可認購股份總數，如超過公司章程所定股份總數時，應先完成變更章程增加資本額後，始得為之。

(107)一、配合法制作業用語，第一項序文之「左列」修正為「下列」；另配合證券交易法第三條「主管機關」一詞，爰將第一項序文、第四款、第十一款及第二項之「證券管理機關」修正為「證券主管機關」。又鑒於修正條文第一百五十七條已分項規範相關事宜，其第三項針對公開發行股票公司已排除特殊類型特別股之適用，爰配合修正第一項第六款。二、第三項及第四項未修正。三、原第五項規定適用於所有公司發行新股之情形，不限定第四項，爰將「前項」修正為「公司」。

＊（審核）公司二四八；（資產負債表）公司二〇；（不公開之發行）公司二七二；（特別股）公司一五七；（主管機關）公司五；（股份總數）公司一二九③、一五六。

第二百六十八條之一（認股權憑證）

公司發行認股權憑證或附認股權特別股者，有依其認股辦法核給股份之義務，不受第二百六十九條及第二百七十條規定之限制。但認股權憑證持有人有選擇權。

第二百六十六條第二項、第二百七十一條第一項、第二項、第二百七十二條及第二百七十三條第二項、第三項之規定，於公司發行認股權憑證時，準用之。

(90)一、本條新增。二、配合第二百六十八條第五項之增訂附認股權方式發行新股，尚非屬現金發行新股，自不受第二百六十九條、第二百七十條規定之限制；另其他相關發行新股之決議方式或限制規定，仍應準用之，爰增訂本條。

第二百六十九條（公開發行新股之限制）

公司有左列情形之一者，不得公開發行具有優先權利之特別股：

一　最近三年或開業不及三年之開業年度課稅後之平均淨利，不足支付已發行及擬發行之特別股股息者。
二　對於已發行之特別股約定股息，未能按期支付者。

＊（特別股）公司一三二㊂、一三七、一五七、一五八；（股息）公司二三五。

第二百七十條（公開發行新股之禁止）

公司有左列情形之一者，不得公開發行新股：

一　最近連續二年有虧損者。但依其事業性質，須有較長準備期間或具有健全之營業計畫，確能改善營利能力者，不在此限。
二　資產不足抵償債務者。

(90)修正第一款，明定「最近」連續二年有虧損者，始不得發行新股，以資明確。

＊（公司債發行之禁止）公司二四七、二四九、二五〇；（具有優先權利之特別股之發行）公司二六九。

第二百七十一條（核准之撤銷）

公司公開發行新股經核准後，如發現其申請事項，有違反法令或虛偽情形時，證券管理機關得撤銷其核准。

為前項撤銷核准時未發行者停止發行已發行者股份持有人得於撤銷時起向公司依股票原定發行金額加算法定利息請求返還因此所發生之損害並得請求賠償。

第一百三十五條第二項之規定，於本條準用之。

＊（發行新股之核准）公司二六八㈠；（法定利息）民二〇三；（損害賠償）民二一三～二一八；（公司負責人之刑責）公司一三五㈡。

第二百七十二條（出資之種類）

公司公開發行新股時應以現金為股款，但由原有股東認購或由特定人協議認購，而不公開發行者，得以公司事業所需之財產為出資。

＊（財產出資）公司二七四；（原股東認購）公司二六七㈢；（不公開發行）公司二六八㈠。

第二百七十三條（公司發行新股認股書之備置）

公司公開發行新股時，董事會應備置認股書，載明下列事項，由認股人填寫所認股數、種類、金額及其住所或居所簽名或蓋章：

一　第一百二十九條及第一百三十條第一項之事項。

二　原定股份總數，或增加資本後股份總數中已發行之數額及其金額。

三　第二百六十八條第一項第三款至第十一款之事項。

四　股款繳納日期。

公司公開發行新股時，除在前項認股書加記證券主管機關核准文號及年、月、日外，並應將前項各款事項，於證券主管機關核准通知到達後三十日內，加記核准文號及年、月、日公告並發行之。但營業報告、財產目錄、議事錄、承銷或代銷機構約定事項，得免予公告。

超過前項期限仍須公開發行時，應重行申請。

代表公司之董事，違反第一項規定，不備置認股書者，由證券主管機關處新臺幣一萬元以上五萬元以下罰鍰。

⑩⑦一、配合法制作業用語，第一項序文「左列」修正為「下列」。第一款之「第一百二十九條第一項第一款至第六款」部分，鑒於第一百二十九條並未分項，且共有六款，並全為應載明事項，爰刪除「第一項第一款至第六款」之文字，以資精簡；又「第一百三十條」修正為「第一百三十條第一項」。二、配合證券交易法第三條「主管機關」一詞，第二項「證券管理機關」修正為「證券主管機關」。三、第三項未修正。四、配合無記名股票制度之廢除，爰刪除原第四項。五、原第五項移列第四項，並配合證券交易法第三條「主管機關」一詞，將「證券管理機關」修正為「證券主管機關」。

＊（募集設立之認股書）公司一三八；（股數）公司一三七、二六七；（金額）公司一五六；（核准）公司二六八㈠；（無記名股票）公司一六六。

第二百七十四條（不公開發行之認股書）

公司發行新股，而依第二百七十二條但書不公開發行時，仍應依前條第一項之規定，備置認股書；如以現金以外之財產抵繳股款者，並於認股書加載其姓名或名稱及其財產之種類、數量、價格或估價之標準及公司核給之股數。

前項財產出資實行後，董事會應送請監察人查核加具意見，報請主管機關核定之。

⑨⓪一、配合第四百十九條第一項第四款之刪除，爰修正第一項後段之文字。二、第二項未修正。三、第七條已賦予會計師查核簽證之責，並配合第四百十九條第二項之刪除，爰刪除現行條文第三項。

＊（不公開發行）公司二六七、二六八、二七二；（認股書）公司二七三；（財產出資）公司二七二。

第二百七十五條（刪除）

⑨⓪一、本條刪除。二、按董事、監察人任期於公司章程中均已明定，且各公司現金增資額度不一，若辦理現金增資即須應少數股東之請求改選董事監察人，易引起公司經營權紛爭，爰刪除本條規定，以杜爭議。

第二百七十六條（催告與撤回認股）

發行新股超過股款繳納期限，而仍有未經認購或已認購而撤回或未繳股款者，其已認購而繳款之股東，得定一個月以上之期限，催告公司使認購足額並繳足股款，逾期不能完成時，得撤回認股，由公司返回其股款，並加給法定利息。

有行為之董事，對於因前項情事所致公司之損害，應負連帶賠償責任。

＊（納款期限）公司二七三㈠④；（認股）公司二七三㈠；（法定利息）民二〇三；（撤回認股）公司一五二；（連帶賠償責任）民二七二～二八二。

第九節　變更章程

第二百七十七條（變更章程）

公司非經股東會決議，不得變更章程。

前項股東會之決議，應有代表已發行股份總數三分之二以上之股東出席，以出席股東表決權過半數之同意行之。

公開發行股票之公司，出席股東之股份總數不足前項定額者，得以有代表已發行股份總數過半數股東之出席，出席股東表決權三分之二以上之同意行之。

前二項出席股東股份總數及表決權數，章程有較高之規定者，從其規定。

＊（變更章程）公司一五九；（表決權）公司一七九、一八〇；（股份總數）公司一二九③、一五六、一八〇㈠。

▲釋一〇〇。

第二百七十八條（刪除）

⑩⑦一、本條刪除。二、在授權資本制之下，公司得於章程所定股份總數（即授權股份數）之範圍內，按照實際需要，經董事會決議，分次發行股份，無庸經變更章程之程序。倘公司欲發行新股之股數加計已發行股份數，逾章程所定股份總數時，應允許公司可逕變更章程將章程所定股份總數提高，不待公司將已規定之股份總數，全數發行後，始得變更章程提高章程所定股份總數（增加資本），原第一項規定限制公司應將章程所定股份總數全數發行後，始得增加資本，並無必要，爰予刪除，以利公司於適當時機增加資本，便利企業運作。三、增加資本後之股份總數，本得分次發行，不待規定，爰刪除原第二項。

第二百七十九條（減資之程序）

因減少資本換發新股票時，公司應於減資登記後，定六個月以上之期限，通知各股東換取，並聲明逾期不換取者，喪失其股東之權利。

股東於前項期限內不換取者，即喪失其股東之權利，公司得將其股份拍賣，以賣得之金額，給付該股東。

公司負責人違反第一項通知期限之規定時，各處新臺幣三千元以上一萬五千元以下罰鍰。

⑩一、配合無記名股票制度之廢除，刪除原第一項有關無記名股票之規定。二、第二項未修正。三、配合第一項之修正，第三項刪除「或公告」之文字。另「公司負責人違反本條」修正為「公司負責人違反第一項」，以符法制作業用語。

*（期間）民一二一、一二三；（無記名股票）公司一六六；（公告）公司二八；（拍賣）民三九一～三九七；（公司負責人）公司八。

第二百八十條　（股份合併）

因減少資本而合併股份時，其不適於合併之股份之處理，準用前條第二項之規定。

*（減資）公司二七九；（股份）公司一五六；（股份拍賣）公司二七九㊁。

第二百八十一條　（表冊編造、通知、公告之準用規定）

第七十三條及第七十四條之規定，於減少資本準用之。

*（表冊編造與通知公告）公司七三、七四。

第十節　公司重整

第二百八十二條　（重整聲請）

公開發行股票或公司債之公司因財務困難，暫停營業或有停業之虞，而有重建更生之可能者，得由公司或下列利害關係人之一向法院聲請重整：

一　繼續六個月以上持有已發行股份總數百分之十以上股份之股東。

二　相當於公司已發行股份總數金額百分之十以上之公司債權人。

三　工會。

四　公司三分之二以上之受僱員工。

公司為前項聲請，應經董事會以董事三分之二以上之出席及出席董事過半數同意之決議行之。

第一項第三款所稱之工會，指下列工會：

一　企業工會。

二　會員受僱於公司之人數，逾其所僱用勞工人數二分之一之產業工會。

三　會員受僱於公司之人數，逾其所僱用具同類職業技能勞工人數二分之一之職業工會。

第一項第四款所稱之受僱員工，以聲請時公司勞工保險投保名冊人數為準。

⑩一、原「公司法」第二百八十二條規定，公開發行股票或公司債之公司因財務困難，暫停營業或有停業之虞，若有重建更生之可能，法條文義僅賦予公司董事會、繼續六個月以上持有已發行股份總數百分之十以上股份之股東及相當於公司已發行股份總數金額百分之十以上之公司債權人有公司重整聲請權，完全忽略、漠視公司停業後受害最深廣大員工權益。二、若公司能重整成功，對於公司債權人債權之確保、公司應負之社會責任、員工家庭生計及社會經濟均有極大之助益，實應賦予工會或一定比例以上之公司員工有公司重整聲請權。爰於第一項增列第三款及第四款，賦予工會或三分之二以上之受僱員工亦得向法院聲請公司重整之權，俾符合「公司法」希望公司透過重整繼續經營維持，並兼顧公司債權人之債權確保及股東之權益保障及維持員工家庭生計之立法意旨。三、第三項、第四項增訂有聲請權之工會及受僱勞工之範圍，以臻明確。

*（裁定）民訴二三四以下；（董事會）公司一九二；（股份總數）公司一二九③、一五六、一八〇㊀；（董事會決議）公司二〇六。

第二百八十三條　（聲請書狀）

公司重整之聲請，應由聲請人以書狀連同副本五份，載明下列事項，向法院為之：

一　聲請人之姓名及住所或居所；聲請人為法人、其他團體或機關者，其名稱及公務所、事務所或營業所。

二　有法定代理人、代理人者，其姓名、住所或居所，及法定代理人與聲請人之關係。

三　公司名稱、所在地、事務所或營業所及代表公司之負責人姓名、住所或居所。

四　聲請之原因及事實。

五　公司所營事業及業務狀況。

六　公司最近一年度依第二百二十八條規定所編造之表冊；聲請日期已逾年度開始六個月者，應另送上半年之資產負債表。

七　對於公司重整之具體意見。

前項第五款至第七款之事項，得以附件補充之。

公司為聲請時，應提出重整之具體方案。股東、債權人、工會或受僱員工為聲請時，應檢同釋明其資格之文件，對第一項第五款及第六款之事項，得免予記載。

⑩公司法第二百八十二條已增訂賦予工會及三分之二以上之受僱員工有公司重整聲請權，本條亦配合修訂。

*（書狀）民訴一一六以下；（聲請人）公司二八二；（所營事業）公司一五、一二九②；（議事錄）公司二〇七；（釋明）民訴二八四。

第二百八十三條之一　（重整聲請裁定駁回之情形）

重整之聲請，有左列情形之一者，法院應裁定駁回：

一　聲請程序不合者。但可以補正者，應限期命其補正。

二　公司未依本法公開發行股票或公司債者。

三　公司經宣告破產已確定者。

四　公司依破產法所為之和解決議已確定者。

五　公司已解散者。

六　公司被勒令停業限期清理者。

⑩一、本條新增。二、法院收到重整之聲請後，應先就形式要件不合者，裁定駁回，以節省人力、物力，爰將現行條文第二百八十八條第一項第一款、第二款及第四款至第六款有關形式要件部分移至本條，並配合銀行法第六十二條之七增訂「公司被勒令停業限期清理者」，重整程序應予停止，是以，仍有本條之適用，並酌作文字修正。

第二百八十四條　（裁定前之意見徵詢）

法院對於重整之聲請，除依前條之規定裁定駁回者外，應即將聲請書狀副本，檢送主管機關、目的事業中央主管機關、中央金融主管機關及證券管理機關，並徵詢其關於應否重整之具體意見。

法院對於重整之聲請，並得徵詢本公司所在地之稅捐稽徵機關及其他有關機關、團體之意見。

前二項被徵詢意見之機關，應於三十日內提出意見。」

聲請人為股東或債權人時，法院應檢同聲請書狀副本通知該公司。

⑨⓪一、第一項法院應徵詢重整意見之機關，增列「中央金融主管機關」，俾由其彙整債權銀行對公司重整之具體意見，又本項末段「……並徵詢其意見」乙節文字修正為「……並徵詢其關於應否重整之具體意見」，以資明確。二、公司繳納稅捐之情形，有助於瞭解公司之營運情形，而為法院裁定准駁重整之重要參考因素，爰增訂第二項，公司聲請重整時，法院得徵詢本公司所在地稅捐稽徵機關及其他機關、團體之意見，以資周延。三、為避免因第一項及第二項之機關，提出意見時間過長，致妨害重整時效，爰增訂第三項。四、原修正草案條文第二項順移列為第四項。

＊（書狀副本）公司一八三；（主管機關）公司五。

第二百八十五條（檢查人之選任與調查）

法院除為前條徵詢外，並得就對公司業務具有專門學識、經營經驗而非利害關係人者，選任為檢查人，就左列事項於選任後三十日內調查完畢報告法院：

一　公司業務、財務狀況及資產估價。

二　依公司業務、財務、資產及生產設備之分析，是否尚有重建更生之可能。

三　公司以往業務經營之得失及公司負責人執行業務有無怠忽或不當情形。

四　聲請書狀所記載事項有無虛偽不實情形。

五　聲請人為公司者，其所提重整方案之可行性。

六　其他有關重整之方案。

檢查人對於公司業務或財務有關之一切簿冊、文件及財產，得加以檢查。公司之董事、監察人、經理人或其他職員，對於檢查人關於業務財務之詢問，有答覆之義務。

公司之董事、監察人、經理人或其他職員，拒絕前項檢查，或對前項詢問無正當理由不為答覆，或為虛偽陳述者，處新臺幣二萬元以上十萬元以下罰鍰。

⑨⓪一、法院裁定准駁重整，檢查人之調查報告，至關重要，故檢查人對公司各種事項應詳加調查並提出具體建議，爰增訂第一項第五款、第六款，並修正第一項第一款至第四款。又配合前條修正，刪除第一項序文中「第一項」之文字。二、參酌民法第四十三條之規定，爰將第三項刑事罰規定，修正為行政罰鍰。又罰鍰數額酌予調整。三、第二項未修正。

＊（檢查人）公司一七三㈢、一八四㈡、二四五㈠、三五二；（公司負責人）公司八。

第二百八十五條之一（裁定之執行）

法院依檢查人之報告，並參考目的事業中央主管機關、證券管理機關、中央金融主管機關及其他有關機關、團體之意見，應於收受重整聲請後一百二十日內，為准許或駁回重整之裁定，並通知各有關機關。

前項一百二十日之期間，法院得以裁定延長之，每次延長不得超過三十日。但以二次為限。

有左列情形之一者，法院應裁定駁回重整之聲請：

一　聲請書狀所記載事項有虛偽不實者。

二　依公司業務及財務狀況無重建更生之可能者。

法院依前項第二款於裁定駁回時，其合於破產規定者，法院得依職權宣告破產。

⑨⓪一、本條新增。二、檢查人之報告對於法院准駁重整，具有重大影響，又公司重整係緊急事件，為爭取時效，法院依檢查人報告並參考目的事業中央主管機關、中央金融主管機關、證券管理機關及其他有關機關、團體等之意見，為准駁重整之裁定，爰增訂第一項。三、第二項明定法院裁定之延長期限。四、第三項係由現行條文第二百八十八條第三款及第七款移列，並酌作文字修正。五、依公司狀況無重建更生之可能者，於法院裁定駁回時，倘合於破產規定者，法院得依職權宣告破產，以節省程序，爰增訂第四項。

第二百八十六條（造報名冊之命令）

法院於裁定重整前，得命公司負責人，於七日內就公司債權人及股東，依其權利之性質，分別造報名冊，並註明住所或居所及債權或股份總金額。

＊（裁定）民訴二三四以下；（公司負責人）公司八。

第二百八十七條（裁定前法院之處分）

法院為公司重整之裁定前，得因公司或利害關係人之聲請或依職權，以裁定為左列各款處分：

一　公司財產之保全處分。

二　公司業務之限制。

三　公司履行債務及對公司行使債權之限制。

四　公司破產、和解或強制執行等程序之停止。

五　公司記名式股票轉讓之禁止。

六　公司負責人，對於公司損害賠償責任之查定及其財產之保全處分。

前項處分，除法院准予重整外，其期間不得超過九十日；必要時，法院得由公司或利害關係人之聲請或依職權以裁定延長之；其延長期間不得超過九十日。

前項期間屆滿前，重整之聲請駁回確定者，第一項之裁定失其效力。

法院為第一項之裁定時，應將裁定通知證券管理機關及相關之目的事業中央主管機關。

⑨⓪一、配合第二百八十二條第一項之修正，於本條第一項及第二項「……利害關係人」前增列「公司或」文字。二、配合第二百九十四條規定，第一項第四款之「中止」修正為「停止」；其餘各款未修正。三、為維護利害關係人之權益，避免企業利用處分期間從事不當行為，而對於處分期間之延長，除須經法院裁定外，亦限制其延長期限不得超過九十日，爰刪除現行條文第二項之「每次」及但書之規定。四、為避免公司利用重整作為延期償付債務之手段，及貫徹本法立法意旨，法院既經裁定確定駁回重整，則各種緊急處分，自應失其效力，爰增訂第三項。五、為使證券管理機關及目的事業中央主管機關立即獲悉法院為第一項各款之處分情形，俾便停止該公司股票交易及各種處理，以保障投資大眾及交易安全，爰增訂第四項。

＊（保全處分）民訴五二二～五三八；（記名股票之轉讓）公司一六四；（期間）民一二〇～一二二，民訴一六〇～一六一；（延長期間）民訴一六三；（執行方法）非訟一八六、一八七。

第二百八十八條（刪除）

⑨⓪一、本條刪除。二、現行條文第一款、第二款、第四款至

第六款已移至第二百八十三條之一，第三款及第七款已列入第二百八十五條之一第三項，爰刪除本條之規定。

第二百八十九條 （重整監督人之選任）

法院為重整裁定時，應就對公司業務具有專門學識及經營經驗者或金融機構，選任為重整監督人，並決定下列事項：

一　債權及股東權之申報期日及場所，其期間應在裁定之日起十日以上，三十日以下。

二　所申報之債權及股東權之審查期日及場所，其期間應在前款申報期間屆滿後十日以內。

三　第一次關係人會議期日及場所，其期日應在第一款申報期間屆滿後三十日以內。

前項重整監督人，應受法院監督，並得由法院隨時改選。

重整監督人有數人時，關於重整事務之監督執行，以其過半數之同意行之。

*（裁定）民訴二三四以下；（期間期日）民訴一六一，民一二〇以下；（關係人）公司二八二、三〇〇；（關係人會議）公司三〇〇～三〇二；（重整監督人）公司二九七、二九八。

第二百九十條 （重整人）

公司重整人由法院就債權人、股東、董事、目的事業中央主管機關或證券管理機關推薦之專家中選派之。

第三十條之規定，於前項公司重整人準用之。

關係人會議，依第三百零二條分組行使表決權之結果，有二組以上主張另行選定重整人時，得提出候選人名單，聲請法院選派之。

重整人有數人時，關於重整事務之執行，以其過半數之同意行之。

重整人執行職務應受重整監督人之監督，其有違法或不當情事者，重整監督人得聲請法院解除其職務，另行選派之。

重整人為下列行為時，應於事前徵得重整監督人之許可：

一　營業行為以外之公司財產之處分。

二　公司業務或經營方法之變更。

三　借款。

四　重要或長期性契約之訂立或解除，其範圍由重整監督人定之。

五　訴訟或仲裁之進行。

六　公司權利之拋棄或讓與。

七　他人行使取回權、解除權或抵銷權事件之處理。

八　公司重要人事之任免。

九　其他經法院限制之行為。

*（董事）公司一九二㈠；（關係人會議）公司三〇〇～三〇二；（重整監督人）公司二八九；（仲裁）仲裁一、一〇；（解除權）民二五八；（抵銷權）民三三四，破產一一三。

第二百九十一條 （重整裁定之公告送達與帳簿之截止）

法院為重整裁定後，應即公告下列事項：

一　重整裁定之主文及其年、月、日。

二　重整監督人、重整人之姓名或名稱、住址或處所。

三　第二百八十九條第一項所定期間、期日及場所。

四　公司債權人怠於申報權利時，其法律效果。

法院對於重整監督人、重整人、公司已知之公司債權人及股東，仍應將前項裁定及所列各事項，以書面送達之。

法院於前項裁定送達公司時，應派書記官於公司帳簿，記明截止意旨，簽名或蓋章，並作成節略，載明帳簿狀況。

(107)一、配合法制作業用語，第一項序文「左列」修正為「下列」。又配合無記名股票制度之廢除，刪除原第四款有關無記名股票之規定。二、第二項及第三項未修正。

*（公告）公司二八；（無記名股票）公司一六六；（裁定）民訴二三四以下；（送達）民訴一二三以下；（簽名蓋章）民三，票據五、六。

第二百九十二條 （重整開始之登記）

法院為重整裁定後，應檢同裁定書，通知主管機關，為重整開始之登記，並由公司將裁定書影本黏貼於該公司所在地公告處。

*（主管機關）公司五。

第二百九十三條 （重整裁定之效力）

重整裁定送達公司後，公司業務之經營及財產之管理處分權移屬於重整人，由重整監督人監督交接，並聲報法院，公司股東會、董事及監察人之職權，應予停止。

前項交接時，公司董事及經理人，應將有關公司業務及財務之一切帳冊、文件與公司之一切財產，移交重整人。

公司之董事、監察人、經理人或其他職員，對於重整監督人或重整人所為關於業務或財務狀況之詢問，有答覆之義務。

公司之董事、監察人、經理人或其他職員，有左列行為之一者，各處一年以下有期徒刑、拘役或科或併科新臺幣六萬元以下罰金：

一　拒絕移交。

二　隱匿或毀損有關公司業務或財務狀況之帳冊文件。

三　隱匿或毀棄公司財產或為其他不利於債權人之處分。

四　無故對前項詢問不為答覆。

五　捏造債務或承認不真實之債務。

*（重整裁定之送達）公司二九一㈢；（重整人）公司二九〇；（重整監督人）公司二八九。

第二百九十四條 （訴訟程序之終止）

裁定重整後，公司之破產、和解、強制執行及因財產關係所生之訴訟等程序，當然停止。

*（當然停止）民訴一七三、一八二㈠、一八二～一八五。

第二百九十五條（裁定後法院之處分）

法院依第二百八十七條第一項第一、第二、第五及第六各款所為之處分，不因裁定重整失其效力，其未為各該款處分者，於裁定重整後，仍得依利害關係人或重整監督人之聲請或依職權裁定之。

*（各項處分之裁定）公司二八七；（重整監督人）公司二八九。

第二百九十六條（重整債權之種類與限制）

對公司之債權，在重整裁定前成立者，為重整債權，其依法享有優先受償權者，為優先重整債權，其有抵押權、質權或留置權為擔保者，為有擔保重整債權，無此項擔保者，為無擔保重整債權，各該債權，非依重整程序，均不得行使權利。

破產法破產債權節之規定，於前項債權準用之，但其中有關別除權及優先權之規定不在此限。

取回權、解除權或抵銷權之行使，應向重整人為之。

*（優先受償權）公司三一二，破產九七，海商二四；（抵押權）民八六〇；（質權）民八八四；（留置權）民九二八；（破產債權）破產九八～一一五；（別除權）破產一〇八、一〇九；（優先權）破產一一二；（解除權）民二五八；（抵銷權）破產一一三，民三三四。

第二百九十七條（債權之申報及效力）

重整債權人，應提出足資證明其權利存在之文件，向重整監督人申報，經申報者，其時效中斷；未經申報者，不得依重整程序受清償。

前項應為申報之人，因不可歸責於自己之事由，致未依限申報者，得於事由終止後十五日內補報之。但重整計畫已經關係人會議可決時，不得補報。

股東之權利，依股東名簿之記載。

⑩一、第一項未修正。二、原第三項移列第二項，並酌作修正。三、原第二項修正移列第三項。配合無記名股票制度之廢除，刪除原第二項有關無記名股東之規定，毋庸再區別記名股東與無記名股東如何行使權利，爰「公司記名股東」刪除「公司記名」之文字。

*（申報）公司二八九；（時效）民一二五～一二七、一二九、一七一；（無記名股東）公司一六六；（股東名簿）公司一六九；（關係人會議）公司三〇〇～三〇二。

第二百九十八條（重整監督人之任務）

重整監督人，於權利申報期間屆滿後，應依其初步審查之結果，分別製作優先重整債權人、有擔保重整債權人、無擔保重整債權人及股東清冊，載明權利之性質、金額及表決權數額，於第二百八十九條第一項第二款期日之三日前，聲報法院及備置於適當處所，並公告其開始備置日期及處所，以供重整債權人、股東及其他利害關係人查閱。

重整債權人之表決權，以其債權之金額比例定之；股東表決權，依公司章程之規定。

*（重整監督人）公司二八九；（申報）公司二八九㈠、二九七；（債權種類）公司二九六㈠；（表決權）公司一七九。

第二百九十九條（重整債權、股東權之審查）

法院審查重整債權，及股東權之期日，重整監督人、重整人及公司負責人，應到場備詢；重整債權人、股東及其他利害關係人，得到場陳述意見。

有異議之債權或股東權，由法院裁定之。

就債權或股東權有實體上之爭執者，應由有爭執之利害關係人，於前項裁定送達後二十日內提起確認之訴，並應向法院為起訴之證明；經起訴後在判決確定前，仍依前項裁定之內容及數額行使其權利。但依重整計畫受清償時，應予提存。

重整債權或股東權，在法院宣告審查終結前，未經異議者，視為確定；對公司及全體股東、債權人有確定判決同一之效力。

*（審查期日）公司二八九㈠②；（重整監督人）公司二八九；（重整人）公司二九〇；（判決確定）民訴三九八、四〇〇；（送達）民訴一二三以下、二二九、二三九；（確認之訴）民訴二四七；（起訴）民訴二四四。

第三百條（關係人會議）

重整債權人及股東，為公司重整之關係人，出席關係人會議因故不能出席時，得委託他人代理出席。

關係人會議由重整監督人為主席，並召集除第一次以外之關係人會議。

重整監督人，依前項規定召集會議時，於五日前訂明會議事由，以通知及公告為之。一次集會未能結束，經重整監督人當場宣告連續或展期舉行者，得免為通知及公告。

關係人會議開會時，重整人及公司負責人應列席備詢。

公司負責人無正當理由對前項詢問不為答覆或為虛偽之答覆者，各處一年以下有期徒刑、拘役或科或併科新臺幣六萬元以下罰金。

*（重整監督人）公司二八九；（第一次關係人會議）公司二八九㈠③；（公告）公司二八；（重整人）公司二九〇；（公司負責人）公司八；（刑之種類）刑三三。

第三百零一條（關係人會議之任務）

關係人會議之任務如左：

一　聽取關於公司業務與財務狀況之報告及對於公司重整之意見。

二　審議及表決重整計畫。

三　決議其他有關重整之事項。

*（關係人）公司三〇〇㈠；（重整計畫）公司三〇三、三〇四。

第三百零二條（關係人會議之決議）

關係人會議，應分別按第二百九十八條第一項規定之權利人分組行使其表決權，其決議以經各組表決權總額二分之一以上之同意行之。

公司無資本淨值時，股東組不得行使表決權。

*（關係人會議）公司二八九、三〇〇；（分組）公司二九八；（重整計畫）公司三〇三、三〇四。

第三百零三條（重整計畫之擬訂）

重整人應擬訂重整計畫，連同公司業務及財務報表，提請第一次關係人會議審查。

重整人經依第二百九十條之規定另選者，重整計畫，應由新任重整人於一個月內提出之。

*（重整計畫）公司三〇四；（第一次關係人會議）公司二八九㈠③；（重整人）公司二九〇。

第三百零四條　（重整計畫之內容）

公司重整如有左列事項，應訂明於重整計畫：

一　全部或一部重整債權人或股東權利之變更。

二　全部或一部營業之變更。

三　財產之處分。

四　債務清償方法及其資金來源。

五　公司資產之估價標準及方法。

六　章程之變更。

七　員工之調整或裁減。

八　新股或公司債之發行。

九　其他必要事項。

前項重整計畫之執行，除債務清償期限外，自法院裁定認可確定之日起算不得超過一年；其有正當理由，不能於一年內完成時，得經重整監督人許可，聲請法院裁定延展期限；期限屆滿仍未完成者，法院得依職權或依關係人之聲請裁定終止重整。

⑨⓪一、現行條文第一項第六款「公司之改組」，概念並不確定，容易引起爭議，爰予刪除。第一項序文酌作文字修正，其餘各款未修正。二、按重整計畫之執行應有一定期限，以避免重整人藉故拖延時日，影響股東及債權人權益，現行規定其執行期間為一年，惟就何時起算並無明文規定，爰修正規定「自法院裁定認可確定之日起算」，以資明確；又重整計畫之執行，程序上繁簡不一，若未能於一年內完成而有正當理由者，自宜許其延展，故明定應經重整監督人許可後，聲請法院裁定准予延展期限，俾加強監督；屆期仍未完成者，則公司已無重建更生之可能，法院自得依職權或聲請裁定終止重整，以杜流弊，爰修正第二項，並酌作文字修正。

*（變更章程）公司二七七以下；（發行新股）公司二六六；（公司債）公司二四六。

第三百零五條　（重整計畫之執行與效力）

重整計畫經關係人會議可決者，重整人應聲請法院裁定認可後執行之，並報主管機關備查。

前項法院認可之重整計畫，對於公司及關係人均有拘束力，其所載之給付義務，適於為強制執行之標的者，並得逕予強制執行。

⑨⓪一、臺灣省政府功能業務與組織調整後，在臺灣省部分由經濟部辦理，在直轄市部分由直轄市政府辦理，爰刪除第一項之「中央」二字。二、第二項未修正。

*（關係人會議）公司三〇〇；（表決）公司三〇二；（主管機關）公司五；（關係人）公司三〇〇㈠。

第三百零六條　（重整計畫之變更與終止）

重整計畫未得關係人會議有表決權各組之可決時，重整監督人應即報告法院，法院得依公正合理之原則，指示變更方針，命關係人會議在一個月內再予審查。

前項重整計畫，經指示變更再予審查，仍未獲關係人會議可決時，應裁定終止重整。但公司確有重整之價值者，法院就其不同意之組，得以下列方法之一，修正重整計畫裁定認可之：

一　有擔保重整債權人之擔保財產，隨同債權移轉於重整後之公司，其權利仍存續不變。

二　有擔保重整債權人，對於擔保之財產；無擔保重整債權人，對於可充清償其債權之財產；股東對於可充分派之賸餘財產；均得分別依公正交易價額，各按應得之份，處分清償或分派承受或提存之。

三　其他有利於公司業務維持及債權人權利保障之公正合理方法。

前條第一項或前項重整計畫，因情事變遷或有正當理由致不能或無須執行時，法院得因重整監督人、重整人或關係人之聲請，以裁定命關係人會議重行審查，其顯無重整之可能或必要者，得裁定終止重整。

前項重行審查可決之重整計畫，仍應聲請法院裁定認可。

關係人會議，未能於重整裁定送達公司後一年內可決重整計畫者，法院得依聲請或依職權裁定終止重整；其經法院依第三項裁定命重行審查，而未能於裁定送達後一年內可決重整計畫者，亦同。

*（表決權）公司三〇二㈢；（可決）公司三〇二㈠；（重整監督人）公司二八九；（提存）民三二六；（裁定）民訴二三四以下，非訟一八八；（終止重整）公司三〇七、三〇八；（情事變更）民訴三九七；（重整人）公司二九〇；（關係人）公司三〇〇。

第三百零七條　（徵詢意見及終止後之處理）

法院為前二條處理時，應徵詢主管機關、目的事業中央主管機關及證券管理機關之意見。

法院為終止重整之裁定，應檢同裁定書通知主管機關；裁定確定時，主管機關應即為終止重整之登記；其合於破產規定者，法院得依職權宣告其破產。

⑨⓪一、第一項照列原修正草案條文第一項。二、登記機關應於法院之終止重整裁定確定後，始為終止重整之登記，爰修正第二項規定。

*（主管機關）公司五；（終止重整之裁定）公司三〇六、三〇八。

第三百零八條　（終止重整之效力）

法院裁定終止重整，除依職權宣告公司破產者，依破產法之規定外，有左列效力：

一　依第二百八十七條、第二百九十四條、第二百九十五條或第二百九十六條所為之處分或所生之效力，均失效力。

二　因怠於申報權利，而不能行使權利者，恢復其權利。

三　因裁定重整而停止之股東會、董事及監察人之職權，應即恢復。

*（各項處分之裁定）公司二八七、二九五；（程序中止）公司二九四；（債權行使之限制）公司二九六；（怠於申請而不能行使之權利）公司二九七；（股東會職權之停止）公司二九三㈠。

第三百零九條　（重整中之變通處理）

公司重整中下列各款規定如與事實確有扞格時經重整人聲請法院得裁定另作適當之處理：

一　第二百七十七條變更章程之規定。

二　第二百七十九條及第二百八十一條減資之通知公告期間及限制之規定。

三　第二百六十八條至第二百七十條及第二百七十六條發行新股之規定。

四　第二百四十八條至第二百五十條，發行公司債之規定。

五　第一百二十八條、第一百三十三條、第一百四十八條至第一百五十條及第一百五十五條設立公司之規定。

六　第二百七十二條出資種類之規定。

(107)配合法制作業用語，序文之「左列」修正為「下列」。配合刪除原第二百七十八條，爰刪除原第二款。原第三款至第七款依序順移為第二款至第六款。

＊（重整人）公司二九〇；（裁定）民訴二三四以下。

第三百十條（重整之完成）

公司重整人，應於重整計畫所定期限內完成重整工作；重整完成時應聲請法院為重整完成之裁定，並於裁定確定後，召集重整後之股東會選任董事、監察人。

前項董事、監察人於就任後，應會同重整人向主管機關申請登記或變更登記。

(90)一、按重整完成，應由重整人聲請法院為重整完成之裁定，並於裁定確定後，召集重整後股東會選任董監事，始符合程序，爰修正第一項。二、又董監事就任後，即應會同重整人向主管機關申請登記或變更登記，較為妥適，爰修正第二項。

＊（重整人）公司二九〇；（重整計畫所定期限）公司三〇四㈡；（股東會之召集）公司一七一～一七三；（主管機關）公司五。

第三百十一條（重整完成之效力）

公司重整完成後，有下列效力：

一　已申報之債權未受清償部分，除依重整計畫處理移轉重整後之公司承受者外，其請求權消滅；未申報之債權亦同。

二　股東股權經重整而變更或減除之部分，其權利消滅。

三　重整裁定前，公司之破產、和解、強制執行及因財產關係所生之訴訟等程序，即行失其效力。

公司債權人對公司債務之保證人及其他共同債務人之權利，不因公司重整而受影響。

(107)一、配合法制作業用語，第一項序文之「左列」修正為「下列」。又配合無記名股票制度之廢除，刪除原第二款有關無記名股票之規定。二、第二項未修正。

＊（無記名股票）公司一六六；（破產等程序）公司二九四；（保證人）民七三九以下。

▲公司重整乃公開發行股票或公司債之股份有限公司因財務困難，暫停營業或有暫停營業之虞，依公司法所定公司重整程序清理債務，以維持公司之營業為目的，參加公司重整程序之債權應受重整計劃之限制，故具有強制和解之性質，債權人對於債務人債務之減免，非必出於任意為之，公司法第三百十一條第二項所以規定公司債權人對於公司債務之保證人之權利，不因公司重整而受影響，其立法意旨在使重整計劃於關係人會議中易獲可決。保證人原以擔保債務人債務之履行為目的，債務人陷於無資力致不能清償債務時，保證人之擔保功能更具作用，在公司重整之情形，公司財務已陷於困難，此項危險，與其由債權人負擔，毋寧由保證人負責。故債權人就因重整計劃而減免之部分，請求保證人代負履行責任，不因公司重整而受影響。（七九臺上一三〇一）

第三百十二條（重整債務）

左列各款為公司之重整債務，優先於重整債權而為清償：

一　維持公司業務繼續營運所發生之債務。

二　進行重整程序所發生之費用。

前項優先受償權之效力，不因裁定終止重整而受影響。

＊（優先受償權）破產九七，公司二九六㈠；（重整債權）公司二九六㈠。

第三百十三條（重整人員之報酬與責任）

檢查人、重整監督人或重整人，應以善良管理人之注意，執行其職務，其報酬由法院依其職務之繁簡定之。

檢查人、重整監督人或重整人，執行職務違反法令，致公司受有損害時，對於公司應負賠償責任。

檢查人、重整監督人或重整人，對於職務上之行為，有虛偽陳述時，各處一年以下有期徒刑、拘役或科或併科新臺幣六萬元以下罰金。

(90)一、第一項及第二項未修正。二、文書有虛偽記載者，原即應依刑法規定處罰，爰刪除第三項有關「依刑法或特別刑法有關規定處罰」之贅文。

＊（檢查人）公司二八五；（重整監督人）公司二八九；（重整人）公司二九〇；（賠償責任）公司二三，民五四四。

第三百十四條（民事訴訟法之準用）

關於本節之管轄及聲請通知送達公告裁定或抗告等應履行之程序，準用民事訴訟法之規定。

＊（管轄）民訴一；（聲請）民訴一一六～一二二；（送達）民訴一二三～一五三；（公告）公司二八；（裁定）民訴二三四以下；（抗告）民訴四八二以下。

第十一節　解散、合併及分割

(90)配合股份有限公司增訂分割制度，爰將第五章中本節名稱酌作修正。

第三百十五條（解散之法定原因）

股份有限公司，有左列情事之一者，應予解散：

一　章程所定解散事由。

二　公司所營事業已成就或不能成就。

三　股東會為解散之決議。

四　有記名股票之股東不滿二人。但政府或法人股東一人者不在此限。

五　與他公司合併。

六　分割。

七　破產。

八　解散之命令或裁判。

前項第一款得經股東會議變更章程後，繼續經營；第四款本文得增加有記名股東繼續經營。

(90)一、為配合承認政府或法人股東一人股份有限公司之設立，爰修正第一項第四款之規定。並增訂第一項但書排除政府或法人股東一人應予解散之規定。又配合公司進行分割時，如公司未消滅者，自毋庸辦理解散，如公司因分割而消滅者，則辦理解散，爰增訂第一項第六款，並將現行條文同項第六款及第七款順移為第七款及第八款。二、第二項未修正。

*（章定解散事由）公司一三〇；（所營事業）公司一二九；（股東會決議）公司一七四、一七五、三一六；（合併）公司七三～七五、三一九；（破產）公司二一一，破產一、三、五、七、五八；（解散命令或裁判）公司一〇、一一，民三六；（變更章程）公司二七七以下。

第三百十六條　（解散、合併或分割之決議及通知）

股東會對於公司解散、合併或分割之決議，應有代表已發行股份總數三分之二以上股東之出席，以出席股東表決權過半數之同意行之。

公開發行股票之公司，出席股東之股份總數不足前項定額者，得以有代表已發行股份總數過半數股東之出席，出席股東表決權三分之二以上之同意行之。」

前二項出席股東股份總數及表決權數，章程有較高之規定者，從其規定。

公司解散時，除破產外，董事會應即將解散之要旨，通知各股東。

⑩⑦一、第一項至第三項未修正。二、配合無記名股票制度之廢除，刪除原第四項有關無記名股票之規定。

*（股東會）公司一七〇；（解散決議）公司三一五；（合併決議）公司三一七；（特別決議）公司二七七；（無記名股票）公司一六六；（公告）公司二八。

▲釋一〇〇。

第三百十六條之一　（公司合併其存續及新設公司之限制）

股份有限公司相互間合併，或股份有限公司與有限公司合併者，其存續或新設公司以股份有限公司為限。

股份有限公司分割者，其存續公司或新設公司以股份有限公司為限。

⑨⓪一、本條新增。二、為加強公司大眾化，財務之健全化，有限公司與股份有限公司合併時，其存續或另立之公司應以股份有限公司為限，前經經濟部七十七年三月二十一日商字第〇七六一〇號函釋在案，爰於第一項予以明文化。三、另有關公司分割後，其存續或新設公司亦以股份有限公司為限。爰作第二項規定。

第三百十六條之二　（簡易合併）

控制公司持有從屬公司百分之九十以上已發行股份者，得經控制公司及從屬公司之董事會以董事三分之二以上出席，及出席董事過半數之決議，與其從屬公司合併。其合併之決議，不適用第三百十六條第一項至第三項有關股東會決議之規定。

從屬公司董事會為前項決議後，應即通知其股東，並指定三十日以上期限，聲明其股東得於期限內提出書面異議，請求從屬公司按當時公平價格，收買其持有之股份。

從屬公司股東與從屬公司間依前項規定協議決定股份價格者，公司應自董事會決議日起九十日內支付價款；其自董事會決議日起六十日內未達協議者，股東應於此期間經過後三十日內，聲請法院為價格之裁定。

第二項從屬公司股東收買股份之請求，於公司取銷合併之決議時，失其效力。股東於第二項及第三項規定期間內不為請求或聲請時，亦同。

第三百十七條有關收買異議股東所持股份之規定，於控制公司不適用之。

控制公司因合併而修正其公司章程者，仍應依第二百七十七條規定辦理。

⑨⓪一、本條新增。二、基於關係企業控制公司合併其持有大多數股份之從屬公司時，對公司股東權益較不生影響，為便利企業經營策略之運用，參照美國模範公司法第 11.04 條關於簡易合併之規定，控制公司及從屬公司得不召開股東會，以節省勞費，爰增訂第一項，為簡易合併之規範。三、為保障從屬公司之少數股東之權益，參酌第三百十七條第二項準用第一百八十七條及第一百八十八條規定，增訂第二項及第三項。四、第四項明定從屬公司股東原依第二項請求收買其持有之股份，於公司決議取消合併時，已無異議對象，其請求於該項決議時即失其效力。五、公司進行簡易合併時，控制公司依一般公認會計原則，應與其持有超過百分之九十以上已發行股份之從屬公司編製合併財務報表，故控制公司合併該等從屬公司時，對於控制公司之財務狀況及控制公司之股東權益並無重大影響，故已於第一項規定得不召開控制公司股東會。準此，增訂第五項明定第三百十七條有關收買異議股東所持股份之規定於控制公司不適用之。六、控制公司如因合併而導致修正章程之部分，仍須依第二百七十七條規定辦理，爰增訂第六項。

第三百十七條　（股份收買請求權）

公司分割或與他公司合併時，董事會應就分割、合併有關事項，作成分割計畫、合併契約，提出於股東會；股東在集會前或集會中，以書面表示異議，或以口頭表示異議經紀錄者，得放棄表決權，而請求公司按當時公平價格，收買其持有之股份。

他公司為新設公司者，被分割公司之股東會視為他公司之發起人會議，得同時選舉新設公司之董事及監察人。

第一百八十七條及第一百八十八條之規定，於前項準用之。

⑨⓪一、公司分割，係指一公司藉由分割程序調整其業務經營與組織規模而言，即係公司將其經濟上成為一整體之營業部門之財產（含資產及負債）以對「既存公司（即吸收分割）或新設公司（即新設分割）」為現物出資之方式，而由該公司或該公司股東取得他公司新設發行或發行新股之股份，並由他公司概括承受該營業部門之資產與負債。公司分割得以適度縮小公司規模，並利用特定部門之分離獨立，以求企業經營之專業化及效率化，對於公司之組織調整有所助益。然為使公司分割時，不同意股東比照合併之規定行使股份收買請求權以資救濟，爰修正第一項。二、公司分割時之新設公司應即召開發起人會議訂立章程，爰增訂第二項。三、現行條文第二項移列為第三項。

*（股份收買）公司一六七、一八六～一八八。

第三百十七條之一　（合併契約之應載事項）

前條第一項所指之合併契約，應以書面為之，並記載左列事項：

一　合併之公司名稱，合併後存續公司之名稱或新設公司之名稱。

二　存續公司或新設公司因合併發行股份之總

數種類及數量。

三　存續公司或新設公司因合併對於消滅公司股東配發新股之總數、種類及數量與配發之方法及其他有關事項。

四　對於合併後消滅之公司，其股東配發之股份不滿一股應支付現金者，其有關規定。

五　存續公司之章程需變更者或新設公司依第一百二十九條應訂立之章程。

前項之合併契約書，應於發送合併承認決議股東會之召集通知時，一併發送於股東。

*（合併契約）公司三一七；（股份總數）公司一二九、一五六。

第三百十七條之二（分割計畫應載事項）

第三百十七條第一項之分割計畫，應以書面為之，並記載左列事項：

一　承受營業之既存公司章程需變更事項或新設公司章程。

二　被分割公司讓與既存公司或新設公司之營業價值、資產、負債、換股比例及計算依據。

三　承受營業之既存公司發行新股或新設公司發行股份之總數、種類及數量。

四　被分割公司或其股東所取得股份之總數、種類及數量。

五　對被分割公司或其股東配發之股份不滿一股應支付現金者，其有關規定。

六　既存公司或新設公司承受被分割公司權利義務及其相關事項。

七　被分割公司之資本減少時，其資本減少有關事項。

八　被分割公司之股份銷除所需辦理事項。

九　與他公司共同為公司分割者，分割決議應記載其共同為公司分割有關事項。

前項分割計畫書，應於發送分割承認決議股東會之召集通知時，一併發送於股東。

(90)一、本條新增。二、分割之相關重要事項，宜記載於分割計畫書中，以達到資訊公開之效果，爰於第一項規定分割計畫書之必要記載事項。三、參考第三百十七條之一第二項規定，第二項明定於發送分割承認決議股東會之召集通知時，一併發送於股東，以利股東決定行使表決權。

第三百十七條之三（刪除）

(90)為促進公司合理經營，對於公司合併應給予優惠，以鼓勵公司進行合併，提高其競爭力，創造更有利的投資環境。

第三百十八條（合併後程序）

公司合併後，存續公司之董事會，或新設公司之發起人，於完成催告債權人程序後，其因合併而有股份合併者，應於股份合併生效後；其不適於合併者，應於該股份為處分後，分別循左列程序行之：

一　存續公司，應即召集合併後之股東會，為合併事項之報告，其有變更章程必要者，並為變更章程。

二　新設公司，應即召開發起人會議，訂立章程。

前項章程，不得違反合併契約之規定。

(90)一、按創立會允屬公司募集設立，始有適用，而有關合併後發起人係召開發起人會議方式為之，爰第一項第二款酌作文字修正。二、第二項未修正。

*（董事會）公司一九二以下；（發起人）公司一二九；（通知公告）公司七三、三一九；（股東會）公司一七二；（變更章程）公司二七七以下；（訂立章程）公司一四四；（合併契約）公司三一七、三一七之一。

第三百十九條（準用無限公司合併、分割之規定）

第七十三條至第七十五條之規定，於股份有限公司之合併或分割準用之。

(90)按公司分割時，對債權人影響甚大，須通知及公告債權人知悉，本條酌作文字修正。

*（合併）公司三一五㊀⑤；（造冊通告）公司七三；（通告效力）公司七四；（合併效果）公司七五。

第三百十九條之一（前公司之連帶清償責任）

分割後受讓營業之既存公司或新設公司，應就分割前公司所負債務於其受讓營業之出資範圍負連帶清償責任。但債權人之連帶清償責任請求權，自分割基準日起二年內不行使而消滅。

(90)一、本條新增。二、明定分割後受讓營業之既存公司或新設公司，就分割前公司所負債務於其受讓營業之出資範圍負連帶清償責任，以免過度擴大受讓營業之既存公司或新設公司之債務責任。但為免請求權長期不行使，造成公司經營不安定，參酌民法第三百零五條有關概括承受之規定，爰明定債權人之連帶清償責任請求權，自分割基準日起二年內，因不行使而消滅。

第三百二十條（刪除）

第三百二十一條（刪除）

第十二節　清　算

第一目　普通清算

第三百二十二條（清算人之產生）

公司之清算，以董事為清算人。但本法或章程另有規定或股東會另選清算人時，不在此限。

不能依前項之規定定清算人時，法院得因利害關係人之聲請，選派清算人。

*（清算）公司二四；（職務）公司八四；（章程）公司一二九、一三〇；（董事）公司一九二；（股東會）公司一七〇以下。

第三百二十三條（清算人之解任）

清算人除由法院選派者外，得由股東會決議解任。

法院因監察人或繼續一年以上持有已發行股份總數百分之三以上股份股東之聲請，得將清算人解任。

*（選派清算人）公司三二二；（股東會決議）公司一七四、一七五；（監察人）公司二一六；（股份總數）公司一二九③、一五六㊂、一八〇㊀；（清算人之解任）民三九。

▲（八一臺抗三二一）參見本法第八十四條。

第三百二十四條（清算人之權利義務）

清算人於執行清算事務之範圍內，除本節有規定外，其權利義務與董事同。

*（清算事務）公司二六、八四、三三四；（董事之義務）公司二三、二一一、二一三。

第三百二十五條（清算人之報酬）

清算人之報酬，非由法院選派者，由股東會議定；其由法院選派者，由法院決定之。

清算費用及清算人之報酬，由公司現存財產中儘先給付。

＊（選派清算人）公司三二二；（股東會決議）公司一七四、一七五。

第三百二十六條（清算人檢查財產之處置）

清算人就任後，應即檢查公司財產情形，造具財務報表及財產目錄，送經監察人審查，提請股東會承認後，並即報法院。

前項表冊送交監察人審查，應於股東會集會十日前為之。

對於第一項之檢查有妨礙、拒絕或規避之行為者，各處新臺幣二萬元以上十萬元以下罰鍰。

(90)一、配合商業會計法之規定，將第一項「資產負債表」修正為「財務報表」，以保障公司債權人之權益；並酌作文字修正。二、第二項未修正。三、配合第二十條第五項之修正，第三項增列「拒絕或規避」情形，以資周延，並參酌民法第四十三條之規定，爰將第三項刑事罰規定，修正為行政罰鍰，並酌予調整數額。又對登記事項為虛偽記載者，原即應依刑法規定處罰，爰刪除有關「依刑法或特別刑法有關規定」之贅文。

＊（清算人）公司三二二；（資產負債表、財產目錄）公司二〇。

▲（八一臺抗三三一）參見本法第八十四條。

第三百二十七條（催報債權）

清算人於就任後，應即以三次以上之公告，催告債權人於三個月內申報其債權，並應聲明逾期不申報者，不列入清算之內。但為清算人所明知者，不在此限。其債權人為清算人所明知者，並應分別通知之。

＊（清算人）公司三二二；（公告）公司二八。

第三百二十八條（清償債務之限制）

清算人不得於前條所定之申報期限內，對債權人為清償。但對於有擔保之債權，經法院許可者，不在此限。

公司對前項未為清償之債權，仍應負遲延給付之損害賠償責任。

公司之資產顯足抵償其負債者，對於足致前項損害賠償責任之債權，得經法院許可後先行清償。

＊（清償）民三〇九以下；（遲延）民二二九以下。

第三百二十九條（未列入清算內之債權之清償）

不列入清算內之債權人，就公司未分派之賸餘財產，有清償請求權。但賸餘財產已依第三百三十條分派，且其中全部或一部已經領取者，不在此限。

＊（不列入清算）公司三二七；（賸餘財產分派）公司三三〇。

第三百三十條（賸餘財產之分派）

清償債務後，賸餘之財產應按各股東股份比例分派。但公司發行特別股，而章程中另有訂定者，從其訂定。

＊（特別股）公司一五七②；（章定特別股）公司一三〇㈠④。

第三百三十一條（清算完結）

清算完結時，清算人應於十五日內，造具清算期內收支表、損益表，連同各項簿冊，送經監察人審查，並提請股東會承認。

股東會得另選檢查人，檢查前項簿冊是否確當。

簿冊經股東會承認後，視為公司已解除清算人之責任。但清算人有不法行為者，不在此限。

第一項清算期內之收支表及損益表，應於股東會承認後十五日內，向法院聲報。

清算人違反前項聲報期限之規定時，各處新臺幣一萬元以上五萬元以下罰鍰。

對於第二項之檢查有妨礙、拒絕或規避行為者，各處新臺幣二萬元以上十萬元以下罰鍰。

(90)一、第一項至第四項未修正。二、第五項罰鍰數額酌予調整。三、配合第二十條第五項之修正，第六項增列「拒絕或規避」情形，以資周延，並參酌民法第四十三條之規定，爰將第六項刑事罰規定，修正為行政罰鍰。

＊（清算完結）公司八七、九三、三三四；（監察人）公司二一六以下；（檢查人）公司一四六㈡、二四五、二八五㈠、三五二；（責任之解除）公司三三一；（向法院聲請）公司九三。

第三百三十二條（簿冊文件之保存）

公司應自清算完結聲報法院之日起，將各項簿冊及文件，保存十年。其保存人，由清算人及其利害關係人聲請法院指定之。

＊（簿冊文件）公司二一〇、二二八；（完結聲報）公司九三、三三四。

第三百三十三條（財產重行分派）

清算完結後，如有可以分派之財產，法院因利害關係人之聲請，得選派清算人重行分派。

＊（清算完結）公司八七㈢、九三、三三一、三三四；（選派清算人）公司三二二；（分派財產）公司三三〇。

第三百三十四條（清算之準用規定）

第八十三條至第八十六條、第八十七條第三項、第四項、第八十九條及第九十條之規定，於股份有限公司之清算準用之。

＊（清算人之聲報）公司八三；（職務）公司八四；（代表權之限制）公司八六；（檢查財產、造表送閱、清算期限）公司八七；（催報債權）公司八八；（聲請破產）公司八九；（分派財產）公司九〇；（完結聲報）公司九三。

▲（八一臺抗三三一）參見本法第八十四條。

第二目　特別清算

第三百三十五條（特別清算之要件）

清算之實行發生顯著障礙時，法院依債權人或清算人或股東之聲請或依職權，得命令公司開始特別清算；公司負債超過資產有不實之嫌疑者亦同。但其聲請，以清算人為限。

第二百九十四條關於破產、和解及強制執行程序當然停止之規定，於特別清算準用之。

＊（清算人）公司三二二；（程序）非訟九五。

第三百三十六條（保全處分之提前）

法院依前條聲請人之聲請，或依職權於命令開始特別清算前，得提前為第三百三十九條之處分。

*（特別清算）公司三三五；（保全處分）公司三三九。

第三百三十七條　（清算人之解任與增補）

有重要事由時，法院得解任清算人。

清算人缺額或有增加人數之必要時，由法院選派之。

*（解任清算人）公司三二三；（選派清算人）公司三二二㊁。

第三百三十八條　（法院之監督）

法院得隨時命令清算人，為清算事務及財產狀況之報告，並得為其他清算監督上必要之調查。

*（清算人）公司三二二；（清算事務）公司二六、八四、三三四。

第三百三十九條　（監督上之保全處分）

法院認為對清算監督上有必要時，得為第三百五十四條第一項第一款、第二款或第六款之處分。

*（保全或禁止處分）公司二八七。

第三百四十條　（債務之清償）

公司對於其債務之清償，應依其債權額比例為之。但依法得行使優先受償權或別除權之債權，不在此限。

*（優先受償權）公司二九六㊀、三一二，海商二四～三〇，破產九七、一一二；（別除權）破產一〇八。

第三百四十一條　（債權人會議之召集）

清算人於清算中，認有必要時，得召集債權人會議。

占有公司明知之債權總額百分之十以上之債權人，得以書面載明事由，請求清算人召集債權人會議。

第一百七十三條第二項於前項準用之。

前條但書所定之債權，不列入第二項之債權總額。

*（清算人）公司三二二、三二七㊁；（債權人會議）公司二六三㊀；（少數股東召集會議權）公司一七三㊁；（債權總額）破產二七、五二。

第三百四十二條　（優先或別除債權人之列席）

債權人會議之召集人，對前條第四項債權之債權人，得通知其列席債權人會議徵詢意見，無表決權。

*（優先或別除債權人）公司三四〇但、三四一㊃。

第三百四十三條　（債權人會議之準用規定）

第一百七十二條第二項、第四項、第一百八十三條第一項至第五項、第二百九十八條第二項及破產法第一百二十三條之規定，於特別清算準用之。

債權人會議之召集人違反前項準用第一百七十二條第二項規定，或違反前項準用第一百八十三條第一項、第四項或第五項規定者，處新臺幣一萬元以上五萬元以下罰鍰。

(107)一、原條文修正移列第一項：㈠依原條文規定，特別清算準用第一百七十二條第三項規定，查九十年十一月十二日修正時，第一百七十二條第三項「通知及公告應載明召集事由」已移列第四項，爰「準用第一百七十二條第三項」修正為「準用第一百七十二條第四項」。又配合刪除原第一百七十六條，爰刪除「第一百七十六條」之文字。㈡依原規定，準用第一百八十三條之規定，由於第一百八十三條第六項為處罰之規定，不宜準用之，爰刪除準用第一百八十三條第六項，並將「第一百八十三條」修正為「第一百八十三條第一項至第五項」。二、增訂第二項。基於處罰明確性原則，法制體例上，罰責規定不宜以「準用」之立法方式為之，爰予明定。

*（股東臨時會之公告通知）公司一七二㊁、㊂、㊅；（無記名股票之交存）公司一七六；（議事錄）公司一八三；（表決權）公司二九八㊁，破產一二三。

第三百四十四條　（清算人之職務）

清算人應造具公司業務及財產狀況之調查書、資產負債表及財產目錄，提交債權人會議，並就清算實行之方針與預定事項，陳述其意見。

*（清算人）公司三二二；（資產負債表及財產目錄）公司二〇；（債權人會議）公司三四一。

第三百四十五條　（監理人）

債權人會議，得經決議選任監理人，並得隨時解任之。」

前項決議應得法院之認可。

*（債權人會議）公司三四一；（監理人）公司三四六、三四七，破產九二、一二一；（債權人會議決議）公司三四三，破產一二〇㊀、一二三。

第三百四十六條　（清算人行事之限制）

清算人為左列各款行為之一者，應得監理人之同意，不同意時，應召集債權人會議決議之；但其標的在資產總值千分之一以下者，不在此限：

一　公司財產之處分。

二　借款。

三　訴之提起。

四　成立和解或仲裁契約。

五　權利之拋棄。

應由債權人會議決議之事項，如迫不及待時，清算人經法院之許可，得為前項所列之行為。

清算人違反前兩項規定時，應與公司對於善意第三人連帶負其責任。

第八十四條第二項但書之規定，於特別清算不適用之。

*（清算人）公司三二二；（監理人）公司三四五；（債權人會議）公司三四一；（訴之提起）民訴二四四；（和解）民七三六；（仲裁）仲裁一、五；（權利之拋棄）民三四三；（連帶責任）公司一九、二三、二二六，民二七三。

第三百四十七條　（協定之建議）

清算人得徵詢監理人之意見，對於債權人會議提出協定之建議。

*（清算人）公司三二二；（監理人）公司三四五；（債權人會議）公司三四一。

第三百四十八條　（協定之條件）

協定之條件，在各債權人間應屬平等。但第三百四十條但書所定之債權，不在此限。

*（協定）公司三四七；（優先別除債權）公司三四〇但。

第三百四十九條　（特定債權人參加協定）

清算人認為作成協定有必要時，得請求第三百四十條但書所定之債權人參加。

*（清算人）公司三二二；（優先別除債權人）公司三四〇但。

第三百五十條　（協定之可決）

協定之可決，應有得行使表決權之債權人過半數之出席，及得行使表決權之債權總額四分之三以上之同意行之。

前項決議，應得法院之認可。

破產法第一百三十六條之規定，於第一項協定準用之。

之。

*（債權總額）公司三四一㊁、㊃，破產二七、五二；（調協之認可）破產一三五；（認可之效力）破產一三六。

第三百五十一條　（協定條件之變更）

協定在實行上遇有必要時，得變更其條件，其變更準用前四條之規定。

*（變更）公司三〇六㊂。

第三百五十二條　（檢查命令）

依公司財產之狀況有必要時，法院得據清算人或監理人，或繼續六個月以上持有已發行股份總數百分之三以上之股東，或曾為特別清算聲請之債權人，或占有公司明知之債權總額百分之十以上債權人之聲請，或依職權命令檢查公司之業務及財產。

第二百八十五條之規定，於前項準用之。

*（清算人）公司三二二；（特別清算）公司三三五；（監理人）公司三四五；（依職權）公司三三八。

▲（八一臺抗三三一）參見本法第八十四條。

第三百五十三條　（檢查人之報告）

檢查人應將左列檢查結果之事項，報告於法院：

一　發起人、董事、監察人、經理人或清算人依第三十四條、第一百四十八條、第一百五十五條、第一百九十三條及第二百二十四條應負責任與否之事實。

二　有無為公司財產保全處分之必要。

三　為行使公司之損害賠償請求權，對於發起人、董事、監察人、經理人或清算人之財產，有無為保全處分之必要。

*（檢查人）公司二八五；（檢查）公司三五二；（發起人）公司一二八、一二九；（經理人）公司二九；（保全處分）公司二八七、三三九；（損害賠償）民二一三～二一八。

第三百五十四條　（保全禁止與查定處分）

法院據前條之報告，認為必要時，得為左列之處分：

一　公司財產之保全處分。

二　記名式股份轉讓之禁止。

三　發起人、董事、監察人、經理人或清算人責任解除之禁止。

四　發起人、董事、監察人、經理人或清算人責任解除之撤銷，但於特別清算開始起一年前已為解除，而非出於不法之目的者，不在此限。

五　基於發起人、董事、監察人、經理人或清算人責任所生之損害賠償請求權之查定。

六　因前款之損害賠償請求權，對於發起人、董事、監察人、經理人或清算人之財產為保全處分。

*（保全處分）公司二八七、三三九；（記名股份之轉讓）公司一六四；（責任解除）公司二三一、三三一；（特別清算）公司三三五。

第三百五十五條　（破產之宣告）

法院於命令特別清算開始後，而協定不可能時，應依職權依破產法為破產之宣告，協定實行上不可能時亦同。

*（特別清算）公司三三五；（協定之可決）公司三五〇；（破產宣告）破產五七。

第三百五十六條　（特別清算之準用條文）

特別清算事項，本目未規定者，準用普通清算之規定。

*（普通清算）公司三二二～三三四。

第十三節　閉鎖性股份有限公司

第三百五十六條之一　（閉鎖性股份有限公司之定義）

閉鎖性股份有限公司，指股東人數不超過五十人，並於章程定有股份轉讓限制之非公開發行股票公司。」

前項股東人數，中央主管機關得視社會經濟情況及實際需要增加之；其計算方式及認定範圍，由中央主管機關定之。

⑭一、本條新增。二、參考新加坡、香港閉鎖性公司之股東人數為五十人；另基於閉鎖性股份有限公司之最大特點係股份之轉讓受到限制，爰於第一項定義閉鎖性股份有限公司係指股東人數不超過五十人，並於章程定有股份轉讓限制之非公開發行股票公司。三、考量未來社會經濟情況變遷及商業實際需要，有調整第一項所定股東人數之必要，爰於第二項授權中央主管機關得增加閉鎖性股份有限公司之股東人數，並授權訂定股東人數之計算方式及認定範圍。

第三百五十六條之二　（公司閉鎖性之屬性應於章程載明）

公司應於章程載明閉鎖性之屬性，並由中央主管機關公開於其資訊網站。

⑭一、本條新增。二、鑒於閉鎖性股份有限公司之公司治理較為寬鬆，企業自治之空間較大，為利一般民眾辨別，並達公示效果，以保障交易安全，明定公司於章程應載明閉鎖性之屬性，並由中央主管機關公開於其資訊網站。

第三百五十六條之三　（閉鎖性股份有限公司設立之方式）

發起人得以全體之同意，設立閉鎖性股份有限公司，並應全數認足第一次應發行之股份。

發起人之出資除現金外，得以公司事業所需之財產、技術或勞務抵充之。但以勞務抵充之股數，不得超過公司發行股份總數之一定比例。

前項之一定比例，由中央主管機關定之。

以技術或勞務出資者，應經全體股東同意，並於章程載明其種類、抵充之金額及公司核給之股數；主管機關應依該章程所載明之事項辦理登記，並公開於中央主管機關之資訊網站。

發起人選任董事及監察人之方式，除章程另有規定者外，準用第一百九十八條規定。

公司之設立，不適用第一百三十二條至第一百四十九條及第一百五十一條至第一百五十三條規定。

股東會選任董事及監察人之方式，除章程另有規定者外，依第一百九十八條規定。

⑰一、第一項、第三項、第五項及第六項未修正。二、基於信用界定不易，且現行勞務或其他權利出資，已足敷股東使用，爰刪除原第二項有關信用出資之規定。本項規定修正施行後，不再允許信用出資，至於施行前已以信用出資者，不受影響，并予敘明。三、依原第四項規定，非以見

金出資者，應經全體股東同意，並於章程載明其種類、抵充之金額及公司核給之股數。所稱非以現金出資者，解釋上，現金以外之出資均屬之，範圍過廣，爰修正第四項明定僅技術或勞務出資者，始應經全體股東同意，並於章程載明其種類、抵充之金額及公司核給之股數。四、為讓閉鎖性股份有限公司於設立登記後，股東會選舉董事及監察人之方式，更具彈性，爰增訂第七項，不強制公司採累積投票制，而允許公司得以章程另定選舉方式，惟所謂章程另有規定，僅限章程就選舉方式為不同於累積投票制之訂定。章程另訂之選舉方式，例如對於累積投票制可採不累積之方式，如每股僅有一個選舉權；或採全額連記法；或參照內政部頒訂之會議規範訂定選舉方式，均無不可。

第三百五十六條之四（公開發行或募集有價證券之限制）

公司不得公開發行或募集有價證券。但經由證券主管機關許可之證券商經營股權群眾募資平臺募資者，不在此限。

前項但書情形，仍受第三百五十六條之一之股東人數及公司章程所定股份轉讓之限制。

⑩一、本條新增。二、基於閉鎖性之特質，第一項明定閉鎖性股份有限公司不得公開發行或募集有價證券。惟為利該等公司得透過群眾募資平臺募資，爰為但書規定。三、依第一項但書規定辦理群眾募資者，仍受第三百五十六條之一之股東人數及公司章程所定股份轉讓之限制，爰為第二項規定。

第三百五十六條之五（公司股份轉讓之限制）

公司股份轉讓之限制，應於章程載明。

前項股份轉讓之限制，公司印製股票者，應於股票以明顯文字註記；不發行股票者，讓與人應於交付受讓人之相關書面文件中載明。

前項股份轉讓之受讓人得請求公司給與章程影本。

⑩一、第一項及第三項未修正。二、依原第二項規定，閉鎖性股份有限公司發行股票者，應於股票以明顯文字註記股份轉讓之限制，係指公司印製股票者，應於股票以明顯文字註記股份轉讓之限制，爰予修正。

第三百五十六條之六（刪除）

⑩一、本條刪除。二、依修正條文第一百二十九條及第一百五十六條規定，所有股份有限公司均得採行無票面金額股制度，限鎖性股份有限公司亦屬股份有限公司，是以，限鎖性股份有限公司應以第一百二十九條及第一百五十六條為適用之依據，爰予刪除。

第三百五十六條之七（公司發行特別股應於章程中訂定之事項）

公司發行特別股時，應就下列各款於章程中定之：

一　特別股分派股息及紅利之順序、定額或定率。

二　特別股分派公司賸餘財產之順序、定額或定率。

三　特別股之股東行使表決權之順序、限制、無表決權、複數表決權或對於特定事項之否決權。

四　特別股股東被選舉為董事、監察人之禁止或限制，或當選一定名額之權利。

五　特別股轉換成普通股之轉換股數、方法或轉換公式。

六　特別股轉讓之限制。

七　特別股權利、義務之其他事項。

第一百五十七條第二項規定，於前項第三款複數表決權特別股股東不適用之。

⑩一、原條文修正列為第一項。依原第四款規定，解釋上係指特別股股東可被選舉為董事、監察人或剝奪、限制特別股股東被選舉為董事、監察人之情形，尚無保障特別股股東當選一定名額董事、監察人之意。為應需要及更為明確，修正第四款為「特別股股東被選舉為董事、監察人之禁止或限制，或當選一定名額之權利」。又本款所稱「當選一定名額」，係指當選一定名額之董事或監察人，而與修正條文第一百五十七條第一項第五款之「當選一定名額董事」，有所不同，併予敘明。二、為貫徹閉鎖性股份有限公司擁有較大自治空間之精神，爰增訂第二項，排除第一百五十七條第二項規定之適用。換言之，閉鎖性股份有限公司具複數表決權特別股之股東，於選舉監察人時，仍享有複數表決權。

第三百五十六條之八（公司於章程訂明股東會召開之方式）

公司章程得訂明股東會開會時，以視訊會議或其他經中央主管機關公告之方式為之。但因天災、事變或其他不可抗力情事中央主管機關得公告公司於一定期間內，得不經章程訂明，以視訊會議或其公告之方式開會。

股東會開會時，如以視訊會議為之，其股東以視訊參與會議者，視為親自出席。

公司章程得訂明經全體股東同意，股東就當次股東會議案以書面方式行使其表決權，而不實際集會。

前項情形，視為已召開股東會；以書面方式行使表決權之股東，視為親自出席股東會。

⑪一、修正第一項，增列但書規定，理由同修正條文第一百七十二條之二說明一。二、第二項至第四項未修正。

第三百五十六條之九（公司股東表決權之行使方式）

股東得以書面契約約定共同行使股東表決權之方式，亦得成立股東表決權信託，由受託人依書面信託契約之約定行使其股東表決權。

前項受託人，除章程另有規定者外，以股東為限。

股東非將第一項書面信託契約、股東姓名或名稱、事務所、住所或居所與移轉股東表決權信託之股份總數、種類及數量於股東常會開會三十日前，或股東臨時會開會十五日前送交公司辦理登記，不得以其成立股東表決權信託對抗公司。

⑩一、第一項及第二項未修正。二、按股東表決權信託之相關資料，尤其股份總數、種類及數量，涉及股東會召開時表決權行使之計算，依原第三項規定，股東應將上開資料於股東會五日前送交公司辦理登記，始得對抗公司。惟股東成立表決權信託契約後（股東為委託人），股東名簿將變更名義為受託人，與股份轉讓無異，為利股務作業之處理，參酌第一百六十五條規定，將原第三項「股東會五日前送交公司辦理登記」修正為「股東常會開會三十日前，或股東臨時會開會十五日前送交公司辦理登記」。

第三百五十六條之十（刪除）

⑩本條刪除。

第三百五十六條之十一（私募普通公司債、轉換公司債或附認股權公司債）

公司私募普通公司債，應由董事會以董事三分之二以上之出席及出席董事過半數同意之決議行之。

公司私募轉換公司債或附認股權公司債，應經前項董事會之決議，並經股東會決議。但章程規定無須經股東會決議者，從其規定。

公司債債權人行使轉換權或認購權後，仍受第三百五十六條之一之股東人數及公司章程所定股份轉讓之限制。

第一項及第二項公司債之發行，不適用第二百四十六條、第二百四十七條、第二百四十八條第一項、第四項至第七項、第二百四十八條之一、第二百五十一條至第二百五十五條、第二百五十七條之二、第二百五十九條及第二百五十七條第一項有關簽證之規定。

⑩7一、第一項至第三項未修正。二、配合刪除原第二百五十七條之一，爰刪除原第四項「第二百五十七條之一」之文字。又本次修法增訂第二百四十八條之一，明定公司私募轉換公司債或附認股權公司債時，須經股東會決議，而依第二項但書規定，閉鎖性公司章程倘規定無須經股東會決議者，從其規定，為避免適用上之衝突及讓閉鎖性公司募資更有彈性，爰修正第四項，增列排除第二百四十八條之一之適用。

第三百五十六條之十二（公司發行新股之程序、新股認購人之出資方式）

公司發行新股，除章程另有規定者外，應由董事會以董事三分之二以上之出席，及出席董事過半數同意之決議行之。

新股認購人之出資方式，除準用第三百五十六條之三第二項至第四項規定外，並得以對公司所有之貨幣債權抵充之。

第一項新股之發行，不適用第二百六十七條規定。

⑩4一、本條新增。二、第一項明定閉鎖性股份有限公司發行新股之程序。三、第二項明定公司設立後，新股認購人出資之方式，除準用發起人之出資方式外，亦得以對公司所有之貨幣債權抵充之。四、為使閉鎖性股份有限公司在股權安排上更具彈性，爰於第三項明定新股之發行，不適用第二百六十七條規定。

第三百五十六條之十三（公司得經股東過半數之同意變更為非閉鎖性股份有限公司）

公司得經有代表已發行股份總數三分之二以上股東出席之股東會，以出席股東表決權過半數之同意，變更為非閉鎖性股份有限公司。

前項出席股東股份總數及表決權數，章程有較高之規定者，從其規定。

公司不符合第三百五十六條之一規定時，應變更為非閉鎖性股份有限公司，並辦理變更登記。

公司未依前項規定辦理變更登記者，主管機關得依第三百八十七條第五項規定責令限期改正並按次處罰；其情節重大者，主管機關得依職權命令解散之。

⑩7一、第一項至第三項未修正。二、鑒於修正條文第三百八十七條之項次已作調整，爰第四項「第三百八十七條第七項」配合修正為「第三百八十七條第五項」。

第三百五十六條之十四（非公開發行股票之股份有限公司變更為閉鎖性股份有限公司之程序）

非公開發行股票之股份有限公司得經全體股東同意，變更為閉鎖性股份有限公司。

全體股東為前項同意後，公司應即向各債權人分別通知及公告。

⑩4一、本條新增。二、為使非公開發行股票之股份有限公司有變更為閉鎖性股份有限公司之機會，於第一項明定經全體股東之同意者，得變更之。另依第一百零六條第四項規定，有限公司得經全體股東同意變更其組織為股份有限公司，所定「股份有限公司」包括「閉鎖性股份有限公司」在內。三、為保障債權人權益，於第二項明定公司應即向各債權人分別通知及公告。

第六章（刪除）

第三百五十七條（刪除）

第三百五十八條（刪除）

第三百五十九條（刪除）

第三百六十條（刪除）

第三百六十一條（刪除）

第三百六十二條（刪除）

第三百六十三條（刪除）

第三百六十四條（刪除）

第三百六十五條（刪除）

第三百六十六條（刪除）

第三百六十七條（刪除）

第三百六十八條（刪除）

第三百六十九條（刪除）

第六章之一　關係企業

第三百六十九條之一（關係企業）

本法所稱關係企業，指獨立存在而相互間具有下列關係之企業：

一　有控制與從屬關係之公司。

二　相互投資之公司。

*（從屬）公司三六九之二、三六九之三；（投資之限制）公司一三。

第三百六十九條之二（從屬公司）

公司持有他公司有表決權之股份或出資額，超過他公司已發行有表決權之股份總數或資本總額半數者為控制公司，該他公司為從屬公司。

除前項外，公司直接或間接控制他公司之人事、財務或業務經營者亦為控制公司，該他公司為從屬公司。

*（表決權）公司一七八～一八一；（股份）公司一五六～一六九；（從屬）公司三六九之三。

第三百六十九條之三（控制與從屬關係之推定）

有左列情形之一者，推定為有控制與從屬關係：

一　公司與他公司之執行業務股東或董事有半數以上相同者。

二　公司與他公司之已發行有表決權之股份總

數或資本總額有半數以上為相同之股東持有或出資者。

＊（從屬）公司三六九之二。

第三百六十九條之四 （賠償責任）

控制公司直接或間接使從屬公司為不合營業常規或其他不利益之經營，而未於會計年度終了時為適當補償，致從屬公司受有損害者，應負賠償責任。

控制公司負責人使從屬公司為前項之經營者，應與控制公司就前項損害負連帶賠償責任。

控制公司未為第一項之賠償，從屬公司之債權人或繼續一年以上持有從屬公司已發行有表決權股份總數或資本總額百分之一以上之股東，得以自己名義行使前二項從屬公司之權利，請求對從屬公司為給付。

前項權利之行使，不因從屬公司就該請求賠償權利所為之和解或拋棄而受影響。

(90)一、配合商業會計法之規定，將第一項「營業年度」修正為「會計年度」，以統一法律用語。二、第二項至第四項未修正。

第三百六十九條之五 （連帶責任）

控制公司使從屬公司為前條第一項之經營，致他從屬公司受有利益，受有利益之該他從屬公司於其所受利益限度內，就控制公司依前條規定應負之賠償，負連帶責任。

第三百六十九條之六 （損害賠償請求權之消滅時效）

前二條所規定之損害賠償請求權，自請求權人知控制公司有賠償責任及知有賠償義務人時起，二年間不行使而消滅。自控制公司賠償責任發生時起，逾五年者亦同。

第三百六十九條之七 （抵銷之限制及債權受償之順序）

控制公司直接或間接使從屬公司為不合營業常規或其他不利益之經營者，如控制公司對從屬公司有債權，在控制公司對從屬公司應負擔之損害賠償限度內，不得主張抵銷。

前項債權無論有無別除權或優先權，於從屬公司依破產法之規定為破產或和解，或依本法之規定為重整或特別清算時，應次於從屬公司之其他債權受清償。

第三百六十九條之八 （通知及公告）

公司持有他公司有表決權之股份或出資額，超過該他公司已發行有表決權之股份總數或資本總額三分之一者，應於事實發生之日起一個月內以書面通知該他公司。

公司為前項通知後，有左列變動之一者，應於事實發生之日起五日內以書面再為通知：

一　有表決權之股份或出資額低於他公司已發行有表決權之股份總數或資本總額三分之一時。

二　有表決權之股份或出資額超過他公司已發行有表決權之股份總數或資本總額二分之一時。

三　前款之有表決權之股份或出資額再低於他公司已發行有表決權之股份總數或資本總額二分之一時。

受通知之公司，應於收到前二項通知五日內公告之，公告中應載明通知公司名稱及其持有股份或出資額之額度。

公司負責人違反前三項通知或公告之規定者，各處新臺幣六千元以上三萬元以下罰鍰。主管機關並應責令限期辦理；期滿仍未辦理者，得責令限期辦理，並按次連續各處新臺幣九千元以上六萬元以下罰鍰至辦理為止。

第三百六十九條之九 （相互投資公司）

公司與他公司相互投資各達對方有表決權之股份總數或資本總額三分之一以上者，為相互投資公司。」

相互投資公司各持有對方已發行有表決權之股份總數或資本總額超過半數者，或互可直接或間接控制對方之人事、財務或業務經營者，互為控制公司與從屬公司。

第三百六十九條之十 （相互投資公司表決權行使之限制）

相互投資公司知有相互投資之事實者，其得行使之表決權，不得超過被投資公司已發行有表決權股份總數或資本總額之三分之一。但以盈餘或公積增資配股所得之股份，仍得行使表決權。

公司依第三百六十九條之八規定通知他公司後，於未獲他公司相同之通知，亦未知有相互投資之事實者，其股權之行使不受前項限制。

第三百六十九條之十一 （持有他公司之股份或出資額之計算方式）

計算本章公司所持有他公司之股份或出資額，應連同左列各款之股份或出資額一併計入：

一　公司之從屬公司所持有他公司之股份或出資額。

二　第三人為該公司而持有之股份或出資額。

三　第三人為該公司之從屬公司而持有之股份或出資額。

第三百六十九條之十二 （各項書表之編製與編製準則之訂定）

從屬公司為公開發行股票之公司者，應於每會計年度終了，造具其與控制公司間之關係報告書，載明相互間之法律行為、資金往來及損益情形。

控制公司為公開發行股票之公司者，應於每會計年度終了，編製關係企業合併營業報告書及合併財務報表。

前二項書表之編製準則，由證券主管機關定之。

(107)一、按原第一項所定「公開發行股票公司之從屬公司」，係指從屬公司為公開發行股票之公司之情形；第二項所定「公開發行股票公司之控制公司」，係指控制公司為公開發行股票之公司之情形，爰修正第一項及第二項，予以釐清。二、配合證券交易法第三條「主管機關」一詞，第三項「證券管理機關」修正為「證券主管機關」。

第七章　外國公司

第三百七十條　（名稱）

外國公司在中華民國境內設立分公司者，其名稱，應譯成中文，並標明其種類及國籍。

(107)配合第四條第一項外國公司定義之修正，明定外國公司在中華民國境內設立分公司者，其名稱應譯成中文，並酌作文字修正。

第三百七十一條　（外國公司之登記）

外國公司非經辦理分公司登記，不得以外國公司名義在中華民國境內經營業務。

違反前項規定者，行為人處一年以下有期徒刑、拘役或科或併科新臺幣十五萬元以下罰金，並自負民事責任；行為人有二人以上者，連帶負民事責任，並由主管機關禁止其使用外國公司名稱。

(107)一、配合廢除外國公司認許制度，爰刪除原第一項。二、原第二項修正移列第一項。依原第三百七十七條規定，外國公司準用第十九條規定，為利適用，將原準用第十九條第一項之情形納入本項規範，另配合廢除外國公司認許制度，刪除「認許」之文字，並酌作文字修正。三、增訂第二項。基於處罰明確性原則，法制體例上，罰責規定不宜以「準用」之立法方式為之。依原第三百七十七條規定，外國公司準用第十九條規定，爰將準用第十九條第二項之法律效果，明定於第二項。

*（外國公司之認許）公司三七三、三七四；（分公司）公司三㊁。

第三百七十二條　（營業資金與公司負責人）

外國公司在中華民國境內設立分公司者，應專撥其營業所用之資金，並指定代表為在中華民國境內之負責人。

外國公司在中華民國境內之負責人於登記後，將前項資金發還外國公司，或任由外國公司收回者，處五年以下有期徒刑、拘役或科或併科新臺幣五十萬元以上二百五十萬元以下罰金。

有前項情事時，外國公司在中華民國境內之負責人應與該外國公司連帶賠償第三人因此所受之損害。

第二項經法院判決有罪確定後，由中央主管機關撤銷或廢止其登記。但判決確定前，已為補正者，不在此限。

外國公司之分公司之負責人、代理人、受僱人或其他從業人員以犯刑法偽造文書印文罪章之罪辦理設立或其他登記，經法院判決有罪確定後，由中央主管機關依職權或依利害關係人之申請撤銷或廢止其登記。

(107)一、原第一項及第二項合併修正移列第一項：㈠配合修正條文第四條第一項修正外國公司之定義，爰於第一項明定外國公司在我國設立分公司者，應專撥其營業所用之資金。至於目的事業主管機關對於外國公司在我國境內所營事業最低資本額之限制，應回歸各目的事業主管機關之規定，且本法已廢除最低資本額之規定，爰刪除原第一項後段文字。㈡鑒於原第二項所指之「訴訟及非訴訟之代理人」，其本意係指代表外國公司於我國境內從事訴訟及非訟行為之人，而非民事訴訟法所規定之「訴訟代理人」（第六十八條至第七十七條參照）及非訟事件法所規定之「非訟代理人」（第十二條參照），為釐清及避免誤解，爰刪除相關文字，並明定外國公司應指定代表並以該代表為在我國境內之負責人，以資明確。此負責人為登記事項，自屬當然。二、增訂第二項至第五項。依原第三百七十七條規定，外國公司準用第九條規定，該條共計四項規定，其中該條第一項屬刑罰之規定，基於處罰明確性原則，法制體例上，罰責規定不宜以「準用」之立法方式為之，爰將準用該條第一項之法律效果，明定於第二項；準用第九條第二項至第四項之法律效果，分別明定於第三項至第五項，以資明確，俾利適用。

*（外國公司）公司四；（主管機關）公司五；（最低資本額）公司一五六㊂；（代理人）民訴六八～七一，公司三八五，民一〇三～一一〇。

第三百七十三條　（登記之消極要件）

外國公司有下列情事之一者，不予分公司登記：

一　其目的或業務，違反中華民國法律、公共秩序或善良風俗。

二　申請登記事項或文件，有虛偽情事。

(107)配合廢除外國公司認許制度，序文之「認許」修正為「分公司登記」；配合法制作業用語，序文「左列」修正為「下列」。第二款「公司之認許事項」修正為「申請登記事項」。

*（認許）公司三七一；（違反強行規定）民七一；（違反公序良俗）民二、七二、一八四。

第三百七十四條　（章程與無限責任股東名冊之備置）

外國公司在中華民國境內設立分公司者，應將章程備置於其分公司，如有無限責任股東者，並備置其名冊。

外國公司在中華民國境內之負責人違反前項規定者，處新臺幣一萬元以上五萬元以下罰鍰。再次拒不備置者，並按次處新臺幣二萬元以上十萬元以下罰鍰。

(107)一、配合廢除外國公司認許制度，刪除第一項有關認許之程序，並明定外國公司在中華民國境內設立分公司者，應備置章程於其分公司，並刪除章程亦可備置於代理人處所之規定。二、第二項所定「公司負責人違反前項規定」即係指外國公司在中華民國境內之負責人不備置章程或無限責任股東名冊之情形，爰刪除第二項「不備置章程或無限責任股東名冊」之文字，並酌作文字修正。配合法制體例，同項「連續拒不備置」修正為「再次拒不備置」；「按次連續」刪除「連續」二字。

*（外國公司之認許）公司三七一；（代理人）公司三七二㊂；（公司負責人）公司三七二㊁。

第三百七十五條　（刪除）

(107)一、本條刪除。二、鑒於第四條已增訂第二項，明定外國公司於法令限制內，與我國公司有同一權利能力，已可涵蓋本條規定，爰予刪除。

第三百七十六條　（刪除）

(90)一、本條刪除。二、按外國公司之購置地產，應依土地法之規定辦理即可，本條毋庸另為規範，爰予刪除。

第三百七十七條　（總則之準用）

第七條、第十二條、第十三條第一項、第十五條至第十八條、第二十條第一項至第四項、第二十一條第一項及第三項、第二十二條第一項、第二十三條至第二十六條之二，於外國公司在中華民國境內設立之分公司準用之。

外國公司在中華民國境內之負責人違反前項準用第二十條第一項或第二項規定者，處新臺幣一萬元以上五萬元以下罰鍰；違反前項準用第二十條第四項規定，規避、妨礙或拒絕查核或屆期不申報者，處新臺幣二萬元以上十萬元以下罰鍰。

外國公司在中華民國境內之負責人違反第一項準用第二十一條第一項規定，規避、妨礙或拒絕檢查者，處新臺幣二萬元以上十萬元以下罰鍰。再次規避、妨礙或拒絕者，並按次處新臺幣四萬元以上二十萬元以下罰鍰。

外國公司在中華民國境內之負責人違反第一項準用第二十二條第一項規定，拒絕提出證明文件、單據、表冊及有關資料者，處新臺幣二萬元以上十萬元以下罰鍰。再次拒絕者，並按次處新臺幣四萬元以上二十萬元以下罰鍰。

(107)一、原條文修正移列第一項：㈠外國公司在我國境內設立分公司者，其在我國境內營業所用之資金，亦須經會計師查核簽證，始為合理，爰增列準用第七條規定。㈡原條文準用第九條規定，移至修正條文第三百七十二條第二項至第五項規範，爰刪除「第九條」之文字。㈢原條文準用第十條規定，移至修正條文第三百七十九條規範，爰刪除「第十條」之文字。㈣依原條文規定，外國公司準用第十二條至第二十五條規定。惟其中準用第十三條部分，除第一項始有適用，爰外國公司在中華民國境內之分公司僅準用第十三條第一項；準用第十九條規定部分，移至修正條文第三百七十一條規範，爰排除準用之列；準用第二十條至第二十二條規定部分，此三條文均定有處行政罰規定，基於處罰明確性原則，另於第二項至第四項規範，並於第一項明定準用此三條文之項次。又考量外國公司在我國境內設立分公司者，其因解散或被撤銷、廢止登記時，在清算時期中，亦有暫時經營業務之可能，爰增列準用第二十六條及第二十六條之一。依第二十六條之二規定，對於超過法定年限未完結清算或終結破產之公司，其名稱得為他人申請核准使用，外國公司在我國設立分公司者，其名稱亦應納入規範，爰增列準用第二十六條之二。綜上，原條文「第十二條至第二十五條」修正為「第十二條、第十三條第一項、第十五條至第十八條、第二十條第一項至第四項、第二十一條第一項及第三項、第二十二條第一項、第二十三條至第二十六條之二」。另配合修正條文第四條第一項修正外國公司之定義，爰「外國公司」修正為「外國公司在中華民國境內設立之分公司」。二、增訂第二項至第四項，基於處罰明確性原則，法制體例上，罰責規定不宜以「準用」之立法方式為之，爰予明定。

*（違法登記之撤銷）公司九；（命令解散）公司一〇；（登記要件）公司一二；（能力之限制）公司一三、一五、一六、二七；（特許營業）公司一七；（名稱專用）公司一八；（負責人之連帶責任）公司二三。

第三百七十八條　（登記之廢止㈠）

外國公司在中華民國境內設立分公司後，無意在中華民國境內繼續營業者，應向主管機關申請廢止分公司登記。但不得免除廢止登記以前所負之責任或債務。

(107)配合廢除外國公司認許制度，原條文所定「認許」、「撤回認許」均酌作修正。又考量從「申請廢止分公司登記」到主管機關核准「廢止登記」之期間內，所產生的責任或債務亦不宜免除，爰修正為「不得免除廢止登記以前所負之責任或債務」，以資周延。

*（外國公司）公司四；（認許）公司三七一、三七三；（認許之撤銷）公司三七九；（公司負責人之責任）公司二三。

▲（四三臺上六三四）參見本法第二十三條。

第三百七十九條　（登記之廢止㈡）

有下列情事之一者，主管機關得依職權或利害關係人之申請，廢止外國公司在中華民國境內之分公司登記：

一　外國公司已解散。

二　外國公司已受破產之宣告。

三　外國公司在中華民國境內之分公司，有第十條各款情事之一。

前項廢止登記不影響債權人之權利及外國公司之義務。

(107)一、修正第一項：㈠配合法制作業用語，序文「左列」修正為「下列」。㈡配合廢除外國公司認許制度及參酌第三百九十七條之體例，序文「主管機關應撤銷或廢止其認許」修正為「主管機關得依職權或利害關係人之申請，廢止外國公司在中華民國境內之分公司登記」。㈢鑒於修正條文第三百七十二條第五項針對外國公司之分公司設立或其他登記事項有犯刑法偽造文書印文罪章之情事，已有撤銷或廢止其登記之規定，本項毋庸重複規定，爰刪除序文「撤銷」之文字及刪除第一款，並酌作文字修正。㈣原第二款及第三款分別移列第一款及第二款，並酌作文字修正。又依第三百七十七條規定，第十條於外國公司準用之，爰將第十條有關命令解散之四款情形，增訂第三款規範之。二、配合廢除外國公司認許制度及刪除第一項撤銷之規定，第二項酌作文字修正。又本項之立法目的，旨在確保債權人之利益及交易安全之維護，原第二項所定「不得影響債權人之權利及公司之義務」應係指「不影響債權人之權利及外國公司之義務」，且本項所稱之「公司」，應係指外國公司而言，爰酌作文字修正，以資明確。

*（撤銷登記）公司九、一〇；（在外國破產）破產四。

第三百八十條　（外國公司之清算）

外國公司在中華民國境內設立之所有分公司，均經撤銷或廢止登記者，應就其在中華民國境內營業所生之債權債務清算了結，未了之債務，仍由該外國公司清償之。

前項清算，除外國公司另有指定清算人者外，以外國公司在中華民國境內之負責人或分公司經理人為清算人，並依外國公司性質，準用本法有關各種公司之清算程序。

(107)一、配合廢除外國公司認許制度，爰將第一項「撤回、撤銷或廢止認許之外國公司」修正為「外國公司在中華民國境內設立之所有分公司，均經撤銷或廢止登記者」，以符實際。二、為使外國公司在我國境內設立之所有分公司均經撤銷或廢止登記後，其進行清算更具彈性，除維持原法定清算人外，亦允許外國公司得指定清算人進行清算事宜，爰修正第二項。

*（撤回認許）公司三七八；（撤銷認許）公司三七九；（外國公司）公司四；（分公司）公司三㊂；（清算）公司二五、八四；（清算程序）公司七九～九七、三二二～三五

六。

第三百八十一條（清算中財產處分之限制）

外國公司在中華民國境內之財產，在清算時期中，不得移出中華民國國境，除清算人為執行清算外，並不得處分。

＊（清算人）公司三八〇㊁；（清算中公司）公司二六、八四㊁。

第三百八十二條（違反清算規定之責任）

外國公司在中華民國境內之負責人、分公司經理人或指定清算人，違反前二條規定時，對於外國公司在中華民國境內營業，或分公司所生之債務，應與該外國公司負連帶責任。

⑩配合修正條文第三百八十條已增列外國公司得指定清算人，是以，清算人不限於外國公司在中華民國境內之負責人及分公司經理人，爰將本條主體「外國公司在中華民國境內之負責人或分公司經理人」修正為「外國公司在中華民國境內之負責人、分公司經理人或指定清算人」，以資周延。

＊（外國公司負責人）公司三七二㊁；（分公司）公司三㊁；（經理人）公司二九；（連帶責任）公司一九、二三，民二七三。

第三百八十三條（刪除）

第三百八十四條（刪除）

⑩一、本條刪除。二、主管機關倘欲查閱外國公司在我國設立之分公司有關營業之簿冊文件，依修正條文第三百七十七條準用第二十條至第二十二條規定辦理即可，毋庸重複規定，爰予刪除。

第三百八十五條（刪除）

⑩一、本條刪除。二、依原條文規定，第三百七十二條第二項規定之代理人，在更換或離境前，外國公司應另指定代理人申請主管機關登記，惟外國公司於更換在我國境內指定之代理人前，原有代理人應仍在任，實務上主管機關如何登記另指定之代理人，滋生疑義。離境之情形亦同，且對於離境頻繁之情形，每次離境前，皆須另指派代理人，主管機關應如何登記另指定之代理人，不無疑義，亦無實益。且第三百七十二條之「訴訟及非訴訟之代理人」文字已修正為「代表」，而指定代表更換時，則回歸公司登記辦法辦理變更登記即可，本條已無規範必要，爰予刪除。

第三百八十六條（辦事處之登記）

外國公司因無意在中華民國境內設立分公司營業，未經申請分公司登記而派其代表人在中華民國境內設置辦事處者，應申請主管機關登記。

外國公司設置辦事處後，無意繼續設置者，應向主管機關申請廢止登記。

辦事處代表人缺位或辦事處他遷不明時，主管機關得依職權限期令外國公司指派或辦理所在地變更；屆期仍不指派或辦理變更者，主管機關得廢止其辦事處之登記。

⑩一、修正第一項：㈠配合廢除外國公司認許制度，「申請認許」修正為「申請分公司登記」。㈡於登記實務上，申請代表人辦事處備案，與申請代表人辦事處登記，其程序及效果並無不同，爰將「備案」修正為「登記」，以符實際。是以，外國公司雖無意在中華民國境內設立分公司營業，而欲設置辦事處者，仍應申請主管機關登記。㈢考量辦事處所為行為不必受限於業務上法律行為，縱從事蒐集市場資訊之事實行為，亦無不可，爰刪除「為業務上之法律行為」之文字。㈣原第一項所列四款事項，因已於第三百八十七條第一項授權辦法中規範，尚無重複規範之必要，爰予刪除。二、依原第二項規定，代表人須經常留駐中華民國境內者，始應設置代表人辦事處；非經常留駐者，僅須申請備案，而不須設置代表人辦事處。惟實務運作上，只要備案即須設置代表人辦事處，而不論其是否經常留駐，為解決二者扞格之情形，爰予刪除。三、有關外國公司申請代表人辦事處登記文件之規定，因已於第三百八十七條第一項授權辦法中規範，尚無重複規範之必要，爰刪除原第三項。四、原第四項規定已涵蓋於修正條文第一項，爰予刪除。五、增訂第二項，明定外國公司於我國設置辦事處後，如無意繼續設置者，應向主管機關申請廢止登記，以利管理。六、增訂第三項，明定辦事處代表人缺位或辦事處他遷不明時，主管機關之處理方式，以利管理。

＊（外國公司）公司四；（公司名稱）公司二㊁、一八；（公司國籍）公司三七〇；（所營事業）公司一五；（代理人）公司三七二㊁。

第八章 登 記

第一節 申 請

第三百八十七條（登記之期限、應檢附之文件與書表等辦法之訂定）

申請本法各項登記之期限、應檢附之文件與書表及其他相關事項之辦法，由中央主管機關定之。

前項登記之申請，得以電子方式為之；其實施辦法，由中央主管機關定之。

前二項之申請，得委任代理人，代理人以會計師、律師為限。

代表公司之負責人或外國公司在中華民國境內之負責人申請登記，違反依第一項所定辦法規定之申請期限者，處新臺幣一萬元以上五萬元以下罰鍰。

代表公司之負責人或外國公司在中華民國境內之負責人不依第一項所定辦法規定之申請期限辦理登記者，除由主管機關令其限期改正外，處新臺幣一萬元以上五萬元以下罰鍰；屆期未改正者，繼續令其限期改正，並按次處新臺幣二萬元以上十萬元以下罰鍰，至改正為止。

⑩一、原第一項、第二項、第四項及第五項均納入修正條文第一項之辦法中統一規範，爰修正第一項，並刪除原第二項、第四項及第五項。另外國公司在我國境內設立分公司、辦事處或其他情形，亦應有本章相關條文之適用，爰將「公司之登記」修正為「申請本法各項登記之期限、應檢附之文件與書表及其他相關事項之辦法，由中央主管機關定之」，並刪除有關認許之規定，以資周延。二、按現行實務上，申請各項登記，已得以電子方式為之，為符實際，爰增訂第二項，明定各項登記之申請，得以電子方式為之，並授權中央主管機關訂定實施辦法。三、第三項酌作文字修正。四、原第六項修正移列第四項。配合修正條文第一項規定，將「代表公司之負責人違反依第四項」修正為「代表公司之負責人或外國公司在中華民國境內之負責人申請登記違反依第一項」。五、原第七項修正移列第五項。配合修正條文第一項規定，將「代表公司之負責人不依第四項」修正為「代表公司之負責人或外國公司在中華民國境內之負責人不依第一項」；配合法制體例，「按次連續」刪除「連續」二字；另配合法制用語，酌作文字修正。

＊（登記）公司六、一二；（認許）公司三七一、三七三；（公司負責人）公司八；（主管機關）公司五。

第三百八十八條（登記申請之改正）

主管機關對於各項登記之申請，認為有違反本法或不合法定程式者，應令其改正，非俟改正合法後，不予登記。

⑩7酌作文字修正。

＊（主管機關）公司五；（申請）公司三八七。

▲（六七臺上七六〇）參見本法第一百九十條。

第三百八十九條　（刪除）

⑨0一、本條刪除。二、依本法第十二條規定，公司之登記僅為對抗第三人之要件，尚非生效要件，如增資案件，於董事會決議發行新股年月日，即屬生效，另「方為確定」，語意不清，易滋生紛擾，爰予刪除本條，以符合行政程序法之規定。

第三百九十條　（刪除）

⑨0一、本條刪除。二、臺灣省政府功能業務與組織調整後，在臺灣省部分由經濟部辦理，在直轄市部分由直轄市政府辦理，爰刪除本條規定。

第三百九十一條　（登記之更正）

申請人於登記後，確知其登記事項有錯誤或遺漏時，得申請更正。

⑩7酌作文字修正。

＊（申請）公司三八七；（登記事項）公司一一五；（改正）公司三八八。

第三百九十二條　（登記證明書）

各項登記事項，主管機關得核給證明書。

⑩7酌作文字修正。

＊（主管機關）公司五。

第三百九十二條之一　（外文名稱登記）

公司得向主管機關申請公司外文名稱登記，主管機關應依公司章程記載之外文名稱登記之。

前項公司外文名稱登記後，有下列情事之一者，主管機關得依申請令其限期辦理變更登記；屆期未辦妥變更登記者，撤銷或廢止該公司外文名稱登記：

一　公司外文名稱與依貿易法令登記在先或預查核准在先之他出進口廠商外文名稱相同。該出進口廠商經註銷、撤銷或廢止出進口廠商登記未滿二年者，亦同。

二　公司外文名稱經法院判決確定不得使用。

三　公司外文名稱與政府機關、公益團體之外文名稱相同。

第一項外文種類，由中央主管機關定之。

⑩7一、本條新增。二、為因應國際化需求，公司得向主管機關申請公司外文名稱登記，該公司外文名稱經載明於公司章程後，主管機關即依該記載登記之，不為其他事前審查，爰增訂第一項。三、增訂第二項：㈠原制度已存在出進口廠商外文名稱登記，為調和二者制度，爰增訂第一款。如公司外文名稱登記後，發現其與依貿易法令登記在先或預查核准在先之他出進口廠商外文名稱相同者，構成事後撤銷或廢止該公司外文名稱登記之事由。其具體適用情形如下：1.他出進口廠商外文名稱登記早於公司外文名稱登記者。2.他出進口廠商外文名稱登記晚於公司外文名稱登記，但該出進口廠商外文名稱預查核准早於公司外文名稱登記者。此種情形，須以他出進口廠商外文名稱經登記者為必要，如該名稱尚在預查階段，仍需待該名稱經登記後，始有本款規定之適用，併予敘明。3.符合1.或2.情形之一，但該出進口廠商經註銷、撤銷或廢止出進口廠商登記未滿二年者。換言之，縱符合前二種情形，但該出進口廠商經註銷、撤銷或廢止出進口廠商登記達二年以上者，即無本款規定之適用。㈡參考原第十條第三款，增訂第二款，明定公司外文名稱經法院判決確定不得使用者，構成事後撤銷或廢止該公司外文名稱登記之事由，例如公司外文名稱侵害他人商標權之情形。㈢增訂第三款，為避免民眾誤認，爰明定公司外文名稱與政府機關、公益團體之外文名稱相同者，構成事後撤銷或廢止該公司外文名稱登記之事由。四、第一項規定所謂外文係指何國語文，授權中央主管機關定之，爰增訂第三項。

第三百九十三條　（查閱、抄錄或複製之請求）

各項登記文件，公司負責人或利害關係人，得聲敘理由請求查閱、抄錄或複製。但主管機關認為必要時，得拒絕或限制其範圍。

下列事項，主管機關應予公開，任何人得向主管機關申請查閱、抄錄或複製：

一　公司名稱；章程訂有外文名稱者，該名稱。

二　所營事業。

三　公司所在地；設有分公司者，其所在地。

四　執行業務或代表公司之股東。

五　董事、監察人姓名及持股。

六　經理人姓名。

七　資本總額或實收資本額。

八　有無複數表決權特別股、對於特定事項具否決權特別股。

九　有無第一百五十七條第一項第五款、第三百五十六條之七第一項第四款之特別股。

十　公司章程。

前項第一款至第九款，任何人得至主管機關之資訊網站查閱；第十款，經公司同意者，亦同。

⑩7一、有關「抄錄」一詞，依經濟部八十五年三月四日商字第八五二〇三五六三號函釋「股東依公司法第二百十條規定向公司請求抄錄股東名簿，其所指之『抄錄』包括影印在內。」為期明確，爰修正第一項，增列「複製」之規定。又倘公司之股東名簿及公司債存根簿，備置於股務代理機構者，公司應令股務代理機構提供，供股東及公司之債權人查閱、抄錄或複製，以杜爭議；另配合刪除「抄閱」之文字及酌作文字修正。二、修正第二項：㈠配合法制作業用語，序文「左列」修正為「下列」，並增加「複製」之規定，並酌作文字修正。㈡第一款增列「章程訂有外文名稱者，該名稱」；第三款增列「設有分公司者，其所在地」；增列第八款「有無複數表決權特別股、對於特定事項具否決權特別股」及第九款「有無第一百五十七條第一項第五款、第三百五十六條之七第一項第四款之特別股」，以強化相關資訊之公開透明；原第八款移列第十款。三、配合修正條文第二項增訂第八款及第九款，第三項「第一款至第七款」修正為「第一款至第九款」；至於第十款之公司章程，倘經公司同意時，任何人亦得至主管機關之資訊網站查閱。

＊（公司負責人）公司八；（主管機關）公司五。

第三百九十四條　（刪除）

⑨0一、本條刪除。二、按第六條修正後已廢止公司執照之核發，且目前公司登記已實施電腦化作業，民眾如需瞭解公司登記之現況，自可透過電腦查詢，而無須查閱政府之公報，為配合行政革新政策，簡化工商登記，本條爰予刪除。

第三百九十五條　（刪除）

⑨0一、本條刪除。二、依第三百九十三條規定公司登記事項任何人均得上網查閱或下載，足以迅速辨明是否為登記公司或虛設情形，本條規定限制公司對外文件應標明登記執

照之號數，已無保留之實益，爰予刪除。

第三百九十六條（刪除）

⑨一、本條刪除。二、為配合第三百八十七條修正增列第五項有關公司登記、認許事項及其變更採授權辦法規定，其有關申請人、申請書表、申請方式、期限等項，由該辦法規範之，本條爰予刪除。

第三百九十七條（廢止登記之申請）

公司之解散，不向主管機關申請解散登記者，主管機關得依職權或據利害關係人申請，廢止其登記。

主管機關對於前項之廢止，除命令解散或裁定解散外，應定三十日之期間，催告公司負責人聲明異議；逾期不為聲明或聲明理由不充分者，即廢止其登記。

⑨配合行政程序法第一百二十五條之規定，有關「撤銷」二字修正為「廢止」，以符實際。

*（撤銷登記）公司九、一〇；（主管機關）公司五；（公司負責人）公司八。

第三百九十八條（刪除）

⑨一、本條刪除。二、刪除理由同第三百九十六條說明二。

第三百九十九條（刪除）

⑨一、本條刪除。二、刪除理由同第三百九十六條說明二。

第四百條（刪除）

⑨一、本條刪除。二、刪除理由同第三百九十六條說明二。

第四百零一條（刪除）

⑨一、本條刪除。二、刪除理由同第三百九十六條說明二。

第四百零二條（刪除）

⑨一、本條刪除。二、刪除理由同第三百九十六條說明二。

第四百零二條之一（刪除）

⑨一、本條刪除。二、刪除理由同第三百九十六條說明二。

第四百零三條（刪除）

⑨一、本條刪除。二、刪除理由同第三百九十六條說明二。

第四百零四條（刪除）

⑨一、本條刪除。二、刪除理由同第三百九十六條說明二。

第四百零五條（刪除）

⑨一、本條刪除。二、刪除理由同第三百九十六條說明二。

第四百零六條（刪除）

⑨一、本條刪除。二、刪除理由同第三百九十六條說明二。

第四百零七條（刪除）

⑨一、本條刪除。二、刪除理由同第三百九十六條說明二。

第四百零八條（刪除）

⑨一、本條刪除。二、刪除理由同第三百九十六條說明二。

第四百零九條（刪除）

⑨一、本條刪除。二、刪除理由同第三百九十六條說明二。

第四百十條（刪除）

⑨一、本條刪除。二、刪除理由同第三百九十六條說明二。

第四百十一條（刪除）

⑨一、本條刪除。二、刪除理由同第三百九十六條說明二。

第四百十二條（刪除）

⑨一、本條刪除。二、刪除理由同第三百九十六條說明二。

第四百十三條（刪除）

⑨一、本條刪除。二、刪除理由同第三百九十六條說明二。

第四百十四條（刪除）

⑨一、本條刪除。二、刪除理由同第三百九十六條說明二。

第四百十五條（刪除）

⑨一、本條刪除。二、刪除理由同第三百九十六條說明二。

第四百十六條（刪除）

⑨一、本條刪除。二、刪除理由同第三百九十六條說明二。

第四百十七條（刪除）

⑨一、本條刪除。二、刪除理由同第三百九十六條說明二。

第四百十八條（刪除）

⑨一、本條刪除。二、刪除理由同第三百九十六條說明二。

第四百十九條（刪除）

⑨一、本條刪除。二、刪除理由同第三百九十六條說明二。

第四百二十條（刪除）

⑨一、本條刪除。二、刪除理由同第三百九十六條說明二。

第四百二十一條（刪除）

⑨一、本條刪除。二、刪除理由同第三百九十六條說明二。

第四百二十二條（刪除）

⑨一、本條刪除。二、刪除理由同第三百九十六條說明二。

第四百二十三條（刪除）

⑨一、本條刪除。二、刪除理由同第三百九十六條說明二。

第四百二十四條（刪除）

⑨一、本條刪除。二、刪除理由同第三百九十六條說明二。

第四百二十五條（刪除）

⑨一、本條刪除。二、刪除理由同第三百九十六條說明二。

第四百二十六條（刪除）

⑨一、本條刪除。二、刪除理由同第三百九十六條說明二。

第四百二十七條（刪除）

⑨一、本條刪除。二、刪除理由同第三百九十六條說明二。

第四百二十八條（刪除）

⑨一、本條刪除。二、刪除理由同第三百九十六條說明二。

第四百二十九條（刪除）

⑨一、本條刪除。二、刪除理由同第三百九十六條說明二。

第四百三十條（刪除）

第四百三十一條（刪除）

第四百三十二條（刪除）

第四百三十三條（刪除）

第四百三十四條（刪除）

⑨一、本條刪除。二、刪除理由同第三百九十六條說明二。

第四百三十五條（刪除）

⑨一、本條刪除。二、刪除理由同第三百九十六條說明二。

第四百三十六條（刪除）

⑨一、本條刪除。二、刪除理由同第三百九十六條說明二。

第四百三十七條（刪除）

⑨一、本條刪除。二、刪除理由同第三百九十六條說明二。

第三節　規　費

第四百三十八條（規費之收取）

依本法受理公司名稱及所營事業預查、登記、查閱、抄錄、複製及各種證明書等之各項申請，應收取費用；其費用之項目、費額及其他事項之準則，由中央主管機關定之。

⑩有關「抄錄」一詞，依經濟部八十五年三月四日商字第八五二〇三五六三號函釋「股東依公司法第二百十條規定向

公司請求抄錄股東名簿，其所指之「抄錄」包括影印在內。」為期明確，爰增加「複製」之規定。又倘公司之股東名簿及公司債存根簿，備置於股務代理機構者，公司應令股務代理機構提供，供股東及公司之債權人查閱、抄錄或複製，以杜爭議。又依本法受理預查、登記、查閱、抄錄、複製及各種證明書等之各項申請，應收取不同項目之費用，為精簡計，將收取費用之項目、費額及其他事項，均授權中央主管機關以準則定之，不再一一列舉費用之項目。

*（主管機關）公司五；（命令）中標三、七、一一，憲一七二。

第四百三十九條 （刪除）

第四百四十條 （刪除）

第四百四十一條 （刪除）

第四百四十二條 （刪除）

第四百四十三條 （刪除）

第四百四十四條 （刪除）

第四百四十五條 （刪除）

第四百四十六條 （刪除）

第九章　附　則

第四百四十七條 （刪除）

第四百四十七條之一 （已發行無記名股票之適用）

本法中華民國一百零七年七月六日修正之條文施行前，公司已發行之無記名股票，繼續適用施行前之規定。

前項股票，於持有人行使股東權時，公司應將其變更為記名式。

(107)一、本條新增。二、本次修法刪除無記名股票制度，為確保本法修正之條文施行前已發行無記名股票之股東權益，爰增訂第一項，明定繼續適用本法修正之條文施行前之規定。三、為配合洗錢防制之需求，減少無記名股票之流通，爰增訂第二項，明定公司之無記名股票，於持有人行使股東權時，公司應將其變更為記名式。

第四百四十八條 （罰鍰之強制執行）

本法所定之罰鍰，拒不繳納者，依法移送強制執行。

(90)配合行政執行法之修正酌作文字調整。

*（強制執行）強執四(一)⑥、六(一)⑥。

第四百四十九條 （施行日期）

本法除中華民國八十六年六月二十五日修正公布之第三百七十三條及第三百八十三條、一百零四年七月一日修正公布之第五章第十三節條文、一百零七年七月六日修正之條文之施行日期由行政院定之，及九十八年五月二十七日修正公布之條文自九十八年十一月二十三日施行外，自公布日施行。

(107)鑒於本次本法修正幅度甚大，對相關配套法令之訂定或修正及企業實務運作之調整，均需要時間準備及因應，爰明定本次修正條文之施行日期由行政院定之；其餘則配合法制作業酌作文字修正。

公司登記辦法

民國九十年十二月十二日經濟部令發布
九十二年十月一日經濟部令修正發布
九十七年六月六日經濟部令修正發布
九十八年七月十五日經濟部令修正發布
一百零一年一月十二日經濟部令修正發布
一百零二年十月十四日經濟部令修正發布
一百零三年四月十四日經濟部令修正發布
一百零四年九月二日經濟部令修正發布
一百零七年六月十四日經濟部令修正發布
一百零七年十一月八日經濟部令修正發布
一百一十年四月二十三日經濟部令修正發布第五條條文之附表五（略）、附表六（略）及附表七（略）

第一條　（訂定依據）

本辦法依公司法（以下簡稱本法）第三百八十七條第一項規定訂定之。

第二條　（公司設立之登記）

公司應於下列情事完成後十五日內，向主管機關申請設立之登記。但經目的事業主管機關核准應於特定日期登記者，不在此限。

一　無限兩合及有限公司：章程訂立。

二　股份有限公司：代表公司之負責人就任。

第三條　（公司停業之登記）

公司暫停營業一個月以上者，應於停止營業前或停止營業之日起十五日內申請為停業之登記，並於復業前或復業後十五日內申請為復業之登記。但已依加值型及非加值型營業稅法規定申報核備者，不在此限。

公司設立登記後如未於六個月內開始營業者，應於該期限內向主管機關申請延展開業登記。

前二項申請停業或延展開業期間，每次最長不得超過一年。

第四條　（公司變更之登記）

公司及外國公司登記事項如有變更者，應於變更後十五日內向主管機關申請為變更之登記。但經目的事業主管機關核准應於特定日期登記者，不在此限。」無限兩合及有限公司股東死亡者，得於取得繼承證明文件後十五日內，申請變更登記。

第五條　（文件書表之檢附）

本法所規定之各類登記事項及其應檢附之文件、書表，詳如附表一至附表七（略）。

申請人依前項規定所應檢附之文件、書表為影本或外國文件者，必要時主管機關得要求檢附正本或中譯本。

目的事業主管機關規定應於特定基準日核准設立登記者，增資變更登記、分割、收購、股份轉換或合併相關登記者，第一項所定應檢附之委託會計師資本額查核報告書，得於該特定基準日前先予簽核預擬資本額查核報告書，並於基準日次日起十五日內再補送截至基準日為止之會計師資本額查核報告書。

外國公司申請新設分公司或辦事處登記者，第一項所定應檢附之建物所有權人同意書影本及所有權證明文件影本，得於核准登記日次日起三十日內補送。

第六條　（施行日期）

本辦法自中華民國一百零七年十一月一日施行。

有限合夥法

民國一百零四年六月二十四日總統令制定公布全文

第一章　總　則

第一條（立法目的）

為增加事業組織之多元性及經營方式之彈性，引進有限合夥事業組織型態，俾利事業選擇最適當之經營模式，特制定本法。

第二條（主管機關）

本法所稱主管機關：在中央為經濟部；在直轄市為直轄市政府。

中央主管機關得委任所屬機關、委託或委辦其他機關辦理本法所規定之事項。

第三條（成立）

有限合夥非在中央主管機關登記後，不得成立。

第四條（用詞定義）

本法用詞定義如下：

一　有限合夥：指以營利為目的，依本法組織登記之社團法人。

二　普通合夥人：指直接或間接負責有限合夥之實際經營業務，並對有限合夥之債務於有限合夥資產不足清償時，負連帶清償責任之合夥人。

三　有限合夥人：指依有限合夥契約，以出資額為限，對有限合夥負其責任之合夥人。

四　有限合夥負責人：指有限合夥之普通合夥人；有限合夥之經理人、清算人在執行職務範圍內，亦為有限合夥負責人。

五　有限合夥代表人：指由普通合夥人中選任，並對外代表有限合夥之人。

六　外國有限合夥：指以營利為目的，依照外國法律組織設立之有限合夥；其於法令限制內，與中華民國有限合夥有同一權利能力。

第五條（消極資格）

有下列情形之一者，不得充任有限合夥之代表人、經理人或清算人；其已充任者，當然解任：

一　曾犯組織犯罪防制條例規定之罪，經有罪判決確定，尚未執行、尚未執行完畢，或執行完畢、緩刑期滿或赦免後未逾五年。

二　曾犯詐欺、背信、侵占罪經宣告受有期徒刑一年以上之刑確定，尚未執行、尚未執行完畢，或執行完畢、緩刑期滿或赦免後未逾二年。

三　曾犯貪污罪，經有罪判決確定，尚未執行、尚未執行完畢，或執行完畢、緩刑期滿或赦免後未逾二年。

四　受破產之宣告或經法院裁定開始清算程序，尚未復權。

五　使用票據經拒絕往來尚未期滿。

六　無行為能力或限制行為能力。

七　受輔助宣告尚未撤銷。

有前項各款情事之一者，不得充任有限合夥普通合夥人；其已充任者，應予除名。

第六條（有限合夥之方式）

有限合夥應有一人以上之普通合夥人，與一人以上之有限合夥人，互約出資組織之。

法人依法得為普通合夥人者，須指定自然人代表執行業務；法人對其指定自然人之代表權所加之限制，不得對抗善意第三人。

第七條（表決權）

有限合夥每一普通合夥人或有限合夥人，不問出資額多寡，均有一表決權。但得以有限合夥契約訂定按出資額多寡比例分配表決權。

第八條（公司得為有限合夥之合夥人）

公司得為有限合夥之合夥人，不受公司法第十三條第一項有關公司不得為合夥事業之合夥人之限制。」

公司為有限合夥之普通合夥人，應依下列各款規定，取得股東同意或股東會決議：

一　無限公司、兩合公司經全體無限責任股東同意。

二　有限公司經全體股東同意。

三　股份有限公司經代表已發行股份總數三分之二以上股東出席，以出席股東表決權過半數同意之股東會決議。

公開發行股票之公司，出席股東之股份總數不足前項第三款定額者，得以有代表已發行股份總數過半數股東之出席，出席股東表決權三分之二以上之同意行之。

第二項第三款與前項出席股東股份總數及表決權數，章程有較高之規定者，從其規定。

公司負責人違反前三項規定時，應賠償公司因此所受之損害。

第二章　登　記

第九條（申請登記）

申請設立有限合夥或辦理外國有限合夥在中華民國境內設立分支機構者，應載明下列事項，並檢附有限合夥契約及相關證明文件，向中央主管機關申請登記：

一　名稱。

二　所營事業。

三　所在地。

四　合夥人姓名或名稱、住居所、出資額及責任類型。

五　出資額分次繳納出資者，為設立時之實際繳納數額；非以現金為出資者，其種類。

六　定有存續期間者，其期間。

七　本國有限合夥分支機構。

八　有限合夥代表人姓名。

九　設有經理人者，其姓名。

十　其他經中央主管機關規定之事項。

有限合夥之設立或其他登記事項有偽造、變造文書，經裁判確定後，由檢察機關通知中央主管機關撤銷或廢止其登記。

第一項登記事項，其申請登記之程序、期限、變更登記、廢止登記、解散登記及其他應遵行事項之辦法，由中央主管機關定之。

第十條（設立登記）

未經設立登記，不得以有限合夥名義經營業務或為其他法律行為。

有限合夥設立登記後，有應登記之事項而不登記，或已登記之事項有變更而不為變更之登記者，不得以其事項對抗第三人。

第十一條（有限合夥業務）

有限合夥業務依法律或基於法律授權所定之命令，須經中央目的事業主管機關許可者，於領得許可文件後，方得申請有限合夥登記。

前項業務之許可，經中央目的事業主管機關撤銷或廢止確定者，應由各該目的事業主管機關，通知中央主管機關，撤銷或廢止其有限合夥登記或部分登記事項。

第十二條（有限合夥之經營）

有限合夥之經營有違反法律或基於法律授權所定之命令，受勒令歇業處分確定者，應由處分機關通知中央主管機關，廢止其有限合夥登記或部分登記事項。

第十三條（有限合夥名稱）

有限合夥名稱，應標明有限合夥字樣。

有限合夥名稱，不得使用與他有限合夥或公司相同之名稱。但二有限合夥或有限合夥與公司名稱中標明不同業務種類或可資區別之文字者，視為不相同」

有限合夥所營事業，除許可業務應登記外，其餘不受限制；其業務之登記應依中央主管機關所定營業項目代碼表登記。

有限合夥不得使用易於使人誤認其與政府機關、公益團體有關或妨害公共秩序或善良風俗之名稱。

有限合夥名稱及業務，於登記前應先向中央主管機關申請核准，並保留一定期間；其審核準則，由中央主管機關定之。

第十四條（出資）

普通合夥人得以現金、現金以外之財產、信用、勞務或其他利益出資；有限合夥人得以現金或現金以外之財產出資。但以信用或其他利益之出資，不得超過有限合夥出資總額之一定比例。

前項之一定比例，由中央主管機關定之。

合夥人應以有限合夥契約約定各合夥人出資額，並得約定分次出資及其方式、條件或期限等。

有限合夥申請設立登記或變更登記之出資額或合夥人人數達中央主管機關所定一定數額或人數以上者，其出資額應經會計師查核簽證，並應於申請設立登記時或設立登記後三十日內，檢送經會計師查核簽證之文件。但以現金出資者，不在此限。

前項查核簽證之辦法，由中央主管機關定之。

第十五條（廢止登記）

有限合夥有下列情事之一者，中央主管機關得依職權或利害關係人申請，廢止其有限合夥登記：

一　登記後滿六個月尚未開始營業，或開始營業後自行停止營業六個月以上。但已辦妥延展登記或停業登記者，不在此限。

二　有限合夥之解散，未向中央主管機關申請解散登記。

三　有限合夥名稱經法院判決確定不得使用，有限合夥於判決確定後六個月內尚未辦妥名稱變更登記，並經中央主管機關令其限期辦理仍未辦妥。

四　未依前條第三項規定檢送經會計師查核簽證之文件。但於中央主管機關廢止登記前已檢送者，不在此限。

第十六條（解散）

有限合夥之經營，有顯著困難或重大損害時，法院得據合夥人之聲請，於徵詢中央主管機關及中央目的事業主管機關意見，並通知有限合夥提出答辯後，裁定解散。

法院裁定解散，應通知中央主管機關為解散登記。

第十七條（查閱或抄錄）

有限合夥登記文件，有限合夥負責人或利害關係人，得聲敘理由請求查閱或抄錄。但中央主管機關認為必要時，得拒絕查閱、抄錄或限制其範圍。

有限合夥下列登記事項，中央主管機關應予公開，任何人得向主管機關申請查閱或抄錄：

一　名稱。

二　所營事業。

三　所在地。

四　普通合夥人姓名、合夥人出資額及責任類型。

五　出資額分次繳納出資者，為設立時之實際繳納數額；非以現金為出資者，其種類。

六　存續期間。

七　本國有限合夥分支機構。

八　有限合夥負責人姓名。

九　經理人姓名。

十　約定解散事由。

第三章　營　運

第十八條（出資額）

合夥人之出資額，除有限合夥契約另有約定者外，不得取回其出資額之全部或一部。

合夥人依有限合夥契約約定得取回其出資額者，非經有限合夥清償現有債務或為債權人提存後，不得為之。

合夥人違反前二項規定，取回其出資額者，於取回之範圍內，對有限合夥之債權人負其責任。

第十九條（出資額之轉讓）

有限合夥之合夥人，得依有限合夥契約之約定或經其他合夥人全體同意，以其出資額之全部或一部，轉讓於他人。

第二十條（有限合夥代表人㈠）

有限合夥，除有限合夥契約另有約定外，應由全體普通合夥人過半數之同意互選一人為有限合夥代表人。

有限合夥代表人因故不能行使職權時，由代表人指定其他普通合夥人一人代理之；代表人未指定代理人或缺位時，由其他普通合夥人過半數之同意互選一人暫時執行職務。

第二十一條（有限合夥業務之執行）

有限合夥業務之執行，除有限合夥契約另有約定者外，取決於全體普通合夥人過半數之同意。

第二十二條（忠實義務）

有限合夥負責人應忠實執行業務，並盡善良管理人之注意義務；如有違反致有限合夥受有損害者，負損害賠償責任。

有限合夥負責人違反前項規定為自己或他人為該行為時，其他合夥人得以過半數之同意，將該行為之所得視為有限合夥之所得。但自所得產生後逾一年者，不在此限。

第二十三條（連帶賠償責任）

有限合夥負責人執行業務，如有違反法令致他人受有損害時，對他人應與有限合夥負連帶賠償責任。

第二十四條（有限合夥代表人㈡）

有限合夥代表人為自己或他人與有限合夥為買賣、借貸或其他與有限合夥有利害衝突之行為時，由其他普通合夥人過半數之同意互選一人為有限合夥之代表；普通合夥人僅一人時，由有限合夥人過半數之同意互選一人為有限合夥之代表。

第二十五條（競業禁止義務）

有限合夥負責人除有限合夥契約另有約定者外，不得為自己或他人為與有限合夥同類營業之行為。

有限合夥負責人違反前項規定，其他合夥人得以過半數之同意，將該行為之所得視為有限合夥之所得。但自所得產生逾一年者，不在此限。

第二十六條（有限合夥人之限制與責任）

有限合夥人，除第二十四條規定情形外，不得參與有限合夥業務之執行及對外代表有限合夥。

有限合夥人參與合夥業務之執行，或為參與執行之表示，或知他人表示其參與執行而不否認者，縱有反對之約定，對於第三人，仍應負普通合夥人之責任。

有限合夥人之下列行為，非屬第一項所定參與有限合夥業務之執行：

一　經有限合夥授權擔任特定事項之代理人。

二　就有限合夥之營業、業務及交易僅提供諮詢或建議之意見。

三　擔任有限合夥或普通合夥人之保證人，或為其提供擔保。

第二十七條（營業報告書等之分送與承認）

每屆會計年度終了，有限合夥代表人應將營業報告書、財務報表及盈餘分配或虧損撥補之議案，分送全體合夥人，並經三分之二以上承認。

盈餘分配或虧損撥補議案之提起，得以有限合夥契約另為約定，不受前項每屆會計年度終了之限制。

有限合夥出資額達中央主管機關所定一定數額者，其年度財務報表於分送合夥人承認前，應先經會計師查核簽證；其簽證規則由中央主管機關定之。

第二十八條（分配盈餘等）

有限合夥在清償已屆期之債務前，或其財產不足清償債務以及執行退夥、解散清算所生之必要費用時，不得分配盈餘。於會計年度終了前分配盈餘者，應先預估並保留一切稅捐。

有限合夥分配盈餘，應依有限合夥契約之約定；有限合夥契約未約定者，依各合夥人出資額比例分配。

違反前二項規定者，合夥人於受分配之範圍內，對有限合夥之債權人負其責任。

第二十九條（會計查核）

有限合夥人於每會計年度終了時，得查閱有限合夥之財務報表、業務及財產情形；必要時，法院得因有限合夥人之聲請，許其隨時查閱有限合夥之財務報表、業務及財產之情形，有限合夥負責人不得規避、妨礙或拒絕。

第三十條（財務報表之備置）

有限合夥代表人應備置歷年財務報表於所在地，供債權人及合夥人查閱或抄錄。

第三十一條（主管機關之檢查）

主管機關得會同目的事業主管機關，隨時派員檢查有限合夥之業務及財務狀況，有限合夥負責人不得規避、妨礙或拒絕。

主管機關依前項規定派員檢查時，得視需要選任會計師、律師或其他專業人員協助辦理。

第三十二條（加入）

有限合夥人之加入除有限合夥契約另有約定者外，應經全體普通合夥人之同意；普通合夥人之加入應經全體合夥人之同意。

加入有限合夥為普通合夥人者，對於未加入前有限合夥已發生之債務亦應負責。

第三十三條（退夥㈠）

普通合夥人有下列情事之一者，退夥：

一　死亡。

二　受破產、監護或輔助宣告或經法院裁定開始清算程序。

三　出資額經法院強制執行。

四　除名。

前項第四款之除名，除第五條第二項規定情形外，應有下列事由之一，並經普通合夥人三分之二以上同意為之：

一　違反第二十二條第一項或第二十五條第一項規定情節重大者。

二　違反第二十四條規定或怠忽職守，致嚴重損害有限合夥之利益者。

第三十四條（退夥㈡）

除前條第一項或有限合夥契約另有約定者外，合夥人遇有非可歸責於自己之重大事由，得經其他合夥人過半數之同意後退夥。

普通合夥人退夥後，對於其退夥前有限合夥所負債務，仍應負責。

第三十五條（解散）

有限合夥有下列情事之一者，解散：

一　有限合夥契約約定之解散事由發生。

二　有限合夥存續期間屆滿。

三　合夥人全體同意。

四　破產。

五　合夥人人數不足。

前項第一款或第二款情形，經合夥人全體同意者，得繼續經營。

第一項第五款情形，經其餘合夥人全體同意者，於加入普通合夥人或有限合夥人後，得繼續經營。

第三十六條（清算）

有限合夥解散，經中央主管機關撤銷或廢止登記後，應行清算。但因破產而解散者，不在此限。

除有限合夥契約另有約定者外，合夥事務應由全體普通合夥人清算了結。但因全體普通合夥人退夥而解散者，法院應依利害關係人之聲請選派清算人。

清算人執行事務之權限及代表權準用第二十條、第二十一條及第二十四條規定。

有限合夥之清算，除本法另有規定外，準用公司法無限公司清算之規定。

第四章　外國有限合夥

第三十七條（外國有限合夥之登記）

外國有限合夥非經辦理分支機構登記者，不得在中華民國境內營業。

第三十八條（外國有限合夥之準用）

外國有限合夥分支機構之登記、營運資金、解散及廢止登記，準用公司法之規定。

外國有限合夥分支機構之清算，以外國有限合夥在中華民國境內之負責人或分支機構經理人為清算人，並準用公司法第三百八十一條、第三百八十二條及無限公司清算之規定。

第五章　罰　則

第三十九條（罰則㈠）

違反第十條第一項規定未經登記而以有限合夥名義經營業務，或為其他法律行為者，行為人處一年以下有期徒刑、拘役或科或併科新臺幣五十萬元以下罰金，並自負民事責任；行為人有二人以上者，連帶負民事責任。主管機關並應禁止其使用有限合夥之名義。

第四十條（罰則㈡）

有限合夥負責人規避、妨礙或拒絕主管機關依第三十一條第一項規定所為之檢查者，處新臺幣五萬元以上二十五萬元以下罰鍰，並得按次處罰。

第四十一條（罰則㈢）

有下列情形之一者，處有限合夥代表人新臺幣二萬元以上十萬元以下罰鍰，並得按次處罰：

一　未依第九條第三項所定辦法規定之期限申請登記。

二　未依第二十七條第一項規定，將營業報告書、財務報表及盈餘分配或虧損撥補之議案，分送全體合夥人承認。

三　未依第二十七條第三項規定，將年度財務報表送經會計師查核簽證。

四　未依第三十條規定備置歷年財務報表。

第四十二條（罰則㈣）

有限合夥負責人規避、妨礙或拒絕有限合夥人依第二十九條規定所為之查閱者，處新臺幣二萬元以上十萬元以下罰鍰，並得按次處罰。

第六章　附　則

第四十三條（費用之收取）

依本法受理有限合夥名稱及所營事業預查、登記、查閱、抄錄及各種證明書等之各項申請，應收取費用；其費用之項目費額及其他事項之準則由中央主管機關定之。

第四十四條（施行日期）

本法施行日期由行政院定之。

企業併購法

民國九十一年二月六日總統令公布
九十三年五月五日總統令修正公布
一百零四年七月八日總統令修正公布
一百一十一年六月十五日總統令修正公布第一、五、一〇～一二、一八、二九、三五、三六、四〇、四五、五三條；並增訂第四〇之一、四四之一條條文

第一章 總則

第一條（立法目的）

為利企業以併購進行組織調整，發揮企業經營效率，並兼顧股東權益之保障，特制定本法。

第二條（法律之適用）

公司之併購，依本法之規定；本法未規定者，依公司法、證券交易法、公平交易法、勞動基準法、外國人投資條例及其他法律之規定。

金融機構之併購，依金融機構合併法及金融控股公司法之規定；該二法未規定者，依本法之規定。

第三條（主管機關）

本法主管機關為經濟部。

本法所定事項涉及目的事業主管機關職掌者，由主管機關會同目的事業主管機關辦理。

第四條（用詞定義）

本法用詞定義如下：

一　公司：指依公司法設立之股份有限公司。

二　併購：指公司之合併、收購及分割。

三　合併：指依本法或其他法律規定參與之公司全部消滅，由新成立之公司概括承受消滅公司之全部權利義務；或參與之其中一公司存續，由存續公司概括承受消滅公司之全部權利義務，並以存續或新設公司之股份、或其他公司之股份、現金或其他財產作為對價之行為。

四　收購：指公司依本法、公司法、證券交易法、金融機構合併法或金融控股公司法規定取得他公司之股份、營業或財產，並以股份、現金或其他財產作為對價之行為。

五　股份轉換：指公司讓與全部已發行股份予他公司，而由他公司以股份、現金或其他財產支付公司股東作為對價之行為。

六　分割：指公司依本法或其他法律規定將其得獨立營運之一部或全部之營業讓與既存或新設之他公司，而由既存公司或新設公司以股份、現金或其他財產支付予該公司或其股東作為對價之行為。

七　母子公司：直接或間接持有他公司已發行有表決權之股份總數或資本總額超過半數之公司，為母公司；被持有者，為子公司。

八　外國公司：指以營利為目的，依照外國法律組織登記之公司。

第五條（公司併購時董事會之責任）

公司進行併購時，董事會應為公司之最大利益行之，並應以善良管理人之注意，處理併購事宜。

公司董事會違反法令、章程或股東會決議處理併購事宜，致公司受有損害時，參與決議之董事，對公司應負賠償之責。但經表示異議之董事，有紀錄或書面聲明可證者，免其責任。

公司進行併購時，公司董事就併購交易有自身利害關係時，應向董事會及股東會說明其自身利害關係之重要內容及贊成或反對併購決議之理由。

前項情形公司應於股東會召集事由中敘明董事利害關係之重要內容及贊成或反對併購決議之理由，其內容得置於證券主管機關或公司指定之網站，並應將其網址載明於通知。

第六條（特別委員會之設置）

公開發行股票之公司於召開董事會決議併購事項前，應設置特別委員會，就本次併購計畫與交易之公平性、合理性進行審議，並將審議結果提報董事會及股東會。但本法規定無須召開股東會決議併購事項者，得不提報股東會。

前項規定，於公司依證券交易法設有審計委員會者，由審計委員會行之；其辦理本條之審議事項，依證券交易法有關審計委員會決議事項之規定辦理。

特別委員會或審計委員會進行審議時，應委請獨立專家協助就換股比例或配發股東之現金或其他財產之合理性提供意見。

特別委員會之組成、資格、審議方法與獨立專家之資格條件、獨立性之認定、選任方式及其他相關事項之辦法，由證券主管機關定之。

第七條（應發送股東之併購文件之公告）

公開發行股票之公司依本法應發送股東之併購文件屬下列之一者，經公司於證券主管機關指定之網站公告同一內容，且備置於公司及股東會會場供股東索閱者，對於股東視為已發送：

一　依第二十二條第三項、第三十一條第七項、第三十八條第二項規定應附於股東會召集通知之合併契約、轉換契約或分割計畫之應記載事項、特別委員會或審計委員會審議結果及獨立專家意見。

二　依第十九條第二項、第三十條第二項或第三十七條第三項規定於董事會決議後，應附於對股東通知之合併契約、轉換契約或分割計畫之應記載事項、特別委員會或審計委員會審議結果及獨立專家意見。

公司董事會依第十八條第七項第十九條第一項第二十九條第六項、第三十條第一項、第三十六條第一項及第二項、第三十七條第一項為併購之決議，免經股東會決議且決議無須通知股東者，應於最近一次股東會就併購事項提出報告。

第八條（發行新股）

公司有下列情形之一者，得不保留發行之新股由員工承購、通知原有股東儘先分認或提撥一定比率對外公開發行，不受公司法第二百六十七條第一項至第三項及證券交易法第二十八條之一規定之限制：

一　存續公司為合併而發行新股，或母公司為子公司與他公司之合併而發行新股。

二　發行新股全數用於被收購。

三　發行新股全數用於收購他公司已發行之股份、營業或財產。

四　因進行股份轉換而發行新股。

五　因受讓分割而發行新股。

公司依前項發行之新股，得以現金或公司事業所需之財產為出資，且不受公司法第二百七十二條規定之限制。

第九條（重整計畫）

公司依公司法第三百零四條規定訂定之重整計畫，得訂明以債權人對公司之債權作價繳足債權人承購公司發行新股所需股款，並經公司法第三百零五條關係人會議可決及經法院裁定認可後執行之，不受公司法第二百七十條、第二百七十二條及第二百九十六條規定之限制。

第十條（股東表決權之行使與信託）

公司進行併購時，股東得以書面契約約定其共同行使股東表決權之方式及相關事宜。

公司進行併購時，股東得將其所持有股票移轉予信託公司或兼營信託業務之金融機構，成立股東表決權信託，並由受託人依書面信託契約之約定行使其股東表決權。

股東非將前項書面信託契約、股東姓名或名稱、事務所或住（居）所與移轉股東表決權信託之股份總數、種類及數量於股東常會開會三十日前，或股東臨時會開會十五日前送交公司辦理登記，不得以其成立股東表決權信託對抗公司。

前項情形，公開發行股票公司之股東應於股東常會開會六十日前，或股東臨時會開會三十日前為之。

第十一條（併購之合理限制）

公司進行併購時，得以股東間書面契約或公司與股東間之書面契約合理限制下列事項：

一　股東轉讓持股時，應優先轉讓予公司、其他股東或指定之第三人。

二　公司、股東或指定之第三人得優先承購其他股東所持有股份。

三　股東得請求其他股東一併轉讓所持有股份。

四　股東轉讓股份或將股票設質予特定人應經公司董事會或股東會之同意。

五　股東轉讓股份或設質股票之對象。

六　股東於一定期間內不得將股份轉讓或股票設質予他人。

未公開發行股票之公司得以章程記載前項約定事項。

第一項所指合理限制，應符合下列原則：

一　為符合證券交易法、稅法或其他法令規定所為之限制。

二　其他因股東身分、公司業務競爭或整體業務發展之目的所為必要之限制。

公開發行股票之公司進行併購發行新股而受第一項股份轉讓或股票設質之限制時，應依證券交易法規定於公開說明書或證券主管機關規定應交付投資人之書面文件中載明。

公司法第一百六十三條不得以章程禁止或限制股份轉讓之規定，於第一項及第二項情形不適用之。

公司依第一項第一款或第二款買回股份之數量併同依其他法律買回股份之總數，不得超過該公司已發行股份總數百分之二十，且其收買股份之總金額，不得逾保留盈餘加已實現之資本公積之金額。

第十二條（股份收買請求權）

公司於進行併購而有下列情形之一，股東得請求公司按當時公平價格，收買其持有之股份：

一　公司股東對公司依前條規定修改章程記載股份轉讓或股票設質之限制，於股東會集會前或集會中，以書面表示異議，或以口頭表示異議經記錄，並投票反對或放棄表決權者。

二　公司進行第十八條之合併時，存續公司或消滅公司之股東於決議合併之股東會集會前或集會中，以書面表示異議，或以口頭表示異議經記錄，並投票反對或放棄表決權者。但公司依第十八條第七項進行合併時，僅消滅公司股東得表示異議。

三　公司進行第十九條之簡易合併時，其子公司股東於決議合併之董事會依第十九條第二項公告及通知所定期限內以書面向子公司表示異議者。

四　公司進行第二十七條之收購時，公司股東於股東會集會前或集會中，以書面表示異議，或以口頭表示異議經記錄，並投票反對或放棄表決權者。

五　公司進行第二十九條之股份轉換時，進行轉換股份之公司股東及受讓股份之既存公司股東於決議股份轉換之股東會集會前或集會中，以書面表示異議，或以口頭表示異議經記錄，並投票反對或放棄表決權者。但公司依第二十九條第六項規定進行股份轉換時，僅轉換股份公司之股東得表示異議。

六　公司進行第三十條股份轉換時，其子公司股東於決議股份轉換之董事會依第三十條第二項規定公告及通知所定期限內以書面向子公司表示異議者。

七　公司進行第三十五條之分割時，被分割公司之股東或受讓營業或財產之既存公司之股東於決議分割之股東會集會前或集會中，以書面表示異議，或以口頭表示異議經記錄，並投票反對或放棄表決權者。

八　公司進行第三十七條之簡易分割時，其子公司股東，於決議分割之董事會依第三十七條第三項規定公告及通知所定期限內，以書面向子公司表示異議者。

前項放棄表決權之股份數，不算入已出席股東之表決權數。

股東為第一項之請求，應於股東會決議日起二十日內以書面提出，並列明請求收買價格及交存股票之憑證。依本法規定以董事會為併購決議者，應於第十九條第二項、第三十條第二項或第三十七條第三項所定期限內以書面提出，並列明請求收買價格及交存股票之憑證。

公司受理股東交存股票時，應委任依法得受託辦理股務業務之機構辦理。股東交存股票時，應向公司委任股務業務之機構辦理。受委任機構接受股票交存時，應開具該股票種類、數量之憑證予股東；股東以帳簿劃撥方式交存股票者，應依證券集中保管事業相關規定辦理。

第一項股東之請求，於公司取銷同項所列之行為時，失其效力。

股東與公司間就收買價格達成協議者，公司應自股東會或董事會決議日起九十日內支付價款。未達成協議者，公司應自決議日起九十日內，依其所認為之公平價格支付價款予未達成協議之股東；公司未支付者，視為同意股東依第三項請求收買之價格。

股東與公司間就收買價格自股東會或董事會決議日起六十日內未達成協議者，公司應於此期間經過後三十日內，以全體未達成協議之股東為相對人，聲請法院為價格之裁定。未達成協議之股東未列為相對人者，視為公司同意該股東第三項請求收買價格。公司撤回聲請，或受駁回之裁定，亦同。但經相對人陳述意見或裁定送達相對人後，公司為聲請之撤回者，應得相對人之同意。

公司聲請法院為價格之裁定時，應檢附會計師查核簽證公司財務報表及公平價格評估說明書，並按相對人之人數，提出繕本或影本，由法院送達之。

法院為價格之裁定前，應使聲請人與相對人有陳述意見之機會。相對人有二人以上時，準用民事訴訟法第四十一條至第四十四條及第四百零一條第二項規定。

對於前項裁定提起抗告，抗告法院於裁定前，應給予當事人陳述意見之機會。

價格之裁定確定時，公司應自裁定確定之日起三十日內，支付裁定價格扣除已支付價款之差額及自決議日起九十日翌日起算之法定利息。

非訟事件法第一百七十一條、第一百八十二條第一項、第二項及第四項規定，於本條裁定事件準用之。聲請程序費用及檢查人之報酬，由公司負擔。

第十三條（公司買回股份之辦理與限制）

公司依前條規定買回股份，應依下列規定辦理：

一　消滅公司自合併後買回股東之股份，應併同消滅公司其他已發行股份，於消滅公司解散時，一併辦理註銷登記。

二　前款以外情形買回之股份，得依下列規定辦理：

㈠依合併契約、股份轉換契約、分割計畫或其他契約約定轉讓予消滅公司或其他公司股東。

㈡逕行辦理變更登記。

㈢於買回之日起三年內，按市價將其出售，屆期未經出售者，視為公司未發行股份，並辦理變更登記。

公司依本法規定買回之股份，不得質押；於未出售或註銷前，不得享有股東權利。

第十四條（臨時管理人）

公司於併購時，董事會有不能行使職權之虞，得經代表已發行股份總數三分之二以上股東出席股東會，以出席股東表決權過半數之同意選任臨時管理人，並訂定行使職權之範圍及期限，由臨時管理人於董事會不能行使職權時，代行董事長、董事會依公司法規定之職權。

公開發行股票之公司，出席股東之股份總數不足前項定額者，得以有代表已發行股份總數過半數股東之出席，出席股東表決權三分之二以上之同意行之。

臨時管理人之委任，應於就任後十五日內向公司登記主管機關辦理登記；其解任，應併同改選董事、監察人後十五日內為之。

第十五條（退休準備金）

公司進行合併時，消滅公司提撥之勞工退休準備金，於支付未留用或不同意留用勞工之退休金後，得支付資遣費；所餘款項，應自公司勞工退休準備金監督委員會專戶全數移轉至合併後存續公司或新設公司之勞工退休準備金監督委員會專戶。

公司進行收購財產或分割而移轉全部或一部營業

者讓與公司或被分割公司提撥之勞工退休準備金於支付未留用或不同意留用勞工之退休金後得支付資遣費;所餘款項應按隨同該營業或財產一併移轉適用勞動基準法退休金制度工作年資勞工之比例移轉至受讓公司之勞工退休準備金監督委員會專戶。

讓與公司或被分割公司依前項規定比例移轉勞工退休準備金前其提撥之勞工退休準備金應達到勞工法令相關規定申請暫停提撥之數額。但其具有適用勞動基準法退休金制度工作年資之勞工已全數隨同移轉至受讓公司,所餘款項應全數移轉至受讓公司之勞工退休準備金監督委員會專戶。

第十六條(留用勞工)

併購後存續公司、新設公司或受讓公司應於併購基準日三十日前,以書面載明勞動條件通知新舊雇主商定留用之勞工。該受通知之勞工,應於受通知日起十日內,以書面通知新雇主是否同意留用,屆期未為通知者,視為同意留用。

留用勞工於併購前在消滅公司、讓與公司或被分割公司之工作年資,併購後存續公司、新設公司或受讓公司應予以承認。

第十七條(未經留用或不同意留用之勞工)

公司進行併購,未經留用或不同意留用之勞工,應由併購前之雇主終止勞動契約,並依勞動基準法第十六條規定期間預告終止或支付預告期間工資,並依法發給勞工退休金或資遣費。

前項所定不同意留用,包括經同意留用後,於併購基準日前因個人因素不願留用之情形。

第二章 合併、收購及分割

第一節 合併

第十八條(合併或解散之決議)

股東會對於公司合併或解散之決議,應有代表已發行股份總數三分之二以上股東之出席,以出席股東表決權過半數之同意行之。

公開發行股票之公司,出席股東之股份總數不足前項定額者,得以有代表已發行股份總數過半數股東之出席,出席股東表決權三分之二以上之同意行之。

前二項股東會決議,屬上市(櫃)公司參與合併後消滅,且存續或新設公司為非上市(櫃)公司者,應經該上市(櫃)公司已發行股份總數三分之二以上股東之同意行之。

前三項出席股東股份總數及表決權數,章程有較高之規定者,從其規定。

公司已發行特別股者,就公司合併事項,除本法規定無須經股東會決議或公司章程明定無須經特別股股東會決議者外,應另經該公司特別股股東會決議行之。有關特別股股東會之決議,準用前四項之規定。

公司持有其他參加合併公司之股份,或該公司或其指派代表人當選為其他參加合併公司之董事者,就其他參與合併公司之合併事項為決議時,得行使表決權。

存續公司為合併發行之新股,未超過存續公司已發行有表決權股份總數之百分之二十,或交付消滅公司股東之股份、現金或其他財產價值總額未超過存續公司淨值之百分之二十者,得作成合併契約,經存續公司董事會以三分之二以上董事出席及出席董事過半數之決議行之。但與存續公司合併後消滅之公司,其資產有不足抵償負債之虞或存續公司有變更章程之必要者,仍應適用第一項至第四項有關股東會決議之規定。

第十九條(公司與子公司之合併)

公司合併其持有百分之九十以上已發行股份之子公司或公司分別持有百分之九十以上已發行股份之子公司間合併時,得作成合併契約,經各該公司董事會以三分之二以上董事出席及出席董事過半數之決議行之。

子公司董事會為前項決議後,應於十日內公告決議內容、合併契約應記載事項,並通知子公司股東,得於限定期間內以書面提出異議,請求公司按當時公平價格,收買其持有之股份。公開發行股票之公司並應同時將特別委員會或審計委員會審議結果及獨立專家意見發送於股東。

前項期限,不得少於三十日。

公司合併其持有百分之九十以上資本總額之子公司,準用前三項規定。

第二十條(合併之限制)

股份有限公司相互間合併,或股份有限公司與有限公司合併者,存續或新設公司以股份有限公司為限。

第二十一條(公司與外國公司合併)

公司與外國公司合併應符合下列規定:

一 該外國公司依其成立之準據法規定,係屬股份有限公司或有限公司之型態,且得與公司合併者。

二 合併契約業已依該外國公司成立之準據法規定,經該公司股東會、董事會或依其他方式合法決議。

三 公司與外國公司合併者,存續或新設公司以股份有限公司為限。

前項外國公司應於合併基準日前,指定在中華民國境內之送達代收人。

第二十二條(公司合併契約)

公司合併契約應以書面為之,並應記載下列事項:

一 參與合併之公司名稱、資本額及合併後存續公司或新設公司之名稱及資本額。

二　存續公司或新設公司因合併發行該公司股份或換發其他公司股份之總數、種類及數量或換發現金或其他財產之數量。

三　存續公司或新設公司因合併對於消滅公司股東配發該公司或其他公司股份之總數、種類及數量或換發現金或其他財產與配發之方法、比例及其他相關事項。

四　依法買回存續公司股份作為配發消滅公司股東股份之相關事項。

五　存續公司之章程變更事項或新設公司依公司法第一百二十九條規定應訂立之章程。

六　上市（櫃）公司換股比例計算之依據及得變更之條件。

公司與外國公司合併者，準用前項之規定。

第一項合併契約之應記載事項，應於發送合併決議股東會之召集通知時，一併發送於股東。公開發行股票公司並應同時將特別委員會或審計委員會審議結果及獨立專家意見發送於股東。

第二十三條（合併決議之通知及公告）

公司為合併之決議後，應即向各債權人分別通知及公告，並指定三十日以上期限，聲明債權人得於期限內提出異議。

公司不為前項之通知及公告，或對於在其指定期間內對提出異議之債權人不為清償、不提供相當之擔保、不成立專以清償債務為目的之信託或未經公司證明無礙於債權人之權利者，不得以其合併對抗債權人。

第一項規定，於依第十八條第七項規定之合併，以適用於消滅公司債權人為限；其通知及公告，以消滅公司之股東會決議日為起算日。

第一項規定，於依第十九條規定之簡易合併，以適用於子公司債權人為限；其通知及公告，以子公司董事會決議日為起算日。

第二十四條（合併後公司之地位）

因合併而消滅之公司，其權利義務應由合併後存續或新設之公司概括承受；消滅公司繼續中之訴訟、非訟、仲裁及其他程序，由存續公司或新設公司承受消滅公司之當事人地位。

第二十五條（存續或新設公司之權利義務）

存續公司或新設公司取得消滅公司之財產，其權利義務事項之移轉，自合併基準日起生效。但依其他法律規定其權利之取得、設定、喪失或變更應經登記者，非經登記，不得處分。

存續公司或新設公司為辦理前項財產權利之變更或合併登記，得檢附下列文件逕向相關登記機關辦理批次登記，不受土地法第七十三條第一項、動產擔保交易法第七條及其他法律規定有關權利變更登記應由權利人及義務人共同辦理之限制：

一　公司合併登記之證明。

二　消滅公司原登記之財產清冊及存續公司或新設公司辦理變更登記之財產清冊。

三　其他各登記機關規定之文件。

前項登記，除其他法規另有更長期間之規定外，應於合併基準日起六個月內為之，不適用土地法第七十三條第二項前段有關一個月內辦理土地權利變更登記之限制。

第二十六條（合併事項之報告）

存續公司得於合併後第一次股東會為合併事項之報告。

第二節　收購

第二十七條（概括承受或讓與）

公司經股東會代表已發行股份總數三分之二以上股東之出席，以出席股東表決權過半數之同意，概括承受或概括讓與，或依公司法第一百八十五條第一項第二款或第三款讓與或受讓營業或財產者，其債權讓與之通知，得以公告方式代之；承擔債務時，免經債權人之承認，不適用民法第二百九十七條及第三百零一條規定。

公開發行股票之公司，出席股東之股份總數不足前項定額者，得以有代表已發行股份總數過半數股東之出席，出席股東表決權三分之二以上之同意行之」。

前二項股東會決議，屬上市（櫃）公司概括讓與，或讓與營業或財產而致終止上市（櫃），且受讓公司非上市（櫃）公司者，應經該上市（櫃）公司已發行股份總數三分之二以上股東之同意行之。

前三項出席股東股份總數及表決權數，公司章程有較高之規定者，從其規定。

受讓公司取得讓與公司之財產，其權利義務事項之移轉及變更登記，準用第二十五條規定。

公司與外國公司依公司法第一百八十五條第一項第二款或第三款讓與或受讓營業或財產，或以概括承受或概括讓與方式為收購者，準用前五項及第二十一條規定。

第十八條第六項規定，於本條之收購程序準用之。

公司為第一項之決議後，應即向各債權人分別通知及公告決議內容，並指定三十日以上之期限，聲明債權人得於期限內提出異議。

公司不為前項之通知及公告，或對於在其指定期間內對提出異議之債權人不為清償、不提供相當之擔保、不成立專以清償債務為目的之信託或未經公司證明無礙於債權人之權利者，不得以其收購對抗債權人。

為併購目的而取得任一公開發行公司已發行股份總額百分之十以下之股份者，得以不公開方式先行單獨或與他人共同為之。

前項所稱單獨為之係指下列情形之一：

一　以自己名義取得者。

二　以符合證券交易法施行細則第二條所定要件之他人名義取得者。

三　以符合國際會計準則或國際財務報導準則所稱之特殊目的個體名義取得者。

第十項所稱與他人共同為之係指基於同一併購目的，數人間以契約、協議或其他方式之合意，取得公開發行公司已發行股份者。

依第十項規定取得上市（櫃）公司股份者，其股票之轉讓，得於有價證券集中交易市場、證券商營業處所以盤中或盤後方式為之。

為併購目的，依本法規定取得任一公開發行公司已發行股份總額超過百分之十之股份者，應於取得後十日內，向證券主管機關申報其併購目的及證券主管機關所規定應行申報之事項；申報事項如有變動時，應隨時補正之。

違反前項規定取得公開發行公司已發行有表決權之股份者，其超過部分無表決權。

第二十八條（子公司收購營業或財產之要件）

公司之子公司收購公司全部或主要部分之營業或財產，符合下列規定者，得經公司董事會決議行之，不適用公司法第一百八十五條第一項至第四項應經讓與公司與受讓公司股東會決議之規定及公司法第一百八十六條至第一百八十八條之規定：

一　該子公司為公司百分之百持有。

二　子公司以受讓之營業或財產作價發行新股予該公司。

三　該公司與子公司已依一般公認會計原則編製合併財務報表。

公司讓與全部或主要部分之營業或財產予其百分之百持股在中華民國境外設立之子公司者，或外國公司讓與全部或主要部分之營業予其百分之百持股在中華民國境內設立之子公司者，準用前項及第二十一條之規定。

受讓公司取得讓與公司之財產，其權利義務事項之移轉及變更登記，準用第二十五條規定。

屬上市（櫃）公司讓與營業或財產而致終止上市（櫃）者，應經該上市（櫃）公司已發行股份總數三分之二以上股東之同意行之，不適用第一項及第二項有關讓與公司董事會決議之規定。

第十八條第六項規定，於本條之收購程序準用之。

第二十九條（以股份轉換方式收購子公司）

公司經股東會決議，得以股份轉換之方式，被他既存或新設公司收購為其百分之百持股之子公司，並依下列各款規定辦理：

一　公司股東會之決議，應有代表已發行股份總數三分之二以上股東之出席，以出席股東表決權過半數之同意行之。預定之受讓股份之公司為既存公司者，亦同。

二　公司法第一百九十七條第一項後段、第二百二十七條準用第一百九十七條第一項後段及證券交易法第二十二條之二及第二十六條規定，於股份轉換不適用之。

公開發行股票之公司，出席股東之股份總數不足前項第一款定額者，得以有代表已發行股份總數過半數股東之出席，出席股東表決權三分之二以上之同意行之。

前二項股東會決議，屬上市（櫃）公司被他既存或新設之非上市（櫃）公司收購為其百分之百持股之子公司而致終止上市（櫃）者，應經該上市（櫃）公司已發行股份總數三分之二以上股東之同意行之。

前三項出席股東股份總數及表決權數，公司章程有較高之規定者，從其規定。

預定受讓股份之公司為新設公司者，第一項第一款規定轉換公司之股東會視為受讓公司之發起人會議，得同時訂立章程，並選舉新設公司之董事及監察人，不適用公司法第一百二十八條、第一百二十九條至第一百三十九條、第一百四十一條及第一百五十五條規定。

受讓股份之既存公司支付對價發行之新股總數，未超過該公司已發行有表決權股份總數百分之二十，或支付之股份、現金或其他財產價值總額未超過該公司淨值百分之二十者，得作成轉換契約，經受讓股份之既存公司董事會以三分之二以上董事出席及出席董事過半數之決議行之。但轉換股份之公司有資產不足抵償負債之虞或受讓股份之既存公司有變更章程之必要者，仍應適用第一項第一款及第二項有關受讓股份之既存公司股東會決議之規定。

第十八條第六項規定，於本條之股份轉換程序準用之。

第三十條（母子公司間之簡易股份轉換契約）

公司以股份轉換收購其持有百分之九十以上已發行股份之子公司時，得作成轉換契約，經各該公司董事會以三分之二以上董事出席及出席董事過半數之決議行之。

子公司董事會為前項決議後，應於十日內公告決議內容、轉換契約應記載事項，並通知子公司股東，得於限定期間內以書面提出異議，請求公司按當時公平價格，收買其持有之股份。公開發行股票之公司，並應同時將特別委員會或審計委員會審議結果及獨立專家意見發送於股東。

前項期限，不得少於三十日。

第十八條第六項規定，於本條之股份轉換程序準用之。

第三十一條（轉換契約、轉換決議）

公司與他公司依前二條規定辦理股份轉換時，預定受讓全部已發行股份之公司為既存公司者，該公司與既存公司之董事會應作成轉換契約；預定受讓全部已發行股份之公司為新設公司者，該公司之董事會應作成轉換決議；並均應提出於股東會。但依前二條規定免經股東會決議者，不在此限。

前項轉換契約或轉換決議應記載下列事項：

一　既存公司章程需變更事項或新設公司章程。

二　既存公司或新設公司支付股份、現金或其他財產之總數、種類、數量及其他有關事項。

三　公司股東轉讓予既存公司或新設公司之股份總數、種類、數量及其他有關事項。

四　對公司股東配發之股份不滿一股應支付現金者，其有關規定。

五　轉換契約應記載公司原任董事及監察人於股份轉換時任期未屆滿者是否繼續其任期至屆滿有關事項；轉換決議應記載新設公司之董事及監察人名冊。

六　與他公司共同為股份轉換新設公司者，轉換決議應記載其共同轉換股份有關事項。

公司與外國公司進行股份轉換時，準用前二項、前二條及第二十一條規定。

公司與他公司進行股份轉換者，其未分配盈餘於轉換後，列為他公司之資本公積。

公司與他公司進行股份轉換者，而於該公司轉換前已發行特別股，該特別股股東之權利義務於轉換後，由他公司承受，他公司於轉換年度得依董事會編造之表冊，經監察人查核後分派股息，不適用公司法第二百二十八條至第二百三十一條規定。

公司與他公司進行股份轉換而新設公司者，該新設公司就轉換股份之資本額度內，得不適用職工認

金條例第二條第一項第一款之規定。

第二項轉換契約或轉換決議之應記載事項，應於發送股份轉換決議股東會之召集通知時，一併發送各股東；公開發行股票公司並應同時將特別委員會或審計委員會審議結果及獨立專家意見發送於股東。

第三十二條（轉換股份之公司取得之股份）

股份轉換之公司取得預定受讓股份公司之股份時，不受公司法第一百六十七條第三項及第四項規定之限制。

前項規定轉換股份之公司所取得之股份，除有下列情形之一者外，不得行使股東權利：

一　盈餘分派請求權。

二　賸餘財產分配請求權。

三　法定盈餘公積或資本公積發放現金及新股。

第三十三條（股份轉換之公告事項及程序）

公司為股份轉換之決議後，應於股份轉換基準日三十日前，將下列事項公告並分別通知各股東及記載於股東名簿上之質權人：

一　董事會或股東會決議之要旨。

二　股份轉換基準日發生股權移轉之效力。

三　股東應於股份轉換基準日一日前將其持有之股票提出於公司；未提出者，其原持有之股票失其效力。

第三十四條（上市（櫃）公司之股份轉換）

上市（櫃）公司與他既存或新設公司依第二十九條進行股份轉換者其已上市（櫃）之股份於完成股份轉換及上市（櫃）之相關程序後終止上市（櫃），並由符合上市（櫃）相關規定之他公司上市（櫃）。

第三節　分　割

第三十五條（公司分割）

公司進行分割時，董事會應就分割有關事項，作成分割計畫，提出於股東會。

股東會對於公司分割之決議，應有代表已發行股份總數三分之二以上股東之出席，以出席股東表決權過半數之同意行之。

公開發行股票之公司，出席股東之股份總數不足前項定額者，得以有代表已發行股份總數過半數股東之出席，出席股東表決權三分之二以上之同意行之。

前二項股東會決議，屬上市（櫃）公司進行分割而致終止上市（櫃），且分割後受讓營業之既存公司或新設公司非上市（櫃）公司者，應經該上市（櫃）公司已發行股份總數三分之二以上股東之同意行之。

前三項出席股東股份總數及表決權數，章程有較高之規定者，從其規定。

公司為分割之決議後，應即向各債權人分別通知及公告，並指定三十日以上之期限，聲明債權人得於期限內提出異議。公司不為通知及公告，或對於在指定期間內提出異議之債權人不為清償、提供相當之擔保、未成立專以清償債務為目的之信託或未經公司證明無礙於債權人之權利者，不得以其分割對抗債權人。

分割後受讓營業之既存或新設公司，除被分割業務所生之債務與分割前公司之債務為可分者外，應就分割前公司所負債務，於其受讓營業之出資範圍與分割前之公司負連帶清償責任。但債權人之債權請求權，自分割基準日起二年內不行使而消滅。

他公司為新設公司者，被分割公司之股東會視為他公司之發起人會議，得同時訂立章程，並選舉新設公司之董事及監察人，不適用公司法第一百二十八條、第一百二十九條至第一百三十九條、第一百四十一條至第一百五十五條規定。

公司法第二十四條規定，於公司因分割而消滅時準

用之。
上市（櫃）公司進行分割後，該分割後受讓營業或財產之既存或新設公司，符合公司分割及上市（櫃）相關規定者，於其完成公司分割及上市（櫃）之相關程序後得繼續上市（櫃）或開始上市（櫃）；原已上市（櫃）之公司被分割後得繼續上市（櫃）。

股份有限公司分割者，其存續公司或新設公司均以股份有限公司為限。

分割後受讓營業之既存或新設公司取得被分割公司之財產，其權利義務事項之移轉及變更登記，準用第二十五條規定。

第十八條第六項規定，於分割程序準用之。

第三十六條（非對稱式分割）

被分割公司讓與既存或新設公司之營業價值，未超過被分割公司淨值之百分之二十，且由被分割公司取得全部對價者，得作成分割計畫，經被分割公司董事會以三分之二以上董事出席及出席董事過半數之決議行之。但被分割公司有變更章程之必要者，仍應適用前條第一項至第五項有關被分割公司股東會決議之規定。

分割而受讓營業之既存公司，為分割發行之新股，未超過已發行有表決權股份總數之百分之二十，或支付被分割公司之股份、現金或其他財產價值總額未超過既存公司淨值之百分之二十者，得作成分割計畫，經既存公司董事會以三分之二以上董事出席及出席董事過半數之決議行之。但既存公司所受讓被分割公司之營業，其資產有不足抵償負債之虞或既存公司有變更章程之必要者，仍應適用前條第一項至第五項有關既存公司股東會決議之規定。

依第一項規定經被分割公司董事會決議分割，且被分割公司為新設公司之唯一股東者，被分割公司之董事會視為他公司之發起人會議，得同時訂立章程，並選舉新設公司之董事及監察人，不適用公司法第一百二十八條、第一百二十九條至第一百三十九條、第一百四十一條至第一百五十五條規定。

第三十七條（母子公司間之簡易分割）

公司與其持有百分之九十以上已發行股份之子公司進行分割，以母公司為受讓營業之既存公司，以子公司為被分割公司，並取得全部對價者，其分割計畫得經各該公司之董事會以三分之二以上董事之出席及出席董事過半數之決議行之。

公司依第三十五條第六項規定向前項分割子公司各債權人分別通知及公告，其通知及公告，以子公司董事會決議日為起算日。

子公司董事會為第一項決議後，應於十日內公告決議內容、分割計畫應記載事項，並通知子公司股東得於限定期間內以書面提出異議，請求公司按當時公平價格，收買其持有之股份。公開發行股票之公司，並應同時將特別委員會或審計委員會審議結果及獨立專家意見發送於股東。

前項期限，不得少於三十日。

第三十八條（分割計畫應記載事項）

前三條之分割計畫，應以書面為之，並記載下列事項：

一　承受營業之既存公司章程需變更事項或新設公司章程。
二　被分割公司讓與既存公司或新設公司之營業價值、資產、負債、換股比例及計算依據。
三　承受營業之既存公司發行新股或新設公司給付股份、現金或其他財產之總數、種類、數量及其計算依據。
四　被分割公司或其股東或二者所取得股份、現金或其他財產之配發比例及其他相關事項。
五　對被分割公司或其股東配發之股份不滿一股應支付現金者，其有關規定。
六　既存公司或新設公司承受被分割公司權利義務及其相關事項。
七　被分割公司之資本減少時，其資本減少有關事項。
八　被分割公司之股份銷除所應辦理事項。
九　與他公司共同為公司分割者，分割決議應記載其共同為公司分割有關事項。

前項分割計畫之應記載事項，應於發送分割承認決議股東會之召集通知時，一併發送於股東；公開發行股票公司並應同時將特別委員會或審計委員會審議結果及獨立專家意見發送於股東。

公司與外國公司進行公司分割時，準用前三條、本條第一項至第二項及第二十一條規定。

第三章　租稅措施

第三十九條（公司分割或收購之稅捐減免）

公司進行分割或依第二十七條至第三十條規定收購財產或股份，而以有表決權之股份作為支付被併購公司之對價，並達全部對價百分之六十五以上，或進行合併者，適用下列規定：

一　所書立之各項契據憑證，免徵印花稅。
二　取得不動產所有權者，免徵契稅。
三　其移轉之有價證券，免徵證券交易稅。
四　其移轉貨物或勞務，非屬營業稅之課徵範圍。
五　公司所有之土地，經申報審核確定其土地移轉現值後，即予辦理土地所有權移轉登記。其依法由原土地所有權人負擔之土地增值稅，准予記存於併購後取得土地之公司名下；該項土地再移轉時，其記存之土地增值稅，就該土地處分所得價款中優先於一切債權及抵押權受償。

依前項第五款規定記存土地增值稅後，被收購公司或被分割公司於該土地完成移轉登記日起三年內，轉讓該對價取得之股份致持有股份低於原取得對價之百分之六十五時，被收購公司或被分割公司應補繳記存之土地增值稅；該補繳稅款未繳清者，應由收購公司、分割後既存或新設公司負責代繳。

第四十條（商譽平均攤銷之年限）

公司進行併購而產生之商譽，得於十五年內平均攤銷。

前項商譽之攤銷，納稅義務人應提示足資證明併購之合理商業目的、併購成本、取得可辨認淨資產公允價值及其他相關審查項目之文件資料，由主管稽徵機關認定之。但納稅義務人依會計處理規定不得認列商譽、無合理商業目的，藉企業併購法律形式之虛偽安排製造商譽或未提供相關證明文件者，不予認定。

第四十條之一（無形資產平均攤銷之年限）

公司因合併、分割，依第二十七條或第二十八條規定收購營業或財產而取得具有可辨認性、可被公司控制、有未來經濟效益及金額能可靠衡量之無形資產，得按實際取得成本於一定年限內平均攤銷。

前項無形資產，以營業權、著作權、商標權、專利權、積體電路電路布局權、植物品種權、漁業權、礦業權、水權、營業秘密、電腦軟體及各種特許權為限。

第一項無形資產攤銷之一定年限，依下列各款基準計算：

一　營業權為十年，著作權為十五年。但公司合併、分割或收購取得後賸餘法定享有年數較短者，按其賸餘法定享有年數計算。

二　前款以外之無形資產，為公司合併、分割或收購取得後賸餘法定享有年數；法未明定享有年數者，按十年計算。

第二項營業秘密之認定，稅捐稽徵機關於進行調查時如有疑義，得向合併後存續或新設公司、分割後既存或新設公司或收購公司之中央目的事業主管機關徵詢意見。

第四十一條（費用平均攤銷之年限）

公司進行併購而產生之費用，得於十年內平均攤銷。

第四十二條（租稅獎勵之繼受）

公司進行合併、分割或依第二十七條及第二十八條規定收購，合併後存續或新設公司、分割後既存或新設公司、收購公司得分別繼續承受合併消滅公司、被分割公司或被收購公司於併購前就併購之財產或營業部分依相關法律規定已享有而尚未屆滿或尚未抵減之租稅獎勵。但適用免徵營利事業所得稅之獎勵者，應繼續生產合併消滅公司、被分割公司或被收購公司於併購前受獎勵之產品或提供受獎勵之勞務，且以合併後存續或新設之公司、分割後新設或既存公司、收購公司中屬消滅公司、被分割公司或被收購公司原受獎勵且獨立生產之產品或提供之勞務部分計算之所得額為限；適用投資抵減獎勵者，以合併後存續或新設公司、分割後新設或既存公司、收購公司中屬合併消滅公司、被分割公司或被收購公司部分計算之應納稅額為限。

依前項規定得由公司繼續承受之租稅優惠，應符合相關法令規定之獎勵條件及標準者，公司於繼受後仍應符合同一獎勵條件及標準。

為加速產業結構調整，鼓勵有盈餘之公司併購虧損之公司，償還併購時隨同移轉積欠銀行之債務，行政院得訂定辦法在一定期間內，就併購之財產或營業部分產生之所得，免徵營利事業所得稅。

虧損公司互為合併者，比照前項規定辦理。

第三項及第四項免徵營利事業所得稅之一定期間，適用條件及辦法，由行政院定之。

第四十三條（併購前虧損之扣除）

公司合併，其虧損及申報扣除年度，會計帳冊簿據完備，均使用所得稅法第七十七條所稱之藍色申報書或經會計師查核簽證，且如期辦理申報並繳納所得稅額者，合併後存續或新設公司於辦理營利事業所得稅結算申報時，得將各該參與合併之公司於合併前，依所得稅法第三十九條規定得扣除各期虧損，按各該公司股東因合併而持有合併後存續或新設公司股權之比例計算之金額，自虧損發生年度起十年內從當年度純益額中扣除。

公司與外國公司合併者，合併後存續或新設之公司或外國公司在中華民國境內設立之分公司，得依前項規定扣除各參與合併之公司或外國公司在中華民國境內設立之分公司合併前尚未扣除之虧損額。

公司分割時，既存或新設公司，得依第一項規定，將各參與分割公司分割前尚未扣除之虧損，按股權分割比例計算之金額，自其純益額中扣除。既存公司於計算可扣除之虧損時，應再按各參與分割公司之股東分割後持有既存公司之股權之比例計算之。

第四十四條（因讓與營業或財產分割產生之所得，免徵營利事業所得稅）

公司讓與全部或主要之營業或財產予他公司，取得有表決權之股份達全部交易對價百分之八十以上，並將取得之股份全數轉予股東者，其因讓與營業或財產而產生之所得，免徵營利事業所得稅；其因而產生之損失，亦不得自所得額中減除。

前項所稱主要之營業，指讓與營業之最近三年收入達各該年度全部營業收入之百分之五十以上者；所稱主要之財產，指讓與財產達移轉時全部財產之百分之五十以上者。

公司分割取得有表決權之股份達全部交易對價百分之八十以上，並將取得之股份全數轉予股東者，其因而產生之所得免徵營利事業所得稅，其因而產生之損失亦不得自所得額中減除。

第四十四條之一（因合併而消滅、被分割公司之個人股東取得股份之所得稅課徵）

因合併而消滅之公司、被分割公司其個人股東取得合併後存續或新設分割後既存或新設之公司或外國公司股份依所得稅法規定計算之股利所得，得選擇全數延緩至取得次年度之第三年起分三年平均課徵所得稅，一經擇定不得變更。

前項消滅公司、被分割公司應符合以下條件：

一　公司自設立登記日起至其決議合併、分割日未滿五年。

二　公司未公開發行股票。

第一項消滅公司、被分割公司應於主管機關核准變更登記日起四十五日內，依規定格式填具股東擇定延緩繳稅情形，並檢附相關文件資料，送請公司所在地稅捐稽徵機關備查，始適用第一項規定；逾期不予受理。

第二項第一款所稱決議合併、分割日，指對於公司合併或分割，股東會首次決議通過之日。但公司進行第十九條之簡易合併或第三十七條之簡易分割時，為董事會首次決議通過之日。

第一項股利所得延緩繳稅於所得稅申報之程序、應提示文件資料，第三項規定格式文件資料及其他相關事項之辦法，由財政部定之。

第四十五條（公司或其子公司營利事業所得稅之申報）

公司進行合併、分割或依第二十七條至第三十條規定收購，而持有其子公司股份或出資額達已發行股份總數或資本總額百分之九十者，得自其持有期間在一個課稅年度內滿十二個月之年度起選擇以該公司為納稅義務人，依所得稅法相關規定合併辦理營利事業所得稅結算申報及未分配盈餘申報；其他有關稅務事項，應由該公司及其子公司分別辦理。

依前項規定選擇合併申報營利事業所得稅者，其合於規定之各本國子公司，應全部納入合併申報；其選擇合併申報無須事先申請核准，一經選擇，除因正當理由，於會計年度終了前二個月內報經財政部核准者外，不得變更。

依前項規定經核准變更採分別申報者，自變更之年度起連續五年，不得再選擇合併申報；其子公司因股權變動不符第一項規定而個別辦理申報者，自該子公司個別申報之年度起連續五年，不得再依前項規定納入合併申報。

依第一項規定合併申報營利事業所得稅者，其合併結算申報課稅所得額及應納稅額之計算、合併申報未分配盈餘及應加徵稅額之計算、營業虧損之扣除、投資抵減獎勵之適用、國外稅額之扣抵、暫繳申報及其他應遵行事項之辦法，由財政部定之。

第四十六條（跨國併購之準用）

公司與外國公司進行合併、分割或依第二十七條、第二十八條及第三十一條第三項規定收購財產或股份者，第三十九條至第四十五條之規定，於該公司適用之；第三十九條及第四十三條之規定，於該外國公司亦適用之。

第四十七條（所得額及應納稅額之調整）

公司與其子公司相互間、公司或其子公司與國內、外其他個人、營利事業或教育、文化、公益、慈善機關或團體相互間有下列情形之一者，稽徵機關為正確計算相關納稅義務人之所得額及應納稅額，得報經賦稅主管機關核准，按交易常規或依查得資料予以調整：

一　有關收入、成本、費用及損益之攤計，有以不合交易常規之安排，規避或減少納稅義務者。

二　有藉由股權之收購、財產之轉移或其他虛偽之安排，不當為他人或自己規避或減少納稅義務者。

公司或其子公司經稽徵機關依前項規定調整其所得額及應納稅額者，當年度不得適用第四十五條合併申報營利事業所得稅之規定。

第四十八條（認購或交換公司股票）

公司以營業或財產認購或交換他公司股票時，如所得股票之價值低於營業或財產帳面價值時，其交易損失，得於十五年內認列。但依第四十四條規定損失不得自所得額中減除者，不得認列。

第四章　金融措施

第四十九條（逾越授信額度）

公司因合併、收購或分割而逾越銀行法令有關關係人或同一人、同一關係人或同一關係企業授信額度規定者，金融機構得依原授信契約至所訂授信期間屆滿為止。

第五十條（股份為擔保之效力）

公司因收購、分割以部分營業或財產之讓與而取得既存公司之股份時，金融機構在不損及債權確保原則下，得將取得之股份替代原營業或財產之擔保。

第五章　公司重整之組織再造

第五十一條（重整計畫）

公司進行重整時，得將併購之規劃，訂明於重整計畫中。

公司以併購之方式進行重整時應提供相關書面文件為重整計畫之一部分，其程序不適用第十八條、第十九條、第二十七條至第三十條、第三十五條至第三十七條有關股東會或董事會決議之規定。

第五十二條（重整中之股份收買請求權）
公司於重整中進行併購者，其股東無股份收買請求權，不適用第十二條規定。

第六章　附　則

第五十三條（書件之檢附）
公司或其股東適用第三章有關租稅之規定，應依財政部之規定檢附相關書件；未檢附或書件不齊者，稅捐稽徵機關應通知限期補送齊全；屆期無正當理由而未補齊者，不予適用。

第五十四條（施行日期）
本法自公布後六個月施行。

票　據　法

民國十八年十月三十日國民政府公布
四十三年五月十四日總統令修正公布
四十九年三月三十一日總統令修正公布
六十二年五月二十八日總統令修正公布
六十六年七月二十三日總統令修正公布
七十五年六月二十九日總統令修正公布
七十六年六月二十九日總統令公布刪除第一四四之一條條文

第一章　通　則

第一條（票據之種類）
本法所稱票據，為匯票、本票及支票。

*（法）憲一七〇，中標二、四、五；（匯票）票據二、二四；（本票）票據三、一二〇；（支票）票據四、一二五。

第二條（匯票之定義）
稱匯票者，謂發票人簽發一定之金額，委託付款人於指定之到期日，無條件支付與受款人或執票人之票據。

*（匯票應載事項）票據二四～二九；（簽名）票據五、六、八～一〇、一七，民三；（發票人）票據二四㈠、二九；（一定之金額）票據二四㈠②、二八；（無條件之委託）票據二四㈠⑤；（付款人）票據二四㈠③、㈢、二五、二六；（到期日）票據二四㈠⑨、㈡、六五～六八；（受款人）票據二四㈠④、㈣、二五；（執票人）票據二四㈣、三七、三八、四〇、四二、五三、五六、六九、七〇、七二～七六、八五、八六、八九、一〇三～一〇六、一一八；（票據）票據一。

第三條（本票之定義）
稱本票者，謂發票人簽發一定之金額，於指定之到期日由自己無條件支付與受款人或執票人之票據。

*（本票應載事項）票據一二〇、一二四；（發票人）票據一二一；（簽名）票據五、六、八～一〇、一七，民三；（一定之金額）票據二八、一二〇㈠②；（無條件支〇㈠⑧、㈡；（受款人）票據一二〇㈠③、㈢；（執票人）票據三七、三八、四〇、六九、七二、七三、八五、八九、一〇三、一〇六、一一八、一二〇㈢；（票據）票據一。

第四條（支票金融業之定義）
稱支票者，謂發票人簽發一定之金額，委託金融業者於見票時，無條件支付與受款人或執票人之票據。
前項所稱金融業者，係指經財政部核准辦理支票存款業務之銀行、信用合作社、農會及漁會。

⑮為配合漁會信用部業務發展及漁民使用支票之必要，宜比照農會辦理支票存款業務之辦法，將漁會支票納入票據法管理，以資因應，爰修正本條，並將支票之受託付款人概稱為金融業，俾資簡明。

*（支票應載事項）票據一二五；（發票人）票據一二六；（簽名）票據五、六、八、一〇、一七，民三；（一定之金額）票據一二五㈠②；（農會）農會一、二；（無條件支付之委託）票據一二五㈠⑤；（見票即付）票據一二八、一二九；（受款人）票據一二五㈡、㈣；（執票人）票據七三、八六、一〇六、一二五㈢、一三〇～一三二；（票據）票據一。

▲票據法上之支票，其付款人以銀錢業者或信用合作社為限，公庫支票之付款人為公庫，並非一般之銀錢業者或信用合作社，是系爭公庫支票顯非票據法上之支票，而僅為指示證券之一種。（六〇臺上一五四八）

▲甲種存戶簽發支票，委託銀行於見票時無條件付款與受款人或執票人者，則存戶與銀行之間即發生委任關係，此觀票據法第四條、第一百二十五條第一項第五款及第一百三十五條之規定而自明，既為委任關係，受委任人即有遵照委任人之指示處理委任事務之義務，否則如因其過失或越權行為所生之損害，對於委任人應負賠償之責。（六五臺上一二五三）

第五條（簽名人責任）
在票據上簽名者，依票上所載文義負責。
二人以上共同簽名時，應連帶負責。

*（票上簽名）票據六、八～一〇、二四、三一、四三、五一、五四、五九、七四、一〇七、一二〇、一二二、一二五、一三九㈡；（簽名之方式）票據六，民三；（無行為能力人簽名之效力）票據八；（代理人簽名）票據九；（無權代理人簽名）票據一〇；（簽名之偽造）票據一五；（簽名之塗銷）票據一七；（連帶負責）民二七三。

▲票據上所載之債務人，不問是否為實際受益之人，均須擔

人主張免責。（二八上三〇一一）

▲票據法（舊）第二條之規定，惟就票據上所載票據法規定之事項始有適用，其票據上記載票據法所不規定之事項者，依票據法（舊）第九條之規定，既不生票據上之效力，則就此種事項自無適用第二條之餘地。（二七上一八九）

▲支票乃文義證券及無因證券，證券上之權利義務悉依證券上所載文句而決定其效力，從而支票上權利，依支票文義而發生，與其基礎之原因關係各自獨立，支票上權利之行使不以其原因關係存在為前提，故其原因關係不存在或無效時，執票人仍得依支票文義行使其權利。（四九臺上三三四）

▲發票人應否擔保支票文義之支付，不以發票人在付款人處預先開設戶頭為準，苟已在支票簽名表示其為發票人，縱未在付款人處預為立戶，仍應擔保支票之支付。（五〇臺上二六八三）

▲盜用他人印章為發票行為，即屬票據之偽造。被盜用印章者，因非其在票據上簽名為發票行為，自不負發票人之責任，此項絕對的抗辯事由，得以對抗一切執票人。（五一臺上三三〇九）

▲票據為文義證券，票據上之權利義務，悉應依票據記載之文字以為決定。股份有限公司之董事長，依公司法第一百九十三條之規定，本有代表公司之權限，其於背書系爭支票時，除加蓋其個人私章外，既尚蓋有公司及董事長印章，即難謂非以公司名義為背書。（五五臺上一八七三）

▲票據債務人應依票據文義負責者，以該債務人在票據上簽名或蓋章為前提，否則，該債務人縱另與票據債權人立約願負責清償票款，亦係民法上之另一關係，要不能據以命立約人依票據法規定清償票款。（六五臺上二〇三〇）

▲支票為文義證券，不以發票人與付款人間有付款委託及向付款人領用支票為要件。（六九臺上七二五）

▲票據乃文義證券，不允許債務人以其他立證方法變更或補充其文義，故凡在票據背面或其黏單上簽名而形式上合於背書之規定者，即應負票據法上背書人之責任。縱令係屬隱存保證背書，且為執票人所明知，仍不能解免其背書人之責任。（九二臺簡上二四）

第六條（蓋章代簽名）

票據上之簽名，得以蓋章代之。

*（票據上之簽名）票據五、八～一〇、二四、三一、四三、五一、五四、五九、七四、一〇七、一二〇、一二二、一二五；（蓋章）民三㈡。

▲保證本票之債務，依票據法（舊）第一百二十條準用第五十六條第一項之規定，應由保證人在本票上簽名，此項簽名依同法（舊）第三條之規定，雖得以蓋章代之，然必其蓋章確係出於保證人之意思而為之，始生代簽名之效力，既未具備上開法條所定之方式，依民法第七十三條，自不生保證本票債務之效力。（四三臺上一一六〇）

▲（六五臺上二〇三〇）參見本法第五條。

第七條（確定金額之標準）

票據上記載金額之文字與號碼不符時，以文字為準。

*（記載金額）票據二～四、二四㈠②、四七、六三、一二〇㈠②、一二五㈠②；（文字與號碼不符）民四、五；（號碼）票據施三。

第八條（票據行為之獨立性）

票據上雖有無行為能力人或限制行為能力人之簽名，不影響其他簽名之效力。

*（無行為能力人）民一三㈠、一五、七五；（限制行為能力人）民一三㈡、㈢、七七～八五；（簽名）票據六；（簽名效力）票據五；（票據行為獨立性）票據一五、六一㈡。

第九條（隱名代理）

代理人未載明為本人代理之旨而簽名於票據者，應自負票據上之責任。

*（代理）民一〇三～一一〇、一六七～一七一；（顯名代理）民一〇三；（法定代理人）民一〇八六、一〇八九；（代表人）公司二七、五六、一〇八、一一五、二〇八、二〇九、二二二，民二七、五五五、五五六、五五八；（簽名）票據六，民三；（票據責任）票據五；（無權代理人簽名之責任）票據一〇。

▲經理人於其權限內為商號發行票據，已載明為商號代理之旨而簽名於票據者，應由商號負責，不能令經理人自負票據上之責任。（二二上二七九）

▲代理人為本人發行票據，未載明為本人代理之旨而簽名於票據者，應自負票據上之責任，固為票據法（舊）第六條所明定，惟所謂載明為本人代理之旨，票據法並未就此設有規定方式，故代理人於其代理權限內，以本人名義蓋本人名章，並自行簽名於票據者，縱未載有代理人字樣，而由票據全體記載之旨趣觀之，如依社會觀念，足認有為本人之代理關係存在者，仍難謂非已有為本人代理之旨之載明。（四一臺上七六四）

▲代理人為本人發行票據，未載明為本人代理之旨而簽名於票據者，應自負票據上之責任，固為票據法（舊）第六條所明定，惟代理人亦有不表明自己之名，僅表明本人之名而為行為，即代理人任意記明本人之姓名蓋其印章，而成為本人名義之票據行為者，所在多有，此種行為祇須有代理權，即不能不認為代理之有效形式。（五三臺上二七一六）

第十條（無權代理與越權代理）

無代理權而以代理人名義簽名於票據者，應自負票據上之責任。

代理人逾越權限時，就其權限外之部分，亦應自負票據上之責任。

*（無權代理）民一一〇、一七〇、一七一；（代理人名義）民一〇三；（簽名）票據六，民三；（票據責任）票據五；（代理人簽名責任）票據九。

▲支票之背書如確係他人逾越權限之行為，按之票據法第十條第二項之規定，就權限外部分，即應由無權代理人自負票據上之責任，此乃特別規定優先於一般規定而適用之當然法理，殊無適用民法第一百零七條之餘地。（五〇臺上一〇〇〇）

▲票據係文義證券，在票據上簽名者，依票上所載文義負責，票據法第十條第一項規定：「無代理權而以代理人名義簽名於票據者，應自負票據上之責任」即本此義，同條第二項所載，越權代理與上述無權代理規定於同一條文，當然仍係指代理人簽署自己之名義者而言，若本人將名章交與代理人，而代理人越權將本人名章蓋於票據者，自無本條之適用。如謂未露名之代理人須負票據之責任，必將失去票據之要旨，故票據僅蓋本人名義之圖章者，不能依票據法第十條命未露名義之代理人負票據之責任。至本人應否負責，應依本條以外之其他民事法規法理解決之。（例如有票據法第十四條，民法第一百零七條情形者，應依各該條之規定處理。）（五一臺上一三二六）

第十一條（要式性、空白授權票據改寫）

欠缺本法所規定票據上應記載事項之一者，其票據無效。但本法別有規定者，不在此限。

執票人善意取得已具備本法規定應記載事項之票據者，得依票據文義行使權利；票據債務人不得以票據原係欠缺應記載事項為理由，對於執票人，主張票據無效。

票據上之記載，除金額外，得由原記載人於交付前改寫之。但應於改寫處簽名。

*（票上應載事項）票據二四、三一、四三、五四、五九、一二〇、一二五；（別有規定）票據二四㈡～㈥、三一㈢、㈣、四三㈡、五四㈡、五九㈡、一二〇㈡～㈤、一二五㈡～㈣；（無效）民一一一～一一三；（執票人）票據七三、八六、一〇六、一二五㈡、一三〇～一三二；（票據文義）

票據五；（簽名）票據五、六，民三㈠。

▲票據法（舊）第二十一條第一項所列各款，為匯票所應記載之事項，欠缺其應記事項之一者，除同法別有規定外，依同法（舊）第八條之規定其匯票無效。（二二上六九六）

▲票據法施行法（舊）第二條第二項，固載「票據上之記載如有變更時，應於變更處簽名或蓋章。」第所謂「變更處」並非必須於變更之字上簽名或蓋章，其在變更文字之上下兩旁近處簽名或蓋章，如足以表示其為變更記載而簽名或蓋章者，仍與該條項規定之旨趣相符。（四七臺上一九八四）

▲支票為要式證券，支票之作成，必依票據法第一百二十五條第一項第一款至第八款所定法定方式為之。支票之必要記載事項如有欠缺，除票據法另有規定外（如票據法第一百二十五條第二項及第三項），其支票即為無效（票據法第十一條第一項）。發票年、月、日為支票絕對必要記載事項，如未記載，其支票當然無效。（六三臺上二六八一）

▲授權執票人填載票據上應記載之事項，並不限於絕對的應記載事項，即相對的應記載事項，亦可授權為之。本票應記載到期日而未記載，固不影響其本票效力，但非不可授權執票人填載之。（六七臺上三八九六）

▲上訴人簽發未記載發票日之系爭支票，交與會首邱某囑其於每月十二日提示兌領，以清償上訴人應繳死會會款之用，即係以會首為其逐月填寫發票日之機關，該會首因給付會款而轉囑被上訴人填寫發票日完成發票行為，則被上訴人亦不過依上訴人原先決定之意思，輾轉充作填寫發票日之機關，與上訴人自行填寫發票日完成發票行為無異，上訴人不得以系爭支票初未記載發票日而主張無效，尤不得以伊未直接將系爭支票交付被上訴人，被上訴人填寫發票年月日完成發票行為，未另經伊之同意，執為免責之抗辯。（七二臺上三三五九）

第十二條（不生票據上效力之記載）

票據上記載本法所不規定之事項者，不生票據上之效力。

*（本法規定之事項）票據二四、三一、四三、五四、五九、一二〇、一二五、一三九。

▲（二七上一八九）參見本法第五條。

▲票據行為係要式行為，如於票據外另立字據而不合於票據法之規定者，縱其內容與票據有關，亦不生票據上之效力。（四九臺上五六七）

▲背書為票據轉讓方法之一種，上訴人於系爭支票背面簽名蓋章，既經標明連帶保證字樣，是否係依背書而轉讓系爭支票與被上訴人，已屬不無疑義。況匯票關於保證之規定，對於支票不在準用之列，票據上記載票據法所未規定之事項者，並不生票據上之效力，而非絕對不生通常法律上之效力，惟所生通常法律效力之關係如何，在審理事實之法院，仍應調查認定，方足資為判斷。（五〇臺上一三七二）

▲上訴人既於系爭支票之背面簽名或蓋章，即係票據上之背書，原審認為應負背書之責任，於法洵無違背。至於上訴人於簽名外更書有保證字樣，在其書寫時內心可能係願負保證責任，然票據係要式行為，依票據法第十二條票據上記載本法所不規定之事項者，不生票據上之效力，原判衹就其簽名於支票背後命負責任，其判決結果實無不合。（五二臺上二二八六）

▲票據上記載本法所不規定之事項，不生票據上之效力，為票據法第十二條所明定，而依同法第一百四十四條關於保證之規定，既不準用於支票，則此項於支票上加「連帶保證人」之背書，僅生背書效力。（五三臺上一九三〇）

第十三條（票據抗辯）

票據債務人不得以自己與發票人或執票人之前手間所存抗辯之事由，對抗執票人。但執票人取得票據出於惡意者不在此限。

*（票據債務人）票據五、二五、四三、五二、一二一、一二七、一三八；（發票人）票據二～四、二四、二九、一二〇、一二六、一二七；（執票人）票據四二、五三、六九、八五、一〇二、一二二、一三一、一三三；（抗辯事由）票據一〇、一二、一四～一六、二二，民七五、七八；（惡意）票據一四。

▲執票人之取得票據苟非出於惡意或詐欺，縱使該執票人之前手對於發票人，係因侵權行為而取得票據，發票人亦不得以此對抗執票人。（二一上七三九）

▲票據行為為不要因行為，苟執票人之取得票據並非出於惡意或詐欺，固不因票據行為原因之無效而受影響，惟票據債務人，以自己與執票人間所存抗辯之事由對抗執票人，仍非法所不許，此觀票據法（舊）第十條之規定即可明瞭。（二七滬上九七）

▲票據行為為不要因行為，即不以給付之原因為要素而得成立之行為，凡簽名於票據之人，不問原因如何，均須依票上所載文義負責，除執票人取得票據係出於惡意或詐欺者外，發票人不得以自己與執票人前手所存抗辯之事由，對抗執票人。（四九臺上六七八）

▲某甲如確係無權代理上訴人在系爭支票背書，此項無權代理之事由，上訴人本可持以對抗一切執票人，就令執票人之取得支票，並非出於惡意或重大過失，亦不例外。（六七臺上一六六六）

▲票據法第十四條所謂以惡意取得票據者，不得享有票據上之權利，係指從無權處分人之手，受讓票據，於受讓當時有惡意之情形而言，[illegible]

係出於惡意時，亦僅生票據法第十三條但書所規定，票據債務人得以自己與發票人或執票人之前手間所存人的抗辯之事由，對抗執票人而已，尚不生執票人不得享有票據上權利之問題。（六七臺上一八六二）

▲票據債務人（背書人）以其自己與執票人間所存抗辯之事由，對抗執票人，固為法之所許，然背書人以發票人與執票人間所存抗辯之事由，對抗執票人，則為支票為無因證券之性質所不容。（七三臺上四三六四）

第十四條（善意取得）

以惡意或有重大過失取得票據者，不得享有票據上之權利。

無對價或以不相當之對價取得票據者，不得享有優於其前手之權利。

*（惡意）票據一三；（票據上之權利）票據二二、四〇、五二、六一、八五、九六～九八、一一八、一二一、一三三、一三四；（不得享有票據上權利）票據施四；（善意取得）民九四八。

▲按票據法第十四條所謂以惡意或有重大過失取得票據者，係指明知或可得而知轉讓票據之人，就該票據無權處分而仍予取得者而言。（五二臺上一九八七）

▲票據行為，為不要因行為，執票人不負證明關於給付之原因之責任，如票據債務人主張執票人取得票據出於惡意或詐欺時，則應由該債務人負舉證之責。（六四臺上一五四〇）

▲原審既認定被上訴人以不相當之對價十七萬零九百元，取得系爭面額三十萬元之支票，則依票據法第十四條第二項之規定，被上訴人自不得享有優於前手之權利。所謂不得享有優於其前手之權利，係指前手之權利如有瑕疵（附有人的抗辯），則取得人即應繼受其瑕疵，人的抗辯並不中斷，如前手無權利時，則取得人並不能取得權利而言。（六八臺上三四二七）

▲執票人取得支票如係出於惡意，縱已付出相當代價，亦不得享受票據上之權利。（六九臺上五四三）

第十五條（票據之偽造及簽名之偽造）

票據之偽造或票據上簽名之偽造，不影響於真正簽名之效力。

*（簽名）票據五、六、八，民三；（偽造之責任）刑五④、二〇一，民一八四。

第十六條（票據之變造）

票據經變造時，簽名在變造前者，依原有文義負責；簽名在變造後者，依變造文義負責；不能辨別前後時，推

定簽名在變造前

前項票據變造，其參與或同意變造者，不論簽名在變造前後，均依變造文義負責。

*（簽名）票據五、六、八，民三；（變造之責任）刑五④、二〇一，民一八四；（票據文義性）票據五。

▲支票背書人同意發票人更改票載發票年、月、日者，應依其更改日期負責，又背書人同意，亦非以其於更改處簽名或蓋章為必要，此觀票據法第十六條第二項規定之法意，不難明瞭。（七〇臺上三〇）

第十七條（票據之塗銷）

票據上之簽名或記載被塗銷時，非由票據權利人故意為之者，不影響於票據上之效力。

*（簽名）票據五、六、八，民三；（票據權利人）票據二四㈣、三七、一二〇㈠③、㈢、一二五㈠④、㈡；（故意塗銷）票據三七、三八、一〇〇。

第十八條（止付通知）

票據喪失時，票據權利人得為止付之通知。但應於提出止付通知後五日內，向付款人提出已為聲請公示催告之證明。

未依前項但書規定辦理者，止付通知失其效力。

*（票據權利人）票據二四㈣、三七、一二〇㈠③、㈢、一二五㈠④、㈡；（止付通知）票據施五、七；（公示催告）民訴五三九～五六七；（公示催告程序）民訴五三九～五六七、票據一九，票據施六；（證券之喪失）民七一八、七二〇、七二一、七二五。

▲票據上權利之行使與票據之占有，在票據法上有不可分離之關係，故執票人喪失票據時，在未回復其占有之前，除有票據法（舊）第十六條規定之情形，得為公示催告之聲請，並於公示催告程序開始後，得提供擔保請求票據金額之支付外，祇得依同法（舊）第十五條為止付之通知，不得對於票據債務人行使票據上之權利，提起請求支付票據金額之訴。（四四臺上二一七）

▲票據上權利之行使，與票據之占有，在票據法上有不可分離之關係，非持有票據之執票人，不得行使票據上之權利。上訴人已將系爭支票二張交還被上訴人之事實，已據被上訴人提出原支票二紙為證，並為兩造所不爭執，是上訴人顯非系爭支票之執票人，其本於票據關係請求被上訴人給付票款，自非正當。（六六臺上六三六）

第十九條（公示催告）

票據喪失時，票據權利人得為公示催告之聲請。

公示催告程序開始後，其經到期之票據，聲請人得提供擔保，請求票據金額之支付；不能提供擔保時，得請求將票據金額依法提存。其尚未到期之票據，聲請人得提供擔保，請求給與新票據。

*（票據喪失）票據一八；（公示催告之程序）民訴五三九～五六七；（得為公示催告之票據）票據施六；（除權判決）民訴五六四；（提存）民三二七，提存一。

▲票據雖經公示催告，在尚未經除權判決前，執票人仍非不得對發票人及背書人主張票據上之權利。（六三臺抗三四五）

第二十條（行使或保全票據上權利之處所）

為行使或保全票據上權利，對於票據關係人應為之行為，應在票據上指定之處所為之；無指定之處所者，在其營業所為之；無營業所者，在其住所或居所為之。票據關係人之營業所、住所或居所不明時，因作成拒絕證書，得請求法院公證處、商會或其他公共會所，調查其人之所在；若仍不明時，得在該法院公證處、商會或其他公共會所作成之。

*（指定之處所）票據二七、五〇；（清償處所）民三一四；（住所）民二〇、二一，票據二四、九一、一二〇；（居所）民二二、二三；（票據關係人）票據二～四、三一、四三、五四、五八、七八、一二六、一二七；（拒絕證書）票據一〇六～一一三。

第二十一條（行使或保全票據上權利之時間）

為行使或保全票據上權利，對於票據關係人應為之行為，應於其營業日之營業時間內為之；如其無特定營業日或未訂有營業時間者，應於通常營業日之營業時間內為之。

*（票據關係人）票據二～四、三一、四三、五四、五八、七八、一二六、一二七。

第二十二條（票據時效、利益償還請求權）

票據上之權利，對匯票承兌人及本票發票人，自到期日起算；見票即付之本票，自發票日起算；三年間不行使，因時效而消滅。對支票發票人自發票日起算，一年間不行使，因時效而消滅。

匯票本票之執票人對前手之追索權，自作成拒絕證書日起算，一年間不行使，因時效而消滅。支票之執票人，對前手之追索權，四個月間不行使，因時效而消滅。其免除作成拒絕證書者，匯票、本票自到期日起算；支票自提示日起算。

匯票、本票之背書人，對於前手之追索權，自為清償之日或被訴之日起算，六個月間不行使，因時效而消滅。支票之背書人，對前手之追索權，二個月間不行使，因時效而消滅。

票據上之債權，雖依本法因時效或手續之欠缺而消滅，執票人對於發票人或承兌人，於其所受利益之限度，得請求償還。

*（匯票承兌人）票據四三、五二；（本票發票人）票據一二一；（支票發票人）票據一二六、一三四；（追索權）票據八五～一〇五；（拒絕證書）票據一〇六～一一三；（免除拒絕證書之作成）票據九四、九五；（到期日）票據六五～六八、一二八；（消滅時效）民一二五～一四七；（期間之計算）民一二一、一二三。

▲票據之出立不問其原因如何，其權利義務應依票據法之規定。貨款債權既因票據之出立而不存在，自不能再以貨款請求權消滅時效業已完成為抗辯。至票據上之權利，對支票發票人雖因一年間不行使而消滅，但執票人對於發票人於其所受利益之限度，仍得請求償還，為票據法（舊）第十九條第四項所明定。被上訴人即執票人對於上訴人即發票人，於其所受利益之限度之償還請求權，並未經過民法第一百二十五條所定十五年之期間，固仍得合法行使。（三七上八一五四）（九一、九、三〇決議不再援用）

▲執票人依票據法（舊）第十九條第四項之規定，行使利得償還請求權者，固應由執票人負舉證責任，惟發票人對於執票人主張之原因事實及票據之真正並不爭執，而主張票款已因清償抵銷等原因而消滅者，則舉證責任應由發票人負之。（四八臺上三八九）

▲票據上之權利，對支票發票人，自發票日起算一年間不行使，因時效而消滅，為票據法第二十二條第一項所明定。又強制執行法第四條第三項固規定：依該法條第一項第一款或第三款之執行名義，聲請強制執行者，自執行名義成立之日起，其原有請求權之消滅時效期間，不滿五年者，延長為五年。惟強制執行法係六十四年四月二十二日修正公布，此種關於實體上權利義務效力之規定，依法律不溯既往之原則，應限於新法施行後成立之執行名義，始有其

適用，至成立於該法修正施行前者，仍應依原權利之性質，定其長短，不因裁判上之確定或已聲請強制執行而變更。（七〇臺上四六八四）

第二十三條　（黏單）

票據餘白不敷記載時，得黏單延長之。

黏單後第一記載人，應於騎縫上簽名。

*（黏單）票據三一㊀；（簽名）票據五、六、八，民三。

第二章　匯　票

第一節　發票及款式

第二十四條　（匯票之應載事項）

匯票應記載左列事項，由發票人簽名：

一　表明其為匯票之文字。

二　一定之金額。

三　付款人之姓名或商號。

四　受款人之姓名或商號。

五　無條件支付之委託。

六　發票地。

七　發票年、月、日。

八　付款地。

九　到期日。

未載到期日者，視為見票即付。

未載付款人者，以發票人為付款人。

未載受款人者，以執票人為受款人。

未載發票地者，以發票人之營業所、住所或居所所在地為發票地。

未載付款地者，以付款人之營業所、住所或居所所在地為付款地。

*（匯票）票據二；（應載事項）票據一一㊀；（不規定事項之記載）票據一二；（任意記載事項）票據二六～二八、三〇、四四、九四；（其他匯票得記載事項）票據三〇㊂、三一、三五、四三、四四、四六、四九、五〇、五四、五九、七四、八二、八六㊂、九四、一〇八；（發票人）票據二；（一定之金額）票據二、七、二八、七五、九七、九八；（無條件支付）票據四七㊁、五二㊁、六五㊁、㊂、㊃；（到期日）票據六五～六八；（付款人）票據二五、二六；（受款人）票據二五；（付款地）票據二七。

▲匯票依法應行記載之事項，如標明匯票字樣等及由發票人簽名均為一定之形式。（一八上一四九二）

第二十五條　（變則匯票）

發票人得以自己或付款人為受款人，並得以自己為付款人。

匯票未載受款人者，執票人得於無記名匯票之空白內，記載自己或他人為受款人，變更為記名匯票。

*（發票人）票據二、二四㊀、二九；（付款人）票據二四㊀③、㊂；（受款人）票據二四㊀④、㊃。

▲票據上已載明匯票字樣，且具備匯票上其他應行記載之事項，自應認為匯票，該匯票之發票人以自己為付款人，本為法之所許。（一九上一一六六）

第二十六條　（擔當付款人、預備付款人）

發票人得於付款人外，記載一人為擔當付款人。

發票人亦得於付款人外，記載在付款地之一人為預備付款人。

*（發票人）票據二、二四㊀、二九；（付款人）票據二四㊀③、㊂、二五；（擔當付款人）票據四九㊀、六九㊁、七九㊀；（預備付款人）票據三五、五三㊀、七九；（付款地）票據二四㊀⑧、二四㊅。

第二十七條　（付款處所）

發票人得記載在付款地之付款處所。

*（發票人）票據二、二四㊀、二九；（付款地）票據二四㊀⑧；（付款處所）票據二〇、五〇。

第二十八條　（利息及利率）

發票人得記載對於票據金額支付利息及其利率。

利率未經載明時，定為年利六釐。

利息自發票日起算。但有特約者，不在此限。

*（發票人）票據二、二四㊀、二九；（利息利率）民二〇三～二〇七，票據九七、九八；（發票日）票據二四㊀⑦。

第二十九條　（發票人之責任）

發票人應照匯票文義擔保承兌及付款。但得依特約免除擔保承兌之責。

前項特約，應載明於匯票。

匯票上有免除擔保付款之記載者，其記載無效。

*（發票人）票據二、二四㊀；（票據文義）票據五㊀；（承兌）票據四二、四三、五二；（付款）票據六九～七六；（發票人的擔保責任）票據八五、九六、九七、一〇二、一二一、一二六。

▲民法所稱保證契約之保證人，於主債務人不履行債務時，由其代負履行之責，與票據法所稱支票之背書人，應照支票文義擔保付款之情形不同，故簽名於支票而為背書者，應依票據法之規定負背書人之責任，執票人即不得僅憑支票上之背書，而主張背書人應負民法上之保證責任。（四八臺上九二二）

第二節　背　書

第三十條　（轉讓方式與禁止轉讓）

匯票依背書及交付而轉讓。無記名匯票得僅依交付轉讓之。

記名匯票發票人有禁止轉讓之記載者，不得轉讓。

背書人於票上記載禁止轉讓者，仍得依背書而轉讓之。但禁止轉讓者，對於禁止後再由背書取得匯票之人，不負責任。

*（背書轉讓）票據三一以下，民七一六㊁，公司一六四；（無記名匯票）票據二五㊁；（發票人）票據二、二四㊀、二九；（禁止轉讓）民七一六㊀；（票據抗辯）票據一三。

▲禁止票據之轉讓，依票據法（舊）第二十七條之規定須記載於票據，其記載方法雖無限制，要必使其禁止轉讓之意思明瞭而後可，若僅將票上受款人下之「或來人」三字塗銷，則不能認為禁止轉讓之記載。此項票據，除未有背書時僅其所載受款人得請求付款外，其受款人依背書而轉讓者，其轉讓自不能因此三字之塗銷而謂為無效。（二二上一八六）

▲凡在票據背面或黏單上簽名，而形式上合於背書之規定者，即應負票據法上背書人之責任，縱令非以背書轉讓之意思而背書，因其內心效果意思，非一般人所能知或可得而知，為維護票據之流通性，仍不得解免其背書人之責任。（六五臺上一五五〇）

▲在票據上記載禁止背書轉讓者，必由為此記載之債務人簽名或蓋章，始生禁止背書轉讓之效力，此就票據法第三十條第二項及第三項各規定觀之甚明（依同法第一百四十四條規定，各該項規定準用於支票），未經簽名或蓋章者，不

知其係何人為禁止背書轉讓之記載，亦與票據為文義證券之意義不符。本件支票背面雖有「禁止背書轉讓」之記載，但卻未經為此記載者簽名或蓋章，尚難謂可生禁止背書轉讓之效力。支票為文義證券（形式證券），不允債務人以其他立證方法變更或補充其文義。（六八臺上三七七九）

第三十一條（背書之處所與種類）

背書由背書人在匯票之背面或其黏單上為之。

背書人記載被背書人，並簽名於匯票者，為記名背書。

背書人不記載被背書人，僅簽名於匯票者，為空白背書。

前兩項之背書，背書人得記載背書之年、月、日。

*（背書）票據三〇；（黏單）票據二三；（簽名）票據五、六，民三；（空白背書）票據三二、三三。

▲匯票到期不獲付款時，執票人於行使或保全匯票上權利之行為後，對於背書人固得行使追索權，然在票據之背面或其黏單上，如無可認為轉讓票據之背書，即難憑空指為背書人，對之行使追索權。（二一上一四〇九）

▲本院四十三年臺上字第八二二號判例，係指支票背書人，依票據法（舊）第一百三十八條準用同法第二十八條第一項規定所為之背書而言。至同條第二項之空白背書，既僅由背書人簽名已足，則關於年、月、日之記載即可從略。（四七臺上一九二九）

▲票據之付款人付款時，依票據法（舊）第七十一條第一項規定，得要求執票人記載收訖字樣簽名為證，故系爭支票背面付款人所印「請收款人填寫姓名」等字樣，於法本非無據，被上訴人對準收款人項下簽名而不在其他背面處所簽名，亦與背書之性質有間，上訴人何得對之行使追索權。（四八臺上一七八四）

▲背書為要式行為，背書人非在票據之背面或其黏單上為之，並由背書人簽名或蓋章，不生背書效力。（五九臺上四三三）

▲上訴人於系爭本票背面簽名背書為其所不爭，揆諸票據法第一百二十四條準用同法第三十一條第一、三、四項規定，背書僅記載於本票背面即可，並無一定之位置，亦「得」不記載年、月、日。則上訴人辯其未按背書順序簽名，未載年、月、日，故不生背書之效力云云，洵無足採。（六三臺上七七一）

▲（六五臺上一五五〇）參見本法第三十條。

▲（九二臺簡上二四）參見本法第五條。

第三十二條（空白背書匯票之轉讓方式㈠）

空白背書之匯票，得依匯票之交付轉讓之。

前項匯票亦得以空白背書或記名背書轉讓之。

*（空白背書）票據三一㈢、㈣；（記名背書）票據三一㈡；（票據轉讓）票據三〇㈠。

第三十三條（空白背書匯票之轉讓方式㈡）

匯票之最後背書為空白背書者，執票人得於該空白內，記載自己或他人為被背書人，變更為記名背書，再為轉讓。

*（空白背書）票據三一㈢、㈣；（記名背書）票據三一㈡。

第三十四條（回頭背書）

匯票得讓與發票人、承兌人、付款人或其他票據債務人。

前項受讓人，於匯票到期日前，得再為轉讓。

*（發票人）票據二四㈠、二九；（承兌人）票據四二、四三；（付款人）票據二四㈠③、㈢；（其他票據債務人）票據二六、三一、三五、四九、五八；（回頭背書追索權）票據九九。

第三十五條（預備付款人）

背書人得記載在付款地之一人為預備付款人。

第三十六條（一部背書、分別轉讓背書、附條件背書）

就匯票金額之一部分所為之背書，或將匯票金額分別轉讓於數人之背書，不生效力。背書附記條件者，其條件視為無記載。

*（匯票轉讓）票據三〇、三二；（條件）民九九；（準用）票據一二四、一四四。

第三十七條（背書之連續與塗銷之背書）

執票人應以背書之連續，證明其權利。但背書中有空白背書時，其次之背書人，視為前空白背書之被背書人。

塗銷之背書，不影響背書之連續者，對於背書之連續，視為無記載。

塗銷之背書，影響背書之連續者，對於背書之連續，視為未塗銷。

*（空白背書）票據三一；（背書不連續）票據七一㈠；（背書之塗銷）票據一七、三八。

▲付款人於承兌後應負付款之責，固為票據法（舊）第四十九條第一項所明定，然如執票人不能以背書之連續證明其權利，依同法（舊）第三十四條第一項之規定，仍不得請求付款，縱令該地方有與此項成文法相牴觸之習慣，亦不能認為有法之效力。（二一上二〇三七）

▲系爭本票原記載上訴人為受款人，被上訴人為背書人，但上訴人並未背書，故背書為不連續，以後上訴人雖囑發票人將上訴人為受款人之記載塗銷，然被上訴人背書時既有該項記載，仍不能改變背書之不連續，依票據法第一百二十四條準用同法第三十七條第一項前段規定，上訴人對於被上訴人自無追索權。（六三臺上一二七二）

▲支票執票人固應以背書之連續，證明其權利。惟基於票據之流通性、無因性及交易之安全，背書是否連續，祇須依支票背面之記載，形式上得以判斷其連續即可。執票人無須證明支票各背書實質上均屬有效。故縱背書中有無權代理人所為之背書，或背書有偽造之情形，然於背書之連續並無影響。（七四臺上八一〇）

第三十八條（故意塗銷背書）

執票人故意塗銷背書者，其被塗銷之背書人，及其被塗銷背書人名次之後，而於未塗銷以前為背書者，均免其責任。

*（背書塗銷）票據一七、三七；（背書人責任）票據三九。

第三十九條（背書人責任）

第二十九條之規定，於背書人準用之。

▲（四八臺上九二三）參見本法第二十九條。

第四十條（委任取款背書）

執票人以委任取款之目的，而為背書時，應於匯票上記載之。

前項被背書人，得行使匯票上一切權利，並得以同一目的，更為背書。

其次之被背書人所得行使之權利，與第一被背書人同。

票據債務人對於受任人所得提出之抗辯，以得對抗委任人者為限。

*（委任）民五二八～五五二；（背書）票據三一；（權利之行使）票據四二、五三、六九、八五、八六、八九、九七、一〇六；（票據抗辯）票據一三、一四。

第四十一條（期後背書）

到期日後之背書，僅有通常債權轉讓之效力。

背書未記明日期者，推定其作成於到期日前。

*（到期日）票據二四㊀⑨、㊁、六五～六八；（債權轉讓）民二九六、二九七、二九九。

▲作成拒絕付款證書後，或作成拒絕付款證書期限經過後所為之背書，謂為期限後背書，依票據法第四十一條但書規定，祇發生債務人得以對抗背書人之事由，轉而對抗被背書人之問題，非謂被背書人因此不得享有票據上權利。（五二臺上九四九）

第三節　承　兌

第四十二條（提示承兌之時期）

執票人於匯票到期日前，得向付款人為承兌之提示。

*（匯票）票據二；（到期日）票據二四㊀⑨、㊁、六五～六八；（付款人）票據二四㊀③、㊂、七一；（承兌）票據四三～四五。

▲匯票之付款人對於執票人所負付款義務，係基於承兌行為而生，故一經承兌，苟非合法撤銷，即不能拒絕付款，縱使發票人本無存款，亦不得據為抗辯理由。惟承兌之行為係執票人與付款人間之關係，若付款人僅對於發票人預約承兌，於執票人承兌提示時，尚未直接表示承兌之意思，則難謂為已經承兌。（一八上二七八四）

第四十三條（承兌之格式）

承兌應在匯票正面記載承兌字樣，由付款人簽名。

付款人僅在票面簽名者，視為承兌。

*（付款人）票據二四㊀③、㊂、七一；（簽名）票據五、六，民三；（承兌之效力）票據五二。

第四十四條（指定及禁止承兌之期限）

除見票即付之匯票外，發票人或背書人得在匯票上為應請求承兌之記載，並得指定其期限。

發票人得為於一定日期前禁止請求承兌之記載。

背書人所定應請求承兌之期限，不得在發票人所定禁止期限之內。

*（見票即付）票據六五㊀③、六六；（發票人）票據二九；（背書人）票據三九；（期限）票據一〇四，民一二〇～一二二。

第四十五條（法定承兌期限）

見票後定期付款之匯票，應自發票日起六個月內為承兌之提示。

前項期限，發票人得以特約縮短或延長之。但延長之期限不得逾六個月。

*（見票後定期付款）票據六五㊀④、六七；（承兌方式）票據四三。

第四十六條（承兌日）

見票後定期付款之匯票，或指定請求承兌期限之匯票，應由付款人在承兌時，記載其日期。

承兌日期未經記載時，承兌仍屬有效。但執票人得請求作成拒絕證書，證明承兌日期；未作成拒絕證書者，以前條所許或發票人指定之承兌期限之末日為承兌日。

*（見票後定期付款）票據四五、六五㊀④、六七；（指定承兌期限）票據四四㊀；（法定承兌期限）票據四五。

第四十七條（一部承兌附條件承兌）

付款人承兌時，經執票人之同意，得就匯票金額之一部分為之。但執票人應將事由通知其前手。

承兌附條件者，視為承兌之拒絕。但承兌人仍依所附條件負其責任。

*（承兌拒絕）票據八五～八九；（承兌人之責任）票據五二；（一部承兌）票據一〇一。

第四十八條（承兌之延期）

付款人於執票人請求承兌時，得請其延期為之。但以三日為限。

*（請求承兌）票據四二、五二；（期間之計算）民一二〇。

第四十九條（擔當付款人之指定、塗銷與變更）

付款人於承兌時，得指定擔當付款人。

發票人已指定擔當付款人者，付款人於承兌時，得塗銷或變更之。

*（承兌時）票據四二；（擔當付款人）票據二六㊀、六九；（塗銷）票據一七。

第五十條（付款處所）

付款人於承兌時，得於匯票上記載付款地之付款處所。

*（付款地）票據二〇、二四㊀⑧、一〇七④。

第五十一條（承兌之撤銷）

付款人雖在匯票上簽名承兌，未將匯票交還執票人以前，仍得撤銷其承兌。但已向執票人或匯票簽名人以書面通知承兌者，不在此限。

*（付款人）票據二四㊀③、㊂；（簽名）票據五、六，民三㊀。

第五十二條（承兌之效力）

付款人於承兌後，應負付款之責。

承兌人到期不付款者，執票人雖係原發票人，亦得就第九十七條及第九十八條所定之金額，直接請求支付。

*（承兌責任）票據五、九六；（到期）票據六五～六八。

▲匯票付款人於承兌後始負付款之責，若未經承兌自不負責任。（一八上三八一）

第四節　參加承兌

第五十三條（請求參加承兌之時期與對象）

執票人於到期日前得行使追索權時，匯票上指定有預備付款人者，得請求其為參加承兌。

除預備付款人與票據債務人外，不問何人，經執票人同意，得以票據債務人中之一人，為被參加人而為參加承兌。

*（到期日前得行使追索權）票據八五㊁；（預備付款人）票據二六㊁、三五；（被參加人）票據五四㊀②、㊂、八二。

第五十四條（參加承兌之記載事項）

參加承兌，應在匯票正面記載左列各款，由參加承兌人簽名：

一　參加承兌之意旨。

二　被參加人姓名。

三　年、月、日。

未記載被參加人者，視為為發票人參加承兌。

預備付款人為參加承兌時，以指定預備付款人之人為被參加人。

*（被參加人）票據五三㈢、八二㈡；（預備付款人）票據二六㈢。

第五十五條（參加之通知與怠於通知之效力）

參加人非受被參加人之委託而為參加者，應於參加後四日內，將參加事由通知被參加人。

參加人怠於為前項通知因而發生損害時，應負賠償之責。

*（非受委託之參加）票據五三㈢；（通知）票據九一～九三。

第五十六條（參加承兌之效力）

執票人允許參加承兌後，不得於到期日前行使追索權。

被參加人及其前手，仍得於參加承兌後，向執票人支付第九十七條所定金額，請其交出匯票及拒絕證書。

*（參加承兌）票據五三、五四；（期前追索）票據八五㈡；（拒絕證書）票據一〇六～一一三。

第五十七條（參加承兌人之責任）

付款人或擔當付款人，不於第六十九條及第七十條所定期限內付款時，參加承兌人應負支付第九十七條所定金額之責。

*（擔當付款人）票據二六㈠、四九㈠；（參加承兌）票據五三、五四。

第五節　保證

第五十八條（保證人之資格）

匯票之債務，得由保證人保證之。

前項保證人，除票據債務人外，不問何人，均得為之。

*（保證）民七三九～七五六；（準用）票據一二四。

第五十九條（保證之格式）

保證應在匯票或其謄本上記載左列各款，由保證人簽名：

一　保證人之意旨。

二　被保證人姓名。

三　年、月、日。

保證未載明年、月、日者，以發票年、月、日為年、月、日。

*（謄本）票據一一八、一一九；（被保證人）票據六〇。

第六十條（被保證人之擬制）

保證未載明被保證人者，視為為承兌人保證；其未經承兌者，視為為發票人保證。但得推知其為何人保證者，不在此限。

*（承兌人）票據四三、五二、九六；（發票人）票據二四、二九、九六。

第六十一條（保證人之責任）

保證人與被保證人負同一責任。

被保證人之債務縱為無效，保證人仍負擔其義務。但被保證人之債務因方式之欠缺而為無效者，不在此限。

*（被保證人）票據六〇；（準用）票據一二四。

▲本票之保證人，依票據法第一百二十四條準用同法第六十一條之結果，固應與被保證人負同一責任，惟同法第一百二十三條，既限定執票人向本票發票人行使追索權時，得聲請法院裁定後強制執行，則對於本票發票人以外之保證人行使追索權時，即不得類推適用該條之規定逕請裁定執行。（五〇臺抗一八八）

第六十二條（共同保證之責任）

二人以上為保證時，均應連帶負責。

*（民事共同保證）民七四八；（保證之責任）票據六一；（連帶負責）票據九六，民二七三。

第六十三條（一部保證）

保證得就匯票金額之一部分為之。

*（匯票金額）票據二四㈠②；（準用）票據一二四。

第六十四條（保證人之權利）

保證人清償債務後，得行使執票人對承兌人、被保證人及其前手之追索權。

*（保證人）票據五八；（民事保證之求償權）民七四九；（承兌人）票據四二、四三；（被保證人）票據五九㈠②、六〇；（追索權）票據八五。

第六節　到期日

第六十五條（到期日）

匯票之到期日，應依左列各式之一定之：

一　定日付款。

二　發票日後定期付款。

三　見票即付。

四　見票後定期付款。

分期付款之匯票，其中任何一期，到期不獲付款時，未到期部分，視為全部到期。

前項視為到期之匯票金額中所含未到期之利息，於清償時，應扣減之。

利息經約定於匯票到期日前分期付款者，任何一期利息到期不獲付款時，全部匯票金額視為均已到期。

*（到期日）票據二四㈠⑨、㈡、一二〇㈠⑧、㈡；（見票即付）票據四四；（定期付款）票據四四；（見票後定期付款）票據四五～六四、六六、六七；（未到期利息扣減）票據九七㈡，票據施九。

第六十六條（見票即付匯票之到期日）

見票即付之匯票，以提示日為到期日。

第四十五條之規定，於前項提示準用之。

*（見票即付）票據六五㈠③；（提示日）票據六九、一三〇。

第六十七條（見票後定期付款匯票之到期日）

見票後定期付款之匯票，依承兌日或拒絕承兌證書作成日，計算到期日。

匯票經拒絕承兌而未作成拒絕承兌證書者，依第四十五條所規定承兌提示期限之末日，計算到期日。

*（見票後定期付款）票據六五㈠④；（承兌日）票據四六㈠；（提示承兌期限）票據四五。

第六十八條（期間之計算方法）

發票日後或見票日後一個月或數個月付款之匯票，以在應付款之月與該日期相當之日為到期日；無相當日者，以該月末日為到期日。

發票日後或見票日後一個月半或數個月半付款之匯票，應依前項規定計算全月後加十五日，以其末日為到期日。

票上僅載月初、月中、月底者，謂月之一日、十五日、末日。

＊（期間之計算）民一一九～一二四；（發票後定期付款）票據四、六五㊀②；（見票後定期付款）票據六五㊀④。

第七節　付　款

第六十九條（提示付款時期及對象）

執票人應於到期日或其後二日內，為付款之提示。

匯票上載有擔當付款人者，其付款之提示，應向擔當付款人為之。

為交換票據，向票據交換所提示者，與付款之提示有同一效力。

＊（到期日）票據六五～六七；（到期提示）票據七六、一〇四；（擔當付款人）票據二六、四九。

第七十條（付款日期）

付款經執票人之同意，得延期為之。但以提示後三日為限。

＊（付款之提示）票據六九；（延期）票據四八、八七、九二。

第七十一條（付款人之審查責任）

付款人對於背書不連續之匯票而付款者，應自負其責。

付款人對於背書簽名之真偽，及執票人是否票據權利人，不負認定之責。但有惡意或重大過失時，不在此限。

＊（背書之連續）票據三七；（簽名之真偽）票據五、一五；（票據權利人）票據一四。

第七十二條（期前付款）

到期日前之付款，執票人得拒絕之。

付款人於到期日前付款者，應自負其責。

＊（到期日）票據二四㊀⑨、㊂、六五～六八；（期前清償）民二〇四。

第七十三條（一部付款）

一部分之付款，執票人不得拒絕。

＊（一部付款）票據七四㊂、一三七。

第七十四條（匯票之繳回性㈠）

付款人付款時，得要求執票人記載收訖字樣簽名為證，並交出匯票。

付款人為一部分之付款時，得要求執票人在票上記載所收金額，並另給收據。

＊（一部付款）票據七三；（一定金額）票據二四㊀②。

▲（四八臺上一七八四）參見本法第三十一條。

第七十五條（支付之貨幣）

表示匯票金額之貨幣，如為付款地不通用者，得依付款日行市，以付款地通用之貨幣支付之。但有特約者，不在此限。

表示匯票金額之貨幣，如在發票地與付款地名同價異者，推定其為付款地之貨幣。

＊（匯票金額）票據一一㊂、二四㊀②；（付款地）票據二四㊀⑧、㊅；（貨幣）民二〇一、二〇二；（付款日）票據六九、七〇、七四；（發票地）票據二四㊀⑥、㊄。

第七十六條（匯票金額之提存）

執票人在第六十九條所定期限內，不為付款之提示時，票據債務人得將匯票金額依法提存；其提存費用，由執票人負擔之。

＊（提示付款期限）票據六九；（匯票金額）票據一一㊂、二四；（提存）民三二六～三三三。

第八節　參加付款

第七十七條（參加付款之期限）

參加付款，應於執票人得行使追索權時為之。但至遲不得逾拒絕證明作成期限之末日。

＊（行使追索權）票據八五；（拒絕證書作成期限）票據四八、八七。

第七十八條（得參加付款人與拒絕參加付款之效力）

參加付款，不問何人，均得為之。

執票人拒絕參加付款者，對於被參加人及其後手喪失追索權。

＊（被參加人）票據八二；（追索權）票據八五。

第七十九條（參加付款之提示）

付款人或擔當付款人，不於第六十九條及第七十條所定期限內付款者，有參加承兌人時，執票人應向參加承兌人為付款之提示；無參加承兌人而有預備付款人時，應向預備付款人為付款之提示。

參加承兌人或預備付款人，不於付款提示時為清償者，執票人應請作成拒絕付款證書之機關，於拒絕證書上載明之。

執票人違反前二項規定時，對於被參加人與指定預備付款人之人及其後手，喪失追索權。

＊（擔當付款人）票據二六、四九；（提示付款期限）票據六九、七〇；（參加承兌人）票據五三～五七；（預備付款人）票據二六㊁、三五；（作成拒絕證書之機關）票據一〇六；（拒絕證書）票據八六～八九、一〇六～一一三；（被參加人）票據八二。

第八十條（優先參加）

請為參加付款者，有數人時，其能免除最多數之債務者，有優先權。

故意違反前項規定為參加付款者，對於因之未能免除債務之人，喪失追索權。

能免除最多數之債務者有數人時，應由受被參加人之委託者或預備付款人參加之。

＊（參加付款）票據七八；（被參加人）票據五四㊀②、八二；（追索權）票據八五；（預備付款人）票據二六㊁、三五。

第八十一條（參加付款之金額）

參加付款，應就被參加人應支付金額之全部為之。

＊（一部付款）票據七三；（被參加人應支付之金額）票據九七、九八。

第八十二條（參加付款之程序）

參加付款，應於拒絕付款證書內記載之。

參加承兌人付款，以被參加承兌人為被參加付款人。

預備付款人付款以指定預備付款人之人為被參加付款人。

無參加承兌人或預備付款人，而匯票上未記載被參加付款人者，以發票人為被參加付款人。

第五十五條之規定，於參加付款準用之。

*（拒絕證書）票據一〇六～一一三；（參加承兌人）票據五三；（被參加承兌人）票據五四㈠②；（預備付款人）票據二六㈡、三五。

第八十三條　（匯票之繳回性㈡）

參加付款後，執票人應將匯票及收款清單交付參加付款人，有拒絕證書者，應一併交付之。

違反前項之規定者，對於參加付款人應負損害賠償之責。

*（匯票之繳回）票據七四；（參加付款人）票據七八㈠、七九；（拒絕證書）票據一〇六～一一三；（損害賠償）民二一三～二一七。

第八十四條　（參加付款之效力）

參加付款人對於承兌人、被參加付款人及其前手取得執票人之權利。但不得以背書更為轉讓。

被參加付款人之後手，因參加付款而免除債務。

*（參加付款人）票據七八㈠、七九；（承兌人）票據五二；（被參加人）票據八二；（執票人權利）票據六九、七九、八一、八五；（背書轉讓）票據三〇㈠；（免除債務）民三四三。

第九節　追索權

第八十五條　（到期追索與期前追索）

匯票到期不獲付款時，執票人於行使或保全匯票上權利之行為後，對於背書人、發票人及匯票上其他債務人，得行使追索權。

有左列情形之一者，雖在到期日前，執票人亦得行使前項權利：

一　匯票不獲承兌時。

二　付款人或承兌人死亡、逃避或其他原因，無從為承兌或付款提示時。

三　付款人或承兌人受破產宣告時。

*（到期日）票據六五、六八；（行使票上權利）票據四二、五三、九五；（保全票上權利）票據八六、八九；（追索權）票據九七～一〇一；（承兌）票據四二～五二。

▲匯票之轉讓人於執票人被拒絕兌款後，倘發票人已為償付或償付一部，則轉讓人就發票人已償付之部分，自無責任之可言。（一八上八八）

▲發票人為被背書人時，於法對其前手即無追索之權，故發票人如再以此項票據轉給他人，除該發票人無可免責外，至於其以前各背書人，自更無若何責任之可言。（一八上二八七）

▲匯票經付款人拒絕承兌者，其執票人祇能對發票人或轉讓人為償還之請求，不得仍對於付款人求其支付。（一八上九五三）

▲被上訴人因票載付款人拒絕承兌，業經請求當地商會作成拒絕證書，按照票據法（舊）第八十二條規定，原得對於發票之上訴人行使追索權，縱令該處商場有與此項成文法相反之習慣，亦不能認為有法之效力。（二八上五五九）

▲（六三臺抗三四五）參見本法第十九條。

▲扣押物，因防其喪失或毀損，應為適當之處置。不便保管之扣押物，得命適當之人保管，刑事訴訟法第一百四十條第一項、第二項定有明文。檢察官扣押票據交付保管，保管人依公法上關係占有票據，雖非票據之受讓人，惟本其保管人之權責，亦應依上開法條第一項規定為防止票據權利喪失之行為。故系爭支票經檢察官扣押後交付被上訴人保管，被上訴人本其保管人之地位，自得為防止票據權利喪失之行為，提示系爭支票行使追索權。（八八臺上一三七七）

第八十六條　（拒絕證書之作成）

匯票全部或一部不獲承兌或付款或無從為承兌或付款提示時，執票人應請求作成拒絕證書證明之。

付款人或承兌人在匯票上記載提示日期及全部或一部承兌或付款之拒絕，經其簽名後，與作成拒絕證書有同一效力。

付款人或承兌人之破產，以宣告破產裁定之正本或節本證明之。

*（一部承兌）票據四七㈠；（一部付款）票據七三；（無從承兌或付款提示）票據八五㈡②；（拒絕證書）票據一〇六～一一三；（付款之提示）票據六九、七〇；（承兌之提示）票據四二。

第八十七條　（作成拒絕證書之期限）

拒絕承兌證書，應於提示承兌期限內作成之。

拒絕付款證書，應以拒絕付款日或其後五日內作成之。但執票人允許延期付款時，應於延期之末日，或其後五日內作成之。

*（拒絕證書之作成）票據八六、一〇四；（提示承兌期限）票據四四～四六、四八、六六；（拒絕付款）票據八六。

第八十八條　（已作成拒絕承兌證書效力）

拒絕承兌證書作成後，無須再為付款提示，亦無須再請求作成付款拒絕證書。

*（拒絕承兌證書）票據八六；（提示承兌期限）票據四四～四六、四八、六六；（拒絕證書）票據八六。

第八十九條　（拒絕事由之通知）

執票人應於拒絕證書作成後四日內，對於背書人、發票人及其他匯票上債務人，將拒絕事由通知之。

如有特約免除作成拒絕證書時，執票人應於拒絕承兌或拒絕付款後四日內，為前項之通知。

背書人應於收到前項通知後四日內，通知其前手。

背書人未於票據上記載住所或記載不明時，其通知對背書人之前手為之。

*（拒絕證書作成）票據八六；（免除拒絕證書）票據九四、九五。

▲系爭本票載明免除作成拒絕證書，縱令被上訴人未於票據法第八十九條所定期限內，將拒絕付款事由，以書面通知上訴人，僅係怠於通知，是否發生損害之問題，仍非不得依票據法第九十六條、第九十七條規定，向上訴人行使追索權。（六三臺上七七一）

第九十條　（通知義務之免除）

發票人、背書人及匯票上其他債務人，得於第八十九條所定通知期限前，免除執票人通知之義務。

*（準用）票據一〇五、一二四、一四四。

第九十一條　（通知方法）

通知得用任何方法為之。但主張於第八十九條所定期限內曾為通知者，應負舉證之責。

付郵遞送之通知，如封面所記被通知人之住所無誤，視為已經通知。

*（通知期限）票據八九；（舉證之責）民訴二七七；（住所）票據二〇，民二〇、二二。

第九十二條（因不可抗力違誤通知之補救）

因不可抗力不能於第八十九條所定期限內將通知發出者，應於障礙中止後四日內行之。

證明於第八十九條所定期間內已將通知發出者，認為遵守通知期限。

*（通知期限）票據八九；（通知之證明）票據九一；（期間之計算）民一二〇、一二二。

第九十三條（怠於通知之效力）

不於第八十九條所定期限內為通知者，仍得行使追索權。但因其怠於通知發生損害時，應負賠償之責，其賠償金額，不得超過匯票金額。

*（行使追索權）票據八五。

▲（六三臺上七七〇）參見本法第八十九條。

第九十四條（免除作成拒絕證書）

發票人或背書人，得為免除作成拒絕證書之記載。

發票人為前項記載時，執票人得不請求作成拒絕證書而行使追索權。但執票人仍請求作成拒絕證書時，應自負擔其費用。

背書人為第一項記載時，僅對於該背書人發生效力。執票人作成拒絕證書者，得向匯票上其他簽名人要求償還其費用。

*（拒絕證書）票據八六～八八、一〇六～一一三；（行使追索權）票據八五；（簽名人）票據六，民三。

第九十五條（提示義務）

匯票上雖有免除作成拒絕證書之記載，執票人仍應於所定期限內為承兌或付款之提示。但對於執票人主張未為提示者，應負舉證之責。

*（拒絕證書之免除）票據九四；（承兌提示）票據四二、四八；（付款提示）票據六九、七〇、八六；（舉證責任）民

第九十六條（票據債務人責任）

發票人、承兌人、背書人及其他票據債務人，對於執票人連帶負責。

執票人得不依負擔債務之先後，對於前項債務人之一人或數人或全體行使追索權。

執票人對於債務人之一人或數人已為追索者，對於其他票據債務人，仍得行使追索權。

被追索者已為清償時，與執票人有同一權利。

*（發票人承兌人背書人之責任）票據二九、三九、五七、六一、八一；（連帶責任）民二七二～二八二，票據六二；（票據清償人之權利）票據六四、七四、八四、九八、一〇〇；（清償）民三〇九。

第九十七條（得追索之金額）

執票人向匯票債務人行使追索權時，得要求左列金額：

一　被拒絕承兌或付款之匯票金額，如有約定利息者，其利息。

二　自到期日起如無約定利率者，依年利六釐計算之利息。

三　作成拒絕證書與通知及其他必要費用。

於到期日前付款者，自付款日至到期日前之利息，應由匯票金額內扣除。無約定利率者，依年利六釐計算。

*（票據債務人）票據九六㈠；（追索權）票據八五；（利息）票據二八，民二〇三；（拒絕證書費用）票據九四；（期前付款）票據七二。

第九十八條（再追索之金額）

為第九十七條之清償者，得向承兌人或前手要求左列金額：

一　所支付之總金額。

二　前款金額之利息。

三　所支出之必要費用。

發票人為第九十七條之清償者，向承兌人要求之金額同。

*（支付之總金額）票據九七；（票據清償人之權利）票據六四、八四、九六㈣、一〇〇。

第九十九條（回頭背書匯票之追索權）

執票人為發票人時，對其前手無追索權。

執票人為背書人時，對該背書之後手無追索權。

*（回頭背書）票據三四；（追索權）票據八五；（準用）票據一二四、一四四。

第一百條（被追索人之權利）

匯票債務人為清償時，執票人應交出匯票，有拒絕證書時，應一併交出。

匯票債務人為前項清償，如有利息及費用者，執票人應出具收據及償還計算書。

背書人為清償時，得塗銷自己及其後手之背書。

*（匯票拒絕證書之交出）票據七四、八三；（拒絕證書）票據一〇六～一一三；（背書塗銷）票據一七、三七㈡、㈢、三八。

▲支票為絕對的有價證券，其權利之行使與支票之占有，有不可分離之關係，故支票上債務人為清償時，依票據法(舊)第一百三十八條準用同法(舊)第九十七條之規定，持票人自須交出支票。（四四臺上一二一六）

第一百零一條（一部承兌時之追索）

匯票金額一部分獲承兌時，清償未獲承兌部分之人，得要求執票人在匯票上記載其事由，另行出具收據，並交出匯票之謄本及拒絕承兌證書。

*（一部承兌）票據四七；（清償）民三〇九；（謄本）票據一一八、一一九；（拒絕證書）票據八六～八八、一〇六～一一三。

第一百零二條（發行回頭匯票之追索）

有追索權者，得以發票人或前背書人之一人或其他票據債務人為付款人，向其住所所在地發見票即付之匯票。但有相反約定時，不在此限。

前項匯票之金額，於第九十七條及第九十八條所列者外，得加經紀費及印花稅。

*（追索權）票據八五；（發票人）票據二四；（票據債務人）票據九六；（付款人）票據二四㈠③、㈢；（見票即付）票據六五㈠③、六六。

第一百零三條（回頭匯票金額之決定）

執票人依第一百零二條之規定發匯票時，其金額依原匯票付款地匯往前手所在地之見票即付匯票之市價定之。

背書人依第一百零二條之規定發匯票時，其金額依其所在地匯往前手所在地之見票即付匯票之市價定之。

前二項市價，以發票日之市價為準。

＊（回頭匯票）票據一〇二；（付款地）票據二四㈠⑧；（見票即付）票據六五㈠③、六六；（發票日）票據二四㈠⑦。

第一百零四條　（追索權之喪失）

執票人不於本法所定期限內為行使或保全匯票上權利之行為者，對於前手喪失追索權。

執票人不於約定期限內為前項行為者，對於該約定之前手喪失追索權。

＊（追索權）票據八五；（期間）票據六六～六八，民一二〇、一二二。

第一百零五條　（遇不可抗力事變之處置）

執票人因不可抗力之事變，不能於所定期限內為承兌或付款之提示，應將其事由從速通知發票人、背書人及其他票據債務人。

第八十九條至第九十三條之規定，於前項通知準用之。

不可抗力之事變終止後，執票人應即對付款人提示。」

如事變延至到期日後三十日以外時，執票人得逕行使追索權，無須提示或作成拒絕證書。

匯票為見票即付或見票後定期付款者，前項三十日之期限，自執票人通知其前手之日起算。

＊（因事變而時效不完成）民一三九，票據九二；（承兌提示）票據四二、四四～四六、四八、六六；（付款提示）票據六九、七〇、七九；（拒絕證書）票據八六～八八；（見票即付）票據六五㈠③、六六；（見票後定期付款）票據四五、五六、六五㈠④、六七。

第十節　拒絕證書

第一百零六條　（拒絕證書作成機關）

拒絕證書，由執票人請求拒絕承兌地或拒絕付款地之法院公證處、商會或銀行公會作成之。

＊（拒絕證書）票據二二、四七㈡、六七、七七、八二、八六、八七、九四、九七。

第一百零七條　（拒絕證書之應載事項）

拒絕證書，應記載左列各款，由作成人簽名並蓋作成機關之印章：

一　拒絕者及被拒絕者之姓名或商號。

二　對於拒絕者，雖為請求，未得允許之意旨，或不能會晤拒絕者之事由，或其營業所、住所或居所不明之情形。

三　為前款請求或不能為前款請求之地及其年、月、日。

四　於法定處所外作成拒絕證書時，當事人之合意。

五　有參加承兌時或參加付款時，參加之種類及參加人並被參加人之姓名或商號。

六　拒絕證書作成之處所及其年、月、日。

＊（拒絕證書之作成）票據四七、七三、八六、一〇六；（簽名）票據五、六，民三；（法定處所）票據七七～八四；（參加承兌）票據五三～五七；（參加付款）票據七七～八四。

第一百零八條　（付款拒絕證書之製作）

付款拒絕證書，應在匯票或其黏單上作成之。

匯票有複本或謄本者，於提示時僅須在複本之一份或原本或其黏單上作成之。但可能時，應在其他複本之各份或謄本上記載已作拒絕證書之事由。

＊（付款拒絕證書）票據四一、七三、七九、八二、八六、八七；（黏單）票據二三、三一、一〇九、一一〇；（複本）票據一一四～一一七；（謄本）票據一一八、一一九。

第一百零九條　（其他拒絕證書之製作）

付款拒絕證書以外之拒絕證書，應照匯票或其謄本作成抄本，在該抄本或其黏單上作成之。

＊（付款拒絕證書）票據一〇八；（謄本）票據一一八、一一九；（黏單）票據二三。

第一百十條　（拒絕交還原本時證書之記載處所）

執票人以匯票之原本請求承兌或付款而被拒絕，並未經返還原本時，其拒絕證書，應在謄本或其黏單上作成之。

＊（拒絕證書）票據一〇七；（謄本）票據一一八、一一九；（黏單）票據二三。

第一百十一條　（記載地位）

拒絕證書應接續匯票上、複本上或謄本上原有之最後記載作成之。

在黏單上作成者，並應於騎縫處簽名。

＊（拒絕證書）票據一〇七；（複本）票據一一四～一一七；（謄本）票據一一八、一一九；（黏單）票據二三。

第一百十二條　（作成份數）

對數人行使追索權時，祇須作成拒絕證書一份。

＊（對數人行使追索權）票據八五、九六。

第一百十三條　（抄本）

拒絕證書作成人，應將證書原本交付執票人，並就證書全文另作抄本，存於事務所，以備原本滅失時之用。」

抄本與原本有同一效力。

＊（拒絕證書抄本）票據施一二；（拒絕證書作成人）票據一〇六。

第十一節　複本

第一百十四條　（複本之發行及份數）

匯票之受款人，得自負擔其費用，請求發票人發行複本。但受款人以外之執票人，請求發行複本時，須依次經由其前手請求之，並由其前手在各複本上為同樣之背書。

前項複本，以三份為限。

＊（受款人）票據二四㈠④、㈣；（發票人）票據二、二四㈢；（背書）票據三一～四一。

第一百十五條　（複本之款式）

複本應記載同一文句，標明複本字樣，並編列號數。未經標明複本字樣，並編列號數者，視為獨立之匯票。

＊（複本）票據一一四。

第一百十六條（複本之效力）

就複本之一付款時，其他複本失其效力。但承兌人對於經其承兌而未取回之複本，應負其責。

背書人將複本分別轉讓於二人以上時，對於經其背書而未收回之複本，應負其責。

將複本各份背書轉讓與同一人者，該背書人為償還時，得請求執票人交出複本之各份。但執票人已立保證或提供擔保者，不在此限。

＊（承兌人）票據四三、五二；（複本之份數）票據一一四㈡；（背書人）票據三九；（複本拒絕交還）票據一一七；（保證）民七三九以下；（提供擔保）民八六〇、九〇〇以下、九二八。

第一百十七條（提示承兌與行使追索權）

為提示承兌送出複本之一者，應於其他各份上載明接收人之姓名或商號及其住址。

匯票上有前項記載者，執票人得請求接收人交還其所接收之複本。

接收人拒絕交還時，執票人非以拒絕證書證明左列各款事項，不得行使追索權：

一　曾向接收人請求交還此項複本，而未經其交還。

二　以他複本為承兌或付款之提示，而不獲承兌或付款。

＊（提示承兌）票據四二；（商號）商登二、三；（拒絕證書）票據一〇七；（行使追索權）票據八五；（付款提示）票據六九。

第十二節　謄　本

第一百十八條（謄本之製作與效力）

執票人有作成匯票謄本之權利。

謄本應標明謄本字樣，謄寫原本上之一切事項，並注明迄於何處為謄寫部分。

執票人就匯票作成謄本時，應將已作成謄本之旨，記載於原本。

背書及保證，亦得在謄本上為之，與原本上所為之背書及保證有同一效力。

＊（背書）票據三一～四一；（保證）票據五八～六四。

第一百十九條（使用謄本之時機與方式）

為提示承兌送出原本者，應於謄本上載明原本接收人之姓名或商號及其住址。

匯票上有前項記載者，執票人得請求接收人交還原本。

接收人拒絕交還時，執票人非將曾向接收人請求交還原本而未經其交還之事由，以拒絕證書證明，不得行使追索權。

＊（提示承兌）票據四二；（商號）商登二、三；（拒絕證書）票據一〇七；（行使追索權）票據八五。

第三章　本　票

第一百二十條（本票之應載事項）

本票應記載左列事項，由發票人簽名：

一　表明其為本票之文字。

二　一定之金額。

三　受款人之姓名或商號。

四　無條件擔任支付。

五　發票地。

六　發票年、月、日。

七　付款地。

八　到期日。

未載到期日者，視為見票即付。

未載受款人者，以執票人為受款人。

未載發票地者，以發票人之營業所、住所或居所所在地為發票地。

未載付款地者，以發票地為付款地。

見票即付，並不記載受款人之本票，其金額須在五百元以上。

＊（本票）票據三；（簽名）票據五、六，民三；（發票人）票據一二一；（一定金額）票據三、二八、七五、九七、九八；（無條件擔任支付）票據五二、六五㈡、㊂、㊃、一二一；（到期日）票據六五～六八；（見票即付）票據六五㈠③、六六、一二八；（受款人）票據二四㈠④、㊃；（付款地）票據二七。

▲本票執行事件，依非訟事件法第一百條之規定，應由票據付款地之法院管轄，本票未載付款地及發票地，依票據法第一百二十條第五項、第四項，以發票人之營業所、住所或居所所在地為付款地。本件本票之共同發票人有八人，其營業所、住居所所在地之地方法院俱有管轄權，原裁定法院所在地，既屬付款地之一，又係受理在先之法院，依非訟事件法第三條第一項之規定，原裁定法院就再抗告人部分自屬有管轄權。（六四臺抗二二四）

▲本票之發票人應於本票上記載受款人之姓名或商號，未載受款人者以執票人為受款人。至於無記名本票則得依交付轉讓之。又執票人得於無記名本票之空白內，記載自己或他人為受款人，將其變更為記名本票，票據法第一百二十條第一項第三款，第三項，第一百二十四條準用同法第三十條第一項後段及第二十五條第二項，分別定有明文。故如由發票人將受款人記載於本票時，須由受款人先為背書轉讓，始能認為背書之連續，倘由執票人於無記名本票之空白內記載受款人，並將本票背書轉讓與受款人時，則因受款人並非自發票人受讓本票之人，即不能因該受款人未在本票背書，遽指為背書不連續，遂謂其不得向背書人行使票據上權利。（六八臺上一九三九）

▲欠缺本法所規定票據上應記載事項之一者，其票據無效，票據法第十一條第一項前段定有明文。又依同法第一百二十條第一項第六款規定，發票年、月、日為本票應記載事項。故本票上如未記載發票年、月、日，或記載不清難以辨識發票日期者，其本票當然無效。（九〇臺抗三七）

第一百二十一條（發票人之責任）

本票發票人所負責任，與匯票承兌人同。

＊（承兌人責任）票據二二、五二、九六、九八。

▲上訴人等既將已蓋妥印章之空白本票交與某甲，授權其代填金額以辦理借款手續，則縱使曾限制其填寫金額一萬元，但此項代理權之限制，上訴人未據舉證證明，為被上

多填票面金額為六萬八千元，雖經刑事法院判處罪刑在案，亦屬對上訴人應否負侵權行為損害賠償責任之別一法律問題，上訴人自不得執是而免除其發票人應付票款之責任。（五二臺上三五二九）

第一百二十二條（見票後定期付款本票特別規定）

見票後定期付款之本票，應由執票人向發票人為見票之提示，請其簽名，並記載見票字樣及日期；其提示期限，準用第四十五條之規定。

未載見票日期者，應以所定提示見票期限之末日為見票日。

發票人於提示見票時，拒絕簽名者，執票人應於提示見票期限內，請求作成拒絕證書。

執票人依前項規定，作成見票拒絕證書後，無須再為付款之提示，亦無須再請求作成付款拒絕證書。

執票人不於第四十五條所定期限內為見票之提示或作成拒絕證書者，對於發票人以外之前手喪失追索權。

*（見票後定期付款）票據四五、六五、六七、六八、一二四；（簽名）票據五、六，民三；（作成拒絕證書）票據八六、八七㈡、九四、一二四；（追索權）票據八五。

第一百二十三條（本票之強制執行）

執票人向本票發票人行使追索權時，得聲請法院裁定後強制執行。

*（行使追索權）票據八五～一〇五、一二四；（執行名義）強執四㈠⑥。

▲（五〇臺抗一八八）參見本法第六十一條。

▲票據法第一百二十三條規定：「執票人向本票發票人行使追索權時，得聲請法院裁定後強制執行」，是法院之應否為准予強制執行之裁定，當視本票之執票人可否向發票人行使追索權以為斷。至發票日或到期日之記載如何，既未加以明文限制，依立法本旨，其發票日或到期日是否在該法條施行以後，要無排斥其適用之可言。（五一臺抗一四五）

▲執票人依票據法第一百二十三條規定，向本票發票人行使追索權時，聲請法院裁定對發票人之財產強制執行者，發票人縱對於簽章之真正有所爭執，法院仍應為准許強制執行之裁定。（五二臺抗一六三）

▲執票人依票據法第一百二十三條規定，向本票發票人行使追索權時，聲請法院裁定許可對發票人強制執行，係屬非訟事件，此項聲請之裁定，及抗告法院之裁定，僅依非訟事件程序，以審查強制執行許可與否，並無確定實體上法律關係存否之效力，如發票人就票據債務之存否有爭執時，應由發票人提起確認之訴，以資解決。（五七臺抗七六）

性質與非訟事件無殊，法院就本票形式上之要件是否具備予以審查為已足。至該本票債務是否已因清償而消滅，應依訴訟程序另謀解決，殊不容於裁定程序中為此爭執。（五六臺抗七一四）

第一百二十四條（關於準用匯票之規定）

第二章第一節第二十五條第二項、第二十六條第一項及第二十八條關於發票人之規定；第二章第二節關於背書之規定，除第三十五條外；第二章第五節關於保證之規定；第二章第六節關於到期日之規定；第二章第七節關於付款之規定；第二章第八節關於參加付款之規定，除第七十九條及第八十二條第二項外；第二章第九節關於追索權之規定，除第八十七條第一項、第八十八條及第一百零一條外；第二章第十節關於拒絕證書之規定；第二章第十二節關於謄本之規定，除第一百十九條外，均於本票準用之。

▲執票人於本票到期拒付時，應請求作成拒絕證書，並將發票人拒絕事由通知前手，即背書人，若執票人不請求作成拒絕證書並依法通知，即不得對於前手行使追索權。（一八上三〇四）

▲本票之轉讓人對於執票人固負擔保之義務，但必發票人拒付時，始得向轉讓人追償。（一八上二二六六）

▲（四三臺上一一六〇）參見本法第六條。

▲（六三臺上一七七一）參見本法第三十一條。

▲（六三臺上一二七二）參見本法第三十七條。

▲（六八臺上一九三九）參見本法第一百二十條。

第四章　支　票

第一百二十五條（支票之應載事項）

支票應記載左列事項，由發票人簽名：

一　表明其為支票之文字。

二　一定之金額

三　付款人之商號。

四　受款人之姓名或商號。

五　無條件支付之委託。

六　發票地。

七　發票年、月、日。

八　付款地。

未載受款人者，以執票人為受款人。

未載發票地者，以發票人之營業所、住所或居所為發票地。

發票人得以自己或付款人為受款人，並得以自己為付款人。

*（支票）票據四；（簽名）票據五、六，民三；（應載事項）票據一一、一二；（一定之金額）票據七、七五；（付款人）票據一二七、一三九；（付款地）票據一三〇、一四四；（已受己付票據）票據二五。

▲（六五臺上一二五三）參見本法第四條。

▲票據法第一百二十五條第一項雖未規定發票人在支票上簽名或蓋章之位置，但上訴人於某公司簽發訟爭支票記載之金額上加蓋印章，在社會通常觀念，係屬防止塗改作用，當難認為共同發票行為。（六八臺上一七五一）

第一百二十六條（發票人之責任）

發票人應照支票文義擔保支票之支付。

*（發票人之責任）票據二九、一二一、一三四、一四〇；（支票文義）票據五。

▲釋二〇四。

▲支票發票人應依支票文義擔保支票之支付。（一九上一八〇四）

第一百二十七條（付款人之資格）

支票之付款人，以第四條所定之金融業者為限。

⑦⑤配合第四條文字修正。

*（信用合作社）信合一；（農會）農會一、二；（付款人）票據九六、一二五㈠③、一三六～一三八、一四三。

▲支票之付款人以銀錢業為限，為票據法（舊）第一百二十三條所明定。支票上所記載之付款人如非銀錢業，即不能適用票據法關於支票之規定，祇應認為民法債編所稱之指示證券。此項指示證券並無必須記載領取人之姓名，其未記載者固亦屬指示證券之性質，領取人並得將其讓與第三

人，惟被指示人拒絕承擔或給付時，領取人可向指示人請求清償其原有債務，受讓人如因受讓該指示證券已交付對價於領取人，亦可本於不當得利向領取人請求返還對價，領取人及受讓人均不得仍持該指示證券，請求指示人給付證券上所載之金額。（四〇臺上一三七一）

第一百二十八條　（見票即付與遠期支票）

支票限於見票即付，有相反之記載者，其記載無效。

支票在票載發票日前，執票人不得為付款之提示。

*（見票即付）票據二四㊁、六五㊀③、六六；（支票之提示期限）票據一三〇；（付款拒絕之效果）票據一三一～一三三。

▲釋二〇四、二三七。

▲發票人所發遠期支票，如執票人按照票載日期，或於票載日期以後為付款之提示者，則票載日期當然為發票日，不得於票據以外，以當事人所證明之實際發票日期為發票日。（五二臺上二三六五）

▲支票發票人所負票據債務之成立，應以發票人交付支票於受款人而完成發票行為之時日為準，至支票所載發票日，依票據法第一百二十八條第二項規定，僅係行使票據債權之限制，不能認為票據債務成立之時期。（七四臺上八〇四）

第一百二十九條　（轉帳或抵銷）

以支票轉帳或為抵銷者，視為支票之支付。

*（抵銷）民三三四～三三七；（支票之支付）票據一二六。

第一百三十條　（提示期限）

支票之執票人，應於左列期限內為付款之提示：

一　發票地與付款地在同一省（市）區內者，發票日後七日內。

二　發票地與付款地不在同一省（市）區內者，發票日後十五日內。

三　發票地在國外，付款地在國內者，發票日後二個月內。

*（付款提示）票據一二八、一三一、一三二；（付款人）票據一二五㊀③、一二七；（發票地）票據一二五㊀⑥、一二五㊂；（提示期限）票據二二、七五、一〇五、一三五、一三六、一四四；（違反提示期限之效果）票據一三二。

▲執票人不於票據法（舊）第一百二十六條所定限期內為付款之提示，或不於拒絕付款日或其後二日內請求作成拒絕證書者，對於發票人以外之前手喪失追索權，而得與作成拒絕證書者有同一之效力。…

義及其年、月、日並簽名者，或向票據交換所提示之支票，如有拒絕文義之記載者為限，同法（舊）第一百二十七條第二項、第三項及第一百二十八條定有明文。故付款人於支票上僅載拒絕文義及年、月、日而未簽名者，仍難謂與作成拒絕證書有同一之效力。（四八臺上一三三一）

▲支票執票人所為之提示，雖已逾票據法所規定之提示期限，但此項提示，仍應視為執票人行使請求權之意思通知，具有中斷時效之效力。（五六臺上二四七四）

第一百三十一條　（追索之要件）

執票人於第一百三十條所定提示期限內，為付款之提示而被拒絕時，對於前手得行使追索權。但應於拒絕付款日或其後五日內，請求作成拒絕證書。

付款人於支票或黏單上記載拒絕文義及其年、月、日並簽名者，與作成拒絕證書，有同一效力。

*（提示期限）票據一三〇、一三二；（付款提示）票據一二八㊁；（期間之計算）民一二〇～一二二；（利息之請求）票據一三三；（拒絕證書）票據八六、八七、九四、九五、一〇六～一一三、一二四、一四四；（黏單）票據二三；（簽名）票據五、六，民三。

▲支票之執票人為付款之提示，被付款人拒絕並作成拒絕證書時，對於支票之背書人行使追索權，固為票據法（舊）第一百二十七條第一項之所許，惟票據行為為要式行為，所謂支票之背書人，依同法（舊）第一百三十八條準用第二十八條之規定，除在支票背面記載被背書人之姓名或商號及背書之年、月、日外，並簽名於背面者，始為相當。如不依此項法定方式為之者，其背書行為即屬無效（參照民法第七十三條），既不得謂之背書人，自不負支票上背書人之責任。（四三臺上八二二）

▲（四八臺上一三三一）　參見本法第一百三十條。

▲拒絕付款證書，乃證明執票人已依法為票據權利之行使或保全之要式證書，其目的係在免除執票人舉證之煩，及票據債務人無受詐欺之弊而已。本件支票，既經付款人於正反兩面分別加蓋拒絕往來戶戳記，並另行製作退票理由單，記明其事由及其年、月、日並加蓋印章，顯足以證明執票人已行使或保全其票據上之權利，而毋須另行舉證，亦足以杜防票據債務人遭受詐害，為保護債權人之權利計，自應視為與作成拒絕證書有同一之效力。（五二臺上一一九五）

▲（八八臺上一三七七）　參見本法第八十五條。

第一百三十二條　（喪失追索權之事由）

…示，或不於拒絕付款日或其後五日內請求作成拒絕證書者，對於發票人以外之前手喪失追索權。

*（提示期限）票據一三〇；（拒絕證書）票據一三一㊀；（喪失追索權）票據七九、八〇、一〇四、一二四。

▲（四八臺上一三三一）　參見本法第一百三十條。

第一百三十三條　（利息之請求）

執票人向支票債務人行使追索權時，得請求自為付款提示日起之利息。如無約定利率者，依年利六釐計算。

*（利息）民二〇三、二〇七；（支票債務人）票據三九、一二六、一四四；（行使追索權）票據一三一；（提示日）票據一三〇。

第一百三十四條　（提示期限經過後發票人之責任）

發票人雖於提示期限經過後，對於執票人仍負責任。但執票人怠於提示，致使發票人受損失時，應負賠償之責；其賠償金額，不得超過票面金額。

*（提示期限）票據一二八㊁、一三〇、一三二；（發票人之責任）票據一二六；（損害賠償）民二一三～二一七；（票面金額）票據一二五㊀②。

第一百三十五條　（撤銷付款委託之限制）

發票人於第一百三十條所定期限內，不得撤銷付款之委託。

*（付款委託）票據一二五㊀⑤；（提示期限）票據一三〇；（委任契約）民五二八以下；（撤銷）民一一六；（止付之通知）票據一八；（撤銷付款委託之效力）票據一三六①。

▲支票發票人簽發一定之金額，委託銀錢業者或信用合作社，於見票時無條件支付與受款人或執票人，其性質為民法第二百六十九條第一項向第三人為給付之契約。支票之受款人或執票人雖係委託付款契約之第三人，但亦係依該項契約關係而為付款之請求，付款人無故拒絕付款，自僅負債務不履行之責任，尚不能謂係對於支票執票人一種侵權行為。（六五臺上二一六四）

第一百三十六條　（提示期限經過後之付款）

付款人於提示期限經過後，仍得付款。但有左列情事之一者，不在此限：

一　發票人撤銷付款之委託時。

二七、一四三；（撤銷付款委託）票據一三五；（支票之時效期間）票據二二。

第一百三十七條　（一部付款）

付款人於發票人之存款或信用契約所約定之數不敷支付支票金額時，得就一部分支付之。

前項情形，執票人應於支票上記明實收之數目。

*（付款人）票據一二五㊀③、一二七、一三六、一四三；（支票金額）票據一二五㊀②；（一部付款）票據七三、一一二四。

第一百三十八條　（保付支票）

付款人於支票上記載照付或保付或其他同義字樣並簽名後，其付款責任與匯票承兌人同。

付款人於支票上已為前項之記載時，發票人及背書人免除其責任。

付款人不得為存款額外或信用契約所約定數目以外之保付，違反者應科以罰鍰。但罰鍰不得超過支票金額。

依第一項規定，經付款人保付之支票，不適用第十八條、第一百三十條及第一百三十六條之規定。

*（簽名）票據五、六，民三㊀；（承兌人）票據四三、五二；（發票人責任）票據一二六；（背書人責任）票據三九、一四四；（支票金額）票據一二五㊀②；（止付）票據一八；（提示期限）票據一三〇、一三六。

第一百三十九條　（平行線支票）

支票經在正面劃平行線二道者，付款人僅得對金融業者支付票據金額。

支票上平行線內記載特定金融業者，付款人僅得對特定金融業者支付票據金額。但該特定金融業者為執票人時，得以其他金融業者為被背書人，背書後委託其取款。

劃平行線支票之執票人，如非金融業者，應將該項支票存入其在金融業者之帳戶，委託其代為取款。

支票上平行線內記載特定金融業者，應存入其在該特定金融業者之帳戶，委託其代為取款。

劃平行線之支票，得由發票人於平行線內記載照付現款或同義字樣，由發票人簽名或蓋章於其旁，支票上有此記載者，視為平行線之撤銷。但支票經背書轉讓者，不在此限。

⑮配合第四條文字修正。

*（農會）農會一、二；（委託取款背書）票據四〇、一四四；（背書轉讓）票據三〇、一四四；（違反效果）票據一四〇。

▲平行線支票，依票據法第一百三十九條之規定，固僅得對銀錢業者支付之，其提示人亦僅以銀錢業者為限，否則不生提示之效力。惟平行線支票倘遇當地並無其他行庫，或行庫本身恰為付款人時，則行庫受委託後，一面居於提示銀行之地位，向其本身為提示，一面將該支票予以進帳或因空頭而不能進帳時，則居於付款銀行之地位而為拒絕付款之證明，俾便追索權之行使，核與上開法條規定之精神尚無牴觸。（五一臺上五八一）

第一百四十條　（付款人之賠償責任）

違反第一百三十九條之規定而付款者，應負賠償損害之責。但賠償金額，不得超過支票金額。

*（平行線支票）票據一三九；（平行線支票之撤銷）票據一三九㊄；（支票金額）票據一二五㊀②、一三三；（損害賠償）民二一三～二一七。

第一百四十一條　（刪除）

⑯民國七十五年六月二十九日修正票據法後，由於政府之採行各項配合措施並加強宣導，使民眾對支票之作用，已有正確之認識，故第一百四十一條已無存在之必要，爰予刪除。

第一百四十二條　（刪除）

⑯配合第一百四十一條刪除之。

第一百四十三條　（付款人之付款責任）

付款人於發票人之存款或信用契約所約定之數，足敷支付支票金額時，應負支付之責。但收到發票人受破產宣告之通知者，不在此限。

*（付款人）票據一二五㊀③、一二七、一三六；（支票金額）票據一二五㊀②；（付款責任）票據一三六；（破產宣告之公告）破產六五㊀。

第一百四十四條　（準用匯票之規定）

第二章第一節第二十五條第二項關於發票人之規定；第二章第二節關於背書之規定，除第三十五條外；第二章第七節關於付款之規定，除第六十九條第一項、第二項、第七十條、第七十二條、第七十六條外；第二章第九節關於追索權之規定，除第八十五條第二項第一款、第二款、第八十七條、第八十八條、第九十七條第一項第二款、第二項及第一百零一條外；第二章第十節關於拒絕證書之規定，除第一百零八條第二項、第一百零九條及第一百十條外；均於支票準用之。

▲支票（憑票同）到期不獲付款時，執票人為行使或保全支票上權利之行為，對發票人固得行使追索權，而追索權之行使，須執票人於拒絕付款證書作成後相當期間內，將拒絕事由通知發票人，即支票或憑票債務人，否則執票人原有之追索權即因此而喪失。（一八上二四五一）

▲（四三臺上八二二）參見本法第一百三十一條。

▲（四四臺上一二一六）參見本法第一百條。

▲（四七臺上一九二九）參見本法第三十一條。

▲（四八臺上一七八四）參見本法第三十一條。

▲（五三臺上一九三〇）參見本法第十二條。

▲（七四臺上八一〇）參見本法第三十七條。

▲（八八臺上一三七七）參見本法第八十五條。

第五章　附　則

第一百四十四條之一　（刪除）

⑯配合第一百四十一條、第一百四十二條之刪除。

第一百四十五條　（施行細則之訂定）

本法施行細則，由行政院定之。

*（細則）中標三、六、一一。

第一百四十六條　（施行日期）

本法自公布日施行。

*（施行日）中標一三。

票據法施行細則

民國六十二年五月二十九日行政院令發布
六十三年一月二十一日行政院令修正發布
六十七年二月二十一日行政院令修正發布
七十五年十二月三十日行政院令修正發布第九、一一條；並刪除第二、一五、一六條條文

第一條（訂定依據）
本細則依票據法第一百四十五條規定訂定之。

第二條（刪除）

第三條（號碼視同文字記載）
票據上之金額，以號碼代替文字記載，經使用機械辦法防止塗銷者，視同文字記載。

第四條（禁止請求付款之處分）
票據為不得享有票據上權利或票據權利應受限制之人獲得時，原票據權利人得依假處分程序，聲請法院為禁止占有票據之人向付款人請求付款之處分。

第五條（掛失止付通知書）
票據權利人依本法第十八條規定為止付之通知時，應填具掛失止付通知書、載明左列事項、通知付款人。
一　票據喪失經過。
二　喪失票據之類別、帳號、號碼、金額及其他有關記載。
三　通知止付人之姓名、年齡、住所。其為機關、團體者，應於通知書上加蓋正式印信。其為公司、行號者，應加蓋正式印章，並由負責人簽名。個人應記明國民身分證字號。票據權利人為發票人時，並應使用原留印鑑。
付款人對通知止付之票據，應即查明，對無存款又未經允許墊借票據之止付通知，應不予受理。對存款不足或超過付款人允許墊借金額之票據，應先於其存款或允許墊借之額度內，予以止付。其後如再有存款或續允墊借時，仍應就原止付票據金額限度內繼續予以止付。
票據權利人就到期日前之票據為止付通知時，付款人應先予登記，俟到期日後，再依前項規定辦理。其以票載發票日前之支票為止付通知者亦同。
通知止付之票據如為業經簽名而未記載完成之空白票據，而於喪失後經補充記載完成者，準依前兩項規定辦理，付款人應就票載金額限度內予以止付。
經止付之金額，應由付款人留存，非依本法第十九條第二項之規定，或經占有票據之人及止付人之同意，不得支付或由發票人另行動用。

第六條（業經付款票據之遺失）
本法第十八條、第十九條規定，對業經付款之票據不適用之。

第七條（止付通知之失效）
票據權利人雖曾依本法第十八條第一項規定，向付款人為公示催告聲請之證明。但其聲請被駁回或撤回者，或其除權判決之聲請被駁回確定或撤回，或逾期未聲請除權判決者，仍有本法第十八條第二項規定之適用。
依本法第十八條第二項規定止付通知失其效力者，同一人不得對同一票據再為止付之通知。

第八條（背書之位置與格式）
票據得於其背面或黏單上加印格式，以供背書人填寫。但背書非於票背已無背書地位時，不得於黏單上為之。

第九條（扣減利息之利率）
依本法第六十五條第三項規定，應扣減之利息，其有約定利率者，依約定利率扣減，未約定利率者，依本法第二十八條第二項規定之利率扣減。

第十條（[illegible]）
分期付款票據，受款人於逐次受領票款及利息時，應分別給予收據，並於票據上記明領取票款之期別、金額及日期。

第十一條（拒絕事由之調查）
有製作拒絕證書權限者，於受作成拒絕證書之請求時，應就本法第一百零七條第二款之拒絕事由，即時為必要之調查。

第十二條（拒絕證書抄本）
依本法第一百十三條規定，抄存於作成人事務所之拒絕證書，應載明匯票全文。

第十三條（刪除）

第十四條（約定事項之效力）
依本法得為特約或約定之事項，非載明於票據，不得以之對抗善意第三人。

第十五條（刪除）

第十六條（刪除）

第十七條（施行日期）
本細則自發布日施行。

票據掛失止付處理規範

民國六十三年三月九日財政部函發布
六十四年五月十日財政部函修正發布
九十年六月四日財政部金融局函修正發布法規名稱（原名為「票據掛失止付處理準則」）並修正第三、四、一四、一五條條文

第一條（適用範圍）
凡票據權利人通知票據掛失止付，悉照本準則規定辦理。

第二條（票據之定義）
前條所稱票據為匯票本票及支票。

第三條（掛失止付通知書應載事項）
票據權利人為止付之通知時，應填具「掛失止付通知書」及「遺失票據申報書」，載明左列事項，通知付款行庫。付款行庫應即將「掛失止付通知書」影本送交票據交換所並於掛失止付票據經提示退票時，將該「通知書」及「申報書」一併送達票據交換所。

一　票據喪失經過。

二　喪失票據之類別、帳號、號碼、金額及其他掛失止付通知書規定應記載之有關事項。

三　通知止付人之姓名、年齡、住所。其為機關、團體者，應於通知書上加蓋正式印信；其為公司、行號者應加蓋正式印章，並均應由負責人簽名。個人應記明國民身分證字號。票據權利人為發票人時，並應使用原留印鑑。

第四條（公示催告聲請證明之提出）
通知止付人應於提出止付通知書後五日內，向付款行庫提出已為聲請公示催告之證明，否則止付通知失其效力。嗣後通知止付人不得對同一票據為止付之通知。

若票據掛失止付通知撤銷或未於規定時間內辦理公示催告，付款行社應通知票據交換所。

第五條（付款行庫對止付理由認定之免責）
付款行庫對於通知掛失止付理由，不負認定之責。

第六條（已兌付票據之拒絕受理）
票據如已兌付，付款行庫應拒絕受理掛失止付。

第七條（保付支票掛失止付之禁止）
支票經付款行庫保付者，依法不得掛失止付。

第八條（存款調查）
付款行庫對通知止付之票據應即查明其有無存款，對無存款又未經允許墊借票款之票據，應不予受理。

第九條（存款不足等之止付限度）
付款行庫對存款不足或超過付款行庫允許墊借票款之票據，應先於其存款或允許墊借之額度內予以止付，其後如再有存款或續允墊借時，仍應就原止付票據金額限度內繼續予以止付。

第十條（期前止付之處理）
票據權利人就到期日前之票據為止付通知時，付款行庫應先予登記，俟到期日後再依規定辦理。但票據權利人仍應依本準則第四條規定於止付通知後五日內提出已為聲請公示催告之證明。支票在票載發票日屆至前為止付之通知者亦同。

第十一條（喪失後補充完成的空白票據止付之辦理）
通知止付之票據如為業經簽名而未記載完成之空白票據，而於喪失後經補充記載完成者，準照前三條規定辦理，付款行庫應就票載金額限度內予以止付。

前項票據之止付通知書，票據權利人未能記載之事項，以嗣後提示請求付款之票據所記載之事項，視為止付通知書所記載之事項。

第十二條（止付金額之留存及其例外）
經止付之金額，應由付款行庫留存，非依本準則第十三條及第十四條之規定，或經占有票據之人及止付人之同意，會同填具註銷申請書，不得支付或由發票人另行動用。

第十三條（止付通知之失效）
通知止付人雖曾向付款行庫提出已為公示催告聲請之證明，但占有票據之人或通知止付人提出該公示催告之聲請被駁回或撤回或其除權判決之聲請被駁回確定或撤回或逾期未聲請除權判決之證明者，止付通知失其效力，該止付之票據恢復付款。

第十四條（票據權利人止付通知後聲請支付之程序）
業經通知止付之票據，票據權利人如聲請票據金額之支付，應俟法院除權判決後，具據憑以辦理。但在公示催告程序開始後，而票據業經到期者，得提供確實擔保予以支付，不能提供擔保時，得請求將票據金額依法提存。

付款行庫對前項但書之聲請，應即查明，對聲請時存款不足或超過付款人允許墊借金額之票據，應先於其存款或允許墊借之額度內予以付款，其後如再有存款或續允墊借時，仍應就原止付票據金額限度內，繼續予以付款。

第十五條（票據占有人止付通知後提示請求之處理）
凡已通知掛失止付票據之占有票據人，提示請求付款，如存款或允許墊借之金額足敷票據金額者，以「業經止付」，如不敷票據金額者，以「存款不足」及「票據經掛失止付」理由處理。如嗣後再有存款或續允墊借，並經占有票據人再提示請求付款時，依再提示付款時之情形予以處理。

第十六條（未盡事宜之辦理）
本準則未盡事宜，依照法令規定辦理之。

第十七條（施行日期）

本準則於呈准財政部備案後實施。

海商法

民國十八年十二月三十日國民政府公布
五十一年七月二十五日總統令修正公布
八十八年七月十四日總統令修正公布
八十九年一月二十六日總統令修正公布
九十八年七月八日總統令修正公布第一六、一五三條條文

第一章 通則

第一條（船舶之定義）

本法稱船舶者，謂在海上航行，或在與海相通之水面或水中航行之船舶。

*（船舶）海商三，船登一，船員二。

▲僅能航行內河之船舶，其總噸數雖超過本法（舊）第三條第一款之限制，亦不適用海商法。（院八〇七）

▲對於船舶之強制執行，得依補訂民事執行辦法第二十一條準用關於不動產執行之規定者，應以船舶法第一條所稱依海商法規定之船舶為限。（院一五八六）

第二條（船長與海員之定義）

本法稱船長者，謂受船舶所有人僱用主管船舶一切事務之人員；稱海員者，謂受船舶所有人僱用由船長指揮服務於船舶上所有人員。

*（船長）船員二⑥；（船舶所有權人）海商八、九，船登三三、三七、三八；（海員）船員二⑦；（船員僱用）船員一二～二五；（船長指揮權）船員五八㊁、五九、六九。

第三條（不適用本法之船舶）

下列船舶除因碰撞外，不適用本法之規定：

一 船舶法所稱之小船。
二 軍事建制之艦艇。
三 專用於公務之船舶。
四 第一條規定以外之其他船舶。

[illegible]～一〇一；（小船）船舶三①；（軍艦）船舶四。

▲系爭漁船之總噸數僅有五·〇九噸，依海商法（舊）第三條第一款規定，即不得認係海商法上之船舶，而應視為民法上所稱動產之一。其權利之取得，亦不以作成書面並經主管官署蓋章證明為要件。（五一臺上二二四二）

第四條（保全程序）

船舶保全程序之強制執行，於船舶發航準備完成時起，以迄航行至次一停泊港時止，不得為之。但為使航行可能所生之債務，或因船舶碰撞所生之損害，不在此限。

國境內航行船舶之保全程序，得以揭示方法為之。

*（保全程序）民訴五二二～五三八；（發航準備完成）辦理強執注意六一㊂；（為使航行可能所生債務）辦理強執注意六一㊂；（船舶之強制執行）強執七六、一一四～一一四之三，辦理強執注意六一；（揭示方法）強執七六㊀、一三六；（停泊港）海商二三。

第五條（法律之適用）

海商事件，依本法之規定，本法無規定者，適用其他法律之規定。

*（適用其他法律）海商四、六、七七、一二六，海港法，船舶法，船舶登記法，船員法，引水法，民法等。

第二章 船舶

第一節 船舶所有權

第六條（動產規定之適用）

船舶除本法有特別規定外，適用民法關於動產之規定。

*（特別規定）海商八、九、三三、三四、三六、三九、五四㊀①。

第七條（船舶所有權之範圍）

除給養品外，凡於航行上或營業上必需之一切設備及屬具，皆視為船舶之一部。

*（設備屬具）海商二七㊀①、一一七、一二八，船舶二四；

第八條（讓與船舶之方式）

船舶所有權或應有部分之讓與，非作成書面並依下列之規定不生效力：

一　在中華民國，應申請讓與地或船舶所在地航政主管機關蓋印證明。

二　在外國，應申請中華民國駐外使領館、代表處或其他外交部授權機構蓋印證明。

＊（船舶一部）海商七；（船舶讓與）海商九、四一，船登三、四；（主管機關）船舶二，船登二；（應有部分）海商一二～一七，民八一七、八一九；（書面設定）海商三九，民三、七六〇。

第九條（移轉登記之效力）

船舶所有權之移轉，非經登記，不得對抗第三人。

＊（船舶所有權移轉）海商八、四一；（船舶所有權移轉登記）船舶一五、一六，船登三、四、三三～四一。

第十條（建造中船舶）

船舶建造中，承攬人破產而破產管理人不為完成建造者，船舶定造人，得將船舶及業經交付或預定之材料，照估價扣除已付定金給償收取之，並得自行出資在原處完成建造。但使用船廠應給與報償。

＊（建造中船舶）海商三四，辦理強執注意六一㈢，強執一一四以下；（承攬）民四九〇～五一四；（破產宣告）破產五七、五八、六〇、六四、六五、七五；（破產管理人）破產六四、八三。

第十一條（船舶共有人之內部關係㈠——共同利益事項）

共有船舶之處分及其他與共有人共同利益有關之事項，應以共有人過半數並其應有部分之價值合計過半數之同意為之。

＊（船舶共有）海商五、一二～一六，民八一七～八二六；（船舶共有人）海商一二～二〇，船登三八。

第十二條（船舶共有人之內部關係㈡——出賣應有部分）

船舶共有人有出賣其應有部分時，其他共有人，得以同一價格儘先承買。

因船舶共有權一部分之出賣，致該船舶喪失中華民國國籍時，應得共有人全體之同意。

＊（船舶共有人）海商一一、一三～二〇，船登三八；（儘先承買）民九一九，土地一〇七；（船舶國籍）船舶五、一一；（應有部分）海商一三～一七，民八一七、八一九。

第十三條（船舶共有人之內部關係㈢——抵押應有部分）

船舶共有人，以其應有部分供抵押時，應得其他共有人過半數之同意。

＊（船舶抵押權）海商三三～三七；（船舶抵押權之設定）海商三三～三五，船登三、四；（船舶抵押權之登記）海商三三、三六，船登三、四、六；（船舶扣押地）海商一〇〇；（扣押）海商一〇〇，強執七六、一一四、一一四之一；（應有部分）海商一二、一四～一七，民八一七、八一九。

第十四條（船舶共有人之外部關係——船舶利用債務與委棄）

船舶共有人，對於利用船舶所生之債務，就其應有部分，負比例分擔之責。

共有人對於發生債務之管理行為，曾經拒絕同意者，關於此項債務，得委棄其應有部分於他共有人而免其責任。

＊（船舶共有人）海商一一～一三、一五～二〇，船登三八；（應有部分）海商一二、一三、一五～一七，民八一七、八一九；（委棄）海商一二四；（委棄之免責）海商一二四。

第十五條（共有關係之退出）

船舶共有人為船長而被辭退或解任時，得退出共有關係，並請求返還其應有部分之資金。

前項資金數額，依當事人之協議定之，協議不成時，由法院裁判之。

第一項所規定退出共有關係之權，自被辭退之日起算，經一個月不行使而消滅。

＊（船舶共有人）海商一一～一四、一六～二〇，船登三八；（船長）海商二，船員二⑥；（應有部分）海商一二～一四、一六、一七，民八一七、八一九；（船舶涉訟）民訴七、八、一五、一六；（消滅時效）民一二五～一四七；（船員僱傭契約之終止）船員一九～二四。

第十六條（共有關係終止之例外）

共有關係，不因共有人中一人之死亡、破產或受監護宣告而終止。

＊（船舶共有）海商五、一一～一五，民八一七～八二六；（死亡）民六、八；（破產宣告）破產五七、五八、六〇、六四、六五、七五；（監護宣告）民一四、一五，家事一六四～一七六；（共有關係之終止）民八三〇。

第十七條（共有船舶經理人之選任）

船舶共有人，應選任共有船舶經理人，經營其業務，共有船舶經理人之選任，應以共有人過半數，並其應有部分之價值合計過半數之同意為之。

＊（船舶共有人）海商一一～一六、一八～二〇，船登三八；（共有船舶經理人之權限）海商一八、一九；（共有船舶經理人之報告義務）海商二〇，民五四〇。

第十八條（共有船舶經理人之權限㈠——代表權）

共有船舶經理人關於船舶之營運，在訴訟上或訴訟外代表共有人。

＊（共有船舶經理人之選任）海商一七；（船舶共有人）海商一一～一七、一九、二〇，船登三八。

第十九條（共有船舶經理人之權限㈡——處分權之限制）

共有船舶經理人，非經共有人依第十一條規定之書面委任，不得出賣或抵押其船舶。

船舶共有人，對於共有船舶經理人權限所加之限制，不得對抗善意第三人。

＊（共有船舶經理人之選任）海商一七；（共有船舶經理人之代表權）海商一八；（抵押之委任）海商三五；（經理權之限制）民五五三㈢、五五四、五五七，公司三一、三三；（船舶共有人）海商一一～一八、二〇，船登三八。

第二十條（共有船舶經理人之義務）

共有船舶經理人，於每次航行完成後，應將其經過情形，報告於共有人，共有人亦得隨時檢查其營業情形，並查閱帳簿。

＊（共有船舶經理人之選任）海商一七；（共有船舶經理人之

代表權）海商一八；（共有船舶經理人之處分權）海商一九；（共有船舶經理人之報告義務）民五四〇；（船舶共有人）海商一一～一九，船登三八。

第二十一條（船舶所有人責任限制之標的、項目及範圍）

船舶所有人對下列事項所負之責任，以本次航行之船舶價值、運費及其他附屬費為限：

一　在船上、操作船舶或救助工作直接所致人身傷亡或財物毀損滅失之損害賠償。

二　船舶操作或救助工作所致權益侵害之損害賠償。但不包括因契約關係所生之損害賠償。

三　沈船或落海之打撈移除所生之債務。但不包括依契約之報酬或給付。

四　為避免或減輕前二款責任所負之債務。

前項所稱船舶所有人，包括船舶所有權人、船舶承租人、經理人及營運人。

第一項所稱本次航行，指船舶自一港至次一港之航程；所稱運費，不包括依法或依約不能收取之運費及票價；所稱附屬費，指船舶因受損害應得之賠償。但不包括保險金。

第一項責任限制數額如低於下列標準者，船舶所有人應補足之：

一　對財物損害之賠償，以船舶登記總噸，每一總噸為國際貨幣基金，特別提款權五四計算單位，計算其數額。

二　對人身傷亡之賠償，以船舶登記總噸，每一總噸特別提款權一六二計算單位計算其數額。

三　前二款同時發生者，以船舶登記總噸，每一總噸特別提款權一六二計算單位計算其數額。但人身傷亡應優先以船舶登記總噸，每一總噸特別提款權一〇八計算單位計算之數額內賠償，如此數額不足以全部清償時，其不足額再與財物之毀損滅失，共同在現存之責任限制數額內比例分配之。

四　船舶登記總噸不足三百噸者，以三百噸計算。

*（船舶所有人之責任）海商二一、二三；（船舶價值）海商二三；（運費）海商四〇⑤、四三、四四、四七～四九、五一、五四㊀⑤、六八、八〇、八五、一一二㊀③、一三五、一三七、一四五；（附屬費）海商九六；（海難救助）海商一〇二～一〇九；（撈救）海商一〇二～一〇九；（船舶所有權人）海商八、九，船登三三、三七、三八；（本次航行）海商四；（船舶登記噸數）船舶一一㊀③、一五，船登一二①、三四；（特別提款權）海商七〇。

▲在海上航行之船舶所有人，對於船長、船員因執行業務所加損害於第三人之賠償，其所負責任，以本次航海之船舶價值、運費及其他附屬費為限，海商法（十八年舊法）第二十三條第一項定有明文，尋繹此項條款規定之本旨，為限制在海上航行之船舶所有人，對於船長、船員因執行業務所加損害於第三人之賠償責任而設，實為民法第一百八十八條之特別法，自應先於民法第一百八十八條之規定而適用之。（四四臺上五一五）

▲海商法（舊）第二十一條第一項係就船舶所有人責任限制時，其應負賠償責任之範圍所設之實體上規定，並非為債權人保全強制執行而設之程序規定，債權人起訴後，船舶所有人本得同時為責任有無之抗辯及限制責任之主張。其為限制責任之主張時，海商法既無須先提存船舶價值、運費及其他附屬費於法院之規定，自不能命其負先為提存之義務。（六八臺抗四八八）

第二十二條（船舶所有人責任限制之例外）

前條責任限制之規定，於下列情形不適用之：

一　本於船舶所有人本人之故意或過失所生之債務。

二　本於船長、海員及其他服務船舶之人員之僱用契約所生之債務。

三　救助報酬及共同海損分擔額。

四　船舶運送毒性化學物質或油污所生損害之賠償。

五　船舶運送核子物質或廢料發生核子事故所生損害之賠償。

六　核能動力船舶所生核子損害之賠償。

*（船舶所有人責任限制）海商二一；（故意或過失）民二二[illegible]〇八；（共同海損分擔額）海商一一一、一一五～一二〇；（毒性化學物質）毒化物管理二；（核子物質及廢料）核損二、三、五；（核子事故）核損九；（核子損害）核損八。

第二十三條（船價之證明及估計）

船舶所有人，如依第二十一條之規定限制其責任者，對於本次航行之船舶價值應證明之。

船舶價值之估計，以下列時期之船舶狀態為準：

一　因碰撞或其他事變所生共同海損之債權，及事變後以迄於第一到達港時所生之一切債權，其估價依船舶於到達第一港時之狀態。

二　關於船舶在停泊港內發生事變所生之債權，其估價依船舶在停泊港內事變發生後之狀態。

三　關於貨載之債權或本於載貨證券而生之債權，除前二款情形外，其估價依船舶於到達貨物之目的港時，或航行中斷地之狀態，如貨載應送達於數個不同之港埠，而損害係因同一原因而生者，其估價依船舶於到達該數港中之第一港時之狀態。

四　關於第二十一條所規定之其他債權，其估價依船舶航行完成時之狀態。

*（船舶所有人責任限制）海商二一；（船舶碰撞）海商九四～一〇一；（事變）海商九五、一〇九㊁；（共同海損）海商一一〇；（貨載）海商三八、四〇③、五四㊀③、五六；（載貨證券）海商五三～六一、七〇、七四；（目的港）海商五四㊀④、五八、八三、八八、八九、九一；（本次航行）海商四、二一㊂；（停泊港）海商四。

第二節　海事優先權

第二十四條（受海事優先權擔保之債權項目及位次）

下列各款為海事優先權擔保之債權，有優先受償之權：

僱契約所生之債權

二　因船舶操作直接所致人身傷亡，對船舶所有人之賠償請求。

三　救助之報酬、清除沉船費用及船舶共同海損分擔額之賠償請求。

四　因船舶操作直接所致陸上或水上財物毀損滅失，對船舶所有人基於侵權行為之賠償請求。

五　港埠費、運河費、其他水道費及引水費。

前項海事優先權之位次，在船舶抵押權之前。

*（海事優先權）海商二五～三二，強執二九、三八、一一四之三，破產一一㊂、九七、一一二；（僱傭契約債權）海商二二②、二八；（海難救助報酬）海商一〇三～一〇八；（引水費）引水二九；（共同海損分擔額）海商一一一、一一五～一二〇；（船舶抵押權之設定）海商三三～三五，船登三、四；（船舶抵押權之登記）海商三三、三六，船登三、四、六。

▲服務船舶之茶房，如係船舶所有人直接僱用者，其所繳押櫃金，始可認為（舊）本條第一項第二款所載之債權。（院五四八）

▲為債權人之共同利益，修繕船舶破損部分之費用，自係海商法（十八年舊法）第二十七條第一項第一款所謂，為債權人之共同利益而保存船舶之費用，此項債權其優先受償之位次，依同條第二項之規定，在船舶抵押權之前。（二二上二五八四）（九二、六、一〇決議不再援用）

▲海商法（舊）第二十四條第一項第二款所定，有優先受償之債權，為「船長、海員及其他服務船舶人員，本於僱傭契約所生之債權，其期間未滿一年者」，係指服務人員本於僱傭而生，最近未滿一年之薪資債權而言，該款規定旨在保障海員之生活，僱傭契約無論是否定有期限均有其適用。同條第二項更規定，該項債權所列優先權之位次，在船舶抵押權之前，即其效力較抵押權為強，債權人自得不依破產程序優先抵押權而行使權利。（五五臺上一六四八）

▲系爭停舶費、繫解纜費，係海商法（舊）第二十四條第一項第一款所定之港埠建設費，港務機關即被上訴人有優先受償之權，而同條第二項更規定，該項債權所列優先權之位次，在船舶抵押權之前，即其效力較抵押權為強，債權人自得不依破產法程序先於抵押權而行使，被上訴人據以之聲明參與分配，應為法之所許。（五五臺上二五八八）

第二十五條（留置權位次）

建造或修繕船舶所生債權，其債權人留置船舶之留置權位次，在海事優先權之後，船舶抵押權之前。

*（建造中船舶）海商一〇、二四，辦理強執注意六一㊂，強執一一四以下；（海事優先權）海商二四、二六～三二，強執二九、三八、一一四之三，破產一一㊂、九七、一一二；（船舶抵押權）海商三三～三七。

第二十六條（不適用海事優先權規定之債權）

本法第二十二條第四款至第六款之賠償請求，不適用本法有關海事優先權之規定。

*（海事優先權）海商二四、二五、二七～三二，強執二九、三八、一一四之三，破產一一㊂、九七、一一二；（海事優先權之項目位次）海商二四。

第二十七條（海事優先權之標的）

依第二十四條之規定，得優先受償之標的如下：

一　船舶、船舶設備及屬具或其殘餘物。

二　在發生優先債權之航行期內之運費。

三　船舶所有人因本次航行中船舶所受損害，或運費損失應得之賠償。

四　船舶所有人因共同海損應得之賠償。

五　船舶所有人在航行完成前，為施行救助所應得之報酬。

*（船舶）海商一、三，船登一，船員二；（船舶設備及屬具）海商七，船舶二四；（運費）海商二一㊂、四〇⑤、四三、四四、四七～四九、五一、五四㊀⑤、六八、八〇、八五、一一二㊀③、一三五、一三七、一四五；（本次航行）海商四、二一㊂；（共同海損）海商一一〇；（海難救助）海商一〇二～一〇九。

第二十八條（海事優先權標的之擴大）

第二十四條第一項第一款之債權，得就同一僱傭契約期內所得之全部運費，優先受償，不受前條第二款之限制。

*（件貨運送契約）海商三八①；（運費）海商二一㊂、四〇⑤、四三、四四、四七～四九、五一、五四㊀⑤、六八、八〇、八五、一一二㊀③、一三五、一三七、一四五；（運費優先受償）海商二七。

第二十九條（同次航行海事優先權之位次）

屬於同次航行之海事優先權，其位次依第二十四條各款之規定。

一款中有數債權者，不分先後，比例受償。

第二十四條第一項第三款所列債權，如有二個以上屬於同一種類，其發生在後者優先受償。救助報酬之發生應以施救行為完成時為準。

共同海損之分擔，應以共同海損行為發生之時為準。」

因同一事變所發生第二十四條第一項各款之債權，視為同時發生之債權。

*（本次航行）海商四、二一㊂；（海事優先權之項目位次）海商二四；（異次航行優先權之位次）海商三〇；（海難救助報酬）海商一〇三～一〇八；（共同海損之分擔）海商一一一、一一五；（事變）海商九五、一〇九㊁。

第三十條（異次航行海事優先權之位次）

不屬於同次航行之海事優先權，其後次航行之海事優先權，先於前次航行之海事優先權。

*（本次航行）海商四、二一㊂；（同次航行優先權之位次）海商二九；（海事優先權之項目位次）海商二四。

第三十一條（海事優先權之物權效力）

海事優先權，不因船舶所有權之移轉而受影響。

*（海事優先權）海商二四～三〇、三二，破產一一㊂、九七、一一二，強執二九、三八、一一四之三；（船舶所有權移轉）海商八、九、四一。

第三十二條（海事優先權之消滅）

第二十四條第一項海事優先權自其債權發生之日起，經一年而消滅。但第二十四條第一項第一款之賠償，自離職之日起算。

*（優先債權）海商二四；（期間之計算）民一二〇～一二四；（船員僱傭契約之終止）船員一九～二四。

▲海商法（十八年舊法）第二十七條第一項第一款之優先權，因船舶離去債權發生地而消滅，即使嗣後該船舶再航經此地，亦無復行主張優先權之餘地。（二三上一九八六）（九二、五、二七決議不再援用）

第三節　船舶抵押權

第三十三條（船舶抵押權之設定）

船舶抵押權之設定，應以書面為之。

*（船舶抵押權之設定）海商三四、三五，船登三、四；（書面設定）海商八、四〇，民三、七六〇。

第三十四條（建造中船舶之抵押）

船舶抵押權得就建造中之船舶設定之。

*（船舶抵押權）海商三三、三五～三七；（建造中船舶）海商一〇，辦理強執注意六一㊂，強執一一四以下。

第三十五條（船舶抵押權設定人）

船舶抵押權之設定，除法律別有規定外，僅船舶所有人或受其特別委任之人始得為之。

*（船舶抵押權之設定）海商三三、三四，船登三、四；（別有規定）海商一九；（船舶所有權人）海商八、九，船登三三、三七、三八；（特別委任）民五三四。

第三十六條（船舶抵押權設定之效力）

船舶抵押權之設定，非經登記，不得對抗第三人。

*（移轉登記之對抗要件）海商九，民七五八；（船舶抵押權之登記）海商三三，船登三、四、六。

第三十七條（抵押權之不可分性）

船舶共有人中一人或數人，就其應有部分所設定之抵押權，不因分割或出賣而受影響。

*（船舶共有人）海商一一～二〇，船登三八；（應有部分）海商一二～一七，民八一七、八一九；（船舶抵押權）海商三三～三六；（不動產抵押權之效力）民八六七～八六九；（共有人之設定抵押權）海商一三。

第三章 運送

第一節 貨物運送

第三十八條（貨物運送契約之種類）

貨物運送契約為下列二種：

一 以件貨之運送為目的者。

二 以船舶之全部或一部供運送為目的者。

*（運送）民六二二～六三五、六三七～六五九；（貨物之記載）海商四〇㊂、五四㊀㊂。

第三十九條（傭船契約之方式）

以船舶之全部或一部供運送為目的之運送契約，應以書面為之。

*（運送契約）海商三八、四〇；（運送契約應載事項）海商四〇。

第四十條（傭船契約應載事項）

前條運送契約應載明下列事項：

一 當事人姓名或名稱，及其住所、事務所或營業所。

二 船名及對船舶之說明。

三 貨物之種類及數量。

四 契約期限或航程事項。

五 運費。

*（傭船契約）海商三八②；（住所）民二〇、二一、二九，公司三；（船舶名稱）船舶一〇、一二，船登一二；（貨物之記載）海商五四㊀③；（運送期限）海商四六、四七；（運費）海商二一㊂、四三、四四、四七～四九、五一、五四㊀⑤、六八、八〇、八五、一二二㊀③、一三五、一三七、一四五。

▲釋一〇二。

第四十一條（傭船契約之效力）

以船舶之全部或一部供運送之契約，不因船舶所有權之移轉而受影響。

*（傭船契約）海商三八②；（船舶所有權移轉）海商八、九；（不因移轉而受影響）海商三七，民四二五。

第四十二條（法定解除）

運送人所供給之船舶有瑕疵，不能達運送契約之目的時，託運人得解除契約。

*（運送人）民六二二；（運送契約）海商三八～四〇；（解除契約）海商四三、四四、八六，民二五四～二六二；（發航前解除契約）海商四三～四五、八四、八六。

第四十三條（全部傭船契約之解除）

以船舶之全部供運送時，託運人於發航前得解除契約。但應支付運費三分之一，其已裝載貨物之全部或一部者，並應負擔因裝卸所增加之費用。

前項如為往返航程之約定者，託運人於返程發航前要求終止契約時，應支付運費三分之二。

前二項之規定，對於當事人之間，關於延滯費之約定不受影響。

*（全部傭船契約）海商三八②；（發航前解除契約）海商四四、四五、八四、八六；（運費）海商二一㊂、四〇⑤、四四、四七～四九、五一、五四㊀⑤、六八、八〇、八五、一二二㊀③、一三五、一三七、一四五。

第四十四條（一部傭船契約之解除）

以船舶之一部供運送時，託運人於發航前，非支付其運費之全部，不得解除契約。如託運人已裝載貨物之全部或一部者，並應負擔因裝卸所增加之費用及賠償加於其他貨載之損害。

前項情形，託運人皆為契約之解除者，各託運人僅負前條所規定之責任。

*（一部傭船契約）海商三八②；（發航前解除契約）海商四三、四五、八四、八六；（全部運費）海商四七～四九；（損害賠償）民二一三～二一八；（全部傭船契約之解除）海商四三。

第四十五條（繼續性傭船契約解除之禁止）

前二條之規定，對船舶於一定時期內供運送或為數次繼續航行所訂立之契約，不適用之。

*（全部傭船契約之解除）海商四三；（一部傭船契約之解除）海商四四。

第四十六條（託運人之運送方法）

以船舶之全部於一定時期內供運送者，託運人僅得以約定或以船舶之性質而定之方法，使為運送。

*（全部傭船契約）海商三八②、四三；（一定時期）海商四〇④；（託運人）海商四〇①、五四㊀②，民六二四～六二六。

第四十七條（事變時運費之計算㈠）

前條託運人，僅就船舶可使用之期間負擔運費。但因航行事變所生之停止，仍應繼續負擔運費。

前項船舶之停止，係因運送人或其代理人之行為或因船舶之狀態所致者，託運人不負擔運費，如有損害

並得請求賠償，

船舶行蹤不明時，託運人以得最後消息之日為止，負擔運費之全部，並自最後消息後以迄於該次航行通常所需之期間應完成之日，負擔運費之半數。

＊（託運人）海商五四；（運費之記載）海商四〇⑤、五四㈠⑤；（事變）海商九五、一〇九㈡；（代理人）海商六九，民一〇四；（損害賠償）民二一三～二一八。

第四十八條（貨物缺裝時運費之計算）

以船舶之全部或一部供運送者，託運人所裝載貨物，不及約定之數量時，仍應負擔全部之運費。但應扣除船舶因此所減省費用之全部，及因另裝貨物所取得運費四分之三。

＊（傭船契約）海商三八②；（託運人）海商四〇①、五四㈠②，民六二四～六二六；（貨物數量）海商四〇③；（全部運費）海商四四、四七、四九；（運費之記載）海商四〇⑤、五四㈠⑤。

第四十九條（解約時運費之扣除）

託運人因解除契約，應付全部運費時，得扣除運送人因此減省費用之全部，及另裝貨物所得運費四分之三。

＊（託運人）海商四〇①、五四㈠②，民六二四～六二六；（全部運費）海商四四、四六、四七、四八；（解除契約）海商四二～四四、四六，民二五四～二六二；（運費）海商二一㈢、四〇⑤、四三、四四、四七、四八、五一、五四㈠⑤、六八、八〇、八五、一二二㈠③、一三五、一三七、一四五。

第五十條（貨物運達之通知）

貨物運達後，運送人或船長應即通知託運人指定之應受通知人或受貨人。

＊（貨物之記載）海商四〇③、五四㈠③；（裝載期間）海商五二；（運送人之通知義務）民六四三；（受貨人）海商五一、五六，民六二四㈡④、六二五㈡⑤。

第五十一條（貨物之寄存）

受貨人怠於受領貨物時，運送人或船長得以受貨人之費用，將貨物寄存於港埠管理機關或合法經營之倉庫，並通知受貨人。

受貨人不明或受貨人拒絕受領貨物時，運送人或船長得依前項之規定辦理，並通知託運人及受貨人。

運送人對於前二項貨物有下列情形之一者，得聲請法院裁定准予拍賣，於扣除運費或其他相關之必要費用後提存其價金之餘額：

一 不能寄存於倉庫。

二 有腐壞之虞。

三 顯見其價值不足抵償運費及其他相關之必要費用。

＊（受貨人）海商五〇、五六，民六二四㈡④、六二五㈡⑤；（貨物之記載）海商四〇③、五四㈠③；（寄存）海商五八㈡，民六五〇、六五一；（貨物拍賣）非訟一九三。

第五十二條（裝卸期間之計算）

以船舶之全部或一部供運送者，運送人非於船舶完成裝貨或卸貨準備時，不得簽發裝貨或卸貨準備完成通知書。

裝卸期間自前項通知送達之翌日起算，期間內不工作休假日及裝卸不可能之日不算入。但超過合理裝卸期間者，船舶所有人得按超過之日期，請求合理之補償。

前項超過裝卸期間，休假日及裝卸不可能之日亦算入之。

＊（傭船契約）海商三八②；（期間之計算）民一二〇～一二四；（損害賠償）民二一三～二一八。

第五十三條（載貨證券之發給）

運送人或船長於貨物裝載後，因託運人之請求，應發給載貨證券。

＊（運送人）民六二二；（船長）海商二，船員二⑥；（載貨證券）海商五四～六一、七〇、七四；（託運人）海商五四。

第五十四條（載貨證券應載事項）

載貨證券，應載明下列各款事項，由運送人或船長簽名：

一 船舶名稱。

二 託運人之姓名或名稱。

三 依照託運人書面通知之貨物名稱、件數或重量，或其包裝之種類、個數及標誌。

四 裝載港及卸貨港。

五 運費交付。

六 載貨證券之份數。

七 填發之年月日。

前項第三款之通知事項，如與所收貨物之實際情況有顯著跡象，疑其不相符合，或無法核對時，運送人或船長得在載貨證券內載明其事由或不予載明。

載貨證券依第一項第三款為記載者，推定運送人依其記載為運送。

＊（載貨證券）海商五三、五五～六一、七〇、七四；（船舶名稱）船舶一〇、一二，船登一二；（託運人）海商四〇①，民六二四～六二六；（裝載港及卸貨港）海商六五、七七、七八；（運費）海商二一㈢、四〇⑤、四三、四四、四七～四九、五一、六八、八〇、八五、一二二㈠③、一三五、一三七、一四五；（託運人之通知）海商五五；（複數載貨證券）海商五八、五九。

第五十五條（交運貨物通知不確之賠償）

託運人對於交運貨物之名稱、數量，或其包裝之種類、個數及標誌之通知，應向運送人保證其正確無訛，其因通知不正確所發生或所致之一切毀損、滅失及費用，由託運人負賠償責任。

運送人不得以前項託運人應負賠償責任之事由，對抗託運人以外之載貨證券持有人。

＊（託運人之通知）海商五四㈠③；（託運人告知義務）民六三一；（損害賠償）民二一三～二一八；（載貨證券）海商五三、五四、五六～六一、七〇、七四。

第五十六條（貨物受領之效力）

貨物一經有受領權利人受領，推定運送人已依照載貨證券之記載，交清貨物。但有下列情事之一者，不在此限：

一 提貨前或當時，受領權利人已將毀損滅失情形，以書面通知運送人者。

二　提貨前或當時毀損滅失經共同檢定作成公證報告書者。
三　毀損滅失不顯著而於提貨後三日內以書面通知運送人者。
四　在收貨證件上註明毀損或滅失者。

貨物之全部或一部毀損滅失者，自貨物受領之日或自應受領之日起，一年內未起訴者，運送人或船舶所有人解除其責任。

＊（貨物之記載）海商四〇③、五四㈠③；（受領權利人）海商五〇、五一、五八、五九；（受貨人）海商五〇、五一，民六二四㈡④、六二五㈡⑤；（載貨證券應載事項）海商五四。

▲民法第六百三十八條第一項規定：「運送物有喪失、毀損或遲到者，其損害賠償額，應依其應交付時目的地之價值計算之」，此與民法第二百十三條第一項所謂法律另有規定相當。上訴人託運之漁鹽既經滅失，自得請求以金錢為賠償，又海商法（舊）第一百條第二項規定之損害賠償請求權，僅對於運送物之毀損或一部滅失有其適用，對於全部滅失不適用之，此觀同條第一項第一、二款規定而自明。原審以上訴人不得請求被上訴人以金錢賠償，並以上訴人未於一年內行使權利，認為依海商法第一百條第二項規定已罹消滅時效，不無誤解。（五八臺上三八一二）

▲海商法第一百條第二項（現行法第五十六條第二項）規定：「受領權利人之損害賠償請求權，自貨物受領之日或自應受領之日起一年內，不行使而消滅。」既未限制於貨物毀損或一部滅失時，始有其適用，故於貨物全部滅失之情形，亦在適用之列。本院五十八年臺上字第三八一二號判例與此意旨不符部分，應不再援用。（八八臺上七五一）

第五十七條　（託運人賠償責任之限制）

運送人或船舶所有人所受之損害，非由於託運人或其代理人受僱人之過失所致者，託運人不負賠償責任。

＊（運送人）民六二二；（船舶所有人）海商二一㈢；（託運人）海商四〇①、五四㈠②，民六二四～六二六；（代理人）海商四七㈢、六九，民一〇四；（受僱人）海商二，船員二④、一二～一九。

第五十八條　（運送人與載貨證券持有人間載貨證券之效力）

載貨證券有數份者，在貨物目的港請求交付貨物之人，縱僅持有載貨證券一份，運送人或船長不得拒絕交付。不在貨物目的港時，運送人或船長非接受載貨證券之全數，不得為貨物之交付。

二人以上之載貨證券持有人請求交付貨物時，運送人或船長應即將貨物按照第五十一條之規定寄存，並通知曾為請求之各持有人，運送人或船長，已依第一項之規定，交付貨物之一部後，他持有人請求交付貨物者，對於其賸餘之部分亦同。

載貨證券之持有人有二人以上者，其中一人先於他持有人受貨物之交付時，他持有人之載貨證券對運送人失其效力。

＊（複數載貨證券）海商五四㈠、五九；（目的港之記載）海商五四㈠④；（寄存）海商五一，民六五〇、六五一；（貨物拍賣）非訟一九三；（運送人）民六二二；（船長）海商二，船員二⑥。

第五十九條　（載貨證券持有人間載貨證券之效力）

載貨證券之持有人有二人以上，而運送人或船長尚未交付貨物者，其持有先受發送或交付之證券者，得先於他持有人行使其權利。

＊（複數載貨證券）海商五四㈠、五八；（運送人）民六二二；（船長）海商二，船員二⑥。

第六十條　（載貨證券之文義性等）

民法第六百二十七條至第六百三十條關於提單之規定，於載貨證券準用之。

以船舶之全部或一部供運送為目的之運送契約另行簽發載貨證券者，運送人與託運人以外載貨證券持有人間之關係，依載貨證券之記載。

＊（提單）民六二五；（提單之文義證券性）民六二七；（提單之交換證券性）民六三〇；（提單之物權證券性）民六二九；（提單之背書性）民六二八；（載貨證券）海商五三～五九、六一、七〇、七四；（傭船契約）海商三八②。

▲載貨證券具有換取或繳還證券之性質，運送貨物，經發給載貨證券者，貨物之交付，憑載貨證券為之，即使為實際

一百零四條準用民法第六百三十條規定，仍不得請求交付運送物。（六七臺上一二二九）

▲交付載貨證券於有受領貨物權利之人時，其交付就貨物所有權移轉之關係，與貨物之交付，有同一之效力，固為海商法（舊）第一百零四條準用民法第六百二十九條所明定，惟此係就運送人尚未喪失其對貨載之占有（包括間接占有）之情形而言，倘貨載已遺失或被盜用，而不能回復其占有或已為第三人善意受讓取得者，則載貨證券持有人縱將載貨證券移轉與他人，亦不發生貨物所有權移轉之物權效力，僅發生損害賠償債權讓與之問題。（七六臺上七七一）

▲載貨證券具有換取或繳還證券之性質，運送貨物經發給載貨證券者，貨物之交付，應憑載貨證券為之，即使為運送契約所載之受貨人，苟不將載貨證券提出及交還，依海商法（舊）第一百零四條準用民法第六百三十條規定，仍不得請求交付運送物，不因載貨證券尚在託運人持有中而有所不同。故運送契約所載之受貨人不憑載貨證券請求交付運送物，運送人不拒絕而交付，如因而致託運人受有損害，自應負損害賠償責任。（八六臺上二〇九）

第六十一條　（免責約款之限制）

以件貨運送為目的之運送契約或載貨證券記載條款、條件或約定，以減輕或免除運送人或船舶所有人，對於因過失或本章規定應履行之義務而不履行，致有貨物毀損滅失或遲到之責任者，其條款條件或約定不生效力。

＊（件貨運送契約）海商三八①；（載貨證券）海商五三～六〇、七〇、七四；（條件）民九九～一〇一；（減免損失責任）保險三三；（運送人之義務暨責任）海商四七㈢、五〇、六二～六五、七〇、七一、七三、七四；（運送人或船舶所有人免責事由）海商六九～七三，民六三四、六三五、六三七、六四九。

▲海商法（舊）第一百零七條規定：「運送人對於承運貨物之裝卸、搬移、堆存、保管、運送及看守，應為必要之注意及處置」，乃運送人之基本注意義務。同法第一百零五條並以明文規定：「運送契約，或載貨證券記載條款、條件或約定，以免除運送人或船舶所有人對於因過失或本章規定應履行之義務而不履行，致有貨物毀損滅失之責任者，其條款、條件，約定不生效力」，是運送人或船長如將貨物裝載於甲板上，致生毀損或滅失時，依同法第一百十七條前段規定，固應負賠償責任，即有該條但書所定經託運人之同意或航運種類或商業習慣所許之情形，而將貨物裝載於甲板，對於前開第一百零七條所定基本注意義務，運送

者，依前開第一百零五條規定，應不生效力。（七一臺上二九〇）

第六十二條　（船舶適航性、適載性義務）

運送人或船舶所有人於發航前及發航時，對於下列事項，應為必要之注意及措置：

一　使船舶有安全航行之能力。

二　配置船舶相當船員、設備及供應。

三　使貨艙、冷藏室及其他供載運貨物部分適合於受載、運送與保存。

船舶於發航後因突失航行能力所致之毀損或滅失，運送人不負賠償責任。

運送人或船舶所有人為免除前項責任之主張，應負舉證之責。

*（運送人）民六二二；（船舶所有人）海商二一㈡；（發航準備完成）海商四，辦理強執注意六一㈢；（運送人或船舶所有人賠償責任）海商四七㈡、五六、六一、七〇、七四；（運送人或船舶所有人免責事由）海商六九～七三，民六三四、六三五、六三七、六四九；（舉證責任）民訴二七七。

▲海商法（舊）第一百十三條第三款以失火為運送人之免責事由，係指非由於運送人或其履行輔助人之過失所引起之火災而言。海牙規則（公元一九二四年載貨證券國際統一公約）就此明定為不可歸責於運送人事由所引起之火災，復明文排斥運送人知情或有實際過失所引起火災之適用，且不僅在於火災之引起更及於火災之防止。我國海商法雖未具體規定，然參酌第一百十三條第十七款就運送人對自己或其履行輔助人之過失行為，不包括在免責事由之內，亦即運送人對此仍負其責任，相互比照，自可明瞭。是運送人未盡同法第一百零六條及第一百零七條之注意義務而引起之火災，尚難依失火之免責條款而主張免其責任。（六八臺上一九六）

第六十三條　（承運之注意及處置義務）

運送人對於承運貨物之裝載、卸載、搬移、堆存、保管、運送及看守，應為必要之注意及處置。

*（運送人）民六二二；（必要之注意及處置）海商六二㈠；（承載貨物注意義務）海商七六。

▲（六八臺上一九六）　參見本法第六十二條。

▲（七一臺上二九〇）　參見本法第六十一條。

第六十四條　（禁運或偷運貨物之拒絕義務）

運送人知悉貨物為違禁物或不實申報物者，應拒絕載運。其貨物之性質足以毀損船舶或危害船舶上人員健康者亦同。但為航運或商業習慣所許者，不在此限。

運送人知悉貨物之性質具易燃性、易爆性或危險性並同意裝運後，若此貨物對於船舶或貨載有危險之虞時，運送人得隨時將其起岸、毀棄或使之無害，運送人除由於共同海損者外，不負賠償責任。

*（貨物之記載）海商四〇③、五四㈠③；（違禁物）海商六五，刑三八；（禁運貨物）海商六五；（偷運貨物）海商七二；（損害賠償）民二一三～二一八；（共同海損）海商一一〇。

第六十五條　（未經報明貨物之處置）

運送人或船長發見未經報明之貨物，得在裝載港將其起岸，或使支付同一航程同種貨物應付最高額之運費，如有損害並得請求賠償。

前項貨物在航行中發見時，如係違禁物或其性質足以發生損害者，船長得投棄之。

*（未經報明貨物）海商七二、一一七；（運費）海商二一㈢、四〇⑤、四三、四四、四七～四九、五一、五四㈠⑤、六八、八〇、八五、一一二㈠③、一三五、一三七、一四五；（違禁物）海商六四，刑三八；（船長指揮權）船員五八㈡、五九、六九。

第六十六條　（事變時運費之計算㈡）

船舶發航後，因不可抗力不能到達目的港而將原裝貨物運回時，縱其船舶約定為去航及歸航之運送，託運人僅負擔去航運費。

*（不可抗力）海商五二、六九④、八八、八九、九五、一〇九㈡、一四一；（目的港）海商五四㈠④、五八、八三、八八、八九、九一；（正當理由之偏航）海商七一；（運送期限）海商四〇㈠④、四六、四七；（運費之負擔）海商四七、四八。

第六十七條　（事變時運費之計算㈢）

船舶在航行中，因海上事故而須修繕時，如託運人於到達目的港前提取貨物者，應付全部運費。

*（本次航行）海商四、二一㈢；（目的港之記載）海商五四㈠④；（全部運費）海商四四、四七～四九；（運費之負擔）海商四七、四八；（船舶修繕）海商九〇、一一三、一三九、一四三。

第六十八條　（事變時運費之計算㈣）

船舶在航行中遭難或不能航行，而貨物仍由船長設法運到目的港時，如其運費較低於約定之運費者，託運人減支兩運費差額之半數。

如新運費等於約定之運費，託運人不負擔任何費用，如新運費較高於約定之運費，其增高額由託運人負擔之。

*（本次航行）海商四、二一㈢；（完成航程之義務）海商八三、八八、九〇；（目的港之記載）海商五四㈠④；（運費之記載）海商四〇⑤、五四㈠⑤。

第六十九條　（免責事由㈠）

因下列事由所發生之毀損或滅失，運送人或船舶所有人不負賠償責任：

一　船長、海員、引水人或運送人之受僱人，於航行或管理船舶之行為而有過失。

二　海上或航路上之危險、災難或意外事故。

三　非由於運送人本人之故意或過失所生之火災。

四　天災。

五　戰爭行為。

六　暴動。

七　公共敵人之行為。

八　有權力者之拘捕、限制或依司法程序之扣押。

九　檢疫限制。

十　罷工或其他勞動事故。

十一　救助或意圖救助海上人命或財產。

十二　包裝不固。

十三　標誌不足或不符。

十四　因貨物之固有瑕疵、品質或特性所致之耗損或其他毀損滅失。

十五　貨物所有人、託運人或其代理人代表人之行為或不行為。

十六　船舶雖經注意仍不能發現之隱有瑕疵。

十七　其他非因運送人或船舶所有人本人之故意或過失及非因其代理人受僱人之過失所致者。

*（運送人或船舶所有人賠償責任）海商四七㈢、五六、六一、六二、七〇、七四；（運送人）民六二二；（船舶所有人）海商二一㈢；（船長）海商二，船員二⑥；（海員）海商二，船員二⑦；（引水人之過失責任）海商九八，引水三四～四〇。

▲（六八臺上一九六）參見本法第六十二條。

▲海商法（舊）第一百零六條第一項各款及第一百零七條，既對於運送人或船舶所有人課以各種必要之注意、措置及處置義務，同法第一百十三條第十七款亦明定，非由於運送人或船舶所有人之故意或重大過失，或其代理人、受僱人之過失所發生之毀損或滅失，運送人或船舶所有人，始不負賠償責任。則同條第三款所謂失火，自難謂包括因運送人等違反上述注意、措置及處置義務所致之失火在內。（六八臺上八五三）

第七十條（免責事由㈡及每件責任限制）

託運人於託運時故意虛報貨物之性質或價值，運送人或船舶所有人對於其貨物之毀損或滅失，不負賠償責任。

除貨物之性質及價值於裝載前，已經託運人聲明並註明於載貨證券者外，運送人或船舶所有人對於貨物之毀損滅失，其賠償責任，以每件特別提款權六六六‧六七單位或每公斤特別提款權二單位計算所得之金額，兩者較高者為限。

前項所稱件數，係指貨物託運之包裝單位。其以貨櫃、墊板或其他方式併裝運送者，應以載貨證券所載其內之包裝單位為件數。但載貨證券未經載明者，以併裝單位為件數。其使用之貨櫃係由託運人提供者，貨櫃本身得作為一件計算。

由於運送人或船舶所有人之故意或重大過失所發生之毀損或滅失，運送人或船舶所有人不得主張第二項單位限制責任之利益。

*（託運人誠實義務）海商五五；（運送人或船舶所有人免責事由）海商六九、七一～七三，民六三四、六三五、六三七、六四九；（載貨證券）海商五三～六一、七四；（特別提款權）海商二一；（貴重物品之報明）海商一一八，民六三九。

第七十一條（免責事由㈢）

為救助或意圖救助海上人命、財產，或因其他正當理由偏航者，不得認為違反運送契約，其因而發生毀損或滅失時，船舶所有人或運送人不負賠償責任。

*（海難救助）海商一〇二～一〇九；（運送契約）海商三八～四〇；（運送人或船舶所有人免責事由）海商六九、七〇、七二、七三，民六三四、六三五、六三七、六四九；（運送人）民六二二；（船舶所有人）海商二一㈡。

第七十二條（免責事由㈣）

貨物未經船長或運送人之同意而裝載者，運送人或船舶所有人，對於其貨物之毀損或滅失，不負責任。

*（運送人或船舶所有人免責事由）海商六九～七一、七三，民六三四、六三五、六三七、六四九；（船長）海商二，船員二⑥；（貨物之記載）海商四〇③、五四㈠③。

第七十三條（免責事由㈤）

運送人或船長如將貨物裝載於甲板上，致生毀損或滅失時，應負賠償責任。但經託運人之同意並載明於運送契約或航運種類或商業習慣所許者，不在此限。

*（船長）海商二，船員二⑥；（貨物之記載）海商四〇③、五四㈠③；（裝載於甲板上貨物）海商一一六；（運送人之義務暨責任）海商四七㈡、五〇、六二～六五、七〇、七一、七四；（託運人）海商五四；（運送契約）海商三八～四〇。

▲（七一臺上二九〇）參見本法第六十一條。

第七十四條（載貨證券發給人與連續運送人之責任）

載貨證券之發給人，對於依載貨證券所記載應為之行為，均應負責。

前項發給人，對於貨物之各連續運送人之行為，應負保證之責。但各連續運送人，僅對於自己航程中所生之毀損滅失及遲到負其責任。

*（載貨證券簽發人）海商五三、五四；（載貨證券）海商五三～六一、七〇；（保證）民七三九～七五六；（連續運送）海商七五。

第七十五條（連續運送下法律之適用）

連續運送同時涉及海上運送及其他方法之運送者，其海上運送部分適用本法之規定。

貨物毀損滅失發生時間不明者，推定其發生於海上運送階段。

*（貨物之記載）海商四〇③、五四㈠③；（連續運送）海商七四。

第七十六條（對託運人或第三人得主張抗辯事由等之援用）

本節有關運送人因貨物滅失、毀損或遲到對託運人或其他第三人所得主張之抗辯及責任限制之規定，對運送人之代理人或受僱人亦得主張之。但經證明貨物之滅失、毀損或遲到，係因代理人或受僱人故意或重大過失所致者，不在此限。

前項之規定，對從事商港區域內之裝卸、搬運、保管、看守、儲存、理貨、穩固、墊艙者，亦適用之。

*（運送人）民六二二；（託運人）海商五四；（代理人）海商四七㈡、六九，民一〇四；（受僱人）海商二，船員二②、一二～一九；（承載貨物注意義務）海商六三。

第七十七條（涉外事件之法律適用）

載貨證券所載之裝載港或卸貨港為中華民國港口者，其載貨證券所生之法律關係依涉外民事法律適用法所定應適用法律。但依本法中華民國受貨人或託運人保護較優者，應適用本法之規定。

*（載貨證券）海商五三～六一、七〇、七四；（裝載港及卸貨港）海商五四、六五、七八；（受貨人）海商五〇、五一、五六，民六二四㈡④、六二五㈡⑤；（託運人）海商五四。

第七十八條（涉外事件之管轄及仲裁）

裝貨港或卸貨港為中華民國港口者之載貨證券所

管轄權之法院管轄。
前項載貨證券訂有仲裁條款者，經契約當事人同意後，得於我國進行仲裁，不受載貨證券內仲裁地或仲裁規則記載之拘束。
前項規定視為當事人仲裁契約之一部。但當事人於爭議發生後另有書面合意者，不在此限。
*（裝載港及卸貨港）海商五四、六五、七七；（載貨證券）海商五三～六一、七〇、七四；（管轄）非訟一九三；（船舶涉訟）民訴七、八、一五、一六。

第二節　旅客運送

第七十九條（貨物運送之準用）
旅客之運送，除本節規定外，準用本章第一節之規定。
*（旅客運送）民六五四～六五九；（貨物運送規定之準用）海商三八②、三九、四〇、四一～四三、四九、六一、六二、七一。

第八十條（膳費計算）
對於旅客供膳者，其膳費應包括於票價之內。
*（供膳）海商九〇。

第八十一條（強制保險之規定）
旅客於實施意外保險之特定航線及地區，均應投保意外險，保險金額載入客票，視同契約，其保險費包括於票價內，並以保險金額為損害賠償之最高額。
前項特定航線地區及保險金額，由交通部定之。
*（保險金額）海商一二六，保險三八、五五⑤、一〇二、一四七；（保險費）海商一三五、一三七，保險二一、二二；（票價）海商八〇；（損害賠償）民二一三～二一八。

第八十二條（任意保險之規定）
旅客除前條保險外，自行另加保意外險者，其損害賠償依其約定。但應以書面為之。
*（旅客意外保險）海商八一；（書面）民三、七三。

第八十三條（依約運送義務）
運送人或船長應依船票所載，運送旅客至目的港。

有損害並得請求賠償。
*（目的港之記載）海商五四㈠④；（完成航程之義務）海商八八、九〇；（解除契約）海商四二～四四、八六，民二五四～二六二；（損害賠償）民二一三～二一八。

第八十四條（旅客解約權）
旅客於發航二十四小時前，得給付票價十分之二，解除契約；其於發航前因死亡、疾病或其他基於本身不得已之事由，不能或拒絕乘船者，運送人得請求票價十分之一。
*（票價）海商八〇；（發航前解除契約）海商四三～四五、八六；（旅客發航前之解除契約）海商八六。

第八十五條（票價之負擔㈠）
旅客在船舶發航或航程中不依時登船，或船長依職權實行緊急處分迫令其離船者，仍應給付全部票價。
*（船長）海商二，船員二⑥；（船長指揮權）船員五八㈡、五九、六九；（船長緊急處分權）船員五八㈢、五九、七二～七五。

第八十六條（遲誤發航日之解約）
船舶不於預定之日發航者，旅客得解除契約。
*（發航前解除契約）海商四三～四五、八四；（旅客發航前之解除契約）海商八四。

第八十七條（票價之負擔㈡）
旅客在航程中自願上陸時，仍負擔全部票價，其因疾病上陸或死亡時，僅按其已運送之航程負擔票價。
*（負擔全部票價）海商八五。

第八十八條（因不可抗力時之運送義務）
船舶因不可抗力不能繼續航行時，運送人或船長應設法將旅客運送至目的港。
*（不可抗力）海商五二、六六、六九④、八九、九五、一〇九㈢、一四一；（目的港）海商五四㈠④、五八、八三、八九、九一；（完成航程之義務）海商八三、九〇。

第八十九條（不能進港時之運送義務）
旅客之目的港如發生天災、戰亂、瘟疫，或其他特殊事故致船舶不能進港卸客者，運送人或船長得依旅客

*（目的港）海商五四㈠④、五八、八三、八八、九一；（完成航程之義務）海商八三、八八、九〇。

第九十條（修繕時之運送義務）
運送人或船長在航行中為船舶修繕時，應以同等級船舶完成其航程，旅客在候船期間並應無償供給膳宿。
*（完成航程之義務）海商八三、八八；（供膳）海商八〇；（船舶修繕）海商六七、一二三、一三九、一四三。
*（責任免除之無效）海商六一，民六五九；

第九十一條（依指示離船之義務）
旅客於船舶抵達目的港後，應依船長之指示即行離船。
*（目的港）海商五四㈠④、五八、八三、八八、八九；（船長）海商二，船員二⑥。

第三節　船舶拖帶

第九十二條（單一拖帶責任）
拖船與被拖船如不屬於同一所有人時，其損害賠償之責任，應由拖船所有人負擔。但契約另有訂定者，不在此限。
*（拖船）引水二六、二七；（拖船之連帶責任）海商九三。

第九十三條（共同或連接拖帶責任）
共同或連接之拖船，因航行所生之損害，對被害人負連帶責任。但他拖船對於加害之拖船有求償權。
*（拖船）引水二六、二七；（拖船所有人之責任）海商九二；（連帶責任）民二七二～二八二。

第四章　船舶碰撞

第九十四條（船舶碰撞之法律適用）
船舶之碰撞，不論發生於何地，皆依本章之規定處理之。
*（船舶）海商一、三，船登一，船員二；（船舶碰撞）海商

九五～一〇一。

第九十五條（因不可抗力之碰撞）

碰撞係因不可抗力而發生者，被害人不得請求損害賠償。

*（不可抗力）海商五二、六六、六九④、八八、八九、一〇九㈢、一四一；（損害賠償）民二一三～二一八。

第九十六條（因一船過失之碰撞）

碰撞係因於一船舶之過失所致者，由該船舶負損害賠償責任。

*（船舶）海商一、三，船登一，船員二；（損害賠償）民二一三～二一八；（碰撞之過失責任）海商九七。

第九十七條（因共同過失船舶碰撞之責任分擔）

碰撞之各船舶有共同過失時，各依其過失程度之比例負其責任，不能判定其過失之輕重時，各方平均負其責任。

有過失之各船舶，對於因死亡或傷害所生之損害，應負連帶責任。

*（船舶碰撞）海商九四～九六、九八～一〇一；（碰撞之過失責任）海商九六；（與有過失）民二一七；（共同侵權行為）民一八五；（連帶責任）民二七二～二八二。

第九十八條（因引水人過失之碰撞）

前二條責任，不因碰撞係由引水人之過失所致而免除。

*（引水人）引水一、二；（引水人之過失責任）海商六九，引水三四～四〇。

第九十九條（消滅時效）

因碰撞所生之請求權，自碰撞日起算，經過兩年不行使而消滅。

*（碰撞所生請求權）海商九六～九八；（消滅時效）民一二五～一四七；（侵權行為消滅時效）民一九七。

第一百條（加害船舶之扣押）

船舶在中華民國領海內水港口河道內碰撞者，法院對於加害之船舶，得扣押之。

碰撞不在中華民國領海內水港口河道內，而被害者為中華民國船舶或國民，法院於加害之船舶進入中華民國領海後，得扣押之。

前兩項被扣押船舶得提供擔保，請求放行。

前項擔保得由適當之銀行或保險人出具書面保證代之。

*（船舶）海商一、三，船登一，船員二；（加害船舶）海商九六～九八；（船舶碰撞）海商九四～九九、一〇一；（保險人）保險二。

第一百零一條（船舶碰撞訴訟之管轄）

關於碰撞之訴訟，得向下列法院起訴：

一　被告之住所或營業所所在地之法院。
二　碰撞發生地之法院。
三　被告船舶船籍港之法院。
四　船舶扣押地之法院。
五　當事人合意地之法院。

*（船舶碰撞）海商九四～一〇〇；（住所）民二〇、二一、二九，公司三；（船籍港）船舶一三；（船舶扣押地）海商一〇〇；（船舶涉訟）民訴七、八、一五、一六；（管轄）海商七八，非訟一九三。

第五章　海難救助

第一百零二條（一般海難之救助義務）

船長於不甚危害其船舶、海員、旅客之範圍內，對於淹沒或其他危難之人應盡力救助。

*（船長）海商二，船員二⑥；（船長之救助義務）海商一〇九，船員七三～七五。

第一百零三條（對物救助之報酬）

對於船舶或船舶上財物施以救助而有效果者，得按其效果請求相當之報酬。

施救人所施救之船舶或船舶上貨物，有損害環境之虞者，施救人得向船舶所有人請求與實際支出費用同額之報酬；其救助行為對於船舶或船舶上貨物所造成環境之損害已有效防止或減輕者，得向船舶所有人請求與實際支出費用同額或不超過其費用一倍之報酬。

施救人同時有前二項報酬請求權者，前項報酬應自第一項可得請求之報酬中扣除之。

施救人之報酬請求權，自救助完成日起二年間不行使而消滅。

*（船舶）海商一、三，船登一，船員二；（海難救助報酬）海商一〇四～一〇八；（財物救助之報酬）海商一〇四。

第一百零四條（報酬請求權人）

屬於同一所有人之船舶救助，仍得請求報酬。

拖船對於被拖船施以救助者，得請求報酬。但以非為履行該拖船契約者為限。

*（船舶所有人）海商二一㈢；（拖船）引水二六、二七；（財物救助之報酬）海商一〇三。

第一百零五條（報酬金額之決定）

救助報酬由當事人協議定之，協議不成時，得提付仲裁或請求法院裁判之。

*（海難救助報酬）海商一〇三、一〇四、一〇六～一〇八；（船舶涉訟）民訴七、八、一五、一六；（報酬金額之協議）海商一〇六。

第一百零六條（分配報酬之比例）

前條規定，於施救人與船舶間，及施救人間之分配報酬之比例，準用之。

*（報酬金額之協議）海商一〇五。

第一百零七條（救人之報酬分配權）

於實行施救中救人者，對於船舶及財物之救助報酬金，有參加分配之權。

*（財物救助之報酬）海商一〇三、一〇四；（報酬分配）海商一〇五、一〇六。

第一百零八條（不得請求報酬之事由）

經以正當理由拒絕施救，而仍強為施救者，不得請求報酬。

*（施救之報酬）海商一〇三、一〇四、一〇七。

海員或旅客之範圍內,對於他船船長、海員及旅客,應盡力救助。

各該船長除有不可抗力之情形外,在未確知繼續救助為無益前,應停留於發生災難之處所。

各該船長應於可能範圍內將其船舶名稱及船籍港並開來及開往之處所通知於他船舶。

*(船舶碰撞)海商九四~一〇一;(船長之救助義務)海商一〇二,船員七三~七五;(不可抗力)海商五二、六六、六九④、八八、八九、九五、一四一;(船舶名稱)船舶一〇、一二,船登一二。

第六章　共同海損

第一百十條(共同海損之定義)

稱共同海損者,謂在船舶航程期間,為求共同危險中全體財產之安全所為故意及合理處分,而直接造成之犧牲及發生之費用。

*(船舶)海商一、三,船登一,船員二;(本次航行)海商四、二一㊂;(船長緊急處分權)海商八五,船員五八㊁、五九、七二~七五。

第一百十一條(共同海損之分擔㈠)

共同海損以各被保存財產價值與共同海損總額之比例,由各利害關係人分擔之。因共同海損行為所犧牲而獲共同海損補償之財產,亦應參與分擔。

*(共同海損)海商一一〇;(應分擔共同海損事項)海商一一三、一一五、一一六但、一一七但、一一八但;(共同海損補償額之計算)海商一一三。

第一百十二條(分擔額之範圍及計算)

前條各被保存財產之分擔價值,應以航程終止地或放棄共同航程時地財產之實際淨值為準,依下列規定計算之:

一　船舶以到達時地之價格為準。如船舶於航程中已修復者,應扣除在該航程中共同海損之低於其實際所餘殘值。

二　貨物以送交最後受貨人之商業發票所載價格為準,如無商業發票者,以裝船時地之價值為準,並均包括應支付之運費及保險費在內。

三　運費以到付運費之應收額,扣除非共同海損費用為準。

前項各類之實際淨值,均應另加計共同海損之補償額。

*(共同海損)海商一一〇;(本次航行)海商四、二一㊂;(共同海損分擔額)海商一一一、一一五~一二〇;(貨物之記載)海商四〇③、五四㊀③;(運費)海商二一㊂、四〇⑤、四三、四四、四七~四九、五一、五四㊀⑤、六八、八〇、八五、一三五、一三七、一四五。

第一百十三條(補償額之範圍及計算)

共同海損犧牲之補償額,應以各財產於航程終止時地或放棄共同航程時地之實際淨值為準,依下列規定計算之:

一　船舶以實際必要之合理修繕或設備材料之更換費用為準。未經修繕或更換者,以該損失所造成之合理貶值。但不能超過估計之修繕或更換費用。

二　貨物以送交最後受貨人商業發票價格計算所受之損害為準,如無商業發票者,以裝船時地之價值為準,並均包括應支付之運費及保險費在內。受損貨物如被出售者,以出售淨值與前述所訂商業發票或裝船時地貨物淨值之差額為準。

三　運費以貨載之毀損或滅失致減少或全無者為準。但運送人因此減省之費用,應扣除之。

*(共同海損之賠償)海商一一一、一一四~一二五;(設備屬具)海商二七㊀①、一一七、一二八,船舶二四;(貨物之記載)海商四〇③、五四㊀③;(運費)海商二一㊂、四〇⑤、四三、四四、四七~四九、五一、五四㊀⑤、六(貨載)海商三八、四〇③、五四㊀③、五六;(船舶修繕)海商六七、九〇、一三九、一四三。

第一百十四條(共同海損費用)

下列費用為共同海損費用:

一　為保存共同危險中全體財產所生之港埠、貨物處理、船員工資及船舶維護所必需之燃物料費用。

二　船舶發生共同海損後,為繼續共同航程所需之額外費用。

三　為共同海損所墊付現金百分之二之報酬。

四　自共同海損發生之日起至共同海損實際收付日止,應行收付金額所生之利息。

為替代前項第一款第二款共同海損費用所生之其他費用,視為共同海損之費用。但替代費用不得超過原共同海損費用。

*(共同海損)海商一一〇;(為使航行可能所生債務)海商四,辦理強執注意六一㊂。

第一百十五條(共同海損之分擔㈡)

共同海損因利害關係人之過失所致者,各關係人仍應分擔之。但不影響其他關係人對過失之負責人之賠償請求權。

*(共同海損)海商一一〇;(共同海損分擔額)海商一一一、一一六~一二〇。

第一百十六條(共同海損犧牲之除外㈠)

未依航運習慣裝載之貨物經投棄者,不認為共同海損犧牲。但經撈救者,仍應分擔共同海損。

*(未依航運習慣裝載貨物)海商七三;(貨物之記載)海商四〇③、五四㊀③;(撈救)海商一〇二~一〇九;(共同海損)海商一一〇。

第一百十七條(共同海損犧牲之除外㈡)

無載貨證券亦無船長收據之貨物,或未記載於目錄之設備屬具,經犧牲者,不認為共同海損。但經撈救者,仍應分擔共同海損。

*（載貨證券）海商五三～六一、七〇、七四；（設備屬具）海商二七㊀①、一二八，船舶二四；（撈救）海商一〇二～一〇九；（共同海損之除外）海商一一六、一一八～一二〇；（共同海損之分擔）海商一一一、一一五。

第一百十八條（共同海損犧牲之除外㊂）

貨幣、有價證券或其他貴重物品，經犧牲者，除已報明船長者外，不認為共同海損犧牲。但經撈救者，仍應分擔共同海損。

*（貴重物品之報明）民六三九；（撈救）海商一〇二～一〇九；（共同海損之除外）海商一一六、一一七、一一九、一二〇；（共同海損之分擔）海商一一一、一一五；（偷運貨物）海商七二。

第一百十九條（不實聲明之分擔額及補償額）

貨物之性質，於託運時故意為不實之聲明，經犧牲者，不認為共同海損。但經保存者，應按其實在價值分擔之。

貨物之價值，於託運時為不實之聲明，使聲明價值與實在價值不同者，其共同海損犧牲之補償額以金額低者為準，分擔價值以金額高者為準。

*（託運人誠實義務）海商五五；（共同海損之除外）海商一一六～一一八、一二〇；（共同海損之分擔）海商一一一、一一五；（偷運貨物）海商七二。

第一百二十條（不分擔共同海損）

船上所備糧食、武器、船員之衣物、薪津、郵件及無載貨證券之旅客行李、私人物品皆不分擔共同海損。

前項物品如被犧牲，其損失應由各關係人分擔之。

*（旅客行李）海商五，民六五五、六五七；（共同海損之除外）海商一一六～一一九；（共同海損之分擔）海商一一一、一一五。

第一百二十一條（共同海損之計算）

共同海損之計算，由全體關係人協議定之。協議不成時，得提付仲裁或請求法院裁判之。

*（共同海損之計算）海商一一一～一一四；（協議計算）海商一〇五、一〇六；（建造中船舶）海商一〇、三四，辦理強執注意六一㊂，強執一一四以下。

第一百二十二條（共同海損分擔額之返還）

運送人或船長對於未清償分擔額之貨物所有人，得留置其貨物。但提供擔保者，不在此限。

*（運送人）民六二二；（船長）海商二，船員二⑥；（共同海損分擔額）海商一一一、一一五～一二〇；（委棄）海商一四㊁、一二四。

第一百二十三條（共同海損分擔額之返還）

利害關係人於受分擔額後，復得其船舶或貨物之全部或一部者，應將其所受之分擔額返還於關係人。但得將其所受損害及復得之費用扣除之。

*（共同海損分擔額）海商一一一、一一五～一二〇；（共同海損分擔額之計算）海商一一二；（共同海損補償額之計算）海商一一三。

第一百二十四條（委棄免責權）

應負分擔義務之人，得委棄其存留物而免分擔海損之責。

*（委棄之免責）海商一四；（留置權）海商一二二，民九二八～九三九。

第一百二十五條（消滅時效）

因共同海損所生之債權，自計算確定之日起，經過一年不行使而消滅。

*（共同海損）海商一一〇；（消滅時效）民一二五～一四七。

第七章 海上保險

第一百二十六條（海上保險之法律適用）

關於海上保險，本章無規定者，適用保險法之規定。

*（適用保險法者）保險八三、八四、八九。

第一百二十七條（保險標的）

凡與海上航行有關而可能發生危險之財產權益，皆得為海上保險之標的。

海上保險契約，得約定延展加保至陸上、內河、湖泊或內陸水道之危險。

*（海上保險之標的）海商一三四～一三七。

第一百二十八條（保險期間）

保險期間除契約另有訂定外，關於船舶及其設備屬具，自船舶起錨或解纜之時，以迄目的港投錨或繫纜之時，為其期間；關於貨物，自貨物離岸之時，以迄目的港起岸之時，為其期間。

*（船舶設備及屬具）海商七，船舶二四；（船舶保險）海商一三四；（貨物保險）海商一三二、一三五；（保險期間）保險五五、八六。

第一百二十九條（保險人之責任）

保險人對於保險標的物，除契約另有規定外，因海上一切事變及災害所生之毀損滅失及費用，負賠償責任。

*（保險人）保險二；（保險標的物）保險四八、五五；（事變）海商九五、一〇九㊁；（海上保險人之責任）海商一三〇，保險二九～三四、八三。

第一百三十條（保險人對減免損失費用之償還義務）

保險事故發生時，要保人或被保險人應採取必要行為，以避免或減輕保險標的之損失，保險人對於要保人或被保險人未履行此項義務而擴大之損失，不負賠償責任。

保險人對於要保人或被保險人，為履行前項義務所生之費用，負償還之責，其償還數額與賠償金額合計雖超過保險標的之價值，仍應償還之。

保險人對於前項費用之償還，以保險金額為限。但保險金額不及保險標的物之價值時，則以保險金額對於保險標的之價值比例定之。

*（減免損失責任）保險三三；（保險標的）海商一二七、一三四～一三七；（要保人）保險三；（被保險人）保險四；（保險人）保險二；（保險金額）海商一二六，保險三八、五五⑤、一〇二、一四七。

第一百三十一條（保險人之免責）

因要保人或被保險人或其代理人之故意或重大過失所致之損失，保險人不負賠償責任。

*（要保人）保險三；（被保險人）保險四；（故意或過失）

第一百三十二條（裝船通知義務）

未確定裝運船舶之貨物保險，要保人或被保險人於知其已裝載於船舶時，應將該船舶之名稱、裝船日期、所裝貨物及其價值，立即通知於保險人。不為通知者，保險人對未為通知所生之損害，不負賠償責任。

＊（貨物保險）海商一二八、一三五；（船舶名稱）船舶一〇、一二，船登一二；（要保人或被保險人通知義務）海商一四九、一五一，保險五七～五九。

▲海商法（十八年舊法）第一百五十五條係指貨物保險時，未確定裝運船舶之情形而言。被上訴人於投保時已將裝貨之船名填載於投保書內，有上訴人所提之水險投保書可據，是裝貨船舶早已確定，縱未將該輪國籍通知上訴人，亦不能謂保險契約因而失效。（四八臺上九八四）

第一百三十三條（保險契約之終止）

要保人或被保險人於保險人破產時，得終止契約。

＊（要保人）保險三；（被保險人）保險四；（保險人）保險二；（因破產而解除契約）保險二七；（破產宣告）破產五七、五八、六〇、六四、六五、七五；（解除保險契約）保險五七、六〇、六四、六八、七六、一〇〇。

第一百三十四條（船舶之保險價額）

船舶之保險以保險人責任開始時之船舶價格及保險費，為保險價額。

＊（保險責任開始時）海商一二八，保險五五④、八七④；（船舶價值）海商二三；（保險費）海商一三五、一三七，保險二一、二二；（準用）保險八九。

第一百三十五條（貨物之保險價額）

貨物之保險以裝載時、地之貨物價格、裝載費、稅捐、應付之運費及保險費，為保險價額。

＊（貨物保險）海商一二八、一三二；（裝載期間）海商五二；（運費）海商二一㈢、四〇⑤、四三、四四、四七～四九、五一、五四㈠⑤、六八、八〇、八五、一一二㈠③、一三七、一四五；（保險費）海商一三七，保險二一、二二；（保險價額）保險七三、七五。

第一百三十六條（應有利得之保險價額）

貨物到達時應有之佣金、費用或其他利得之保險以保險時之實際金額，為保險價額。

＊（保險價額）保險七三、七五。

第一百三十七條（運費之保險價額）

運費之保險，僅得以運送人如未經交付貨物即不得收取之運費為之，並以被保險人應收取之運費及保險費為保險價額。

前項保險，得包括船舶之租金及依運送契約可得之收益。

＊（運費之記載）海商四〇⑤、五四㈠⑤；（保險費）海商一三五，保險二一、二二；（保險價額）保險七三、七五；（可得收益）保險二〇。

第一百三十八條（貨物損害之認定）

貨物損害之計算，依其在到達港於完好狀態下所應有之價值，與其受損狀態之價值比較定之。

＊（貨物之記載）海商四〇③、五四㈠③；（貨物保險）海商一二八、一三二、一三五；（貨物損害額）海商一四一。

第一百三十九條（船舶部分損害之計算）

船舶部分損害之計算，以其合理修復費用為準。但每次事故應以保險金額為限。

部分損害未修復之補償額，以船舶因受損所減少之市價為限。但不得超過所估計之合理修復費用。

保險期間內，船舶部分損害未修復前，即遭遇全損者，不得再行請求前項部分損害未修復之補償額。

＊（保險金額）海商一二六，保險三八、五五⑤、一〇二、一四七；（保險期間）保險五五、八六；（船舶修繕）海商六七、九〇、一一三、一四三。

第一百四十條（運費部分損害之計算）

運費部分損害之計算，以所損運費與總運費之比例就保險金額定之。

＊（運費之記載）海商四〇⑤、五四㈠⑤；（保險金額）海商一二六，保險三八、五五⑤、一〇二、一四七。

第一百四十一條（貨物之損害額）

受損害貨物之變賣，除由於不可抗力或船長依法處理者外，應得保險人之同意，並以變賣淨額與保險價額之差額為損害額。但因變賣後所減省之一切費用，

＊（貨物之記載）海商四〇③、五四㈠③；（不可抗力）海商五二、六六、六九④、八八、八九、九五、一〇九㈡；（船長）海商二，船員二⑥；（貨物損害額之計算）海商一三八；（保險價額）保險七三、七五。

第一百四十二條（委付之定義）

海上保險之委付，指被保險人於發生第一百四十三條至第一百四十五條委付原因後，移轉保險標的物之一切權利於保險人，而請求支付該保險標的物全部保險金額之行為。

＊（被保險人）保險四；（保險標的物）保險四八、五五；（保險金額）海商一二六，保險三八、五五⑤、一〇二、一四七。

第一百四十三條（委付原因㈠）

被保險船舶有下列各款情形之一時，得委付之：

一 船舶被捕獲時。

二 船舶不能為修繕或修繕費用超過保險價額時。

三 船舶行蹤不明已逾二個月時。

四 船舶被扣押已逾二個月仍未放行時。

前項第四款所稱扣押，不包含債權人聲請法院所為之查封、假扣押及假處分。

＊（委付）海商一四二；（委付原因）海商一四四、一四五；（保險價額）保險七三、七五；（扣押）海商一〇〇，強執七六、一一四、一一四之一；（船舶修繕）海商六七、九〇、一一三、一三九；（船舶失蹤）海商一四四。

第一百四十四條（委付原因㈡）

被保險貨物有下列各款情形之一時，得委付之：

一 船舶因遭難，或其他事變不能航行已逾二個月而貨物尚未交付於受貨人、要保人或被保險人時。

二 裝運貨物之船舶，行蹤不明，已逾二個月時。

三 貨物因應由保險人負保險責任之損害，其回復原狀及繼續或轉運至目的地費用總額合併超過到達目的地價值時。

*（委付）海商一四二；（委付原因）海商一四三、一四五；（事變）海商九五、一〇九㈡；（裝運貨物之船舶）海商四〇；（船舶失蹤）海商一四三。

第一百四十五條（委付原因㈢）

運費之委付，得於船舶或貨物之委付時為之。

*（運費）海商二一㈢、四〇⑤、四三、四四、四七～四九、五一、五四㈠⑤、六八、八〇、八五、一一二㈠③、一三五、一三七；（委付）海商一四二；（委付原因）海商一四三、一四四；（船舶失蹤）海商一四三、一四四。

第一百四十六條（委付之範圍）

委付應就保險標的物之全部為之。但保險單上僅有其中一種標的物發生委付原因時，得就該一種標的物為委付請求其保險金額。

委付不得附有條件。

*（委付）海商一四二；（保險標的物）保險四八、五五；（委付原因）海商一四三～一四五；（保險金額）海商一二六，保險三八、五五⑤、一〇二、一四七；（條件）民九九～一〇一。

第一百四十七條（委付之積極效力）

委付經承諾或經判決為有效後，自發生委付原因之日起，保險標的物即視為保險人所有。

委付未經承諾前，被保險人對於保險標的物之一切權利不受影響。保險人或被保險人對於保險標的物採取救助、保護或回復之各項措施，不視為已承諾或拋棄委付。

*（委付）海商一四二；（委付之承諾）海商一四八；（判決為有效）民訴三九八、三九九；（委付原因）海商一四三～一四五；（保險標的）海商一二七、一三四～一三七；（保險標的物）保險四八、五五；（海難救助）海商一〇二～一〇九。

第一百四十八條（委付之消極效力）

委付之通知一經保險人明示承諾，當事人均不得撤銷。

*（委付）海商一四二；（保險人）保險二；（委付之承諾）海商一四七。

要保人或被保險人於知悉保險之危險發生後，應即通知保險人。

*（要保人）保險三；（被保險人）保險四；（保險危險）保險五五；（危險發生之通知義務）保險五八；（保險人）保險二。

第一百五十條（保險金之給付與返還）

保險人應於收到要保人或被保險人證明文件後三十日內給付保險金額。

保險人對於前項證明文件如有疑義，而要保人或被保險人提供擔保時，仍應將保險金額全部給付。

前項情形，保險人之金額返還請求權自給付後經過一年不行使而消滅。

*（保險人）保險二；（要保人）保險三；（被保險人）保險四；（保險金額）海商一二六，保險三八、五五⑤、一〇二、一四七。

第一百五十一條（貨損通知之義務）

要保人或被保險人自接到貨物之日起，一個月內不將貨物所受損害通知保險人或其代理人時，視為無損害。

*（要保人）保險三；（被保險人）保險四；（保險人）保險二；（要保人或被保險人通知義務）海商一三二、一四九，保險五七～五九。

第一百五十二條（委付之消滅時效）

委付之權利，於知悉委付原因發生後，自得為委付之日起，經過二個月不行使而消滅。

*（委付）海商一四二；（委付原因）海商一四三～一四五；（消滅時效）民一二五～一四七。

第八章　附　則

第一百五十三條（施行日期）

本法自公布日施行。

本法中華民國九十八年六月十二日修正之條文，自

*（公布日施行）中標一三。

船舶名在本法中華民國九十九年十一月十二日修正之條文施行前經核准者，不在此限。

第十三條（船籍港或註冊地）

船舶所有人應自行認定船籍港或註冊地。

*（船籍港）船登二。

第十四條（證照之補、換發或變更登記、註冊）

本法所定之各項證照有遺失、破損或證照登載事項變更者，船舶所有人應自發覺或事實發生之日起三個月內申請補發、換發或變更登記、註冊。

第二章　船舶國籍證書

第十五條（船舶所有權登記）

船舶所有人於領得船舶檢查證書及船舶噸位證書後，應於三個月內依船舶登記法規定，向船籍港航政機關為所有權之登記。

前項船舶檢查證書，得依第三十一條規定以有效之國際公約證書及經主管機關委託之驗船機構所發船級證書代之。

*（船舶檢查證書）船舶二五；（船舶噸位證書）船舶三九。

第十五條之一（自國外輸入現成船需檢附相關文件申請核定及其船齡輸入年限之規定）

自國外輸入現成船，除法規另有規定者外，應於輸入前檢附買賣意向書或契約書、船舶規範、船舶證明及權責機關同意等相關文件向航政機關申請核定。

自國外輸入之現成船或使用目的變更者，其船齡不得超過允許輸入之年限。輸入現成船年限表由主管機關公告之。

第一項之船舶證明指船舶國籍證書。但船舶不適用該國船舶法規，致無船舶國籍證書者，得以造船廠之建造證明文件替代。

第十六條（船舶國籍證書之核發）

船舶依第十五條規定登記後，航政機關除依船舶登記法之規定核發登記證書外，並核發船舶國籍證書；必要時得先行核發臨時船舶國籍證書。

第十七條（臨時船舶國籍證書核發之申請㈠）

船舶所有人在所認定之船籍港以外港口取得船舶者，得檢附取得船舶或原船籍國之相關證明文件，向船舶所在地或船籍港航政機關申請核發臨時船舶國籍證書，並應自領得該證書之日起三個月內依第十五條規定申請登記。

*（船籍港）船舶一三。

第十八條（臨時船舶國籍證書核發之申請㈡）

在船籍港以外港口停泊之船舶，遇船舶國籍證書遺失、破損或證書上登載事項變更者，該船舶之船長或船舶所有人得自發覺或事實發生之日起三個月內，向船舶所在地或船籍港航政機關申請核發臨時船舶國籍證書。

船舶在航行中發生前項情形時，該船舶之船長或船舶所有人應向到達港或船籍港航政機關為前項申請。

依前二項規定申請臨時船舶國籍證書者，船舶所有人應自領得該證書之日起三個月內向船籍港航政機關申請換發或補發船舶國籍證書。

第十九條（臨時船舶國籍證書之有效期間）

臨時船舶國籍證書之有效期間，在國外航行之船舶不得超過六個月；在國內航行之船舶不得超過三個月。但有正當理由者，得敘明理由於證書有效期間屆滿前向船舶所在地或船籍港航政機關重行申請換發重行換發證書之有效期間不得超過一個月，並以一次為限。

第二十條（已登記船舶之所有權註銷登記及證書之繳銷）

經登記之船舶，遇滅失、報廢、喪失中華民國國籍、失蹤滿六個月或沉沒不能打撈修復者，船舶所有人應自發覺或事實發生之日起四個月內依船舶登記法規定向船籍港航政機關辦理船舶所有權註銷登記；其原領證書除已遺失者外，並應繳銷。

船舶改裝為遊艇或小船者，船舶所有人應自改裝完成之日起三個月內，依規定辦理登記或註冊；其原領證書除已遺失者外，應予繳銷。

第二十一條（未依規定註銷登記及繳銷證書之效果）

船舶所有人未依前條第一項規定申請註銷登記及繳銷證書，經船籍港航政機關命其於一個月內辦理，屆期仍不辦理，而無正當理由者，得由航政機關逕行註銷其登記及原領證書。

第二十二條（船舶國籍證書核發規則之訂定）

船舶國籍證書與臨時船舶國籍證書之核發、換（補）發、廢止、撤銷或繳銷、證書費收取、證書有效期間、管理及其他應遵行事項之規則，由主管機關定之。

第三章　船舶檢查

第二十三條（船舶檢查之種類及範圍）

船舶檢查分特別檢查、定期檢查及臨時檢查。

船舶檢查之範圍，包括下列各項：

一　船舶各部結構強度。

二　船舶推進所需之主輔機或工具。

三　船舶穩度。

四　船舶載重線。但依第五十一條所定規則規定，在技術上無勘劃載重線必要者，不在此限。

五　船舶艙區劃分。但依第三十六條所定規則規定，免艙區劃分者，不在此限。

六　船舶防火構造。但依第三十五條所定規則規定，免防火構造者，不在此限。

七　船舶標誌。
八　船舶設備。

船舶應依規定檢查合格，並將設備整理完妥，始得航行。

船舶因分類、噸位、載運貨物型態、適航水域不同，其檢查之項目內容、豁免及等效、檢查機關、有效期間、申請程序與文件、檢查證書之核發、換（補）發、註銷、撤銷或繳銷、檢查費、證書費之收取及其他應遵行事項之規則，由主管機關定之。

第二十四條（船舶分類、設備等事項之規則）

船舶因分類、噸位、載運貨物型態、適航水域不同，其船舶設備之項目、規範、豁免及等效、證書及其他應遵行事項之規則，由主管機關定之。

第二十五條（船舶應申請特別檢查之情形）

船舶有下列情形之一者，其所有人應向船舶所在地航政機關申請施行特別檢查：
一　新船建造。
二　自國外輸入。
三　船身經修改或換裝推進機器。
四　變更使用目的或型式。
五　特別檢查有效期間屆滿。

船舶經特別檢查合格後，航政機關應核發或換發船舶檢查證書，其有效期間以五年為限。但客船、貨船船齡超過二十年者，核發、換發船舶檢查證書之有效期間不得超過二年。

第二十六條（船舶定期檢查之申請）

船舶經特別檢查後，於每屆滿一年之前後三個月內，其所有人應向船舶所在地航政機關申請施行定期檢查。

船舶經定期檢查合格後，航政機關應於船舶檢查證書上簽署。

第二十七條（船舶申請臨時檢查之時機）

船舶有下列情形之一者，其所有人應向所在地航政機關申請施行船舶臨時檢查：
一　遭遇海難。
二　船身、機器或設備有影響船舶航行、人命安全或環境污染之虞。
三　適航性發生疑義。

船舶經臨時檢查合格後，航政機關應於船舶檢查證書上註明。

第二十八條（船舶申請定期檢查或特別檢查之完成期限及除外情形）

船舶申請定期檢查或特別檢查後，應於三個月內整修完善並完成檢查。未於期限內完成檢查之船舶視為檢查不合格，航政機關得命其停航。

前項特別檢查不包括新船建造、自國外輸入、船身修改或換裝推進機器之特別檢查。

第二十八條之一（船舶未依規定申請施行檢查之效果）

船舶所有人未依規定申請施行定期檢查、特別檢查且逾期滿五年時，由航政機關通知船舶所有人於三個月內辦理；屆期仍未辦理，而無正當理由者，由航政機關公告三個月；公告期滿未提出異議者，得逕行註銷第十一條之船舶文書，並註銷登記或註冊。

全長未滿二十四公尺，且乘員人數十二人以下自用遊艇之所有人未依規定提送自主檢查表逾期滿五年時，航政機關依前項程序辦理；公告期滿未提出異議者，得逕行註銷遊艇證書，並註銷登記或註冊。

經航政機關逕行註銷登記或註冊之船舶，如事後發現有存在事實，船舶所有人得檢具相關文件，向航政機關重行申請施行特別檢查及核發相關文書，並回復登記或註冊。

第二十八條之二（船舶停航及復航之相關規定）

船舶除責令停航外，停航時，船舶所有人應申請航政機關許可；復航前，船舶所有人應申請航政機關施行檢查合格後，始得航行。

船舶停航期間不適用船舶檢查規定。船舶所有人應於申請停航時，將船舶檢查證書繳回航政機關。

第二十八條之三（船舶之航行安全得施行抽查及載運乘員人數之限制）

航政機關對中華民國船舶及非中華民國船舶經特許於中華民國各港口間運送客貨或從事非自用遊艇業務之航行安全事項，得施行抽查。

船舶除緊急救難外，不得載運超過航政機關核定之乘員人數。

第二十九條（於國外船舶之檢查）

第二十五條至第二十七條所定應施行特別檢查、定期檢查或臨時檢查之情形發生於國外時，船舶所有人或船長應向經主管機關委託之船舶所在地本國驗船機構申請施行檢查。

依前項規定特別檢查合格後，船舶所有人應檢附檢查報告申請船籍港航政機關核發或換發船舶檢查證書。

依第一項規定定期檢查或臨時檢查合格後，由該驗船機構於船舶檢查證書上簽署或註明之。

第三十條（適用國際公約船舶之檢查及船齡屆滿二十年之客船貨船提高檢查強度規定）

適用國際公約之船舶，應依各項國際公約之規定施行檢查，並具備公約規定之證書。

客、貨船船齡超過二十年者，應於相關國際公約證書有效期間內執行第二或第三週年相當期日施行等同於換發證書之檢查。

第三十條之一（建立船舶安全營運與防止污染管理制度）

下列船舶之所有人或承擔其安全營運與防止污染管理責任之機構，應於生效日起建立安全營運與防止污染管理制度並取得航政機關核發之評鑑合格證書：

一 總噸位一百以上或乘客定額超過一百五十人以上之客船。

二 總噸位五百以上之貨船。

三 其他經主管機關公告適用之船舶。

前項規定所稱生效日於第一款及第二款規定之船舶為本法中華民國一百零七年十一月六日修正之條文施行日起一年；第三款規定之船舶，為主管機關公告後一年。

安全營運與防止污染管理制度之內容、評鑑、豁免及等效、證書之申請、核發、補發、換發、註銷、撤銷或繳銷、評鑑費、證書費之收取、證書有效期間及其他應遵行事項之規則，由主管機關定之。

船舶具備主管機關委託之驗船機構核發國際船舶安全管理章程評鑑合格證明文件者，視為已依前項所定規則之評鑑合格，免再發相關證書。

第三十一條（船舶具備相關公約證書免發船舶檢查證書）

船舶具備國際公約證書，並經主管機關委託之驗船機構檢驗入級者，視為已依本章之規定檢查合格，免發船舶檢查證書。

第三十二條（自中華民國發航之非中華民國船舶之檢查）

非中華民國船舶自中華民國國際港口發航者，應由船長向該港之航政機關送驗船舶檢查或檢驗合格證明文件。

未依前項規定送驗船舶檢查、檢驗合格之證明文件或證明文件有效期間屆滿之非中華民國船舶，該港航政機關得命其限期改善，未改善完成前，不得離港。

船長不服前項命其限期改善或不得離港之處分者，得於五日內向該港航政機關提出申復。

第三十三條（裝載大量散裝固體液體氣體貨物或散裝貨油之船舶，應符合之條件）

裝載大量散裝固體、液體、氣體貨物或散裝貨油之船舶應符合下列條件：

一 本法中華民國一百零七年十一月六日修正之條文施行前建造或自國外輸入者，自修正施行日起一年後之第一次特別檢查起，應具備主管機關委託之驗船機構核發之適載文件，經航政機關特別檢查合格，並核發或換發證書。

二 本法中華民國一百零七年十一月六日修正之條文施行後建造或自國外輸入者，自修正施行日起一年後之第一次特別檢查起，應具備國際公約證書，且經主管機關委託之驗船機構檢驗入級。

三 總噸位未滿一百五十者裝載散裝液體、氣體貨物或散裝貨油，或總噸位未滿五百者裝載散裝固體貨物，自本法中華民國一百零七年十一月六日修正之條文施行日起一年後之第一次特別檢查起應具備造船技師核發之適載文件，經航政機關特別檢查合格並核發或換發證書者，免依前二款規定辦理。

前項第一款及第三款船舶如非屬載運散裝危險有毒化學液體或液化氣體之化學液體船或液化氣體船，經航政機關特別檢查合格後，免核發或換發證書，但應於船舶檢查證書註記。

第一項船舶之裝載條件、申請許可、構造與穩度、安全設備、豁免及等效、適載文件、文件費與證書費之收取及其他應遵行事項之規則，由主管機關定之。

第三十四條（載運危險品之船舶，應符合之條件）

載運危險品之船舶，應符合下列條件：

一 本法中華民國一百零七年十一月六日修正之條文施行前建造或自國外輸入者，自修正施行日起一年後之第一次特別檢查起，應具備主管機構委託之驗船機構核發之適載文件，經航政機關檢查合格並於船舶檢查證書註記。

二 本法中華民國一百零七年十一月六日修正之條文施行後建造或自國外輸入者，自修正施行日起一年後之第一次特別檢查起，應具備國際公約證書，且經主管機關委託之驗船機構檢驗入級。

三 總噸位未滿五百者，自本法中華民國一百零七年十一月六日修正之條文施行日起一年後之第一次特別檢查起，應具備造船技師核發之適載文件，經航政機關檢查合格並於船舶檢查證書註記者，免依前二款規定辦理。

船舶載運危險品之分類、識別、包裝、標記與標示、運輸文件、裝卸作業、豁免及等效、適載文件、文件費之收取及其他應遵行事項之規則，由主管機關定之。

第三十四條之一（危險品禁止攜帶或託運進入有載運乘客之客船）

除依前條或第五十六條所定規定外，危險品不得攜帶或託運進入有載運乘客之客船。

危險品名稱，由航政機關公告之。

第三十五條（船舶防火構造規則之訂定）

船舶之防火構造，應由船舶所有人或船長向船舶所在地航政機關申請檢查合格後，始得航行；其船舶防火構造之分級、各等級之防火構造及其他應遵行事項之規則，由主管機關定之。

第三十六條（船舶艙區劃分規則之訂定）

為確保船舶航行安全所需之穩度，船舶應經艙區劃分，並由船舶所有人或船長向船舶所在地航政機關申請檢查合格後，始得航行；其艙區劃分許可長度與特別條件、船舶於受損狀態下之穩度、艙區劃分之水密裝置及其他應遵行事項之規則由主管機關定之。

第三十七條（水翼船、氣墊船、高速船及其他經主管機關認可及公告採用國際章程之船舶管理規則之訂定）

水翼船、氣墊船、高速船及其他經主管機關認可及公告採用國際章程之船舶，應由船舶所有人或船長向船舶所在地航政機關申請檢查合格，取得證書後，始得航行；其檢查、構造、裝置、設備、乘客艙室、乘客定額、證書之核發、換（補）發、註銷、撤銷或繳銷、檢查費、證書費之收取及其他應遵行事項之規則由主管機關定之。

第三十八條（刪除）

第四章　船舶丈量

第三十九條（船舶丈量之申請）

船舶所有人應於請領船舶國籍證書前，向船舶所在地航政機關申請船舶丈量及核發船舶噸位證書。

第四十條（國外建造船舶之丈量機構）

船舶在國外建造或取得者，船舶所有人應請經主管機關委託之船舶所在地驗船機構丈量。

依前項規定丈量後之船舶，應由所有人向航政機關申請核發船舶噸位證書。

第四十一條（船舶免予重行丈量）

自國外輸入之船舶，其原丈量程式與中華民國丈量程式相同者，免予重行丈量。

自國外輸入之船舶，其原丈量程式與中華民國丈量程式不同者，仍應依規定申請丈量；船舶所有人於申請丈量、領有噸位證書前，得憑原船籍國之噸位證明文件，先行申請核發臨時船舶國籍證書。

第四十二條（船舶重行丈量）

船舶所有人於船舶登記後，遇有船身型式、佈置或容量變更或察覺丈量及噸位計算有錯誤時，應申請重行丈量並換發船舶噸位證書；其由航政機關發覺者，應由該機關重行丈量並換發船舶噸位證書。

第四十三條（自中華民國發航之非中華民國船舶噸位證書之送驗）

非中華民國船舶自中華民國港口發航者，應由船長向該港之航政機關，送驗該船舶之噸位證書。

未依前項規定送驗船舶噸位證書之非中華民國船舶，該港航政機關得命其限期改善，未改善完成前，不得離港。

船長不服前項命其限期改善或不得離港之處分者，得於五日內向該港航政機關提出申復。

第四十四條（船舶丈量規則之訂定）

船舶丈量之申請、丈量、總噸位與淨噸位之計算、船舶噸位證書之核發、換（補）發、廢止、撤銷或繳銷、丈量費與證書費之收取及其他應遵行事項之規則，由主管機關定之。

第五章　船舶載重線

第四十五條（載重之限制）

船舶載重線為最高吃水線，船舶航行時，其載重不得超過該線。

第四十六條（船舶應備載重線證書）

船舶應具備載重線證書。但依第五十一條所定規則規定在技術上無勘劃載重線必要者，不在此限。

第四十七條（載重線之勘劃及證書之發給）

船舶所有人應向船舶所在地航政機關申請勘劃載重線後，由該機關核發船舶載重線證書。

船舶載重線證書有效期間，以五年為限；船舶所有人應於期滿前重行申請特別檢查，並換領證書。

第四十八條（載重線之定期檢查）

船舶載重線經勘劃或特別檢查後，船舶所有人應於每屆滿一年之前後三個月內申請施行定期檢查；船舶所在地航政機關應於定期檢查合格後，在船舶載重線證書上簽署。

第四十九條（船舶航行之限制）

船舶有下列各款情形之一者，不得航行：

一　應勘劃載重線之船舶而未勘劃。

二　船舶載重線證書有效期間屆滿。

三　應重行勘劃載重線而未勘劃。

四　船舶載重超過船舶載重線證書所規定之最高吃水線。

第五十條（自中華民國發航之非中華民國船舶載重線證書或豁免證書之送驗）

依國際載重線公約或船籍國法律之規定應勘劃載重線之非中華民國船舶，自中華民國港口發航，該船船長應向該港航政機關，送驗該船舶之載重線證書或豁免證書。有下列各款情形之一者，該港航政機關得命其限期改善，未改善完成前，不得離港：

一　未能送驗船舶載重線證書或載重線豁免證書或證書失效。

二　船舶載重超過船舶載重線證書所規定之最高吃水線。

三　載重線之位置與船舶載重線證書所載不符。

四　應重行勘劃載重線而未勘劃。

船長不服前項命其限期改善或不得離港之處分者，得於五日內向該港航政機關提出申復。

第五十一條（船舶載重線勘劃規則之訂定）

船舶載重線之檢查、勘劃、船舶載重線證書之核發、換（補）發、廢止、撤銷或繳銷、航行國際間船舶勘劃載重線之條件、航行國際間船舶之乾舷、航行國際間裝載木材甲板貨物船舶之載重線、客船艙區劃分載重綫航行國內航綫船舶載重綫地帶區域與季節期間、勘劃費、證書費之收取及其他應遵行事項之規則，由主管機關定之。

第六章　客　船

第五十二條　（核發客船安全證書之申請）

客船所有人應向船舶所在地航政機關申請核發客船安全證書。非領有客船安全證書，不得搭載乘客。

航政機關依船舶設備水密艙區及防火構造，核定乘客定額及適航水域，並載明於客船安全證書。

客船搭載乘客不得超過依前項核定之乘客定額，並不得在依前項核定適航水域以外之水域搭載乘客。

第五十三條　（客船安全證書之有效期間及換發之申請）

客船安全證書之有效期間以一年為限，由航政機關視其適航性核定。

客船安全證書記載事項變更或證書之有效期間屆滿前一個月內，客船所有人應申請換發。

客船安全證書有效期間屆滿，於換發證書前，不得搭載乘客。

第五十四條　（刪除）

第五十五條　（載客客船安全證書之送驗）

非中華民國船舶在中華民國港口搭載乘客時，該船船長應向船舶所在地航政機關送驗客船安全證書，非經查明適航性，不得搭載乘客。

未依前項規定送驗客船安全證書之非中華民國船舶，該港航政機關得命其限期改善，未改善完成前，不得離港。

船長不服前項命其限期改善或不得離港之處分者，得於五日內向該港航政機關提出申復。

第五十六條　（客船管理規則之訂定）

客船之檢查與航前查驗、穩度、乘客艙室、乘客定額、淡水與膳宿、衛生設施、兼載貨物、應急準備、客船安全證書核發、換（補）發、廢止、撤銷或繳銷、檢查費與證書費之收取及其他應遵行事項之規則，由主管機關定之。

第五十七條　（貨船載客管理規則之訂定）

貨船應由船舶所有人或船長向航政機關申請檢查合格，取得貨船搭客證書後，始得兼搭載乘客；其乘客定額、乘客房艙、貨船搭客證書核發、換（補）發、註銷、撤銷或繳銷、檢查、收費與管理及其他應遵行事項之規則由主管機關定之。

第七章　遊　艇

第五十八條　（遊艇檢查丈量及登記註冊之辦理）

遊艇之檢查、丈量經主管機關認可之國內外機構驗證後，由遊艇所在地之航政機關辦理；其登記或註冊、發證由遊艇船籍港或註冊地航政機關辦理。

第五十九條　（遊艇檢查之種類及航行之條件）

遊艇檢查分特別檢查、定期檢查、臨時檢查及自主檢查。

遊艇符合下列規定者，始得航行：

一　檢查合格。

二　全船乘員人數未逾航政機關核定之定額。

三　依規定將設備整理完妥。

第六十條　（自用遊艇或船長未滿二十四公尺之非自用遊艇免勘劃載重線）

船長二十四公尺以上之非自用遊艇，應依第五章規定勘劃載重線；自用遊艇，免勘劃載重線。

第六十一條　（遊艇應申請特別檢查之情形）

遊艇有下列情形之一者，其所有人應申請施行特別檢查：

一　新船建造完成後。

二　自國外輸入。

三　船身經修改或換裝推進機器。

四　變更使用目的或型式。

五　特別檢查有效期間屆滿。

遊艇經特別檢查合格後，航政機關應核發或換發遊艇證書，其有效期間以五年為限。但全長未滿二十四公尺之自用遊艇，其遊艇證書無期間限制。

於本法中華民國一百零七年十一月六日修正之條文施行後建造或自國外輸入全長二十四公尺以上之非自用遊艇，應施行建造中特別檢查並經主管機關委託之驗船機構檢驗入級，或應具備建造中檢驗文件與輸入前之船級證書。

未施行建造中檢查之遊艇，不得變更為其他船舶種類。

第六十二條　（申請丈量遊艇船舶容積之時機）

遊艇所有人依前條第一項第一款至第三款規定申請施行特別檢查時，應依規定同時申請丈量船舶之容積。

第六十三條　（遊艇申請特別檢查及丈量，應檢送製造商之出廠或來源證明）

遊艇所有人申請前條特別檢查及丈量，應檢送製造商之出廠證明或來源證明。

前項證明包括船體結構相關圖說及主機來源證明。量產製造之遊艇經主管機關認可之驗證機構或造船技師簽證，遊艇所在地航政機關無須特別檢查，逕發遊艇證書。

第六十四條　（遊艇及新建遊艇特別檢查之範圍）

遊艇之特別檢查，應包括對船身、穩度、推進機器與軸系及安全設備之檢查。但新建遊艇之特別檢查應依據遊艇製造廠商之設計圖及安全設備檢查。

第六十五條　（遊艇所有人，應申請實施定期檢查之

遊艇）

下列遊艇之所有人，應自特別檢查合格之日起，每屆滿二年六個月之前後三個月內向遊艇所在地航政機關申請施行定期檢查：

一　非自用遊艇。

二　全長二十四公尺以上之自用遊艇。

三　全長未滿二十四公尺且乘員人數超過十二人之自用遊艇。

遊艇船齡在十二年以上者，應於船齡每屆滿一年前後三個月內申請實施定期檢查。

遊艇經定期檢查合格後，航政機關應於遊艇證書上簽署。

第六十六條（自用遊艇之自主檢查及備查）

遊艇船齡未滿十二年，全長未滿二十四公尺，且乘員人數十二人以下自用遊艇之所有人，應自遊艇特別檢查合格之日起每屆滿一年之前後三個月內，自主檢查並填報自主檢查表，併遊艇證書送船籍港或註冊地航政機關備查。

推進動力未滿十二瓩之自用遊艇，其所有人應自第一次特別檢查合格之日起每屆滿一年之前後三個月內，施行自主檢查並填報自主檢查表送航政機關備查，且不適用特別檢查及定期檢查施行期限規定。」

自用遊艇未依前二項規定辦理者，不得航行。

遊艇經依第二十七條第一項規定臨時檢查合格後，航政機關應於遊艇證書註明。

第六十七條（依遊艇噸位辦理登記或註冊）

遊艇於檢查合格及丈量後，所有人應於三個月內依下列規定向航政機關申請登記或註冊：

一　總噸位二十以上之遊艇，依船舶登記法規定辦理登記。

二　總噸位未滿二十之遊艇，依第七十一條所定規則辦理註冊。

前項第一款遊艇登記後，航政機關應核發船舶登記證書。

第六十八條（遊艇之註銷登記或註冊）

經登記或註冊之遊艇，遇滅失、報廢、喪失中華民國國籍、失蹤滿六個月或沉沒不能打撈修復者，遊艇所有人應自發覺或事實發生之日起四個月內，向船籍港或註冊地航政機關辦理遊艇註銷登記或註冊；其遊艇證書及船舶登記證書，除已遺失者外，並應繳銷。

第六十九條（未依規定註銷登記或註冊及繳銷證書之處置）

遊艇所有人未依前條規定申請註銷登記或註冊及繳銷證書，經船籍港或註冊地航政機關命於一個月內辦理，屆期仍不辦理而無正當理由者，得由該機關逕行註銷其登記或註冊，並註銷其遊艇證書及船舶登記證書。

第七十條（遊艇經營用途之限制）

遊艇不得經營客、貨運送、漁業，或供娛樂以外之用途。但得從事非漁業目的之釣魚活動。

自用或非中華民國遊艇，不得作為非自用遊艇使用。但非中華民國遊艇符合下列條件，並經主管機關核准者，不在此限：

一　第五條第二項第三款所定公司，承租全長十八公尺以上非中華民國遊艇。

二　依主管機關所定保險金額，投保責任保險。

三　檢附行政規費繳納收據及外國政府出具之適航證明文件。

遊艇活動未涉及入出境者，於出海前填具相關船舶、航行及人員等資訊，向出海港之海岸巡防機關以電子郵件、傳真或現場等方式報備；其相關表格、程序由海岸巡防機關定之。

遊艇入出國境涉及關務、入出境、檢疫、安全檢查程序及特許之辦法，由主管機關會同之。

第七十一條（遊艇管理規則之訂定）

遊艇所有人應依主管機關所定保險金額，投保責任保險；未投保者，不得出港。

遊艇之檢查、丈量、設備、限載乘員人數、投保金額、適航水域、遊艇證書、註冊、相關規費之收取及其他應遵行事項之規則，由主管機關定之。

各級商港、漁港、海岸、河川轄管機關，應於轄區適當地點設置遊艇停泊及遊艇拖吊升降區域，並依相關法令規劃建設及管理。

第七十二條（自用遊艇及非自用遊艇適用或準用之規定）

自用遊艇，除本章、第一章、第十五條之一第二項、第二十七條第一項、第二十八條、第二十八條之一、第二十八條之二第一項、第二十八條之三第一項、第二十九條第一項、第三十條第一項、第三十二條、第四十條第一項、第四十一條第一項與第二項前段、第八十四條第一項、第八十九條第一項、第九十一條、第九十二條第一項與第三項、第九十三條至第九十五條、第九十七條第一項第一款與第三項及第九十九條至第一百零二條規定外，不適用本法規定。

非自用遊艇，除本章、第一章、第十五條之一第二項、第二十七條第一項、第二十八條、第二十八條之一、第二十八條之二第一項、第二十八條之三第一項、第二十九條第一項、第三十條第一項、第三十二條、第四十條第一項、第四十一條第一項與第二項前段、第五章、第八十四條第一項、第八十九條第一項、第九十一條、第九十二條第一項與第三項、第九十三條至第九十五條、第九十七條第一項第一款與第三項及第九十九條至第一百零二條規定外，不適用本法規定。

自用遊艇及非自用遊艇準用第二十八條之二第二項規定並應將遊艇證書繳回航政機關。

第八章　小　船

第七十三條（小船檢查等之辦理）

小船之檢查、丈量由小船所在地航政機關辦理；其註冊給照由小船註冊地航政機關辦理；非經領有航政機關核發之小船執照，不得航行。

主管機關因業務需要得將小船檢查、丈量業務委託驗船機構或領有執照之合格造船技師辦理。

造船技師為小船之設計者，應迴避檢查丈量同一艘小船；未迴避委託檢查丈量者，除應終止委託外，其檢查丈量結果無效。

第一項由航政機關辦理之規定，其施行日期，由行政院定之。

第七十四條（小船檢查之類別）

小船之檢查，分特別檢查、定期檢查及臨時檢查。

小船符合下列規定者，始得航行：

一　檢查合格。

二　載客人數未逾航政機關依第八十一條規定核定之定額。

三　依規定將設備整理完妥。

第七十五條（小船特別檢查之情形）

小船有下列情形之一者，其所有人應申請施行特別檢查：

一　新船建造。

二　自國外輸入。

三　船身經修改或換裝推進機器。

四　變更使用目的或型式。

五　特別檢查有效期間屆滿。

小船經特別檢查合格後，航政機關應核發或換發小船執照。

第七十六條（新船建造之丈量）

小船有前條第一項第一款或第二款情形應申請丈量；經丈量之小船，因船身修改致船體容量變更者，應重行申請丈量。

第七十七條（新船建造之註冊、給照）

新建造或自國外輸入之小船，經特別檢查合格及丈量後，所有人應檢附檢查丈量證明文件，向航政機關申請註冊給照。

量產製造之小船，經主管機關委託之驗船機構辦理小船製造工廠認可、型式認可及產品認可者，小船所在地航政機關得不經特別檢查，逕依該驗船機構簽發之出廠檢驗合格證明註冊並發給執照。

第七十八條（小船應申請實施定期檢查之時限）

小船自特別檢查合格之日起，其所有人應依下列時限申請施行定期檢查：

一　載客動力小船應於每屆滿一年之前後三個月內。

二　非載客動力小船應於每屆滿二年之前後三個月內。

三　非動力小船應於每屆滿三年之前後三個月內。

四　載運引水人、提供研究或訓練使用之小船：每屆滿一年之前後三個月內。

小船經定期檢查合格後，航政機關應於小船執照簽署。

小船經依第二十七條第一項規定臨時檢查合格後，航政機關應於小船執照註明。

第七十九條（檢查丈量之申請）

小船所有人申請檢查、丈量，航政機關應派員前往就地實施或通知至指定港口辦理。

第八十條（最高吃水尺度之勘劃）

供載運客貨之小船，應勘劃最高吃水尺度，標明於船身舯部兩舷外板上。但因設計、構造、型式、用途或性能特殊未能勘劃經航政機關核准者，不在此限。

小船經勘劃有最高吃水尺度者，航行時其載重不得超過該尺度。

第八十一條（載運乘客之要件）

小船所有人應申請航政機關檢查核定乘客定額及適航水域，並註記於小船執照後，始得載運乘客。

載客小船船齡超過二十年者，自本法中華民國一百零七年十一月六日修正之條文施行日起一年後之第一次特別檢查起，應具備造船技師簽證有效期限不超過二年之船況評估方案報告。

第八十二條（小船適用或準用之規定）

小船，除本章、第一章、第十五條之一、第二十七條第一項、第二十八條、第二十八條之一第一項與第三項、第二十八條之二第一項、第二十八條之三、第四十條第一項、第四十一條第一項與第二項前段、第八十九條第一項、第九十條、第九十二條第一項與第三項、第九十三條、第九十四條、第九十七條第一項第一款及第九十八條至第一百零二條規定外，不適用本法之規定。

小船準用第二十八條之二第二項規定，並應將小船執照繳回航政機關。

載客小船準用第三十四條之一規定。

第八十三條（小船管理及檢查規則之訂定）

小船之乘客定額、應急準備、註冊、小船執照之核發、換（補）發、註銷或繳銷、規費之收取及其他應遵行事項之規則，由主管機關定之。

小船船體、主機、副機與艉軸系、電機設備、排水設備、舵機、錨機與繫泊設備、救生設備、消防設備與防火措施、起居與逃生設備、航海用具與其他附屬用具之檢查、丈量、檢查費與丈量費之收取及其他應遵行事項之規則，由主管機關定之。

第九章　驗船機構及驗船師

第八十四條（驗船機構辦理事項）

主管機關因業務需要，得委託驗船機構辦理下列事項：

一　船舶檢查、丈量及證書之發給。

二　各項國際公約規定之船舶檢驗及證書之發給。

三　船舶載重線之勘劃、查驗及證書之發給。

驗船機構受委託執行前項業務時，應僱用驗船師主持並簽證。

第八十五條（驗船師執業資格及執業期間限制）

中華民國國民經驗船師考試及格，向航政機關申請發給執業證書，始得執業。

驗船師執業期間，不得同時從事公民營船舶運送業、船務代理業或造船廠等與驗船師職責有關之工作。

第八十六條（驗船師執業證書之有效期間及證書之換發程序）

驗船師執業證書有效期間五年；領有該執業證書之驗船師，應於執業執照有效期間屆滿一個月前，檢具原領執業證書及服務經歷證明文件，申請換發執業證書。

＊（船長）海商二。

第八十七條（驗船師之消極資格）

有下列各款情形之一者，不得為驗船師；其已充任驗船師者，撤銷或廢止其驗船師執業證書：

一　犯內亂、外患罪，經判決確定。

二　因業務上有關之犯罪行為，受一年有期徒刑以上刑之判決確定，而未宣告緩刑。

三　依考試法規定，經撤銷或廢止考試及格資格。

四　受監護或輔助之宣告，尚未撤銷。

五　受破產之宣告，尚未復權。

第八十八條（驗船師執業證書之核發等事項辦法之訂定）

驗船師執業證書之核發、換（補）發、廢止、撤銷或繳銷，規費之收取及其他應遵行事項之辦法，由主管機關定之。

第十章　罰　則

第八十九條（違規停泊港口之處罰）

違反第八條規定者，由航政機關處船舶所有人、船長、遊艇駕駛或小船駕駛新臺幣三萬元以上三十萬元以下罰鍰，並得命其立即離港。

違反第三十條之一第一項規定者，其船舶禁止航行。違規航行者，得由航政機關處承擔安全營運與防止污染管理責任之機構負責人或船舶所有人新臺幣三萬元以上十五萬元以下罰鍰。

第九十條（罰則㈠）

船舶違反第二十八條之三第二項規定者，由航政機關處船舶所有人、船長或小船駕駛新臺幣一萬五千元以上十五萬元以下罰鍰，並命其禁止航行及限期改善；改善完成後，始得放行。

違反第五十二條第三項或第七十四條第二項第二款規定者，由航政機關處客船所有人、載客小船所有人、船長或小船駕駛新臺幣一萬五千元以上十五萬元以下罰鍰，並命其禁止航行及限期改善；改善完成後，始得放行。

違反第三十四條之一第一項規定，攜帶或託運危險品進入有載運乘客之客船者，處新臺幣二萬元以上十萬元以下罰鍰。

第九十一條（罰則㈡）

違反第五十九條第二項第二款、第七十條第一項或第二項規定者，由航政機關處遊艇所有人或遊艇駕駛新臺幣一萬五千元以上十五萬元以下罰鍰，並命其禁止航行及限期改善；改善完成後，始得放行。

違反第六十六條第一項至第三項規定者，由航政機關處遊艇所有人新臺幣三千元以上三萬元以下罰鍰，並命其禁止航行及限期改善；改善完成後始得放行。

第九十二條（罰則㈢）

違反第十五條第一項、第二十五條、第二十六條第一項、第二十七條第一項、第三十條、第三十九條、第四十二條前段、第五十三條第二項規定者，由航政機關處船舶所有人新臺幣六千元以上六萬元以下罰鍰，並命其禁止航行及限期改善；改善完成後，始得放行。

違反第二十三條第三項、第三十七條前段、第四十九條、第五十二條第一項、第五十三條第三項或第五十七條前段規定者，由航政機關處船舶所有人或船長新臺幣六千元以上六萬元以下罰鍰，並命其禁止航行及限期改善；改善完成後，始得放行。

船舶所有人、船長、遊艇駕駛或小船駕駛拒絕航政機關依第二十八條之三第一項規定對船舶施行抽查，處新臺幣六千元以上六萬元以下罰鍰；經航政機關抽查有適航性疑義時，並命其禁止航行及限期改善；改善完成後，始得放行。

第九十三條（罰則㈣）

違反第九條規定者，由航政機關處船舶所有人、船長、遊艇駕駛或小船駕駛新臺幣六千元以上六萬元以下罰鍰，並得命其限期改善。

違反第十一條第一項或第三項規定者，由航政機關處船舶所有人新臺幣六千元以上六萬元以下罰鍰，並得命其限期改善。

第九十四條（罰則㈤）

違反第六條、第七條或停止航行命令者，由航政機關處船舶所有人、船長、遊艇駕駛或小船駕駛新臺幣六千元以上六萬元以下罰鍰，並命其限期改善。

未依第二十條第二項規定或違反第十一條第三項所定期限申請船舶變更登記或註冊或換發船舶相關證書，由航政機關處船舶所有人新臺幣六千元以上六萬元以下罰鍰。

第九十五條（罰則㈥）

違反第六十一條第一項、第六十二條、第六十五條第一項、第二項、第六十七條第一項或第六十八條規定者，由航政機關處遊艇所有人新臺幣六千元以上六萬元以下罰鍰。

第九十六條（驗船師違法執業等之處罰）

驗船師違反第八十五條或第八十六條規定者，由航政機關處新臺幣六千元以上六萬元以下罰鍰。

第九十七條（罰則㈦）

有下列情形之一者，由航政機關處船舶所有人新臺幣三千元以上三萬元以下罰鍰：

一　違反第十條第一項至第三項或第十四條規定而未申請變更、註冊。

二　違反第十七條規定未於領得臨時船舶國籍證書之日起三個月內為船舶所有權登記。

違反第十八條規定未於領得臨時船舶國籍證書之日起三個月內申請換發或補發船舶國籍證書，由航政機關處船舶所有人或船長新臺幣三千元以上三萬元以下罰鍰。

違反第五十九條第二項第一款或第三款規定，由航政機關處遊艇所有人或遊艇駕駛新臺幣三千元以上三萬元以下罰鍰。

第九十八條（罰則㈧）

有下列情形之一者，由航政機關處小船所有人或小船駕駛新臺幣三千元以上三萬元以下罰鍰：

一　違反第七十三條第一項後段規定，未經領有航政機關核發之小船執照而航行。

三　違反第七十四條第二項第一款、第三款或第八十條第三項規定。

違反第七十五條第一項、第七十六條、第七十七條第一項、第七十八條第一項或第八十一條規定，由航政機關處小船所有人新臺幣三千元以上三萬元以下罰鍰。

第九十九條（停航處分）

同一船舶所有人、船長、遊艇駕駛或小船駕駛在一年內有第九十條至第九十二條、第九十四條、第九十五條、第九十七條或第九十八條所列同一行為，經航政機關處分二次以上者，得併予該船七日以上一個月以下之停航處分。

第一百條（準用範圍）

本法關於船長或駕駛之規定，於代理船長、駕駛或執行其職務者準用之。

代理船長、駕駛或執行其職務者，違反前項準用規定者，依第八十九條至第九十四條、第九十八條或第九十九條規定處罰。

本法關於船舶所有人於第八條、第二十八條之三、第三十條之一、第三十四條之一、第五十二條第三項、第五十九條第二項、第七十條、第七十四條第二項規定，於船舶租用人準用之。

船舶租用人違反前項準用規定者，依第八十九條、第九十條、第九十一條第一項、第九十七條、第九十八條或第九十九條規定處罰。

第十一章　附則

第一百零一條（有關船舶技術與管理規則或辦法之訂定）

其他有關船舶技術與管理規則或辦法，主管機關得參照有關國際公約或協定及其附約所訂標準、建議、辦法或程式，予以採用，並發布施行。

第一百零一條之一（海事評議與調查之執行及未完成調查前航政機關得限制船舶及船上人員離境之規定）

海難事故行政調查由航政機關辦理，並得依職權或當事人之申請辦理海事評議。

前項調查人員，於出示證件後，得登臨船舶進行調查或鑑定、訪談相關人員或要求提供調查所需之文書或物品，受訪者應據實陳述，無正當理由不得規避、妨礙或拒絕。

第一項調查未完成前，航政機關得管制船舶出港或函請內政部移民署限制船上人員出境。航政機關應同時以書面敘明理由並附記救濟程序通知當事人，依法送達。

經管制出港之船舶及限制出境之船上人員，航政機關應於完成調查後，即解除出港管制或函請內政部移民署解除其出境限制。

航政機關為辦理海事評議，得設置海事評議小組，其任務包括船舶沉沒、碰撞、觸礁或其他意外事故等重大海事案件之評議。

前項海事評議小組之組成、調查程序、評議方式、收費及其他應遵行事項之規則，由主管機關定之。

第一百零二條（施行日期）

本法除另定施行日期者外，自公布日施行。

船員法

民國八十八年六月二十三日總統令公布
九十一年一月三十日總統令修正公布
九十八年七月八日總統令修正公布
一百年二月一日總統令修正公布
一百年六月二十九日總統令修正公布
一百零三年六月十八日總統令修正公布
一百零三年十二月二十四日總統令修正公布
一百一十年四月二十八日總統令修正公布第四四、五〇、五一、五四、五五、八七條條文

第一章 總則

第一條（立法目的）

為保障船員權益，維護船員身心健康，加強船員培訓及調和勞雇關係，促進航業發展；並加強遊艇駕駛與動力小船駕駛之培訓及管理，以推動遊艇活動發展，特制定本法。

第二條（用詞定義）

本法用詞，定義如下：

一 船舶：指在水面或水中供航行之船舶。
二 遊艇：指專供娛樂，不以從事客、貨運送或漁業為目的，以機械為主動力或輔助動力之船舶。
三 動力小船：指裝有機械用以航行，且總噸位未滿二十之動力船舶。
四 雇用人：指船舶所有權人及其他有權僱用船員之人。
五 船員：指船長及海員。
六 船長：指受雇用人僱用，主管船舶一切事務之人員。
七 海員：指受雇用人僱用，由船長指揮服務於船舶上之人員。
八 甲級船員：指持有主管機關核發適任證書之航行員、輪機員、船舶電信人員及其他經主管機關認可之船員。
九 乙級船員：指甲級船員以外經主管機關認可之船員。
十 實習生：指上船實習甲級船員職務之人員。
十一 見習生：指上船見習乙級船員職務之人員。
十二 薪資：指船員於正常工作時間內所獲得之報酬。
十三 津貼：指船員薪資以外之航行補貼、固定加班費及其他名義之經常性給付。
十四 薪津：包括薪資及津貼，薪資應占薪津總數額百分之五十以上。
十五 特別獎金：包括特別工作而獲得之報酬、非固定加班費、年終獎金及因雇用人營運上獲利而發給之獎金。
十六 平均薪資：指船員在船最後三個月薪資總額除以三所得之數額；工作未滿三個月者，以工作期間所得薪資總額除以工作期間總日數，乘以三十所得之數額。
十七 平均薪津：指船員在船最後三個月薪資及津貼總額除以三所得之數額；工作未滿三個月者，以工作期間所得薪資及津貼總額除以工作期間總日數，乘以三十所得之數額。
十八 遊艇駕駛：指駕駛遊艇之人員。
十九 動力小船駕駛：指駕駛動力小船之人員。
二十 助手：指隨船協助遊艇或動力小船駕駛處理相關事務之人員。

第三條（不適用本法規定之船員）

下列船舶之船員，除有關航行安全及海難處理外，不適用本法之規定：

一 軍事建制之艦艇。
二 海岸巡防機關之艦艇。
三 漁船。

前項各款外專用於公務用船舶之船員，除有關船員之資格、執業與培訓、航行安全及海難處理外，不適用本法之規定。

第四條（主管機關）

本法之主管機關為交通部，其業務由航政機關辦理。

第二章 船員之資格、執業與培訓

第五條（船員之最低年齡及船長之資格）

船員應年滿十六歲。

船長應為中華民國國民。

第六條（船員之資格）

船員資格應符合航海人員訓練、發證及當值標準國際公約與其他各項國際公約規定，並經航海人員考試及格或船員訓練檢覈合格。外國人申請在中華民國籍船舶擔任船員之資格，亦同。

前項船員訓練、檢覈、證書核發之申請、廢止、外國人之受訓人數比率與其他相關事項辦法，由主管機關定之。

違反槍砲彈藥刀械管制條例、懲治走私條例或毒品危害防制條例之罪，經判決有期徒刑六個月以上確定者，不得擔任船員。

第七條（船員之適任證書）

具有前條資格者，應向航政機關提出申請，並經主管機關核發適任證書，始得執業。

第八條（體格及健康檢查）

船員應經體格檢查合格，並依規定領有船員服務手冊，始得在船上服務。

已在船上服務之船員，應接受定期健康檢查；經檢查

不合格或拒不接受檢查者不得在船上服務

前項船員健康檢查費用，由雇用人負擔。

船員體格檢查及健康檢查應由符合規定條件之醫療機構或本事業單位所設置醫療單位為之；其檢查紀錄應予保存。

船員體格檢查、健康檢查及醫療機構應符合之條件等相關事項之辦法，由主管機關會同中央勞動及衛生福利主管機關定之。

第九條（培育教育及學生實習）

主管機關為培育船員，應商請教育部設置或調整海事校院及其有關系科。

航政機關應協助安排海事校院學生上船實習，船舶所有權人及其他有權僱用船員之人無正當理由不得拒絕。

第十條（職業訓練）

航政機關為培養海運技術人才，提高船員工作技能，促進國民就業，應設立船員職業訓練中心或輔導設立相關專業機構，並得自行或委託相關專業機構，辦理船員之職前及在職進修之訓練。

前項訓練所需經費，除由航政機關編列預算支應外，得由船員或雇用人支付。

第十條之一（船員訓練相關規則之訂定）

前條第一項專業機構辦理船員訓練之計畫書、學員與教師資格、訓練課程、設施與費用、證照費收取、訓練管理業務及其他相關事項之規則，由主管機關定之。

航政機關得派員督導專業機構辦理船員訓練業務，專業機構不得規避、妨礙或拒絕。

第十一條（船員參加訓練或資格考試雇用人之配合）

船員依規定參加航政機關辦理之訓練或船員執業資格考試時，雇用人應作適當之配合。

第三章　船員僱用

第十二條（僱傭契約之簽訂）

雇用人僱用船員，應簽訂書面僱傭契約，送請航政機關備查後，受僱船員始得在船上服務。僱傭契約終止時，亦同。

第十三條（僱傭契約範本）

雇用人僱用船員僱傭契約範本，由航政機關定之。

第十四條（未成年人之僱用）

雇用人僱用未成年之船員，應得法定代理人之書面允許。

第十五條（法令規章、藥品及醫療設備之備置）

雇用人應於船上備置有關法令規章、必要之藥品及醫療設備。

前項備置標準，由主管機關定之。

第十六條（備置物品）

雇用人應提供質量適當之食物、臥室、寢具、餐具及工作護具與適應天候之工作服、工作帽與工作鞋等。

第十七條（船員工作守則之訂定）

雇用人應訂定船員工作守則，報請航政機關備查。

船員應遵守雇用人在其業務監督範圍內所為之指示。

第十八條（服從命令與在船義務）

上級船員就其監督範圍內所發命令，下級船員有服從之義務。但有意見時，得陳述之。

船員非經許可，不得擅自離船。

第十九條（僱傭契約法定終止原因及例外）

船舶沉沒、失蹤或完全失去安全航行能力者，僱傭契約即告終止。但船員生還者，不在此限。

船員因施救船舶、人命或貨物之緊急措施必須工作者，其工作期間僱傭契約繼續有效。

第一項船員生還者，雇用人已無他船或職位可供船員繼續工作時，得終止僱傭契約，並依第三十九條之規定發給資遣費。

船舶於二個月內無存在消息者，以失蹤論。

第二十條（雇用人得終止僱傭契約之情事）

船員有下列情事之一者，雇用人得終止僱傭契約：

一　訂立僱傭契約時，為虛偽意思表示，使雇用人誤信而有損害之虞。

二　對於雇用人、雇用人之代理人、其他共同工作人或以上人員之家屬實施暴行或有重大侮辱、恐嚇行為。

三　受有期徒刑以上刑之宣告確定，而未諭知緩刑或易科罰金。

四　違反僱傭契約或船員工作守則，情節重大。

五　故意損毀或竊取船舶設備、屬具或貨物。

六　無正當理由不遵守雇用人或船長之指示上船。

雇用人依前項規定終止僱傭契約時，應以書面通知船員。

雇用人依第一項第一款、第二款及第四款至第六款規定終止僱傭契約者，應自知悉其情形之日起，三十日內為之。

第二十一條（船員得終止僱傭契約之情事）

有下列情事之一者，船員得終止僱傭契約：

一　船舶喪失國籍。

二　訂定僱傭契約時，雇用人為虛偽意思表示，使船員誤信而有受損害之虞。

三　船員因身心狀況違常，經醫師出具不適宜繼續工作之診斷書。

四　雇用人、雇用人之代理人或以上人員之家屬對船員實施暴行或有重大侮辱、恐嚇行為。

五　工作環境對船員健康有危害之虞，經通知改

六　雇用人或其代理人違反契約或法令，致有損害船員權益之虞。
七　雇用人不依契約給付薪津。
八　船上其他共同工作人患有法定傳染病，有傳染之虞。

第二十二條（得預告終止僱傭契約之情形及期間）

非有下列情形之一者，雇用人不得預告終止僱傭契約：
一　歇業或轉讓時。
二　虧損或業務緊縮時。
三　不可抗力暫停工作在一個月以上時。
四　業務性質變更，有減少船員之必要，又無適當工作可供安置時。
五　對於所擔任之工作確不能勝任時。

雇用人依前項規定終止僱傭契約，其預告期間依下列各款之規定：
一　繼續工作三個月以上一年未滿者，於十日前預告之。
二　繼續工作一年以上三年未滿者，於二十日前預告之。
三　繼續工作三年以上者，於三十日前預告之。

船員在產假期間或執行職務致傷病之醫療期間，雇用人不得終止僱傭契約。但雇用人因天災、事變或不可抗力致事業不能繼續或船舶沈沒、失蹤或已完全失去安全航行之能力時，不在此限。

雇用人未依第二項規定期間預告而終止契約者，應給付預告期間之薪資。

不定期僱傭契約之船員終止僱傭契約時，應準用第二項規定預告雇用人或船長。定期僱傭契約之船員終止僱傭契約時，應在一個月前預告雇用人或船長。」

雇用人經徵得船員同意，於雇用人所屬船舶間調動，另立新約前，原僱傭契約仍繼續有效。

第二十三條（傭期屆滿之終止）

定期僱傭契約，其期限於航行中屆滿者，以船舶到達第一港後經過四十八小時為終止。

第二十四條（船員工作年資合併計算及例外）

僱傭契約因故停止履行後，繼續履行原約或定期僱傭契約屆滿後未滿三個月又另訂定新約時，船員前後工作年資應合併計算。船員工作年資之計算應包括船員在同船舶或同一公司法人所屬或經營之不同船舶之工作年資。但曾因僱傭契約終止領取辭退金或退休金者，不在此限。

第二十五條（外國人僱用我國船員之限制）

外國雇用人僱用中華民國船員，應向航政機關申請，經審核許可，始得僱用；其申請資格與程序、許可條件、廢止、職責、僱用、僱傭管理及其他相關事項之辦法，由主管機關定之。

第二十五條之一（雇用人僱用外國籍船員之許可）

雇用人僱用外國籍船員，應向航政機關申請許可，始得僱用；其申請資格與程序、許可條件、廢止、職責、僱用、僱傭管理、受僱人數比率及其他相關事項規則，由主管機關定之。

第二十五條之二（各級船員實習生、見習生及外國籍實習生上船服務之許可）

甲級船員、乙級船員實習生、見習生及外國籍實習生上船服務，應向航政機關申請許可；其申請資格與程序、許可之廢止、僱用、職責、外國籍實習生之實習人數比率、航行應遵守事項管理及其他相關事項規則，由主管機關定之。

第四章　勞動條件與福利

第二十六條（船員之報酬）

船員之報酬包含薪津及特別獎金。

雇用人不得預扣船員報酬作為賠償費用。

第二十七條（船員薪資、岸薪、加班費之最低標準）

船員之薪資、岸薪及加班費之最低標準，由主管機關定之。

前項最低薪資不得低於勞動基準法所定之基本工資。

第二十八條（夜間工作應提供安全防護措施；未滿十八歲船員夜間工作之禁止）

船員在午後八時至翌晨六時之時間內工作，雇用人應提供必要之夜間安全防護措施。

雇用人不得使未滿十八歲之船員於前項時間內工作。

第二十九條（懷孕女性船員之僱用及工作）

雇用人僱用懷孕中或分娩後未滿八週之女性船員在船工作，應參採醫師綜合評估其體格檢查結果之建議，並提供必要之母性健康保護措施。

女性船員在船舶航行中判明懷孕，應由雇用人提供必要之母性健康保護措施後，從事較輕便及對航行安全有必要之工作；雇用人不得減少其原本得領受之各項報酬。

第三十條（刪除）

第三十一條（從事危險性或有害性工作之限制）

雇用人不得使未滿十八歲之船員從事有危險性或有害性之工作。

雇用人使有下列情形之一之女性船員，從事有危險性或有害性之工作，應經醫師適性評估建議，並提供必要之健康及安全防護措施：
一　懷孕中。
二　分娩後一年以內。

前項危險性或有害性工作之認定標準，由主管機關定之。

雇用人應將女性船員因懷孕分娩或其他因素自行離開職場之人數及比率等相關統計資料，按月報請航政機關備查。

第三十二條（每週工作總時數及例外）

船員正常工作時間，以每週工作總時數四十四小時為準。但因航行需要參加航行當值輪班者，不在此限。」

船員每週工作總時數超過四十四小時者視為加班，雇用人應給予加班費。

第三十三條（船員之例假及例外）

船員每七日中至少應有一日之休息，作為例假。但因航行需要仍應參加航行當值輪班者，不在此限。

前項但書情形，雇用人應另行安排輪休。

第三十四條（國定假日及航海節工作之加班費）

國定假日及航海節因航行需要，船長得安排船員參加航行當值輪班、進出港餐勤等必要工作。但雇用人應按平日薪資發給假日加班費。

第三十五條（延長工作時間）

基於航行需要延長工作時間，船員應於加班前先填寫加班申請單，經船長或部門主管簽認後施行。

第三十六條（加班費數額之計算）

僱傭契約得約定船員之加班費數額，按照船員之平日每小時薪資標準計算，列為固定加班費發給船員。但計算時數，每月至少應等於八十五工作小時。

第三十七條（有給年休）

船員在船上服務滿一年，雇用人應給予有給年休三十天，未滿一年者，按其服務月數比例計之。

雇用人經徵得船員同意於有給年休日工作者，應加發一日薪津。有給年休因年度終結或終止契約而未休者，其應休未休之日數，雇用人應發給薪津。

第三十八條（在岸候船、受訓、考試之支給薪資）

船員於簽訂僱傭契約後，在岸上等候派船期間，雇用人應發給相當於薪資之報酬。

雇用人選派船員參加訓練或考試期間，應支給相當於薪資之報酬。

第三十九條（資遣費發給之條件、例外及標準）

雇用人依第二十二條第一項、第三項但書或非可歸責於船員之事由終止僱傭契約時，應依下列規定發給資遣費。但經船員同意在原雇用人所屬船舶間調動時，不在此限：

一　按月給付報酬者，加給平均薪資三個月。

二　按航次給付報酬者，發給報酬全額。

三　船員在同一雇用人所屬船舶繼續工作滿三年者，除依第一款規定給付外，自第四年起，每逾一年另加給平均薪資一個月，不足一年部分比例計給之，未滿一個月者以一個月計。

第四十條（護送回僱傭地之義務）

船員於受僱地以外，其僱傭契約終止時，不論任何原因，雇用人及船長有護送回僱傭地之義務；其因受傷或患病而上岸者，亦同。

前項護送回僱傭地之義務，包括運送、居住、食物及其他必要費用之負擔。

船員因個人事由被護送回僱傭地時，雇用人得要求其負擔前項之費用。

第四十一條（醫療費用之負擔）

船員於服務期間內受傷或患病者，由雇用人負擔醫療費用。但因酗酒、重大過失或不守紀律所致之非職業傷病者，不在此限。

第四十二條（醫療費用之停止負擔）

船員非因執行職務而受傷或患病已逾十六週者，雇用人得停止醫療費用之負擔。

第四十三條（傷病支薪）

雇用人負擔醫療費用之期間內，仍應支給原薪津。

第四十四條（失能補償及失能補助金）

船員因執行職務而受傷或患病，雖已痊癒而成失能或逾二年仍未痊癒者，經符合規定條件之醫療機構診斷審定其遺存障害者，雇用人應按其平均薪資及失能程度，一次給與失能補償；失能補償給付標準，依勞工保險條例有關之規定。

船員之遺存障害等級，經指定醫師評定為百分之五十或以上，且符合勞工保險條例失能等級第七級以上或第十一級以上，並證明永久不適任船上任何職位者，應按最高等級給與失能補助金。

第四十五條（死亡補償）

船員在服務期間非因執行職務死亡或非因執行職務受傷、患病而死亡時，雇用人應一次給與其遺屬平均薪津二十個月之死亡補償。

第四十六條（加給死亡補償）

船員因執行職務死亡或因執行職務受傷、患病死亡時，雇用人應一次給與其遺屬平均薪津四十個月之死亡補償。

船舶沉沒或失蹤致船員失蹤時，雇用人應按前項規定給與其遺屬死亡補償。

第四十七條（受領死亡補償之順位）

船員遺屬受領死亡補償之順位如下：

一　配偶及子女。

二　父母。

三　祖父母。

四　孫子女。

五　兄弟姐妹。

第四十八條（喪葬費）

船員在服務期間死亡者，雇用人應給與平均薪資六個月之喪葬費。

第四十九條（船長傷、病、死亡之推定）

船長在服務期間受傷、患病或死亡，推定其為執行職務所致。但因其重大過失或不守紀律受傷患病或死亡者，不適用之。

第五十條（請求權短期消滅時效、給付期限）

第四十一條醫療費用、第四十四條失能補償、第四十五條及第四十六條死亡補償及第四十八條喪葬費，其請求權自得請領之日起因二年間不行使而消滅。

前項請求權不因船員之離職而受影響，且不得讓與、抵銷、抵充、扣押或擔保。

雇用人依第四十六條及第四十八條規定給與船員遺屬之死亡補償及喪葬費，死亡補償應自請領之日起算十五日內，喪葬費應自請領之日起算三日內給付。

第五十一條（得申請退休之情形）

船員有下列情形之一者，得申請退休：

一　在船服務年資十年以上，年滿五十五歲。

二　在船服務年資二十年以上。

船員有下列情形之一者，雇用人得強迫退休：

一　年滿六十五歲。

二　受監護、輔助宣告。

三　依勞工保險條例所認定失能等級，達到永久不適任船上任何職位。

年滿六十五歲船員，合於船員體格檢查標準，得受僱之。

本法施行前之船員工作年資，其退休金給與標準，依本法施行前之海商法規定計算。

第五十二條（投保義務）

為保障船員生活之安定與安全，雇用人應為所雇用之船員及儲備船員投保勞工保險及全民健康保險。

第五十三條（勞工退休金條例之適用）

為保障船員退休權益，本國籍船員之退休金事項，適用勞工退休金條例之退休金制度。但依勞工退休金條例第九條規定，未選擇適用勞工退休金條例之退休金制度者，不在此限。

前項但書人員之退休金給與基準，其屬本法施行前之工作年資，依第五十一條第四項規定計算，其屬本法施行後之工作年資，依勞動基準法第五十五條規定計算。

船員適用勞工退休金條例之退休金制度後，仍受僱於同一雇用人者，其適用前之工作年資，應予保留，其退休金給與基準，屬本法施行前之工作年資，依第五十一條第四項規定計算；屬本法施行後，勞工退休金條例施行前之工作年資，依勞動基準法第五十五條規定計算。

雇用人應依勞動基準法第五十六條規定，為前二項船員提撥勞工退休準備金。

船員適用勞工退休金條例之退休金制度者，其資遣費仍依第三十九條及第五十四條規定發給。

船員受僱於同一雇用人從事岸上工作之年資，應併計作為退休要件，並各依最後在船、在岸之勞動基準法第二條所定平均工資計算退休金。

船員請領退休金之權利，自退休之次月起，因五年間不行使而消滅。

第五十四條（各項費用、補償之支給標準）

依本法給與之資遣費、加班費、失能補償、死亡補償、傷病治療期間支給之薪津、喪葬費低於勞動基準法所定資遣費、延長工作時間之工資、職業災害補償之給付金額時，依勞動基準法所定標準支給。

第五十五條（投保責任保險）

雇用人依本法應支付之醫療費用、失能補償、死亡補償及喪葬費，應投保責任保險。

第五十六條（職工福利金）

雇用人依據職工福利金條例提撥職工福利金，辦理職工福利事業時，所雇用之船員與儲備船員應予以納入。

第五十七條（船員福利設施）

航政機關得在適當港口輔導設置包括船員福利、文化、娛樂和資訊設備之船員福利設施。

第五章　船　長

第五十八條（船長指揮權）

船舶之指揮，由船長負責；船長為執行職務，有命令與管理在船海員及在船上其他人員之權。

船長為維護船舶安全，保障他人生命或身體，對於船上可能發生之危害，得為必要處置。

第五十九條（緊急處分權）

船長在航行中，為維持船上治安及保障國家法益，得為緊急處分。

第六十條（文書文件之置備及送驗義務）

船長在船舶上應置備船舶文書及有關載客載貨之各項文件。

航政機關依法查閱前項船舶文書及文件時，船長應即送驗。

第六十一條（檢查船舶及航海準備之義務）

船長於船舶發航前及發航時，應依規定檢查船舶及完成航海準備。

第六十二條（航程遵守義務）

船長非因事變或不可抗力，不得變更船舶預定航程。

第六十三條（開艙卸貨之限制）

船長除有必要外，不得開艙或卸載貨物。

第六十四條（航行中船長解除或中止職務之禁止）

船長在航行中，其僱用期限已屆滿，不得自行解除或中止其職務。

第六十五條（處置遺物義務）

在船人員死亡或失蹤時，其遺留於船上之財物，船長應以最有利於繼承人之方法處置之。

第六十六條（海事報告義務）

船長遇船舶沈沒、擱淺、碰撞、強迫停泊或其他意外事故及有關船舶貨載海員或旅客之非常事變時，應作成海事報告，載明實在情況檢送航政機關。

前項海事報告應有海員或旅客之證明，始生效力。但其報告係船長於遭難獨身脫險後作成者，不在此限。

第六十七條（船長注意義務）

船長對於執行職務中之過失應負責任；如主張無過失時，應負舉證之責任。

第六十八條（船長之代理）

船舶在航行中，船長死亡或因故不能執行職務而未有繼任人時，應由從事駕駛之海員中職位最高之一人代理執行其職務。

第六章　航行安全與海難處理

第六十九條（私運貨物之禁止及處理）

船員不得利用船舶私運貨物，如私運之貨物為違禁品或有致船舶、人員或貨載受害之虞者，船長或雇用人得將貨物投棄。

船員攜帶武器、爆炸物或其他危險物品上船，船長或雇用人有權處置或投棄。

前二項處置或投棄，應選擇對海域污染最少之方式及地點為之。

第七十條（遵守航行避碰規定）

當值船員，應遵守航行避碰規定，並依規定鳴放音響或懸示信號。

第七十條之一（船員最低安全配置標準）

為維護船舶及航行安全，雇用人應依規定配置足夠之合格船員，始得開航。

前項各航線種類、大小之航行船舶船員最低安全配置標準，由主管機關定之。

第七十一條（有礙航行事項之報告義務）

船長於本航次航路上發現油污損害、新生沙灘、暗礁、重大氣象變化或其他事故有礙航行者，應報告航政機關。

第七十二條（海難或意外事故之處理）

船舶發生海難或其他意外事故，船長應立即採取防止危險之緊急措施，並應以優先方法報告航政機關，以便施救。

船舶因海難或其他意外事故致擱淺、沈沒或故障時，船長除應依前項規定處理外，並應防止油污排洩，避免海岸及水域遭受油污損害。

第七十三條（棄船諮詢義務）

船舶有急迫危險時，船長應盡力採取必要之措施，救助人命、船舶及貨載。

船長在航行中不論遇何危險，非經諮詢各重要海員之意見，不得放棄船舶。但船長有最後決定權。

放棄船舶時，船長應盡力將旅客、海員、船舶文書、郵件、金錢及貴重物救出。

船長違反第一項、第二項規定者，就自己所採措施負其責任。

第七十四條（船舶發生碰撞之處置）

船舶碰撞後，各碰撞船舶之船長於不甚危害其船舶、海員或旅客之範圍內，對於其他船舶船員及旅客應盡力救助。

各該船長除有不可抗力之情形外，在未確知繼續救助為無益前，應停留於發生災難之處所。

各該船長應於可能範圍內，將其船名、船籍港、開來及開往之港口通知他船舶。

第七十五條（救助危難之人義務）

船長於不甚危害船舶、海員、旅客之範圍內，對於淹沒或其他危難之人，應盡力救助。

第六章之一　遊艇與動力小船之駕駛及助手

第七十五條之一（遊艇及動力小船駕駛之年齡限制）

遊艇及動力小船駕駛須年滿十八歲，其最高年齡除本法另有規定者外，不受限制。

營業用動力小船駕駛之最高年齡不得超過六十五歲。但合於體格檢查標準且於最近一年內未有違反航行安全而受處分紀錄者，得延長至年滿六十八歲止。

助手須年滿十六歲，最高年齡不受限制。但營業用動力小船駕駛之年齡超過六十五歲者，其助手年齡不得超過六十五歲。

第七十五條之二（遊艇及動力小船駕駛之資格限制）

遊艇及動力小船駕駛應經體格檢查合格，並依規定領有駕駛執照，始得駕駛。

違反槍砲彈藥刀械管制條例、懲治走私條例或毒品危害防制條例之罪，經判決有期徒刑六個月以上確定者，不得擔任遊艇及動力小船駕駛。

第七十五條之三（遊艇及動力小船應配置合格駕駛及助手）

遊艇及動力小船應配置合格駕駛及助手，始得航行。但船舶總噸位未滿五或總噸位五以上之乘客定額未滿十二人者，得不設助手。

第七十五條之四（遊艇及動力小船駕駛訓練機構之籌設許可）

申請辦理遊艇及動力小船駕駛訓練之機構，應擬具營運計畫書，向航政機關申請會勘合格後，報請主管機關許可籌設。

訓練機構應自許可籌設之日起六個月內完成籌設，並報請航政機關核轉主管機關許可營業，始得對外招生。

訓練機構經許可籌設後，因不可歸責於該機構之事由而未能於六個月內籌設完成時，得於期限屆滿一個月前報請航政機關核轉主管機關准予展延一次，並以六個月為限；逾期廢止其籌設許可。

本法中華民國一百年一月十一日修正之條文施行前經主管機關許可辦理動力小船駕駛訓練之機構，得繼續辦理各項動力小船駕駛訓練。

第七十五條之五 （遊艇或動力小船駕駛訓練機構之檢查）

航政機關得派員檢查遊艇或動力小船駕駛訓練機構之各項人員、訓練設備及督導其業務，並依據其提報之年度計畫等相關資料，辦理年度評鑑；訓練機構不得規避、妨礙或拒絕。

前項年度評鑑內容，應包括行政管理、師資、訓練用船艇、教室、訓練場地、教材、教具、收費情形、學術科上課情形及研究發展等事項。

訓練機構經年度評鑑不合格者，航政機關應命其限期改善後，辦理複評；複評未通過前，不得招生或訓練。

第七十五條之六 （遊艇與動力小船駕駛相關規則之訂定）

遊艇與動力小船駕駛之資格、體格檢查基準、訓練、測驗、駕駛執照之核發、證照費收取、安全配額、助手之體格檢查基準、安全配額及駕駛訓練機構之籌設、許可之申請、廢止、開班、招生程序、訓練學員之資格、訓練課程、訓練設施、教師資格、訓練費用收取、退費、年度評鑑、訓練管理業務及其他相關事項之規則，由主管機關定之。

第七十五條之七 （航行安全規定之準用）

第六十九條、第七十條及第七十一條至第七十五條規定，於遊艇及動力小船駕駛準用之。

第七章 罰則

第七十六條 （罰則㈠）

船長違反第七十三條第三項規定者，處七年以下有期徒刑。因而致人於死者，處三年以上十年以下有期徒刑。

第七十七條 （罰則㈡）

船員違反本法規定之處罰如下：

一 警告。

二 記點。

三 降級：按其現任職級降低一級僱用，並須實際服務三個月至一年。

四 收回船員服務手冊：三個月至五年。

前項處罰，處警告三次相當記點一次；二年期間內記點三次者，收回船員服務手冊三個月。

受收回船員服務手冊之處分時，其有適任證書者，並應收回其適任證書。

收回船員服務手冊期間，自船員繳交手冊之日起算。

第七十八條 （罰則㈢）

船長違反第六十條至第六十五條、第六十六條第一項或第七十一條規定者，處警告或記點。

第七十九條 （罰則㈣）

船員有下列情事之一者，處警告或記點：

一 違反第八條第一項或第十八條規定。

二 違反依第二十五條之二所定規則中有關上船服務應負職責、航行應遵守事項及管理之規定情節較輕。

三 違反第六十九條第一項規定，利用船舶私運貨物情節較輕。

四 違反第七十條規定，情節較輕。

五 發現船上有走私或未依規定完稅之貨物而不報告或舉發。

第八十條 （罰則㈤）

船員有下列情事之一者，處降級、收回船員服務手冊三個月至五年：

一 違反第二十五條之二所定規則中有關上船服務應負職責、航行應遵守事項及管理之規定情節較重。

二 違反第六十九條第一項規定，利用船舶私運貨物情節較重。

三 違反第七十條規定，情節較重。

四 違反第七十二條、第七十三條第一項、第二項、第七十四條或第七十五條規定。

五 擾亂船上秩序影響航行安全。

六 冒名頂替執行職務。

七 違反政府有關航行限制之法規。

八 故意破壞船舶、損毀或竊取船舶設備、屬具、貨物或使船舶沈沒。

九 有危及國家安全之行為。

十 私運槍械、彈藥、毒品或協助偷渡人口。

第八十一條 （罰則㈥）

雇用人未依第十九條第三項或第三十九條規定發給資遣費者，處新臺幣九萬元以下罰金。

第八十二條 （罰則㈦）

雇用人違反第二十八條、第二十九條、第三十一條第一項或第二項規定者，處六月以下有期徒刑、拘役或科或併科新臺幣六萬元以下罰金。

第八十三條 （刪除）

第八十四條 （罰則㈧）

雇用人有下列情事之一者，處新臺幣六萬元以上三十萬元以下罰鍰，並得處有關船舶三十日以下之停航：

一　違反第八條第三項、第九條第二項、第十二條、第十四條、第十五條第一項、第十七條第一項、第二十二條第一項至第四項、第二十六條第二項、第三十二條、第三十三條、第三十四條但書、第三十七條、第三十八條、第四十條第一項或第二項、第四十一條至第四十五條、第五十條第三項或第七十條之一第一項規定。

二　有第二十一條第二款、第四款、第五款或第七款情事。

三　違反依第二十七條第一項所定最低標準。

四　擅自僱用不合格船員或不具船員資格人員執行職務。

五　包庇、唆使或以其他非正當方法使船員偷渡人口。

經許可僱用外國籍船員之雇用人有前項各款情事之一情節重大者，廢止其僱用外國籍船員之許可。

第八十四條之一　（罰則(九)）

雇用人僱用外國籍船員時，違反第二十五條之一所定規則中有關職責、僱用、許可之廢止或僱傭管理、受僱人數比率之規定者，依其情節輕重，停止申請僱用外國籍船員三個月至五年。

前項處分於雇用人僱用外國籍實習生，違反第二十五條之二所定實習人數比率者，亦適用之。

第八十四條之二　（罰則(十)）

遊艇或動力小船駕駛訓練機構有下列情形之一者，應命其限期改善，並得停止開班之全部或一部：

一　規避、妨礙或拒絕依第七十五條之五第一項所為之檢查或經檢查結果發現有缺失。

二　違反依第七十五條之六所定規則中有關開班、招生程序、訓練費用收取退費或訓練管理業務之規定。

經依前項規定限期改善，屆期未改善，或未遵守前項停止開班之處分者，廢止其許可。

第一項所定停止開班期間以六個月為限。

第八十四條之三　（罰則(十一)）

遊艇或動力小船駕駛有下列情形之一者，處警告或記點：

一　違反第七十五條之七準用第六十九條第一項規定，利用遊艇或動力小船私運貨物。

二　違反第七十五條之七準用第七十條或第七十一條規定。

三　駕駛執照期限屆滿，未換發駕駛執照，擅自開航。

前項處分處警告三次相當記點一次；二年期間內記點三次者，收回其駕駛執照三個月。

第八十四條之四　（罰則(十二)）

遊艇或動力小船駕駛有下列情形之一者，收回其駕駛執照：

一　違反第七十五條之七準用第七十二條、第七十三條第一項或第二項、第七十四條或第七十五條規定，致造成人員傷亡或影響航行安全。

二　擾亂船上秩序，影響航行安全。

三　私運槍械、彈藥、毒品或協助偷渡人口。

前項收回駕駛執照期間，自繳交執行之日起算三個月至五年。

第八十四條之五　（罰則(十三)）

遊艇或動力小船駕駛有下列情形之一者，處新臺幣六千元以上三萬元以下罰鍰，並當場禁止其駕駛：

一　違反第七十五條之二規定，未經體格檢查合格，並領有駕駛執照，而駕駛遊艇或動力小船。

二　未領有駕駛執照，教導他人學習駕駛遊艇或動力小船。

三　其他未依駕駛執照之持照條件規定駕駛遊艇或動力小船。

第八十四條之六　（罰則(十四)）

領有學習駕駛遊艇或動力小船執照，於學習駕駛時，未經持有遊艇或營業用動力小船駕駛執照之駕駛在旁指導監護者，處新臺幣六千元以上三萬元以下罰鍰，並當場禁止其駕駛。

第八十四條之七　（罰則(十五)）

遊艇或動力小船所有人違反第七十五條之三規定擅自開航者，處新臺幣八千元以上四萬元以下罰鍰，並命其立即改善；未改善者，處違法船舶三十日以下之停航；一年內違反三次者，處違法船舶六個月以下之停航。

遊艇或動力小船所有人有包庇、唆使或以其他非正當方法使遊艇、動力小船駕駛或助手偷渡人口者，處新臺幣三萬元以上十五萬元以下罰鍰，並處違法船舶三十日以下之停航；一年內違反三次者，處違法船舶六個月以下之停航。

第八十四條之八　（罰則(十六)）

船員訓練專業機構有規避、妨礙或拒絕航政機關依第七十條之一第二項所為之督導或經檢查結果發現有缺失者，應令其限期改善，並得停止開班之全部或一部。

經依前項規定限期改善，屆期未改善，或未遵行前項停止開班之處分者，停止其辦理訓練一年。

第一項所定停止開班期間以六個月為限。

第八十五條　（罰則(十七)）

外國船舶運送業違反第二十五條規定者，處新臺幣六萬元以上三十萬元以下罰鍰，並得定期禁止在中華民國各港口入出港；其已僱用未經核准上船工作之中華民國船員應強制下船。

第八十六條　（刪除）

第八章 附則

第八十七條（航往戰區高風險海域船員之各項保障）

船員隨船前往戰區，應依船員之意願，並簽同意書；其危險津貼、保險、傷害、失能及死亡給付由勞雇有關組織協議，報經航政機關核定後實施。

船員隨船前往受海盜或非法武力威脅高風險海域，倘雇用人未依航業法規定僱用私人武裝保全人員，應告知船員並依其意願。

第八十八條（刪除）

第八十九條（涉及國際事務之處理）

本法未規定事項涉及國際事務者，主管機關得參照有關國際公約或協定及其附約所訂規則、辦法、標準、建議或程式，採用發布施行。

第九十條（行政處罰之機關）

本法所定之行政處罰，由航政機關為之。

第九十一條（規費之徵收）

主管機關或航政機關依本法受理申請許可、核發證照，應收取審查費、證照費；其收費標準由主管機關定之。

第九十二條（施行細則之訂定）

本法施行細則，由主管機關定之。

第九十三條（施行日期）

本法自公布日施行。

本法中華民國九十八年六月十二日修正之條文，自九十八年十一月二十三日施行。

引水法

民國三十四年九月二十八日國民政府公布
四十九年六月二日總統令修正公布
八十年一月三十日總統令修正公布
八十七年六月十七日總統令修正公布
九十一年一月三十日總統令修正公布第一三、三九、四二條；並刪除第一四、一五條條文

第一章 總則

第一條（引水之定義）

本法所稱引水，係指在港埠、沿海、內河或湖泊之水道引領船舶航行而言。

第二條（引水人及學習引水人之定義）

本法所稱引水人，係指在中華民國港埠、沿海、內河或湖泊執行領航業務之人。

本法所稱學習引水人，係指隨同引水人上船學習領航業務之人。

*（引水人）海商六九、九八，引水一一、一三、一四；（學習引水人）引水一五。

第三條（主管機關）

引水主管機關，在中央為交通部，在地方為當地航政主管機關。

第四條（引水區域之劃分變更）

引水區域之劃分或變更，由交通部定之。

第五條（強制引水與自由引水）

交通部基於航道及航行之安全，對引水制度之施行，分強制引水與自由引水兩種。

強制引水之實施，由交通部以命令定之。

*（強制引水）引水六。

第六條（不適用強制引水之船舶）

強制引水對於左列中華民國船舶不適用之：
一　軍艦。
二　公務船舶。
三　引水船。
四　未滿一千總噸之船舶。
五　渡輪。
六　遊艇。
七　其他經當地航政主管機關核准之國內航線或港區工程用之船舶。

前項第七款之核准辦法，由當地航政主管機關擬訂，報請交通部核定之。

未滿五百總噸之非中華民國船舶準用第一項規定。

＊（軍艦）海商三②；（公務船舶）海商三③；（中華民國船舶）船舶二。

第七條（引水人最低名額）
各引水區域之引水人，其最低名額由當地航政主管機關擬定呈報交通部核備，變更時亦同。

＊（引水人）引水二、一一、一三、一四。

第八條（引水船）
專供引水工作所用之引水船，應申請當地航政主管機關註冊編列號數，並發給執照。

第九條（引水船應具備之標誌）
前條引水船應具備左列標誌：
一　引水船船首應用白漆標明船名及號碼，船尾應用白漆標明船名及所屬港口。
二　引水船執行業務時應於桅頂懸掛國際通用或中華民國規定之引水旗號。

＊（引水船）引水八。

第十條（引水費率）
各引水區域之引水費率，由當地航政主管機關擬定，呈報交通部核准後施行，調整時亦同。

＊（引水區域）引水四。

第二章　引水人資格

第十一條（引水人之積極資格）
中華民國國民經引水人考試及格者，得任引水人。

＊（引水人）引水二。

第十二條（刪除）

第十三條（引水人之消極資格）
有左列各款情形之一者，不得為引水人：
一　喪失中華民國國籍者。
二　受停止執行領航業務期間尚未屆滿，或經廢止執業證書者。
三　視覺、聽覺、體格衰退，不能執行職務，經檢查屬實者。
四　年逾六十五歲者。
五　犯罪經判處徒刑三年以上確定者。

＊（中華民國國籍）憲三。

第十四條（刪除）

第十五條（刪除）

第三章　引水人之僱用

第十六條（強制僱用引水人）
中華民國船舶在一千噸以上，非中華民國船舶在五百噸以上，航行於強制引水區域或出入強制引水港口時，均應僱用引水人；非強制引水船舶，當地航政主管機關認為必要時，亦得規定僱用引水人。

在強制引水區域之航行船舶，經當地航政主管機關核准，得指定或僱用長期引水人。

第十七條（招請引水人之方式）
招請引水人之船舶，應懸掛國際通用或中華民國規定之招請引水人信號，並得由船舶所有人或船長事前向當地引水人辦事處辦理招請手續。

第十八條（引水人之應招）
二艘以上之船舶同時懸掛招請引水人信號時，引水人應對先到港之船舶應招，倘其中有船舶遇險時，引水人須先應該船舶之招請。

第十九條（拒卻引水人）
船長於引水人應招後或領航中，發現其體力、經驗或技術等不克勝任或領航不當時，得基於船舶航行安全之原因，採取必要之措施或拒絕其領航，另行招請他人充任，並將具體事實報告當地航政主管機關。

第二十條（引水人在船信號之懸掛）
引水人應招登船從事領航時，船長應將招請引水人之信號撤去，改懸引水人在船之信號，並將船舶運轉性能、噸位、長度、吃水、速率等告知引水人。

引水人要求檢閱有關證書時，船長不得拒絕。

第四章　引水人執行業務

第二十一條（引水人執行領航業務之要件）
引水人持有交通部發給之執業證書，並向引水區域之當地航政主管機關登記領有登記證書後，始得執行領航業務。

第二十二條（引水人執行領航業務之範圍）
引水人應於指定引水區域內執行領航業務。

第二十三條（引水人之體格檢查）
引水人必須經指定醫院檢查體格合格後，始得執行領航業務，引水人在其繼續執行業務期間，每年應受檢查視覺、聽覺、體格一次，當地航政主管機關認為必要時，並得隨時予以檢查。

第二十四條（引水人執業證書之攜帶）
引水人執行領航業務時，應攜帶執業證書及有關證件，如遇船長索閱時，引水人不得拒絕。

第二十五條（引水船信號及燈號之懸掛與撤除）

引水人執行領航業務時，其所乘之引水船應懸掛國際通用或中華民國規定之引水船信號，夜間並應懸掛燈號。

引水人離去引水船或非執行業務時，應將引水船信號或燈號撤除。

*（引水船）引水八。

第二十六條（引水人領航船舶之限制）

引水人每次領航船舶僅以一艘為限。但因喪失或部分喪失航行能力而被拖帶者，不在此限。

第二十七條（拖船之僱用）

引水人於必要時得請由船舶所有人或船長僱用拖船協助之。

第二十八條（學習引水人之攜帶）

引水人領航船舶時，得攜帶有證件之學習引水人一名，如經船長之許可，得攜帶學習引水人二名。

第二十九條（引水費）

引水人經應招僱用後，其所領航之船舶無論航行與否，或在港內移泊或由拖船拖帶，船舶所有人或船長均應依規定給予引水費，如遇特殊情形，需引水人停留時，並應給予停留時間內之各項費用。

前項給費標準，依各引水區域引水費率表之規定。

第三十條（引水人拒絕領航）

引水人遇有船長不合理之要求，如違反中華民國或國際航海法規與避碰章程或有其他正當理由不能執行業務時，得拒絕領航其船舶。但應將具體事實報告當地航政主管機關。

第三十一條（引水人之報告義務）

引水人發現左列情事，應用最迅速方法，報告有關機關，並應於抵港時，將一切詳細情形再用書面報告之：

一　水道有變遷者。

二　水道上有新障礙妨害航行安全者。

三　燈塔、燈船、標桿、浮標及一切有關航行標誌之位置變更或應發之燈號、信號、聲號失去常態或作用者。

四　船舶有遇險者。

五　船舶違反航行法令者。

第三十二條（船長指揮權之尊重）

引水人應招登船執行領航業務時，仍須尊重船長之指揮權。

第三十三條（引水人上下船舶）

引水人應招領航時，船長應有適當措施使引水人能安全上下其船舶。

*（引水人）引水二㈠、一一、一三、一四；（船長）海商二。

第五章　罰則

第三十四條（業務上過失致死之處罰）

引水人因業務上之過失致人於死者，處五年以下有期徒刑。

第三十五條（業務上過失傷害之處罰）

引水人因業務上之過失傷害人者，處一年以下有期徒刑、拘役或科新臺幣三萬元以下罰金；致重傷者，處三年以下有期徒刑。

前項之罪，須告訴乃論。

第三十六條（業務上過失致領航船舶沉沒之處罰）

引水人因業務上之過失，致其領航之船舶沉沒者，處三年以下有期徒刑、拘役或科新臺幣三萬元以下罰金；致破壞者，處一年以下有期徒刑、拘役或科新臺幣三萬元以下罰金。

前項之罪，須告訴乃論。

第三十七條（非合格引水人之準用）

前三條規定，於未領有執業證書而非正式受僱從事臨時或緊急引水業務者準用之。

第三十八條（得予警告與收回執業證書之情形）

引水人有左列各款情形之一者，當地航政主管機關得予以警告之處分，情節重大者，得報請交通部收回其執業證書：

一　怠忽業務或違反業務上之義務者。

二　違反航行安全規章而致災害損失者。

三　因職務上過失而致海難者。

四　因引水人之原因致船舶、貨物遭受損害、延誤船期或人員傷亡者。

五　其他違反本法或依據本法所發布之命令者。

前項收回執業證書之期間，為三個月至二年。

引水人在兩年內經警告達三次者，收回執業證書三個月。

第三十九條（應科處罰鍰之情事）

引水人、船舶所有人或船長有左列各款情事之一者，處新臺幣六千元以上六萬元以下罰鍰：

一　違反第十六條之規定者。

二　違反第十八條或第二十六條之規定者。

三　違反第十七條、第二十條或第二十五條之規定者。

四　引水人無正當理由拒絕招請，或已應招請而不領航，或已領航而濫收引水費者。

五　船長無正當理由拒用引水人，或拒絕攜帶學習引水人上船，或強迫引水人逾越引水區域執行業務者。

六　船舶所有人或船長關於船舶之吃水或載重，對於引水人作不實之報告者。

七　船舶所有人或船長僱用業經廢止執業證書或停止執業或不合格之引水人領航船舶者。

八　船長無意招請引水人而懸掛招請引水人信號或懸掛易被誤為招請引水人信號者。

第四十條（特殊區域引水人適用本章規定）

本法關於引水人之罰則對情形特殊之引水區域執行領航業務者適用之。

第六章　附　則

第四十一條（代理船長適用本法規定）

本法關於船長之規定於代理船長適用之。

第四十二條（引水管理規則）

學習引水人之資格與學習情形特殊引水區域之引水人資格、引水人執業證書與登記證書之核發、證照費之收取、引水人執業之監督、引水人辦事處之設置、監督及管理等事項之規則，由交通部定之。

第四十三條（施行日期）

本法自公布日施行。

*（公布日施行）中標一三。

航　業　法

民國七十年六月三日總統令公布
八十四年八月九日總統令修正公布
八十八年二月三日總統令修正公布
九十一年一月三十日總統令修正公布
一百零二年一月三十日總統令修正公布
一百零二年六月十九日總統令修正公布
一百零三年一月二十二日總統令公布增訂第六〇之一條條文

第一章　總　則

第一條（立法目的）

為健全航業制度，促進航業發展，繁榮國家經濟，特制定本法。

第二條（主管機關）

本法之主管機關為交通部；航業之業務由航政機關辦理之。

第三條（名詞定義）

本法所用名詞，定義如下：

一　航業：指以船舶運送、船務代理、海運承攬運送、貨櫃集散站經營等為營業之事業。

二　船舶運送業：指以總噸位二十以上之動力船舶，或總噸位五十以上之非動力船舶從事客貨運送而受報酬為營業之事業。

三　船務代理業：指受船舶運送業或其他有權委託人之委託，在約定授權範圍內，以委託人名義代為處理船舶客貨運送及其有關業務而受報酬為營業之事業。

四　海運承攬運送業：指以自己之名義，為他人之計算，使船舶運送業運送貨物而受報酬為營業之事業。

五　貨櫃集散站經營業：指提供貨櫃、櫃裝貨物集散之場地及設備，以貨櫃櫃裝貨物集散而受報酬為營業之事業。
六　航線：指以船舶經營客貨運送所航行之路線。
七　國內航線：指以船舶航行於本國港口間或特定水域內經營客貨運送之路線。
八　國際航線：指以船舶航行於本國港口與外國港口間或外國港口間經營客貨運送之路線。
九　固定航線：指利用船舶航行於港口間或特定水域內具有固定航班經營客貨運送之路線。
十　國際聯營組織：指船舶運送業間就其國際航線之經營協商運費、票價、運量、租傭艙位或其他與該航線經營有關事項之國際常設組織或非常設之聯盟。
十一　國際航運協議：指國際聯營組織為規範營運者間之相互關係、運送作業、收費、聯運及配貨等事項而訂立之約定。
十二　私人武裝保全人員：指經營中華民國籍船舶之船舶運送業所僱用外國籍私人海事保全公司提供持有或使用槍砲、彈藥、刀械之人員。

第四條（非中華民國船舶運送客貨之禁止及其例外）
非中華民國船舶，不得在中華民國各港口間運送客貨。但經主管機關特許者，不在此限。

第五條（航業所有資產等檢查徵用或扣押之禁止）
航業所有之資產及其運送之物品，非依法律不得檢查、徵用或扣押。

第六條（法律適用範圍）
小船從事客貨運送或其他業務，不適用本法之規定。

第二章　船舶運送業之管理

第一節　船舶運送業

第七條（船舶運送業之設立）
經營船舶運送業，應具備營業計畫書，記載船舶購建規範、資本總額、籌募計畫，連同其他有關文書，申請航政機關核轉主管機關許可籌設。
船舶運送業應自許可籌設之日起六個月內，依法辦理公司登記，置妥中華民國國籍之自有船舶，具備有關文書，申請航政機關核轉主管機關許可並核發許可證後，始得營業。
未依前項規定期限申請核發許可證者，其籌設許可應予廢止。但有正當理由者，得於期限屆滿日起算之三十日前申請展延；展延期限為六個月，並以二次為限。
船舶運送業之組織，除本法中華民國八十四年八月九日修正之條文施行前經核准者外，以股份有限公司為限。

第八條（船舶運送業開始營業之期限與展期、許可證之廢止）
船舶運送業應自取得許可證之日起六個月內開始營業；屆期未開始營業者，由航政機關報請主管機關廢止其許可，並註銷其許可證。但有正當理由者，得於期限屆滿日之三十日前申請展延；展延期限為六個月，並以一次為限。
船舶運送業自行停止營業或喪失中華民國籍自有船舶滿六個月者，應自停止營業或喪失自有船舶滿六個月之次日起三十日內，將原領許可證繳送航政機關轉送主管機關廢止其許可，並註銷其許可證；屆期未繳送者，由航政機關報請主管機關逕行廢止其許可，並註銷其許可證。但有正當理由者，得申請展延；展延期限為六個月，並以一次為限。
船舶運送業結束營業，應自結束營業之日起三十日內，將原領許可證繳送航政機關轉送主管機關廢止其許可，並註銷其許可證；屆期未繳送者，由航政機關報請主管機關逕行廢止其許可，並註銷其許可證。

第九條（變更組織、名稱等之核轉許可）
船舶運送業變更組織、名稱者，應申請航政機關核轉主管機關許可，並於依法辦妥公司變更登記後三十日內申請航政機關核轉主管機關換領許可證。
船舶運送業之董事、經理人或其他依法應登記事項有變更者，應於辦妥變更登記後三十日內報請航政機關備查。
船舶運送業設立分公司，應於依法辦妥分公司登記後三十日內報請航政機關備查。

第十條（船舶拆解等之核轉備查）
船舶運送業將其所有之船舶拆解或以光船出租、抵押、出售於國外，或將船舶變更為非中華民國籍，應敘明理由，報請航政機關核轉主管機關備查。
船舶運送業租船經營固定航線者，應報請航政機關備查。

第十一條（建造船舶相關事項之核轉備查）
船舶運送業建造船舶，應就資金籌措、船舶規範、營運計畫等事項，報請航政機關備查。

第十二條（購買國外現成船之限制）
船舶運送業自國外購買現成船，其船齡不得超過允許輸入之年限，並應於購買前擬具購船營運計畫書，申請航政機關核轉主管機關核定。

第十三條（經營固定航線之申請登記）
船舶運送業申請經營固定航線，應檢附營運計畫書及相關文件，於船舶配置完成後向航政機關辦理航線登記。
前項登記內容有變更時，應向航政機關辦理變更登記。
船舶運送業經營固定航線，應依登記之航線及船期

表從事客貨運送

船舶運送業經營國內固定客運航線，非有正當理由，不得減班或停航；減班或停航時，應於減班或停航三日前報請航政機關備查，並於營業場所公告及利用電信網路、新聞紙或廣播電視等方式周知乘客。但因不可抗力因素不及報請備查者，應即時周知乘客，並於事後三日內報請航政機關備查。

前項停航期間不得超過六個月；但有正當理由者，得敘明理由向航政機關申請展延，展延期限為六個月，並以一次為限。

第十四條（人身傷害保險投保方式及投保金額）

船舶運送業應依主管機關所定保險金額投保營運人責任保險。

船舶運送業經營旅客運送者，應依主管機關所定保險金額為旅客投保傷害保險。

前項傷害保險之受益人，以被保險人本人或其法定繼承人為限，並不受保險法第一百三十二條第一款及第一百三十五條準用第一百零五條、第一百零七條規定之限制。

第一項及第二項之保險期間屆滿時，船舶運送業應予以續保。

第一項及第二項之保險契約簽訂、變更、終止或解除，船舶運送業者應以書面通知主管機關；未經主管機關同意，不得退保。其投保方式、最低投保金額及保險範圍及其他相關事項之辦法，由主管機關會商有關機關定之。

第十五條（國內固定航線申請實施聯營之核轉許可）

船舶運送業經營國內固定航線申請實施聯營者，應檢附聯營實施計畫書及相關文件申請航政機關核轉主管機關許可。

前項聯營許可之申請、變更、管理、廢止及監督等事項之辦法由主管機關會商有關機關定之。

第十六條（營運損失之補償）

主管機關得依實際需要，指定中華民國船舶運送業，經營特定航線之客貨運送；其因此所生之營運損失，由政府補償之。

前項補償之條件、範圍、方式及監督考核等事項之辦法，由主管機關會商有關機關定之。

第十七條（進口物資器材之運送辦法）

為發展國家整體經濟，有關政府機關及公營事業機構進口物資器材，由主管機關認可之專責機構規劃推薦適宜之船舶運送業，以合理價格及符合公開公平競爭原則提供海運服務相關事宜。

前項政府機關及公營事業機構進口物資器材之品名、適用之採購條件與政府機關、公營事業機構、專責機構之認可、推薦之程序及管理等事項之辦法，由主管機關會商有關機關定之。

第十八條（必要措施之採取）

外國政府或外國籍船舶運送業對中華民國船舶運送業採取不利措施時，主管機關得進行調查，並會同有關機關採取必要之措施。

第十九條（刊登招攬客貨廣告之應載事項）

船舶運送業刊登招攬客貨廣告，應載明公司名稱、船名、航行港口及船舶運送業許可證字號；其經營固定航線者，並應載明航線及船期。

第二十條（載貨證券或客票之備查）

船舶運送業簽發載貨證券或客票，應先將載貨證券或客票之樣本報請航政機關備查後，始得為之；變更時亦同。

第二十一條（裝船載貨證券之簽發）

船舶運送業因託運人之請求簽發裝船載貨證券，應於貨物裝船後為之，不得於載貨證券上虛列裝船日期。

第二十二條（客貨運價表之備查）

船舶運送業經營固定航線之客貨運價表，應報請航政機關備查，並以電信網路、新聞紙或雜誌等公開方式公開其運價資訊；經營固定客運航線者，應另於營業處所公開其運價資訊。

前項運價表，航政機關認為有不合理或不利於國家進出口貿易或航業發展者，得令業者限期修正，必要時得暫停全部或一部之實施。

第二十三條（運費之收取）

船舶運送業經營國內、國際固定航線客貨運送，應依前條第一項備查之運價表收取運費。但運送雙方訂有優惠運價者，不在此限。

船舶運送業對乘客或託運人不得有不合理之差別待遇。

第二十四條（營運財務報表之備查）

航政機關於必要時，得通知船舶運送業提供其營運、財務狀況及其他有關文件，以供查核。

第二十五條（主管機關為促進航業得採取之措施）

為維護國家安全、增進公共利益、促進航業發展及維持航運秩序之需要，主管機關得採取必要之措施或通知船舶運送業採取必要之配合措施。

第二十六條（兼營他項業務許可證之核轉許可）

船舶運送業兼營本法所定其他各業之業務時，應依本法及其授權訂定之各業管理法規申請航政機關核轉主管機關許可，並核發許可證後，始得營業。

第二十七條（船舶運送業管理規則之訂定）

船舶運送業之最低資本額、籌設申請、許可證之核發與換發、公司變更登記、船舶購建與拆售、自國外輸入船齡之限制、營運管理、運價表備查、投保金額及證照費收取等事項之規則，由主管機關定之。

第二十七條之一（私人武裝保全人員之僱用）

船舶運送業經營之中華民國籍船舶航行於受海盜

或非法武力威脅高風險海域者，該船舶運送業得僱用私人武裝保全人員。

前項船舶運送業應逐船檢附相關文件事先報請航政機關備查，並由航政機關轉知內政部、財政部、行政院海岸巡防署。

船舶運送業應令其僱用之私人武裝保全人員及其持有或使用之槍砲、彈藥、刀械在國外登（離）船，並不得進入已報請備查受保護船舶以外之中華民國領域。

第一項之受威脅高風險海域，由航政機關公告之。

第二項報請備查之程序、應檢附之船舶文書、航行計畫、僱用計畫、保險計畫等文件、私人武裝保全人員與其持有或使用之槍砲、彈藥、刀械於船舶上之管理、使用規定、紀錄及其他應遵行事項之辦法，由主管機關會同內政部、法務部、財政部及行政院海岸巡防署定之。

航政機關應統一蒐集外國籍私人海事保全公司之相關資訊，以供船舶運送業參考。

第二節　外國籍船舶運送業

第二十八條（外國籍船舶經營運送業務之限制）

外國籍船舶運送業非依法設立分公司或委託中華民國船務代理業代為處理船舶客貨運送業務，不得在中華民國境內攬運客貨。

第二十九條（外國籍船舶運送業設立分公司之程序）

外國籍船舶運送業在中華民國設立分公司，應具備營業計畫書，記載船舶一覽表連同其他有關文書，申請航政機關核轉主管機關許可籌設。

外國籍船舶運送業應自許可籌設之日起六個月內，依法辦理認許及分公司登記，具備有關文書申請航政機關核轉主管機關許可並核發許可證後，始得營業。

外國籍船舶運送業分公司結束營業，應自結束營業之日起三十日內將原領許可證繳送航政機關轉送主管機關廢止其許可並註銷其許可證；屆期未繳送者，由航政機關報請主管機關逕行廢止其許可，並註銷其許可證。

第三十條（外國籍船舶運送業委託我國代為處理業務之程序）

外國籍船舶運送業於委託中華民國船務代理業代為處理船舶客貨運送及有關業務前，應檢具其在本國設立登記文件、代理契約及有關文件，由該船務代理業向航政機關辦妥代理登記後，始得營業。

第三十一條（不予許可、登記之事由）

外國籍船舶運送業申請在我國設立分公司經營業務或委託中華民國船務代理業代為處理船舶客貨運送業務有事實足認為有下列情事之一者，得不予許可或登記：

一　申請文件不足或不符，經限期改正而屆期未改正。

二　有侵害乘客或託運人合法權益之不良紀錄未滿三年。

三　財務欠佳而有實據未滿三年。

四　其他有妨礙航運秩序。

第三十二條（法律之準用）

第十三條、第十四條、第十九條至第二十六條、第三十四條及第三十五條規定，於在中華民國設有分公司或委託中華民國船務代理業代為處理船舶客貨運送業務之外國籍船舶運送業準用之。

第三十二條之一（外國籍船舶運送業準用之規定）

第二十七條之一規定，於經營中華民國籍船舶之外國籍船舶運送業準用之。

第三十三條（外國籍船舶運送業管理規則之訂定）

外國籍船舶運送業在中華民國設立分公司經營業務者，其籌設申請、許可證之核發與換發、變更登記之管理、營運資金、證照費收取或委託船務代理業攬運客貨等事項之規則，由主管機關定之。

第三節　國際聯營組織及國際航運協議

第三十四條（國際聯營組織之認可、變更或解散）

船舶運送業在中華民國經營業務者，參加或設立國際聯營組織，應檢附組織章程、聯營作業計畫及相關文件申請航政機關核轉主管機關會商有關機關認可。國際聯營組織變更或解散時，亦同。

國際聯營組織以協商運費、票價為其聯營協定內容者，其會員公司之運價表應由該組織授權之會員公司代為申請航政機關備查。

第二十二條規定，於國際聯營組織準用之。

第三十五條（簽訂國際航運協議者之認可或變更）

船舶運送業在中華民國經營業務，有簽訂國際航運協議者，應將國際航運協議之名稱、內容及會員名錄申請航政機關核轉主管機關認可。國際航運協議變更時，亦同。

國際航運協議以協商運費、票價為其內容者，其運價表應由前項協議簽訂者之一代為申請航政機關備查。

前項運價表應容許船舶運送業自由決定其運費票價。

第三章　船務代理業、海運承攬運送業之管理

第三十六條（船務代理業之設立）

經營船務代理業，應具備有關文書，申請航政機關核

轉主管機關許可籌設。
船務代理業應自許可籌設之日起六個月內，依法辦妥公司登記，並申請航政機關核轉主管機關許可並核發許可證後，始得營業。

第三十七條（船務代理業代理業務之實行）

船務代理業經營代理業務，應以委託人名義為之，並以約定之範圍為限。

第三十八條（船務代理業攬運客貨之責任）

船務代理業所代理之外國籍船舶運送業，在中華民國國境內攬運之客貨發生運送糾紛或爭議者，船務代理業應協助妥善處理之。

第三十九條（海運承攬運送業之設立）

經營海運承攬運送業，應具備有關文書申請航政機關核轉主管機關許可籌設。

海運承攬運送業應自許可籌設之日起六個月內，依法辦理公司登記，並申請航政機關核轉主管機關許可並核發許可證後，始得營業。

經營海運承攬運送業者於申請核發許可證時，應繳交一定金額之保證金，或依主管機關所定保險金額投保承攬運送責任保險。

前項之保險期間屆滿時，海運承攬運送業應予以續保。

第四十條（海運承攬運送業經營名義及範圍）

外國籍海運承攬運送業非依法設立分公司或委託中華民國海運承攬運送業代為處理業務，不得在中華民國境內營業。

前項海運承攬運送業代理外國籍海運承攬運送業在中華民國之業務，於代理時應檢附有關文書，向航政機關辦理登記。

海運承攬運送業經營前項代理業務，應以委託人名義為之，並以約定之範圍為限。

第四十一條（經營之限制）

海運承攬運送業除船舶運送業兼營者外，不得光船承租船舶，運送其所承攬貨物。

第四十二條（船務代理業等之準用）

第七條第三項、第八條、第九條、第十九條至第二十一條、第二十四條至第二十六條規定，於船務代理業及外國籍船務代理業準用之。

第七條第三項、第八條、第九條、第十九條至第二十一條、第二十四條至第二十六條、第三十一條及第三十八條規定，於海運承攬運送業及外國籍海運承攬運送業準用之。

第二十八條、第二十九條及第三十一條規定，於外國籍船務代理業準用之。

第二十九條規定，於外國籍海運承攬運送業準用之。

第四十三條（船務代理業及海運承攬運送業管理規則之訂定）

船務代理業之最低資本額、外國籍船務代理業設立分公司經營業務之營運資金、籌設申請、許可證之核發與換發、公司變更登記、營運管理及證照費收取等事項之規則，由主管機關定之。

海運承攬運送業之最低資本額、外國籍海運承攬運送業設立分公司經營業務之營運資金、籌設申請、許可證之核發與換發、公司變更登記、營運、管理、保險金額、保證金及證照費收取等事項之規則，由主管機關定之。

第四章　貨櫃集散站經營業之管理

第四十四條（貨櫃集散站經營業之設立）

經營貨櫃集散站業務，應具備有關文書申請航政機關核轉主管機關許可籌設。

貨櫃集散站經營業應自許可籌設之日起六個月內，依規定置備足供貨櫃、貨物、車輛、機具存放及貨物起卸場所，辦理公司登記，檢附有關文書申請航政機關核轉主管機關許可及核發許可證，並向海關登記後，始得營業。

第四十五條（貨櫃集散站之出入通道與運輸系統之配合）

貨櫃集散站之貨櫃運輸出入通道，應與鐵路、公路運輸系統為適當之配合，不得妨礙交通秩序及安全。

第四十六條（營業費率表之備查）

貨櫃集散站經營業之營業費率表，應報請航政機關備查；變更時，亦同。

第四十七條（船舶運送業規定之準用）

第七條第三項、第八條、第九條及第二十三條至第二十六條規定，於貨櫃集散站經營業及外國籍貨櫃集散站經營業準用之。

第二十八條有關依法設立分公司始得在中華民國境內營業與第二十九條及第三十一條規定，於外國籍貨櫃集散站經營業準用之。

第四十八條（貨櫃集散站經營業管理規則之訂定）

貨櫃集散站經營業之最低資本額或外國籍貨櫃集散站經營業設立分公司經營業務之營運資金、設備基準、經營項目、籌設申請、許可證之核發與換發、公司變更登記、營運管理、證照費收取等事項之規則，由主管機關定之。

第五章　罰　則

第四十九條（主管機關得會商有關機關廢止其認可者）

船舶運送業或外國籍船舶運送業參加或設立國際聯營組織，不依計畫實施聯營，經令其限期改善而屆期未完成改善或聯營事由消滅者，主管機關得會商有關機關廢止其認可。

未依第三十四條第二項或第三十五條第二項規定辦理者，航政機關於必要時得暫停該運價表全部或部分之實施。

第五十條　（國際聯營組織之限期改善）

國際聯營組織之運作或國際航運協議之實施，有礙中華民國航運秩序或經濟發展者，航政機關得令其限期改善。

未於前項限期內完成改善者，航政機關得報請主管機關會商有關機關廢止其認可。

第五十條之一　（罰則）

船舶運送業有下列情事之一者，由航政機關處新臺幣五十萬元以上三百萬元以下罰鍰，並得停止其營業之全部或一部：

一　違反第二十七條之一第二項規定，僱用私人武裝保全人員未事先報請航政機關備查。

二　違反第二十七條之一第三項規定，所僱用之私人武裝保全人員及其持有或使用之槍砲、彈藥、刀械未在國外登（離）船，或進入已報請備查受保護船舶以外之中華民國領域。

外國籍船舶運送業有下列情事之一者，由航政機關處新臺幣五十萬元以上三百萬元以下罰鍰，並得停止其營業之全部或一部：

一　違反第三十二條之一準用第二十七條之一第二項規定，僱用私人武裝保全人員未事先報請航政機關備查。

二　違反第三十二條之一準用第二十七條之一第三項規定所僱用之私人武裝保全人員及其持有或使用之槍砲、彈藥、刀械未在國外登（離）船，或進入已報請備查受保護船舶以外之中華民國領域。

第五十一條　（未經許可而經營船舶運送業等之處罰）

未經許可而經營船舶運送業、船務代理業、海運承攬運送業或貨櫃集散站經營業者，由航政機關處新臺幣十萬元以上五十萬元以下罰鍰，並令其限期改善；屆期未完成改善者，得按次處罰至完成改善為止。

第五十二條　（船舶運送業違法之處罰㈠）

船舶運送業有下列情事之一者，由航政機關處新臺幣三萬元以上三十萬元以下罰鍰，並令其限期改善及得停止其營業之全部或一部：

一　違反第十條規定，將船舶拆解或以光船出租、抵押、出售於國外，船舶變更為非中華民國籍，或租船經營固定航線未報備查。

二　違反第十三條規定經營固定航線業務，未辦理航線登記、航線變更登記或未依登記之航線及船期表從事客貨運送；或經營國內固定客運航線，於減班或停航時未依規定期限報請航政機關備查或報備查後未於營業場所公告及利用電信網路、新聞紙或廣播電視等方式周知乘客。

三　違反第十四條規定，未依規定投保營運人責任保險、旅客傷害保險或未依所定保險金額投保或保險期間屆滿未予續保或投保後無故退保。

未於前項限期內完成改善者，除按次處罰及再限期改善外，並得廢止其航線登記之全部或一部。

經前項再限期改善而未完成改善或未遵守停止營業之處分或於二年內違反第一項同一款規定達三次者，廢止其許可並註銷其許可證。

第五十三條　（外國籍船舶運送業違法之處罰㈠）

外國籍船舶運送業有下列情事之一者，由航政機關處新臺幣三萬元以上三十萬元以下罰鍰，並令其限期改善及得在六個月以內期間禁止在中華民國各港口上下乘客、裝卸貨物或入出港：

一　違反第四條規定，未經主管機關特許，在中華民國各港口間運送客貨。

二　違反第二十八條規定，未依法設立分公司或未委託中華民國船務代理業代為處理船舶客貨運送業務，而在中華民國境內攬運客貨。

三　違反第三十二條準用第十三條規定，經營固定航線業務，未辦理航線登記、航線變更登記或未依登記之航線及船期表從事客貨運送；或經營國內固定客運航線，於減班或停航時，未依規定期限報請航政機關備查，或報備查後未於營業場所公告及利用電信網路、新聞紙或廣播電視等方式周知乘客。

四　違反第三十二條準用第十四條規定，未依規定投保營運人責任保險、旅客傷害保險或未依所定保險金額投保，或保險期間屆滿未予續保或投保後無故退保。

未於前項限期內完成改善者，除按次處罰及再限期改善外，並得在六個月以內期間停止其營業之全部或一部。

經前項再限期改善而未完成改善或未遵守前項停止營業之處分，或於二年內違反第一項同一款規定達三次者，廢止其許可並註銷其許可證。

第五十四條　（船舶運送業違法之處罰㈡）

船舶運送業有下列情事之一者，由航政機關處新臺幣一萬二千元以上十二萬元以下罰鍰，並令其限期改善：

一　違反第九條規定，未換領許可證，或未於辦妥變更登記或未於辦妥分公司登記後三十日內報備查。

二　違反第十九條規定，刊登廣告未載明公司名稱、船名、航行港口或船舶運送業許可證字號；

第一節　定義及分類

第一條　（定義(一)——保險）

本法所稱保險，謂當事人約定，一方交付保險費於他方，他方對於因不可預料或不可抗力之事故所致之損害，負擔賠償財物之行為。

根據前項所訂之契約，稱為保險契約。

*（保險之種類）保險一三；（當事人）保險二、三；（保險費）保險二一、二二；（保險人之賠償責任）保險二九～三四；（契約）民一五三；（保險契約）保險四三～六九。

第二條　（定義(二)——保險人）

本法所稱保險人，指經營保險事業之各種組織，在保險契約成立時，有保險費之請求權；在承保危險事故發生時，依其承保之責任，負擔賠償之義務。

*（保險業）保險六、一三六～一六五；（契約成立）民一五三；（保險契約）保險一㊂、四三～六九；（保險費）保險二一、二二；（保險人之責任）保險二九～三四、七〇、八三、八五、九〇、九五之一、一〇一、一二五、一三一、一三五之一，海商一二九。

第三條　（定義(三)——要保人）

本法所稱要保人，指對保險標的具有保險利益，向保險人申請訂立保險契約，並負有交付保險費義務之人。

*（保險標的）保險一〇、一七、一八、三三、三八、三九、五五②、七〇～七七、七九～八三、八五、九〇、九六、一〇一、一二五、一三一，海商一二七；（保險利益）保險一四～二〇；（保險人）保險二；（訂立保險契約）保險四三～四七；（交付保險費）保險二一、二二、一一五。

第四條　（定義(四)——被保險人）

本法所稱被保險人，指於保險事故發生時，遭受損害，享有賠償請求權之人；要保人亦得為被保險人。

*（保險事故）保險五五③；（要保人）保險三。

第五條　（定義(五)——受益人）

本法所稱受益人，指被保險人或要保人約定享有賠償請求權之人，要保人或被保險人均得為受益人。

*（受益人）保險四五、一〇八②、一三二②；（被保險人）保險四；（要保人）保險三；（賠償請求權）保險二九～三四。

第六條　（定義(六)——保險業）

本法所稱保險業，指依本法組織登記，以經營保險為業之機構。

本法所稱外國保險業，指依外國法律組織登記，並經主管機關許可，在中華民國境內經營保險為業之機構。

*（保險業）保險一三六～一六五；（依本法組織）保險一三六；（登記）保險一三七；（保險）保險一。

第七條　（定義(七)——保險業負責人）

本法所稱保險業負責人，指依公司法或合作社法應負責之人。

*（保險業）保險六、一三六～一六五；（公司負責人）公司八；（合作社之負責人）合作社九、三二～四三。

第八條　（定義(八)——保險代理人）

本法所稱保險代理人，指根據代理契約或授權書，向保險人收取費用，並代理經營業務之人。

*（代理人）民一〇三、一〇四，保險四六、一六三、一七七；（保險人）保險二；（保險費）保險二一、二二；（保險代理人）保險一六三～一六五。

第八條之一　（定義(九)——保險業務員）

本法所稱保險業務員，指為保險業、保險經紀人公司、保險代理人公司或兼營保險代理人或保險經紀人業務之銀行，從事保險招攬之人。

(104)配合第一百六十三條第五項規定，銀行得兼營保險代理人或保險經紀人業務，爰修正原條文。

*（保險業）保險六；（保險經紀人）保險九；（保險代理人）保險八。

第九條　（定義(十)——保險經紀人）

本法所稱保險經紀人，指基於被保險人之利益，洽訂保險契約或提供相關服務，而收取佣金或報酬之人。

(96)保險經紀人洽訂保險契約時，應可依約定收取佣金，然保險經紀人，除仲介保險契約之簽訂外，實務上亦參與保險相關之諮詢、風險評估等後續服務工作。若保險契約未能成立，經紀人雖無法獲得「佣金」收入，亦應使其有事業之服務酬勞。故為符合保險實務並擴大保險經紀人之業務範圍，爰修正本條。

*（保險經紀人）保險一六三～一六五、一七七；（被保險人）保險四；（保險人）保險二；（保險契約）保險四三～四七；（保險業）保險六。

第十條　（定義(十一)——公證人）

本法所稱公證人，指向保險人或被保險人收取費用，為其辦理保險標的之查勘、鑑定及估價與賠款之理算、洽商，而予證明之人。

*（保險公證人）保險一六三～一六五、一七七；（保險人）保險二；（被保險人）保險四；（保險標的）保險三、一七、一八、三三、三八、七〇～七七、七九～八三、八五、九〇、九六，海商一二七；（查勘估價）保險七九、九一、九七。

第十一條　（定義(十二)——各種準備金）

本法所定各種準備金，包括責任準備金、未滿期保費準備金、特別準備金、賠款準備金及其他經主管機關規定之準備金。

(96)一、基於現行準備金種類，就國內環境及國外相較，有難切合監理需求之虞，且特別準備金之內涵及性質屢受紛議，爰修正得由主管機關因時制宜，規定保險業應提存其他之準備金，包括保費不足準備金、巨災準備金或資產評估準備金等，以發揮監理效能。

二、因「責任準備金」已列為準備金種類之一，爰將「各種責任準備金」修正為「各種準備金」。

*（責任準備金）保險一四五、一四六；（人壽保險）保險一〇一～一二四。

第十二條　（定義(十三)——主管機關）

本法所稱主管機關為金融監督管理委員會。但保險合作社除其經營之業務，以金融監督管理委員會為主管機關外，其社務以合作社之主管機關為主管機關。

(103)配合行政院組織改造，「行政院金融監督管理委員會」已於一百零一年七月一日起改為「金融監督管理委員會」，爰修正原條文主管機關名稱。

*（金融監督管理委員會）行院組四③；（合作社主管機關）合作社二之一。

第十三條（保險之種類）

保險分為財產保險及人身保險。

財產保險，包括火災保險、海上保險、陸空保險、責任保險、保證保險及經主管機關核准之其他保險。

人身保險，包括人壽保險、健康保險、傷害保險及年金保險。

⑨將現行條文第二項末段刪除「財產」二字，以資周全。

*（保險）保險一；（火災保險）保險七〇～八二；（海上保險）保險八三、八四，海商一二六～一五二；（陸空保險）保險八五～八九；（責任保險）保險九〇～九五；（保證保險）保險九五之一～九五之三；（其他財產保險）保險九六～九九；（人壽保險）保險一〇一～一二四；（健康保險）保險一二五～一三〇；（傷害保險）保險一三一～一三五；（年金保險）保險一三五之一～一三五之四。

第二節 保險利益

第十四條（財產上之現有與期待利益）

要保人對於財產上之現有利益，或因財產上之現有利益而生之期待利益，有保險利益。

*（要保人）保險三。

第十五條（財產上之責任利益）

運送人或保管人對於所運送或保管之貨物，以其所負之責任為限，有保險利益。

*（運送人）民六二二；（保管人）民四三二、四六八、五八三、五八九、五九〇、六一三、八八八、九〇一、九三三、九四〇；（運送貨物）民六二四，海商三八～四〇、五四、五五；（保管貨物）民五九〇、六一六㈢、八八四、九〇〇、九二九，動擔一二、一三；（責任保險）保險九〇～九五。

第十六條（人身保險之保險利益）

要保人對於左列各人之生命或身體，有保險利益：

一　本人或其家屬。

二　生活費或教育費所仰給之人。

三　債務人。

四　為本人管理財產或利益之人。

*（要保人）保險三；（生命或身體）保險一〇一、一二五、一三一；（家屬）民一一二三；（生活費）民一一一四～一一二一；（教育費）民一〇八四；（管理財產或利益人）民五三五、五五三、五九〇、六一四、七〇〇、七二九、七三九、七四九、八二〇、八三一、一一五二、一二一五，公司八，海商一四、一七、九八，破產六四。

第十六條之一（保險利益處分權之放棄）

未成年人或依民法第十四條第一項得受監護宣告者之父母或監護人，依本法第一百三十八條之二第二項規定為被保險人時，保險契約之要保人、被保險人及受益人得於保險事故發生前共同約定保險金於保險事故發生後應匯入指定信託帳戶，要保人並得放棄第一百十一條保險利益之處分權。

⑩一、本條新增。

二、由於我國保險金信託業務發展尚在初期階段，對保險金信託需求較為殷切者，多為經濟較為弱勢或是有身心障礙者子女之家庭，父母希望身故後可以透過保險金信託之保險金給付照顧未成年、心神喪失或精神耗弱之子女，直至子女長大成人或能獨立自主，或獲得照護安養。惟目前信託業者所辦理之保險金信託，囿於法令及稅務考量，實務上多採用由保險受益人擔任信託委託人之自益信託架構，該架構分為保險契約及信託契約二個部分，保險契約部分由要保人（父或母）以自己為被保險人，未成年子女為保險受益人；信託部分則以保險受益人（未成年子女）自己擔任保險金信託契約之委託人，並同時成為保險金信託契約之受益人，成立自益信託。在此種架構下，保險事故發生時，保險金並非當然成為信託財產，須保險事故發生後，受益人同意自保險公司領得保險給付交付予受託人後，始成為信託財產；且在保險事故發生前，受託銀行因非要保人，對於保險契約並無任何管理處分權限（例如：變更保險受益人、保單質借、部分贖回、減額繳清或展期定期等），無法保障保險受益人（即信託受益人）之利益。

三、依信託之導管理論，信託業依信託契約之記載為委託人或與其具有保險利益者投保人身保險，在本質上與委託人自行擔任要保人並無差異，不會因為透過信託辦理保險而增加道德風險。為利保險金信託之受託人確實掌握保險契約之狀況，維持保險契約之有效性及穩定性，並於保險事故發生時，確保保險給付時匯入保險契約上所指定之信託專戶，爰明定信託業依信託契約之記載，為委託人或與其具有保險利益者投保本法第一百三十八條之二第二項之人身保險契約時，保險契約之要保人、被保險人及受益人得於保險事故發生前，共同約定保險金於保險事故發生後應匯入指定信託帳戶，要保人並得放棄第一百十一條保險利益之處分權。

第十七條（保險利益之效力）

要保人或被保險人，對於保險標的物無保險利益者，保險契約失其效力。

*（要保人）保險三；（被保險人）保險四；（保險標的物）保險四八、五五②，海商一二七；（保險利益）保險一四～一六、二〇；（保險契約）保險一㈡；（強制規定）保險五四、一七〇。

第十八條（保險利益之移轉）

被保險人死亡或保險標的物所有權移轉時，保險契約除另有訂定外，仍為繼承人或受讓人之利益而存在。

*（被保險人）保險四；（保險標的物）保險四八、五五②；（保險契約）保險一㈡、四三～六九；（繼承人）民一一三八～一一四一、一一四四。

第十九條（保險利益之讓與）

合夥人或共有人聯合為被保險人時，其中一人或數人讓與保險利益於他人者，保險契約不因之而失效。

*（合夥人）民六六七、六六八，保險四七；（共有人）民八一七～八三一，保險四七；（合夥或共有讓與）民六八三、八一九、八二八、一〇二〇、一〇三一、一〇三三、一一五一，海商一一、一二；（保險契約）保險一㈡。

第二十條（有效契約之利益）

凡基於有效契約而生之利益，亦得為保險利益。

*（保險利益）保險一四～一六；（有效契約而生之利益）民三四五、三七九、三九八、四〇〇、四〇六、四二一、四七四、四八二、四九〇、五一五、五六五、五七六、六二二、六六〇、八三二、八四二、八六〇。

第三節 保險費

第二十一條（保費之交付）

保險費分一次交付及分期交付兩種。保險契約規定一次交付，或分期交付之第一期保險費，應於契約生效前交付之。但保險契約簽訂時，保險費未能確定者，不在此限。

*（交付保險費）保險二二、一一五；（保險費）保險五五⑤、

八七、一〇八、一二九、一三二，海商一二六；（保險契約）保險一㊁、四三～六九。

第二十二條　（交付保費之義務人）

保險費應由要保人依契約規定交付。信託業依信託契約有交付保險費義務者，保險費應由信託業代為交付之。

前項信託契約，保險人依保險契約應給付之保險金額，屬該信託契約之信託財產。

要保人為他人利益訂立之保險契約，保險人對於要保人所得為之抗辯，亦得以之對抗受益人。

⑩③一、原條文第一項未修正。
二、為使國外行之多年結合信託與保險之制度得受法律保障，爰增訂第二項，明定「前項信託契約，保險人依保險契約應給付之保險金額，屬該信託契約之信託財產。」，原條文第二項移列第三項。

*（交付保險費）保險二一、一一五；（保險費）保險五五⑤、八七、一〇八、一二九、一三二，海商一二六；（要保人）保險三；（為他人利益契約）保險四五，民二六九、二七〇；（受益人）保險五。

第二十三條　（善意複保險保費之返還）

以同一保險利益，同一保險事故，善意訂立數個保險契約，其保險金額之總額超過保險標的之價值者，在危險發生前，要保人得依超過部分，要求比例返還保險費。

保險契約因第三十七條之情事而無效時，保險人於不知情之時期內，仍取得保險費。

*（保險利益）保險一四～一六、二〇；（保險事故）保險五五③、八七、一〇八、一二九、一三二，海商一二六；（複保險）保險三五；（保險費）保險二一、二二；（惡意複保險）保險三七。

第二十四條　（契約相對無效與終止保費之返還）

保險契約因第五十一條第二項之情事而保險人不受拘束時，保險人得請求償還費用。其已收受之保險費無須返還。

保險契約因第五十一條第三項之情事而要保人不受拘束時，保險人不得請求保險費及償還費用。其已收受者應返還之。

保險契約因第六十條或第八十一條之情事而終止，或部分終止時，除保險費非以時間為計算基礎者外，終止後之保險費已交付者，應返還之。

*（保險契約）保險一㊁、四三～六九；（保險人）保險二；（無效行為當事人之責任）民一一三；（保險契約無效與不受拘束）保險五一；（保險費之返還）保險二三、二五～二七、八二、一二二；（危險增加之終止）保險六〇；（標的物全損之終止）保險八一。

第二十五條　（契約解除保費之返還）

保險契約因第六十四條第二項之情事而解除時，保險人無須返還其已收受之保險費。

*（違反說明義務之解約）保險六四㊁；（契約解除之效力）民二五九、二六〇；（保險人）保險二；（無須返還保險費）保險二三㊁、二四㊀。

第二十六條　（保費之減少與契約終止之返還）

保險費依保險契約所載增加危險之特別情形計算者，其情形在契約存續期內消滅時，要保人得按訂約時保險費率，自其情形消滅時起算，請求比例減少保險費。

保險人對於前項減少保險費不同意時，要保人得終止契約。其終止後之保險費已交付者，應返還之。

*（保險費）保險二一、二二；（保險契約）保險一㊁；（危險增加另定保險費）保險五九、六〇；（契約存續期間）保險五五④、一〇八、一二九、一三二，海商一二六、一二八；（終止保險契約）保險二七、二八、六〇、八一、八二、一一六、一一七、一一九；（返還保險費）保險二三～二八、八二、一二二。

第二十七條　（保險人破產時契約終止保費之返還）

保險人破產時，保險契約於破產宣告之日終止，其終止後之保險費已交付者，保險人應返還之。

*（保險人）保險二；（破產）破產五七以下，保險一二三；（保險契約）保險一㊁；（終止契約）民二六三。

第二十八條　（要保人破產時契約終止保費之返還）

要保人破產時，保險契約仍為破產債權人之利益而存在。但破產管理人或保險人得於破產宣告三個月內終止契約。其終止後之保險費已交付者，應返還之。

*（要保人）保險三；（破產）破產五七以下；（保險契約）保險一㊁；（破產管理人）破產八三以下；（保險人）保險二；（終止契約）民二六三。

第四節　保險人之責任

第二十九條　（保險人之賠償責任與例外）

保險人對於由不可預料或不可抗力之事故所致之損害，負賠償責任。但保險契約內有明文限制者，不在此限。

保險人對於由要保人或被保險人之過失所致之損害，負賠償責任。但出於要保人或被保險人之故意者，不在此限。

被保險人之死亡保險事故發生時，要保人或受益人應通知保險人。保險人接獲通知後，應依要保人最後所留於保險人之所有受益人住所或聯絡方式，主動為通知。

⑩④一、人身保險身故受益金，乃被保險人死亡事故發生後，為受益人所有，受益金之所有權，為典型之財產權，為憲法所保障之人民基本權，該金融服務約定之法律關係當事人包括「保險人」、「被保險人」、「受益人」三方，當被保險人死亡事故發生時，被保險人已「無能力」行使權利義務，而使受益人不知受益情況已發生並影響受益權之實現。
二、我國目前E化政府之資訊科技，已可達成金融服務業務之需求，保險人應基於「當事人利益」負忠實義務，並依平等互惠、最大誠信原則，以實現金融服務內容中之約定，爰增訂第三項，被保險人之死亡保險事故發生時，要保人或受益人應通知保險人。保險人接獲通知後，應依要保人最後所留於保險人之所有受益人住所或聯絡方式，主動為通知。以使金融消費者權益獲得充分保障。

*（保險人）保險二；（保險人之責任）保險三〇～三三；（保險事故）保險五五③、八七、一〇八、一二九、一三二，海商八六、八九；（要保人）保險三；（被保險人）保險四；（代理人）民一〇三、一〇四。

第三十條　（道義損害之責任）

保險人對於因履行道德上之義務所致之損害，應負賠償責任。

＊（保險人）保險二；（道德義務）保險六一③；（保險人之責任）保險二九、三一、三二。

第三十一條（受僱人或動物等損害之責任）

保險人對於因要保人或被保險人之受僱人或其所有之物或動物所致之損害，應負賠償責任。

＊（保險人）保險二；（要保人）保險三；（被保險人）保險四；（受僱人）民四八二~四八九；（動物加害）民一九〇；（保險人之責任）保險二九、三〇、三二。

第三十二條（兵險責任）

保險人對於因戰爭所致之損害，除契約有相反之訂定外，應負賠償責任。

＊（保險人）保險二；（保險人之責任）保險二九~三一。

第三十三條（減免損失費用之償還責任）

保險人對於要保人或被保險人，為避免或減輕損害之必要行為所生之費用，負償還之責。其償還數額與賠償金額，合計雖超過保險金額，仍應償還。

保險人對於前項費用之償還，以保險金額對於保險標的之價值比例定之。

(86)一、依保險法第七十二條之立法意旨，保險金額為最高賠償限額，故合計償還數額與賠償金額有無超過，仍應以保險金額為計算基礎，爰將第一項「保險標的之價值」一詞修正為「保險金額」。

二、鑑於保險人往往以第一項後段「但契約另有訂定者，不在此限」為由，拒絕償還超出保險金額之費用。為貫徹本法保護被保險人之目的，爰將第一項後段但書刪除。

＊（保險人）保險二；（要保人）保險三；（被保險人）保險四；（減免損害費用）海商一三〇；（賠償金額）保險七二~七七；（保險標的）保險三、五五②；（保險金額）保險三八、五五⑤、一〇二、一四七。

第三十四條（賠償金額之給付期限）

保險人應於要保人或被保險人交齊證明文件後，於約定期限內給付賠償金額。無約定期限者，應於接到通知後十五日內給付之。

保險人因可歸責於自己之事由致未在前項規定期限內為給付者，應給付遲延利息年利一分。

(86)一、為避免保險人惡意遲延給付，損及要保人或被保險人權益，爰將第一項酌予修正，俾使保險人儘速履行理賠之義務。

二、第二項增設保險人因可歸責於自己之事由致給付遲延者，應給付遲延利息，係為保護被保險人利益並避免保險人藉故推諉或遲延，課保險人以積極之責任，爰將遲延利息提高為年利一分。

三、為配合本條第一項修正，原條文第二項因與第一項無涉，且為事理之當然，毋庸贅言，爰配合第一項修正，予以刪除。

＊（賠償金額）保險三三、七九、八三、八五，海商一三〇；（保險人）保險二；（給付期限）海商一五〇；（通知）保險五八。

第五節　複保險

第三十五條（複保險之定義）

複保險，謂要保人對於同一保險利益，同一保險事故，與數保險人分別訂立數個保險之契約行為。

＊（要保人）保險三；（保險利益）保險一四~二〇；（保險事故）保險五五③、八七、一〇八、一二九、一三二；（保險人）保險二；（保險契約）保險一②。

▲所謂複保險，係指要保人對於同一保險利益，同一保險事故，與數保險人分別訂立數個保險之契約行為而言，保險法第三十五條定有明文。依同法第三十六條規定，複保險除另有約定外，要保人應將他保險人之名稱及保險金額通知各保險人。準此，複保險之成立，應以要保人與數保險人分別訂立之數保險契約同時並存為必要。若要保人先後與二以上之保險人訂立保險契約，先行訂立之保險契約，即非複保險，因其保險契約成立時，尚未呈複保險之狀態。要保人嗣與他保險人訂立保險契約，故意不將先行所訂保險契約之事實通知後一保險契約之保險人，依保險法第三十七條規定，後一保險契約應屬無效，非謂成立在先之保險契約亦屬無效。（七六臺上一一六六）

第三十六條（複保險之通知）

複保險，除另有約定外，要保人應將他保險人之名稱及保險金額通知各保險人。

＊（複保險）保險三五；（要保人）保險三；（保險人）保險二；（保險金額）保險五五⑤、七二、一〇二、一四七。

▲（七六臺上一一六六）參見本法第三十五條。

第三十七條（惡意複保險無效）

要保人故意不為前條之通知，或意圖不當得利而為複保險者，其契約無效。

＊（要保人）保險三；（要保人之通知）保險三六；（不當得利）民一七九~一八三；（無效）民一一一~一一三；（複保險）保險三五；（保險契約無效）保險五一、五五⑦、一〇五、一二三、一三五。

▲（七六臺上一一六六）參見本法第三十五條。

第三十八條（善意複保險之效力）

善意之複保險，其保險金額之總額超過保險標的之價值者，除另有約定外，各保險人對於保險標的之全部價值，僅就其所保金額負比例分擔之責。但賠償總額，不得超過保險標的之價值。

＊（保險金額）保險五五⑤、七二~七七、一〇二、一四七；（保險標的價值）保險七二、七四、七五；（善意複保險）保險二三。

第六節　再保險

第三十九條（再保險之定義）

再保險，謂保險人以其所承保之危險，轉向他保險人為保險之契約行為。

＊（保險人）保險二；（保險）保險一；（準用）海商一二六。

第四十條（原被保險人與再保險人之關係）

原保險契約之被保險人，對於再保險人無賠償請求權。但原保險契約及再保險契約另有約定者，不在此限。

(96)現行條文依原保險契約與再保險契約各自獨立之原則，予以限制原保險契約之被保險人對再保險人之直接請求權。惟考量現行國際再保險實務上之再保險契約，有約定當原保險契約之保險人有破產、清算或其他原因不能履行保險契約責任者，得由原保險契約被保險人逕向再保險契約之再保險人請求賠付之直接給付條款(cut-through clause)，基於契約自由原則，爰增列但書之規定。

＊（被保險人）保險四；（保險契約）保險一②、四三~六九；（保險人）保險二；（再保險人）保險四一、四二。

第四十一條（再保險人與原要保人關係）

再保險人不得向原保險契約之要保人請求交付保險費。

*（再保險）保險三九；（保險契約）保險一㈡、四三～六九；（要保人）保險三；（保險費）保險二一～二八。

第四十二條（原保險人與原被保險人關係）

原保險人不得以再保險人不履行再保險金額給付之義務為理由，拒絕或延遲履行其對於被保險人之義務。

*（保險人）保險二；（再保險人）保險四〇、四一；（保險金額）保險五五⑤、七二；（被保險人）保險四。

第二章 保險契約

第一節 通 則

第四十三條（保險單、暫保單）

保險契約，應以保險單或暫保單為之。

*（保險契約）保險一㈡；（強制規定）保險五四；（保險單暫保單）保險施二五。

第四十四條（保險人之同意）

保險契約，由保險人於同意要保人聲請後簽訂。

利害關係人，均得向保險人請求保險契約之謄本。

*（保險契約）保險一㈡、四三，海商一二六；（保險人）保險二；（要保人）保險三；（簽訂）民三、一五三㈠；（利害關係人）保險四、五、一五、一六、一八、一九。

第四十五條（第三人利益契約）

要保人得不經委任，為他人之利益訂立保險契約。受益人有疑義時，推定要保人為自己之利益而訂立。

*（要保人）保險三；（委任）民五二八；（為他人利益契約）民二六九、二七〇，保險二二、七一、九二；（受益人之確定）保險五二。

第四十六條（保險契約代訂之方式）

保險契約由代理人訂立者，應載明代訂之意旨。

*（保險契約）保險一㈡、四四㈠；（代理人）民一〇三～一一〇，保險八、一六三～一六五。

第四十七條（保險契約代訂之效力）

保險契約由合夥人或共有人中之一人或數人訂立，而其利益及於全體合夥人或共有人者，應載明為全體合夥人或共有人訂立之意旨。

*（保險契約）保險一㈡、四三、四四㈠；（合夥人）民六六七～六九九；（共有人）民八一七～八三一；（保險利益之處分）保險一九。

第四十八條（共保條款）

保險人得約定保險標的物之一部分，應由要保人自行負擔由危險而生之損失。

有前項約定時，要保人不得將未經保險之部分，另向他保險人訂立保險契約。

*（保險人）保險二；（保險標的物）保險五五②；（要保人）保險三；（一部保險）保險七七；（訂立保險契約）保險一㈡、四四㈠。

第四十九條（契約之方式與抗辯之援用）

保險契約除人身保險外，得為指示式或無記名式。

保險人對於要保人所得為之抗辯，亦得以之對抗保險契約之受讓人。

*（保險契約）保險一㈡；（人身保險）保險一〇一～一三五之四；（指示證券）民七一〇～七一八；（無記名證券）民七一九～七二八。

第五十條（不定值及定值保險契約）

保險契約分不定值保險契約及定值保險契約。

不定值保險契約，為契約上載明保險標的之價值，須至危險發生後估計而訂之保險契約。

定值保險契約，為契約上載明保險標的一定價值之保險契約。

*（保險契約）保險一㈡；（定值或不定值保險）保險七三；（保險標的的價值）保險七二、七六、七七。

第五十一條（危險已發生消滅之契約）

保險契約訂立時，保險標的之危險已發生或已消滅者，其契約無效。但為當事人雙方所不知者，不在此限。」

訂約時，僅要保人知危險已發生者，保險人不受契約之拘束。

訂約時，僅保險人知危險已消滅者，要保人不受契約之拘束。

*（保險契約訂立）保險四四～四七；（保險契約無效）保險三七、五五⑦、一〇五、一〇七、一二二、一六九；（當事人）保險五五①；（要保人）保險三；（保險人）保險二。

第五十二條（受益人之確定）

為他人利益訂立之保險契約，於訂約時，該他人未確定者，由要保人或保險契約所載可得確定之受益人享受其利益。

*（為他人利益契約）保險四五；（要保人）保險三；（受益人）保險五、四五、一〇八②、一一〇～一一四。

第五十三條（保險人之當然代位權）

被保險人因保險人應負保險責任之損失發生，而對於第三人有損失賠償請求權者，保險人得於給付賠償金額後，代位行使被保險人對於第三人之請求權；但其所請求之數額，以不逾賠償金額為限。

前項第三人為被保險人之家屬或受僱人時，保險人無代位請求權。但損失係由其故意所致者，不在此限。

*（被保險人）保險四；（保險人）保險二；（保險人之責任）保險二九～三四；（代位行使賠償請求權）民二二八；（賠償金額）保險七二、七三、七五～七七；（損害賠償請求權）民一八四、一八八、一九〇、二二四；（禁止代位）保險一〇三；（受僱人）民四八二；（家屬）民一一二三㈡、㈢。

▲損害賠償祇應填補被害人實際損害，保險人代位被害人請求損害賠償時，依保險法第五十三條第一項規定，如其損害額超過或等於保險人已給付之賠償金額，固得就其賠償之範圍，代位請求賠償，如其損害額小於保險人已給付之賠償金額，則保險人所得代位請求者，應祇以該損害額為限。（六五臺上二九〇八）

▲按保險制度，旨在保護被保險人，非為減輕損害事故加害人之責任。保險給付請求權之發生，係以定有支付保險費之保險契約為基礎，與因侵權行為所生之損害賠償請求權，並非出於同一原因。後者之損害賠償請求權，殊不因受領前者之保險給付而喪失，兩者除有保險法第五十三條關於代位行使之關係外，並不生損益相抵問題。（六八臺上四二）

▲保險法第五十三條第一項規定之保險人代位權，其行使之對象，不以侵權行為之第三人為限，苟被保險人因保險人應負保險責任之損失發生，而對於第三人有損失賠償請求權者，保險人即得於給付賠償金額後，代位行使被保險人

對於第三人之請求權。（七六臺上一四九三）

第五十四條　（強制規定與契約疑義之解釋）

本法之強制規定，不得以契約變更之。但有利於被保險人者，不在此限。

保險契約之解釋，應探求契約當事人之真意，不得拘泥於所用之文字；如有疑義時，以作有利於被保險人之解釋為原則。

*（本法之強制規定）保險一七、四〇～四三、四八、七二、一〇三、一〇五、一〇六、一二八、一三五；（特約條款之訂立）保險六六～六九；（違反強制規定之制裁）保險一七〇。

第五十四條之一　（契約顯失公平之部分無效）

保險契約中有左列情事之一，依訂約時情形顯失公平者，該部分之約定無效：

一　免除或減輕保險人依本法應負之義務者。

二　使要保人、受益人或被保險人拋棄或限制其依本法所享之權利者。

三　加重要保人或被保險人之義務者。

四　其他於要保人、受益人或被保險人有重大不利益者。

㊇一、本條新增。

二、為貫徹保護被保險人意旨，特擷取大陸法系保險契約合法性與誠信要求之「內容控制」原則等精神，以符現代商法之立法趨勢。

三、於追求社會公平正義及實質契約自由之理念，為免因定型化約款之某一約款之規定，使得契約當事人據以有權利改變或逃避其應履行之義務。因此，若保險條款之內容和一般法律之規定有所偏離，且依誠實信用原則對被保險人將產生不合理之不利時，其條款無效。

*（類似規定）消保一二，民二四七之一。

第二節　基本條款

第五十五條　（基本條款）

保險契約，除本法另有規定外，應記載左列各款事項：

一　當事人之姓名及住所。

二　保險之標的物。

三　保險事故之種類。

四　保險責任開始之日時及保險期間。

五　保險金額。

六　保險費。

七　無效及失權之原因。

八　訂約之年月日。

*（保險契約）保險一㊁；（契約應載事項）保險八七、一〇八、一二九、一三二；（當事人）保險二、三；（住所）民二〇；（保險標的物）保險一七、四八、七〇、七一、八三，海商一二九、一三四～一三七；（保險事故）保險一、四、二三、二九、七〇、八三、八五、一〇一、一二五、一三一；（保險期間）保險八六；（保險金額）保險七二、七三、七六、七七、一〇二、一三〇、一三五；（保險費）保險二一、二二。

第五十六條　（變更或恢復效力之通知）

變更保險契約或恢復停止效力之保險契約時，保險人於接到通知後十日內不為拒絕者，視為承諾。但本法就人身保險有特別規定者，從其規定。

㊈現行條文但書僅規定「人壽保險」為排除本條適用之範疇，衡酌本法第一百十六條規定人壽保險費法定停效事由，於第一百三十條之健康保險、第一百三十五條之傷害保險及第一百三十五條之四之年金保險均有準用，爰將但書修正為「但本法就人身保險有特別規定者，從其規定。」

*（保險契約）保險一㊁；（變更契約）保險一八、二八、四九；（承諾）民一五六～一六一；（人壽保險）保險一一六。

第五十七條　（怠於通知之解約）

當事人之一方對於他方應通知之事項而怠於通知者，除不可抗力之事故外，不問是否故意，他方得據為解除保險契約之原因。

*（當事人）保險二、三、五五①；（通知義務）保險三六、五八、五九；（解約原因）保險六四、六八、七六。

第五十八條　（危險發生之通知義務）

要保人、被保險人或受益人，遇有保險人應負保險責任之事故發生，除本法另有規定，或契約另有訂定外，應於知悉後五日內通知保險人。

*（受益人）保險五；（保險責任事故）保險七〇、七一、八

三、八五、九〇、九五之一、一〇一、一二五、一三一；（期間之計算）民一二〇、一二二；（違反本條規定之效果）保險六三；（不負通知義務）保險六二。

第五十九條　（危險增加之通知義務）

要保人對於保險契約內所載增加危險之情形應通知者，應於知悉後通知保險人。

危險增加，由於要保人或被保險人之行為所致，其危險達於應增加保險費或終止契約之程度者，要保人或被保險人應先通知保險人。

危險增加，不由於要保人或被保險人之行為所致者，要保人或被保險人應於知悉後十日內通知保險人。」

危險減少時，被保險人得請求保險人重新核定保費。

*（通知義務之例外）保險六一；（怠於通知）保險五七；（違反本條規定之效果）保險六三；（不負通知義務）保險六二；（危險增加之效果）保險六〇。

第六十條　（危險增加之效果）

保險遇有前條情形，得終止契約，或提議另定保險費。要保人對於另定保險費不同意者，其契約即為終止。但因前條第二項情形終止契約時，保險人如有損失，並得請求賠償。

保險人知危險增加後，仍繼續收受保險費，或於危險發生後給付賠償金額，或其他維持契約之表示者，喪失前項之權利。

*（保險）保險一；（保險費）保險五五⑥、八七、一〇八、一二九、一三二；（終止契約）保險二六～二八、八一、八二、九七、一〇五、一一六、一一七、一一九；（保險費之增減）保險二六；（保險費之返還）保險二四㊂；（保險人）保險二。

第六十一條　（危險增加通知義務之例外）

危險增加如有左列情形之一時，不適用第五十九條之規定：

一　損害之發生不影響保險人之負擔者。

二　為防護保險人之利益者。

三　為履行道德上之義務者。

*（危險增加之通知）保險五九；（道德義務）保險三〇；（妨

護保險人之利益）保險三三、九八。

第六十二條（不負通知義務者）

當事人之一方對於左列各款不負通知之義務：

一　為他方所知者。

二　依通常注意為他方所應知或無法諉為不知者。

三　一方對於他方經聲明不必通知者。

＊（當事人）保險五五①；（通知義務）保險三六、五七、五八，海商一三二、一四九、一五一。

第六十三條（怠於通知之賠償）

要保人或被保險人不於第五十八條、第五十九條第三項所規定之期限內為通知者，對於保險人因此所受之損失，應負賠償責任。

＊（要保人）保險三；（被保險人）保險四；（危險增加之通知）保險五八、五九；（保險人）保險二；（損害賠償）民二一三～二一八。

第六十四條（據實說明義務及違反之法律效力）

訂立契約時，要保人對於保險人之書面詢問，應據實說明。

要保人有為隱匿或遺漏不為說明，或為不實之說明，足以變更或減少保險人對於危險之估計者，保險人得解除契約；其危險發生後亦同。但要保人證明危險之發生未基於其說明或未說明之事實時，不在此限。

前項解除契約權，自保險人知有解除之原因後，經過一個月不行使而消滅；或契約訂立後經過二年，即有可以解除之原因，亦不得解除契約。

⑭一、原條文第二項首句「要保人故意隱匿」修正為「要保人有為隱匿或遺漏不為說明」。
二、其餘條文未修正。

＊（訂約時）保險五五⑧；（要保人）保險三；（保險人）保險二；（書面）民三；（解除契約）保險五七、六八、七六，海商一三三。

▲保險契約為要保人與保險人所訂立之債權契約，要保人指定第三人為受益人者，該第三人並非契約當事人，原審認被上訴人（保險人）得向上訴人（受益人）解除契約，並據以認定上訴人無請求被上訴人給付保險金之權利，自欠允洽。（七六臺上一八〇）

▲保險法第六十四條之規定，乃保險契約中關於因詐欺而為意思表示之特別規定，應排除民法第九十二條規定之適用。（八六臺上二一一三）

第六十五條（消滅時效）

由保險契約所生之權利，自得為請求之日起，經過二年不行使而消滅。有左列各款情形之一者，其期限之起算，依各該款之規定：

一　要保人或被保險人對於危險之說明，有隱匿、遺漏或不實者，自保險人知情之日起算。

二　危險發生後，利害關係人能證明其非因疏忽而不知情者，自其知情之日起算。

三　要保人或被保險人對於保險人之請求，係由於第三人之請求而生者，自要保人或被保險人受請求之日起算。

＊（保險契約）保險一㈡；（消滅時效）民一二五～一四七，保險六四㈢、六八㈡、八二，海商一五〇、一五二；（由第三人請求而生）保險九〇；（準用）海商一二六。

第三節　特約條款

第六十六條（特約條款之定義）

特約條款，為當事人於保險契約基本條款外，承認履行特種義務之條款。

＊（當事人）保險五五①；（保險契約）保險一㈡；（基本條款）保險五五、八七、一〇八、一二九、一三二；（強制規定）保險五四。

第六十七條（特約條款內容）

與保險契約有關之一切事項，不問過去、現在或將來，均得以特約條款定之。

＊（保險契約）保險一㈡；（特約條款）保險六六；（將來事項）保險六九。

第六十八條（違背特約條款之效力）

保險契約當事人之一方違背特約條款時，他方得解除契約；其危險發生後亦同。

第六十四條第三項之規定，於前項情形準用之。

＊（保險契約）保險一㈡；（當事人）保險五五①、八七、一〇八、一二九、一三二；（解除契約）保險五七、六四、七六，海商一三三；（解約時效）保險六四㈢。

第六十九條（未來事項特約條款之效力）

關於未來事項之特約條款，於未屆履行期前危險已發生，或其履行為不可能，或在訂約地為不合法而未履行者，保險契約不因之而失效。

＊（未來事項）保險六七。

第三章　財產保險

第一節　火災保險

第七十條（火災保險人之責任）

火災保險人，對於由火災所致保險標的物之毀損或滅失，除契約另有訂定外，負賠償之責。

因救護保險標的物，致保險標的物發生損失者，視同所保危險所生之損失。

＊（保險人之責任）保險二九～三四；（保險標的物）保險一七、五五②；（契約另有訂定）保險四八。

第七十一條（集合保險契約之責任）

就集合之物而總括為保險者，被保險人家屬、受僱人或同居人之物，亦得為保險標的，載明於保險契約，在危險發生時，就其損失享受賠償。

前項保險契約，視同並為第三人利益而訂立。

＊（被保險人）保險四；（家屬）民一一二三㈡、㈢；（同居人）民一一二二；（僱傭）民四八二～四八九；（保險契約）保險一㈡、四三、五〇；（為第三人利益契約）保險四五。

第七十二條（保險金額之作用）

保險金額，為保險人在保險期內所負責任之最高額度。保險人應於承保前查明保險標的物之市價，不得超額承保。

＊（保險金額）保險五五⑤；（保險人）保險二；（保險期間）保險五五④；（保險人之責任）保險二九～三四；（保險標的物）保險五五②；（超額承保）保險七六、一六九。

第七十三條（保險標的——定值或不定值保險）

保險標的，得由要保人依主管機關核定之費率及條款，作定值或不定值約定之要保。

保險標的，以約定價值為保險金額者，發生全部損失或部分損失時，均按約定價值為標準計算賠償。

保險標的未經約定價值者，發生損失時，按保險事故發生時實際價值為標準，計算賠償，其賠償金額，不得超過保險金額。

*（要保人）保險三；（主管機關）保險一二；（定值及不定值保險）保險五〇，保險施二三；（保險金額之約定）保險七五；（全部損失）保險八一；（保險金額）保險七二；（超額承保）保險七二、七六、一六九；（保險事故）保險五五③。

第七十四條（全損之定義）

第七十三條所稱全部損失，係指保險標的全部滅失或毀損，達於不能修復或其修復之費用，超過保險標的恢復原狀所需者。

*（全部損失）保險七三㊂。

第七十五條（標的物價值之約定）

保險標的物不能以市價估計者，得由當事人約定其價值。賠償時從其約定。

*（保險標的物）保險五五②；（市價估計）保險七二、七三。

第七十六條（超額保險）

保險金額超過保險標的價值之契約，係由當事人一方之詐欺而訂立者，他方得解除契約。如有損失，並得請求賠償；無詐欺情事者，除定值保險外，其契約僅於保險標的價值之限度內為有效。

無詐欺情事之保險契約，經當事人一方將超過價值之事實通知他方後，保險金額及保險費，均應按照保險標的之價值比例減少。

*（保險金額）保險五五⑤、七二；（保險標的價值）保險七三～七五；（超額承保）保險七二、一六九；（當事人）保險五五①；（解除契約）保險五七、六四、六八，海商一三三；（詐欺）民九二、九三；（保險契約）保險一㊀；（定值保險）保險七三；（保險費）保險五五⑥。

第七十七條（一部保險）

保險金額不及保險標的物之價值者，除契約另有訂定外，保險人之負擔，以保險金額對於保險標的物之價值比例定之。

*（保險金額）保險五五⑤、七二；（保險標的物價值）保險七三～七五；（契約另有訂定）保險四八。

第七十八條（損失估計遲延之責任）

損失之估計，因可歸責於保險人之事由而遲延者，應自被保險人交出損失清單一個月後加給利息。損失清單交出二個月後損失尚未完全估定者，被保險人得請求先行交付其所應得之最低賠償金額。

*（損失估計）保險七九㊀、八〇；（保險人）保險二；（期間之計算）民一二〇～一二二；（利息）民二〇三；（被保險人）保險四。

第七十九條（估計損失費用之負擔）

保險人或被保險人為證明及估計損失所支出之必要費用，除契約另有訂定外，由保險人負擔之。

保險金額不及保險標的物之價值時，保險人對於前項費用，依第七十七條規定比例負擔之。

*（保險人）保險二；（被保險人）保險四；（保險人之費用負擔）保險三三；（一部保險）保險七七。

第八十條（標的物變更之禁止）

損失未估定前，要保人或被保險人除為公共利益或避免擴大損失外，非經保險人同意，對於保險標的物不得加以變更。

*（損失之估定）保險七八；（要保人）保險三；（被保險人）保險四；（公益或避免擴大損失）保險三三、七〇㊁、九八，海商一二九、一三〇；（保險標的物）保險五五②。

第八十一條（標的物全損時契約之終止）

保險標的物非因保險契約所載之保險事故而完全滅失時，保險契約即為終止。

*（保險標的物）保險五五②、七〇、七一；（保險事故）保險五五③；（完全滅失）保險七四；（契約終止）保險二六～二八、六〇、八二、九七、一一六、一一七、一一九；（保險費返還）保險二四㊂，保險施二九、三二。

第八十二條（標的物分損時契約之終止）

保險標的物受部分之損失者，保險人與要保人均有終止契約之權。終止後，已交付未損失部分之保險費應返還之。

前項終止契約權，於賠償金額給付後，經過一個月不行使而消滅。

保險人終止契約時，應於十五日前通知要保人。

要保人與保險人均不終止契約時，除契約另有訂定外，保險人對於以後保險事故所致之損失，其責任以賠償保險金額之餘額為限。

*（保險標的物）保險五五②；（保險人）保險二；（要保人）保險三；（保險費返還）保險二四㊂；（保險契約時效）保險六四、六五、六八，海商一五〇、一五二；（保險金額）保險五五⑤、七二；（保險事故）保險五五③。

第八十二條之一（準用規定）

第七十三條至第八十一條之規定，於海上保險、陸空保險、責任保險、保證保險及其他財產保險準用之。

第一百二十三條及第一百二十四條之規定，於超過一年之財產保險準用之。

㊇一、本條新增。

二、本法第一百條原規定第七十三條至第八十條，第一百二十三條及第一百二十四條之規定，於其他財產保險準用之；但依其內容應通用於海上保險、陸空保險、責任保險及保證保險，為使相關條文之規範更周延起見，爰予以重作調整，刪除第一百條，新增本條條文。

三、要保人繳納保費達一年以上者，已提列有責任準備金，準此，為保障要保人、被保險人及受益人合法之權益，一年以上財產儲蓄性保單所提存之責任準備金準用第一百二十三條及第一百二十四條之責任準備金相關規定。

第三節　海上保險

第八十三條（海上保險人之責任）

海上保險人對於保險標的物，除契約另有規定外，因海上一切事變及災害所生之毀損、滅失及費用，負賠償之責。

*（海上保險人責任）海商一二九；（海上保險標的物）海商

一二七。

第八十四條　（適用海商法之規定）

關於海上保險適用海商法海上保險章之規定。

*（保險法之適用）海商一二六。

第三節　陸空保險

第八十五條　（陸空保險人之責任）

陸上內河及航空保險人對於保險標的物除契約另有訂定外因陸上內河及航空一切事變及災害所致之毀損滅失及費用負賠償之責。

*（保險人）保險二；（保險標的物）保險五五②。

第八十六條　（貨物保險之期間）

關於貨物之保險除契約另有訂定外自交運之時以迄於其目的地收貨之時為其期間。

*（貨物保險）海商一三五；（保險期間）保險五五④、八七，海商一二八；（交運之時）保險八七④；（目的地）民六二四③，海商五四①④；（收貨之時）民六四四；（期間）民一二〇、一二一。

第八十七條　（保險契約應載事項）

保險契約除記載第五十五條規定事項外並應載明左列事項：

一　運送路線及方法。

二　運送人姓名或商號名稱。

三　交運及取貨地點。

四　運送有期限者其期限。

*（保險契約）保險一㈡；（基本條款）保險五五；（運送路線及方法）保險八八；（運送人）民六二二；（商號名稱）商登二八。

第八十八條　（暫停或變更運路或方法之效力）

因運送上之必要暫時停止或變更運送路線或方法時保險契約除另有訂定外仍繼續有效。

*（運送）民六二二；（運送路線或方法）保險八七①。

第八十九條　（海上保險之準用）

航行內河船舶運費及裝載貨物之保險除本節另有規定外準用海上保險有關條文之規定。

*（船舶保險）海商一三四；（貨物保險）海商一三五；（運費保險）海商一三七；（貨物之損害額）海商一三八、一四一；（保險期間）海商一二八。

第四節　責任保險

第九十條　（責任保險人之責任）

責任保險人於被保險人對於第三人依法應負賠償責任而受賠償之請求時負賠償之責。

*（保險人）保險二；（被保險人）保險四；（賠償責任）民一八四～一九九；（特別規定）強制車險一以下。

第九十一條　（必要費用之負擔）

被保險人因受第三人之請求而為抗辯所支出之訴訟上或訴訟外之必要費用除契約另有訂定外由保險人負擔之。

被保險人得請求保險人墊給前項費用。

*（被保險人）保險四；（保險人之負擔費用）保險三三、七七；（訴訟費用）民訴七八以下；（保險人）保險二。

第九十二條　（第三人利益契約）

保險契約係為被保險人所營事業之損失賠償責任而訂立者被保險人之代理人管理人或監督人所負之損失賠償責任亦享受保險之利益其契約視同並為第三人之利益而訂立。

*（保險契約）保險一㈡；（被保險人）保險四；（保險利益）保險一四、一七；（代理人賠償責任）保險二九㈡、三二；（第三人利益契約）保險四五。

第九十三條　（保險人之參與權）

保險人得約定被保險人對於第三人就其責任所為之承認和解或賠償未經其參與者不受拘束但經要保人或被保險人通知保險人參與而無正當理由拒絕或藉故遲延者不在此限。

㊇原條文賦予責任保險保險人和解參與權，就防止被保險人因投保責任保險而任意為高額之和解或賠償者，確有必要。惟將導致保險人藉故拒絕參與，以致損及被保險人之權益，爰增訂但書規定。

*（保險人）保險二；（被保險人）保險四；（特約條款）保險六六；（承認）民一一六；（和解）民七三六～七三八；（賠償責任）保險九〇；（不受拘束）保險五一㈢。

第九十四條　（向被保險人給付賠償金之限制）

保險人於第三人由被保險人應負責任事故所致之損失未受賠償以前不得以賠償金額之全部或一部給付被保險人。

被保險人對第三人應負損失賠償責任確定時第三人得在保險金額範圍內依其應得之比例直接向保險人請求給付賠償金額。

㊈責任保險制度旨在提供加害人足夠清償能力，並保護受害第三人得以獲得補償。為維護受害第三人之權利，並確保保險人之給付義務，爰增定第二項，在被保險人對第三人應付損失賠償責任確定後，受害第三人得直接向保險人請求賠償。

*（保險人）保險二；（被保險人）保險四；（賠償金額給付）保險三四、九五。

第九十五條　（向第三人給付賠償金）

保險人得經被保險人通知直接對第三人為賠償金額之給付。

*（保險人）保險二；（被保險人）保險四；（賠償金額給付）保險三四、九四。

第四節之一　保證保險

第九十五條之一　（保證保險人之責任）

保證保險人於被保險人因其受僱人之不誠實行為或其債務人之不履行債務所致損失負賠償之責。

*（被保險人）保險四。

第九十五條之二　（保證保險契約應載事項㈠）

以受僱人之不誠實行為為保險事故之保證保險契約除記載第五十五條規定事項外並應載明左列事項：

一　被保險人之姓名及住所。

二　受僱人之姓名職稱或其他得以認定為受僱人之方式。

*（保險契約）保險一㈡；（保險契約基本條款）保險五五；（被保險人）保險四；（保險事故）保險五五③。

第九十五條之三（保證保險契約應載事項㈡）

以債務人之不履行債務為保險事故之保證保險契約，除記載第五十五條規定事項外，並應載明左列事項：

一　被保險人之姓名及住所。

二　債務人之姓名或其他得以認定為債務人之方式。

*（保險契約）保險一㈡；（保險契約基本條款）保險五五；（被保險人）保險四；（保險事故）保險五五③。

第五節　其他財產保險

第九十六條（其他財產保險之定義）

其他財產保險為不屬於火災保險、海上保險、陸空保險、責任保險及保證保險之範圍，而以財物或無形利益為保險標的之各種保險。

(86)本條原採列示險種方式，以表明「其他財產保險」之意義，為配合八十一年二月二十六日修正公布之保險法增列保證保險，爰於本條增列「保證保險」等字，以資明確。

*（火災保險）保險七〇～八二之一；（海上保險）保險八三、八四；（陸空保險）保險八五～八九；（責任保險）保險九〇～九五；（保證保險）保險九五之一～九五之三；（保險種類）保險一三。

第九十七條（標的物查勘權）

保險人有隨時查勘保險標的物之權，如發現全部或一部分處於不正常狀態，經建議要保人或被保險人修復後，再行使用。如要保人或被保險人不接受建議時，得以書面通知終止保險契約或其有關部分。

*（保險人）保險二；（保險標的物）保險五五②、九六；（要保人）保險三；（被保險人）保險四；（要保人被保險人之保護責任）保險九八；（書面）民三、七一；（保險契約之終止）保險二六～二八、六〇、八一、八二、一一六、一一七、一一九。

第九十八條（未盡保護義務之責任）

要保人或被保險人，對於保險標的物未盡約定保護責任所致之損失，保險人不負賠償之責。

危險事故發生後，經鑑定係因要保人或被保險人未盡合理方法保護標的物，因而增加之損失，保險人不負賠償之責。

*（要保人）保險三；（被保險人）保險四；（保險標的物）保險五五②、九六；（救護標的物）保險七〇㈡；（危險事故）保險五五③。

第九十九條（保險契約之變動）

保險標的物受部分之損失，經賠償或回復原狀後，保險契約繼續有效。但與原保險情況有異時，得增減其保險費。

*（保險標的物）保險五五②、九六；（保險契約）保險一㈡；（保險利益之繼續）保險一八；（保險費之增減）保險二六。

第一百條（刪除）

(86)一、本條刪除。

二、第七十三條至第八十條，第一百二十三條及第一百二十四條之規定，於其他財產保險準用，但依其內容應通用於海上保險、陸空保險、責任保險及保證保險。為使相關條文之規範更周延起見，爰予以重作調整，刪除本條條文，新增第八十二條之一規定。

第四章　人身保險

第一節　人壽保險

第一百零一條（人壽保險人之責任）

人壽保險人於被保險人在契約規定年限內死亡，或屆契約規定年限而仍生存時，依照契約負給付保險金額之責。

*（人壽保險人）保險六、一三八、一六二；（被保險人）保險四；（保險金額）保險五五⑤、一〇二、一〇八④。

第一百零二條（保險金額）

人壽保險之保險金額，依保險契約之所定。

*（保險金額）保險五五⑤、一〇八；（保險契約）保險一㈡；（準用）保險一三〇、一三五。

第一百零三條（保險人代位之禁止）

人壽保險之保險人，不得代位行使要保人或受益人因保險事故所生對於第三人之請求權。

*（保險人）保險二；（要保人）保險三；（受益人）保險五；（保險人之代位）保險五三；（準用）保險一三〇、一三五。

第一百零四條（契約之代訂）

人壽保險契約，得由本人或第三人訂立之。

*（本人訂立）保險一六；（第三人利益保險契約）保險四五、一〇五、一〇六；（準用）保險一三〇、一三五。

第一百零五條（他人死亡保約代訂之限制）

由第三人訂立之死亡保險契約，未經被保險人書面同意，並約定保險金額，其契約無效。

被保險人依前項所為之同意，得隨時撤銷之。其撤銷之方式應以書面通知保險人及要保人。

被保險人依前項規定行使其撤銷權者，視為要保人終止保險契約。

(90)一、被保險人於行使同意權後，若因情事變更，繼續為被保險人而有危及生命之虞時，因被保險人非契約當事人，並無終止契約之權，原條文無法保障被保險人之權益，基於避免道德危險及保護被保險人之人格權之考量，特增訂第二項，以資補救，並對撤銷方式及對象作明確規定。

二、被保險人若撤銷其同意之意思表示，其撤銷之效力宜作明確規範，在此增訂第三項以杜爭議。

*（由第三人訂立）保險一〇四、一〇六；（強制禁止規定）民七一，保險五四；（被保險人）保險四；（書面）民三；（保險金額）保險五五⑤、一〇八。

第一百零六條（他人人壽保約訂立之限制）

由第三人訂立之人壽保險契約，其權利之移轉或出質，非經被保險人以書面承認者，不生效力。

*（由第三人訂立）保險一〇四、一〇五；（權利移轉）民二九四；（出質）民九〇〇以下，保險一二〇；（被保險人）保險四；（書面）民三；（承認）民一一五、一一六；（強制規定）保險五四。

第一百零七條（死亡給付之限制㈠）

以未滿十五歲之未成年人為被保險人訂立之人壽保險契約，除喪葬費用之給付外，其餘死亡給付之約定於被保險人滿十五歲時始生效力。

前項喪葬費用之保險金額不得超過遺產及贈與稅法第十七條有關遺產稅喪葬費扣除額之一半。
前二項於其他法律另有規定者，從其規定。

(109)一、為兼顧人性尊嚴並防範道德風險，以限額給付提供未滿十五歲被保險人身故所需之喪葬費用，爰將第一項第一句後之內容修正為「除喪葬費用之給付外，其餘死亡給付之約定於被保險人滿十五歲時始生效力。」
二、上項新增喪葬費用之保險金額，經參酌保險法第一百零七條之一規定，爰將第二項內容修正為「前項喪葬費用之保險金額，不得超過遺產及贈與稅法第十七條有關遺產稅喪葬費扣除額之一半。」

*（精神障礙或其他心智缺陷）民一四、一五；（保險契約之無效）保險三七、五一、五五⑦、一〇五、一一二、一一六九。

第一百零七條之一（死亡給付之限制(二)）

訂立人壽保險契約時，以受監護宣告尚未撤銷者為被保險人，除喪葬費用之給付外，其餘死亡給付部分無效。

前項喪葬費用之保險金額，不得超過遺產及贈與稅法第十七條有關遺產稅喪葬費扣除額之一半。

前二項規定於其他法律另有規定者，從其規定。

(107)一、本條新增。
二、原條文第一百零七條第三項至第五項之規定，移列至本條文訂定。
三、有關我國保險法對於身心障礙者為被保險人訂立人壽保險契約之限制，為符身心障礙者權利公約第二十五條健康權之保障，將原缺乏認定標準之規定，修正為受監護宣告尚未撤銷者。

第一百零八條（保約之應載事項）

人壽保險契約，除記載第五十五條規定事項外，並應載明左列事項：

一　被保險人之姓名、性別、年齡及住所。
二　受益人姓名及與被保險人之關係或確定受益人之方法。
三　請求保險金額之保險事故及時期。
四　依第一百十八條之規定，有減少保險金額之條件者，其條件。

*（基本條款）保險五五；（應載事項）保險八七、一二九、一三二；（被保險人）保險四；（受益人）保險五、四五、五二、一一〇～一一四；（保險金額）保險一〇二；（保險事故）保險五五③、一〇一。

第一百零九條（故意自殺）

被保險人故意自殺者，保險人不負給付保險金額之責任。但應將保險之保單價值準備金返還於應得之人。

保險契約載有被保險人故意自殺，保險人仍應給付保險金額之條款者，其條款於訂約二年後始生效力。恢復停止效力之保險契約，其二年期限應自恢復停止效力之日起算。

被保險人因犯罪處死或拒捕或越獄致死者，保險人不負給付保險金額之責任。但保險費已付足二年以上者，保險人應將其保單價值準備金返還於應得之人。

(90)為配合保險法第一百十九條之修正，爰修正保險法第一百零九條、一百十七條、一百十八條、一百二十一條、一百二十三條、一百二十四條等六條條文，以健全保險法之整體架構。

*（被保險人）保險四；（故意）刑一三；（保險人）保險二；（責任準備金）保險一一；（責任準備金之返還）保險一一七、一二一～一二四；（保險人之責任）保險二九～三四、一〇一；（特約條款）保險六六～六九；（期間之計算）民一二三；（恢復停止效力之保險契約）保險五六；（保險人免責）保險九八；（保險費）保險二一～二八、五五⑥。

第一百十條（受益人之指定）

要保人得通知保險人，以保險金額之全部或一部，給付其所指定之受益人一人或數人。

前項指定之受益人，以於請求保險金額時生存者為限。

*（要保人）保險三；（保險人）保險二；（保險金額）保險五五⑤、一〇八；（受益人）保險五、四五、五二、一〇八②；（指定受益人）保險一一一、一一二；（準用）保險一三五。

第一百十一條（受益人之變更）

受益人經指定後，要保人對其保險利益，除聲明放棄處分權者外，僅得以契約或遺囑處分之。

要保人行使前項處分權，非經通知，不得對抗保險人。

*（指定受益人）保險一一〇；（保險利益）保險一四、二〇；（保險利益之處分）保險一九；（準用）保險一三五。

第一百十二條（受益人之權利）

保險金額約定於被保險人死亡時給付於其所指定之受益人者，其金額不得作為被保險人之遺產。

*（保險金額）保險五五⑤、一〇八；（被保險人）保險四；（受益人）保險五；（準用）保險一三五。

第一百十三條（法定受益人）

死亡保險契約未指定受益人者，其保險金額作為被保險人之遺產。

*（受益人）保險五；（指定受益人）保險一一〇～一一二；（保險金額）保險五五⑤；（遺產）民一一三八～一一四一、一一四四～一一四六；（準用）保險一三五。

第一百十四條（受益權之轉讓）

受益人非經要保人之同意，或保險契約載明允許轉讓者，不得將其利益轉讓他人。

*（受益人）保險五；（特約條款）保險六六；（準用）保險一三五。

第一百十五條（保費之代付）

利害關係人，均得代要保人交付保險費。

*（利害關係人）保險四、五、一五、一六、一八；（要保人）保險三；（交付保險費）保險二一、二二；（準用）保險一三〇、一三五。

第一百十六條（保費未付之效力(一)）

人壽保險之保險費到期未交付者，除契約另有訂定外，經催告到達後屆三十日仍不交付時，保險契約之效力停止。

催告應送達於要保人，或負有交付保險費義務之人之最後住所或居所，保險費經催告後，應依與保險人約定之交付方法交付之；保險人並應將前開催告通知被保險人以確保其權益。對被保險人之通知，依最後留存於保險人之聯絡資料，以書面、電子郵件、簡訊或其他約定方式擇一發出通知者，視為已完成。

第一項停止效力之保險契約，於停止效力之日起六個月內清償保險費、保險契約約定之利息及其他費用後，翌日上午零時起，開始恢復其效力。要保人於停止效力之日起六個月後申請恢復效力者，保險人得於要保人申請恢復效力之日起五日內要求要保人提供被保險人之可保證明，除被保險人之危險程度有重大變更已達拒絕承保外，保險人不得拒絕其恢復效力。

保險人未於前項規定期限內要求要保人提供可保證明或於收到前項可保證明後十五日內不為拒絕者，視為同意恢復效力。

保險契約所定申請恢復效力之期限，自停止效力之日起不得低於二年，並不得遲於保險期間之屆滿日。」

保險人於前項所規定之期限屆滿後，有終止契約之權。

保險契約終止時，保險費已付足二年以上，如有保單價值準備金者，保險人應返還其保單價值準備金。

保險契約約定由保險人墊繳保險費者，於墊繳之本息超過保單價值準備金時，其停止效力及恢復效力之申請準用第一項至第六項規定。

(96)一、保險學理上為防止逆選擇，係賦予保險人於要保人申請保險契約效力恢復時具危險篩選權，以避免道德危險之產生；另查國外亦有於要保人申請契約效力恢復時，要求要保人需提供可保證明等以供保險人危險篩選之機制。茲為避免保險契約效力恢復時逆選擇之產生，爰參酌保險學理及國外作法，如要保人於停效日起六個月後始提出恢復契約效力之申請，保險人得要求要保人提供被保險人之可保證明，亦即賦予保險人於要保人在一定期間後申請保險契約效力恢復時，得為危險之篩選，且明定保險人除於被保險人之危險程度有重大變更已達拒絕承保外，不得拒絕要保人復效；如要保人於停效日起六個月內提出恢復契約效力申請者，則保險人不得拒絕其恢復契約效力，爰修正第三項。

二、增訂第四項規定要保人於停效日起六個月後提出恢復契約效力申請，保險人未於要保人申請恢復效力之日起五日內要求要保人提供可保證明，視為同意恢復效力，以明確保險人不要求可保證明之效力；如保險人要求提供可保證明者，應於要保人申請恢復效力之日起五日內提出提供可保證明之要求，以避免保險人延宕處理，而影響保戶權益。另為督促保險人於收到可保證明後即時處理，並規定第四項，保險人於收到可保證明十五日內不為拒絕之意思表示者，視為同意復效，以維保戶權益。

三、參酌現行保險法施行細則第十二條規定，增訂第五項規定，要保人自停效日起算至少有二年之期間得行使復效之權利，如要保人於得行使復效期間申請復效，因被保險人之危險程度有重大變更達保險人拒絕承保之程度並經其拒保，茲鑑於被保險人之危險程度仍有改善之可能，該得行使復效期間尚不因經拒保而改變，即保險人仍不得於得行使復效期間屆滿前予以終止契約。另為避免一定期間之保險商品或一年期保險商品等，其申請恢復效力之期限屆滿日超過保險期間之不合理之情形，並規定申請恢復效力期限之屆滿日不得遲於保險期間之屆滿日。

四、現行條文第四項移列為第六項，並酌作文字修正。

五、為使保險費未繳時，契約效力之處理情形得於保險法第一百十六條中完整規範，爰將現行條文第一百十七條第三項移列至本條第七項，另考量部分保險商品於保險費付足二年以上，並未有保單價值準備金之情形，故修正為「保險契約終止時，保險費已付足二年以上者，如有保單價值準備金者，保險人應返還其保單價值準備金」，俾為明確。

六、配合現行實務之作業，增列第八項規定保險契約以保單價值準備金墊繳保險費者，其墊繳保險費本息超過保單價值準備金時，保險契約之效力停止及恢復效力之申請準用第一項至第六項規定。

七、第一項酌作文字修正，第二項未修正。

*（交付保險費）保險二一、二二、一一五；（到達）民九四～九七；（要保人）保險三；（停止效力之恢復）保險五六，保險施三〇；（保險契約終止）保險二六～二八、八一、九七、一一七、一一九；（準用）保險一三〇、一三五。

第一百十七條（保費未付之效力㈡）

保險人對於保險費，不得以訴訟請求交付。

以被保險人終身為期，不附生存條件之死亡保險契約，或契約訂定於若干年後給付保險金額或年金者，如保險費已付足二年以上而有不交付時，於前條第五項所定之期限屆滿後，保險人僅得減少保險金額或年金。

(96)一、第一項未修正。

二、考量現行條文第二項有關保險費未繳付時保險人終止契約之權利，已於第一百十六條規範，而減少保險金額或年金之條件亦於修正條文第二項規範，已無重複規定之必要，又為避免保險人認為終止契約需受至少二年得復效期間之限制，而逕採以減少保險金額或年金辦理，如此對保戶似較不利，爰刪除本項。

三、現行條文第三項內容已移列至第一百十六條第七項規定，爰予刪除。

四、現行條文第四項移列至修正條文第二項，並增訂保險人於第一百十六條第五項規定復效期間屆滿後，僅得減少保險金額或年金，而不得依第一百十六條第六項規定終止契約。

*（保險人）保險二；（保險費未付）保險一一六；（保險費之代付）保險一一五；（減少保險金額之條件）保險一〇八④、一一八、一二二㈡；（責任準備金）保險一一；（責任準備金之返還）保險一〇九、一二一、一二四；（保險金額）保險五五⑤。

第一百十八條（減少保險金額或年金之辦法）

保險人依前條規定，或因要保人請求，得減少保險金額或年金。其條件及可減少之數額，應載明於保險契約。

減少保險金額或年金，應以訂原約時之條件，訂立同類保險契約為計算標準。其減少後之金額，不得少於原契約終止時已有之保單價值準備金，減去營業費用，而以之作為保險費一次交付所能得之金額。

營業費用以原保險金額百分之一為限。

保險金額之一部，係因其保險費全數一次交付而訂定者，不因其他部分之分期交付保險費之不交付而受影響。

(90)為配合保險法第一百十九條之修正，爰修正保險法第一百零九條、一百十七條、一百十八條、一百二十一條、一百二十三條、一百二十四條等六條條文，以健全保險法之整體架構。

*（保險人）保險二；（要保人）保險三；（保險金額）保險五五⑤；（減少保險金額之條件）保險一〇八④；（保險金額減少）保險一一七、一二二㈡；（責任準備金）保險一一；（交付保險費）保險二一、二二。

第一百十九條（解約金之償付）

要保人終止保險契約，而保險費已付足一年以上者，保險人應於接到通知後一個月內償付解約金；其金額不得少於要保人應得保單價值準備金之四分之三。

償付解約金之條件及金額，應載明於保險契約。

⑼為配合保險法第一百十九條之修正，爰修正保險法第一百零九條、一百十七條、一百十八條、一百二十一條、一百二十三條、一百二十四條等六條條文，以健全保險法之整體架構。

*（要保人）保險三；（保險契約終止）保險一一六、一一七；（責任準備金）保險一一；（載明契約）保險一〇八。

第一百二十條（以保約為質借款）

保險費付足一年以上者，要保人得以保險契約為質，向保險人借款。

保險人於接到要保人之借款通知後，得於一個月以內之期間，貸給可得質借之金額。

以保險契約為質之借款，保險人應於借款本息超過保單價值準備金之日之三十日前，以書面通知要保人返還借款本息，要保人未於該超過之日前返還者，保險契約之效力自借款本息超過保單價值準備金之日停止。

保險人未依前項規定為通知時，於保險人以書面通知要保人返還借款本息之日起三十日內要保人未返還者，保險契約之效力自該三十日之次日起停止。」

前二項停止效力之保險契約，其恢復效力之申請準用第一百十六條第三項至第六項規定。

⑯一、第一項及第二項未修正。

二、配合現行實務增訂第三項及第四項規定以保險契約為質之借款，其借款本息超過保單價值準備金時，保險契約之效力停止，且保險人應於效力停止日之三十日前以書面通知要保人，並增訂第五項規定恢復效力之申請，準用第一百十六條第三項至第六項規定。

*（付足二年以上保費）保險一一九、一二一㈠；（權利質權）民九〇〇～九〇二；（保險人）保險二；（要保人）保險三。

第一百二十一條（保險人之免責事由）

受益人故意致被保險人於死或雖未致死者，喪失其受益權。

前項情形如因該受益人喪失受益權而致無受益人受領保險金額時，其保險金額作為被保險人遺產。

要保人故意致被保險人於死者，保險人不負給付保險金額之責。保險費付足二年以上者，保險人應將其保單價值準備金給付與應得之人，無應得之人時，應解交國庫。

⑼一、受益人故意致被保險人於死或雖未致死者，受益人顯有圖財害命之嫌，有背於公序良俗，不論既遂或未遂，均應剝奪其受益權，爰刪除原條文第二項，而於第一項為統一之規定。

二、要保人或被保險人所指定之受益人，如因受益權被剝奪致無其他受益人受領保險金時，保險金賠償請求權原應回復於被保險人，惟被保險人既因身亡而無法行使該請求權，則應由被保險人之法定繼承人享有該保險契約之利益為宜，即保險金額應作為被保險人遺產，爰增訂第二項規定。

*（受益人）保險五、一一〇八②、一一〇、一一三；（被保險人）保險四；（保險金額）保險五五⑤；（責任準備金）保險一一；（受益權之撤銷）保險一三四；（要保人）保險三。

第一百二十二條（年齡不實之效力）

被保險人年齡不實，而其真實年齡已超過保險人所定保險年齡限度者，其契約無效，保險人應退還所繳保險費。

因被保險人年齡不實，致所付之保險費少於應付數額者，要保人得補繳短繳之保險費或按照所付之保險費與被保險人之真實年齡比例減少保險金額。但保險事故發生後，且年齡不實之錯誤不可歸責於保險人者，要保人不得要求補繳短繳之保險費。

因被保險人年齡不實，致所付之保險費多於應付數額者，保險人應退還溢繳之保險費。

⑭一、契約無效之法律效果，本即回復原狀，保險人負返還所收保費之義務，爰明文於法條中，昭示保險人應主動返還之責任，爰修正原條文第一項。

二、原條文第二項修正為「因被保險人年齡不實，致所付之保險費少於應付數額者，要保人得補繳短繳之保險費或按照所付之保險費與被保險人之真實年齡比例減少保險金額。但保險事故發生後，且年齡不實之錯誤不可歸責於保險人者，要保人不得要求補繳短繳之保險費。」

三、增訂第三項，明定「因被保險人年齡不實，致所付之保險費多於應付數額者，保險人應退還溢繳之保險費。」

*（被保險人年齡）保險一〇八①；（保險契約無效）保險三七、五一、五五⑦、一〇五；（保險費之增減）保險二六、九九；（保險費之返還）保險二三～二八、八二；（減少保險金額之條件）保險一一七、一一八。

第一百二十三條（當事人破產之處置）

保險人破產時，受益人對於保險人得請求之保險金額之債權，以其保單價值準備金按訂約時之保險費率比例計算之。要保人破產時，保險契約訂有受益人者，仍為受益人之利益而存在。

投資型保險契約之投資資產，非各該投資型保險之受益人不得主張，亦不得請求扣押或行使其他權利。

⑼為配合保險法第一百十九條之修正，爰修正保險法第一百零九條、一百十七條、一百十八條、一百二十一條、一百二十三條、一百二十四條等六條條文，以健全保險法之整體架構。

*（破產）破產五七以下；（保險人破產）保險二七；（要保人破產）保險二八；（受益人）保險五、一〇八②、一一〇；（保險利益之繼續）保險一八；（責任準備金）保險一一、一二四；（保險金額）保險五五⑤、一〇八。

第一百二十四條（保單價值準備金之優先受償權）

人壽保險之要保人、被保險人、受益人，對於被保險人之保單價值準備金，有優先受償之權。

⑼為配合保險法第一百十九條之修正，爰修正保險法第一百零九條、一百十七條、一百十八條、一百二十一條、一百二十三條、一百二十四條等六條條文，以健全保險法之整體架構。

*（要保人）保險三；（被保險人）保險四；（受益人）保險五；（責任準備金）保險一一；（優先權）破產一一二。

第二節　健康保險

第一百二十五條（健康保險人之責任）

健康保險人於被保險人疾病、分娩及其所致失能或死亡時，負給付保險金額之責。

前項所稱失能之內容，依各保險契約之約定。

⑰一、為符合身心障礙者權利公約第三條及第五條所定「不

歧視」原則，爰將原條文所定「殘廢」修正為「失能」，以兼顧身心障礙者尊嚴及保險實務運作，並列為第一項。

二、本條修正僅係用語調整，保險人就被保險人之失能狀態應負之給付責任，悉依保險契約之約定，爰增訂第二項，以利解釋適用。又此等用語修正，並不影響現行保險商品實務運作，併此指明。

*（保險人）保險二；（被保險人）保險四；（保險金額）保險五五⑤；（保險人責任）保險二九～三四。

第一百二十六條　（健康檢查）

保險人於訂立保險契約前，對於被保險人得施以健康檢查。

前項檢查費用，由保險人負擔。

*（保險人）保險二；（被保險人）保險四；（費用償還責任）保險三三；（健康保險之訂立）保險一〇四、一三〇。

第一百二十七條　（保險人免責事由㈠）

保險契約訂立時，被保險人已在疾病或妊娠情況中者，保險人對是項疾病或分娩，不負給付保險金額之責任。

*（保險人）保險二；（健康保險人責任）保險一二五；（保險人免責）保險一〇九、一二八、一三三。

第一百二十八條　（保險人免責事由㈡）

被保險人故意自殺或墮胎所致疾病、失能、流產或死亡，保險人不負給付保險金額之責。

⑩為符合身心障礙者權利公約第三條及第五條所定「不歧視」原則，爰將原條文所定「殘廢」修正為「失能」，以兼顧身心障礙者尊嚴及保險實務運作。

*（被保險人）保險四；（保險人）保險二；（故意之免責）保險一〇九、一三三；（健康保險人責任）保險一二五。

第一百二十九條　（代訂之保險契約應記載事項）

被保險人不與要保人為同一人時，保險契約除載明第五十五條規定事項外，並應載明左列各款事項：

一　被保險人之姓名、年齡及住所。

二　被保險人與要保人之關係。

㊽保險單中應載明事項之「性別」、「職業」，毋庸以法律規定，故將之刪除，應由保險人自行調查。

*（人身保險契約之應載事項）保險五五、一〇八、一三二；（被保險人）保險四；（要保人）保險二。

第一百三十條　（相關法條之準用）

第一百零二條至第一百零五條、第一百十五條、第一百十六條、第一百二十二條至第一百二十四條，於健康保險準用之。

⑩實務上各家保險業販售之各種健康保險等商品，皆有投保年齡之限制。然按原條文第一百二十二條規定之法律效果為無效，過於強烈，無法保護要保人，不宜於健康保險中準用；若將該條內容予以修正，則無此顧慮。爰配合第一百二十二條之修正，納入本條準用範圍內，以免在投保年齡不實情事發生時，該如何處理產生爭議。

*（保險金額之約定）保險一〇二；（代位禁止）保險一〇三；（保險契約之訂立）保險一〇四；（保險費之代付）保險一一五；（健康保險）保險一二五。

第三節　傷害保險

第一百三十一條　（傷害保險人之責任）

傷害保險人於被保險人遭受意外傷害及其所致失能或死亡時，負給付保險金額之責。

前項意外傷害，指非由疾病引起之外來突發事故所致者。

⑩一、為符合身心障礙者權利公約第三條及第五條所定「不歧視」原則，爰將原條文第一項所定「殘廢」修正為「失能」，以兼顧身心障礙者尊嚴及保險實務運作。

二、第二項未修正。

*（保險人）保險二；（被保險人）保險四；（保險金額）保險五五⑤；（保險人責任）保險二九～三四、一三三。

第一百三十二條　（傷害保險契約應記載事項）

傷害保險契約，除記載第五十五條規定事項外，並應載明左列事項：

一　被保險人之姓名、年齡、住所及與要保人之關係。

二　受益人之姓名及與被保險人之關係或確定受益人之方法。

三　請求保險金額之事故及時期。

㊽保險單中應載明事項之「性別」、「職業」，毋庸以法律規定，故將之刪除，應由保險人自行調查。

*（傷害保險契約）保險一三一、一三五；（基本條款）保險五五；（被保險人）保險四；（要保人）保險三；（受益人）保險五；（指定受益人）保險一一〇、一三五；（保險金額）保險一〇二、一三五；（人身保險契約應載事項）保險一〇八、一二九。

第一百三十三條　（保險人之免責事由）

被保險人故意自殺，或因犯罪行為，所致傷害、失能或死亡，保險人不負給付保險金額之責任。

⑩為符合身心障礙者權利公約第三條及第五條所定「不歧視」原則，爰將原條文所定「殘廢」修正為「失能」，以兼顧身心障礙者尊嚴及保險實務運作。

*（被保險人）保險四；（故意之免責）保險一〇九、一二八；（保險人）保險二；（保險金額）保險一〇二、一三五；（傷害保險人之責任）保險一三一。

第一百三十四條　（受益權之喪失與撤銷）

受益人故意傷害被保險人者，無請求保險金額之權。

受益人故意傷害被保險人未遂時，被保險人得撤銷其受益權利。

*（受益人）保險五、一一〇、一三二②、一三五；（被保險人）保險四；（保險金額）保險五五⑤、一三一、一三三；（受益權之撤銷）保險一二一。

第一百三十五條　（人壽保險規定之準用）

第一百零二條至第一百零五條、第一百零七條、第一百零七條之一、第一百十條至第一百十六條、第一百二十三條、第一百二十四條及第一百二十五條第二項，於傷害保險準用之。

⑩配合修正條文第一百二十五條增訂第二項，及將原條文第一百零七條有關身心障礙者之規定移列至新增之第一百零七條之一，爰增列傷害保險準用健康保險之條次及項次。

*（保險金額之約定）保險一〇二；（代位禁止）保險一〇三；（保險契約之訂立）保險一〇四；（指定受益人）保險一一〇；（受益權之處分）保險一一一；（受益人指定之效力）保險一一二；（法定受益人）保險一一三；（受益權處分之限制）保險一一四；（保險費遲延）保險一一六；（傷害保險）保險一三一。

第四節　年金保險

第一百三十五條之一　（年金保險人之責任）

年金保險人於被保險人生存期間或特定期間內，依照契約負一次或分期給付一定金額之責。

*（保險人責任）保險二九～三四。

第一百三十五條之二（年金保險契約應載事項）

年金保險契約，除記載第五十五條規定事項外，並應載明左列事項：

一　被保險人之姓名、性別、年齡及住所。

二　年金金額或確定年金金額之方法。

三　受益人之姓名及與被保險人之關係。

四　請求年金之期間、日期及給付方法。

五　依第一百十八條規定，有減少年金之條件者，其條件。

*（基本條款）保險五五；（減少年金條件）保險一一八。

第一百三十五條之三（年金保險之受益人）

受益人於被保險人生存期間為被保險人本人。

保險契約載有於被保險人死亡後給付年金者，其受益人準用第一百十條至第一百十三條規定。

*（受益人）保險五、四五、五二；（受益人之指定與變更）保險一一〇～一一三。

第一百三十五條之四（準用規定）

第一百零三條、第一百零四條、第一百零六條、第一百十四條至第一百二十四條規定，於年金保險準用之。但於年金給付期間，要保人不得終止契約或以保險契約為質，向保險人借款。

(86)在年金給付期間如准許終止契約或保單貸款，其影響有三：

一、使保險人成本提高，結果將反映於保費，這對其他大多數保戶而言，顯不符合公平合理負擔原則。

二、逆選擇結果，扭曲精算成本與給付間之關係而造成入不敷出，亦可能影響保險人對年金之給付能力，影響保戶權益。

三、因此，為整體年金保險財務穩健，年金給付期間不宜準用第一百十九條及第一百二十條之規定，以利未來年金保險業務之推展。

*（代位禁止）保險一〇三；（保險契約之訂立）保險一〇四；（人壽保險規定之準用）保險一〇六、一一四～一二四。

第五章　保險業

第一節　通　則

第一百三十六條（保險業之組織）

保險業之組織，以股份有限公司或合作社為限。但經主管機關核准者，不在此限。

非保險業不得兼營保險業務。

違反前項規定者，由主管機關或目的事業主管機關會同司法警察機關取締，並移送法辦；如屬法人組織，其負責人對有關債務，應負連帶清償責任。

執行前項任務時，得依法搜索扣押被取締者之會計帳簿及文件，並得撤除其標誌等設施或為其他必要之處置。

保險業之組織為股份有限公司者，除其他法律另有規定或經主管機關許可外，其股票應辦理公開發行。

保險業依前項除外規定未辦理公開發行股票者，應設置獨立董事及審計委員會，並以審計委員會替代監察人。

前項獨立董事、審計委員會之設置及其他應遵行事項，準用證券交易法第十四條之二至第十四條之五相關規定。

本法中華民國一百零三年五月二十日修正之條文施行時，第六項規定之保險業現任董事或監察人任期尚未屆滿者，得自任期屆滿時適用該規定。但其現任董事或監察人任期於修正施行後一年內屆滿者，得自改選之董事或監察人任期屆滿時始適用之。

(104)一、按本法係為規範保險業經營保險業務，非保險業不得兼營之，至於保險業務之認定，應以其兼營業務之性質及內涵判斷之，而非僅檢視其是否具「保險」之名。為免外界誤解有所謂「類似保險」之業務，爰刪除原條文第二項之相關文字。

二、原條文其餘各項未修正。

*（保險業）保險六；（股份有限公司）公司二㈠④、一二八以下；（保險公司）保險一五一～一五五；（合作社）保險一五六～一六二，保險施二；（兼營保險）保險一六七。

第一百三十六條之一（保險業、保險經紀人、保險代理人及保險公證人得申請辦理保險業務創新實驗）

為促進普惠金融及金融科技發展，不限於保險業、保險經紀人、保險代理人及保險公證人，得依金融科技發展與創新實驗條例申請辦理保險業務創新實驗。」

前項之創新實驗，於主管機關核准辦理之期間及範圍內，得不適用本法之規定。

主管機關應參酌第一項創新實驗之辦理情形，檢討本法及相關金融法規之妥適性。

(107)一、本條新增。

二、照協商條文通過。

第一百三十七條（內外國保險業之設立要件）

保險業非經主管機關許可，並依法為設立登記，繳存保證金，領得營業執照後，不得開始營業。

保險業申請設立許可應具備之條件、程序、應檢附之文件、發起人、董事、監察人與經理人應具備之資格條件、廢止許可、分支機構之設立、遷移或裁撤、保險契約轉讓、解散及其他應遵行事項之辦法，由主管機關定之。

外國保險業非經主管機關許可，並依法為設立登記，繳存保證金，領得營業執照後，不得開始營業。

外國保險業，除本法另有規定外，準用本法有關保險業之規定。

外國保險業申請設立許可應具備之條件、程序、應檢附之文件、廢止許可、營業執照核發、增設分公司之條件、營業項目變更、撤換負責人之情事、資金運用及其他應遵行事項之辦法，由主管機關定之。

依其他法律設立之保險業，除各該法律另有規定外，準用本法有關保險業之規定。

(110)一、為強化保險業分支機構遷移或裁撤之管理，並明確法律授權規範，爰修正第二項，增訂「遷移或裁撤」之文字。
二、第一項及第三項至第六項未修正。
*（保險業）保險六、一三六；（主管機關）保險一二；（營業登記）保險一五五。

第一百三十七條之一（保險業負責人之資格）

保險業負責人應具備之資格條件、兼職限制、利益衝突之禁止及其他應遵行事項之準則，由主管機關定之。

保險業負責人未具備前項準則所定資格條件者，主管機關應予解任；違反兼職限制或利益衝突之禁止者，主管機關得限期令其調整，無正當理由屆期未調整者，應予解任。

第一百三十八條（保險業營業範圍之限制）

財產保險業經營財產保險，人身保險業經營人身保險，同一保險業不得兼營財產保險及人身保險業務。但財產保險業經主管機關核准經營傷害保險及健康保險者，不在此限。

財產保險業依前項但書規定經營傷害保險及健康保險業務應具備之條件、業務範圍、申請核准應檢附之文件及其他應遵行事項之辦法，由主管機關定之。

保險業不得兼營本法規定以外之業務。但經主管機關核准辦理其他與保險有關業務者，不在此限。

保險業辦理前項與保險有關業務，涉及外匯業務之經營者，須經中央銀行之許可。

保險合作社不得經營非社員之業務。

⑯一、第一項及第三項但書原列「法律另有規定」之排除適用範圍，因本法第一百三十七條第六項業已增訂依其他法律設立之保險業之相關規定，爰予以刪除。
二、參諸國外立法例多有將傷害保險和健康保險同列為財產保險業經營之業務範圍，或於保險種類之分類規範中，將傷害保險和健康保險同劃歸為一般業務（General Insurance）與一般財產保險，同准由產險業經營，例如日本保險業法第三條、英國一九八二年保險業法、歐盟產險第一指令、新加坡保險法第二條等。考量國內產險業得與全球產險業相接軌，與周邊國家產險業同步化，以及衡諸保險學理、國外之立法例、國內產險業之請求等因素，開放國內產險業得開辦健康保險業務已成趨勢。爰修正第一項但書規定，允許財產保險業經主管機關核准者，得經營健康保險業務。惟考量國內產險業對於經營健康險尚屬新業務領域，業務範圍將先規範為一年期以下。
三、傷害保險及健康保險同屬中間性保險，為確保其健全經營，增訂第二項授權主管機關訂定財產保險業經營傷害保險及健康保險業務之辦法，俾資遵循。
四、現行條文第二項有關責任保險及傷害保險獨立經營之規定，已不符現今保險市場及經濟環境所需，爰予刪除。
五、第四項增訂涉及外匯業務經營者，須經中央銀行許可之規定，俾資遵循。
六、現行條文第四項移列至第五項。
*（保險業）保險六、一三六、一三七；（保險之種類）保險一三；（財產保險）保險七〇以下；（人身保險）保險一〇一以下；（兼營保險）保險一六七；（兼營財產人身保險）保險一六八；（責任保險）保險九〇以下；（傷害保險）保險一三一以下；（兼營其他業務）保險一六八；（保險合作社）保險一五六～一六二。

第一百三十八條之一（共保住宅地震險）

財產保險業應承保住宅地震危險，以主管機關建立之危險分散機制為之。

前項危險分散機制，應成立財團法人住宅地震保險基金負責管理，就超過財產保險業共保承擔限額部分由該基金承擔、向國內、外為再保險、以主管機關指定之方式為之或由政府承受。

前二項有關危險分散機制之承擔限額、保險金額、保險費率、各種準備金之提存及其他應遵行事項之辦法，由主管機關定之。

財團法人住宅地震保險基金之捐助章程、業務範圍、資金運用及其他管理事項之辦法，由主管機關定之。」

因發生重大震災，致住宅地震保險基金累積之金額不足支付應攤付之賠款，為保障被保險人之權益，必要時，該基金得請求主管機關會同財政部報請行政院核定後，由國庫提供擔保，以取得必要之資金來源。

⑯一、參照日本之地震再保險公司（JER）及紐西蘭地震委員會（EQC）制度之精神，配合修正第一項及第二項規定財團法人住宅地震保險基金為危險分散機制之中樞組織，並由其負責管理安排財產保險業承擔、向國內、外為再保險、以主管機關指定之方式為之或由政府承受。其中政府承受以危險分散機制最後一層為之。
二、第一項及第二項有關「危險承擔機制」文字，配合修正為「危險分散機制」，第三項「危險承擔機制及限額」修正為「危險分散機制之承擔限額」以符合分散危險之本質。
三、配合修正條文第十一條，修正第三項，將「責任準備金」修正為「各種準備金」，並將主管機關訂定之指定事項，修正為訂定辦法，俾使授權規定更為明確。
四、第四項配合授權明確性原則酌作文字修正。
五、考量財團法人住宅地震保險基金，若發生基金累積之金額不足支付應攤付之賠款時，恐影響保險理賠金給付之進度，進而影響被保險人之權益。因此為彰顯政府對於住宅地震保險制度之重視，參照存款保險條例第二十條規定，增訂第五項規定基金累積之金額不足支付應攤付之賠款時，為保障被保險人之權益，必要時該基金得請求主管機關會同財政部報請行政院核定後，由國庫提供擔保，以取得必要之資金來源。
*（再保險）保險三九～四二。

第一百三十八條之二（保險金信託）

保險業經營人身保險業務，保險契約得約定保險金一次或分期給付。

人身保險契約中屬死亡或失能之保險金部分，要保人於保險事故發生前得預先洽訂信託契約，由保險業擔任該保險金信託之受託人，其中要保人與被保險人應為同一人，該信託契約之受益人並應為保險契約之受益人，且以被保險人、未成年人、受監護宣告尚未撤銷者為限。

前項信託給付屬本金部分，視為保險給付，信託業依信託業法規定擔任保險金信託之受託人，且該信託契約之受益人與保險契約之受益人為同一人，並以被保險人、未成年人、受監護宣告尚未撤銷者為限者，其信託給付屬本金部分亦同。

保險業辦理保險金信託業務應設置信託專戶，並以信託財產名義表彰。

前項信託財產為應登記之財產者，應依有關規定為信託登記。

第四項信託財產為有價證券者，保險業設置信託專戶，並以信託財產名義表彰其以信託財產為交易行為時，得對抗第三人，不適用信託法第四條第二項規定。

保險業辦理保險金信託，其資金運用範圍以下列為限：

一　現金或銀行存款。

二　公債或金融債券。

三　短期票券。

四　其他經主管機關核准之資金運用方式。

⑩一、為統一本條各款之法律用詞，爰將第二項第三句中「由保險業擔任該保險信託」修正為「由保險業擔任該保險金信託」。

二、考量要保人原已洽訂保險契約，另再預先向信託業洽訂保險金信託契約，若發生保險事故，受益人取得之信託給付本金部分即為原保險給付，基於同一給付標的，爰增訂第三項後段內容：「，信託業依信託業法規定擔任保險金信託之受託人，且該信託契約之受益人與保險契約之受益人為同一人，並以被保險人、未成年人、受監護宣告尚未撤銷者為限者，其信託給付屬本金部分，亦同。」

第一百三十八條之三（保險金信託之申請）

保險業經營保險金信託業務，應經主管機關許可，其營業及會計必須獨立。

保險業為擔保其因違反受託人義務而對委託人或受益人所負之損害賠償、利益返還或其他責任，應提存賠償準備。

保險業申請許可經營保險金信託業務應具備之條件、應檢附之文件、廢止許可、應提存賠償準備額度、提存方式及其他應遵行事項之辦法，由主管機關定之。

⑯一、本條新增。

二、參考銀行法第二十八條規定，於第一項規定保險業經營保險金信託業務與自有業務應獨立管理。

三、為保障委託人或受益人之權益，保險業經營信託業務參照信託業法第三十四條第一項規定，於第二項規定應提存賠償準備。

四、有關保險業經營保險金信託業務申請許可、應具備之條件、應檢附之文件、廢止許可、應提存賠償準備額度、提存方式及其他遵行事項之辦法，授權主管機關定之。

第一百三十八條之四（保險業應於網站公開保險商品之契約條款及相關事項資訊）

保險業應於其網站或主管機關指定機構之網站公告現行銷售中保險商品之契約條款，並公開揭露該等商品之預定附加費用率、承保範圍、不保事項及其他經主管機關指定之保險商品資訊。

⑭一、本條新增。

二、鑑於各該保險公司設計之保險商品互有異同，金融消費者於簽訂保險契約前固可逐一先向保險業務員索取保單條款並詳細審閱保險內容，以確認所購買之保險商品符合需求，然實務上難期各該保險公司是否願意確實提供全部契約條款及相關內容，保險業務員亦可能藉機誤導、曲解契約條款或相關內容，致要保人易因此誤判保險商品之實際需求及保費負擔能力。為此，爰明定保險業應於其網站或主管機關指定機構之網站公告現行銷售中保險商品之契約條款，並公開揭露該等商品之預定附加費用率、承保範圍、不保事項及其他經主管機關指定之保險商品資訊。以維護金融消費者知與選擇之權利。

第一百三十九條（最低資本或基金）

各種保險業資本或基金之最低額，由主管機關，審酌各地經濟實況，及各種保險業務之需要，分別呈請行政院核定之。

*（主管機關）保險一二；（資金之運用）保險一四六。

第一百三十九條之一（持有有表決權股份之申報）

同一人或同一關係人單獨、共同或合計持有同一保險公司已發行有表決權股份總數超過百分之五者，自持有之日起十日內，應向主管機關申報；持股超過百分之五後累積增減逾一個百分點者，亦同。

同一人或同一關係人擬單獨、共同或合計持有同一保險公司已發行有表決權股份總數超過百分之十、百分之二十五或百分之五十者，均應分別事先向主管機關申請核准。

第三人為同一人或同一關係人以信託、委任或其他契約、協議、授權等方法持有股份者，應併計入同一關係人範圍。

中華民國九十九年十一月十二日修正之條文施行前，同一人或同一關係人單獨、共同或合計持有同一保險公司已發行有表決權股份總數超過百分之五者，應自施行之日起六個月內向主管機關申報。於申報後第一次擬增減持股比率而增減後持股比率超過百分之十者，應事先向主管機關申請核准；第二次以後之增減持股比率，依第一項及第二項規定辦理。」

同一人或同一關係人依第二項或前項規定申請核准應具備之適格條件、應檢附之書件、擬取得股份之股數、目的、資金來源、持有股票之出質情形、持股數與其他重要事項變動之申報、公告及其他應遵行事項之辦法，由主管機關定之。

未依第一項、第二項或第四項規定向主管機關申報或經核准而持有保險公司已發行有表決權之股份者，其超過部分無表決權，並由主管機關命其於限期內處分。

同一人或本人與配偶、未成年子女合計持有同一保險公司已發行有表決權股份總數百分之一以上者，應由本人通知保險公司。

⑲一、本條新增。

二、為掌握保險公司重要股東持股情形並確保保險公司穩健經營，爰參考銀行法第二十五條、證券交易法第四十三條之一、金融控股公司法第十六條規定，增訂本條。

三、為與國際接軌，爰參照國際保險監理官協會（IAIS）所訂定保險核心原則及方法第八條規定持有股份達一定門檻之股東應向主管機關申報或申請核准，以及證券交易法第四十三條之一第一項規定，於第一項就應申報之持股比率定為百分之五；至於應申請核准之持股比率，則規定於第二項。

四、同一關係人持有同一保險公司股份之情形，應包括第三人為同一人或同一關係人以信託、委任或其他契約、協議、授權等方法持有股份等情形，爰為第三項規定。

五、為貫徹保險公司股權之透明化及具控制權股東適格性之管理，並基於法律安定性之考量，爰於第四項規定，於本法本次修正之條文施行前同一人或同一關係人已持有同一保險公司已發行有表決權股份總數超過百分之五者，應自本法本次修正之條文施行之日起六個月內向主管機關申報。申報後第一次擬增減持股比率而增減後持股比率超過百分之十者，仍應經主管機關核准；至於第二次以後之持股比率變動，則應依第一項、第二項規定辦理。
六、為確保保險公司穩健經營，促進保險公司安定及保戶權益，於第五項就同一人或同一關係人擬取得同一保險公司之股數，目的、適格條件、資金來源、持有股票之出質情形、持股數與其他重要事項變動之申報、公告等事項，授權由主管機關訂定辦法規範。
七、為落實主管機關監督保險公司具有控制權人資格適當性之機制，爰於第六項規定，未依第一項、第二項或第四項規定向主管機關申報或經核准而持有保險公司已發行有表決權之股份者，其超過部分無表決權，並由主管機關命其限期處分。
八、同一人或本人與配偶、未成年子女合計持有同一保險公司已發行有表決權股份總數百分之一以上者，有通知保險公司之必要，爰為第七項規定。

第一百三十九條之二（同一人及同一關係人之定義與其持有股份之計算）

前條所稱同一人，指同一自然人或同一法人。

前條所稱同一關係人，指同一自然人或同一法人之關係人，其範圍如下：

一　同一自然人之關係人：
㈠同一自然人與其配偶及二親等以內血親。
㈡前目之人持有已發行有表決權股份或資本額合計超過三分之一之企業。
㈢第一目之人擔任董事長、總經理或過半數董事之企業或財團法人。

二　同一法人之關係人：
㈠同一法人與其董事長、總經理，及該董事長、總經理之配偶與二親等以內血親。
㈡同一法人及前目之自然人持有已發行有表決權股份或資本額合計超過三分之一之企業，或擔任董事長、總經理或過半數董事之企業或財團法人。
㈢同一法人之關係企業。關係企業適用公司法第三百六十九條之一至第三百六十九條之三、第三百六十九條之九及第三百六十九條之十一規定。

計算前二項同一人或同一關係人持有同一保險公司之股份，不包括下列各款情形所持有之股份：

一　證券商於承銷有價證券期間所取得，且於主管機關規定期間內處分之股份。
二　金融機構因承受擔保品所取得，且自取得日起未滿四年之股份。
三　因繼承或遺贈所取得，且自繼承或受贈日起未滿二年之股份。

(99)一、本條新增。
二、為防止保險公司股東以迂迴間接之方法，規避修正條文第一百三十九條之一對同一人或同一關係人持有保險公司股份之規範，爰增訂本條。
三、為適用明確，參照銀行法第二十五條之一第一項、第二項有關同一人之定義及同一關係人之範圍，訂定第一項及第二項。
四、鑑於證券商於承銷有價證券期間所取得之股份、金融機構承受擔保品或因繼承或遺贈所取得一定期間內之股份，因非自願性之交易所取得，爰參照銀行法第二十五條之一第三項及金融控股公司法第五條規定，於第三項規定，因上開情形而持有之股份，於計算第一項及第二項之持股數時，不予計入。

第一百四十條（簽訂參加保單紅利之保險契約）

保險公司得簽訂參加保單紅利之保險契約。

保險合作社簽訂之保險契約，以參加保單紅利者為限。

前二項保單紅利之計算基礎及方法，應於保險契約中明訂之。

＊（保險契約）保險一㈢；（保險公司）保險一五一～一五五。

第一百四十一條（保證金之繳存）

保險業應按資本或基金實收總額百分之十五，繳存保證金於國庫。

＊（資本）保險一三九；（保證金）保險一四二、一四三；（國庫）公庫二㈢。

第一百四十二條（保證金之繳存）

保證金之繳存應以現金為之。但經主管機關之核准，得以公債或庫券代繳之。

前項繳存之保證金，除保險業有下列情事之一者外，不予發還：

一　經法院宣告破產。
二　經主管機關依本法規定為接管、勒令停業清理、清算之處分，並經接管人、清理人或清算人報經主管機關核准。
三　經宣告停業依法完成清算。

接管人得依前項第二款規定報請主管機關核准發還保證金者，以於接管期間讓與受接管保險業全部營業者為限。

以有價證券抵繳保證金者，其息票部分，在宣告停業依法清算時，得准移充清算費用。

(103)一、按保險業依本法規定繳存保證金之目的，在於使保戶權益於公司發生經營困難時，能獲一定程度之維護。依原條文第二項規定，保證金需俟清算完成時發還，係因保險業於合意解散之情形，其宣告停業依法完成清算已充分就保戶權益等相關事務予以處理，以保險業受接管、勒令停業清理及清算之處分時，保戶權益等相關事務，係由公權力介入處理，亦可依法公平合理處理保戶及債權人權益；在保險業經法院宣告破產時亦同。又對受接管之保險業如採取全部營業（含涉及保單之負債）概括讓與方式辦理退場時，於讓與後將無營業情形及待處理之保戶問題，應得發還保證金，爰修正原條文第二項，分款規範保證金得發還之情形。
二、配合第二項規定之修正，增訂第三項有關接管人得依第二項第二款規定報請主管機關發還保證金之情形。
三、有關國庫保證金取回之國外立法例，得參考美國 Uniform Deposit Law（相當於我國保險業所提存之保證金法）第六條規定；即保險業受法院裁定進行接管、重整、破產、清算程序，該保證金即可領回併入分配。
四、原條文第一項未修正；原條文第三項移列為第四項，內容未修正。

＊（保證金）保險一四一、一四三；（主管機關）保險一二；（清算）民三七～四一，公司三二二以下。

第一百四十三條（保證金之補足與借款）

保險業不得向外借款、為保證人或以其財產提供為他人債務之擔保，但保險業有下列情形之一報經主管機關核准向外借款者，不在此限：

一　為給付鉅額保險金、大量解約或大量保單貸款之周轉需要。

二　因合併或承受經營不善同業之有效契約。

三　為強化財務結構，發行具有資本性質之債券。

*（保險業）保險六、一三六、一三七；（保證金）保險一四一、一四二；（主管機關）保險一二。

第一百四十三條之一（安定基金之提撥）

為保障被保險人之基本權益，並維護金融之安定，財產保險業及人身保險業應分別提撥資金，設置財團法人安定基金。

財團法人安定基金之組織及管理等事項之辦法，由主管機關定之。

安定基金由各保險業者提撥；其提撥比率，由主管機關審酌經濟、金融發展情形及保險業承擔能力定之，並不得低於各保險業者總保險費收入之千分之一。」

安定基金累積之金額不足保障被保險人權益，且有嚴重危及金融安定之虞時，得報經主管機關同意，向金融機構借款。

⑯一、第一項安定基金所保障被保險人之權益，係基本保障，而非十足保障，爰修正第一項明確界定其保障權益範疇為基本權益，以資明確。

二、為使安定基金能有效發揮其功能，爰修正第二項，增列授權主管機關訂定財團法人安定基金之組織及管理等事項之辦法，以明定安定基金之定位。

三、目前產險業係按總保險費收入之千分之二，壽險業按總保險費收入之千分之一之比率分別提撥於安定基金，基於安定基金提撥之法據列本條第一項，爰將現行條文第一百四十三條之提撥比率之規範，移至本條第三項規定，並參考現行提撥比率，納入提撥比率下限，避免累積不足無法發揮安定基金功能，並酌作文字修正以將整體保險業之承擔能力納入提撥比率之考量。

四、安定基金在整個退場機制中扮演很重要的角色，倘若因資金不足而無法達到安定市場秩序之目的，其後果將危及整個社會大眾對保險業之信賴，故有必要授予安定基金能對外借款之機制，爰增列第四項。

第一百四十三條之二（刪除）

⑯本條內容已移列至第一百四十三條之一第三項規範，爰予刪除。

第一百四十三條之三（安定基金辦理之事項）

安定基金辦理之事項如下：

一　對經營困難保險業之貸款。

二　保險業因與經營不善同業進行合併或承受其契約，致遭受損失時，安定基金得予以低利貸款或墊支，並就其墊支金額取得對經營不善保險業之求償權。

三　保險業依第一百四十九條第三項規定被接管、勒令停業清理或命令解散，或經接管人依第一百四十九條之二第二項第四款規定向法院聲請重整時，安定基金於必要時應代該保險業墊付要保人、被保險人及受益人依有效契約所得為之請求，並就其墊付金額取得並行使該要保人、被保險人及受益人對該保險業之請求權。

四　保險業依本法規定進行重整時，為保障被保險人權益，協助重整程序之迅速進行，要保人、被保險人及受益人除提出書面反對意見者外，視為同意安定基金代理其出席關係人會議及行使重整相關權利。安定基金執行代理行為之程序及其他應遵行事項，由安定基金訂定，報請主管機關備查。

五　受主管機關委託擔任監管人、接管人、清理人或清算人職務。

六　經主管機關核可承接不具清償能力保險公司之保險契約。

七　財產保險業及人身保險業安定基金提撥之相關事宜。

八　受主管機關指定處理保險業依本法規定彙報之財務業務及經營風險相關資訊但不得逾越主管機關指定之範圍。

九　其他為安定保險市場或保障被保險人之權益，經主管機關核定之事項。

安定基金辦理前項第一款至第三款及第九款事項，其資金動用時點、範圍、單項金額及總額之限制由安定基金擬訂，報請主管機關核定。

保險業與經營不善同業進行合併或承受其契約致遭受損失，依第一項第二款規定申請安定基金墊支之金額，由安定基金報請主管機關核准。

主管機關於安定基金辦理第一項第七款及第八款事項時，得視其需要，提供必要之保險業經營資訊。

保險業於安定基金辦理第一項第七款及第八款事項時，於安定基金報經主管機關核可後，應依安定基金規定之檔案格式及內容，建置必要之各項準備金等電子資料檔案，並提供安定基金認為必要之電子資料檔案。

安定基金得對保險業辦理下列事項之查核：

一　提撥比率正確性及前項所定電子資料檔案建置內容。

二　自有資本與風險資本比率未符合第一百四十三條之四規定保險業之資產、負債及營業相關事項。

監管人、接管人、清理人及清算人之負責人及職員，依本法執行監管、接管、清理、清算業務或安定基金之負責人及職員，依本法辦理墊支或墊付事項時，因故意或過失不法侵害他人權利者，監管人、接管人、清理人、清算人或安定基金應負損害賠償責任。

前項情形，負責人及職員有故意或重大過失時，監管人、接管人、清理人、清算人或安定基金對之有求償權。

⑩一、原條文第一項修正如下：㈠安定基金依第二款對與經營不善同業進行合併或承受其契約之保險業所為之補助，其性質係為經營不善保險業代為墊支應給予承受方相關損

失之填補金額，以協助問題保險業退場事務之加速處理，爰將原條文第二款之「補助」修正為「墊支」，而經營不善之保險業並非因安定基金依法給予一定金額之墊支即免除其法律上義務及責任，爰定明安定基金依本法所提供之墊支金額對經營不善之保險業具有求償權。㈡配合第一百四十九條及第一百四十九條之二項次調整，爰修正原條文第三款文字。㈢保險業能否順利退場與否，涉及投保大眾權益保障。安定基金成立之宗旨，乃在保障被保險人之基本權益，應有必要強化安定基金機能，授予其有擔任監管人之職責，爰修正原條文第五款規定。㈣鑒於安定基金依第一百四十三條之一規定，有辦理產、壽險業者提撥基金款項相關事宜之任務，為求完備，爰增列第七款規定，將上開提撥事宜納入安定基金應辦理事項範圍。㈤鑒於安定基金為協助主管機關監理保險業經營風險，有蒐集及分析保險業相關資料之需要，爰參考存款保險條例第二十二條規定，增訂第八款規定。㈥原條文第七款移列為第九款，內容未修正。

二、原條文第二項所謂的限額其意不明，究指單項保險金額，抑或包括單一事件或單一保險業之總額？因安定基金僅對單項保險金額設有限額規定，恐無法有效控制給付總額之上限，可考慮對於每一保險業訂定補助上限，甚至包括借款或墊付等總額之限額，爰修正原條文第二項規定。

三、安定基金依第一項第二款規定墊支之目的，係為保障被保險人權益及維護金融市場安定，該基金依第二項規定，應就其資金之動用時點、範圍及限額，依成本較小原則，擬訂通案適用標準報主管機關核定，惟於個案之墊支金額，需視個別保險業資產及負債結構差異情形而定，其墊支與於保險失去清償能力代保險業墊付一定金額予保戶之目的，雖均在於一定程度處理保戶基本權益之維護事宜，惟墊付之性質，在使保戶於保險業失去清償能力時，能迅速獲償一定金額，以因應發生特定保險事故時之所需，而墊支之性質，在於使其他保險業願意承接被接管保險業之資產、負債及營業，是故，二者核算金額之基礎應有不同。為避免以墊支方式處理時受限於墊付之標準，致未能以最有利方式處理，爰修正原條文第三項規定，保險業與經營不善同業進行合併或承受其契約致遭受損失，申請安定基金墊支之金額，由安定基金報請主管機關核准。

四、安定基金辦理第一項第七款及第八款業務時，為確保及瞭解保險業提撥安定基金款項之正確性、保險業經營資訊及安定基金辦理墊付之需要，保險業應依規定建置必要之電子資訊處理系統及資料檔案，且或有需要由主管機關提供必要之保險業經營資訊，以進行相關分析計算，爰參考存款保險條例第二十二條及第二十四條規定，增訂第四項至第六項規定。

五、為避免接管人、清理人及清算人之負責人或職員執行監管、接管、清理、清算業務或安定基金之負責人及職員辦理墊支或墊付事項時，因故意或過失不法侵害他人權利，而遭有訴訟或負賠償責任之虞，阻礙其依法執行業務，爰參照存款保險條例第九條規定：「存保公司之負責人及職員，依本條例規定履行保險責任或執行清理業務時，因故意或過失不法侵害他人權利者，存保公司應負損害賠償責任。前項情形，負責人及職員有故意或重大過失時，存保公司對之有求償權。」，增列第七項及第八項規定。至於上開人員如於行使公權力時，因故意或過失不法侵害他人權利者，則仍應適用國家賠償法之規定。

第一百四十三條之四　（資本等級評量標準）

保險業自有資本與風險資本之比率及淨值比率，不得低於一定比率。

保險業依自有資本與風險資本之比率及淨值比率，劃分為下列資本等級：

一　資本適足。

二　資本不足。

三　資本顯著不足。

四　資本嚴重不足。

前項第四款所稱資本嚴重不足，指自有資本與風險資本之比率低於第一項所定一定比率之百分之二十五或保險業淨值低於零。

第一項所定一定比率、淨值比率之計算、自有資本與風險資本之範圍、計算方法、管理、第二項資本等級之劃分及其他應遵行事項之辦法，由主管機關定之。

(110)一、鑑於原第一百四十九條第三項已對資本嚴重不足、淨值顯著惡化等無法履行契約責任或損及被保險人權益情形之保險業，明定採取立即糾正措施等規定，為強化早期完整監理因應作為，且國際金融監理制度已朝公允價值評價資產與負債及強化公司業主權益方向發展，保險業淨值比率更能及早評量公司承受風險之能力，並引導業者強化自有資本品質，爰於第一項將「淨值比率」納入監理指標；所定「淨值比率」，指保險業經會計師查核簽證財務報告之業主權益除以不含投資型保險專設帳簿之資產總額（保險業資本適足性管理辦法第五條第二項本文參照）。另現行自有資本與風險資本之最低比率相關規定已明定於保險業資本適足性管理辦法，考量我國保險業清償能力制度將參酌國際保險監理官協會 (International Association of Insurance Supervisors) 發布之保險資本標準 (Insurance Capital Standard) 訂定，未來最低比率將參考國際制度調整，為利制度銜接，並參酌銀行法第四十四條第一項，爰將原第一項「不得低於百分之二百；必要時，主管機關得參照國際標準調整比率」之文字，修正為「不得低於一定比率」，並酌作文字修正。

二、配合淨值比率納入監理指標，並參酌銀行法第四十四條第二項，將第二項所定「資本適足率」修正為「資本等級」，並明定其劃分標準係採自有資本與風險資本之比率及淨值比率。

三、配合第一項之修正，刪除原第三項前段之資本適足最低比率相關規定，並考量保險業實施新一代清償能力制度後，參考現行自有資本與風險資本之比率於資本適足與資本嚴重不足之間之對應比率仍維持不變，為利制度銜接，爰將第三項資本嚴重不足之定義修正為「第一項所定一定比率之百分之二十五或保險業淨值低於零」。

四、配合上開修正，修正第四項授權主管機關訂定之範圍，增列「一定比率」及「淨值比率」，並酌作文字修正，以資明確。

第一百四十三條之五　（不得以股票股利或以移充社員增認股金以外之其他方式分配盈餘、買回其股份或退還股金）

保險業有下列情形之一者，不得以股票股利或以移充社員增認股金以外之其他方式分配盈餘、買回其股份或退還股金：

一　資本等級為資本不足、顯著不足或嚴重不足。

二　資本等級為資本適足，如以股票股利、移充社員增認股金以外之其他方式分配盈餘、買回其股份或退還股金，有致其資本等級降為前款等級之虞。

前項第一款之保險業，不得對負責人發放報酬以外之給付。但經主管機關核准者，不在此限。

(110)一、配合修正條文第一百四十三條之四增訂「淨值比率」為監理指標，並使用語一致，爰將第一項第一款及第二款之「資本適足率等級」修正為「資本等級」，以資明確。

二、第二項未修正。

第一百四十三條之六　（主管機關依保險業資本等級採取之監理措施）

主管機關應依保險業資本等級對保險業採取下列措施之一部或全部：

一　資本不足者：

㈠令其或其負責人限期提出增資、其他財務或業務改善計畫。屆期未提出增資、財務或業務改善計畫，或未依計畫確實執行者，得採取次一資本等級之監理措施。

㈡令停售保險商品或限制保險商品之開辦。

㈢限制資金運用範圍。

㈣限制其對負責人有酬勞、紅利、認股權憑證或其他類似性質之給付。

㈤其他必要之處置。

二　資本顯著不足者：

㈠前款之措施。

㈡解除其負責人職務，並通知公司（合作社）登記主管機關廢止其負責人登記。

㈢停止其負責人於一定期間內執行職務。

㈣令取得或處分特定資產，應先經主管機關核准。

㈤令處分特定資產。

㈥限制或禁止與利害關係人之授信或其他交易。

㈦令其對負責人之報酬酌予降低，降低後之報酬不得超過該保險業資本等級列入資本顯著不足等級前十二個月內對該負責人支給平均報酬之百分之七十。

㈧限制增設或令限期裁撤分支機構或部門。

㈨其他必要之處置。

三　資本嚴重不足者：除前款之措施外，應採取第一百四十九條第三項第一款規定之處分。

⑪⓪將序文與第一款第一目「資本適足率等級」及第二款第七目「資本適足率」修正為「資本等級」，理由同修正條文第一百四十三條之五說明一。

第一百四十四條（精算人員之聘用）

保險業之各種保險單條款、保險費及其他相關資料，由主管機關視各種保險之發展狀況，分別規定銷售前應採行之程序、審核及內容有錯誤、不實或違反規定之處置等事項之準則。

為健全保險業務之經營，保險業應聘用精算人員並指派其中一人為簽證精算人員，負責保險費率之釐訂、各種準備金之核算簽證及辦理其他經主管機關指定之事項；其資格條件、簽證內容、教育訓練及其他應遵行事項之辦法，由主管機關定之。

保險業應聘請外部複核精算人員，負責辦理經主管機關指定之精算簽證報告複核項目；其資格條件、複核頻率、複核報告內容及其他應遵行事項之辦法，由主管機關定之。

第二項簽證精算人員之指派及前項外部複核精算人員之聘請，應經董（理）事會同意，並報主管機關備查。

簽證精算人員應本公正及公平原則向其所屬保險業之董（理）事會及主管機關提供各項簽證報告；外部複核精算人員應本公正及公平原則向主管機關提供複核報告。簽證報告及複核報告內容不得有虛偽、隱匿、遺漏或錯誤等情事。

⑩④一、原條文第一項未修正。

二、原條文第二項有關「懲處」之文字，配合第一百七十一條第二項已定明保險業簽證精算人員之相關罰責，爰予刪除。

三、保險業簽證精算人員制度自九十二年實施後，對於簽證精算人員每年簽署之精算簽證報告，除由主管機關自行查核外，尚委請外部獨立專業機構協助覆閱審核。鑒於精算簽證報告之品質攸關保險業之健全經營甚鉅，爰參考美國、加拿大及英國等實施簽證精算人員制度之國家對於精算簽證報告併採外部複核制度（External Review），規定保險業應每三年（三到五年）聘請外部複核精算人員，就簽證精算人員簽證報告之正確性、合理性及可靠性等進行複查，以提升精算簽證報告之品質及可信度，爰增列第三項，並授權主管機關訂定有關外部複核精算人員資格條件、複核之公司董（理）事會同意後報主管機關備查，爰於第四項增列之。

四、原條文第三項移列為第四項，並將「前項」修正為「第二項」。另考量外部複核精算人員係就精算簽證報告部分項目進行複核，其聘用應比照簽證精算人員之指派方式經被複核之公司董（理）事會同意後報主管機關備查，爰於第四項增列之。

五、原條文第四項移列為第五項，另基於外部複核精算人員係提供精算專業意見以協助簽證精算人員維護其精算簽證報告之公正、客觀等品質，故其製作複核報告應比照簽證精算人員進行各項簽證作業，秉持公正及公平原則辦理，且不得有虛偽、隱匿、遺漏或錯誤等情事，爰增訂相關規定。至主管機關得視情節輕重為警告等處罰之規定，移列至第一百七十一條第二項規範，爰予刪除。

＊（保費）保險二一、二三；（健康保險）保險一二五以下；（傷害保險）保險一三一以下；（違反本條之制裁）保險一七一。

第一百四十四條之一（得以共保方式承保之情形）

有下列情形之一者，保險業得以共保方式承保：

一　有關巨災損失之保險者。

二　配合政府政策需要者。

三　基於公共利益之考量者。

四　能有效提昇對投保大眾之服務者。

五　其他經主管機關核准者。

⑨⓪一、本條新增。

二、公平交易法第四十五條規定：「事業依照其他法律規定之行為，不適用本法之規定。」基於此類契約及保險事業之特殊性，爰增訂本條，以符合公平交易法第四十五條之規定。

第一百四十五條（準備金之提存及比率）

保險業於營業年度屆滿時，應分別保險種類，計算其應提存之各種準備金，記載於特設之帳簿。

前項所稱各種準備金之提存比率、計算方式及其他應遵行事項之辦法，由主管機關定之。

⑨⑥一、第一項配合修正條文第十一條，將「各種責任準備金」修正為「各種準備金」。

二、基於各種準備金特性有所差別，並非均適合以比率規範之，爰修正第二項文字，授權主管機關依其特性，另於保險業各種準備金提存辦法中一併規定其提存比率或計算方式。

＊（保險業）保險六、一三六、一三七；（營業年度）商會六；（保險之種類）保險一三；（責任準備金）保險一一；（主管機關）保險一二；（違反本條之制裁）保險一七一。

第一百四十五條之一（盈餘公積之提撥）

保險業於完納一切稅捐後，分派盈餘時，應先提百分之二十為法定盈餘公積。但法定盈餘公積，已達其資本總額或基金總額時，不在此限。

保險業得以章程規定或經股東會或社員大會決議，另提特別盈餘公積。主管機關於必要時，亦得命其提列。

第一項規定，自本法中華民國九十六年六月十四日修正之條文生效之次一會計年度施行。

⑯一、本條新增。
二、基於保險業為特許行業，其財務之穩健性，對社會經濟之安定性頗有影響。近年來因經濟景氣之變化下，突顯出保險業財務結構之穩健性對保險業永續發展之重要，為使保險業發揮保障保戶權益及維護社會安定之功能，宜多強化其財務結構。另配合第十一條修正後，將檢討現行部分準備金項目之存廢，為使其變動或調整之同時亦能確保清償能力，經參酌公司法與金融證券相關法令，以及審酌其對保險業發展之可能影響情形，爰於第一項規定保險業應提列之法定盈餘公積比率，並於第二項規定保險業得提特別盈餘公積，並授權主管機關於必要時，亦得令其提列，以強化保險業之財務結構。
三、第三項規定第一項自本法本次修正生效之次一會計年度施行，俾以配合會計年度法定盈餘公積之提列。

第一百四十六條（保險業資金之運用及其限制）

保險業資金之運用，除存款外，以下列各款為限：

一　有價證券。
二　不動產。
三　放款。
四　辦理經主管機關核准之專案運用、公共及社會福利事業投資。
五　國外投資。
六　投資保險相關事業。
七　從事衍生性商品交易。
八　其他經主管機關核准之資金運用。

前項所定資金，包括業主權益及各種準備金。

第一項所定存款，其存放於每一金融機構之金額，不得超過該保險業資金百分之十。但經主管機關核准者，不在此限。

第一項第六款所稱保險相關事業，指保險、金融控股、銀行、票券、信託、信用卡、融資性租賃、證券、期貨、證券投資信託、證券投資顧問事業及其他經主管機關認定之保險相關事業。

保險業經營投資型保險業務、勞工退休金年金保險業務應專設帳簿，記載其投資資產之價值。

投資型保險業務專設帳簿之管理、保存、投資資產之運用及其他應遵行事項之辦法，由主管機關定之，不受第一項、第三項、第一百四十六條之一、第一百四十六條之二、第一百四十六條之四、第一百四十六條之五及第一百四十六條之七規定之限制。

依第五項規定應專設帳簿之資產，如要保人以保險契約委任保險業全權決定運用標的，且將該資產運用於證券交易法第六條規定之有價證券者，應依證券投資信託及顧問法申請兼營全權委託投資業務。

保險業依第一項第七款規定從事衍生性商品交易之條件、交易範圍、交易限額、內部處理程序及其他應遵行事項之辦法，由主管機關定之。

⑯一、中央再保險公司於本法六十三年修正時，股票並未上市，為使公民營保險業參加認股，第一項爰增訂「或法律另有規定者」之除外規定，俾使保險業得依據中央再保險公司條例投資該公司，惟中央再保險公司之股票已於八十九年七月六日上市，該等文字已無必要，爰予以刪除。
二、保險業資金因絕大多數取自於大眾，因此資金運用應考量具有公益性之投資，爰修正第一項第四款，增列社會福利事業，以善盡保險業經營之社會責任。
三、鑑於保險業對於避險目的之衍生性商品操作已有相當之熟稔度，且隨著近年保險業資金大幅成長，相對應之資產部位亦日益增加，為使保險業資金運用有適度避險管道、以增加時效與保險業之避險彈性，採以通案方式替代個案核准，爰增訂第八項，並修正第一項第七款，刪除「經主管機關核准」文字。
四、第二項配合修正條文第十一條，將「各種責任準備金」修正為「各種準備金」，並作文字修正。
五、第三項酌作文字修正。
六、為因應金融市場跨業經營，以發揮經營綜合效益，爰修正第四項將金融控股、證券投資信託、證券投資顧問事業納入保險相關事業。
七、為配合保險業經營勞工退休金條例之年金保險業務之業務需求，並專設帳簿記載其投資資產，以達風險隔離之效果，爰於第五項前段增加保險業經營勞工退休金條例之年金保險應專設帳簿之規範。
八、現行條文第五項後段授權主管機關訂定之管理辦法，配合授權明確性爰酌作文字修正，並移列第六項，以資明確。勞工退休金年金保險業務如設計為投資型年金保險單，則適用第六項、第七項規定。另基於專設帳簿資產如係由要保人指示保險人運用，並由要保人承擔投資損益者，應無關係人交易限額規定之適用，爰於第六項增列排除第一百四十六條之七規定，由主管機關於授權訂定之辦法中規範關係人交易之適用原則，以維持彈性，另不受本條限制應列不受第一項及第三項限制，爰酌作修正。
九、保險業經營第五項業務，如涉及得全權決定運用標的，並將專設帳簿之資產運用於證券交易法第六條規定之有價證券時，基於功能性、公平性及一致性之管理，並參酌「證券投資信託及顧問法」第六十五條有關信託業兼營全權委託投資業務之規定，保險業亦應依「證券投資信託及顧問法」第六十六條第三項向證券主管機關申請兼營全權委託投資業務，使與投信投顧事業同受相關法規之規範，爰增列第六項。另上述委任關係必須透過保險契約為之，否則便無單獨存在之實益，故其本質上仍屬保險契約不可分割之一部，爰增訂第七項規定。
十、配合第一項第七款刪除主管機關核准規定，爰增訂第八項授權主管機關訂定保險業從事衍生性商品交易應遵行之規範，以利保險業者遵循，並落實差異化管理之精神。

＊（保險業）保險六、一三六、一三七；（資金）保險一三九，保險施二二；（責任準備金）保險一四五；（主管機關）保險一二。

第一百四十六條之一（保險業得投資之項目）

保險業資金得購買下列有價證券：

一　公債、國庫券。
二　金融債券、可轉讓定期存單、銀行承兌匯票、金險業資金百分之三十五；

三　經依法核准公開發行之公司股票；其購買每一公司之股票，加計其他經主管機關核准購買之具有股權性質之有價證券總額及股份總數，分別不得超過該保險業資金百分之五及該發行股票之公司已發行股份總數百分之十。

四　經依法核准公開發行之有擔保公司債，或經評等機構評定為相當等級以上之公司所發行之公司債及免保證商業本票；其購買每一公司之公司債及免保證商業本票總額，不得超過該保險業資金百分之五及該發行公司債之公司業主權益百分之十。

五　經依法核准公開發行之證券投資信託基金及共同信託基金受益憑證；其投資總額不得超過該保險業資金百分之十及每一基金已發行之受益憑證總額百分之十。

六　證券化商品及其他經主管機關核准保險業購買之有價證券；其總額不得超過該保險業資金百分之十。

前項第三款及第四款之投資總額，合計不得超過該保險業資金百分之三十五。

保險業依第一項第三款及第六款投資，不得有下列情事之一：

一　以保險業或其代表人擔任被投資公司董事、監察人。

二　行使對被投資公司董事、監察人選舉之表決權。

三　指派人員獲聘為被投資公司經理人。

四　擔任被投資證券化商品之信託監察人。

五　與第三人以信託、委任或其他契約約定或以協議、授權或其他方法參與對被投資公司之經營、被投資不動產投資信託基金之經營管理。但不包括該基金之清算。

保險業有前項各款情事之一者，其或代表人擔任董事、監察人、行使表決權、指派人員獲聘為經理人、與第三人之約定、協議或授權無效。

保險業依第一項第三款至第六款規定投資於公開發行之未上市、未上櫃有價證券、私募之有價證券；其應具備之條件、投資範圍、內容、投資規範及其他應遵行事項之辦法，由主管機關定之。

(110)黨團協商通過。

第一百四十六條之二　（保險業投資不動產之限制）

保險業對不動產之投資，以所投資不動產即時利用並有收益者為限；其投資總額，除自用不動產外，不得超過其資金百分之三十。但購買自用不動產總額不得超過其業主權益之總額。

保險業不動產之取得及處分，應經合法之不動產鑑價機構評價。

保險業依住宅法興辦社會住宅且僅供租賃者，得不受第一項即時利用並有收益者之限制。

保險業依第一項規定辦理不動產投資之內部處理程序、不動產之條件限制、即時利用並有收益之認定基準、處理原則及其他應遵行事項之辦法，由主管機關定之。

(110)一、為強化保險業投資不動產之管理，提升現行保險業不動產投資管理規範之法律位階，爰增訂第四項，明定保險業依第一項規定辦理不動產投資之內部處理程序、不動產之條件限制、即時利用並有收益之認定基準及處理原則等事項之辦法，由主管機關定之。
二、第一項至第三項未修正。

第一百四十六條之三　（保險業辦理放款之限制）

保險業辦理放款，以下列各款為限：

一　銀行或主管機關認可之信用保證機構提供保證之放款。

二　以動產或不動產為擔保之放款。

三　以合於第一百四十六條之一之有價證券為質之放款。

四　人壽保險業以各該保險業所簽發之人壽保險單為質之放款。

前項第一款至第三款放款，每一單位放款金額不得超過該保險業資金百分之五；其放款總額，不得超過該保險業資金百分之三十五。

保險業依第一項第一款、第二款及第三款對其負責人、職員或主要股東，或對與其負責人或辦理授信之職員有利害關係者，所為之擔保放款，應有十足擔保，其條件不得優於其他同類放款對象，如放款達主管機關規定金額以上者，並應經三分之二以上董事之出席及出席董事四分之三以上同意；其利害關係人之範圍、限額、放款總餘額及其他應遵行事項之辦法，由主管機關定之。

保險業依第一百四十六條之一第一項第三款及第四款對每一公司有價證券之投資與依第一項第三款以該公司發行之有價證券為質之放款，合併計算不得超過其資金百分之十及該發行有價證券之公司業主權益百分之十。

(110)一、配合修正條文第一百四十六條之一，修正第四項有關保險業對每一公司股票、公司債與依第一項第三款以該公司發行之股票及公司債為質之放款合計投資限額之計算基準，由「實收資本額」修正為「業主權益」，並為簡化文字，併將同項所定「股票及公司債」修正為「有價證券」。
二、第一項至第三項未修正。

第一百四十六條之四　（保險業資金辦理國外投資額度）

保險業資金辦理國外投資，以下列各款為限：

一　外匯存款。

二　國外有價證券。

三　設立或投資國外保險公司、保險代理人公司、保險經紀人公司或其他經主管機關核准之保險相關事業。

四　其他經主管機關核准之國外投資。

保險業資金依前項規定辦理國外投資總額，由主管機關視各保險業之經營情況核定之，最高不得超過各該保險業資金百分之四十五。但下列金額不計入其國外投資限額：

一　保險業經主管機關核准銷售以外幣收付之非投資型人身保險商品，並經核准不計入國外投資之金額。

二　保險業依本法規定投資於國內證券市場上市或上櫃買賣之外幣計價股權或債券憑證之投資金額。

三　保險業經主管機關核准設立或投資國外保險相關事業，並經核准不計入國外投資之金額。

四　其他經主管機關核准之投資項目及金額。

保險業資金辦理國外投資之投資規範、投資額度、審核及其他應遵行事項之辦法，由主管機關定之。主管機關並得視保險業之財務狀況、風險管理及法令遵循之情形就前項第二款之投資金額予以限制。

⑩⑦一、基於推動金融進口替代政策，以及國內資本市場等考量，自一百零三年鬆綁國內保險業投資國際債券免計入國外投資額度之措施，保險業投資國際板債券金額自一百零三年底至一百零六年七月底已成長近4.5倍，保險業國外投資比重亦從一百零三年之49%增加至一百零六年七月底之63%，帶來多項政策效益，如保險業三年來增加獲利約1,500億元，創造保戶、員工、股東三贏局面；亦帶動相關中介機構業務收入增加；並增加國家稅收；吸引外國大型公司來臺發債，如Intel、AT&T、APPLE等，增加臺灣在國際資本市場的知名，該政策有效擴大國際債券市場規模。

二、考量保險業投資國際板比重持續升高，主管機關應同等重視保險業投資國際板債券之風險控管能力，參酌電子支付機構管理條例第七條規定，為及時因應未來社會經濟情況變遷及業務實際需要調整之可能，授權主管機關得適時衡酌調整各保險業投資國際板債券之國外投資額度。

第一百四十六條之五（保險業資金之運用）

保險業資金辦理專案運用、公共及社會福利事業投資應申請主管機關核准或備供主管機關事後查核；其申請核准或備供事後查核之情形、應具備之文件、程序、運用或投資之範圍、限額及其他應遵行事項之辦法，由主管機關定之。

前項資金運用方式為投資公司股票時，其投資之條件及比率，不受第一百四十六條之一第一項第三款規定之限制。

保險業資金依第一項規定辦理專案運用投資準用第一百四十六條之一第三項及第四項規定。

保險業資金依第一項規定辦理公共及社會福利事業投資，應符合下列規定：

一　保險業或其代表人擔任被投資公司董事、監察人者，其派任之董事、監察人席次不得超過被投資事業全體董事、監察人席次之三分之二。

二　保險業派任被投資公司董事席次達半數者，該被投資公司應設置至少一席具獨立性之董事。

三　不得指派保險業人員兼任被投資事業經理人。

⑪⓪一、為加速引導保險業資金辦理專案運用、公共及社會福利事業投資，爰修正第一項，增訂保險業得採備供主管機關事後查核方式辦理投資，並授權主管機關訂定得備供主管機關事後查核之情形。

二、為引導保險業資金投入國內公共及社會福利事業投資，並考量保險業投資公共及社會福利事業投資，較無介入被投資事業經營管理及投資決策之疑慮，另考量現行公共投資多要求投資者應成立專門負責該投資個案營運之特殊目的公司（special purpose vehicle），而該特殊目的公司多非屬公開發行公司，且社會福利事業多非屬公司組織，保險業應有一定之監督管理機制，以利其落實資金運用相關風險管理機制，爰修正第三項及第四項，將第三項規範範圍限於保險業辦理專案運用投資之情形，並提高保險業投資公共及社會福利事業所派任之董事、監察人席次至不得逾全體董事監察人人數之三分之二，以及明定保險業派任被投資公共及社會福利事業公司董事達二分之一以上者，該被投資公司董事會應設置至少一席具獨立性之董事，另修正放寬保險業得指派擔任被投資事業經理人之人，惟不得指派保險業人員兼任，以強化保險業投資該等事業達一定比例者及派任董事監察人之監督管理機制，落實風險管理，並兼顧促進社會公益及經濟發展目的。

三、第二項未修正。

四、保險業投資公共及社會福利事業之對象或標的，在經營上仍受各目的事業主管機關及各該業別法規之規範及監督，本次修正並未放寬現行公共及社會福利事業目的主管機關對該等事業相關規範，且各該目的事業主管機關仍得依個案需要對保險業資金投資訂定相關條件或規範。至保險業資金依第一項規定辦理專案運用投資，依第三項規定仍應準用第一百四十六條之一第三項及第四項規定，符合不得擔任被投資公司董事及監察人等相關限制規定。另如保險業辦理專案運用、公共及社會福利事業投資之標的屬修正條文第一百四十六條之一第一項規範之有價證券者，應依該條規定辦理，併予敘明。

第一百四十六條之六（投資保險相關事業之核准）

保險業業主權益，超過第一百三十九條規定最低資本或基金最低額者，得經主管機關核准，投資保險相關事業所發行之股票，不受第一百四十六條之一第一項第三款及第三項規定之限制；其投資總額，最高不得超過該保險業業主權益。

保險業依前項規定投資而與被投資公司具有控制與從屬關係者，其投資總額，最高不得超過該保險業業主權益百分之四十。

保險業依第一項規定投資保險相關事業，其控制與從屬關係之範圍、投資申報方式及其他應遵行事項之辦法，由主管機關定之。

⑨⑥一、實收資本額乃申請設立保險公司之形式要件，待保險業開始營運後，其實際經營績效將反映至保險業之業主權益，故實收資本額之數額已不具實質意義。再者，國際上保險監理趨勢普遍採用業主權益為衡量保險業資本之基礎，修正條文第一百四十三條之四中所規範之自有資本與風險資本之比率中之自有資本亦以保險業之業主權益為計算基礎。為求本法之規範與保險業之實際經營相契合，俾使保險業監理符合國際化潮流，爰修正第一項，以業主權益代替原規定以實收資本額減除累積虧損之餘額作為投資

保險相關事業限額之資格及計算基礎，以其放寬經營良好
保險業之投資能量。

二、保險相關事業之股票投資，其投資之性質如屬非公開發行公司之投資、參與經營之投資等，且與被投資公司無控制及從屬關係時，因保險業與所投資之保險相關事業，其經營特性較為接近，故投資限制可較主導經營為寬，爰於第一項規範，其投資總額，以不得超過該保險業業主權益為限。但如與被投資公司具有控制與從屬關係，為避免資本重複計算，爰增訂第二項規範，此類投資限額比率應比照現行條文規定之精神，以保險業業主權益百分之四十為限。

三、前述主導經營之認定標準，係以保險業與被投資公司間是否具有控制與從屬關係判定，而參與經營則以有無擔任被投資公司董監事判定，故為明確定義第二項所稱控制與從屬關係之認定範圍，並明確規範保險業依本條投資之投資申報方式及其他應遵行事項，避免保險業資金淪為大股東炒作股票之工具，爰增訂第三項，授權由主管機關訂定管理辦法規範。

第一百四十六條之七　（企業放款限制）

主管機關對於保險業就同一人、同一關係人或同一關係企業之放款或其他交易得予限制；其限額、其他交易之範圍及其他應遵行事項之辦法，由主管機關定之。

前項所稱同一人，指同一自然人或同一法人；同一關係人之範圍，包含本人、配偶、二親等以內之血親及以本人或配偶為負責人之事業；同一關係企業之範圍，適用公司法第三百六十九條之一至第三百六十九條之三、第三百六十九條之九及第三百六十九條之十一規定。

主管機關對於保險業與其利害關係人從事放款以外之其他交易得予限制；其利害關係人及交易之範圍、決議程序、限額及其他應遵行事項之辦法，由主管機關定之。

⑯一、第一項依授權明確性，定明辦法範疇。

二、基於利害關係人放款之相關規範已明定於第一百四十六條之三第三項，惟就利害關係人放款以外之其他交易並未明確規範，為期保險業辦理利害關係人之放款與進行放款以外之其他交易時，能有一致性之規範，以強化保險業

董事會監督與風險管理等之機制，爰增訂第三項，授權
主管機關訂定辦法管理之。

三、第二項未修正。

第一百四十六條之八　（放款規定之適用）

第一百四十六條之三第三項所列舉之放款對象，利用他人名義向保險業申請辦理之放款，適用第一百四十六條之三第三項規定。

向保險業申請辦理之放款，其款項為利用他人名義之人所使用，或其款項移轉為利用他人名義之人所有時，推定為前項所稱利用他人名義之人向保險業申請辦理之放款。

⑩一、本條新增。

二、為防範保險業之主要股東及利害關係人，利用人頭規避第一百四十六條之三第三項之規定，爰規定彼等利用他人名義向保險業申請辦理之放款者，亦有上述規定之適用，俾對於違反者，得依第一百六十八條規定處罰之，以期有效遏止人頭戶之現象。

第一百四十六條之九　（保險業行使股東權利之限制）

保險業因持有有價證券行使股東權利時，不得與被投資公司或第三人以信託、委任或其他契約約定或以協議、授權或其他方法進行股權交換或利益輸送，並不得損及要保人、被保險人或受益人之利益。

保險業於出席被投資公司股東會前，應將行使表決權之評估分析作業作成說明，並應於各該次股東會後，將行使表決權之書面紀錄，提報董事會。

保險業及其從屬公司，不得擔任被投資公司之委託書徵求人或委託他人擔任委託書徵求人。

⑬一、配合修正條文第一百四十六條之一增列第三項第四款，限制保險業投資股票及具有股權性質之有價證券，不得有與第三人以信託、委任或其他契約約定或以協議、授權或其他方法參與對被投資公司之經營，爰修正原條文第一項規定。

二、原條文第二項及第三項未修正。

第一百四十七條　（主管機關訂定辦法）

保險業辦理再保險之分出、分入或其他危險分散機

制業務之方式、限額及其他應遵行事項之辦法，由主
管機關定之。

⑯現行條文為對於保險業承受業務後，要求其作適當危險分散之規定。惟僅能適用於比例性再保險，對於非比例性再保險則無法適用。此外配合國際間再保險發展，除傳統再保險外，非傳統之再保方式，如新興風險移轉方法（ART）已日受重視，爰刪除現行條文之規定，授權主管機關就保險業對於危險承擔及辦理再保險分出、分入或其他危險分散機制業務之方式、限額及其他應遵行事項，另定完整之授權監理辦法予以規範。

＊（保險業）保險六、一三六、一三七；（保險金額）保險七二、一〇二、一三〇、一三五；（再保險）保險三九～四二，海商一二六；（資本或基金）保險一三九；（公積金）保險一五七，公司二三七；（特別準備金）保險一一。

第一百四十七條之一　（專營再保險業務之規範）

保險業專營再保險業務者，為專業再保險業，不適用第一百三十八條第一項、第一百四十三條之一、第一百四十三條之三及第一百四十四條第一項規定。

前項專業再保險業之業務、財務及其他相關管理事項之辦法，由主管機關定之。

⑯一、本條新增。

二、專業再保險業為保險業或外國保險業之一，其經營再保險業務，與財產保險業及人身保險業經營直接簽單業務有別。依據本法第三十九條規定，再保險，指保險人以其所承保之危險，轉向他保險人為保險之契約行為。再保險契約當事人為再保險人與簽單之保險人，與一般保險契約之當事人為簽單之保險人與要保人有別。

三、有關專業再保險業者之監理，本法並無明確規範，而專營再保險業者之屬性，亦難以第一百三十八條所規範之財產保險業及人身保險業來予以區分。基於保險業及外國保險業專營再保險業務者之特殊性，爰明文排除本法第五章中僅適用於直接簽單保險業之規範，並另定其業務、財務及其他相關事項之管理辦法，予以補充規範。排除適用之條文及理由如下：

㈠第一百三十八條第一項規定，已明定經營直接簽單之財產保險業及人身保險業不得兼營，於專業再保險業應無適用，此外為避免專業再保險業同時經營產、壽險再保險業務，引發違反該條項兼營禁止規定之疑議，爰明文予以排除適用。

㈡本法第一百四十三條之一、第一百四十三條之三，有關保險業提撥安定基金之規定，其目的係為保障被保險人之

權益；且依本法第四十條規定，原保險契約之被保險人，對於再保險人並無賠償請求權。為避免爭議，爰將本法有關安定基金之規定，於專業再保險業明文排除適用。
㈢本法第一百四十四條第一項有關保險業之各種保險單條款、保險費等相關資料，由主管機關規定其銷售前應採行之程序（保單審查）之規定，其目的係為保障直接簽單保險契約之要保人及被保險人權益，爰明文排除專業再保險業之適用。至於專業再保險業之商品（再保險契約）之管理，則可於第二項之管理辦法中予以訂定。

第一百四十八條 （檢查業務）

主管機關得隨時派員檢查保險業之業務及財務狀況，或令保險業於限期內報告營業狀況。

前項檢查，主管機關得委託適當機構或專業經驗人員擔任；其費用，由受檢查之保險業負擔。

前二項檢查人員執行職務時，得為下列行為，保險業負責人及相關人員不得規避、妨礙或拒絕：

一　令保險業提供第一百四十八條之一第一項所定各項書表，並提出證明文件、單據、表冊及有關資料。

二　詢問保險業相關業務之負責人及相關人員。

三　評估保險業資產及負債。

第一項及第二項檢查人員執行職務時，基於調查事實及證據之必要，於取得主管機關許可後，得為下列行為：

一　要求受檢查保險業之關係企業提供財務報告，或檢查其有關之帳冊、文件，或向其有關之職員詢問。

二　向其他金融機構查核該保險業與其關係企業及涉嫌為其利用名義交易者之交易資料。

前項所稱關係企業之範圍，適用公司法第三百六十九條之一至第三百六十九條之三、第三百六十九條之九及第三百六十九條之十一規定。

⑩一、囿於主管機關人力有限且保險之專業考慮，參考銀行法第四十五條規定，增訂第二項，規定主管機關得委託適當機構或人員辦理檢查，並明定其費用由受檢查保險業負擔。
二、增訂第三項，明定檢查人員執行職務得為之行為，俾檢查人員有所準據。
三、關係企業之財務常易導致保險業失卻清償能力，於檢查中對其關係企業有無不當交易或非法挪用資金情事，均參考銀行法第四十五條及稅捐稽徵法第三十條規定，增訂第四項。
四、增訂第五項，明定第四項之關係企業範圍，俾資明確。

*（主管機關）保險一二；（保險業）保險六、一三六、一三七；（資產負債）公司二二八。

第一百四十八條之一 （營業狀況之備查）

保險業每屆營業年度終了，應將其營業狀況連同資金運用情形，作成報告書，併同資產負債表、損益表、股東權益變動表、現金流量表及盈餘分配或虧損撥補之議案及其他經主管機關指定之項目，先經會計師查核簽證，並提經股東會或社員代表大會承認後，十五日內報請主管機關備查。

保險業除依前項規定提報財務業務報告外，主管機關並得視需要，令保險業於規定期限內，依規定之格式及內容，將業務及財務狀況彙報主管機關或其指定之機構，或提出帳簿、表冊、傳票或其他有關財務業務文件。

前二項財務報告之編製準則，由主管機關定之。

⑯一、配合公司法第二百二十八條需提報股東會之書表修正刪除「財產目錄」，爰修正刪除「財產目錄」。
二、為確實掌握保險業財務業務狀況及經營成果，爰於第二項增訂主管機關得視需要，令保險業於規定期限內，提出帳簿、表冊、傳票或其他有關財務業務文件之規定。
三、依現行第三項規定授權訂定之「人身保險業財務業務報告編製準則」、「財產保險業財務業務報告編製準則」內容，並未包括業務報告，為符實際，爰於第三項刪除「業務」等二字，俾符授權明確性。

*（財務、業務報告之承認）公司二三〇～二三一。

第一百四十八條之二 （財務、業務說明文件之編製、公開）

保險業應依規定據實編製記載有財務及業務事項之說明文件提供公開查閱。

保險業於有關消費大眾權益之重大訊息發生時，應於二日內以書面向主管機關報告並主動公開說明。

第一項說明文件及前項重大訊息之內容、公開時期及方式，由主管機關定之。

⑩一、本條新增。
二、第一項規定之說明文件，係指內容包括財務及業務事項之表冊，期使消費大眾可由其財務報表中，瞭解保險業財務及經營狀況。
三、第二項規定保險業於有關消費大眾權益之重大訊息發生時，應於二日內以書面向主管機關報告，並主動公開說明，俾消費大眾及主管機關得以隨時掌握公司經營動態。
四、為明確規範第一項說明文件及第二項重大訊息之內容、公開時期及方式，爰於第三項授權由主管機關審酌保險業特性定之。

第一百四十八條之三 （內部控制、稽核制度之建立）

保險業應建立內部控制及稽核制度；其辦法，由主管機關定之。

保險業對資產品質之評估、各種準備金之提存、逾期放款、催收款之清理、呆帳之轉銷及保單之招攬核保理賠，應建立內部處理制度及程序；其辦法，由主管機關定之。

⑩一、本條新增。
二、內部控制及內部稽核制度係為健全保險業務經營及安全其財務之重要事項，為符法制，俾落實本制度之實施，爰於第一項明定之。
三、為確保保險業資產品質之健全性，主管機關應規範保險業建立並遵守適當之方針、措施及程序，以評估其資產品質、確實提列各種責任準備金及轉銷呆帳，爰於第二項授權主管機關得訂定相關辦法，以明確規範。

第一百四十九條 （保險業違法之處分）

保險業違反法令、章程或有礙健全經營之虞時，主管機關除得予以糾正或令其限期改善外，並得視情況為下列處分：

一　限制其營業或資金運用範圍。

二　令其停售保險商品或限制其保險商品之開辦。

三 令其增資
四 令其解除經理人或職員之職務。
五 撤銷法定會議之決議。
六 解除董（理）事、監察人（監事）職務或停止其於一定期間內執行職務。
七 其他必要之處置。

依前項第六款規定解除董（理）事、監察人（監事）職務時，由主管機關通知公司（合作社）登記之主管機關廢止其董（理）事、監察人（監事）登記。

主管機關應依下列規定對保險業為監管、接管、勒令停業清理或命令解散之處分：

一 資本等級為嚴重不足，且其或其負責人未依主管機關規定期限完成增資、財務或業務改善計畫或合併者，應自期限屆滿之次日起九十日內，為接管、勒令停業清理或命令解散之處分。
二 前款情形以外之財務或業務狀況顯著惡化，不能支付其債務，或無法履行契約責任或有損及被保險人權益之虞時，主管機關應先令該保險業提出財務或業務改善計畫，並經主管機關核定。若該保險業損益、淨值呈現加速惡化或經輔導仍未改善，致仍有前述情事之虞者，主管機關得依情節之輕重，為監管、接管、勒令停業清理或命令解散之處分。

前項保險業因國內外重大事件顯著影響金融市場之系統因素，致其或其負責人未於主管機關規定期限內完成前項增資、財務或業務改善或合併計畫者，主管機關得令該保險業另定完成期限或重新提具增資、財務或業務改善或合併計畫。

依第三項規定監管、接管、停業清理或解散者，主管機關得委託其他保險業、保險相關機構或具有專業經驗人員擔任監管人、接管人、清理人或清算人；其有涉及第一百四十三條之三安定基金辦理事項時，安定基金應配合辦理。

前項經主管機關委託之相關機構或個人，於辦理受委託事項時，不適用政府採購法之規定。

保險業受接管或被勒令停業清理時，不適用公司法有關臨時管理人或檢查人之規定，除依本法規定聲請之重整外，其他重整、破產、和解之聲請及強制執行程序當然停止。

接管人依本法規定聲請重整，就該受接管保險業於受接管前已聲請重整者，得聲請法院合併審理或裁定；必要時，法院得於裁定前訊問利害關係人。

保險業經主管機關為監管處分時，非經監管人同意，保險業不得為下列行為：

一 支付款項或處分財產，超過主管機關規定之限額。
二 締結契約或重大義務之承諾。
三 其他重大影響財務之事項。

監管人執行監管職務時，準用第一百四十八條有關檢查之規定。

保險業監管或接管之程序、監管人與接管人之職權、費用負擔及其他應遵行事項之辦法，由主管機關定之。

(110)二、將第三項第一款「資本適足率等級」修正為「資本等級」，理由同修正條文第一百四十三條之五說明一。
二、第一項、第二項及第四項至第十一項未修正。

*（保險業）保險六、一三六；（返還責任準備金）保險一二一；（主管機關）保險一二；（增資）公司二六六～二七八；（解散）公司三一五，合作社五五；（清算）公司三二二～三二六、三三〇～三三四，合作社六〇～六五；（監理處分）保險一四九之一。

第一百四十九條之一（接管處分之效力）

保險業經主管機關派員接管者，其經營權及財產之管理處分權均由接管人行使之。原有股東會、董事會、董事、監察人、審計委員會或類似機構之職權即行停止。

前項接管人，有代表受接管保險業為訴訟上及訴訟外一切行為之權，並得指派自然人代表行使職務。接管人執行職務，不適用行政執行法第十七條及稅捐稽徵法第二十四條第三項規定。

保險業之董事、經理人或類似機構應將有關業務及財務上一切帳冊、文件與財產列表移交與接管人。董事、監察人、經理人或其他職員，對於接管人所為關於業務或財務狀況之詢問，有答復之義務。

接管人因執行職務聲請假扣押、假處分時，得免提供擔保。

(103)一、為使接管人權責更為明確，爰參考銀行法第六十二條之二第一項規定：「銀行經主管機關派員接管者，銀行之經營權及財產之管理處分權均由接管人行使之。」，修正原條文第一項前段文字。另參考銀行法第六十二條之一規定：「銀行經主管機關派員接管或勒令停業清理時，其股東會、董事會、董事、監察人或審計委員會之職權當然停止；……」，於後段增訂董事會及審計委員會職權停止之規定。
二、按接管人指派之接管小組召集人是否有代表訴訟當事人之適格性，法院見解歧異，爰參考銀行法第六十二條之二第二項規定，增訂第二項規定接管人有代表受接管保險業為訴訟上及訴訟外之行為之權，並得指派自然人代表行使其職務，俾利接管之執行。另為避免問題保險業因積欠稅款，致接管人有遭法院限制住居、拘提、管收或經財政部限制出境之虞，經參考銀行法第六十二條之二第二項規定，定明接管人因執行職務，不適用行政執行法第十七條及稅捐稽徵法第二十四條第三項規定。
三、原條文第二項移列為第三項，內容未修正。
四、鑒於接管人在接管期間對於問題金融機構之財產亦有進行保全措施之必要，爰參考銀行法第六十二條之二第六項規定，增訂第四項規定。

*（主管機關）保險一二；（監理處分）保險一四九㊂；（監理人）保險一四九㊂；（股東會）公司一七〇～一九一；（董事會）公司一九二；（監察人）公司二一六。

第一百四十九條之二（接管人之職務）

保險業於受接管期間內，主管機關對其新業務之承接、受理有效保險契約之變更或終止、受理要保人以保險契約為質之借款或償付保險契約之解約金，得予以限制。
接管人執行職務而有下列行為時，應研擬具體方案，事先取得主管機關許可：
一　增資或減資後再增資。
二　讓與全部或部分營業、資產或負債。
三　分割或與其他保險業合併。
四　有重建更生可能而應向法院聲請重整。
五　其他經主管機關指定之重要事項。
保險業於受接管期間內，經接管人評估認為有利於維護保戶基本權益或金融穩定等必要，得由接管人研擬過渡保險機制方案，報主管機關核准後執行。
接管人依第二項第一款或第三款規定辦理而持有受接管保險業已發行有表決權股份者，不適用第一百三十九條之一規定。
法院受理接管人依本法規定之重整聲請時，得逕依主管機關所提出之財務業務檢查報告及意見於三十日內為裁定。
依保險契約所生之權利於保險業重整時，有優先受償權，並免為重整債權之申報。
接管人依本法聲請重整之保險業，不以公開發行股票或公司債之公司為限，且其重整除本法另有規定外，準用公司法有關重整之規定。
受接管保險業依第二項第二款規定讓與全部或部分營業、資產或負債時，如受接管保險業之有效保險契約之保險費率與當時情況有顯著差異，非調高其保險費率或降低其保險金額，其他保險業不予承接者，接管人得報經主管機關核准，調整其保險費率或保險金額。

⑩一、原條文第一項未修正。
二、為儘速改善受接管保險業之財務結構，接管人應儘速評估受接管保險業實際個案狀況，依接管當時經濟景氣、被接管保險業流動性、資本不足、負債面損失、投資虧損、主要業務衍生等項目進行評估，於辦理增資或減資後再增資、讓與全部或部分營業、資產或負債，或與其他保險業合併，有重建更生可能而應向法院聲請重整等相關作法中擇選，個別作法均屬可能採行之事項，彼此間或不具前後之必然順序，爰將原條文第三項所定向法院申請重整之情形改列第二項第四款，原條文第二項第四款移列為第五款，並刪除原條文第三項有關接管人接管期限之相關規定。
三、我國併購法制，對併購方式之規定除合併外，尚有分割等方式，為提高他保險公司承受問題保險公司之意願，似應適度放寬其他併購方式，亦得排除不同意股東之收買請求權，以利問題保險公司之處理。爰修正原條文第二項第三款規定。
四、保險業於受接管期間，倘因公司內部財務結構或外部經濟金融環境情況影響，使接管人無法於短期內完成受接管保險業財務改善，與其他保險業合併，讓與全部或部分營業、資產及負債等事宜，實有基於維護保戶基本權益及金融穩定等必要，給予接管人就其接管事務擬訂中長期過渡保險機制之處理彈性，使其有合宜之過渡期間，依受接管公司財務業務情況及外在整體經濟環境，以過渡方式處理受接管保險業之財務業務相關事宜，使保戶權益能在公司繼續經營之情況下獲得處理，其內容則可能含括被接管公司於公司治理或相關內部控制及內部稽核符合一定條件等前提下，解除被接管公司財務及業務相關處分限制，恢復受接管公司之正常營運能力等，爰增訂第三項規定。
五、為利接管人如有必要參與被接管保險業辦理增、減資，或與其他保險業合併而持有股份，以改善被接管保險業之財務結構，以及考量接管人係由主管機關委託擔任，應無適用本法第一百三十九條之一有關審查保險公司具有控制權人資格適當性之必要，爰增訂第四項規定，定明該等情形排除第一百三十九條之一規定，以儘速改善受接管保險業之財務結構。
六、原條文第四項至第六項移列為第五項至第七項，內容未修正。
七、原條文第七項移列為第八項。另參考銀行法第六十二條之四第二項規定，對接管人讓與受接管銀行之營業及資產負債時，排除大量解僱勞工保護法第五條第二項規定之適用，爰增列相關規定。

＊（監理人）保險一四九㊂；（主管機關）保險一二；（破產）破產五七以下；（破產法有關債權人會議之規定）破產一一六以下。

第一百四十九條之三　（監管、接管期限與監管、接管之終止）

監管、接管之期限由主管機關定之。在監管、接管期間，監管、接管原因消失時，監管人、接管人應報請主管機關終止監管、接管。
接管期間屆滿或雖未屆滿而經主管機關決定終止接管時，接管人應將經營之有關業務及財務上一切帳冊、文件與財產列表移交與該保險業之代表人。

⑩一、配合第一百四十九條第二項第一款增訂「派員監管」處分及第二款修正「派員監理」為「派員接管」，酌作文字修正。
二、因監管、接管係主管機關為挽救保險業財務危機所為之措施，為利監管及接管程序順利執行，爰刪除原條文有關保險業之董事或理事，均得聲請主管機關終止監理之規定。

＊（監理處分）保險一四九㊁；（主管機關）保險一二；（帳冊文件財產移交）保險一四九之一㊁。

第一百四十九條之四　（解散後之清算程序）

依第一百四十九條為解散之處分者，其清算程序，除本法另有規定外，其為公司組織者，準用公司法關於股份有限公司清算之規定；其為合作社組織者，準用合作社法關於清算之規定。但有公司法第三百三十五條特別清算之原因者，均應準用公司法關於股份有限公司特別清算之程序為之。

＊（解散之處分）保險一四九㊂；（特別清算）公司三三五。

第一百四十九條之五　（監管人、接管人、清理人與清算人之報酬）

監管人、接管人、清理人或清算人之報酬及因執行職務所生之費用，由受監管、接管、清理、清算之保險業負擔，並優先於其他債權受清償。
前項報酬，應報請主管機關核定。

⑩一、第一項配合第一百四十九條第二項增訂派員監管、清理之規定，且本於使用者付費之原則，增訂主管機關指派監管人、接管人、清理人之費用，由該受處分之保險業負擔，並優先於其他債權受清償。
二、增訂第二項，規定第一項之報酬，應報請主管機關核定。

＊（監理人清算人之選派）保險一四九㊂；（主管機關）保險一二；（優先債權）破產一一二。

第一百四十九條之六　（出境之限制）

保險業經主管機關依第一百四十九條第三項規定

管機關對該保險業及其負責人或有違法嫌疑之職員得通知有關機關或機構禁止其財產為移轉、交付或設定他項權利，並得函請入出境許可之機關限制其出境。

(103)配合第一百四十九條之項次調整修正。

第一百四十九條之七　（受讓受接管保險業之適用規定）

股份有限公司組織之保險業受讓依第一百四十九條之二第二項第二款受接管保險業讓與之營業資產或負債時，適用下列規定：

一　股份有限公司受讓全部營業資產或負債時，應經代表已發行股份總數過半數股東出席之股東會，以出席股東表決權過半數之同意行之；不同意之股東不得請求收買股份，免依公司法第一百八十五條至第一百八十七條規定辦理。

二　債權讓與之通知以公告方式辦理之，免依民法第二百九十七條之規定辦理。

三　承擔債務時免依民法第三百零一條債權人承認之規定辦理。

四　經主管機關認為有緊急處理之必要，且對市場競爭無重大不利影響時，免依公平交易法第十一條第一項規定向公平交易委員會申報結合。

保險業依第一百四十九條之二第二項第三款與受接管保險業合併時，除適用前項第一款及第四款規定外，解散或合併之通知得以公告方式辦理之，免依公司法第三百十六條第四項規定辦理。

(103)原條文除第一項第四款句末「行政院公平交易委員會」刪除「行政院」文字外，其餘內容未修正。

第一百四十九條之八　（清理人之職務㈠）

員監督清理之進行。清理人之職務如下：

一　了結現務。

二　收取債權、清償債務。

三　分派賸餘財產。

保險業經主管機關為勒令停業清理之處分時，準用第一百四十九條之一、第一百四十九條之二第一項、第二項、第四項及第八項規定。

其他保險業受讓受清理保險業之營業資產或負債或與其合併時，應依前條規定辦理。

(103)一、原條文第一項未修正。
二、考量保險業進行清理，可能產生資產足以清償負債之情況，而清理人據此有分派賸餘財產之必要，爰參考公司法第八十四條及合作社法第六十一條有關清算人之職務規範，於第二項增訂清理人之職務包括分派賸餘財產。
三、配合第一百四十九條之二規定，修正原條文第三項之準用範圍。
四、原條文第四項、第六項規範事項，已可依第三項準用第一百四十九條之一、第一百四十九條之二相關規定辦理，爰予刪除。清理人執行職務亦準用第一百四十九條之二規定，不適用行政執行法第十七條及稅捐稽徵法第二十四條第三項之規定。
五、原條文第五項移列為第四項，內容未修正。

第一百四十九條之九　（清理人之職務㈡）

清理人就任後，應即於保險業所在地之日報為三日以上之公告，催告債權人於三十日內申報其債權，並應聲明屆期不申報者，不列入清理。但清理人所明知之債權，不在此限。

清理人應即查明保險業之財產狀況，於申報期限屆滿後三個月內造具資產負債表及財產目錄，並擬具清理計畫，報請主管機關備查，並將資產負債表於保險業所在地日報公告之。

清理人於第一項所定申報期限內，不得對債權人為清償。但對已屆清償期之職員薪資，不在此限。

(90)一、本條新增。

程序，於第一項規定清理人就任後，應即於被清理保險業之所在地之日報刊登三日以上之公告，催告債權人即刻申報其債權。
三、為使主管機關及社會能了解被清理保險業資產負債之真實情況，爰於第二項規定清理人應編造相關報表，報請主管機關備查，同時辦理公告，以昭公信。
四、債權人於第一項所定申報期限內應即向清理人申報其債權，俾依清理程序處理，故清理人於上述期限內自不得對債權人為清償，至職員薪資與一般債權不同，爰於第三項規定不受上述之限制。

第一百四十九條之十　（清理債權）

保險業經主管機關勒令停業進行清理時，第三人對該保險業之債權，除依訴訟程序確定其權利者外，非依前條第一項規定之清理程序，不得行使。

前項債權因涉訟致分配有稽延之虞時，清理人得按照清理分配比例提存相當金額，而將所餘財產分配於其他債權人。

下列各款債權，不列入清理：

一　債權人參加清理程序為個人利益所支出之費用。

二　保險業停業日後債務不履行所生之損害賠償及違約金。

三　罰金、罰鍰及追繳金。

在保險業停業日前，對於保險業之財產有質權、抵押權或留置權者，就其財產有別除權；有別除權之債權人不依清理程序而行使其權利。但行使別除權後未能受清償之債權，得依清理程序申報列入清理債權。

清理人因執行清理職務所生之費用及債務，應先於清理債權，隨時由受清理保險業財產清償之。

依前條第一項規定申報之債權或為清理人所明知而列入清理之債權，其請求權時效中斷，自清理完結之日起重行起算。

債權人依清理程序已受清償者，其債權未能受清償之部分，對該保險業之請求權視為消滅。清理完結後，如復發現可分配之財產時，應追加分配，於列入清理程序之債權人受清償後有剩餘時，第三項之債權人仍得請求清償。

(96)一、現行條文第三項已移列至修正條文第一百四十九條第七項規定，爰予刪除，其餘項次依序往前調整。
二、第七項配合項次變更酌作修正。

第一百四十九條之十一（清理完結）

保險業經主管機關勒令停業進行清理者，於清理完結後，免依公司法或合作社法規定辦理清算。

清理人應於清理完結後十五日內造具清理期內收支表、損益表及各項帳冊，並將收支表及損益表於保險業所在地之新聞紙及主管機關指定之網站公告後，報主管機關廢止保險業許可。

保險業於清理完結後，應以主管機關廢止許可日作為向公司或合作社主管機關辦理廢止登記日及依所得稅法第七十五條第一項所定應辦理當期決算之期日。

(103)一、清理程序係保險法之特別規定，在行政機關監督下，由清理人為保險業債權債務之總清理，其立法理由係為避免解散後再適用公司法或合作社法清算相關規定導致程序重複且曠日廢時，為資明確，爰增訂第一項規定。
二、原條文第一項移列為第二項，內容未修正。
三、原條文第二項所定於清理完結後，將停業清理日視為解散日之規定，於實務運作上，將發生無法符合所得稅法第七十五條第一項所定，於解散之日起四十五日內辦理當期決算申報之可能，爰予刪除。另為使清理完結之保險業向公司或合作社主管機關辦理廢止登記及依所得稅法第七十五條第一項規定辦理決算之期日有明確依據，爰增訂第三項規定。

第一百五十條（解散後執照之繳銷）

保險業解散清算時，應將其營業執照繳銷。

＊（保險業）保險六、一三六、一三七；（保險業解散清算）保險一四九、一七六；（營業執照之撤銷）保險一六八、一六九。

第二節　保險公司

第一百五十一條（適用股份有限公司之規定）

保險公司除本法另有規定外，適用公司法關於股份有限公司之規定。

＊（保險公司）保險一三六；（股份有限公司）公司二㈠④、一二八以下，保險一三六㈠。

第一百五十二條（股票不得為無記名式）

保險公司之股票不得為無記名式。

＊（無記名股票）公司一六六。

第一百五十三條（負責人之責任）

保險公司違反保險法令經營業務，致資產不足清償債務時，其董事長、董事、監察人、總經理及負責決定該項業務之經理，對公司之債權人應負連帶無限清償責任。

主管機關對前項應負連帶無限清償責任之負責人，得通知有關機關或機構禁止其財產為移轉、交付或設定他項權利，並得函請入出境許可之機關限制其出境。

第一項責任，於各該負責人卸職登記之日起滿三年解除。

(90)一、保險公司違反保險法令經營業務，致資產不足清償債務時，為防止其負責人有移轉財產或有逃匿之虞，爰增訂第二項。
二、原條文第二項移列為第三項，文字酌作修正。

＊（董事長）保險一五一，公司一九三，保險施四；（經理總經理）保險一五一，公司二九；（連帶責任）民二七二～二八二；（法人董事職員之連帶責任）民二八，公司六〇；（董事經理人登記）公司四〇二、四一九、四二〇、四二七。

第一百五十四條（刪除）

第一百五十五條（刪除）

(96)現行條文配合修正條文第一百三十七條刪除保險業營業登記另增訂公司或合作社設立登記之規定，爰予刪除。

第三節　保險合作社

第一百五十六條（合作社法令之適用）

保險合作社除依本法規定外，適用合作社法及其有關法令之規定。

＊（保險合作社）保險一三六。

第一百五十七條（股金與基金之籌足）

保險合作社除依合作社法籌集股金外，並依本法籌足基金。

前項基金非俟公積金積至與基金總額相等時，不得發還。

＊（股金）合作社一六～二三；（保證金）保險一四一、一四二；（公積金）合作社二五；（資本或基金）保險一三九。

第一百五十八條（社員出社時之責任）

保險合作社於社員出社時，其現存財產不足抵償債務，出社之社員仍負擔出社前應負之責任。

＊（出社）合作社二六～二九；（出社社員之責任）合作社三一。

第一百五十九條（競業禁止）

保險合作社之理事，不得兼任其他合作社之理事、監事或無限責任社員。

＊（理事監事）合作社三二～四三。

第一百六十條（刪除）

(96)現行條文配合修正條文第一百三十七條刪除保險業營業登記另增訂公司或合作社設立登記之規定，爰予刪除。

第一百六十一條（抵銷之禁止）

保險合作社之社員，對於保險合作社應付之股金及基金，不得以其對保險合作社之債權互相抵銷。

＊（抵銷）民三三四～三四二；（股金及基金）保險一五七；（抵銷之限制）合作社一八。

第一百六十二條（社員最低額之限制）

財產保險合作社之預定社員人數不得少於三百人；人身保險合作社之預定社員人數不得少於五百人。

＊（合作社之設立人數）合作社八。

第四節　保險代理人、經紀人、公證人

第一百六十三條（保險代理人、經紀人、公證人執業

保險代理人、經紀人、公證人應經主管機關許可，繳存保證金並投保相關保險，領有執業證照後，始得經營或執行業務。

前項所定相關保險，於保險代理人、公證人為責任保險；於保險經紀人為責任保險及保證保險。

第一項繳存保證金、投保相關保險之最低金額及實施方式，由主管機關考量保險代理人、經紀人、公證人經營業務與執行業務範圍及規模等因素定之。

保險代理人、經紀人、公證人之資格取得、申請許可應具備之條件、程序、應檢附之文件、董事、監察人與經理人應具備之資格條件、解任事由、設立分支機構之條件、財務與業務管理、教育訓練、廢止許可及其他應遵行事項之管理規則，由主管機關定之。

銀行得經主管機關許可擇一兼營保險代理人或保險經紀人業務，並應分別準用本法有關保險代理人、保險經紀人之規定。

保險經紀人應以善良管理人之注意義務，為被保險人洽訂保險契約或提供相關服務，並負忠實義務。

保險經紀人為被保險人洽訂保險契約前，於主管機關指定之適用範圍內，應主動提供書面之分析報告，向要保人或被保險人收取報酬者，應明確告知其報酬收取標準。

前項書面分析報告之適用範圍、內容及報酬收取標準之範圍，由主管機關定之。

⑩一、本條第七項規定立意良善，惟不分投保金額、險種一概納入規範，似過於繁瑣勞費且易流於形式，尤其對於一般民眾主動投保之普遍險種，諸如：強制汽車責任保險、旅行平安保險、機關團體辦理活動依法應投保之險種，洽訂保險契約前強制保險經紀人為被保險人提供書面分析報告，並向要保人或被保險人收取報酬，於消費者之保障助益有限，屢因投保程序繁瑣、資源浪費而為人詬病，致民怨迭起有礙保險業務發展，有失政府公信，有悖立法初衷。有鑒於此，爰修正本條文第七項，明定於主管機關指定之適用範圍內，主動提供書面之分析報告，以符實際。

容及報酬收取標準之範圍，由主管機關定之。」

*（保險業）保險六、一三六、一三七；（保險代理人）保險八；（保險經紀人）保險九；（保險公證人）保險一〇；（代理人經紀人公證人之管理）保險一七七；（主管機關）保險一二；（保證金之繳存）保險一六四。

第一百六十三條之一 （保險代理人、經紀人經營保險業電子商務得以電子系統執行業務）

保險代理人、保險經紀人經主管機關許可，得配合保險業電子商務發展辦理相關業務，並得以電子系統執行業務；其資格條件、業務範圍及其他應遵行事項之辦法，由主管機關定之。

⑩一、本條新增。

二、為因應保險業務金融科技（FINTECH）之發展，節省紙本文件使用、提昇消費者投保管道多元化和便利性與保險公司核保效益、辦理完善之資安管控作業、促進產業公平競爭等，明文保險代理人、經紀人亦得比照保險業經營「行動投保」與「網路投保」等保險電子商務，讓消費者得直接透過保險代理人、經紀人之電子系統進行投保作業。另為法律授權「保險代理人管理規則」與「保險經紀人管理規則」有關保險代理人、經紀人應確實瞭解要保人之需求及商品或服務之適合度，並於有關文件簽署之規範，爰參照保險業辦理系統自動化核保與理賠作業辦法，明文保險代理人、經紀人經營保險電子商務時，亦得以電子系統取代人工作業方式，執行簽署作業。

第一百六十四條 （刪除）

⑩一、本條刪除。

二、本條業移列至第一百六十三條第三項規範，爰予刪除。

第一百六十四條之一 （違反法令或有礙健全經營之管制處分）

保險代理人、經紀人、公證人違反法令或有礙健全經營之虞時，主管機關除得予以糾正或命其限期改善外，並得視情節之輕重為下列處分：

一　限制其經營或執行業務之範圍。

二　命公司解除經理人或職員之職務。

三　解除公司董事、監察人職務或停止其於一定期間內執行職務。

四　其作必要之處置。

依前項第三款規定解除公司董事或監察人職務時，由主管機關通知公司登記之主管機關註銷其董事或監察人登記。

⑩一、本條新增。

二、為強化對保險代理人、經紀人及公證人之監督管理，參酌原條文第一百四十九條第一項、第二項、金融控股公司法第五十四條、銀行法第六十一條之一等相關立法例，增訂保險代理人、經紀人及公證人違反法令或有礙健全經營之虞時，主管機關得為一定之管制處分。

第一百六十五條 （執業證照及管理制度）

保險代理人、經紀人、公證人，應有固定業務處所，並專設帳簿記載業務收支。

兼有保險代理人、經紀人、公證人資格者，僅得擇一申領執業證照。

保險代理人公司、經紀人公司為公開發行公司或具一定規模者，應建立內部控制、稽核制度與招攬處理制度及程序；其辦法，由主管機關定之。

第一百四十二條、第一百四十八條於保險代理人、經紀人、公證人準用之。

⑩一、鑑於保險代理人公司、經紀人公司（下稱保經代公司）所招攬之保費係歸保險人所有，保經代公司並無吸納大眾資金之問題，且外國立法例亦未見以建置內稽內控制度達保障消費者之目的，多係著眼於資訊提供、說明義務或適合性原則之遵守，為避免因監理規範所帶來過重之成本壓力，進而阻礙保險業發展、轉嫁相關費用於消費者，爰提出本條之修正，透過年營業收入之限制，避免規模較小之保經代公司負擔過重之法遵成本，兼顧企業法遵成本及主管機關監理之平衡。

二、公開發行公司對外募集資金，有一定公益性，且證券交易法第十四條之一應建立內控制度，故爰修正第三項增訂，若保經代公司為公開發行公司，應建立內部控制、稽核制度與招攬處理制度及程序，俾利消費者權益之保護並強化對保險代理人、經紀人公司之監督管理。

*（保險業）保險六、一三六、一三七；（保險代理人）保險八；（保險經紀人）保險九；（保險公證人）保險一〇。

第四節之一　同業公會

(96)一、本節新增。
二、由於先進國家之金融監理逐漸有減少管制而加強市場自律功能之趨勢，並配合行政院金融改革小組金融犯罪查緝工作小組強化自律組織之功能及機制之決議，爰參考證券交易法第四章「證券商同業公會」、票券金融管理法第六章「票券金融商業同業公會」、信託業法第五章「公會」及證券投資信託及顧問法第五章「自律機構」等規定，於本法保險業章增列「同業公會」一節，以提昇業者之自律功能。

第一百六十五條之一（強制加入同業公會）

保險業、保險代理人公司、保險經紀人公司、保險公證人公司非加入同業公會，不得營業；同業公會非有正當理由，不得拒絕其加入，或就其加入附加不當之條件。

(96)一、本條新增。
二、鑑於自律團體之角色功能日趨重要，為提昇保險同業公會之功能，確保其運作之效率，爰參照證券交易法第八十九條、期貨交易法第八十九條第一項及票券金融管理法第五十四條、證券投資信託及顧問法第八十四條等規定，明定公會組織法源，並強制業者加入公會；同業公會非有正當理由，不得拒絕業者加入或限制加入條件。

第一百六十五條之二（同業公會應辦理事項）

同業公會為會員之健全經營及維護同業之聲譽，應辦理下列事項：

一　訂定共同性業務規章、自律規範及各項實務作業規定，並報請主管機關備查後供會員遵循。
二　就會員所經營業務，為必要指導或協調其間之糾紛。
三　主管機關規定或委託辦理之事項。
四　其他為達成保險業務發展及公會任務之必要業務。

同業公會為辦理前項事項，得要求會員提供有關資料或提出說明。

(96)一、本條新增。
二、參照票券金融管理法第五十五條及證券投資信託及顧……業公會應辦理之事項。

第一百六十五條之三（同業公會應遵行事項之訂定）

同業公會之業務、財務規範與監督、章程應記載事項、負責人與業務人員之資格條件及其他應遵行事項之規則，由主管機關定之。

(96)一、本條新增。
二、參照證券投資信託及顧問法第九十條、期貨交易法第九十三條及證券投資信託及顧問法第八十六條之規定，明定公會之業務、財務規範、章程應記載事項、負責人與業務人員資格條件等事項之規則，由主管機關定之。

第一百六十五條之四（主管機關之監督）

同業公會之理事、監事有違反法令、怠於遵守該會章程、規章、濫用職權或違背誠實信用原則之行為者，主管機關得予以糾正或命令同業公會予以解任。

(96)一、本條新增。
二、參照證券交易法第九十二條及證券投資信託及顧問法第九十一條規定，賦予主管機關對公會理事及監事之處分權。

第一百六十五條之五（同業公會資訊之公開）

主管機關為健全保險市場或保護被保險人之權益，必要時，得命令同業公會變更其章程、規章、規範或決議，或提供參考、報告之資料，或為其他一定之行為。

(96)一、本條新增。
二、參照證券交易法第九十一條、期貨交易法第一百零二條、證券投資信託及顧問法第九十條規定，賦予主管機關對同業公會之監督管理權。

第一百六十五條之六（同業公會之自治事項）

同業公會得依章程之規定，對會員或其會員代表違反章程、規章、自律規範、會員大會或理事會決議等事項時，為必要之處置。

(96)一、本條新增。
二、參照期貨交易法第九十四條及證券投資信託及顧問法第九十二條規定，明定公會得依章程之規定對會員及其會員代表為必要之處置。

第一百六十五條之七（章程及會議紀錄之備查）

同業公會章程之變更及理事會、監事會會議紀錄，應報請主管機關備查。

(96)一、本條新增。
二、為使主管機關之監督得以落實，參照票券金融管理法第五十七條，明定同業公會章程之變更及理事會、監事會會議紀錄，應報請主管機關備查。

第五節　罰　則

第一百六十六條（罰則(一)）

未依第一百三十七條規定，經主管機關核准經營保險業務者，應勒令停業，並處新臺幣三百萬元以上三千萬元以下罰鍰。

(107)為遏止未經主管機關核准經營保險業務者經營保險業務，爰將罰鍰金額上限提高一倍至新臺幣三千萬元，另為兼顧違法情節較輕案件之比例原則，爰維持原罰鍰金額下限。

*（保險業成立）保險一三七；（罰鍰）保險一七三。

第一百六十六條之一（罰則(二)）

散布流言或以詐術損害保險業、外國保險業之信用者，處五年以下有期徒刑，得併科新臺幣一千萬元以下罰金。

(103)一、本條新增。
二、為避免不肖份子藉散布不實消息，混淆大眾視聽，致損害保險業、外國保險業之信用，爰參考刑法第三百十三條及銀行法第一百二十五條之一規定增訂本條，並將告訴乃論之罪改為非告訴乃論之罪，以收嚇阻之效。另其刑度與銀行法第一百二十五條之一規定相同，以資衡平。

第一百六十七條（罰則(三)）

非保險業經營保險業務者，處三年以上十年以下有期徒刑，得併科新臺幣一千萬元以上二億元以下罰金。其因犯罪獲取之財物或財產上利益達新臺幣一億元以上者，處七年以上有期徒刑，得併科新臺幣二千五百萬元以上五億元以下罰金。

法人之代表人、代理人、受僱人或其他從業人員，因執行業務犯前項之罪者，除處罰其行為人外，對該法人亦科該項之罰金。

(107)一、修正第一項：

㈠一百零四年十二月三十日修正公布之刑法第三十八條之一第四項所定沒收之「犯罪所得」範圍，包括違法行為所得、其變得之物或財產上利益及其孳息，與原第一項後段「犯罪所得」依立法說明之範圍包括因犯罪直接取得之財物或財產上利益、因犯罪取得之報酬、前述變得之物或財產上利益等，有所不同。

㈡查原第一項後段係考量犯罪所得達新臺幣一億元對金融交易秩序之危害較為嚴重而有加重處罰之必要，惟「犯罪所得金額達新臺幣一億元」之要件與行為人主觀之惡性無關，故是否具有故意或認識（即預見），並不影響犯罪成立，是以犯罪行為所發生之客觀結果，即「犯罪所得」達法律擬制之一定金額時，加重處罰，以資懲儆，與前開刑法係因違法行為獲取利得不應由任何人坐享之考量有其本質區別。鑑於該項規定涉及罪刑之認定，為避免混淆，造成未來司法實務上犯罪認定疑義，該「犯罪所得」之範圍宜具體明確。另考量變得之物或財產上利益，摻入行為人交易能力、物價變動、經濟景氣等因素干擾，將此納入犯罪所得計算，恐有失公允，故宜以因犯罪行為時獲致之財物或財產上利益為計，不應因行為人交易能力、物價變動、經濟景氣等因素，而有所增減，爰修正第一項，以資明確。

㈢又「因犯罪取得之報酬」本可為「因犯罪獲取之財物或財產上利益」所包含，併此敘明。

二、第二項未修正。

＊（保險業）保險六；（經營之限制）保險一三六；（負責人）保險七，公司八，合作社九、三二；（罰鍰）保險一七三。

第一百六十七條之一　（罰則㈣）

為非本法之保險業或外國保險業代理、經紀或招攬保險業務者，處三年以下有期徒刑，得併科新臺幣三百萬元以上二千萬元以下罰金；情節重大者，得由主管機關對保險代理人、經紀人、公證人或兼營保險代理人或保險經紀人業務之銀行停止一部或全部業務，或廢止許可，並註銷執業證照。

法人之代表人、代理人、受僱人或其他從業人員，因執行業務犯前項之罪者，除處罰其行為人外，對該法人亦科該項之罰金。

未領有執業證照而經營或執行保險代理人、經紀人、公證人業務者，處新臺幣九十萬元以上九百萬元以下罰鍰。

⑩⑦為遏止未領有執業證照者經營或執行保險代理人、經紀人、

公證人業務，爰將第三項罰鍰金額上限提高一倍至新臺幣九百萬元，另為兼顧違法情節較輕案件之比例原則，爰維持原罰鍰金額下限。

▲釋四〇二。

第一百六十七條之二　（罰則㈤）

違反第一百六十三條第四項所定管理規則中有關財務或業務管理之規定、第一百六十三條第七項規定，或違反第一百六十五條第一項或第一百六十三條第五項準用上開規定者，應限期改正，或併處新臺幣十萬元以上三百萬元以下罰鍰；情節重大者，廢止其許可，並註銷執業證照。

⑩⑤一、自資本額比較，依保險業設立許可及管理辦法第二條規定，保險公司，其最低實收資本額為新臺幣二十億元。然保險經紀人管理規則及保險代理人管理規則第十六條規定，其最低實收資本額為新臺幣五百萬元。顯見保險公司、保險經紀人公司及保險代理人公司之經濟實力有大幅之差距。

二、再者依營業額比較，壽險公司之營業額動則上千億元，即使較小規模之朝陽人壽亦有 67.65 億元。而產險公司亦有百億元之譜，觀其規模較小之蘇黎世產險公司、及美亞產險公司亦有 32.04 億元、及 28.57 億元。反觀保險經紀人公司、保險代理人公司產業，營業收入不高，絕大部分年營業額都在新臺幣 5,000 萬以下，且多數公司甚至不到 1,000 萬元，營業規模較小之業者占 80% 以上，僅少數保險經紀人公司及保險代理人公司之營業額得超過新臺幣 5,000 萬元。

三、惟對於違反管理規則之裁罰額度，未衡量資本額、營業額差異，於保險公司違反業務、財務等管理規範時，依保險法第一百六十八條得懲處保險業者九十萬以上到四百五十萬罰鍰；對於設立資本額相差 666 倍，營業額差距更是好幾千萬倍之保險經紀人公司、保險代理人公司，卻能處以六十萬到三百萬之罰鍰，恐有違比例原則及平等原則，爰修正之。

第一百六十七條之三　（罰則㈥）

違反第一百六十五條第三項或第一百六十三條第五項準用上開規定，未建立或未確實執行內部控制、稽核制度、招攬處理制度或程序者，應限期改正，或併處新臺幣十萬元以上三百萬元以下罰鍰。

⑩⑤一、增訂限期改正：

㈠內部控制係為確保公司能因應內外部變動，妥善落實管理及會計制度，以達到組織目標；而內部稽核則係提供一套系統化的模式，確保內部控制之落實，評估及改善風險管理，其目的在於促進公司之健全經營，以合理確保達成符合法令規定之各項公司目標。

㈡現行保險經紀人公司、保險代理人公司有違反公司內稽、內控制度時，逕處以六十萬以上到三百萬之罰鍰，未有限期改正之空間，該等規範未依違規情節輕重，給予不同程度之處罰空間，且較違反保險法其他規定、保險經紀人管理規則、保險代理人管理規則更為嚴格，故增訂主管機關得限期改善之手段，始符行政法上之比例原則。

㈢另查證券暨期貨市場各服務事業建立內部控制制度處理準則第三十二條、第三十三條分別規定，亦有違反內稽內控之情事時，主管機關得依其情節輕重，糾正或命限期改善之規定，故本於平等原則，對同為金融商品通路一環之保險經紀人、保險代理人，應等者等之。

二、對於違反管理規則之裁罰額度，未衡量資本額、營業額差異，於保險公司違反業務、財務等管理規範時，依保險法第一百六十八條得懲處保險業者九十萬以上到四百五十萬罰鍰；對於設立資本額相差 666 倍，營業額差距更是好幾千萬倍之保險經紀人公司、保險代理人公司，卻能處以六十萬到三百萬之罰鍰，恐有違比例原則及平等原則，爰修正之。

第一百六十七條之四　（罰則㈦）

主管機關依第一百六十三條第五項、第一百六十五條第四項準用第一百四十八條規定派員，或委託適當機構或專業經驗人員，檢查保險代理人、經紀人、公證人或兼營保險代理人或保險經紀人業務之銀行之財務及業務狀況或令其於限期內報告營業狀況，保險代理人、經紀人或公證人本人或其負責人、職員，或兼營保險代理人或保險經紀人業務之銀行部門主管、部門副主管或職員，有下列情形之一者，處保險代理人、經紀人、公證人或兼營保險代理人或保險經紀人業務之銀行新臺幣三十萬元以上三百萬元以下罰鍰，情節重大者，並得解除其負責人職務：

一　拒絕檢查或拒絕開啟金庫或其他庫房。

二　隱匿或毀損有關業務或財務狀況之帳冊文件。

三　無故對檢查人員之詢問不為答復或答復不實。
四　屆期未提報財務報告、財產目錄或其他有關資料及報告或提報不實不全或未於規定期限內繳納查核費用。

保險代理人經紀人公證人及兼營保險代理人或保險經紀人業務之銀行之關係企業或其他金融機構，於主管機關依第一百六十三條第五項、第一百六十五條第四項準用第一百四十八條第四項規定派員檢查時，怠於提供財務報告、帳冊、文件或相關交易資料者，處新臺幣三十萬元以上三百萬元以下罰鍰。

(107)一、就保險代理人、經紀人、公證人或兼營保險代理人或保險經紀人業務之銀行拒絕檢查、隱匿或毀損有關業務或財務狀況等情事，參照修正草案第一百六十八條之一，將罰鍰金額上限提高一倍至新臺幣三百萬元。
二、修正第一項末句為「…，處保險代理人、經紀人、公證人或兼營保險代理人或保險經紀人業務之銀行新臺幣三十萬元以上三百萬元以下罰鍰，情節重大者，並得解除其負責人職務：」。

第一百六十七條之五　（罰則八）

保險業與第一百六十七條之一第三項之人為代理、經紀或公證業務往來者，處新臺幣一百五十萬元以上一千五百萬元以下罰鍰。

(107)為強化對保險業者之監督管理，酌予修正罰鍰金額為新臺幣一百五十萬元以上一千五百萬元以下，以收嚇阻之效，並落實金融監理機制。

第一百六十八條　（罰則九）

保險業違反第一百三十八條第一項、第三項、第五項或第二項所定辦法中有關業務範圍之規定者，處新臺幣九十萬元以上九百萬元以下罰鍰。

保險業違反第一百三十八條之二第二項、第四項、第五項、第七項、第一百三十八條之三第一項、第二項或第三項所定辦法中有關賠償準備金提存額度、提存方式之規定者，處新臺幣九十萬元以上九百萬元以下罰鍰；其情節重大者，並得廢止其經營保險金信託業務之許可。

保險業違反第一百四十三條規定者，處新臺幣九十萬元以上九百萬元以下罰鍰。

保險業違反第一百四十三條之五或主管機關依第一百四十三條之六各款規定所為措施者，處新臺幣二百萬元以上二千萬元以下罰鍰。

保險業資金之運用有下列情形之一者，處新臺幣一百萬元以上一千萬元以下罰鍰或解除其負責人職務；其情節重大者，並得廢止其許可：
一　違反第一百四十六條第一項、第三項、第五項、第七項或第六項所定辦法中有關專設帳簿之管理、保存及投資資產運用之規定，或違反第八項所定辦法中有關保險業從事衍生性商品交易之條件、交易範圍、交易限額、內部處理程序之規定。
二　違反第一百四十六條之一第一項、第二項、第三項或第五項所定辦法中有關投資條件、投資範圍、內容及投資規範之規定；或違反第一百四十六條之五第三項或第四項規定。
三　違反第一百四十六條之二第一項、第二項或第四項所定辦法中有關不動產投資條件限制之規定。
四　違反第一百四十六條之三第一項、第二項或第四項規定。
五　違反第一百四十六條之四第一項、第二項或第三項所定辦法中有關投資規範或投資額度之規定。
六　違反第一百四十六條之五第一項前段規定，未經核准而投資，或屬備供主管機關事後查核情形，未具備應具備之文件或程序；或違反同項後段所定辦法中有關運用、投資範圍或限額之規定。
七　違反第一百四十六條之六第一項、第二項或第三項所定辦法中有關投資申報方式之規定。
八　違反第一百四十六條之九第一項、第二項或第三項規定。

保險業依第一百四十六條之三第三項或第一百四十六條之八第一項規定所為之放款無十足擔保或條件優於其他同類放款對象者，其行為負責人處三年以下有期徒刑或拘役，得併科新臺幣二千萬元以下罰金。

保險業依第一百四十六條之三第三項或第一百四十六條之八第一項規定所為之擔保放款達主管機關規定金額以上，未經董事會三分之二以上董事之出席及出席董事四分之三以上同意者，或違反第一百四十六條之三第三項所定辦法中有關放款限額、放款總餘額之規定者，其行為負責人處新臺幣二百萬元以上二千萬元以下罰鍰。

保險業違反第一百四十六條之七第一項所定辦法中有關放款或其他交易限額之規定，或第三項所定辦法中有關決議程序或限額之規定者，處新臺幣二百萬元以上二千萬元以下罰鍰。

(110)一、修正第五項：
㈠配合修正條文第一百四十六條之二增訂第四項，修正第三款裁罰依據相關項次，並明定違反授權子法中有關不動產投資之條件限制之罰則。
㈡配合修正條文第一百四十六條之五第一項，修正第六款，明定違反修正條文第一百四十六條之五第一項前段應申請核准或備供主管機關事後查核之罰則。
二、第一項至第四項及第六項至第八項未修正。

*（營業範圍限制）保險一三八；（資金與責任準備金運用）保險一四六；（負責人）保險七，公司八；（罰鍰）保險一七三；（營業執照之繳銷）保險一五〇；（營業執照之撤銷）保險一六九。

第一百六十八條之一　（罰則十）

主管機關依第一百四十八條規定派員，或委託適當機構或專業經驗人員檢查保險業之業務及財務狀況或令保險業於限期內報告營業狀況時，保險業之負責人或職員有下列情形之一者，處新臺幣一百八十萬元以上一千八百萬元以下罰鍰，情節重大者，並得解除其負責人職務：

一　拒絕檢查或拒絕開啟金庫或其他庫房。
二　隱匿或毀損有關業務或財務狀況之帳冊文件。
三　無故對檢查人員之詢問不為答復或答復不實。
四　逾期提報財務報告、財產目錄或其他有關資料及報告，或提報不實、不全或未於規定期限內繳納查核費用者。

保險業之關係企業或其他金融機構，於主管機關依第一百四十八條第四項派員檢查時，怠於提供財務報告、帳冊、文件或相關交易資料者，處新臺幣一百八十萬元以上一千八百萬元以下罰鍰。

⑩一、為強化市場紀律，避免妨礙金融檢查之情事，酌予修正罰鍰金額為新臺幣一百八十萬元以上一千八百萬元以下，以收嚇阻之效，並落實金融監理機制。
二、修正第一項末句為「…；處新臺幣一百八十萬元以上一千八百萬元以下罰鍰，情節重大者，並得解除其負責人職務：」。

第一百六十八條之二（罰則(十一)）

保險業負責人或職員或以他人名義投資而直接或間接控制該保險業之人事、財務或業務經營之人，意圖為自己或第三人不法之利益，或損害保險業之利益，而為違背保險業經營之行為，致生損害於保險業之財產或利益者，處三年以上十年以下有期徒刑，得併科新臺幣一千萬元以上二億元以下罰金。其因犯罪獲取之財物或財產上利益達新臺幣一億元以上者，處七年以上有期徒刑，得併科新臺幣二千五百萬元以上五億元以下罰金。

保險業負責人或職員或以他人名義投資而直接或間接控制該保險業之人事、財務或業務經營之人，二人以上共同實施前項犯罪之行為者，得加重其刑至二分之一。

第一項之未遂犯罰之。

⑩一、修正第一項：
(一)一百零四年十二月三十日修正公布之刑法第三十八條之一第四項所定沒收之「犯罪所得」範圍，包括違法行為所得、其變得之物或財產上利益及其孳息，與原第一項後段「犯罪所得」依立法說明之範圍包括因犯罪直接取得之財物或財產上利益、因犯罪取得之報酬、前述變得之物或財產上利益等，有所不同。
(二)查原第一項後段係考量犯罪所得達新臺幣一億元對金融交易秩序之危害較為嚴重而有加重處罰之必要，惟「犯罪所得金額達新臺幣一億元」之要件與行為人主觀之惡性無關，故是否具有故意或認識（即預見），並不影響犯罪成立，是以犯罪行為所發生之客觀結果，即「犯罪所得」達法律擬制之一定金額時，加重處罰，以資懲儆，與前開刑法係因違法行為獲取利得不應由任何人坐享之考量有其本質區別。鑑於該項規定涉及罪刑之認定，為避免混淆，造成未來司法實務上犯罪認定疑義，該「犯罪所得」之範圍宜具體明確。另考量變得之物或財產上利益，摻入行為人交易能力、物價變動、經濟景氣等因素干擾，將此納入犯罪所得計算，恐有失公允，故宜以因犯罪行為時獲致之財物或財產上利益為計，不應因行為人交易能力、物價變動、經濟景氣等因素，而有所增減，爰修正第一項，以資明確。
(三)又「因犯罪取得之報酬」本可為「因犯罪獲取之財物或財產上利益」所包含，併此敘明。
二、第二項及第三項未修正。

第一百六十八條之三（減輕或加重其刑之規定）

犯第一百六十七條或第一百六十八條之二之罪，於犯罪後自首，如自動繳交全部犯罪所得財物者，減輕或免除其刑；並因而查獲其他正犯或共犯者，免除其刑。

犯第一百六十七條或第一百六十八條之二之罪，在偵查中自白，如自動繳交全部犯罪所得財物者，減輕其刑；並因而查獲其他正犯或共犯者，減輕其刑至二分之一。

犯第一百六十七條或第一百六十八條之二之罪，其因犯罪獲取之財物或財產上利益超過罰金最高額時，得於犯罪獲取之財物或財產上利益之範圍內加重罰金；如損及保險市場穩定者，加重其刑至二分之一。

⑩一、原第一項及第二項所定「如有犯罪所得並自動繳交全部所得財物」之減輕或免除刑罰規定，無涉構成犯罪事實，非屬不法構成要件，性質上為「刑罰裁量規則」。基於刑事立法政策一貫性，其「犯罪所得」之範圍，為與刑法第三十八條之一第四項所定沒收之「犯罪所得」範圍一致，以達所宣示「任何人都不得保有犯罪所得」之立法目的，爰配合刑法沒收新制之犯罪所得範圍酌作文字修正。
二、原第三項規定犯罪所得利益超過罰金最高額得加重罰金之規定，係以「犯罪所得」為高於法定最高額罰金酌加之例外規定，該「犯罪所得」之範圍，參照修正條文第一百六十七條之說明一，應以因犯罪行為時獲取之財物或財產上利益為計，不應因行為人交易能力、物價變動、經濟景氣等因素，而有所增減，爰修正第三項，以資明確。

第一百六十八條之四（沒收）

犯本法之罪，犯罪所得屬犯罪行為人或其以外之自然人、法人或非法人團體因刑法第三十八條之一第二項所列情形取得者，除應發還被害人或得請求損害賠償之人外，沒收之。

⑩一、依刑法第三十八條之一第四項規定，犯罪所得包括「違法行為所得，其變得之物或財產上利益及其孳息」，其範圍較原規定完整，爰將「因犯罪所得財物或財產上利益」修正為「犯罪所得」。
二、原規定沒收前應發還之對象有被害人及得請求損害賠償之人，較刑法第三十八條之一第五項之範圍廣，如刪除回歸適用刑法，原規定之「得請求損害賠償之人」恐僅能依刑事訴訟法第四百七十三條規定，於沒收之裁判確定後一年內提出聲請發還或給付，保障較為不利，爰仍予維持明定。
三、配合刑法第三十八條之一之犯罪所得沒收主體除犯罪行為人外，已修正擴及犯罪行為人以外之自然人、法人或非法人團體，及刑法沒收新制犯罪所得，爰作文字修正。
四、又刑法修正刪除追繳及抵償之規定，統一替代沒收之執行方式為追徵，並依沒收標的之不同，分別於第三十八條第四項及第三十八條之一第三項為追徵之規定，爰刪除後段規定，回歸適用刑法相關規定。

第一百六十八條之五（易科罰金）

犯本法之罪，所科罰金達新臺幣五千萬元以上而無力完納者，易服勞役期間為二年以下，其折算標準以罰金總額與二年之日數比例折算；所科罰金達新臺幣一億元以上而無力完納者，易服勞役期間為三年以下，其折算標準以罰金總額與三年之日數比例折算。

(93)一、本條新增。
二、照黨團協商條文通過。

第一百六十八條之六（得撤銷之情形）

第一百六十八條之二第一項之保險業負責人、職員或以他人名義投資而直接或間接控制該保險業之人事、財務或業務經營之人所為之無償行為，有害及保險業之權利者，保險業得聲請法院撤銷之。

前項之保險業負責人、職員或以他人名義投資而直接或間接控制該保險業之人事、財務或業務經營之人所為之有償行為，於行為時明知有損害於保險業之權利，且受益之人於受益時亦知其情事者，保險業得聲請法院撤銷之。

依前二項規定聲請法院撤銷時，得並聲請命受益之人或轉得人回復原狀。但轉得人於轉得時不知有撤銷原因者，不在此限。

第一項之保險業負責人、職員或以他人名義投資而直接或間接控制該保險業之人事、財務或業務經營之人與其配偶、直系親屬、同居親屬、家長或家屬間所為之處分其財產行為，均視為無償行為。

第一項之保險業負責人、職員或以他人名義投資而直接或間接控制該保險業之人事、財務或業務經營之人與前項以外之人所為之處分其財產行為，推定為無償行為。

第一項及第二項之撤銷權，自保險業知有撤銷原因時起，一年間不行使，或自行為時起經過十年而消滅。

(94)一、本條新增。
二、第一百六十八條之二第一項之保險業負責人、職員或以他人名義投資而直接或間接控制該保險業之人事、財務或業務經營之人所為之無償行為，有害及保險業之權利者，參考民法第二百四十四條第一項規定，應允許保險業得聲請法院撤銷之，以保護保險業之權利，爰為第一項規定。
三、第一百六十八條之二第一項之保險業負責人、職員或以他人名義投資而直接或間接控制該保險業之人事、財務或業務經營之人所為之有償行為，於行為時明知有損害於保險業之權利，且受益之人於受益時亦知其情事者為限，參照民法第二百四十四條第二項規定，應允許保險業得聲請法院撤銷之，俾受益之人及保險業之利益，均得保護，爰為第二項規定。
四、為使保險業除行使撤銷權外，如有必要，並得聲請命受益之人或轉得人返還財產權及其他財產狀態之復舊，爰參考民法第二百四十四條第四項規定，於第三項賦予保險業對明知有損害保險業之受益之人或轉得人有回復原狀之請求權。但轉得人於轉得時不知有撤銷原因者，為保障其交易安全，爰為例外規定。
五、為利保險業撤銷權之行使，並防止保險業負責人、職員或以他人名義投資而直接或間接控制該保險業之人事、財務或業務經營之人，假藉與其配偶、直系親屬、同居親屬、家長或家屬間所為之處分其財產行為，以規避賠償責任，爰參酌破產法第十五條第二項規定，於第四項將其擬制為無償行為。
六、第一項之保險業負責人、職員或以他人名義投資而直接或間接控制該保險業之人事、財務或業務經營之人與第四項以外之人所為之處分財產行為，則於第五項為舉證責任倒置之規定，將其推定為無償行為。
七、撤銷權永久存續，則權利狀態永不確定，實有害於交易之安全，爰參考民法第二百四十五條，於第六項就第一項、第二項之撤銷權為除斥期間之規定。

第一百六十八條之七（重大犯罪之法規適用）

第一百六十八條之二第一項之罪，為洗錢防制法第三條第一項所定之重大犯罪，適用洗錢防制法之相關規定。

(94)一、本條新增。
二、按第一百六十八條之二第一項為最重本刑十年以下有期徒刑之重大金融犯罪，為防止該等犯罪行為人，掩飾、隱匿因自己犯罪所得財物或財產上利益，爰增訂本條將第一百六十八條之二第一項之罪，列為洗錢防制法第三條第一項所定之重大犯罪，並適用洗錢防制法之相關規定。

第一百六十九條（罰則⑫）

保險業違反第七十二條規定超額承保者，除違反部分無效外，處新臺幣四十五萬元以上四百五十萬元以下罰鍰。

(107)為強化消費者保護，爰將罰鍰金額上限提高一倍至新臺幣四百五十萬元，另為兼顧違法情節較輕案件之比例原則，爰維持原罰鍰金額下限。

*（超額承保）保險七二、七六；（負責人）保險七，公司八；（罰鍰）保險一七三；（營業執照之撤銷）保險一六八。

第一百六十九條之一（刪除）

(86)一、本條刪除。
二、本條係配合第一百零七條所訂之處罰條例，然第一百零七條業已刪除，故將本條配合刪除。

第一百六十九條之二（罰則⑬）

保險業有下列情事之一者，由安定基金報請主管機關處新臺幣三十萬元以上三百萬元以下罰鍰，情節重大者，並得解除其負責人職務：

一　未依限提撥安定基金或拒絕繳付。
二　違反第一百四十三條之三第五項規定，未依規定建置電子資料檔案、拒絕提供電子資料檔案，或所提供之電子資料檔案嚴重不實。
三　規避、妨礙或拒絕安定基金依第一百四十三條之三第六項規定之查核。

(107)為確保安定基金機制之運作，爰將罰鍰金額上限提高一倍至新臺幣三百萬元並酌作文字修正，另為兼顧違法情節較輕案件之比例原則，爰維持原罰鍰金額下限。

第一百七十條（刪除）

(96)一、本條刪除。
二、違反本法或本法授權法規命令應予處罰者，本次已檢討於其他修正條文明定處罰構成要件及其法律效果，本條爰予刪除。

第一百七十條之一（罰則⑭）

保險業辦理再保險業務違反第一百四十七條所定辦法中有關再保險之分出、分入、其他危險分散機制業務之方式或限額之規定者，處新臺幣九十萬元以上九百萬元以下罰鍰。

專業再保險業違反第一百四十七條之一第二項所定辦法中有關業務範圍或財務管理之規定者，處新臺幣九十萬元以上九百萬元以下罰鍰。

(107)為遏止保險業未依本法授權規定辦理再保險業務，爰將罰鍰金額上限提高一倍至新臺幣九百萬元，另為兼顧違法情節較輕案件之比例原則，爰維持原罰鍰金額下限。

第一百七十一條 （罰則(十五)）

保險業違反第一百四十四條第一項至第四項、第一百四十五條規定者，處新臺幣六十萬元以上六百萬元以下罰鍰，並得令其撤換核保或精算人員。

保險業簽證精算人員或外部複核精算人員違反第一百四十四條第五項規定者，主管機關得視其情節輕重為警告、停止於三年以內期間簽證或複核，並得令保險業予以撤換。

(107)為使業者確實遵照主管機關核定計算公式及提存準備金，酌予修正罰鍰金額為新臺幣六十萬元以上六百萬元以下，以收嚇阻之效，並落實金融監理機制。

＊（保險業）保險六；（負責人）保險七，公司八；（罰鍰）保險一七三。

第一百七十一條之一 （罰則(十六)）

保險業違反第一百四十八條之一第一項或第二項規定者，處新臺幣六十萬元以上六百萬元以下罰鍰。

保險業違反第一百四十八條之二第一項規定，未提供說明文件供查閱、或所提供之說明文件未依規定記載，或所提供之說明文件記載不實，處新臺幣六十萬元以上六百萬元以下罰鍰。

保險業違反第一百四十八條之二第二項規定，未依限向主管機關報告或主動公開說明，或向主管機關報告或公開說明之內容不實，處新臺幣三十萬元以上三百萬元以下罰鍰。

保險業違反第一百四十八條之三第一項規定，未建立或未執行內部控制或稽核制度，處新臺幣六十萬元以上一千二百萬元以下罰鍰。

保險業違反第一百四十八條之三第二項規定，未建立或未執行內部處理制度或程序，處新臺幣六十萬元以上一千二百萬元以下罰鍰。

(107)一、考量第一項就保險業未依限提供財報，或其所提供之財務、業務或資訊不實或不全等情事之罰鍰額度上限，相較德國最高可處二十萬歐元（約新臺幣八百萬元）為輕，爰經綜合考量經濟規模及實務差異，將罰鍰金額上限提高一倍至為新臺幣六百萬元。
二、配合第一項罰鍰金額上限之提高，將缺失態樣類似之第二項及第三項罰鍰金額上限參照提高一倍至新臺幣六百萬元及三百萬元，俾符比例原則。
三、保險業收取大眾資金經營運用，應建立完整之內部控制制度，以妥善控管營運風險，為提升保險業對內部控制及稽核制度之重視，確實落實各項內部處理制度或程序，爰修正原條文第四項及第五項，調高保險業未建立或未執行內部控制或稽核制度及各項內部處理制度或程序之罰鍰額度上限一倍至新臺幣一千二百萬元，以督促保險業落實強化內部控制制度。

第一百七十一條之二 （罰則(十七)）

保險公司股東持股違反第一百三十九條之一第一項、第二項或第四項規定，未向主管機關申報或經核准而持有股份者，處該股東新臺幣四十萬元以上四百萬元以下罰鍰。

保險公司股東違反主管機關依第一百三十九條之一第五項所定辦法中有關持股數與其他重要事項變動之申報或公告規定，或未於主管機關依同條第六項所定期限內處分股份者，處該股東新臺幣四十萬元以上四百萬元以下罰鍰。

保險公司股東違反第一百三十九條之一第七項規定未為通知者，處該股東新臺幣十萬元以上一百萬元以下罰鍰。

(99)一、本條新增。
二、參考銀行法第一百二十八條第三項、第一百三十一條第一款規定，並考量最低實收資本額商業銀行為新臺幣一百億元，保險公司為新臺幣二十億元，爰酌減罰鍰金額，就違反規定未為申報或經核准而持有保險公司股份者之處罰，規定於第一項；至未依規定向保險公司通知之處罰，則規定於第三項。
三、參考金融控股公司法第六十條第四款、第五款規定，並考量最低實收資本額金融控股公司為新臺幣一百億元，保險公司為新臺幣二十億元，爰酌減罰鍰金額，就未依規定申報、公告或處分股份之處罰，規定於第二項。

第一百七十二條 （罰則(十八)）

保險業經撤銷或廢止許可後，遲延不清算者，得處負責人各新臺幣六十萬元以上六百萬元以下罰鍰。

(107)為促使保險業經撤銷或廢止許可後，儘速完成清算，爰將罰鍰金額上限提高一倍至新臺幣六百萬元，另為兼顧違法情節較輕案件之比例原則，爰維持原罰鍰金額下限。另配合監理實務酌作文字調整。

＊（保險業）保險六；（負責人）保險七，公司八；（罰鍰）保險一七三。

第一百七十二條之一 （罰則(十九)）

保險業於主管機關監管、接管或勒令停業清理時，其董（理）事、監察人（監事）、經理人或其他職員有下列情形之一者，處一年以上七年以下有期徒刑，得併科新臺幣二千萬元以下罰金：

一 拒絕將保險業業務財務有關之帳冊、文件、印章及財產等列表移交予監管人、接管人或清理人或不為全部移交。
二 隱匿或毀損與業務有關之帳冊、隱匿或毀棄該保險業之財產，或為其他不利於債權人之處分。
三 捏造債務，或承認不真實之債務。
四 無故拒絕監管人、接管人或清理人之詢問，或對其詢問為虛偽之答復，致影響被保險人或受益人之權益者。

(101)一、查保險法現行條文第一百四十九條之一、第一百六十八條之一，及修正中之保險法第一百六十七條之四，皆訂有相關「答復義務」之規定。
二、本席業已向行政院法規會就相關用語徵詢意見。
三、為求法律用語前後一致，僅作文字修正。

＊（保險業）保險六；（主管機關）保險一二；（監理）保險一四九㈢；（董事）公司一九二；（監察人）公司二一六；（經理人）公司三〇；（刑的種類）刑三三。

第一百七十二條之二 （按次處罰）

保險業或受罰人經依本節規定處罰後，於規定限期內仍不予改正者，主管機關得按次處罰。

依本節規定應處罰鍰之行為，其情節輕微，以不處罰為適當者，得免予處罰。

⑩⑦一、參酌金融控股公司法第六十七條規定酌修文字，另考量保險業所違反行政上義務之情節如屬重大，應使其迅速改正，爰參酌銀行法第一百三十六條規定，修正第一項，賦予主管機關得按次連續處罰權限，以維護社會公益及保障消費者權益。
二、另為符合行政法上之比例原則，爰增訂第二項，使主管機關得視個案情節輕重採取適當之處置，免依本節予以處分。

第一百七十三條　（刪除）

⑨④一、本條刪除。
二、行政執行業務應回歸行政執行法辦理，爰予刪除。

第六章　附　則

第一百七十四條　（社會保險之訂定）

社會保險另以法律定之。

*（法律）憲一七〇，中標二、五、六；（社會保險其他法律）勞工保險條例，公教人員保險法，軍人保險條例；（社會保險制度）憲一五五。

第一百七十四條之一　（專業法庭或專人辦理）

法院為審理違反本法之犯罪案件，得設立專業法庭或指定專人辦理。

⑨④一、本條新增。
二、保險犯罪案件有其專業性、技術性，一般法庭法官若無相當專業知識者，較不易掌握案件重點，為使保險犯罪案件之審理能符合法律正義及社會公平之期望，有設立保險專業法庭或指定專人辦理之必要，爰增訂本條。

第一百七十五條　（施行細則之訂定）

本法施行細則，由主管機關定之。

⑨⑥一、配合第一百三十七條第二項之修正，已將保險業管理辦法之授權法源納入該條規定中，配合刪除「及保險業管理辦法」之文字。
二、依例將本法施行細則修正為由主管機關定之。

*（細則）中標三；（行政院）憲五三。

第一百七十五條之一　（合作條約或協定之簽訂）

為促進我國與其他國家保險市場主管機關之國際合作，政府或其授權之機構依互惠原則，得與外國政府、機構或國際組織，就資訊交換、技術合作、協助調查等事項，簽訂合作條約或協定。

除有妨害國家利益或投保大眾權益者外，主管機關依前項簽訂之條約或協定，得洽請相關機關、機構依法提供必要資訊，並基於互惠及保密原則，提供予與我國簽訂條約或協定之外國政府、機構或國際組織。

⑨⑥一、本條新增。
二、為促進我國與其他國家保險市場主管機關之國際合作，並參考組織犯罪防制條例第十五條規定之立法例，於第一項明定，政府或其授權之機構得與外國政府、機構或國際組織，就資訊交換、技術合作、協助調查等事項，簽訂合作條約或協定。
三、簽訂合作條約或協定之主要目的在於與外國主管機關加強合作，共同遏止、打擊跨國不法行為，以維護本國保險市場之交易秩序與安全。故於第二項明定，除有妨害國家利益或投保大眾權益，主管機關依前項簽訂之合作條約或協定，得洽請相關機關、機構依法提供必要資訊，並基於互惠及保密原則，提供予與我國簽訂合作條約或協定之外國政府、機構或國際組織。

第一百七十六條　（保險業管理辦法之內容）

保險業之設立、登記、轉讓、合併及解散清理，除依公司法規定外，應將詳細程序明訂於管理辦法內。

*（保險業）保險六；（設立）保險一三六、一三七；（辦法）中標三。

第一百七十七條　（保險業務管理規則之訂定）

保險業務員之資格取得、登錄、撤銷或廢止登錄、教育訓練、懲處及其他應遵行事項之管理規則，由主管機關定之。

⑩⓪有關保險代理人、經紀人、公證人管理規則訂定之法源依據業移列至第一百六十三條第四項中規定，爰刪除「代理人、經紀人、公證人及」之文字，並酌作文字修正。

*（規則）中標三；（代理人）保險八、一六三；（經紀人）保險九、一六三；（公證人）保險一〇、一六三。

▲釋四〇二。

第一百七十七條之一　（蒐集處理個資之特定範圍）

符合下列各款規定之一者，於經本人書面同意，得蒐集、處理或利用病歷、醫療、健康檢查之個人資料：

一　依本法經營或執行業務之保險業、保險代理人、經紀人、公證人。

二　協助保險契約義務之確定或履行而受保險業委託之法人。

三　辦理爭議處理、車禍受害人補償業務而經主管機關許可設立之保險事務財團法人。

前項書面同意方式、第一款業務範圍及其他應遵行事項，由主管機關訂定辦法管理之。

保險業為執行核保或理賠作業需要，處理、利用依法所蒐集保險契約受益人之姓名、出生年月日、國民身分證統一編號及聯絡方式，得免為個人資料保護法第九條第一項之告知。

中華民國一百年六月十四日修正之本條文施行前，第一項各款之人已依法蒐集之病歷、醫療、健康檢查之個人資料，於修正施行後得繼續處理及為符合蒐集之特定目的必要範圍內利用。

⑩⓪照黨團協商條文通過。

第一百七十八條　（施行日期）

本法除中華民國九十五年五月三十日修正公布之條文自九十五年七月一日施行，一百年六月十四日修正之第一百七十七條之一施行日期由行政院定之，一百零四年一月二十二日修正之第一百四十三條之四至第一百四十三條之六、第一百四十九條及第一百六十八條第四項規定自一百零五年一月一日施行外，自公布日施行。

⑩④本次修正有關保險業資本適足率之監理等相關規範，尚需時準備及宣導，爰定明第一百四十三條之四至第一百四十三條之六、第一百四十九條及第一百六十八條第四項規定，自一百零五年一月一日施行。

*（公布日）中標一二～一五。

保險法施行細則

民國五十七年二月十日行政院令發布
六十一年二月八日行政院令修正發布
六十四年八月十九日行政院令修正發布
六十八年六月二十五日行政院令修正發布
八十二年二月二十四日行政院令修正發布
八十四年十一月一日行政院令修正發布
八十九年十一月一日行政院令修正發布
八十九年十一月三十日行政院令修正發布
九十二年七月二日行政院令修正發布
九十七年六月十三日行政院金融監督管理委員會令發布刪除第一二條條文

第一條（訂定依據）
本細則依保險法（以下簡稱本法）第一百七十五條規定訂定之。

第二條（保險業及外國保險業之定義）
本法所稱保險業及外國保險業，包括依本法第六條規定設立專以經營本法第三十九條所稱再保險為業之專業再保險業。

第三條（收取保費應簽發收據）
保險人收取保險費，應由其總公司（社）或分公司（分社）簽發正式收據。

第四條（保費之交付與責任之提前）
依本法第四十三條規定簽發保險單或暫保單，須與交付保險費全部或一部同時為之。
財產保險之要保人在保險人簽發保險單或暫保單前先交付保險費而發生應予賠償之保險事故時，保險人應負保險責任。
人壽保險人於同意承保前，得預收相當於第一期保險費之金額。保險人應負之保險責任，以保險人同意承保時，溯自預收相當於第一期保險費金額時開始。

第五條（保單條款之文字）
保險業經營各種保險之保險單條款應使用中文。但因業務需要，得使用外文，並附中文譯本或節譯本。

第六條（藝術品等之保險價額）
要保人以其所有之藝術品、古玩品及不能依市價估定價值之物品要保者，應依本法第七十三條及第七十五條規定約定價值，為定值之保險。

第七條（有爭議時之理賠）
保險人與被保險人或受益人，對於賠款金額或給付金額有爭議時，保險人應就其已認定賠付或給付部分，依照契約規定期限先行賠付或給付；契約內無期限規定者，應自證明文件交齊之日起十五日內先行賠付或給付。

第八條（全損火保費之返還）
因本法第八十一條所載之原因而終止之火災保險契約，自終止事故發生之日起，其已交付未到期之保險費應返還之。
前項保險費之返還，除契約另有約定者外，保險人得按短期保險費之規定扣除保險契約有效期間之保險費後返還之。但前項終止契約之原因不可歸責於被保險人者，應將自原因發生之日起至滿期日止之保險費按日數比例返還之。

第九條（責任保險人之對抗事由）
第三人依本法第九十四條第二項規定直接向保險人請求給付賠償金額時，保險人基於保險契約所得對抗被保險人之事由，皆得以之對抗第三人。

第十條（適用之法律）
本法第一百零五條及第一百零七條之適用，依保險契約訂定時之法律。

第十一條（保單價值準備金之定義）
本法所稱保單價值準備金，指人身保險業以計算保險契約簽單保險費之利率及危險發生率為基礎，並依主管機關規定方式計算之準備金。

第十二條（刪除）

第十三條（人身保險保費之返還）
保險期間為一年期以下之人身保險終止契約時，其已交付未到期之保險費應返還之。

第十四條（投資型保險之定義）
本法第一百二十三條第二項及第一百四十六條第五項所稱投資型保險，指保險人將要保人所繳保險費，依約定方式扣除保險人各項費用，並依其同意或指定之投資分配方式，置於專設帳簿中，而由要保人承擔全部或部分投資風險之人身保險。

第十五條（合作社之定義）
本法第一百三十六條第一項所稱合作社，指有限責任合作社。

第十六條（其他合作社之定義）
本法第一百五十九條所稱其他合作社，指保險或信用合作社。

第十七條（施行日期）
本細則自發布日施行。

強制汽車責任保險法

民國八十五年十二月二十七日總統令公布
九十四年二月五日總統令修正公布
九十九年五月十九日總統令修正公布
一百零五年一月六日總統令修正公布
一百一十年一月二十日總統令修正公布
一百一十一年六月十五日總統令修正公布第三八、四九、五〇、五三條；並增訂第五之一、五一之一條條文

第一章　總　則

第一條　（立法目的）
為使汽車交通事故所致傷害或死亡之受害人，迅速獲得基本保障，並維護道路交通安全，特制定本法。

第二條　（法律之適用）
強制汽車責任保險（以下簡稱本保險）依本法之規定；本法未規定者，適用保險法之規定。

第三條　（主管機關）
本法之主管機關為金融監督管理委員會。

第四條　（有關資料之提供）
主管機關為調查本保險之汽車交通事故理賠、精算統計及補償業務，得向保險人、警政、交通監理及其他與本保險相關之機關（構），要求提供有關資料。

第五條　（汽車之定義）
本法所稱汽車，指公路法第二條第十款規定之汽車及行駛道路之動力機械。
第三十八條及第四十九條所稱之機車，亦為公路法第二條第十款所定義之汽車。
除前二項所稱汽車外，亦包括特定之非依軌道行駛，具有運輸功能之陸上動力車輛；其範圍及應訂立本保險契約之汽車種類，由主管機關會同中央交通主管機關訂定公告之。

第五條之一　（微型電動二輪車之投保）
道路交通管理處罰條例第六十九條第一項第一款第三目所定微型電動二輪車，視為本法所稱汽車；投保義務人應依本法之規定訂立本保險契約，未訂立者，公路監理機關不予受理登記、換照或發照。
道路交通管理處罰條例第七十一條之一第四項規定施行前已經檢測及型式審驗合格並黏貼審驗合格標章之微型電動二輪車，投保義務人應於該條文施行後二年內依本法規定訂立本保險契約，並依該條例規定登記、領用、懸掛牌照。
微型電動二輪車投保義務人未曾依本法規定訂立本保險契約者，其所致汽車交通事故不受本法之保障。

第六條　（保險契約之訂立）
應訂立本保險契約之汽車所有人應依本法規定訂立本保險契約。軍用汽車於非作戰期間，亦同。
前項汽車所有人未訂立本保險契約者，推定公路監理機關登記之所有人為投保義務人。
第一項汽車有下列情形之一者，以其使用人或管理人為投保義務人：
一　汽車牌照已繳還、繳銷或註銷。
二　汽車所有人不明。
三　因可歸責於汽車使用人或管理人之事由，致汽車所有人無法管理或使用汽車。
本保險之投保義務人應維持保險契約之有效性，於保險契約終止前或經保險人依第十八條第一項規定拒絕承保時，應依本法規定再行訂立本保險契約。

第七條　（保險賠償）
因汽車交通事故致受害人傷害或死亡者，不論加害人有無過失，請求權人得依本法規定向保險人請求保險給付或向財團法人汽車交通事故特別補償基金（以下簡稱特別補償基金）請求補償。

第八條　（保險人之定義）
本法所稱保險人，指經主管機關許可，得經營本保險之保險業。
前項保險業申請許可應具備之資格條件、應檢附文件、廢止許可事由及其他應遵行事項之辦法，由主管機關會同中央交通主管機關定之。

第九條　（要保人之定義）
本法所稱要保人，指依第六條規定向保險人申請訂立本保險契約，並負有交付保險費義務之人。
本法所稱被保險人，指經保險人承保之要保人及經該要保人同意使用或管理被保險汽車之人。

第十條　（加害人、受害人之定義）
本法所稱加害人，指因使用或管理汽車造成汽車交通事故之人。
本法所稱受害人，指因汽車交通事故遭致傷害或死亡之人。

第十一條　（請求權人之定義）
本法所稱請求權人，指下列得向保險人請求保險給付或向特別補償基金請求補償之人：
一　因汽車交通事故遭致傷害者，為受害人本人。
二　因汽車交通事故死亡者，為受害人之遺屬；其順位如下：
㈠父母、子女及配偶。
㈡祖父母。
㈢孫子女。
㈣兄弟姐妹。
同一順位之遺屬有數人時，按人數平均分配保險給付或補償。
受害人死亡，無第一項第二款所定之請求權人時，為其支出殯葬費之人於殯葬費數額範圍內，得向保險人請求給付或向特別補償基金請求補償。保險給付扣除殯葬費後有餘額時，其餘額歸特別補償基金所

有受害人死亡無第一項第二款所定之請求權人亦無支出殯葬費之人時，保險給付歸特別補償基金所有。

前項殯葬費之項目及金額，由主管機關訂定公告之。

第十二條（被保險汽車之定義）

本法所稱被保險汽車，指應依本法規定訂立本保險契約之汽車，保險人接到要保書後逾十日未為承保或拒絕承保之意思表示者，該要保書所載之汽車視為被保險汽車。

本保險保險證（以下簡稱保險證）所記載之汽車，推定為被保險汽車。

本法所稱未保險汽車，指應依本法規定訂立本保險契約而未訂立之汽車。

第十三條（汽車交通事故之定義）

本法所稱汽車交通事故，指使用或管理汽車致乘客或車外第三人傷害或死亡之事故。

第十四條（請求權之時效）

請求權人對於保險人之保險給付請求權，自知有損害發生及保險人時起，二年間不行使而消滅。自汽車交通事故發生時起，逾十年者，亦同。

前項時效完成前，請求權人已向保險人為保險給付之請求者，自請求發生效力之時起，至保險人為保險給付決定之通知到達時止，不計入時效期間。

請求權人對於保險人保險給付請求權，有時效中斷、時效不完成或前項不計入消滅時效期間之情事者，在保險金額範圍內，就請求權人對於被保險人之損害賠償請求權，亦生同一效力；請求權人對被保險人之損害賠償請求權，有時效中斷或時效不完成之情事者，就請求權人對於保險人之保險給付請求權，亦生同一效力。

前三項規定，於關於本法所生請求特別補償基金補償之權利，除其請求權消滅時效之起算依下列規定外準用之：

一　事故汽車無法查究者，自知有損害及確認肇事汽車無法查究時起算。

二　事故汽車為未保險汽車者，自知有損害及確認肇事汽車為未保險汽車時起算。

三　事故汽車係未經被保險人同意使用或管理之被保險汽車者，自知有損害發生及確認被保險汽車係未經同意使用或管理之事實起算。

四　事故汽車為無須訂立本保險契約之汽車者，自知有損害發生及確認加害汽車為無須訂立本保險契約之汽車時起算。

第十五條（續保之通知）

保險人應於保險期間屆滿三十日前通知要保人續保，其怠於通知而於原保險期間屆滿後三十日內發生保險事故者，如要保人辦妥續保手續，並將其始期追溯自原保險期間屆滿之時，保險人仍須負給付責任。

第二章　保險契約

第一節　契約之成立

第十六條（領照或換照前訂立保險契約）

應訂立本保險契約之汽車所有人於申請發給牌照、臨時通行證或本保險期間屆滿前，應以每一個別汽車為單位，向保險人申請訂立本保險契約。

公路監理機關對於有下列情事之汽車，不得發給牌照、臨時通行證、換發牌照、異動登記或檢驗。惟停駛中車輛過戶，不在此限：

一　應訂立本保險契約而未訂立。

二　本保險有效期間不滿三十日。但申請臨時牌照或臨時通行證者，不適用之。

第十七條（訂立契約之據實說明）

要保人申請訂立本保險契約時，對於下列事項應據實說明：

一　汽車種類。

二　使用性質。

三　汽車號牌號碼、引擎號碼或車身號碼。

四　投保義務人姓名、性別、出生年月日、住所及國民身分證統一編號。汽車所有人為法人、非法人團體或機關時，其名稱、營利事業統一編號或財稅機關編發之統一編號、營業所或事務所所在地及代表人之姓名。

第十八條（保險人得拒絕承保之情形）

除要保人未交付保險費或有違反前條規定之據實說明義務外，保險人不得拒絕承保。

保險人依前項規定拒絕承保時，應於接到要保書之日起十日內以書面為意思表示，屆期未以書面表示者，視為同意承保。

第十九條（載有保險條款文書及保險證之交付）

保險人於本保險契約成立後，應將載有保險條款之文書及保險證交予要保人。

保險人應於本保險契約成立後四個工作日內，將承保資料傳輸至主管機關及中央交通主管機關指定之機關（構）。

保險證上記載之被保險人、保險期間、被保險汽車及保險證號碼有變更時，要保人應通知保險人更正。

第二十條（保險人解約之禁止及終止契約之限制）

保險人不得解除保險契約。

除有下列情事之一者外，保險人不得終止保險契約：

一　要保人違反第十七條之據實說明義務。

二　要保人未依約定交付保險費。

保險人依前項規定終止保險契約前，應以書面通知要保人於通知到達後十日內補正；要保人於終止契約通知到達前補正者，保險人不得終止契約。

保險契約終止，保險人應於三日內通知被保險汽車之轄屬公路監理機關、主管機關及中央交通主管機關指定之機關（構）。

保險人應返還要保人終止契約後未到期之保險費；保險費未返還前，視為保險契約存續中。

第二十一條（要保人解約之禁止及終止契約之限制）

要保人不得解除保險契約。

除有下列情事之一者外，要保人不得終止保險契約：

一　被保險汽車之牌照已繳銷或因吊銷、註銷、停駛而繳存。

二　被保險汽車報廢。

三　被保險汽車因所有權移轉且移轉後之投保義務人已投保本保險契約致發生重複投保情形。

保險契約依前項規定終止後，保險費已交付者，保險人應返還終止後未到期之保險費；未交付者，要保人應支付終止前已到期之保險費。

第二十二條（重複訂約之撤銷）

要保人重複訂立本保險契約者，要保人或保險契約生效在後之保險人得撤銷生效在後之保險契約。汽車交通事故發生後，亦同。

前項撤銷權之行使，應於重複訂立事實發生之時起，至生效在先之保險契約期間屆滿前為之。

保險契約經撤銷者，保險人應將保險費扣除健全本保險費用之餘額，返還要保人。

第二十三條（所有權移轉應訂立或變更保險契約）

被保險汽車所有權移轉時，應先辦理本保險契約之訂立或變更手續，惟停駛中車輛辦理過戶不在此限。

未辦理前，公路監理機關不得辦理過戶登記。

第二十四條（書面進行主義）

要保人、被保險人或請求權人對保險人之通知及要保人申請變更保險契約，應以書面為之；保險人對要保人、被保險人、請求權人之通知或同意變更保險契約亦同。

第二節　保險範圍

第二十五條（保險人之保險給付責任）

保險人於被保險汽車發生汽車交通事故時，依本法規定對請求權人負保險給付之責。

保險人應於被保險人或請求權人交齊相關證明文件之次日起十個工作日內給付之；相關證明文件之內容由主管機關會商相關機關（構）訂定公告之。

保險人因可歸責於自己之事由致未在前項規定期限內為給付者，自期限屆滿之次日起，應按年利一分給付遲延利息。

第一項請求權人請求保險給付之權利及未經請求權人具領之保險給付，不得扣押、讓與或提供擔保。

第二十六條（保險期間之訂定）

本保險之保險期間，由主管機關會同中央交通主管機關視實際需要定之。

第二十七條（保險給付項目）

本保險之給付項目如下：

一　傷害醫療費用給付。

二　失能給付。

三　死亡給付。

前項給付項目之等級、金額及審核等事項之標準，由主管機關會同中央交通主管機關視社會及經濟實際情況定之。

前項標準修正時，於修正生效日後發生之汽車交通事故，保險人應依修正後之規定辦理保險給付。

第二十八條（不負保險給付責任之情形）

受害人或其他請求權人有下列情事之一，致被保險汽車發生汽車交通事故者，保險人不負保險給付責任：

一　故意行為所致。

二　從事犯罪行為所致。

前項其他請求權人有數人，其中一人或數人有故意或從事犯罪之行為者，保險人應將扣除該一人或數人應分得部分之餘額，給付於其他請求權人。

第二十九條（代位權之行使）

被保險人有下列情事之一，致被保險汽車發生汽車交通事故者，保險人仍應依本法規定負保險給付之責。但得在給付金額範圍內，代位行使請求權人對被保險人之請求權：

一　飲用酒類或其他類似物後駕駛汽車，其吐氣或血液中所含酒精濃度超過道路交通管理法規規定之標準。

二　駕駛汽車，經測試檢定有吸食毒品、迷幻藥、麻醉藥品或其他相類似管制藥品。

三　故意行為所致。

四　從事犯罪行為或逃避合法拘捕。

五　違反道路交通管理處罰條例第二十一條或第二十一條之一規定而駕車。

前項保險人之代位權，自保險人為保險給付之日起，二年間不行使而消滅。

第三十條（保險人之不受拘束）

請求權人對被保險人之和解、拋棄或其他約定，有妨礙保險人依前條規定代位行使請求權人對於被保險人之請求權，而未經保險人同意者，保險人不受其拘束。

第三節　請求權之行使

第三十一條（保險金額之扣除）

被保險汽車發生汽車交通事故，被保險人已為一部之賠償者，保險人僅於本法規定之保險金額扣除該賠償金額之餘額範圍內負給付責任。但請求權人與被保險人約定不得扣除者，從其約定。

前項被保險人先行賠償之金額，保險人於本法規定之保險金額範圍內給付被保險人。但前項但書之情形，不在此限。

第三十二條（保險金視為損害賠償金額之一部）

保險人依本法規定所為之保險給付，視為被保險人損害賠償金額之一部分；被保險人受賠償請求時，得扣除之。

第三十三條（代位權之行使）

汽車交通事故之發生，如可歸責於被保險人以外之第三人，保險人於保險給付後，得代位行使被保險人對於第三人之請求權。但其所得請求之數額，以不逾保險給付為限。

前項第三人為被保險人或請求權人之配偶、家長、家屬、四親等內血親或三親等內姻親者，保險人無代位求償之權利。但汽車交通事故由其故意所致者，不在此限。

第三十四條（交通事故發生時之辦理規定）

被保險汽車發生交通事故時，應依下列規定辦理：

一　被保險人或加害人應自行或請他人立即將受害人護送至當地或附近之醫療院所急救。但依當時情形顯然無法施救者，不在此限。

二　被保險人或加害人應立即報請當地警、憲機關處理，並應於五日內以書面通知保險人。請求權人亦得直接以書面通知保險人。

三　被保險人、加害人及請求權人應與保險人合作，提供人證、物證有關資料及文件。

被保險人、加害人及請求權人違反前項規定之義務者，保險人仍負保險給付之責任。但因其故意或過失致生保險人之損害者，應負賠償責任。

第三十五條（暫時性保險金）

因汽車交通事故死亡者，請求權人得提出證明文件，請求保險人暫先給付相當於保險給付二分之一之金額。

因汽車交通事故失能者，請求權人得提出證明文件，就保險人已審定之失能等級，請求保險人暫先給付其保險金。

保險人應於請求權人依前二項規定提出證明文件之次日起十個工作日內給付之。保險人因可歸責於自己之事由致未在期限內為給付者，自期限屆滿時起，應按年利一分給付遲延利息。

保險人暫先給付之保險金額超過其應為之保險給付時，就超過部分得向請求權人請求返還。

第三十六條（同一汽車交通事故牽涉數汽車之處理）

同一汽車交通事故牽涉數汽車時，依下列規定處理：

一　事故汽車全部為被保險汽車者，請求權人得請求各應負給付義務之保險人連帶為保險給付。

二　事故汽車全部為第四十條第一項所定之汽車者，請求權人得請求特別補償基金補償。

三　事故汽車部分為被保險汽車，部分為第四十條第一項所定之汽車者，請求權人得請求各應負給付義務之保險人與特別補償基金連帶為保險給付或補償。

前項保險人間或保險人與特別補償基金間，按其所應給付或補償之事故汽車數量比例負分擔之責。

第三十七條（保險競合）

請求權人依本法規定請求保險給付者，保險人不得以其有本保險以外之其他種類保險而拒絕或減少給付。

第三章　汽車交通事故特別補償基金

第三十八條（特別補償基金之設置）

為使汽車交通事故之受害人均能依本法規定獲得基本保障及健全本保險制度，應設置特別補償基金，並依汽機車及微型電動二輪車分別列帳，作為計算費率之依據。

前項特別補償基金為財團法人；其捐助章程及基金管理辦法，由主管機關會同中央交通主管機關定之。

第三十九條（特別補償基金之來源）

特別補償基金之來源如下：

一　本保險之保險費所含特別補償基金分擔額。

二　依第四十二條第二項規定代位求償之所得。

三　基金之孳息。

四　依第十一條第三項規定之所得。

五　其他收入。

第四十條（特別補償基金之請求）

汽車交通事故發生時，請求權人因下列情事之一，未能依本法規定向保險人請求保險給付者，得於本法規定之保險金額範圍內，向特別補償基金請求補償：

一　事故汽車無法查究。

二　事故汽車為未保險汽車。

三　事故汽車係未經被保險人同意使用或管理之被保險汽車。

四　事故汽車全部或部分為無須訂立本保險契約之汽車。

前項第三款規定未經被保險人同意使用或管理認定如有疑義，在確認前應由被保險汽車之保險人暫先給付保險金。

第一項第四款所定事故汽車，全部為無須訂立本保險契約之汽車之情形，各事故汽車之駕駛人不得向特別補償基金請求補償。

特別補償基金依第一項第一款規定為補償後，事故汽車經查明係本保險之被保險汽車者，得向其保險人請求返還。

保險人依前項規定對特別補償基金為返還者，視為已依本法之規定向請求權人為保險給付。

汽車交通事故之請求權人依第一項規定申請特別補償基金補償者，準用第二十五條第二項至第四項、第二十七條、第二十八條、第三十五條及第三十七條規定。但準用第二十七條規定補償之傷害醫療費用給付，不包括全民健康保險之給付金額。

第四十一條（未保險或無須訂立保險契約之準用）

未保險汽車或無須訂立本保險契約之汽車發生交通事故時，準用第三十四條規定。

第四十二條（特別補償基金視為損害賠償金之一部）

特別補償基金依第四十條規定所為之補償，視為損害賠償義務人損害賠償金額之一部分；損害賠償義務人受賠償請求時，得扣除之。

特別補償基金於給付補償金額後，得代位行使請求權人對於損害賠償義務人之請求權。但其所得請求之數額，以補償金額為限。

前項之請求權，自特別補償基金為補償之日起，二年間不行使而消滅。

損害賠償義務人為請求權人之配偶、家長、家屬、四親等內血親或三親等內姻親者，特別補償基金無代位求償之權利。但損害賠償義務人有第二十九條第一項各款情事之一者，不在此限。

第四十三條（特別補償基金之不受拘束）

請求權人對損害賠償義務人之和解、拋棄或其他約定，有妨礙特別補償基金代位行使請求權人對損害賠償義務人請求權，而未經特別補償基金同意者，特別補償基金不受其拘束。

請求權人自損害賠償義務人獲有賠償者，特別補償基金於補償時，應扣除之。如有應扣除而未扣除者，特別補償基金得於該應扣除之範圍內請求返還之。

第四章　保險業之監理

第四十四條（保險費之結構）

本保險之保險費結構如下：

一　預期損失。

二　保險人之業務費用。

三　安定基金。

四　特別補償基金之分擔額。

五　費率精算、研究發展、查詢服務、資訊傳輸等健全本保險之費用。

前項各款之比率、金額及內容，由主管機關會同中央交通主管機關訂定公告之。

第四十五條（保險費率之擬訂）

本保險費率由主管機關會同中央交通主管機關擬訂，提經社會公正人士組成之費率審議委員會審議通過後發布之。

前項費率擬訂工作，得委託適當專業機構辦理。

保險費率之訂定，以兼採從人因素及從車因素為原則。但得視社會實際情形擇一採用之。

保險人應依主管機關會同中央交通主管機關依第一項規定發布之保險費率計收保險費。

主管機關得委託專業機構辦理保險費及其他相關資訊之查詢服務。

第四十六條（保險人之義務）

保險人經營本保險，應正確記載承保資料及辦理理賠；承保資料應記載內容、理賠程序與第十五條通知之方式及其他應遵行事項之辦法，由主管機關定之。

第四十七條（獨立會計之設立）

保險人應設立獨立會計，記載本保險之業務及財務狀況。

保險人辦理本保險之保險費，屬於第四十四條第一項第一款規定之預期損失者，應專供本保險理賠及提存各種準備金之用，其預期損失與實際損失之差額，應提存為特別準備金，除因調整保險費率、調高保險金額、彌補純保險費虧損或依第三項所定辦法處理外，不得收回、移轉或供其他用途。

保險人辦理本保險之會計處理與業務財務資料陳報、各種準備金之提存、保管、運用、收回、移轉及其他應遵行事項之辦法，由主管機關會商中央交通主管機關定之。

第四十七條之一（非基於本法取得之債權）

保險人之債權人，非基於本法所取得之債權，不得對本保險之相關資產聲請扣押或行使其他權利。

前項相關資產之項目及範圍，於前條第三項之辦法定之。

第五章　罰　則

第四十八條（罰則㈠）

保險業違反第八條第一項規定者，由主管機關處新臺幣三百萬元以上一千五百萬元以下罰鍰。

保險人違反第十八條第一項或第二十條規定者，由主管機關處新臺幣二十萬元以上一百萬元以下罰鍰。

保險人違反第四十五條第四項、第四十七條第一項、第二項或依第三項所定辦法中有關本保險之會計處理與業務財務資料陳報、各種準備金提存、保管、運用、收回及移轉之規定者，由主管機關處新臺幣六十

萬元以上三百萬元以下罰鍰

保險人違反第十五條、第十九條第一項、第二項或依第四十六條所定辦法中有關正確記載承保資料、辦理理賠或第十五條通知方式之規定者，由主管機關處新臺幣六萬元以上三十萬元以下罰鍰。

主管機關為前四項處分時，得命其限期改正，屆期未改正者，按次處罰，並得視情節輕重為下列處分：

一　命其解除經理人或職員之職務。

二　解除董事、監察人職務或停止其於一定期間內執行職務。

三　停止於一定期間內接受本保險之投保。

四　撤銷或廢止經營本保險之許可。

第四十九條（罰則㈡）

投保義務人未依本法規定訂立本保險契約，或本保險期間屆滿前未再行訂立者，其處罰依下列各款規定：

一　經公路監理機關執行路邊稽查或警察機關執行交通勤務，或因違反道路交通管理處罰條例併同舉發者，由公路監理機關處以罰鍰。為汽車者，處新臺幣三千元以上一萬五千元以下罰鍰；為機車者，處新臺幣一千五百元以上三千元以下罰鍰；為微型電動二輪車者，處新臺幣七百五十元以上一千五百元以下罰鍰。

二　未投保汽車肇事，由公路監理機關處新臺幣九千元以上三萬二千元以下罰鍰。

依前項規定所處罰鍰，得分期繳納；其申請條件、分期期數、不依期限繳納之處理等事項之辦法，由中央交通主管機關會同主管機關定之。

第五十條（舉發與裁決）

公路監理機關執行路邊稽查或警察機關執行交通勤務時，應查驗保險證。對於未依規定投保本保險者，應予舉發。

公路監理機關或警察機關舉發違反道路交通管理處罰條例之行為人時，對於未依規定投保本保險者，併同舉發。

投保義務人接獲違反本保險事件通知單後，應於十五日內到達指定處所聽候裁決；屆期未到案者，公路監理機關得逕行裁決之。但投保義務人認為舉發之事實與違規情形相符者，得不經裁決，逕依公路監理機關所處罰鍰，自動向指定之處所繳納結案。

第五十一條（罰鍰未繳之效果及強制執行）

依本法所處之罰鍰未繳納前，公路監理機關不予受理應訂立本保險契約之汽車辦理換發牌照、異動登記或檢驗。

前項罰鍰經限期繳納，屆期未繳納者，依法移送強制執行。

第五十一條之一（保險期間屆滿未再行訂立者得註銷其牌照）

投保義務人於本保險期間屆滿逾六個月，仍未依本法規定再行訂立本保險契約者，主管機關得移請公路監理機關註銷其牌照。

第六章　附　則

第五十二條（施行細則之擬定）

本法施行細則由主管機關會同中央交通主管機關定之。

第五十三條（施行日期）

本法除中華民國一百十一年五月三十日修正之條文施行日期由行政院定之外，自公布日施行。

商業事件審理法

民國一百零九年一月十五日總統令制定公布全文

第一章　總　則

第一條（立法目的）

為迅速、妥適、專業處理重大商業紛爭，健全公司治理，提升經商環境，以促進經濟發展，特制定本法。

第二條（適用本法之事件）

本法所稱商業法院，指智慧財產及商業法院；所稱商業事件，分為商業訴訟事件及商業非訟事件，由商業法院之商業法庭處理之。

商業訴訟事件指下列各款事件：

一　公司負責人因執行業務，與公司所生民事上權利義務之爭議，其訴訟標的之金額或價額在新臺幣一億元以上者。

二　因下列事件所生民事上權利義務之爭議，且訴訟標的之金額或價額在新臺幣一億元以上者：

㈠證券交易法之有價證券詐欺、財務報告或財務業務文件不實、未交付公開說明書、公開說明書不實、違法公開收購、操縱市場、短線交易、內線交易、不合營業常規交易、違法貸款或提供擔保。

㈡期貨交易法之操縱市場、內線交易、期貨交易詐欺、公開說明書不實、未交付公開說明書。

㈢證券投資信託及顧問法之虛偽、詐欺、其他足致他人誤信之行為、公開說明書不實、未交付公開說明書。

㈣不動產證券化條例之公開說明書或投資說明書不實、未依規定提供公開說明書或投資說明書。

㈤金融資產證券化條例之公開說明書或投資說明書不實、未依規定提供公開說明書或投資說明書。

三　公開發行股票之公司股東基於股東身分行使股東權利，對公司、公司負責人所生民事上權利義務之爭議事件，及證券投資人及期貨交易人保護機構依證券投資人及期貨交易人保護法規定訴請法院裁判解任公司之董事或監察人事件。

四　公開發行股票之公司股東會或董事會決議效力之爭議事件。

五　與公開發行股票公司具有控制或從屬關係，且公司資本額在新臺幣五億元以上之非公開發行股票公司股東會或董事會決議效力之爭議事件。

六　因公司法、證券交易法、期貨交易法、銀行法、企業併購法、金融機構合併法、金融控股公司法、不動產證券化條例、金融資產證券化條例、信託法、票券金融管理法、證券投資信託及顧問法所生民事法律關係之爭議，其訴訟標的之金額或價額在新臺幣一億元以上者，經雙方當事人以書面合意由商業法院管轄之民事事件。

七　其他依法律規定或經司法院指定由商業法院管轄之商業訴訟事件。

商業非訟事件指下列各款事件：

一　公開發行股票之公司裁定收買股份價格事件。

二　公開發行股票之公司依公司法規定聲請選

三　其他依法律規定或經司法院指定由商業法院管轄之商業非訟事件。

與第二項事件相牽連之民事訴訟事件，得與其合併起訴，或於其訴訟繫屬中為追加或提起反訴。但專屬於其他法院管轄者，不得為之。

第二項所定數額，司法院得因情勢需要，以命令調整之。

第三條（專屬管轄）

商業事件，專屬商業法院管轄，且不因請求之減縮或其他變更而受影響。

於刑事訴訟程序附帶提起民事訴訟，屬前條第二項之商業訴訟事件者，刑事法院除自為裁判外，應裁定移送商業法院，不適用刑事訴訟法第五百零三條第一項但書及第五百零四條第一項前段關於管轄之規定。

第四條（裁定移送㈠）

商業法院認事件不合第二條所定商業事件者，應依職權或依聲請裁定移送於其管轄地方法院；受移送之法院受其羈束。

前項裁定前，應使當事人或關係人有陳述意見之機會。但法院認為不適當者，不在此限。

前項裁定之理由得僅記載其要領。

對於第一項裁定不得聲明不服。

第一項事件受移送之法院為裁判後，上級法院不得以其違背專屬管轄為由廢棄原裁判。

第五條（裁定移送㈡）

普通法院認其所受理事件之全部或一部屬本法之商業事件而無管轄權者，應依職權或依聲請裁定移送商業法院。因訴之變更追加或提起反訴，致其訴之全部或一部屬第二條第二項商業訴訟事件者，他造得聲請裁定移送商業法院。

移送之聲請被駁回者，不得聲明不服。

普通法院為第一項裁定前，應使當事人或關係人有陳述意見之機會。但法院認為不適當者，不在此限。

移送之裁定確定時，商業法院受其羈束，不得以該事件更移送於他法院。

普通法院已就商業事件為本案終局裁判後，上級法院不得以其違背專屬管轄為由廢棄原裁判。

第六條（律師強制代理）

當事人或關係人應委任律師為程序代理人。但當事人、關係人或其法定代理人具有律師資格者，不在此限。

當事人或關係人之配偶、三親等內之血親、二親等內之姻親或當事人、關係人為法人、中央或地方機關時，其所屬專任人員具有律師資格並經商業法院認為適當者，亦得為前項之程序代理人。

當事人或關係人無資力委任程序代理人者，得依訴訟救助之規定，聲請法院為之選任律師為其程序代理人。

第七條（程序行為）

商業事件，除別有規定外，應由程序代理人為程序行為。

當事人或關係人未依前條規定委任程序代理人，或雖依前條第二項規定委任，法院認為不適當者，應先定期命補正。

聲請人、原告、上訴人或抗告人逾期未補正亦未依前條第三項為聲請選任律師為其程序代理人者，法院應以裁定駁回其聲請、起訴、上訴或抗告。以起訴視為調解之聲請者，法院應以裁定駁回其起訴。

當事人或關係人依第二項規定補正者，其程序行為經程序代理人追認，溯及於行為時發生效力；但逾期

第八條（當事人或關係人到場及得自為程序行為之情形）

程序代理人得偕同當事人或關係人於期日到場，經審判長或調解法官許可後，當事人或關係人得以言詞為陳述。

前項情形，當事人或關係人得自為下列程序行為：

一　自認。

二　成立和解或調解。

三　撤回起訴或聲請。

四　撤回上訴或抗告。

第九條（程序代理人規定之準用）

前三條規定，於參加人或參與人準用之。

參加人或參與人律師之酬金不計入訴訟或程序費用。

第十條（選任律師為程序代理人辦法之擬訂）

第六條第三項選任律師為程序代理人辦法，由司法院定之。

前項辦法之擬訂，應參酌法務部及中華民國律師公會全國聯合會等之意見。

第十一條（程序代理人所為程序行為之效力）

程序代理人所為或對其所為之程序行為，直接對當事人或關係人本人發生效力。但程序代理人所為自認或事實上之陳述，經到場之當事人或關係人本人即時撤銷或更正者，不在此限。

程序代理人關於程序行為有故意或過失時，當事人或關係人本人應與自己之故意或過失負同一責任。

第十二條（視同不到場）

當事人或關係人、參加人或參與人應委任程序代理人而未委任，或委任之程序代理人未到場者，視同不到場。

第十三條（律師酬金支給標準之擬訂）

律師酬金為訴訟或程序費用之一部，應限定其最高額；其支給標準由司法院定之。

前項支給標準之擬訂應參酌法務部及中華民國律師公會全國聯合會等意見定之。

第十四條（電子書狀傳送系統）

當事人、關係人、參加人、參與人或程序代理人向法院提出書狀，應使用電子書狀傳送系統傳送。

書狀、文書或其附屬文件不能以前項方式提出者，應以文書或呈現其內容之書面提出於法院，並依民事訴訟法之規定將繕本或影本送達於他造。

未依前二項規定提出者，除別有規定外，不生提出之效力。

訴訟文書除有應為公示送達、囑託送達等不能以科技設備傳送之情形外，應使用電子書狀傳送系統傳送之。

前項及第一項書狀之格式、記載方法、傳送及其他應遵循事項之辦法，由司法院定之。

第十五條（聲請、起訴、上訴或抗告）

當事人、關係人、參加人、參與人或程序代理人使用電子書狀傳送系統聲請、起訴、上訴或抗告，經審查符合法定程式後，法院應將聲請、起訴、上訴或抗告狀繕本連同系統作業說明書通知他造。

他造於收受前項通知後，應使用電子書狀傳送系統傳送收受書狀。

當事人、關係人、參加人、參與人或程序代理人未依第一項規定聲請、起訴、上訴或抗告者，法院應定期間先命補正，逾期未補正者，法院應以裁定駁回之。

第十六條（傳送之文書不符格式之處理）

傳送之文書不合第十四條第五項辦法所規定之格式、首頁記載與傳送對象不符或應添具書證而未添具者，除已依規定補正外，不生提出之效力。

前項情形，傳送對象應即通知傳送方於一定期限內補正。但不能通知者，不在此限。

第十七條（商業調查官之職務及報告）

商業法院之法官於必要時，得命商業調查官執行下列職務：

一　就書狀及資料，分析及整理事證爭點及法律疑義，提供說明之專業領域參考資料或製作報告書。

二　為使法律及事實關係明確，就事實上及法律上之事項，向當事人或關係人、程序代理人、證人、專家證人或鑑定人為必要之發問。

三　於勘驗、鑑定、證據保全或保全程序，提供法官協助。

四　其他法官交辦事項。

商業調查官製作之報告書，不予公開。但法院因商業調查官提供而獲知之特殊專業知識，應予當事人或關係人有辯論或陳述意見之機會，始得採為裁判之基礎。

民事訴訟法有關法官迴避之規定，於商業調查官準用之。

第十八條（遠距審理）

當事人、關係人、法定代理人、程序代理人、輔佐人、專家證人或其他程序關係人所在與法院間有聲音及影像相互傳送之科技設備而得直接審理者，法院認為適當時，得依聲請或依職權以該設備審理之。

前項情形，法院應徵詢當事人或關係人之意見。

第一項情形，其期日通知書記載之應到處所為該設備所在處所。

依第一項進行程序之筆錄及其他文書，須陳述人簽名者，由法院傳送至陳述人所在處所，經陳述人確認內容並簽名後，將筆錄及其他文書以電信傳真或其他科技設備傳回法院。

第一項審理及前項文書傳送之辦法，由司法院定之。

第十九條（適用法規）

商業法院處理商業事件，依本法之規定；本法未規定者，商業訴訟事件適用民事訴訟法之規定，商業非訟事件適用非訟事件法之規定。

第二章　商業調解程序

第二十條（調解前置主義）

商業訴訟事件於起訴前，應經商業法院行調解程序。但提起反訴或送達於他造之通知書應為公示送達者，不在此限。

前項事件，當事人逕向商業法院起訴或經裁定移送商業法院者，視為調解之聲請。

第二十一條（調解之聲請）

調解聲請應記載下列各款事項：

一　聲請人之姓名及住所或居所；聲請人為法人、機關或其他團體者，其名稱及公務所、事務所或營業所。

二　相對人之姓名、住所或居所；相對人為法人、機關或其他團體者，其名稱及公務所、事務所或營業所。

三　有法定代理人者，其姓名、住所或居所，及法定代理人與當事人之關係。

四　符合第六條規定之證明文件；有程序代理人者，其姓名、事務所及住所或居所。

五　聲請之意旨、調解標的之法律關係及其原因事實。

六　供證明或釋明用之證據。

七　預期可能之爭點及其相關之重要事實、證據。

八　附屬文件及其件數。

九　當事人曾就本案相關爭議所進行之協商，或至其他機關調處、調解不成立之經過概要。

十、法院
十一、年月日。

前項聲請書宜記載下列各款事項：

一　聲請人、相對人、其他利害關係人、法定代理人及程序代理人之性別、出生年月日、職業、國民身分證號碼、營利事業統一編號、電話號碼及其他足資辨別之特徵。
二　因定商業法院管轄之事項。
三　有利害關係人者，其姓名及住所或居所。
四　有無其他相關連之事件繫屬於法院。
五　預擬之紛爭解決方案。

前項第五款之方案得僅陳報予法院及商業調解委員。

第二十二條　（答辯書記載事項）

相對人於收受調解聲請書後，應於十日內提出答辯書；如已指定調解期日者，至遲應於該期日七日前為之。

前項答辯書應記載下列各款事項：

一　答辯之事實及理由。
二　供證明或釋明用之證據。
三　對聲請人主張之法律關係及原因事實承認與否之陳述；如有爭執者，其理由。
四　符合第六條規定之證明文件；有程序代理人者，其姓名、事務所及住所或居所。

第一項答辯書宜記載下列各款事項：

一　有利害關係人者，其姓名及住所或居所。
二　預擬之紛爭解決方案。

前項第二款之方案得僅陳報予法院及商業調解委員。

第二十三條　（調解委員）

商業法院得經政府機關、學術機構、職業團體、商業團體、工業團體或其他機關團體推薦遴聘對商業事件具有專門學識經驗之人為商業調解委員。

商業調解委員之資格、遴聘、考核、訓練、解任及報酬等事項之辦法，由司法院定之。

民事訴訟法有關法官迴避之規定，於商業調解委員準用之。

第二十四條　（調解法官及調解委員之選任）

商業調解程序，由商業法院之法官行之。但依民事訴訟法第四百二十條之一第一項移付調解事件，得由受命法官行之。

法官得斟酌商業調解委員之學識、經驗、個別商業事件性質或其他情事，選任商業調解委員一人至三人先行調解。

前項情形，當事人合意選任商業調解委員者，應從其合意選任之。

商業調解委員應基於中立、公正之立場處理商業調解事件。

第二十五條　（程序不公開）

商業調解程序不公開。

第二十六條　（到場義務）

當事人、法定代理人及程序代理人應於調解期日到場。但經法官或商業調解委員同意，當事人、法定代理人亦得以書面指派有權決定調解方案之人代為到場。

第二十七條　（違反到場義務之處罰）

當事人、法定代理人或程序代理人經合法通知，無正當理由不於調解期日到場者，法院得以裁定處新臺幣三十萬元以下之罰鍰。

前項裁定得為抗告；抗告中應停止執行。

第二十八條　（程序進行期間之限制）

商業調解程序應於商業調解委員選任後六十日內終結。但經當事人同意者，不在此限。

法官參酌事件之性質、當事人狀況或其他情事，認為調解不利於紛爭之迅速妥適解決者，視為調解不成立，並告知或通知當事人。

第二十九條　（程序中不利於己之陳述不得採為裁判基礎）

商業調解程序中，商業調解委員或法官所為之勸導及當事人所為不利於己之陳述或讓步，於調解不成立後之本案訴訟，不得採為裁判之基礎。

前項陳述或讓步，係就訴訟標的、事實、證據或其他得處分之事項成立書面協議者，當事人應受其拘束。但經兩造同意變更，或因不可歸責於當事人之事由致協議顯失公平者，不在此限。

第三十條　（保密義務）

商業調解委員因參與調解程序，知悉他人職務上、業務上之秘密或其他涉及個人隱私之事項，應保守秘密。

第三十一條　（聲請費之徵收）

因財產權商業訴訟事件而聲請調解者，其調解聲請費之徵收，準用民事訴訟法第七十七條之十三之規定。應徵收之聲請費逾新臺幣二十五萬元者，超過部分免予徵收。非因財產權事件而聲請調解者，徵收聲請費新臺幣三千元。

第三十二條　（聲請費之退還）

調解成立者，聲請人得於調解成立之日起三個月內，聲請退還所繳聲請費四分之三。

於訴訟程序經移付調解而調解成立，當事人得自調解成立之日起三個月內聲請退還扣除應繳裁判費四分之一後之餘額。

第三章　商業訴訟及保全程序

第三十三條　（起訴狀應表明事項）

起訴，應以訴狀表明下列各款事項提出於法院為之：

一　當事人及法定代理人。
二　訴訟標的及其原因事實。
三　應受判決事項之聲明。
四　請求所依據之事實理由及證據。
五　程序代理人或符合第六條規定之證明文件。

前項訴狀宜記載事項準用第二十一條第二項及第三項之規定。

第三十四條（答辯狀之提出及記載事項）

被告於收受訴狀後，應於十日內提出答辯狀於法院；如已指定言詞辯論或準備期日者，至遲應於該期日七日前為之。

前項答辯狀應記載與宜記載事項，準用第二十二條第二項至第四項之規定。

第三十五條（商業訴訟事件不適用簡易訴訟程序及小額訴訟程序）

民事訴訟法第二編第三章、第四章規定，於商業訴訟事件不適用之。

第三十六條（第一審之審理及準備程序）

商業訴訟事件之第一審由法官三人合議審判。法院於必要時以庭員一人為受命法官，使行準備程序。

第七條第二項、第八條、第十五條第一項、第三項前段、第十八條、第三十九條、第四十條、第四十三條、第四十四條、第四十七條第一項、第四十九條至第五十三條、第五十五條第三項、第六十條、第六十一條第一項、第六十四條第三項關於法院或審判長權限之規定，於受命法官行準備程序時準用之。

第三十七條（訴之變更追加或提起反訴）

依民事訴訟法第二百五十五條、第二百五十九條規定為訴之變更或追加及提起反訴，應於準備程序終結前為之；未行準備程序者，應於第一次言詞辯論期日前為之。

第三十八條（計畫審理及商業調解委員諮詢）

法院及當事人為實現公正、迅速及經濟之審理，應有計畫進行訴訟程序。

法院為言詞辯論期日之準備，得聘請商業調解委員參與諮詢。

第三十九條（商定審理計畫）

法院應與兩造商定審理計畫。

審理計畫應訂定下列事項：

一　整理事實上及證據上爭點之期間。
二　訊問證人、專家證人、鑑定人及當事人本人之期間。
三　言詞辯論終結及宣示判決之預定時期。

審理計畫得訂定就特定事項提出攻擊或防禦方法之期間及其他有計畫進行訴訟程序必要之事項。

法院依審理之現狀、當事人進行訴訟之狀況及其他情事，認有必要時，得與兩造商定變更審理計畫。

於期日商定審理計畫或變更審理計畫者，應記明筆錄。

第四十條（審判長訂定提出攻擊或防禦方法之期間）

當事人以書狀向法院陳明經兩造同意之審理計畫或變更審理計畫之內容，法院以之定審理計畫或變更審理計畫者，應告知當事人。

法院依審理計畫進行訴訟程序，於必要時，審判長得聽取當事人之意見後，就特定事項訂定提出攻擊或防禦方法之期間。

第四十一條（逾期提出攻擊或防禦方法）

當事人逾第三十九條第三項或前條期間始行提出攻擊或防禦方法，致依審理計畫進行訴訟程序有重大妨礙者，法院得駁回之。但當事人釋明有正當理由不能於該期間提出者，不在此限。

第四十二條（書面協議）

當事人就訴訟標的、事實、證據或其他得處分之事項成立書面協議者，當事人應受其拘束。但經兩造同意變更或因不可歸責於當事人之事由致協議顯失公平者，不在此限。

第四十三條（當事人查詢制度——查詢之事項）

當事人為準備其主張或舉證，得於法院指定期間或準備程序終結前，列舉有關事實或證據之必要事項，向他造查詢，請求具體說明。

前項查詢有下列各款情形之一者，他造得拒絕之：

一　抽象或非個案之查詢。
二　侮辱或騷擾他造。
三　重複查詢相同問題。
四　徵詢意見。
五　說明所需時間、費用與當事人之請求顯不相當。
六　依法得拒絕證言之事項。

第四十四條（當事人查詢制度——查詢之提出）

當事人依前條規定提出查詢，應以書狀為之。

他造應於收受前項書狀後二十日內以書狀就查詢為必要說明，或釋明有前條第二項之拒絕事由。

當事人認他造之拒絕為無理由者，應於收受第二項之拒絕書狀後十日內聲請法院裁定之。

法院認他造之拒絕無理由者，應定期命他造就查詢事項為說明。

第二項及前項之期間，法院得依聲請或依職權延長之。

第四十五條（當事人查詢制度——違反查詢協力義務之效果）

被查詢當事人無正當理由拒絕就事實或證據之查詢事項為說明，法院得審酌情形認請求查詢當事人關於該事實之主張或依該證據應證之事實為真實。

前項情形，於裁判前應令當事人有辯論之機會。

第四十六條（辯論機會及法院闡明義務）

法院已知之特殊專業知識，應予當事人有辯論之機會，始得採為裁判之基礎。

審判長或受命法官就事件之法律及事實關係，應向當事人曉諭事實上、法律上及證據上爭點，並得適時表明其法律上見解及適度公開心證。

第四十七條（聲明專家證人提供專業意見）

當事人經法院許可，得聲明專家證人提供專業意見。

前項聲明應於準備程序終結前為之。但經法院同意者，不在此限。

第一項所稱之專家證人，為依其知識、技能、經驗、訓練或教育，在財經會計、公司治理、科學、技術或其他專業知識領域，有助於法院理解或認定事實、證據及經驗法則之人。

第四十八條（聲明專家證人之程式）

當事人聲明專家證人，應表明專家證人之姓名、學經歷、專業領域、應證事實及訊問之事項。

第四十九條（專家證人出具專業意見）

專家證人應以書面出具專業意見，並附具結之結文，交由當事人提出於法院。但經法院許可者，得以言詞提出，並準用民事訴訟法第三百十二條第二項之規定。

專家證人出具前項意見時，應揭露以下資訊：

一　學經歷、專業領域及曾參與案例。

二　專業意見或相關資料之準備或提出，是否與當事人、關係人或其程序代理人有分工或合作關係。

三　專業意見或相關資料之準備或提出，是否受當事人、關係人或其程序代理人之金錢報酬或資助及其金額或價值。

四　其他提供金錢報酬或資助者之身分及其金額或價值。

第五十條（對專家證人之詢問）

當事人收受前條書面專業意見後，得於法院指定期間以書狀對他造之專家證人提出詢問。

專家證人應以書面回答前項詢問。專家證人所為之回答，視為其專業意見之一部。

法院得依職權或依當事人之聲請，通知專家證人到場陳述意見。

專家證人無正當理由不到場或拒絕回答詢問時，法院得審酌情形，不採納該專業意見為證據。

第五十一條（共同專業意見）

法院認為必要時，得限期命兩造聲明之專家證人，就爭點或其他必要事項進行討論，以書面共同出具專業意見。

前項專業意見，應分別敘明達成共識之部分與無法達成共識之部分，並應敘明意見分歧之理由摘要。

第一項之專業意見，於裁判前應令當事人有辯論之機會。

第五十二條（專家證人之發問及酬金支付）

專家證人經審判長之許可，得於訊問期日對其他專家證人或鑑定人發問。

專家證人之酬金及其他費用，由聲明之當事人支付。

民事訴訟法第三百十六條至第三百二十二條及第三百三十四條規定，於專家證人準用之。

第五十三條（涉及營業秘密之證據開示義務）

當事人聲請法院命他造或第三人提出文書、勘驗物或鑑定所需資料，持有人如為營業秘密抗辯而拒絕提出者，應釋明其秘密之種類、性質、範圍及因開示所生不利益之具體內容、程度。

法院為判斷前項抗辯有無理由，應使當事人有陳述意見之機會，於必要時仍得命持有人提出證據，並以不公開方式行之。

前項情形，法院不得開示該證據。但為聽取意見而有開示之必要時，得向程序代理人開示。非向本人開示即難達其目的者，並得向本人開示。

法院於前項開示前，應通知證據持有人。持有人於受通知之日起十四日內，得聲請對受開示者發秘密保持命令。法院於聲請裁定確定前，不得開示。

關於第一項聲請之裁定，得為抗告。抗告法院應迅為裁定。

第五十四條（違反證據開示義務之處罰）

前條第一項證據持有人無正當理由不從提出之命者，法院得以裁定處新臺幣十萬元以下罰鍰；於必要時並得以裁定命為強制處分。

前項強制處分之執行，準用強制執行法關於物之交付請求權執行之規定。

第一項裁定得為抗告；處罰鍰之裁定，抗告中應停止執行。

當事人無正當理由不從提出之命者，法院得認依該證據應證之事實為真實。

第五十五條（秘密保持命令）

當事人或第三人就其持有之營業秘密，經釋明符合下列情形者，法院得依其聲請，對他造當事人、程序代理人、輔佐人或其他訴訟關係人發秘密保持命令：

一　當事人書狀之內容，記載當事人或第三人之營業秘密，或已調查或應調查之證據，涉及當事人或第三人之營業秘密。

二　為避免因前款之營業秘密經開示，或供該訴訟進行以外之目的使用，有妨害該當事人或第三人基於該營業秘密之事業活動之虞，致有限制其開示或使用之必要。

前項規定，於他造當事人、程序代理人、輔佐人或其他訴訟關係人，在聲請前已依前項第一款規定之書狀閱覽或證據調查以外方法，取得或持有該營業秘密時，不適用之。

法院認為必要時，得依受秘密保持命令之人之請求，並於徵詢聲請人之意見後，對第一項以外之人發秘密保持命令。

受秘密保持命令之人，就該營業秘密，不得為實施該訴訟以外之目的而使用之，或對未受秘密保持命令之人開示。

第五十六條（秘密保持命令之聲請程式）

秘密保持命令之聲請，應以書狀記載下列各款事項：

一　應受秘密保持命令之人。

二　應受命令保護之營業秘密。

三　符合前條第一項各款所列事由之事實。

前項第二款營業秘密之記載，得以間接引用方式揭露。

第五十七條（秘密保持命令之裁定）

關於秘密保持命令聲請之裁定，應送達聲請人及相對人。

秘密保持命令之裁定，應載明受保護之營業秘密、保護之理由及其禁止之內容。

前項裁定自送達受秘密保持命令之人，發生效力，並不得抗告。

駁回秘密保持命令聲請之裁定，得為抗告。

第五十八條（聲請撤銷秘密保持命令）

受秘密保持命令之人，得以其命令之聲請欠缺第五十五條第一項之要件，或有同條第二項之情形，或其原因嗣已消滅，向商業法院聲請撤銷秘密保持命令。

秘密保持命令之聲請人得聲請撤銷該命令。

關於撤銷秘密保持命令聲請之裁定，應送達於聲請人及相對人。

前項裁定得為抗告。

秘密保持命令經裁定撤銷確定時起，失其效力。

前項情形，商業法院應通知聲請人及相對人以外受秘密保持命令之人。

第五十九條（未受秘密保持命令之人聲請閱覽訴訟卷宗之處理）

發秘密保持命令後，有未經限制或不許閱覽且未受秘密保持命令之人聲請閱覽、抄錄、攝影卷內文書者，法院應即通知聲請命令之人。但該命令業經撤銷確定者，不在此限。

前項情形，法院自聲請命令之人受通知之日起十四日內，不得將卷內文書交付閱覽、抄錄、攝影。聲請命令之人於受通知之日起十四日內，聲請對請求閱覽之人發秘密保持命令，或聲請限制或不許其閱覽時，法院於其聲請之裁定確定前，不得為交付。

前項規定，於聲請命令之人同意第一項之聲請時，不適用之。

第六十條（證據保全）

商業事件保全證據之聲請，應向商業法院為之；遇有急迫情形時，亦得向受訊問人住居地或證物所在地之地方法院為之。

向商業法院聲請保全證據，應表明定商業法院管轄之事項，並釋明之。

法院實施證據保全時，得命商業調查官到場執行職務。

相對人無正當理由拒絕證據保全之實施時，法院得以強制力排除之，但不得逾必要之程度。必要時並得請警察機關協助。

法院於證據保全有妨害相對人或第三人之營業秘密之虞時，得依聲請人、相對人或第三人之請求，限制或禁止實施保全時在場之人，並就保全所得之證據資料命另為保管及限制或不許其閱覽。

第五十五條至前條規定，於前項情形準用之。

法院認為必要時，得囑託受訊問人住居地或證物所在地地方法院實施保全。受託法院實施保全時，適用第三項至前項之規定。

第六十一條（仲裁協議）

法院得適時探詢當事人和解、移付調解或提付仲裁解決紛爭之可能，促使當事人依訴訟外之方式解決紛爭。

當事人於訴訟進行中以書面訂立仲裁協議或協議經記明筆錄者，法院應依聲請或依職權裁定停止訴訟程序，並命原告於一定期間內提付仲裁。但已言詞辯論終結者，不在此限。

原告逾前項期間未提付仲裁者，法院應以裁定駁回其訴。

第二項之訴訟，經法院裁定停止訴訟程序後，如仲裁成立，視為於仲裁庭作成判斷時訴訟終結；如不能作成判斷，法院得依聲請或依職權撤銷停止訴訟之裁定。

訴訟上和解成立或依前項視為訴訟終結者，當事人得自和解成立之日或受送達仲裁判斷書正本之日起三個月內聲請退還扣除應繳裁判費四分之一後之餘額。

仲裁庭作成之仲裁判斷經法院判決撤銷確定者，當事人得請求繼續審判，並繳納前項所退還之裁判費。

民事訴訟法第五百條第一項、第二項本文、第五百零一條、第五百零二條、第五百零六條規定，於前項情形準用之。

第六十二條（商業事件支付命令之聲請及處理）

商業事件支付命令之聲請與處理，依民事訴訟法第六編之規定。

債務人對支付命令合法提出異議者，發支付命令之法院應將卷證移送或裁定移送商業法院處理。

第六十三條（商業事件保全處分之專屬管轄）

商業事件假扣押、假處分或定暫時狀態處分之聲請，專屬商業法院管轄。

第六十四條（商業事件定暫時狀態處分之事由釋明）

聲請定暫時狀態處分時，聲請人就有爭執之法律關係及防止發生重大之損害或避免急迫之危險或有其他相類之情形而有必要之事實，應釋明之；其釋明有不足者，法院應駁回聲請。

聲請人雖已釋明，法院仍得命其供擔保後為定暫時狀態處分。

法院為定暫時狀態處分前，應使當事人有陳述意見之機會。但聲請人主張有不能於處分前通知相對人陳述之特殊情事，並提出確實之證據，經法院認為適當者，不在此限。

聲請人自定暫時狀態處分送達之日起三十日內未起訴者，法院得依聲請或依職權撤銷之。

前項撤銷裁定應公告之，於公告時生效。

第六十五條　（定暫時狀態處分之裁定）

定暫時狀態處分裁定因自始不當、前條第四項情形，聲請人聲請或其受本案敗訴判決確定而撤銷者，聲請人應賠償相對人因處分所受之損害。

前項情形，如聲請人證明其無過失時，法院得視情形減輕或免除其賠償責任。

第一項情形，相對人已證明受有損害而不能證明其數額或證明顯有重大困難者，推定其損害數額為聲請人供擔保金額之半數。但法院未命供擔保者，以爭執法律關係之訴訟標的金額或價額半數推定之。

第四章　商業非訟程序

第六十六條　（商業非訟事件之聲請及準用商業訴訟程序之規定）

商業非訟事件之聲請，以合議裁定之。

第二章第四十七條第一項、第三項、第四十八條至第五十二條規定，於商業非訟事件準用之。

因商業非訟事件而聲請調解者，其調解聲請費之徵收準用非訟事件法第十三條及第十四條規定。

第六十七條　（核定股價之裁定）

公司法及企業併購法所定股東或公司聲請法院為收買股份價格之裁定事件，法院為裁定前，應使聲請人與相對人有陳述意見之機會；必要時得選任檢查人就公司財務實況，命為鑑定。股東有二人以上時，準用民事訴訟法第四十一條至第四十四條、第四十四條之二及第四百零一條第二項規定。

關於前項聲請之裁定，得為抗告；抗告中應停止執行。」

聲請程序費用及檢查人之報酬，由公司負擔。

第六十八條　（臨時管理人之選任）

第二條第三項第二款所定選任臨時管理人事件，法院為裁定前，應徵詢被選任人意見。

法院得按臨時管理人執行事務性質、繁簡、公司財務狀況及其他情形，命公司酌給臨時管理人相當報酬；其數額由法院徵詢主管機關、檢察官或利害關係人意見後定之。

第六十九條　（臨時管理人之解任聲請程序）

臨時管理人解任之聲請，應以書面為之。

法院為裁定前，應訊問臨時管理人及聲請選任臨時管理人之人，必要時得訊問其他利害關係人之意見。」

關於第一項聲請之裁定，應附理由。

法院解任臨時管理人時，應囑託主管機關註銷登記。

第七十條　（檢查人之選派及解任程序）

第六十八條第一項及前條第一項至第三項規定，於選派檢查人及其解任事件準用之。

第五章　上訴、抗告及再審程序

第七十一條　（商業事件之上訴、抗告法院）

商業事件之裁判，除別有規定外，得上訴或抗告於最高法院。

第七十二條　（廢棄事由之限制）

最高法院不得以商業法院無管轄權而廢棄原裁判。

第七十三條　（上訴程序規定之準用）

商業事件之上訴程序，適用民事訴訟法第三編第二章之規定。

第七十四條　（抗告程序規定之準用）

商業事件之抗告程序，除適用民事訴訟法第四百八十二條、第四百八十三條、第四百八十七條、第四百八十八條第一項、第三項、第四百九十條、第四百九十一條、第四百九十五條，並準用同法第四百八十四條、第四百八十五條及第三編第二章之規定。

第七十五條　（鑑定人規定之準用）

民事訴訟法第四百九十六條第一項第十款及第二項規定，於專家證人準用之。

第六章　罰則

第七十六條　（罰則㈠）

違反本法秘密保持命令者，處三年以下有期徒刑、拘役或科或併科新臺幣十萬元以下罰金。

前項之罪，須告訴乃論。

第七十七條　（罰則㈡）

法人之負責人、法人或自然人之代理人、受僱人或其他從業人員，因執行業務犯前條第一項之罪者，除處罰行為人外，對該法人或自然人亦科以前條第一項之罰金。但法人之負責人或自然人對於犯罪之發生，已盡力為防止行為者，不在此限。

對前項行為人告訴或撤回告訴者，其效力及於法人或自然人；對前項法人或自然人告訴或撤回告訴者，其效力及於行為人。

第七十八條　（罰則㈢）

專家證人於商業法院審判時，就案情有重要關係之事項具結而為虛偽陳述者，處七年以下有期徒刑。

犯前項之罪，於所虛偽陳述之案件裁判確定前自白者，減輕或免除其刑。

第七章　附　則

第七十九條（施行前已繫屬商業事件之適用規定）

本法施行前已繫屬之商業事件，依本法施行前所定程序審判。

第八十條（施行細則及審理細則之擬訂）

本法施行細則及審理細則，由司法院定之。

第八十一條（施行日期）

本法施行日期，由司法院定之。

參、民事訴訟法及關係法規

七五九、一〇〇八，公司一、六，非訟八二～一〇七，海商九、三六，船登三、四，動擔五，水利二七，礦業一七，漁業二二，民航八，三七五減租六。

第十八條　（因自然人死亡之特別審判籍）

因自然人死亡而生效力之行為涉訟者，得由該自然人死亡時之住所地法院管轄。

前項法院不能行使職權，或訴之原因事實發生於該自然人居所地，或其為中華民國人，於死亡時，在中華民國無住所或住所不明者，定前項管轄法院時，準用第一條之規定。

(102)家事事件法第三條第三項第六款將因繼承回復、遺產分割、特留分、遺贈、確認遺囑真偽或繼承人間因繼承所生事件列為家事事件，並於第七十條明定其管轄法院，依該法第一百九十六條規定應優先適用，原條文關於上開事件管轄法院之規定應予刪除。至於該法規定以外其他因死亡而生效力之行為，例如死因贈與、死因契約等類情形，仍有本條之適用，爰配合修正第一項。又因繼承所生家事訴訟事件應適用家事事件法，原條文規定之被繼承人應修正為自然人，爰配合酌作文字修正。

*（遺產之繼承）民一一四七～一一六三；（遺產之分割）民一一六四～一一七三；（特留分）民一二二三～一二二五；（遺贈）民一二〇〇～一二〇八；（死亡）民八、九；（繼承開始）民一一四七；（住所）民二〇～二四；（中華民國人）憲三，國籍一、二；（因遺產上負擔涉訟之特別審判籍）民訴一九。

▲（六三臺上一八六三）參見本法第一條。

第十九條　（關於繼承事件之特別審判籍）

因遺產上之負擔涉訟，如其遺產之全部或一部，在前條所定法院管轄區域內者，得由該法院管轄。

*（遺產上之負擔）民一一四八～一一五〇、一一五三；（因自然人死亡之特別審判籍）民訴一八。

第二十條　（共同訴訟之特別審判籍）

共同訴訟之被告數人，其住所不在一法院管轄區域內者，各該住所地之法院俱有管轄權。但依第四條至前條規定有共同管轄法院者，由該法院管轄。

*（共同訴訟）民訴五三～五七；（住所）民二〇～二四。

第二十一條　（管轄之競合）

被告住所、不動產所在地、侵權行為地或其他據以定管轄法院之地，跨連或散在數法院管轄區域內者，各該法院俱有管轄權。

*（據以定管轄法院之地）民訴一～二〇。

第二十二條　（管轄競合之效果——選擇管轄）

同一訴訟，數法院有管轄權者，原告得任向其中一法院起訴。

*（定管轄權之原因）民訴一～二一；（重複起訴之效果）民訴二四九㊀⑦。

▲被告普通審判籍所在地法院之管轄權，僅為法律規定之專屬管轄所排除，不因定有特別審判籍而受影響，故同一訴訟之普通審判籍與特別審判籍不在一法院管轄區域內者，即為民事訴訟法（舊）第二十一條所謂數法院有管轄權，原告得任向其中一法院起訴，其向被告普通審判籍所在地之法院起訴者，被告不得以另有特別審判籍所在地之法院，而抗辯該法院無管轄權，其特別審判籍已經消滅者更不待論。（二二抗五三一）

第二十三條　（指定管轄——原因及程序）

有下列各款情形之一者，直接上級法院應依當事人之聲請或受訴法院之請求，指定管轄：

一　有管轄權之法院，因法律或事實不能行使審判權，或因特別情形，由其審判恐影響公安或難期公平者。

二　因管轄區域境界不明，致不能辨別有管轄權之法院者。

直接上級法院不能行使職權者，前項指定由再上級法院為之。

第一項之聲請得向受訴法院或直接上級法院為之，前項聲請得向受訴法院或再上級法院為之。

指定管轄之裁定，不得聲明不服。

(92)「左列」修正為「下列」。又民事訴訟事件，亦有因環境上之特別關係，由原有管轄權之法院審判，有足以危害公安或難期公平之虞者，自宜另行指定其管轄法院，以資因應，爰參酌刑事訴訟法第十條第一項第二款規定，於本條第一項第一款增設後段規定。

*（因法律或事實不能行使審判權）民訴三二、三三；（裁定）民訴二三四～二三九；（其他不得聲明不服之裁定）民訴二八㊁、三六、三九、二三二㊂、三三三、三七一㊂、四〇六㊂、四五八、四九一㊃、五一三㊁、五三七㊂；（不得聲明不服之裁定）民訴四八二但。

▲民事訴訟法第二十三條第一項第一款所稱有管轄權之法院，因事實不能行審判權，係指有管轄權之法院因戰爭或其他事故，不能行審判權者而言。（二九聲一四四）

▲因管轄區域境界不明，致不能辨別有管轄權之法院者，當事人固得依民事訴訟法第二十三條第一項第二款之規定，聲請直接上級法院指定管轄，惟所謂管轄區域境界不明，係指管轄區域相毗連而不明其界線之所在而言，被告行蹤飄忽並非前開條款所謂管轄區域境界不明，聲請人以此聲請指定管轄，自屬不合。（四四臺聲三〇）

第二十四條　（合意管轄及其表意方法）

當事人得以合意定第一審管轄法院。但以關於由一定法律關係而生之訴訟為限。

前項合意，應以文書證之。

*（合意）民一五三；（本條適用之限制）民訴一〇㊀、二六、四九九、五一〇。

▲訴訟經兩造合意定第一審管轄，嗣後不得再行變更。（一九抗一六）

第二十五條　（擬制之合意管轄）

被告不抗辯法院無管轄權，而為本案之言詞辯論者，以其法院為有管轄權之法院。

*（言詞辯論）民訴一九二～二一九；（明示之合意管轄）民訴二四；（本條適用之限制）民訴一〇㊀、二六、四九九、五一〇。

▲訴訟代理人，於其代理權之範圍內所為之行為及行為之遲誤，直接對於本人發生效力。故被告之訴訟代理人，不抗辯法院無管轄權而為本案之言詞辯論者，亦應認為有管轄之合意。（二一上一六七）

第二十六條　（合意管轄之限制）

前二條之規定，於本法定有專屬管轄之訴訟，不適用之。

*（明示之合意管轄）民訴二四；（擬制之合意管轄）民訴二五；（專屬管轄）民訴一〇㊀、四九九、五一〇。

▲夫妻之一方對於他方提起之訴，係請求判決准與他方別居者，既非民事訴訟法第五百三十五條第一項所謂夫妻同居之訴，此外又無定為專屬管轄之明文，自不能認為定有專屬管轄之訴訟。（二三抗三三六六）

第二十七條　（定管轄之時期）

定法院之管轄，以起訴時為準。

*（起訴時）民訴二四四、四二八。

▲定法院之管轄以起訴時為準，依起訴時之情事法院有管轄權者，縱令以後定管轄之情事有變更，該法院亦不失其管轄權。（二二抗三九一）

第二十八條（移送訴訟之原因及程序）

訴訟之全部或一部，法院認為無管轄權者，依原告聲請或依職權以裁定移送於其管轄法院。

第二十四條之合意管轄，如當事人之一造為法人或商人，依其預定用於同類契約之條款而成立，按其情形顯失公平者，他造於為本案之言詞辯論前，得聲請移送於其管轄法院。但兩造均為法人或商人者，不在此限。

移送訴訟之聲請被駁回者，不得聲明不服。

㉒一、依第二十四條規定，當事人得以合意定第一審法院，惟當事人之一造如為法人或商人，以其預定用於同類契約之合意管轄條款與非法人或商人之他造訂立契約者，締約之他造就此條款多無磋商變更之餘地，為防止合意管轄條款之濫用，保障經濟弱勢當事人之權益，爰增訂第二項，規定上述情形如按其情形顯失公平者，他造於為本案之言詞辯論前，得聲請法院將該訴訟移送於其法定之管轄法院，並於但書明定兩造均為法人或商人者不適用聲請移送之規定，以免爭議。又法定管轄法院為多數時，被告並無選擇管轄法院之權，究以移送何一法院為宜，應由法院斟酌個案具體情形定之。

二、原第二項移列第三項。

*（定管轄權之原因）民訴一～二六；（聲請之方式）民訴一一六～一二二；（裁定）民訴二三四～二三九；（不得聲明不服）民訴四八二但；（法院無管轄權且無法移送之處理）民訴二四九㈠②；（上級法院認原審無管轄權之處置）民訴四五二、四六九③。

▲訴訟之全部或一部法院認為無管轄權者，依原告聲請或依職權以裁定移送於其管轄法院，此為民事訴訟法第二十八條第一項所明定。此項規定，並依同法第五百零一條應準用於再審訴訟程序。（四一臺再五）

▲當事人以一訴狀提起再審之訴，以有民事訴訟法第四百九十六條第一項第一、二兩款及同條項第十三款為理由者，前者專屬本院管轄，後者專屬原第二審法院管轄，為兩個再審之訴，其經原第二審法院就後者予以裁判，而將前者依同法第二十八條第一項規定移送本院者，乃應依民事訴訟費用法第十九條預繳裁判費。（六六臺聲七三）

▲某地方法院認其無管轄權，依職權以裁定移送訴訟於他法院管轄，該管高等法院認某地方法院有管轄權，以裁定廢棄某地方法院裁定者，依民事訴訟法第二十八條第二項立法精神，當事人不得聲明不服。（七〇臺抗二九八）

▲在第二審提起主參加訴訟者，必須以本訴訟中兩造為共同被告，為該訴訟之成立要件之一，如不備此要件而具備獨立之訴要件時，第二審法院應以裁定將該訴訟移送於第一審管轄法院。（七三臺上八五六）

第二十九條（移送前有急迫情形時之必要處分）

移送訴訟前如有急迫情形，法院應依當事人聲請或依職權為必要之處分。

*（移送訴訟）民訴二八；（聲請之方式）民訴一一六～一二二；（必要之處分）民訴三六八、三六九、三七二、五二二、五三二。

▲民事訴訟法第二十九條規定「移送訴訟前，如有急迫情形，應依當事人聲請或依職權為必要處分」。此所謂「必要處分」，係指保全證據或假扣押假處分等情形而言。（七〇臺聲二〇一）

第三十條（移送裁定之效力㈠）

移送訴訟之裁定確定時，受移送之法院受其羈束。

前項法院，不得以該訴訟更移送於他法院。但專屬於他法院管轄者，不在此限。

*（訴訟之移送）民訴二八；（專屬管轄）民訴一〇㈠、四九九、五一〇。

第三十一條（移送裁定之效力㈡）

移送訴訟之裁定確定時，視為該訴訟自始即繫屬於受移送之法院。

前項情形，法院書記官應速將裁定正本附入卷宗，送交受移送之法院。

*（訴訟之移送）民訴二八；（裁定正本）民訴二三〇、二三九。

第三十一條之一（刪除）

(110)一、本條刪除。

二、配合法院組織法增訂第七條之二第一項、第二項規定，爰刪除本條規定。

第三十一條之二（刪除）

(110)一、本條刪除。

二、配合法院組織法增訂第七條之二第三項、第七條之三及第七條之七規定，爰刪除本條規定。

第三十一條之三（刪除）

(110)一、本條刪除。

二、配合法院組織法增訂第七條之八規定，爰刪除本條規定。

第二節　法院職員之迴避

第三十二條（法官之自行迴避及其事由）

法官有下列各款情形之一者，應自行迴避，不得執行職務：

一　法官或其配偶、前配偶或未婚配偶，為該訴訟事件當事人者。

二　法官為該訴訟事件當事人八親等內之血親或五親等內之姻親，或曾有此親屬關係者。

三　法官或其配偶、前配偶或未婚配偶，就該訴訟事件與當事人有共同權利人、共同義務人或償還義務人之關係者。

四　法官現為或曾為該訴訟事件當事人之法定代理人或家長、家屬者。

五　法官於該訴訟事件，現為或曾為當事人之訴訟代理人或輔佐人者。

六　法官於該訴訟事件，曾為證人或鑑定人者。

七　法官曾參與該訴訟事件之前審裁判或仲裁者。

㉒一、「推事」修正為「法官」，「左列」修正為「下列」。

二、第七款規定：法官曾參與該訴訟事件「更審前之裁判」，依其文義解釋，凡在更審前曾參與該訴訟事件裁判之法官，不問係在何審級，均包括在內。若該訴訟事件發回多次，而原審法院法官員額較少，勢必發生無法官可執行職務之情形。又依修正後第四百七十八條第四項規定，受發回或發交之法院，應以第三審法院所為廢棄理由之法律上判斷為其判斷基礎，故該訴訟事件於發回或發交後縱仍由參與更審前裁判之法官審理，亦不致有所偏頗，而有迴避之必要，爰修正第七款，將此部分規定刪除。

*（當事人）民訴一一六①、二二六㈠①、二四四㈠①；（視

等）民九六八、九七〇；（血親）民九六七；（姻親）民九六九～九七一；（法定代理人）民一〇八六、一〇九八、一一一三；（家長家屬）民一一二三；（訴訟代理人及輔佐人）民訴六八～七七；（證人）民訴二九八～三二三；（鑑定人）民訴三二四～三四〇；（仲裁）證交一六六～一七〇；（未自行迴避之效果）民訴四三七、四六四、四六九②、四九六㊀④、五〇七；（準用）民訴三九，非訟九。

▲釋二五六。

▲民事訴訟法第三十二條第七款所謂前審裁判，固不以下級審裁判為限，除權判決對於撤銷除權判決之訴，宣告禁治產之裁定對於撤銷禁治產宣告之訴，亦為同款所謂前審裁判。然除有此種特殊情形外，恆指該事件之下級審裁判而言。（三〇抗一〇三）

▲民事訴訟法第三十二條第七款所定，推事曾參與該訴訟事件前審裁判者之迴避，係用以保障當事人審級之利益，如參與一審判決之推事復參與二審判決，或參與二審判決之推事復參與三審判決，則當事人對於審級之利益即有欠缺，但如某判決業經上級法院廢棄，則該判決已失其存在，為該判決之推事更無迴避之可言。（四八臺再五）

▲民事訴訟法第三十二條第七款所謂推事曾參與該訴訟事件之前審裁判者，關於推事曾就該訴訟事件有關之刑事案件參與裁判，不包括在內。（六〇臺上四一八五）

▲民事訴訟法第三十二條第七款規定推事參與該訴訟事件更審前之裁判者，應自行迴避，不得執行職務，僅指下級審法院而言，本件再審原告以本院推事某某曾參與本件第三審上訴事件之裁判，又參與該案更審後之第三審上訴事件之裁判，指為違反上開法條之規定，依同法第四百九十六條第一項第四款，對本院確定判決提起再審之訴，揆上說明，尚難謂合。（六四臺再一二〇）（九二、三、一八決議自九二、九、一起不再援用）

▲民事訴訟法第三十二條第七款所謂更審前之裁判，係指下級審之裁判經上級審廢棄發回更審時，該更審前最後一次之下級審裁判而言。（七四臺抗二〇）（九二、三、一八決議自九二、九、一起不再援用）

第三十三條　（聲請法官迴避及其事由）

遇有下列各款情形，當事人得聲請法官迴避：

一　法官有前條所定之情形而不自行迴避者。

二　法官有前條所定以外之情形，足認其執行職務有偏頗之虞者。

當事人如已就該訴訟有所聲明或為陳述後，不得依前項第二款聲請法官迴避。但迴避之原因發生在後或知悉在後者，不在此限。

⑨②「左列」修正為「下列」，「推事」修正為「法官」。

*（聲請）民訴一一六、一一二二；（準用）民訴三九。

▲民事訴訟法第三十三條第一項第二款所謂推事有前條所定以外之情形，足認其執行職務有偏頗之虞，係指推事對於訴訟標的有特別利害關係，或與當事人之一造有密切之交誼，或有其他情形客觀上足疑其為不公平之審判者而言。（二九抗五六）

▲民事訴訟法第三十三條第一項第二款，固規定推事有前條所定以外之情形，足認其執行職務有偏頗之虞者，當事人得聲請推事迴避，惟與該訴訟事件當事人一造相同之別一事件推事曾為裁判，不能認其執行職務有偏頗之虞。（三〇抗一〇三）

▲民事訴訟法第三十三條第一項第二款規定推事有應自行迴避而不自行迴避以外之情形，足認其執行職務有偏頗之虞，據而聲請推事迴避者，應以推事對於訴訟標的有特別利害關係，或與當事人之一造有密切之交誼或嫌怨，或基於其他情形客觀上足疑其為不公平之審判者為其原因事實，若僅憑當事人之主觀臆測，或不滿意推事進行訴訟遲緩，或認推事指揮訴訟欠當，則不得謂其有偏頗之虞。（六九臺抗四五七）

▲依民事訴訟法第三十九條準用同法第三十三條第一項第二款規定聲請書記官迴避者，與聲請推事迴避同，應於訴訟程序終結前為之。如果訴訟程序業已終結，書記官之執行職務，已不足以影響審判之公平，即不得以其執行職務有偏頗之虞為由，聲請迴避。（七一臺聲一二三）

▲推事被聲請迴避者，在該聲請事件終結前，應停止訴訟程序，為民事訴訟法第三十七條第一項前段所明定。本件上訴人於原審辯論終結後，以發見原審受命推事及審判長推事有同法第三十三條第一項第二款所定聲請推事迴避之原因，聲請迴避。查該聲請事件並未終結，原審竟不停止訴訟程序，而為上訴人敗訴之終局裁判，又未說明該聲請事件有同法第三十七條第一項但書之情形，自有未合。（七三臺上三三八五）

▲推事參與別一訴訟事件之裁判，於理由項下表示關於攻擊或防禦方法之意見及法律上之意見，對於現尚繫屬之訴訟事件當事人一造，縱有不利，亦不能認其執行職務有偏頗之虞。（七四臺抗二〇）

第三十四條　（聲請法官迴避之程序）

聲請法官迴避，應舉其原因，向法官所屬法院為之。

前項原因及前條第二項但書之事實，應自為聲請之日起，於三日內釋明之。

被聲請迴避之法官，對於該聲請得提出意見書。

⑨②「推事」修正為「法官」。

*（聲請）民訴一一六、一一二二；（法官迴避之原因）民訴三二、三三；（期間之計算）民一二〇～一二二；（釋明）民訴二八四；（準用）民訴三九。

▲聲請推事迴避之原因，依民事訴訟法第三十四條第二項及第二百八十四條，應自為聲請之日起，於三日內提出能即時調查之證據以釋明之。（二九抗二四七）

第三十五條　（聲請法官迴避之裁定）

法官迴避之聲請，由該法官所屬法院以合議裁定之；其因不足法定人數不能合議者，由兼院長之法官裁定之；如並不能由兼院長之法官裁定者，由直接上級法院裁定之。

前項裁定，被聲請迴避之法官，不得參與。

被聲請迴避之法官，以該聲請為有理由者，毋庸裁定，應即迴避。

⑨②一、迴避之裁定，乃行使審判權之行為，不應以辦理行政事務之院長名義為之，為免引起誤會，爰將第一項「院長」修正為「兼院長之法官」。又此「兼院長之法官」包括最高法院院長，乃屬當然。

二、「推事」修正為「法官」。

*（裁定）民訴二三四～二三九；（合議裁定）法組三㊀；（經裁定迴避後違反之效果）民訴四六九②、四九六㊀④、五〇七。

第三十六條　（聲請法官迴避裁定之救濟）

聲請法官迴避經裁定駁回者，得為抗告。其以聲請為正當者，不得聲明不服。

⑨②原法就抗告期間，原則上規定應於裁定送達後十日之不變期間內為之（第四百八十七條第一項），例外規定為五日（第三十六條、第一百條、第一百零六條、第一百十五條）。抗告期間長短不一，法院書記官製作裁定正本時，時有將抗告期間五日書為十日者，或將抗告期間十日書為五日者。因抗告期間為不變期間，非法院所得伸長，送達於當事人之裁定正本記載抗告期間縱有錯誤，其期間亦不因此而伸長，當事人提起抗告，仍應於法律所定之期間內為之（最高法院三十年聲字第四二號判例參照），以致將五日之抗告期間記載為十日，當事人因遲誤抗告期間而喪失抗告權利者，時有所聞，不僅有損當事人權益，抑且影響司法威信。訴訟事件抗告期間定為五日，多為應予迅速終結者，固屬有其必要，惟抗告期間五日與十日之差，影響於抗告事件之應速結者甚微，為免處理上之疏誤，損及當事人之權益，

權衡得失，實有統一規定必要。本法已將第四百八十七條抗告期間統一規定為十日，本條爰予配合修正。

*（聲請推事迴避之事由及程序）民訴三三、三四；（駁回聲請之裁定）民訴二三七；（抗告）民訴四八二～四九五；（抗告期間）民訴四八七㊁；（不得聲明不服）民訴四八二但；（準用）民訴三九。

▲聲請推事迴避經裁定駁回者，得於五日內抗告，為民事訴訟法第三十六條所明定，送達當事人之裁定正本縱註明「不服本裁定，應於送達後十日內提出抗告狀」字樣，於法定抗告期間之效力亦無影響。（三一抗五八〇）（九二、三、一八決議自九二、九、一起不再援用）

第三十七條（聲請法官迴避之效力）

法官被聲請迴避者，在該聲請事件終結前，應停止訴訟程序。但其聲請因違背第三十三條第二項，或第三十四條第一項或第二項之規定，或顯係意圖延滯訴訟而為者，不在此限。

依前項規定停止訴訟程序中，如有急迫情形，仍應為必要處分。

(92)「推事」修正為「法官」。

*（聲請法官迴避）民訴三三、三四；（必要處分）民訴三七二、五二二、五三二；（準用）民訴三九。

▲（七三臺上三三八五）參見本法第三十三條。

▲推事被聲請迴避者，在該聲請事件終結前，應停止訴訟程序，民事訴訟法第三十七條第一項前段定有明文。所謂該聲請事件終結，係指當事人聲請推事迴避事件業經法院裁定確定，或因其他事由而終結者而言。在訴訟繫屬中，一經當事人聲請推事迴避，除有同條項但書所列情形外，於該聲請事件終結前，法院不得續行訴訟程序。（七八臺上一九四三）

第三十八條（職權裁定迴避與同意迴避）

第三十五條第一項所定為裁定之法院或兼院長之法官，如認法官有應自行迴避之原因者，應依職權為迴避之裁定。

法官有第三十三條第一項第二款之情形者，經兼院長之法官同意得迴避之。

(92)一、迴避之裁定，乃行使審判權之行為，不應以辦理行政事務之院長名義為之，為免引起誤會，爰將「院長」修正為「兼院長之法官」。又此「兼院長之法官」包括最高法院院長，乃屬當然。

二、「推事」修正為「法官」。

三、第二項「許可」修正為「同意」，俾與裁定許可有所區別。

*（自行迴避之原因）民訴三二；（聲請迴避之原因）民訴三三；（裁定）民訴二三四～二三九；（經職權裁定迴避後違反之效果）民訴四六九②、四九六㊀④、五〇七；（準用）民訴三九。

▲民事訴訟法未就推事求為迴避之裁定設有規定，故推事自思有應自行迴避之原因者，雖得舉其原因促同法第三十八條之法院或院長為同條之職權行動，然推事以為有第三十三條第一項第二款之情形請求裁判時，不得適用第三十八條依職權為迴避之裁定。（三〇聲七〇）

第三十九條（司法事務官法院書記官及通譯之迴避）

本節之規定，於司法事務官、法院書記官及通譯準用之。

(102)為建立公正之形象，司法事務官辦理相關事務時，應維持其公正、中立性，有關法官迴避之規定應予準用，爰修正本條。

*（法官迴避）民訴三二～三八。

▲（七一臺聲一二三）參見本法第三十三條。

第二章　當　事　人

第一節　當事人能力及訴訟能力

第四十條（當事人能力）

有權利能力者，有當事人能力。

胎兒，關於其可享受之利益，有當事人能力。

非法人之團體，設有代表人或管理人者，有當事人能力。

中央或地方機關，有當事人能力。

(92)一、原條文不修正，列為第一、二、三項。

二、按當事人能力之有無，原則上以權利能力之有無為準，中央或地方機關，原無獨立之人格，本不得為訴訟之主體。惟實務上中央或地方機關基於法律之授權執行其職務，皆係以其機關名義在私法上行使權利或負擔義務，若不認其可為訴訟主體，不獨不足以維護交易之安全，且有違訴訟經濟之原則，故歷來解釋及判例均認中央或地方機關得代表公法人起訴或應訴（參見司法院院字第二八〇九號解釋，最高法院十八年上字第三〇五號及五十一年臺上字第二六八〇號判例）。且國家賠償法第九條至第十一條規定有賠償義務機關，土地法第六十八條亦有登記錯誤之損害賠償由地政機關負責之規定，如因而涉訟，自應由賠償義務機關或地政機關應訴。為因應實務上之需要，爰增設第四項，明定中央或地方機關，有當事人能力。

*（權利能力）民六；（胎兒）民七、一一六六；（法人）民二五～四四，民總施二；（準用）民訴五二，刑訴四九一，非訟一一。

▲㈠關於公同共有財產之訴訟，如其公同關係所由規定之契約，未明定得由何人起訴或被訴，則左列各項均為全國一般之習慣，通常可認財產公同共有人有以此為契約內容之意思，除有反證外，應分別情形依左列各項辦理：1.財產設有管理人者，其管理人如有數人，得共同以自己名義代表派下全體起訴或被訴，如僅一人，得單獨以自己名義代表派下全體起訴或被訴。2.財產管理人中之一人或數人，因與派下全體利害相反之事項涉訟者，其他管理人如有數人，得共同以自己名義代表派下全體起訴或被訴，如僅一人，得單獨以自己名義代表派下全體起訴或被訴。3.財產管理人全體因與派下全體利害相反之事項涉訟者，派下各房房長得共同以自己名義代表派下全體起訴或被訴。4.前項之房長全體，因與派下全體利害相反之事項涉訟者，派下子孫以多數決選任之代表人，得以自己名義代表派下全體起訴或被訴。5.財產無管理人者，因該財產與第三人涉訟時，各房房長得共同以自己名義代表派下全體起訴或被訴。㈡公同共有物被一部分公同共有人為移轉物權等處分時，各公同共有人如得處分行為人（包含同意處分之人）以外之公同共有人全體之同意，自得起訴。㈢甲乙丙丁四人公同共有之遺產，業經合意分割者，如甲所分得之物，經丁無權處分，自得由甲一人起訴。（院解三三一八）

▲臺灣之祭祀公業，如僅屬於某死亡者後裔公同共有，不過為某死亡者後裔公同共有祀產之總稱，尚難認為有多數人組織之團體名義，故除有表示其團體名義者外，縱設有管理人，亦非民事訴訟法第四十條第三項所謂非法人之團體，自無當事人能力。（三九臺上三六四）（九七、七、一二決議自九七、七、一不再援用）

▲分公司係總公司分設之獨立機構，就其業務範圍內之事項涉訟時，自有當事人能力。又原告對分公司起訴後於訴訟進行中，將被告更正為總公司應認為訴之變更。（四〇臺上一〇五）

▲獨資經營之商號，與民事訴訟法第四十條第三項所稱之非法人團體並非相當，自難認為有當事人能力。又被告雖無當事人能力，但第一審既就實體上而為判決，原審即應以判決變更之，其以裁定廢棄該判決，於法顯有違背。（四二

臺抗一二）

▲未經認許其成立之外國法人，雖不能認其為法人，然仍不失為非法人之團體，苟該非法人團體設有代表人或管理人者，依民事訴訟法第四十條第三項規定，自有當事人能力。至其在臺灣是否設有事務所或營業所則非所問。（五〇臺上一八九八）

▲非法人之團體雖無權利能力，然日常用其團體之名義為交易者比比皆是，民事訴訟法第四十條第三項為應此實際上之需要，特規定此等團體設有代表人或管理人者，亦有當事人能力。所謂有當事人能力，自係指其於民事訴訟得為確定私權之請求人，及其相對人而言，若僅認許其為當事人得以其名義起訴或被訴，而不許其為確定私權之請求，則上開規定勢將毫無實益，當非立法之本意。（五〇臺上二七一九）

▲國有財產撥給各地國家機關使用者，名義上雖仍為國有，實際上即為使用機關行使所有人之權利，故本院對於是類財產，向准由管領機關起訴，代國家主張所有權人之權利，被上訴人持有所有權狀及駐用房屋保管卡，原審認其得為起訴行使所有人之權利尚非無據。（五一臺上二六八〇）

▲民事訴訟法第四十條第三項所謂非法人之團體設有代表人或管理人者，必須有一定之名稱及事務所或營業所，並有一定之目的及獨立之財產者，始足以當之。（六四臺上二四六一）

▲分公司為受本公司管轄之分支機構，並無獨立之財產，為謀訴訟上便利，現行判例雖從寬認分公司就其業務範圍內之事項涉訟，有當事人能力，但不能執此而謂關於分公司業務範圍內之事項，不得以總公司名義起訴。（六六臺上三四七〇）

▲民事訴訟法第四十條第三項固規定「非法人之團體，設有代表人或管理人者，有當事人能力」，並可據此規定，認非法人團體於民事訴訟得為確定私權請求之人或為其相對人。惟此乃程序法對非法人團體認其有形式上之當事人能力，尚不能因之而謂非法人團體有實體上之權利能力。（六七臺上八六五）

▲土地法所稱之權利人，係指民法第六條及第二十六條規定之自然人及法人而言。非法人之團體，設有代表人或管理人者，依民事訴訟法第四十條第三項規定，固有當事人能力，但在實體法上並無權利能力。（六八臺抗八二）

▲本件為請求分割共有土地之訴。上訴人為原告，雖以土地登記簿上登載之其他共有人全體為被告。但依卷附戶籍謄本記載，列為被告之一之鄭某，於訴訟繫屬前即已死亡。如果屬實，鄭某既早喪失當事人能力，自與上訴人以之為被告是否合法有關，並影響及於全案訴訟被告當事人之適格有無欠缺問題。（七〇臺上二八四六）

▲臺灣之祭祀公業並無當事人能力，故關於祭祀公業之訴訟，應由其派下全體起訴或被訴。而關於祭祀公業之訴訟，以管理人名義起訴或被訴者，當事人欄應表明其為祭祀公業管理人，以表示其非以自己名義起訴或被訴。（七四臺上一三五九）（九七、八、一二決議自九七、七、一不再援用）

▲相對人於臺灣臺北地方法院起訴提出之訴狀，雖表明原告為「祭祀公業游光彩」，惟既記載「管理人游某」，並由該管理人代為訴訟行為，與實際上以管理人自己名義代表派下全體起訴者無異。故祇須於當事人欄內予以改列，藉資更正。其起訴仍屬合法，不生當事人能力欠缺之問題。（七四臺抗四〇）（九七、八、一二決議自九七、七、一不再援用）

▲債務人對於第三人之金錢債權，經執行法院發扣押命令禁止債務人收取或為其他處分後，債務人對第三人提起給付訴訟，僅屬保存債權之行為，無礙執行效果，尚非不得為之。（九一臺上八一二）

第四十一條　（選定當事人之要件及效力）

多數有共同利益之人，不合於前條第三項所定者，得由其中選定一人或數人為選定人及被選定人全體起訴或被訴。

訴訟繫屬後，經選定前項之訴訟當事人者，其他當事人脫離訴訟。

前二項被選定之人得更換或增減之。但非通知他造，不生效力。

㉒共同利益人就是否選定當事人及其人選，未必全體一致，為擴大選定當事人制度之功能，應許共同利益人分組選定不同之人，或僅由部分共同利益人選定一人或數人而與未參與選定之其他共同利益人一同起訴或被訴。原條文第一項規定「為全體起訴或被訴」，學說上多解釋為必須由被選定人以外有共同利益之人全體選定之，致此項制度之運用受到相當限制，爰修正為「為選定人及被選定人全體起訴或被訴」，以利適用。

*（非法人團體之當事人能力）民訴四〇㊂；（判決確定之效力）民訴四〇一㊁；（選定當事人之程序）民訴四二；（被選定人喪失其資格之救濟）民訴四三；（被選定人為訴訟行為之限制）民訴四四。

▲民事訴訟法第四十一條第一項，所謂選定一人或數人為全體起訴或被訴，係指選定一人或數人為全體為原告或被告而言，並非選定為代理人代理全體起訴或被訴，此徵之同條第二項及同法第四十二條、第一百七十二條第二項等規定尤為明瞭，故被選定人為訴訟當事人而非訴訟代理人。（二九上一七七八）

▲多數有共同利益之人，於訴訟繫屬後選定其中一人或數人為訴訟當事人者，其他當事人即脫離訴訟，民事訴訟法第四十一條第二項定有明文。本件上訴人以被上訴人及某甲等為共同被告起訴，在第一審程序進行中，被上訴人一造曾選定某甲等為訴訟當事人，依上開法條被上訴人顯已脫離訴訟，茲上訴人仍向業經脫離訴訟之被上訴人提起上訴，於法自屬不合。（三一上五〇三）

▲訴訟標的對於多數人必須合一確定者，亦與民事訴訟法第四十一條第一項所謂多數有共同利益之人之情形相當，自得由其中選定一人或數人為全體起訴或被訴，此項訴訟當事人之選定，如未以文書證明係由多數有共同利益之人全體為之者，固難謂非其被選定人之資格有欠缺，惟被選定人之資格有欠缺而可以補正者，依同法第五十條準用第四十九條之規定，應由法院定期間命其補正，迨逾期不補正時，始得以其訴為無理由而駁回之。（註：現行法所定定期命補正之主體，已將法院修正為審判長。）（四二臺上九八二）

▲公同共有人中之一人，依民法第八百二十八條第二項規定，得其他共有人之同意，行使權利而起訴請求，與民事訴訟法第四十一條規定之選定一人為全體起訴不同，前者不以文書證之為必要，不論以任何方法，凡能證明公同共有人已為同意即可。（六五臺上一四一六）

▲選定當事人之制，旨在求取訴訟程序之簡化，以達訴訟經濟之目的。其被選定人之資格，固屬當事人之適格事項，而為法院依職權所應調查者，惟被選定人之資格如有欠缺，依民事訴訟法第五十條明文準用同法第四十八條、第四十九條追認及補正之規定，於法院定期命其補正不為補正前，應不得以當事人不適格為由駁回其訴，且被選定人本身為「共同利益人」，苟其與選定人間對於訴訟標的非屬必須合一確定之固有必要共同訴訟，縱其被選定之資格有欠缺，並於法院命其補正後未為補正，仍難認就其本人部分，無實施訴訟之權能，法院不得據以駁回該本人之訴。（註：現行法所定定期命補正之主體，已將法院修正為審判長。）（八〇臺上一八二八）

第四十二條　（選定當事人之程序）

前條訴訟當事人之選定及其更換、增減，應以文書證之。

第四十三條　（選定當事人喪失其資格之救濟）

*（當事人之選定與更換增減）民訴四一。

第四十一條之被選定人中有因死亡或其他事由喪失其資格者，他被選定人得為全體為訴訟行為。

＊（選定當事人）民訴四一；（死亡）民八；（被選定人全體喪失資格）民訴一七二㈡。

第四十四條　（選定當事人為訴訟行為之限制）

被選定人有為選定人為一切訴訟行為之權。但選定人得限制其為捨棄、認諾、撤回或和解。

選定人中之一人所為限制，其效力不及於他選定人。

第一項之限制，應於第四十二條之文書內表明，或以書狀提出於法院。

(92)一、被選定人係以自己之名義為當事人，就其被選定事件，原則上應有為選定人為一切訴訟行為之權。原條文未表明斯旨，且規定「非得全體之同意，不得為捨棄、認諾、撤回或和解」，易被誤解為被選定人就部分選定人信託事項所為之捨棄、認諾、撤回或和解，亦須得全體選定人之同意，有礙選定當事人制度之靈活運用。為充分發揮此項制度簡化訴訟之功能，爰將原條文修正列為第一項，並增訂第二項，明定選定人中一人所為限制，其效力不及於他選定人。

二、增訂第三項，明定選定當事人所為限制，應於選定、更換或增減被選定人之文書內表明，或以書狀載明限制之意旨，提出於法院，以免爭議。

＊（選定當事人）民訴四一；（捨棄）民訴三八四、四三九；（認諾）民訴三八四；（撤回）民訴二六二、二六四、四五九；（和解）民訴三七七；（特別代理人之限制）民訴五一㈣。

第四十四條之一　（公益社團法人為選定當事人）

多數有共同利益之人為同一公益社團法人之社員者，於章程所定目的範圍內，得選定該法人為選定人起訴。

法人依前項規定為社員提起金錢賠償損害之訴時，如選定人全體以書狀表明願由法院判定被告應給付選定人全體之總額，並就給付總額之分配方法達成協議者，法院得不分別認定被告應給付各選定人之數額，而僅就被告應給付選定人全體之總額為裁判。

第一項情形準用第四十二條及第四十四條之規定。

(92)一、本條係新增。

二、多數有共同利益之人如為同一公益社團法人之社員者，為求訴訟經濟並便利各社員行使權利，應許其於法人章程所定之目的範圍內，選定該法人為其起訴，爰於第一項明定之。

三、法人依前項規定起訴，雖以法人之名義，然係本於社員之請求為之，故法院判決時仍須逐一審核各社員請求權存在與否及其範圍。然於受害社員人數眾多或各社員受害數額難以一一證明之情形，如此之審理方式，即難符合訴訟經濟之原則。爰於第二項規定，法人依前項規定為社員起訴，如係提起金錢賠償損害之訴，而選定人全體以書狀表明願由法院判定被告應給付之總額，且就給付總額之分配方法達成協議時，法院得斟酌事件內容，僅就被告應給付選定人全體之總額為裁判，毋庸一一認定被告應給付各選定人之數額。

四、為求明確，第一項之選定應以文書證之，又對於被選定人權限之限制，亦應於上述文書內表明或另以書狀提出於法院，爰於第三項明定準用第四十二條及第四十四條之規定。

第四十四條之二　（公告曉示）

因公害、交通事故、商品瑕疵或其他本於同一原因事實而有共同利益之多數人，依第四十一條之規定選定一人或數人為同種類之法律關係起訴者，法院得徵求原被選定人之同意，或由被選定人聲請經法院認為適當時，公告曉示其他共同利益人，得於一定期間內以書狀表明其原因事實、證據及應受判決事項之聲明，併案請求。其請求之人，視為已依第四十一條為選定。

其他有共同利益之人，亦得聲請法院依前項規定為公告曉示。

併案請求之書狀，應以繕本或影本送達於兩造。

第一項之期間至少應有二十日，公告應黏貼於法院公告處，並公告於法院網站；法院認為必要時，得命登載公報、新聞紙或以其他傳播工具公告之，其費用由國庫墊付。

第一項原被選定人不同意者，法院得依職權公告曉示其他共同利益人起訴，由法院併案審理。

(107)一、以法院網站之電子公告取代刊登新聞紙。

二、原條文第四項後段「並登載公報、新聞紙或其他相類之傳播工具，其費用由國庫墊付」修正為「並公告於法院網站；法院認為必要時，得命登載公報、新聞紙或以其他傳播工具公告之，其費用由國庫墊付」。

第四十四條之三　（公益社團或財團法人提起不作為之訴）

以公益為目的之社團法人或財團法人，經其目的事業主管機關許可，於章程所定目的範圍內，得對侵害多數人利益之行為人，提起不作為之訴。

前項許可及監督辦法，由司法院會同行政院定之。

(92)一、本條係新增。

二、因公害、商品瑕疵或其他事故所生之危害，有時具繼續性、隱微性或擴散性，其受害人常不知或無力獨自訴請排除侵害，致使社會大眾權益持續受損而無從制止，實有必要擴大公益法人之功能，使其得以自己名義對侵害多數人利益之行為人提起不作為之訴。爰於第一項規定公益法人經其目的事業主管機關許可，於章程所定目的範圍內，有提起不作為訴訟之權。

三、為防止濫行起訴，參酌消費者保護法相關規定，宜詳細規定前項之許可及監督辦法，爰於第二項規定其許可及監督辦法由司法院會同行政院定之。

第四十四條之四　（訴訟代理人之選任）

前三條訴訟，法院得依聲請為原告選任律師為訴訟代理人。

前項訴訟代理人之選任，以伸張或防衛權利所必要者為限。

(92)一、本條係新增。

二、前三條訴訟，多與公害、交通事故或商品瑕疵有關，其法律關係較為複雜，舉凡蒐集訴訟資料、主張法律關係乃至舉證證明待證事實，非具有較高之法律專業知識之人，實難勝任，且此等事件之被害人多係一般社會大眾，經濟上常居於弱勢地位，為期兩造程序上之實質對等，爰於第一項規定法院得依聲請為原告選任律師為訴訟代理人。

三、第一項選任訴訟代理人之規定，雖在保障經濟上弱勢原告之程序上權利，但為防止濫用，宜加適當限制，爰設第二項，規定其選任以伸張或防衛權利所必要者為限，以求其平。

第四十五條　（訴訟能力）

能獨立以法律行為負義務者，有訴訟能力。

＊（能獨立以法律行為負義務者）民一二、一三、二六、七七、八五；（外國人訴訟能力）民訴四六；（能力欠缺之追認）

與補正）民訴四八～五〇；（準用）刑訴四九一，非訟一一。

第四十五條之一（受輔助宣告之人為訴訟行為）

輔助人同意受輔助宣告之人為訴訟行為，應以文書證之。

受輔助宣告之人就他造之起訴或上訴為訴訟行為時，無須經輔助人同意。

受輔助宣告之人為捨棄、認諾、撤回或和解，應經輔助人以書面特別同意。

⑨⑧一、本條新增。

二、民國九十八年十一月二十三日施行修正之民法（下稱修正後民法）第十五條之一增加輔助宣告規定，爰配合修正增訂本條規定。

三、依修正後民法第十五條之二規定，受輔助宣告之人不因輔助宣告而喪失行為能力，僅於該條第一項但書各款之重要行為，須經輔助人同意。而同條第一項第三款明定，受輔助宣告之人為訴訟行為，須經輔助人同意，為使法院對於同意之存否容易調查而確保訴訟程序之安定，乃於本條第一項明定應以文書證之。又關於受輔助宣告人為捨棄、認諾、撤回或和解，因關係受輔助宣告人之權益較鉅，爰設第三項明文規定須經輔助人另以書面特別同意。

四、為保障他造訴訟權利，參照日本民事訴訟法第三十二條第一項規定，受輔助宣告之人被訴或被上訴而為訴訟行為時，不經須輔助人同意，爰設本條第二項規定。至受輔助宣告之人就他造所為相當於起訴、上訴之聲請、抗告而為訴訟行為時，亦不須經輔助人同意，自為當然之理。

第四十六條（外國人之訴訟能力）

外國人依其本國法律無訴訟能力，而依中華民國法律有訴訟能力者，視為有訴訟能力。

*（外國人之行為能力）涉外民事六、一〇；（準用）非訟一一。

第四十七條（法定代理及為訴訟所必要之允許應適用之法規）

關於訴訟之法定代理及為訴訟所必要之允許，依民法及其他法令之規定。

*（訴訟之法定代理）民二七、一〇八六、一〇九八、一一一〇、一一一三，公司八、五六、一〇八、一二二、二〇八、二一三、三七二㊁，民訴四〇㊂；（必要之允許）民七七、八五。

▲㈠法人之代表人在民法上固非所謂法定代理人，在民事訴訟法上則視作法定代理人，適用關於法定代理之規定，故法人之代表人有數人時，在訴訟上是否均得單獨代表法人，按諸民事訴訟法第四十七條，應依民法及其他法令定之，民法第二十七條第二項所定代表法人之董事有數人時，均得單獨代表法人，公司法第三十條所定代表無限公司之股東有數人時，亦均得單獨代表公司，若依實體法之規定，法人之代表人數人必須共同代表者，在訴訟上不得準用民事訴訟法第七十一條之規定，使之單獨代表。至非法人之團體其代表人或管理人有數人時，在訴訟上是否均得單獨代表團體，按諸民事訴訟法第五十二條、第四十七條亦應依民法及其他法令定之，法令未就此設有規定者，應解為均得單獨代表團體。（院解二九三六）

▲未成年人之監護人違反法定義務時，依民法第一千一百零六條之規定，惟親屬會議得撤退之，經親屬會議撤退後如有向該監護人提起訴訟之必要，亦惟依民法第一千零九十四條規定為新監護人者，始得為該未成年人之法定代理人。本件上訴人為未成年人，其在第一審主張被上訴人違反監護人之法定義務，提起本件訴訟請求撤退監護及交還財產，係由甲為法定代理人，其提起第二審及第三審上訴，又由乙為法定代理人，而甲、乙兩人均無從認為依民法第一千零九十四條之規定而為監護人，其法定代理權顯有欠缺。（二九上一三六二）（九七、一二、二決議自九八、一一、二三不再援用）

▲公司之檢查人，在執行職務範圍內，亦為公司負責人，公司法第八條第二項定有明文。本件參加人某會計師，既經臺灣彰化地方法院依公司法第二百四十五條規定，選派為某公司之檢查人，執行檢查某公司業務帳目及財產情形之職務，則檢查人某會計師為執行其檢查職務，依法自應由伊以某公司負責人（法定代理人）身分，而以某公司為原告，對保管該業務帳冊等資料之董事或其他公司職員（如經理人等）起訴，請求交付業務帳冊等資料，方屬合法。（六九臺上三八四五）

第四十八條（能力、法定代理權或為訴訟所必要之允許欠缺之追認）

於能力、法定代理權或為訴訟所必要之允許有欠缺之人所為之訴訟行為，經取得能力之本人、取得法定代理權或允許之人、法定代理人或有允許權人之承認，溯及於行為時發生效力。

⑨②按應經允許而未經允許即行提起訴訟之人，例如監護人為禁治產人提起婚姻訴訟，初未得親屬會議之允許（參照民事訴訟法第五百七十一條第二項），其後於訴訟中僅能取得親屬會議之允許，不可能取得其允許「權」，此「權」字係屬衍文，故予刪除。

*（能力）民訴四〇、四五；（訴訟之法定代理及為訴訟所必要之允許）民訴四七；（準用）民訴五〇、七五。

▲兩造於民國四十一年九月二十五日，在原法院成立訴訟上之和解時，既經上訴人委任訴訟代理人某某參與，其於是日提出之委任書，又載有並授與民事訴訟法第七十條第一項但書所規定之各種特別委任權限等字樣，縱使如上訴人所稱，此項委任書係後於和解時到達，而依民事訴訟法第七十五條第二項準用同法第四十八條之規定，即溯及於行為時發生效力，仍於和解之成立不受影響。（四二臺上二八四）

▲上訴人某甲、某乙二人均為未成年人，被上訴人對之起訴，未列某丙為其法定代理人，顯有民事訴訟法第二百四十九條第一項第四款情形，第一審法院未命補正，而遽為實體上之判決，自屬違法。嗣某丙自列為該二人之法定代理人，在原審提起上訴，指摘第一審該部分之訴訟程序違法，自非承認某甲、某乙在第一審所為之訴訟行為，原審認此項上訴，已補正第一審起訴要件之欠缺，於法自有未合。（註：現行法所定定期命補正之主體，已將法院修正為審判長。）（六四臺上一三〇四）

▲民事訴訟法第四十八條規定之承認，不論為明示或默示，均溯及於行為時發生效力。（八三臺上七七三）

第四十九條（能力、法定代理權或為訴訟所必要之允許欠缺之補正）

能力、法定代理權或為訴訟所必要之允許有欠缺而可以補正者，審判長應定期間命其補正；如恐久延致當事人受損害時，得許其暫為訴訟行為。

⑨②配合第二百四十九條第一項但書規定修正之。

*（能力）民訴四〇、四五；（訴訟之法定代理及為訴訟所必要之允許）民訴四七；（能力、法定代理權及為訴訟所必要之允許欠缺之承認）民訴四八；（不補正之效果）民訴二四九㈠；（準用）民訴五〇。

▲法定代理權有無欠缺，不問訴訟程度如何，法院應依職權調查之，雖當事人間無爭執者，亦應隨時予以調查，其在第一審之補正欠缺如無相當之證明，第二審法院仍不妨令其舉證。（二六鄂上四一）

▲依民事訴訟法第四十九條許無訴訟能力人暫為訴訟行為時，其暫為之訴訟行為須欠缺補正之後始為有效，不能因許其暫為訴訟行為，而在未補正欠缺前，遽認其暫為之訴訟行為為有效予以裁判。（二九抗三三四）

▲無訴訟能力之人提起抗告，應由法定代理人合法代理，固為抗告之合法要件，惟此項要件有無欠缺如有疑義，不問訴訟程序如何，抗告法院應依職權調查之，且縱使其實際上尚有欠缺而茍非不能補正，依民事訴訟法第四十九條之規定，仍應以裁定酌定期間命為補正，迨逾期不為補正時，始得認其抗告為不合法，以裁定駁回之。（四三臺抗九九）

▲（六四臺上一三四）參見本法第四十八條。

▲（八〇臺上一八二八）參見本法第四十一條。

第五十條　（選定當事人能力欠缺之追認或補正）

前二條規定，於第四十一條、第四十四條之一、第四十四條之二被選定人及第四十五條之一受輔助宣告之人為訴訟行為者準用之。

(98)凡受輔助宣告之人未經輔助人同意而為訴訟行為，或未以書面證之，或未經輔助人以書面為特別同意，其訴訟能力即有欠缺，而上揭欠缺非不可補正，應先定期命其補正，以免將來再為同一訴訟行為，而浪費勞力、時間或費用，故於本條增訂第四十五條之一受輔助宣告之人為訴訟行為者準用第四十八條、第四十九條之規定。據此規定，受輔助宣告之人上揭訴訟行為為瑕疵，即因補正而溯及於行為時發生效力，而法院所許其暫為之訴訟行為，仍須俟補正而後生效，若不補正，因其訴訟行為所生之費用，依本法第八十九條第二項之規定，法院得依職權以裁定命其負擔。

*（選定當事人）民訴四一；（選定當事人為訴訟行為時之限制）民訴四四；（能力、法定代理權及為訴訟所必要之允許欠缺之追認）民訴四八；（能力、法定代理權及為訴訟所必要之允許欠缺之補正）民訴四九。

▲民事訴訟法第四十一條訴訟當事人之選定，未以文書證之，由法院依同法第五十條準用第四十九條定期間命其補正者，其補正不得於事件經第三審終結後為之。（註：現行法所定定期命補正之主體，已將法院修正為審判長。）（三一聲七四）

▲（八〇臺上一八二八）參見本法第四十一條。

第五十一條　（特別代理人之選任及其權限）

對於無訴訟能力人為訴訟行為，因其無法定代理人，或其法定代理人不能行代理權，恐致久延而受損害者，得聲請受訴法院之審判長，選任特別代理人。

無訴訟能力人有為訴訟之必要，而無法定代理人，或法定代理人不能行代理權者，其親屬或利害關係人，得聲請受訴法院之審判長，選任特別代理人。

選任特別代理人之裁定，並應送達於特別代理人。

特別代理人於法定代理人或本人承當訴訟以前，代理當事人為一切訴訟行為。但不得為捨棄、認諾、撤回或和解。

選任特別代理人所需費用，及特別代理人代為訴訟所需費用，得命聲請人墊付。

*（法定代理人）民一〇八六、一〇九八、一一一〇、一一一三；（審判長）法組四；（聲請）民訴一一六、一二二；（裁定）民訴二三四～二三九；（捨棄）民訴三八四、四三九；（認諾）民訴三八四；（撤回）民訴二六二、二六四、四五九；（和解）民訴三七七；（準用）民訴三七四㊁，非訟一二。

▲無訴訟能力人有為訴訟之必要，而無法定代理人，或法定代理人不能行使代理權者，惟其親屬或利害關係人，始得聲請受訴法院之審判長，選任特別代理人，無訴訟能力之本人仍不得為此項訴訟行為，如由無訴訟能力之本人為之者，其訴訟行為為無效。（四〇臺上一六〇六）

第五十二條　（法定代理規定之準用）

本法關於法定代理之規定，於法人之代表人、第四十條第三項之代表人或管理人、第四項機關之代表人及依法令得為訴訟上行為之代理人準用之。

(92)一、在實體法上，法人由其代表人代為法律行為，照同一法理，有權代表法人者，在訴訟法上亦應以代表人之身分代表法人為訴訟行為。雖司法院院解字第二九三六號解釋認為法人之代表人，在訴訟法上視作法定代理人，惟本法對此尚無明文規定，爰於本條增列本法關於法定代理之規定，於法人之代表人準用之，以利適用。

二、本法第四十條增列第四項規定中央或地方機關亦有當事人能力，則該機關長官代表該機關為訴訟行為或受訴訟行為時，自亦有法定代理規定之準用，爰於條文中管理人之下增列「第四項機關之代表人」，以資配合。

*（依法令得為訴訟行為之代理人）民五五五，海商一八；（本法有關法定代理之規定）民訴三二④、四八、四九、八九、一一六②、一一七、一二七、一三三、一三六、一七〇、二〇三①、二〇八、二二六㊀②、二四四㊀①、二四九㊀④、二六九①、三七八、四四一㊀①、四九六㊀⑤、⑧、五〇一㊀①、五二五㊀①。

▲因廟產涉訟，管理寺廟之住持，固有代理寺廟為訴訟之權能，無住持時，由該寺廟之其他僧道代為訴訟，亦非法所不許。（二〇上九六三）

第二節　共同訴訟

第五十三條　（共同訴訟之要件）

二人以上於下列各款情形，得為共同訴訟人，一同起訴或一同被訴：

一　為訴訟標的之權利或義務，為其所共同者。

二　為訴訟標的之權利或義務，本於同一之事實上及法律上原因者。

三　為訴訟標的之權利或義務，係同種類，而本於事實上及法律上同種類之原因者。但以被告之住所在同一法院管轄區域內，或有第四條至第十九條所定之共同管轄法院者為限。

(92)「左列」修正為「下列」。

*（訴訟標的）民訴二四四㊀②；（權義共同）民二八、一八五、二七二、二八三、二九二、二九三、四七一、七三九、七四八、八一七、八二八、九六五、一〇三一、一一五一、一一五三。

▲㈡甲以自己之所有物，經乙本於丙所訂立之所有權移轉契約主張所有權提起確認之訴，雖其訴之聲明係求為確認契約無效之判決，而其真意實係求為確認所有權存在之判決，已如上所說明，提起確認所有權存在之訴，法律上並無須以否認其所有權之多數人為共同被告之規定，則雖丙亦否認甲之所有權，而甲僅以乙為被告提起此訴，要不得謂當事人之適格有欠缺。又甲以自己之所有物，經乙本於丙所訂立之租賃契約，主張有占有該物為使用收益之權，提起確認之訴，雖其訴之聲明係求為確認租賃契約無效之判決，而其真意實係求為確認被告無此權利之判決，已如上所說明，提起此項確認之訴，法律上並無須以出租人為共同被告之規定，甲僅以乙為被告提起此訴，亦不得謂當事人之適格有欠缺。㈢民事訴訟法第五十三條規定二人以上於左列各款情形得為共同訴訟人一同起訴或一同被訴，其所謂得無從解為必須之義，二人以上於同條所列各款情形，除法律上另有必須一同起訴或一同被訴之規定外，其中一人自非不得單獨起訴，或單獨被訴。原文所稱因契約是否有效涉訟事件，如指前三段所載確認契約無效之訴而言，則僅以本於契約主張權利之人為被告，不得謂當事人之適格有欠缺。（院二七七五）

▲共同訴訟如欠缺民事訴訟法第五十三條規定之要件，而被告有異議時，法院祇應就各訴分別為辯論及裁判，不得因此而將各訴或其中之一訴駁回。（三二上一六七七）

第五十四條　（主參加訴訟）

就他人間之訴訟，有下列情形之一者，得於第一審或第二審本訴訟繫屬中，以其當事人兩造為共同被告，向本訴訟繫屬之法院起訴：

一　對其訴訟標的全部或一部，為自己有所請求者。

二　主張因其訴訟之結果，自己之權利將被侵害者。

依前項規定起訴者，準用第五十六條各款之規定。

⑨②一、本條規定，即學說所謂主參加訴訟，舊民事訴訟法於第一項僅規定就他人間之訴訟標的全部或一部有所請求者，得以本訴訟之兩造為共同被告，向該第一審法院提起共同訴訟，民國二十四年二月一日修正時加以擴張，增列主張因他人間訴訟之結果，將致侵害自己權利者，亦許提起。是兩者乃擇一要件，而非併存要件。法律公布時原無標點，惟坊間刊印之六法全書，其斷句之標點不盡正確，致適用時在解釋上有不同見解，時生爭議，為期明確，爰將之分為兩款規定。又第二項規定第一項之訴訟，如本訴訟繫屬於第二審法院者，亦得於其言詞辯論終結前，向該第二審法院起訴。惟向第一審法院起訴亦為法之所許，則兩訴訟裁判可能發生牴觸，有失本條立法之原旨，特將第一項向該第一審法院起訴，修正為向第一審或第二審本訴訟繫屬之法院起訴，並刪除原第二項。

二、第五十六條第二項規定，依第五十四條規定起訴者，視為其訴訟標的對於共同被告，必須合一確定。惟按第五十四條之訴訟，目的在防止裁判之牴觸，其訴訟標的，對於共同被告本非必須合一確定，上開規定，與實際情形並不相符，爰將之刪除，移列於本條第二項，規定準用第五十六條各款之規定，以利適用。

＊（訴訟標的）民訴二四四㈠②；（言詞辯論）民訴一九二～二一九；（第二審法院）民訴四三七，法組一、三一、三二②；（訴訟標的之合一確定）民訴五六㈡；（從參加訴訟）民訴五八；（起訴後之效力）民訴一八四、二〇五㈢。

▲就他人間之訴訟標的全部或一部，為自己有所請求或主張，因其訴訟之結果，自己之權利將被侵害者，固得提起主參加訴訟，惟依民事訴訟法第五十四條之規定，必須以該兩造為共同被告，於本訴訟繫屬中提起，蓋主參加訴訟之共同被告，在主參加訴訟視為其訴訟標的必須合一確定，關於訴訟之進行必須一致，否則祇能另案起訴，不能提起主參加訴訟。（三九臺上七二九）（九五、八、一決議不再援用）

▲就他人間之訴訟標的全部或一部為自己有所請求或主張，因其訴訟之結果，自己之權利被侵害者，得於本訴訟繫屬中，以其當事人兩造為共同被告，向該第一審法院起訴，前項情形，如本訴訟繫屬於第二審法院者，亦得於其辯論終結前，向該第二審法院起訴，為民事訴訟法第五十四條所明定，依此解釋，此項訴訟（即學說上稱為主參加之訴）必係第三人以原訴訟兩造之主張俱為不當，而自行另有請求或主張，倘以一造之主張為適當，則為同法第五十八條所規定之訴訟參加，自與主參加之訴訟不同。（五〇臺抗二三二）（九五、八、一決議不再援用）

▲（七二臺上八五六）參見本法第二十八條。

▲主參加訴訟，祇須起訴時本訴訟尚在繫屬中即可，其後本訴訟如因撤回而繫屬消滅者，並不影響已提起之主參加訴訟。（八三臺抗一四八）

第五十五條　（通常共同訴訟人間之關係）

共同訴訟中，一人之行為或他造對於共同訴訟人中一人之行為及關於其一人所生之事項，除別有規定外，其利害不及於他共同訴訟人。

＊（共同訴訟要件）民訴五三；（別有規定）民訴五六、八五㈠；（共同訴訟人各有續行訴訟權與到場義務）民訴五七。

▲通常共同訴訟人中一人所為之自認，其效力僅及於該共同訴訟人，而不及於他共同訴訟人。（二八上二三七九）

第五十六條　（必要共同訴訟人間之關係）

訴訟標的對於共同訴訟之各人必須合一確定者，適用下列各款之規定：

一　共同訴訟人中一人之行為有利益於共同訴訟人者，其效力及於全體；不利益者，對於全體不生效力。

二　他造對於共同訴訟人中一人之行為，其效力及於全體。

三　共同訴訟人中之一人生有訴訟當然停止或裁定停止之原因者，其當然停止或裁定停止之效力及於全體。

前項共同訴訟人中一人提起上訴，其他共同訴訟人為受輔助宣告之人時，準用第四十五條之一第二項之規定。

⑨⑧依本條第一項第一款規定，必要共同訴訟一人上訴時，效力及於其他共同訴訟人，於其他共同訴訟人為受輔助宣告之人時，因上訴係有利受輔助宣告之人，在解釋上乃屬當然及之，且如須經輔助人同意恐影響其他上訴人權益，故不須再經輔助人之同意，為避免爭議，爰增訂第二項規定。

＊（訴訟標的）民訴二四四㈠②；（必須合一確定之共同訴訟）民八二八；（訴訟程序之停止）民訴一六八～一九一；（主參加訴訟）民訴五四。

▲債權人以各連帶債務人為共同被告提起給付之訴，以被告一人提出非基於其個人關係之抗辯，而經法院認為有理由者為限，始得適用民事訴訟法第五十六條第一項之規定，共同被告之一人對於第一審命其連帶給付之判決，提起上訴或聲請訴訟救助，尚未經第二審法院為實體上之調查，無從斷定其提出抗辯是否非基於其個人關係而有理由，自無同條項之適用，應就其個人提起上訴或聲請訴訟救助是否合法，應否准許，予以調查裁判。（四一臺抗一〇）

▲共有物之分割，於共有人全體有法律上之利害關係，須共有人全體始得為之，故請求分割共有物之訴，屬於民事訴訟法第五十六條第一項所稱訴訟標的，對於共同訴訟之各人必須合一確定者，共同訴訟人甲對於第二審判決提起上訴，係為有利益於共同訴訟人乙之行為，依同條項第一款之規定，其效力及於共同訴訟人乙，自應列共同訴訟人乙亦為上訴人。（四二臺上三一八）

▲民事訴訟法第五十六條第一項所謂合一確定，係指依法律之規定必須數人一同起訴或一同被訴，否則當事人之適格有欠缺，原告即因此不能得本案之勝訴判決者而言。本件被上訴人在第一審以上訴人及某甲為共同被告，提起請求返還基地之訴，係以某甲為系爭基地之承租人，而上訴人則為其占有人，各人間之法律關係並非同一，本可單獨進行訴訟，惟因事實上之便宜始對之一同起訴，顯非固有之必要共同訴訟，自無上開條款之適用。（四七臺上四三）

▲民事訴訟法第五十六條第一項第一款，所謂共同訴訟人中一人之行為，有利益於共同訴訟人或不利益於共同訴訟人，係指於行為當時就形式上觀之，有利或不利於共同訴訟人而言，非指經法院審理結果有利者其效力及於共同訴訟人，不利者其效力不及於共同訴訟人而言。故共同訴訟人中之一人，對於下級法院之判決聲明不服提起上訴，在上訴審法院未就其內容為審判之前，難謂其提起上訴之行為對於他共同訴訟人不利，其效力應及於共同訴訟人全體，即應視其上訴為共同訴訟人全體所為。（五二臺上一九三〇）

▲不動產查封後，債務人與第三人就該不動產設定抵押權而辦妥登記者，債權人得逕行主張第三人之抵押權設定登記，對其不生效力，而訴請第三人塗銷抵押權登記。如此，即足達其訴訟之目的，其對執行債務人為塗銷抵押權登記之請求，並無必要。（六九臺上一一二）

第五十六條之一　（必要共同訴訟原告之裁定追加）

訴訟標的對於數人必須合一確定而應共同起訴，如其中一人或數人拒絕同為原告而無正當理由者，法院得依原告聲請，以裁定命該未起訴之人於一定期間內追加為原告。逾期未追加者，視為已一同起訴。

法院為前項裁定前，應使該未起訴之人有陳述意見之機會。

第一項未共同起訴之人所在不明，經原告聲請命為追加，法院認其聲請為正當者，得以裁定將該未起訴之人列為原告。但該原告於第一次言詞辯論期日前陳明拒絕為原告之理由，經法院認為正當者，得撤銷原裁定。

第一項及前項裁定，得為抗告。

第一項及第三項情形，如訴訟費用應由原告負擔者，法院得酌量情形，命僅由原起訴之原告負擔。

(92)一、本條係新增。

二、訴訟標的對於數人必須合一確定而應共同起訴者，該數人必須一同起訴，否則當事人之適格即有欠缺。如其中一人或數人拒絕同為原告，將使其他人亦無法以訴訟伸張或防衛其權利，自有未宜。爰於第一項規定如拒絕同為原告而無正當理由者，法院得依原告聲請，以裁定命該未起訴之人追加為原告，逾期未追加者，視為已一同起訴。至於拒絕同為原告是否無正當理由，則應由法院斟酌原告起訴是否為伸張或防衛其權利所必要等情形決定之。

三、法院為第一項之裁定，強制未起訴之人追加為原告，涉及未起訴之人不行使訴訟權之自由，為保障其程序上之權利，於裁定前應使其有陳述意見之機會，爰設第二項規定，以期周延。

四、第一項數人應共同起訴之情形，如其中一人或數人所在不明，亦將使其他人無從提起訴訟，又此種情形，如由法院定期命該所在不明之人追加為原告，可預見亦難有效果，徒使訴訟拖延，為期訴訟進行順暢，爰於第三項規定，原告得聲請命為追加，如法院經調查後認其聲請為正當者，即得逕以裁定將該未起訴之人列為原告。至原告應舉證證明未共同起訴之人所在不明，乃屬當然。又為兼顧被逕列為原告之人程序上之權利，並設但書規定，賦予該原告陳明拒絕為原告之理由之機會，法院若認其理由正當者，得撤銷原裁定。第一項及本項裁定，係終結與本案無涉之爭點之裁定，關於該爭點之費用，不得作為本案訴訟費用之一部，法院應依第九十五條規定準用第八十七條規定，依職權於該裁定為費用之裁判。

五、第一項及前項裁定，關係原起訴之原告及拒絕同為原告者之權益甚鉅，爰於第四項規定得為抗告。

六、共同原告依法應負擔訴訟費用，原應依第八十五條規定定其負擔。惟原未起訴之原告係因法院命令而追加為原告或被視為一同起訴，或被逕列為原告，如又令其負擔訴訟費用，不免失平，爰於第五項規定法院得酌量情形，命僅由原起訴之原告負擔。

第五十七條　（續行訴訟權）

共同訴訟人，各有續行訴訟之權。

法院指定期日者，應通知各共同訴訟人到場。

＊（共同訴訟人）民訴五三、五四；（續行訴訟）民訴一七六、一八六、一九〇；（通知到場）民訴一五六。

第三節　訴訟參加

第五十八條　（訴訟參加之要件）

就兩造之訴訟有法律上利害關係之第三人，為輔助一造起見，於該訴訟繫屬中，得為參加。

參加，得與上訴、抗告或其他訴訟行為，合併為之。

就兩造之確定判決有法律上利害關係之第三人，於前訴訟程序中已為參加者，亦得輔助一造提起再審之訴。

(92)依實務見解有認為參加人就兩造之確定判決縱有法律上利害關係，亦不得為其輔助之當事人提起再審之訴，對於參加人程序上權利之保障，尚嫌欠周。爰增訂第三項，規定參加人於此種情形，得輔助其於前訴訟程序中所輔助之一造當事人提起再審之訴。至於前訴訟程序中未參加於訴訟之第三人，則不許其於判決確定後參加訴訟同時提起再審之訴，以維持確定判決之安定性。又受訴訟告知之人雖未為參加或參加逾時，如其依第六十七條之規定視為已參加訴訟者，當然有本項規定之適用，無待明文。

＊（上訴）民訴四三七、四六四；（抗告）民訴四八二～四九五；（其他訴訟行為）民訴四九六、五三二、五三九、五五一；（訴訟承當）民訴六四；（告知訴訟）民訴六五。

▲就兩造之訴訟有法律上之利害關係之第三人，為輔助一造起見得參加於該訴訟，所謂法律上之利害關係者，即因兩造所受裁判之結果，而自己亦須受其影響之謂。（一七聲四二）

▲第三人為輔助一造起見而參加於訴訟，須就兩造之訴訟有法律上利害關係者始得為之，若僅有事實上之利害關係，則不得為參加。（二三抗一二五九）

▲參加人為輔助當事人一造起見提起上訴者，判決書當事人項下應仍列為參加人，將其所輔助之一造列為上訴人。（二九上九七八）

▲參加人參加訴訟，僅在輔助當事人之一造為訴訟行為，使得勝訴結果，藉以維持自己私法上之利益，並非直接為自己請求何項裁判，故法院之判決，除關於訴訟費用者外，不得對於參加人為之。（三二上二六〇〇）

▲民事訴訟法第五十八條第一項所謂該訴訟繫屬中，自該訴訟開始時起，至因確定裁判等原因而終結時止，該訴訟繫屬於上級審時，亦不失為訴訟繫屬中。（三二聲一一三）

▲因他人之訴訟與自己有法律上利害關係，為輔助一造起見而參加於訴訟者，依民事訴訟法第五十八條第一項之規定，應於該案訴訟繫屬中為之，若案經終結即無參加之可言。（四四臺聲三二）

▲從參加人不得為其輔助之當事人提起再審之訴或聲請再審。本件參加人於前程序僅為輔助證管會而參加訴訟，並非當事人。茲為證管會對前程序原法院之確定裁定向原法院聲請再審。原法院認其聲請為不合法，予以裁定駁回，經核於法並無違背。（六八臺抗三九八）（九二、三、一八決議自九二、九、一起不再援用）

第五十九條　（訴訟參加之程序）

參加，應提出參加書狀，於本訴訟繫屬之法院為之。

參加書狀，應表明下列各款事項：

一　本訴訟及當事人。

二　參加人於本訴訟之利害關係。

三　參加訴訟之陳述。

法院應將參加書狀，送達於兩造。

(92)「左列」修正為「下列」。

＊（書狀）民訴一一六～一二二；（送達）民訴一二三～一五三；（送達兩造之繕本）民訴一一九、一三五。

第六十條　（當事人對第三人參加訴訟之異議權）

當事人對於第三人之參加，得聲請法院駁回。但對於參加未提出異議而已為言詞辯論者，不在此限。

關於前項聲請之裁定，得為抗告。

駁回參加之裁定未確定前，參加人得為訴訟行為。

＊（聲請）民訴一一六、一二二；（言詞辯論）民訴一九二～二一九；（裁定）民訴二三四～二三九；（抗告）民訴四八二～四九五；（參加人得為之訴訟行為）民訴六一。

▲駁回參加之裁定須依當事人之聲請始得為之，此觀民事訴訟法第六十條第一項之規定自明。故第三人之參加縱使就兩造之訴訟並無法律上之利害關係，而苟未經當事人聲請駁回，法院仍不得依職權調查而為駁回其參加之裁定。（四三臺抗四八）

第六十一條　（參加人之權限）

參加人得按參加時之訴訟程度，輔助當事人為一切訴訟行為。但其行為與該當事人之行為牴觸者，不生效力。

＊（參加人）民訴五八；（當事人）民訴二四四㊀①。

▲從參加人本於自己法律上之利害關係，得獨立為其所輔助之當事人提起上訴，祇須該當事人未有反對陳述，則其因輔助當事人而提起之上訴，即應認為有效。（二〇上一三〇一）

▲對於原告提起反訴，惟被告始得為之，參加人雖得輔助被告為一切訴訟行為，但提起反訴則已出於輔助之目的以外，自非法之所許。（二三抗一〇六六）

▲參加人之行為出於輔助當事人之目的以外者，其所為之行為固不生效力，但不得因此駁回其參加。（三三上九九八）

第六十二條　（共同訴訟之輔助參加）

訴訟標的，對於參加人及其所輔助之當事人必須合一確定者，準用第五十六條之規定。

＊（訴訟標的）民訴一一六③、二四四㊀②；（參加人）民訴五八；（獨立參加人與所輔助之當事人間之關係）民訴五六；（訴訟費用之負擔）民訴八六㊁。

▲參加人係輔助當事人一造為訴訟行為之第三人，雖訴訟標的對於參加人及其所輔助之當事人必須合一確定者，亦祇準用民事訴訟法第五十六條之規定，究不能即認參加人為共同訴訟之當事人，故參加人與其所輔助之當事人一併提起上訴時，判決書當事人項下仍應列為參加人。（三三湘粵上一〇二）（一〇五、八、二三決議不再援用）

第六十三條　（本訴訟裁判對參加人之效力）

參加人對於其所輔助之當事人，不得主張本訴訟之裁判不當。但參加人因參加時訴訟之程度或因該當事人之行為，不能用攻擊或防禦方法，或當事人因故意或重大過失不用參加人所不知之攻擊或防禦方法者，不在此限。

參加人所輔助之當事人對於參加人，準用前項之規定。

(92)一、原條文不修正，改列為第一項。

二、參加人所輔助之當事人對於參加人引用本訴訟之裁判時，可否主張該裁判不當，原法並無明文規定，為免爭議，爰增設第二項，以臻明確。

＊（參加人）民訴五八；（攻擊或防禦方法）民訴一九六、二六五；（確定判決之效力）民訴四〇一。

▲參加人對於其所輔助之當事人，雖不得主張本訴訟之裁判不當，但參加人非民事訴訟法（舊）第三百九十一條第一項所謂當事人，其與他造當事人間之關係，自非確定判決之既判力所能及。（二三上三六一八）

第六十四條　（參加人之承當訴訟）

參加人經兩造同意時，得代其所輔助之當事人承當訴訟。

參加人承當訴訟者，其所輔助之當事人，脫離訴訟。但本案之判決，對於脫離之當事人，仍有效力。

＊（參加人）民訴五八；（判決之效力）民訴三九八～四〇一，強執四㊀；（必要共同訴訟）民訴五六。

▲某甲就兩造之訴訟以有法律上利害關係，為輔助被上訴人一造起見，在第一審提出書狀而為參加，既未代其所輔助之當事人承當訴訟，自應列為參加人，乃原判決竟列為共同被上訴人，顯有未合。（三二上七〇）

第六十五條　（告知訴訟）

當事人得於訴訟繫屬中，將訴訟告知於因自己敗訴而有法律上利害關係之第三人。

受訴訟之告知者，得遞行告知。

＊（訴訟告知效力）民訴六七；（裁定停止）民訴一八五；（消滅時效中斷）民一二九㊁④、一三五。

▲告知訴訟乃當事人一造於訴訟繫屬中，將其訴訟告知於因自己敗訴而有法律上利害關係之第三人，以促其參加訴訟。而所謂有法律上利害關係之第三人，係指本訴訟之裁判效力及於第三人，該第三人私法上之地位，因當事人之一造敗訴，而將致受不利益，或本訴訟裁判之效力雖不及於第三人，而第三人私法上之地位因當事人之一造敗訴，於法律上或事實上依該裁判之內容或執行結果，將致受不利益者而言。（五一臺上三〇三八）

第六十六條　（告知訴訟之程序）

告知訴訟，應以書狀表明理由及訴訟程度提出於法院，由法院送達於第三人。

前項書狀，並應送達於他造。

＊（書狀）民訴一一六～一二二、四二八；（送達）民訴一二三～一五三。

第六十七條　（告知訴訟之效力）

受告知人不為參加或參加逾時者，視為於得行參加時已參加於訴訟，準用第六十三條之規定。

＊（參加）民訴五八、五九；（本訴訟裁判對參加人之效力）民訴六三。

第六十七條之一　（法院主動告知訴訟）

訴訟之結果，於第三人有法律上利害關係者，法院得於第一審或第二審言詞辯論終結前相當時期，將訴訟事件及進行程度以書面通知該第三人。

前項受通知人得於通知送達後五日內，為第二百四十二條第一項之請求。

第一項受通知人得依第五十八條規定參加訴訟者，準用前條之規定。

(92)一、本條係新增。

二、為使有法律上利害關係之第三人能知悉訴訟而有及時參與訴訟之機會，避免第三人嗣後再提起第三人撤銷之訴，以維持確定裁判之安定性，並貫徹一次訴訟解決紛爭之原則，應賦予法院適時主動將訴訟事件及進行程度通知有法律上利害關係之第三人之職權，爰增訂第一項。第三人受通知後得視其情形自行斟酌是否參與訴訟及參與之方式，例如依第五十四條規定起訴，或依第五十八條規定參加訴訟，或依第二百五十五條、第四百三十六條之一第二項、第四百四十六條第一項之規定為當事人之追加，或依其他法定程序行使或防衛其權利。又訴訟之結果涉及多數利害關係人者，法院亦得斟酌情形，分別予以通知，如受通知人知有其他法律上利害關係人，亦得向法院陳明，由法院斟酌是否一併通知，均屬當然。

三、依第二百四十二條第一項規定，第三人欲為同條第一項之請求者，須先經當事人同意或釋明有法律上之利害關係，並經法院裁定許可，始得為之。為便利受通知人瞭解有關訴訟資料，俾能迅速決定如何參與訴訟以保護其權利，爰於第二項規定前項受通知人得於通知送達後五日內為第二百四十二條第一項之請求，不受該條第一項規定之限制。

四、第一項之受通知人如得依第五十八條規定參加訴訟，而不為參加或參加逾時，仍應使其發生一定之效力，始能貫徹第一項通知之目的。爰於第三項規定此種情形準用前條規定，視為於得行參加時已參加於訴訟，逕行準用第六十三條之規定。又受通知人如依法應發生其他法律效果，例如依第四百零一條之規定為判決效力所及者，當然仍發生該法律效果，無待明文。

第四節　訴訟代理人及輔佐人

第六十八條　（訴訟代理人之委任）

訴訟代理人應委任律師為之。但經審判長許可者，亦得委任非律師為訴訟代理人。

前項之許可，審判長得隨時以裁定撤銷之，並應送達於為訴訟委任之人。

非律師為訴訟代理人之許可準則，由司法院定之。

⑨②一、原條文規定，非律師而為訴訟代理人者，法院得以裁定禁止之。實務上以裁定禁止非律師為訴訟代理人者，並不多見，致效果不彰。而民事訴訟較具技術性，無法律素養之人代理訴訟行為，實不易勝任，為保護當事人權益，並使訴訟程序得以順利進行，訴訟代理人原則上應委任律師為之。惟我國不採強制律師代理制度，故如經審判長許可，亦得委任非律師為訴訟代理人。又審判長指揮訴訟，此項許可由審判長為之即可。爰修正第一項。

二、審判長之許可，本應以裁定為之，如非律師為訴訟代理人，審判長已許其為本案訴訟行為，應視為已有許可為訴訟代理人之裁定，以省勞費，乃於第二項設擬制許可之規定。

三、委任非律師為訴訟代理人，雖經審判長許可，如其不適或不宜為訴訟行為，審判長自得隨時以裁定撤銷之。又為便利委任人另行委任適當之訴訟代理人或自為訴訟，此項撤銷裁定並應送達於為訴訟委任之人。乃增列第三項。

*（代理）民一〇三～一一〇；（律師）律師一、九、一九；（訴訟代理權之欠缺）民訴七五、二四九㊀⑤、四六九④、四九六㊀⑤；（裁定）民訴二三四～二三九；（送達）民訴一二三～一五三、二三六；（訴訟程序中之裁定）民訴四八三；（準用）刑訴四九一④，非訟一二。

▲禁止非律師之人為訴訟代理人之裁定，係訴訟程序進行中所為之裁定，依民事訴訟法第四百八十條之規定，自在不得抗告之列。（二八抗四〇六）（九二、三、一八決議自九二、九、一起不再援用）

▲訴訟能力係當事人自為訴訟行為所應有之能力，若為他人之訴訟代理人而為訴訟行為，則在現行民事訴訟法並未限定其須有訴訟能力，雖係無訴訟能力人亦屬無妨，惟法院認為不適當或欠缺陳述能力時，得依民事訴訟法第六十八條或第二百零八條第三項規定，禁止其代理或陳述而已。（二九上六四六）（九二、三、一八決議自九二、九、一起不再援用）

第六十九條　（委任訴訟代理人之方式）

訴訟代理人，應於最初為訴訟行為時，提出委任書。但由當事人以言詞委任，經法院書記官記明筆錄，或經法院、審判長依法選任者，不在此限。

前項委任或選任，應於每審級為之。但當事人就特定訴訟於委任書表明其委任不受審級限制，並經公證者，不在此限。

⑩②一、原條文第一項未修正。

二、家事事件法第十五條規定法院於認有必要時，得為有程序能力人之利益選任程序監理人，同法第十六條第三項並規定選任之程序監理人不受審級限制，法院自毋庸再為其選任訴訟代理人，且本法刪除第五百七十一條之一第二項及第五百八十五條第一項規定，爰配合刪除原條文第二項第二款，並酌作文字修正。

*（代理權授與）民一六七；（言詞委任）民訴一二二；（附卷）民訴二四一；（代理權之限制）民訴七〇㊂。

▲㈣民事訴訟法第六十九條之委任書，為證明授與訴訟代理權之文書，當事人之函電或其他文書載明授與訴訟代理權之事實者，即係委任書，委任書為民事訴訟法所稱書證之一種，而非同法所稱之當事人書狀，故作成委任書無須購用司法狀紙。（院二四七八）

▲委任訴訟代理人，應於每一審級為之，受特別委任之訴訟代理人，雖有為其所代理之當事人，提起上訴之權限，但提起上訴後，其代理權即因代理事件終了而消滅，該訴訟代理人如欲在上訴審代為訴訟行為，尚須另受委任，方得為之（司法院二十八年院字第一八四一號解釋參照）。本件葛某在第一審提出之被上訴人委託書，縱得認為被上訴人委任葛某為第一審訴訟特別代理人之委任書，葛某有為被上訴人提起附帶上訴之權限，依前揭說明，葛某仍須另受委任，方得代被上訴人為第二審訴訟行為。（六九臺上一五七四）

第七十條　（訴訟代理人之權限）

訴訟代理人就其受委任之事件有為一切訴訟行為之權。但捨棄、認諾、撤回、和解、提起反訴、上訴或再審之訴及選任代理人，非受特別委任不得為之。

關於強制執行之行為或領取所爭物，準用前項但書之規定。

如於第一項之代理權加以限制者，應於前條之委任書或筆錄內表明。

*（捨棄）民訴三八四、四三九；（認諾）民訴三八四；（撤回）民訴二六二、二六四、四五九；（和解）民訴三七七；（提起反訴）民訴二五九、四四六；（提起上訴）民訴四三七、四六〇、四六四；（提起再審之訴）民訴四九六、四九七；（委任書）民訴六九。

▲訴訟代理人於其代理權之範圍內所為之行為，或受他造或法院之行為，均直接對於本人發生效力。（二九抗五三一）

▲訴訟代理人就其受委任之事件有為一切訴訟行為之權，為民事訴訟法第七十條第一項之所明定，所謂一切訴訟行為，凡不屬該條項但書所定應受特別委任之事項均包含在內，代受送達亦為一切訴訟行為之一種，訴訟代理人當然有此權限，其基此所為之代受送達，即與委任之當事人自受送達生同一之效力。（四四臺抗一九二）

▲上訴人提出委任某甲為二審訴訟代理人之委任書，既經載明授以民事訴訟法第七十條第一項但書所列各行為之特別代理權，則該訴訟代理人，有就訟爭標的而為捨棄之特別權限，甚為明顯，其於言詞辯論時就訟爭標的之一部表示捨棄，自應視為與上訴人所為者有同一之效力，至實際上是否與上訴人之意思合致，要於其效力不生影響。（四五臺上一三七六）

▲（六九臺上一五七四）參見本法第六十九條。

第七十條之一　（選任訴訟代理人之權限）

法院或審判長依法律規定為當事人選任律師為訴訟代理人者，該訴訟代理人得代理當事人為一切訴訟行為。但不得為捨棄、認諾、撤回或和解。

當事人自行委任訴訟代理人或表示自為訴訟行為者，前項訴訟代理人之代理權消滅。

前項情形，應通知選任之訴訟代理人及他造當事人。

⑨②一、本條係新增。

二、法院或審判長為當事人選任訴訟代理人，係為維持兩造當事人程序上實質對等所設之制度。為落實此制度，自應廣泛授與訴訟代理人有代為一切訴訟行為之權限。且其權限較諸當事人自行選任無特別代理權之訴訟代理人為廣，舉凡提起反訴、上訴、再審之訴或選任代理人，均得為之。惟捨棄、認諾、撤回或和解之行為，與法院或審判長選任訴訟代理人之原意有悖，爰於但書明文予以限制。

三、法院或審判長為當事人選任之訴訟代理人，如該當事人不願接受，得自行委任訴訟代理人或表示自為訴訟行為以排除之，爰於第二項規定，於此種情形，法院或審判長於選任之訴訟代理人之代理權消滅。又法院或審判長於選任後如認該訴訟代理人不適任者，自得隨時解任，另行選任適當之訴訟代理人；訴訟代理人如有正當理由，亦得自行辭退，乃屬當然。

四、於法院或審判長選任訴訟代理人後，當事人自行委任訴訟代理人或表示自為訴訟行為者，應通知選任之訴訟代理人及他造當事人，使其知悉。爰增訂第三項。

第七十一條（各別代理權）

訴訟代理人有二人以上者，均得單獨代理當事人。

違反前項之規定而為委任者，對於他造不生效力。

*（委任訴訟代理人之方式）民訴六九；（共同代理）民一六八；（訴訟代理人之權限）民訴七〇；（準用）非訟一二。

▲（院解二九三六）參見本法第四十七條。

第七十二條（當事人本人之撤銷或更正權）

訴訟代理人事實上之陳述，經到場之當事人本人即時撤銷或更正者，不生效力。

*（訴訟代理人之權限）民訴七〇。

▲訴訟代理人為訴訟行為，係本於當事人之授權以自己之意思為之，並非本人之代言機關，故其行為有無錯誤。不依本人之意思決之，而依代理人之意思決之，其所為事實上之陳述，除經到場之當事人本人即時撤銷或更正外，其效果即及於當事人本人，不得以與當事人或本人之真意不符為理由，而否認其效力。（四九臺上二三六二）

第七十三條（訴訟代理權之效力）

訴訟代理權，不因本人死亡、破產或訴訟能力喪失而消滅；法定代理有變更者亦同。

*（訴訟代理權）民訴七〇；（法定代理）民訴四七、五二；（訴訟程序當然停止）民訴一六八～一七四、一八〇、一八一㊁；（代理權之消滅）民一〇八、五五〇；（訴訟委任之解除）民訴七四。

第七十四條（終止訴訟委任之要件及程序）

訴訟委任之終止，非通知他造，不生效力。

前項通知，應以書狀或言詞提出於法院，由法院送達或告知於他造。

由訴訟代理人終止委任者，自為終止之意思表示之日起十五日內，仍應為防衛本人權利所必要之行為。

(92)一、訴訟法上本人撤回訴訟代理權或訴訟代理人辭退其職務，均無溯及效力，不生回復原狀之問題。原條文用「訴訟委任之解除」一詞，易滋誤會，爰將第一項及第三項之「解除」均修正為「終止」，俾資明確。

二、終止訴訟委任之通知，旨在使他造知悉終止情事，應無限於以書狀提出之必要，爰修正第二項，規定亦得以言詞提出於法院，由法院告知於他造。

*（訴訟委任）民訴六九；（書狀）民訴一一六～一二二、四二八；（繕本送達）民訴一一九、一三五；（期間之計算）民訴一六一，民一二〇～一二二；（委任之繼續）民五五一。

第七十五條（訴訟代理權欠缺之補正）

訴訟代理權有欠缺而可以補正者，審判長應定期間命其補正。但得許其暫為訴訟行為。

第四十八條之規定，於訴訟代理準用之。

(92)配合第二百四十九條第一項但書之規定，修正第一項。

*（訴訟代理之委任及訴訟代理人之權限）民訴六九、七〇；（能力、法定代理權或為訴訟所必要之允許有欠缺之追認）民訴四八；（訴訟代理欠缺之效果）民訴二四九㊀⑤、四六九④、四九六㊀⑤。

▲代理權有欠缺之訴訟代理人，在下級審所為之訴訟行為，經當事人本人在上級審承認者，溯及於行為時發生效力。

本件原審廢棄第一審判決駁回上訴人之訴，係以代理起訴之某甲無代理權為理由，茲上訴人既對於原判決提起第三審上訴，即已承認某甲之訴訟行為，自不得以起訴時代理權有欠缺，即認其訴為不合法。（二八上一二三一）

▲某律師為上訴人在第一審之訴訟代理人，雖委任書提出較遲，但上訴人之法定代理人自陳「本件原來是委任某律師代理出庭言詞辯論」等語，則依民事訴訟法第七十五條第二項之規定，溯及既往發生代理訴訟之效力，從而該代理人兩次收受言詞辯論期日之通知書，均屬合法，其不到場辯論，應生視為撤回其訴之效力。第一審法院於通知視為撤回後又續行訴訟，於法殊有違背。（六二臺上六〇〇）

▲強制執行法第八十八條規定開標應由執行法官當眾開示，並朗讀之。拍賣程序係在利害關係對立之不特定多數關係人注視下公開行之，其執行程序事項有即斷即決之必要，以期其程序明確。故應買人雖得委任他人代理應買，惟應即時提出證明書，以證明合法授權之事實，如未提出證明書，代理權即有欠缺，其投標無效，性質上自不許準用民事訴訟法第七十五條第一項定期命補正之規定。（八五臺抗五五三）

第七十六條（輔佐人到場之許可及撤銷）

當事人或訴訟代理人經審判長之許可，得於期日偕同輔佐人到場。

前項許可，審判長得隨時撤銷之。

(92)按審判長指揮訴訟，第六十八條關於委任非律師為訴訟代理人之許可及撤銷，已修正為由審判長為之，關於輔佐人到場之許可及撤銷，自亦由審判長為之即可，爰將第一、二項之「法院」修正為「審判長」。

*（當事人）民訴一一六①、二四四㊀①；（訴訟代理人）民訴六八～七〇；（期日）民訴一五四；（準用）刑訴四九一④，非訟一二。

▲輔佐人，非當事人或訴訟代理人於期日偕同到場不得為之。故若偕同到場之當事人或訴訟代理人退庭，亦即失其輔佐人之資格，不得為訴訟行為。（四一臺上八二四）

第七十七條（輔佐人所為陳述之效力）

輔佐人所為之陳述，當事人或訴訟代理人不即時撤銷或更正者，視為其所自為。

*（當事人撤銷更正）民訴七二；（禁止陳述）民訴二〇八；（準用）非訟一二。

第三章　訴訟標的價額之核定及訴訟費用

第一節　訴訟標的價額之核定

第七十七條之一（訴訟標的價額之核定）

訴訟標的之價額，由法院核定。

核定訴訟標的之價額，以起訴時之交易價額為準；無交易價額者，以原告就訴訟標的所有之利益為準。

法院因核定訴訟標的之價額，得依職權調查證據。

第一項之核定，得為抗告。

(92)一、本條新增。

二、原民事訴訟費用法第四條移列為本條第一、二項。

三、訴訟標的之價額，關係訴訟程序事項，法院如不能依當事人之主張而得有心證者，應得依職權調查證據，爰增訂第三項，俾資適用。

四、訴訟標的價額之核定，牽涉當事人之利益甚鉅，爰增訂第四項規定當事人對於訴訟標的價額之核定，得為抗告。

第七十七條之二（訴訟標的價額㈠）

以一訴主張數項標的者，其價額合併計算之。但所主張之數項標的互相競合或應為選擇者，其訴訟標的價額，應依其中價額最高者定之。

以一訴附帶請求其孳息、損害賠償、違約金或費用者，不併算其價額。

(92)一、本條新增。
二、原民事訴訟費用法第五條及第六條規定，均係關於訴之客觀合併時訴訟標的價額核定之規定，宜合併規定之，爰作文字修正後，合併移列於本條。

第七十七條之三（訴訟標的價額㈡）

原告應負擔之對待給付，不得從訴訟標的之價額中扣除。

原告並求確定對待給付之額數者，其訴訟標的之價額，應依給付中價額最高者定之。

(92)一、本條新增。
二、本條係原民事訴訟費用法第七條移列。

第七十七條之四（訴訟標的價額㈢）

因地上權、永佃權涉訟，其價額以一年租金十五倍為準；無租金時，以一年所獲可視同租金利益之十五倍為準；如一年租金或利益之十五倍超過其地價者，以地價為準。

(92)一、本條新增。
二、本條係原民事訴訟費用法第八條移列。原條文係民國三十年所公布，列於第四條，五十七年修正改列為第八條時，將「地上權」誤植為「土地權」，爰修正之。

第七十七條之五（訴訟標的價額㈣）

因地役權涉訟，如係地役權人為原告，以需役地所增價額為準；如係供役地人為原告，以供役地所減價額為準。

(92)一、本條新增。
二、本條係原民事訴訟費用法第九條移列。

第七十七條之六（訴訟標的價額㈤）

因債權之擔保涉訟，以所擔保之債權額為準；如供擔保之物其價額少於債權額時，以該物之價額為準。

(92)一、本條新增。
二、本條係原民事訴訟費用法第十條移列。

第七十七條之七（訴訟標的價額㈥）

因典產回贖權涉訟，以產價為準；如僅係典價之爭執，以原告主張之利益為準。

(92)一、本條新增。
二、本條係原民事訴訟費用法第十一條移列。

第七十七條之八（訴訟標的價額㈦）

因水利涉訟，以一年水利可望增加收益之額為準。

(92)一、本條新增。
二、本條係原民事訴訟費用法第十二條移列。

第七十七條之九（訴訟標的價額㈧）

因租賃權涉訟，其租賃定有期間者，以權利存續期間之租金總額為準；其租金總額超過租賃物之價額者，以租賃物之價額為準；未定期間者，動產以二個月租金之總額為準，不動產以二期租金之總額為準。

(92)一、本條新增。
二、本條係原民事訴訟費用法第十三條移列修正。原條文關於不定期租賃之訴訟標的價額，一律定為兩期租金之總額，不免失衡，爰修正為動產以二個月租金之總額為準，不動產以二期租金之總額為準。

第七十七條之十（訴訟標的價額㈨）

因定期給付或定期收益涉訟，以權利存續期間之收入總數為準；期間未確定時，應推定其存續期間。但其期間超過十年者，以十年計算。

(92)一、本條新增。
二、本條係原民事訴訟費用法第十四條移列。
三、因定期給付或定期收益之訴訟標的價額之核定，原規定並無上限，致權利存續期間較長者蒙生不利益，爰增訂但書規定其期間超過十年者，以十年計算。

第七十七條之十一（訴訟標的價額㈩）

分割共有物涉訟，以原告因分割所受利益之價額為準。

(92)一、本條新增。
二、分割共有物之訴，係共有人請求法院以判決消滅共有關係。於判決前，原告共有權仍存在於共有物之全部，其訴訟標的之價額，自應以原告分割所受利益核定訴訟標的價額為合理，爰增訂本條。

第七十七條之十二（訴訟標的價額(十一)）

訴訟標的之價額不能核定者，以第四百六十六條所定不得上訴第三審之最高利益額數加十分之一定之。

(92)一、本條新增。
二、本條係原民事訴訟費用法第十五條移列修正。原條文所定之數額五百元，係民國三十年所公布，與當時民事訴訟法（民國二十四年公布）所定限制上訴第三審之上訴利益額相同，嗣限制上訴第三審之上訴利益額多次提高，原條文均未配合修正，致與社會經濟之實際狀況不符。又訴訟標的價額不能核定之事件，其訴訟未必簡單輕微，為求訴訟之妥適進行，宜以通常訴訟程序行之。原條文規定將不能核定之訴訟標的價額視為五百元，使此類事件一律適用簡易程序，且不得上訴第三審，於當事人權益之保障未免欠周，爰配合第四百六十六條之規定予以修正。

第二節　訴訟費用之計算及徵收

第七十七條之十三（訴訟費用㈠）

因財產權而起訴，其訴訟標的之金額或價額在新臺幣十萬元以下部分，徵收一千元；逾十萬元至一百萬元部分，每萬元徵收一百元；逾一百萬元至一千萬元部分，每萬元徵收九十元；逾一千萬元至一億元部分，每萬元徵收八十元；逾一億元至十億元部分，每萬元徵收七十元；逾十億元部分，每萬元徵收六十元；其畸零之數不滿萬元者，以萬元計算。

(92)一、本條新增。
二、本條第一項係原民事訴訟費用法第二條第一項移列修正。原條文規定因財產權而起訴，其訴訟標的之金額或價額在銀元一百元以上者，不問其金（價）額高低，一律按百分之一之比例徵收裁判費，將使訴訟標的金（價）額較龐大之當事人負擔過高之裁判費，非惟有失公平，甚而致當事人因不堪負荷鉅額裁判費而放棄使用訴訟制度，於當事人財產權、訴訟權之保障，自嫌欠周。為貫徹憲法保障人民平等權、財產權及訴訟權之精神，爰改採分級累退計費之方式，將訴訟標的金（價）額超過新臺幣十萬元部分分五級遞減其裁判費徵收比例。又為配合郵電費及法院職員於法院外為訴訟行為之食、宿、舟、車費項目之取銷，刪除原條文有關起徵點之規定，明定訴訟標的金（價）額在新臺幣十萬元以下部分，一律徵收新臺幣一千元。

三、我國現已不以銀兩、銅幣為貨幣單位，黃金、外幣亦可自由買賣，如訴訟標的物為銀兩、銅幣、黃金或外幣者，當然應依第七十七條之一之規定，以起訴時之交易價額為準，核定其價額，原條文第二項應無規定之必要。

第七十七條之十四（訴訟費用㈡）

非因財產權而起訴者，徵收裁判費新臺幣三千元。

於非財產權上之訴，並為財產權上之請求者，其裁判費分別徵收之。

⑫一、本條新增。
二、本條係原民事訴訟費用法第十六條移列修正。
三、非因財產權之訴，常涉及人格權或身分關係，對於當事人而言，實較財產權訴訟更為重要，原條文規定收費過低，爰斟酌目前社會經濟狀況，調高為新臺幣三千元。

第七十七條之十五（訴訟費用㈢）

本訴與反訴之訴訟標的相同者，反訴不另徵收裁判費。

依第三百九十五條第二項、第五百三十一條第二項所為之聲明，不徵收裁判費。

訴之變更或追加，其變更或追加後訴訟標的之價額超過原訴訟標的之價額者，就其超過部分補徵裁判費。

⑫一、本條新增。
二、原民事訴訟費用法第十七條移列為本條第一項。
三、第三百九十五條第二項、第五百三十一條第二項之規定，係為保護受不當假執行、假扣押、假處分被告之利益，且兼顧訴訟經濟而設，乃附屬於本案訴訟程序之一種簡便程序。為鼓勵被告利用此種簡便程序，避免另行起訴，以減輕訟累，爰明文規定依上述規定所為之聲明不徵收裁判費。
四、訴之變更或追加，有多樣型態，是否應一律就變更或追加之新訴，全額徵收裁判費，適用上不無疑義。爰增訂第三項，規定變更或追加後訴訟標的之價額超過原訴訟標的之價額者，始應就其超過部分補徵裁判費。至於補徵數額之計算方式，係就變更或追加後訴訟標的價額計算裁判費後，再扣除依原訴之訴訟標的價額算定之裁判費後補徵之。

第七十七條之十六（訴訟費用㈣）

向第二審或第三審法院上訴，依第七十七條之十三及第七十七條之十四規定加徵裁判費十分之五發回或發交更審再行上訴者免徵；其依第四百五十二條第二項為移送，經判決後再行上訴者，亦同。

於第二審為訴之變更、追加或依第五十四條規定起訴者，其裁判費之徵收，依前條第三項規定，並準用前項規定徵收之。提起反訴應徵收裁判費者，亦同。

⑫一、本條新增。
二、第一項係原民事訴訟費用法第十八條移列修正。原民事訴訟費用法第二條、第十六條已移列為第七十七條之十三及第七十七條之十四，爰將原條文「第二條及第十六條」修正為「第七十七條之十三及第七十七條之十四」。又上訴審法院依第四百五十二條第二項之規定，將事件移送於管轄法院，經受移送之法院判決後再行上訴者，其情形與發回或發交更審再行上訴者相類，亦應免徵裁判費，爰增訂後段規定如上，以求公平。
三、在第二審為訴之變更、追加或依第五十四條規定起訴或提起反訴，究應僅依第七十七條之十三至前條之規定徵收裁判費，或應併依第一項之規定加徵裁判費十分之五，恐有疑義，爰增訂第二項明定之。

第七十七條之十七（訴訟費用㈤）

再審之訴，按起訴法院之審級，依第七十七條之十三、第七十七條之十四及前條規定徵收裁判費。

對於確定之裁定聲請再審者，徵收裁判費新臺幣一千元。

⑫一、本條新增。
二、第一項係原民事訴訟費用法第十九條移列修正。原條文「第二條、第十六條」修正為「第七十七條之十三、第七十七條之十四」，理由同前條修正說明二。
三、對於確定之裁定聲請再審之裁判費，原民事訴訟費用法未定明文，適用上滋生疑義，爰增訂第二項，規定徵收裁判費新臺幣一千元，以利適用。

第七十七條之十八（訴訟費用㈥）

抗告，徵收裁判費新臺幣一千元，再為抗告者，亦同。

⑫一、本條新增。
二、本條係原民事訴訟費用法第二十條移列修正。原條文所定之裁判費因社會經濟狀況變遷，顯屬偏低，爰提高為新臺幣一千元，以符實際。

第七十七條之十九（訴訟費用㈦）

聲請或聲明不徵費用。但下列第一款之聲請，徵收裁判費新臺幣五百元；第二款至第七款之聲請，徵收裁判費新臺幣一千元：

一　聲請發支付命令。
二　聲請參加訴訟或駁回參加。
三　聲請回復原狀。
四　起訴前聲請證據保全。
五　聲請假扣押、假處分或撤銷假扣押、假處分裁定。
六　（刪除）
七　聲請公示催告或除權判決。

⑩家事事件法第三條第四項規定宣告死亡事件、撤銷死亡宣告事件、監護或輔助宣告事件及撤銷監護或輔助宣告事件屬丁類家事非訟事件，其聲請費用之徵收，依家事事件法第九十七條規定，應準用非訟事件法，無本法之適用。爰配合刪除原條文第六款，及第七款關於宣告死亡部分之規定。

第七十七條之二十（訴訟費用㈧）

因財產權事件聲請調解，其標的之金額或價額未滿新臺幣十萬元者，免徵聲請費；十萬元以上，未滿一百萬元者，徵收一千元；一百萬元以上，未滿五百萬元者，徵收二千元；五百萬元以上，未滿一千萬元者，徵收三千元；一千萬元以上者，徵收五千元。非因財產權而聲請調解者，免徵聲請費。

調解不成立後三十日內起訴者，當事人應繳之裁判費，得以其所繳調解之聲請費扣抵之。

⑫一、本條係新增。
二、依第七十七條之二十三條第四項規定：「郵電送達費及法官、書記官、執達員、通譯於法院外為訴訟行為之食宿、舟、車費，不另徵收。」且為防止當事人濫用程序，聲請法院為不必要之調解，自有統一酌收聲請費之必要。爰於第一項明定因財產權事件而聲請調解應酌收聲請費，並定其徵收標準。
三、非因財產權而聲請調解事件，仍維持現制，不徵收聲請費，爰於第二項明定。
四、為配合擴大調解前置程序之規定，避免同一事件重複徵收費用，影響當事人行使權利，爰於第三項規定調解不成立後起訴者，當事人應繳之裁判費，得以其所繳調解之聲請費扣抵之。惟為期當事人間之爭執早日解決，乃規定得扣抵者，以調解不成立後三十日內起訴者為限。至於調解不成立後即為訴訟之辯論或於調解不成立證明書送達前起訴或送達後十日之不變期間內起訴，而依第四百十九條規定視為自聲請調解時已經起訴之情形，自包括在內。

第七十七條之二十一（訴訟費用(九)）

依第五百十九條第一項規定以支付命令之聲請視為起訴或聲請調解者，仍應依第七十七條之十三或第七十七條之二十規定全額徵收裁判費或聲請費。前項應徵收之裁判費或聲請費，當事人得以聲請支付命令時已繳之裁判費扣抵之。

(92)一、本條新增。
二、第一項係原民事訴訟費用法第二十二條移列修正。原民事訴訟費用法第二條已移列為第七十七條之十三，且第七十七條之二十第一項已增設聲請調解應徵收聲請費之規定，爰將原條文「第二條」修正為「第七十七條之十三」，並增訂「以支付命令之聲請視為聲請調解者，仍應依第七十七條之二十規定全額徵收聲請費」之旨，以資配合。又關於以調解之聲請視為起訴時仍應徵收裁判費之問題，增訂之第七十七條之二十第二項已另設明文，爰將原條文有關此部分之文字刪除，俾免重複。
三、為避免同一事件重複徵收費用，影響當事人行使權利，爰增訂第二項，規定於以支付命令之聲請視為起訴或聲請調解之情形，當事人得以聲請支付命令時已繳之裁判費，扣抵起訴所應徵收之裁判費或聲請調解所應徵收之聲請費。

第七十七條之二十二（訴訟費用(十)）

依第四十四條之二請求賠償之人，其裁判費超過新臺幣六十萬元部分暫免徵收。

依第四十四條之三規定請求者，免徵裁判費。

依第一項或其他法律規定暫免徵收之裁判費，第一審法院應於該事件確定後，依職權裁定向負擔訴訟費用之一造徵收之。

(98)因邇來新增訂之部分法規（如犯罪被害人保護法）規定原告於起訴時得暫免繳納一部或全部之裁判費，故於事件確定後，應有徵收規定，爰修訂第三項，規定依其他法律暫免徵收之裁判費，於該事件確定後，第一審法院亦應依職權裁定向負擔訴訟費用之一造徵收之。

第七十七條之二十三（訴訟費用(十一)）

訴訟文書之影印費、攝影費、抄錄費、翻譯費，證人、鑑定人之日費、旅費及其他進行訴訟之必要費用，其項目及標準由司法院定之。

運送費、公告法院網站費、登載公報新聞紙費及法院核定之鑑定人報酬，依實支數計算。

命當事人預納之前二項費用，應專就該事件所預納之項目支用，並得由法院代收代付之。有剩餘者，應於訴訟終結後返還繳款人。

郵電送達費及法官、書記官、執達員、通譯於法院外為訴訟行為之食、宿、舟、車費，不另徵收。

(107)一、以法院網站之電子公告取代刊登新聞紙。
二、原條文第二項前段「運送費、登載公報新聞紙費」修正為「運送費、公告法院網站費、登載公報新聞紙費」。

第七十七條之二十四（訴訟費用(十二)）

當事人、法定代理人或其他依法令代當事人為訴訟行為之人，經法院命其於期日到場或依當事人訊問程序陳述者，其到場之費用為訴訟費用之一部。

前項費用額之計算，準用證人日費、旅費之規定。

(92)一、本條係新增。
二、當事人、法定代理人或其他依法令代當事人為訴訟行為之人（如代表人、管理人、特別代理人），經法院命其本人於期日到場，或法院依第三百六十七條之一第一項規定以當事人身分對其為訊問者，其到場之費用係為伸張或防衛權利之必要費用，為防止濫訴及避免另案請求損害賠償之煩，上開費用應列為訴訟費用，爰規定第一項。至如法院因當事人等所委任之訴訟代理人陳述矛盾含混，或對於他造之陳述不能答辯，而命當事人等本人到場，以闡明事實關係者，其到場之費用，係可歸責於該當事人之事由所生之費用，依第八十二條規定，法院得命其負擔全部或一部，乃屬當然。
三、參酌有關證人到場費用之規定，當事人到場之費用，得列為訴訟費用之項目，以日費、旅費為限，爰於第二項規定其費用額之計算，準用證人日費、旅費之規定，由司法院定其標準。

第七十七條之二十五（訴訟費用(十三)）

法院或審判長依法律規定，為當事人選任律師為特別代理人或訴訟代理人者，其律師之酬金由法院酌定之。

前項及第四百六十六條之三第一項之律師酬金為訴訟費用之一部，應限定其最高額，其支給標準，由司法院參酌法務部及全國律師聯合會等意見定之。

前項律師酬金之數額，法院為終局裁判時，應併予酌定；訴訟不經裁判而終結者，法院應依聲請以裁定酌定之。

對於酌定律師酬金數額之裁判，得為抗告，但不得再為抗告。

(110)一、法院或審判長為當事人選任律師為訴訟代理人或特別代理人，其律師酬金為訴訟費用之一部，宜由法院酌定之，爰修正第一項。
二、前項及第四百六十六條之三第一項之律師酬金為訴訟費用之一部，自應限定其最高額，以維公允。又配合一百零九年一月十五日修正之律師法第一百四十四條規定，中華民國律師公會全國聯合會，自一百十年一月一日起更名為全國律師聯合會，於此之前，律師法所稱全國律師聯合會，係指中華民國律師公會全國聯合會，爰修正第二項。
三、為程序經濟及簡化流程，法院為終局裁判時，應於裁判中或併以裁定酌定該審級律師酬金之數額，如漏未酌定，為裁判之脫漏，法院應為補充裁判；不經裁判而終結訴訟之情形，法院應依聲請以裁定酌定之，爰增訂第三項。
四、依本條酌定之律師酬金，為訴訟費用之一部，攸關負擔訴訟費用當事人及律師之權益，爰增訂第四項，明定無論以判決或裁定酌定，對於該部分裁判不服者，均得循抗告程序救濟，不適用第八十七條第二項、第八十八條規定，亦不得再為抗告，以免程序延宕。

第七十七條之二十六（訴訟費用(十四)）

訴訟費用如有溢收情事者，法院應依聲請並得依職權以裁定返還之。

前項聲請，至遲應於裁判確定或事件終結後三個月內為之。

裁判費如有因法院曉示文字記載錯誤或其他類此情形而繳納者，得於繳費之日起五年內聲請返還，法院並得依職權以裁定返還之。

法理由中雖載明「訴訟費用如因誤會或其他原因而有溢收情事者，當然應返還之」，惟目前實務上偶有當事人因法院曉示文字記載錯誤或其他類此情形，而當事人信賴上開記載繳納裁判費（例如屬不得上訴第三審之事件，但判決書內卻誤載為得上訴第三審，致當事人提起上訴並繳納裁判費後，遭原審或最高法院駁回之情事），上開情形能否適用本條第一項之規定，尚非明確。
二、因當事人係信賴法院文書之記載，方為相關之訴訟行為並繳納裁判費，法院收受上開裁判費後若不返還，顯非合理，為保障當事人之權益，爰參酌規費法第十八條第一項規定，增訂第三項。
三、本條第一項適用之情形為當事人自行向法院繳納訴訟費用，致生溢收之情事；若有法院曉示文字錯誤或其他類此情形，致當事人因而繳納裁判費之情事，則應適用第三項之規定，併此說明。

第七十七條之二十七　（訴訟費用㈩五）

本法應徵收之裁判費各高等法院得因必要情形，擬定額數，報請司法院核准後加徵之。但其加徵之額數，不得超過原額數十分之五。

㉒一、本條新增。
二、由民事訴訟費用法第二十九條第一項移列。
三、有關抄錄費、翻譯費、到庭費及滯留費等進行訴訟之必要費用，其項目及標準，已於第七十七條之二十三第一項規定由司法院定之，原民事訴訟費用法第二十九條第二項即無規定之必要，爰將之刪除。

第三節　訴訟費用之負擔

第七十八條　（訴訟費用負擔之原則）

訴訟費用由敗訴之當事人負擔。

㉒變更所屬節次，由第一節改列第三節，條文內容未修正。
＊（訴訟費用）民事訴訟費用法，民訴五一㈤、一一〇、一一四、三七四㈡、三七六、四二三、五一九㈡。
▲被上訴人在前訴訟程序提起第三審上訴，係因未繳納審判費，亦未表明上訴理由，經第三審法院認為不合法，以裁定駁回，則被上訴人對於第二審法院之確定判決提起再審之訴，雖有理由，亦僅得廢棄不當之原確定判決，與第三審法院駁回上訴之裁定無涉，乃原法院竟將此項裁定併予廢棄，從而判令上訴人負擔第三審訴訟費用，於法殊有未合。（二八上二四九）
▲當事人支出之旅費，並不在現行民事訴訟費用法所定費用

他造之侵權行為所受之損害者，得向他造請求賠償，此項賠償請求權，不因民事訴訟法定有訴訟費用之負擔，及民事訴訟費用法定有訴訟費用之範圍而被排除。（三二上三一四五）

第七十九條　（一部勝訴、一部敗訴之負擔標準）

各當事人一部勝訴、一部敗訴者，其訴訟費用，由法院酌量情形，命兩造以比例分擔或命一造負擔，或命兩造各自負擔其支出之訴訟費用。

㉒各當事人一部勝訴、一部敗訴者，原條文規定各負擔其支出之訴訟費用，形式上固似合理，惟事實上因起訴原告須先繳納裁判費，訴訟進行中訴訟行為須支出之費用，多數亦由原告預納，以致造成原告負擔全部訴訟費用之結果，殊有不公。爰修正規定於當事人訴訟勝敗互見時，其訴訟費用，由法院酌量情形，原則上命兩造以比例分擔，認為適當者，亦得命一造負擔，或命兩造各自負擔其支出之訴訟費用，以期靈活運用，而維公平。
＊（訴訟費用負擔之原則）民訴七八。

第八十條　（原告負擔訴訟費用）

被告對於原告關於訴訟標的之主張逕行認諾，並能證明其無庸起訴者，訴訟費用，由原告負擔。

㉒變更所屬節次，由第一節改列第三節，條文內容未修正。
＊（訴訟標的）民訴一一六③、二四四㈠②；（認諾）民訴三八四；（舉證責任）民訴二七七。

第八十條之一　（由勝訴人負擔訴訟費用㈠）

因共有物分割、經界或其他性質上類似之事件涉訟，由敗訴當事人負擔訴訟費用顯失公平者，法院得酌量情形，命勝訴之當事人負擔其一部。

㉒一、本條係新增。
二、按訴訟費用係以由敗訴之當事人負擔為原則，惟在民事訴訟中，亦有屬於非訟事件性質者，例如請求分割共有物之訴、定經界之訴等，此類事件，雖以民事訴訟方式處理，惟實質上並無所謂何造勝訴敗訴之問題。若將訴訟費用完全命形式上敗訴之當事人負擔，有欠公允，爰增設本條規定，對於上述事件之訴訟費用，法院得酌量情形，命勝訴之當事人負擔其一部，以期公允。

第八十一條　（由勝訴人負擔訴訟費用㈡）

因下列行為所生之費用，法院得酌量情形，命勝訴之當事人負擔其全部或一部：

一　勝訴人之行為，非為伸張或防衛權利所必要者。

二　敗訴人之行為，按當時之訴訟程度，為伸張或防衛權利所必要者。

㉒「左列」修正為「下列」。
＊（訴訟費用負擔之原則）民訴七八。

第八十二條　（由勝訴人負擔訴訟費用㈢）

當事人不於適當時期提出攻擊或防禦方法，或遲誤期日或期間，或因其他應歸責於己之事由而致訴訟延滯者，雖該當事人勝訴，其因延滯而生之費用，法院得命其負擔全部或一部。

㉒變更所屬節次，由第一節改列第三節，條文內容未修正。
＊（攻擊防禦）民訴一九六；（期日）民訴一五四～一五九；（期間）民訴一六〇～一六七；（訴訟延滯）民訴一六五、二〇八、二七三、二七六、三八五、三八七。

第八十三條　（撤回訴訟上訴或抗告之訴訟費用負擔）

原告撤回其訴者，訴訟費用由原告負擔。其於第一審言詞辯論終結前撤回者，得於撤回後三個月內聲請退還該審級所繳裁判費三分之二。

前項規定，於當事人撤回上訴或抗告者準用之。

㉒變更所屬節次，由第一節改列第三節，條文內容未修正。
＊（訴之撤回）民訴二六二～二六四；（上訴撤回）民訴四五九、四八一；（抗告撤回）民訴四九三；（費用之裁定）民訴九〇。
▲釋二二五。

第八十四條　（和解時之訴訟費用負擔）

當事人為和解者，其和解費用及訴訟費用各自負擔之。但別有約定者，不在此限。

和解成立者，當事人得於成立之日起三個月內聲請退還其於該審級所繳裁判費三分之二。

㉒變更所屬節次，由第一節改列第三節，條文內容未修正。
＊（和解）民訴三七七～三八〇；（調解成立）民訴四一六；（費用之裁定）民訴九〇。

第八十五條（共同訴訟之訴訟費用負擔）

共同訴訟人，按其人數，平均分擔訴訟費用。但共同訴訟人於訴訟之利害關係顯有差異者，法院得酌量其利害關係之比例，命分別負擔。

共同訴訟人因連帶或不可分之債敗訴者，應連帶負擔訴訟費用。

共同訴訟人中有專為自己之利益而為訴訟行為者，因此所生之費用，應由該當事人負擔。

⑨②變更所屬節次，由第一節改列第三節，條文內容未修正。

＊（共同訴訟）民訴五三～五七；（連帶之債）民二七二～二九一；（不可分之債）民二九二、二九三；（準用）民訴八六㈡，非訟二三。

第八十六條（參加人之訴訟費用負擔）

因參加訴訟所生之費用，由參加人負擔。但他造當事人依第七十八條至第八十四條規定應負擔之訴訟費用，仍由該當事人負擔。

訴訟標的，對於參加人與其所輔助之當事人必須合一確定者，準用前條之規定。

⑨②變更所屬節次，由第一節改列第三節，條文內容未修正。

＊（參加訴訟）民訴五八；（獨立參加訴訟之費用負擔）民訴八五。

第八十七條（依職權為訴訟費用之裁判）

法院為終局判決時，應依職權為訴訟費用之裁判。

上級法院廢棄下級法院之判決，而就該事件為裁判或變更下級法院之判決者，應為訴訟總費用之裁判；受發回或發交之法院為終局之判決者，亦同。

⑨②變更所屬節次，由第一節改列第三節，條文內容未修正。

＊（終局判決）民訴三八一、三八二；（變更下級之判決）民訴四五〇、四五一、四八一；（發回）民訴四五一、四七八；（發交）民訴四七八；（移送）民訴四五二。

第八十八條（對訴訟費用聲明不服之限制）

訴訟費用之裁判，非對於本案裁判有上訴時，不得聲明不服。

⑨②變更所屬節次，由第一節改列第三節，條文內容未修正。

▲訴訟費用之裁判，非對於本案裁判有上訴時，不得聲明不服，民事訴訟法第八十八條定有明文。本件上訴人對於本案裁判之上訴既屬不應准許，對於訴訟費用部分之上訴，亦即不能認為合法。（三一上三一）

第八十九條（第三人負擔訴訟費用）

法院書記官、執達員、法定代理人或訴訟代理人因故意或重大過失，致生無益之訴訟費用者，法院得依聲請或依職權以裁定命該官員或代理人負擔。

依第四十九條或第七十五條第一項規定，暫為訴訟行為之人不補正其欠缺者，因其訴訟行為所生之費用，法院得依職權以裁定命其負擔。

前二項裁定，得為抗告。

⑨②變更所屬節次，由第一節改列第三節，條文內容未修正。

＊（書記官）法組二二、二三、三八、五二、六九；（執達員）法組二三、三九、五三；（法定代理）民訴四七；（訴訟代理人）民訴六八、七一；（聲請）民訴一一六、一二二；（裁定）民訴二三四～二三九；（能力、法定代理權或為訴訟必要之允許有欠缺之補正）民訴四九；（訴訟代理權欠缺之補正）民訴七五；（抗告）民訴四八二～四九五。

▲民事訴訟法第八十九條第一項所謂訴訟代理人，係指訴訟代理權無欠缺之訴訟代理人而言，不包含訴訟代理權有欠缺者在內，此就同條第二項另設關於無訴訟代理權，暫為訴訟行為之人不補正其欠缺之規定對照觀之甚明。無訴訟代理權人提起之訴不能補正其欠缺，亦與無訴訟代理權暫為訴訟行為之人不補正其欠缺者無異，法院認其訴為不合法而駁回時，不問其所為之訴訟行為有無故意或重大過失，得逕依同法條第二項之規定，以裁定命其負擔因此所生之訴訟費用。（三九臺抗四三）

第九十條（依聲請為訴訟費用之裁判）

訴訟不經裁判而終結者，法院應依聲請以裁定為訴訟費用之裁判。

前項聲請，應於訴訟終結後二十日之不變期間內為之。

⑨②第二項規定之二十日期間，性質上屬法定不變期間，爰將第二項明確規定為二十日之不變期間，以杜疑義。

＊（訴訟不經裁判而終結者）民訴二六二、三七七～三八〇、四五九；（聲請）民訴一一六、一二二；（裁定）民訴二三四～二三九；（期間之計算）民訴一六一，民一二〇～

▲法律上視為撤回上訴時，即民事訴訟法第九十條第一項所謂訴訟不經裁判而終結之情形，此際須有當事人之聲請，始應以裁定為訴訟費用之裁判。（二八抗三九七）

第九十一條（聲請確定訴訟費用額之要件及程序）

法院未於訴訟費用之裁判確定其費用額者，第一審受訴法院於該裁判有執行力後，應依聲請以裁定確定之。

聲請確定訴訟費用額者，應提出費用計算書、交付他造之計算書繕本或影本及釋明費用額之證書。

依第一項確定之訴訟費用額，應於裁定送達之翌日起，加給按法定利率計算之利息。

⑨②一、按本法於五十七年修正時，慮及法院未於訴訟費用之裁判中確定訴訟費用額，而負擔訴訟費用者，又係受救助之一造時，勢必因無人依本條之規定聲請法院確定訴訟費用額而陷於不能執行之狀態，為補救舊法之缺漏，故增加法院「得依職權裁定確定之」之規定。惟因條文文字欠明，易滋疑義，且關於經准予訴訟救助暫免繳納之費用如何徵收，已修正第一百十四條第一項規定，本條第一項「並得依職權」之規定，即無重複規定之必要，爰予以刪除。

二、「影本」已為現今社會所通用，爰於第二項之「繕本」下增列「影本」，以求周延。

三、為促使當事人早日自動償付其應賠償對造之訴訟費用，爰增訂第三項，明定應自確定訴訟費用額之裁定送達翌日起，加給按法定利率計算之利息。

＊（訴訟費用之裁判）民訴八七、九〇；（裁判之執行力）民訴二三五、二三六、三八〇、三八九、三九八、四二一、四九一㈠；（聲請）民訴一一六、一二二；（裁定）民訴二三四～二三九；（抗告）民訴四八二；（訴訟費用額之計算）民訴九四；（繕本）民訴一一九、一三五；（釋明）民訴二八四；（準用）民訴九五。

第九十二條（確定訴訟費用額之程序）

當事人分擔訴訟費用者，法院應於裁判前命他造於一定期間內，提出費用計算書、交付聲請人之計算書繕本或影本及釋明費用額之證書。

他造遲誤前項期間者，法院得僅就聲請人一造之費用裁判之。但他造嗣後仍得聲請確定其訴訟費用額。

▲釋一四九。

⑨②他造提出費用計算書時，應併提出其繕本或影本，由法院交付聲請人，俾便其表示意見，爰於第一項明定之。

*（當事人）民訴一一六①、二四四㈠①；（訴訟費用之分擔）民訴七九、八二、八四、八五；（期間）民訴一六〇；（釋明）民訴二八四。

第九十三條（確定之方法）

當事人分擔訴訟費用者，法院為確定費用額之裁判時，除前條第二項情形外，應視為各當事人應負擔之費用，已就相等之額抵銷，而確定其一造應賠償他造之差額。

(92)變更所屬節次，由第一節改列第三節，條文內容未修正。

*（當事人）民訴一一六①、二四四㈠①；（訴訟費用之分擔）民訴七九、八一、八二、八四、八五；（訴訟費用額之確定）民訴九一；（抵銷）民三三四～三四二；（準用）民訴九五。

第九十四條（訴訟費用之計算）

法院得命書記官計算訴訟費用額。

(92)第二項內容已修正並增列為第九十四條之一條文，爰刪除之。

*（訴訟費用額之確定）民訴九一、九五。

第九十四條之一（訴訟費用未繳納之法律效果）

訴訟行為須支出費用者，審判長得定期命當事人預納之。當事人不預納者，法院得不為該行為。但其不預納費用致訴訟無從進行，經定期通知他造墊支亦不為墊支時，視為合意停止訴訟程序。

前項但書情形，經當事人於四個月內預納或墊支費用者，續行其訴訟程序。其逾四個月未預納或墊支者，視為撤回其訴或上訴。

(92)一、本條係新增。

二、訴訟除須繳納裁判費外，於訴訟行為中尚有須支出費用者，例如調查證據之費用。依原規定，此等費用，審判長得定期命當事人預納，以利訴訟之進行。惟當事人不依命預納時，法院應如何處理，本法未有規定，致實務上時生困擾。爰增訂本條，於第一項明定，就訴訟行為須支出費用者，如當事人不依審判長之命預納時，法院得不為該行為。惟另有其他費用，例如分割共有物訴訟之測量費、鑑定費，如當事人不為繳納，則訴訟無從進行，爰增訂但書，明定於此情形，審判長得定期通知他造墊支，如他造亦不為墊支時，則視為兩造合意停止訴訟程序，以解決實務上之困難。

三、依第一項但書規定視為合意停止訴訟程序者，如當事人僅聲請續行訴訟，而不預納或墊支費用，訴訟仍無從進行，爰增訂第二項，規定須經當事人於四個月內預納或墊支費用，始續行其訴訟程序。如逾四個月未預納或墊支者，即視為撤回其訴或上訴。

第九十五條（裁定程序準用本節規定）

本節之規定，於法院以裁定終結本案或與本案無涉之爭點者準用之。

(92)變更所屬節次，由第一節改列第三節，條文內容未修正。

*（終結本案之裁定）民訴一〇一、二三二㈢、二三九、二四九、四四四、四八一、五一二～五一四、五四七；（無涉本案爭點之裁定）民訴六〇、九六、一一七、五二四、五三四。

第九十五條之一（國庫負擔訴訟費用）

檢察官為當事人，依本節之規定應負擔訴訟費用時，由國庫支付。

(92)變更所屬節次，由第一節改列第三節，條文內容未修正。

第四節　訴訟費用之擔保

第九十六條（命供訴訟費用擔保之要件）

原告於中華民國無住所、事務所及營業所者，法院應依被告聲請，以裁定命原告供訴訟費用之擔保；訴訟中發生擔保不足額或不確實之情事時，亦同。

前項規定，如原告請求中被告無爭執之部分，或原告在中華民國有資產，足以賠償訴訟費用時，不適用之。

(92)原告於中華民國雖無住所、事務所及營業所，但在中華民國有資產，足以賠償訴訟費用者，當亦無令其提供擔保之必要，爰於第二項增加「或原告在中華民國有資產」等字，以期周全。

*（住所）民二〇～二四；（事務所）民二九、四八㈠③、六一㈠③；（聲請）民訴一一六、一二二；（裁定）民訴二三四～二三九；（本條適用之排除）民訴一一〇②。

第九十七條（聲請命供擔保之限制）

被告已為本案之言詞辯論者，不得聲請命原告供擔保。但應供擔保之事由知悉在後者，不在此限。

(92)變更所屬節次，由第二節改列第四節，條文內容未修正。

*（提供擔保）民訴九六；（言詞辯論）民訴一九二～二一九。

第九十八條（被告之拒絕本案辯論權）

被告聲請命原告供擔保者，於其聲請被駁回或原告供擔保前，得拒絕本案辯論。

(92)變更所屬節次，由第二節改列第四節，條文內容未修正。

*（提供擔保）民訴九六；（準用）民訴一〇六；（因被告拒絕本案辯論）民訴三八五、三八七。

第九十九條（命供擔保裁定之內容）

法院命原告供擔保者，應於裁定中定擔保額及供擔保之期間。

定擔保額，以被告於各審應支出之費用總額為準。

(92)變更所屬節次，由第二節改列第四節，條文內容未修正。

*（提供擔保）民訴九六；（裁定）民訴二三四～二三九；（期間）民訴一六〇。

第一百條（裁定之抗告）

關於聲請命供擔保之裁定，得為抗告。

(92)原條文「得於五日內抗告」，修正為「得為抗告」，即抗告期間適用第四百八十七條之規定，一律為十日，修正理由同第三十六條修正說明。

*（命供擔保之裁定）民訴九九；（抗告）民訴四八二～四九五；（準用）民訴一〇六。

第一百零一條（不遵期提供擔保之效果）

原告於裁定所定供擔保之期間內不供擔保者，法院應以裁定駁回其訴。但在裁定前已供擔保者，不在此限。

(92)變更所屬節次，由第二節改列第四節，條文內容未修正。

*（命供擔保之裁定）民訴九九；（準用）民訴一〇六。

第一百零二條（供擔保之方法）

供擔保應提存現金或法院認為相當之有價證券。但當事人別有約定者，不在此限。

前項擔保，得由保險人或經營保證業務之銀行出具保證書代之。

應供擔保之原告，不能依前二項規定供擔保者，法院得許由該管區域內有資產之人具保證書代之。

(92)一、為便利當事人提供擔保，爰於第二項增訂供擔保得由保險人或經營保證業務之銀行出具保證書代之。

二、原第二項移列第三項，並配合第二項作文字修正。

*（提存）提存四～二二；（準用）民訴一〇六。

▲供擔保應提存現金，或法院認為相當之有價證券，如應供擔保之原告不能依前項規定為提存者，法院得許由該管區域內有資產之人具保證書代之，民事訴訟法第一百零二條規定甚明。至同法第一百零五條所謂供擔保之提存物或保證書，得由當事人約定變換外，法院得依供擔保人之聲請，以裁定許其變換，係指已為提存或已具保證書供擔保後復請變換之情形而言，與上述應供擔保之原告不能為提存者，法院得許以保證書代之之情形迥異，故保證書得易以提存物或仍易以他人之保證書，但將提存物易為保證書，則屬於法無據，不應准許。（四三臺抗一二二）

▲供擔保之提存物，供擔保人有須利用之者，固得由供擔保人聲請法院許其變換，惟提存物為有價證券者，祇得易以現金或其他有價證券，此觀民事訴訟法第一百零二條第一項前段所定，供擔保限於現金或與現金相當之有價證券自明，抗告人竟請以土地所有權狀變換現金之擔保，自無可許。（四八臺抗九三）

第一百零三條　（擔保之效力）

被告就前條之提存物與質權人有同一之權利。

前條具保證書人，於原告不履行其所負義務時，有就保證金額履行之責任。法院得因被告之聲請，逕向具保證書人為強制執行。

㊈依前條規定出具保證書之人，於原告不履行所負義務時，依本條第二項規定，有就保證金額履行之責任。解釋上雖認為對於具保證書人得直接強制執行，無庸另行起訴，實務上亦準此行之多年，惟究乏法律依據。爰於本項後段明定法院得因被告之聲請，逕向具保證書人為強制執行，以杜疑義。

*（供擔保之方法）民訴一〇二；（質權）民八八四、九〇〇；（準用）民訴一〇六。

第一百零四條　（擔保物返還原因及程序）

有下列各款情形之一者，法院應依供擔保人之聲請，以裁定命返還其提存物或保證書：

一　應供擔保之原因消滅者。

二　供擔保人證明受擔保利益人同意返還者。

三　訴訟終結後，供擔保人證明已定二十日以上之期間，催告受擔保利益人行使權利而未行使，或法院依供擔保人之聲請，通知受擔保利益人於一定期間內行使權利並向法院為行使權利之證明而未證明者。

關於前項聲請之裁定，得為抗告，抗告中應停止執行。

㊈一、第一項「左列」修正為「下列」。

二、供擔保人證明受擔保利益人同意返還提存物或保證書者，本法原規定毋庸裁定。惟法院為准否返還之意思表示，本即為裁定，故原規定與法理不合。且受擔保利益人本人確實有無同意返還，仍宜由法院民事庭依當事人聲請，據相當資料認定後，為准否返還之裁定，不宜由當事人逕向提存所請求返還。爰將原第三項關於供擔保人證明受擔保利益人同意返還之規定移列為第一項第二款。

三、原第一項第二款移列為第三款。依原條文規定，供擔保人必須證明催告受擔保利益人行使權利而未行使後，方得聲請法院裁定命返還提存物。惟於受擔保利益人變更住居所而行方不明，或拒絕或迴避收受催告信函之情形，供擔保人欲為前述催告及證明即發生困難。爰增列後段，規定供擔保人亦得聲請法院通知受擔保利益人於一定期間內行使權利並向法院為行使權利之證明，受擔保利益人逾期未為證明者，供擔保人即得聲請法院裁定命返還提存物，俾供擔保人得選擇較便捷之方式為之，並解決前開無法催告及送達之困難。

四、原第三項關於假執行、假扣押、假處分供擔保人請求返還提存物之規定，非屬本條訴訟費用之擔保事項，且係不經法院裁定，逕向法院提存所聲請返還，應屬提存法之範疇，在此規定，體例未合。又關於供擔保人證明受擔保利益人同意返還之規定，已移列為第一項第二款，爰予刪除。

*（提供擔保原因）民訴九六、三九〇㊁、三九二、五二六㊁、㊂、五二七、五三〇㊁、五三三、五三六、五三八；（聲請）民訴一一六、一二二；（裁定）民訴二三四～二三九；（抗告）民訴四八二、四九一㊀；（假執行）民訴三八九～三九五；（假扣押）民訴五二二～五三一；（假處分）民訴五三二～五三七；（提存物與保證書）民訴一〇二；（準用）民訴一〇六。

▲釋三九。

▲宣告原告供擔保後得為假執行，同時宣告被告預供擔保免為假執行之判決，須原告已供擔保請求假執行後，被告始有預供擔保以阻止假執行之必要，在原告仍請求假執行之際，其應供擔保之原因並未消滅，自不能以被告預供擔保請求免為假執行為理由，主張其應供擔保之原因已經消滅，而聲請發還其擔保金。（四五臺抗一四四）

▲假處分所提供之擔保金，乃預為債權人本訴敗訴時，債務人可能因假處分而受損害之賠償而設。茲再抗告人所提本訴，既經三審判決敗訴確定，並已由相對人聲請撤銷假處分各在案，則再抗告人之損害賠償責任，即因其本訴敗訴而開始，亦即假處分雖經撤銷，而應供擔保之原因尚未消滅，依民事訴訟法第一百零四條第一項第一款之規定，該項擔保金要在不准即行發還之列。（四七臺抗一九四）

▲聲請發還因假執行提供擔保之提存物或保證書，依民事訴訟法第一百零六條，雖準用同法第一百零四條第一項第一款之規定辦理，然既非同法第九十六條所謂訴訟費用之擔保，則應否發還，僅應以相對人是否曾因假執行受有損害為准駁之依據。（五三臺抗八四）

▲因釋明假扣押之原因而供之擔保，係擔保債務人因假扣押所應受之損害，故必待無損害發生，或債權人本案勝訴確定，或就所生之損害已經賠償時，始得謂供擔保之原因消滅，至於債權人依本案宣告附條件假執行之判決，供法院所定之擔保，係擔保被告因假執行所受之損害，二者性質不同，不得謂債權人（原告）供假執行之擔保後，其因聲請假扣押所供擔保之原因消滅。（五三臺抗二七九）

▲訴訟終結後，受擔保利益人，逾民事訴訟法第一百零四條第一項第二款二十日以上之期間而未行使其權利時，若在供擔保人向法院為返還提存物或保證書之聲請之後，始行使其權利者，仍應認為受擔保利益人未在前開期間內行使其權利。（七二臺抗一八一）

▲依民事訴訟法第三百九十五條第一項規定，假執行之宣告，因就本案判決或該宣告有廢棄或變更之判決，自該判決宣示時起，於其廢棄或變更之範圍內，失其效力。茲本案判決，已經第三審法院廢棄發回更審，原第二審法院准予假執行之宣告，因無所附麗，於廢棄之範圍內失其效力，原第一審原告即不得再依已被廢棄之原判決聲請假執行，因而原第一審被告為免假執行而供擔保所提存之物，應認其應供擔保之原因已消滅。（七四臺抗二五四）（一〇四、三、一七決議不再援用）

▲受擔保利益人雖在民事訴訟法第一百零四條第一項第二款所定催告期間內行使權利，但其行使權利之金額，不及供擔保之金額者，則超過該金額部分，應解為受擔保利益人，仍未行使權利。（七九臺抗一一八）

▲民事訴訟法第一百零四條第一項第二款所謂「受擔保利益人行使權利」，係指向法院起訴或為與起訴相同效果之訴訟行為（如聲請調解或聲請發支付命令）而言。（八〇臺抗四一三）

第一百零五條　（供擔保物之變換）

供擔保之提存物或保證書，除得由當事人約定變換外，法院得依供擔保人之聲請，以裁定許其變換。

關於前項聲請之裁定，得為抗告，抗告中應停止執行。

㊈變更所屬節次，由第二節改列第四節，條文內容未修正。

*（供擔保之提存物或保證書）民訴一〇二；（聲請）民訴一

一六、一二二；（裁定）民訴二三四～二三九；（抗告）民訴四八二、四九一㊀；（準用）民訴一〇六。

▲有價證券之實際價值是否與現金相等，法院應予斟酌，不得僅以券面金額代替擔保金額。（四三臺抗九〇）

第一百零六條　（其他依法令供訴訟上擔保者準用之規定）

第一百零二條第一項、第二項及第一百零三條至前條之規定，於其他依法令供訴訟上之擔保者準用之；其應就起訴供擔保者，並準用第九十八條、第九十九條第一項、第一百條及第一百零一條之規定。

(92)有關因假執行、假扣押、假處分或起訴等而須供擔保者，依原條文準用原第一百零二條第二項規定之結果，供擔保人原得以保證書代之；惟如供擔保人與具保證書人勾串，以保證書代供擔保，日後卻規避保證責任，對受擔保利益人而言，將生損害。爰配合第一百零二條第二項之修正，規定於其他依法令供訴訟上之擔保者，準用第一百零二條第一項、第二項及第一百零三條至前條之規定，排除保險人或經營保證業務之銀行以外之人得出具保證書代供擔保，以杜流弊。

*（其他依法令供擔保）民訴三九〇㊁、三九二、五二六㊁、㊂、五二七、五三〇㊁、五三三、五三六、五三八；（應就起訴供擔保者）公司二一四㊁、二二七。

▲（五三臺抗八四）參見本法第一百零四條。

第五節　訴訟救助

第一百零七條　（本國人訴訟救助之要件）

當事人無資力支出訴訟費用者，法院應依聲請，以裁定准予訴訟救助。但顯無勝訴之望者，不在此限。

法院認定前項資力時，應斟酌當事人及其共同生活親屬基本生活之需要。

(92)變更所屬節次，由第三節改列第五節，條文內容未修正。

*（訴訟費用）民事訴訟費用法，民訴八七、九〇、九一；（聲請）民訴一〇九、一一六、一二二；（裁定）民訴一一五、二三四～二三九。

▲釋二二九。

▲對於財產權上訴訟之第二審判決提起上訴，其因上訴所得受之利益不逾民事訴訟法第四百六十三條所定額數者，即為顯無勝訴之望，該當事人因提起上訴而聲請訴訟救助，自屬不應准許。（二八聲一二四）

▲提起第三審上訴，未於上訴狀內表明上訴理由，亦未於提起上訴後十五日內提出理由書者，即為顯無勝訴之望，該上訴人聲請訴訟救助，自屬不應准許。（二八聲一七九）

▲民事訴訟法第一百零七條所謂當事人無資力支出訴訟費用，並非當事人全無財產之謂，當事人雖有財產而不能自由處分者，如無籌措款項以支出訴訟費用之信用技能，即為無資力支出訴訟費用。（二九抗一七九）

▲當事人無資力支出訴訟費用者，固得聲請訴訟救助，然所謂無資力係指窘於生活，且缺乏經濟信用者而言。（四三臺抗一五二）

▲訴訟救助須以當事人無資力支出訴訟費用及非顯無勝訴之望為要件，此觀諸民事訴訟法第一百零七條規定自明。依同法第一百零九條第三項規定，關於因無資力支出訴訟費用請求救助之事由，固得由受訴法院管轄區域內有資力之人出具保證書以代釋明。惟如已查明當事人非無資力支出訴訟費用者，雖其已取具上項保證書，亦無准許訴訟救助之餘地。（六八臺聲一五八）

第一百零八條　（外國人訴訟救助之要件）

對於外國人准予訴訟救助，以依條約、協定或其本國法令或慣例，中華民國人在其國得受訴訟救助者為限。

(92)依目前外交實況，我國與有邦交國家間方能締結條約，與無邦交國家間多僅締結協定，原條文僅規定「條約」，未併列「協定」，不免欠周。又原條文僅規定「該外國人之本國法」，易致誤解為限於成文法律，不包括命令及慣例，不足以保障外國人之權益，爰修正本條規定，以求周延。

*（條約）憲五八㊁、一四一。

▲無國籍人聲請訴訟救助，不適用民事訴訟法第一百零八條之規定。（二二抗一八九五）

第一百零九條　（聲請訴訟救助之程序）

聲請訴訟救助，應向受訴法院為之。於訴訟繫屬前聲請者，並應陳明關於本案訴訟之聲明及其原因事實。

無資力支出訴訟費用之事由，應釋明之。

前項釋明，得由受訴法院管轄區域內有資力之人，出具保證書代之。保證書內，應載明具保證書人於聲請訴訟救助人負擔訴訟費用時，代繳暫免之費用。

(92)一、聲請訴訟救助，當事人於訴訟繫屬前，亦得為之。惟當事人既尚未起訴，法院並無起訴狀或其他訴訟資料，以憑認定其訴是否「顯無勝訴之望」，而為准駁聲請之裁定。爰修正第一項，增訂於訴訟繫屬前聲請訴訟救助者，並應陳明關於本案訴訟之聲明及其原因事實，以利適用。

二、依最高法院六十二年臺抗字第五〇〇號判例意旨，認為第二項原規定之「請求救助之事由」係指「無資力支出訴訟費用之事由」而言，至「非顯無勝訴之望」則毋庸釋明。爰修正本項，明定僅無資力支出訴訟費用之事由應釋明，以期明確。

三、原民事訴訟費用法第三十條第一項規定與本條第三項規定重複，該條第二項規定：「前項保證書內，應載明具保證書人於聲請訴訟救助人負擔訴訟費用時，代繳暫免之費用。」宜一併規定於本條，以免割裂，爰將該條第二項規定移置為本條第三項後段。

*（訴訟救助）民訴一〇七；（聲請）民訴一一六、一二二；（釋明）民訴二八四，民訴費三〇。

▲依民事訴訟法第一百零九條第三項規定，出具保證書之人，聲請解除保證責任而受駁回之裁定，為免訴訟遲延起見，亦應解為民事訴訟法第一編第三章第三節所定之裁定，依同法第一百十五條規定，祇得於裁定送達後五日內，提起抗告。（四二臺抗一一五）

▲關於聲請訴訟救助，民事訴訟法第一百零九條第二項並未規定當事人就非顯無勝訴之望，亦應釋明，故當事人不負釋明之責，至其訴訟是否非顯無勝訴之望，應由法院依其自由意見決之。（六二臺抗五〇〇）

▲聲請訴訟救助之當事人所應釋明者，僅以請求救助之事由為限，如以受訴法院管轄區域內有資力之人出具保證書以代釋明，該具保證書人有無資力，應由受訴法院依職權調查之。（六七臺抗五五二）

▲（六八臺聲一五八）參見本法第一百零七條。

▲當事人在前訴訟程序曾經繳納裁判費，於該訴訟程序確定後提起再審之訴時，如不能釋明其經濟狀況確有重大之變遷，不得遽為聲請訴訟救助。（七三臺抗四六一）

第一百零九條之一　（聲請訴訟救助程序中訴之駁回之禁止）

駁回訴訟救助聲請之裁定確定前，第一審法院不得以原告未繳納裁判費為由駁回其訴。

(89)一、本條新增。

二、為落實訴訟救助制度之功能，避免第一審法院駁回訴訟救助之聲請後，不待確定，即以原告未繳納裁判費為由駁回其訴，爰增訂本條。

第一百十條　（訴訟救助之效力㈠）

准予訴訟救助，於訴訟終結前，有下列各款之效力：

一　暫免裁判費及其他應預納之訴訟費用。

二　免供訴訟費用之擔保。

三　審判長依法律規定為受救助人選任律師代理訴訟時，暫行免付酬金。

前項第一款暫免之訴訟費用，由國庫墊付。

⑫一、「左列」修正為「下列」。准予訴訟救助之效力，係於訴訟進行中發生，如訴訟已經終結，即無救助之可言，爰修正原條文本文，規定於訴訟終結前，始有訴訟救助之效力，並改列為第一項。

二、原第一款規定之「審判費用」，除裁判費外，尚包括訴訟進行中當事人應預納之費用在內。泛稱為「審判費用」，易滋疑義，為期明確，爰修正第一款，明定得暫免裁判費及其他應預納之訴訟費用。

三、第一款修正後之條文已包括執達員應收之費用及墊款在內，爰刪除第三款規定。

四、准予訴訟救助者，法院得依原第四款規定為受救助人選任律師代理訴訟，應僅限於法律有規定者，始得為之。如本法第五百八十五條規定未成年之養子女為訴訟行為者，審判長應依聲請或依職權選任律師為其訴訟代理人是。惟現行條文用語，易生凡聲請訴訟救助者，法院均得為其選任律師代理訴訟之誤會，自有明文規定之必要。又本法第五十一條、第五百八十五條等，均規定由「審判長」選任特別代理人或訴訟代理人，為求統一，本款之「法院」亦宜修正為「審判長」。爰修正第四款並改列為第三款。

五、准予訴訟救助，依前項第一款規定，受救助人得暫免者，除裁判費外，尚包括訴訟進行中應預納之訴訟費用，該等費用非由法院先行墊付，訴訟必無法進行。爰增訂第二項，規定暫免之訴訟費用，由國庫墊付。

*（訴訟費用）民事訴訟費用法，民訴八七、九〇、九一；（訴訟費用之擔保）民訴九六；（執達員應收費用）民訴費二八；（選任律師代理訴訟）民訴五一、三七四。

▲訴訟救助之效力，民事訴訟法第一百十條固以明文定其範圍，但當事人僅就法定範圍內之一部分聲請救助時，法院自應於其聲請範圍內予以裁判，若當事人之聲請救助，僅請免納上訴裁判費，而其上訴依法本無須繳納裁判費者，其聲請即無實益，自應予以駁回。（三〇抗一三九）

第一百十一條　（訴訟救助之效力㈡）

准予訴訟救助，於假扣押、假處分、上訴及抗告，亦有效力。

⑫變更所屬節次，由第三節改列第五節，條文內容未修正。

*（假扣押）民訴五二二；（假處分）民訴五三二；（上訴）民訴四三七、四六〇、四六四；（抗告）民訴四八二。

▲准予訴訟救助，依民事訴訟法第一百十一條之規定，固於假扣押、假處分、上訴及抗告亦有效力，惟在起訴前之假處分程序准予訴訟救助者，除准予救助之裁定已就後應繫屬之本案訴訟一併准予救助外，其效力不及於本案訴訟之第一審及上訴審。（二九抗一二七）

▲抗告人係提起再審之訴，其在前訴訟程序雖曾經第一審於民國二十六年十二月一日，以裁定准予訴訟救助在案，然按之民事訴訟法第一百十一條之規定，於再審之訴，非有效力。（三二抗一八八）

第一百十二條　（訴訟救助效力之消滅）

准予訴訟救助之效力，因受救助人死亡而消滅。

⑫變更所屬節次，由第三節改列第五節，條文內容未修正。

*（訴訟救助之效力）民訴一一〇、一一一。

第一百十三條　（訴訟救助之撤銷）

當事人力能支出訴訟費用而受訴訟救助或其後力能支出者，法院應以裁定撤銷救助，並命其補交暫免之費用。

前項裁定，由訴訟卷宗所在之法院為之。

⑫依第二項規定，如訴訟在下級審終結，經當事人提起上訴，而卷宗尚未送至第二審法院時，撤銷訴訟救助之裁定，應由何法院為之，尚屬不明。爰明定撤銷訴訟救助，由訴訟卷宗所在之法院為之，以利適用。

*（訴訟救助）民訴一〇七；（裁定）民訴二三四～二三九；（暫免之費用）民訴一一〇。

▲按聲請救助之要件，既以無資力支出訴訟費用者為限，則法院認其救助要件欠缺，原得以職權撤銷之，故凡在第一審雖受訴訟費用之救助，倘其救助範圍僅限於第一審，則至第二審上訴時，自得調查裁判以為准駁，抑或准予救助之範圍，雖不以第一審為限，而經第二審調查認為並非絕無資力，以決定駁回其聲請，則其在第一審准予訴訟之救助，亦即因之而視為撤銷，該當事人不得更主張當然有效。（二〇抗七一四）

第一百十四條　（暫免訴訟費用之徵收）

經准予訴訟救助者，於終局判決確定或訴訟不經裁判而終結後，第一審受訴法院應依職權以裁定確定訴訟費用額，向應負擔訴訟費用之當事人徵收之；其因訴訟救助暫免而應由受救助人負擔之訴訟費用，並得向具保證書人為強制執行。

為受救助人選任律師之酬金，徵收而無效果時，由國庫墊付。

⑫一、准予訴訟救助，僅於訴訟終結前有使受救助人暫免裁判費及其他應預納之訴訟費用之效力，至訴訟終結後此項暫免之費用，應如何向負擔訴訟費用之當事人徵收，得否逕向具保證書人強制執行，第一項規定，尚有未盡，爰予修正，以期周延。

二、關於執達員應收之費用，係屬修正之第一百十條第一款規定得暫免之應預納訴訟費用，又審判長依法律規定為受救助人選任律師之酬金，已認係訴訟費用之一部，均包括於前項所定，第一審受訴法院應向應負擔之當事人徵收之訴訟費用之內。且由法院徵收之效力，必強於由執達員及律師之求償，本條第二項之規定非僅重複，亦無實益，爰刪除之。

三、本條第三項係有關第二項為請求者，得聲請確定費用額及強制執行之規定，前項既經刪除，本項自應一併刪除。

四、法院或審判長依法律規定為受救助人選任律師時，依律師法第二十二條規定，被選任之律師，非經釋明有正當理由者，不得拒絕。惟其應得之酬金，受救助人依法得暫行免付，倘於訴訟終結後，依第一項規定徵收又無效果時，被選任之律師將一無所得，顯失公平。爰於本條第二項，規定為受救助人選任律師之酬金，徵收而無效果時，由國庫墊付，以示公允。

*（訴訟費用）民事訴訟費用法，民訴八七以下；（訴訟費用之負擔）民訴七八～九四；（執達員律師費用）民訴一一〇③、④，民訴費二八，律師三七；（訴訟費用額之裁判）民訴九〇；（執行名義）強執四。

第一百十四條之一　（兒童或少年減免訴訟費用之聲請）

前條第一項情形，受救助人為兒童或少年，負擔訴訟費用致生計有重大影響者，得聲請該法院以裁定減輕或免除之。但顯不適當者，不在此限。

前項聲請，應於前條第一項裁定確定後三個月內為之。

第一百十五條　（裁定之抗告）

本節所定之各裁定，得為抗告。

⑫原條文「得於五日內抗告」，修正為「得為抗告」，即抗告期間適用第四百八十七條之規定，一律為十日，修正理由同第三十六條修正說明。

*（本節之裁定）民訴一〇七、一〇八、一一三、一一四；（不變期間）民訴四八七㈡。

第四章　訴訟程序

第一節　當事人書狀

第一百十六條（書狀應記載事項）

當事人書狀，除別有規定外，應記載下列各款事項：

一　當事人姓名及住所或居所；當事人為法人、其他團體或機關者，其名稱及公務所、事務所或營業所。

二　有法定代理人、訴訟代理人者，其姓名、住所或居所，及法定代理人與當事人之關係。

三　訴訟事件。

四　應為之聲明或陳述。

五　供證明或釋明用之證據。

六　附屬文件及其件數。

七　法院。

八　年、月、日。

書狀內宜記載當事人、法定代理人或訴訟代理人之性別、出生年月日、職業、國民身分證號碼、營利事業統一編號、電話號碼及其他足資辨別之特徵。

當事人得以電信傳真或其他科技設備將書狀傳送於法院，效力與提出書狀同。其辦法，由司法院定之。

當事人書狀之格式及其記載方法，由司法院定之。

㊈第四十條已增訂第四項，明定中央或地方機關亦有當事人能力，爰配合修正本條第一項第一款，增列機關為當事人者，應於書狀內記載機關名稱及公務所。

*（別有規定）民訴二四㊀、五九㊁、六六㊀、一六五㊁、二四四、二六五、二九八、三二五、三四二㊁、三四六㊁、三六四、四〇五㊁、四二四㊀、四四一、四七〇㊁、㊂、五〇一、五一一、五二五、五三三、五四一；（當事人或其他團體）民訴四〇；（法定代理人）民訴四七，民一〇八六、一〇九八、一一一三；（訴訟代理人）民訴六八～七一；（訴訟標的）民訴二四四㊀②；（聲明或陳述）民訴三三㊁、一二二㊀、一九九㊁、二一三㊀②、③、㊁、二一四、四二八、四三一；（釋明）民訴二八四；（狀紙格式）司法狀紙一；（準用）民訴一二二㊂。

第一百十七條（書狀之簽名或蓋章）

當事人或代理人應於書狀內簽名或蓋章。其以指印代簽名者，應由他人代書姓名，記明其事由並簽名。

㊈依民法規定，蓋章與簽名具有同等之效力，於書狀之簽名，亦應有其適用。又以指印代簽名者，仍有保留之必要，惟應由他人代書按指印人之姓名，記明事由並由代書人簽名，以確知係何人所為。爰併予修正。

*（當事人）民訴一一六①、二四四㊀①；（代理人）民訴四七、六八～七一、一一六②、二四四㊀①；（簽名）民三；（書狀）民訴一一六。

第一百十八條（書狀內引用證據）

當事人於書狀內引用所執之文書者，應添具該文書原本或繕本或影本；其僅引用一部分者，得祇具節本，摘錄該部分及其所載年、月、日並名押、印記；如文書係他造所知或浩繁難以備錄者，得祇表明該文書。

當事人於書狀內引用非其所執之文書或其他證物者，應表明執有人姓名及住居所或保管之機關；引用證人者，應表明該證人姓名及住居所。

*（文書）民訴三四四①；（原本繕本影本節本）民訴三五二、三五三、三六一；（非所執之文書）民訴三四二、三四四、三四六、三四七；（證物）民訴三六三、三六四、三六七；（證人）民訴二九八～三二二；（住居所）民二〇～二四；（準用）民訴一二二㊂。

第一百十九條（書狀繕本或影本之提出）

書狀及其附屬文件，除提出於法院者外，應按應受送達之他造人數，提出繕本或影本。

前項繕本或影本與書狀有不符時，以提出於法院者為準。

㊈「繕本」下增列「影本」。

*（送達）民訴一二三、一三五；（應送達他造之書狀）民訴五九、六六、七四、一七六、二五一、二六一㊁、二六二㊂、二六五、三七三、四〇七㊀、四四三㊀、四五九㊂、四七一、四七二㊁；（附屬文件）民訴九一㊁；（欠缺之補正）民訴一二一；（準用）民訴一二二㊂。

第一百二十條（他造對附屬文件原本之閱覽）

當事人提出於法院之附屬文件原本，他造得請求閱覽所執原本未經提出者，法院因他造之聲請，應命其於五日內提出，並於提出後通知他造。

他造接到前項通知後，得於三日內閱覽原本，並製作繕本或影本。

㊈「繕本」下增列「影本」。

*（附屬文件）民訴一一六⑥、一一八、一一九；（原本）民訴三五二、三六一；（聲請）民訴一一六、一二二；（閱覽文書之請求）民訴二四二；（準用）民訴一二二㊂。

第一百二十一條（書狀欠缺之補正）

書狀不合程式或有其他欠缺者，審判長應定期間命其補正。

因命補正欠缺，得將書狀發還；如當事人住居法院所在地者，得命其到場補正。

書狀之欠缺，經於期間內補正者，視其補正之書狀，與最初提出同。

*（書狀之程式）民訴一一六、一一七；（其他欠缺）民訴一一八、一一九；（期間）民訴一六〇；（住居所）民二〇～二四。

▲釋一五三、四八三。

第一百二十二條（以筆錄代書狀）

於言詞辯論外，關於訴訟所為之聲明或陳述，除依本法應用書狀者外，得於法院書記官前以言詞為之。

前項情形，法院書記官應作筆錄，並於筆錄內簽名。

第一百十六條及第一百十八條至第一百二十條之規定，於前項筆錄準用之。

*（言詞辯論）民訴一九二～二一九；（應用書狀之聲明或陳述）民訴五九㊀、六六㊀、七四㊁、一六五㊀、一七六、二四四、二六二㊁、二六五、二六七、四四一、四五九㊂、四七〇、四七一、四八一、四八八㊀、四九三。

▲聲明參與分配，依強制執行法第三十二條第一項規定，應以書面為之，為必備程式之一，此於強制執行法既有明文規定，即無再準用民事訴訟法第一百二十二條規定之餘地。（六六臺再九六）

第二節　送　達

第一百二十三條（依職權送達）

送達，除別有規定外，由法院書記官依職權為之。

＊（書記官）法組二二、三八、五二；（別有規定）民訴一二五、一四四～一四七、一四九。

第一百二十四條 （送達之機關）

送達由法院書記官交執達員或郵務機構行之。

由郵務機構行送達者，以郵務人員為送達人。

⑨②一、為配合郵政事業民營化之趨勢，將「郵政機關」修正為「郵務機構」，以資賅括。

二、第二項之「郵差」一詞，仿郵政法之用語，修正為「郵務人員」，以求一致。

＊（執達員）法組二三、三九、五三。

第一百二十五條 （囑託送達㈠——於管轄區域外之送達）

法院得向送達地地方法院為送達之囑託。

＊（囑託）民訴二〇二㈢；（其他之囑託送達）民訴一四四～一四七；（法院之互助）法組一〇七。

第一百二十六條 （自行交付送達）

法院書記官得於法院內，將文書付與應受送達人，以為送達。

第一百二十七條 （對無訴訟能力人之送達）

對於無訴訟能力人為送達者，應向其全體法定代理人為之。

法定代理人有二人以上，如其中有應為送達處所不明者，送達得僅向其餘之法定代理人為之。

⑨②對於無訴訟能力人為送達者，應向其法定代理人全體為之，如有應為送達處所不明者，始得向其餘之法定代理人為之，原規定並不明確，爰修正第一項及第二項。

＊（訴訟能力）民訴四五、四六；（法定代理人）民訴四七、五一、五二；（準用）民訴一二八㈢。

第一百二十八條 （對外國法人團體之送達）

對於在中華民國有事務所或營業所之外國法人或團體為送達者，應向其在中華民國之代表人或管理人為之。

前條第二項規定，於前項送達準用之。

＊（外國法人之訴訟）民訴二，民總施一二～一四；（外國法人）民總施一一～一五，公司四，涉外民事一三；（代表人）民訴五二，公司三七二㈡、四三五㈠⑦、⑧；（事務所）民總施一三；（代表人或管理人有二人以上時之送達）民訴一二七㈡。

第一百二十九條 （對軍人之送達）

對於在軍隊或軍艦服役之軍人為送達者，應囑託該管軍事機關或長官為之。

⑨②對於在軍隊或軍艦服役之軍人為送達者，現行法規定應向該管長官為之，並以該管長官收受送達文書時即發生送達效力。惟如該長官於收受文書後遲未轉交應受送達之人，影響當事人權益至鉅。爰修正為應囑託該管長官為之，以保障應受送達人之權益。又本條之適用並不限於在國內服役之軍人，在國外或出戰者亦有其適用。而該應受送達之當事人現駐防何處，或為機密，僅主管軍事機關知悉，故增列該管軍事機關為受囑託送達機關，以臻周延。

＊（軍人）軍審二、三，軍刑六、七。

第一百三十條 （對在監所人之送達）

對於在監所人為送達者，應囑託該監所首長為之。

⑨②對於在監所人為送達，修正為應囑託該監所首長為之，其理由同第一百二十九條之修正說明。

＊（監所）監刑一、二，羈押一㈠；（監所長官）監組一〇，看所組九；（比較）刑訴五六。

▲對於在監所人為送達者，應向該監所長官為之，民事訴訟法第一百三十條定有明文。如當事人為在監所人，而送達人捨監所長官，逕向當事人之住居處所送達者，縱經其同居人或受僱人受領送達，亦不生送達之效力。（註：對於在監所人為送達者，現行法已修正為應囑託該監所首長為之。）（六九臺上三八二）

▲對於在監所人為送達者，應向監所長官為之，民事訴訟法第一百三十條定有明文。如當事人為在監所人，而逕向其住居所送達者，縱經其同居人或受僱人受領送達，亦不生送達之效力。本件上訴人黎甲因過失傷害罪，於民國六十八年十二月十一日，經收禁監獄，受徒刑七個月之執行，此有卷附該監獄簡便行文表及刑事判決可稽。原審未注意及此，將再開言詞辯論之裁定，及六十九年五月二十三日續行言詞辯論之期日通知，均向上訴人黎甲住居所送達，雖皆經同居人即其父黎乙受領，但依上開說明，尚不能謂已為合法之送達。乃原審竟以上訴人黎甲無民事訴訟法第三百八十六條各款所列情形而不到場，遽依被上訴人之聲請，就上訴人黎甲部分，准由被上訴人一造辯論而為判決，其訴訟程序顯有重大瑕疵。（註：對於在監所人為送達者，現行法已修正為應囑託該監所首長為之。）（六九臺上二七七〇）

第一百三十一條 （商業訴訟事件之送達）

關於商業之訴訟事件，送達得向經理人為之。

＊（經理人）民五五三㈠、五五五。

第一百三十二條 （對訴訟代理人之送達）

訴訟代理人受送達之權限未受限制者，送達應向該代理人為之。但審判長認為必要時，得命送達於當事人本人。

⑨②訴訟代理人就其受委任之事件，本有為一切訴訟行為之權，其中當然包括有受送達之權限。原條文易使人誤解為訴訟代理人被授與受送達之權限者，方得向其送達。爰修正為訴訟代理人受送達之權限未受限制者，送達應向該代理人為之，以期明確。

＊（訴訟代理人）民訴六八～七一；（訴訟代理人之權限）民訴七〇㈠。

▲某甲在第一審委任某乙為訴訟代理人，其委任書既載有為一切訴訟行為之權，即有受送達之權限，無須再行指定其為送達代收人，雖某甲於書狀內仍為此項記載，究與另行指定送達代收人之情形有別，其向第二審上訴時，既另行委任某丙為訴訟代理人，並於委任書載明有為一切訴訟行為之權，則此後送達文件，自應向其所改委之某丙為之。（四三臺抗九二）

第一百三十三條 （送達代收人之指定及送達）

當事人或代理人經指定送達代收人向受訴法院陳明者，應向該代收人為送達。

原告、聲請人、上訴人或抗告人於中華民國無送達處所者，應指定送達處所在中華民國之送達代收人。

⑪⓪為避免程序延宕，原告、聲請人、上訴人或抗告人於中華民國無應為送達之處所（住居所、事務所及營業處所）者，應指定送達處所在中華民國之送達代收人，以利法院訴訟文書之送達，爰增訂第二項。

＊（當事人）民訴一一六①、二四四㈠①；（代理人）民訴四七、五一、六八；（陳明）民訴一一六、一二二；（期間）民訴一六〇；（住居所）民二〇～二四；（事務所及營業所）民二九、四八㈠③、六一㈠③，公司四一㈠⑦、一〇一㈠⑥、一一六、一二九④。

▲向當事人指定之送達代收人送達判決，係依民事訴訟法第一百三十三條第一項規定辦理，其上訴期間即應自送達於該代收人之翌日起算，至該代收人實際上何時轉送於當事

人本人，在所不問。（三一抗三二三）

▲當事人或代理人經指定送達代收人，向受訴法院陳明者，依同法第一百三十三條第一項之規定，既應向該代收人為送達，則其訴訟代理人合法委任之複代理人，如對其代理權未加限制，應有代該訴訟代理人收受送達之權限。（四八臺上三一四）

第一百三十四條（指定送達代收人之效力）

送達代收人經指定陳明後，其效力及於同地之各級法院。但該當事人或代理人別有陳明者，不在此限。

*（陳明）民訴一一六、一二二。

第一百三十五條（應送達之文書）

送達，除別有規定外，付與該文書之繕本或影本。

(92)「繕本」下增列「影本」。

*（繕本）民訴一一九；（別有規定）民訴二二九、二三九。

第一百三十六條（送達處所）

送達於應受送達人之住居所、事務所或營業所行之。但在他處會晤應受送達人時，得於會晤處所行之。

不知前項所定應為送達之處所或不能在該處所為送達時，得在應受送達人就業處所為送達。應受送達人陳明在其就業處所收受送達者，亦同。

對於法定代理人之送達，亦得於當事人本人之事務所或營業所行之。

(92)一、送達原則上於應受送達人之住、居所、事務所或營業所行之，惟現今社會工商業發達，多數人白天恆在外工作，送達於其住、居所諸多不便，為因應實際需要，特增訂第二項，明定得在應受送達人就業處所為送達。又如應受送達人已陳明在其就業處所受送達者，自亦得向該就業處所為送達。

二、原第二項移列為第三項。

*（應受送達人）民訴一二七～一三四、一三七；（住居所）民二〇～二四；（事務所及營業所）民二九、四八㊀③、六一㊀③，公司四一㊀⑦、一〇一㊀⑥、一一六、一二九④；（法定代理人）民訴四七、五一、一二七。

▲被上訴人居住臺中市，有其提出之戶籍謄本在卷足憑。詎上訴人於第一審提起本件清償票款之訴訟時，竟將被上訴人之地址誤列為臺北市某路某號。第一審法院二次開庭，其期日通知書，均向該址為送達，而由訴外人馮某、黃某等人代為收受。查該址既非被上訴人之住居所、事務所或營業所，訴外人馮某、黃某亦非被上訴人之同居人或受僱人，揆諸民事訴訟法第一百三十六條第一項，第一百三十七條第一項規定，該項送達，即難謂為合法。是被上訴人既係因未受合法通知致未到場應訴，第一審法院遽依上訴人之聲請，准由其一造辯論而為判決，其訴訟程序，自有重大瑕疵，原審將第一審關於被上訴人部分之判決廢棄，發回更為審理，於法核無不合。（六九臺上三七五二）

第一百三十七條（補充送達）

送達於住居所、事務所或營業所不獲會晤應受送達人者，得將文書付與有辨別事理能力之同居人或受僱人。

如同居人或受僱人為他造當事人者，不適用前項之規定。

*（送達處所）民訴一二九、一三〇、一三六；（應受送達人）民訴一二七～一三四；（住居所）民二〇～二四；（事務所及營業所）民二九、四八㊀③、六一㊀③，公司四一㊀⑦、一〇一㊀⑥、一一六、一二九④；（受僱人）民四八二。

▲民事訴訟法第一百三十七條第一項所謂同居人，係指與應受送達人居在一處共同為生活者而言，至應受送達人之佃戶，如與應受送達人並非共同為生活者，自不能謂為同居人。（三二上三七二二）

▲（六九臺上三八二）　參見本法第一百三十條。

▲（六九臺上二七七〇）　參見本法第一百三十條。

▲（六九臺上三七五二）　參見本法第一百三十六條。

第一百三十八條（寄存送達）

送達不能依前二條規定為之者，得將文書寄存送達地之自治或警察機關，並作送達通知書兩份，一份黏貼於應受送達人住居所、事務所、營業所或其就業處所門首，另一份置於該送達處所信箱或其他適當位置，以為送達。

寄存送達，自寄存之日起，經十日發生效力。

寄存之文書自寄存之日起，寄存機關應保存二個月。

(92)一、寄存送達乃限於無法依前二條規定行送達時，始得為之，其方式自應較一般送達謹慎，方足以保護應受送達人之權益。爰修正原條文，並改列為第一項。

二、當事人因外出工作、旅遊或其他情事而臨時不在應送達處所之情形，時有所見，為避免其因於外出期間受寄存送達，不及知悉寄存文書之內容，致影響其權益，爰增訂第二項，明定寄存送達自寄存之日起，經十日發生效力。至應受送達人如於寄存送達發生效力前領取寄存文書者，應以實際領取之時為送達之時，乃屬當然。

三、為求明確，爰增訂第三項，明定寄存機構應保存寄存文書之期間。

*（住居所）民二〇～二四；（事務所及營業所）民二九、四八㊀③、六一㊀③，公司四一㊀⑦、一〇一㊀⑥、一一六、一二九④。

▲民事訴訟法第一百三十八條所規定之寄存送達，限於不能依同法第一百三十六條及第一百三十七條規定行送達者，始得為之，設其送達之處所，雖原為應受送達人之住居所、事務所或營業所，而實際上已變更者，該原住居所、事務所或營業所，即非應為送達之處所，自不得於該原處所為寄存送達。又依第一百三十八條之規定為寄存送達，除須將應送達之文書寄存送達地之自治或警察機關外，並須製作送達通知書，記明寄存文書之處所，黏貼於應受送達人住居所、事務所或營業所門首，俾應受送達人知悉寄存之事實，前往領取，二者缺一均不能謂為合法之送達。（六四臺抗四八一）

第一百三十九條（留置送達）

應受送達人拒絕收領而無法律上理由者，應將文書置於送達處所，以為送達。

前項情形，如有難達留置情事者，準用前條之規定。

*（應受送達人）民訴一二七～一三四、一三七；（送達處所）民訴一三六。

▲民事訴訟法第一百三十三條之送達代收人，亦為同法第一百三十九條所稱之應受送達人，如拒絕收領而無法律上理由者，自應將文書置於送達處所，以為送達。（二八上一九八二）

第一百四十條（送達時間）

送達，除依第一百二十四條第二項由郵務人員為之者外，非經審判長或受命法官、受託法官或送達地地方法院法官之許可，不得於星期日或其他休息日或日出前、日沒後為之。但應受送達人不拒絕收領者，不在此限。

前項許可，法院書記官應於送達之文書內記明。

(92)一、第一項之「推事」修正為「法官」。

二、郵務機構於休息日或夜間投遞郵件，均有其固定之時間與作業方式。訴訟文書如由郵務機構於休息日或夜間送達，尚不致影響受送達人之日常作息，應無禁止之必要，爰修正第一項，規定依第一百二十四條第二項由郵務人員送達者，無須審判長等許可，即得於休息日或日出前、日沒後為之，以利適用。又原第一百三十三條第三項之規定業經刪除，爰併配合將該部分規定刪除。

＊（付郵送達）民訴一三三㊂；（休息日）民訴一六一，民一二二。

▲法院書記官未經審判長或受命推事、受託推事之許可，於星期日或其他休息日或日出前、日沒後為送達，而應受送達人不拒絕領收者，仍生送達之效力，此觀民事訴訟法第一百四十條第一項但書之規定自明。本件抗告人與相對人清償債務事件，經第一審法院將其判決書，於民國五十三年十一月一日，送達於其有收受送達權限之訴訟代理人收受，有送達證書附卷可稽，該日雖為星期日，但既未拒絕收領，其送達即屬合法，不生民法第一百二十二條以次日代送達日之問題。（五四臺抗一二八）

第一百四十一條　（送達證書）

送達人應作送達證書，記載下列各款事項並簽名：

一　交送達之法院。
二　應受送達人。
三　應送達之文書。
四　送達處所及年、月、日、時。
五　送達方法。

送達證書，應於作就後交收領人簽名、蓋章或按指印；如拒絕或不能簽名、蓋章或按指印者，送達人應記明其事由。

收領人非應受送達人本人者，應由送達人記明其姓名。

送達證書，應提出於法院附卷。

(92)一、第一項本文「左列」修正為「下列」。

二、收領人非應受送達人本人者，收領人雖於送達證書上簽名、蓋章或按指印，惟嗣後有時難以辨認係何人所為，爰增設第三項規定應由送達人記明收領人之姓名，以杜日後之爭執。

三、原第三項移列為第四項。

＊（送達人）民訴一二三、一二四；（應受送達人）民訴一二七～一三四、一三七；（送達處所）民訴一二九、一三〇、一三六；（送達方法）民訴一二五、一二六、一三三㊂、一三七～一三九；（簽名）民三；（附卷）民訴二四一。

▲送達之年月日時，除有反證外，以送達證書所記載者為準。（行七一裁三七一）

第一百四十二條　（不能送達時之處置）

不能為送達者，送達人應作記載該事由之報告書，提出於法院附卷，並繳回應送達之文書。

法院書記官應將不能送達之事由，通知使為送達之當事人。

＊（附卷）民訴二四一。

▲㈡上訴狀不能送達於被上訴人時，審判長得定期限命上訴人補陳應為送達之處所，或為公示送達之合法聲請，不遵行者，應認上訴不合程式，以裁定駁回。至上訴狀送達後，被上訴人應為送達之處所不明，上訴人於書記官依法通知後不為公示送達聲請者，不得認其為不合程式，予以駁回。㈢合法上訴後，上訴人及被上訴人應為送達之處所均不明者，訴訟即屬無法進行。㈣第三審法院囑託送達之文件，當事人一造應為送達之處所不明，無從送達時，受託法院不得逕依他造聲請，准予公示送達。（院二〇三五）

第一百四十三條　（送達之證據方法）

依第一百二十六條之規定為送達者，應命受送達人提出收據附卷。

(92)第一百三十三條第三項已經刪除，原第二項已無規定必要，爰予刪除。

＊（書記官自行交付送達）民訴一二六；（付郵送達）民訴一三三㊂；（附卷）民訴二四一。

▲民事訴訟法第一百三十三條第三項，既稱以交付文書時視為送達之時，法院書記官祇須取得郵局收據，即可依同法第一百四十三條第二項規定，作成證書附卷，無須另取郵差所作送達證書。至以後該文書果否達到及郵局何日送達，均以交付時所生之送達效力不生影響。（院一五三〇）

第一百四十四條　（囑託送達㈡——對治外法權人之送達）

於有治外法權人之住居所或事務所為送達者，得囑託外交部為之。

＊（囑託）民訴二〇二㊁；（外交部）行院組三㊀②。

第一百四十五條　（囑託送達㈢——於外國為送達）

於外國為送達者，應囑託該國管轄機關或駐在該國之中華民國使領館或其他機構、團體為之。

不能依前項規定為囑託送達者，得將應送達之文書交郵務機構以雙掛號發送，以為送達，並將掛號回執附卷。

(92)一、於外國為送達者，以囑託該國管轄機關或駐在該國之我國大使、公使或領事為之為原則，惟若我國在該外國未設有使領館者，囑託送達即生困難。為配合實際之需要，爰修正第一項，規定其他適當之駐外機構或團體亦得受囑託送達。

二、於外國未設有任何駐外機構或團體以致無法為囑託送達時，應如何處理，法無明文，爰增訂第二項規定，以利適用。又此項送達，仍以應受送達人實際收受時，為送達之時，乃屬當然。

＊（囑託）民訴二〇二㊁；（於外國為送達之限制）民訴五〇九。

第一百四十六條　（囑託送達㈣——對駐外使節為送達）

對於駐在外國之中華民國大使、公使、領事或其他駐外人員為送達者，應囑託外交部為之。

(92)我國駐外機構或團體，不以使領館為限。原條文規定「大使、公使或領事」，未能涵括派駐國外其他駐外機構或團體，其地位相當於大使、公使或領事之人員，爰增列「其他駐外人員」，以資周全。又非相當於大使、公使或領事之駐外人員，不屬本條適用範圍，對其送達，應依前條規定辦理，乃屬當然。

＊（囑託）民訴二〇二㊁；（外交部）行院組三㊀②。

第一百四十七條　（刪除）

(92)一、本條刪除。

二、第一百二十九條之規定，不僅對在國內之服役軍人有其適用，對出戰或駐在外國之軍隊或軍艦之軍人亦可適用，且該條亦修正為應囑託該管軍事機關或長官為之，本條即無重複規定之必要，爰予刪除。

第一百四十八條　（受託送達之處置）

受囑託之機關或公務員，經通知已為送達或不能為送達者，法院書記官應將通知書附卷；其不能為送達者，並應將其事由通知使為送達之當事人。

＊（受囑託送達之機關或公務員）民訴一二五、一四四～一四七；（不能送達之證書）民訴一四二；（附卷）民訴二四一。

第一百四十九條　（聲請及職權公示送達之事由）

對於當事人之送達，有下列各款情形之一者，受訴法院得依聲請，准為公示送達：

一　應為送達之處所不明者。
二　於有治外法權人之住居所或事務所為送達而無效者。
三　於外國為送達，不能依第一百四十五條之規定辦理，或預知雖依該條規定辦理而無效者。

駁回前項聲請之裁定，得為抗告。

第一項所列各款情形，如無人為公示送達之聲請者，受訴法院為避免訴訟遲延認有必要時，得依職權命為公示送達。

原告或曾受送達之被告變更其送達之處所，而不向受訴法院陳明，致有第一項第一款之情形者，受訴法院得依職權命為公示送達。

原告、聲請人、上訴人或抗告人未依第一百三十三條第二項規定指定送達代收人者，受訴法院得依職權，命為公示送達。

(110)原告、聲請人、上訴人或抗告人於中華民國無應為送達之處所，亦未依修正條文第一百三十三條第二項規定指定送達代收人者，法院得依職權命為公示送達，以利程序之進行，爰增訂第五項。

*（聲請）民訴一一六、一二二；（對治外法權人之送達）民訴一四四；（於外國為送達）民訴一四五；（裁定）民訴二二〇、二三四～二三九；（公示送達之限制）民訴五〇九；（抗告）民訴四八二～四九五；（依職權公示送達）民訴一五〇。

▲公示送達，除有民事訴訟法第一百五十條之情形外，須當事人有聲請時，始得准許，法院依職權命就判決正本為公示送達者，其送達既非合法，自無使上訴期間開始進行之效力。（二六渝抗四二七）（九二、三、一八決議自九二、九、一起不再援用）

▲以應為送達之處所不明為原因而公示送達，須受送達人可能由法院公告知悉公示送達之情形者，始得為之，此觀民事訴訟法第一百五十一條之規定自明。大陸淪陷，陷身大陸之當事人，無法由法院公告知悉公示送達，自不得對之為公示送達。（七〇臺上二〇）（九二、四、一決議不再援用）

▲民事訴訟法第一百四十九條第一項第一款所謂「應為送達之處所不明者」，係指已用相當之方法探查，仍不知其應為送達之處所者而言。其「不明」之事實，應由聲請公示送達之人負舉證之責任，而由法院依具體事實判斷之。（八二

第一百五十條　（職權公示送達）

依前條規定為公示送達後，對於同一當事人仍應為公示送達者，依職權為之。

*（依聲請之公示送達）民訴一四九㊀；（依職權之公示送達）民訴一四九㊂。

第一百五十一條　（公示送達之方法）

公示送達，應由法院書記官保管應送達之文書，而於法院之公告處黏貼公告，曉示應受送達人應隨時向其領取。但應送達者如係通知書，應將該通知書黏貼於公告處。

除前項規定外，法院應命將文書之繕本、影本或節本，公告於法院網站；法院認為必要時，得命登載於公報或新聞紙。

(107)一、以法院網站之電子公告取代刊登新聞紙。
二、原條文第二項後段「登載於公報或新聞紙，或用其他方法通知或公告之」修正為「公告於法院網站；法院認為必要時，得命登載於公報或新聞紙」。

*（公示送達）民訴一四九、一五〇；（應受送達人）民訴一四四、一四五、一四九㊀。

▲（七〇臺上二〇）參見本法第一百四十九條。

▲關於公示送達之方法，依民事訴訟法第一百五十一條規定，除應由法院書記官保管應送達之文書，而於法院之牌示處黏貼公告，曉示應受送達人，應隨時向其領取外，法院並應命將文書之繕本或節本登載於公報或新聞紙，或用其他方法通知或公告之。兩者必須兼備，苟缺其一，即不生公示送達之效力。（七五臺抗一八三）

第一百五十二條　（公示送達之生效時期）

公示送達，自將公告或通知書黏貼公告處之日起，公告於法院網站者，自公告之日起，其登載公報或新聞紙者，自最後登載之日起，經二十日發生效力；就應於外國為送達而為公示送達者，經六十日發生效力。但第一百五十條之公示送達，自黏貼公告處之翌日起，發生效力。

(107)一、以法院網站之電子公告取代刊登新聞紙。
二、原條文前段增列「公告於法院網站者，自公告之日起，」等文字。

訴一五一。

▲公示送達，無論應受送達人已否知悉，及何時知悉，均於民事訴訟法第一百五十二條所定發生效力之日，視為已有送達。（二六滬抗五八）

第一百五十三條　（公示送達證書）

為公示送達者，法院書記官應作記載該事由及年、月、日、時之證書附卷。

*（公示送達）民訴一四九、一五〇；（附卷）民訴二四一。

第一百五十三條之一　（文書之傳送）

訴訟文書，得以電信傳真或其他科技設備傳送之；其有下列情形之一者，傳送與送達有同一之效力：
一　應受送達人陳明已收領該文書者。
二　訴訟關係人就特定訴訟文書聲請傳送者。

前項傳送辦法，由司法院定之。

(89)一、本條新增。
二、為配合現代科技發展，加速訴訟文書之傳送，以促進訴訟之進行，爰於第一項規定訴訟文書得以電信傳真或其他科技設備傳送之。
三、有關實施傳送之細節，應隨設備狀況而定，宜由司法院另以辦法定之，爰規定第二項。

第三節　期日及期間

第一百五十四條　（指定期日之人）

期日，除別有規定外，由審判長依職權定之。

*（期日）民訴一九八㊂、二〇九、二二三㊁、二五〇～二五二、二七三、二九一、三〇九㊁、四〇七；（別有規定）民訴一六七㊀；（審判長）法組四；（準用）民訴一六七㊁，非訟三一。

▲審判長依職權所定之言詞辯論期日，非有重大理由，法院不得變更或延展之，故當事人已受合法之傳喚後，雖聲請變更期日，然在法院未予裁定准許以前，仍應於原定期日到場，否則仍應認為遲誤，法院自得許由到庭之當事人一造辯論而為判決。（四一臺上九四）

第一百五十五條　（指定期日之限制）

期日，除有不得已之情形外，不得於星期日或其他休息日定之。

＊（休息日）民一二二；（準用）民訴一六七㈡，非訟三一。

第一百五十六條　（期日之告知）

審判長定期日後，法院書記官應作通知書，送達於訴訟關係人。但經審判長面告以所定之期日命其到場，或訴訟關係人曾以書狀陳明屆期到場者，與送達有同一之效力。

＊（審判長）法組四；（定期日）民訴一五四；（送達）民訴一二三～一五三；（準用）民訴一六七㈡，非訟三一。

第一百五十七條　（期日應為行為之處所）

期日應為之行為，於法院內為之。但在法院內不能為或為之而不適當者，不在此限。

＊（期日應為之行為）民訴一九八㈢、二〇九、二二三、二五〇～二五二、二七三、二九一、三〇九㈡、四〇七；（不在此限）民訴三〇四、三〇五；（準用）民訴一六七㈡，非訟三一；（開庭處所）法組八四以下。

第一百五十八條　（期日之開始）

期日，以朗讀案由為始。

＊（準用）民訴一六七㈡，非訟三一；（朗讀案由）刑訴二八五。

第一百五十九條　（期日之變更或延展）

期日，如有重大理由，得變更或延展之。

變更或延展期日，除別有規定外，由審判長裁定之。

＊（期日）民訴一五四；（別有規定）民訴二〇八㈡、二六八、二七三㈡、三八六；（審判長）法組四；（裁定）民訴二二〇、二三四～二三九；（準用）民訴一六七㈡，非訟三一。

▲審判長所定之言詞辯論期日，不因當事人聲請變更而失其效力，故當事人一造雖聲請變更期日，但在未經審判長裁定變更前，仍須於原定期日到場，否則仍應認為遲誤期日。（二八上五〇一）

▲變更期日，除別有規定外，屬於審判長之職權，當事人無變更之聲請權，其為此聲請者，審判長如認為無重大理由，不予容納，自無庸為駁回之裁定。（二九上二〇〇三）

第一百六十條　（裁定期間之酌定及其起算）

期間，除法定者外，由法院或審判長酌量情形定之。

法院或審判長所定期間，自送達定期間之文書時起算；無庸送達者，自宣示定期間之裁判時起算。但別定起算方法者，不在此限。

＊（法定期間）民訴九〇㈡、一二〇、一五二、一六二～一六四、一九〇、二二三㈡、二二八㈠、二二九㈢、二三三㈢、二五一㈢、三二三㈢、三二四、三九六㈠、四二九㈢、四四〇、四八七、五〇〇㈠、五一八、五五二㈠；（裁定期間）民訴四九、七五、九九㈠、一二一㈠、一六〇㈠、一六七㈠、二四九㈠、二六八、四四二㈢、四四四㈠；（送達）民訴一二三～一五三。

▲期間之長短，既由法院或審判長酌量情形定之，則凡路程之遠近，數額之多寡，及各該地方之經濟狀況，固應予以斟酌，而其時地方之秩序能否安寧，暨道路交通之有無梗阻，亦應並為酌奪，即或酌定期間之當時未能見及或其事實尚未發生，而期間進行中已發見者，亦應以職權酌予延展該期間。（一九抗六一四）

▲審判長命當事人補繳裁判費所定之期間，並非法定期間，不適用民事訴訟法第一百六十二條之規定，故除定期間之裁定，明示扣除在途期間計算者，可認在途期間為其所定期間之一部外，不得扣除在途期間計算。（二九抗一八四）

▲裁定期間並非不變期間，故當事人依裁定應補正之行為，雖已逾法院之裁定期間，但於法院尚未認其所為之訴訟行為為不合法予以駁回前，其補正仍屬有效，法院不得以其補正逾期為理由，予以駁回。（五一臺抗一六九）

第一百六十一條　（期間之計算）

期間之計算，依民法之規定。

＊（民法關於期間計算之規定）民一二〇～一二二；（準用）非訟三一。

▲期間之末日為星期日、紀念日或其他休息日時，以其休息日之次日代之，民事訴訟法第一百六十一條及民法第一百二十二條定有明文，是休息日在期間中而非期間之末日者，自不得予以扣除。（三〇抗二八七）

第一百六十二條　（在途期間之扣除）

當事人不在法院所在地住居者，計算法定期間，應扣除其在途之期間。但有訴訟代理人住居法院所在地，得為期間內應為之訴訟行為者，不在此限。

前項應扣除之在途期間，由司法院定之。

⑨②審檢分隸後，本法所謂司法行政最高機關乃指司法院而言，爰將第二項「司法行政最高機關」修正為「司法院」，以示明確。

＊（住居所）民二〇～二四；（法定期間）民訴九〇㈡、一二〇、一五二、一九〇、二二三㈡、二二八㈠、二二九㈡、二三三㈢、二五一㈢、三二三㈢、三二四、三九六㈠、四二九㈢、四四〇、四八七、五〇〇㈠、五一八、五五二㈠；（訴訟代理人）民訴六八～七〇；（在途期間）法院訴訟當事人在途期間標準。

▲釋二四〇。

▲住居法院所在地之訴訟代理人，受有得為上訴之特別委任者，雖當事人本人不在法院所在地住居，計算上訴期間，亦不得扣除其在途之期間。（二八上一五二九）

▲民事訴訟法第一百六十二條第一項所謂應扣除在途期間計算之法定期間，係僅指同法所規定訴訟關係人應為一定訴訟行為之期間而言，惟不變期間（例如上訴期間、抗告期間）與通常法定期間（例如聲請回復原狀之期間、證人及鑑定人請求日費或旅費之期間）始足當之。至就審期間，則係使被告準備辯論及到場應訴之期間，而非指其應為一定訴訟行為之期間，顯與上述期間之性質不同，自不在適用該條項之規定，應扣除在途期間計算之列。（四三臺上八五〇）

▲住居法院所在地之訴訟代理人，受有上訴之特別委任者，雖當事人不在法院所在地住居，計算上訴期間，亦不得扣除其在途之期間。本院著有二十八年上字第一五二九號判例可循。又訴訟代理人本於得選任訴訟代理人之權限而所選任之複代理人，亦為當事人本人之訴訟代理人，倘該複代理人同樣受有上訴之特別委任者，當事人提起上訴，關於上訴期間之計算，自亦相同。（七〇臺上四六八八）

第一百六十三條　（期間之伸長或縮短）

期間，如有重大理由，得伸長或縮短之。但不變期間，不在此限。

伸長或縮短期間，由法院裁定。但期間係審判長所定者，由審判長裁定。

＊（不變期間）民訴二三三㈡、四四〇、四八七、五〇〇㈠、五一八、五五二㈠；（準用）民訴一六七㈡，非訟三一；（裁定）民訴二三四～二三九。

▲㈢不變期間之規定，係專就裁判終結之事件而設，其以和解尚未合法成立或有撤銷之原因為理由聲請裁判，應不受不變期間之拘束。（院九六六）

▲不變期間，法院不得依聲請或依職權延展（現行民訴法改為伸長）或縮短之，故法院在判決書內記明之上訴期間，縱較法定之不變期間為長，亦不生何等效力，當事人自不得藉口其提起上訴係在記明之上訴期間內，而主張其上訴尚未逾期。（二三抗三四三）

▲伸長審判長所定之期間，依民事訴訟法第一百六十三條之規定，屬於審判長之職權，當事人以為有伸長期間之重大理由時，固可向審判長陳明，以促其職權行動，旦並無聲

▲抗告期間為不變期間，非法院所得伸長，送達於當事人之裁定正本記載抗告期間縱有錯誤，其期間亦不因此而伸長，聲請人提起再抗告，仍應於法律所定期間內為之。（三〇聲四二）

第一百六十四條（回復原狀之聲請）

當事人或代理人，因天災或其他不應歸責於己之事由，遲誤不變期間者，於其原因消滅後十日內，得聲請回復原狀。

前項期間，不得伸長或縮短之。但得準用前項之規定，聲請回復原狀。

遲誤不變期間已逾一年者，不得聲請回復原狀。

⑨②一、本法已將抗告期間一律定為十日，故法定不變期間已無少於十日者，爰刪除第一項後段「如該不變期間少於十日者，於相等之日數內」等字。

二、當事人遇有第一項之事由，遲誤不變期間者，得於原因消滅後十日內聲請回復原狀，該十日之期間，不得伸長或縮短之。惟如當事人遇有相同之事由，致遲誤聲請回復原狀之期間，是否亦得再聲請回復原狀，法無明文。為保護當事人之權益，爰於第二項增設但書，明定於此情形得準用前項之規定，聲請回復原狀。

*（當事人）民訴一一六①、二四四㈠①；（代理人）民訴四七、六八～七一、一一六②、二四四㈠①；（不變期間）民訴二三三㈢、四四〇、四八七、五〇〇㈠、五一八、五五二㈠；（聲請）民訴一一六、一二二。

▲所謂天災或其他不應歸責於己之事由，雖不能一一舉示，惟僅以患病為理由，而於疾病事實外，非更有不能委任代理或不能依其他方法以免遲誤之情由者，概不准更為該訴訟行為。（二〇抗八一四）

▲當事人收受補正裁定之送達後，逾期仍不遵行，經裁定駁回上訴，無論逾期之原因如何，均不得聲請回復。（二〇聲六九五）

▲當事人聲請回復原狀，依民事訴訟法第一百六十四條第一項之規定，限於當事人或代理人，因天災或其他不應歸責於己之事由遲誤不變期間者，始得為之。舊民事訴訟條例對於因不可避之事故，遲誤必要之言詞辯論期日者，雖亦許聲請回復原狀，但此項辦法為現行法所不認，故當事人之一造於言詞辯論期日不到場，法院依到場當事人之聲請，由其一造辯論而為判決者，無論不到場之當事人遲誤期日之原因如何，均不得聲請回復原狀。（二一六渝抗三八一）

▲審判長命上訴人補正上訴要件欠缺之裁定期間，並非民事訴訟法第一百六十四條所稱之不變期間，致其上訴被駁回後，無論其遲誤之原因如何，均不得聲請回復原狀。（二八抗四四四）

▲當事人縱因不應歸責於己之事由遲誤上訴期間，但其遲誤之原因，在提起上訴時必已消滅，其於提起上訴時，並不聲請回復原狀，迨其上訴經裁定駁回後，始行聲請者，如自提起上訴時起已逾十日之期間，即屬無從准許。（二八聲二四五）

▲送達代收人之過失，並非民事訴訟法第一百六十四條所謂不應歸責於己之事由，以此為回復原狀之原因，自為法所不許。（二九抗四一四）

▲（二九抗五三一）參見本法第七十條。

▲當事人縱因不應歸責於己之事由遲誤抗告期間，但其遲誤之原因在提起抗告時既已消滅，其於提起抗告時，並不聲請回復原狀，迨其抗告經裁定駁回後，始行聲請者，如自提起抗告時起已逾十日之期間，即屬無從准許。（三五京聲一三二）

第一百六十五條（聲請回復原狀之程序）

因遲誤上訴或抗告期間而聲請回復原狀者，應以書狀向為裁判之原法院為之；遲誤其他期間者，向管轄該期間內應為之訴訟行為之法院為之。

遲誤期間之原因及其消滅時期，應於書狀內表明並釋明之。

聲請回復原狀，應同時補行期間內應為之訴訟行為。

*（上訴期間）民訴四四〇、四八一；（抗告期間）民訴四八七；（聲請）民訴一一六、一二二、四二八；（書狀）民訴一一六；（遲誤之原因及其消滅時期）民訴一六四㈠；（釋明）民訴二八四。

第一百六十六條（聲請回復原狀之裁判）

回復原狀之聲請，由受聲請之法院與補行之訴訟行為合併裁判之。但原法院認其聲請應行許可，而將該上訴或抗告事件送交上級法院者，應送由上級法院合併裁判。

*（回復原狀之聲請）民訴一六四、一六五；（裁判）民訴二二〇～二四〇；（上訴）民訴四三七、四六〇、四六四；（抗告）民訴四八二、四八六、四九〇。

第一百六十七條（受命法官或受託法官之指定期日及期間）

受命法官或受託法官關於其所為之行為，得定期日及期間。

第一百五十四條至第一百六十條及第一百六十三條之規定，於受命法官或受託法官定期日及期間者，準用之。

⑨②「推事」修正為「法官」。

*（受命推事受託推事所為之行為）民訴二七〇、二九〇、三七七；（定期日）民訴一五四；（期日之限制）民訴一五五；（期日之告知）民訴一五六；（期日應為行為之處所）民訴一五七；（期日之開始）民訴一五八；（期日之變更延展）民訴一五九；（期間之裁定）民訴一六〇；（期間之伸縮）民訴一六三。

第四節　訴訟程序之停止

第一百六十八條（當然停止㈠——當事人死亡）

當事人死亡者，訴訟程序在有繼承人、遺產管理人或其他依法令應續行訴訟之人承受其訴訟以前當然停止。

*（死亡）民八、九，家事一五四～一六三；（繼承人）民一一三八～一一四一、一一四四；（遺產管理人）民一一七七；（其他依法令應續行訴訟之人）民一二〇九、一二一五；（訴訟承受）民訴一七五～一七九；（準用）刑訴四九一⑤。

▲(1)當事人死亡時，當事人能力即行喪失，訴訟進行中當事人死亡時，如其為訴訟標的之法律關係得繼承者，法律為便宜計，固認中斷之制度，使其繼承人承受訴訟，以免另行開始訴訟而將已行之訴訟程序作廢，然其訴訟標的之法律關係不得繼承者，除有使他人承受訴訟或使訴訟當然終結之特別規定外，仍不能不認為訴訟要件之欠缺，如在第二審程序進行中被上訴人死亡而有此種情形者，即應認上訴為不合法，予以駁回。

(2)甲對乙起訴主張乙之父丙早年過繼於甲之子丁為嗣，已於早年廢繼，請求確認乙無其嗣曾孫之身分，實係以甲所否認之親屬關係為訴訟標的，此項親屬關係如係存在，本為甲與乙本身之法律關係，當事人之一造死亡時，非其繼承人所得繼承，縱令該一造之繼承人與他造有無何種親屬關係，應以該一造與他造所爭之親屬關係是否存在，為先決問題，亦屬別一法律關係，並非該一造與他造之親屬關係為該一造之繼承人所繼承，乙既於原審訴訟進行中死亡，本件訴訟標的即因之而消滅，自無由乙之繼承人承受

訴訟之餘地。（二九上一五七二）

▲親屬會員資格係專屬於一身之權利，故親屬會員在訴訟中死亡，其繼承人不得引用民事訴訟法承受訴訟之規定，聲明承受訴訟。（四三臺聲六七）

第一百六十九條（當然停止㈡——法人合併）

法人因合併而消滅者，訴訟程序在因合併而設立或合併後存續之法人承受其訴訟以前當然停止。

前項規定，於其合併不得對抗他造者，不適用之。

*（合併）公司七二～七五、一一三、一一五、三一六㈠、三一八、三一九；（訴訟承受）民訴一七五～一七九；（存續之法人）公司七五、一一三、一一五、三一九；（合併不得對抗他造）公司七四㈠、一一三、一一五、三一九。

▲國家機關因裁撤或改組而不存在者，其性質與法人因合併而消滅者相類，故其訴訟程序應類推適用民事訴訟法第一百六十九條第一項規定，在承受其業務之機關承受其訴訟以前當然停止。（八九臺上八六八）

第一百七十條（當然停止㈢——喪失訴訟能力或法定代理人死亡或代理權消滅）

當事人喪失訴訟能力或法定代理人死亡或其代理權消滅者，訴訟程序在有法定代理人或取得訴訟能力之本人承受其訴訟以前當然停止。

*（訴訟能力）民訴四五；（喪失訴訟能力）民一四、一五；（法定代理人）民訴四七，民一〇八六、一〇九八、一一一三；（代理權消滅）民一〇九〇、一一〇六；（訴訟承受）民訴一七五～一七九。

第一百七十一條（當然停止㈣——信託任務終了）

受託人之信託任務終了者，訴訟程序在新受託人或其他依法令應續行訴訟之人承受其訴訟以前當然停止。

⑨②受託人之信託任務終了，如信託關係未消滅，由委託人指定或法院選任新受託人，信託財產固應歸屬於新受託人，如信託關係亦告消滅時，信託財產即應歸屬於受益人、委託人或其他歸屬權利人。原條文僅規定新受託人承受訴訟，自嫌欠周，爰增列「或其他依法令應續行訴訟之人」，俾利適用。

*（訴訟承受）民訴一七五～一七九；（例外不停止）民訴一七三。

第一百七十二條（當然停止㈤——喪失一定資格或死亡）

本於一定資格以自己名義為他人任訴訟當事人之人，喪失其資格或死亡者，訴訟程序在有同一資格之人承受其訴訟以前當然停止。

依法被選定為訴訟當事人之人全體喪失其資格者，訴訟程序在該有共同利益人全體或新被選定為訴訟當事人之人承受其訴訟以前當然停止。

⑨②選定訴訟當事人除本法第四十一條規定外，已增訂第四十四條之一。為求周延，爰將第二項「依第四十一條規定，被選定為訴訟當事人之人」修正為「依法被選定為訴訟當事人之人」，以示概括。

*（本於一定資格任當事人）民五五五、一一七九、一一八四、一二一五，破產九〇、九二；（選定當事人）民訴四一；（訴訟承受）民訴一七五～一七九。

第一百七十三條（當然停止之例外規定）

第一百六十八條、第一百六十九條第一項及第一百七十條至前條之規定，於有訴訟代理人時不適用之。但法院得酌量情形，裁定停止其訴訟程序。

*（訴訟代理人）民訴六八～七〇；（訴訟代理權之不消滅）民訴七三；（裁定停止）民訴一八六～一八八。

▲當事人有訴訟代理人者，訴訟程序不因當事人死亡而中斷，民事訴訟法第一百七十三條固定有明文，惟此係以當事人死亡後訴訟代理權仍屬存續為前提（參照同法第七十三條），故當事人所授與之訴訟代理權，以一審級為限而無提起上訴之特別委任者，該審級之訴訟程序，雖不因當事人死亡而中斷，但至該審級之終局判決送達時，訴訟代理權即歸消滅，訴訟程序亦即由是中斷。（三一上一一四九）

第一百七十四條（當然停止㈥——破產宣告）

當事人受破產之宣告者，關於破產財團之訴訟程序，在依破產法有承受訴訟人或破產程序終結以前當然停止。

當事人經法院依消費者債務清理條例裁定開始清算程序者，關於清算財團之訴訟程序，於管理人承受訴訟或清算程序終止、終結以前當然停止。

⑨⑧一、第一項未修正。

二、按依消費者債務清理條例第九十四條第一項規定，債務人因法院裁定開始清算程序，對於應屬清算財團之財產，喪失其管理及處分權。又依同條例第二十八條第一項、第二項之規定，對於債務人之債權，於法院裁定開始清算程序前成立者，為清算債權，非依清算程序，不得行使其權利。故當事人經法院依消費者債務清理條例裁定開始清算程序者，關於清算財團之訴訟程序，於管理人承受訴訟前或清算程序終止、終結前，自應當然停止，爰增設第二項。

*（破產之宣告）破產五七、五八、六三、七五；（破產財團）破產八二；（破產程序之終結）破產一三五、一四六、一四八；（訴訟承受）民訴一七五～一七九。

▲上訴人已於訴訟進行中受破產之宣告，本件又係以上訴人對於被上訴人之貨款給付請求權，及財產上之損害賠償請求權為訴訟標的，依破產法第八十二條第一項之規定，即屬民事訴訟法第一百七十四條所謂關於破產財團之訴訟，訴訟程序既尚在中斷間，依民事訴訟法第一百八十八條第一項，上訴人自不得為關於本案之訴訟行為，其提起之上訴，實屬不應准許。（二八上一八六六）

▲破產管理人承受中斷之訴訟程序後，或破產管理人自始起訴或應訴之訴訟程序後，破產程序終結者，當然由破產人於當時訴訟之程序續行其訴訟，此際毋庸破產人別為承受訴訟之行為。（五四臺上三二三一）

第一百七十五條（承受訴訟之聲明）

第一百六十八條至第一百七十二條及前條所定之承受訴訟人，於得為承受時，應即為承受之聲明。

他造當事人，亦得聲明承受訴訟。

*（聲明承受訴訟之程序）民訴一七六；（命續行訴訟）民訴一七八。

第一百七十六條（聲明承受訴訟之程序）

聲明承受訴訟，應提出書狀於受訴法院，由法院送達於他造。

*（聲明承受訴訟）民訴一七五；（書狀）民訴一一六～一二一；（送達）民訴一一九、一三五。

▲依民事訴訟法第一百七十七條第三項規定，訴訟程序於裁判送達後中斷者，其承受訴訟之聲明，由為裁判之原法院裁定之，則訴訟程序於裁判送達後提起上訴或抗告前中斷者，同法第一百七十六條所稱之受訴法院，自指為裁判之原法院而言。（三二聲一三）

第一百七十七條（法院對承受訴訟聲明之處置）

承受訴訟之聲明有無理由，法院應依職權調查之。

法院認其聲明為無理由者，應以裁定駁回之。

訴訟程序於裁判送達後當然停止者，其承受訴訟之

*（承受訴訟之聲明）民訴一七五、一七六；（裁定）民訴二三四～二三九。

▲訴訟程序於裁判送達後當然停止者，依民事訴訟法第一百七十七條第三項規定，其承受訴訟之聲明，固由為裁判之原法院裁定之。若當事人提起上訴後，始發生訴訟程序當然停止之原因者，其承受訴訟之聲明，則應由上訴審法院裁定之。（八〇臺抗七一）

第一百七十八條　（命續行訴訟）

當事人不聲明承受訴訟時，法院亦得依職權，以裁定命其續行訴訟。

*（聲明承受訴訟）民訴一七五、一七六；（裁定）民訴二三四～二三九。

第一百七十九條　（裁定之抗告）

前二條之裁定，得為抗告。

*（抗告）民訴四八二、四八三；（抗告期間）民訴四八七。

第一百八十條　（當然停止㈦——法院不能執行職務）

法院因天災或其他不可避之事故不能執行職務者，訴訟程序在法院公告執行職務前當然停止。但因戰事不能執行職務者，訴訟程序在法院公告執行職務屆滿六個月以前當然停止。

前項但書情形，當事人於停止期間內均向法院為訴訟行為者，其停止終竣。

(92)一、法院不能執行職務乃多因天災或其他類似不可避免之事故所致，為期明確，爰於本條原條文前段增加「不可避之」四字，並改列為第一項。

二、原條文但書所規定當然停止之情形，原為方便當事人而設，故當事人如於停止期間內均向法院為訴訟行為者，即無需再停止訴訟程序，爰將第一百八十一條第三項修正，移列為本條第二項。

*（停止之終竣）民訴一八一㈢、一八八㈡。

第一百八十一條　（裁定停止㈠——特殊障礙事故）

當事人於戰時服兵役，有停止訴訟程序之必要者，或因天災、戰事或其他不可避之事故與法院交通隔絕者，法院得在障礙消滅前，裁定停止訴訟程序。

然停止訴訟程序之原因，學者多有批評，爰修正為裁定停止之原因，並同列於第一項，刪除第二項。

二、當事人因天災、戰事或其他不可避之事故，其訴訟尚非無法進行，必因該事故致使與法院交通隔絕不便進行訴訟，方有裁定停止訴訟程序之必要，爰修正第一項。

三、原第三項關於第二項部分，因第二項已刪除，關於第一百八十條第一項但書部分，已移列為第一百八十條第二項，第三項即無規定必要，爰刪除之。

*（裁定）民訴二三四～二三九；（因法院不能執行職務之當然停止）民訴一八〇。

▲戡亂時期縱非國際法上所謂戰時，而於此時期服兵役，仍不妨解為民事訴訟法第一百八十一條所謂於戰時服兵役。（院解三六〇二）

第一百八十二條　（裁定停止㈡——訴訟之裁判以他訴訟法律關係為據）

訴訟全部或一部之裁判，以他訴訟之法律關係是否成立為據者，法院得在他訴訟終結前以裁定停止訴訟程序。

前項規定，於應依行政爭訟程序確定法律關係是否成立者準用之。但法律別有規定者，依其規定。

(92)訴訟全部或一部之裁判，以應依行政爭訟程序確定之法律關係是否成立為據者，為避免相互歧異，法院亦得於行政爭訟程序開始後終結前以裁定停止訴訟程序。原條文第二項規定「應由法院以外之機關」，是否包括行政法院，不無爭議，且易被誤會為包括司法院大法官之解釋，爰予修正，俾資明確。又其他法律如就裁定停止訴訟程序有特別規定者，例如商標法第六十條、專利法第九十四條，自應從其規定，爰增設但書規定，以利適用。

*（裁定）民訴二三四～二三九。

▲訴訟全部或一部之審判牽涉他項訴訟，而應以該項訴訟之法律關係是否成立為根據者，法院得於該項訴訟終結前，命中止訴訟程序，所謂他項訴訟，係指與本訴訟各別提起者而言，若本係同一訴訟，自不得聲請中止訴訟程序。（一八抗七二）

▲第三審法院應以第二審確定之事實為判決基礎，不得斟酌第二審辯論終結前未發生或未主張之事實，故基於此項事實之法律關係為他訴訟之標的時，縱令本訴訟之法律關係是否成立，在實體法上以該法律關係是否成立為據者，第三審之裁判仍不以此為先決問題，自不得援用民事訴訟法第一百七十八條第一項（現行法第一百八十二條第一項）之規定，命在他訴訟終結前，中止第三審訴訟程序。（二二聲

▲訴訟全部或一部之裁判，雖以某法律關係是否成立為據，而該法律關係尚無訴訟繫屬於法院，即未為他訴訟之訴訟標的者，無從依民事訴訟法第一百八十二條第一項命中止訴訟程序。（二九抗二四八）

▲訴訟全部或一部之審判牽涉他項訴訟，而應以他項訴訟之法律關係是否成立為根據者，雖得於他項訴訟終結前命中止訴訟程序，但他項訴訟已判決確定後，當事人對之提起再審之訴者，則不足為中止訴訟程序之原因。（三七抗一〇七五）

▲使用借貸乃債權契約，非物權契約，貸與人對借用物縱無所有權，亦可本於貸與人地位請求借用人返還，亦即使用借貸之成立與所有權之有無，並無牽連關係，不生民事訴訟法第一百八十二條所定中止訴訟程序之問題。（五〇臺抗一六六）

第一百八十二條之一　（裁定停止㈢——認行政法院移送之訴訟無審判權）

普通法院就行政法院移送之訴訟認無審判權者，應以裁定停止訴訟程序，並請求最高法院指定有審判權之管轄法院。但有下列情形之一者，不在此限：

一　移送經最高行政法院裁判確定。

二　當事人合意願由普通法院裁判。

前項第二款之合意，應記明筆錄或以文書證之。

最高法院就第一項請求為裁定前，應使當事人有陳述意見之機會。

普通法院就行政法院移送之訴訟為裁判者，上級審法院不得以其無審判權而廢棄之。

(110)一、配合法院組織法增訂第七條之四第一項規定，行政法院移送訴訟之裁定確定後，普通法院認其無審判權者，不得移回行政法院，而應裁定停止訴訟程序，並向最高法院請求指定有審判權之管轄法院，以終局確定審判權之歸屬，爰修正第一項序文。

二、行政法院移送訴訟之裁定，若經抗告程序，由最高行政法院裁判確定行政法院就該訴訟無審判權者，因該審判權爭議已經終審法院為判斷，為避免不同審判權之終審法院重複審查，造成司法資源之浪費，並基於法院間之相互尊重，受移送之普通法院即應受該移送裁定之羈束，不得再行請求最高法院指定，爰增訂第一項但書第一款規定。

三、依原條文第一項但書規定，如當事人就行政法院移送之訴訟，合意願由普通法院為裁判，普通法院就該事件即

有審判權限，自不得再行請求最高法院指定，爰修正後移列第一項但書第二款。
四、關於審判權歸屬之爭議，原條文第一項規定得聲請司法院大法官解釋，修正條文第一項序文已改為請求最高法院指定，原條文第二項自應配合刪除。
五、第一項但書第二款之合意，涉及審判權之歸屬，為期慎重，應記明筆錄或以文書證之，爰修正原條文第三項並移列第二項。
六、最高法院受理指定審判權事件之請求，攸關當事人程序利益，為求更妥適、周延作成判斷，應於裁定前，使當事人有陳述意見之機會，爰增訂第三項規定。
七、行政法院裁定移送普通法院，未經抗告至最高行政法院裁判確定者，普通法院並不當然受移送裁定關於審判權認定之拘束，普通法院如認無審判權，自得依本條第一項序文規定，請求最高法院指定。惟倘普通法院亦認其有審判權，依法院組織法第七條之五第三項規定意旨，為使審判權歸屬之爭議儘早確定，避免受移送之普通法院所屬上級審法院，重複審查審判權問題，該普通法院所為裁判，上級審法院不得以其無審判權廢棄之，爰增訂第四項規定。
八、至普通法院受移送，如經最高行政法院裁判確定，或經最高行政法院依法院組織法第七條之五第一項後段規定指定，依法即為有審判權之法院，普通法院及其所屬上級審法院，均應受該移送或指定裁定關於審判權認定之羈束，自不待言。惟依法院組織法第七條之五立法意旨，受移送或經指定之法院，僅受最高行政法院移送或指定裁定關於審判權判斷部分之羈束；至其他依該訴訟應適用之程序法規及實體法規所需審查或判斷之事項，受移送或指定法院仍應自行認定，不受移送或指定裁定之羈束，併予敘明。

第一百八十二條之二　（裁定停止㈣——就同一事件有承認外國判決之可能）

當事人就已繫屬於外國法院之事件更行起訴，如有相當理由足認該事件之外國法院判決在中華民國有承認其效力之可能，並於被告在外國應訴無重大不便者，法院得在外國法院判決確定前以裁定停止訴訟程序。但兩造合意願由中華民國法院裁判者，不在此限。

法院為前項裁定前，應使當事人有陳述意見之機會。

⑨②一、本條係新增。
二、當事人就已在外國法院起訴之事件，於訴訟繫屬中更行起訴，如有相當理由足認該事件之外國法院判決不致有

且被告於外國法院應訴亦無重大不便，則於該外國訴訟進行中，應無同時進行國內訴訟之必要。為求訴訟經濟，防止判決牴觸，並維護當事人之公平，避免同時奔波兩地應訴，爰於第一項規定，此種情形，法院得在外國法院判決確定前，以裁定停止訴訟程序。惟兩造如合意願由中華民國法院裁判者，自無停止必要，爰增訂但書明定之。至於當事人在我國法院起訴後，復於外國法院起訴之情形，我國法院之訴訟原則上不受影響，惟仍應由法院就個案具體情形，審酌我國之訴訟有無訴訟利益等事項處理之。
三、停止國內訴訟之訴訟程序，以俟外國法院判決，影響當事人權益至鉅，為保障當事人之程序上權利，應使其於裁定前有陳述意見之機會，爰增訂第二項。

第一百八十三條　（裁定停止㈤——犯罪嫌疑涉其裁判）

訴訟中有犯罪嫌疑牽涉其裁判者，法院得在刑事訴訟終結前，以裁定停止訴訟程序。

*（刑事訴訟終結）刑訴二五二～二五四、三〇二、三二五、三五九；（裁定）民訴二三四～二三九。

▲民事訴訟法第一百八十三條所謂訴訟中有犯罪嫌疑牽涉其裁判者，得命在刑事訴訟終結以前，中止訴訟程序，係指該犯罪嫌疑，確有影響於民事訴訟之裁判，非俟刑事訴訟解決，其民事訴訟即無由或難於判斷者而言，故法院依該條規定命中止訴訟程序，須其訴訟有上開情形時，始得為之。（四三臺抗九五）

▲第三審之職務在調查第二審判決是否違背法令，至關於法律關係存在與否之事實，則應以第二審判決所確定者為判決基礎，不得自行調查。聲請人所開發之系爭支票，無論是否係被他人詐欺，但第二審判決採用該支票以確定事實，如非違背法令，縱使第三審繫屬中有已確認該他人取得支票係出詐欺之刑事判決，第三審法院要亦不得據以廢棄第二審判決。故此種犯罪嫌疑並不牽涉第三審之裁判，即不得命在刑事訴訟終結以前，中止第三審訴訟程序。（四六臺聲二一）

▲民事訴訟法第一百八十三條規定：「訴訟中有犯罪嫌疑牽涉其裁判者，法院得在刑事訴訟終結前以裁定停止訴訟程序」。所謂訴訟中有犯罪嫌疑牽涉其裁判，係指在民事訴訟繫屬中，當事人或第三人涉有犯罪嫌疑，足以影響民事訴訟之裁判，非俟刑事訴訟解決，民事法院即無從或難於判斷者而言，例如當事人或第三人於民事訴訟繫屬中涉有偽造文書、證人偽證、鑑定人為不實之鑑定等罪嫌，始足當之。（七九臺抗二一八）

訟）

依第五十四條之規定提起訴訟者，法院得在該訴訟終結前，以裁定停止本訴訟之程序。

*（主參加之訴）民訴五四；（裁定）民訴二三四～二三九。

第一百八十五條　（裁定停止㈦——告知訴訟）

依第六十五條之規定告知訴訟，法院如認受告知人能為參加者，得在其參加前以裁定停止訴訟程序。

*（告知訴訟）民訴六五；（裁定）民訴二三四～二三九。

▲民事訴訟法第一百八十五條之規定，係指依同法第六十五條之規定為訴訟之告知後，法院如認受告知人能為參加者，得命在其參加以前，中止訴訟程序，並非當事人之一方認他方有為訴訟告知之必要，即得據以聲請中止訴訟程序。（三七抗一七三八）

第一百八十六條　（裁定停止之撤銷）

停止訴訟程序之裁定，法院得依聲請或依職權撤銷之。

*（裁定停止）民訴一七三但、一八一～一八五；（裁定）民訴二三四～二三九；（聲請）民訴一一六、一二二。

第一百八十七條　（裁定之抗告）

關於停止訴訟程序之裁定，及關於撤銷停止之裁定，得為抗告。

*（裁定停止）民訴一七三但、一八一～一八五；（撤銷停止之裁定）民訴一八六；（抗告）民訴四八二、四八三。

第一百八十八條　（當然停止、裁定停止之效力）

訴訟程序當然或裁定停止間，法院及當事人不得為關於本案之訴訟行為。但於言詞辯論終結後當然停止者，本於其辯論之裁判得宣示之。

訴訟程序當然或裁定停止者，期間停止進行；自停止終竣時起，其期間更始進行。

⑨②本法第一百八十一條已將當事人因戰事與法院交通隔絕者，修正為裁定停止訴訟程序之原因，自無適用本條第一項但書之餘地。又該但書所列舉者均為當然停止原因之條文，為免日後相關條文變動而須再予修正，特將之修正為概括規定，以求周延。

*（當然停止）民訴一六八～一七二、一七四、一八〇、一八

詞辯論）民訴一九二以下；（裁判之宣示）民訴二二三、二二五、二三五；（期間）民訴一六〇～一六七。

▲上訴人於民國三十年三月二十五日提起第三審上訴，未據繳納裁判費，經原法院以裁定命其於送達時起十五日內補正，此項裁定已於同年四月二十四日送達，雖據上訴人聲請中止本件訴訟程序，但補正期間並不因此停止進行，且此項聲請亦另經本院裁定駁回，迄今逾期日久仍未據繳納，本件上訴，顯難認為合法。（三〇上一五二五）

第一百八十九條（合意停止）

當事人得以合意停止訴訟程序。但不變期間之進行，不受影響。

前項合意，應由兩造向受訴法院或受命法官陳明。

前條規定，除第一項但書外，於合意停止訴訟程序準用之。

㉜一、第二項原條文規定向受訴法院陳明，易誤解為於準備程序期日向受命法官陳明者，不生合意停止之效力，爰予修正，俾資明確。

二、關於合意停止訴訟程序之效果，原條文除於第一項規定不變期間之進行不受影響外，未設明文，適用上易滋疑義，爰增設第三項，明定準用前條規定。惟前條第一項但書有關辯論終結後當然停止，本於其辯論之裁判仍得宣示之規定，於合意停止之意旨不合，則不在準用之列。

*（不變期間）民訴二三三㈢、四四〇、四八七、五〇〇㈠、五一八、五五二㈠；（陳明）民訴一一六、一二二。

第一百九十條（合意停止之期間及次數之限制）

合意停止訴訟程序之當事人，自陳明合意停止時起，如於四個月內不續行訴訟者，視為撤回其訴或上訴；續行訴訟而再以合意停止訴訟程序者，以一次為限。如再次陳明合意停止訴訟程序，不生合意停止訴訟之效力，法院得依職權續行訴訟；如兩造無正當理由仍遲誤言詞辯論期日者，視為撤回其訴或上訴。

㉜一、原條文未修正，作為條文之前段，增訂後段。

二、關於違背合意停止訴訟程序次數限制者，其效果如何，本法未予規定，易滋疑義。爰增訂後段，明定如再次陳明合意停止訴訟程序，不生合意停止訴訟之效力，法院得依職權續行訴訟；如兩造無正當理由仍遲誤言詞辯論期日者，視為撤回其訴或上訴，以臻明確。

*（合意停止）民訴一八九；（期間之計算）民訴一六一，民一二一～一二三；（撤回訴或上訴）民訴二六二、二六三、四五九、四八一。

▲兩造遲誤言詞辯論日期如有數次，則關於不續行訴訟之期間，自應從最後之一次起算。（一九抗七）（九二、三、一八決議不再援用）

▲民事訴訟法（舊）第一百九十條第二項所謂視為撤回其訴或上訴，係於法定要件具備時，法律上當然發生撤回之效力，除嗣後當事人就此有所爭執，法院認其訴或上訴在法律上已視為撤回者應宣示其旨外，無以裁判宣示撤回之必要。（二八抗三九七）

▲關於上訴是否已依民事訴訟法（舊）第一百九十條第二項視為撤回之爭執，應以判決之形式裁判之。（三一抗四八六）（九一、五、一七決議不再援用）

▲兩造陳明合意休止訴訟程序後，經法院通知，如至四十四年六月二十二日不續行訴訟者，視為撤回其訴，上訴人僅於同年月二十一日共同具狀聲請續行休止訴訟程序，顯非續行訴訟之行為，原法院認為視同撤回上訴，自無不合。（四四臺抗一九七）

▲抗告人既於休止訴訟程序期限屆滿前，聲請中止訴訟程序，即不得謂其未為續行訴訟之行為，是因休止而視為撤回其訴之法律上效力尚未發生，自應以有無中止訴訟之原因為准駁，方屬正當。（四五臺抗七三）

▲合意停止訴訟之當事人，自陳明合意停止時起，如於四個月內不續行訴訟者，視為撤回其訴或上訴，續行訴訟而再以合意停止訴訟程序者，以一次為限，民事訴訟法第一百九十條定有明文。基此規定，當事人合意停止訴訟未定有期間者，固應於四個月內續行訴訟，其定有期間者，所定期間，亦不得逾四個月。如當事人約定停止訴訟期間逾四個月，而不於四個月法定期間內續行訴訟者，仍應生視為撤回其訴或上訴之效果。（七〇臺抗三一三）

▲本訴與反訴係兩個獨立之訴，本件再抗告人提起本訴，相對人提起反訴後，兩造於七十一年六月三日合意停止訴訟程序，嗣再抗告人於同年八月二十日聲請就本訴部分續行訴訟程序，臺灣臺北地方法院乃指定同年九月二十日行言詞辯論。相對人就反訴部分並未聲請續行訴訟，且已逾四個月，依民事訴訟法第一百九十條規定，關於反訴部分仍生視為撤回其訴之效果。（七二臺抗五三七）

▲合意停止訴訟程序之當事人，自陳明合意停止時起，如於四個月內不續行訴訟者，視為撤回其訴或上訴，民事訴訟法第一百九十條第一項前段定有明文。此項法律擬制撤回其訴或上訴之效力，於法定要件具備時當然發生，不因嗣後法院或當事人之訴訟行為，使已消滅之訴訟繫屬又告回復。（八〇臺抗三三〇）

第一百九十一條（擬制合意停止）

當事人兩造無正當理由遲誤言詞辯論期日者，除別有規定外，視為合意停止訴訟程序。如於四個月內不續行訴訟者，視為撤回其訴或上訴。

前項訴訟程序停止間，法院於認為必要時，得依職權續行訴訟，如無正當理由兩造仍遲誤不到者，視為撤回其訴或上訴。

㉜一、當事人兩造如有正當理由而遲誤言詞辯論期日者，應無本條之適用，為求明確，爰予修正。又兩造無正當理由遲誤言詞辯論期日而視為合意停止訴訟程序者，解釋上如於四個月內不續行訴訟者，亦應視為撤回其訴或上訴，爰於第一項明定。

二、原條文後段為法院依職權命續行訴訟而當事人仍為遲誤之效果規定，不宜同列為一項，爰作文字修正後移列為第二項。

*（言詞辯論期日）民訴二五〇～二五二；（別有規定）民訴二九六；（合意停止）民訴一八九、一九〇。

▲民事訴訟法第一百九十一條所謂當事人兩造遲誤言詞辯論期日，係指依同法第一百五十八條為事件之點呼開始期日後，當事人兩造均不到場者而言，期日之開始及當事人之到場，均為關於言詞辯論所定程式之遵守，依同法第二百十九條專以筆錄證之。本件查閱原卷並無二十八年六月十六日開始言詞辯論期日之筆錄，原法院僅據執達員所稱兩造均未報到之報告，認兩造當事人均遲誤二十八年六月十六日之言詞辯論期日，殊非有據。原裁定以抗告人未於休止訴訟程序後四個月內續行訴訟，依同法第一百九十條第二項，應視為撤回上訴為理由，駁回抗告人所為繼續進行訴訟之聲請，不得謂非違法。（二九抗二八八）

▲（六二臺上六〇〇）參見本法第七十五條。

▲㈠當事人因法定事由聲請停止訴訟，在未裁定准許前，並不當然發生停止訴訟之效果，當事人依法仍有如期到場為言詞辯論之義務。如兩造均不到場，亦無礙於民事訴訟法第一百九十一條之適用。

㈡依民事訴訟法第一百九十一條規定，視為撤回上訴時，此項撤回之效果，無待於法院之裁判或其他行為而始發生，法院以此事實通知當事人，乃便民措施之一種，在訴訟上不生任何效果，抗告人自不得對此項通知提出異議。（六三臺抗九七）

▲裁定乃法院之意思表示，當事人於言詞辯論期日遲誤兩次不到視為撤回其訴或上訴之通知，非法院之意思表示，不能視為裁定對之提起抗告。當事人如認為並未遲誤期日或有正當理由不到場，不生遲誤期日之效果，儘可聲請續行訴訟，待續行訴訟之聲請被駁回時，再對該駁回聲請之裁定提起抗告。（六四臺抗四三）

▲當事人兩造遲誤言詞辯論期日者，除別有規定外，視為合

意停止訴訟程序。但法院於認為必要時，得依職權續行訴訟，如無正當理由，兩造仍遲誤不到者，視為撤回其訴或上訴，民事訴訟法第一百九十一條定有明文。所謂兩造遲誤言詞辯論期日，係指當事人兩造受合法通知，均無正當理由，未於言詞辯論期日到場，或到場不為辯論之情形而言，其視為合意停止訴訟程序者，祇須兩造遲誤言詞辯論期日，當然生停止之效力，與筆錄有無記載視為停止訴訟程序在所不問。（七〇臺上三九〇四）

第五節　言詞辯論

第一百九十二條　（言詞辯論之開始）

言詞辯論，以當事人聲明應受裁判之事項為始。

*（聲明）民訴一一六、一二二；（聲明應受裁判事項）民訴二四四㈠③。

第一百九十三條　（當事人之陳述㈠）

當事人應就訴訟關係為事實上及法律上之陳述。

當事人不得引用文件以代言詞陳述。但以舉文件之辭句為必要時，得朗讀其必要之部分。

*（陳述）民訴三三㈡、三九、五九㈡③、七二、七七、一一六④、一二二、一九五、一九九㈡、二一四、二六五、二七一、三八五㈡、四二八、四四一㈠②、四四七㈢；（禁止陳述）民訴二〇八；（言詞筆錄記載）民訴二一三。

▲關於法律行為有效與否之事實，當事人未提出者，除民事訴訟法有特別規定外，法院不得斟酌之。（二九上四六九）

▲民法第七百七十條規定之取得時效一經完成，當然發生同條或民法物權編施行法第八條所定之效果，雖未經占有人援用，法院亦得據以裁判，惟取得時效完成之基礎事實，苟未經當事人提出，法院仍無從予以斟酌。（二九上一〇〇三）

第一百九十四條　（聲明證據）

當事人應依第二編第一章第三節之規定，聲明所用之證據。

*（證據）民訴二七七～三七六；（聲明證據）民訴二八五。

第一百九十五條　（當事人之陳述㈡）

當事人就其提出之事實，應為真實及完全之陳述。

當事人對於他造提出之事實及證據，應為陳述。

⑧⑨照朝野協商條文修正通過。明定當事人之陳述。

*（陳述）民訴一九三。

第一百九十五條之一　（得不公開審判之情形）

當事人提出之攻擊或防禦方法，涉及當事人或第三人隱私、業務秘密，經當事人聲請，法院認為適當者，得不公開審判；其經兩造合意不公開審判者，亦同。

⑨②一、本條係新增。

二、審判原則上應公開行之，惟當事人提出之攻擊或防禦方法，涉及當事人或第三人隱私或業務秘密時，如仍一律公開審判，可能導致當事人或第三人蒙受重大損害，自有未宜。爰規定如經當事人一方聲請，而法院認為適當者，得不公開審判。至於案件終結後，法院製作判決書時，亦應注意妥適記載，例如以代號代替或僅為必要之敘述，以避免當事人或第三人遭受損害。

三、如兩造合意不公開審判，即不虞因審判不公開致生影響公平審判之結果，自無不准之理，故於後段明定兩造合意不公開審判者亦同，以資適用。

第一百九十六條　（攻擊或防禦方法之提出時期）

攻擊或防禦方法，除別有規定外，應依訴訟進行之程度，於言詞辯論終結前適當時期提出之。

當事人意圖延滯訴訟，或因重大過失，逾時始行提出攻擊或防禦方法，有礙訴訟之終結者，法院得駁回之。攻擊或防禦方法之意旨不明瞭，經命其敘明而不為必要之敘明者，亦同。

⑧⑨一、本法關於當事人提出攻擊防禦方法之時期，原則上採自由順序主義。惟為防止訴訟延滯，外國立法例有改採限制的自由順序主義者，為因應時代潮流，避免訴訟延滯，爰於第一項增訂之。

二、本法就當事人提出攻擊防禦方法之時期，已有特別規定者，故於第一項增訂「除別有規定外」，以資配合。

三、當事人意圖延滯訴訟，或因重大過失，逾時始行提出攻擊或防禦方法，如有礙訴訟之終結時，法院得駁回之，原條文第二項但書規定不致延滯訴訟者，不在此限，語意較為消極，且用語重複，爰將但書刪除，併入本文為上述之修正。另增訂第二項後段規定，以防訴訟程序之延滯。

*（言詞辯論之開始）民訴一九二；（攻擊防禦方法）民訴六三、八二、二四四㈢、二五五㈠、二五八、二六五、二七一。

▲釋三五五。

▲給付之訴之原告，雖須有私法上之給付請求權其訴權始存在，但訴權是否存在，應於事實審之言詞辯論終結時定之，如在第二審言詞辯論終結時，訴權存在要件已備，縱令在起訴時尚有欠缺，亦仍不得以其訴為無理由予以駁回，此觀民事訴訟法（舊）第一百九十六條、第二百二十六條、第四百四十四條等規定自明。（二九上四九八）

▲民事訴訟法第二百八十條第一項之規定，係指當事人對於他造主張之事實，於言詞辯論時，消極的不表示意見，法律擬制其為自認而言，此與同法第二百七十九條第一項所定自認，必須當事人對於他造主張之事實，積極的表示承認之情形有別，兩者在法律上之效果亦不相同。前者本無自認行為，不生撤銷自認之問題，依同法第一百九十六條規定，應許當事人於言詞辯論終結前，隨時為追復爭執之陳述，此項追復依同法第四百四十七條第二項規定，至第二審程序，仍得為之。（七一臺上三五一六）（一〇四、五、一九決議加註：民事訴訟法第一百九十六條、第四百四十七條已修正，當事人於第一、二審為追復爭執之陳述，應符合各該條之規定。）

第一百九十七條　（責問權）

當事人對於訴訟程序規定之違背，得提出異議。但已表示無異議或無異議而就該訴訟有所聲明或陳述者，不在此限。

前項但書規定，於該訴訟程序之規定，非僅為當事人之利益而設者，不適用之。

⑨②當事人對於訴訟程序規定之違背，原得提出異議，如其已明示無異議，乃明示捨棄其責問權，殆無疑義。惟若並未表示無異議而仍就該訴訟有所聲明或陳述，仍應視為默示之無異議，爰修正第一項文字，以杜爭議。

*（非僅為當事人利益而設之訴訟程序規定）民訴一〇㈠、三二～四〇、四五、四七、二四四、二五三、二五七、二五九、二六〇、三八〇、四〇〇、四〇三、四三七、四四〇、四四一、四六四～四七〇、四八二、四九六、四九九、五〇〇。

▲調查證據未命當事人到場者，雖屬違背訴訟程序之規定，但得因該當事人之不責問而視為補正。（二七上三一五二）

▲第一審於訊問證人甲、乙兩人之前未命其具結，雖於訴訟程序之規定不無違背，然當時上訴人知其違背並無異議而為本案之辯論，依民事訴訟法第一百九十七條第一項但書，應認其責問權業已喪失，何能以此為不服原判決之論據。（二八上一五四七）

▲法院未命鑑定人於鑑定前具結，固屬違背民事訴訟法第三百三十四條之規定，惟此規定僅為當事人之利益而設，當事人知其違背或可知其違背並無異議，而為本案之辯論者，依同法第一百九十七條第一項之規定，其責問權即行喪失，嗣後不得更以此項訴訟程序規定之違背，為上訴理

由。（註：現行法第一百九十七條第一項已將「知其違背或可知其違背」十字刪除。）（三〇上四八九）

▲第一審法院書記官未將上訴狀繕本送達，固屬違背民事訴訟法第四百四十條第一項之規定，惟此項規定僅為當事人之利益而設，當事人知其違背或可知其違背並無異議，而為本案之辯論者，依同法第一百九十七條第一項之規定，其責問權即行喪失，嗣後不得更以此訴訟程序規定之違背，為上訴理由。（註：現行法第一百九十七條第一項已將「知其違背或可知其違背」十字刪除。）（三九臺上一二二九）

▲上訴人於原審所定之言詞辯論期日，雖未受有合法之傳喚，但上訴人既於期日到場而為本案之辯論，依民事訴訟法第一百九十七條第一項但書，應認其責問權業已喪失，殊難以此資為不服之論據。（五〇臺上一八八〇）

▲上訴人在原審委任甲、乙、丙三律師為訴訟代理人，於原審言詞辯論時，有甲、乙二律師到場辯論，應已知悉該言詞辯論期日係由受命推事於準備程序所指定，乃對此訴訟程序上之瑕疵未為異議，而為本案辯論，應認其瑕疵已經補正。（六七臺上一九五一）

▲本件原審訊問證人周某、林某時固未隔別行之，但上訴人之訴訟代理人既未表示異議而為本案辯論，依民事訴訟法第一百九十七條第一項但書規定，應認上訴人之責問權業已喪失，上訴人不得以此為不服原判決之理由。（七一臺上三二七一）

▲地方法院獨任法官將應適用通常訴訟程序之事件，誤為簡易訴訟事件，適用簡易訴訟程序者，如當事人對之表示無異議或知其違背或可知其違背，並無異議而為本案辯論者，依民事訴訟法第一百九十七條第一項但書規定，其責問權即已喪失，當事人不得以第一審訴訟程序有重大瑕疵為由，提起第二審上訴。（註：現行法第一百九十七條第一項已將「知其違背或可知其違背」十字刪除。）（八一臺上一三一〇）

第一百九十八條　（審判長之職權）

審判長開閉及指揮言詞辯論，並宣示法院之裁判。

審判長對於不從其命者，得禁止發言。

言詞辯論須續行者，審判長應速定其期日。

＊（言詞辯論之開始）民訴一五八、一九二；（宣示裁判）民訴二二三～二二五、二三五、二三六；（禁止發言）民訴二〇〇㈡；（期日）民訴一五八、一五九。

第一百九十九條　（闡明權㈠）

審判長應注意令當事人就訴訟關係之事實及法律為適當完全之辯論。

審判長應向當事人發問或曉諭，令其為事實上及法律上陳述、聲明證據或為其他必要之聲明及陳述；其所聲明或陳述有不明瞭或不完足者，應令其敘明或補充之。

陪席法官告明審判長後，得向當事人發問或曉諭。

⑧⑨一、適用法律固屬法官之職責，惟當事人主張之事實，究應適用何種法律，往往影響裁判之結果，為防止法官未經闡明逕行適用法律而對當事人產生突襲性裁判，除令當事人就事實為適當陳述及辯論外，亦應令其就法律觀點為必要之陳述及作適當完全之辯論。爰修正第一項及第二項規定，以資適用。

二、第三項之「推事」修正為「法官」。

＊（辯論）民訴二二一、二二二。

▲當事人對於代位權行使與否，意思不明時，審理事實法院之審判長，有依民事訴訟法第一百九十九條第二項行使闡明權之職責，其疏於行使，僅以其所有權生效要件欠缺，而為其敗訴之判決時，應認為有發回更審之原因。（四九臺上一五三〇）

▲在訴訟進行中情事變更，是否以他項聲明以代最初之聲明，應由原告依其自由意見決之，法院就此並無闡明之義務。（六四臺再一五六）（九〇、三、二〇決議不再援用）

▲提起反訴，非屬審判長行使闡明權之範圍，上訴人主張原審未行使闡明權令其提起請求地役權登記之反訴，顯屬誤會。（六七臺上四二五）（九〇、三、二〇決議不再援用）

▲為判決基礎之資料，應提示兩造為適當辯論後，始得本於辯論之結果加以斟酌。本件原審引用另案之訴訟資料作為裁判基礎，但經核全卷，並無調取該卷提示兩造為辯論之記載，原判決遽予援用，自有未合。（七〇臺上二〇〇七）

▲民事訴訟採辯論主義，舉凡法院判決之範圍及為判決基礎之訴訟資料均應以當事人之所聲明及所主張者為限。審判長之闡明義務或闡明權之行使，亦應限於辯論主義之範疇，不得任加逾越，否則即屬違背法令。故審判長尚無闡明令當事人提出新訴訟資料之義務。又民事訴訟法第二百八十八條規定法院不能依當事人聲明之證據而得心證，或因其他情形，認有必要時，得依職權調查證據云者，類因當事人本身之魯鈍或受外物之牽制，不諳或不敢聲明證據等情形，法院為維持裁判上公平與正義所必要，而後為之。其有無不能得心證或有無其他必要情形，非依職權調查證據不可，乃一種事實，法院未為職權調查證據，究不生違背法令問題，非得據為第三審上訴理由。（七一臺上二八〇八）（九〇、三、二〇決議不再援用）

第一百九十九條之一　（闡明權㈡）

依原告之聲明及事實上之陳述，得主張數項法律關係，而其主張不明瞭或不完足者，審判長應曉諭其敘明或補充之。

被告如主張有消滅或妨礙原告請求之事由，究為防禦方法或提起反訴有疑義時，審判長應闡明之。

⑧⑨一、本條新增。

二、為擴大訴訟制度解決紛爭之功能，審判長理應曉諭原告得於該訴訟程序中併予主張，以便當事人得利用同一訴訟程序徹底解決紛爭，爰增訂本條第一項。

三、被告如主張有消滅或妨礙原告請求之事由，究為防禦方法或提起反訴有疑義時，為達一訴訟解決有關紛爭之目標，並利於被告平衡追求其實體利益與程序利益，審判長亦應適時行使闡明權，爰增訂第二項規定。

第二百條　（當事人之發問權）

當事人得聲請審判長為必要之發問，並得向審判長陳明後自行發問。

審判長認為當事人聲請之發問或自行發問有不當者，得不為發問或禁止之。

⑨②一、為發現真實及保障當事人之程序權，審判長應使當事人有發問權。依原條文第一項規定，當事人須經審判長許可後，始得自行發問。為保障當事人之發問權，及強化當事人為訴訟主體之地位，爰修正為：當事人得向審判長陳明後自行發問。

二、當事人聲請之發問或自行發問有不當者，審判長本其訴訟指揮權，自得不為發問或禁止之，爰配合前項修正文字修正之。

＊（聲請）民訴一一六、一二二；（發問）民訴一九九㈡、㈢。

第二百零一條　（對審判長指揮訴訟提出異議之裁定）

參與辯論人，如以審判長關於指揮訴訟之裁定，或審判長及陪席法官之發問或曉諭為違法而提出異議者，法院應就其異議為裁定。

⑨②「推事」修正為「法官」。

＊（審判長指揮訴訟）民訴一九八、一九九㈠、二〇〇；（審判長及陪席推事之發問或曉諭）民訴一九九㈡、㈢；（裁定）民訴二三四～二三九。

▲法院於審理中命當事人本人攜帶帳簿到場審訊，此項命令屬於指揮訴訟，不得抗告。（一九抗四八七）

▲法院命將已閉之辯論再開，屬於訴訟指揮之性質，在不得抗告之列。（二〇抗二一六）

第二百零二條　（受命法官之指定及法院之囑託）

凡依本法使受命法官為行為者，由審判長指定之。

法院應為之囑託，除別有規定外，由審判長行之。

⑨②「推事」修正為「法官」。

＊（使受命推事為行為）民訴二六九⑤、二七〇、二九〇、二九一、三七七；（法院應為之囑託）民訴一四四～一四七、二八九、二九〇、二九五、三〇三㊂、三四〇、三七七；（別有規定）民訴二九二㊀。

第二百零三條　（法院因闡明或確定訴訟關係得為之處置）

法院因闡明或確定訴訟關係，得為下列各款之處置：

一　命當事人或法定代理人本人到場。

二　命當事人提出圖案、表冊、外國文文書之譯本或其他文書、物件。

三　將當事人或第三人提出之文書、物件暫留置於法院。

四　依第二編第一章第三節之規定，行勘驗、鑑定或囑託機關、團體為調查。

⑨②「左列」修正為「下列」。

＊（闡明）民訴一九九；（當事人）民訴一一六①、二四四㊀①；（法定代理人）民訴四七、一一六②、二四四㊀①；（書證）民訴三四一、三六三；（鑑定）民訴三二四～三四〇；（勘驗）民訴三六四～三六七。

▲法院如認為須就應證之事實訊問當事人本人，以期發見真實，亦得依民事訴訟法第二百零三條第一款命當事人本人到場，當事人本人不遵命到場者，法院於依自由心證判斷事實之真偽時，自得斟酌其不到場之情形，為該當事人不利益之認定。（二八上一七二七）

第二百零四條　（分別辯論）

當事人以一訴主張之數項標的，法院得命分別辯論。但該數項標的或其攻擊或防禦方法有牽連關係者，不得為之。

⑨②當事人以一訴主張數項標的者，乃指訴之合併而言。為達訴訟經濟之目的，並防止裁判牴觸，原則上應合併辯論裁判[illegible]數項標的或其攻擊或防禦方法有牽連關係者，即不宜分別辯論，否則即有違前揭原則，爰增訂但書規定之。至於反訴依第二百六十條第一項規定，其與本訴之標的及其防禦方法不相牽連者，不得提起，原條文後段規定「本訴及反訴亦同」即無必要，應予刪除。

＊（標的）民訴二四四㊀②；（反訴）民訴二五九。

▲反訴一經利用本訴之訴訟拘束提起以後，即自行發生訴訟拘束，故本訴之訴訟拘束，雖因撤回本訴而溯及的消滅時，反訴之訴訟拘束亦不隨之消滅，法院仍有就反訴為調查裁判之義務，且本訴與反訴法院得命分別辯論，或先就其一為一部判決，在民事訴訟法第一百九十六條及第三百八十四條（現行法第二百零四條及第三百八十二條）均有明文規定，是反訴不因本訴已經判決而失其存在尤為明顯，絕無本訴已經判決，即不得更就反訴辯論判決之理。（二二抗三〇三）

第二百零五條　（合併辯論）

分別提起之數宗訴訟，其訴訟標的相牽連或得以一訴主張者，法院得命合併辯論。

命合併辯論之數宗訴訟，得合併裁判。

第五十四條所定之訴訟，應與本訴訟合併辯論及裁判之。但法院認為無合併之必要或應適用第一百八十四條之規定者，不在此限。

⑨②一、分別提起之數宗訴訟，其訴訟標的如不相牽連，則無合併辯論之實益。爰修正第一項，明定以訴訟標的相牽連或得以一訴主張者為限，方得命合併辯論。

二、分別提起之數宗訴訟，已限於其訴訟標的相牽連或得以一訴主張者，方得命合併辯論。既為合併辯論，縱當事人兩造有所不同，如法院認有必要時，應許合併裁判，以防裁判之牴觸，爰刪除第二項「其當事人兩造相同者」等字，以利適用。

三、本法第五十四條所定之訴訟，已修正僅得向本訴訟繫屬之法院起訴，目的即在求訴訟之經濟並防止裁判結果之牴觸，故應與本訴訟合併辯論及裁判之，爰修正第三項文字，以為配合。

＊（起訴）民訴二四四；（主參加訴訟）民訴五四；（裁定停止訴訟）民訴一八四。

▲民事訴訟法第二百零五條第二項載命合併辯論之數宗訴訟，其當事人兩造相同者，得合併裁判之等語，是命合併辯論之數宗訴訟，其當事人兩造俱不相同或僅有一造相同者，均不得合併裁判自甚明顯。（三一上二七九七）

第二百零六條　（限制辯論）

當事人關於同一訴訟標的，提出數種獨立之攻擊或防禦方法者，法院得命限制辯論。

⑨②本條於五十七年修正時，為避免使人誤解為法院得禁止當事人為適當完全之辯論，而將文字修正為法院得命限制其種類而為辯論，然何謂「限制其種類」，更滋誤會，不若簡明規定為「法院得命限制辯論」為佳，爰修正之。

＊（訴訟標的）民訴二四四㊀②；（攻擊防禦方法之提出）民訴一九六；（中間判決）民訴三八三。

第二百零七條　（應用通譯之情形）

參與辯論人如不通中華民國語言，法院應用通譯；法官不通參與辯論人所用之方言者，亦同。

參與辯論人如為聽覺、聲音或語言障礙者，法院應用通譯。但亦得以文字發問或使其以文字陳述。

關於鑑定人之規定，於前二項通譯準用之。

＊（不通中國語言之救濟）法組九八；（通譯）法組二三、三九、五三、七〇；（法院之用語）法組九七；（準用鑑定人規定）民訴三二四～三四〇。

第二百零八條　（對欠缺陳述能力當事人之處置）

當事人欠缺陳述能力者，法院得禁止其陳述。

前項情形，除有訴訟代理人或輔佐人同時到場者外，應延展辯論期日；如新期日到場之人再經禁止陳述者，得視同不到場。

前二項之規定，於訴訟代理人或輔佐人欠缺陳述能力者準用之。

＊（陳述）民訴一九三、一九五；（訴訟代理人）民訴六八～七五；（輔佐人）民訴七六、七七；（延展辯論期日）民訴一五九；（視同不到場之效果）民訴三八五。

第二百零九條　（調查證據之期日）

法院調查證據，除別有規定外，於言詞辯論期日行之。

＊（證據）民訴二七七～三七六；（別有規定）民訴二六九⑤、二八九、二九〇、二九五。

第二百十條　（再開辯論）

法院於言詞辯論終結後，宣示裁判前，如有必要得命再開言詞辯論。

＊（宣示裁判）民訴二二三～二二五、二三一、二三五、二三

▲命再開已閉之言詞辯論，屬於法院之職權，當事人並無聲請再開之權，故當事人聲請再開時，不必就其聲請予以裁判，即使予以裁判，亦屬訴訟程序進行中所為之裁定，依民事訴訟法第四百八十條（現行法第四百八十三條）之規定，不得抗告。（二八抗一七三）

▲命再開已閉之言詞辯論，原屬法院之職權，非當事人所得強求，且法院亦不得專為遲誤訴訟行為之當事人，除去遲誤之效果而命再開辯論。（二九上一二七三）

第二百十一條　（更新辯論）

參與言詞辯論之法官有變更者，當事人應陳述以前辯論之要領。但審判長得令書記官朗讀以前筆錄代之。

(92)一、「推事」修正為「法官」。

二、言詞辯論筆錄係由書記官製作，如有必要更新辯論，由審判長令書記官朗讀以前筆錄為已足，殊無命庭員朗讀之必要，爰修正但書規定。

＊（陳述）民訴一九三、一九五；（筆錄）民訴二一二～二一五；（直接審理主義）民訴二二一；（更新程序）刑訴二九二。

第二百十一條之一　（利用科技設備審理）

當事人、法定代理人、訴訟代理人、輔佐人或其他訴訟關係人所在與法院間有聲音及影像相互傳送之科技設備而得直接審理者，法院認為適當時，得依聲請或依職權以該設備審理之。

前項情形，法院應徵詢當事人之意見。

第一項情形，其期日通知書記載之應到處所為該設備所在處所。

依第一項進行程序之筆錄及其他文書，須陳述人簽名者，由法院傳送至陳述人所在處所，經陳述人確認內容並簽名後，將筆錄及其他文書以電信傳真或其他科技設備傳回法院。

第一項審理及前項文書傳送之辦法，由司法院定之。

(110)一、本條新增。

二、原法僅就法院使用相互傳送聲音及影像之科技設備訊問證人、鑑定人及當事人本人或其法定代理人設有明文規定（第三百二十四條、第三百六十七條之三準用第三百零五條第五項），為便利處於遠隔法院處所之當事人、法定代理人、訴訟代理人、輔佐人或其他訴訟關係人（如參加人、特約通譯等），於法院認為適當時，亦得利用上述科技設備參與訴訟程序，並兼顧審理之迅捷，爰設第一項。

三、法院以科技設備進行審理者，攸關當事人程序利益，宜先徵詢其意見，俾供法院判斷以該設備審理是否適當，參考智慧財產案件審理法第三條第二項、商業事件審理法第十八條第二項規定，爰設第二項。

四、法院依第一項規定審理時，其期日通知書記載之應到處所，為該設備所在處所，俾當事人及其他訴訟關係人知悉，爰設第三項。

五、第四項明定法院進行遠距視訊審理，其程序筆錄及其他文書須陳述人簽名時之傳送方式。

六、以第一項科技設備審理及文書傳送之辦法，宜授權司法院訂定，俾得以隨科技進步而與時俱進，爰設第五項。

第二百十二條　（言詞辯論筆錄程式上應記載之事項）

法院書記官應作言詞辯論筆錄，記載下列各款事項：

一　辯論之處所及年、月、日。

二　法官、書記官及通譯姓名。

三　訴訟事件。

四　到場當事人、法定代理人、訴訟代理人、輔佐人及其他經通知到場之人姓名。

五　辯論之公開或不公開；如不公開者，其理由。

(92)一、「左列」修正為「下列」；「推事」修正為「法官」。

二、書記官製作言詞辯論筆錄應記載事項，原第四款所列除到場當事人等之姓名外，尚應包括其他經通知到場之人姓名，例如參加人、證人、鑑定人等是，爰予修正，以臻周延。

＊（法院書記官）法組二二、三八、五二；（辯論處所）民訴一五七，法組八四㊀；（通譯）法組二三、三九、五三、七〇；（當事人、法定代理人）民訴一一六①、②、二四四㊀①；（訴訟代理人輔佐人）民訴六八～七七；（公開辯論）法組八六。

▲言詞辯論筆錄未記明推事人數及其姓名，無從認原判決法院係依法律編制，即應以違背法律論。（一九上六〇）

▲法院書記官依法定程式所作之筆錄，除有反證足以證明其記載為失實外，就其所記事項有完全之證據力。（二六上四六一）

第二百十三條　（言詞辯論筆錄實質上應記載之事項）

言詞辯論筆錄內應記載辯論進行之要領，並將下列各款事項記載明確：

一　訴訟標的之捨棄、認諾及自認。

二　證據之聲明或捨棄及對於違背訴訟程序規定之異議。

三　依本法規定應記載筆錄之其他聲明或陳述。

四　證人或鑑定人之陳述及勘驗所得之結果。

五　不作裁判書附卷之裁判。

六　裁判之宣示。

除前項所列外，當事人所為重要聲明或陳述，及經曉諭而不為聲明或陳述之情形，審判長得命記載於筆錄。

(92)「左列」修正為「下列」。

＊（言詞辯論筆錄）民訴二一二、二一四、二一五；（辯論進行要領）民訴一九二～二一〇；（自認）民訴二七九、二八〇；（捨棄認諾）民訴三八四；（訴訟標的）民訴一一六③、二四四㊀②；（證據之聲明）民訴一九四、二九八、三二五、三四一、三四二、三四六、三六四；（違背訴訟程序規定之異議）民訴一九七；（應記載筆錄之其他聲明或陳述）民訴二六一㊁、二六二㊂、二七一、四三二㊁、四三九㊂、四五九㊂、四六〇㊂；（證人或鑑定人之陳述）民訴三一六㊀、三一八～三二〇、三二二、三二四、三三五、三三六；（裁判之宣示）民訴二二三～二二五、二三五；（當事人之聲明或陳述）民訴二八、三四、三九、五一、六九但、七七、九六、一一六、一二二、一九三、一九五、二〇〇㊀、二〇一；（曉諭）民訴一九九㊁、㊂。

第二百十三條之一　（使用機器輔助言詞辯論筆錄之製作）

法院得依當事人之聲請或依職權，使用錄音機或其他機器設備，輔助製作言詞辯論筆錄。其辦法，由司法院定之。

(92)一、本條係新增。

二、為促進司法業務革新，改善法庭紀錄作業，應許利用錄音機或其他機器設備，輔助製作言詞辯論筆錄，以提昇筆錄製作之效率，爰增訂本條規定。至於其細節，宜另以辦法定之，爰並規定其辦法由司法院定之。

第二百十四條　（附於言詞辯論筆錄之書狀）

當事人將其在言詞辯論時所為之聲明或陳述記載於書狀，當場提出經審判長認為適當者，得命法院書記官以該書狀附於筆錄，並於筆錄內記載其事由。

*（書狀）民訴一一六～一二一；（附卷書狀之效力）民訴二一五；（準用）民訴二七二、三七九㊁。

第二百十五條（筆錄內引用附卷文書之效力）

筆錄內引用附卷之文書或表示將該文書作為附件者，其文書所記載之事項與記載筆錄者有同一之效力。

*（附卷之書狀）民訴二一四；（準用）民訴二九四、三七九㊁。

第二百十六條（筆錄之朗讀閱覽）

筆錄或前條文書內所記第二百十三條第一項第一款至第四款事項，應依聲請於法庭向關係人朗讀或令其閱覽，並於筆錄內附記其事由。

關係人對於筆錄所記有異議者，法院書記官得更正或補充之；如以異議為不當，應於筆錄內附記其異議。

*（言詞辯論筆錄實質上應記載之事項）民訴二一三；（對書記官處分之異議）民訴二四〇㊁。

▲筆錄不以當事人之簽押為要式。（一八上二一二八）

第二百十七條（筆錄之簽名）

審判長及法院書記官應於筆錄內簽名；審判長因故不能簽名者，由資深陪席法官簽名；法官均不能簽名者，僅由書記官簽名；書記官不能簽名者，由審判長或法官簽名，並均應附記其事由。

⑨②一、「推事」修正為「法官」。

二、審判長及法院書記官均應於筆錄內簽名，是為原則。然如法官均不能簽名，或書記官不能簽名時，應如何處理？法無明文，爰修正本條規定明定之，以利適用。

*（簽名）民三；（準用）民訴二七二、二九四、三七九㊁；（類似規定之比較）刑訴四六。

▲審判長未依民事訴訟法第二百十七條規定於筆錄內簽名，經當事人提出異議，且其內容又與判決有因果關係者，法院始得認為訴訟程序有重大瑕疵，若當事人於上訴時未予異議，法院即不得依職權認有瑕疵而發回更審，此為本院裁判上所持之見解（四十七年三月五日本院民刑庭總會決[illegible]（五〇臺上一〇二四）

第二百十八條（筆錄之增刪）

筆錄不得挖補或塗改文字，如有增加、刪除，應蓋章並記明字數，其刪除處應留存字跡，俾得辨認。

*（準用）民訴二九四、三七九㊁。

第二百十九條（筆錄之效力）

關於言詞辯論所定程式之遵守，專以筆錄證之。

*（言詞辯論程式）民訴二一二、二一三；（準用）民訴二九四、三七九㊁。

▲推事之列席於言詞辯論，為關於言詞辯論所定程式之遵守，故參與判決之推事曾否參與為判決基礎之言詞辯論，依民事訴訟法第二百十九條之規定，應以筆錄為唯一之證據，不許以他種證據證之。（二八上二四七四）

▲上訴人於原審辯論期日，經合法傳喚無正當理由不到場，被上訴人遂聲請由其一造辯論而為判決，業經記明筆錄可稽，原判決書內雖未載及，尚難謂訴訟程序有重大瑕疵。（五四臺上一六八）

第六節　裁　判

第二百二十條（裁判之方式）

裁判，除依本法應用判決者外，以裁定行之。

*（依本法應用判決）民訴二三三、二四九㊁、三八一～三八五、三九三～三九五、四四九～四五二、四七七～四七九、四八一、五〇二㊁、五〇四、五四五、五五三、五六四。

第二百二十一條（判決之形式要件——言詞審理、直接審理）

判決，除別有規定外，應本於當事人之言詞辯論為之。

法官非參與為判決基礎之辯論者，不得參與判決。

⑨②「推事」修正為「法官」。

*（別有規定）民訴二四九㊁、四五一㊀、四五二㊁、四五三、四七四、五〇二㊁；（直接審理之例外）民訴二七〇、二九〇、二九一；（裁定之準用）民訴二三九；（更新辯論）民訴二一一；（不得參與判決而參與判決之效果）民訴四六九㊀。

▲判決，非參與該訴訟言詞辯論之推事不得為之，故在判決以前推事若有變更，即應踐行更新審理程序，如審理與判決推事異人，則該判決自屬違法。（一七上六七八）

▲依民事訴訟法第二百二十一條第一項之規定，判決資料之[illegible]以提供判決資料為目的者，除別有規定外，應於言詞辯論中以言詞為之，始為有效，若僅記載於其所提之書狀，尚未以言詞提出者，不得以之為判決之基礎。（二九上三八五）

▲推事非參與為判決基礎之辯論者，不得參與判決，為民事訴訟法第二百二十一條第二項所明定。又判決法院之組織不合法者，其判決當然為違背法令，同法第四百六十六條第一款（現行法第四百六十九條第一款）亦定有明文。以未參與言詞辯論之推事參與判決，即其法院之組織顯難認為合法，依上規定其判決自屬當然違背法令。（三八臺上二九二）

▲當事人應受判決事項之聲明，通常必於言詞辯論時以言詞為之，始為有效，而法院所為判決，以本於當事人之言詞辯論為原則，故經言詞辯論之判決，而非本於言詞辯論時當事人之聲明為基礎者，即屬違背法令。（五〇臺上七二五）

第二百二十二條（判決之實質要件——自由心證）

法院為判決時，應斟酌全辯論意旨及調查證據之結果，依自由心證判斷事實之真偽。但別有規定者，不在此限。

當事人已證明受有損害而不能證明其數額或證明顯有重大困難者，法院應審酌一切情況，依所得心證定其數額。

法院依自由心證判斷事實之真偽，不得違背論理及經驗法則。

得心證之理由，應記明於判決。

⑧⑨一、第一項不修正。

二、損害賠償之訴，原告已證明受有損害，有客觀上不能證明其數額或證明顯有重大困難之情事時，如仍強令原告舉證證明損害數額，非惟過苛，亦不符訴訟經濟之原則，爰增訂第二項，規定此種情形，法院應審酌一切情況，依所得心證定其數額，以求公平。

三、增訂第三項，明定法院依自由心證判斷事實之真偽，不得違背論理及經驗法則。

四、原第二項不修正，移列為第四項。

*（調查證據）民訴二七七～三七六；（別有規定）民訴二一九、三五五㊀、三五八；（記明於判決）民訴二二六㊀⑤、㊂。

▲釋三七四。

▲證據之憑信力，應由審理事實之法院以自由心證認定之，故審理事實之法院以自由心證認定人證之憑信力強於書證[illegible]

為其應有之職權，不得謂為違法。（一八上一三九七）

▲關於訴訟上自認及不爭執事實之效力之規定，在離婚之訴，於離婚之原因事實不適用之，固為民事訴訟法第五百七十條第二項（現行法第五百七十四條第二項）所明定。但法院以此自認或不爭執之情形，為其依自由心證判斷事實真偽之資料，於法要無違背。（二九上五六）（一〇一、八、一四決議不再援用）

▲刑事判決所為事實之認定，於獨立民事訴訟之裁判時本不受其拘束，上訴人所提之附帶民訴，既因裁定移送而為獨立之民事訴訟，則原審依自由心證為與刑事判決相異之認定，即無違法之可言。（五〇臺上八七二）

▲法院為判決時，應斟酌全辯論意旨及調查證據之結果，以判斷事實之真偽，不得摭拾筆錄中前後不符之片段記載，為認定事實之依據。（五一臺上一〇一）

▲耕地租約期滿時，出租人申請收回耕地，主管機關審核其所有收益是否足以維持一家生活，固應以租約期滿前一年之綜合所得（因期滿當年之綜合所得額尚未申報及核定關係）及全年生活費支出之情形為準，但若因收回耕地而涉訟，事實審法院依法調查證據之結果，出租人之收支情形已有變更者，自非不得以其結果為裁判之依據。（五二臺上一二三七）

▲證人為不可代替之證據方法，如果確係在場聞見待證事實，而其證述又非虛偽者，縱令證人與當事人有親屬、親戚或其他利害關係，其證言亦非不可採信。（五三臺上二六七三）

▲法院依調查證據之結果，雖得依自由心證，判斷事實之真偽，但其所為之判斷如與經驗法則不符時，即屬於法有違。（六九臺上七七一）

▲刑事判決所認定之事實，於獨立之民事訴訟，固無拘束力，惟民事法院就當事人主張之該事實，及其所聲明之證據，仍應自行調查斟酌，決定取捨，不能概予抹煞。（六九臺上二六七四）

▲（七〇臺上二〇〇七）參見本法第一百九十九條。

▲法院固得就鑑定人依其特別知識觀察事實，加以判斷而陳述之鑑定意見，依自由心證判斷事實之真偽。然就鑑定人之鑑定意見可採與否，則應踐行調查證據之程序而後定其取捨。倘法院不問鑑定意見所由生之理由如何，遽採為裁判之依據，不啻將法院採證認事之職權委諸鑑定人，與鑑定僅為一種調查證據之方法之趣旨，殊有違背。（七九臺上五四〇）

第二百二十三條（判決之公告宣示及宣示之期日）

判決應公告之；經言詞辯論之判決應宣示之，但當事人明示於宣示期日不到場或於宣示期日未到場者，不在此限。

宣示判決，應於言詞辯論終結之期日或辯論終結時指定之期日為之。

前項指定之宣示期日，自辯論終結時起，獨任審判者，不得逾二星期；合議審判者，不得逾三星期。但案情繁雜或有特殊情形者，不在此限。

前項判決之宣示，應本於已作成之判決原本為之。

⑩⑦一、為使外界知悉判決結果，明定判決不論是否經言詞辯論，均應公告之。又經言詞辯論之判決固應宣示之，然若當事人已明示於宣示期日不到場，或於宣示期日未到場者，法院即毋庸宣示，爰修正第一項，以杜爭議。

二、判決之宣示，應本於已作成之判決原本為之，判決原本，應於判決宣示後，當日交付法院書記官，第二百二十三條第四項、第二百二十八條第一項分別定有明文。惟相較於獨任審判之情形，合議審判事件，於辯論終結後，尚需經評議及製作判決書等程序，耗費時間較多；另為因應案情繁雜或特殊情形，致無法於法定期間內製作判決書，宜放寬宣示期日，爰於第三項增訂合議審判之事件，自辯論終結時起，不得逾三星期，案件繁雜或有特殊情形者，則不在此限，以符實際需要。

三、第二項、第四項未修正。

*（裁判之宣示）民訴一九八、二二四、二二五、二三八；（不經言詞辯論之判決）民訴二四九㈢、四五一㈠、四五二㈢、四五三、四七四、五〇二㈡；（宣示判決期日指定之通知）民訴一五六；（裁定之準用）民訴二三九。

▲判決之宣示，係就已成立之判決向外發表，並非判決之成立要件，經言詞辯論之判決，未依民事訴訟法第二百二十三條第一項宣示，而以送達向外發表者，不得謂判決尚未成立，雖其發表之方式違背訴訟程序之規定，判決亦不因而無效。（三三上二九二）

▲指定宣示判決之期日，自辯論終結時起，不得逾五日，雖為民事訴訟法（舊）第二百二十三條第三項所明定，第該條項僅為訓示規定，縱有違背，仍於判決之效力不受影響，不得以之為上訴理由。（四一臺上四二四）

第二百二十四條（宣示及公告判決之程序）

宣示判決，應朗讀主文，其理由如認為須告知者，應朗讀或口述要領。

公告判決，應於法院公告處或網站公告其主文，法院書記官並應作記載該事由及年、月、日、時之證書附卷。

⑩⑦一、第一項未修正。

二、為提昇法院資訊之透明度及供公眾使用之便利性，且目前各法院均有建置網站，因應電子e化趨勢，爰修正第二項，增訂法院網站亦為公告方式之一。

*（宣示判決）民訴二二三；（主文）民訴二二六㈠③；（理由）民訴二二六㈠⑤、㈢。

第二百二十五條（宣示判決之效力）

宣示判決，不問當事人是否在場，均有效力。

⑨②一、判決宣示後，以宣示時發生羈束力，實務上均另行通知當事人，且因公告事件太多，不易查考，公告之實益甚少。爰刪除判決宣示後應公告主文之規定，以減輕法院部分工作之負擔。

二、原第二項後段規定，係以判決宣示後，對於法院即發生羈束力為其前提，宜併於有關判決羈束力之條文規定之，爰移列於第二百三十一條第二項規定。

*（宣示判決）民訴二二三、二二四；（判決宣示後效力）民訴二三一；（主文）民訴二二四㈠、二二六㈠③；（送達）民訴一二三～一五三。

第二百二十六條（判決書之內容）

判決，應作判決書，記載下列各款事項：

一　當事人姓名及住所或居所；當事人為法人、其他團體或機關者，其名稱及公務所、事務所或營業所。

二　有法定代理人、訴訟代理人者，其姓名、住所或居所。

三　訴訟事件；判決經言詞辯論者，其言詞辯論終結日期。

四　主文。

五　事實。

六　理由。

七　年、月、日。

八　法院。

事實項下，應記載言詞辯論時當事人之聲明，並表明其聲明為正當之攻擊或防禦方法要領。

理由項下，應記載關於攻擊或防禦方法之意見及法律上之意見。

一造辯論判決及基於當事人就事實之全部自認所

為之判決，其事實及理由得簡略記載之。

(92)一、第一項本文「左列」修正為「下列」。
二、配合第四十條第四項增訂中央或地方機關亦有當事人能力之規定，於第一款增訂當事人為機關者，其名稱及公務所為應記載之事項。
三、判決既判力之客觀範圍係以事實審言詞辯論終結時為準，於該期日之後所生之新事實，不為既判力所及，而在該期日前所生之事實，當事人得提出而未提出者，應為既判力所及。如判決書有記載言詞辯論終結日期，即可使既判力之基準時點顯現於判決書中，故增列第一項第三款之規定。
四、原第一項第三、四、五款移列為第四、五、六款。
五、實務上，判決書之製作，均記載年月日，故第一項第七款增列「年、月、日」，以符實際。
六、原第一項第六款移列為第八款。
七、當事人在言詞辯論時所提出之攻擊或防禦方法，每甚為冗長，如均詳為記載於事實項下，則徒增判決書篇幅及加重法官之負擔，爰修正第二項，明定就此部分表明其聲明為正當之攻擊或防禦方法之要領即可。
八、一造辯論判決及基於當事人就事實之全部自認所為之判決，其事實認定較為單純，故為減輕法官製作判決書之負擔，爰增訂第四項，明定此二類判決，其事實及理由得簡略記載之。

*（當事人法定代理人）民訴一一六①、②、二四四㊀①、四四一㊀①、四八一、五〇一㊀①；（訴訟代理人）民訴六八～七五、一一六②；（主文之宣示及公告）民訴二二四㊀、二二五㊁；（理由）民訴二二二㊁；（言詞辯論）民訴一九二～二一九；（聲明）民訴一一六、一二二。

▲（二九上四九八）參見本法第一百九十六條。

▲民事訴訟法第二百二十六條第三項，所謂判決書理由項下應記載關於攻擊或防禦方法之法律上意見，雖不以列舉法條之條文為限，然必據其記載得知所適用者為如何法規始為相當，否則即為同法第四百六十六條第六款（現行法第四百六十九條第六條）之判決不備理由。（四〇臺上一四四）

▲判決主文乃由判決事實及理由所生之結論，苟判決內容不能自主文見之，即無從認有合法判決之存在。雖民事訴訟遇訟爭標的繁多，或名稱冗長者，得作一目錄附於判決書之後，或需繪圖者，得於主文內載「如附圖」而另作一圖附於判決書之後，作為判決主文之一部分，然不允許引用存於他處之文書作為判決主文。（六四臺上一二〇〇）

第二百二十七條　（判決書之簽名）

為判決之法官，應於判決書內簽名；法官中有因故不能簽名者，由審判長附記其事由；審判長因故不能簽名者，由資深陪席法官附記之。

(92)「推事」修正為「法官」。

*（為判決之推事）民訴二二一㊁；（簽名）民三；（判決書）民訴二二六；（準用）民訴二三九。

▲推事未於言詞辯論及宣判筆錄簽名，固不得謂為已備公證書之形式，惟基於該言詞辯論而為之判決，不能因此失效。原審因第一審推事未於言詞辯論及宣判筆錄簽名，及書記官之未能記明其不能簽名之事由，遂認於訴訟程序為有重大之瑕疵，將第一審判決廢棄予以發回，殊難謂合。（四七臺上八一）

第二百二十八條　（判決原本之交付）

判決原本，應於判決宣示後，當日交付法院書記官；其於辯論終結之期日宣示判決者，應於五日內交付之。

書記官應於判決原本內，記明收領期日並簽名。

(88)一、為配合第二百二十三條第四項之修正，並為爭取時效，俾早日作成判決正本，送達當事人，爰修正第一項。
二、第二項不修正。

*（判決原本）民訴二二六、二二七；（宣示判決之日）民訴二二三；（期間）民訴一六一，民一二〇～一二二；（簽名）民三；（準用）民訴二三九，非訟三九。

第二百二十九條　（判決正本之送達）

判決，應以正本送達於當事人。

前項送達，自法院書記官收領判決原本時起，至遲不得逾十日。

對於判決得上訴者，應於送達當事人之正本內，記載其期間及提出上訴狀之法院。

*（正本）民訴二三〇；（送達）民訴一二三～一五三；（判決原本之交付）民訴二二八；（期間）民訴一六一，民一二〇～一二二；（判決送達之效力）民訴二三一；（上訴期間）民訴四四〇。

▲依民事訴訟法第二百二十九條第三項規定，對於判決得上訴者，固應於送達當事人之正本內記載其期間，及提出上訴狀之法院，惟於不得上訴之判決，誤為此項記載，殊難因此即謂該判決得為上訴。（三二抗二五五）

第二百三十條　（判決正本及節本之程式）

判決之正本或節本，應分別記明之，由法院書記官簽名並蓋法院印。

*（簽名）民三。

▲判決正本未蓋法院印，雖違背訴訟程序之規定，但此不過判決正本不合法定程式，致其送達不生效力，既與判決內容之當否無關，即不得以此為上訴之理由。（二六上九二〇）

第二百三十一條　（判決羈束力之發生）

判決經宣示後，為該判決之法院受其羈束；不宣示者，經公告後受其羈束。

判決宣示或公告後，當事人得不待送達，本於該判決為訴訟行為。

(92)一、判決一經對外發表，為該判決之法院即應受羈束。第二百二十三條第一項既規定不經言詞辯論之判決應予公告，法院自應於公告後受其羈束。爰修正原規定，並列為第一項。
二、第二項係原第二百二十五條第二項後段移列，並配合第二百二十三條第一項之修正予以修正。

*（判決宣示）民訴二二三～二二五；（不宣示之判決）民訴二二三㊀但；（送達）民訴一二三～一五三；（判決之撤銷或變更）民訴四三七、四五一㊀、四六四、四七八、四九六～四九八、五五一；（裁定羈束力之發生）民訴二三八。

▲（乙）關於民事判決部分違背民事訴訟法第二百三十一條所為之後判決，非當然無效，惟於當事人有合法上訴時，上訴審法院應將該判決廢棄，原代電所述情形，不服後判決之當事人對於後判決提起上訴既在上訴期間內，即不生回復原狀之問題。至不服前判決之當事人，未於上訴期間內，對於前判決聲明不服者，不得以法院於上訴期間內另為判決為聲請回復原狀之理由。（院解三二〇九）

第二百三十二條　（判決之更正）

判決如有誤寫、誤算或其他類此之顯然錯誤者，法院得依聲請或依職權以裁定更正；其正本與原本不符者，亦同。

前項裁定，附記於判決原本及正本；如正本已經送達，不能附記者，應製作該裁定之正本送達。

對於更正或駁回更正聲請之裁定，得為抗告。但對於判決已合法上訴者，不在此限。

(92)一、判決之更正，法院原得依職權為之，所謂「依職權」即不論該判決是否已經上訴或已確定，均得為之。故將原第一項文字「隨時」修正為「依職權」，並將文字稍加調整，以資明確。
二、依原條文第三項規定，僅限於對更正之裁定始得抗告，然駁回更正聲請之裁定，有時會影響當事人之權益，上無堅強之理由認為對於該裁定之抗告應予限制，爰修正第三項，明定對於更正或駁回更正聲請之裁定，均得抗告，以平衡當事人之權益。惟如對本案判決已有合法之上訴時，則不得再以抗告程序聲明不服，而應一併由上訴審處理，爰增列但書明定之。

＊（判決書之內容）民訴二二六；（聲請）民訴一一六、一二二；（裁定）民訴二三四～二三九；（正本）民訴二二九、二三〇；（原本）民訴二二八；（送達）民訴一二三～一五三；（不得抗告）民訴四八二但；（準用）民訴二三九。

▲㈡法院誤認上訴為不合法以裁定駁回者，其裁定所表示之意思，與其本來之意思並無不符，不能認為民事訴訟法第二百三十二條所稱之顯然錯誤。（院二二三三㈡）

▲判決如有誤寫、誤算或其他類此之顯然錯誤者，法院得隨時以裁定更正之，民事訴訟法第二百三十二條第一項定有明文，所謂顯然錯誤，乃指判決中所表示者與法院本來之意思顯然不符者而言，故判決理由中所表示之意思，於判決主文中漏未表示者，亦屬顯然錯誤。（四一臺抗六六）

▲和解筆錄，如有誤寫、誤算或其他類此之顯然錯誤者，法律上雖無得為更正之明文，而由民事訴訟法第三百八十條、強制執行法第四條第三款等規定觀之，訴訟上之和解與確定判決有同一之效力，民事訴訟法第二百三十二條第一項關於判決書更正錯誤之規定，於和解筆錄有同一之法律理由，自應類推適用（參照司法院院字第二五一五號解釋），是和解筆錄祇須具有誤寫、誤算或其他類此之顯然錯誤之情形，法院書記官即得類推適用民事訴訟法第二百三十二條第一項之規定，而為更正之處分。（四三臺抗一）

▲民事訴訟法第二百三十二條第三項規定對於駁回更正判決聲請之裁定不得抗告，此項裁定如有再審之原因，固得聲請再審，但再審法院認其聲請為不合法或無理由而駁回之裁定，亦在不得抗告之列。（六五臺抗二一七）（九二、三、一八決議自九二、九、一起不再援用）

▲判決如有誤寫、誤算或其他類此之顯然錯誤者，法院得隨時以裁定更正之，民事訴訟法第二百三十二條第一項定有明文。所謂錯誤，應包括當事人姓名或名稱之錯誤在內。關於當事人姓名或名稱之錯誤，祇須為訴訟標的之法律關係不變，實際上由該當事人參與訴訟，雖原告起訴所主張被告之姓名或名稱錯誤，並經法院對於姓名或名稱錯誤之當事人為裁判，仍應有上開法條之適用。（六九臺職三）

▲更正裁定，並非法院就事件之爭執重新為裁判，不過將裁判中誤寫、誤算或其他類此之顯然錯誤，加以更正，使裁判中所表示者，與法院本來之意思相符，原裁判之意旨，並未因而變更。故更正裁定溯及於為原裁判時發生效力，對原裁判上訴或抗告之不變期間，自不因更正裁定而受影響。（七九臺聲三四九）

第二百三十三條（判決之補充）

訴訟標的之一部或訴訟費用，裁判有脫漏者，法院應依聲請或依職權以判決補充之。

當事人就脫漏部分聲明不服者，以聲請補充判決論。

脫漏之部分已經辯論終結者，應即為判決；未終結者，審判長應速定言詞辯論期日。

因訴訟費用裁判脫漏所為之補充判決，於本案判決有合法之上訴時，上訴審法院應與本案訴訟同為裁判。

駁回補充判決之聲請，以裁定為之。

⑨②一、法院就訴訟標的之一部或訴訟費用漏未裁判者，該部分應仍繫屬於法院，法院就該脫漏部分，仍有續行審判之義務，即應依職權為補充判決，而當事人為維護自己之權利，自亦得聲請法院補充裁判，爰修正第一項。

二、原條文第二項前段規定：「聲請補充判決，應於判決送達後二十日之不變期間內為之」，則於第一審判決有脫漏而當事人未於判決送達後二十日內聲請補充判決者，依實務上之見解，固認為該脫漏部分之訴訟繫屬歸於消滅，當事人可重新起訴。惟如有消滅時效或除斥期間者，對當事人之權益影響頗鉅。且於第二、三審裁判有脫漏時，就該脫落部分不得重行起訴，如當事人未於該不變期間內聲請補充判決，就該部分將無從獲得救濟，爰將第二項前段規定刪除。

三、因訴訟費用裁判脫漏而補充判決，於本案判決有合法之上訴時，自應由上訴審法院與本案訴訟同為裁判，故增列第四項。

四、原第四項移列第五項。

＊（訴訟標的）民訴一一六③、二四四㈠②；（聲請）民訴一一六、一二二；（期間）民訴一六一，民一二〇～一二二；（不變期間）民訴一六三㈠但；（言詞辯論）民訴一九二以下；（裁定）民訴二三四～二三九；（準用）民訴三九四。

▲原告起訴慮其先位之聲明無理由而為預備之聲明者，法院認先位之聲明無理由而為駁回其訴之裁判時，如未就後位之聲明予以調查裁判，即屬民事訴訟法第二百三十三條第一項所謂訴訟標的之一部裁判有脫漏，祇能向受訴法院聲請補充判決，不得提起上訴，惟苟於上訴期間內就此聲明不服者，則以聲請補充判決論。（四四臺抗一八）

▲依民事訴訟法第二百三十三條第一項及同法第三百九十四條之規定，得聲請補充判決者，以訴訟標的之一部或訴訟費用裁判有脫漏者，或法院應依職權宣告假執行而未為宣告，或忽視假執行之聲請者為限，至忽視免為假執行之聲請，不在得聲請補充判決之列。（六三臺抗二七五）（九四、七、一九決議不再援用）

▲聲請補充判決（或裁定）以訴訟標的之一部、或訴訟費用之裁判有脫漏者為限，不包括為裁判所持之理由在內，觀民事訴訟法第二百三十三條第一項規定自明。本件聲請人以本院裁定雖與伊有利，但裁定理由尚未詳盡，聲請補充裁定，揆諸首開說明，難予准許。（六四臺聲六五）

▲訴訟標的之一部裁判有脫漏，當事人未於判決送達後二十日之不變期間內聲請補充判決者，僅該脫漏部分，在該審之訴訟繫屬歸於消滅。如係第一審判決中有脫漏，原告固得就脫漏部分重行起訴，如係第二審或第三審判決中有脫漏，則在第一審或第二審就該部分既已為判決，自不得重行起訴。（六七臺抗一〇〇）（九二、三、一八決議自九二、九、一起不再援用）

第二百三十四條（裁定之審理——不採言詞辯論主義）

裁定得不經言詞辯論為之。

裁定前不行言詞辯論者，除別有規定外，得命關係人以書狀或言詞為陳述。

＊（應用裁定之情形）民訴二二〇；（言詞辯論）民訴一九二～二一九；（書狀言詞陳述）民訴一一六、一二二；（別有規定）民訴五一二。

第二百三十五條（裁定之宣示）

經言詞辯論之裁定，應宣示之。但當事人明示於宣示期日不到場或於宣示期日未到場者，得以公告代之。

終結訴訟之裁定，不經言詞辯論者，應公告之。

⑩⑦一、經言詞辯論裁定，其宣示應與判決為相同處理，爰配合修正條文第二百二十三條第一項，修正本條前段規定，列為第一項，且如當事人明示於宣示期日不到場，或於宣示期日未到場者，法院毋庸宣示，得以公告代之，使當事人及公眾知悉法院裁定結果。

二、原條文後段移列為第二項。

＊（言詞辯論）民訴一九二～二一九；（宣示）民訴二二三㈡、㈢、二二五、二三九，法組八六、八七。

第二百三十六條（裁定之送達）

不宣示之裁定，應為送達。

已宣示之裁定得抗告者，應為送達。

＊（裁定之宣示）民訴二三五；（送達）民訴一二三～一五三；（抗告）民訴四八二～四九五；（不得抗告之裁定）民訴二

三㈣、二八㈡、三六、三九、二三二㈢、二三九、三三三、三七一㈢、四〇六㈡、四五八、四八三、四八五㈠、四九一㈣、五一三㈡、五三七㈢。

▲審判長命補正上訴要件欠缺之裁定，係訴訟程序進行中所為之裁定，依民事訴訟法第四百八十條之規定，不得抗告，故此項裁定除不宣示者依同法第二百三十六條第一項之規定應為送達外，其已宣示者，自不在同條第二項所謂應為送達之列。（二八聲一一八）

▲不經言詞辯論之裁定，須經送達後，為該裁定之法院始受其羈束，此觀民事訴訟法第二百三十六條第一項及第二百三十八條之規定自明。故此項裁定，在評決後送達前，為該裁定之法院本不受其羈束，自得依職權自行廢棄。（四四臺職一二）（九二、三、一八決議自九二、九、一起不再援用）

第二百三十七條　（應附理由之裁定）

駁回聲明或就有爭執之聲明所為裁定應附理由。

*（駁回聲明）民訴三六、三九、六〇、九八、一〇一、一〇六、一四九㈡、三三三、三七一㈢、四〇六㈠、四四二、四四四㈠、四八一、四八六㈡、四九〇㈡、四九二、五〇二㈠、五一三㈠、五一八、五四七。

第二百三十八條　（裁定羈束力之發生）

裁定經宣示後，為該裁定之法院、審判長、受命法官或受託法官受其羈束；不宣示者，經公告或送達後受其羈束。但關於指揮訴訟或別有規定者，不在此限。

(92)一、「推事」修正為「法官」。

二、配合第二百二十三條第一項之修正，於「送達」前增加「公告或」三字。

*（裁定之宣示）民訴二三五；（裁定之送達）民訴二三六；（指揮訴訟）民訴一五四、一五九、一六三、一六七、一七三、一八一～一八六、一九八～二〇一、二〇三～二〇八、二一〇、二七二；（別有規定）民訴四九〇㈠、五〇七、五二九㈡、五三〇、五六七，非訟四三。

第二百三十九條　（裁定準用判決之規定）

第二百二十一條第二項、第二百二十三條第二項及第三項、第二百二十四條第二項、第二百二十五條、第二百二十七條至第二百三十條、第二百三十一條第二項、第二百三十二條及第二百三十三條之規定，於裁定準用之。

(92)修正後第二百二十四條第二項及第二百三十一條第二項之規定，於裁定亦得準用，爰於本條增列之。

*（直接審理原則）民訴二二一㈡；（判決宣示期日）民訴二二三㈡、㈢；（宣示判決之效力及公告）民訴二二五；（判決書之簽名）民訴二二七；（判決書之送達）民訴二二九；（正本節本）民訴二二八；（判決原本之交付）民訴二三〇；（判決誤寫誤算之更正）民訴二三二；（補充判決）民訴二三三。

▲（三一抗五八〇）參見本法第二百三十六條。

第二百四十條　（書記官處分之送達及異議）

法院書記官所為之處分應依送達或其他方法通知關係人。

對於法院書記官之處分，得於送達後或受通知後十日內提出異議，由其所屬法院裁定。

(92)對於法院書記官所為之處分，原條文未規定其得提出異議之期間。為使處分早日確定，避免久懸，故修正第二項，明定得於送達後或受通知後十日內提出異議。

*（書記官之處分）民訴二一六㈡、二四二、二九四㈡、三七九㈢；（送達）民訴一二三～一五三；（裁定）民訴二三四～二三九。

▲抗告係對裁定聲明不服之方法，對於法院書記官之處分，除依民事訴訟法第二百四十條第二項規定得提出異議外，究不得對之提起抗告。（三〇抗二八八）

第六節之一　司法事務官之處理程序

第二百四十條之一　（司法事務官適用之規定）

本法所定事件依法律移由司法事務官處理者，除別有規定外，適用本節之規定。

(92)一、本條係新增。

二、本法所定事件，依法律移由司法事務官處理者（例如：法院組織法第十七條之二所列督促程序、公示催告裁定及確定訴訟費用額等事件），除別有規定外，應適用本節之規定，爰增訂本條。至於本節所未規定者，自仍應適用本法就各該事件原為法官處理而設之相關規定。

第二百四十條之二　（司法事務官職務上文書之製作）

司法事務官處理事件作成之文書，其名稱及應記載事項各依有關法律之規定。

前項文書之正本或節本由司法事務官簽名，並蓋法院印。

司法事務官在地方法院簡易庭處理事件時，前項文書之正本或節本得僅蓋簡易庭關防。

(92)一、本條係新增。

二、司法事務官就處理受移轉事件所作成之文書，其名稱及應記載事項應與原由法官處理者相同，爰增訂第一項明定之。

三、為充分發揮司法事務官設置功能，並簡化文書製作程序，爰明定前項文書之正本或節本應逕由司法事務官簽名並蓋法院印後核發；如司法事務官係配置在地方法院簡易庭處理事件時，則前項文書之正本或節本得僅蓋簡易庭關防，爰增訂第二、三項。

第二百四十條之三　（司法事務官所為處分之效力）

司法事務官處理事件所為之處分，與法院所為者有同一之效力。

(92)一、本條係新增。

二、司法事務官設置之目的，在於合理分配司法資源，並減輕法官工作負擔，若其處理事件所為處分之效力與原由法官作成者不同，將使程序繁複，影響當事人之權益，爰增訂本條明定之，以杜爭議。

第二百四十條之四　（司法事務官處分之異議及裁定）

當事人對於司法事務官處理事件所為之終局處分，得於處分送達後十日之不變期間內，以書狀向司法事務官提出異議。但支付命令經異議者，除有第五百十八條所定或其他不合法之情形，由司法事務官駁回外，仍適用第五百十九條規定。

司法事務官認前項異議有理由時，應另為適當之處分；認異議為無理由者，應送請法院裁定之。

法院認第一項之異議為有理由時，應為適當之裁定；認異議為無理由者，應以裁定駁回之。

前項裁定應敘明理由，並送達於當事人。

(102)一、支付命令事件已移由司法事務官處理，債務人對支付命令異議如逾民事訴訟法第五百十八條之二十日期間或有其他不合法情形（例如無異議權人聲明異議，或書狀不合程式、異議未經合法代理，經命補正而未補正等），乃應由司法事務官作成第一次處分。當事人如對司法事務官駁回異議之處分不服者，得聲明異議以為救濟，爰修正第一項。
二、原條文第二項至第四項未修正。

第七節　訴訟卷宗

第二百四十一條　（訴訟文書之保存）

當事人書狀、筆錄、裁判書及其他關於訴訟事件之文書法院應保存者，應由書記官編為卷宗。

卷宗滅失事件之處理另以法律定之。

*（當事人書狀）民訴一一六～一二一；（筆錄）民訴一二二、二一二、二一五、二七一、二九四、三七九、四二一；（裁判書）民訴三一、二二六、二三〇、二三九、四六二㊀、四八〇、四九四㊀；（其他關於訴訟事件之文書）民訴三四㊂、一四一～一四三、一四八、一五三、三三五、三四〇、三四四、三四六、三六一、三六六。

第二百四十二條　（訴訟文書之利用）

當事人得向法院書記官聲請閱覽、抄錄或攝影卷內文書，或預納費用聲請付與繕本、影本或節本。

第三人經當事人同意或釋明有法律上之利害關係，而為前項之聲請者，應經法院裁定許可。

卷內文書涉及當事人或第三人隱私或業務秘密，如准許前二項之聲請，有致其受重大損害之虞者，法院得依聲請或依職權裁定不予准許或限制前二項之行為。

前項不予准許或限制裁定之原因消滅者，當事人或第三人得聲請法院撤銷或變更該裁定。

前二項裁定得為抗告。於抗告中，第一項、第二項之聲請不予准許；其已准許之處分及前項撤銷或變更之裁定，應停止執行。

當事人、訴訟代理人、參加人及其他經許可之第三人之閱卷規則，由司法院定之。

⑲一、當事人依本條第一項規定，向法院書記官請求閱覽、抄錄或攝影卷內文書，或預納費用請求付與繕本、影本或節本等，均屬程序上之聲請，為使與實體上之請求有所區別，並統一用語，爰將第一項「請求」二字修正為「聲請」。
二、第三人經當事人同意或釋明有法律上之利害關係，依本條第二項規定，亦得為第一項之請求，基於同一法理，亦將第二項之「請求」修正為「聲請」。又訴訟文書應否許可第三人閱覽、抄錄或攝影，審判法院最為清楚，第二項原規定經法院長官許可，未盡妥適，爰修正為「經法院裁定許可」。
三、卷內之文書有涉及當事人或第三人之隱私或業務秘密者，如准許閱覽、抄錄或攝影，有足致其受重大損害之虞時，為保護當事人或第三人，法院得依其聲請或依職權裁定不予准許或限制本條第一、二項之行為，爰增訂本條第三項。惟此項裁定，應在不影響當事人行使辯論權之範圍內，始得為之。又所謂「業務秘密」，包括營業秘密法第二條所定之「營業秘密」，以及其他業務上之秘密。
四、法院依本條第三項規定為不予准許或限制第一、二項行為之裁定後，如該裁定所認不予准許或應限制之原因消滅者，應許當事人或第三人聲請法院撤銷或變更原裁定，爰增訂本條第四項之規定。
五、本條第三項及第四項之裁定，影響當事人或第三人權益較大，應得抗告，爰增訂本條第五項前段。又依第四百九十一條第一項規定：「抗告，除別有規定外，無停止執行之效力」，惟於抗告中如再准許當事人為第一項、第二項之聲請，或就第一項、第二項之聲請已准許閱覽之處分，或就駁回當事人或第三人依本條第三項所為聲請之裁定，及依本條第四項規定所為撤銷或變更之裁定，如於抗告中得准許閱覽、抄錄或攝影之行為，可能使該當事人或第三人遭受重大損害，有失准其提起抗告之立法意旨，爰增訂本條第五項後段。
六、為因應行政程序法之規定，增訂第六項規定，當事人、訴訟代理人、參加人及其他經許可之第三人之閱卷規則，授權由司法院定之。

*（卷內文書）民訴二四一；（請求閱覽）民訴一二〇；（繕本）民訴一一九、一三五；（節本）民訴二三〇；（閱覽抄錄付與之限制）民訴二四三；（釋明）民訴二八四。

第二百四十三條　（訴訟文書利用之限制）

裁判草案及其準備或評議文件，除法律別有規定外，不得交當事人或第三人閱覽、抄錄、攝影或付與繕本、影本或節本；裁判書在宣示或公告前，或未經法官簽名者，亦同。

⑲一、為配合本法第二百四十二條第一項之規定，爰於本條增列「攝影」及「影本」等字。
二、第二百二十三條第一項後段業經修正為：「不經言詞辯論之判決，應公告之」；第二百三十五條後段亦增訂：「終結訴訟之裁定，不經言詞辯論者，應公告之」，且均以公告為發生羈束力之時點，故裁判書在公告前尚未對外發生效力，自不得交當事人或第三人為閱覽或抄錄等行為，爰增訂之，以資配合。
三、「推事」修正為「法官」。
四、就本條所規定書類之閱覽、抄錄、攝影等之限制，如法律另有規定者，優先適用該規定，爰增訂「除法律別有規定外」等字，以利適用。

*（評議文件）法組一〇一～一〇六；（閱覽、抄錄、付與繕本或節本）民訴二四二；（裁判之宣示）民訴二二三、二二四、二三五、二三六；（法官簽名）民訴二二七、二三九。

第二編　第一審程序

第一章　通常訴訟程序

第一節　起　訴

第二百四十四條　（起訴之程式）

起訴，應以訴狀表明下列各款事項，提出於法院為之：

一　當事人及法定代理人。

二　訴訟標的及其原因事實。

三　應受判決事項之聲明。

訴狀內宜記載因定法院管轄及其適用程序所必要之事項。

第二百六十五條所定準備言詞辯論之事項，宜於訴狀內記載之。

第一項第三款之聲明，於請求金錢賠償損害之訴，原告得在第一項第二款之原因事實範圍內，僅表明其全部請求之最低金額，而於第一審言詞辯論終結前補充其聲明。其未補充者，審判長應告以得為補充。

前項情形，依其最低金額適用訴訟程序。

⑧一、第一項本文「左列」修正為「下列」。
二、第一項第一款不修正。
三、原條文第一項第二款「訴訟標的」下增加「及其原因事實」，以使訴狀所表明之事項更加明確。

四、第一項第三款、第二項及第三項不修正。

五、損害賠償之訴，由於涉及損害原因、過失比例、損害範圍等之認定，常須經專業鑑定以及法院之斟酌裁量，始能定其數額。爰增訂第四項，如原告未於第一審言詞辯論終結前補充其聲明，法院應依其表明之最低金額而為裁判。

六、為求訴訟程序安定，避免原適用簡易訴訟程序之事件，因原告補充聲明而改行通常訴訟程序，致使訴訟延滯，爰增設第五項，規定前項情形，依其最低金額適用訴訟程序。

＊（起訴其他方式）民訴二六一、四一九㊁、四二八、五一九㊀；（訴狀）司法狀紙規則；（法定代理人）民訴四七、五一；（書狀程式之遵守）民訴一二一、二四九㊀⑥；（準備程序書狀之記載及提出）民訴二六五、二六六㊀。

▲當事人慮其訴之聲明無理由而同時為他項聲明，請求法院於認其聲明不成立時，再就他項聲明調查裁判者，自應就其聲明先為調查裁判，不得因有此預備之聲明，遽置其先位之聲明於不顧。（三〇上六二二）

▲給付判決必須明確其給付之範圍，原告提起給付之訴，亦須於其訴之聲明表明給付之範圍。本件被上訴人起訴，請求命上訴人交還契券簿據，並未表明契券簿據特定名稱及其數額，原審及第一審亦未命其補正，遽為命上訴人交還契券簿據之判決，於法自有未合。（三二上五五〇二）

▲聖母會財產，除合於民法上財團法人之規定，依民法第六十二條因捐助章程所定重要管理之方法不具備時，法院得因利害關係人之聲請，依非訟程序為必要之處分外，如其財產僅為多數人所共有，儘可由共有人全體協議定其管理方法，或由共有人共同管理之，苟對於管理權誰屬有所爭執，亦應提起訴訟以求解決，不得依非訟程序，聲請法院以裁定選任臨時管理人或撤銷臨時管理人。（三八臺抗六六）

▲當事人起訴，關於應受判決事項之聲明，為防該聲明難獲有利判決之結果，乃同時為他項之聲明以資預備，固非法所不許，惟法院如認其先位聲明為有理由時，則對預備聲明之部分，即可無庸調查並加裁判。（四八臺上一八七）

▲按行為人以同一侵權行為不法侵害數人之權利者，各該被害人對於加害人之損害賠償請求權各別獨立，如被害人數人以同一加害人為被告合併起訴請求，自應按各被害人所得請求賠償者，分別為應受判決事項之聲明，始為合法。（六六臺上三六六二）

▲經理人就所任之事務，視為有代商號為原告或被告或其他一切訴訟行為之權，此觀民法第五百五十五條之規定自明，此項規定於公司之經理人並未排斥適用。安某既為被上訴人（公司）之經理，而系爭工程又為其所任事務權限範圍內之事項，自有代表被上訴人（公司）應訴之權限。（七五臺上一五九八）

第二百四十五條（保留關於給付範圍之聲明）

以一訴請求計算及被告因該法律關係所應為之給付者，得於被告為計算之報告前，保留關於給付範圍之聲明。

＊（訴之客觀合併）民訴二四八；（給付）民一九九；（給付範圍之聲明）民訴二四四㊀③。

第二百四十六條（將來給付之訴之要件）

請求將來給付之訴，以有預為請求之必要者為限，得提起之。

⑧⑨將來給付之訴，原條文僅規定履行期未到而有不履行之虞者，得予提起。為擴大將來給付之訴之適用範圍，爰參照日本、德國之立法例，修正為有預為請求之必要者，均得提起將來給付之訴。

＊（履行期）民三一五、三一六、三六九、三七〇、四三九、四五〇、四七〇、四七八、四八六、五〇五、五二四、五四八、六〇一、六一九、六五五、七二〇、七三二，票據二四㊁；（給付）民一九九。

▲履行期未到與履行之條件未成就不同，故於履行期未到前，如被告有到期不履行之虞者，固得提起請求將來給付之訴，但在履行之條件未成就前，則不許提起將來給付之訴。（四六臺上七四五）（九五、八、一決議不再援用）

第二百四十七條（提起確認之訴之條件）

確認法律關係之訴，非原告有即受確認判決之法律上利益者，不得提起之；確認證書真偽或為法律關係基礎事實存否之訴，亦同。

前項確認法律關係基礎事實存否之訴，以原告不能提起他訴訟者為限。

前項情形，如得利用同一訴訟程序提起他訴訟者，審判長應闡明之；原告因而為訴之變更或追加時，不受第二百五十五條第一項前段規定之限制。

⑧⑨一、關於確認之訴，依原條文規定，除確認證書真偽之訴外，以確認法律關係成立或不成立，始得提起，適用範圍過於狹窄，爰將原條文「成立或不成立」之字樣刪除，使就法律關係，有即受確認判決之法律上利益者，均得提起確認之訴，以應實際之需要。

二、為發揮確認之訴預防及解決紛爭之功能，特擴大其適用範圍及於事實，然為免導致濫訴，就事實之存否，限於其為法律關係之基礎事實，否則即認原告無即受確認判決之法律上利益。爰增訂第一項後段及第二項。

三、確認法律關係基礎事實存否之訴，特於第三項規定，審判長應行使闡明權，原告並得因而為訴之變更或追加，不受第二百五十五條第一項前段規定之限制。

＊（證書）民訴三五五～三五八。

▲確認之訴，除確認證書真偽之訴外，應以法律關係為訴訟標的，此觀民事訴訟法第二百四十七條之規定自明，契約為法律關係之發生原因，非即法律關係之本身，契約之有效與否，本屬一種法律問題，不得為確認之訴之標的，惟以自己之所有物，經無處分權人與人訂立所有權移轉契約為原因，提起確認之訴時，雖其訴之聲明係求確認物權移轉契約為無效，而其真意實係以物權移轉契約無效為理由，求為確認自己之所有權仍屬存在之判決，其訴訟標的仍為法律關係，而非契約之無效。（三二上二二五七）（九二、一、一〇決議不再援用）

▲確認之訴除確認證書真偽之訴外，應以法律關係為訴訟標的，觀民事訴訟法第二百四十七條之規定自明。身分為法律關係發生之原因，非即法律關係之本身，身分之存在與否，乃屬一種事實問題，不得為確認之訴之標的，即在親子關係事件中，亦祇有確認收養關係成立或不成立之訴，而無所謂確認養親與養子身分之訴，徵諸同法第五百七十九條之規定，益為顯然。（四八臺上九四六）（九〇、三、二〇決議不再援用）

▲占有為單純之事實，不得為確認之訴之標的。（五二臺上三一一五）（九二、一、一〇決議不再援用）

▲上訴人請求確認其與被上訴人間就第一審判決附表所載機器租賃關係不存在，查該項機器，業經上訴人之債權人大裕紡織廠股份有限公司聲請查封拍賣而無人應買，由執行法院作價交該債權人承受，並將價金予以分配完畢。被上訴人能否依民法第四百二十五條對受讓人主張其租賃權，已與上訴人無關，兩造間爭執之法律關係已成過去，上訴人自無即受確認判決之法律上利益。（六九臺上一四二四）

▲執行名義所載之權利，固不失為法律關係，但得為確認之訴之標的者，應以私法上之法律關係為限。如因基於國家統治權之作用而生者，乃係公法上之法律關係，對之如有爭執，應循另一途徑，謀求救濟。查本件罰金處分案件，受處分人不服，迭經訴願、再訴願及行政訴訟，均遭駁回確定在案。被上訴人財政部基隆關於處分確定後，依修正海關緝私條例第五十一條規定，移送財務法庭執行，本件執行名義，即海關處分書所載之罰金及稅捐，係基於國家統治權作用而生者，為公法上之請求權，屬於公法上之法律關係，自不能為確認之訴之訴訟標的。上訴人藉民事訴訟程序以事爭執，請求確認被上訴人之罰金等請求權不存在，進而請求被上訴人返還已因強制執行而取得之款項及提供擔保之存單，即非正當。（七〇臺上一〇四二）

▲法院依證據保全程序所保全之證據，其證據價值如何，屬於程序法上之判斷問題。證據保全之效力，並非一種實體法上之法律關係，不得作為確認之訴之訴訟標的。（七〇臺上一八四二）

▲民事訴訟法第二百四十七條請求確認證書真偽之訴，須證書之真偽，即證書是否由作成名義人作成，有不明確之情形始得提起。本件上訴人係主張該股東會議事錄內容不實，而提起確認之訴，並非主張該議事錄是否由作成名義人作成，有不明確之情形，而訴請確認，自與請求確認證書真偽之訴之要件不合。（八二臺上一九五）

第二百四十八條（客觀訴之合併）

對於同一被告之數宗訴訟，除定有專屬管轄者外，得向就其中一訴訟有管轄權之法院合併提起之。但不得行同種訴訟程序者，不在此限。

*（客觀合併之訴）民訴二〇五、二五五、二五九；（專屬管轄）民訴一〇㊀、四九九、五一〇；（管轄權）民訴一～三一；（主觀合併之訴）民訴五三、五四、五六。

▲被告提起反訴，慮其先位之聲明無理由，而為預備之聲明者，法院如認其先位之聲明無理由，即應就其後位之聲明予以調查裁判。（二八上二二二七）

▲原告合併提起之數訴，非許行同種訴訟程序者，法院應將各訴分別辦理，不能因此認為不合法，予以駁回。（三三上三一五五）

▲訴之客觀預備合併，法院如認先位之訴為無理由，而預備之訴為有理由時，就預備之訴固應為原告勝訴之判決，惟對於先位之訴，仍須於判決主文記載駁回該部分之訴之意旨。原告對於駁回其先位之訴之判決提起上訴，其效力應及於預備之訴，即預備之訴亦生移審之效力。第二審法院如認先位之訴為有理由，應將第一審判決之全部（包括預備之訴部分）廢棄，依原告先位之訴之聲明，為被告敗訴之判決。否則將造成原告先位之訴及預備之訴均獲勝訴且併存之判決，與預備之訴之性質相違背。（八三臺上七八七）

第二百四十九條（訴訟要件之審查及補正）

原告之訴，有下列各款情形之一者，法院應以裁定駁回之。但其情形可以補正者，審判長應定期間先命補正：

一　訴訟事件不屬普通法院之審判權，不能依法移送。

二　訴訟事件不屬受訴法院管轄而不能為第二十八條之裁定。

三　原告或被告無當事人能力。

四　原告或被告無訴訟能力，未由法定代理人合法代理。

五　由訴訟代理人起訴，而其代理權有欠缺。

六　起訴不合程式或不備其他要件。

七　當事人就已繫屬於不同審判權法院之事件更行起訴、起訴違背第二百五十三條、第二百六十三條第二項之規定，或其訴訟標的為確定判決效力所及。

八　起訴基於惡意、不當目的或有重大過失，且事實上或法律上之主張欠缺合理依據。

原告之訴，有下列各款情形之一者，法院得不經言詞辯論，逕以判決駁回之。但其情形可以補正者，審判長應定期間先命補正：

一　當事人不適格或欠缺權利保護必要。

二　依其所訴之事實，在法律上顯無理由。

前二項情形，原告之訴因逾期未補正經裁判駁回後，不得再為補正。

⑪一、配合法院組織法增訂第七條之三第一項規定，本法已刪除第三十一條之二，爰修正第一項第一款文字。

二、訴訟事件若不屬普通法院之審判權，依法院組織法增訂第七條之三第一項本文規定，應裁定移送至有審判權之管轄法院。如不能依法移送，例如：提出刑事告訴、請求追究刑事責任、請求彈劾、移送、發動、追究公務員懲戒責任等，因受理權限機關並非法院，普通法院無從移送至有審判權之法院，即應依第一項第一款規定裁定駁回。

三、配合法院組織法增訂第七條之二第二項規定，當事人就同一事件已向其他審判權法院提起訴訟者，為尊重該審判權法院之處理情形，並避免裁判歧異，當事人應不得再向普通法院更行起訴，爰修正第一項第七款之規定。

*（訴）民訴二四四；（裁定駁回）民訴二三四、二三七；（法院之管轄）民訴一～三一；（當事人能力）民訴四〇；（訴訟能力）民訴四五、四六；（法定代理）民訴四七～四九、五一；（訴訟代理）民訴六八～七五；（起訴程式或其他要件）民訴一二二、二四四、二五五～二五七、二五九～二六一、四二八；（更行起訴）民訴二五三；（訴之撤回）民訴二六三㊁；（判決確定效力所及）民訴三八〇、四〇〇；（言詞辯論）民訴一九二～二一九。

▲國家以行政處分對於人民為一種處置者，無論該處分正當與否，其撤銷或廢止之權，自在上級官署或行政訴訟法院，普通司法審判機關固無干涉之餘地，惟人民所有權被不法侵害，訴請確認者，無論其相對人為私人或為官廳，既為解決私法上法律關係，自屬民事訴訟，法院即應予以受理。（一九上一二三）

▲民事訴訟制度原為保護私法上權利而設，故凡人民對國家本於公法上權力之作用所為處分（即行政處分）有所不服，應向該管上級行政官署提起訴願，不得依民事訴訟程序向通常法院訴請裁判。（一九上二四一四）

▲行政機關對於人民就一定土地設定權利者，固為行政處分，惟此項行政處分，若係由當事人呈請而發生，致侵害第三人之權利者，第三人對於呈請人可因其權利被侵害之故，以民事訴訟訴請法院審判，如判決結果第三人勝訴，該呈請人即有向行政機關請求撤銷該行政處分之義務。（二〇上四三七）

▲放領官荒雖屬行政處分之一種，然當事人如以業經承領為理由而排除他人之干涉者，其訟爭之性質即屬民事訴訟之範圍，自應由普通法院審判。（二〇上六七六）

▲官廳與人民所為之買賣行為，純屬私法上之權義關係，由此發生之爭執，即屬於民事訴訟範圍，應受普通法院之審判。（二〇上一七一二）

▲訴願，為人民對於行政處分聲明不服之救濟方法，若國家經營私經濟事業，與私人間發生之私法關係，顯屬民事事件，因此而有爭執，當然受法院之裁判。（二〇上二二一二）

▲當事人能力，即得為民事訴訟當事人而起訴或受訴之能力，此項能力之有無，專依當事人本身之屬性定之。當事人之適格，則指當事人就特定訴訟標的，有實施訴訟之權能而言，此項權能之有無，應依當事人與特定訴訟標的之關係定之，兩者迥不相同。本件上訴人為生存中之自然人，依民法第六條之規定既有權利能力，依民事訴訟法第四十條第一項之規定，即有當事人能力，縱令上訴人就訟爭之債權無實施訴訟之權能，亦屬當事人不適格，究不得謂無當事人能力，原判決認上訴人無當事人能力，適用同法第二百四十九條第三款之規定駁回其訴，自屬違法。（二六渝上六三九）

▲民事訴訟法第二十八條第一項規定，訴訟之全部或一部法院認為無管轄權者，應依原告聲請以裁定移送於其管轄法院，並未認被告有聲請移送訴訟之權，同條第三項所稱駁回移送訴訟之聲請，自係指駁回原告移送訴訟之聲請而言。至被告抗辯法院無管轄權時，縱令曾為移送訴訟之聲請，而法院認其抗辯為正當者，如原告不聲請移送，且於受同條第二項之訊問後仍不聲請移送，即應依同法第二百四十九條第二款之規定，以裁定駁回原告之訴，不得據被

告之聲請予以移送。若法院認被告之抗辯為不當，則祇須以中間判決或於終局判決理由內宣示其旨，亦無庸為駁回被告聲請之裁定。（二六渝抗一四八）（九一、一二、一九決議不再援用）

▲處分官產之行政公署，誤認人民所有之土地為官產以之標賣與人，其不生物權移轉之效力，與私人之處分他人所有物無異，故人民以行政公署之處分無效為原因，提起確認所有權存在之訴，不得謂非屬於普通法院權限之民事事件。（二七上四三三）

▲當事人之真偽，法院應依職權調查，如冒用他人姓名或本無其人而捏造姓名提起訴訟者，應以其訴為不合法而駁回之。（二八上一六四四）

▲上訴人在第一審為原告，主張已故某甲所遺某處房院一處，已由其胞弟即某寺僧乙囑由該寺經管，復由該寺僧丙捐歸上訴人所有，並已向典權人回贖管業，被上訴人誤為絕產，呈報酒泉縣政府撥充教育經費應屬無效等情，提起確認所有權存在之訴，自不得謂非屬於普通法院權限之民事訴訟，原審竟以第一審受理審判為違法，改為駁回上訴人之訴之判決，於法顯有違背。（三一上一三九二）

▲屠宰稅之徵收，雖係基於行政權之作用，然被上訴人以之招商承包，法律既別無規定，則無論契約之內容如何，當然為普通民事契約，其因撤包發生爭執，自難謂非民事訴訟，即應由法院受理。（三九臺上一〇二七）

▲民事訴訟制度原為保護私法上權利而設，公務員及公立學校教職員應否支薪，並非私權關係，關於此項爭執，不得依民事訴訟程序向普通法院訴請裁判。（四〇臺上一八九〇）

▲鎮長奉令徵收糧穀，係本於國家行政權之作用，自屬行政範圍，其僅以糧戶不繳納糧穀為理由，請求履行納糧義務，則不屬於普通法院之權限。（四一臺上一五六五）

▲刑事庭移送民事庭之附帶民事訴訟，僅移送前之訴訟行為準用關於刑事訴訟之規定，若移送後之訴訟程序，則應適用民事訴訟法，此觀刑事訴訟法第四百九十四條及其但書之規定自明。故移送民事庭之附帶民事訴訟，縱其移送前提起此項訴訟，不合刑事訴訟法第四百九十一條所定之要件，而有同法第五百零六條第一項關於訴之不合法之規定情形時，但其移送後之訴訟程序，既應適用民事訴訟法，即屬同法第二百四十九條第一項第六款所謂起訴不備其他要件，仍應依該條項款之規定，以裁定駁回之，自無準用刑事訴訟法第五百零六條第一項，以判決程序裁判之餘地。（四四臺抗四）

▲政府依實施耕者有其田條例，對人民私有出租耕地所為之徵收放領，係基於公法所為之行政處分，人民對於此項徵收放領之處分，如有不服，應採行政救濟之方法，而不能提起民事訴訟以求救濟。（四九臺上八五四）

▲出租人原不限於所有權人，訟爭土地雖為被上訴人與他人所共有，被上訴人以出租人之地位，向上訴人表示終止契約，交還土地，亦不能指為當事人不適格。（四九臺上二〇二一）

▲附帶民事訴訟由刑事庭移送民事庭以後，依刑事訴訟法第四百九十四條但書，既應適用民事訴訟法之規定辦理，則移送民事庭之附帶民事訴訟，依法應繳納訴訟費用而未繳納者，依民事訴訟法第二百四十九條第一項但書，即應定期先命補正，其未遵命補正者，始得依同條項第六款以起訴不合程式而駁回之。（四九臺抗三四）

▲土地法第五十九條第二項規定之調處，係地政機關對於土地權利關係人，就其權利有爭執時所為之處理辦法，其性質與耕地三七五減租條例第二十六條所稱之調處不同，故當事人於土地權利有爭執時，縱未經地政機關之調處而逕行起訴，亦難謂其起訴為違法。（五二臺上一一二三）

▲取締違章建築係一種行政處分，政府對於拆遷按現住人口發給救濟金，非政府與人民間之買賣或贈與行為，其由此發生之爭執人民僅得依行政救濟程序請求救濟，不得以政府拒不發給，提起民事訴訟。（五六臺上二一〇七）

▲因犯罪而受損害之人，於刑事訴訟程序固得附帶提起民事訴訟，對於被告請求回復其損害，但其請求回復之損害，以被訴犯罪事實所生之損害為限，否則縱令得依其他事由，提起民事訴訟，亦不得於刑事訴訟程序附帶為此請求。（六〇臺上六三三）

▲民事訴訟法第二百四十九條第二項所謂原告之訴，依其所訴之事實，在法律上顯無理由者，係指依原告於訴狀內記載之事實觀之，在法律上顯然不能獲得勝訴之判決者而言。若僅因訴狀內不表明證據，致不知原告所訴事實是否真實者，即不得謂原告之訴在法律上顯無理由。（六二臺上八四五）

▲水利法第九十七條僅規定本法規定之補償，利害關係人發生爭議時，主管機關得邀集有關機關團體評議之，並非規定有關機關團體評議通過後，當事人不服其評定，始得起訴。本件被上訴人在已經勘驗鑑定尚未評定通過前，逕向法院起訴，尚難指為不合。（六三臺上六七）

▲土地徵收乃行政處分之一種，補償亦屬徵收程序範圍，土地所有權人如對政府徵收其土地或發給補償金之時間有所爭執，固應循行政訟爭程序解決，非審理私權之法院所可審認，惟本件訴訟，被上訴人既係因核准徵收案已失其效力，請求確認土地所有權仍屬於己，並排除需用土地人即上訴人之侵害。性質上為民事訴訟，不屬行政救濟範圍（參照司法院院字第二七〇四號解釋）。（六四臺上一二六一）

▲抵押權人聲請法院為拍賣抵押物之裁定，係屬非訟事件，此項裁定縱已確定，亦無實質的確定力，抵押權人就抵押權所擔保之債權另行起訴請求，自非法所不許。原審認定系爭票款債務經被上訴人提供土地設定抵押權，已由上訴人聲請法院裁定拍賣抵押物，及據以聲請執行法院強制執行，不得復提起本件給付票款之訴，自有未合。（六六臺上一〇〇〇）

▲民事訴訟法第二百四十九條第一項第四款規定原告或被告無訴訟能力，未由法定代理人合法代理者，應以裁定駁回原告之訴，是否具有此項情形，應以起訴時決之，如無訴訟能力之原告或被告，於起訴時係由法定代理人合法代理，而於訴訟繫屬中發生法定代理人代理權消滅之事由，僅生民事訴訟法第一百七十條所定訴訟程序當然停止之問題，核與原告或被告未經法定代理人合法代理之起訴合法要件無涉。原法院以抗告人法定代理人之代理權，於訴訟繫屬中因解任而消滅，逕認抗告人之訴為不合法，尚有未合。（六七臺抗二九）

▲相對人在前案係訴求判決再抗告人與相對人間就訟爭房地所為系爭抵押權之設定行為應予撤銷，並塗銷該抵押權登記。於本件則係求為判決確認訟爭抵押權不存在，進而塗銷該抵押權登記，一係行使撤銷權，乃形成之訴，一則主張抵押權不存在，係消極確認之訴，為訴訟標的之法律關係，前後不同，不能以一事不再理之法則相繩。（六八臺抗二三五）

▲土地徵收乃行政處分之一種，依土地法第二百三十六條第一項規定徵收土地應給予之補償地價補償費及遷移費，由該管市縣地政機關規定之，土地所有人如對於政府徵收其土地發給補償地價之數額有所爭執，自應循行政爭訟程序解決。非審理私權之普通法院所可審認。（六九臺上一四〇六）

▲民事訴訟乃國家司法機關以解決當事人間關於私法上爭執為目的，所施行之程序，本件被上訴人為國家之戶政機關，其依職掌所為戶籍上之記載，並非私權爭執。上訴人認其以前請，屬於行政處分範圍，進而駁回上訴人更正之申所申報而由被上訴人記載於戶籍登記簿上之出生年月日有誤，於申請更正未獲允准後，未依訴願及行政訴訟程序謀求解決，竟提起本件確認之訴，自有民事訴訟法第二百四十九條第一項第一款規定之訴訟事件不屬普通法院權限之情形。（六九臺上四一五五）

▲當事人起訴或提起上訴，未依法繳納裁判費，經法院裁定限期命其補繳者，縱經該當事人聲請訴訟救助，如其聲請經法院裁定駁回，並由聲請人對於駁回訴訟救助聲請之裁定提起抗告，亦無阻卻法院限期命補正裁定之效力。故當事人倘不依限補正，法院自得以其訴或上訴為不合法裁定駁回之。此項裁定確定後，即令嗣後該駁回訴訟救助聲請之裁定，為抗告法院裁定廢棄而准予訴訟救助，亦僅為能否對於駁回其訴或上訴之確定裁定聲請再審而已。（七二臺九四七九）（九〇、三、二〇決議不再援用）

▲刑事法院依刑事訴訟法第五百零四條第一項以裁定將附帶民事訴訟移送同院民事庭，依同條第二項規定，固應免納裁判費。然所應免納裁判費之範圍，以移送前之附帶民事訴訟為限，一經移送同院民事庭，即應適用民事訴訟法之規定。如原告於移送民事庭後，為訴之變更、追加或擴張應受判決事項之聲明，超過移送前所請求之範圍者，就超過移送前所請求之範圍部分，仍有繳納裁判費之義務。（七六臺上七八一）

▲民事訴訟制度，原為保護私法上權利而設，撫卹金係基於公法關係所生之請求權，既非私法上權利，自不得為民事訴訟之標的，從而上訴人以被上訴人拒不給付撫卹金為由，依民事訴訟程序向普通法院訴請裁判，顯非法之所許。（七六臺上一二〇三）

第二百四十九條之一（濫訴之處罰）

前條第一項第八款，或第二項情形起訴基於惡意、不當目的或有重大過失者，法院得各處原告、法定代理人、訴訟代理人新臺幣十二萬元以下之罰鍰。

前項情形，被告之日費、旅費及委任律師為訴訟代理人之酬金，為訴訟費用之一部，其數額由法院酌定之；並準用第七十七條之二十四第二項、第七十七條之二十五第二項、第四項之規定。

第一項處罰，應與本訴訟合併裁判之；關於訴訟費用額，應併予確定。

原告對於本訴訟之裁判聲明不服，關於處罰部分，視為提起抗告或上訴；僅就處罰部分聲明不服時，適用抗告程序。

受處罰之法定代理人或訴訟代理人，對於處罰之裁判聲明不服者，適用抗告程序。

第三項處罰之裁判有聲明不服時，停止執行。

原告對於本訴訟之裁判聲明不服者，就所處罰鍰及第三項之訴訟費用應供擔保。

(110)一、本條係次新增，內容係修正原條文第二百四十九條第三項、第四項移列。

二、濫訴對被告構成侵害，並浪費司法資源，得予非難處罰，以遏制之。原告之訴有修正條文第二百四十九條第一項第八款情形者，係屬濫訴，宜設處罰之規定。同條第二項情形，亦應以其主觀上係基於惡意、不當目的或有重大過失，始該當濫訴，而得予處罰。原條文第二百四十九條第三項對於第二項主觀情形未予區分，一概得予處罰，尚嫌過當。另原告濫訴之訴訟行為，倘實質上係由其法定代理人、訴訟代理人所為，或共同參與，法院斟酌個案情節，應得對其等各自或一併施罰。爰予修正明定，並提高罰鍰數額，列為本條第一項。

三、法院依第一項規定，對原告或其法定代理人、訴訟代理人施以處罰者，堪認濫訴情節非輕。此際，被告因應訴所生之日費、旅費及委任律師為訴訟代理人之酬金，係因此所受損害，宜簡化其求償程序，逕予納入訴訟費用，使歸由原告負擔（第七十八條）。其數額由法院酌定，並準用費用額計算、支給標準及其救濟程序相關規定，爰增訂第二項。至被告如受有其他損害，得依民法之規定另行請求賠償。法院酌定律師酬金之數額，應斟酌個案難易繁簡，均附此敘明。

四、第一項處罰係以原告提起之本訴訟乃濫訴為前提，為免裁判歧異，並利程序經濟，應合併裁判之；且就訴訟費用之裁判，應一併確定其費用額，爰增訂第三項。又本項規定於抗告、上訴程序亦有準用（第四百九十五條之一、第四百六十三條）。如法院漏未併予確定訴訟費用額，為裁判之脫漏，應為補充裁判，附此敘明。

五、第三項對原告處罰之裁判，於本訴訟裁判確定前，不宜使之單獨確定。是原告對於駁回本訴訟之裁定或判決聲明不服，關於其受處罰部分，即將之視為提起抗告或上訴（此部分不另徵收裁判費）；僅就處罰部分聲明不服時，本訴訟裁判既已確定，尚無須以上訴程序審理，應適用抗告程序（應徵收抗告裁判費），爰增訂第四項。

六、原告之法定代理人、訴訟代理人受處罰時，因其非本訴訟當事人，就本訴訟裁判無不服之餘地，僅可對於處罰之裁判聲明不服，自應適用抗告程序，爰增訂第五項。

七、對於第三項處罰之裁判聲明不服，依第四項規定，不限於抗告，亦可能併同對於本訴訟敗訴判決提起上訴。爰修正原條文第二百四十九條第四項，移列本條第六項。

八、原告提起之本訴訟，業經裁判認定係濫訴，予以駁回。為避免其利用救濟程序續為濫訴，並擔保處罰及應負擔訴訟費用之執行，於原告對本訴訟之裁判聲明不服時，允宜為合理之限制，即應就所處罰鍰及訴訟費用分別提供擔保，為提起抗告、上訴之合法要件。至關於應供擔保原因是否消滅，則各以處罰及本訴訟之裁判最後確定結果為據，爰增訂第七項。

第二百五十條（言詞辯論期日之指定）

法院收受訴狀後，審判長應速定言詞辯論期日。但應依前條之規定逕行駁回，或依第二十八條之規定移送他法院，或須行書狀先行程序者，不在此限。

(89)法院於收受原告訴狀後，依事件之性質與類型，如認有須踐行書狀先行程序者，為避免造成程序浪費，則得暫不指定言詞辯論期日。爰修正本條規定，以利適用。

*（訴）民訴二四四；（訴訟要件之審查及補正）民訴二四九；（訴訟之移送）民訴二八；（言詞辯論）民訴一九二～二一九；（期日）民訴一五四。

第二百五十一條（言詞辯論期日通知書之送達及就審期間）

訴狀，應與言詞辯論期日之通知書，一併送達於被告。

前項送達，距言詞辯論之期日，至少應有十日為就審期間。但有急迫情形者，不在此限。

曾行準備程序之事件，前項就審期間至少應有五日。

(89)一、第一項、第二項不修正。

二、曾行準備程序之事件，訴狀已先與準備程序期日通知書一併送達於被告，且既經準備程序之過程，被告應已知悉起訴事項而能有所準備，為期訴訟迅速進行，應可酌情縮短就審期間，爰增訂第三項規定，以利適用。

*（訴狀）民訴一一六、二四四；（言詞辯論期日）民訴一五四、二五〇；（送達）民訴一二三～一五三、一五六；（期間）民訴一六〇、一六一；（就審期間）民訴四二九。

▲依民事訴訟法第二百四十二條第二項所應留之就審期間，係使被告準備辯論及到場辯論之期間，且限於初次辯論期日，始有適用，此觀同條第一項之規定自明。（二三上二六七八）

▲本件第一審之第一次言詞辯論期日通知書、及起訴狀繕本，係於六十八年九月三日送達於被上訴人，按法令，審判或法律行為所定之期日或期間，其計算依民法之規定，以日定期間者，其始日不算入，並以期間末日之終止，為期間之終止，民法第一百十九條，第一百二十條第二項、第一百二十一條第一項分別定有明文。則自送達之翌日即九月四日起算，至九月十三日止始滿十日，第一審係定於六十八年九月十三日行言詞辯論，即屬違背關於十日就審期間之規定。其准由上訴人一造辯論而為判決，訴訟程序自有重大之瑕疵。（六九臺上一五二二）

第二百五十二條（言詞辯論期日通知書之記載）

言詞辯論期日之通知書，應記載到場之日、時及處所。除向律師為送達者外，並應記載不到場時之法定效果。

(89)本條原規定語意不甚清晰，易生誤會，茲修正為言詞辯論期日通知書中，向律師為送達者，僅無須記載不到場時之法定效果，其餘仍須記載。

*（言詞辯論期日）民訴一五四、二五〇；（到場處所）民訴一五七；（不到場效果）民訴三八五。

▲民事訴訟法第二百五十二條前段規定：「言詞辯論期日之通知書，除記載到場之日、時及處所外，並應記載不到場之法定效果」，其中「並應記載不到場之法定效果」部分，係訓示規定，通知書縱未為此項記載，於通知書之效力不生影響，此通知書之送達仍屬合法之送達，故通知書未為此項記載，於當事人不到場之法定效果不生影響。（八七臺抗三九五）

第二百五十三條（一事不再理）

當事人不得就已起訴之事件，於訴訟繫屬中更行起訴。

*（起訴）民訴二四四；（判決確定後之一事不再理）民訴四〇〇。

▲當事人就已起訴之事件，於訴訟繫屬中更行起訴時，僅其後訴應依民事訴訟法第二百四十九條第七款之規定，予以駁回，若未予駁回，則除後訴在前訴之第二審言詞辯論終結前，已有本案之確定判決外，前訴並不受其影響，不得僅以後訴先經第一審判決，即謂前訴無另為判決之必要，遽將前訴駁回。（二八上一九七九）

▲已起訴之事件，在訴訟繫屬中，該訴訟之原告或被告不得更以他造為被告，就同一訴訟標的提起新訴或反訴，為民事訴訟法第二百五十三條所明定。所謂就同一訴訟標的提起新訴或反訴，不僅指前後兩訴係就同一訴訟標的求為相同之判決而言。其前後兩訴係就同一訴訟標的求為相反之判決，亦包含在內。故前訴以某法律關係為訴訟標的，求為積極之確認判決，後訴以同一法律關係為訴訟標的，求為消極之確認判決，仍在上開法條禁止重訴之列。（四〇臺上一五三〇）

▲已起訴之事件，在訴訟繫屬中，該訴訟之原告或被告不得更以他造為被告，就同一訴訟標的提起新訴或反訴，此觀民事訴訟法第二百五十三條之規定自明。所謂就同一訴訟標的提起新訴或反訴，不僅指後訴係就同一訴訟標的求為與前訴內容相同之判決而言，即後訴係就同一訴訟標的求為與前訴內容可以代用之判決，亦屬包含在內。故前訴以某請求為訴訟標的求為給付判決，而後訴以該請求為訴訟標的，求為積極或消極之確認判決，仍在上開法條禁止重訴之列。（四六臺抗一三六）

▲物之所有人本於所有權之效用，對於無權占有其所有物者請求返還所有物，與物之貸與人，基於使用借貸關係，對於借用其物者請求返還借用物之訴，兩者之法律關係亦即訴訟標的並非同一，不得謂為同一之訴。（四七臺上一〇一）

▲當事人於訴訟繫屬中死亡者，訴訟程序在有繼承人、遺產管理人或其他依法令應續行訴訟之人承受訴訟以前當然停止，依法應由法定續行訴訟之人承受訴訟，亦即訴訟繫屬不因當事人之死亡而消滅。如他造當事人就同一訴訟標的對於已死亡當事人之繼承人另行起訴，即屬違背民事訴訟法第二百五十三條所定禁止重訴之規定。（六七臺上三六五〇）

▲（六七臺抗一〇〇）參見本法第二百三十三條。

▲民事訴訟法第二百五十三條所謂已起訴之事件，係指已向中華民國法院起訴之訴訟事件而言，如已在外國法院起訴，則無該條之適用。（六七臺再四九）

第二百五十四條（當事人恆定原則）

訴訟繫屬中為訴訟標的之法律關係，雖移轉於第三人，於訴訟無影響。

前項情形，第三人經兩造同意，得聲請代移轉之當事人承當訴訟；僅他造不同意者，移轉之當事人或第三人得聲請法院以裁定許第三人承當訴訟。

前項裁定，得為抗告。

第一項情形，第三人未參加或承當訴訟者，當事人得為訴訟之告知；當事人未為訴訟之告知者，法院知悉訴訟標的有移轉時，應即以書面將訴訟繫屬之事實通知第三人。

訴訟標的的基於物權關係，且其權利或標的物之取得、設定、喪失或變更，依法應登記者，於事實審言詞辯論終結前，原告得聲請受訴法院以裁定許可為訴訟繫屬事實之登記。

前項聲請，應釋明本案請求。法院為裁定前，得使兩造有陳述意見之機會。

前項釋明如有不足，法院得定相當之擔保，命供擔保後為登記。其釋明完足者，亦同。

第五項裁定應載明應受判決事項之聲明、訴訟標的及其原因事實。

第五項裁定由原告持向該管登記機關申請登記。但被告及第三人已就第五項之權利或標的物申請移轉登記，經登記機關受理者，不在此限。

關於第五項聲請之裁定，當事人得為抗告。抗告法院為裁定前，應使當事人有陳述意見之機會。對於抗告法院之裁定，不得再為抗告。

訴訟繫屬事實登記之原因消滅，或有其他情事變更情形，當事人或利害關係人得向受訴法院聲請撤銷許可登記之裁定。其本案已繫屬第三審者，向原裁定許可之法院聲請之。

第六項後段及第十項規定，於前項聲請準用之。

訴訟終結或第五項裁定經廢棄、撤銷確定後，當事人或利害關係人得聲請法院發給證明，持向該管登記機關申請塗銷訴訟繫屬事實之登記。

*（訴訟標的）民訴二四四㈠②；（移轉之例外規定）民一六八、一六九、一七一、一七五；（主參加之訴）民訴五四。

▲系爭房屋被上訴人於起訴後，訴訟繫屬中，以其所有權移轉於訴外人某公司，固為被上訴人所不爭執，第訴訟繫屬中為訴訟標的之法律關係，雖移轉於第三人，於訴訟無影響，民事訴訟法第二百五十四條第一項定有明文。所謂於訴訟無影響，係指原告或被告不因為訴訟標的之法律關係移轉於第三人，而影響關於為訴訟標的之法律關係之要件而言。是被上訴人在本件訴訟繫屬中，將為訴訟標的之系爭房屋所有權移轉於訴外人某公司，而其關於為訴訟標的之法律關係之要件，仍不得因是而指為有欠缺。（四四臺上一〇三九）

第二百五十五條（訴之變更追加之限制）

訴狀送達後，原告不得將原訴變更或追加他訴。但有下列各款情形之一者，不在此限：

一　被告同意者。

二　請求之基礎事實同一者。

三　擴張或減縮應受判決事項之聲明者。

四　因情事變更而以他項聲明代最初之聲明者。

五　該訴訟標的對於數人必須合一確定時，追加其原非當事人之人為當事人者。

六　訴訟進行中，於某法律關係之成立與否有爭執，而其裁判應以該法律關係為據，並求對於被告確定其法律關係之判決者。
七　不甚礙被告之防禦及訴訟之終結者。

被告於訴之變更或追加無異議，而為本案之言詞辯論者，視為同意變更或追加。

(89)一、第一項第三、四、五、六款係原第二百五十六條之一部分移列。
二、第一項第七款係原條文第一項但書之一部分移列。
三、第二項不修正。

*（訴狀）民訴一一六、二四四；（訴狀送達）民訴二五一；（言詞辯論）民訴一九二～二一九。

▲被上訴人在第一審誤認甲之遺產繼承人有四人，應按四人平均繼承，主張其代位繼承之應繼分為四分之一，嗣知乙丙無繼承權，在第二審主張其應繼分為二分之一，不過擴張應受判決事項之聲明，自為民事訴訟法第二百五十六條第二款之所許。（二六渝上二八六）

▲訴之同一與否，必當事人、訴訟標的及訴之聲明三者是否同一為斷，如在訴訟進行中三者有一變更，即應認原訴已有變更。（二六渝上三八六）

▲第三人主張就執行標的物，有足以排除強制執行之權利，提起異議之訴時，執行程序尚未終結，而在訴訟進行中執行程序已終結者，如該第三人未依民事訴訟法第二百五十六條第三款、第四百四十三條第一項之規定，以他項聲明代最初之聲明，自不能不將其訴駁回。（二六渝上八二三）

▲法院之為判決，固須本於當事人之聲明，若當事人所為聲明僅用語錯誤，法院本於其聲明之真意而予勝訴之判決，自不得謂其所判決者係未經當事人聲明之事項，亦不發生訴之變更或追加問題。（三八穗上一〇三）

▲承受訴訟，以具有民事訴訟法第一百六十八條至第一百七十二條及第一百七十四條所揭之情形為限，不合此等情形，而於訴訟進行中當事人有變更時，即為訴之變更，如在第二審變更者，非經他造同意，不得為之。（四一臺上一八四）

▲民事訴訟法第二百五十六條第三款所謂因情事變更，而以他項聲明代最初之聲明，係為訴訟上之便宜而設之規定，祇須情事確屬變更，即有其適用。故其情事之變更，係發生於起訴前或起訴後，在非所問。（四三臺抗一三）

▲本件被上訴人在第一審起訴請求增加給付租金，於原審將請求之期間伸長，係屬民事訴訟法第二百五十六條第二款所謂擴張應受判決事項之聲明，依同法第四百四十三條第一項但書之規定，自屬無礙。（五三臺上九四三）

▲不當得利返還請求權與損害賠償請求權，法律上之性質雖有未同，但二者訴訟上所據之事實如屬同一，則原告起訴時雖係基於侵權行為之法律關係，然在訴訟進行中於他造為時效之抗辯後，亦不妨再基於不當得利之請求權而為主張。（五六臺上三〇六四）

▲原告將原訴變更時，如其訴之變更為合法，而原訴可認為已因撤回而終結，法院應專就新訴裁判，原審既認被上訴人在原審變更之新訴為合法，原訴即可認為已因撤回而終結，乃竟將第一審就原訴之裁判廢棄，自有未合。（六五臺上二一八三）

▲原告將原訴變更時，法院以其訴之變更為合法，而原訴可認為已因撤回而終結者，應專就新訴裁判，原審既認上訴人在第一審所為給付票款之訴，於原審變更為給付租金及損害賠償之訴為合法，則在第一審原訴之訴訟繫屬應因訴之變更而消滅，亦即第一審就原訴所為之裁判，應因合法的訴之變更而當然失其效力，原審僅得就變更之新訴審判，不得就第一審之原訴更為裁判，原審見未及此，竟將第一審判決廢棄，並駁回可認為撤回之原訴，於法自有違背。（六六臺上三二一〇）

▲當事人因情事變更，而以他項聲明代最初之聲明，法律基於便宜之理由，在民事訴訟法第二百五十六條第三款固規定於訴訟無礙，不受同法第二百五十五條之拘束，但其在本質上仍屬訴之變更。而在第二審為訴之變更合法者，原訴可認為已因而視為撤回時，第一審就原訴所為判決，自當然失其效力。第二審法院應專就新訴為裁判，無須更就該判決之上訴為裁判。原審見未及此，就被上訴人變更之新訴准許，並命上訴人如數給付後，又將第一審判決予以部分廢棄，於法自屬有違。（七一臺上三七四六）

▲民事訴訟法第四百四十六條第一項前段規定：訴之變更、追加或提起反訴，非經他造同意不得為之。此項在第二審程序之特別規定，自排除同法第二百五十五條第一項但書之規定而優先適用，故當事人在第二審為訴之變更或追加，除經他造同意外，無準用上開法條但書規定，以不甚礙被告之防禦及訴訟之終結，而許訴之變更或追加之餘地。（八〇臺抗四三二）

▲訴之追加，係利用原有訴訟程序所為之起訴，故為追加時，固須有原訴訟程序之存在，惟一經利用原有訴訟程序合法提起追加之訴後，即發生訴訟拘束之效力，而能獨立存在，不因嗣後原訴已經判決確定而受影響。原法院以抗告人於原訴存在時所提追加之訴，因其後原訴業經判決確定，無從與之合併審理，即認其追加之訴為不合法，以裁定予以駁回，尚有未合。（九一臺抗二一二）

第二百五十六條　（訴之變更追加限制之例外規定）

不變更訴訟標的，而補充或更正事實上或法律上之陳述者，非為訴之變更或追加。

(89)本條原條文第二、三、四、五款移列於第二百五十五條第一項但書之各款中，原第一款本非為訴之變更或追加，特單獨成立一條，作為注意規定。

*（訴訟標的）民訴二四四㊀②；（陳述）民訴一九三；（應受判決事項之聲明）民訴二四四㊀③；（情事變更）民訴三九七；（合一確定之訴）民訴五六、六二；（準用）民訴四四六但。

▲債之關係發生後給付不能者，無論其不能之事由如何，債權人均不得請求債務人為原定之給付，此觀民法第二百二十五條、第二百二十六條之規定自明，物之交付請求權發生後其物經法律禁止交易致為不融通物者，給付即因法律之規定而不能，其禁止交易在訴訟繫屬中者，為原告之債權人如因此而有金錢之支付請求權，得依民事訴訟法第二百五十六條第三款、第四百四十三條第一項但書變更其訴，若仍求為命被告交付該物之判決，應認其訴為無理由，予以駁回，其禁止交易在命被告交付該物之判決確定後者，該判決自屬不能執行。（院二一八二）

▲（六四臺再一五六）參見本法第一百九十九條。

第二百五十七條　（訴之變更或追加之禁止）

訴之變更或追加，如新訴專屬他法院管轄或不得行同種之訴訟程序者，不得為之。

*（訴之變更追加）民訴二五五㊀；（專屬管轄）民訴一〇㊀、四九九、五一〇。

第二百五十八條　（訴之變更、追加之裁判）

法院因第二百五十五條第一項但書規定，而許訴之變更或追加，或以訴為非變更或無追加之裁判，不得聲明不服。

因不備訴之追加要件而駁回其追加之裁定確定者，原告得於該裁定確定後十日內聲請法院就該追加之訴為審判。

(89)一、本條第一項係配合第二百五十五條第一項但書之修正而為修正，且為顧及審級利益及符合訴訟經濟，將修正後之第二百五十五條第一項但書各款均規定為不得聲明不服。
二、保障原告之權益，如原告追加之新訴僅不備訴之追加要件，而已具備一般起訴之合法要件，或雖有欠缺其他起訴之合法要件，而得補正者，於駁回訴之追加之裁定確定後，應許原告得聲請法院就該追加之新訴為審判。爰增訂第二項。

*（不得聲明不服）民訴四三八。

▲被上訴人請求上訴人返還系爭房屋之原因，在第一審係僅

主張收回自住，在原審則除主張收回自住外，並謂尚須收回重新建築云云，先後固非一致，第既經原審就此予以裁判，認為非訴之追加，無論其說明之理由如何，而依民事訴訟法第四百六十條準用第二百五十八條關於「法院以訴為非變更或無追加之裁判，不得聲明不服」之規定，上訴人要無聲明不服之餘地。（四六臺上五四八）

第二百五十九條　（反訴之提起）

被告於言詞辯論終結前，得在本訴繫屬之法院，對於原告及就訴訟標的必須合一確定之人提起反訴。

⑧⑨一、為擴大反訴制度解決紛爭之功能，爰修正本條第一項規定，使本訴被告得對原告及就訴訟標的必須合一確定之人提起反訴。

二、反訴被告對反訴原告及就再反訴之訴訟標的必須合一確定之第三人，如有提起再反訴之必要時，得以訴之追加之方式為之，爰刪除原條文第二項之規定。

*（言詞辯論）民訴一九二～二一九。

▲對於原告提起反訴，惟被告始得為之，參加人雖得輔助被告為一切訴訟行為，但提起反訴，則已出於輔助之目的以外，自非法之所許。（二三抗一〇六六）

第二百六十條　（反訴之限制）

反訴之標的，如專屬他法院管轄，或與本訴之標的及其防禦方法不相牽連者，不得提起。

反訴，非與本訴得行同種之訴訟程序者，不得提起。

當事人意圖延滯訴訟而提起反訴者，法院得駁回之。

*（專屬管轄）民訴一〇㈠、四九九、五一〇；（訴訟標的）民訴二四四㈠②。

▲被上訴人在第一審起訴，請求別居及給付扶養費，係屬應依通常訴訟程序之訴，上訴人提起反訴請求離婚，既不得與本訴行同種之訴訟程序，揆諸民事訴訟法第二百六十條第二項規定，自在不應准許之列。（二七上一一三）

▲反訴，非與本訴得行同種之訴訟程序者，不得提起之，民事訴訟法第二百六十條第二項定有明文。本件某甲與某乙原為夫妻，某乙在第一審提起請求給付別居生活費之本訴，某甲則提起請求同居之反訴，此項反訴係屬應依婚姻事件程序之訴，既與應依一般訴訟程序之給付別居生活費之本訴，不得行同種之訴訟程序，按諸上開條項，自在不應准許之列。（四三臺上一一七）

▲反訴制度係為使被告對於原告之訴得與原告對於被告之訴，合併其程序，藉以節時省費，並防止裁判之牴觸而設，故反訴之當事人須與本訴之當事人相同，祇易其原被之地位而已，否則，即與反訴之要件不合。本件相對人某甲、某乙、某丙對於非本訴原告之再抗告人提起反訴，請求返還改良費用，依上說明，其反訴關於再抗告人部分即非合法。（六九臺抗三六六）

第二百六十一條　（訴之變更、追加及提起反訴之程序）

訴之變更或追加及提起反訴，得於言詞辯論時為之。

於言詞辯論時所為訴之變更、追加或提起反訴，應記載於言詞辯論筆錄；如他造不在場，應將筆錄送達。

*（訴之變更追加及反訴）民訴二五五、二五九；（言詞辯論筆錄）民訴二一二、二一三；（送達）民訴一二三～一五三。

第二百六十二條　（訴訟撤回之要件及程序）

原告於判決確定前，得撤回訴之全部或一部。但被告已為本案之言詞辯論者，應得其同意。

訴之撤回應以書狀為之。但於期日，得以言詞向法院或受命法官為之。

以言詞所為訴之撤回，應記載於筆錄，如他造不在場，應將筆錄送達。

訴之撤回，被告於期日到場，未為同意與否之表示者，自該期日起；其未於期日到場或係以書狀撤回者，自前項筆錄或撤回書狀送達之日起，十日內未提出異議者，視為同意撤回。

⑧⑨一、第一項不修正。

二、原告撤回起訴，原則上應以書狀為之，惟於準備程序期日、言詞辯論期日、宣示判決期日及其他期日，原告到場，而以言詞向受訴法院或受命法官為之者，亦應准許，爰修正第二項，以利適用。

三、第三項配合第二項修正，將「言詞辯論時」修改為「言詞」，並將「言詞辯論筆錄」修改為「筆錄」。

四、為保障被告之權益，應許被告於十日內考慮是否同意訴之撤回。爰修正第四項，就此部分予以增訂。

*（言詞辯論）民訴一九二～二一九；（言詞辯論筆錄）民訴二一三；（送達）民訴一二三～一五三；（準用）民訴四三六、四五九㈢、四八一、四九三、五〇五；（訴訟撤回之效力）民訴二六三。

▲僅由調處爭議之第三人以書狀向法院陳明當事人已成立和解者，不生撤回訴或上訴之效果，其訴訟關係不能因此終結。（二九上九三五）

▲原告於判決確定前，固得撤回訴之全部或一部，但被告已為本案之言詞辯論者，應得其同意，民事訴訟法第二百六十二條第一項但書定有明文。此之同意如為默示，必須被告有某種舉動（如蓋章於撤回書狀內之相當處所），足以推知其有同意撤回之意思者，始為相當。（六〇臺上二八九五）

▲訴訟標的之捨棄，與訴之撤回不同，前者係在聲明存在之情形下，就為訴訟標的之法律關係，自為拋棄其主張，後者係表示不請求法院就已提起之訴為判決之意思。故在訴訟標的之捨棄，法院仍須就其聲明，為原告敗訴之判決。在訴之撤回，因請求已不存在，法院毋庸為裁判。（六四臺上一四九）

第二百六十三條　（訴之撤回效力）

訴經撤回者，視同未起訴。但反訴不因本訴撤回而失效力。

於本案經終局判決後將訴撤回者，不得復提起同一之訴。

*（訴之撤回）民訴二六二；（起訴）民訴二四四；（反訴）民訴二五九；（反訴之撤回）民訴二六四；（上訴撤回之效力）民訴四五九、四八一；（終局判決）民訴三八一。

▲（二二抗三〇三）參見本法第二百零四條。

第二百六十四條　（反訴之撤回）

本訴撤回後，反訴之撤回，不須得原告之同意。

*（訴之撤回）民訴二六二、二六三；（反訴）民訴二五九；（準用）民訴四八一、四九三、五〇五。

第二節　言詞辯論之準備

第二百六十五條　（當事人準備書狀之記載及提出）

當事人因準備言詞辯論之必要，應以書狀記載其所用之攻擊或防禦方法，及對於他造之聲明並攻擊或防禦方法之陳述，提出於法院，並以繕本或影本直接通知他造。

他造就曾否受領前項書狀繕本或影本有爭議時，由提出書狀之當事人釋明之。

⑧⑨當事人如就曾否受領他造直接通知之書狀繕本或影本有爭執時，應由提出書狀之當事人釋明已通知之事實，如其無法釋明時，即應補行通知，使他造得以充分準備言詞辯論，爰增訂第二項規定。

*（準備書狀）民訴二六六、二六七；（攻擊防禦方法）民訴

一九六；（聲明陳述）民訴一一六、一二二；（送達）民訴一二三～一三五。

第二百六十六條（準備書狀及答辯狀應記載事項）

原告準備言詞辯論之書狀，應記載下列各款事項：

一　請求所依據之事實及理由。

二　證明應證事實所用之證據。如有多數證據者，應全部記載之。

三　對他造主張之事實及證據為承認與否之陳述；如有爭執，其理由。

被告之答辯狀，應記載下列各款事項：

一　答辯之事實及理由。

二　前項第二款及第三款之事項。

前二項各款所定事項，應分別具體記載之。

第一項及第二項之書狀，應添具所用書證之影本，提出於法院，並以影本直接通知他造。

⑧⑨一、為充分準備言詞辯論，達到審理集中化之目標，爰於本條增訂關於準備書狀及答辯狀應記載事項、記載方式及添具所用書證影本等規定，以促使當事人善盡其一般的協力迅速進行訴訟之義務。

二、為使法院及當事人易於掌握案情全貌，進而整理爭點，當事人於準備書狀或答辯狀中記載第一項及第二項所定應記載事項時，應分別具體記載，以求明確，爰增訂第三項。

三、當事人之準備書狀或答辯狀如有引用書證者，應於提出該書狀之同時添具所用書證之影本，提出於法院，並以影本直接通知他造，以便法院及當事人均能儘速取得相關之訴訟及證據資料，而為言詞辯論期日之審理程序作充分之準備，爰增訂第四項。

＊（準備言詞辯論之書狀）民訴二六五；（就審期間）民訴二五一。

第二百六十七條（補充提出之準備書狀）

被告於收受訴狀後，如認有答辯必要，應於十日內提出答辯狀於法院，並以繕本或影本直接通知原告；如已指定言詞辯論期日者，至遲應於該期日五日前為之。

應通知他造使為準備之事項，有未記載於訴狀或答辯狀者，當事人應於他造得就該事項進行準備所必要之期間內提出記載該事項之準備書狀於法院，並以繕本或影本直接通知他造；如已指定言詞辯論期日者，至遲應於該期日五日前為之。

對於前二項書狀所記載事項再為主張或答辯之準備書狀，當事人應於收受前二項書狀後五日內提出於法院，並以繕本或影本直接通知他造；如已指定言詞辯論期日者，至遲應於該期日三日前為之。

⑧⑨一、為使法院及當事人能於期日前為充分準備，均應命當事人於一定期間內提出書狀及所用書證之影本，以促其善盡一般的協力迅速進行訴訟之義務，爰將原第二百六十六條第二項與本條合併修訂。

二、書狀所記載事項，如有再為辯駁之必要者，應於收受對造所提出之書狀後五日內提出記載其再為主張或答辯事項之準備書狀於法院，並以繕本或影本直接通知他造。爰增訂第三項。

＊（準備書狀）民訴二六五、二六六。

第二百六十八條（言詞辯論準備未充足之處置）

審判長如認言詞辯論之準備尚未充足，得定期間命當事人依第二百六十五條至第二百六十七條之規定，提出記載完全之準備書狀或答辯狀，並得命其就特定事項詳為表明或聲明所用之證據。

⑧⑨本條原規定之主體為「法院」，然命當事人補正書狀之權限，屬訴訟指揮權之範圍，應由審判長行之即可，爰修正為「審判長」。

＊（延展期日）民訴一五九；（準備書狀）民訴二六五～二六七；（準用）民訴二七二。

▲準備程序應否再開及另定期日，均屬於受命推事自由裁量之範圍，並非當事人有此要求之權，故當事人不得以準備程序違法，為提起第三審上訴理由。（五二臺上一八四五）

第二百六十八條之一（言詞辯論期日或準備程序期日之指定）

依前二條規定行書狀先行程序後，審判長或受命法官應速定言詞辯論期日或準備程序期日。

法院於前項期日，應使當事人整理並協議簡化爭點。

審判長於必要時，得定期間命當事人就整理爭點之結果提出摘要書狀。

前項書狀應以簡明文字，逐項分段記載，不得概括引用原有書狀或言詞之陳述。

⑧⑨一、本條新增。

二、法院於收受原告訴狀後，依第二百五十條之規定，原則上應由審判長速定言詞辯論期日。

三、為使法院得於言詞辯論期日針對當事人之爭點集中調查證據，應使當事人整理並協議簡化爭點，爰增訂第二項。

四、為便於審理集中化，審判長於必要時，得定相當期間命當事人提出整理爭點結果之摘要書狀，爰增訂第三項。

五、當事人所提出整理爭點結果之摘要書狀，應以簡明文字，逐項分段記載，使法院及他造易於明瞭其所載之內容，以利審理。爰增訂第四項。

第二百六十八條之二（未補足準備或摘要書狀之處置）

當事人未依第二百六十七條、第二百六十八條及前條第三項之規定提出書狀或聲明證據者，法院得依聲請或依職權命該當事人以書狀說明其理由。

當事人未依前項規定說明者，法院得準用第二百七十六條之規定，或於判決時依全辯論意旨斟酌之。

⑧⑨一、本條新增。

二、為免日後裁判發生爭議，應使負有說明義務之當事人以書狀為之，以求明確，爰增訂第一項。

三、為督促當事人確實履行提出書狀及聲明證據之義務，對於當事人違反法院之命令未提出說明，或其說明理由不完足之情形，法院得準用第二百七十六條之規定，使生失權之效果，或於判決時，將其作為形成心證之全辯論意旨之一部分加以斟酌，爰增訂第二項。

第二百六十九條（法院於言詞辯論前得為之處置）

法院因使辯論易於終結，認為必要時，得於言詞辯論前，為下列各款之處置：

一　命當事人或法定代理人本人到場。

二　命當事人提出文書、物件。

三　通知證人或鑑定人及調取或命第三人提出文書、物件。

四　行勘驗、鑑定或囑託機關、團體為調查。

五　使受命法官或受託法官調查證據。

⑧⑨「左列」修正為「下列」，「推事」修正為「法官」。

*（言詞辯論）民訴一九二～二一九；（法定代理人）民訴四七、二四四㊀①；（證人）民訴二九八以下；（鑑定人）民訴三二五以下；（勘驗）民訴三六四～三六七；（第三人之文書物件）民訴三四六、三四七、三六三；（職權調查）民訴二八八、三五〇；（受命法官受託法官）民訴二〇二、二七〇㊀、二九〇。

第二百七十條　（準備程序）

行合議審判之訴訟事件，法院於必要時以庭員一人為受命法官，使行準備程序。

準備程序，以闡明訴訟關係為止。但另經法院命於準備程序調查證據者，不在此限。

命受命法官調查證據，以下列情形為限：

一　有在證據所在地調查之必要者。

二　依法應在法院以外之場所調查者。

三　於言詞辯論期日調查，有致證據毀損、滅失或礙難使用之虞，或顯有其他困難者。

四　兩造合意由受命法官調查者。

第二百五十一條第一項、第二項之規定，於行準備程序準用之。

㊇一、「推事」修正為「法官」。

二、原條文內容不變，併列為修正條文之第一項及第二項。

三、依直接審理主義之精神，證據調查原則上應由受訴法院直接為之，僅於例外情形得由受命法官行之，故增訂第三項規定。

*（合議審判）法組三㊀、㊁；（受命法官）民訴二〇二；（闡明法律關係）民訴二〇三；（審判長權限之準用）民訴二七二。

第二百七十條之一　（準備程序中受命法官之權限）

受命法官為闡明訴訟關係，得為下列各款事項，並得不用公開法庭之形式行之：

一　命當事人就準備書狀記載之事項為說明。

二　命當事人就事實或文書、物件為陳述。

三　整理並協議簡化爭點。

四　其他必要事項。

受命法官於行前項程序認為適當時，得暫行退席或命當事人暫行退庭，或指定七日以下之期間命當事人就雙方主張之爭點，或其他有利於訴訟終結之事項，為簡化之協議，並共同向法院陳明。但指定期間命當事人為協議者，以二次為限。

當事人就其主張之爭點，經依第一項第三款或前項為協議者，應受其拘束。但經兩造同意變更，或因不可歸責於當事人之事由或依其他情形協議顯失公平者，不在此限。

㊇一、本條新增。

二、為使行準備程序之法官行事有據，並使準備程序之進行確能恰如其分，爰於第一項規定闡明訴訟關係得行之事項。

三、當事人為準備言詞辯論，得於準備程序陳述事實並提出文書、物件；受命法官為使訴訟關係益臻明確，亦得於準備程序中命當事人就事實或文書、物件為陳述，爰增訂第二項。

四、為求兩造之衡平，使當事人之一造不擅自變更或擴張爭點範圍，爰增訂第三項規定當事人應受其拘束。

第二百七十一條　（準備程序筆錄之記載）

準備程序筆錄應記載下列各款事項：

一　各當事人之聲明及所用之攻擊或防禦方法。

二　對於他造之聲明及攻擊或防禦方法之陳述。

三　前條第一項所列各款事項及整理爭點之結果。

㊇準備程序筆錄應記載之事項，除將現行法之內容分列於第一、二款外，並於增列之第三款規定：受命法官依前條第一項各款規定所行事項及整理爭點之結果，亦應記載於準備程序筆錄，以求明確。

*（準備程序）民訴二七〇；（準用）民訴二一三、二一四、二一七、二七二。

第二百七十一條之一　（獨任審判時關於準備程序之準用）

前二條之規定，於行獨任審判之訴訟事件準用之。

㊇準備程序有關事項之進行，於行獨任審判之事件，亦屬有其必要，尤以整理並協議簡化爭點，如不在公開法庭行之，對訴訟關係之闡明，更大有助益，故增訂本條規定。

第二百七十二條　（受命法官之權限）

第四十四條之四、第四十九條、第六十八條第一項至第三項、第七十五條第一項、第七十六條、第七十七條之一第三項、第九十四條之一第一項前段、第一百二十條第一項、第一百二十一條第一項、第二項、第一百三十二條、第一百九十八條至第二百條、第二百零三條、第二百零七條、第二百零八條、第二百十一條之一第一項、第二項、第二百十三條第二項、第二百十三條之一、第二百十四條、第二百十七條、第二百四十九條第一項但書、第二項但書、第二百五十四條第四項、第二百六十八條、第二百六十八條之一第三項、第二百六十八條之二第一項、第二百六十九條第一款至第四款、第三百七十一條第一項、第二項及第三百七十二條關於法院或審判長權限之規定，於受命法官行準備程序時準用之。

第九十六條第一項及第九十九條關於法院權限之規定，於受命法官行準備程序時，經兩造合意由受命法官行之者，準用之。

⑪關於利用遠距視訊審理、欠缺訴訟要件或未符一貫性審查要件之補正等規定，於受命法官行準備程序時亦有準用之必要，爰修正第一項。

*（審判長之闡明權）民訴一九九；（發問權）民訴二〇〇；（法院因闡明或確定訴訟關係之處置）民訴二〇三；（通譯之應用）民訴二〇七；（禁止陳述）民訴二〇八；（審判長命載筆錄事項）民訴二一三㊁；（附卷之書狀）民訴二一四；（筆錄簽名）民訴二一七；（延展辯論期日及必要準備書狀之提出）民訴二六八；（準備程序）民訴二七〇。

▲參與辯論之推事於判決前有變更者，依民事訴訟法（舊）第二百零二條第一項之規定，雖應更新辯論，但同條項之規定，於準備程序並不準用，觀同法（舊）第二百六十四條之規定自明。故行準備程序之受命推事，在準備程序終結前有變更者，無更新其程序之必要。（二三上二四七三）

第二百七十三條　（當事人一造不到場法院得為之處置）

當事人之一造，於準備程序之期日不到場者，應對於到場之一造，行準備程序，將筆錄送達於未到場人。

前項情形，除有另定新期日之必要者外，受命法官得終結準備程序。

[89]「推事」修正為「法官」。

*（準備程序）民訴二七一、二七二；（送達）民訴一二三～一五三；（期日之指定）民訴一五四、一五六、一六七；（另定新期日）民訴二七四。

第二百七十四條（準備程序之終結及再開）

準備程序至終結時，應告知當事人，並記載於筆錄。

受命法官或法院得命再開已終結之準備程序。

[89]一、第一項不修正。
二、準備程序終結後，如有再開之必要時，除由法院命令外，行準備程序之受命法官於送請審判長指定言詞辯論期日亦得為之，爰於第二項規定受命法官或法院得命再開已終結之準備程序，俾符實際需要。

*（準備程序之終結）民訴二七三㊂。

第二百七十五條（言詞辯論時應踐行之程序）

於準備程序後行言詞辯論時，當事人應陳述準備程序之要領。但審判長得令書記官朗讀準備程序筆錄代之。

[89]一、朗讀準備程序筆錄，由審判長令書記官朗讀為已足，無令庭員朗讀之必要，爰刪除「庭員或」三字。
二、當事人依本條規定所應陳述準備程序之要領，其內容應包括整理爭點之結果，俾發揮直接審理主義及言詞審理主義之功能。

*（言詞辯論時）民訴一五四、二五〇；（言詞辯論主義及直接審理主義）民訴二二一；（準備程序筆錄）民訴二七一。

第二百七十六條（準備程序之效果）

未於準備程序主張之事項，除有下列情形之一者外，於準備程序後行言詞辯論時，不得主張之：

一　法院應依職權調查之事項。
二　該事項不甚延滯訴訟者。
三　因不可歸責於當事人之事由不能於準備程序提出者。
四　依其他情形顯失公平者。

前項第三款事由應釋明之。

[89]一、為督促當事人善盡訴訟促進義務，對於當事人在準備程序未主張之事項，自應有失權之規定。
二、當事人主張之事項，如因不可歸責之事由不能於準備程序提出者，當事人就該事由應負釋明之責，爰增訂第二項，以利適用。

*（準備程序筆錄）民訴二七一；（言詞辯論）民訴一九二以下；（釋明）民訴二八四。

第三節　證　據

第一目　通　則

第二百七十七條（舉證責任分配之原則）

當事人主張有利於己之事實者，就其事實有舉證之責任。但法律別有規定，或依其情形顯失公平者，不在此限。

[89]關於舉證責任之分配情形繁雜，僅設原則性規定，未能解決一切舉證責任之分配問題，故最高法院於判例中，即曾依誠信原則定舉證責任之分配。爰於原條文之下增訂但書，規定「但法律別有規定，或依其情形顯失公平者，不在此限。」以資因應。

*（舉證責任之例外）民訴二七八～二八二。

▲事實為法律關係發生之特別要件者，在消極確認之訴，應由被告就其存在負舉證之責任，在其他之訴，應由原告就其存在負舉證之責任，非債清償之不當得利返還請求權，以對於不存在之債務而為清償之事實，為其發生之特別要件，自應由主張此項請求權存在之原告就該事實之存在負舉證之責任，而該事實之存在，係以所清償之債務不存在為前提，故該原告就其所清償之債務不存在之事實有舉證責任，最高法院二十八年度上字第一七三九號民事判決，不過本此理由而為同一之論斷，與消極確認之訴之舉證責任毫無關涉。（院二二六九）

▲原告對於自己主張之事實已盡證明之責後，被告對其主張，如抗辯其不實並提出反對之主張者，則被告對其反對之主張，亦應負證明之責，此為舉證責任分擔之原則。（一八上二八五五）

▲消極確認之訴，應由被告負立證責任，如被告欲主張原告確為股東，應由被告自負立證責任，如被告不能立證或其提出之證據不足採用，則原告之訴即應認為有理由，無庸另行立證。（一九上三八五）

▲確認法律關係不成立之訴，原告如僅否認被告於訴訟前所主張法律關係成立原因之事實，以求法律關係不成立之確認，應由被告就法律關係成立原因之事實，負舉證之責。（二〇上七〇九）

▲原告於其所主張之起訴原因，不能為相當之證明，而被告就其抗辯事實，已有相當之反證者，當然駁回原告之請求。（二〇上二四六六）

▲確認法律關係不存在之訴，如被告主張其法律關係存在時，應由被告負舉證責任。（四二臺上一七〇）

▲請求履行債務之訴，除被告自認原告所主張債權發生原因之事實外，應先由原告就其主張此項事實，負舉證之責任，必須證明其為真實後，被告於其抗辯事實，始應負證明之責任，此為舉證責任分擔之原則。（四三臺上三七七）

▲土地法第一百零四條第一項及第一百零七條第一項，關於基地或耕地承租人之優先承買權，即為承租人對於出租人之買賣契約訂立請求權，須以其基地或耕地有租賃關係存在為其成立之前提要件，故提起此項訴訟之原告，應先證明其基地或耕地之租賃關係存在，而始有買賣契約訂立請求權之可言。（四四臺上七〇〇）

▲占有被侵奪請求回復占有，須先證明原有占有之事實。（四六臺上四七八）

▲第三人主張表意人與相對人通謀而為虛偽意思表示者，該第三人應負舉證之責。（四八臺上二九）

▲債權人對於債務人所為之有償行為，如欲聲請法院予以撤銷，必先證明自己之權利係因該項行為致受損害而後可，否則，即無撤銷權行使之可言。（四八臺上三三八）

▲執票人依票據法第十九條第四項之規定，行使利得償還請求權者，固應由執票人負舉證責任，惟發票人對於執票人主張之原因事實及票據之真正，並不爭執，而主張票款已因清償抵銷等原因而消滅者，則舉證責任應由發票人負之。（四八臺上三八九）

▲主張法律關係存在之當事人，僅須就該法律關係發生所須具備之特別要件，負舉證之責任，至於他造主張有利於己之事實，應由他造舉證證明。（四八臺上八八七）

▲合夥之債務應由合夥財產清償，於合夥財產不足清償時，各合夥人對於不足之額始負連帶清償之責任。故合夥之債權人請求合夥人清償合夥之債務者，應就合夥財產不足清償合夥之債務，負舉證之責。（四九臺上一一八）

▲支票為無因證券，僅就支票作成前之債務關係，無庸證明其原因而已。至該支票本身是否真實，即是否為發票人所作成，即應由支票債權人負證明之責，此觀民事訴訟法第二百七十七條規定之法理至明。（五〇臺上一六五九）

▲法人之債權人，主張法人之財產不能清償債務，其董事未即聲請宣告法人破產，致其債權受損害，而對董事請求賠償損害者，應就董事如即時為此聲請，其債權較有受償可能之事實，負舉證證明之責，此就民法第三十五條規定之旨趣推之自明。（六二臺上五二四）

▲票據行為，為不要因行為，執票人不負證明關於給付之原因之責任，如票據債務人主張執票人取得票據出於惡意或詐欺時，則應由該債務人負舉證之責。（六四臺上一五四〇）

▲權利之出賣人，應擔保該權利無瑕疵，如出賣人主張買受人於契約成立時知權利有瑕疵，出賣人可不負擔保之責時，應由出賣人就買受人之知情負舉證責任。（六五臺上一

一九）

▲民法第一百六十九條所謂知他人表示為其代理人而不為反對之表示者，以本人實際知其事實為前提，其主張本人知此事實者，應負舉證之責。（六八臺上一〇八一）

▲房屋稅納稅義務人，並非必為房屋所有人，繳納房屋稅之收據，亦非即為房屋所有權之證明（本院四十年臺上字第一二六號判例參照），本件上訴人提出之房屋稅收據上關於系爭房屋之納稅義務人之記載，雖變更為上訴人名義，仍不足據以證明上訴人即為系爭房屋之所有人。（七〇臺上三七六〇）

▲民法第一百九十七條第一項規定：「因侵權行為所生之損害賠償請求權，自請求權人知有損害及賠償義務人時起，二年間不行使而消滅」。所謂知有損害及賠償義務人之知，係指明知而言。如當事人間就知之時間有所爭執，應由賠償義務人就請求權人知悉在前之事實，負舉證責任。（七二臺上一四二八）

▲（四三臺上一一九四）參見民法第一千零九十條。

▲（八二臺上二七二）參見本法第一百四十九條。

▲行政罰與刑罰之構成要件雖有不同，而刑事判決與行政處分，亦原可各自認定事實，惟認定事實須憑證據，倘無證據足資認定有堪以構成行政罰或刑罰要件之事實存在，即不得僅以推測之詞予人處罰，則為二者所應一致。（行七五判三〇九）

第二百七十八條　（舉證責任之例外㈠——顯著或已知之事實）

事實於法院已顯著或為其職務上所已知者，無庸舉證。

前項事實，雖非當事人提出者，亦得斟酌之。但裁判前應令當事人就其事實有辯論之機會。

*（舉證）民訴二七七；（言詞審理主義）民訴二二一。

▲民事訴訟法第二百七十八條第一項所謂事實於法院已顯著者，係指某事實為一般所周知，而推事現時亦知之者而言。（二八上二三七九）

第二百七十九條　（舉證責任之例外㈡——自認）

當事人主張之事實，經他造於準備書狀內或言詞辯論時或在受命法官、受託法官前自認者，無庸舉證。

當事人於自認有所附加或限制者，應否視有自認，由法院審酌情形斷定之。

自認之撤銷，除別有規定外，以自認人能證明與事實不符或經他造同意者，始得為之。

⑧⑨一、為免造成撤銷自認之困難，致浪費審判之勞力及時間，爰將本項「且係出於錯誤而自認」等字刪除，俾使法院之裁判符合「實質」之真實。

二、自認之他造當事人已同意自認人撤銷自認時，應無再加限制之必要，爰於本項增列經他造同意亦得撤銷自認之規定，俾資適用。

*（準備書狀）民訴二六五～二六八；（言詞辯論）民訴一九二～二一九；（受命法官受託法官）民訴二〇二㈠、二七〇㈠、二九〇；（別有規定）民訴六一、七二、七七。

▲當事人之一造，在別一訴訟事件所為不利於己之陳述，縱使與他造主張之事實相符，亦僅可為法院依自由心證認定事實之資料，究未可與民事訴訟法第二百七十九條所稱之自認同視。（二八上二一七一）

▲當事人在刑事案件所為不利於己之陳述，本未可與民事訴訟法第二百七十九條所謂之自認同視，尚須審究其與實際情形是否相符，依自由心證以為取捨之依據。（四四臺上九八八）

▲自認之撤銷，除別有規定外，如自認人能證明與事實不符且係出於錯誤而自認者，即得為之。原審謂當事人於自認有所附加或限制者，始得撤銷自認，而單純之自認則不在得撤銷之列，自屬誤會。（七五臺上二八二）

第二百八十條　（舉證責任之例外㈢——視同自認）

當事人對於他造主張之事實，於言詞辯論時不爭執者，視同自認。但因他項陳述可認為爭執者，不在此限。」

當事人對於他造主張之事實，為不知或不記憶之陳述者，應否視同自認，由法院審酌情形斷定之。

當事人對於他造主張之事實，已於相當時期受合法之通知，而於言詞辯論期日不到場，亦未提出準備書狀爭執者，準用第一項之規定。但不到場之當事人係依公示送達通知者，不在此限。

⑧⑨一、第一、二項不修正。

二、當事人對於他造主張之事實，實務上見解尚不一致，為避免爭議，爰增訂第三項，準用第一項視同自認之規定，以利適用。

*（自認）民訴二七九；（言詞辯論）民訴一九二～二一九；（自由心證）民訴二二二。

▲當事人不爭之事實，視與自認同。此種擬制自認，在言詞辯論終結前，固可為追復爭執之陳述，撤銷其效力，但在言詞辯論中，始終並不為爭執之陳述，而法院根據其擬制自認之事實所為判決確定後，自不許當事人再以錯誤為理由，對該確定事實主張推翻。（一八上一五）

▲（七一臺上三五一六）參見本法第一百九十六條。

第二百八十一條　（舉證責任之例外㈣——法律上推定之事實）

法律上推定之事實無反證者，無庸舉證。

*（舉證）民訴二七七；（法律上推定）民九、一一、一二四、一五三、一八四㈡、二九五㈡、三二五、三五八㈡、三七〇、六〇三㈠、六七三、八一七㈡、九四三、九四四、一〇六三㈠，民訴三五五㈠、三五六、三五八。

▲釋三七四。

▲確認土地所有權存在之訴，原告就所有權存在之事實，固有舉證之責任，原告如為占有該土地而行使所有權之人，應依民法第九百四十三條推定其適法有所有權者，依民事訴訟法第二百八十一條之規定，除被告有反證外，原告即無庸舉證。（二九上三七八）

第二百八十二條　（舉證責任之例外㈤——事實之推定）

法院得依已明瞭之事實，推定應證事實之真偽。

*（法律上推定）民訴二八一；（自由心證）民訴二二二。

▲釋三七四。

▲某氏於其夫某甲出外時，用某甲名義，將甲之田業出賣於被上訴人，為原審認定之事實，被上訴人雖謂某甲當日買受該田畝，亦係某氏為之代理，但買受與出賣係屬兩事，亦不能僅因其曾經代理買受，即可推定其有代理出賣之權。（三一上二九九九）

▲民事訴訟法第二百八十二條固規定，法院得依已明瞭之事實，推定應證事實之真偽，惟其推定仍應本法院之自由心證，應用經驗法則而為之，倘已明瞭之事實，與應證事實間，互無因果，亦無主從或互不相容之關係時，自不得為此項事實之推定。（七六臺上七二八）

▲個人綜合所得稅之課徵係以收付實現為原則，有利息約定之抵押借款業已登記於公文書，稅捐稽徵機關對債權人即可作有按時收取利息之推定，苟債權人主張未收付實現有利於己之事實者，應負舉證責任。（行七〇判一一七）

第二百八十二條之一　（因妨礙他造證據使用時之舉證責任減輕）

當事人因妨礙他造使用，故意將證據滅失、隱匿或致礙難使用者，法院得審酌情形認他造關於該證據之主張或依該證據應證之事實為真實。

前項情形於裁判前應令當事人有辯論之機會。

(89)一、本條新增。
二、為防杜當事人利用不正當手段以取得有利之訴訟結果，並顧及當事人間之公平，爰增設本條。

第二百八十三條　（為法院所不知之習慣、地方法規及外國法之舉證）

習慣、地方制定之法規及外國法為法院所不知者，當事人有舉證之責任。但法院得依職權調查之。

(89)法院審理民事事件，依國際私法之規定以外國法為依據時，不以該外國之現行法為限，亦有依據非屬現行法之行為時法，爰刪除原條文中「之現行」三字，俾資因應。

*（習慣）民一、二；（舉證）民訴二七七。
▲習慣法則之存在與否，除主張之當事人依法提出證據外，法院應依職權調查之。（一九上九一六）

第二百八十四條　（事實之釋明）

釋明事實上之主張者，得用可使法院信其主張為真實之一切證據。但依證據之性質不能即時調查者，不在此限。

(89)為放寬證據調查之即時性，以減少釋明之困難，爰修正但書規定，於認定證據調查之即時性時，應斟酌證據之性質，而為妥適判斷。

*（釋明）民訴三四㈡、九二㈠、一六五㈡、二四二㈢、二七六、三〇九、三三二㈢、三四六㈢、三七〇㈢、三九〇㈠、三九一、五二六㈠、五五九。
▲以人證為釋明方法，必偕同到場而後可，若尚待傳喚之證人，既不能即時訊問，自不足供釋明之用。（二六渝抗三〇一）（九〇、三、二〇決議不再援用）
▲抗告人向原法院聲請訴訟救助，業經提出東溪鎮保甲長某某等之呈文以資釋明，此項呈文既已提出於原法院，即非不能即時調查之證據，乃原裁定認為不能即時調查之證據，遽將其聲請駁回，殊難謂當。（三一抗三九五）

第二百八十五條　（證據之聲明）

聲明證據，應表明應證事實。
聲明證據，於言詞辯論期日前，亦得為之。

(89)一、當事人為證明有利於己之事實，聲明證據，請求調查時，為使法院得以迅速正確判斷所聲明證據方法之重要性及應否調查，應表明應證事實，以增進審理效率，爰增訂第一項規定，俾資遵循。
二、原條文不修正，移列為第二項。

*（聲明證據）民訴一九四；（言詞辯論前）民訴二六九⑤；（聲明）民訴一一六、一二二。

第二百八十六條　（證據之調查）

當事人聲明之證據，法院應為調查。但就其聲明之證據中認為不必要者，不在此限。

*（聲明證據）民訴一九四、二八五。

第二百八十七條　（定調查期間）

因有窒礙不能預定調查證據之時期者，法院得依聲請定其期間。但期間已滿而不致延滯訴訟者，仍應為調查。

(89)法院調查證據本得於外國為之，如於外國調查證據因有窒礙不能預定調查證據之時期者，自得適用原條文前段之規定，而無另為規定之必要，如無窒礙情形更無另定調查證據期間之必要，爰刪除「或應於外國調查」七字，以符實際。

*（聲請）民訴一一六、一二二；（於外國調查）民訴二九五；（調查證據時期之酌定）民訴一六〇。

第二百八十八條　（依職權調查）

法院不能依當事人聲明之證據而得心證，為發現真實認為必要時，得依職權調查證據。
依前項規定為調查時，應令當事人有陳述意見之機會。

(89)一、現行法就職權調查證據規定之範圍過大，為合理限制法院職權之行使，仍應以當事人聲明證據為原則。爰修正原條文後改列為第一項。
二、為賦予當事人應有之程序權保障，並防止發生突襲性裁判，法院依前項規定為調查時，應令當事人就是否應予調查有陳述意見之機會，爰增訂第二項。

*（聲明證據）民訴一九六、二八五；（心證）民訴二二二。
▲法院不能依當事人聲明之證據而得心證，或因其他情形認為必要時，得依職權調查證據，雖為民事訴訟法第二百八十八條所明定，然當事人之舉證責任，並不因之而減輕，故因未盡舉證責任致受敗訴判決之當事人，不得以法院未行使此職權為上訴之理由。（三〇上二〇四）

第二百八十九條　（囑託調查㈠）

法院得囑託機關、學校、商會、交易所或其他團體為必要之調查；受託者有為調查之義務。
法院認為適當時亦得商請外國機關團體為必要之調查。

(89)一、為使訴訟程序得以迅速進行，並保障當事人之訴訟權益，爰增訂：「受託者有為調查之義務」，以資遵循。原條文修正後改列為第一項。
二、得受法院囑託調查證據之機關、團體，不以本國者為限。故增訂第二項規定：「法院認為適當時，亦得商請外國機關、團體為必要之調查。」

▲（七一臺上二八〇八）　參見本法第一百九十九條。

第二百九十條　（囑託調查㈡）

法院於認為適當時，得囑託他法院指定法官調查證據。

(89)一、「推事」修正為「法官」。
二、法院使受命法官調查證據屬受命法官行準備程序得行之事項，在準備程序有關規定中，就此已設有規定，本條自無再重複規定之必要，爰將原條文前段有關受命法官調查證據之規定刪除。

*（法院之囑託）民訴二〇二㈡。
*（受命法官）民訴二〇二、二七〇㈠；（法院之協助）法組一〇七；（受命法官調查證據）民訴三二二、三二七、三五四；（囑託）民訴二〇二㈢、二九一、二九二。
▲勘驗，應由受訴法院受命推事或受託推事為之，若委託無審判權之執達員所為之勘驗，不能採為裁判基礎。（三一上三四〇〇）

第二百九十一條　（囑託調查時對當事人之告知）

囑託他法院法官調查證據者，審判長應告知當事人，得於該法院所在地指定應受送達之處所，或委任住居該地之人為訴訟代理人，陳報受囑託之法院。

(89)一、「推事」修正為「法官」。
二、法院調查證據時，應使當事人有參與調查證據程序之機會，使其得知調查證據之結果，爰修正第一項之規定。
三、當事人於受託法官調查證據時，均應由受託法官將調查證據之期日通知之，爰刪除原條文第二項之規定。

*（囑託調查）民訴二九〇；（陳報）民訴一一六、一二二。

第二百九十二條　（代囑託他法院調查）

受託法院如知應由他法院調查證據者，得代為囑託該法院。
前項情形，受託法院應通知其事由於受訴法院及當事人。

＊（囑託調查）民訴二九〇；（囑託調查之告知）民訴二九一。

第二百九十三條　（管轄區外調查）

受訴法院、受命法官或受託法官於必要時，得在管轄區域外調查證據。

(89)「推事」修正為「法官」。

第二百九十四條　（調查證據筆錄）

受訴法院於言詞辯論前調查證據，或由受命法官、受託法官調查證據者，法院書記官應作調查證據筆錄。

第二百十二條、第二百十三條、第二百十三條之一及第二百十五條至第二百十九條之規定，於前項筆錄準用之。

受託法官調查證據筆錄，應送交受訴法院。

(92)本法就使用錄音機或其他機器設備輔助製作言詞辯論筆錄，增訂第二百十三條之一規定，該規定亦應準用於法院書記官製作調查證據筆錄，爰於第二項增訂之，俾資適用。

＊（言詞辯論前調查證據）民訴二六九⑤、二八五；（受命法官受託法官調查證據）民訴二九〇；（言詞辯論筆錄應載事項）民訴二一二、二一三；（引用附卷文書之效力）民訴二一五；（筆錄之朗讀閱覽）民訴二一六；（筆錄之簽名）民訴二一七；（筆錄之增刪）民訴二一八；（筆錄效力）民訴二一九。

第二百九十五條　（於外國調查）

應於外國調查證據者，囑託該國管轄機關或駐在該國之中華民國大使、公使、領事或其他機構、團體為之。

外國機關調查證據，雖違背該國法律，如於中華民國之法律無違背者，仍有效力。

(89)一、應於外國調查證據者，若該外國與我國無邦交，我國亦未在該國設有使領館時，囑託調查證據即生困難，為配合實際狀況之需要，爰增設其他適當之駐外機構或團體，亦得受囑託調查證據，以資因應。

二、第二項不修正。

＊（外國送達之囑託）民訴一四五；（囑託）民訴二〇二㊂。

第二百九十六條　（當事人不到場時之調查）

調查證據，於當事人之一造或兩造不到場時，亦得為之。

＊（告知當事人）民訴二九一、二九二㊂。

▲調查證據未命當事人到場者，雖屬違背訴訟程序之規定，但得因該當事人之不責問而視為補正。（二七上三一五二）

▲調查證據應命當事人到場，使其直接得知調查證據之結果，並得隨時主張自己之利益（例如向證人發問），此觀民事訴訟法第二百九十六條關於調查證據，於當事人之一造或兩造不到場時，亦得為之之規定自明。此項規定之適用，不僅以受訴法院之調查證據為限，並包含受命推事或受託推事之調查證據者在內，故受命推事於準備程序指定調查證據期日，仍須於期日前相當之時期，送達傳票於兩造當事人，否則其調查證據，即屬違背訴訟程序之規定，除因當事人於言詞辯論期日到場之不責問而視為補正者外，不得以其調查此項證據之結果為判決基礎。（四〇臺上一六〇二）

第二百九十六條之一　（調查證據前之爭點曉諭與集中訊問）

法院於調查證據前，應將訴訟有關之爭點曉諭當事人。

法院訊問證人及當事人本人，應集中為之。

(89)一、本條新增。

二、為充實言詞辯論之內容，保障當事人之程序權，法院於調查證據前，應先將與該訴訟有關之爭點，曉諭當事人，使兩造知悉事件之爭點及證據與待證事實之關連後，始進行證據之調查，爰增訂第一項。

三、為迅速發現真實，並達到審理集中化之目標，法院訊問證人及有依第三百六十七條之一之規定同時訊問當事人本人之必要時，應集中為之，爰增訂第二項。

第二百九十七條　（調查證據後法院應為之處置）

調查證據之結果，應曉諭當事人為辯論。

於受訴法院外調查證據者，當事人應於言詞辯論時陳述其調查之結果。但審判長得令書記官朗讀調查證據筆錄或其他文書代之。

(89)一、第一項不修正。

二、囑託外國管轄機關或駐在外國之大使、公使、領事或其他機構、團體調查，其調查之紀錄，無論是調查報告、書面證明或訊問筆錄均屬文書之一種，爰增列「或其他文書」，以資因應。又朗讀此等文書由審判長令書記官朗讀為已足，特無令庭員朗讀之必要，「庭員或」三字併予刪除。

＊（調查證據）民訴二八六；（受訴法院外調查證據）民訴二九〇、二九二、二九五；（調查證據筆錄）民訴二九四；（言詞審理主義與直接審理主義）民訴二二一。

▲原審未就調查字據之結果，曉諭上訴人為言詞辯論，使得盡其防禦之能事，即與民事訴訟法第二百九十七條第一項之規定不無違背，其以此項證據調查之結果為有利於被上訴人之判決基礎，其判決即為有法律上之瑕疵。（三七上六九三五）

▲調查證據由受命推事行之者，依民事訴訟法第二百九十七條第二項規定，應由當事人於言詞辯論時陳述其調查之結果，或由審判長令庭員或書記官朗讀調查證據筆錄以代當事人之陳述，若未行此程序遽以此項調查之結果為判決基礎，其判決即為有法律上之瑕疵。（四一臺上七四八）

第二目　人　證

第二百九十八條　（人證之聲明）

聲明人證，應表明證人及訊問之事項。

證人有二人以上時，應一併聲明之。

(89)一、原條文不修正，列為第一項。

二、為促使當事人善盡其協力迅速進行訴訟之義務，並貫徹適時提出主義之精神，以達到審理集中化之目標，爰增訂第二項，明定證人有二人以上時，當事人應一併聲明之。

＊（聲明證據）民訴一九四、二八五；（職權調查證據）民訴二八八。

▲上訴人謂受脅迫及誘騙而為發票及背書行為，無論為被上訴人所不承，且上訴人就此事實在原審僅泛稱有四十八年一月十五日執行時，被上訴人所帶來要買機器之人可證，而未表明此等購買人之姓名或其他足以表示其人之事項，俾原審得依其表明從事調查，即難謂與民事訴訟法第二百九十八條之聲明相當。（四九臺上七七七）

第二百九十九條　（通知證人到場之程式）

通知證人，應於通知書記載下列各款事項：

一　證人及當事人。

二　證人應到場之日、時及處所。

三　證人不到場時應受之制裁。

四　證人請求日費及旅費之權利。

五　法院。

審判長如認證人非有準備不能為證言者，應於通知書記載訊問事項之概要。

(92)「左列」修正為「下列」。

＊（證人）民訴二九八；（證人不到場應受之制裁）民訴三〇三；（請求日費及旅費之權利）民訴三二三。

▲證人除已在場者外，應由法院傳喚，不得責令當事人偕同到場。（三〇上八〇〇）

第三百條（通知現役軍人為證人）

通知現役軍人為證人者，審判長應併通知該管長官令其到場。

被通知者如礙難到場，該管長官應通知其事由於法院。

*（軍人送達）民訴一二九、一四七；（現役軍人）軍審二、三，軍刑六、七。

第三百零一條（通知在監所人為證人）

通知在監所或其他拘禁處所之人為證人者，審判長應併通知該管長官提送到場或派員提解到場。

前條第二項之規定，於前項情形準用之。

(89)一、受拘禁人之拘禁處所不限於監所，爰將「在監所人」修正為「在監所或其他拘禁處所之人」，以資涵蓋，並將「該監所長官」修正為「該管長官」，以資配合。又受拘禁人之到場作證，實務上恆由法院派員提解到場，爰增訂「或派員提解到場」七字，以符實際。

二、第二項不修正。

*（監所證人之送達）民訴一三〇。

第三百零二條（作證義務）

除法律別有規定外，不問何人，於他人之訴訟有為證人之義務。

*（證人義務）民訴三〇三、三一二、三一三、三一七、三一八；（別有規定）民訴三〇四～三〇七、三一四。

▲共同訴訟人除就有利於己之共同事實不得為證人外，就他共同訴訟人所主張之事實，非無證人能力。（二二上三九九二）

▲民事訴訟法第三百十四條第二項第二款，僅規定以當事人之受僱人為證人者，得不令其具結，並未規定當事人之受僱人不得為證人，此項證人之證言，可否採用，自應依事實審法院之自由心證決之。（二六上九四〇）

▲訴訟代理人非無證人能力，故以之為證人而訊問，並以其證言供判斷之資料，並不違法。（二九滬上七三）

▲當事人四親等內之血親，非無證人能力，事實審法院依自由心證，認此項證人之證言為可採者，自非不得採取。（二九上三三七）

▲現行法上並無當事人之親屬不得為證人，及當事人得聲請拒絕證人發言之規定，上訴人謂證人甲為被上訴人之舅父，證人乙為被上訴人之姨丈，原審未依上訴人聲請拒絕該證人發言，係屬不合云云，殊難認為正當。（二九上六九五）

▲上訴人雖謂甲係被上訴人之學生，且未成年，其言不足為證云云，然查現行法上並無學生及未成年人不得為證人之規定，原審本其取捨證據之職權，依自由心證認甲之證言為可採，於法並無不合。（二九上八二七）

▲除法律別有規定外，不問何人，於他人之訴訟有為證人之義務，故證人對於待證事實，縱無所知，亦有遵傳到場之義務。（三〇抗五二〇）

▲（五三臺上二六七三）參見本法第二百二十二條。

第三百零三條（證人不到場之處罰）

證人受合法之通知，無正當理由而不到場者，法院得以裁定處新臺幣三萬元以下罰鍰。

證人已受前項裁定，經再次通知，仍不到場者，得再處新臺幣六萬元以下罰鍰，並得拘提之。

拘提證人，準用刑事訴訟法關於拘提被告之規定；證人為現役軍人者，應以拘票囑託該管長官執行。

處證人罰鍰之裁定，得為抗告；抗告中應停止執行。

(89)一、衡諸現在社會經濟狀況，罰鍰顯已偏低，難以收強制證人到場之效，且金額計算單位應改為新臺幣。又第一、二項之罰鍰數額為上限規定，並無下限，由法院就具體事件斟酌實際情況為適當之裁量。

二、第三項不修正。

三、將第四項科證人罰鍰之「科」字配合修正為「處」字。

*（合法通知）民訴一二三～一五三、二九九；（拘提）刑訴七七～八二、八九～九一；（現役軍人）軍刑六、七，軍審二、三；（抗告）民訴四八二、四八三；（抗告效力）民訴四九一(一)；（囑託）民訴二〇二(二)。

▲上訴人主張訟爭土地現為被上訴人所占有，既有聲明人證某丙某丁為證明方法，復由原審予以傳喚，則其實情如何，自應待各該人證到場訊問，以資判斷，即使各該人證曾受合法之傳喚無正當理由而不到場，亦應依民事訴訟法第三百零三條第一項第二項之規定，以裁定科處罰鍰，如仍不遵傳到場，則再科罰鍰並為拘提，不得僅以各該人證未遵傳到場，為捨棄不採之理由。（四一臺上八一一）

第三百零四條（元首為證人之詢問）

元首為證人者，應就其所在詢問之。

(89)國家元首，地位崇高，為表示尊重元首，以元首為證人時，應就元首之所在詢問之。且「所在」之範圍較廣，包含元首所在地之辦公處所或其現在之處所在內。爰將「所在地」修正為「所在」二字。

*（元首）憲三五。

第三百零五條（就訊證人）

遇證人不能到場，或有其他必要情形時，得就其所在訊問之。

證人須依據文書、資料為陳述，或依事件之性質、證人之狀況，經法院認為適當者，得命兩造會同證人於公證人前作成陳述書狀。

經兩造同意者，證人亦得於法院外以書狀為陳述。

依前二項為陳述後，如認證人之書狀陳述須加說明，或經當事人聲請對證人為必要之發問者，法院仍得通知該證人到場陳述。

證人所在與法院間有聲音及影像相互傳送之科技設備而得直接訊問，並經法院認為適當者，得以該設備訊問之。

證人以書狀為陳述者，仍應具結，並將結文附於書狀，經公證人認證後提出。其以科技設備為訊問者，亦應於訊問前或訊問後具結。

證人得以電信傳真或其他科技設備將第二項、第三項及前項文書傳送於法院，效力與提出文書同。

第五項證人訊問、第六項證人具結及前項文書傳送之辦法，由司法院定之。

(89)為配合現代科技之發展，便利證人以書面為陳述，規定證人得以電信傳真或其他科技設備將書狀、結文及認證書等文書傳送於法院，其效力與提出文書同。又有關於科技設備種類以及文書傳送之細節，應隨科技發展狀況而定，宜另以辦法訂定，爰並規定其辦法由司法院定之。

第三百零六條（公務員為證人之特則）

以公務員或曾為公務員之人為證人，而就其職務上應守秘密之事項訊問者，應得該監督長官之同意。

前項同意，除經釋明有妨害國家之利益者外，不得拒絕。

(89)第一項所以規定應得該監督長官或民意機關之同意者，乃慮及證人之陳述有妨害國家利益之虞，如該訊問事項無害於國家之利益，該監督長官或民意機關自應予以同意，爰增訂第二項之規定，俾資適用。

*（應守秘密）公服四。

第三百零七條　（得拒絕證言之事由）

證人有下列各款情形之一者，得拒絕證言：

一　證人為當事人之配偶、前配偶、未婚配偶或四親等內之血親、三親等內之姻親或曾有此親屬關係者。

二　證人所為證言，於證人或與證人有前款關係之人，足生財產上之直接損害者。

三　證人所為證言，足致證人或與證人有第一款關係或有監護關係之人受刑事訴追或蒙恥辱者。

四　證人就其職務上或業務上有秘密義務之事項受訊問者。

五　證人非洩漏其技術上或職業上之秘密不能為證言者。

得拒絕證言者，審判長應於訊問前或知有前項情形時告知之。

(92)「左列」修正為「下列」。

*（為證人義務）民訴三〇二；（血親）民九六七；（姻親）民九六九；（親等）民九六八、九七〇；（曾有親屬關係）民九七一；（監護）民一〇九一、一一一〇；（守密義務）刑三一六～三一八，公服四，法組一〇六，會計師二二⑩，醫師二三，藥師一四；（不得拒絕證言）民訴三〇八。

▲證人為當事人四親等內之血親或三親等內之姻親者，依民事訴訟法第三百零七條第一項第一款之規定，僅該證人得拒絕證言而已，非謂其無證人能力，所為證言法院應不予斟酌，事實審法院本其取捨證據之職權，依自由心證，認此項證人之證言為可採予以採取，不得謂為違法。（四〇臺上一一九二）

▲（五三臺上二六七三）參見本法第二百二十二條。

第三百零八條　（不得拒絕證言之事由）

證人有前條第一項第一款或第二款情形者，關於下列各款事項，仍不得拒絕證言：

一　同居或曾同居人之出生、死亡、婚姻或其他身分上之事項。

二　因親屬關係所生財產上之事項。

三　為證人而知悉之法律行為之成立及其內容。

四　為當事人之前權利人或代理人，而就相爭之法律關係所為之行為。

證人雖有前條第一項第四款情形，如其秘密之責任已經免除者，不得拒絕證言。

(92)「左列」修正為「下列」。

*（得拒絕證言之事由）民訴三〇七；（同居）民一一二二；（出生死亡）民六～一一；（代理人）民一〇三～一一〇、一〇八六、一〇九八、一一一三。

▲民事訴訟法第三百零八條第一項各款，不過規定證人不得拒絕證言之情形，非謂此項證人關於同條項所列各款事項之證言，不可不予採取，故其證言是否可採，審理事實之法院仍得依其自由心證判斷之。（二九上一二六一）

第三百零九條　（拒絕證言之程序）

證人拒絕證言，應陳明拒絕之原因、事實，並釋明之。但法院酌量情形，得令具結以代釋明。

證人於訊問期日前拒絕證言者，毋庸於期日到場。

前項情形，法院書記官應將拒絕證言之事由通知當事人。

*（拒絕證言）民訴三〇七；（陳明）民訴一一六、一二二；（釋明）民訴二八四；（具結之效果）刑一六八；（期日）民訴一五四、一五六、一五七、一六七、二〇九。

第三百十條　（拒絕證言當否之裁定）

拒絕證言之當否，由受訴法院於訊問到場之當事人後裁定之。

前項裁定，得為抗告，抗告中應停止執行。

*（拒絕證言）民訴三〇七；（裁定）民訴二三四～二三九；（抗告）民訴四八三、四九一㊀。

第三百十一條　（違背證言義務之處罰）

證人不陳明拒絕之原因、事實而拒絕證言，或以拒絕為不當之裁定已確定而仍拒絕證言者，法院得以裁定處新臺幣三萬元以下罰鍰。

前項裁定，得為抗告；抗告中應停止執行。

(89)一、衡諸現行社會經濟狀況，罰鍰顯已偏低，且金額計算單位應改為新臺幣。爰將本條第一項之罰鍰數額亦修正提高為「新臺幣三萬元以下」，以資配合。

二、第二項僅調整標點符號，文字不修正。

*（拒絕證言原因）民訴三〇九；（拒絕證言當否之裁定）民訴三一〇；（抗告）民訴四八三、四九一㊀。

第三百十二條　（證人之具結）

審判長於訊問前，應命證人各別具結。但其應否具結有疑義者，於訊問後行之。

審判長於證人具結前，應告以具結之義務及偽證之處罰。

證人以書狀為陳述者，不適用前二項之規定。

(89)一、原條文第一項及第二項不修正。

二、證人於法院外以書狀為陳述者，審判長事實上無法踐行於訊問前或訊問後命證人具結，及於證人具結前，告以具結之義務及偽證之處罰等程序，故增訂第三項，明定證人以書狀為陳述者，不適用前二項之規定。

*（訊問證人）民訴三一七、三一八；（具結之程序）民訴三一三；（偽證之處罰）刑一六八。

▲法院採用證言，應命證人到場以言詞陳述所知事實，或並須於訊問前，命其具結，始能就所為證言斟酌其能否採用，若證人僅提出書面並未經法院訊問者，自不得採為合法之憑證。（二〇上二四九〇）（九〇、四、一七決議不再援用）

▲（二八上一五四七）參見本法第一百九十七條。

第三百十三條　（具結之程序）

證人具結，應於結文內記載當據實陳述，其於訊問後具結者，應於結文內記載係據實陳述，並均記載決無匿、飾、增、減，如有虛偽陳述，願受偽證之處罰等語。

證人應朗讀結文，如不能朗讀者，由書記官朗讀，並說明其意義。

結文應命證人簽名，其不能簽名者，由書記官代書姓名，並記明其事由，命證人蓋章或按指印。

(89)一、為促使證人為真實之陳述，爰修正第一項，明定證人無論於訊問前或訊問後具結，均應於結文內記載：「如有虛偽陳述，願受偽證之處罰」等語。

二、第二項及第三項不修正。

*（具結）民訴三一二；（簽名）民三。

第三百十三條之一（書狀陳述之具結）

證人以書狀為陳述者，其具結應於結文內記載係據實陳述並無匿、飾、增、減，如有虛偽陳述，願受偽證之處罰等語並簽名。

⑧⑨一、本條新增。

二、本法增設證人得於法院外以書狀為陳述之規定，惟證人以書狀為陳述時，其具結之程序與證人到庭以言詞陳述者不同，不適用第三百十三條之規定，爰增訂本條。

第三百十四條（不得令具結者）

以未滿十六歲或因精神障礙不解具結意義及其效果之人為證人者，不得令其具結。

以下列各款之人為證人者，得不令其具結：

一　有第三百零七條第一項第一款至第三款情形而不拒絕證言者。

二　當事人之受僱人或同居人。

三　就訴訟結果有直接利害關係者。

⑨②「左列」修正為「下列」。

＊（具結）民訴三一二、三一三；（精神障礙）刑一九，民一四；（得拒絕證言之事由）民訴三〇七；（受僱人）民四八二。

第三百十五條（拒絕具結之處罰）

第三百十一條之規定，於證人拒絕具結者準用之。

＊（拒絕證言之制裁）民訴三一一。

第三百十六條（隔別訊問與對質）

訊問證人，應與他證人隔別行之。但審判長認為必要時，得命與他證人或當事人對質。

證人在期日終竣前，非經審判長許可，不得離去法院或其他訊問之處所。

⑧⑨一、證人之陳述與當事人之陳述不相一致時，為究明事實之真偽，應有得命證人與當事人對質之必要，爰將第一項但書修正為審判長認為必要時，得命與他證人或當事人對質，以資因應。

二、第二項不修正。

＊（審判長）法組四。

▲（七一臺上三二七一）參見本法第一百九十七條。

第三百十七條（人別訊問）

審判長對於證人，應先訊問其姓名、年齡、職業及住居所；於必要時，並應訊問證人與當事人之關係及其他關於證言信用之事項。

＊（審判長）法組四；（住居所）民二〇～二四。

第三百十八條（連續陳述）

審判長應命證人就訊問事項之始末，連續陳述。

證人之陳述，不得朗讀文件或用筆記代之。但經審判長許可者，不在此限。

＊（審判長）法組四。

▲（二〇上二四九〇）參見本法第三百十二條。

第三百十九條（法院之發問權）

審判長因使證人之陳述明瞭完足，或推究證人得知事實之原因，得為必要之發問。

陪席法官告明審判長後，得對於證人發問。

⑧⑨一、第一項不修正。

二、第二項之「推事」修正為「法官」。

＊（審判長）法組四；（審判長發問）民訴一九九㊁；（陪席推事發問）民訴一九九㊂。

第三百二十條（當事人之聲請發問及自行發問）

當事人得聲請審判長對於證人為必要之發問，或向審判長陳明後自行發問。

前項之發問，亦得就證言信用之事項為之。

前二項之發問，與應證事實無關、重複發問、誘導發問、侮辱證人或有其他不當情形，審判長得依聲請或依職權限制或禁止之。

關於發問之限制或禁止有異議者，法院應就其異議為裁定。

⑧⑨一、當事人對證人發問之內容，應以應證事實及證言信用事項為範圍。爰增訂第二項。

二、為適當規範法院之介入權，並使當事人就其發問內容之界限有所遵循，當事人發問之限制或禁止標準宜設具體規定，原條文第二項之規定尚有不備，爰於第三項規定。

＊（聲請）民訴一二二；（審判長）法組四；（禁止發問）民訴二〇〇㊀；（裁定）民訴二三七。

第三百二十一條（命當事人退庭之訊問）

法院如認證人在當事人前不能盡其陳述者，得於其陳述時命當事人退庭。但證人陳述畢後，審判長應命當事人入庭，告以陳述內容之要旨。

法院如認證人在特定旁聽人前不能盡其陳述者，得於其陳述時命該旁聽人退庭。

⑧⑨一、原條文不修正，列為第一項。

二、為使證人得盡其陳述，以發現真實，法院如認證人在特定旁聽人前不能盡其陳述者，得聽取當事人之意見後，命該旁聽人於證人陳述時退庭，爰增訂第二項。

＊（陳述）民訴三一八。

第三百二十二條（受命受託法官訊問證人之權限）

受命法官或受託法官訊問證人時，與法院及審判長有同一之權限。

⑧⑨「推事」修正為「法官」。

＊（受命法官）民訴二〇二㊀、二七〇、二九〇；（受託法官）民訴二九〇；（調查證據）民訴二九〇；（法院及審判長之權限）民訴二九九～三〇一、三〇三、三〇六、三〇七、三〇九～三一一。

第三百二十三條（證人法定日費及旅費之請求權）

證人得請求法定之日費及旅費。但被拘提或無正當理由拒絕具結或證言者，不在此限。

前項請求，應於訊問完畢後十日內為之。

關於第一項請求之裁定，得為抗告。

證人所需之旅費，得依其請求預行酌給之。

⑧⑨一、為限制證人其請求日費及旅費之權利，爰增訂第一項但書，以資限制。

二、原條文第二項規定之「訊問完畢後十日內」已包含「訊問完畢時」在內，爰將「完畢時，或」刪除，以期簡潔。

三、第三、四項不修正。

＊（證人之法定費用）民訴費二七；（期間）民訴一六一，民一二〇～一二二；（抗告）民訴四八三；（訴訟費用之預納）民訴九四㊁。

第三目　鑑　定

第三百二十四條（準用人證之規定）

鑑定，除本目別有規定外，準用關於人證之規定。

＊（傳喚鑑定人）民訴二九九；（鑑定人不到場之制裁）民訴

三〇三；（鑑定人具結）民訴三一二～三一四、三三四；（訊問鑑定人）民訴三一六～三二一；（拒絕鑑定）民訴三〇七～三一一。

▲（七九臺上五四〇）參見本法第二百二十二條。

第三百二十五條　（鑑定之聲請）

聲請鑑定應表明鑑定之事項。

＊（表明鑑定事項）民訴一九四、二八五。

第三百二十六條　（鑑定人之選任及撤換）

鑑定人由受訴法院選任，並定其人數。

法院於選任鑑定人前，得命當事人陳述意見；其經當事人合意指定鑑定人者，應從其合意選任之。但法院認其人選顯不適當時，不在此限。

已選任之鑑定人，法院得撤換之。

⑧⑨為使法院妥適選任適當之鑑定人，並使當事人對鑑定結果信服，法院於選任鑑定人前，得命當事人陳述意見，以供法院選任鑑定人之參考。爰修正第二項。

＊（鑑定人）民訴三二八。

第三百二十七條　（受命受託法官行鑑定之權限）

有調查證據權限之受命法官或受託法官依鑑定調查證據者，準用前條之規定。但經受訴法院選任鑑定人者，不在此限。

⑧⑨一、「推事」修正為「法官」。

二、受命法官依第二百七十條之規定，受託法官依第二百九十條之規定，始有調查證據之權限，其依鑑定調查證據者，自亦應準用前條規定，爰將原條文前段作文字修正，俾資適用。

＊（受命受託法官調查證據）民訴二九〇；（鑑定人之選任及撤換）民訴三二六。

▲鑑定為一種調查證據之方法，法院對於系爭之物認有選定鑑定人鑑定之必要，自可依法實施鑑定，若對於通常書據之真偽，認為自行核對筆跡已足為判別時，則為程序簡便起見，自行核對筆跡即以其所得心證據為判斷，而未予實施鑑定程序，亦難指為違法。（二九上二一八九）

第三百二十八條　（為鑑定之義務）

具有鑑定所需之特別學識經驗，或經機關委任有鑑定職務者，於他人之訴訟，有為鑑定人之義務。

⑧⑨為協助促進國家審判程序之進行，凡具有鑑定所需之特別學識經驗者，均有為鑑定人之公法上義務，不以現從事於鑑定所需之學術、技藝或職業者為限，爰將「從事於鑑定所需之學術、技藝或職業」修正為「具有鑑定所需之特別學識經驗」，以資涵蓋。

第三百二十九條　（拘提之禁止）

鑑定人不得拘提。

＊（拘提）刑訴七七～八二、八九～九一，民訴三〇三㈡、㈢。

第三百三十條　（拒絕鑑定）

有第三十二條第一款至第五款情形之一者，不得為鑑定人。但無其他適當之人可為選任或經當事人合意指定時，不在此限。

鑑定人拒絕鑑定，雖其理由不合於第三百零七條第一項之規定，如法院認為正當者，亦得免除其鑑定義務。

⑧⑨一、為確保鑑定人之中立性及公正性，就鑑定人與訴訟事件或與當事人有一定關係者，明定其不得為鑑定人。

二、原條文不修正，移列為第二項。

＊（鑑定人）民訴三二六、三二八；（理由）民訴三〇七㈠、三二四；（拒絕鑑定之程序）民訴三〇九、三一〇、三二四。

第三百三十一條　（鑑定人之拒卻）

當事人得依聲請法官迴避之原因拒卻鑑定人。但不得以鑑定人於該訴訟事件曾為證人或鑑定人為拒卻之原因。

除前條第一項情形外，鑑定人已就鑑定事項有所陳述或已提出鑑定書後，不得聲明拒卻。但拒卻之原因發生在後或知悉在後者，不在此限。

⑧⑨一、第一項之「推事」修正為「法官」。

二、鑑定人有第三百三十條第一項所規定不得為鑑定人之事由者，即為不適格，自不得選為鑑定人，因之不問訴訟程序至如何程度，於訴訟終結前，當事人均得隨時聲明拒卻，爰於第二項起首增設「除前條第一項情形外」之規定，俾資適用。

＊（聲請法官迴避之原因）民訴三二、三三；（拒卻鑑定人之程序）民訴三三二；（證人）民訴二九八以下；（鑑定人）民訴三二六。

▲鑑定人與當事人之一造雖有同業之誼，他造亦不得據此即謂其鑑定有偏頗之虞，聲明拒卻。（二二抗八八）

▲受訴法院使受命推事或受託推事依鑑定調查證據者，依民事訴訟法第三百二十七條之規定，受命推事或受託推事固有同法第三百二十六條選任鑑定人之職權，惟當事人在鑑定人未就鑑定事項有所陳述或提出鑑定書以前，得依聲請推事迴避之原因，拒卻鑑定人，亦為同法第三百三十一條所明定。至拒卻鑑定人之聲明，是否正當，依同法第三百三十三條所示，自應由受訴法院或受命推事受託推事明予裁定，不得僅以進行訊問或廢止訊問，默示其以拒卻為不當或正當，否則即不得遽以該鑑定之結果為判決之基礎。（四三臺上六四二）

第三百三十二條　（拒卻鑑定人之程序）

聲明拒卻鑑定人，應舉其原因，向選任鑑定人之法院或法官為之。

前項原因及前條第二項但書之事實，應釋明之。

⑧⑨第一項之「推事」修正為「法官」。

＊（拒卻鑑定人之原因）民訴三三一、三三二、三三一；（選任鑑定人）民訴三二六；（聲明）民訴一一六、一二二；（釋明）民訴二八四。

第三百三十三條　（拒卻鑑定人裁定之抗告）

拒卻鑑定人之聲明經裁定為不當者，得為抗告；其以聲明為正當者，不得聲明不服。

⑧⑨抗告期間依第四百八十七條之規定，通定為十日，爰將原條文「得於五日內抗告」之規定，修正為「得為抗告」。

＊（聲明拒卻鑑定人）民訴三三一、三三二；（裁定）民訴二三四～二三九；（期間）民訴一六一，民一二〇～一二二；（抗告）民訴四八二、四八三、四八五。

第三百三十四條　（鑑定人具結之程式）

鑑定人應於鑑定前具結，於結文內記載必為公正、誠實之鑑定，如有虛偽鑑定，願受偽證之處罰等語。

⑧⑨為促使鑑定人為公正、誠實之鑑定，爰參酌第三百十三條第一項之規定，增訂鑑定人應於結文內記載：「如有虛偽鑑定，願受偽證之處罰」等語。

＊（不得令具結）民訴三一四、三二四；（拒絕具結之處罰）民訴三一一、三一五、三二四。

▲（三〇上四八九）參見本法第一百九十七條。

第三百三十五條　（鑑定人陳述之義務及方法）

受訴法院、受命法官或受託法官得命鑑定人具鑑定書陳述意見。

前項情形，依前條規定具結之結文，得附於鑑定書提出。

鑑定書須說明者，得命鑑定人到場說明。

⑧⑨一、第一項之「推事」修正為「法官」。
二、鑑定人與證人之性質不同，且其本身大多有繁忙事務，於法院命其以鑑定書陳述意見之情形，實無必要於鑑定前一律先令其到場訊問、具結。爰增訂第二項規定。
三、原第二項不修正，移列為第三項。

*（受命法官受託法官）民訴二〇二、三〇四；（鑑定人）民訴三二六；（筆錄應記載事項）民訴二一三㈠④、二九四。

第三百三十六條　（多數鑑定人陳述意見之方法）

鑑定人有數人者，得命其共同或各別陳述意見。

*（鑑定人之陳述意見）民訴三三五。

第三百三十七條　（鑑定人之職權）

鑑定所需資料在法院者，應告知鑑定人准其利用。法院於必要時，得依職權或依聲請命證人或當事人提供鑑定所需資料。

鑑定人因行鑑定，得聲請調取證物或訊問證人或當事人；經許可後，並得對於證人或當事人自行發問；當事人亦得提供意見。

⑧⑨一、鑑定所需之資料如為證人或當事人所持有，法院於必要時，得命該證人或當事人提供該資料以供鑑定，爰修正第一項規定，以求周延。
二、鑑定人因行鑑定而需調取證物或訊問證人或當事人，屬程序上之聲請，為使與實體上之請求有所區別，並統一用語，爰將第二項「請求」二字修正為「聲請」。

第三百三十八條　（鑑定人法定費用及報酬之請求權）

鑑定人於法定之日費、旅費外，得請求相當之報酬。

鑑定所需費用，得依鑑定人之請求預行酌給之。

*（日費旅費）民訴費二七；（訴訟費用之預納）民訴九四㈡。

第三百三十九條　（鑑定證人）

訊問依特別知識得知已往事實之人者，適用關於人證之規定。

*（人證規定）民訴二九八～三二三。

第三百四十條　（囑託鑑定）

法院認為必要時，得囑託機關、團體或商請外國機關、團體為鑑定或審查鑑定意見。其須說明者，由該機關或團體所指定之人為之。

本目關於鑑定人之規定，除第三百三十四條及第三百三十九條外，於前項情形準用之。

⑧⑨本國之機關、團體原則上有受法院囑託鑑定之公法上義務，然外國機關、團體則非依條約或其他協定，並無接受我國法院囑託鑑定之義務，爰規定得「商請」其為鑑定或審查鑑定意見，以免招致誤會。另原條文中之準用規定，移於第二項修正，爰將原條文修正後列為第一項。

*（囑託調查）民訴二八九；（鑑定之陳述）民訴三三五、三三六；（鑑定人之權能）民訴三三七；（鑑定人法定費用及報酬請求權）民訴三三八；（鑑定書之說明）民訴三三五㈡。

第四目　書　證

第三百四十一條　（聲明書證）

聲明書證，應提出文書為之。

*（聲明證據）民訴一九四、二八五；（聲明）民訴一一六、一二二、二一三㈠③；（職權調查）民訴二〇三②、二六九②、二八八。

▲依照民事訴訟法第三百四十一條之規定，聲明書證，應提出文書為之。參加人既未將所稱之登記證提出，自與未聲明該項證據無異，何得以此指摘原審未予調查為違法。（三二上四〇七一）

第三百四十二條　（聲請命他造提出文書）

聲明書證，係使用他造所執之文書者，應聲請法院命他造提出。

前項聲請，應表明下列各款事項：

一　應命其提出之文書。

二　依該文書應證之事實。

三　文書之內容。

四　文書為他造所執之事由。

五　他造有提出文書義務之原因。

前項第一款及第三款所列事項之表明顯有困難時，法院得命他造為必要之協助。

⑧⑨一、原條文第一項不修正。
二、第二項「左列」修正為「下列」。
三、為貫徹當事人訴訟資料使用平等原則，及便於發現真實並整理爭點，以達到審理集中化之目標，爰增訂第三項。

*（聲明書證）民訴三四一；（提出文書）民訴三四四；（法院命提出）民訴三四三。

第三百四十三條　（命他造提出文書之裁定）

法院認應證之事實重要，且舉證人之聲請正當者，應以裁定命他造提出文書。

*（命他造提出文書）民訴三四二；（裁定）民訴二三四～二三九。

第三百四十四條　（當事人有提出義務之文書）

下列各款文書，當事人有提出之義務：

一　該當事人於訴訟程序中曾經引用者。

二　他造依法律規定，得請求交付或閱覽者。

三　為他造之利益而作者。

四　商業帳簿。

五　就與本件訴訟有關之事項所作者。

前項第五款之文書內容，涉及當事人或第三人之隱私或業務秘密，如予公開，有致該當事人或第三人受重大損害之虞者，當事人得拒絕提出。但法院為判斷其有無拒絕提出之正當理由，必要時，得命其提出，並以不公開之方式行之。

⑧⑨隨社會經濟狀況之變遷，公害、產品製造人責任及醫療事故損害賠償等類現代型紛爭與日俱增，於某訴訟中不乏因證據僅存在於當事人之一方，致他造當事人舉證困難之情事發生。故亦有擴大當事人文書提出義務範圍之必要，爰修正之。

*（聲請命他造提出文書）民訴三四二；（準備書狀）民訴二六五～二六八；（商業帳簿）商會二〇～二六。

第三百四十五條　（當事人違背提出文書命令之效果）

當事人無正當理由不從提出文書之命者，法院得審酌情形認他造關於該文書之主張或依該文書應證之事實為真實。

前項情形，於裁判前應令當事人有辯論之機會。

⑧⑨一、法院得依自由心證認舉證人關於該文書之性質、內容及文書成立真正之主張為真實，或認舉證人依該文書應證

之事實為真實，俾對違反文書提出義務者發揮制裁之實效。
二、法院因當事人違反提出文書義務，而依自由心證認他造關於該文書之主張或依該文書應證之事實為真實時，為避免有誤，並保障當事人在訴訟程序上之權利，於裁判前應令當事人有辯論之機會，爰增訂第二項規定，以期周延。

*（提出文書）民訴三四二、三四三。

第三百四十六條　（聲請命第三人提出文書）

聲明書證係使用第三人所執之文書者，應聲請法院命第三人提出或定由舉證人提出之期間。

第三百四十二條第二項及第三項之規定，於前項聲請準用之。

文書為第三人所執之事由及第三人有提出義務之原因應釋明之。

(89)一、原條文第一項及第三項不修正。
二、第三百四十二條增訂之第三項，於本條第一項之聲請亦得準用之，爰修正第二項規定。

*（聲明書證）民訴三四一、三四二㊀；（期間）民訴一六〇，民一二〇～一二二；（釋明）民訴二八四。

第三百四十七條　（命第三人提出文書之裁定）

法院認應證之事實重要且舉證人之聲請正當者，應以裁定命第三人提出文書或定由舉證人提出文書之期間。

法院為前項裁定前，應使該第三人有陳述意見之機會。

(89)一、原條文不修正，列為第一項。
二、法院以裁定命第三人提出文書後，該第三人如無正當理由不從提出文書之命者，依第三百四十九條規定得對之施以制裁或為強制處分；為保障該第三人程序上之權利，爰增訂第二項，規定「法院為前項裁定前，應使該第三人有陳述意見之機會。」以示周延。

*（法院認應證事實重要）民訴三四三；（命第三人提出文書）民訴三四六；（期間）民訴一六〇，民一二〇～一二二；（裁定）民訴二三四～二三九。

第三百四十八條　（第三人提出文書義務之範圍）

關於第三人提出文書之義務，準用第三百零六條至第三百十條、第三百四十四條第一項第二款至第五款及第二項之規定。

(89)第三人提出文書之義務，係對於法院之訴訟審理應予協助之公法上義務，基本上與作證義務具同一性質，其有秘密義務或與當事人間有一定關係者，得免除其提出文書之義務。又為保障當事人或就文書內容之使用有利害關係之第三人之隱私或業務秘密，亦應賦予持有文書之第三人得拒絕提出相關文書之權利。

*（當事人有提出義務之文書）民訴三四四。

第三百四十九條　（第三人不從提出文書命令之制裁）

第三人無正當理由不從提出文書之命者，法院得以裁定處新臺幣三萬元以下罰鍰；於必要時，並得以裁定命為強制處分。

前項強制處分之執行，準用強制執行法關於物之交付請求權執行之規定。

第一項裁定得為抗告；處罰鍰之裁定抗告中應停止執行。

(89)一、衡諸現在社會經濟狀況，罰鍰顯已偏低，且金額計算單位應改為新臺幣，爰修正之。
二、法院以裁定就第三人應提出之文書命為強制處分者，即係強制該第三人應為一定物之交付，該強制處分之執行，於性質許可範圍內，得準用強制執行法關於物之交付請求權執行之規定，爰增訂第二項規定。
三、第三人對於處罰鍰及命為強制處分之裁定，得為抗告；因本條增列第二項，原第二項移列為第三項。

*（第三人提出文書）民訴三四六、三四七；（裁定）民訴二三四～二三九；（抗告）民訴四八三、四八五㊀但。

第三百五十條　（書證之調取）

機關保管或公務員執掌之文書，不問其有無提出之義務，法院得調取之。

第三百零六條之規定，於前項情形準用之。但法院為判斷其有無拒絕提出之正當理由必要時，得命其提出並以不公開之方式行之。

(89)一、原條文不修正，列為第一項。
二、本條規定法院得依職權調取機關保管或公務員執掌之文書，惟該文書之記載，如涉及公務員職務上應守秘密之事項者，法院之調取，自以得該監督長官之同意為宜；又該文書之提出如無害於國家利益者，應認該監督長官不得拒絕同意，爰增訂第二項，規定「第三百零六條之規定，於前項情形準用之。」俾資適用。

*（提出之義務）民訴三四四、三四八。

第三百五十一條　（第三人之權利）

第三人得請求提出文書之費用。但有第三百四十九條第一項之情形者，不在此限。

第三百二十三條第二項至第四項之規定，於前項情形準用之。

(89)一、提出文書之第三人雖有得請求提出文書費用之權利，但該第三人若係因法院依第三百四十九條第一項規定，對之施以制裁或為強制處分後始提出文書者，因其違反提出文書義務，有妨害訴訟程序之虞，應限制其請求費用之權利，爰增訂第一項但書，以資限制。
二、第二項不修正。

*（第三人提出文書）民訴三四六～三五〇；（證人之費用請求權）民訴三二三。

第三百五十二條　（文書之提出方法）

公文書應提出其原本或經認證之繕本或影本。

私文書應提出其原本。但僅因文書之效力或解釋有爭執者，得提出繕本或影本。

前二項文書，法院認有送達之必要時，得命當事人提出繕本或影本。

(89)一、原條文第一項及第二項規定「繕本」下，均增列「或影本」。
二、於訴訟中提出之公文書或私文書，為便利訴訟程序之進行，有將文書繕本或影本送達他造當事人或證人、鑑定人之必要時，法院應得命當事人提出繕本或影本，以供送達，爰增訂第三項。

*（公文書）刑一〇㊂，民訴三五五；（文書提出義務）民訴三四四、三四八、三五〇。

第三百五十三條　（原本之提出及繕本證據力之斷定）

法院得命提出文書之原本。

不從前項之命提出原本或不能提出者，法院依其自由心證斷定該文書繕本或影本之證據力。

(89)一、原條文第一項不修正。
二、原條文第二項規定「繕本」下增列「或影本」。

*（文書提出）民訴三五二；（自由心證）民訴二二二。

第三百五十四條（調查文書證據之筆錄）

使受命法官或受託法官就文書調查證據者，受訴法院得定其筆錄內應記載之事項及應添附之文書。

⑧⑨一、「推事」修正為「法官」。
二、受訴法院為判斷文書真偽及文書證據力之必要，除得將筆錄內應記載之事項預行告知受命法官或受託法官外，當然更得令其將該文書或文書之繕本、影本或節本添附於筆錄，爰增訂受訴法院得定其筆錄內應記載之事項「及應添附之文書」等文字，俾資適用。

*（受命法官受託法官調查證據）民訴二六九⑤、二七〇㈡但、二九〇；（調查證據筆錄）民訴二九四。

第三百五十五條（文書之證據力㈠──公文書）

文書，依其程式及意旨得認作公文書者，推定為真正。
公文書之真偽有可疑者，法院得請作成名義之機關或公務員陳述其真偽。

*（程式）公文程式一～四、六；（公文書）刑一〇㊂；（推定）民訴二八一。

▲法院書記官依法定程式所作之筆錄，除有反證，足以證明其記載為失實外，就其所記事項有完全之證據力。（二六上四六一）

▲契據於投稅時經公署蓋有公印，不過為完納契稅之表示，該契據並不因此而變為公文書。（二九上一〇八）

▲送達證書為公證書，就其所記載之事項除有反證外，應認為有證據力。（三〇抗六二七）

▲非由我國公署或公務員於其職務上作成之公證遺囑，尚難謂為民事訴訟法第三百五十五條所稱之公文書，除另有法律上之原因外，本無推定為真正之效力。（三九臺上五〇七）

第三百五十六條（文書之證據力㈡──外國公文書）

外國之公文書，其真偽由法院審酌情形斷定之。但經駐在該國之中華民國大使、公使、領事或其他機構證明者，推定為真正。

⑧⑨本條但書規定外國之公文書經我國駐外使領人員，亦即經我國駐外代表證明者，推定為真正；為配合我國駐外代表不限於使領人員之實際狀況，爰增訂其他駐外機構亦得就外國之公文書為證明之規定，俾資因應實際需要。

*（公文書）刑一〇㊂，民訴三五五；（推定）民訴二八一。

第三百五十七條（文書之證據力㈢──私文書）

私文書應由舉證人證其真正。但他造於其真正無爭執者，不在此限。

*（舉證人）民訴二七七；（他造於其真正無爭執）民訴二七九、二八〇。

▲原審採為判決基礎之書證，雖上訴人對之並不爭執其真正，亦祇能認為有形式的證據力，至其實質的證據力之有無，即其內容是否足以證明待證之事實，自應由事實審法院曉諭兩造為適當完全之言詞辯論，使得盡其攻擊防禦之能事，始足以資判斷。（四八臺上八三七）

第三百五十七條之一（爭執真正文書真實性之處罰）

當事人或代理人就真正之文書，故意爭執其真正者，法院得以裁定處新臺幣三萬元以下罰鍰。
前項裁定得為抗告；抗告中應停止執行。
第一項之當事人或代理人於第二審言詞辯論終結前，承認該文書為真正者，訴訟繫屬之法院得審酌情形撤銷原裁定。

⑧⑨一、本條新增。
二、為促進當事人及代理人履行真實陳述義務，使訴訟迅速進行，對於當事人或代理人就真正之文書故意為爭執者，應予適當之處罰。爰增訂本條第一項規定。
三、為保障受罰鍰裁定人之程序上權利，爰增訂第二項。
四、受罰鍰裁定之當事人或代理人，如於第二審言詞辯論終結前，承認該文書為真正者，因已履行真實陳述義務，故訴訟繫屬之法院得不待受裁定人之抗告，亦不受抗告不變期間之影響，依職權審酌情形撤銷原裁定，爰增訂第三項。

第三百五十八條（文書之證據力㈣──私文書）

私文書經本人或其代理人簽名、蓋章或按指印或有法院或公證人之認證者，推定為真正。
當事人就其本人之簽名、蓋章或按指印為不知或不記憶之陳述者，應否推定為真正，由法院審酌情形斷定之。

⑧⑨一、原條文不修正，列為第一項。
二、當事人就其本人之簽名、蓋章或按指印為不知或不記憶之陳述者，應授權法院得審酌情形斷定該簽名、蓋章或按指印應否推定為真正，爰增設第二項，俾資適用。

*（簽名）民三；（公證人認證）公證一〇〇以下；（推定）民訴二八一。

▲民事訴訟法第三百五十八條關於私文書經本人或其代理人簽名、畫押、蓋章或按指印者，推定為真正之規定，須其簽名、畫押、蓋章或按指印係本人或其代理人為之，在當事人間已無爭執或經舉證人證明者，始得適用。（二八上一〇）

第三百五十九條（文書真偽之辨別）

文書之真偽，得依核對筆跡或印跡證之。
法院得命當事人或第三人提出可供核對之文書。
核對筆跡或印跡，適用關於勘驗之規定。

⑧⑨一、原條文第一項不修正。
二、以核對筆跡或印跡之方法證明文書之真偽者，除得由舉證人提出供核對之筆跡或印跡外，如當事人或第三人執有可供核對之另件文書時，法院亦得命其提出該文書，爰增設第二項。
三、原條文第二項不修正，移列為第三項。

*（文書）民訴三五五～三五八；（勘驗）民訴三六四～三六七。

▲（一九上二一八九）參見本法第三百二十七條。

▲民事訴訟法第三百五十九條第一項不過規定文書之真偽，得依核對筆跡或印跡證之，並非不許用其他證據方法證明之意。（二八上六八四）

▲供核對之筆跡是否與文書上之筆跡相符，法院本得依其自由心證判斷之，如認為無命鑑定之必要，無論當事人有無鑑定之聲請，法院均得不命鑑定，自為判斷。（二八上一九〇五）

第三百六十條（鑑別筆跡之方法與違背書寫命令之效果）

無適當之筆跡可供核對者，法院得指定文字，命該文書之作成名義人書寫，以供核對。
文書之作成名義人無正當理由不從前項之命者，準用第三百四十五條或第三百四十九條之規定。
因供核對所寫之文字，應附於筆錄；其他供核對之文件不須發還者，亦同。

*（筆跡核對）民訴三五九；（違背提出文書之命令）民訴三四五、三四九；（附於筆錄）民訴三六六。

第三百六十一條（文書之發還及保管）

提出之文書原本須發還者，應將其繕本、影本或節本附卷。

提出之文書原本，如疑為偽造或變造者，於訴訟未終結前應由法院保管之。但應交付其他機關者，不在此限。

＊（文書之提出）民訴三五二、三五三；（原本）民訴三五二；（繕本影本節本）民訴一一八；（文書之留置）民訴二〇三③；（偽造變造）刑二一〇、二一一。

第三百六十二條　（刪除）

⑧⑨有關當事人故意以不正當手段妨礙他造舉證活動之制裁，已增設第二百八十二條之一為證據通則規定，為免重複規定，爰將本條刪除。

第三百六十三條　（準文書）

本目規定，於文書外之物件有與文書相同之效用者準用之。

文書或前項物件，須以科技設備始能呈現其內容或提出原件有事實上之困難者，得僅提出呈現其內容之書面並證明其內容與原件相符。

前二項文書、物件或呈現其內容之書面，法院於必要時得命說明之。

⑧⑨一、原條文第一、二項不修正。

二、第一項及第二項之文書、物件或呈現其內容之書面，而其記載不完全或係使用特殊符號或專業用語者，法院均將難以辨讀其內容，凡此，即有賴提出人加以說明，爰增訂第三項，規定法院於必要時，得命提出人說明之。

＊（本目規定）民訴三四一～三六一。

第五目　勘　驗

第三百六十四條　（勘驗之聲請）

聲請勘驗，應表明勘驗之標的物及應勘驗之事項。

＊（聲請）民訴一一六、一二二、二一三㊀③。

第三百六十五條　（勘驗之實施）

受訴法院、受命法官或受託法官於勘驗時得命鑑定人參與。

⑧⑨「推事」修正為「法官」。

＊（受命法官）民訴二〇二㊀、二七〇㊀、二九〇；（受託法官）民訴二九〇；（鑑定人）民訴三二六、三二七。

第三百六十六條　（勘驗筆錄）

勘驗，於必要時，應以圖畫或照片附於筆錄；並得以錄音、錄影或其他有關物件附於卷宗。

⑧⑨勘驗之經過或結果，如有利用科技設備作成錄音或錄影者，或有其他有關物件者，以之附於卷宗，可使勘驗所得結果更臻明確，爰就原條文增訂後段，規定「並得以錄音、錄影或其他有關物件附於卷宗」，以期周延。

＊（勘驗筆錄）民訴二一三㊀④、二九四㊁；（附於筆錄）民訴二一五。

▲勘驗，依法製作之筆錄及所附勘圖，均有完全之證據力。（一九上一二四四）

第三百六十七條　（準用書證提出之規定）

第三百四十一條、第三百四十二條第一項、第三百四十三條至第三百四十五條、第三百四十六條第一項、第三百四十七條至第三百五十一條及第三百五十四條之規定，於勘驗準用之。

⑧⑨原條文未準用第三百四十四條及第三百四十八條之規定，致就勘驗協助義務之有無及其範圍，易滋爭議。爰增列該二條文於勘驗時亦準用之，以求明確。又有關當事人故意以不正當手段妨礙他造舉證活動之制裁，於勘驗亦有適用，且第三百六十二條規定亦已刪除，爰配合修正，予以刪除。

＊（勘驗物之提出）民訴三四一～三四三、三四六、三四七；（勘驗物不提出之制裁）民訴三四五、三四九；（勘驗物之調取）民訴三五〇；（勘驗費用）民訴三五一；（受託受命推事勘驗之法則）民訴三五四；（妨礙勘驗之效果）民訴三六二。

第五目之一　當事人訊問

第三百六十七條之一　（當事人之訊問）

法院認為必要時，得依職權訊問當事人。

前項情形，審判長得於訊問前或訊問後命當事人具結，並準用第三百十二條第二項、第三百十三條及第三百十四條第一項之規定。

當事人無正當理由拒絕陳述或具結者，法院得審酌情形，判斷應證事實之真偽。

當事人經法院命其本人到場，無正當理由而不到場者，視為拒絕陳述。但命其到場之通知書係寄存送達或公示送達者，不在此限。

法院命當事人本人到場之通知書，應記載前項不到場及第三項拒絕陳述或具結之效果。

前五項規定，於當事人之法定代理人準用之。

⑧⑨一、本條新增。

二、就事實審理而言，因當事人本人通常為最知悉紛爭事實之人，故最有可能提供案情資料，以協助法官發現真實及促進訴訟，進而達到審理集中化之目標。故為使法院能迅速發現真實，應該法院得訊問當事人本人，並以其陳述作為證據。

第三百六十七條之二　（當事人具結後虛偽陳述之處罰）

依前條規定具結而故意為虛偽陳述，足以影響裁判之結果者，法院得以裁定處新臺幣三萬元以下之罰鍰。

前項裁定，得為抗告；抗告中應停止執行。

第一項之當事人或法定代理人於第二審言詞辯論終結前，承認其陳述為虛偽者，訴訟繫屬之法院得審酌情形撤銷原裁定。

⑨②第四項關於得提起再審之訴之事由規定，移列於第四百九十六條規定，爰予以刪除。

第三百六十七條之三　（關於人證目規定之準用）

第三百條、第三百零一條、第三百零四條、第三百零五條第一項、第五項、第三百零六條、第三百零七條第一項第三款至第五款、第二項、第三百零八條第二項、第三百零九條、第三百十條、第三百十六條第一項、第三百十八條至第三百二十二條之規定，於訊問當事人或其法定代理人時準用之。

⑧⑨一、本條新增。

二、關於訊問證人時，對現役軍人、在監所或拘禁處所之人之通知方法，對元首、不能到場證人及公務員之訊問方法等規定，於訊問當事人時亦應準用，爰增訂本條規定。

第六目　證據保全

第三百六十八條　（聲請證據保全之要件）

證據有滅失或礙難使用之虞，或經他造同意者，得向法院聲請保全，就確定事物之現狀有法律上利益並有必要時，亦得聲請為鑑定、勘驗或保全書證。

前項證據保全，應適用本節有關調查證據方法之規定。

(89)為發揮證據保全制度之功能，應擴大容許聲請保全證據之範圍，爰於原條文後段增訂，就確定事、物之現狀，亦得聲請保全證據。另增訂第二項，以資周延。

＊（聲請）民訴一一六、一二二。

▲（七〇臺上一八四二）參見本法第二百四十七條。

第三百六十九條（管轄法院）

保全證據之聲請，在起訴後，向受訴法院為之；在起訴前，向受訊問人住居地或證物所在地之地方法院為之。

遇有急迫情形時，於起訴後，亦得向前項地方法院聲請保全證據。

＊（聲請證據保全之要件）民訴三六八；（起訴）民訴二四四。

第三百七十條（聲請保全證據應表明之事項）

保全證據之聲請，應表明下列各款事項：

一　他造當事人，如不能指定他造當事人者，其不能指定之理由。

二　應保全之證據。

三　依該證據應證之事實。

四　應保全證據之理由。

前項第一款及第四款之理由，應釋明之。

(89)一、原條文第一項「左列」修正為「下列」。

二、因本法第三百六十八條已修正擴大得聲請保全證據之範圍，為避免濫用證據保全制度，及避免侵害相對人之隱私權或其他權利，爰將原條文第二項「於必要時」等文字刪除。

＊（職權證據保全）民訴三七二；（釋明）民訴二八四；（聲請證據保全之要件）民訴三六八。

第三百七十一條（聲請之裁定）

保全證據之聲請，由受聲請之法院裁定之。

准許保全證據之裁定，應表明該證據及應證之事實。

駁回保全證據聲請之裁定，得為抗告；准許保全證據之裁定，不得聲明不服。

＊（裁定程式）民訴二三七；（抗告）民訴四八三、四八五。

第三百七十二條（依職權保全證據）

法院認為必要時，得於訴訟繫屬中，依職權為保全證據之裁定。

＊（保全證據）民訴三六八；（職權調查證據）民訴二八八。

第三百七十三條（調查證據期日之通知）

調查證據期日，應通知聲請人，除有急迫或有礙證據保全情形外，並應於期日前送達聲請書狀或筆錄及裁定於他造當事人而通知之。

當事人於前項期日在場者，得命其陳述意見。

(89)當事人於保全證據程序之調查證據期日在場者，除有急迫情形或有礙證據保全外，於調查證據開始前命其陳述意見，可避免程序進行不合聲請意旨及侵害相對人權益等情事發生。爰增訂第二項規定，俾資適用。

＊（調查證據期日）民訴一五四、一六七。

第三百七十四條（選任特別代理人）

他造當事人不明或調查證據期日不及通知他造者，法院因保護該當事人關於調查證據之權利，得為選任特別代理人。

第五十一條第三項至第五項之規定，於前項特別代理人準用之。

＊（調查證據期日通知）民訴三七三；（特別代理人）民訴五一。

第三百七十五條（調查證據筆錄之保管）

調查證據筆錄，由命保全證據之法院保管。但訴訟繫屬他法院者，應送交該法院。

＊（保全證據之管轄法院）民訴三六九；（證據筆錄）民訴二九四。

第三百七十五條之一（當事人就證人之再訊問權）

當事人就已於保全證據程序訊問之證人，於言詞辯論程序中聲請再為訊問時，法院應為訊問。但法院認為不必要者，不在此限。

(89)一、本條新增。

二、法院依保全證據程序調查證據之結果，原則上固與訴訟上調查證據之結果有同一之效力。惟保全證據程序未必均由本案受訴法院行之，又如於保全證據調查程序中，他造當事人不明或未於保全證據程序到場者，即無從對法院調查證據表示意見，故為貫徹直接審理主義，並保障當事人對證人之發問權，爰明定之。

第三百七十六條（保全證據程序之費用）

保全證據程序之費用，除別有規定外，應作為訴訟費用之一部定其負擔。

(89)保全證據程序之費用，如有本案繫屬，原則上應作為訴訟費用之一部，由法院定其負擔。但如有特別規定，例如第三百七十六條之二第二項，則應依各該特別規定處理，爰修正原條文。

＊（訴訟費用）民訴七八以下。

第三百七十六條之一（保全證據程序中之協議及其筆錄）

本案尚未繫屬者，於保全證據程序期日到場之兩造，就訴訟標的、事實、證據或其他事項成立協議時，法院應將其協議記明筆錄。

前項協議係就訴訟標的成立者，法院並應將協議之法律關係及爭議情形記明筆錄。依其協議之內容，當事人應為一定之給付者，得為執行名義。

協議成立者，應於十日內以筆錄正本送達於當事人。

第二百十二條至第二百十九條之規定，於前項筆錄準用之。

(89)一、本條新增。

二、當事人於起訴前聲請保全證據者，得利用法院所調查之證據及所蒐集之事證資料，了解事實或物體之現狀，而研判紛爭之實際狀況，此時，如能就訴訟標的、事實、證據或其他事項達成協議，當事人間之紛爭可能因此而獲得解決或避免擴大。

第三百七十六條之二（保全證據程序終結本案尚未繫屬之處置）

保全證據程序終結後逾三十日，本案尚未繫屬者，法院得依利害關係人之聲請，以裁定解除因保全證據所為文書、物件之留置或為其他適當之處置。

前項期間內本案尚未繫屬者，法院得依利害關係人之聲請，命保全證據之聲請人負擔程序費用。

前二項裁定得為抗告。

(89)一、本條新增。

二、當事人為蒐集事證資料，藉以了解事實或物體之現狀，以研判紛爭之實際狀況，進而斟酌是否提起訴訟，固得於起訴前向法院聲請保全證據。

第四節　和　解

第三百七十七條（試行和解之時期）

法院不問訴訟程度如何，得隨時試行和解。受命法官或受託法官亦得為之。

第三人經法院之許可，得參加和解。法院認為必要時，亦得通知第三人參加。

(92)一、和解之目的，在止訟息爭，為謀求當事人間之紛爭迅速圓滿解決，法院試行和解，得隨時為之，不以言詞辯論時為限。又為加強和解制度之功能，應賦予受命法官或受託法官有與受訴法院同一之權限，即不問訴訟程度如何，亦得隨時試行和解。爰修正原條文，列為第一項。

二、訴訟上當事人間之和解能否成立，時有涉及第三人之意見者，例如：訴訟標的與第三人之權利或義務有關，或當事人間須有第三人之參與，始願成立和解時，為使當事人間之紛爭得以圓滿解決，允許第三人參加當事人間之和解，實有其必要性。爰增訂第二項，明定經法院之許可或通知，得使第三人參加當事人間之和解，俾達促進和解、消弭訟爭之目的。至於第三人參加當事人間之和解，如和解不成立時，該第三人當然脫離該程序，自不待言。

*（和解）民七三六，民訴四一六㊀；（言詞辯論）民訴一九二以下。

▲當事人提起上訴後，法院僅據調解人所具之和解狀或當事人之結狀所載和解內容，填發和解筆錄，核與民訴法第三百七十一條第一、第二兩項不符，自不得認為訴訟上之和解。（院九六六）

第三百七十七條之一（和解方案之聲請、告知或送達及其效力）

當事人和解之意思已甚接近者，兩造得聲請法院、受命法官或受託法官於當事人表明之範圍內定和解方案。

前項聲請，應以書狀表明法院得定和解方案之範圍及願遵守所定之和解方案。

法院、受命法官或受託法官依第一項定和解方案時，應斟酌一切情形，依衡平法理為之；並應將所定和解方案，於期日告知當事人，記明筆錄，或將和解方案送達之。

當事人已受前項告知或送達者，不得撤回第一項之聲請。

兩造當事人於受第三項之告知或送達時，視為和解成立。

依前條第二項規定參加和解之第三人，亦得與兩造為第一項之聲請，並適用前四項之規定。

(92)一、本條係新增。

二、兩造當事人於試行和解時，雖互相讓步，但無法達成合意時，依現行法規定，因尚未成立和解，法院仍須進行本案審理程序。惟於兩造當事人和解之意思已甚接近時，如能容許其選擇不以判決之方式，而委由法院基於公正、客觀之立場，依衡平法理定和解方案，不僅使當事人之紛爭能獲得圓滿解決，且可減少法院及當事人為進行本案訴訟審理程序所須耗費之勞力、時間、費用，俾當事人平衡追求其實體與程序利益，爰增訂第一項。又為使當事人得利用此制度徹底解決紛爭，當事人所表明法院得定和解方案之範圍，不限於訴訟標的範圍，得併就訴訟標的有關之事項，一併請求定和解方案。法院、受命法官或受託法官於受理當事人之聲請後，除當事人聲請之事項有違反強制禁止規定、公序良俗或當事人無處分權等情事外，有定和解方案之義務。

三、法院、受命法官或受託法官依前項聲請定和解方案時，須受當事人所表明範圍之限制，而當事人兩造為前項聲請後，亦須接受法院、受命法官或受託法官所定之和解方案。為求慎重及明確，爰增訂第二項。

四、法院、受命法官或受託法官依第一項定和解方案時，應於當事人所表明之範圍內，斟酌一切情形，依衡平法理定之，惟不限於在期日內為之。於定和解方案後，如指定期日，應於期日將所定和解方案之內容告知當事人，並記明筆錄，使生效力，而後為送達；如未指定期日，即應將和解方案送達於當事人，使當事人得知悉和解方案之內容。爰規定第三項。

五、為尊重當事人之意願，當事人為第一項聲請後，原則上得不經對造之同意而撤回聲請。惟已受告知或送達和解方案者，即不應再許其撤回聲請，爰於第四項明定之。

六、法院、受命法官或受託法官依第一項定和解方案後，於將和解方案告知或送達當事人前，當事人仍得撤回其聲請，故何時視為和解成立，即有疑義。爰於第五項明定，於兩造均受告知或送達時，視為和解成立。

七、依前條第二項規定，第三人經法院許可或通知者，得參加當事人間之和解。故為澈底解決當事人間之紛爭，如當事人依第一項聲請法院、受命法官或受託法官定和解方案，而參加和解之第三人亦同意於一定範圍內，委由法官、受命法官或受託法官一併定和解方案時，應無不許之理，爰於第六項明定之。

第三百七十七條之二（和解方案之提出、送達）

當事人有和解之望，而一造到場有困難時，法院、受命法官或受託法官得依當事人一造之聲請或依職權提出和解方案。

前項聲請，宜表明法院得提出和解方案之範圍。

依第一項提出之和解方案，應送達於兩造，並限期命為是否接受之表示；如兩造於期限內表示接受時，視為已依該方案成立和解。

前項接受之表示，不得撤回。

(92)一、本條係新增。

二、本法原則上採言詞審理主義，故於當事人一造到場有困難時，除符合第三百八十五條及第三百八十六條之規定，法院得為一造辯論判決外，訴訟程序往往因此不能迅速進行，並影響當事人之權益。於此情形，如法院、受命法官或受託法官能斟酌一切情形，求兩造利益之平衡提出和解方案，並為兩造所接受，當事人間之紛爭即可獲得圓滿解決，爰增訂本條，以擴大和解制度解決紛爭之功能。又為避免當事人利用此一制度拖延訴訟，增訂第一項。

三、為使法院、受命法官或受託法官所提出之和解方案能符合當事人之意思，易為當事人接受，當事人依前項規定聲請時，宜表明法院得提出和解方案之範圍，以供法院、受命法官或受託法官參考，爰於第二項明定之。

四、法院、受命法官或受託法官依本條第一項規定提出之和解方案，須當事人均表示接受，始得視為依該方案成立和解，故應將和解方案送達於兩造，以利當事人了解該方案內容。又為避免程序延滯，法院於送達和解方案時，應同時限期命當事人為是否接受該方案之表示；如兩造均於期限內以言詞或書面表示接受時，即視為已依該方案成立和解，否則，法院仍須續行訴訟程序，爰規定第三項。

五、為使程序安定，如當事人於限期內已表示接受和解方案，即不得再撤回其接受之意思表示，爰於第四項明定之。

第三百七十八條（試行和解之處置）

因試行和解或定和解方案，得命當事人或法定代理人本人到場。

(92)法院、受命法官或受託法官依第三百七十七條之一及第三百七十七條之二規定定和解方案時，如有確定當事人真意或聽取其意見之必要者，亦得命當事人或法定代理人本人到場，爰修正原條文。

*（到場）民訴二〇三①、二六九①。

第三百七十九條（和解筆錄）

試行和解而成立者，應作成和解筆錄。

第二百十二條至第二百十九條之規定，於前項筆錄準用之。

和解筆錄，應於和解成立之日起十日內，以正本送達於當事人及參加和解之第三人。

依第三百七十七條之一或第三百七十七條之二視為和解成立者，應於十日內將和解內容及成立日期以書面通知當事人及參加和解之第三人，該通知視為和解筆錄。

(92)一、第三百七十七條第二項增訂第三人得參加和解之規定，如第三人參加和解而成立者，和解筆錄正本自應送達於該第三人，爰修正第三項規定。
二、法院依第三百七十七條之一或第三百七十七條之二規定將和解方案告知或送達於當事人及參加和解之第三人時，未必均發生視為和解成立之效力。為使當事人及該第三人知悉是否已依和解方案發生視為和解成立之效力，爰增訂第四項，明定依上開規定視為和解成立者，法院書記官應於和解成立之日起十日內，將和解內容及成立日期通知當事人及參加和解之第三人，該通知並視為和解筆錄，而得為強制執行法第六條第一項第三款規定之執行名義之證明文件。

*（和解）民訴三七七；（言詞辯論筆錄）民訴二一二～二一九。

▲上訴或抗告係對於法院裁判聲明不服之方法，法院書記官作成之和解筆錄，並非法院之裁判，自不能對之提起上訴或抗告，如當事人對於訴訟上之和解，主張未經合法成立，本可向試行和解之法院聲請繼續審判，如該法院認為和解實未合法成立，他造尚有爭執時，即應以中間判決宣示其旨，就該事件繼續審判，或逕就該事件繼續審判而於終局判決理由中宣示其旨。反之，如該法院認為和解已合法成立時，應以終局判決宣示訴訟已因和解而終結，此項終局判決，當事人既得依上訴方法聲明不服，即無許其對於和解筆錄聲明不服之必要。（二一抗七〇九）

第三百八十條（和解之效力與繼續審判之請求）

和解成立者，與確定判決有同一之效力。

和解有無效或得撤銷之原因者，當事人得請求繼續審判。

請求繼續審判者，應繳納第八十四條第二項所定退還之裁判費。

第五百條至第五百零二條及第五百零六條之規定，於第二項情形準用之。

第五編之一第三人撤銷訴訟程序之規定，於第一項情形準用之。

(102)一、原條文第一項、第二項未修正。
二、當事人以和解有無效或得撤銷原因，請求繼續審判者，自應補繳因和解成立而退還之裁判費，爰增訂第三項。
三、原條文第三項移列第四項，並配合作文字修正。
四、因第一項和解之效力可能及於第三人，第三人之固有權益恐亦因該和解致受損害，而本條第二項有關繼續審判之請求，又限於和解之當事人始得提起，上開第三人則無適用餘地，為保障其固有權益及程序權，明定得準用第五編之一規定，於和解筆錄作成後，提起撤銷訴訟，以為救濟，爰增訂第五項。

*（和解）民訴三七七；（確定判決效力）民訴四〇〇、四〇一，強執一三〇；（和解有無效或撤銷原因）民七〇㊀、七一～七三；（不變期間）民訴五〇〇；（請求繼續審判之裁定駁回）民訴五〇二。

▲釋二二九。

▲共同訴訟人中到場之當事人，經未到場之當事人授權而為訴訟上之和解者，關於和解，即為未到場當事人之訴訟代理人，其所為之和解，對於未到場之當事人亦有效力。（二一上二〇〇六）

▲民事訴訟法第三百八十條所謂和解，係指依同法第三百七十七條至第三百七十九條成立之訴訟上和解而言，當事人間縱於訴訟進行中成立和解，而非於言詞辯論時或受命推事或受託推事前為之者，仍屬訴訟外之和解，自無同條之適用。（二八上二〇四〇）

▲民法第八十八條第一項所謂意思表示之錯誤，表意人得撤銷之者，以其錯誤係關於意思表示之內容為限，該條項規定甚明。兩造成立之訴訟上和解，既未以被上訴人收回系爭房屋，以供自住及開設診所之需，為上訴人遷讓之內容，則縱使如上訴人所稱，在和解當時，因誤信被上訴人主張收回系爭房屋，以供自住及開設診所之需為真實，致所為遷讓之意思表示顯有錯誤云云，亦與上開條項得為撤銷意思表示錯誤之要件不符，仍不得執此指該項和解有得撤銷之原因，而為請求繼續審判之理由。（四三臺上五七〇）

▲訴訟上之和解，為私法上之法律行為，同時亦為訴訟法上之訴訟行為，即一面以就私法上之法律關係止息爭執為目的，而生私法上效果之法律行為，一面又以終結訴訟或訴訟之某爭點為目的，而生訴訟法上效果之訴訟行為，兩者之間，實有合一不可分離之關係，故其行為如有私法上或訴訟法上無效或得撤銷之事由存在，不問何者，均屬民事訴訟法第三百八十條第二項所謂和解有無效或得撤銷之原因，當事人自得以之為請求繼續審判之理由。（四三臺上一〇七五）

▲訴訟上之和解，有無效或得撤銷之原因者，當事人得請求繼續審判，為民事訴訟法第三百八十條第二項所明定，故因和解係無合法代理權之人所為，依法應認該訴訟行為不生效力者，其和解既屬無效，自得基此原因，為繼續審判之請求。（四四臺上一二一四）

▲上訴人前就乃父所遺系爭各項不動產謂有四分之一繼承權，對被上訴人訴求照額分割，在上訴第二審中既經當庭為分割之和解已告成立，依民事訴訟法第三百八十條第一項，該和解即與確定判決有同一之效力，乃和解後更就同一當事人，同一法律關係，求為確認共有權屬己，按諸同法第三百九十九條之規定，顯難謂合。蓋前後兩訴雖有分割、確認名稱上之不同，而兩者之內容既可以代用，仍不能不受該條項所定一事不再理之限制。（四六臺上一二九五）（一〇四、二、三決議不再援用）

▲訴訟上之和解，一經成立，即與確定判決有同一之效力，故此項和解有無效之原因者，當事人僅得於三十日之不變期間內，聲請繼續審判，並非當然無效，此觀民事訴訟法第三百八十條第二項之規定自明。（四六臺上一四三九）

▲和解契約成立後，除當事人之一方對於重要之爭點有錯誤而為和解者外，不得以錯誤為理由聲請撤銷之，此觀民法第七百三十八條之規定至明，從而倘無民事訴訟法第三百八十條第二項之情形，自無繼續審判之可言。（五二臺上五〇〇）

▲訴訟之和解成立者，依民事訴訟法第三百八十條第一項規定，固與確定判決有同一之效力，惟此項和解亦屬法律行為之一種，如其內容違反強制或禁止之規定者，依民法第七十一條前段之規定仍屬無效。（五五臺上二七四五）

▲和解成立者與確定判決有同一之效力，且得為執行名義，民事訴訟法第三百八十條第一項，及強制執行法第四條第三款定有明文，故土地登記規則第二十六條第二項所謂確

定判決書，應包括與確定判決有同一效力之和解在內。（五六臺抗二二四）

▲調解成立者，依民事訴訟法第四百十六條第一項、第三百八十條第一項規定，與確定判決有同一之效力。惟判決為法院對於訴訟事件所為之公法的意思表示，調解或和解，為當事人就訴訟上之爭執互相讓步而成立之合意，其本質並非相同。故形成判決所生之形成力，無由當事人以調解或和解之方式代之，從而在調解或訴訟上和解分割共有不動產者，僅生協議分割之效力，非經辦妥分割登記，不生喪失共有權，及取得單獨所有權之效力。（五八臺上一五〇二）

▲上訴人提出之證明書，雖證明被上訴人於五十四年間曾患有精神病症，但不能證明被上訴人於和解時係無意識或有精神錯亂之情形，且被上訴人又未受禁治產之宣告，難認和解有無效之原因。（註：依民法總則施行法第四條之一規定，修正民法第十四條、第十五條自民國九十八年十一月二十三日施行。本則判例內容所載禁治產人改稱為受監護宣告之人；未受禁治產之宣告改稱未受監護之宣告。）（五八臺上三六五三）

▲在日據時期，訴訟上和解之成立，記載於和解調書者，與確定判決有同一之效力；又確定判決，對於當事人及於言詞辯論終結後為當事人之繼承人者，有其效力；分別為當時有效之日本民事訴訟法第二百零三條、第二百零一條第一項所明定。本件土地之當時共有人某甲、某乙、某丙、某丁於日據昭和十七年十二月二十一日在臺南地方法院控訴審受命推事履勘現場時，成立訴訟上之和解分割共有土地（持分四分之一），由某丙取得五分之二，某甲、某乙、某丁各取得五分之一，其詳細分割方法載明於和解調書，並有圖面表示。原審既認兩造對於上開和解之事實及和解調書之真正，均不爭執，則依當時之日本民法第一百七十六條之規定（物權之設定及移轉僅因當事人意思表示一致而生效力），自和解成立時起，已生如和解調書所載分割之效力，不因未依約定於一個月內申請分割登記而受影響。此項日據時期訴訟上和解之效力，與我民事訴訟法第三百八十條第一項、第四百零一條第一項之規定相同，依同法第四百零二條規定，自應認其效力。至於臺灣光復後仍依日據時期之土地登記簿持分各四分之一登記，係不合真實情形之登記，亦不影響當時因和解成立而各已取得之單獨所有權。被上訴人某己、某戊、某庚，係和解當事人某丁之特定繼承人，為和解確定力之所及，依民事訴訟法第三百八十條第一項、第四百條第一項規定，不得更行訴請分割。（六一臺上二八三五）

▲再審之訴顯無再審理由者，法院得不經言詞辯論，以判決駁回之，民事訴訟法第五百零二條第二項定有明文。此項規定，依同法第三百八十條第三項規定，於請求繼續審判之程序準用之，故繼續審判之請求，顯無理由者，法院亦得不經言詞辯論逕以判決駁回之。所謂繼續審判之請求顯無理由，必須請求人所主張和解無效或得撤銷之原因，在法律上顯不得據為請求繼續審判之理由者，始足當之，若請求人所主張和解無效或得撤銷之原因，尚須調查證據，始能認定其有無繼續審判之理由者，仍應行必要之言詞辯論，不得不經言詞辯論逕以判決駁回之。（六九臺上四二二）

▲當事人對於和解請求繼續審判，依民事訴訟法第三百八十條第三項準用同法第五百條第一項及第二項規定，應自和解成立之日起三十日之不變期間內為之，如請求繼續審判之理由知悉在後者，該項期間自知悉時起算。（七〇臺抗二九一）

▲上訴人間成立之訴訟上和解，與確定判決有同一之效力，亦兼有私法上和解之性質，惟於法不能拘束非當事人之被上訴人。被上訴人係行使民法第二百四十四條第二項規定之撤銷權，請求撤銷上訴人間因和解所成立之代償契約行為，與民事訴訟法第三百八十條第二項之規定，毫無相涉。不得謂其未具備民事訴訟法上開規定有關當事人請求繼續審判之原因而指其起訴為不合法。（七一臺上一〇〇九）

第三百八十條之一（得為執行名義之和解）

當事人就未聲明之事項或第三人參加和解成立者，得為執行名義。

㉜一、本條係新增。

二、訴訟進行中，於實務上時有併就當事人訴訟標的外之事項，或第三人依第三百七十七條第二項規定參加而成立和解者，惟訴訟上成立之和解，依第三百八十條第一項規定，僅於當事人間就已聲明之事項，有與確定判決同一之效力。然為謀求當事人間之紛爭得以有效解決，並加強和解功能俾達到消弭訟爭之目的，就當事人間未聲明之事項或第三人參加，而以給付為內容所成立之和解，雖無與確定判決同一之效力，亦宜賦予執行力，爰增訂本條規定。至於當事人就未聲明之事項，或與參加和解之第三人間所成立之和解，如嗣後發生爭執時，因其非原訴訟範圍，故當事人不得請求繼續審判，惟得另依適當之訴訟方式處理，例如訴請確認和解所成立之法律關係不存在，或請求返還已依和解內容所為之給付。

第五節　判　決

第三百八十一條（終局判決）

訴訟達於可為裁判之程度者，法院應為終局判決。

命合併辯論之數宗訴訟，其一達於可為裁判之程度者，應先為終局判決。但應適用第二百零五條第三項之規定者，不在此限。

*（合併辯論）民訴二〇五㊀、㊂。

▲原告起訴於當事人適格有欠缺者，係屬訴無理由，法院應以判決駁回之，不得認為不合法，以裁定形式予以裁判。（二九抗三四七）

第三百八十二條（一部終局判決）

訴訟標的之一部或以一訴主張之數項標的，其一達於可為裁判之程度者，法院得為一部之終局判決；本訴或反訴達於可為裁判之程度者亦同。

*（訴訟標的）民訴二四四㊀②；（反訴）民訴二五九、二六〇；（終局判決）民訴三八一。

▲當事人以一訴主張之數項標的，法院認其一項達於可為裁判之程度而為一部之終局判決者，不得謂判決有脫漏，其未經判決之部分，應由該法院另為判決，不適用民事訴訟法關於補充判決之規定。（二二上三八八七）

第三百八十三條（中間判決）

各種獨立之攻擊或防禦方法，達於可為裁判之程度者，法院得為中間判決。請求之原因及數額俱有爭執時，法院以其原因為正當者，亦同。

訴訟程序上之中間爭點，達於可為裁判之程度者，法院得先為裁定。

㉜原條文之「中間之爭點」，係指訴訟程序上之中間爭點而言，例如：訴是否合法、訴有無變更、應否許為訴之變更、某證據是否必要等爭執，關於此等爭點之裁判，原應以裁定為之，爰將此部分之規定自原條文移出，列為第二項。

*（獨立攻擊防禦方法）民訴一九六、二〇六。

▲被告主張原告之法定代理人欠缺法定代理權，以為獨立之防禦方法時，法院如認該防禦方法為無理由，先為駁斥之裁判，應以中間判決行之，對此中間判決，不得獨立提起上訴，應俟將來對於終局判決提起上訴時，併受上訴法院之審判。（一八抗一二三）（九二、三、一八決議自九二、九、一起不再援用）

▲各種獨立之攻擊防禦方法或中間之爭點可為裁判時，法院得為中間判決，故關於訴之是否合法之爭執可為裁判時，如認其訴為不合法，則應逕為駁斥其訴之終局判決，若認其訴為合法，則以中間判決宣示其旨，以為終局判決之準備，此乃當然之解釋。（一九上二四八）（九二、三、一八決議自九二、九、一起不再援用）

▲所謂得為中間判決，不過法律賦予法院以自由斟酌之權限，並非強制其必為中間判決，故法院如認請求原因為正當，同時即就爭執之數額為辯論而為終局判決，要難謂為違法。（二〇上六〇〇）

▲民事訴訟法第三百八十三條係規定各種獨立之攻擊或防禦方法，達於可為裁判之程度者，法院得為中間判決，是遇有此種情形時，為中間判決與否，應依法院之意見定之，並非必須為中間判決。若獨立之攻擊或防禦方法達於可為裁判之程度，同時訴訟亦已可為裁判者，即應逕為終局裁判，不得復為中間判決，尤不許當事人以未為中間判決為上訴理由。（二七上一〇四五）

▲當事人於撤回上訴後，以撤回有無效之原因，聲請繼續審判者，如法院認其聲請為正當，准予繼續審判，應以中間判決或於終局判決理由中宣示其旨，不得以裁定裁判之。（二九抗三〇六）

第三百八十四條（捨棄、認諾判決）

當事人於言詞辯論時為訴訟標的之捨棄或認諾者，應本於其捨棄或認諾為該當事人敗訴之判決。

*（言詞辯論）民訴一九二以下；（捨棄認諾）民訴四四、五一㊃、七〇㊀；（訴訟標的）民訴二四四㊀②。

▲於言詞辯論時試行和解未成立者，當事人一造在試行和解時所為讓步之表示，並非訴訟標的一部之捨棄或認諾，不能以此為判決之基礎。（二八上一〇五八）

▲民事訴訟法第三百八十四條所謂為訴訟標的之認諾，乃指被告對於原告依訴之聲明所為關於某法律關係之請求，向法院為承認者而言，其承認須於言詞辯論時為之，始生訴訟法上認諾之效力。（四四臺上八四三）

▲減縮應受判決事項之聲明，與訴訟標的之捨棄截然不同，民事訴訟法並無法院就超過減縮聲明之原有聲明部分，應為原告敗訴判決之規定，原審既於判決理由內敘明，依被上訴人減縮聲明之建坪超過九三．一四九坪部分之判決當然失效，將來執行並無困難。（五一臺上七七三）

▲（六四臺上一四九）參見本法第二百六十二條。

第三百八十四條之一（中間判決或捨棄、認諾判決書之簡化）

中間判決或捨棄、認諾判決之判決書，其事實及理由得合併記載其要領。

法院亦得於宣示捨棄或認諾判決時，命將判決主文所裁判之事項及理由要領，記載於言詞辯論筆錄，不另作判決書。其筆錄正本或節本之送達，與判決正本之送達有同一之效力。

第二百三十條之規定，於前項筆錄準用之。

(92)一、本條係新增。

二、為簡化裁判書之製作，就中間判決或捨棄、認諾判決之判決書，其製作程式應予簡化，爰增設本條之規定，並於第一項明定此三種判決書，得合併記載其事實及理由要領。至於第三百八十三條第二項就訴訟程序上之中間爭點所為之裁定，除依第二百三十七條規定應附理由外，其製作之程式，依第二百三十九條規定，並不準用第二百二十六條關於判決書製作程式之規定，故無必循一定程式之必要，爰不另作規定。

三、當事人於言詞辯論時為訴訟標的之捨棄或認諾者，就本案訴訟已無爭執，故其判決書之製作方式得再予簡化，爰於第二項明定法院亦得於宣示此二種判決時，命將判決主文所裁判之事項及理由要領，記載於言詞辯論筆錄，以代替判決書之製作。並規定該筆錄正本或節本之送達，與判決正本之送達，有同一之效力。

四、第二百三十條關於判決正本或節本程式之規定，於本條第二項之筆錄亦有準用，爰於第三項明定之。

第三百八十五條（一造辯論判決）

言詞辯論期日，當事人之一造不到場者，得依到場當事人之聲請，由其一造辯論而為判決；不到場之當事人，經再次通知而仍不到場者，並得依職權由一造辯論而為判決。

前項規定，於訴訟標的對於共同訴訟之各人必須合一確定者，言詞辯論期日，共同訴訟人中一人到場時，亦適用之。

如以前已為辯論或證據調查或未到場人有準備書狀之陳述者，為前項判決時，應斟酌之；未到場人以前聲明證據，其必要者，並應調查之。

(92)一、本法於民國五十七年修正時，已將「傳喚」用語修正為「通知」，本條第一項仍使用「再傳」一語，有所不合，爰修正為「再次通知」，以符現制。

二、於訴訟標的對於共同訴訟之各人必須合一確定之事件，如一造當事人全部不到場，而他造之共同訴訟人未全部到場時，依原規定，法院尚不得依聲請或依職權為一造辯論判決，案件將因此而延滯不決。為解決實務上之困難，爰增訂第二項，以資適用。

三、原第二項不修正，移列為第三項。

*（言詞辯論期日）民訴一五八、一九二；（聲請）民訴一一六、一二二；（辯論）民訴一九二～一九六；（準備書狀）民訴二六五～二六八、二七五；（調查證據）民訴二七七以下。

▲民事訴訟法第三百八十五條第一項，僅規定言詞辯論期日當事人之一造不到場者，得依到場當事人之聲請，由其一造辯論而為判決，並非謂當事人之一造不到場，即應本於其不到場之效果而為該當事人敗訴之判決，故被上訴人雖不到場而上訴為無理由者，仍應為駁回上訴之判決。（二七上一三九）

▲共同訴訟人在訴訟上之地位，民事訴訟法第五十五條定有原則，訴訟標的對於共同訴訟之各人必須合一確定者，各共同訴訟人之地位，雖於同法第五十六條設有例外規定，但此項共同訴訟人中之數人，於言詞辯論期日不到場時，其他共同訴訟人之到場非必為有利於全體之行為，即不能視與全體到場同，故未到場之共同訴訟人與他造之關係，仍應依同法第三百八十五條定之，他造未聲請由其一造辯論而為判決者，不得對於未到場人為判決，亦不得對於已到場人先為一部判決。（三二上三三八八）（九二、三、一八決議自九二、九、一起不再援用）

▲（四一臺上九四）參見本法第一百五十四條。

▲言詞辯論期日當事人之一造不到場者，除該不到場之當事人係經再傳而仍不到場者，法院得依職權，令由一造辯論而為判決外，必經到場當事人之聲請，始得由其一造辯論而為判決。（五七臺上二八四）

▲（六九臺上二七七〇）參見本法第一百三十條。

▲（六九臺上三七五二）參見本法第一百三十六條。

第三百八十六條（不得一造辯論判決之情形）

有下列各款情形之一者，法院應以裁定駁回前條聲請，並延展辯論期日：

一　不到場之當事人未於相當時期受合法之通知者。

二　當事人之不到場，可認為係因天災或其他正當理由者。

三　到場之當事人於法院應依職權調查之事項，不能為必要之證明者。

四　到場之當事人所提出之聲明、事實或證據，未於相當時期通知他造者。

(92)一、本文「左列」修正為「下列」。

二、當事人因有正當理由而未於言詞辯論期日到場者，法院自不宜依前條規定准依到場當事人之聲請由其一造辯論而為判決，以保障有正當理由不到場當事人在程序上之權利。爰將第二款之「不可避免之事故」，修正為「正當理由」，由法院審酌具體情形而為認定，緩和原對不到場當事人之嚴格限制，以求周延。

＊（一造辯論判決之聲請）民訴三八五；（裁定）民訴二三四～二三九；（通知）民訴二五一、四二九；（應依職權調查事項）民訴二四九㈠；（當事人提出之聲明事實或證據）民訴二六五。

▲當事人因患病不能於言詞辯論期日到場者，如無可認為有不能委任訴訟代理人到場之情形，即非民事訴訟法第三百八十六條第二款所謂因不可避之事故而不到場。（二八上一五七四）

▲原審僅將該上訴人之言詞辯論期日傳票向其指定之代收人送達，對其所委任之訴訟代理人既未經合法傳喚，而於言詞辯論期日又未將該上訴人提庭使為言詞辯論，則其本人既因羈押不能到場，其代理人又因未經傳喚而未到場辯論，其遲誤言詞辯論期日，究不得謂無民事訴訟法第三百八十六條第一款之情形。（四三臺上四一）

▲（六九臺上二七七〇）參見本法第一百三十條。

▲到場之當事人所提出之聲明、事實或證據，未於相當時期通知他造者，他造當事人縱未於言詞辯論期日到場，法院亦不得准許到場當事人之聲請，由其一造辯論而為判決，此觀民事訴訟法第三百八十六條第四款規定自明。本件上訴人固未於言詞辯論期日到場，但被上訴人於言詞辯論期日始提出建築執照申請書及上訴人致南投縣政府函各乙件，以證明被上訴人已完成設計圖及預算，該項事實及證據既未經原審於相當時期通知上訴人，竟准被上訴人之聲請由其一造辯論而為判決，並將該事實證據採為判決基礎，自有未合。（七一臺上二一一五）

第三百八十七條（不到場之擬制）

當事人於辯論期日到場不為辯論者，視同不到場。

＊（不到場）民訴一九一、二〇八㈡、三八五㈠。

第三百八十八條（判決之範圍）

除別有規定外，法院不得就當事人未聲明之事項為判決。

＊（聲明）民訴二四四㈠③、四二八、四四一㈠③、四七〇、五〇一㈠③；（別有規定）民訴八七、三八九㈠、四五七㈡。

▲金錢債權之利息本可計算至判決執行之日為止，惟法院不得將當事人未請求之利息判歸當事人，故利息之計算，自應以債權人合法請求者為限。（一九上一一二八）

▲人事訴訟雖與財產權上之訴訟不同，得參用干涉主義，然亦不過訴訟資料之蒐集與訴訟之進行，擴張法院之職權行為而已，非可超過當事人聲明之範圍而為過度之干涉。（一九上八七八）

▲法院對於民事案件應以當事人聲明之事項為判決之範圍，而當事人之聲明事項，則除有特別規定情形外，應以在第一審言詞辯論終結前所聲明者為準。（一九上一六九九）

▲據被上訴人所述起訴原因之事實，上訴人與甲訂立之契約，為雙方通謀而為之虛偽意思表示，其主張如果屬實，依民法第八十七條第一項之規定本屬當然無效，被上訴人雖援用民法第二百四十四條之規定請將該契約撤銷，然依民法第二百四十四條之規定，撤銷契約亦使契約自始無效，法院就原告所主張起訴原因之事實判斷其法律上之效果，不受原告所述法律上見解之拘束，原審確認該契約為無效，與被上訴人聲明之本旨並無不符，不得謂為就當事人未聲明之事項為判決。（二六渝上三五〇）（九〇、二、一三決議不再援用）

▲上訴人在原審僅請維持第一審駁回被上訴人同居之訴之判決，並未以被上訴人於結婚時不能人道為原因，對被上訴人提起撤銷婚姻之反訴，在原法院自無從逾當事人聲明之範圍，就其婚姻之應否撤銷予以裁判。（二八上二四六九）

▲應付利息之金錢債務，約定以糧食納年利者，如按給付時之價額折算為金錢，超過週年百分之二十者，依民法第二百零五條之規定，債權人對於超過部分，固無請求權，惟債務人在週年百分之二十之限度內，仍應以糧食為給付，事實審法院自亦僅能依當事人之聲明，按言詞辯論終結時糧食之價額予以折算，命債務人給付糧食，不能於當事人聲明之外，命債務人按週年百分之二十以金錢為給付。（三二上二三九七）

▲復員後辦理民事訴訟補充條例第十二條之規定，法院雖應依職權適用，然如當事人拋棄同條賦予之權利，如聲明應受原有效果之判決者，亦不得違反民事訴訟法第三百八十八條規定而謂仍得適用。（三七上七七八二）

▲（三八穗上一〇三）參見本法第二百五十五條。

▲民事訴訟法採不干涉主義，凡當事人所未聲明之利益，不得歸之於當事人，所未提出之事實及證據，亦不得斟酌之，此觀民事訴訟法第三百八十八條之規定自明。本件被上訴人在事實審，並未主張就系爭基地有使用借貸關係之存在，原審竟認其有此關係，以被上訴人使用目的未完畢前，不能訴請收回，顯係就當事人所未聲明之利益，歸之於當事人，殊難認為適法。（四七臺上四三〇）

▲債權人允許主債務人延期清償，係屬一種事實而非法律之適用，除當事人主張外，法院不得依職權為裁判之基礎。（四九臺上一七六〇）

▲當事人行使解除權後，依民法第二百五十九條及第二百六十條之規定，除請求回復原狀外並得請求損害賠償，兩者法律關係不同，其請求權各別存在。本件上訴人起訴請求被上訴人等連帶賠償新臺幣五萬元，原審既認上訴人解除契約為合法，則上訴人非不得請求損害賠償，乃原審遽謂上訴人損害賠償之請求為錯誤，而命被上訴人等返還價金三萬九千元，自係就當事人未聲明之事項為判決，顯屬訴外裁判。（五九臺上七九七）

▲因買賣之標的物有瑕疵而解除契約，請求返還價金，與因解除契約顯失公平，僅得請求減少價金，在實體法上為兩種不同之請求權，在訴訟法上為兩種不同之訴訟標的，法院不得將原告基於解除契約所為返還價金之請求，依職權改為命被告減少價金之判決。（六七臺上三八九八）

▲（八三臺上七八七）參見本法第二百四十八條。

第三百八十九條（應依職權宣告假執行之判決）

下列各款之判決，法院應依職權宣告假執行：

一　本於被告認諾所為之判決。

二　（刪除）

三　就第四百二十七條第一項至第四項訴訟適用簡易程序所為被告敗訴之判決。

四　（刪除）

五　所命給付之金額或價額未逾新臺幣五十萬元之判決。

計算前項第五款價額，準用關於計算訴訟標的價額之規定。

第一項第五款之金額或價額，準用第四百二十七條第七項之規定。

⑩一、依家事事件法第三條第五項第十二款、第七十四條、第九十七條準用非訟事件法第三十六條第一項規定，扶養事件屬家事非訟事件，由法院以裁定程序行之，性質上不生判決假執行之問題。如家事訴訟事件與扶養費事件合併請求，經法院依家事事件法第四十一條第二項合併判決者，其中命給付扶養費部分性質上仍屬家事非訟裁定，依同法第四十一條第六項規定，法院於裁判前認有必要時，得依同法第八十五條規定命為適當之暫時處分。法院為本案裁判後，依同法第一百八十六條第一項，該裁判亦得為執行名義，爰配合刪除第一項第二款。

二、原條文第二項、第三項未修正。

＊（認諾判決）民訴三八四；（扶養義務）民一一一四～一一二一、一一四九；（簡易程序）民訴四二七㈢。

▲判決經宣告假執行者，除附有供擔保後得為假執行之條件外，自得即為執行。（二八抗五六）

第三百九十條（應依聲請宣告假執行之判決）

關於財產權之訴訟，原告釋明在判決確定前不為執行，恐受難於抵償或難於計算之損害者，法院應依其聲請，宣告假執行。

原告陳明在執行前可供擔保而聲請宣告假執行者，雖無前項釋明，法院應定相當之擔保額，宣告供擔保後，得為假執行。

*（判決確定）民訴三九八；（釋明）民訴二八四；（假執行之擔保）民訴三九二。

▲宣告假執行之判決，不必待其確定，債權人即可據以聲請執行。（一七抗三八）

▲（二八抗五六）參見本法第三百八十九條。

第三百九十一條（宣告假執行之障礙）

被告釋明因假執行恐受不能回復之損害者，如係第三百八十九條情形，法院應依其聲請宣告不准假執行；如係前條情形，應宣告駁回原告假執行之聲請。

*（釋明）民訴二八四；（依職權宣告假執行）民訴三八九；（聲請）民訴一一六、一二二；（依聲請宣告假執行判決）民訴三九〇。

第三百九十二條（附條件之假執行或免為假執行之宣告）

法院得宣告非經原告預供擔保，不得為假執行。

法院得依聲請或依職權，宣告被告預供擔保，或將請求標的物提存而免為假執行。

依前項規定預供擔保或提存而免為假執行，應於執行標的物拍定、變賣或物之交付前為之。

㉒一、原條文前段改列為第一項。

二、原條文後段規定有關法院宣告准被告預供擔保或將請求之標的物提存而免為假執行，除依被告之聲請外，是否包括得依職權為之，論者不一其說，為期明確，爰予明定，並列為第二項。

三、被告預供擔保或提存而免為假執行之時期，依原條文之規定，應於假執行程序實施前為之。惟假執行之實施，執行法院於執行前非必通知被告，每為被告所不及知，致無法預供擔保或提存而免為假執行。爰增訂第三項，將被告預供擔保或提存之時期，修正為於執行標的物拍定、變賣或物之交付前。

*（宣告假執行）民訴三八九、三九〇；（提存）提存一、五。

▲（四五臺抗一四四）參見本法第一百零四條。

▲民事訴訟法第三百九十二條後段所謂假執行程序實施前，係指執行法院就執行標的對於債務人為強制其履行之行為以前而言。至執行法院對於債務人發執行命令，如僅在命令債務人自動履行，既尚未為強制其履行之行為，衡其性質，係屬強制執行之準備行為，尚難認假執行程序業已實施。（六六臺抗三七八）

第三百九十三條（假執行之聲請時期及裁判）

關於假執行之聲請，應於言詞辯論終結前為之。

關於假執行之裁判，應記載於裁判主文。

㉒宣告假執行，原則上固以判決為之，但亦有以裁定為之者，故將第二項之「判決」修正為「裁判」，以資賅括。

*（關於假執行之聲請）民訴三九〇、三九一；（關於假執行之裁判）民訴三八九～三九二；（主文）民訴二二六㊀③。

第三百九十四條（補充假執行判決）

法院應依職權宣告假執行而未為宣告，或忽視假執行之聲請者，準用第二百三十三條之規定。

㉒法院忽視原告假執行之聲請者，依原條文規定，準用第二百三十三條之規定；至忽視被告免為假執行之聲請者，則不在得聲請補充判決之列（最高法院六十三年臺抗字第二七五號判例）。原條文於兩造利益之保護，有失均衡，爰增訂法院忽視免為假執行之聲請者，亦準用第二百三十三條之規定。即法院就第三百八十九條、第三百九十條或第三百九十二條之裁判有脫漏者，均有本條規定之適用。至第三百九十一條乃係有關宣告不准假執行或駁回原告假執行聲請之規定，就有關第三百九十一條之裁判如許聲請補充判決，則必需變更原判決之假執行宣告，與補充判決之意旨不合，自不在得聲請補充判決之列。

*（依職權宣告假執行）民訴三八九；（假執行之聲請）民訴三九〇；（補充判決）民訴二三三。

▲（六三臺抗二七五）參見本法第二百三十三條。

第三百九十五條（假執行宣告之失效）

假執行之宣告，因就本案判決或該宣告有廢棄或變更之判決，自該判決宣示時起，於其廢棄或變更之範圍內，失其效力。

法院廢棄或變更宣告假執行之本案判決者，應依被告之聲明，將其因假執行或因免假執行所為給付及所受損害，於判決內命原告返還及賠償，被告未聲明者，應告以得為聲明。

僅廢棄或變更假執行之宣告者，前項規定，於其後廢棄或變更本案判決之判決適用之。

*（本案之廢棄變更）民訴四五〇～四五二、四七七～四七九。

▲法院廢棄或變更宣告假執行之本案判決者，依民事訴訟法第三百九十五條第二項之規定，應依被告之聲明，將其因假執行或免假執行所為給付及所受損害，於判決內命原告返還及賠償，被告未聲明者，並應告以得為聲明，故對此項裁判有脫漏時，當事人既不能以之為上訴理由，自得聲請補充判決。（五三臺抗二一一）

▲民事訴訟法第三百九十五條第二項之規定，兼具實體法之性質，被告於訴訟中，固得據以請求，即於原告受敗訴判決確定後，另行起訴請求，亦無不可。（七三臺上五九）

▲民事訴訟法第三百九十五條第二項之規定，固未明定其適用於何審級法院，惟第一審法院無廢棄或變更宣告假執行之本案判決之情形，則該項規定，在第一審應無適用之餘地。而本院為法律審，關於因假執行或因免假執行所為給付及所受損害之範圍、種類及數額，不能為事實之認定，即無從為命返還及賠償之判決。故首揭條項，雖規定於第二編第一審程序中，應解為僅限於第二審法院有其適用。（七四臺上七六四）

▲（七四臺抗二五四）參見本法第一百零四條。

▲相對人依民事訴訟法第三百九十五條第二項規定所為之聲明，旨在確定其私權存在，取得給付之確定判決，與同法第五百二十九條第一項規定起訴之實質上意義相同。（七八臺抗八二）

第三百九十六條（定履行期間及分次履行之判決）

判決所命之給付，其性質非長期間不能履行，或斟酌被告之境況，兼顧原告之利益，法院得於判決內定相當之履行期間或命分期給付。經原告同意者亦同。

法院依前項規定，定分次履行之期間者，如被告遲誤一次履行，其後之期間視為亦已到期。

履行期間，自判決確定或宣告假執行之判決送達於被告時起算。

法院依第一項規定定履行期間或命分期給付者，於裁判前應令當事人有辯論之機會。

(92)一、原條文第一項及第二項前段有關法院得於判決內定履行期間及分次履行期間之規定，未能賅括民法第三百十八條第一項但書「法院得斟酌債務人之境況，許其於無甚害於債權人利益之相當期限內，分期給付，或緩期清償」之情形，爰依該規定意旨修正第一項。
二、有關法院得於判決內定分次履行期間之情形（包括定數次履行之期間及命分期給付），已於第一項有所修正，為督促被告遵期履行，其遲誤履行者，應受不利益之制裁。原第二項但書有關被告遲誤一次履行，其後之期間視為亦已到期之意旨應予維持，爰修正第二項。
三、法院依第一項規定定履行期間或命分期給付者，為兼顧兩造當事人之利益，及保障當事人之程序權利，於裁判前應令當事人有辯論之機會，爰增訂第四項規定。

*（將來給付之訴）民訴二四六；（分期給付與緩期清償）民三一八；（判決確定）民訴三九八；（宣告假執行）民訴三八九、三九〇、三九三；（送達）民訴一二三以下。

▲民事訴訟法第三百九十六條第一項之規定，不過認法院有斟酌判決所命給付之性質，得定相當之履行期間之職權，非認當事人有要求定此項履行期間之權利，故法院斟酌判決所命給付之性質所定之履行期間，當事人不得以酌定不當，為提起第三審上訴之理由。（四一臺上一二九）

▲履行期間，自判決確定或宣告假執行之判決送達於被告時起算，為民事訴訟法第三百九十六條第三項所明定。則定履行期間之判決，未經宣告假執行者，其履行期間自該判決確定時起算，反之，如經宣告假執行者，其履行期間應自宣告假執行之判決正本送達於被告（即債務人）時起算，為解釋上所當然。本件相對人據以聲請強制執行之執行名義，係第一審法院宣告假執行判決，該假執行判決於第二審所定履行期間，應自假執行判決正本送達再抗告人（即債務人）時起算。（六七臺抗一九三）

第三百九十七條　（情事變更法則）

確定判決之內容如尚未實現，而因言詞辯論終結後之情事變更，依其情形顯失公平者，當事人得更行起訴，請求變更原判決之給付或其他原有效果。但以不得依其他法定程序請求救濟者為限。

前項規定，於和解、調解或其他與確定判決有同一效力者準用之。

(92)一、原條文適用情形有二，一為法律行為成立後或非因法律行為發生之法律關係成立後，事實審最後言詞辯論終結前發生情事變更，一為確定判決之事實審最後言詞辯論終結後發生情事變更（院字第二七五九號、院解字第三八二九號解釋參照）。前者所適用之情事變更原則，乃誠信原則在實體法上內容具體化之個別法則之一，將其規定於本法，體制上有所不合，且民法第二百二十七條之二已增訂此項內容，本法無重複規定之必要。至於後者則涉及判決確定後更行起訴之問題，仍宜於本法加以規定。因情事變更而更行起訴，涉及確定判決之安定性，適用範圍不宜過於擴大，故如判決內容業已實現者，即不得再以情事變更為由，更行起訴。此外，如當事人得提起異議之訴或依其他法定程序請求救濟者，亦無許其更行起訴之必要，爰修正第一項規定。又當事人依本項起訴，係基於最後言詞辯論終結後變更之事實更行起訴，原判決所確定之法律關係及其他未變更之事實，仍為此訴訟之基礎事實，法院不得再行斟酌而為不同之認定，乃屬當然。
二、確定判決之內容如係有關非因法律行為發生之法律關係者，當然適用第一項之規定，第二項原條文已無規定之必要。又和解、調解或其他與確定判決有同一效力者，亦可能發生情事變更情形，爰於第二項設準用規定。

*（不可歸責於當事人事由）民二六六；（非因法律行為發生之法律關係）民四四二、八七六㊀。

▲因情事變更為增加給付之判決，非全以物價變動為根據，並應依客觀之公平標準，審酌一方因情事變更所受之損失，他方因情事變更所得之利益，及其他實際情形，以定其增加給付之適當數額。（六六臺上二九七五）

▲民事訴訟法第三百九十七條所謂依職權裁量，應在當事人訴之聲明增減之範圍內為之。上訴人未在事實審法院主張因情事變更而請求增加給付，原審未予斟酌，並不違法，自不得以此作為上訴第三審之原因。（七一臺上三八六）（九二、三、一八決議自九二、九、一起不再援用）

第三百九十八條　（判決確定之時期）

判決，於上訴期間屆滿時確定。但於上訴期間內有合法之上訴者，阻其確定。

不得上訴之判決，於宣示時確定；不宣示者，於公告時確定。

(92)為配合第二百二十三條第一項之修正，將「送達」修正為「公告」。

*（上訴期間）民訴四四〇、四八一；（不得上訴之判決）民訴二四九㊁、四五一㊀、四五二㊂、四六五、四六六㊀、五五一㊀。

▲對於第二審判決，於上訴期間內有合法之上訴者，依民事訴訟法第三百九十七條第一項但書之規定阻其確定，原第二審法院雖認係對於不得上訴之判決而上訴，以其上訴為不合法而為駁回之裁定，然當事人對於裁定於抗告期間內有合法之抗告者，其裁定既未確定，即無從斷定為非合法之上訴，第二審判決亦即不能認為確定。（院解三〇〇七）

▲對於第一審判決之一部提起上訴時，該判決全部之確定即被阻斷，嗣後上訴人得於言詞辯論終結前，任意擴張其聲明，不受上訴期間之拘束。（二二抗三五七）

▲當事人對於第一審或第二審之判決，雖於上訴期間內提起上訴，但因上訴不合程式致被駁回者，與未提起上訴同，如非另有合法之上訴，其第一審或第二審判決，仍於上訴期間屆滿時確定。（二三抗三二四七）

▲對於第二審判決於上訴期間內提起上訴，第三審法院以其上訴另有其他不合法情形，以裁定駁回其上訴者，對原判決提起再審之訴時，其再審不變期間固應自裁定確定之翌日起算（參看司法院院解字第三〇〇七號解釋）。但對於第二審判決已逾上訴期間後之上訴，第三審法院以上訴逾期為不合法裁定駁回者，其再審不變期間仍應自原判決確定之翌日起算，不得自駁回上訴裁定確定翌日起算再審不變期間。（七八臺抗一四九）

第三百九十九條　（判決確定證明書）

當事人得聲請法院，付與判決確定證明書。

判決確定證明書由第一審法院付與之。但卷宗在上級法院者，由上級法院付與之。

判決確定證明書，應於聲請後七日內付與之。

前三項之規定，於裁定確定證明書準用之。

(92)當事人依本條第一項規定要求法院付與判決確定證明書，乃程序上之聲請，原條文規定「請求」，有欠允當，且與第三項之「聲請」用語不符，爰將第一項之「請求」修正為「聲請」。

*（判決確定）民訴三九八；（卷宗）民訴二四一。

▲強制執行應依執行名義為之，執行法院對於執行名義是否有效成立，自應加以審查。未確定之支付命令，不備執行名義之要件，其執行名義尚未成立，執行法院不得據以強制執行。法院誤認未確定之裁判為確定，而依聲請付與確定證明書者，不生該裁判已確定之效力。執行法院就該裁判已否確定，仍得予以審查，不受該確定證明書之拘束。（八一臺抗一一四）

第四百條　（既判力之客觀範圍）

除別有規定外，確定之終局判決就經裁判之訴訟標的，有既判力。

主張抵銷之請求，其成立與否經裁判者，以主張抵銷

之額為限有既判力

⑨②一、為訴訟標的之法律關係於確定之終局判決中經裁判後，該確定終局判決中有關訴訟標的之判斷，即成為規範當事人間法律關係之基準，嗣後同一事項於訴訟中再起爭執時，當事人不得為與該確定判決意旨相反之主張，法院亦不得為與該確定判決意旨相反之判斷，此即民事訴訟制度為達終局地強制解決民事紛爭之目的所賦予確定終局判決之效力，通稱為判決之實質上確定力或既判力。其積極作用在於避免先後矛盾之判斷，消極作用則在於禁止重行起訴。原條文第一項著重於一事不再理之理念，僅就禁止重行起訴而為規定，就作為解釋既判力之範圍及其作用而言，立法上難認充足，爰修正第一項。

二、得主張抵銷之主動債權，不以與受動債權間具有對價關係為限，為避免誤會，爰將第二項規定「主張抵銷之對待請求」中之「對待」二字刪除。又為配合第一項之修正，原第二項末段「不得更行主張」之規定，修正為「有既判力」。

*（訴訟標的）民訴二四四㈠②；（確定終局判決）民訴三八一、三八二、三九八；（別有規定）民訴四九六；（抵銷）民三三四。

▲日敵財產經敵產處理機關接收後，如人民僅以日人為被告，主張該財產當時係被迫出賣，訴求確認原買賣契約已撤銷並返還財產，經法院受理予以有利判決者，其判決之效力不及於敵產處理機關。（院解四〇九六）

▲收復區敵偽產業處理辦法第四條第一款所謂日方，包括日本僑民及其團體在內，不以日本政府為限，所謂強迫接收，係專指以強暴行為侵奪占有而言，其本國盟國或友邦人民因被脅迫而為出賣或其他移轉占有之意思表示者，並不包含在內。至敵偽出資收購之產業已經敵偽產業處理機關接收後，其原出賣人為本國盟國或友邦人民，以其契約有無效或得撤銷之原因，主張該產業應准收回，得以敵偽產業處理機關為被告，提起民事訴訟，倘當事人仍以日僑為被告，其所得勝訴確定判決，並無拘束敵偽產業處理機關之效力。（院解四〇九七）

▲訴訟法上所謂一事不再理之原則，乃指同一事件已有確定之終局判決者而言。其所謂同一事件，必同一當事人就同一法律關係而為同一之請求，若此三者有一不同，即不得謂為同一事件，自不受確定判決之拘束。（一九上一七八）

▲離婚之訴經判決確定後，如以後有請求離婚之新事實發生，當事人自得據以起訴，不能以一事再理論。（二〇上二五三七）

▲為訴訟標的之權利係多數人所公同共有，依歷來慣例，本得由其中少數人代表全體，以自己名義起訴或應訴者，法院本於此少數人之辯論所為之裁判，苟已確定，其既判力即及於全體，不許其他公同共有人就同一訴訟標的更行起訴。（二二上一七〇〇）

▲命債務人為給付之確定判決，就給付請求權之存在有既判力，依民事訴訟法第三百九十九條第一項之規定，債務人不得對於債權人更行提起確認該給付請求權不存在之訴。（二六渝上一一六一）

▲確定判決以程序上理由駁回原告之訴，並未就為訴訟標的之法律關係予以裁判者，無民事訴訟法第三百九十九條第一項之既判力。（二七上一六八八）

▲為訴訟標的之法律關係，於確定之終局判決中已經裁判者，就該法律關係即有既判力，當事人雖僅於新訴訟用作攻擊防禦方法，法院亦不得為反於確定判決意旨之裁判。（三〇上八）

▲主張因公同共有物之處分而得權利之人，得以公同共有人中之一人為被告，提起確認自己權利存在之訴，但其既判力不及於未為被告之公同共有人。（三三上四三九四）

▲判決之既判力，係僅關於為確定判決之事實審言詞辯論終結時之狀態而生，故在確定判決事實審言詞辯論終結後所發生之事實，並不受其既判力之拘束。復員後辦理民事訴訟補充條例第十二條所稱之情事變更，如發生於確定判決之事實審言詞辯論終結後，即為該確定判決之既判力所不及，其確認給付義務存在或命債務人給付之判決確定後，給付義務消滅前，具備同條之適用要件者，債權人以此為原因提起請求增加給付之訴，本不在民事訴訟法第三百九十九條第一項規定之列，法院自非不得為增加給付之判決。（三九臺上二一四）

▲訴訟標的之法律關係，於確定之終局判決中經裁判者，當事人之一造以該確定判決之結果為基礎，於新訴訟用作攻擊防禦方法時，他造應受其既判力之拘束，不得以該確定判決言詞辯論終結前，所提出或得提出而未提出之其他攻擊防禦方法為與該確定判決意旨相反之主張，此就民事訴訟法第三百九十九條第一項規定之趣旨觀之甚明。（四二臺上一三〇六）

▲某甲此次訴請再抗告人給付租金，雖其請求給付租金期間之起訖與前次訴請求給付損害金時間之起訖相同，然一為租金給付請求權，一為賠償損害請求權，其為訴訟標的之法律關係並非同一，自不受前次訴訟確定判決之拘束。（四三臺抗五四）

▲前訴訟事件係訴外人某甲為原告，訴外人某乙、某丙及兩造（即本件當事人）為被告，本件則係被上訴人為原告，上訴人為被告，是前後兩訴之當事人並非同一，又前訴訟事件係請求分割共有物，屬於形成之訴，本件則係求履行和解內容及給付已代領得之實物與債券，屬於給付之訴，彼此間之法律關係亦非同一，顯與一事再理之情形有間，自無民事訴訟法第三百九十九條第一項規定之適用。（四五臺上一三八〇）

▲（四七臺上一〇一）參見本法第二百五十三條。

▲關於消極確認之訴經確定判決，認法律關係成立予以駁回時，就該法律關係之成立即有既判力，上訴人前對系爭債權提起確認不存在之訴，既受敗訴之判決且告確定，則被上訴人於後案主張債權存在，請求如數履行，上訴人即應受前案既判力之羈束，不容更為債權不存在之主張。（五〇臺上二三二）

▲所謂既判力不僅關於其言詞辯論終結前所提出之攻擊防禦方法有之，即其當時得提出而未提出之攻擊防禦方法亦有之。上訴人前對系爭土地提起確認得標無效及登記應予塗銷之訴，既受敗訴判決且告確定，則其就本件訴訟請求確認買賣關係不存在及登記應予塗銷，雖所持理由與前案有不同，然此項理由，乃於前案得提出而未提出者，即仍應受前案既判力之拘束，不容更為起訴。（五一臺上六六五）

▲訴訟標的於確定之終局判決中經裁判者，依民事訴訟法第三百九十九條第一項規定，當事人固不得就該法律關係更行起訴，惟此係指確定終局判決所裁判之訴訟標的，與更行起訴之法律關係相同者而言，若更行起訴之法律關係，與確定判決所裁判之訴訟標的，僅有因果關係，則二者並非相同，即無該條項之適用。（五一臺上一〇四一）

▲原確定判決係以兩造間耕地爭議與租佃有關，上訴人未聲請該管耕地租佃委員會調解調處，逕行起訴，不備法定程式，因而為不利於上訴人之判決，顯未就訴訟標的之法律關係予以裁判，上訴人於該案確定後提起本件請求返還土地之訴，原審認為違反民事訴訟法第三百九十九條第一項之規定，殊難謂合。（五一臺上二〇三八）

▲（六一臺上二八三五）參見本法第三百八十條。

▲被告對於原告起訴主張之請求，提出抵銷之抗辯，祇須其對於原告確有已備抵銷要件之債權即可，至原告對於被告所主張抵銷之債權曾有爭執，或被告已另案起訴請求，均不影響被告抵銷權之行使。（六七臺上一六四七）

▲法院所為許可拍賣抵押物之裁定，並無既判力，被上訴人於聲請法院拍賣抵押物，經法院裁定准許後，仍就原債權更行提起本件給付之訴，不能謂欠缺權利保護要件。（六七臺上四〇四六）

▲訴訟標的對於共同訴訟之各人必須合一確定者，必須一同起訴或一同被訴，其當事人之適格，始能謂無欠缺。如未以該共同訴訟人之全體一同起訴或被訴，而法院誤為適格之當事人，對之就訴訟標的為實體之裁判，該裁判縱經確定，對於應參與訴訟之共同訴訟人全體均無若何效力可言。（六七臺抗四八〇）

▲（六八臺抗二三五）參見本法第二百四十九條。

▲民事訴訟法第四百條第一項規定確定判決之既判力，惟於判決主文所判斷之訴訟標的，始可發生。若訴訟標的以外

之事項，縱令與為訴訟標的之法律關係有影響，因而於判決理由中對之有所判斷，除同條第二項所定情形外，尚不能因該判決已經確定而認此項判斷有既判力。（七三臺上三二九二）

▲民事訴訟法第四百條第二項對經裁判之抵銷數額，既明定有既判力，其因該部分判決所生法律上之效力，而受不利益之當事人，就該部分判決，自有上訴利益，不受原判決主文形式上為准駁宣示之拘束。（八〇臺上二九一七）

▲為訴訟標的之法律關係，於確定之終局判決中已經裁判者，就該法律關係有既判力，當事人不得以該確定判決事件終結前所提出或得提出而未提出之其他攻擊防禦方法，於新訴訟為與該確定判決意旨相反之主張，法院亦不得為反於該確定判決意旨之裁判。（行七二判三三六）

第四百零一條　（既判力之主觀範圍）

確定判決，除當事人外，對於訴訟繫屬後為當事人之繼受人者及為當事人或其繼受人占有請求之標的物者，亦有效力。

對於為他人而為原告或被告者之確定判決，對於該他人亦有效力。

前二項之規定，於假執行之宣告準用之。

＊（確定判決）民訴三九八；（繼受人）民一一三八～一一四一、一一四四；（占有人）民九四〇、九四一；（為他人為原告或被告）民訴四一、四三，民一一七九、一一八四、一二一五、一二一六，破產七五、八八、九二；（假執行之宣告）民訴三八九、三九〇、三九三。

▲確定判決，除當事人外，對於訴訟繫屬後為當事人之繼承人者，亦有效力，民事訴訟法第四百條第一項定有明文。所謂繼承人，包括因法律行為而受讓訴訟標的之特定繼承人在內。（三三上一五六七）

▲遺產管理人或遺囑執行人就遺產為訴訟，破產管理人就屬於破產財團之財產為訴訟，被選定之訴訟當事人為全體有共同利益之人為訴訟，依民事訴訟法第四百條第二項之規定，其所受判決對於遺產繼承人、破產人或其他有共同利益之人固亦有既判力，惟夫或妻以自己名義與人涉訟，所受之判決，對於妻或夫非當然亦有效力。（三三上六〇五六）

▲某乙移轉系爭房屋所有權於上訴人，已在被上訴人對某乙訴請拆屋交地事件之訴訟繫屬以後，既為上訴人所不否認，則被上訴人與某乙間拆屋交地之確定判決，依民事訴訟法第四百條第一項之規定，對於就系爭房屋居於特定繼承之地位之上訴人，亦有效力。（四二臺上一二一五）

▲民事訴訟法第四百零一條第一項所謂繼受人，依本院三十三年上字第一五六七號判例意旨，包括因法律行為而受讓訴訟標的之特定繼承人在內。而所謂訴訟標的，係指為確定私權所主張或不認之法律關係，欲法院對之加以裁判者而言。至法律關係，乃法律所定為權利主體之人，對於人或物所生之權利義務關係。惟所謂對人之關係與所謂對物之關係，則異其性質。前者係指依實體法規定為權利主體之人，得請求特定人為特定行為之權利義務關係，此種權利義務關係僅存在於特定之債權人與債務人之間，倘以此項對人之關係為訴訟標的，必繼受該法律關係中之權利或義務人始足當之，同法第二百五十四條第一項亦指此項特定繼受人而言。後者則指依實體法規定為權利主體之人，基於物權，對於某物得行使之權利關係而言，此種權利關係，具有對世效力與直接支配物之效力，如離標的物，其權利失所依據，倘以此項對物之關係為訴訟標的時，其所謂繼受人凡受讓標的物之人，均包括在內。本件訴訟既本於買賣契約請求辦理所有權移轉登記，自係以對人之債權關係為其訴訟標的，而訴外人某僅為受讓權利標的物之人，並未繼受該債權關係中之權利或義務，原確定判決之效力，自不及於訴外人某。（六一臺再一八六）

▲確定判決，除當事人外，對於訴訟繫屬後為當事人之繼受人者，及為當事人或其繼受人占有請求之標的物者，亦有效力，民事訴訟法第四百零一條第一項定有明文。倘現時占有執行標的的房屋之第三人，係本案訴訟繫屬後為再抗告人之繼受人，或為再抗告人占有前開房屋時，自不能謂非本件執行名義效力所及之人。（七一臺抗八）

第四百零二條　（外國法院確定判決之效力）

外國法院之確定判決，有下列各款情形之一者，不認其效力：

一　依中華民國之法律，外國法院無管轄權者。

二　敗訴之被告未應訴者。但開始訴訟之通知或命令已於相當時期在該國合法送達，或依中華民國法律上之協助送達者，不在此限。

三　判決之內容或訴訟程序，有背中華民國之公共秩序或善良風俗者。

四　無相互之承認者。

前項規定，於外國法院之確定裁定準用之。

⑫一、本文「左列」修正為「下列」，並列為第一項本文。

二、現行法第二款規定原係為賦予敗訴之中華民國國民應有之程序權保障，惟為促進國際交流，此程序權之保障不宜以本國人為限，凡遭受敗訴判決之當事人，如在我國有財產或糾紛，而須藉由我國承認外國判決效力以解決紛爭者，均應予以保障。爰將本款「為中華民國人而」等字刪除。又為保障當事人之程序權，開始訴訟之通知或命令不僅應合法送達，並應給予當事人相當期間以準備行使防禦權，至於是否送達當事人本人，則非必要，爰修正第二款規定。

三、第三款之規定，係指外國法院確定判決之內容在實體法上違背我國公序良俗之情形而言，然為保障當事人之程序權，就外國法院判決之訴訟程序違背我國公序良俗之情形，亦應包括在內。爰修正第三款規定，以求周延。所謂訴訟程序違背公序良俗，例如當事人雖已受送達，但未被賦予聽審或辯論之機會；或法官應迴避而未迴避，其判決明顯違反司法之中立性及獨立性。此外，外國法院之訴訟繫屬或確定判決，依第一百八十二條之二運用之結果，如與我國法院之訴訟繫屬或確定判決有所牴觸時，是否承認外國法院之訴訟繫屬或確定判決，亦應依個別具體狀況判斷是否違背我國公序良俗而定。至於外國法院之判決有無違背我國之公序良俗，乃係法官應依職權加以斟酌之事項，法官應促使當事人為適當之主張及舉證後加以判斷。

四、第四款所謂「無國際相互之承認者」，係指司法上之承認而言，並非指國際法上或政治上之承認，為避免誤解，爰將「國際」二字刪除，以杜爭議。

五、外國法院所為之確定裁定，例如命扶養或監護子女等有關身分關係之保全處分、確定訴訟費用額之裁定、就父母對於未成年子女權利義務之行使或負擔之事項所為之裁定等，為解決當事人間之紛爭，亦有承認其效力之必要，爰增訂第二項，明定外國法院之確定裁定準用第一項之規定。至於基於訴訟指揮所為程序上之裁定，因隨時得加以變更，故非本項所指之確定裁定。

＊（外國法院判決）強執四三；（管轄）民訴一～三一；（送達）民訴一二三以下；（公序良俗）民七二。

▲（六一臺上二八三五）參見本法第三百八十條。

第二章　調解程序

第四百零三條　（強制調解之事件）

下列事件，除有第四百零六條第一項各款所定情形之一者外，於起訴前，應經法院調解：

一　不動產所有人或地上權人或其他利用不動產之人相互間因相鄰關係發生爭執者。

二　因定不動產之界線或設置界標發生爭執者。

三　不動產共有人間因共有物之管理、處分或分割發生爭執者。

四　建築物區分所有人或利用人相互間因建築物或其共同部分之管理發生爭執者。

五　因增加或減免不動產之租金或地租發生爭執者。

六　因定地上權之期間、範圍、地租發生爭執者。

七　因道路交通事故或醫療糾紛發生爭執者。

八　僱用人與受僱人間因僱傭契約發生爭執者。

九　合夥人間或隱名合夥人與出名營業人間因合夥發生爭執者。

十　配偶、直系親屬、四親等內之旁系血親、三親等內之旁系姻親、家長或家屬相互間因財產權發生爭執者。

十一　其他因財產權發生爭執，其標的之金額或價額在新臺幣五十萬元以下者。

前項第十一款所定數額，司法院得因情勢需要，以命令減至新臺幣二十五萬元或增至七十五萬元。

(88)現行條文所定起訴前應強制調解之事件，係逕以簡易事件為其決定標準，而未充分考量其事件性質多樣性或當事人間之關係如何，實有礙於調解功能之積極發揮，且未能分擔民事糾紛解決之途，尚欠允洽。爰加以修正之。

*（簡易程序）民訴四二七㈠、㈡；（其他調解機關）三七五減租二六，勞資一一，鄉調一。

第四百零四條（任意調解之事件）

不合於前條規定之事件，當事人亦得於起訴前，聲請調解。

有起訴前應先經法院調解之合意，而當事人逕行起訴者，經他造抗辯後，視其起訴為調解之聲請。但已為本案之言詞辯論者，不得再為抗辯。

(88)一、調解為起訴前之程序，爰將第一項之「訴訟」修正為「事件」，以期周延。

二、強制調解事件已非以簡易訴訟程序事件為其決定標準，爰將第二項首句，修正為「有起訴前應先經法院調解之合意」，以資配合。又為求訴訟程序安定，當事人之抗辯應於本案言詞辯論前為之，其已為本案言詞辯論後始行抗辯者，即不得再視其起訴為調解之聲請，爰增訂但書規定。

*（前條規定之事件）民訴四〇三；（起訴）民訴二四四；（聲請調解）民訴四〇五；（簡易程序之合意）民訴四二七㈢。

第四百零五條（聲請調解之程式及管轄法院）

調解，依當事人之聲請行之。

前項聲請，應表明為調解標的之法律關係及爭議之情形。有文書為證據者，並應提出其原本或影本。

聲請調解之管轄法院，準用第一編第一章第一節之規定。

(88)一、第一項不修正。

二、為使法院能迅速瞭解事實真相及兩造爭議之關鍵，爰於第二項增訂聲請人「有文書為證據者，並應提出其原本或影本」之規定。

三、第三項不修正。

*（聲請）民訴一一六、一二二；（管轄法院）民訴一～三一。

第四百零六條（得以裁定駁回之情形及其效力）

法院認調解之聲請有下列各款情形之一者，得逕以裁定駁回之：

一　依法律關係之性質，當事人之狀況或其他情事可認為不能調解或顯無調解必要或調解顯無成立之望者。

二　經其他法定調解機關調解未成立者。

三　因票據發生爭執者。

四　係提起反訴者。

五　送達於他造之通知書，應為公示送達或於外國為送達者。

六　金融機構因消費借貸契約或信用卡契約有所請求者。

前項裁定，不得聲明不服。

(92)實務上金融機構因消費借貸契約或本於信用卡契約有所請求之事件，被告通常未到庭，由原告聲請一造辯論判決，此等事件，應無調解之實益，爰增訂第一項第六款之規定。

*（裁定）民訴二三四～二三九；（不得聲明不服）民訴四八二。

第四百零六條之一（調解程序）

調解程序由簡易庭法官行之。但依第四百二十條之一第一項移付調解事件，得由原法院、受命法官或受託法官行之。

調解由法官選任調解委員一人至三人先行調解，俟至相當程度有成立之望或其他必要情形時，再報請法官到場。但兩造當事人合意或法官認為適當時，亦得逕由法官行之。

當事人對於前項調解委員人選有異議或兩造合意選任其他適當之人者，法官得另行選任或依其合意選任之。

(88)一、本條係新增。

二、為擴大法院調解功能，辦理調解事件之法院應儘可能普及深入民間，以便利當事人使用調解制度，爰增訂第一項，明定調解事件由簡易庭法官辦理。

三、第二項係將第四百十一條第一、二項修正後移列。

四、調解委員調解能否成功，繫乎當事人對於調解委員之信賴程度，如當事人對於法官選任之調解委員人選有異議，或兩造合意選任其他適當之人者，法院自宜另行選任或依其合意選任之。爰增訂第三項規定。

第四百零六條之二（適為調解委員之人選列冊）

地方法院應將其管轄區域內適於為調解委員之人選列冊，以供選任；其人數、資格、任期及其聘任、解任等事項，由司法院定之。

法官於調解事件認有必要時，亦得選任前項名冊以外之人為調解委員。

(88)一、本條係新增。

二、為便利法官選任調解委員，落實調解委員制度，爰於第一項規定地方法院應將其管轄區域內適於為調解委員之人選列冊，以供選任。又有關調解委員人數、資格、任期及聘任、解任等事項，所涉細節極為繁瑣，無從於本法詳為規定，爰授權由司法院定之。

三、前項名冊旨在便利法官選任調解委員，法官於調解事件認有必要時，亦得不受其拘束而選任名冊以外之人為調解委員。爰於第二項明定之，俾資適用。

第四百零七條（調解期日及續行調解期日之指定）

調解期日，由法官依職權定之，其續行之調解期日，得委由主任調解委員定之；無主任調解委員者，得委由調解委員定之。

第一百五十六條、第一百五十九條之規定，於法官定調解期日準用之。

聲請書狀或言詞聲請之筆錄應與調解期日之通知書，一併送達於他造。

前項通知書應記載不到場時之法定效果。

[88]一、調解期日之指定，應由法官依職權定之，惟為求調解程序之便捷，法官得將續行之調解期日委由主任調解委員定之。爰將第一項修正之。

二、原第四百十一條第一項所定當事人推舉調解人之制度業經變更，原第二項規定已無留存必要；又第一百五十六條有關審判長定期日後之通知規定，第一百五十九條有關審判長得裁定變更或延展期日之規定，於法官定調解期日之情形，應得準用之。爰將第二項予以修正。

三、調解程序已修正由法官逐件選任調解委員行之，第四百三十二條之規定已無準用餘地，爰將原條文第三項刪除。

四、增訂第四項，規定調解期日通知書應記載不到場時之法定效果，以促注意。

*（定期日）民訴一五四、一五六；（自行到場）民訴四三二。

第四百零七條之一　（調解程序之指揮）

調解委員行調解時，由調解委員指揮其程序，調解委員有二人以上時，由法官指定其中一人為主任調解委員指揮之。

[88]一、本條係新增。

二、第四百零六條之一已規定調解先由調解委員行之，為期其程序進行順暢，於法官到場前，應賦予調解委員程序指揮權，調解委員有二人以上時，並應由法官指定其中一人行之。爰予增訂。

第四百零八條　（命當事人或法定代理人本人於調解期日到場）

法官於必要時，得命當事人或法定代理人本人於調解期日到場；調解委員認有必要時，亦得報請法官行之。

[88]將「法院」修正為「法官」，俾資明確，並增訂「調解委員認有必要時，亦得報請法官行之。」以利適用。

*（法定代理人）民訴四七。

第四百零九條　（對違背到場義務者之處罰）

當事人無正當理由不於調解期日到場者，法院得以裁定處新臺幣三千元以下之罰鍰；其有代理人到場而本人無正當理由不從前條之命者亦同。

前項裁定得為抗告，抗告中應停止執行。

[88]一、第一項「科一千元」修正為「處新臺幣三千元」。

二、第二項不修正。

*（調解期日）民訴一五四、一五八、四〇七㈠。

第四百零九條之一　（禁止他造變更現狀等）

為達成調解目的之必要，法院得依當事人之聲請，禁止他造變更現狀、處分標的物，或命為其他一定行為或不行為；於必要時，得命聲請人供擔保後行之。

關於前項聲請之裁定，不得抗告。

法院為第一項處置前，應使當事人有陳述意見之機會。但法院認為不適當或經通知而不為陳述者，不在此限。

第一項之處置，不得作為執行名義，並於調解事件終結時失其效力。

當事人無正當理由不從第一項處置之命者，法院得以裁定處新臺幣三萬元以下之罰鍰。

前項裁定得為抗告，抗告中應停止執行。

[88]一、本條係新增。

二、規定法院為達成調解目的之必要，得依當事人之聲請，命他造為一定行為或不行為。此項處置不得作為執行名義，並於調解事件終結時失其效力，惟當事人如無正當理由不從處置之命者，法院得裁處新臺幣三萬元以下之罰鍰。

第四百十條　（調解處所）

調解程序於法院行之，於必要時，亦得於其他適當處所行之。調解委員於其他適當處所行調解者，應經法官之許可。

前項調解，得不公開。

[88]一、第四百零六條之一第一項已規定調解由簡易庭法官行之，爰配合將第一項「由調解推事」五字刪除，並增訂「調解委員於其他適當處所行調解者，應經法官之許可」之規定，以保障當事人權益。

二、調解程序當然不用開庭之形式，爰將第二項「不用開庭之形式」七字刪除，以期簡潔。

*（法庭公開）法組八六、八七；（法院行之）民訴一五七。

第四百十條之一　（須報請法官處理之情形）

調解委員認調解有第四百零六條第一項各款所定情形之一者，報請法官處理之。

[88]一、本條係新增。

二、調解委員認調解事件有第四百零六條第一項各款所定情形之一者，不得自行駁回調解之聲請，爰明定此種情形，應報請法官處理之，俾資適用。

第四百十一條　（調解委員得支領日費、旅費）

調解委員行調解，得支領日費、旅費，並得酌支報酬；其計算方法及數額由司法院定之。

前項日費、旅費及報酬，由國庫負擔。

[88]一、原條文第一、二項已修正移列為第四百零六條之一第三項。

二、為鼓勵社會公正人士參與調解，以提高調解績效，爰將原條文第三項修正移列為第一項。有關日費、旅費及報酬之計算方法與數額，宜由司法院視社會經濟狀況等因素而為訂定，爰並規定由司法院定之。

三、調解委員係立於協同法官行調解之地位，與證人、鑑定人不同，其赴法院參與調解之日費、旅費及報酬，應非屬訴訟費用，當然應由國庫負擔。爰於第二項明定之，以杜爭議。

四、第四百零六條之一第三項已規定原則上由調解委員先行調解，則法院應通知調解委員到場，乃屬當然，又「當事人推舉調解人」之制度亦經變更，故原第四項規定已無留存必要，爰予刪除。

*（日費旅費）民訴三二三。

第四百十二條　（第三人之參加調解）

就調解事件有利害關係之第三人，經法官之許可，得參加調解程序；法官並得將事件通知之，命其參加。

[88]將「法院」修正為「法官」。

第四百十三條　（審究事件關係及兩造爭議之所在及調查證據）

行調解時，為審究事件關係及兩造爭議之所在，得聽取當事人、具有專門知識經驗或知悉事件始末之人或其他關係人之陳述，察看現場或調解標的物之狀況；於必要時，得由法官調查證據。

(88)調解委員或法官行調解時，為審究事件關係及兩造爭議之所在，得聽取當事人及其他關係人之陳述，察看現場或調解標的物之狀況，惟有關調查證據程序，則仍應由法官行之，爰修正明定之，俾資明確。

*（調查證據）民訴二七七以下。

第四百十四條（調解之態度）

調解時應本和平懇切之態度，對當事人兩造為適當之勸導，就調解事件酌擬平允方案，力謀雙方之和諧。

(88)配合第四百零六條之一規定，將「調解推事」修正為「調解時」，並刪除「並徵詢調解人之意見」九字。

第四百十五條（刪除）

(88)依新增之第四百零六條之一規定，原則上已先由調解委員先行調解，本條規定無留存必要，爰予刪除。

第四百十五條之一（調解條款之酌定）

關於財產權爭議之調解，經兩造同意，得由調解委員酌定解決事件之調解條款。

前項調解條款之酌定，除兩造另有約定外，以調解委員過半數定之。

調解委員不能依前項規定酌定調解條款時，法官得於徵詢兩造同意後，酌定調解條款，或另定調解期日，或視為調解不成立。

調解委員酌定之調解條款，應作成書面，記明年月日，或由書記官記明於調解程序筆錄，由調解委員簽名後，送請法官審核；其經法官核定者，視為調解成立。

前項經核定之記載調解條款之書面，視為調解程序筆錄。

法官酌定之調解條款，於書記官記明於調解程序筆錄時，視為調解成立。

(88)一、本條係新增。

二、關於財產權爭議之調解，如兩造均有成立調解之意願，惟因無法即就具體調解內容獲致結論，而願由調解委員酌定調解條款者，調解委員自宜予以酌定，以杜訟爭，而保護當事人選擇程序之機會，爰增設調解委員經兩造同意得酌定調解條款，並視為當事人已依該調解條款成立調解之規定，俾利適用。

第四百十六條（調解成立之效力與調解無效或撤銷）

調解經當事人合意而成立；調解成立者，與訴訟上和解有同一之效力。

調解有無效或得撤銷之原因者，當事人得向原法院提起宣告調解無效或撤銷調解之訴。

前項情形，原調解事件之聲請人，得就原調解事件合併起訴或提起反訴，請求法院於宣告調解無效或撤銷調解時合併裁判之。並視為自聲請調解時，已經起訴。

第五百條至第五百零二條及第五百零六條之規定，於第二項情形準用之。

調解不成立者，法院應付與當事人證明書。

第五編之一第三人撤銷訴訟程序之規定，於第一項情形準用之。

(102)一、原條文第一項至第五項未修正。

二、因第一項調解之效力可能及於第三人，第三人之固有權益恐因該調解致受損害，而本條第二項有關宣告調解無效或撤銷調解之訴，又限於調解之當事人始得提起，上開第三人則無適用餘地，為保障其固有權益及程序權，明定準用第五編之一規定，使得提起第三人撤銷訴訟，以為救濟，爰增訂第六項。

*（訴訟上和解之效力）民訴三八〇㊀；（再審期間）民訴五〇〇；（再審之訴裁判駁回）民訴五〇二；（調解不成立）民訴四一九。

▲（五八臺上一五〇二）參見本法第三百八十條。

第四百十七條（依職權提出解決事件之方案）

關於財產權爭議之調解，當事人不能合意但已甚接近者，法官應斟酌一切情形，其有調解委員者，並應徵詢調解委員之意見，求兩造利益之平衡，於不違反兩造當事人之主要意思範圍內，以職權提出解決事件之方案。

前項方案，應送達於當事人及參加調解之利害關係人。

(88)一、第一項之「調解推事」、「調解人」修正為「法官」、「調解委員」。

二、第二項不修正。

第四百十八條（對解決事件方案之異議與調解成立、不成立之擬制）

當事人或參加調解之利害關係人對於前條之方案，得於送達後十日之不變期間內，提出異議。

於前項期間內提出異議者，視為調解不成立；其未於前項期間內提出異議者，視為已依該方案成立調解。

第一項之異議，法院應通知當事人及參加調解之利害關係人。

*（依職權為解決事件之裁定）民訴四一七。

第四百十九條（調解不成立之效力）

當事人兩造於期日到場而調解不成立者，法院得依一造當事人之聲請，按該事件應適用之訴訟程序，命即為訴訟之辯論。但他造聲請延展期日者，應許可之。

前項情形，視為調解之聲請人自聲請時已經起訴。

當事人聲請調解而不成立，如聲請人於調解不成立證明書送達後十日之不變期間內起訴者，視為自聲請調解時，已經起訴；其於送達前起訴者亦同。

以起訴視為調解之聲請或因債務人對於支付命令提出異議而視為調解之聲請者，如調解不成立，除調解當事人聲請延展期日外，法院應按該事件應適用之訴訟程序，命即為訴訟之辯論，並仍自原起訴或支付命令聲請時，發生訴訟繫屬之效力。

(92)債務人對於支付命令於法定期間合法提出異議者，依修正後第五百十九條第一項規定，支付命令於異議範圍內失其效力，如該事件為強制調解事件，即於該支付命令失其效力範圍內，以債權人支付命令之聲請，視為調解之聲請。如其調解不成立者，宜與以起訴視為調解之聲請而調解不成立之情形為相同之處理，爰於第四項增訂之。

*（調解期日到場）民訴四〇八、四〇九；（延展期日）民訴一五九；（起訴）民訴二四四；（依職權為解決事件之方案）民訴四一七。

第四百二十條（兩造或一造不到場之處置）

當事人兩造或一造於期日不到場者，法官酌量情形，得視為調解不成立或另定調解期日。

(88)「法院」修正為「法官」。

*（期日）民訴四〇七㈠、四〇八；（調解不成立）民訴四一九。

第四百二十條之一　（合意移付調解）

第一審訴訟繫屬中，得經兩造合意將事件移付調解。

前項情形，訴訟程序停止進行。調解成立時，訴訟終結。調解不成立時，訴訟程序繼續進行。

依第一項規定移付調解而成立者，原告得於調解成立之日起三個月內聲請退還已繳裁判費三分之二。

第二項調解有無效或得撤銷之原因者，準用第三百八十條第二項規定；請求人並應繳納前項退還之裁判費。

⑩一、原條文第一項至第三項未修正。

二、訴訟繫屬中經兩造合意移付調解而成立者，如有無效或得撤銷之原因，宜使利用原訴訟程序繼續審判，以保護程序利益及維護程序經濟，故明定準用第三百八十條第二項之規定，當事人得請求依原訴訟程序繼續審判，為請求之當事人並應繳納依本條第三項規定已退還之裁判費，爰增訂第四項。

第四百二十一條　（調解程序筆錄之製作、內容及送達）

法院書記官應作調解程序筆錄，記載調解成立或不成立及期日之延展或訴訟之辯論。但調解委員行調解時，得僅由調解委員自行記錄調解不成立或延展期日情形。

第四百十七條之解決事件之方案，經法官當場宣示者，應一併記載於筆錄。

調解成立者，應於十日內以筆錄正本，送達於當事人及參加調解之利害關係人。

第二百十二條至第二百十九條之規定，於第一項、第二項筆錄準用之。

⑧一、調解委員報請法官到場前所行之調解程序，可能極為冗長，應無一律命書記官到場製作調解程序筆錄之必要。爰於第一項增設但書，規定調解委員行調解時，得僅由調解委員自行記錄調解不成立或延展期日情形，以減輕書記官之工作負擔。

二、第二項「調解推事」修正為「法官」。

三、第三、四項不修正。

*（筆錄）民訴二一二～二一九；（調解成立）民訴四一六㈠；（調解不成立）民訴四一九、四二〇；（依職權為解決事件之方案）民訴四一七。

第四百二十二條　（調解中之陳述或讓步不得為裁判之基礎）

調解程序中，調解委員或法官所為之勸導及當事人所為之陳述或讓步，於調解不成立後之本案訴訟，不得採為裁判之基礎。

⑧「調解推事」修正為「調解委員或法官」。

*（調解不成立）民訴四一九、四二〇。

第四百二十三條　（調解費用㈠——不成立時之負擔）

調解不成立後起訴者，其調解程序之費用，應作為訴訟費用之一部；不起訴者，由聲請人負擔。

第八十四條之規定，於調解成立之情形準用之。

⑧一、原條文不修正，列為第一項。

二、增訂第二項，明定準用第八十四條之規定，以利適用。

*（調解不成立後起訴）民訴四一九㈢；（訴訟費用）民訴七八以下。

第四百二十四條　（簡易事件逕向法院起訴者）

第四百零三條第一項之事件，如逕向法院起訴者，宜於訴狀內表明其具有第四百零六條第一項所定事由，並添具釋明其事由之證據。其無該項所定事由而逕行起訴者，視為調解之聲請。

以一訴主張數項標的，其一部非屬第四百零三條第一項之事件者，不適用前項視為調解聲請之規定。

⑧一、第一項「訴訟」修正為「事件」。

二、原第二項規定移併於第一項，並做文字修正，俾資明確。

三、當事人提起主觀或客觀合併之訴，其訴之一部非屬第四百零三條第一項之事件者，如就一部為強制調解，徒增程序延滯，爰於第二項規定此種情形，不適用前項視為調解聲請之規定。

*（簡易訴訟）民訴四二七㈠、㈡；（訴狀表明）民訴二四四；（起訴應經調解）民訴四〇三；（釋明）民訴二八四。

▲離婚之訴，未經法院調解而逕行起訴時，依民事訴訟法第五百七十三條第二項，準用同法第四百二十四條第二項之規定，固應視其起訴為調解之聲請，但第一審法院未予調解，逕就其訴為終局判決者，上訴審不得以此為理由而廢棄第一審判決。（三一上一八一六）

第四百二十五條　（調解費用㈡——經撤回之負擔）

調解之聲請經撤回者，視為未聲請調解。

第八十三條第一項之規定，於前項情形準用之。

*（費用負擔）民訴八三、四二三。

第四百二十六條　（保密義務）

法官、書記官及調解委員因經辦調解事件，知悉他人職務上、業務上之秘密或其他涉及個人隱私之事項，應保守秘密。

⑧「調解推事」、「調解人」修正為「法官」、「調解委員」。

*（調解程序得不公開）民訴四一〇。

第三章　簡易訴訟程序

第四百二十七條　（適用簡易訴訟程序之範圍）

關於財產權之訴訟，其標的之金額或價額在新臺幣五十萬元以下者，適用本章所定之簡易程序。

下列各款訴訟，不問其標的之金額或價額一律適用簡易程序：

一　因建築物或其他工作物定期租賃或定期借貸關係所生之爭執涉訟者。

二　僱用人與受僱人間，因僱傭契約涉訟，其僱傭期間在一年以下者。

三　旅客與旅館主人、飲食店主人或運送人間，因食宿、運送費或因寄存行李、財物涉訟者。

四　因請求保護占有涉訟者。

五　因定不動產之界線或設置界標涉訟者。

六　本於票據有所請求而涉訟者。

七　本於合會有所請求而涉訟者。

八　因請求利息、紅利、租金、退職金或其他定期給付涉訟者。

九　因動產租賃或使用借貸關係所生之爭執涉訟者。

十　因第一款至第三款、第六款至第九款所定請求之保證關係涉訟者。

十一　本於道路交通事故有所請求而涉訟者。

十二　適用刑事簡易訴訟程序案件之附帶民事訴訟，經裁定移送民事庭者。

不合於前二項規定之訴訟，得以當事人之合意，適用簡易程序，其合意應以文書證之。

不合於第一項及第二項之訴訟，法院適用簡易程序，當事人不抗辯而為本案之言詞辯論者，視為已有前項之合意。

第二項之訴訟，案情繁雜或其訴訟標的金額或價額逾第一項所定額數十倍以上者，法院得依當事人聲請，以裁定改用通常訴訟程序，並由原法官繼續審理。」

前項裁定，不得聲明不服。

第一項所定數額，司法院得因情勢需要，以命令減至新臺幣二十五萬元，或增至七十五萬元。

(110)一、為統一文字用語，爰將第二項第二款酌作文字修正。

二、因道路交通事故所生訴訟事件，案情較為單純，為使被害人得以利用簡速程序求償，以兼顧其實體利益與程序利益，爰新增第二項第十一款規定。又本款之訴訟，包含因道路交通事故請求損害賠償，及保險人因此代位向加害人求償而涉訟等情形。又原告倘係於高等法院或其分院之第二審刑事訴訟程序提起本款之附帶民事訴訟，經法院依刑事訴訟法第五百零四條第一項規定裁定移送該法院民事庭，民事庭應適用簡易程序之第二審程序為初審裁判，附此敘明。

三、刑事簡易訴訟程序案件之附帶民事訴訟，經裁定移送民事庭後，所應適用之程序種類宜予明確化，爰增訂第二項第十二款規定。至於適用刑事簡易訴訟程序案件之附帶民事訴訟移送至地方法院民事庭後以何審級審理，視原告於刑事簡易訴訟程序第一審或第二審提起刑事附帶民事訴訟而定，附此敘明。

*（租賃）民四二一以下；（僱傭）民四八二以下；（運送人）民六二二；（占有保護）民九六二。

▲繳納訟費與訴訟管轄係屬兩事，如訴訟物價額確在千元以上（民事訴訟法八百元以上），亦不能因對造當事人並未按照繳納訟費之故，致影響於訴訟之管轄。（一九抗三五）

▲所謂因遷讓而涉訟者，乃指業主（即出租人）與租戶（即承租人）間，因遷讓房屋時生有糾葛以致涉訟者而言，若就賃借有所爭執，即應否解除租約，遷讓房屋之訟爭，不得謂之因遷讓而涉訟。（一九抗七九六）（一〇四、一、六決議不再援用）

▲民事訴訟法第四百零二條第二項第五款所謂因定不動產界線之訴訟，係指不動產之經界不明，或就經界有爭執而求定其界線所在之訴訟而言。卷查本件由某甲以抗告人所建房屋越界侵及伊所有之土地，訴請命將其東牆北牆拆除，明明為一種排除所有權侵害之訴訟，本與前開條款之情形不同，即就該條款言之，亦不過規定因不動產之界線涉訟，不問其標的之價額如何，應適用簡易程序，並非謂此項訴訟不屬於財產權上之爭執。（三〇抗一七七）

▲民事訴訟法第四百六十六條第四項規定，對於同法第四百二十七條第二項訴訟所為之第二審判決，不得上訴。本件上訴人係主張其對於質物之占有被侵奪而依民法第九百六十二條規定，訴求被上訴人返還占有物，屬於民事訴訟法第四百二十七條第二項第四款所謂因請求保護占有之訴訟，其對於第二審判決提起上訴，自難認為合法。（七一臺上四四二五）（九一、一一、一四決議不再援用）

▲對於民事訴訟法第四百二十七條第二項簡易訴訟程序之第二審判決，其上訴利益逾第四百六十六條所定之額數者，當事人僅得以其適用法規顯有錯誤為理由，逕向最高法院提起上訴，民事訴訟法第四百三十六條之二第一項定有明文。所謂適用法規顯有錯誤，係指原第二審判決就其取捨證據所確定之事實適用法規顯有錯誤而言。不包括認定事實不當之情形在內。（八〇臺上一三二六）

▲（八一臺上一三二〇）　參見本法第一百九十七條。

▲對於民事訴訟法第四百二十七條第二項簡易訴訟程序之第二審判決，其上訴利益逾第四百六十六條所定之額數者，當事人固得以其適用法規顯有錯誤為理由，逕向最高法院提起上訴，但須經原裁判法院許可，且該許可，以訴訟事件所涉及之法律見解具有原則上之重要性者為限，觀之民事訴訟法第四百三十六條之二第一項、第四百三十六條之三第一項及第二項規定自明。原法院以抗告人雖以原第二審判決適用法規顯有錯誤為由，對之提起上訴，惟核其書狀記載內容，無非指摘原第二審取捨證據、認定事實之職權行使為不當，而未具體說明該判決有何適用法規顯有錯誤之情事，尤難謂其上訴涉及之法律見解具有原則上之重要性。因認抗告人之上訴不應許可，以裁定駁回其上訴，並無違誤。（八一臺抗一六〇）

▲給付之訴含有確認之訴意義在內，從而給付訴訟應適用簡易訴訟程序者，依舉重以明輕之原則，其確認訴訟亦應適用簡易訴訟程序。故民事訴訟法第四百二十七條第二項第六款所定：「本於票據有所請求而涉訟者」，應包括確認票據債權存在或不存在之訴訟在內。（八一臺抗四一二）

第四百二十七條之一（事務分配辦法）

同一地方法院適用簡易程序審理之事件，其事務分配辦法由司法院定之。

(88)一、本條係新增。

二、同一地方法院各簡易庭相互間及地方法院與其所屬簡易庭相互間，關於簡易程序事件之審理權限，乃同一地方法院之事務分配問題，且事涉瑣細，宜授權司法院另以辦法定之。

第四百二十八條（得以言詞起訴、聲明或陳述）

第二百四十四條第一項第二款所定事項，原告於起訴時得僅表明請求之原因事實。

起訴及其他期日外之聲明或陳述，概得以言詞為之。

(88)一、依第二百四十四條第一項第二款規定，當事人於起訴時應表明其訴訟標的。爰於第一項增訂原告於起訴時得僅表明請求之原因事實，至於具體事件，如依原告所表明請求之原因事實，尚難判斷其所得主張之法律關係時，審判長應適時行使闡明權，命其敘明或補充之。

二、原條文不修正，列為第二項。

*（起訴）民訴二四四、二六一；（聲明陳述）民訴一一六、一二二。

第四百二十九條（通知書之送達與就審期間）

以言詞起訴者，應將筆錄與言詞辯論期日之通知書，一併送達於被告。

就審期間，至少應有五日。但有急迫情形者，不在此限。

(88)一、配合第二百五十一條第一項之規定，將第一項末二字「他造」修正為「被告」。

二、第二項不修正。

*（言詞起訴）民訴一二二、四二八；（言詞辯論期日通知書）民訴二五一、二五二；（就審期間）民訴二五一㈡。

第四百三十條（通知書應為特別之表明）

言詞辯論期日之通知書，應表明適用簡易訴訟程序，並記載當事人務於期日攜帶所用證物及偕同所舉證人到場。

*（言詞辯論期日通知書之記載）民訴二五二。

第四百三十一條（準備書狀）

當事人於其聲明或主張之事實或證據，以認為他造非有準備不能陳述者為限，應於期日前提出準備書狀或答辯狀，並以繕本或影本直接通知他造；其以言詞為陳述者，由法院書記官作成筆錄，送達於他造。

(102)民事訴訟法第二百六十五條第一項、第二百六十七條第一項規定，通常訴訟程序之當事人提出準備書狀或答辯狀應以繕本或影本直接通知他造，毋庸提出於法院送達他造當事人。考量簡易訴訟事件簡便及迅速之程序目的，自無使當事人提出書狀於法院，再由法院送達他造之必要，爰修正本條。

*（準備書狀）民訴二六五～二六七；（送達）民訴一二三～一五三。

第四百三十二條（當事人之自行到場）

當事人兩造於法院通常開庭之日，得不待通知，自行到場，為訴訟之言詞辯論。

前項情形，其起訴應記載於言詞辯論筆錄，並認當事人已有第四百二十七條第三項適用簡易程序之合意。

*（言詞辯論期日之通知）民訴四二九；（言詞辯論筆錄）民訴二一二～二一九。

第四百三十三條（通知證人或鑑定人之便宜方法）

通知證人或鑑定人，得不送達通知書，依法院認為便宜之方法行之。但證人或鑑定人如不於期日到場，仍應送達通知書。

(88)一、第一項不修正。

二、關於證人以書狀為陳述之規定，已增訂於第三百零五條，爰於本條第二項至第四項刪除。

*（通知證人鑑定人）民訴二九九、三二四；（證人鑑定人陳述）民訴三一八、三三五、三三六；（具結）民訴三一二～三一五、三二四、三三四。

第四百三十三條之一（簡易訴訟事件之言詞辯論次數）

簡易訴訟程序事件，法院應以一次期日辯論終結為原則。

第四百三十三條之二（言詞辯論筆錄得省略記載事項）

言詞辯論筆錄，經法院之許可，得省略應記載之事項。但當事人有異議者，不在此限。

前項規定，於言詞辯論程式之遵守、捨棄、認諾、撤回、和解、自認及裁判之宣示，不適用之。

(88)一、第一項不修正。

二、配合第四十四條、第五十一條第四項及第七十一條第一項之規定，將第二項作文字上之調整。

第四百三十三條之三（一造辯論判決）

言詞辯論期日，當事人之一造不到場者，法院得依職權由一造辯論而為判決。

第四百三十四條（判決書之記載方法、言詞辯論筆錄正本或節本之代替判決書）

判決書內之事實及理由，得合併記載其要領或引用當事人書狀、筆錄或其他文書，必要時得以之作為附件。

法院亦得於宣示判決時，命將判決主文及其事實、理由之要領，記載於言詞辯論筆錄，不另作判決書；其筆錄正本或節本之送達，與判決正本之送達，有同一之效力。

第二百三十條之規定，於前項筆錄準用之。

(88)一、判決書若已記載完全者，應無重複記載之必要，爰於第一項增訂判決書得引用當事人書狀等文書之規定，又法院如認有將前述文書之全部或一部附於判決書之必要者，自得以之作為判決書之附件，爰並明定之。

二、判決書應記載足以確定判決對象之內容，原條文第二項規定記載「理由要領」，易致誤解為凡屬第二百二十六條第一項第四款事實項下應記載之事項，均毋庸記載，尚欠妥適，又法院判決所裁判之訴訟標的，應已包含於理由要領中，亦無特為標明之必要，爰將第二項「判決主文、所裁判之訴訟標的及其理由要領」修正為「判決主文及其事實、理由之要領」。

三、第三項不修正。

*（判決書）民訴二二六。

第四百三十四條之一（判決書得僅記載主文之情形）

有下列各款情形之一者，判決書得僅記載主文：

一　本於當事人對於訴訟標的之捨棄或認諾者。

二　受不利判決之當事人於宣示判決時，捨棄上訴權者。

三　受不利判決之當事人於宣示判決時，履行判決所命之給付者。

(88)一、本條係新增。

二、當事人於言詞辯論時已為訴訟標的之捨棄或認諾，或受不利判決之當事人於宣示判決時已捨棄上訴權或履行判決所命之給付者，判決書就該部分之事實及理由，應無再為記載之必要，爰規定此種情形判決書得僅記載主文，以省勞費。

*（判決書）民訴二二六。

第四百三十五條（因訴之變更、追加或提起反訴之適用程序）

因訴之變更、追加或提起反訴，致其訴之全部或一部，不屬第四百二十七條第一項及第二項之範圍者，除當事人合意繼續適用簡易程序外，法院應以裁定改用通常訴訟程序，並由原法官繼續審理。

前項情形，被告不抗辯而為本案之言詞辯論者，視為已有適用簡易程序之合意。

(88)原條文僅規定除經當事人合意外，不得行簡易程序，並未明定改行通常程序，適用上尚欠明確，爰予明定法院應以裁定改用通常訴訟程序，並規定由原法官繼續審理，避免因案件改交他法官審理而造成訴訟延滯。

*（簡易程序金額）民訴四二七㈠、㈢；（訴之變更追加）民訴二五六～二五八；（反訴）民訴二五九、二六〇；（當事人合意）民訴四二七㈢。

▲本訴標的之金額或價額在八百元以下，反訴標的之金額或價額逾八百元，而以本訴與之合併辯論及裁判者，除經當事人合意外，不得依簡易訴訟程序之規定，仍應適用通常訴訟程序，此觀民事訴訟法第四百三十三條後段之規定自明。是本訴與反訴均係應依訴訟標的之金額或價額定其適用之程序者，於簡易訴訟程序提起應依通常訴訟程序之反訴，不得依同法第二百六十條第二項之規定認為不應准許。（二九上六三八）

第四百三十六條（通常訴訟程序之適用）

簡易訴訟程序在獨任法官前行之。

簡易訴訟程序除本章別有規定外，仍適用第二章通常訴訟程序之規定。

⑧一、第一項之「推事」修正為「法官」。
二、第二項不修正。

*（獨任法官）法組三㈠。

第四百三十六條之一（對適用簡易訴訟之裁判提起上訴或抗告以合議為之）

對於簡易程序之第一審裁判，得上訴或抗告於管轄之地方法院，其審判以合議行之。

當事人於前項上訴程序，為訴之變更、追加或提起反訴，致應適用通常訴訟程序者，不得為之。

第一項之上訴及抗告程序，準用第四百三十四條第一項、第四百三十四條之一及第三編第一章、第四編之規定。

對於依第四百二十七條第五項規定改用通常訴訟程序所為之裁判，得上訴或抗告於管轄之高等法院。

⑧一、第一項首句修正為「對於簡易程序之第一審裁判」，俾資明確。
二、第二項不修正。
三、為簡化簡易程序第二審判決書，避免不必要或重複之記載，以符訴訟經濟原則，爰修正第三項，規定第四百三十四條第一項及第四百三十四條之一之規定，於簡易訴訟之第二審程序準用之。
四、對於依通常訴訟程序所為之裁判，當事人如有不服，當然應上訴或抗告於管轄之高等法院，爰增設第四項明定之，以杜爭議。

*（簡易訴訟）民訴四二七；（訴之變更、追加、反訴）民訴二五五～二六一。

第四百三十六條之二（對上訴利益逾第四百六十六條所定額數案件之上訴或抗告）

對於簡易訴訟程序之第二審裁判，其上訴利益逾第四百六十六條所定之額數者，當事人僅得以其適用法規顯有錯誤為理由，逕向最高法院提起上訴或抗告。

前項上訴及抗告，除別有規定外，仍適用第三編第二章第三審程序、第四編抗告程序之規定。

⑧一、第一項原條文規定得上訴或抗告於最高法院之簡易程序第二審裁判，以第四百二十七條第二項之訴訟為限，致使同條項以外之簡易程序第二審裁判，其上訴利益雖逾第四百六十六條所定之額數，亦不得上訴或抗告，於當事人程序上權利之保障，尚嫌欠周，爰將「第四百二十七條第二項」十字刪除。
二、第二項不修正。

*（適用法規顯有錯誤）民訴四九六。

▲（八〇臺上一三二六）參見本法第四百二十七條。

▲（八一臺抗一六〇）參見本法第四百二十七條。

▲依民事訴訟法第四百三十六條之二第一項規定，對於簡易訴訟程序之第二審判決提起上訴者，應同時表明上訴理由，第四百三十六條之四第一項前段定有明文。所謂表明上訴理由，係指表明第二審判決有如何適用法規顯有錯誤之情形而言，觀之同法第四百三十六條之二第一項規定自明。本件抗告人收受第二審判決後，提起第三審上訴，其上訴狀內僅記載：上訴理由引用在第一審及第二審之陳述及訴狀所載云云。查抗告人在第一審及第二審之陳述及其引用者，均係在第二審判決前所為，其內容自不可能有第二審判決如何適用法規顯有錯誤之論述，殊難依該記載，認抗告人已於上訴狀內表明上訴理由。（八一臺抗三九七）

▲抗告法院之裁定，以抗告不合法而駁回之，或以抗告為有理由而廢棄或變更原裁定者，對於該裁定得再為抗告，民事訴訟法第四百八十六條第二項定有明文。依此規定之反面解釋，抗告法院以抗告為無理由而駁回之者，自不得再為抗告。此項規定，依同法第四百三十六條之二第二項規定，於簡易訴訟程序亦有其適用。（八四臺抗四八五）（九二、三、一八決議自九二、九、一起不再援用）

第四百三十六條之三（對適用簡易訴訟程序之第二審裁判提起上訴或抗告之限制）

對於簡易訴訟程序之第二審裁判，提起第三審上訴或抗告，須經原裁判法院之許可。

前項許可，以訴訟事件所涉及之法律見解具有原則上之重要性者為限。

第一項之上訴或抗告，為裁判之原法院認為應行許可者，應添具意見書，敘明合於前項規定之理由，逕將卷宗送最高法院；認為不應許可者，應以裁定駁回其上訴或抗告。

前項裁定得逕向最高法院抗告。

▲（八一臺抗一六〇）參見本法第四百二十七條。

第四百三十六條之四（依第四百三十六條之二提起上訴或抗告者應附具理由或補具理由）

依第四百三十六條之二第一項提起上訴或抗告者，應同時表明上訴或抗告理由；其於裁判宣示後送達前提起上訴或抗告者，應於裁判送達後十日內補具之。

未依前項規定表明上訴或抗告理由者，毋庸命其補正，由原法院裁定駁回之。

▲（八一臺抗三九七）參見本法第四百三十六條之二。

第四百三十六條之五（裁定駁回）

最高法院認上訴或抗告，不合第四百三十六條之二第一項及第四百三十六條之三第二項之規定而不應許可者，應以裁定駁回之。

前項裁定，不得聲請再審。

▲最高法院認上訴或抗告，不合民事訴訟法第四百三十六條之二第一項及第四百三十六條之三第二項之規定而不應許可者，應以裁定駁回之；前項裁定，不得聲請再審，同法第四百三十六條之五定有明文。此項規定，於簡易程序第二審法院認上訴或抗告不應許可而以裁定駁回，經抗告後，最高法院認其抗告為無理由而駁回之裁定，自應有其適用。（八七臺簡聲一）

第四百三十六條之六（經裁定駁回者不得以同一理由提起再審之訴或聲請再審）

對於簡易訴訟程序之裁判，逕向最高法院提起上訴或抗告，經以上訴或抗告無理由為駁回之裁判者，不得更以同一理由提起再審之訴或聲請再審。

第四百三十六條之七（得提起再審之訴或聲請再審之事由）

對於簡易訴訟程序之第二審確定終局裁判，如就足影響於裁判之重要證物，漏未斟酌者，亦得提起再審之訴或聲請再審。

第四章 小額訴訟程序

第四百三十六條之八（適用小額程序之金額）

關於請求給付金錢或其他代替物或有價證券之訴訟，其標的金額或價額在新臺幣十萬元以下者，適用本章所定之小額程序。

法院認適用小額程序為不適當者，得依職權以裁定改用簡易程序，並由原法官繼續審理。

前項裁定，不得聲明不服。

第一項之訴訟，其標的金額或價額在新臺幣五十萬元以下者，得以當事人之合意適用小額程序，其合意應以文書證之。

⑧一、本條係新增。
二、為使民眾就其日常生活中所發生之小額給付請求事件，能循簡便、迅速、經濟之訴訟程序獲致解決，以提昇國民生活品質，爰增訂小額程序。
三、凡關於請求給付金錢或其他代替物或有價證券之訴訟，其標的金額或價額在十萬元以下者，應適用小額程序，但法院如認適用小額程序為不適當者，得依職權以裁定改用簡易程序。

第四百三十六條之九（小額事件之管轄法院）

小額事件當事人之一造為法人或商人者，於其預定用於同類契約之條款，約定債務履行地或以合意定第一審管轄法院時，不適用第十二條或第二十四條之規定。但兩造均為法人或商人者，不在此限。

⑧一、本條係新增。
二、惟小額事件當事人之一造如為法人或商人，以其預定用於同類契約之債務履行地條款或合意管轄條款與他造訂立契約者，締約之他造就此類條款幾無磋商變更之餘地，為保障小額事件之經濟上弱勢當事人權益，避免其因上述附合契約條款而需遠赴對造所預定之法院進行訴訟，爰規定不適用第十二條或第二十四條之規定。

第四百三十六條之十（小額程序起訴得使用表格化訴狀）

依小額程序起訴者，得使用表格化訴狀；其格式由司法院定之。

⑧一、本條係新增。
二、為便利不諳法律規定之小額債權人起訴，並增進小額程序之簡速進行，宜許當事人選擇使用表格化訴狀，爰明定依小額程序起訴者，得使用表格化訴狀，並規定其格式由司法院定之，以利適用。

第四百三十六條之十一（小額程序得開庭時間）

小額程序，得於夜間或星期日或其他休息日行之。但當事人提出異議者，不在此限。

前項於夜間或星期日或其他休息日之開庭規則，由司法院定之。

⑨「小額事件彈性日規則」為法規命令，但無法律授權之依據，為因應行政程序法之規定，增訂第二項，前項於夜間或星期日或其他休息日之開庭規則，授權由司法院定之。

第四百三十六條之十二（一造不到場之效果）

第四百三十六條之八所定事件，依法應行調解程序者，如當事人一造於調解期日五日前，經合法通知無正當理由而不於調解期日到場，法院得依到場當事人之聲請，命即為訴訟之辯論，並得依職權由其一造辯論而為判決。

調解期日通知書，並應記載前項不到場之效果。

⑧一、本條係新增。
二、起訴前應經法院調解之小額事件，如一造不到場，他造勢必經二次以上之期日，始能獲得裁判，實與小額程序之簡速目的不合，爰增訂第一項規定。
三、為保障欠缺法律知識之當事人權益，於第二項規定前項不到場之效果，應於調解期日通知書記載之，俾促當事人注意。

第四百三十六條之十三（刪除）

⑧有關訊問當事人本人之規定，已增設第三百六十七條之一，為免重複規定，爰將本條刪除。

第四百三十六條之十四（得不調查證據為公平裁判之情形）

有下列各款情形之一者，法院得不調查證據，而審酌一切情況，認定事實，為公平之裁判：

一　經兩造同意者。

二　調查證據所需時間、費用與當事人之請求顯不相當者。

⑧一、本條係新增。
二、規定如兩造同意者，法院得不調查證據，而審酌一切情況，認定事實，為公平之裁判。

第四百三十六條之十五（小額程序之合意繼續適用）

當事人為訴之變更、追加或提起反訴，除當事人合意繼續適用小額程序並經法院認為適當者外，僅得於第四百三十六條之八第一項之範圍內為之。

⑧一、本條係新增。
二、惟當事人如就變更、追加後之新訴或反訴合意繼續適用小額程序並經法院認為適當者，為免當事人另行起訴以求訴訟經濟，仍得繼續適用小額程序。

第四百三十六條之十六（不得適用小額程序之情形及例外）

當事人不得為適用小額程序而為一部請求。但已向法院陳明就其餘額不另起訴請求者，不在此限。

⑧一、本條係新增。
二、如許當事人就不屬小額事件之請求，割裂而為一部請求，以利用小額程序，適用特別規定，非但增加法院之案件負擔，影響小額程序功能之發揮，於被告程序上權益之保護，尤嫌欠周，爰明文禁止之。

第四百三十六條之十七（刪除）

⑧關於成立和解得聲請退還裁判費之規定，已增訂第八十四條第二項為通則規定，為免重複，爰將本條刪除。

第四百三十六條之十八（小額程序判決書之製作）

判決書得僅記載主文，就當事人有爭執事項，於必要時得加記理由要領。

前項判決得於訴狀或言詞起訴筆錄上記載之。

前二項判決之記載得表格化，其格式及正本之製作方式，由司法院定之。

⑧一、本條係新增。
二、為提昇法院迅速辦理小額事件之效率，充分發揮小額程序之簡速功能，小額程序判決書之製作方式應予簡化，爰予明定之。

第四百三十六條之十九（訴訟費用之確定費用額）

法院為訴訟費用之裁判時，應確定其費用額。

前項情形，法院得命當事人提出費用計算書及釋明費用額之文書。

(88)一、本條係新增。
二、為免小額程序之當事人於判決確定後另行聲請確定訴訟費用之勞費，爰參考第五百十四條第二款及非訟事件法第一百零九條之規定，增訂本條。

第四百三十六條之二十（宣告假執行）

法院為被告敗訴之判決時，應依職權宣告假執行。

(88)一、本條係新增。
二、為便利小額程序之勝訴當事人早日實現其權利，爰明定法院為被告敗訴之判決時，應依職權宣告假執行。

第四百三十六條之二十一（自動清償之免除部分給付）

法院命被告為給付時，如經原告同意，得為被告於一定期限內自動清償者，免除部分給付之判決。

(88)一、本條係新增。
二、為鼓勵小額事件之被告自動履行債務，宜授權法院於命被告為給付時，得徵詢原告同意後，在判決內酌定一定期限，並諭示被告若於期限內自動給付若干數額者，其剩餘之給付義務即行免除。爰增訂本條。

第四百三十六條之二十二（逾期不履行之加給原告金額）

法院依被告之意願而為分期給付或緩期清償之判決者，得於判決內定被告逾期不履行時應加給原告之金額。但其金額不得逾判決所命原給付金額或價額之三分之一。

(88)一、本條係新增。
二、為避免小額事件進入強制執行程序，法院於被告陳明其有分期給付或緩期清償之需要時，固宜儘可能斟酌被告境況及原告利益，依被告之意願為分期給付或緩期清償之判決，俾使被告自動履行債務。

第四百三十六條之二十三（小額程序準用之條文）

第四百二十八條至第四百三十一條、第四百三十二條第一項、第四百三十三條至第四百三十四條之一及第四百三十六條之規定，於小額程序準用之。

(88)一、本條係新增。
二、有關簡易訴訟程序之特別規定，如不違背小額程序之立法意旨者，自宜予以準用。爰明定得準用之條文，俾利適用。

第四百三十六條之二十四（對小額程序不服之上訴或抗告）

對於小額程序之第一審裁判，得上訴或抗告於管轄之地方法院，其審判以合議行之。

對於前項第一審裁判之上訴或抗告，非以其違背法令為理由，不得為之。

(88)一、本條係新增。
二、明定對於小額程序之第一審裁判聲明不服者，由地方法院合議庭審判。
三、為貫徹小額程序之簡速性，避免因上訴或抗告費時而不符訴訟利益，小額事件之裁判原則上宜於第一審確定。惟第一審裁判如有違背法令之情事者，為保障當事人之權益，自應許其上訴或抗告於第二審，爰於第二項明定之。

第四百三十六條之二十五（上訴狀應記載上訴理由以表明之事項）

上訴狀內應記載上訴理由，表明下列各款事項：

一　原判決所違背之法令及其具體內容。

二　依訴訟資料可認為原判決有違背法令之具體事實。

(88)一、本條係新增。
二、提起小額程序第二審上訴，須以原判決違背法令為理由始得為之，為便利第二審法院審理，以貫徹小額程序之簡速目的，宜責由上訴人於上訴狀內記載上訴理由。

第四百三十六條之二十六（小額程序之繼續適用）

應適用通常訴訟程序或簡易訴訟程序事件，而第一審法院行小額程序者，第二審法院得廢棄原判決，將該事件發回原法院。但第四百三十六條之八第四項之事件，當事人已表示無異議或知其違背或可得而知其違背並無異議而為本案辯論者，不在此限。

前項情形，應予當事人陳述意見之機會，如兩造同意由第二審法院繼續適用小額程序者，應自為裁判。

第一項之判決，得不經言詞辯論為之。

(88)一、本條係新增。
二、小額程序第二審法院上訴為有理由者，原則上應廢棄原判決而自為判決，不得將事件發回原法院。爰予明定之。

第四百三十六條之二十七（訴之變更、追加或提起反訴之禁止）

當事人於第二審程序不得為訴之變更、追加或提起反訴。

(88)一、本條係新增。
二、為期小額事件之第二審程序能迅速終結，以貫徹小額程序之簡速目的，明定不許於第二審程序為訴之變更、追加或提起反訴。

第四百三十六條之二十八（第二審程序不得提出新攻擊或防禦方法）

當事人於第二審程序不得提出新攻擊或防禦方法。但因原法院違背法令致未能提出者，不在此限。

(88)一、本條係新增。
二、為貫徹小額程序之簡速性，爰明定當事人於第二審程序不得提出新攻擊或防禦方法，俾免爭議。

第四百三十六條之二十九（第二審判決得不經言詞辯論之情形）

小額程序之第二審判決有下列情形之一者，得不經言詞辯論為之：

一　經兩造同意者。

二　依上訴意旨足認上訴為無理由者。

(88)一、本條係新增。
二、小額程序之第二審原則上亦應行言詞辯論，惟如兩造同意不行言詞辯論或依上訴意旨足認上訴為無理由者，為節省勞費，宜許法院斟酌情形，不經言詞辯論而為判決，爰增訂本條明定之。

第四百三十六條之三十（上訴或抗告之禁止）

對於小額程序之第二審裁判，不得上訴或抗告。

(88)一、本條係新增。
二、為免日後爭議，並貫徹小額程序之簡速性，爰明定對於小額程序之第二審裁判，不得上訴或抗告。

第四百三十六條之三十一（以同一理由提起再審之訴或聲請再審之禁止）

對於小額程序之第一審裁判，提起上訴或抗告，經以上訴或抗告無理由為駁回之裁判者，不得更以同一理由提起再審之訴或聲請再審。

⑧⑧一、本條係新增。
二、為避免當事人以同一理由對於第二審裁判提起再審之訴或聲請再審，致增法院不必要之勞費，爰明定此種情形不得更以同一理由對於第二審裁判提起再審之訴或聲請再審。

第四百三十六條之三十二　（小額事件上訴等程序準用之法條）

第四百三十六條之十四、第四百三十六條之十九、第四百三十六條之二十一及第四百三十六條之二十二之規定，於小額事件之上訴程序準用之。

第四百三十八條至第四百四十五條、第四百四十八條至第四百五十條、第四百五十四條、第四百五十五條、第四百五十九條、第四百六十二條、第四百六十三條、第四百六十八條、第四百六十九條第一款至第五款、第四百七十一條至第四百七十三條及第四百七十五條第一項之規定，於小額事件之上訴程序準用之。

第四編之規定，於小額事件之抗告程序準用之。

第五編之規定，於小額事件之再審程序準用之。

⑨②第四百三十六條之十三業已刪除，爰配合修正。

第三編　上訴審程序

第一章　第二審程序

第四百三十七條　（第二審上訴之特別要件）

對於第一審之終局判決，除別有規定外，得上訴於管轄第二審之法院。

⑨②對於通常訴訟程序之第一審終局判決，現行法規定得上訴於管轄第二審之高等法院，惟本法增訂當事人對於第一審法院依通常訴訟程序所為之終局判決，就其確定之事實認為無誤者，得合意逕向第三審法院上訴之規定，爰於本條增訂「除別有規定外」等字，以求周延。

＊（終局判決）民訴三八一、三八二；（第二審法院）法組一、三二②、四八①、③。

▲第二審上訴，為當事人對於所受不利益之第一審終局判決聲明不服之方法，在第一審受勝訴判決之當事人，自無許其提起上訴之理。（二二上三五七九）

▲訴訟代理人，除受有特別委任得代當事人上訴外，無自為上訴之權。（三〇抗三七七）

▲按民法第二百四十二條所定代位權行使之範圍，固可包括提起訴訟之行為在內，惟在訴訟程序進行中之行為，則僅訴訟當事人或訴訟法規定之關係人始得為之，債務人如已提起訴訟或被訴，該已由債務人進行之訴訟程序，唯有債務人始得續行，是債權人對該債務人所受法院之不利判決自無代位提起上訴之權。（九二臺上一八八六）

第四百三十八條　（第二審上訴之範圍）

前條判決前之裁判，牽涉該判決者，並受第二審法院之審判。但依本法不得聲明不服或得以抗告聲明不服者，不在此限。

＊（判決前裁判）民訴三八三、四八三、四九一㊁、㊂、五三七㊀；（不得聲明不服）民訴二三㊃、二八㊁、三六、三九、二五八、三三三、三七一、四〇六、四五八、五一三㊁；（得抗告）民訴三六、六〇、八九、一〇〇、一〇四～一〇六、一一五、一四九、一七九、一八七、三〇三、三一一、三二三、三三三、三四九、三七一、四〇九、四八二、四八五、四八六、五二八、五五四。

▲釋一九二。

▲被告主張原告之法定代理人欠缺法定代理權，以為獨立之防禦方法時，法院如認該防禦方法為無理由先為駁斥之裁判，應以中間判決行之，對此中間判決不得獨立提起上訴，應俟將來對於終局判決提起上訴時，併受上訴法院之審判。（一八上一二三）（九二、四、一五決議自九二、九、一起不再援用）

▲上訴人向原審聲請中止訴訟程序，原審已以裁定駁回，此項裁定依民事訴訟法第一百八十七條規定，得以抗告聲明不服，按諸同法第四百七十八條、第四百三十五條但書之規定，雖屬牽涉原審之終局判決，亦不受第三審法院之審判。（三二上六一一三）

第四百三十九條　（上訴權之捨棄）

當事人於第一審判決宣示、公告或送達後，得捨棄上訴權。

當事人於宣示判決時，以言詞捨棄上訴權者，應記載於言詞辯論筆錄；如他造不在場，應將筆錄送達。

⑨②為配合第二百二十三條第一項之修正，第一項「宣示」下增加「、公告」等字。

＊（判決宣示）民訴二二三、二二五、二三一；（判決送達）民訴一二三～一五三、二二九；（言詞辯論筆錄之記載）民訴二一三㊀①、③、二一四、二一六；（筆錄送達）民訴一二三～一五三。

▲當事人於第一審判決宣示或送達後，捨棄上訴權者，即喪失其上訴權，除他造當事人提起上訴時，得提起附帶上訴外，不得再行提起上訴。（二一抗六六八）（三四抗一三〇）

第四百四十條　（上訴期間）

提起上訴，應於第一審判決送達後二十日之不變期間內為之。但宣示或公告後送達前之上訴，亦有效力。

⑨②為配合第二百二十三條第一項之修正，「宣示」下增加「或公告」三字。

＊（不變期間）民訴一六二～一六六；（判決宣示）民訴二二三～二二五；（判決送達）民訴一二三～一五三、二二九。

▲上訴之二十日不變期間，應自原判決合法送達後起算，如未經合法送達，則二十日之不變期間無從起算，原判決即不能認為確定。（一九上一二七九）

▲訴訟標的對於共同訴訟之各人必須合一確定者，上訴期間固自各人受判決之送達時始各別進行，惟其中一人已在其上訴期間內提起上訴者，視與全體在上訴期間內提起上訴同，他共同訴訟人無論已否逾其上訴期間，均不必再行提起上訴，得逕行加入於嗣後之上訴程序。（二一抗三四六）

▲對於刑事訴訟附帶民事訴訟之判決提起上訴，應於判決送達後十日之不變期間內為之，刑事訴訟法第三百四十九條定有明文。此項規定，不因附帶民事訴訟於上訴後，經裁定移送民事庭審判而受影響。（七一臺上二二四九）

▲（七九臺聲三四九）參見本法第二百三十二條。

第四百四十一條　（上訴之程式）

提起上訴，應以上訴狀表明下列各款事項，提出於原第一審法院為之：

一　當事人及法定代理人。

二　第一審判決及對於該判決上訴之陳述。

三　對於第一審判決不服之程度，及應如何廢棄或變更之聲明。

四　上訴理由。

上訴理由應表明下列各款事項：

一　應廢棄或變更原判決之理由。

二　關於前款理由之事實及證據。

⑧⑨一、為督促當事人適時提出攻擊或防禦方法，俾第二審法院及當事人能儘早掌握上訴資料，爰於原規定第一項增列

第四款，規定提起第二審上訴，應於上訴狀內表明上訴理由。

二、依修正後第一項規定，上訴狀內應表明上訴理由，為提起第二審上訴之必要程式，為求明確，爰增訂第二項。

*（上訴狀）民訴二四四、四七〇、四七一；（第一審法院法組一、九①、三二①；（法定代理人）民訴四七，民一〇八六、一〇九八、一一一三；（廢棄變更聲明）民訴四四五㈠、四五〇；（新事實新證據）民訴四四七。

▲當事人提起第三審上訴固須表明上訴理由，若提起第二審上訴，原非以表明上訴理由為必須具備之程式。蓋第二審判決原則上必須經過言詞辯論，雖未於提起上訴時表明理由，受訴法院儘可傳喚公開辯論，故與第三審係書面審理，非經上訴人提出理由，受訴法院無從知其有如何不服理由者不同。（一七上一一九三）（九〇、四、一七決議不再援用）

▲當事人對於第一審判決上訴之聲明，在第二審言詞辯論終結前得擴張之，此觀民事訴訟法於第二審程序未設有如第四百七十條第一項之禁止規定，即甚明顯。（二八上一二〇九）

▲第二審上訴狀，依民事訴訟法第四百三十八條第一項第三款之規定，固應表明第一審判決應如何廢棄或變更之聲明，惟此項聲明未明白記載者，如依其對於第一審判決不服之本旨，及其在第一審所為應受判決事項之聲明，已可認其上訴聲明之內容如何，自不得以其記載稍欠明確，即謂其上訴之程式有欠缺。（三〇抗四一七）

▲抗告人對於第一審判決所命之給付，以非分次不能履行，請求酌定分次履行之期間，為第二審上訴應受判決事項之聲明，即係就第一審判決所命之給付，關於次數與期間有所不服，而以酌定分次履行之期間，為請求變更之範圍之聲明，尚難謂於民事訴訟法第四百三十八條第一項第三款所定，上訴之聲明事項有何欠缺。至此項聲明是否可採，屬於上訴有無理由之問題，應依判決程序裁判之。（四二臺抗四〇）

第四百四十二條 （原審對不合法上訴之處置）

提起上訴，如逾上訴期間或係對於不得上訴之判決而上訴者，原第一審法院應以裁定駁回之。

上訴不合程式或有其他不合法之情形而可以補正者，原第一審法院應定期間命其補正，如不於期間內補正，應以裁定駁回之。

上訴狀未具上訴理由者，不適用前項之規定。

⑧⑨一、第一項不修正。

二、上訴狀未具上訴理由者，雖屬上訴不合法，惟因另有第四百四十四條之一之特別規定，故不適用第二項之規定，爰增訂第三項予以排除適用。

三、原第三項前段之規定，已吸收於修正後之第二項，而上訴人不於第一審法院裁定之期間內補正其上訴合法要件之欠缺者，已無因上訴人不補正其上訴合法要件之欠缺而就原判決宣告假執行之必要，爰將原第三項規定刪除。

*（上訴期間）民訴四四〇；（不得上訴之判決）民訴八八、五五一㈠，公職選罷一〇九；（裁判費）民訴七八以下；（訴訟能力）民訴四五、四六；（補正）民訴四九、七五、一二一、四四四、四七一；（代理權欠缺）民訴四七～四九、七五；（裁定）民訴二三七～二三九；（聲請）民訴一一六、一二二；（宣告假執行）民訴三八九、三九〇、四五七。

▲依民事訴訟法第四百三十九條第一項之規定，提起上訴已逾上訴期間或係對於不得上訴之判決而上訴者，原審法院始應以裁定駁回之，若上訴有其他不合法之情形者，雖其情形明顯，原審法院亦僅有同條第二項所定命上訴人補正，或就判決宣告假執行之職權，不得以裁定駁回其上訴。（二九抗三一八）（九二、一一、一四決議不再援用）

▲（三二抗二五五）參見本法第二百二十九條。

▲抗告人雖曾減縮上訴聲明，但原法院命其補繳裁判費之裁定，並不因此失其效力。抗告人既未於限期內補繳按減縮後之訴訟標的金額計算所應行補繳之裁判費，原法院認其上訴為不合法予以駁回，要無不合。（七五臺抗一一五）

第四百四十三條 （上訴狀之送達）

上訴未經依前條規定駁回者，第一審法院應速將上訴狀送達被上訴人。

各當事人均提起上訴，或其他各當事人之上訴期間已滿後，第一審法院應速將訴訟卷宗連同上訴狀及其他有關文件送交第二審法院。

前項應送交之卷宗，如為第一審法院所需者，應自備繕本、影本或節本。

⑨②一、配合前條規定，修正第一項文字，以求簡潔。

二、原第二項「第一審法院應速將該訴訟卷宗」之「該」字，係屬贅語，爰將之刪除。

三、第三項「繕本」下增列「影本」。

*（以裁定駁回上訴）民訴四四二㈠、㈡；（送達）民訴一二三以下；（上訴期間）民訴四四〇；（訴訟卷宗）民訴二四一；（繕本）民訴一一八、一一九。

▲上訴人縱未受上訴狀繕本之送達，但該上訴人在原審為本案之辯論前，並未行使責問權，即不能執為原判決違法之論據。（三三上五七六二）

▲（三九臺上一二二九）參見本法第一百九十七條。

第四百四十四條 （第二審對不合法上訴之處置）

上訴不合法者，第二審法院應以裁定駁回之。但其情形可以補正者，審判長應定期間先命補正。

上訴不合法之情形，已經原第一審法院定期間命其補正而未補正者，得不行前項但書之程序。

第一項及第四百四十二條第一項、第二項情形，上訴基於惡意或不當目的者，第二審法院或原第一審法院得各處上訴人、法定代理人、訴訟代理人新臺幣十二萬元以下之罰鍰。

第二百四十九條之一第三項、第四項、第六項及第七項之規定，於前項情形準用之。

⑪⓪一、為防止濫行上訴造成司法資源之浪費，上訴人基於惡意或不當目的提起不合法之上訴者，應予制裁。又上訴人濫行提起上訴，倘實質上係由其法定代理人、訴訟代理人所為，或共同參與，法院斟酌個案情節，應得對其等各自或一併處以罰鍰，爰增訂第三項。至因疏忽逾期提起上訴，或逾期未繳上訴裁判費等單純上訴不合法之情形，因欠缺主觀意圖，即非本項之規範對象，自不待言。

二、第三項裁罰之方式及其程序規定，均應準用對於濫行起訴之裁罰相關規定，爰增訂第四項。至於濫行提起不合法之抗告、再抗告，則得依第四百九十五條之一準用本條規定予以裁罰，附此敘明。

*（上訴期間）民訴四四〇；（上訴之程式）民訴四四一；（補正）民訴四九、七五、一二一、四四二、四七一。

▲院字第一三六九號解釋，所謂第三審法院非法律上之判斷，更審法院不受拘束者，乃指不受發還意旨之拘束，非謂第三審之判決根本無效，來問情形（第三審法院對於不得上訴之上訴不予駁回反將該案發回更審），原第二審判決既因廢棄之結果不復存在，則更審法院自應仍依第二審程序辦理。（院一六六一）

▲抗告人雖曾聲請訴訟救助，並對於駁回其聲請之裁定提起抗告，但原法院審判長命其補繳裁判費之裁定，並不因此失其效力，該裁定所定補繳裁判費之期間，亦不因此停止進行，原法院以抗告人逾期未補繳裁判費，認其上訴為不合法以裁定駁回，於法並無不合。茲抗告人以聲請救助事件之抗告程序尚未終結，不應駁回上訴等情為抗告理由，顯非可取。（二八抗一二一）

▲不合程式之上訴已補正者，雖其補正已逾審判長所定之補

正期間亦屬有效，法院不得以裁定駁回之。（二九抗三五五）

▲鑑定費用，係訴訟行為應支出之費用，而非裁判費，故經限期命預納鑑定費而不預納者，法院僅得不為該訴訟行為（鑑定），尚不得以其訴為不合法而予駁回。（七〇臺抗一五〇）

▲（七二臺抗四七九）　參見本法第二百四十九條。

第四百四十四條之一　（上訴理由之補足）

上訴狀內未表明上訴理由者，審判長得定相當期間命上訴人提出理由書。

上訴人提出理由書後，除應依前條規定駁回者外，第二審法院應速將上訴理由書送達被上訴人。

審判長得定相當期間命被上訴人提出答辯狀，及命上訴人就答辯狀提出書面意見。

當事人逾第一項及前項所定期間提出書狀者，法院得命該當事人以書狀說明其理由。

當事人未依第一項提出上訴理由書或未依前項規定說明者，第二審法院得準用第四百四十七條之規定，或於判決時依全辯論意旨斟酌之。

(92)依第四百四十一條第一項規定，提起第二審上訴，應於上訴狀內表明上訴理由。就上訴狀未表明上訴理由者，第二審法院審判長得依本條第一項定相當期間命上訴人提出理由書。惟如上訴人逾期未提出上訴理由書者，是否應適用本條第四項規定，或有疑義，為求明確，並督促上訴人確實履行提出上訴理由書之義務暨貫徹集中審理之精神，爰修正第五項，明定於此情形，第二審法院得準用第四百四十七條之規定，或於判決時依全辯論意旨斟酌之。

第四百四十五條　（言詞辯論之範圍）

言詞辯論，應於上訴聲明之範圍內為之。

當事人應陳述第一審言詞辯論之要領。但審判長得令書記官朗讀第一審判決、筆錄或其他卷內文書代之。

(92)審判長令朗讀第一審判決、筆錄或其他卷內文書者，以令書記官朗讀為已足，殊無令庭員朗讀之必要，爰將第二項但書「庭員或」三字刪除，以與第二百九十七條第二項但書之修正相配合。又原條文「第一審判決筆錄」中漏列「、」，爰予修正，以臻明確。

*（上訴聲明）民訴四四一㊀③；（言詞辯論要領）民訴二一三。

▲第一審所為證人之訊問於第二審亦有效力，其訊問之結果，經當事人於第二審言詞辯論時陳述，或經法院朗讀卷內記載其結果之文書者，第二審法院如認為無更行訊問之必要，自得就其結果逕予斟酌。（二八上九三）

▲民事訴訟法第四百四十二條第二項所稱第一審言詞辯論之結果，包含第一審調查證據之結果在內，第一審調查證據之結果未行同條項所定陳述或朗讀之程序者，第二審法院不得斟酌之。（二九上七六五）

▲上訴狀所載對於第一審判決應如何變更之聲明，得於第二審言詞辯論終結前變更之，如上訴狀所載之聲明已於第二審言詞辯論變更者，不得復以此為判決之基礎。（三一上二一二五）

▲民法第八百二十四條第三項規定：「以原物為分配時，如共有人中有不能按其應有部分受分配者，得以金錢補償之」。法院如採此分割方法，則原物分配及補償金錢已合併為分割方法之一種，兩者有不可分割之關係。若當事人僅對命補償金錢之判決提起上訴，關於原物分配部分，亦為上訴效力所及。（六九臺上一八四八）

第四百四十六條　（訴之變更、追加或提起反訴之限制）

訴之變更或追加，非經他造同意，不得為之。但第二百五十五條第一項第二款至第六款情形，不在此限。

提起反訴，非經他造同意，不得為之。但有下列各款情形之一者，不在此限：

一　於某法律關係之成立與否有爭執，而本訴裁判應以該法律關係為據，並請求確定其關係者。

二　就同一訴訟標的有提起反訴之利益者。

三　就主張抵銷之請求尚有餘額部分，有提起反訴之利益者。

(92)本條第二項有關得在第二審提起反訴之規定，其第一款至第三款所列情形，皆在原審所須審理認定之事實範圍內，對於當事人而言，並無須再花費勞力、時間及費用蒐集訴訟資料，對於當事人間紛爭之一次解決及訴訟經濟而言，當有助益。至於第四款規定他造於提起反訴無異議，而為本案之言詞辯論，得提起反訴之情形，其要件雖仍受同法第二百六十條規定之限制，但顯然與本訴之原因事實不同，而為一全然之新訴，當事人勢必提出新攻擊或防禦方法，第二審法院亦須另行調查證據、認定事實，對當事人及法院而言，並無利益。為配合第四百四十七條規定之修正，當事人於第二審原則上不得提出新攻擊或防禦方法，本條第四款之規定，應予以刪除。又本款雖予以刪除，然當事人仍得另行提起他訴，對其權益並無影響。

*（訴之變更追加）民訴二五五～二五八；（反訴）民訴二五九。

▲當事人在第二審為訴之追加，非經他造同意不得為之，固為民事訴訟法第四百四十三條第一項所規定，但依同法第四百六十條準用第二百五十五條第二項之規定，他造於此項訴之追加無異議而為本案之言詞辯論者，即應視為同意追加。（二九上三五九）

▲物之出賣人負交付其物於買受人，並使其取得該物所有權之義務。被上訴人於第一審基於兩造間之買賣關係，請求上訴人辦理所有權移轉登記及交付行為，於第二審仍基於買賣關係增加請求上訴人就所售土地訂立書面契約，俾便辦理所有權移轉登記，此種行為，屬於擴張應受判決事項之聲明，依民事訴訟法第四百四十六條第一項但書規定，不須對造同意，因此上訴人雖在第二審表示不同意變更或追加，被上訴人仍得為之。（六六臺上八三二）

▲在第二審為訴之變更追加，非經他造同意，不得為之，固為民事訴訟法第四百四十六條第一項所明定。惟離婚之訴，得於第二審言詞辯論終結前為變更追加，同法第五百七十二條第一項，亦定有明文。此為對於第四百四十六條第一項之特別規定。當事人就此項訴訟為訴之變更追加，自無須經他造之同意。本件上訴人在第一審固僅本於民法第一千零五十二條第五款之原因訴請離婚，但嗣在第二審言詞辯論終結前，既追加主張被上訴人虐待上訴人之母，致不堪為共同生活，亦構成同條第四款離婚原因云云，依上說明，原審要應就此一併審究，乃徒因被上訴人之反對而恝置不問，尚難謂合。（七〇臺上六三七）

▲被上訴人於第一審以上訴人違約為由，請求賠償損害，至在原審主張契約已解除，請求返還價金，自不得謂非訴之變更。原審認其訴之變更為合法，被上訴人在第一審原訴之訴訟繫屬，即應因訴之變更而消滅，亦即第一審就原訴所為之裁判，應因合法的訴之變更而當然失其效力。原審僅得就變更之新訴審判，乃原審見未及此，竟為維持第一審就原訴已失效力之裁判之判決，自難謂合。（七一臺上四〇一四）

▲（八〇臺抗四三）　參見本法第二百五十五條。

第四百四十七條　（第一審之續行㈠）

當事人不得提出新攻擊或防禦方法。但有下列情形之一者，不在此限：

一　因第一審法院違背法令致未能提出者。
二　事實發生於第一審法院言詞辯論終結後者。
三　對於在第一審已提出之攻擊或防禦方法為補充者。
四　事實於法院已顯著或為其職務上所已知或應依職權調查證據者。
五　其他非可歸責於當事人之事由，致未能於第一審提出者。
六　如不許其提出顯失公平者。

前項但書各款事由，當事人應釋明之。

違反前二項之規定者，第二審法院應駁回之。

(92)一、原規定採行修正之續審制，仍無法避免及改正當事人輕忽第一審程序，遲至第二審程序始提出新攻擊防禦方法之情形，不但耗費司法資源，且造成對造當事人時間、勞力及費用之浪費，亦無法建構完善之金字塔型訴訟制度。爰為改正上述之缺點，合理分配司法資源，乃修正本條第一項規定，原則上禁止當事人於第二審提出新攻擊防禦方法。惟若一律不准當事人提出新攻擊或防禦方法，對於當事人權益之保護欠周，因此於但書規定例外得提出新攻擊防禦方法之情形：㈠當事人因第一審法院違背法令致未能提出之攻擊或防禦方法，例如審判長違背第一百九十九條第二項規定，未盡闡明義務，致當事人未能於第一審提出之訴訟資料，如禁止其提出，對當事人權益之保障，顯然不周，爰為第一款之規定。㈡事實發生於第一審法院言詞辯論終結後，第一審法院未能及時審究，並非可歸責於當事人，應許其提出，以利當事人之紛爭在同一訴訟程序中解決，爰為第二款規定。又此所謂「事實」，係指攻擊防禦方法而言，此觀第一項本文甚明。㈢當事人以在第一審已經主張之爭點，即其攻擊或防禦方法（包含事實、法律及證據上之爭點），因第一審法院就該事實、法律及證據上評價錯誤為理由，提起上訴，其上訴理由，仍在第一審審理之範圍內，應允許當事人就該上訴理由，再行提出補強之攻擊或防禦方法，或就之提出其他抗辯事由，以推翻第一審法院就該事實上、法律上及證據上之評價。爰為第三款規定。㈣事實於法院已顯著或為其職務上所已知者，當事人無庸舉證，此項事實，雖非當事人提出者，法院亦得斟酌之，但裁判前應令其就事實有辯論之機會，本法第二百七十八條定有明文，例如債權人就事實之發生是否與有過失，或違約金之約定是否過高，應予酌減等情形，若於卷內資料已經顯著，法院卻漏未斟酌，對債務人之權益，影響甚鉅，自得於第二審法院提出之。又舉輕以明重，法院應依職權調查而未調查之證據，亦應許當事人於第二審法院提出。爰為第四款規定。㈤第一款至第四款之規定，均屬不可歸責於當事人，致其未能於第一審法院提出攻擊防禦方法之情形，為免掛一漏萬，並於第五款規定，其他非可歸責於當事人之事由，致未能於第一審提出者，應許當事人得於第二審法院提出。㈥審判所追求者，為公平正義之實現，如依各個事件之具體情事，不准許當事人提出新攻擊或防禦方法，顯失公平者，應例外准許當事人提出之，否則法院之裁判殆失其意義。爰為第六款規定。㈦至於原規定在第一審整理並協議簡化後已不得主張之爭點、已經第一審法院依第一百九十六條第二項裁定駁回者、已經第一審法院依第二百六十八條定期間命提出而未提出者、因當事人故意或重大過失未於第一審程序提出者等四款情形，均屬可歸責於當事人之事由，自不得在第二審再行提出，無庸再予明定。

二、當事人主張有第一項但書各款得提出新攻擊防禦方法之事由，應提出即時可供調查之證據釋明之，以利第二審法院判斷。爰增設第二項規定。

三、當事人違反第一項規定，提出新攻擊防禦方法，或主張有第一項但書各款之情形，而未提出即時可供調查之證據以資釋明者，第二審法院無庸命補正應予以裁定駁回，或於判決理由中敘明之，爰增訂第三項規定，以明其違反之效果。

*（提出攻擊防禦方法）民訴一九六、二六五。

▲釋三五五。

▲（二九上四九八）參見本法第一百九十六條。

▲原告之權利保護要件是否具備，在第二審應以第二審言詞辯論終結時之狀態定之。上訴人之權利保護要件，雖於第一審起訴時具備，然至第二審言詞辯論終結時，已不備該項要件，法院仍應為上訴人敗訴之判決。（六七臺上一〇二〇）

▲（七一臺上三五一六）參見本法第一百九十六條。

▲當事人得於第二審提起新攻擊或防禦方法，並得追復在第一審就事實或證據所未為之陳述，民事訴訟法第四百四十七條定有明文。故第二審法院不得以當事人提出之證據或主張之事實，在第一審未提出或主張，即認其為不可採，而不予調查。（七三臺上一一四三）（九二、三、一八決議自九二、九、一起不再援用）

第四百四十八條（第一審之續行㈡）

在第一審所為之訴訟行為，於第二審亦有效力。

*（訴訟行為）民訴四四五㊀。

▲（二八上九三）參見本法第四百四十五條。

第四百四十九條（上訴無理由之判決）

第二審法院認上訴為無理由者，應為駁回之判決。

原判決依其理由雖屬不當，而依其他理由認為正當者，應以上訴為無理由。

*（上訴）民訴四三七。

▲第二審法院認上訴為無理由者，應為駁回之判決，而認上訴為有理由者，應於上訴聲明之範圍內為變更原判決之判決，為民事訴訟法第四百四十六條第一項及第四百四十七條所明定。故第二審維持第一審判決者，僅得以上訴人之上訴為無理由而駁回其上訴，除被上訴人亦為上訴或附帶上訴外，不得為變更第一審判決之判決，致使上訴人更為不利。原審既以上訴人上訴為無理由而維持第一審判決，一面復依被上訴人之聲明，於駁回上訴人之上訴之外，在判決主文內加列一欄，將第一審判決主文所列交還之地號予以變更，而為更不利於上訴人之判決，揆之首揭說明，即難謂非違法。（五三臺上三一七三）

▲本件原確定判決係於民國六十三年七月廿一日送達，此有卷附送達證書足據，再審期間自送達判決之翌日起算，至六十三年八月二十日即告屆滿，而上訴人延至六十三年八月廿一日始向原審提起本件再審之訴，顯逾上開不變期間。原審本應認再審之訴為不合法以裁定駁回之，始為適法，乃原審竟認再審之訴為無理由，以判決駁回，雖有未當，然與上訴人應受駁回其訴裁判之結果，初無二致，仍應認本件上訴為無理由。（六四臺上四四五）

▲所謂駁回上訴之判決，係指上訴審法院維持下級審法院判決之判決而言。本件第一審法院為准予分割共有物之判決，兩造均對之提起上訴，原審認被上訴人之上訴為有理由而廢棄第一審判決，並駁回上訴人之上訴，關於上訴人之上訴部分，因第一審判決已被廢棄而不復存在，無可供維持之判決，原審不得為駁回上訴之裁判，乃竟判決駁回上訴人之上訴，於法顯有違背。（六七臺上二一七五）

第四百四十九條之一（濫行上訴之處罰）

上訴基於惡意、不當目的或有重大過失，且事實上或法律上之主張欠缺合理依據者，第二審法院得各處上訴人、法定代理人、訴訟代理人新臺幣十二萬元以下之罰鍰。

第二百四十九條之一第二項至第七項之規定，於前項情形準用之。

(110)一、為防止濫行上訴造成司法資源之浪費，於上訴無理由情形，如上訴人基於惡意、不當目的或因重大過失提起上訴，且事實上或法律上之主張欠缺合理依據者，例如為騷擾對造、法院，或延滯、阻礙對造行使權利；抑或一般人施以普通注意即可知所提上訴無依據，而有重大過失等，堪認係屬濫訴，應予制裁。又上訴人濫行提起上訴，倘實質上係由其法定代理人、訴訟代理人所為，或共同參與，法院斟酌個案情節，應得對其等各自或一併施罰，並提高罰鍰數額，爰修正第一項。

二、法院為前項裁罰，被上訴人因應訴所生之日費、旅費及委任律師為訴訟代理人之酬金，應納入訴訟費用，裁罰之方式及其程序規定，均準用於濫行起訴之裁罰相關規定，爰修正第二項。

第四百五十條　（上訴有理由之判決）

第二審法院認上訴為有理由者，應於上訴聲明之範圍內為廢棄或變更原判決之判決。

⑨原條文所謂「變更原判決」係指廢棄原判決而自為判決而言（司法院二十八年院字第一九三二號解釋及最高法院二十九年上字第九三六號判例參照），而第二審法院認上訴為有理由者，於上訴聲明之範圍內廢棄原判決後，未必均須自為判決，為期明確，爰修正原條文。

＊（上訴聲明範圍）民訴四四一、四四五、四四七、四四八。

▲民事訴訟法第四百四十七條所謂變更原判決，即廢棄第一審判決而自為判決以代之。（二九上九三六）

▲（八三臺上七八七）參見本法第二百四十八條。

▲上訴人雖僅就命其對待給付部分，提起上訴，惟命為對待給付之判決，係將本案給付附加對待給付之條件，對待給付並非訴訟標的，本案給付始為訴訟標的，故本案給付與對待給付具有不可分之關係，對待給付部分如無可維持，本案給付部分應併予廢棄。（八三臺上三〇三九）

第四百五十一條　（廢棄原判決(一)——將事件發回原法院或自行判決）

第一審之訴訟程序有重大之瑕疵者，第二審法院得廢棄原判決，而將該事件發回原法院。但以因維持審級制度認為必要時為限。

前項情形，應予當事人陳述意見之機會，如兩造同意願由第二審法院就該事件為裁判者，應自為判決。

依第一項之規定廢棄原判決者，其第一審訴訟程序有瑕疵之部分，視為亦經廢棄。

⑨依原第二項規定，於有第一項情形，如兩造合意願由第二審法院就該事件為裁判者，應即自為判決。惟第一審之訴訟程序有重大瑕疵之情形，當事人未必知悉，且如未予當事人陳述意見之機會，亦無從知悉兩造是否願由第二審法院就該事件為裁判，致原第二項幾無適用餘地。又第二審法院之管轄，非可由兩造合意定之，故「合意」一詞不甚妥適。而第二審法院知第一審訴訟程序有重大之瑕疵，常在審理之前，兩造固無從同意，第二審法院亦不能即為判決，故原規定「應即自為判決」，亦不妥適。爰修正第二項。

＊（程序重大瑕疵）民訴一八八、一九七、一九九、二一三、二一七、二二一、二二二、二二六、二二七、二七七、二八八、三八一、三八五、四六九；（發回時）民訴八七㈡。

▲第一審之訴訟程序有重大之瑕疵時，應否廢棄原判決將該事件發回原法院，民事訴訟法第四百四十八條第一項係賦予第二審法院以自由裁量之職權，並非必須廢棄原判決將該事件發回原法院。（二八上一七四〇）

▲言詞辯論期日當事人之一造不到場時，第一審法院如未經到場當事人之聲請，逕依職權命一造辯論而為判決，其訴訟程序，即不得謂無民事訴訟法第四百四十八條第一項所稱之重大瑕疵。（二九上一七八五）

▲民事訴訟法第一百九十九條第二項規定，審判長應向當事人發問或曉諭，令其陳述事實聲明證據，或為其他必要之聲明及陳述，其所聲明及陳述有不明瞭或不完足者，應令其敘明或補充之云云，此為審判長（或獨任推事）因定訴訟關係之闡明權，同時並為其義務，故審判長對於訴訟關係未盡此項必要之處置，違背闡明之義務者，其訴訟程序即有重大瑕疵，而基此所為之判決亦屬違背法令。（四三臺上一二）

▲本件第一審言詞辯論期日之通知書（傳票）雖將上訴人之姓名誤寫，程序上不無瑕疵，惟第二審仍為事實審，原法院因該上訴人既於第二審到場辯論，即就實體上為判決而不發回第一審法院，尚無不合。（六三臺上二四一二）

▲（六九臺上一五二二）參見本法第二百五十一條。

▲（六九臺上三七五二）參見本法第一百三十六條。

▲（八一臺上一三一〇）參見本法第一百九十七條。

第四百五十一條之一　（因程序瑕疵廢棄原判決之例外）

應適用簡易訴訟程序之事件，第二審法院不得以第一審法院行通常訴訟程序而廢棄原判決。

前項情形，應適用簡易訴訟事件第二審程序之規定。

⑨一、本條係新增。

二、第一審法院誤將應適用簡易訴訟程序之事件，依較為嚴格之通常訴訟程序而為審判，對於當事人之程序保障並無欠缺，故受理其上訴之第二審法院（包括地方法院合議庭或高等法院）不應廢棄原判決而發回第一審之簡易庭，以保障當事人之程序利益，並達到訴訟經濟之要求。爰增訂第一項。

三、第一審雖將簡易訴訟事件誤為通常訴訟事件，而依通常訴訟程序審理，並不因此改變其為簡易訴訟事件之性質，故受理其上訴之第二審法院仍應適用簡易訴訟事件第二審程序之規定而為審理，爰增訂第二項。至對於第二審判決得否上訴第三審，仍應適用簡易程序有關規定，以符簡易訴訟制度之立法旨趣。

第四百五十二條　（廢棄原判決(二)——將事件移送於管轄法院者）

第二審法院不得以第一審法院無管轄權而廢棄原判決。但違背專屬管轄之規定者，不在此限。

因第一審法院無管轄權而廢棄原判決者，應以判決將該事件移送於管轄法院。

＊（專屬管轄）民訴一〇㈠、二六、四九九、五一〇；（移送管轄）民訴二八～三一。

▲第一審法院違背專屬管轄之規定，誤認有管轄權而為本案判決者，依民事訴訟法第四百四十九條第二項之規定，第二審法院應以判決廢棄原判決，將該事件移送於管轄法院。如該第二審法院即為管轄法院，雖無須移送，按諸同條項之本旨，亦應以判決廢棄原判決，就該事件自為裁判。（三〇上一三八）

▲（七四臺上二八〇）參見本法第十條。

第四百五十三條　（言詞審理之例外）

第四百五十一條第一項及前條第二項之判決，得不經言詞辯論為之。

＊（發回更審判決）民訴四五一；（移送判決）民訴四五二。

第四百五十四條　（第一審判決事實之引用）

判決書內應記載之事實，得引用第一審判決。當事人提出新攻擊或防禦方法者，應併記載之。

判決書內應記載之理由，如第二審關於攻擊或防禦方法之意見及法律上之意見與第一審判決相同者，得引用之；如有不同者，應另行記載。關於當事人提出新攻擊或防禦方法之意見，應併記載之。

⑨一、第二審程序為第一審程序之續行，如其判決書之製作能避免重複記載與第一審判決相同部分，而僅明確記載與第一審判決相異部分，即可簡化判決書之製作，而減輕法

官製作判決書的負擔。故第二審判決得引用第一審判決者，應不以事實之記載及當事人未提出新攻擊或防禦方法者為限。爰修正本條規定，擴大第二審判決得引用第一審判決之範圍。

二、為簡化判決書之製作，第二審判決書就事實之記載，原則上得引用第一審判決。惟如當事人於第二審提出新攻擊或防禦方法者，則應併記載之，爰修正原條文，列為第一項。

三、判決書內應記載之理由，如第二審關於攻擊或防禦方法之意見及法律上之意見與第一審判決相同者，應無重複記載之必要，而得引用第一審判決之記載；如有不同者，即應另行記載。又如當事人於第二審提出新攻擊或防禦方法者，法院應併記載其意見，爰增訂第二項。

*（判決書）民訴二二六；（新攻擊防禦方法）民訴四四七。

第四百五十五條 （假執行上訴之辯論及裁判）

第二審法院應依聲請，就關於假執行之上訴，先為辯論及裁判。

*（假執行）民訴三八九～三九五。

第四百五十六條 （裁定宣告假執行）

第一審判決未宣告假執行或宣告附條件之假執行者，其未經聲明不服之部分，第二審法院應依當事人之聲請，以裁定宣告假執行。

第二審法院認為上訴人係意圖延滯訴訟而提起上訴者，應依被上訴人聲請，以裁定就第一審判決宣告假執行；其逾時始行提出攻擊或防禦方法可認為係意圖延滯訴訟者，亦同。

⑨②對於第一審判決之一部上訴，阻其判決全部之確定。第一審判決未宣告假執行或宣告附條件之假執行者，為避免勝訴當事人因敗訴當事人就判決之一部提起上訴，而致全部判決未能確定，其權利不能及早實現，本條第一項乃規定，第二審法院應依當事人之聲請，就未經聲明不服之部分，以裁定宣告假執行。為加強對勝訴當事人權利之保障，上開聲請應不必限於須在言詞辯論時為之，以書狀或於準備程序時為聲請，亦無不可。爰將第一項原條文中「在言詞辯論時」等文字刪除，以利適用。

*（附條件之假執行）民訴三九二。

第四百五十七條 （財產權訴訟之宣告假執行）

關於財產權之訴訟，第二審法院之判決，維持第一審判決者，應於其範圍內，依聲請宣告假執行。

前項宣告假執行，如有必要，亦得以職權為之。

*（財產權之訴訟）民訴三九〇；（宣告假執行）民訴三八九～三九五。

第四百五十八條 （假執行之裁判不得聲明不服）

對第二審法院關於假執行之裁判，不得聲明不服。但依第三百九十五條第二項及第三項所為之裁判，不在此限。

⑨②原條文規定「關於假執行之裁判」，係泛指與假執行有關之一切裁判（最高法院四十三年臺上字第四四號判例參照），然依第三百九十五條第二項及第三項所為之裁判，乃法院因廢棄或變更宣告假執行之本案判決，而依被告聲明命原告返還及賠償被告因假執行或因免假執行所為給付及所受損害之裁判，如對該裁判亦不得聲明不服，影響當事人之權益甚鉅，爰增設但書之除外規定。又本但書之規定，仍受第四百六十六條之限制，乃屬當然。

*（第二審之假執行）民訴四五五～四五七。

▲第二審法院關於假執行之裁判不得聲明不服，民事訴訟法第四百五十五條定有明文，所謂關於假執行之裁判，乃指與假執行有關之一切裁判而言，更正假執行之裁定，亦屬包含在內。（四三臺抗四四）

第四百五十九條 （上訴之撤回）

上訴人於終局判決前，得將上訴撤回。但被上訴人已為附帶上訴者，應得其同意。

訴訟標的對於共同訴訟之各人必須合一確定者，其中一人或數人於提起上訴後撤回上訴時，法院應即通知視為已提起上訴之共同訴訟人，命其於十日內表示是否撤回，逾期未為表示者，視為亦撤回上訴。

撤回上訴者，喪失其上訴權。

第二百六十二條第二項至第四項之規定，於撤回上訴準用之。

⑨②一、訴訟標的對於共同訴訟之各人必須合一確定者，其中一人或數人提起合法之上訴時，依第五十六條第一款前段規定，上訴之效力及於全體，故其他未提起上訴之共同訴訟人亦視為上訴人。惟嗣後提起上訴之人如欲撤回上訴，依上開條文後段規定，非經其他視為已提起上訴之人同意，不生撤回之效力。然該視為已提起上訴之人或因行蹤不明，或因無意參與上訴程序，欲令其表示同意撤回上訴，不無困難。故為避免訴訟久懸不決，並保障當事人之程序權，爰增訂第二項，明定於此情形，法院應即通知視為已提起上訴之共同訴訟人，命其於十日內表示是否撤回，逾期未為表示者，視為亦撤回上訴。

二、原第二項，移列為第三項。

三、上訴人撤回上訴，如被上訴人已為附帶上訴者，依本條第一項之規定，應得其同意。惟已為附帶上訴之被上訴人雖於期日到場，然就上訴之撤回未為同意與否之表示，或被上訴人未於期日到場或上訴人係以書狀撤回，而被上訴人就記載有關上訴撤回事項之筆錄或撤回書狀，收受送達後未提出異議時，究應如何處理？原條文未設規定，而第二百六十二條第四項已修訂有關擬制被告同意訴之撤回之規定，於上訴之撤回，應可準用，爰修正原第三項規定，並移列為第四項。

*（終局判決）民訴三八一、三八二；（附帶上訴）民訴四六〇、四六一；（訴之撤回）民訴二六一㈡、㈢。

▲當事人撤回所提起之第三審上訴，依民事訴訟法第四百七十八條、第四百五十六條第二項規定，僅發生喪失上訴權之效力，對於確定判決提起再審之訴，仍不因此而受影響。本件某甲等對於確定判決提起再審之訴，原法院認為不因該某甲等前曾撤回第三審上訴即謂不應准許，其見解並非不當。（三〇上五〇一）

▲撤回上訴，係當事人於提起上訴後，以終結訴訟為目的之訴訟上一方之法律行為，祇須對於法院表示撤回之意思即生效果，故此項撤回上訴之意思表示，性質上不許撤回。本件聲請人既經向本院表示撤回上訴，自無許其取回撤回上訴狀之餘地。（四七臺聲一〇九）

第四百六十條 （附帶上訴之提起）

被上訴人於言詞辯論終結前，得為附帶上訴。但經第三審法院發回或發交後，不得為之。

附帶上訴，雖在被上訴人之上訴期間已滿，或曾捨棄上訴權或撤回上訴後，亦得為之。

第二百六十一條之規定，於附帶上訴準用之。

⑨②依原條文第一項規定，第二審判決經第三審法院發回或發交後，被上訴人就原第一審判決未聲明不服之部分，仍得於言詞辯論終結前為附帶上訴，致有訴訟之一部於經第二審法院判決後，因未上訴於第三審法院而告確定，然就原第一審未聲明不服部分之判決，於第二審判決經第三審法院發回或發交後，仍得為附帶上訴，有致未向第二審上訴部分之訴訟關係久懸不決之不合理現象，爰增設但書規定，使第一審判決未經上訴之部分，於第二審判決生效後，即可確定，以避免訴訟關係久懸不決，並減輕當事人之訟累。

*（言詞辯論）民訴一九二～二一九；（上訴期間）民訴四四

○；（捨棄上訴權）民訴四三九；（撤回上訴）民訴四五九；（訴之變更追加反訴）民訴二六一。

▲第二審附帶上訴，為當事人對於所受不利益之第一審終局判決聲明不服之方法，在第一審受勝訴判決之當事人，自無許其提起附帶上訴之理。（四一臺上七六三）

▲關於附帶上訴，民事訴訟法第四百五十七條第一項僅規定為被上訴人於言詞辯論終結前得為提起，而於發回更審後並無不得提起之限制，且附帶上訴之立法意旨，係因事件之一部分方在上訴之中，他部分與之不無牽涉，從而亦准被上訴人聲明不服，使得為整個之解決，故應認為在更審程序中亦得提起。上訴人對於原判決於更審中准許附帶上訴，予以指摘，殊無可採。（五〇臺上四九七）（九二、三、一八決議自九二、九、一起不再援用）

第四百六十一條　（附帶上訴之效力）

上訴經撤回或因不合法而被駁回者，附帶上訴失其效力。但附帶上訴備上訴之要件者，視為獨立之上訴。

＊（附帶上訴）民訴四六〇；（上訴之撤回）民訴四五九；（上訴不合法之駁回）民訴四四二、四四四。

▲民事訴訟法第四百五十八條但書所謂備上訴要件之附帶上訴，係指在自己之上訴期間內提起，並具備獨立上訴之其他要件者而言。（三二抗三〇九）

第四百六十二條　（上訴事件終結後對卷宗之處理）

上訴因判決而終結者，第二審法院書記官應於判決確定後，速將判決正本附入卷宗，送交第一審法院。

前項規定，於上訴之非因判決而終結者準用之。

＊（卷宗）民訴二四一～二四三；（判決確定）民訴三九八；（判決正本）民訴二二九、二三〇、二三二。

第四百六十三條　（第一審程序之準用）

除本章別有規定外，前編第一章、第二章之規定，於第二審程序準用之。

第二章　第三審程序

第四百六十四條　（第三審上訴之特別要件）

對於第二審之終局判決，除別有規定外，得上訴於管轄第三審之法院。

＊（第二審終局判決）民訴四四九～四五二；（別有規定）民訴八八、四五八、四六五～四六七；（第三審法院）法組一、四八②。

▲當事人對第二審之判決提起上訴，應以不服原審之裁判者為限，若於原判已無不服，第因其理由說明未能滿意，據以聲明上訴自非合法。（二〇上四二三）

▲提起上訴惟得對於第二審他造當事人或接充當事人之人為之，被上訴人既非第二審之他造當事人，亦非接充當事人之人，上訴人對之提起上訴自非合法。（三七上七七六九）

▲第三審上訴，為當事人對於所受不利益之第二審判決聲明不服之方法，如第三審上訴之聲明事項，不在第二審判決範圍之內，則該第三審上訴，即難謂為合法。（六四臺上二五八九）

▲（九二臺上一八八六）參見本法第四百三十七條。

第四百六十五條　（不得上訴之規定㈠——未於第二審聲明不服）

對於第一審判決，或其一部未經向第二審法院上訴，或附帶上訴之當事人，對於維持該判決之第二審判決，不得上訴。

＊（附帶上訴）民訴四五九～四六一。

▲在第二審並未上訴或附帶上訴，則其對於第一審判決並無不服，其對於第二審駁斥對造上訴之判決，殊無聲明不服之餘地。（一八上二二四六）

第四百六十六條　（不得上訴之規定㈡——上訴所得受利益未逾法定價額）

對於財產權訴訟之第二審判決，如因上訴所得受之利益，不逾新臺幣一百萬元者，不得上訴。

對於第四百二十七條訴訟，如依通常訴訟程序所為之第二審判決，仍得上訴於第三審法院。其因上訴所得受之利益不逾新臺幣一百萬元者，適用前項規定」。

前二項所定數額，司法院得因情勢需要，以命令減至新臺幣五十萬元，或增至一百五十萬元。

計算上訴利益，準用關於計算訴訟標的價額之規定。

附註

司法院爰依民事訴訟法第四百六十六條第三項規定，以九十一年一月二十九日（九一）院臺廳民一字第〇三〇七五號函，將同條第一項所定上訴第三審之利益額數，提高為新臺幣一百五十萬元，並訂於九十一年二月八日起實施。

⑧⑨為因應社會經濟之成長，及合理分配有限之司法資源，爰修正之。

＊（上訴所得受之利益）民訴四七〇㊂；（計算訴訟標的價額）民訴費四～一五；（簡易程序訴訟）民訴四二七㊁。

▲釋一六〇、五七四。

▲（院一六六一）參見本法第四百四十四條。

▲計算上訴利益，依民事訴訟法第四百六十三條第三項，準用同法第四百零四條第二項之結果，既應以起訴時訴訟標的之價額為準，則訴訟標的之價額縱於起訴後有所增加，亦與計算上訴利益無關。（三二抗一〇一四）

▲共同訴訟，由共同訴訟人之一方提起上訴者，其上訴利益之計算，依司法院院字第一一四七號解釋意旨，應就提起上訴之各共同訴訟人所得受之上訴利益，合併計算之。如合併計算之結果，其上訴利益逾銀元八千元者，即非不得提起第三審上訴。本件抗告人對原法院所為第二審判決不服提起上訴，各共同訴訟人個人之上訴利益，雖均未逾銀元八千元，但合併計算結果，已逾銀元八千元，依首開說明，其上訴尚難謂不合法。（七〇臺抗四七九）

▲（七一臺上四四二五）參見本法第四百二十七條。

▲民事訴訟法第四百六十六條第一項所定不得上訴之額數有增加時，依民事訴訟法施行法第八條規定，以其聲明不服之判決，係在增加前為之者，始依原定額數定其上訴之准許與否。若其判決係在增加後為之者，縱係於第三審法院發回後所為之更審判決，皆應依增加後之額數定其得否上訴。（七四臺抗一七四）

▲分配表異議之訴之訴訟標的價額，以原告主張因變更分配表而得增加之分配額為標準定之。（七六臺上二七八二）

▲（八〇臺上一三二六）參見本法第四百二十七條。

▲（八〇臺上二九一七）參見本法第四百條。

▲（八一臺抗一六〇）參見本法第四百二十七條。

第四百六十六條之一　（上訴第三審時之律師強制代理）

對於第二審判決上訴，上訴人應委任律師為訴訟代理人。但上訴人或其法定代理人具有律師資格者，不在此限。

上訴人之配偶、三親等內之血親、二親等內之姻親，或上訴人為法人、中央或地方機關時，其所屬專任人員具有律師資格並經法院認為適當者，亦得為第三審訴訟代理人。

第一項但書及第二項情形應於提起上訴或委任時釋明之。

上訴人未依第一項、第二項規定委任訴訟代理人，或雖依第二項委任，法院認為不適當者，第二審法院應定期先命補正。逾期未補正亦未依第四百六十六條之二為聲請者，第二審法院應以上訴不合法裁定駁回之。

⑧⑨一、本條新增。

二、照朝野協商條文通過。明定訴訟代理人之委任。

▲第三審上訴係採律師強制代理制度，除有民事訴訟法第四百六十六條之一第一項但書及第二項之情形外，對於第二審判決上訴，上訴人應委任律師為訴訟代理人，如未委任律師為訴訟代理人，第二審法院應定期先命補正；於上訴人自行委任或經法院為其選任律師為訴訟代理人之前，上訴人尚不具表明上訴理由之能力，自不得以其未於同法第四百七十一條第一項所定期間內提出上訴理由書，即認其上訴為不合法，以裁定予以駁回。（九〇臺抗一六二）

第四百六十六條之二（無資力委任訴訟代理人之訴訟救助）

上訴人無資力委任訴訟代理人者，得依訴訟救助之規定，聲請第三審法院為之選任律師為其訴訟代理人。

上訴人依前項規定聲請者，第二審法院應將訴訟卷宗送交第三審法院。

⑧⑨一、本條新增。

二、照朝野協商條文通過。明定訴訟代理人之資格。

第四百六十六條之三（第三審律師酬金標準之訂定）

第三審律師之酬金，為訴訟費用之一部，並應限定其最高額。

第四百六十六條之二選任律師為訴訟代理人辦法，由司法院定之。

前項辦法之擬訂，應參酌法務部及中華民國律師公會全國聯合會之意見。

⑨②一、配合第四百六十六條之一、第四百六十六條之二維持原條文及第七十七條之二十五之增訂，第四百六十六條之三之文字予以修正。

二、原第三項規定之全國性律師團體現為中華民國律師公會全國聯合會，爰將之明定，為此修正第三項規定。至於律師酬金標準已於本法增訂第七十七條之二十五第二項規定，併予敘明。

第四百六十六條之四（飛躍上訴制）

當事人對於第一審法院依通常訴訟程序所為之終局判決，就其確定之事實認為無誤者，得合意逕向第三審法院上訴。

前項合意，應以文書證之，並連同上訴狀提出於原第一審法院。

⑨②一、本條係新增。

二、依規定，提起第三審上訴，必以不服第二審終局判決者為限。惟兩造當事人對於第一審法院依通常訴訟程序所為之終局判決，就其確定之事實均認為無誤者，為節省當事人勞力、時間、費用，及尊重其程序選擇權，並節省司法資源，減輕第二審之負擔，應許其飛躍上訴。爰增訂第一項，明定於此情形，得許當事人合意逕向第三審提起上訴。

三、為期慎重，兩造合意逕向第三審提起飛躍上訴者，應以文書證之，並應連同上訴狀提出於原第一審法院，爰增訂第二項。

第四百六十七條（不得上訴之規定㈢——非以第二審判決違法為理由）

上訴第三審法院，非以原判決違背法令為理由，不得為之。

⑨②依修正之第四百六十六條之四及民事訴訟兩造合意選定法官審判暫行條例第七條規定，對於第一審判決亦得飛躍上訴第三審法院，因此原條文規定「對於第二審判決上訴」，已不適宜，爰將之修正為「上訴第三審法院，非以原判決違背法令為理由，不得為之」。

＊（違背法令）民訴四六八、四六九。

▲釋一三五、四一六。

▲對於第二審判決上訴，非以違背法令為理由者不得為之，民事訴訟法第四百六十四條定有明文。是對於第二審判決上訴，非主張原判決違背法令以為上訴理由，即屬不應准許，自應認為不合法而駁回之。（二六鄂上二三六）

▲（二六上九二〇）參見本法第二百三十條。

▲（四六臺聲一一）參見本法第一百八十三條。

▲對於第二審判決之上訴，非以其違背法令為理由，不得為之，民事訴訟法第四百六十七條定有明文，同法第四百七十條第二項所謂「表明上訴理由」，顯係指表明第二審判決有如何違背法令之情形而言。起訴狀既係上訴人於第二審判決前作成，其內容自不可能有第二審判決如何違背法令之論述，顯難依據上訴狀內有「除引用起訴狀外」之記載，認為上訴人已於上訴狀內表明上訴理由，此外上訴人既迄未提出上訴理由書，其上訴自屬不合法。（六七臺上二八七六）

▲對於第二審法院之判決提起上訴，非以其違背法令為理由，不得為之。又提起第三審上訴，應提出上訴狀，並表明上訴理由及添具上訴理由之必要證據，民事訴訟法第四百六十七條、第四百七十條第二項定有明文。本件上訴論旨，並未具體指出原審認定事實有如何違反法令情事，更未指明其所違反法令之條項或其內容。僅泛稱原審審判不實，違背法令等語，自不得謂已合法表明上訴理由，本件上訴，顯難認為合法。（七〇臺上七二〇）

▲民事訴訟法第四百六十七條規定：對於第二審判決上訴，非以其違背法令為理由，不得為之。本件上訴人向本院提出之上訴狀，僅記載：「上訴人主張之事實及理由，引用原審訴狀及陳述」，並未表明原審所為之判決，究竟有何違背法令之處，其上訴即不能認為合法。（七〇臺上二〇二七）

▲當事人依民事訴訟法第四百六十八條規定以第二審判決有不適用法規或適用法規不當為上訴理由時，其上訴狀或理由書應有具體之指摘，並揭示該法規之條項或其內容，若係成文法以外之法則，應揭示該法則之旨趣，倘為司法院解釋或本院之判例，則應揭示該判解之字號或其內容，如依民事訴訟法第四百六十九條所列各款事由提起第三審上訴者，其上訴狀或理由書應揭示合於該條款之事實，上訴狀或理由書如未依此項方法表明者，即難認為已對第二審判決之違背法令有具體之指摘，其上訴自難認為合法。本件上訴人提起第三審上訴，核其訴狀所載，僅就原審取捨證據任加指摘，並未具體指出原判決違背何等法規，依上說明，其上訴即難認為合法。（七一臺上三一四）

▲當事人以第二審判決違背經驗法則，證據法則為理由，提起第三審上訴者。其上訴狀或其理由書應有具體之指摘，並揭示該經驗法則、證據法則。上訴書狀如未依此項方法表明者，難謂已合法表明上訴理由，其上訴自難認為合法。

（七一臺上四八〇）

▲（七一臺上二八〇八）參見本法第一百九十九條。

▲解釋契約固屬事實審法院之職權，惟其解釋如違背法令或有悖於論理法則或經驗法則，自非不得以其解釋為不當，援為上訴第三審之理由。（八三臺上二一一八）

第四百六十八條（違背法令之定義）

判決不適用法規或適用不當者，為違背法令。

*（違背法令）民訴四六七、四六九。

▲釋四一六。

▲證書之記載縱屬可信，而據以確定事實，必該證書之記載或由其記載當然推理之結果，與其所確定之事實客觀上能相符合而後可，若缺此符合即屬背於論理法則，其確定事實，自不得謂非違法。（二八上二二五〇）

▲（七一臺上三一一四）參見本法第四百六十七條。

第四百六十九條　（當然為違背法令之情形）

有下列各款情形之一者，其判決當然為違背法令：

一　判決法院之組織不合法。

二　依法律或裁判應迴避之法官參與裁判。

三　法院於審判權之有無辨別不當或違背專屬管轄之規定。但當事人未於事實審爭執，或法律別有規定者，不在此限。

四　當事人於訴訟未經合法代理。

五　違背言詞辯論公開之規定。

六　判決不備理由或理由矛盾。

⑩一、法院對於所受理之無審判權事件，誤認為有審判權而為判決，或違背專屬管轄之規定，其判決當然為違背法令。但普通法院受移送，如經最高行政法院依法院組織法第七條之五第一項後段規定指定，或當事人就普通法院無審判權之事件，依第一百八十二條之一第一項第二款規定，合意由普通法院裁判，普通法院依法即為有審判權之法院，則其所為判決，自非無審判權之違法判決。

二、第一百八十二條之一第一項第二款規定當事人得合意由普通法院裁判，係尊重當事人基於程序主體地位，所享有之程序選擇權，寓有審判權相對化之內涵；又判決違背專屬管轄規定究屬例外情形，無害重大之公益；倘當事人於事實審未爭執審判權歸屬或管轄專屬，基於程序安定、訴訟誠信及司法資源有限性，應毋庸廢棄原判決。另依第一百八十二條之一第四項規定，移送未經最高行政法院裁判確定，普通法院所為裁判，上級審法院不得以其無審判權而廢棄之；商業事件審理法第四條第五項規定，受商業法院移送之法院所為裁判，上級法院不得以其違背專屬管轄為由廢棄原裁判；均屬法律別有規定者，應從之。爰就第三款本文酌為文字修正，並增訂但書之規定。

三、因序文已表明「有下列各款情形之一者」，爰將原各款「者」字刪除，以符法制作業。

*（違背法令）民訴四六七、四六八；（法院組織）法組三；（應迴避之推事）民訴三二、三三、三八；（專屬管轄）民訴一〇、四九九、五一〇；（訴訟代理）民訴四七～四九、五一、五二、六八～七七；（言詞辯論公開）法組八六；（判決理由）民訴二二六㈠⑤。

▲釋四一六。

▲（四〇臺上一四四）參見本法第二百二十六條。

▲（四三臺上七九七）參見民法第一千零六十七條。

▲民事訴訟法第四百六十六條第六款所謂判決理由矛盾，係指其理由前後牴觸，或判決主文與理由不符之情形而言，有一於此，均足為發回更審之原因。（五三臺上三五七一）

▲合夥解散後，始生清算問題，原審一面認兩造之合夥並未解散，一面又認被上訴人請求清算為有據，理由殊有矛盾。（五八臺上八〇）

▲（七一臺上三一一四）參見本法第四百六十七條。

第四百六十九條之一　（須經第三審法院許可之上訴）

以前條所列各款外之事由提起第三審上訴者，須經第三審法院之許可。

前項許可，以從事法之續造、確保裁判之一致性或其他所涉及之法律見解具有原則上重要性者為限。

⑨一、本條新增。

二、為防止當事人動輒藉詞原判決違背法令而濫行上訴，延滯訴訟終結，侵害對造權利，並耗費司法資源，乃採「上訴許可制度」，即以第四百六十九條所列各款之當然違背法令以外之事由為上訴理由者，其上訴應經第三審法院許可。爰為第一項規定。

三、第三審上訴既在求裁判上法律見解之統一，則法院之許可上訴，自應以從事法之續造或確保裁判之一致性為理由上訴者，亦屬具有原則上之重要性者為限。所謂原則上之重要性，指所涉及之法律問題意義重大而有加以闡釋之必要而言，爰為第二項規定。又第三審法院不准許上訴時，固應以裁定駁回，惟若其准許上訴時，則參考現行之簡易第二審判決許可上訴制度之規定，無須另為裁定，直接進行審理程序即可。

第四百七十條　（上訴狀之提出）

提起上訴，應以上訴狀提出於原判決法院為之。

上訴狀內應記載上訴理由，表明下列各款事項：

一　原判決所違背之法令及其具體內容。

二　依訴訟資料合於該違背法令之具體事實。

三　依第四百六十九條之一規定提起上訴者，具體敘述為從事法之續造、確保裁判之一致性或其他所涉及之法律見解具有原則上重要性之理由。

上訴狀內宜記載因上訴所得受之利益。

⑨一、依修正後之第四百六十六條之四規定，得上訴第三審法院者，不限於第二審判決，爰將第一項本文規定之「第二審法院」修正為「原判決法院」。

二、依增訂之第四百六十九條之一規定，以第四百六十九條所列各款外之事由，提起上訴者，須經第三審法院許可，其許可應具體敘述為從事法之續造、確保裁判之一致性或其他所涉及之法律見解具有原則上之重要性者為限，因此其上訴理由書，即應具體敘述原判決所涉及之法律見解具有如何原則上之重要性，以供第三審法院憑斷，爰增訂第二項第三款規定。

*（第二審法院）法組一、三二②、四八①、③；（上訴理由）民訴四六七～四六九；（上訴所得受利益）民訴四六六。

▲釋四一六。

▲（七〇臺上七二〇）參見本法第四百六十七條。

第四百七十一條　（上訴狀理由書等之提出）

上訴狀內未表明上訴理由者，上訴人應於提起上訴後二十日內，提出理由書於原第二審法院；未提出者，毋庸命其補正，由原第二審法院以裁定駁回之。

被上訴人得於上訴狀或前項理由書送達後十五日內，提出答辯狀於原第二審法院。

第二審法院送交訴訟卷宗於第三審法院，應於收到答辯狀或前項期間已滿後為之。

判決宣示後送達前提起上訴者，第一項之期間自判決送達後起算。

⑧一、第一、二、三項不修正。

二、判決送達前之上訴，既尚未收受第二審法院判決書，尚無從獲悉判決內容以表明上訴理由，爰增設第四項。

*（上訴狀表明事項）民訴四七〇；（理由書）民訴四六七～四六九；（期間）民訴一六一，民一二〇～一二二；（答辯狀）民訴四七二。

▲釋四一六。

▲上訴人於提起上訴後十五日內提出上訴理由書者，依民事訴訟法第四百六十八條第一項之規定，固應提出於原第二

審法院，若已逾此期間，則依同法第四百六十九條第一項之規定，僅得在第三審未為終局裁判前，提出上訴理由書於第三審法院，其提出於原第二審法院者，雖其提出之時第三審尚未裁判，而由第二審法院送交第三審法院之時，已在第三審裁判以後者，不得謂已於適當時期提出上訴理由書。（二六聲六）

第四百七十二條　（答辯狀等之提出）

被上訴人在第三審未判決前得提出答辯狀及其追加書狀於第三審法院。上訴人亦得提出上訴理由追加書狀。

第三審法院以認為有必要時為限，得將前項書狀送達於他造。

*（答辯狀）民訴四七一㈢；（第三審法院）法組一、四八②；（送達）民訴一二三～一五三。

第四百七十三條　（上訴聲明範圍之限制）

上訴之聲明，不得變更或擴張之。

被上訴人不得為附帶上訴。

*（上訴聲明）民訴四四一、四八一；（附帶上訴）民訴四五九～四六一。

第四百七十四條　（不經言詞審理之例外）

第三審之判決，應經言詞辯論為之。但法院認為不必要時，不在此限。

第三審法院行言詞辯論時，應由兩造委任律師代理為之。

被上訴人委任訴訟代理人時，準用第四百六十六條之一第一項至第三項、第四百六十六條之二第一項及第四百六十六條之三之規定。

⑫一、第一項：當事人於所爭執之權利義務受審判時，有在法庭上公開辯論之權利，此為人民之基本權利，亦為多數國家立法例所採取。為順應上述原則，兼以第三審係法律審，就法律問題辯論，更能發揮法律審之功能，並可提昇當事人對裁判之信賴，故第三審應行言詞辯論，另為免第三審法院失去彈性，爰修正為「但法院認為不必要時，不在此限。」

二、第三審法院行言詞辯論，係以原判決是否違背法令為其主要內容，非具法學素養及實務經驗者，無從為適當之言詞辯論，爰增設第二項。

三、被上訴人委任或聲請選任訴訟代理人之規定，應與上訴人相同，爰增設第三項準用之規定。

*（言詞辯論）民訴二二一。

第四百七十五條　（調查之範圍）

第三審法院應於上訴聲明之範圍內，依上訴理由調查之。但法院應依職權調查之事項或有統一法令見解之必要者，不在此限。

⑫一、提起第三審上訴，應於上訴狀內表明上訴理由，而上訴理由之表明，依第四百七十條第二項規定，須表明原判決所違背之法令及其具體內容，與依訴訟資料合於該違背法令之具體事實，以為第三審法院審理之依據。故第三審法院原則上亦應於上訴聲明之範圍內，依上訴理由調查原判決有無違背法令，爰修正原條文。

二、第三審法院於該審級應依職權調查之事項，本不待當事人指摘，法官即應依職權加以調查。又第三審為法律審，具有統一法令見解之職責，故原判決違背法令，如涉及有統一法令見解之必要者，縱令當事人未加指摘，第三審法院亦得審理，爰修正原條文第二項規定，改列為但書。

*（上訴聲明）民訴四四一、四七三、四八一；（判決違背法令）民訴四六七～四六九；（上訴理由）民訴四六七～四七二。

▲原判決顯係違背法令，上告論旨雖未就此點攻擊，應由第三審法院以職權調查，不受上訴理由之拘束。（一八上二一一四）（九二、三、一八決議自九二、九、一起不再援用）

第四百七十六條　（判決之基礎）

第三審法院，應以原判決確定之事實為判決基礎。

言詞辯論筆錄記載當事人陳述之事實，第三審法院得斟酌之。

以違背訴訟程序之規定為上訴理由時，所舉違背之事實，及以違背法令確定事實、遺漏事實或認作主張事實為上訴理由時，所舉之該事實，第三審法院亦得斟酌之。

⑫一、依增訂之第四百六十六條之四規定，第三審法院受理上訴之事件，不再限於不服第二審判決者，爰將第一項「第二審判決」修正為「原判決」。

二、第三審係法律審，依前項規定，固應以事實審判決確定之事實為判決基礎，惟事實審言詞辯論筆錄已記載當事人陳述之事實，而法院於判決中如未予認定，亦與言詞辯論之目的不符。為達公平裁判及訴訟經濟目的，爰增設第二項，明定於此情形，第三審法院得斟酌該漏未認定之事實而為判決。

三、配合第二項之增訂，原第二項「得斟酌之」前加一「亦」字，並移列為第三項。

*（第三審法院）法組一、四八②；（違背法令）民訴四六八、四六九。

▲釋四一六。

▲依民事訴訟法第四百七十三條第一項之規定，第三審法院應以第二審判決確定之事實為判決基礎，故在第三審不得提出新攻擊方法。（二八上八一七）

▲（三〇上四八九）　參見本法第一百九十七條。

▲民事訴訟法除法律別有規定外，不得斟酌當事人未提出之事實，此為辯論主義之當然結果。原審就當事人未主張之事實依職權斟酌，顯有認作主張之違法情形。（六〇臺上二〇八五）

▲（七一臺上三八六）　參見本法第三百九十七條。

▲前訴訟程序第二審法院雖未認上訴人之第二審上訴不合法，而從實體上為駁回上訴人第二審上訴之判決，然因第二審上訴合法與否，第三審仍應依職權調查之，民事訴訟法第四百七十六條第一項之規定，於應由第三審依職權調查之事項不適用。上訴人之第二審上訴，本院經依職權調查之結果，認定其為不合法，並以第二審未依法以裁定駁回之，而從實體上為駁回之判決，雖有未合，但其結果相同，遂仍以判決維持之，而駁回上訴人之第三審上訴。本院確定判決既非以第二審判決確定之事實為基礎，而上訴人提起之再審之訴，又係以發見未經斟酌之證物，足證前訴訟程序本院認定其在第二審之上訴不合法事實，顯屬錯誤為理由。依同法第四百九十九條前段規定，本件再審之訴仍專屬本院管轄，要無同條第二款之適用。（七二臺上一一一二）

▲民事訴訟法第四百七十六條第一項規定：第三審法院應以第二審判決確定之事實為判決基礎。第三審既不得調查事實，則在第三審自不許為訴之變更、追加或提起反訴。（七三臺上一九〇三）

第四百七十七條　（上訴有理由之判決）

第三審法院認上訴為有理由者，就該部分應廢棄原判決。

因違背訴訟程序之規定廢棄原判決者，其違背之訴訟程序部分，視為亦經廢棄。

*（廢棄原判決）民訴四七八。

第四百七十七條之一　（不得廢棄原判決㈠）

除第四百六十九條第一款至第五款之情形外，原判決違背法令而不影響裁判之結果者，不得廢棄原判決。

㊾「第二審判決」修正為「原判決」，理由同第四百七十六條說明一。

第四百七十七條之二（不得廢棄原判決㈡）

第三審法院就第四百六十六條之四所定之上訴，不得以原判決確定事實違背法令為理由廢棄該判決。

㊾一、本條係新增。

二、依第四百六十六條之四規定就不服第一審終局判決，逕向第三審提起上訴者，必以兩造對原判決所確定之事實均認為無誤為限。如第三審法院仍得就原判決確定事實是否違背法令為調查斟酌，自有違該條之立法意旨，爰增設本條規定明定之。

第四百七十八條（廢棄原判決之處置——自為判決、發回或發交）

第三審法院廢棄原判決，而有下列各款情形之一者，應自為判決：

一　因基於確定之事實或依法得斟酌之事實，不適用法規或適用不當廢棄原判決，而事件已可依該事實為裁判者。

二　原判決就訴或上訴不合法之事件誤為實體裁判者。

三　法院應依職權調查之事項，第三審得自行確定事實而為判斷者。

四　原判決未本於當事人之捨棄或認諾為裁判者。

五　其他無發回或發交使重為辯論之必要者。

除有前項情形外，第三審法院於必要時，得將該事件發回原法院或發交其他同級法院。

前項發回或發交判決，就應調查之事項，應詳予指示。」

受發回或發交之法院，應以第三審法院所為廢棄理由之法律上判斷為其判決基礎。

㊾一、依原條文第一項之規定，極易被誤解為第三審法院廢棄原判決時，即應將事件發回或發交原法院或其他同級法院。實則統一法律見解及對於具體個案為法律上救濟，為迅速達成此項功能及目的，爰於第一項本文明定之。

二、第一款為第四百七十九條第一款所移列。又因第三審法院可據為判決之事實，不限於原判決審認確定之事實，其依本法第四百七十六條第二、三項規定得斟酌之事實亦包括在內，爰於第一款明定。

三、起訴或上訴有不合法之情形，例如原告之訴有第二百四十九條第一項各款所列之情形，或上訴有第四百四十四條規定之情形，而原判決誤為實體裁判時，如上述不合法之情形為不得補正者，第三審法院於廢棄原判決時本即得自為裁判。即於起訴不合法之情形，第三審法院得廢棄第一、二審判決自為裁判駁回原告之訴；於上訴不合法之情形，第三審法院亦得廢棄第二審判決自為裁判駁回第二審之上訴，並無發回原法院或發交其他同級法院之必要，爰增訂第二款，明定於此情形，第三審法院於廢棄原判決時，應自為判決。至不合法之情形為得命補正者，依第四百八十一條準用第四百四十四條第一項規定，第三審法院應先命補正，乃屬當然。

四、法院應依職權調查之事項，除第二款規定外，餘如當事人適格、保護必要要件等是否欠缺，若第三審依職權自行調查，並得自行確定事實以為判斷者，上述要件如有欠缺，第三審自得廢棄第一、二審判決自為裁判駁回原告之訴。爰增訂第三款。

五、當事人於言詞辯論時為訴訟標的之捨棄或認諾者，應本於其捨棄或認諾為該當事人敗訴之判決，第三百八十四條定有明文。原判決如未本於當事人之捨棄或認諾為裁判者，自屬違誤，第三審即應本於當事人之捨棄或認諾自為裁判，爰增訂第四款。

六、除前四款所列舉第三審法院應自為判決之情形外，原判決雖有其他違誤，然無發回或發交使重為辯論之必要者，例如：原判決有訴外裁判或認定事實違背經驗法則、論理法則，而第三審法院得自行確定事實以為判斷之情形，第三審法院僅須廢棄該訴外裁判，或糾正原判決違背經驗法則、論理法則之違法，並無發回原法院之必要，爰增訂第五款，明定第三審法院於廢棄原判決時，如無發回或發交使重為辯論之必要者，應自為判決，以資概括。

七、除第一項之情形外，原判決如有確定事實不明，致第三審未能據以裁判，而有重為辯論之必要，應許第三審法院得將事件發回原法院或發交其他同級法院，爰將原條文第一項修正後移列為第二項。

八、將原條文第二項「第二審法院」等字刪除，理由同第四百七十六條說明一，並移列為第三項。原第三項移列為第四項。

*（廢棄原判決）民訴四七七。

▲（院一六六一）參見本法第四百四十四條。

▲第三審發回更審之案件，下級審所應受其拘束者，以關於法律上之見解為限，至第三審所指示應予調查之點，不過為應行調查之例示，並非限制下級審調查證據之職權，下級審於所指示之外，當然可為別種事實證據之調查。（二〇上一四〇七）

▲第三審法院認上訴為有理由而廢棄原判決者，依民事訴訟法第四百七十八條第一項規定，應將該事件發回原第二審法院或發交其他同級法院。所謂發回原第二審法院，指發回曾就該事件為審判之第二審法院而言，且應受發回之原第二審法院，不因其原管轄之第一審法院上訴事件於發回前改隸他法院管轄而變更；所謂發交其他同級法院，指將該事件發交原第二審法院以外之其他第二審法院而言。又第三審法院廢棄原判決後，究應為發回或發交之判決，原有斟酌之權，不受當事人請求之拘束。至受發回或發交之法院，就發回或發交之事件有管轄權，當不待言。（八二臺抗三〇〇）

第四百七十九條（刪除）

㊾一、本條刪除。

二、第四百七十八條第一項已明定第三審法院應自為判決之情形，本條文規定分別為第四百七十八條第一項第一、二款所含括，爰予刪除。

第四百八十條（發回或發交所應為之處置）

為發回或發交之判決者，第三審法院應速將判決正本附入卷宗送交受發回或發交之法院。

*（發回發交）民訴四七八；（判決正本）民訴二二九、二三〇、二三二；（卷宗）民訴二四一～二四三。

第四百八十一條（第二審程序之準用）

除本章別有規定外，前章之規定於第三審程序準用之。

▲（三〇上五〇一）參見本法第四百五十九條。

▲（四七臺聲一〇九）參見本法第四百五十九條。

▲（七五臺抗一一五）參見本法第四百四十二條。

第四編　抗告程序

第四百八十二條（得抗告之裁定）

對於裁定得為抗告。但別有不許抗告之規定者，不在此限。

*（裁定）民訴二三四～二三九；（不許抗告之裁定）民訴二三㈣、二八㈡、三六、三九、二三二㈢、二三九、三三三、

三七一㊂、四〇六㊁、四五八、四八三～四八六、四九一㊃、五一三㊁、五三七㊂。

▲對於第三審法院之裁定，除具有民事訴訟法第五百零三條所揭情形得聲請再審外，不得抗告。本件抗告人對於本院駁回其上訴之裁定提起抗告，顯非法律上所應准許。（三二抗六六七）

▲抗告為受裁定之當事人或其他訴訟關係人，對於裁定聲明不服之方法，若非受裁定之當事人或其他訴訟關係人，即不得為之。（四四臺抗一〇四）

▲（六五臺抗二一七）參見本法第二百三十二條。

第四百八十三條（程序中之裁定不得抗告原則）

訴訟程序進行中所為之裁定，除別有規定外，不得抗告。

*（裁定）民訴二三四～二三九；（別有規定）民訴三六、六〇㊁、一〇〇、一〇六、一一五、一四九㊁、一七九、一八七、三〇三㊃、三一〇㊁、三一一㊁、三一五、三二三㊂、三二四、三三三、三四九㊁、三五一㊁、三六〇㊁、三六三、三六七、四〇九、五二八㊁、五三三。

▲釋一九二。

▲訴訟程序進行中所為之裁定，係指每一審級訴訟程序開始後尚未終結以前所為之裁定而言。本件准許以保證書代提存之裁定，乃第一審終局判決後（即第一審訴訟程序已終結後）所為之裁定，顯非訴訟程序進行中所為之裁定，再抗告人謂為不得抗告，自屬誤會。（五〇臺抗二二五）

第四百八十四條（關於財產權訴訟之抗告限制）

不得上訴於第三審法院之事件，其第二審法院所為裁定，不得抗告。但下列裁定，得向原法院提出異議：

一　命法院書記官、執達員、法定代理人、訴訟代理人負擔訴訟費用之裁定。

二　對證人、鑑定人、通譯或執有文書、勘驗物之第三人處以罰鍰之裁定。

三　駁回拒絕證言、拒絕鑑定、拒絕通譯之裁定。

四　強制提出文書、勘驗物之裁定。

前項異議，準用對於法院同種裁定抗告之規定。

受訴法院就異議所為之裁定，不得聲明不服。

(92)一、法院所為之裁定，受裁定者不限於當事人，例如依第八十九條第一、二項、第三百零三條第一、二項、第三百十條第一項、第三百十一條第一項、第三百二十四條、第二百零七條第三項、第三百四十九條第一項、第三百六十七條等規定，命法院書記官、執達員、法定代理人、訴訟代理人或其他第三人負擔訴訟費用之裁定，對證人、鑑定人、通譯或執有文書、勘驗物之第三人處以罰鍰之裁定，駁回拒絕證言、拒絕鑑定、拒絕通譯之裁定，強制提出文書、勘驗物之裁定等，均係對當事人以外之第三人而為，攸關受裁定人之權益，不宜因本案訴訟事件不得上訴第三審而不許其聲明不服，爰增設但書規定，許受裁定之人得向原法院聲明異議，以保障受裁定人程序上之權利。

二、增訂第二項，明定依第一項但書提出之異議，準用對於法院同種裁定抗告之規定，俾資遵循。

三、受訴法院就依第一項但書提出之異議，應斟酌個別具體情形，如認異議有理由者，應為撤銷或變更之裁定；如認異議無理由者，應為駁回之裁定。對於受訴法院上開裁定，不得聲明不服，俾便程序早日確定，爰增訂第三項規定。

*（財產權訴訟）民訴四六六；（第二審法院）法組一、三二②、四八①、③；（裁定）民訴二三四～二三九；（不得抗告）民訴四八二。

▲原第二審法院認第三審上訴有民事訴訟法第四百六十三條情形，為駁回上訴之裁定時，上訴人得以其上訴無同條情形為理由提起抗告，不在同法第四百八十一條限制之列，原第二審法院適用同法第四百八十一條、第四百八十七條第二項，為駁回抗告之裁定即屬違法。（三七抗一五五九）

▲民事訴訟法第四百八十四條所稱之裁定，係指屬於本訴訟事件之裁定，其事件不得上訴於第三審，及其他裁定，其本案訴訟事件不得上訴於第三審者而言。（七四臺聲三〇）

第四百八十五條（異議之提出——準抗告）

受命法官或受託法官之裁定，不得抗告。但其裁定如係受訴法院所為而依法得為抗告者，得向受訴法院提出異議。

前項異議，準用對於法院同種裁定抗告之規定。

受訴法院就異議所為之裁定，得依本編之規定抗告。

訴訟繫屬於第三審法院者，其受命法官或受託法官所為之裁定，得向第三審法院提出異議。不得上訴於第三審法院之事件，第二審法院受命法官或受託法官所為之裁定，得向受訴法院提出異議。

(92)一、第一項之「推事」修正為「法官」。

二、依第一項之規定，繫屬於第三審法院或繫屬於第二審法院而不得上訴第三審法院之事件，將因審級關係，對受命法官、受託法官之裁定，無從提出異議。為貫徹合議審判之精神及保障受裁定人程序上之權利，爰增訂第四項，明定就此等裁定，仍得分向第三審法院或第二審受訴法院提出異議。

*（受命法官）民訴二七〇、二九〇；（受託法官）民訴二九〇；（受託受命法官之裁定）民訴二三八；（抗告）民訴四八二、四八三。

第四百八十六條（再抗告）

抗告，除別有規定外，由直接上級法院裁定。

抗告法院之裁定，以抗告不合法而駁回者，不得再為抗告。但得向原法院提出異議。

前項異議，準用第四百八十四條第二項及第三項之規定。

除前二項之情形外，對於抗告法院之裁定再為抗告，僅得以其適用法規顯有錯誤為理由。

第四百三十六條之六之規定，於前項之抗告準用之。

(98)一、修正原第四項、第六項規定，並刪除原第五項規定。

二、由抗告法院審查其裁定適用法規是否顯有錯誤，並許可抗告人之抗告，無異要求抗告法院自承其裁定有錯誤，實非易事，且對於再抗告人不公平。又依原第六項前段規定準用結果，抗告法院審查後，若認原裁定適用法規顯有錯誤，且再抗告應予許可者，應添具意見書；若認原裁定適用法規並無顯有錯誤，不應許可再抗告者，應裁定駁回再抗告，惟再抗告人對該裁定又可抗告，且最高法院不受抗告法院上開審查結果之拘束，故抗告法院之審查是否有必要即有待商榷。上開規定除了增加抗告法院之工作負擔外，亦增加再抗告人之訟累，造成抗告程序之繁複。爰修正第四項，將「並經原法院之許可者為限」刪除；修正第六項為：「第四百三十六條之六之規定，於前項之抗告準用之」，並移列第五項規定；將原第五項規定刪除。

*（抗告）民訴四八二、四八三；（裁定）民訴二三四～二三九；（抗告不合法而駁回）民訴四九二㊀；（抗告有理由而廢棄變更原裁定）民訴四九二㊁。

▲抗告法院以抗告為無理由而駁回之者，依民事訴訟法第四百八十六條第二項之反面解釋，原不得再為抗告，其有再審之原因時，固得聲請再審，但再審法院認其再審為無理由而裁定駁回再審之聲請時，即係再開並續行原抗告程序，而結果仍維持原認為抗告為無理由而駁回抗告之原裁定，對於此項駁回再審聲請之裁定，自亦不得更為抗告。（六二臺抗一五九）（九二、三、一八決議自九二、九、一起不再援用）

▲抗告法院之裁定，以抗告為無理由而駁回者，不在民事訴

訟法第四百八十六條第二項准許再抗告之列，不得對於該裁定再行抗告。非訟事件法第二十七條第一項規定「對於抗告法院之裁定，非以其違背法令為理由，不得再為抗告」，係對同法第二十八條準用民事訴訟法第四百八十六條第二項得為再抗告情形之限制，而非放寬民事訴訟法原對抗告法院以抗告為無理由而駁回抗告之裁定，不得再抗告之限制。因之，應認依非訟事件法所為駁回抗告之裁定，仍有首揭說明之適用。（六二臺抗二八七）（九二、三、一八決議自九二、九、一起不再援用）

▲非訟事件之抗告及再抗告，除非訟事件法另有規定外，應準用民事訴訟法關於抗告程序之規定。關於抗告法院之裁定，以抗告為無理由而駁回者，既不在民事訴訟法第四百八十六條第二項准許再抗告之列，自不得對於該裁定再為抗告。（六九臺抗四五八）（九二、三、一八決議自九二、九、一起不再援用）

▲民事訴訟法第四百八十六條第二項規定，抗告法院以抗告為不合法而駁回之，或以抗告為有理由而廢棄或變更原裁定者，對於該裁定得再為抗告。此項規定，依強制執行法第四十四條之規定，於強制執行程序亦準用之。（七一臺抗二六八）（九二、三、一八決議自九二、九、一起不再援用）

▲（八四臺抗四八五）　參見本法第四百三十六條之二。

第四百八十七條　（抗告期間）

提起抗告，應於裁定送達後十日之不變期間內為之。但送達前之抗告亦有效力。

⑫本法修正將抗告期間統一規定為十日（理由如第三十六條說明），爰配合修正第一項及刪除第二項規定。

*（不變期間）民訴一六三、一六四；（別有規定）民訴三六、一〇〇、一一五、三三三。

▲（三〇聲四二）　參見本法第一百六十三條。

▲（七九臺聲三四九）　參見本法第二百三十二條。

第四百八十八條　（提起抗告之程式）

提起抗告，除別有規定外，應向為裁定之原法院或原審判長所屬法院提出抗告狀為之。

適用簡易或小額訴訟程序之事件或關於訴訟救助提起抗告及由證人、鑑定人、通譯或執有證物之第三人提起抗告者，得以言詞為之。但依第四百三十六條之二第一項規定提起抗告者，不在此限。

提起抗告，應表明抗告理由。

⑫一、本條第二項設有得以言詞提起抗告之規定，爰於第一項增列「除別有規定外」等字，以資配合。

二、簡易訴訟程序經修正後，已不限適用於第一審，爰刪除第二項之「第一審」三字，以符實際。又小額訴訟程序制定之目的，在求簡便、迅速、經濟，爰於第二項增訂適用小額訴訟程序之事件，當事人提起抗告得以言詞為之。關於通譯之抗告，依第二百零七條第三項規定，係準用鑑定人之規定，本條第二項既規定鑑定人提起抗告得以言詞為之，自宜將通譯一併列入。惟依第四百三十六條之二第一項規定逕向最高法院提起抗告者，依第四百三十六條之三第一、二項、第四百三十六條之四第一項規定，限於事件所涉法律見解具有原則上之重要性，且須經原法院許可，並應同時表明抗告理由，性質上不宜以言詞為之，爰於第二項增設但書之除外規定。

三、提起抗告，依第四百九十五條之一第一項準用第四百四十一條之規定，應表明抗告理由，爰於第三項明定，以求明確。

*（抗告）民訴四八二；（適用簡易訴訟程序事件）民訴四二七；（訴訟救助之抗告）民訴一一五；（證人鑑定人執有證物第三人提起抗告）民訴三〇三、三一一、三一五、三二三、三二四、三四九、三五一、三六〇㈡、三六三。

▲對於法院之裁定提起抗告，應向為裁定之原法院提出抗告狀為之，民事訴訟法第四百八十五條第一項定有明文，將抗告狀交付郵務局送交原法院者，須到達於原法院時，始得謂有抗告狀之提出。本件再抗告人交付郵務局提出之抗告狀到達於原法院時，既已逾十日之抗告期間，則抗告法院認其抗告為不合法以裁定駁回，並無不合。再抗告人謂應以交付郵務局之日，為其提出抗告狀之日，抗告期間尚未經過云云，殊非正當。（二九抗四九）

第四百八十九條　（刪除）

⑫一、本條刪除。

二、有關第二審上訴之第四百四十七條規定，已修正為原則上不得提出新攻擊或防禦方法，例如於：㈠因第一審法院違背法令致未能提出者；㈡事實發生於第一審法院言詞辯論終結後者；㈢對於在第一審已提出之攻擊或防禦方法為補充者；㈣事實於法院已顯著或為其職務上所已知或應依職權調查證據者；㈤其他非可歸責於當事人之事由，致未能於第一審提出者；㈥如不許其提出顯失公平者；始得提出新攻擊或防禦方法，此依修正之第四百九十五條之一第一項規定為抗告程序所準用，為求體例上一致，爰將本條刪除。

第四百九十條　（原法院或審判長對抗告之處置）

原法院或審判長認抗告為有理由者，應撤銷或變更原裁定。

原法院或審判長未以抗告不合法駁回抗告，亦未依前項規定為裁定者，應速將抗告事件送交抗告法院；如認為必要時，應送交訴訟卷宗，並得添具意見書。

⑫一、第一項之「更正原裁定」，實際上係將原裁定撤銷或變更，為免與第二百三十二條之「更正」用語相混淆，且求詞意一致，爰予修正。

二、本法已增訂抗告準用上訴之有關規定，為免重複，爰將第二項及第四項刪除。

三、配合原第二項規定之刪除，修正第三項規定，並移列為第二項。

*（提起抗告）民訴四八七、四八八；（裁定）民訴二三四～二三九；（抗告期間）民訴四八七；（不得抗告之裁定）民訴四八二～四八六；（訴訟卷宗）民訴二四一～二四三。

▲訴訟程序進行中所為之裁定，原法院或審判長固得依民事訴訟法第四百八十七條第一項之規定，本於抗告而自行撤銷或變更之，但原法院或審判長如認原裁定並無不當，而該裁定又無得為抗告之特別規定者，仍應依同條第二項逕以裁定駁回其抗告。（二九抗四〇〇）（九二、三、一八決議自九二、九、一起不再援用）

▲提起抗告已逾抗告期間，或係對於不得抗告之裁定而抗告者，原法院或審判長應為駁回抗告之裁定。民事訴訟法第四百九十條第二項定有明文。同條第一項所定原法院或審判長認抗告為有理由，應更正原裁定者，係指經合法抗告而認有理由之情形而言，故對於不得抗告之裁定而抗告者，其抗告縱有理由，原法院或審判長亦不得自行更正原裁定。（八〇臺抗七）

第四百九十一條　（抗告之效力）

抗告，除別有規定外，無停止執行之效力。

原法院或審判長或抗告法院得在抗告事件裁定前，停止原裁定之執行或為其他必要處分。

前項裁定，不得抗告。

⑫一、原第二項就原法院或審判長於抗告事件裁定前之處置，並未如第三項規定賦予抗告法院得為其他必要處分之權限，惟事實上亦有必要，爰將上開兩項合併修正，並列為第二項。

二、配合原第二、三項規定之修正，將原第四項規定之「前二項」修正為「前項」，並移列為第三項。

*（別有規定）民訴一〇四、一〇五、三〇三、三一〇、三一一、三四九。

▲民事訴訟法第四百五十八條第二項載，原法院或審判長得在抗告法院裁定前停止原裁定之執行等語，所謂抗告法院，包括再抗告法院在內。（二三抗一一七八）

第四百九十二條（抗告法院之裁定）

抗告法院認抗告為有理由者，應廢棄或變更原裁定；非有必要，不得命原法院或審判長更為裁定。

(92)一、本法已增訂抗告準用上訴之有關規定，為免重複，爰將第一項刪除。

二、抗告法院認抗告為有理由者，除應廢棄原裁定外，亦有應變更原裁定之情形。又為避免抗告法院認抗告有理由時，動輒將事件發回下級審命更為裁定，致影響事件之終結，乃明定抗告法院非有必要，不得命原法院或審判長更為裁定，爰修正原第二項規定，並移列為本文。

＊（抗告不合法）民訴四八六；（抗告有理由）民訴四八六、四九〇。

▲抗告法院以抗告為有理由者，應為廢棄原裁定之裁定，同時自為裁定代之，或將事件發回原法院或審判長命更為裁定，此在抗告法院有自由選擇之權。事件已達可為裁定程度無行其他程序之必要時，固以自為裁定為宜，若尚須其他程序，則予發回亦無不可。（五六臺抗五五四）

▲聲請人合法撤回其聲請者，即發生原聲請消滅之效果，其效果並溯及既往，回復未聲請之狀態，於已為裁定後將其聲請撤回者，該裁定當然失其效力，無再對之廢棄之可言。本件再抗告人向臺灣臺北地方法院聲請撤銷假扣押裁定，於受裁定照准並經相對人合法抗告後，具狀撤回其聲請，依上說明，該地方法院前開裁定自失其效力。乃原法院竟將該地方法院已失效之裁定予以廢棄，自屬欠合。（六四臺抗四二四）

第四百九十三條（刪除）

(92)一、本條刪除。

二、本法已增訂抗告準用上訴之有關規定，為免重複，爰將本條刪除。

第四百九十四條（刪除）

(92)一、本條刪除。

二、本法已增訂抗告準用上訴之有關規定，為免重複，爰將本條刪除。

第四百九十五條（擬制抗告或異議）

依本編規定，應為抗告而誤為異議者，視為已提起抗告；應提出異議而誤為抗告者，視為已提出異議。

＊（抗告）民訴四八二、四八三；（異議）民訴四八五。

第四百九十五條之一（第二審程序之準用）

抗告，除本編別有規定外，準用第三編第一章之規定。

第四百三十六條之二第一項之逕向最高法院抗告、第四百八十六條第四項之再為抗告，準用第三編第二章之規定。

(92)一、本條係新增。

二、抗告亦為裁判程序，故有關第二審程序之規定，於性質相通，而本編又無特別規定者，如第四百三十九條、第四百四十一條、第四百四十二條……等，於一般抗告程序應可準用，爰增訂第一項。

三、第四百三十六條之二第一項之逕向最高法院抗告及第四百八十六條第四項之再為抗告，皆以「適用法規顯有錯誤」為限，性質上均屬法律審之範圍，故有關第三審程序之規定，其性質相通者，亦應可準用，爰訂定第二項。

第五編　再審程序

第四百九十六條（再審事由(一)）

有下列各款情形之一者，得以再審之訴對於確定終局判決聲明不服。但當事人已依上訴主張其事由或知其事由而不為主張者，不在此限：

一　適用法規顯有錯誤者。

二　判決理由與主文顯有矛盾者。

三　判決法院之組織不合法者。

四　依法律或裁判應迴避之法官參與裁判者。

五　當事人於訴訟未經合法代理者。

六　當事人知他造之住居所，指為所在不明而與涉訟者。但他造已承認其訴訟程序者，不在此限。

七　參與裁判之法官關於該訴訟違背職務犯刑事上之罪者，或關於該訴訟違背職務受懲戒處分，足以影響原判決者。

八　當事人之代理人或他造或其代理人關於該訴訟有刑事上應罰之行為，影響於判決者。

九　為判決基礎之證物係偽造或變造者。

十　證人、鑑定人、通譯、當事人或法定代理人經具結後，就為判決基礎之證言、鑑定、通譯或有關事項為虛偽陳述者。

十一　為判決基礎之民事、刑事、行政訴訟判決及其他裁判或行政處分，依其後之確定裁判或行政處分已變更者。

十二　當事人發現就同一訴訟標的在前已有確定判決或和解、調解或得使用該判決或和解、調解者。

十三　當事人發現未經斟酌之證物或得使用該證物者。但以如經斟酌可受較有利益之裁判者為限。

前項第七款至第十款情形，以宣告有罪之判決或處罰鍰之裁定已確定，或因證據不足以外之理由，而不能為有罪之確定判決或罰鍰之確定裁定者為限，得提起再審之訴。

第二審法院就該事件已為本案判決者，對於第一審法院之判決不得提起再審之訴。

(92)一、原條文第一項本文「左列」修正為「下列」。

二、第四款之「推事」修正為「法官」。

三、第七款之「推事」修正為「法官」，並增列參與裁判之法官關於該訴訟違背職務受懲戒處分，足以影響原判決者，亦得據以提起再審之訴。

四、本法第三百六十七條之二第四項規定：「當事人經法院依第一項規定裁定處罰鍰確定，而其陳述為確定判決之基礎者，他造得據以提起再審之訴」，係屬再審事由之一，宜移列於本條，爰修正第一項第十款規定，增列當事人或法定代理人經具結後，就為判決基礎之有關事項為虛偽陳述者，亦得據以提起再審之訴。

五、第十一款規定為判決基礎之裁判，原僅列舉民事、刑事判決，惟行政訴訟判決亦有為民事判決之基礎者，將之解釋為「其他裁判」，尚非所宜，爰予併列明示。

六、當事人或法定代理人經具結，而就為判決基礎之有關事項為虛偽陳述者，原則上，須經法院依第三百六十七條之二第一項規定裁定處罰鍰確定後，他造始得據以提起再審之訴。惟如因證據不足以外之理由而不能為罰鍰之確定裁定者，例如於法院為裁定前，或於裁定確定前，該為虛偽陳述之當事人或法定代理人已死亡，致裁定程序無法開始或確定時，為保障他造之權益，於此情形，應許他造得提起再審之訴，以為救濟，爰修正第二項。

七、本法就第二審程序之進行採續審制，第二審法院就上訴事件為本案判決時，對於當事人在第一審所為關於事實上或法律上之陳述及提出之各項攻擊或防禦方法，均已重為審查，故對於第一審判決應無許當事人提起再審之訴之必要，爰增訂第三項。

*（確定判決）民訴三九八；（終局判決）民訴三八一、三八二；（適用法規顯有不當）民訴四六八；（法院組織）法組三；（推事迴避）民訴三二、三三、三八；（訴訟代理）民訴四七～四九、五一、五二、六八～七五；（住居所）民訴二〇～二四；（推事違背職務犯刑事罪）刑一二一～一二四、一二七、一三四、二一一、二一三；（證物）民訴三四一、三六三、三六四；（偽造證物）刑二二〇；（虛偽陳述）刑一六八；（確定判決和解調解）民訴三八〇㊀、三九八、四〇〇㊀、四一六㊀；（再審）民訴四九七。

▲釋一三五、一七七、一九三、二〇八、二〇九、二四四、三五五。

▲民事訴訟法第四百九十六條第一項第一款所謂適用法規顯有錯誤，應以確定判決違背法規或現存判例解釋者為限，若在學說上諸說併存尚無法規判解可據者，不得指為用法錯誤。（五七臺上一〇九一）

▲聲請拍賣抵押物係屬非訟事件，依非訟事件法，並無再審及準用民事訴訟法關於再審之規定。本件抗告人對於法院就聲請拍賣抵押物所為之裁定，依民事訴訟法第五百零七條、第四百九十六條第一項第十二款聲請再審，於法難謂有據。（五九臺抗三八七）（一〇四、三、一七決議加註：非訟事件法第四十六條之一已就非訟事件之確定裁定規定得準用民事訴訟法之相關規定而聲請再審。）

▲民事訴訟法第四百九十六條第一項第一款所謂適用法規顯有錯誤者，係指確定判決所適用之法規顯然不合於法律規定，或與司法院現尚有效及大法官會議之解釋，或本院尚有效之判例顯然違反者而言，並不包括消極的不適用法規之情形在內，此觀該條款文義，並參照同法第四百六十八條將判決不適用法規與適用不當二者並舉之規定自明。（註：本則要旨與司法院大法官會議釋字第一七七號解釋不符部分不再援用。）（六〇臺再一七〇）

▲所謂適用法規顯有錯誤者，不包括漏未斟酌證據及認定事實錯誤之情形在內。（六三臺上八八〇）

▲法院裁判適用法規或解釋法律，係依職權為之，原無待當事人提出其他判決以為證據。再審原告提出另一判決，利用其法律上之見解而為有利於己之主張，不能謂係民事訴訟法第四百九十六條第一項第十三款之新證物。（六四臺聲五八）

▲解釋意思表示原屬事實審法院之職權，原確定判決不過就事實審法院所確定之事實為法律上之判斷，事實審法院解釋意思表示，縱有不當，亦不生適用法規顯有錯誤問題。（六四臺再一四〇）

▲第三審法院應以第二審判決確定之事實為判決基礎（參照民事訴訟法第四百七十六條第一項），第三審法院以第二審法院之判決認事用法均無不當而維持第二審法院之判決者，當事人如以適用法規顯有錯誤為由提起再審之訴，僅得對第三審法院之判決為之。（六五臺上一二七六）

▲民事訴訟法第四百九十六條第一項第十二款所謂：在前已有確定判決或和解、調解或得使用該判決或和解、調解者，以前後兩訴之訴訟標的同一為要件。茲上訴人主張，被上訴人在本件訴訟前，對上訴人曾提起之訴，一為因債務不履行而生之損害賠償請求權（民法第二百二十七條），一為依民法第八百七十九條規定之求償權，與本件依民法第一百七十九條規定，行使不當得利返還請求權者，其訴訟標的，並非同一，不得據為再審原因。（六六臺上一五四二）

▲支付命令屬於裁定性質，被上訴人如認支付命令確定前曾經訴訟上和解而有再審原因，得依民事訴訟法第五百零七條準用同法第四百九十六條第一項第十二款規定聲請再審。（六八臺上二六八四）（九二、三、一八決議自九二、九、一起不再援用）

▲當事人依民事訴訟法第四百九十六條第一項第五款之規定提起再審之訴，應僅限於代理權欠缺之一造當事人始得為之。他造當事人不得據為再審原因。（六八臺再一四五）

▲提起民事再審之訴，應於三十日之不變期間內為之，民事訴訟法第五百條第一項定有明文。當事人以有同法第四百九十六條第一項第一款適用法規顯有錯誤之情形提起再審之訴，應認此項理由於裁判送達時當事人即可知悉，故計算是否逾三十日之不變期間，應自裁判確定時起算，無同法第五百條第二項但書再審理由知悉在後之適用。（七〇臺再二一二）

▲第三審為法律審，其所為判決，以第二審判決所確定之事實為基礎，故民事訴訟法第四百九十六條第一項第一款所謂適用法規顯有錯誤，對第三審判決言，應以該判決依據第二審判決所確定之事實而為之法律上判斷，有適用法規顯有錯誤之情形為限。（七一臺再三〇）

▲民事訴訟法第四百九十六條第一項第一款所謂適用法規顯有錯誤，係指確定判決違背法規或現存判例解釋者而言，故當事人自收受判決正本之送達時，對於判決理由，有無適用法規顯有錯誤之情形，即可知悉。至於當事人本人對於法規之瞭解程度如何，當不能影響同法第五百條第一項、第二項關於三十日不變期間之起算。（七一臺再二一〇）

▲民事訴訟法第五百條第一項規定：「再審之訴，應於三十日之不變期間內提起」；第二項規定：「前項期間，自判決確定時起算，但再審之理由知悉在後者，自知悉時起算」。而第三項前段規定：「再審之訴，自判決確定時起，如已逾五年者，不得提起」。係對再審之訴所設之另一限制。至本項但書規定：「以第四百九十六條第一項第五款、第六款或第十二款情形為再審之理由者，不在此限」云云，則係謂再審之訴以該等情形為再審之理由者，不受前段已逾五年，不得提起之限制，並不排除同條第一項及第二項所定三十日不變期間之適用。（七一臺再二五〇）（九二、三、一八決議自九二、九、一起不再援用）

▲（七二臺抗四七九）參見本法第二百四十九條。

▲聲請人對於本院裁定聲請再審，僅泛引民事訴訟法第四百九十六條第一項第九款至第十三款規定為依據。然對於本院上開認為聲請人聲請再審為不合法而予駁回之裁定，究竟有何合於該再審事由之具體情事，則未據表明，自非合法。（七三臺聲二七七）

▲民事訴訟法第四百九十六條第一項第二款所謂：判決理由與主文顯有矛盾，係指判決依據當事人主張之事實，認定其請求或對造抗辯為有理由或無理由，而於主文為相反之諭示，且其矛盾為顯然者而言。茲確定判決於理由項下，認定再審原告對於再審被告部分之上訴，為無理由，而於主文諭示駁回再審原告此部分之上訴。依上說明，並無判決理由與主文顯有矛盾之情形。（八〇臺再一三〇）

第四百九十七條（再審事由㈡）

依第四百六十六條不得上訴於第三審法院之事件，除前條規定外，其經第二審確定之判決，如就足影響於判決之重要證物，漏未斟酌，或當事人有正當理由不到場，法院為一造辯論判決者，亦得提起再審之訴。

⑨②依第四百六十六條不得上訴於第三審法院之事件，當事人有正當理由不到場，而第二審法院為一造辯論判決確定者，其情形與前條所定再審之訴要件未盡相符，當事人無從提起再審之訴以為救濟，於其權利之保障自嫌欠周，爰於本條增訂之。

*（財產權訴訟提起第三審之限制）民訴四六六；（第二審判決）民訴四四九～四五四；（確定判決）民訴三九八。

▲釋二一三。

▲裁定已經確定，而有民事訴訟法第四百九十七條之情形者，固得準用再審程序之規定聲請再審，然民事訴訟法第四百九十七條，係就不得上訴於第三審法院之事件而為之規定，前訴訟程序之確定裁定，既係得抗告於第三審法院之事件，自無民事訴訟法第四百九十七條之準用。（六一臺抗六二一）

▲裁定已經確定而有民事訴訟法第四百九十七條之情形者，同法第五百零七條固規定得為聲請再審之原因，然此唯於第二審法院所為並依同法第四百八十四條不得抗告之裁

定，如有其適用。對於本院所為之裁定，殊無適用之餘地。（七三臺聲七二）

第四百九十八條　（再審事由(三)）

為判決基礎之裁判，如有前二條所定之情形者，得據以對於該判決提起再審之訴。

*（為判決基礎之裁判）民訴二五六⑤、三八三。

第四百九十八條之一　（再審之訴更行提起之限制）

再審之訴，法院認無再審理由，判決駁回後，不得以同一事由，對於原確定判決或駁回再審之訴之確定判決，更行提起再審之訴。

㊾一、本條係新增。

二、再審之目的，原在匡正確定終局判決之不當，以保障當事人之權益。惟為避免當事人以同一事由對於原確定判決或駁回再審之訴之確定判決，一再提起再審之訴，致浪費司法資源，自應予以限制，爰增訂本條文。

第四百九十九條　（再審管轄法院）

再審之訴，專屬為判決之原法院管轄。

對於審級不同之法院就同一事件所為之判決，提起再審之訴者，專屬上級法院合併管轄。但對於第三審法院之判決，係本於第四百九十六條第一項第九款至第十三款事由，聲明不服者，專屬原第二審法院管轄。

㊾再審之訴得同時對於審級不同之法院就同一事件所為之確定終局判決提起，惟既係同一事件，不宜由各級法院分別審判。原條文後段第一款僅就同時對第一、二審判決不服之情形規定管轄法院，對於同一事件之第一、二、三審判決同時聲明不服者，卻未規定，為求周延，爰修正原條文後段規定，並移列為第二項。

*（專屬管轄）民訴一〇㈠、二六、五一〇；（第二審判決）民訴四四九～四五四；（第三審判決）民訴四七七～四七九；（第二審法院）法組一、三二②、四八①、③。

▲當事人提起第三審上訴，是否合法，係屬本院應依職權調查裁判之事項，聲請人對本院以其上訴為不合法而駁回之裁定，以發見未經斟酌之證物為由聲請再審，依同法第五百零七條準用同法第四百九十九條前段之規定，專屬本院管轄，不在同條第二款規定之列。（七一臺聲一三二）

▲（七二臺上一一一二）參見本法第四百七十六條。

第五百條　（提起再審之期間）

再審之訴，應於三十日之不變期間內提起。

前項期間，自判決確定時起算，判決於送達前確定者，自送達時起算；其再審之理由發生或知悉在後者，均自知悉時起算。但自判決確定後已逾五年者，不得提起。

以第四百九十六條第一項第五款、第六款或第十二款情形為再審之理由者，不適用前項但書之規定。

㊾一、不得上訴之判決，於宣示或公告後，不待送達，即已確定；得上訴之判決，如得提起上訴之人均於送達前捨棄上訴權或撤回上訴，其判決亦於送達前確定。此類判決，當事人於判決確定時尚未受送達，無從判斷有無再審理由，自不應開始起算其再審之不變期間，爰於第二項前段增訂「判決於送達前確定者，自送達時起算」。又再審理由發生於判決確定前，而當事人於判決確定後始知悉者，依原規定應自知悉時起算再審之不變期間，惟再審理由發生於判決確定後者，再審不變期間亦應自當事人知悉再審理由時起算，始為合理，爰於第二項明定再審之理由發生或知悉在後者，均自知悉時起算再審不變期間，以求明確。

二、再審之訴係對於確定終局判決聲明不服之方法，以除去確定判決之效力為目的，故其提起，應有最長期間之限制，以維持確定判決之安定性。依原條文第三項前段固規定，再審之理由發生於判決確定後者，自發生時起逾五年不得提起再審之訴，惟再審理由何時發生，並不確定，故確定判決仍有隨時被變更之可能，而有害其安定性。爰修正原第三項前段規定，明定自判決確定後逾五年者，除有修正後第三項之情形外，概不得提起再審之訴，並移列為第二項但書。

三、原第三項前段規定已移列為第二項但書，爰將原第三項但書規定作文字整理，單獨列為第三項。

*（不變期間）民訴一六一、民一二〇～一二二；（再審理由）民訴一六二～一六六；（期間）民訴四九六～四九八。

▲釋二〇九、二二九。

▲再審之訴應於三十日之不變期間內提起，前項期間自判決確定時起算，但再審之理由知悉在後者，自知悉時起算，民事訴訟法第四百九十六條第一項及第二項定有明文。是提起再審之訴之原告，如主張其再審理由知悉在後者，應就所主張之事實負舉證之責任，徵以同法第四百九十七條第一項第四款之規定尤無疑義。（三〇抗四四三）

▲對於第二審判決於上訴期間內提起上訴者，其上訴因不合法而被以裁定駁回時，在該裁定確定前，尚無從斷定上訴為不合法。因之，應於駁回上訴之裁定確定時，始知悉原判決確定（司法院院解字第三〇〇七號解釋參照），故對於該原判決提起再審之訴者，其提起再審之訴之不變期間，應自駁回上訴之裁定確定時起算。（六七臺抗四九五）

▲（七〇臺抗二九一）參見本法第三百八十條。

▲（七〇臺再二一二）參見本法第四百九十六條。

▲（七一臺再二一〇）參見本法第四百九十六條。

▲（七一臺再二五〇）參見本法第四百九十六條。

▲當事人對民事確定判決，提起再審之訴，應於三十日之不變期間內為之。又該期間自判決確定時起算，為民事訴訟法第五百條第一項、第二項所明定。其對於附帶民事訴訟確定判決，依刑事訴訟法第五百十二條規定向民事法院提起再審之訴者，自亦相同。（七二臺上五三三）

▲聲請人於民國七十一年十月二十七日向臺灣高等法院提起再審之訴，其所具再審訴狀載明依據民事訴訟法第四百九十六條第一項第十三款規定，迨七十一年十二月十七日，聲請人始向該院提出「補充再審理由狀」載明：另有消極的不適用民法第二百二十四條之違法等語；此為民事訴訟法第四百九十六條第一項第一款之再審理由，與聲請人前此所主張同條項第十三款之再審理由顯然有別。兩者之再審理由既不相同，所應遵守之不變期間自應分別計算。（七二臺聲三九二）

▲（七八臺抗一四九）參見本法第三百九十八條。

第五百零一條　（提起再審之程式）

再審之訴，應以訴狀表明下列各款事項，提出於管轄法院為之：

一　當事人及法定代理人。

二　聲明不服之判決及提起再審之訴之陳述。

三　應於如何程度廢棄原判決及就本案如何判決之聲明。

四　再審理由及關於再審理由並遵守不變期間之證據。

再審訴狀內，宜記載準備本案言詞辯論之事項，並添具確定終局判決繕本或影本。

㊾一、第一項本文「左列」修正為「下列」，並增訂「以訴狀」三字，以與第二百四十四條第一項本文關於起訴程式及第四百四十一條第一項本文關於上訴程式規定之用語一致。

二、為明確認定再審原告究係對何確定判決聲明不服，並利於受訴法院審理，爰於第二項增訂提起再審之訴應添具確定終局判決之繕本或影本。

*（表明事項）民訴二四四、四四一、四七〇；（再審理由）

民訴四九六～四九八；（再審期間）民訴五〇〇；（再審管轄法院）民訴四九九；（不變期間）民訴一六二～一六六。

▲釋四八二。

▲聲請再審，係準用再審之訴之規定（民事訴訟法第五百零七條），故必有再審之理由，且依法表明者，始得聲請再審（同法第五百零一條第一項第四款）。否則，其聲請再審為不合法。（六〇臺抗六八八）

▲對本院確定判決提起再審之訴，應以有民事訴訟法第四百九十六條第一項各款之原因為限，此項原因亦即再審理由，必須於訴狀中表明之（見同法第五百零一條第一項第四款），否則其訴即屬不合法，毋庸命其補正，逕以裁定駁回之。本件再審原告於民國六十九年十二月十二日，向本院提出之再審訴狀，僅云原確定判決有不備理由，及未斟酌其所提出之證據之違法情形，並未表明任何法定再審原因，依上開說明，顯難認其再審之訴為合法。（七〇臺再三五）

▲民事訴訟法第五百零一條第一項第四款所謂提起再審之訴應於訴狀內表明其遵守不變期間之證據，僅於主張其再審之理由知悉在判決或裁定確定後而應自知悉時起算其不變期間之情形，始有其適用，如其不變期間係自判決或裁定確定時起算者，因其宣示或送達判決或裁定之證據，均有訴訟卷宗可稽，當事人自無須表明。（七三臺抗四四九）

第五百零二條　（再審之訴之駁回(一)）

再審之訴不合法者，法院應以裁定駁回之。

再審之訴顯無再審理由者，得不經言詞辯論，以判決駁回之。

＊（再審之訴不合法）民訴五〇〇、五〇一；（再審理由）民訴四九六～四九八；（言詞辯論）民訴一九二～二一九。

▲民事訴訟法第四百九十八條第一項所謂再審之訴不合法，係指再審之訴不合程式，或已逾期間，或法律上不應准許者而言。至再審之訴以發見未經斟酌之證物為再審之理由者，縱其證物實無可採，亦為再審之訴無理由而非不合法。（四八臺抗一八八）

▲（六九臺上四二二）參見本法第三百八十條。

第五百零三條　（本案審理之範圍）

本案之辯論及裁判，以聲明不服之部分為限。

＊（聲明不服之部分）民訴五〇一㈠②、③。

▲釋一五四。

第五百零四條　（再審之訴之駁回(二)）

再審之訴雖有再審理由，法院如認原判決為正當者，應以判決駁回之。

＊（再審理由）民訴四九六～四九八。

第五百零五條　（各審程序之準用）

除本編別有規定外，再審之訴訟程序，準用關於各該審級訴訟程序之規定。

▲再審之訴向原第一審或第二審法院提起，其再開本案之程序應行言詞辯論者，即按前程序言詞辯論終結前之程序，於再開之範圍內續行辯論，當事人於續行之程序，得提出新攻擊防禦方法，且得為自認、捨棄及認諾等行為，此觀民事訴訟法第四百九十九條及第五百零一條之規定自明。（四九臺上四一九）

▲再審之訴，實質上為前訴訟程序之再開或續行，如向原第一審或第二審法院提起再審之訴，而應行言詞辯論者，法院應按前訴訟言詞辯論終結時之程序續行辯論，當事人兩造在前程序所為訴訟行為之效力，不因再審之訴為形式上之新訴而受影響。（六八臺上七六四）

第五百零五條之一　（再審之訴準用之規定）

第三百九十五條第二項之規定，於再審之訴準用之。

㉒一、本條係新增。

二、再審之訴，原則上並無停止原確定判決執行之效力，故再審判決廢棄原判決時，如再審原告已依原判決履行，或依原判決所為之假執行或本案執行之程序業經終結，此際為保護再審原告之利益並達訴訟經濟目的，俾得利用再審程序請求他造返還給付及賠償損害，而免另行起訴，爰增設準用第三百九十五條第二項之規定。

第五百零六條　（判決之效力）

再審之訴之判決，於第三人以善意取得之權利無影響。

㉒再審制度固在保護當事人之正當利益，惟對善意第三人之權益，亦應兼顧。依原條文規定，第三人於再審起訴前善意取得之權利始受保護，然第三人未必知悉再審之訴之提起，其於起訴後因信賴原確定判決所取得之權利，如受再審判決之影響，難謂公允；且原確定判決之執行，原則上不因再審之訴之提起而停止，第三人信賴執行法院之拍賣而買受再審之有關標的物，如未受保護，亦滋紛擾。為貫徹交易安全之維護，爰將原條文規定「在起訴前」之限制刪除。

第五百零七條　（準再審）

裁定已經確定，而有第四百九十六條第一項或第四百九十七條之情形者，得準用本編之規定，聲請再審。

＊（裁定）民訴二三四～二三九；（再審事由）民訴四九六～四九八。

▲（五九臺抗三八七）參見本法第四百九十六條。

▲（六一臺抗六二一）參見本法第四百九十七條。

▲對於確定裁定聲請再審，依民事訴訟法第五百零七條準用同法第五百零一條第一項第四款之規定，必須表明再審理由。所謂表明再審理由，必須指明確定裁定有如何合於法定再審事由之具體情事，始為相當，倘僅泛言有何條款之再審事由，無具體情事者，仍難謂已合法表明再審事由。（六四臺聲七六）

▲因欠繳農田水利會費裁定執行，係屬非訟事件，非訟事件法並無再審及準用民事訴訟法關於再審之規定，抗告人對該事件確定裁定聲請再審，於法難謂有據。（六六臺抗二四八）（一〇四、三、三一決議不再援用）

▲（六八臺上二六八四）參見本法第四百九十六條。

▲（七一臺聲一三二）參見本法第四百九十九條。

▲（七三臺聲七二）參見本法第四百九十七條。

▲（七三臺聲三七七）參見本法第四百九十六條。

第五編之一　第三人撤銷訴訟程序

第五百零七條之一　（第三人撤銷之訴）

有法律上利害關係之第三人，非因可歸責於己之事由而未參加訴訟，致不能提出足以影響判決結果之攻擊或防禦方法者，得以兩造為共同被告對於確定終局判決提起撤銷之訴，請求撤銷對其不利部分之判決。但應循其他法定程序請求救濟者，不在此限。

㉒一、本條係新增。

二、為貫徹訴訟經濟之要求，發揮訴訟制度解決紛爭之功能，就特定類型之事件，固有擴張判決效力及於訴訟外第三人之必要，惟為保障該第三人之程序權，亦應許其於一定條件下得否定該判決之效力。爰明定就兩造訴訟有法律上利害關係之第三人，非因可歸責於己之事由而未參與訴訟，致不能提出足以影響判決結果之攻擊或防禦方法，且其權益因該確定判決而受影響者，得以原確定判決之兩造為共同被告，對於該確定終局判決提起撤銷之訴，請求撤銷對其不利部分之判決。此外，第三人撤銷之訴，係對於利害關係第三人之特別救濟程序，如該第三人依法應循其他法定程序請求救濟者，既不應再許其利用此制度請求撤銷原確定判決，爰增訂但書規定。

第五百零七條之二（第三人撤銷之訴管轄法院）

第三人撤銷之訴，專屬為判決之原法院管轄。

對於審級不同之法院就同一事件所為之判決合併提起第三人撤銷之訴，或僅對上級法院所為之判決提起第三人撤銷之訴者，專屬原第二審法院管轄。其未經第二審法院判決者，專屬原第一審法院管轄。

㊈一、本條係新增。

二、第三人撤銷之訴，係有法律上利害關係之第三人對於確定終局判決聲明不服之特別救濟程序，原則上應專屬為判決之原法院管轄，爰增訂第一項。

三、第三人撤銷之訴，就該第三人有無法律上利害關係，是否非因可歸責於己之事由而未參加訴訟，所提出之攻擊或防禦方法是否足以影響原確定判決之結果，及原確定判決對該第三人不利之範圍等事項，往往涉及事實認定及證據調查，故對於審級不同之法院就同一事件所為之判決合併提起第三人撤銷之訴，或僅對上級法院所為之判決提起第三人撤銷之訴時，宜專屬原最後事實審之法院管轄，即原則上專屬原第二審法院管轄，其未經第二審法院判決者，則專屬原第一審法院管轄，爰增訂第二項。

第五百零七條之三（第三人撤銷之訴之效力㈠）

第三人撤銷之訴無停止原確定判決執行之效力。但法院因必要情形或依聲請定相當並確實之擔保，得於撤銷之訴聲明之範圍內對第三人不利部分以裁定停止原確定判決之效力。

關於前項裁定，得為抗告。

㊈一、本條係新增。

二、第三人撤銷之訴乃係為賦予非因可歸責於己之事由而未參與訴訟之利害關係人救濟機會之特別程序，原則上並不影響該確定判決在原當事人間之效力，故原判決當事人依該確定判決聲請執行時，並不因第三人提起撤銷之訴而受影響，爰增訂第一項。惟為避免執行程序於第三人撤銷之訴判決確定前即已終結，致第三人之權益受損，爰增訂但書規定，明定受理第三人撤銷之訴之法院因必要情形，或依聲請定相當並確實之擔保，得於撤銷之訴聲明之範圍內，以裁定停止原確定判決對第三人不利部分之效力。

三、法院依第一項規定裁定停止原確定判決效力或駁回第三人之聲請時，因涉及原判決當事人及該第三人之權益，故應許其對該裁定提起抗告，爰增訂第二項。

第五百零七條之四（第三人撤銷之訴之效力㈡）

法院認第三人撤銷之訴為有理由者，應撤銷原確定終局判決對該第三人不利之部分，並依第三人之聲明，於必要時，在撤銷之範圍內為變更原判決之判決。

前項情形，原判決於原當事人間仍不失其效力。但訴訟標的對於原判決當事人及提起撤銷之訴之第三人必須合一確定者，不在此限。

㊈一、本條係新增。

二、就第三人提起撤銷之訴，法院認為有理由者，應以判決撤銷原確定終局判決對該第三人不利之部分。如第三人除請求撤銷原確定終局判決對其不利部分外，並為變更原判決之聲明，而法院認有保護之必要者，自應依第三人之聲明，於撤銷之範圍內為變更原判決之判決，爰增訂第一項。

三、第三人撤銷之訴，旨在除去原確定判決對該第三人不利部分之效力，而非全面否定原確定判決之效力。故為維持原確定判決之安定性，原則上法院就第三人撤銷之訴所為撤銷、變更原判決之判決，僅具相對效力，故原判決縱經撤銷或變更，於原當事人間仍不失其效力。但於訴訟標的對於原判決當事人及提起撤銷之訴之第三人必須合一確定之情形，如仍維持原確定判決在原當事人間之效力，該第三人因原確定判決所生之不利益即難以獲得充分救濟，自應使原確定判決在原當事人間亦失其效力。爰增訂第二項。

第五百零七條之五（再審規定之準用）

第五百條第一項、第二項、第五百零一條至第五百零三條、第五百零五條、第五百零六條之規定，於第三人撤銷之訴準用之。

㊈一、本條係新增。

二、第三人撤銷之訴與再審之訴，均係以除去已確定之終局判決為目的，關於提起訴訟之期間限制、提起之程式、對不合法或顯無理由訴訟之裁判、審理範圍、訴訟程序及善意第三人利益之保護等，自宜為相同之規定，爰明定準用再審之訴相關規定。

第六編　督促程序

第五百零八條（聲請支付命令之要件）

債權人之請求，以給付金錢或其他代替物或有價證券之一定數量為標的者，得聲請法院依督促程序發支付命令。

支付命令之聲請與處理，得視電腦或其他科技設備發展狀況，使用其設備為之。其辦法，由司法院定之。

㊈一、原條文不修正列為第一項。

二、督促程序事件，性質上宜迅速處理，有關支付命令之聲請及法院之處理，如能使用電腦或其他科技設備，不僅有利於當事人行使權利，亦可減省法院人力之勞費，並因應督促程序事件日益增多之趨勢，爰增訂第二項，俾為依據。又電腦等科技設備日新月異，其使用之細節難預為詳細規定，宜另以辦法定之，爰併規定其辦法由司法院定之。

第五百零九條（聲請支付命令之限制）

督促程序，如聲請人應為對待給付尚未履行，或支付命令之送達應於外國為之，或依公示送達為之者，不得行之。

㊈原條文規定「如聲請人應為對待給付」，係指如聲請人有對待給付之義務而尚未履行之情形而言，為期詞意明確，爰為文字修正。

＊（支付命令）民訴五〇八、五一四；（外國送達）民訴一四五～一四七；（公示送達）民訴一四九～一五三。

第五百十條（管轄法院）

支付命令之聲請，專屬債務人為被告時，依第一條、第二條、第六條或第二十條規定有管轄權之法院管轄。

㊈原條文係就對個別債務人聲請支付命令時規定專屬管轄法院，惟債務人如為多數，而住所不在同一法院管轄區域內，依法得對之提起共同訴訟者，應由何法院管轄，易滋疑義，爰增列「第二十條」共同管轄之規定，俾利適用。

＊（專屬管轄）民訴一〇㈠、二六、四九九；（管轄法院）民訴一、二、六。

第五百十一條（聲請支付命令之程式）

支付命令之聲請，應表明下列各款事項：

一　當事人及法定代理人。

二　請求之標的及其數量。

三　請求之原因事實。其有對待給付者，已履行之情形。

四　應發支付命令之陳述。

五　法院。

債權人之請求，應釋明之。

⑩一、原條文第一項未修正。二、為免支付命令淪為製造假債權及詐騙集團犯罪工具，嚴重影響債務人權益，為兼顧督促程序在使數量明確且無訟爭性之債權得以迅速、簡易確定，節省當事人勞費，以收訴訟經濟之效果，並保障債權人、債務人正當權益，避免支付命令遭不當利用，爰增列第二項，強化債權人之釋明義務。若債權人未為釋明，或釋明不足，不合於本條第二項規定者，法院得依本法第五百十三條第一項規定，駁回債權人之聲請。

*（表明事項）民訴二四四、四四一、四七〇、五〇一；（請求標的）民訴五〇八；（專屬管轄法院）民訴五一〇。

第五百十二條　（法院之裁定）

法院應不訊問債務人，就支付命令之聲請為裁定。

*（裁定）民訴二三四～二三九；（支付命令聲請）民訴五〇八、五〇九；（應不訊問債務人）民訴二三四。

第五百十三條　（支付命令之駁回）

支付命令之聲請，不合於第五百零八條至第五百十一條之規定，或依聲請之意旨認債權人之請求為無理由者，法院應以裁定駁回之；就請求之一部不得發支付命令者，應僅就該部分之聲請駁回之。

前項裁定不得聲明不服。

*（支付命令之聲請）民訴五〇八、五〇九；（支付命令之管轄）民訴五一〇；（聲請支付命令之程式）民訴五一一；（裁定）民訴二三四～二三九；（不得聲明不服）民訴四八二。

第五百十四條　（支付命令之程式）

支付命令，應記載下列各款事項：

一　第五百十一條第一項第一款至第三款及第五款所定事項。

二　債務人應向債權人清償其請求並賠償程序費用，否則應於支付命令送達後二十日之不變期間內，向發命令之法院提出異議。

三　債務人未於不變期間內提出異議時，債權人得依法院核發之支付命令及確定證明書聲請強制執行。

第五百十一條第一項第三款所定事項之記載，得以聲請書狀作為附件代之。

⑩一、原條文第一項第一、二款未修正。二、本次修法後，支付命令確定後得為執行名義，已無既判力而僅有執行力。為使支付命令之債權人與債務人知悉支付命令之效力已有變更；且逾期提出異議之失權效果，影響當事人權益甚大，故支付命令應載明「債務人未於不變期間內提出異議時，債權人得依法院核發之支付命令及確定證明書聲請強制執行。」，作為教示之用，爰增訂第一項第三款。三、原條文第二項未修正。

*（聲請支付命令應載事項）民訴五一一；（送達）民訴一二三～一五三；（期間）民訴一六一，民一二〇～一二二；（清償）民三〇九～三二五；（提起異議）民訴五一六、五一八、五二一。

第五百十五條　（支付命令之送達）

發支付命令後，三個月內不能送達於債務人者，其命令失其效力。

前項情形，法院誤發確定證明書者，自確定證明書所載確定日期起五年內經撤銷確定證明書時，法院應通知債權人。如債權人於通知送達後二十日之不變期間起訴，視為自支付命令聲請時，已經起訴；其於通知送達前起訴者，亦同。

前項情形，督促程序費用，應作為訴訟費用或調解程序費用之一部。

⑱一、第一項未修正。

二、因債權人聲請發支付命令時，即有行使權利之意思，時效應予中斷，但目前實務上常有法院以支付命令已合法送達而核發確定證明書，嗣後因債務人抗辯未合法送達，經查明屬實，而將確定證明書撤銷，致發生支付命令不能於核發後三個月內送達債務人，依本條第一項規定支付命令失其效力。又民法第一百三十二條規定支付命令失其效力時，時效視為不中斷，因而造成債權人不利之情形，影響債權人聲請發支付命令之意願。

三、在兼顧債權人權益之保障與債務人時效利益之前提下，爰增訂第二項，規定如有未經合法送達，而法院誤發確定證明書者，自確定證明書所載確定日期起五年內，經撤銷確定證明書時，法院應通知債權人，且債權人如於通知送達後二十日之不變期間起訴者，視為自支付命令聲請時，已經起訴；其於通知送達前起訴者亦同。第二項所稱之「五年」係參考[illegible]之規定訂定。

四、債權人若為本條第二項之起訴者，自應視其聲請支付命令之金額多寡而進行訴訟程序或以起訴視為調解之聲請，原督促程序之費用，自應作為訴訟費用或調解程序費用之一部分，爰增訂第三項。

*（支付命令）民訴五〇八、五一四；（送達）民訴一二三～一五三；（期間）民訴一六一，民一二〇～一二二；（不能送達）民訴一四二。

第五百十六條　（異議之程式）

債務人對於支付命令之全部或一部，得於送達後二十日之不變期間內，不附理由向發命令之法院提出異議。

債務人得在調解成立或第一審言詞辯論終結前，撤回其異議。但應負擔調解程序費用或訴訟費用。

⑫一、法院就債權人聲請之數個請求，或債權人、債務人之一造或兩造為複數，發支付命令者，該數請求或多數債權人、債務人相互間，非必有牽連，參酌第五百十三條規定得就請求之一部發支付命令之立法意旨，自應允債務人得就支付命令之一部提出異議。又第五百十四條第一項第二款僅係規定支付命令應記載事項，對支付命令如何提出異議之方式及異議期間仍應另為明確之規定，俾資遵循。爰修正第一項。

二、第一項既已修正得就支付命令之一部提出異議，爰將第二項刪除。

三、第三項規定付與提出異議之證明書，原立法意旨不外係配合原宣告假執行之制度，恐債權人於債務人異議後，仍持宣告假執行之裁定或失效之支付命令聲請執行。惟有關支付命令得宣告假執行之規定前經刪除，且實務上以支付命令為執行名義聲請強制執行時，亦須提出確定證明書，本項規定已無實益，故將之刪除。

四、支付命令之異議，係為保護債務人之利益而設，依處分權主義，自應許其撤回異議。惟支付命令一經異議，即視為聲請調解或起訴，為求程序之安定及訴訟之經濟，宜限於調解成立或第一審言詞辯論終結前始得為之。又債務人異議後復撤回異議，其異議視為聲請調解或起訴之程序費用，乃係可歸責於異議人之事由，自應由其負擔，債權人得依第九十條規定聲請法院為費用負擔之裁定。爰增訂第二項。

*（異議）民訴五一四②；（提起異議效力）民訴五一九、五二一；（證明書）民訴三九九。

第五百十七條　（刪除）

第五百十八條　（逾期異議之駁回）

債務人於支付命令送達後逾二十日之不變期間始提出異議者，法院應以裁定駁回之。

*（不變期間）民訴一六二～一六六；（裁定）民訴二三四～二三九；（異議）民訴五一六、五一九、五二一。

第五百十九條　（異議之效力）

債務人對於支付命令於法定期間合法提出異議者，支付命令於異議範圍內失其效力，以債權人支付命令之聲請，視為起訴或聲請調解。

前項情形，督促程序費用，應作為訴訟費用或調解程序費用之一部。

(92)依修正後第五百十六條第一項規定，債務人得就支付命令之全部或一部提出異議，則支付命令因異議而失其效力之範圍，亦應以債務人合法提出異議之範圍為限，爰修正第一項。

*（支付命令異議）民訴五一六㊀；（法定期間）民訴五一八；（起訴）民訴二四四以下；（調解）民訴四〇三以下；（支付命令效力）民訴五二一；（訴訟費用）民訴七八以下；（調解費用）民訴八四、四二三。

第五百二十條　（刪除）

第五百二十一條　（支付命令之效力）

債務人對於支付命令未於法定期間合法提出異議者，支付命令得為執行名義。

前項情形，為裁定之法院應付與裁定確定證明書。

債務人主張支付命令上所載債權不存在而提起確認之訴者，法院依債務人聲請，得許其提供相當並確實之擔保，停止強制執行。

(104)一、參酌德國及日本之督促程序制度，未於法定期間內提出異議之支付命令僅為得據以聲請假執行裁定，仍不具有既判力。原法賦予確定之支付命令與確定判決具有同一效力，雖有便利債權人行使權利之優點，但對於債務人之訴訟權保障仍有不足之處。為平衡督促程序節省勞費與儘早確定權利義務關係之立法目的，及債務人必要訴訟權保障之需求，確定之支付命令雖不宜賦予既判力，惟仍得為執行名義，爰修正原條文第一項規定。二、因實務對於支付命令適用第四百九十六條第一項各款再審事由時，採取相對嚴謹之限縮解釋，導致債務人實質上根本無從循再審制度以為救濟，民事訴訟法第五百二十一條第二項淪為具文。故刪除原條文第二項規定。另債權人依假扣押、假處分、假執行之裁判及其他依民事訴訟法得為強制執行之裁判聲請強制執行，應提出裁判正本，強制執行法第四條第一項第二款、同法第六條第一項第二款規定參照。故債權人持支付命令聲請強制執行，強制執行法雖未要求債權人應一併提出裁定確定證明書，惟我國強制執行實務，原裁定法院均會依職權核發裁定確定證明書，俾執行法院審查債務人是否未於法定期間內對支付命令合法提出異議。為配合強制執行實務之需求與現況，增訂第二項規定。三、修法後，支付命令僅有執行力，而債務人對於已確定之支付命令不服者，除於債權人已聲請強制執行時，提起債務人異議之訴外，尚可提起確認之訴以資救濟。為兼顧債權人及債務人之權益及督促程序之經濟效益，參酌非訟事件法第一百九十五條第三項規定，債務人主張支付命令上所載債權不存在而提起確認之訴者，法院依債務人聲請，得許其提供相當並確實之擔保，停止強制執行，爰增訂第三項規定。

*（確定判決之效力）民訴四〇〇、四〇一；（法定期間提出異議）民訴五一八、五一九。

第七編　保全程序

第五百二十二條　（聲請假扣押之要件）

債權人就金錢請求或得易為金錢請求之請求，欲保全強制執行者，得聲請假扣押。

前項聲請，就附條件或期限之請求，亦得為之。

(92)第二項原僅規定就未到履行期之請求得聲請假扣押，惟第二百四十六條規定已擴大得提起將來給付之訴之適用範圍，明定於有預為請求之必要者，得提起之，並不限於未到履行期之請求，就此部分，亦有聲請假扣押之必要，爰修正第二項，以資配合。至於附條件之請求因繫於將來不確定之事實，是否准予假扣押，應由法院斟酌個案具體情形而為裁量。

*（未到履行期之請求）民訴二四六。

▲假扣押，雖係禁止債務人處分其財產以保全強制執行，但債務人處分其財產時，惟對於該聲請假扣押之債權人為無效，故債務人與該債權人成立和解，將該項財產權讓與該債權人者，不得謂其處分為無效，嗣後他債權人就該財產聲請執行時，該債權人自得提起異議之訴。（二六渝上八六七）

▲假扣押程序，係為債權人保全強制執行而設，若債權人之請求已有確定終局判決可為執行名義，即得逕行聲請強制執行，自無聲請假扣押之必要。（三一聲一五一）

▲債權人取得執行名義後，因債務人發生動員時期軍人及其家屬優待條例第九條第九款規定之事由，固不得為強制執行，而保全程序既不在該條例禁止之列，則債權人如具有假扣押之原因，聲請假扣押即非法所不許。（四九臺抗四）

第五百二十三條　（假扣押之限制）

假扣押，非有日後不能強制執行或甚難執行之虞者，不得為之。

應在外國為強制執行者，視為有日後甚難執行之虞。

▲假扣押非日後不能強制執行或恐難執行者不得為之，所謂不能強制執行，如債務人浪費財產，增加負擔，或就其財產為不利益之處分，將成為無資力之情形等是，所謂恐難執行，如債務人將移住遠方或逃匿是也。（一九抗二三二）

▲設定有抵押權之債權，債權人苟未能釋明抵押物不足供其債權全部之清償或有其他特別情事，不得謂有日後不能強制執行或甚難執行之虞，該債權人聲請假扣押自應予以駁回。（二六渝抗三七四）

第五百二十四條　（假扣押之管轄法院）

假扣押之聲請，由本案管轄法院或假扣押標的所在地之地方法院管轄。

本案管轄法院，為訴訟已繫屬或應繫屬之第一審法院。但訴訟現繫屬於第二審者，得以第二審法院為本案管轄法院。

假扣押之標的如係債權或須經登記之財產權，以債務人住所或擔保之標的所在地或登記地，為假扣押標的所在地。

(92)一、依原但書規定，如訴訟現繫屬於第二審法院者，假扣押之聲請應由第二審法院管轄，此就假扣押之請求及其原因之調查固較為便利，然准許假扣押之裁定須由第一審法院執行，如能由原第一審法院管轄，則較利於迅速執行。故為加強保障債權人之權益，於此情形，宜賦予債權人選擇權，由債權人於聲請時自行斟酌向何法院為之，爰修正第二項但書。至於訴訟現繫屬於第三審法院者，自仍應由原第一審法院管轄。二、假扣押之標的物如為權利之得喪變更須經登記始生效力或始得對抗第三人之財產權者，其執行須通知主管機關登記，始能限制債務人處分該權利，故為爭取時效，其登記地之法院，亦以有管轄權為宜，爰修正第三項。

*（第一審法院）法組一、三二②、四八①、③；（第二審法院）法組一、九①、三二①；（住所）民二〇～二四。

▲民事訴訟法第五百二十條第一項所謂本案管轄法院，依同條第二項之規定，除訴訟現繫屬於第二審者外，係指訴訟已繫屬或應繫屬之第一審法院而言，故訴訟現已繫屬於第三審者，聲請假扣押應向第一審法院為之，不能逕向第三審法院聲請。（二九聲三一）

第五百二十五條　（聲請假扣押之程式）

假扣押之聲請，應表明下列各款事項：

一　當事人及法定代理人。

二　請求及其原因事實。

三　假扣押之原因。

四　法院。

請求非關於一定金額者，應記載其價額。

依假扣押之標的所在地定法院管轄者，應記載假扣押之標的及其所在地。

(92)一、第一項本文「左列」修正為「下列」。

二、為期假扣押請求之內容明確，以便於法院審酌，假扣押之聲請除應表明其請求外，尚應表明其請求保全之金額、權利及其請求權發生之原因事實等事項，爰修正第一項第二款。

*（請求）民訴五二二；（假扣押原因）民訴五二二、五二三；（法院）民訴五二四。

第五百二十六條　（請求及假扣押原因之釋明）

請求及假扣押之原因，應釋明之。

前項釋明如有不足，而債權人陳明願供擔保或法院認為適當者，法院得定相當之擔保，命供擔保後為假扣押。

請求及假扣押之原因雖經釋明，法院亦得命債權人供擔保後為假扣押。

夫或妻基於剩餘財產差額分配請求權聲請假扣押者，前項法院所命供擔保之金額不得高於請求金額之十分之一。

(102)一、原條文第一項至第三項未修正。

二、家事事件法第三條第五項規定給付家庭生活費用事件、扶養費事件、給與贍養費事件為戊類家事非訟事件，依同法第七十四條、第八十五條規定，應適用家事非訟程序之規定，法院得於本案裁定確定前，為適當之暫時處分，不適用假扣押之規定。又現行規定係為減輕夫妻聲請假扣押時提供擔保金之負擔，不包括債權人代位夫或妻行使夫妻剩餘財產差額分配請求權而為假扣押聲請，應予明定，爰配合修正第四項。

*（請求）民訴五二二；（假扣押之原因）民訴五二三；（釋明）民訴二八四；（法院）民訴五二四；（假扣押之裁定）民訴五二三。

▲（五三臺抗二七九）參見本法第一百零四條。

▲假扣押為保全程序而非確定私權之訴訟程序，請求及假扣押之原因雖應釋明，或由債權人就債務人所應受之損害，供法院所定之擔保以代釋明，但債權人本案債權是否確實存在，則非保全程序所應審認之事項，此觀民事訴訟法第五百二十六條之規定自明。（六一臺抗五八九）（九五、八、一決議不再援用）

▲聲請假扣押，應就其請求釋明之，民事訴訟法第五百二十六條第一項規定甚明。如其欲依假扣押保全執行之請求，已為確定判決所否認，則其聲請自屬不能准許（參看本院二十七年抗字第七一三號判例）。而提起再審之訴，非有阻斷判決確定之效力。是故對該確定判決提起再審之訴，亦不得就該業經否認之請求聲請假扣押。（七七臺抗一四一）

第五百二十七條　（免為或撤銷假扣押方法之記載）

假扣押裁定內，應記載債務人供所定金額之擔保或將請求之金額提存，得免為或撤銷假扣押。

(92)假扣押制度，在於保全債權人金錢債權將來之執行，故債務人如將請求之金額提存，亦足以達保全目的，而無假扣押之必要，爰將之增列為假扣押裁定內應記載得免為或撤銷假扣押之事由。

*（裁定）民訴二三四～二三九。

第五百二十八條　（假扣押裁定之抗告）

關於假扣押聲請之裁定，得為抗告。

抗告法院為裁定前，應使債權人及債務人有陳述意見之機會。

抗告法院認抗告有理由者，應自為裁定。

准許假扣押之裁定，如經抗告者，在駁回假扣押聲請裁定確定前，已實施之假扣押執行程序，不受影響。

(92)一、因先命債權人供擔保之裁定程序業經刪除，原第一項已無規定之必要，爰予刪除。

二、原第二項不修正，移列為第一項。

三、為保障債權人及債務人之程序權，並使法院能正確判斷原裁定之當否，應賦予債權人及債務人於抗告法院裁定前有陳述意見之機會，爰增訂第二項。

四、抗告法院就關於假扣押聲請裁定之抗告，認為有理由者，於廢棄原裁定時，應自為裁定，不得發回原法院更為裁定，以避免程序稽延，而達到保全程序應迅速處理之要求，爰增設第三項。

五、准許假扣押之裁定，如經抗告法院廢棄後，即得撤銷已實施之假扣押執行程序，則倘嗣後經再抗告又廢棄抗告法院之裁定，而為准許假扣押之裁定者，於債權人再聲請假扣押時，原經撤銷假扣押執行之財產，可能已為債務人所隱匿或處分，而有不能再回復執行之虞。故為保障債權人之權益，爰增訂第四項。

*（命債權人供擔保）民訴五二六；（抗告）民訴四八二。

▲所謂假扣押之決定（即裁定）得為抗告者，係指准許假扣押者而言，若駁回假扣押之聲請，則限於原聲請人始得抗告。（一九抗二三）

▲抗告得提出新事實及證據，為民事訴訟法第四百五十六條之所明定，故命假扣押之情事變更者，債務人除得依同法第四百九十六條聲請撤銷假扣押之裁定外，如在抗告期間內，並得以此為理由對於該裁定提起抗告。（二三抗六四四）（九二、三、一八決議自九二、九、一起不再援用）

▲第三人如主張假扣押之標的物為自己所有者，僅得提起執行異議之訴，不得對於假扣押裁定提起抗告。（二三抗三五六一）

第五百二十九條　（撤銷假扣押原因(一)——未依期起訴）

本案尚未繫屬者，命假扣押之法院應依債務人聲請，命債權人於一定期間內起訴。

下列事項與前項起訴有同一效力：

一　依督促程序，聲請發支付命令者。

二　依本法聲請調解者。

三　依第三百九十五條第二項為聲明者。

四　依法開始仲裁程序者。

五　其他經依法開始起訴前應踐行之程序者。

六　基於夫妻剩餘財產差額分配請求權而聲請假扣押，已依民法第一千零十條請求宣告改用分別財產制者。

前項第六款情形，債權人應於宣告改用分別財產制裁定確定之日起十日內，起訴請求夫妻剩餘財產差額分配。

債權人不於第一項期間內起訴或未遵守前項規定者，債務人得聲請命假扣押之法院撤銷假扣押裁定。

(92)一、依原規定，債權人應於法院所定期間內起訴，以確定其請求是否存在。惟債權人依督促程序聲請發支付命令、依本法聲請調解、依第三百九十五條第二項為聲明及依法開始仲裁程序者，如有結果，均足生與確定判決同一之效力；又如耕地租佃爭議，終止耕地租約及國家賠償等事件，債權人於起訴前，依法應踐行調解、調處、協調、協議等程序，則債權人依各該程序行使權利，亦宜賦予與第一項起訴同一之效力，爰增訂第二項第一至五款。至於開始上開程序後，若該程序依法有失其效力之情事發生，例如支付命令於三個月內未能送達、調解不成立未即為言詞辯論之聲請、撤回或因程序不合法被駁回等情事，自不發生與起訴同一之效力。

二、按夫妻剩餘財產分配請求權之發動，除離婚、死亡外，尚包括改定夫妻財產制，為免夫妻一方依民法第一千零十條規定，請求宣告改用分別財產制，爰增列第二項第六款。

三、原第二項規定配合做文字修正後，移列至第四項。

*（命假扣押之法院）民訴五二四；（起訴）民訴二四四；（期間）民訴一六〇、一六三；（抗告）民訴四八二～四九五；（假扣押撤銷後之賠償責任）民訴五三一。

▲侵權行為固以故意或過失侵害他人之權利為成立要件，惟關於假扣押裁定因自始不當而撤銷，或因民事訴訟法第五百二十九條第二項，及第五百三十條第三項之規定而撤銷者，債權人應賠償債務人因假扣押或供擔保所受之損害，同法第五百三十一條定有明文，故債權人所負此項賠償損害責任，乃本於假扣押裁定撤銷之法定事由而生，債務人賠償請求權之成立，即不以債權人之故意或過失為要件。至債權人對於分配表聲明異議，並對於他債權人起訴雖受敗訴判決，但法律上既無該聲明異議人應賠償他債權人因此所受損害之明文規定，則該他債權人對於聲明異議人如請求損害賠償，惟得依民法侵權行為之法則辦理，亦即對於聲明異議人之有故意或過失應負證明之責。（五八臺上一四二一）

▲民事訴訟法第五百二十九條第一項規定「本案尚未繫屬者，命假扣押之法院應依債務人聲請，命債權人於一定期間內起訴」，此之所謂起訴，係指依訴訟程序提起訴訟，得以確定其私權之存在，而取得給付之確定判決者而言。（六五臺抗四四）

▲法院依民事訴訟法第五百二十九條規定所定之期間，係裁定期間，非不變期間，故債權人雖未於裁定所定期間內起訴，而於命假扣押之法院為撤銷假扣押之裁定前起訴者，法院即不得為撤銷假扣押之裁定。（六五臺抗三九二）

▲本件相對人聲請假扣押再抗告人之財產後，法院命相對人於七日內起訴，相對人在此期間內於刑事訴訟程序附帶提起民事訴訟。此種附帶民事訴訟，旨在確定其私權存在，取得給付之確定判決，與民事訴訟法第五百二十九條第一項規定之起訴意義相同。再抗告人自不得以相對人未於期間內起訴為由而聲請撤銷假扣押裁定。（六九臺抗五〇三）

▲案件已繫屬於法院者，當事人不得更行起訴，是故法院就已繫屬之事件，命為假扣押，殊無命債權人限期起訴之必要。倘因債務人之聲請，誤為命限期起訴之裁定。債務人應不得以債權人未依該裁定於一定期間內起訴為由，而聲請撤銷假扣押裁定。（七〇臺抗二九〇）

▲本院五十八年臺上字第一四二一號判例所謂債務人賠償請求權之成立，不以債權人之故意或過失為要件，乃指假扣押（假處分）裁定，因自始不當而撤銷，或因民事訴訟法第五百二十九條第二項及第五百三十條第三項之規定而撤銷者，依同法第五百三十一條規定，債權人應賠償債務人因假扣押（假處分）或供擔保所受損害之情形而言，並不包括假處分裁定依民事訴訟法第五百三十三條準用同法第五百三十條第一項規定，因假處分之原因消滅或其他因假處分之情事變更，而由債務人聲請撤銷之情形在內。（七五臺上二七二三）

▲納稅義務人所欠稅款，屬公法上義務，非私法上債務關係。稅捐機關依稅捐稽徵法第二十四條第二項規定聲請假扣押，不適用民事訴訟法第五百二十九條第一項之規定。（七五臺抗三二二）

▲（七八臺抗八二）參見本法第三百九十五條。

第五百三十條（撤銷假扣押原因㈡——原因消滅等）

假扣押之原因消滅、債權人受本案敗訴判決確定或其他命假扣押之情事變更者，債務人得聲請撤銷假扣押裁定。

第五百二十八條第三項、第四項之規定，於前項撤銷假扣押裁定準用之。

假扣押之裁定，債權人得聲請撤銷之。

第一項及前項聲請，向命假扣押之法院為之；如本案已繫屬者，向本案法院為之。

(92)一、債權人於請准假扣押裁定後，如已提起本案訴訟，則其請求權是否存在，應待本案判決確定，始得判斷有無情事變更，爰於第一項增列「債權人受本案敗訴判決確定」之例示，以杜疑義。至起訴後，有因清償、抵銷、拋棄權利等原因而終結訴訟者，仍應就具體情形斟酌其是否為其他之情事變更。

二、原第二項所規定得撤銷假扣押裁定之事由，於法院依第五百二十七條命為假扣押裁定中已記載債務人可依相同事由聲請撤銷假扣押，且債務人如依本項規定聲請撤銷假扣押裁定，經准許後，執行名義即因撤銷而不存在，當事人原依假扣押裁定所供之擔保或提存，均將失所依據，實非妥適，爰將之刪除，並配合修正第五百二十七條。

三、撤銷假扣押裁定之性質及所生之影響與對假扣押裁定抗告者相同，爰增設第二項準用規定，俾利適用。

四、為配合原第二項之刪除，爰將第四項下之「前三項」，修正為「第一項及前項」。

*（假扣押原由）民訴五二二、五二三；（情事變更）民訴三九七；（假扣押裁定）民訴五二七；（法院）民訴五二四。

▲依假扣押保全執行之請求經本案判決否認時，法院得認為命假扣押之情事有變更，依民事訴訟法第五百二十六條第一項之規定辦理，固經本院二十九年上字第二〇三號著為判例，惟所謂本案係指兩造當事人涉訟之本案而言，其與第三人涉訟之事件，自不包括在內。（四五臺抗五一）（九三、四、二〇決議不再援用）

▲（六九臺抗五〇三）參見本法第五百二十九條。

▲（七五臺上二七二三）參見本法第五百二十九條。

第五百三十一條（撤銷假扣押時債權人之賠償責任）

假扣押裁定因自始不當而撤銷，或因第五百二十九條第四項及第五百三十條第三項之規定而撤銷者，債權人應賠償債務人因假扣押或供擔保所受之損害。

假扣押所保全之請求已起訴者，法院於第一審言詞辯論終結前，應依債務人之聲明，於本案判決內命債權人為前項之賠償。債務人未聲明者，應告以得為聲明。

(92)第一項中之「第五百二十九條第二項」，於九十二年一月十四日修正後，已變更為同條第四項，爰配合修正。

*（債務人聲請撤銷假扣押裁定）民訴五二九㊁；（債權人聲請撤銷假扣押裁定）民訴五三〇㊂；（損害賠償）民二一三～二一八。

▲假處分裁定因自始不當而撤銷者，債權人固應賠償債務人因假處分所受之損害，但必債務人確因假處分受有損害，且損害與假處分之間具有因果關係，始得請求賠償。（六〇臺上四七〇三）

▲民事訴訟法第五百三十一條所謂假扣押裁定因自始不當而撤銷，係指對於假扣押裁定抗告，經抗告法院依命假扣押時客觀存在之情形，認為不應為此裁定而撤銷之情形而言，若係因本案訴訟敗訴確定而撤銷該裁定，僅屬因命假扣押以後之情事變更而撤銷，尚非該條所謂因自始不當而撤銷。（六七臺上一四〇七）

▲民事訴訟法第五百三十一條假扣押裁定，因自始不當而撤銷者，債權人應賠償債務人因假扣押或供擔保所受損害之規定，依同法第五百三十三條規定，於假處分程序固有準用。惟所謂自始不當而撤銷者，係指假處分裁定後，債務人提起抗告，經假處分裁定法院或抗告法院認為依命假處分時客觀存在之情事，不應為此裁定者而言，若係因以後之情事變更而撤銷該裁定，即與自始不當而撤銷者有間，不得據以請求損害賠償。（六九臺上一八七九）

▲假處分係保全強制執行方法之一種，原為在本案請求尚未經判決確定以前，預防將來債權人勝訴後，因請求標的之現狀變更，有日後不能強制執行或甚難執行之虞者而設，至債權人聲請假處分所主張之權利，債務人對之有所爭執者，應於現在或將來有訴訟繫屬時，請求法院為本案之判決，以資解決，尚非聲請假處分時，先應解決之問題。（六九臺抗七二）

▲禁止債務人就特定財產為處分行為之假處分，其效力僅在禁止債務人就特定財產為自由處分，並不排除法院之強制執行。（七四臺上二七二三）

▲（七五臺上二七二三）參見本法第五百二十九條。

第五百三十二條（假處分之要件）

債權人就金錢請求以外之請求，欲保全強制執行者，得聲請假處分。

假處分，非因請求標的之現狀變更，有日後不能強制執行，或甚難執行之虞者，不得為之。

▲所謂請求標的之現狀變更，係指為請求標的之物，其從前存在之狀態，已有變更或將有變更而言，債務人就其物為法律上之處分，亦屬使其物之現狀有變更，不僅物之損毀或失其所在等情事始足稱為現狀變更。（二〇抗三三六）

▲民事訴訟法第五百二十八條第二項，所謂請求標的之現狀變更，不僅指為請求標的之物，其從前存在之狀態將有變更者而言，並包含已有變更者在內，故就為請求標的之物所為禁止其現狀變更之假處分，其效力併及於其從前存在之狀態已有變更之部分。（四三臺抗八七）

▲執行名義成立後，除法律另有特別規定外，不得阻卻其執行力，債務人或第三人不得依一般假處分程序，聲請予以停止執行。（六三臺抗五九）

▲假處分為保全程序之一種，原為在本案請求尚未經判決確定前，預防將來債權人勝訴後，因請求標的之現狀變更，有日後不能強制執行或甚難執行之虞者而設，若已有確定裁判不認債權人之權利存在，則其假處分之聲請，即屬不應准許。（八三臺抗三一九）

第五百三十三條（假扣押規定之準用）

關於假扣押之規定，於假處分準用之。但因第五百三十五條及第五百三十六條之規定而不同者，不在此限。

㉒因第五百三十四條及第五百三十七條已刪除，本條爰配合修正。

*（未到履行期之請求）民訴五二二㈡；（視為日後甚難執行）民訴五二三㈡；（本案法院）民訴五二四㈡；（聲請程式）民訴五二五；（釋明）民訴二八四、五二六；（命債權人供擔保之裁定）民訴五二八；（起訴命令）民訴五二九；（假處分之撤銷）民訴五三〇、五三一。

▲假處分為保全強制執行方法之一種，苟合於假處分條件，並經債權人聲敘假處分之原因存在，法院即得為假處分之裁判，至債權人起訴主張之實體上理由是否正當，乃屬本案判決問題，非假處分裁判中所能解決。（二〇抗五）

▲法院定擔保金額而為准許假處分之裁定者，該項擔保係備供債務人因假處分所受損害之賠償（民事訴訟法第五百三十三條準用第五百二十六條第二項、第五百三十一條），其數額應依標的物受假處分後，債務人不能利用或處分該標的物所受之損害額，或因供擔保所受之損害額定之，非以標的物之價值為依據。（六三臺抗一四二）

▲（六九臺上一八七九）參見本法第五百三十一條。

▲依民事訴訟法第五百三十三條準用第五百三十一條之規定，假處分裁定因自始不當而撤銷者，債權人應賠償債務人因假處分而受之損害。所謂假處分因自始不當而撤銷，專指假處分裁定在抗告程序中，經抗告法院、再抗告法院或為裁定之原法院依命假處分時客觀存在之情事，認為不應為此裁定而予撤銷使其失效者而言。（六九臺上三六五三）

▲（七五臺上二七二三）參見本法第五百二十九條。

第五百三十四條（刪除）

㉒一、本條刪除。

二、假處分與假扣押同為保全執行之程序，雖因性質上有其不同之處，而有相異之規定，惟就管轄方面而言，應均以便利債權人聲請為原則，不宜有所差別。故假處分之聲請，應與假扣押相同，由本案管轄法院或標的所在地之地方法院管轄，俾債權人自行斟酌擇向何法院為之，殊無特別限制之必要，爰將本條刪除。

第五百三十五條（假處分之方法）

假處分所必要之方法，由法院以裁定酌定之。

前項裁定，得選任管理人及命令或禁止債務人為一定行為。

㉒假處分所必要之方法，應由法院依個案情形酌定之。而法院所酌定之方法，應記載於假處分裁定，以利執行，為求明確，爰修正第一項及第二項。

▲假處分得選任管理人，雖為民事訴訟法第五百三十一條第二項所明定，惟選任管理人係屬假處分之方法，有無選任之必要，應由法院於為假處分裁定時酌定，若法院於為假處分裁定時，認為無此必要未予選任，嗣後即非當事人所得要求。（二七抗四三七）

第五百三十六條（假處分撤銷之原因）

假處分所保全之請求，得以金錢之給付達其目的，或債務人將因假處分而受難以補償之重大損害，或有其他特別情事者，法院始得於假處分裁定內，記載債務人供所定金額之擔保後免為或撤銷假處分。

假處分裁定未依前項規定為記載者，債務人亦得聲請法院許其供擔保後撤銷假處分。

法院為前二項裁定前，應使債權人有陳述意見之機會。

㉒一、假處分係就金錢請求以外之請求保全其執行而設之程序，此種金錢請求以外之請求，如代以金錢之給付亦可滿足債權人之要求，或債務人將因假處分而受難以補償之重大損害，或有其他特別情事者，應許債務人得供擔保免為假處分或撤銷假處分，爰修正第一項。

二、前項情形，如法院為假處分裁定時，未記載債務人得供擔保免為或撤銷假處分者，為維護債務人之權益，亦應許債務人得為聲請，爰增訂第二項。

三、准債務人供擔保免為或撤銷假處分，攸關債權人之權益甚鉅，故法院依前二項規定為裁定前，應賦予債權人陳述意見之機會，以保障其權益，爰增訂第三項。

*（債務人供擔保而撤銷）民訴五二七、五三〇。

▲債務人陳明願供擔保聲請撤銷假處分裁定時，依民事訴訟法第五百三十二條之規定，非有特別情事不得准許，至有無適於為此處置之特別情事，應由法院自由裁量，如依債務人之供擔保足以達假處分之目的者，即可認為有適於為此處置之特別情事，法院自得許債務人供擔保而撤銷假處

分之裁定。（四八臺抗八〇）

▲假處分之程序利於迅速，故民事訴訟法規為假處分之原因由聲請人釋明已足，然若經法院調查判決其認定之事實與釋明者不符，依卷宗內得為即時調查之證據已顯見為不應假處分時，自可解為已有特別情事，法院非不得許債務人聲請而撤銷假處分。（五〇臺抗一六五）

第五百三十七條　（刪除）

⑫一、本條刪除。

二、本法設有審級制度，原裁判之當否，應由上級審法院審查，故當事人如對請求標的所在地之地方法院所為之假處分裁定不服，應循抗告程序以資救濟。本條原規定請求標的所在地之地方法院為假處分裁定之同時，應定期間命債權人向同審級之本案管轄法院聲請就該假處分之當否為裁定，實非所宜。再者，依第五百三十三條準用新增之第五百二十八條第二項規定，抗告法院就假處分之聲請為裁定前，應使兩造有陳述意見之機會，以明瞭事實，當然得就假處分裁定之當否加以調查，本條所定程序已無存在必要，爰予刪除。

第五百三十七條之一　（自助行為之處理程序㈠）

債權人依民法第一百五十一條規定押收債務人之財產或拘束其自由者，應即時聲請法院為假扣押或假處分之裁定。

前項聲請，專屬押收債務人財產或拘束其自由之行為地地方法院管轄。

⑫一、本條係新增。

二、債權人依民法第一百五十一條規定押收債務人之財產或拘束其自由者，依同法第一百五十二條第一項規定應即時向法院聲請處理。為配合該規定，爰增訂第一項，明定於此情形，債權人應即時聲請法院為假扣押或假處分之裁定。惟如債權人已取得執行名義者，即應依強制執行程序聲請執行，自不得再依本項規定聲請法院為假扣押或假處分裁定。

三、債權人押收債務人財產或拘束其自由後，既應即時聲請法院處理，為免延誤，應專屬上開行為地之地方法院管轄，爰增訂第二項。

第五百三十七條之二　（自助行為之處理程序㈡）

前條第一項之聲請，法院應即調查裁定之；其不合於民法第一百五十一條之規定，或有其他不應准許之情形者，法院應即以裁定駁回之。

因拘束債務人自由而為假扣押或假處分之聲請者，法院為准許之裁定，非命債權人及債務人以言詞為陳述，不得為之。

⑫一、本條係新增。

二、債權人押收債務人之財產或拘束其自由，僅係暫時自助之權宜措施，因事涉債務人之基本人權，法院於受理聲請後，自應從速調查裁定；如認債權人之聲請，不合民法第一百五十一條之規定，或有其他程序不合法或不符假扣押、假處分規定之要件，而有不應准許之情形者，應即以裁定駁回之，以確保債務人之權益，爰增設第一項。

三、法院就債權人因拘束債務人自由而為假扣押或假處分之聲請者，因涉及人身自由，應審慎處理。於為准許裁定前，應命債權人及債務人以言詞為陳述，如債務人不在場時，亦應依本法第一百五十七條但書規定，就債務人之所在地令其陳述，以求事實明晰，俾為正確之判斷，爰增設第二項。

第五百三十七條之三　（自助行為之處理程序㈢）

債權人依第五百三十七條之一為聲請時，應將所押收之財產或被拘束自由之債務人送交法院處理。但有正當理由不能送交者，不在此限。

法院為裁定及開始執行前，應就前項財產或債務人為適當之處置。但拘束債務人之自由，自送交法院時起，不得逾二十四小時。

債權人依第一項規定將所押收之財產或拘束自由之債務人送交法院者，如其聲請被駁回時，應將該財產發還於債務人或回復其自由。

⑫一、本條係新增。

二、自助行為係不及受公權力援助之不得已方法，債權人於行為後即時向法院聲請處理時，既已置於得依公權力支配之狀態下，除有正當理由不能送交外，自應將所押收之債務人財產或拘束自由之債務人送交法院，爰增訂第一項。至如債權人不為送交者，法院為裁定時，自得斟酌有無正當理由為是否准許假扣押或假處分之參考。

三、法院於債權人依第五百三十七條之一聲請而為假扣押或假處分裁定前，以及於裁定准許後開始執行前，應就債權人依前項規定已送交法院之財產或債務人為適當之處置，以維護債權人之利益，並兼顧債務人之權益。又拘束債務人自由之時間不宜過長，應以自送交法院時起二十四小時為限，以符憲法保障人身自由之意旨，爰增訂第二項。

四、債權人如已將押收之債務人財產或拘束自由之債務人送交法院者，法院於駁回其假扣押或假處分之聲請時，應即終止對該財產及債務人所為之處置，將該財產發還於債務人或回復債務人自由，爰增訂第三項。至未送交者，債權人於聲請被駁回時，應逕將押收之財產返還於債務人或回復債務人自由，乃屬當然。

第五百三十七條之四　（自助行為之處理程序㈣）

因拘束債務人自由而為假扣押或假處分裁定之本案尚未繫屬者，債權人應於裁定送達後五日內起訴；逾期未起訴時，命假扣押或假處分之法院得依聲請或依職權撤銷假扣押或假處分裁定。

⑫一、本條係新增。

二、因拘束債務人自由而為之假扣押或假處分，攸關債務人之身體自由，故債權人之請求是否存在，宜從速依法定程序確定，爰明定債權人應於裁定送達後五日內起訴。如債權人未遵期起訴，命假扣押或假處分之法院即得依聲請或依職權撤銷假扣押或假處分裁定，以保障債務人之權益。

第五百三十八條　（定暫時狀態之處分）

於爭執之法律關係，為防止發生重大之損害或避免急迫之危險或有其他相類之情形而有必要時，得聲請為定暫時狀態之處分。

前項裁定，以其本案訴訟能確定該爭執之法律關係者為限。

第一項處分，得命先為一定之給付。

法院為第一項及前項裁定前，應使兩造當事人有陳述之機會。但法院認為不適當者，不在此限。

⑫一、原條文規定內容移列於第五百三十八條之四修正之。

二、於爭執之法律關係定暫時狀態，係為防止發生重大之損害，或避免急迫之危險，或有其他相類之情形而有必要者，與純為保全將來執行之一般假處分有所不同，為求明確，有明定其聲請要件之必要，爰於本條第一項明定之。又此項聲請不限於起訴前或起訴後，亦不論是本案之原告或被告，均得為之。

三、法院裁定准為定暫時狀態，僅係就當事人間爭執之法律關係暫為之處分，其所保全之權利，須經訴訟程序確定，故為裁定後，如該事件之本案尚未繫屬者，仍有第五百二十九條限期起訴之適用。惟此際之起訴並不限於給付之訴，其訴訟種類端視爭執之法律關係內容而定；至已繫屬或應繫屬之本案訴訟，其起訴之事項應限於能確定該爭執之法律關係，爰增訂第二項。
四、第一項定暫時狀態，如有暫時實現本案請求之必要情形，須命先為一定之給付始能達其目的者，亦得為之，爰增訂第三項。
五、定暫時狀態之處分，往往係預為實現本案請求之內容，對當事人之權益影響甚鉅，為期法院能正確判斷有無處分之必要，爰明定法院為裁定前，應使兩造當事人有陳述意見之機會。惟法院如認先使當事人陳述意見，有難達定暫時狀態之目的而不適當者，即得逕為裁定，爰增訂但書規定。至法院如認有行言詞辯論之必要時，依第二百三十四條規定，自得行任意之言詞辯論，乃屬當然。

*（假處分之規定）民訴五三二～五三七。

▲關於假處分之規定，於爭執之法律關係有定暫時狀態之必要者，準用之，民事訴訟法第五百三十八條定有明文。是故如通行權於當事人間發生爭執，或通行權已被侵害，債權人聲請定暫時狀態時，非不得禁止債務人將為通行權標的物之土地變更現狀，或設置障礙物以阻止通行，或為其他類似行為。（七一臺抗二〇〇）

第五百三十八條之一　（緊急處置）

法院為前條第一項裁定前，於認有必要時，得依聲請以裁定先為一定之緊急處置，其處置之有效期間不得逾七日。期滿前得聲請延長之，但延長期間不得逾三日。

前項期間屆滿前，法院以裁定駁回定暫時狀態處分之聲請者，其先為之處置當然失其效力；其經裁定許為定暫時狀態，而其內容與先為之處置相異時，其相異之處置失其效力。

第一項之裁定，不得聲明不服。

⑨②一、本條係新增。
二、聲請定暫時狀態之處分，其必要性如何，恐一時不易為正確之判斷，又依前條第四項規定，法院為定暫時狀態之裁定前，應使兩造當事人有陳述意見之機會，因而審理上可能須費時日。為避免緩不濟急，導致危害發生或擴大，爰增訂第一項，明定於法院認有必要時，得依聲請以裁定先為一定之緊急處置。惟該處置僅係暫時之權宜措施，故其有效期間不宜過長，爰明定以七日為限，當事人於期滿前得聲請延長，但延長期間不得逾三日。
三、前項之緊急處置，屬中間處分性質，故於處置之有效期間屆滿前，如法院已就聲請事件為裁定，自應以該終局裁定之內容為準。又法院雖裁定准許定暫時狀態，惟其內容與先為之處置內容相異時，其先為之處置於相異之範圍內亦應失其效力。爰增訂第二項。
四、第一項緊急處置之裁定，既於有效期間屆滿時或期間屆滿前因法院另為裁定而失其效力，當事人自無再向上級法院請求救濟之必要，爰增訂第三項，明定對於第一項之裁定，不得聲明不服。

第五百三十八條之二　（命返還給付之裁定）

抗告法院廢棄或變更第五百三十八條第三項之裁定時，應依抗告人之聲請，在廢棄或變更範圍內，同時命聲請人返還其所受領之給付。其給付為金錢者，並應依聲請附加自受領時起之利息。

前項命返還給付之裁定，非對於抗告法院廢棄或變更定暫時狀態之裁定再為抗告時，不得聲明不服；抗告中應停止執行。

前二項規定，於第五百三十八條之一第二項之情形準用之。

⑨②一、本條係新增。
二、法院依第五百三十八條第三項規定為命先為一定給付之裁定後，如抗告法院廢棄或變更該裁定時，於廢棄或變更之範圍內，抗告人依原裁定所為之給付，即失其依據。為保障抗告人之權益，並使程序簡化，爰增訂第一項。
三、前項抗告法院命返還給付之裁定，係附隨於廢棄或變更定暫時狀態之裁定，二者關係密切，不宜准許單獨對之聲明不服，以免發生裁判歧異之情形。且裁定命返還所受領之給付並加給利息，內容明確，少有實體上之爭議，亦無對該部分裁定單獨聲明不服之必要，爰於第二項前段明文限制之。又抗告法院為前項裁定後，如聲請人即應將所受領之給付返還者，倘再抗告法院廢棄抗告法院所為之裁定，並為准許定暫時狀態命先為給付之裁定確定，則聲請人須重新聲請執行，不僅程序繁複，且有不能回復執行之虞，爰於第二項後段明定抗告中應停止執行。
四、法院依聲請就定暫時狀態之處分先為緊急處置後，如以裁定駁回定暫時狀態處分之聲請，或雖以裁定許為定暫時狀態，而其內容與先為之處置相異時，依第五百三十八條之一第二項之規定，其先為或相異之處置當然失其效力，則依該處置所為之給付，亦失其依據，性質上與前二項規定類似，爰增訂第三項準用之規定。至法院為緊急處置後，如以裁定准許定暫時狀態之處分，經抗告法院廢棄原裁定，駁回定暫時狀態之聲請，或變更原裁定，而為內容相異之處分時，則得直接適用第一項之規定。

第五百三十八條之三　（損害賠償責任之減輕或免除）

定暫時狀態之裁定因第五百三十一條之事由被撤銷，而應負損害賠償責任者，如聲請人證明其無過失時，法院得視情形減輕或免除其賠償責任。

⑨②一、本條係新增。
二、假扣押及一般假處分係純為保全債權人個人之利益，經釋明而為裁定，如因第五百三十一條規定之事由而撤銷，債權人固應負無過失賠償責任；惟定暫時狀態之處分，係法院為防止發生重大損害或避免急迫危險認有必要時，於經兩造陳述後，為平衡兩造間之權義或利益而為裁定，以維持法律秩序，並兼顧公益，故該裁定如因上開規定之事由而撤銷，原則上，雖聲請人亦應負無過失賠償責任，然為求公平，如聲請人能證明其無過失時，法院亦得視其情形減輕或免除其賠償責任，爰增訂本條規定。

第五百三十八條之四　（假處分規定之準用）

除別有規定外，關於假處分之規定，於定暫時狀態之處分準用之。

⑨②一、本條新增。
二、定暫時狀態之處分，雖非以保全執行為主要目的，惟亦屬保全權利之方法，故其聲請及裁定之程序，除別有規定外，於性質相通部分，自仍應準用一般假處分之規定，爰修正第五百三十八條規定，並移列於本條。

第八編　公示催告程序

第五百三十九條　（一般公示催告之要件及效果）

申報權利之公示催告，以得依背書轉讓之證券或法律有規定者為限。

公示催告，對於不申報權利人，生失權之效果。

⑨②第一項之立法原意，應係指凡性質上得依背書轉讓之有價證券，如票據、股票等，或法律另有規定得行公示催告程序者，如限定繼承、死亡宣告等，均得為申報權利之公示催告，惟因規定之文字，易使人誤認須兼備上開二要件始得為之，爰將「及其他」三字修正為「或」字，以求明確。

*（得依背書轉讓之證券）民六一八、六二八、七一六，票據三〇、一二四、一四四，海商六〇；（公示催告）民七一八、七二五、一一五七、一一七八、一一七九，票據一九

㈠；（失權效果）民七一八、七二五、一一六二、一一八二、一一八五。

▲倉單依民法第六百十八條規定，係得依背書轉讓之有價證券，其權利之行使與證券之占有有不可分離之關係，證券如有遺失，須依民事訴訟法公示催告程序，經法院為除權判決後，始使持有人生失權之效果。上訴人對於某甲所稱倉單遺失，既未依上開公示催告程序經過除權判決，遽以自己在倉單上所訂辦法，許某甲不憑倉單提取貨物，則持有倉單之被上訴人自不因此而喪失其權利，其基於合法受質之關係，請求上訴人就倉單簽證及行使質權人之權利，上訴人殊無可為拒絕之正當理由。（五一臺上三一九七）

第五百四十條　（公示催告聲請之裁定）

法院應就公示催告之聲請為裁定。

法院准許聲請者，應為公示催告。

*（裁定）民訴二三四～二三九；（聲請）民訴一一六、一一二二。

第五百四十一條　（公示催告之記載）

公示催告，應記載下列各款事項：

一　聲請人。

二　申報權利之期間及在期間內應為申報之催告。

三　因不申報權利而生之失權效果。

四　法院。

㊾「左列」修正為「下列」。

*（申報權利期間）民訴五四三、五六二，民一一五七、一一七八、一一七九；（失權效果）民訴五三九㈡。

第五百四十二條　（公告方法）

公示催告之公告，應黏貼於法院之公告處，並公告於法院網站；法院認為必要時，得命登載於公報或新聞紙。

前項公告於法院網站、登載公報、新聞紙之日期或期間，由法院定之。

聲請人未依前項規定聲請公告於法院網站，或登載公報、新聞紙者，視為撤回公示催告之聲請。

⑩一、以法院網站之電子公告取代刊登新聞紙。

二、原條文第一項後段「並登載於公報、新聞紙或其他相類之傳播工具」修正為「並公告於法院網站；法院認為必要時，得命登載於公報或新聞紙」。

三、原條文第二項前段「前項登載公報、新聞紙或其他相類之傳播工具」修正為「前項公告於法院網站、登載公報、新聞紙」。

四、原條文第三項中段「登載者」修正為「聲請公告於法院網站，或登載公報、新聞紙者」。

第五百四十三條　（申報權利期間）

申報權利之期間，除法律別有規定外，自公示催告之公告開始公告於法院網站之日起、最後登載公報、新聞紙之日起應有二個月以上。

⑩一、以法院網站之電子公告取代刊登新聞紙。

二、原條文中段「最後登載公報、新聞紙或其他相類之傳播工具之日起」修正為「開始公告於法院網站之日起、最後登載公報、新聞紙之日起」。

*（申報權利期間）民訴五四一②；（公示催告之公告）民訴五四二；（期間）民訴一六一，民一二〇～一二二；（申報權利期間）民訴五六二，民一一五七、一一七八、一一七九。

第五百四十四條　（期間已滿未為除權判決前申報之效力）

申報權利在期間已滿後，而在未為除權判決前者，與在期間內申報者有同一之效力。

*（申報權利期間）民訴五四三。

第五百四十五條　（除權判決之聲請）

公示催告聲請人得於申報權利之期間已滿後三個月內，聲請為除權判決。但在期間未滿前之聲請，亦有效力。

除權判決前之言詞辯論期日，應並通知已申報權利之人。

*（申報權利期間）民訴五四三；（期間）民訴一六一，民一二〇～一二二；（聲請）民訴一一六、一一二二；（公示催告聲請人）民訴五五八；（言詞辯論期日）民訴二二一、五四九。

第五百四十六條　（除權判決前之職權調查）

法院就除權判決之聲請為裁判前，得依職權為必要之調查。

*（除權判決聲請）民訴五四五。

第五百四十七條　（駁回聲請之裁定）

駁回除權判決之聲請，以裁定為之。

*（裁定）民訴二三四～二三九。

第五百四十八條　（對申報權利爭執之處置）

申報權利人，如對於公示催告聲請人所主張之權利有爭執者，法院應酌量情形，在就所報權利有確定裁判前，裁定停止公示催告程序，或於除權判決保留其權利。

*（裁定）民訴二三四～二三九。

▲再抗告人向臺灣臺北地方法院申報權利，並提出股票後，經該地方法院通知相對人到場，認該股票為其所遺失之物，因相對人之聲請而開始之公示催告程序即已終結，無停止該程序之可言。乃臺灣臺北地方法院在再抗告人申報權利並提出股票後，竟裁定停止公示催告程序，殊屬不合。（七〇臺抗一一〇）

第五百四十九條　（除權判決前之言詞辯論）

公示催告聲請人，不於言詞辯論期日到場者，法院應依其聲請，另定新期日。

前項聲請，自有遲誤時起，逾二個月後不得為之。

聲請人遲誤新期日者，不得聲請更定新期日。

*（聲請）民訴一一六、一一二二；（言詞辯論期日）民訴五四五㈡；（定期日）民訴一五四、一五六；（期間）民訴一六一，民一二〇～一二二。

第五百四十九條之一　（除權判決之費用負擔）

法院為除權判決者，程序費用由聲請人負擔。但因申報權利所生之費用，由申報權利人負擔。

㊾一、本條係新增。

二、關於公示催告程序之裁判有㈠駁回公示催告聲請之裁定，㈡許為公示催告之裁定，㈢駁回除權判決聲請之裁定，㈣許為除權判決，㈤駁回撤銷除權判決之訴之裁定，㈥駁回撤銷除權判決之訴之判決，㈦撤銷除權判決之判決等，其中㈠、㈢及㈤之裁定，得依第九十五條準用第七十八條規定命聲請人負擔程序費用，㈡之許為公示催告，並不就程序費用之負擔加以裁判，㈥及㈦之判決，得依第七十八條規定命敗訴之當事人負擔訴訟費用。惟㈣之除權判決，其程序費用不能依第七十八條規定命聲請人負擔，爰增訂本條，俾資適用。

第五百五十條（除權判決之公告）

法院應以相當之方法，將除權判決之要旨公告之。

㉒關於公示催告，依第五百四十二條規定應予公告，而除權判決可能使第三人發生失權效果，對該第三人之權利有重大影響，故為保障善意第三人，應使其有知悉除權判決之機會，爰修正原條文，明定法院應以相當之方法，將除權判決之要旨公告之。

＊（相當方法）民訴五四二。

第五百五十一條（除權判決之撤銷）

對於除權判決，不得上訴。

有下列各款情形之一者，得以公示催告聲請人為被告，向原法院提起撤銷除權判決之訴：

一　法律不許行公示催告程序者。

二　未為公示催告之公告，或不依法定方式為公告者。

三　不遵守公示催告之公告期間者。

四　為除權判決之法官，應自行迴避者。

五　已經申報權利而不依法律於判決中斟酌之者。

六　有第四百九十六條第一項第七款至第十款之再審理由者。

㉒第二項本文「左列」修正為「下列」；第四款之「推事」修正為「法官」。

＊（不許行公示催告）民訴五三九；（公示催告公告）民訴五四一、五四二、五六〇；（公示催告公告期間）民訴五四三；（推事應行迴避）民訴三二；（不依法斟酌）民訴五四八。

第五百五十二條（撤銷除權判決之期間）

撤銷除權判決之訴，應於三十日之不變期間內提起之。

前項期間，自原告知悉除權判決時起算。但依前條第四款或第六款所定事由提起撤銷除權判決之訴，如原告於知有除權判決時不知其事由者，自知悉其事由時起算。

除權判決宣示後已逾五年者，不得提起撤銷之訴。

＊（不變期間）民訴一六二～一六六；（撤銷除權判決之訴）民訴五五一；（期間）民訴一六一，民一二〇～一二二；（判決宣示）民訴二二三～二二五。

第五百五十三條（再審之程式及裁判準用於撤銷除權判決）

第五百零一條、第五百零二條及第五百零六條之規定，於撤銷除權判決之訴準用之。

㉒撤銷除權判決之目的，固在保護因除權判決而喪失權利者之正當利益，惟為維護交易安全，對善意第三人之權益亦應兼顧，爰於本條增列第五百零六條規定。

＊（再審提起程式）民訴五〇一；（再審裁定之駁回）民訴五〇二。

第五百五十四條（對於除權判決所附限制或保留之抗告）

對於除權判決所附之限制或保留，得為抗告。

＊（除權判決之保留）民訴五四八。

第五百五十五條（公示催告程序之合併）

數宗公示催告程序，法院得命合併之。

＊（合併）民訴二〇五。

第五百五十六條（宣告證券無效之公示催告）

宣告證券無效之公示催告程序，適用第五百五十七條至第五百六十七條之規定。

＊（證券之公示催告）民七一八、七二五，票據一九；（一般公示催告程序）民訴五三九～五五五。

▲宣告證券無效之公示催告，為法院依該證券之原持有人因證券被盜、遺失或滅失，聲請以公示方法，催告不明之現在持有該證券之人於一定期間內向法院申報權利。如不申報，使生失權效果之特別程序。現在持有證券之人，欲主張權利，僅須將證券提出於法院，由法院通知聲請人閱覽無訛後，公示催告程序即告終結。（六九臺抗八六）

第五百五十七條（管轄法院）

公示催告，由證券所載履行地之法院管轄；如未載履行地者，由證券發行人為被告時，依第一條或第二條規定有管轄權之法院管轄；如無此法院者，由發行人於發行之日為被告時依各該規定有管轄權之法院管轄。

＊（所載履行地）票據二〇、二四㈠⑧、二七、一二〇㈠⑦、一二五㈠⑧；（證券發行人）民七一〇、七一九、七二〇，票據二～四；（管轄法院）民訴一、二。

第五百五十八條（公示催告之聲請人）

無記名證券或空白背書之指示證券，得由最後之持有人為公示催告之聲請。

前項以外之證券，得由能據證券主張權利之人為公示催告之聲請。

＊（無記名證券）民七一九以下；（指示證券）民七一〇以下；（空白背書指示證券）票據三一㈢、一二四、一四四。

第五百五十九條（聲請之程序）

聲請人應提出證券繕本、影本，或開示證券要旨及足以辨認證券之事項，並釋明證券被盜、遺失或滅失及有聲請權之原因事實。

㉒「繕本」下增列「影本」。

＊（釋明）民訴二八四；（聲請人）民訴五五八。

第五百六十條（公示催告之記載）

公示催告，應記載持有證券人應於期間內申報權利及提出證券，並曉示以如不申報及提出者，即宣告證券無效。

＊（公示催告應載事項）民訴五四一；（申報權利期間）民訴五六二；（聲請）民訴一一六、一一二。

第五百六十一條（公示催告之公告）

公示催告之公告，除依第五百四十二條之規定外，如法院所在地有交易所者，並應黏貼於該交易所。

＊（公告方法）民訴五四二。

第五百六十二條（申報權利期間）

申報權利之期間，自公示催告之公告開始公告於法院網站之日起、最後登載公報、新聞紙之日起，應有三個月以上，九個月以下。

⑩⑦一、以法院網站之電子公告取代刊登新聞紙。

二、原條文中段「最後登載公報、新聞紙或其他相類之傳播工具之日起」修正為「開始公告於法院網站之日起、最後登載公報、新聞紙之日起」。

＊（申報權利期間）民訴五四三；（公示催告之公告）民訴五

六一；（期間）民訴一六〇、一六一，民一二〇～一二二。

第五百六十三條　（申報權利後之處置）

持有證券人經申報權利並提出證券者，法院應通知聲請人，並酌定期間使其閱覽證券。

聲請人閱覽證券認其為真正時，其公示催告程序終結，由法院書記官通知聲請人及申報權利人。

⑨一、原條文不修正，改列為第一項。

二、公示催告聲請人閱覽證券認其為真正時，公示催告程序究應如何處理，現行法並未規定，惟依實務見解認為於此情形，該程序即當然終結（參照最高法院六十九年臺抗字第八六號、七十年臺抗字第一一〇號判例），為求明確，爰增訂第二項明定之。又為便於證券持有人行使權利，乃規定法院書記官應將程序終結情形通知聲請人及申報權利人。

*（提出證券）民訴五五九；（期間）民訴一六〇、一六七，民一二〇～一二二。

第五百六十四條　（除權判決及撤銷除權判決之公告）

除權判決，應宣告證券無效。

除權判決之要旨，法院應以職權依第五百六十一條之方法公告之。

證券無效之宣告，因撤銷除權判決之訴而撤銷者，為公示催告之法院於撤銷除權判決之判決確定後，應以職權依前項方法公告之。

⑨一、第二項規定之公告除權判決要旨之方法，尚欠明確，爰將之修正為應依第五百六十一條之方法公告之，俾有所遵循。

二、撤銷除權判決之判決，具有使原失效之證券恢復流通性之效力，為保護權利人於判決確定後行使權利時免受阻礙，且為確保利害關係人使較有周知之機會，爰將第三項依聲請公告，修正為以職權公告，並明定依前項方法公告之。

*（失權效果）民訴五三九㊁；（除權判決公告）民訴五五〇；（撤銷除權判決之訴）民訴五五一㊁、五五二。

▲釋一八六。

第五百六十五條　（除權判決之效力）

有除權判決後，聲請人對於依證券負義務之人，得主張證券上之權利。

因除權判決而為清償者，於除權判決撤銷後，仍得以其清償對抗債權人或第三人。但清償時已知除權判決撤銷者，不在此限。

*（除權判決）民訴五六四；（聲請人）民訴五五八；（撤銷除權判決之訴）民訴五五一。

▲釋一八六。

第五百六十六條　（禁止支付之命令）

因宣告無記名證券之無效聲請公示催告，法院准許其聲請者，應依聲請不經言詞辯論，對於發行人為禁止支付之命令。

前項命令，應附記已為公示催告之事由。

第一項命令，應準用第五百六十一條之規定公告之。

*（聲請）民訴一一六、一二二；（公示催告之公告）民訴五六一。

第五百六十七條　（禁止支付命令之撤銷）

公示催告程序，因提出證券或其他原因未為除權判決而終結者，法院應依職權以裁定撤銷禁止支付之命令。

禁止支付命令之撤銷，應準用第五百六十一條之規定公告之。

*（禁止支付命令）民七二〇㊀但，民訴五六六；（裁定）民訴二三四～二三九；（公告）民訴五六一。

第九編　（刪除）

第一章　（刪除）

第五百六十八條　（刪除）

⑩一、本條刪除。

二、家事事件法第三編第二章就婚姻事件程序已有整體規範，爰配合刪除本條。

第五百六十九條　（刪除）

⑩一、本條刪除。

二、家事事件法第三編第二章就婚姻事件程序已有整體規範，爰配合刪除本條。

第五百七十條　（刪除）

⑩一、本條刪除。

二、家事事件法第三編第二章就婚姻事件程序已有整體規範，爰配合刪除本條。

第五百七十一條　（刪除）

⑩一、本條刪除。

二、家事事件法第三編第二章就婚姻事件程序已有整體規範，爰配合刪除本條。

第五百七十一條之一　（刪除）

⑩一、本條刪除。

二、家事事件法第三編第二章就婚姻事件程序已有整體規範，爰配合刪除本條。

第五百七十二條　（刪除）

⑩一、本條刪除。

二、家事事件法第三編第二章就婚姻事件程序已有整體規範，爰配合刪除本條。

第五百七十二條之一　（刪除）

⑩一、本條刪除。

二、家事事件法第三編第二章就婚姻事件程序已有整體規範，爰配合刪除本條。

第五百七十三條　（刪除）

⑩一、本條刪除。

二、家事事件法第三編第二章就婚姻事件程序已有整體規範，爰配合刪除本條。

第五百七十四條　（刪除）

⑩一、本條刪除。

二、家事事件法第三編第二章就婚姻事件程序已有整體規範，爰配合刪除本條。

第五百七十五條　（刪除）

⑩一、本條刪除。

二、家事事件法第三編第二章就婚姻事件程序已有整體規範，爰配合刪除本條。

第五百七十五條之一　（刪除）

⑩一、本條刪除。

二、家事事件法第三編第二章就婚姻事件程序已有整體規範，爰配合刪除本條。

第五百七十六條　（刪除）

⑩一、本條刪除。

二、家事事件法第三編第二章就婚姻事件程序已有整體規規範，爰配合刪除本條。

第五百七十七條（刪除）

(102)一、本條刪除。
二、家事事件法第三編第二章就婚姻事件程序已有整體規範，爰配合刪除本條。

第五百七十八條（刪除）

(102)一、本條刪除。
二、家事事件法第三編第二章就婚姻事件程序已有整體規範，爰配合刪除本條。

第五百七十九條（刪除）

(102)一、本條刪除。
二、家事事件法第三編第二章就婚姻事件程序已有整體規範，爰配合刪除本條。

第五百八十條（刪除）

(102)一、本條刪除。
二、家事事件法第三編第二章就婚姻事件程序已有整體規範，爰配合刪除本條。

第五百八十一條（刪除）

(102)一、本條刪除。
二、家事事件法第三編第二章就婚姻事件程序已有整體規範，爰配合刪除本條。

第五百八十二條（刪除）

(102)一、本條刪除。
二、家事事件法第三編第二章就婚姻事件程序已有整體規範，爰配合刪除本條。

第五百八十二條之一（刪除）

(102)一、本條刪除。
二、家事事件法第三編第二章就婚姻事件程序已有整體規範，爰配合刪除本條。

第二章（刪除）

第五百八十三條（刪除）

(102)一、本條刪除。
二、家事事件法第三編第三章就親子關係事件程序已有整體規範，爰配合刪除本條。

第五百八十四條（刪除）

(102)一、本條刪除。
二、家事事件法第三編第三章就親子關係事件程序已有整體規範，爰配合刪除本條。

第五百八十五條（刪除）

(102)一、本條刪除。
二、家事事件法第三編第三章就親子關係事件程序已有整體規範，爰配合刪除本條。

第五百八十六條（刪除）

(102)一、本條刪除。
二、家事事件法第三編第三章就親子關係事件程序已有整體規範，爰配合刪除本條。

第五百八十七條（刪除）

(102)一、本條刪除。
二、家事事件法第三編第三章就親子關係事件程序已有整體規範，爰配合刪除本條。

第五百八十八條（刪除）

(102)一、本條刪除。
二、家事事件法第三編第三章就親子關係事件程序已有整體規範，爰配合刪除本條。

第五百八十九條（刪除）

(102)一、本條刪除。
二、家事事件法第三編第三章就親子關係事件程序已有整體規範，爰配合刪除本條。

第五百八十九條之一（刪除）

(102)一、本條刪除。
二、家事事件法第三編第三章就親子關係事件程序已有整體規範，爰配合刪除本條。

第五百九十條（刪除）

(102)一、本條刪除。
二、家事事件法第三編第三章就親子關係事件程序已有整體規範，爰配合刪除本條。

第五百九十條之一（刪除）

(102)一、本條刪除。
二、家事事件法第三編第三章就親子關係事件程序已有整體規範，爰配合刪除本條。

第五百九十一條（刪除）

(102)一、本條刪除。
二、家事事件法第三編第三章就親子關係事件程序已有整體規範，爰配合刪除本條。

第五百九十二條（刪除）

(102)一、本條刪除。
二、家事事件法第三編第三章就親子關係事件程序已有整體規範，爰配合刪除本條。

第五百九十三條（刪除）

(102)一、本條刪除。
二、家事事件法第三編第三章就親子關係事件程序已有整體規範，爰配合刪除本條。

第五百九十四條（刪除）

(102)一、本條刪除。
二、家事事件法第三編第三章就親子關係事件程序已有整體規範，爰配合刪除本條。

第五百九十五條（刪除）

(102)一、本條刪除。
二、家事事件法第三編第三章就親子關係事件程序已有整體規範，爰配合刪除本條。

第五百九十六條（刪除）

(102)一、本條刪除。
二、家事事件法第三編第三章就親子關係事件程序已有整體規範，爰配合刪除本條。

第三章（刪除）

第五百九十七條（刪除）

(102)一、本條刪除。
二、家事事件法將監護及輔助宣告事件全部非訟化，定為丁類家事非訟事件，並分別於第四編第十章、第十一章定其適用程序，爰配合刪除本條。

第五百九十八條（刪除）

(102)一、本條刪除。
二、家事事件法將監護及輔助宣告事件全部非訟化，定為丁類家事非訟事件，並分別於第四編第十章、第十一章定其適用程序，爰配合刪除本條。

第五百九十九條（刪除）

(102)一、本條刪除。
二、家事事件法將監護及輔助宣告事件全部非訟化，定為丁類家事非訟事件，並分別於第四編第十章、第十一章定其適用程序，爰配合刪除本條。

第六百條（刪除）

(102)一、本條刪除。
二、家事事件法將監護及輔助宣告事件全部非訟化，定為丁類家事非訟事件，並分別於第四編第十章、第十一章定其適用程序，爰配合刪除本條。

第六百零一條　（刪除）

(102)一、本條刪除。
二、家事事件法將監護及輔助宣告事件全部非訟化，定為丁類家事非訟事件，並分別於第四編第十章、第十一章定其適用程序，爰配合刪除本條。

第六百零二條　（刪除）

(102)一、本條刪除。
二、家事事件法將監護及輔助宣告事件全部非訟化，定為丁類家事非訟事件，並分別於第四編第十章、第十一章定其適用程序，爰配合刪除本條。

第六百零三條　（刪除）

(102)一、本條刪除。
二、家事事件法將監護及輔助宣告事件全部非訟化，定為丁類家事非訟事件，並分別於第四編第十章、第十一章定其適用程序，爰配合刪除本條。

第六百零四條　（刪除）

(102)一、本條刪除。
二、家事事件法將監護及輔助宣告事件全部非訟化，定為丁類家事非訟事件，並分別於第四編第十章、第十一章定其適用程序，爰配合刪除本條。

第六百零五條　（刪除）

(102)一、本條刪除。
二、家事事件法將監護及輔助宣告事件全部非訟化，定為丁類家事非訟事件，並分別於第四編第十章、第十一章定其適用程序，爰配合刪除本條。

第六百零六條　（刪除）

(102)一、本條刪除。
二、家事事件法將監護及輔助宣告事件全部非訟化，定為丁類家事非訟事件，並分別於第四編第十章、第十一章定其適用程序，爰配合刪除本條。

第六百零七條　（刪除）

(102)一、本條刪除。
二、家事事件法將監護及輔助宣告事件全部非訟化，定為丁類家事非訟事件，並分別於第四編第十章、第十一章定其適用程序，爰配合刪除本條。

第六百零八條　（刪除）

(102)一、本條刪除。
二、家事事件法將監護及輔助宣告事件全部非訟化，定為丁類家事非訟事件，並分別於第四編第十章、第十一章定其適用程序，爰配合刪除本條。

第六百零九條　（刪除）

(102)一、本條刪除。
二、家事事件法將監護及輔助宣告事件全部非訟化，定為丁類家事非訟事件，並分別於第四編第十章、第十一章定其適用程序，爰配合刪除本條。

第六百零九條之一　（刪除）

(102)一、本條刪除。
二、家事事件法將監護及輔助宣告事件全部非訟化，定為丁類家事非訟事件，並分別於第四編第十章、第十一章定其適用程序，爰配合刪除本條。

第六百十條　（刪除）

(102)一、本條刪除。
二、家事事件法將監護及輔助宣告事件全部非訟化，定為丁類家事非訟事件，並分別於第四編第十章、第十一章定其適用程序，爰配合刪除本條。

第六百十一條　（刪除）

(102)一、本條刪除。
二、家事事件法將監護及輔助宣告事件全部非訟化，定為丁類家事非訟事件，並分別於第四編第十章、第十一章定其適用程序，爰配合刪除本條。

第六百十二條　（刪除）

(102)一、本條刪除。
二、家事事件法將監護及輔助宣告事件全部非訟化，定為丁類家事非訟事件，並分別於第四編第十章、第十一章定其適用程序，爰配合刪除本條。

第六百十三條　（刪除）

(102)一、本條刪除。
二、家事事件法將監護及輔助宣告事件全部非訟化，定為丁類家事非訟事件，並分別於第四編第十章、第十一章定其適用程序，爰配合刪除本條。

第六百十四條　（刪除）

(102)一、本條刪除。
二、家事事件法將監護及輔助宣告事件全部非訟化，定為丁類家事非訟事件，並分別於第四編第十章、第十一章定其適用程序，爰配合刪除本條。

第六百十五條　（刪除）

(102)一、本條刪除。
二、家事事件法將監護及輔助宣告事件全部非訟化，定為丁類家事非訟事件，並分別於第四編第十章、第十一章定其適用程序，爰配合刪除本條。

第六百十六條　（刪除）

(102)一、本條刪除。
二、家事事件法將監護及輔助宣告事件全部非訟化，定為丁類家事非訟事件，並分別於第四編第十章、第十一章定其適用程序，爰配合刪除本條。

第六百十六條之一　（刪除）

(102)一、本條刪除。
二、家事事件法將監護及輔助宣告事件全部非訟化，定為丁類家事非訟事件，並分別於第四編第十章、第十一章定其適用程序，爰配合刪除本條。

第六百十七條　（刪除）

(102)一、本條刪除。
二、家事事件法將監護及輔助宣告事件全部非訟化，定為丁類家事非訟事件，並分別於第四編第十章、第十一章定其適用程序，爰配合刪除本條。

第六百十八條　（刪除）

(102)一、本條刪除。
二、家事事件法將監護及輔助宣告事件全部非訟化，定為丁類家事非訟事件，並分別於第四編第十章、第十一章定其適用程序，爰配合刪除本條。

第六百十九條　（刪除）

(102)一、本條刪除。
二、家事事件法將監護及輔助宣告事件全部非訟化，定為丁類家事非訟事件，並分別於第四編第十章、第十一章定其適用程序，爰配合刪除本條。

第六百二十條　（刪除）

(102)一、本條刪除。
二、家事事件法將監護及輔助宣告事件全部非訟化，定為丁類家事非訟事件，並分別於第四編第十章、第十一章定其適用程序，爰配合刪除本條。

第六百二十一條　（刪除）

(102)一、本條刪除。
二、家事事件法將監護及輔助宣告事件全部非訟化，定為丁類家事非訟事件，並分別於第四編第十章、第十一章定其適用程序，爰配合刪除本條。

第六百二十二條　（刪除）

（102）一、本條刪除。
二、家事事件法將監護及輔助宣告事件全部非訟化，定為丁類家事非訟事件，並分別於第四編第十章、第十一章定其適用程序，爰配合刪除本條。

第六百二十三條　（刪除）

（102）一、本條刪除。
二、家事事件法將監護及輔助宣告事件全部非訟化，定為丁類家事非訟事件，並分別於第四編第十章、第十一章定其適用程序，爰配合刪除本條。

第六百二十四條　（刪除）

（102）一、本條刪除。
二、家事事件法將監護及輔助宣告事件全部非訟化，定為丁類家事非訟事件，並分別於第四編第十章、第十一章定其適用程序，爰配合刪除本條。

第六百二十四條之一　（刪除）

（102）一、本條刪除。
二、家事事件法將監護及輔助宣告事件全部非訟化，定為丁類家事非訟事件，並分別於第四編第十章、第十一章定其適用程序，爰配合刪除本條。

第六百二十四條之二　（刪除）

（102）一、本條刪除。
二、家事事件法將監護及輔助宣告事件全部非訟化，定為丁類家事非訟事件，並分別於第四編第十章、第十一章定其適用程序，爰配合刪除本條。

第六百二十四條之三　（刪除）

（102）一、本條刪除。
二、家事事件法將監護及輔助宣告事件全部非訟化，定為丁類家事非訟事件，並分別於第四編第十章、第十一章定其適用程序，爰配合刪除本條。

第六百二十四條之四　（刪除）

（102）一、本條刪除。
二、家事事件法將監護及輔助宣告事件全部非訟化，定為丁類家事非訟事件，並分別於第四編第十章、第十一章定其適用程序，爰配合刪除本條。

第六百二十四條之五　（刪除）

（102）一、本條刪除。
二、家事事件法將監護及輔助宣告事件全部非訟化，定為丁類家事非訟事件，並分別於第四編第十章、第十一章定其適用程序，爰配合刪除本條。

第六百二十四條之六　（刪除）

（102）一、本條刪除。
二、家事事件法將監護及輔助宣告事件全部非訟化，定為丁類家事非訟事件，並分別於第四編第十章、第十一章定其適用程序，爰配合刪除本條。

第六百二十四條之七　（刪除）

（102）一、本條刪除。
二、家事事件法將監護及輔助宣告事件全部非訟化，定為丁類家事非訟事件，並分別於第四編第十章、第十一章定其適用程序，爰配合刪除本條。

第六百二十四條之八　（刪除）

（102）一、本條刪除。
二、家事事件法將監護及輔助宣告事件全部非訟化，定為丁類家事非訟事件，並分別於第四編第十章、第十一章定其適用程序，爰配合刪除本條。

第四章　（刪除）

第六百二十五條　（刪除）

（102）一、本條刪除。
二、家事事件法將死亡宣告事件全部非訟化，定為丁類家事非訟事件，並於第四編第九章定其適用程序，爰配合刪除本條。

第六百二十六條　（刪除）

（102）一、本條刪除。
二、家事事件法將死亡宣告事件全部非訟化，定為丁類家事非訟事件，並於第四編第九章定其適用程序，爰配合刪除本條。

第六百二十七條　（刪除）

（102）一、本條刪除。
二、家事事件法將死亡宣告事件全部非訟化，定為丁類家事非訟事件，並於第四編第九章定其適用程序，爰配合刪除本條。

第六百二十八條　（刪除）

（102）一、本條刪除。
二、家事事件法將死亡宣告事件全部非訟化，定為丁類家事非訟事件，並於第四編第九章定其適用程序，爰配合刪除本條。

第六百二十九條　（刪除）

（102）一、本條刪除。
二、家事事件法將死亡宣告事件全部非訟化，定為丁類家事非訟事件，並於第四編第九章定其適用程序，爰配合刪除本條。

第六百三十條　（刪除）

（102）一、本條刪除。
二、家事事件法將死亡宣告事件全部非訟化，定為丁類家事非訟事件，並於第四編第九章定其適用程序，爰配合刪除本條。

第六百三十一條　（刪除）

（102）一、本條刪除。
二、家事事件法將死亡宣告事件全部非訟化，定為丁類家事非訟事件，並於第四編第九章定其適用程序，爰配合刪除本條。

第六百三十二條　（刪除）

（102）一、本條刪除。
二、家事事件法將死亡宣告事件全部非訟化，定為丁類家事非訟事件，並於第四編第九章定其適用程序，爰配合刪除本條。

第六百三十三條　（刪除）

（102）一、本條刪除。
二、家事事件法將死亡宣告事件全部非訟化，定為丁類家事非訟事件，並於第四編第九章定其適用程序，爰配合刪除本條。

第六百三十四條　（刪除）

（102）一、本條刪除。
二、家事事件法將死亡宣告事件全部非訟化，定為丁類家事非訟事件，並於第四編第九章定其適用程序，爰配合刪除本條。

第六百三十五條　（刪除）

（102）一、本條刪除。
二、家事事件法將死亡宣告事件全部非訟化，定為丁類家事非訟事件，並於第四編第九章定其適用程序，爰配合刪除本條。

第六百三十六條　（刪除）

（102）一、本條刪除。
二、家事事件法將死亡宣告事件全部非訟化，定為丁類家事非訟事件，並於第四編第九章定其適用程序，爰配合刪除本條。

第六百三十七條　（刪除）

（102）一、本條刪除。

二、家事事件法將死亡宣告事件全部非訟化，定為丁類家事非訟事件，並於第四編第九章定其適用程序，爰配合刪除本條。

第六百三十八條 （刪除）

⑩一、本條刪除。

二、家事事件法將死亡宣告事件全部非訟化，定為丁類家事非訟事件，並於第四編第九章定其適用程序，爰配合刪除本條。

第六百三十九條 （刪除）

⑩一、本條刪除。

二、家事事件法將死亡宣告事件全部非訟化，定為丁類家事非訟事件，並於第四編第九章定其適用程序，爰配合刪除本條。

第六百四十條 （刪除）

⑩一、本條刪除。

二、家事事件法將死亡宣告事件全部非訟化，定為丁類家事非訟事件，並於第四編第九章定其適用程序，爰配合刪除本條。

民事訴訟法施行法

民國二十一年五月十四日國民政府公布
二十四年五月十日國民政府修正公布
五十七年二月一日總統令修正公布
七十九年八月二十日總統令修正公布
八十八年二月三日總統令修正公布
九十二年二月七日總統令修正公布
九十二年六月二十五日總統令修正公布
九十八年七月八日總統令修正公布
一百零二年五月八日總統令修正公布
一百零四年七月一日總統令修正公布
一百零六年六月十四日總統令修正公布
一百零七年六月十三日總統令修正公布
一百零七年十一月二十八日總統令修正公布
一百一十年一月二十日總統令修正公布
一百一十年六月十六日總統令修正公布
一百一十年十二月八日總統令修正公布第一二條條文

第一條（修正法、舊法之定義）

本法稱修正民事訴訟法者，謂中華民國五十七年一月九日修正後，公布施行之民事訴訟法。稱舊法者，謂修正民事訴訟法施行前之民事訴訟法及其他關於民事訴訟之法律。

第二條（溯及既往之原則）

除本法別有規定外，修正民事訴訟法於其施行前發生之事項亦適用之。但因舊法所生之效力，不因此而受影響。

第三條（郵務機構送達訴訟文書辦法）

郵務機構送達訴訟文書實施辦法，由司法院會同行政院訂定之。

第四條（管轄權新舊法並用）

修正民事訴訟法施行前繫屬之事件，其法院依修正民事訴訟法或舊法有管轄權者，為有管轄權。

第四條之一（新舊法之適用）

修正之民事訴訟法簡易訴訟程序，依本施行法第十二條第十項公告施行後，於修正前已繫屬之事件，其法院管轄權及審理程序依下列之規定：

一　未經終局裁判者，適用修正後之規定。

二　曾經終局裁判者，適用修正前之規定。

第四條之二（舊法之適用㈠）

修正之民事訴訟法第四百四十七條之規定，依本施行法第十二條第二項公告施行後，於修正前已繫屬於第二審之事件，於該審級終結前，仍適用修正前之規定。

第四條之三（舊法之適用㈡）

修正之民事訴訟法第四百六十九條之一及第四百七十條之規定，依本施行法第十二條第二項公告施行後，於修正前已經第二審法院判決之事件，仍適用修正前之規定。

第四條之四（支付命令於新法施行後確定者，適用新法規定；支付命令於舊法已確定之債務人之救濟途徑）

支付命令於民事訴訟法督促程序編依本施行法第十二條第六項公告施行後確定者，適用修正後之規定。

支付命令於民事訴訟法督促程序編依本施行法第十二條第六項公告施行前確定者，債務人仍得依修正前民事訴訟法第五百二十一條第二項規定提起再審之訴。

前項情形，債務人有債權人於督促程序所提出之證物係偽造或變造之情形，或債務人提出可受較有利益裁判之證物者，仍得向支付命令管轄法院提起再審之訴，並以原支付命令之聲請，視為起訴。

前項再審之訴應於民事訴訟法督促程序編依本施行法第十二條第六項公告施行後二年內為之，不受民事訴訟法第五百條之限制。本施行法公告施行起至無行為能力人或限制行為能力人成年後二年內均得為之。

前二項規定債務人就已經清償之債務範圍，不適用之。

第四條之五（舊法之適用㈢）

修正之民事訴訟法第二百五十四條之規定，依本施行法第十二條第七項施行前，法院業發給已起訴之證明者，仍適用修正前之規定。

前項情形，訴訟標的非基於物權關係，或有修正之民事訴訟法第二百五十四條第九項但書第十一項情形者，被告或利害關係人亦得依修正前民事訴訟法第二百五十四條第七項規定提出異議。

第四條之六（舊法之適用㈣）

修正之民事訴訟法第一百三十三條第二項、第一百四十九條第五項、第二百四十九條之一、第四百四十四條第三項、第四項、第四百四十九條之一之規定，依本施行法第十二條第十項公告施行後，於修正前已繫屬之事件，於該審級終結前，仍適用修正前之規定。

(110)一、本條新增。
二、修正之送達及個案濫訴之處罰等規定，影響當事人權益至鉅，爰增訂於修正前已繫屬之事件，於該審級終結前，仍適用修正前之規定，以維護其權益。

第四條之七（舊法之適用㈤）

民事訴訟法第一百十四條第一項裁定於修正之民事訴訟法第一百十四條之一規定依本施行法第十二條第十一項公告施行前確定者，受救助人得於修正條文施行之日起三個月內依修正條文第一項規定為聲請。

前項規定受救助人就已清償訴訟費用之範圍，不適用之。

第五條（裁定期間之進行新舊法並用）

修正民事訴訟法新定期間之訴訟行為，而應於其施行之際為之者，其期間自修正民事訴訟法施行之日起算但修正民事訴訟法施行前審判長依舊法裁定之期間已進行者依其期間。

第六條（舊法法定期間之追及效力）

修正民事訴訟法施行前依舊法法定期間已進行者，其期間依舊法之所定。

第七條（訴訟程序停止之新舊名稱）

修正民事訴訟法施行前訴訟程序中斷、中止、休止，即本法所定當然停止、裁定停止、合意停止。

第七條之一（刪除）

第八條（舊法上訴額數之追及效力）

修正民事訴訟法施行前所為之判決，依第四百六十六條所定不得上訴之額數，於修正民事訴訟法施行後有增加時，而依增加前之法令許之者，仍得上訴。

第九條（有律師代理或明知上訴要件欠缺者不命補正之規定）

上訴人有律師為訴訟代理人，或依書狀上之記載可認其明知上訴要件有欠缺者，法院得不行民事訴訟法第四百四十二條第二項及第四百四十四條第一項但書之程序。

▲釋一七九。

第十條（法院所在地之範圍）

關於民事訴訟法第一百六十二條所稱法院所在地之範圍，由司法院斟酌實際情形訂定之。

第十一條（提起再審或撤銷除權判決期間之例外規定）

修正民事訴訟法第五百條第三項、第五百五十二條第三項之規定，因於戰事不能於五年內起訴者，不適用之。

第十二條（施行日期）

本法自修正民事訴訟法施行之日施行。

中華民國九十二年一月十四日修正之民事訴訟法，其施行日期由司法院定之。

中華民國九十二年六月六日修正之民事訴訟法其施行日期由司法院定之。

中華民國九十八年六月十二日修正之民事訴訟法，除修正第五百八十三條、第五百八十五條、第五百八十九條、第五百八十九條之一、第五百九十條及增訂第五百九十條之一於施行之日施行外，於九十八年十一月二十三日施行。

中華民國一百零二年四月十六日修正之民事訴訟法，自公布日施行。

中華民國一百零四年六月十五日修正之民事訴訟法，自公布日施行。

中華民國一百零六年五月二十六日修正之民事訴訟法，自公布日施行。

中華民國一百零七年五月二十二日修正之民事訴訟法，自公布後六個月施行。

中華民國一百零七年十一月九日修正之民事訴訟法，自公布日施行。

中華民國一百零九年十二月三十日修正之民事訴訟法，自公布日施行。

中華民國一百十年五月三十一日修正之民事訴訟法，自公布日施行。

中華民國一百十年十一月二十三日修正之民事訴訟法，自一百十一年一月四日施行。

⑪⓪明定本次修正條文之施行日期，爰增訂第十項。

家事事件法

民國一百零一年一月十一日總統令公布
一百零四年十二月三十日總統令修正公布
一百零八年四月二十四日總統令修正公布
一百零八年六月十九日總統令修正公布
一百一十二年六月二十一日總統令修正公布第三、一二、九六、一三八、一八五、二〇〇條條文

第一編 總 則

第一條（立法目的）
為妥適、迅速、統合處理家事事件，維護人格尊嚴、保障性別地位平等、謀求未成年子女最佳利益，並健全社會共同生活，特制定本法。

第二條（少年及家事法院）
本法所定家事事件由少年及家事法院處理之；未設少年及家事法院地區，由地方法院家事法庭處理之。

第三條（家事事件之種類）
下列事件為甲類事件：
一　確認婚姻無效、婚姻關係存在或不存在事件。
二　確定母再婚後所生子女生父事件。
三　確認親子關係存在或不存在事件。
四　確認收養關係存在或不存在事件。
下列事件為乙類事件：
一　撤銷婚姻事件。
二　離婚事件。
三　否認子女、認領子女事件。
四　撤銷收養、撤銷終止收養事件。
下列事件為丙類事件：
一　因婚約無效、解除、撤銷、違反婚約之損害賠償、返還婚約贈與物事件。
二　因婚姻無效、撤銷婚姻、離婚、婚姻消滅之損害賠償事件。
三　夫妻財產之補償、分配、分割、取回、返還及其他因夫妻財產關係所生請求事件。
四　因判決終止收養關係給與相當金額事件。
五　因監護所生損害賠償事件。
六　因繼承回復、遺產分割、特留分、遺贈、確認遺囑真偽或其他繼承關係所生請求事件。
下列事件為丁類事件：
一　宣告死亡事件。
二　撤銷死亡宣告事件。
三　失蹤人財產管理事件。
四　監護或輔助宣告事件。
五　撤銷監護或輔助宣告事件。
六　定監護人、選任特別代理人事件。
七　認可收養或終止收養、許可終止收養事件。
八　親屬會議事件。
九　拋棄繼承、無人承認繼承及其他繼承事件。
十　指定遺囑執行人事件。
十一　兒童、少年或身心障礙者保護安置事件。
十二　嚴重病人保護安置事件。
十三　民事保護令事件。
下列事件為戊類事件：
一　因婚姻無效、撤銷或離婚之給與贍養費事件。
二　夫妻同居事件。
三　指定夫妻住所事件。
四　報告夫妻財產狀況事件。
五　給付家庭生活費用事件。
六　宣告改用分別財產制事件。
七　變更子女姓氏事件。
八　定對於未成年子女權利義務之行使負擔事件。
九　交付子女事件。
十　宣告停止親權或監護權及撤銷其宣告事件。
十一　監護人報告財產狀況及監護人報酬事件。
十二　扶養事件。
十三　宣告終止收養關係事件。
其他應由法院處理之家事事件，除法律別有規定外，適用本法之規定。

第四條（處理權限之衝突）
少年及家事法院就其受理事件之權限，與非少年及家事法院確定裁判之見解有異時，如當事人合意由少年及家事法院處理者，依其合意。
前項合意，應記明筆錄或以文書證之。

第五條（家事事件之管轄）
家事事件之管轄，除本法別有規定外，準用非訟事件法有關管轄之規定；非訟事件法未規定者，準用民事訴訟法有關管轄之規定。

第六條（管轄之移送）
法院受理家事事件之全部或一部不屬其管轄者，除當事人有管轄之合意外，應依聲請或依職權以裁定移送於其管轄法院。但法院為統合處理事件認有必要，或當事人已就本案為陳述者，得裁定自行處理。
法院受理有管轄權之事件，為統合處理事件之必要，經當事人合意者，得依聲請以裁定移送於相關家事事件繫屬中之其他法院。
對於前項移送之裁定，得為抗告。
移送之聲請被駁回者，不得聲明不服。
移送之裁定確定後，受移送之法院不得以違背專屬管轄為理由，移送於他法院。法院書記官應速將裁定正本附入卷宗，送交受移送之法院。受移送之法院應即就該事件為處理。

第七條（處理權限之劃分）
同一地區之少年及家事法院與地方法院處理權限

之劃分除本法及其他法令別有規定外由司法院定之。

同一地方法院家事法庭與民事庭之事務分配，由司法院定之。

第八條（法官之遴選）

處理家事事件之法官應遴選具有性別平權意識、尊重多元文化並有相關學識經驗及熱忱者任之。

前項法官之遴選資格、遴選方式、任期及其他有關事項由司法院定之。

第九條（程序之不公開）

家事事件之處理程序，以不公開法庭行之但有下列各款情形之一者，審判長或法官應許旁聽：

一　經當事人合意並無妨礙公共秩序或善良風俗之虞。

二　經有法律上利害關係之第三人聲請。

三　法律別有規定。

審判長或法官認為適當時得許就事件無妨礙之人旁聽。

第十條（辯論主義之限制）

法院審理家事事件認有必要時，得斟酌當事人所未提出之事實並依職權調查證據但法律別有規定者，不在此限。

離婚、終止收養關係、分割遺產或其他當事人得處分之事項準用民事訴訟法第二編第一章第二節有關爭點簡化協議、第三節有關事實證據之規定但有下列各款情形之一者適用前項之規定：

一　涉及家庭暴力或有危害未成年子女利益之虞。

二　有害當事人或關係人人格權之虞。

三　當事人自認及不爭執之事實顯與事實不符。

四　依其他情形顯失公平。

第一項情形法院應使當事人或關係人有辯論或陳述意見之機會。

第十一條（社工人員陪同）

未成年人、受監護或輔助宣告之人，表達意願或陳述意見時，必要者法院應通知直轄市、縣（市）主管機關指派社會工作人員或其他適當人員陪同在場，並得陳述意見。

前項情形法院得隔別為之，並提供友善環境、採取適當及必要措施，保護意見陳述者及陪同人員之隱私及安全。

第十二條（遠距訊問審理）

當事人、證人、鑑定人及其他依法參與家事事件程序之人之所在處所與法院間有聲音及影像相互傳送之科技設備而得直接審理者法院認為必要時得依聲請或依職權以該設備為之。

前項情形法院應徵詢當事人之意見。

第一項情形其期日通知書記載之應到處所為該設備所在處所。

依第一項進行程序之筆錄及其他文書，須陳述人簽名者由訊問端法院傳送至陳述人所在處所經陳述人確認內容並簽名後將筆錄及其他文書以電信傳真或其他科技設備傳回訊問端法院。

法院依第一項規定審理時，準用民事訴訟法第二編第一章第三節第二目、第三目及第五目之一之規定。」

第一項之審理及第四項文書傳送之辦法，由司法院定之。

第十三條（本人之到場義務）

法院處理家事事件，得命當事人或法定代理人本人到場或依事件之性質以適當方法命其陳述或訊問之但法律別有規定者依其規定。

當事人或法定代理人本人無正當理由而不從法院之命到場者準用民事訴訟法第三百零三條之規定。但不得拘提之。

受前項裁定之人經法院合法通知無正當理由仍不到場者法院得連續處罰。

受裁定人對於前二項裁定得為抗告抗告中應停止執行。

第十四條（程序能力）

能獨立以法律行為負義務者有程序能力。

滿七歲以上之未成年人，除法律別有規定外，就有關其身分及人身自由之事件，有程序能力。

不能獨立以法律行為負義務而能證明其有意思能力者，除法律別有規定外，就有關其身分及人身自由之事件亦有程序能力。

第十五條（程序監理人）

處理家事事件有下列各款情形之一者，法院得依利害關係人聲請或依職權選任程序監理人：

一　無程序能力人與其法定代理人有利益衝突之虞。

二　無程序能力人之法定代理人不能行使代理權，或行使代理權有困難。

三　為保護有程序能力人之利益認有必要。

前條第二項及第三項情形法院得依職權選任程序監理人。

法院依前二項選任程序監理人後，認有必要時，得隨時以裁定撤銷或變更之。

法院為前三項裁定前應使當事人、法定代理人、被選任人及法院職務上已知之其他利害關係人有陳述意見之機會但有礙難之情形或恐有害其健康或顯有延滯程序者，不在此限。

第十六條（程序監理人之資格、職權、酬金）

法院得就社會福利主管機關、社會福利機構所屬人員，或律師公會、社會工作師公會或其他相類似公會所推薦具有性別平權意識、尊重多元文化，並有處理家事事件相關知識之適當人員，選任為程序監理人。」

程序監理人有為受監理人之利益為一切程序行為之權，並得獨立上訴、抗告或為其他聲明不服。程序監理人之行為與有程序能力人之行為不一致者，以法院認為適當者為準。

選任之程序監理人不受審級限制。

法院得依程序監理人聲請，按其職務內容、事件繁簡等一切情況，以裁定酌給酬金，其報酬為程序費用之一部。

前項酬金，法院於必要時得定期命當事人或利害關係人預納之。但其預納顯有困難者，得由國庫墊付全部或一部。其由法院依職權選任者，亦得由國庫墊付之。

有關程序監理人之選任、酌給酬金、預納費用及國庫墊付辦法，由司法院定之。

第十七條（有關機關及個人之協助調查義務）

法院得囑託警察機關、稅捐機關、金融機構、學校及其他有關機關、團體或具有相關專業知識之適當人士為必要之調查及查明當事人或關係人之財產狀況。

前項受託者有為調查之義務。

囑託調查所需必要費用及受託個人請求之酬金，由法院核定，並為程序費用之一部。

第十八條（家事調查官之調查）

審判長或法官得依聲請或依職權命家事調查官就特定事項調查事實。

家事調查官為前項之調查，應提出報告。

審判長或法官命為第一項調查前，應使當事人或利害關係人以言詞或書狀陳述意見。但認為不必要者，不在此限。

審判長或法官斟酌第二項調查報告書為裁判前，應使當事人或利害關係人有陳述意見或辯論之機會。但其內容涉及隱私或有不適當之情形者，不在此限。

審判長或法官認為必要時，得命家事調查官於期日到場陳述意見。

第十九條（通譯）

當事人、證人、鑑定人及其他有關係之人，如有不通曉國語者，由通譯傳譯之；其為聽覺或語言障礙者，除由通譯傳譯之外，並得依其選擇以文字訊問，或命以文字陳述。

第二十條（調查等費用之墊付）

處理家事事件需支出費用者，法院得定期命當事人預納之。但其預納顯有困難，並為維護公益應依職權調查證據所需費用，法院得裁定暫免預納其全部或一部，由國庫墊付之。

法院為程序費用之裁判時，應併確定前項國庫墊付之費用額。

第二十一條（迴避之準用）

民事訴訟法有關法院職員迴避之規定，於家事調查官及諮詢人員準用之。

第二十二條（準用規定）

本法關於審判長權限之規定，於受命法官行準備程序時準用之。

第二編　調解程序

第二十三條（調解前置）

家事事件除第三條所定丁類事件外，於請求法院裁判前，應經法院調解。

前項事件當事人逕向法院請求裁判者，視為調解之聲請。但當事人應為公示送達或於外國為送達者，不在此限。

除別有規定外，當事人對丁類事件，亦得於請求法院裁判前，聲請法院調解。

第二十四條（危害未成年子女利益之禁止）

關於未成年子女權利義務行使負擔之內容、方法及其身分地位之調解，不得危害未成年子女之利益。

第二十五條（調解之管轄）

家事調解事件，除別有規定外，由管轄家事事件之法院管轄。

第二十六條（相牽連家事事件之合併調解）

相牽連之數宗家事事件，法院得依聲請或依職權合併調解。

兩造得合意聲請將相牽連之民事事件合併於家事事件調解，並視為就該民事事件已有民事調解之聲請。

合併調解之民事事件，如已繫屬於法院者，原民事程序停止進行。調解成立時，程序終結；調解不成立時，程序繼續進行。

合併調解之民事事件，如原未繫屬於法院者，調解不成立時，依當事人之意願，移付民事裁判程序或其他程序；其不願移付者，程序終結。

第二十七條（調解法官）

家事事件之調解程序，由法官行之，並得商請其他機構或團體志願協助之。

第二十八條（聲請調解事件之程序轉換）

聲請調解事件，法官認為依事件性質調解無實益時，應向聲請人發問或曉諭，依聲請人之意願，裁定改用應行之裁判程序或其他程序；其不願改用者，以裁定駁回之。

前項裁定，不得聲明不服。

法官依聲請人之意願，按第一項規定改用裁判程序者，視為自聲請調解時已請求法院裁判。

第二十九條（移付調解）

法院得於家事事件程序進行中依職權移付調解；除兩造合意或法律別有規定外，以一次為限。

前項情形，原程序停止進行。調解成立或第三十三條、第三十六條之裁定確定者，程序終結；調解不成立或未依第三十三條、第三十六條規定裁定或該裁定失其效力者，程序繼續進行。

第三十條（調解之效力）

家事事件之調解，就離婚、終止收養關係、分割遺產或其他得處分之事項，經當事人合意，並記載於調解筆錄時成立。但離婚及終止收養關係之調解，須經當事人本人表明合意，始得成立。

前項調解成立者，與確定裁判有同一之效力。

因調解成立有關身分之事項，依法應辦理登記者，法院應依職權通知該管戶政機關。

調解成立者，原當事人得於調解成立之日起三個月內，聲請退還已繳裁判費三分之二。

第三十一條（調解不成立之效果）

當事人兩造於調解期日到場而調解不成立者，法院得依一造當事人之聲請，按該事件應適用之程序，命即進行裁判程序，並視為自聲請調解時已請求裁判。但他造聲請延展期日者，應許可之。

當事人聲請調解而不成立，如聲請人於調解不成立證明書送達後十日之不變期間內請求裁判者，視為自聲請調解時已請求裁判；其於送達前請求裁判者亦同。

以裁判之請求視為調解之聲請者，如調解不成立，除當事人聲請延展期日外，法院應按該事件應適用之程序，命即進行裁判程序，並仍自原請求裁判時發生程序繫屬之效力。

前三項情形，於有第三十三條或第三十六條所定之聲請或裁定者，不適用之。

調解程序中，當事人所為之陳述或讓步，於調解不成立後之本案裁判程序，不得採為裁判之基礎。

前項陳述或讓步，係就程序標的、事實、證據或其他事項成立書面協議者，如為得處分之事項，當事人應受其拘束。但經兩造同意變更，或因不可歸責於當事人之事由或依其他情形協議顯失公平者，不在此限。

第三十二條（家事調解委員資格及報酬等之訂定）

家事調解，應聘任具有性別平權意識、尊重多元文化，並有法律、醫療、心理、社會工作或其他相關專業，或社會經驗者為調解委員。

關於家事調解委員之資格、聘任、考核、訓練、解任及報酬等事項，由司法院定之。

調解程序，除本法另有規定者外，準用民事訴訟法第二編第二章調解程序之規定。

第三十三條（合意聲請裁定）

當事人就不得處分之事項，其解決事件之意思已甚接近或對於原因事實之有無不爭執者，得合意聲請法院為裁定。

法院為前項裁定前，應參酌調解委員之意見及家事調查官之報告，依職權調查事實及必要之證據，並就調查結果使當事人或知悉之利害關係人有陳述意見之機會。當事人聲請辯論者，應予准許。

前二項程序，準用民事訴訟法第一編第二章第三節關於訴訟參加之規定。

第三十四條（裁定應附理由抗告及再抗告程序之準用）

法院為前條裁定，應附理由。

當事人對於前條裁定得為抗告，抗告中除別有規定外，應停止執行。

抗告法院之裁定，準用前二項及前條第二項、第三項之規定。

對於抗告法院之裁定，非以其違背法令為理由，不得再為抗告。

前項情形，準用民事訴訟法第四百六十八條、第四百六十九條第一款至第四款、第六款、第四百七十五條及第四百七十六條之規定。

第三十五條（裁定之效力再審及第三人撤銷訴訟程序之準用）

第三十三條裁定確定者，與確定裁判有同一之效力。

前項確定裁定，得準用民事訴訟法第五編之規定，聲請再審。

第一項確定裁定效力所及之第三人，得準用民事訴訟法第五編之一之規定，聲請撤銷原裁定。

第三十六條（適當之本案裁定）

就得處分之事項調解不成立，而有下列各款情形之一者，法院應參酌調解委員之意見，平衡當事人之權益，並審酌其主要意思及其他一切情形，就本案為適當之裁定：

一　當事人合意聲請法院為裁定。

二　當事人合意聲請法院與不得處分之牽連、合併或附帶請求事項合併為裁定。

三　當事人解決事件之意思已甚接近，而僅就其他牽連、合併或附帶之請求事項有爭執，法院認有統合處理之必要，徵詢兩造當事人同意。

前項程序，準用第三十三條第二項、第三項、第三十四條及第三十五條之規定。

第三編　家事訴訟程序

第一章　通　則

第三十七條（甲類、乙類、丙類及其他家事訴訟事件之適用）

第三條所定甲類、乙類、丙類及其他家事訴訟事件，除別有規定外，適用本編之規定。

第三十八條（起訴之程式）

起訴，應以訴狀表明下列各款事項，提出於法院為之：

一　當事人及法定代理人。

二　訴訟標的及其原因事實。

三、應受判決事項之聲明。

訴狀內宜記載下列各款事項：

一、因定法院管轄及其適用程序所必要之事項。

二、準備言詞辯論之事項。

三、當事人間有無共同未成年子女。

四、當事人間有無其他相關事件繫屬於法院。

第三十九條（被告適格）

第三條所定甲類或乙類家事訴訟事件，由訟爭身分關係當事人之一方提起者，除別有規定外，以他方為被告。

前項事件由第三人提起者，除別有規定外，以訟爭身分關係當事人雙方為共同被告；其中一方已死亡者，以生存之他方為被告。

第四十條（通知利害關係人參加訴訟）

第三條所定甲類或乙類家事訴訟之結果，於第三人有法律上利害關係者，法院應於事實審言詞辯論終結前相當時期，將訴訟事件及進行程度以書面通知已知悉之該第三人，並將判決書送達之。

法院為調查有無前項利害關係人，於必要時，得命當事人提出有關資料或為其他必要之處分。

第一項受通知人依民事訴訟法第五十八條規定參加訴訟者，準用同法第五十六條之規定。

法律審認有試行和解之必要時，亦得依民事訴訟法第三百七十七條規定通知有利害關係之第三人參加和解。

第四十一條（合併審理、合併裁判）

數家事訴訟事件，或家事訴訟事件及家事非訟事件請求之基礎事實相牽連者，得向就其中一家事訴訟事件有管轄權之少年及家事法院合併請求，不受民事訴訟法第五十三條及第二百四十八條規定之限制。

前項情形，得於第一審或第二審言詞辯論終結前為請求之變更、追加或為反請求。

依前項情形得為請求之變更、追加或反請求者，如另行請求時，法院為統合處理事件認有必要或經當事人合意者，得依聲請或依職權，移由或以裁定移送家事訴訟事件繫屬最先之第一審或第二審法院合併審理，並準用第六條第三項至第五項之規定。

受移送之法院於移送裁定確定時，已就繫屬之事件為終局裁判者，應就移送之事件自行處理。

前項終局裁判為第一審法院之裁判，並經合法上訴第二審者，受移送法院應將移送之事件併送第二審法院合併審理。

法院就第一項至第三項所定得合併請求、變更、追加或反請求之數宗事件合併審理時，除本法別有規定外，適用合併審理前各該事件原應適用法律之規定為審理。

第四十二條（合併審理事件之審理、裁判）

法院就前條第一項至第三項所定得合併請求、變更、追加或反請求之數宗事件，應合併審理、合併裁判。但有下列各款情形之一者，得分別審理、分別裁判：

一、請求之標的或其攻擊防禦方法不相牽連。

二、兩造合意分別審理、分別裁判，經法院認為適當。

三、依事件性質，認有分別審理、分別裁判之必要。

法院就前項合併審理之家事訴訟事件與家事非訟事件合併裁判者，除別有規定外，應以判決為之。

第四十三條（訴訟程序之停止）

依第四十一條第三項規定裁定移送時，繫屬於受移送法院之事件，其全部或一部之裁判，以移送事件之請求是否成立為前提，或與其請求不相容者，受移送法院得依聲請或依職權，在該移送裁定確定前，以裁定停止訴訟程序。

第四十四條（聲明不服之救濟事件）

當事人就家事訴訟事件與家事非訟事件之終局判決聲明不服者，除別有規定外，適用上訴程序。

當事人僅就家事訴訟事件之終局判決全部或一部聲明不服者，適用上訴程序。

當事人或利害關係人僅就家事非訟事件之第一審終局裁定全部或一部聲明不服者，適用該家事非訟事件抗告程序。

對於家事訴訟事件之終局判決聲明不服者，以該判決所認定之法律關係為據之其他事件之裁判，視為提起上訴。

第四十五條（家事訴訟之和解）

當事人就離婚、終止收養關係、分割遺產或其他得處分之事項得為訴訟上和解。但離婚或終止收養關係之和解，須經當事人本人表明合意，始得成立。

前項和解成立者，於作成和解筆錄時發生與確定判決同一之效力。

因和解成立有關身分之事項，依法應辦理登記者，法院應依職權通知該管戶政機關。

民事訴訟法第五編之一第三人撤銷訴訟程序之規定，於第二項情形準用之。

第四十六條（家事訴訟事件之捨棄、認諾）

當事人於言詞辯論期日就前條第一項得處分之事項為捨棄或認諾者，除法律別有規定外，法院應本於其捨棄或認諾為該當事人敗訴之判決。但離婚或終止收養關係事件有下列各款情形之一者，不在此限：

一、其捨棄或認諾未經當事人本人到場陳明。

二、當事人合併為其他請求，而未能為合併或無矛盾之裁判。

三、其捨棄或認諾有危害未成年子女之利益之虞，而未能就其利益保護事項為合併裁判。

前項情形，本於當事人之捨棄或認諾為判決前，審判長應就該判決及於當事人之利害為闡明。

當事人本人於言詞辯論期日就不得處分之事項為捨棄者，視為撤回其請求。但當事人合併為其他請求，而以捨棄之請求是否成立為前提者，不在此限。
民事訴訟法第二百六十二條至第二百六十四條之規定，於前項情形準用之。

第四十七條（擬定審理計畫）
法院於收受訴狀後，審判長應依事件之性質，擬定審理計畫，並於適當時期定言詞辯論期日。
攻擊或防禦方法，除別有規定外，應依事件進行之程度，於言詞辯論終結前適當時期提出之。
當事人因故意或重大過失逾時提出攻擊或防禦方法，有礙事件之終結者，法院於裁判時得斟酌其逾時提出之理由。
離婚、終止收養關係、分割遺產或其他當事人得處分之事項，有前項情形者，準用民事訴訟法第一百九十六條第二項、第二百六十八條之二第二項、第二百七十六條、第四百四十四條之一及第四百四十七條之規定。
前二項情形，法院應使當事人有辯論之機會。
依當事人之陳述，得為請求之合併、變更、追加或反請求者，法院應向當事人闡明之。

第四十八條（判決之效力）
就第三條所定甲類或乙類家事訴訟事件所為確定之終局判決，對於第三人亦有效力。但有下列各款情形之一者，不在此限：
一　因確認婚姻無效、婚姻關係存在或不存在訴訟判決之結果，婚姻關係受影響之人，非因可歸責於己之事由，於該訴訟之事實審言詞辯論終結前未參加訴訟。
二　因確認親子關係存在或不存在訴訟判決之結果，主張自己與該子女有親子關係之人，非因可歸責於己之事由，於該訴訟之事實審言詞辯論終結前未參加訴訟。
三　因認領子女訴訟判決之結果，主張受其判決影響之非婚生子女，非因可歸責於己之事由，於該訴訟之事實審言詞辯論終結前未參加訴訟。
前項但書所定之人或其他與家事訴訟事件有法律上利害關係之第三人，非因可歸責於己之事由而未參加訴訟者，得請求撤銷對其不利部分之確定終局判決，並準用民事訴訟法第五編之一第三人撤銷訴訟程序之規定。

第四十九條（家事訴訟事件之停止訴訟程序）
法院認當事人間之家事訴訟事件，有和諧解決之望或解決事件之意思已甚接近者，得定六個月以下之期間停止訴訟程序或為其他必要之處分。

第五十條（訴訟終結之擬制）
身分關係之訴訟，原告於判決確定前死亡者，除別有規定外，關於本案視為訴訟終結。
依第三十九條規定提起之訴訟，於判決確定前，共同被告中之一方死亡者，由生存之他方續行訴訟。
依第三十九條規定提起之訴訟，於判決確定前被告均死亡者，除別有規定外，由檢察官續行訴訟。

第五十一條（準用規定）
家事訴訟事件，除本法別有規定者外，準用民事訴訟法之規定。

第二章　婚姻事件程序

第五十二條（婚姻事件之管轄）
確認婚姻無效、撤銷婚姻、離婚、確認婚姻關係存在或不存在事件，專屬下列法院管轄：
一　夫妻之住所地法院。
二　夫妻經常共同居所地法院。
三　訴之原因事實發生之夫或妻居所地法院。
當事人得以書面合意定管轄法院，不受前項規定之限制。
第一項事件夫或妻死亡者，專屬於夫或妻死亡時住所地之法院管轄。
不能依前三項規定定法院管轄者，由被告住、居所地之法院管轄。被告之住、居所不明者，由中央政府所在地之法院管轄。

第五十三條（涉外婚姻事件之審判管轄權）
婚姻事件有下列各款情形之一者，由中華民國法院審判管轄：
一　夫妻之一方為中華民國國民。
二　夫妻均非中華民國國民而於中華民國境內有住所或持續一年以上有共同居所。
三　夫妻之一方為無國籍人而於中華民國境內有經常居所。
四　夫妻之一方於中華民國境內持續一年以上有經常居所。但中華民國法院之裁判顯不為夫或妻所屬國之法律承認者，不在此限。
被告在中華民國應訴顯有不便者，不適用前項之規定。

第五十四條（確認婚姻關係訴訟之職權通知）
依第三十九條提起確認婚姻無效、婚姻關係存在或不存在之訴者，法院應依職權通知未被列為當事人之其餘結婚人參加訴訟，並適用第四十條之規定。

第五十五條（受監護宣告人之訴訟代理）
婚姻事件之夫或妻為受監護宣告之人者，除第十四條第三項之情形外，由其監護人代為訴訟行為，並適用第十五條及第十六條之規定。
監護人違反受監護宣告人之利益而起訴者，法院應以裁定駁回之。

第五十六條（婚姻事件請求之變更、追加或反請求）

確認婚姻無效、撤銷婚姻、離婚或確認婚姻關係存在或不存在事件得依第四十一條第二項規定為請求之變更、追加或反請求者，不得另行請求。其另行請求者，法院應以裁定移送於訴訟繫屬中之第一審或第二審法院合併裁判，並適用第六條第三項至第五項之規定。

第五十七條（提起獨立之訴之限制）

有關婚姻關係之訴訟，經判決確定後，當事人不得援以前依請求之合併、變更、追加或反請求所得主張之事實，就同一婚姻關係，提起獨立之訴。但有下列各款情形之一者，不在此限：

一　因法院未闡明致未為主張。

二　經法院闡明，因不可歸責於當事人之事由而未為主張。

第五十八條（自認及不爭執事實之效力）

關於訴訟上自認及不爭執事實之效力之規定，在撤銷婚姻，於構成撤銷婚姻之原因、事實，及在確認婚姻無效或婚姻關係存在或不存在之訴，於確認婚姻無效或婚姻不存在及婚姻有效或存在之原因、事實，不適用之。

第五十九條（訴訟終結之擬制）

離婚之訴，夫或妻於判決確定前死亡者，關於本案視為訴訟終結；夫或妻提起撤銷婚姻之訴者，亦同。

第六十條（撤銷婚姻之訴）

撤銷婚姻之訴，原告於判決確定前死亡者，除依第四十條之規定為通知外，有權提起同一訴訟之他人，得於知悉原告死亡時起三個月內聲明承受訴訟。但原告死亡後已逾一年者，不得為之。

第三章　親子關係事件程序

第六十一條（親子關係事件之管轄）

親子關係事件，專屬下列法院管轄：

一　子女或養子女住所地之法院。

二　父、母、養父或養母住所地之法院。

前項事件，有未成年子女或養子女為被告時，由其住所地之法院專屬管轄。

第六十二條（養父母與養子女間之訴訟）

養父母與養子女間之訴訟，如養子女無程序能力，而養父母為其法定代理人者，應由本生父母代為訴訟行為」；法院並得依第十五條之規定選任程序監理人。

無本生父母或本生父母不適任者，依第十五條之規定選任程序監理人。

第六十三條（否認子女之訴之當事人適格）

否認子女之訴，應以未起訴之夫妻及子女為被告。

子女否認推定生父之訴，以法律推定之生父為被告」。

前二項情形，應為被告中之一人死亡者，以生存者為被告；應為被告之人均已死亡者，以檢察官為被告。

第六十四條（否認子女之訴之繼承權訴訟）

否認子女之訴，夫妻之一方或子女於法定期間內或期間開始前死亡者，繼承權被侵害之人得提起之。

依前項規定起訴者，應自被繼承人死亡時起，於一年內為之。

夫妻之一方或子女於其提起否認子女之訴後死亡者，繼承權被侵害之人得於知悉原告死亡時起十日內聲明承受訴訟。但於原告死亡後已逾二年者，不得為之。

第六十五條（母再婚後所生子女確定其生父之當事人）

確定母再婚後所生子女生父之訴，得由子女、母、母之配偶或前配偶提起之。

前項之訴，由母之配偶提起者，以前配偶為被告；由前配偶提起者，以母之配偶為被告；由子女或母提起者，以母之配偶及前配偶為共同被告；母之配偶或前配偶死亡者，以生存者為被告。

前項情形，應為被告之人均已死亡者，以檢察官為被告。

第六十六條（認領子女事件之當事人）

認領之訴，有民法第一千零六十七條第二項後段之情形者，得以社會福利主管機關或檢察官為被告。

由子女、生母或其他法定代理人提起之認領之訴，原告於判決確定前死亡者，有權提起同一訴訟之他人，得於知悉原告死亡時起十日內聲明承受訴訟。但於原告死亡後已逾三十日者，不得為之。

前項之訴，被指為生父之被告於判決確定前死亡者，由其繼承人承受訴訟；無繼承人或被告之繼承人於判決確定前均已死亡者，由檢察官續受訴訟。

第六十七條（確認親子或收養關係存在或不存在之訴）

就法律所定親子或收養關係有爭執，而有即受確認判決之法律上利益者，得提起確認親子或收養關係存在或不存在之訴。

確認親子關係不存在之訴，如法院就原告或被告為生父之事實存在已得心證，而認為得駁回原告之訴者，應闡明當事人得為確認親子關係存在之請求。

法院就前項請求為判決前，應通知有法律上利害關係之第三人，並使當事人或該第三人就親子關係存在之事實，有辯論或陳述意見之機會。

依第三十九條規定由二人以上或對二人以上提起第一項之訴者，法院應合併審理、合併裁判。

第六十八條（醫學檢驗）

未成年子女為當事人之親子關係事件，就血緣關係存否有爭執，法院認有必要時，得依聲請或依職權命當事人或關係人限期接受血型、去氧核醣核酸或其他醫學上之檢驗。但為聲請之當事人應釋明有事實足以懷疑血緣關係存否者，始得為之。

命為前項之檢驗，應依醫學上認可之程序及方法行之，並應注意受檢驗人之身體、健康及名譽。

法院為第一項裁定前，應使當事人或關係人有陳述意見之機會。

第六十九條（準用規定）

第五十二條第二項至第四項、第五十三條、第五十六條、第五十七條及第六十條規定，於本章之事件準用之。

第五十四條及第五十五條之規定，於第六十二條之訴準用之。

第五十九條之規定，於撤銷收養、終止收養關係、撤銷終止收養之訴準用之。

第四章　繼承訴訟事件

第七十條（繼承訴訟事件之管轄）

因繼承回復、遺產分割、特留分、遺贈、確認遺囑真偽或繼承人間因繼承關係所生請求事件，得由下列法院管轄：

一　繼承開始時被繼承人住所地之法院；被繼承人於國內無住所者，其在國內居所地之法院。

二　主要遺產所在地之法院。

第七十一條（遺產分割事件之訴狀）

請求遺產分割之訴狀，除應記載第三十八條規定之事項外，並宜附具繼承系統表及遺產清冊。

第七十二條（關於繼承權爭執之審理）

於遺產分割訴訟中，關於繼承權有爭執者，法院應曉諭當事人得於同一訴訟中為請求之追加或提起反請求。

第七十三條（遺產分割之協議及裁判）

當事人全體就遺產分割方法達成協議者，除有適用第四十五條之情形外，法院應斟酌其協議為裁判。

法院為前項裁判前，應曉諭當事人為辯論或為請求。

第四編　家事非訟程序

第一章　通　則

第七十四條（非訟程序之適用範圍及聲請程式）

第三條所定丁類、戊類及其他家事非訟事件，除別有規定外，適用本編之規定。

第七十五條（聲請書狀或筆錄應記載之事項）

聲請或陳述，除別有規定外，得以書狀或言詞為之。

以言詞為聲請或陳述，應在法院書記官前為之；書記官應作成筆錄，並於筆錄內簽名。

聲請書狀或筆錄，應載明下列各款事項：

一　聲請人之姓名及住所或居所；聲請人為法人、機關或其他團體者，其名稱及公務所、事務所或營業所。

二　有相對人者，其姓名、住所或居所。

三　有利害關係人者，其姓名、住所或居所。

四　有法定代理人、非訟代理人者，其姓名、住所或居所及法定代理人與關係人之關係。

五　聲請之意旨及其原因事實。

六　供證明或釋明用之證據。

七　附屬文件及其件數。

八　法院。

九　年、月、日。

聲請書狀或筆錄內宜記載下列各款事項：

一　聲請人、相對人、其他利害關係人、法定代理人或非訟代理人之性別、出生年月日、職業、身分證件號碼、營利事業統一編號、電話號碼及其他足資辨別之特徵。

二　定法院管轄及其適用程序所必要之事項。

三　有其他相關事件繫屬於法院者，其事件。

聲請人或其代理人應於書狀或筆錄內簽名；其不能簽名者，得使他人代書姓名，由聲請人或其代理人蓋章或按指印。

第三項、第四項聲請書狀及筆錄之格式，由司法院定之。

關係人得以電信傳真或其他科技設備將書狀傳送於法院，效力與提出書狀同。其辦法，由司法院定之。

第七十六條（法院審理方式）

法院收受書狀或筆錄後，除得定期間命聲請人以書狀或於期日就特定事項詳為陳述外，應速送達書狀或筆錄繕本於前條第三項第二款及第三款之人，並限期命其陳述意見。

第七十七條（程序參與）

法院應通知下列之人參與程序。但通知顯有困難者，不在此限：

一　法律規定應依職權通知參與程序之人。

二　親子關係相關事件所涉子女、養子女、父母、養父母。

三　因程序之結果而權利受侵害之人。

法院得通知因程序之結果而法律上利害受影響之人或該事件相關主管機關或檢察官參與程序。

前二項之人或其他利害關係人得聲請參與程序。但法院認不合於參與之要件時，應以裁定駁回之。

第七十八條（證據之調查）

法院應依職權調查事實及必要之證據。

法院認為關係人之聲明或陳述不完足者，得命其敘明或補充之，並得命就特定事項詳為陳述。

第七十九條（家事非訟事件之合併審理、合併裁判）

家事非訟事件之合併、變更、追加或反聲請，準用第四十一條、第四十二條第一項及第四十三條之規定。

第八十條（程序之承受、續行及終結）

聲請人因死亡、喪失資格或其他事由致不能續行程序者，其他有聲請權人得於該事由發生時起十日內聲明承受程序；法院亦得依職權通知承受程序。

相對人有前項不能續行程序之事由時，準用前項之規定。

依聲請或依職權開始之事件，雖無人承受程序，法院認為必要時，應續行之。

第八十一條（裁定之送達）

裁定應送達於受裁定之人，並應送達於已知之利害關係人。

第七十七條第一項所定之人，得聲請法院付與裁定書。

第八十二條（裁定之生效）

裁定，除法律別有規定外，於宣示、公告、送達或以其他適當方法告知於受裁定人時發生效力。但有合法之抗告者，抗告中停止其效力。

以公告或其他適當方法告知者，法院書記官應作記載該事由及年、月、日、時之證書附卷。

第八十三條（裁定之撤銷或變更）

法院認其所為裁定不當，而有下列情形之一者，除法律別有規定外，得撤銷或變更之：

一　不得抗告之裁定。

二　得抗告之裁定，經提起抗告而未將抗告事件送交抗告法院。

三　就關係人不得處分事項所為之裁定。但經抗告法院為裁定者，由其撤銷或變更之。

法院就關係人得處分之事項為裁定者，其駁回聲請之裁定，非依聲請人之聲請，不得依前項第一款規定撤銷或變更之。

裁定確定後而情事變更者，法院得撤銷或變更之。

法院為撤銷或變更裁定前，應使關係人有陳述意見之機會。

裁定經撤銷或變更之效力，除法律別有規定外，不溯及既往。

第八十四條（調解之準用）

法院就家事非訟事件所成立之調解，準用前條之規定。但關係人得處分之事項，非依聲請人或相對人聲請，不得撤銷或變更之。

就關係人得處分之事項成立調解而應為一定之給付，如其內容尚未實現，因情事變更，依原調解內容顯失公平者，法院得依聲請以裁定變更之。

法院為前項裁定前，應使關係人有陳述意見之機會。

第八十五條（暫時處分）

法院就已受理之家事非訟事件，除法律別有規定外，於本案裁定確定前，認有必要時，得依聲請或依職權命為適當之暫時處分。但關係人得處分之事項，非依其聲請，不得為之。

關係人為前項聲請時，應表明本案請求、應受暫時處分之事項及其事由，並就得處分之事項釋明暫時處分之事由。

第一項暫時處分，得命令或禁止關係人為一定行為、定暫時狀態或為其他適當之處置。

第一項暫時處分之裁定，免供擔保。但法律別有規定或法院認有必要者，不在此限。

關於得命暫時處分之類型及其方法，其辦法由司法院定之。

第八十六條（暫時處分之管轄法院）

暫時處分，由受理本案之法院裁定；本案裁定業經抗告，且於聲請時，卷宗已送交抗告法院者，由抗告法院裁定。但本案繫屬後有急迫情形，不及由本案法院或抗告法院裁定時，得由財產標的或其相關人所在地之法院裁定，並立即移交本案法院或抗告法院。

第八十七條（暫時處分之生效）

暫時處分於裁定送達或告知受裁定人時，對其發生效力。但告知顯有困難者，於公告時發生效力。

暫時處分之執行，除法律別有規定外，得由暫時處分裁定之法院依職權為之。

暫時處分之裁定就依法應登記事項為之者，法院應依職權通知該管機關；裁定失其效力時亦同。

第八十八條（暫時處分之撤銷或變更——不當或已無必要）

暫時處分之裁定確定後，如認為不當或已無必要者，本案法院得依聲請或依職權撤銷或變更之。

法院為前項裁定時，應使關係人有陳述意見之機會。但法院認為不適當者，不在此限。

第八十九條（暫時處分之失效）

暫時處分之裁定，除法律別有規定或法院另有裁定外，有下列各款情形之一者，失其效力：

一　本案請求經裁判駁回確定。

二　本案程序經撤回請求或因其他事由視為終結。

三　暫時處分之內容與本案請求經裁判准許確定、調解或和解成立之內容相異部分。

四　暫時處分經裁定撤銷或變更確定。

第九十條（暫時處分失效之回復原狀）

暫時處分之裁定有前條所定情形之一者，法院得依聲請或依職權，在失效範圍內，命返還所受領給付或為其他適當之處置。但命給付家庭生活費用或扶養費未逾必要範圍者，不在此限。

法院為前項裁定前，應使關係人有辯論之機會。

第一項裁定準用第八十七條第二項、第三項及第九十一條之規定。

第一項裁定確定者，有既判力。

第九十一條（暫時處分之抗告）

暫時處分之裁定，除法律別有規定外，僅對准許本案請求之裁定有抗告權之人得為抗告，抗告中不停止執行。但原法院或抗告法院認有必要時，得裁定命供擔保或免供擔保後停止執行。

前項但書裁定不得抗告。

駁回暫時處分聲請之裁定，僅聲請人得為抗告。

抗告法院為裁定前，應使關係人有陳述意見之機會。但抗告法院認為不適當者，不在此限。

第九十二條（抗告權人）

因裁定而權利受侵害之關係人，得為抗告。

因裁定而公益受影響時，該事件相關主管機關或檢察官得為抗告。

依聲請就關係人得處分之事項為裁定者，於聲請被駁回時，僅聲請人得為抗告。

第九十三條（裁定抗告期間之起算）

提起抗告，除法律別有規定外，抗告權人應於裁定送達後十日之不變期間內為之。但送達前之抗告，亦有效力。

抗告權人均未受送達者，前項期間，自聲請人或其他利害關係人受送達後起算。

第一項或第二項受裁定送達之人如有數人，除法律別有規定外，抗告期間之起算以最初受送達者為準。

第九十四條（抗告）

對於第一審就家事非訟事件所為裁定之抗告，由少年及家事法院以合議裁定之。

對於前項合議裁定，僅得以其適用法規顯有錯誤為理由，逕向最高法院提起抗告。

依第四十一條規定於第二審為追加或反請求者，對於該第二審就家事非訟事件所為裁定之抗告，由其上級法院裁定之。

第九十五條（關係人有陳述意見之機會）

抗告法院為本案裁判前，應使因該裁判結果而法律上利益受影響之關係人有陳述意見之機會。但抗告法院認為不適當者，不在此限。

第九十六條（審程之準用）

民事訴訟法第五編再審程序之規定，於家事非訟事件之確定本案裁定準用之。但有下列各款情形之一者，不得更以同一事由聲請再審：

一　已依抗告、聲請再審、聲請撤銷或變更裁定主張其事由，經以無理由被駁回。

二　知其事由而不為抗告或抗告而不為主張，經以無理由被駁回。

民事訴訟法第四百九十六條第一項第四款、第七款及第二項規定，於參審員參與審理之家事事件準用之。

第九十七條（準用規定）

家事非訟事件，除法律別有規定外，準用非訟事件法之規定。

第二章　婚姻非訟事件

第九十八條（婚姻非訟事件之管轄）

夫妻同居、指定夫妻住所、請求報告夫妻財產狀況、給付家庭生活費用、扶養費、贍養費或宣告改用分別財產制事件之管轄，準用第五十二條及第五十三條之規定。

第九十九條（書狀或筆錄之聲明事項）

請求家庭生活費用、扶養費或贍養費，應於準備書狀或於筆錄載明下列各款事項：

一　請求之金額、期間及給付方法。

二　關係人之收入所得、財產現況及其他個人經濟能力之相關資料，並添具所用書證影本。

聲請人就前項數項費用之請求，得合併聲明給付之總額或最低額；其聲明有不明瞭或不完足者，法院應曉諭其敘明或補充之。

聲請人為前項最低額之聲明者，應於程序終結前補充其聲明。其未補充者，法院應告以得為補充。

第一百條（命給付之方法）

法院命給付家庭生活費、扶養費或贍養費之負擔或分擔，得審酌一切情況，定其給付之方法，不受聲請人聲明之拘束。

前項給付，法院得依聲請或依職權，命為一次給付、分期給付或給付定期金，必要時並得命提出擔保。

法院命分期給付者，得酌定遲誤一期履行時，其後之期間視為亦已到期之範圍或條件。

法院命給付定期金者，得酌定逾期不履行時，喪失期限利益之範圍或條件，並得酌定加給之金額。但其金額不得逾定期金每期金額之二分之一。

第一百零一條（和解之方式及效力）

本案程序進行中，聲請人與相對人就第九十八條之事件或夫妻間其他得處分之事項成立和解者，於作成和解筆錄時，發生與本案確定裁判同一之效力。

聲請人與相對人就程序標的以外得處分之事項成立前項和解者，非經為請求之變更、追加或反請求，不得為之。

就前二項以外之事項經聲請人與相對人合意者，法院應斟酌其內容為適當之裁判。

第一項及第二項之和解有無效或得撤銷之原因者，聲請人或相對人得請求依原程序繼續審理，並準用民事訴訟法第三百八十條第三項之規定。

因第一項或第二項和解受法律上不利影響之第三人，得請求依原程序撤銷或變更和解對其不利部分，並準用民事訴訟法第五編之一第三人撤銷訴訟程序之規定。

第一百零二條（情事變更）

就第九十九條所定各項費用命為給付之確定裁判或成立之和解，如其內容尚未實現，因情事變更，依原裁判或和解內容顯失公平者，法院得依聲請人或相對人聲請變更原確定裁判或和解之內容。

法院為前項裁判前，應使關係人有陳述意見之機會。

第一百零三條（前提法律關係之合併審理）

第九十九條所定事件程序，關係人就請求所依據之法律關係有爭執者，法院應曉諭其得合併請求裁判。

關係人為前項合併請求時，除關係人合意適用家事非訟程序外，法院應裁定改用家事訴訟程序，由原法官繼續審理。

前項裁定，不得聲明不服。

第三章　親子非訟事件

第一百零四條（親子非訟事件之管轄及費用負擔）

下列親子非訟事件，專屬子女住所或居所地法院管轄；無住所或居所者，得由法院認為適當之所在地法院管轄：

一　關於未成年子女扶養請求、其他權利義務之行使或負擔之酌定、改定、變更或重大事項權利行使酌定事件。

二　關於變更子女姓氏事件。

三　關於停止親權事件。

四　關於未成年子女選任特別代理人事件。

五　關於交付子女事件。

六　關於其他親子非訟事件。

未成年子女有數人，其住所或居所不在一法院管轄區域內者，各該住所或居所地之法院俱有管轄權。

第一項事件有理由時，程序費用由未成年子女之父母或父母之一方負擔。

第一百零五條（親子非訟事件之強制合併裁判）

婚姻或親子訴訟事件與其基礎事實相牽連之親子非訟事件，已分別繫屬於法院者，除別有規定外，法院應將親子非訟事件移送於婚姻或親子訴訟事件繫屬中之第一審或第二審法院合併裁判。

前項移送之裁定不得聲明不服。受移送之法院應即就該事件處理，不得更為移送。

第一百零六條（審前報告以及意見陳述）

法院為審酌子女之最佳利益，得徵詢主管機關或社會福利機構之意見、請其進行訪視或調查，並提出報告及建議。

法院斟酌前項調查報告為裁判前，應使關係人有陳述意見之機會。但其內容涉及隱私或有不適當之情形者，不在此限。

法院認為必要時，得通知主管機關或社會福利機構相關人員於期日到場陳述意見。

前項情形，法院得採取適當及必要措施，保護主管機關或社會福利機構相關人員之隱私及安全。

第一百零七條（交付子女、給付扶養費或其他財產，或為相當之處分）

法院酌定、改定或變更父母對於未成年子女權利義務之行使或負擔時，得命交付子女、容忍自行帶回子女、未行使或負擔權利義務之一方與未成年子女會面交往之方式及期間、給付扶養費、交付身分證明文件或其他財物，或命為相當之處分，並得訂定必要事項。

前項命給付扶養費之方法，準用第九十九條至第一百零三條規定。

第一百零八條（聽取未成年子女意見）

法院就前條事件及其他親子非訟事件為裁定前，應依子女之年齡及識別能力等身心狀況，於法庭內、外，以適當方式，曉諭裁判結果之影響，使其有表達意願或陳述意見之機會；必要時，得請兒童及少年心理或其他專業人士協助。

前項兒童及少年心理或其他專業人士之報酬，準用第十七條第三項規定。

第一百零九條（選任未成年子女之程序監理人）

就有關未成年子女權利義務之行使或負擔事件，未成年子女雖非當事人，法院為未成年子女之最佳利益，於必要時，亦得依父母、未成年子女、主管機關、社會福利機構或其他利害關係人之聲請或依職權為未成年子女選任程序監理人。

第一百十條（和解筆錄）

第一百零七條所定事件及其他親子非訟事件程序進行中，父母就該事件得協議之事項達成合意，而其合意符合子女最佳利益時，法院應將合意內容記載於和解筆錄。

前項情形，準用第一百零一條、第一百零二條及第一百零八條之規定。

第一百十一條（選任特別代理人）

法院為未成年子女選任特別代理人時，應斟酌得即時調查之一切證據。

法院為前項選任之裁定前，應徵詢被選任人之意見。

前項選任之裁定，得記載特別代理人處理事項之種類及權限範圍。

選任特別代理人之裁定，於裁定送達或當庭告知被選任人時發生效力。

法院為保護未成年子女之最佳利益，於必要時，得依父母、未成年子女、主管機關、社會福利機構或其他利害關係人之聲請或依職權，改定特別代理人。

第一百十二條（特別代理人之報酬）

法院得依特別代理人之聲請酌定報酬。其報酬額，應審酌下列事項：

一　選任特別代理人之原因。

二　特別代理人執行職務之勞力。

三　未成年子女及父母之資力。

四　未成年子女與特別代理人之關係。

前項報酬除法律另有規定外由未成年子女負擔。但選任特別代理人之原因係父母所致者，法院得酌量情形命父母負擔全部或一部。

第一百十三條（其他行使權利負擔事件之準用）

本章之規定，於父母不繼續共同生活達六個月以上時，關於未成年子女權利義務之行使負擔事件準用之。

第四章　收養事件

第一百十四條（收養事件之管轄）

認可收養子女事件，專屬收養人或被收養人住所地之法院管轄；收養人在中華民國無住所者，由被收養人住所地之法院管轄。

認可終止收養事件、許可終止收養事件及宣告終止收養事件，專屬養子女住所地之法院管轄。

第一百十五條（聲請認可之程式）

認可收養事件，除法律別有規定外，以收養人及被收養人為聲請人。

認可收養之聲請應以書狀或於筆錄載明收養人及被收養人、被收養人之父母、收養人及被收養人之配偶。

前項聲請應附具下列文件：

一　收養契約書。

二　收養人及被收養人之國民身分證、戶籍謄本、護照或其他身分證明文件。

第二項聲請，宜附具下列文件：

一　被收養人為未成年人時，收養人之職業、健康及有關資力之證明文件。

二　夫妻之一方被收養時，他方之同意書。但有民法第一千零七十六條但書情形者，不在此限。

三　經公證之被收養人父母之同意書。但有民法第一千零七十六條之一第一項但書、第二項但書或第一千零七十六條之二第三項情形者，不在此限。

四　收養人或被收養人為外國人時，收養符合其本國法之證明文件。

五　經收出養媒合服務者為訪視調查，其收出養評估報告。

前項文件在境外作成者，應經當地中華民國駐外機構驗證或證明；如係外文，並應附具中文譯本。

第一百十六條（收養觀察期）

法院認可未成年人被收養前，得准收養人與未成年人共同生活一定期間，供法院決定之參考；共同生活期間，對於未成年人權利義務之行使負擔，由收養人為之。

第一百十七條（認可收養裁定之生效）

認可收養之裁定，於其對聲請人及第一百十五條第二項所定之人確定時發生效力。

認可收養之裁定正本，應記載該裁定於確定時發生效力之意旨。

認可、許可或宣告終止收養之裁定，準用前二項之規定。

第一百十八條（未成年父母之程序參與權）

被收養人之父母為未成年人而未結婚者，法院為認可收養之裁定前，應使該未成年人及其法定代理人有陳述意見之機會。但有礙難情形者，不在此限。

第一百十九條（審前報告聽取意見之準用）

第一百零六條及第一百零八條之規定，於收養事件準用之。

第五章　未成年人監護事件

第一百二十條（未成年人監護事件之管轄及費用負擔）

下列未成年人監護事件，專屬未成年人住所地或居所地法院管轄；無住所或居所者，得由法院認為適當之所在地法院管轄：

一　關於選定、另行選定或改定未成年人監護人事件。

二　關於監護人報告或陳報事件。

三　關於監護人辭任事件。

四　關於酌定監護人行使權利事件。

五　關於酌定監護人報酬事件。

六　關於為受監護人選任特別代理人事件。

七　關於許可監護人行為事件。

八　關於交付子女事件。

九　關於監護所生損害賠償事件。

十　關於其他未成年人監護事件。

第一百零四條第二項、第三項及第一百零五條之規定，於前項事件準用之。

第一百二十一條（監護損害賠償事件之程序轉換）

關於監護所生之損害賠償事件，其程序標的之金額或價額逾得上訴第三審利益額者，聲請人與相對人得於第一審程序終結前，合意向法院陳明改用家事訴訟程序，由原法官繼續審理。

前項損害賠償事件，案情繁雜者，聲請人或相對人得於第一審程序終結前，聲請法院裁定改用家事訴訟程序，由原法官繼續審理。

前項裁定，不得聲明不服。

第一百二十二條（監護人辭任事由）

法院選定之監護人，有下列情形之一者，得聲請法院許可其辭任：

一　滿七十歲。

二　因身心障礙或疾病不能執行監護。

三　住所或居所與法院或受監護人所在地隔離，

不便執行監護。
四　其他重大事由。
法院為前項許可時，應另行選任監護人。
第一百零六條及第一百零八條之規定，於監護人辭任事件準用之。

第一百二十三條（審前報告等規定之準用）
第一百零六條至第一百零八條及第一百十一條第一項、第二項之規定，於法院為未成年人選定、另行選定或改定監護人事件準用之。

第一百二十四條（受監護人特別代理人之準用）
第一百十一條及第一百十二條之規定，於法院為受監護人選任特別代理人事件準用之。

第六章　親屬間扶養事件

第一百二十五條（親屬間扶養事件之管轄及費用負擔）
下列扶養事件，除本法別有規定外，專屬受扶養權利人住所地或居所地法院管轄：
一　關於扶養請求事件。
二　關於請求減輕或免除扶養義務事件。
三　關於因情事變更請求變更扶養之程度及方法事件。
四　關於其他扶養事件。
第一百零四條第二項、第三項及第一百零五條之規定，於前項事件準用之。

第一百二十六條（準用規定）
第九十九條至第一百零三條及第一百零七條第一項之規定，於扶養事件準用之。

第七章　繼承事件

第一百二十七條（繼承事件之管轄及費用負擔）
下列繼承事件，專屬繼承開始時被繼承人住所地法院管轄：
一　關於遺產清冊陳報事件。
二　關於債權人聲請命繼承人提出遺產清冊事件。
三　關於拋棄繼承事件。
四　關於無人承認之繼承事件。
五　關於保存遺產事件。
六　關於指定或另行指定遺囑執行人事件。
七　關於其他繼承事件。
保存遺產事件，亦得由遺產所在地法院管轄。
第五十二條第四項之規定，於第一項事件準用之。
第一項及第二項事件有理由時，程序費用由遺產負擔。

第一百二十八條（遺產陳報書應記載事項）
繼承人為遺產陳報時，應於陳報書記載下列各款事項，並附具遺產清冊：
一　陳報人。
二　被繼承人之姓名及最後住所。
三　被繼承人死亡之年月日時及地點。
四　知悉繼承之時間。
五　有其他繼承人者，其姓名、性別、出生年月日及住居所。
前項遺產清冊應記載被繼承人之財產狀況及繼承人已知之債權人、債務人。

第一百二十九條（聲請命繼承人提出遺產清冊之程式）
債權人聲請命繼承人提出遺產清冊時，其聲請書應記載下列各款事項：
一　聲請人。
二　被繼承人之姓名及最後住所。
三　繼承人之姓名及住、居所。
四　聲請命繼承人提出遺產清冊之意旨。
繼承人依法院命令提出遺產清冊者，準用前條之規定。

第一百三十條（催告報明債權時應記載事項）
法院公示催告被繼承人之債權人報明債權時，應記載下列各款事項：
一　為陳報之繼承人。
二　報明權利之期間及在期間內應為報明之催告。
三　因不報明權利而生之失權效果。
四　法院。
前項情形應通知其他繼承人。
第一項公示催告應公告之。
前項公告應揭示於法院公告處、資訊網路及其他適當處所；法院認為必要時，並得命登載於公報或新聞紙，或用其他方法公告之。
第一項報明期間，自前項揭示之日起，應有六個月以上。

第一百三十一條（償還遺產債務之陳報及提出文件）
前條報明債權期間屆滿後六個月內，繼承人應向法院陳報償還遺產債務之狀況並提出有關文件。
前項六個月期間，法院因繼承人之聲請，認為必要時，得延展之。

第一百三十二條（拋棄繼承書面之表明、備查及公告）
繼承人拋棄繼承時，應以書面表明下列各款事項：
一　拋棄繼承人。
二　被繼承人之姓名及最後住所。
三　被繼承人死亡之年月日時及地點。
四　知悉繼承之時間。

五　有其他繼承人者，其姓名、性別、出生年月日及住居所。

拋棄繼承為合法者，法院應予備查，通知拋棄繼承人及已知之其他繼承人，並公告之。

拋棄繼承為不合法者，法院應以裁定駁回之。

第一百三十三條（親屬會議之陳報）

親屬會議報明繼承開始及選定遺產管理人時，應由其會員一人以上於陳報書記載下列各款事項，並附具證明文件：

一　陳報人。

二　被繼承人之姓名、最後住所、死亡之年月日時及地點。

三　選定遺產管理人之事由。

四　所選定遺產管理人之姓名、性別、出生年月日及住居所。

第一百三十四條（遺產管理人之選任）

親屬會議選定之遺產管理人，以自然人為限。

前項遺產管理人有下列各款情形之一者，法院應解任之，命親屬會議於一個月內另為選定：

一　未成年。

二　受監護或輔助宣告。

三　受破產宣告或依消費者債務清理條例受清算宣告尚未復權。

四　褫奪公權尚未復權。

第一百三十五條（遺產管理人之解任與另為選定）

親屬會議選定之遺產管理人有下列情形之一者，法院得依利害關係人或檢察官之聲請，徵詢親屬會議會員、利害關係人或檢察官之意見後解任之，命親屬會議於一個月內另為選定：

一　違背職務上之義務者。

二　違背善良管理人之注意義務，致危害遺產或有危害之虞者。

三　有其他重大事由者。

第一百三十六條（遺產管理人之選任聲請書應記載事項）

利害關係人或檢察官聲請選任遺產管理人時，其聲請書應記載下列事項，並附具證明文件：

一　聲請人。

二　被繼承人之姓名、最後住所、死亡之年月日時及地點。

三　聲請之事由。

四　聲請人為利害關係人時，其法律上利害關係之事由。

親屬會議未依第一百三十四條第二項或前條另為選定遺產管理人時，利害關係人或檢察官得聲請法院選任遺產管理人，並適用前項之規定。

法院選任之遺產管理人，除自然人外，亦得選任公務機關。

第一百三十七條（繼承人搜索公示催告之記載事項及公告）

法院公示催告繼承人承認繼承時，應記載下列事項：

一　陳報人。

二　被繼承人之姓名、最後住所、死亡之年月日時及地點。

三　承認繼承之期間及期間內應為承認之催告。

四　因不於期間內承認繼承而生之效果。

五　法院。

前項公示催告，準用第一百三十條第三項至第五項之規定。

第一百三十八條（陳報債權之公示催告）

法院依遺產管理人聲請為公示催告時，除記載前條第一項第二款及第五款所定事項外，並應記載下列事項：

一　遺產管理人之姓名及處理遺產事務之處所。

二　報明債權及願否受遺贈聲明之期間，並於期間內應為報明或聲明之催告。

三　因不報明或聲明而生之失權效果。

第一百三十九條（遺產管理人之公示催告之準用）

第一百三十條第三項至第五項之規定，除申報權利期間外，於前二條之公示催告準用之。

第一百四十條（遺產管理人陳報之義務）

法院選任之遺產管理人於職務執行完畢後，應向法院陳報處理遺產之狀況並提出有關文件。

第一百四十一條（準用規定）

第八章之規定，除法律別有規定外，於遺產管理人、遺囑執行人及其他法院選任財產管理人準用之。

第八章　失蹤人財產管理事件

第一百四十二條（失蹤人財產管理事件之管轄）

關於失蹤人之財產管理事件，專屬其住所地之法院管轄。

第五十二條第四項之規定，於前項事件準用之。

第一百四十三條（財產管理人之順序）

失蹤人未置財產管理人者，其財產管理人依下列順序定之：

一　配偶。

二　父母。

三　成年子女。

四　與失蹤人同居之祖父母。

五　家長。

不能依前項規定定財產管理人時，法院得因利害關係人或檢察官之聲請，選任財產管理人。

財產管理人之權限因死亡、受監護、輔助或破產之宣告或其他原因消滅者，準用前二項之規定。

第一百四十四條（財產管理人有數人之選定）

財產管理人有數人者，關於失蹤人之財產管理方法，除法院選任數財產管理人，而另有裁定者外，依協議定之；不為協議或協議不成時，財產管理人或利害關係人得聲請法院酌定之。

第一百四十五條（財產管理人之改任）

財產管理人不勝任或管理不適當時，法院得依利害關係人或檢察官之聲請改任之；其由法院選任者，法院認為必要時得依職權改任之。

財產管理人有正當理由者，得聲請法院許可其辭任。」

法院為前項許可時，應另行選任財產管理人。

第一百四十六條（利害關係人及受選任人意見之詢問）

法院選任、改任或另行選任財產管理人時，應詢問利害關係人及受選任人之意見。

第一百四十七條（失蹤人財產之登記）

失蹤人財產之取得、設定、喪失或變更，依法應登記者，財產管理人應向該管登記機關為管理人之登記。

第一百四十八條（管理財產目錄之作成）

財產管理人應作成管理財產目錄，並應經公證人公證，其費用由失蹤人之財產負擔之。

第一百四十九條（管理財產狀況之報告或計算）

法院得因利害關係人或檢察官之聲請，命財產管理人報告管理財產狀況或計算；財產管理人由法院選任者，並得依職權為之。

前項裁定，不得聲明不服。

第一百五十條（財產狀況有關文件之閱覽）

利害關係人得釋明原因，向法院聲請閱覽前條之報告及有關計算之文件，或預納費用聲請付與繕本、影本或節本。

第一百五十一條（財產管理人之注意義務及權限）

財產管理人應以善良管理人之注意，保存財產，並得為有利於失蹤人之利用或改良行為。但其利用或改良有變更財產性質之虞者，非經法院許可，不得為之。

第一百五十二條（財產管理人之提供擔保）

法院得命財產管理人就財產之管理及返還供相當之擔保，並得以裁定增減、變更或免除之。

前項擔保準用民事訴訟法關於訴訟費用擔保之規定。

第一百五十三條（財產管理人之報酬）

法院得依財產管理人之聲請，按財產管理人與失蹤人之關係、管理事務之繁簡及其他情形，就失蹤人之財產酌給相當報酬。

第九章　宣告死亡事件

第一百五十四條（宣告死亡事件之管轄及費用負擔）

下列宣告死亡事件，專屬失蹤人住所地法院管轄：

一　關於聲請宣告死亡事件。

二　關於聲請撤銷或變更宣告死亡裁定事件。

三　關於其他宣告死亡事件。

第五十二條第四項之規定，於前項事件準用之。

第一項事件之程序費用，除宣告死亡者由遺產負擔外，由聲請人負擔。

第一百五十五條（聲請人）

宣告死亡或撤銷、變更宣告死亡之裁定，利害關係人或檢察官得聲請之。

第一百五十六條（公示催告之應記載事項及公告方法）

法院准許宣告死亡之聲請者，應公示催告。

公示催告應記載下列各款事項：

一　失蹤人應於期間內陳報其生存，如不陳報，即應受死亡之宣告。

二　凡知失蹤人之生死者，應於期間內將其所知陳報法院。

前項公示催告，準用第一百三十條第三項至第五項之規定。但失蹤人滿百歲者，其陳報期間，得定為自揭示之日起三個月以上。

第一百五十七條（期滿後陳報之效力）

為失蹤人生存之陳報在陳報期間屆滿後，而未宣告死亡或宣告死亡之裁定確定前者，與在期間內陳報者有同一效力。

第一百五十八條（程序參與及裁定之送達）

宣告死亡程序，除通知顯有困難者外，法院應通知失蹤人之配偶、子女及父母參與程序；失蹤人另有法定代理人者，並應通知之。

宣告死亡之裁定，應送達於前項所定之人。

第一百五十九條（宣告死亡之裁定生效及公告）

宣告死亡之裁定應確定死亡之時。

宣告死亡之裁定，於其對聲請人、生存陳報人及前條第一項所定之人確定時發生效力。

前項裁定生效後，法院應以相當之方法，將該裁定要旨公告之。

第一百六十條（撤銷或變更宣告死亡裁定之事由）

宣告死亡裁定確定後，發現受宣告死亡之人尚生存或確定死亡之時不當者，得聲請撤銷或變更宣告死亡之裁定。

第一百六十一條（撤銷或變更死亡裁定之程式及程序參與）

聲請撤銷或變更宣告死亡之裁定應於聲請狀表明下列各款事項：

一　聲請人、宣告死亡之聲請人及法定代理人。

二　聲請撤銷或變更之裁定。

三　應如何撤銷或變更之聲明。

四　撤銷或變更之事由。

前項第四款之事由宜提出相關證據。

第一百五十八條之規定，於撤銷或變更宣告死亡裁定事件準用之。

第一百六十二條（程序終結）

受宣告死亡人於撤銷宣告死亡裁定之裁定確定前死亡者，法院應裁定本案程序終結。

第一百六十三條（撤銷或變更宣告死亡裁定之裁定效力）

撤銷或變更宣告死亡裁定之裁定，不問對於何人均有效力。但裁定確定前之善意行為，不受影響。

因宣告死亡取得財產者，如因前項裁定失其權利，僅於現受利益之限度內，負歸還財產之責。

第一百五十九條第二項及第三項之規定，於第一項裁定準用之。

第十章　監護宣告事件

第一百六十四條（監護宣告事件管轄法院）

下列監護宣告事件，專屬應受監護宣告之人或受監護宣告之人住所地或居所地法院管轄；無住所或居所者，得由法院認為適當之所在地法院管轄：

一　關於聲請監護宣告事件。
二　關於指定、撤銷或變更監護人執行職務範圍事件。
三　關於另行選定或改定監護人事件。
四　關於監護人報告或陳報事件。
五　關於監護人辭任事件。
六　關於酌定監護人行使權利事件。
七　關於酌定監護人報酬事件。
八　關於為受監護宣告之人選任特別代理人事件。
九　關於許可監護人行為事件。
十　關於監護所生損害賠償事件。
十一　關於聲請撤銷監護宣告事件。
十二　關於變更輔助宣告為監護宣告事件。
十三　關於許可終止意定監護契約事件。
十四　關於解任意定監護人事件。
十五　關於其他監護宣告事件。

前項事件有理由時，程序費用由受監護宣告之人負擔。

除前項情形外，其費用由聲請人負擔。

第一百六十五條（程序監理人之選任）

於聲請監護宣告事件、撤銷監護宣告事件、另行選定或改定監護人事件、許可終止意定監護契約事件及解任意定監護人事件，應受監護宣告之人及受監護宣告之人有程序能力。如其無意思能力者，法院應依職權為其選任程序監理人。但有事實足認無選任之必要者，不在此限。

第一百六十六條（診斷書之提出）

聲請人為監護宣告之聲請時，宜提出診斷書。

第一百六十七條（受監護宣告之人之訊問）

法院應於鑑定人前，就應受監護宣告之人之精神或心智狀況，訊問鑑定人及應受監護宣告之人，始得為監護之宣告。但有事實足認無訊問之必要者，不在此限。

鑑定應有精神科專科醫師或具精神科經驗之醫師參與並出具書面報告。

第一百六十八條（裁定應附理由及送達）

監護宣告之裁定，應同時選定監護人及指定會同開具財產清冊之人，並附理由。

法院為前項之選定及指定前，應徵詢被選定人及被指定人之意見。

第一項裁定，應送達於聲請人、受監護宣告之人、法院選定之監護人及法院指定會同開具財產清冊之人；受監護宣告之人另有程序監理人或法定代理人者，並應送達之。

第一百六十九條（裁定之生效及公告）

監護宣告之裁定，於裁定送達或當庭告知法院選定之監護人時發生效力。

前項裁定生效後，法院應以相當之方法，將該裁定要旨公告之。

第一百七十條（廢棄監護宣告之效力）

監護宣告裁定經廢棄確定前，監護人所為之行為，不失其效力。

監護宣告裁定經廢棄確定前，受監護宣告之人所為之行為，不得本於宣告監護之裁定而主張無效。

監護宣告裁定經廢棄確定後，應由第一審法院公告其要旨。

第一百七十一條（程序終結）

受監護宣告之人於監護宣告程序進行中死亡者，法院應裁定本案程序終結。

第一百七十二條（撤銷監護宣告裁定之生效）

撤銷監護宣告之裁定，於其對聲請人、受監護宣告之人及監護人確定時發生效力。

第一百六十六條至第一百六十八條及第一百七十條第三項之規定，於聲請撤銷監護宣告事件準用之。

第一百七十三條（就撤銷監護宣告之聲請為輔助宣告）

法院對於撤銷監護宣告之聲請，認受監護宣告之人受監護原因消滅，而仍有輔助之必要者，得依聲請或依職權以裁定變更為輔助之宣告。

前項裁定，準用前條之規定。

第一百七十四條（就監護宣告聲請為輔助宣告）

法院對於監護宣告之聲請，認為未達應受監護宣告之程度，而有輔助宣告之原因者，得依聲請或依職權以裁定為輔助之宣告。

法院為前項裁定前，應使聲請人及受輔助宣告之人有陳述意見之機會。

第一項裁定於監護宣告裁定生效時失其效力。

第一百七十五條（輔助宣告變更為監護宣告）

受輔助宣告之人法院認有受監護宣告之必要者，得依聲請以裁定變更為監護宣告。

前項裁定準用第一百七十二條之規定。

第一百七十六條（準用規定）

第一百零六條至第一百零八條之規定，於聲請監護宣告事件、撤銷監護宣告事件、就監護宣告聲請為輔助宣告事件及另行選定或改定監護人事件準用之。

第一百二十二條之規定，於監護人辭任事件準用之。

第一百十二條之規定，於酌定監護人報酬事件準用之。

第一百十一條及第一百十二條之規定，於法院為受監護宣告之人選任特別代理人事件準用之。

第一百二十一條之規定，於監護所生損害賠償事件準用之。

第十一章　輔助宣告事件

第一百七十七條（輔助宣告事件之管轄及費用負擔）

下列輔助宣告事件，專屬應受輔助宣告之人或受輔助宣告之人之住所地或居所地法院管轄；無住所或居所者，得由法院認為適當之所在地法院管轄：

一　關於聲請輔助宣告事件。
二　關於另行選定或改定輔助人事件。
三　關於輔助人辭任事件。
四　關於酌定輔助人行使權利事件。
五　關於酌定輔助人報酬事件。
六　關於為受輔助宣告之人選任特別代理人事件。
七　關於指定、撤銷或變更輔助人執行職務範圍事件。
八　關於聲請許可事件。
九　關於輔助所生損害賠償事件。
十　關於聲請撤銷輔助宣告事件。
十一　關於聲請變更監護宣告為輔助宣告事件。
十二　關於其他輔助宣告事件。

第一百六十四條第二項、第三項之規定，於前項事件準用之。

第一百七十八條（輔助宣告裁定之效力）

輔助宣告之裁定，於裁定送達或當庭告知受輔助宣告之人時發生效力。

第一百零六條、第一百零八條、第一百六十六條至第一百六十八條、第一百六十九條第二項及第一百七十條之規定，於聲請輔助宣告事件準用之。

第一百七十九條（就輔助宣告之聲請為監護宣告）

法院對於輔助宣告之聲請，認有監護宣告之必要者，得依聲請或依職權以裁定為監護之宣告。

前項裁定準用第一百七十四條第二項及第三項之規定。

第一百八十條（準用規定）

第一百零六條至第一百零八條之規定，於法院選定、另行選定或改定輔助人事件準用之。

第一百二十二條之規定，於輔助人辭任事件準用之。

第一百十二條之規定，於酌定輔助人報酬事件準用之。

第一百十一條及第一百十二條之規定，於法院為受輔助宣告之人選任特別代理人事件準用之。

第一百二十一條之規定，於輔助所生損害賠償事件準用之。

第一百七十二條之規定，於聲請撤銷輔助宣告事件準用之。

第一百七十三條之規定，於聲請變更監護宣告為輔助宣告事件準用之。

第十二章　親屬會議事件

第一百八十一條（親屬會議事件之管轄及程序費用負擔）

關於為未成年人及受監護或輔助宣告之人聲請指定親屬會議會員事件，專屬未成年人、受監護或輔助宣告之人住所地或居所地法院管轄。

關於為遺產聲請指定親屬會議會員事件，專屬繼承開始時被繼承人住所地法院管轄。

關於為養子女或未成年子女指定代為訴訟行為人事件，專屬養子女或未成年子女住所地法院管轄。

關於聲請酌定扶養方法及變更扶養方法或程度事件，專屬受扶養權利人住所地或居所地法院管轄。

聲請法院處理下列各款所定應經親屬會議處理之事件，專屬被繼承人住所地法院管轄：

一　關於酌給遺產事件。
二　關於監督遺產管理人事件。
三　關於酌定遺產管理人報酬事件。
四　關於認定口授遺囑真偽事件。
五　關於提示遺囑事件。
六　關於開視密封遺囑事件。
七　關於其他應經親屬會議處理事件。

第五十二條第四項之規定，於前五項事件準用之。

第一百零四條第二項及第一百零五條之規定，於第四項事件準用之。

第一項事件有理由時，程序費用由未成年人、受監護或輔助宣告之人負擔。

第二項事件有理由時，程序費用由遺產負擔。

第三項事件有理由時，程序費用由養子女或未成年子女負擔。

第五項事件有理由時，程序費用由遺產負擔。

第一百八十二條（報酬事項之調查）

法院就前條第五項所定事件所為裁定時，得調查遺產管理人所為遺產管理事務之繁簡及被繼承人之財產收益狀況。

第一百八十三條（準用規定）

第一百二十二條之規定，於第一百八十一條第一項及第二項事件準用之。

第九十九條至第一百零三條及第一百零七條之規定，於第一百八十一條第四項事件準用之。

第一百零六條之規定，於本章之事件準用之。

本章之規定，於其他聲請法院處理親屬會議處理之事件準用之。

第十三章　保護安置事件

第一百八十四條（安置事件之管轄）

下列安置事件，專屬被安置人住所地、居所地或所在地法院管轄：

一　關於兒童及少年之繼續安置事件。

二　關於兒童及少年之安置保護事件。

三　關於身心障礙者之繼續安置事件。

四　關於其他法律規定應由法院裁定安置事件。

除法律別有規定外，第一百零六條、第一百零八條、第一百六十五條、第一百六十六條、第一百六十九條及第一百七十一條之規定，於前項事件準用之。

第一百八十五條（嚴重病人保護安置事件之管轄）

下列嚴重病人保護安置事件，專屬司法院指定之法院管轄：

一　關於停止緊急安置事件。

二　關於停止強制社區治療事件。

三　關於許可、延長及停止強制住院事件。

四　關於其他停止安置、住院事件。

除法律別有規定外，第一百零六條、第一百零八條、第一百六十五條至第一百六十七條、第一百六十八條第一項、第一百六十九條第一項及第一百七十一條之規定，於前項事件準用之。

第五編　履行之確保及執行

第一章　通　則

第一百八十六條（執行名義）

依本法作成之調解、和解及本案裁判，除法律別有規定外，得為強制執行名義。

家事事件之強制執行，除法律別有規定外，準用強制執行法之規定，並得請求行政機關、社會福利機構協助執行。

第一百八十七條（調查及勸告）

債權人於執行名義成立後，除依法聲請強制執行外，亦得聲請法院調查義務之履行狀況，並勸告債務人履行債務之全部或一部。

前項調查及勸告，由為裁判或成立調解或和解之第一審法院管轄。

法院於必要時，得命家事調查官為調查及勸告，或囑託其他法院為之。

第一項聲請，徵收費用新臺幣五百元，由聲請人負擔，並準用民事訴訟法第七十七條之二十三第四項規定。

第一百八十八條（勸告之方式及費用負擔）

法院為勸告時，得囑託其他法院或相關機關、團體及其他適當人員共同為之。

勸告履行所需費用，由法院酌量情形，命債權人及債務人以比例分擔或命一造負擔，或命各自負擔其支出之費用。

第二章　扶養費及其他費用之執行

第一百八十九條（扶養費執行之費用）

扶養費請求權之執行，暫免繳執行費，由執行所得扣還之。

第一百九十條（定期或分期扶養費之執行）

債務人依執行名義應定期或分期給付家庭生活費用、扶養費或贍養費，有一期未完全履行者，雖其餘履行期限尚未屆至，債權人亦得聲請執行。

前項債權之執行，僅得扣押其履行期限屆至後債務人已屆清償期之薪資債權或其他繼續給付之債權。

第一百九十一條（強制金）

債務人依執行名義應定期或分期給付家庭生活費用、扶養費或贍養費，有一期未完全履行者，雖其餘履行期限尚未屆至，執行法院得依債權人之聲請，以裁定命債務人應遵期履行，並命其於未遵期履行時，給付強制金予債權人。但為裁判法院已依第一百條第四項規定酌定加給金額者，不在此限。

法院為前項裁定時，應斟酌債權人因債務不履行所受之不利益、債務人資力狀態及以前履行債務之狀況。

第一項強制金不得逾每期執行債權二分之一。

第一項債務已屆履行期限者，法院得依債權人之聲請，以裁定命債務人限期履行，並命其於期限屆滿仍不履行時，給付強制金予債權人，並準用前二項之規定。

債務人證明其無資力清償或清償債務將致其生活顯著窘迫者，執行法院應依債務人之聲請或依職權撤銷第一項及前項之裁定。

第一百九十二條（強制金裁定之聲請變更）

前條第一項第四項強制金裁定確定後，情事變更者，執行法院得依債務人之聲請變更之。

債務人為前項聲請，法院於必要時，得以裁定停止強制金裁定之執行。

前項裁定，不得聲明不服。

第一百九十三條（未成年子女扶養費債權之執行）

未成年子女扶養費債權之執行，不受強制執行法第一百二十二條規定之限制。但應酌留債務人及受其扶養之其他未成年子女生活所需。

第三章　交付子女與子女會面交往之執行

第一百九十四條（執行方法之採擇）

執行名義係命交付子女或會面交往者，執行法院應綜合審酌下列因素，決定符合子女最佳利益之執行方法，並得擇一或併用直接或間接強制方法：

一　未成年子女之年齡及有無意思能力。

二　未成年子女之意願。

三　執行之急迫性。

四　執行方法之實效性。

五　債務人、債權人與未成年子女間之互動狀況及可能受執行影響之程度。

第一百九十五條（子女交付之直接強制）

以直接強制方式將子女交付債權人時，宜先擬定執行計畫；必要時，得不先通知債務人執行日期，並請求警察機關、社工人員、醫療救護單位、學校老師、外交單位或其他有關機關協助。

前項執行過程，宜妥為說明勸導，儘量採取平和手段，並注意未成年子女之身體、生命安全、人身自由及尊嚴，安撫其情緒。

第六編　附　則

第一百九十六條（少年及家事法院之案件受理）

本法施行後，已成立少年及家事法院之地區，原管轄之地方法院，應以公告將本法所定家事事件移送少年及家事法院，並通知當事人及已知之關係人。

第一百九十七條（程序從新原則）

除本法別有規定外，本法於施行前發生之家事事件亦適用之。

本法施行前已繫屬尚未終結之家事事件，依其進行程度，由繫屬之法院依本法所定程序終結之，已依法定程序進行之行為，效力不受影響。

本法施行前已繫屬尚未終結之家事事件，依繫屬時之法律定法院之管轄。

本法施行前已繫屬尚未終結之家事事件，除依本法施行前民事訴訟法人事訴訟編得合併裁判者外，不得移送合併審理。

本法所定期間之程序行為，而應於其施行之際為之者，其期間自本法施行之日起算。但本法施行前，法院依原適用法律裁定之期間已進行者，依其期間。

第一百九十八條（保全與救濟程序管轄之新舊法適用）

本法施行前已繫屬尚未終結之非訟事件，必要處分程序，由繫屬之法院依本法所定程序終結之；已終結程序之撤銷、擔保金之發還及效力，仍應依原程序所適用之法律。

本法施行前法院已終結之家事事件，其異議、上訴、抗告及再審之管轄，依原程序所適用之法律定之。

本法施行前已取得之家事事件執行名義，適用本法所定履行確保及執行程序。

第一百九十九條（施行細則之訂定）

家事事件審理細則、本法施行細則，由司法院定之。

第二百條（施行日期）

本法施行日期，由司法院定之。

本法修正條文，除中華民國一百十二年五月三十日修正之第三條、第九十六條及第一百八十五條施行日期由司法院定之外，自公布日施行。

家事事件審理細則

民國一百零一年五月二十八日司法院令發布
一百零五年三月二日司法院令修正發布
一百零六年一月十七日司法院令修正發布
一百零六年五月二十三日司法院令修正發布
一百零九年七月二十三日司法院令修正發布第二二、二三、二六～二八、六六、六七、七〇、七三、七四、七九、八六、九五、九六、一〇一、一〇八、一二三、一二六～一三一、一三七、一三八、一四三、一四七條；刪除第一〇二條；並增訂第一三八之一、一四〇之一～一四〇之三條條文

第一編　總　則

第一條（法令依據）
本細則依家事事件法（以下簡稱本法）第一百九十九條規定訂定之。

第二條（兩人權公約之遵循）
家事事件之處理，應依保護家庭為社會自然基本團體單位之精神，確保所有兒童及少年獲得平等充足之養護教育，保障男女於婚姻關係存續中及消滅後權利責任平等，確認人人有權享受其本人及家屬所需之適當生活程度及不斷改善之生活環境。

第三條（少家法院與行政法院處理權限之衝突）
少年及家事法院認其有受理事件之權限而為裁判確定者，其他法院受該裁判之羈束。
少年及家事法院認無受理事件之權限者，應依職權裁定將事件移送至有受理事件權限之其他法院。
少年及家事法院就其受理事件之權限，與其他法院確定裁判之見解有異，而當事人合意由少年及家事法院處理者，依其合意。
前項當事人之合意，應記明筆錄或以文書證之。
當事人就少年及家事法院有無受理事件之權限而有爭執者，少年及家事法院應先為裁定。
前項裁定得為抗告。
少年及家事法院為第二項、第三項及第五項之裁定前，應先徵詢當事人之意見。

第四條（少家法院與普通法院管轄事件之移送）
設有少年及家事法院之地區少年及家事法院認為所受理事件之全部或一部非屬家事事件而不屬其管轄者，除當事人合意由少年及家事法院處理或少年及家事法院為統合處理認有必要或當事人已就本案為陳述而裁定自行處理者外，應依聲請或依職權以裁定移送於同一地區之普通法院。
前項當事人之合意，應記明筆錄或以文書證之。

第五條（地域管轄）
法院受理家事事件不屬其管轄者，除當事人有管轄之合意外，應依聲請或依職權以裁定移送於管轄法院。
法院受理家事事件雖不屬其管轄，惟法院為統合處理認有必要或當事人已就本案為陳述者，得裁定自行處理。
第一項當事人之合意，應記明筆錄或以文書證之。

第六條（分案審理）
法院受理家事事件，應即按事件之類型，分案處理。
當事人相同者，得由法院於每年度終結前由院長、庭長、法官舉行會議，決定次年度配分同一法官審理之事務分配規則。

第七條（事務分配）
經法院受理之事件，家事庭與民事庭就事務分配有爭議者，應由院長徵詢家事庭庭長及民事庭庭長意見後決定之。
法官因前項事務分配所受理之事件，應本於確信，依事件之性質適用該事件應適用之法律規定為審理。

第八條（事務分配之第二審程序）
第二審法院受理之事件，家事庭與民事庭就事務分配有爭議者，準用前條之規定。

第九條（家事事件之劃分）
本細則所列之家事事件，於設有少年及家事法院之地區，劃分由少年及家事法院處理。於同一地方法院，分配由家事法庭處理。
本法第三條第五項所定戊類之給付家庭生活費用、贍養費或扶養費家事事件，有依當事人之協議而為一定財產上之請求者，仍適用前項之規定。

第十條（不公開審理原則）
法官於法院內、外開庭時，除有本法第九條第一項但書或第二項之情形外，以不公開法庭行之。

第十一條（開庭之旁聽）
當事人得以書狀或言詞陳述是否允許旁聽之意見」。
法院允許旁聽者，應使當事人或關係人有陳述意見之機會。
法院允許旁聽開庭，應載明於筆錄並宣示理由。

第十二條（開庭通知）
不公開審理之家事事件，法院認為適當時，得於徵詢兩造當事人或關係人之意見後，以電信傳真或其他科技設備方式告知當事人或關係人開庭期日。

第十三條（錄音）
非經審判長許可，開庭時不得錄音。
審判長認為前項許可不適當時，得隨時撤銷之。

第十四條（兒童及少年身分資訊之保密）
法院所製作應對外公開之文書時，除法律別有規定外，不得揭露足以識別兒童及少年身分之資訊。
法院之人員或其他任何人不得於媒體、資訊或以其他公示方式，揭示足以識別兒童及少年福利與權益保障法第六十九條第一項兒童及少年性剝削防制條例所定之兒童、少年及被害人姓名及其他足以識別身分之資訊。

前二項所定其他足以識別身分之資訊，包括兒童、少年及被害人之照片或影像、聲音、住址、親屬姓名或其關係、就讀學校班級等個人基本資料。

第十五條（法院得通知未成年子女之父母等接受親職教育、輔導或諮商）

法院處理涉及未成年子女之家事調解、訴訟或非訟事件時，得連結相關資源，通知未成年子女之父母、監護人或其他協助照顧子女之關係人，接受免付費之親職教育、輔導或諮商；參加者表明願自行支付費用時，亦得提供付費資源之參考資料，供其選用參與。

父母、監護人或關係人參與前項親職教育、輔導或諮商之情形，得作為法院處理相關家事事件之參考。

法院審理家事事件依職權調查證據，斟酌當事人未提出之事實時，應使當事人或關係人有辯論或陳述意見之機會。

第十六條（訊問期日）

法院訊問未成年人、受監護或輔助宣告人，於必要時，得定於學校非上學時間、夜間或休息日。

法院為前項期日之指定，應使當事人或關係人有陳述意見之機會。

第十七條（隔別訊問）

當事人或關係人得以言詞或書面陳述得否與對造當事人、其他關係人隔別訊問之意見。

第十八條（社工陪同）

未成年人、受監護或輔助宣告之人陳述意見或表達意願，法院認為有必要時，應通知直轄市、縣（市）主管機關指派社會工作人員或其他適當人員陪同。

前項情形，除社會工作人員外，亦得由未成年人、受監護或輔助宣告人之親屬或學校老師等其他適當人員陪同在場。

法院於未成年人、受監護或輔助宣告人陳述意見或表達意願前，應徵詢有無與其他當事人或關係人隔別訊問之必要。陪同人並得陳述意見。

陪同人得坐於被陪同人之側。

第一項通知應載明被陪同人之姓名，就有關被陪同人之住所、所在地或所涉事件之案由依法應予保密者，應予密封。

第十九條（未成年人陳述內容及陪同人員資料揭示限制）

未成年人、受監護或輔助宣告人陳述之意見或意願，涉及當事人或第三人隱私或陪同人、被陪同人之安全者，除法律規定應提示當事人為辯論者外，得不揭示於當事人或關係人。

陪同未成年人、受監護或輔助宣告人陳述意見或表達意願之社會工作人員，得於報到簽名時，以其所屬機關、機構、工作證號或代號代替陪同人之人別資料，若有危及陪同人之安全者，亦同。

第二十條（選任程序監理人）

法院於處理家事訴訟事件或家事非訟事件，認有本法第十五條第一項所列之情形，宜依聲請或依職權選任一人或一人以上為程序監理人。

選任程序監理人，應使當事人、法定代理人、被選任人以及已知之關係人有陳述意見之機會。但有礙難之情形或恐有害其健康或顯有延滯程序者，不在此限。」

前項意見之陳述，得以書面或本法第七十五條第七項所定電信傳真或其他科技設備之方式為之。

法院駁回選任程序監理人之聲請時，應附具理由。

第二十一條（選任程序監理人之限制）

當事人或關係人已委任代理人者，法院除已無其他適當之人外，不得選任該代理人為其程序監理人。

法院選任當事人委任之代理人為程序監理人時，該代理人已支領報酬者，不得再支領程序監理人之報酬。

第二十二條（程序監理人之選任）

下列事件，法院認為有必要時，宜依本法第十五條第一項、第二項、第一百零九條及第一百六十五條之規定選任程序監理人：

一　涉及未成年子女權利義務之行使或負擔事件。

二　涉及受監護或輔助宣告人之事件。

三　涉及受安置人或嚴重病人之事件。

第二十三條（報酬之墊付）

有下列情形之一者，程序監理人之報酬得由國庫墊付全部或一部：

一　受監理人為未成年人，其本人無支付能力。

二　受監理人為應受監護或輔助宣告人、被安置人而無支付能力。

受監理人為未成年人，其法定代理人為當事人或關係人且有支付能力者，法院得命法定代理人預納之。」

前二項所定無支付能力之認定，得參酌法律扶助法第五條之規定認定之。

第二十四條（程序監理人之權限）

程序監理人得向法院書記官聲請閱覽、抄錄或攝影卷內文書，或聲請付與繕本、影本或節本，其程序準用民事訴訟法第二百四十二條、第二百四十三條之規定。

程序行為限由受監理人本人為之者，程序監理人不得為之。

除法律別有規定外，受監理人依法不得為之程序行為，程序監理人不得為之。

家事事件之裁判應送達程序監理人。

程序監理人之上訴、抗告及聲明不服之期間，自程序監理人受送達時起算。

第二十五條（維護受監理人之最佳利益）

程序監理人執行職務，應維護受監理人之最佳利益，注意受監理人與其他親屬之家庭關係、生活狀況、感情狀況等一切情狀。

程序監理人發現其與受監理人有利益衝突之情形者，應即向法院陳明之。

受監理人之親屬、學校老師或社會工作人員發現有前項情形，亦得向法院陳明之。

第二十六條（程序進行之說明）

程序監理人應以適當之方法，依受監理人之年齡及所能理解之程度，與受監理人會談，並告知事件進行之標的、程序及結果。

第二十七條（與受監理人關係密切之人之會談）

法院認有必要時，得令程序監理人與受監理人之法定代理人、家屬及其他生活中關係密切之人會談。

前項會談，應於必要且最少限度內為之，注意保護受監理人之最佳利益及隱私，並避免使會談之人重複陳述。

第二十八條（與受監理人家屬之會談）

法院依事件進行之程度，認為有和諧處理之望者，得命程序監理人與受監理人之特定家屬會談，分析事件進行之利害關係及和解或調解可能之影響。

法院為前項指示時，應具體指明會談之重點與範圍，並向當事人或關係人說明之。

第二十九條（法院令提出建議事項）

法院得令程序監理人就下列事項提出報告或建議：

一　受監理人對於法院裁定之理解能力。
二　受監理人之意願。
三　受監理人是否適合或願意出庭陳述。
四　程序進行之適當場所、環境或方式。
五　程序進行之適當時間。
六　其他有利於受監理人之本案請求方案。
七　其他法院認為適當或程序監理人認為應使法院了解之事項。

前項報告或建議，經法院同意以言詞提出者，應載明於筆錄。

第三十條（程序監理人所為程序行為之效力）

程序監理人與受監理人之法定代理人或有程序能力之受監理人所為之程序行為不一致時，應以法院認為適當者為準。

第三十一條（程序監理人之撤銷或變更）

法院選任程序監理人後，受監理人另行委任代理人者，法院認為適當時，得撤銷或變更程序監理人。

程序監理人自受撤銷或變更裁定生效時起，喪失為受監理人為一切程序行為之權。

第三十二條（撤銷或變更程序監理人之事由）

程序監理人有下列情形之一者，法院得撤銷或變更之：

一　未維護受監理人之最佳利益。
二　與受監理人利益衝突。
三　與受監理人或其家屬會談有不當行為，足以影響事件之進行或受監理人之利益。
四　受監理人已有適合之代理人。
五　違反其職業倫理規範或程序監理人倫理規範。
六　有其他不適任之情事或已無選任程序監理人之必要。

法院為前項裁定前，應使受監理人及程序監理人有陳述意見之機會。

前條第二項於第一項之撤銷或變更準用之。

第三十三條（家事調查官之職責）

家事調查官承審判長或法官之命，就家事事件之特定事項為調查，蒐集資料、履行勸告、並提出調查報告、出庭陳述意見或協調連繫社會主管機關、社會福利機關或其他必要之協調措施。

第三十四條（得命提出報告事項）

審判長或法官除前條所定特定事項外，並得命家事調查官就下列事項提出報告：

一　未成年子女、受監護或輔助宣告人、被安置人之意願、心理、情感狀態、學習狀態、生活狀況、溝通能力及其他必要事項。
二　評估當事人或關係人會談之可能性。
三　進行親職教育或親子關係輔導之必要性。
四　進行心理諮商、輔導或其他醫療行為之必要性。
五　其他可連結或轉介協助之社會主管機關、福利機關或團體。

第三十五條（家事調查官之調查）

審判長或法官得指定特定事項之範圍，定期命家事調查官為調查，於調查前並應使當事人或關係人以言詞或書面陳述意見，並視事件處理之進度，分別指明應調查之特定事項，於必要時得命家事調查官於管轄區域外為調查。

第三十六條（囑託他法院調查）

法院於指定特定事項有為調查之必要時，得囑託他法院為調查。

第三十七條（調查之範圍及方法）

家事調查官於所定調查事項範圍內，應實地訪視，並就事件當事人、關係人之身心狀況、家庭關係、生活、經濟狀況、經歷、居住環境、親職及監護能力、有無犯罪紀錄、有無涉及性侵害或兒少保護通報事件資源網絡等事項為必要之調查。

家事調查官為調查前，應先由程序監理人或相關之社會福利機關、團體取得資料，以避免使當事人或關係人重複陳述。

第三十八條（調查報告之製作）

家事調查官應依審判長或法官之命提出調查報告，

並向審判長或法官為報告。

前項調查報告未定期限者，應於接獲命令後二個月內完成。但經審判長或法官允許者，至多延長一個月，並以一次為限。

調查報告書應記載下列事項：

一　當事人及關係人姓名、出生年月日、住所、現居所、可辨別身分之證件號碼及電話號碼。

二　指定調查之特定事項。

三　調查之方法。

四　與調查事項有關當事人、關係人之身心狀況、家庭關係、生活、經濟狀況、經歷、居住環境、親職及監護能力、資源網絡等事項。

五　涉及未成年子女受監護或輔助宣告或被安置人，其意願或意見。

六　與本案有關之評估、建議或其他與調查事項有關之必要事項。

七　總結報告。

八　年、月、日。

調查報告之內容有涉及隱私或有不適宜提示當事人或關係人為辯論或令陳述意見者，應於報告中載明。未成年子女陳述意願，經表示不願公開者，亦同。

家事調查官應於調查報告書簽名，並記載報告日期。

第三十九條（守密義務）

家事調查官除法律另有規定外，就調查所知事項，應保守秘密。程序監理人、陪同之社工人員或其他人員，因執行職務所知事項，亦同。

第四十條（家事調查官陳述意見）

審判長或法官認有必要時，得命家事調查官於期日到場，就調查報告書所涉事項陳述意見。

家事調查官於期日到場陳述意見者，其姓名應載明於筆錄。

第四十一條（家事事件之裁判費）

家事訴訟事件應準用民事訴訟法之規定繳納裁判費。

家事非訟事件應準用非訟事件法之規定繳納裁判費。

家事事件經聲請調解者，應依民事訴訟法第七十七條之二十繳納裁判費。

第二編　調解程序

第四十二條（調解事件之管轄）

調解成立者，當事人得於調解成立之日起三個月內，聲請退還已繳裁判費三分之二。

第四十三條（不得調解事件）

本法第三條第四項所定丁類事件，除經當事人聲請調解外，不得行調解程序。

保護令事件不得進行調解，亦不得合併調解。

第四十四條（調解委員名冊）

法院應依實際需要之人數，聘任符合家事調解委員資格之人為調解委員，並造冊送司法院備查。

司法院得將志願協助調解機構團體所送符合家事調解委員資格名冊，轉送各法院供各法院選任。

第四十五條（調解委員之選任及解任）

調解由法官選任符合家事調解委員資格者一人至三人先行為之。

調解委員之選任及解任，應依法院設置家事調解委員辦法行之。

第四十六條（選任程序監理人）

關於未成年子女權利義務行使負擔事件之調解，法院於必要時，得命家事調查官先為特定事項之調查。」

監護或輔助宣告事件，經關係人依本法第三十三條或第三十六條聲請裁定者，法院於必要時，得命家事調查官先為特定事項之調查。

前二項事項，法院宜依本法第十五條、第一百零九條、第一百六十五條之規定選任程序監理人。

第四十七條（調解之處所）

調解程序於法院行之。但因未成年子女、受監護或輔助宣告人、被安置人之利益於必要時，亦得於其他適當處所行之。

調解委員於其他適當處所行調解者，應經法官之許可。

第四十八條（調解程序之形式）

調解不以開庭之形式進行時，法官與書記官得不著制服。

第四十九條（調解期日）

調解期日，由法官依職權定之；其續行之調解期日，得委由主任調解委員定之；無主任調解委員者，得委由調解委員定之。

調解期日，應通知經選任之程序監理人；已有陪同之人或已命家事調查官先為調查者，並應通知該陪同人及家事調查官。

第五十條（命當事人本人到場）

法官於必要時，得命當事人、關係人或法定代理人本人於調解期日到場；調解委員認有必要時，亦得報請法官行之。

第五十一條（第三人參加調解）

就調解事件有利害關係之第三人，經法官之許可，得參加調解程序；法官並得將事件通知之，命其參加。

第五十二條（調解態度）

調解時應本和平懇切之態度，對當事人兩造為適當之勸導，就調解事件酌擬平允方案，力謀雙方之和諧」

參與調解程序之人員，應以具性別平權意識、尊重多元文化之語氣進行調解。

第五十三條（關係人利益之維護）

家事調查官或程序監理人於調解程序中，發現有危及未成年人受監護或輔助宣告人被安置人利益情事之虞者，應即陳報法院。

第五十四條（調解筆錄）

調解成立者，應由書記官將解決爭端之條款詳細記明調解筆錄，送請法官簽名。

調解委員行調解而自行記錄調解不成立或延展期日者，法官勿庸於該紀錄上簽名。

第五十五條（調解欠缺之效果）

應經調解之事件，法院未進行調解，當事人或關係人於第一審程序終結前未抗辯者，上級審法院不得以之為廢棄發回之理由。

第五十六條（合併家事非訟事件之暫時處分）

關係人聲請家事非訟事件之調解，於程序終結前，法院認為有命為暫時處分之必要者，宜曉諭關係人為暫時處分之聲請。

關係人為家事非訟事件本案之聲請，經法院行調解程序者，法院於程序終結前，認有必要時，得依聲請或依職權命為適當之暫時處分。但關係人得處分之事項，非依其聲請，不得為之。

調解委員於調解程序中，認為有為暫時處分之必要者，應報明審判長或法官。

第五十七條（商請機關協助）

行調解時，為瞭解當事人或關係人之家庭及相關環境，於必要時，法院得命家事調查官連繫社會福利機構，並提出行調解所必要事項之報告。

第五十八條（免費商談或輔導）

法院得根據家事調查官之報告，命當事人或關係人分別或共同參與法院所指定之專業人士或機構、團體所進行之免付費諮商、輔導、治療或其他相關之協助。

前項裁定，不得為執行名義。

第五十九條（移付調解）

法院於家事事件程序進行中依職權移付調解前，應先徵詢當事人及關係人之意見。

第六十條（保密義務）

法官、書記官及調解委員因經辦調解事件，知悉他人職務上、業務上之秘密或其他涉及隱私之事項，除法律別有規定外，應保守秘密。

第三編　家事訴訟事件

第一章　通　則

第六十一條（合併審理之第一審移送）

得合併審理之家事事件，當事人向有管轄權之不同法院請求者，後繫屬之法院認有統合處理之必要或經當事人合意者，得依聲請或依職權，以裁定移送於繫屬最先之家事訴訟事件第一審或第二審法院。

前項情形，先繫屬者為家事非訟事件，該繫屬法院得依聲請或依職權，以裁定移送於繫屬最先之家事訴訟事件第一審或第二審法院。

得合併審理之家事事件，經當事人先後向同一法院請求者，得依職權或依聲請移由最先受理家事訴訟之法官處理。

經合併審理之家事事件而法院分別裁判者，不得將未裁判之其他家事事件移送他法院審理。

已受理家事事件之第二審法院，不得將家事事件移送第一審法院處理。

第六十二條（合併審理之上訴審移送）

得合併審理之家事事件，經先後繫屬於有管轄權之不同第二審法院，後繫屬之法院認有統合處理之必要或經當事人合意者，得依聲請或依職權，以裁定移送於家事訴訟事件最先繫屬之第二審法院。

得合併審理之家事事件，經先後繫屬於有管轄權之同一第二審法院得依職權或依聲請移由最先繫屬家事訴訟事件之法官審理。

第六十三條（合併審理之審理程序）

經合併審理之家事事件，應分別依照各該家事訴訟事件或家事非訟合併審理前應適用之法律為審理」。

經合併審理之家事非訟事件，除別有規定外，經以判決為之者，該部分判決之效力仍應依該家事非訟事件合併審理前應適用之法律定之。

第六十四條（視為已上訴）

經合併審理並判決之家事事件，當事人就家事訴訟事件一部聲明不服者，以家事訴訟事件判決所認定法律關係為據之其他部分，視為提起上訴。

第六十五條（家事訴訟事件之和解）

當事人得於訴訟中就得處分之事項為訴訟上和解」。

經合併審理之家事非訟事件，得依本法第一百零一條第一項之規定為和解或依第一百十條之規定為合意。

就合併審理之親子非訟事件為合意時，應符合未成年子女最佳利益，並應依本法第一百零八條之規定徵詢未成年子女之意願。

第二項之和解與合意得合併記載於家事訴訟事件之和解筆錄，並於作成和解筆錄時發生與本案確定裁判同一之效力。

第六十六條（不得和解之家事訴訟事件）

撤銷婚姻、撤銷司法院釋字第七四八號解釋施行法（以下簡稱釋字七四八號施行法）第二條關係、否認子女之訴、認領子女之訴及其他非屬當事人得處分之事項，不得為訴訟上和解。

第六十七條（不得為捨棄認諾判決）

關於捨棄、認諾效力之規定，於撤銷婚姻、撤銷釋字七四八號施行法第二條關係、否認子女之訴、認領子女之訴及其他非屬當事人得處分之事項不適用之。

第六十八條（家事訴訟之停止程序）

家事訴訟事件，有和諧解決之望或解決事件之意思已甚接近法院得停止訴訟程序並移付調解或命家事調查官為調查等必要處分。

前項移付調解除兩造當事人或關係人合意外以一次為限。

第六十九條（判決書）

判決應作判決書，

經選任程序監理人者，應於判決書記載其姓名。

第七十條（其他家事訴訟事件之範圍）

下列事件亦為家事訴訟事件：

一　民法第九百七十七條至第九百七十九條之一所定因婚約解除或違反婚約之損害賠償、因婚約無效、解除或撤銷之返還婚約贈與物事件。

二　民法第九百八十八條之一第四項至第六項、第九百九十九條、第一千零五十六條所定因婚姻消滅、無效、撤銷、判決離婚之損害賠償事件；依釋字七四八號施行法第八條第三項、第十條第二項及第十九條準用前開民法規定所生之損害賠償事件。

三　因離婚之原因或事實所生之損害賠償事件；因釋字七四八號施行法第二條關係終止之原因或事實所生之損害賠償事件。

四　民法第九百九十九條之一、第一千零三十條之一、第一千零三十八條至第一千零四十一條、第一千零五十八條所定夫妻財產之分配、補償、返還、取回、分割及其他因夫妻財產關係所生請求事件；依釋字七四八號施行法第十條第二項、第十五條及第十九條準用前開民法規定所生之財產分配、補償、返還、取回、分割及其他因財產關係所生請求事件。

五　民法第一千零二十三條第二項所定清償債務事件；依釋字七四八號施行法第十五條準用前開民法規定所生之清償債務事件。

六　民法第一千零八十二條所定因終止收養關係給與相當金額事件；依釋字七四八號施行法第二十條準用前開民法規定所生之因終止收養關係給與相當金額事件。

第七十一條（保全程序）

家事訴訟事件，得準用民事訴訟法保全程序之規定，為假扣押、假處分之聲請。

第七十二條（家事財產訴訟事件之審理程序）

本法第三條第三項所定丙類事件除本法特別規定外，應依事件之性質，分別適用民事訴訟法有關通常訴訟程序、簡易訴訟程序及小額訴訟程序之規定審理。

第二章　婚姻訴訟事件

第七十三條（婚姻訴訟事件之範圍）

下列事件為婚姻訴訟事件：

一　確認婚姻無效、婚姻關係存在或不存在事件；確認釋字七四八號施行法第二條關係無效、存在或不存在事件。

二　撤銷婚姻事件；撤銷釋字七四八號施行法第二條關係事件。

三　離婚事件；終止釋字七四八號施行法第二條關係事件。

第七十四條（親子訴訟事件之範圍）

下列事件為親子訴訟事件：

一　確認母再婚所生子女生父事件。

二　確認親子關係存在或不存在事件。

三　確認收養關係存在或不存在事件；確認釋字七四八號施行法第二十條收養關係存在或不存在事件。

四　民法第一千零六十三條第二項否認子女之訴。

五　民法第一千零六十七條認領子女事件。

六　民法第一千零七十九條之五、第一千零八十條之三撤銷收養、撤銷終止收養事件。

七　依釋字七四八號施行法第二十條準用前款民法規定所生之撤銷收養、撤銷終止收養事件。

八　人工生殖法第二十三條第二項及第二十四條第二項所定否認之訴。

第七十五條（撤銷收養之訴之當事人適格）

撤銷收養之訴，以收養人及被收養人為被告。但收養人或被收養人一方已死亡者，以生存之他方為被告。

第七十六條（撤銷收養之訴之訴訟通知）

撤銷收養之訴，法院應於事實審言詞辯論終結前相當時期，將訴訟事件及進行程度，以書面通知撤銷收養後應為養子女法定代理人之人，並適用本法第四十條之規定為判決之送達或參加訴訟。但法定代理人為當事人者，不在此限。

第七十七條（撤銷終止收養之訴之當事人適格）

撤銷終止收養之訴，以終止收養之收養人與被收養人為被告。但收養人或被收養人一方已死亡者，以生存之他方為被告。

第七十八條（撤銷終止收養之訴之訴訟通知）

第七十六條之規定，於撤銷終止收養之訴準用之。

第四章　繼承訴訟事件

第七十九條（繼承訴訟事件之範圍）

下列事件為繼承訴訟事件：

一 民法第一千一百四十六條所定繼承回復事件。
二 民法第一千一百六十四條所定遺產分割事件。
三 民法第一千二百二十五條所定特留分事件。
四 遺贈事件。
五 確認遺囑真偽事件。
六 民法第一千一百四十九條所定遺產酌給請求權事件。
七 其他繼承關係所生請求事件。
八 依釋字七四八號施行法第二十三條準用民法繼承編所生之前七款繼承訴訟事件。

前項第一款第二款之訴，不包含民法第八百二十三條所定之共有物分割訴訟。

第四編 家事非訟事件

第一章 通 則

第八十條（聲請狀之繕本）

聲請人為家事非訟事件聲請時，應依相對人及已知關係人之人數附具繕本或影本。

第八十一條（程序參與人之通知）

通知本法第七十七條第一項各款所列之人參與程序，通知書應載明下列事項：
一 受通知人之姓名；受通知人為機關或機構者，其名稱。
二 家事事件。
三 聲請人及相對人之姓名。
四 應到場之處所及日時。

法院對前項得參與程序之人應送達聲請狀之繕本並限期命陳述意見。

第八十二條（筆錄）

家事非訟程序訊問應作成筆錄。

前項訊問筆錄應記載下列事項：
一 訊問之處所及年月日。
二 法官、書記官及通譯姓名。
三 家事事件。
四 聲請人、相對人、到場之關係人、法定代理人、非訟代理人或其他經通知到場之人姓名。
五 已知之利害關係人姓名。
六 經選任程序監理人，其姓名及職銜。
七 家事調查官到場陳述意見者，其姓名。
八 有社工人員或適當人員陪同者，其姓名或所屬機關、機構、工作證號或代號。
九 到庭陳述意見之主管機關、社會福利機構人員或其他到場人姓名。
十 訊問允許旁聽者，其理由。

第八十三條（非訟程序文件之利用）

關係人得向法院書記官聲請閱覽、抄錄或攝影卷內文書，或預納費用聲請付與繕本、影本或節本。

第三人經聲請人及相對人同意而為前項之聲請者，應經法院許可。

卷內文書涉及關係人或第三人隱私或業務秘密、家事調查官之調查報告，如准許前二項之聲請，有致其受重大損害之虞者，法院得依聲請或依職權裁定不予准許或限制前二項之行為。

前項不予准許或限制裁定之原因消滅者，關係人或第三人得聲請法院撤銷或變更該裁定。

前二項裁定得為抗告。於抗告中第一項、第二項之聲請不予准許；其已准許之處分及前項撤銷或變更之裁定應停止執行。

第八十四條（囑託調查）

法院得囑託其他法院為事實及證據之調查。

第八十五條（家事非訟事件之合併）

除法律別有規定外，得依本法第七十九條為合併、變更、追加或反聲請者，以家事非訟事件為限。

第八十六條（因死亡而終結）

家事非訟事件因聲請人或相對人死亡、喪失資格或其他事由致不能續行程序，無人承受程序，經法院認為無續行之必要者，視為終結。

前項情形，法院應公告並通知已知之關係人。

第八十七條（裁定書之製作）

裁定應作成裁定書。但得於聲請書或筆錄記載裁定內容，由法官簽名，以代原本。

裁定之正本及節本，由書記官簽名，並蓋法院印信。

第八十八條（告知之方式）

裁定得以下列方式告知之：
一 由書記官於辦公處所告知之，並製作告知證書，經關係人簽名確認後附卷。
二 經受裁定人或受告知人陳明之電信傳真或其他科技設備之方式。

第八十九條（裁定公告或告知證書）

裁定以公告或其他適當方法告知者，法院書記官應製作載有下列事項之證書附卷：
一 受裁定人。
二 公告或告知之方式。
三 公告之起迄年月日或告知之年月日時。

得抗告之裁定雖經公告或告知，仍應送達於受裁定人及已知之利害關係人。

第九十條（登記）

依法應辦理登記身分事項之裁定，法院應於裁定生效後依職權通知該管戶政機關。

第九十一條（暫時處分之聲請）

家事非訟事件關係人聲請暫時處分，應表明下列事項：

一　關係人及法定代理人。
二　本案聲請及其事由。
三　應受暫時處分之事項及其事由。
四　法院。

關係人就得處分之事項聲請暫時處分，應釋明其事由。

關係人於家事非訟事件聲請前向法院聲請暫時處分者，法院應以書面或其他適當方式向聲請人發問或曉諭是否併為本案聲請，並告知未為本案聲請之法律上效果。

第九十二條（暫時處分之內容）

法院受理家事非訟事件，於必要時命為適當之暫時處分，其方法由法院酌量定之，不受當事人聲明之拘束。但以具體明確，可執行並以可達本案聲請之目的者為限，不得悖離本案聲請或逾越必要之範圍。

第九十三條（為暫時處分前之徵詢意見）

法院依聲請或依職權酌定適當之暫時處分前，為審酌未成年人、受監護或輔助宣告人、被安置人之最佳利益，得先命家事調查官為調查、徵詢主管機關或社會福利機構之意見、選任程序監理人，並應使未成年人、受監護或輔助宣告之人、被安置人表達意願或陳述意見。

前項情形，應使關係人有陳述意見之機會。但有急迫或不適當情形者，不在此限。

第九十四條（再抗告之強制代理）

對於抗告法院裁定之再抗告，應委任律師為代理人。但抗告人或其法定代理人、程序監理人具有律師資格者，不在此限。

第二章　婚姻非訟事件

第九十五條（婚姻非訟事件之範圍）

下列事件為婚姻非訟事件：

一　民法第九百九十九條之一、第一千零五十七條因婚姻無效、撤銷或離婚之給與贍養費事件；依釋字七四八號施行法第十條第二項及第十九條準用前開民法規定所生因該法第二條關係無效、撤銷或終止之給與贍養費事件。
二　民法第一千零一條夫妻同居事件；釋字七四八號施行法第十一條之同居事件。
三　民法第一千零二條指定夫妻住所事件；釋字七四八號施行法第十二條之指定住所事件。
四　民法第一千零二十二條報告夫妻財產狀況事件；依釋字七四八號施行法第十五條準用前開民法規定所生之報告財產狀況事件。
五　給付家庭生活費用事件；釋字七四八號施行法第十四條之給付家庭生活費用事件。
六　給付扶養費事件；釋字七四八號施行法第二十二條之給付扶養費事件。
七　民法第一千零十條宣告改用分別財產制事件；依釋字七四八號施行法第十五條準用前開民法規定所生之宣告改用分別財產制事件。
八　依當事人協議請求給付家庭生活費、贍養費或扶養費事件。

前項第五款、第六款及第八款事件，包含已屆期而未給付之費用。

第九十六條（夫妻同居事件）

請求履行夫妻同居事件，聲請人應於聲請狀載明應為同居之處所；依釋字七四八號施行法第十一條請求履行同居者，亦同。

夫妻就住所未為協議或協議不成者，法院得曉諭合併聲請或反聲請指定住所；於釋字七四八號施行法第十二條之情形，亦同。

第九十七條（請求費用之聲明）

聲請人請求給付家庭生活費、扶養費或贍養費時，就數項費用之請求，除得聲明給付之總額或最低額外，宜表明各項費用之金額；聲明有不明瞭或不完足者，法院應曉諭其敘明或補充之。

第九十八條（命給付費用應審酌之事項）

法院命給付家庭生活費、扶養費或贍養費之負擔或分擔，得審酌關係人所為之約定內容等一切情況定給付之方法。

第九十九條（前提法律關係之合併審理）

本法第九十九條所定事件程序，關係人就請求所依據之法律關係有爭執者，法院應曉諭其得合併請求裁判，並徵詢應適用程序之意見。

第一百條（抗告程序中合併前提法律關係事件之告知）

前條合併裁判事件之程序，準用本法第四十一條至第四十四條之規定。

第三章　親子非訟事件

第一百零一條（親子非訟事件之範圍）

下列事件為親子非訟事件：

一　民法第一千零五十五條、第一千零五十五條之一、第一千零六十九條之一、第一千零八十九條、第一千零八十九條之一、兒童及少年福利與權益保障法第七十一條第二項所定關於未成年子女扶養請求、其他權利義務之行使或負擔之酌定、改定、變更或重大事項權利行使酌定事件。
二　民法第一千零五十五條第五項、第一千零五十九條第五項、第一千零五十九條之一第二項、第一千零七十八條第三項關於變更子女姓氏事件。

三　民法第一千零九十條、兒童及少年福利與權益保障法第七十一條第一項前段、兒童及少年性剝削防制條例第二十八條所定關於停止親權及撤銷停止親權事件。

四　關於未成年子女選任特別代理人事件。

五　關於交付子女事件。

六　關於其他親子非訟事件。

七　依釋字七四八號施行法第十條第二項、第十九條及第二十條所定父母子女關係所生之前六款事件。

第一百零二條（刪除）

第一百零三條（停止親權事件之聲請人）

兒童及少年福利與權益保障法第七十一條第一項所定停止親權、選定監護人、改定監護人事件及民法第一千零九十條所定之停止親權事件，應以各該法律所定得聲請之人為聲請人。

停止親權之聲請，以應受停止親權人為相對人。

前二項規定，於兒童及少年性剝削防制條例第二十八條所定停止親權、選定或改定監護人事件準用之。

第一百零四條（通知參與程序）

法院為停止親權之裁定前，應通知未成年子女之父母參與程序。但通知顯有困難者，不在此限。

第一百零五條（撤銷停止親權事件之聲請人）

停止親權之原因消滅後，未成年子女、兒童、少年、被害人或其最近尊親屬、父母、直轄市、縣（市）主管機關、兒童及少年福利機構或其他利害關係人得聲請法院撤銷停止親權之宣告。

撤銷停止親權之聲請，以停止親權人為相對人；由被停止親權之人聲請者，以現行親權之人或監護人為相對人。

第一百零六條（期日）

法院受理親子非訟事件聲請後，得儘速定期日，並應先聽取未成年人、父母、其他關係人及社會福利機關之意見。非有急迫情形，不宜先訊問未成年子女。

第一百零七條（子女之最佳利益）

處理親子非訟事件，應依子女之最佳利益，審酌一切情狀，參考訪視或調查報告而為裁判。

法院為前項裁判前，應依子女之年齡及識別能力等身心狀況，於法庭內、外，以適當方式，曉諭裁判結果之影響，使其有表達意願或陳述意見之機會；必要時，得請兒童及少年心理或其他專業人士協助。

第四章　收養非訟事件

第一百零八條（收養非訟事件之範圍）

下列事件為收養非訟事件：

一　民法第一千零七十九條第一項認可收養事件。

二　民法第一千零八十條第二項後段認可終止收養事件。

三　民法第一千零八十條之一第一項許可終止收養事件。

四　民法第一千零八十一條第一項宣告終止收養事件。

五　兒童及少年福利與權益保障法第二十條、第七十一條第一項後段及兒童及少年性剝削防制條例第二十八條第一項後段所定宣告終止收養事件。

六　依釋字七四八號施行法第二十條所定收養關係所生之前五款事件

第一百零九條（程序監理人）

被收養人為未成年人，法院為前條所列事件裁定前，得依本法第十五條之規定為其選任程序監理人。

第一百十條（跨國收養之調查）

收養事件涉及外國人者，應注意使收養人到庭陳述，確認其收養真意，必要時並得囑託駐外機構為調查。

第一百十一條（聽取子女意見）

法院為有關收養事件裁定前，應依子女之年齡及識別能力等身心狀況，於法庭內、外，以適當方式，曉諭裁判結果之影響，使其有表達意願或陳述意見之機會；必要時，得請兒童及少年心理或其他專業人士協助。」

被收養人為滿七歲以上之未成年人，法院於裁判前，應聽取其意見。但有礙難情形或恐有害其健康者，不在此限。

第一百十二條（認可收養事件之形式關係人）

認可收養事件，以收養人及被收養人為聲請人。

夫妻收養子女時，除得單獨收養外，應共同為聲請人。」

第一百十三條（兒童及少年之收養）

被收養人為未成年人者，應載明其法定代理人。

父母或監護人依兒童及少年福利與權益保障法第十六條規定出養者，於聲請收養認可時，除有該條第一項但書情形外，應附具收出養媒合服務者之評估報告。

第一百十四條（認可收養之參考）

法院認可未滿十八歲之兒童及少年之收養前，得採行下列措施，供決定認可之參考：

一　命直轄市、縣（市）主管機關、兒童及少年福利機構、其他適當之團體或專業人員進行訪視，提出訪視報告及建議。

二　命收養人與兒童及少年先行共同生活一段期間。

三　命收養人接受親職準備教育課程、精神鑑定、藥、酒癮檢測或其他維護兒童及少年最佳利益之必要事項。

四　命直轄市、縣（市）主管機關調查被遺棄兒童及少年身分資料。

法院命先行共同生活者，宜於裁定中載明其起訖日期。

第一項第三款之費用由收養人負擔。

第一百十五條（父母意見不一致之處理）

父母對於未滿十八歲兒童及少年出養之意見不一致，或一方所在不明時，父母之一方仍可向法院聲請認可。

前項情形，法院認為收養符合兒童及少年之最佳利益時，應予認可。

第一百十六條（通知主管機關）

法院認可或駁回未滿十八歲之兒童及少年收養之聲請，應於裁定生效後，以書面通知兒童及少年住所地之直轄市、縣（市）主管機關。

第一百十七條（死亡之終結）

聲請認可收養後，被收養人為未滿十八歲之兒童或少年，於法院裁定前死亡者，程序終結。

收養人於法院認可裁定前死亡者，除有其他不符收養要件或應駁回認可之情形外，法院應命直轄市、縣（市）主管機關、兒童及少年福利機構、其他適當之團體或專業人員為評估，並提出報告及建議。法院認收養有利於未滿十八歲之兒童及少年時，仍得為認可收養之裁定。

第一百十八條（認可終止收養之聲請人）

民法第一千零八十條第二項後段所定認可終止收養事件，應以收養人及被收養人為聲請人。

養子女未滿七歲者，應由收養終止後為其法定代理人之人代為聲請。

第一百十九條（許可終止收養之聲請人）

民法第一千零八十條之一所定許可終止收養事件，以養子女為聲請人；養子女未滿七歲者，應由收養終止後為其法定代理人之人為聲請人。

第一百二十條（宣告終止收養事件之聲請人）

民法第一千零八十一條第一項所定宣告終止收養事件，應以該項所列情事之他方、主管機關或利害關係人為聲請人。

兒童及少年福利與權益保障法第二十條所定宣告終止收養事件，應以養子女、利害關係人或主管機關為聲請人。

兒童及少年福利與權益保障法第七十一條第一項後段所定宣告終止收養事件，應以養子女或其最近尊親屬、直轄市、縣（市）主管機關、兒童及少年福利機構或其他利害關係人為聲請人。

兒童及少年性剝削防制條例第二十八條第一項後段所定宣告終止收養事件，應以被害人、檢察官、被害人最近尊親屬、直轄市、縣（市）主管機關、兒童及少年福利機構或其他利害關係人為聲請人。

養子女為未滿七歲之未成年人，而養父母為其法定代理人者，前四項宣告終止收養事件，應由本生父母代為聲請並為程序行為。

第一百二十一條（合併審理）

數宣告終止收養事件，應合併審理。

前項事件經合併審理者，準用本法第四十一條、第四十二條第一項及第四十三條之規定。

第一百二十二條（通知參與程序）

認可終止收養、許可終止收養及宣告終止收養事件，法院應依本法第七十七條之規定通知收養終止後為養子女法定代理人之人等人參與程序。

前項法定代理人有配偶或子女者，並應通知之。但通知顯有困難者，不在此限。

第五章　未成年人監護事件

第一百二十三條（未成年人監護事件之範圍）

下列事件為未成年人監護事件：

一　民法第一千零九十七條第二項酌定監護方法事件。

二　民法第一千一百零一條第二項許可監護人行為事件。

三　民法第一千一百零三條第二項命監護人陳報、檢查監護事務或受監護人財產事件。

四　兒童及少年福利與權益保障法第七十一條第一項、兒童及少年性剝削防制條例第二十八條所定停止監護權、選定或改定監護人事件。

五　兒童及少年福利與權益保障法第七十二條第一項所定監護兒童及少年財產權益事件。

六　其他民法親屬編所定未成年子女監護事件。

七　依釋字七四八號施行法第十條第二項、第十九條及第二十條所定父母子女關係所生之前六款事件。

第一百二十四條（停止監護等事件之聲請人）

兒童及少年福利與權益保障法第七十一條第一項所定停止監護權、選定或改定監護人事件，得由兒童及少年或其最近尊親屬、直轄市、縣（市）主管機關、兒童及少年福利機構或其他利害關係人為聲請人。

兒童及少年性剝削防制條例第二十八條所定停止親權、選定或改定監護人事件，得以被害人、檢察官、被害人最近尊親屬、直轄市、縣（市）主管機關、兒童及少年福利機構或其他利害關係人為聲請人。

第一項停止監護權事件之停止原因消滅後，該項聲請人得聲請法院撤銷停止監護權之宣告，並準用第一百零五條第二項之規定。

第一百二十五條（兒少財產之監護）

兒童及少年福利與權益保障法第七十二條第一項所定監護兒童及少年財產權益事件，由直轄市、縣

（市）主管機關為聲請人

第一百二十六條（暫時處分）

法院於為未成年人監護事件相關之裁定前，因保護應受監護人之身體或財產，於必要時得依聲請或依職權命為適當之暫時處分。但關係人得處分之事項，非依聲請，不得為之。

第一百二十七條（通知參與程序）

法院於為未成年人選定、另行選定或改定監護人事件，除聲請人及未成年人外，應通知監護人、應被選定之監護人得為聲請之人參與程序。但通知顯有困難者，不在此限。

第六章 親屬間扶養事件

第一百二十八條（扶養事件之範圍）

下列事件，除本法第一百條及第一百零七條所定者外，為親屬間扶養事件：

一 關於扶養請求事件。

二 民法第一千一百十八條之一所定請求法院減輕或免除扶養義務事件。

三 民法第一千一百二十一條所定因情事變更請求變更扶養之程度及方法事件。

四 關於其他扶養事件。

五 依釋字七四八號施行法第二十二條第二項準用民法扶養規定所生之前四款事件。

第七章 繼承非訟事件

第一百二十九條（繼承非訟事件之範圍）

下列事件為繼承非訟事件：

一 關於遺產清冊陳報事件。

二 關於債權人聲請命繼承人提出遺產清冊事件。

三 關於拋棄繼承事件。

四 關於無人承認之繼承事件。

五 關於保存遺產事件。

六 關於指定或另行指定遺囑執行人事件。

七 關於定遺囑執行人報酬事件。

八 關於其他繼承事件。

九 依釋字七四八號施行法第二十三條準用民法繼承編所生之前八款事件。

十 臺灣地區與大陸地區人民關係條例第六十六條第六十七條之一所定事件。

第一百三十條（繼承人陳報遺產清冊）

法院受理繼承人依民法第一千一百五十六條第一項陳報遺產清冊時，應注意審查其陳報是否於繼承開始起三個月內為之。

繼承人有數人時，一人陳報遺產清冊，其他繼承人視為已陳報。

第一百三十一條（命繼承人提出遺產清冊）

法院於知悉債權人以訴訟程序或非訟程序向繼承人請求清償繼承債務時，得依職權命繼承人於三個月內向依本法第一百二十七條所定之管轄法院提出遺產清冊。

前項情形，受理遺產清冊之法院得付與證明書。

第一百三十二條（陳報遺產清冊後之公示催告）

繼承人陳報遺產清冊後，法院即應依本法第一百三十條為公示催告程序。

公示催告除由法院揭示於公告處、公報、資訊網路或其他處所外，並得命繼承人登載於新聞紙或用其他方法公告之。

第八章 失蹤人財產管理事件

第一百三十三條（數財產管理事件之合併）

失蹤人財產管理事件有數宗者，應合併審理之，並適用本法第七十九條之規定。

第九章 死亡宣告事件

第一百三十四條（共同聲請或代為聲請）

死亡宣告之聲請權人得為共同聲請人加入程序或代聲請人續行程序。

第一百三十五條（數死亡宣告事件之合併）

死亡宣告之聲請、變更或撤銷有數宗者，應合併審理之，並適用本法第七十九條之規定。

第一百三十六條（通知戶政機關登記）

法院應於死亡宣告、撤銷死亡宣告及變更死亡宣告之裁定生效後，通知該管戶政機關。

第十章 監護宣告事件

第一百三十七條（聲請人）

應受監護宣告人本人、配偶、四親等內之親屬、最近一年有同居事實之其他親屬、檢察官、社會福利主管機關、社會福利機構、輔助人、意定監護受任人或其他利害關係人得聲請監護宣告。

前項聲請人知悉應受監護宣告人訂有意定監護契約者，應於聲請書狀載明。

第一百三十八條（程序通知）

法院為有關監護宣告事件之裁定前，應通知得被選任之監護人或意定監護受任人參與程序。但通知顯有困難者，不在此限。

法院為改定或另行選定監護人、解任意定監護人、許可終止意定監護契約之裁定前，應另通知原監護人參與程序。但通知顯有困難者，不在此限。

法院得提供執行成年監護職務相關講習、輔導或諮商相關訊息予得被選任之監護人或意定監護受任人參考選用；得被選任者及意定監護受任人得提出參與相關講習、輔導或諮商之情形，供法院處理相關家事事件參考。

第一百三十八條之一（無訊問必要之情形）

本法第一百六十七條第一項但書所定有事實足認無訊問之必要者，係指有具體明確事證，認應受監護宣告之人為植物人或有客觀事實明顯不能為意思表示、受意思表示或辨識意思表示效果之情形者。

法院審酌前項事證時，應調查應受監護宣告之人實際精神及心智狀況，參考醫生診斷資料等，以維護應受監護宣告之人利益方式為之。

第一百三十九條（暫時處分）

法院於為監護宣告相關之裁定前，因保護應受監護宣告人之身體或財產，於必要時，得依聲請或依職權命為適當之暫時處分。於監護宣告裁定後，認為必要時亦同。但關係人得處分之事項，非依聲請，不得為之。

第一百四十條（改定監護人）

監護人有正當理由辭任者，應向法院聲請之，並應敘明辭任之正當理由。

監護人死亡、經法院許可辭任或有其他不得為監護人之情事者，法院得依受監護人、第一百三十七條聲請權人之聲請或依職權，另行選定適當之監護人。

有事實足認為監護人不符受監護宣告人之最佳利益或有顯不適任之情事者，法院得依前項聲請權人之聲請，改定監護人。

第一百四十條之一（職權選定監護人）

法院為監護之宣告時，有事實足認意定監護受任人不利於本人或有顯不適任之情事者，得依職權就民法第一千一百十一條第一項所列之人選定為監護人，不受意定監護契約之限制。

前項不適任之情事，包括下列事項：

一　因客觀事實足認其身心狀況不能執行監護職務。

二　受任人有意圖詐欺本人財產之重大嫌疑。

三　受任人長期不在國內，無法勝任監護職務之執行。

四　其他重大事由。

第一百四十條之二（裁定終止意定監護契約）

法院為監護之宣告後，本人有正當理由者，得敘明其理由聲請法院裁定許可終止意定監護契約。法院許可終止時，應依職權就民法第一千一百十一條第一項所列之人選定為監護人。

法院為監護之宣告後，意定監護契約受任人有正當理由者，得敘明理由，聲請法院裁定許可辭任其職務」。

法院許可前項受任人辭任時，如無執行同一職務之其他監護人者，應依職權就民法第一千一百十一條第一項所列之人選定為監護人；有執行其他職務之監護人且無不適任之情形者，應優先選定之。

第一百四十條之三（各監護人得單獨聲請之事項）

意定監護之監護人數人共同執行職務之情形，於為民法第一千一百十三條之六第一項之聲請時，得僅由其中一人聲請，無須共同為之。

第一百四十一條（監護宣告裁定之效力）

監護宣告之裁定不因抗告而停止效力。

第一百四十二條（撤銷監護宣告應通知人）

撤銷監護宣告事件，除受監護宣告之人外，應通知監護人參與程序。

第一百四十三條（通知戶政機關登記）

法院應於監護宣告、撤銷監護宣告、變更監護宣告及廢棄監護宣告之裁定生效後，依職權通知戶政機關登記選定監護人、許可監護人辭任、另行選定監護人、改定監護人、許可終止意定監護契約時依職權選定監護人及解任意定監護人，亦同。

第一百四十四條（準用未成年監護事件）

成年人之監護，除本章別有規定外，準用本細則關於未成年監護事件之規定。

第十一章　輔助宣告事件

第一百四十五條（輔助宣告裁定之效力及通知戶政機關登記）

輔助宣告之裁定不因抗告而停止效力。

法院為輔助宣告，無庸併選任會同開具財產清冊之人。

法院應於輔助宣告、撤銷輔助宣告、變更輔助宣告及廢棄輔助監護宣告之裁定生效後，依職權囑託該管戶政機關登記。

第一百四十六條（準用監護宣告事件）

輔助宣告事件，除別有規定外，準用前章之規定。

第十二章　親屬會議事件

第一百四十七條（扶養方法事件）

民法第一千一百二十條前段所定扶養方法事件，應由當事人協議定之；不能協議者，由親屬會議定之。親屬會議不能召開或召開有困難時，由有召集權之人聲請法院處理之。

當事人逕向法院聲請者，法院應以裁定駁回之。

第一百四十八條（扶養之方法）

前條所定扶養方法事件，法院得命為下列之扶養方法：

一　命為同居一處而受扶養。

二　定期給付。

三　分期給付。

四　撥給一定財產由受扶養權利人自行收益。
五　其他適當之方法。

第十三章　保護安置事件

第一百四十九條　（保護安置事件之範圍）
下列事件為保護安置事件：
一　兒童及少年福利與權益保障法第五十七條第二項所定兒童及少年之繼續安置事件。
二　兒童及少年性剝削防制條例第十六條、第十九條第一項、第二十一條第一項至第三項及第二十三條第二項所定兒童及少年之安置保護、延長安置及停止安置事件。
三　身心障礙者權益保護法第八十條第一項所定身心障礙者之繼續安置事件。
四　其他法律規定應由法院裁定安置事件。

第一百五十條　（被安置人之程序能力）
保護安置事件之被安置人，於保護安置事件有程序能力。如其無意思能力者，法院應依職權為其選任程序監理人。但有事實足認無選任之必要者，不在此限。

第一百五十一條　（聲請期間之安置）
依兒童及少年福利與權益保障法第五十七條第二項聲請繼續安置期間，原安置機關、機構或寄養家庭得繼續安置；依兒童及少年性剝削防制條例第十六條第二項聲請者，直轄市、縣（市）主管機關於收到法院裁定前，得繼續安置。

第一百五十二條　（表意權之保障）
法院為保護安置之裁定前，應依本法第一百零八條之規定使被安置人有表達意願或陳述意見之機會。

第一百五十三條　（社工陪同）
被安置人陳述意見或表達意願，法院認為有必要時，得適用本法第十一條之規定通知直轄市、縣（市）主管機關指派社會工作人員或其他適當人員陪同。」
訊問兒童及少年性剝削防制條例所定之被害人時，應通知直轄市、縣（市）主管機關指派社會工作人員陪同在場，並得陳述意見。
前項被害人之法定代理人、直系或三親等內旁系血親、配偶、家長、家屬、醫師、心理師、輔導人員或社會工作人員得陪同在場並陳述意見。但得陪同之人為前開條例所定犯罪嫌疑人或被告時，不在此限。
訊問兒童或少年時，應注意其人身安全，並提供確保其安全之環境與措施，必要時應採適當隔離方式為之，亦得依聲請或依職權於法庭外為之。

第一百五十四條　（裁定之生效）
繼續、停止或延長安置之裁定，於裁定送達或當庭告知被安置人時發生效力。

第一百五十五條　（抗告）
直轄市、縣（市）社會福利主管機關、父母、監護人、受安置兒童及少年對於法院依兒童及少年福利與權益保障法第五十七條第二項裁定有不服者，得提起抗告。
對於抗告法院之裁定不得再抗告。
抗告期間，原安置機關、機構或寄養家庭得繼續安置。

第一百五十六條　（安置之撤銷或變更）
依兒童及少年福利與權益保障法第五十七條第二項裁定繼續安置期間，因情事變更或無依原裁定繼續安置之必要者，直轄市、縣（市）主管機關、父母、原監護人、受安置兒童及少年得向法院聲請變更或撤銷之。

第一百五十六條之一　（性剝削事件之安置裁定㈠）
兒童及少年性剝削防制條例第十六條第一項之聲請事件，法院應儘速裁定；經裁定繼續安置者，期間不得逾三個月。
前項安置期間，法院得依職權或依直轄市、縣（市）主管機關、被害人、其父母、監護人或其他適當之人之聲請，裁定停止安置，並將被害人交由其父母、監護人或其他適當之人保護及教養。
兒童及少年性剝削防制條例第二十一條第一項、第二十三條第二項之聲請事件，應以直轄市、縣（市）主管機關為聲請人。
法院對停止安置之聲請，應儘速裁定。

第一百五十六條之二　（性剝削事件之安置裁定㈡）
兒童及少年性剝削防制條例第十八條第一項之聲請事件，法院應於相關事證調查完竣後七日內為裁定。
兒童及少年性剝削防制條例第十八條第一項、第二十一條第二項之聲請事件，法院認有繼續或延長安置之必要時，宜於原裁定安置之期限屆至前為繼續安置或延長安置之裁定。

第一百五十六條之三　（性剝削事件之安置裁定㈢）
直轄市、縣（市）主管機關、檢察官、父母、監護人、被害人或其他適當之人對於法院依兒童及少年性剝削防制條例第十六條第二項、第三項、第十九條第一項、第二十一條第一項、第二項及第二十三條第二項所為之裁定有不服者，得提起抗告。
對於抗告法院之裁定不得再抗告。
抗告期間，不停止原裁定之執行。法院對抗告事件應儘速裁定。

第一百五十七條　（停止保護安置事件之範圍）
下列事件為停止保護安置事件：
一　精神衛生法第四十二條第三項停止緊急安置事件。
二　精神衛生法第四十二條第三項停止強制住院事件。
三　精神衛生法第四十二條第四項緊急處置事件。

四　其他法律所定應由法院裁定之停止安置、住院事件。

第一百五十八條（程序能力）

停止緊急安置或住院之嚴重病人、滿七歲以上之未成年人，於停止保護安置事件有程序能力；其無意思能力者，法院應依職權為其選任程序監理人。但有事實足認無選任之必要者，不在此限。

第一百五十九條（社工陪同）

嚴重病人陳述意見或表達意願，法院認為有必要時，得適用本法第十一條之規定通知直轄市、縣（市）主管機關指派社會工作人員或其他適當人員陪同。

第一百六十條（停止事件之聲請人）

經緊急安置或強制住院之嚴重病人或其保護人，得向法院聲請裁定停止緊急安置或強制住院。

第一百六十一條（停止安置住院之抗告）

嚴重病人或保護人對於法院所為前條裁定有不服者，得於裁定送達後十日內提起抗告。

第一百六十二條（緊急處置之裁定）

前二條之聲請或抗告期間，法院認有保障嚴重病人利益之必要時，得依聲請以裁定先為保護嚴重病人本人生命、身體、健康之一定緊急處置。

對於前項緊急處置之裁定不得聲明不服。

第一百六十二條之一（兒童及少年性剝削防制條例施行前後相關程序之適用）

中華民國一百零四年二月四日修正公布之兒童及少年性剝削防制條例施行後，法院依修正前兒童及少年性交易防制條例有關規定受理而尚未終結之保護安置事件，應依修正後所定程序終結之；已依法定程序進行之行為，效力不受影響。

第五編　履行之確保及執行

第一百六十三條（執行名義）

依本法作成之調解、和解及本案裁判，除法律別有規定外，得為強制執行名義。暫時處分之裁定及依本法第九十條第一項所為回復原狀之裁定，亦得為執行名義。

債權人執得為執行名義之家事非訟事件本案裁判聲請強制執行，無庸提出裁定確定證明書。法院受理家事非訟事件本案裁判強制執行時，應注意該裁判是否已合法抗告、上訴。

第一百六十四條（管轄法院）

本法第一百八十七條所定之履行調查及勸告，由少年及家事法院為之；未設少年及家事法院之地區，由地方法院家事法庭法官為之。

第一百六十五條（聽取債務人陳述）

法院為履行調查及勸告，應聽取債務人之陳述。但法院認有急迫情形或依事件性質顯不適當者，不在此限。

第一百六十六條（履行勸告之方法）

法院認有勸告之必要者，得視實際需要、法院及社會資源等情形，採行下列措施，必要時並得囑託其他法院或協調相關機關、機構、團體及其他適當人員共同為之，並得命家事調查官等調查：

一　評估債務人自動履行之可能性、何時自動履行、債權人之意見、未成年子女之意願、心理、情感狀態或學習生活狀況及其他必要事項等，以擬定適當之對策。

二　評估債權人及債務人會談可能性並促成會談。但有家庭暴力情形者，準用家庭暴力防治法第四十七條之規定。

三　進行親職教育或親子關係輔導。

四　未成年子女無意願時，予以適當之輔導，評估促成共同會談、協助履行。

五　向其他關係人曉諭利害關係，請其協助促請債務人履行。

六　協助債權人或債務人擬定安全執行計畫或短期試行方案。

七　勸告債務人就全部或已屆期之金錢或其他代替物之給付，提出履行之方式。

八　其他適當之措施。

前項第二款、第三款及第六款情形，應經債權人及債務人之同意；請債權人、債務人與未成年子女共同會談時，並應注意未成年子女之意願及其最佳利益。

法院認第一項第七款履行之方式適當時，得通知債權人為是否接受之表示；債權人表示接受時，請債務人依債權人接受履行之方式為之。

第一項各款措施需支出費用者，由法院酌量情形，命債權人及債務人以比例分擔或命一造負擔，或命各自負擔其支出之費用。

第一百六十七條（施行日期）

本細則自中華民國一百零一年六月一日施行。

本細則修正條文自發布日施行。

家事事件法施行細則

民國一百零一年五月十一日司法院令發布全文

第一條（訂定依據）

本細則依家事事件法（以下簡稱本法）第二百九十九條規定訂定之。

第二條（家事事件之移送）

成立少年及家事法院之地區，應由原管轄之地方法院以公告將本法所定家事事件移送少年及家事法院，並通知當事人及已知之關係人。

成立少年及家事法院之地區原管轄之地方法院應即將家事事件之卷宗資料依下列規定辦理：

一　已繫屬尚未終結者，移交少年及家事法院。

二　已終結經上訴、抗告者，應依本法第一百九十八條第二項規定送上訴、抗告之法院。

三　已終結而未上訴或抗告者，依法歸檔。

已成立少年及家事法院之地區，經上訴或抗告之家事事件，有應廢棄發回之事由者，應發回少年及家事法院。應發交者亦同。

第三條（施行前已繫屬家事事件之處理㈠）

本法施行前已繫屬且有管轄權而尚未終結之家事事件，應由受理法院依本法所定程序終結之，除有本法第一百九十七條第四項所定得合併裁判情形外，不得裁定移送其他法院。當事人合意者亦同。

第四條（施行前已繫屬家事事件之處理㈡）

地方法院於本法施行前受理而未終結之家事事件，經分由民事庭處理者，應由原法官依本法所定程序終結之。

第五條（施行前已繫屬家事事件之處理㈢）

本法施行前已繫屬尚未終結之家事事件，受理之法院得依本法之規定選任程序監理人。事件繫屬於第二審法院者亦同。

第六條（施行前已繫屬家事事件之處理㈣）

本法施行前已繫屬尚未終結之家事事件，受理之法院得依本法第十八條之規定，依聲請或依職權命家事調查官就特定事項調查事實。

第七條（施行前已繫屬家事事件之處理㈤）

本法施行前已繫屬尚未終結之家事事件，受理之法院得依本法第十一條之規定通知直轄市、縣（市）主管機關指派社會工作人員或其他適當人員陪同在場。

第八條（施行前已繫屬家事事件之處理㈥）

本法施行前已繫屬尚未終結之家事事件，受理之法院得依本法第十二條之規定以遠距訊問設備審理。

第九條（施行前已繫屬家事事件之處理㈦）

本法施行前已進行調解程序之家事事件，於本法施行後，應依本法行之。

第十條（家事非訟事件之處理）

本法施行前之訴訟事件，依本法為家事非訟事件者，自本法施行後，應依本法所定之家事非訟程序處理之。上訴審亦同。

第十一條（施行前已繫屬家事非訟事件之處理）

本法施行前已繫屬尚未終結之家事非訟事件，受理之法院得依本法第八十五條之規定依聲請或依職權命為適當之暫時處分。

第十二條（施行前已繫屬死亡宣告事件之處理）

本法施行前已受理而尚未終結之死亡宣告事件，應依本法第四編第九章所定程序終結之。

第十三條（施行前已繫屬監護宣告事件之處理）

本法施行前已受理而尚未終結之監護宣告、撤銷監護宣告事件，應依本法第四編第十章所定程序終結之。

第十四條（施行前已繫屬輔助宣告事件之處理）

本法施行前已受理而尚未終結之輔助宣告、撤銷輔助宣告事件，應依本法第四編第十一章所定程序終結之。

第十五條（施行前已終結家事非訟事件之上訴）

本法施行前已終結之家事訴訟事件，依本法為家事非訟事件，而經當事人上訴者，應由該判決之上訴審法院管轄。

第十六條（施行前已取得執行名義之處理）

債權人於本法施行前已取得本法所定家事事件之執行名義者，得於本法施行後依本法第一百八十七條之規定聲請法院調查義務之履行狀況並勸告債務人履行債務之全部或一部。

第十七條（施行前法定期間之適用）

本法施行前，家事事件原適用法律之法定期間已進行者，其期間依原適用法律之所定。

第十八條（施行日期）

本細則自中華民國一百零一年六月一日施行。

民事訴訟須知

民國五十九年六月五日司法行政部令發布
六十一年三月三日司法行政部令修正發布
六十九年十月九日司法院函修正發布
八十四年十一月一日司法院函修正發布
九十二年八月二十二日司法院函修正發布
九十八年十二月二十一日司法院函修正發布
一百零二年五月二十三日司法院函修正發布
一百零四年七月三日司法院函修正發布第二三點

前言

當事人如何提起民事訴訟，提起後如何進行其程序，民事訴訟法規定甚詳，茲就當事人必須瞭解之事項，訂定本須知，以供訴訟當事人參考。

一　法院之管轄　法院之管轄者，即某種事件，應由某法院辦理之謂。民事起訴除當事人以合意定第一審管轄法院外，須向法定之管轄法院為之。其最常用者，有下列各種（詳見民事訴訟法第一條至第三一條，以下法條如係民事訴訟法，略去民事訴訟法五字）：

㈠通常之民事訴訟由被告住所地之法院管轄，被告住所地之法院，不能行使職權者，由其居所地之法院管轄。訴之原因事實發生於被告居所地者，亦得由其居所地之法院管轄（第一條）。例如原告住在臺南市，被告住在南投市，依法原應向臺灣南投地方法院起訴，惟若臺灣南投地方法院因九二一大地震不能行使職權，而被告暫居於高雄時，即可向臺灣高雄地方法院起訴。

㈡（刪除）

㈢（刪除）

㈣因不動產之物權或其分割或經界涉訟者，專屬不動產所在地之法院管轄。其他因不動產涉訟者，得由不動產所在地之法院管轄（第一〇條）。所謂因不動產之物權涉訟者，例如確認物權存否之訴是。所謂因不動產之分割涉訟者，例如訴請分割共有之不動產是。所謂因不動產之經界涉訟者，例如訴求定不動產之界線或設置界標是。所謂其他因不動產涉訟者，例如關於不動產所受損害請求賠償之訴是。

㈤對於生徒、受僱人或其他寄寓人因財產權涉訟者，得由寄寓地之法院管轄（第四條）。所謂寄寓地者，指非以設定住居所之意思而寄寓於他人之處所，歇宿停留較久者而言。例如議員於開會期中，寓居於議會所在地是。

㈥對於設有事務所或營業所之人，因關於其事務所或營業所之業務涉訟者，得由該事務所或營業所所在地之法院管轄（第六條）。所謂事務所者，例如會計師、醫師、律師之事務所是。所謂營業所者，例如商店、公司行號之營業處所是。

㈦因契約涉訟者，如經當事人定有債務履行地，得由該履行地之法院管轄（第一二條）。

㈧本於票據有所請求而涉訟者，得由票據付款地之法院管轄（第一三條）。所謂票據，指票據法所定之匯票、本票、支票而言。所謂票據付款地，指票據上記載之付款地而言。其票據上未載付款地者，如係匯票，以付款人之營業所、住所或居所所在地為付款地，如係本票，以發票地為付款地（票據法第二四條、第一二〇條）。

㈨因侵權行為涉訟者，得由行為地之法院管轄（第一五條）。所謂行為地，例如駕車撞傷人者，其肇事地是。

㈩因自然人死亡而生效力之行為涉訟者，得由該自然人死亡時住所地之法院管轄（第一八條）。所謂因自然人死亡而生效力之行為，例如死因贈與或以死亡為期限之法律行為。

(十一)共同訴訟之被告數人，其住所不在一法院管轄區域內者，各該住所地之法院俱有管轄權。但如數被告依法有共同管轄法院者，由該法院管轄（第二〇條）。例如甲住花蓮縣花蓮市，乙住臺東縣臺東市，丙住高雄市，共同或連帶向丁借款，丁可向花蓮、臺東或高雄地方法院擇一起訴。所謂數被告有共同管轄法院者，例如數人合夥開一店舖，各股東均因該店舖之業務欠人款項，店舖所在法院即為各股東之共同管轄法院（第六條）。如對其等起訴，應由該店舖所在地之法院管轄。

(十二)同一訴訟，數法院有管轄權者，原告得任向其中一法院起訴（第二二條）。所謂同一訴訟，數法院有管轄權者，例如因被告有侵權行為為提起訴訟時，若行為地並非被告住所地，原告既可向行為地之法院起訴，亦可向被告住所地之法院起訴。

二　法院職員之迴避　程序進行中，當事人如以承辦法官、司法事務官、書記官或通譯有依法應自行迴避之情形而不自行迴避者，不問程序進行程度如何，得詳舉其應行迴避之原因，並加以釋明，隨時向其所屬法院聲請迴避。若認執行職務有偏頗之虞，則必在該程序未為聲明或陳訴前，始得詳舉其應行迴避之原因並加以釋明，向其所屬法院聲請該職員迴避（第三二條至第三四條、第三九條）。所謂釋明，指提出可供即時調查並可使法院信為大概如此之證據而言。

三　當事人能力　所謂當事人能力，指於民事訴訟得為當事人之能力。有民法上之權利能力者，有當事人能力，通常限於自然人及法人。胎兒關於其可享受之利益，有當事人能力。非法人之團體，設有代表人或管理人者，亦有當事人能力，例如同鄉會、教堂、學術團體是。又中央或地方機關，亦有當事人能力（第四〇條）；無當事人能力者，不得為訴訟當事人，而起訴或被訴，否則法院將以其欠缺訴訟成立要件而予駁回。

四　訴訟能力　所謂訴訟能力，指能獨立為訴訟行為之能力。凡能獨立以法律行為負義務者，有訴訟能力（第四五條）。例如成年人或已結婚之未成年人是。無訴訟能力者，應由其法定代理人例如未成年人之父母法人之董事或董事長非法人團體之代表人或管理人等代為訴訟行為。

五　訴訟之參加　訴訟參加者，就兩造之訴訟有法律上利害關係之第三人，為輔助一造起見，於訴訟繫屬中，得參加該訴訟之謂。例如甲為債權人，乙為主債務人丙為保證人，甲向丙提起訴訟，乙因有利害關係，得輔助保證人丙而參加於該訴訟是。參加應提出參加書狀於本訴訟繫屬之法院，參加書狀內應表明本訴訟及當事人，參加人與本訴訟之利害關係及為參加訴訟之陳述（第五八條、第五九條）。

六　訴訟代理人　訴訟代理人者，謂受當事人或其法定代理人之委任，而代理為一切訴訟行為之人。本人不自為訴訟行為者，得委任律師或他人為訴訟代理人，非律師為訴訟代理人者，須經審判長許可，審判長並得隨時以裁定撤銷之。訴訟代理人如以書狀委任者，應於其最初為訴訟行為時，提出委任書於法院以證明之。如以言詞委任者，得不提出委任書，惟應由當事人於開庭訊問之時，以言詞委任，由書記官記明其事由於筆錄內。無論係用書狀委任或言詞委任，均祇有普通代理之權限，若捨棄、認諾、撤回、和解、提起反訴、上訴或再審之訴，或選任代理人，及關於強制執行之行為，或領取所爭物等，則非有特別委任不可（第六八條至第七〇條）。訴訟代理人事實上之陳述，到場之當事人本人，得即時撤銷或更正之（第七二條）。訴訟委任之終止，應以書狀或言詞提出於法院，由法院送達或告知於他造（第七四條）。又當事人雖委任訴訟代理人，但法院認有訊問本人之必要而通知本人時，本人仍須到場（第二〇三條）。

七　訴訟費用　訴訟費用分為裁判費及依法應由當事人負擔之費用。裁判費者，指訴訟當事人依法應繳納國庫之費用。應徵裁判費之數目，依民事訴訟法之規定，因財產權而起訴者，其訴訟標的之金額或價額在新臺幣（下同）十萬元以下部分，徵收一千元，逾十萬元至一百萬元部分，每萬元徵收一百元；逾一百萬元至一千萬元部分，每萬元徵收九十元；逾一千萬元至一億元部分，每萬元徵收八十元；逾一億元至十億元部分，每萬元徵收七十元；逾十億元部分，每萬元徵數六十元，其畸零之數不滿萬元者，以萬元計算（第七七條之一三）。向第二審或第三審法院上訴，按第一審應徵額，加徵十分之五（第七七條之一六）。惟逾十萬元以上者，前述裁判費須再另行加徵十分之一（第七十七條之二七、臺灣高等法院民事訴訟非訟事件強制執行費用提高徵收額數標準）。非因財產權而起訴者，徵收裁判費三千元。訴訟標的之價額不能核定者，以不得上訴第三審之最高利益額數（司法院以命令提高為一百五十萬元）加十分之一定之（第七七條之一二、一四）。裁判費以外之費用，指為其他訴訟程序所支出之費用，諸如訴訟文書之影印、攝影、抄錄、翻譯、鑑定人與證人及通譯到庭等費用，其數目均有一定標準（第七七條之二三）。繳納費用時，應向收費處索取收據，並核對收據上所書之數目是否與所繳之金額相符，以便於案件終結後，訴訟費用由他造當事人負擔時，可聲請法院確定其費用額，而向他造請求償還。當事人於起訴、上訴或為聲請時，均須向法院預納定額訴訟費用，若未繳納或繳納不足，逾期未補正者，法院即認不合法而以裁定駁回。

八　民事訴狀之取得及其繕寫方法　民事訴狀除可在法院服務處購買之外，亦可自司法院網站下載若干書狀範例。訴狀之繕寫方法，應參照民事狀紙內所載之注意事項為之，必要時可向法院所設之服務處諮詢。當事人或代理人應於書狀內簽名或蓋章，其以指印代簽名者，應由他人代書姓名，記明其事由並簽名（第一一七條）。又訴狀及其附屬文件，除提出原本於法院外，並應按應受送達之他造人數，另具繕本或影本，提出於法院，以供送達他造當事人之用（第一一九條）。但準備書狀及答辯狀除提出於法院外，並應以繕本或影本直接通知他造（第二六五條、第二六七條）。

九　起訴　起訴須提出訴狀，載明當事人（原告被告，如有法定代理人，應併記載之），訴訟標的（例如原告請求法院判決者，為如何之私法上權利或法律關係，於可與他權利或法律關係區別之程度，在訴狀事由項內表明之）與應受判決事項之聲明（例如請求判決命被告給付原告若干元是）（第二四四條）。起訴後，應靜候法院通知被告收受言詞辯論期日通知書及訴狀繕本後，須預備答辯，對於原告之請求認其無理由或有糾葛者，一一具狀辯明。被告對於原告所提起之訴訟，於言詞辯論終結前，得在本訴繫屬之法院提起反訴（第二五九條）。

例如甲主張解除與乙之不動產買賣契約，要求返還已交付之價金，提起訴訟，乙抗辯契約未經合法解除，得於言詞辯論終結前，在本訴繫屬之法院，提起反訴，請求辦理不動產所有權移轉登記。

十　期日及期間之遵守　無論何種期日或期間，當事人或代理人均有遵守之義務，不得任意遲誤，而對於不變期間（例如民事上訴限二十日之期間，即為不變期間）尤應特別注意，一經遲誤，即喪失其為訴訟行為之權利。惟當事人或代理人遲誤不變期間，係因天災或其他不應歸責於己之事由者，於其原因消滅後十日內，得聲請回復原狀（第一六四條）。

十一　提出證據　當事人主張有利於己之事實者，就其事實有舉證之責任（第二七七條）。例如原告主張土地房屋為其所有，應提出所有權狀或不動產登記簿謄本以證據證明為其所有，被告抗辯債務業已清償，必須提出證明其償還之事實。至一般立證方法，不外人證、書證、鑑定、勘驗等。所舉人證，可先期書明姓名住址及訊問事項，狀請法院通知到場，所舉書證，若為自己所持有之文書，可將其原本或影本、繕本連同書狀一併陳遞或當庭陳交，若為他造當事人或第三人或機關保管公務員執掌之文書，應聲請法院命其提出（第二九八條、第三四二條、第三四六條、第三五二條及第三五三條）。請求鑑定或勘驗者，應繳納所需之費用，並導引有關人員至現場為之（第三三八條）。當事人應舉證而不舉證或不能舉證者，即有敗訴之虞，此為當事人所不可不注意者。

十二　言詞辯論　言詞辯論開始時，當事人應先聲明請求裁判之事項（第一九二條）。次應就訴訟關係，為事實上及法律上之陳述，但不得引用文件，以代言詞陳述（第一九三條）。對於自己所提出之證據，應詳細說明，對於他造陳述之事實，得為承認、否認或抗辯，對於他造提出之證據，得予指摘。唯須於言詞辯論終結前為之，若有遲誤，即可能喪失其主張之權利。審判長發問後，須和顏針對爭點陳述，一造陳述時，他造應俟其言畢而後答述，不可喧鬧爭辯，妨礙辯論之進行，如有妨礙法庭秩序，審判長得禁止發言，或命其退出法庭，必要時得命看管至閉庭時，此項處分，不得聲明不服（第一九八條，法院組織法第九一條）。

十三　撤回訴訟　民事起訴以後，如原告不欲繼續訟爭，得於判決確定前以書面或於期日以言詞，撤回其訴全部或一部，但被告已為本案之言詞辯論者，應得其同意，若被告已提起反訴者，本訴雖已撤回，反訴仍不失其效力（第二六二條、第二六三條）。

十四　合意停止　當事人以合意停止訴訟程序者，自陳明合意停止時起，如於四個月內不續行訴訟，視為撤回其訴或上訴。續行訴訟而再以合意停止訴訟程序者，以一次為限。如再次陳明合意停止訴訟程序，不生合意停止訴訟之效力，法院得依職權續行訴訟；如兩造無正當理由仍遲誤言詞辯論期日者，視為撤回其訴或上訴（第一八九條、第一九〇條）。

十五　和解　起訴之先，如有調解之可能，宜先行調解，即令調解不成而至起訴，在訴訟進行中，如有可以協商之機會，仍須力求和解。和解之方法有二：

㈠法庭外和解，即由雙方當事人協商條件，終止訴訟，和解如已成立，即由原告撤回其訴，並得於撤回後三個月內聲請退還該審級所繳裁判費三分之二（第八三條）。

㈡法庭上和解，即法院不問訴訟程度如何，得於言詞辯論時或由受命法官或受託法官試行和解，和解成立後，訴訟即行終結，並得於成立之日起三個月內聲請退還其於該審級所繳裁判費三分之二（第三七七條、第八四條）。在法庭上和解成立者，與確定判決有同一之效力；和解有無效或得撤銷之原因者，當事人得請求繼續審判，並應繳納第八十四條第二項所定退還之裁判費（第三八〇條）。前項第二款情形和解效力所及之第三人亦得準用第五編之一，提起第三人撤銷訴訟（第三八〇條）。

十六　判決　兩造當事人到場為必要之言詞辯論後，應靜候法院判決，當事人之一造，於言詞辯論期日不到場者，法院得許可到場當事人一造辯論而為判決（第三八五條）。

十七　假執行　關於財產權之訴訟，在言詞辯論終結前，原告能釋明在判決確定前不為執行，恐受難於抵償或難於計算之損害，或雖不為此項釋明，而陳明在執行前可供擔保者，得聲請法院宣告假執行。被告能釋明因假執行恐受不能回復之損害者，可聲請法院宣告不准假執行或駁回原告假執行之聲請，亦得聲請准其預供擔保或將請求之標的物提存而免為假執行（第三九〇條至第三九三條）。

十八　判決之更正與補充　當事人收到判決書後，如發見判決中有誤寫、誤算或其他類此之顯然錯誤者，可向法院聲請更正；如有脫漏未判者，可聲請法院補充判決（第二三二條、第二三三條）。

十九　上訴　對於簡易程序獨任法官所為之判決，得上訴於該管地方法院。對於簡易程序之第二審判決，其上訴利益逾第四百六十六條所定額數者，當事人得以適用法規顯有錯誤為理由，逕向最高法院提起上訴；但此類上訴應經原判決法院之許可，且所涉法律見解具有原則上之重要性者為限（第四三六條之二至第四三六條之三）。對於通常程序未確定之第一審法院終局判決，得上訴於該管第二審法院，對於未確定之第二審法院終局判決，得上訴第三審法院，上訴期間係自判決送達之翌日起二十日以內。上訴狀應載明㈠當事人，如有法定代理人者，並記載之。㈡原審判決及對該判決上訴之陳述。㈢對於原審判決不服之程度及應如何廢棄或變更之聲明。㈣上訴理由向原審法院提出。第二審被上訴人如有不服，亦可附帶上訴請求變更原判決，附帶上訴係因原上訴而發生，故不受二十日上訴期間之限制。例如原告請求被告償還借款十二萬元，第一審判令被告償還借款五萬元，駁回原告其餘之請求，被告不服提起上訴，原告因被告既已上訴，亦於辯論終結前，附帶上訴，請求償還借款七萬元。是但第三審上訴程序中，被上訴人不得為附帶上訴（第四三七條、第四四〇條、第四四一條、第四六〇條）。

關於財產權訴訟之第二審判決，如因上訴所得受之利益不逾一百萬元者（司法院以命令提高為一百五十萬元），不得上訴於第三審（第四六六條）。上訴第三審應委任律師訴訟代理人第三審律師酬金為訴訟費用之一部。如對於第一審通常訴訟程序之終局判決，就其確定之事實無誤者，兩造得合意逕向第三審法院上訴（第四六六之一、第四六六之三、第四六六之四）。提起第三審上訴時，如上訴狀內未表明上訴理由者，上訴人應於提起上訴後二十日內提出理由書於原第二審法院；逾期未提出者，第二審法院無須命上訴人補正，逕以裁定駁回其上訴。被上訴人得於上訴狀或上訴理由書送達後十五日內，提出答辯狀於原第二審法院。上訴人及被上訴人在第三審判決前，亦得提出答辯狀或追加書狀於第三審法院。提起第三審上訴，除以判決當然違背法令為理由外，須經第三審法院之許可。該許可，以從事法之續造、確保裁判之一致性或其他所涉及之法律見解具有原則上重要性者為限（第四六七條、第四六八條、第四六九之一、第四七一條、第四七二條）。

二十　抗告　對於法院依簡易程序所為裁定之抗告，與第十九點上訴相同（第四三六條之一至第四三六條之三）。對於依通常程序所為之裁定，除法律別有不得抗告之規定者外，得為抗告。抗告法院之裁定，除以抗告不合法駁回者外，得再為抗告。再為抗告，僅得以其適用法規顯有錯誤為理由。至抗告期間，應於裁定送達後十日之不變期間內為之。又抗告狀原則上應向為裁定之原法院或原審判長所屬法院提出（第四八二條、第四八六條至第四八八條）。

二一　再審之訴　再審之訴，係當事人對於業經確定之終局判決聲明不服之方法，應向原判決之法院提起之。對於審級不同之法院就同一事件所為之判決，專屬上級法院合併管轄。但對於第三審法院之判決，係本於下述㈨至(十三)事由聲明不服者，專屬原第二審法院管轄。得為再審之理由如下：㈠適用法規顯有錯誤者。㈡判決理由與主文顯有矛盾者。㈢判決法院之組織不合法者。㈣依法律或裁判應迴避之法官參與裁判者。㈤當事人於訴訟未經合法代理者。㈥當事人知他造之住居所指為所在不明而與涉訟者（但他造已承認其訴訟程序者不在此限）。㈦參與裁判之法官關於該訴訟違背職務犯刑事上之罪者，或關於該訴訟違背職務受懲戒處分，足以影響原判決者。㈧當事人之代理人或他造或其代理人關於該訴訟有刑事上應罰之行為，影響於判決者。㈨為判決基礎之證物係偽造或變造者。㈩證人、鑑定人、通譯、當事人或法定代理人具結後，就為判決基礎之證言、鑑定、通譯或有關事項為虛偽之陳述者。(十一)為判決基礎之民事、刑事、行政訴訟判決及其他裁判或行政處分，依其後之確定裁判或行政處分已變更者。(十二)當事人發見就同一訴訟標的在前已有確定判決或和解、調解或得使用該判決或和解、調解者。(十三)當事人發見未經斟酌之證物或得使用該證物者，但以如經斟酌可受較有利益裁判者為限（㈦至(十三)情形，應以宣告有罪之判決或處罰鍰之裁定已確定，或因證據不足以外之理由而不能為有罪之確定判決或罰鍰之確定裁定者為限）。凡具有上述各情形之一，得提起再審之訴。但當事人已依上訴主張其事由或知其事由而不為主張者，不在此限。對於財產權訴訟之第二審判決，如因上訴所得受之利益，不逾一百萬元（司法院以命令提高為一百五十萬元），致不能向第三審上訴之事件，除上述第㈠至(十三)各情形外，其經第二審確定之判決，如就足影響於判決之重要證物漏未斟酌，或當事人有正當理由不到場，法院為一造辯論判決者，亦得提起再審之訴。當事人提起再審之訴，應自判決確定時起於三十日之不變期間內為之。若當事人於判決確定後始知再審之理由或其理由發生在後者，則提起再審之訴之不變期間，應自知悉時或發生時起算，但判決確定已逾五年者除以上述㈤㈥或(十二)情形為再審之理由外，即不許再行提起再審之訴（第四九六條至第五〇〇條）。

二二　（刪除）

二三　各項聲請

㈠聲請返還提存物　供擔保人於應供擔保之原因消滅，或供擔保人證明受擔保利益人同意返還，或訴訟終結後，供擔保人證明已定二十日以上之期間，催告受擔保利益人行使權利，而未行使，或法院依供擔保人之聲請，通知受擔保利益人於一定期間內行使權利並向法院為行使權利之證明而未證明，均得聲請法院裁定准予返還其提存物，基此裁定，提存所應將提存物返還（第一〇四條）。

㈡聲請訴訟救助　當事人無資力支出訴訟費用，其訴訟又非顯無勝訴之望者，得聲請法院裁定准其暫緩繳納訴訟費用。將來裁判結果，受救助人應負擔訴訟費用時，法院自得向其徵收之（第一〇七條、第一一〇條、第一一四條）。

㈢聲請公示送達　當事人聲請公示送達之情形有二：㈠原告起訴時或起訴後，被告送達處所不明，或於有治外法權人之住居所或事務所為送達而無效，或於外國為送達而無法囑託該國管轄機關或駐在該國之中華民國使領館或其他機構、團體辦理或預知雖囑託辦理而無效者，原告可聲敘其事由，向法院聲請公示送達。由法院在公告處黏貼公告，曉示應受送達人隨時向法院書記官領取應送達之文書，並應將文書之繕本、影本或節本登載於公報或新聞紙或用其他方法通知或公告（第一四九條至第一五二條）。㈡表意人非因自己之過失，不知相對人之姓名、居所者，得依民事訴訟法公示送達之規定，以公示送達為意思表示之通知（民法第九七條）。即當事人得依前開民事訴訟法規定之程序，達成意思表示通知之目的。

㈣聲請調解　凡屬簡易程序之民事訴訟事件，除有第四百零六條第一項各款所列情形之一者外，須於起訴前先經法院調解，其他民事訴訟事件當事人亦得於起訴前聲請調解（第四〇三條、第四〇四條）。當事人經法院通知調解後，須準時到場，俾免被處罰鍰（第四〇九條）。調解程序中當事人所為之陳述或讓步，於調解不成立之本案訴訟，不得採為裁判之基礎，故當事人於調解程序中可自由陳述意見及表示讓步範圍（第四二二條）。調解成立者，與訴訟上和解有同一之效力，可收息訟止爭之效。調解有無效或得撤銷之原因者，當事人得自調解成立之日起三十日之不變期間內向原法院提起宣告調解無效或撤銷調解之訴。兩造於期日到場而調解不成立者，如一造當事人聲請即為訴訟辯論，他造並未聲請延展期日，法院應許可之（第四一六條、第四一九條）。訴訟繫屬中移付調解成立而調解有無效或得撤銷之原因者，當事人得請求繼續審判，並應繳納第八十四條第二項所定退還之裁判費。又調解成立效力所及之第三人亦得準用第五編之一，提起第三人撤銷訴訟（第四一六條、第四二〇條之一）。

㈤聲請發支付命令　債權人之請求，以給付金錢或其他代替物或有價證券之一定數量為標的者，得聲請法院發支付命令命債務人向債權人清償並賠償程序費用（第五〇八條、第五一四條）。債務人於收受支付命令送達後二十日之不變期間內，得不附理由向發命令之法院提出異議；如未於法定期間合法提出異議者，該支付命令得為執行名義（第五一六條、第五二一條）。

㈥聲請假扣押　假扣押者，債權人就金錢請求或得易為金錢請求之請求，欲保全將來之強制執行，向法院聲請禁止債務人處分其財產之程序。假扣押就附條件或期限之請求，亦得為之，且不問起訴前後均可為之（第五二二條）。聲請假扣押，應釋明請求（即欲保全強制執行之本案請求）及假扣押之原因（即若不為假扣押，日後有不能強制執行或甚難執行之虞）。債權人亦得陳明願供擔保以代前項釋明（第五二六條）。假扣押之聲請，其請求並非一定金額者，應記載其價額，其依假扣押之標的所在地定法院管轄者，應記載假扣押之標的及其所在地（第五二五條）。假扣押之聲請，須向本案第一審管轄法院或假扣押標的所在地之地方法院投遞聲請狀，若本案已繫屬於第二審法院者，得向第二審法院為之（第五二四條）。假扣押之聲請，經受訴法院以供擔保為條件而為假扣押裁定者，債權人須即具狀照數向法院提存所辦理繳交擔保金之手續。假扣押之聲請，經法院裁定准許後，債權人得隨時聲請撤銷之。債務人如以本案尚未起訴，得聲請法院命債權人於一定期間內起訴，債權人逾期而未起訴或假扣押之原因消滅、債權人受本案敗訴判決確定或其他命假扣押之情事變更者，債務人均得聲請法院撤銷假扣押之裁定（第五二九條、第五三〇條）。債務人依假扣押裁定供所定金額之擔保後，得免為或撤銷假扣押之執行（第五二七條）。假扣押之裁定，係因自始不當等可歸責於債權人之事由而撤銷者，債務人因假扣押或供擔保所受之損害，得請求債權人賠償（第五三一條）。

㈦聲請假處分　假處分者，債權人就金錢請求以外之請求，欲保全將來強制執行，向法院聲請禁止債務人變更系爭標的之現狀或就兩造爭執之法律關係定其暫時狀態之程序。例如甲以特定物賣與乙，定期交付，期限屆至前，乙推知甲有轉賣於丙之虞，即得聲請法院將甲所賣之特定物預為假處分，使甲不得轉賣於丙，以免將來執行困難。又例如甲乙兩村，互爭水利，提起訴訟，於判決確定前，聲請法院暫認某村之居民有用水權，是假處分所必要之方法，宜由聲請人於聲請狀內陳明之，以供法院酌定假處分方法之參考（第五三二條、第五三五條、第五三八條）。

㈧聲請公示催告　公示催告為對於不確定之相對人，令其就所有之權利，依照限期向地方法院申報，逾期而不申報，即喪失其權利之程序。例如指示證券、提單、載貨證券、匯票、本票、支票等不慎遺失，請求宣告該證券無效，即應聲請公示催告。公示催告之聲請，經法院裁定准許而為公示催告者，聲請人得於申報權利之期間已滿後三個月內，或該期間未滿前聲請法院為除權判決（第五三九條、第五四五條）。

民事訴訟集中審理程序參考要點

民國九十一年十一月二十七日司法院函發布全文

一（制定目的）

為落實民事訴訟集中審理程序，藉以促進審判效能，並維護當事人權益，特訂定本要點。

二（集中審理方式）

第一審法院於審查起訴合法且有管轄權，第二審法院於審查上訴合法及無民事訴訟法第四百五十三條規定之情形後，應依事件之性質，速定言詞辯論期日或準備程序期日或暫不指定期日，先踐行書狀先行程序；或交換書狀程序與指定期日並行。

定言詞辯論期日者，得斟酌案情，將期日分為爭點整理階段及辯論階段，但依一造辯論或捨棄、認諾判決等顯無必要之情形者，不在此限。

行合議審判之訴訟事件，法院於必要時，得由受命法官行準備程序。

受命法官行準備程序時，得為闡明訴訟關係之處置，或試行和解並得基於兩造之同意調查證據。

踐行書狀先行程序者，其交換書狀至相當程度時，審判長或受命法官即應速定言詞辯論期日或準備程序期日。（民事訴訟法第二百五十條、第二百六十六條至第二百六十八條之一、第二百七十條）

三（審判範圍之確定）

法官應詳閱卷宗，注意原告訴之聲明是否明確及訴訟標的是否特定，以確定本案審判對象及其範圍，並利被告答辯。

法官認定訴訟標的時，除斟酌當事人主張適用之法條外，並審酌原告主張之原因事實妥為闡明。（民事訴訟法第二百四十四條）

四（迅速準備言詞辯論）

審判長或受命法官為充分準備言詞辯論，應命當事人將事實、證據及相關訴訟資料，於期日前提出，並確實依民事訴訟法第二百六十五條至第二百六十七條規定記載並提出書狀。

當事人之書狀未依前項規定記載其內容者，法院得依民事訴訟法第二百六十八條規定命其再行提出。（民事訴訟法第二百六十五條至第二百六十八條）

五（言詞辯論準備未充足之處置）

審判長或受命法官認言詞辯論之準備尚未充足，得於言詞辯論終結前依民事訴訟法第二百六十八條規定定期命當事人補正書狀或聲明證據。（民事訴訟法第二百六十八條）

六（未補足準備事項或提出摘要書狀之處置及效果）

當事人不依規定或審判長命令提出書狀或聲明證據，或逾時始提出書狀或聲明證據，或雖提出書狀或聲明證據，而其記載不完全者，法院應依民事訴訟法第二百六十八條之二規定，依對造之聲請或依職權命該當事人以書狀說明其理由；如當事人違反法院之命令未提出說明，法院得斟酌情形使生失權效果，或於判決時，將其作為全辯論意旨之一部分。（民事訴訟法第二百六十八條之二）

七（當事人書狀直接送達他造）

當事人因準備言詞辯論而提出書狀及其所用書證之影本於法院者，應以繕本或影本直接通知他造；另向法院表明業已發出通知之事實。當事人就曾否受領他造直接通知之書狀及書證繕本或影本有爭執時，應由提出之當事人釋明已通知之事實；如未釋明，即應補行通知。直接通知有困難者，應聲請法院送達。（民事訴訟法第二百六十五條至第二百六十七條）

八（整理並協議簡化爭點）

審判長或受命法官於書狀先行程序終結後所定之第一次言詞辯論期日或準備程序期日應酌情使當事人整理並協議簡化爭點，並應就兩造所爭執事項與不爭執事項分別予以確定記明筆錄，以避免當事人日後發生爭執。（民事訴訟法第二百六十八條之一、第二百七十一條、第二百七十一條之一）

九（整理並協議簡化爭點之內容）

進行整理並協議簡化爭點，應對當事人所提出之各種事實上爭點、法律上爭點及證據上爭點為之。（民事訴訟法第二百六十八條之一、第二百七十條之一、第二百七十一條之一）

十（爭點之闡明及爭執與不爭執事項）

法院為爭點整理時，審判長或受命法官應確定當事人是否已為訴訟標的、事實、法律及證據上之主張，如有不明應闡明之，並得依具體案件情形，適當表明法律觀點。

法院於整理爭點時，應注意當事人對於他造主張之主要事實、間接事實或輔助事實有無爭執；如經他造自認或不為爭執之陳述或非依公示送達方式於相當時期受合法之通知而未於言詞辯論期日到場，亦未提出準備書狀爭執，或事實於法院已顯著或為其職務上所已知者，皆無須調查證據。但於裁判前應使當事人有辯論之機會。（民事訴訟法第一百九十九條、第一百九十九條之一、第二百六十八條之一、第二百七十條之一、第二百七十一條之一）

十一（爭點整理之處所）

受命或獨任審判之法官得於法庭或其他適當處所，進行整理並協議簡化爭點程序，並得以不公開之方式為之。（民事訴訟法第二百七十條之一、第二百七十一條之一）

十二（命當事人自行協議簡化爭點）

受命法官行爭點整理程序認為適當時，得暫行退席或命當事人暫行退庭，或指定七日以下之期間命當事人就雙方主張之爭點或其他有利於訴訟終結之事項為簡化之協議，並共同向法院陳明。但指定期間命當事人為協議者，以二次為限。（民事訴訟法第二百七十條之一、第二百七十一條之一）

十三（整理爭點結果之摘要書狀）

審判長命當事人就整理爭點之結果提出摘要書狀時，應明確提示當事人製作摘要書狀之事項，以避免當事人僅概括引用既有之訴訟資料。（民事訴訟法第二百六十八條之一）

十四（爭點簡化協議之效力）

當事人主張之爭點，如經當事人協議簡化，除有民事訴訟法第二百七十條之一第三項但書情形外，當事人應受其拘束，即嗣後應以此爭點為攻擊或防禦及言詞辯論之範圍，既不得擴張原已協議簡化之爭點，更不得以其他爭點代之。法院於為指揮訴訟及進行言詞辯論時，宜促請兩造不得逾其範圍。（民事訴訟法第二百六十八條之一、第二百七十條之一、第二百七十一條之一、第二百七十六條）

十五（調查證據應曉諭爭點）

於調查證據前，應先將訴訟之事實上爭點、法律上爭點及證據上爭點曉諭當事人後，始進行證據之調查。（民事訴訟法第二百九十六條之一）

十六（闡明權之行使）

審判長或受命法官於訴訟進行中，應隨時注意民事訴訟法第一百九十九條及第一百九十九條之一闡明權規定之行使。（民事訴訟法第一百九十九條、第一百九十九條之一）

十七（失權效果之明確性）

法院依民事訴訟法第一百九十六條、第二百六十八條之二規定行使訴訟指揮權時，應明確指示於當庭諭知時，應詳載筆錄。（民事訴訟法第一百九十六條、第二百六十八條之二）

十八（命當事人或法定代理人本人到場）

當事人雖委任有訴訟代理人，法院為闡明或確定訴訟關係、整理爭點或使訴訟便於終結起見，於必要時仍得命當事人或法定代理人本人到場，而以其陳述作為全辯論意旨之一部分加以斟酌。

當事人本人或其法定代理人到場而無正當理由拒絕陳述或不遵命到場者，法院於判斷事實真偽時，得審酌當事人或其法定代理人拒絕陳述之理由及其他相關情形，依自由心證判斷應證事實之真偽。（民事訴訟法第二百零三條、第二百六十九條）

十九（試行和解）

審判長或受命法官應依爭點整理之結果，並視案件之具體情事，試行和解，並得酌擬和解方案。（民事訴訟法第三百七十七條）

二十（證據關聯性之審查）

當事人聲明之證據中，法院應先審查其與應證事實之關聯性，如無關聯性即無庸調查，而於裁判書內說明其理由。（民事訴訟法第二百八十五條、第二百八十六條）

二一（證明妨礙之效果）

當事人因妨礙他造之舉證，而故意將證據滅失、隱匿或致礙難使用者，法院得審酌當事人妨礙他造舉證之態樣、所妨礙證據之重要性等情形，依自由心證認他造關於該證據之主張或依該證據應證之事實為真實。惟應於裁判前使該當事人有辯論之機會。（民事訴訟法第二百八十二條之一）

二二（當事人不到場之調查證據）

調查證據於當事人一造或兩造不到場時亦得為之。證人、鑑定人到場者，尤須按時訊問。（民事訴訟法第二百九十六條）

二三（集中調查證據）

法院訊問證人（含當事人為證人）或鑑定人時，應就應證事實或鑑定事項集中為之。未能於一次期日訊問完畢而須另行指定期日者，其期日之間隔不宜過長。（民事訴訟法第二百九十六條之一）

二四（聲明書證之程式）

當事人聲明書證，係使用他造或第三人所執之文書者，應於聲請狀中表明命提出之文書、該文書應證之事實、文書之內容、文書為他造或第三人所執之事由、他造或第三人有提出文書義務之原因。其有未足者，除依第三百四十二條第三項規定辦理者外，審判長或受命法官應令其補充之，未補充者，法院得駁回其聲請。（民事訴訟法第三百四十二條、第三百四十六條）

二五（書證妨礙之效果）

當事人無正當理由不從提出文書之命者，法院得依自由心證認舉證人關於該文書之性質、內容及成立之主張為真實，或認舉證人依該文書應證之事實為真實。但於裁判前應使當事人有辯論之機會。（民事訴訟法第三百四十五條）

二六（上訴理由之提出及其範圍）

上訴狀內未表明上訴理由者，第二審法院審判長得定相當期間命上訴人提出之。上訴人如於第二審始提出新事實及新證據，以關於應廢棄或變更原判決之理由為限，並不得違反民事訴訟法第四百四十七條有關限制提出之規定。（民事訴訟法第四百四十二條、第四百四十四條之一、第四百四十七條）

民事訴訟集中審理證人訊問、發問參考要點

民國九十一年十一月二十七日司法院函發布全文

一（集中訊問證人）

為迅速進行訴訟程序，達成法院集中審理之目標，特訂定本要點。

二（聲明人證之程式）

審判長或受命法官就當事人聲明人證事項，得酌定舉證期限，命其表明證人之姓名、性別、住居所、預期訊問所需之時間、方法，及待證事實之範圍。證人有二人以上者，當事人應一併聲明，並應表明證人訊問之先後順序，非有法定正當事由不得逾期聲明。

三（當事人就訊問、發問證人順序、範圍及方法得提出意見）

審判長或受命法官得依聲請或依職權決定訊問、發問證人順序、範圍及方法，亦得於徵詢兩造之意見後，變更之。

四（訊問、發問證人之順序）

當事人於審判長或受命法官依民事訴訟法第三百十七條至第三百十九條規定訊問證人後，得聲請審判長或受命法官對證人為必要之發問，或向審判長或受命法官陳明後自行發問。

如有二人以上之當事人陳明欲自行發問者，其發問之順序，依下列次序定之：

(一)先由聲明該人證之當事人發問。
(二)次由對造當事人發問。
(三)再次由聲明該人證之當事人發問。

當事人依前項順序發問完畢後，經審判長或受命法官之許可，得續行發問。

同一當事人有二人以上訴訟代理人者，對同一證人之發問，得協調由其中一訴訟代理人為之。

兩造同時聲明之人證或法院依職權通知之人證，其發問順序由審判長或受命法官徵詢兩造意見後決定之。

五（發問之範圍）

當事人對證人發問之範圍，應以待證之事實、與待證事實相關之事實及證言信用事項為限。

六（發問之方式）

當事人對證人之發問，應以個別具體問題之方式為之。但有使證人為始末連續陳述之必要者，不在此限。

七（不當之發問）

有下列各款情形之一者，審判長或受命法官得依聲請或依職權限制或禁止之：

(一)與待證事實無關之發問。
(二)抽象不明確，非具體個別之發問。
(三)重複發問。
(四)誘導發問。
(五)威嚇、侮辱、利誘、詐欺或其他不正方法之發問。
(六)對假設性事項或無證據支持之事實所為之發問。
(七)要求證人陳述其個人意見或推測、評論之發問。
(八)請證人陳述其未親身經歷或體驗事項之發問。
(九)於發問中陳述個人意見進行辯論或推論。
(十)有混淆或扭曲事實之虞之發問。
(十一)錯誤引用證人先前陳述之發問。
(十二)涉及證人拒絕證言事項之發問。
(十三)其他足以影響審判公平或延滯訴訟程序之不當發問。

八（聲請法院限制或禁止之程式）

第七點之聲請，應即就各個情形，以簡要理由為之。

一經他造當事人提出前項聲請，發問人或證人應即停止發問或陳述。但經審判長或受命法官許可，發問

人得就該聲請陳述意見。

九（聲請遲誤時機之效力）

審判長或受命法官認第七點之聲請有遲誤時機、意圖延滯訴訟或其他不合法之情形者，應即以裁定駁回之。但遲誤時機所提出之聲請事項與案情有重要關係者，不在此限。

十（聲請無理由之處理）

審判長或受命法官認第七點之聲請為無理由者，應即以裁定駁回之；發問人應續行發問，證人應續為陳述。

十一（聲請有理由之處理）

審判長或受命法官認第七點之聲請有理由者，應視其情形，即為下列之處置：

㈠禁止發問人對同一事項續行發問。

㈡命發問人修正發問之方式。

㈢請證人停止陳述，或修正回答之方式。

㈣曉諭證人回答問題，必要時得重述發問人所提問題，直接對證人發問。

㈤其他為維持公平審判或法庭秩序之必要處置。

十二（對於發問限制或禁止之異議）

對於發問之限制或禁止有異議者，法院應就其異議為裁定。

民事閱卷規則

民國九十二年八月十三日司法院令發布
九十三年二月四日司法院令修正發布
九十四年八月十八日司法院令修正發布
一百零四年十月三十日司法院令修正發布
一百零八年九月二日司法院令修正發布
一百一十一年四月二十七日司法院令修正發布
一百一十二年四月十二日司法院令修正發布第一六條條文之附式四（略）

第一條（訂定依據）

本規則依民事訴訟法第二百四十二條第六項訂定之。

第二條（聲請閱卷依本規則辦理）

當事人、訴訟代理人、參加人及其他經許可之第三人聲請閱卷，除法令另有規定外，依本規則辦理。

第三條（聲請閱卷方式）

聲請閱卷得以書面、電話、傳真或其他電子傳送方式為之。

第四條（檢附委任狀）

訴訟代理人除已提出委任狀於法院或經審判長選任者外，於閱卷同時，應檢附委任狀。

第五條（開庭期日閱卷）

聲請人經釋明有急迫情形，得經審判長許可，於該案開庭期日閱卷。

第六條（書面或傳真聲請閱卷）

聲請人以書面或傳真聲請閱卷應填具閱卷聲請書（如附式一）（略），送或傳送該管法院收發室或閱卷室。

第七條（電話聲請閱卷）

聲請人以電話聲請閱卷時，閱卷室承辦人員應即填載閱卷聲請書。

第八條（電子傳送方式聲請閱卷）

聲請人以電子傳送方式聲請閱卷時，法院應將其聲請書列印依第十條規定辦理。

第九條（閱卷聲請書之用途）

閱卷聲請書為供聲請人閱卷及存於案卷之用。

第十條（閱卷準備流程）

各級法院收發室或閱卷室收受或填載閱卷聲請書後，應即將聲請書轉送承辦書記官。

書記官自收發室收受閱卷聲請書者，應填載閱卷通知書（如附式二）（略）通知閱卷室承辦人員。

閱卷室承辦人員收受第一項聲請書或接獲前項通知書後，應填載閱卷聲請登記簿（如附式三）（略）。

第十一條（閱卷聲請書未指定閱卷時間）

承辦書記官收到之閱卷聲請書，如未指定閱卷時間者，除依法不得給閱之情形外，應即填載閱卷通知書指定閱卷時間，通知聲請人。

第十二條（閱卷聲請書有預定閱卷時間）

聲請人聲請閱卷已自行預定來院閱卷時間者，承辦書記官應依其預定時間通知閱覽。但不能依其預定時間交閱者，應即填載閱卷通知書指定閱卷時間通知聲請人及閱卷室承辦人員。

第十三條（法院指定閱卷期日）

法院指定之閱卷期日，應自收到閱卷聲請書之日起，至遲不得逾七日。但有其他不能立即交閱之情形者，不在此限。

法院應將前項但書情形通知聲請人，並於其原因消滅後，立即指定並通知之。

第十四條（檢出卷宗）

承辦書記官應於指定交閱時間屆至前，先檢出卷宗以備閱卷室承辦人員洽取時立即交付。如有不能交付卷宗之特別情事，應於閱卷聲請書上註明原因並另指定交閱時間通知之。

第十五條（即日閱卷）

聲請人聲請即日閱卷者，承辦書記官應即整理卷宗，連同閱卷聲請書交由承辦閱卷人員取回閱卷室。如有未能即日給閱之原因時，應將原因註記於閱卷聲請書並與聲請人另洽給閱時間，填具閱卷通知書交閱卷室承辦人員，屆期再由承辦人員持閱卷通知書調卷。

第十六條（領取卷宗之要件）

閱卷室承辦人員領取卷宗時，應在交付卷宗登記簿（如附式四）（略）簽名或蓋章。

第十七條（登記卷宗案號案由與電話通知）

閱卷室承辦人員收到給閱之卷宗後，應將卷宗之案號及案由逐卷登載於閱卷登記簿或清單（如附式五）（略），妥善保管並立即以電話通知聲請人約定當日閱卷時間。

第十八條（得聲請閱卷時間）

聲請人於高等法院以下各級法院案件裁判後，提起上訴或抗告前得聲請閱卷。案件裁判後，經提起上訴或抗告者，聲請人如向原審法院聲請閱卷，仍應准許。原法院承辦書記官應先將卷宗交閱後再送上級法院。但卷宗已送上級法院時，應將其閱卷聲請書轉送由上級法院指定閱卷時間並通知之。

第十九條（聲請人於指定時間至法院閱卷）

聲請人接到閱卷通知後，應於指定時間到達法院閱卷室，出示身分證件向閱卷室承辦人員洽取卷宗閱覽。

第二十條（聲請人閱卷程序）

聲請人閱卷應先在閱卷登記簿或清單及閱卷聲請書簽名或蓋章，閱畢後應將所閱卷宗及證物等交還閱卷室承辦人員點收。

第二十一條（聲請人閱卷時應注意事項）

聲請人閱卷應在閱卷室為之，不得攜出，並應注意下列事項：

一　於卷證不得添註、塗改、更換、抽取、圈點、污損或作其他記號。

二　裝訂之卷證不得拆散。

三　卷內文件證物閱覽後，仍照原狀存放。

第二十二條（繳納費用）

聲請人閱卷除閱覽外，得繳納費用請求影印、攝影、電子掃描或抄錄之。

第二十三條（繳納費用）

聲請人得於開庭翌日起至裁判確定後三十日內，繳納費用請求交付筆錄光碟。

第二十四條（閱覽繫屬福建連江地方法院之案件的卷宗）

聲請人就繫屬於福建連江地方法院之案件，得預付費用請求該院承辦人員影印該案卷宗之全部或一部，由法院寄送與聲請人。

第二十五條（聲請人之隨同人員）

聲請人可帶同隨員影印、攝影、電子掃描或抄錄卷宗，隨員應出示證件，並於閱卷登記簿或清單登記其姓名。但不得僅由隨員單獨在場影印、攝影、電子掃描或抄錄卷宗。

第二十六條（指定續閱時間）

聲請人不能於指定時間內閱畢，經聲明後，閱卷室承辦人員應轉請承辦書記官指定續閱時間。

第二十七條（點收卷宗）

閱卷室承辦人員於聲請人閱卷完畢後，應速將卷宗、證物及閱卷聲請書送還承辦書記官；書記官經點收無誤後，應在閱卷登記簿或清單簽收。

第二十八條（聲請人未於約定時間到院閱覽卷宗）

聲請人未於約定時間到院閱覽卷宗，閱卷室承辦人員應於閱卷登記簿或清單及閱卷聲請書註記其事由，並於下班前將卷宗送還承辦書記官點收。

第二十九條（施行日期）

本規則自中華民國九十二年九月一日施行。

本規則修正條文除中華民國九十四年八月十八日修正發布之條文自九十四年九月一日施行外，自發布日施行。

法庭旁聽規則

民國七十年一月十六日司法院令發布
七十五年四月三十日司法院令修正發布
七十六年十二月十日司法院令修正發布
七十九年一月十一日司法院令修正發布
八十一年三月七日司法院令修正發布
九十三年十月十九日司法院令修正發布
九十七年一月四日司法院令修正發布
一百零五年三月十四日司法院令修正發布
一百零九年九月十七日司法院令修正發布第一條條文
一百一十年二月二十二日司法院令修正發布第一、一二條條文

第一條（訂定依據）
本規則依法院組織法第八十四條第五項、行政法院組織法第四十五條、懲戒法院組織法第二十六條、智慧財產及商業法院組織法第二十九條第二項、少年及家事法院組織法第三十七條第二項規定訂定之。

第二條（旁聽席之設置）
法庭應設旁聽席，並得編訂席位號次，除依法禁止旁聽者外，均許旁聽。

第三條（旁聽證之核發）
法院為維持法庭秩序，於必要時得斟酌法庭旁聽席位之多寡，核發旁聽證。
法院決定核發旁聽證之法庭，無旁聽證者不得進入法庭旁聽。
旁聽證應依請求旁聽者登記之先後次序核發之。旁聽席如有空位，得隨時核發旁聽證。
核發旁聽證時，應命請求旁聽者提交國民身分證或其他證明文件查驗，並得登記姓名、住所備查。所提證件於交還旁聽證時發還之。
法院核發旁聽證者，得規定旁聽人應於開庭前十分鐘進入法庭，依序就坐。

第四條（記者旁聽席之設置）
法庭得設記者旁聽席，專供記者旁聽。

第五條（旁聽人應接受之指示）
旁聽人出入法庭及在庭旁聽，應受審判長及其他在法庭執行職務人員所為有關維持法庭秩序之指示。

第六條（禁止旁聽之情形）
有下列情形之一者，不論有無旁聽證，均禁止旁聽：
一　酒醉、施用毒品或其他管制藥品、迷幻藥，或精神狀態異常。
二　攜帶槍砲、彈藥、刀械等有危險性或其他不適在法庭持有之物品。
三　未經審判長許可而攜帶攝影、錄影、錄音器材。但攜帶具有上開功能之電子機具已關閉電源或調整為靜音震動模式者，不在此限。
四　攜同未滿十歲之兒童旁聽。但經審判長許可者，不在此限。
五　奇裝異服或衣履不整。
六　拒絕安全檢查。
七　其他認為有擾亂法庭秩序或影響法庭莊嚴之虞。

第七條（旁聽時之禁止行為）
旁聽人在法庭旁聽，應保持肅靜，並不得有下列行為：
一　大聲交談、鼓掌、喧嘩。
二　向法庭攝影、錄影、錄音。但經審判長許可者，不在此限。
三　吸煙或飲食物品。
四　對於在庭執行職務人員或訴訟關係人等加以批評、嘲笑或有其他類似之行為。
五　其他妨害法庭秩序或不當之行為。

第八條（在法庭之人應起立之情況）
審判長蒞庭及宣示判決時，在法庭之人均應起立。

第九條（旁聽人不當行為之處置）
旁聽人有妨害法庭秩序或其他不當行為者，審判長得依法禁止其進入法庭或命其退出法庭，必要時並得命看管至閉庭時。
旁聽人違反審判長維持法庭秩序之命令，足致妨害法院執行職務者，審判長於制止前得加以警告。

第十條（旁聽人或其他人於開庭前違規之處理）
旁聽人或其他人於開庭前如有違反本規則之規定時，由在法庭執行職務人員處理之，如有疑義時，應報請該法庭之審判長裁定之。

第十一條（有關審判長規定之準用）
本規則有關審判長之規定，於受命法官、受託法官執行職務時準用之。

第十二條（施行日期）
本規則自發布日施行。
本規則修正條文，除中華民國一百零五年三月十四日修正條文自一百零五年五月二日施行；一百十年二月二十二日修正條文自一百十年七月一日施行者外，自發布日施行。

法庭錄音錄影及其利用保存辦法

民國七十九年四月三十日司法院令發布
八十一年三月七日司法院令修正發布
九十年六月十三日司法院令修正發布
九十二年一月七日司法院令修正發布
九十二年六月二十五日司法院令修正發布
九十五年六月二十七日司法院令修正發布
一百零二年十月二十五日司法院令修正發布全文及法規名稱（原名為「法庭錄音辦法」）
一百零四年八月七日司法院令修正發布全文及法規名稱（原名為「法庭錄音及其利用保存辦法」）
一百零五年五月二十三日司法院令修正發布
一百一十一年七月二十二日司法院令修正發布第九、一三條條文

第一條（訂定依據）

本辦法依法院組織法（以下簡稱本法）第九十條之三規定訂定之。

法庭錄音、錄影之利用及保存，除法律別有規定外，依本辦法之規定。

第二條（法院應錄音）

為維護法庭之公開透明及司法課責性，法院審理民事、刑事、行政訴訟案（事）件及家事、少年保護事件於法院內開庭時，應予錄音。其他案（事）件有必要錄音時，亦同。

法院於必要時，得在法庭內使用錄影設備錄影。

第三條（非經許可不得自行錄音錄影）

在庭之人非經審判長許可，不得自行錄音、錄影；未經許可錄音、錄影者，審判長得命其消除該錄音、錄影內容。

審判長為前項許可時，應審酌錄音、錄影目的及對法庭程序進行之影響，並得徵詢其他在庭之人意見。但有依法不公開法庭審理或其他不適宜情形者，不應許可。

第四條（法院應置數位錄音設備）

法院應於法庭置數位錄音設備，以供開庭時錄音之用；開庭過程中如遇有切換數位磁碟或偶發之事由，致錄音無法繼續進行時，得以錄音機或其他機器設備備援。

第五條（錄音之起錄、停止）

在法庭之錄音應自每案開庭時起錄，至該案閉庭時停止，其間連續始末為之。每案開庭點呼當事人朗讀案由時，法院書記官應宣告當日開庭之日期及時間。

前條後段情形，錄音人員應報告審判長，並由書記官將該事由記載於筆錄。

第六條（錄音仍應製作筆錄）

法庭開庭時雖經錄音，書記官仍應就當事人或其他關係人之陳述當庭依法製作筆錄。

前項規定，於法庭內使用錄影設備錄影時，亦同。

第七條（錄影之記明筆錄）

法庭內之錄影，由審判長、受命法官或受託法官指揮實施，並命記明於筆錄。

第八條（錄音或錄影內容之請求交付）

當事人及依法得聲請閱覽卷宗之人，因主張或維護其法律上利益，聲請交付法庭錄音或錄影內容時，應敘明理由，由法院為許可與否之裁定。

法院受理前項聲請，如認符合聲請人要件，並在聲請期間內提出，且就所主張或維護法律上之利益已敘明者，除法令另有排除規定外，應予許可。

第一項聲請經法院裁定許可者，每張光碟應繳納費用新臺幣五十元。

持有第一項法庭錄音、錄影內容之人，就取得之錄音、錄影內容，不得散布、公開播送，或為非正當目的之使用。

第九條（錄音錄影內容之除去）

法庭錄音、錄影內容，應保存至裁判確定後三年六個月，始得除去。但經判處死刑或無期徒刑確定之案件，其保存期限依檔案法之規定。

法庭錄音錄影內容儲於數位媒體者，案件終結後由各法院資訊室保管；儲於錄音帶、錄影帶及其他錄音錄影媒體者，案（事）件終結後由各法院檔案室自行列冊保管。

第十條（錄音、錄影內容除去相關規定之訂定）

前條第一項錄音、錄影內容除去之相關規定，由保管錄音錄影內容之法院訂定之。

第十一條（法庭錄音錄影內容之調取）

法院院長或其指定之人及其他司法行政監督人員，於必要時得調取法庭錄音、錄影內容。

第十二條（其他法院之準用）

本辦法之規定，於其他法院組織法有準用本法之規定者，亦適用之。

第十三條（施行日期）

本辦法自發布日施行。

本辦法中華民國一百十一年七月二十二日修正發布之條文，自一百十一年八月一日施行。

民事保全程序事件處理要點

民國六十年十一月二日司法行政部發布
六十九年十月二十七日司法院函修正發布
九十一年一月四日司法院令修正發布
九十一年十二月三十日司法院函修正發布
一百零二年五月二十三日司法院函修正發布第一點；並刪除第九點

一　民事保全程序事件之處理，適用本要點之規定。

二　地方法院受理假扣押、假處分之聲請，應由執行法官兼辦裁定。其事務較繁之地方法院得指定專人辦理。

三　地方法院應設置收受關於保全程序書狀之人員。收受書狀人員於收受債權人聲請假扣押、假處分之書狀後，應立即轉送辦理分案人員。辦理分案人員應立即分案送交承辦法官。

四　承辦法官收案後，除須調查或命補正者外，應即裁定；其應調查或命補正者，應儘速辦理後裁定之。

五　前項裁定正本書記官應迅速送達債權人；如債權人到院領取者，應當場交付之。對於債務人之送達，應與執行同時或事後為之。

六　債權人向本案訴訟繫屬之法院聲請假扣押、假處分者，由本案訴訟之承辦法官裁定之，並準用前三項規定辦理。

七　假扣押、假處分執行事件，除須調查或補正者外，應儘速辦理完畢。

八　關於免為或撤銷假扣押、假處分之裁定或執行，除須調查或補正者外，應儘速辦理完畢。

九　（刪除）

辦理民事訴訟事件應行注意事項

民國二十四年八月二十八日司法行政部函發布
五十九年四月三日司法行政部函修正發布
六十一年三月三日司法行政部函修正發布
六十九年十一月四日司法院函修正發布
七十二年八月十五日司法院函修正發布
八十四年十一月十四日司法院函修正發布
八十六年七月八日司法院函修正發布
八十八年二月十日司法院函修正發布
八十九年二月十一日司法院函修正發布
九十年八月二日司法院令修正發布
九十二年八月二十六日司法院函修正發布
九十六年四月三日司法院函修正發布
九十八年十二月二日司法院函修正發布
一百零二年五月二十三日司法院函修正發布
一百零六年六月十五日司法院函修正發布
一百零七年十一月三十日司法院函修正發布
一百零八年五月十六日司法院函修正發布
一百零八年九月十八日司法院函修正發布
一百零九年一月十七日司法院函修正發布
一百零九年三月二十五日司法院函修正發布
一百一十年五月二十四日司法院函修正發布第四、六、三二、三三、四八、一九九點；並增訂第六之一、四八之一、一六九之一、一九九之一、一九九之二點
一百一十年十二月二十九日司法院函修正發布第十點；並增訂第十之一、十之二、一三六之一點

壹　收受書狀

一　注意程式　法院收受書狀人員應注意各種書狀應備之程式。遇當事人遞送之書狀不合程式，如住居所未記載明確或未合法簽名者，應加以指示請其當場或攜回補正；其未添具必要之繕本者亦同。但當事人不補正者，仍應收受，於狀面黏簽記明其事由，俾法官注意。（民事訴訟法一一六、一一七、一一九、一二一）

二　計算費用　收受書狀人員應注意有關裁判費徵

收之規定依書狀內容應徵裁判費者，即應計算裁判費額數，遇有計算方法不明者，送請法官指示。(民事訴訟法七七之一三至七七之二二)

三　收受附件　經記明書狀內之附屬文件、所引用之文書或其他證物附隨書狀提出者，應一併收受，不得請其另購狀紙送交。(民事訴訟法一一八)

四　代收送達　當事人或代理人在法院所在地無住居所、事務所或營業所者，於最初遞送書狀時，收受書狀人員應告以宜速指定送達代收人陳報法院。

原告、聲請人、上訴人或抗告人於中華民國無住居所、事務所或營業所，未指定送達處所在中華民國之送達代收人者，收受書狀人員應告以宜速指定之。(民事訴訟法一三三)

五　案件與書狀之分配　法院收受書狀後，應即為下列處理：

(一)收受當事人訴狀後，應即分案；收受聲請或聲明書狀而應分案者，亦同。

(二)收受其他關於訴訟之書狀，應逕送承辦法官或民事庭，無須經由法院其他長官。

貳　案件之初步調查

六　起訴程式　第一審法院於定言詞辯論期日前，應先依起訴狀調查原告之訴是否合法，認有不合法之情形而可以補正者，如能力、代理權、起訴程式有欠缺時，應速定期間命其補正，不應率以裁定駁回。原告不遵命補正或其欠缺屬不能補正者，無須指定言詞辯論期日及通知被告答辯，應即以裁定駁回其訴。

原告起訴所主張之事實或法律關係，於客觀上無合理依據，且其主觀上係基於惡意、不當目的或有重大過失者，係屬濫訴；其情形可以補正者，應定期間先命補正，不遵命補正或屬不能補正者，應以裁定駁回其訴。(民事訴訟法二四九)

六之一　濫訴之主觀要件　民事訴訟法第二百四十九條第二項第八款、第二百四十九條之一第一項、第四百四十四條第三項、第四百四十九條之一第一項規定所稱惡意、不當目的，係指原告、上訴人或抗告人之起訴、上訴或抗告，主觀上以騷擾、纏訟他造、增加他造應訴成本、延滯阻礙他造行使權利、騷擾癱瘓司法系統或浪費司法資源為主要目的者；所稱重大過失，係指其起訴、上訴或抗告所主張之事實或法律關係，依一般人施以普通注意即可輕易辨識、認知為恣意推測、矛盾無稽、因果邏輯謬誤或其他類此情形而無合理依據者。(民事訴訟法二四九、二四九之一、四四四、四四九之一、四九五之一)

七　訴訟價額　訴訟標的價額與應行何種訴訟程序及能否上訴第三審有關，應切實審核；第二審及第三審法院應為公平適當之覆核。

核定訴訟標的之價額，以起訴時之交易價額為準；無交易價額者，以原告就訴訟標的所有之利益為準。因不動產涉訟者，於收受書狀時，宜告知當事人提出地價證明書、房屋稅單等價額證明，作為審核訴訟標的價額之參考。(民事訴訟法七七之一)

八　命補繳裁判費(一)　原告起訴時未繳裁判費或所繳裁判費不足額者，應先分補字案以裁定限期命其補繳後，再行分案。分案後，承辦法官仍應切實審核，不足額者，仍得命其補繳。

命當事人補繳裁判費之期間，應斟酌裁判費額數及當地經濟狀況定之。(民事訴訟法二四九)

當事人以和解或調解有無效或得撤銷之原因，請求繼續審判者，請求人應繳納因和解或調解成立而退還之裁判費。(民事訴訟法三八〇、八四、四二〇之一)

九　命補繳裁判費(二)　裁判費之繳納為訴訟合法要件，法院應依職權審查。(民事訴訟法二四九)

十　訴訟救助墊付費用之徵收及減免　應由當事人繳納之訴訟費用而由國庫墊付者，於終局判決確定或訴訟不經裁判而終結後，第一審受訴法院應依職權裁定其訴訟費用額，向應負擔訴訟費用之當事人徵收之。

法院為前項裁定時，宜併曉示受救助人為兒童或少年因負擔訴訟費用致生計有重大影響者，得於裁定確定後三個月內聲請減輕或免除之。(民事訴訟法一一四、一一四之一)

十之一　審判權爭議　法院受行政法院移送訴訟之裁定確定時，視為該訴訟自始即已繫屬，若認無審判權者，不得移回行政法院，應裁定停止訴訟程序，並請求最高法院指定有審判權之管轄法院。但移送經最高行政法院裁判確定，或當事人合意願受裁判者，不在此限。

法院撤銷前項停止訴訟程序之裁定時，應速通知最高法院；該撤銷裁定確定時，亦同。

法院受最高行政法院指定或移送裁判確定，僅受關於審判權認定之羈束，其他依該訴訟事件應適用之法規所需審查或判斷事項，除別有規定外，仍得自行認定。(民事訴訟法一八二之一、法院組織法七之三、七之四、七之五、七之六、七之七)

十之二　移送訴訟之訴訟費用　行政法院移送之訴訟，依民事訴訟法定其訴訟費用之徵收。移送前所生訴訟費用視為本訴訟之訴訟費用之一部分；應徵收而未足額徵收者，應補行徵收；已溢收者，應通知行政法院退還。(法院組織法七之八)

十一　管轄　法院對於原告起訴之事件無管轄權者，應依原告聲請或依職權以裁定移送於其管轄法院。

被告抗辯無管轄權，法院認其抗辯為不當時，得為中間判決或於終局判決內說明其理由。

被告依民事訴訟法第二十八條第二項聲請移送管

轄法院者其法定管轄法院為多數時，應由法院斟酌個案具體情形定之。（民事訴訟法二四九）

十二　訴之聲明　請求金錢賠償損害之訴，原告於訴狀所載之原因事實範圍內，僅表明其全部請求之最低金額時，法院應於第一審言詞辯論終結前令原告補充其聲明。如原告未為補充，法院應依其表明之最低金額為判決。

法院於前項判決後，原告不得再主張其係一部請求，而就其餘請求另行起訴。如另行起訴，即違反一事不再理原則或為前訴訟之確定判決效力所及，其訴為不合法，應予裁定駁回。

原告補充其聲明後，應按補充後之聲明計算裁判費，並補繳其差額。

原告補充其聲明，致應適用其他訴訟程序者，仍依其原表明最低金額應適用之程序審理之。（民事訴訟法二四四、二四九）

十三　將來給付之訴　請求將來給付之訴，以有預為請求之必要者，如代替性給付、補充性給付、判決宣示後始到期之繼續性給付等，均得提起之。（民事訴訟法二四六、二四九）

十四　確認之訴　提起確認法律關係基礎事實存否之訴，以原告不能提起他訴訟者為限，否則應認原告之訴無即受確認判決之法律上利益。（民事訴訟法二四七）

十五　上訴合法之審查　上訴事件，原審法院應審查其是否合法，上訴審法院亦應注意審查。

上訴不合法應以裁定駁回者，原審法院應即予裁定駁回，不應將卷宗送交上訴審法院。（民事訴訟法四四二、四四四）

十六　第三審上訴之審查　上訴人提起第三審上訴未委任律師為訴訟代理人或其委任之血親、姻親或專任人員不適當者，除上訴人或其法定代理人具有律師資格外，第二審法院應定期先命補正。上訴人逾期未補正亦未依訴訟救助之規定聲請第三審法院為其選任律師為訴訟代理人者，第二審法院應以上訴不合法裁定駁回之。

前項命補正期間，於自行委任或經法院為其選任訴訟代理人之前，不得以其未依民事訴訟法第四百七十一條第一項所定期間提出上訴理由書，認其上訴不合法，駁回其上訴。（民事訴訟法四六六之一、四七一）

十七　上訴誤為抗告或異議之處理　應為上訴誤為抗告或異議者，應視為已提起上訴，不得率以抗告或異議處理。（民事訴訟法四四二、四四四）

十八　抗告原審法院之審查　抗告事件，有速結之必要，原法院或審判長對於提起抗告者，應立即予以調查。抗告為有理由者，應撤銷或變更原裁定；已逾抗告期間或係對於不得抗告之裁定抗告者，以裁定駁回；抗告為無理由者，應檢送抗告狀送交抗告法院，於必要時應送交訴訟卷宗並得添具意見書。若需續行訴訟程序時，應自備該卷宗之繕本、影本或節本。（民事訴訟法四九〇）

十九　抗告法院之審查　抗告法院對於抗告事件，得不行言詞辯論，但應迅速調查裁定。

應為抗告誤為異議者，應視為已提起抗告，不得以異議處理。

抗告法院廢棄原裁定時，應自為裁定，非有難於調查之情形，不得命原法院或審判長更為裁定。（民事訴訟法二三四、四九二、四九五）

二十　再審調查　再審之訴應先就程序上是否合法為調查，與通常之訴同。其不合法又不能補正者，應以裁定駁回。其顯無再審理由者，得不經言詞辯論，以判決駁回。

民事訴訟法第四百九十六條第一項第一款所指之「適用法規顯有錯誤者」，必與判決確定前既存之法規或判例、解釋有所違背，方足當之。僅學說上有不同之見解，不得認係顯有錯誤。（民事訴訟法四九六、五〇二）

二一　第三人撤銷訴訟　當事人提起第三人撤銷訴訟，須證明其與原確定判決之訴訟標的有法律上利害關係，其未參加訴訟係非因可歸責於己之事由及其攻擊或防禦方法足以影響原確定判決之結果。（民事訴訟法五〇七之一）

訴訟上和解或調解有法律上利害關係之第三人，非因可歸責於己之事由而未參加和解或調解，得以兩造為共同被告對於該和解或調解提起撤銷之訴。（民事訴訟法三八〇、五〇七之一、四一六）

二二　聲請事件之調查　聲請事件，得不行言詞辯論僅就當事人提出之書狀、證據及其他卷內資料裁定之。裁定前行言詞辯論者，係任意之言詞辯論，僅在補充或闡明事件既有之資料。當事人不到場者，不生不到場辯論之效果。法院得僅就既有之資料裁定之。（民事訴訟法二三四）

二三　聲請迴避　當事人以法官執行職務有偏頗之虞，聲請迴避者，在該聲請事件終結前，雖應停止訴訟程序，惟如有急迫情形，仍應為必要之處分。

法官與當事人間無情誼或嫌怨等客觀情事足以認其有不公平之裁判，僅當事人一造意圖延滯訴訟而為此項聲請者，即不應停止訴訟程序。（民事訴訟法三七）

二四　當然停止　因當事人死亡而訴訟程序停止者，為免事件久懸起見，法院應迅速調查其繼承人，並通知其應即為承受訴訟之聲明。當事人不聲明承受訴訟者，法院宜依職權以裁定命其續行訴訟，但應注意繼承人拋棄繼承期間已否屆滿。（民事訴訟法一七七、一七八）

依法應在法院以外之場所調查，於言詞辯論期日調查有致證據毀損滅失或礙難使用之虞或顯有其他困難或兩造合意由受命法官調查等情形為限。

受命法官行闡明訴訟關係程序認為適當時，得暫行退席或命當事人暫行退庭或指定七日以下之期間命當事人就雙方主張之爭點或其他有利於訴訟終結之事項為簡化之協議並共同向法院陳明；惟指定期間命當事人為協議者，以二次為限。（民事訴訟法二七〇、二七〇之一、三七七）

四八　補正事項　得為補正事項，應先定期間，命當事人補正，其於開庭時發現者，應當庭命其速即補正。

原告逾期未遵命補正，民事訴訟法第二百四十九條第一項、第二項所定事項，經裁判駁回其訴後，不得於抗告、上訴程序再為補正。

上訴人或抗告人於上訴或抗告程序逾期未遵命補正，經裁判駁回後，不得再補正之。（民事訴訟法二四九、四六三、四九五之一）

四八之一　不經言詞辯論之判決駁回　法院認原告之訴欠缺當事人適格、權利保護必要，或所訴事實在法律上顯無理由，其情形可以補正者，應定期間先命補正，且得調查相關事項，並以其最後主張之事實為判斷依據。原告不遵命補正或其情形不能補正者，得不經言詞辯論，逕以判決駁回之。（民事訴訟法二四九）

肆　言詞辯論

四九　選定當事人之通知　多數有共同利益之人，選定其中一人或數人為全體起訴或被訴者，則除被選定人外，即不應作為當事人通知其到場或列入裁判書當事人欄。（民事訴訟法四一）

五十　訊問事項　法院於辯論期日，因辨別到場者是否該案當事人及為當事人中之何人，如僅問姓名即可辨別，祇須問其姓名，無須更詢及住居所、年齡、職業等。

當事人陳明其住居所或送達處所有變更時，法院應命書記官記明筆錄，並督促其修正電腦紀錄上之當事人資料。（民事訴訟法二一二）

五一　聲明事項　除別有規定外，法院應依當事人聲明應受判決之事項為辯論及判決。

當事人於辯論之初，須各為應受判決事項之聲明，其不知為此聲明時，審判長應曉諭之，對於未由律師代理之當事人，宜用通俗語句，詢問其欲法院為如何之判決，亦得據當事人之書狀或言詞陳述之內容詢之。（民事訴訟法一九二、三八八、一九九）

五二　闡明案情　審判長應隨時注意行使闡明權，向當事人發問或曉諭，令其為事實上及法律上陳述、聲明證據或為其他確定訴訟關係所必要之聲明或陳述；其所聲明或陳述有不明瞭或不完足者，令其敘明或補充之；並應注意令當事人就訴訟關係之事實及法律為適當完全之辯論。應在判決中斟酌之所有訴訟資料，均須賦予當事人充分辯論機會。其就某一事項為辯論時，應令其連續陳述，不得為不必要之發問。但支離重複之陳述，得禁止或限制之。

審判長之發問或曉諭，不得出以嚴厲辭色、輕率態度或使用具有暗示性或誘導性之語句。（民事訴訟法一九九）

五三　法律上主張之闡明　依原告之聲明及事實上之陳述，於實體法上得主張數項法律關係而其主張有不明瞭或不完足者，審判長應曉諭其敘明或補充之，以利其衡量實體利益與程序利益為適當之主張。但原告究欲主張何項法律關係及其是否為訴訟之變更或追加，仍應由原告自行斟酌決定。

被告主張有消滅或妨礙原告請求之事由，究為防禦方法或提起反訴有疑義時，審判長亦應適時闡明，使被告有機會衡量實體利益與程序利益，決定是否利用本訴訟解決相關之紛爭。（民事訴訟法一九九之一）

五四　確認基礎事實之闡明　提起確認法律關係基礎事實存否之訴，如原告得利用同一訴訟程序提起他訴訟時，審判長應行使闡明權，原告並得為訴之變更或追加，不受民事訴訟法第二百五十五條第一項前段之限制。

經審判長闡明後，當事人如不為訴之變更或追加，法院仍應就原訴為裁判。

原告於第二審始為訴之變更或追加，仍應受民事訴訟法第四百四十六條第一項前段規定之限制。（民事訴訟法二四七）

五五　適時提出　當事人應依訴訟進行之程度，於言詞辯論終結前，依法律規定或法院酌定之適當時期提出攻擊或防禦方法。

當事人意圖延滯訴訟或因重大過失，逾時始行提出攻擊或防禦方法或攻擊或防禦方法之意旨不明瞭，經命其敘明而不為必要之敘明，致有礙訴訟之終結者，法院得駁回該攻擊或防禦方法。（民事訴訟法一九六）

五六　嚴格限制之續審制　上訴第二審法院原則上不得提出新攻擊或防禦方法，當事人主張有民事訴訟法第四百四十七條第一項但書各款例外情形者，第二審法院應確實審核其釋明之證據。

第二審法院認當事人前項主張為無理由或其未提出即時可供調查之證據釋明者，得以裁定駁回或於判決理由敘明之。

修正前民事訴訟法第四百四十七條第一項但書規定在第一審整理並協議簡化後已不得主張之爭點，經第一審法院依第二百九十六條第二項裁定駁回者、經第一審法院依第二百六十八條定期間命提出書狀而未提出者因當事人之故意或重大過失而未於第一審程序提出者均屬可歸責於當事人之事由，不得於第二審法院再行提出。

五七 本人到場 當事人雖委任有訴訟代理人法院為闡明或確定訴訟關係整理爭點或因使訴訟便於終結起見，仍得命當事人或法定代理人本人到場而以其陳述作為全辯論意旨之一部分加以斟酌。

當事人本人或其法定代理人到場而無正當理由拒絕陳述或不遵命到場者法院於判斷事實真偽時得審酌當事人或其法定代理人拒絕陳述之理由及其他相關情形依自由心證判斷應證事實之真偽。（民事訴訟法二〇三、二六九）

五八 聲請發問 當事人聲請審判長對於他造當事人發問，審判長認為無妨礙者應予准許。當事人得向審判長陳明後自行發問。

當事人聲請之發問或自行發問有與訴訟標的或爭點無關等不當情形者審判長得不為發問或禁止之。（民事訴訟法二〇〇）

五九 證據辯論 關於調查證據之結果，如證人、鑑定人之陳述證書之記載及審判長依勘驗所認識之事項等當事人有為辯論之權，審判長應令當事人為辯論。

調查證據之結果，除調查時當事人在場聞見或因閱覽卷宗為其所已知者外審判長應告知或交予閱覽；如證據係於受訴法院外由受命法官或受託法官調查或囑託他機關團體調查者並應令當事人陳述其結果或由書記官朗讀筆錄或其他文書代之。（民事訴訟法二一六、二八九、二九五、二九七）

六十 指揮起坐 法庭上應備當事人、證人、鑑定人及其他訴訟關係人之席位，除受訊問或為陳述時須起立外審判長應隨時請其就坐。受訊問或為陳述之人，因健康或其他原因無法起立時，審判長宜使其就座應訊或陳述。（法院組織法八四）

六一 試行和解 訴訟中試行和解時，審判長、受命法官或受託法官應詳審案情酌擬辦法當庭勸諭兩造，不得率行依一造之聲請或依職權延展期日命當事人在外和解以免虛耗時間。（民事訴訟法一五九、三七七）

六二 第三人參與和解 訴訟標的與第三人權利或義務有關或當事人須有第三人之參與始願成立和解者，應斟酌事件具體情況准許或通知第三人參加和解。

前項情形，除已追加該第三人為當事人外，於和解不成立時該第三人脫離訴訟程序。（民事訴訟法三七七）

六三 和解方案 當事人表明法院得定和解方案之範圍，不限於訴訟標的，得就訴訟標的有關之事項一併聲請之。

當事人聲請定和解方案者，除其表明事項違反強制或禁止規定公序良俗或當事人無處分權等情形外，審判長受命法官或受託法官應迅速定和解方案。（民事訴訟法三七七之一、三七七之二）

六四 訴外和解之效力 就當事人未聲明之事項或第三人參加而成立和解者得為執行名義但無與確定判決同一效力。

當事人就前項和解發生爭執時，當事人不得請求繼續審判但得請求確認和解所成立之法律關係不存在或請求返還所交付之物等方式解決。（民事訴訟法三七七、三八〇、三八〇之一）

六五 指定期日 指定初次準備程序或言詞辯論期日，應斟酌下列情事，預留兩造充分準備之期間：

一 事件之繁簡。

二 當事人住居所距離法院遠近及交通情形。

三 法院已知悉當事人為身心障礙者。

因調查證據或其他重大事由須延展期日者，其續行期日亦應盡可能指定最近之期日，並應當庭諭知下次庭期命其到場無須另發通知書。（民事訴訟法一五六）

伍 筆錄記載

六六 筆錄之記載 言詞辯論筆錄，當庭製作之筆錄內無須將辯論之內容或其結果一一詳記無遺，僅記載其要領即可，必要時應將訊問及陳述或不陳述之情狀例如當事人默然不語或喜怒哀樂等加以記載，其陳述前後矛盾者並應記明。

六七 引用書狀文件之記載 筆錄內得引用當事人書狀及其他卷宗內之文件。書記官於開庭前應閱覽卷宗領會案情大要俾易於了解訴訟關係人之陳述並知卷宗內之文件何者可以引用。

其應記入筆錄之事項，審判長於認為必要時得口授之命書記官照書並得命其將記載更正，但書記官以審判長之命令為不當者應於筆錄內附記其意見。書記官就應記載之事項得隨時請示審判長。（民事訴訟法二一三、二一四、二一五）

六八 當事人等之記載 當事人及訴訟關係人到場者，應記明於筆錄，不得僅在筆錄內記載「詳報到單」或其他同義字樣。（民事訴訟法二一二）

六九 聲明之記載 筆錄應記載當事人應受判決事項之聲明，而引用其書狀之記載時，以其言詞聲明與書狀之記載相同者為限。

當事人為聲明之擴張、減縮、訴之變更、追加或撤回、訴訟標的之捨棄、認諾、提起反訴或附帶上訴等致與書狀不符時，應本於其言詞聲明在筆錄內記載明確，不得仍引用書狀。

事件非一庭終結，而其首次準備程序筆錄或言詞辯論已記明當事人應受判決事項之聲明者，其後同程序之筆錄無須再予記載。但其聲明有擴張、減縮、變更、追加、撤回、捨棄、認諾或提起反訴或附帶上訴或參與言詞辯論之法官有變更者，不在此限。（民事訴訟法二一三）

七十　行使闡明權之記載　審判長或受命法官行使闡明權，向當事人發問或曉諭時，應以問答方式將其問答之詞分別記明於筆錄。

七一　聲明證據之記載　當事人聲明證據者，應將其證據及待證之事項記明於筆錄。

七二　提示證據之記載　審判長、受命法官或受託法官提示證據或卷宗內文書命當事人辯論時，除記載當事人對於該證據或文書之意見外，並應將證據之編號或卷宗之頁數註明。

七三　訊問證人之記載　訊問證人，應將其陳述記載於準備程序或言詞辯論筆錄，除民事訴訟法第三百零四條及第三百零五條情形外，無須另紙製作訊問證人筆錄。

當事人對於證言之意見，應記載於證言之次。

七四　聲請或自行發問之記載　當事人聲請審判長為必要之發問或向審判長陳明後自行發問者，應記明於筆錄。（民事訴訟法二〇〇）

七五　引述資料之記載　當事人當場所為法律上之陳述，例如解釋判例或學說之援引及意見，應摘要記明於筆錄。

七六　和解之記載　和解筆錄、和解方案、調解筆錄、調解方案，應將當事人全體之姓名及住所、居所、事務所或營業所及和解、調解之內容記載明確，有第三人參加者亦同。（民事訴訟法三七七、三七九、四二一）

七七　法官之指導　審判長或受命法官向當事人發問或曉諭時，應顧及書記官製作筆錄之進度，對於筆錄應記載之事項，隨時予以必要之指導。

七八　爭點整理之記載　準備程序筆錄及行獨任審判事件之筆錄，除應記載各當事人之聲明、所用之攻擊或防禦方法及對於他造之聲明、攻擊或防禦方法之陳述外，法官為闡明訴訟關係，而於公開或不公開法庭命當事人就書狀記載事項之說明、就事實文書物件之陳述、整理並協議簡化爭點之結果或其他必要事項之說明、陳述或結果，均應記載之。（民事訴訟法二七〇之一、二七一、二七一之一）

七九　保全程序筆錄　本案尚未繫屬而兩造於保全證據程序期日到場，就訴訟標的、事實、證據或其他事項成立協議時，應將其協議記明筆錄。如就訴訟標的成立協議者，並應將協議之法律關係及爭議情形記明筆錄。（民事訴訟法三七六之一）

陸　調查證據

八十　舉證責任　法院於判斷事實時，應注意當事人間舉證責任分配之原則，即當事人主張有利於己之事實而他造有爭執者，就其事實有舉證之責任。原告如應先就其訴之原因事實負舉證之責任者，必原告所舉證據確能成立，被告始須就其所主張之抗辯事實負舉證責任。但法律就舉證責任之分配有特別規定者，法院即應依該規定分配舉證責任；倘無特別規定，而法院認依上述原則分配舉證責任顯失公平者，亦得本諸公平正義原則妥為分配。侵害智慧財產權事件，原告已證明被告有使用或侵害智慧財產權之事實，被告抗辯有權使用時，應舉證證明之。（民事訴訟法二七七）

八一　命當事人舉證　應由某造當事人舉證之事實而其未聲明證據者，應即命其聲明，如該當事人不能盡舉證責任者，即不得認其主張之事實為真實。但法院斟酌證據，並不以負舉證責任之當事人所提出者為限，即不負舉證責任之當事人所提出之證據亦得為該當事人或他造之利益斟酌之。法院不能依當事人聲明之證據得心證時，應先行使闡明權，促使當事人聲明證據，如當事人仍不知聲明者，法院為發現真實認為必要時，亦得依職權調查證據，並於裁判時斟酌之。但就是否應予調查，應賦予當事人陳述意見之機會。（民事訴訟法二七七、一九九、二八八）

八二　事實認定　當事人主張之事實，法院於整理爭點時，應注意他造對之有無爭執。如經他造自認或不為爭執之陳述或非依公示送達方式於相當時期受合法之通知而於言詞辯論期日不到場，亦未提出準備書狀爭執者，皆無須調查證據。當事人對於他造主張之事實，為不知或不記憶之陳述者，法院應注意有無應視同自認之情形存在。如當事人就其親身經歷之事實漫然為不知或不記憶之陳述者，多可認為視同自認。事實於法院已顯著或為其職務上所已知或有其他事實可依法據以為推定者，亦無須調查證據。（民事訴訟法二七八至二八〇）

八三　證明妨礙　當事人以不正當手段妨礙他造之舉證，故意將證據滅失、隱匿或致礙難使用者，法院得審酌當事人妨礙他造舉證之態樣、所妨礙證據之重要性等情形，依自由心證認他造關於該證據之主張或依該證據應證之事實為真實。但於裁判前應令當事人有辯論之機會。（民事訴訟法二八二之一）

八四　違背文書提出命令之效果　當事人無正當理由不從提出文書之命者，法院得依自由心證認舉證人關於該文書之性質、內容及文書成立真正之主張為真實或認舉證人依該文書應證之事實為真實。但於裁判前應令當事人有辯論之機會。（民事訴訟法

三四五）

八五　事實之推定　應證之事實雖無直接證據足資證明，但可應用經驗法則，依已明瞭之間接事實，推定其真偽。有間接證據證明間接事實者，即得據以推定應證事實之真偽。

間接事實在當事人間無爭執，或於法院已顯著或為其職務上所已知者，就該間接事實亦無須調查證據。」

前二項情形，應於裁判前應令當事人就其事實有辯論之機會。（民事訴訟法二八二）

八六　事實之判斷　法院判斷事實真偽，除調查證據之結果外，所有言詞辯論之內容或結果及當事人之態度，皆應加以斟酌。

八七　損害額之認定　損害賠償之訴，當事人已證明受有損害而有客觀上不能證明其數額或證明顯有重大困難時，法院應審酌全辯論意旨及調查證據之結果，於不違背經驗法則及論理法則之範圍內，依所得心證定其數額。

於侵害智慧財產權之損害賠償事件，得依原告之聲請囑託主管機關或其他適當機構估算其損害數額或參考智慧財產權人於實施授權時可得收取之合理權利金數額，核定損害賠償之數額，亦得命被告提出計算損害賠償所需之文書或資料，作為核定損害賠償額之參考。

第一項於違約金酌減之訴得準用之。（民事訴訟法二二二）

八八　自由心證　法院依自由心證判斷事實之真偽，係指法院基於裁量權取捨證據方法及調查證據後為證據評價時，除受法律及良心之拘束外，並應遵守論理法則及經驗法則而言。

論理法則係指理論認識及邏輯分析之方法；經驗法則則指人類本於經驗累積歸納所得之法則；所謂經驗，包括通常經驗及特別知識經驗。

法院判斷事實真偽時，不得違反邏輯上推論之論理法則，亦不得違背日常生活經驗所得而為一般人知悉之普通法則或各種專門職業科學上或技術上之特殊法則。（民事訴訟法二二二）

八九　釋明與證明　民事訴訟法條文中所用釋明一語，乃相對於證明而言。

證明與釋明均係當事人提出證據使法院得生心證之行為。證明必須使法院信為確係如此，釋明祇須使法院信為大概如此，無須遵守嚴格之形式上證據程序，釋明不可解為敘明或說明之意。

法律規定某事實應釋明者，當事人提出之證據能使法院信為大概如此，即為已足。其所用之證據，固以可即時調查者為原則，如偕同證人、鑑定人到場，添具證物於提出之書狀或攜帶到場等是。但依證據之性質不能即時調查者，如證人確實不能到場，而依事件之性質認為適當且不致延滯訴訟時，法院得延展期日而為調查或允許證人提出書面陳述（含經公證及未經公證者）以代到庭作證等，不在此限。（民事訴訟法二八四）

九十　調查期間　應調查之證據，因某種窒礙，如因證人所在不明，證據難於取得或應於外國調查證據，致不能預知何時可以調查者，法院得依舉證人或他造之聲請，以裁定酌定期間調查之。

前項期間已屆滿，仍不能調查時，得即行判決。但期間雖已屆滿而其調查不致延滯訴訟者，仍應准舉證人利用該證據。

舉證人或他造不知得聲請限定調查之期間者，審判長、受命法官或受託法官得告知之。（民事訴訟法二八七）

九一　隨時調查　調查證據，於當事人一造或兩造不到場時亦得為之。不以言詞辯論前之特別期日調查證據或由受命法官、受託法官調查證據者為限。於言詞辯論期日調查證據時，雖因當事人不到場而延展期日或視為合意停止訴訟程序，亦同。如證人、鑑定人已到場者，應按時訊問，免其再為到場。（民事訴訟法二九六）

九二　曉諭爭點　法院於調查證據前，應將該訴訟事實上爭點、證據上爭點、法律上爭點及其他攻擊或防禦方法曉諭當事人後，始進行證據之調查。（民事訴訟法二九六之一）

九三　集中調查　法院訊問證人，以證據方法訊問當事人本人及鑑定人時，應就應證事實或鑑定事項集中為之。如不能於一次期日訊畢而須另行指定期日訊問，其期日之間隔不宜過長。（民事訴訟法二九六之一、三二四）

九四　通知證人　證人對於訊問事項須經準備者，應在通知書上記載其概要，以免證人到庭後無從答覆。（民事訴訟法二九九）

九五　證據之關聯性　當事人聲明之證據中，法院應先審查其與應證事實之關聯性。如無關聯性即可不為調查。而於裁判書內說明其理由。例如當事人任意舉出多數之證人，並無何種關係，若一一訊問，必使案外人多受拖累，即可不為調查。

九六　證人鑑定人之處罰　證人、鑑定人受合法之通知，無正當理由而不到場者，得處以罰鍰，並速定期日再行通知，將處罰鍰之裁定及新期日通知書一併送達；若仍不遵通知到場，得再科以罰鍰；對於證人，並得同時拘提或拘提而不處罰鍰。其拘提準用刑事訴訟法關於拘提被告之規定辦理。（民事訴訟法三〇三、三二四、三二九）

九七　證人、鑑定人之訊問　證人為陳述時，應先請其將應訊問事項所知之始末連續陳述，必要時審判長、受命法官或受託法官得縷舉各點訊問之。但不得以誘導之詞為之。

訊問證人、鑑定人時，辭色宜和藹，態度宜懇切。訊問完畢，如無必要，應准其退庭。（民事訴訟法三一八、三一九、三二四）

九八 聲請或自行發問 有二人以上當事人聲請對證人發問或陳明欲自行發問時，應由審判長依其訴訟指揮權定發問之順序；於當事人發問後，如有必要，審判長得再為補充訊問。

當事人之發問與應證事實、證言信用事項或鑑定事項無關、重複發問、誘導發問、侮辱證人或不具體、不明確或非個別之發問、威嚇或利誘證人之發問、涉及證人拒絕證言事項之發問或其他不當情形之發問，審判長得依聲請或依職權限制或禁止之。（民事訴訟法三二〇、三二四）

九九 證人之書狀陳述 證人之陳述係以文書或其他資料為內容，而適於以書面為陳述或依事件之性質或依證人之身分、職業、健康、住居地及其他情況判斷，不宜或無強令其到場之必要時，法院於參酌當事人意見認為適當者，得定期間准兩造會同證人於公證人前作成陳述書狀，以代到庭陳述。如經兩造同意，證人亦得於法院外以書狀陳述。

法院於准許證人以書狀為陳述前，得定期間命當事人提出書狀記載擬對證人訊問之事項。

證人以書狀為陳述後，法院認證人之書狀陳述須加說明或經當事人聲請對證人為必要之發問者，仍得通知證人到場陳述。（民事訴訟法三〇五）

一〇〇 證人、鑑定人具結 命證人具結時，審判長、受命法官或受託法官應先說明人民對於國家有為證人之義務，及刑法所定偽證或虛偽鑑定之處罰為七年以下有期徒刑。審判長、受命法官或受託法官應令證人朗讀結文，不能朗讀者，由書記官朗讀，並於朗讀後訊以是否了解其意義，於認為必要時予以說明。

證人以書狀為陳述者，仍應令其簽名具結，將結文附於書狀經公證人認證後提出法院，以科技設備訊問證人時，亦應於訊問前或訊問後令證人具結。

鑑定人應於鑑定前具結，其具結之方式與證人同。命鑑定人具鑑定書陳述意見者，應寄交結文與鑑定人，告知鑑定人應將結文附於鑑定書提出。但囑託機關或其他團體陳述或審查鑑定意見者，則不適用關於具結之規定。（民事訴訟法三〇二、三〇五、三一二、三一三、三一三之一、三三四、三三五、三四〇，刑法一六八）

一〇一 囑託商會調查 案件中有須核算者，以囑託商會等機關團體或選任會計師審查核算為宜。法院為進行迅捷，亦得派員監督，於言詞辯論中僅就核算時不能解決之爭點予以辯論。判決中不宜將詳細帳目逐一列載以為核算徒增煩勞。（民事訴訟法二八九、三四〇、三五一）

一〇二 囑託他法院調查 囑託他法院調查證據時，囑託法院宜先命聲請調查證據之當事人預納有關費用。審判長並應告知當事人，得於受囑託法院所在地指定應受送達之處所或委任住居該地之人為訴訟代理人，陳報受囑託之法院。受託法官指定調查證據期日均應通知當事人，如經委任有訴訟代理人者，則向該代理人為通知。（民事訴訟法二九一、三三三、三四〇、三五一）

一〇三 囑託外國調查 囑託外國管轄機關或駐在該國之中華民國大使、公使、領事或其他機構、團體為調查者，應報請臺灣高等法院轉請外交部辦理。但福建高等法院金門分院、福建金門、連江地方法院應報請司法院轉請外交部辦理。（民事訴訟法二九五、三四〇）

囑託與我國簽訂司法互助協議或協定之地區或國家調查證據者，應依所簽訂之協議或協定辦理。（例如海峽兩岸共同打擊犯罪及司法互助協議、駐越南臺北經濟文化辦事處及駐臺北越南經濟文化辦事處關於民事司法互助協定）

一〇四 隔別訊問 證人有數人者，訊問時應注意隔別行之，不得使其他應訊問之證人在場。但審判長認為必要時，得命與他證人或當事人對質。

證人、鑑定人在當事人或特定旁聽人前不能盡其陳述者，得命當事人或特定旁聽人退庭，俟證人、鑑定人陳述完畢後，再命當事人入庭，告以陳述內容之要旨。（民事訴訟法三一六、三二一、三二四）

一〇五 書證閱覽 當事人一造提出之書證，審判長、受命法官或受託法官核閱後，應即交他造當事人閱覽，詢其就該文書為真正是否爭執；如無爭執，再詢問關於文書內容之意見；如他造就文書之真正有爭執，則除依法得推定為真正者外，應令舉證人證其真正。

法院就當事人爭執真正之文書得依職權調查證據，如核對筆跡印鑑，以經驗法則察驗紙墨新舊或覓有專門學術技藝之人審查鑑定或通知該文書所載作成名義人或其他列名參與之人或請求作成名義之公務員或機關陳述其真偽是。

法院依職權向機關或公務員調取或命第三人提出之證書，應交當事人兩造閱覽，詢其關於形式上及實質上證據力之意見。

關於書證內容，須就有關各點，逐字逐句詳細審查，再就調查結果，命當事人辯論。（民事訴訟法三五五至三六〇、一九四、一九五、一九九、二九七）

一〇六 準文書之說明 文書或與文書有相同效用之物件，須以科技設備始能呈現其內容者，如錄音帶、錄影帶、磁碟片或光碟片等，法院得命持有人提出含作成之人、時間、地點及其內人物等呈現其內容之書面，並證明其內容與原件相符。

持有人如僅提出原件而未附具呈現其內容之書面或雖提出書面，而其記載不完全或係使用特殊符號

或專業用語，法院難以辨讀其內容者，於必要時，得命提出人說明之。（民事訴訟法三六三）

一〇七 書證附卷 書證均應以繕本、影本或節本附卷。當事人提出文書之繕本或影本，其內容與原本無異，而對造僅於其效力或解釋有爭執者，法院無須命其提出原本。已提出原本者，應即發還。

文書之真偽有爭執者，應命提出原本，並裝入證物袋逐件編號，記明提出人姓名，不得訂入卷宗。（民事訴訟法三五二、三五三、三六一、二〇三）

一〇八 證物發還 證物之發還，宜通知當事人到院領取，其不能通知或經通知不能到院領取者，始得郵寄為之。

以郵寄發還證物者，應於在封套上加註其內為證物，而應受送達人未實際領取者，郵務人員或寄存機關應退回原寄法院。

一〇九 處罰當事人 對於當事人或代理人就真正之文書故意爭執其真正者，法院依調查結果確信文書為真正時，得依職權以裁定科處罰鍰，以促其履行真實陳述義務。

受罰鍰裁定之當事人或代理人於第二審言詞辯論終結前，承認該文書為真正者，訴訟繫屬之法院得不待受裁定人之抗告，亦不受抗告不變期間之限制，依職權審酌情形撤銷原裁定。（民事訴訟法三五七之一）

一一〇 勘驗方法 審判長、受命法官或受託法官因觀察某事實依其五官作用查驗其標的物之行為，均為勘驗。

勘驗非必盡依視覺，其標的亦不以物為限，人亦可為勘驗標的。例如嗅某物之氣味、聽某物之聲音或驗某人之身體或舉動，皆是。勘驗所得結果，即審判長、受命法官或受託法官依勘驗所認識之事項，應示知當事人，使為辯論。

事件須行勘驗者，應速定期勘驗，如勘驗標的為房屋、山場、田畝、水利等，於必要時，應繪製圖說或攝影，詳細記載，並得以錄音、錄影或其他有關物件附於卷宗。必要時，系爭範圍外之四周形勢，亦須記明，以備查考。（民事訴訟法三六四、二九七、三六六、三六七）

一一一 當事人訊問 法院依職權訊問無訴訟能力之當事人本人者，得訊問其法定代理人，並以其陳述為證據。

法人之代表人、非法人團體之代表人或管理人及依法令得為訴訟上行為之代理人，應依民事訴訟法第五十二條準用當事人訊問之規定。（民事訴訟法三六七之一）

一一二 當事人訊問之通知 法院命當事人或法定代理人本人到場，得以書面裁定或面告當事人、法定代理人或訴訟代理人或於期日通知書上記載其意旨等方式為之。

法院以書面裁定或面告當事人或其代理人命當事人本人到場者，應於裁定正本附記或一併告知上述不到場及拒絕陳述或具結之效果。（民事訴訟法三六七之一）

一一三 當事人之具結 當事人或法定代理人無正當理由拒絕陳述或具結，法院仍應查明其他可供使用之相關證據，並得審酌當事人拒絕陳述或具結之理由及其他相關情形，依自由心證判斷當事人關於訊問事項所主張之事實或法院依職權調查之應證事實之真偽。（民事訴訟法三六七之一）

一一四 當事人虛偽證述之處罰 當事人或法定代理人依法具結而故意為虛偽陳述，足以影響裁判之結果者，雖不觸犯刑法偽證罪，但得裁定處以罰鍰。惟受罰鍰裁定之當事人或法定代理人於第二審言詞辯論終結前，承認其陳述為虛偽者，訴訟繫屬之法院得不待其抗告，亦不受抗告不變期間之限制，審酌情形撤銷原裁定。

當事人僅違背民事訴訟法第一百九十五條所定之真實陳述義務者，尚不得處以罰鍰。（民事訴訟法三六七之二）

一一五 證據保全 民事訴訟法第三百八十六條第一項所稱之除證據有滅失或礙難使用之虞，如證人身患重病恐其死亡或證人即將遠行出國或證書或勘驗之標的物將有毀滅或變更之虞等是。

就確定事、物之現狀聲請保全證據者，限於有法律上利益並有必要時始得為之，且其實施保全之方法，以鑑定、勘驗及保全書證為限。如於醫療糾紛，就醫院之病歷為確定事實，避免遭竄改，即有聲請保全書證之必要；另為確定人身傷害之程度及原因得聲請鑑定；所有人為確定無權占有人使用其所有物之範圍及狀況得聲請勘驗。（民事訴訟法三六八）

一一六 當事人陳述意見 當事人於保全證據之調查期日在場者，除有急迫情形或有礙證據保全外，為避免程序進行不合聲請意旨及侵害相對人權益等情事發生，法院於調查證據開始前，得命其陳述意見。又為保障當事人程序上利益，於保全證據程序進行中或調查證據完畢後，亦得命當事人陳述意見。（民事訴訟法三七三）

一一七 重複訊問之禁止 當事人就已於保全證據程序訊問之證人，於言詞辯論程序中聲請再為訊問時，如保全證據程序係由本案受訴法院訊問證人，並已經兩造於該程序中表示意見者，或該證人之證言與本案待證事實無關者，法院即無須重複訊問。（民事訴訟法三七五之一）

一一八 當事人協議 當事人於保全證據程序期日到場無法成立協議時，該協議程序即告終了，當事人事後如欲再成立協議，可循訴訟程序或訴訟以外方式如訴訟外和解、調解、調處、仲裁等解決紛爭。（民事

訴訟法三七六之一）

一一九　證據保全之費用　法院為命保全證據之聲請人負擔程序費用裁定後，當事人再提起本案訴訟者，此部分保全證據費用不作為訴訟費用之一部再定其負擔。（民事訴訟法三七六）

一二〇　本案尚未繫屬之處置　保全證據程序終結後逾三十日而本案尚未繫屬者，如有利害關係人之聲請，且經法院認其聲請為有理由時，法院應即以裁定解除因保全證據所為文書、物件之留置或為其他適當之處置，並得依利害關係人之聲請命保全證據之聲請人負擔程序費用。（民事訴訟法三七六之二）

柒　裁　判

一二一　判決資料　第一審、第二審之判決，原則上應本於當事人之言詞辯論為之。

當事人所有之聲明及陳述，以提供判決資料為目的者，必於言詞辯論時以言詞為之，始得為判決之基礎。」以言詞提供之資料，雖未見於該當事人提出之書狀，法院亦應斟酌之；其未以言詞提出而僅於辯論前或辯論後提出之書狀表明者，不得為判決之基礎。（民事訴訟法二二一）

一二二　證卷資料之辯論　第一審卷宗內之資料，須於第二審言詞辯論時，使當事人辯論後，始可為第二審判決之基礎，此與第三審行言詞辯論之目的係在補充或闡明卷宗內已有之資料及就法律關係為辯論者不同。（民事訴訟法四四五、四七四）

一二三　一造辯論　言詞辯論期日當事人之一造不到場者，仍應按時開庭，如訴訟已達於可為裁判之程度，而無民事訴訟法第三百八十六條所列各款情形者，應曉諭他造得聲請由其一造辯論而為判決。經再通知而不到場者，並得依職權由一造辯論而為判決。」

法院依法由到場人一造辯論而為判決時，應斟酌未到場人提出書狀內所記載之事項，並須使到場人就該事項為辯論。（民事訴訟法三八五、三八六）

一二四　判決範圍　判決事項，以當事人之聲明為據，法院不得就當事人未聲明之事項或超過其聲明之範圍而為判決，但法院為訴訟費用之裁判及依職權宣告假執行者，無待當事人之聲明。

上訴審法院對於上訴事件之判決，不得逾越上訴聲明之範圍。（民事訴訟法三八八、四四五）

一二五　更審辯論　受發回或發交之法院，就第三審指示調查之事項，應詳加調查，並於判決內敘明調查結果及意見。

受發回或發交之法院，應以第三審法院為廢棄理由之法律上判斷為其判決之基礎。

第三審發回更審之事件，其辯論範圍不以第三審判決理由所指示之事項為限，第二審法院就第三審未指示調查而應調查之事項，應注意調查認定，不得遺漏。

本於更審辯論所為之判決，得較前次判決更不利於上訴人。（民事訴訟法四七八）

一二六　第三審判決之基礎　第三審法院應以第二審判決確定之事實為判決基礎。如僅該判決理由微有不當，而依其他理由認為結果相同者，應增減理由，予以維持。

除民事訴訟法第四百六十九條所定情形外，如第二審訴訟程序違法部分未經採為判決基礎或已因捨棄責問權視為已經補正者，即難謂其違法與判決之結果有影響，仍應增減其理由予以維持。

第二審法院判決未記載事實或所載事實不明，影響事實之確定無可據為裁判者，不在第三審法院自行判決之列。

第三審法院認為上訴有理由，且原審判決雖係違背法令而不影響於事實之確定，可據為裁判者，應將原審判決經上訴之部分廢棄，自為判決，如其違誤於判決主旨無出入者，無須改判，於判決理由內說明。

第三審法院廢棄原審法院裁判發回更審者，就應調查之事項應詳予指示。

第三審法院將原審法院裁判廢棄者，應逐案將裁判正本抄送文書科分析登記。（民事訴訟法四七六、四八一、四四九、四七七之一、四七七之二）

一二七　命假執行　判決應依職權宣告假執行者，法院應注意行使其職權。

相牽連之數宗請求為訴訟標的，其中有應宣告假執行與不應宣告假執行者，須注意分別辦理。

關於財產權之訴訟，原告聲請宣告假執行，經釋明在判決確定前不為執行，恐受難於抵償或難於計算之損害，或縱無上述釋明而陳明在執行前可供擔保者，應予准許。（民事訴訟法三八九、三九〇）

一二八　第二審關於假執行之審理　第二審法院應依聲請就關於假執行之上訴先為辯論及裁判。

第二審判決就財產權之訴訟維持第一審之判決，或上訴人對於第一審判決未經聲明不服之部分，未經宣告假執行或上訴人意圖延滯訴訟而提起上訴，或逾時始行提出攻擊或防禦方法，可認為係意圖延滯訴訟者，第二審法院亦應依聲請宣告假執行。（民事訴訟法四五五至四五七）

一二九　宣示判決　法院於言詞辯論終結時指定宣示判決期日者，應當庭向當事人告知宣示之期日。其指定之期日，獨任審判須在二星期以內，合議審判須在三星期以內。但案情繁雜或有特殊情形者，不在此限。

法院應於宣示前作成判決原本，宣示判決應本於判決原本為之，並於宣示後當日將判決原本交付書記官。依民事訴訟法第二百二十三條第一項但書規定未宣示判決者，亦同。

判決應即於法院公告處或網站公告其主文，書記官並應將公告證書附卷。

判決經宣示或公告後，為該判決之法院即受羈束，不得撤銷或變更之。（民事訴訟法二二三、二二四、二二八、二三一）

一三〇　判決之當事人欄　判決書內記載原告、被告，其下無須加一人字，代理人應分別記明其為法定代理人或訴訟代理人。

依法律規定不須委任而有訴訟上代理權之人，宜稱為法定代理人，例如商號之經理人並應於其姓名之下記明某商號經理人字樣。非法人而有當事人能力之團體，其代表人或管理人亦同。（民事訴訟法五二、二二六）

一三一　判決之主文欄　判決主文須力求簡明，並就當事人所聲明之事項，逐一裁判，毋有遺漏。必要時宜附圖說或帳目核算清冊，俾臻明確。（民事訴訟法二二六）

一三二　判決之事實欄　判決書事實欄，應分別記載兩造當事人於言詞辯論時所為應受判決事項之聲明及事實上之陳述、證據聲明、證據抗辯等，法院所認定之事實，應敘入理由欄，不得記載於事實欄。（民事訴訟法二二六）

一三三　判決之文字體例　判決書宜採淺顯文字，列舉方式及分段敘述，並加標點。（民事訴訟法二二六）

一三四　裁定記載　裁定經言詞辯論者，應即時或於指定之期日宣示之，亦得將其裁定記載於言詞辯論筆錄，不另作裁定書。但當事人明示於宣示期日不到場或於宣示期日未到場者，得以公告代之。

經宣示之裁定，以得抗告者為限，始須以筆錄或裁定書之正本送達於關係人；不經言詞辯論為終結訴訟之裁定，應即公告，書記官並應製作公告證書附卷；其餘不經言詞辯論之裁定，應作成裁定書以正本送達之。

無論係將裁定記載於言詞辯論筆錄或作成裁定書，均祇須記明其就該事件所為裁定之內容，其駁回聲明或就有爭執之聲明所為之裁定，應附理由。又裁定原本交付書記官及其裁定之送達，均以從速為要。（民事訴訟法二三四至二三七、二三九）

一三五　報請釋示　就具體事件適用法律，除受發回或發交之法院應以第三審法院為廢棄理由之法律上判斷為其判決之基礎外，應本於其信為正當之見解以為裁判，不得將具體事件假設疑問報請釋示。（民事訴訟法四七八）

一三六　程序終結之退費　經言詞辯論之事件，於言詞辯論終結前，不經言詞辯論之事件，於裁判作成前，當事人撤回其訴、上訴或抗告或成立訴訟和解或移付調解事件調解成立者，得於撤回、和解或調解成立之日起三個月內聲請退還其於該審級所繳裁判費三分之二。法院應主動告知當事人得聲請退費，遇有聲請退費時，應儘速發還。

所稱該審級所繳裁判費，於發回更審之情形，應包括更審前當事人在該審級所繳之裁判費在內。至於更審前上訴或抗告所繳之裁判費，則不得聲請退還。當事人如尚未依法繳足起訴或上訴、抗告應繳納之裁判費時，其所得聲請退還者，應限於所繳納超過應繳裁判費三分之一之部分。

當事人和解所得聲請退還之裁判費，以其於和解成立之審級所繳之裁判費為限。發回更審之事件，更審前在該審級所繳之裁判費亦包括在內。至如僅成立部分和解，尚不得聲請退還裁判費。

當事人合意停止訴訟程序或視為合意停止訴訟程序後四個月不續行訴訟或連續遲誤言詞辯論期日依法視為撤回其訴或上訴或為訴之變更視為撤回其訴或單純減縮應受判決聲明之情形，均不得聲請退還裁判費。（民事訴訟法八三、八四、四二〇之一）

一三六之一　不變期間之告知　訴訟不經裁判終結者，法院宜告知當事人有關聲請訴訟費用裁判應遵守之不變期間規定。（民事訴訟法九十）

捌　送達

一三七　郵務送達　訴訟文書除交付執達員送達外，由郵務機構之郵務人員行之。其由郵務人員送達者，應依民事訴訟法關於送達之規定及郵務機構送達訴訟文書實施辦法辦理，並以郵務人員為送達人。（民事訴訟法一二四、民事訴訟法施行法三）

一三八　囑託他法院送達　應囑託他法院為送達者，應以法院名義向他法院發送囑託書。他法院收受囑託書後，即由書記官交執達員送達，並將送達證書或不能送達之報告書迅速送交囑託法院。受囑託法院之書記官及執達員辦理此項事件是否迅速，其長官應隨時督查。（民事訴訟法一二五）

一三九　囑託外國送達　囑託外國管轄機關或駐在該國之中華民國大使、公使、領事或其他機構、團體為送達者，應由囑託法院函請外交部辦理。

前項送達，受送達人為外國人時，其送達之通知及裁判書類，仍應以我國文字製作，惟如囑託外國管轄機關為送達者，應備有關訴訟文書之譯本。囑託駐在該國之中華民國大使、公使、領事或其他機構、團體為送達者，除民事訴狀可由當事人附譯本外，關於法院之裁判書類，得附主文譯本。

依民事訴訟法第一百四十五條第二項為送達者，受送達人為外國人時，亦應備相關訴訟文書之譯本。（民事訴訟法一二五、一四五）

囑託與我國簽訂司法互助協議或協定之地區或國

家送達訴訟文書者，應依所簽訂之協議或協定辦理（例如海峽兩岸共同打擊犯罪及司法互助協議、駐越南臺北經濟文化辦事處及駐臺北越南經濟文化辦事處關於民事司法互助協定）。

一四〇 送達方法 送達於住居所、事務所或營業所不獲會晤應受送達人，而又無同居人或受僱人等可以交付文書者，如執達員知應受送達人在附近之處所，宜轉赴該處或通知其返回，而為送達；其得適用寄存送達或留置送達者，應即照行。遇應受送達人之住居所或事務所、營業所遷徙者，執達員應詢明其所遷之處所，前往送達或報告法院。（民事訴訟法一三六至一三九）

一四一 寄存送達之效力 寄存送達自寄存之日起，經十日發生效力。但受送達人於十日內領取受送達文書者，於實際領取之日發生效力。

一四二 送達證書 送達證書內交送達之法院欄，應註明承辦法官之股別。應送達之文書欄，應記明該事件卷宗號數，標示文書名目，例如送達判決時，祇記明判決正本字樣即可，若係送達通知書，則須附記其為何期日之通知書。送達方法欄，如交付同居人、受僱人等或為寄存送達、留置送達者，應行記明。

送達證書內應記載之事項，須由送達人一一填載，尤應記明送達年月日時，再交收領人簽名、蓋章或按指印。

送達人施行送達後，應速將送達證書或不能送達之報告書提出於書記官附卷，就期日通知之送達證書或報告書，務須於期日前提出。（民事訴訟法一四一、一四二）

一四三 公示送達 初次公示送達，除有民事訴訟法第一百四十九條第三項情形外，須依當事人之聲請經法院裁定准許後始得為之。

公示送達之事由，聲請人應負舉證之責，以應為送達之處所不明為聲請公示送達之理由者，法院認為該應受送達人之住居所及其他應為送達之處所，確為聲請人所不知且無法探知者，始得准許。

原告或上訴人聲請對於被告或被上訴人就訴狀或上訴狀為公示送達，而不為前項證明時，法院除駁回其聲請外，並應酌定期間命原告或上訴人補陳被告或被上訴人之住居所或其他應為送達之處所，其不於期間內補陳者，應認為違背起訴或上訴之程式，以裁定駁回其訴或上訴。

起訴狀或上訴狀不能送達，而原告或上訴人未聲請公示送達者，法院得同時命其補陳被告或被上訴人應為送達之處所或聲請公示送達，其不補陳應為送達之處所亦不聲請公示送達者，得依職權命為公示送達。

公示送達，法院應命將應送達之文書繕本、影本或節本公告於法院網站；法院認為必要時，得命登載於公報或新聞紙。（民事訴訟法一四九、二四九、四四四、一五一）

玖 訴訟卷宗

一四四 卷宗編存 關於訴訟事件之文書，應編卷宗者，書記官須於收到或作成後，依照民刑事件編號計數分案報結實施要點第二點至第四點之規定，按其次序隨時編定成冊。

卷面及文書用紙，務須使其整齊劃一，不得參差；其卷宗內容，未經上訴、抗告之保全程序及民事訴訟審判事件以外之雜卷，不須載明目錄，其他均應載明目錄。

案件辦理完畢者，應迅速歸檔，妥為保存。（民事訴訟法二四一）

一四五 閱覽卷宗 當事人請求閱覽、抄錄或攝影卷宗文書或預納費用請求付與繕本、影本或節本者，除有民事訴訟法第二百四十二條第三項至第五項之情形外，書記官應准如所請，迅將卷宗交給抄閱、攝影或付與繕本、影本或節本。第三人為上述之請求，經法院裁定許可者亦同。（民事訴訟法二四二）

一四六 確定證明 當事人向法院請求付與判決、裁定或支付命令確定證明書時，如卷宗現在該法院，經查明該判決、裁定或支付命令業經確定者，應於聲請後七日內付與之。（民事訴訟法三九九）

拾 調解程序

一四七 調解之駁回 當事人對於聲請調解之標的顯無爭執，或有其他具體情形足認其為虛偽，例如有製造假債權之情事者，法官得逕以顯無調解必要為由，裁定駁回之。

調解委員認調解有應逕予裁定駁回之情形者，應報請法官為之，不得自行駁回聲請。（民事訴訟法四〇六、四一〇之一）

一四八 法官逕行調解 由法官逕行調解之事件，以案情簡單、爭執不大或特別需要迅速處理，而經法官認為適當或經當事人合意者為限。（民事訴訟法四〇六之一）

一四九 調解委員選任 法院每年得酌選轄區內具有法律知識、信望素孚且適於為調解委員之社會公正人士為調解委員，並依區、鄉鎮市別及其專長與經歷列冊，以供法官選任調解委員時之參考。

法官於逐件選任調解委員時，宜依事件之性質，選任具備解決該事件專門知識或經驗之調解委員進行調解。（民事訴訟法四〇六之二）

一五〇 法官授權定期續行調解期日 除由法官定之者外，法官亦得逐次或概括授權主任調解委員或

調解委員定之。但法官不得授權主任調解委員或調解委員命當事人或法定代理人到場。（民事訴訟法四〇七、四〇八）

一五一　暫時處置　法官於依當事人聲請，禁止他造變更現狀、處分標的物或命為其他一定行為或不行為時，應兼顧兩造利益，正確判斷處置之必要性及其內容之妥適性。

當事人如認有保全證據或權利或定暫時狀態之必要，仍得另依有關規定聲請保全證據或假扣押或假處分。（民事訴訟法四〇九之一）

一五二　調解形式及處所　法院應設置調解室。

調解不用開庭之形式，除於法院行之外，於必要時，亦得於區、鄉、鎮、市公所、農會、水利會、警察機關、勘驗現場或其他適當處所行之。法官與書記官得不著制服。

法官、調解委員、書記官、通譯、當事人與代理人之席位由法院斟酌情形定之。律師僅得以普通代理人資格到場，無須著制服，亦不特設席位。（民事訴訟法四一〇）

一五三　參加調解　於將成立調解時，如有經法官許可參加調解程序之第三人參與者，法官宜曉諭聲請人追加該第三人為調解聲請人或相對人。（民事訴訟法四一二）

一五四　調解進行　調解委員及法官行調解而聽取陳述、察看狀況者，得不記載陳述或察看內容。但法官於必要時行調查證據者，書記官應製作筆錄。（民事訴訟法四一三）

一五五　調解態度　調解委員及法官行調解時，態度務須和藹誠懇，耐心說服，不得稍涉勉強，尤須避免粗暴之語氣。（民事訴訟法四一四）

一五六　酌定調解條款　當事人約定由調解委員中之一人或數人或全體酌定調解條款者，從其約定。

調解委員無法形成多數意見酌定調解條款時，應報請法官處理。法官應依具體情形，為下列各款之一之處置：

㈠徵詢兩造同意後由其自行酌定調解條款。

㈡自行或委由主任調解委員或調解委員另定調解期日。

㈢視為調解不成立。

調解委員酌定調解條款經法官核定者及法官酌定調解條款記明筆錄時，視為調解成立，書記官應送達正本當事人及參加調解之利害關係人，對於該調解條款內容均不得異議。（民事訴訟法四一五之一）

一五七　調解爭執　當事人提起宣告調解無效或撤銷調解之訴，合併起訴或提起反訴，視為自聲請調解時已經起訴者，仍應繳納裁判費。（民事訴訟法四一六）

一五八　職權提出方案　關於財產權爭議之調解，當事人不能合意但已甚接近者，法官應以職權提出解決方案。

法官提出解決方案時，應斟酌一切情形，其有調解委員者，並應徵詢其意見，求兩造當事人利益之平衡，於不違反兩造當事人之主要意思範圍內，斟酌至當，以免當事人或利害關係人提出異議，徒增勞費。

對解決方案提起異議之期間為不變期間，當事人或參與調解之利害關係人逾此十日期間始提出異議者，應視為已依該方案成立調解。（民事訴訟法四一七、四一八）

一五九　調解事件之審理　調解不成立，法院命即為訴訟之辯論時，應在法庭內為之，並依下列方式審理：

㈠事件為強制調解事件且為簡易或小額事件者，由簡易庭原承辦調解事件之法官以簡易或小額程序繼續審理。

㈡事件為強制調解事件且為通常訴訟事件者，由簡易庭原承辦調解事件之法官以通常程序繼續審理，亦得函送普通庭依通常程序審理。

㈢事件為移付調解事件，且由原審理訴訟事件之法官調解者，由原承辦法官以原適用之程序繼續審理。

以起訴視為調解之聲請，如調解不成立，原起訴之效力應即回復，無待當事人之聲請。（民事訴訟法四一九）

一六〇　移付調解　兩造合意移付調解之訴訟事件，不以民事訴訟法第四百零三條第一項所規定者為限。

移付調解時，該事件之訴訟程序當然停止，毋庸裁定；於調解不成立時，法院應即續行訴訟程序。

原告於調解成立後聲請退還裁判費時，如尚未依法繳足起訴應繳納之裁判費，其所得聲請退還者，應限於其所繳納超過應繳裁判費三分之一部分。（民事訴訟法四二〇之一）

一六〇之一　法院受理刑事偵查或審判中移付調解之民事事件，免徵聲請費。

前項事件，當事人得以書面或言詞表明調解標的之法律關係及爭議之情形，其以言詞為之者，由承辦書記官記明調解程序筆錄。

第一項事件依民事訴訟法第四百零六條之一至第四百十八條、第四百二十條、第四百二十一條、第四百二十二條、第四百二十六條規定辦理。

法院於第一項事件終結後，應將結果通知移付調解之檢察官或刑事庭；其調解成立者，並檢附調解筆錄。（民事訴訟法一二〇、四一六、四二一）

一六一　調解筆錄　調解成立者，應由書記官將解決爭端之條款詳細記明調解筆錄，送請法官簽名。

調解委員行調解而自行記錄調解不成立或延展期日情形者，法官毋庸於該紀錄上簽名。

法院辦理調解時，應切實注意調解內容是否適法、可

能、確定及適宜強制執行，以杜爭議。（民事訴訟法四二一）

一六二　命繳裁判費　法院因調解不成立命即為訴訟辯論者，應命調解聲請人繳納裁判費。

於起訴前應經調解之事件，如未經調解而起訴者，應視其起訴為調解之聲請，逕依調解程序進行調解。如調解成立，法院應將當事人原已繳納之裁判費扣除應繳調解聲請費之三分之一後退還。（民事訴訟法四二三）

一六三　調解欠缺之效果　應經調解之事件，第一審未依法調解，當事人亦未抗辯者，當事人喪失責問權，第二審法院不得以之為廢棄發回之理由。（民事訴訟法四〇四、四二四）

拾壹　簡易訴訟程序

一六四　簡易訴訟事件之認定　是否屬於民事訴訟法第四百二十七條第一項、第二項之事件，應以原告起訴所主張之原因事實為準。（民事訴訟法四二七）

一六五　建物工作物事件　因建築物或其他工作物定期租賃或定期借貸關係所生之爭執，係指因建築物或車庫、攤位、停車位等其他工作物之定期租賃或定期借貸關係所生之接收、遷讓、使用、修繕及家具物品之留置等爭議事件。

當事人對租賃或借貸契約有爭執者，包括應否解除或終止租賃契約而遷讓房屋之訴訟。（民事訴訟法四二七）

一六六　票款之請求　本於票據有所請求之訴訟，專指行使票據上權利有關之訴訟，執票人依票據法第二十二條第四項規定對於發票人或承兌人請求償還利益之訴訟，不包括在內。（民事訴訟法四二七）

一六七　租金之請求　因請求租金涉訟者，係指單純請求租金給付或請求確認租金給付請求權存在或不存在之訴訟，不包括請求調整租金之訴訟。（民事訴訟法四二七）

一六八　（刪除）

一六九　其他定期給付　民事訴訟法第四百二十七條第二項第八款規定之其他定期給付，係指基於一定法律關係，因每一定期間之經過順次發生之債權，不以一年或不及一年者為限，但一債權分數期給付者不屬之。

一六九之一　道路交通事故之請求　本於道路交通事故有所請求之訴訟，係指其訴訟標的及原因事實，乃道路交通事故之被害人或其繼受人向加害人或依法應負賠償責任之人請求損害賠償之事件及第三人就此行使代位權或求償權，向加害人或依法應負賠償責任之人請求給付之事件。（民事訴訟法四二七）

一七〇　（刪除）

一七一　曉諭適用簡易訴訟程序　法院就不合於民事訴訟法第四百二十七條第一項及第二項之訴訟，宜運用訴訟指揮權及闡明權，對於當事人曉諭使其衡量實體利益及程序利益，以決定是否合意適用簡易訴訟程序。（民事訴訟法四二七）

一七二　改分通常程序　法院依民事訴訟法第四百二十七條第五項規定，以裁定改用通常訴訟程序時，應斟酌該事件之訟爭對立性是否合於適用通常訴訟程序，及改用通常訴訟程序是否會造成訴訟延滯等情形。但兩造當事人均聲請改用通常訴訟程序時，法院宜尊重當事人之意願，准其所請。（民事訴訟法四二七）

一七三　訴訟程序之改用　法院依當事人之聲請，依民事訴訟法第四百二十七條第五項規定，以裁定改用通常訴訟程序者，應將事件改分通常訴訟程序事件案號，由原承辦法官繼續辦理。

法院認當事人之聲請不應准許者，應以裁定駁回其聲請。此裁定係訴訟程序進行中所為之裁定，依民事訴訟法第四百八十三條規定，不得抗告。（民事訴訟法四二七、四八三）

一七四　中間裁定　應適用何種訴訟程序有爭執時，為訴訟程序之中間爭點，宜為中間裁定。依民事訴訟法第四百三十五條第一項規定應改依通常訴訟程序者，亦同。

以中間裁定應適用他種訴訟程序之事件，仍由原承辦法官辦理。（民事訴訟法四二七、四三五）

一七五　簡易訴訟事件之起訴　依原告於起訴時表明請求之原因事實，尚難判斷其主張之法律關係是否適用簡易訴訟程序者，審判長應適時行使闡明權，命其敘明或補充之。（民事訴訟法四二八、一九九）

一七六　言詞起訴　簡易訴訟事件之起訴及其他期日外之聲明或陳述，均得以言詞為之，法院應指定書記官於當事人以言詞起訴或於期日外聲明或陳述時，為之製作筆錄，並將筆錄送達他造。（民事訴訟法四二八）

一七七　表明適用簡易訴訟程序　言詞辯論期日之通知書，應切實表明適用簡易訴訟程序，未表明者，法院不宜依民事訴訟法第四百三十三條之三規定依職權由一造辯論而為判決。

言詞辯論期日通知書應記載「當事人務於期日攜帶所用證物及偕同所舉證人到場」，以利訴訟之迅速進行。（民事訴訟法四三〇）

一七八　送達書狀繕本　當事人依民事訴訟法第四百三十一條規定，於期日前提出準備書狀，應直接以繕本或影本通知他造，如他造以言詞或書狀就已否收受該書狀有所爭執，應由提出書狀之當事人釋明已為送達，無法釋明者，法院仍應將書狀繕本送達他

造否則不得行一造辯論而為判決。(民事訴訟法三八六四三一)

一七九 自行到場之處理 法院應指定法官,辦理當事人兩造依民事訴訟法第四百三十二條自行到場起訴並為言詞辯論之事件。

屬強制調解事件法官應即為調解;調解不成立者,除當事人聲請延展期日外,法院應即為訴訟之辯論。(民事訴訟法四〇三四一九四三二)

一八〇 通知證人、鑑定人 通知證人或鑑定人得不送達通知書,而以電話、傳真或其他科技設備等便宜之方法行之,惟應製作記載該事由及年月日之書面附卷。證人或鑑定人如不於期日到場,仍應送達通知書。(民事訴訟法四三三)

一八一 一庭終結 簡易訴訟事件,應以一次期日辯論終結為原則,但調查證據認定事實仍應妥慎為之,其未達於可為裁判之程度者,不得遽予終結。(民事訴訟法四三三之一)

一八二 省略程序記載 法院依民事訴訟法第四百三十三條之二規定許可於言詞辯論筆錄省略應記載事項時,應使當事人有知悉之機會,並應記明筆錄。關於證人、鑑定人之陳述、勘驗所得之結果等事項,如足以影響判決者,不宜任意省略,俾免事件上訴第二審後,第二審法院須重行調查程序。(民事訴訟法四三三之二)

一八三 一造辯論 言詞辯論期日,當事人之一造經合法通知不到場,而無民事訴訟法第三百八十六條各款之情形者,法院宜依職權由一造辯論而為判決,以發揮促進訴訟之功能。(民事訴訟法四三三之三)

一八四 筆錄代替判決書 以言詞辯論筆錄代替判決書者,為確定裁判之範圍,應載明原告訴之聲明,惟不以分項記載為必要。

法院應備置判決要旨稿,供法官於必要時填載,以交書記官記載於代替判決書之言詞辯論筆錄,俾免誤寫致生爭議。(民事訴訟法四三四)

一八五 判決筆錄不得節略事項 送達代替判決書之言詞辯論筆錄節本,關於當事人、法院代理人、訴訟代理人、判決主文、事實及理由要領,法院等不得節略。(民事訴訟法四三四)

一八六 依職權宣告假執行 就民事訴訟法第四百二十七條第二項訴訟所為被告敗訴之判決,法院應依職權宣告假執行。

本於票據有所請求之事件,適用簡易訴訟程序者,仍應依民事訴訟法第三百八十九條第一項第三款依職權宣告假執行。(民事訴訟法三八九)

一八七 訴之合併、變更、追加或提起反訴 因訴之變更、追加或提起反訴,致其訴之全部或一部不屬民事訴訟法第四百二十七條第一項、第二項之範圍者,法院宜訊明當事人是否合意繼續適用簡易訴訟程序,如當事人不能合意,即應以裁定改用通常訴訟程序,並由原法官繼續審理。

民事訴訟法第四百三十五條第一項規定之情形,如被告(含反訴被告)對於法院適用簡易訴訟程序不抗辯而為本案之言詞辯論者,視為當事人間已有適用簡易訴訟程序之合意,法院不得再改行通常訴訟程序。(民事訴訟法四三五)

一八八 合併起訴 當事人合併提起之數宗訴訟,其訴之全部或一部不屬民事訴訟法第四百二十七條第一項及第二項範圍者,自始即應適用通常訴訟程序。(民事訴訟法四三五)

一八九 第二審之變更追加 當事人於簡易訴訟事件之第二審程序為訴之變更、追加或提起反訴,致應適用通常訴訟程序者,縱經他造同意,仍不得為之。法院應以起訴不合程式裁定駁回新訴,不宜俟原訴終局判決時再一併於理由中敘明,俾免影響當事人之權益。(民事訴訟法四三六之一)

一九〇 第一審程序之準用 第二審簡易訴訟程序,除準用通常訴訟程序第二審程序之規定外,依民事訴訟法第四百六十三條規定,並準用第一審通常訴訟程序之規定。至於第一審簡易訴訟程序之規定,除民事訴訟法第四百三十四條第一項及第四百三十四條之一外,不在準用之列。(民事訴訟法四三六之一)

一九一 誤用簡易訴訟程序 通常訴訟程序事件,第一審誤用簡易訴訟程序審理並為判決,如當事人在第一審程序曾依民事訴訟法第一百九十七條第一項行使責問權者,其訴訟程序即有重大瑕疵,如當事人對之提起上訴,第二審法院得依民事訴訟法第四百三十六條之一第三項準用民事訴訟法第四百五十一條第一項規定廢棄原判決,將該事件發回原法院。(民事訴訟法四三六之一)

一九二 誤用通常程序 應適用簡易訴訟程序之事件,第一審法院誤用通常程序者,其上訴或抗告應由高等法院受理,並適用簡易訴訟事件第二審程序審理。其是否得上訴最高法院,亦適用簡易訴訟程序之規定。(民事訴訟法四五一之一)

一九三 改行通常程序之事件 簡易訴訟事件依民事訴訟法第四百二十七條第五項規定改行通常訴訟程序,即屬通常訴訟程序事件,當事人對於依該程序所為之裁判如有不服,即應上訴或抗告於管轄之高等法院。(民事訴訟法四三六之一)

一九四 適用法規顯有錯誤 對於簡易訴訟程序之第二審裁判,當事人僅得以其適用法規顯有錯誤為理由,提起第三審之上訴或抗告。所謂適用法規顯有錯誤,不僅限於確定判決所適用之法規顯然不合於法律規定或顯然違反現尚有效之解釋、判例之情形,即確定判決消極的不適用法規,顯然影響裁判者,亦

包括在內。(民事訴訟法四三六之二)

一九五　許可第三審上訴或抗告　當事人對於簡易訴訟程序之第二審裁判,提起第三審上訴或抗告,須經原裁判法院之許可。原裁判法院應審查當事人是否以適用法規顯有錯誤為理由且該訴訟事件所涉及之法律見解是否具有原則上之重要性,以認定應否許可上訴或抗告。

所謂原則上之重要性,係指該事件涉及之法律問題意義重大而有加以闡釋之必要,非以其對該訴訟當事人之勝敗有無決定性之影響為斷。

前項之上訴或抗告為裁判之原法院認為應行許可者,應由原裁判之合議庭法官添具意見書連同卷宗逕送最高法院。上開意見書毋庸送達兩造當事人,當事人亦不得聲明不服。(民事訴訟法四三六之三)

一九六　逕向最高法院抗告　依民事訴訟法第四百三十六條之三第四項逕向最高法院抗告者,以對於原裁判法院認為不應許可上訴或抗告於第三審而駁回之裁定為限。如原法院係以其他理由駁回上訴或抗告者,則應適用民事訴訟法第四百三十六條之二之規定。(民事訴訟法四三六之三)

一九七　補具上訴或抗告理由　民事訴訟法第四百三十六條之四第一項所定補具理由之十日期間,為通常法定期間,應自判決送達後起算,並應扣除在途期間。

當事人未依規定表明或補具上訴或抗告理由者,如於法院裁定駁回前補正,其程序之欠缺即已補正。如經法院以裁定駁回,當事人對此裁定抗告後再行補具理由,自非合法。(民事訴訟法四三六之四)

一九八　再審之訴或聲請再審　民事訴訟法第四百三十六條之六所定不得更以同一理由提起再審之訴或聲請再審,其中「同一理由」,係指前此提起上訴或抗告所主張適用法規顯有錯誤之同一理由而言。如以其他適用法規顯有錯誤為再審理由,據以提起再審之訴或聲請再審,不在此限。

符合民事訴訟法第四百三十六條之二第一項規定之情形,當事人未依該規定向最高法院提起上訴或抗告,俟確定後,如符合再審之規定,仍得以適用法規顯有錯誤為理由,提起再審之訴或聲請再審。(民事訴訟法四三六之六)

對於簡易訴訟程序之第二審確定終局裁判,如就足影響於裁判之重要證物漏未斟酌者,不問該事件是否上訴第三審,均得依民事訴訟法第四百三十六條之七之規定,提起再審之訴或聲請再審。其曾上訴第三審,但未經許可者,亦同。(民事訴訟法四三六之七)

一九九　於刑事簡易訴訟程序提起附帶民事訴訟　原告於地方法院刑事簡易訴訟程序提起附帶民事訴訟,經依刑事訴訟法第五百零五條第一項規定裁定移送同法院民事庭,應視附帶民事訴訟係於刑事簡易訴訟程序第一審或第二審提起,定其應由簡易庭適用民事簡易或小額第一審訴訟程序,或由民事庭適用民事簡易第二審訴訟程序審理之。

依刑事訴訟法第四百五十二條、第五百零三條第一項但書適用通常程序,並將附帶民事訴訟移送管轄之地方法院民事庭者,非屬民事訴訟法第四百二十七條第二項第十二款所定情形。(民事訴訟法四二七、刑事訴訟法五〇四、五〇五)

一九九之一　於刑事通常訴訟程序提起附帶民事訴訟　原告於地方法院第一審刑事訴訟程序、高等法院或其分院第二審刑事訴訟程序,提起附帶民事訴訟,屬民事簡易事件者,經依刑事訴訟法第五百零四條第一項規定裁定移送同法院民事庭,應分別由地方法院民事簡易庭適用民事簡易或小額第一審訴訟程序、高等法院或其分院民事庭適用民事簡易第二審訴訟程序審理之;經依刑事訴訟法第五百零三條第一項但書規定移送管轄之地方法院民事庭,應由簡易庭適用民事簡易或小額第一審訴訟程序審理之。(民事訴訟法四二七)

一九九之二　附帶民事訴訟之補正　刑事附帶民事訴訟,經依刑事訴訟法第五百零四條第一項或第五百零五條第一項規定裁定移送同法院民事庭後,民事庭認其不合於同法第四百八十七條第一項規定之要件,而起訴程式之欠缺可以補正者,應定期間命為補正,不得逕以裁定駁回之。(民事訴訟法二四九、刑事訴訟法四八七)

拾貳　小額訴訟程序

二〇〇　小額事件　小額事件除有民事訴訟法第四百零六條第一項各款情形外,屬強制調解事件,當事人未經聲請調解逕行起訴者,應視其起訴為調解之聲請,而先踐行調解程序。

訴訟標的金額或價額雖在新臺幣十萬元以下,但非關於請求給付金錢或其他代替物或有價證券之事件,仍應適用簡易訴訟程序。

小額事件法院認為其案情繁雜或有其他情事認為不適於行小額程序者,得依職權以裁定改用簡易訴訟程序,並由原承辦法官繼續審理。

關於請求給付金錢或其他代替物或有價證券之事件其標的金額或價額超過新臺幣十萬元且在新臺幣五十萬元以下,並經當事人以書面合意適用小額程序者,法院不得再以裁定改用簡易訴訟程序。(民事訴訟法四〇三、四三六之八)

二〇一　債務履行地或合意管轄條款之排除適用　小額事件當事人之一造雖為法人或商人,惟其契約所載之債務履行地條款或合意管轄條款非以附合契約條款約定者或法人或商人非因其商務關係而訂約者，仍有民事訴訟法第十二條、第二十四條規定之適用。（民事訴訟法四三六之九）

二〇二　表格化訴狀　法院應置表格化訴狀之例稿，供小額債權人起訴使用。

法院應積極行使闡明權，使原告得以補正其起訴程式之欠缺。（民事訴訟法四三六之十）

二〇三　夜間或休息日開庭　小額事件之當事人聲請於夜間或星期日或其他休息日開庭者，法院除有正當事由外，宜斟酌兩造當事人之利益及實際情況，尊重當事人之意願而指定適當之開庭時間。（民事訴訟法四三六之十一）

二〇四　命即為辯論與一造辯論　小額事件，兩造於期日到場而調解不成立，法院依當事人之聲請，依小額程序命即為訴訟之辯論；或以起訴視為調解之聲請而調解不成立，法院依小額程序命即為訴訟之辯論；或當事人一造經合法通知，無正當理由不於調解期日到場，法院依小額程序由一造辯論而為判決者，均應由原承辦法官為之。

前項辯論，須在法庭行之。（民事訴訟法四一九、四三六之十二）

二〇五　調查證據　小額事件之審理，法院於必要時，得依職權調查證據，並應善用經驗法則及全辯論意旨為事實認定，避免為不必要之鑑定及證據調查，以免因調查證據所需之時間、費用與當事人之請求不相當。（民事訴訟法四三六之十四）

二〇六　一部請求　當事人違反民事訴訟法第四百三十六條之十六規定，為適用小額程序而為一部請求，或已向法院陳明就其餘額不另起訴請求，又另行起訴者，法院應以裁定駁回之。（民事訴訟法四三六之十六）

二〇七　判決書程式　小額事件，法院依一造辯論而為判決或當事人間就本案無爭執事項者，法院製作判決書時，得僅記載主文。

當事人間就本案有爭執事項者，宜於判決書加記理由要領，以利當事人提起上訴及第二審法院迅速審理。（民事訴訟法四三六之十八）

二〇八　訴訟費用之裁判　法院於為訴訟費用之裁判除得命當事人提出費用計算書及釋明費用額之證書外，並應預估判決後須支出之訴訟費用，一併計算，以確定其費用額。（民事訴訟法四三六之十九）

二〇九　分期給付或緩期清償之判決　為促使小額事件被告自動履行債務，法院於被告陳明有分期給付或緩期清償之需要時，宜斟酌被告之境況及原告之利益，依被告之意願而為分期給付或緩期清償之判決。

法院為前項分期給付之判決時，得諭知被告遲誤一次未履行者，其後期間視為亦已到期。

原告於被告逾期未履行其原應給付之金額時，得逕依法院判決就被告應加給之金額聲請強制執行，無須另行取得執行名義。（民事訴訟法四三六之二三）

二一〇　上訴理由　為便利第二審法院能迅速審理小額事件之上訴事件，上訴人應於上訴狀內記載上訴理由及添具必要之證據。

上訴理由應表明下列事項之一：

㈠原判決所違背之法令及其具體內容，如揭示所違背法令之條項或有關解釋、判例字號或成文法以外之習慣或法理等及其具體內容。

㈡依訴訟資料可認為原判決有違背法令之具體事實。

當事人對於僅記載主文而未記載理由要旨之判決提起上訴者，仍應於上訴狀內記載上訴理由。但第二審法院宜從寬認定其記載是否符合民事訴訟法第四百三十六條之二十五規定。（民事訴訟法四三六之二五）

二一一　第二審小額程序　小額事件之第二審法院原則上應按第一審之訴訟資料審核其訴訟程序及判決內容有無違背法令。

當事人於第一審言詞辯論終結前未曾提出或已提出而經法院依民事訴訟法第一百九十六條第二項規定駁回之訴訟資料，不得再行提出。但第一審法院因違背法令致當事人未能提出攻擊或防禦方法者，當事人於上訴程序仍得提出，且第二審法院就此仍應調查證據。

小額程序之第二審，除法律別有規定外，仍應行言詞辯論。

小額程序第二審法院如認上訴有理由，除符合民事訴訟法第四百三十六條之二十六規定外，應廢棄原判決而自為判決，不得將該事件發回原法院。（民事訴訟法四三六之二六、四三六之二八、四三六之二九）

二一二　第二審裁判上訴或抗告　對於小額程序之第二審裁判，不得上訴或抗告。

當事人因訴之變更、追加或提起反訴，致其訴之全部或一部不屬於民事訴訟法第四百三十六條之八第一項之範圍，而兩造依民事訴訟法第四百三十六條之十五之規定合意適用小額程序者，縱其上訴利益逾民事訴訟法第四百六十六條所定之數額，亦同。（民事訴訟法四三六之三十）

拾參　其他特種程序事件

二一三　特種程序　因聲請而開始之督促程序、保全程序及公示催告程序，均應迅速辦理。

聲請假扣押、假處分、自助行為處理程序、定暫時狀態處分及其擔保金之提存事件，尤應列為最速件處理。

二一四　保全程序　因保全金錢請求之強制執行，應聲請假扣押；因保全金錢請求以外之請求之強制執行，應聲請假處分；其請求為得易為金錢請求者，債權人得就該請求聲請假處分，亦得因將來或須主張金錢請求而聲請假扣押。

附條件之請求因繫於將來不確定之事實，是否准予假扣押，法院應斟酌個案具體情形為裁量。（民事訴訟法五二二、五三三）

二一五　提供擔保　聲請假扣押、假處分之債權人，須釋明其請求存在及有假扣押、假處分之原因。所稱請求，指其欲保全強制執行之本案請求；所稱假扣押、假處分之原因，指恐日後不能強制執行或甚難執行之情形。債權人須就二者為釋明後，始得為假扣押、假處分裁定。債權人欲就有爭執之法律關係定其暫時之狀態聲請假處分者，須釋明該法律關係存在及有定暫時狀態之必要。

前項釋明如有不足，而債權人陳明願供擔保，或於法院認以供擔保可補釋明之不足並為適當時，法院可斟酌情形定相當之擔保，命債權人供擔保後為假扣押、假處分，即為假扣押、假處分裁定附以條件宣示債權人照供擔保後，始得執行假扣押、假處分。

債權人雖已為釋明，法院為假扣押、假處分裁定時，亦得命債權人供相當之擔保。（民事訴訟法五二六、五三三、五三八之四）

二一六　假扣押之標的　由本案管轄法院為假扣押裁定者，無須將假扣押之標的即應行假扣押之財產記載於裁定中，而得據該裁定對於債務人之一切財產執行假扣押。

假扣押標的所在地之非本案管轄法院為假扣押裁定者，須記載假扣押之標的，僅能對於該財產執行假扣押。（民事訴訟法五二四、五二五）

二一七　假扣押之損害賠償　民事訴訟法第五百三十一條之損害賠償責任，不以債權人有故意或過失為要件，法院就此無庸審酌。（民事訴訟法五三一）

二一八　假處分之方法　法院為假處分裁定時，其假處分所必要之方法，由法院酌量情形定之，不受債權人聲請之拘束。此際自須擇定適當方法，以期可達假處分之目的，但其方法應以執行可能者為限，不得離假處分之目的而越其必要之程度。（民事訴訟法五三五）

二一九　假扣押、假處分之撤銷　假扣押之裁定，債務人於假扣押之原因消滅、其他命假扣押之情事變更或陳明可供法院所定之擔保或將請求之標的物提存等情形，得聲請撤銷，債權人則可隨時聲請撤銷之。

假處分除其所保全之請求得以金錢之給付達其目的或債務人將因假處分而受難以補償之重大損害或有其他特別情事者外，法院不得許債務人供擔保而免為或撤銷之。（民事訴訟法五三〇、五三六）

二二〇　定暫時狀態之處分　定暫時狀態之處分，仍有民事訴訟法第五百二十九條規定之適用。但原告提起之訴並不限於給付之訴，應視其爭執法律關係定之。（民事訴訟法五三八）

二二一（刪除）

二二二（刪除）

二二三（刪除）

二二四（刪除）

二二五（刪除）

二二六（刪除）

法院辦理國家賠償事件應行注意事項

民國七十年六月二十五日司法院函發布
八十六年八月十三日司法院函修正發布
九十一年十一月四日司法院令修正發布全文

一　法院收受書狀人員，於收受國家賠償事件起訴狀時，應注意有無附具拒絕賠償或協議不成立之證明書，或已申請協議或已請求發給證明書之證明文件。如未附具者，宜命其當場或攜回補正。惟當事人不願當場或攜回補正時，仍應收受，而於狀面黏簽記明其事由，俾法官於處理時注意。

二　法院受理之國家賠償事件，應由對國家賠償法令有相當研究之法官專人或專庭辦理。惟於此類事件不多時，仍應兼辦其他民事事件，以免勞逸不均。

三　法院依聲請命賠償義務機關暫先支付醫療費或喪葬費之假處分時，應注意民事訴訟法有關保全程序規定之適用。

四　第一審法院對於原告提起之損害賠償之訴，在指定期日前，應調查原告已否以書面向被告機關請求並具備本法第十一條第一項前段規定之情形，如經調查結果，發現原告迄未以書面向被告機關請求或未具備本法第十一條第一項規定之情形者，應依民事訴訟法第二百四十九條第一項第六款規定，以其起訴不備其他要件裁定駁回其訴。

五　法官辦理國家賠償事件，如發現原告於言詞辯論終結前業與被告機關達成協議，作成協議書時，應以其訴無保護之必要，以判決駁回之。

六　公務員於執行職務行使公權力時，因故意不法侵害人民自由或權利者，有請求權人依民法第一百八十六條規定向該公務員提起損害賠償之同時或先後，復依本法之規定，向賠償義務機關請求協議或提起損害賠償之訴者，法院在賠償義務機關協議程序終結或損害賠償訴訟裁判確定前，應以裁定停止對公務員損害賠償訴訟程序之進行。

七　公務員於執行職務行使公權力時，因過失不法侵害人民自由或權利者，有請求權人僅得依本法之規定向賠償義務機關請求損害賠償，不得依民法第一百八十六條第一項規定，向該有過失之公務員請求損害賠償。如原告逕向該有過失之公務員提起損害賠償之訴，得依民事訴訟法第二百四十九條第二項規定，認其訴顯無理由，逕以判決駁回之。

八　公務員怠於執行職務，致人民自由或權利遭受損害時，以公務員因故意或過失怠於行使公權力時，國家始應負損害賠償責任。如其所怠於執行之職務，並非公權力之行使，仍非本法第二條第二項後段所稱怠於執行職務。

九　本法所稱賠償義務機關，係指依法組織之中央或地方機關，有決定國家意思並對外表示之權限而言，如各縣市警察局、衛生局等是。

法院辦理勞資爭議事件應行注意事項

民國七十七年七月二十二日司法院函發布
八十四年四月一日司法院函修正發布
八十六年十月二十一日司法院函修正發布
一百年十一月二十三日司法院函修正發布
一百零四年二月十六日司法院函修正發布
一百零八年十二月十二日司法院函修正發布全文

一　勞資爭議事件，由勞動專業法庭或專股（以下簡稱勞動法庭）辦理。

二　權利事項之勞資爭議事件，依勞動事件法之規定處理；勞動事件法未規定者，適用勞資爭議處理法之規定；勞資爭議處理法未規定者，適用民事訴訟法及強制執行法規定。

三　調整事項之勞資爭議事件，法院無審判權限。前項事件當事人逕向法院起訴或聲請勞動調解者，法院應以裁定駁回之。

四　權利事項或調整事項之勞資爭議，依勞資爭議處理法所定之程序調解成立或仲裁者，依其內容當事人一方負私法上給付義務而不履行時，他方當事人須先向該管法院聲請裁定准予強制執行並暫免繳裁判費。權利事項之勞資爭議，經依鄉鎮市調解條例調解成立並經法院核定者，與民事確定判決有同一之效力，當事人得據以聲請強制執行。

五　權利事項之勞資爭議，經依勞資爭議處理法作成仲裁判斷者，於當事人間，與法院之確定判決有同一效力。

調整事項之勞資爭議，經依勞資爭議處理法成立調解或作成仲裁判斷者，視為爭議當事人間之契約；當事人一方為工會時，視為當事人間之團體協約。當事人對該等契約或協約發生爭議向法院起訴時，法院應以其訴無保護之必要，判決駁回之。

六　勞資爭議經依勞資爭議處理法成立調解或作成仲裁判斷，如其調解內容或仲裁判斷係使當事人為法律上所禁止之行為，或與爭議標的顯屬無關或性質不適於強制執行，或依其他法律不得為強制執行者，雖經當事人一方聲請裁定准予強制執行，仍應以裁定駁回之。

七　勞資爭議經依勞資爭議處理法成立調解或作成仲裁判斷，經法院裁定准予強制執行後，於聲請強制執行時，暫免繳執行費。

八　法院審核勞資爭議處理法第四十八條之裁決決定書時，應注意下列事項：

㈠形式方面

1.函送審核機關是否為勞動部不當勞動行為裁決委員會。

2.受理法院是否為勞動部不當勞動行為裁決委員會所在地之法院。

3.是否為工會法第三十五條第二項所生民事爭議事件。

4.是否得由法院裁判之民事事件。

5.裁決程序是否本於當事人之申請，其當事人能力或行政程序能力有無欠缺。

6.由代理人進行裁決程序者，其代理權有無欠缺。

7.是否為勞動部不當勞動行為裁決委員會所為之裁決決定。

8.作成裁決決定之裁決委員會會議，其出席及同意之裁決委員是否達法定人數。

9.裁決之民事事件，如已有訴訟繫屬於法院者，所作成之裁決決定是否在該訴訟判決確定前。

10.裁決決定書之製作，是否合於勞資爭議處理法第四十七條規定之程式。

11. 裁決決定書之送達是否符合行政程序法之送達規定。

12. 兩造就裁決決定有無勞資爭議處理法第四十八條第一項所定視為達成合意情事。

13. 其他法律規定事項。

(二)實質方面

1. 裁決內容有無違反公序良俗或法律上強制、禁止規定。

2. 裁決內容是否為關於權利事項之爭議。

3. 裁決內容之法律關係是否許當事人處分。

4. 裁決內容是否具體可能確定。

九　裁決決定書經審核與法令無牴觸者，法院應予核定，並將裁決決定書抽存一份後，其餘發還勞動部不當勞動行為裁決委員會。

十　法院就送請審核之裁決事件無管轄權者，應將該裁決決定書退回。

十一　裁決程序或內容與法令牴觸者，法院應不予核定，並通知勞動部不當勞動行為裁決委員會不予核定之理由。但其情形可以補正者，應定期間先命補正，不得逕為不予核定或退回。

涉外民事法律適用法

民國四十二年六月六日總統令公布
九十八年十二月三十日總統令修正公布
九十九年五月二十六日總統令修正公布全文

第一章　通　則

第一條　（法源）

涉外民事，本法未規定者，適用其他法律之規定；其他法律無規定者，依法理。

*（其他法律之規定）民總施一三，民訴四〇二，公司三七七、三八〇；（法理）民一。

第二條　（國籍之積極衝突）

依本法應適用當事人本國法，而當事人有多數國籍時，依其關係最切之國籍定其本國法。

*（中華民國國民）憲三，國籍一。

第三條　（國籍之消極衝突）

依本法應適用當事人本國法，而當事人無國籍時，適用其住所地法。

*（住所）民二〇、二九；（居所）民二二。

第四條　（當事人之住所地法）

依本法應適用當事人之住所地法，而當事人有多數住所時，適用其關係最切之住所地法。

當事人住所不明時，適用其居所地法。

當事人有多數居所時，適用其關係最切之居所地法；居所不明者，適用現在地法。

第五條　（一國數法）

依本法適用當事人本國法時，如其國內法律因地域或其他因素有不同者，依該國關於法律適用之規定，定其應適用之法律；該國關於法律適用之規定不明者，適用該國與當事人關係最切之法律。

第六條　（反致）

依本法適用當事人本國法時，如依其本國法就該法律關係須依其他法律而定者，應適用該其他法律。但依其本國法或該其他法律應適用中華民國法律者，適用中華民國法律。

第七條　（規避法律）

涉外民事之當事人規避中華民國法律之強制或禁止規定者，仍適用該強制或禁止規定。

第八條　（外國法適用之限制）

依本法適用外國法時，如其適用之結果有背於中華民國公共秩序或善良風俗者，不適用之。

*（公共秩序善良風俗）民二、七二。

第二章　權利主體

第九條　（權利能力之準據法）

人之權利能力，依其本國法。

第十條　（行為能力之準據法）

人之行為能力，依其本國法。

有行為能力人之行為能力，不因其國籍變更而喪失或受限制。

外國人依其本國法無行為能力或僅有限制行為能力，而依中華民國法律有行為能力者，就其在中華民國之法律行為，視為有行為能力。

關於親屬法或繼承法之法律行為，或就在外國不動產所為之法律行為，不適用前項規定。

*（行為能力）民一二～一六；（無行為能力）民一三、一五、七五、七六；（限制行為能力）民一三(二)、七七～七九；（不動產）民六六。

第十一條　（外國人之死亡宣告）

凡在中華民國有住所或居所之外國人失蹤時，就其在中華民國之財產或應依中華民國法律而定之法律關係，得依中華民國法律為死亡宣告。

前項失蹤之外國人，其配偶或直系血親為中華民國國民，而現在中華民國有住所或居所者，得因其聲請依中華民國法律為死亡之宣告，不受前項之限制。

前二項死亡之宣告，其效力依中華民國法律。

*（死亡宣告）民八～一一；（直系血親）民九六七㈠；（中華民國國民）憲三，國籍一；（住居所）民二〇、二三。

第十二條 （外國人之監護輔助宣告）

凡在中華民國有住所或居所之外國人，依其本國及中華民國法律同有受監護、輔助宣告之原因者，得為監護、輔助宣告。

前項監護、輔助宣告，其效力依中華民國法律。

*（監護宣告）民一四、一五；（住所）民二〇～二三。

第十三條 （法人屬人法）

法人，以其據以設立之法律為其本國法。

第十四條 （法人屬人法適用範圍）

外國法人之下列內部事項，依其本國法：

一　法人之設立、性質、權利能力及行為能力。
二　社團法人社員之入社及退社。
三　社團法人社員之權利義務。
四　法人之機關及其組織。
五　法人之代表人及代表權之限制。
六　法人及其機關對第三人責任之內部分擔。
七　章程之變更。
八　法人之解散及清算。
九　法人之其他內部事項。

第十五條 （外國法人分支機構之準據法）

依中華民國法律設立之外國法人分支機構，其內部事項依中華民國法律。

第三章　法律行為之方式及代理

第十六條 （法律行為方式之準據法）

法律行為之方式，依該行為所應適用之法律。但依行為地法所定之方式者，亦為有效；行為地不同時，依任一行為地法所定之方式者，皆為有效。

第十七條 （代理權授與行為之準據法）

代理權係以法律行為授與者，其代理權之成立及在本人與代理人間之效力，依本人及代理人所明示合意應適用之法律；無明示之合意者，依與代理行為關係最切地之法律。

第十八條 （本人與相對人間法律關係之準據法）

代理人以本人之名義與相對人為法律行為時，在本人與相對人間，關於代理權之有無、限制及行使代理權所生之法律效果，依本人與相對人所明示合意應適用之法律；無明示之合意者，依與代理行為關係最切地之法律。

第十九條 （相對人與代理人間法律關係之準據法）

代理人以本人之名義與相對人為法律行為時，在相對人與代理人間，關於代理人依其代理權限、逾越代理權限或無代理權而為法律行為所生之法律效果，依前條所定應適用之法律。

第四章　債

第二十條 （當事人意思自主原則）

法律行為發生債之關係者，其成立及效力，依當事人意思定其應適用之法律。

當事人無明示之意思或其明示之意思依所定應適用之法律無效時，依關係最切之法律。

法律行為所生之債務中有足為該法律行為之特徵者，負擔該債務之當事人行為時之住所地法，推定為關係最切之法律。但就不動產所為之法律行為，其所在地法推定為關係最切之法律。

*（發生債之關係）民一五三以下；（當事人意思）民九八。

第二十一條 （票據行為之準據法）

法律行為發生票據上權利者，其成立及效力，依當事人意思定其應適用之法律。

當事人無明示之意思或其明示之意思依所定應適用之法律無效時，依行為地法；行為地不明者，依付款地法。

行使或保全票據上權利之法律行為，其方式依行為地法。

第二十二條 （指示證券或無記名證券之法律行為準據法）

法律行為發生指示證券或無記名證券之債者，其成立及效力，依行為地法；行為地不明者，依付款地法。

第二十三條 （無因管理之準據法）

關於由無因管理而生之債，依其事務管理地法。

*（無因管理）民一七二。

第二十四條 （不當得利之準據法）

關於由不當得利而生之債，依其利益之受領地法。但不當得利係因給付而發生者，依該給付所由發生之法律關係所應適用之法律。

*（不當得利）民一七九。

第二十五條 （侵權行為之準據法）

關於由侵權行為而生之債，依侵權行為地法。但另有關係最切之法律者，依該法律。

*（侵權行為）民一八四。

第二十六條 （商品製造人責任之準據法）

因商品之通常使用或消費致生損害者，被害人與商品製造人間之法律關係，依商品製造人之本國法。但如商品製造人事前同意或可預見該商品於下列任一法律施行之地域內銷售，並經被害人選定該法律為應適用之法律者，依該法律：

一　損害發生地法。

二　被害人買受該商品地之法。
三　被害人之本國法。

第二十七條　（因不公平競爭或限制競爭而生之債之準據法）

市場競爭秩序因不公平競爭或限制競爭之行為而受妨害者，其因此所生之債，依該市場之所在地法。但不公平競爭或限制競爭係因法律行為造成，而該法律行為所應適用之法律較有利於被害人者，依該法律行為所應適用之法律。

第二十八條　（經由媒介實施之侵權行為之準據法）

侵權行為係經由出版、廣播、電視、電腦網路或其他傳播方法為之者，其所生之債，依下列各款中與其關係最切之法律：
一　行為地法；行為地不明者，行為人之住所地法。
二　行為人得預見損害發生地者，其損害發生地法。
三　被害人之人格權被侵害者，其本國法。

前項侵權行為之行為人，係以出版、廣播、電視、電腦網路或其他傳播方法為營業者，依其營業地法。

第二十九條　（被害人直接請求保險給付之準據法）

侵權行為之被害人對賠償義務人之保險人之直接請求權，依保險契約所應適用之法律。但依該侵權行為所生之債應適用之法律得直接請求者，亦得直接請求。

第三十條　（因法律事實而生之債之準據法）

關於由第二十條至前條以外之法律事實而生之債，依事實發生地法。

第三十一條　（非因法律行為而生之債之準據法）

非因法律行為而生之債，其當事人於中華民國法院起訴後合意適用中華民國法律者，適用中華民國法律。

第三十二條　（債權讓與之準據法）

債權之讓與對於債務人之效力依原債權之成立及效力所應適用之法律。

債權附有第三人提供之擔保權者，該債權之讓與對該第三人之效力，依其擔保權之成立及效力所應適用之法律。

*（債權讓與）民二九四㈠。

第三十三條　（債務承擔之準據法）

承擔人與債務人訂立契約承擔其債務時，該債務之承擔對於債權人之效力，依原債權之成立及效力所應適用之法律。

債務之履行有債權人對第三人之擔保權之擔保者，該債務之承擔對於該第三人之效力，依該擔保權之成立及效力所應適用之法律。

第三十四條　（第三人求償權之準據法）

第三人因特定法律關係而為債務人清償債務者，該第三人對債務人求償之權利，依該特定法律關係所應適用之法律。

第三十五條　（共同債務人求償權之準據法）

數人負同一債務，而由部分債務人清償全部債務者，為清償之債務人對其他債務人求償之權利，依債務人間之法律關係所應適用之法律。

第三十六條　（請求權消滅時效之準據法）

請求權之消滅時效，依該請求權所由發生之法律關係所應適用之法律。

第三十七條　（債之消滅之準據法）

債之消滅，依原債權之成立及效力所應適用之法律。

第五章　物　權

第三十八條　（物權之準據法）

關於物權依物之所在地法。

關於以權利為標的之物權，依權利之成立地法。

物之所在地如有變更，其物權之取得、喪失或變更，依其原因事實完成時物之所在地法。

關於船舶之物權依船籍國法；航空器之物權，依登記國法。

*（物權）民七五七以下；（以權利為標的之物權）民九〇〇。

第三十九條　（物權行為方式之準據法）

物權之法律行為，其方式依該物權所應適用之法律。

第四十條　（自外國輸入之動產物權之準據法）

自外國輸入中華民國領域之動產，於輸入前依其所在地法成立之物權，其效力依中華民國法律。

第四十一條　（託運期間動產物權之準據法）

動產於託運期間，其物權之取得、設定、喪失或變更，依其目的地法。

第四十二條　（智慧財產權之準據法）

以智慧財產為標的之權利，依該權利應受保護地之法律。

受僱人於職務上完成之智慧財產，其權利之歸屬，依其僱傭契約應適用之法律。

第四十三條　（載貨證券相關問題之準據法）

因載貨證券而生之法律關係，依該載貨證券所記載應適用之法律；載貨證券未記載應適用之法律時，依關係最切地之法律。

對載貨證券所記載之貨物，數人分別依載貨證券及直接對該貨物主張物權時，其優先次序，依該貨物之物權所應適用之法律。

因倉單或提單而生之法律關係所應適用之法律，準用前二項關於載貨證券之規定。

第四十四條　（集中保管之有價證券權利變動之準據法）

有價證券由證券集中保管人保管者，該證券權利之取得、喪失、處分或變更，依集中保管契約所明示應適用之法律；集中保管契約未明示應適用之法律時，依關係最切地之法律。

第六章　親屬

第四十五條（婚約成立及效力之準據法）
婚約之成立，依各該當事人之本國法。但婚約之方式依當事人一方之本國法或依婚約訂定地法者，亦為有效。
婚約之效力，依婚約當事人共同之本國法；無共同之本國法時，依共同之住所地法；無共同之住所地法時，依與婚約當事人關係最切地之法律。

第四十六條（婚姻成立要件之準據法）
婚姻之成立，依各該當事人之本國法。但結婚之方式依當事人一方之本國法或依舉行地法者，亦為有效。
*（婚姻成立要件）民九八二～九八五；（結婚方式）民九八二。

第四十七條（婚姻效力之準據法）
婚姻之效力，依夫妻共同之本國法；無共同之本國法時，依共同之住所地法；無共同之住所地法時，依與夫妻婚姻關係最切地之法律。
*（婚姻效力）民一〇〇〇～一〇〇三、一〇〇五、一〇六三、一〇七四、一〇七六。

第四十八條（夫妻財產制之準據法）
夫妻財產制，夫妻以書面合意適用其一方之本國法或住所地法者，依其合意所定之法律。
夫妻無前項之合意或其合意依前項之法律無效時，其夫妻財產制依夫妻共同之本國法；無共同之本國法時，依共同之住所地法；無共同之住所地法時，依與夫妻婚姻關係最切地之法律。
前二項之規定，關於夫妻之不動產，如依其所在地法，應從特別規定者，不適用之。
*（夫妻財產制）民一〇〇四以下；（不動產）民六六。

第四十九條（保護善意第三人之準據法）
夫妻財產制應適用外國法，而夫妻就其在中華民國之財產與善意第三人為法律行為者，關於其夫妻財產制對該善意第三人之效力，依中華民國法律。

第五十條（離婚及其效力之準據法）
離婚及其效力，依協議時或起訴時夫妻共同之本國法；無共同之本國法時，依共同之住所地法；無共同之住所地法時，依與夫妻婚姻關係最切地之法律。
*（離婚效力）民一〇〇〇～一〇〇三、一〇〇五、一〇六三、一〇七四、一〇七六。

第五十一條（子女身分之準據法）
子女之身分，依出生時該子女、其母或其母之夫之本國法為婚生子女者，為婚生子女。但婚姻關係於子女出生前已消滅者，依出生時該子女之本國法、婚姻關係消滅時其母或其母之夫之本國法為婚生子女者，為婚生子女。

第五十二條（準正之準據法）
非婚生子女之生父與生母結婚者，其身分依生母婚姻之效力所應適用之法律。
*（準正）民一〇六四。

第五十三條（認領之準據法）
非婚生子女之認領，依認領時或起訴時認領人或被認領人之本國法認領成立者，其認領成立。
前項被認領人為胎兒時，以其母之本國法為胎兒之本國法。
認領之效力，依認領人之本國法。
*（認領）民一〇六五以下。

第五十四條（收養之準據法）
收養之成立及終止，依各該收養者被收養者之本國法。
收養及其終止之效力，依收養者之本國法。
*（收養）民一〇七二以下。

第五十五條（父母子女法律關係之準據法）
父母與子女間之法律關係，依子女之本國法。
*（父母子女關係）民一〇五九～一〇九〇。

第五十六條（監護之準據法）
監護，依受監護人之本國法。但在中華民國有住所或居所之外國人有下列情形之一者，其監護依中華民國法律：
一　依受監護人之本國法，有應置監護人之原因而無人行使監護之職務。
二　受監護人在中華民國受監護宣告。
輔助宣告之輔助，準用前項規定。
*（監護）民一〇九一以下。

第五十七條（扶養之準據法）
扶養，依扶養權利人之本國法。
*（扶養）民一一一四～一一二一。

第七章　繼承

第五十八條（繼承之準據法）
繼承，依被繼承人死亡時之本國法。但依中華民國法律中華民國國民應為繼承人者，得就其在中華民國之遺產繼承之。
*（繼承人）民一一三八。

第五十九條（無人繼承遺產之處理）
外國人死亡時，在中華民國遺有財產，如依前條應適用之法律為無人繼承之財產者，依中華民國法律處理之。
*（無人繼承）民一一七七、一一七八、一一八五。

第六十條（遺囑之準據法）
遺囑之成立及效力，依成立時遺囑人之本國法。
遺囑之撤回，依撤回時遺囑人之本國法。
*（遺囑成立要件及效力）民一一八六～一二〇八；（遺囑之撤回）民一二一九～一二二二。

第六十一條（遺囑訂立及撤回方式之準據法）
遺囑及其撤回之方式，除依前條所定應適用之法律外亦得依下列任一法律為之：

一 遺囑之訂立地法。
二 遺囑人死亡時之住所地法。
三 遺囑有關不動產者，該不動產之所在地法。

第八章 附則

第六十二條（不溯及既往原則）
涉外民事，在本法修正施行前發生者，不適用本法修正施行後之規定。但其法律效果於本法修正施行後始發生者，就該部分之法律效果，適用本法修正施行後之規定。

第六十三條（施行日期）
本法自公布日後一年施行。

強制執行法

民國二十九年一月十九日國民政府公布
三十四年五月十六日國民政府修正公布
三十七年十二月三十一日總統令修正公布
六十四年四月二十二日總統令修正公布
八十五年十月九日總統令修正公布
八十九年二月二日總統令修正公布
九十六年十二月十二日總統令修正公布
一百年六月二十九日總統令修正公布
一百零三年六月四日總統令修正公布
一百零七年六月十三日總統令修正公布
一百零八年五月二十九日總統令修正公布第一一五之一條條文

第一章 總則

第一條（執行機關）
民事強制執行事務，於地方法院及其分院設民事執行處辦理之。
強制執行應依公平合理之原則，兼顧債權人、債務人及其他利害關係人權益，以適當之方法為之，不得逾達成執行目的之必要限度。

*（地方法院）強執七，法組一①、八；（民事執行處）強執二。

▲釋一六。

▲民事強制執行事務，依民事強制執行法第一條規定，於地方法院設民事執行處辦理之，其未設地方法院而設有司法處之地方，即應由司法處辦理之，則債權人為強制執行之聲請，自應逕向此等機關為之。（三三聲二六〇）（九二、五、二七決議不再援用）

第二條（民事執行處之組織）
民事執行處置法官或司法事務官、書記官及執達員，辦理執行事務。

*（民事執行處）強執一；（法官）憲八〇、八一，法組一二、一六；（書記官）法組二二、三八、五二、六九。

第三條（執行事件之辦理人員）

強制執行事件，由法官或司法事務官命書記官督同執達員辦理之。

本法所規定由法官辦理之事項，除拘提、管收外，均得由司法事務官辦理之。

*（法官）憲八〇、八一，法組一二、一六；（書記官）法組二二、三八、五二、六九；（執達員）法組二三、三九、五三。

▲強制執行法第八十六條既僅規定以投標方法拍賣不動產時，執行法院得酌定保證金額命投標人於開標前繳納之，而未定明應繳何處，則投標人於開標前果將應繳之保證金遵命繳交執行推事或書記官，按諸同法第三條即難謂其繳納不符法定要件，而有同法第八十九條所謂投標應繳納保證金而未繳納者，其投標無效規定之適用。（五三臺抗一九五）

▲執行法院對於當事人聲請強制執行，除其不具備強制執行之法定要件者，應以裁定駁回其聲請外，應即開始進行，無庸為准予執行之裁定。（五八臺抗二三〇）

第三條之一　（強制力之實施）

執行人員於執行職務時，遇有抗拒者，得用強制力實施之。但不得逾必要之程度。

實施強制執行時，為防止抗拒或遇有其他必要之情形者，得請警察或有關機關協助。

前項情形，警察或有關機關有協助之義務。

*（不得逾必要程度）刑訴九〇。

第四條　（執行名義）

強制執行，依左列執行名義為之：

一　確定之終局判決。

二　假扣押、假處分、假執行之裁判及其他依民事訴訟法得為強制執行之裁判。

三　依民事訴訟法成立之和解或調解。

四　依公證法規定得為強制執行之公證書。

五　抵押權人或質權人，為拍賣抵押物或質物之聲請，經法院為許可強制執行之裁定者。

六　其他依法律之規定，得為強制執行名義者。

執行名義附有條件、期限或須債權人提供擔保者，於條件成就、期限屆至或供擔保後，始得開始強制執行。」

執行名義有對待給付者，以債權人已為給付或已提出給付後，始得開始強制執行。

*（執行名義）強執六；（確定終局判決）民訴三八一、三八二、三九八、三九九；（假扣押裁判）民訴五二二、五二三、五二七；（假處分裁判）民訴五三二、五三三、五三八；（假執行裁判）民訴三八九、三九〇、三九三、四四二㊂、四五六～四五八；（其他依民事訴訟法得為強制執行之裁判）民訴八九～九一、三〇三、三一五、三二四、三四九、三六〇、五二一；（依民事訴訟法成立之和解或調解）民訴三七七～三八〇、四〇三～四一四、四一六～四二六；（依公證法得執行之公證書）公證一三；（拍賣抵押品聲請）民八七三；（裁定）民訴二三四以下；（其他依法律規定得為執行名義者）刑訴三一五、四七〇、四七一，票據一二三，稅徵三九，強執二三、二七，非訟二八，鄉調二四㊁；（條件期限）民九九以下。

▲釋三五、五五、四〇三。

▲違法判決並非當然無效，故給付判決一經確定，無論其判斷是否違法，執行法院均應依債權人之聲請開始執行，債務人不得以判決違法為理由聲明異議。（二二抗二六九二）

▲黃金自民國四十年四月九日禁止自由買賣後，關於判令給付黃金之裁判，即未為「無黃金時應按照臺灣銀行牌價折算現款」之明白宣示，亦應認為有此含義，執行法院應按此原則處理，此為當然之解釋。（四一臺抗八七）（九二、一、一四決議不再援用）

▲執行法院就訴訟上成立之和解而為強制執行，應依其已確定之內容為之，如未經和解內容確定之事項，於執行中發生爭執時，除另案起訴求解決外，自不得貿予執行。（四九臺抗一三七）

▲和解成立者與確定判決有同一之效力，且得為執行名義，民事訴訟法第三百八十條第一項及強制執行法第四條第三款定有明文。故土地登記規則第二十六條第二項所謂確定判決書，應包括與確定判決有同一效力之和解在內。（五六臺抗二二四）

▲強制執行事件之當事人，依執行名義之記載定之。應為如何之執行，則依執行名義之內容定之。至於執行事件之債權人有無執行名義所載之請求權，執行法院無審認判斷之權。（六三臺抗三七六）

▲鄉鎮市（區）調解委員會依鄉鎮市調解條例調解成立之民事調解，如經法院核定，即與民事確定判決有同一之效力，該條例第二十四條第二項前段定有明文。而經法院核定之民事調解，有得撤銷之原因者，依同條例第二十六條第一項規定，當事人得向原核定法院提起撤銷調解之訴。當事人欲求救濟，惟有循此方法為之，殊無依民法第九十二條第一項規定聲明撤銷之餘地。兩造依鄉鎮市調解條例成立之調解，業經法院核定，即令有如上訴人所稱得撤銷之原因，在上訴人提起撤銷調解之訴，並得有勝訴之確定判決以前，被上訴人仍得據為執行名義，聲請強制執行。（七五臺上一〇三五）

▲強制執行應依執行名義為之，執行法院對於執行名義是否有效成立，自應加以審查。未確定之支付命令，不備執行名義之要件，其執行名義尚未成立，執行法院不得據以強制執行。法院誤認未確定之裁判為確定，而依聲請付與確定證明書者，不生該裁判已確定之效力。執行法院就該裁判已否確定，仍得予以審查，不受該確定證明書之拘束。（八一臺抗一一四）

第四條之一　（外國法院確定判決為強制執行之要件及許可執行之訴之管轄法院）

依外國法院確定判決聲請強制執行者，以該判決無民事訴訟法第四百零二條各款情形之一，並經中華民國法院以判決宣示許可其執行者為限，得為強制執行。

前項請求許可執行之訴，由債務人住所地之法院管轄。債務人於中華民國無住所者，由執行標的物所在地或應為執行行為地之法院管轄。

*（外國確定判決）民訴四〇二；（判決宣示）民訴二二四。

第四條之二　（確定終局判決之執行名義對第三人之效力）

執行名義為確定終局判決者，除當事人外，對於左列之人亦有效力：

一　訴訟繫屬後為當事人之繼受人及為當事人或其繼受人占有請求之標的物者。

二　為他人而為原告或被告者之該他人及訴訟繫屬後為該他人之繼受人，及為該他人或其繼受人占有請求之標的物者。

前項規定，於第四條第一項第二款至第六款規定之執行名義準用之。

*（確定判決）民訴四〇〇、四〇一。

第五條　（執行名義書狀之應載事項）

債權人聲請強制執行，應以書狀表明左列各款事項，提出於執行法院為之：

一　當事人及法定代理人。

二　請求實現之權利。

書狀內宜記載執行之標的物、應為之執行行為或本法所定其他事項。

強制執行開始後，債務人死亡者，得續行強制執行。

債務人死亡有左列情形之一者，執行法院得依債權人或利害關係人聲請，選任特別代理人，但有遺囑執行人或遺產管理人者，不在此限：

一　繼承人有無不明者。

二　繼承人所在不明者。

三　繼承人是否承認繼承不明者。

四　繼承人因故不能管理遺產者。

＊（聲請）強執三〇之一，民訴一一六、一二二；（遺囑執行人）民一二〇九；（遺產管理人）民一一七七。

▲債權人依確定之終局判決，聲請對於連帶債務人中之一人為強制執行時，雖該判決並命其他連帶債務人為全部之給付，執行法院亦不得依該連帶債務人之聲請，就其他連帶債務人之財產逕為強制執行。（二九抗四〇八）

第五條之一（分期給付之繼續執行）

債權人聲請強制執行之執行名義係命債務人分期給付者，於各期履行期屆至時，執行法院得經債權人之聲請，繼續執行之。

＊（執行名義）強執六。

第五條之二（自助行為之執行）

有執行名義之債權人依民法第一百五十一條規定，自行拘束債務人之自由或押收其財產，而聲請法院處理者，依本法規定有關執行程序辦理之。

前項情形，如債權人尚未聲請強制執行者，視為強制執行之聲請。

＊（自助行為）民一五二；（強執聲請）強執五。

第六條（執行名義證明文件之提出）

債權人聲請強制執行，應依左列規定提出證明文件：

一　依第四條第一項第一款聲請者，應提出判決正本並判決確定證明書或各審級之判決正本。

二　依第四條第一項第二款聲請者，應提出裁判正本。

三　依第四條第一項第三款聲請者，應提出筆錄正本。

四　依第四條第一項第四款聲請者，應提出公證書。

五　依第四條第一項第五款聲請者，應提出債權及抵押權或質權之證明文件及裁定正本。

六　依第四條第一項第六款聲請者，應提出得為強制執行名義之證明文件。

前項證明文件，未經提出者，執行法院應調閱卷宗。但受聲請之法院非係原第一審法院時，不在此限。

＊（判決正本）民訴二二九、二三〇；（判決確定證明書）民訴三九九；（聲請）民訴一一六、一二二；（筆錄正本）民訴三七九、四二一；（公證書）公證二；（抵押權）民五九、七五八、七六〇、八七〇；（質權）民八八四；（調閱卷宗）強執八。

▲（八一臺抗一一四）參見本法第四條。

第七條（執行事件之管轄法院）

強制執行由應執行之標的物所在地或應為執行行為地之法院管轄。

應執行之標的物所在地或應為執行行為地不明者，由債務人之住、居所、公務所、事務所、營業所所在地之法院管轄。

同一強制執行，數法院有管轄權者，債權人得向其中一法院聲請。

受理強制執行事件之法院，須在他法院管轄區內為執行行為時，應囑託該他法院為之。

＊（法院）強執一。

第八條（調卷義務）

關於強制執行事項及範圍發生疑義時，執行法院應調閱卷宗。

前項卷宗，如為他法院所需用時，應自作繕本或節本，或囑託他法院移送繕本或節本。

＊（執行法院）強執一、七；（卷宗）民訴二四一～二四三；（繕本）民訴一一九、一三五；（節本）民訴二三〇。

第九條（訊問當事人之限制）

開始強制執行前，除因調查關於強制執行之法定要件或執行之標的物認為必要者外，無庸傳訊當事人。

＊（開始強制執行）強執五、一三二。

第十條（延緩執行之要件）

實施強制執行時，經債權人同意者，執行法院得延緩執行。

前項延緩執行之期限不得逾三個月。債權人聲請續行執行而再同意延緩執行者，以一次為限。每次延緩期間屆滿後，債權人經執行法院通知而不於十日內聲請續行執行者，視為撤回其強制執行之聲請。

實施強制執行時，如有特別情事繼續執行顯非適當者，執行法院得變更或延展執行期日。

第十一條（執行財產登記通知）

供強制執行之財產權，其取得、設定、喪失或變更，依法應登記者，為強制執行時，執行法院應即通知該管登記機關登記其事由。

前項通知，執行法院得依債權人之聲請，交債權人逕行持送登記機關登記。

債務人因繼承、強制執行、徵收或法院之判決，於登記前已取得不動產物權者，執行法院得因債權人之聲請，以債務人費用，通知登記機關登記為債務人所有後而為執行。

前項規定，於第五條第三項之續行強制執行而有辦理繼承登記之必要者，準用之。但不影響繼承人拋棄繼承或限定繼承之權利。

＊（財產權應登記者）民七五八、七五九，海商九、三六，船登三、四，土地七二以下，動擔五，商標二，民航二〇，礦業一七，漁業二一，水利二七；（登記機關）土地三、

三九，船登二，礦業一八，水利四、二八，漁業二，商標三、三五，著作二，民航八；（繼承）民一一四七、一一四八；（徵收）土地二三一。

▲查封有使債務人就查封標的物之處分對於債權人為無效之效力，對於不動產之查封雖應為預告登記，然查封既不屬於法定非經登記不生效力之事項，其效力自不待於登記而發生。（五一臺上一八一九）

第十二條（聲請及聲明異議）

當事人或利害關係人，對於執行法院強制執行之命令，或對於執行法官、書記官、執達員實施強制執行之方法，強制執行時應遵守之程序，或其他侵害利益之情事，得於強制執行程序終結前，為聲請或聲明異議。但強制執行不因而停止。

前項聲請及聲明異議，由執行法院裁定之。

不服前項裁定者，得為抗告。

＊（強制執行之命令）強執一七～二〇、五一、一二三、一二四；（實施強制執行之方法）強執四七、四八、五三、七六、七八；（執行應遵守之程序）強執五四、五七、六三、六四、八四，土地三〇、一〇四；（其他侵害利益之情事）強執七二、九六、九八；（聲請）強執三〇之一，民訴一一六、一二二；（不停止執行）強執一八，民訴四九一㈠；（裁定）民訴二三四以下；（抗告）民訴四八二以下。

▲釋五〇四。

▲執行事件當事人對於強制執行之命令，或對於執行推事、書記官、執達員實施強制執行之方法，固得於執行程序終結以前為聲請或聲明異議，但執行程序一經終結，除執行程序所為之拍賣有無效原因，不能發生移轉所有權之效力外，即不容再有所主張。（三七上六七六二）

▲強制執行法第十七條所謂於強制執行開始後，始發見債權人查報之財產確非債務人所有者，應由執行法院撤銷其執行處分，係指查報之財產確非債務人所有者而言。若該財產是否債務人所有尚待審認方能確定，執行法院既無逕行審判之權限，尤非聲明同法第十二條所定之異議所能救濟，自應依同法第十六條之規定，指示主張有排除強制執行權利之第三人，提起執行異議之訴，以資解決。（四九臺抗七二）

▲強制執行法上之拍賣應解釋為買賣之一種，即拍定人為買受人，而以拍賣機關代替債務人立於出賣人之地位，故出賣人於出賣時所應踐行之程序，例如依耕地三七五減租條例第十五條規定，應將買賣條件以書面通知有優先承買權之承租人，使其表示意願等等，固無妨由拍賣機關為之踐行。但此究非強制執行法第十二條所謂執行時應遵守之程序，縱令執行法院未經踐行或踐行不當，足以影響於承租人之權益，該承租人亦祇能以訴請救濟，要不能引用該條規定為聲請或聲明異議。（四九臺抗八三）

▲動員時期應徵召服役之軍人，於在營服役期間其家屬賴以維持生活所必需之財產，依軍人及其家屬優待條例第十條之規定，僅生目下得否強制執行之問題，對於債權人即被上訴人依執行名義所得行使之損害賠償請求權，不能認為有消滅或妨礙之事由，債務人即上訴人祇得依同法第十二條聲明異議，無依同法第十四條提起異議之訴之餘地。（五一臺上二〇一六）

▲廢棄執行名義或宣告不許強制執行之裁判已有執行力，例如廢棄確定判決之再審判決已確定，廢棄宣告假執行之本案判決之判決已宣示，或認異議之訴為有理由之判決已確定或送達，或認聲明異議為有理由之裁定已宣示時，其裁判正本一經提出，執行法院即應停止強制執行，並撤銷已為之執行處分，司法院三十三年院字第二七七六號之㈩已有解釋，是執行法院或抗告法院認聲明異議為有理由之裁定，須經聲明異議之當事人或利害關係人提出執行法院，請求撤銷已為之執行處分，並非一經執行法院或抗告法院為撤銷之裁定，執行法院已為之執行處分即當然失其效力。（五五臺上三一〇〇）

▲受訴法院所為停止執行之裁定，一經當事人提出，執行法院僅須停止執行，不得將已為執行之處分撤銷，違之者乃屬執行方法之錯誤，當事人或利害關係人就此應依強制執行法第十二條規定，先為聲請或聲明異議，由執行法院予以裁定，不服此項裁定時，始得提起抗告。茲再抗告人對於執行法院撤銷命令逕行提起抗告，顯有未合。（五六臺抗三三七）

▲被上訴人主張執行法院將系爭土地之全部作為農地拍賣，不准無自耕能力者參加投標，限制應買人資格等，拍賣程序有瑕疵而不合法云云，係屬強制執行法第十二條第一項聲明異議之範圍，而非拍賣無效之問題。（六三臺上二〇五五）

▲公用物屬於私有者，如附以仍作公用之限制（即不妨礙原來公用之目的），亦得作為交易之標的物。本件拍賣公告中載明：拍賣之土地由民航局占用，拍賣後不點交等語，可見拍賣後，仍可照舊供機場使用，應無不得查封拍賣之法律上理由。（六五臺抗一七二）

▲本院五十六年臺抗字第三三七號判例係謂執行法院不得依停止執行之裁定將已為之執行處分撤銷，並非謂已為之執行處分縱有違法或不當情形，在停止執行中，亦不得將其撤銷，此觀該判例要旨，不難明瞭。（六六臺抗二六）

▲執行法院依強制執行法第一百二十七條第一項及第二項規定，命第三人代為履行，及命債務人預付費用之裁定，均屬執行方法之一種，對之如有不服，僅得依同法第十二條第一項規定聲明異議，不得逕行提起抗告。（六七臺抗五七四）

▲強制執行法第九十六條第一項規定，係強制執行應遵守之程序及執行方法問題，縱執行法院未盡遵守，亦應依強制執行法第十二條規定聲明異議。（六九臺上一九二〇）

▲執行法院認抵押人於抵押權設定後，與第三人訂立之租約，致影響於抵押權者，得依聲請或職權除去其租賃關係，依無租賃狀態逕行強制執行。執行法院所為此種除去租賃關係之處分，性質上係強制執行方法之一種，當事人或第三人如有不服，應依強制執行法第十二條規定，向執行法院聲明異議，不得逕行對之提起抗告。（七四臺抗二二七）

▲依強制執行法第九十四條第二項規定，承受不動產之債權人，其應繳之價金超過其應受分配額者，執行法院應限期命其補繳差額後，發給權利移轉證書。逾期不繳者強制執行。是依此規定對承受人強制執行者，固不待他債權人對承受人另取得執行名義。核其性質係責令承受人履行買受人支付價金之義務。但執行法院因承受人拒絕繳納承受價金，撤銷其承受，重新將不動產拍賣者，則以原執行事件之債務人為出賣人。此際如拍賣價金不及承受價金，而應由承受人就其差額負賠償責任，則係以承受人應負債務不履行之損害賠償責任為基礎，與前者適用強制執行法第九十四條第二項規定得逕行對承受人強制執行者，尚有不同。他債權人如請求承受人賠償損害，仍應對承受人取得執行名義。（七八臺上一四四七）（九一、九、九決議不再援用）

▲非訟事件之強制執行名義成立後，如經債務人提起確認該債權不存在之訴，而獲得勝訴判決確定時，應認原執行名義之執行力，已可確定其不存在。其尚在強制執行中，債務人可依強制執行法第十二條規定，聲明異議。（七九臺抗三〇〇）

▲執行法院於發現有當事人或利害關係人得據為聲請或聲明異議之事由存在，法律既無明文限制執行法院不得依職權逕將原處分或程序撤銷或更正之，解釋上固不能謂執行法院無此權限，但依強制執行法第十二條第一項規定之同一法理，執行法院仍應於強制執行程序終結前為之；強制執行程序一經終結，即不許執行法院撤銷或更正原處分或程序。（八〇臺抗三五六）

第十三條（聲請、聲明異議或抗告有理由之處置）

執行法院對於前條之聲請，聲明異議或抗告認為有理由時，應將原處分或程序撤銷或更正之。

執行法院於前項撤銷或更正之裁定確定前，因必要情形或依聲請定相當並確實之擔保，得以裁定停止該撤銷或更正裁定之執行。當事人對前項裁定不得抗告。

*（執行法院）強執七；（聲請或聲明異議）強執一二㈠；（抗告）強執一二㈢，民訴四八二以下。

第十四條（債務人異議之訴㈠）

執行名義成立後，如有消滅或妨礙債權人請求之事由發生，債務人得於強制執行程序終結前，向執行法院對債權人提起異議之訴。如以裁判為執行名義時，其為異議原因之事實發生在前訴訟言詞辯論終結後者，亦得主張之。

執行名義無確定判決同一之效力者，於執行名義成立前，如有債權不成立或消滅或妨礙債權人請求之事由發生，債務人亦得於強制執行程序終結前提起異議之訴。

依前二項規定起訴，如有多數得主張之異議原因事實，應一併主張之。其未一併主張者，不得再行提起異議之訴。

*（執行名義）強執四；（消滅債權人請求之事由）民九九、一二五～一四七、三〇七、三〇九㈠、三二六、三三四、三四三、三四四、七三七；（妨礙債權人請求之事由）民二六四、三一八、七三六；（裁判為執行名義）強執四㈠①、②；（言詞辯論終結）民訴二二三㈢。

▲釋五〇四。

▲債權人縱已與債務人於強制執行中為和解，亦非不得繼續為強制執行，如其和解為消滅或妨礙債權人請求之事由，債務人亦祇能依強制執行法第十四條之規定提起異議之訴，要不得謂其和解有阻止確定判決執行之效力。（四七臺抗一九六）

▲點交之執行，係與因債權人之聲請而開始之查封拍賣程序分開，而構成另一執行程序，駁回點交拍定物之聲請，以執行法院之裁定為之，對此裁定得為抗告（強制執行法(舊)第四十四條、民事訴訟法第二百二十條、第四百七十九條），至准許其聲請時，通常多以書面命令執達員執行，不服此命令者，則得向執行法院聲明異議（強制執行法第十二條），惟法院拍賣程序終結後，拍定人或承受人與債務人間所訂應付補償金之合意，並無阻止拍定人或承受人執行點交之效力，如其合意含有妨礙拍定人等實體上請求點交之事由，債務人祇能依強制執行法第十四條之規定提起異議之訴，不得依同法第十二條之規定聲明異議。（五五臺抗三二七）

▲（七八臺上一四四七）參見本法第十二條。

第十四條之一（債務人異議之訴㈡）

債務人對於債權人依第四條之二規定聲請強制執行，如主張非執行名義效力所及者，得於強制執行程序終結前，向執行法院對債權人提起異議之訴。

債權人依第四條之二規定聲請強制執行經執行法院裁定駁回者，得於裁定送達後十日之不變期間內，向執行法院對債務人提起許可執行之訴。

▲釋五〇四。

第十五條（第三人異議之訴）

第三人就執行標的物有足以排除強制執行之權利者，得於強制執行程序終結前，向執行法院對債權人提起異議之訴。如債務人亦否認其權利時，並得以債務人為被告。

*（排除執行權利）民七六五、七七三、八〇一、八一七、八一八、八二七、八八四、九〇〇以下、九二八、九四〇、九四一；（起訴）民訴二四四以下。

▲執行異議之訴訟於實施執行時始得提起，若未及執行僅因某項財產有被執行之虞預先訴訟，則是訴之目的仍為確認，而無所謂執行異議之訴。（二〇上一九九〇）

▲強制執行法第十五條所謂就執行標的物有足以排除強制執行之權利者，係指對於執行標的物有所有權、典權、留置權、質權存在情形之一者而言，占有，依民法第九百四十條之規定，不過對於物有事實上管領之力，自不包含在內。（四四臺上七二一）

▲假扣押之執行，依強制執行法第一百三十六條準用關於動產不動產執行之規定，故假扣押之執行亦係以查封為開始，而以假扣押之標的脫離假扣押之處置，如將假扣押標的交付執行或撤銷假扣押，其程序方為終結。原判以假扣押查封完畢，認為執行程序業已終結，不得提起執行異議之訴，自難謂合。（四四臺上一三二八）

▲依土地法所為之登記有絕對真實之公信力，縱使債務人之處分有無效之原因，在債權人未提起塗銷登記之訴，並得有勝訴之確定判決以前，其登記仍不失其效力，債權人殊難以該不動產之登記在實施查封以後為無效，認定第三人尚未取得所有權，並無足以排除強制執行之權利，而主張第三人執行異議之訴為無理由。（五〇臺上九六）

▲違章建築物雖為地政機關所不許登記，尚非不得以之為交易之標的，原建築人出賣該建築物時，依一般規則，既仍負有交付其物於買受人之義務，則其事後以有不能登記之弱點可乘，又隨時主張所有權為其原始取得訴請確認，勢無以確保交易之安全。故本院最近見解，認此種情形，即屬所謂無即受確認判決之法律上利益，應予駁回，是其確認所有權存在之訴既應駁回，則基於所有權而請求撤銷查封，自亦無由准許。（五〇臺上一二三六）

▲強制執行法第十五條所謂就執行標的物有足以排除強制執行之權利，除所有權外固兼括典權在內，惟此指典權本身因強制執行受有妨礙之情形而言，倘出典人之債權人僅就典物為禁止出典人讓與其所有權之假扣押，或僅請就典物之所有權執行拍賣時，則依民法第九百十八條規定之精神，典權人自不得提起異議之訴。（五一臺上三四五）

▲系爭房地為被上訴人與其夫婚姻關係存續中所買受，為其聯合財產，既非被上訴人之原有財產，自屬其夫所有，縱令被上訴人與其夫於上訴人指封前已離婚，亦不過各取回其固有財產，其於離婚前本來屬於夫之所有之財產，不因離婚而其歸屬有所變更，亦即仍為夫之所有，殊無被上訴人得藉口已離婚，而謂不再為夫所有，進而謂其有排除強制執行權利之餘地。（五九臺上二二二七）（九一、九、九決議不再援用）

▲司法院院字第五七八號解釋，係指強制執行中拍賣之不動產為第三人所有者，其拍賣為無效，原所有權人於執行終結後，仍得另行提起回復所有權之訴，並非謂於執行程序終結後仍可提起第十五條所定第三人異議之訴。（六二臺再一〇〇）

▲強制執行法第十五條所定第三人異議之訴，以排除執行標的之強制執行為目的，故同條所謂強制執行程序終結，係指對於執行標的物之強制執行程序終結而言，對於執行標的物之強制執行程序，須進行至執行名義所載債權之全部或一部，因對於執行標的物之強制執行達其目的時始為終結。（六五臺上二九二〇）

▲在訴訟繫屬中，當事人死亡而由繼承人承受訴訟者，該繼承人已繼為當事人，固為該判決效力之所及，然其繼承人之地位，並不因此而受影響，從而該繼承人如為限定繼承人時，仍祇就所繼承遺產之範圍內對被繼承人之債務負其清償責任，觀民法第一千一百五十四條第一項規定自明，倘債權人執該判決為執行名義，對其固有財產聲請強制執行時，限定繼承人自得提起第三人異議之訴，以排除強制執行。（六八臺上七一八）

▲強制執行法第十五條所謂就執行標的物有足以排除強制執行之權利者，係指對於執行標的物有所有權、典權、留置權、質權存在情形之一者而言。上訴人（道教會團體）主張訟爭房屋係伊所屬眾信徒捐款購地興建，因伊尚未辦妥法人登記，乃暫以住持王某名義購地建屋並辦理所有權登

記，由王某出具字據，承諾俟伊辦妥法人登記後，再以捐助方式將房地所有權移轉登記與伊各節，就令非虛，上訴人亦僅得依據信託關係，享有請求王某返還房地所有權之債權而已，訟爭房地之所有權人既為執行債務人王某，上訴人即無足以排除強制執行之權利。（六八臺上三二九○）

▲假扣押之執行，以假扣押之標的脫離假扣押之處置，例如將假扣押標的交付執行或撤銷假扣押，其程序即為終結。在將假扣押標的交付執行之情形，尚未進行至執行名義所載債權之全部或一部，因對於執行標的物之強制執行達其目的時，係屬本案之強制執行程序尚未終結，第三人就執行標的物如有足以排除強制執行之權利，僅得提起請求排除本案強制執行程序異議之訴，對於業已終結之假扣押執行程序，殊無許其再提起異議之訴請求排除之餘地。（七五臺上二二二五）

▲限定繼承之繼承人，就被繼承人之債務，唯負以遺產為限度之物的有限責任。故就被繼承人之債務為執行時，限定繼承人僅就遺產之執行居於債務人之地位，如債權人就限定繼承人之固有財產聲請強制執行，應認限定繼承人為強制執行法第十五條之第三人，得提起第三人異議之訴，請求撤銷強制執行程序。（七七臺抗一四三）

第十六條　（得提起異議之訴時執行法院之處置）

債務人或第三人就強制執行事件得提起異議之訴時，執行法院得指示其另行起訴，或諭知債權人，經其同意後，即由執行法院撤銷強制執行。

＊（債務人異議之訴）強執一四；（第三人異議之訴）強執一五；（執行法院）強執一、七；（起訴）民訴二四四以下。

▲（四九臺抗七二）參見本法第十二條。

第十七條　（發見財產確非債務人所有之處置）

執行法院如發見債權人查報之財產確非債務人所有者，應命債權人另行查報，於強制執行開始後始發見者，應由執行法院撤銷其執行處分。

＊（執行法院）強執一、七；（強制執行開始）強執五；（債權人查報）強執一九。

▲釋三七。

▲（四九臺抗七二）參見本法第十二條。

第十八條　（執行不停止原則）

強制執行程序開始後，除法律另有規定外，不停止執行。

有回復原狀之聲請，或提起再審或異議之訴，或對於和解為繼續審判之請求，或提起宣告調解無效之訴、撤銷調解之訴，或對於許可強制執行之裁定提起抗告時，法院因必要情形或依聲請定相當並確實之擔保，得為停止強制執行之裁定。

＊（執行開始）強執五㈢；（另有規定）強執一○，民訴三○三、三一一、三一五、三二四、三四九、三六○、四○九；（回復原狀之聲請）民訴一六四～一六六；（提起再審之訴）民訴四九六、四九七；（異議之訴）強執一四、一五；（對於和解為繼續審判之請求）民訴三八○㈡；（裁定）民訴二三四以下；（調解無效撤銷調解）民訴四一六㈢。

▲釋一八二、四○三。

▲強制執行開始後，雖有停止執行之裁定，但該裁定如以提出保證為停止執行之條件者，在提出保證以前仍不得停止執行。（二三抗三一六五）

▲強制執行法第十八條第二項所謂前項裁定，係指同條第一項但書所稱停止強制執行之裁定而言，至駁回停止強制執行聲請之裁定，並不包含在內。（三一抗三七○）（九一、九、九決議不再援用）

第十九條　（執行事件之調查）

執行法院對於強制執行事件，認有調查之必要時，得命債權人查報，或依職權調查之。

執行法院得向稅捐及其他有關機關、團體或知悉債務人財產之人調查債務人財產狀況，受調查者不得拒絕。但受調查者為個人時，如有正當理由不在此限。

＊（債權人查報）強執一七、二七。

第二十條　（命債務人報告財產狀況及限期履行執行債務）

已發見之債務人財產不足抵償聲請強制執行債權或不能發現債務人應交付之財產時，執行法院得依債權人聲請或依職權，定期間命債務人據實報告該期間屆滿前一年內應供強制執行之財產狀況。

債務人違反前項規定，不為報告或為虛偽之報告，執行法院得依債權人聲請或依職權命其提供擔保或限期履行執行債務。

債務人未依前項命令提供相當擔保或遵期履行者，執行法院得依債權人聲請或依職權管收債務人。但未經訊問債務人，並認其非不能報告財產狀況者，不得為之。

＊（執行法院）強執一、七；（債務人報告）強執二二㈠⑤。

第二十一條　（拘提之事由及程序規定）

債務人有下列情形之一，而有強制其到場之必要者，執行法院得拘提之：

一　經合法通知，無正當理由而不到場。

二　有事實足認為有逃匿之虞。

債務人有前項情形者，司法事務官得報請執行法院拘提之。

債務人經拘提到場者，執行法院得交由司法事務官即時詢問之。

司法事務官於詢問後，應向執行法院提出書面報告。

＊（合法通知）強執九，民訴一二三以下、一五六；（正當理由）民訴一六四㈠、三八六；（拘提）管收二～四，刑訴七五以下。

第二十一條之一　（拘票應載事項）

拘提，應用拘票。

拘票應記載左列事項，由執行法官簽名：

一　應拘提人姓名、性別、年齡、出生地及住所或居所，有必要時，應記載其足資辨別之特徵。但年齡、出生地、住所或居所不明者，得免記載。

二　案由。

三　拘提之理由。

四　應到之日時及處所。

＊（拘提）刑訴七五～七七；（住所）民二○～二二、二四；（居所）民二三。

第二十一條之二　（拘提之執行機關）

拘提，由執達員執行。

＊（執達員）法組二三、三九、五三。

第二十二條　（管收要件及程序規定）

債務人有下列情形之一者，執行法院得依債權人聲請或依職權命其提供擔保或限期履行：

一　有事實足認顯有履行義務之可能故不履行。
二　就應供強制執行之財產有隱匿或處分之情事。

債務人有前項各款情形之一，而有事實足認顯有逃匿之虞或其他必要事由者，執行法院得依債權人聲請或依職權限制債務人住居於一定之地域。但債務人已提供相當擔保、限制住居原因消滅或執行完結者，應解除其限制。

前項限制住居及其解除，應通知債務人及有關機關。

債務人無正當理由違反第二項限制住居命令者，執行法院得拘提之。

債務人未依第一項命令提供相當擔保、遵期履行或無正當理由違反第二項限制住居命令者，執行法院得依債權人聲請或依職權管收債務人。但未經訊問債務人，並認非予管收，顯難進行強制執行程序者，不得為之。

債務人經拘提、通知或自行到場，司法事務官於詢問後，認有前項事由，而有管收之必要者，應報請執行法院依前項規定辦理。

*（執行法院）強執一、七；（調查執行標的物）強執九、一九；（拘提管收）憲八，管收二～七。

▲釋三〇〇。

第二十二條之一　（管收之要式性）

管收，應用管收票。

管收票應記載左列事項，由執行法官簽名：

一　應管收人之姓名、性別、年齡、出生地及住所或居所，有必要時，應記載其足資辨別之特徵。
二　案由。
三　管收之理由。

*（管收）管收二、五。

第二十二條之二　（管收之執行）

執行管收，由執達員將應管收人送交管收所。

管收所所長驗收後，應於管收票附記送到之年、月、日、時並簽名。

*（執行管收）管收六。

第二十二條之三　（管收停止之情形）

債務人有左列情形之一者，不得管收，其情形發生於管收後者，應停止管收：

一　因管收而其一家生計有難以維持之虞者。
二　懷胎五月以上或生產後二月未滿者。
三　現罹疾病，恐因管收而不能治療者。

*（管收停止）管收七。

第二十二條之四　（釋放被管收人之情形）

被管收人有左列情形之一者，應即釋放：

一　管收原因消滅者。
二　已就債務提出相當擔保者。
三　管收期限屆滿者。
四　執行完結者。

*（管收釋放）管收一三。

第二十二條之五　（拘提管收之準用刑事訴訟）

拘提、管收除本法別有規定外，準用刑事訴訟法關於拘提、羈押之規定。

第二十三條　（具保及具保人之責任）

債務人依第二十條第二項、第二十二條第一項、第二項及第二十二條之四第二款提供之擔保，執行法院得許由該管區域內有資產之人具保證書代之。

前項具保證書人，如於保證書載明債務人逃亡或不履行義務時，由其負責清償或賠償一定之金額者，執行法院得因債權人之聲請，逕向具保證書人為強制執行。

第二十四條　（管收之期限及次數）

管收期限不得逾三個月。

有管收新原因發生時，對於債務人仍得再行管收，但以一次為限。

*（期限）強執三〇之一，民訴一六一，民一二〇、一二一；（管收期限）管收一三；（管收原因）強執二二；（準用）強執一二九。

▲釋三〇〇。

第二十五條　（債務人應負義務之規定）

債務人履行債務之義務，不因債務人或依本法得管收之人被管收而免除。

關於債務人拘提、管收、限制住居、報告及其他應負義務之規定，於下列各款之人亦適用之：

一　債務人為無行為能力人或限制行為能力人者，其法定代理人。
二　債務人失蹤者，其財產管理人。
三　債務人死亡者，其繼承人、遺產管理人、遺囑執行人或特別代理人。
四　法人或非法人團體之負責人、獨資商號之經理人。

前項各款之人，於喪失資格或解任前，具有報告及其他應負義務或拘提、管收、限制住居之原因者，在喪失資格或解任後，於執行必要範圍內，仍得命其履行義務或予拘提、管收、限制住居。

*（無行為能力人）民一三、一五；（限制行為能力人）民一三；（法定代理人）民七六、七七、一〇八六、一〇九八；（商號之經理人）商登一一，民五五三以下；（法人負責人）民二七㈢；（遺產管理人）民一一七七；（遺囑執行人）民一二〇九。

第二十六條　（管收所之設置及管理）

管收所之設置及管理，以法律定之。

*（條例）中標二。

第二十七條　（債權憑證之發給）

債務人無財產可供強制執行，或雖有財產經強制執行後所得之數額仍不足清償債務時，執行法院應命債權人於一個月內查報債務人財產。債權人到期不為報告或查報無財產者，應發給憑證，交債權人收執，載明俟發見有財產時，再予強制執行。

債權人聲請執行，而陳明債務人現無財產可供執行者，執行法院得逕行發給憑證。

＊（不足清償）破產六〇，民三五；（調查）強執一九。

第二十八條（執行費用之負擔及預納）

強制執行之費用，以必要部分為限，由債務人負擔，並應與強制執行之債權同時收取。

前項費用，執行法院得命債權人代為預納。

＊（執行費用）民訴費一九、二二～二四；（費用負擔）民訴七八；（費用預納）民訴九四㈢，強執二九㈢。

第二十八條之一（駁回強執之聲請及執行撤銷）

強制執行程序如有左列情形之一，致不能進行時，執行法院得以裁定駁回其強制執行之聲請，並於裁定確定後，撤銷已為之執行處分：

一　債權人於執行程序中應為一定必要之行為，無正當理由而不為，經執行法院再定期限命為該行為，無正當理由逾期仍不為者。

二　執行法院命債權人於相當期限內預納必要之執行費用而不預納者。

第二十八條之二（免徵執行費）

民事強制執行，其執行標的金額或價額未滿新臺幣五千元者，免徵執行費；新臺幣五千元以上者，每百元收七角，其畸零之數不滿百元者，以百元計算。

前項規定，於聲明參與分配者，適用之。

執行非財產案件，徵收執行費新臺幣三千元。

法院依法科處罰鍰或怠金之執行，免徵執行費。

法院依法徵收暫免繳納費用或國庫墊付款之執行，暫免繳執行費，由執行所得扣還之。

執行人員之食宿舟車費，不另徵收。

第二十八條之三（應徵執行費）

債權人聲請執行，依第二十七條第二項逕行發給憑證者，徵收執行費新臺幣一千元。但依前條第一項規定計算應徵收之執行費低於新臺幣一千元者，依該規定計算徵收之。

債權人依前項憑證聲請執行，而依第二十七條第二項逕行發給憑證者，免徵執行費。

債權人依前二項憑證聲請強制執行債務人財產者，應補徵收按前條第一項規定計算執行費之差額。

第二十九條（執行費用數額之確定與優先受償）

債權人因強制執行而支出之費用，得求償於債務人者，得準用民事訴訟法第九十一條之規定，向執行法院聲請確定其數額。

前項費用及其他為債權人共同利益而支出之費用，得求償於債務人者，得就強制執行之財產先受清償。

＊（執行費用之負擔）強執二八；（訴訟費用額之確定）民訴九一。

▲強制執行法第二十九條第二項所定得就強制執行之財產優先受償者，以債權人因強制執行而支出之費用得求償於債務人者為限。上訴人以破產管理人之身分，因僱工看管破產人建地四筆、房屋二幢所支出之費用，既係屬於破產財團管理所生之費用，依破產法第九十五條第一項第一款之規定，應為破產程序中之財團費用，而非強制執行費用。上訴人除得依破產程序而行使其權利外，無主張在被上訴人拍賣抵押物執行事件中，優先參加分配之餘地。（五五臺上二五九一）

第三十條（償還執行費用）

依判決為強制執行，其判決經變更或廢棄時，受訴法院因債務人之聲請，應於其判決內命債權人償還強制執行之費用。

前項規定，於判決以外之執行名義經撤銷時，準用之。

＊（依判決為強制執行）強執四㈠①；（判決）民訴二二〇、二二六；（判決之變更廢棄）民訴一六六、三九五㈠；（聲請）民訴一一六、一二二；（執行費用）強執二八。

第三十條之一（民訴之準用）

強制執行程序，除本法有規定外，準用民事訴訟法之規定。

第二章　關於金錢請求權之執行

第一節　參與分配

第三十一條（分配表之作成、交付、閱覽）

因強制執行所得之金額，如有多數債權人參與分配時，執行法院應作成分配表，並指定分配期日，於分配期日五日前以繕本交付債務人及各債權人，並置於民事執行處，任其閱覽。

＊（參與分配）強執三八；（指定期日）強執三〇之一，民訴一五四；（繕本）強執三〇之一，民訴一一九。

第三十二條（參與分配之程序與時間）

他債權人參與分配者，應於標的物拍賣、變賣終結或依法交債權人承受之日一日前，其不經拍賣或變賣者，應於當次分配表作成之日一日前，以書狀聲明之。

逾前項期間聲明參與分配者，僅得就前項債權人受償餘額而受清償；如尚應就債務人其他財產執行時，其債權額與前項債權餘額，除有優先權者外，應按其數額平均受償。

＊（書狀）強執三〇之一，民訴一一六以下；（拍賣）強執六六、六八、九一、九二、九七；（變賣）強執六〇；（分配表）強執三一；（優先權）民八六〇、八八四、九〇〇以下，海商二四。

▲他債權人參與分配者，應於標的物拍賣或變賣終結前，以書狀聲明之，逾上開期間聲明參與分配者，僅得就債權人（指於標的物拍賣或變賣終結前聲請執行或聲明參與分配之債權人）受償餘額而受清償，強制執行法第三十二條定有明文，此項規定於有執行名義之債權人聲明參與分配，亦有其適用。（六六臺上三六六一）

▲聲明參與分配，依強制執行法第三十二條第一項規定，應以書狀為之，為必備程式之一，此於強制執行法既有明文規定，即無再準用民事訴訟法第一百二十二條規定之餘地。（六六臺再九六）

第三十三條（擬制參與分配）

對於已開始實施強制執行之債務人財產，他債權人再聲請強制執行者，已實施執行行為之效力，於為聲請時及於該他債權人，應合併其執行程序，並依前二條之規定辦理。

第三十三條之一 （重複查封之禁止㈠）

執行人員於實施強制執行時，發現債務人之財產業經行政執行機關查封者，不得再行查封。

前項情形，執行法院應將執行事件連同卷宗函送行政執行機關合併辦理，並通知債權人。

行政執行機關就已查封之財產不再繼續執行時，應將有關卷宗送請執行法院繼續執行。

第三十三條之二 （重複查封之禁止㈡）

執行法院已查封之財產，行政執行機關不得再行查封。

前項情形，行政執行機關應將執行事件連同卷宗函送執行法院合併辦理，並通知移送機關。

執行法院就已查封之財產不再繼續執行時，應將有關卷宗送請行政執行機關繼續執行。

第三十四條 （參與分配之程序）

有執行名義之債權人聲明參與分配時，應提出該執行名義之證明文件。

依法對於執行標的物有擔保物權或優先受償權之債權人，不問其債權已否屆清償期，應提出其權利證明文件，聲明參與分配。

執行法院知有前項債權人者，應通知之。知有債權人而不知其住居所或知有前項債權而不知孰為債權人者，應依其他適當方法通知或公告之。經通知或公告仍不聲明參與分配者，執行法院僅就已知之債權及其金額列入分配。其應徵收之執行費，於執行所得金額扣繳之。

第二項之債權人不聲明參與分配，其債權金額又非執行法院所知者，該債權對於執行標的物之優先受償權，因拍賣而消滅，其已列入分配而未受清償部分，亦同。

執行法院於有第一項或第二項之情形時，應通知各債權人及債務人。

*（執行名義）強執四；（證明文件）強執六；（聲明參與分配）強執三二㈠；（優先權）民八六〇、八八四、九〇〇以下，海商二四。

第三十四條之一 （公法上金錢債權之參與分配）

政府機關依法令或本於法令之處分，對義務人有公法上金錢債權，依行政執行法得移送執行者，得檢具證明文件，聲明參與分配。

*（參與分配）強執三一、三八；（參與分配之聲明）強執三二。

第三十五條 （刪除）

第三十六條 （刪除）

第三十七條 （分配筆錄）

實行分配時，應由書記官作成分配筆錄。

*（實行分配）強執四〇、四一；（書記官）強執二；（筆錄）強執三〇之一，民訴二一二～二一九。

第三十八條 （分配之次序）

參與分配之債權人，除依法優先受償者外，應按其債權額數平均分配。

*（優先權）民八六〇、八八四、九〇〇以下，海商二四，強執二九㈢。

▲參與分配之債權人，除有優先權者外，應按其債權額數平均分配，為強制執行法第三十八條所明定。是聲請查封之債權人並不因聲請查封而有優先權，該債權人如無特別擔保，亦應按其債權額數與他債權人平均分配。（二九抗二一二）

第三十九條 （對分配表之異議）

債權人或債務人對於分配表所載各債權人之債權或分配金額有不同意者，應於分配期日一日前，向執行法院提出書狀，聲明異議。

前項書狀，應記載異議人所認原分配表之不當及應如何變更之聲明。

*（分配表）強執三一；（分配期日）強執三一；（聲明）強執三〇之一，民訴一一六以下；（聲明異議）強執一二。

第四十條 （更正分配表）

執行法院對於前條之異議認為正當，而到場之債務人及有利害關係之他債權人不為反對之陳述或同意者，應即更正分配表而為分配。

異議未依前項規定終結者，應就無異議之部分先為分配。

*（債權人對分配表之聲明異議）強執三九；（聲明異議）強執一二；（陳述）民訴一一六以下、一二二；（異議未終結）強執四一。

第四十條之一 （更正分配表之送達與處置）

依前條第一項更正之分配表，應送達於未到場之債務人及有利害關係之他債權人。

前項債務人及債權人於受送達後三日內不為反對之陳述者，視為同意依更正分配表實行分配。其有為反對陳述者，應通知聲明異議人。

*（分配表更正）強執四〇；（陳述）民訴一一六以下、一二二。

第四十一條 （分配表異議之訴之提起）

異議未終結者，為異議之債權人或債務人，得向執行法院對為反對陳述之債權人或債務人提起分配表異議之訴。但異議人已依同一事由就有爭執之債權先行提起其他訴訟者，毋庸再行起訴，執行法院應依該確定判決實行分配。

債務人對於有執行名義而參與分配之債權人為異議者，僅得以第十四條規定之事由，提起分配表異議之訴。

聲明異議人未於分配期日起十日內向執行法院為前二項起訴之證明者，視為撤回其異議之聲明；經證明者，該債權應受分配之金額，應行提存。

前項期間，於第四十條之一有反對陳述之情形，自聲明異議人受通知之日起算。

*（異議未終結）強執四〇㈢；（分配表）強執三一；（起訴）強執三〇之一，民訴二四四；（聲明異議人）強執三九。

第四十二條 （刪除）

第四十三條 （刪除）

第四十四條 （刪除）

第二節 對於動產之執行

第四十五條 （動產之執行方法）

動產之強制執行，以查封、拍賣或變賣之方法行之。

＊（動產）民六七；（強制執行）強執五；（查封）強執四六～四八、五〇～五九；（拍賣）強執六一以下；（變賣）強執六〇。

▲債務人在查封未撤銷前，就查封物所為之處分，對於債權人為無效。（二一上三〇七八）

▲債務人在查封後就查封物所為之處分，對於債權人不生效力，所謂債權人非僅指聲請執行查封之債權人而言，即參與分配之債權人，亦包括在內。（五一臺上一五六）

▲執行法院之拍賣，其性質雖為買賣之一種，但其拍賣必須依據法定程序為之。拍定人及拍賣之標的，非執行法院所得任准變更。（六七臺抗一一二九）

第四十六條 （執行查封之人員與其協助機關）

查封動產，由執行法官命書記官督同執達員為之。於必要時得請有關機關、自治團體、商業團體、工業團體或其他團體，或對於查封物有專門知識經驗之人協助。

＊（動產）民六七；（執達員）強執二、三；（自治團體）憲一二一、一二七；（商業團體工業團體）商團三，工團三。

第四十七條 （查封動產之方法）

查封動產，由執行人員實施占有。其將查封物交付保管者，並應依左列方法行之：

一 標封。

二 烙印或火漆印。

三 其他足以公示查封之適當方法。

前項方法，於必要時得併用之。

＊（執行人員）強執四六、五四㊂；（標封烙印火漆印）刑一三九。

第四十八條 （查封人員之權限及到場人）

查封時，得檢查、啟視債務人居住所、事務所、倉庫、箱櫃及其他藏置物品之處所。

查封時，如債務人不在場，應命其家屬或鄰右之有辨別事理能力者到場，於必要時得請警察到場。

＊（查封）強執四七；（居住所）憲一〇，刑三〇七，民二〇～二四；（事務所）民二九；（倉庫）民六一三；（家屬）民一一二三㊁、㊂；（到場）強執五四㊂、七七㊁。

第四十九條 （刪除）

第五十條 （查封動產之範圍）

查封動產，以其價格足清償強制執行之債權額及債務人應負擔之費用者為限。

＊（債務人應負擔費用）強執二九；（準用）強執一一三。

第五十條之一 （查封動產之限制）

應查封動產之賣得價金，清償強制執行費用後，無賸餘之可能者，執行法院不得查封。

查封物賣得價金，於清償優先債權及強制執行費用後，無賸餘之可能者，執行法院應撤銷查封，將查封物返還債務人。

前二項情形，應先詢問債權人之意見，如債權人聲明於查封物賣得價金不超過優先債權及強制執行費用時，願負擔其費用者，不適用之。

＊（動產）民六七；（強執費用）強執二八；（查封）強執五〇、五一～五九；（撤銷查封）強執五八。

第五十一條 （查封之效力）

查封之效力及於查封物之天然孳息。

實施查封後，債務人就查封物所為移轉、設定負擔或其他有礙執行效果之行為，對於債權人不生效力。

實施查封後，第三人未經執行法院允許，占有查封物或為其他有礙執行效果之行為者，執行法院得依職權或依聲請排除之。

＊（孳息）民六九、七〇、七六六；（移轉）民三四五、四〇六；（設定負擔）民八八四；（有礙執行效果之行為）刑三五六。

▲釋五〇四。

▲不動產實施查封後，就查封物所為之移轉、設定負擔或其他有礙執行效果之行為，對於債權人不生效力，強制執行法第一百十三條、第五十一條第二項定有明文。故不動產物權之移轉，在法院實施查封前，雖已聲請登記，但尚未完成，至查封後始登記完成者，尚不得據以對抗債權人。債權人即非不得訴請法院塗銷其登記。（六八臺上三〇七九）

▲債務人就查封物所為移轉、設定負擔或其他有礙執行效果之行為，依強制執行法第五十一條第二項規定，僅對於債權人不生效力而已，並非絕對無效；裁判分割，既係法院基於公平原則，決定適當之方法分割共有物，自不發生有礙執行效果之問題，債權人即不得對之主張不生效力；且債務人之應有部分，經實施查封以後，因裁判分割，其權利即集中於分割後之特定物，此為債務人原有權利在型態上之變更，當為查封效力之所及，於假處分亦無影響。（七二臺上二六四二）

第五十二條 （酌留生活必需物）

查封時，應酌留債務人及其共同生活之親屬二個月間生活所必需之食物、燃料及金錢。

前項期間，執行法官審核債務人家庭狀況，得伸縮之。但不得短於一個月或超過三個月。

＊（生存權）憲一五；（家屬）民一一二二；（期間）民一二〇、一二一。

第五十三條 （禁止查封之動產）

左列之物不得查封：

一 債務人及其共同生活之親屬所必需之衣服、寢具及其他物品。

二 債務人及其共同生活之親屬職業上或教育上所必需之器具、物品。

三 債務人所受或繼承之勳章及其他表彰榮譽之物品。

四 遺像、牌位、墓碑及其他祭祀、禮拜所用之物。

五 未與土地分離之天然孳息不能於一個月內收穫者。

六 尚未發表之發明或著作。

七 附於建築物或其他工作物，而為防止災害或確保安全，依法令規定應設備之機械或器具、避難器具及其他物品。

前項規定斟酌債權人及債務人狀況，有顯失公平情形，仍以查封為適當者，執行法院得依聲請查封其全部或一部。其經債務人同意者，亦同。

*（生存權）憲一五；（家屬）民一一二三；（禁止查封）強執五一、一二二，民四四五，破產八二㈡，軍屬優待二〇，公退一四，公撫一三；（查封）強執四七。

第五十四條（查封筆錄及查封物品清單）

查封時，書記官應作成查封筆錄及查封物品清單。

查封筆錄應載明左列事項：

一　為查封原因之權利。
二　動產之所在地、種類、數量、品質及其他應記明之事項。
三　債權人及債務人。
四　查封開始之日時及終了之日時。
五　查封之動產保管人。
六　保管方法。

查封人員應於前項筆錄簽名，如有保管人及依第四十八條第二項規定之人員到場者亦應簽名。

*（書記官）強執二；（為查封原因之權利）強執四；（查封日）強執五五；（保管人、保管方法）強執五九；（查封人員）強執四六；（簽名）民三。

第五十五條（查封時間之限制）

星期日或其他休息日及日出前、日沒後，不得進入有人居住之住宅實施關於查封之行為。但有急迫情事，經執行法官許可者，不在此限。

日沒前已開始為查封行為者，得繼續至日沒後。

第一項許可之命令，應於查封時提示債務人。

*（居住自由）憲一〇；（休息日）民一二二；（查封行為）強執四七、四八；（日出前日沒後）刑訴一四六。

第五十六條（重複查封之防止）

書記官、執達員於查封時發見債務人之動產業經因案受查封者，應速將其查封原因報告執行法官。

*（書記官執達員）強執四六；（動產）民六七；（因案受查封）強執三三之一。

第五十七條（拍賣期日之指定）

查封後，執行法官應速定拍賣期日。

查封日至拍賣期間，至少應留七日之期間。但經債權人及債務人之同意或因查封物之性質須迅速拍賣者，不在此限。

前項拍賣期日不得多於一個月。但因查封物之性質或有不得已之事由者，不在此限。

*（查封日）強執五四㈡④、五五；（期間）強執三〇之一，民訴一六一，民一二〇㈡、一二一；（查封物性質）強執六〇。

第五十八條（查封之撤銷）

查封後，債務人得於拍定前提出現款，聲請撤銷查封。

拍定後，在拍賣物所有權移轉前，債權人撤回強制執行之聲請者，應得拍定人之同意。

*（聲請）強執三〇之一，民訴一一六、一二二。

第五十九條（查封物之保管方法）

查封之動產，應移置於該管法院所指定之貯藏所或委託妥適之保管人保管之。認為適當時，亦得以債權人為保管人。

查封物除貴重物品及有價證券外，經債權人同意或認為適當時，得使債務人保管之。

查封物交保管人時，應告知刑法所定損壞、除去或污穢查封標示或為違背其效力之行為之處罰。

查封物交保管人時，應命保管人出具收據。

查封物以債務人為保管人時，得許其於無損查封物之價值範圍內使用之。

*（保管人）強執五四㈡⑤，民五三五、五四三～五四五；（損毀除去查封標示罪）刑一三九；（保管方法）強執五四㈡⑥。

第五十九條之一（查封物之保全）

查封之有價證券，須於其所定之期限內為權利之行使或保全行為者，執行法院應於期限之始期屆至時，代債務人為該行為。

第五十九條之二（查封物為天然孳息時之處置）

查封未與土地分離之天然孳息者，於收穫期屆至後，始得拍賣。

前項拍賣得於採收後為之，其於分離前拍賣者，應由買受人自行負擔費用採收之。

*（天然孳息）民六九、七〇。

第六十條（變賣）

查封物應公開拍賣之。但有左列情形之一者，執行法院得不經拍賣程序，將查封物變賣之：

一　債權人及債務人聲請或對於查封物之價格為協議者。
二　有易於腐壞之性質者。
三　有減少價值之虞者。
四　為金銀物品或有市價之物品者。
五　保管困難或需費過鉅者。

第七十一條之規定，於前項變賣準用之。

*（拍賣變賣）強執四五；（聲請）強執三〇之一，民訴一一六、一二二；（拍賣程序）強執六一以下。

第六十條之一（其他財產權執行規定之準用）

查封之有價證券，執行法院認為適當時，得不經拍賣程序，準用第一百十五條至第一百十七條之規定處理之。

第六十一條（拍賣動產之人員及場所）

拍賣動產，由執行法官命書記官督同執達員於執行法院或動產所在地行之。

前項拍賣，執行法院認為必要時，得委託拍賣行或適當之人行之。但應派員監督。

*（拍賣）強執四五；（動產）民六七，強執四五；（執行法官）強執二；（執達員）法組二三、三九、五三。

第六十二條（貴重物品之鑑定）

查封物為貴重物品而其價格不易確定者，執行法院應命鑑定人鑑定之。

*（鑑定人）強執三〇之一，民訴三二四以下。

第六十三條　（拍賣之通知）

執行法院應通知債權人及債務人於拍賣期日到場，無法通知或屆期不到場者，拍賣不因而停止。

*（執行法院）強執一、七；（拍賣期日）強執五七；（到場）強執六一。

▲不動產之執行拍賣，依強制執行法第一百十三條準用第六十三條之規定，固應通知債權人及債務人於拍賣期日到場，但無法通知，或屆期不到場者，拍賣並不因而停止。所謂無法通知，如遷徙、隱避及因故他往等情均屬之，立法意旨祇在促使執行法院踐行通知手續，苟已通知則縱發生上列情事，仍難謂與法定執行程序有何違背。（五四臺抗三五九）

第六十四條　（拍賣之公告）

拍賣動產，應由執行法院先期公告。

前項公告應載明左列事項：

一　拍賣物之種類、數量、品質及其他應記明之事項。
二　拍賣之原因、日時及場所。
三　閱覽拍賣物及查封筆錄之處所及日時。
四　定有拍賣價金之交付期限者，其期限。
五　定有應買之資格或條件者，其資格或條件。
六　定有保證金者，其金額。

*（先期公告）強執八一；（拍賣期日）強執五七；（拍賣場所）強執六一；（查封筆錄）強執五四；（價金之交付）強執六八。

第六十五條　（公告之方法）

拍賣公告，應揭示於執行法院及動產所在地之鄉鎮市（區）公所或拍賣場所，如認為必要或因債權人或債務人之聲請，並得公告於法院網站；法院認為必要時，得命登載於公報或新聞紙。

*（拍賣公告）強執六四；（拍賣場所）強執六一、六四㈡②；（聲請）強執三〇之一，民訴一一六、一二二；（違反本條）強執一二。

第六十六條　（拍賣之時期）

拍賣，應於公告五日後行之。但因物之性質須迅速拍賣者，不在此限。

*（拍賣期日）強執五七㈠；（拍賣之公告）強執六四、六五；（期間）強執三〇之一，民訴一六一，民一二〇、一二一。

第六十七條　（刪除）

第六十八條　（拍賣物之交付）

拍賣物之交付，應於價金繳足時行之。

*（價金之交付）民三六九、三九六。

第六十八條之一　（有價證券之拍賣）

執行法院於有價證券拍賣後，得代債務人為背書或變更名義與買受人之必要行為，並載明其意旨。

第六十八條之二　（再拍賣）

拍定人未繳足價金者，執行法院應再拍賣。再拍賣時原拍定人不得應買。如再拍賣之價金低於原拍賣價金及因再拍賣所生之費用者，原拍定人應負擔其差額。

前項差額，執行法院應依職權以裁定確定之。

原拍定人繳納之保證金不足抵償差額時，得依前項裁定對原拍定人強制執行。

第六十九條　（無瑕疵擔保）

拍賣物買受人就物之瑕疵無擔保請求權。

*（物之瑕疵擔保）民三五四㈠、三五九、三六〇；（準用）強執一一三。

第七十條　（拍賣動產之程序）

執行法院因債權人或債務人之聲請，或認為必要時，應依職權於拍賣前預定拍賣物之底價，並得酌定保證金額，命應買人於應買前繳納之。未照納者，其應買無效。

執行法院定底價時，應詢問債權人及債務人之意見，但無法通知或屆期不到場者，不在此限。

拍定，應就應買人所出之最高價，高呼三次後為之。

應買人所出之最高價，如低於底價，或雖未定底價而債權人或債務人對於應買人所出之最高價，認為不足而為反對之表示時，執行拍賣人應不為拍定，由執行法院定期再行拍賣。但債權人願依所定底價承受者，執行法院應交債權人承受。

拍賣物依前項規定，再行拍賣時，應拍歸出價最高之應買人。但其最高價不足底價百分之五十；或雖未定底價，而其最高價顯不相當者，執行法院應作價交債權人承受；債權人不承受時，執行法院應撤銷查封，將拍賣物返還債務人。

債務人不得應買。

*（聲請）強執三〇之一，民訴一一六、一二二；（拍賣）民三九一～三九七；（通知到場）強執六三；（不在此限）強執六二；（拍定）民三九一、三九三；（不為拍定）民三九四；（準用）強執一一三。

第七十一條　（拍賣物無人應買之處置）

拍賣物無人應買時，執行法院應作價交債權人承受，債權人不願承受或依法不能承受者，應由執行法院撤銷查封，將拍賣物返還債務人。但拍賣物顯有賣得相當價金之可能者，準用前條第五項之規定。

*（作價）強執七〇㈠、㈡；（執行法院）強執一、七。

第七十二條　（拍賣動產之限度）

拍賣於賣得價金足以清償強制執行之債權額及債務人應負擔之費用時，應即停止。

*（清償）民三〇九；（債權額、應負擔費用）強執五〇；（違反本條）強執一二。

第七十三條　（拍賣筆錄之製作）

拍賣終結後，書記官應作成拍賣筆錄，載明左列事項：

一　拍賣物之種類、數量、品質及其他應記明之事項。
二　債權人及債務人。
三　拍賣之買受人姓名、住址及其應買之最高價額。
四　拍賣不成立或停止時，其原因。
五　拍賣之日時及場所。
六　作成拍賣筆錄之處所及年、月、日。

前項筆錄，應由執行拍賣人簽名。

*（書記官）強執六一；（筆錄）強執三〇之一，民訴二一九；（拍賣物之種類、數量、品質）強執六四㈡①；（應買最高價）強執七〇㈣；（拍賣不成立）強執七〇㈣、七一；（拍賣停止）強執七二；（拍賣之時日）強執五七、六四㈡②、六六；（拍賣之場所）強執六一、六四㈡②；（簽名）民三。

第七十四條（賣得價金之處理）

拍賣物賣得價金，扣除強制執行之費用後，應將餘額交付債權人，其餘額超過債權人取得執行名義之費用及其債權所應受償之數額時，應將超過額交付債務人。

*（強制執行費用）強執二八㈢、二九；（執行名義取得所需費用）強執三〇之一，民訴七八以下；（餘額不足清償）民三二一，強執二七。

第三節　對於不動產之執行

第七十五條（不動產之執行方法）

不動產之強制執行，以查封、拍賣、強制管理之方法行之。

前項拍賣及強制管理之方法，於性質上許可並認為適當時，得併行之。

建築物及其基地同屬於債務人所有者，得併予查封、拍賣。

應拍賣之財產有動產及不動產者，執行法院得合併拍賣之。

前項合併拍賣之動產，適用關於不動產拍賣之規定。

*（不動產）民六六；（查封）強執七六～七九；（拍賣）強執八〇～一〇二；（強制管理）強執一〇三～一一二。

▲不動產經查封後，債務人將其所有權移轉於第三人者，其移轉行為對於債權人固不生效力。若其移轉行為係在查封之前，則雖在債權人聲請強制執行之後，亦惟其行為為雙方通謀所為之虛偽意思表示，或有其他之無效原因始為無效，其僅為民法第二百四十四條所謂有害於債權人之行為者，在債權人提起撤銷之訴得有勝訴之確定判決以前，仍不失其效力，不得僅以其為債權人聲請強制執行後之行為，即認為無效。（二二上五四六）

▲（五一臺上一五六）參見本法第四十五條。

▲（六七臺抗一二九）參見本法第四十五條。

▲依強制執行法所為之拍賣，通說係解釋為買賣之一種，即債務人為出賣人，拍定人為買受人，而以拍賣機關代替債務人立於出賣人之地位（最高法院四十七年臺上字第一五二號及四十九年臺抗字第八三號判例參照），故債務人若於其不動產被拍賣時再參加投標，則同時兼具出賣人與買受人之地位，與買賣須有出賣人與買受人兩個主體，因雙方意思表示一致而成立買賣契約之性質有違，自應解為債務人不得參與應買。（八〇臺抗一四三）

第七十六條（查封不動產之方法）

查封不動產，由執行法官命書記官督同執達員依左列方法行之：

一　揭示。

二　封閉。

三　追繳契據。

前項方法，於必要時得併用之。

已登記之不動產，執行法院並應先通知登記機關為查封登記，其通知於第一項執行行為實施前到達登記機關時，亦發生查封之效力。

*（執行法官書記官執達員）強執二、三；（契據）民七六〇，土地六二。

第七十七條（查封筆錄之作成）

查封時，書記官應作成查封筆錄，載明下列事項：

一　為查封原因之權利。

二　不動產之所在地、種類、實際狀況、使用情形、現場調查所得之海砂屋、輻射屋、地震受創、嚴重漏水、火災受損、建物內有非自然死亡或其他足以影響交易之特殊情事及其應記明之事項。

三　債權人及債務人。

四　查封方法及其實施之年、月、日、時。

五　查封之不動產有保管人者，其保管人。

查封人員及保管人應於前項筆錄簽名，如有依第四十八條第二項規定之人員到場者，亦應簽名。

*（書記官）強執二；（為查封原因之權利）強執四；（查封不動產之保管人）強執七八、七九；（查封人員）強執七六㈠；（簽名）民三；（到場人員）強執四八㈡。

第七十七條之一（債務人或占有人關於不動產調查之協力義務）

執行法官或書記官，為調查前條第一項第二款情事或其他權利關係，得依下列方式行之：

一　開啟門鎖進入不動產或訊問債務人或占有之第三人，並得命其提出有關文書。

二　向警察及其他有關機關、團體調查，受調查者不得拒絕。

前項情形，債務人無正當理由拒絕陳述或提出文書，或為虛偽陳述或提出虛偽之文書者，執行法院得依債權人聲請或依職權管收債務人。但未經訊問債務人，並認非予管收，顯難查明不動產狀況者，不得為之。

第三人有前項情形或拒絕到場者，執行法院得以裁定處新臺幣一萬五千元以下之罰鍰。

第七十八條（債務人之管理及使用）

已查封之不動產，以債務人為保管人者，債務人仍得為從來之管理或使用。由債務人以外之人保管者，執行法院得許債務人於必要範圍內管理或使用之。

▲不動產經查封後，債務人將其所有權移轉於第三人者，其移轉行為對於債權人不生效力，業經本院著有判例，為貫徹查封之效力起見，債權人自得禁止債務人為處分其財產之行為，是該不動產所有權移轉登記日期既在被上訴人聲請法院查封以後，被上訴人以上訴人此項處分行為為無效，而訴請塗銷其所有權移轉登記，自非法所不許。（五〇臺上二〇八七）

第七十九條（自治團體等之保管或管理）

查封之不動產保管或管理，執行法院得交由有關機關、自治團體、商業團體、工業團體或其他團體為之。

*（自治團體）憲一二一、一二七，民四四㈢；（商業團體）商團二、三、五；（工業團體）工團一～四。

第八十條（拍賣最低價之估定與核定）

拍賣不動產，執行法院應命鑑定人就該不動產估定價格，經核定後，為拍賣最低價額。

*（鑑定）強執三〇之一、六二，民訴三二四以下。

第八十條之一（拍賣價額不足清償優先債權及執行費用之處置）

不動產之拍賣最低價額不足清償優先債權及強制執行之費用者，執行法院應將其事由通知債權人。債權人於受通知後七日內，得證明該不動產賣得價金有賸餘可能或指定超過該項債權及費用總額之拍賣最低價額，並聲明如未拍定願負擔其費用而聲請拍賣。逾期未聲請者，執行法院應撤銷查封，將不動產返還債務人。

依債權人前項之聲請為拍賣而未拍定，債權人亦不承受時，執行法院應公告願買受該不動產者，得於三個月內依原定拍賣條件為應買之表示，執行法院於訊問債權人及債務人意見後，許其應買；債權人復願承受者亦同。逾期無人應買或承受者，執行法院應撤銷查封，將不動產返還債務人。

不動產由順位在先之抵押權或其他優先受償權人聲請拍賣者，不適用前二項之規定。

第一項、第二項關於撤銷查封將不動產返還債務人之規定，於該不動產已併付強制管理之情形；或債權人已聲請另付強制管理而執行法院認為有實益者，不適用之。

第八十一條（拍賣不動產之公告）

拍賣不動產，應由執行法院先期公告。

前項公告，應載明下列事項：

一　不動產之所在地、種類、實際狀況、占有使用情形、調查所得之海砂屋、輻射屋、地震受創、嚴重漏水、火災受損、建物內有非自然死亡或其他足以影響交易之特殊情事及其應記明之事項。

二　拍賣之原因、日期及場所。如以投標方法拍賣者，其開標之日時及場所，定有保證金額者，其金額。

三　拍賣最低價額。

四　交付價金之期限。

五　閱覽查封筆錄之處所及日、時。

六　定有應買資格或條件者，其資格或條件。

七　拍賣後不點交者，其原因。

八　定有應買人察看拍賣物之日、時者，其日、時。

*（先期公告）強執六四；（拍賣日期）強執八二；（拍賣場所）強執八三；（投標）強執八五～九〇；（拍賣之最低價額）強執八〇；（查封筆錄之閱覽）強執七七，民二一六。

▲拍賣不動產之公告應載明閱覽查封筆錄之處所及日時，為強制執行法第八十一條第二項第五款所明定，是項規定，係使一般投標人預先明瞭查封之內容，從容決定投標之條件，庶投標結果臻於公平，自屬強制規定之一種，倘該項公告就此漏未記載，則拍賣程序即難謂無瑕疵，依同法第十二條利害關係人對之聲明異議，應認為有理由。（四七臺抗九二）

第八十二條（拍賣之時期）

拍賣期日距公告之日，不得少於十四日。

*（公告）強執八一㈠；（期間）民一二〇、一二一。

第八十三條（拍賣之人員及場所）

拍賣不動產，由執行法官命書記官督同執達員於執行法院或其他場所為之。

*（拍賣）民三九一～三九七；（執行法官書記官執達員）強執二。

第八十四條（公告之方法）

拍賣公告，應揭示於執行法院及不動產所在地或其所在地之鄉鎮市（區）公所。

拍賣公告，應公告於法院網站；法院認為必要時，得命登載於公報或新聞紙。

*（拍賣公告）強執八一；（揭示）強執六五。

▲執行法院拍賣之公告，祇須揭示於執行法院及該不動產所在地即生效力，強制執行法第八十四條雖另規定：「如當地有公報或新聞紙亦應登載，如有其他習慣者，並得依其習慣方法公告之」等語，亦僅屬一種訓示規定，不能以其未登載公報或新聞紙，或未依習慣方法公告，即認拍賣為無效。至於就不動產所在地所為公告之揭示方法雖有不當，當事人或利害關係人祇得依強制執行法第十二條規定為聲請或聲明異議，但其揭示行為未經撤銷前，要非當然無效。（五一臺上三六三一）

第八十五條（以投標方法拍賣）

拍賣不動產，執行法院得因債權人或債務人之聲請或依職權，以投標之方法行之。

*（聲請）強執三〇之一，民訴一一六、一二二；（投標方法）強執八七。

第八十六條（保證金之繳納）

以投標方法拍賣不動產時，執行法院得酌定保證金額，命投標人於開標前繳納之。

*（投標方法）強執八五、八七；（保證金）強執八一㈡②、八九；（開標）強執八八。

▲以投標之方法拍賣不動產，因得標人不繳足價金而再行拍賣時，該得標人所預納之保證金，應於其輕償再行拍賣程序所生之費用，及其拍定價額如低於前次拍定價額時所生之差額後予以發還，不得以裁定沒入國庫。（院解三五二一）

第八十七條（投標之方法及投標書之記載）

投標人應以書件密封，投入執行法院所設之標匭。

前項書件，應載明左列事項：

一　投標人之姓名、年齡及住址。

二　願買之不動產。

三　願出之價額。

*（不動產）民六六，土地三〇。

▲執行法院就抵押物所為之拍賣及投標人應此拍賣而為之投標，揆其性質原與買賣之法律行為無異，投標人應以書件密封，投入執行法院所設之標匭，既為強制執行法第八十七條第一項所明定，則書件密封投入標匭，即屬此項法律行為所應遵循之法定方式，違之者，依民法第七十三條前段之規定，其投標即非有效。（四六臺抗一〇一）

▲強制執行法第八十七條第二項第三款，僅規定投標書件應載明「願出之價額」，而未規定應載明每宗不動產之價額，故投標書件已載明願買之不動產及願出之價額者，即應認已合法律規定之方式。本件相對人既於投標書「願買之不動產」欄分別記明：願買之三筆不動產之坐落地號，而於「願出價額」欄載明：右三筆合計新臺幣若干元正，即已記明其承標價額，應認為合法。（六一臺抗六三二）

第八十八條（開標）

開標應由執行法官當眾開示，並朗讀之。

*（開標）強執八一㊁②、八六。

▲強制執行法第八十八條規定開標應由執行法官當眾開示，並朗讀之。拍賣程序係在利害關係對立之不特定多數關係人注視下公開行之，其執行程序事項有即斷即決之必要，以期其程序明確。故應買人雖得委任他人代理應買，惟應即時提出證明書，以證明合法授權之事實，如未提出證明書，代理權即有欠缺，其投標無效，性質上自不許準用民事訴訟法第七十五條第一項定期命補正之規定。（八五臺抗五五三）

第八十九條　（未納保證金之效力）

投標應繳納保證金而未照納者，其投標無效。

*（保證金）強執八一㊁②、八六。

▲（五三臺抗一九五）參見本法第三條。

第九十條　（出價相同之處理）

投標人願出之最高價額相同者，以當場增加之金額最高者為得標人；無人增加價額者，以抽籤定其得標人。

前項得標人未於公告所定期限內繳足價金者，再行拍賣。但未中籤之投標人仍願按原定投標條件依法承買者，不在此限。

*（投標）強執八五；（最高價）民三九三。

第九十一條　（無人應買或出價未達最低價時之處置）

拍賣之不動產無人應買或應買人所出之最高價未達拍賣最低價額，而到場之債權人於拍賣期日終結前聲明願承受者，執行法院應依該次拍賣所定之最低價額，將不動產交債權人承受，並發給權利移轉證書。其無人承受或依法不得承受者，由執行法院定期再行拍賣。

依前項規定再行拍賣時，執行法院應酌減拍賣最低價額；酌減數額不得逾百分之二十。

*（最低價額）強執八〇、八一㊁③；（再行拍賣）強執九三。

▲釋二五三。

第九十二條　（減價拍賣無人應買或出價未達最低價之處理）

再行拍賣期日，無人應買或應買人所出之最高價，未達於減定之拍賣最低價額者，準用前條之規定；如再行拍賣，其酌減數額，不得逾減定之拍賣最低價額百分之二十。

*（再行拍賣）強執九一㊀、九三。

▲釋二五三。

第九十三條　（再行拍賣之期日）

前二條再行拍賣之期日，距公告之日，不得少於十日多於三十日。

*（再行拍賣）強執九一、九二；（期間）民一二〇、一二一；（公告）強執八四。

第九十四條　（數債權人承受之解決及差額之補繳）

債權人有二人以上願承受者，以抽籤定之。

承受不動產之債權人，其應繳之價金超過其應受分配額者，執行法院應限期命其補繳差額後，發給權利移轉證書；逾期不繳者，再行拍賣。但有未中籤之債權人仍願按原定拍賣條件依法承受者，不在此限。

第六十八條之二之規定，於前項再行拍賣準用之。

*（債權人承受）強執九一；（權利移轉證書）強執九七；（再行拍賣）強執九一、九三。

▲（七八臺上一四四七）參見本法第十二條。

第九十五條　（強制管理及再行拍賣）

經二次減價拍賣而未拍定之不動產，債權人不願承受或依法不得承受時，執行法院應於第二次減價拍賣期日終結後十日內公告願買受該不動產者，得於公告之日起三個月內依原定拍賣條件為應買之表示，執行法院得於詢問債權人及債務人意見後，許其買受。債權人復願為承受者，亦同。

前項三個月期限內，無人應買前，債權人亦得聲請停止前項拍賣，而另行估價或減價拍賣，如仍未拍定或由債權人承受，或債權人未於該期限內聲請另行估價或減價拍賣者，視為撤回該不動產之執行。

第九十四條第二項、第三項之規定，於本條第一項承買準用之。

*（二次減價拍賣）強執九二；（不願承受不得承受）強執九一；（聲請）強執三〇之一，民訴一一六、一二二；（強制管理）強執一〇三～一一一。

第九十六條　（拍賣不動產之限制）

供拍賣之數宗不動產，其中一宗或數宗之賣得價金，已足清償強制執行之債權額及債務人應負擔之費用時，其他部分應停止拍賣。

前項情形，債務人得指定其應拍賣不動產之部分。但建築物及其基地，不得指定單獨拍賣。

*（不動產）民六六，強執七五；（清償）民三〇九；（費用）強執二八、二九；（停止拍賣）強執七二。

▲（六九臺上一九二〇）參見本法第十二條。

第九十七條　（權利移轉證書等之發給）

拍賣之不動產，買受人繳足價金後，執行法院應發給權利移轉證書及其他書據。

*（權利移轉證書）強執九四；（其他書據）強執七六㊀③、一〇一。

▲拍賣程序雖與普通買賣不同，但拍賣亦為一種買賣性質，其關於出賣人於出賣當時應踐行之程序，無妨由拍賣機關為之踐行。（四六臺上三六五）

第九十八條　（領得權利移轉證書之效力）

拍賣之不動產，買受人自領得執行法院所發給權利移轉證書之日起，取得該不動產所有權，債權人承受債務人之不動產者亦同。

前項不動產原有之地上權、永佃權、地役權、典權及租賃關係隨同移轉。但發生於設定抵押權之後，並對抵押權有影響，經執行法院除去後拍賣者，不在此限。

存於不動產上之抵押權及其他優先受償權，因拍賣而消滅。但抵押權所擔保之債權未定清償期或其清償期尚未屆至，而拍定人或承受抵押物之債權人聲明願在拍定或承受之抵押物價額範圍內清償債務，經抵押權人同意者，不在此限。

*（權利移轉證書）強執九七；（取得不動產所有權）民七五

九；（承受不動產）強執九一㈠。

▲強制執行中拍賣之不動產為第三人所有者，其拍賣為無效，所有權人於執行終結後，亦得提起回復所有權之訴請求返還，法院判令返還時，原發管業證書當然失其效力，法院自得命其繳銷，業經司法院院字第五七八號解釋在案。至強制執行法第九十八條規定拍賣之不動產，買受人自領得執行法院所發給權利移轉證書之日起，取得該不動產所有權，係指拍賣之不動產本得為強制執行之標的物者而言，若不動產屬於第三人所有，而不應為強制執行之標的物者，即應依上開解釋辦理。（三〇上二二〇三）

▲強制執行法上之拍賣，應解釋為買賣之一種，即以債務人為出賣人，拍定人為買受人（執行法院即屬代債務人出賣之人）。故執行拍賣基地時，關於土地法第一百零四條之規定亦在適用之列，而該條所定承租人之優先承購權，僅為租賃雙方之權利義務關係，如出租人違反此項義務將其基地之所有權賣與他人，並已為土地權利變更登記時，未經登記優先承購權之承租人，固僅能請求賠償損害，不得遽指該項買賣契約為無效。但如買受人尚未取得該不動產所有權時，承租人之優先承購權，即不受其影響。（四七臺上一五二二）（九一、九、九決議不再援用）

第九十九條（不動產之點交）

債務人應交出之不動產，現為債務人占有或於查封後為第三人占有者，執行法院應解除其占有，點交於買受人或承受人；如有拒絕交出或其他情事時，得請警察協助。

第三人對其在查封前無權占有不爭執或其占有為前條第二項但書之情形者，前項規定亦適用之。

依前二項規定點交後，原占有人復即占有該不動產者，執行法院得依聲請再解除其占有後點交之。

前項執行程序，應徵執行費。

＊（執行法院）強執七；（占有）民九四〇以下；（買受人）強執九〇、九八；（承受人）強執九一、九八；（聲請）民訴一一六以下、一二二；（執行費）強執二八之一。

▲強制執行程序中關於不動產之拍賣，其性質與因訴訟結果而為交付標的物之執行迥異，如該項拍賣之不動產為第三人所占有，除該第三人係為債務人而占有，或於實施查封後始行占有，應受點交命令之拘束者外，即非強制執行程序中所稱之債務人，執行法院尚難依強制執行法第九十九條規定，強使騰交該物與買受人或債權人。（五〇臺抗二八四）

第一百條（不動產內未拍賣動產之點交）

房屋內或土地上之動產，除應與不動產同時強制執行外，應取去點交債務人或其代理人、家屬或受僱人。

無前項之人接受點交時，應將動產暫付保管，向債務人為限期領取之通知，債務人逾限不領取時，得拍賣之而提存其價金，或為其他適當之處置。

前二項規定，於前條之第三人適用之。

＊（動產）民六七；（不動產）民六六；（應與不動產同時執行）民六八、八一一；（代理人）強執三〇之一，民訴四七；（家屬）民一一二二、一一二三㈢；（受僱人）民四八二、四八五；（拍賣）民三九一～三九七；（提存）提存一～二；（暫付保管）強執五九㈠、㈢。

▲執行名義命債務人返還土地，雖未明白命其拆卸土地上之房屋，而由強制執行法第一百二十五條所準用之第一百條法意推之，該執行名義當然含有使債務人拆卸房屋之效力。（四四臺抗六）

第一百零一條（書據之交出）

債務人應交出書據而拒絕交出時，執行法院得將書據取交債權人或買受人，並得以公告宣示未交出之書據無效，另作證明書發給債權人或買受人。

＊（應交出書據）強執七六㈠③；（執行法院取交）強執一一三；（債權人）強執九四；（買受人）強執九七、九八。

第一百零二條（共有物應有部分之拍賣）

共有物應有部分第一次之拍賣，執行法院應通知他共有人。但無法通知時，不在此限。

最低拍賣價額，就共有物全部估價，按債務人應有部分比例定之。

＊（共有）民八一七；（最低拍賣價額）強執八〇、八一㈡③；（應有部分）民八一七、八一八、八一九㈠、八二七㈡、八二八㈡。

第一百零三條（強制管理）

已查封之不動產，執行法院得因債權人之聲請或依職權，命付強制管理。

＊（查封不動產）強執七六；（強制管理）強執七五㈠、九五；（聲請）強執三〇之一，民訴一一六、一二二。

第一百零四條（強制管理對債務人及第三人之效力）

命付強制管理時，執行法院應禁止債務人干涉管理人事務及處分該不動產之收益，如收益應由第三人給付者，應命該第三人向管理人給付。

前項命第三人給付之命令，於送達於該第三人時發生效力。

＊（命付強制管理）強執九五、一〇三；（執行法院）強執一；（管理人）強執一〇五、一〇六；（不動產收益）強執一一〇。

第一百零五條（選任管理人及其報酬之決定）

管理人由執行法院選任之。但債權人得推薦適當之人。

執行法院得命管理人提供擔保。

管理人之報酬，由執行法院詢問債權人及債務人意見後定之。

＊（法院選任）律師二〇；（執行法院）強執七㈠；（提供擔保）強執三〇之一，民訴一〇六。

第一百零六條（一人管理與數人管理）

強制管理，以管理人一人為之。但執行法院認為必要時，得選任數人。

管理人有數人時，應共同行使職權。但執行法院另以命令定其職務者，不在此限。

管理人共同行使職權時，第三人之意思表示，得僅向其中一人為之。

＊（管理人）強執一〇五；（管理人職權）強執一〇四、一〇九、一一〇、一一一。

第一百零七條（對管理人之監督）

執行法院對於管理人，應指示關於管理上必要之事項，並監督其職務之進行。

管理人將管理之不動產出租者，應以書面為之，並應經執行法院之許可。

執行法院為前項許可時，應詢問債權人及債務人之意見。但無法通知或屆期不到場者，不在此限。

*（執行法院）強執一、七；（管理人）強執一〇五、一〇六。

第一百零八條（管理人之撤換）

管理人不勝任或管理不適當時，執行法院得解除其職務或更換之。

第一百零九條（管理人之職權）

管理人因強制管理及收益，得占有不動產，遇有抗拒，得請執行法院核辦或請警察協助。

*（管理人強制管理與收益）強執一〇四；（占有）民九四〇以下；（警察）警察九～一二，刑訴二三一。

第一百十條（收益之清償順序及分配）

管理人於不動產之收益，扣除管理費用及其他必需之支出後，應將餘額速交債權人；如有多數債權人參與分配，執行法院認為適當時，得指示其作成分配表分配之。

債權人對於前項所交數額有異議時，得向執行法院聲明之；如債權人於前項分配表達到後三日內向管理人異議者，管理人應即報請執行法院分配之。

第一項收益，執行法院得依債務人或其共同生活之親屬之聲請，酌留維持其生活所必需之數額，命管理人支付之。

*（不動產收益）強執一〇四；（聲明異議）強執一二。

▲執行債務人某公司所有之不動產於強制管理中積欠房屋稅及地價稅共一百四十餘萬元未繳，此項稅捐，屬強制執行法第一百十條第一項所定應自不動產之收益扣除之其他必需之支出。管理人如未向稅捐機關繳納，執行法院應自收益中代為扣除，以其餘額分配於各債權人。執行法院如未代為扣除，於製作分配表時，應列入分配優先於抵押權而受清償。（八〇臺上一九三八）

第一百十一條（管理人收支計算書之呈送義務）

管理人應於每月或其業務終結後，繕具收支計算書，呈報執行法院，並送交債權人及債務人。

債權人或債務人對於前項收支計算書有異議時，得於接得計算書後五日內，向執行法院聲明之。

*（管理終結）強執一一二；（送交）強執三〇之一，民訴一二三以下；（聲明異議）強執一二。

第一百十二條（強制管理之終結與撤銷）

強制執行之債權額及債務人應負擔之費用，就不動產之收益已受清償時，執行法院應即終結強制管理。

不動產之收益，扣除管理費用及其他必需之支出後，無賸餘之可能者，執行法院應撤銷強制管理程序。

*（費用）強執二八、二九；（不動產收益）強執一〇四、一一〇；（清償）民三〇九。

第一百十三條（準用規定）

不動產之強制執行，除本節有規定外，準用關於動產執行之規定。

*（準用動產執行）強執四六、四八㈡、五〇、五五、五八、六三、六九、七〇㈢、七三、七四。

▲釋五〇四。

▲拍賣不動產，依強制執行法第一百十三條準用第六十三條，及辦理強制執行案件應注意事項第二十八條等規定，應通知債權人及債務人於拍賣期日到場，通知須以送達方法行之，作成送達證書附卷，若有應通知而不通知，或通知未經合法送達者，均為違反強制執行時應遵守之程序，未受通知或未受合法通知之當事人，均得對之聲明異議。（五七臺上三一二九）

▲（六八臺上三〇七九）參見本法第五十一條。

第四節　對於船舶及航空器之執行

第一百十四條（船舶之強制執行）

海商法所定之船舶，其強制執行，除本法另有規定外，準用關於不動產執行之規定；建造中之船舶亦同。

對於船舶之強制執行，自運送人或船長發航準備完成時起，以迄航行完成時止，仍得為之。

前項強制執行，除海商法第四條第一項但書之規定或船舶碰撞之損害賠償外，於保全程序之執行名義，不適用之。

*（海商法所定之船舶）海商一、三；（建造中船舶）海商三四，船登五二；（不動產執行）強執七五以下；（運送人）民六二二；（船長）海商二；（發航準備完成）海商四㈠；（航行完成）海商二〇；（保全程序）民訴五二二以下。

第一百十四條之一（船舶查封後之管理）

船舶於查封後，應取去證明船舶國籍之文書，使其停泊於指定之處所，並通知航政主管機關。但經債權人同意，執行法院得因當事人或利害關係人之聲請，准許其航行。

債務人或利害關係人，得以債權額及執行費用額或船舶之價額，提供擔保金額或相當物品，聲請撤銷船舶之查封。

前項擔保，得由保險人或經營保證業務之銀行出具擔保書代之。擔保書應載明債務人不履行義務時，由其負責清償或併賠償一定之金額。

依前二項規定撤銷船舶之查封時，得就該項擔保續行執行。如擔保人不履行義務時，執行法院得因債權人之聲請，逕向擔保人為強制執行。

第二項、第三項係就債權額及執行費用額提供擔保者，於擔保提出後，他債權人對該擔保不得再聲明參與分配。

第一項但書情形，不影響海商法第二十四條第一項第一款之優先受償權。

*（查封）強執七六以下；（聲請）強執三〇之一，民訴一一六、一二二；（主管機關）船登二；（優先權）海商二四、三三。

第一百十四條之二（船舶之拍賣及變賣）

依前條第一項但書准許航行之船舶，在未返回指定之處所停泊者，不得拍賣。但船舶現停泊於他法院轄區者，得囑託該法院拍賣或為其他執行行為。

拍賣船舶之公告，除記載第八十一條第二項第二款至第五款事項外，並應載明船名、船種、總噸位、船舶國籍、船籍港、停泊港及其他事項，揭示於執行法院、船舶所在地及船籍港所在地航政主管機關牌示處。

船舶得經應買人、債權人及債務人同意變賣之，並於買受人繳足價金後，由執行法院發給權利移轉證書。

前項變賣，其賣得價金足以清償債權人之債權者，無須得其同意。

＊（准許航行）強執一一四之一；（拍賣）強執八〇以下；（法院轄區）民訴七、八；（船名）船舶一二；（船種）船舶三；（船舶國籍）船舶六、一六以下；（船籍港）船舶一三；（變賣）強執六〇；（權利移轉證書）強執九七。

第一百十四條之三（拍賣外國船舶及其優先抵押爭議之處理）

外國船舶經中華民國法院拍賣者，關於船舶之優先權及抵押權，依船籍國法。當事人對優先權與抵押權之存在所擔保之債權額或優先次序有爭議者，應由主張有優先權或抵押權之人，訴請執行法院裁判；在裁判確定前，其應受償之金額，應予提存。

＊（外國船舶）船舶五；（船籍國法）涉外民事三八㈣；（船舶優先權抵押權）海商二四以下；（判決確定）民訴三九八；（裁判）民訴二二〇以下；（提存）民三二六～三三三，提存七。

第一百十四條之四（航空器之強制執行）

民用航空法所定航空器之強制執行，除本法另有規定外，準用關於船舶執行之規定。

查封之航空器，得交由當地民用航空主管機關保管之。航空器第一次拍賣期日，距公告之日，不得少於一個月。

拍賣航空器之公告，除記載第八十一條第二項第二款至第五款事項外，並應載明航空器所在地、國籍、標誌、登記號碼、型式及其他事項。

前項公告，執行法院應通知民用航空主管機關登記之債權人。但無法通知者，不在此限。

＊（航空器）民航二㈠①；（準用船舶執行）強執一一四㈠；（查封）強執七六；（拍賣期日公告日）強執八二；（民用航空主管機關）民航三；（航空器國籍）民航一〇、一一；（航空器標誌登記號碼）民航一二；（公告應載事項）強執八一㈡。

第五節　對於其他財產權之執行

第一百十五條（對第三人金錢債權之執行方法）

就債務人對於第三人之金錢債權為執行時，執行法院應發扣押命令禁止債務人收取或為其他處分，並禁止第三人向債務人清償。

前項情形，執行法院得詢問債權人意見，以命令許債權人收取，或將該債權移轉於債權人。如認為適當時，得命第三人向執行法院支付轉給債權人。

金錢債權因附條件、期限、對待給付或其他事由，致難依前項之規定辦理者，執行法院得依聲請，準用對於動產執行之規定拍賣或變賣之。

金錢債權附有已登記之擔保物權者，執行法院依前三項為強制執行時，應即通知該管登記機關登記其事由。

＊（金錢債權）民二〇一、二〇二；（第三人清償）民三一〇、三一一；（禁止收取處分）強執一〇四；（債權移轉）民二九四；（附條件期限）民九九以下，強執四㈢；（拍賣變賣）強執四五。

▲債務人於受通知時對於讓與人有債權者，以其債權之清償期先於所讓與之債權，或同時屆至者為限，債務人始得對於受讓人主張抵銷，上訴人於收受執行法院所發之轉付命令後，始代債務人墊繳各款，自無主張抵銷之餘地。（四八臺上一八六七）

▲強制執行法第一百十五條所稱金錢債權，並不以民法上發生之債權為限，即公法關係所生之請求權，如公務員之俸給請求權等亦包括在內，議會議員按月領取之研究費，在法律上既無設有如公務員退休法第十四條，及公務員撫卹法第十六條，不得扣押或讓與之規定，自非不得以之為強制執行標的。（五五臺上二八〇）

▲執行法院所發之收取命令與移轉命令不同，前者債權人僅取得以自己名義向第三人收取金錢債權之收取權，債務人僅喪失其收取權，而未喪失其債權。後者債務人對於第三人之金錢債權已移轉於債權人，債務人即喪失其債權。（六三臺上一九六六）

▲債務人對於第三人之金錢債權，經執行法院發扣押命令禁止債務人收取或為其他處分後，債務人對第三人提起給付訴訟，僅屬保存債權之行為，無礙執行效果，尚非不得為之。（九一臺上八一二）

第一百十五條之一（對於薪資或其他繼續性給付債權執行之效力）

對於薪資或其他繼續性給付之債權所為強制執行，於債權人之債權額及強制執行費用額之範圍內，其效力及於扣押後應受及增加之給付。

對於下列債權發扣押命令之範圍，不得逾各期給付數額三分之一：

一　自然人因提供勞務而獲得之繼續性報酬債權。

二　以維持債務人或其共同生活親屬生活所必需為目的之繼續性給付債權。

前項情形，執行法院斟酌債務人與債權人生活狀況及其他情事，認有失公平者，得不受扣押範圍之比例限制。但應預留債務人生活費用，不予扣押。

第一項債務人於扣押後應受及增加之給付，執行法院得以命令移轉於債權人。但債務人喪失其權利或第三人喪失支付能力時，債權人債權未受清償部分，移轉命令失其效力，得聲請繼續執行，並免徵執行費。

第一百十五條之二（第三人金錢債權之提存）

第三人於執行法院發第一百十五條第二項命令前，得將對債務人之金錢債權全額或扣押部分提存於清償地之提存所。

第三人於依執行法院許債權人收取或向執行法院支付轉給債權人之命令辦理前，又收受扣押命令，而其扣押之金額超過債務人之金錢債權未受扣押部分者，應即將該債權之全額支付扣押在先之執行法院。

第三人已為提存或支付時，應向執行法院陳明其事由。

第一百十六條（對於物之交付或移轉請求權之執行）

就債務人基於債權或物權，得請求第三人交付或移轉動產或不動產之權利為執行時，執行法院除以命令禁止債務人處分，並禁止第三人交付或移轉外，如認為適當時，得命第三人將該動產或不動產交與執行法院，依關於動產或不動產執行之規定執行之。

基於確定判決，或依民事訴訟法成立之和解、調解，第三人應移轉或設定不動產物權於債務人者，執行法院得因債權人之聲請，以債務人之費用，通知登記機關登記為債務人所有後執行之。

*（得請求第三人交付移轉）民三四五、三九八、四〇六、四二一、四七四、四九〇、六一三、六二二、八六〇、八八四、九〇〇、九一一；（動產）民六七；（不動產）民六六；（確定判決）民訴三九八，強執四㈠①；（和解）民訴三七七以下，強執四㈠③；（調解）民訴四〇三以下，強執四㈠③。

第一百十六條之一（對第三人關於船舶、航空器請求權之執行方法）

就債務人基於債權或物權，得請求第三人交付或移轉船舶或航空器之權利為執行時，準用前條之規定辦理，並依關於船舶或航空器執行之規定執行之。

第一百十七條（對於他種財產權之執行）

對於前三節及第一百十五條至前條所定以外之財產權執行時，準用第一百十五條至前條之規定，執行法院並得酌量情形，命令讓與或管理，而以讓與價金或管理之收益清償債權人。

第一百十八條（扣押命令等之送達）

第一百十五條、第一百十六條、第一百十六條之一及前條之命令，應送達於債務人及第三人，已為送達後，應通知債權人。

前項命令，送達於第三人時發生效力，無第三人者，送達於債務人時發生效力。但送達前已為扣押登記者，於登記時發生效力。

*（禁止、收取、移轉、轉給、交付、讓與管理命令）強執一一五～一一七；（送達）強執三〇之一，民訴一二三以下。

第一百十九條（扣押命令等之異議及其執行）

第三人不承認債務人之債權或其他財產權之存在，或於數額有爭議或有其他得對抗債務人請求之事由時，應於接受執行法院命令後十日內，提出書狀，向執行法院聲明異議。

第三人不於前項期間內聲明異議，亦未依執行法院命令，將金錢支付債權人，或將金錢、動產或不動產支付或交付執行法院時，執行法院得因債權人之聲請，逕向該第三人為強制執行。

對於前項執行，第三人得以第一項規定之事由，提起異議之訴。

第十八條第二項之規定，於前項訴訟準用之。

*（第三人財產權）強執一一五～一一七；（書狀）民訴一一六～一二一；（執行法院）強執七㈠；（聲明異議）強執一二；（期間）強執三〇之一，民訴一六一，民一二〇、一二一；（異議之訴）強執一五；（停止執行）強執一八㈡。

▲執行法院依強制執行法第一百十六條規定，以命令禁止第三人向債務人交付或移轉動產或不動產者，如第三人不承認債務人之債權或其他財產權之存在時，則須債權人提起訴訟對於第三人得有執行名義，始得向該第三人為強制執行，故第三人祇依同法第一百十九條向執行法院為上述不承認之聲明為已足，不得以債權人遲未提起訴訟而聲請撤銷上開命令，惟上開命令雖未撤銷，仍不得據以向該第三人為強制執行，即不得據上開命令而為查封該動產或不動產之處分。（五一臺抗二一三）

第一百二十條（債權人對第三人之訴訟）

第三人依前條第一項規定聲明異議者，執行法院應通知債權人。

債權人對於第三人之聲明異議認為不實時，得於收受前項通知後十日內向管轄法院提起訴訟，並應向執行法院為起訴之證明及將訴訟告知債務人。

債權人未於前項規定期間內為起訴之證明者，執行法院得依第三人之聲請，撤銷所發執行命令。

*（提起訴訟）強執三〇之一，民訴二四四以下；（訴訟告知）強執三〇之一，民訴六五㈠、六六㈠。

第一百二十一條（債務人拒交書據之處理）

債務人對於第三人之債權或其他財產權持有書據，執行法院命其交出而拒絕者，得將該書據取出，並得以公告宣示未交出之書據無效，另作證明書發給債權人。

*（債務人對第三人之債權或財產權強制執行）強執一一五～一一七；（公告）強執一〇一、一一六；（取出書據）民二九六，強執一〇一。

第一百二十二條（禁止執行之債權）

債務人依法領取之社會福利津貼、社會救助或補助，不得為強制執行。

債務人依法領取之社會保險給付或其對於第三人之債權，係維持債務人及其共同生活之親屬生活所必需者，不得為強制執行。

債務人生活所必需，以最近一年衛生福利部或直轄市政府所公告當地區每人每月最低生活費一點二倍計算其數額，並應斟酌債務人之其他財產。

債務人共同生活親屬生活所必需，準用前項計算基準，並按債務人依法應負擔扶養義務之比例定其數額。

執行法院斟酌債務人與債權人生活狀況及其他情事，認有失公平者，不受前三項規定之限制。但應酌留債務人及其扶養之共同生活親屬生活費用。

*（債務人對第三人之債權）強執一一五；（家屬）民一一二二、一一二三；（生活所必需）強執五二、五三；（生存權）憲一五。

▲再抗告人任職教員，除薪金收入外，另有實物配給，此實物配給，固係再抗告人維持一家生活所必需，不得強制執行，但薪金收入非必全部用於維持再抗告人一家生活所必需，如除去最低必需費用尚有餘額，仍非不得為強制執行。（五七臺抗一六二）

第六節　對於公法人財產之執行

第一百二十二條之一（債務人為公法人時之適用）

關於金錢請求權之強制執行，債務人為中央或地方機關或依法為公法人者，適用本節之規定。但債務人為金融機構或其他無關人民生活必需之公用事業者，不在此限。

第二十條至第二十五條之規定，於前項執行不適用之。

第一百二十二條之二　（債務人為公法人時之執行方法）

執行法院應對前條債務人先發執行命令，促其於三十日內依照執行名義自動履行或將金錢支付執行法院轉給債權人。

債務人應給付之金錢，列有預算項目而不依前項規定辦理者，執行法院得適用第一百十五條第一項、第二項規定，逕向該管公庫執行之。

第一百二十二條之三　（對於公用財產執行時之限制）

債務人管有之公用財產，為其推行公務所必需或其移轉違反公共利益者，債權人不得為強制執行。

關於前項情形，執行法院有疑問時，應詢問債務人之意見或為其他必要之調查。

第一百二十二條之四　（對非公用財產之執行）

債務人管有之非公用財產及不屬於前條第一項之公用財產，仍得為強制執行，不受國有財產法、土地法及其他法令有關處分規定之限制。

第三章　關於物之交付請求權之執行

第一百二十三條　（交付動產之執行方法）

執行名義係命債務人交付一定之動產而不交付者，執行法院得將該動產取交債權人。

債務人應交付之物為書據、印章或其他相類之憑證，而依前項規定執行無效果者，得準用第一百二十一條、第一百二十八條第一項之規定強制執行之。

*（執行名義）強執四；（動產）民六七；（執行法院）強執七㈠；（書據）強執一二一。

第一百二十四條　（交付不動產之執行方法）

執行名義係命債務人交出不動產而不交出者，執行法院得解除債務人之占有，使歸債權人占有。如債務人於解除占有後，復即占有該不動產者，執行法院得依聲請再為執行。

前項再為執行，應徵執行費。

執行名義係命債務人交出船舶、航空器或在建造中之船舶而不交出者，準用前二項規定。

*（執行名義）強執四；（不動產）民六六；（執行法院）強執七㈠；（占有）民九四〇以下；（船舶、建造中船舶）強執一一四。

第一百二十五條　（物之交付請求權執行方法之準用）

關於動產、不動產執行之規定，於前二條情形準用之。

*（動產執行之準用）強執四六、四八；（不動產執行之準用）強執七六、九九、一〇〇。

第一百二十六條　（應交付之物為第三人占有時之執行方法）

第一百二十三條及第一百二十四條應交付之動產、不動產或船舶及航空器為第三人占有者，執行法院應以命令將債務人對於第三人得請求交付之權利移轉於債權人。

*（交付動產）強執一二三；（交付不動產）強執一二四；（占有）民九四〇；（執行法院）強執七㈠。

第四章　關於行為及不行為請求權之執行

第一百二十七條　（可代替行為請求權之執行方法）

依執行名義，債務人應為一定行為而不為者，執行法院得以債務人之費用，命第三人代為履行。

前項費用，由執行法院酌定數額，命債務人預行支付或命債權人代為預納，必要時，並得命鑑定人鑑定其數額。

*（執行名義）強執四；（債務人費用）強執二八、二九；（執行法院）強執七㈠；（預付）強執二八㈢。

▲和解筆錄所載抗告人之耕地優先承租權，其和解真意如係指對於相對人之租賃契約訂立請求權而言，即與強制執行法第一百二十七條以下所謂關於行為之請求權相當，自非不得為執行名義。（四二臺抗一五二）

第一百二十八條　（不可代替行為請求權之執行方法）

依執行名義，債務人應為一定之行為，而其行為非他人所能代履行者，債務人不為履行時，執行法院得定債務人履行之期間。債務人不履行時，得處新臺幣三萬元以上三十萬元以下之怠金。其續經定期履行而仍不履行者，得再處怠金或管收之。

前項規定，於夫妻同居之判決不適用之。

執行名義，係命債務人交出子女或被誘人者，除適用第一項規定外，得用直接強制方式，將該子女或被誘人取交債權人。

*（執行名義）強執四；（執行法院）強執七㈠；（期間）強執三〇之一，民訴一六〇、一六五；（夫妻同居之判決）家事九八以下；（被誘人）刑二四〇～二四三。

▲命夫妻之一方同居之判決，既不得拘束身體之自由而為直接之強制執行，民事訴訟執行規則第八十八條第一項所定間接強制之執行方法，依同條第二項之規定又屬不能適用，此種判決自不得為強制執行。（二七抗六二）

第一百二十九條　（不行為請求權之執行方法）

執行名義係命債務人容忍他人之行為，或禁止債務人為一定之行為者，債務人不履行時，執行法院得處新臺幣三萬元以上三十萬元以下之怠金。其仍不履行時，得再處怠金或管收之。

前項情形，於必要時，並得因債權人之聲請，以債務人之費用，除去其行為之結果。

依前項規定執行後，債務人復行違反時，執行法院得依聲請再為執行。

前項再為執行，應徵執行費。

*（執行名義）強執四；（拘提管收）強執二二；（怠金）強執一二八㈠；（執行法院）強執七㈠；（聲請）強執三〇之一，民訴一一六、一二二。

▲強制執行法第七章，係規定保全程序強制執行之方法，假

處分裁定為執行名義之一種，若執行債務人違反假處分時，執行法院自非不得依強制執行法第一百二十九條予以處理。（六三臺抗四二九）

第一百二十九條之一（行為及不行為請求權執行之協助）

債務人應為第一百二十八條第一項及前條第一項之行為或不行為者，執行法院得通知有關機關為適當之協助。

第一百三十條（意思表示請求權之執行方法）

命債務人為一定之意思表示之判決確定或其他與確定判決有同一效力之執行名義成立者，視為自其確定或成立時，債務人已為意思表示。

前項意思表示有待於對待給付者，於債權人已為提存或執行法院就債權人已為對待給付給予證明書時，視為債務人已為意思表示。公證人就債權人已為對待給付予以公證時，亦同。

＊（意思表示）民九四～九八；（執行名義之判決）強執四㈠①；（判決確定）民訴三九八；（對待給付）民二六四。

▲被上訴人既持有判令上訴人應辦理所有權移轉登記之確定判決，原得依強制執行法第一百三十條之規定，單獨向地政機關申請辦理登記，此觀土地登記規則第十八條、第二十六條第二項之規定自明。執行法院對此確定判決，除依強制執行法第一百三十條發給證明書外，並無開始強制執行程序之必要。（四九臺上一二二五）

第一百三十一條（分割繼承財產或共有物之執行方法）

關於繼承財產或共有物分割之裁判，執行法院得將各繼承人或共有人分得部分點交之；其應以金錢補償者，並得對於補償義務人之財產執行。

執行名義係變賣繼承財產或共有物，以價金分配於各繼承人或各共有人者，執行法院得予以拍賣，並分配其價金，其拍賣程序，準用關於動產或不動產之規定。

＊（繼承財產之分割）民一一六四～一一七三；（共有物分割）民八二四，民訴一〇、一一八；（執行法院）強執七㈠。

第五章　假扣押假處分之執行

第一百三十二條（假扣押、假處分之執行時期）

假扣押或假處分之執行，應於假扣押或假處分之裁定送達同時或送達前為之。

前項送達前之執行，於執行後不能送達，債權人又未聲請公示送達者，應撤銷其執行。其公示送達之聲請被駁回確定者亦同。

債權人收受假扣押或假處分裁定後已逾三十日者，不得聲請執行。

＊（假扣押）民訴五二二；（假處分）民訴五三二；（送達）民訴一二三以下；（公示送達）民訴一四九以下。

第一百三十二條之一（假扣押、假處分之撤銷）

假扣押、假處分或定暫時狀態之處分裁定經廢棄或變更已確定者，於其廢棄或變更之範圍內，執行法院得依聲請撤銷其已實施之執行處分。

第一百三十二條之二（債務人人身自由之限制）

債權人依民法第一百五十一條規定拘束債務人自由，並聲請法院處理，經法院命為假扣押或假處分者，執行法院得依本法有關管收之規定，管收債務人或為其他限制自由之處分。

第一百三十三條（收取金錢及分配金額之提存）

因執行假扣押收取之金錢，及依分配程序應分配於假扣押債權人之金額，應提存之。

＊（執行假扣押）強執一三二；（分配程序）強執三一、三七、三八；（提存）民三二七～三三三，提存一、二、五。

第一百三十四條（拍賣假扣押動產之權宜辦法）

假扣押之動產，如有價格減少之虞或保管需費過多時，執行法院得因債權人或債務人之聲請或依職權，定期拍賣，提存其賣得金。

＊（假扣押）民訴五二二；（動產）民六七；（保管）強執五九；（執行法院）強執七㈠；（聲請）強執三〇之一，民訴一一六、一二二；（定期拍賣）強執六四以下、一三六；（提存）民三二七～三三三，提存一、二、五。

▲釋五〇四。

第一百三十五條（對債權或其他財產權執行假扣押之方法）

對於債權或其他財產權執行假扣押者，執行法院應分別發禁止處分清償之命令，並準用對於其他財產權執行之規定。

＊（債權）強執一一五；（其他財產權）強執一一七；（禁止處分清償）強執一一五㈠、一一六㈠。

第一百三十六條（假扣押執行方法之準用規定）

假扣押之執行，除本章有規定外，準用關於動產、不動產、船舶及航空器執行之規定。

＊（假扣押）民訴五二二；（假扣押之執行）強執一三二。

▲（四四臺上一三二八）參見本法第十五條。

第一百三十七條（系爭物之管理）

假處分裁定，應選任管理人管理系爭物者，於執行時，執行法院應使管理人占有其物。

＊（假處分）民訴五三二；（假處分所必要方法）民訴五三五；（占有）民九四〇以下。

第一百三十八條（假處分裁定之送達）

假處分裁定係命令或禁止債務人為一定行為者，執行法院應將該裁定送達於債務人。

＊（假處分）民訴五三二；（送達）強執三〇之一，民訴一二三以下；（命令禁止為一定行為）強執一二七～一三一。

第一百三十九條（假處分裁定之揭示）

假處分裁定係禁止債務人設定、移轉或變更不動產上之權利者，執行法院應將該裁定揭示。

＊（假處分）民訴五三二；（不動產）民六六；（揭示）強執六五、七六㈠①、八四。

第一百四十條（假處分執行方法之準用規定）

假處分之執行，除前三條規定外，準用關於假扣押、金錢請求權及行為不行為請求權執行之規定。

▲釋五〇四。

第六章　附　則

第一百四十一條（施行前已開始執行事件之結案方法）

本法施行前，已開始強制執行之事件，視其進行程度，依本法所定程序終結之。其已進行之部分，不失其效力。

第一百四十二條（施行日期）

本法自公布日起施行。

中華民國一百零七年五月二十二日修正之條文，自公布日施行。

強制執行須知

民國六十九年十月三日司法院函發布
八十四年十二月十二日司法院函修正發布
一百年七月一日司法院函修正發布第三～一二、一四點；並增訂第一二之一點

一　聲請執行　債權人基於執行名義（如判決、和解筆錄或調解筆錄），對債務人有一定之債權並適於強制執行者，得請求法院運用強制力以實現其權利。所謂債權人，例如依判決得請求對方履行債務之權利人是；所謂債務人，即原應履行債務之義務人。

二　聲請狀之記載　債權人聲請強制執行，須提出聲請狀，載明債權人、債務人（如有法定代理人，應併記載之）、欲求實現之債權內容（例如金錢債權，應記明債務人應給付若干元）、欲為執行之標的（例如債務人之行為、不行為）或執行之標的物（如以財產為執行之標的，應同時提出債務人財產目錄或其所有之土地、房屋登記簿謄本），並提出執行名義之證明文件（例如判決正本及判決確定證明書或各審級之判決正本）。

如未提出書狀，於法院書記官前，以言詞聲請者，應由書記官制作筆錄記明前開事項，並命債權人提出前開證明文件及於筆錄內簽名。

三　執行費用　執行費用，分為執行費及執行必要費用。

執行費，指當事人為強制執行，繳納國庫之費用。債權人聲請強制執行或聲明參與分配，其執行標的金額或價額未滿新臺幣五千元者免徵執行費；新臺幣五千元以上者，每百元徵收七角，其畸零之數不滿百元者，以百元計算。執行非財產案件（例如交付子女），徵收執行費新臺幣三千元（強制執行法第二十八條之二第一項、第二項及第三項）。依九十四年八月五日修正之「臺灣高等法院民事訴訟、強制執行費用提高徵收額數標準」及九十四年九月八日修正之「福建高等法院金門分院民事訴訟強制執行費用提高徵收額數標準」有關本法第二十八條之二第一項部分，其核定加徵額數均為「執行標的金額或價額新臺幣五千元以上者，加徵原定額數七分之一」。加徵後，即按執行標的金額或價額每百元徵收八角。

債權人預納定額之執行費，為聲請強制執行必須具備之要件，欠缺者，法院應以債權人強制執行之聲請不合法，裁定駁回其聲請。

執行必要費用者，指因實施強制執行所支出之必要費用，如測量費、鑑定費、登報費、保管費、協助執行人員之差旅費等。

債權人不依執行法院之命令，於相當期限內預納必要之執行費用者，執行法院得以裁定駁回其強制執行之聲請（第二十八條之一第二款）。

債權人聲請執行，而陳明債務人現無財產可供執行，依第二十七條第二項逕行發給憑證者，徵收執行費新臺幣一千元。但依第二十八條之二第一項規定計算應徵收之執行費低於新臺幣一千元者，依該規定計算徵收之（第二十八條之三第一項）。

債權人依前開憑證聲請執行，而依第二十七條第二項逕行發給憑證者，因未實際執行債務人財產且債權人已依規定繳納執行費，免徵執行費（第二十八條之三第二項）。

債權人依前開憑證聲請強制執行債務人財產者，應補徵收按第二十八條之二第一項規定計算執行費之差額（第二十八條之三第三項）。

債權人因強制執行而支出之費用，不論執行費或其他執行必要費用，得求償於債務人者，得準用民事訴

訟法第九十一條之規定，向執行法院聲請確定其數額，以便與取得執行名義之費用及強制執行之債權同自債務人收取（第二十九條）。

四　發給債權憑證　關於金錢債權，債務人無財產可供強制執行，或雖有財產經強制執行後所得之數額仍不足清償債務時，執行法院應命債權人於一個月內查報債務人財產。債權人到期不為報告或查報無財產者，應發給憑證，交債權人收執，載明俟發見有財產時再予強制執行。

債權人聲請執行，而陳明債務人現無財產可供執行者，執行法院得逕行發給憑證（第二十七條）。

五　聲請異議　當事人或利害關係人，對於強制執行之命令，或對於執行法官、書記官、執達員實施強制執行之方法，強制執行時應遵守之程序，或其他侵害其利益之情事，得於強制執行程序終結前，為聲請或聲明異議，從執行程序上謀求救濟。但強制執行不因而停止。不服執行法院對聲請或聲明異議之裁定者，得為抗告（第十二條）。

六　異議之訴　對於執行事件，債務人或有利害關係之第三人，得提起異議之訴，請求法院為「實體之裁判」。異議之訴可分為債務人異議之訴與第三人異議之訴。

㈠債務人異議之訴　債務人異議之訴者，謂債務人主張依執行名義所確定之請求，因以後有消滅或妨礙債權人請求之原因事實，而請求判決使執行名義之執行力生消滅或變更效果之訴。又執行名義無確定判決同一之效力者，於執行名義成立前，如有債權不成立或消滅或妨礙債權人請求之事由發生，債務人亦得於強制執行程序終結前提起異議之訴。所謂消滅或妨礙債權人請求之原因事實者，例如判決確定後債務人已全部清償、抵銷或經債權人免除債務，或約定延期清償等是（第十四條）。債務人對於債權人依第四條之二規定聲請強制執行，如主張非執行名義效力所及者，得於強制執行程序終結前，向執行法院對債權人提起異議之訴（第十四條之一第一項）。

㈡第三人異議之訴　第三人異議之訴者，謂第三人主張就執行標的物有防止讓與或交付之權利，而請求以判決排除或撤銷強制執行之訴。例如債權人因故意或過失以債務人之兄弟之財產指為債務人之財產，聲請為執行，執行機關因此對於債務人之兄弟之財產為之實施查封者，則其兄弟得於強制執行程序終結前，以債權人為被告，向執行法院提起異議之訴。如債務人否認所查封者係其兄弟之財產者，其兄弟並得以債務人為共同被告（第十五條）。

㈢停止強制執行　向受訴法院提起異議之訴時，法院因必要情形或依債務人或第三人聲請定相當並確實之擔保，得為停止強制執行之裁定（第十八條）。

七　拘提管收　債務人經合法通知，無正當理由而不到場，或有事實足認為有逃匿之虞而有強制其到場之必要者（第二十一條第一項第一款、第二款），或無正當理由違反限制住居命令者（第二十二條第四項），執行法院得拘提之。債務人違反命報告財產狀況規定不為報告或為虛偽之報告，未依執行法院命令提供相當擔保或遵期履行，經訊問認非不能報告財產狀況者（第二十條第三項）；或債務人顯有履行義務之可能故不履行，或就應供強制執行之財產有隱匿或處分之情事，未依執行法院命令提供相當擔保、遵期履行，或無正當理由違反限制住居命令，經訊問認非予管收，顯難進行強制執行程序者（第二十二條第五項）；或於執行法院調查不動產狀況，無正當理由拒絕陳述或提出文書，或為虛偽陳述或提出虛偽之文書，經訊問認非予管收顯難查明不動產狀況者（第七十七條之一第二項）；或不履行不可代替行為義務，執行法院定履行期間不履行，經處怠金後，續經定期履行而仍不履行者（第一百二十八條第一項）或不履行不作為義務，經處怠金後其仍不履行者（第一百二十九條第一項），執行法院得依債權人聲請或依職權管收債務人。

此項規定，於下列各款之人亦適用之：

㈠債務人為無行為能力人或限制行為能力人者，其法定代理人。

㈡債務人失蹤者，其財產管理人。

㈢債務人死亡者，其繼承人、遺產管理人、遺囑執行人或特別代理人。

㈣法人或非法人團體之負責人、獨資商號之經理人（第二十五條第二項）。

八　參與分配　債權人有多數時，部分債權人如已聲請強制執行，而他債權人欲參與分配者，應於標的物拍賣、變賣終結或依法交債權人承受之日一日前，其不經拍賣或變賣者，應於當次分配表作成之日一日前，以書狀向執行法院聲明，逾期聲明參與分配者，僅能就債權人受償餘額而受清償（第三十二條）。

債權人或債務人如對於執行處所作分配表所載各債權人之債權或分配金額有不同意者，應於分配期日一日前，向執行法院提出書狀，聲明異議。異議未終結者，為異議之債權人或債務人，得向執行法院對為反對陳述之債權人或債務人提起分配表異議之訴。又異議人如已依同一事由就有爭執之債權先行提起其他訴訟（例如確認債權不存在之訴），為避免延滯執行程序，毋庸再行起訴，執行法院應依該確定判決之結果實行分配。債務人對於有執行名義而參與分配之債權人為異議者，其債權之存否與金額之多少已有執行名義可據，不容許債務人任意異議，僅得以第十四條規定之事由,提起分配表異議之訴。聲明異議人未於分配期日起十日內向執行法院為前開起訴之證明者,視為撤回其異議之聲明,執行處仍依原定分配表實行分配(第三十九條、第四十一條)。

九　提出現款　關於金錢債權之執行,債務人得於查封後,拍定前,提出現款,聲請撤銷查封,在拍定後提出者,須得買受人之同意,始得予以准許(第五十八條)。

十　對於動產之執行　債權人為實現其執行名義所載之金錢債權,得聲請法院就債務人之動產為查封、拍賣或變賣,以賣得價金清償其債權,其程序如下:

(一)導引執行　查封或拍賣、變賣動產之期日,法院得命債權人至執行處導引執行人員前往現場為之。

(二)出具保管收據　查封物命付第三人、債權人或債務人保管時,保管人應出具收據(即保管切結書)附卷。保管人因故意過失,致保管物毀損或滅失者,應負損害賠償之責,並依其情節負刑事責任(第五十九條)。

(三)聲請變賣　查封物經債權人及債務人聲請或對於查封物之價格為協議者,或有易於腐壞之性質者,或有減少價值之虞者,或為金銀物品或有市價之物品者,或保管困難或需費過鉅者,執行法院得不經拍賣程序,將查封物變賣之(第六十條)。

(四)拍賣　動產之拍賣,買受人應於繳足價金時,請求將動產交付,其就物之瑕疵(例如魚肉不新鮮、耕牛有病)無擔保請求權,故買受人於買得拍賣物後,不得以物有瑕疵解除契約,請求減少價金或請求債務不履行之損害賠償(第六十八條、第六十九條)。

為確保有價證券之流通性,執行法院於有價證券拍賣後,得代債務人為背書或變更名義與買受人之必要行為,並載明其意旨以明確表示係執行法院代債務人所為之必要行為(第六十八條之一)。

動產拍定後,拍定人未繳足價金者,執行法院應再拍賣之。再拍賣時,為避免原拍定人買受後仍不繳價金,應不許其應買。如再拍賣之價金低於原拍賣價金及再拍賣之費用時,應由原拍定人負擔其差額,此項差額,執行法院應依職權以裁定確定其數額。如原拍定人所繳納之保證金不足抵償其應負擔之差額時,得依前開裁定逕對原拍定人強制執行,免債權人或債務人另行起訴之訟累(第六十八條之二)。

十一　對於不動產之執行　債權人為實現其金錢債權,得聲請法院就債務人之不動產及船舶為查封、拍賣與強制管理,以賣得價金或收益清償其債權,其程序如下:

(一)查封不動產　查封不動產期日,法院得命債權人提出不動產之產權證明文件,導引執行人員至現場指請查封。

(二)預納鑑定費　債權人應依執行法院之通知,預納鑑定費用。

(三)登載拍賣公告　拍賣公告經執行法院命行登載當地公報或新聞紙者,債權人應依執行法院之通知預納其費用,或將費用逕交報社。

(四)投標　不動產之拍賣,以投標方式行之者,投標人應於開標前繳納定額保證金,並以書件(即法院印製之投標書)載明:一、投標人之姓名、年齡、住址,並簽名蓋章,若委託代理人到場,代理人須提出已有特別授權之委任狀,投標人為未成年人或法人者,須書明其法定代理人,投標人為多數人者,亦應分別列明。二、願買之不動產,例如不動產之坐落標示。三、願出之價額,密封投入執行法院所設之標櫃(第八十六條、第八十七條)。

(五)聲請再減價或另估價拍賣　經二次減價拍賣而未拍定之不動產,債權人不願承受或依法不得承受時,執行法院應於第二次減價拍賣期日終結後十日內公告願買受該不動產者,得於公告之日起三個月內依原定拍賣條件為應買之表示,執行法院得於詢問債權人及債務人意見後,許其買受,債權人復願為承受者,亦同。又上開三個月期限內,無人應買前,債權人亦得聲請停止前開拍賣,而另行估價或減價拍賣,如仍未拍定或由債權人承受,或債權人未於該期限內聲請另行估價或減價拍賣者,視為撤回該不動產之執行(第九十五條)。

(六)聲請點交　承受或買受不動產之債權人或買受人,遇債務人應交出不動產而拒絕交出者,得聲請執行法院強制點交。第三人對其在不動產查封前無權占有不爭執,或其占有權源於查封後經執行法院依法予以除去者(如地上權或租賃權),其占有不動產均無正當權源,得聲請執行法院強制點交。如點交後原占有人復即占有該不動產者,執行法院得依聲請再解除其占有,後點交之前開再點交程序,應徵執行費(第九十九條)。

(七)命付強制管理　已查封不動產,執行法院得因債權人之聲請或依職權命付強制管理(第一百零三條)。

(八)對船舶及航空器之執行　債權人聲請強制執行債務人之船舶或航空器,除照一般規定辦理外,尚應注意下列特別規定:

1. 終局執行　對船舶之強制執行,自運送人或船長發航準備完成時起,以迄航行完成時止,仍得為之,惟上開強制執行,除海商法第四條第一項但書之規定或船舶碰撞之損害賠償外,於保全程序之執行名義不適用之(第一百十四條第二項、第三項)。

2. 船舶之查封　船舶經查封後,應取去證明船舶國籍之文書,使其停泊於指定之處所,並通知航政主管機關。但經債權人同意,執行法院得因當事人或利害關係人之聲請，准許其航行（第一百十四條之一第一項）。

3. 船舶之撤銷查封　債務人或利害關係人，得以債權額及執行費用額或船舶之價額，提供擔保金額或相當物品，聲請執行法院撤銷船舶之查封（第一百十四條之一第二項）。

4. 船舶、航空器之變賣　船舶或航空器得不經拍賣程序逕由應買人、債權人及債務人同意變賣之（第一百十四條之二第三項）。

5. 航空器之執行　民用航空法所定航空器之強制執行，除法律另有規定外，準用關於船舶執行之規定（第一百十四條之四第一項）。查封之航空器，得交由當地民用航空主管機關保管之。航空器第一次拍賣期日，距公告之日，不得少於一個月（第一百十四條之四第二項）」拍賣航空器之公告，除應記載第八十一條第二項第二款至第五款事項外，並應載明航空器所在地、國籍、標誌、登記號碼、型式及其他事項（第一百十四條之四第三項）。

十二、對於其他財產權之執行　債權人為實現其金錢債權，除動產、不動產外，得就債務人之其他財產權為執行，以其價金或收益清償債權，其情形如下：

(一)就債務人對於第三人之金錢債權之執行　就債務人對於第三人之金錢債權，例如債務人可領取之銀行存款，執行法院應發扣押命令禁止債務人收取或為其他處分，並禁止第三人向債務人清償，嗣後執行法院得詢問債權人意見，以命令許債權人收取，或將該債權移轉於債權人。如認為適當時，得命第三人向執行法院支付轉給債權人。金錢債權如因附條件、期限、對待給付或其他事由，致無法照此項規定辦理者，執行法院得依聲請，準用對於動產執行之規定予以拍賣或變賣之。金錢債權附有已登記之擔保物權者，執行法院依前開規定為強制執行時，應即通知該管登記機關登記其事由（第一百十五條）。

對於薪資或其他繼續性給付之債權所為強制執行，於債權人之債權額及強制執行費用額之範圍內，其效力及於扣押後應受及增加之給付。前項債務人於扣押後應受及增加之給付，執行法院得以命令移轉於債權人。但債務人喪失其權利或第三人喪失支付能力時，債權人債權未受清償部分，移轉命令失其效力，得聲請繼續執行，並免徵執行費（第一百十五條之一）。

第三人於執行法院發第一百十五條第二項命令前，得將對債務人之金錢債權全額或扣押部分提存於清償地之提存所。第三人依執行法院許債權人收取或向執行法院支付轉給債權人之命令辦理前，又收受扣押命令，而其扣押之金額超過債務人之金錢債權未受扣押部分者，應即將該債權之全額支付扣押在先之執行法院。第三人已為提存或支付時，應向執行法院陳明其事由（第一百十五條之二）。

(二)就債務人對於第三人交付動產不動產請求權之執行　就債務人基於債權或物權，得請求第三人交付或移轉動產或不動產之權利，債權人得向執行法院聲請命令禁止債務人處分，並禁止第三人交付或移轉，嗣後得聲請命第三人將該動產或不動產交與執行法院，依關於動產或不動產執行之規定執行。基於確定判決，或依民事訴訟法成立之和解、調解，第三人應移轉或設定不動產物權於債務人者，債權人得向執行法院聲請以債務人之費用，通知登記機關登記為債務人所有後執行之（第一百十六條）。

就債務人基於債權或物權，得請求第三人交付或移轉船舶或航空器之權利為執行時，準用前開規定辦理，並依關於船舶或航空器執行之規定執行之（第一百十六條之一）。

(三)前二款以外之財產權之執行　對於其他財產權，諸如電話使用權、專利權、著作權等，債權人得聲請執行法院發扣押、收取、移轉、支付轉給或交出命令，亦得聲請命令將該財產權讓與或管理，以價金或收益清償債務（第一百十七條）。

(四)第三人不承認債務人之權利　第三人接受前三款命令後，不承認債務人之債權或其他財產權之存在，或於數額有爭議時，應於十日內提出書狀向執行法院聲明異議，如第三人不於該項期間內聲明異議，亦未依執行法院命令將金錢支付債權人，或將金錢、動產或不動產支付或交付執行法院時，債權人得向執行法院聲請逕向該第三人為強制執行（第一百十九條）。

(五)提起訴訟　債權人若以第三人之聲明為不實時，得於收受執行法院通知後十日內向管轄法院提起訴訟，並應向執行法院為起訴之證明及將訴訟告知債務人（第一百二十條第二項）。

十二之一、債務人依法領取之社會福利津貼，如低收入老人生活津貼、中低收入老人生活津貼、身心障礙者生活補助、老年農民福利津貼及榮民就養給付等；或依法領取之社會救助或補助，如生活扶助、醫療補助、急難救助及災害救助等，該等津貼、救助或補助，係維持債務人基本生活所需，不得為強制執行（第一百二十二條第一項）。

債務人依法領取之社會保險給付，如公教人員保險、勞工保險、軍人保險、農民保險及其他政府強制辦理之保險給付等，或其對於第三人之債權，係維持債務人及其共同生活之親屬生活所必需者，不得為強制執行（第一百二十二條第二項）。

十三 物之交付請求權之執行 執行名義係命債務人交出一定之動產或不動產者，債權人得聲請執行法院將該動產取交或解除債務人對於不動產之占有，使歸債權人占有，如債務人於解除占有後復占有該不動產者，債權人得聲請法院續為執行（第一百二十三條、第一百二十四條）。

十四 行為不行為請求權之執行 行為不行為請求權之執行之情形如下：

㈠命為代替行為 執行名義係命債務人應為一定行為者，例如命拆除建築物、修建房屋等，債權人得聲請執行法院由其或僱請第三人代為履行，所支出之費用，經聲請裁定確定後，依關於金錢債權之執行方法，得對債務人之一切財產為執行（第一百二十七條）。

㈡命為不代替行為 執行名義係命債務人應為一定之行為，而其行為非他人所能代為履行者，例如著述出版義務之履行，執行法院得定債務人履行之期間。債務人不履行時，得處新臺幣三萬元以上三十萬元以下之怠金。其續經定期履行而仍不履行者，得再處怠金或管收之。

命債務人交出子女或被誘人者，得聲請用直接強制方法，將該子女或被誘人取交之。

夫妻同居之判決，不得請求強制執行（第一百二十八條）。

㈢命為不行為 執行名義係命債務人容忍他人之行為，例如命債務人容忍債權人在其土地上行走，或禁止債務人為一定之行為者，例如禁止債務人在債權人土地上行走，債務人不履行時，執行法院得處新臺幣三萬元以上三十萬元以下之怠金。其仍不履行時，得再處怠金或管收之；必要時，債權人亦得聲請以債務人之費用，除去其行為之結果，此項不行為債務執行完畢後，債務人復行違反時，債權人得向執行法院聲請續為執行（第一百二十九條）。

十五 假扣押、假處分之執行 假扣押、假處分之執行，應於假扣押或假處分之裁定送達同時或送達前為之。其送達前之執行，於執行後不能送達時，債權人應聲請執行法院准為公示送達。債權人未聲請公示送達，或其聲請被駁回確定者，執行法院應撤銷其執行。又假扣押之動產，如有價格減少之虞，或保管需費過多時，債權人或債務人得聲請執行法院定期拍賣，提存其賣得金（第一百三十二條、第一百三十四條）。

辦理強制執行事件應行注意事項

民國六十九年十月二十一日司法院令發布
七十一年十月十八日司法院令修正發布
七十九年二月十九日司法院令修正發布
八十四年十二月二十三日司法院令修正發布
八十五年十一月十一日司法院令修正發布
八十七年一月二十三日司法院令修正發布
八十九年二月九日司法院令修正發布
八十九年四月十四日司法院令修正發布
九十二年一月二十四日司法院函修正發布
九十三年十二月十五日司法院函修正發布
九十六年一月四日司法院函修正發布
九十六年九月二十六日司法院函修正發布
九十八年五月五日司法院函修正發布
九十八年十二月二日司法院函修正發布
一百年六月二十九日司法院函修正發布
一百年十二月五日司法院函修正發布
一百零一年六月二十一日司法院函修正發布
一百零一年十月一日司法院函修正發布
一百零二年十二月十日司法院函修正發布
一百零三年六月九日司法院函修正發布
一百零三年十月十三日司法院函修正發布
一百零六年二月二十三日司法院函修正發布
一百零七年六月十五日司法院函修正發布
一百零八年三月五日司法院函修正發布第四五點
一百零八年五月三十一日司法院函修正發布第六二之一、六五點

一　關於第三條、第三條之一部分：

(一)執行期日，應由執行法官指定，不得由書記官代為辦理。關於查封、拍賣及其他執行筆錄，應由書記官當場作成，並即送執行法官核閱處理。

(二)同一地區之數個執行事件，宜儘量指定同一期日執行。

(三)實施強制執行時，遇有抗拒或防止抗拒，得請警察協助。債務人為現役軍人時，並得請憲兵協助。參與協助之警憲人員其出差旅費視為執行費用，執行法院得命債權人代為預納。

(四)執行之標的物性質特殊者，得請對該物有特別知識經驗之機關協助。例如：拆屋還地事件，於必要時，得請電力電信或自來水機構協助斷電、斷水。

(五)警察或有關機關違背本法第三條之一第三項之義務者，執行法院得函請其上級機關議處或送請監察院處理。

二　關於第四條、第四條之二部分：

(一)確定判決為執行名義時，其執行應以該確定判決之內容為準。未經確定判決判明之事項，執行法院不得逕為何種處分。

(二)確定判決之執行，以給付判決且適於強制執行者為限。其不得據以強制執行者，倘誤為開始執行，應撤銷執行程序，並以裁定駁回強制執行聲請。

(三)關於確定判決之執行，如其判決主文不明瞭，而所附理由已記載明晰，與主文不相牴觸者，得參照該判決之理由為執行。

(四)確定判決命合夥履行債務者，應先對合夥財產為執行，如不足清償時，得對合夥人之財產執行之。但其人否認為合夥人，而其是否為合夥人亦欠明確者，非另有確認其為合夥人之確定判決，不得對之強制執行。

(五)確定判決如就同一債務命數債務人連帶履行者，債權人得專對債務人中之一人聲請為全部給付之執行。執行法院不得依該債務人之聲請，就其他連帶債務人之財產，逕為強制執行。

(六)判決，除有本法第四條之二情形外，祇能對於當事人為之，若對於非當事人之人命為給付，自不生效力，執行法院即不得本此判決，對之為強制執行。

(七)判決所命被告交付之物，於判決確定後，經法律禁止交易者，執行法院不得據以執行。

(八)在執行法院成立之和解，為訴訟外之和解，無執行力，但因該和解有民法上和解之效力，當事人仍須受其拘束。執行法院亦得勸告當事人依照和解了結。

(九)執行名義如為依公證法作成之公證書，應注意公證法第十三條及公證法施行細則第四十條至第四十八條之規定。

(十)檢察官或軍事檢察官就法院或軍事審判機關所處罰金、罰鍰、沒收、沒入及追徵之裁判，所為指揮執行之命令，與民事執行名義有同一之效力，執行法院得受託強制執行。

(十一)依民事訴訟法科處當事人、法定代理人、證人或鑑定人等罰鍰之裁定，依刑事訴訟法科處證人或鑑定人罰鍰之裁定及依少年事件處理法科處少年法定代理人罰鍰之裁定，得為執行名義，執行法院可據以強制執行。

(十二)依鄉鎮市調解條例成立並經法院核定之調解書、耕地三七五減租條例成立之調解或調處之書面證明、商務仲裁人之判斷經法院為執行之裁定、公務人員交代條例公務人員經管財物移交不清該主管機關之移送函、依工程受益費徵收條例受益人不依限繳納工程受益費經機關移送函及其他依法具有強制執行名義之文書，均得據以強制執行。

(十三)法律有公法上金錢給付義務移送法院強制執行之規定者，自九十年一月一日行政執行法修正條文施行之日起不適用之；其於修正條文施行前已移送法院強制執行而尚未終結之事件，自修正條文施行之日起應移送該管行政執行處繼續執行之。

(十四)（刪除）

(十五)國民住宅主管機關依國民住宅條例第二十一條

至第二十三條及第二十九條規定收回住宅及其基地、終止租賃契約收回該住宅或收回貸款者，應由該管地方法院民事庭裁定准許後，始得聲請執行法院為之強制執行。

(十六)債權人依本法第四條之二規定聲請強制執行者，應提出證明其本人或債務人為執行名義效力所及之人之相當證據。執行法院並應為必要之調查。

(十七)債權人依假扣押、假處分、假執行之裁判供擔保後聲請法院強制執行者，執行法院於實施執行行為後，應即通知該出具供擔保證明之提存所有關該案已實施執行行為之事項。

三　關於第五條、第五條之一部分：

㈠債權人之聲請，不合程式或有其他欠缺而可以補正者，應定相當期間通知補正。

㈡強制執行開始後，債權人死亡而無繼承人承認繼承時，其遺產於清償債權並交付遺贈物後，如有賸餘，歸屬國庫，故仍應繼續執行。

㈢強制執行開始後，債務人死亡者，繼承人對於債務人之債務，以因繼承所得遺產為限，負清償責任，僅得對遺產續行強制執行。

㈣選任特別代理人之費用，視為執行費用。

㈤執行名義係命債務人分期給付者，債權人就其清償期屆至部分以言詞或書面聲請繼續執行時，如原案尚未執行完畢者，應併原案繼續執行，並另徵執行費；如原案已執行完畢者，則依一般程序處理。

三之一　關於第五條之二部分：

有執行名義之債權人，依本法第五條之二規定聲請處理者，執行法院對於被拘束到場之債務人，認有本法第二十二條第一項所列情形之一者，得依該條第二項、第五項之規定，予以限制其住居或管收，對於押收之財產，應視其種類依本法有關規定處理之。

三之二

受託法院就其受託執行之事件，經執行有效果者，例如已查封或扣押債務人之財產，應迅即告知囑託法院，並候囑託法院通知是否續為執行。囑託法院就其囑託執行之事件，發現有囑託執行範圍應予減縮之情事者，應於知悉該情事後，迅即告知所有受託法院。

三之三　關於第六條部分：

執行人員應切實審查執行名義之真偽，各地方法院民事執行處應指定專人負責辦理其他地方法院查詢執行名義真偽相關事項。對於法院核發之執行名義真偽有疑義時，應調卷或以其他方法查證。

四　關於第十一條部分：

㈠依本法第十一條第二項規定將通知交債權人逕行持送登記機關登記者，執行法院應在發文簿內記明其事由，並命債權人簽收。

㈡查封之動產，如係經公路監理機關登記之車輛，應記明牌照及引擎號碼，通知該機關登記其事由。

㈢聲請撤銷查封、假扣押、假處分或債權人聲請撤回強制執行，其應准許，且無併案執行之情形時，執行法院應即通知該管登記機關登記其事由。

㈣供強制執行之財產有本法第十一條第三項情形，如經債務人表示願自行辦理繼承登記，得由其自行辦理。但自被繼承人死亡時已逾十個月仍未辦竣者，執行法院應轉知債權人得依本法第十一條第三項規定聲請代辦繼承登記後而為執行。

五　關於第十二條、第十三條部分：

㈠就強制執行所為之聲請或聲明異議，執行法院應迅速裁定，執行程序並不因之而停止，此項裁定不得以其他公文為之，裁定正本應記載當事人不服裁定者，得於十日之不變期間內提起抗告。

㈡當事人或利害關係人不服前款裁定提起抗告時，執行法院除認抗告為有理由將原處分或程序撤銷或更正外，應速將執行卷宗送交抗告法院，如該卷宗為執行法院所需用者，應自備影本、繕本或節本。

㈢執行法院依本法第十三條第二項規定為裁定時，主文宜記載為「○○○於本裁定送達之翌日起○日內得以新臺幣○○○元為○○○供擔保後，停止○（中華民國○年○月○日本院○年度○字第○號裁定）主文第○項之執行。」並於裁定理由敘明如屆期未供擔保，即執行該撤銷或更正裁定。

六　關於第十四條、第十四條之一部分：

㈠債權人受確定判決後，於重行起算之時效期間業已屆滿，而聲請強制執行者，執行法院不得逕行駁回，但得由債務人提起異議之訴。

㈡債權人依本法第四條之二規定聲請強制執行，經執行法院裁定駁回者，應通知債權人得於裁定送達後十日之不變期間向執行法院對債務人提起許可執行之訴，此不變期間不因抗告而停止進行。

七　關於第十五條部分：

㈠出典人之債權人，僅就典物為禁止出典人讓與其所有權之假扣押或假處分，或僅請就典物之所有權執行拍賣，而典權本身並不受強制執行之影響者，典權人不得提起異議之訴。

㈡第三人對於執行之不動產有抵押權時，僅能主張就該不動產強制管理中其權利繼續存在，或拍賣後有優先受償之權，不得提起異議之訴以排除強制執行。

八　關於第十六條部分：

債務人或第三人就強制執行事件，得提起異議之訴時，宜先勸告債權人，俾得其同意撤銷強制執行，不得率行指示債務人或第三人另行起訴。

九　關於第十八條部分：

㈠債務人如受破產之宣告，其屬於破產財團之財產，除債權人行使別除權者外，應即停止強制執行程序，並通知債權人。

(二)債務人不能清償債務，依破產法向法院聲請和解，經法院裁定許可，或向商會請求和解經商會同意處理時，其在法院裁定許可前或商會同意處理前成立之債權，除有擔保或優先權者外，對於債務人不得開始或繼續強制執行程序，並通知債權人。

(三)債務人為股份有限公司而經法院裁定准予重整者，應即停止強制執行程序，並通知債權人。

(四)依本法第十八條第二項裁定停止強制執行之權限，惟審判法院有之，執行法院並無此項權限。其停止強制執行之裁定，如以提供擔保為停止強制執行之條件者，在提供擔保以前，不得停止強制執行。

(五)當事人對於停止強制執行之裁定提起抗告時，執行法院應注意本法第三十條之一準用民事訴訟法第四百九十一條第二項、第三項規定，在有停止該裁定執行之裁定前，執行程序應停止進行。

(六)債務人經法院依消費者債務清理條例裁定開始更生程序者，除有擔保或有優先權之債權外，對於債務人不得開始或繼續強制執行程序，並通知債權人。

(七)債務人經法院依消費者債務清理條例裁定開始清算程序者，其屬於清算財團之財產，除債權人行使別除權者外，應停止強制執行程序，並通知債權人。

九之一　關於第十九條部分：

執行法院對債務人之財產狀況，應注意調查，認有必要時，得逕依職權行之。債權人聲請執行法院依本條第二項調查時，宜予准許，但調查所得資料，除執行債權人得於執行必要範圍內使用外，仍應注意稅捐稽徵法第三十三條等有關法律保密之規定，不得允許其他人員閱覽。

十　關於第二十一條第二十一條之二部分

(一)債務人如為在軍隊或軍艦服役之軍人者，其通知書，應準用民事訴訟法第一百二十九條之規定而為送達。

(二)債務人為現役軍人者，其拘提應以拘票知照該管長官協助執行。

(三)執達員執行拘提時，應備拘票二聯，以一聯交債務人或其家屬。

(四)債務人有本法第二十一條第一項情形者，司法事務官得報請執行法院發動職權拘提債務人（格式如附件六）（略）。

(五)司法事務官詢問經拘提到場之債務人，應詢問其姓名、年齡、身分證統一編號、住所或居所，以查驗其人別有無錯誤。於詢問後，應就有無管收必要之事實、理由及法律依據，載明於報告書，向執行法院提出（格式如附件七）（略）。

十一　關於第二十二條部分：

(一)債務人是否顯有履行義務之可能而故不履行，應參酌該義務之內容、債務人之資力、生活狀況及其他情形認定之。

(二)本法第二十二條之規定，於假扣押之執行，亦適用之。

(三)本法第二十二條第二項之限制住居，包括禁止出境在內。執行法院為此處分時，應通知該管戶政、警察機關限制債務人遷徙，通知入出境管理機關限制其出境，並同時通知債務人。解除其限制時，亦同。

(四)本法第二十二條第二項規定所稱「其他必要事由」，係限制住居必要性之概括規定，如債務人就應供強制執行之財產有隱匿或處分情事，雖其並無逃匿之虞，但若已無從執行（於物之交付請求權執行之情形）或無其他財產或剩餘財產顯不足清償債權者（於金錢請求權執行之情形）均屬之。又如債務人於短時間內多次遷移戶籍地址圖以規避執行法院執行債權人與未成年人子女間會面交往探視權事件，此時即有限制債務人住居之必要。是否有其他必要事由，應由執行法院就具體個案依比例原則予以審酌。

(五)債權人聲請管收債務人者，應分案由執行法院裁定之。

(六)司法事務官詢問經拘提、通知或自行到場之債務人後，認有本法第二十二條第五項管收事由，而有管收之必要者，應依同條第六項規定，就有無管收必要之事實、理由及法律依據，載明於報告書，向執行法院提出（格式如附件八）（略）。

(七)執行法院於管收債務人前，仍須依本法第二十二條第五項但書規定踐行管收前之訊問程序，不得以司法事務官之詢問代之。

十一之一　關於第二十三條部分：

(一)具保證書人依本法第二十條第二項、第二十二條第一項、第二項及第二十二條之四第二款所為之擔保，其保證書未載明債務人逃亡或不履行債務時，由其負責清償或賠償一定之金額者，不宜准許。

(二)對具保證書人不得拘提、管收。

十二　關於第二十五條部分：

(一)管收債務人或本法第二十五條第二項各款之人，非具有本法第二十條第三項、第二十二條第五項、第七十七條之一第二項、第一百二十八條第一項及第一百二十九條第一項規定應行管收情形之一，且經執行法院踐行管收前訊問程序者，不得為之，管收期限，不得逾三個月，其有管收新原因者，亦僅得再管收一次。

(二)債務人或本法第二十五條第二項各款之人，雖合於管收條件，但依其他執行方法，足以達到強制執行之目的者，不得率予管收。

㈢本法第二十五條第二項第二款所謂財產管理人，應依非訟事件法第一百零九條之所定；本法第二十五條第二項第三款所謂繼承人應依民法第一千一百三十八條、第一千一百四十四條之所定；所謂遺產管理人應依民法第一千一百七十七條、第一千一百七十八條第二項及非訟事件法第一百四十六條至第一百四十九條、第一百五十三條之所定，並包括非訟事件法第一百五十四條所定之遺產清理人；所謂遺囑執行人應依民法第一千二百零九條、第一千二百十一條、第一千二百十八條及非訟事件法第一百五十六條之所定；所謂特別代理人應依本法第五條第四項之所定。本法第二十五條第二項第四款所謂法人之負責人在公司，應依公司法第八條之所定；在其他法人，係指法人之董事或與董事地位相等而執行業務之人，並均以有清償債務之權責者為限。如有管收情事，必要時得以限制住居代之。

㈣債務人或本法第二十五條第二項各款之人為現役軍人者，如予管收，應先知洽該管長官，認與軍事任務無影響者，始得為之。

十三　關於第二十六條部分：

執行拘提管收，應注意有關法律之規定，管收期間，對於被管收人之提詢，每月不得少於二次，並應隨時注意被管收人有無應停止管收或釋放之情形。

十四　關於第二十七條部分：

㈠有本法第二十七條第一項規定之情形時，執行法院應命債權人於一個月內查報債務人財產，並得就其調查方法，為必要之曉示。債權人到期不為報告，或查報無財產時，執行法院應發給憑證，俟發現財產時再予執行。

㈡執行法院依本法第二十七條規定，發給俟發見財產再予執行之憑證者，其因開始執行而中斷之時效，應由此重行起算。

㈢執行名義為拍賣抵押物或質物之裁定，如拍賣結果不足清償抵押權或質權所擔保之債權者，其不足金額，須另行取得執行名義，始得對債務人其他財產執行，不得依本條發給憑證。

十五　關於第二十八條、第二十九條部分：

㈠本法第十一條第三項、第四項、第一百十六條第二項、第一百二十九條第二項所定登記或其他費用及管收債務人或本法第二十五條第二項各款之人所支出飲食費及其他必要費用，均為執行費用，有本法第二十九條第二項規定之適用。

㈡得依第二十九條第二項規定先受清償者，以為債權人全體共同利益而支出之費用為限；取得執行名義之費用，除係為其他債權人共同利益而支出者外，不在此之先受清償之列。

十五之一　關於第二十八條之一部分：

債權人不為一定必要之行為或不預納必要之費用，以事件因此不能進行者為限，始得駁回其強制執行之聲請。

十五之二　關於第二十八條之三部分：

債權人依本法第二十八條之三第三項規定，聲請強制執行債務人財產，而未補繳執行費差額者，執行法院應限期命其補正，逾期不補正者，應依本法第三十條之一準用民事訴訟法第二百四十九條第一項第六款規定，以強制執行之聲請不合法，裁定駁回。

十六　關於第三十一條、第三十八條部分：

㈠債權人撤回強制執行之聲請時，如他債權人已依本法第三十四條第一項之規定聲明參與分配者，得聲請繼續執行。

㈡拍賣或變賣所得價金，如有多數債權人於拍賣或變賣終結之日一日前聲明參與分配者，除依法有優先受償權者外，應按債權額之比例平均分配，並應迅即作成分配表，分配於債權人。執行標的物由債權人承受時，其承受價金之分配，亦同。

㈢執行名義所命給付之利息或違約金載明算至清償日者，應以拍賣或變賣之全部價金交付與法院之日或債務人將債權額現款提出於法院之日視為清償日。

㈣土地增值稅、拍賣土地之地價稅、拍賣房屋之房屋稅、拍賣或變賣貨物之營業稅，應依稅捐稽徵法第六條第三項扣繳，不適用本法關於參與分配之規定。

㈤拍賣土地或房屋及拍賣或變賣貨物時，於拍定或准許承受後，應於三日內通知稅捐機關查復土地增值稅、地價稅、房屋稅、營業稅之稅額，不必待繳足價金後始行通知，以爭取時效。如得標人或承受人未遵守期限繳納價金須再行拍賣或另行處理時，可函知稅捐機關不能依原通知扣繳稅捐之原因。

㈥拍定後，不得因買受人之聲請而准其延期繳納價金，除有不能分配之情形外，應於買受人繳交價金後，其依法應扣繳稅捐者，應於稅捐機關查復各該稅額後，五日內製作分配表，指定分配期日，迅速分配。業務繁忙之法院，得斟酌情形，指定書記官專責製作分配表。

㈦如確有不能於規定期限內製作分配表之事由時，執行法院應主動將該事由通知各債權人，以釋其疑。

㈧分配期日，如有部分債權人對分配表異議，應依本法第四十條規定更正分配表而為分配，或就無異議之部分，先行分配，不得全部停止分配。

十七　（刪除）

十八　關於第三十三條部分：

㈠對於已開始強制執行之債務人財產，他債權人再聲請強制執行者，應注意併案處理。

(二)依本法第三十三條之規定處理者，以原聲請強制執行及再聲請強制執行之債權，均為金錢債權者為限。

(三)聲請強制執行之債權人撤回其聲請時，原實施之執行處分對再聲請強制執行之他債權人繼續有效。

十八之一　關於第三十三條之一、第三十三條之二部分：

(一)執行法院將事件函送行政執行機關併辦時，應敘明如行政執行機關就已查封之財產不再進行執行程序時，應維持已實施之執行程序原狀，並將卷宗送由執行法院繼續執行。

(二)執行法院就已查封之財產不再進行執行程序時，如有行政執行機關函送併辦之事件，應維持已實施之執行程序原狀，並將卷宗送請行政執行機關繼續執行。

十九　關於第三十四條部分：

(一)他債權人參與分配者，以有執行名義或依法對於執行標的物有擔保物權或優先受償權之債權人為限。

(二)無執行名義之普通債權人聲明參與分配者，執行法院應即駁回之。

(三)本法第三十四條第二項之債權人聲明參與分配而不繳納執行費者，不得予以駁回，其應納之執行費，就執行標的物拍賣或變賣後所得金額扣繳之。執行法院將未聲明參與分配而已知之債權及金額，依職權列入分配者，其應納之執行費，亦同。又依本項規定參與分配之債權人，如已取得拍賣抵押物或質物裁定以外之金錢債權執行名義，其未受清償之金額，得依本法第二十七條之規定發給憑證。

(四)有本法第三十四條第一項、第二項之債權人參與分配時，應即通知各債權人及債務人，俾其早日知悉而為必要之主張。

(五)本法第三十四條第二項規定之債權人，其參與分配，不受本法第三十二條第一項規定之限制。

二十　(刪除)

二一　關於第三十七條部分：

各債權人應領之分配金額，如由債權人親自領取者，應核對其身分證明文件無誤後交付之。如由原委任之代理人代為領取者，應查明有無特別代理權，及核對代理人之身分證明文件無誤後交付之。如係臨時委任之代理人，應命提出有特別代理權之委任書，並查明委任人之簽名或印章與聲請執行書狀上之簽名或印章是否相符及核對代理人之身分證明文件無誤後，交付之。

二一之一　關於第三十九條部分：

當事人未於分配期日一日前對分配表提出異議，但對分配表協議變更者，仍得依其協議實行分配。

二二　關於第四十條、第四十條之一部分：

(一)依本法第四十條第一項規定更正之分配表應送達於未到場之債務人及有利害關係之他債權人，俾能使其有反對之陳述機會。

(二)更正分配表而為分配時，應記載於分配筆錄。

(三)無異議部分不影響債務人或其他債權人之債權者，應就該部分先為分配。

二三　(刪除)

二四　關於第四十五條部分：

執行法院僅就未與土地分離之農作物實施查封者，限於將成熟時始得為之，並於收穫後再行拍賣。

二五　關於第四十六條、第七十六條部分：

動產或不動產之查封，應命書記官督同執達員為之，並由書記官依法作成筆錄，不得僅命執達員前往實施。

二六　(刪除)

二七　關於第五十條、第七十二條部分：查封、拍賣債務人之財產，應以將來拍賣所得之價金足敷清償債權額及債務人應負擔之費用為限。債權人聲請執行債務人之多項財產時，應釋明其聲請執行標的之個別財產價值，並須以此為標準而加以選擇。

二七之一　關於第五十條之一、第八十條之一部分：

(一)依本法第五十條之一第三項拍賣之動產，其出價未超過優先債權及強制執行費用之總額者，應不予拍定；依本法第八十條之一第一項規定拍賣不動產者，其拍賣最低價額，不得低於債權人依本法第八十條之一第一項規定指定之拍賣最低價額。

(二)因無益拍賣所生費用應由聲請拍賣之債權人負擔。聲請之債權人有二人以上者，依債權額比例分擔。

二八　關於第五十一條部分：

實施查封後，第三人未經執行法院允許而占有查封之動產，或第三人為其他有礙執行效果行為者，執行法院於必要時，得依職權排除之，並應先予排除後再行拍賣。

二九　關於第五十四條部分：

查封筆錄之記載，應詳細明確，記明開始及終了之年、月、日、時，並於當場作成，到場人須於查封筆錄內簽名，如拒絕或不能簽名者，應由書記官記明其事由；如有保管人者，亦同。

三十　關於第五十五條、第一百三十六條部分：

(一)假扣押、假處分及其他執行案件，遇債務人有脫產之虞或其他急迫情形，法官應許可得於星期日、例假日或其他休息日及日出前、日沒後執行之。

(二)休息日及日出前日沒後之執行，應將急迫情形記載於執行筆錄，並將執行法官許可執行之命令出示當事人。

三一　關於第五十六條部分：
本法第五十六條所謂「因案受查封者」，不以本件執行法院查封者為限，其經行政執行機關查封者，亦包括在內。

三二　關於第五十八條部分：
㈠債務人提出現款聲請撤銷查封，於拍定前均得為之，若債務人於已經拍定之後提出現款請求撤銷查封者，亦得勸告拍定人，經其同意後予以准許，並記明筆錄。
㈡拍賣物所有權移轉於拍定人後，債權人不得再撤回其強制執行之聲請。

三三　關於第五十九條部分：
㈠查封債務人之動產，除貴重物品及有價證券宜由該管法院自行保管外，其他動產，執行法院認為適當時，固得交由債權人保管，但其後如認為不適當者，亦得另行委託第三人保管。
㈡查封標的物之保管人，因故意或過失致該標的物有滅失或毀損者，非有命該保管人賠償損害之執行名義，不得對之為強制執行。

三四　關於第六十條、第六十條之一部分：
㈠查封物易腐壞，或為有市價之物品，執行法官應注意依職權變賣之。對於易腐壞之物，如無人應買時，得作價交債權人收受，債權人不收受時，應由執行法院撤銷查封，將該物返還債務人。
㈡查封之動產，如為依法令管制交易之物品，應依職權洽請政府指定之機構，按照規定價格收購之。
㈢得於有價證券集中交易市場交易之有價證券，宜委託證券經紀商變賣之。
㈣本法第六十條第一項第一款之協議，係指經全體債權人（包括參與分配之債權人）及債務人之協議而言。同項第四款之變賣，僅適用於金銀物品及有市價之物品，變賣價格亦不得低於市價。

三五　關於第六十三條、第一百十三條部分：
拍賣期日應通知債權人及債務人到場，此項通知應予送達，並作成送達證書附卷。拍賣物如有優先承買權人或他項權利人者，亦宜一併通知之，但無法通知或經通知而屆期不到場者，拍賣不因之停止。

三六　關於第六十四條、第八十一條部分：
拍賣價金之交付，拍賣公告定有期限者，應依公告所載期限為之，拍定後不得延展。如有逾期不繳者，應依本法第六十八條之二之規定，將該標的物再行拍賣。

三七　關於第六十四條、第一百十七條部分：
㈠拍賣標的物有特殊情形，足以影響其利用者，例如一、汽車無牌照。二、電影片無准演執照或非在准演期間。三、電話租用權人欠繳電話費等。執行法院應在拍賣公告內載明該事項，並註明由買受人自行處理字樣，以促應買人注意。
㈡動產之拍賣，拍定人預納保證金者，如因拍定人不繳足價金而再行拍賣時，原拍定人所繳納之保證金，應於清償再拍賣程序所生之費用及拍定價額低於前次拍定價額時所生之差額後，予以發還。

三七之一　關於第五十九條之一、第六十八條之一部分：
㈠查封之有價證券須於一定之期限為承兌、提示、支付之請求或其他保全證券上權利之行為者，執行法院應注意於其期限之始期屆至時，代債務人為該行為，以免證券之權利喪失。
㈡依本法第六十八條之一規定代債務人為背書等行為，應由執行法官為之，並應記明依該條代為該行為之意旨。

三七之二　關於第六十八條之二、第一百十三條部分：
因拍定人未繳足價金而再行拍賣時，拍賣公告宜載明「原拍定人不得應買」字樣，以促其注意。

三八　關於第七十條、第七十一條部分：
㈠拍賣物價格不易確定或其價值較高者，執行法院宜依職權調查其價格，並預定其底價。
㈡依本法第七十條第一項規定認為應酌定保證金額者，以拍賣物價值較高，並已預定拍賣物之底價者為限。其酌定之保證金額，應命應買人於應買前，向執行法院繳納，並應於拍賣公告內載明。未照納者，其應買無效。此種拍賣，執行法院認為必要時，得命應買人以書面提出願買之價額。
㈢依本法第七十條第三項規定，在最後一次高呼與拍定之間，應間隔相當之時間，如有同條第四項情形，執行拍賣人應不為拍定。
㈣依本法第七十條第五項及第七十一條規定將拍賣物作價交債權人承受時，其作價不得低於拍賣物底價百分之五十，未定底價者，應以估定價額為準，或參酌債權人及債務人意見，公平衡量而為核定。如債權人不願照價承受時，應撤銷查封，將拍賣物返還債務人。如債務人逃匿或行蹤不明或拒收，致撤銷查封後，無從返還拍賣物者，得參照本法第一百條第二項規定辦理。但如有本法第七十一條但書之情形者，得再行拍賣。
㈤依前款規定作價交由債權人承受者，如拍賣物價金超過債權人應受分配之債權額者，在未補繳差額前，不得將該物交付。
㈥依本法第七十條第五項及第七十一條規定撤銷查封，將拍賣物返還債務人時，應依本法第二十七條第一項規定辦理。

三九　關於第七十三條部分：
拍賣筆錄之記錄，應詳細明確，並當場作成。

三九之一　關於第七十四條部分：
拍賣公告未定有拍賣價金之交付期限者，拍定人應當場交付，如無多數債權人參與分配，執行人員得逕交付債權人以為清償；其超過債權人應受償之數額部分得逕交付債務人。

四十　關於第七十五條、第七十六條部分：

(一)債權人聲請查封不動產應提出產權證明文件，並導引執行人員前往現場指封之。

(二)查封未經登記之房屋，仍應通知地政機關依有關法令之規定辦理查封登記。

(三)(刪除)

(四)依本法第七十五條第四項得合併拍賣之動產及不動產，以具有不可分離之關係或能增加拍賣總價額者為限。

(五)土地及其土地上之建築物同屬抵押人所有，而僅以土地或僅以建築物設定抵押權者，執行法院拍賣抵押物時，應先確定建築物使用土地之面積及範圍(宜繪圖說明)，於拍賣公告內載明之，並說明建築物占用部分之土地建築物所有權人享有法定地上權，以促應買人注意。

(六)查封債務人之土地，執行法院應查明該土地上是否有建築物。

(七)建築物及其基地同屬債務人所有者，宜將建築物及其基地併予查封、拍賣。其有公寓大廈管理條例第四條第二項情形者，應將其建築物及其基地併予查封、拍賣，不得分別拍定。

(八)建築物及其基地非同屬債務人所有，執行法院單就建築物或其基地拍賣時，宜於拍賣期日前通知建築物所在之基地所有人或基地上之建築物所有人。

(九)查封債務人之不動產，應以將來拍賣所得價金足敷清償債權額及債務人應負擔之費用為限，不得過度查封。於債務人有數宗不動產時，並須以此為標準加以選擇。

(十)債權人聲請查封已登記之不動產，應於實施查封前，先行通知登記機關為查封登記。如係未經登記之不動產，應於查封後三日內通知該管地政機關登記其事由。

四一　關於第七十七條部分：

(一)實施不動產查封時，查封筆錄內應載明「到達執行標的物所在時間、離開時間及揭示時間」。

(二)查封筆錄記載本法第七十七條第一項第二款所列事項，如為土地，應載明其坐落地號、面積、地上物或其他使用情形；如為房屋，應載明坐落地號、門牌、房屋構造及型式、層別或層數、面積、用途。如查封之不動產於查封前一部或全部為第三人占有者，應載明債務人及第三人占有之實際狀況，第三人姓名、住所、占有原因、占有如有正當權源者，其權利存續期間。如訂有租約者，應命提出租約，即時影印附卷，如未能提出租約，或未訂有書面租約者，亦應詢明其租賃起訖時間、租金若干及其他租賃條件，逐項記明查封筆錄，以防止債務人事後勾串第三人偽訂長期或不定期限租約，阻撓點交。

(三)查封共有不動產之應有部分者，應於查封筆錄記明債務人對於共有物之使用狀況及他共有人之姓名、住所。

(四)查封之不動產有設定負擔或有使用限制者，亦應於查封筆錄載明。

四一之一　關於第七十七條之一部分：

(一)查封之不動產，究為債務人占有，抑為第三人占有，如為第三人占有，其權源如何，關係該不動產之能否點交，影響拍賣之效果，執行法官或書記官應善盡本法第七十七條之一規定之調查職權，詳實填載不動產現況調查表，必要時得開啟門鎖進入不動產或訊問債務人或第三人，並得依債權人聲請或依職權管收債務人，或對第三人以科罰鍰之方法行之，務期發現占有之實情。但未經訊問債務人，並認非予管收顯難查明不動產狀況者，不得管收債務人。

(二)執行法院依本法第七十七條之一規定調查不動產現況，如認債務人符合本法第二十一條規定拘提事由而有強制其到場之必要時，得拘提之。

四一之二　關於第七十八條部分：

查封之不動產，如債務人拒絕保管，得不許其為從來之使用。

四二　關於第八十條部分：

(一)鑑定人估價時，宜就不動產是否出租、是否被第三人占用等情形分別估價，其估定之不動產價額與市價不相當時，執行法院得參考其他資料核定拍賣最低價額。

(二)查封房屋之實際構造與登記簿記載不符時，仍應按實際構造情形鑑定拍賣。

(三)土地或建築物設定抵押權後，抵押人於土地上營造建築物或於原建築物再行擴建或增建者，除應認為係抵押物之從物，或因添附而成為抵押物之一部者外，執行法院於必要時得就原設定抵押權部分及其營造、擴建或增建部分分別估定價格，並核定其拍賣最低價額後一併拍賣之。但抵押權人就營造、擴建或增建部分，無優先受償之權。

(四)債務人於不動產設定抵押權後，就同一不動產上設定負擔或予出租者，執行法院應命鑑定人就無負擔或未出租之價額與有負擔或出租之價額，分別估定。

(五)核定拍賣最低價額應儘量與市價相當，且於核定前應使債權人、債務人就鑑定價格表示意見，俾作為核定拍賣最低價額之參考。

(六)不動產價值之鑑定，除有特殊情形外，應囑託不動產估價師或建築師為之。

(七)不動產如確因地區日趨繁榮、商業日趨興盛，或存有其他無形之價值，而鑑定人未將之估定在內者，執行法官核定拍賣最低價額時，得酌量提高。必要時並宜赴現場勘驗，瞭解不動產內部裝璜設備及環境四周，以為核定拍賣最低價額之參考，避免不當提高或壓低拍賣最低價額。

四二之一　關於第八十條之一部分：

本條關於無益執行之禁止，對次順序抵押權人或其他優先債權人均有適用。

四三　關於第八十一條部分：

(一)拍賣建築物及其基地時，應於公告內載明拍賣最低之總價額並附記建築物及其基地之各別最低價額，而以應買人所出總價額最高者為得標人。數宗不動產合併拍賣者，亦同。

(二)拍賣不動產公告記載本法第八十一條第二項第一款所列事項，如為土地，應載明其坐落地號、面積、地上物或其他使用情形。如為房屋，應載明坐落地號、門牌、房屋構造及型式、層別或層數、面積、建號(或暫編建號)。拍賣之不動產於查封前一部或全部為第三人占有者，應載明債務人及第三人占有之實際狀況、第三人姓名、占有原因，占有如有正當權源者，其權利存續期間。又拍定人繳交價金之期間宜定為七日。

(三)查封之不動產，未查明該不動產之占有使用情形前，不宜率行拍賣。

(四)拍賣之不動產，查封時為債務人或其占有輔助人占有者，應於拍賣公告載明拍定後可以點交。如查封時為第三人占有，依法不能點交者，則應詳載其占有之原因及依法不能點交之事由，不得記載「占有使用情形不明，拍定後不點交」之類似字樣。

(五)拍賣債務人之不動產應有部分時，應於拍賣公告載明其現在占有狀況及拍定後依債務人現實占有部分為點交；如依法不能點交時，亦應詳記其原因事由，不得僅記載「拍賣不動產應有部分，拍定後不點交」之類似字樣。

(六)拍賣之不動產已有負擔或債務人之權利受有限制，或他人對之有優先承買權利等情形，亦應於拍賣公告載明。

(七)拍賣之不動產為政府直接興建之國民住宅及其基地，債務人有辦理國民住宅貸款者，應於拍賣公告記載應買人或聲明承受人如欲承接國民住宅貸款餘額及剩餘期限，應以法令所定具有購買國民住宅資格者為限。

(八)外國人不得為土地法第十七條第一項所列各款土地之應買人或承受人，但合於外國人投資條例第十六條第二款之規定者，不在此限。

(九)拍賣之土地為土地法第十七條第一項所列各款以外之土地時，應於拍賣公告內記載外國人應買或聲明承受時，應依土地法第二十條第一項規定，向土地所在地市縣政府申請核准，並將該經市縣政府核准之證明文件附於投標書。

四四　關於第八十三條部分：

(一)不動產經拍定或交債權人承受時，如依法有優先承買權利人者，執行法院應通知其於法定期限或執行法院所定期限內表示願否優先承買。

拍定人未繳足價金或承受之債權人逾期未補繳價金與其應受分配額之差額，致再定期拍賣時，亦同。

(二)共有物應有部分於拍定後，如執行法院已盡調查之能事，仍無法查悉優先承買權人或無法送達，致不能通知其優先承買者，無須公示送達。

(三)數人享有同一優先承買權者，其中一人或數人拋棄或不行使優先承買權時，其餘之人仍得就拍賣不動產之全部，以同一價格共同或單獨優先承買。

四五　關於第八十四條部分：

(一)各法院應於公共區域設置一般或電子公告欄，揭示拍賣公告至拍賣期日終了時止。揭示於一般公告欄者，不可交疊張貼致遮蔽內容，並應裝置加鎖之透明隔離設施，謹防公告散失及被破壞、除去或塗改；揭示於電子公告欄者，應隨時顯示公告之全部內容，或輪播其摘要並於現場提供全部內容即時查詢。

(二)拍賣公告應揭示於不動產所在地，或函囑該管鄉、鎮、市(區)公所揭示於其公告處所。拍賣標的物為大型工廠或機器，得另函請當地同業公會將拍賣公告揭示並轉告會員。

(三)依第一款及前款前段所為揭示，與不動產拍賣或再拍賣期日應距期間，自最先揭示日起算。

(四)拍賣公告應公告於法院網站，必要時，並得命債權人登載於當地發行量較多之報紙。

(五)各法院應設置投標室及閱覽查封筆錄之處所，並於投標室設置公告欄。開標前應將該拍賣期日應停止拍賣之案件，列表公告於該公告欄，並應載明停止拍賣之原因，一式二份，一份揭示，另一份附卷。

四六　關於第八十五條部分：

(一)投標得以通訊投標之方式為之。

(二)有下列情形之一者，宜採通訊投標：

1. 有圍標之虞。
2. 法院因債權人或債務人聲請認為適當或有其他必要之情形。

(三)採通訊投標時，應於拍賣公告載明下列事項：

1. 投標書最後寄達之日、時。
2. 投標書應寄達之地址或郵局信箱。
3. 投標書逾期寄達指定之地址或郵局信箱者，其投標無效。
4. 投標書寄達後，不得撤回或變更投標之意思表示。

(四)通訊投標得與現場投標並行。

(五)通訊投標之開標應以公開方式為之。通訊投標之投標人或其代理人於開標時得不在場。

(六)法院得依所在區域之特性，訂定通訊投標要點，辦理通訊投標。

四七 關於第八十六條部分：

(一)拍賣時投標人應繳納之保證金，宜定為拍賣最低價額百分之十至百分之三十。但如有圍標之虞時，可提高保證金額，以減少投機並防止圍標。

(二)不動產以投標方法拍賣因拍定人不繳足價金而再行拍賣時，拍定人所繳納之保證金應於清償再拍賣程序所生之費用及拍定價額低於前次拍定價額時所生之差額後，予以發還。不動產不以投標方法而為拍賣，拍定人如預納保證金者亦同。

(三)保證金由投標人填具聲請書(附件一)(略)，連同現金或銀行即期本票或劃線支票逕行繳交執行法院出納室。但通訊投標人應將願買之標的及願出之價額填具投標書(附件二)(略)連同應繳之保證金妥為密封，以雙掛號信函依拍賣公告所定方式及最後寄達日時寄達執行法院指定之地址或郵局信箱。保證金不以繳納執行法院當地臺灣銀行為付款人之票據為必要。

(四)執行法院出納室接到聲請書並點收保證金無訛後，應製作保證金臨時收據一式三聯(附件三)(略)第一聯存查，第二、三聯交投標人，由投標人將第二聯黏貼於投標書，投入標匭，第三聯由投標人收執。其以通訊投標而投標書寄達處所為郵局信箱者，執行法官應於拍賣公告所定最後寄達日、時，率同書記官及會同同院政風人員或院長指定之人前往郵局領取投標信函，並於開標前由書記官會同同院政風人員或院長指定之人將投標信函投入標匭；寄達處所非郵局信箱者，執行法院應妥善保管投標信函並於開標前依上述方式將投標信函投入標匭。

(五)執行法院得斟酌情形自行規定保證金得不必向出納室繳納，而由投標人逕將以經金融主管機關核准之金融業者為發票人之即期支票、本票或匯票為保證金，放入執行法院印製之保證金封存袋(如附件四)(略)，將之密封，與投標書一併投入標匭。惟應防止保證金票據遺失、被竊及投錯標匭等情事發生。開標時由執行法官當眾開示投標書朗讀之，並將得標者之保證金封存袋當眾拆封展示，必要時可將得標者之投標書及保證金票據即時影印，張貼於投標室，以昭公信。其未得標者之保證金封存袋，應由投標人在執行人員監視下自行拆封，當場簽章取回。

(六)執行人員及出納室承辦人員在開標前，對於投標人姓名及繳納保證金人數，應嚴守秘密。

(七)投標距開標之時間，宜定為半小時或一小時。

(八)開標後凡未得標，或係停止拍賣者，執行法官、書記官應即時於投標人持有之臨時收據第三聯上「未得標或停止拍賣，應予發還」欄簽名或蓋章，交還投標人持向出納室領回原繳保證金，出納室核對聲請書及存根無誤後，退還原繳保證金時，命投標人在該聯收據上「原款如數領回」欄簽名或蓋章並註明時間後，立即將該收據黏貼存根，通知會計室補製收支傳票。但通訊投標之保證金，當場憑身分證明文件、交寄投標書之郵局執據及與投標書相符之印章退還之；投標人未到場者，其保證金應交由會計室入帳處理，並通知投標人依規定領取之。

(九)拍賣得標時，由執行法官、書記官於原保證金臨時收據「得標應換正式收據」欄簽名或蓋章，交由投標人持向執行法院出納室換發正式收據後，由執行法院依一般會計程序處理通訊投標之得標人所繳保證金，應即交同院出納室並發給正式收據。

(十)於必要時，得指派穿制服之法警在投標室維持秩序，如有恐嚇、詐欺等情事發生，應即移送偵查。

四八 關於第八十七條部分：

投標書用紙及保證金封存袋，應依司法院規定格式(附件二、四)(略)印製存放民事執行處或服務處，供投標人使用，並得依規定標準收取費用。通訊投標之投標人應依司法院規定標封之格式載明相關內容(附件四之一)(略)，再將標封黏貼於信封；未依規定格式黏貼標封，並載明開標日時及案號者，其投標為無效。

四九 關於第八十八條部分：

(一)拍賣開標時間宜指定為每日上午九時半至十一時或下午二時至四時之間，不得撥快或撥慢投標室時鐘。

(二)以投標方法拍賣不動產者，應依照拍賣公告所載時間準時開標，縱當事人請求延緩開標時間，亦不應准許。

(三)開標期日，應由執行法官全程參與，不得委由書記官辦理。執行法官應在法院投標室當眾開示投標書並朗讀之。關於通訊投標之開標，應先當眾審查投標書是否密封及有無附繳保證金暨具備其他應備要件。

(四)開標應以應買人所出價額達該次拍賣標的物之最低價額並係最高價者為得標。開標情形應記明於拍賣筆錄。

(五)拍賣公告欄已張貼「停止拍賣」之公告，或由主持開標之法官於開標前宣告停止拍賣程序，即應停止拍賣，不得開標實施拍賣，以免紛爭。

(六)以投標方法拍賣不動產時，應注意防範圍標及其他不法行為。

五十　關於第九十條部分：

(一)數宗不動產合併拍賣時，投標人未記載每宗之價額或其記載每宗價額之合計數與其記載之總價不符者，應以其所載之總價額為準，其總價額高於其他投標人，且達於拍賣最低總價額者為得標；投標人僅記載每宗之價額而漏記總價額者，執行法院於代為核計其總價額後，如其總價額高於其他投標人，且達於拍賣最低總價額時，亦為得標。

(二)土地與地上建築物合併拍賣者，應於拍賣公告載明投標人對土地及其建築物所出價額，均應達拍賣最低價額，如投標人所出總價額高於其他投標人，且達拍賣最低總價額，但土地或建築物所出價額未達拍賣最低價額，而投標人不自行調整者，執行法院得按總價額及拍賣最低價額比例調整之。

(三)投標人對願出之價額，未載明一定之金額，僅表明就他人願出之價額為增減之數額者，不應准許得標。

(四)法院認定投標是否有效時，應依投標書各項記載之外觀為整體與綜合之考量，並依其投標能否確保投標之秘密性及正確性客觀認定之。倘投標書之記載，足以確定其投標應買之不動產與拍賣之不動產具有同一性者，且無其他無效事由時，其投標即應認為有效。

(五)投標人願出之最高價額相同者，於定得標人時，其當場增加價額或抽籤由執行法官主持之。

五一　關於第九十一條部分：

(一)每宗耕地原由數人劃區分別承租耕作者，執行法院於拍賣時，應將承租人不能就其承租部分優先承買之意旨，事先通知承租人，俾促其參加投標應買以杜爭執。

(二)拍賣不動產期日之通知書，應記載：「債權人對於本次拍賣之不動產，於無人應買或應買人所出之最高價未達拍賣最低價額時，如依法得承受並願照拍賣最低價額承受者，應於拍賣期日到場，並於該次期日終結前聲明之。」

(三)債權人未於拍賣期日到場者，不得聲明承受。除他債權人已於拍賣期日到場依法承受者外，執行法院應再行定期拍賣。

(四)得為承受之債權人，不以有執行名義者為限，無執行名義而依法對於執行標的物有擔保物權或優先受償權之債權人，經聲明或依職權列入分配者，亦得承受之。

(五)拍賣不動產時，應買人欠缺法定資格條件者，其應買無效。如無其他合於法定要件之人應買者，應認為「無人應買」。

五二　關於第九十二條部分：

再行拍賣之酌減數額，執行法官應斟酌當地經濟狀況減少適當金額，不宜一律減少原拍賣最低價額百分之二十。

五三　關於第九十四條部分：

(一)到場之債權人有二人以上願承受者，其抽籤應由執行法官主持之。

(二)依本法第九十四條第二項規定之再行拍賣，其原承受人不得應買或再聲明承受。

五四　關於第九十五條部分：

(一)依本法第九十五條第一項規定，於公告之日起三個月內依原定拍賣條件應買或承受之表示時，如不動產之價格已上漲，且債權人或債務人表示反對，執行法院應不准應買或承受。

(二)本法第九十四條第二項、第三項有關債權人承受差額之補繳及再拍賣之規定，於本條第一項承買準用之。

五五　關於第九十六條部分：

(一)供拍賣之數宗不動產，其中一宗或數宗之賣得價金已足清償強制執行之債權額及債務人應負擔之費用時，於拍定前債務人得指定其應拍定不動產之部分。

(二)拍賣之不動產有數宗時，原則上應一次拍賣，但法院得斟酌實際情況，於拍賣公告註明：「如一宗或數宗不動產拍賣所得價金已足敷清償債權額及債務人應負擔之費用時，其餘部分即不予拍定」字樣。

五六　關於第九十七條、第九十八條部分：

(一)不動產經拍定或交債權人承受並已繳足價金後，應於五日內按拍定人或承受人之名義發給權利移轉證書。優先承買者亦同。

(二)不動產由外國人拍定或承受者，執行法院於權利移轉證書發給後，應即通知該管市縣政府。

(三)民事執行處收到出納室移來之買受人繳納價金收據後，應由收文人員填寫核發權利移轉證書管制追蹤考核表一式三份（如附件五（略））此表得與價金分配之管制考核併用）一份送庭長存查，二份送研考科轉陳院長核閱後，一份送交承辦股，一份存研考科。

(四)承辦股書記官應就考核表所列應辦事項之辦畢日期，逐欄填載後退還研考科陳報院長查核。

(五)承辦股逾十五日尚未將考核表退還者，研考科應以查詢單每週一次向承辦股查詢其遲延原因，至案件終結為止，不得疏懈。

(六)承辦股書記官接到研考科查詢單後，應即將已於規定期限內核發權利移轉證書，或未能於規定期限內核發之遲延原因，詳載於查詢單，退還研考科。

(七)強制執行中拍賣之不動產經第三人訴由法院判決確定認為應屬於該第三人所有時，原發權利移轉證書當然失其效力，執行法院應逕予註銷，並通知該管登記機關登記其事由。

(八)拍定人繳足價金後，債務人提出停止執行之裁定者，拍定人之地位不因之而受影響，執行法院不得停止權利移轉證書之發給。惟拍定人所繳價金，執行法院如未交付債權人，應依停止執行之裁定停止交付。

(九)依本法第九十八條第三項但書規定保留不動產上之抵押權者，須於該不動產拍定後，繳納價金期限屆滿一日前由拍定人或承受人及抵押權人共同向執行法院陳明。有此情形時，其抵押權，毋庸塗銷。

五七 關於第九十九條、第一百條、第一百十四條、第一百二十四條部分：

(一)拍賣之不動產，除有依法不能點交之情形者外，應於核發權利移轉證書後，依買受人之聲請，迅速點交。

(二)拍賣之不動產可否點交，以查封時之占有狀態為準，苟查封時不動產為債務人占有，執行法院於拍定後即應依法嚴格執行點交，不因事後債務人將不動產移轉予第三人占有而受影響。

(三)應點交之土地，如有未分離之農作物事先未併同估價拍賣者，得勸告買受人與有收穫權人協議為相當之補償，或俟有收穫權人收穫後，再行點交。

(四)不動產所有人設定抵押權後，於同一不動產上設定地上權或其他權利或出租於第三人，因而價值減少，致其抵押權所擔保之債權不能受滿足之清償者，執行法院得依聲請或依職權除去後拍賣之。

(五)拍賣債務人之不動產應有部分者，應將該債務人現實占有部分，點交於買受人或承受人。

(六)依本法第九十九條規定解除債務人或第三人對於不動產占有時，該債務人或第三人存置於不動產之動產，應取出點交與該債務人或第三人者，如無人接受點交或出面接受點交者於點交過程中逕自離開現場，致無法完成點交時，應適用本法第一百條第二項規定處理之。

(七)本法第九十九條及第一百二十四條所定債務人，包括為債務人之受僱人、學徒或與債務人共同生活而同居一家之人，或基於其他類似之關係，受債務人指示而對之有管領之力者在內。

(八)不動產或船舶經點交後，原占有人復占有該不動產或船舶，由買受人或債權人聲請再解除其占有者，其聲請應另分新案。

(九)依本法第九十九條第二項、第一百二十四條之規定，聲請續為執行，以原占有人復行占有者始得依聲請再予點交，並以本法修正施行後，經聲請執行法院點交者為限。

(十)出租人與承租人訂立租賃契約後，將租賃物交付承租人占有前，經執行法院查封者，承租人不得主張係查封前與債務人訂約承租該不動產，阻止點交。

(十一)第三人於查封後始占用拍賣之不動產，拒絕交出者，執行法院除應嚴格執行，解除其占有，將不動產點交於買受人或承受人外，如遇有竊佔執行標的物、恐嚇投標人、得標人、偽造借據、租約或涉有其他罪嫌時，應即移送該管檢察官依法偵辦。債務人受點交後復占有該不動產者，亦同。

(十二)債務人或第三人於查封後提出租賃契約，主張查封之不動產上已有租賃關係者，執行法院宜為相當之調查，如發現其契約有冒用他人名義偽訂情事時，亦應依前款規定辦理。

(十三)第三人對其在查封前無權占有不動產不爭執，或其對該不動產之租賃權業經執行法院除去，而有第十一款規定之情事者，亦得依該款規定辦理。

五八 關於第一百零二條部分：

依本法第一百零二條第一項所為之通知，應於第一次揭示拍賣公告同時為之，其通知書應載明他共有人得以同一價格共同或單獨優先承買。

五九 關於第一百零三條部分：

執行法院依本法第一百零三條規定，對於已查封之不動產命付強制管理者，應以該不動產在相當期間內其收益於扣除管理費用及其他必需之支出後，足以清償債權額及債務人應負擔之費用者為準。

六十 關於第一百零四條、第一百零七條部分：

(一)債務人所有之不動產因執行實施強制管理，並命不動產之承租人按期向管理人給付租金，而承租人不遵行時，管理人得對之提起交租之訴。

(二)管理人聲請將管理之不動產出租時，須所收租金足以清償債權及應由債務人負擔之費用總額，或雖不能為此清償，但其出租並不影響該不動產之同時併行拍賣者，執行法院始得為許可。許可前，並應詢問債權人及債務人之意見。

六一 關於第一百十四條至第一百十四條之四部分：

(一)本法第一百十四條第一項所稱建造中之船舶，係指自安放龍骨或相當於安放龍骨之時起至其成為海商法所定之船舶時為止之船舶而言。

(二)對於船舶之查封，除為查封之標示及追繳船舶文書外，應使其停泊於指定之處所，並即通知當地航政主管機關。但國內航行船舶之假扣押，得以揭示方法為之。以揭示方法執行假扣押時，應同時頒發船舶航行許可命令，明示准許航行之目的港、航路與期間，並通知當地航政主管機關及關稅局。

(三)就船舶為保全程序之執行，僅得於運送人或船長發航準備完成前或於航行完成後，始得為之。但保全程序係保全為使航行可能所生之債權及船舶碰撞所生之債權者，則無此限制。所謂發航準備完成者，指法律上及事實上得開行之狀態而言，例如船長已取得當地航政主管機關核准發航與海關准結關放行及必需品之補給已完成，並已配置相當海員、設備及船舶之供應等屬之；所謂航行完成，指船舶到達下次預定停泊之商港而言；所謂為使航行可能所生之債權，例如為備航而向之購置燃料、糧食及修繕等所生債權是。

(四)船舶之強制執行，執行法院於必要時，得請警察、航政機關或其他有關機關協助。

(五)船舶經查封後，得委託航政機關、船長或其他妥適之人或機關、團體保管；並得許可為必要之保存及移泊行為。保管、保存及移泊費用，得命債權人預納。

(六)本法第一百十四條之一第二項之債權額，包括參與分配之債權額。又依本項因查封所提供之擔保物品，依序為：現金、有價證券，或債務人與金融機構所締結之支付保證證明文書，該證明文書須載明金融機構應隨時依執行法院之通知，為債務人繳納一定金額。

(七)拍賣船舶，執行法院應囑託船舶製造業者、航政機關、船長同業公會或其他妥適之人或機關、團體估定其價額，經核定後，以為拍賣最低價額。

(八)本法第一百十四條之二第二項拍賣船舶公告應記載之其他事項，須記明「船舶國籍證明書」是否為執行法院所扣留。

(九)船舶法第九條第一項規定之船舶應具備之文書，於船舶拍賣或變賣後，執行法院應命債務人或船長交出，或以直接強制方法將其取交買受人或承受人，對於船舶有關證書，執行法院並得以公告方式宣告該證書無效，另作證明書發給買受人或承受人。

(十)依本法第一百十四條之三適用船籍國法時，不得以該船籍國法不承認我國法而拒絕適用該船籍國法。

(十一)船舶應有部分之拍賣或變賣，他共有人有優先承買權。此項執行，除應依本法第一百零二條規定辦理外，非得共有人全體同意不得使該船舶喪失我國之國籍。

(十二)海商法所定船舶以外之船舶，其強制執行，適用關於動產執行之規定。

(十三)航空器除法律另有規定外，自開始飛航時起至完成該次飛航時止，不得實施扣押或假扣押。所謂「飛航時起至完成該次飛航時止」，指航空器自一地起飛至任何一地降落之一段航程而言。

六二　關於第一百十五條部分：

(一)依當事人之特約，不得讓與之金錢債權，執行法院仍得發移轉命令。

(二)本法第一百十五條第二項規定之收取、移轉或支付轉給命令，以發何種命令對債權人最為有利，宜詢問債權人之意見。

(三)扣押命令之效力當然及於從屬之擔保物權。擔保物為動產者，債務人不得處分之；擔保物為不動產者，執行法院應通知該不動產之登記機關登記其事由。

六二之一　關於第一百十五條之一部分：

(一)本法第一百十五條之一第二項各款債權扣押金額上限，應以債務人對第三人各期債權全額之三分之一定之。

(二)對於本法第一百十五條之一第二項各款所定債權發扣押命令，除有同條第三項有失公平之情形外，扣押後餘額，不得低於依本法第一百二十二條第三項所定數額。

(三)對繼續性給付之債權發移轉命令後，案件得報結，並於執行名義正本上註記執行案號、執行費用及第三人名稱等字句，影印附卷後，將之發還債權人。

(四)債權人如依本法第一百十五條之一第四項但書規定聲請繼續執行時，執行法院應另分新案辦理之。

(五)執行法院對繼續性給付債權核發移轉命令後，經第三債權人就同一債務人之同一繼續性給付債權聲請併案執行或參與分配者，執行法院應撤銷未到期部分之移轉命令，改發按各該參與分配或併案執行債權額比例分配之移轉命令。

六三　關於第一百十七條部分：

就債務人之公有財產租賃權或其他須經主管機關同意始得轉讓之財產權為執行時，應先囑託各該主管機關禁止債務人處分，並經其同意轉讓後，始得命令讓與。

六四　關於第一百十九條、第一百二十條部分：

(一)本法第一百十九條第一項之「法院命令」，包括執行法院依第一百十五條第一項、第二項、第一百十六條第一項及第一百十七條規定對第三人所發之命令在內。此項命令應附記第一百十九條第一項及第二項之意旨；如第三人對之聲明異議，而債權人認該第三人之聲明為不實時，得依本法第一百二十條規定提起訴訟，非得有確定勝訴之判決，不得逕向第三人為強制執行。

(二)本法第一百十九條第二項所謂「執行法院命令」，係指同項所稱「將金錢支付債權人，或將金錢、動產不動產支付或交付執行法院」之命令而言，不包括移轉命令在內。

(三)依本法第一百十九條第二項規定逕向第三人為強制執行者，應另行分案辦理。

六五　關於第一百二十二條部分：

(一)本法第一百二十二條第一項所稱社會福利津貼，係指低收入老人生活津貼、中低收入老人生活津貼、身心障礙者生活補助、老年農民福利津貼及榮民就養給付等其他依社會福利法規所發放之津已由法院囑託查封登記之建物，法院因當事人和解、債之清償或其他原因撤銷查封時，應即填寫「某某地方法院囑託塗銷查封登記書」，囑託原地政機關塗銷其查封登記。

第六條（拍賣後之處置）

執行法院拍賣查封建築改良物發給買受人權利移轉證書時，應通知地政機關在前項查封登記「備考」欄內註明拍賣日期及買受人。

第七條（囑託破產登記之準用）

本辦法於法院囑託辦理破產登記時，準用之。

第八條（施行日期）

本辦法自發布日施行。

未繼承登記不動產辦理強制執行聯繫辦法

民國八十五年二月八日司法院行政院令發布
八十五年九月二十日司法院行政院令修正發布
九十四年一月二十六日司法院行政院令修正發布第二、六、一一條條文

一　未辦理繼承登記之不動產，執行法院因債權人之聲請，依強制執行法第十一條第三項或第四項規定，以債務人費用通知地政機關登記為債務人所有時，得依同法第二十八條第二項規定准債權人代債務人申繳遺產稅及登記規費。

二　債權人依前條向執行法院聲請時，應具聲請書一式二份，記載下列事項及提供下列文件：

(一)債權人姓名、年齡、出生地及住居所。
(二)被繼承人姓名、年齡、出生地及住居所。
(三)繼承人或遺囑執行人姓名、年齡、出生地及住居所。
(四)聲請之原因。
(五)繼承系統表或指定繼承人之遺囑及繼承人之戶籍謄本。
(六)不動產所有權狀。其不能提出者，債權人應陳明理由，由聲請執行法院通知地政機關公告作廢。但應提出不動產登記簿謄本代之。

三　執行法院依第一條通知地政機關時，應副知債權人，並應將前條聲請書及所列文件轉送地政機關。

四　債權人依第一條向稅捐稽徵機關申繳遺產稅者，其應代繳之遺產稅額，得就其聲請強制執行之不動產所占全部遺產總額之比率計算之。

五　債權人繳清核定遺產稅額者，稅捐稽徵機關應發給執行不動產之遺產稅繳清證明書及代繳證明書，其免稅者，應發給免稅證明書。

六　債權人取得遺產稅繳清證明書或取得免稅證明書後，除應以影本報請執行法院存案外，並應檢同下列文件送請地政機關辦理繼承登記：

(一)法院通知副本。
(二)遺產稅繳清證明書或免稅證明書。

七　稅捐稽徵機關依稅捐稽徵法第三十九條、第四十九條規定移送強制執行時，準用第一條至第三條之規定。

八　地政機關辦畢繼承登記後，應通知繼承人及債權人。新所有權狀應經繼承人之請求始行繕發，不得發給債權人。

九　執行名義成立後，債務人死亡，債權人對於該債務人所遺不動產聲請強制執行者，應改列繼承人為債務人。

繼承人全部拋棄繼承權或繼承人有無不明者，應改列遺產管理人為債務人，債務人以遺囑處分遺產者，並以其他繼承人或遺囑執行人為債務人。

十　執行法院對於未辦理繼承登記之不動產實施查封時，應開列不動產標示、被繼承人、全部繼承人或遺產管理人或遺囑執行人之姓名、年齡、出生地、住居所，囑託該管地政機關辦理查封登記。如被繼承人或全體繼承人為債務人者，應於不動產登記簿記載就全部為查封登記；如係一部分繼承人為債務人者，應載明係就該繼承人應繼分為查封登記。地政機關辦理完畢後應即函復執行法院，並副知該管稅捐稽徵機關。

十一　查封之不動產，如係未辦理所有權登記之建築改良物者，應依土地登記規則第一百三十九條規定辦理。

十二　稅捐稽徵機關接獲第十條所定地政機關副本後，應即查核處理，如遺產稅業已繳清或係免稅者，稅捐稽徵機關應通知執行法院及地政機關；如遺產稅

尚未繳清，得依稅捐稽徵法第三十九條、第四十九條移送強制執行者，應即移請執行法院就全部遺產強制執行，由執行法院於賣得價金中扣繳後，將第二條所列之書類文件，囑託該管地政機關將查封之不動產辦理繼承登記後，再發給拍定人權利移轉證書。

十三　執行法院依遺產及贈與稅法第八條第二項規定通知稅捐稽徵機關時，稅捐稽徵機關應就其核定之遺產稅額移送法院強制執行。

十四　遺產稅尚未繳清，而又不能依遺產及贈與稅第八條第二項或稅捐稽徵法第三十九條、第四十九條移送強制執行者，稅捐稽徵機關應開列明細表函告執行法院，由執行法院通知債權人，債權人得向稅捐稽徵機關代繳之。其繳納期限尚未屆至者，稅捐稽徵機關應准其提前代繳。債權人代繳後，稅捐稽徵機關應給予證明，由債權人提出於執行法院。

十五　執行法院依強制執行法第九十八條發給拍定人權利移轉證書後，應即函請該管地政機關命買受人辦理所有權登記，並於權利移轉證書內載明應於領得證書之日起三十日內，持向地政機關辦理登記，逾期不辦理者，地政機關得依法處罰。

十六　地政機關接到前條執行法院函件後，應於登記簿內註明拍定事由。

十七　為執行名義之判決，係命債務人辦理不動產繼承移轉或分割登記，而其權利標的物未為辦理繼承登記之不動產者，地政機關應命債權人提出遺產稅繳清證明書或免稅證明書或稅捐稽徵機關同意移轉證書後，始得辦理。

十八　第四條及第五條之規定，於前條情形準用之。

十九　本辦法自發布日施行。

破產法

民國二十四年七月十七日國民政府公布
二十六年五月一日國民政府修正公布
六十九年十二月五日總統令修正公布
八十二年七月三十日總統令修正公布
一百零七年六月十三日總統令修正公布第一三條條文

第一章　總則

第一條（和解與破產之原因）
債務人不能清償債務者，依本法所規定和解或破產程序，清理其債務。
債務人停止支付者，推定其為不能清償。
*（破產原因）民三五；（清償債務）民三〇九以下；（和解程序）破產六～五六；（破產程序）破產五七以下。

第二條（和解與破產事件之管轄）
和解及破產事件，專屬債務人或破產人住所地之地方法院管轄，債務人或破產人有營業所者，專屬其主營業所所在地之地方法院管轄，主營業所在外國者，專屬其在中國之主營業所所在地之地方法院管轄。」
不能依前項規定定管轄法院者，由債務人或破產人主要財產所在地之地方法院管轄。
*（住所）民二〇、二一、二九、一〇〇二、一〇六〇；（地方法院）法組一、九；（主營業所）民二九、四八㈠③、六一㈠③；（專屬管轄）民訴二六；（財產所在地法院）民訴三。

第三條（破產法之人的效力）
本法關於和解之債務人或破產人應負義務及應受處罰之規定，於左列各款之人亦適用之：
一　無限公司或兩合公司執行業務之股東。
二　股份有限公司之董事。
三　其他法人之董事或與董事地位相等之人。
四　債務人或破產人之法定代理人、經理人或清算人。
五　遺產受破產宣告時之繼承人、遺產管理人或遺囑執行人。
*（和解之債務人或破產人應負之義務）破產八、一四、二〇、二四、三一、六三、六九～七二、八七～八九、一二二、一三四；（債務人或破產人應受之處罰）破產一五二～一五六、一五九；（無限公司或兩合公司執行業務之股東）公司八、四五㈠、一一五；（股份有限公司之董事）公司八、一九二㈠、二〇二；（其他法人之董事）民二七；（法定代理人）民一〇八六、一〇九八、一一一三；（經理人）民五五三，公司二九，海商一八；（清算人）公司八、七九、一二七、三二二，民三七、三八；（遺產繼承人）民一一三八～一一四一、一一四四；（遺產管理人）民一一八〇；（遺囑執行人）民一二〇九。

第四條（破產法之地的效力）
和解在外國成立或破產在外國宣告者，對於債務人或破產人在中國之財產，不生效力。
*（外國法院確定判決之效力）民訴四〇二。

第五條（民事訴訟法之準用）
關於和解或破產之程序，除本法有規定外，準用民事訴訟法之規定。
*（和解程序）破產六～五六，民訴三七七～三八〇；（破產程序）破產五七以下。
▲破產管理人就屬於破產財團之不動產所為之拍賣，其效力與執行法院代債務人拍賣不動產之情形不同，依破產法第五條規定，僅準用民事訴訟法，不包括強制執行法，解釋上自無適用強制執行法第九十八條之餘地。是破產管理人發給上訴人之權利移轉證書，既無法律上之依據，僅可發生一般債權之效力，上訴人未就系爭房屋完成所有權移轉登記前，即無從本於所有權人之地位，訴求被上訴人等交還系爭房屋及賠償其損害。（五六臺上三二二八）

第二章　和解

第一節　法院之和解

第六條（聲請和解之要件）
債務人不能清償債務者，在有破產聲請前，得向法院聲請和解。

已依第四十一條向商會請求和解，而和解不成立者，不得為前項之聲請。

*（不能清償債務）破產一；（破產之聲請）破產五八、五九；（聲請）破產五，民訴一一六以下、一二二；（法院）破產二，法組一～九；（和解）民訴三七七以下；（請求商會和解）破產四一；（和解不成立）破產二七、四九。

第七條（聲請和解之程序）

債務人聲請和解時，應提出財產狀況說明書及其債權人、債務人清冊，並附具所擬與債權人和解之方案，及提供履行其所擬清償辦法之擔保。

第八條（審查和解之必要處分）

法院認為必要時，得傳喚聲請人，令其對於前條所規定之事項補充陳述，並得隨時令其提出關係文件或為其他必要之調查。

*（法院）破產二；（傳喚）破產七〇㈡；（聲請人）破產三、六、七；（調查）破產六三。

第九條（聲請和解之裁定）

法院對於和解聲請之許可或駁回，應自收到聲請之日起七日內，以裁定為之。

前項裁定不得抗告。

*（法院）破產二；（和解聲請之許可）破產一一～一三、二一；（和解聲請之駁回）破產一〇；（期間）破產五，民訴一六一，民一二〇、一二一；（裁定）破產五，民訴二三四以下；（抗告）破產五，民訴四八三。

第十條（聲請和解之駁回）

和解之聲請，遇有左列情形之一時，應駁回之：

一　聲請不合第七條之規定，經限期令其補正而不補正者。

二　聲請人曾因和解或破產，依本法之規定而受有期徒刑之宣告者。

三　聲請人曾經法院認可和解或調協，而未能履行其條件者。

四　聲請人經法院傳喚無正當理由而不到場，或到場而不為真實之陳述或拒絕提出關係文件者。

*（聲請和解之裁定）破產九；（補正）破產七；（因和解破產受刑之宣告）破產一五二以下；（法院認可和解）破產二九；（認可調協）破產一二九、一三五；（聲請人）破產三、六；（傳喚）破產八；（提出關係文件）破產八。

第十一條（監督人與監督輔助人之選定及報酬）

和解聲請經許可後，法院應指定推事一人為監督人，並選任會計師或當地商會所推舉之人員或其他適當之人一人或二人為監督輔助人。

法院認為必要時，得命監督輔助人提供相當之擔保。

監督輔助人之報酬，由法院定之，有優先受清償之權。

*（和解聲請許可）破產九；（法院）破產二；（優先權）破產三七。

第十二條（許可和解之公告事項及通知）

法院許可和解聲請後，應即將左列事項公告之：

一　許可和解聲請之要旨。

二　監督人之姓名，監督輔助人之姓名、住址及進行和解之地點。

三　申報債權之期間及債權人會議期日。

前項第三款申報債權之期間，應自許可和解聲請之日起，為十日以上二個月以下。但聲請人如有支店或代辦商在遠隔之地者，得酌量延長之。債權人會議期日應在申報債權期間屆滿後七日以外一個月以內。」

對於已知之債權人及聲請人，應另以通知書記明第一項各款所列事項送達之。

對於已知之債權人，應將聲請人所提出和解方案之繕本，一併送達之。

*（法院）破產二；（許可和解聲請）破產九；（公告）破產一三；（監督人監督輔助人）破產一一；（申報債權及債權人會議期日）破產六四；（期間）破產五，民訴一六〇、一六一、一六三；（代辦商）民五五八；（和解方案繕本）破產五、七，民訴一一九。

第十三條（公告方法）

前條公告，應黏貼於法院牌示處，並公告於法院網站；法院認為必要時，得命登載於公報或新聞紙。

⑩⑦一、以法院網站之電子公告取代刊登新聞紙。
二、目前各法院均設有網站，刪除後段黏貼於商會或其他相當之處所等文字。
三、原條文後段「並登載於公報及」文字修正為「並公告於法院網站；法院認為必要時，得命登載於公報或新聞紙。」。

*（公告）破產一二；（商會）商團二、三。

第十四條（債務人管理財產之限制）

在和解程序進行中，債務人繼續其業務，但應受監督人及監督輔助人之監督。

與債務人有關之一切簿冊、文件及財產，監督人及監督輔助人得加以檢查。

債務人對於監督人及監督輔助人關於其業務之詢問，有答復之義務。

*（監督人監督輔助人）破產一一；（債務人義務）破產一九、二〇；（債務人簿冊文件）破產七、八。

第十五條（債務人無償行為之效力）

債務人聲請和解後，其無償行為，不生效力。

配偶間、直系親屬間或同居親屬或家屬間所成立之有償行為，及債務人以低於市價一半之價格而處分其財產之行為，均視為無償行為。

*（聲請和解）破產六；（無償行為）民四〇六、四六四；（配偶）民九八二；（直系親屬）民九六七、九六八；（同居親屬家屬）民一一二二、一一二三；（有償行為）民三四五、三九八、四二一、四七四；（準用）破產四九。

第十六條（債務人有償行為之效力）

債務人聲請和解後，其有償行為逾越通常管理行為或通常營業之範圍者，對於債權人不生效力。

*（聲請和解）破產六；（有償行為）民三四五、三九八、四二一、四七四；（準用）破產四九。

第十七條（債權人權利行使之限制）

和解聲請經許可後，對於債務人不得開始或繼續民事執行程序。但有擔保或有優先權之債權者，不在此限。

*（和解聲請許可）破產九；（開始執行程序）強執五；（優先權）破產一一㈢、三七，海商二四、二九，工會三八；

*（準用）破產四九。

▲破產法第十七條（依同法第四十九條規定於商會和解準用之）所謂不得開始或繼續民事執行程序，係指不許普通債權人單獨另依強制執行程序開始或繼續執行而言，並非謂債權人就其債權是否存在不可爭訟或取得執行名義，自無礙於再抗告人依票據法第一百二十三條聲請法院為強制執行之裁定。（六四臺抗五六九）

▲商會和解成立後，和解之效力因而發生，和解程序即為終結，債務人與債權人因和解開始所受不得開始或繼續強制執行之限制，至此即告解除。本件相對人以其已取得之執行名義，在和解條件範圍內聲請強制執行，自無不合。（七〇臺抗四四〇）

第十八條　（監督輔助人之職務）

監督輔助人之職務如左：

一　監督債務人業務之管理，並制止債務人有損債權人利益之行為。

二　保管債務人之流動資產及其業務上之收入。但管理業務及債務人維持家庭生活所必需之費用，不在此限。

三　完成債權人清冊。

四　調查債務人之業務、財產及其價格。

監督輔助人執行前項職務，應受監督人之指揮。

*（監督輔助人）破產一一；（有損債權人利益行為）破產一五、一六；（債權人清冊）破產七；（監督人）破產一一。

第十九條　（監督人之報告義務）

債務人有左列情事之一者，監督人應即報告法院：

一　隱匿簿冊、文件或財產或虛報債務。

二　拒絕答復監督人或監督輔助人之詢問，或為虛偽之陳述。

三　不受監督人或監督輔助人之制止，於業務之管理，有損債權人利益之行為。

*（監督人）破產一一；（法院）破產二；（簿冊文件）破產七、八、一四；（詢問）破產一四；（制止）破產一八㈠①；（有損債權人利益）破產一五、一六。

第二十條　（法院接到報告後之處置）

法院接到前條報告後，應即傳訊債務人，如債務人無正當理由不到場，或關於其行為不能說明正當理由時，法院應即宣告債務人破產。

第二十一條　（文書之閱覽或抄錄）

法院應以左列文書之原本或繕本備利害關係人閱覽或抄錄：

一　關於聲請和解之文件及和解方案。

二　債務人之財產狀況說明書及其債權人、債務人清冊。

三　關於申報債權之文書及債權表。

*（法院）破產二；（原本）破產五，民訴一二〇；（繕本）破產五，民訴一一九；（債權人債務人清冊）破產一八㈠③；（準用）破產四九。

第二十二條　（債權人會議之主席及列席人）

債權人會議，以監督人為主席。

監督輔助人應列席債權人會議。

*（債權人會議）破產一二㈠③；（監督人）破產一一；（監督輔助人）破產一一、一八。

第二十三條　（債權人之出席）

債權人會議，債權人得委託代理人出席。

*（委託代理人）破產五，民訴六九、七〇、七五。

第二十四條　（債務人不出席債權人會議之效力）

債務人應出席債權人會議，並答復監督人、監督輔助人或債權人之詢問。

債務人經通知後，無正當理由而不出席債權人會議時，主席應解散債權人會議，並向法院報告，由法院宣告債務人破產。

*（監督人監督輔助人）破產一一；（詢問）破產一四、一九；（通知債務人）破產一二；（宣告債務人破產）破產二〇、三五、四九、五四、六〇；（準用）破產四九。

第二十五條　（債權人會議之討論）

債權人會議時，監督人或監督輔助人，應依據調查結果報告債務人財產、業務之狀況，並陳述對於債務人所提出和解方案之意見。

關於和解條件，應由債權人與債務人自由磋商，主席應力謀雙方之妥協。

*（監督人監督輔助人）破產一一、一八；（準用）破產四九；（主席）破產二二㈠。

第二十六條　（對債權或數額之駁議及爭議之解決）

債權人會議時，對於債權人所主張之權利或數額，債務人或其他債權人得提出駁議。

對於前項爭議，主席應即為裁定。

*（債權人提出異議）破產三〇；（主席）破產二二㈠；（裁定）破產五，民訴二三四以下。

第二十七條　（可決和解之決議）

債權人會議為和解之決議時，應有出席債權人過半數之同意，而其所代表之債權額並應占無擔保總債權額三分之二以上。

*（出席）破產二三；（債權額）破產二六；（準用）破產四九。

▲破產法第二十七條之債權人會議，除無債權人出席時，應變更期日外，不問出席債權人若干，及其所代表之債權額若干，均應開會，惟為和解之決議時，如無出席債權人過半數之同意，或雖有之，而其所代表之債權額未達無擔保總債權額三分之二者，其和解即因經債權人會議否決而不成立。至同條所謂無擔保總債權額在法院之和解，係指已申報之無擔保總額而言，在商會之和解，係指商會依同法第四十二條查明之無擔保總債權額而言，並非以債務人提出之債權人清冊所載者為準。（院一九九三）

第二十八條　（否決和解時之處置）

和解經債權人會議否決時，主席應即宣告和解程序終結，並報告法院。

*（債權人會議決議）破產二七；（主席）破產二二。

▲㈠破產法關於駁回和解之聲請或不認可和解，均係基於歸責債務人之事由，故應由法院以職權宣告債務人破產，若和解之經債權人會議否決者，則係基於債權人決議之事由，故法院接到報告後，非經當事人聲請，即毋庸依職權為破產之宣告。（院一六七三）

第二十九條　（可決和解時之處置）

和解經債權人會議可決時，主席應即呈報法院，由法院為認可與否之裁定。

前項裁定，應公告之，無須送達。

*（債權人會議可決）破產二七；（主席）破產二二；（認可和解）破產三二、三四；（裁定）破產五，民訴二三四以下；（公告）破產一三；（送達）破產五，民訴一一三。

第三十條（對爭議裁定或可決和解決議之異議）

債權人對於主席依第二十六條所為之裁定或對於債權人會議所通過之和解決議，有不服時，應自裁定或決議之日起十日內向法院提出異議。

*（和解決議）破產二九；（期間）破產五，民訴一六一，民一二〇、一二二；（異議）破產三一、三三。

第三十一條（對異議裁定前之處置）

法院對於前條異議為裁定前，得傳喚債權人及債務人為必要之訊問，並得命監督人、監督輔助人到場陳述意見。

*（異議之裁定）破產三三、三五；（監督人監督輔助人）破產一一。

第三十二條（認可和解之裁定）

法院如認為債權人會議可決之和解條件公允，提供之擔保相當者，應以裁定認可和解。

*（債權人會議可決）破產二九㈠；（認可和解）破產二九㈠、三六～四〇。

第三十三條（不認可和解之裁定）

法院因債權人之異議，認為應增加債務人之負擔時，經債務人之同意，應將所增負擔列入於認可和解裁定書內；如債務人不同意時，法院應不認可和解。

*（債權人之異議）破產三〇；（裁定書）破產五，民訴二三九；（不認可和解）破產三四㈢。

第三十四條（認可或不認可和解裁定之救濟）

對於認可和解之裁定，得為抗告。但以曾向法院提出異議或被拒絕參加和解之債權人為限。

前項裁定，雖經抗告，仍有執行效力。

對於不認可和解之裁定，不得抗告。

對於抗告法院之裁定，不得再抗告。

*（認可和解之裁定）破產三二；（債權人之異議）破產二六、三〇；（裁定）破產五，民訴二三四以下；（抗告）破產五，民訴四八二、四九一；（不認可和解之裁定）破產三三、三五；（再抗告）破產五，民訴四八六㈢。

第三十五條（駁回或不認可和解之處置）

法院駁回和解之聲請或不認可和解時，應依職權宣告債務人破產。

*（駁回和解之聲請）破產九、一〇；（不認可和解）破產三四㈢；（依職權宣告破產）破產二〇、二四、四九、五四、六〇。

第三十六條（和解認可之效力）

經認可之和解，除本法另有規定外，對於一切債權人其債權在和解聲請許可前成立者，均有效力。

*（經認可之和解）破產三二；（本法另有規定）破產一一㈢、三七～三九；（和解聲請之許可）破產一一、一二；（準用）破產四九。

第三十七條（和解認可對優先債權之效力）

和解不影響有擔保或有優先權之債權人之權利。但經該債權人同意者，不在此限。

*（有擔保權或優先權之債權）破產一七；（優先權）破產一一㈢，海商二四、二九，工會三八；（擔保物權）民八六〇、八八四、九〇〇、九〇一，海商三三、三五，動擔四；（準用）破產四九。

第三十八條（和解認可對保證人及共同債務人之效力）

債權人對於債務人之保證人及其他共同債務人所有之權利，不因和解而受影響。

*（保證人）民七三九、七四二；（共同債務人）民二七一～二七三、二七九、二八〇；（準用）破產四九。

第三十九條（債務人允許額外利益之效力）

債務人對債權人允許和解方案所未規定之額外利益者，其允許不生效力。

*（和解方案）破產七、八、二五、二七；（準用）破產四九。

第四十條（債權人之權利）

在法院認可和解後，債務人尚未完全履行和解條件而受破產宣告時，債權人依和解條件已受清償者，關於其在和解前原有債權之未清償部分，仍加入破產程序。但於破產財團，應加算其已受清償部分，以定其應受分配額。

前項債權人，應俟其他債權人所受之分配與自己已受清償之程度成同一比例後，始得再受分配。

*（法院）破產二；（認可和解）破產三二、三六；（受破產宣告）破產五〇～五二、五四；（清償）民三〇九以下；（破產程序）破產五五；（破產財團）破產八二；（準用）破產四九。

第二節　商會之和解

第四十一條（聲請商會和解之要件）

商人不能清償債務者，在有破產聲請前，得向當地商會請求和解。但以未經向法院聲請和解者為限。

*（不能清償債務）破產一；（破產聲請）破產五八；（向法院聲請和解）破產六。

第四十二條（債權人之查明）

商會應就債務人簿冊或以其他方法，查明一切債權人，使其參加和解，並出席債權人會議。

*（債務人簿冊）破產七、四九；（債權人會議）破產四四。

第四十三條（監督人員之委派）

商會得委派商會會員、會計師或其他專門人員，檢查債務人之財產及簿冊，監督債務人業務之管理，並制止債務人有損債權人利益之行為。

*（商會）商團一～三；（商會會員）商團一二；（檢查監督）破產一四㈡；（制止有損債權人行為）破產一八㈠①。

第四十四條（債權人會議之召集）

商會接到和解請求後，應從速召集債權人會議，自接到和解請求之日起，至遲不得逾二個月。

*（和解之請求）破產四一；（期間）破產五，民訴一六一，民一二〇、一二一。

第四十五條（債權人推舉檢查財產等之代表）

債權人會議得推舉代表一人至三人，會同商會所委派人員，檢查債務人之財產及簿冊。

*（債權人會議）破產四四；（檢查）破產四三。

第四十六條（終止和解）
債務人有第十九條各款所列情事之一者，商會得終止和解。
*（監督人查報之債務人違法行為）破產一九。

第四十七條（和解之可決）
和解經債權人會議可決時，應訂立書面契約，並由商會主席署名加蓋商會鈐記。
*（債權人會議可決）破產二七、四九；（書面契約）民三、七三、一五三；（商會主席）商團二一。

第四十八條（推舉監督執行之代表）
債權人會議，得推舉代表一人至三人，監督和解條件之執行。

第四十九條（準用規定）
第七條、第十條、第十五條至第十七條、第二十一條、第二十三條至第二十五條、第二十七條、第三十六條至第四十條關於法院和解之規定，於商會之和解準用之。
*（債務人應提出之書類）破產七；（和解聲請之駁回）破產一〇；（聲請和解之效力）破產一五～一七；（法院應備文件）破產二一；（委託代理人出席）破產二三；（債務人之出席義務）破產二四；（監督人監督輔助人之調查報告）破產二五；（債權人會議和解可決）破產二七；（和解認可之效力）破產三六～四〇。

第三節　和解及和解讓步之撤銷

第五十條（和解之撤銷㈠——條件偏頗）
債權人於債權人會議時不贊同和解之條件，或於決議和解時未曾出席亦未委託代理人出席，而能證明和解偏重其他債權人之利益，致有損本人之權利者，得自法院認可和解或商會主席簽署和解契約之日起十日內，聲請法院撤銷和解。
*（債權人會議）破產一二㈠③、四四；（委託代理人出席）破產二三、四九；（和解之認可）破產三二；（簽署和解契約）破產四七；（期間）破產五，民訴一六一，民一二〇、一二一；（聲請）破產五，民訴一一六、一二二；（撤銷和解）破產五三。

第五十一條（和解之撤銷㈡——債務人之虛偽行為）
自法院認可和解或商會主席簽署和解契約之日起一年內，如債權人證明債務人有虛報債務、隱匿財產，或對於債權人中一人或數人允許額外利益之情事者，法院因債權人之聲請，得撤銷和解。
*（認可和解）破產三二；（簽署和解契約）破產四七；（期間）破產五，民訴一六一，民一二〇、一二二、一二三；（虛報債務隱匿財產）破產一五四、一五五；（聲請）破產五，民訴一一六、一二二；（撤銷和解）破產五三。

第五十二條（和解之撤銷㈢——債務人不履行和解條件）
債務人不履行和解條件時，經債權人過半數而其所代表之債權額占無擔保總債權額三分之二以上者之聲請，法院應撤銷和解。
依和解已受全部清償之債權人，不算入前項聲請之人數。
第一項總債權額之計算，應將已受清償之債權額扣除之。
*（和解條件）破產三三；（債權人過半數）破產二七；（聲請）破產五，民訴一一六、一二二；（撤銷和解）破產五三～五五。

第五十三條（撤銷和解等之裁定及抗告）
法院撤銷和解或駁回和解撤銷之聲請，以裁定為之。」
對於撤銷和解之裁定，不得抗告。
對於駁回和解撤銷聲請之裁定，得為抗告。
*（撤銷和解）破產五〇～五二、五四；（裁定）破產五，民訴二三四以下；（抗告）破產五，民訴四八二。

第五十四條（撤銷和解之效果）
法院撤銷和解時，應以職權宣告債務人破產。
*（撤銷和解）破產五〇～五三；（以職權宣告破產）破產二〇、二四、三五、四九、六〇。

第五十五條（和解程序之沿用）
法院撤銷經其認可之和解而宣告債務人破產時，以前之和解程序，得作為破產程序之一部。
*（撤銷和解）破產五〇～五四；（宣告債務人破產）破產五四；（認可之和解）破產三二；（作為破產程序）破產四〇、四九。

第五十六條（和解讓步之撤銷）
債務人不依和解條件為清償者，其未受清償之債權人，得撤銷和解所定之讓步。
前項債權人，就其因和解讓步之撤銷而回復之債權額，非於債務人對於其他債權人完全履行和解條件後，不得行使其權利。
*（和解方案之提出）破產六、二一①；（和解讓步）破產二五㈢、三二；（撤銷）民九四～九六、一一六；（清償）民三〇九。

第三章　破　產

第一節　破產之宣告及效力

第五十七條（破產宣告之對象）
破產，對債務人不能清償債務者宣告之。
*（清償）民三〇九；（破產宣告）民三五，公司八九、三五五，合作社五六，破產五九。

第五十八條（破產聲請人及聲請之期間）
破產，除另有規定外，得因債權人或債務人之聲請宣告之。
前項聲請，縱在和解程序中，亦得為之。但法院認為有和解之可能者，得駁回之。
*（另有規定）破產二〇、二四㈢、三五、四九、五四、六〇；（聲請）破產五，民訴一一六、一二二；（和解程序）破產六以下；（法院）破產二。
▲破產之聲請，固應以多數債權人之存在為前提，而聲請破產非不得由其中一債權人為之，但如債權人僅有一人，既與第三人無涉，自無聲請破產之必要。（六五臺抗三二五）

第五十九條（遺產之破產宣告）
遺產不敷清償被繼承人債務，而有左列情形之一者，亦得宣告破產：

一　無繼承人時。
二　繼承人為限定繼承或繼承人全體拋棄繼承時。
三　未拋棄繼承之繼承人全體有破產之原因時。

前項破產聲請，繼承人、遺產管理人及遺囑執行人亦得為之。

*（繼承人）民一一三八～一一四二、一一四四；（限定繼承）民一一五四～一一六三；（拋棄繼承）民一一七四～一一七六；（破產之原因）破產一、五七；（破產聲請）破產五八；（遺產管理人）民一一七七；（遺囑執行人）民一二〇九。

第六十條　（訴訟或執行中不能清償債務之破產宣告）

在民事訴訟程序或民事執行程序進行中，法院查悉債務人不能清償債務時，得依職權宣告債務人破產。

*（民事訴訟程序中）民訴二四四、三七七；（民事執行程序中）強執五、二七；（依職權宣告債務人破產）破產二〇、二四、三五、四九、五四。

第六十一條　（破產聲請書之記載）

債權人聲請宣告破產時，應於聲請書敘明其債權之性質、數額及債務人不能清償其債務之事實。

*（債權人聲請）破產五八；（聲請）破產五，民訴一一六。

第六十二條　（破產聲請書應附之文件）

債務人聲請宣告破產時，應附具財產狀況說明書及其債權人、債務人清冊。

*（債務人聲請）破產五八；（聲請）破產五，民訴一一六；（財產狀況說明書債權人債務人清冊）破產七。

第六十三條　（破產聲請准駁之審查及期間）

法院對於破產之聲請，應自收到聲請之日起七日內，以裁定宣告破產或駁回破產之聲請。

在裁定前，法院得依職權為必要之調查，並傳訊債務人、債權人及其他關係人。

第一項期間屆滿，調查不能完竣時，得為七日以內之展期。

*（破產之聲請）破產五七、五九、六一、六二；（期間）破產五，民訴一六一，民一二〇、一二一；（裁定）破產五，民訴二三四以下。

▲㈡破產固係對於債務人不能清償債務者宣告之，但法院就破產之聲請，以職權為必要之調查，確係毫無財產，則破產財團即不能構成，無從依破產程序清理其債務，參照破產法第一百四十八條之趣旨，自應依同法第六十三條，以裁定駁回其聲請。（院一五〇五）

▲對於破產法第六十三條第一項之裁定提起抗告，依破產法第五條準用民事訴訟法第四百八十四條第一項規定，應於原裁定送達後十日之不變期間內為之。（二七抗六七八）

第六十四條　（法院為破產宣告時應為之處置）

法院為破產宣告時，應選任破產管理人，並決定左列事項：

一　申報債權之期間。但其期間，須在破產宣告之日起，十五日以上，三個月以下。
二　第一次債權人會議期日。但其期日，須在破產宣告之日起一個月以內。

*（法院為破產宣告）破產二〇、二四、三五、四九、五四、六〇、六三；（選任破產管理人）破產八三；（期日期間）破產五，民訴一六一，民一二〇～一二二。

第六十五條　（破產宣告之公告）

法院為破產宣告時，應公告左列事項：

一　破產裁定之主文，及其宣告之年、月、日。
二　破產管理人之姓名、住址及處理破產事務之地址。
三　前條規定之期間及期日。
四　破產人之債務人及屬於破產財團之財產持有人，對於破產人不得為清償或交付其財產，並應即交還或通知破產管理人。
五　破產人之債權人，應於規定期限內向破產管理人申報其債權，其不依限申報者，不得就破產財團受清償。

對於已知之債權人、債務人及財產持有人，仍應將前項所列各事項，以通知書送達之。

第一項公告，準用第十三條之規定。

*（破產宣告）破產六三；（破產管理人）破產六四、八三；（申報債權期間期日）破產六四；（送達）破產五，民訴一二三以下；（公告方法）破產一三。

▲已有執行名義之債權，不在破產法第六十五條第一項第五款所定限制之列，故雖逾申報期限，仍得就破產財團而受清償。（院一七六五）

第六十六條　（破產之登記）

法院為破產宣告時，就破產人或破產財團有關之登記，應即通知該登記所，囑託為破產之登記。

*（破產之宣告）破產六三；（破產財團）破產八二；（有關之登記）民七五八，公司二五、六六㈠③、七〇㈠、一一三、三一五㈠⑥、三九六，海商九、三六，船登三，商登三、一〇、一九、二〇。

第六十七條　（破產對人身之效力㈠——秘密通訊之限制）

法院於破產宣告後，認為必要時，得囑託郵局或電報局將寄與破產人之郵件、電報，送交破產管理人。

*（秘密通訊自由）憲一二，刑三一五；（破產管理人）破產六四、八三。

第六十八條　（破產對財產之效力㈠——帳簿記載之保全）

法院書記官於破產宣告後，應即於破產人關於財產之帳簿記明截止帳目，簽名蓋章，並作成節略，記明帳簿之狀況。

*（書記官文書保全）民訴二四一；（簽名）民三。

第六十九條　（破產對人身之效力㈡——居住之限制）

破產人非經法院之許可，不得離開其住居地。

*（居住遷徙自由）憲一〇、二三；（住居所）民二〇以下。

第七十條　（破產對人身之效力㈢——傳喚、拘提）

法院認為必要時，得傳喚或拘提破產人。

前項傳喚或拘提，準用刑事訴訟法關於傳喚或拘提之規定。

*（破產人）破產三；（傳喚）刑訴七一～七五；（拘提）刑訴七七～八二。

第七十一條　（破產對人身之效力㈣——管收）

破產人有逃亡或隱匿毀棄其財產之虞時，法院得管收之。

管收期間不得超過三個月。但經破產管理人提出正當理由時，法院得准予展期，展期以三個月為限。

破產人有管收新原因被發現時，得再行管收。

管收期間總計不得逾六個月。

⑧②一、本條原條文第二項但書，對羈押展期之次數未加限制，經司法院大法官於民國八十一年七月十七日作成釋字第三〇〇號解釋，認與憲法保障人民身體自由之本旨不合。應儘速修正。二、「羈押」原指對刑事被告拘束其身體自由之強制處分。破產，則係實現一般私法上債權之民事強制執行程序。本條對破產人拘束身體自由，亦沿用「羈押」名稱，強制處分之客體，易滋混淆，民、刑不分。爰參照強制執行法之規定，將之修正為「管收」。三、破產人經法院宣告破產後，自應善盡其將財產移交破產財團之義務，以利破產程序之進行。倘竟有逃亡或隱匿、毀棄其財產之情事，為確保債權人之利益，固得予以管收，但其管收期間不能不加限制。按破產係實現全體債權人總債權之程序，防止破產人上述行為，較之實現各別債權之強制執行更有必要，對破產人之管收期間自不宜短於強制執行法對債務人管收之規定。且強制執行事件法律明定應於三個月終結，故管收期間亦為三個月，破產事件，程序複雜，常經年難結，故現行法對之未設限制，惟為尊重上開解釋，維護人權之意旨。爰參考強制執行法第二十四條及該法修正草案第一百二十九條第五項之規定，明定「管收期間不得超過三個月」，「展期以三個月為限」，「管收期間，總計不得逾六個月」。

＊（破產人）破產三；（押票）刑訴一〇二；（隱匿毀棄財產）破產一五四①；（羈押）刑訴一〇一，破產施二；（羈押期間）刑訴一〇八。

▲釋三〇〇。

第七十二條　（破產對人身之效力㈤——宣告前之保全處分）

有破產聲請時，雖在破產宣告前，法院得因債權人之聲請或依職權拘提或管收債務人，或命為必要之保全處分。

⑧②配合前條修正，將「羈押」修正為「管收」。

＊（破產之聲請）破產五八；（破產宣告）破產六三；（破產人）破產三；（保全程序）破產五，民訴五二二、五三二。

第七十三條　（撤銷管收）

管收之原因不存在時，應即釋放被管收人。

⑧②配合第七十一條之修正，將「羈押」修正為「管收」。並為文字上之修正。

＊（管收原因）破產七一、七二；（撤銷羈押）刑訴一〇七。

第七十三條之一　（準用規定）

破產人之管收，除前三條規定外，準用強制執行法之規定。

⑧②一、本條係新增。二、破產人管收之原因及其展期之限制，依本法前三條之規定，至執行管收之程序，則可準用強制執行法。爰增設本條規定。

第七十四條　（法院之查詢權）

法院得依職權或因破產管理人或債權人之聲請，傳喚破產人之親屬或其他關係人，查詢破產人之財產及業務狀況。

＊（聲請）破產五，民訴一一六以下、一二二；（親屬）民九六七～九六九、一〇〇三；（其他關係人）民四〇六、四二一、四七四、四八二、四九〇、五五八、六二二、六六七、七三九、八一七、八二七、九四〇～九四二、一一二三；（財產狀況）破產六二。

第七十五條　（破產對財產之效力㈡——喪失財團之管理及處分權）

破產人因破產之宣告，對於應屬破產財團之財產，喪失其管理及處分權。

＊（破產之宣告）破產六三～六五；（破產財團）破產八二，民訴一七四。

▲在破產宣告前，對於債務人之財產有抵押權者，就其財產有別除權。有別除權之債權人，固可不依破產程序而行使其權利，但別除權之標的財產，仍屬於破產財團，故此項權利之行使，須以破產管理人為相對人。倘以聲請強制執行為行使別除權之方法，如不列破產管理人，而列破產人為相對人，其聲請於當事人之適格即有欠缺。執行法院應以此為理由，裁定駁回之。（七一臺抗五〇二）

第七十六條　（破產對財產之效力㈢——破產人之債務人清償之限制）

破產人之債務人，於破產宣告後，不知其事實而為清償者，得以之對抗破產債權人；如知其事實而為清償者，僅得以破產財團所受之利益為限，對抗破產債權人。

＊（不得清償）破產六五㈠④；（向第三人為清償）民三一〇；（破產財團）破產八二。

第七十七條　（破產對財產之效力㈣——租賃契約之終止）

承租人受破產宣告時，雖其租賃契約定有期限，破產管理人得終止契約。

＊（租賃）民四二一以下；（終止契約）民四五〇、四五三～四五五。

第七十八條　（破產對財產之效力㈤——詐害行為之撤銷）

債務人在破產宣告前所為之無償或有償行為，有損害於債權人之權利，依民法之規定得撤銷者，破產管理人應聲請法院撤銷之。

＊（無償行為）民四〇六；（有償行為）民三四五、三九八、四二一、四七四；（民法規定得撤銷）民二四四、二四五；（聲請）破產五，民訴一一六、二四四。

▲債權人依民法第二百四十四條第二項行使其撤銷權，請求撤銷債務人之行為，如其行為為雙方行為時，固應以債務人及其相對人為被告，否則應認其當事人之適格有欠缺。惟破產管理人就屬於破產財團之財產為訴訟，依民事訴訟法第四百條第二項之規定，其所受判決既對於破產人亦有既判力，是破產管理人為破產法第七十八條之聲請，破產人自無一同被訴之必要。（三八臺上三〇八）

▲破產管理人依破產法第七十八條規定行使撤銷權，係以債務人在破產宣告前所為之無償或有償行為，有損害於債權人之權利，依民法之規定得撤銷者為範圍，若在破產宣告後，則破產人對於應屬破產財團之財產已喪失其管理及處分權，其所為之無償或有償行為自始無效，即不在上開法條所謂應聲請法院撤銷之列。（五一臺上一九八五）

▲㈠債務人在破產宣告前所為之有償行為，有損害於債權人之權利者，破產管理人聲請法院撤銷時，仍應以依民法第二百四十四條第二項之規定得撤銷者始得為之。本件上訴人之所為，依事實審判決認定係屬有償行為，則依民法第二百四十四條第二項規定，須上訴人於受益時亦明知有損害債權人之權利者，方得撤銷。

㈡破產法第七十八條與第七十九條，所定破產管理人行使撤銷權之方式迥不相同，前者須以訴為之，後者以意思表示撤銷為已足（民法第一百十六條第一項），其以訴請求撤

銷者，應認其無起訴之必要而駁回之。（六〇臺上三七九五）

▲抵押權設定行為為詐害行為時，其抵押權雖嗣後因抵押物拍賣而消滅，破產管理人仍得行使撤銷權，俾使返還基於抵押權所為拍賣而得之價金，以保全債務人共同擔保。（七三臺上二六九六）

第七十九條（破產對財產之效力㈥——擔保或清償之撤銷）

債務人在破產宣告六個月內所為之左列行為，破產管理人得撤銷之：

一　對於現有債務提供擔保。但債務人對於該項債務已於破產宣告六個月前承諾提供擔保者，不在此限。

二　對於未到期之債務為清償。

＊（破產宣告）破產六三；（破產管理人聲請撤銷）破產七八；（期間）破產五，民訴一六一，民一二〇、一二一；（清償）民三〇九；（未到期）民三一五、三一六；（提供擔保）民八六〇、九〇〇、九〇一。

▲㈠破產法第七十九條所謂「破產宣告六個月內」係指在破產宣告以前六個月內而言，至同條第一款但書所謂「破產宣告六個月前」則又係指破產宣告前六個月以前而言。（院一五五九）

▲破產法第七十九條所定期間，係以破產宣告時為計算之標準，與聲請時無關，債務人就現有債務提供擔保，得由破產管理人撤銷，以其提供在破產宣告六個月內為限，來問所稱債務人提供擔保，既在破產宣告前六個月以前，自不在得予撤銷之列。（院一七〇六）

▲債務人將系爭之土地與房屋提供擔保，係與其向被上訴人借款同時為之，與破產法第七十九條第一款所指，先有債務，後於破產宣告六個月內另加擔保之情形顯然有間，不得予以撤銷。（四八臺上一二三八）

▲債務人在破產宣告六個月內所為對於現有債務提供擔保，顯有違於破產債權公平受償之原則，故破產法第七十九條第一款許破產管理人追溯而撤銷之，從而所謂現有債務，亦即指其自己所負現有債務而言。至於對他人所負債務提供其財產與該他人為擔保，自與該條款規定之情形有間，要非破產管理人得依該條款以其意思表示予以撤銷，債務人此項以財產為標的之無償行為，固多害及其一般債權，破產管理人仍可依破產法第七十八條規定訴請法院撤銷之，惟此項形成判決如於拍賣抵押物之強制執行終結後始告確定，對於拍定人或承受人亦不生任何效力。（五三臺上四一八）

▲破產法第七十八條與第七十九條，所定破產管理人行使撤銷權之方式迥不相同，前者須以訴為之，後者以意思表示撤銷為已足（民法第一百十六條第一項），其以訴請求撤銷者，應認其無起訴之必要而駁回之。（六〇臺上三七九五）

第八十條（對轉得人行使撤銷權之限制）

前二條之撤銷權，對於轉得人於轉得時知其有得撤銷之原因者，亦得行使之。

第八十一條（撤銷權之除斥期間）

＊（撤銷原因）破產七八、七九。

第七十八條及第七十九條所定之撤銷權，自破產宣告之日起，二年間不行使而消滅。

＊（破產宣告之日）破產六三；（期間）破產五，民訴一六一，民一二〇、一二一、一二三。

第二節　破產財團之構成及管理

第八十二條（破產財團之構成）

左列財產為破產財團：

一　破產宣告時屬於破產人之一切財產，及將來行使之財產請求權。

二　破產宣告後，破產終結前，破產人所取得之財產。

專屬於破產人本身之權利及禁止扣押之財產，不屬於破產財團。

＊（破產宣告）破產六三；（將來行使之財產請求權）民二七一、二八一、七四八、七四九、八七九；（專屬債務人本身之權利）民一九五、七二九、九七九、九九九、一〇五六、一〇八二、一一一七；（禁止扣押之財產）強執五二、五三、一二二，軍屬優待一〇；（破產終結前）破產一三五、一四六、一四八。

第八十三條（破產管理人之選任）

破產管理人，應就會計師或其他適於管理該破產財團之人中選任之。

前項破產管理人，債權人會議得就債權人中另為選任。

破產管理人受法院之監督，必要時，法院並得命其提供相當之擔保。

＊（破產管理人）破產六四、六五㈠②；（債權人會議）破產六四②、六五㈠③、一一六以下。

第八十四條（破產管理人之報酬）

破產管理人之報酬，由法院定之。

＊（準用）破產一二八。

第八十五條（破產管理人之撤換）

法院因債權人會議之決議，或監查人之聲請，或依職權，得撤換破產管理人。

＊（債權人會議）破產一一六；（債權人會議之決議）破產一二〇；（監查人）破產九二、一二〇①、一二一；（聲請）破產五，民訴一一六以下、一二二；（破產管理人）破產八三、八四。

第八十六條（破產管理人之義務）

破產管理人，應以善良管理人之注意，執行其職務。

＊（受任人之注意義務）民五三五；（準用）破產一二八。

第八十七條（破產人之提出財產狀況說明書及債權人、債務人清冊）

破產人經破產管理人之請求，應即提出財產狀況說明書及其債權人、債務人清冊。

前項說明書，應開列破產人一切財產之性質及所在地。

＊（破產管理人之編造表冊）破產九四；（財產狀況債權人債務人清冊）破產六二。

第八十八條（破產人財產之移交義務）

破產人應將與其財產有關之一切簿冊、文件及其所管有之一切財產，移交破產管理人。但禁止扣押之財產，不在此限。

＊（破產人管理權處分權之喪失）破產七五；（違反本條之制裁）破產一五二；（禁止扣押之財產）強執五三、一二二，破產八二，軍屬優待一〇。

第八十九條（破產人之答復詢問義務）

破產人對於破產管理人或監查人，關於其財產及業務之詢問，有答復之義務。

＊（違反本條規定之制裁）破產一五三；（答復義務）破產二

四、一二二；（破產人）破產三；（破產管理人）破產八三；（監查人）破產一二〇①、一二一。

第九十條　（破產管理人之保全行為）

破產人之權利屬於破產財團者，破產管理人應為必要之保全行為。

＊（破產財團）破產八二；（保全行為）民一二九、二四二、二四四，民訴一七四、五二二、五三二。

第九十一條　（破產管理人之繼續營業）

破產管理人於第一次債權人會議前，經法院之許可，得於清理之必要範圍內繼續破產人之營業。

＊（破產管理人）破產八三；（破產人營業之繼續）破產一二〇③；（第一次債權人會議期日）破產六四②、六五㈠③；（裁定）破產五，民訴二三四。

第九十二條　（破產管理人應得監查人同意之行為）

破產管理人為左列行為時，應得監查人之同意：

一　不動產物權之讓與。

二　礦業權、漁業權、著作權、專利權之讓與。

三　存貨全部或營業之讓與。

四　借款。

五　非繼續破產人之營業，而為一百圓以上動產之讓與。

六　債權及有價證券之讓與。

七　寄託之貨幣、有價證券及其他貴重物品之取回。

八　雙務契約之履行請求。

九　關於破產人財產上爭議之和解及仲裁。

十　權利之拋棄。

十一　取回權、別除權、財團債務及第九十五條第一款費用之承認。

十二　別除權標的物之收回。

十三　關於應行收歸破產財團之財產提起訴訟或進行其他法律程序。

＊（監查人）破產一二〇①、一二一；（不動產）民六六；（不動產物權）民七七三、八三一、八四一、八五一、八六〇；（礦業權）礦業四、一一；（漁業權）漁業一五；（專利權）專利六、七；（著作權）著作一、三；（營業讓與）民三〇五；（債權讓與）民二九四以下；（寄託）民五八九；（雙務契約之履行請求）破產九六②；（取回權）破產一一〇；（別除權）破產一〇八、一〇九。

▲監查人係代表債權人監督破產程序之進行，債權人會議選任監查人，其決議之結果，未能得破產法第一百二十三條所定之同意，應再開會選任，同法並無准予免設監查人之規定，自不得免設，但在未選出以前，關於同法第九十二條所定，應得監查人同意之行為，法院得本其監督權之作用，酌量核定，以促破產程序之進行。（院一五二九）

▲破產法第九十二條第十三款之規定，係指破產管理人就應屬破產財團之財產，提起訴訟或進行其他法律程序請求收回，破產管理人居於主張權利地位之情形而言。本件被上訴人主張對於破產人有債權存在，而起訴請求清償，破產管理人係居於防禦地位，核與前開條款規定之情形有別，應無該條款規定之適用。從而原審引用上開條款之規定，認上訴人提起第二審上訴，未得監查人同意，於法不合，所持見解，顯有違誤。（八〇臺上二七三六）

第九十三條　（法人破產時出資之令繳）

法人破產時，破產管理人應不問其社員或股東出資期限，而令其繳納所認之出資。

＊（法人破產）民二五，公司八九㈠、一一三、一一五、二一一㈡、三三四；（社員之出資）民四七⑤，合作社九㈢⑥、⑦；（股東之出資）公司四一㈠④、一〇一、一一五、一五四；（合夥人之出資）民六六七、六八九、七〇二。

第九十四條　（債權表之編造）

破產管理人於申報債權期限屆滿後，應即編造債權表，並將已收集及可收集之破產人資產，編造資產表。

前項債權表及資產表，應存置於處理破產事務之處所，任利害關係人自由閱覽。

＊（申報債權之期限）破產六四①、六五㈠③；（處理破產之處所）破產六五㈠②；（債權表資產表）破產一一九。

第九十五條　（財團費用）

左列各款，為財團費用：

一　因破產財團之管理、變價及分配所生之費用。

二　因破產債權人共同利益所需審判上之費用。

三　破產管理人之報酬。

破產人及其家屬之必要生活費及喪葬費，視為財團費用。

＊（破產財團）破產八二；（破產財團之管理）破產八六～九四、一二〇②；（破產財團之變價）破產一三八；（破產財團之分配）破產一三九～一四五、一四七；（審判費用）民訴費二、二〇～二五，民訴七八以下；（破產管理人之報酬）破產八四；（家屬）民一一二二、一一二三。

▲強制執行法第二十九條第二項所定得就強制執行之財產優先受償者，以債權人因強制執行而支出之費用得求償於債務人者為限。上訴人以破產管理人之身分，因僱工看管破產人建地四筆，房屋二幢所支出之費用，既係屬於破產財團管理所生之費用，依破產法第九十五條第一項第一款之規定，應為破產程序中之財團費用，而非強制執行費用。上訴人除得依破產程序而行使其權利外，無主張在被上訴人拍賣抵押物執行事件中，優先參加分配之餘地。（五五臺上二五九一）

第九十六條　（財團債務）

左列各款，為財團債務：

一　破產管理人關於破產財團所為行為而生之債務。

二　破產管理人為破產財團請求履行雙務契約所生之債務，或因破產宣告後應履行雙務契約而生之債務。

三　為破產財團無因管理所生之債務。

四　因破產財團不當得利所生之債務。

＊（破產管理人）破產八三；（雙務契約）民三四五、三九八、四二一、四八二、四九〇、五一五、五八九、六一三、六二二、六五四；（無因管理）民一七二～一七八；（不當得利）民一七九～一八三。

▲破產管理人為破產財團請求履行雙務契約所生之債務，依破產法第九十六條第二款前段，及第九十七條固為財團債務，應先於破產債權而為清償。惟破產管理人終止租賃契約，請求承租人返還租賃物時，出租人所負返還押租之義務，並非請求履行雙務契約所生之債務，自不得認為財團債務。（二七上二二六五）

▲破產宣告前已成立之雙務契約，在破產宣告前，他方當事人已照約履行者，破產人固負有為對待給付之義務，但此種債務，性質上與成立於破產宣告前之一般債權無異，當僅得依破產債權行使權利，如認為此種債務係屬破產法第九十六條第二款後段所規定之財團債務，得優先於一般破產債權受償，殊欠公允。故該條款後段所謂財團債務，應

以破產宣告後，他方當事人仍照約履行，因而增加破產財團之財產，而應由破產管理人履行之對待給付而言，庶與同條款前段之規定，立法理由趨於一致。（六三臺上二一一五）

第九十七條　（財團債權之優先清償）

財團費用及財團債務應先於破產債權，隨時由破產財團清償之。

*（財團費用）破產九五；（財團債務）破產九六；（破產債權）破產九八～一一五；（破產財團）破產八二。

第三節　破產債權

第九十八條　（破產債權）

對於破產人之債權，在破產宣告前成立者，為破產債權。但有別除權者，不在此限。

*（破產之宣告）破產六三～六五；（別除權）破產一〇八、一〇九。

第九十九條　（破產債權之行使）

破產債權，非依破產程序，不得行使。

▲釋二九二。

▲承租人因擔保租金債務所交付之押金，僅得向收受之出租人請求返還，業經院字第一九〇九號解釋有案，此項押金之返還請求權，於出租人宣告破產時，自屬破產債權，祇能依破產程序行使其權利。（院二〇七五）

第一百條　（附期限之債權）

附期限之破產債權未到期者，於破產宣告時視為已到期。

*（附期限）民一〇二；（破產宣告時）破產六三～六五；（破產債權）破產九八。

第一百零一條　（中間利息之扣除）

破產宣告後始到期之債權無利息者，其債權額應扣除自破產宣告時起至到期時止之法定利息。

*（法定利息）民二〇三；（破產宣告）破產六三～六五。

第一百零二條　（附條件之債權）

附條件之債權，得以其全額為破產債權。

*（附條件）民九九以下，破產一一三㊁。

第一百零三條　（除斥破產債權）

左列各款債權，不得為破產債權：

一　破產宣告後之利息。

二　參加破產程序所支出之費用。

三　因破產宣告後之不履行所生之損害賠償及違約金。

四　罰金、罰鍰及追徵金。

*（利息）民二〇三、二〇四；（損害賠償）民二一四～二一六；（違約金）民二五〇；（罰金）刑三三⑤；（罰鍰）行執二；（追徵金）刑一二一㊁、一二二㊃。

▲破產法第一百零三條第一款規定破產宣告後之利息，不得為破產債權，並不包括同法第一百零八條規定在破產宣告前對於債務人之財產有抵押權之別除權在內。又該抵押權依民法第八百六十一條本文規定，除原債權外，尚包括利息及遲延利息在內。被上訴人計算上開利息，其利率未超過法律限制部分，自得主張之。（六九臺上三三六一）

第一百零四條　（連帶、不可分債務之債權人之債權）

數人就同一給付各負全部履行之責任者，其全體或其中數人受破產宣告時，債權人得就其債權之總額，對各破產財團行使其權利。

*（數人就同一給付各負全部責任者）民二七一、二七三、二九二、六八一、七四五、七四六、七四八；（破產財團）破產八二。

第一百零五條　（連帶、不可分債務對其他共同債務人求償權之債權）

數人就同一給付各負全部履行責任者，其中一人或數人受破產宣告時，其他共同債務人，得以將來求償權之總額，為破產債權而行使其權利。但債權人已以其債權總額為破產債權行使權利者，不在此限。

*（數人各負全部責任）民二八〇、二八一、二九二、七四九；（將來求償權）破產一四二；（破產債權）破產九八。

第一百零六條　（法人之債權人對無限責任股東之債權）

對於法人債務應負無限責任之人受破產宣告時，法人之債權人，得以其債權之總額，為破產債權而行使其權利。

*（以債權總額為破產債權）破產一〇四；（法人負無限責任之人）公司六〇、一一四㊁；（破產債權）破產九八。

第一百零七條　（匯票支票及表彰財產權證券善意付款人之債權）

匯票發票人或背書人受破產宣告，而付款人或預備付款人不知其事實，為承兌或付款者，其因此所生之債權，得為破產債權而行使其權利。

前項規定，於支票及其他以給付金錢或其他物件為標的之有價證券準用之。

*（匯票）票據一、二；（匯票之發票人）票據二、二四以下；（匯票背書人）票據三〇以下；（預備付款人）票據三五、五三、五四㊂、七九、八二；（承兌）票據四二、四三；（付款）票據六九、七四；（破產宣告時）破產六四、六五；（破產債權）破產九八；（支票）票據一、四、一二五以下。

第一百零八條　（別除權）

在破產宣告前，對於債務人之財產有質權、抵押權或留置權者，就其財產有別除權。

有別除權之債權人，不依破產程序而行使其權利。

*（破產宣告）破產六三；（質權）民八八四～八九八、九〇〇～九一〇；（抵押權）民八六〇～八八三；（留置權）民九二八～九三九；（破產程序）破產五七以下。

▲有別除權之債權人，不依破產程序而行使其權利，為破產法第一百零八條第二項所明定。故在破產宣告前對於債務人之財產有抵押權者，於實行抵押權時，應依民法第八百七十三條第一項聲請法院拍賣抵押物，經法院為許可強制執行之裁定後，即本於此項裁定聲請法院為強制執行，依關於不動產執行之規定辦理，原無庸破產管理人拍賣抵押物。（五二臺抗一六一）

第一百零九條　（行使別除權後未能受償之破產債權）

有別除權之債權人，得以行使別除權後未能受清償之債權，為破產債權而行使其權利。

▲（六九臺上三三六一）參見本法第一百零三條。

▲（七一臺抗五〇二）參見本法第七十五條。

第一百十條　（取回權之一般法則）

不屬於破產人之財產，其權利人得不依破產程序，由破產管理人取回之。

*（別除權）破產一〇八；（破產債權）破產九八。

*（破產程序）破產五七以下；（取回權）破產九二⑪。

第一百十一條（出賣人之取回權）

出賣人已將買賣標的物發送，買受人尚未收到，亦未付清全價而受破產宣告者，出賣人得解除契約，並取回其標的物。但破產管理人得清償全價而請求標的物之交付。

*（買賣）民三四五；（破產宣告）破產六四、六五；（解除契約）民二五八、二五九。

第一百十二條（優先權之受償次序）

對於破產財團之財產有優先權之債權，先於他債權而受清償，優先權之債權有同順位者，各按其債權額之比例而受清償。

*（破產財團）破產八二；（優先權）破產一一二㊂，海商二四、二九，工會三八；（清償）民三〇九以下。

第一百十三條（抵銷權）

破產債權人於破產宣告時，對於破產人負有債務者，無論給付種類是否相同，得不依破產程序而為抵銷。

破產債權人之債權為附期限或附解除條件者，均得為抵銷。

*（抵銷）民三三四～三四一，破產一一四；（附期限債權）破產一〇〇、一〇一；（附解除條件債權）破產一〇三、一四〇、一四三；（破產債權）破產九八。

▲破產債權人於破產宣告時對於破產人負有債務者，依破產法第一百十三條第一項之規定，固得不依破產程序而為抵銷，惟破產債權人不為抵銷時，破產人所有此項債權，依破產法第八十二條第一項第一款之規定，為屬於破產財團之財產，破產管理人自應收取之以充分配之用，不得以之與破產債權抵銷。（二七滬抗五一）

第一百十四條（抵銷權之限制）

有左列各款情形之一時，不得為抵銷：

一　破產債權人在破產宣告後，對於破產財團負債務者。

二　破產人之債務人，在破產宣告後，對於破產人取得債權或取得他人之破產債權者。

三　破產人之債務人已知其停止支付或聲請破產後而取得債權者，但其取得係基於法定原因或基於其知悉以前所生之原因者，不在此限。

*（抵銷）破產一一三；（不得抵銷）民三三八～三四一；（破產宣告）破產六三；（破產財團）破產八二；（破產債權）破產九八；（停止支付）破產一㊁；（聲請破產）破產五八。

▲房屋承租人以現金為租賃之擔保者，其金額不得超過二個月之總額，超過其限度者，承租人得以超過之部分抵付房租，固為土地法第九十九條所明定。惟出租人受破產宣告時，破產債權人在破產宣告後，對於破產財團所負之債務不得為抵銷，破產法第一百十四條第一款既設有特別規定，則土地法第九十九條關於承租人得以超過二個月租金總額之擔保金抵付房租之規定，其適用自應受破產法第一百十四條第一款之限制。（四一臺上一一三二）

第一百十五條（遺產債權之保護）

遺產受破產宣告時，縱繼承人就其繼承未為限定之承認者，繼承人之債權人對之不得行使其權利。

*（遺產受破產之宣告）破產五九；（限定繼承）民一一五四。

第四節　債權人會議

第一百十六條（會議之召集）

法院因破產管理人或監查人之聲請，或依職權召集債權人會議。

*（破產管理人）破產六四、八三；（監查人）破產一二〇①；（聲請）破產五，民訴一一六以下、一二二。

第一百十七條（會議之主持）

債權人會議，應由法院指派推事一人為主席。

*（債權人會議之主席）破產一二一。

第一百十八條（預定會議期日及公告）

法院應預定債權人會議期日及其應議事項公告之。

*（期日）破產五，民訴一五四、一五六。

第一百十九條（會議時破產管理人之義務）

破產管理人於債權人會議時，應提示第九十四條所定之債權表及資產表，並報告破產事務之進行狀況，如破產人擬有調協方案者，亦應提示之。

*（破產管理人）破產六四、八三；（調協方案）破產一二九、一三〇、一三二。

第一百二十條（會議之議決事項）

債權人會議得議決左列事項：

一　選任監查人一人或數人，代表債權人監督破產程序之進行。

二　破產財團之管理方法。

三　破產人營業之繼續或停止。

*（債權人會議之決議事項）破產八三、八五、一三二、一三八；（營業之繼續）破產九一；（破產財團）破產八二以下。

第一百二十一條（監查人之職權）

監查人得隨時向破產管理人要求關於破產財團之報告，並得隨時調查破產財團之狀況。

*（監查人）破產一二〇①；（破產管理人）破產六四、八三；（破產財團）破產八二。

第一百二十二條（破產人之出席）

破產人應出席債權人會議，並答復主席、破產管理人、監查人或債權人之詢問。

*（債權人會議）破產一一六；（主席）破產一一七；（破產管理人）破產六四、八三；（監查人）破產一二〇①；（破產人違反本條義務之制裁）破產一五三。

第一百二十三條（決議方法）

債權人會議之決議，除本法另有規定外，應有出席破產債權人過半數，而其所代表之債權額超過總債權額之半數者之同意。

*（另有規定）破產二七、一三七；（出席）破產一二七；（債權人會議決議）破產八三、八五、一二〇、一三八。

第一百二十四條（禁止決議之執行）

債權人會議之決議，與破產債權人之利益相反者，法院得依破產管理人、監查人或不同意之破產債權人之聲請，禁止決議之執行。

前項聲請，應自決議之日起五日內為之。

*（債權人會議之決議）破產一二〇、一二三、一三八；（聲請）破產五，民訴一一六、一二二；（期間）破產五，民

訴一六一，民一二〇、一二一。

第一百二十五條　（對破產債權之加入或其數額之異議及解決）

對於破產債權之加入或其數額有異議者，應於第一次債權人會議終結前提出之。但其異議之原因知悉在後者，不在此限。

前項爭議，由法院裁定之。

*（債權加入）破產六四②、六五㈠③；（裁定）破產五，民訴二三四以下。

▲法院依破產法第一百二十五條第二項規定，對於破產債權之加入或其數額有異議所為之裁定，在破產程序中該債權是否可以加入，及其數額若干，雖專以該裁定為準。但該裁定並無實體上確定債權及其數額之效力，故當事人對實體上有爭執者，非另行訴請確定無由解決，在訴訟中並可依同法第一百四十四條之規定以謀救濟。（五六臺抗五八）

▲本院五十六年臺抗字第五八號判例，係明示法院依破產法第一百二十五條第二項對於破產債權之加入或其數額有異議所為之裁定，並無實體法上確定債權及其數額之效力，且認當事人對於該裁定確定之債權及其數額如有爭執，得另行起訴請求確定，以否認該裁定之效力，並非謂未經法院依破產法第一百二十五條所定之裁定程序，當事人不得起訴請求確定債權或請求破產管理人給付其應受分配之金額。原審援用本院五十六年臺抗字第五八號判例，認上訴人未經該條所定裁定程序，不得起訴，殊有誤會。（六六臺上一〇九一）

第一百二十六條　（改編債權表）

關於破產債權之加入及其數額之爭議，經法院裁定後，破產管理人應改編債權表，提出於債權人會議。

*（破產債權異議之裁定）破產一二五；（破產管理人）破產六四、八三。

第一百二十七條　（債權人出席之準用）

第一百二十三條之規定，於本節債權人會議準用之。

*（委託代理人）破產一二三。

第一百二十八條　（監查人之報酬及義務之準用）

第八十四條及第八十六條之規定，於監查人準用之。

*（破產管理人報酬）破產八四；（破產管理人注意義務）破產八六；（監查人）破產一二〇①。

第五節　調　協

第一百二十九條　（調協計畫之提出）

破產人於破產財團分配未認可前，得提出調協計畫。

*（破產分配之認可）破產一三九；（調協計畫）破產一三〇、一三一。

第一百三十條　（調協計畫之內容）

調協計畫，應載明左列事項：

一　清償之成數。
二　清償之期限。
三　有可供之擔保者，其擔保。

*（調協計畫）破產一二九；（擔保）破產七、三二、四九。

第一百三十一條　（調協計畫提出之禁止）

破產人有左列情形之一者，不得提出調協計畫：

一　所在不明者。
二　詐欺破產尚在訴訟進行中者。
三　因詐欺和解或詐欺破產受有罪之判決者。

*（詐欺破產罪）破產一五四；（詐欺和解罪）破產一五五；（有罪判決）刑訴二九九；（破產管理人）破產六四、八三。

第一百三十二條　（調協計畫之審查）

調協計畫，應送交破產管理人審查，由破產管理人提出債權人會議。

*（調協計畫）破產一二九；（破產管理人）破產六四、八三；（債權人會議）破產一一七。

第一百三十三條　（調協認可前之意見或異議）

關於調協之應否認可，破產管理人、監查人、債權人及破產人，均得向法院陳述意見，或就調協之決議提出異議。

*（調協認可）破產一三五；（異議）破產三三、一三七；（破產管理人）破產六四、八三；（監查人）破產一二〇①。

第一百三十四條　（法院對異議裁定前之處置）

法院對於前條異議為裁定前，應傳喚破產管理人、監查人、債權人及破產人為必要之訊問，債權人會議之主席，亦應到場陳述意見。

*（異議）破產一三三；（異議之裁定）破產三三、一三七；（債權人會議主席）破產一一七；（破產管理人）破產六四、八三；（監查人）破產一二〇①。

第一百三十五條　（調協之認可）

法院如認為債權人會議可決之調協條件公允，應以裁定認可調協。

*（調協之可決）破產二七、一三七；（裁定）破產五，民訴二三四以下；（認可調協）破產三八、三九、一三六、一三七。

▲認可調協之裁定確定時，破產程序即為終結，破產管理人對於破產財團之權限當然消滅，破產人因破產之宣告所喪失之財產管理權亦即回復。雖調協有時得撤銷之，亦不過撤銷後續行破產程序時，破產人仍喪失其管理及處分權，破產管理人仍回復其資格，不得因調協日後或得撤銷，即為反對之論斷。（二八滬上四〇）

第一百三十六條　（認可調協之效力）

調協經法院認可後，對於一切破產債權人均有效力。

*（認可調協）破產一三五。

第一百三十七條　（和解規定之準用）

第二十五條、第二十七條、第二十九條、第三十三條、第三十四條、第三十八條、第三十九條、第五十一條至第五十三條及第五十六條關於和解之規定，於調協準用之。

*（監督人監督輔助人之報告）破產二五；（和解可決之要件）破產二七；（和解可決之呈報）破產二九；（異議之裁定）破產三三；（裁定之抗告）破產三四；（和解對有擔保或有優先權之債權之效力）破產三七；（額外利益之效力）破產三九；（和解撤銷之原因）破產五一～五三；（和解讓步之撤銷）破產五六。

第六節　破產財團之分配及破產之終結

第一百三十八條　（財團財產之變價）

破產財團之財產有變價之必要者，應依拍賣方法為之。但債權人會議另有決議指示者，不在此限。

*（破產財團）破產八二；（拍賣）民三九一～三九七；（債權人會議決議）破產一一六、一二〇。

▲破產財團之財產依拍賣方法變價時，由破產管理人依通常拍賣方法為之，惟拍賣破產法第九十二條第一款至第三款、第五款、第六款所列之財產，應得監查人之同意，究無須依強制執行法關於強制拍賣之規定辦理。（二九抗一二六）

第一百三十九條（中間分配、分配表之作成、認可、公告及異議）

在第一次債權人會議後，破產財團之財產可分配時，破產管理人應即平均分配於債權人。

前項分配，破產管理人應作成分配表，記載分配之比例及方法。

分配表，應經法院之認可，並公告之。

對於分配表有異議者，應自公告之日起十五日內，向法院提出之。

*（第一次債權人會議）破產六四②、六五㈠③；（分配）破產一一二；（破產管理人）破產六四、八三；（公告）破產一三。

第一百四十條（附解除條件債權之分配）

附解除條件債權受分配時，應提供相當之擔保，無擔保者，應提存其分配額。

*（附條件債權）破產一〇二；（附解除條件）破產一四三，民九九㈡；（提存）提存一、二、五、六。

第一百四十一條（附停止條件債權之分配）

附停止條件債權之分配額，應提存之。

*（附條件債權）破產一〇二；（附停止條件）民九九㈠；（提存）提存一、二、五。

第一百四十二條（附停止條件債權或將來債權分配之限制）

附停止條件之債權或將來行使之請求權，如最後分配表公告後十五日內尚不能行使者，不得加入分配。

*（附停止條件）民九九㈠；（將來行使之請求權）破產一〇五；（追加分配）破產一四七。

第一百四十三條（附解除條件債權分配之限制）

附解除條件債權之條件，在最後分配表公告後十五日內尚未成就時，其已提供擔保者，免除擔保責任，返還其擔保品。

*（附解除條件）民九九㈡；（提供擔保）破產一四〇；（分配表公告）破產一三九㈢。

第一百四十四條（對有異議或涉訟之破產債權所為之分配）

關於破產債權有異議或涉訟，致分配有稽延之虞時，破產管理人得按照分配比例提存相當金額，而將所餘財產分配於其他債權人。

*（異議）破產一二五㈠；（追加分配）破產一四七。

第一百四十五條（最後分配完結之報告）

破產管理人於最後分配完結時，應即向法院提出關於分配之報告。

*（破產管理人）破產六四、八三；（分配報告）破產一四六。

第一百四十六條（破產終結之裁定）

法院接到前條報告後，應即為破產終結之裁定。

對於前項裁定，不得抗告。

*（分配報告）破產一四五；（裁定）破產五，民訴二三四以下；（抗告）破產五，民訴四八二以下。

第一百四十七條（追加分配）

破產財團於最後分配表公告後，復有可分配之財產時，破產管理人經法院之許可，應為追加分配。但其財產於破產終結之裁定公告之日起三年後始發現者，不得分配。

*（最後分配）破產一四五；（分配表公告）破產一三九；（破產管理人）破產六四、八三；（破產終結之裁定）破產一四六。

第一百四十八條（破產終止之裁定）

破產宣告後，如破產財團之財產不敷清償財團費用及財團債務時，法院因破產管理人之聲請，應以裁定宣告破產終止。

*（破產宣告）破產六三；（破產財團）破產八二；（財團費用）破產九五、九七；（破產管理人）破產六四、八三；（裁定破產終止）破產一四六。

第一百四十九條（破產終結對破產人之效力）

破產債權人依調協或破產程序已受清償者，其債權未能受清償之部分，請求權視為消滅。但破產人因犯詐欺破產罪而受刑之宣告者，不在此限。

*（調協程序）破產一二九、一三〇、一三五；（破產程序）破產一三九、一四五、一四七；（詐欺破產罪）破產一五四。

▲破產法第一百四十九條規定免責之效力僅及於破產人，至破產人之共同債務人及其保證人，並無引用該條之規定主張免除責任之餘地。（五一臺上二二四三）

第七節 復　權

第一百五十條（復權之聲請）

破產人依清償或其他方法解免其全部債務時，得向法院為復權之聲請。

破產人不能依前項規定解免其全部債務，而未依第一百五十四條或第一百五十五條之規定受刑之宣告者，得於破產終結三年後或於調協履行後，向法院為復權之聲請。

*（清償）民三〇九以下；（其他方法）民三二六、三三四、三四三、三四四；（詐欺破產）破產一五四；（詐欺和解）破產一五五；（破產終結）破產一四六。

▲破產法第一百五十條所稱之復權，係指解除其他法令對於破產人所加公私權之限制而言，若破產人依破產法第七十五條所喪失之管理及處分權，則因破產之終結當然回復，不在應依復權程序復權之列。（二六滬上四〇）

第一百五十一條（復權之撤銷）

破產人經法院許可復權後，如發現有依第一百五十四條所規定應受處罰之行為者，法院於為刑之宣告時，應依職權撤銷復權之裁定。

*（破產人）破產三；（復權之聲請）破產一五〇；（詐欺破產罪）破產一五四；（刑之宣告）刑訴二九九；（裁定）破產五，民訴二三四。

第四章　罰　則

第一百五十二條（違反義務罪㈠）

破產人拒絕提出第八十七條所規定之說明書或清冊，或故意於說明書內不開列其財產之全部或拒絕將第八十八條所規定之財產或簿冊、文件移交破產管理人者，處一年以下有期徒刑。

*（破產人）破產三；（說明書清冊之提出）破產八七；（財產簿冊文件移交）破產八八；（破產管理人）破產六四、八三；（有期徒刑）刑三三③。

第一百五十三條 （違反義務罪㈡）

依第七十四條、第八十九條及第一百二十二條之規定有說明或答復義務之人，無故不為說明或答復或為虛偽之陳述者，處一年以下有期徒刑、拘役或五百圓以下之罰金。

*（破產人）破產三；（傳喚破產人親屬）破產七四；（答復詢問）破產八九；（出席債權人會議答復詢問）破產一二二；（刑之種類）刑三三。

第一百五十四條 （詐欺破產罪）

破產人在破產宣告前一年內或在破產程序中，以損害債權人為目的，而有左列行為之一者，為詐欺破產罪，處五年以下有期徒刑：

一　隱匿或毀棄其財產或為其他不利於債權人之處分者。

二　捏造債務或承認不真實之債務者。

三　毀棄或捏造帳簿或其他會計文件之全部或一部，致其財產之狀況不真確者。

*（破產人）破產三；（破產宣告）破產六四、六五；（破產程序中）破產五八以下、一三六、一四六、一四八；（毀棄捏造）刑二一〇、三五二；（有期徒刑）刑三三③。

第一百五十五條 （詐欺和解罪）

債務人聲請和解經許可後，以損害債權人為目的，而有前條所列各款行為之一者，為詐欺和解罪，處五年以下有期徒刑。

*（債務人）破產三；（聲請和解許可）破產九、一一、一二；（詐欺破產）破產一五四；（有期徒刑）刑三三。

第一百五十六條 （過怠破產罪）

破產人在破產宣告前一年內有左列行為之一者，處一年以下有期徒刑：

一　浪費、賭博或其他投機行為，致財產顯然減少或負過重之債務者。

二　以拖延受破產之宣告為目的，以不利益之條件負擔債務或購入貨物或處分之者。

三　明知已有破產原因之事實，非基於本人之義務，而以特別利於債權人中之一人或數人為目的，提供擔保或消滅債務者。

*（破產人）破產三；（有期徒刑）刑三三。

第一百五十七條 （賄賂罪㈠）

和解之監督輔助人、破產管理人或監查人，對於其職務上之行為，要求、期約或收受賄賂或其他不正利益者，處三年以下有期徒刑，得併科三千圓以下罰金。

*（監督輔助人）破產一一㈠；（破產管理人）破產八三；（監查人）破產一二〇①；（要求期約或收受賄賂或不正利益）刑一二一、一二二；（刑之種類）刑三三；（代理人）破產二三。

第一百五十八條 （賄賂罪㈡）

債權人或其代理人關於債權人會議決議之表決，要求、期約或收受賄賂或其他不正利益者，處三年以下有期徒刑，得併科三千圓以下罰金。

*（代理人）破產二三；（債權人會議）破產一二㈠③、六四②、一一六；（要求期約收受賄賂）刑一二一、一二二；（刑之種類）刑三三。

第一百五十九條 （賄賂罪㈢）

行求、期約或交付前二條所規定之賄賂或不正利益者，處三年以下有期徒刑，得併科三千圓以下罰金。

*（行求期約交付賄賂）刑一二二③；（破產人）破產三；（受賄罪）破產一五七、一五八；（刑之種類）刑三三。

破產法施行法

民國二十四年七月十八日國民政府公布
八十二年七月三十日總統令修正公布
一百零七年六月十三日總統令修正公布第六條條文

第一條 （施行前不能清償債務事件之處理）

破產法施行前不能清償債務之事件，已由法院或商會開始處理者，視其進行程度，依破產法所定之程序終結之，其已進行之部分，不失其效力。

第二條 （管收期間之計算）

依破產法修正前所為之羈押，與該法修正後所為之管收，其期間應合併計算，總計不得逾一年。

第三條 （不適用之規定）

破產法第一百四十九條之規定，於不能清償債務之事件，在破產法施行前已處理完結者，不適用之。

第四條 （施行前受破產宣告者之聲請復權）

破產法施行前受破產宣告者，得依破產法第三章第七節之規定為復權之聲請。

第五條 （商人債務清理暫行條例之失效）

商人債務清理暫行條例，自破產法施行之日失其效力。

第六條 （施行日期）

本法自破產法施行之日施行。

中華民國一百零七年五月二十二日修正之破產法，自公布日施行。

(107)為配合破產法第十三條之修正，明定本修正條文施行之日期，爰增訂第二項。

消費者債務清理條例

民國九十六年七月十一日總統令公布
九十八年五月十三日總統令修正公布
一百年一月二十六日總統令修正公布
一百零一年一月四日總統令修正公布
一百零一年十二月二十六日總統令修正公布
一百零七年十二月二十六日總統令修正公布
一百一十年六月十六日總統令修正公布第四三、八一、一四八、一四九、一五一條條文

第一章 總則

第一節 通則

第一條（立法目的）
為使負債務之消費者得依本條例所定程序清理其債務，以調整其與債權人及其他利害關係人之權利義務關係，保障債權人之公平受償，謀求消費者經濟生活之更生及社會經濟之健全發展，特制定本條例。

第二條（適用對象）
本條例所稱消費者，指五年內未從事營業活動或從事小規模營業活動之自然人。
前項小規模營業指營業額平均每月新臺幣二十萬元以下者。
前項所定數額，司法院得因情勢需要，以命令增減之。

第三條（適用情況）
債務人不能清償債務或有不能清償之虞者，得依本條例所定更生或清算程序，清理其債務。

第四條（債務人為無行為能力人或限制行為能力人）
債務人為無行為能力人或限制行為能力人者，本條例關於債務人應負義務及應受處罰之規定，於其法定代理人亦適用之。

第五條（管轄法院）
更生及清算事件專屬債務人住所地或居所地之地方法院管轄。
不能依前項規定定管轄法院者，由債務人主要財產所在地之地方法院管轄。

第五條之一（消費者債務清理專庭或專股之設置）
地方法院應設消費者債務清理專庭或專股辦理消費者債務清理事件。

第六條（聲請費）
聲請更生或清算，徵收聲請費新臺幣一千元。
郵務送達費及法院人員之差旅費不另徵收。但所需費用超過應徵收之聲請費者，其超過部分，依實支數計算徵收。
前項所需費用及進行更生或清算程序之必要費用，法院得酌定相當金額，定期命聲請人預納之；逾期未預納者，除別有規定外，法院得駁回更生或清算之聲請。

第七條（無資力繳納費用）
債務人聲請清算而無資力支出前條費用者，得聲請法院以裁定准予暫免繳納。
無資力支出費用之事由，應釋明之。
法院准予暫免繳納費用之裁定，不得抗告。
第一項暫免繳納之費用，由國庫墊付。

第八條（不合程式或不備要件之情形）
聲請更生或清算不合程式或不備其他要件者，法院應以裁定駁回之。但其情形可以補正者，法院應定期間先命補正。

第九條（法院依職權調查）
法院應依職權調查必要之事實及證據，並得向稅捐或其他機關、團體為查詢。
法院為調查事實，得命關係人或法定代理人本人到場或以書面陳述意見。
法院之調查及訊問，得不公開。

第十條（答覆義務）
債務人之親屬、為債務人管理財產之人或其他關係人，於法院查詢債務人之財產、收入及業務狀況時，有答覆之義務。
前項之人對於法院之查詢，無故不為答覆或為虛偽之陳述者，法院得以裁定處新臺幣三千元以上三萬元以下之罰鍰。
第一項之人已受前項裁定，仍無故不為答覆或為虛偽之陳述者，法院得連續處罰之。
法院為前二項裁定前，應使被處罰人有陳述意見之機會。
第二項、第三項裁定，抗告中應停止執行。

第十一條（裁定）
更生或清算事件之裁判，由獨任法官以裁定行之。
抗告，由管轄之地方法院以合議裁定之。
抗告法院之裁定，以抗告不合法而駁回者，不得再為抗告。但得向原法院提出異議。
前項異議，準用民事訴訟法第四百八十四條第二項及第三項規定。
除前二項情形外，對於抗告法院之裁定，僅得以其適用法規顯有錯誤為理由，向直接上級法院再為抗告。
依本條例所為之裁定，不得聲請再審。

第十一條之一（陳述意見）
法院就更生或清算之聲請為駁回裁定前，應使債務人有到場陳述意見之機會。

第十二條（撤回聲請）
法院裁定開始更生或清算程序後，非經已申報無擔保及無優先權債權人全體同意，債務人不得撤回更生或清算之聲請。法院於裁定前已依第十九條規定為保全處分者，亦同。
更生或清算聲請之撤回，應以書狀為之。

第一項債權人自撤回書狀送達之日起十日內未提出異議者，視為同意撤回。

第十三條（不得聲請破產）

債務人依本條例聲請更生或清算者，債權人不得依破產法規定聲請宣告債務人破產。

第十四條（公告揭示）

本條例所定之公告，應揭示於法院公告處、資訊網路及其他適當處所；法院認為必要時，並得命登載於公報或新聞紙，或用其他方法公告之。

前項公告，除本條例別有規定外，自最後揭示之翌日起，對所有利害關係人發生送達之效力。

第十五條（準用民事訴訟法之規定）

關於更生或清算之程序，除本條例別有規定外，準用民事訴訟法之規定。

第二節　監督人及管理人

第十六條（選任監督人或管理人）

法院裁定開始更生或清算程序後，得命司法事務官進行更生或清算程序；必要時，得選任律師、會計師或其他適當之自然人或法人一人為監督人或管理人。

法院認為必要時，得命監督人或管理人提供相當之擔保。

監督人或管理人之報酬，由法院定之，有優先受清償之權。

法院選任法人為監督人或管理人之辦法，由司法院定之。

法院命司法事務官進行更生或清算程序，未選任監督人或管理人者，除別有規定或法院另有限制外，有關法院及監督人、管理人所應進行之程序，由司法事務官為之。

法院裁定開始更生或清算程序後，未選任監督人或管理人，亦未命司法事務官進行更生或清算程序者，除別有規定外，有關監督人或管理人之職務，由法院為之。

第十七條（監督人或管理人之指揮、監督與撤換）

監督人或管理人應受法院之指揮、監督。法院得隨時命其為清理事務之報告，及為其他必要之調查。

法院得因債權人會議決議或依職權撤換監督人或管理人。但於撤換前，應使其有陳述意見之機會。

第十八條（監督人或管理人之注意義務）

監督人或管理人應以善良管理人之注意，執行其職務；非經法院許可，不得辭任。

監督人或管理人違反前項義務，致利害關係人受有損害時，應負損害賠償責任。

第三節　債務人財產之保全

第十九條（得聲請保全處分之事項）

法院就更生或清算之聲請為裁定前，得因利害關係人之聲請或依職權，以裁定為下列保全處分：

一　債務人財產之保全處分。

二　債務人履行債務及債權人對於債務人行使債權之限制。

三　對於債務人財產強制執行程序之停止。

四　受益人或轉得人財產之保全處分。

五　其他必要之保全處分。

前項保全處分，除法院裁定開始更生或清算程序外，其期間不得逾六十日；必要時，法院得依利害關係人聲請或依職權以裁定延長一次，延長期間不得逾六十日。

第一項保全處分，法院於駁回更生或清算之聲請或認為必要時，得依利害關係人聲請或依職權變更或撤銷之。

第二項期間屆滿前，更生或清算之聲請經駁回確定者，第一項及第三項保全處分失其效力。

第一項及第三項保全處分之執行，由該管法院依職權準用強制執行法關於假扣押假處分執行之規定執行之。

第一項至第三項之裁定應公告之。

第二十條（有害債權人權利之行為）

債務人所為之下列行為，除本條例別有規定外，監督人或管理人得撤銷之：

一　債務人於法院裁定開始更生或清算程序前，二年內所為之無償行為，有害及債權人之權利者。

二　債務人於法院裁定開始更生或清算程序前，二年內所為之有償行為，於行為時明知有害及債權人之權利，而受益人於受益時亦知其情事者。

三　債務人於法院裁定開始更生或清算程序前，六個月內所為提供擔保、清償債務或其他有害及債權人權利之行為，而受益人於受益時，明知其有害及債權人之權利者。

四　債務人於法院裁定開始更生或清算程序前，六個月內所為提供擔保、清償債務或其他有害及債權人權利之行為，而該行為非其義務或其義務尚未屆清償期者。

債務人與其配偶、直系親屬或家屬間成立之有償行為及債務人以低於市價一半之價格而處分其財產之行為，視為無償行為。

債務人與其配偶、直系親屬或家屬間成立第一項第三款之行為者，推定受益人於受益時知其行為有害及債權人之權利。

第一項第三款之提供擔保係在法院裁定開始更生或清算程序之日起六個月前承諾並經公證者，不得撤銷。

第一項之撤銷權，自法院裁定開始更生或清算程序之翌日起，一年間不行使而消滅。

債務人因得撤銷之行為而負履行之義務者，其撤銷權雖因前項規定而消滅，債務人或管理人仍得拒絕履行。

第二項及第三項之規定，於債務人與第四條所定之人及其配偶、直系親屬或家屬間所為之有償行為，準用之。

第二十一條（有害行為經撤銷後之效力）

前條第一項之行為經撤銷後，適用下列規定：

一 受益人應負回復原狀之責任。但無償行為之善意受益人，僅就現存之利益負返還或償還價額之責任。

二 受益人對債務人所為之給付，得請求返還之；其不能返還者得請求償還其價額，並有優先受償權。

受益人受領他種給付以代原定之給付者，於返還所受給付或償還其價額時，其債權回復效力。

第二十二條（得對轉得人行使撤銷權之情形）

第二十條之撤銷權，對於轉得人有下列情形之一者，亦得行使之：

一 轉得人於轉得時知其前手有撤銷原因。

二 轉得人係債務人或第四條所定之人之配偶、直系親屬或家屬或曾有此關係。但轉得人證明於轉得時不知其前手有撤銷原因者，不在此限。

三 轉得人係無償取得。

前條第一項第一款之規定，於前項情形準用之。

第二十三條（不生效力之行為）

債務人聲請更生或清算後，其無償行為，不生效力；有償行為逾越通常管理行為或通常營業範圍，相對人於行為時明知其事實者，對於債權人不生效力。

前項所定不生效力之行為，監督人或管理人得請求相對人及轉得人返還其所受領之給付。但轉得人係善意並有償取得者，不在此限。

第二十四條（雙務契約之終止或解除）

法院裁定開始更生或清算程序時，債務人所訂雙務契約，當事人之一方尚未完全履行，監督人或管理人得終止或解除契約。但依其情形顯失公平者，不在此限。

前項情形，他方當事人得催告監督人或管理人於二十日內確答是否終止或解除契約，監督人逾期不為確答者，喪失終止或解除權；管理人逾期不為確答者，視為終止或解除契約。

第二十五條（他方當事人之異議權）

依前條規定終止或解除契約時，他方當事人得於十日內提出異議。

前項異議由法院裁定之。

對於前項裁定提起抗告，抗告法院於裁定前應行言詞辯論。

前二項裁定確定時，有確定判決同一之效力。

第二十六條（他方當事人之損害賠償請求權）

依第二十四條規定終止或解除契約時，他方當事人就其所受損害，得為更生或清算債權而行使其權利。」

依第二十四條規定終止或解除契約時，債務人應返還之給付、利息或孳息，他方當事人得請求返還之；其不能返還者，得請求償還其價額，並有優先受償權。

第二十七條（保全權利訴訟之提起）

債權人於法院裁定開始更生或清算程序前，就應屬債務人之財產提起代位訴訟、撤銷訴訟或其他保全權利之訴訟，於更生或清算程序開始時尚未終結者，訴訟程序在監督人或管理人承受訴訟或更生或清算程序終止或終結以前當然停止。

第四節 債權之行使及確定

第二十八條（更生或清算債權之成立）

對於債務人之債權，於法院裁定開始更生或清算程序前成立者，為更生或清算債權。

前項債權，除本條例別有規定外，不論有無執行名義，非依更生或清算程序，不得行使其權利。

第二十九條（劣後債權之種類）

下列各款債權為劣後債權，僅得就其他債權受償餘額而受清償；於更生或清算程序終止或終結後，亦同：

一 法院裁定開始更生或清算程序前因不履行金錢債務所生損害賠償、違約金及其他費用，總額逾其本金週年比率百分之二部分。有擔保或優先權債權之損害賠償、違約金及其他費用，亦同。

二 法院裁定開始更生或清算程序後所生之利息。

三 因法院裁定開始更生或清算程序後不履行債務所生之損害賠償及違約金。有擔保或優先權債權之損害賠償及違約金，亦同。

四 罰金、罰鍰、怠金、滯納金、滯報金、滯報費、怠報金及追徵金。

前項第四款所定債權，於法律有特別規定者，依其規定。

債權人參加更生或清算程序所支出之費用，不得請求債務人返還之。

第三十條（連帶債務請求權）

數人就同一給付各負全部履行之責任者，其中一人或數人或其全體受法院開始更生或清算程序之裁定時，債權人得就其債權於裁定時之現存額，對各更生債務人或清算財團行使權利。

保證人受法院開始更生或清算程序之裁定時，債權人得就其債權於裁定時之現存額行使權利。

第三十一條（連帶債務人間之請求權）

數人就同一給付各負全部履行之責任者，其中一人或數人受法院開始更生或清算程序之裁定時，其他共同債務人得以將來求償權總額為債權額而行使其權利。但債權人已以更生或清算程序開始時之現存債權額行使權利者，不在此限。

前項規定，於為債務人提供擔保之人及債務人之保證人準用之。

第三十二條（因票款所生之債權）

匯票發票人或背書人受法院開始更生或清算程序裁定，付款人或預備付款人不知其事實而為承兌或付款者，其因此所生之債權，得為更生或清算債權而行使其權利。

前項規定，於支票及其他以給付金錢或其他物件為標的之有價證券準用之。

第三十二條之一（附期限之債權）

附期限之債權未到期者，於法院裁定開始更生或清算程序時，視為已到期。

法院裁定開始更生或清算程序後始到期之債權無利息者，其債權額應扣除自法院裁定開始更生或清算程序時起至到期時止之法定利息。

第三十三條（債權之申報）

債權人應於法院所定申報債權之期間內提出債權說明書，申報其債權之種類、數額及順位；其有證明文件者，並應提出之。

債權人為金融機構、資產管理公司者，前項債權說明書並應表明下列事項：

一　尚未清償之債權本金及債權發生日。
二　利息及違約金之金額及其計算方式。
三　債務人已償還金額。
四　前款金額抵充費用、利息、本金之順序及數額。
五　供還款之金融機構帳號、承辦人及聯絡方式。
六　其他債務人請求之事項，經法院認為適當者。

前項債權人未依前項規定提出債權說明書者，法院應依債務人之聲請，以裁定定期命債權人補正。逾期未補正者，法院依第三十六條為裁定時，依全辯論意旨斟酌之。

債權人因非可歸責於己之事由，致未於第一項所定期間申報債權者，得於其事由消滅後十日內補報之。但不得逾法院所定補報債權之期限。

債權人申報債權逾申報期限者，監督人或管理人應報由法院以裁定駁回之。但有前項情形者，不在此限。」

監督人或管理人收受債權申報，應於補報債權期限屆滿後，編造債權表，由法院公告之，並應送達於債務人及已知住居所、事務所或營業所之債權人。

未選任監督人或管理人者，前項債權表由法院編造之。

第三十四條（消滅時效中斷）

消滅時效，因申報債權而中斷。

時效之期間終止時，因非可歸責於債權人之事由，致不能依前項規定中斷其時效者，自其妨礙事由消滅時起，一個月內，其時效不完成。

第三十五條（優先債權）

債權人對於債務人之特定財產有優先權、質權、抵押權、留置權或其他擔保物權者，仍應依本條例規定申報債權。

監督人或管理人於必要時，得請求前項債權人交出其權利標的物或估定其價額。債權人無正當理由而不交出者，監督人或管理人得聲請法院將該標的物取交之。

第三十六條（對申報債權提出異議）

對於債權人所申報之債權及其種類、數額或順位，債務人、其他債權人得自債權表送達之翌日起，監督人、管理人或其他利害關係人得自債權表公告最後揭示之翌日起，於十日內提出異議。

前項異議由法院裁定之，並應送達於異議人及受異議債權人。

對於前項裁定提起抗告，抗告法院於裁定前，應行言詞辯論。

對於第二項裁定提起抗告，不影響債權人會議決議之效力，受異議之債權於裁定確定前，仍依該裁定之內容行使權利。但依更生或清算程序所得受償之金額，應予提存。

債權人所申報之債權，未經依第一項規定異議或異議經裁定確定者，視為確定，對債務人及全體債權人有確定判決同一之效力。

第三十七條（債權表之改編及公告）

關於債權之加入及其種類、數額或順位之爭議，經法院裁定確定者，監督人、管理人或法院應改編債權表並公告之。

第五節　債權人會議

第三十八條（法院召集權）

法院於必要時，得依職權召集債權人會議。

法院召集債權人會議時，應預定期日、處所及其應議事項，於期日五日前公告之。

第三十九條（法院指揮權）

債權人會議由法院指揮。

監督人或管理人應列席債權人會議。

第四十條（委任代理人）

債權人會議，債權人得以書面委任代理人出席。但同一代理人所代理之人數逾申報債權人人數十分之一者，其超過部分，法院得禁止之。

第四十一條（債務人出席義務）

債務人應出席債權人會議，並答覆法院、監督人、管理人或債權人之詢問。

第二章　更生

第一節　更生之聲請及開始

第四十二條（更生聲請之要件）

債務人無擔保或無優先權之本金及利息債務總額未逾新臺幣一千二百萬元者，於法院裁定開始清算程序或宣告破產前，得向法院聲請更生。

前項債務總額，司法院得因情勢需要，以命令增減之。

第四十三條（聲請更生應備文件）

債務人聲請更生時，應提出財產及收入狀況說明書及其債權人、債務人清冊。

前項債權人清冊，應表明下列事項：

一　債權人之姓名或名稱及地址，各債權之數額、原因及種類。

二　有擔保權或優先權之財產及其權利行使後不能受滿足清償之債權數額。

三　自用住宅借款債權。

有自用住宅借款債務之債務人聲請更生時，應同時表明其更生方案是否定自用住宅借款特別條款。

第二項第三款之自用住宅指債務人所有，供自己及家屬居住使用之建築物。如有二以上住宅，應限於其中主要供居住使用者。自用住宅借款債權指債務人為建造或購買住宅或為其改良所必要之資金，包括取得住宅基地或其使用權利之資金，以住宅設定擔保向債權人借貸而約定分期償還之債權。

第一項債務人清冊，應表明債務人之姓名或名稱及地址，各債務之數額、原因、種類及擔保。

第一項財產及收入狀況說明書，應表明下列事項，並提出證明文件：

一　財產目錄，並其性質及所在地。

二　最近五年是否從事營業活動及平均每月營業額。

三　收入及必要支出之數額、原因及種類。

四　依法應受債務人扶養之人。

債務人就前項第三款必要支出所表明之數額，與第六十四條之二第一項、第二項規定之必要生活費用數額相符者，毋庸記載其原因、種類及提出證明文件；未逾該必要生活費用數額，經債務人釋明無須負擔必要支出一部或全部者，亦同。

第四十四條（據實報告）

法院認為必要時，得定期命債務人據實報告更生聲請前二年內財產變動之狀況，並對於前條所定事項補充陳述、提出關係文件或為其他必要之調查。

第四十五條（即時生效）

法院開始更生程序之裁定，應載明其年、月、日、時，並即時發生效力。

前項裁定不得抗告，並應公告之。

第四十六條（更生聲請之駁回事由）

更生之聲請有下列情形之一者，應駁回之：

一　債務人曾依本條例或破產法之規定而受刑之宣告。

二　債務人曾經法院認可和解、更生或調協，因可歸責於己之事由，致未履行其條件。

三　債務人經法院通知，無正當理由而不到場，或到場而故意不為真實之陳述，或無正當理由拒絕提出關係文件或為財產變動狀況之報告。

第四十七條（更生程序裁定應公告事項）

法院裁定開始更生程序後，應即將下列事項公告之：

一　開始更生程序裁定之主文及其年、月、日、時。

二　選任監督人者，其姓名、住址；監督人為法人者，其名稱、法定代理人及事務所或營業所。

三　申報、補報債權之期間及債權人應於期間內向監督人申報債權；未選任監督人者，應向法院為之；其有證明文件者，並應提出之。

四　不依前款規定申報、補報債權之失權效果。

五　對於已申報、補報債權向法院提出異議之期間。

六　召集債權人會議者，其期日、處所及應議事項。

前項第三款申報債權之期間，應自開始更生程序之翌日起，為十日以上二十日以下；補報債權期間，應自申報債權期間屆滿之翌日起二十日以內。

債權人依第二十六條第一項規定行使權利者，前項申報債權之期間應自契約終止或解除之翌日起算。但申報或補報債權不得逾債權人會議可決更生方案或法院裁定認可更生方案日之前一日。

第一項公告及債權人清冊應送達於已知住居所、事務所或營業所之債權人，該公告另應送達於債務人。

債權人清冊已記載之債權人，視為其已於申報債權期間之首日為與清冊記載同一內容債權之申報。

第四十八條（通知登記）

法院裁定開始更生程序後，就債務人之財產依法應登記者，應通知該管登記機關為登記。

法院裁定開始更生程序後，對於債務人不得開始或繼續訴訟及強制執行程序。但有擔保或有優先權之債權，不在此限。

第四十九條（監督人之職務）

監督人之職務如下：

一　調查債務人之財產、收入及業務狀況，並向法院提出書面報告。

二　協助債務人作成更生方案。

三　試算無擔保及無優先權債權，於法院裁定開始更生程序時，依清算程序所得受償之總額。

四　其他依本條例規定或法院指定之事項。

第十條之規定，於監督人調查債務人之財產、收入及業務狀況時準用之。但受查詢人為個人而有正當理由者，不在此限。

未選任監督人時，法院得定期命債務人提出財產及收入狀況報告書。

第五十條（文書之閱覽或抄錄）

監督人應備置下列文書之原本、繕本或影本，供利害關係人閱覽或抄錄：

一 關於聲請更生之文書及更生方案。

二 債務人之財產及收入狀況報告書及其債權人、債務人清冊。

三 關於申報債權之文書及債權表。

第五十一條（債務人相關資訊公告）

法院應將債務人之財產及收入狀況報告書及更生方案公告之。

第五十二條（抵銷）

債權人於法院裁定開始更生程序前對於債務人負有債務者，以於債權補報期間屆滿前得抵銷者為限，得於該期間屆滿前向債務人為抵銷，並通知監督人或向法院陳報。

有下列各款情形之一者，不得為抵銷：

一 債權人已知有更生聲請後而對債務人負債務。但其負債務係基於法定原因或基於其知悉以前所生之原因者，不在此限。

二 債務人之債務人在法院裁定開始更生程序後，對於債務人取得債權或取得他人之更生債權。

三 債務人之債務人已知有更生聲請後而取得債權。但其取得係基於法定原因或基於其知悉以前所生之原因者，不在此限。

第二節 更生之可決及認可

第五十三條（更生方案之提出及應記載事項）

債務人應於收受債權表後十日內提出更生方案於法院。

更生方案應記載下列事項：

一 清償之金額。

二 三個月給付一次以上之分期清償方法。

三 最終清償期，自認可更生方案裁定確定之翌日起不得逾六年。但更生方案定有自用住宅借款特別條款，或債務人與其他有擔保或有優先權之債權人成立清償協議，或為達第六十四條第二項第三款、第四款之最低清償總額者，得延長為八年。

普通保證債權受償額未確定者，以監督人估定之不足受償額，列入更生方案，並於債權人對主債務人求償無效果時，按實際不足受償額，依更生條件受清償。

債權人或債務人對前項估定金額有爭議者，準用第三十六條第一項至第四項規定。

債務人未依限提出更生方案者，法院得裁定開始清算程序。

債務人就第四十三條、第四十四條所定之事項，無法為完全之陳述或表明者，法院裁定開始更生程序後，債務人於必要時，得向直轄市或縣（市）政府申請協助作成更生方案。

前項申請之程序及相關辦法，由司法院會同行政院定之。

第五十四條（自用住宅借款特別條款）

債務人得與自用住宅借款債權人協議，於更生方案定自用住宅借款特別條款。但自用住宅另有其他擔保權且其權利人不同意更生方案者，不在此限。

第五十四條之一（自用住宅借款債務之清償）

自用住宅借款特別條款不能依前條規定協議時，該借款契約雖有債務人因喪失期限利益而清償期屆至之約定，債務人仍得不受其拘束，逕依下列各款方式之一定之：

一 就原約定自用住宅借款債務未清償之本金、已到期之利息及法院裁定開始更生程序前已發生未逾本金週年比率百分之二部分之違約金總額，於原約定最後清償期前，按月平均攤還，並於各期給付時，就未清償本金依原約定利率計付利息。

二 於更生方案所定最終清償期屆至前，僅就原約定自用住宅借款債務未清償本金依原約定利率按月計付利息；該期限屆至後，就該本金、已到期之利息及法院裁定開始更生程序前已發生未逾本金週年比率百分之二部分之違約金總額，於原約定最後清償期前，按月平均攤還，並於各期給付時，就未清償本金，依原約定利率計付利息。

自用住宅借款債務原約定最後清償期之殘餘期間較更生方案所定最終清償期為短者，得延長至該最終清償期。

債務人依前二項期限履行有困難者，得再延長其履行期限至六年。

依前項延長期限者，應就未清償本金依原約定利率計付利息。

第五十五條（不得減免之債務）

下列債務，非經債權人之同意，不得減免之：

一 罰金、罰鍰、怠金及追徵金。

二 債務人因故意侵權行為所生損害賠償之債務。

三 債務人履行法定扶養義務之費用。

前項未經債權人同意減免之債務，於更生方案所定清償期間屆滿後，債務人仍應負清償責任。

第五十六條（開始清算程序之債務人情形）

債務人有下列情形之一者，法院得裁定開始清算程序：

一　無正當理由不出席債權人會議或不回答詢問。

二　不遵守法院之裁定或命令致更生程序無法進行。

第五十七條（債務人資產表）

債權人會議時，監督人應提出債權表，依據調查結果提出債務人資產表，報告債務人財產及收入之狀況，並陳述對債務人所提出更生方案之意見。

更生條件應由債權人與債務人自由磋商，法院應力謀雙方之妥協及更生條件之公允。

第五十八條（相關人於債權人會議陳述意見）

債務人提出之更生方案，如有保證人、提供擔保之人或其他共同負擔債務之人，得列席債權人會議陳述意見。

法院應將債權人會議期日及更生方案之內容通知前項之人。

第五十九條（債權人會議可決更生方案）

債權人會議可決更生方案時，應有出席已申報無擔保及無優先權債權人過半數之同意，而其所代表之債權額，並應逾已申報無擔保及無優先權總債權額之二分之一。

計算前項債權，應扣除劣後債權。

更生方案定有自用住宅借款特別條款者，該借款債權人對於更生方案無表決權。

第六十條（債權人同意更生方案）

法院得將更生方案之內容及債務人財產及收入狀況報告書通知債權人，命債權人於法院所定期間內以書面確答是否同意該方案，逾期不為確答，視為同意。

同意及視為同意更生方案之已申報無擔保及無優先權債權人過半數，且其所代表之債權額，逾已申報無擔保及無優先權總債權額之二分之一時，視為債權人會議可決更生方案。

前條第二項、第三項規定，於前項情形準用之。

第六十一條（更生方案未依規定可決時之效果）

更生方案未依前二條規定可決時，除有第十二條、第六十四條規定情形外，法院應以裁定開始清算程序。

法院為前項裁定前，應使債權人、債務人有陳述意見之機會。

第一項裁定得為抗告，並於裁定確定時，始得進行清算程序。

第六十二條（法院認可經可決之更生方案）

更生方案經可決者，法院應為認可與否之裁定。

法院為認可之裁定時，因更生方案履行之必要，對於債務人在未依更生條件全部履行完畢前之生活程度，得為相當之限制。

第一項裁定應公告之，認可之裁定應送達於不同意更生方案之債權人；不認可之裁定應送達於債務人。

對於第一項認可之裁定提起抗告者，以不同意更生方案之債權人為限。

第六十三條（法院不認可更生方案之事由）

有下列情形之一者，除有第十二條規定情形外，法院應以裁定不認可更生方案：

一　債權人會議可決之更生方案對不同意或未出席之債權人不公允。

二　更生程序違背法律規定而不能補正。

三　更生方案違反法律強制或禁止規定，或有背於公共秩序、善良風俗。

四　以不正當方法使更生方案可決。

五　已申報無擔保及無優先權之本金及利息債權總額逾新臺幣一千二百萬元。

六　更生方案定有自用住宅借款特別條款，而債務人仍有喪失住宅或其基地之所有權或使用權之虞。

七　更生方案所定自用住宅借款特別條款非依第五十四條或第五十四條之一規定成立。

八　更生方案無履行可能。

九　債務人有虛報債務、隱匿財產，或對於債權人中之一人或數人允許額外利益，情節重大。

前項第五款所定債權總額，司法院得因情勢需要，以命令增減之。

第六十一條第二項規定，於第一項情形準用之。

第六十四條（視為債務人盡力清償之情形）

債務人有薪資、執行業務所得或其他固定收入，依其收入及財產狀況，可認更生方案之條件已盡力清償者，法院應以裁定認可更生方案。債務人無固定收入，更生方案有保證人、提供擔保之人或其他共同負擔債務之人，法院認其條件公允者，亦同。

有下列情形之一者，法院不得為前項之認可：

一　債務人於七年內曾依破產法或本條例規定受免責。

二　有前條第一項各款情形之一。

三　無擔保及無優先權債權受償總額，顯低於法院裁定開始更生程序時，依清算程序所得受償之總額。

四　無擔保及無優先權債權受償總額，低於債務人聲請更生前二年間，可處分所得扣除自己及依法應受其扶養者所必要生活費用之數額。

計算前項第三款清算程序所得受償之總額時，應扣除不易變價之財產，及得依第九十九條以裁定擴張不屬於清算財團範圍之財產。

法院為第一項認可裁定前，應將更生方案之內容及債務人之財產及收入狀況報告書通知債權人，並使債權人有陳述意見之機會。

第六十四條之一（視為債務人盡力清償之情形）

下列情形視為債務人已盡力清償：

一　債務人之財產有清算價值者，加計其於更生方案履行期間可處分所得總額，扣除自己及依法應受其扶養者所必要生活費用後之餘額，逾十分之九已用於清償。

二　債務人之財產無清算價值者，以其於更生方案履行期間可處分所得總額，扣除自己及依法應受其扶養者所必要生活費用後之餘額，逾五分之四已用於清償。

第六十四條之二（債務人必要生活費用之計算基準）

債務人必要生活費用，以最近一年衛生福利部或直轄市政府所公告當地區每人每月最低生活費一點二倍定之。

受扶養者之必要生活費用，準用第一項規定計算基準數額，並依債務人依法應負擔扶養義務之比例認定之。

前二項情形，債務人釋明更生期間無須負擔必要生活費用一部或全部者，於該範圍內，不受最低數額限制；債務人證明確有必要支出者，不受最高數額及應負擔比例之限制。

第六十五條（同時開始清算程序）

法院裁定不認可更生方案時，應同時裁定開始清算程序。

對於不認可更生方案之裁定提起抗告者，前項開始清算程序之裁定，並受抗告法院之裁判。

第一項裁定確定時，始得進行清算程序。

第六十六條（更生程序之終結）

更生程序於更生方案認可裁定確定時終結。

法院於認可裁定確定後，應依職權付與兩造確定證明書。

第六十七條（更生方案對債權人之效力）

更生方案經法院裁定認可確定後，除本條例別有規定外，對於全體債權人均有效力；其定有自用住宅借款特別條款者，該借款債權人並受拘束；對於債務人有求償權之共同債務人、保證人或為其提供擔保之第三人，亦同。

債權人為金融機構者，債務人得以書面請求最大債權金融機構統一辦理收款及撥付款項之作業。

第六十八條（更生不影響債權人之權利）

更生不影響有擔保或有優先權之債權人之權利。但本條例別有規定或經該債權人同意者，不在此限。

第六十九條（更生程序終結之效果）

更生程序終結時，除本條例別有規定外，依第十九條所為之保全處分失其效力；依第四十八條不得繼續之強制執行程序，視為終結。

第七十條（債權人強制執行）

更生方案效力所不及之有擔保或有優先權債權人，於更生程序終結後，得開始或繼續強制執行程序。

對於債務人之特定財產有優先權或擔保權之債權人聲請強制執行時，債務人得於拍賣公告前向執行法院聲明願按拍定或債權人承受之價額，提出現款消滅該標的物上之優先權及擔保權。

前項情形，債務人未於受執行法院通知後七日內繳足現款者，仍由拍定人買受或債權人承受。

第二項拍賣標的物為土地者，其價額應扣除土地增值稅。

前三項規定，於依其他法律所為之拍賣準用之。

第七十一條（與債務人相關之人之權利不受影響）

債權人對於債務人之共同債務人、保證人或為其提供擔保之第三人所有之權利，不因更生而受影響。

第七十二條（債權人允許更生方案所未定之額外利益不生效力）

債務人對債權人允許更生方案所未定之額外利益者，其允許不生效力。

第三節　更生之履行及免責

第七十三條（更生履行之效力）

債務人依更生條件全部履行完畢者，除本條例別有規定外，已申報之債權未受清償部分及未申報之債權，均視為消滅。但其未申報係因不可歸責於債權人之事由者，債務人仍應依更生條件負履行之責。

債務人就前項但書債權，因不可歸責於己之事由，致履行有困難者，得聲請法院裁定延長其履行期限。但延長之期限不得逾二年。

第七十四條（以未履行更生條件為執行名義）

更生方案經法院裁定認可確定後，債務人未依更生條件履行者，債權人得以之為執行名義，聲請對債務人及更生之保證人、提供擔保之人或其他共同負擔債務之人為強制執行。但債權人之債權有第三十六條之異議，而未裁定確定者，不在此限。

債權人聲請對債務人為強制執行時，法院得依債務人之聲請裁定開始清算程序。

第七十五條（履行期限之延長）

更生方案經法院裁定認可確定後，債務人因不可歸責於己之事由，致履行有困難者，得聲請法院裁定延長其履行期限。但延長之期限不得逾二年。

債務人可處分所得扣除自己及依法應受其扶養者所必要生活費用之餘額，連續三個月低於更生方案應清償之金額者，推定有前項事由。

第一項延長期限顯有重大困難，債務人對各債權人之清償額已達原定數額三分之二，且無擔保及無優先權債權受償總額已逾依清算程序所得受償之總額時，法院得依債務人之聲請，為免責之裁定。但於裁定前，應使債權人有陳述意見之機會。

前三項規定於定自用住宅借款特別條款之債權不適用之。

債務人有第一項履行困難情形者，法院得依其聲請裁定開始清算程序。

第七十六條（更生之撤銷與同時開始清算程序）

自法院認可更生方案之翌日起一年內發見債務人有虛報債務、隱匿財產或對於債權人中之一人或數人允許額外利益之情事者，法院得依債權人之聲請裁定撤銷更生，並應同時裁定開始清算程序。

對於撤銷更生之裁定提起抗告者，前項開始清算程序之裁定並受抗告法院之裁判。

第一項裁定確定時，始得進行清算程序。

第七十七條（第三人擔保或負擔之債務不受影響）

第三人因更生所為之擔保或負擔之債務，不因法院撤銷更生而受影響。

第七十八條（清算程序之開始與聲請）

法院裁定開始更生程序後，債務人免責前，法院裁定開始清算程序，其已進行之更生程序，適於清算程序者，作為清算程序之一部；其更生聲請視為清算聲請。

前項情形，於更生程序已申報之債權，視為於清算程序已申報債權；更生程序所生之費用或履行更生方案所負之債務，視為財團費用或債務。

第七十九條（加入清算程序之債權與其分配額）

更生方案經法院裁定認可確定後，債務人尚未完全履行，而經法院裁定開始清算程序時，債權人依更生條件已受清償者，其在更生前之原有債權，仍加入清算程序，並將已受清償部分加算於清算財團，以定其應受分配額。

前項債權人，應俟其他債權人所受之分配與自己已受清償之程度達同一比例後，始得再受分配。

第三章　清　算

第一節　清算之聲請及開始

第八十條（聲請清算之時點與主體）

債務人於法院裁定開始更生程序或許可和解或宣告破產前，得向法院聲請清算；債權人縱為一人，債務人亦得為聲請。

第八十一條（債務人應提之資料與債權人清冊應載之事項）

債務人聲請清算時，應提出財產及收入狀況說明書及其債權人、債務人清冊。

前項債權人清冊，應表明下列事項：

一　債權人之姓名或名稱及地址，各債權之數額、原因及種類。

二　有擔保權或優先權之財產及其權利行使後不能受滿足清償之債權數額。

第一項債務人清冊，應表明債務人之姓名或名稱及地址，各債務之數額、原因、種類及擔保。

第一項財產及收入狀況說明書，應表明下列事項，並提出證明文件：

一　財產目錄，並其性質及所在地。

二　最近五年是否從事營業活動及平均每月營業額。

三　收入及必要支出之數額、原因及種類。

四　依法應受債務人扶養之人。

第四十三條第七項規定，於前項第三款情形準用之。

第八十二條（債務人與相關人之報告義務）

法院裁定開始清算程序前，得依職權訊問債務人、債權人及其他關係人，並得定期命債務人據實報告清算聲請前二年內財產變動之狀況。

債務人違反前項報告義務者，法院得駁回清算之聲請。

第八十三條（裁定即時發生效力與應載之時日）

法院開始清算程序之裁定，應載明其年、月、日、時，並即時發生效力。

前項裁定，不得抗告。

第八十四條（債務人準用破產人之規定）

其他法令關於破產人資格權利限制之規定，於受法院裁定開始清算程序之債務人準用之。

第八十五條（清算程序之同時終止）

債務人之財產不敷清償清算程序之費用時，法院應裁定開始清算程序，並同時終止清算程序。

前項同時終止清算程序之裁定得為抗告。

第一項裁定應公告之，並送達於已知之債權人。

第八十六條（開始清算程序後應公告事項）

法院裁定開始清算程序後，應公告下列事項：

一　開始清算程序裁定之主文及其年、月、日、時。

二　選任管理人者，其姓名、住址及處理清算事務之地址。管理人為法人者，其名稱、法定代理人及事務所或營業所。

三　債務人之債務人及屬於清算財團之財產持有人，對於債務人不得為清償或交付其財產，並應即交還或通知管理人或法院指定之人。如於申報債權之期間，無故不交還或通知者，對於清算財團因此所受之損害，應負賠償責任。

四　申報、補報債權之期間及債權人應於申報、補報期間內向管理人申報其債權；未選任管理人者，應向法院為之；其有證明文件者，並應提出之。

五　不依前款規定申報、補報債權之失權效果。

六　對於已申報補報債權向法院提出異議之期間。

七　召集債權人會議者，其期日、處所及應議事項。

第四十七條第二項至第五項之規定，於前項情形準用之。但債權人依第二十六條第一項規定行使權利者，不得逾最後分配表公告日之前一日。

第八十七條（登記機關為清算之登記）

法院裁定開始清算程序時，就債務人或清算財團有關之登記，應即通知該管登記機關為清算之登記。

管理人亦得持開始清算程序之裁定，向前項登記機關聲請為清算之登記。

債務人因繼承、強制執行、徵收、法院之判決或其他非因法律行為，於登記前已取得不動產物權者，法院得因管理人之聲請，通知登記機關登記為債務人所有。

已為清算登記之清算財團財產，經管理人為返還或讓與者，法院得依其聲請，囑託該管登記機關塗銷其清算登記後登記之。

第八十八條（作成節略記明帳簿）

法院裁定開始清算程序後，書記官應即於債務人關於營業上財產之帳簿記明截止帳目，簽名蓋章，並作成節略，記明帳簿之狀況。

第八十九條（債務人進入清算之生活）

債務人聲請清算後，其生活不得逾越一般人通常之程度，法院並得依利害關係人之聲請或依職權限制之。

債務人非經法院之許可，不得離開其住居地；法院並得通知入出境管理機關，限制其出境。

第九十條（法院拘提債務人之情形）

債務人有下列情形之一者，法院得拘提之。但以有強制其到場之必要者為限：

一　受合法通知，無正當理由而不到場。
二　顯有逃匿之虞。
三　顯有隱匿、毀棄或處分屬於清算財團財產之虞。
四　無正當理由違反前條第二項之規定。

第九十一條（法院管收債務人之情形）

債務人有下列情形之一，非予管收顯難進行清算程序者，法院得管收之：

一　有前條第二款、第三款或第四款之情形。
二　違反第一百零二條第一項、第一百零三條第一項之規定。

管收期間不得超過三個月。

第九十二條（管收原因消滅）

管收之原因消滅時，應即釋放被管收人。

第九十三條（拘提管收準用強制執行法之規定）

拘提、管收除前三條規定外，準用強制執行法之規定。

第九十四條（債務人喪失對財產之管理及處分權）

債務人因法院裁定開始清算程序，對於應屬清算財團之財產，喪失其管理及處分權。

法院裁定開始清算程序後，債務人就應屬清算財團之財產所為之法律行為，非經管理人之承認，不生效力。

前項情形，法律行為之相對人得催告管理人於十日內確答是否承認，逾期未為確答者，視為拒絕承認。

債務人於法院裁定開始清算程序之日所為之法律行為，推定為清算程序開始後所為。

第九十五條（法院裁定相對人回復原狀）

管理人不為前條第二項之承認時，得聲請法院裁定命相對人返還所受領之給付物、塗銷其權利取得之登記或為其他回復原狀之行為。

對於前項裁定提起抗告，抗告法院於裁定前，應行言詞辯論。

前二項裁定確定時，有確定判決同一之效力。

相對人不依第一項裁定履行者，法院得依管理人之聲請強制執行或囑託登記機關塗銷其權利取得之登記。但相對人提起抗告時，應停止執行。

第九十六條（債務人之債務人對債權人之對抗）

債務人之債務人，於法院裁定開始清算程序後不知其事實而為清償者，得以之對抗債權人；如知其事實而為清償者，僅得以清算財團所受之利益為限，對抗債權人。

前項債務人所為清償，在法院公告開始清算程序前者，推定為不知其事實；在公告後者，推定為知其事實。

第九十七條（法定代理人之損害賠償責任）

債務人之法定代理人，對於債務人應負損害賠償責任者，法院得依管理人、債權人之聲請或依職權以裁定命其賠償；其因同一事由應負責任之法定代理人為二人時，應命連帶賠償。

前項情形，法院於裁定前應使當事人有陳述意見之機會。但應公示送達者，不在此限。

對於第一項裁定提起抗告，抗告法院於裁定前，應行言詞辯論。

第一項、第三項裁定確定時，有確定判決同一之效力。

第二節　清算財團之構成及管理

第九十八條（清算財團財產）

下列財產為清算財團：

一　法院裁定開始清算程序時，屬於債務人之一切財產及將來行使之財產請求權。
二　法院裁定開始清算程序後程序終止或終結前，債務人因繼承或無償取得之財產。

專屬於債務人本身之權利及禁止扣押之財產，不屬於清算財團。

第九十九條（清算財團財產之擴張）

法院於裁定開始清算程序後一個月內，得依債務人之聲請或依職權，審酌債務人之生活狀況、清算財團財產之種類及數額、債務人可預見之收入及其他情事，以裁定擴張不屬於清算財團財產之範圍。

第一百條（債務人繼承效力之限制）

債務人之繼承在聲請清算前三個月內開始者，於聲請清算後不得拋棄繼承。

第一百零一條（清算財團財產之書面記載）

法院裁定開始清算程序後，債務人應將屬於清算財團之財產記載書面提出於法院及管理人。

第一百零二條（財產之移交）

債務人及其使用人應將與其財產有關之一切簿冊、文件及其所管有之一切財產移交管理人或法院指定之人。但禁止扣押之財產不在此限。

前項之人拒絕為移交時，法院得依聲請或依職權強制執行之。

第一百零三條（債務人之答覆義務）

債務人對於管理人關於其財產、收入及業務狀況之詢問，有答覆之義務。

第十條之規定，於管理人調查債務人之財產、收入及業務狀況時準用之。但受查詢人為個人而有正當理由者，不在此限。

第一百零四條（債務人權利之保全）

債務人之權利屬於清算財團者，管理人應為必要之保全行為。

第一百零五條（資產表之公告）

管理人應將已收集及可收集之債務人資產，編造資產表，由法院公告之。

債權表及資產表應存置於法院及處理清算事務之處所，供利害關係人閱覽或抄錄。

第一百零六條（財團費用之來源）

下列各款為財團費用：

一　由國庫墊付之費用。

二　因清算財團之管理、變價與分配所生之費用及清算財團應納之稅捐。

三　因債權人共同利益所需聲請及審判上之費用。

四　管理人之報酬。

債務人及依法應受其扶養者之必要生活費及喪葬費，視為財團費用。

第一百零七條（財團債務之來源）

下列各款為財團債務：

一　管理人關於清算財團所為行為而生之債務。

二　管理人為清算財團請求履行雙務契約所生之債務，或因法院裁定開始清算程序後應履行雙務契約而生之債務。

三　為清算財團無因管理所生之債務。

四　因清算財團不當得利所生之債務。

第一百零八條（優先清償之債權）

下列各款應先於清算債權，隨時由清算財團清償之：

一　財團費用。

二　財團債務。

三　第二十一條第一項第二款、第二十六條第二項之債務。

四　在法院裁定開始清算程序前六個月內，債務人本於勞動契約所積欠之勞工工資而不能依他項方法受清償者。

第一百零九條（清償順序）

前條情形，於清算財團不足清償時，依下列順序清償之；順序相同者，按債權額比例清償之：

一　第一百零六條第一項第一款至第四款之財團費用。

二　第一百零七條第一款之財團債務。

三　第一百零六條第二項之財團費用、第一百零七條第二款至第四款及前條第三款、第四款之財團債務。

第一百十條（損害賠償責任之準用規定）

管理人對清算財團應負損害賠償責任者，準用第九十七條之規定。

第三節　清算債權及債權人會議

第一百十一條（債權之標的）

債權之標的如非金錢，或雖為金錢而其金額不確定，或為外國貨幣者，由管理人以法院裁定開始清算程序時之估定金額列入分配。普通保證債權受償額或定期金債權金額或存續期間不確定者，亦同。

債權人或債務人對前項估定金額有爭議者，準用第三十六條規定。

附條件之債權，得以其全額為清算債權。

第一百十二條（擔保物權之別除權）

在法院裁定開始清算程序前，對於債務人之財產有質權、抵押權、留置權或其他擔保物權者，就其財產有別除權。

有別除權之債權人得不依清算程序行使其權利。但管理人於必要時，得將別除權之標的物拍賣或變賣，就其賣得價金扣除費用後清償之，並得聲請法院囑託該管登記機關塗銷其權利之登記。

第一百十三條（有別除權債權人權利之行使）

有別除權之債權人，得以行使別除權後未能受清償之債權，為清算債權而行使其權利。但未依清算程序申報債權者，不在此限。

第一百十四條（不屬於債務人財產之取回）

不屬於債務人之財產，其權利人得不依清算程序，向管理人取回之。

債務人於法院裁定開始清算程序前或管理人於法院裁定開始清算程序後，將前項財產讓與第三人，而未受領對待給付者，取回權人得向管理人請求讓與其對待給付請求權。

前項情形，管理人受有對待給付者，取回權人得請求交付之。

第一百十五條（標的物買賣契約之解除）

出賣人已將買賣標的物發送，買受人尚未收到，亦未付清全價而受法院裁定開始清算程序者，出賣人得解除契約，並取回其標的物。但管理人得清償全價而請求標的物之交付。

前項給付，於行紀人將其受託買入之標的物發送於委託人之情形，準用之。

第一百十六條（債權之清償順序）

對於清算財團之財產有優先權之債權，先於他債權而受清償；優先權之債權有同順位者，各按其債權額之比例而受清償。

第一百十七條（債權之抵銷）

債權人於法院裁定開始清算程序時，對於債務人負有債務者，無論給付種類是否相同，得不依清算程序而為抵銷。

債權人之債權為附期限或附解除條件者，均得為抵銷。

附停止條件之債權，其條件於債權表公告後三十日內成就者，得為抵銷。

附解除條件之債權人為抵銷時，應提供相當之擔保，並準用第一百二十四條第二項之規定。

第五十二條第二項之規定，於第一項至第三項之情形準用之。

第一百十八條（債權人會議得議決事項）

債權人會議得議決下列事項：

一、清算財團之管理及其財產之處分方法。

二、營業之停止或繼續。

三、不易變價之財產返還債務人或拋棄。

第一百十九條（清算事務之報告）

管理人於債權人會議時，應提示債權表及資產表，並報告清算事務之進行狀況。

第一百二十條（債權人會議之決議）

債權人會議之決議，應有出席已申報無擔保債權人過半數，而其所代表之債權額超過已申報無擔保總債權額之半數者之同意。

計算前項債權，應扣除劣後債權。

第一百二十一條（法院裁定之效力）

法院不召集債權人會議時，得以裁定代替其決議。但法院裁定前應將第一百零一條規定之書面通知債權人。

前項裁定不得抗告，並應公告之。

第四節　清算財團之分配及清算程序之終了

第一百二十二條（清算財團財產之變價）

清算財團之財產有變價之必要者，管理人應依債權人會議之決議辦理。無決議者，得依拍賣、變賣或其他適當之方法行之。

第一百二十三條（財產之分配）

自債權表公告之翌日起三十日後，清算財團之財產可分配時，管理人應即分配於債權人。

前項分配，管理人應作成分配表，記載分配之順位、比例及方法。

分配表，應經法院之認可，並公告之。

對於分配表有異議者，應自公告之翌日起十日內，向法院提出之。

前項異議由法院裁定之。

第一百二十四條（附解除條件債權之擔保）

附解除條件債權受分配時，應提供相當之擔保，無擔保者，應提存其分配額。

附解除條件債權之條件，自最後分配表公告之翌日起十日內尚未成就時，其已提供擔保者免除擔保責任，返還其擔保品。

第一百二十五條（參與分配債權之限制）

附停止條件之債權或將來行使之請求權，自債權表公告之翌日起三十日內尚不能行使者，不得加入分配。

第一百二十六條（提存㈠）

關於清算債權有異議，致分配有稽延之虞時，管理人得按照分配比例提存相當之金額，而將所餘財產分配於其他債權人。

債權人之住居所、事務所、營業所或地址變更而未向管理人陳明者，管理人得將其應受分配金額提存之。

第一百二十七條（分配報告之提出）

管理人於最後分配完結時，應即向法院提出關於分配之報告。

法院接到前項報告後，應即為清算程序終結之裁定。

前項裁定不得抗告，並應公告之。

第一百二十八條（追加分配）

清算程序終止或終結後，發現可分配於債權人之財產時，法院應依管理人之聲請以裁定許可追加分配。但其財產於清算程序終止或終結之裁定確定之翌日起二年後始發現者，不在此限。

前項追加分配，於債務人受免責裁定確定後，仍得為之，並準用第一百二十三條規定。

第一項情形，清算程序未行申報及確定債權程序者，應續行之。

第一百二十九條（裁定終止清算程序）

法院裁定開始清算程序後，如清算財團之財產不敷清償第一百零八條所定費用及債務時，法院因管理人之聲請或依職權以裁定終止清算程序。

法院為前項裁定前，應使管理人及債權人有陳述意見之機會。

第一項裁定不得抗告，並應公告之。

第一百三十條（提存㈡）

法院裁定終止清算程序時，管理人應依第一百零九條之規定為清償；其有爭議部分，提存之。

第一百三十一條（清算登記規定之準用）

第八十七條之規定，於法院裁定終止或終結清算程序時準用之。

第五節　免責及復權

第一百三十二條（債務之免除）

法院為終止或終結清算程序之裁定確定後，除別有規定外，應以裁定免除債務人之債務。

第一百三十三條（不免責裁定）

法院裁定開始清算程序後，債務人有薪資、執行業務所得或其他固定收入，扣除自己及依法應受其扶養者所必要生活費用之數額後仍有餘額，而普通債權人之分配總額低於債務人聲請清算前二年間，可處分所得扣除自己及依法應受其扶養者所必要生活費用之數額者，法院應為不免責之裁定。但債務人證明經普通債權人全體同意者，不在此限。

第一百三十四條（應為不免責裁定之情形）

債務人有下列各款情形之一者，法院應為不免責之裁定。但債務人證明經普通債權人全體同意者，不在此限：

一　於七年內曾依破產法或本條例規定受免責。

二　故意隱匿、毀損應屬清算財團之財產，或為其他不利於債權人之處分，致債權人受有損害。

三　捏造債務或承認不真實之債務。

四　聲請清算前二年內，因消費奢侈商品或服務、賭博或其他投機行為，所負債務之總額逾聲請清算時無擔保及無優先權債務之半數，而生開始清算之原因。

五　於清算聲請前一年內，已有清算之原因，而隱瞞其事實，使他人與之為交易致生損害。

六　明知已有清算原因之事實，非基於本人之義務，而以特別利於債權人中之一人或數人為目的，提供擔保或消滅債務。

七　隱匿、毀棄、偽造或變造帳簿或其他會計文件之全部或一部，致其財產之狀況不真確。

八　故意於財產及收入狀況說明書為不實之記載，或有其他故意違反本條例所定義務之行為，致債權人受有損害，或重大延滯程序。

第一百三十五條（得為免責裁定之情形㈠）

債務人有前條各款事由，情節輕微，法院審酌普通債權人全體受償情形及其他一切情狀，認為適當者，得為免責之裁定。

第一百三十六條（法院於裁定前應依職權調查）

前三條情形，法院於裁定前應依職權調查，或命管理人調查以書面提出報告，並使債權人、債務人有到場陳述意見之機會。

債務人對於前項調查，應協助之。

第一百三十七條（免責裁定之效力）

免責裁定確定時，除別有規定外，對於已申報及未申報之債權人均有效力；對於債務人有求償權之共同債務人、保證人或為其提供擔保之第三人亦同。

前項規定不影響債權人對於債務人之共同債務人、保證人或為其提供擔保之第三人之權利。

第一百三十八條（不受免責裁定影響之債務）

下列債務，不受免責裁定之影響：

一　罰金、罰鍰、怠金及追徵金。

二　債務人因故意或重大過失侵權行為所生損害賠償之債務。

三　稅捐債務。

四　債務人履行法定扶養義務之費用。

五　因不可歸責於債權人之事由致未申報之債權，債務人對該債權清償額未達已申報債權受償比例之債務。

六　由國庫墊付之費用。

第一百三十九條（撤銷免責）

自法院為免責裁定確定之翌日起一年內，發見債務人有虛報債務、隱匿財產或以不正當方法受免責者，法院得依債權人之聲請或依職權裁定撤銷免責。但有第一百三十五條得為免責之情形者，不在此限。

第一百四十條（債權人聲請對債務人之強制執行）

法院為不免責或撤銷免責之裁定確定後，債權人得以確定之債權表為執行名義，聲請對債務人為強制執行。法院裁定開始清算程序前，債權人已取得執行名義者，於確定之債權表範圍內亦同。但依第一百三十三條不免責之情形，自裁定確定之翌日起二年內，不得為之。

前項債權人對債務人為強制執行時，債務人得聲請執行法院通知債權表上之其他債權人；於聲請時，視為其他債權人就其債權之現存額已聲明參與分配。其應徵收之執行費，於執行所得金額扣繳之。

第一百四十一條（得為免責裁定之情形㈡）

債務人因第一百三十三條之情形，受不免責之裁定確定後，繼續清償達該條規定之數額，且各普通債權人受償額均達其應受分配額時，得聲請法院裁定免責。

法院依第一百三十三條規定為不免責裁定，裁定正本應附錄前項、第一百四十二條規定，及債務人嗣後聲請裁定免責時，須繼續清償各普通債權之最低應受分配額之說明。

第六十七條第二項規定，於債務人依第一項規定繼續清償債務準用之。

第一百四十二條（得為免責裁定之情形㈢）

法院為不免責或撤銷免責之裁定確定後，債務人繼續清償債務，而各普通債權人受償額均達其債權額之百分之二十以上者，法院得依債務人之聲請裁定免責。

前條第三項規定，於債務人依前項規定繼續清償債務準用之。

第一百四十二條之一（清償之順序）

法院為不免責或撤銷免責之裁定確定後，債務人對清算債權人所為清償，應先抵充費用，次充原本。

前項規定，於本條例中華民國一百年十二月十二日修正之條文施行前已受前項裁定之債務人，於修正條文施行後所為清償，亦適用之。

第一百四十三條（得優先清算債權受清償之情形）

於免責裁定確定後，至撤銷免責之裁定確定前，對債務人取得之債權，有優先於清算債權受清償之權利。

第一百四十四條（得為復權聲請之情形）

債務人有下列各款情形之一者，得向法院為復權之聲請：

一　依清償或其他方法解免全部債務。
二　受免責之裁定確定。
三　於清算程序終止或終結之翌日起三年內，未因第一百四十六條或第一百四十七條之規定受刑之宣告確定。
四　自清算程序終止或終結之翌日起滿五年。

第一百四十五條（撤銷復權之裁定）

債務人依前條第一款至第三款之規定復權，於清算程序終止或終結之翌日起五年內，因第一百四十六條或第一百四十七條之規定受刑之宣告確定者，法院應依職權撤銷復權之裁定。

第四章　附　則

第一百四十六條（罰則㈠）

債務人在法院裁定開始清算程序前一年內，或在清算程序中，以損害債權為目的，而有下列各款行為之一者，處三年以下有期徒刑：

一　隱匿或毀棄其財產或為其他不利於債權人之處分。
二　捏造債務或承認不真實之債務。
三　隱匿、毀棄、偽造或變造帳簿或其他會計文件之全部或一部，致其財產之狀況不真確。

第一百四十七條（罰則㈡）

債務人聲請更生後，以損害債權為目的，而有前條所列各款行為之一者，處三年以下有期徒刑。

第一百四十八條（罰則㈢）

監督人或管理人對於職務上之行為，要求、期約或收受賄賂或其他不正利益者，處三年以下有期徒刑，得併科新臺幣二十萬元以下罰金。

第一百四十九條（罰則㈣）

監督人或管理人對於違背職務之行為，要求、期約或收受賄賂或其他不正利益者，處五年以下有期徒刑，得併科新臺幣三十萬元以下罰金。

對於監督人或管理人，關於違背職務之行為，行求、期約或交付賄賂或其他不正利益者，處二年以下有期徒刑，得併科新臺幣十萬元以下罰金。但自首者減輕或免除其刑，在偵查中或審判中自白者，得減輕其刑。

第一百五十條（罰則㈤）

法人經選任為監督人或管理人者，其負責人、代理人、受僱人或其他職員，於執行業務時，有前二條所定之情形，除依各該條規定處罰其行為人外，對於該法人亦科以各該條規定之罰金。

第一百五十一條（債務清償之協商）

債務人對於金融機構負債務者，在聲請更生或清算前，應向最大債權金融機構請求協商債務清償方案，或向其住居所地之法院或鄉、鎮、市、區調解委員會聲請債務清理之調解。

債務人為前項請求或聲請，應以書面為之，並提出財產及收入狀況說明書、債權人及債務人清冊，及按債權人之人數提出繕本或影本。

第四十三條第二項、第五項至第七項規定，於前項情形準用之。

債權人為金融機構者，於協商或調解時，由最大債權金融機構代理其他金融機構。但其他金融機構以書面向最大債權金融機構為反對之表示者，不在此限。

債權人為金融機構、資產管理公司或受讓其債權者，應提出債權說明書予債務人，並準用第三十三條第二項第一款至第五款規定。

債務人請求協商或聲請調解後，任一債權金融機構對債務人聲請強制執行，或不同意延緩強制執行程序，視為協商或調解不成立。

協商或調解成立者，債務人不得聲請更生或清算。但因不可歸責於己之事由，致履行有困難者，不在此限。

第七十五條第二項規定，於前項但書情形準用之。

本條例施行前，債務人依金融主管機關協調成立之中華民國銀行公會會員辦理消費金融案件無擔保債務協商機制與金融機構成立之協商，準用前二項之規定。

第一百五十一條之一（金融機構得查詢債務人之財產等）

債務人請求協商時，視為同意或授權受請求之金融機構，得向稅捐或其他機關、團體查詢其財產、收入、業務及信用狀況。

前項金融機構應即通知其他債權人與債務人為債務清償之協商，並將前項查詢結果供其他債權人閱覽或抄錄。

債權人之債權移轉於第三人者，應提出相關證明文件，由受請求之金融機構通知該第三人參與協商。

協商成立者，應以書面作成債務清償方案，由當事人簽名、蓋章或按指印；協商不成立時，應於七日內付與債務人證明書。

第一百五十二條（債務清償方案之審核）

前條第一項受請求之金融機構應於協商成立之翌日起七日內將債務清償方案送請金融機構所在地之管轄法院審核。但當事人就債務清償方案已依公證法第十三條第一項規定請求公證人作成公證書者，不在此限。

前項債務清償方案，法院應儘速審核，認與法令無牴觸者，應以裁定予以認可；認與法令牴觸者，應以裁定不予認可。

前項裁定，不得抗告。

債務清償方案經法院裁定認可後，得為執行名義。

第一百五十三條（協商不成立之處理）

自債務人提出協商請求之翌日起逾三十日不開始協商，或自開始協商之翌日起逾九十日協商不成立，債務人得逕向法院聲請更生或清算。

第一百五十三條之一（聲請法院調解）

債務人依第一百五十一條第一項聲請法院調解，徵收聲請費新臺幣一千元。

債務人於法院調解不成立之日起二十日內，聲請更生或清算者，以其調解之聲請，視為更生或清算之聲請，不另徵收聲請費。

債務人於調解期日到場而調解不成立，得當場於法院書記官前，以言詞為前項更生或清算之聲請。

債權人之債權移轉於第三人者，應提出相關證明文件由法院或鄉、鎮、市、區調解委員會通知該第三人參與調解。

第一百五十四條（更生或清算程序開始後債權之加入）

債務清償方案協商或調解成立後，債務人經法院裁定開始更生或清算程序，債權人依債務清償方案未受全部清償者，仍得以其在協商或調解前之原有債權，加入更生或清算程序；其經法院裁定開始清算程序者，應將債權人已受清償部分，加算於清算財團，以定其應受分配額。

前項債權人，應俟其他債權人所受清償與自己已受清償之程度達同一比例後，始得再受清償。

第一百五十五條（破產法程序之遵行）

本條例施行前不能清償債務之事件，已由法院依破產法之規定開始處理者，仍依破產法所定程序終結之。

第一百五十六條（免責或復權之聲請）

消費者於本條例施行前受破產宣告者，得依本條例之規定，為免責或復權之聲請。

本條例中華民國一百年十二月十二日修正之條文施行前，消費者依第一百三十四條第四款規定受不免責裁定者，得於修正條文施行之日起二年內，為免責之聲請。

本條例中華民國一百零七年十一月三十日修正之條文施行前，消費者依第一百三十四條第二款、第四款或第八款規定受不免責裁定者，得於修正條文施行之日起二年內為免責之聲請。

第一百五十七條（施行細則之訂定）

本條例施行細則，由司法院定之。

第一百五十八條（施行日期）

本條例自公布日後九個月施行。

本條例修正條文自公布日施行。

消費者債務清理條例施行細則

民國九十七年三月十八日司法院令發布
一百年二月十一日司法院令修正發布
一百零一年二月六日司法院令修正發布
一百零六年八月二十五日司法院令修正發布
一百零七年四月十七日司法院令修正發布
一百零八年一月十七日司法院令修正發布第一一、一八之一、二一、二八、三〇之一、四四之一、四五條條文；並增訂第二〇之一、二一之一、二七之一、四〇之一條條文

第一條（訂定依據）

本細則依消費者債務清理條例（以下簡稱本條例）第一百五十七條規定訂定之。

第二條（債務人之定義）

聲請依本條例所定程序清理其債務之債務人，以本條例第二條所稱之消費者為限。

消費者依本條例所清理之債務，不以因消費行為所生者為限。

第三條（營業活動之定義）

本條例第二條第一項所稱之營業活動，係指反覆從事銷售貨物、提供勞務或其他相類行為，以獲取代價之社會活動。

債務人為公司或其他營利法人之負責人，無論是否受有薪資，均視為自己從事營業活動。其營業額依該公司或其他營利法人之營業額定之。

第四條（期間及營業額之計算）

本條例第二條第一項所定之五年期間，自聲請更生或清算前一日回溯五年計算之；第二項所定之營業額，以五年內之營業總額除以實際營業月數計算之。

第五條（監督人或管理人報酬之預納）

法院裁定開始更生或清算程序前，認有選任監督人或管理人之必要者，得預估其報酬之數額，定期命債務人預納之；逾期未預納者，除有本條例第七條第一項所定情形外，法院得依本條例第六條第三項規定駁回更生或清算之聲請。

法院裁定開始更生程序後，認有選任監督人之必要者，得預估其報酬之數額，定期命債務人預納之；逾期未預納致更生程序無法進行者，法院得依本條例第五十六條第二款規定裁定開始清算程序。

第六條　（駁回聲請或撤銷裁定之禁止）

法院裁定開始更生或清算程序後，不得再以債務人之聲請不合程式、不備其他要件，因其違反本條例所定之義務或有其他障礙之事由而駁回其聲請或撤銷裁定。

第六條之一　（撤回更生或清算聲請之禁止）

更生或清算程序終止或終結後，債務人不得撤回更生或清算之聲請。

第七條　（破產程序之停止）

債務人聲請更生或清算前或後，經聲請破產，而法院尚未裁定為破產之宣告者，於法院裁定開始更生或清算程序，或駁回債務人之聲請前，該聲請破產程序應停止。

法院裁定開始更生、清算程序、許可和解或宣告破產後，債務人聲請更生或清算者，法院應駁回之。

第八條　（公告之例外）

依本條例規定應公告之文書，除下列情形者外，應公告全部內容：

一　債務人以外之兒童及少年姓名、身分證統一編號及其他足資識別該個人資料部分，應為適當遮隱。

二　其他法院認為不宜公開事項，得予遮隱。

依本條例規定應公告並送達文書予利害關係人者，其送達效力依民事訴訟法之規定。

第九條　（程序視為終結之情形）

法院裁定開始更生或清算程序後，債務人於程序終止或終結前死亡者，其程序視為終結。

第十條　（強制執行之機關）

本條例所定保全處分之執行，及更生或清算程序終止或終結前得強制執行之事項，由辦理消費者債務清理事件之法院為之。

第十一條　（得由司法事務官為之之事務與例外）

法院裁定開始更生或清算程序後，命司法事務官進行更生或清算程序者，至該程序終止或終結時止。本條例規定由法院辦理之事務，及程序終止或終結後關於本條例第七十三條第二項、第七十五條第一項、第一百二十八條第一項前段、第一百三十一條準用第八十七條所定事務，得由司法事務官為之。但下列事務不在此限：

一　有關拘提、管收之事項。

二　本條例第五十三條第五項、第五十六條、第六十一條第一項及第六十五條第一項所定裁定。

第十二條　（應選任監督人或管理人之情形）

法院裁定開始更生或清算程序，有下列各款情形之一者，應選任監督人或管理人：

一　依本條例第二十條至第二十四條規定有行使撤銷權、終止權、解除權、請求相對人、受益人或轉得人返還所受領之給付或受催告之必要。

二　依本條例第二十七條規定有承受訴訟之必要。

三　依本條例第九十四條或第九十五條規定有承認、受催告、聲請法院裁定命相對人返還所受領之給付物、塗銷其權利取得登記，為其他回復原狀行為或聲請強制執行之必要。

第十三條　（監督人或管理人辭任前之注意義務）

監督人或管理人於法院許可辭任前，仍應以善良管理人之注意，繼續執行其職務。

第十四條　（保全處分期間之合計與限制）

法院就更生或清算之聲請為裁定前，依本條例第十九條第三項變更保全處分者，其期間與原保全處分期間合計，不得逾同條第二項所定之期間。

法院裁定開始更生或清算程序後，為保全處分及變更保全處分之期間，不受本條例第十九條第二項之限制。

第十五條　（由監督人或管理人請求回復原狀）

受益人或轉得人依本條例第二十一條第一項或第二十二條第二項規定應回復原狀者，由監督人或管理人請求之。

第十六條　（不得行使權利之限制(一)）

有擔保之債權人，就其行使擔保權後未能受償之債權，非依更生或清算程序，不得行使其權利。

前項債權，依更生程序行使權利；以行使擔保權後未能受償額，列入更生方案。其未確定者，由監督人估定之，並於確定時依更生條件受清償。

債權人或債務人對前項估定金額有爭議者，準用本條例第三十六條第一項至第四項規定。

第十六條之一　（表決權之行使）

普通保證債權人之債權受償額未確定者，於更生或清算程序應依監督人或管理人估定之金額行使表決權。

第十七條　（不得行使權利之限制(二)）

法院裁定開始更生或清算程序後，有擔保或優先權債權所生之損害賠償及違約金，對於債務人之財產無優先受償之權，非依更生或清算程序，不得行使其權利。

第十八條（不得行使權利之限制㈢）

執行法院依強制執行法第一百十五條之一第二項規定核發移轉命令執行債務人之薪資或其他繼續性給付之債權者，於法院裁定開始更生或清算程序後，應停止強制執行；債權人債權未受清償部分，非依更生或清算程序不得行使其權利。

第十八條之一（不適用本條例第二十九條第一項之情形）

本條例第二十九條第一項規定，於債務人撤回更生或清算之聲請，或有第九條情形者，不適用之。

本條例中華民國一百零七年十二月二十八日修正公布施行前確定之債權表，不適用修正後本條例第二十九條第一項第一款規定。

本條例第二十九條第一項第一款所定因不履行金錢債務所生損害賠償、違約金及其他費用之總額，應就據以發生之本金債權分筆計算。

第十九條（質權人與留置權人之權利）

監督人或管理人為估定債務人財產之價額，請求質權人或留置權人交出其權利標的物者，質權人或留置權人之權利不受影響。

第二十條（受異議之債權）

債權人申報之債權，有本條例第三十六條第一項之異議者，於法院裁定前，債權人會議不得為決議。但受異議之債權不影響債權人會議之決議者，不在此限。

第二十條之一（得聲請更生債務總額之計算）

本條例第四十二條第一項所定無擔保或無優先權之本金及利息債務總額未逾新臺幣一千二百萬元，應計算至法院裁定開始更生程序前一日。

第二十一條（應表明事項及名詞定義）

債務人依本條例第四十三條第二項、第八十一條第二項規定所表明之債權人地址，有住居所不明者，應表明其最後住居所及不明之意旨；所表明之債權種類，應記載該債權之名稱、貨幣種類、有無擔保權或優先權、擔保權之順位及扣除擔保債權或優先權後之餘額。

債務人依本條例第四十三條第五項、第八十一條第三項規定所表明之債務人地址，有住居所不明者，應表明其最後住居所及不明之意旨；所表明之債務種類，應記載該債務之名稱、貨幣種類、有無擔保權或優先權、擔保權之順位及扣除擔保債權或優先權後之餘額。

債務人依本條例第四十三條第六項第一款、第八十一條第四項第一款規定所表明之財產目錄，係指包括土地、建築物、動產、銀行存款、股票、人壽保單、事業投資或其他資產在內之所有財產，其於更生或清算聲請前二年內有財產變動狀況者，宜併予表明。

債務人依本條例第四十三條第六項第三款、第八十一條第四項第三款規定所表明之收入數額，係指包括基本薪資、工資、佣金、獎金、津貼、年金、保險給付、租金收入、退休金或退休計畫收支款、政府補助金、分居或離婚贍養費或其他收入款項在內之所有收入數額。

第二十一條之一（聲請更生或清算時所提財產及收入狀況說明書之應表明事項內容）

債務人依本條例第四十三條第六項第三款、第八十一條第四項第三款規定所表明之必要支出數額，係指包括膳食、衣服、教育、交通、醫療、稅賦開支、全民健保、勞保、農保、漁保、公保、學生平安保險或其他支出在內之所有必要支出數額。

債務人依本條例第四十三條第六項第四款、第八十一條第四項第四款規定所表明依法應受債務人扶養之人，除應記載受扶養人外，尚應記載依法應分擔該扶養義務之人數及債務人實際支出之扶養金額。

債務人聲請更生或清算時所提財產及收入狀況說明書，其表明每月必要支出之數額，與本條例第六十四條之二第一項、第二項規定之認定標準相符者，毋庸記載原因、種類及提出證明文件。

第二十二條（逾債權人清冊之債權的申報）

債權人就逾債權人清冊記載內容部分之債權，仍應遵期申報始得行使其權利。

第二十三條（應即陳報法院之情形）

監督人或管理人向本條例第十條第一項所定之人查詢債務人財產、收入及業務狀況時，有同條第二項或第三項所定情形者，應即陳報法院。

第二十四條（得聲請更生之情形）

債權人縱為一人，債務人亦得聲請更生。

第二十五條（更生登記）

法院裁定開始更生程序後，應即通知債務人之財產登記機關為更生登記。

監督人亦得持開始更生程序之裁定，向前項登記機關聲請為更生登記。

法院於必要時或更生程序終結時，應即通知第一項之登記機關塗銷更生登記。

更生登記無禁止債務人移轉或處分其財產之效力。

第二十六條（清償金額計算方法之表明）

債務人提出之更生方案所記載清償之金額，應表明其計算方法。

更生方案之清償方法得記載由最大債權金融機構統一辦理收款及撥付款項之作業。

法院裁定認可之更生方案無前項記載，最大債權金融機構受債務人依本條例第六十七條第二項規定之請求者，應統一辦理收款及撥付款項。

第二十七條（符合本條例第五十三條第二項第三款但書情形之表明）

債務人提出之更生方案最終清償期逾六年者，應表明符合本條例第五十三條第二項第三款但書之情形。

第二十七條之一（程序從新原則）

更生方案未於本條例中華民國一百零七年十二月二十八日修正公布施行前經法院裁定認可確定，且依本條例第五十四條之一第一項定自用住宅借款特別條款者，適用修正後之規定。

第二十八條（劣後債權之排除）

本條例第六十三條第一項第五款所定已申報無擔保及無優先權之本金及利息債權總額，不包括劣後債權。

第二十九條（強執程序視為終結之效力）

依本條例第六十九條後段規定視為終結強制執行程序者，其已為之執行處分應予撤銷；假扣押或假處分之執行，亦同。

更生方案效力所及之有擔保或有優先權債權人，於更生程序終結時，其已開始之強制執行程序，視為終結，並準用前項規定。

第三十條（優先權及擔保權消滅之情形）

債務人於法院裁定開始更生程序後，更生方案履行期限屆至前，得依本條例第七十條第二項或第五項規定，提出現款聲明消滅拍賣標的物上之優先權及擔保權。

前項拍賣標的物為不動產者，債務人提出現款之數額，應扣除依法核課之地價稅及房屋稅額。

第三十條之一（準用本條例第五十五條第二項之情形）

本條例第五十五條第二項規定，於債務人依本條例第七十三條第一項但書應履行之債務準用之。

第三十一條（裁定之公告）

依本條例第八十三條第一項規定所為裁定，應公告之。

第三十二條（所受生活限制之解除）

債務人依本條例第八十九條規定所受生活之限制，於法院為終止或終結清算程序之裁定確定時，當然解除。

第三十三條（聲請強制執行之準用）

法院依本條例第九十七條第一項或第一百十條規定裁定命債務人之法定代理人或管理人賠償者，準用本條例第九十五條第四項規定。

第三十四條（強制執行法之準用）

強制執行法第二十一條之一、第二十一條之二、第二十二條之一、第二十二條之二、第二十二條之三、第二十二條之四第三款及第四款、第二十二條之五、第二十四條第二項、第二十六條規定，於本條例所定拘提、管收準用之。

第三十五條（歸屬清算財團之財產）

法院裁定開始清算程序後，管理人因繼續債務人營業所得之財產，應歸屬於清算財團。

第三十六條（有優先權之債權）

法院裁定開始清算程序前成立之有債權優先權之債權，非依清算程序，不得行使其權利。

第三十七條（變價後書據之交出）

清算財團之財產經管理人依本條例第一百二十二條規定變價後，債務人應交出書據而未交出者，管理人得報請法院以公告宣示未交出之書據無效，另作證明書發給買受人。

第三十七條之一（續行債權申報程序時之準用）

依本條例第一百二十八條第三項續行債權申報程序者，準用本條例第七十九條規定。

第三十八條（利害關係人對債權有爭議時之準用）

利害關係人對財團費用及財團債務之債權及其種類、數額或順位有爭議者，準用本條例第三十六條第二項、第三項及第五項之規定。

第三十八條之一（債務人撤回清算之聲請或死亡時之準用）

法院裁定開始清算程序後，債務人撤回清算之聲請或死亡者，準用本條例第一百三十條及第一百三十一條規定。

第三十九條（普通債權人之定義）

本條例第一百三十三條、第一百三十四條但書、第一百三十五條、第一百四十一條、第一百四十二條所稱之普通債權人，指其債權無擔保或優先權及不屬於劣後債權之債權人。

第三十九條之一（裁定應公告）

法院所為免責、不免責或撤銷免責之裁定應公告之，並送達於債務人及已知住居所、事務所或營業所之債權人。

第四十條（聲請強制執行之禁止及例外）

法院為免責或不免責之裁定確定前，債權人不得對債務人聲請強制執行。但有別除權者，不在此限。

第四十條之一（清算程序無確定債權表亦得聲請強制執行）

本條例第一百四十條第一項本文後段之規定，於清算程序無確定債權表者亦適用之。

第四十一條（債務人免責之裁定）

法院依本條例第一百三十三條但書或第一百三十四條但書規定為債務人免責之裁定，應經未受清償之有債權優先權債權人之全體同意。

有債權優先權之債權人未受全部清償前，債務人不得依本條例第一百四十一條或第一百四十二條規定聲請裁定免責。

第四十二條（再次協商）

本條例施行前，債務人依金融主管機關協調成立之中華民國銀行公會會員辦理消費金融案件無擔保債務協商機制協商未成立者，仍應依本條例第一百五十一條第一項規定請求協商或聲請調解。

第四十二條之一（視為調解之聲請）

債務人依本條例第一百五十一條第一項規定應請求協商或聲請調解者，如逕向法院聲請更生或清算，視其聲請為法院調解之聲請。

前項情形，調解不成立者，法院於調解不成立之日起二十日內得依債務人之聲請，依原聲請程序續行之，並仍自原聲請時發生程序繫屬之效力。

第四十二條之二（最大債權金融機構）

最大債權金融機構依本條例第一百五十一條第四項規定，當然為其他金融機構之代理人，除有該項但書情形外，不得拒絕代理。

前項最大債權金融機構就債務清理之協商或調解，得代理其他金融機構為一切必要之行為，並得使第三人代為處理。

第四十三條（債務清償之協商）

受請求協商之最大債權金融機構應依債務人提出之債權人清冊，通知全體債權人與債務人為債務清償之協商。

前項金融機構於協商不成立時，應付與債務人證明書。

第四十四條（刪除）

第四十四條之一（債權移轉）

債權人之債權移轉於第三人者，無論其移轉在債務人請求協商或聲請調解之前或後，移轉人或受移轉人應依本條例第一百五十一條之一第三項、第一百五十三條之一第四項規定，將債權移轉相關文件之正本、繕本或影本提出於最大債權金融機構或鄉、鎮、市、區調解委員會或法院。

前項債權移轉包括債權讓與及法定移轉。

債務人依本條例第一百五十三條之一第三項規定以言詞為更生或清算之聲請者，法院書記官應記明筆錄。

第四十四條之二（聲請法院調解）

債務人依本條例第一百五十一條第一項聲請法院調解，不合程式或不備其他要件者，法院應以裁定駁回之。但其情形可以補正者，法院應定期間先命補正。

第四十四條之三（聲請更生或清算）

債務人於協商或調解不成立後聲請更生或清算，法院不得以其未接受債權人於協商或調解程序所提債務清償方案為由，駁回其更生或清算之聲請。

第四十五條（管轄法院）

消費者依本條例第一百五十六條第一項規定聲請免責或復權，由宣告破產之地方法院管轄。

消費者依本條例第一百五十六條第二項、第三項規定聲請免責，由裁定開始清算程序之地方法院管轄。

第四十六條（施行日期）

本細則自中華民國九十七年四月十一日施行。

本細則修正條文自發布日施行。

公證法

民國三十二年三月三十一日國民政府公布
六十三年一月二十九日總統令修正公布
六十九年七月四日總統令修正公布
八十八年四月二十一日總統令修正公布
九十六年十二月二十六日總統令修正公布
九十八年十二月三十日總統令修正公布
一百零八年四月三日總統令修正公布第二六、三〇、三三、七四～七六條條文

第一章 總則

第一條（公證事務之辦理）
公證事務，由法院或民間之公證人辦理之。
地方法院及其分院應設公證處；必要時，並得於管轄區域內適當處所設公證分處。
民間之公證人應於所屬之地方法院或其分院管轄區域內，司法院指定之地設事務所。

第二條（公證事項）
公證人因當事人或其他關係人之請求，就法律行為及其他關於私權之事實，有作成公證書或對於私文書予以認證之權限。
公證人對於下列文書，亦得因當事人或其他關係人之請求予以認證：
一 涉及私權事實之公文書原本或正本，經表明係持往境外使用者。
二 公私文書之繕本或影本。

第三條（請求公證之手續）
前條之請求，得以言詞或書面為之。
公證或認證請求書，應由請求人或其代理人簽名；其以言詞請求者，由公證人、佐理員或助理人作成筆錄並簽名後，由請求人或其代理人簽名。
前項請求書或筆錄，準用非訟事件法關於聲請書狀或筆錄之規定。

第四條（代理請求公認證及其限制）
公證或認證之請求，得由代理人為之。但依法律規定或事件性質不得由代理人為之者，不在此限。

第五條（使用之文字）
公證文書應以中國文字作成之。但經當事人請求時，得以外國文字作成。
前項文書以中國文字作成者，必要時得附記外國文字或附譯本。
以外國文字作成公證文書或就文書之翻譯本為認證之公證人，以經司法院核定通曉各該外國語文者為限。

第六條（公證事務無地區管轄）
當事人或其他關係人，除法律另有規定外，得向任何地區之公證人請求作成公證書或認證文書。

第七條（公證人執行職務之區域）
公證人應以所屬之地方法院或其分院之管轄區域為執行職務之區域。但有急迫情形或依事件之性質有至管轄區域外執行職務之必要者，不在此限。
違反前項規定所作成之公、認證文書，效力不受影響。

第八條（辦理公證事務之處所及時間）
辦理公證事務，應於法院公證處或民間之公證人事務所為之。但法令另有規定或因事件之性質，在法院公證處或民間之公證人事務所執行職務不適當或有其他必要情形者，不在此限。
辦理公證事務之時間，依一般法令之規定。但必要時，得於法令所定時間外為之。

第九條（公證人之簽名）
公證人為職務上簽名時，應記載其職稱及所屬之法院。民間之公證人並應記載其事務所所在地。

第十條（公證人不得執行職務之情形）
公證人有下列各款情形之一者，不得執行其職務：
一 為請求人或就請求事項有利害關係者。
二 為請求人或其代理人或就請求事項有利害關係者之配偶、前配偶、未婚配偶、四親等內之親屬或同居之家長、家屬者。其親屬或家長、家屬關係終止後，亦同。
三 為請求人或其代理人之法定代理人者。
四 就請求事項現為或曾為代理人或輔佐人者。

第十一條（公證文書之生效要件）
公證人作成之文書，非具備本法及其他法律所定之要件，不生公證效力。
公證人違反本法不得執行職務之規定所作成之文書，亦不生公證效力。

第十二條（公證事務之請求協助）
公證人辦理公證事務，於必要時，得向有關機關、團體或個人查詢，並得請求其協助。
前項情形，亦得商請外國機關、團體或個人為之。

第十三條（公證書之執行力）
當事人請求公證人就下列各款法律行為作成之公證書，載明應逕受強制執行者，得依該證書執行之：
一 以給付金錢或其他代替物或有價證券之一定數量為標的者。
二 以給付特定之動產為標的者。
三 租用或借用建築物或其他工作物，定有期限並應於期限屆滿時交還者。
四 租用或借用土地，約定非供耕作或建築為目的，而於期限屆滿時應交還土地者。
前項公證書，除當事人外，對於公證書作成後，就該法律行為，為當事人之繼受人，及為當事人或其繼受人占有請求之標的物者，亦有效力。
債務人、繼受人或占有人，主張第一項之公證書有不得強制執行之事由提起訴訟時，受訴法院得因必要

情形，命停止執行，但聲請人陳明願供擔保者，法院應定相當之擔保額，命停止執行。

第十四條（守密義務）
公證人、佐理員及助理人，除法律另有規定外，對於經辦事件，應守秘密。

第十五條（公證請求之拒絕）
公證人非有正當理由，不得拒絕請求人之請求。
公證人拒絕請求時，得以言詞或書面為之。但請求人要求說明其理由者，應付與理由書。

第十六條（公證異議之提出）
請求人或利害關係人，認為公證人辦理公證事務有違法或不當者，得提出異議。
公證人如認異議為有理由時，應於三日內為適當之處置；如認為無理由時，應附具意見書，於三日內送交所屬之地方法院或其分院，法院應於五日內裁定之。

第十七條（對公證異議之裁定）
法院認異議為有理由時，應以裁定命公證人為適當之處置；認異議為無理由時，應駁回之。
前項裁定，應附具理由，並送達於公證人、異議人及已知之其他利害關係人。
對於第一項之裁定，得於十日內抗告。但不得再抗告。
抗告，除本法另有規定外，準用非訟事件法關於抗告之規定。

第十八條（文書簿冊、文件之保存）
公證人作成之公證書原本，與其附屬文件或已認證之文書繕本、影本，及依法令應編製之簿冊，保存於公證處或事務所，不得攜出。但經法院或其他有關機關依法律調閱或因避免事變而攜出者，不在此限。
公證文書依前項規定調閱而攜出者，公證人應製作影本留存。
第一項文書、簿冊之保存及銷燬規則，由司法院定之。

第十九條（貨幣單位）
本法規定之各項金額或價額，均以新臺幣為單位。

第二十條（罰鍰之強制執行）
依本法所為罰鍰處分之議決，得為強制執行名義。

第二十一條（準用規定）
公證事件，除本法另有規定外，準用非訟事件法之規定；非訟事件法未規定者，準用民事訴訟法之規定。

第二章　公證人

第一節　法院之公證人

第二十二條（公證人之遴任資格）
法院之公證人，應就具有司法人員人事條例第二十三條第一項所定資格之一者遴任之。
公證人有二人以上者，以一人為主任公證人，處理並監督公證處之行政事務。
法院之公證人，得由地方法院或其分院法官或具有第一項資格之司法事務官兼充之。

第二十三條（佐理員之設置及遴任資格）
公證處置佐理員，輔助法院之公證人辦理公證事務，應就具有法院書記官任用資格者遴任之。
前項佐理員，得由地方法院或其分院書記官兼充之。

第二節　民間之公證人

第二十四條（民間公證人之定義）
民間之公證人為司法院依本法遴任，從事第二條所定公證事務之人員。
有關公務人員人事法律之規定，於前項公證人不適用之。

第二十五條（民間公證人之遴任資格）
民間之公證人，應就已成年之中華民國國民具有下列資格之一者遴任之：
一　經民間之公證人考試及格者。
二　曾任法官、檢察官，經銓敘合格者。
三　曾任公設辯護人，經銓敘合格者。
四　曾任法院之公證人，經銓敘合格，或曾任民間之公證人者。
五　經高等考試律師考試及格，並執行律師業務三年以上者。

第二十六條（民間公證人之消極資格）
有下列情事之一者，不得遴任為民間之公證人：
一　年滿七十歲。
二　曾受一年有期徒刑以上刑之裁判確定。但受緩刑宣告期滿而未經撤銷或因過失犯罪者，不在此限。
三　褫奪公權，尚未復權。
四　曾任公務員而受撤職處分，其停止任用期間尚未屆滿。
五　曾依本法免職或受撤職處分。但因第三十三條第一項第六款、第七款規定受免職處分，於原因消滅後，不在此限。
六　曾受律師法所定除名處分。
七　受破產之宣告或依消費者債務清理條例經法院裁定開始清算程序，尚未復權。
八　受監護或輔助之宣告，尚未撤銷。
九　經相關專科醫師鑑定，認有客觀事實足認其身心狀況不能勝任職務。但於原因消滅後，不在此限。

第二十七條（候補公證人）
交通不便地區無民間之公證人時，得依有關民間之公證人遴任辦法之規定，就曾在公立或經立案之私立大學、獨立學院法律學系、法律研究所或經教育部承認之國外大學法律學系、法律研究所畢業，並任薦任司法行政人員、薦任書記官辦理民刑事紀錄或委任第五職等公證佐理員四年以上，成績優良，經審查合格者，遴任為候補公證人。

候補公證人候補期間三年期滿成績優良者，得遴任為民間之公證人。

候補公證人除本法另有規定外，準用關於民間之公證人之規定。

第二十八條（民間公證人之助理人）

民間之公證人經所屬地方法院或其分院之許可，得僱用助理人，輔助辦理公證事務。

前項許可，必要時得撤銷之。

第一項之助理人，其資格、人數、處理事務之範圍及撤銷許可之事由等事項，由司法院定之。

第二十九條（職前研習及在職研習）

民間之公證人於執行職務前，應經相當期間之研習。但具有第二十五條第二款或第四款之資格者，不在此限。

民間之公證人於執行職務期間內，得視業務需要，令其參加研習。

第三十條（民間公證人遴選、研習及任免辦法之訂定）

司法院遴選民間之公證人，應審酌其品德、能力及敬業精神。

民間之公證人之遴選、研習及任免辦法，由司法院定之。

第三十一條（遴任機關）

民間之公證人由司法院遴任之，並指定其所屬之地方法院或其分院。但不得限制其人數。

第三十二條（執行職務前應踐行之事項）

民間之公證人於任命後，非經踐行下列各款事項，不得執行職務：

一　向所屬地方法院或其分院登錄。

二　加入公證人公會。

三　參加責任保險並繳納保險費。

四　向所屬地方法院或其分院提出職章、鋼印之印鑑及簽名式。

第三十三條（民間公證人免職之事由）

民間之公證人任命後有下列情事之一者，應予免職：

一　受一年有期徒刑以上刑之裁判確定。但受緩刑宣告或因過失犯罪者，不在此限。

二　受褫奪公權之宣告。

三　曾任公務員而受撤職處分。

四　受律師法所定除名處分。

五　受破產之宣告或依消費者債務清理條例經法院裁定開始清算程序。

六　受監護或輔助之宣告。

七　經相關專科醫師鑑定，認有客觀事實足認其身心狀況不能勝任職務。

八　犯本法第七章之罪，經裁判確定。

民間之公證人於任命後，經發見其在任命前有第二十六條第一款至第八款所定情事之一者，亦應予免職。

第三十四條（免職——未繳強制責任保險費）

民間之公證人未依本法規定繳納強制責任保險費者，得予免職。

第三十五條（退職年齡）

民間之公證人年滿七十歲者，應予退職。

第三十六條（準公文書）

民間之公證人依本法執行公證職務作成之文書，視為公文書。

第三十七條（兼業之限制）

民間之公證人具有律師資格者，不得執行律師業務。但經遴任僅辦理文書認證事務者，或因地理環境或特殊需要，經司法院許可者，不在此限。

律師兼任民間之公證人者，就其執行文書認證事務相關之事件，不得再受委任執行律師業務，其同一聯合律師事務所之他律師亦不得受委任辦理相同事件。

除本法另有規定外，民間之公證人不得兼任有薪給之公職或業務，亦不得兼營商業或為公司或以營利為目的之社團法人代表人或使用人。但與其職務無礙，經司法院許可者，不在此限。

第三十八條（行為之限制）

民間之公證人及其助理人，不得為居間介紹貸款或不動產買賣之行為。

第三十九條（職務代理人）

民間之公證人因疾病或其他事故，暫時不能執行職務時，得委請所屬之地方法院或其分院管轄區域內之其他民間之公證人或候補公證人代理之。

民間之公證人依前項規定委請代理時，應即向所屬之地方法院或其分院陳報。解除代理時，亦同。

依第一項規定委請代理之期間逾一個月者，應經所屬之地方法院或其分院許可。

第四十條（指定代理人及解除代理）

民間之公證人未依前條第一項規定委請代理時，所屬之地方法院或其分院得命管轄區域內之其他民間之公證人或候補公證人代理之。

前條第一項之民間之公證人得執行職務時，所屬之地方法院或其分院應解除其代理人之代理。

地方法院或其分院不能依第一項規定指定代理人時，得命法院之公證人至該地執行職務。

第四十一條（代理之處所及文書之簽名）

民間之公證人之代理人，執行前二條所定代理職務時，應以被代理人之事務所為事務所。

前項代理人為職務上簽名時，應記載被代理公證人之職稱、姓名、所屬法院、事務所所在地及其為代理之旨。

第四十二條（代理人之賠償責任及報償）

民間之公證人之代理人應自行承受其執行代理職務行為之效果；其違反職務上義務致他人受損害時，應自負賠償責任。

前項代理人使用被代理公證人之事務所、人員或其他設備，應給與相當報償；其數額有爭議者，得聲請法院裁定。

前項裁定得為執行名義。

第四十三條（民間公證人永久離職㈠——文書物件之封存）

民間之公證人死亡、免職、撤職或因其他事由離職者，所屬之地方法院或其分院認為必要時，得指派人員將其事務所之有關文書物件封存。

第四十四條（民間公證人死亡之因應措施）

民間之公證人死亡時，其繼承人、助理人或其他使用人應於知悉後十日內陳報該公證人所屬之地方法院或其分院。

第四十五條（民間公證人永久離職㈡——指定兼任）

民間之公證人死亡、免職、撤職或因其他事由離職者，在繼任人未就職前，所屬之地方法院或其分院得指定管轄區域內其他民間之公證人兼任其職務。

前項兼任職務之民間之公證人得在兼任之區域內設事務所。

第一項兼任之職務，在繼任人就職時，所屬之地方法院或其分院應解除其兼任。

第四十六條（民間公證人永久離職㈢——文書物件之交接）

民間之公證人免職、撤職或因其他事由離職時，應與其繼任人或兼任人辦理有關文書物件之移交；其繼任人或兼任人應予接收。

民間之公證人因死亡或其他事由不能辦理移交者，其繼任人或兼任人應會同所屬之地方法院或其分院指定之人員接收文書物件。

依第四十三條規定封存之文書物件，繼任人或兼任人應會同所屬之地方法院或其分院指定之人員解除封印，接收文書物件。

民間之公證人之交接規則由司法院定之。

第四十七條（準用規定）

前條之規定，於兼任人將有關文書物件移交其他民間之公證人時準用之。

第四十八條（兼任、繼任之表明）

兼任人於職務上簽名時，應記載其為兼任之旨。

繼任人依前任人或兼任人作成之公證書而作成正本、繕本、影本或節本時，應記明其為繼任人。

第四十九條（民間公證人永久離職㈣——無繼任人之處置）

民間之公證人死亡、免職、撤職或因其他事由離職並因名額調整而無繼任人者，司法院得命將有關文書、物件移交於同一地方法院或其分院管轄區域內其他民間之公證人。

第四十六條及前條第二項之規定，於依前項受命移交之民間之公證人準用之。

第五十條（準用規定）

第四十三條、第四十五條、第四十六條第三項及第四十八條第一項之規定，於民間之公證人停職時準用之。

兼任人依前項規定執行職務時，以停職人之事務所為事務所。

第五十一條（監督機關）

民間之公證人之監督由司法院行之。

前項監督，得由所屬之高等法院、地方法院或其分院為之。

前二項之監督，其辦法由司法院定之。

第五十二條（監督機關之定期檢查）

依前條規定行使監督權之機關，得定期檢查民間之公證人保管之文書物件。

第五十三條（行使監督權之範圍）

監督機關得對民間之公證人為下列行為：

一　關於職務上之事項，得發命令促其注意。

二　對有與其職位不相稱之行為者，加以警告。但警告前應通知該公證人得為申辯。

第五十四條（懲戒之事由）

民間之公證人有下列情事之一者，應付懲戒：

一　有違反第一條第三項、第七條第一項、第十條、第十四條、第十五條第一項、第十八條第一項、第三十二條、第三十七條、第三十八條、第四十一條第一項、第四十六條、第六十七條第一項、第六十九條、第七十條、第九十條第一項、第九十八條第二項、第一百零一條第一項、第四項、第一百零八條之行為者。

二　經監督機關為第五十三條之懲處後，仍未改善者。

三　因犯罪行為，經判刑確定者。但因過失犯罪者，不在此限。

前項第三款行為，經依第三十三條規定免職者，免付懲戒。

民間之公證人有下列情事之一者，得付懲戒：

一　有違反第七十一條至第七十五條、第八十條之行為者。

二　有其他違反職務上之義務或損害名譽之行為者。

第五十五條（懲戒處分之種類）

民間之公證人懲戒處分如下：

一　申誡。

二　罰鍰一萬五千元以上十五萬元以下。

三　停職二月以上二年以下。

四　撤職。

前項第一款第二款之處分得同時為之。

第五十六條（懲戒機關）

民間之公證人之懲戒由民間之公證人懲戒委員會為之。

第五十七條（懲戒委員會及懲戒覆審委員會之組織）

民間之公證人懲戒委員會，由高等法院或其分院法官四人及民間之公證人三人組織之；主任委員由委員互選之。

民間之公證人懲戒覆審委員會，由最高法院法官五人及民間之公證人四人組織之；主任委員由委員互選之。

第五十八條（移送懲戒委員會）

民間之公證人應付懲戒者，由高等法院或其分院依職權移送民間之公證人懲戒委員會審議。

地方法院或其分院認其轄區內民間之公證人有應付懲戒之事由者，得報請高等法院或其分院審查移送民間之公證人懲戒委員會審議。

地區公證人公會認其會員有應付懲戒之事由者，得經會員大會或理事、監事聯席會議之決議，送請民間之公證人懲戒委員會審議。

第五十九條（受理懲戒案件之審議程序）

民間之公證人懲戒委員會受理懲戒案件後，於議決前，應為相當之調查，並予被付懲戒人充分申辯之機會，亦得通知前條之移送機關或公會為必要之說明。」

前項之議決，應作成議決書。

第六十條（不服議決之覆審）

受懲戒處分人依第五十八條第三項移送懲戒之公證人公會，對於民間之公證人懲戒委員會之議決有不服者，得於議決書送達之翌日起二十日內向民間之公證人懲戒覆審委員會請求覆審。

前條之規定，於前項覆審程序準用之。

關於停職、撤職之處分，經懲戒覆審委員會議決確定後，受懲戒處分人得向原懲戒覆審委員會請求再審議，其請求再審議之事由及程序準用公務員懲戒法之規定。

第六十一條（懲戒程序規則之訂定）

民間之公證人懲戒程序規則，由司法院定之。

第六十二條（懲戒處分之執行）

懲戒處分確定後，民間之公證人懲戒委員會或懲戒覆審委員會應將全卷函送受懲戒處分人所屬高等法院或其分院，報請司法院分別命令執行；其懲戒處分為停職或撤職者，並應將議決書刊登公報。

第六十三條（民間公證人職務之停止）

民間之公證人依刑事訴訟程序被羈押，或依刑事確定判決，受拘役以上刑之宣告，在執行中者，其職務當然停止。

民間之公證人應受懲戒之事由情節重大者，司法院得在懲戒程序終結前，先行停止其職務。

民間之公證人依前二項規定停止其職務時，準用第五十條之規定。

第六十四條（復職）

依前條第一項、第二項停止職務之民間之公證人，有下列各款情形之一者，於停止職務之原因消滅後，應許其復職：

一　未受免職、撤職或停職處分者。

二　受拘役以上刑之宣告，經執行完畢而未受免職、撤職或停職處分者。

第六十五條（民間公證人之請辭）

民間之公證人得請求辭去職務，司法院於其依本法規定移交完畢後，解除其職務。

第六十六條（不得繼續執行職務之起算時點）

民間之公證人經依本法免職、停職、撤職、停止職務、退職或辭職而解除其職務者，自命令送達之翌日起不得繼續執行職務；其依第六十三條第一項規定職務當然停止者，自被羈押或受刑之執行時起，不得繼續執行職務。

第六十七條（強制責任保險）

民間之公證人於執行職務期間，應繼續參加責任保險。

前項保險契約於每一保險事故之最低保險金額，由司法院視情勢需要以命令定之。但保險人對同一保險年度內之最高賠償金額得限制在最低保險金額之二倍以下。

保險人於第一項之保險契約停止、終止、解除或民間之公證人遲延繳納保險費或有其他足以影響保險契約效力之情形時，應即通知所屬地方法院或其分院及地區公證人公會。

第六十八條（負賠償責任之要件及請求國家賠償之程序）

民間之公證人因故意違反職務上之義務，致他人之權利受損害者，負賠償責任。其因過失者，以被害人不能依他項方法受賠償時為限，負其責任。

被害人不能依前項、前條、第一百四十五條規定或他項方法受賠償或補償時，得依國家賠償法所定程序，請求國家賠償。其賠償義務機關為該民間之公證人所屬之地方法院或其分院。

前二項之規定，於第四十二條第一項之民間之公證人代理人準用之。

國家賠償法第四條第二項之規定，於前二項情形準用之。

民間之公證人之助理人或其他使用人，於辦理有關公證事務之行為有故意或過失時，民間之公證人應與自己之故意或過失，負同一責任。

第六十九條（按月將公認證書彙送所屬地方法院

或分院備查）

民間之公證人應按月於次月十日前，將作成之公證書、認證書繕本或影本，依受理時間之先後順序彙整成冊，送所屬之地方法院或其分院備查。

第三章　公證

第七十條（公證之限制）

公證人不得就違反法令事項及無效之法律行為，作成公證書。

第七十一條（公證書之說明、補充或修正）

公證人於作成公證書時，應探求請求人之真意及事實真相，並向請求人說明其行為之法律上效果；對於請求公證之內容認有不明瞭、不完足或依當時情形顯失公平者，應向請求人發問或曉諭，使其敘明、補充或修正之。

第七十二條（疑義公證事件之處理方法）

公證人對於請求公證之內容是否符合法令或對請求人之真意有疑義時，應就其疑慮向請求人說明；如請求人仍堅持該項內容時，公證人應依其請求作成公證書。但應於公證書上記載其說明及請求人就此所為之表示。

第七十三條（請求人之身分證明文件）

公證人作成公證書，應令請求人提出國民身分證或其他身分證明文件，證明其實係本人；如請求人為外國人者，應令其提出護照、其本國使領館出具之證明書或其他身分證明文件。

第七十四條（傳譯）

請求人如使用公證人所不通曉之語言，或為聽覺、聲音及語言障礙而不能使用文字表達意思，公證人作成公證書，應由通譯傳譯之。但經請求人同意由公證人傳譯者，不在此限。

第七十五條（見證人之在場）

請求人為視覺障礙或不識文字者，公證人作成公證書，應使見證人在場。但經請求人放棄並記明筆錄者，不在此限。

無前項情形而經請求人請求者，亦應使見證人在場。

第七十六條（授權書之提出）

由代理人請求者，除適用前三條之規定外，應提出授權書；事件依法非受特別委任不得為之者，並須有特別之授權。

前項情形，其授權行為或授權書如未經公認證者，應依下列方式之一證明之：

一　經有關公務機關證明。

二　於境外作成者，經中華民國駐外使領館或經外交部授權之駐外機構或經其他有權機關授權之團體證明。

三　外國人或居住境外之人作成者，經該國駐中華民國使領館或經該國授權之機構或經該地區有權機關授權之團體證明。

授權書附有請求人之印鑑證明書者，與前項證明有同一效力。

第七十七條（已得允許或同意證明書之提出）

就須得第三人允許或同意之法律行為，請求作成公證書，應提出已得允許或同意之證明書。

前條第二項第三項之規定，於前項情形準用之。

第七十八條（通譯及見證人之選定）

通譯及見證人，應由請求人或其代理人選定之；見證人得兼充通譯。

請求人或其代理人未選定通譯者，得由公證人選定之。

第七十九條（見證人之消極資格）

下列各款之人，不得充本法所定之見證人。但第七十五條第二項之情形，不在此限：

一　未成年人。

二　受監護或輔助宣告之人。

三　於請求事件有利害關係者。

四　於請求事件為代理人或曾為代理人者。

五　為公證人之配偶、直系血親或直系姻親者。

六　公證人之佐理員及助理人。

前項第四款至第六款規定之人，如經請求人全體同意者，仍得為見證人。

第八十條（公證書之作成）

公證人作成公證書，應記載其所聽取之陳述與所見之狀況及其他實際體驗之方法與結果。

第八十一條（公證書之應記載事項）

公證書應記載下列各款事項：

一　公證書之字號。

二　公證之本旨。

三　請求人之姓名、性別、出生地、出生年月日、職業、國民身分證或其他身分證明及其字號、住居所；為法人或其他團體者，其名稱及事務所。

四　由代理人請求者，其事由與代理人之姓名、性別、出生地、出生年月日、職業、國民身分證或其他身分證明與其字號、住居所及其授權書之提出。

五　有應逕受強制執行之約定者，其意旨。

六　曾提出已得第三人允許或同意之證明書者，其事由及該第三人之姓名、性別、出生地、出生年月日、職業、住居所；該第三人為法人或其他團體者，其名稱及事務所。

七　有通譯或見證人在場者，其事由及其姓名、性別、出生地、出生年月日、職業、住居所。

八　作成之年、月、日及處所。

第八十二條（公證書字句之要求）

公證書應文句簡明、字畫清晰，其字行應相接續，如有空白，應以墨線填充或以其他方法表示其為空白。
公證之本旨記載年月日及其他數目表示同一內容者，其第一次出現時應以文字大寫作成公證書年月日之記載，亦應以文字大寫。

第八十三條 （公證書增刪或塗改之限制）
公證書文字，不得挖補；如有增加、刪除或塗改，應依下列方法行之：
一　刪除或塗改字句，應留存字跡，俾得辨認。
二　公證書末尾或欄外應記明增刪字數，由公證人、請求人或其代理人、見證人簽名或蓋章。
違反前項規定所為之更正，不生效力。

第八十四條 （公證書之朗讀、閱覽及其章戳）
公證人應將作成之公證書，向在場人朗讀，或使其閱覽，經請求人或代理人承認無誤後，記明其事由。
有通譯在場時，應使通譯將公證書譯述，並記明其事由。
為前二項之記載時，公證人及在場人應各自簽名；在場人不能簽名者，公證人得代書姓名，使本人蓋章或按指印，並記明其事由，由公證人簽名。
公證書有數頁者，公證人、請求人或其代理人、見證人，應於每頁騎縫處蓋章或按指印，或以其他方法表示其為連續。但公證書各頁能證明全部連續無誤，雖缺一部分人蓋章，其公證書仍屬有效。

第八十五條 （附件文書之章戳）
公證書內引用他文書或與文書有相同效用之物件為附件者，公證人、請求人或其代理人、見證人應於公證書與該附件之騎縫處蓋章或按指印，或以其他方法表示其為連續。
前三條之規定，於前項附件準用之。

第八十六條 （附件之效力）
依前條規定所為之附件，視為公證書之一部。

第八十七條 （附屬文書之編卷保存）
公證人應將公證書、證明身分、代理人權限、第三人允許或同意之證明書及其他附屬文件，編為卷宗保存之。
前項卷宗，應逐頁連續編號，如請求人請求返還附屬文件時，得將其繕本或影本替代原本保存之。

第八十八條 （公證書原本滅失之補救）
公證書之原本全部或一部滅失時，公證人應徵求已交付之正本，經證明與正本相符之繕本或影本，或向所屬地方法院或其分院請求調閱公證書繕本或影本，經該院院長認可後，依該正本、繕本或影本作成經認證之繕本，替代原本保存之。
前項情形及認可之年、月、日，應記明於替代原本之繕本，並簽名。

第八十九條 （公證文書之閱覽）
請求人或其繼受人或就公證書有法律上利害關係之人，得請求閱覽公證卷內文書。
第七十三條、第七十六條、第七十七條之規定，於依前項為請求時準用之。
請求人之繼受人及就公證書有法律上利害關係之人請求閱覽時，應提出證明文件。
第七十六條第二項、第三項之規定，於前項證明文件準用之。

第九十條 （公證書登記簿及相關簿冊之編製）
公證人應編製公證書登記簿及其他相關之簿冊。
前項簿冊及其應記載之內容，由司法院定之。

第九十一條 （公證書正本之交付）
公證人得依職權或依請求人或其繼受人之請求，交付公證書之正本。
第七十三條、第七十六條、第七十七條、第八十九條第三項之規定，於依前項為請求時準用之。

第九十二條 （公證書正本應記載事項及簽名蓋章）
公證書正本應記載下列各款事項，由公證人簽名並蓋職章或鋼印：
一　公證書之全文。
二　記明為正本字樣。
三　受交付人之姓名。
四　作成之年、月、日及處所。
違反前項規定者，無正本之效力。

第九十三條 （節錄正本）
一公證書記載數事件或數人共一公證書時，得請求公證人節錄與自己有關係部分，作成公證書正本。
前項正本，應記明係節錄正本字樣。

第九十四條 （交付正本時應記明之資料）
公證人交付公證書正本時，應於該公證書原本末行之後，記明受交付人之姓名、事由及年、月、日，並簽名。

第九十五條 （交付公證書及其附件之繕本、影本或節本之請求人）
請求人或其繼受人或就公證書有法律上利害關係之人，得請求交付公證書及其附屬文件之繕本、影本或節本。
第七十三條、第七十六條、第七十七條、第八十九條第三項之規定，於依前項為請求時準用之。

第九十六條 （公證書及其附件之繕本、影本或節本應記載事項及簽名蓋章）
公證書及其附屬文件之繕本、影本或節本，應記載下列各款事項，由公證人簽名並蓋職章或鋼印：
一　公證書及其附屬文件之全文或一部分。
二　記載為繕本、影本或節本字樣。
三　作成之年、月、日及處所。

第九十七條 （文書之連續及其內容文字之增刪）
公證書正本或公證書及其附屬文件之繕本、影本或節本有數頁時，公證人應於騎縫處蓋章或以其他方法表示其為連續。
第八十二條、第八十三條之規定，於前項文書準用之。

第九十八條（公證遺囑）
公證遺囑除請求人外不得請求閱覽或交付正本、繕本影本或節本但請求人聲明願意公開或於公證遺囑後死亡者不在此限。
公證人應於作成公證遺囑之日起十日內製作繕本一份將其密封於封面上記明遺囑人之人別資料及作成之年、月、日加蓋職章後送交全國公證人公會聯合會保存之。
於有第一項但書之情形請求人之繼受人或就公證遺囑有法律上利害關係之人亦得向全國公證人公會聯合會查詢有無第一項之遺囑並請求閱覽。
前二項之規定於其他遺囑之公認證準用之。

第九十九條（依票據法作成之拒絕證書）
公證人依票據法作成拒絕證書者不適用第十八條、第七十三條至第七十七條及第八十一條之規定。

第四章　認　證

第一百條（認證書之作成）
公證人認證文書應作成認證書。

第一百零一條（私文書及公文書之認證）
公證人認證私文書應使當事人當面於私文書簽名或承認為其簽名並於認證書內記明其事由。
認證公文書之原本或正本應就其程式及意旨審認該文書是否真正。
認證公文書或私文書之繕本或影本應與經審認為真正之原本正本對照相符並於繕本或影本內記明其事由。
認證文書之翻譯本者除依前三項規定辦理外應審查該翻譯語文是否正確並將原文連綴其後。
公文書或私文書有增刪、塗改、損壞或形式上顯有可疑之點者應記明於認證書內必要時並得為查證。

第一百零二條（私文書之認證）
公證人認證請求人陳述私權事實之私文書以該文書係持往境外使用者為限得命請求人親自到場並為具結。
請求人陳述私權事實之私文書依法律或基於法律授權訂定之命令得提出於法院或其他機關為一定之證明者請求人請求認證時適用前項認證方法之規定。

第一百零三條（具結結文應記載之文字及其程序）
請求人依前條規定具結應於結文內記載當據實陳述決無虛偽等語。
公證人於請求人具結前應告以具結之意義及虛偽陳述之處罰。

第一百零四條（認證文書之請求）
請求認證文書應提出文書之繕本或影本。

第一百零五條（認證書之應記載事項及簽名、蓋章）
認證書應記載下列各款事項由公證人及在場人簽名並蓋公證人職章或鋼印：
一　認證書之字號。
二　依第一百零一條規定為認證之意旨。
三　認證之年、月、日及處所。
為第一百零一條第一項之認證者其認證書並應記載第八十一條第三款、第四款、第六款及第七款所定之事項。
認證書應連綴於認證之文書由公證人及在場人加蓋騎縫章或以其他方法表示其為連續；

第一百零六條（直接註記認證）
公證人得在認證之文書上以直接註記之方式為認證記載前條第一項規定之事項由其簽名並蓋職章或鋼印。
依前項方式為第一百零一條第一項之認證者並應依前條第二項之規定為記載但請求書或認證之文書上已有記載者不在此限。

第一百零七條（準用規定）
認證除本章有規定外準用前章公證之規定。

第五章　公證費用

第一百零八條（公證費用之收取）
公證費用應依本章之規定收取之不得增減其數額。

第一百零九條（法律行為等之公證費用收取標準）
請求就法律行為或涉及私權之事實作成公證書者其費用除本法另有規定外按其標的之金額或價額依下列標準收取之：
一　二十萬元以下者一千元。
二　逾二十萬元至五十萬元者二千元。
三　逾五十萬元至一百萬元者三千元。
四　逾一百萬元至二百萬元者四千元。
五　逾二百萬元至五百萬元者五千元。
六　逾五百萬元至一千萬元者六千元。
七　逾一千萬元至五千萬元者其超過一千萬元部分每一千萬元加收二千元；不滿一千萬元者按一千萬元計算。
八　逾五千萬元者其超過部分每一千萬元加收一千元；不滿一千萬元者按一千萬元計算。

第一百十條（準用規定）
關於計算公證事件標的之價額本法未規定者準用民事訴訟費用有關之規定。

第一百十一條（典權價額之收取標準）
典權之價額以其典價為準。

第一百十二條（標的價額不能算定之公證費用收取標準）
公證之法律行為或涉及私權之事實其標的之價額不能算定者收取費用一千元。

第一百十三條（非財產關係之公證費用收取標準）

請求就婚姻、認領、收養或其他非因財產關係之法律行為或涉及私權之事實作成公證書者，收取費用一千元。

於非財產關係之公證並請求為財產關係之公證者，其公證費用分別收取之。

第一百十四條（特定事項之公證費用收取標準）

請求就下列各款事項作成公證書者，收取費用一千元：

一　承認、允許或同意。

二　契約之解除或終止。

三　遺囑全部或一部之撤回。

四　曾於同一公證處或公證人事務所作成公證書之法律行為之補充或更正。但以不增加標的金額或價額為限。其增加標的金額或價額者，就增加之部分依第一百零九條之規定收取費用。

第一百十五條（須實際體驗者之公證費用收取標準）

請求作成公證書須實際體驗者，依其所需之時間，按一小時加收費用一千元；不滿一小時者，按一小時計算。

第一百十六條（集會決議之公證費用收取標準）

請求就股東會或其他集會之決議作成公證書者，依前條之規定收取費用。

第一百十七條（密封遺囑之公證費用收取標準）

請求就密封遺囑完成法定方式者，收取費用一千元。

第一百十八條（授權書等之公證費用收取標準）

請求作成授權書、催告書、受領證書或拒絕證書者，收取費用一千元。

第一百十九條（公證費用之加收）

請求就法律行為作成公證書，並載明應逕受強制執行者，依第一百零九條或第一百十二條所定之費用額加收二分之一。

第一百二十條（文書認證收取費用之標準）

請求就文書為認證者，依作成公證書所定之費用額，減半收取之。

第一百二十一條（未規定事項公證費用之收取）

本法未規定公證費用之事項，依其最相類似事項之規定收取費用。

第一百二十二條（法定時間外公證費用之收取）

公證人因請求人之請求，於夜間、例假日或其他法令所定執行職務時間外之時間執行公認證職務者，各依本法所定之費用額加收二分之一。但加收部分最高不得超過五千元。

第一百二十三條（特殊場所公證費用之收取）

公證人在請求人病榻前或其他相類場所執行公、認證職務者，加收費用二千元。

第一百二十四條（超過基本張數費用之加收基準）

公證人作成之公證書，其張數如超過六張時，超過部分每一張加收費用五十元。

前項之張數，以一行二十五字、二十行為一張，未滿一張者，以一張計算。

第一百二十五條（作成外文翻譯本之公證費用收取標準）

公證人因請求人之請求以外文作成公證書或認證文書之翻譯本者，依本法所定之費用額加收二分之一。但加收部分最高不得超過一萬元。

第一百二十六條（請求停止或可歸責事由致不能完成職務之費用收取標準）

公證人已著手執行職務後，因請求人之請求停止其職務之執行，或因可歸責於請求人或到場人之事由致不能完成職務之執行者，依本法所定之費用額收取二分之一。但最高不得超過五千元。

第一百二十七條（閱覽費用之徵收）

請求人或其他就法律上有利害關係之人請求閱覽公認證卷內文書者，每閱覽一次收取費用二百元。

第一百二十八條（公認證書件交付翻譯等費用之徵收）

請求交付公認證書及其附屬文件之繕本、影本或節本者，每份收取二百元；其張數超過六張時，每一張加收五元。

翻譯費每百字收取費用一百元至四百元，由公證人酌定之；其酌定標準由司法院另以命令定之。未滿百字者，按百字計算。

郵電費、運送費、登載公報新聞紙費、送達公證文件費、法院之公證人、佐理員出外執行職務之旅費、民間之公證人、助理人出外執行職務及鑑定人、通譯之日費及旅費，準用民事訴訟費用有關之規定。

第一百二十九條（收費標準之增減）

本章所定之收費標準，司法院得按情勢需要以命令減至三分之一，或增至十倍。

第六章　公　會

第一百三十條（公證人公會設立之宗旨）

公證人公會以謀求公證理論與實務之研究發展，砥礪會員品德，增進共同利益，執行民間之公證人之研習、指導、監督及處理其他共同有關事項為宗旨。

第一百三十一條（法律上之獨立人格）

公證人公會為法人。

第一百三十二條（公會之組織依據、強制入會及贊助會員）

公證人公會由民間之公證人依法組織之。

民間之公證人除執行律師業務者外，應加入公證人公會。公證人公會不得拒絕其加入。

法院之公證人及執行律師業務之民間之公證人，得加入其所屬法院所在地之地區公證人公會為贊助會員。

第一百三十三條（公會之組織層級及其設立）

公證人公會分為地區公證人公會及全國公證人公會聯合會。

高等法院或其分院所屬地方法院或其分院登錄之民間之公證人總數滿九人者，應於該高等法院或其分院所在地組織地區公證人公會，並以該高等法院或其分院之管轄區域為組織區域；其未滿九人者，應加入鄰近高等法院或其分院管轄區域內之地區公證人公會或共同組織之。

全國公證人公會聯合會，應由各地區公證人公會三個以上之發起及全體過半數之同意，於中央政府所在地組織之。

地區公證人公會應加入全國公證人公會聯合會為會員。

第一百三十四條（理、監事、候補理、監事之名額、任期及常務理、監事之選舉方式）

公證人公會置理事、監事，由會員大會選舉之，其名額如下：

一　地區公證人公會理事三人至十一人，監事一人至三人。

二　全國公證人公會聯合會理事五人至十七人，監事一人至五人。

前項理事名額不得超過全體會員人數二分之一，監事名額不得超過理事名額三分之一。

公證人公會得置候補理事、候補監事，其名額不得超過理事、監事名額三分之一。

理事、監事名額在三人以上者，得分別互選常務理事及常務監事，其名額不得超過理事或監事總額之三分之一；並由理事就常務理事中選舉一人為理事長，其不設常務理事者，就理事中互選之。

第一項理事、監事任期三年，連選得連任。理事長之連任以一次為限。

第一百三十五條（全國公證人公會聯合會代表之選派及人數）

全國公證人公會聯合會由各地區公證人公會選派之代表舉行代表大會，行使會員大會職權；其代表之人數，依各地區公證人公會會員人數之比例，於章程中定之。

第一百三十六條（章程之訂立及報備）

地區公證人公會應訂立章程，報經所在地高等法院或其分院轉送司法院核准後，向所在地社會行政主管機關報備；章程有變更時，亦同。

全國公證人公會聯合會應訂立章程，報經司法院核准後，向中央社會行政主管機關報備；章程有變更時，亦同。

第一百三十七條（地區公證人公會章程之應載事項）

地區公證人公會章程，應載明下列事項：

一　名稱及會址。

二　所屬區域。

三　組織。

四　會員資格之取得與喪失。

五　會員之權利與義務。

六　理事、監事之名額、職權、任期、選任及解任。

七　會員大會及理事、監事會議之召集程序及決議方法。

八　經費及會計。

九　章程修改之程序。

十　其他有關會務之必要事項。

前項章程，並得載明關於公證人互助基金之設置及運用事項。

第一百三十八條（地區公證人公會會員大會之召集）

地區公證人公會會員大會由理事長召集之，每年至少召集一次。理事長不為召集時，監事得召集之。

如有全體會員五分之一以上之請求，表明會議目的及召集理由請求召集時，理事長應召集之。

理事長受前項之請求後，一個月內不為召集者，得由請求之會員，經法院之許可召集之。

會員大會之召集，除章程另有規定外，應於三十日前對各會員發出通知。通知內應載明會議目的事項。

第一百三十九條（公會之主管機關）

地區公證人公會之主管機關為該公會所在地之社會行政主管機關。但其目的事業應受所屬之高等法院或其分院之指導、監督。

全國公證人公會聯合會之主管機關為中央社會行政主管機關。但其目的事業應受司法院之指導、監督。

第一百四十條（舉行會議之陳報及主管機關之派員列席）

地區公證人公會舉行會議時，應陳報所在地社會行政主管機關及所屬之高等法院或其分院。

全國公證人公會聯合會舉行會議時，應陳報中央社會行政主管機關及司法院。

前二項會議，各該主管機關得派員列席。

第一百四十一條（陳報主管機關之事項）

地區公證人公會應將下列各款事項，陳報所在地之社會行政主管機關及所屬之高等法院或其分院：

一　會員名冊及會員之入會、退會。

二　理事、監事選舉情形及當選人姓名。

三　會員大會、理事、監事會議開會之時間、地點及會議情形。

四　提議、決議事項。

前項陳報所屬之高等法院或其分院應轉送司法院備查。

第一百四十二條（民間公證人規範之訂立及修正）

全國公證人公會聯合會應訂立民間之公證人規範，提經會員代表大會通過後，報請司法院備查，其修正亦同。

第一百四十三條（地區公證人公會會員大會之決議）

地區公證人公會會員大會之決議，以會員過半數之出席，出席人數過半數或較多數之同意行之。但下列事項之決議應以出席人數三分之二以上同意行之：

一　章程之訂定與變更。

二　理事、監事及會員代表之罷免。

三　財產之處分。

四　其他與會員權利義務有關之重大事項。

第一百四十四條（違反法令或公會章程之處分）

公證人公會之行為或決議違反法令或公證人公會章程者，司法院或社會行政主管機關得分別施以下列之處分：

一　警告。

二　撤銷其決議。

三　整理。

前項第一款、第二款之處分，所在地高等法院或其分院亦得為之。

第一百四十五條（地區公證人公會之辦理責任保險及保險金額）

地區公證人公會應為該地區民間之公證人辦理責任保險，以確保民間之公證人因執行職務依第六十七條規定參加責任保險所不能理賠之損害賠償。

前項保險契約於每一保險事故之最低保險金額，由司法院視情勢需要以命令定之。但保險人對同一保險年度內之最高賠償金額得限制在最低保險金額之四倍以下。

第一百四十六條（準用規定）

第一百三十七條、第一百三十八條、第一百四十一條第一項、第一百四十三條之規定，於全國公證人公會聯合會準用之。

第七章　罰　則

第一百四十七條（擅自執行公證職務之罰則）

冒充公證人或候補公證人而執行其職務者，處三年以下有期徒刑、拘役或科或併科新臺幣三十萬元以下罰金。

第一百四十八條（非親自執行職務之罰則）

民間之公證人或候補公證人非親自執行職務，而將事務所、章證或標識提供與無民間之公證人資格之人使用者，處二年以下有期徒刑、拘役或科或併科新臺幣十五萬元以下罰金。

第一百四十九條（虛偽陳述之罰則）

依第一百零二條規定具結之人，就與認證之私文書內容本旨有關之重要事項，為虛偽之陳述者，處一年以下有期徒刑、拘役或科新臺幣三萬元以下之罰金。

第八章　附　則

第一百五十條（駐外人員於駐在地辦理公證事務之依據及準用規定）

駐外領務人員，得依法令授權，於駐在地辦理公證事務。

前項人員辦理公證事務時，除不得作成第十三條之公證書外，準用本法之規定。

第一百五十一條（施行細則之訂定）

第一項之授權辦法，由司法院會同行政院定之。

本法施行細則由司法院定之。

第一百五十二條（施行日期）

本法自公布生效後二年施行。

本法修正條文除中華民國九十八年十二月十五日修正之第二十六條、第三十三條、第七十九條自中華民國九十八年十一月二十三日施行外，自公布日施行。

公證法施行細則

民國三十二年十二月二十五日司法行政部令發布
五十六年六月五日司法行政部令修正發布
六十三年四月二十七日司法行政部令修正發布
六十九年九月三十日司法院令修正發布
八十七年八月十三日司法院令修正發布
九十年三月十六日司法院令修正發布
九十年四月十九日司法院令修正發布
九十三年九月一日司法院令修正發布
九十五年十月十六日司法院令修正發布
九十七年四月二十四日司法院令修正發布
九十七年七月二十三日司法院令修正發布
一百零八年七月十一日司法院令修正發布
一百一十一年十二月八日司法院令修正發布第六〇、六一、六六、七五、九七條條文；第六二條附式六、第六三條附圖（略）

第一章 總則

第一條（訂定依據）

本細則依公證法（以下簡稱本法）第一百五十一條規定訂定之。

第二條（公證事務之定義）

本法所稱公證事務，係指公證及認證事務。

第三條（公證人之定義）

本法所稱公證人，係指法院之公證人及民間之公證人（以下簡稱法院公證人、民間公證人）。

本細則及本法相關法規所稱民間公證人，除別有規定外，係指本法第二十四條之民間公證人、第二十七條之候補公證人、第三十七條第一項但書經遴任僅辦理文書認證事務及因地理環境或特殊需要經司法院許可得兼執行律師業務者（以下簡稱許可兼業律師者）。

第四條（公證文書之定義）

本法第五條所稱公證文書如下：

一　公證書及依本法第八十六條視為公證書一部之附件。

二　認證書。

第五條（外文程度之分級）

本法第五條第三項所定通曉外國語文（以下簡稱外文）程度英文分第一級、第二級，英文以外其他外文（以下簡稱其他外文）不分級。

通曉英文第一級或其他外文者，得以經核定通曉之外文作成公證文書、所附譯本，於公證文書附記外國文字、認證外文文書及其翻譯本。

通曉英文第二級者，僅得以英文作成結婚書面公證書、結婚書面公證書譯本，於公證文書附記必要英文文字、認證英文文書及其翻譯本。

第五條之一（翻譯本之認證方式及疑義說明）

英文以外其他外文無或僅有少數公證人通曉時，該外文文書之翻譯本得依下列方式之一請求認證：

一　檢具中文原文或中文翻譯本及請求人出具保證翻譯正確之書面，送請公證人認證；公證費用按認證一般私文書計算；保證翻譯正確之書面附卷。

二　送請經核定通曉該外文之公證人依認證外文文書之翻譯本方式辦理。

公證人對文書或翻譯內容有疑義者，應命請求人到場說明並記明筆錄；必要時，得依本法第一百零二條規定命請求人到場具結並告以同法第一百四十九條虛偽具結之處罰。請求人未到場說明或拒絕具結者，公證人應拒絕認證。

第一項其他外文種類，司法院得視公證人通曉其他外文種類、人數、該種語文公、認證件數、民眾請求認證便利性等實際情況調整之。

第六條（英文第一級或其他外文之核定）

公證人得以下列各款文件之一，聲請為通曉英文第一級或其他外文之核定：

一　財團法人語言訓練測驗中心（以下簡稱語言中心）出具之全民英文能力分級檢定測驗中高級以上英文或其他外文能力測驗成績八十分以上之證明。

二　司法院指定之其他語言訓練或鑑定機構、教育部承認之國內外專科以上學校（以下簡稱語測機構）所出具相當於前款成績、學分之證明。

三　經法院或民間公證人考試及格，英文一科成績七十分以上之證明。

四　經轉任法院公證人甄試及格，英文一科成績七十分以上之證明。

前項第二款證明由外國語測機構出具者，應經中華民國駐外使領館、代表處、辦事處或外交部授權之駐外機構（以下簡稱駐外館處）證明。

第七條（英文第二級之核定）

公證人得以下列各款文件之一，聲請為通曉英文第二級之核定：

一　語言中心出具之英文能力測驗成績五十分以上、全民英文能力分級檢定測驗初級以上或語測機構所出具相當成績、學分之證明。

二　經法院或民間公證人考試及格，英文一科成績五十分以上之證明。

三　經轉任法院公證人甄試及格，英文一科成績五十分以上之證明。

四　聲請前五年內曾連續任公證人或兼任法院公證人一年以上之服務證明。

前條第二項規定，於前項第一款證明準用之。

本法施行前三年內已連續任法院公證人六個月以上，於本法施行後續任法院公證人期間，視同通曉英文第二級之核定，不另發給核定證明。

本法施行後，始任法院公證人連續六個月以上並有第一項各款情形之一者，自任滿六個月之翌日起，於續任法院公證人期間，視同通曉英文第二級之核定，不另發給核定證明。

第八條（外文核定證明）

公證人聲請為通曉各該外文核定時，應具聲請書並檢附各該證明文件及其影本（正本核驗後發還）。

司法院核定前得為查證審查合格時，應分別發給載明下列事項之通曉外文核定證明，造冊刊登於司法院公報：

一　姓名及出生年月日。

二　所屬地方法院或其分院（以下簡稱所屬法院）；民間公證人者，其遴任證書字號。

三　核定之外文；如係英文，應註明等級。

四　得辦理之外文公證事務範圍。

第九條（公證人章戳、鋼印之規格及製發）

公證人職章角質、木質或用橡皮刻製正方形，其尺度為闊二點四公分、長二點四公分，邊寬零點一公分，印文「公證人○○○」，以正楷或隸書刻製（附式一）（略）。

公證人中式簽名章以第一項材質依公證人親筆簽名刻製長方形，其尺度為長七公分、闊二公分；直接註記認證用中文簽字章橫式長二點五公分、闊一點五公分。

地方法院公證處及其分處鋼印，銅質、圓形，直徑四點四公分，用陽文方體字，由司法院製發使用，並由使用法院指定專人保管。法院公證人作成之公證文書須蓋鋼印時，蓋用本項鋼印，不另蓋用或鑄製法院公證人鋼印。

民間公證人鋼印，鋼製、圓形，圓周直徑四點四公分，用陽文方體字，印文與職章同，另加鑄事務所英文名稱（附式二）（略）。

章戳及鋼印，法院公證人由所屬法院製發使用，民間公證人自行製用。公證人應自行或指定專人保管之。

法院應將公證人職章、鋼印之印鑑及簽名式一式十一份送外交部。公證人職務異動時，亦應通知外交部。

民間公證人辦理數頁或有附件連綴之公、認證文書，而以其他文字或符號之密碼蓋章機為連續之表示，如與所屬法院密碼蓋章機使用相同之文字或符號，於變更所屬法院時，應配合變更，不得繼續使用與原所屬法院密碼蓋章機相同之文字或符號。

第十條（公證書之規格）

公證書類應使用縱二九七毫米、寬二一○毫米（A4尺寸），每平方公尺七十公克重白色紙張；公、認證書用紙應加印法院公證處、民間公證人事務所、僅辦認證民間公證人事務所或候補公證人事務所名稱字樣。

中英文結婚書面公證書，應使用尺寸、加印字樣同前，每平方公尺八十公克重、加印寬零點五公分「雙喜」玫瑰花紅心或其他表徵幸福喜氣圖案之淺粉紅色紙張。

第十一條（辦事態度）

公證人、佐理員或助理人辦理或輔助辦理公證事務，應以審慎、誠懇和藹之態度妥速為之；請求人就公證程序有所詢問時，並應詳為解答。

第十二條（處理次序）

公證處及民間公證人受理公證或認證事件，應按年度以收件先後統一編號，並依編號之次序辦理。

公證處置二人以上之公證人者，除指定專人辦理之事件外，應依編號次序輪流分配之；民間公證人聯合事務所之事務分配，依協議定之。

公、認證書字號如下：

一　法院公證處：○○年度○院公字第○○○○號、○○年度○院認字第○○○○號。

二　民間公證人：○○年度○院民公○（公證人自擇姓名中之一字）字第○○○○號、○○年度○院民認○（公證人自擇姓名中之一字）字第○○○○號。

三　候補公證人：○○年度○院候公○（公證人自擇姓名中之一字）字第○○○○號、○○年度○院候認○（公證人自擇姓名中之一字）字第○○○○號。

第十三條（身分證明文件之出示）

公證人、佐理員或助理人依本法第十二條規定前往查詢或請求協助時，應出示身分證明文件。

第十四條（簽章之複驗）

經公證或認證之文書持往外國使用前，得聲請外交部複驗公證人之簽章。

請求人檢附由駐外館處出具或經其公證、認證、證明之文書辦理公證事務前，得聲請外交部複驗駐外館處領務人員之簽章。

請求人檢附由外國駐華使領館或授權代表機構出具或經其公證、認證、證明之文書辦理公證事務者，公證人得向該機構查證，必要時得請外交部複驗外國駐華使領館或授權代表機構之簽字鈐印。

第十五條（佐理員及助理人之職務）

佐理員及助理人應以其學識及經驗受公證人指揮監督，輔助辦理下列事項：

一　收受編號及登載公、認證事件。

二　點收、整理及編訂卷證目錄。

三　審查請求書狀程式及通知補正。

四　製作筆錄或撰擬通知、查詢等文稿。

五　協助公證人查證及體驗。

六　協助製作、交付公、認證書及其附屬文件正本、繕本、影本或節本。

七　送達或通知閱覽前款文書。
八　編製收件簿、公認證書異議閱覽事件登記簿、其他相關簿冊及報表。
九　整理編訂保管卷證。
十　已結卷證發還歸檔。
十一　解答詢問及其他相關公證事務。

第二章　法院公證處

第十六條（公證分處之設立）
地方法院設公證分處時，應層報司法院核准。
前項公證分處得置專任法院公證人或佐理員，或由公證處派員定期前往辦理公證事務。其定期辦理者，並應在該分處公告之。

第十七條（公證人之兼充與代理）
依本法第二十二條第三項規定兼充公證人者，得由地方法院院長派兼後，層報司法院備查。
法院公證人臨時因故不能執行職務而該院無其他法院公證人代理時，由院長指定前項規定之人員兼代之。
前二項兼任人員辦理公證事務時，應以法院公證人名義行之。

第十八條（佐理員之兼充與代理）
公證處佐理員輔助法院公證人辦理公證事務，應受主任公證人或公證人之指揮監督。
依本法第二十三條第二項規定兼充佐理員者，得由地方法院院長派兼後，報請該管高等法院備查。
佐理員臨時因故不能執行職務而無其他佐理員代理時，由院長指定書記官兼代之。
前二項兼任人員輔助辦理公證事務時，應以佐理員名義為之。

第三章　民間公證人

第一節　登　錄

第十九條（民間公證人之登錄）
民間公證人不得向所屬法院以外之法院登錄。
聲請登錄應具聲請書並繳驗下列文件及其影本（正本核驗後發還）：
一　民間公證人遴任證書。
二　身分證明。
三　職前研習成績合格或免經職前研習證明。
四　加入公證人公會之證明。但未加入地區公證人公會為贊助會員之許可兼業律師者，不在此限。
五　已參加責任保險及繳保費之證明。
六　職章、鋼印之印鑑及簽名式一式十二份（其中十一份轉送外交部存參）。
七　擬設事務所地址及使用權利之證明。
八　公證文書編號字別（○○院民公（認）○字）。
九　其他相關證明文件。
前項第四款第五款之證明文件，於地區公證人公會成立或金融監督管理委員會核准開辦民間公證人責任保險業務前，得暫免繳驗。但應於地區公證人公會成立或民間公證人責任保險業務開辦後一個月內補正之；逾期不補正者，得註銷其登錄。

第二十條（聲請登錄之駁回）
聲請登錄之民間公證人，有本法第二十六條、第三十三條及第三十五條所定情事，違反第三十七條第三項及第三十八條規定或有其他不得執行職務情形者，法院應駁回其聲請。

第二十一條（註銷登錄之事由）
民間公證人有下列情形之一者，應註銷登錄：
一　死亡。
二　退職、免職、撤職或離職。
三　事務所遷移至所屬法院管轄區域外。
四　其他不得執行職務之情形。

第二十二條（駁回聲請或註銷登錄之備查）
法院依前二條規定駁回登錄聲請或註銷登錄者，應層報司法院備查。

第二十三條（登錄、註銷登錄之層報）
民間公證人登錄或註銷登錄，所屬法院應按月造冊層報司法院並送登司法院公報。

第二十四條（名簿之備置）
所屬法院應於公證處備置記載下列事項之民間公證人名簿，並供民眾查參：
一　姓名、性別、出生年月。
二　民間公證人（候補公證人）遴任證書字號。
三　事務所或聯合事務所名稱、地址、電話及電子郵件信箱帳號。
四　助理人姓名、出生年月、學經歷。
五　登錄年月日及其號數。
六　加入公證人公會年月日。
七　公證事務權限（公認證、僅辦文書認證）及
八　得辦理之外文公證事務。
九　獎懲事項。
十　註銷登錄年月日及其依據。
前項名簿得以電磁紀錄製作查閱登錄事項變更時，民間公證人應隨時聲報備查。

第二節　事務所及助理人

第二十五條（事務所設立之禁止情形）
民間公證人之事務所，不得有下列情形：

一　於所屬法院管轄區域外設事務所，遷移時亦同。
二　於任何地區設二以上事務所。
三　於任何地區與律師、會計師、土地登記專業代理人或其他專業人員設聯合事務所、分事務所、辦事處其他類似名目或合署辦公。但許可兼業律師者得與律師設聯合事務所或合署辦公。
四　未經司法院許可，將事務所遷移至指定地區以外之區域。

前項第三款但書情形，所屬法院認不當者，得禁止之。

第二十六條（事務所之設立或遷移）

民間公證人遷移事務所時，應檢具下列文件報請所屬法院層轉司法院許可：
一　民間公證人證書影本一份。
二　身分證正反面影本各一份。
三　擬設事務所所址之使用權利證明文件影本一份。

民間公證人聲請遷移事務所至指定設事務所地區以外地區，免檢具前項第三款文件。

第二十七條（負責公證人）

民間公證人事務所，以聲請設立者為負責公證人，對其業務及事務所人員負督導責任；二以上民間公證人聯合聲請設立者，應以其中一人為負責公證人。

第二十八條（事務所之標幟）

民間公證人事務所名稱應載明「○○○○地方法院所屬民間公證人○○○（聯合）事務所（○○○為公證人姓名，聯合事務所則為全部公證人姓名或其他文字）」、「○○○○地方法院所屬候補公證人○○○事務所（○○○為候補公證人姓名）」字樣，並應懸掛載明事務所名稱之標幟；經遴任僅辦理文書認證者，其標幟應加註「僅辦認證不辦公證」八字。

前項標幟型式，由司法院定之。

非民間公證人事務所，不得使用民間公證人事務所或類似名稱。

第二十九條（應懸掛之書類）

民間公證人應將民間公證人遴任證書、通曉英文第一級、第二級或其他外文核定證明及收費標準懸掛於事務所明顯處所。

第三十條（助理人之人數及資格）

本法第二十八條所定助理人，不包括民間公證人事務所內未直接輔助辦理公證事務之其他人員。

助理人人數不限，應就國內外專科以上學校畢業之已成年中華民國國民或曾任法院公證佐理員經銓敘合格者聘僱之。但有本法第二十六條第七款至第九款情形之一者，不得聘僱。

第三十一條（聘僱助理人之聲請）

民間公證人聘僱助理人，應檢具下列文件聲請所屬法院許可：
一　聲請書。
二　聘僱契約書影本。
三　助理人身分及學經歷證明文件影本，如係外文，應附中文譯本；境外發給者，應經駐外館處或其他有權機關授權之團體證明。

前項第二款聘僱契約應記載下列事項：
一　聘僱之民間公證人姓名、所屬法院及事務所所址。
二　助理人之姓名、出生年月日、身分證字號及住居所。
三　工作內容。
四　聘僱期間。

第三十二條（得不予許可之情形）

有下列情形之一者，所屬法院對聘僱助理人之聲請，得不予許可：
一　違反本法或本細則規定者。
二　檢具之文件記載不詳或不符規定，經通知限期補正，逾期未補正者。
三　違反其他法令規定情節重大者。

所屬法院許可後，發現有前項各款情形之一者，得撤銷或廢止其許可。

第三十三條（助理人辭職、遭解僱或不續聘之陳報）

助理人辭職、遭解僱或不續聘時，民間公證人應即向所屬法院陳報。

第四章　收件簿及登記簿

第三十四條（應置簿冊）

公證人應置下列各簿，除以電磁紀錄製作者外，並應於簿面註明使用起訖年月日、號數及頁數：
一　收件簿。但法院公證處或民間公證人聯合事務所得備置共用之收件簿。
二　公證書登記簿。但僅辦理文書認證事務者，得毋庸備置。
三　認證書登記簿。
四　閱覽登記簿。
五　異議事件登記簿。

第三十五條（收件簿之登記）

收件簿應按日期及收件先後順序編號連續登記，載明下列事項：
一　請求人、代理人姓名、身分證明文件字號及住居所；如係法人或其他團體者，其名稱、核准字號及事務所。
二　案由（公證或認證）。
三　作成證書日期、字號或處理結果；停止辦理時，收取之公證費用。

四　送交正本、繕本、影本或節本份數日期。

前項收件簿之增刪塗改或空白準用本法相關規定處理；其以電磁紀錄製作者應於相關欄位記明其事由。

第三十六條（公證書登記簿之登記）

公證書登記簿應依公證書作成日期及編號順序登記，記載明下列事項：

一　收件簿編號。
二　公證書字號及案由（種類）。
三　標的金額或價額。
四　公證費用。
五　請求人代理人姓名、身分證明文件字號及住居所；如係法人或其他團體者其名稱、核准字號及事務所。
六　作成之年、月、日。
七　有無強制執行條款及其種類。
八　歸檔日期。
九　銷燬日期。
十　遺囑經公證者繕本送交全國公證人公會聯合會日期。

前條第二項規定，於前項登記簿準用之。

第三十七條（認證書登記簿之登記）

認證書登記簿應依認證書作成日期及編號順序登記，記載明下列事項：

一　收件簿編號。
二　認證書字號。
三　認證文書種類及案由（種類）。
四　標的金額或價額。
五　認證費用。
六　請求人代理人姓名、身分證明文件字號及住居所；如係法人或其他團體者其名稱、核准字號及事務所。
七　認證之年、月、日。
八　歸檔日期。
九　銷燬日期。
十　認證遺囑者繕本送交全國公證人公會聯合會日期。

第三十五條第二項規定，於前項登記簿準用之。

第三十八條（閱覽異議事件登記簿應記載事項）

閱覽登記簿應記載請求閱覽日期、閱覽之文書名稱、字號、閱覽人姓名身分證明文件字號、住居所與請求人之關係。

異議事件登記簿應記載異議日期、異議之公證文書字號、異議人姓名、身分證明文件字號、住居所、與請求人之關係及異議結果。

第三十五條第二項規定，於前二項登記簿準用之。

第三十九條（應製備書稿）

公證處應製備公證須知、公證、認證請求書範例及各種契約例稿，以供當事人閱覽及採用。

前項所定書稿，民間公證人得於事務所製備之。

第五章　關於公證書強制執行事項之規定

第四十條（給付時期之記載）

依本法第十三條第一項於公證書載明應逕受強制執行，其給付約定期限者應記明給付之時期或可得確定之給付時期。債務人於給付期屆至時未為給付者，得為強制執行。

本法第十三條第一項第一款、第二款之給付，未約定清償期而聲請強制執行者，債權人應提出經催告之證明。

第四十一條（標的之記載）

依本法第十三條第一項規定，於公證書載明應逕受強制執行者，其給付之標的，宜依下列各款規定記載之：

一　金錢債權：載明貨幣之種類及金額。
二　代替物：載明其名稱、種類、數量、品質、出產地、製造廠商或其他特定事項。
三　有價證券：載明其名稱、種類、發行年、月、面額及張數。
四　特定之動產：載明其名稱、種類、數量、品質、型式、規格、商標、製造廠商、出廠年月或其他足以識別之特徵。
五　建築物：載明其坐落、型式、構造、層別或層數、面積或其他識別事項。
六　土地：載明其坐落、類目、四至、面積（宜附圖說）及約定使用之方法。

第四十二條（互負給付義務之記載）

當事人依雙務契約互負給付義務，約定應逕受強制執行者，應依前三條規定，將其相互應為之給付，於公證書內載明。

第四十三條（利息或租金之記載）

利息或租金之給付，約定應逕受強制執行者，應於公證書內載明其每期給付之金額或計算標準及給付日期。

第四十四條（違約金之記載）

違約金之給付，約定應逕受強制執行者，應將其違約事實及違約時應給付之金額，於公證書內載明。

第四十五條（押租金或保證金之記載）

承租人交付出租人之押租金或保證金，約定應於交還租賃物後返還並逕受強制執行者，應將其金額於公證書內載明。

第四十六條（分次履行之記載）

依本法第十三條第一項第一款、第二款所為之給付，約定為分次履行之期間，如遲誤一次履行，其後之期間視為亦已到期，得對其全部為強制執行者，應於公證書內載明。

第四十七條（代位權）

債權人就公證書記載之他人債權認為有虛偽，得代位債務人提起確認債權不存在之訴。

前項確認之訴繫屬後，強制執行程序開始者，得變更為代位債務人提起異議之訴，並得依本法第十三條第三項但書之規定以裁定停止執行。強制執行程序開始後，第三人代位債務人提起異議之訴時亦同。

第四十八條（已屆清償期之債權）

當事人就已屆清償期之債權請求作成公證書者，不得附載逕受強制執行。

第六章　公證、認證之程序

第四十九條（公證或認證請求書）

公證或認證請求書（附式三）（略），應依式逐項填明，並由請求人或其代理人簽名；其不能簽名者，得使他人代書姓名，由請求人或其代理人蓋章或按指印，並由代書人記明其事由及簽名。

以言詞請求者，筆錄應記載請求書規定之事項，並當場向請求人或其代理人朗讀或令其閱覽，經其承認無誤後，由請求人或其代理人簽名；其不能簽名者，準用前項規定。

第二項規定，於請求閱覽或交付公證文書正本、繕本、影本或節本者準用之。

第五十條（請求人應提出之文件）

請求人請求作成公證文書、交付公證文書正本、繕本、影本、節本或閱覽公證文書，應提出下列文件：

一　請求人為本人者，本法第七十三條所定之身分證明文件。

二　請求人為無行為能力或限制行為能力人而由其法定代理人代為請求者，具有法定代理人資格之證明文件。

三　請求人為法人或非法人之團體者，其代表人或管理人之資格證明文件。

四　由代理人請求者，本法第七十六條所定之授權書。

五　請求人就須得第三人允許或同意之法律行為為請求，而第三人未到場者，本法第七十七條所定已得允許或同意之證明書。

請求人之繼承人或就公證事件有法律上利害關係之人，請求交付公證書正本、繕本、影本、節本或閱覽公證文書，應提出本法第七十三條所定之身分證明及為繼承人或就公證事件確有法律上利害關係之證明文件。

第五十一條（拒絕請求之事由）

有下列第一款至第四款情形之一者，公證人應拒絕公認證之請求；有第五款情形者，得拒絕請求，但其情形可補正者，公證人應當場或定期先命補正：

一　請求不合程式或不備其他法定要件。

二　不屬本法第二條所定得作成公證書或認證文書之範圍。

三　有本法第七十條所定違反法令事項及無效法律行為之情事。

四　請求認證內容與公文書記載事項相反。

五　請求認證之內容無從查考或不明。

第五十二條（製作筆錄）

公證人就請求事件詢問請求人、繼受人、利害關係人或其代理人，認有必要或經受詢問人聲請時，應由佐理員或助理人作成筆錄，記載下列事項：

一　詢問之處所及年、月、日。

二　受詢問人及到場請求人或其代理人之姓名。

三　詢問事項及其結果。

前項筆錄應當場向受詢問人朗讀或交其閱覽，確認無訛後，製作筆錄人、公證人、受詢問人及在場人應於筆錄內簽名。

受詢問人對筆錄之記載有異議時，得聲請更正或補充之；筆錄製作人認異議為不當，不予更正或補充時，應於筆錄內附記其事由。

請求人、繼承人、利害關係人或其代理人以言詞陳述者，準用前三項之規定。

第五十三條（拒絕請求處分書）

公證人依本法第十五條第二項規定以書面拒絕請求時，應於受理請求書後三日內製作處分書（附式四）（略），附具理由並送達於請求人。

公證人以言詞拒絕請求時，應於筆錄或請求書內記明其事由，但請求人要求說明其理由者，應於拒絕後三日內付與理由書。

拒絕請求之處分書及理由書，應蓋用公證人職章。

第五十三條之一（無法作成公認證書事由之記明）

請求事件因請求人未到場、請求停止、逾期未補正或其他無法作成公認證書事由結案時，公證人應記明事由或於請求書上註明原因並簽名，將記明事由之書面筆錄、請求書或其他附屬文件附卷。

前項事件訂卷歸檔時，得合併數卷辦理，卷面應記明各該事件收件號，自歸檔翌年起保存五年。

第五十四條（代理人之請求）

本法第七十六條所定代理人，不包括法定代理人在內。

事件由代理人代為請求，或代理人經請求人之許諾，得為雙方代理或為其自己與請求人間之法律行為或私權事實公認證者，公證人認有必要時，得通知請求人本人到場；本人不到場者，得拒絕其請求。

應由請求人親自到場辦理之事件，不得由代理人代為請求。

第五十五條（見證人之記載）

本法第七十九條第一項第四款至第六款規定之人，經請求人全體同意為見證人者，公證人應於公證書或認證書內記明其事由。

第五十六條（製作公證書）

公證書正本、繕本、影本應依原本（附式五）（略）作成；節錄繕本僅就與請求人或法律上利害關係人有關部分節錄作成之。

第五十七條（交付與作成日期之記載）

公證人交付公證書正本、繕本、影本或節本之年、月、日，與其作成之年、月、日相同者，仍應分別記載之。

第五十八條（生效要件）

經公證或認證事件，依其他法令規定，以經主管機關登記、法院認可、許可或完成其他程序為生效或對抗第三人之要件者，於登記完畢、經認可、許可或完成相關程序後，始生該項效力。

前項事由，公證人宜向請求人說明或於公認證書原本、正本、繕本、影本、節本內記明。

第五十九條（公證書之更正或補充）

公證人交付公證書正本後，發現有誤寫、誤算或其他類此顯然錯誤或內容有脫漏者，公證人得隨時或依聲請作成更正或補充之處分，並將處分通知請求人及其他已知之利害關係人。

前項規定，於交付公證書繕本、影本或節本情形準用之。

公證人依第一項規定作成之更正或補充處分，不另收取費用。

第七章　關於親屬事件公證之特別規定

第六十條（結婚書面之公證）

結婚書面之公證，結婚當事人應偕同證人攜帶身分證明文件親自到場並在結婚書面上簽名；請求人應提出婚姻狀況證明文件。外國人、外國軍人依其本國法須經核准始得結婚者，並應提出其本國主管長官核准結婚之證明文件。

前項證明文件如係境外出具者，應經駐外館處或有權機關授權團體證明；由外國駐華使領館或授權代表機構出具者，應經外交部證明。

公證人應詢問結婚當事人有無結婚之真意，並說明未向戶政機關辦妥結婚登記前，其結婚尚不生效力之旨，並於公證書註記前開說明。

第六十一條（書面公證得同時舉行結婚儀式）

結婚當事人得請求於結婚書面公證同時舉行結婚儀式。

第六十二條（結婚禮堂及儀式）

結婚儀式應於公證處或民間之公證人事務所之禮堂或其他適當處所公開舉行，公證處禮堂之布置應喜氣溫馨，並揭示其進行程序（附式六）（略）。

結婚儀式除公證人預先聲明係舉行集團結婚儀式或經當事人同意者外，不得合併舉行。

第六十三條（宣讀公證書及致詞）

公證人主持結婚儀式，應著黑色紅邊制服（如附圖）（略）；宣讀結婚書面公證書及致詞，應態度懇切、言詞清晰、快慢適度，致詞應以祝賀及增進家庭幸福為內容。

第六十四條（收養子女）

收養契約之公證，收養者與被收養者應親自到場，被收養者未滿七歲時，其法定代理人應親自到場，並應依下列規定辦理：

一　有配偶者收養子女時，應與其配偶共同為請求人。但有民法第一千零七十四條但書情形者，不在此限。

二　子女被收養時，應提出父母同意出養之公證書面。但父母已親自到場提出同意書面併請求公證或有民法第一千零七十六條之一第一項但書各款情形之一者，不在此限。

三　有配偶者被收養時，應得其配偶之同意。但有民法第一千零七十六條但書情形者，不在此限。

四　收養關係之一方為外國人者，應提出收養合乎其本國法之證明文件。

前項公證，公證人應說明收養契約之法律效果及未經法院認可前，該契約不生效力之旨，並於公證書記載上開說明及當事人就此所為之表示。

第六十五條（認領非婚生子女）

生父請求公證認領非婚生子女者，請求書應載明非婚生子女及其生母之姓名、住居所。

公證人公證前，宜先徵詢非婚生子女及其生母之意見。不同意時，得拒絕受理；無法徵詢意見時亦同。

第六十六條（兩願離婚書面公證）

兩願離婚書面公證，應由雙方當事人為共同請求人，並偕同證人兩人到場於公證書上簽名。

公證人應審酌離婚協議內容是否符合當事人真意，向當事人說明未向戶政機關辦妥離婚登記前兩願離婚尚不生效力之旨，並於公證書記載上開說明及當事人就此所為之表示。

第六十六條之一（意定監護契約之訂立或變更）

意定監護契約訂立或變更之公證，本人及受任人應親自到場。

前項公證應依下列規定辦理：

一　提出戶籍謄本或其他得證明尚未受監護宣告之文件。

二　請求意定監護契約變更之公證者，提出訂立意定監護契約之公證書正本、繕本或影本。如曾變更意定監護契約者，宜提出歷次變更之公證書正本、繕本或影本。

三 依民法第一千一百十三條之四第一項規定同時指定會同開具財產清冊之人時，提出載有受指定人身分資料之文件。

四 提出其他必要文件。

公證人應確認本人之意識清楚，並確實明瞭意定監護契約之意義。公證人認有必要時，得隔離單獨詢問本人。但本人有本法第七十四條或第七十五條規定之情形時，應使通譯或見證人在場。

公證人應闡明意定監護契約於本人受監護宣告時，始發生效力，以及前後意定監護契約有相牴觸者，視為本人撤回前意定監護契約之旨，並於公證書記載上開說明及當事人就此所為之表示。

公證人作成意定監護契約訂立或變更之公證書後，應於七日內於司法院所定系統登錄案件，並以司法院所定格式書面通知本人住所地之法院。公證人依第五十九條第一項規定為更正或補充之處分者，亦同。

第六十六條之二（意定監護契約之撤回）

意定監護契約撤回之公證，撤回人應親自到場。

前項公證應依下列規定辦理：

一 提出戶籍謄本或其他得證明尚未受監護宣告之文件。

二 提出訂立意定監護契約之公證書正本、繕本或影本。

三 提出已以書面向他方撤回之證明。

四 提出其他必要文件。

公證人應闡明意定監護契約經一部撤回者，視為全部撤回之旨，並於公證書記載上開說明及當事人就此所為之表示。

前條第三項、第五項之規定，於意定監護契約撤回之公證準用之。

第八章 關於遺囑事件之特別規定

第六十七條（公認證遺囑之保管）

全國公證人公會聯合會成立前，依本法第九十八條第二項及第四項規定應送交該會保存之公認證遺囑繕本，由法院公證處或承辦之民間公證人各自集中保管，俟該會成立後函請送交時，再送交保存之。

第六十八條（遺囑繕本登記簿）

全國公證人公會聯合會應置遺囑繕本登記簿，依序記載下列事項：

一 遺囑繕本送達日期。

二 遺囑人姓名、身分證明文件字號及住居所。

三 遺囑種類及公認證書字號。

四 作成公認證遺囑之年月日、公證人姓名或駐外館處名稱。

前項登記簿，除以電磁紀錄製作者外，應於簿面註明使用起訖日期、號數及頁數，由記載人簽名。

第六十九條（公證遺囑之到場）

公證遺囑，應由遺囑人及其指定之見證人，攜帶身分證明文件親自到場辦理，不得由代理人代為請求。

第七十條（密封遺囑）

密封遺囑，應由遺囑人於遺囑上簽名後，將其密封，並於封縫處簽名，由遺囑人及其指定之見證人攜帶身分證明文件親自到場辦理，不得由代理人代為請求。

第七十一條（特留分之說明）

公證人辦理遺囑公證或認證，應向遺囑人說明民法關於特留分之規定；遺囑人為外國人或我國僑民，依形式審查應為繼承人為我國人者，亦同。

公證人應於公證書或認證書記載前項說明及當事人就此所為之表示，必要時，並得註明「於繼承開始時，其遺囑內容如有違反特留分之規定者，相關繼承人得依法扣減之」。

第九章 關於文書認證之特別規定

第七十二條（文書之認證）

認證文書，公證人應詢問請求人是否瞭解文書內容，並於認證書（附式七）（略）內記明其事由及認證之方法。

認證文書，應依本法第一百零一條及第一百零五條規定製作認證書，連綴於請求認證之文書，交付請求人，並另作一份連綴於認證文書之繕本或影本留存；依本法第一百零六條規定認證者，以經認證之文書繕本或影本留存。

第七十三條（私文書之認證）

認證私文書，當事人得委任代理人於公證人前，承認私文書上當事人之簽名或蓋章為當事人本人所為，公證人應於認證書內記明其事由。

第七十四條（文書內容無從查考或不明）

請求認證之文書內容無從查考或不明，請求人仍堅請辦理並記明筆錄者，公證人得予認證，但應於認證書註明：「本公證人僅認證文書內〇〇〇簽名（簽章）真正（或繕本、影本與原本、正本對照相符），至其內容不在認證之列」等字句，以促當事人及接受文書者注意。

第七十五條（公文書之請求及查證）

依本法第二條第二項第一款請求認證涉及私權事實之公文書原本或正本者，應於請求書表明文書將持往使用之地區及用途。

認證公文書原本、正本、繕本或影本，於必要時，得以行文、親自前往或其他適當方式向作成名義之機關或公務員查證。

第七十五條之一（本法第一百零一條第四項除外規定）

本法第一百零一條第四項前段除外規定，係指公證人認證時，應依同條第一項規定使請求人當面於翻譯本簽名或承認為其簽名。如翻譯公文書或翻譯之原文文書為影本或繕本者，得依請求分按同條第二項或第三項規定辦理；必要時亦得依職權就原文文書予以審認查證。

第七十六條（文書翻譯本之認證）

認證文書翻譯本時，除第五條之一第一項第一款規定情形外，公證人就翻譯語文與原文文義是否相符，應予審認。認證書及原文文書應連綴於翻譯本，並加蓋騎縫章或以其他方法表示其為連續。

前項認證書內應加蓋「本翻譯本文義核與連綴之原文文書文義尚屬相符」之中英文戳記並由公證人簽名，簽名得簽英文姓名或姓名縮寫。

前二項及第五條之一第二項規定於以直接註記方式認證或認證英文文書或其翻譯本時準用之。

第七十七條（認證之具結）

本法第一百零二條所定具結，除以直接註記方式認證者外，應於另紙結文為之。

結文原本應連綴於認證文書，一併交付請求人，另以結文影本附卷保存。

公證人應視相關法規、請求人需求、認證文書內容、性質、持往使用地區、目的等因素，決定是否命請求人到場並具結。

第七十八條（直接註記之認證）

依本法第一百零六條以直接註記方式認證時，應於文書原本、繕本、影本或翻譯本之空白處、背面或另紙為之；另紙應連綴於認證之文書，並加蓋騎縫章或以其他方法表示其為連續。

前項文書有增刪、塗改、損壞或形式上顯有可疑之點者，公證人應於文書增刪、塗改、損壞、可疑之點或其他空白處記明其事由並加蓋職章或簽名；如係外文文書得僅簽姓名縮寫。

第七十九條（信函認證）

信函認證應由當事人提出信函一式三份，如對造人為二人以上時，應按人數增加份數，載明對造人姓名、住居所，並繳足送達費用。

前項信函內容宜力求簡明扼要，不得有恫嚇、謾罵、猥褻之詞句，如有增刪、塗改，當事人應記明字數並蓋章。

第一項信函之送達準用民事訴訟法關於送達之規定。但公示送達及囑託送達，不在此限。

公證人送達寄往境外之信函時，應使用國際郵件回執，不使用送達證書。

第八十條（結婚證書或結婚書面之認證）

結婚證書或結婚書面之認證應由結婚當事人及於結婚證書或結婚書面上簽名或蓋章之證人二人，攜帶身分證明文件親自到場簽名。

第六十條及第六十一條規定於前項情形準用之。

第八十一條（離婚證書之認證）

離婚證書之認證應由雙方當事人及於離婚證書上簽名或蓋章之證人二人，攜帶身分證明文件親自到場簽名。

第六十六條規定，於前項情形準用之。

第十章　公證費用

第八十二條（核定應收費用額）

公證或認證事件，應由公證人核定其應收費用數額；收取費用後應掣給收據及收費明細表。

請求人申報之標的價額，公證人認為與實際情形不符者，應依職權調查核定之。

公證費用收據副聯應附於公認證卷內保存之。

第八十三條（公證費用之收取）

公證處或公證分處收取公證費用，應依法院財務處理有關規定辦理。

第八十四條（土地、房屋租賃契約之公證費用）

土地或房屋租賃契約之公證費用，依租金總額或租賃物公告現值二者較高者為其標的價額；如約定有保證金或押租金者，併計之；併有違約事項或違約金之約定者，違約事項及違約金部分不併計公證費用。

就租賃契約約定逕受強制執行者，依前項標準算定之公證費用加收二分之一。

前二項規定，於土地或房屋借用契約之公證，準用之。

第八十五條（不動產買賣契約之公證費用）

不動產買賣契約之公證費用，依契約所載買賣價額或買賣標的物公告現值二者較高者為其標的價額。

第八十六條（體驗費時間之計算）

本法第一百十五條所定體驗費，於公證人就請求公證之法律行為或私權事實本身出外至現場實際體驗時，始能收取；公證人、佐理員或助理人就請求事件出外查證時不得收取之。

前項費用時間之計算，以公證人至現場後實際就請求事件開始進行體驗之時間為準，不包括在途舟車時間；一次體驗數個請求事件時，時間以總體驗時間計算。

第八十七條（公證書）

本法第一百二十四條第一項所稱公證書，包括視為公證書一部之書面附件；所定張數，按該次請求事件交付請求人之每份公證書正本所應加收部分張數合併計算。

書面附件無法按字數計算或為外文文書、圖片者，不以字數而按實際張數計算。

第八十八條（公證人）

本法第一百二十五條所稱公證人，係指經司法院核定通曉英文第一級、第二級或其他外文者；同條所定以外文作成公證書或認證文書翻譯本，不包括公證人依本法第五條第二項規定於公證文書附記外文或作成所附譯本之情形。

第八十九條（著手執行職務）

本法第一百二十六條所定著手執行職務，係指公證人受理後，已開始就公認證本旨事項作形式審查、說明或與請求人就請求內容為諮談等，經公證人說明撤回應繳納之費用，請求人仍堅持撤回之情形。

請求人所為前項表示，應記明筆錄，由請求人或其代理人簽名。

請求人、代理人未到場、拒絕簽名、無法通知或拒絕繳納撤回費用時，公證人應記明事由或作成筆錄附卷。

第九十條（費用）

本法第一百二十八條第一項所定費用，係指請求人、繼受人或利害關係人依本法第九十五條第一項及第一百零七條規定請求交付公認證書及其附屬文件繕本、影本或節本情形，不包括原請求事件應發給請求人之公認證書正本份數。

依同條第二項規定收取翻譯費之情形如下：

一、於公證文書附記外文。

二、公證文書依請求人請求另附外文譯本。

第一項後段請求事件應發給之公認證書正本份數，按請求人一人一份定之；每一案號請求事件全部加發正本份數以四份為限，超過四份時得經請求人同意改依發給繕本、影本或節本方式辦理。

第九十一條（執行職務費用之計算）

民間公證人及助理人出外執行職務之交通費、住宿費及繕雜費，比照國內出差旅費報支要點薦任級以下人員標準計算。但因事實上需要經請求人同意並記明筆錄者，得搭乘飛機或定價較高之交通工具及參照簡任級以上人員標準收取住宿費及繕雜費。

第十一章　地區公證人公會

第九十二條（會員之權利義務）

地區公證人公會會員及贊助會員之權利義務，除本法及本細則別有規定外，依章程之規定。

贊助會員之入會費及常年會費，按會員應繳數額三分之一繳納之。

會員大會議決時，贊助會員表決權之累計總數，不得超過按會員人數計算所得表決權總數之三分之一」

前項贊助會員表決權之取得，依親自出席該次會議者報到先後順序決定，未取得表決權者，不得參與表決。

第二項、第三項所定比例，得經會員大會議決調整之。

第九十三條（會員）

本法第五十八條第三項所稱會員，包括許可兼業律師者之贊助會員。

第九十四條（地區民間公證人）

本法第一百四十五條第一項所稱該地區民間公證人，係指地區公證人公會之會員及許可兼業律師者之贊助會員。

第十二章　附　則

第九十五條（公證之宣傳等）

地方法院、全國公證人公會聯合會及地區公證人公會得視實際需要自行或聯合辦理公證之宣傳推廣及勸導，並將辦理情形層報司法院備查。

第九十六條（溯及既往效力）

本法施行前，各地方法院公證處已受理尚未終結之事件，依本法辦理之；但應繳納之公證費用，依受理時規定計算收取之。

第九十七條（施行日期）

本細則自中華民國九十年四月二十三日施行。

本細則修正條文，除另定施行日期者外，自發布日施行。

本細則中華民國九十七年四月二十四日修正發布之第六十條至第六十三條及第八十條，自九十七年五月二十三日施行。

本細則中華民國一百十一年十二月八日修正發布之第六十條、第六十一條、第六十六條及第六十二條附式六，自一百十二年一月一日施行。

非訟事件法

民國五十三年五月二十八日總統令公布
五十八年九月八日總統令修正公布
六十一年九月九日總統令修正公布
六十九年七月四日總統令修正公布
七十二年十一月九日總統令修正公布
七十五年四月三十日總統令修正公布
八十八年二月三日總統令修正公布
九十四年二月五日總統令修正公布
九十九年一月十三日總統令修正公布
一百零二年五月八日總統令修正公布
一百零四年二月四日總統令修正公布
一百零七年六月十三日總統令修正公布第九三、一八七、一九八條條文

第一章 總則

第一節 事件管轄

第一條（法律之適用）
法院管轄之非訟事件，除法律另有規定外，適用本法之規定。

第二條（土地管轄）
非訟事件之管轄，法院依住所而定者，在中華民國無住所或住所不明時，以在中華民國之居所視為住所；無居所或居所不明者，以在中華民國最後之住所視為住所。
住所地之法院不能行使職權者，由居所地之法院管轄。
無最後住所者，以財產所在地或司法院所在地之法院為管轄法院。

第三條（移送管轄——管轄之競合）
數法院俱有管轄權者，由受理在先之法院管轄之。但該法院得依聲請或依職權，以裁定將事件移送於認為適當之其他管轄法院。

▲本票執行事件，依非訟事件法第一百條之規定，應由票據付款地之法院管轄，本票未載付款地及發票地，依票據法第一百二十條第五項、第四項，以發票人之營業所、住所或居所所在地為付款地。本件本票之共同發票人有八人，其營業所、住居所所在地之地方法院俱有管轄權，原裁定法院所在地，既屬付款地之一，又係受理在先之法院，依非訟事件法第三條第一項之規定，原裁定法院就再抗告人部分自屬有管轄權。（六四臺抗二二四）

第四條（事務分配辦法之訂定）
同一地方法院或分院及其簡易庭受理之事件，其事務分配辦法由司法院定之。

第五條（移送之準用）
民事訴訟法第二十八條第一項及第二十九條至第三十一條之三規定，除別有規定外，於非訟事件準用之。

第六條（指定管轄）
有下列各款情形之一者，直接上級法院應依關係人之聲請或法院之請求，指定管轄：
一　有管轄權之法院，因法律或事實不能行使職權者。
二　因管轄區域境界不明，致不能辨別有管轄權之法院者。
三　數法院於管轄權有爭議者。
直接上級法院不能行使職權者，管轄之指定由再上級法院為之。
指定管轄之裁定，不得聲明不服。

第七條（事務管轄）
非訟事件，除本法或其他法律有規定外，依其處理事項之性質，由關係人住所地、事務所或營業所所在地、財產所在地、履行地或行為地之法院管轄。

第八條（定法院管轄）
定法院之管轄，以聲請或開始處理時為準。

第九條（法院職員之迴避）
民事訴訟法有關法院職員迴避之規定，於非訟事件準用之。

第二節 關係人

第十條（關係人之定義）
本法稱關係人者，謂聲請人、相對人及其他利害關係人。

第十一條（當事人能力、訴訟能力及共同訴訟）
民事訴訟法有關當事人能力、訴訟能力及共同訴訟之規定，於非訟事件關係人準用之。

第十二條（非訟代理人及輔佐人）
民事訴訟法有關訴訟代理人及輔佐人之規定，於非訟事件之非訟代理人及輔佐人準用之。

第三節 費用之徵收及負擔

第十三條（財產權關係之徵收標準）
因財產權關係為聲請者，按其標的之金額或價額，以新臺幣依下列標準徵收費用：
一　未滿十萬元者，五百元。
二　十萬元以上未滿一百萬元者，一千元。
三　一百萬元以上未滿一千萬元者，二千元。
四　一千萬元以上未滿五千萬元者，三千元。
五　五千萬元以上未滿一億元者，四千元。
六　一億元以上者，五千元。

第十四條（非財產權關係之徵收費用）
因非財產權關係為聲請者，徵收費用新臺幣一千元。」
因非財產權關係而為聲請，並為財產上之請求者，關於財產上之請求，不另徵收費用。

第十五條（夫妻財產制及法人登記之費用）
夫妻財產制契約登記及法人設立登記，徵收費用新臺幣一千元。
除前項登記外，有關夫妻財產制及法人之其他登記，

每件徵收費用新臺幣五百元。

第十六條（免徵費用之情形）

非訟事件繫屬於法院後處理終結前繼續為聲請或聲明異議者，免徵費用。

第十七條（抗告之費用）

對於非訟事件之裁定提起抗告者，徵收費用新臺幣一千元；再抗告者亦同。

第十八條（法人登記簿等之徵收費用）

聲請付與法人登記簿補發法人登記證書、夫妻財產制契約登記簿或管理財產報告及有關計算文件之謄本、繕本、影本或節本、法人及代表法人董事之印鑑證明書者，每份徵收費用新臺幣二百元。

第十九條（標的金額或價額之計算及費用之徵收）

關於非訟事件標的的金額或價額之計算及費用之徵收，本法未規定者，準用民事訴訟費用有關之規定。

第二十條（送達費及差旅費）

郵務送達費及法院人員之差旅費不另徵收。但所需費用超過應徵收費用者，其超過部分依實支數計算徵收。

第二十一條（費用負擔之原則）

非訟事件程序費用，除法律另有規定外，由聲請人負擔。檢察官為聲請人時，由國庫支付。

前項費用之負擔，有相對人者，準用民事訴訟法有關訴訟費用之規定。

第二十二條（裁定負擔費用）

因可歸責於關係人之事由致生無益之費用時，法院得以裁定命其負擔費用之全部或一部。

第二十三條（費用之共同負擔）

民事訴訟法第八十五條之規定，於應共同負擔費用之人準用之。

第二十四條（關係人之負擔費用）

依法應由關係人負擔費用者，法院裁定命關係人負擔時，應一併確定其數額。

前項情形，法院於裁定前得命關係人提出費用計算書及釋明費用額之證書。

第二十五條（應徵收之費用）

應徵收之費用，由聲請人預納。但法院依職權所為之處分，由國庫墊付者，於核實計算後向應負擔之關係人徵收之。

第二十六條（未預納費用之處理）

第十三條、第十四條、第十五條及第十七條規定之費用，關係人未預納者，法院應限期命其預納；逾期仍不預納者，應駁回其聲請或抗告。

第二十條及前項以外之費用，聲請人未預納者，法院得拒絕其聲請。

前二項規定，於法人及夫妻財產制契約登記事件準用之。

第二十七條（費用裁定之效力㈠）

對於費用之裁定，不得獨立聲明不服。

第二十八條（費用裁定之效力㈡——執行名義）

對於費用之裁定，得為執行名義。

第四節　聲請及處理

第二十九條（非訟事件之聲請或陳述）

聲請或陳述，除另有規定外，得以書狀或言詞為之。

以言詞為聲請或陳述時，應在法院書記官前為之。

前項情形，法院書記官應作成筆錄，並於筆錄內簽名。

第三十條（聲請書狀或筆錄應記載事項及簽名）

聲請書狀或筆錄，應載明下列各款事項：

一　聲請人之姓名、性別、出生年月日、身分證統一號碼、職業及住居所；聲請人為法人、機關或其他團體者，其名稱及公務所、事務所或營業所。

二　有法定代理人、非訟代理人者，其姓名、性別、出生年月日、身分證統一號碼、職業及住居所。

三　聲請之意旨及其原因事實。

四　供證明或釋明用之證據。

五　附屬文件及其件數。

六　法院。

七　年、月、日。

聲請人或其代理人，應於書狀或筆錄內簽名；其不能簽名者，得使他人代書姓名，由聲請人或其代理人蓋章或按指印。

第一項聲請書狀及筆錄之格式，由司法院定之。

第三十條之一（聲請之審查及補正）

非訟事件之聲請，不合程式或不備其他要件者，法院應以裁定駁回之。但其情形可以補正者，法院應定期間先命補正。

第三十條之二（命聲請人或相對人於期限內陳述意見）

法院收受聲請書狀或筆錄後，得定期間命聲請人以書狀或於期日就特定事項詳為陳述；有相對人者，並得送達聲請書狀繕本或筆錄於相對人，限期命其陳述意見。

第三十條之三（參與程序之聲請及通知）

因程序之結果而法律上利害受影響之人，得聲請參與程序。

法院認為必要時，得依職權通知前項之人參與程序。

第三十一條（送達、期日、期間、證據及釋明方法）

民事訴訟法有關送達、期日、期間及證據之規定，於非訟事件準用之。

第三十二條（事實及證據之職權調查）

法院應依職權或依聲請，調查事實及必要之證據。

法院為調查事實，得命關係人或法定代理人本人到場。

法院認為關係人之聲明或陳述不明瞭或不完足者，得曉諭其敘明或補充之。

關係人應協力於事實及證據之調查。
關係人就其提出之事實，應為真實完全及具體之陳述。

第三十三條（調查、通知及裁定之執行之囑託）
關於事實及證據之調查、通知及裁定之執行，得依囑託為之。

第三十四條（秘密審理原則）
訊問關係人、證人或鑑定人，不公開之。但法院認為適當時，得許旁聽。

第三十五條（訊問筆錄）
訊問應作成筆錄。

第三十五條之一（訴訟程序停止之準用）
民事訴訟法第一百六十八條至第一百八十條及第一百八十八條規定，於非訟事件準用之。

第三十五條之二（聲明承受程序及無人承受之程序續行）
聲請人因死亡、喪失資格或其他事由致不能續行程序，而無依法令得續行程序之人，其他有聲請權人得於該事由發生時起十日內聲明承受程序；法院亦得依職權通知於一定期間內聲明承受程序。
依聲請或依職權開始之事件，雖無人承受程序，法院認為必要時，應續行之。

第三十五條之三（和解之效力）
聲請人與相對人就得處分之事項成立和解者，於作成和解筆錄時，發生與本案確定裁定同一之效力。
前項和解有無效或得撤銷之原因者，聲請人或相對人得請求依原程序繼續審理，並準用民事訴訟法第三百八十條第四項規定。
因第一項和解受法律上不利影響之第三人，得請求依原程序撤銷或變更和解對其不利部分，並準用民事訴訟法第五編之一第三人撤銷訴訟程序之規定。

第五節　裁定及抗告

第三十六條（非訟事件處分之形式——裁定）
非訟事件之裁判，除法律另有規定外，由獨任法官以裁定行之。
命關係人為一定之給付及科處罰鍰之裁定，得為執行名義。
民事訴訟法第二百三十二條、第二百三十三條及第二百三十六條至第二百三十八條之規定，於第一項裁定準用之。

第三十七條（裁定書）
裁定應作成裁定書，由法官簽名。但得於聲請書或筆錄上記載裁定，由法官簽名以代原本。
裁定之正本及節本，由書記官簽名，並蓋法院印信。

第三十八條（裁定之送達）
裁定應送達於受裁定之人；必要時，並得送達於已知之利害關係人。
因裁定而權利受侵害者，得聲請法院付與裁定書。

第三十九條（裁定確定證明書）
關係人得聲請法院付與裁定確定證明書。
裁定確定證明書由最初為裁定之法院付與之。但卷宗在上級法院者，由上級法院付與之。

第四十條（裁定之撤銷或變更）
法院認為不得抗告之裁定不當時，得撤銷或變更之。
因聲請而為裁定者，其駁回聲請之裁定，非因聲請不得依前項規定為撤銷或變更之。
裁定確定後而情事變更者，法院得撤銷或變更之。
法院為撤銷或變更裁定前，應使關係人有陳述意見之機會。
裁定經撤銷或變更之效力，除法律別有規定外，不溯及既往。

第四十一條（得提起抗告之裁定及聲請人）
因裁定而權利受侵害者，得為抗告。
駁回聲請之裁定，聲請人得為抗告。
因裁定而公益受侵害者，檢察官得為抗告。
▲因裁定而權利受侵害者得為抗告，非訟事件法第二十四條第一項規定甚明。因解散公司之裁定而權利受侵害者，既未受該裁定之送達，其與聲請解散公司之聲請人及公司之利害復常相違反，是其抗告期間，應自因解散公司裁定而主張權利受侵害者知悉裁定時起算，用符法意。（六三臺抗三二八）

第四十二條（抗告期間）
受裁定送達之人提起抗告，應於裁定送達後十日之不變期間內為之。但送達前之抗告亦有效力。
未受裁定送達之人提起抗告，前項期間應自其知悉裁定時起算。但裁定送達於受裁定之人後已逾六個月，或因裁定而生之程序已終結者，不得抗告。

第四十三條（抗告之方式）
抗告應向為裁定之原法院提出抗告狀，或以言詞為之。
以言詞為抗告時，準用第二十九條第二項、第三項之規定。

第四十四條（抗告之裁定）
抗告除法律另有規定外，由地方法院以合議裁定之。
抗告法院為裁定前，應使因該裁定結果而法律上利益受影響之關係人有陳述意見之機會。但抗告法院認為不適當者，不在此限。
抗告法院之裁定，應附理由。

第四十五條（再抗告）
抗告法院之裁定，以抗告不合法而駁回者，不得再為抗告。但得向原法院提出異議。
前項異議，準用民事訴訟法第四百八十四條第二項及第三項之規定。
除前二項之情形外，對於抗告法院之裁定再為抗告，僅得以其適用法規顯有錯誤為理由。

第四十六條（抗告再抗告之程序）
抗告及再抗告，除本法另有規定外，準用民事訴訟法關於抗告程序之規定。

第四十六條之一（再審程序之準用）
民事訴訟法第五編再審程序之規定，於非訟事件之確定裁定準用之。
除前項規定外，有下列各款情形之一者，不得更以同一事由聲請再審：
一　已依抗告、聲請再審、聲請撤銷或變更裁定主張其事由，經以無理由駁回者。
二　知其事由而不為抗告，或抗告而不為主張，經以無理由駁回者。

第四十七條（強制罰）
因法院之裁定有為一定行為、不為一定行為或忍受一定行為之義務者，經命其履行而不履行時，除法律另有規定外，得處新臺幣三萬元以下罰鍰，並得繼續命其履行及按次連續各處新臺幣三萬元以下罰鍰。
前項裁定應附理由，於裁定前應為警告。
對於第一項裁定得為抗告；抗告中應停止執行。

第四十八條（非訟事件文書之保存利用及其限制）
民事訴訟法第二百四十一條至第二百四十三條之規定，於非訟事件準用之。

第四十九條（外國法院裁判不認效力之情形）
外國法院之確定非訟事件之裁判，有下列各款情形之一者，不認其效力：
一　依中華民國之法律，外國法院無管轄權者。
二　利害關係人為中華民國人，主張關於開始程序之書狀或通知未及時受送達，致不能行使其權利者。
三　外國法院之裁判，有背公共秩序或善良風俗者。
四　無相互之承認者。但外國法院之裁判，對中華民國人並無不利者不在此限。

第六節　司法事務官處理程序

第五十條（依法移送之處理）
非訟事件，依法律移由司法事務官處理者，依本法之規定；本法未規定者，準用其他法律關於法院處理相同事件之規定。

第五十一條（司法事務官之職權調查）
司法事務官處理受移轉之非訟事件，得依職權調查事實及必要之證據。但命為具結之調查，應報請法院為之。

第五十二條（文書名稱及應記載事項）
司法事務官處理受移轉之非訟事件或兼辦其他事務作成之文書，其名稱及應記載事項，各依有關法律之規定。

第五十三條（文書正本或節本之簽名及蓋印信）
司法事務官就受移轉之非訟事件所為處分，其文書正本或節本，由司法事務官簽名，並蓋法院印信。
司法事務官在地方法院簡易庭處理受移轉之非訟事件時，前項文書正本或節本得僅蓋該簡易庭之關防。
第一項處分確定後，由司法事務官付與確定證明書。

第五十四條（處分之效力）
司法事務官就受移轉之非訟事件所為處分，與法院所為者有同一之效力。

第五十五條（不服之救濟程序）
聲請人或權利受侵害者，對於司法事務官就受移轉事件所為之處分，得依各該事件適用原由法院所為之救濟程序，聲明不服。
前項救濟程序應為裁定者，由地方法院行之。
對於前項裁定，得依第四十五條規定向直接上級法院提起再抗告。

第五十六條（異議之提出期間）
當事人對於司法事務官就受移轉事件所為之終局處分，如由法院裁定無救濟方法時，仍得於處分送達後十日之不變期間內，以書狀向司法事務官提出異議。
司法事務官認前項異議為有理由時，應另為適當之處分；認異議為無理由者，應送請法院裁定之。
法院認第一項之異議為有理由時，應自為適當之裁定；認異議為無理由者，應以裁定駁回之。
前項裁定應敘明理由，並送達於當事人。
對於第三項之駁回裁定，不得聲明不服。

第五十七條（異議程序之免徵費用）
前條異議程序免徵費用。

第五十八條（兼辦事務之法規適用及應行名義）
司法事務官兼辦提存或法人及夫妻財產制契約登記事務，適用各該法令之規定，並應以提存所主任或登記處主任名義行之。
司法事務官兼辦前項事務所為處分，與提存所主任或登記處主任所為者有同一之效力。

第二章　民事非訟事件

第一節　法人之監督及維護事件

第五十九條（法院管轄限定之情況）
民法第三十三條第二項之請求解除董事或監察人職務事件、第三十六條之請求宣告解散事件、第三十八條、第三十九條及第四十二條之有關法人清算事件、第五十一條第三項之許可召集總會事件、第五十八條之聲請解散事件、第六十二條之聲請必要處分事件及第六十三條之聲請變更組織事件，均由法人主事務所所在地之法院管轄。

第六十條（宣告解散法人應附具之法定事由文件）

主管機關、檢察官或利害關係人依民法第三十六條或第五十八條規定聲請法院宣告解散法人時，應附具應為解散之法定事由文件；由利害關係人聲請者，並應釋明其利害關係。

第六十一條（應附具法定事由文件之情形）

主管機關或檢察官依下列規定為聲請時，應附具法定事由之文件；其他聲請人為聲請時，並應附具資格之證明文件：

一　民法第三十八條之聲請選任清算人。

二　民法第六十二條之聲請法院為必要處分。

三　民法第六十三條之聲請變更財團組織。

主管機關依民法第三十三條第二項規定請求法院解除法人董事或監察人職務時，應附具法定事由之文件。

社團之社員依民法第五十一條第三項規定，請求法院為召集總會之許可時，應附具法定事由及資格證明之文件。

第六十二條（徵詢意見）

法院依民法第六十二條為必要之處分及第六十三條變更財團之組織前，應徵詢主管機關之意見。但由主管機關聲請者，不在此限。

▲聖母會財產，除合於民法上財團法人之規定，依民法第六十二條因捐助章程所定重要管理之方法不具備時，法院得因利害關係人之聲請，依非訟程序為必要之處分外，如其財產僅為多數人所共有，僅可由共有人全體協議定其管理方法，或由共有人共同管理之，苟對於管理權誰屬有所爭執，亦應提起訴訟以求解決，不得依非訟程序，聲請法院以裁定選任臨時管理人或撤銷臨時管理人。（三八臺抗六六）

第六十三條（陳述意見之通知）

法院依民法第三十六條或第五十八條宣告法人解散、第三十八條選任清算人、第六十條第三項指定遺囑執行人、第六十二條為必要之處分及第六十三條變更財團之組織前，得通知檢察官陳述意見。

第六十四條（法人怠行職權之處理）

法人之董事一人、數人或全體不能或怠於行使職權，或對於法人之事務有自身利害關係，致法人有受損害之虞時，法院因主管機關、檢察官或利害關係人之聲請，得選任臨時董事代行其職權。但不得為不利於法人之行為。

法院為前項裁定前，得徵詢主管機關、檢察官或利害關係人之意見。

法院得按代行事務性質、繁簡、法人財務狀況及其他情形，命法人酌給第一項臨時董事相當報酬；其數額由法院徵詢主管機關、檢察官或利害關係人意見後定之。

第六十五條（登記之囑託）

法院依民法第三十三條第二項解除董事或監察人職務、第三十六條或第五十八條宣告法人解散、第三十八條選任清算人、第三十九條解除清算人職務、第六十三條變更財團組織及依前條選任臨時董事者，應囑託登記處登記。

第二節　意思表示之公示送達事件

第六十六條（公示送達之法院管轄）

民法第九十七條之聲請公示送達事件，不知相對人之姓名時，由表意人住所地之法院管轄；不知相對人之居所者，由相對人最後住所地之法院管轄。

▲民法第四百四十條第一項所謂支付租金之催告，屬於意思通知之性質，其效力之發生，應準用同法關於意思表示之規定，如催告人非因自己之過失不知相對人之居所者，僅得準用同法第九十七條，依民事訴訟法公示送達之規定，向該管法院聲請以公示送達為催告之通知，始生催告之效力。被上訴人定期催告承租人某商號支付租金，僅將催告啟事標貼已被查封無人居住之某商號門首，自無催告效力之可言。（四一臺上四九〇）

第三節　出版、拍賣及證書保存事件

第六十七條（再出新版事件之管轄法院）

民法第五百十八條第二項所定聲請再出新版事件，由出版人營業所所在地或住所地之法院管轄。

第六十八條（許可繼續出版契約之申請及管轄法院）

民法第五百二十七條第二項所定許可繼續出版契約關係之聲請，得由出版權授與人或其繼承人法定代理人或出版人為之。

前項聲請事件由出版人營業所所在地或住所地之法院管轄。

第六十九條（民法債編施行法第二十八條拍賣之證明機關）

民法債編施行法第二十八條所定之證明，由應變賣地公證人、警察機關、商業團體或自治機關為之。

第七十條（共有物分割後共有物證書之保存事件）

民法第八百二十六條第二項所定證書保存人之指定事件，由共有物分割地之法院管轄。

法院於裁定前，應訊問共有人。

指定事件之程序費用，由分割人共同負擔之。

第七十一條（其他共有財產權證書之保存事件）

前條之規定，於所有權以外之財產權，由數人共有或公同共有者準用之。

第七十二條（抵押權人、質權人、留置權人及拍賣擔保物事件之法院管轄）

民法所定抵押權人、質權人、留置權人及依其他法律所定擔保物權人聲請拍賣擔保物事件，由拍賣物所在地之法院管轄。

▲不動產所有人設定抵押權後，將不動產讓與他人者，依民法第八百六十七條但書規定，其抵押權不因此而受影響，抵押權人得本於追及其物之效力實行抵押權。系爭不動產既經抵押人讓與他人而屬於受讓之他人所有，則因實行抵押權而聲請法院裁定准許拍賣該不動產時，自應列受讓之他人為相對人。（七四臺抗四三一）

▲聲請拍賣抵押物係屬非訟事件，依非訟事件法，並無再審

及準用民事訴訟法關於再審之規定。本件抗告人對於法院就聲請拍賣抵押物所為之裁定，依民事訴訟法第五百零七條、第四百九十六條第一項第十二款聲請再審，於法難謂有據。（五九臺抗三八七）

第七十三條（無爭執部分之裁定拍賣）

法定抵押權人或未經登記之擔保物權人聲請拍賣擔保物事件，如債務人就擔保物權所擔保債權之發生或其範圍有爭執時，法院僅得就無爭執部分裁定准許拍賣之。

法院於裁定前，應使債務人有陳述意見之機會。

第七十四條（債務人之陳述意見）

最高限額抵押權人聲請拍賣抵押物事件，法院於裁定前，就抵押權所擔保之債權額，應使債務人有陳述意見之機會。

第七十四條之一（爭執部分之曉諭及訴訟相關規定之準用）

第七十二條所定事件程序，關係人就聲請所依據之法律關係有爭執者，法院應曉諭其得提起訴訟爭執之。

前項情形，關係人提起訴訟者，準用第一百九十五條規定。

第四節　信託事件

第七十五條（信託事件之管轄法院）

信託法第十六條所定聲請變更信託財產管理方法事件、第二十八條第二項所定聲請信託事務之處理事件、第三十五條第一項第三款所定聲請許可將信託財產轉為自有財產或於該信託財產上設定或取得權利事件、第三十六條第一項但書所定受託人聲請許可辭任事件、第三十六條第二項所定聲請解任受託人事件、第五十二條第一項所定聲請選任信託監察人事件、第五十六條所定信託監察人聲請酌給報酬事件、第五十七條所定聲請許可信託監察人辭任事件、第五十八條所定聲請解任信託監察人事件、第五十九條所定聲請選任新信託監察人事件及第六十條第二項所定聲請檢查信託事務選任檢查人及命為其他必要之處分事件，均由受託人住所地之法院管轄。

信託法第三十六條第三項所定聲請選任新受託人或為必要之處分事件，由原受託人住所地之法院管轄。

前二項之受託人或原受託人有數人，其住所不在一法院管轄區域內者，各該住所地之法院俱有管轄權。

信託法第四十六條所定聲請選任受託人事件，由遺囑人死亡時住所地之法院管轄。

第七十六條（信託事務之監督法院）

信託法第六十條第一項所定信託事務之監督，由受託人住所地之法院為之。

法院對於信託事務之監督認為必要時，得命提出財產目錄、收支計算表及有關信託事務之帳簿、文件，並得就信託事務之處理，訊問受託人或其他關係人。

前項裁定，不得聲明不服。

第七十七條（信託監察人之解任及選任）

法院選任之信託監察人有信託法第五十八條所定解任事由時，法院得依職權解任之，並同時選任新信託監察人。

第七十八條（利害關係人之訊問）

法院選任或解任受託人或信託監察人時，於裁定前得訊問利害關係人。

對於法院選任或解任受託人或信託監察人之裁定，不得聲明不服。

第七十九條（檢查人選任之裁定）

對於法院選任檢查人之裁定，不得聲明不服。

第八十條（選任檢查人之準用）

第一百七十三條規定，於法院依信託法第六十條規定選任之檢查人準用之。

第八十一條（檢查人之報酬）

法院得就信託財產酌給檢查人相當報酬；其數額由法院徵詢受託人意見後酌定之，必要時，並得徵詢受益人、信託監察人之意見。

第三章　登記事件

第一節　法人登記

第八十二條（法人登記事件之管轄法院）

法人登記事件，由法人事務所所在地之法院管轄。

前項登記事務，由地方法院登記處辦理之。

第八十三條（登記簿之備置）

登記處應備置法人登記簿。

第八十四條（法人設立及辦理分事務所之登記應附具文件）

法人設立之登記，除依民法第四十八條第二項及第六十一條第二項規定辦理外，並應附具下列文件：

一　主管機關許可或核准之文件。
二　董事資格之證明文件。設有監察人者，其資格之證明文件。
三　社員名簿或財產目錄，並其所有人名義為法人籌備處之財產證明文件。
四　法人及其董事之簽名式或印鑑。

法人辦理分事務所之登記時，應附具下列文件：

一　主管機關許可或核准之文件。
二　分事務所所負責人資格之證明文件。
三　分事務所及其負責人之簽名式或印鑑。

第八十五條（聲請登記事項之變更）

法人以事務所之新設、遷移或廢止其他登記事項之變更而為登記或為登記之更正及註銷者，由董事聲請之。

為前項聲請者，應附具聲請事由之證明文件；其須主管機關核准者，並應加具核准之證明文件。

第八十六條（繳驗財產證明文件）

登記處於登記後，應發給專用於辦理法人取得財產登記之登記簿謄本，並限期命聲請人繳驗法人已取得財產目錄所載財產之證明文件；逾期撤銷其設立登記，並通知主管機關。

聲請人繳驗前項財產證明文件後，登記處應發給法人登記證書，並通知其主管機關及稅捐機關。

法人登記證書滅失或毀損致不堪用者，得聲請補發。

第八十七條（印鑑證明書）

法人聲請登記時所使用之印鑑，得由法人預納費用，向登記處聲請核發印鑑證明書。

前項印鑑證明書，登記處認有必要時，得記載其用途。

第八十八條（法人解散之登記）

法人解散之登記，由清算人聲請之。

為前項聲請者，應附具清算人資格及解散事由之證明文件。

已成立之法人，經主管機關撤銷許可者，準用前二項之規定。

法人因法院或其他有關機關命令解散者，登記處應依有關機關囑託為解散之登記。

第八十九條（清算程序之準用）

法人依本法規定撤銷或註銷其設立登記者，其清算程序，除本法別有規定外，準用民法關於法人清算之規定。

第九十條（清算人之任免或變更）

法人之清算人任免或變更之登記，由現任清算人聲請之。

為前項聲請者，應附具清算人任免或變更之證明文件。

第九十一條（清算終結）

法人清算終結之登記，由清算人聲請之。

為前項聲請者，應附具清算各事項已得承認之證明文件。

第九十二條（聲請之補正）

法人登記之聲請有違反法律、不合程式或其他欠缺而可以補正者，登記處應酌定期間命聲請人補正後登記之；逾期不補正者，駁回其聲請。

第九十三條（法人登記事項之公告）

法人已登記之事項，登記處應於登記後三日內於公告處公告七日以上。

除前項規定外，登記處應命將公告之繕本或節本，公告於法院網站；登記處認為必要時，並得命登載於公報或新聞紙。

公告與登記不符者，以登記為準。

第九十四條（登記錯誤或遺漏之更正）

聲請人發見登記錯誤或遺漏時，得聲請登記處更正之。

登記處發見因聲請人之錯誤或遺漏致登記錯誤或遺漏者，應限期命聲請人聲請更正；逾期不聲請更正者，登記處應於登記簿附記其應更正之事由。

因登記處人員登記所生之顯然錯誤或遺漏，登記處經法院院長許可，應速為登記之更正。

前三項經更正後，應即通知聲請人及利害關係人。

第九十五條（註銷登記得補正之情形）

登記處於登記後，發見有下列各款情形之一者，經法院院長之許可，應註銷其登記，並通知聲請人及利害關係人。但其情形可以補正者，應定期間先命補正：

一　事件不屬該登記處之法院管轄者。
二　聲請登記事項不適於登記者。
三　應提出之證明文件不完備者。
四　所提出之財產目錄，其記載與證明文件不相符者。
五　聲請不備其他法定要件者。

第九十六條（異議之提出）

關係人認登記處處理登記事務違反法令或不當時，得於知悉後十日內提出異議。但於處理事務完畢後已逾二個月時，不得提出異議。

第九十七條（異議之處置）

登記處如認前條之異議為有理由時，應於三日內為適當之處置。如認為無理由時，應附具意見於三日內送交所屬法院。

法院認異議為有理由者，應以裁定命登記處為適當之處置；認異議為無理由者，應駁回之。

前項裁定，應附理由並送達於登記處、異議人及已知之利害關係人。

第九十八條（法人更正、撤銷或註銷登記之準用）

法人之登記經更正、撤銷或註銷確定者，準用第九十三條之規定。

第九十九條（銷結）

法人登記自為清算終結之登記後，即行銷結。

第一百條（外國法人登記之準用）

本法有關法人登記之規定，於外國法人之登記準用之。但法令有特別規定者，不在此限。

外國法人經認許設立事務所者，其事務所之聲請設立登記，由該法人之董事或其在中華民國之代表人為之。

前項聲請，除提出認許之文件外，並應附具經中華民國駐外機構認證或證明之下列文件：

一　法人之名稱、種類及其國籍。
二　法人之組織章程或捐助章程。
三　董事或在中華民國代表人資格之證明文件。

第二節　夫妻財產制契約登記

第一百零一條（夫妻財產制之登記）

民法有關夫妻財產制契約之登記，由夫妻住所地之法院管轄；不能在住所地為登記或其主要財產在居所地者，得由居所地之法院管轄。

不能依前項規定管轄之法院者，由司法院所在地之法院管轄。

前二項登記事務，由地方法院登記處辦理之。

第一百零二條（遷移之陳報）

依前條規定為登記之住所或居所遷移至原法院管轄區域以外時，應為遷移之陳報。

前項陳報，得由配偶之一方為之；陳報時應提出原登記簿謄本。

第一百零三條（登記簿之備置）

登記處應備置夫妻財產制契約登記簿。

第一百零四條（夫妻財產制契約之登記應附具之文件）

夫妻財產制契約之登記，應附具下列文件，由契約當事人雙方聲請之。但其契約經公證者，得由一方聲請之：

一　夫妻財產制契約。

二　財產目錄及其證明文件；其財產依法應登記者，應提出該管登記機關所發給之謄本。

三　夫及妻之簽名式或印鑑。

法院依民法規定宣告改用分別財產制者，應於裁判確定後囑託登記處登記之。

第一百零五條（夫妻財產制契約之登記之準用）

第九十二條至第九十八條之規定，於夫妻財產制契約之登記準用之。

第一百零六條（法人或夫妻財產制契約登記簿之公開）

法人或夫妻財產制契約登記簿，任何人得向登記處聲請閱覽、抄錄或攝影，或預納費用聲請付與謄本。

前項登記簿之附屬文件，利害關係人得敘明理由，聲請閱覽、抄錄或攝影。但有妨害關係人隱私或其他權益之虞者，登記處得拒絕或限制其範圍。

第一百零七條（法人及夫妻財產制契約之登記規則）

法人及夫妻財產制契約登記規則，由司法院定之。

第四章　（刪除）

第一節　（刪除）

第一百零八條　（刪除）

第一百零九條　（刪除）

第一百十條　（刪除）

第一百十一條　（刪除）

第一百十二條　（刪除）

第一百十三條　（刪除）

第一百十四條　（刪除）

第一百十五條　（刪除）

第一百十六條　（刪除）

第一百十七條　（刪除）

第一百十八條　（刪除）

第一百十九條　（刪除）

第一百二十條　（刪除）

第二節　（刪除）

第一百二十一條　（刪除）

第一百二十二條　（刪除）

第一百二十三條　（刪除）

第一百二十四條　（刪除）

第一百二十五條　（刪除）

第一百二十六條　（刪除）

第一百二十七條　（刪除）

第一百二十八條　（刪除）

第一百二十九條　（刪除）

第一百三十條　（刪除）

第一百三十一條　（刪除）

第一百三十一條之一　（刪除）

第一百三十一條之二　（刪除）

第一百三十二條　（刪除）

第三節　（刪除）

第一百三十三條　（刪除）

第一百三十四條　（刪除）

第一百三十五條　（刪除）

第一百三十六條　（刪除）

第一百三十七條　（刪除）

第四節　（刪除）

第一百三十八條　（刪除）

第一百三十八條之一　（刪除）

第一百三十八條之二　（刪除）

第一百三十八條之三　（刪除）

第一百三十八條之四　（刪除）

第一百三十八條之五　（刪除）

第一百三十八條之六　（刪除）

第一百三十九條　（刪除）

第一百三十九條之一　（刪除）

第一百三十九條之二　（刪除）

第一百三十九條之三　（刪除）

第一百四十條　（刪除）

第四節之一　（刪除）

第一百四十條之一　（刪除）

第一百四十條之二　（刪除）

第五節　（刪除）

第一百四十一條（刪除）

第一百四十一條之一（刪除）

第一百四十一條之二（刪除）

第一百四十二條（刪除）

第一百四十三條（刪除）

第一百四十四條（刪除）

第一百四十五條（刪除）

第一百四十六條（刪除）

第一百四十七條（刪除）

第一百四十八條（刪除）

第一百四十九條（刪除）

第一百五十條（刪除）

第一百五十一條（刪除）

第一百五十二條（刪除）

第一百五十三條（刪除）

第一百五十四條（刪除）

第一百五十五條（刪除）

第一百五十六條（刪除）

第一百五十七條（刪除）

第六節（刪除）

第一百五十八條（刪除）

第一百五十九條（刪除）

第一百六十條（刪除）

第一百六十一條（刪除）

第一百六十二條（刪除）

第一百六十三條（刪除）

第一百六十四條（刪除）

第一百六十五條（刪除）

第一百六十六條（刪除）

第一百六十七條（刪除）

第一百六十八條（刪除）

第一百六十九條（刪除）

第六節之一（刪除）

第一百六十九條之一（刪除）

第一百六十九條之二（刪除）

第七節（刪除）

第一百七十條（刪除）

第五章　商事非訟事件

第一節　公司事件

第一百七十一條（公司事件之管轄法院）

公司法所定由法院處理之公司事件，由本公司所在地之法院管轄。

第一百七十二條（書面聲請裁定之公司事件）

公司裁定解散事件，有限責任股東聲請法院准其檢查公司帳目、業務及財產事件，股東聲請法院准其退股及選派檢查人事件，其聲請應以書面為之。

前項事件，法院為裁定前，應訊問利害關係人。

第一項事件之裁定應附理由。

第一百七十三條（檢查人之報告）

檢查人之報告應以書面為之。

法院就檢查事項認為必要時，得訊問檢查人。

第一百七十四條（檢查人之報酬）

檢查人之報酬，由公司負擔；其金額由法院徵詢董事及監察人意見後酌定之。

第一百七十五條（選派或解任公司清算人、檢查人之裁定效力及其費用之負擔）

對於法院選派或解任公司清算人、檢查人之裁定，不得聲明不服。但法院依公司法第二百四十五條第一項規定選派檢查人之裁定，不在此限。

前項但書之裁定，抗告中應停止執行。

第一項事件之聲請為有理由時，程序費用由公司負擔。

第一百七十六條（清算人之資格限制）

有下列情形之一者，不得選派為清算人：

一　未成年人。

二　受監護或輔助宣告之人。

三　褫奪公權尚未復權。

四　受破產宣告尚未復權。

五　曾任清算人而被法院解任。

第一百七十七條（法院選派清算人之準用）

第一百七十四條之規定，於法院選派之清算人準用之。

第一百七十八條（清算人聲報之方式）

公司法所定清算人就任之聲報，應以書面為之。

前項書面應記載清算人之姓名、住居所及就任日期，並附具下列文件：

一　公司解散、撤銷或廢止登記之證明。

二　清算人資格之證明。

第一百七十九條（以書面為聲報、聲請）

公司法所定股東或股東會解任清算人之聲報，清算人所造具資產負債表或財務報表及財產目錄之聲報，清算人展期完結清算之聲請及法院許可清算人清償債務之聲請，應以書面為之。

第一百八十條（清算完結之聲報方法及附具文件）

公司法所定清算完結之聲報，應以書面為之，並附具下列文件：

一　結算表冊經股東承認之證明或清算期內之收支表損益表經股東會承認之證明。

二　經依規定以公告催告申報債權及已通知債權人之證明。

第一百八十一條（公司簿冊及文件保存人之裁定）

對於法院依公司法規定指定公司簿冊及文件保存人之裁定，不得聲明不服。

前項程序費用由公司負擔。

第一百八十二條（裁定事件之訊問及鑑定）

公司法所定股東聲請法院為收買股份價格之裁定事件，法院為裁定前，應訊問公司負責人及為聲請之股東；必要時得選任檢查人就公司財務實況命為鑑定。

前項股份，如為上櫃或上市股票，法院得斟酌聲請時當地證券交易實際成交價格核定之。

第一項檢查人之報酬，經法院核定後，除有第二十二條之情形外，由為聲請之股東及公司各負擔二分之一。

對於收買股份價格事件之裁定，應附理由，抗告中應停止執行。

第一百八十三條（選任臨時管理人事件之聲請）

公司法第二百零八條之一所定選任臨時管理人事件，由利害關係人或檢察官向法院聲請。

前項聲請，應以書面表明董事會不為或不能行使職權，致公司有受損害之虞之事由，並釋明之。

第一項事件，法院為裁定前，得徵詢主管機關、檢察官或其他利害關係人之意見。

第一項事件之裁定，應附理由。

法院選任臨時管理人時，應囑託主管機關為之登記。

第一百八十四條（公司債債權人會議認可事件之申報）

公司法第二百六十四條所定公司債債權人會議決議認可事件，由公司債債權人之受託人或債權人會議指定之人向法院申報。

第一百七十二條第二項及前條第四項規定，於前項申報事件之裁定準用之。

第一百八十五條（公司重整程序之裁定）

就公司重整程序所為各項裁定，除公司法另有規定外，準用第一百七十二條第二項之規定。

前項裁定應附理由，其認可重整計畫之裁定，抗告中應停止執行。

第一百八十六條（公司重整財產保全處分之登記或註冊）

依公司法第二百八十七條第一項第一款及第六款所為之財產保全處分，如其財產依法應登記者，應囑託登記機關登記其事由；其財產依法應註冊者亦同。

駁回重整聲請裁定確定時，法院應囑託登記或註冊機關塗銷前項事由之登記。

第一百八十七條（法院有關公司重整處分之公告）

依公司法第二百八十七條第一項第二款、第三款及第五款所為之處分，應黏貼法院公告處自公告之日起發生效力；必要時，並得登載本公司所在地之新聞紙或公告於法院網站。

駁回重整聲請裁定確定時，法院應將前項處分已失效之事由，依原處分公告方法公告之。

第一百八十八條（重整計畫之認可、變更與終止及重整完成等裁定之公告）

依公司法第三百零五條第一項、第三百零六條第二項至第四項及第三百十條第一項所為裁定，應公告之，毋庸送達。

前項裁定及准許開始重整之裁定，其利害關係人之抗告期間，應自公告之翌日起算。

第一項之公告方法，準用前條第一項之規定。

准許開始重整之裁定，如經抗告者，在駁回重整聲請裁定確定前，不停止執行。

第一百八十九條（命令開始特別清算、協定之認可或變更之準用）

公司法第三百三十五條第一項命令開始特別清算、第三百五十條第二項及第三百五十一條協定之認可或變更準用第一百七十二條第二項、第一百八十二條第四項及前條之規定。

第一百九十條（特別清算程序中法院處理事件之聲請方式）

公司法所定特別清算程序中應聲請法院處理之事件，其聲請應以書面為之。

前項事件，準用第一百七十二條第二項之規定。

第一百九十一條（法院對公司清算所為之保全禁止與查禁處分之登記、註冊與公告）

公司法第三百五十四條第一款、第二款及第六款之處分，準用第一百八十六條及第一百八十七條之規定。

第一百九十二條（公司特別清算之破產宣告程序費用之負擔）

依公司法第三百五十五條宣告破產時，其在特別清算程序之費用，視為破產財團債務。

第二節　海商事件

第一百九十三條（貨物拍賣事件之管轄法院）

海商法第五十一條第三項所定貨物拍賣事件，由貨物應受領地之法院管轄。

第三節　票據事件

第一百九十四條（本票強制執行事件之管轄法院）

票據法第一百二十三條所定執票人就本票聲請法院裁定強制執行事件，由票據付款地之法院管轄。

二人以上為發票人之本票，未載付款地，其以發票地為付款地，而發票地不在一法院管轄區域內者，各該發票地之法院，俱有管轄權。

▲本票執票人，依票據法第一百二十三條規定，聲請法院裁定許可對發票人強制執行，係屬非訟事件，此項聲請之裁定，及抗告法院之裁定，僅依非訟事件程序，以審查強制執行許可與否，並無確定實體上法律關係存否之效力，如

發票人就票據債務之存否有爭執時，應由發票人提起確認之訴，以資解決。（五七臺抗七六）

第一百九十五條（偽造或變造本票之確認之訴提起及其效力）

發票人主張本票係偽造、變造者，於前條裁定送達後二十日內，得對執票人向為裁定之法院提起確認之訴。

發票人證明已依前項規定提起訴訟時，執行法院應停止強制執行。但得依執票人聲請，許其提供相當擔保，繼續強制執行，亦得依發票人聲請，許其提供相當擔保，停止強制執行。

發票人主張本票債權不存在而提起確認之訴不合於第一項之規定者，法院依發票人聲請，得許其提供相當並確實之擔保，停止強制執行。

▲本票發票人以相對人所執伊名義簽發之本票三張皆第三人所偽造，訴求確認兩造間就該本票債權不存在之判決，雖適用非訟事件法第一百零一條第一項所定之期間，惟本票發票人不依該條項所定期間提起確認之訴，僅無同條第二項之適用，非謂逾此期間即不得起訴。（六四臺抗二四二）

第六章　附　則

第一百九十六條（施行細則之訂定）

本法施行細則，由司法院定之。

本法未規定及新增之非訟事件，其處理辦法由司法院定之。

第一百九十七條（本法施行前繫屬事件之管轄權及審理程序）

本法施行前已繫屬之事件，其法院管轄權及審理程序依下列之規定：

一　地方法院未為終局裁定者，依本法修正後之規定。

二　地方法院已為終局裁定尚未送抗告法院者，依本法修正後之規定。

三　抗告法院未為終局裁定者，依本法修正前之規定。

第一百九十八條（施行日期）

本法自公布日起六個月施行。

本法修正條文，除中華民國一百零七年五月二十二日修正之條文自公布後六個月施行外，自公布日施行。

非訟事件法施行細則

民國五十三年十二月二十二日行政院令發布
五十九年二月十三日行政院令修正發布
六十一年十二月十一日行政院令修正發布
六十九年七月三十日司法院令修正發布
八十四年十二月二十日司法院令修正發布
九十三年十一月二十九日司法院令修正發布
九十四年九月十三日司法院令修正發布
一百零二年六月十九日司法院令發布刪除第一三、二三條；並增訂第二之一、一一之一、二四之一條條文

第一條（訂定依據）

本細則依非訟事件法第一百九十六條第一項之規定訂定之。

第二條（辦理機關）

本法所定非訟事件，除登記事件外，由地方法院或分院民事庭或簡易庭辦理之。

地方法院設登記處辦理法人登記及夫妻財產制契約登記。

第二條之一（職權裁定移送）

普通法院認其無受理非訟事件之權限者，應依職權裁定移送至有受理權限之管轄法院。

第三條（登記處應置之簿冊）

登記處，應置下列簿冊：

一　登記事件收件簿。

二　法人登記簿。

三　夫妻財產制契約登記簿。

四　法人簽名式或印鑑簿。

五　夫妻財產制契約登記簽名式或印鑑簿。

六　登記事件檔案簿及索引簿。

七　其他依法令應備置之簿冊。

第四條（登記簿冊使用前之處置）

前條第一款至第五款所定之簿冊,於未為記載前,應於封面加蓋院印,並記明頁數,其每頁騎縫處應加蓋騎縫章。

第五條 (登記簿冊之連續)

登記事件簿冊應連續使用,並於封面記明起用年月。

第六條 (編號、計數及報結)

非訟事件之編號、計數、報結,依民刑案件編號、計數、報結之規定為之。

第七條 (書狀格式)

非訟事件書狀之格式,依民事訴訟書狀之規定。

第八條 (筆錄)

非訟事件之筆錄,依民事訴訟法關於筆錄之規定。

第九條 (言詞聲請或陳述時之處理)

遇有以言詞為聲請或陳述時,應即時由法院書記官依非訟事件法第二十九條之規定製作筆錄,分案處理。

第十條 (事實及證據調查文書之保密)

法院依非訟事件法第三十二條第一項及第三十三條之規定為調查事實及證據時,如以文書為之者,得斟酌情形以密件處理。

第十一條 (允許旁聽之筆錄說明)

法院依非訟事件法第三十四條但書之規定,准許旁聽時,應記明筆錄。

第十一條之一 (和解之事項與和解筆錄)

非訟事件之和解,應就為程序標的且屬聲請人與相對人得以合意處分之事項為之。

和解筆錄應於和解成立之日起十日內,以正本送達於聲請人及相對人;必要時,並得送達於已知之利害關係人。

第十二條 (裁定之程式)

非訟事件裁定之程式,參照民事裁定之規定。

第十三條 (刪除)

第十四條 (裁定送達之期限)

非訟事件裁定正本之送達,自法院書記官收領裁定原本時起,至遲不得逾七日。

第十五條 (因裁定而權利受侵害人之釋明)

依非訟事件法第三十八條第二項聲請付與裁定書之權利受侵害人,應釋明其法律上之利害關係。

第十六條 (撤銷或變更裁定應附理由)

法官依非訟事件法第四十條之規定,就裁定為撤銷或變更者,應附理由。

第十七條 (抗告之處理)

原法院收受抗告狀或言詞抗告時,法院書記官應即送法官審閱,除應撤銷或變更原裁定或逕行駁回其抗告者外,應於抗告期間屆滿後七日內檢卷送抗告法院。

前項卷宗,如為原法院所需用者,得自備繕本或節本。

第十八條 (警告之方式)

非訟事件法第四十七條第二項所定警告,得以言詞為之,但須記明筆錄。

第十九條 (登記簿之保存)

法人登記簿及夫妻財產制契約登記簿,應永久保存。

第二十條 (登記簿冊及文件有滅失之虞之處理)

登記事件簿冊及附屬文件應妥慎保管,如發現有滅失之危險時,地方法院院長應速為必要之處置,並陳報高等法院。

第二十一條 (裁定原本一部或全部滅失時之處置)

非訟事件裁定原本一部或全部滅失時,承辦書記官應即將滅失之事由及年月日陳明地方法院院長,並請核定六個月以上之限期,徵求非訟事件裁定正本或繕本,依式作成新正本保存之。

前項新正本內,應記明原本滅失之事由及年月日、新正本作成之年月日,由法官簽名,蓋院印。

第二十二條 (登記簿冊滅失之補製)

登記事件簿冊滅失時,法院應補製之,並將滅失簿冊之種類、件數、滅失之事由及年月日陳報高等法院轉陳司法院備案。

第二十三條 (刪除)

第二十四條 (呈報清算人應附之文件)

依公司法之規定為清算人之聲報時,應附具向主管機關申請解散登記之證明文件、股東名冊、選舉清算人之股東會紀錄及資產負債表。

第二十四條之一 (准許拍賣裁定應附載文句)

第一審法院依非訟事件法第七十二條為准許拍賣之裁定時,其裁定正本應附載下列文句:「一、如不服本裁定,應於裁定送達後十日內,向本院提出抗告狀。二、關係人如就聲請所依據之法律關係有爭執者,得提起訴訟爭執之。」

第二十五條 (本票強制執行事件有關提供擔保之裁定)

依非訟事件法第一百九十五條第二項但書規定,執票人聲請許其提供相當擔保繼續強制執行或發票人聲請許其提供相當擔保停止強制執行事件,由同條第一項之受訴法院裁定之。

第二十六條 (本票強制執行裁定正本應載事項)

第一審法院依非訟事件法第一百九十四條及第一百九十五條為准許本票強制執行之裁定時,其裁定正本應附載下列文句:「一、如不服本裁定,應於裁定送達後十日之不變期間內,向本院提出抗告狀。二、發票人如主張本票係偽造、變造者,得於接到本裁定後二十日內,對執票人向本院另行提起確認債權不存在之訴。」

第二十七條 (程序從新原則)

本細則施行前,各法院已受理之非訟事件尚未終結者,依本細則辦理。但本法第一百九十七條第三款所定者,依實施前之規定。

第二十八條（法定期間之重行起算）

修正非訟事件法有新增法定期間者，其期間自修正非訟事件法施行之日重行起算。

第二十九條（施行日期）

本細則自發布日施行。

檢察官參與民事及非訟事件實施要點

民國七十三年八月三十一日法務部令發布
八十三年十月七日法務部令修正發布
八十五年七月二十九日法務部令修正發布全文

一　為貫徹及獎勵檢察官參與民事及非訟事件之立法意旨，特訂定本實施要點。

二　本實施要點所稱民事及非訟事件，包括民法、兒童福利法、少年福利法、兒童及少年性交易防制條例、非訟事件法規定之死亡宣告事件、禁治產事件、法人事件、選任遺產管理人事件、保存遺產事件、酌（選）定監護人及指定監護方法事件、宣告停止監護權事件及宣告終止收養關係事件。

三　檢察官參與民事及非訟事件，其屬於第一審法院之程序者（含提起上訴或抗告），應由有管轄權之地方法院檢察署檢察官辦理。其屬第二審法院之程序者（含提起第三審之上訴或再抗告），應由有管轄權之高等法院或其分院檢察署檢察官辦理。

四　無管轄權之地方法院檢察署檢察官發現有檢察官得參與之民事及非訟事件者，應於其管轄區域內為必要之調查，並檢送有關資料，報經共同之直接上級檢察機關核轉有管轄權之地方法院檢察署檢察官辦理。

五　地方法院檢察署檢察官發現得參與之民事及非訟事件係應由高等法院或其分院檢察署或最高法院檢察署檢察官辦理者，應檢送資料，並得加具意見報請辦理。

六　各級檢察機關應指定檢察官專責辦理參與民事及非訟事件，並應專設分案簿冊登載。其分案一律冠以「民參」字，屬上訴、抗告或再審程序者，則分別冠以「民參上」、「民參抗」、「民參再」字。

七　檢察官應本於公益依職權或聲請積極參與民事及非訟事件。

八　檢察官參與民事及非訟事件，得通知依法有提起訴訟或聲請權或可提供證據之人員到場說明，但不受其意見之拘束。

九　檢察官基於人民或機關之聲請參與民事及非訟事件時，應先了解其聲請之事由及動機，對於依法有提起訴訟或聲請權之人，並應了解其何以不自行向法院提起訴訟或聲請，並得通知聲請人到場說明。

十　檢察官參與民事及非訟事件時，應尊重被告或相對人之法定權益。

十一　檢察官認為無參與民事及非訟事件之法定事由者，應敘明理由簽報檢察長或檢察總長核准結案，並通知聲請人或聲請機關。其通知內容應斟酌前二點之規定。

十二　檢察官參與民事及非訟事件，依法向法院提出書類者，其書類應記載事項除依民事訴訟法或非訟事件法有關規定外，「當事人」欄應記載「○○檢察署檢察官」或「最高法院檢察署檢察官」，並於書類之末載明承辦檢察官姓名。

十三　檢察官參與民事及非訟事件，發現有犯罪嫌疑者，應自動檢舉偵辦。

十四　檢察官參與民事及非訟事件依法應為公示送達或公示催告者，得送登法務部公報。

十五　檢察官參與死亡宣告事件，應特別注意民法第八條及民事訴訟法第九編第四章之規定。

十六　檢察官聲請法院為死亡宣告前，應先向失蹤人之配偶或最近親屬徵詢意見。

十七　檢察官依職權或聲請發現有撤銷死亡宣告之事由者，應依法提起撤銷死亡宣告之訴。

十八　檢察官為撤銷死亡宣告之訴之當事人者，對於法院之判決如有不服，得依法提起上訴。

十九　法院依檢察官聲請為死亡之宣告者，由原聲請之檢察官通知戶籍主管機關登記。法院依檢察官之請求為撤銷死亡宣告者，由確定判決之同級法院檢察署檢察官通知戶籍主管機關登記。

二十　檢察官參與禁治產事件，應特別注意民法第十四條及民事訴訟法第九編第三章有關規定。

二一　檢察官依職權或聲請發現有得聲請禁治產宣告、提起撤銷禁治產宣告之訴、聲請撤銷禁治產或對駁回撤銷禁治產聲請之裁定得提起撤銷之訴之事由者，應依法起訴或為聲請。

二二　檢察官為禁治產事件之當事人，對法院之裁判如有不服，應注意是否得提起上訴或抗告。

二三　檢察官得參與法人事件之事項如左：

㈠於法人之目的或其行為有違反法律公共秩序或善良風俗時，得聲請法院宣告解散（民法第三十六條）。

㈡於法人解散後不能定清算人時，得聲請法院選任清算人（民法第三十八條）。

㈢於社團法人事務無從依章程所定進行時，得聲請法院解散之（民法第五十八條）。

㈣於以遺囑捐助設立財團法人而無遺囑執行人時，得聲請法院指定遺囑執行人（民法第六十條第三項）。

㈤於設立財團法人之捐助章程或遺囑所定組織不完全或重要管理方法不具備時，得聲請法院為必要處分（民法第六十二條）。

㈥為維持財團法人之目的或保存其財產，得聲請法院變更其組織（民法第六十三條）。

㈦於財團法人董事有違反捐助章程之行為時，得聲請法院宣告其行為為無效（民法第六十四條）。

㈧於法人董事全部不能行使職權，致法人有受損害之虞時，得聲請法院選任臨時管理人代行董事之職權（非訟事件法第六十五條第一項）。

二四　檢察官參與法人事件，除第二十三點第七款之事項應依民事訴訟法辦理外，餘均應依非訟事件法有關規定辦理。

二五　檢察官參與法人事件，必要時得採取下列措施：

㈠向法人登記或主管機關查詢有關事項或調取有關法人資料。

㈡函請有關機關檢查法人之帳冊、憑證及其他文件。

㈢於法人召開董事會議、社員大會或其他會議時到場。

㈣函請主管機關為必要之處分。

㈤其他合法適當之措施。

二六　檢察官參與法人非訟事件，對法院之裁定，如認不當時，得依法提起抗告。對抗告法院之裁定，如認有違背法令之情形時，得依法再抗告。

二七　檢察官依兒童福利法第二十八條第三項、少年福利法第九條第五項、第二十三條第一項、兒童及少年性交易防制條例第二十條第二項聲請法院酌（選）定監護人及指定監護方法、宣告停止監護權、宣告終止收養關係時，宜先徵詢兒童及少年福利主管機關之意見。

二八　一審檢察官主動參與第二十三點第一、三款之事件經法院裁定准許確定者，每件嘉獎二次，如係二審檢察官主動提起再抗告有理由經裁判確定者，每件嘉獎一次。

二九　一審檢察官主動參與下列事件經法院裁判准許確定者，每一件嘉獎一次，如係二審檢察官提起上訴或再抗告有理由經裁判確定者，每二件嘉獎一次：

㈠第二十三點第二、四、六、七、八款所列事件。

㈡依職權發現有得聲請禁治產之事由，經聲請法院為禁治產宣告，或聲請撤銷禁治產宣告，或提起撤銷禁治產宣告之訴，或對駁回撤銷禁治產聲請之裁定提起撤銷之訴。

㈢依民法第一千一百七十八條第二項聲請法院選任遺產管理人，或依同法第一千一百七十八條之一為保存遺產之聲請。

㈣依兒童福利法第二十八條第三項、少年福利法第九條第五項、第二十三條第一項、兒童及少年性交易防制條例第二十條第二項規定聲請法院酌（選）定監護人及指定監護方法、宣告停止監護權、宣告終止收養關係其中一項者。

三十　一審檢察官主動參與左列事件經法院裁判准許確定者，每二件嘉獎一次，如係二審檢察官提起上訴或再抗告有理由經裁判確定者，每三件嘉獎一次：

㈠財團法人之捐助章程或遺囑所定組織不完全或重要管理方法不具備，依民法第六十二條聲請法院為必要之處分。

㈡依民法第八條規定為失蹤人死亡宣告之聲請。

㈢依職權發現有撤銷死亡宣告之事由而提起撤銷死亡宣告之訴。

三一　檢察官主動參與民事及非訟事件，分案室應將法院裁定結果通知統計室按月作成統計表，其成績以每位檢察官按年度辦理之件數作為計算標準。

三二　檢察官參與民事及非訟事件依法應負擔之費用，應由檢察官簽會會計室經檢察長或檢察總長核准後由刑事案件偵查及執行處理計畫業務費其他科目項下支付。如數額過大，原有經費無法負擔時，再行編列專款預算或報請核撥預備金支應。

三三　各級檢察機關應將檢察官參與民事及非訟事件之情形按月編入統計月報表陳報法務部核備（格式如附表）（略），並將符合獎勵規定之人員層報法務部敘獎。

仲裁法

民國五十年一月二十日總統令公布
七十一年六月十一日總統令修正公布
七十五年十二月二十六日總統令修正公布
八十七年六月二十四日總統令修正公布全文及法規名稱（原名為「商務仲裁條例」）
九十一年七月十日總統令修正公布
九十八年十二月三十日總統令修正公布
一百零四年十二月二日總統令修正公布第四七條條文

第一章　仲裁協議

第一條（仲裁協議之訂立）有關現在或將來之爭議，當事人得訂立仲裁協議，約定由仲裁人一人或單數之數人成立仲裁庭仲裁之。

前項爭議，以依法得和解者為限。

仲裁協議，應以書面為之。

當事人間之文書、證券、信函、電傳、電報或其他類似方式之通訊，足認有仲裁合意者，視為仲裁協議成立。

第二條（約定應付仲裁之協議之效力）約定應付仲裁之協議，非關於一定之法律關係，及由該法律關係所生之爭議而為者，不生效力。

第三條（仲裁條款效力之認定）當事人間之契約訂有仲裁條款者，該條款之效力，應獨立認定；其契約縱不成立、無效或經撤銷、解除、終止，不影響仲裁條款之效力。

第四條（停止訴訟之聲請）仲裁協議，如一方不遵守，另行提起訴訟時，法院應依他方聲請裁定停止訴訟程序，並命原告於一定期間內提付仲裁。但被告已為本案之言詞辯論者，不在此限。

原告逾前項期間未提付仲裁者，法院應以裁定駁回其訴。

第一項之訴訟，經法院裁定停止訴訟程序後，如仲裁成立，視為於仲裁庭作成判斷時撤回起訴。

第二章　仲裁庭之組織

第五條（仲裁人）仲裁人應為自然人。

當事人於仲裁協議約定仲裁機構以外之法人或團體為仲裁人者，視為未約定仲裁人。

第六條（仲裁人之積極資格）具有法律或其他各業專門知識或經驗，信望素孚之公正人士，具備下列資格之一者，得為仲裁人：

一　曾任實任推事、法官或檢察官者。
二　曾執行律師、會計師、建築師、技師或其他與商務有關之專門職業人員業務五年以上者。
三　曾任國內、外仲裁機構仲裁事件之仲裁人者。
四　曾任教育部認可之國內、外大專院校助理教授以上職務五年以上者。
五　具有特殊領域之專門知識或技術，並在該特殊領域服務五年以上者。

第七條（仲裁人之消極資格）有下列各款情形之一者，不得為仲裁人：

一　犯貪污、瀆職之罪，經判刑確定。
二　犯前款以外之罪，經判處有期徒刑一年以上之刑確定。
三　經褫奪公權宣告尚未復權。
四　破產宣告尚未復權。
五　受監護或輔助宣告尚未撤銷。
六　未成年人。

第八條（仲裁人之訓練及講習）具有本法所定得為仲裁人資格者，除有下列情形之一者外，應經訓練並取得合格證書，始得向仲裁機構申請登記為仲裁人：

一　曾任實任推事、法官或檢察官者。
二　曾執行律師職務三年以上者。
三　曾在教育部認可之國內、外大專校院法律學系或法律研究所專任教授二年、副教授三年，講授主要法律科目三年以上者。
四　本法修正施行前已向仲裁機構登記為仲裁人，並曾實際參與爭議事件之仲裁者。

前項第三款所定任教年資之計算及主要法律科目之範圍，由法務部會商相關機關定之。

仲裁人未依第一項規定向仲裁機構申請登記者，亦適用本法訓練之規定。

仲裁人已向仲裁機構申請登記者，應參加仲裁機構每年定期舉辦之講習；未定期參加者，仲裁機構得註銷其登記。

仲裁人之訓練及講習辦法，由行政院會同司法院定之。

第九條（第三仲裁人之共推及通知）仲裁協議，未約定仲裁人及其選定方法者，應由雙方當事人各選一仲裁人，再由雙方選定之仲裁人共推第三仲裁人為主任仲裁人，並由仲裁庭以書面通知當事人。

仲裁人於選定後三十日內未共推主任仲裁人者，當事人得聲請法院為之選定。

仲裁協議約定由單一之仲裁人仲裁，而當事人之一方於收受他方選定仲裁人之書面要求後三十日內未能達成協議時，當事人一方得聲請法院為之選定。

前二項情形，於當事人約定仲裁事件由仲裁機構辦理者，由該仲裁機構選定仲裁人。

當事人之一方有二人以上，而對仲裁人之選定未達成協議者，依多數決定之；人數相等時，以抽籤定之。

第十條（仲裁人之選定及通知）

當事人之一方選定仲裁人後，應以書面通知他方及仲裁人；由仲裁機構選定仲裁人者，仲裁機構應以書面通知雙方當事人及仲裁人。

前項通知送達後，非經雙方當事人同意，不得撤回或變更。

第十一條（催告選定）

當事人之一方選定仲裁人後，得以書面催告他方於受催告之日起十四日內選定仲裁人。

應由仲裁機構選定仲裁人者，當事人得催告仲裁機構，於前項規定期間內選定之。

第十二條（聲請仲裁機構或法院選定）

受前條第一項之催告，已逾規定期間而不選定仲裁人者，催告人得聲請仲裁機構或法院為之選定。

受前條第二項之催告，已逾規定期間而不選定仲裁人者，催告人得聲請法院為之選定。

第十三條（仲裁人因死亡或其他原因出缺等之處置）

仲裁協議所約定之仲裁人，因死亡或其他原因出缺，或拒絕擔任仲裁人或延滯履行仲裁任務者，當事人得再行約定仲裁人；如未能達成協議者，當事人一方得聲請仲裁機構或法院為之選定。

當事人選定之仲裁人，如有前項事由之一者，他方得催告該當事人，自受催告之日起十四日內另行選定仲裁人。但已依第九條第一項規定共推之主任仲裁人不受影響。

受催告之當事人，已逾前項之規定期間，而不另行選定仲裁人者，催告人得聲請仲裁機構或法院為之選定。

仲裁機構或法院選定之仲裁人，有第一項情形者，仲裁機構或法院得各自依聲請或職權另行選定。

主任仲裁人有第一項事由之一者，法院得依聲請或職權另行選定。

第十四條（聲明不服之禁止及其例外）

對於仲裁機構或法院依本章選定之仲裁人，除依本法請求迴避者外，當事人不得聲明不服。

第十五條（獨立、公正、守密）

仲裁人應獨立、公正處理仲裁事件，並保守秘密。

仲裁人有下列各款情形之一者，應即告知當事人：

一 有民事訴訟法第三十二條所定法官應自行迴避之同一原因者。

二 仲裁人與當事人間現有或曾有僱傭或代理關係者。

三 仲裁人與當事人之代理人或重要證人間現有或曾有僱傭或代理關係者。

四 有其他情形足使當事人認其有不能獨立、公正執行職務之虞者。

第十六條（請求迴避）

仲裁人有下列各款情形之一者，當事人得請求其迴避：

一 不具備當事人所約定之資格者。

二 有前條第二項各款情形之一者。

當事人對其自行選定之仲裁人，除迴避之原因發生在選定後，或至選定後始知其原因者外，不得請求仲裁人迴避。

第十七條（請求迴避之決定）

當事人請求仲裁人迴避者，應於知悉迴避原因後十四日內，以書面敘明理由，向仲裁庭提出，仲裁庭應於十日內作成決定。但當事人另有約定者，不在此限。

前項請求，仲裁庭尚未成立者，其請求期間自仲裁庭成立後起算。

當事人對於仲裁庭之決定不服者，得於十四日內聲請法院裁定之。

當事人對於法院依前項規定所為之裁定，不得聲明不服。

雙方當事人請求獨任仲裁人迴避者，仲裁人應即迴避。

當事人請求獨任仲裁人迴避者，應向法院為之。

第三章 仲裁程序

第十八條（提付仲裁及通知）

當事人將爭議事件提付仲裁時，應以書面通知相對人。

爭議事件之仲裁程序，除當事人另有約定外，自相對人收受提付仲裁之通知時開始。

前項情形，相對人有多數而分別收受通知者，以收受之日在前者為準。

第十九條（仲裁程序未約定之處理）

當事人就仲裁程序未約定者，適用本法之規定；本法未規定者，仲裁庭得準用民事訴訟法或依其認為適當之程序進行。

第二十條（仲裁地之決定）

仲裁地，當事人未約定者，由仲裁庭決定。

第二十一條（仲裁處所及詢問期日之決定及判斷書之作成）

仲裁進行程序，當事人未約定者，仲裁庭應於接獲被選為仲裁人之通知日起十日內，決定仲裁處所及詢問期日，通知雙方當事人，並於六個月內作成判斷書；必要時得延長三個月。

前項十日期間，對將來爭議，應自接獲爭議發生之通知日起算。

仲裁庭逾第一項期間未作成判斷書者，除強制仲裁事件外，當事人得逕行起訴或聲請續行訴訟。其經當事人起訴或聲請續行訴訟者，仲裁程序視為終結。

前項逕行起訴之情形，不適用民法第一百三十三條之規定。

第二十二條（管轄權之異議）
當事人對仲裁庭管轄權之異議，由仲裁庭決定之。但當事人已就仲裁協議標的之爭議為陳述者，不得異議。

第二十三條（當事人之陳述及對其主張之調查）
仲裁庭應予當事人充分陳述機會，並就當事人所提主張為必要之調查。

第二十四條（代理人之委任）
當事人得以書面委任代理人到場陳述。

第二十五條（仲裁程序語文之約定）
涉外仲裁事件，當事人得約定仲裁程序所使用之語文。但仲裁庭或當事人之一方得要求就仲裁相關文件附具其他語文譯本。
當事人或仲裁人，如不諳國語，仲裁庭應用通譯。

第二十六條（證人或鑑定人之到場應詢）
仲裁庭得通知證人或鑑定人到場應詢。但不得令其具結。
證人無正當理由而不到場者，仲裁庭得聲請法院命其到場。

第二十七條（準用民訴之送達規定）
仲裁庭辦理仲裁事件，有關文書之送達，準用民事訴訟法有關送達之規定。

第二十八條（請求法院或其他機關之協助）
仲裁庭為進行仲裁，必要時得請求法院或其他機關協助。
受請求之法院，關於調查證據，有受訴法院之權。

第二十九條（異議之禁止）
當事人知悉或可得而知仲裁程序違反本法或仲裁協議，而仍進行仲裁程序者，不得異議。
異議，由仲裁庭決定之，當事人不得聲明不服。
異議，無停止仲裁程序之效力。

第三十條（當事人主張無理由之處置）
當事人下列主張，仲裁庭認其無理由時，仍得進行仲裁程序，並為仲裁判斷：
一　仲裁協議不成立。
二　仲裁程序不合法。
三　違反仲裁協議。
四　仲裁協議與應判斷之爭議無關。
五　仲裁人欠缺仲裁權限。
六　其他得提起撤銷仲裁判斷之訴之事由。

第三十一條（衡平原則之適用）
仲裁庭經當事人明示合意者，得適用衡平原則為判斷。

第三十二條（評議不公開）
仲裁判斷之評議，不得公開。
合議仲裁庭之判斷，以過半數意見定之。
關於數額之評議，仲裁人之意見各不達過半數時，以最多額之意見順次算入次多額之意見，至達過半數為止。
合議仲裁庭之意見不能過半數者，除當事人另有約定外，仲裁程序視為終結，並應將其事由通知當事人。
前項情形不適用民法第一百三十三條之規定。但當事人於收受通知後，未於一個月內起訴者，不在此限。

第三十三條（仲裁判斷書之作成及其應記載事項）
仲裁庭認仲裁達於可為判斷之程度者，應宣告詢問終結，依當事人聲明之事項，於十日內作成判斷書。
判斷書應記載下列各款事項：
一　當事人姓名、住所或居所。當事人為法人或其他團體或機關者，其名稱及公務所、事務所或營業所。
二　有法定代理人、仲裁代理人者，其姓名、住所或居所。
三　有通譯者，其姓名、國籍及住所或居所。
四　主文。
五　事實及理由。但當事人約定無庸記載者，不在此限。
六　年月日及仲裁判斷作成地。
判斷書之原本，應由參與評議之仲裁人簽名；仲裁人拒絕簽名或因故不能簽名者，由簽名之仲裁人附記其事由。

第三十四條（判斷書正本之送達及備查）
仲裁庭應以判斷書正本，送達於當事人。
前項判斷書，應另備正本，連同送達證書，送請仲裁地法院備查。

第三十五條（判斷書之更正）
判斷書如有誤寫、誤算或其他類此之顯然錯誤者，仲裁庭得隨時或依聲請更正之，並以書面通知當事人及法院。其正本與原本不符者，亦同。

第三十六條（應適用簡易程序之事件得聲請仲裁）
民事訴訟法所定應適用簡易程序事件，經當事人合意向仲裁機構聲請仲裁者，由仲裁機構指定獨任仲裁人依該仲裁機構所定之簡易仲裁程序仲裁之。
前項所定以外事件，經當事人合意者，亦得適用仲裁機構所定之簡易仲裁程序。

第四章　仲裁判斷之執行

第三十七條（仲裁判斷之效力）
仲裁人之判斷，於當事人間，與法院之確定判決，有同一效力。
仲裁判斷，須聲請法院為執行裁定後，方得為強制執行。但合於下列規定之一，並經當事人雙方以書面約定仲裁判斷無須法院裁定即得為強制執行者，得逕為強制執行：
一　以給付金錢或其他代替物或有價證券之一

定數量為標的者。

二　以給付特定之動產為標的者。

前項強制執行之規定，除當事人外，對於下列之人，就該仲裁判斷之法律關係，亦有效力：

一　仲裁程序開始後為當事人之繼受人及為當事人或其繼受人占有請求之標的物者。

二　為他人而為當事人者之該他人及仲裁程序開始後為該他人之繼受人，及為該他人或其繼受人占有請求之標的物者。

第三十八條（駁回執行裁定聲請之情形）

有下列各款情形之一者，法院應駁回其執行裁定之聲請：

一　仲裁判斷與仲裁協議標的之爭議無關，或逾越仲裁協議之範圍者。但除去該部分亦可成立者，其餘部分不在此限。

二　仲裁判斷書應附理由而未附者。但經仲裁庭補正後，不在此限。

三　仲裁判斷，係命當事人為法律上所不許之行為者。

第三十九條（仲裁協議之一方聲請假扣押或假處分如未提付仲裁之處置）

仲裁協議當事人之一方，依民事訴訟法有關保全程序之規定，聲請假扣押或假處分者，如其尚未提付仲裁，命假扣押或假處分之法院，應依相對人之聲請，命該保全程序之聲請人，於一定期間內提付仲裁。但當事人依法得提起訴訟時，法院亦得命其起訴。

保全程序聲請人不於前項期間內提付仲裁或起訴者，法院得依相對人之聲請，撤銷假扣押或假處分之裁定。

第五章　撤銷仲裁判斷之訴

第四十條（撤銷仲裁判斷之訴）

有下列各款情形之一者，當事人得對於他方提起撤銷仲裁判斷之訴：

一　有第三十八條各款情形之一者。

二　仲裁協議不成立、無效，或於仲裁庭詢問終結時尚未生效或已失效者。

三　仲裁庭於詢問終結前未使當事人陳述，或當事人於仲裁程序未經合法代理者。

四　仲裁庭之組成或仲裁程序，違反仲裁協議或法律規定者。

五　仲裁人違反第十五條第二項所定之告知義務而顯有偏頗或被聲請迴避而仍參與仲裁者。但迴避之聲請，經依本法駁回者，不在此限。

六　參與仲裁之仲裁人，關於仲裁違背職務，犯刑事上之罪者。

七　當事人或其代理人，關於仲裁犯刑事上之罪者。

八　為判斷基礎之證據、通譯內容係偽造、變造或有其他虛偽情事者。

九　為判斷基礎之民事、刑事及其他裁判或行政處分，依其後之確定裁判或行政處分已變更者。

前項第六款至第八款情形，以宣告有罪之判決已確定，或其刑事訴訟不能開始或續行非因證據不足者為限。

第一項第四款違反仲裁協議及第五款至第九款情形，以足以影響判斷之結果為限。

第四十一條（管轄法院）

撤銷仲裁判斷之訴，得由仲裁地之地方法院管轄。

提起撤銷仲裁判斷之訴，應於判斷書交付或送達之日起，三十日之不變期間內為之；如有前條第一項第六款至第九款所列之原因，並經釋明，非因當事人之過失，不能於規定期間內主張撤銷之理由者，自當事人知悉撤銷之原因時起算。但自仲裁判斷書作成日起，已逾五年者，不得提起。

第四十二條（擔保之提供）

當事人提起撤銷仲裁判斷之訴者，法院得依當事人之聲請，定相當並確實之擔保，裁定停止執行。

仲裁判斷，經法院撤銷者，如有執行裁定時，應依職權併撤銷其執行裁定。

第四十三條（仲裁判斷經撤銷確定者得提起訴訟）

仲裁判斷經法院判決撤銷確定者，除另有仲裁合意外，當事人得就該爭議事項提起訴訟。

第六章　和解與調解

第四十四條（和解）

仲裁事件，於仲裁判斷前，得為和解。和解成立者，由仲裁人作成和解書。

前項和解，與仲裁判斷有同一效力。但須聲請法院為執行裁定後，方得為強制執行。

第四十五條（進行調解）

未依本法訂立仲裁協議者，仲裁機構得依當事人之聲請，經他方同意後，由雙方選定仲裁人進行調解。調解成立者，由仲裁人作成調解書。

前項調解成立者，其調解與仲裁和解有同一效力。但須聲請法院為執行裁定後，方得為強制執行。

第四十六條（準用）

第三十八條、第四十條至第四十三條之規定，於仲裁和解、調解之情形準用之。

第七章　外國仲裁判斷

第四十七條（外國仲裁判斷及其得為執行名義）

在中華民國領域外作成之仲裁判斷或在中華民國領域內依外國法律作成之仲裁判斷，為外國仲裁判斷。

外國仲裁判斷，經聲請法院裁定承認後，於當事人間，與法院之確定判決有同一效力，並得為執行名義。

第四十八條（聲請承認外國仲裁判斷應附具之文件）

外國仲裁判斷之聲請承認，應向法院提出聲請狀，並附具下列文件：

一　仲裁判斷書之正本或經認證之繕本。

二　仲裁協議之原本或經認證之繕本。

三　仲裁判斷適用外國仲裁法規、外國仲裁機構仲裁規則或國際組織仲裁規則者，其全文。

前項文件以外文作成者，應提出中文譯本。

第一項第一款、第二款所稱之認證，指中華民國駐外使領館、代表處、辦事處或其他經政府授權之機構所為之認證。

第一項之聲請狀，應按應受送達之他方人數，提出繕本，由法院送達之。

第四十九條（裁定駁回）

當事人聲請法院承認之外國仲裁判斷，有下列各款情形之一者，法院應以裁定駁回其聲請：

一　仲裁判斷之承認或執行，有背於中華民國公共秩序或善良風俗者。

二　仲裁判斷依中華民國法律，其爭議事項不能以仲裁解決者。

外國仲裁判斷，其判斷地國或判斷所適用之仲裁法規所屬國對於中華民國之仲裁判斷不予承認者，法院得以裁定駁回其聲請。

第五十條（他方當事人聲請駁回外國仲裁判斷）

當事人聲請法院承認之外國仲裁判斷，有下列各款情形之一者，他方當事人得於收受通知後二十日內聲請法院駁回其聲請：

一　仲裁協議，因當事人依所應適用之法律係欠缺行為能力而不生效力者。

二　仲裁協議，依當事人所約定之法律為無效；未約定時，依判斷地法為無效者。

三　當事人之一方，就仲裁人之選定或仲裁程序應通知之事項未受適當通知，或有其他情事足認仲裁欠缺正當程序者。

四　仲裁判斷與仲裁協議標的之爭議無關，或逾越仲裁協議之範圍者。但除去該部分亦可成立者，其餘部分不在此限。

五　仲裁庭之組織或仲裁程序違反當事人之約定；當事人無約定時，違反仲裁地法者。

六　仲裁判斷，對於當事人尚無拘束力或經管轄機關撤銷或停止其效力者。

第五十一條（外國仲裁判斷撤銷或停止效力之聲請）

外國仲裁判斷，於法院裁定承認或強制執行終結前，當事人已請求撤銷仲裁判斷或停止其效力者，法院得依聲請，命供相當並確實之擔保，裁定停止其承認或執行之程序。

前項外國仲裁判斷經依法撤銷確定者，法院應駁回其承認之聲請或依聲請撤銷其承認。

第八章　附　則

第五十二條（他法之適用）

法院關於仲裁事件之程序，除本法另有規定外，適用非訟事件法，非訟事件法未規定者，準用民事訴訟法。

第五十三條（準用）

依其他法律規定應提付仲裁者，除該法律有特別規定外，準用本法之規定。

第五十四條（仲裁機構之設立）

仲裁機構，得由各級職業團體、社會團體設立或聯合設立，負責仲裁人登記、註銷登記及辦理仲裁事件。

仲裁機構之組織、設立許可、撤銷或廢止許可、仲裁人登記、註銷登記、仲裁費用、調解程序及費用等事項之規則，由行政院會同司法院定之。

第五十五條（仲裁機構之補助）

為推展仲裁業務、疏減訟源，政府對於仲裁機構得予補助。

第五十六條（施行日期）

本法除中華民國八十七年六月二十四日修正公布之條文自公布後六個月施行，及九十八年十二月十五日修正公布之條文自九十八年十一月二十三日施行外，自公布日施行。

鄉鎮市調解條例

民國四十四年一月二十二日總統令公布
四十五年一月九日總統令修正公布
五十三年六月六日總統令修正公布
七十一年十二月二十九日總統令修正公布
八十三年十一月九日總統令修正公布
八十四年六月二十九日總統令修正公布
八十五年一月十七日總統令修正公布
九十一年四月二十四日總統令修正公布
九十四年五月十八日總統令修正公布
九十六年七月四日總統令修正公布
九十八年十二月三十日總統令修正公布
一百一十二年一月十三日總統令修正公布第三、六、九、三二條條文

第一條（調解委員會之設置及任務）
鄉、鎮、市公所應設調解委員會，辦理下列調解事件：
一　民事事件。
二　告訴乃論之刑事事件。

第二條（委員會之組成）
調解委員會由委員七人至十五人組織之，並互選一人為主席。
鄉、鎮、市行政區域遼闊、人口眾多或事務較繁者，其委員名額得由縣政府酌增之。但最多不得超過二十五人。

第三條（調解委員會委員）
調解委員會委員（以下簡稱調解委員），由鄉、鎮、市長遴選鄉、鎮、市內具有法律或其他專業知識及信望素孚之公正人士，提出加倍人數後，並將其姓名、學歷及經歷等資料，分別函請管轄地方法院或其分院及地方檢察署或其檢察分署共同審查，遴選符合資格之規定名額，報縣政府備查後聘任之，任期四年。連任續聘時亦同。
調解委員出缺時，得補聘其缺額。但出缺人數達總人數三分之一以上，而所餘任期在一年以上者，應予補聘。
前項補聘之任期，均至原任期屆滿時為止。
調解委員中婦女名額不得少於四分之一。

第四條（不得為調解委員之情形）
有下列情形之一者，不得為調解委員：
一　曾犯貪污罪，經判刑確定。
二　曾犯組織犯罪防制條例之罪，經提起公訴。
三　曾犯前二款以外之罪，受有期徒刑以上刑之裁判確定。但過失犯罪或受緩刑宣告或易科罰金者，不在此限。
四　曾受保安處分或感訓處分之裁判確定。
五　受破產宣告尚未復權。
六　受監護或輔助宣告尚未撤銷。

第五條（鄉鎮市長及民意代表不兼任原則）
鄉、鎮、市長及民意代表均不得兼任調解委員。

第六條（調解委員資料之備查）
鄉、鎮、市公所應於聘任調解委員並選定主席後十四日內，檢附第二條及第三條有關資料，分別函送縣政府、地方法院或其分院、地方檢察署或其檢察分署備查，並函知當地警察機關。

第七條（出席人數）
調解委員會調解時，應有調解委員三人以上出席。但經兩造當事人之同意，得由調解委員一人逕行調解。

第八條（臨時主席）
調解委員會開會時，主席因故不能出席者，由調解委員互推一人為臨時主席。

第九條（調解委員得解聘之情形）
調解委員有第四條情形之一，或經通知而不出席調解全年達總次數三分之一以上者，應予解聘。
前項解聘應送縣政府、地方法院或其分院、地方檢察署或其檢察分署備查，並函知當地警察機關。

第十條（調解聲請程序）
聲請調解，由當事人向調解委員會以書面或言詞為之。言詞聲請者，應製作筆錄；書面聲請者，應按他造人數提出繕本。
前項聲請，應表明調解事由及爭議情形。
第一條所定得調解事件已在第一審法院辯論終結者，不得聲請調解。

第十一條（進行調解之要件）
聲請調解，民事事件應得當事人之同意；告訴乃論之刑事事件應得被害人之同意，始得進行調解。

第十二條（裁定移付調解之事件）
第一審法院得將下列事件，裁定移付調解委員會調解：
一　民事訴訟法第四百零三條第一項規定之事件。
二　適宜調解之刑事附帶民事訴訟事件。
三　其他適宜調解之民事事件。
前項調解期間，訴訟程序停止進行。但調解委員會於受理移付後二個月內不成立調解者，調解委員會應將該事件函送法院，續行訴訟程序。
第一項裁定不得抗告。

第十三條（調解事件之管轄）
聲請調解事件之管轄如下：
一　兩造均在同一鄉、鎮、市居住者，由該鄉、鎮、市調解委員會調解。
二　兩造不在同一鄉、鎮、市居住者，民事事件由他造住、居所、營業所、事務所所在地，刑事事件由他造住、居所所在地或犯罪地之鄉、鎮、市調解委員會調解。
三　經兩造同意，並經接受聲請之鄉、鎮、市調解委員會同意者，得由該鄉、鎮、市調解委員會調解，

不受前二款之限制。

第十四條（移付調解事件之管轄）

法院移付之調解事件，由被告住居所、營業所、事務所所在地之調解委員會調解。但經兩造同意由其他調解委員會調解，並經該調解委員會同意者，不在此限。

第十五條（調解期日）

調解委員會接受當事人之聲請或法院之移付後，應即決定調解期日，通知當事人或其代理人到場。

前項由當事人聲請者，調解委員會並應將聲請書狀或言詞聲請筆錄繕本一併送達他造；法院移付者，法院應將兩造當事人於訴訟進行中之書狀影本移送調解委員會。

第一項調解期日，應自受理聲請或移付之日起，不得逾十五日。但當事人聲請延期者，得延長十日。

第十六條（委員之迴避）

調解委員對於調解事項涉及本身或其同居家屬時，經當事人聲請，應行迴避。

第十七條（調解人員之推舉）

當事人兩造各得推舉一人至三人列席協同調解。

第十八條（參加調解）

就調解事件有利害關係之第三人，經調解委員會之許可，得參加調解程序；調解委員會並得逕行通知其參加。

前項有利害關係之第三人，經雙方當事人及其本人之同意，得加入為當事人。

第十九條（調解之不公開及保密義務）

調解，由調解委員於當地鄉、鎮、市公所或其他適當之處所行之。

調解程序，不公開之。但當事人另有約定者，不在此限。

調解委員、列席協同調解人及經辦調解事務之人，對於調解事件，除已公開之事項外，應保守秘密。

第二十條（調解期日不到場）

當事人無正當理由，於調解期日不到場者，視為調解不成立。但調解委員會認為有成立調解之望者，得另定調解期日。

第二十一條（發見真實）

調解應審究事實真相及兩造爭議之所在；並得為必要之調查。

調解委員會依本條例處理調解事件，得商請有關機關協助。

第二十二條（調解態度）

調解委員應本和平、懇切之態度，對當事人兩造為適當之勸導，並徵詢列席協同調解人之意見，就調解事件，酌擬公正合理辦法，力謀雙方之協和。

調解事件，對於當事人不得為任何處罰。

第二十三條（不收費原則）

調解，除勘驗費應由當事人核實開支外，不得徵收任何費用，或以任何名義收受報酬。

第二十四條（違法調解）

調解委員或列席協同調解之人，有以強暴、脅迫或詐術進行調解，阻止起訴、告訴或自訴，或其他涉嫌犯罪之行為，當事人得依法訴究。

第二十五條（調解書之製作）

調解成立時，調解委員會應作成調解書，記載下列事項，並由當事人及出席調解委員簽名、蓋章或按指印：

一　當事人或其法定代理人之姓名、性別、年齡、職業、住居所。如有參加調解之利害關係人時，其姓名、性別、年齡、職業、住居所。

二　出席調解委員姓名及列席協同調解人之姓名、職業、住居所。

三　調解事由。

四　調解成立之內容。

五　調解成立之場所。

六　調解成立之年、月、日。

前項調解書，調解委員會應於調解成立之日起三日內，報知鄉、鎮、市公所。

第二十六條（調解書之審核）

鄉、鎮、市公所應於調解成立之日起十日內，將調解書及卷證送請移付或管轄之法院審核。

前項調解書，法院應儘速審核，認其應予核定者，應由法官簽名並蓋法院印信，除抽存一份外，併調解事件卷證發還鄉、鎮、市公所送達當事人。

法院移付調解者，鄉、鎮、市公所應將送達證書影本函送移付之法院。

法院因調解內容牴觸法令、違背公共秩序或善良風俗，或不能強制執行而未予核定者，應將其理由通知鄉、鎮、市公所。法院移付調解者，並應續行訴訟程序。

調解文書之送達，準用民事訴訟法關於送達之規定。

第二十七條（法院核定之效力㈠）

調解經法院核定後，當事人就該事件不得再行起訴、告訴或自訴。

經法院核定之民事調解，與民事確定判決有同一之效力；經法院核定之刑事調解，以給付金錢或其他代替物或有價證券之一定數量為標的者，其調解書得為執行名義。

第二十八條（法院核定之效力㈡）

民事事件已繫屬於法院，在判決確定前，調解成立，並經法院核定者，訴訟終結。原告得於送達法院核定調解書之日起三個月內，向法院聲請退還已繳裁判費三分之二。

告訴乃論之刑事事件於偵查中或第一審法院辯論終結前，調解成立，並於調解書上記載當事人同意撤回意旨，經法院核定者，視為於調解成立時撤回告訴或自訴。

第二十九條（法院核定之效力㈢）

因當事人聲請而成立之民事調解，經法院核定後有無效或得撤銷之原因者，當事人得向原核定法院提起宣告調解無效或撤銷調解之訴。

法院移付而成立之民事調解，經核定後，有無效或得撤銷之原因者，當事人得請求續行訴訟程序。

前二項規定，當事人應於法院核定之調解書送達後三十日內為之。

民事訴訟法第五百零二條及強制執行法第十八條第二項規定，於第一項、第二項情形準用之。

第三十條（調解不成立之證明書）

調解不成立者，當事人得聲請調解委員會給與調解不成立之證明書。

前項證明書，應於聲請後七日內發給之。

法院移付調解之事件，經調解不成立者，調解委員會應即陳報移付之法院，並檢還該事件之全部卷證。

第三十一條（視為告訴）

告訴乃論之刑事事件由有告訴權之人聲請調解者，經調解不成立時，鄉、鎮、市公所依其向調解委員會提出之聲請，將調解事件移請該管檢察官偵查，並視為於聲請調解時已經告訴。

第三十二條（調解業務概況之備查）

鄉、鎮、市公所應於每年一月及七月，將前半年辦理調解業務之概況，分別函送縣政府、地方法院或其分院、地方檢察署或其檢察分署備查。

第三十三條（秘書幹事之設置）

鄉、鎮、市調解委員會置秘書一人，由鄉、鎮、市長指派鄉、鎮、市公所內大學、獨立學院法律學系或其相關學系畢業或經公務人員法律相關類科考試及格之人員擔任；業務繁重之鄉、鎮、市得置幹事若干人，由鄉、鎮、市長指派鄉、鎮、市公所內適當人員擔任；其設置基準由內政部定之。

第三十四條（經費之編入）

調解委員會之經費，應由鄉、鎮、市公所就實際需要，編入鄉、鎮、市自治預算。但法院裁定移付調解事件之經費，由法院負擔。

為加強調解業務之推展，內政部、法務部及縣政府得按各鄉、鎮、市調解委員會之績效，編列預算予以獎勵。

第三十五條（本條例之準用）

區調解委員會委員之聘任、連任或解聘，應由區長報請市政府同意後為之。

本條例除前項規定外，於直轄市、市之區調解委員會準用之。

第三十六條（移付調解辦法之訂定）

法院移付調解之辦法，由司法院定之。

第三十七條（施行日期）

本條例自公布日施行。

本條例中華民國九十八年十二月十五日修正之條文，自九十八年十一月二十三日施行。

法院適用鄉鎮市調解條例應行注意事項

民國七十二年八月十八日司法院函發布
八十四年十二月二十日司法院函修正發布
八十六年二月十四日司法院函修正發布
九十三年二月二十六日司法院函修正發布
九十七年八月十五日司法院函修正發布第二、三、七、八點

一 法院接獲轄區內鄉、鎮、市、區公所函知調解委員會委員聘任或解聘有關資料後，如發現其聘任或解聘與相關規定不符時，得函知同院檢察署處理。

二 鄉鎮市調解條例第十條第三項規定民事事件、告訴乃論之刑事案件已在第一審法院辯論終結者，不得聲請鄉、鎮、市、區調解委員會調解。故法院審理民事事件或告訴乃論之刑事案件，於辯論終結前，應注意當事人有無聲請調解。如已聲請調解者，民事事件應曉諭當事人合意停止訴訟；刑事案件倘認調解當事人有成立調解之望者，於指定審判期日時，宜視調解進行之情形，妥為配合。

三 法院審核調解書時，應注意下列事項：

(一)形式方面

1. 函送審核機關是否為轄區內鄉、鎮、市、區公所。
2. 依法是否應由鄉、鎮、市、區調解委員會以外其他調解機關調解之事件。
3. 依法是否應由法院裁判之事件。
4. 調解事項為刑事者，是否屬於告訴乃論案件。
5. 調解是否本於當事人之聲請，其當事人能力或訴訟能力有無欠缺；屬於民事者，是否已得當事人同意；屬於刑事者，是否已得被害人同意。
6. 由代理人進行調解者，其代理權有無欠缺。

7. 出席調解會議之調解委員是否達到法定人數，調解委員是否經函知有案且未經解聘者。
8. 調解事項如已有訴訟繫屬於法院者民事事件所成立調解是否在判決確定前。
9. 調解書之製作，是否合於鄉鎮市調解條例第七條但書、第二十五條規定之程式。
10. 其他法律規定事項。

(二)實質方面
1. 調解內容有無違反公序良俗或法律上強制、禁止規定。
2. 調解內容是否關於公法上權利之爭議。
3. 調解內容之法律關係是否不許當事人任意處分。
4. 調解內容是否合法、具體、可能、確定。
5. 調解內容對於當事人是否加以處罰。

四 調解書經審核認與法令無牴觸，准予核定者，應由法官簽名並蓋法院印信。法院除抽存並副知轄區檢察署各一份外，其餘發還鄉、鎮、市區公所。

五 法院發現調解書內容或程式之欠缺可以補正者，應限期通知鄉、鎮、市區公所補正，不得遽予退回。如認調解書不應核定或逾期不補正者，應敘明其理由連同調解書通知鄉、鎮、市區公所，不得命其撤回審核之聲請，或逕予駁回。

六 法院將經核定之調解書發還鄉、鎮、市區公所前，應注意有無遺漏法官簽名及蓋用法院印信；鄉、鎮、市區公所將調解卷宗併送法院者，並應注意將該卷宗發還。

七 已繫屬於法院之民事事件，在判決確定前，如調解成立並經法院核定，依鄉鎮市調解條例第二十八條第一項規定，訴訟終結，書記官應即報結並通知當事人及訴訟代理人。告訴乃論之刑事案件方面，如於偵查中或第一審法院辯論終結前，調解成立，並於調解書上記載當事人同意撤回意旨，經法院核定，依同條例第二十八條第二項規定，視為於調解成立時撤回告訴或自訴。屬於公訴案件者，依刑事訴訟法第三百零三條第三款規定，應諭知不受理之判決；自訴案件部分，書記官應即報結，並速將視為撤回自訴之事由通知自訴人及代理人與被告。

八 當事人向原核定民事調解之法院提起宣告調解無效或撤銷調解之訴者，法院應注意其起訴是否遵守鄉鎮市調解條例第二十九條第三項所定三十日之不變期間。

九 法院得視業務需要，於人力、物力許可範圍內，彙印調解書不予核定之理由，分送轄區內鄉、鎮、市區內調解委員會參考，以助調解工作績效及調解書品質之提昇。

提存法

民國二十六年一月七日國民政府公布
六十二年九月三日總統令修正公布
六十九年七月四日總統令修正公布
九十六年十二月十二日總統令修正公布全文

第一條（提存所）
地方法院及其分院設提存所，辦理提存事務。
提存所之設置，其他法律另有規定者，從其規定。
＊（提存事務）提存二、三。

第二條（提存所主任）
提存所置主任一人，辦理提存事務。
提存事務，得由法官、司法事務官或具有提存所主任任用資格之職員兼辦之。

第三條（佐理員）
提存所置佐理員若干人，輔助主任辦理提存事務，應就具有法院書記官任用資格者遴任之。但在事務較簡之法院，得指定書記官兼辦之。
＊（書記官任用資格）法組二二、三八、五二、六九。

第四條（管轄(一)）
清償提存事件，由民法第三百十四條所定清償地之法院提存所辦理之。
債權人在中華民國現無住所或住所不明時，以其在中華民國之居所，視為住所；無居所或居所不明者，以其在中華民國最後之住所，視為住所。
債權人在中華民國無最後住所，或不能確知孰為債權人，致難依前項定其清償地者，由債務人住所地法院提存所辦理之。
數人有同一債權，其給付不可分，或為公同共有債權，而債權人住所不在一法院管轄區域者，由其中一住所地法院提存所辦理之。

強制執行法關於強制執行所得金額破產法關於破產債權分配金額或消費者債務清理條例關於清算事件分配金額之提存由受理強制執行破產事件或辦理清算事件之法院提存所辦理之。
政府機關依據法律所發給之補償費或其他公法上金錢給付其提存由該機關所在地之法院提存所辦理之。

*（清償提存）民三二六；（住所）民二〇～二三；（強制執行法關於債權分配金額之提存）強執四一；（破產法關於破產債權分配金額之提存）破產一四〇、一四一、一四四；（受理強制執行之法院）強執七；（受理破產事件之法院）破產二；（徵收土地之補償費或遷移費之提存）土地二三七、二四四；（照價收買土地之地價或補償費之提存）平均地權二八③。

第五條（管轄㈡）

擔保提存事件由本案訴訟已繫屬或應繫屬之第一審法院或執行法院提存所辦理之。

*（擔保提存）民訴九六～一〇六、三九〇、三九二、五二六、五二七、五三〇、五三三、五三六。

第六條（提存物）

提存物以金錢有價證券或其他動產為限。
提存物不適於提存或有毀損滅失之虞或提存需費過鉅者提存所得不准許其提存。

*（依法令提存之金錢、有價證券或其他物品）民三二六。

第七條（保管處所）

提存之金錢有價證券應交由法院或其分院所在地代理國庫之銀行保管之。
前項有價證券以登記形式或帳簿劃撥方式保管登錄者其提存程序由司法院定之。
第一項以外之提存物法院得指定商會銀行倉庫或其他適當之處所保管之。

▲釋八三。

第八條（提存之聲請）

聲請提存應作成提存書一式二份連同提存物一併提交提存物保管機構如係清償提存應附具提存通知書。
前項保管機構為法院依第七條第三項規定指定者提存人於提存時應先行聲請該管法院指定之。

*（提存書）提存九；（清償提存之提存通知書）民三二七㊁。

▲釋三三五。

第九條（提存書應載事項）

提存書應記載下列事項：

一 提存人為自然人者其姓名住所或居所及國民身分證號碼無國民身分證號碼者應記載其他足資辨別身分之證件號碼或特徵提存人為法人其他團體或機關者其名稱及公務所事務所或營業所並統一編號無統一編號者宜記載其他足資辨別之事項。
二 有代理人者其姓名住所或居所。
三 提存物為金錢者其金額為有價證券者其種類標記號數張數面額為其他動產者其物品之名稱種類品質及數量。
四 提存之原因事實。
五 清償提存者應記載提存物受取權人之姓名名稱及住居所或公務所事務所營業所或不能確知受取權人之事由其受取提存物如應為對待給付或附有一定要件者並應記載其對待給付之標的或所附之要件。
六 擔保提存者應記載命供擔保法院之名稱及案號。
七 提存所之名稱。
八 聲請提存之日期。

提存書宜記載代理人受取權人之國民身分證號碼統一編號電話號碼或其他足資辨別之特徵。
擔保提存應附具法院裁判書正本或影本。
提存書類之格式及其記載方法由司法院定之。

*（清償提存）民三二六；（擔保提存）民訴九六～一〇六、三九〇、三九二、五二六、五二七、五三〇、五三三、五三六。

第十條（保管機構之處置）

提存物保管機構收到提存書並收清提存物後應作成收據聯單連同提存書送交該管法院提存所。
前項聯單之通知聯及提存書提存物保管機構得交提存人逕行持送該管法院提存所。
提存所接到提存書後認為應予提存者應於提存書載明准予提存之旨一份留存一份交還提存人如係清償提存並應將提存通知書送達受取權人認為程式不合規定或不應提存者應限期命提存人取回但其情形可以補正者應定期間先命補正其逾十年不取回者提存物歸屬國庫提存所於准許提存後發現有程式不合規定或不應提存者亦同。
提存人依前項規定取回提存物時應證明未依提存之效果行使權利或雖行使權利而已回復原狀但有第十七條第一項第二款或第三款規定之情形不在此限。

*（清償提存）民三二六。

▲釋三三五。

第十一條（期間之起算日）

前條第三項所定十年期間自提存所命取回處分書送達發生效力之翌日起算。
民法第三百三十條所定十年期間自提存通知書送達發生效力之翌日起算。

▲釋八三。

第十二條（提存金之利息）

提存金應給付利息以實收之利息照付。
已解繳國庫之提存金經依法定程序應返還者國庫亦應依前項利息所由計算之利率支付利息其期間以五年為限。

第十三條（有價證券之受取）

提存物為有價證券者，其償還金、替代證券、孳息，提存所得因利害關係人之聲請通知保管機構代為受取，以代替提存物或連同保管之。

前項代為受取程序由司法院定之。

第十四條（保管費用）

提存物除為金錢外，提存物保管機構得請求交付保管費用。

前項費用，不得超過通常因保管所應收取之額數，由提存人預付之。

提存物歸屬國庫者，自歸屬國庫時起，其保管費用由國庫負擔。

第十五條（提存物之拍賣）

前條提存物為物品者，於提存後有毀損、滅失或滅少價值之情形時，提存物保管機構得報經該管法院提存所許可拍賣提存物；其有市價者，照市價出賣，扣除拍賣、出賣及其他費用後，將其餘額交由當地代理國庫之銀行保管。清償提存之提存物，自提存之翌日起經六個月後未經受取權人領取者，亦同。

提存物保管機構依前項規定為拍賣或出賣時，應通知提存人及受取權人。但不能通知者，拍賣或出賣不因而停止。

提存物依法應歸屬國庫時，其價值已滅失者，以廢棄物處分之。

▲釋三九。

第十六條（保管費用以處分執行）

保管費用之確定由保管機構聲請提存所以處分行之。

前項處分得為執行名義。

第十七條（提存物之返還）

清償提存之提存人於提存後有下列情形之一者，得聲請該管法院提存所返還提存物：

一　提存出於錯誤。
二　提存之原因已消滅。
三　受取權人同意返還。

前項聲請，應自提存之翌日起十年內為之；逾期其提存物歸屬國庫。

第十八條（聲請提存物返還之情形）

擔保提存之提存人於提存後有下列情形之一者，得聲請該管法院提存所返還提存物：

一　假執行之本案判決已全部勝訴確定。
二　因免為假執行而預供擔保或將請求標的物提存，其假執行之宣告全部失其效力。
三　假扣押、假處分、假執行經裁判後未聲請執行，或於執行程序實施前撤回執行之聲請。
四　因免為假扣押、假處分、假執行預供擔保，而有前款情形。
五　假扣押、假處分所保全之請求，其本案訴訟已獲全部勝訴判決確定；其請求取得與確定判決有同一效力者，亦同。
六　假執行、假扣押或假處分所保全之請求，其本案訴訟經和解或調解成立，受擔保利益人負部分給付義務而對提存物之權利聲明不予保留。
七　依法令提供擔保停止強制執行，其本案訴訟已獲全部勝訴判決確定。
八　受擔保利益人於法官或提存所主任前表明同意返還，經記明筆錄。
九　提存出於錯誤或依其他法律之規定，經法院裁定返還確定。

前項聲請，應於供擔保原因消滅之翌日起十年內為之；逾期其提存物歸屬國庫。

*（擔保提存）民訴九六～一〇六、三九〇、三九二、五二六、五二七、五三〇、五三三、五三六；（假扣押假處分所保全之請求）民訴五二二、五三二；（和解）民訴三七七、三八〇；（調解）民訴四〇三、四〇四、四一六㈠。

第十九條（提存物之取回或領取）

第十條第三項、第十七條第二項、第十八條第二項及民法第三百三十條所定期間屆滿時，提存物經扣押或有強制執行法第四十一條第三項、第一百三十三條、第一百三十四條及其他依法律規定不能取回或領取提存物之情形，或因爭執孰為受取權人之訴訟已繫屬者，除別有規定外，得自撤銷其扣押、本案訴訟裁判確定或事件終結之翌日起六個月內聲請取回或領取提存物。

第二十條（提存物之權利歸屬）

提存物不能依第十條第三項、第十七條第二項、第十八條第二項或其他法律規定歸屬國庫者，自提存之翌日起二十五年內未經取回或領取時，亦歸屬國庫。

前項情形，提存人或受取權人因不可歸責於自己之事由致未取回或領取提存物者，得於歸屬國庫之翌日起二年內聲請該管法院裁定准予返還提存物。不能返還者，得請求償還相當於提存物歸屬國庫時之價額。

第二十一條（清償提存之受取提存物）

清償提存之提存物受取權人如應為對待給付時，非有提存人之受領證書、裁判書、公證書或其他文件，證明其已經給付或免除其給付或已提出相當擔保者，不得受取提存物。受取權人領取提存物應具備其他要件時，非證明其要件已具備者，亦同。

*（清償提存）民三二六；（對待給付）民二六四。

第二十二條（無益之清償提存）

非依債務本旨或向無受領權人所為之清償提存，其債之關係不消滅。

*（非依債務本旨之清償）民二三五。

第二十三條（民法關於質權留置權提存事件之準用規定）

民法關於質權、留置權之提存事件，準用清償提存之

規定

前項提存事件，關於第十七條第二項及民法第三百三十條所定期間自所擔保債權清償期屆至時起算。

第二十四條（對於提存所處分之異議）

關係人對於提存所之處分，得於處分通知書送達關係人翌日起十日之不變期間內提出異議。

提存所認前項異議有理由時，應於十日內變更原處分，並將通知書送達關係人；認異議無理由時，應於十日內添具意見書送請法院裁定之。

第二十五條（裁定）

法院認異議為有理由時，應以裁定命提存所為適當之處分；認異議為無理由時，應駁回之。

前項裁定應自收受異議之日起十日內為之，並應附具理由送達提存所及關係人。

對於法院之裁定得為抗告。但不得再抗告。

第二十六條（抗告）

抗告除本法有規定外，準用民事訴訟法第四編抗告程序之規定。

＊（民訴有關抗告之規定）民訴四八二～四九五。

第二十七條（送達）

依本法所為之送達，準用民事訴訟法關於送達之規定。不能確知孰為債權人者亦同。

＊（民訴送達規定）民訴一二三～一五三。

第二十八條（提存費）

清償提存費，其提存金額或價額在新臺幣一萬元以下者，徵收一百元；逾一萬元至十萬元者，徵收五百元；逾十萬元者，徵收一千元。但執行法院依強制執行法、管理人依破產法或消費者債務清理條例規定辦理提存者，免徵提存費。

前項提存費及依民法第三百三十三條規定拍賣、出賣之費用，提存人得於提存金額中扣除之。但應於提存書記載其數額，並附具計算書。

擔保提存費每件徵收新臺幣五百元。

第二十九條（施行細則之訂定）

本法施行細則，由司法院定之。

第三十條（提存物歸屬國庫之期間）

本法修正施行前已提存之事件，提存物歸屬國庫之期間依下列規定：

一　自提存之翌日起至本法修正施行之日止未逾十年之清償提存事件，適用第十一條第二項之規定。

二　供擔保原因消滅後至本法修正施行之日止未逾五年之擔保提存事件，適用第十八條第二項之規定；已逾五年但尚未解繳國庫之擔保提存事件，自本法修正施行之翌日起二年內，仍得依第十八條第一項之規定聲請取回。

三　第十九條之規定，於本法修正施行前之提存事件，亦適用之。

四　自提存之翌日起已逾二十五年之提存物未歸屬國庫之提存事件，本法修正施行之翌日起，得於二年內聲請領取或取回。未逾二十五年者，依第二十條第一項之規定。但其殘餘期限未滿二年者，延長為二年。

本法修正施行前提存已逾十年應歸屬國庫之清償提存事件，如其提存通知書在民法第三百三十條所定期間內未經合法送達或公告，提存所在本法修正施行前已補行送達或已解繳國庫者，受取權人得於本法修正施行之翌日起二年內聲請領取。但以卷宗尚未依法銷毀者為限；提存所在本法修正施行前未送達且尚未解繳國庫者，應補行送達，受取權人得於送達生效之翌日起二年內聲請領取。

第三十一條（提存物歸屬國庫之保管費用）

本法修正施行前應歸屬國庫之提存物，其保管費用經向受取權人財產強制執行而無效果者，由國庫墊付。

第三十二條（施行日期）

本法自公布日施行。

提存法施行細則

民國六十九年八月十三日司法院令發布
九十一年十二月十六日司法院令修正發布
九十二年十一月二十八日司法院令修正發布
九十三年十一月十二日司法院令修正發布
九十五年八月九日司法院函修正發布
九十七年二月十二日司法院令修正發布
一百零一年十一月二十二日司法院令修正發布
一百零四年八月十一日司法院令修正發布
一百零七年八月二十日司法院令修正發布
一百零九年十一月九日司法院令修正發布第三二條及第二〇條附式二（略）、三（略）、第二六條附式五（略）、第三〇條附式六（略）

第一條（訂定依據）
本細則依提存法（以下簡稱本法）第二十九條規定訂定之。

第二條（處理期限）
提存所收到提存書、領取或取回聲請書後，應於三日內處理完畢。其須經調查者，應即調查；除有特殊情形外，應於七日內調查完畢。

第三條（提存事件之審查）
提存所接到提存物保管機構或提存人轉送之提存書後，應就下列事項審查其有無欠缺：
一　法院是否有管轄權。
二　提存書狀是否合於程式。
三　提存物性質是否適於提存。
四　提存書記載及應提出之證明文件是否完備。
五　有代理人者，是否提出委任書。
六　提存人依本法第四條第四項規定聲請提存時，是否以全體債權人為提存物之受取權人。

第四條（不合程式之補正）
前項審查由提存所佐理員報請提存所主任核定。

聲請不合程式或有其他欠缺而可以補正者，應當場命其補正；無法當場補正者，應限期命其補正。

債權人已死亡，其繼承人有無不明，且無從依法選任遺產管理人或有其他類此情形者，提存人得以不能確知孰為債權人而難為給付為由聲請提存。

第五條（調查筆錄）
提存所為調查時，如命關係人或保管機構人員以言詞陳述，應作成筆錄，記載下列事項，由調查之人員簽名：
一　調查之處所及年、月、日。
二　調查人員之姓名。
三　調查之事項及其結果。
四　到場關係人、代理人、輔佐人或保管機構人員之姓名。
五　調查之公開或不公開。

前項筆錄，應依聲請當場向受調查人朗讀或令其閱覽，並命其於筆錄內簽名。

受調查人對於筆錄記載有異議者，提存所人員得更正或補充。如以異議為不當，應於筆錄內附記其異議。

第六條（應置之簿冊）
提存所，應置下列簿冊：
一　提存事件收件簿。
二　提存事件辦案進行簿。
三　其他依法令備置之簿冊。

第七條（保管機構）
本法第七條第一項及第十五條第一項後段所定當地代理國庫之銀行（以下簡稱代庫銀行），係指中央銀行或其轉委代辦國庫事務之金融機構而言。

第八條（提存物拍賣程序）
提存物保管機構，依本法第十五條第一項規定拍賣提存物，應報請法院提存所許可。

前項拍賣在拍賣法未施行前，得照市價出賣，但應經公證人、自治機關、警察機關或商業團體之證明。拍賣期日應報知提存所，並通知提存人及受取權人到場，但無法通知或屆期不到場者，拍賣不停止進行。

拍賣或出賣之提存物，扣除拍賣、出賣、保管及其他費用後，其餘額應由原保管人代填國庫存款收款書一式六份，提交當地代庫銀行之該管法院提存款戶保管之，並由原保管機構將其情形及計算書報請法院發還國庫保管品寄存證（以下簡稱寄存證）。

本法第十五條第一項所指得自提存之翌日起經六個月後未經受取權人領取之清償提存之提存物，以動產為限。

清償提存之受取權人於本法第十五條拍賣程序終結前，仍得聲請領取提存物。

本法第十五條第三項所指提存物價值已減失者，指該提存物已無市價或無法變價而言。

第九條（拒收送達之處理）
受取權人對於提存通知書無正當理由拒絕收領者，提存所得命送達人依民事訴訟法第一百三十八條及第一百三十九條規定辦理。

第十條（通知補正、取回提存物通知書之應記載事項）
提存所依本法第十條第三項規定通知提存人補正時，其通知書應記載下列事項：
一　提存程式不合規定或不應提存之具體情形。
二　逾期未補正，將限期命提存人取回提存物。

提存所依本法第十條第三項規定，通知提存人取回提存物時，其通知書應記載下列事項：
一　提存人依本法第十條第三項規定取回提存物，除提存之原因消滅或受取權人同意返還之情形外，應證明未依提存之效果行使權利或雖行使權利而已回復原狀。
二　提存人自通知書送達發生效力之翌日起逾

十年不取回提存物者提存物歸屬國庫。
三　如不服處分，得於通知書送達之翌日起十日之不變期間內提出異議。

第十一條（發給補償費住所變更之處理）

政府機關依據法律所發給補償費或其他公法上金錢給付之提存，其受取權人原登記之住所有變更致無法送達時，提存所應限期通知聲請提存機關查明新住所或依法聲請公示送達。

第十二條（公示送達之處理）

提存人聲請公示送達者，應否准許，由提存所以處分行之。其聲請有欠缺者，提存所應限期命其補正，逾期不補正，提存所認有必要時，得依職權為公示送達。

第十三條（查報繼承人）

提存所准予提存後受取權人死亡，致提存通知書無法送達者，提存所應命提存人查報或依職權查明繼承人姓名、住所後對之送達。其繼承人有數人者，通知其共同領取提存物。

第十四條（期間之計算）

本法第十二條第二項所指五年期間之計算，應自請求日起回溯計算。

第十五條（替代證券）

本法第十三條所稱之替代證券，係指依法令或因發行證券者之決定，替代原提存有價證券之證券而言。原提存之可轉換公司債經轉換為公司股票，原提存之公司股票因公司減資、更名、合併、併購、分割而換發之股票均屬之。

第十六條（毋庸法院裁定之情形）

本法第十八條第一項第一款至第八款規定，聲請法院提存所返還提存物者，無庸法院裁定。

本法第十八條第一項第八款規定於司法事務官依法律辦理調解程序事件、提存事件業務準用之。

第十七條（異議之效力）

關係人對於提存所之處分提出異議者，無停止執行之效力。但提存所或法院得斟酌情形，於異議終結前停止原處分之執行。

法院認為異議有理由而撤銷原處分，並命提存所為適當之處分之裁定確定時，提存所應即另為適當之處分。

第十八條（提存物歸屬國庫之處分）

依民法第三百三十條、本法第十條第三項、第十七條第二項、第十八條第二項及第十九條規定，受取權人得領取提存人得取回或聲請返還提存物期間屆滿後，或有本法第二十條、第三十條第四款之情形，提存物應歸屬國庫者，其係現金，應由法院於「代存單」背面載明逾期未領歸屬國庫之旨，加蓋印信，並填具繳款書解繳國庫；如係物品，其變價程序得依本法第十五條規定處理。

提存所於提存物依民法第三百三十條、本法第十條第三項、第十七條第二項、第十八條第二項及第十九條規定歸屬國庫前一年內，宜通知受取權人或提存人行使權利，但無法通知者，不在此限。

第十九條（抗告之限制）

依本法第二十五條第三項規定對於法院之裁定，得提起抗告者，以關係人為限。

第二十條（聲請文書）

聲請提存，應提出下列文書：

一　提存書：提存人應作成提存書一式二份（附式一）（略），依式逐項填明，由提存人簽名或蓋章。

二　提存通知書：為清償提存者，應添附提存通知書一式二份（附式二）（略）；如提存物受取權人有二人以上時，應按增加人數每人加添一份。

三　國庫存款收款書或保管品申請書：提存物為現金者，應填具國庫存款收款書一式六聯（附式三）（略）；提存物如為有價證券者，應填具國庫保管品申請書一份（附式四）（略）。

四　提存費繳款證明，其依法免徵提存費者，無庸附具。

五　提存原因證明文件：擔保提存，提存人應附具法院裁判書正本或影本，如以抄本或節本代替者，應由提存人簽名或蓋章證明與原本無異。清償提存，關於提存原因之證明文件，無庸附具。

六　團體代表人或管理人資格之證明文件：提存人為法人或非法人團體時，應附具足資證明代表人或管理人資格之書面文件。

七　委任書：提存人委任代理人辦理提存者，應附具委任書。

第二十一條（動產質權人提存之領取）

質權人依民法第八百九十二條第二項、第九百三十三條準用第八百九十二條第二項規定聲請提存，應以出質人或留置物所有人為受取權人，並在提存書記載提存款為質物或留置物之代充物，領取提存款時，應提出已清償所擔保債權或質權人、留置權人同意領取之證明文件，始得領取。

前項提存物所擔保之債權已屆清償期而未受清償時，質權人或留置權人得提出出質人或留置物所有人同意質權人或留置權人取回之文件或法院准許就提存物實行質權或留置權之確定裁定，始得聲請取回提存物。

第二十二條（權利質權人提存之領取）

第三債務人依民法第九百零五條第一項、第九百零七條規定聲請提存，應以出質人為受取權人，並在提存書記載提存款設定有債權質權及質權人姓名，於出質人提出已清償所擔保之債權或質權人同意領取之證明文件，始得領取。

前項提存質權人於債權已屆清償期而未受清償時，得提出質人同意領取之證明文件及提存通知書聲請領取提存物，以實行其質權；若出質人不同意時，應提出准許質權人領取提存款之法院確定裁判或與確定判決有同一效力之文書，始得領取。

第二十三條（提存物及提存費之提交）

提存物為現金或有價證券者，提存人應將提存物及提存費連同提存書一併提交當地代庫銀行。

第二十四條（不適於提存之物）

提存物之種類，不包括依民事訴訟法第一百零二條第二項、第三項及依其他法律規定出具之保證書。

給付物有民法第三百三十一條規定之情形，而清償人不聲請法院拍賣，逕向提存所聲請提存時，提存所得依本法第六條第二項規定不准許其提存。本法第六條第二項所謂給付物不適於提存，包括無適當場所保管提存物之情形。

提存物是否適於提存有疑義而有必要時，提存所得依提存人之聲請委請保管機構及專家鑑定其是否無危險性，且適於提存作成紀錄，其無危險性且適於提存者，當場會同密封，於封縫處簽名蓋章原封交存，其費用由提存人支付。

保管機構對於前項物品之真偽、品質、重量及價值，不負認定之責任。

第二十五條（提存費之繳納）

提存人依本法第八條第二項規定聲請法院指定保管機構時，應同時向法院繳納提存費，並將繳費證明黏附提存書。

前項提存物保管機構，應受法院提存所之監督，並隨時報告提存物保管之情形。

第二十六條（收受聯單）

提存物保管機構收到提存書及收清提存物後，應依下列規定制作聯單：

一　現金部分：該管法院所在地代庫銀行，應於國庫存款收款書，加蓋收款印章及日期，將第一聯交提存人收執，第二聯黏附於提存書交提存所，以代通知，第三聯交該管法院提存所轉送會計室登帳，第四聯代存單交該管法院提存所轉送出納室作為發還提存款之憑證，第五聯留國庫登帳，第六聯代國庫備查簿。

二　有價證券部分：該管法院所在地代庫銀行，應於國庫保管品收入憑證（附式五）（略）加蓋收受印章及日期，第一、二、三聯由國庫機構留用，第四聯交該管法院提存所，轉送會計室登帳，第五聯黏附於提存書交提存所，以代通知，第六聯交提存人收執，第七聯寄存證交該管法院提存所轉送出納室，作為發還提存物之憑證。

三　前二款以外之物品部分：法院提存所所指定之提存物保管機構，應於保管品收入憑證加蓋收受印章及日期，將第一聯交提存人收執，第二聯黏附於提存書交提存所，以代通知，第三聯交該管法院提存所轉送會計室登帳，第四聯代存單交該管法院提存所轉送出納室，作為發還提存物之憑證，第五聯留存代備查簿。

第二十七條（以登記形式發行之債券）

辦理以登記形式發行之債券（以下簡稱本債券）之擔保提存、返還、領取或變賣，依下列規定為之：

一　受理本債券提存之法院，應先在具清算銀行資格之代庫銀行另開立債券帳戶。

二　提存人辦理本債券之提存時，應檢附聲請提存書、法院裁判書等，並填具「國庫保管品申請書」一式至往來之清算銀行申辦債券提存轉出登記。該清算銀行於審核相關文件及記載無誤後，即辦理轉出登記，列印債券存摺，並將訊息傳送至該管法院之代庫銀行。該代庫銀行應即辦理法院債券帳戶之轉入登記，並列印寄存證相關聯單，將其中「國庫保管品經收通知書」黏附於提存書由提存人送交法院提存所聲請提存。

三　本債券之返還或領取，應由領取人持已加蓋法院原留印鑑之寄存證向代庫銀行申請代庫銀行於核驗領取人身分證明文件及法院印鑑無誤後，即辦理法院債券帳戶之轉入登記。如係部分返還或領取，代庫銀行應依法院公函，將寄存證及續存部分，分割為兩張新寄存證，並列印各該新寄存證相關聯單送交該管法院。

四　提存人依法變換供擔保之本債券時，依前三款方式辦理。

五　數人共同聲請提存、返還或領取者，得以其中一人為代表辦理登記。清算銀行於辦理轉出登記時，應將全體提存人之姓名（或名稱）、身分證字號（或營利事業統一編號）等資料清單傳真予代庫銀行。代庫銀行應於寄存證相關聯單之戶名欄載明代表之身分資料及提存人總人數，並將全體提存人之資料依寄存證編號輸入系統列印清單，黏附於相關聯單備查。

六　代庫銀行依執行法院函請變賣本債券時，應核驗寄存證之法院原留印鑑無誤後，依法院執行命令變賣寄存證所載之未到期債券後，將本債券轉入受讓人指定之債券帳戶，並將變賣後款項連同債券到期本息及其孳息計算給付，填具國庫存款收款書，發入法院執行案款保管專戶。

第二十八條（提存費繳款證明聯單）

當地代庫銀行收到提存費繳款證明及收清提存聲請費後，應於繳款證明加蓋收款印章及日期，第一聯交提存人收執，第二、三聯由國庫存查或轉報，第四、五聯交該管法院登帳及轉送審計部，第六聯交該管法院提存所附卷。

第二十九條（送達提存通知書）

提存所收到第二十六條、第二十八條之提存書及國庫存款收款書或保管品收入憑證聯單後，應於提存書上記載提存物保管機構名稱、地址、收受日期及收受證明，加蓋公印，發給提存人；如為清償提存者，並將提存通知書送達提存物受取權人；如為擔保提存者，應即通知執行法院或有關機構。

第三十條（聲請取回提存物）

聲請取回提存物，應作成取回提存物聲請書一式二份（附式六）（略），為提存時同式之簽名或加蓋同一之印章，並附具下列文件：

一　原提存書。

二　依本法第十條第三項規定而聲請取回時，應提出通知書。

三　依本法第十七條第一項各款規定或指定受取權人無權受領而聲請取回時，應提出相當確實之證明。

四　依本法第十八條第一項第一款、第七款或第九款規定聲請取回時，應提出法院裁判書及確定證明書；依第二款規定聲請時，應提出裁判書；依第三款、第四款規定聲請時，應提出執行法院核發之未聲請執行證明或執行程序實施前撤回執行之證明文件；依第五款、第六款規定聲請時，應提出法院裁判書及確定證明書、支付命令及確定證明書、和解筆錄、調解筆錄、經法院核定之鄉鎮市調解委員會之調解書、仲裁判斷書、其他與確定判決有同一效力之文書或受擔保利益人對提存物之權利聲明不予保留之證明文件；依第八款規定聲請時，應提出受擔保利益人表明同意返還之筆錄影本，但支付命令以中華民國一百零四年七月二日以前確定者為限。

前項裁判或支付命令之確定證明書、和解筆錄、調解筆錄及受擔保利益人表明同意返還之筆錄影本未提出者，提存所得向原法院查明。

本法第十八條第一項第二款所指之假執行之宣告全部失其效力，不包括假執行之宣告經變更之情形。

第三十一條（聲請領取提存物）

聲請領取提存物，應作成領取提存物聲請書一式二份（附式七）（略），由聲請人簽名蓋章並檢附下列文件：

一　原提存通知書；但提存通知書未經合法送達或以公示送達方式為之者，不在此限。

二　領取提存物之人，如應為對待給付時，應提出提存人之受領證書、裁判書、公證書或其他證明已經給付或免除其給付或已提出相當擔保之文件。受取權人領取提存物如應具備其他要件時，應提出已具備其要件之證明文件。

三　由提存物領取人之繼承人聲請領取者，應提出足以證明其為合法繼承人之文件。

第三十二條（委任代理人取回或領取提存物）

前二條之聲請，如委任代理人為之者，應提出代理人之國民身分證，附具委任書，載明代理權之範圍。委任人在國外者，應提出三個月內經中華民國駐外使領館、代表處、辦事處或其他經外交部授權機構驗證之委任書或授權書；委任人在大陸地區者，應提出三個月內經財團法人海峽交流基金會驗證之委任書或授權書。

提存人委任代理人取回提存物者，前項委任書應加蓋提存人於提存時使用之同一印章，必要時，提存所得命提出提存人之國民身分證或其他足以證明身分真正之文件。

受取權人委任代理人領取提存物者，第一項之委任書應附具受取權人之國民身分證或其他相類身分證明文件，並另附具第二身分證明文件。提存物之金額或價額逾新臺幣一百萬元者，其委任行為或委任書並應經公證人公證或認證。

取回或領取提存物其金額或價額在新臺幣三萬元以下者，代理人如證明為提存人或受取權人之配偶、直系血親尊親屬或已成年之直系血親卑親屬或二親等之兄弟姐妹時，毋庸提出前二項規定之證明文件。

第三十三條（不能提出文件之救濟）

提存人或受取權人不能提出取回或領取提存物之必要文件，提存所應為公告，公告期間為三十日，利害關係人對於提存物之取回或領取有異議者，得於該期間內聲明之。

前項公告應黏貼於法院牌示處，其取回或領取金額逾新臺幣三萬元者，並命登載新聞紙一至三日。

第一項期間內無人聲明異議者，視為已提出必要文件。

第三十四條（發還程序）

聲請取回或領取提存物，經提存所主任審核，認應准許者，應作成發還提存物通知單（附式八）（略），通知同院會計室核對登帳資料，編製支出傳票，並由出納室檢出「國庫存款收款書代存單」或「寄存證」，送經會計主任及機關長官或其授權代核人員蓋章後，加蓋主辦出納印鑑章並查對身分資料後發給聲請人。

聲請人領取前項代存單或保管品寄存證應攜帶國民身分證（必要時應提影本二份附卷）及取回或領取聲請書上所用之同一印章代理人代領時亦同。

第三十五條（領取款物）

領取人應在前條「代存單」或「保管品寄存證」上簽名、蓋章並攜帶領取或取回提存物聲請書身分證明文件向當地代庫銀行或指定保管提存物之處所具領。

第三十六條（請求轉帳）

領取人得將國庫存款收款書代存單，請求代庫銀行或其分行將應領款項轉存於提存人或受取權人設於金融機構之帳戶。代庫銀行亦得發給以提存人或受取權人為受款人之禁止背書轉讓並劃平行線之支票。

第三十七條（利息之請求）

提存款之利息，應於聲請取回或領取提存金時，由聲請人逕向該管法院所在地代理國庫之銀行請求計算給付。

第三十八條（代替提存或連同保管之請求）

依提存法第十三條聲請代替提存或連同保管者，應以書面向提存所為之。

提存所認前項請求為有理由者，應通知保管機構代為受取，以代替原提存物或連同保管之。

第三十九條（保管費用）

保管機構保管金錢以外之提存物，得請求交付保管費用，但不得超過同類物品或有價證券保管業所收取之保管費用。

前項保管費用由受取提存物權利人負擔。

第四十條（提起其他訴訟之禁止）

本法第二十條第二項所定期間屆滿後，提存人或受取權人不得再以國家賠償或提起其他訴訟請求之。

第四十一條（提存用紙之備置）

法院應備有關提存用紙，附印填寫須知，分裝成套，供關係人使用，並得酌收工本費。

第四十二條（施行日期）

本細則自發布日施行。

管收條例

民國二十九年八月十二日國民政府公布
六十九年七月二十三日總統令修正公布第二、七、八、一〇、一五條條文

第一條（制定依據）

本條例依強制執行法第二十六條制定之。

第二條（刑事訴訟法拘提羈押規定之準用）

對於債務人、擔保人或其他依法得拘提管收之人之拘提、管收，除強制執行法及本條例有規定外，準用刑事訴訟法關於拘提羈押之規定。

第三條（拘票之必備及其應記載事項）

拘提應用拘票。

拘票應記載左列事項，由推事及書記官簽名：

一　應拘提人之姓名、性別及住居所。
二　拘提之理由。
三　應到之日時及處所。

第四條（拘提之執行機關）

拘提由執達員執行。

第五條（管收票之必備及其應記載事項）

管收，應用管收票。

管收票應記載左列事項，由推事及書記官簽名：

一　應管收人之姓名、性別及住居所。
二　管收之理由。

第六條（管收之執行）

執行管收，由執達員將應管收人送交管收所。

管收所所長驗收後，應於管收票附記送到之年、月、日、時並簽名。

第七條（管收之禁止及事後停止之原因）

債務人、擔保人或其他依法得管收之人有左列情形之一者，不得管收；其情形發生於管收後者，應停止管

收：

一　因管收而其一家生計有難以維持之虞者。

二　懷胎六月以上或生產後二月未滿者。

三　現罹疾病，恐因管收而不能治療者。

第八條（管收所之設置）

管收所應單獨設置，未單獨設置者得委託看守所附設之。但應與刑事被告之羈押處所隔離。

第九條（管束之限度及方法）

被管收人之管束，以維持管收所秩序所必要者為限。

被管收人得自備飲食及日用必需物品，並與外人接見、通訊、受授書籍及其他物件。但管收所得監視或檢閱之。

第十條（管收所規則之擬訂）

管收所規則，由各高等法院擬訂，報請司法院核定發布。

第十一條（法院之提詢）

法院應隨時提詢被管收人，每月至少不得在二次以下。

第十二條（管收之考察或糾正）

管收情形是否適當，法院應隨時考察或糾正之。

第十三條（釋放）

被管收人已就債務提出相當擔保，或管收期限屆滿，或執行完結時，應即釋放。

第十四條（管收費用之負擔）

因管收而支出之飲食及其他必要費用，由債務人負擔。

第十五條（管收報告書之造具）

各法院每屆月終，應造具管收報告書，陳報司法院，至遲不得逾翌月十日。

第十六條（施行日期）

本條例自公布日施行。

現行法規所定貨幣單位折算新臺幣條例

民國八十一年七月十七日總統令公布全文

第一條（立法目的）

為現行法規所定貨幣單位折算為新臺幣，以維持現行法規之適用，特制定本條例。

第二條（折算方法）

現行法規所定金額之貨幣單位為圓、銀元或元者，以新臺幣元之三倍折算之。

第三條（施行日期）

本條例自公布日施行。

各級法院辦案期限實施要點

民國六十九年十一月三日司法院函發布
七十七年四月二十八日司法院函修正發布
七十八年七月二十八日司法院函修正發布
八十四年六月一日司法院函修正發布
八十六年八月一日司法院函修正發布
八十七年八月十七日司法院函修正發布
八十七年十月九日司法院函修正發布
八十九年一月二十四日司法院函修正發布
八十九年十一月八日司法院函修正發布
九十二年八月二十九日司法院函修正發布
九十三年五月十一日司法院函修正發布
九十四年五月十七日司法院函修正發布
九十五年八月二十二日司法院函修正發布
九十六年九月二十九日司法院函修正發布
九十七年四月十一日司法院函修正發布
九十九年二月一日司法院函修正發布
一百零一年八月二十七日司法院函修正發布
一百零二年八月十九日司法院函修正發布
一百零二年十二月一日司法院函修正發布
一百零五年六月三十日司法院函修正發布
一百零五年十一月十一日司法院函修正發布
一百零六年五月四日司法院函修正發布
一百零六年十月十八日司法院函修正發布
一百零六年十二月二十二日司法院函修正發布
一百零七年七月六日司法院函修正發布
一百零七年九月二十八日司法院函修正發布
一百零八年六月三日司法院函修正發布
一百零八年十月十五日司法院函修正發布
一百零九年一月八日司法院函修正發布
一百零九年二月二十六日司法院函修正發布
一百零九年七月十四日司法院函修正發布
一百零九年九月四日司法院函修正發布
一百十一年三月二十四日司法院函修正發布
一百十一年五月三十一日司法院函修正發布
一百十一年六月二十八日司法院函修正發布第一四點
一百十一年九月十二日司法院函修正發布第一四點
一百十二年五月三十日司法院函修正發布第二、四、一〇之一、一一之一、一四點

各級法院辦案期限實施要點

一（本要點之適用）

法院辦案之期限除法令另有規定外，適用本要點之規定。

行政法院、少年及家事法院之辦案期限另定之。

二（填報遲延案件月報表）

案件自收案之日起逾下列期限尚未終結者，除由院長負責督促迅速辦理外，並按月填具遲延案件月報表層報本院：

㈠民刑事簡易程序第一審審判案件逾十個月；國貿、海商、醫療、工程、分割共有物事件及本於道路交通事故有所請求而涉訟之民事簡易程序第一審審判案件逾一年四個月。

㈡民刑事通常程序第一審審判案件及民事執行事件逾一年四個月，經第三人參與沒收程序之刑事通常程序第一審審判案件逾一年八個月；國貿、海商、醫療、工程及分割共有物事件之民事通常程序第一審審判案件、破產事件、公司重整事件、刑事通常程序第一審金融及矚目案件逾二年。

㈢交通聲明異議案件逾八個月，交通抗告案件逾六個月。

㈣社會秩序維護法案件逾三個月。

㈤民刑事第二審審判案件逾二年，經第三人參與沒收程序之刑事通常程序第二審審判案件逾二年四個月。

㈥民刑事第三審審判案件逾一年；其行言詞辯論者，逾一年四個月。

㈦民刑事抗告案件逾六個月。但破產事件及公司重整事件之抗告案件逾一年四個月。

㈧民事小額訴訟程序第一審審判案件逾六個月；國貿、海商、醫療及工程事件之民事小額訴訟程序第一審審判案件逾十個月。

㈨民事調解事件逾四個月。

㈩消費者債務清理之聲請更生及聲請清算事件逾八個月，消費者債務清理更生及清算之執行事件逾一年四個月，消費者債務清理之抗告事件逾六個月。

（十一）智慧財產刑事簡易程序第一審審判案件逾十個月。

（十二）智慧財產民刑事通常程序第一審審判案件及強制執行事件逾一年四個月；經第三人參與沒收程序之智慧財產刑事通常程序第一審審判案件逾一年八個月。

（十三）智慧財產民刑事第二審審判案件逾二年，經第三人參與沒收程序之智慧財產刑事通常程序第二審審判案件逾二年四個月。

（十四）智慧財產民刑事第三審審判案件逾一年；其行言詞辯論者，逾一年四個月。

（十五）智慧財產民刑事抗告案件逾六個月。

（十六）智慧財產民事調解事件逾四個月。

（十七）智慧財產定暫時狀態處分事件及其抗告事件，逾八個月。

（十八）商業第二審審判事件逾一年；其行言詞辯論者，逾一年四個月。

（十九）商業抗告事件逾六個月。

（二十）商業調解事件逾四個月。

（二十一）跟蹤騷擾保護令事件及其抗告事件逾四個月。

（二十二）國審強處國審暫安案件之期限依其相關之本案第一審審判案件期限定之。

（二十三）其他聲請或聲明案件逾五個月。但沒收違禁物以外之聲請單獨宣告沒收案件及刑事聲請再審案件逾十個月。

三（注意正確性及辦案速度）

案件之進行，除注意正確性外，對於結案平均日數，及遲延案件件數，均應注意避免超過管考基準。各法院如發見有超過管考基準情形，應即自行查明原因，設法改進。

四（遲延案件之期限與管制）

案件自收案之日起逾下列期限尚未終結者，由書記處（廳）會同有關單位報請院長核閱後，以院長名義製作通知單送交法官或司法事務官，促其注意：

㈠民刑事簡易程序第一審審判案件逾七個月；國貿、海商、醫療、工程、分割共有物事件及本於道路交通事故有所請求而涉訟之民事簡易程序第一審審判案件逾一年；勞動事件之民事簡易程序第一審審判案件逾五個月。

㈡民刑事通常程序第一審審判案件及民事執行事件逾一年；經第三人參與沒收程序之刑事通常程序第一審審判案件逾一年四個月；國貿、海商、醫療、工程及分割共有物事件之民事通常程序第一審審判案件、破產事件、公司重整事件、刑事通常程序第一審金融及矚目案件逾一年六個月；勞動事件之民事通常程序第一審審判案件逾五個月。

㈢交通聲明異議案件逾六個月，交通抗告案件逾五個月。

㈣社會秩序維護法案件逾二個月。

㈤總統、副總統及公職人員選舉罷免訴訟各審審判案件逾五個月。

㈥民刑事第二審審判案件逾一年六個月，經第三人參與沒收程序之刑事通常程序第二審審判案件逾一年十個月。

㈦民刑事第三審審判案件逾九個月；其行言詞辯論者，逾一年一個月。

㈧民刑事抗告案件逾五個月。但破產事件及公司重整事件之抗告案件逾一年。

㈨民事小額訴訟程序第一審審判案件逾四個月；國貿、海商、醫療及工程事件之民事小額訴訟程序第一審審判案件逾七個月。
(十)民事調解事件逾三個月。
(十一)消費者債務清理之聲請更生及聲請清算事件逾六個月，消費者債務清理更生及清算之執行事件逾一年，消費者債務清理之抗告事件逾五個月。
(十二)智慧財產刑事簡易程序第一審審判案件逾七個月。
(十三)智慧財產民刑事通常程序第一審審判案件及強制執行事件逾一年；經第三人參與沒收程序之智慧財產刑事通常程序第一審審判案件逾一年四個月。
(十四)智慧財產民刑事第二審審判案件逾一年六個月；經第三人參與沒收程序之刑事通常程序第二審審判案件逾一年十個月。
(十五)智慧財產民刑事第三審審判案件逾九個月；其行言詞辯論者，逾一年一個月。
(十六)智慧財產民刑事抗告案件逾五個月。
(十七)智慧財產民事調解事件逾三個月。
(十八)智慧財產定暫時狀態處分事件及其抗告事件，逾七個月。
(十九)商業第二審審判事件逾九個月；其行言詞辯論者，逾一年一個月。
(二十)商業抗告事件逾五個月。
(二十一)商業調解事件逾三個月。
(二十二)跟蹤騷擾保護令事件及其抗告事件逾三個月。
(二十三)國審強處、國審暫安案件之期限依其相關之本案第一審審判案件期限定之。
(二十四)其他聲請或聲明事件逾四個月。但沒收違禁物以外之聲請單獨宣告沒收案件及刑事聲請再審案件逾八個月。
本要點所稱司法事務官，以獨立辦理法院組織法第十七條之二第一項各款事務者為限。

五 （編列遲延案件月報表）

遲延案件月報表應按承辦人員及受理案件之先後，依次編列。每月編列次序應與前月相同。
前項承辦人員，於行合議審判案件之法官，指受命法官而言。
最高法院不列報承辦人員。

六 （造具月報表之程序）

各法院承辦書記官就其承辦之案件，逾第二點所定期限尚未終結者，應按月據實造具遲延案件月報表（如格式一（略）），經法官或司法事務官、庭長核閱，會統計人員送請院長核定後，以電子檔傳送司法院。
前項遲延案件月報表，高等法院暨所屬分院及地方法院於翌月二十五日前報院。
最高法院遲延月報表（如格式二（略）），於翌月十五日前報院。

七 （承辦人員更易時之處置）

案件進行中，承辦法官或司法事務官有更易時，應於遲延案件月報表備考欄內，註明原承辦法官或原司法事務官之姓名，並記載其接辦日期。承辦書記官欄，應記載現承辦書記官之姓名。

八 （遲延數字應與統計資料相符）

各法院造報之遲延案件數字，應與統計資料核對相符。

九 （院長、庭長之督促責任）

各級法院院長或庭長審核第四點之催辦通知，或第五點之遲延案件月報表時，如發見案件有無故或藉故拖延不結情形，應即督促妥速辦結。

十 （民事審判視為不遲延事件）

民事審判事件，逾第二點所定期限，尚未終結，而有下列各款情形之一，經承辦法官敘明理由，報請該管法院院長核可者，視為不遲延事件：
(一)因依民事訴訟法或其他法律規定或承辦法官聲請大法官解釋停止訴訟程序者。但第一審法院依鄉鎮市調解條例規定裁定移付調解委員會調解者，每事件不得逾三個月。
(二)當事人在營服役或因羈押、執行，不能到場辯論，而又未委任訴訟代理人者。
(三)當事人因隨船出海作業，不能於三個月內到場辯論，而又未委任訴訟代理人者。
(四)當事人因患重病或重傷在治療中，不能到場辯論，而又未委任訴訟代理人者。
(五)當事人現在國外或大陸地區，不能於三個月內到場辯論，而又未委任訴訟代理人者。
(六)將證據送請鑑定或證據應於外國調查，獲得鑑定或調查結果所需時間累積逾三個月者。
(七)訴訟行為須支出費用者，經法院定期命當事人預納而不預納；或經定期通知他造墊支，亦不為墊支致訴訟無從進行者。
(八)有調閱他案卷宗之必要，而未能於三個月內調得者。
(九)因當事人聲請訴訟救助，亦未繳納裁判費，而駁回訴訟救助聲請之裁定尚未確定，致訴訟程序無從進行者。
(十)訴訟標的之金額或價額逾新臺幣伍仟萬元，且案情繁雜，經承辦法官敘明理由，報請該管法院院長核可延長辦案期限者。但每次以三個月為限。
(十一)適用民事第二審簡易及小額訴訟程序事件，案情繁雜，經承辦法官敘明理由，報請該管法院院長核可延長辦案期限者。但以延長一次三個月為限。
(十二)當事人於事件進行逾第二點所定期限二分之一，始為訴之變更、追加或提起反訴，經承辦法官敘明理由，報請該管法院院長核可延長辦案期限者。但同一事件以延長二次，每次三個月為限。
(十三)依法應選任特別代理人、財產管理人或遺產管理人，而未能於三個月內選任者。

(十四)當事人對於得抗告之程序中裁定提起抗告，致影響訴訟程序之進行逾三個月者。

(十五)當事人合意一方分期履行完畢後，他方即為訴之撤回或由雙方成立調解或和解者，其約定之履行期間逾三個月者。

民事調解事件逾四個月尚未終結，而有下列各款情形之一，經承辦法官或司法事務官敘明理由報請該管法院院長核可延長辦案期限者，視為不遲延事件。但每次以二個月為限。每次期限屆滿前，經兩造及參加調解之關係人同意續行調解，或原核可延長辦案期限之原因未消滅者，得再簽請延長辦案期限。

㈠經兩造及參加調解之關係人同意續行調解。

㈡勞動調解事件因案情繁雜或有其他非可歸責於承辦法官之特別情事。

十之一（智慧財產民事訴訟視為不遲延事件）

智慧財產之民事訴訟事件逾第二點所定期限尚未終結，而有下列各款情形之一，經承辦法官敘明理由報請院長核可者，視為不遲延事件：

㈠因依民事訴訟法或其他法律規定或承辦法官聲請憲法法庭為宣告違憲之判決而停止訴訟程序。

㈡當事人在營服役或因羈押、執行不能到場辯論，而又未委任訴訟代理人。

㈢當事人因隨船出海作業，不能於三個月內到場辯論，而又未委任訴訟代理人。

㈣當事人因患重病或重傷在治療中不能到場辯論，而又未委任訴訟代理人。

㈤當事人現在國外或大陸地區，不能於三個月內到場辯論，而又未委任訴訟代理人。

㈥依法應選任特別代理人、財產管理人或遺產管理人而未能於三個月內選任。

㈦將證據送請鑑定或證據應於外國調查，獲得鑑定或調查結果所需時間累積逾三個月。

㈧訴訟行為須支出費用者，經法院定期命當事人預納而不預納，或經定期通知他造墊支亦不為墊支，致訴訟無從進行。

㈨有調閱他案卷宗之必要，而未能於三個月內調得。

㈩訴訟標的之金額或價額逾新臺幣五千萬元或有智慧財產案件審理法第四十一條第一項所定法院應就權利有效性自為判斷之情形，且案情繁雜，經承辦法官敘明理由，報請院長核可延長辦案期限，但每次以三個月為限。

(十一)依當事人與法院協議訂定之審理計畫進行，不能於第二點所定期限終結，經承辦法官敘明理由，報請院長核可延長辦案期限。但每次以三個月為限。

(十二)涉及營業秘密之事件，經當事人或第三人依法聲請核發秘密保持命令，其裁定之期間。

(十三)當事人對於得抗告之程序中裁定提起抗告，致影響訴訟程序之進行逾三個月。

(十四)當事人合意一方分期履行完畢後，他方即為訴之撤回或由雙方成立調解或和解者，其約定之履行期間逾三個月。

(十五)當事人於事件進行逾第二點所定期限二分之一，始為訴之變更、追加或提起反訴，經承辦法官敘明理由報請院長核可延長辦案期限。但同一事件以延長二次每次三個月為限。

(十六)第一審、第二審訴訟事件，其案情繁雜或有其他不可歸責於法官之具體情事，經承辦法官敘明理由，報請院長核可延長辦案期限者。但每次以三個月為限。

(十七)因當事人聲請訴訟救助，亦未繳納裁判費，而駁回訴訟救助聲請之裁定尚未確定，致訴訟程序無從進行者。

十一（民事執行視為不遲延事件）

民事執行事件，逾第二點所定期限，尚未終結，而有下列各款情形之一，經承辦法官或司法事務官敘明理由報請該管法院院長核可者，視為不遲延事件：

㈠依強制執行法第十八條第二項、第一百十九條第四項之規定或其他法定原因經執行法院裁定停止執行或依法應停止執行者。

㈡依執行名義分次履行，或執行名義未載明分次履行，但依事件之性質宜許其分次履行，並經債權人同意者。

㈢依強制執行法第七條第四項囑託他法院執行者。

㈣依強制執行法第十條之規定准予延緩執行者。

㈤執行程序中債務人死亡，續行強制執行時，依強制執行法第十一條第四項之規定由債權人代辦繼承登記者。

㈥依強制執行法第四十一條之規定，提起分配表異議之訴者。

㈦依法令強制管理，確係以管理收益清償債權者。

㈧關於債務人對於第三人之金錢債權或其他財產權之執行，有下列情形之一者：

1. 執行標的為定期給付請求權，經執行法院發執行命令，按期執行。
2. 請求權之給付條件或期限尚未屆至，致無法續行執行程序。
3. 執行標的為公同共有之權利，因公同共有權利尚未分割，致執行法院於發扣押命令或禁止處分命令後，無法續行執行程序。

㈨不動產拍定後，依土地法第三十四條之一調查優先承買權或不動產拍定後，有優先承買權之爭執，經提起訴訟者。

㈩債權人依強制執行法第一百二十條之規定提起訴訟者。

(十一)依強制執行法第九十五條第一項規定公告者；或

以變價分割共有物之確定判決，聲請拍賣共有之不動產，而為第三次減價拍賣公告者。

（十二）執行標的之金額或價額逾新臺幣壹億元，且案情繁雜，經承辦法官或司法事務官敘明理由報請該管法院院長核可延長辦案期限者。但每次以三個月為限。

（十三）應受送達人現在國外或大陸地區未委任代理人，不能於三個月內送達者。

（十四）因執行程序之進行須送請鑑定，而未能於三個月內獲得鑑定結果者。

（十五）債權人於事件進行逾第二點所定期限四分之三，始追加執行標的，依其情形，顯無法於辦案期限內終結，經承辦法官或司法事務官敘明理由報請該管法院院長核可延長辦案期限者。但同一事件以延長四次每次三個月為限。

十一之一（智慧財產強制執行視為不遲延事件）

智慧財產之強制執行事件逾第二點所定期限尚未終結，而有下列各款情形之一，經承辦法官或司法事務官敘明理由，報請院長核可者，視為不遲延事件：

㈠依強制執行法第十八條第二項、第一百十九條第四項之規定或其他法定原因經執行法院裁定停止執行或依法應停止執行。

㈡依執行名義分次履行或執行名義未載明分次履行，但依事件之性質宜許其分次履行，並經債權人同意。

㈢依強制執行法第七條第四項囑託他法院執行。

㈣依強制執行法第十條之規定准予延緩執行。

㈤執行程序中債務人死亡，續行強制執行時依強制執行法第十一條第四項之規定由債權人代辦繼承登記。

㈥依強制執行法第四十一條之規定，提起分配表異議之訴。

㈦依法令強制管理確係以管理收益清償債權。

㈧關於債務人對於第三人之金錢債權或其他財產權之執行，有下列情形之一者：

1. 執行標的為定期給付請求權，經執行法院發執行命令按期執行。
2. 請求權之給付條件或期限尚未屆至致無法續行執行程序。
3. 執行標的為公同共有之權利，因公同共有權利尚未分割，致執行法院於發扣押命令或禁止處分命令後，無法續行執行程序。

㈨不動產拍定後依土地法第三十四條之一調查優先承買權，或不動產拍定後有優先承買權之爭執經提起訴訟。

㈩債權人依強制執行法第一百二十條之規定提起訴訟。

（十一）依強制執行法第九十五條第一項規定公告；或以變價分割共有物之確定判決，聲請拍賣共有之不動產，而為第三次減價拍賣公告。

（十二）執行標的之金額或價額逾新臺幣一億元，且案情繁雜，經承辦法官或司法事務官敘明理由報請院長核可延長辦案期限。但每次以三個月為限。

（十三）應受送達人現在國外或大陸地區未委任代理人，不能於三個月內送達。

（十四）因執行程序之進行須送請鑑定，而未能於三個月內獲得鑑定結果。

（十五）債權人於事件進行逾第二點所定期限四分之三，始追加執行標的，依其情形，顯無法於辦案期限內終結，經承辦法官或司法事務官敘明理由報請該管法院院長核可延長辦案期限者。但同一事件以延長四次每次三個月為限。

十二（破產視為不遲延事件）

破產事件，逾第二點所定期限，尚未終結，而有下列各款情形之一，經承辦法官敘明理由報請該管法院院長核可者，視為不遲延事件：

㈠債權人會議未達破產法第二十七條、第一百二十三條及消費者債務清理條例第五十九條第一項及第一百二十條第一項規定之人數或債權額而無從為決議，達二次以上者。

㈡關於破產、清算財團之財產提起訴訟或進行其他法律程序者。

㈢依破產法第一百三十八條、消費者債務清理條例第一百二十二條之拍賣無人應買達三次以上者。

㈣依破產法第一百三十九條第四項、消費者債務清理條例第一百二十三條第四項之規定提起分配表異議之訴者。

㈤有調閱他案卷宗之必要而未能於三個月內調得者。

㈥破產、清算財團財產價額逾新臺幣壹億元且案情繁雜，經承辦法官敘明理由報請該管法院院長核可延長辦案期限者。但每次以三個月為限。

十三（公司重整視為不遲延事件）

公司重整事件，逾第二點所定期限，尚未終結，而有下列各款情形之一，經承辦法官敘明理由報請該管法院院長核可者，視為不遲延事件：

㈠依公司法第二百九十九條第三項之規定提起確認之訴者。

㈡依公司法第三百零六條第一項之規定，修正重整計畫再予審查者。

㈢重整計畫明定執行期限，於計畫執行期間者。

㈣依公司法第三百零七條第一項之規定法院裁定終止重整前，徵詢主管機關及證券管理機關之意見者。

㈤重整債權逾新臺幣壹億元，且案情繁雜，經承辦法官敘明理由報請該管法院院長核可延長辦案期限者。但每次以三個月為限。

十三之一（選派公司檢查人或命令或准其檢查公司業務及財產之視為不遲延事件）

選派公司檢查人或命令或准其檢查公司業務及財產之公司事件，逾第二點所定期限，尚未終結而有下列各款情形之一，經承辦法官敘明理由報請該管法院院長核可者，視為不遲延事件：

㈠當事人對於裁定提起抗告，致影響非訟程序進行逾三個月者。

㈡經選派檢查人或為命令或准其檢查公司業務及財產之裁定送達後，其提出檢查報告所需時間累積逾三個月者。

㈢有預納檢查人報酬之必要，經法院命當事人預納而不預納，致程序無從進行者。

㈣公司實收資本額逾新臺幣五億元，且案情繁雜，經承辦法官敘明理由報請該管法院院長核可延長辦案期限者。但每次以三個月為限。

十四（刑事審判視為不遲延案件）

刑事審判案件，逾第二點所定期限，尚未終結，而有下列各款情形之一，經承辦法官敘明理由報請該管法院院長核可者，視為不遲延案件：

㈠因依刑事訴訟法或其他法律規定或承辦法官聲請憲法法庭為宣告違憲之判決停止審判程序者。

㈡被告在營服役或因另案羈押、執行，不能出庭應訊者。

㈢被告因隨船出海作業，不能於三個月內出庭應訊者。

㈣被告現在國外或大陸地區，不能於三個月內出庭應訊者。

㈤將證據送請鑑定或證據應於外國調查，獲得鑑定或調查結果所需時間累積逾三個月者。

㈥被告通緝未經報結者。

㈦有調閱他案卷宗之必要，而未能於三個月內調得者。

㈧被告因違反毒品危害防制條例案件，送觀察、勒戒或戒治處分者。

㈨檢察官或自訴人追加起訴，經承辦法官敘明理由，報請該管法院院長核可延長辦案期限者。但以延長二次，每次三個月為限。

㈩第一審、第二審依通常程序審理，經第三人參與沒收程序，案情繁難，經承辦法官敘明理由報請該管法院院長核可延長辦案期限者。但每次以三個月為限。

(十一)聲請單獨宣告沒收案件，案情繁雜，經承辦法官敘明理由報請該管法院院長核可延長辦案期限者。但每次以三個月為限。

(十二)第一審、第二審依通常程序審理，案情繁難，經承辦法官敘明理由報請該管法院院長核可延長辦案期限者。但每次以三個月為限。

(十三)案件經轉介進行修復式司法所需時間累計逾三個月者。

(十四)第一審依國民參與審判程序審理，法院因無足夠候選國民法官或因國民法官缺額，而依法重新踐行選任程序，經承辦法官敘明理由報請該管法院院長核可延長辦案期限者。但每次以三個月為限。

(十五)國審強處、國審暫安案件因相關之國民參與審判案件尚未行第一次審判期日致無法報結者。

十四之一（智慧財產刑事視為不遲延案件）

智慧財產之刑事案件逾第二點所定期限尚未終結，而有下列各款情形之一，經承辦法官敘明理由報請院長核可者，視為不遲延案件：

㈠因依刑事訴訟法或其他法律規定或承辦法官聲請大法官解釋，而停止審判程序。

㈡被告在營服役或因另案羈押、執行，不能出庭應訊。

㈢被告因隨船出海作業，不能於三個月內出庭應訊。

㈣被告現在國外或大陸地區，不能於三個月內出庭應訊。

㈤將證據送請鑑定或證據應於外國調查，獲得鑑定或調查結果所需時間累積逾三個月。

㈥被告通緝未經報結。

㈦有調閱他案卷宗之必要，而未能於三個月內調得。

㈧第一審、第二審依通常程序審理，經第三人參與沒收程序，且案情繁雜，經承辦法官敘明理由報請院長核可延長辦案期限。但每次以三個月為限。

㈨沒收違禁物以外之聲請單獨宣告沒收案件，案情繁雜，經承辦法官敘明理由報請院長核可延長辦案期限。但每次以三個月為限。

㈩涉及營業秘密之案件，經當事人或第三人依法聲請核發秘密保持命令，其裁定之期間。

(十一)第一審、第二審依通常程序審理，案情繁雜或有其他不可歸責於法官之具體情事，經承辦法官敘明理由報請院長核可者。但每次以三個月為限。

(十二)檢察官或自訴人追加起訴，經承辦法官敘明理由，報請該管法院院長核可延長辦案期限者。但以延長二次，每次三個月為限。

(十三)案件經轉介進行修復式司法所需時間累計逾三個月者。

十五（交通、社會秩序維護法視為不遲延案件）

審理交通聲明異議、抗告或社會秩序維護法案件，因有調查之必要，逾第二點所定期限，尚未終結而有下列各款情形之一，經承辦法官敘明理由報請該管法院院長核可者，視為不遲延案件：

㈠依法或承辦法官聲請大法官解釋而停止審理程序者。

㈡受處分人或被移送人在營服役或因另案羈押、執行，不能出庭應訊者。

(三)受處分人或被移送人生產後未滿一月或心神喪失或罹患重病或重傷在治療中不能出庭應訊者。

(四)受處分人或被移送人因隨船出海作業不能於一個月內出庭應訊者。

(五)受處分人或被移送人現在國外或大陸地區不能於一個月內出庭應訊者。

(六)受處分人或被移送人另犯刑事案件通緝中者。

(七)有調閱他案卷宗之必要而未能於一個月內調得者。

十五之一（跟蹤騷擾保護令視為不遲延事件）

跟蹤騷擾保護令事件逾第二點所定期限，尚未終結，而有下列各款情形之一，經承辦法官敘明理由報請該管法院院長核可者，視為不遲延事件：

(一)因依民事訴訟法或其他法律規定或承辦法官聲請憲法法庭為宣告違憲之判決停止訴訟程序。

(二)當事人在營服役或因羈押、執行不能到場，法院無法依其他方法調查。

(三)當事人因隨船出海作業，不能於一個月內到場，法院無法依其他方法調查。

(四)當事人因患重病或重傷在治療中不能到場，法院無法依其他方法調查。

(五)當事人現在國外或大陸地區，不能於一個月內到場，法院無法依其他方法調查。

(六)因囑託鑑定或證據應於外國調查，獲得鑑定或調查結果所需時間累積逾一個月。

(七)程序進行中須支出費用，經法院定期命當事人預納而不預納，或經定期通知他造墊支亦不為墊支，致程序無從進行。

(八)有調閱他案卷宗之必要，而未能於一個月內調得。

十六（期限之接續計算）

案件進行尚未逾第二點所定期限，而有第十點至前點各款所定事由，或娩假懷孕滿二十週以上之流產假及連續病假逾四十二日之情事者，應於其事由消滅後，扣除自事由發生之日起至消滅之日止之時間，接續計算其期限；如接續計算所餘之期限不足二個月者，延長為二個月。

案件遲延後，始發生第十點至前點各款所定事由，或娩假懷孕滿二十週以上之流產假及連續病假逾四十二日之情事者，仍應視為不遲延案件。但其事由消滅後，應即再列為遲延案件。

案件因改行他種訴訟程序而報結改分新案者，其辦案期限依較長者計算。

十六之一（最高法院案件進行尚未逾第二點第六款、第七款、第十四款、第十五款、第十七款、第十八款、第十九款、第二十一款所定期限而為大法庭相關程序者，依下列方式辦理：

(一)開啟徵詢程序應於徵詢程序終結後，扣除徵詢期間加計二十日之時間，接續計算其期限；如接續計算所餘之期限不足二個月，延長為二個月。

(二)前款情形若另裁定提案予民事大法庭、刑事大法庭裁判，應於民事大法庭、刑事大法庭裁定後，加計扣除自裁定提案之日起至民事大法庭、刑事大法庭裁定之日止之時間，接續計算其期限；如接續計算所餘之期限不足二個月，延長為二個月。

(三)未經徵詢程序逕裁定提案予民事大法庭、刑事大法庭裁判，應於民事大法庭、刑事大法庭裁定後，扣除自裁定提案之日起至民事大法庭、刑事大法庭裁定之日止之時間，接續計算其期限；如接續計算所餘之期限不足二個月，延長為二個月。

(四)具有與已開啟徵詢程序案件，或與已提交民事大法庭、刑事大法庭案件相同法律爭議之案件，經承辦法官敘明理由報請最高法院院長核可，依前三款方式接續計算其期限。案件遲延後，始有前項情事者，仍應視為不遲延案件。但其事由消滅後，應即再列為遲延案件。

十七（刑事審判案件調解或和解履行期間之扣除）

刑事審判案件進行尚未逾第二點所定期限，被告與告訴人或被害人成立調解或和解，且約定之履行期間逾三個月以上，經承辦法官敘明理由報請該管法院院長核可者，得扣除履行期間後接續計算辦案期限。但扣除期間最長不得逾一年。

刑事審判案件遲延後，始成立前項調解或和解，且約定之履行期間逾三個月以上，經承辦法官敘明理由報請該管法院院長核可者，得視為不遲延案件。但其履行期間屆至或滿一年後，應即再列為遲延案件。

十八（視為不遲延案件之列管）

視為不遲延案件由各法院列管並應於遲延案件未結月報表列報件數。

視為不遲延案件，應隨時注意停止或延緩原因已否消滅，其已消滅者應即依法進行，儘速終結。

視為不遲延案件，經該管法院院長核可後，將原因發生日期及消滅日期通知統計人員登記，於終結時，扣除自原因發生之日起至消滅之日止時間而計算其結案日數。

十九（期限之接續計算）

案件進行尚未逾第二點所定期限，而有第十點至第十八點各款所定事由者，應於其事由消滅後，扣除自事由發生之日起至消滅之日止之時間，接續計算其期限；如接續計算所餘之期限不足二個月者，延長為二個月。

案件遲延後，始發生第十點至第十八點各款所定事由者，仍應視為不遲延案件；但其事由消滅後應即再列為遲延案件。

二十（視為不遲延案件之列管）

視為不遲延案件由各法院列管並應於遲延案件未結月報表列報件數。

視為不遲延案件，應隨時注意停止或延緩原因已否消滅，其已消滅者應即依法進行，儘速終結。

視為不遲延案件，經該管法院院長核可後，將原因發生日期及消滅日期通知統計人員登記，於終結時，扣除自原因發生之日起至消滅之日止時間而計算其結案日數。

二一（刪除）

外國法院委託事件協助法

民國五十二年四月二十五日總統令公布全文

第一條（法律之適用）

法院受外國法院委託協助民事或刑事事件，除條約或法律有特別規定外，依本法辦理。

第二條（受託協助之範圍）

法院受託協助民事或刑事事件，以不牴觸中華民國法令者為限。

第三條（委託事件之轉送）

委託事件之轉送，應以書面經由外交機關為之。

第四條（互惠原則）

委託法院所屬國應聲明中華民國法院如遇有相同或類似事件須委託代辦時，亦當為同等之協助。

第五條（委託送達）

法院受託送達民事或刑事訴訟上之文件，依民事或刑事訴訟法關於送達之規定辦理。

委託送達，應於委託書內詳載應受送達人之姓名、國籍及其住所居所或事務所、營業所。

第六條（委託調查證據）

法院受託調查民事或刑事訴訟上之證據，依委託本旨按照民事或刑事訴訟法關於調查證據之規定辦理之。

委託調查證據，應於委託書內詳載訴訟當事人之姓名、證據方法之種類、應受調查人之姓名、國籍、住所、居所或事務所、營業所及應加調查之事項，如係刑事案件，併附案件摘要。

第七條（中文譯本之附備）

委託事件之委託書及其他有關文件，如係外國文時，應附中文譯本，並註明譯本與原本符合無訛。

第八條（費用之計算及償還）

關於送達或調查之費用，民事依中華民國有關徵收費用之法令辦理，刑事按受託法院實際支出之費用計算，由委託法院所屬國償還。

第九條（施行日期）

本法自公布日施行。

肆、刑法及關係法規

中華民國刑法

民國二十四年一月一日國民政府公布
三十七年十一月七日總統令修正公布
四十三年七月二十一日總統令修正公布
四十三年十月二十三日總統令修正公布
五十八年十二月二十六日總統令修正公布
八十一年五月十六日總統令修正公布
八十三年一月二十八日總統令修正公布
八十六年十月八日總統令修正公布
八十六年十一月二十六日總統令修正公布
八十八年二月三日總統令修正公布
八十八年四月二十一日總統令修正公布
九十年一月十日總統令修正公布
九十年六月二十日總統令修正公布
九十年十一月七日總統令修正公布
九十一年一月三十日總統令修正公布
九十二年六月二十五日總統令修正公布
九十四年二月二日總統令修正公布
九十五年五月十七日總統令修正公布
九十六年一月二十四日總統令修正公布
九十七年一月二日總統令修正公布
九十八年一月二十一日總統令修正公布
九十八年六月十日總統令修正公布
九十八年十二月三十日總統令修正公布
九十九年一月二十七日總統令修正公布
一百年一月二十六日總統令修正公布
一百年十一月三十日總統令修正公布
一百零一年十二月五日總統令修正公布
一百零二年一月二十三日總統令修正公布
一百零二年六月十一日總統令修正公布
一百零三年一月十五日總統令修正公布
一百零三年六月十八日總統令修正公布
一百零四年十二月三十日總統令修正公布
一百零五年六月二十二日總統令修正公布
一百零五年十一月三十日總統令修正公布
一百零七年五月二十三日總統令修正公布
一百零七年六月十三日總統令修正公布
一百零八年五月十日總統令修正公布
一百零八年五月二十九日總統令修正公布
一百零八年六月十九日總統令修正公布
一百零八年十二月二十五日總統令修正公布
一百零八年十二月三十一日總統令修正公布
一百零九年一月十五日總統令修正公布
一百一十年一月二十日總統令修正公布
一百一十年五月二十八日總統令修正公布
一百一十年六月九日總統令修正公布
一百一十一年一月十二日總統令修正公布
一百一十一年一月二十八日總統令修正公布
一百一十一年二月十八日總統令修正公布
一百一十二年二月八日總統令修正公布第一〇、九一之一條；並增訂第二八章之一章名、第三一九之一～三一九之六條文
一百一十二年五月三十一日總統令修正公布第三〇三、三三九之四條；並增訂第三〇二之一條文

第一編　總　則

⇧查暫行律原案謂總則之義，略與名例相似，往古法制，無總則與名例之稱，各國皆然。其在中國，李悝法經六編，殿以具法，漢律益戶興廄三篇為九章，而具法列於第六，魏律始改稱刑名，居十八篇之首，晉律分刑名法例為二，北齊始合而為一曰名例。厥後歷隋唐宋元明洎於前清，沿而不改，是編以刑名法例之外，凡一切通則，悉宜賅載，若仍用名例，其義過狹，故仿歐美及日本各國刑法之例，定名曰總則。

第一章　法　例

⇧查暫行律原案謂本章係規定刑法之效力，如關於時之效力，關於人及地之效力，及刑法總則對於此外罰則之效力等，故曰法例，與晉律所謂法例，語同而義異。

第一條　（罪刑法定主義）

行為之處罰，以行為時之法律有明文規定者為限。拘束人身自由之保安處分，亦同。

⑭一、本條前段酌作修正。
二、拘束人身自由之保安處分（如強制工作），係以剝奪受處分人之人身自由為其內容，在性質上，帶有濃厚自由刑之色彩，亦應有罪刑法定主義衍生之不溯及既往原則之適用，爰於後段增列拘束人身自由之保安處分，亦以行為時之法律有明文規定者為限，以求允當。

＊（行為）刑一五；（處罰）憲八㈠；（行為之處罰）刑訴一，懲私一一；（行為時之法律）軍審五㊂；（罪刑法定原則）社維二；（法律）憲一七〇，中標二、四～六、一一；（法律有明文規定）中標五①。

▲上訴人犯罪在舊刑法有效時代，舊刑法關於從事業務之人對於業務上作成之文書為虛偽之登載，並未定有處罰明文，依照刑法第一條，自不能援用新法論罪。（三一上二〇一九）

▲行為之處罰，以行為時之法律有明文規定者為限，行為後之法律有變更者，適用裁判時之法律，但裁判前之法律有利於行為人者，適用最有利於行為人之法律。故犯罪行為人其犯罪行為之開始及終了之時日，必於有罪判決書之犯罪事實欄明白認定，詳為記載，而後於理由欄據證說明其認定犯罪事實之理由，方足以為用法之準據。（五三臺上二四八五）（九五、六、二七決議自九五、七、一起不再援用）

▲懲治走私條例於六十七年一月二十三日修正公布，新增第二條之一，對運送銷售或藏匿逾公告數額之走私物品者及其常業犯，為科罰之規定，並罰其未遂犯，在此項修正以前法律並無類似規定，上訴人犯罪在六十四年十月間，依法律不溯既往之原則，自不能適用該新增條文予以科罰。原判決竟引用該條文科處上訴人罪刑，自屬適用法則不當。（六九臺上四一二三）

▲槍砲彈藥刀械管制條例係於七十二年六月二十七日公布施行，上訴人等攜帶武士刀、扁鑽等刀械行為當時之法律，並無處罰之規定，依刑法第一條之規定，自不得因其後施行之法律有處罰規定而予處罰。法律不溯既往及罪刑法定主義為刑法時之效力之兩大原則，行為之應否處罰，應以行為時之法律有無規定處罰為斷，若行為時與行為後之法律皆有處罰規定，始有刑法第二條比較新舊法之適用。原判決竟謂上訴人等未經許可無故持有刀械，觸犯公布施行在後之槍砲彈藥刀械管制條例，並適用刑法第二條第一項但書，自屬適用法則不當。（七二臺上六三〇六）

第二條　（從舊從輕主義）

行為後法律有變更者，適用行為時之法律。但行為後之法律有利於行為人者，適用最有利於行為人之法律。

沒收、非拘束人身自由之保安處分適用裁判時之法律。

處罰或保安處分之裁判確定後，未執行或執行未完畢，而法律有變更，不處罰其行為或不施以保安處分者，免其刑或保安處分之執行。

(104)照協商條文通過。

＊（法律）憲一七〇，中標二、四；（法律有變更）中標一八～二〇，刑訴二五二④、三〇二④；（保安處分）刑八六～九三、九五、九六、九八、九九，刑訴三〇九⑥、三一〇⑥，四八一，竊贓保安四；（裁判確定）刑訴三四九、三五九；（不處罰其行為）刑訴三八一；（執行）刑訴四五六以下。

▲釋六八、一〇三、四七一。

▲按刑法第二條規定犯罪時之法律與裁判時之法律遇有變更者，依裁判時之法律處斷，其所謂處斷者，乃論罪科刑一依新法之意，故除有該但書應涉及舊法之情形外，自不許再牽及舊法。（註：應注意九四、二、二修正公布刑法第二條第一項之規定。）（二〇上一七二）

▲犯罪時法律之刑輕於裁判時法律之刑者，依刑法第二條但書，固應適用較輕之刑，但新舊法律之刑輕重相等，或依法令加重減輕後裁判時法律之刑並不重於犯罪時法律之刑者，即不適用該條但書之規定，仍應依裁判時之法律處斷。（註：應注意九四、二、二修正公布刑法第二條第一項之規定。）（二三非五五）

▲行為後法律有變更者，應將行為時之法律與中間法及裁判時之法律比較適用最有利於行為人之法律，刑法第二條第一項規定甚明。本件原判決祇將行為時之暫行新刑律與裁判時之刑法比較，而將中間之舊刑法置諸不問，殊屬違誤。（二九上九六四）

▲犯罪構成事實與犯罪構成要件不同，前者係事實問題，後者係法律問題，行政院關於公告管制物品之種類及數額雖時有變更，而新舊懲治走私條例之以私運管制物品進口為犯罪構成要件則同，原判決誤以事實變更為法律變更，其見解自有未洽。（五一臺上一五九）

▲刑法第二條所謂有變更之法律，乃指刑罰法律而言，並以依中央法規制定標準法第二條之規定制定公布者為限，此觀憲法第一百七十條、第八條第一項、刑法第一條之規定甚明。行政法令縱可認為具有法律同等之效力，但因其並無刑罰之規定，究難解為刑罰法律，故如事實變更及刑罰法律外之法令變更，均不屬本條所謂法律變更範圍之內，自無本條之適用。（五一臺非七六）

▲原審判決後，戡亂時期貪污治罪條例業於民國五十二年七月十五日公布施行，該條例為瀆職罪之特別法，是行為後法律已有變更，雖依刑法第二條第一項但書之規定仍應適用最有利於行為人之刑法處斷，究難置而不論。（五三臺上二四五）

▲（五三臺上二四八五）　參見本法第一條。

▲（七二臺上六三〇六）　參見本法第一條。

▲稅捐稽徵法第四十七條第一款曾就公司負責人犯同法第四十一條以詐術或其他不正當方法逃漏稅捐罪者，設有特別規定，並以應處徒刑為限，始有其適用，因而同法第四十一條所定之拘役及罰金刑，對公司負責人，即無適用之餘地。故主管院核定自七十二年九月一日依修正之戡亂時期罰金罰鍰提高標準條例就稅捐稽徵法有關罰金金額提高為十倍，對於公司負責人自亦不生比較新舊法之問題。（七三臺上五〇三八）（一〇〇、七、一四決議不再援用）

第三條　（屬地主義）

本法於在中華民國領域內犯罪者，適用之。在中華民國領域外之中華民國船艦或航空器內犯罪者，以在中華民國領域內犯罪論。

(94)按「航空機」之含義，較之包含飛機、飛艇、氣球及其他任何藉空氣之反作用力，得以飛航於大氣中器物之「航空器」（參見民用航空法第二條第一款）範圍為狹。航空器雖未必盡可供人乘坐航行，但「犯罪地」一詞如採廣義解釋，當包括中間地，則此種航空器亦有成為犯罪地之可能。為期從廣涵蓋，乃將「航空機」一詞，修改為「航空器」。

＊（中華民國領域）憲四，刑四、五、一〇四㊀、二四二㊀、二九九㊀，軍刑三，引渡二㊁、一四、二三㊂，刑訴五㊁，社維四㊀；（中華民國船艦或航空器）船舶五、九，民航一〇，刑訴五㊁，社維四㊁。

第四條　（隔地犯）

犯罪之行為或結果，有一在中華民國領域內者，為在中華民國領域內犯罪。

＊（犯罪之行為）刑二五、二七、二八；（犯罪之結果）刑一七、二六；（中華民國領域）憲四，刑三。

▲上訴人辯稱其犯罪地點在美國，依刑法第六條、第七條規定，不適用刑法第二百四十一條第三項第一款規定處罰，經查上訴人違反監護權人即自訴人之意思，擅將陳某帶回臺灣定居，所犯和誘罪為繼續犯，其侵害自訴人監護權之犯罪行為至提起自訴時仍在繼續中，依刑法第四條規定犯罪之行為或結果有一在中華民國領域內者，為在中華民國領域內犯罪，上訴人犯罪行為既在中華民國領域內，自得依刑法規定追訴處罰。（七〇臺上五七五三）

第五條　（保護主義、世界主義——國外犯罪之適用）

本法於凡在中華民國領域外犯下列各罪者，適用之：

一　內亂罪。

二　外患罪。

三　第一百三十五條、第一百三十六條及第一百三十八條之妨害公務罪。

四　第一百八十五條之一及第一百八十五條之二之公共危險罪。

五　偽造貨幣罪。

六　第二百零一條至第二百零二條之偽造有價證券罪。

七　第二百十一條、第二百十四條、第二百十八條及第二百十六條行使第二百十一條、第二百十三條、第二百十四條文書之偽造文書罪。

八　毒品罪。但施用毒品及持有毒品、種子、施用毒品器具罪，不在此限。

九　第二百九十六條及第二百九十六條之一之妨害自由罪。

十　第三百三十三條及第三百三十四條之海盜罪。

十一　第三百三十九條之四之加重詐欺罪。

(105)跨境電信詐騙案件的新興犯罪造成民眾財產鉅大損害與危害國家形象等情形，為維護本國之國際形象，並對於該類跨境加重詐欺案件，賦予我國司法機關有優先的刑事管轄權，以符合民眾對司法之期待，暨提升司法形象，爰將第三百三十九條之四之加重詐欺罪納入中華民國刑法第五條國外犯罪之適用。

＊（中華民國領域外）刑六～八，引渡二㊁；（內亂罪）刑一〇〇～一〇二，刑訴四①；（外患罪）刑一〇三～一一五，刑訴四②；（偽造貨幣罪）刑一九五～一九九，妨害國幣三；（鴉片罪）刑二五六～二六五，毒品危害四、五。

▲釋一七六。

▲刑法第五條第五款所指犯刑法第二百十四條、第二百十六條之罪，其所謂公務員職務上所掌之公文書，係指我國公務員（如駐外使、領館人員）職務上所掌管之我國公文書而言。至於在我國境外使外國公務員在其職務上所掌之外國公文書為不實之登載，自不在我刑法保護範圍之內。（六九臺上二六八五）

▲刑法為國內法，採屬地主義；刑法第五條第一款至第五款之規定，雖兼採保護主義，但以我國國家、社會、人民之法益為保護之對象；故刑法第五條第四款所稱有價證券，不包括在外國發行流通之有價證券在內。（七二臺上五八七二）

第六條　（屬人主義(一)——公務員國外犯罪之適用）

本法於中華民國公務員在中華民國領域外犯左列各罪者，適用之：

一 第一百二十一條至第一百二十三條、第一百二十五條、第一百二十六條、第一百二十九條、第一百三十一條、第一百三十二條及第一百三十四條之瀆職罪。

二 第一百六十三條之脫逃罪。

三 第二百十三條之偽造文書罪。

四 第三百三十六條第一項之侵占罪。

⇧查第二次修正案理由謂本條前法律館草案規定，處罰在國外犯罪之本國公務員，不以國籍為限，故外人為中國公務員，亦得適用。其修正案改為中國臣民，則以國籍為限，而外人服務於中國者，竟無從處罰，故本案擬仍從前法律館草案。原案第四條所列舉之罪為妨害國交罪、漏洩機務罪、瀆職罪、脫逃罪、妨害交通罪、妨害秩序罪、偽造文書印文罪，修正案刪去妨害交通罪、妨害秩序罪，而增入鴉片罪、賭博罪、姦非及重婚罪，未具理由，均失本條原意，故本案擬以瀆職罪、脫逃罪、偽造文書罪為限。

＊（中華民國公務員）刑一〇㈡；（中華民國領域外）刑五，引渡二㈢。

第七條 （屬人主義㈡——國民國外犯罪之適用）

本法於中華民國人民在中華民國領域外犯前二條以外之罪，而其最輕本刑為三年以上有期徒刑者，適用之。但依犯罪地之法律不罰者，不在此限。

⇧查第二次修正案理由謂本條前法律館草案作兩項：第一項、凡本國人在國外犯所列各罪者適用之，不問被害人為本國人或外國人，即學說上所謂屬人主義。第二項、外國人對於本國人在國外犯罪者適用之，是為擴充保護主義以及於本國人民。二者用意不同，憲政編查館核訂案，始以兩項併為一項，以至讀者將後句被害人國籍混合前句，殊失本條之原意。故本案仍從前法律館草案分作兩項，以期顯豁。原案第五條仿日本刑法而擴充其範圍，例如偽證及誣告罪、妨害交通罪、褻瀆祀典及發掘墳墓罪、毀棄損壞罪，皆日本所無者，修正案復有損益，但所列舉者，在國外犯罪之外國人，皆得處罰。且依原案第六條雖經外國法院論罪者，在本國仍得處罰，不獨使犯人自覺不平，恐與外國國權或至衝突，一千八百八十六年葛丁之案，其前車也。（美人葛丁，在美國對於墨西哥人犯妨害名譽罪，後因事抵墨，墨法院適用墨法處罰，美國抗議，卒釀成重大交涉，墨國不得已釋放之。）考國外立法例對於前二條列舉以外之罪，在國外犯者本國處罰類多附以條件，本法略仿其意，規定本條其第一款，不涉及輕微罪。第二、第三款則使犯人泯不平之憾，庶幾參酌中外情形，求適中之辦法。

＊（中華民國人民）憲三，國籍二，引渡四，刑一〇五；（中華民國領域外）刑五，引渡二㈢；（最輕本刑）少年事件二七㈠；（以上）刑一〇㈠；（犯罪地）刑訴五㈠。

▲被告係在外國籍輪船工作，並在國外逃亡，依刑法第十一條前段及第七條之規定，應無適用妨害國家總動員懲罰暫行條例第八條第三款所定罪名論處之餘地，原審竟論被告以違反政府依國家總動員法所發限制海員退職命令之罪，顯屬判決適用法則不當。（六〇臺非六一）

▲被告所犯殺人罪犯罪地在英、法兩國共管屬地「三托」島，依刑法第七條前段規定，應適用刑法處罰。（六九臺上一五六）

第八條 （國外對國人犯罪之準用）

前條之規定，於在中華民國領域外對於中華民國人民犯罪之外國人，準用之。

＊（中華民國領域外）憲四，刑五～七；（中華民國人民）憲三，國籍二，刑七。

第九條 （外國裁判服刑之效力）

同一行為雖經外國確定裁判，仍得依本法處斷。但在外國已受刑之全部或一部執行者，得免其刑之全部或一部之執行。

⇧查第二次修正案理由謂原案第六條，犯罪者雖經外國確定審判，仍得依本律處斷，犯罪者三字，擬改為同一行為，蓋本條之適用以同一行為為準，非以同一罪名為準。（同一行為而法律罪名不同者，各國往往有之。）若用犯罪二字，恐於同一行為，在外國被處罰之罪名，與在本國應處罰之罪名不同，至有不適用本條之誤會，故以行為言之。日本修正刑法各草案，用犯人二字或有用事件二字者，後始改作行為。（參照德國刑法第七條及其刑法準備草案第七條）又原案本條修正案刪去得字，其理由謂在民國外既經確定裁判之案，在民國應否提起公訴，應由檢察官視有無實益斷之，其經起訴者審判官不能不依本法處斷，而無不依本法處斷之權。原案仍得依本律處斷句之得字應刪去，以明彼此權限等語案，本條係對於在外國確定裁判之行為，在外國能否再行處罰而設，似不至牽及檢察官審判官之權限。本案擬仍用得字。

＊（確定裁判）刑訴三四九、三五九；（免其刑之執行）刑八六㈢、八八㈡，赦免三，刑訴四八一。

第十條 （名詞定義）

稱以上、以下、以內者，俱連本數或本刑計算。

稱公務員者，謂下列人員：

一 依法令服務於國家、地方自治團體所屬機關而具有法定職務權限，以及其他依法令從事於公共事務，而具有法定職務權限者。

二 受國家、地方自治團體所屬機關依法委託，從事與委託機關權限有關之公共事務者。

稱公文書者，謂公務員職務上製作之文書。

稱重傷者，謂下列傷害：

一 毀敗或嚴重減損一目或二目之視能。

二 毀敗或嚴重減損一耳或二耳之聽能。

三 毀敗或嚴重減損語能、味能或嗅能。

四 毀敗或嚴重減損一肢以上之機能。

五 毀敗或嚴重減損生殖之機能。

六 其他於身體或健康，有重大不治或難治之傷害。

稱性交者，謂非基於正當目的所為之下列性侵入行為：

一 以性器進入他人之性器、肛門或口腔，或使之接合之行為。

二 以性器以外之其他身體部位或器物進入他人之性器、肛門，或使之接合之行為。

稱電磁紀錄者，謂以電子、磁性、光學或其他相類之方式所製成，而供電腦處理之紀錄。

稱凌虐者，謂以強暴、脅迫或其他違反人道之方法，對他人施以凌辱虐待行為。

稱性影像者，謂內容有下列各款之一之影像或電磁紀錄：

一 第五項第一款或第二款之行為。

二　性器或客觀上足以引起性慾或羞恥之身體隱私部位。
三　以身體或器物接觸前款部位，而客觀上足以引起性慾或羞恥之行為。
四　其他與性相關而客觀上足以引起性慾或羞恥之行為。

⑫一、為明確規範性影像之定義，爰增訂第八項規定，說明如下：
㈠第一款性影像，係指含有「以性器進入他人之性器、肛門或口腔，或使之接合之行為」、「以性器以外之其他身體部位或器物進入他人之性器、肛門，或使之接合之行為」之內容者。
㈡第二款所稱「客觀上足以引起性慾或羞恥之身體隱私部位」，指該身體隱私部位，依一般通常社會觀念足以引起性慾或羞恥而言，例如臀部、肛門等。
㈢第三款所定「以身體或器物接觸前款部位」，例如以親吻、撫摸等方式或以器物接觸前開部位之內容，不論自己或他人所為者均屬之。
㈣第四款規定「其他與性相關而客觀上足以引起性慾或羞恥之行為」，例如其影像內容未如第一款或第三款行為清楚呈現「性器」或「足以引起性慾或羞恥之身體隱私部位」，而係對該等部位以打馬賽克等方式遮掩、迴避，或因攝錄角度未能呈現，而客觀上足以引起性慾或羞恥之行為。
二、第一項至第七項未修正。

＊（本數）刑七、四七；（公務員）刑一一○、一二○～一三五、一三八～一四一、一四九、一五八、一五九、一六三、二一三、二一四、二六一、二六四、二七○、三一八，貪污二；（法令）憲一七○、一七二，中標二～七；（公文書）刑二一一、二一三；（重傷）刑二二六、二七七㊁、二七八㊀、二八二～二八四、二八九～二九一、二九三㊁、二九四㊁、三○二㊁、三二五㊁、三二八㊂、三三三㊂、三四七㊁、三五三㊁。

▲釋五、七、八、七三。

▲變更容貌至重大不治之傷害，本應認為新刑法第十條第四項第六款之重傷，況判決在新刑法施行前，應照判執行，並非違法，無庸提起非常上訴。（院一四五九）

▲刑法第二十條第四款（現行法第十條第四項）所稱毀敗一肢以上之機能，係指其機能全部喪失效用者而言。本案被害人所受之傷，據最後覆驗結果，既僅左手第二指將來伸舒不能如常，及右臁肕嗣後行動不能復原，則其手足機能僅有減衰情形，並非已達全部喪失效用之程度，顯與該款所定重傷之條件不合。（二二上一四二）（九四、九、二七決議自九五、七、一起不再援用）

▲刑法第十條第四項第六款之重傷，係指除去同項第一款至第五款之傷害而於身體或健康有重大不治或難治之傷害者而言，如毀敗一目或二目之視能，按照該項第一款之規定，固屬重傷，假使所傷之目，僅祇視能減衰，並未完全毀敗，縱令此種減衰具有不治或難治之情形，仍與第六款所定之內容並不相當，即祇應成立普通傷害，不能遽依重傷論科。（二五上四六八○）

▲刑法第十條第四項第四款所稱毀敗一肢以上之機能，係指肢體因傷害之結果完全喪失其效用者而言，初不以驗斷時之狀況如何為標準，如經過相當之診治而能回復原狀，或雖不能回復原狀而僅祇減衰其效用者，仍不得謂為該款之重傷。（註：應注意九四、二、二修正公布刑法第一○條第四項第四款之規定。）（二八上一○九八）

▲依法令從事於公務之人員，即係公務員，不以受政府委任者為限。（二八上三七○二）（九四、九、二七決議自九五、七、一起不再援用）

▲手之作用全在於指，上訴人將被害人左手大指、食指、中指砍傷斷落，其殘餘之無名指、小指即失其效用，自不能謂非達於毀敗一肢機能之程度。（二九上一三五）

▲刑法第十條第四項第六款所謂其他於身體或健康有重大不治或難治之傷害，係指傷害重大，且不能治療或難於治療者而言，故傷害雖屬不治或難治，如於人之身體或健康無重大影響者，仍非本款所稱之重傷。（二九上六八五）

▲司法院院字第一四五九號解釋之重傷，依其解釋全文及刑法第十條第四項第六款規定，係指傷害重大且不能治療或難於治療者而言，如傷害雖重大，而未達於不能治療或難於治療之程度，仍難以重傷既遂論。（五四臺上一六九七）

▲被害人左膝蓋關節組織主要之伸出迴轉機能，既經完全喪失，不能回復而殘廢，無法上下樓梯，且該關節屈時受阻，伸時呈無力並發抖，自難自由行走並保持身體重心之平衡，殊不能謂非達於毀敗一肢機能之程度。上訴人既因其傷害行為，發生重傷之結果，自應構成傷害致人重傷罪。（六二臺上三四五四）

▲刑法上之公務員，係指依據法令從事於公務之人員而言，被告既係屏東縣九如鄉公所依照臺灣省公墓火葬場、殯儀館、納骨堂塔管理規則第二十二條之規定，僱用之公墓管理工，掌理勘測公墓使用面積，催收公墓使用費等事務，即屬依據法令，從事於公務之人員。（七○臺上一○五九）

第十一條（本法總則對於其他刑罰法規之適用）

本法總則於其他法律有刑罰、保安處分或沒收之規定者，亦適用之。但其他法律有特別規定者，不在此限。

⑭照協商條文通過。

＊（本法總則）軍刑一三；（法令）憲一七○、一七二，中標二～七；（特別規定）貪污二、三，妨兵二六，竊贓保安一，工廠六八～七二，民航一○○～一一○，銀行一二五、一二六，證交一七一～一七七。

第二章　刑事責任

⇧查第二次修正案謂原案本章不為罪之名稱，未盡妥善，前法律館草案及修正案，原名不論罪，但不論罪者指有罪而不論，似不能包括該章各條，即如依法令或正當業務之行為謂為有罪而不論，於常情及法理，均有未允。憲政編查館核訂案，如改名不為罪章，但不為罪之名稱，亦不能包括各條與不論罪之失相等。如原案第十一條未滿十二歲人之行為不為罪云云，第十二條精神病人之行為不為罪云云，按照共犯之解釋，教唆及幫助犯其罪成立與否，一依正犯之罪為準，質言之，即共犯為附屬正犯之性質，不能獨立自成一罪（理由詳共犯章）。若謂未滿年齡人及精神病人之行為不為罪，則幫助此等人之行為，照共犯之解釋，亦當然不為罪，將使幫助幼年及精神病人犯罪者，無所顧忌，恐非立法者之本意。況不為罪章條文中，亦有規定為罪處罰者，如第十三條之但書，及其他減刑若干等之條文，均係有罪而處罰者，此不為罪之名稱，應當改正者也。又宥減章及自首章，關於減等或免除各條，與不為罪章減等各條旨意相類，故本案擬將宥減自首兩章併入不為罪，名曰刑事責任及刑之減免章。

第十二條（犯罪之責任要件——故意、過失）

行為非出於故意或過失者，不罰。
過失行為之處罰，以有特別規定者為限。

⇧查暫行律第十三條理由謂本條係確立無犯意之原則，凡非出於故意，不得謂為其人之行為，即不得謂其人犯有罪惡，本條之設以此。
又查同律同條補箋謂故意者，謂知犯罪事實，而又有犯罪行為之決意，二者不備，不得為故意。例如入山獵獸，以人為獸，而誤擊殺之，此雖有犯罪行為之決意，而究不知犯罪事實，若此者不得為故意。又如獵者知前道有人，本持鎗不發，孰知誤觸其機而發之，遂犯殺人罪，若此者雖知犯罪事實，究無犯罪行為之決意，仍不得為故意。依分則明文所列，以過失犯論。

＊（故意）刑一三；（過失）刑一四；（不罰）刑訴二五二⑧、三○一㊀；（特別規定）刑一○八㊁、一一○、一二七㊁、一三二㊁、一六三、一七三、一七四、一七五㊂、一七六、一七八～一八一、一八三㊂、一八四㊂、一八九㊂、一九

○㊂、二七六、二八四。

▲某甲請由某看護附員施打藥針後，反應過烈，疼痛不堪，該看護附員因無止痛藥針，囑令吸食鴉片，以減少痛苦，某甲即吸食鴉片一次，均係以治療為目的，其行為並無違法性，自不構成犯罪。（院二三五七）

▲犯罪之成立，除應具備各罪之特別要件外，尤須具有故意或過失之一般要件，如某種犯罪必以他人之身分始能構成者，則以明知他人有此身分，方能成立，否則對於犯罪客體欠缺認識，即非出於犯該罪之故意行為。（二七非一五）

▲行為非出於故意或過失者不罰，刑法第十二條定有明文。竊油縱火，固必須有故意縱火之行為，始於竊盜罪外，復觸犯放火罪名，即竊油失火，亦必須有過失肇事之行為，始能令其併負失火罪責。是以竊油之共犯，對於致肇火災，苟非另有過失，仍難令其與失火之竊油共犯，同負失火罪責。（三〇上一四四）

▲犯罪之故意，祇須對於犯罪事實有所認識而仍實施為已足，不以犯人主觀之認識與客觀事實不生齟齬為必要。上訴人率人向被害人屋內開槍射擊，雖因被害人事先走避未遭殺害，然上訴人既認其尚在屋內而開槍，不能謂無殺人事實之認識及發生死亡結果之希望，而其犯罪結果之不能發生，既係由於被害人事先走避之意外障礙，則上訴人對此應負故意殺人未遂之責，自屬毫無疑義。（三〇上二六七一）

▲刑法上所謂過失，指無犯罪故意因欠缺注意致生犯罪事實者而言。故是否過失，應以對於其行為之結果有無認識為標準，若明知有此結果而悍然為之，自不得謂係過失。（五〇臺上一六九〇）

▲行為雖適合於犯罪構成要件之規定，但如無實質之違法性時，仍難成立犯罪。本件上訴人擅用他人之空白信紙一張，雖其行為適合刑法第三百三十五條第一項之侵占罪構成要件，但該信紙一張所值無幾，其侵害之法益及行為均極輕微，在一般社會倫理觀念上尚難認有科以刑罰之必要。且此項行為，不予追訴處罰，亦不違反社會共同生活之法律秩序，自得視為無實質之違法性，而不應繩之以法。（七四臺上四二二五）

第十三條（直接故意與間接故意）

行為人對於構成犯罪之事實，明知並有意使其發生者，為故意。

行為人對於構成犯罪之事實，預見其發生而其發生並不違背其本意者，以故意論。

⇧查第二次修正案理由謂原案於故意及過失之範圍，未嘗確定，解釋上一伸一縮，即易出入人罪，其關係非淺。且故意與過失，法家學說各有不同，若不確定其範圍，匪獨律文之解釋不能劃一，而犯人之處罰尤患失平。近年立法例，如意大利、俄國、暹羅等國刑法典及瑞士前後各草案，德國刑法準備草案與委員會刑法草案，皆於條文規定故意及過失之定義，故本案擬從之。關於故意之解釋，學說不一，其最要者有二派：一為意欲主義。一為認識主義。此二主義互相辯論，而以意欲主義為最多數學者所主張，及外國立法例所採用。故本案從之，於本條第一項規定直接之故意，第二項規定間接之故意，此外皆不得以故意論。

*（構成犯罪之事實）刑一四㊁，刑訴一五四、一六一、二六四㊁②、三一九㊁、三二〇㊁②；（明知）刑二一㊁、一二五㊀③、一二八、一二九、二一三～二一五、二五四、二五五㊁、二八五，貪污一五；（預見）刑一七。

▲被告因聽聞村犬亂吠，疑有匪警，並於隱約中見有三人，遂取手槍開放，意圖禦匪，以致某甲中槍殞命，是該被告雖原無殺死某甲之認識，但當時既誤認為匪，開槍射擊，其足以發生死亡之結果，究為本人所預見，而此種結果之發生，亦與其開槍之本意初無違背，按照上開規定，即仍不得謂非故意殺人。（二〇非九四）

▲刑法關於犯罪之故意，係採希望主義，不但直接故意，須犯人對於構成犯罪之事實具備明知及有意使其發生之兩個要件，即間接故意，亦須犯人對於構成犯罪之事實預見其發生，且其發生不違背犯人本意始成立，若對於構成犯罪之事實，雖預見其能發生，而在犯人主觀上確信其不致發生者，仍應以過失論。（二二上四二二九）

▲行為人對於構成犯罪之事實，明知並有意使其發生者，為故意。刑法第十三條第一項定有明文。上訴人既與某甲等於夜間分執手槍侵入他人之住宅，劫得財物，其對於構成強盜之事實，即係明知並有意使其發生，無論其所組織之團體內容如何，目的如何，及其劫得之財物用途如何，要不得因其加入該團體係出於思想錯誤之過失，而阻卻其故意犯強盜罪之責。（二六滬上六〇）

▲某甲之死既為落水淹斃，而其落水又為上訴人與某乙共同所推墮，其因果自相聯絡，即使該某甲於落水後，曾一度攀舷欲上，被某乙所擊落，上訴人並未有所參與，然某乙之打擊不過共犯排除妨果條件之行為，其後死亡結果既仍發生，並無因果中斷之可言。（二七上七三）

▲㈠打擊錯誤，係指行為人對於特定之人或物加以打擊，誤中他人等之情形而言。若對於並非為匪之人，誤認為匪而開槍射擊，自屬認識錯誤，而非打擊錯誤。
㈡殺人罪之客體為人，苟認識其為人而實施殺害，則其人之為甲為乙，並不因之而有歧異。（二八上一〇〇八）

▲刑法第十三條第二項之故意，與第十四條第二項之過失，均以行為人對於構成犯罪之事實，預見其發生為要件，惟一則發生並不違背其本意，一則確信其不發生，二者均以有構成犯罪事實之發生為前提，然後方能本此事實以判斷行為人究為故意抑為過失。本件被害人並未發生死亡之事實，原判決即謂上訴人有致人於死之預見，又未說明其所預見之結果係不違背其本意，抑係確信其不發生，遽以殺人未遂論擬，殊屬違法。（四五臺上八五二）（一〇二、一、八決議不再援用）

第十四條（無認識之過失與有認識之過失）

行為人雖非故意，但按其情節應注意，並能注意，而不注意者，為過失。

行為人對於構成犯罪之事實，雖預見其能發生而確信其不發生者，以過失論。

⇧查第二次修正案理由謂本案增入本條之理由，與前條同。第一項之規定，即學說上所謂不認識之過失，第二項之規定，即學說上所謂認識之過失。

*（故意）刑一三；（預見）刑一三㊁。

▲釋一〇二。

▲㈠二人以上因共同之過失發生犯罪者，應各科以過失罪之刑，不適用刑法第二十八條條文。其判決主文亦毋庸為共同過失之宣示。
㈡連續傷害因而致人於死，自應成立傷害人與傷害人致死之連續犯，傷害人部分如已有合法告訴，而檢察官僅以傷害罪起訴者，仍應依連續傷害人致死罪論科。（院二三八三）

▲查刑法上過失犯之成立，應以不注意於可以預知之事實為要件。若對於構成犯罪之事實，已預見其能發生，又無確信其不能發生之情形，係故意而非過失。（二〇非四〇）

▲刑法上之過失犯，必須危害之發生，與行為人之欠缺注意，具有因果聯絡關係，始能成立。至行為人之過失，與被害人自己之過失，併合而為危害發生之原因時，雖不能阻卻其犯罪責任，但僅被害人之過失為發生危害之獨立原因者，則行為人縱有過失，與該項危害發生之因果關係，已失其聯絡，自難令負刑法上過失之責。（二二上五二二三）

▲懈怠過失與疏虞過失雖同為犯罪之責任條件，然前者係應注意能注意而不注意，對於犯罪事實之發生並無預見，後者則為預見其發生，而確信其不發生，對於犯罪事實之發生本有預見，由於自信不致發生疏於防虞，終於發生，二者態樣顯不相同，故刑法第十四條第一項、第二項分別予以規定，以示區別。（五六臺上一五七四）

▲汽車駕駛人雖可信賴其他參與交通之對方亦能遵守交通規則，同時為必要之注意，謹慎採取適當之行動，而對於不可知之對方違規行為並無預防之義務，然因對於違規行為所導致之危險，若屬已可預見，且依法律、契約、習慣、

法理及日常生活經驗等，在不超越社會相當性之範圍應有注意之義務者，自仍有以一定之行為避免結果發生之義務。因此，關於他人之違規事實已極明顯，同時有充足之時間可採取適當之措施以避免發生交通事故之結果時，即不得以信賴他方定能遵守交通規則為由，以免除自己之責任。（七四臺上四二一九）

▲刑法上之過失，其過失行為與結果間，在客觀上有相當因果關係始得成立。所謂相當因果關係，係指依經驗法則，綜合行為當時所存在之一切事實，為客觀之事後審查，認為在一般情形下，有此環境、有此行為之同一條件，均可發生同一之結果者，則該條件即為發生結果之相當條件，行為與結果即有相當之因果關係。反之，若在一般情形下，有此同一條件存在，而依客觀之審查，認為不必皆發生此結果者，則該條件與結果並不相當，不過為偶然之事實而已，其行為與結果間即無相當因果關係。（七六臺上一九二）

▲汽車駕駛人對於防止危險發生之相關交通法令之規定，業已遵守，並盡相當之注意義務，以防止危險發生，始可信賴他人亦能遵守交通規則並盡同等注意義務。若因此而發生交通事故，方得以信賴原則為由免除過失責任。（八四臺上五三六〇）

第十五條（不作為犯）

對於犯罪結果之發生，法律上有防止之義務，能防止而不防止者，與因積極行為發生結果者同。

因自己行為致有發生犯罪結果之危險者，負防止其發生之義務。

⑭第一項、第二項所謂「一定結果」，實務及學者通說均認為係指「犯罪結果」，雖然在解釋與適用上並無爭議，惟「一定結果」用語，語意模糊，爰修正為「犯罪結果」，以資明確。

*（發生一定結果之危險）刑五七⑨；（不作為犯）刑二九四、三〇六。

▲原審判決以被告前往某甲家擬邀其外出同看電影，某甲見被告衣袋內帶有土造小手槍，取出弄看，失機槍響斃命，認某甲之死，非由被告之行為所致，諭知被告無罪，惟被告所帶手槍，如果裝有子彈，則取而弄看，不免失機誤傷人命之危險，按之刑法第十五條第二項規定，被告即有阻止某甲弄看，或囑其注意之義務，倘當時情形，被告儘有阻止或囑其注意之時間，因不注意而不為之，以致某甲因失機彈發斃命，依同條第一項規定，即不得不負過失致人於死之責。（二九上二九七五）

▲被害人某甲，雖係自己躍入塘內溺水身死，如果某甲確因被告追至塘邊，迫不得已，始躍入水中，則依刑法第十五條第二項規定，被告對於某甲之溺水，負有救護之義務，倘當時並無不能救護之情形，而竟坐視不救，致某甲終於被溺身死，無論其消極行為之出於故意或過失，而對於某甲之死亡，要不得不負相當罪責。（二九上三〇三九）

▲因自己行為致有發生一定結果之危險者，應負防止其發生之義務，刑法第十五條第二項定有明文。設置電網既足使人發生觸電之危險，不能謂非與該項法條所載之情形相當。上訴人為綜理某廠事務之人，就該廠設置之電網，本應隨時注意防止其危險之發生，乃於其電門之損壞，漫不注意修理，以致發生觸電致死情形，顯係於防止危險之義務有所懈怠，自難辭過失致人於死之罪責。（三〇上一一四八）

▲消極的犯罪，必以行為人在法律上具有積極的作為義務為前提，此種作為義務，雖不限於明文規定，要必就法律之精神觀察，有此義務時，始能令負犯罪責任。（三一上二三二四）

▲上訴人既以經營電氣及包裝電線為業，乃於命工裝置電線當時及事後並未前往督察，迨被害人被該電線刮碰跌斃，始悉裝置不合規定，自難辭其於防止危險發生之義務有所懈怠，而應負業務上過失致人於死之罪責。（五二臺上五二一）

第十六條（法律之不知與錯誤）

除有正當理由而無法避免者外，不得因不知法律而免除刑事責任。但按其情節，得減輕其刑。

⑭一、現行條文所謂「不知法律」，其態樣包含消極之不認識自己行為為法律所不許，以及積極之誤認自己行為為法律所許二者，此二者情形，即為學理上所謂「違法性錯誤」，又稱「法律錯誤」，本條之立法，係就違法性錯誤之效果所設之規定。

二、關於違法性認識在犯罪論之體系，通說係採責任說立場。惟關於違法性錯誤之效果，不論暫行新刑律、舊刑法及現行刑法，均未以一定條件下得阻卻犯罪之成立，而僅就減輕或免除其刑之要件，予以規定，本條此種立法例，實與當前刑法理論有違。按對於違法性之錯誤，如行為人不具認識之可能時，依當前刑法理論，應阻卻其罪責；惟依現行規定，至多僅得免除其刑，且限於行為人積極誤信自己行為為法律所許之情形，而不包含消極不知自己行為為法律所不許之情形，過於嚴苛，故有修正必要。

三、按法律頒布，人民即有知法守法義務，惟如行為人具有上揭違法性錯誤之情形，進而影響法律效力，宜就違法性錯誤之情節，區分不同法律效果。其中，㈠行為人對於違法性錯誤，有正當理由而屬無法避免者，應免除其刑事責任，而阻卻其犯罪之成立。㈡如行為人對於違法性錯誤，非屬無法避免，而不能阻卻犯罪之成立，然得視具體情節，減輕其刑，爰修正現行條文，以配合違法性錯誤及責任理論。

*（刑事責任）刑一二～一四；（減輕其刑）刑五九、六一、六二、六六、七三、八六㊁、八七㊁；（免除其刑）刑訴二九九㊀，刑六六。

▲刑法第十六條所謂不知法律，係指對於刑罰法律有所不知，且其行為不含惡性者而言。（三六特覆一六七八）

▲刑事訴訟法上所謂現行犯，係指違反刑罰法令之現行犯而言，其違反行政法令者，不包括在內，而刑法第十六條所謂自信其行為為法律所許可，以有正當理由者為限。上訴人明知告訴人非違反刑罰法令，而竟加以逮捕，其理由自難謂為正當，與該條之情形自有未符。（四四臺上一五〇）

第十七條（加重結果犯）

因犯罪致發生一定之結果，而有加重其刑之規定者，如行為人不能預見其發生時，不適用之。

⇧查第二次修正案理由謂原案分則，所犯某罪因而發生其他結果者，加重其刑等條文頗多，案科刑專以結果為斷，不問犯人之罪責如何，此為古代刑法，近世學者深非之。蓋犯罪所生之結果，其在犯人意中者，科以較重之刑，未為不當，若意外之結果，其發生之原因，至為複雜，因偶然之事實，使犯人負此意外之結果，不獨受罰者，自痛不平，即刑事政策亦不應爾爾。一千九百零二年萬國刑法學會議決，犯人對於犯罪行為之結果所負之刑事責任，應以其能預見者為限。晚近立法例如那威、俄國刑法典及奧國、瑞士、德國各刑法準備草案，與德國委員會刑法草案，皆規定犯人祇對於其能預見之結果而負其責任，故本案擬增入本條。

*（加重其刑之規定）刑一二五㊁、一二六㊁、一三五㊂、一三六㊁、一七七㊁、一八五㊁、一八九㊁、一九〇㊁、二二六、二七七㊁、二七八㊁、二八九㊁、二九〇㊁、二九一㊁、二九三㊁、二九四㊁、三〇二㊁、三二五㊁、三二八㊂、三三三㊂、三四七㊁、三五三㊁。

▲加重結果犯，以行為人能預見其結果之發生為要件，所謂能預見乃指客觀情形而言，與主觀上有無預見之情形不同，若主觀上有預見，而結果之發生又不違背其本意時，則屬故意範圍。（四七臺上九二〇）

▲被害人顳部被破瓶毆傷，割斷動脈，流血過多，乃至逃入山間，因休克跌落崖下溪中身死，不得謂非與上訴人等之行毆，有因果關係，其結果亦非不能預見之事，至被害人所受致命之傷雖僅一處，為上訴人以外之其他共犯所為，然其傷害既在犯罪共同意思範圍，自應同負正犯責任。（四八臺上八六〇）

▲刑法上之加重結果犯，以行為人對於加重結果之發生有預見之可能為已足。如傷害他人，而有使其受重傷之故意，即應成立刑法第二百七十八條第一項使人受重傷罪，無論以同法第二百七十七條第二項，傷害人之身體因而致重傷罪之餘地。（六一臺上二八九）

▲共同正犯在犯意聯絡範圍內之行為，應同負全部責任。惟加重結果犯，以行為人能預見其結果之發生為要件，所謂能預見乃指客觀情形而言，與主觀上有無預見之情形不同，若主觀上有預見，而結果之發生又不違背其本意時，則屬故意範圍；是以，加重結果犯對於加重結果之發生，並無主觀上之犯意可言。從而共同正犯中之一人所引起之加重結果，其他之人應否同負加重結果之全部刑責，端視其就此加重結果之發生，於客觀情形能否預見；而非以各共同正犯之間，主觀上對於加重結果之發生，有無犯意之聯絡為斷。（九一臺上五〇）

第十八條（未成年人、滿八十歲人之責任能力）

未滿十四歲人之行為，不罰。

十四歲以上未滿十八歲人之行為，得減輕其刑。

滿八十歲人之行為，得減輕其刑。

⇧查第二次修正案理由調未及年歲人犯罪不應處罰，但得施以感化教育為各國之善制。故本法將責任年齡提高至十四歲，宥減年齡提高至十八歲，同時將感化教育及監督品行等處分，詳細規定於保安處分章內。

＊（未滿十四歲）民一二四；（不罰）刑八六㈠，刑訴三〇一㈡；（減輕其刑）刑六三、八六㈡。

▲釋一二九。

▲未滿十八歲人犯罪，而其本刑為死刑或無期徒刑者，依刑法第六十三條第一項規定，必須減輕其刑，審判上並無裁量之餘地，因而同法第十八條第二項之規定於此亦無其適用。上訴人所犯之罪，其本刑既係惟一死刑，而其時上訴人又尚未滿十八歲，自應先依刑法第六十三條第一項、第六十四條第二項減輕後，再適用同法第五十九條遞減其刑方為適法。乃原判決不依此項規定，竟引用同法第十八條第二項為遞減其刑之根據，不無違誤。（四九臺上一〇五二）

▲少年事件處理法第二條明定：「本法稱少年者，謂十二歲以上未滿十八歲之人」，乃規定少年之範圍，刑法第十八條第一項，則係規定刑事責任之年齡，是以涉及刑事責任之年齡，仍應依刑法之規定，而不得適用少年事件處理法第二條之最低年齡，此觀乎同法第二十七條第三項所載：「前二項情形，於少年犯罪時未滿十四歲者不適用之」之規定甚明。原判決對於犯罪時未滿十四歲之被告未依刑法第十八條第一項之規定不予處罰，顯屬判決不適用法則。（六六臺非一三九）

第十九條（責任能力㈠——精神狀態）

行為時因精神障礙或其他心智缺陷，致不能辨識其行為違法或欠缺依其辨識而行為之能力者，不罰。

行為時因前項之原因，致其辨識行為違法或依其辨識而行為之能力，顯著減低者，得減輕其刑。

前二項規定，於因故意或過失自行招致者，不適用之。

⑭一、現行法第一項「心神喪失」與第二項「精神耗弱」之用語，學說及實務見解，均認其等同於「無責任能力」與「限制責任能力」之概念。惟：㈠「心神喪失」與「精神耗弱」之語意極不明確，其判斷標準更難有共識。實務上，欲判斷行為人於行為時之精神狀態，常須藉助醫學專家之鑑定意見；惟心神喪失與精神耗弱概念，並非醫學上之用語，醫學專家鑑定之結果，實務上往往不知如何採用，造成不同法官間認定不一致之情形。㈡學理上，責任能力之概念，已因犯罪理論之演變，而使其範圍限縮。在傳統犯罪理論上，犯罪之構成要件該當性與違法性所判斷之對象，係客觀之外在犯罪事實，至行為人之主觀能力或心理狀態事實，則屬有責性判斷之對象；惟當今通說之犯罪理論，則認犯罪之構成要件該當性、違法性及有責性，所判斷之對象，均有客觀及主觀事實，尤其故意犯之構成要件該當性，對於客觀之構成犯罪事實，行為人主觀上須具備認識及意欲，始足當之，學理上，亦有行為能力之概念。因此，現今責任能力之範圍，已較傳統理論為狹。應如何將其具體標準予以明文，更屬必要。

二、關於責任能力之內涵，依當前刑法理論，咸認包含行為人辨識其行為違法之能力，以及依其辨識而行為之能力。至責任能力有無之判斷標準，多認以生理學及心理學之混合立法體例為優。易言之，區分其生理原因與心理結果二者，則就生理原因部分，實務即可依醫學專家之鑑定結果為據，而由法官就心理結果部分，判斷行為人於行為時，究屬無責任能力或限制責任能力與否。在生理原因部分，以有無精神障礙或其他心智缺陷為準；在心理結果部分，則以行為人之辨識其行為違法，或依其辨識而行為之能力，是否屬不能、欠缺或顯著減低為斷。行為人不能辨識其行為違法之能力或辨識之能力顯著減低之情形，例如，重度智障者，對於殺人行為完全無法明瞭或難以明瞭其係法所禁止；行為人依其辨識違法而行為之能力欠缺或顯著減低之情形，例如，患有被害妄想症之行為人，雖知殺人為法所不許，但因被害妄想，而無法控制或難以控制而殺害被害人。爰仿德國立法例，將現行第一項、第二項之規定，予以修正。

三、按犯罪之成立，當前刑法理論咸認行為應具備犯罪之構成要件該當性、違法性與有責性後，始足當之。責任能力之有無及其高低，為犯罪有責性判斷之一要件。關於責任能力之判斷，依通說之規範責任論，應就行為人所實施具備構成要件該當且屬違法之行為，判斷行為人辨識其行為違法之能力，以及依其辨識而行為之能力，倘行為人之欠缺或顯著減低前述能力，係由於行為人因故意或過失自行招致者，而行為人仍能實施具備犯罪構成要件該當性及違法性之行為，依規範責任論，即難謂其屬無責任能力或限制責任能力；爰參酌暫行新刑律第十二條第二項酗酒不適用不為罪之規定及瑞士現行刑法第十二條、奧地利現行刑法第三十五條之立法例，於第三項予以明定。

＊（心神喪失）刑八七㈠，刑訴二九四、三〇一；（不罰）刑八七㈠，刑訴三〇一㈠；（精神耗弱）刑八七㈢、三四一；（減輕其刑）刑八七。

▲刑法上所謂心神喪失人，非以其心神喪失狀態毫無間斷為必要，如果行為時確在心神喪失之中，即令其在事前事後偶回常態，仍不得謂非心神喪失人。（二四上二八四四）

▲刑法上之心神喪失與精神耗弱，應依行為時精神障礙程度之強弱而定，如行為時之精神，對於外界事務全然缺乏知覺理會及判斷作用，而無自由決定意思之能力者，為心神喪失，如此項能力並非完全喪失，僅較普通人之平均程度顯然減退者，則為精神耗弱。（註：應注意刑法已修正，刪除牽連犯之規定。）（二六渝上二三七）

▲舊刑法第三十二條關於不得因酗酒而免除刑事責任之規定，已為現行刑法所不採，故如被告於尚未飲酒之先，即已具有犯罪之故意，其所以飲酒至醉，實欲憑藉酒力以增加其犯罪之勇氣者，固不問其犯罪時之精神狀態如何，均應依法處罰。假使被告於飲酒之初，並無犯罪之意圖，祇因偶然飲酒至醉，以致心神喪失，或精神耗弱而陷於犯罪，即難謂其心神喪失之行為仍應予以處罰，或雖係精神耗弱亦不得減輕其刑。（註：應注意九四、二、二修正公布刑法第一九條之規定。）（二八上三八一六）

▲刑法上所謂精神耗弱，係指行為時之精神，對於外界事物之判斷能力，較普通人之平均程度，顯然減退者而言。原審於被告當日是否因飲酒已至精神耗弱，未於審判期日詳加調查，徒以其行為時面有酒容，於路人前往施救時，尚不知逃逸，遂謂其精神顯已耗弱，遽予論減，自非有據。（四八臺上一四八六）（九五、一、一七決議不再援用）

▲精神耗弱人之行為，依刑法第十九條第二項之規定，僅係得減輕其刑，並非必減，即係法院依職權自由裁量之事項，原判決既未減輕其刑，事實欄與理由欄關於上訴人是否精神耗弱人之記載與敘述，依刑事訴訟法第三百八十條之規定，自屬於判決無影響。（七八臺上三九四九）

第二十條（責任能力㈡——生理狀態）

瘖啞人之行為，得減輕其刑。

⇧查暫行律第五十條理由謂瘖啞人，究不能與普通犯罪同論，故本法定為減輕。又注意內謂瘖啞有生而瘖啞者，有因疾病或受傷而瘖啞者，生而瘖啞，乃自來痼疾，不能承受教育，能力薄弱，故各國等諸幼年之列。若因疾病或受傷而瘖啞者，不過肢體不具，其精神知識與普通無異，則不能適用此例。

*（瘖啞）刑八七㊁，刑訴九九，民訴二〇七㊁；（減輕其刑）刑八七㊁。

▲刑法第二十條所謂瘖啞人，自係指出生及自幼瘖啞者言。瘖而不啞，或啞而不瘖，均不適用本條。（院一七〇〇）

第二十一條（依法令之行為）

依法令之行為，不罰。

依所屬上級公務員命令之職務上行為，不罰。但明知命令違法者，不在此限。

⇧查暫行律第十四條理由謂本條所揭之行為，皆係正當，故不為罪。但實際上刑法與其餘律例相衝突之時，究應先從何者以斷定其罪之有無，不無疑義，故特設本條以斷其疑。本條第二項查暫行律第十四條注意謂依律例不以為罪之行為，如死傷敵兵、執行死刑、逮捕犯人、沒收財產，係出於從本屬長官之命令盡自己之職務者，或此種行為，係本於律例上直接所屬之權限者，總之依律例規定不以為罪之一切行為是也。惟本法以明知命令違法者，仍須負責，故增設但書之規定。

*（法令）憲一七〇～一七二，中標四～七，刑一五三②、二九四㊀、三〇七、三一七；（依法令行為）民一五一、一〇八五、一〇九七、一一一二㊂，刑訴七六、八八、一〇一、一一二㊂；（上級公務員）公服二、三、一〇；（明知）刑一三㊀。

▲依上級公務員命令之行為，限於為其職務上行為，且非明知命令違法者，始在不罰之列，刑法第二十一條第二項規定甚明。上訴人等將捕獲之匪犯某甲，立即槍決，固係奉有聯保主任之命令，但聯保主任對於捕獲之匪犯，並無槍決之權，既非上訴人所不知，此項槍殺之命令，亦顯非屬於上訴人職務上之行為，乃明知命令違法，任意槍殺，自不能援據刑法第二十一條第二項之規定，而主張免責。（二九上七二一）

▲依法逮捕犯罪嫌疑人之公務員，遇有抵抗時，雖得以武力排除之，但其程度以能達逮捕之目的為止，如超過其程度，即非法之所許，不得認為依法令之行為。（三〇上一〇七〇）

第二十二條（業務上正當行為）

業務上之正當行為，不罰。

*（業務）刑二四㊁、一三二㊂、二〇八㊁、二一五、二二八、三一六、三一七、三三六㊁；（正當行為）醫師一一、一九、二五，藥師一五、二一。

第二十三條（正當防衛）

對於現在不法之侵害，而出於防衛自己或他人權利之行為，不罰。但防衛行為過當者，得減輕或免除其刑。

⇧查第二次修正案理由謂本條之規定，即學說上所謂正當防衛，各國刑法皆以不法之侵害為限。其侵害既屬不法，即未至不得已時，亦得防衛，與次條緊急狀態之行為微有不同。日本刑法擴充防衛之範圍，以不正之侵害為準，又恐防衛誤用，遂加以不得已之條件。原案亦以不正之侵害為限，但遺漏不得已等字樣，其範圍較日本更廣矣。就日本刑法而論，對於不法之侵害，亦須待至不得已時，方予以防衛，事實上既有所不能，而於立法者，保護法益之意，亦有所未盡，故本案擬從多數國立法例，凡不法之侵害，即得正當防衛，於不得已之條件，概無所取。又原案防衛行為過當者，得減本刑若干等，修正案刪去得字改從必減主義，本案擬仍用得字以免藉口防衛而加以過當之危害，但防衛行為，法官於事後從容論斷以為過當者，主犯人當時，急不暇待，或以為非過當，往往有之。且過當之程度，仍有輕重之分，若少有過當，即科以刑罰未免近苛，故本案於減輕後，增入或免除字樣，以便法官裁奪。又修正案第十五條第二項正當防衛之規定，對於直系尊親屬不適用之，此項為原案所無，係依刑律補充條例增入者，本案擬刪。蓋尊屬之於卑屬，當然有相當之懲責權，此為東西各國之所同，當執行懲責權時，斷不得視為不法之侵害。

*（不法之侵害）民一四九；（減輕或免除其刑）刑六六。

▲刑法第二十三條所稱之權利，不包含國家拘禁力在內，執行拘禁之公務員，追捕脫逃罪犯而將其擊斃者，不適用該條規定。（院二四六四）

▲行使防衛權以對於現在不法之侵害為條件，上訴人等奉派前往搜捕盜匪，至某甲家時，以某甲奪門圖逸，遂開槍向擊，將其擊斃，為原判決認定之事實，是被害人於上訴人等搜捕之際，已經逃避，並無何種不法侵害情形，本不發生防衛問題，雖上訴意旨謂，如不開槍鎮懾，萬一該匪乘黑夜開槍狙擊，豈不盡遭毒手等語，然於彼方之加害與否，尚僅在顧慮之中，即非對於現在之不法侵害，加以防衛，仍與刑法第二十三條之規定，顯屬不符。（二八上二三六三）

▲正當防衛以對於現在不法之侵害為條件，縱如上訴人所云恐遭傷害，始開槍示威，但被害人之加害與否，僅在顧慮之中，既非對於現在不法之侵害加以防衛，即與刑法第二十三條之規定不符。（三八臺上二九）

▲對於現在不法侵害之防衛行為是否過當，須就侵害行為之如何實施，防衛之行為是否超越其必要之程度而定，不專以侵害行為之大小及輕重為判斷之標準。（四八臺上一四七五）

▲被告因自訴人壓在身上強姦，並以舌頭伸入口中強吻，無法呼救，不得已而咬傷其舌頭，以為抵抗，是被告顯係基於排除現在不法侵害之正當防衛行為，且未超越必要之程度，依法自屬不罰。（五二臺上一〇三）

▲刑法上之防衛行為，祇以基於排除現在不法之侵害為已足，防衛過當，指防衛行為超越必要之程度而言，防衛行為是否超越必要之程度，須就實施之情節而為判斷，即應就不法侵害者之攻擊方法與其緩急情勢，由客觀上審察防衛權利者之反擊行為，是否出於必要以定之。（六三臺上二一〇四）

第二十四條（緊急避難）

因避免自己或他人生命、身體、自由、財產之緊急危難而出於不得已之行為，不罰。但避難行為過當者，得減輕或免除其刑。

前項關於避免自己危難之規定，於公務上或業務上有特別義務者，不適用之。

⇧查暫行律第十六條理由謂本條所規定，係不得已之行為或放任之行為，與前條正當防衛情形不同，非由於驅斥他人侵害，乃由水火雷震及其餘自然之厄，或由於自力所不能抵抗之人力強制，不得已而為之者，刑律即不加以罰，蓋本於法律不責人所不能之原則也。本條第二項之制限，例如軍人臨陣脫逃，及船長見船將近覆沒，自先脫逃，上陸之類，此為違背職務、業務上之特別行為，不得以不得已之理由，謂為無罪。又該條注意謂遇水、火、雷震、及其餘變故，竄身避免，致使他人死傷，如因強盜以死傷相脅迫，乃導致財物所在之處之類，皆屬本條之範圍。本條所揭之行為，無論出於故意與否，凡一切被不能抵抗之強力所強制者，皆賅於其中，雖出於故意者，仍得因本條之故，不論其罪，以非法之力所能及也。又該條補箋，謂本條在學說上謂之放任行為，放任行為者，有責任行為而為法律所保護，不處罰者之謂。人情當緊急時，因欲保護自己之現時危難不得已而牽害他人法益者，亦所不免。例如屋將傾頹，己欲先出推他人落後而致死，又如甲乙同舟遇風將溺，甲獲木而浮，乙奪之致甲溺死，此皆由救己情切，出於不得已，故法律以之為放任行為，斷為無罪。羅馬、德意志二國法律皆然，日本新舊刑法亦採用，故以道德言之，仁者殺身以成仁，若損人利己，此甚不可為之事，而法律置之而不論罪者，因對於一般人之法，不宜責以難能，倘以道德之行為，定於法律，無論何國，均未有此程度。又查第二次修正案調本條之規定，即學說上所謂緊急狀態，非如前條之有一違法侵害人可比。質言之，與有關係之人，皆為無過，但因緊急情狀得以犧牲第三者之法益，以保全自己或他人之法益，故其適用範圍不得漫無限制。本案擬從多數國立法例。以關於生命、身體、自由、財產為限。又本條但書，本案擬增入或免除三字。

*（緊急危難）憲二三；（不得已之行為）軍刑一二；（減輕或免除其刑）刑六六；（公務）刑一〇㊂、二二八、三三六㊀；（業務）刑二二、一三二㊂、二〇八㊁、二一五、二二八、三一六、三一七、三三六㊁；（特別義務）刑一二〇，戰軍二、三，海商一〇九，船員七三。

▲緊急避難行為，以自己或他人之生命、身體、自由、財產猝遇危難之際，非侵害他人法益別無救護之途，為必要之條件。（二四上二六六九）

▲上訴人殺傷某甲後，背負某乙涉江而逃，行至中流，水深流急，將某乙棄置江中溺斃，其遭遇危險之來源，固係上訴人所自召，但當時如因被追捕情急，以為涉水可以避免，不意行至中流，水急之地，行將自身溺斃，不得已而將某乙棄置，以自救其生命，核與法定緊急避難之要件，究無不合，原審認為不生緊急避難問題，尚有未洽。（二五上三三七）

▲被告雖係依法拘禁之人，於敵軍侵入城內情勢緊急之際，為避免自己之生命危難，而將看守所之械具毀壞，自由行動，核與緊急避難之行為並無不合，其毀壞械具，亦難認為過當，自不應成立刑法第一百六十一條第二項之脫逃罪。（三三非一七）

第三章 未遂犯

⇧查暫行律第二章原案調未遂罪者，即分則所定之犯罪行為，著手而未完結，或已完結而未生既遂之結果者是也。

第二十五條 （未遂犯之定義及處罰）

已著手於犯罪行為之實行而不遂者，為未遂犯。

未遂犯之處罰，以有特別規定者為限，並得按既遂犯之刑減輕之。

(94)一、第一項及第二項前段未修正。

二、現行條文第一項係就一般未遂犯之成立要件所設之規定；至一般未遂犯之處罰要件與處罰效果，則於本條第二項及第二十六條前段分設規定；另現行條文第二十六條後段係就不能未遂之成立要件與處罰效果所設之規定，就該條而言，兼含一般未遂與不能未遂，在立法體例上，實屬不妥，爰將第二十六條前段關於一般未遂犯處罰效果之規定，改列於本條第二項後段，而使本條規範一般未遂犯之規定趨於完整，第二十六條則專為規範不能未遂，以利體例之清晰。

*（犯罪行為）刑四、二七、二八；（著手）刑一〇〇；（實行）刑二七。

▲被告在瑞和江輪購買煙土，既為人所詐，以致誤買料土，自係居於被害人之地位，根本上已難論以刑法第二百七十一條第一項之罪。又刑法處罰未遂罪之精神，係以其著手於犯罪之實行，雖意外障礙不遂，而有發生實害之危險，不能不加以制裁，故刑法第三十九條第一項後段之不能犯，亦係指該項行為有發生結果之危險者而言，如出於犯人一時之幻覺，實際上並非實施犯罪之行為（學說上名為幻覺犯）自不成立犯罪。本案被告誤認料土為鴉片煙土，著手販賣，非但不能發生販賣煙土之結果，且無發生該項結果之危險，即亦不生未遂罪之問題。（一九非三五）

▲查未遂罪指已著手於犯罪之實行而不遂，或不能生犯罪之結果者而言，所謂著手指實行犯意，尚未達於犯罪既遂之程度，與著手以前所為之準備行為，迥乎不同。（二〇上八二三）

▲預備行為與未遂犯之區別，以已未著手於犯罪之實行為標準，所謂著手，即指犯人對於犯罪構成事實開始實行而言。（二一非九七）

▲刑法第二十五條第一項所謂著手，係指犯人對於構成犯罪之事實開始實行而言，其在開始實行前所為之預備行為，不得謂為著手，自無成立未遂犯之餘地。（二五非一六四）

▲刑法上之未遂犯，必須已著手於犯罪行為之實行而不遂，始能成立，此在刑法第二十五條第一項規定甚明，同法第三百二十一條之竊盜罪，為第三百二十條之加重條文，自係以竊取他人之物為其犯罪行為之實行，至該條第一項各款所列情形，不過為犯竊盜罪之加重條件，如僅著手於該項加重條件之行為而未著手搜取財物，仍不能以本條之竊盜未遂論。上訴人在某處住宅之鐵門外探望，正擬入內行竊，即被巡捕查獲，是被獲時尚未著手於竊盜之犯罪行為，自難謂係竊盜未遂。至其在門外探望，原係竊盜之預備行為，刑法對於預備竊盜並無處罰明文，亦難令負何種罪責。（二七滬上五四）

▲刑法第二十五條所謂已著手於犯罪行為之實行，係指對於構成犯罪要件之行為，已開始實行者而言，若於著手此項要件行為以前之準備行動，係屬預備行為，除法文有處罰預備犯之明文，應依法處罰外，不能遽以未遂犯罪論擬。（三〇上六八四）

▲上訴人結夥竊魚，將竹籠放置於他人魚塭，固有魚入籠，但未為上訴人或其他共犯提取，仍有逸出之可能，入籠之魚即尚未移入行竊者自己支配之下，其行為應屬未遂。（五二臺上一四三六）

▲刑法第二十六條前段僅為未遂犯之處罰得按既遂犯之刑減輕之原則規定，至於應否減輕，尚有待於審判上之衡情斟酌，並非必須減輕，縱予減輕，仍應依刑法第五十七條審酌一切情狀以為科刑輕重之標準，並應依刑事訴訟法第三百零二條第二款（現行法第三百十條）之規定，於判決理由內記明其審酌之情形，並非一經減輕即須處以最低度之刑。（四八臺上一三四八）

▲上訴人既有殺人之犯意，又有放置含有毒素之陸角牌乳劑於食物內之行為，雖因其放置毒品後即被發現，尚未發生有人死亡之結果，亦係已著手於犯罪行為之實行而不遂，應構成殺人未遂罪，而非預備殺人。（五九臺上二八六一）

▲藥物藥商管理法第七十三條第一項之明知為偽藥或禁藥而販賣罪，固不以販入之後，復行賣出為構成要件，但仍須以營利為目的，將偽藥或禁藥購入，或將偽藥或禁藥賣出，二者必有其一，犯罪始為成立，方可論以既遂。如基於販入以外之其他原因而持有偽藥或禁藥後，另行起意售賣，正當看貨議價尚未完成賣出之際，即被警當場查獲，其犯罪尚未完成，自僅能以未遂論。（六九臺上一六七五）（一〇一、八、七決議不再援用）

第二十六條 （不能犯）

行為不能發生犯罪之結果，又無危險者，不罰。

(94)一、現行法本條前段，係就一般未遂犯之處罰效果所設之規定；後段，則係就不能未遂犯之成立要件與處罰效果所設之規定。不能未遂犯，既屬未遂犯之一種型態，在立法體例上，應與一般未遂犯有所區別為當，遂就本條前段關於一般未遂犯處罰效果之規定，改列於第二十五條第二項後段，以使本條成為規範不能未遂犯之專條。

二、關於未遂犯之規定，學理中有採客觀未遂論、主觀未遂論、或折衷之「印象理論」。參諸不能犯之前提係以法益未受侵害或未有受侵害之危險，如仍對於不能發生法益侵害或危險之行為課處刑罰，無異對於行為人表露其主觀心態對法律敵對性之制裁，在現代刑法思潮下，似欠合理性。因此，基於刑法謙抑原則、法益保護之功能及未遂犯之整體理論，宜改採客觀未遂論，亦即行為如不能發生犯罪之結果，又無危險者，不構成刑事犯罪。

*（未遂犯）刑二五㊀；（危險）刑五七⑨、一八九㊀；（減輕或免除其刑）刑六六。

▲刑法第二十六條但書所謂不能發生犯罪之結果，即學說上所謂不能犯，在行為人方面，其惡性之表現雖與普通未遂犯初無異致，但在客觀上則有不能與可能發生結果之分，未可混為一談。（四八臺非二六）

▲刑法第二十六條但書所謂不能發生犯罪之結果者，即學說

上所謂之不能犯，在行為人方面，其惡性之表現雖與普通未遂犯初無異致，但在客觀上則有不能與可能發生結果之分，本件原判決對於上訴人邱某搶奪部分，既於事實認定被害人翁某已預先掉包，故上訴人搶奪所得為石頭一袋而非黃金等情。而理由內亦說明上訴人邱某意欲搶奪黃金，因被害人事先防範換裝石頭，未達目的，而又無危險，顯屬不能犯，自應依刑法第二十六條但書減免其刑，乃原判決竟以普通未遂犯處斷，自屬不合。（七〇臺上七三二二）
（九五、八、二二決議不再援用）

第二十七條　（中止犯）

已著手於犯罪行為之實行，而因己意中止或防止其結果之發生者，減輕或免除其刑。結果之不發生，非防止行為所致，而行為人已盡力為防止行為者，亦同。

前項規定，於正犯或共犯中之一人或數人，因己意防止犯罪結果之發生，或結果之不發生，非防止行為所致，而行為人已盡力為防止行為者，亦適用之。

㉔一、按行為人已著手於犯罪行為之實行終了後，而於結果發生前，已盡防止結果發生之誠摯努力，惟其結果之不發生，事實上係由於其他原因所致者，因其防止行為與結果不發生之間並無因果關係存在，固與以自己之行為防止結果發生之中止犯不同，惟就行為人衷心悔悟，對結果之發生已盡其防止能事之觀點而言，並無二致。為鼓勵犯人於結果發生之先儘早改過遷善，中止犯之條件允宜放寬，爰參考德國現行刑法第二十四條(1)之立法例，將現行規定改列為第一項，並增列「結果之不發生，非防止行為所致，而行為人已盡力為防止行為者，亦同。」等字樣，使準中止犯亦能適用減免其刑之規定。

二、又我國自暫行新刑律、舊刑法以迄於現行刑法，對於從犯及共犯中止未遂，雖無明文規定，惟實例及解釋則予承認。如大理院六年非字第六七號判例「共謀行劫，同行上盜，經抵事主門首，心生畏懼，即行逃回，事後亦未分得贓物者，既已於著手強盜之際，以己意而中止，則對於夥犯入室後拒傷事主，自不負責。」及司法院院字第七八五號解釋「共同正犯、教唆犯、從犯須防止結果發生，始能依中止犯之例處斷」。關於從犯及共犯亦成立中止犯，固已為各國立法例、實例所一致承認，惟僅因己意中止其犯罪行為即足成立中止犯，抑須進而防止結果之發生，始成立中止犯，則實例態度並不一致。德國刑法第二十四條(2)規定「因己意而防止犯罪之完成」，即從後說。日本實例（日本大審院昭和九年二月十日第二刑事部判決）亦採後說。我國實務上見解初認僅「以己意而中止」即可依中止犯之例處斷，嗣後則進而認為「須防止結果發生之效果發生」，始可依中止犯之例處斷。按中止犯既為未遂犯之一種，必須犯罪之結果尚未發生，始有成立之可言。從犯及共犯中止之情形亦同此理，即僅共同正犯之一人或數人或教唆犯、從犯自己任意中止犯罪，尚未足生中止之利益，必須經其中止行為，與其他從犯以實行之障礙或有效防止其犯罪行為結果之發生或勸導正犯全體中止。此項見解既已為實務界所採，殊有納入刑法，予以明文化之必要。再者，犯罪之未完成，雖非由於中止者之所為，祇須行為人因己意中止而盡防止犯罪完成之誠摯努力者，仍足認定其成立中止犯，乃參照上開德國刑法條文，增訂第二項規定，以杜疑義。

＊（犯罪行為）刑四、二五、二八；（減輕或免除其刑）刑六六。

▲中止犯以犯罪已著手為前提，刑法第四十一條規定甚明，陰謀預備，其程度在著手以前，自不適用中止犯之規定，如犯有預備或陰謀罪之犯罪，於預備或陰謀中中止進行，法無處罰明文，應不為罪。（院七八五）

▲中止犯之成立，以已著手於犯罪之實行因己意中止者為要件，所謂著手，必須從客觀方面可以認其實行行為已經開始者而言，若實行行為未曾開始，而其所為尚係著手以前之準備行為，只能謂之預備，除刑法上有處罰預備罪之規定，得依預備罪論科外，實無中止犯之可言。（二二上九八〇）

▲刑法第二十七條中止犯之減輕，以已著手於犯罪之實行，而因己意中止其結果之發生者為限。上訴人持刀殺妻時，既因其妻呼救，並逃往鄰家，驚動其兄及四鄰，始棄刀向警自首，則其當時並非因己意中止犯罪甚明，自無本條之適用。（四八臺上四一五）

▲依原判決所記載之事實，認定上訴人著手實施殺人行為後，乃中止殺意，並囑案外人某甲將被害人送醫急救，防止死亡結果之發生，依此情形，自屬中止未遂，第一審誤認為障礙未遂，適用刑法第二十六條前段，顯係用法錯誤。（六六臺上六六二）

第四章　正犯與共犯

⇧查第二次修正案理由謂原案本章名共犯罪，但恐誤以為別種罪名，故改為共犯。共犯最要之意義，為主觀說及客觀說所公認者，即一切共犯除原案第二十九條第一項共同正犯外，皆有附屬之性質，其罪之成立與否，一以正犯為準。雖或因特種情形，如原案第二十九條第二項科以正犯之刑，然其性質仍為從犯。又第三十條教唆犯，科以正犯之刑，然其性質仍為教唆犯，原案準正犯論及依正犯之例處斷等字樣，於共犯之意義，未能顯達，故本案於各條擬改為處以正犯之刑。

第二十八條　（共同正犯）

二人以上共同實行犯罪之行為者，皆為正犯。

㉔一、現行條文「實施」一語，實務多持三十一年院字二四〇四號解釋之意旨，認其係涵蓋陰謀、預備、著手、實行概念在內（即承認陰謀共同正犯、預備共同正犯），非僅侷限於直接從事構成犯罪事實之行為，故解釋上包括「共謀共同正犯」。而實務之所以採取此種見解，即在為共謀共同正犯尋求法源之依據。但對於本條之解釋，如採三十一年院字二四〇四號解釋之見解，其所產生之最大爭議，即在於應否承認「陰謀共同正犯」與「預備共同正犯」，基於近代刑法之個人責任原則及法治國人權保障之思想，應以否定見解為當，蓋：㈠預備犯、陰謀犯因欠缺行為之定型性，參之現行法對於犯罪行為之處罰，係以處罰既遂犯為原則，處罰未遂犯為例外，處罰預備、陰謀更為例外中之例外，學說對於預備共同正犯多持反對之立場，尤其對於陰謀共同正犯處罰，更有淪於為處罰意思、思想之虞，更難獲贊成之意見。㈡近代刑法之基本原理，強調「個人責任」，並強調犯罪係處罰行為，而非處罰行為人之思想或惡性，即重視客觀之犯罪行為。陰謀犯、預備犯之行為，既欠缺如正犯之定型性，就陰謀犯而言，行為人客觀上僅有互為謀議之行為，主觀上具有一定犯罪之意思，即得成立。倘承認預備、陰謀共同正犯之概念，則數人雖於陰謀階段互有謀議之行為，惟其中一人或數人於預備或著手階段前，即已脫離，並對於犯罪之結果未提供助力者，即便只有陰謀行為，即須對於最終之犯罪行為，負共同正犯之刑責，如又無中止未遂之適用，實有悖於平等原則，且與一般國民感情有違。故有修正共同正犯之參與類型，確定在「實行」概念下之共同參與行為，始成立共同正犯，為杜爭議，爰將「實施」一語，修正為「實行」。

二、將「實施」修改為「實行」，基於下列之理由，並無礙於現行實務處罰「共謀共同正犯」之立場。㈠所謂「共同實行」犯罪行為，無論「實質客觀說」或「行為（犯罪）支配理論」，均肯定共謀共同正犯之處罰。僅在極少數採取「形式客觀說」立場者，對於無分擔構成要件行為者，不得論以共同正犯外，多數學說主張之見解仍肯定對共謀共同正犯之處罰。㈡至於各國立法例，對於共同正犯之成立要件，規定為共同「實行」之日本立法例，亦承認共謀共同正犯之概念；而德國通說對於共同正犯，採取「行為（犯罪）支配理論」，亦肯定共謀共同正犯之存在。㈢另依現行實務對於共同正犯與從犯之區別標準，其採「以自己共同犯罪之意思，實施構成要件之行為者，為正犯；以自己共同犯罪之意思，實施構成要件以外之行為者，亦為正犯；

以幫助他人犯罪之意思，實施構成要件之行為者，亦為正犯；以幫助他人犯罪之意思，實施構成要件以外之行為者，始為從犯」之立場（主觀客觀擇一標準說），更肯定共謀共同正犯之存在。

*（以上）刑一〇㊀；（共同實施）刑三一㊀、二二二，少年事件八五；（正犯）刑三〇㊁。

▲釋一〇九。

▲刑法第二十八條所謂實施，係指犯罪事實之結果直接由其所發生，別乎教唆或幫助者而言，即未著手實行前犯陰謀預備等罪，如有共同實施情形，亦應適用該條處斷。至實行在現行刑法上乃專就犯罪行為之階段而言，用以別乎陰謀預備著手各階段之術語。（院二四〇四）

▲共犯之成立，除共同實施犯罪行為者外，其就他人之行為負共犯之責者，以有意思聯絡為要件，若事前並未合謀，實施犯罪行為之際，又係出於行為者獨立之意思，即不負共犯之責。（一九上六九四）

▲共同正犯，必以共同實施或分擔實施一部之人為限，所謂實施，即實行犯罪構成要素之行為，已達於著手之程度而言，若僅於事前參與計畫，而予以相當之助力者，祇應論以事前幫助之從犯。（二〇非一三七）（九四、七、二六決議不再援用）

▲現行刑法關於正犯、從犯之區別，本院所採見解，係以其主觀之犯意及客觀之犯行為標準，凡以自己犯罪之意思而參與犯罪，無論其所參與者是否犯罪構成要件之行為，皆為正犯，其以幫助他人犯罪之意思而參與犯罪，其所參與者，苟係犯罪構成要件之行為，亦為正犯，必以幫助他人犯罪之意思而參與犯罪，其所參與者又為犯罪構成要件以外之行為，始為從犯。（二五上二二五三）

▲刑法上之幫助犯，固以幫助他人犯罪之意思而參與犯罪構成要件以外之行為而成立，惟所謂以幫助他人犯罪之意思而參與者，指其參與之原因，僅在助成他人犯罪之實現者而言，倘以合同之意思而參加犯罪，即係以自己犯罪之意思而參與，縱其所參與者為犯罪構成要件以外之行為，仍屬共同正犯，又所謂參與犯罪構成要件以外之行為者，指其所參與者非直接構成某種犯罪事實之內容，而僅係助成其犯罪事實實現之行為而言，苟已參與構成某種犯罪事實之一部，即屬分擔實施犯罪之行為，雖僅以幫助他人犯罪之意思而參與，亦仍屬共同正犯。（二七上一三三三）

▲教唆犯係指僅有教唆行為者而言，如於實施犯罪行為之際，當場有所指揮，且就其犯罪實施之方法，以及實施之順序，有所計畫，以促成犯罪之實現者，則其擔任計畫行為之人，與加工於犯罪之實施初無異致，即應認為共同正犯，而不能以教唆犯論。又如在正犯實施前曾參加計畫，其後復參加構成犯罪事實之一部者，即屬分擔實施之犯罪行為，亦應認為共同正犯，而不能以幫助犯論。（四五臺上四七三）

▲共同實施犯罪行為為共同正犯構成要件之一。所謂共同實施，雖不以參與全部犯罪行為為限，要必分擔實施一部分，始得為共同正犯。（四六臺上一三〇四）

▲被告既與行將殺人之某甲共同將被害人拉出毆打，並於其擬逃之際，自後抱住不放，使於某甲下手刺殺，自難辭其行為分擔之責，縱其意在幫助，但其參與犯罪分擔，既已達成犯罪構成要件之行為，仍應論以共同殺人之正犯，而非從犯。（六五臺上五九〇）

▲侵占罪為即成犯，於持有人將持有他人之物變易為所有之意思時，即行成立，苟非事前共謀，則其後參與處分贓物之人，無論是否成立其他罪名，要難論以共同侵占。（六七臺上二六六二）

▲上訴人等冒用會員名義，偽造標單，行使得標，詐取會款，彼此有犯意聯絡及行為分擔，應為共同正犯。偽造署押為偽造私文書之部分行為，不另成罪，偽造私文書而後行使，偽造之低度行為應為行使之高度行為所吸收，應依行使論擬。行使偽造私文書與詐欺二罪之間，有方法與結果牽連關係，應從行使偽造私文書一重論處。先後三次為之，時間緊接，犯意概括，構成要件亦復相同，應依連續犯例論以一罪。（註：應注意刑法已修正，刪除牽連犯、連續犯之規定。）（六九臺上六九五）

▲上訴人等四人同時同地基於同一原因圍毆被害人等二人，其中一人因傷致死，當時既無從明確分別圍毆之對象，顯係基於一共同之犯意分擔實施行為，應成立共同正犯，並同負加重結果之全部罪責。（六九臺上一九三一）

▲共同正犯之意思聯絡，不限於事前有所謀議，即僅於行為當時，基於相互之認識，以共同犯罪之意思參與者，亦無礙於共同正犯之成立。（七三臺上一八八六）

▲意思之聯絡並不限於事前有所協議，其於行為當時有共同犯意之聯絡者，亦屬之，且其表示之方法，亦不以明示通謀為必要，即相互間有默示之合致，亦無不可。（七三臺上二三六四）

▲刑法分則或刑法特別法中規定之結夥二人或三人以上之犯罪，應以在場共同實施或在場參與分擔實施犯罪之人為限，不包括同謀共同正犯在內。司法院大法官會議釋字第一〇九號解釋「以自己共同犯罪之意思，事先同謀，而由其中一部分之人實施犯罪之行為者，均為共同正犯」之意旨，雖明示將「同謀共同正犯」與「實施共同正犯」併包括於刑法總則第二十八條之「正犯」之中，但此與規定於刑法分則或刑法特別法中之結夥犯罪，其態樣並非一致。（七六臺上七二一〇）

▲教唆犯並非共同正犯，上訴人夫妻如屬共同教唆偽證，應就教唆行為為共同負責，無適用刑法第二十八條規定之餘地，原判決主文揭示上訴人共同教唆偽證字樣，並於結論欄引用刑法第二十八條，殊嫌錯誤。（七三臺上二六一六）

▲共同正犯之意思聯絡，原不以數人間直接發生者為限，即有間接之聯絡者，亦包括在內。如甲分別邀約乙、丙犯罪，雖乙、丙間彼此並無直接之聯絡，亦無礙於其為共同正犯之成立。（七七臺上二一三五）

▲共犯在學理上，有「任意共犯」與「必要共犯」之分，前者指一般原得由一人單獨完成犯罪而由二人以上共同實施之情形，當然有刑法總則共犯規定之適用；後者係指須有二人以上之參與實施始能成立之犯罪而言。且「必要共犯」依犯罪之性質，尚可分為「聚合犯」與「對向犯」，其二人以上朝同一目標共同參與犯罪之實施者，謂之「聚合犯」，如刑法分則之公然聚眾施強暴、脅迫罪、參與犯罪結社罪、輪姦罪等是，因其本質上即屬共同正犯，故除法律依其首謀、下手實施或在場助勢等參與犯罪程度之不同，而異其刑罰之規定時，各參與不同程度犯罪行為者之間，不能適用刑法總則共犯之規定外，其餘均應引用刑法第二十八條共同正犯之規定。而「對向犯」則係二個或二個以上之行為者，彼此相互對立之意思經合致而成立之犯罪，如賄賂、賭博、重婚等罪均屬之，因行為者各有其目的，各就其行為負責，彼此間無所謂犯意之聯絡，苟法律上僅處罰其中部分行為者，其餘對向行為縱然對之不無教唆或幫助等助力，仍不能成立該處罰行為之教唆、幫助犯或共同正犯，若對向之二個以上行為，法律上均有處罰之明文，當亦無適用刑法第二十八條共同正犯之餘地。（八一臺非二三三）

▲（九一臺上五〇）參見本法第十七條。

第二十九條（教唆犯及其處罰）

教唆他人使之實行犯罪行為者，為教唆犯。

教唆犯之處罰，依其所教唆之罪處罰之。

(94)一、關於教唆犯之性質為何，實務及學說之見解至為混亂，惟依現行教唆犯之立法理由「教唆犯惡性甚大，宜採獨立處罰主義。惟被教唆人未至犯罪，或雖犯罪而未遂，即處教唆犯既遂犯之刑，未免過嚴，故本案規定此種情形，以未遂犯論。」似可得知係採共犯獨立性說之立場。

二、教唆犯如採共犯獨立性說之立場，實側重於處罰行為人之惡性，此與現行刑法以處罰犯罪行為為基本原則之立場有違。更不符合現代刑法思潮之共犯從屬性思想，故改採德國刑法及日本多數見解之共犯從屬性說中之「限制從屬形式」。依限制從屬形式之立場，共犯之成立係以正犯行為（主行為）之存在為必要，而此正犯行為則須正犯者（被教唆者）著手於犯罪之實行行為，且具備違法性（即須正犯行為具備構成要件該當性、違法性），始足當之，至於有責性之判斷，則依個別正犯或共犯判斷之，爰刪除現行條文第三項失敗教唆及無效教唆之處罰，並修正要件為「教唆他人使之實行犯罪行為者，為教唆犯」，亦即被教唆者未產生犯罪決意，或雖生決意卻未實行者，教唆者皆不成立教唆犯。

三、修正後之教唆犯既採共犯從屬性說之立場，因此，關於教唆犯之處罰效果，仍維持現行法第二項「教唆犯，依其所教唆之罪處罰之」之規定，在適用上係指被教唆者著手實行，且具備違法性後，教唆者始成立教唆犯。而成立教唆犯後之處罰，則依教唆犯所教唆之罪（如教唆殺人者，依殺人罪處罰之）。至於應適用既遂、未遂何者之刑，則視被教唆者所實行之構成要件事實既遂、未遂為斷。

*（教唆）刑三二㈠、二七五㈠、二八二，少年事件八五，妨兵一四㈠②；（未遂犯）刑二五～二七；（處罰未遂犯之規定）刑二五㈡。

▲刑法上之教唆犯，以對於本無犯罪意思之人，唆令決意實施犯罪，為其本質。如對於已經決意犯罪之人，以幫助之意思，資以物資上或精神上之助力，而助成其犯罪之實施者，不過成立從犯，固無教唆之可言。又假使他人犯罪雖已決意，仍以自己犯罪之意思，就其犯罪實行之方法，以及實施之順序，對之有所計畫，以促成犯罪之實現者，則其所計畫之事項，已構成犯罪行為之內容，直接干與犯罪之人，不過履行該項計畫之分擔而已，其擔任計畫行為者，與加工於犯罪之實施，初無異致，即應認為共同正犯，亦不得以教唆犯論。（二四上八九〇）

▲刑法第二十八條之共同正犯，以二人以上共同實施犯罪行為為條件，教唆犯則係教唆他人實施犯罪行為，與共同實施之正犯有別，二人以上共同教唆，雖應就教唆行為共同負責，仍不適用第二十八條之規定。（二五上六六一六）

▲某甲原無殺父之意，某乙教唆毒殺後，復送給毒藥，並又催促實施，則某乙前之教唆與後之催促，係一個教唆行為，其送給毒藥之幫助行為，在教唆之後，應為教唆行為所吸收，自應以教唆殺人論科。（四六臺上八三一）

▲刑法上之教唆犯，有連續教唆與教唆連續之分，教唆人如以連續犯意先後教唆行竊，固應成立連續犯，倘係一個教唆行為教唆連續竊盜，或被教唆人自動連續行竊，祇應成立一個教唆罪，不生連續問題。（五五臺上二三三六）（九四、九、一三決議自九五、七、一起不再援用）

▲本件王某原無偽造支票之犯意，上訴人蘇某供給空白支票與王某，教唆王某偽造印章使用。是其行為，係教唆王某偽造支票。其教唆王某偽造印章，在用以偽造支票，應為犯罪行為之一部，即應論以教唆偽造有價證券罪。（七〇臺上六八五四）

▲（七三臺上二六一六）參見本法第二十八條。

第三十條　（幫助犯及其處罰）

幫助他人實行犯罪行為者，為幫助犯。雖他人不知幫助之情者，亦同。

幫助犯之處罰，得按正犯之刑減輕之。

(94)一、關於現行幫助犯之性質，實務及學說多數見解，認係採共犯從屬性說之立場，然第一項關於幫助犯之規定，與現行條文第二十九條第一項體例相同，在解釋上，亦滋生共犯獨立性說與從屬性說之爭。依學界通說既認幫助犯應採共犯從屬性說之「限制從屬形式」，使教唆犯及幫助犯之從屬理論一致，爰修第一項之文字，以杜疑義。

二、「從犯」一語，常有不同解讀，關於教唆犯之理論，既改採從屬性說中「限制從屬形式」，已如前述，則「從犯」一語宜修正為「幫助犯」，以符本意。爰將第一項前段之文字，修正為「幫助他人實行犯罪行為者，為幫助犯」，並明示幫助犯之成立，亦以被幫助者著手犯罪之實行，且具備違法性為必要。至於被幫助者是否具有「有責性（罪責）」，皆不影響幫助犯之成立。因此，如被幫助之人未滿十四歲，或有第十九條第一項之情形而不罰，依幫助犯之限制從屬形式，仍得依其所幫助之罪處罰之。

三、由於幫助犯之不法內涵輕於正犯、教唆犯，在處罰效果上，仍維持「得減輕其刑」之規定為妥。

*（幫助）刑三一㈠、二七五㈠、二八二，少年事件八五；（從犯）刑訴七②；（正犯）刑二八；（減輕）刑六四～六六。

▲從犯之幫助行為，雖兼賅積極、消極兩種在內，然必有以物質上或精神上之助力予正犯之實施犯罪之便利時，始得謂之幫助。若於他人實施犯罪之際，僅以消極態度不加阻止，並無助成正犯犯罪之意思，及便利其實施犯罪之行為者，即不能以從犯論擬。（二七上二七六六）

▲刑法第二十八條之共同正犯，係指二人以上共同實施犯罪之行為者而言，幫助他人犯罪，並非實施正犯，在事實上雖有二人以上共同幫助殺人，要亦各負幫助殺人責任，仍無適用該條之餘地。（三三上七九三）

▲刑法上之幫助犯，係指以幫助之意思，對於正犯資以助力，而未參與實施犯罪之行為者而言，如就構成犯罪事實之一部，已參與實施即屬共同正犯。上訴人既於他人實施恐嚇時，在旁助勢，攔阻被恐嚇人之去路，即已分擔實施犯罪行為之一部，自係共同正犯，原判決以幫助犯論擬，非無違誤。（四九臺上七七）

▲刑法上之幫助犯，以正犯已經犯罪為構成要件，故幫助犯無獨立性，如無他人犯罪行為之存在，幫助犯即無由成立。（六〇臺上二一五九）

▲少年事件處理法第八十五條規定成年人幫助未滿十八歲之人犯罪，加重其刑，業已排除適用刑法第三十條幫助犯得減輕其刑之規定。（六八臺上二九六一）

第三十一條　（共犯與身分之關係）

因身分或其他特定關係成立之罪，其共同實行、教唆或幫助者，雖無特定關係，仍以正犯或共犯論。但得減輕其刑。

因身分或其他特定關係致刑有重輕或免除者，其無特定關係之人，科以通常之刑。

(94)一、第二十八條至第三十條對於正犯與共犯之共同或參與行為，已修正為「實行」或「使之實行」犯罪行為，本條係規範正犯與共犯之身分或特定關係，自應採取相同之立場，爰將第一項之「實施」修正為「實行」，俾利適用。

二、現行法對共同實行、教唆或幫助者，雖無身分或其他特定關係，一律論以共犯，較有些國家之僅承認無身分或其他特定關係之教唆犯或幫助犯構成共犯者為嚴格（德國現行刑法第二十八條(1)所稱共犯，係指教唆犯或幫助犯而言，不及於共同正犯）。衡情而論，無身分或特定關係之共同正犯、教唆犯、或幫助犯，其可罰性應較有身分或特定關係者為輕，不宜同罰。再衡以第二項於對無身分或特定關係者之刑較對有身分或特定關係者之刑為輕時，對無特定關係之人科以輕刑之規定，益徵對無特定關係之正犯或共犯宜設減刑規定。惟又鑑於無身分或特定關係之正犯或共犯，其惡性較有身分或特定關係者為重之情形，亦屬常見。另除配合第四章章名之修正將第一項內之「共犯」修正為「正犯或共犯」外，並增設但書規定得減輕其刑，以利實務上之靈活運用。

三、第二項未修正。

*（身分犯）貪污一一㈡，殘害人群五；（特定關係成立之罪）刑一九三、三五六、二九四、三三六；（共同實施）刑二八；（教唆）刑二九㈠；（幫助）刑三〇㈠。

▲釋九六。

▲本院院字第二〇五八號公函，係以軍人或公務員身分為犯罪成立要件者而為解釋，院字第二一六一號公函，係就無上開身分之共犯人，應依刑法或其他特別刑法論科者而為解釋，彼此並無牴觸，其審判權之誰屬，依照前開解釋亦易辨別，來呈所述情形殊有誤會。（院二三八六）

▲刑法第三十一條第二項非僅為無特定關係之人定科刑之標準，即論罪亦包括在內，不能離而為二，此細繹該條項規定之意旨自明。被害人原非上訴人之直系血親尊親屬，並無刑法第二百七十二條之身分關係，縱上訴人對於該被害人之直系血親卑親屬教唆其殺害，或與之共同實施殺害，不得不負共犯責任，但應仍就其實施或教唆之情形，適用刑法第二百七十一條第一項，論以普通殺人之教唆或正犯罪刑，不能論以殺直系血親尊親屬之罪，而科以普通殺人罪之刑。（二七上二三三八）

▲刑法第三十一條第一、二兩項所規定之情形，迥不相同。

前者非有某種身分或其他特定關係不能構成犯罪，故以身分或其他特定關係為犯罪構成條件，後者不過因身分或其他特定關係為刑罰重輕或應否免除其刑之標準，質言之，即無身分或其他特定關係之人，亦能構成犯罪，僅以身分或其他特定關係為刑罰重輕或應否免除其刑之條件。（二八上三四四一）

▲因身分或其他特定關係致刑有重輕或免除者，其無特定關係之人科以通常之刑，刑法第三十一條第二項規定甚明。上訴人與已定讞之財務股長某甲，雖應以共同正犯論，但上訴人既無特定身分關係，依照前開規定，祇應科以通常之刑，原判決未將上訴人與某甲分別科刑，適用法律，仍嫌未洽。（四三臺上七八二）

▲李某乃被害人李女唯一因親屬關係有監督權之人，竟將該未滿十六歲之被害人賣與陳婦為娼，同時觸犯刑法第二百三十二條、第二百三十三條罪名，因係法規競合，應論以較重之刑法第二百三十二條之罪。陳婦雖無該身分關係，但與李某共同引誘李女賣淫，依刑法第三十一條第二項規定，因身分或其他特定關係致刑有重輕或免除者，其無特定關係之人，科以通常之刑，故陳某應依較輕之刑法第二百三十三條論處。（七〇臺上一〇八二）

▲共犯中之林某乃味全公司倉庫之庫務人員，該被盜之醬油，乃其所經管之物品，亦即基於業務上關係所持有之物，竟串通上訴人等乘載運醬油及味精之機會，予以竊取，此項監守自盜之行為，實應構成業務上侵占之罪，雖此罪係以身分關係而成立，但其共同實施者，雖無此特定關係，依刑法第三十一條第一項規定，仍應以共犯論。（七〇臺上二四八一）

第五章　刑

第三十二條　（刑罰之種類）

刑分為主刑及從刑。

*（主刑）刑三三、三五、三七㈣；（從刑）刑三六～三八。

第三十三條　（主刑之種類）

主刑之種類如下：

一　死刑。

二　無期徒刑。

三　有期徒刑：二月以上十五年以下。但遇有加減時，得減至二月未滿，或加至二十年。

四　拘役：一日以上，六十日未滿。但遇有加重時，得加至一百二十日。

五　罰金：新臺幣一千元以上，以百元計算之。

⑭一、序文之「如左」一語，改為「如下」。

二、第一款至第三款未修正。

三、第四款拘役原定為一日以上二月未滿，其最高期限「五十九日」與有期徒刑之最低期限「二月」相銜接。但拘役宜以日為單位，日本立法例（日本現行刑法第十六條）採用之，乃參考而修正為：「拘役：一日以上六十日未滿。但遇有加重時，得加至一百二十日」。

四、第五款罰金原規定為一元以上，且以銀元為計算單位，已不符目前社會經濟狀況。其他特別刑法或附屬刑法多數改以「新臺幣」為計算單位，造成現行罰金計算單位之混亂，應有統一必要。其次，現行罰金最低額為一元以上，以現今之經濟水準殊嫌過低，無法發生刑罰儆戒作用，故修正提高為新臺幣一千元以上，且為計算之便宜，避免有零數之困擾，爰一併規定以百元計算，以符實際。

*（主刑）刑三二；（死刑）刑三七㊀、五一①、②、六三㊀、六四、八〇㊀①、八四㊀①，刑訴四六〇～四六五、四六九，監刑九〇～九二，軍刑一二，軍審二三一、二三二；（無期徒刑）刑三七㊀、四七、五一③、④、六三㊀、六五、七七、七九㊀、八〇㊀①、八四㊀①；（有期徒刑）刑三七㊁、四一、四七、五一⑤、六一、六六、六七、七四、七七、七八、七九㊀、八〇㊀①～④、八四㊀①～④，刑訴四六六～四六九，監刑一、二、一八～二〇，少年事件七四㊀；（以上以下）刑一〇㊀；（加減）刑五八～七三；（拘役）刑四三、五一⑥、六八、七四、八〇㊀⑤、八四㊀⑤，刑訴四六六～四六九，監刑一、二、一六①；（罰金）刑四一～四四、五一⑦、五八、六六、六八、七四、八〇㊀⑤、八四㊀⑤，刑訴四五九、四七〇、四七九、四八〇。

▲釋二〇二。

▲原判科被告以拘役，既未認定有加重本刑之原因，即應在二月未滿之限度以內處斷，乃竟諭知拘役二月，顯與刑法第三十三條第四款之規定相違背。（三五非二）

▲拘役之期間，除加重時外，為一日以上二月未滿，刑法第三十三條第四款定有明文。原判決既未說明其有加重情由，乃諭知科處拘役六十五日，顯屬違背法令。（四六臺非四二）

第三十四條　（刪除）

⑭照協商條文通過。

第三十五條　（主刑之重輕標準）

主刑之重輕，依第三十三條規定之次序定之。

同種之刑，以最高度之較長或較多者為重。最高度相等者，以最低度之較長或較多者為重。

刑之重輕，以最重主刑為準，依前二項標準定之。最重主刑相同者，參酌下列各款標準定其輕重：

一　有選科主刑者與無選科主刑者，以無選科主刑者為重。

二　有併科主刑者與無併科主刑者，以有併科主刑者為重。

三　次重主刑同為選科刑或併科刑者，以次重主刑為準，依前二項標準定之。

⑭一、第一項、第二項未修正。

二、現行第三項之規定，對於刑之重輕之判斷標準似過於簡略。蓋判斷刑之重輕，情形至為複雜，現行規定幾等於未設標準；且「得依犯罪情節定之」，更有違法理。為便於未來刑之重輕判斷更趨明確，茲就實務適用情形，分別規定如下：㈠各罪法定刑之重輕，應以最重主刑為準，依第一項、第二項之標準定其輕重。㈡二罪之最重主刑相同，而不能依第一項、第二項之標準定其重輕者，如一罪有選科主刑者，他罪並無選科主刑者，則以無選科主刑者為重。㈢二罪之最重主刑相同，而不能依第一項、第二項之標準定其重輕者，如一罪有併科主刑者，他罪並無併科主刑者，則以有併科主刑者為重。㈣二罪之最重主刑相同，而其次重主刑同為選科刑或併科刑者，以次重主刑為準，依第一項、第二項之標準定其重輕。

*（主刑）刑三二、三三，刑訴三〇九①；（最高度）刑六七、六八；（最低度）刑六七；（刑之輕重）刑五五；（犯罪情節）刑五九、六一。

▲刑法第三百四十二條第一項之罪，與第三百三十五條第一項之罪，本刑輕重雖屬相等，然依同法第六十一條第三款規定，第三百三十五條第一項之罪，得免除其刑，而第三百四十二條第一項之罪則否，是第三百四十二條第一項之背信罪，情節實重於第三百三十五條第一項之侵占罪。（三一上一七三二）

▲上訴人盜取陳某之印章交與不知情之李某，蓋用於當收據用之「工資發放明細表」領款人陳某之蓋章欄內，足以生損害於陳某，應成立偽造私文書之間接正犯。上訴人進而憑該「工資發放明細表」之蓋章，以代收據，使李某發放陳某之工資，即已達於行使該文書之階段。其偽造行為應為行使之高度行為所吸收。其盜用印章，係偽造私文書之部分行為，不另論罪。行使偽造私文書之目的，在於詐領工資，另成立詐欺罪，兩罪有方法結果之牽連關係，應從一重之行使偽造私文書罪處斷。（註：應注意刑法已修正，

刪除牽連犯之規定。）（六九臺上六九六）

第三十六條　（褫奪公權之內容）

從刑為褫奪公權。

褫奪公權者，褫奪下列資格：

一　為公務員之資格。

二　為公職候選人之資格。

⑩照協商條文通過。

*（褫奪公權）刑三七、五一⑧，赦免五，公退撫七五、七六，公任二八⑦，公懲四、五六；（公務員之資格）憲八六①，刑一〇㈡，公任九、一一、二八；（公職候選人之資格）憲一八、一三〇，公職選罷一五、一六、三一；（行使選舉罷免創制複決之資格）憲一七、一三〇、一三三、一三六。

▲刑法第七十六條所謂刑之宣告失其效力，包括主刑、從刑在內，曾受徒刑及褫奪公權之宣告者，於緩刑期滿而緩刑之宣告未經撤銷時，依該條規定褫奪公權之宣告亦失其效力。（院解三九三〇）

▲刑法第三十六條所定之褫奪公權，其被褫奪之資格並無服兵役之資格在內。原判決以臺北市政府徵集被告服兵役，係在被告褫奪公權期內，當時被告已無服兵役之權利及義務，其居住所遷移不報，並無妨害兵役可言，實屬於法無據。（五〇臺非五八）

第三十七條　（褫奪公權之宣告）

宣告死刑或無期徒刑者，宣告褫奪公權終身。

宣告一年以上有期徒刑，依犯罪之性質認為有褫奪公權之必要者，宣告一年以上十年以下褫奪公權。

褫奪公權，於裁判時併宣告之。

褫奪公權之宣告，自裁判確定時發生效力。

依第二項宣告褫奪公權者，其期間自主刑執行完畢或赦免之日起算。但同時宣告緩刑者，其期間自裁判確定時起算之。

㊵一、第一項、第三項未修正。

二、現行條文第二項規定對宣告六月以上有期徒刑者，法院可依其裁量，宣告有期褫奪公權。惟徵諸實務，法院除特別法上有法定褫奪公權規定外，對於宣告一年未滿有期徒刑之案件，併予宣告褫奪公權者，尚非多見。雖不宜將上述宣告刑之下限作大幅度的提高，惟按宣告六月以上未滿一年有期徒刑者，犯罪情狀多屬輕微，並無褫奪公權之必要。宜將其宣告刑下限由六月酌改為一年。

三、自法理言，刑罰之宣告應自裁判確定時起，發生效力，褫奪公權既為從刑之一種，當應作相同的解釋，不因其為終身褫奪或有期褫奪而有所差別（參照司法院院字第二四九四號解釋）。現行第四項上段稱「依第一項宣告褫奪公權者」就其文義言，應僅指終身褫奪，而不包括有期褫奪之情形在內，對有期褫奪自何時發生效力問題，易生歧見，參酌民國十七年舊刑法第五十九條第二項前段、德國現行刑法第四十五條a(1)及瑞士現行刑法第五十一條等三立法例，宜予刪除「依第一項」四字，並修正為「褫奪公權之宣告」，以示有期褫奪與終身褫奪相同，其宣告均自裁判確定時發生效力。

四、為配合第四項上段之修正，另將該項下段改列為第五項，並增列「其期間」三字，明示主刑執行完畢或赦免之日為有期褫奪公權之期間起算日期，並用以澄清有期褫奪公權除生效日期外，另有其期間之起算日期，兩者不容混淆。

五、第七十四條第五項增訂「緩刑之效力不及於從刑與保安處分之宣告。」因緩刑期內主刑既無從執行，則現行第五項褫奪公權自主刑執行完畢或赦免之日起算之規定，已無法適用，爰於但書增訂「但同時宣告緩刑者，其期間自裁判確定時起算之。」俾利適用。

*（宣告）刑訴三〇九①；（以上以下）刑一〇㈠；（裁判確定）刑訴三四九、三五九；（執行完畢或赦免）刑四七、四八、五四、七四②、八六㈡、八七㈡，赦免二、三。

▲褫奪公權為從刑之一種，應隨主刑宣告，如係數罪併罰內有褫奪公權必要者，須於分別宣告主刑之下一併宣告褫奪公權，再定其應執行之主從各刑，若僅於定執行刑時載明褫奪公權若干年，應認褫奪公權未經合法宣告。（四三臺非四五）

第三十七條之一　（刑期起算日）

刑期自裁判確定之日起算。

裁判雖經確定，其尚未受拘禁之日數，不算入刑期內。

⑩照協商條文通過。

第三十七條之二　（羈押之日數）

裁判確定前羈押之日數，以一日抵有期徒刑或拘役一日，或第四十二條第六項裁判所定之罰金額數。

羈押之日數，無前項刑罰可抵，如經宣告拘束人身自由之保安處分者，得以一日抵保安處分一日。

⑩照協商條文通過。

第五章之一　沒　收

第三十八條　（沒收物）

違禁物，不問屬於犯罪行為人與否，沒收之。

供犯罪所用、犯罪預備之物或犯罪所生之物，屬於犯罪行為人者，得沒收之。但有特別規定者，依其規定。

前項之物屬於犯罪行為人以外之自然人、法人或非法人團體，而無正當理由提供或取得者，得沒收之。但有特別規定者，依其規定。

前二項之沒收，於全部或一部不能沒收或不宜執行沒收時，追徵其價額。

⑩照協商條文通過。

*（違禁物）刑四〇㈡；（沒收）刑訴四七〇～四七三。

▲單純販運由槍拆出之各種零件，不成立犯罪，其零件自不得以違禁物論，惟販運者如係為避免發覺或便於搬運，故將整個槍枝拆開以為運輸，仍應分別情形依刑法第一百八十六條、第一百八十七條論處。（院解三八〇七）

▲賭博場所不能視為供犯罪所用之物予以沒收。（院解四〇四五）

▲㈠違禁物固不問屬於犯人與否均應沒收，而該物苟係屬於第三人所有，則其是否違禁，即應視該第三人有無違禁情形為斷，故犯人雖係違禁持有，而所有之第三人如係經合法允許持有者，仍不在應行沒收之列。上訴人某甲所持有之軍用槍彈，既係向某乙等託詞借得，縱令該上訴人用以犯罪，而原主某乙等是否具有違禁情形，尚屬不明，即難遽予沒收。

㈡上訴人如因蓄意擄綁某乙勒贖，特向某丙借得槍彈備用，其持有槍彈之行為，與擄人勒贖，自屬刑法第五十五條後段之牽連犯，假使借用時不過存備隨時犯罪之用，則其意圖犯罪而持有軍用槍彈已獨立構成犯罪，嗣後復臨時起意執持該槍擄綁某乙勒贖，即應以所犯持有軍用槍彈與擄人勒贖兩罪，依刑法第五十條併合處罰，不能因其利用所持有之槍彈，即認為與擄綁行為，亦具有方法結果關係，適用刑法第五十五條論科。（註：應注意刑法已修正，刪除牽連犯之規定。）（二九上一五二七）

▲刑法第三十八條第一項第二款所定得沒收之供犯罪所用或供犯罪預備之物，必於犯罪有直接關係者，始屬相當。（五一臺非一三）

▲數罪併罰應分別宣告其罪之刑，然後依法定標準定其應執

行之刑，刑法第五十一條定有明文。所謂其罪之刑，包括主刑、從刑而言，固無論主刑、從刑，均須依其所犯之罪分別宣告後，再據以定其應執行之刑方為相當，原審關於沒收賄賂新臺幣九百元部分，不在其所犯之賄賂罪予以宣告，然後定其應執行之刑，而竟於定執行刑後，另行宣告沒收，顯屬違法。（五三臺上一三八二）（一〇六、二、二一決議不再援用）

▲上訴人係臺灣省公路局第一區工程處派駐臺北縣華中大橋管理站之站務員，其侵占公務上所持有之一百零五元，雖屬因犯罪所得之物，但華中大橋管理站仍保有該物之所有權，其所有權並不屬於上訴人，不在得宣告沒收之列，原審遽依刑法第三十八條第一項第三款諭知沒收，自係適用法律不當。（六九臺上三六九九）（一〇六、五、二三決議不再援用）

▲違禁物固不問屬於犯人與否，均應沒收，但該物苟係屬於第三人所有，則其是否違禁，即應視該第三人有無違禁情形為斷。故犯人雖係違禁持有，而所有之第三人如係經合法允許持有者，仍不在應行沒收之列。本件上訴人所竊得之雷管雖屬違禁物，但原所有人係經允准持有供其砍伐林班之用，並非未受允准亦無正當理由持有。依照上開說明自不在沒收之列，原判決遽行諭知沒收，顯屬於法有違。（七一臺上七五四）

▲沒收為從刑之一種，依主從不可分原則，應附隨於主刑而同時宣告之，除有罪、免刑等判決，於裁判時併宣告外，如諭知無罪之判決，既無主刑，從刑亦無所附麗，故案內之違禁物，應另依刑法第四十條但書由檢察官聲請單獨宣告沒收。（七八臺非七二）（一〇六、二、二一決議不再援用）

▲關於沒收規定，其他法律或刑法分則有特別規定者，應優先於刑法總則第三十八條沒收規定之適用。上訴人以一行為同時觸犯懲治走私條例第二條之一第一項及臺灣省內菸酒專賣暫行條例第三十七條第五款二罪名，應依刑法第五十五條前段想像競合規定從一重之銷售走私物品罪處斷，因違反臺灣省內菸酒專賣暫行條例規定經查獲之菸酒，應予沒收，該條例第四十條第一款定有明文，係採義務沒收主義，自應優先於採職權沒收主義之刑法第三十八條第一項第二款而適用。（七九臺上五一三七）（一〇六、二、二一決議不再援用）

第三十八條之一　（沒收犯罪所得）

犯罪所得，屬於犯罪行為人者，沒收之。但有特別規定者，依其規定。

犯罪行為人以外之自然人、法人或非法人團體，因下列情形之一取得犯罪所得者，亦同：

一　明知他人違法行為而取得。

二　因他人違法行為而無償或以顯不相當之對價取得。

三　犯罪行為人為他人實行違法行為，他人因而取得。

前二項之沒收，於全部或一部不能沒收或不宜執行沒收時，追徵其價額。

第一項及第二項之犯罪所得，包括違法行為所得、其變得之物或財產上利益及其孳息。

犯罪所得已實際合法發還被害人者，不予宣告沒收或追徵。

(104)照協商條文通過。

第三十八條之二　（犯罪所得及追徵之範圍與價額以估算認定）

前條犯罪所得及追徵之範圍與價額，認定顯有困難時，得以估算認定之。第三十八條之追徵，亦同。

宣告前二條之沒收或追徵，有過苛之虞、欠缺刑法上之重要性、犯罪所得價值低微，或為維持受宣告人生活條件之必要者，得不宣告或酌減之。

(104)照協商條文通過。

第三十八條之三　（沒收裁判確定時移轉為國家所有）

第三十八條之物及第三十八條之一之犯罪所得之所有權或其他權利，於沒收裁判確定時移轉為國家所有。

前項情形，第三人對沒收標的之權利或因犯罪而得行使之債權均不受影響。

第一項之沒收裁判，於確定前，具有禁止處分之效力。

(105)一、原條文第一項、第三項未修正。

二、刑法沒收目的在剝奪犯罪不法利得，以預防犯罪，基於被害人保護優先及交易安全之維護，不僅第三人對於沒收標的之權利不應受沒收裁判確定效力影響，對於國家沒收或追徵之財產，因與犯罪行為有關，自應賦予被害人優先行使其債權之權利，以避免因犯罪行為人履行不能，致求償無門，有害於被害人權利之實現。爰修訂原條文第二項規定。

第三十九條　（刪除）

(104)照協商條文通過。

第四十條　（沒收之宣告）

沒收，除有特別規定者外，於裁判時併宣告之。

違禁物或專科沒收之物得單獨宣告沒收。

第三十八條第二項、第三項之物、第三十八條之一第一項、第二項之犯罪所得，因事實上或法律上原因未能追訴犯罪行為人之犯罪或判決有罪者，得單獨宣告沒收。

(104)照協商條文通過。

＊（裁判）刑訴二二〇、二二六、二二七；（宣告）刑訴三〇九①；（違禁物）刑三八㈠。

▲沒收於裁判時併宣告之，故沒收之物，不特須於犯罪事實中有具體之記載，並應於主文內詳加宣示，方足以為執行時之根據。（五一臺上八六六）（一〇六、二、二一決議不再援用）

▲（七八臺非七二）參見本法第三十八條。

第四十條之一　（刪除）

(104)照協商條文通過。

第四十條之二　（宣告多數沒收者一併執行）

宣告多數沒收者，併執行之。

沒收，除違禁物及有特別規定者外，逾第八十條規定之時效期間，不得為之。

沒收標的在中華民國領域外，而逾前項之時效完成後五年者，亦同。

沒收之宣告，自裁判確定之日起，逾十年未開始或繼續執行者，不得執行。

(104)照協商條文通過。

第五章之二　易　刑

第四十一條　（易科罰金及易服社會勞動）

犯最重本刑為五年以下有期徒刑以下之刑之罪，而受六月以下有期徒刑或拘役之宣告者，得以新臺幣一千元、二千元或三千元折算一日，易科罰金。但易科罰金，難收矯正之效或難以維持法秩序者，不在此限。」

依前項規定得易科罰金而未聲請易科罰金者，得以提供社會勞動六小時折算一日，易服社會勞動。

受六月以下有期徒刑或拘役之宣告，不符第一項易科罰金之規定者，得依前項折算規定，易服社會勞動。」

前二項之規定，因身心健康之關係，執行顯有困難者，或易服社會勞動，難收矯正之效或難以維持法秩序者，不適用之。

第二項及第三項之易服社會勞動履行期間，不得逾一年。

無正當理由不履行社會勞動，情節重大，或履行期間屆滿仍未履行完畢者，於第二項之情形應執行原宣告刑或易科罰金；於第三項之情形應執行原宣告刑。」

已繳納之罰金或已履行之社會勞動時數依所定之標準折算日數，未滿一日者，以一日論。

第一項至第四項及第七項之規定，於數罪併罰之數罪均得易科罰金或易服社會勞動，其應執行之刑逾六月者，亦適用之。

數罪併罰應執行之刑易服社會勞動者，其履行期間不得逾三年。但其應執行之刑未逾六月者，履行期間不得逾一年。

數罪併罰應執行之刑易服社會勞動有第六項之情形者，應執行所定之執行刑，於數罪均得易科罰金者，另得易科罰金。

(98)一、為求用語統一，爰將第一項及第三項「受六個月以下有期徒刑」修正為「受六月以下有期徒刑」、第八項「逾六個月者」修正為「逾六月者」。

二、確因不執行所宣告之刑，難收矯正之效或難以維持法秩序者，同為不得易科罰金與不得易服社會勞動之事由，造成因該事由而不得易科罰金者，亦應不得易服社會勞動。惟不適於易科罰金者，未必不適於易服社會勞動。爰將現行第一項及第四項「確因不執行所宣告之刑」之規定，分別修正為「易科罰金」及「易服社會勞動」。

三、第二項、第五項及第六項未修正。

四、徒刑、拘役易科罰金係依裁判所定標準折算，徒刑、拘役易服社會勞動則係依第二項、第三項之規定折算，非以裁判為之。爰將第七項之「裁判」二字刪除。

五、司法院於九十八年六月十九日作成釋字第六六二號解釋。解釋文謂「中華民國九十四年二月二日修正公布之現行刑法第四十一條第二項，關於數罪併罰，數宣告刑均得易科罰金，而定應執行之刑逾六個月者，排除適用同條第一項得易科罰金之規定部分，與憲法第二十三條規定有違，並與本院釋字第三六六號解釋意旨不符，應自解釋公布之日起失其效力。」現行第八項關於數罪併罰，數宣告刑均得易服社會勞動，而定應執行之刑逾六月者，不得易服社會勞動之規定，雖未在該解釋範圍內，惟解釋所持理由亦同樣存在於易服社會勞動。爰修正第八項規定，以符合釋字第六六二號解釋意旨。數罪併罰之數罪均得易科罰金者，其應執行之刑雖逾六月，亦有第一項規定之適用。數罪併罰之數罪均得易服社會勞動者，其應執行之刑雖逾六月，亦得聲請易服社會勞動，有第二項至第四項及第七項規定之適用。

六、配合第八項數罪併罰之數罪均得易服社會勞動，其應執行之刑雖逾六月，亦得聲請易服社會勞動之修正，爰增訂第九項明定數罪併罰應執行之刑易服社會勞動之履行期間。考量易服社會勞動制度旨在替代短期自由刑之執行，避免短期自由刑之流弊，則適宜易服社會勞動之數罪併罰應執行之刑不宜過長，並審酌易服社會勞動履行期間之長短，攸關刑執行完畢之時間，影響累犯之認定等事由，明定數罪併罰應執行之刑易服社會勞動者，其履行期間不得逾三年。另於但書明定數罪併罰應執行之刑未逾六月者，其易服社會勞動之履行期間，不得逾一年，以與單罪易服社會勞動之履行期間一致。

七、數罪併罰應執行之刑易服社會勞動，於有第六項所定無正當理由不履行社會勞動，情節重大，或履行期間屆滿仍未履行完畢之情形，數罪均得易科罰金者，應執行所定之執行刑或易科罰金。數罪均得易服社會勞動，惟非均得易科罰金者，因應執行之刑本不得易科罰金，則應執行所定之執行刑，增訂第十項明定之。

*（最重本刑）刑三五；（以上以下）刑一〇㈠；（宣告）刑訴三〇九①；（執行）刑訴四五六～四五九；（易科罰金）刑四四，刑訴三〇九②。

▲釋一二一、一四四、二四五、三六六。

▲刑法第三百三十五條第一項之罪，最重本刑為五年以下有期徒刑，不在同法第四十一條所定得以易科罰金之列，原判決依據該條項論處被告侵占罪拘役三十日，而諭知以三元折算一日易科罰金，自屬違法。（四八臺非三五）

▲被告所犯傷害直系血親尊親屬身體罪，經加重結果，其最重本刑已逾三年，即不得適用刑法第四十一條易科罰金，原判決於依同法第二百八十條加重第二百七十七條第一項之刑，論處被告徒刑後，仍予諭知易科罰金，顯屬違法。（註：應注意九四、二、二修正公布刑法第四十一條之規定。）（四九臺非五二）

▲刑法（舊）第二百三十一條第一項之罪，因適用戡亂時期軍人婚姻條例第十四條第二項加重其刑二分之一之故，已非刑法第四十一條所定犯最重本刑為三年以下有期徒刑之罪，第一審量處被告有期徒刑六月，復依刑法第四十一條諭知易科罰金，原審不為糾正而予維持，均屬有違法令。（五一臺上一六六六）

第四十二條（易服勞役）

罰金應於裁判確定後二個月內完納。期滿而不完納者，強制執行。其無力完納者，易服勞役。但依其經濟或信用狀況，不能於二個月內完納者，得許期滿後一年內分期繳納。遲延一期不繳或未繳足者，其餘未完納之罰金，強制執行或易服勞役。

依前項規定應強制執行者，如已查明確無財產可供執行時，得逕予易服勞役。

易服勞役以新臺幣一千元、二千元或三千元折算一日。但勞役期限不得逾一年。

依第五十一條第七款所定之金額，其易服勞役之折算標準不同者，從勞役期限較長者定之。

罰金總額折算逾一年之日數者，以罰金總額與一年之日數比例折算。依前項所定之期限，亦同。

科罰金之裁判，應依前三項之規定，載明折算一日之額數。

易服勞役不滿一日之零數，不算。

易服勞役期內納罰金者，以所納之數，依裁判所定之標準折算，扣除勞役之日期。

(98)一、第一項至第五項、第七項及第八項未修正。

二、現行條文於九十四年間修正時，係將修正前之第二項及第三項分別移為現行條文第三項及第五項，並新增第四項。惟修正前之第四項於移列為現行條文第六項時，並未配合調整所引項次，致生爭議，爰予酌修。

*（罰金）刑三三⑤、四一；（裁判確定）刑訴三四九、三五

九；（強制執行）刑三五六，刑訴四七〇㊂、四七一，強執四㊀⑥；（易服勞役）刑四四，刑訴三〇九③、四七九、四八〇，監刑三四；（裁判）刑訴二二〇、二二六、二二七、三〇九②；（以上以下）刑一〇㊀。

▲釋一二一。

▲罰金易服勞役期限不得逾六個月，刑法第四十二條第二項設有明文限制，故罰金總額如以一元以上三元以下之額數折算勞役一日，不致超過六個月之日數者，固可依同項規定酌定折算標準，否則應依同條第三項，以罰金總額與六個月之日數比例折算。原審判決對於被告所定執行刑之罰金總額為四千元，如僅以三元以下折算一日易服勞役，則不免逾越六個月之期限，自應依照刑法第四十二條第三項，以罰金總額四千元與六個月之日數比例折算。（二七非二）

第四十二條之一（罰金易服勞役之再易服社會勞動）

罰金易服勞役除有下列情形之一者外，得以提供社會勞動六小時折算一日，易服社會勞動：

一　易服勞役期間逾一年。

二　入監執行逾六月有期徒刑併科或併執行之罰金。

三　因身心健康之關係，執行社會勞動顯有困難。

前項社會勞動之履行期間不得逾二年。

無正當理由不履行社會勞動，情節重大，或履行期間屆滿仍未履行完畢者，執行勞役。

社會勞動已履行之時數折算勞役日數，未滿一日者，以一日論。

社會勞動履行期間內繳納罰金者，以所納之數，依裁判所定罰金易服勞役之標準折算，扣除社會勞動之日數。

依第三項執行勞役，於勞役期內納罰金者，以所納之數，依裁判所定罰金易服勞役之標準折算，扣除社會勞動與勞役之日數。

(98)一、配合第四十一條第八項之修正，酌修第一項第二款。
考量社會接受度及社會勞動執行之困難度，對於須入監執行逾六月有期徒刑者，其併科或併執行罰金之執行，亦不得易服社會勞動，包括下列情形：㈠單罪宣告刑逾六月有期徒刑併科之罰金。㈡數罪併罰之徒刑應執行刑不得易科罰金或易服社會勞動，而須入監執行逾六月有期徒刑者，其併執行之罰金。㈢數罪併罰之徒刑應執行刑得易科罰金或易服社會勞動，惟未聲請易科罰金或易服社會勞動，而入監執行逾六月有期徒刑者，其併執行之罰金。㈣數罪併罰之徒刑應執行刑得易科罰金或易服社會勞動，經聲請易科罰金或易服社會勞動，惟未獲准許易科罰金或易服社會勞動，而入監執行逾六月有期徒刑者，其併執行之罰金。
二、第二項至第六項未修正。

第四十三條（易以訓誡）

受拘役或罰金之宣告，而犯罪動機在公益或道義上顯可宥恕者，得易以訓誡。

＊（拘役罰金）刑三三④、⑤；（犯罪動機）刑五七①；（宥恕）刑五九、六一、二四五㊁；（訓誡）刑訴四八二，少年事件四二㊀①。

▲訓誡之方式，法無明文規定，應由檢察官斟酌情形，以言詞或書面行之。（院一三五〇）

第四十四條（易刑之效力）

易科罰金、易服社會勞動、易服勞役或易以訓誡執行完畢者，其所受宣告之刑，以已執行論。

(98)配合本法第四十一條及修正條文第四十二條之一易服社會勞動制度之增訂，明定易服社會勞動執行完畢者，其所受宣告之刑，以已執行論。

＊（易科罰金）刑四一，刑訴四七〇、四七一；（易服勞役）刑四二，刑訴四七九、四八〇；（易以訓誡）刑四三；（以已執行論）刑七九㊀。

第四十五條（刪除）

(104)照協商條文通過。

第四十六條（刪除）

(104)照協商條文通過。

第六章　累　犯

⇧查暫行律第十九條原案謂凡已受刑之執行，復再犯罪，此其人習於為惡，實為社會之大慝，若仍繩以初犯之刑，有乖刑期無刑之義。故本章特設規定。

第四十七條（累犯）

受徒刑之執行完畢，或一部之執行而赦免後，五年以內故意再犯有期徒刑以上之罪者，為累犯，加重本刑至二分之一。

第九十八條第二項關於因強制工作而免其刑之執行者，於受強制工作處分之執行完畢或一部之執行而免除後，五年以內故意再犯有期徒刑以上之罪者，以累犯論。

(94)一、累犯之加重，係因犯罪行為人之刑罰反應力薄弱，需再延長其矯正期間，以助其重返社會，並兼顧社會防衛之效果。參之同為大陸法系之日本現行刑法第五十六條及改正刑法草案第五十六條、瑞士刑法第六十七條、奧地利刑法第三十九條、法國刑法第一百三十二條之八至第一百三十二條之十一仍有累犯之規定，宜維持現行累犯制度。惟可因行為人惡性之程度酌予量處適當之刑。
二、犯罪行為人之再犯係出於故意者，固有適用累犯加重規定之必要；惟若過失再犯者因難據以確認其刑罰反應力薄弱，故宜以勸導改善等方式，促其提高注意力以避免再犯，而不宜遽行加重其刑，故第一項限制以故意再犯者為限，方成立累犯。
三、保安處分本有補充或代替刑罰之功用，為配合第九十八條第二項增訂強制工作處分與刑罰之執行效果得以互代，爰參採竊盜犯贓物犯保安處分條例第七條之立法體例，於本條第二項增訂擬制累犯之規定。

＊（有期徒刑）刑三三③；（執行完畢）刑四八，監刑八三㊀；（赦免）刑四八、五四、七四②、九六、九八，赦免二、三；（以內）刑一〇㊀；（以上）刑一〇㊀；（累犯）刑四八、四九，竊贓保安七；（加重本刑）刑六七。

▲釋一三三。

▲刑法第四十七條所謂赦免係指特赦及免除其刑者而言，不包括大赦在內。至罪犯經依罪犯赦免減刑令赦免，既係大赦，自不生累犯問題。（院解三五三四）

▲被告前犯詐欺罪，經判處有期徒刑六月，宣告緩刑二年，於緩刑期內又復共同行竊，固應構成刑法第三百二十條第一項之竊盜罪，惟被告前犯之詐欺罪，雖判處徒刑，但同時宣告緩刑，並未送監執行，自不能謂為累犯。（二五非一〇五）

▲刑法第四十七條所謂加重本刑至二分之一，祇為最高度之規定，並無最低度之限制，法院於本刑二分之一以下範圍內，如何加重，本有自由裁量之權，自不能以原判決僅加重其本刑十分之一，並未加重至二分之一，而再予減輕二分之一為不當。（四七臺上一〇〇四）

▲上訴人前受之保護管束處分，係依少年事件處理法第四十二條之規定所為之處分，雖經於六十七年六月二十六日執

行完畢，然此與依戡亂時期竊盜犯贓物犯保安處分條例第九條所定保護管束處分執行完畢之情形不同，自無累犯規定之適用。（六九臺上二八八四）

▲緩刑期滿而緩刑之宣告未經撤銷者，其刑之宣告，失其效力，與以已執行論之效果，並不相同，嗣後縱然再犯，不發生累犯之問題。（七五臺上六三五）

第四十八條（裁判確定後發覺累犯之處置）

裁判確定後，發覺為累犯者，依前條之規定更定其刑。但刑之執行完畢或赦免後發覺者，不在此限。

⇧查第二次修正案理由謂原案裁判確定後，於執行其刑之時，發覺為累犯者，依前二條之例，更定其刑，其意謂裁判確定後，始發覺者，得變更其裁判，而重新科罪，惟執行完畢或免除後，則不得變更其裁判，是兩點一得變更其裁判，一不得變更其裁判。原案將此兩層合為一句，設於判決之後執行之前發覺為累犯者，恐有不能變更其刑之誤解，故本案擬將此條分為兩項。

＊（裁判確定）刑訴三四九、三五九；（更定其刑）刑訴四七七㊀；（執行完畢）刑四七，監刑八三㊀；（赦免）刑四七、五四、七四②、八六㊂、八七㊂、九六、九八，赦免二、三。

▲有罪判決確定後，檢察官發見為累犯，依刑法第四十八條規定，聲請更定其刑，係以主刑漏未依同法第四十七條累犯加重其刑至二分之一為聲請之範圍。至於，確定判決主文諭知之從刑及其他部分，例如沒收、緩刑、保安處分等是，因非聲請更定之範圍，即令有違法之情形存在，如合於非常上訴之條件者，應另以非常上訴救濟之，尚非可依更定其刑之裁定程序予以救濟而將之撤銷。（七九臺非一四六）

第四十九條（累犯適用之例外）

累犯之規定，於前所犯罪在外國法院受裁判者，不適用之。

(94)八十八年十月二日公布修正之軍事審判法，有關第三審上訴程序，依上訴原因，分別由司法審判機關之最高法院或高等法院審理，依本條自應適用累犯加重之規定；反觀依軍法受裁判者，則排除累犯適用之規定，則將發生同一案件視被告是否提起第三審上訴，而發生是否適用累犯加重規定之歧異結果，實有未妥，爰將本條關於「依軍法」受裁判者不適用累犯之規定刪除，以求司法、軍事審判程序中，適用法律之一致。

＊（累犯之規定）刑四七、四八；（軍法）憲九，戒嚴八、九，軍審一；（外國法院）刑九。

▲刑法第四十九條所稱依軍法受裁判，凡前所犯罪係受軍法機關裁判者皆屬之，不以犯罪之性質及裁判適用之實體法為準。（院解二九五七）

▲上訴人前犯逃亡罪，係受軍法裁判，不適用累犯規定，且犯該罪之動機乃因欲脫離軍人生活另謀職業，與普通有犯罪習慣之情形有別，第一審以係累犯加重其刑，並宣告保安處分殊有未洽。（四六臺上四九）（九四、九、一三決議自九五、七、一起不再援用）

第七章　數罪併罰

⇧查第二次修正案謂原案本章名俱發罪，沿用舊律之名稱，但本章之規定，非限於數罪俱發，即數罪各別發覺，亦得適用。是以日本舊刑法名為數罪俱發，新刑法改為併合罪，然所謂併合罪，並非將數罪併合為一罪，其各罪仍獨立存在，不過併合處斷之耳。故本案改為併合論罪。

第五十條（數罪併罰之要件）

裁判確定前犯數罪者，併合處罰之。但有下列情形之一者，不在此限：

一　得易科罰金之罪與不得易科罰金之罪。

二　得易科罰金之罪與不得易服社會勞動之罪。

三　得易服社會勞動之罪與不得易科罰金之罪。

四　得易服社會勞動之罪與不得易服社會勞動之罪。

前項但書情形，受刑人請求檢察官聲請定應執行刑者，依第五十一條規定定之。

(102)一、現行數罪併罰規定未設限制，造成併罰範圍於事後不斷擴大有違法安定性，為明確數罪併罰適用範圍，爰增訂但書規定。

二、因不得易科罰金之罪與得易科罰金之罪合併，造成得易科罰金之罪無法單獨易科罰金，故宜將兩者分開條列。故於第一項將得易科罰金與易服社會勞動之罪，分別列舉得易科、不得易科、得易服與不得易服等不同情形之合併，以作為數罪併合處罰之依據。

三、增列第二項，規範第一項但書情形，受刑人請求檢察官聲請定應執行刑者，依第五十一條有關數罪併罰之方法所規定之情形，以作為定執行刑之準則。

＊（裁判確定）刑訴三四九、三五九；（併合處罰）刑五一～五四。

釋九八、二〇二、三六六。

▲刑法第五十五條所謂一行為觸犯數罪名，就故意犯而言係指對於該數罪同時有各別之犯意而藉一個行為以達成之而言，若對於另一犯罪係臨時起意，而行為亦不止一個，或基於同一之犯意而行為又先後可分，即非刑法第五十五條上段之想像競合犯，應為數罪併罰，或刑法第五十六條之連續犯。（註：應注意新刑法已修正，刪除連續犯之規定。）（七〇臺上一九七一）

▲刑法上之接續犯，係指以單一行為，經數個階段，持續侵害同一法益而言。被告於竊取第一張空白支票後，非但已予偽造，並經持以行使，其偽造有價證券之行為，業已完成，嗣因李某發覺支票印鑑模糊，交還被告予以撕毀丟棄，於一星期後，又再竊取第二張空白支票，另行偽造行使，應已侵害兩個社會法益，自屬兩個單一之犯罪，兩者之間，殊無接續關係之可言。原判決就此兩個單一之犯罪，依接續關係，論以一罪，其法律見解，自屬可議。（七〇臺上二八九八）

▲所謂繼續犯，係以一個行為持續的侵害一個法益，其特性則僅屬一個行為，不過其不法之狀態，係在持續狀態中而言，上訴人等既先變造公文書行使後，復偽造公文書行使，其犯罪行為顯然不祇一個，原判決以繼續犯之理論，認為僅成立一罪，其法律上之見解，顯有不當。（註：應注意刑法已修正，刪除連續犯之規定。）（七一臺上一〇二七）

▲上訴人於引誘莊、洪兩女與該兩日本人姦淫之前，已與該兩人談妥姦宿報酬為日幣九萬元，因而收取日幣九萬元，可見其妨害風化與收取外幣為報酬之犯意自始存在，而在客觀上其結果行為與犯罪之目的行為之間，亦有直接密切之牽連關係存在，自應依刑法第五十五條規定從一重處斷，此與數罪併罰各別起意而為犯罪行為者有別。至上訴意旨謂犯罪所得之外幣係屬贓物，法律仍准許持有，上訴人因犯妨害風化罪後持有日幣之行為，並不為罪，或本件係法規競合云云，指摘原判決不當，惟查所謂贓物，係指因侵害財產法益犯罪所得之物而言，上訴人所犯妨害風化罪既非侵害財產法益之罪，則上訴人所收取之外幣，自非贓物。又上訴人之所為，既非單一之犯罪行為，發生單一之結果，而有數種法律之適用，故本件非法律競合，亦甚明顯。（七一臺上三六六三）（九四、九、一三決議自九五、七、一起不再援用）

第五十一條（數罪併罰之執行）

數罪併罰，分別宣告其罪之刑，依下列各款定其應執行者：

一　宣告多數死刑者，執行其一。

二　宣告之最重刑為死刑者，不執行他刑。但罰金及從刑不在此限。

三　宣告多數無期徒刑者，執行其一。

四　宣告之最重刑為無期徒刑者，不執行他刑。但罰金及從刑不在此限。

五　宣告多數有期徒刑者，於各刑中之最長期以上，各刑合併之刑期以下，定其刑期。但不得逾三十年。

六　宣告多數拘役者，比照前款定其刑期。但不得逾一百二十日。

七　宣告多數罰金者，於各刑中之最多額以上，各刑合併之金額以下，定其金額。

八　宣告多數褫奪公權者，僅就其中最長期間執行之。

九　依第五款至前款所定之刑，併執行之。但應執行者為三年以上有期徒刑與拘役時，不執行拘役。

⑩照協商條文通過。

*（數罪併罰）刑五〇、五二～五四；（死刑）刑三三①；（無期徒刑）刑三三②；（罰金）刑三三⑤；（有期徒刑）刑三三③；（拘役）刑三三④；（褫奪公權）刑三六、三七；（沒收）刑三八以下。

▲釋一四四、二〇二、三六六。

▲數罪併罰，應於判決時，依刑法第五十一條各款，宣告其應執行之刑者，以其數個罪刑之宣告，係同一判決者為限。上訴人被訴相姦罪，早經判決確定，既非與和誘罪刑同時宣告，自應俟和誘罪刑確定後，由該案犯罪事實最後判決法院之檢察官，依刑事訴訟法第四百八十一條之規定辦理，原審法院遲於和誘罪之判決內併合各該罪刑，定其應執行之刑，自非允洽。（四三臺上四四一）

▲（五三臺上一三八二）參見本法第三十八條。

▲數罪併罰，應依分別宣告其罪之刑為基礎，定其應執行刑，此觀刑法第五十一條規定自明，故一裁判宣告數罪之刑，雖曾經定其執行刑，但如再與其他裁判宣告之刑定其執行刑時，前定之執行刑當然失效，仍應以其各罪宣告之刑為基礎，定其執行刑，不得以前之執行刑為基礎，以與後裁判宣告之刑，定其執行刑。（五九臺抗三六七）（一〇三、九、二決議不再援用）

▲對於已判決確定之各罪，已經裁定其應執行之刑者，如又重複裁定其應執行之刑，自係違反一事不再理之原則，即屬違背法令，對於後裁定，得提起非常上訴。（六八臺非五〇）

▲數罪併罰有二裁判以上者，固得依刑法第五十一條之規定定其應執行之刑，但須以裁判確定前為前提。倘若被告先後犯甲、乙、丙三罪，而甲罪係在乙罪裁判確定前所犯，甲、乙兩罪均經判決確定，並已裁定定其應執行之刑，則丙罪雖在乙罪裁判確定前所犯，但因其在甲罪裁判確定之後，且乙罪既已與甲罪合併定其應執行刑，則丙罪即不得再與乙罪重複定其應執行之刑，祇能單獨執行。（七二臺非四七）

▲原判決將被告等關於強劫哨兵而故意殺人部分撤銷發回，其他上訴駁回，雖判決確定部分未再明定其應執行之刑，但依刑法第五十一條第二款、第四款規定，各被告應僅執行最重之死刑或最重之無期徒刑，再依第一款規定，多數死刑執行其一，依第八款規定，執行最長期間之褫奪公權，是其應執行之刑，極為明確，要無不能執行之問題。（七八臺非四四）

▲法律上屬於自由裁量之事項，並非概無法律性之拘束。自由裁量係於法律一定之外部性界限內（以定執行刑言，即不得違反刑法第五十一條之規定），使法官具體選擇以為適當之處理；因此在裁量時，必須符合所適用之法規之目的。更進一步言，必須受法律秩序之理念所指導，此亦即所謂之自由裁量之內部性界限。關於定應執行之刑，既屬自由裁量之範圍，其應受此項內部性界限之拘束，要屬當然。中華民國八十年罪犯減刑條例之所以制定，依其第一條規定，係為紀念開國八十年，予罪犯更新向善之機。是其適用此一減刑條例，自不得違反此一法律之目的。本件被告曾某犯有原裁定附表所列三罪，前經依中華民國七十七年罪犯減刑條例分別予以減刑後，定其應執行刑為有期徒刑十年六月；而原裁定既認附表編號2、3兩罪合乎中華民國八十年罪犯減刑條例減刑之要件，依檢察官之聲請予以減刑，乃其與附表編號1之罪定其應執行刑時，竟定為有期徒刑十年八月，反較減刑前所定者為重，殊悖減刑之目的，自屬違法。（八〇臺非四七三）

第五十二條（裁判確定後餘罪之處理）

數罪併罰，於裁判確定後，發覺未經裁判之餘罪者，就餘罪處斷。

⇧查第二次修正案理由謂本條及次條規定，數罪各別發覺處斷之法。原案第二十四條第一項，一罪先發已經確定審判，餘罪後發，或數罪經各別確定審判者云云，以裁判確定為標準，似未妥著。蓋裁判既已宣告，雖未至確定，不應因發覺他罪而取消之，當就未經裁判之罪科刑，依下條處斷較為簡當云。惟本法因著重刑罰之效果，故仍採裁判確定與否為合併科刑之標準。

*（數罪併罰）刑五〇、五一、五三、五四；（裁判確定）刑訴三四九、三五九；（餘罪）刑五四。

▲所詢情形，甲罪未裁判前，乙罪業已裁判確定，自應專就甲罪審斷，合與乙罪原處之刑，依刑法第七十條定其應執行之刑。（院六六二）

第五十三條（執行刑）

數罪併罰，有二裁判以上者，依第五十一條之規定，定其應執行之刑。

*（數罪併罰）刑五〇～五二、五四；（定其應執行之刑）刑五四，刑訴四七七。

▲釋九八、三六六。

▲某甲犯子罪，於判處徒刑未確定前在所脫逃，並於子罪裁判確定後續犯寅罪獲案，經法院就其脫逃之丑罪與寅罪分別論科，嗣該丑、寅二罪亦先後確定，某甲所犯丑罪，既在子罪裁判確定前，如子、丑兩罪之宣告刑，具有刑法第五十一條第五款、第七款之情形，自應由檢察官依刑訴法第四百八十一條、刑法第五十三條聲請定其應執行之刑。至寅罪既在子罪裁判確定後所犯，即與刑法第五十條之規定不合，自應將寅罪所宣告之刑，與子、丑兩罪所定之執行刑合併執行。（院一九一四）

▲數罪之宣告刑得依刑法第五十一條規定而定其執行刑者，以裁判確定前所犯之罪為限，某丙於殺人未遂罪偵查中發覺其曾犯貪污之罪，經法院判處殺人未遂罪刑後，復將貪污部分移送於當時有審判權之軍法機關判處罪刑，該兩案判決先後確定，固應由最後判決之軍法機關定其應執行之刑，並依減刑辦法為之減刑，惟某丙於殺人未遂罪刑在監執行中所犯脫逃未遂一罪，既在殺人未遂罪判決確定以後，則對於殺人未遂與貪污兩罪，均不得謂為裁判確定前所犯之數罪（參照院字第一九一四號解釋），自應分別減刑，合併執行，不能適用數罪併罰之例定其執行之刑。該軍法機關對於脫逃未遂部分，並無以裁定減刑及更定其刑之權，原軍法機關誤將脫逃未遂一罪與殺人未遂及貪污兩罪併合定其應執行之刑，並基此而適用減刑辦法減其所定執行之刑，此項裁定既含有無權裁定之部分在內，自屬無效，除脫逃未遂罪仍應依法院所為之減刑裁定執行外，其殺人未遂與貪污二罪，應由該軍法機關更為適法之裁定。（院解二九八八）

▲刑法第五十三條所謂數罪併罰，有二裁判以上者，依第五十一條之規定，定其應執行之刑，係指二以上之確定裁判，定其應執行之刑而言，如第一審判決所宣告之刑，一部分業經第二審判決予以撤銷確定後，其經撤銷之刑，自無合

併其他刑罰，定其應執行刑之餘地。（四五臺非六六）

▲抗告人所犯行賄罪之最重本刑。雖在三年以下，但其竊取森林主產物所犯森林法第五十條之罪之最重本刑，則已超過三年，因併合處罰之結果，根本不得易科罰金，縱其因犯竊取森林主產物罪，所宣告之徒刑，經已執行完畢，亦與刑法第五十四條，及司法院院字第一三〇四號解釋所謂僅餘一罪之情形迥然不同，仍應依同法第五十三條定其應執行之刑。（四七臺抗四一）

第五十四條（各罪中有受赦免時餘罪之執行）

數罪併罰，已經處斷，如各罪中有受赦免者，餘罪仍依第五十一條之規定，定其應執行之刑，僅餘一罪者，依其宣告之刑執行。

⇧查第二次修正案理由謂原案第二十五條，俱發與累犯互合者，其俱發罪依前二條之例處斷，與累犯罪之刑並執行之云云，按此條之規定，似有誤解。前法律館草案理由所舉之例，如犯甲乙兩罪，甲罪應處徒刑三年，尚未發覺，僅以乙罪受宣告徒刑五年，執行既終後，再犯丙罪，值審判之際同甲罪一併發覺是也。此種情形，應據本條規定，先按其甲乙兩罪而援用前二條，以甲罪之徒刑三年與乙罪比較，於八年以下五年以上之範圍內，定執行刑期六年，以前此五年執行既終，故以其餘刑一年與再犯丙罪之刑合併執行等語，案所犯之丙罪，係在裁判後，依俱發罪之定義，自應獨立科刑分別執行。如具累犯條件，則科以加重之刑，否則科以通常之刑。然則丙罪與其他各罪分別執行，固不以累犯為限，是故本條之用意，係俱發罪與非俱發罪互合時，其非俱發罪應獨立科刑，而與俱發罪之刑一併執行，此乃俱發罪定義當然之解釋。故本案擬刪去之。

*（數罪併罰）刑五〇～五三；（處斷）刑五二；（赦免）刑四七、四八、七四②、八六㊁、八七㊁、九六、九八，赦免二、三；（餘罪）刑五二；（定其應執行之刑）刑五三，刑訴四七七；（宣告之刑）刑訴三〇九①。

▲關於數罪併罰之裁判確定後，未經執行或執行尚未完畢，其中有一罪，因刑法不處罰其行為而免其刑之執行，設仍餘數罪，應依刑法第五十四條及刑事訴訟法（舊）第四百八十一條之規定，聲請該法院以裁定更定其刑，若僅餘一罪，則依其宣告之刑執行。又牽連犯案件，輕罪之刑，已被重罪之刑吸收，如其處刑之重罪，因法律變更而不處罰，應還免其刑之執行。（院一三〇四）

第五十五條（數罪從重）

一行為而觸犯數罪名者，從一重處斷。但不得科以較輕罪名所定最輕本刑以下之刑。

⑼一、關於牽連犯之成立要件，依通說認應具備下列要件：㈠須係數個行為；㈡觸犯數罪名；㈢犯罪行為間須具方法、目的或原因、結果之牽連關係；㈣須侵害數個法益；㈤行為人對於數個犯罪行為，主觀上須具概括犯意。因其犯罪行為，須係複數，其法益侵害，亦係複數，而與法條競合、包括一罪等本來一罪有異。有關想像競合犯之實質根據，通說均以「單一行為之處罰一次性」作為說明，至牽連犯之實質根據，則難有適當之說明。因此，在外國立法例上，德國現行法並無牽連犯之規定，日本昭和十五年之改正刑法案、昭和刑法準備草案、以及昭和四十九年之改正刑法草案，均將牽連犯之規定予以刪除，改正刑法草案說明書之要旨，認為「在構成牽連犯之數罪中，作為手段之行為罪與結果罪間，具有相當時間之間隔，倘將其中一方之既判力及於他者，並不適當。而判例通常係以數罪間具有手段、結果之關係作為牽連犯之成立要件，惟在具體適用上，亦不盡一貫，在現行法下，許多應適用牽連犯之場合，判例將其論以想像競合犯。因此，將牽連犯之規定予以刪除，並不會造成被告之不利益。」牽連犯之實質根據既難有合理之說明，且其存在亦不無擴大既判力範圍，而有鼓勵犯罪之嫌，實應予刪除為當。

二、至牽連犯廢除後，對於目前實務上以牽連犯予以處理之案例，在適用上，則得視其具體情形，分別論以想像競合犯或數罪併罰，予以處斷。

三、想像上競合與牽連犯，依現行法規定，應從一重處斷，遇有重罪之法定最輕本刑較輕罪之法定最輕本刑為輕時，裁判者仍得在重罪之最輕本刑以上，輕罪之最輕本刑以下，量定其宣告刑。此種情形，殊與法律規定從一重處斷之原旨相違背，難謂合理。德國刑法第五十二條(2)及奧地利現行刑法第二十八條，均設有相關之限制規定，我刑法亦有仿採之必要，爰增設但書規定，以免科刑偏失。又依增設本但書規定之精神，如所犯罪名在三個以上時，量定宣告刑，不得低於該重罪以外各罪法定最輕本刑中之最高者，此乃當然之解釋。

*（從一重處斷）刑三五。

▲刑法第五十五條所謂從一重處斷，應以法定刑為比較輕重之標準，設有在敵偽機關團體服務，憑藉敵偽勢力而犯懲治盜匪條例第二條第一項各款之罪者，盜匪罪之法定刑既較漢奸罪為重，固應從盜匪罪處斷，惟其牽連所犯之一罪，既不在赦令減刑之列，則其據以處斷之他罪，自應不予減刑。（院解三四五四）

▲以傷害人身體之目的，將其人私行拘禁加以毆打，其拘禁行為，係圖達傷害目的之手段，即與刑法第五十五條所謂犯一罪而其方法之行為犯他罪名之規定相符，其先後實施者，既有拘禁與傷害兩個性質不同之行為，當然不能認為一行為而犯數罪。（二八上二六四五）

▲刑法第五十五條之從一重處斷，以法定刑之輕重為準，即係以某一罪之法定刑與他罪名之法定刑比較，而從一法定刑較重之罪名處斷之謂，至各該罪名是否另有總則上加重、減輕其刑之原因，係屬別一問題，並不以此而使該條之比較輕重受其影響，原審既認上訴人所犯意圖姦淫而和誘未滿二十歲之女子脫離家庭，與行使偽造私文書兩罪名，有牽連犯關係，即應從該兩罪名之法定刑較重之和誘罪論處，乃以上訴人行使偽造私文書係連續之故，竟於加重其刑後，認連續行使偽造私文書罪之刑重於圖姦和誘罪之刑，因而依行使偽造私文書之罪名論擬，殊屬違法。（註：應注意刑法已修正，刪除牽連犯、連續犯之規定。）（二九上八四三）

▲燒燬房屋，意在消滅殺人痕跡，其放火仍為殺人之結果，即具有刑法第五十五條之牽連關係。（二九上二七五六）

▲刑法第五十五條前段所謂一行為而觸犯數罪名，係指所犯數罪名為一個犯罪行為之結果者而言，如果行為非僅一個，即與該條前段之規定無涉。（三〇上二二七一）

▲上訴人槍擊之目的，既在甲而不在乙、丙，則其槍擊甲未中，應構成殺人未遂罪，其誤將乙打傷丙打死，應分別構成過失傷害人及過失致人於死罪，依刑法第五十五條從一重論以殺人未遂罪，原判遽以殺人罪處斷，自屬違誤。（三七上二三一八）

▲刑法第五十五條前段所稱一行為而觸犯數罪名，係指所犯數罪名出於一個意思活動，且僅有一個行為者而言，如其意思各別，且有數個行為，應構成數個獨立罪名，不能適用第五十五條之規定。（三八穗上一二八）

▲刑法上所謂犯罪行為之吸收關係，係指其低度行為為高度行為所吸收（例如由收受偽造紙幣器械原料而偽造紙幣，其收受偽造紙幣器械原料之低度行為，為偽造紙幣之高度行為所吸收），或某種犯罪行為之性質或結果當然含有他罪之成分，自亦當然吸收者而言（例如行使偽造之紙幣購買物品，既曰行使，當然冒充真幣，則性質上含有詐欺之成分，已為行使偽造紙幣所吸收）。被告等共同自外國輸入海洛因而販賣之，其輸入與販賣之各犯罪行為，彼此程度不相關連，本難謂有低度行為與高度行為之關係，而海洛因自外國輸入，按其性質或結果，又非當然含有販賣之成分，故兩者之間祇能謂有刑法第五十五條之牽連犯關係，乃第一審判決誤解其販賣行為為輸入行為所吸收，僅適用刑法第二百五十七條第三項處斷，原判決仍予維持，於法殊難謂合。（四二臺上四一〇）

▲竊盜空白支票，偽填金額之外，既尚有偽以他人名義為背書人而偽造其署押之行為，其偽造署押，固非偽造有價證券構成之要件，但與行使偽造有價證券，不無方法結果關係，即難置而不論，自應從一重處斷。（四七臺上一五二三）（九五、二、一四決議不再援用）

▲翻印他人著作出版之書籍，如係翻印其著作物之內容，固係單純侵害他人著作權，若竟連同著作出版書籍之底頁，依出版法所載著作人、發行人、印刷者等等，一併加以翻印出售圖利者，則除觸犯著作權法第三十條第一項侵害他人著作權之罪外，又已構成刑法第二百十六條行使第二百十條偽造私文書之罪名，應依同法第五十五條，從一重之行使偽造私文書罪處斷。（註：應注意刑法已修正，刪除牽連犯之規定。）（四九臺非二四）

▲犯一罪而其方法或結果之行為犯他罪名者，刑法第五十五條既規定從一重處斷，則牽連犯之一部經判決確定，其效力即及於全部，倘檢察官復就所犯之他罪名重行起訴，法院應依刑事訴訟法第二百九十四條第一款諭知免訴，無再就所犯他罪名論科之餘地。（註：應注意刑法已修正，刪除牽連犯之規定。）（五〇臺非一〇八）

▲（六九臺上六九六）　參見本法第三十五條。

▲牽連犯追訴權時效，在各個犯罪間各自獨立，不相干連，應分別計算。牽連犯之輕罪，如追訴權時效已完成，而重罪部分仍應論知科刑時，應於判決內說明輕罪部分因屬裁判上一罪不另諭知免訴之理由。（註：應注意刑法已修正，刪除牽連犯之規定。）（六九臺上四九一七）

▲（七〇臺上一九七一）　參見本法第五十條。

▲營利事業填報不實之扣繳憑單以逃漏自己稅捐者，除成立稅捐稽徵法第四十一條之罪名外，在方法上又犯刑法第二百十六條、第二百十五條之罪名，應從一重處斷。（註：應注意刑法已修正，刪除牽連犯之規定。）（七一臺上一一四三）

▲一行為觸犯數罪名之想像上競合犯，係指行為人以一個意思決定發為一個行為，而侵害數個相同或不同之法益，具備數個犯罪構成要件，成立數個罪名之謂，乃處斷上之一罪；此與行為人就同一犯罪構成事實，以單一行為之數個舉動接續進行，以實現一個犯罪構成要件，侵害同一法益，成立一個罪名之接續犯不同，雖接續犯於犯罪行為完畢之前，其各個舉動與該罪之構成要件相符，但行為人主觀上係以其各個舉動僅為全部犯罪行為之一部，而客觀上，亦認係實施一個犯罪，是以僅成立一個罪名。（七一臺上二八三七）

▲（七一臺上三六六三）　參見本法第五十條。

▲同時偽造同一被害人之多件同類文書或同一被害人之多張支票時，其被害法益仍僅一個，不能以其偽造之文書件數或支票張數，計算其法益。此與同時偽造不同被害人之文書或支票時，因有侵害數個人法益，係一行為觸犯數罪名者迥異。（七三臺上三六二九）

▲刑法第五十五條所謂之牽連犯，必須二個以上之行為有方法與結果之關係者，始足構成，亦即必須以犯一罪之方法行為犯他罪，或以犯一罪之結果行為犯他罪，方有牽連關係之可言。本件依原判決之認定，上訴人與蔡某等係向許某恫嚇索錢被拒，並反唇相譏，始基於殺人之意思而共同為殺人行為之實施，初本無以殺人為恐嚇取財手段之意思，且恐嚇取財亦非必以殺人為方法，殺人更非恐嚇取財之當然結果，乃原判決竟認上訴人所犯恐嚇取財未遂罪與殺人罪間有方法結果之牽連關係，從一重之殺人罪處斷，於法自屬可議。（註：應注意刑法已修正，刪除牽連犯之規定。）（七三臺上五四四六）

▲被告等私運管制進口之毒品來臺，係一行為而觸犯運輸毒品及私運管制物品進口二罪名，而運輸毒品與販賣毒品有方法結果之牽連關係，應依刑法第五十五條從一重之販賣毒品罪處斷，乃原判決以私運管制物品進口與販賣毒品有牽連關係，而運毒部分係階段行為，應為販毒之全部行為所吸收，顯有未合。（註：應注意刑法已修正，刪除牽連犯之規定。）（七三臺覆一七）

▲刑法上所謂法規競合，係指同一犯罪構成要件之一個犯罪行為，而因法規之錯綜關係，同時有數法條可以適用，乃依一般法理擇一適用之謂。本件被告等將海洛因自曼谷輸入臺灣之一個行為，係屬同時觸犯構成犯罪要件不同之私運管制物品（毒品）進口，與運輸毒品二罪，應依刑法第五十五條想像競合之規定處斷，原判決認係法規競合，其法律之適用，顯有未洽。（七三臺覆二五）

▲原審認上訴人洪甲、吳女、洪乙，所犯刑法第二百三十一條第一項之引誘良家婦女與人姦淫罪，及同法第二百三十三條之引誘幼女與人姦淫罪，先後數次行為，犯意概括，其基本犯罪構成要件相同，應依連續犯論以較重之引誘幼女與人姦淫一罪。對其中被害人劉女部分，所犯上述之刑法第二百三十一條第一項引誘良家婦女與人姦淫罪，又與同法第二百四十條第三項之加重和誘罪有方法結果之牽連關係，應從一加重和誘罪處斷。惟按連續犯罪之一部，既與他罪牽連，自應包括的先將全部之連續各行為，論以一罪，再按牽連犯例從一重處斷，乃原判竟論以連續引誘幼女與人姦淫及加重和誘二罪，自有未合。（七四臺上六四五〇）（九五、二、一四決議自九五、七、一起不再援用）

▲將偽造證書複印或影印，與抄寫或打字不同，其於吾人實際生活上可替代原本使用，被認為具有與原本相同之信用性。故在一般情況下可予以通用，應認其為與原本作成名義人直接所表示意思之文書無異。自非不得為犯刑法上偽造證書罪之客體。（七五臺上五四九八）

▲刑法上之牽連犯，係指行為者意念中祇欲犯某罪，而其實施犯罪之方法，或其實施犯罪之結果，觸犯行為人目的行為以外之其他罪名而言。牽連犯的數行為間，有無方法或結果行為與目的行為之牽連關係存在，並應參酌行為時客觀的事實以為決定，亦即在客觀上認其方法或結果行為，與犯罪之目的行為，有不可分離之直接密切關係，始克成立。（七九臺上五四七）（九五、二、一四決議自九五、七、一起不再援用）

第五十六條　（刪除）

⑭一、本條刪除。

二、按連續犯在本質上究為一罪或數罪，學說上迭有爭議，一般均認為連續犯在本質上應屬數罪，僅係基於訴訟經濟或責任吸收原則之考量，而論以一罪，故本法承認連續犯之概念，並規定得加重其刑至二分之一。然本法規定連續犯以來，實務上之見解對於本條「同一罪名」之認定過寬，所謂「概括犯意」，經常可連綿數年之久，且在採證上多趨於寬鬆，每每在起訴之後，最後事實審判決之前，對繼續犯同一罪名之罪者，均適用連續犯之規定論處，不無鼓勵犯罪之嫌，亦使國家刑罰權之行使發生不合理之現象。因此，基於連續犯原為數罪之本質及刑罰公平原則之考量，其修正既難以周延，爰刪除本條有關連續犯之規定。

三、從立法例而言，連續犯係大陸法系之產物，英美刑法並不承認連續犯之概念，德國刑法自一八七一年以後、日本自昭和二十二年（民國三十六年）以後，均將連續犯之規定予以刪除，其餘大陸法系國家如瑞士、奧地利、法國等均無連續犯之明文，惟在實務上則視具體情形，或認係一罪，或認係數罪併罰。故有必要參考上開外國立法例，刪除有關連續犯之規定。

四、至連續犯之規定廢除後，對於部分習慣犯，例如竊盜、吸毒等犯罪，是否會因適用數罪併罰而使刑罰過重產生不合理之現象一節，在實務運用上應可參考德、日等國之經驗，委由學界及實務以補充解釋之方式，發展接續犯之概念，對於合乎「接續犯」或「包括的一罪」之情形，認為構成單一之犯罪，以限縮數罪併罰之範圍，用以解決上述問題。

第八章　刑之酌科及加減

⇧查第二次修正案調原案本章名酌減，修正案改為酌加酌減，其理由謂原案分則各刑，高低額相懸，三等之自由裁量既改為一等，恐審判官無酌奪之餘地，故特設酌加一等或酌減一等或二等之規定，藉濟其窮。然以修正案所改，其結果殆與原案三等之刑，無甚區別，故本案於分則各罪，仍多從原案三等刑而略加修正，俾審判官得自由裁量，不至有窮於酌奪之虞矣。又調酌加之法，雖為各國通例所無，然有酌減而無酌加，乃沿博愛時代之遺習，並非根據學說，既許酌減何獨不許酌加云云。夫刑罰為國家無上之權，古代刑罰不由法定，法官得以自由科刑，其為害於社會，自不待言，故近代皆採法定刑主義，以防濫用。夫犯罪而有惡性者，科以法定之刑可矣，犯罪而無惡情者，其情節至不一端，科以法定之刑，或過於酷，故得酌減。例如姦所殺死姦夫與圖財害命，依法律條文，其為殺人罪雖同，而所應科之刑則異，故凡行為雖屬犯罪，而情節確有可原者，裁判上則有酌減之例，行政上則有特赦之權，蓋以此也。更證以各國刑法典之體例，犯罪因特別情節，應加重者，皆於分則各罪規定之。例如原案分則各罪加重之情節，至為繁密，有因犯人身分者（第一百四十條），有因被害人身分者（第一百八十三條），有因犯罪目的者（第一百零一條），有因犯罪人數者（第三百六十八條），有因發生一定之結果者（第一百三十三條），有因被害法益者（第一百八十六條），有因犯罪之方法者（第二百八十三條），有因以犯罪為常業者（第二百七十七條），有因職務上犯罪者（第一百三十五條），有因犯罪之程度者（第一百四十條），其餘各條之加重，類多以此為準。是應加重各情節，既科以加重之刑，似不當於總則中，再設酌加之規定，故本案擬將修正案酌加之條文刪去，並增入科刑之標準，改章名為刑之酌科。

第五十七條　（科刑輕重應審酌事項）

科刑時應以行為人之責任為基礎，並審酌一切情狀，尤應注意下列事項，為科刑輕重之標準：

一　犯罪之動機、目的。
二　犯罪時所受之刺激。
三　犯罪之手段。
四　犯罪行為人之生活狀況。
五　犯罪行為人之品行。
六　犯罪行為人之智識程度。
七　犯罪行為人與被害人之關係。
八　犯罪行為人違反義務之程度。
九　犯罪所生之危險或損害。
十　犯罪後之態度。

⑭一、科刑（或稱刑罰裁量、量刑等）之標準與科刑之基礎，二者之關係至為密切，在適用上，對於犯罪行為事實論罪科刑時，須先確認科刑之基礎，始得進而依科刑之標準，論知被告一定之宣告刑。而責任原則，不僅為刑事法律重要基本原則之一，且為當代法治國家引為科刑之基礎。現行法僅就科刑之標準予以規定，並未對科刑之基礎設有規範。為使法院於科刑時，嚴守責任原則，爰仿德國刑法第四十六條第一項、日本改正刑法草案第四十八條第一項之立法例，明定以行為人之責任為科刑之基礎；並將序文「左列」一語，修正為「下列」。

二、配合第三十八條第二項、第三項將「犯人」修正為「犯罪行為人」，本條第四款至第八款亦配合修正用語。

三、本條所定刑罰酌科之一般標準中第一款「犯罪之動機」與第二款「犯罪之目的」乃故意犯專設之事項，予以合併改訂於第一款。

四、現行第三款至第八款內容未修正，款次循序改為第二款至第七款。

五、現行第八款之科刑標準，範圍較狹，僅包括犯罪行為人與被害人平日有無恩怨、口角，或其他生活上之關係；惟犯罪行為人與被害人在犯罪行為上之關係，則不在其內。矧按犯罪之原因，常與犯罪行為人及被害人間，在行為時之互動密切相關，例如，在竊盜案件中，被害人之炫耀財產，常係引起犯罪行為人覬覦下手之原因。此種犯罪行為人與被害人在犯罪行為上之關係，亦屬科刑時應予考量之標準，爰將「平日」一語刪除，使其文義範圍，亦得包含犯罪行為人與被害人在犯罪行為上之關係；並將其款次改列為第七款。

六、邇來處罰違反義務犯罪之法規日益增多（如電業法第一百零七條），而以違反注意義務為違法要素之過失犯罪發生率，亦有增高趨勢（如車禍案件，醫療糾紛案件），犯罪行為人違反注意義務之程度既有不同，其科刑之輕重，亦應有所軒輕，又就作為犯與不作為犯（如本法第一百四十九條）而言，其違反不作為義務或作為義務之程度，亦宜審酌以為科刑之標準。爰參酌德國立法例（刑法第四十六條(2)）增訂第八款規定「犯罪行為人違反義務之程度」，以利具體案件量刑時審酌運用。

七、第九款及第十款均未修正。

*（一切情狀）刑五九、六一；（犯罪動機）刑四三；（犯罪時所受之刺激）刑二七三、二七四、二七九；（犯罪之手段）刑三〇九㈡、三一〇㈡；（犯人之品行）刑九〇；（犯人與被害人平日之關係）刑二二八、二三二；（犯罪所生之危險或損害）刑一七；（犯罪後之態度）刑六二、一一六六、一七二、二四四、三四七⑤。

▲釋四三三。

▲刑法上之共同正犯，雖應就全部犯罪結果負其責任，但科刑時仍應審酌刑法第五十七條各款情狀，為各被告量刑輕重之標準，並非必須科以同一之刑。（四七臺上一二四九）

▲科刑時必須審酌犯人本身之犯罪情狀，至於社會一般事項，雖亦堪作參考，要不得據為科刑輕重之唯一標準。（五〇臺上一一三一）

▲有期徒刑之減輕，應就其最高度及最低度同減輕之，然後於減輕之最高度與最低度範圍內，審酌一切情狀為科刑輕重之標準，並非一經減輕，即須處以減輕後之最低度刑。（五五臺上二八五三）

第五十八條　（罰金之酌量）

科罰金時，除依前條規定外，並應審酌犯罪行為人之資力及犯罪所得之利益。如所得之利益超過罰金最多額時，得於所得利益之範圍內酌量加重。

⑭配合第三十八條第二項、第三項將「犯人」修正為「犯罪行為人」，本條亦配合修正用語。

*（罰金）刑三三⑤；（犯罪所得）刑三八之一。

▲刑法第五十八條，乃關於罰金刑量定標準之規定，犯人所得之利益超過罰金最高額時，自得於所得利益之限度內酌量加重，與同法第六十八條加重方法之規定無涉。（院二六六五）

▲刑法第五十八條所稱因犯罪所得之利益，係指犯罪行為時因犯罪所得之利益而言。（院解四〇四三）

第五十九條　（酌量減輕㈠）

犯罪之情狀顯可憫恕，認科以最低度刑仍嫌過重者，得酌量減輕其刑。

⑭一、現行第五十九條在實務上多從寬適用。為防止酌減其刑之濫用，自應嚴定其適用之條件，以免法定刑形同虛設，破壞罪刑法定之原則。

二、按科刑時，原即應依第五十七條規定審酌一切情狀，尤應注意該條各款所列事項，以為量刑標準。本條所謂「犯罪之情狀可憫恕」，自係指裁判者審酌第五十七條各款所列事項以及其他一切與犯罪有關之情狀之結果，認其犯罪足堪憫恕者而言。惟其審認究係出於審判者主觀之判斷，為使其主觀判斷具有客觀妥當性，宜以「可憫恕之情狀較為明顯」為條件，故特加一「顯」字，用期公允。

三、依實務上見解，本條係關於裁判上減輕之規定，必於審酌一切之犯罪情狀，在客觀上顯然足以引起一般同情，認為縱予宣告法定最低刑度猶嫌過重者，始有其適用（最高法院三十八年臺上字第十六號、四十五年臺上字第一一六五號、五十一年臺上字第八九九號判例），乃增列文字，將此適用條件予以明文化。

*（犯罪之情狀）刑五七、六一；（憫恕）刑四三、六一；（酌量減輕其刑）刑六〇、七三，刑訴三一〇④。

▲釋二六三。

▲刑法上之酌量減輕，必於犯罪之情狀可憫恕時，始得為之，為刑法第五十九條所明定，至情節輕微僅可為法定刑內從輕科刑之標準，不得據為酌量減輕之理由，原判決既未認上訴人之犯罪情狀有何可憫恕之處，僅謂情節尚輕，輒依同法第五十九條酌減本刑，其援引法令，自屬失當。（二八上一〇六四）

▲刑法第五十九條所定減輕其刑，以宣告法定最低度之刑猶

嫌過苛者，始有此適用，其法定最輕本刑為拘役，即酌減之仍不能出於刑種之範圍，自無適用減刑之餘地，乃原判依第五十九條減輕處斷，自有未合。（三八臺上二六）

▲上訴人意圖營利，略誘未滿二十歲之少女脫離家庭，迫令為娼，衡情殊難認為有可憫恕之處，原判法猶復引用刑法第五十九條減輕其刑，顯屬失當。（四五臺上一三六（一））

▲刑法第五十九條之酌量減輕其刑，必於犯罪之情狀，在客觀上足以引起一般同情，認為即予宣告法定低度刑期，猶嫌過重者，始有其適用，至於被告無前科，素行端正，子女眾多等情狀，僅可為法定刑內從輕科刑之標準，不得據為酌量減輕之理由。（五一臺上八九九）

▲刑法第五十九條所定減輕其刑，以宣告法定最低度之刑猶嫌過重者，始有其適用，刑法第二百七十三條義憤殺人罪之法定刑為有期徒刑七年以下二月以上，原審既諭知被告有期徒刑四年，殊無引用刑法第五十九條之餘地。（六一臺上一七八一）

▲上訴人犯罪時尚未滿十八歲所犯為法定唯一死刑之罪，依刑法第六十三條第一項及第六十四條第二項規定，本刑為死刑者減輕其刑，死刑減輕者，為無期徒刑或為十五年以下、十二年以上有期徒刑。而刑法第五十九條之酌量減輕其刑，以宣告法定最低度之刑猶嫌過重者，始有其適用，原判決既依該條遞減其刑，其量刑自不應在有期徒刑十二年以上，始符減輕之意旨，乃處上訴人有期徒刑十三年，自屬於法有違。（註：應注意刑法第六十四條第二項已修正。）（六九臺上四〇五〇）

第六十條（酌量減輕㈡）

依法律加重或減輕者，仍得依前條之規定酌量減輕其刑。

⇧查暫行律第五十五條注意謂法律之加重，如再犯及俱發之類，法律上之減輕，如未遂從犯及宥恕自首之類，雖各項情形競合，苟有減輕之情形，仍宜準前條辦理。

*（依法律加重或減輕）刑六四～七三；（酌量減輕其刑）刑六四～七三。

▲法律適用上所謂特別法優於普通法之原則，係指特別法之適用有排斥普通法之適用者而言，減刑辦法上之減刑，與刑法上各種規定之減刑（即法律上之減輕、裁判上之減輕與特別減輕），均得依刑法第六十條同時適用，並不能謂減刑辦法有排他性可言，且刑法第六十條為一種注意條文，其已依法律減輕者，如認為情堪憫恕，仍得依該條遞減之，即已依他種法律加重者，亦仍得依該條減輕，不過應受第七十一條之適用耳。至關於量刑之標準，除審酌一切情狀及注意刑法第五十七條所列各款事項外，並審酌犯情可恕，得依同法第五十九條減輕至法定刑以外之刑，自不受變更罪名之拘束，如第一審論以較輕之罪，而第二審變更法條改為較重之罪，其量刑較第一審所科處者為輕，果屬裁量未致失平，亦不能指為違法。（三四上七三八）

第六十一條（裁判免除）

犯下列各罪之一，情節輕微，顯可憫恕，認為依第五十九條規定減輕其刑仍嫌過重者，得免除其刑：

一　最重本刑為三年以下有期徒刑、拘役或專科罰金之罪。但第一百三十二條第一項、第一百四十三條、第一百四十五條、第一百八十六條及對於直系血親尊親屬犯第二百七十一條第三項之罪，不在此限。

二　第三百二十條、第三百二十一條之竊盜罪。

三　第三百三十五條、第三百三十六條第二項之侵占罪。

四　第三百三十九條、第三百四十一條之詐欺罪。

五　第三百四十二條之背信罪。

六　第三百四十六條之恐嚇罪。

七　第三百四十九條第二項之贓物罪。

⑽配合修正條文第二百七十二條及第二百七十六條規定，第一款但書所定之「第二百七十二條第三項」，修正為「對於直系血親尊親屬犯第二百七十一條第三項」，並刪除該款但書中之「第二百七十六條第一項」。

*（情節輕微）貪污一二；（憫恕）刑四三、五九；（刑法第六十一條所列之犯罪）刑訴二五三、三七六、四四九；（酌免其刑）刑訴三一〇④。

▲原判決既適用刑法第一百三十四條加重其刑至二分之一，則被告等所犯刑法第二百七十七條第一項之傷害罪，因加重之結果，其最重本刑已超過三年以上有期徒刑，自與刑法第六十一條第一款前段規定犯最重本刑為三年以下有期徒刑之罪不相適合。乃原判決仍依該條款諭知免刑，顯屬於法有違。（五七臺上三四一四）

▲森林法第五十條所規範竊取森林主、副產物，搬運、寄藏、收買贓物或為牙保者之各個犯罪態樣與刑法普通竊盜或贓物罪毫無差異，該法條本身並無刑之規定，而係「依刑法規定處斷」，與刑法第三百二十條第二項竊佔罪本身無「刑」之規定，而係「依前項（竊盜罪）之規定處斷」完全相同。竊佔罪依竊盜罪之規定處斷，既為竊盜行為之一種，而列為刑法第六十一條第二款之案件。同理森林法第五十條規定之竊取森林主、副產物，搬運、寄藏、收買贓物或為牙保者，自可認為即係刑法上之普通竊盜罪或贓物罪，而為刑法第六十一條第二款或第五款之案件。（八一臺上三五二一）

第六十二條（自首減刑）

對於未發覺之罪自首而受裁判者，得減輕其刑。但有特別規定者，依其規定。

㊹按自首之動機不一而足，有出於內心悔悟者，有由於情勢所迫者，亦有基於預期邀獲必減之寬典者。對於自首者，依現行規定一律必減其刑，不僅難於獲致公平，且有使犯人恃以犯罪之虞。在過失犯罪，行為人為獲減刑判決，急往自首，而坐令損害擴展之情形，亦偶有所見。必減主義，在實務上難以因應各種不同動機之自首案例。我國暫行新刑律第五十一條、舊刑法第三十八條第一項、日本現行刑法第四十二條均採得減主義，既可委由裁判者視具體情況決定減輕其刑與否，運用上較富彈性。真誠悔悟者可得減刑自新之機，而狡黠陰暴之徒亦無所遁飾，可符公平之旨，宜予採用。故於現行文字「減輕其刑」之上，增一「得」字。

*（自首）毒品危害二一，刑訴二二八㈠、二四四；（減輕其刑）刑六四以下；（特別規定）刑一〇二、一二二㈢但、一五四㈡，貪污一一㈢。

▲甲將乙殺斃後，即向法院郵遞訴狀自首，或呈請鄉公所轉行自首，並於呈狀內載明住址，以待傳喚，自應認為有受制裁之表示，其自首既在犯罪未發覺以前，雖因鄉公所轉遞呈狀到達法院在被害人親屬告訴之後，仍不失其自首之效力。（院二三八三）

▲自首以對於未發覺之罪投案而受裁判為要件，如案已發覺，則被告縱有投案陳述自己犯罪之事實，亦祇可謂為自白，不能認為自首。（二六上四八四）

▲刑法第六十二條所謂未發覺之罪，凡有搜查權之官吏，不知有犯罪之事實，或雖知有犯罪事實，而不知犯罪人為何人者，均屬之，上訴人向第一審檢察官投首之際，雖在告訴人告訴某乙之後，但當時告訴人既未對之一併指訴，而第一審檢察官亦未知上訴人是否參加犯罪，假使上訴人確曾參加械鬪，因迫於族議自行投首，以免株連無辜，自係合於自首之條件，依法應予減刑。（註：應注意刑法第六二條已修正。）（二六渝上一八三九）

▲自首以對於未發覺之罪投案而受裁判為要件，至其方式雖不限於自行投案，即託人代理自首或向非偵查機關請其轉送，亦無不可，但須有向該管司法機關自承犯罪而受裁判之事實，始生效力，若於犯罪後，僅向被害人或非有偵查犯罪職務之公務員陳述自己犯罪之事實，而無受裁判之表

示，即與自首之條件不符。（五〇臺上六六五）

▲刑法第六十二條所謂自首，祇以犯人在其犯罪未發覺前，向該管公務員自承犯罪，而受裁判為已足，並不以使用自首字樣為必要。（五一臺上一四八六）

▲犯人在犯罪未發覺之前，向該管公務員告知其犯罪，而不逃避接受裁判，即與刑法第六十二條規定自首之條件相符，不以言明「自首」並「願受裁判」為必要。（六三臺上一一〇一）

▲刑法第六十二條所謂發覺，固非以有偵查犯罪權之機關或人員確知其人犯罪無誤為必要，而於對其發生嫌疑時，即得謂為已發覺；但此項對犯人之嫌疑，仍須有確切之根據得為合理之可疑者，始足當之，若單純主觀上之懷疑，要不得謂已發生嫌疑。（七二臺上六四一）

▲刑法第六十二條之所謂發覺，係指有偵查犯罪職權之公務員已知悉犯罪事實與犯罪之人而言，而所謂知悉，固不以確知其為犯罪之人為必要，但必其犯罪事實，確實存在，且為該管公務員所確知，始屬相當。如犯罪事實並不存在而懷疑其已發生，或雖已發生，而為該管公務員所不知，僅係推測其已發生而與事實巧合，均與已發覺之情形有別。（七五臺上一六三四）

第六十三條 （老幼處刑之限制）

未滿十八歲人或滿八十歲人犯罪者，不得處死刑或無期徒刑，本刑為死刑或無期徒刑者，減輕其刑。

⑭一、第一項未修正。

二、現行條文第二項刪除。按第六十三條第二項之立法理由，係基於傳統孝道精神而對未滿十八歲人犯殺害直系血親尊親屬罪者，例外得判處死刑或無期徒刑。然未滿十八歲人犯重大刑案，如擄人勒贖而故意殺害被害人，其惡性並不亞於殺害直系血親尊親屬。在現行法適用之結果，未滿十八歲人犯擄人勒贖而殺人罪不得判處死刑、無期徒刑，僅能判處有期徒刑，而殺害直系血親尊親屬罪反而可判處死刑、無期徒刑，似有罪刑不均衡之失。

三、「公民與政治權利國際公約」第五條揭示「未滿十八歲之人犯罪，不得處死刑。」有超過一百四十個國家為其會員國；另「兒童權利公約」第三十七條提到，對未滿十八歲人之犯罪行為，不得判處死刑或無釋放可能之無期徒刑，並已有一百九十個國家成為該公約之會員國，可知對未滿十八歲之人不得判處死刑或無期徒刑，已成為國際間之共識，基於上開公約之精神及國際間之共識，爰刪除現行第二項之規定。

＊（未滿十八歲人或滿八十歲人）刑一八㈡、㈢，民一二四；（本刑為死刑或無期徒刑）刑二七二、三三二、三三四；（減輕其刑）刑六四㈡、六五。

▲未滿十八歲人犯罪，而其本刑為死刑或無期徒刑者，依刑法第六十三條第一項規定，必須減輕其刑，審判上並無裁量之餘地，因而同法第十八條第二項之規定於此亦無其適用。上訴人所犯之罪，其本刑既係唯一死刑，而其時上訴人又尚未滿十八歲，自應先依刑法第六十三條第一項、第六十四條第二項減輕後，再適用同法第五十九條遞減其刑方為適法。乃原判決不依此項規定，竟引用同法第十八條第二項為遞減其刑之根據，不無違誤。（四九臺上一〇五二）

▲刑法第六十三條第一項所謂本刑為死刑或無期徒刑者，減輕其刑，係指法定刑為唯一死刑或無期徒刑，裁判時應本於該條規定而減處有期徒刑之謂。本件被告所犯殺人罪，其本刑並非唯一死刑或無期徒刑，自無該第六十三條第一項之適用。（六九臺上六四七）

第六十四條 （死刑加重之限制與減輕方法）

死刑不得加重。

死刑減輕者，為無期徒刑。

⑭一、第一項未修正。

二、死刑之減輕，減為無期徒刑部分，固無疑義；惟現行法第二項規定得減為十五年以下十二年以上有期徒刑部分，則有未妥，因㈠單一犯罪有期徒刑之最高上限，第三十三條第三款規定原則上為十五年，遇加重時得加至二十年，何以死刑之減輕，除得減為無期徒刑外，尚得減為有期徒刑，且其上限為十五年，下限為十二年？㈡現行第六十五條第二項之規定，無期徒刑減輕者，減為七年以上，其上限依第三十三條第三款之意旨，應為十五年。死刑減輕為無期徒刑之上限，與無期徒刑減輕之上限，同為十五年，死刑與無期徒刑之性質，差異極大，如其減輕之效果無法予以區別，實有違衡平原則之要求。其次，現行死刑減輕得減至有期徒刑，實係過去有為數不少之罪為絕對死刑，為避免有情輕法重之情形，死刑減輕至有期徒刑有其必要性。惟現行刑事政策已陸續將絕對死刑之罪，修正為相對死刑，而相對死刑之罪遇有減輕事由，依本條及第六十五條無期徒刑減輕之規定，使相對死刑減輕後之選科可能為無期徒刑、有期徒刑，為避免上開㈠㈡所述之缺點，爰將第二項後段死刑得減輕至有期徒刑之規定刪除。

＊（死刑）刑三三①；（無期徒刑）刑三三②、六五；（有期徒刑）刑三三③、六六、六七。

▲（六九臺上四〇五〇） 參見本法第五十九條。

第六十五條 （無期徒刑加重之限制與減輕方法）

無期徒刑不得加重。

無期徒刑減輕者，為二十年以下十五年以上有期徒刑。

⑭一、第一項未修正。

二、無期徒刑之減輕效果，應與死刑及有期徒刑之減輕效果，具有合理之差異為當。易言之，無期徒刑減輕為有期徒刑之下限，不應低於有期徒刑減輕之上限。據此，無期徒刑減輕之效果，應以二十年以下十五年以上有期徒刑為當，爰修正第二項之規定。

＊（無期徒刑）刑三三②；（有期徒刑）刑三三③、六六、六七。

▲刑法之減輕，祇須援用減刑法條，即不說明減輕分數，及減輕後刑之限度，亦非違法。（院一一九九）

第六十六條 （有期徒刑、拘役、罰金之減輕方法）

有期徒刑、拘役、罰金減輕者，減輕其刑至二分之一。但同時有免除其刑之規定者，其減輕得減至三分之二。

＊（有期徒刑）刑三三③；（拘役）刑三三④；（罰金）刑三三⑤；（同時有免除其刑之規定）刑一六、二三但、二四但、二六但、二七、一〇二、一二二㈢、一六六、一六七、一七二、二七五㈢、三二四㈠、三三八、三四三、三五一。

▲有期徒刑減輕者，除同時有免除其刑之規定外，減輕其刑至二分之一，為刑法第六十六條所明定，被告犯罪時年尚未滿十八歲，原判既依同法第十八條第二項於其所犯第三百二十一條第一項之最低度法定刑減輕處斷，又無其他減刑原因，自應處有期徒刑三月，乃僅處有期徒刑二月，顯非適法。（四一臺非二七）

第六十七條 （有期徒刑或罰金加減之方法）

有期徒刑或罰金加減者，其最高度及最低度同加減之。

⑭第三十三條第五款現行規定罰金為一元以上，此次既已修正為新臺幣一千元以上，當不致因加減其最低度，而產生不滿一元之零數，允宜許其加減最低度，本條自應配合修正。

＊（有期徒刑）刑三三③。

▲有期徒刑之減輕，應就其最高度及最低度同減輕之，然後於減輕之最高度與最低度範圍內，審酌一切情狀為科刑輕重之標準，並非一經減輕，即須處以減輕後之最低度刑。（五五臺上二八五三）

第六十八條 （拘役加減之方法）

拘役加減者，僅加減其最高度。

⑭罰金既將最低金額修正為新臺幣一千元（修正條文第三十三條第五款），自應與有期徒刑相同，許其最高度及最低度

同加減之，並已併入修正條文第六十七條，故在本條內將「或罰金」字樣予以刪除。

＊（拘役）刑三三④；（罰金）刑三三⑤；（加減）刑七二。

第六十九條（二種主刑以上併加減例）

有二種以上之主刑者，加減時併加減之。

＊（二種以上之主刑）刑七〇。

▲刑法上減輕其刑，如所犯本條有兩種以上主刑時，應就法定之各主刑，按所減之標準，併予核減，再於減得之法定主刑範圍內，量予處刑，並非於法定各種主刑內任擇一種，或就擬處之刑，予以減輕，而置其他主刑於不顧。（二四上一四三二）

第七十條（遞加遞減例）

有二種以上刑之加重或減輕者，遞加或遞減之。

⇧按遞加遞減，與通加通減不同之點，即係於加重之後如須再加時，就已加重之數再加，不問原刑為若干也。於減輕之後如須再減，就已減輕之數再減，不問原刑為若干也。若為通加通減，則始終以原刑為加減之標準。

＊（二種以上之主刑）刑六九。

▲未經判決確定而應依大赦條例減刑之案件，須就所犯法定本刑減輕之，即依法遞減，亦須先就法定本刑減輕後，再就減得之刑加以減輕，並非就處刑上予以減刑，復於減輕其刑後，再行遞減。（二四非一一六）

第七十一條（主刑加減之順序）

刑有加重及減輕者，先加後減。

有二種以上之減輕者，先依較少之數減輕之。

＊（刑之加重）刑四七、五六、五八；（刑之減輕）刑一八㈡、㈢、一九㈡、二〇、二三但、二四㈠但、二六、二七、三〇㈡、五九、六二；（較少之數）刑六六。

▲刑法第三百二十五條第一項之搶奪罪，法定本刑為六月以上五年以下有期徒刑，原判決既認第一審依累犯規定加重本刑二分之一為無不合，僅以上訴人犯情可憫，復酌減二分之一處斷，是其加減分數，均違於法律上所定之極度，按照刑法第七十一條第一項先加後減之結果，其刑期為四月十五日以上三年九月以下，應於此項刑期範圍內酌量科處，方為合法，原判決竟改處有期徒刑四月，尚在最低度刑期以下，於法自屬有違。（二六滬上三）

第七十二條（零數不算）

因刑之加重、減輕，而有不滿一日之時間或不滿一元之額數者，不算。

＊（日）刑三三④；（元）刑三三⑤；（期間）民一一九～一二一。

第七十三條（酌量減輕之準用）

酌量減輕其刑者，準用減輕其刑之規定。

＊（酌量減輕其刑）刑五九、六〇；（減輕其刑）刑六四～七二。

第九章　緩　刑

第七十四條（緩刑要件）

受二年以下有期徒刑、拘役或罰金之宣告，而有下列情形之一，認以暫不執行為適當者，得宣告二年以上五年以下之緩刑，其期間自裁判確定之日起算：

一　未曾因故意犯罪受有期徒刑以上刑之宣告者。

二　前因故意犯罪受有期徒刑以上刑之宣告，執行完畢或赦免後，五年以內未曾因故意犯罪受有期徒刑以上刑之宣告者。

緩刑宣告，得斟酌情形，命犯罪行為人為下列各款事項：

一　向被害人道歉。

二　立悔過書。

三　向被害人支付相當數額之財產或非財產上之損害賠償。

四　向公庫支付一定之金額。

五　向指定之政府機關、政府機構、行政法人、社區或其他符合公益目的之機構或團體，提供四十小時以上二百四十小時以下之義務勞務。

六　完成戒癮治療、精神治療、心理輔導或其他適當之處遇措施。

七　保護被害人安全之必要命令。

八　預防再犯所為之必要命令。

前項情形，應附記於判決書內。

第二項第三款、第四款得為民事強制執行名義。

緩刑之效力不及於從刑、保安處分及沒收之宣告。

(104)照協商條文通過。

＊（以上以下）刑一〇㈠；（緩刑）刑七五、七六，刑訴三〇九⑤、四七六，少年事件七九、八二；（期間）民一一九～一二一；（執行完畢）刑四七、四八，監刑八三㈠；（赦免）刑四七、四八、五四、八六㈡、八七㈡、九六、九八，赦免一～三。

▲釋四五。

▲被判褫奪公權而經宣告緩刑者，在緩刑期內，仍得應省縣公職候選人考試，其在緩刑期內當選為省縣公職人員者不得撤銷其資格（參照院字第一〇三三號、院解字第二九五六號、第三三一六號、第三三六二號解釋）。（院解三五一九）

▲判決前已經受有期徒刑以上刑之宣告，即不合於緩刑條件，所謂受有期徒刑以上刑之宣告者，祇須受刑之宣告為已足，於是否執行在所不問，因而前受有期徒刑之宣告，雖經同時諭知緩刑，苟無同法第七十六條失其刑之宣告效力之情形，仍不得於後案宣告緩刑。（二五非三一三）（九二、一、七決議不再援用）

▲凡在判決前已經受有期徒刑以上刑之宣告確定者，即不合於緩刑條件，至於前之宣告刑已否執行，以及被告犯罪時間之或前或後，在所不問，因而前已受有期徒刑之宣告，即不得於後案宣告緩刑。（五四臺非一四八）

▲緩刑為法院刑罰權之運用，旨在獎勵自新，祇須合於刑法第七十四條所定之條件，法院本有自由裁量之職權，上訴意旨僅就原審刑罰裁量職權之行使而為指摘，不能認以原判決違背法令為上訴理由。（七二臺上三六四七）

▲關於刑之量定及緩刑之宣告，係實體法上賦予法院得為自由裁量之事項，倘其未有逾越法律所規定之範圍，或濫用其權限，即不得任意指摘為違法，以為第三審上訴之理由。（七五臺上七〇三三）

第七十五條（緩刑宣告之撤銷㈠）

受緩刑之宣告，而有下列情形之一者，撤銷其宣告：

一　緩刑期內因故意犯他罪，而在緩刑期內受逾六月有期徒刑之宣告確定者。

二　緩刑前因故意犯他罪，而在緩刑期內受逾六月有期徒刑之宣告確定者。

前項撤銷之聲請，於判決確定後六月以內為之。

(98)一、依本法第四十一條第三項之規定，受六月以下有期徒刑或拘役之宣告而不得易科罰金者，亦得易服社會勞動。

此類案件既可毋庸入監執行，故於緩刑之效果，應與受得易科罰金之案件相同，成為修正條文第七十五條之一得撤銷緩刑之事由，而非本條應撤銷緩刑之事由。又不得易科罰金或不得易服社會勞動之案件皆係受逾六月有期徒刑之宣告，爰修正第一項各款。

二、第二項未修正。

*（緩刑）刑七四、七六，刑訴三〇九⑤、四七六，少年事件七九、八二；（撤銷）刑訴四七六；（過失犯罪）刑一二㈡、一四。

▲某甲先犯誣告罪經宣告緩刑確定後，又發覺於緩刑前另犯瀆職罪，在緩刑期內判處徒刑，雖該徒刑准予易科罰金，但其所受宣告之刑，仍不失為有期徒刑，依刑事訴訟法第四百八十條及刑法第七十五條第一項第二款各規定，應撤銷其緩刑之宣告。（院二一二五）

▲刑法第七十四條各款所謂受有期徒刑以上刑之宣告，係指宣告其刑之裁判確定者而言，某甲犯子丑二罪，先發覺子罪，後發覺丑罪，經第一審先就子罪案件判處徒刑六月宣告緩刑二年，後就丑罪案件判決諭知無罪，某甲對於子罪案件上訴後，檢察官亦對丑罪案件上訴，第二審先就丑罪案件判處徒刑六月，在未確定前又就子罪案件判決將上訴駁回，均非違法，兩案裁判俱經確定，丑罪既非在子罪緩刑期內宣告之徒刑，則子罪所宣告之緩刑即不合於刑法第七十五條第一項各款所列撤銷之原因，檢察官僅應就丑罪所宣告之徒刑予以執行。（院解二九一八）

第七十五條之一 （緩刑宣告之撤銷㈡）

受緩刑之宣告而有下列情形之一，足認原宣告之緩刑難收其預期效果，而有執行刑罰之必要者，得撤銷其宣告：

一　緩刑前因故意犯他罪，而在緩刑期內受六月以下有期徒刑、拘役或罰金之宣告確定者。

二　緩刑期內因故意犯他罪，而在緩刑期內受六月以下有期徒刑、拘役或罰金之宣告確定者。

三　緩刑期內因過失更犯罪，而在緩刑期內受有期徒刑之宣告確定者。

四　違反第七十四條第二項第一款至第八款所定負擔情節重大者。

前條第二項之規定，於前項第一款至第三款情形亦適用之。

(98)一、依本法第四十一條第三項之規定，受六月以下有期徒刑或拘役之宣告而不得易科罰金者，亦得易服社會勞動。此類案件既可毋庸入監執行，故於緩刑之效果，應與受得易科罰金之案件相同，成為本條得撤銷緩刑之事由。又得易科罰金或易服社會勞動之案件皆係受六月以下有期徒刑之宣告，爰修正第一項第一款及第二款。

二、第二項未修正。

第七十六條 （緩刑之效力）

緩刑期滿，而緩刑之宣告未經撤銷者，其刑之宣告失其效力。但依第七十五條第二項、第七十五條之一第二項撤銷緩刑宣告者，不在此限。

(94)本法對於緩刑制度採罪刑附條件宣告主義，認緩刑期滿未經撤銷者有消滅罪刑之效力，現行第七十六條規定謂「緩刑期滿，而緩刑宣告未經撤銷者，其刑之宣告失其效力」。對於緩刑期內更犯罪或緩刑前犯他罪，縱於緩刑期間內開始刑事追訴或為有罪判決之宣告，如其判決確定於緩刑期滿後者，不得撤銷其緩刑。又為督促主管機關注意即時行使撤銷緩刑之責，修正條文第七十五條第二項、第七十五條之一第二項已增訂「判決確定後六月以內，聲請撤銷緩刑」之規定，為配合此項修正，並重申其修正原旨，爰增設但書規定，凡依第七十五條第二項、第七十五條之一第二項之規定聲請撤銷者，即便撤銷緩刑之裁定在緩刑期滿後，其刑之宣告，並不失其效力。

*（緩刑）刑七四、七五，刑訴三〇九⑤、四七六，少年事件七九、八二；（撤銷）刑訴四七六。

▲刑法第七十六條所謂刑之宣告失其效力，包括主刑從刑在內，曾受徒刑及褫奪公權之宣告者，於緩刑期滿而緩刑之宣告未經撤銷時，依該條規定褫奪公權之宣告亦失其效力。（院解三九三〇）

第十章　假　釋

第七十七條 （假釋之要件）

受徒刑之執行而有悛悔實據者，無期徒刑逾二十五年，有期徒刑逾二分之一、累犯逾三分之二，由監獄報請法務部，得許假釋出獄。

前項關於有期徒刑假釋之規定，於下列情形，不適用之：

一　有期徒刑執行未滿六個月者。

二　犯最輕本刑五年以上有期徒刑之罪之累犯，於假釋期間，受徒刑之執行完畢，或一部之執行而赦免後，五年以內故意再犯最輕本刑為五年以上有期徒刑之罪者。

三　犯第九十一條之一所列之罪，於徒刑執行期間接受輔導或治療後，經鑑定、評估其再犯危險未顯著降低者。

無期徒刑裁判確定前逾一年部分之羈押日數算入第一項已執行之期間內。

(94)一、假釋制度係發軔於英國，固已為目前大多數國家刑事立法例所採行，惟對於受刑人應服刑多久，始得許其假釋，各國立法規定不一。尤其對於重刑犯及累犯是否准予假釋，尤有爭執。鑒於晚近之犯罪學研究發現，重刑犯罪者，易有累犯之傾向，且矯正不易，再犯率比一般犯罪者高，因此在立法上為達到防衛社會之目的，漸有將假釋條件趨於嚴格之傾向。如美國所採之「三振法案」，對於三犯之重刑犯罪者 (Felony) 更採取終身監禁不得假釋 (Life Sentence Without Parole) 之立法例。我國現行對於重大暴力犯罪被判處無期徒刑者，於服刑滿十五年或二十年後即有獲得假釋之機會，然其再犯之危險性較之一般犯罪仍屬偏高，一旦給予假釋，其對社會仍有潛在之侵害性及危險性。近年來多起震撼社會之重大暴力犯罪，均屬此類情形。因此目前之無期徒刑無法發揮其應有之功能，實際上變成較長期之有期徒刑，故應提高無期徒刑，以達到防衛社會之目的有其必要性，爰將無期徒刑得假釋之條件提高至執行逾二十五年，始得許假釋。

二、無期徒刑累犯部分，因修正後之無期徒刑假釋至少需執行二十五年，對被告已有相當之嚇阻效果，而人之壽命有限，累犯如再加重五年或十年，似無實益，如其仍無悛悔實據，儘可不准其假釋，且為避免我國刑罰過苛之感，爰刪除無期徒刑累犯之假釋條件。

三、㈠現行規定不得假釋者，僅有第一項但書之「有期徒刑之執行未滿六個月者」係因此類犯罪之惡性，並不嚴重，且刑期僅六個月，假釋對於受刑人並無實質利益可言，故仍維持之。而此次不得假釋之修正另增訂二種情形，為使條文清晰，爰將不得假釋之規定，單獨於第二項中規定，現行第一項但書改列於第二項第一款。㈡對於屢犯重罪之受刑人，因其對刑罰痛苦之感受度低，尤其犯最輕本刑五年以上重罪累犯之受刑人，其已依第一項規定（執行逾三分之二）獲假釋之待遇，猶不知悔悟，於1、假釋期間、2、徒刑執行完畢或赦免後五年內再犯最輕本刑五年以上之罪，顯見刑罰教化功能對其已無效益，為社會之安全，酌採前開美國「三振法案」之精神，限制此類受刑人假釋之機會應有其必要性，爰於第二項第二款增訂之。

四、㈠依監獄行刑法第八十一條第二項、第三項分別規定「犯刑法第二百二十一條至第二百三十條及其特別法之罪，而患有精神疾病之受刑人，於假釋前，應經輔導或治療。」、「報請假釋時，應附具足資證明受刑人確有悛悔情形之紀錄及假釋審查委員會之決議。前項受刑人之假釋並應附具曾受輔導或治療之紀錄。」再配合本法第九十一條之一之修正，則性侵害犯罪之加害人進入強制治療之程序，理應依監獄行刑法接受輔導或治療後，經評估、鑑定其再犯危險並未顯著降低者，始有接受刑法強制治療之必要；反之，如受刑人依前開規定接受輔導或治療後，其再犯危險顯著降低，即可依假釋程序審核是否有悛悔實據，而准予假釋。從而，監獄中之治療評估小組作整體評估、鑑定時，似無一方面認受刑人接受輔導或治療，其再犯危險顯著降低而准其假釋，另一方面又評估其應繼續接受強制治療之矛盾情形。故刑法之強制治療應是刑期內之輔導或治療不具成效，其再犯危險仍未顯著降低時，始有進一步施以強制治療之必要。㈡八十六年第七十七條修正前之規定「犯刑法第十六章妨害風化各條之罪者，非經強制診療，不得假釋。」亦以接受強制診療作為犯性侵害犯罪加害人假釋之要件，為避免強制治療由刑前治療改為刑後治療，與假釋規定發生適用法律之疑義，爰於第二項第三款增訂不得假釋之規定，以杜爭議。

五、現行條文第二項未修正，但項次循序移列至第三項。

*（徒刑之執行）刑訴四六六，監刑一、二；（假釋）刑七八、七九，監刑八一、八二，少年事件八一、八二。

第七十八條　（假釋之撤銷）

假釋中因故意更犯罪，受逾六月有期徒刑之宣告確定者，撤銷其假釋。

假釋中因故意更犯罪，受緩刑或六月以下有期徒刑之宣告確定，而有再入監執行刑罰之必要者，得撤銷其假釋。

前二項之撤銷，於判決確定後六月以內為之。但假釋期滿逾三年者，不在此限。

假釋撤銷後，其出獄日數不算入刑期內。

(111)一、假釋制度乃為促使受刑人悔改而設，假釋期間雖故意犯罪，惟受六月以下有期徒刑之宣告者，因可聲請易科罰金或易服社會勞動之案件，其犯罪情節較輕，原規定均列為應撤銷假釋之事由，似嫌過苛，故參酌第七十五條撤銷緩刑之立法意旨，以宣告逾六月有期徒刑者，為應撤銷假釋事由，而受緩刑或六月以下有期徒刑之宣告確定，有再入監執行刑罰之必要者，得裁量是否撤銷其假釋，以資衡平。另依司法實務見解，均須在該有期徒刑宣告之裁判已確定，始撤銷其假釋，爰修正第一項規定，並使假釋期間再犯罪者，無論再犯之裁判宣告及確定時點，係於假釋期間或假釋期滿後，均包括在內，以資明確。

二、鑑於原假釋中故意更犯罪，不論罪名及所受有期徒刑宣告之刑度輕重，均撤銷其假釋，使已逐漸回歸社會之受假釋人，因觸犯輕微罪名，致撤銷原重刑之假釋，實有輕重失衡之虞，而不利更生。況受六月以下有期徒刑，多屬犯罪情節較輕，應視該犯罪之再犯次數、有無情堪憫恕情狀等情形，依具體個案審酌有無基於特別預防考量，而有必要使該受假釋人再入監執行殘刑之具體情狀（例如對社會危害程度、再犯可能性及悛悔情形等）等事由，綜合評價、權衡後，作為裁量撤銷之審認標準，除可避免因觸犯輕罪致撤銷原假釋重罪外，亦可強化假釋人配合觀護處遇，例如戒癮治療、更生輔導等，以降低再犯，故參酌德國刑法第五十七條第五項、第五十七條a第三項準用第五十六條f、日本刑法第二十九條及本法第七十五條之一規定，增訂第二項裁量撤銷假釋之規定，以資彈性適用。

三、為督促主管機關注意即時行使撤銷假釋之責，俾使撤銷假釋之法律關係早日確定，裁量撤銷與應撤銷假釋之案件皆受撤銷假釋期限之限制，以期公允，爰修正原條文第一項後段規定，並移列第三項。

四、原條文第二項未修正，配合移列至第四項。

*（假釋）刑七七、七九，監刑八一、八二，少年事件八一、八二；（撤銷）保執七四之三㊂；（過失犯）刑一二㊁、一四；（刑期）刑四五、七九㊀。

▲假釋被撤銷後，其在假釋中所付之保護管束，當然消滅，無須檢察官聲請裁定。（院一五六七）

第七十九條　（假釋之效力）

在無期徒刑假釋後滿二十年或在有期徒刑所餘刑期內未經撤銷假釋者，其未執行之刑，以已執行論。但依第七十八條第三項撤銷其假釋者，不在此限。

假釋中另受刑之執行、羈押或其他依法拘束人身自由之期間，不算入假釋期內。但不起訴處分或無罪判決確定前曾受之羈押或其他依法拘束人身自由之期間，不在此限。

(111)一、配合第七十八條之修正，第一項但書引述該條之項次酌作修正。

二、第二項未修正。

*（假釋）刑七七、七八，監刑八一、八二，少年事件八一、八二；（刑期）刑四五；（撤銷）保執七四之三㊂；（以已執行論）刑四四。

▲中華民國七十七年罪犯減刑條例並未規定減刑裁定之效力得回溯至該條例施行前被告假釋出獄之日，則減刑裁定之刑期，自應以該裁定由檢察官指揮執行之日，為執行完畢日期。（八四臺非四四）

第七十九條之一　（併執行之假釋）

二以上徒刑併執行者，第七十七條所定最低應執行之期間，合併計算之。

前項情形，併執行無期徒刑者，適用無期徒刑假釋之規定；二以上有期徒刑合併刑期逾四十年，而接續執行逾二十年者，亦得許假釋。但有第七十七條第二項第二款之情形者，不在此限。

依第一項規定合併計算執行期間而假釋者，前條第一項規定之期間，亦合併計算之。

前項合併計算後之期間逾二十年者，準用前條第一項無期徒刑假釋之規定。

經撤銷假釋執行殘餘刑期者，無期徒刑於執行滿二十五年，有期徒刑於全部執行完畢後，再接續執行他刑，第一項有關合併計算執行期間之規定不適用之。

(94)一、第一項未修正。

二、第五十一條數罪併罰有期徒刑之期限已提高至三十年，而具有數罪性質之合併執行，其假釋條件亦應配合修正，爰將㈠第二項合併刑期「逾三十年」修正為「逾四十年」。㈡如符合合併刑期逾四十年者之假釋條件，其接續執行應與單一罪加重結果之假釋及與無期徒刑之假釋有所區別，爰修正須接續執行「逾二十年」始得許其假釋。

三、合併執行之數罪中，如有符合第七十七條第二項第二款之情形者，依該款之規定已不得假釋，自不得因與他罪合併執行逾四十年，而獲依本項假釋之待遇，爰增訂但書，以杜爭議。

四、第三項未修正。

五、第四項、第五項關於有期徒刑、無期徒刑之假釋最長期間，亦配合修正為「逾二十年」、「滿二十五年」，以資衡平。

第十一章　時　效

⇧查暫行律第十五章原案謂關於刑事法上時效之規定之地位，有左列三種：第一主義，以時效全部屬於刑事訴訟法之中。（例如法國刑訴法第六百三十五條以下）蓋起訴權固不待論，即行刑權亦屬裁判執行權之一，皆訴訟法之事也。第二主義，以起訴權之時效，屬於刑事訴訟法之中，而行刑權之時效，則以刑法定之。（例如日本現行刑事訴訟法第八條，同改正草案第二百零四條以下，現行刑法第五十八條以下，改正刑法第三十二條。）蓋以起訴權之時效，雖屬訴訟法上之關係，然行刑權之時效，關乎科刑之時限，故為關係於刑法也。第三主義，以其全部屬於刑法之中。蓋以刑法雖為各種犯罪，定其所科之刑而設，然入起訴權及行刑權之時效者，其科刑不必實施，故其時效，即屬刑法上一種科刑之制限矣。以上三種主義之中，其第三最為適於條理，故德意志刑法第六十六條以下、匈牙利刑法第一百零六條以下、荷蘭刑法第七十條以下、布加利亞刑法第七十二條以下、墨西哥刑法第二百六十二條以下、意大利刑法第九十一條以下、芬蘭刑法第八章之第七條、那威刑法第六十七條以下，凡此多數之立法例，皆採此主義。

第八十條　（追訴權之時效期間）

追訴權，因下列期間內未起訴而消滅：

一　犯最重本刑為死刑、無期徒刑或十年以上有期徒刑之罪者，三十年。但發生死亡結果者，不在此限。

二　犯最重本刑為三年以上十年未滿有期徒刑之罪者，二十年。

三　犯最重本刑為一年以上三年未滿有期徒刑之罪者，十年。

四　犯最重本刑為一年未滿有期徒刑、拘役或罰金之罪者，五年。

前項期間自犯罪成立之日起算。但犯罪行為有繼續之狀態者，自行為終了之日起算。

⑩一、原第一項依法定刑之不同而分別規範追訴權時效之期間，惟為兼顧法定刑及法益權衡，故參考德國刑法第七十八條有關謀殺罪無追訴權期間限制；日本刑事訴訟法第二百五十條造成被害人死亡且所犯之罪最重可處死刑之犯罪無追訴權期間限制；奧地利刑法第五十七條、丹麥刑法第九十三條、義大利刑法第一百七十二條就最重本刑為無期徒刑之罪，排除追訴權時效之規定，將侵害生命法益之重罪排除追訴權時效之適用，爰於第一項第一款增訂但書規定，對於所犯係最重本刑為死刑、無期徒刑或十年以上有期徒刑之罪，且發生死亡結果者（如第二百七十一條第一項殺人罪、修正條文第二百七十七條第二項傷害致死罪及修正條文第二百七十八條第二項重傷致死罪），均無追訴權時效之適用。

二、第二項未修正。

*（追訴權）刑八二、八三，刑訴一；（以上以下）刑一〇㈠；（期間）民一一九～一二三。

▲釋一三八。

▲刑法第八十條第二項所謂犯罪行為有繼續之狀態，係指犯罪之行為為繼續者而言，若非犯罪行為為繼續而僅係犯罪狀態繼續，則不包括在內。（二五上二六七九）

▲牽連犯追訴權時效，在各個犯罪間各自獨立，不相干連，應分別計算。牽連犯之輕罪，如追訴權時效已完成，而重罪部分仍應論知科刑時，應於判決內說明輕罪部分因屬裁判上一罪不另論知免訴之理由。（六九臺上四九一七）

▲原判決認為上訴人被訴觸犯刑法第二百十六條、第二百十條、第二百十七條第一項偽造文書印文署押罪嫌部分，其追訴權均已罹於時效而消滅，不能再對之論處，惟因與偽造有價證券有罪部分，為裁判上一罪，不另為免訴之諭知云云。此部分主刑之追訴權既已罹於時效而消滅，則其附隨之從刑，自無獨存之理，不能再為單獨沒收（非違禁物）之宣告。乃原判決仍論知沒收上訴人所偽造開設張某名義甲種存戶時之偽造印文及署押，自有適用法則不當之違法。（七〇臺上四二三二）（一〇六、二、二一決議不再援用）

第八十一條　（刪除）

⑨一、本條刪除。

二、本條係規定第八十條第一項各款之追訴權時效期間之計算標準。因現行條文語義籠統，而第八十條第一項既增列「犯最重本刑」之文字，本條似無重複規定必要，爰刪除之。

第八十二條　（本刑應加減時追訴權時效期間之計算）

本刑應加重或減輕者，追訴權之時效期間，仍依本刑計算。

*（刑之加重或減輕）刑六四～七三。

第八十三條　（追訴權時效之停止）

追訴權之時效，因起訴而停止進行。依法應停止偵查或因犯罪行為人逃匿而通緝者，亦同。

前項時效之停止進行，有下列情形之一者，其停止原因視為消滅：

一　諭知公訴不受理判決確定，或因程序上理由終結自訴確定者。

二　審判程序依法律之規定或因被告逃匿而通緝，不能開始或繼續，而其期間已達第八十條第一項各款所定期間三分之一者。

三　依第一項後段規定停止偵查或通緝，而其期間已達第八十條第一項各款所定期間三分之一者。

前二項之時效，自停止原因消滅之日起，與停止前已經過之期間，一併計算。

⑩按追訴權之性質，係檢察官或犯罪被害人，對於犯罪，向法院提起確認國家刑罰權之有無及其範圍之權利。因此，為維護國家刑罰權的實現，避免時效停止進行變相淪為犯罪者脫法的工具，爰將第二項第二款、第三款有關四分之一之規定，修正為三分之一，以落實司法正義。

*（追訴權時效）刑八〇；（依法律之規定偵查起訴不能開始或繼續）刑訴二六一、二六二；（依法律之規定審判之程序不能開始或繼續）刑訴二九四～二九七。

▲釋五六、六六、八四、一二三、一三八。

▲告訴乃論之罪，因告訴權人不為告訴，或無告訴權人之告訴，致偵查起訴諸程序不能開始時，自可停止追訴權時效期間之進行。（院一七九五）

▲㈠於偵查或審判中通緝被告，其追訴權之時效均應停止進行，但須注意刑法第八十三條第三項之規定。

㈡縣政府受理刑事案件應否認為已經起訴，須視其訴訟行為至如何程度而定，不能為具體之解答。（院一九六三）

第八十四條　（行刑權之時效期間）

行刑權因下列期間內未執行而消滅：

一　宣告死刑、無期徒刑或十年以上有期徒刑者，四十年。

二　宣告三年以上十年未滿有期徒刑者，三十年。
三　宣告一年以上三年未滿有期徒刑者，十五年。
四　宣告一年未滿有期徒刑、拘役或罰金者，七年。

前項期間，自裁判確定之日起算。但因保安處分先於刑罰執行者，自保安處分執行完畢之日起算。

(104)照協商條文通過。

*（行刑權）刑八五，刑訴四五六；（以上以下）刑一〇㈠；（期間）民一一九～一二三；（裁判確定）刑訴三四九、三五九。

▲被告所受宣告之刑，其行刑權之時效，依刑法第八十四條第一項第四款規定為五年，該項期間依同條第二項應自民國二十一年八月四日判決確定之日起算，檢察官於同年九月十九日奉發卷判後，發票傳喚執行未到，嗣後迭經繼續傳拘均未獲案，至二十二年二月十日通緝，有附卷文件可稽，是檢察官對於被告自依法可以執行之日起均在設法行使行刑權之中，與同條所謂不行使者有別，行刑權時效之進行既以不行使為法定原因，則凡欲行使而不能行使者，均在同法第八十五條第一項所謂依法律之規定不能開始或繼續執行之列，自難因刑法不認時效中斷之制，遂謂執行行為不能停止時效之進行。（二七抗四九）（九五、八、二二決議不再援用）

第八十五條（行刑權時效之停止）

行刑權之時效，因刑之執行而停止進行。有下列情形之一而不能開始或繼續執行時，亦同：

一　依法應停止執行者。
二　因受刑人逃匿而通緝或執行期間脫逃未能繼續執行者。
三　受刑人依法另受拘束自由者。

停止原因繼續存在之期間，如達於第八十四條第一項各款所定期間三分之一者，其停止原因視為消滅。

第一項之時效，自停止原因消滅之日起，與停止前已經過之期間，一併計算。

(108)按時效制度之設，不外對於永續存在之一定狀態加以尊重，藉以維持社會秩序，刑法規定刑罰權因時效完成而消滅，其旨趣即在於此，為維護國家刑罰權的實現，避免時效停止進行變相淪為犯罪者脫法的工具，爰將第二項有關四分之一之規定，修正為三分之一，以落實司法正義。

*（依法律之規定不能開始或繼續執行）刑訴四六五、四六七、四六八，監刑一一、五八。

▲釋五六、六六、八四、一二三。

第十二章　保安處分

第八十六條（感化教育處分）

因未滿十四歲而不罰者，得令入感化教育處所，施以感化教育。

因未滿十八歲而減輕其刑者，得於刑之執行完畢或赦免後，令入感化教育處所，施以感化教育。但宣告三年以下有期徒刑、拘役或罰金者，得於執行前為之。

感化教育之期間為三年以下。但執行已逾六月，認無繼續執行之必要者，法院得免其處分之執行。

(94)一、按現行少年事件處理法對於未滿十四歲者之犯罪，雖亦設有感化教育之規定，惟本法係規定犯罪之基本法，就其防制犯罪之手段，設有刑罰及保安處分兩種，對於未滿十四歲人之刑事責任，不惟於第十八條第一項設有明文規定，且於第八十六條規定感化教育之保安處分，以資配合，為求體例完整，宜予保留，第一項及第二項不予修正，合先敘明。

二、修正條文第三項配合第九十七條之刪除及少年事件處理法規定將關於免除執行中之感化教育之規定，納入本項內。

三、現行條文第四項刪除，移至第九十八條第一項後段規範。

四、依中央法規標準法第十六條之規定：「法規對其他法規所規定之同一事項而為特別之規定者，應優先適用之。其他法規修正後，仍應優先適用。」本條第二項、第三項與現行少年事件處理法相關規定，分屬不同法規，而有規定同一事項之情形，因少年事件處理法係特別法規，自應優先適用。惟為求本章體例之完整，仍規定如上。

五、按刑事訴訟法第四百八十一條第一項有關於現行刑法第八十六條第三項、第八十八條第三項免其刑之執行、第九十六條但書之付保安處分、第九十七條延長或免其處分之執行、第九十八條免其處分之執行，由檢察官聲請法院裁定之規定，因此次刑法總則之修正而有調整條次、內容之情形，應於修正本法後，配合修正刑事訴訟法第四百八十一條第一項。

*（未滿十四歲）刑一八㈠，少年事件二；（感化教育）保執二㈠①、四之一㈠①、⑦、一〇、一七、三〇～四五、七〇，少年事件四二㈠④；（未滿十八歲）刑一八㈡，民一二四；（執行完畢）刑四七、四八，監刑八三㈠；（赦免）刑四七、五四、七四②，赦免二、三；（以下）刑一〇㈠；（免其刑之執行）刑九，刑訴四八一㈠。

第八十七條（監護處分）

因第十九條第一項之原因而不罰者，其情狀足認有再犯或有危害公共安全之虞時，令入相當處所或以適當方式，施以監護。

有第十九條第二項及第二十條之原因，其情狀足認有再犯或有危害公共安全之虞時，於刑之執行完畢或赦免後，令入相當處所或以適當方式，施以監護。但必要時，得於刑之執行前為之。

前二項之期間為五年以下；其執行期間屆滿前，檢察官認為有延長之必要者，得聲請法院許可延長之，第一次延長期間為三年以下，第二次以後每次延長期間為一年以下。但執行中認無繼續執行之必要者，法院得免其處分之執行。

前項執行或延長期間內，應每年評估有無繼續執行之必要。

(111)一、我國監護處分之執行，依保安處分執行法第四十六條規定，檢察官應按其情形，指定令入司法精神醫院、醫院或其他精神醫療機構接受治療，或令入適當精神復健機構、精神護理機構、身心障礙福利機構或其他適當處所接受照顧、照護、復健或輔導，或接受特定門診治療、交由其法定代理人或最近親屬照顧，亦得為其他適當處遇措施，以使受監護處分人適時接受適當方式之監護，有效達成監護處分之目的。原第一項、第二項規定「令入相當處所施以監護」，應增列「或以適當方式施以監護」，以符時需。又增列後，監護處分為同時包含拘束人身自由與非拘束人身自由之保安處分，為符法治國原則並兼顧受處分人之利益，仍應有本法第一條後段之適用，併予指明。惟法院裁判時，應為「令入相當處所或以適當方式，施以監護」之主文宣示，使保安處分執行法所規定執行之方法一體適用於受處分人，以免生爭議。

二、鑑於原條文規定監護期間均為五年以下，未能因應個案具體情節予以適用而缺乏彈性，且於行為人仍有再犯或危害公共安全之虞時將因期限屆至而無法施以監護，顯未能達保護社會安全之目的，爰參考瑞士刑法第五十九條、德國刑法第六十七條e、奧地利刑法第二十五條、本法第九十二條第二項之規定，增訂延長監護期間及評估機制之規定，以達刑法之預防功能。
三、按延長監護期間對於受監護處分人之權利影響甚鉅，應採法官保留原則，並參酌本法第五十條、第七十七條之立法體例，賦予檢察官聲請權，爰規定於執行期間屆滿前，檢察官認為有延長之必要者，得聲請法院裁定許可延長之。又監護處分為同時包含拘束人身自由與非拘束人身自由之保安處分，隨著執行時間愈長，由法官定期審查之頻率即應愈高，以保障受處分人之權益，爰規定監護處分之期間為五年以下，第一次延長期間，無論原五年期間是否屆滿，為三年以下，第二次以後每次延長期間為一年以下。又本條第三項所稱「以後」，參考本法第十條規定，應俱連本數計算。另延長監護處分之期間，必須於執行期間屆滿前聲請，如執行期間屆滿後，因已無監護處分之存在，自不得再聲請延長之。
四、因監護處分為保安處分之一種，保安處分非以罪責為基礎，而係以行為人之社會危險性為預防目的，如受監護處分之人仍有再犯或有危害公共安全之虞，自仍有受監護處分之必要，因此，有關延長次數未予限制。又監護處分之執行已採多元處遇制度，且有分級分流等機制，已非完全拘束人身自由之保安處分，縱延長次數未予限制，亦無過度侵害人身自由之疑慮，應與憲法比例原則無違。惟應遵循上述程序經法院許可後延長之，以兼顧當事人權益及公共安全。
五、無論執行監護處分期間或延長期間，執行中認無繼續執行之必要者，法院得免其處分之執行之規定，均應一體適用，以為調節，附予敘明。
六、為保障人權，另於第四項增訂執行監護處分期間或延長期間內，監護處分應每年評估有無繼續執行之必要，並於保安處分執行法為具體作法之相關規範，以維衡平，並求完備。

*（心神喪失）刑一九㈠；（監護）保執二㈠②、四㈡、㈢、四之一㈠②、⑩、四六～四八、七一；（精神耗弱）刑一九㈡；（瘖啞）刑二〇；（執行完畢）刑四七、四八，監刑八三㈠；（期間）民一一九～一二三；（以下）刑一〇㈠。

第八十八條（禁戒處分㈠）

施用毒品成癮者，於刑之執行前令入相當處所，施以禁戒。

前項禁戒期間為一年以下。但執行中認無繼續執行之必要者，法院得免其處分之執行。

⑭一、本條以「吸食」、「施打」為犯罪行為，惟「吸食」與「施打」是否能包羅所有使用毒品之方法，頗有疑問。爰改採較廣含義之「施用」，以資概括；另為配合第五條第八款之修正並期文字簡明一致，本條不再就所有種類毒品一一列舉，逕以「毒品」一詞統括之。
二、按禁戒處分，貴在儘速執行，以期早日收戒絕之效，故明定施用毒品成癮者，應於刑之執行前令入相當處所，施以禁戒。另參考毒品危害防制條例規定，行為人符合本條之要件時，法官即應義務宣告令入相當處所施以禁戒，以收成效。其次，施用毒品成癮者，有所謂身癮及心癮，其身癮當可於短期內戒除，欲解除施用毒品者身體內毒素，必須於其查獲後，即送往禁戒處所施以治療，始能達到禁戒之醫療功能。心癮之戒除則較費時，爰以一年以下為其禁戒治療之期間，執行中視治療之情況認已治癒或因其他情形，而無治療之必要時，自應賦予法院免其處分執行之權，爰修正第二項、第三項之規定。
三、依中央法規標準法第十六條之規定：「法規對其他法規所規定之同一事項而為特別之規定者，應優先適用之。其他法規修正後，仍應優先適用。」本條第一項、第二項與現行毒品危害防制條例，分屬不同法規，而有規定同一事項之情形，因毒品危害防制條例係特別法規，自應優先適用。惟為求本章體例之完整，仍規定如上。
四、按刑事訴訟法第四百八十一條第一項有關於現行刑法第八十六條第四項、第八十八條第三項免其刑之執行、第九十六條但書之付保安處分、第九十八條免其處分之執行、第九十七條延長或免其處分之執行，由檢察官聲請法院裁定之規定，因此次刑法總則之修正而有調整條次、內容之情形，應於修正本法後，配合修正刑事訴訟法第四百八十一條第一項。

*（犯吸食鴉片或施打嗎啡或使用高根海洛因及其化合質料之罪）刑二六二；（禁戒）保執四之一㈠③、⑨、一七、四九～五一、七二，少年事件四二㈡①、五八、七四㈡；（期間）民一一九～一二三；（以下）刑一〇㈠；（免其刑之執行）刑九，刑訴四八一㈠。

▲行政機關對於吸食煙毒人犯於移送司法機關裁判前，實施禁戒斷癮者，非刑法第八十八條第三項所謂禁戒處分之執行，不得由檢察官聲請免其刑之執行（參照院解字第三八八七號解釋）。（院解三九七九）

第八十九條（禁戒處分㈡）

因酗酒而犯罪，足認其已酗酒成癮並有再犯之虞者，於刑之執行前，令入相當處所，施以禁戒。

前項禁戒期間為一年以下。但執行中認無繼續執行之必要者，法院得免其處分之執行。

⑭一、「酗酒」與「施用毒品」不同，其本身非為刑法所處罰之行為，須因酗酒以致犯罪，且已酗酒成癮及有再犯之虞者，基於維護社會公共安全之立場，始有考慮施以禁戒之必要。爰參酌德國現行刑法第六十四條、奧地利現行刑法第二十二條、瑞士現行刑法第四十四條，修正第一項之規定。
二、按禁戒處分，貴在儘速執行，故參酌保安處分執行法第四條第二項、第三項之精神，將本條第一項「得於刑之執行完畢或赦免後」，修正為「於刑之執行前」。
三、醫療上酒癮（酒精依賴）之治療可分為三階段：㈠酒精戒斷症狀之處理；㈡因酗酒導致身體併發症之評估與治療；㈢復健。國內醫院所提供之治療，大抵為㈠與㈡之階段，如以全日住院方式進行，平均約須二週。至於㈢復健，因涉及戒酒「動機」及個案需要，其治療期間應為長期，而現行規定僅三月，對於已酗酒成癮而有再犯之虞之行為人而言，似嫌過短。從而，對於此類行為人之禁戒，固然在於使行為人戒絕酒癮，去除其再犯之因子，惟其戒除標準，醫學上並無絕對禁絕之標準，爰訂以最長期間為一年，由執行機關或法院就具體個案判斷，如執行中認已治癒或因其他情形而無治療之必要時，賦予法院免其處分執行之權，爰修正第二項。

*（禁戒）刑八八；（期間）民一一九～一二三；（以下）刑一〇㈠。

第九十條（強制工作處分）

有犯罪之習慣或因遊蕩或懶惰成習而犯罪者，於刑之執行前，令入勞動場所，強制工作。

前項之處分期間為三年。但執行滿一年六月後，認無繼續執行之必要者，法院得免其處分之執行。

執行期間屆滿前，認為有延長之必要者，法院得許可延長之，其延長之期間不得逾一年六月，並以一次為限。

⑭一、本法有關常業犯之規定，已因廢除連續犯，而全數刪除之，為符立法體例，自不宜再保留「以犯罪為常業」而宣告強制工作之規定，爰刪除之。惟特別法仍有關於常業犯之處罰，在配合本法刪除之前，如犯特別法之常業罪，其行為符合「有犯罪之習慣者」之要件時，仍應依本條宣告強制工作之處分。
二、本條現行第一項規定強制工作應於刑之執行後為之，惟按其處分之作用，原在補充或代替刑罰，爰參考德國現行刑法第六十七條立法例及竊盜犯贓物犯保安處分條例第三條第一項強制工作處分應先於刑之執行而執行之意旨修

正為應於刑之執行前為之。

三、強制工作執行滿一年六月後，認為無繼續執行之必要者，為鼓勵向上，得免其處分之執行。執行將屆三年，認為有延長之必要者，得許可延長之，其延長以一次為限，延長期間不得逾一年六月。

*（犯罪之習慣）刑五七⑤；（遊蕩或懶惰成習）刑五七⑥；（強制工作）保執二㊀①、四之一㊀④、⑤、⑩、一〇、五二～六三；（期間）民一一九～一二三；（以下）刑一〇㊀。

▲釋四七一、五二八。

▲被告對於保安處分之諭知固得單獨提起上訴，但原判決以上訴人竊盜雖僅一次，而連續吸食嗎啡及連續詐欺之所為，顯有犯罪之習慣，認有實施保安處分以矯正其惡習之必要，因以第一審判決依刑法第九十條諭知於刑之執行完畢或赦免後，令入勞動場所強制工作一年為無不當，予以維持，駁回上訴人單就保安處分所提起之上訴，用法並無違誤。（四四臺上三九）

▲修正公布施行之竊盜犯贓物犯保安處分條例第四條明定：依本條例所為之保安處分及其期間，由法院以判決諭知。又同條例第五條第一項前段規定：依本條例宣告之強制工作處分，其執行以三年為期。是法院審理竊盜、贓物犯案件時，若被告犯罪行為合於同條例第三條第一項各款所列情形，而宣告保安處分，命於刑之執行前，令入勞動場所強制工作者，併應同時於判決主文諭知其強制工作之期間，而有關諭知之期間，則應為三年，不得增減。（八二臺非一五五）

▲刑法上所謂常業犯，指反覆以同種類行為為目的之社會活動之職業性犯罪而言，至於犯罪所得之多寡，是否恃此犯罪為唯一之謀生職業，則非所問，縱令兼有其他職業，仍無礙於該常業犯罪之成立。（八五臺上五一〇）

第九十一條　（刪除）

(108)一、本條刪除。

二、配合刪除原第二百八十五條，本條所定強制治療即無規範必要，爰予刪除。

第九十一條之一　（治療處分）

犯第二百二十一條至第二百二十七條、第二百二十八條、第二百二十九條、第二百三十條、第二百三十四條、第三百三十二條第二項第二款、第三百三十四條第二項第二款、第三百四十八條第二項第一款及其特別法之罪，而有下列情形之一者，得令入相當處所，施以強制治療：

一　徒刑執行期滿前，於接受輔導或治療後，經鑑定、評估，認有再犯之危險者。

二　依其他法律規定，於接受身心治療、輔導或教育後，經鑑定、評估，認有再犯之危險者。

前項處分期間為五年以下；其執行期間屆滿前，檢察官認為有延長之必要者，得聲請法院許可延長之，第一次延長期間為三年以下，第二次以後每次延長期間為一年以下。但執行中認無繼續執行之必要者，法院得停止治療之執行。

停止治療之執行後有第一項情形之一者，法院得令入相當處所，繼續施以強制治療。

前項強制治療之期間，應與停止治療前已執行之期間合併計算。

前三項執行或延長期間內，應每年鑑定、評估有無繼續治療之必要。

(112)一、第一項酌作文字修正。

二、為配合性侵害犯罪防治法相關規定，將第一項第二款「身心治療或輔導教育」修正為「身心治療、輔導或教育」以求體例一致。

三、為保障受強制治療處分人之權益，參考第八百十十七條第三項規定，修正第二項，規定強制治療處分之期間為五年以下，第一次延長期間，無論原裁定期間是否達五年，均為三年以下，第二次以後每次延長期間為一年以下。又第二項所稱「以後」，參考第十條第一項規定，應俱連本數計算。

四、為使強制治療之執行符合受處分人之實際情形，於強制治療執行中，認無繼續執行之必要者，法院得停止治療之執行，以保障受處分人之權益，爰增訂第二項但書規定。

五、受處分人於停止強制治療之執行後，有第一項情形之一者，法院得再令入相當處所，施以強制治療，爰增訂第三項規定，以保護社會安全。

六、有關繼續施以強制治療之期間，應與停止治療前已執行之期間合併計算，爰增訂第四項規定，以保障受處分人之權益。

七、無論執行、延長或停止後繼續執行強制治療期間，應每年鑑定、評估有無繼續治療之必要，爰將原第二項後段規定移列第五項規定，以符實需。

第九十二條　（代替保安處分之保護管束）

第八十六條至第九十條之處分，按其情形得以保護管束代之。

前項保護管束期間為三年以下。其不能收效者，得隨時撤銷之，仍執行原處分。

*（保護管束）保執四之一㊀⑥、⑦、六四～七七之一，少年事件四二㊀②；（以下）刑一〇㊀；（期間）民一一九～一二三；（原處分）刑八六～九〇。

▲刑法第九十二條第一項所定之保護管束，須以依第八十六條至第九十條之規定諭知保安處分為前提要件，先有保安處分，然後始得斟酌情節代以保護管束，被告竊盜案原判並未諭知保安處分，即逕行諭知保護管束，顯屬違法。（三八臺上一四）

第九十三條　（緩刑與假釋之保護管束）

受緩刑之宣告者，除有下列情形之一，應於緩刑期間付保護管束外，得於緩刑期間付保護管束：

一　犯第九十一條之一所列之罪者。

二　執行第七十四條第二項第五款至第八款所定之事項者。

假釋出獄者，在假釋中付保護管束。

(94)一、緩刑制度在暫緩宣告刑之執行，促犯罪行為人自新，藉以救濟短期自由刑之弊，則緩刑期內，其是否已自我約制而洗心革面，自須予以觀察，尤其對於因生理或心理最需加以輔導之妨害性自主罪之被告，應於緩刑期間加以管束，故於第一項增訂對此類犯罪宣告緩刑時，應於緩刑期間付保護管束之宣告，以促犯罪行為人之再社會化。惟為有效運用有限之觀護資源，並避免徒增受緩刑宣告人不必要之負擔，其餘之犯罪仍宜由法官審酌具體情形，決定是否付保護管束之宣告。

二、依第七十四條第二項第五款至第八款之執行事項，因執行期間較長，為收其執行成效，宜配合保安處分之執行，方能發揮效果，爰於第一項第二款增列法官依第七十四條第二項規定，命犯罪行為人遵守第五款至第八款之事項時，應付保護管束，以利適用。

三、依刑事訴訟法第四百八十一條規定，刑法第九十六條但書之保安處分之執行，由檢察官聲請法院裁定，亦即假釋中付保護管束，係由法院裁定之，既法有明文，本條第二項無修正必要。

四、現行第三項所稱「違反保護管束規則，情節重大」，因保護管束規則業已廢止（六十四年二月十日內政部臺內警字第六二一九四號及前司法行政部臺六四令字第〇一三九七號令會銜廢止），自不宜再保留。另保安處分執行法第七十四條之三對於違反保護管束應遵守之事項，其情節重大者，檢察官得聲請撤銷假釋或緩刑，故第三項無須規範，爰予以刪除。

*（緩刑）刑七四，刑訴三〇九⑤；（緩刑期內）刑七五；（保護管束）保執四之一㊀⑥、⑦、六四～七七之一，少年事件四二㊀②、五一、五三～五五。

第九十四條　（刪除）

(94)一、本條刪除。

二、本條屬執行程序事項，性質上應委諸保安處分執行法予以規範。查保安處分執行法第六十四條以下已有相當規定，本條宜予刪除。

第九十五條　（驅逐出境處分）

外國人受有期徒刑以上刑之宣告者，得於刑之執行完畢或赦免後，驅逐出境。

*（外國人）國籍三～六；（執行完畢）刑四七、四八，監刑八三㊀；（赦免）刑九六、九八，赦免二、三；（驅逐出境）保執四之一㊀⑪、八二～八七。

▲刑法第九十五條規定外國人受有期徒刑以上刑之宣告，得於刑之執行完畢或赦免後，驅逐出境者，應僅限於外國人始有其適用。倘具有中華民國國籍者，縱同時具有外國國籍，即俗稱擁有雙重國籍之人，若未依國籍法第十一條之規定，經內政部許可喪失中華民國國籍時，則其仍不失為本國人民，與一般所謂「外國人」之含義不符，自無刑法第九十五條規定之適用。（八四臺非一九五）

第九十六條　（保安處分之宣告）

保安處分於裁判時併宣告之。但本法或其他法律另有規定者，不在此限。

(94)一、保安處分應否實施，由法院依法決定之。如其涉及人身自由之拘束者，原則上應於裁判時併為宣告；惟以下情形，則例外許其於裁判外單獨宣告：㈠依法律規定，先於判決而為裁定者，如現行本法第八十八條第一項之禁戒處分、第九十一條之強制治療等。另依保安處分執行法第四條第二項及第三項規定，亦有得於判決前宣告之規定。㈡依法律規定，許其事後補行裁定者，如依刑事訴訟法第四百八十一條第三項宣告之保安處分，或依本法第九十三第二項於假釋中付保護管束處分，乃發生於裁判確定後，性質上自宜許其於事後裁定。㈢因無裁判，法律准許單獨裁定保安處分者，如刑事訴訟法第四百八十一條第二項所定檢察官不起訴處分後向法院所為聲請之情形，即屬之。

二、因依本法或其他法律之規定，關於保安處分於裁判以外單獨宣告之情形，尚有多種，為求涵蓋，爰修正為「但本法或其他法律另有規定者，不在此限」。

三、按第九十三條第二項假釋期間付保護管束者，依刑事訴訟法第四百八十一條第一項，修正後第九十六條但書之規定，由檢察官聲請法院裁定之，附此敘明。

*（保安處分）刑九七～九九，刑訴三〇九⑥、四八一，保執一以下；（假釋）刑七七～七九；（赦免）刑九五、九八，赦免二、三。

第九十七條　（刪除）

(94)一、本條刪除。

二、現行第九十七條係就裁判諭知保安處分之期間特設免除及延長之規定，而普遍適用於各種保安處分。惟經分別檢討修正後之各種保安處分與本條之關係：㈠免除處分之執行，已分別納入第八十六條至第九十條中。㈡現行第九十條規定已依次將本條延長執行之規定納入第九十條第二項中。㈢現行第八十六條至第八十九條執行最長期間分別為五年、三年、一年，而依其處分之性質，應無再延長執行必要。㈣第九十一條、第九十一條之一，則以「治癒」或「再犯危險顯著降低為止」，亦無再延長必要。依上開說明，本條已無保留必要，爰予以刪除。

三、按刑事訴訟法第四百八十一條第一項有關於現行刑法第八十六條第四項、第八十八條第三項免其刑之執行、第九十七條延長或免其處分之執行、第九十八條免其處分之執行，由檢察官聲請法院裁定之規定，因此次刑法總則之修正而有調整條次、內容之情形，應於修正本法後，配合修正刑事訴訟法第四百八十一條第一項。

第九十八條　（保安處分執行之免除）

依第八十六條第二項、第八十七條第二項、第三項規定宣告之保安處分，其先執行徒刑者，於刑之執行完畢或赦免後，認為無執行之必要者，法院得免其處分之執行；其先執行保安處分者，於處分執行完畢或一部執行而免除後，認為無執行刑之必要者，法院得免其刑之全部或一部執行。

依第八十八條第一項、第八十九條第一項規定宣告之保安處分，於處分執行完畢或一部執行而免除後，認為無執行刑之必要者，法院得免其刑之全部或一部執行。

依刑事訴訟法第一百二十一條之一第一項或第三項前段宣告之暫行安置執行後，認為無執行刑之必要者，法院得免其刑之全部或一部執行。

前三項免其刑之執行，以有期徒刑或拘役為限。

(111)一、有關依第八十七條第三項宣告延長期間之監護處分，亦應有本條第一項、第四項之適用，爰於第一項予以明定，以利適用。

二、司法院釋字第八一二號解釋，已宣示第九十條第一項及第二項前段規定，自該解釋公布之日起失其效力，爰刪除第二項有關第九十條第一項強制工作之規定。

三、考量刑事訴訟程序中暫行安置制度，係兼顧被告醫療之保障及社會安全防護之需求，於暫行安置執行後，如法院認無執行刑之必要，得免除刑之全部或一部執行，以保障受處分人之權益，本次修正於本條增訂第三項規定。

四、原第三項移列第四項規定，並配合項次修正，以臻明確。

*（執行完畢）刑四七、四八，監刑八三㊀；（免其處分之執行）刑訴四八一㊀，保執二八㊀。

第九十九條　（保安處分之執行時效）

保安處分自應執行之日起逾三年未開始或繼續執行者，非經法院認為原宣告保安處分之原因仍繼續存在時，不得許可執行；逾七年未開始或繼續執行者，不得執行。

(94)一、本條現行規定，僅針對本法第八十六條至第九十一條所定之保安處分而設，依竊盜犯贓物犯保安處分條例等特別法宣告之保安處分，自應執行之日起經過三年未執行者，如不能適用此一規定，前受處分人是否須接受處分之執行，永在不確定狀態中，殊非所宜，爰將「第八十六條至第九十一條之一」句，修正為「保安處分」。

二、現行條文所稱「經過三年未執行者」，應包括「未開始執行」，與開始執行後「未繼續」執行兩種情形。受處分人逃匿，自始即未受執行之例屬前者；受執行中脫逃，未繼續執行之例屬後者。為免爭議，爰修正為「逾三年未開始或繼續執行」，以期明確。

三、現行條文就保安處分經過相當期間未執行者，採許可執行制度，而不適用時效規定。至法院於如何情形，應許可執行，現行條文未規定其實質要件。按各種保安處分經修正後業已增訂其實質要件，而原來宣告各該保安處分之實質要件，應即為許可執行之實質要件，本條既仍採許可執行制度，則逾三年後是否繼續執行，應視原宣告保安處分之原因，是否繼續存在為斷，故參考檢肅流氓條例第十八條第三項之體例，規定非經法院認為原宣告保安處分之原因仍繼續存在時，不得許可執行；逾七年未開始或繼續執行者，不得執行，以維護人權。

*(保安處分之執行) 刑訴四五六，保執四；(許可處分之執行) 刑訴四八一㈠，少年事件五七。

▲戡亂時期竊盜犯贓物犯保安處分條例第一條後段規定，本條例未規定者，適用刑法及其他法律之規定，竊盜犯依該條例諭知強制工作保安處分，自應執行之日起經過三年未執行者，該條例既未設有特別規定，即應適用刑法第九十九條及刑事訴訟法第四百八十五條，非經檢察官聲請法院裁定許可，不得執行。(五五臺抗一八六)

第二編　分　則

⇧謹按本編各條於原案及修正案有所修改，其要者如左：

一　體例　原案關於未遂罪、預備罪及陰謀罪，皆另條規定，本案擬揭舉於各本條，以便閱者援用，可省翻檢之勞。

原案稱為某罪，各條修正案，將為某罪字樣刪去，例如原案第一百零一條為內亂罪云云，修正案刪去為內亂罪四字，其理由謂此四字不過為確定罪名，與本條之內容及審判之實施並無關係，故應刪去。他條稱為某罪者，皆準此等語，但如原案該條為內亂罪云云，所以確立此罪名而標其定義者，為以後各條所稱內亂二字有所依據，其他各條稱為某罪者，用意與此同。故本案據擬仍從原案。

二　故意　本案直接及間接之故意，依總則第十九條概行處罰，是為原則，其例外以直接故意為限者，皆於各條標舉明知字樣，蓋調科罰擴充。至間接恐於事業之進行或有妨礙，原案以明知為犯罪成立之要件者，僅第二百四十條，本案所規定凡九條。

三　未遂罪、預備罪及陰謀罪　較輕罪之未遂概不處罰，此各國之通例也。茲將原案及修正案與日本現行刑法關於未遂罪之規定，列表如左，以資比較。

	罪名		科刑條文	
	總數	罰未遂罪者	總數	罰未遂罪者
日本	四〇	一九	約一五〇	五六
原案	三五	二九	約二五〇	一二〇
修正案	三八	三一	約二〇〇	一四三

右表原案未遂罪，較諸日本為多，而修正案較原案尤多，即處以罰金之最輕罪亦有罰者，例如妨害衛生罪之未遂，凡三條，此其範圍之過廣也。至原案規定未遂罪如第二百十二條，以強暴脅迫妨害尋常集會者，罰其未遂，而於第一百六十條以強暴脅迫妨害選舉，則不罰未遂。此外仍有輕重失均者，本案擬參照原案，斟酌輕重分別規定。

預備罪及陰謀罪，以不處罰為原則，蓋犯罪之程序陰謀及預備，皆在著手實行以前，其著手實行而不遂者為未遂罪，而未遂罪且有不罰者，故著手以前之預備及陰謀，與意中所欲犯之罪，相去尚遠，無處罰之必要，其有例外者，僅三數重罪耳。例如日本刑法，預備及陰謀之處罰，為內亂罪、外患罪、妨害國交罪，其有預備罪而無陰謀罪者，為放火罪、殺傷罪、強盜罪。原案擴充預備及陰謀罪至八種之多，修正案復擴充至十二種，未免失之略苛。本案規定，擬以數重罪為限。

四　自首　原案自首而免除或得免除其刑各條，本案以此種規定，易為惡人利用，構陷入罪，暫行律適用以來，蓋已數見矣。故本案擬刪，仍適用總則第三十一條，自首得減輕本刑之例。

五　科刑範圍　原案關於科刑之範圍廣狹，間有失均，例如第一百九十條因失火而至有某條之損害者，處五等有期徒刑、拘役或一千圓以下罰金，因而致有某條之損害者，處拘役或五百圓以下罰金，因而致有某條之損害者，處三百圓以下罰金，則其最輕刑為三百圓以下罰金，最重刑為五等有期徒刑，在律文詳為規定，欲限制法官之自由裁量。乃第三百十一條之殺人罪，則僅規定殺人者，處死刑、無期徒刑或一等有期徒刑，是自有期徒刑以至無期徒刑，自無期徒刑至於死刑，如此重罪反予法官以莫大之自由裁量，於罪重之情節未嘗分別規定，其他各條類此者尚多，故本案擬略加修正。

六　科刑之躐等　原案科刑間有躐等者，如第一百十九條處二等至四等有期徒刑，或二千圓以下二百圓以上罰金，遺漏五等有期徒刑及拘役，第一百二十三條處三等至五等有期徒刑或一千圓以下一百圓以上罰金，遺漏拘役，獨於四等以下有期徒刑，如第一百十五條，則自徒刑而拘役而罰金，詳考各條，大抵三等至五等有期徒刑或二等至四等有期徒刑，均躐等而至罰金，四等以下有期徒刑則否。就二等至四等有期徒刑各條而論，其躐等之刑，(五等有期徒刑及拘役)皆重於罰金，而反不能科之，其結果遂使法官非科以二等至四等有期徒刑，即科以最輕刑之罰金，未免趨於極端，故本案對於躐等之刑，概加補入。

七　結果加重　原案犯某罪因而致人死傷者，援用傷害各條依俱發罪第二十三條之例處斷者，凡十二條。前法律館草案規定以本罪比較傷害罪從重處斷，其修正案以所罰太輕，改從俱發罪處罰，但俱發罪第二十三條，係規定實體上犯數罪之處罰，若犯人本意犯一罪，因而有致人死傷之結果，雖加重其刑，然斷不能視為實體上兩罪之俱發。蓋其情節較諸既犯一罪復犯傷害致死傷者，輕重不同，故本案擬從前法律館草案，以本罪比較傷害罪，從重處斷。

八　過失加重　原案過失罪，因被害人之身分加重其刑，本案以其過失罪，無故意侵害之惡性，故刪。

九　自由刑與罰金　多數國立法例，自由刑與罰金併科者往往有之，蓋恐專科自由刑，或不足以懲戒犯人之貪欲，原案犯某罪因而得利者，併科若干罰金凡四條，範圍過狹，本案對於其他與貪欲觀念有關之罪，擬一併增入。又原案規定以得利為限，若犯人於所犯之罪，未嘗得利，則雖有財產，反無從併科罰金，仍不足以懲戒其貪欲，故本案將因而得利句刪，以便援用。原案科罰金，以價額若干倍為標準者，凡十三條，比例所得之多寡而定其應科之罰金，用意本善，惟施行上，頗有困難。蓋證明犯罪，復須詳查其價額，然後科罰，若不能確知或不能證明其價額時，則判定所科之罰金，恐有違法之嫌。且所謂價額，亦未規定以某時間內所得為限，則其額數尤難確定。故本案擬廢去價額之制，明定罰金數目，於實施上較為便利。

十　褫奪公權　褫奪公權，為從刑之一種，其科刑之範圍，大抵以無廉恥之犯罪為限，與主刑性質不同，德國刑法準備草案，且有明文規定(第四十五條)，以防濫用。況其受刑之結果，至不公平，與公權無關係者，即令科之，犯人毫無所覺，與公權有關係者，出獄後復科以此刑或至奪其自存之路。原案褫奪公權，有併褫奪及得褫奪兩例，均無一定之標準(詳本案第四十七條之理由)，本案擬仿日本刑法修正案採得科主義，俾法官準情酌定。又原案對於各罪，皆有褫奪公權之規定，修正案除妨害衛生罪外(因此罪概科以罰金)，而總則褫奪公權以四等以上有期徒刑為限)，與原案同其科褫奪公權之範圍，略嫌太廣。日本刑法修正案罪名，凡三十有九，而規定褫奪公權者僅十有八耳。故本案對於較輕微之罪，或與廉恥無甚關係者，概不科之。

第一章　內亂罪

⇧查暫行律第二章理由謂內亂之義，與第三章外患相對待，凡以暴力紊亂國家內部存立之條件者，謂之內亂，即舊律十惡之謀反是也。舊律以謀反為謀危社稷，本案改為內亂，因其事不僅謀危社稷一項，凡關於國權國土國憲，濫用暴力，冀謀變更者均是，故範圍較前加廣。內亂之罪，往昔之見解，以為人民對於祖國而謀不軌之調，自今世法律思想推之，關於一國之內政而犯大罪，應不問犯者之是否己國人民，故本案並不限定何國之國籍。援第二條之例，雖為外國人，亦必須遵用本章也。

第一百條（普通內亂罪）

意圖破壞國體，竊據國土，或以非法之方法變更國憲，顛覆政府，而以強暴或脅迫著手實行者，處七年以上有期徒刑；首謀者，處無期徒刑。

預備犯前項之罪者，處六月以上五年以下有期徒刑。

*（國體）憲一；（國土）憲四；（變更國憲）憲一七四；（政府）憲三五以下；（著手實行）刑二五、二七；（預備或陰謀）刑一〇一㈡；（特別規定）軍刑一四。

▲臺灣人民於中華民國三十四年八月十五日後九月二日前陰謀獨立，其時臺地雖未即歸屬中國臺民，亦未即返為中國人民，但此種阻撓國土恢復之敵對行為，既顯與戰爭罪犯審判條例第二條第四款之情形符合，不得不依該條例該條款適用刑法第一百條第二項處斷。（院解三七〇八）

第一百零一條（暴動內亂罪）

以暴動犯前條第一項之罪者，處無期徒刑或七年以上有期徒刑。首謀者，處死刑或無期徒刑。

預備或陰謀犯前項之罪者，處一年以上七年以下有期徒刑。

⇧查暫行律第一百零一條補箋稱暴動之內容有三：一多數協同。二加以腕力或脅迫之行為。三不法。缺一則非暴動。

*（預備或陰謀）刑一〇〇㈡；（特別規定）軍刑一五。

▲刑法第一百零四條第一項之加重內亂罪，以有暴動行為為成立要件，暴動云者，即指多數人結合不法加以腕力，或脅迫使地方人心陷於不安之行為而言，至同條第二項之預備罪，亦必須有暴動之準備行為，若僅以文字煽惑他人犯罪，自己並無暴動之準備者，不能成立本罪。（二二上二二九二）

第一百零二條（內亂罪自首之減刑）

犯第一百條第二項或第一百零一條第二項之罪而自首者，減輕或免除其刑。

*（自首）刑六二，刑訴二二八、二四四；（特別規定）軍刑二五。

第二章 外患罪

⇧查第二次修正案理由調原案第五章，漏洩機務罪所規定各條，過於嚴酷，為他國法律所無，即較諸我國庶民不議之時代，亦無如此重法。查外國立法例如德國、奧國、意大利、荷蘭、那威等國，凡漏洩秘密，皆規定於外患罪章，而以有損害於國家之安全，致貽外患者為限，本案擬仿其意，改入本章。

第一百零三條（通謀開戰端罪）

通謀外國或其派遣之人，意圖使該國或他國對於中華民國開戰端者，處死刑或無期徒刑。

前項之未遂犯罰之。

預備或陰謀犯第一項之罪者，處三年以上十年以下有期徒刑。

⇧查第二次修正案理由調原案第一百十條用外國字樣，似未明晰，歐洲多數國刑法，用外國政府字樣。但犯此罪者，多係與外國政府秘密遣派之人通謀，而所遣派者，又不限於外國人，故法國、英國、暹羅刑法及瑞士刑法準備草案，皆用外國政府或其遣派之人字樣，本案從之。

*（通謀）刑一〇四㈠；（未遂犯）刑二五～二七；（預備或陰謀）刑一〇四㈢。

第一百零四條（通謀喪失領域罪）

通謀外國或其派遣之人，意圖使中華民國領域屬於該國或他國者，處死刑或無期徒刑。

前項之未遂犯罰之。

預備或陰謀犯第一項之罪者，處三年以上十年以下有期徒刑。

⇧查第二次修正案理由調原案第一百零九條，以中華民國人民犯本罪者為限，本案從外國立法例，將國籍之限制刪去。

*（通謀）刑一〇三㈠；（中華民國領域）憲四；（未遂犯）刑二五～二七；（預備或陰謀）刑一〇三㈢。

第一百零五條（直接抗敵民國罪）

中華民國人民在敵軍執役，或與敵國械抗中華民國或其同盟國者，處死刑或無期徒刑。

前項之未遂犯罰之。

預備或陰謀犯第一項之罪者，處三年以上十年以下有期徒刑。

⇧查第二次修正案理由調本案第一項，修正案分為兩條，本案以其性質相類，擬併為一，而略加修正。

本條之罪，依原案總則第三條外國人在外國亦得犯之，範圍未免太廣。本案從多數國立法例，以本國人犯罪為限。

*（中華民國人民）憲三，國籍二，刑七；（同盟國）刑一〇六㈠；（未遂犯）刑二五～二七；（預備或陰謀）刑一〇六㈢。

第一百零六條（單純助敵罪）

在與外國開戰或將開戰期內，以軍事上之利益供敵國，或以軍事上之不利益害中華民國或其同盟國者，處無期徒刑或七年以上有期徒刑。

前項之未遂犯罰之。

預備或陰謀犯第一項之罪者，處五年以下有期徒刑。

⇧查第二次修正案理由調凡交戰開戰後皆有嚴重之取締，故犯本條之罪者，多在外交喫緊，將開戰而未開戰之期內。本案擬倣那威、俄國刑法，及瑞士、奧國、德國刑法準備草案，增入或將開戰期內句。

*（與外國開戰或將開戰期內）刑一〇八㈠，海捕一；（同盟國）刑一〇五㈠；（未遂犯）刑二五～二七；（預備或陰謀）刑一〇五㈢；（特別規定）戰軍六，軍刑一七～一九。

第一百零七條（加重助敵罪）

犯前條第一項之罪而有左列情形之一者，處死刑或無期徒刑：

一 將軍隊交付敵國，或將要塞、軍港、軍營、軍用船艦、航空機及其他軍用處所建築物，與供中華民國軍用之軍械、彈藥、錢糧及其他軍需品，或橋樑、鐵路、車輛、電線、電機、電局及其他供轉運之器物，交付敵國或毀壞或致令不堪用者。

二 代敵國招募軍隊，或煽惑軍人使其降敵者。

三 煽惑軍人不執行職務，或不守紀律或逃叛者。

四 以關於要塞、軍港、軍營、軍用船艦、航空機及其他軍用處所建築物，或軍略之秘密文書、圖畫、消息或物品，洩漏或交付於敵國者。

五 為敵國之間諜，或幫助敵國之間諜者。

前項之未遂犯罰之。

預備或陰謀犯第一項之罪者，處三年以上十年以下有期徒刑。

⇧查暫行律第一百十一條注意調本條之行為，有應受軍律之處斷者，即應從軍律，惟不從軍律者，乃得照此處斷。

*（軍隊）軍刑九；（毀壞或致令不堪使用）刑三五三、三五四；（煽惑）刑一五三、一五五；（軍人）軍刑六、七，軍審二、三；（洩漏或交付）刑一〇九、一一〇；（幫助）刑三〇；（未遂犯）刑二五～二七；（預備或陰謀）刑一〇六㊂；（特別規定）妨軍二、四，軍刑一七、一八。

第一百零八條　（戰時不履行軍需契約罪）

在與外國開戰或將開戰期內，不履行供給軍需之契約或不照契約履行者，處一年以上七年以下有期徒刑，得併科十五萬元以下罰金。

因過失犯前項之罪者，處二年以下有期徒刑、拘役或三萬元以下罰金。

(108)一、本罪於民國七十二年六月二十六日後並未修正，爰依刑法施行法第一條之一第二項本文規定將罰金數額修正提高三十倍，以增加法律明確性，並使刑法分則各罪罰金數額具內在邏輯一致性。

二、第一項中段「一年以上、七年以下」修正為「一年以上七年以下」；第二項中「有期徒刑，拘役」修正為「有期徒刑、拘役」。

⇧查第二次修正案理由謂原案第一百十二條，以詐術或其他不正行為，締結契約句，本案擬刪。蓋本條係規定不依契約供給軍需，至生軍事上不利而設，若在締約時，有詐術及不正行為者，或發生民事上之賠償損失，或發生刑事上之詐欺罪，與外患罪無涉。

*（與外國開戰或將開戰期內）刑一〇六㊀，海捕一；（不履行契約）民二三五，刑一九四，民二五四，刑一九四；（過失犯）刑一四；（特別規定）軍刑一八⑤、三二。

▲㈠上訴人與兵工署之工廠訂立供給軍用大小鍋及大斧等物品之契約，既在與外國戰爭期內，關係至巨，對於契約之履行，自應負特別注意義務，乃於訂立契約後，並不即時招僱工人及為材料之蒐集，竟轉包於無充分資力之小工廠，以致不能照約履行，縱如上訴意旨所稱不能供給之原因係由於嗣後之鐵價高漲工人難僱，要於其應負因過失而不照約履行之罪責，無可解免。

㈡刑法第一百零八條之外患罪，祇須在與外國開戰或將開戰期內，對於訂立供給軍需之契約不履行或不照約履行，而有故意或過失之情形，即已具備其構成要件，初非以其契約係與國家機關直接所訂者為限，徵諸該法條規定之文義至為瞭然。上訴人等當本國與外國戰爭期內，與某甲經理之某公司訂立供給鍋斧等物品之契約，曾經載明照兵工署分發圖樣說明書辦理等字樣，自屬於供給軍需之一種契約，上訴人等既係因不注意而未能依照原約履行其供給之義務，即與上開法條所載之情形相當，自不得以該項契約非與國家機關直接訂立，為解免罪責之理由，至所稱訂約後因材料及工資陸續高漲以致不能履行，縱令屬實，亦係訂約當時應予注意且並非不能注意之事項，不足影響於犯罪之成立。（二九上三七三二）

第一百零九條　（洩漏交付國防秘密罪）

洩漏或交付關於中華民國國防應秘密之文書、圖畫、消息或物品者，處一年以上七年以下有期徒刑。

洩漏或交付前項之文書、圖畫、消息或物品於外國或其派遣之人者，處三年以上十年以下有期徒刑。

前二項之未遂犯罰之。

預備或陰謀犯第一項或第二項之罪者，處二年以下有期徒刑。

⇧查第二次修正案理由謂原案第一百三十三條第二項規定，因而致與外國生紛議戰爭也，處加重之刑。按此項於適用上，頗覺困難，蓋與外國生紛議或戰爭，是否別有緣因，或犯罪之行為，適為外國所藉口者，殊難證明。德國刑法準備草案，對於外患罪，將因而致與外國戰爭，加重本刑之條文刪去，即本斯意，本案擬從之。

*（洩漏或交付）刑一〇七㊀④、一一〇；（外國或其派遣之人）刑一〇三；（未遂犯）刑二五～二七；（預備或陰謀）刑一〇一㊁、一〇三㊂、一〇四㊂、一〇五㊂、一〇六㊂、一〇七㊂、一一一㊂；（特別規定）妨軍二～四、九，軍刑二〇。

第一百十條　（公務員過失洩漏交付國防秘密罪）

公務員對於職務上知悉或持有前條第一項之文書、圖畫、消息或物品，因過失而洩漏或交付者，處二年以下有期徒刑、拘役或三萬元以下罰金。

(108)本罪於民國七十二年六月二十六日後並未修正，爰依刑法施行法第一條之一第二項本文規定將罰金數額修正提高三十倍，以增加法律明確性，並使刑法分則各罪罰金數額具內在邏輯一致性。

*（公務員）刑一〇㊁；（過失）刑一四；（洩漏或交付）刑一〇七㊀④、一〇九㊀、㊁；（特別規定）妨軍二㊂、㊃。

第一百十一條　（刺探收集國防秘密罪）

刺探或收集第一百零九條第一項之文書、圖畫、消息或物品者，處五年以下有期徒刑。

前項之未遂犯罰之。

預備或陰謀犯第一項之罪者，處一年以下有期徒刑。

*（刺探或收集）刑一一二；（未遂犯）刑二五～二七；（預備或陰謀）刑一〇七㊂、一〇九㊃；（特別規定）妨軍三、五、六、九。

第一百十二條　（不法侵入或留滯軍用處所罪）

意圖刺探或收集第一百零九條第一項之文書、圖畫、消息或物品，未受允准而入要塞、軍港、軍艦及其他軍用處所建築物，或留滯其內者，處一年以下有期徒刑。

⇧查第二次修正案理由謂意圖犯他罪，而有本條之行為者，與外患無關，故本案增入意圖刺探或收集第一百零五條，即本法第一百十四條第一項之文書、圖畫、消息或物品句，以示限制。

*（刺探或收集）刑一一一㊀；（未受允准）刑一八六、二六九㊀；（留滯）刑一五、三〇六㊁；（特別規定）妨軍七～九。

第一百十三條　（私與外國訂約罪）

應經政府授權之事項，未獲授權，私與外國政府或其派遣之人為約定，處五年以下有期徒刑、拘役或科或併科五十萬元以下罰金；足以生損害於中華民國者，處無期徒刑或七年以上有期徒刑。

(108)一、原條文所定「應經政府授權之事項」，涵蓋所有行政管轄事項，適用範圍過廣；且臺灣地區與大陸地區人民關係條例（下稱兩岸條例）對於兩岸往來應經政府許可之事項，已訂有相關規範及罰則，例如該條例第三十五條赴陸投資許可、第三十六條金融往來許可等，違反者可依該條例相關規定處罰，爰將原條文修正為「應經政府授權之事項，未獲授權」，以資明確。

二、行為人未獲授權而侵犯公權力，倘已足生損害於國家安全，由於該行為對於國家法益之侵害程度較高，有特別規範之必要，爰增列危險犯之處罰規定；並參考兩岸條例第七十九條之三第二項規定，將未達足生損害於中華民國之程度者，法定刑度修正為五年以下有期徒刑、拘役或科或併科五十萬元以下罰金，以別輕重。

*（約定）民二五〇㊀、二五二、二五三。

第一百十四條　（違背對外事務委任罪）

受政府之委任，處理對於外國政府之事務，而違背其委任，致生損害於中華民國者，處無期徒刑或七年以上有期徒刑。

⇧查原案第一百零八條規定議定不利中華民國之條約句，議定二字及條約二字範圍太狹，故改議定為處理，改條約為事務，以示概括。本條係因違背委任，有故意不利於民國之孕意，故規定處以重刑。

＊（委任）民五二八～五五二；（損害）刑二一〇～二一五、二一七、二一八、三四二、三五二、三五四～三五六。

第一百十五條（毀匿國權證據罪）

偽造、變造、毀棄或隱匿可以證明中華民國對於外國所享權利之文書、圖畫或其他證據者，處五年以上十二年以下有期徒刑。

⇧查第二次修正案理由謂本條原案，無犯之者適用毀棄損壞罪之規定，但對外之文件與對內之文件，似應分別。蓋對內文件，如有毀棄損壞情節，尚可補救，至對外不獨補救為難，且於外交上或致發生關係，故本案增入本條，科以較重之刑。

＊（偽造變造）刑一六五、一六九㊁、一七一㊁、一九五、一九六、一九九～二〇五、二一〇～二一二、二一六；（毀棄）刑三五二、三五四；（隱匿）刑一三八、一六五、三一五、三五六；（證據）刑一六五、一六九㊁、一七一㊁，民訴二八四～二八八、二九〇～二九七，刑訴一五四～一五六。

第一百十五條之一（外患罪亦適用之地域或對象違反規定之處斷）

本章之罪，亦適用於地域或對象為大陸地區、香港、澳門、境外敵對勢力或其派遣之人，行為人違反各條規定者，依各該條規定處斷之。

⑩⑧一、本條新增。

二、外患罪章現行各條涉及境外勢力者，係以「外國或其派遣之人」、「敵軍」或「敵國」等為其構成要件，在我國現行法制架構及司法實務運作下，以大陸地區、香港、澳門、境外敵對勢力或其派遣之人為對象犯本章之罪者，恐難適用各該條文，形成法律漏洞。為確保臺灣地區安全、民眾福祉暨維護自由民主之憲政秩序，爰增定本條，明定本章之罪，亦適用於地域或對象為大陸地區、香港、澳門、境外敵對勢力或其派遣之人。

三、本條所稱「大陸地區」、「香港」、「澳門」依兩岸條例第二條第二款、香港澳門關係條例第二條第一項、第二項規定；本條所稱「境外敵對勢力」依通訊保障及監察法第八條規定。

四、行為人違反本章個條規定者，依各該條規定處斷之。舉例而言，有下列各款情形之一者，依所列之罪處斷：

㈠通謀大陸地區、香港、澳門、境外敵對勢力或其派遣之人，意圖使大陸地區、香港、澳門或境外敵對勢力對於中華民國開戰端者，依一百零三條處斷。

㈡通謀大陸地區、香港、澳門、境外敵對勢力或其派遣之人，意圖使中華民國領域屬於大陸地區、香港、澳門或境外敵對勢力者，依一百零四條處斷。

㈢中華民國人民在敵軍執役，或與敵國、大陸地區、香港、澳門或境外敵對勢力械抗中華民國或其同盟國者，依一百零五條處斷。

㈣在與大陸地區、香港、澳門或境外敵對勢力開戰或將開戰期內，以軍事上之利益供大陸地區、香港、澳門或境外敵對勢力，或以軍事上之不利益害中華民國或其同盟國者，依一百零六條處斷。

㈤在與大陸地區、香港、澳門或境外敵對勢力開戰或將開戰期內，無故不履行供給軍需之契約或不照契約履行者，依一百零八條處斷。

㈥洩漏或交付第一百零九條第一項所定之文書、圖畫、消息或物品於外國、大陸地區、香港、澳門、境外敵對勢力或其派遣之人者，依一百零九條第二項處斷。

㈦公務員對於職務上知悉或持有前款之文書、圖畫、消息或物品，因過失而洩漏或交付大陸地區、香港、澳門或境外敵對勢力或其派遣之人者，依一百十條處斷。

㈧應經政府授權之事項，未獲授權，私與外國政府、大陸地區、香港、澳門、境外敵對勢力或其派遣之人為約定，足以生損害於中華民國者，依一百十三條處斷。

㈨受政府之委任，處理對於大陸地區、香港、澳門或境外敵對勢力之事務，而違背其委任，致生損害於中華民國者，依一百十四條處斷。

㈩偽造、變造、毀棄或隱匿可以證明中華民國對於大陸地區、香港、澳門或境外敵對勢力所享權利之文書、圖畫或其他證據者，依一百十五條處斷。

⑾在與大陸地區、香港、澳門或境外敵對勢力開戰或將開戰期內，以軍事上之利益供大陸地區、香港、澳門或境外敵對勢力，或以軍事上之不利益害中華民國或其同盟國者，而有下列情形之一者，依一百零七條處斷：

1. 將軍隊交付大陸地區、香港、澳門或境外敵對勢力，或將要塞、軍港、軍營、軍用船艦、航空機及其他軍用處所建築物，與供中華民國軍用之軍械、彈藥、錢糧及其他軍需品，或橋樑、鐵路、車輛、電線、電機、電局及其他供轉運之器物，交付大陸地區、香港、澳門或境外敵對勢力或毀壞或致令不堪用者。

2. 代大陸地區、香港、澳門或境外敵對勢力招募軍隊，或煽惑軍人使其降敵者。

3. 煽惑軍人不執行職務，或不守紀律或逃叛者。

4. 以關於要塞、軍港、軍營、軍用船艦、航空機及其他軍用處所建築物或軍略之秘密文書、圖畫、消息或物品，洩漏或交付於大陸地區、香港、澳門或境外敵對勢力者。

5. 為大陸地區、香港、澳門或境外敵對勢力之間諜，或幫助大陸地區、香港、澳門或境外敵對勢力之間諜者。

⑿未遂、預備或陰謀違反個條規定者，亦依各該條文規定處斷之。

第三章　妨害國交罪

⇧查暫行律第四章理由謂近年往來，日就便利，列國交際益繁，本章所揭，皆損害國家睦誼，而影響於全國之利害者。茲特設為一章，是最新之立法例也。

第一百十六條（侵害友邦元首或外國代表罪）

對於友邦元首或派至中華民國之外國代表犯故意傷害罪、妨害自由罪或妨害名譽罪者，得加重其刑至三分之一。

⇧查第二次修正案理由調本條之規定，係仿侵犯大總統罪章。又原案第一百十八條至第一百二十條，外國二字，範圍太廣，各國立法例，對於特別保護他國元首，可分三派：第一派以外國元首為限（或以他國亦有特別保護本國元首之條文方能適用者），法國、俄國、比利士、西班牙、意大利等國是也。第二派以友邦之元首為限，英國、德國、荷蘭、丹麥、瑞士（刑法準備草案）、芬蘭、暹羅等國是也。第三派以留滯本國之外國元首為限，日本是也。前法律館草案從第三派，其修正案改從第一派，憲政編查館核訂案，復改從第三派，原案又改從第一派，均未具理由。案第三派範圍太狹，因他國元首，雖不在本國，若對之犯罪，亦有妨害兩國之國交。至第一派外國元首，不問是否友邦，一律保護，又未免範圍太廣，蓋非友邦，則與國交無關，故本案擬從第二派，以友邦之元首為限。又查第二次修正案理由調原案第一百二十一條，外國使節句外國二字，範圍太廣。查各國立法例保護外國代表，均以派至本國者為限，若派至第三國而路經本國者，在本國法律上仍視為常人。故本案擬從前法律館草案，及憲政編查館核訂案，增入派至民國句。原案保護外國代表之罪，為殺傷罪、強暴脅迫罪及侮辱罪，修正案增逮捕監禁罪，較諸外國刑法為嚴。查法國僅規定侮辱罪（一千八百八十一年報律），荷蘭、德國、奧國亦僅有侮辱罪，比利士規定侮辱及脅迫罪（一千八百五十八年法律），日本規定暴行脅迫侮辱等罪，原案對於外國代表犯殺傷罪者，科以特重刑，而對於本國公務員有犯者則否。至犯強暴脅迫侮辱等罪，其刑亦較諸對於本國公務員所犯者為重，未免失均。故本案擬從意大利、暹羅先例，規定本條。

＊（故意傷害罪）刑二七七～二七九；（妨害自由罪）刑二九六～三〇二、三〇四～三〇七；（妨害名譽罪）刑三〇九、三一〇；（加重其刑）刑六四、六五、六七～六九；（請求乃論）刑一一九。

▲刑法（舊）第一百二十二條之友邦元首不以滯留於我國者為限（注意同法第三條第二項、第四條及第七條第一項之規定），至同法第一百二十七條之請求，須外國政府或足以代表外國政府者為之，領事自動請求，不能認為代表外國政府。（院七五三）

第一百十七條（違背中立命令罪）

於外國交戰之際，違背政府局外中立之命令者，處一年以下有期徒刑、拘役或九萬元以下罰金。

(108)本罪於民國七十二年六月二十六日後並未修正，爰依刑法施行法第一條之一第二項本文規定將罰金數額修正提高三十倍，以增加法律明確性，並使刑法分則各罪罰金數額具內在邏輯一致性。

⇧查暫行律第一百二十八條注意謂本條之規定，惟外國互相開戰，而中國布告局外中立時乃用之。又同律同條補箋謂於兩國交戰之際，第三國不與以特定之利益或損害，於交戰國謂之局外中立，其利益與損害，須察其當時之情形非可預定者，國際上所認為慣例，各國亦不盡同。故人民應守之義務，以其時本國政府之命令為標準。

＊（命令）憲一七二，中標六、七。

第一百十八條（侮辱外國旗章罪）

意圖侮辱外國，而公然損壞、除去或污辱外國之國旗、國章者，處一年以下有期徒刑、拘役或九千元以下罰金。

(108)一、本罪於民國七十二年六月二十六日後並未修正，爰依刑法施行法第一條之一第二項本文規定將罰金數額修正提高三十倍，以增加法律明確性，並使刑法分則各罪罰金數額具內在邏輯一致性。
二、前段「公然損毀」修正為「公然損壞」。

⇧查暫行律第一百二十六條補箋謂侮辱外國之行為不一，其中有應處罰者、有否者，本條則列記應處罰之行為。實施本條之行為者，如無侮辱外國之宗旨，則以毀棄損壞罪論，故本罪以遠因為一特別要件。損壞者，侵犯物質之謂，兼賅消滅意義，故僅失其物之用者，非損壞也。除去者變更現象之謂，不分距離遠近，污穢者以不潔物變更現在外觀，使形貌醜惡之謂，辱者，表示不敬形狀之謂。

＊（侮辱）刑一四〇、一四一、一六〇、二四六㊀、三〇九㊀、三一二；（公然）刑一三六、一四〇、一四九、一五〇、一五九、一六〇、二三四、二四六㊀、二九二、三〇九㊀、三一二；（損壞）刑一三八、一三九、一四一、一六〇、一六一㊂、一六二㊂、一八一㊀、一八二、一八四、一八五、二四七、二四九、三五二、三五四；（除去）刑一三九、一六〇；（污辱）刑一六〇、二四七㊀、二四九㊀；（請求乃論）刑一一九。

第一百十九條（請求乃論）

第一百十六條之妨害名譽罪及第一百十八條之罪，須外國政府之請求乃論。

⇧查暫行律第一百二十四條補箋謂對於外國君主大統領不敬之行為，往往以判決宣告之故，喧傳於國際社會，於是君主大統領之名譽反有妨害，若不待其請求而論罪，欲全國交而反損矣。況其不敬與否，全屬被害者感情上之作用，而感情既各因人而異，其不敬與否，亦即以人而殊，此所以有本條之限制也。對於外國之使節侮辱，亦然。

＊（請求乃論）刑訴二四三。

▲（院七五三）參見本法第一百十六條。

第四章　瀆　職　罪

⇧按本章係將暫行律瀆職罪及洩漏機務罪內，有關於瀆職者併為一章。

第一百二十條（委棄守地罪）

公務員不盡其應盡之責，而委棄守地者，處死刑、無期徒刑或十年以上有期徒刑。

＊（公務員）刑一〇㊁；（特別規定）戰軍二。

第一百二十一條（不違背職務之受賄罪）

公務員或仲裁人對於職務上之行為，要求、期約或收受賄賂或其他不正利益者，處七年以下有期徒刑，得併科七十萬元以下罰金。

(107)一、第一項罰金刑已不符時宜，爰依自由刑之輕重，修正為七十萬元以下罰金。
二、依實務見解，原第二項規定應沒收之賄賂，專指金錢或得以金錢計算之財物，不包括得以金錢計算或具經濟價值之不正利益，其範圍過於狹隘，致收受上述不正利益之公務員仍得享有犯罪所得，為符合一百零四年十二月三十日修正公布之本法總則編第五章之一沒收相關規定之意旨，爰刪除第二項規定，一體適用本法總則編沒收之相關規定，以達澈底剝奪犯罪所得之刑事政策目的。

＊（公務員）刑一〇㊁；（仲裁人）刑一二二～一二四，仲裁一；（職務上之行為）刑一二三；（賄賂）刑一二二、一二三、一四三、一四四；（不正利益）刑一二二、一二三、一四三、一四四；（沒收）刑三八～四〇；（追徵）刑一二二㊃；（特別規定）貪污五㊀③、七～一〇、一二，妨兵二一㊀、二二、二三，破產一五七、一五八。

▲受賄罪之客體，一為賄賂，二為不正利益，所謂賄賂，指金錢或可以金錢計算之財物而言，所謂不正利益，指賄賂以外足以供人需要或滿人慾望一切有形無形之利益而言。（二一上三六九）

▲刑法第一百二十一條之收受賄賂罪，以公務員或仲裁人對於職務上之行為為非法收受報酬為必要，若公務員就非職務之行為取得人民財物而出於恐嚇或詐欺之行為者，則應成立恐嚇或詐欺之罪。（二九上三四二六）

▲刑法上之賄賂罪所謂職務上之行為，係指公務員在其職務範圍內所應為或得為之行為。所謂違背職務之行為，係指在其職務範圍內不應為而為，或應為而不為者而言。（五八臺上八八四）

▲要求期約或收受賄賂罪所侵害之法益為國家公務執行之公正，雖同時向數人為之，其所侵害之法益仍屬一個，祇成立單純一罪，原判決認上訴人同時與林某等三人期約賄賂，係一行為觸犯數罪名，應從一重處斷，自屬違誤。（六九臺上一四一四）

▲某甲原無交付賄款之意思，其虛予交付，意在檢舉上訴人之犯罪，以求人贓俱獲，既非交付賄賂，則上訴人陷於圈套而收受該所送款項，自亦無從成立收受賄賂罪，僅應就其前階段行為，成立要求賄賂或期約賄賂罪。（六九臺上一七六〇）

▲刑法上之收受賄賂罪，以他人有行求賄賂之事實為前提，若他人所交付之物並非基於行賄意思，則其物即非賄賂，自無收受賄賂之可言。故賄賂之不法報酬必須與公務員之職務行為或違背職務行為具有一定之對價關係，苟非關於職務行為或違背職務行為之報酬，即不得謂為賄賂。（七〇臺上一八六）（一〇四、八、一一決議不再援用）

▲戡亂時期貪污治罪條例第十條規定應予追繳沒收者，係以被告貪污所得之財物為限，而「不正利益」既無明文規定，自不能包括在內。乃原判決主文竟將上訴人接受邀宴及召

妓玩樂之不正利益，折算新臺幣三千八百元，併予宣告追繳沒收，即難謂洽。（七四臺上一三五五）（一〇六、二、二一決議不再援用）

第一百二十二條（違背職務受賄罪及行賄罪）

公務員或仲裁人對於違背職務之行為，要求、期約或收受賄賂或其他不正利益者，處三年以上十年以下有期徒刑，得併科二百萬元以下罰金。

因而為違背職務之行為者，處無期徒刑或五年以上有期徒刑，得併科四百萬元以下罰金。

對於公務員或仲裁人關於違背職務之行為，行求、期約或交付賄賂或其他不正利益者，處三年以下有期徒刑，得併科三十萬元以下罰金。但自首者減輕或免除其刑。在偵查或審判中自白者，得減輕其刑。

⑩⑦一、第一項、第二項及第三項之罰金刑已不符時宜，爰依自由刑之輕重，依序修正為二百萬元、四百萬元及三十萬元以下罰金，並酌作標點符號修正。

二、依實務見解，原第二項規定應沒收之賄賂，專指金錢或得以金錢計算之財物，不包括得以金錢計算或具經濟價值之不正利益，其範圍過於狹隘，致收受上述不正利益之公務員仍得享有犯罪所得，為符合一百零四年十二月三十日修正公布之本法總則編第五章之一沒收相關規定之意旨，爰刪除第四項規定，一體適用本法總則編沒收之相關規定，以達澈底剝奪犯罪所得之刑事政策目的。

*（公務員）刑一〇㊁；（仲裁人）刑一二一㊀、一二三、一二四，仲裁一；（賄賂）刑一二一、一二三、一四三、一四四；（不正利益）刑一二一、一二三、一四三、一四四；（追徵）刑一二一㊁；（特別規定）貪污四㊀④、七～一二，妨兵二一～二三，破產一五九。

▲釋九六、一五八。

▲警務人員對於私娼本有查禁之職責，乃收其規費，縱令秘密賣淫，係公務員對於違背職務之行為收受賄賂，因而為違背職務之行為，應成立刑法第一百二十二條第二項之罪。（二五上二九六二）

▲刑法第一百二十二條第二項為第一項之加重規定，收受賄賂因而為違背職務之行為，依該條第二項處斷，即已將第一項行為吸收於其中，無再引用第一項之必要。（二六上一一四九）

▲刑法第一百二十二條第三項對公務員關於違背職務之行為交付賄賂之罪，雖於懲治貪污條例第五條有概括規定，但懲治貪污條例為有關身分犯罪之特別法，其犯罪主體已於該條例第一條有所列舉，被告甲以一普通人民獨自私製菸絲，被警查獲，為求免究而交付賄款新臺幣十四元五角，自應依刑法第一百二十二條第三項論科，原審竟援引懲治貪污條例第五條第一項處斷，顯屬違誤。（註：應注意貪污治罪例第一一條已修正。）（四三臺非一四）

▲原判決既認上訴人將一百元券四張，塞入交通警察某甲之左側褲袋內而被拒收，該警員顯無收受之意思，則上訴人之行為應僅止於行求階段，乃仍依交付賄賂罪論科，自有違誤。（六二臺上八七九）

▲刑法第一百二十二條第二項之公務員因受賄而違背職務罪，與同條第一項之公務員違背職務受賄罪，既以公務員是否已因受賄，而發生違背職務之結果行為，以為區別之標準，則法院就該違背職務事項之具體內容，以及公務員作為或不作為之結果，已否違於違背職務之程度，均須明確予以認定，方足資為適用法律之依據。（六五臺上一六八八）

▲（七〇臺上一一八六）參見本法第一百二十一條。

▲（七四臺上一三五五）參見本法第一百二十一條。

第一百二十三條（準受賄罪）

於未為公務員或仲裁人時，預以職務上之行為，要求、期約或收受賄賂或其他不正利益，而於為公務員或仲裁人後履行者，以公務員或仲裁人要求、期約或收受賄賂或其他不正利益論。

⇧查第二次修正案理由謂本條之規定，蓋以官吏舞弊最巧，往往於未為公務員前，預受賄賂，藉為運動，此種行為，與公務員之受賄賂，其惡相等，然不在前三條範圍內，無從科罰。故擬仿蘇丹、印度、暹羅刑法，增入本條，以正官邪。又本條犯罪行為，擴充至未為公務員之前，故僅罰受賄之人，而不罰行賄之人。

*（公務員）刑一〇㊁；（仲裁人）刑一二一、一二二、一二四，仲裁一；（賄賂）刑一二一、一二二、一四三、一四四；（不正利益）刑一二一、一二二。

第一百二十四條（枉法裁判或仲裁罪）

有審判職務之公務員或仲裁人，為枉法之裁判或仲裁者，處一年以上七年以下有期徒刑。

⇧查第二次修正案理由謂原案第一百四十六條第二項，範圍太狹，修正案略為擴充，仍有遺漏。本條概括規定，即舊律之故出故入，外國刑法，亦有類似之條文，與第一百二十一條、本法第一百三十條之受賄罪，用意不同。

*（審判職務之公務員）憲八〇，貪污七；（仲裁人）刑一二一～一二三，仲裁一；（仲裁）民訴三二⑦，仲裁一。

▲㈠明知為無罪之人而使受處罰，或明知為有罪之人而使不受處罰，刑法第一百二十五條第一項第三款既有特別規定，應不包括於同法前條所謂枉法裁判之內，亦非一行為而觸犯兩罪名，又刑事訴訟法第三百七十條、第三百七十一條之違法判決，或民、刑事一事再理之裁判，如非出於枉法故意，即不屬於枉法裁判。

㈡刑法第一百二十四條未如第一百二十五條有第二項之規定，不屬解釋問題。（院一六八七）

▲刑法第一百二十四條所謂枉法之裁判，係指故意不依法律之規定而為裁判，質言之，即指明知法律而故為出入者而言。（二九上一四七四）

第一百二十五條（濫權追訴處罰罪）

有追訴或處罰犯罪職務之公務員，為左列行為之一者，處一年以上七年以下有期徒刑：

一　濫用職權為逮捕或羈押者。

二　意圖取供而施強暴脅迫者。

三　明知為無罪之人，而使其受追訴或處罰，或明知為有罪之人，而無故不使其受追訴或處罰者。

因而致人於死者，處無期徒刑或七年以上有期徒刑。致重傷者，處三年以上十年以下有期徒刑。

⇧查第二次修正案理由謂本條併合原案第一百四十四條至第一百四十六條第一項，又原案第一百四十四條第一項，強暴凌虐之行為為句，本案改作意圖取供而施強暴脅迫，科以特重之刑，至其他侵害身體及自由之罪，依第一百三十一條（按即本法第一百三十四條），加重常人犯罪三分之一，已足示懲。若虐待之行為，不至犯罪程度者，可援用懲戒法，似不必牽入刑事。又原案佐理人，亦得犯此罪，但佐理人雖係輔助公務員執行職務，究無職守之可言，故本案擬刪。

*（追訴或處罰犯罪職務之公務員）刑訴二；（職權）刑一五八㊀；（逮捕）憲八，刑訴八七～九三；（羈押）憲八，刑訴一〇一～一一九、一二一；（強暴脅迫）刑訴一五六㊀；（明知）刑一三㊀；（追訴）刑訴一㊀；（處罰）憲八，刑訴一㊀；（因而致人於死或重傷者）刑一七。

▲（院一六八七）參見本法第一百二十四條。

▲刑法第一百二十五條第一項第二款之犯罪主體，以有追訴或處罰犯罪職務之公務員為限，所謂有追訴或處罰犯罪職務之公務員，係指檢察官或兼檢察職務之縣長、及推事審判官、或其他依法律有追訴或審判犯罪職務之公務員而

言，區長區員，既非有追訴或審判犯罪之職權，則其捕獲盜匪嫌疑犯意圖取供刑訊致人於死，自應構成刑法第二百七十七條第二項傷害致人於死之罪，依同法第一百三十四條加重其刑，不應適用第一百二十五條第二項處斷。（三〇上五一一）

▲刑法第一百二十五條第一項第三款所謂明知為無罪之人而使其受追訴，係指有追訴犯罪職務之公務員，明知刑事被告並無犯罪行為，而仍向審判機關訴求科刑者而言，如其主觀上誤認刑事被告有犯罪嫌疑，據以提起公訴，即不能執上開條款以相繩。（三二上二〇五一）

第一百二十六條（凌虐人犯罪）

有管收、解送或拘禁人犯職務之公務員，對於人犯施以凌虐者，處一年以上七年以下有期徒刑。

因而致人於死者，處無期徒刑或七年以上有期徒刑。致重傷者，處三年以上十年以下有期徒刑。

＊（管收解送或拘禁人犯職務之公務員）強執二二～二六，管收四、六，刑訴二二九～二三一，調警二～六，監組九、一三～一七；（人犯）管收二，監刑二～四，刑訴一〇一；（因而致人於死或重傷者）刑一七；（特別規定）妨兵二四㊀②、二五。

▲刑法第一百二十六條之凌虐人犯罪，以有管收、解送、拘禁人犯職務之公務員，於行使管收、解送、拘禁職務之際，對於被管收、解送、拘禁之人犯，施以凌虐為構成要件，上訴人充當警佐，雖有解送人犯之職務，而因某甲追毆某乙闖入警所，對之訊問時並非行使解送職務之際，某甲之受訊問，亦非在被解送中之人犯，上訴人於訊問後加以棍責保釋，除其他法令對該行為設有處罰規定，應依各該規定辦理外，殊與凌虐人犯罪構成之要件不合。（三一上二二〇四）

第一百二十七條（違法行刑罪）

有執行刑罰職務之公務員，違法執行或不執行刑罰者，處五年以下有期徒刑。

因過失而執行不應執行之刑罰者，處一年以下有期徒刑、拘役或九千元以下罰金。

(108)本罪於民國七十二年六月二十六日後並未修正，爰依刑法施行法第一條之一第二項本文規定將罰金數額修正提高三十倍，以增加法律明確性，並使刑法分則各罪罰金數額具內在邏輯一致性。

⇧查第二次修正案理由調本條原案無，本案增入。又第二、第三項皆以獄內之執行吏為限云，本法以執行刑罰之公務員，已包括執行吏在內，故將執行吏三字刪去，並將原第二項併入第一項，以免繁複。

＊（執行刑罰職務之公務員）刑訴四五七、四六三、四七〇㊀；（刑罰）刑三二～三四；（過失）刑一四。

▲㈠檢察官誤算刑期指揮執行刑罰，致受刑人在監多拘禁若干日，如具備過失條件，除應受行政法之制裁外，並應成立刑法第一百二十七條第二項之罪。（院解三三二五）

▲刑法第一百二十七條第一項之罪，係以執行刑罰之公務員對於應執行之刑罰故意為違背法令之執行，或故意違背法令不為執行為要件，至對於受刑人應否加以腳鐐，係屬於監獄法規之戒護問題，與受刑人刑罰之執行無關，原判決以舊監獄對於犯人例須加帶腳鐐，上訴人未將某甲等加鐐而將帶鐐之某乙等開去腳鐐，認為成立刑法第一百二十七條第一項犯罪，顯有未合。（三一上七六）

第一百二十八條（越權受理罪）

公務員對於訴訟事件，明知不應受理而受理者，處三年以下有期徒刑。

＊（公務員）刑一〇㊁；（訴訟）憲一六，刑一五七；（特別規定）妨兵二四㊀①。

▲㈠省保安司令部科員除原有軍人身分者外，不能認為軍人。
㈡檢察官偵查中，對於有軍人身分之被告，未依刑事訴訟法第二百三十一條第七款為不起訴處分者，並非不應受理而受理，自不成立刑法第一百二十八條之罪。（院解三三四三）

第一百二十九條（違法徵收罪、抑留或剋扣款物罪）

公務員對於租稅或其他入款，明知不應徵收而徵收者，處一年以上七年以下有期徒刑，得併科二十一萬元以下罰金。

公務員對於職務上發給之款項、物品，明知應發給而抑留不發或剋扣者，亦同。

前二項之未遂犯罰之。

(108)一、本罪於民國七十二年六月二十六日後並未修正，爰依刑法施行法第一條之一第二項本文規定將罰金數額修正提高三十倍，以增加法律明確性，並使刑法分則各罪罰金數額具內在邏輯一致性。
二、第一項後段「一年以上、七年以下」修正為「一年以上七年以下」；第二項末句「亦同」修正為「，亦同」。

⇧查第二次修正案理由調原案第一百四十七條，以圖利國庫或他人及圖利自己為兩項，分別科刑，此種輕重情節，可由法官按情裁奪，法律不宜於事前預為斷定。蓋圖利他人，非必輕於圖利自己，例如圖利父母妻子，與圖利自己無異，而所科之刑，則有軒輕。況現在徵收制度，得提若干分之幾為紅金，其浮收之結果，即同時利國庫與自己，於條文之援用，恐生困難，故本案擬概括規定。

＊（公務員）刑一〇㊁；（租稅）憲一九，稅徵二；（未遂犯）刑二五～二七；（特別規定）貪污四㊀①、五㊀①、六㊀①，軍刑二八、二九、三八、三九、六二。

▲刑法第一百二十九條第一項所定公務員對於租稅或其他入款，明知不應徵收而徵收罪，雖屬侵害國家法益之罪，但被違法徵收稅款之個人，顯亦同時直接被害，則該被害之個人，自得提起自訴。（五四臺上一八八四）

▲刑事訴訟法第三百十九條第一項規定犯罪之被害人始得提起自訴，而所謂犯罪之被害人以因犯罪而直接被害之人為限，司法院院字第一三〇六號解釋有案，刑法第一百二十九條第二項抑留或剋扣應發給之款物罪，其直接被害者為公務機關之公信，亦即國家之法益，至於得受領該項應發給之款項、物品之人，雖亦因此受有損害，但乃間接被害人，依上開解釋，自不得提起自訴。（七五臺上七四二）

第一百三十條（廢弛職務釀成災害罪）

公務員廢弛職務釀成災害者，處三年以上十年以下有期徒刑。

＊（公務員）刑一〇㊁；（特別規定）懲私七、九，軍刑二九、三四，戰軍一一～一三，工廠七二。

▲刑法第一百三十條之釀成災害罪，以對於某種災害有預防或遏止職務之公務員，廢弛其職務，不為預防或遏止，以致釀成災害，為其成立要件，若不合於所列要件，即難謂為應構成該條罪名。（三〇上二八九八）

第一百三十一條（公務員圖利罪）

公務員對於主管或監督之事務，明知違背法令，直接或間接圖自己或其他私人不法利益，因而獲得利益者，處一年以上七年以下有期徒刑，得併科一百萬元以下罰金。

(107)一、第一項之罰金刑已不符時宜，爰依自由刑之輕重，修正為一百萬元以下罰金。
二、為符合一百零四年十二月三十日修正公布之本法總則編第五章之一沒收相關規定之意旨，爰刪除第二項，一體適用本法總則編沒收之相關規定。

＊（公務員）刑一〇㊁；（沒收）刑三八；（特別規定）貪污四㊀①、⑤、五㊀②、六㊀②～④、七、一〇，毒品危害一五，懲私一〇，銀行三五、一二七。

▲刑法第一百三十一條第一項之圖利行為，應包含圖利第三人在內。（院二八〇四）

▲刑法第一百三十一條第一項之圖利罪，係注重處罰瀆職，故無論圖利國庫或圖利私人，均應成立該條項罪名，至懲治貪污暫行條例第三條第一項第二款之圖利罪，則係注重懲治貪污，應以圖利私人為限，其圖利國庫者，則不包括在內。是兩法條之罪，其範圍不盡相同，因之懲治貪污暫行條例施行後，刑法第一百三十一條第一項之規定，並非完全停止其效力。（三一上八三二）（九一、九、一三決議不再援用）

▲刑法第一百三十一條第二項犯前項之罪者，所得之利益沒收之，如全部或一部不能沒收時，追徵其價額等規定，其應沒收或追徵者，以實施犯罪行為者所得之利益為限，如實施犯罪行為者未得利益，即無沒收或追徵之可言，本件上訴人等有無得利，每人所得利益若干，原判事實欄內全未記載，率行諭知所得利益六十八萬元沒收，適用法律尚欠允洽。（四九臺上一五七〇）

▲刑法第一百三十一條之罪，係關於公務員職務上圖利之概括規定，必其圖利行為不合刑法各條特別規定者，始受本條之支配，若其圖利行為合於其他條文之特別規定，即應依該特定條文論擬，不得適用本條。（五一臺上七五〇）

▲刑法第一百三十一條第二項係規定犯同條第一項之罪者，所得之利益沒收之，如全部或一部不能沒收時，追徵其價額。是其應沒收或追徵者，應以實施犯罪行為者自己或其共犯所得之利益為限，如實施犯罪行為者自己或其共犯並未得利，即無沒收或追徵之可言。原判決認定上訴人為圖利洪某，將育苗中心補助款，先期借與新臺幣五萬元周轉，使洪某獲得利息新臺幣二千三百元，乃又諭知上訴人所得利益新臺幣二千三百元沒收，揆諸上開說明，其適用法則，自有違誤。（六九臺上八二〇）（一〇六、二、二一決議加註：應注意刑法第三十八條之一第二項第三人沒收之規定。）

第一百三十二條　（洩漏國防以外之秘密罪）

公務員洩漏或交付關於中華民國國防以外應秘密之文書、圖畫、消息或物品者，處三年以下有期徒刑。

因過失犯前項之罪者，處一年以下有期徒刑、拘役或九千元以下罰金。

非公務員因職務或業務知悉或持有第一項之文書、圖畫、消息或物品，而洩漏或交付之者，處一年以下有期徒刑、拘役或九千元以下罰金。

(108)本罪於民國七十二年六月二十六日後並未修正，爰依刑法施行法第一條之一第二項本文規定將罰金數額修正提高三十倍，以增加法律明確性，並使刑法分則各罪罰金數額具內在邏輯一致性。

⇧查暫行律第一百三十三條補箋內謂政務秘密與否，宜由審判官察其情形而斷定之，蓋古今來無絕對應秘密之事也。洩漏者，使當事人以外之人皆知其事之謂，至洩漏之手段，問知者之多少，並遠因為何如，法律上均無區別。

*（公務員）刑一〇㊁；（洩漏或交付）刑一〇九㊀、㊁、一一〇；（過失）刑一四；（職務）刑一三〇、一三四、一三五㊀、一四〇㊀、一五五、一六三㊀；（業務）刑二二、二四㊁、二〇八㊁、二一五、二二八、三一六、三一七、三三六㊁；（特別規定）妨總動員懲一一，專利四八。

▲傷單原為訴訟關係人得以請求閱覽或抄錄之件，並非應絕對保守秘密之文書，上訴人充當檢驗吏，將傷單擅交告訴人閱看，雖應受行政上之制裁，究與刑法第一百三十二條第一項之規定，顯不相當。（二八上二九一二）

第一百三十三條　（郵電人員妨害郵電秘密罪）

在郵務或電報機關執行職務之公務員，開拆或隱匿投寄之郵件或電報者，處三年以下有期徒刑、拘役或一萬五千元以下罰金。

(108)本罪於民國七十二年六月二十六日後並未修正，爰依刑法施行法第一條之一第二項本文規定將罰金數額修正提高三十倍，以增加法律明確性，並使刑法分則各罪罰金數額具內在邏輯一致性。

*（在郵務或電報機關執行職務之公務員）郵政一九、二三、二四、四八，刑訴一三五；（開拆）刑三一五；（隱匿）刑一六五、一八二、三一五；（郵件）郵政四。

▲上訴人係在郵務機關執行職務之公務員，對於經辦之郵件竟與人共同違背職務收受賄賂，而將職務上掌管之郵包開拆代人掉換私貨，應成立刑法第一百三十三條、第一百二十二條第二項之罪，其相互間有方法結果之關係，應從一重處斷。（四七臺上二七〇）（一〇二、一、八決議不再援用）

第一百三十四條　（公務員犯罪加重處罰之規定）

公務員假借職務上之權力、機會或方法，以故意犯本章以外各罪者，加重其刑至二分之一。但因公務員之身分已特別規定其刑者，不在此限。

⇧查第二次修正案理由謂本條之規定，即學說上所謂非純粹之瀆職罪，蓋常人亦能犯之者，惟官吏則可假借職務上之權力或機會或方法，其情節較常人為重，且有妨害職務上之尊嚴信用，故應加重其刑。原案於各罪中，雖有特為規定者，如第一百七十二條、第二百十七條、第二百六十八條、第三百四十六條、第三百八十六條，遺漏尚多。本案擬仿荷蘭、意大利刑法，德國刑法準備草案及委員會草案，增入本條。

*（公務員）刑一〇㊁；（職務）刑一三〇、一三二㊂、一三五㊀、一四〇㊀、一五五、一六三㊀；（故意）刑一三；（加重其刑）刑六四、六五、六七、六八；（公務員之身分）刑三一；（特別規定）刑一六三、二一三、二六一、二六四、二七〇、三一八，毒品危害一五，妨總動員懲一三，所得稅一一一。

▲刑法第一百三十四條關於公務員犯罪加重處罰之規定，祇以假借職務上之權力、機會或方法而故意犯瀆職罪章以外各罪為已足，初不以其合法執行職務為條件，故公務員之執行職務，縱非合法，苟係利用其職務上之權力、機會或方法而故意犯刑法瀆職罪章以外之罪，即不能解免加重之責。上訴人充任保長，帶同竊犯某乙前往其家起贓，因某乙要求少憩，遂以竹扁挑將其毆傷身死，顯係假借職務上之權力犯刑法第二百七十七條第二項之罪，即不得因保長無偵查犯罪逮捕犯人之職權，謂其起贓毆人致死非利用職務上之權力，而不予加重其刑。（三二永上三二）

▲上訴人當日既係利用公營自來水廠工務課長之身分，為人設計安裝水道，並以代為上下應酬包裝完成為詞，使人陷於錯誤交付款項，顯係公務員假借職務上之機會，意圖為自己不法之所有，以詐術使人將本人之物交付，與圖利罪之情形不合，且其詐得之財物，即所收新臺幣三千七百元，除去工料費一千九百零六元四角外之一千七百九十三元六角，亦應歸還被害人，不得予以沒收。原審遽予維持第一審科處圖利罪刑，並沒收其詐得財物之判決，實難謂非違誤。（四七臺上二三三）（一〇六、五、二三決議不再援用）

第五章　妨害公務罪

第一百三十五條　（妨害公務執行及職務強制罪）

對於公務員依法執行職務時，施強暴脅迫者，處三年以下有期徒刑、拘役或三十萬元以下罰金。

意圖使公務員執行一定之職務或妨害其依法執行一定之職務或使公務員辭職，而施強暴脅迫者，亦同。」

犯前二項之罪而有下列情形之一者，處六月以上五年以下有期徒刑：

一　以駕駛動力交通工具犯之。

二 意圖供行使之用而攜帶兇器或其他危險物品犯之。

犯前三項之罪，因而致公務員於死者，處無期徒刑或七年以上有期徒刑；致重傷者，處三年以上十年以下有期徒刑。

(110)一、鑑於妨害公務案件數量逐年攀升，犯罪手段及結果益趨嚴重，導致公務員執行職務之風險及人身安全之威脅大幅增加，爰修正提高第一項罰金數額，並符罰金刑級距之配置。

二、參考德國刑法第一百十三條第二項之妨害公務加重條款、本法第三百二十一條加重竊盜罪及第三百二十六條加重搶奪罪等相關規定，並參酌我國常見妨害公務之危險行為態樣，如駕駛動力交通工具為衝撞，或意圖供行使之用而攜帶兇器或其他危險物品（例如易燃性、腐蝕性液體）犯之，該等行為態樣對公務員之生命、身體、健康構成嚴重危害，有加重處罰之必要，爰增訂第三項之加重事由，並提高刑度，以保障公務員依法執行職務之安全。

三、本條第三項第一款所稱以駕駛動力交通工具犯之者，應係施強暴脅迫之手段，如單純駕駛動力交通工具到場，而未以該交通工具施強暴脅迫者，並不構成本款。又本條第三項第二款之加重處罰要件，須意圖供行使之用，如未具此意圖，自不構成本款，併予指明。

四、原第二項未修正；第三項移列第四項，並配合第三項之增訂，修正適用範圍。

⇧查第二次修正案理由謂公務員之佐理人，雖非公務員，然妨害其佐理行為，即妨害公務，故本案擬參照外國立法例，增入佐理人。又公務員違法執行職務時，不得受本條之保護，有謂違法執行職務，已非職務，無須明文規定者，有謂公務員執行職務時，無論其依法與否，均應保護者，二說以前說為優。其主張前說者，更有謂妨害違法之職務，依總則第二十九條之正當防衛，不成為本條之罪。本案擬從前說，仿德國、荷蘭、意大利、匈加利、英國、暹羅等國刑法，及美國、（一千九百零二年）瑞士、德國刑法準備草案，增入依法二字，庶免解釋上之紛爭。以強暴脅迫，使公務員為違法之職務，則妨害公務罪成立固矣，即依法之職務，以強暴脅迫使公務員為之者，亦屬妨害公務。蓋職務雖係依法，然其執行有遲早及行政上便宜之關係，是以強暴脅迫使公務員為執行一定職務，不論其為依法與否，概應處罰。至妨害公務員執行一定之職務，則有差別，若所妨害者，為違法之職務，自不得以妨害公務論。故本案於第二項，妨害其執行一定之職務句，增入依法二字，以期顯明。原案犯罪手段，除強暴脅迫外，復有詐術一項，考諸外國刑法，類皆以強暴脅迫為限。蓋本罪以反抗國家行政權，為直接妨害公務，我國舊律，用抗拒字樣，亦即強暴脅迫之意。至詐欺情節，若概視為本條之罪，是對於官吏，皆須盡情吐露，恐人情所難行，故本案擬刪去詐術二字。

*（公務員）刑一〇㊁；（強暴脅迫）刑一三六、一四二、一四九、一五〇、一五二、一六一㊂、一六二㊁、㊂、二二一、二二四、二五一㊀、三〇四、三二八㊀、三二九、三三三；（因而致公務員於死或重傷者）刑一七；（特別規定）妨兵一六㊁、㊂，軍刑六七、六八，懲私四、六。

▲刑法第一百三十五條第一項之妨害公務罪，以公務員依法執行職務時加以妨害為要件，若超越職務範圍以外之行為，即不得謂為依法執行職務，縱令對之有所妨阻，要無妨害公務之可言。本件告訴人以硝磺分局長身分，率領緝私員赴上訴人家查緝私硝，固難謂非依法執行職務，但於查獲私硝後，因上訴人向其有所爭執，竟令毆打，實已軼出執行職務範圍之外，因此引起上訴人之反擊，自難據妨害公務之律以相繩。（三〇上九五五）

第一百三十六條 （聚眾妨害公務罪）

在公共場所或公眾得出入之場所，聚集三人以上犯前條之罪者，在場助勢之人，處一年以下有期徒刑、拘役或十萬元以下罰金；首謀及下手實施強暴脅迫者，處一年以上七年以下有期徒刑。

因而致公務員於死或重傷者，首謀及下手實施強暴脅迫之人，依前條第四項之規定處斷。

(110)一、隨著科技進步，透過社群通訊軟體（如LINE、微信、網路直播等）進行串連集結，時間快速、人數眾多且流動性高，不易先期預防，致使此等以多數人犯妨害公務案件規模擴大，亦容易傷及無辜。惟原條文中之「公然聚眾」，司法實務認為必須於「公然」之狀態下聚集多數人，始足當之；亦有實務見解認為，「聚眾」係指參與之多數人有隨時可以增加之狀況，若參與之人均係事前約定，人數既已確定，便無隨時可以增加之狀況，自與聚眾之情形不合（最高法院二十八年上字第六二一號判例、九十二年度臺上字第五一九二號判決參照）。此等見解範圍均過於限縮，學說上多有批評，也無法因應當前社會之需求。爰將本條前段修正為「在公共場所或公眾得出入之場所」有「聚集」之行為為構成要件，亦即行為不論其在何處、以何種聯絡方式（包括上述社群通訊軟體）聚集，其係在遠端或當場為之，均為本條之聚集行為，且包括自動與被動聚集之情形，亦不論是否係事前約定或臨時起意者均屬之。因上開行為對於執行公權力與人員之安全，均易造成危害，爰修正其構成要件，以符實需。

二、為免聚集多少人始屬「聚眾」在適用上有所疑義，爰參酌組織犯罪防制條例第二條第一項及其於一〇六年四月十九日修正之立法理由，認三人以上在公共場所或公眾得出入之場所實施強暴脅迫，就人民安寧之影響及對公共秩序已有顯著危害，是將聚集之人數明定為三人以上，不受限於須隨時可以增加之情形，以臻明確。

三、現行第一百四十九條、第一百五十條「公然聚眾」之要件，已修正如上，本條第一項規定亦配合修正，以為一致。另提高罰金刑數額，以符罰金刑級距之配置。

四、因第一百三十五條條文項次調整，爰配合修正第二項所引該條項次。

*（公然）刑一一八、一四〇、一四九、一五〇、一五九、一六〇、二三四、二四六㊀、二九二、三〇九、三一二；（強暴脅迫）刑一三五、一四二、一四九、一五〇、一五二、一六一㊁、㊂、一六二㊁、㊂、二二一、二二四、二五一㊀、三〇四、三二八㊀、三二九、三三三；（因而致公務員於死或重傷）刑一七；（特別規定）妨兵一七、一八，懲私五、六②、③，軍刑六七、六八。

▲㈠甲丁戊（原呈其子下脫落戊字）如知係執達員丙會同該管保長至家執行民事判決，而於其將強制開倉量穀之際，丁大呼有匪戊鳴鑼集眾五六十人，均持鋤頭扁擔，與甲丁戊將丙圍住，丙懼不敢執行而去，則甲丁戊應成立刑法第一百三十六條第一項之罪。（院二一三三）

第一百三十七條 （妨害考試罪）

對於依考試法舉行之考試，以詐術或其他非法之方法，使其發生不正確之結果者，處一年以下有期徒刑、拘役或九千元以下罰金。

前項之未遂犯罰之。

(108)本罪於民國七十二年六月二十六日後並未修正，爰依刑法施行法第一條之一第二項本文規定將罰金數額修正提高三十倍，以增加法律明確性，並使刑法分則各罪罰金數額具內在邏輯一致性。

*（考試法）憲八六；（依考試法舉行之考試）考試二；（詐術）刑一四六㊀、一五二、二二九㊀、二三八、二五一㊀、二九七㊀、三一三、三三九㊀、三五五；（未遂犯）刑二五～二七。

第一百三十八條 （妨害職務上掌管之文書物品罪）

毀棄、損壞或隱匿公務員職務上掌管或委託第三人掌管之文書、圖畫、物品，或致令不堪用者，處五年以下有期徒刑。

⇧查第二次修正案理由謂本條原案無，設有犯之者，則適用毀棄損壞罪，但其情節，較通常犯罪為重，且直接妨害公務，故本案擬仿外國先例增入。

*（毀棄）刑三五二～三五四、三五六；（損壞）刑一一八、一三九、一四一、一六〇、一六一㊁、一六二㊂、一八一㊀、一八二、一八四、一八五、二四七、二四九、三五二、三五四；（隱匿）刑一一五、一六五、三一五、三五六；（公務員）刑一〇㊁；（致令不堪用）刑三五二～三五四。

▲刑法第一百三十八條所謂公務員職務上掌管之文書，以該文書由公務員本於職務上之關係所掌管者為限，又所謂損壞，亦係指該文書之全部或一部因其損壞致喪失效用者而言，法院之傳票，本係送達於被傳人之文件，如在已經送達之後，即不能認為公務員職務上掌管之文書，若在未經送達之前，加以損壞，而損壞部分於傳票內容之記載無關者，亦不成立該條之損壞罪名。（二七上二三五三）

▲刑法第一百三十八條所謂公務員職務上掌管之物品，以該物品由公務員本於職務上之關係所掌管者為已足，與物品之所有權無涉。（五四臺上四七七）

▲警員依規定制作之談話筆錄，即屬公務員職務上掌管之文書，上訴人於氣忿中故予撕壞，致不能辨認其全部內容，顯不堪用，對其所為，自應按刑法第一百三十八條論罪。（六四臺上四二二）

▲本件上訴人既將奪取之警訊筆錄二份予以撕毀，則不問其他是否仍有同式之筆錄存在，其毀棄該筆錄之行為，即應成立刑法第一百三十八條之罪。上訴人徒以另有一份筆錄可供使用，而指摘原審未詳加調查，有應於審判期日調查之證據而未予調查之違法，要與刑事訴訟法第三百七十九條第十款之規定不相適合。（七一臺上七二九二）

第一百三十九條（污損封印、查封標示或違背其效力罪）

損壞、除去或污穢公務員依法所施之封印或查封之標示，或為違背其效力之行為者，處二年以下有期徒刑、拘役或二十萬元以下罰金。

為違背公務員依法所發具扣押效力命令之行為者，亦同。

(108)一、本條保護之法益為國家公務之正常行使，故行為人損壞、除去或污穢公務員所施之封印或查封之標示，或為違背其效力之行為者，自須以公務員依法所為者為限，始具處罰必要性，爰參酌第一百三十五條第一項、第一百三十七條第一項及第一百四十條第一項等規定，酌修文字及標點符號，以杜爭議，並列為第一項。

二、公務員依法所施之封印，除依強制執行法、行政執行法或刑事訴訟法為之者外，公務員以禁止物之漏逸使用或其他任意處置為目的所施封緘之印文，即屬當之（最高法院二十五年非字第一八八號判例），如依食品安全衛生管理法第四十一條規定，是行政機關依法所施封印之規定眾多，為免掛一漏萬，故凡公務員係依法所為者均屬之。

三、本條立法目的在於保全公務員依法施以封印或查封之標示，彰顯國家公權力，行為人之損壞等行為，對法益侵害之嚴重性並不亞於第三百五十六條損害債權罪，惟原條文規定最重法定刑僅為一年有期徒刑，顯然過輕，且罰金刑亦過低，不足嚇阻犯罪，爰參酌第三百五十六條法定刑，修正為二年以下有期徒刑、拘役或二十萬元以下罰金。

四、依司法實務見解，本罪之成立須以公務員依法施以封印或查封之標示者為要件，係對動產或不動產之保全，惟保全執行之標的為債權或物權時，其執行方式係以發扣押命令為禁止收取、清償、移轉或處分等方式為之，如有違反此類扣押命令禁止處分之效力，其侵害國家公務之行使，與違背封印或查封標示效力之情形並無不同，原條文未納入處罰，顯有未周。公務員依法所發具扣押效力命令，例如依強制執行法或刑事訴訟法，亦有如消費者債務清理條例第十九條第五項、行政執行法第二十六條、行政訴訟法第三百零六條第二項等準用強制執行法規定，為違背其效力之行為者，應同受規範納入處罰，爰增訂第二項規定，明定對於公務員依法所發具扣押效力之命令，所為違背效力之行為，亦應受規範，其法定刑與第一項相同。

*（損壞）刑一一八、一三八、一四一、一六〇、一六一㊁、一六二㊂、一八一㊀、一八二、一八四、一八五、二四七、二四九、三五二、三五四；（除去）刑一一八、一六〇；（污穢）刑一四一；（封印）強執四七；（查封之標示）強執四七、七六；（違背）刑一一四、一一七、一二二、一五三②、一九二、一九三、二〇六～二〇九、三四二。

▲債務人於將受強制執行之際，意圖損害債權人之債權，而毀壞處分或隱匿其財產者，始應依刑法第三百五十六條處斷，若在強制執行實施後，僅將公務員所施之封印或查封之標示予以損壞除去或污穢，並無毀壞處分或隱匿其自己財產之可能，即應構成同法第一百三十九條之妨害公務罪，無同法第三百五十六條適用之餘地。（四三臺非二一八）

第一百四十條（侮辱公務員罪）

於公務員依法執行職務時，當場侮辱或對於其依法執行之職務公然侮辱者，處一年以下有期徒刑、拘役或十萬元以下罰金。

(111)照民進黨黨團修正動議條文通過。

⇧查暫行律第一百五十五條理由調公然侮辱官員之職務，如不加以制裁，往往一唱百和，虛實混淆，非惟損公職之威嚴，即於執行上亦諸多不便，故本條特為此種非行而定其罰也。又該條補箋調當場侮辱罪之成立，須值官員執行職務時，又須有侮辱之言語及舉動，不問內容涉及公務與否，非當場侮辱罪之成立，其內容必須涉及公務，且須公然實施。公然者，在事實上為眾人所共見、共聞之情形，或眾人得以共見、共聞之情形也，蓋即秘密之反對語（關於他種犯罪有公然字樣時其意亦同）。對公署侮辱之罪，其成立要件，與非當場侮辱同，所當注意者，公署為無形之罪，非指建築物言，乃指為該官廳之職務權限之主體而言。

*（公務員）刑一〇㊁；（侮辱）刑一一八、一四一、一六〇、二四六㊀、三〇九㊀；（公然）刑一一八、一三六、一四九、一五〇、二四六㊀、三〇九；（公署）刑一四一；（特別規定）妨兵一六㊀，軍刑七〇。

▲㈣於公務員依法執行職務時，在其辦公室緊隔一交通門扇之所屬職員連席辦公室內，加以侮辱者，既非該公務員執行職務之場所，即不成立刑法第一百四十條第一項前段當場侮辱之罪。至刑法第一百四十條後段所稱之公然侮辱，係指該侮辱行為，使一般不特定人得以共聞共見者而言。（院一九二二）

第一百四十一條（侵害文告罪）

意圖侮辱公務員，而損壞、除去或污穢實貼公共場所之文告者，處拘役或六萬元以下罰金。

(111)照民進黨黨團修正動議條文通過。

*（侮辱）刑一一八、一四〇、一六〇、二四六㊀、三〇九㊀；（公務員）刑一〇㊁；（公署）刑一四〇㊁；（損壞）刑一一八、一三八、一三九、一六〇、一六一㊁、一六二㊂、一八一㊀、一八二、一八四、一八五、二四七、二四九、三五二、三五四；（除去）刑一一八、一三九、一六〇；（污穢）刑一三九；（公共場所）刑二六六㊀。

第六章　妨害投票罪

⇧查暫行律分則第八章原案調凡選舉事宜，以純正涓潔安全為要義，尚純正則用各種詐術者有罰，尚涓潔則用各種誘惑者有罰，尚安全則用各種強暴者皆有罰。選舉為立憲之首務，故本律採各種立法例方針，而定為本章如左。

第一百四十二條（妨害投票自由罪）

以強暴脅迫或其他非法之方法，妨害他人自由行使法定之政治上選舉或其他投票權者，處五年以下有期徒刑。

前項之未遂犯罰之。

⇧第二次修正案理由謂本條即原案第一百六十條，本案擬概括規定。又選舉與政治有重大之關係，故本案於原案強暴脅迫句下，加或其他非法之方法句，以求嚴密。

*（強暴脅迫）刑一三六、一四九；（未遂犯）刑二五～二七。

▲刑法第一百四十二條至第一百四十八條所謂投票權，於第一百四十二條第一項定其範圍，選舉權固為投票權之一種，但以法定之政治上選舉權為限，商會職員之選舉，並非政治上之選舉，自不包含在內，至同條項所謂其他投票權，係指選舉以外之政治上投票權（例如鄉鎮坊自治職員選舉及罷免法所定罷免之投票），非指政治以外之選舉權而言。（二五上二二五七）

第一百四十三條（投票受賄罪）

有投票權之人，要求、期約或收受賄賂或其他不正利益，而許以不行使其投票權或為一定之行使者，處三年以下有期徒刑，得併科三十萬元以下罰金。

⑩一、第一項之罰金刑已不符時宜，爰依自由刑之輕重，修正為三十萬元以下罰金。

二、依實務見解，原第二項規定應沒收之賄賂，專指金錢或得以金錢計算之財物，不包括得以金錢計算或具經濟價值之不正利益，其範圍過於狹隘，致收受上述不正利益之公務員仍得享有犯罪所得，為符合一百零四年十二月三十日修正公布之本法總則編第五章之一沒收相關規定之意旨，爰刪除第二項規定，一體適用本法總則編沒收之相關規定，以達澈底剝奪犯罪所得之刑事政策目的。

*（賄賂）刑一二一～一二三、一四四；（不正利益）刑一二一～一二三、一四四；（沒收）刑三八～四〇。

第一百四十四條（投票行賄罪）

對於有投票權之人，行求、期約或交付賄賂或其他不正利益，而約其不行使投票權或為一定之行使者，處五年以下有期徒刑，得併科二十一萬元以下罰金。

⑩一、本罪於民國七十二年六月二十六日後並未修正，爰依刑法施行法第一條之一第二項本文規定將罰金數額修正提高三十倍，以增加法律明確性，並使刑法分則各罪罰金數額具內在邏輯一致性。

二、「行求期約」修正為「行求、期約」。

*（投票權）刑一四二；（賄賂）刑一二一～一二三、一四三；（不正利益）刑一二一～一二三、一四三。

▲候選人於投票時以車輛接送選舉人或為備餐而約其為投票權一定之行使者，自屬違法。（院解三七〇三）

第一百四十五條（利誘投票罪）

以生計上之利害誘惑投票人不行使其投票權或為一定之行使者，處三年以下有期徒刑。

⇧查第二次修正案理由謂本條即原案第一百五十九條第一項第三款，本案擬概括規定。又原案選舉人受誘惑者處罰，本案以其過苛故刪去。按本法以投票之範圍較選舉為廣，故改用投票二字，以期周密。

*（誘惑）刑二三一㈠。

第一百四十六條（妨害投票正確罪）

以詐術或其他非法之方法，使投票發生不正確之結果或變造投票之結果者，處五年以下有期徒刑。

意圖使特定候選人當選，以虛偽遷徙戶籍取得投票權而為投票者，亦同。

前二項之未遂犯罰之。

⇧查第二次修正案理由謂外國立法例，對於選舉之舞弊，可分兩派：一為列舉規定，法國、比國、意大利、西班牙、匈加利、英國、美國等國是也。一為概括規定，德國、奧國、芬蘭等國是也。第一派之選舉法，雖屢經更改然難臻嚴密，即如法國一千八百五十二年二月二日之選舉法頒布後，至一千八百八十九年曾經六次更改，其列舉之犯罪行為，幾及百種，仍有未盡，乃於一千九百零二年三月三十日頒布概括規定之條文，蓋以列舉終有遺漏也。原案第一百五十八條第一項，係仿列舉式，其所注意者一為選舉名簿，一為無資格之投票，其嚴密不如法國，且於投票後，選舉結果前一切弊端無明文處罰，故本案擬從第二派為概括之規定。又原案關於選舉名簿一層，係本條之未遂罪與偽造公文書罪為想像上之兩罪競合，仍依併合論罪，從重處斷，故不另為規定。又原案本條第二項，本案於瀆職罪章第一百三十一條已有規定，故刪。

*（詐術）刑一三七㈠、一五二、二二九㈠、二三八、二五一㈠、二九七㈠、三一三、三三九㈠、三五五；（變造）刑一一五、一六五、一六九㈡、一九五㈠、一九六；（未遂犯）刑二五～二七。

▲刑法第一百四十六條之罪，以舉行投票為前提，倘依法應用投票選舉而改用口頭推舉，實際並未投票者，縱以詐術或其他非法之方法使此項選舉發生不正確之結果，除其行為觸犯其他罪名，又當別論外，不構成該條之妨害投票罪。（三二永上二八三）

第一百四十七條（妨害投票秩序罪）

妨害或擾亂投票者，處二年以下有期徒刑、拘役或一萬五千元以下罰金。

⑩本罪於民國七十二年六月二十六日後並未修正，爰依刑法施行法第一條之一第二項本文規定將罰金數額修正提高三十倍，以增加法律明確性，並使刑法分則各罪罰金數額具內在邏輯一致性。

第一百四十八條（妨害投票秘密罪）

於無記名之投票，刺探票載之內容者，處九千元以下罰金。

⑩本罪於民國七十二年六月二十六日後並未修正，爰依刑法施行法第一條之一第二項本文規定將罰金數額修正提高三十倍，以增加法律明確性，並使刑法分則各罪罰金數額具內在邏輯一致性。

⇧查第二次修正案理由謂本條即原案第一百六十二條，本案增入無記名投票句，以示限制。

*（無記名投票）憲一二九；（刺探）刑一一一、一一二。

▲刑法第一百四十八條之刺探投票內容罪，係以無記名投票上刺探其票載之內容為要件，如僅於無記名投票時在選舉票背面記載阿拉伯字或其他符號，並無刺探他人無記名投票所載內容之情形，即與該條之規定不合，至此項背面書寫阿拉伯字之選舉票是否無效問題，係縣參議員選舉條例第三十七條規定，應由選舉監督解釋，非選舉監督或其上級機關請求解釋者不予解答。（院解三三一九）

第七章　妨害秩序罪

⇧查王寵惠氏所提之「刑法草案與新刑律之異同」內稱暫行律妨害秩序罪，與騷擾罪，各自獨立為一章。然騷擾罪之性質，亦係妨害秩序，故本法併為一章。（按暫行律妨害秩序罪章內，間有涉及妨害自由者，本法將其妨害自由各條，歸入妨害自由罪章內，而以純粹的妨害秩序各條，歸入本章。）

第一百四十九條（公然聚眾不遵令解散罪）

在公共場所或公眾得出入之場所聚集三人以上，意圖為強暴脅迫，已受該管公務員解散命令三次以上而不解散者，在場助勢之人處六月以下有期徒刑、拘役或八萬元以下罰金；首謀者處三年以下有期徒刑。

⑩本罪於民國七十二年六月二十六日後並未修正，爰依刑法施行法第一條之一第二項本文規定將罰金數額修正提高三十倍，以增加法律明確性，並使刑法分則各罪罰金數額具內在邏輯一致性。

⑩一、隨著科技進步，透過社群通訊軟體（如LINE、微信、

網路直播等）進行串連集結，時間快速、人數眾多且流動性高，不易先期預防，致使此等以多數人犯妨害秩序案件規模擴大，亦容易傷及無辜。惟原條文中之「公然聚眾」，司法實務認為必須於「公然」之狀態下聚集多數人，始足當之；亦有實務見解認為，「聚眾」係指參與之多數人有隨時可以增加之狀況，若參與之人均係事前約定，人數既已確定，便無隨時可以增加之狀況，自與聚眾之情形不合（最高法院二十八年上字第六二一號判例、九十二年度台上字第五一九二號判決參照）。此等見解範圍均過於限縮，學說上多有批評，也無法因應當前社會之需求。爰將本條前段修正為「在公共場所或公眾得出入之場所」有「聚集」之行為為構成要件，亦即行為不論其在何處、以何種聯絡方式（包括上述社群通訊軟體）聚集，其係在遠端或當場為之，均為本條之聚集行為，且包括自動與被動聚集之情形，亦不論是否係事前約定或臨時起意者均屬之。因上開行為對於社會治安與秩序，均易造成危害，爰修正其構成要件，以符實需。

二、為免聚集多少人始屬「聚眾」在適用上有所疑義，爰參酌組織犯罪防制條例第二條第一項及其於一〇六年四月十九日修正之立法理由，認三人以上在公共場所或公眾得出入之場所實施強暴脅迫，就人民安寧之影響及對公共秩序已有顯著危害，是將聚集之人數明定為三人以上，不受限於須隨時可以增加之情形，以臻明確。

三、按集會遊行係人民之基本權利，受憲法與集會遊行法之保障，應與本條係處罰行為人具有為強暴脅迫之意圖而危害治安者有所區隔。因此，一般集會遊行之「聚眾」人群行為，本不具有施強暴脅迫之意圖，自無構成本罪情事，併予指明。

四、另本條之罰金刑予以提高，以符合罰金刑級距之配置，並酌作文字及標點符號修正。

⇧查第二次修正案理由調修正案於本條及次條之罪，增入騷擾地方四字，案聚眾犯本條之行為者，當然為擾亂地方秩序，故本案擬刪，並增入公然二字，以示與他罪有別。又原案受解散命令而不解散者，罪即成立，本案以彈壓群眾操之過急，反足釀成大變，且人數擁擠時，命令一下，雖欲即行解散，勢或不能，故擬仿外國立法例，增入三次以上句。

*（公然）刑一一八、一五〇、一五九、一六〇、二四六㈠、三〇九；（聚眾）刑一五〇；（強暴脅迫）刑一三五、一三六、一四二、一五〇、一五二；（以上）刑一〇㈠；（公務員）刑一〇㈡。

第一百五十條（公然聚眾施強暴脅迫罪）

在公共場所或公眾得出入之場所聚集三人以上，施強暴脅迫者，在場助勢之人處一年以下有期徒刑、拘役或十萬元以下罰金；首謀及下手實施者，處六月以上五年以下有期徒刑。

犯前項之罪而有下列情形之一者，得加重其刑至二分之一：

一　意圖供行使之用而攜帶兇器或其他危險物品犯之。

二　因而致生公眾或交通往來之危險。

(108)一、本罪於民國七十二年六月二十六日後並未修正，爰依刑法施行法第一條之一第二項本文規定將罰金數額修正提高三十倍，以增加法律明確性，並使刑法分則各罪罰金數額具內在邏輯一致性。

二、末句「六月以上、五年以下」修正為「六月以上五年以下」。

(109)一、修正原「公然聚眾」要件，理由同修正條文第一百四十九條說明一至三。倘三人以上，在公共場所或公眾得出入之場所聚集，進而實行強暴脅迫（例如：鬥毆、毀損或恐嚇等行為）者，不論是對於特定人或不特定人為之，已造成公眾或他人之危害、恐懼不安，應即該當犯罪成立之構成要件，以符保護社會治安之刑法功能。另提高罰金刑，以符合罰金刑級距之配置，並酌作文字及標點符號修正，將原條文列為第一項。

二、實務見解有認本條之妨害秩序罪，須有妨害秩序之故意，始與該條之罪質相符，如公然聚眾施強暴脅迫，其目的係在另犯他罪，並非意圖妨害秩序，除應成立其他相當罪名外，不能論以妨害秩序罪（最高法院三十一年上字第一五一三號、二十八年上字第三四二八號判例參照）。然本罪重在安寧秩序之維持，若其聚眾施強暴脅迫之目的在犯他罪，固得依他罪處罰，若行為人就本罪之構成要件行為有所認識而仍為本罪構成要件之行為，自仍應構成本罪，予以處罰。

三、參考我國實務常見之群聚鬥毆危險行為態樣，慮及行為人意圖供行使之用而攜帶兇器或者易燃性、腐蝕性液體，抑或於車輛往來之道路上追逐，對往來公眾所造成之生命身體健康等危險大增，破壞公共秩序之危險程度升高，而有加重處罰之必要，爰增訂第二項。至新增第二項第二款之加重處罰，須以行為人於公共場所或公眾得出入之場所聚集三人以上，而施強暴脅迫為前提，進而致生公眾或交通往來之危險始足該當，亦即致生公眾或交通往來之危險屬本款之結果；此與本法第一百八十五條「損壞或壅塞陸路、水路、橋樑或其他公眾往來之設備或以他法致生往來之危險」之規定，係行為人以損壞、壅塞、或以他法致生往來危險等行為，在構成要件上，有所不同，附此敘明。

⇧查暫行律第一百六十五條補箋謂前條係未實施者，本條係已實施者，故處罰之輕重不同。或謂前條為本條未遂，似有理由，然前條以受命而不解散為要件，雖未嘗實施暴脅，而既公然抗命，則不得謂之未遂。

*（公然）刑一四九；（聚眾）刑一四九；（強暴脅迫）刑一四九；（特別規定）懲私六②、③，軍刑六七、六八。

第一百五十一條（恐嚇公眾罪）

以加害生命、身體、財產之事恐嚇公眾，致生危害於公安者，處二年以下有期徒刑。

⇧查第二次修正案理由調本條原案無，惟妨害安全信用名譽及秘密罪章，祇有恐嚇個人之規定，然恐嚇公眾，實屬妨害秩序，故本案增入本條。

*（恐嚇）刑三〇五、三四六㈠；（公眾）刑一七三㈠、一七四㈠、一八三㈠、一八五㈠、二一〇～二一五、二六六；（特別規定）軍刑五九、八一。

▲刑法第三百零五條所謂恐嚇他人，係指恐嚇特定之一人或數人而言，若其所恐嚇者係不特定人或多數人，則為刑法第一百五十一條所謂恐嚇公眾。（二七滬上六五）

第一百五十二條（妨害合法集會罪）

以強暴脅迫或詐術，阻止或擾亂合法之集會者，處二年以下有期徒刑。

⇧查暫行律第二百二十三條注意調，本條除他條有特別規定，如妨害選舉之集會，妨害說教禮拜等宗教上之集會等類之外，其餘妨害一切正當集會，例如用暴力以解散學堂聽講之人，或紊亂得公署許可所聞之演說會等，皆屬本條範圍。

*（強暴脅迫）刑一四九、一五〇；（詐術）刑一三七㈠、一四六、二二九㈠、二三八、二五一㈠、二九七㈠、三一三、三三九㈠、三五五；（集會）憲一四；（特別規定）妨總動員懲八③。

第一百五十三條（煽惑他人犯罪或違背法令罪）

以文字、圖畫、演說或他法，公然為下列行為之一者，處二年以下有期徒刑、拘役或三萬元以下罰金：

一　煽惑他人犯罪者。

二　煽惑他人違背法令，或抗拒合法之命令者。

(108)一、本罪於民國七十二年六月二十六日後並未修正，爰依刑法施行法第一條之一第二項本文規定將罰金數額修正提高三十倍，以增加法律明確性，並使刑法分則各罪罰金數額具內在邏輯一致性。

二、序文前段「以文字、圖畫演說或他法，公然為左列行為之一者」修正為「以文字、圖畫、演說或他法，公然為下列行為之一者」。

⇧查第二次修正案理由謂原案第二百二十一條第二項，前法律館草案注意項下，謂編輯人論說之公刊書冊，指雖非自行撰述，而編輯他人撰述有煽惑犯罪之文字而言。其撰述而無公刊之意者不處罰，所罰者彼此通謀刊布者也，誠如所云，則犯罪之要件，為編輯人與撰述人通謀，果爾，則編輯人當然為共犯，可適用共犯章之規定，毫無疑義。原案列為條文，且遺漏通謀字樣，反滋疑惑，故本案擬刪。又本條第二項第三款原案無，本案增入。

＊（公然）刑一四九；（煽惑）刑一〇七㈠③、一五五；（法令）憲一七〇～一七二，中標四～七；（命令）憲一七二，中標六、七，刑一四九；（特別規定）妨兵一四㈠①、一三，殘害人群三，軍刑一六。

第一百五十四條（參與犯罪結社罪）

參與以犯罪為宗旨之結社者，處三年以下有期徒刑、拘役或一萬五千元以下罰金；首謀者，處一年以上七年以下有期徒刑。

犯前項之罪而自首者，減輕或免除其刑。

⑩⑧一、本罪於民國七十二年六月二十六日後並未修正，爰依刑法施行法第一條之一第二項本文規定將罰金數額修正提高三十倍，以增加法律明確性，並使刑法分則各罪罰金數額具內在邏輯一致性。

二、第一項末句「一年以上、七年以下」修正為「一年以上七年以下」。

⇧查第二次修正案理由謂本條原案無，惟我國秘密會社、犯罪會社，各地皆有，設無明文規定，執法時恐生困難，若牽附律文，則有違法之嫌，否則無以維持秩序。外國法律，多有規定之者，故本案擬增入本條。

＊（結社）憲一四；（自首）刑六二、一〇二。

▲某甲於乙地開山立堂，正集合數十人夜間舉行儀式時，被警偵捕，如係參與以犯罪為宗旨之結社，應構成刑法第一百五十四條第一項之罪，倘別無犯罪之意圖，而合於違警罰法第五十五條第一項第六款之情形者，自可依該款處罰。（院解三三四七）

▲刑法第一百五十四條第一項所稱以犯罪為宗旨之結社，係指其結社以妨害公共安寧秩序及其他某種類之犯罪為目的者而言，若因對於某人挾嫌，希圖加害，而與多數共犯結合商議，相約為特定之一個犯罪之實行，不能依該條項論罪。（二七上二一一八）

第一百五十五條（煽惑軍人背叛罪）

煽惑軍人不執行職務，或不守紀律，或逃叛者，處六月以上五年以下有期徒刑。

⇧查第二次修正案謂本條原案無，本案增入，蓋以煽惑軍人，不僅破壞軍隊組織，且有關國家社會，故另立專條也。

＊（煽惑）刑一〇七㈠③、一五三；（軍人）軍刑六、七，軍審二、三；（特別規定）刑一〇七㈠③，軍刑一六。

▲刑法第一百五十五條所謂煽惑，必以對於不特定人或多數人為之而有公然性質者為限。（四六臺上一五三二）

第一百五十六條（私招軍隊罪）

未受允准，召集軍隊，發給軍需或率帶軍隊者，處五年以下有期徒刑。

⇧查第二次修正案理由謂本條原案無，本案以比年各省私招軍隊者層見疊出，不可不有法以禁止之。考外國規定此罪者，為英國、德國、法國、意大利刑法，及奧國刑法準備草案，而我國舊律，擅調官軍有罰，範圍雖較狹而用意則同，故本案增入本條。

＊（軍隊）軍刑九。

第一百五十七條（挑唆包攬訴訟罪）

意圖漁利，挑唆或包攬他人訴訟者，處一年以下有期徒刑、拘役或五萬元以下罰金。

⑨④一、配合第五十六條連續犯之刪除，刪除本條第二項常業犯之規定。

二、因第三十三條之罰金刑已提高為新臺幣一千元以上，現行法第一項之罰金刑為「五百元以下」顯與前開修正扞格，爰依目前社會經濟水準、人民平均所得，參考罰金罰鍰提高標準條例第二條關於易科罰金、易服勞役就原定數額提高一百倍之標準，酌予提高罰金刑之上限。

＊（挑唆）刑二九；（包攬）民四九〇；（訴訟）民訴一、二，刑訴一、二，行訴一；（包攬訴訟）律師三五。

▲刑法上第一百五十七條第一項所謂意圖漁利，係意圖從中取利之意，所謂挑唆，係挑撥唆使之意，如他人本無興訟之意，巧言引動，使其成訟之情形是。所謂包攬，係承包招攬之意，如不法為他人包辦詞訟之情形是。至該條所謂訴訟，係指民事訴訟、刑事訴訟及行政訴訟而言。（院解三一〇四）

▲刑法第一百五十七條第二項之罪，祇以意圖漁利挑唆或包攬他人訴訟為常業為構成要件，其是否因此得有財物，原非所問。（註：應注意刑法已修正，刪除常業犯之規定。）（二九上二七〇）

第一百五十八條（僭行公務員職權罪）

冒充公務員而行使其職權者，處三年以下有期徒刑、拘役或一萬五千元以下罰金。

冒充外國公務員而行使其職權者，亦同。

⑩⑧一、本罪於民國七十二年六月二十六日後並未修正，爰依刑法施行法第一條之一第二項本文規定將罰金數額修正提高三十倍，以增加法律明確性，並使刑法分則各罪罰金數額具內在邏輯一致性。

二、第二項末句「亦同」修正為「，亦同」。

⇧查第二次修正案理由謂原案第二百二十六條，規定詐稱官員罪，然詐稱行為尚屬輕微，若冒行官員職務，較詐稱尤重，故本案改定本條。又本條之罪，為妨害秩序起見，故僭行外國官員職務者，亦一律處罰。

＊（公務員）刑一〇㈡；（職權）刑一二五㈠①。

▲刑法第一百六十五條所謂僭行職權，係指無此職權僭越行使者而言，若其職權原係出諸有權者之授與，固不成立本罪，即使授權人在行政上無權授與，而行為人誤認其有權授與，因而行使該項職權，要不得謂有僭行職權之故意，仍難論以該條之罪。（二三上二一一二）

第一百五十九條（冒充公務員服章官銜罪）

公然冒用公務員服飾、徽章或官銜者，處一萬五千元以下罰金。

⑩⑧本罪於民國七十二年六月二十六日後並未修正，爰依刑法施行法第一條之一第二項本文規定將罰金數額修正提高三十倍，以增加法律明確性，並使刑法分則各罪罰金數額具內在邏輯一致性。

⇧查第二次修正案理由謂本條增入公然二字，蓋非公然犯之者，其行為不著，與公共秩序無甚關係故也。

＊（公然）刑一四九；（公務員）刑一〇㈡；（特別規定）軍刑七四。

第一百六十條（侮辱國徽國旗及國父遺像罪）

意圖侮辱中華民國，而公然損壞、除去或污辱中華民國之國徽、國旗者，處一年以下有期徒刑、拘役或九千元以下罰金。

意圖侮辱創立中華民國之孫先生，而公然損壞、除去或污辱其遺像者，亦同。

⑩⑧一、本罪於民國七十二年六月二十六日後並未修正，爰依刑法施行法第一條之一第二項本文規定將罰金數額修正提高三十倍，以增加法律明確性，並使刑法分則各罪罰金數額具內在邏輯一致性。

二、第二項末句「亦同」修正為「，亦同」。

⇧查第二次修正案理由謂原案第一百二十六條，對於侮辱外國國旗國章，既有明文處罰，故本案增入本條。

*（侮辱）刑一一八、一四○、一四一、二四六㈠、三○九㈠；（公然）刑一四九；（損壞）刑一一八、一三八、一三九、一四一、一六一㈢、一六二㈢、一八一㈠、一八二、一八四、一八五、二四七、二四九、三五二、三五四；（除去）刑一一八、一三九；（污辱）刑一一八、二四七㈠、二四九㈠；（國旗）憲六。

第八章　脫　逃　罪

第一百六十一條（脫逃罪）

依法逮捕、拘禁之人脫逃者，處一年以下有期徒刑。

損壞拘禁處所械具或以強暴脅迫犯前項之罪者，處五年以下有期徒刑。

聚眾以強暴脅迫犯第一項之罪者，在場助勢之人，處三年以上十年以下有期徒刑，首謀及下手實施強暴脅迫者，處五年以上有期徒刑。

前三項之未遂犯罰之。

⇧查暫行律第一百六十八條注意調既決之囚，於刑事上既受有罪之確定審判，為將受執行而監禁者，及在審判確定前受監禁者皆是。故雖係處以罰金之犯，然既易以監禁，亦賅於既決囚人之中。又該條補箋內稱未決之囚，無論有罪無罪，並無論已經提起公訴否，皆包括在內。脫逃者，不法回復自由，而逸出於監督力之外也，脫逃罪之既遂、未遂界限，頗難分明，然得以是否逸出監督力之外為斷。故如意圖逃脫，而潛伏獄舍時，雖在監督者耳目之外，而尚為監督力之所能及，仍為未遂，即逸出於監獄之外，而仍在官員追跡中者，亦同。

*（依法逮捕拘禁之人）刑一二六㈠、一六二、一六三；（損壞）刑一一八、一三八、一三九、一六○、一六二㈡；（強暴脅迫）刑一三六、一四二、一四九、一五○、一五二、一六二㈡、㈢；（聚眾）刑一四九、一五○、一六二㈢；（未遂犯）刑二五～二七。

▲刑法第一百六十一條之脫逃罪，以依法拘禁之人而不法脫離公之拘禁力為構成要件，若公之拘禁力已不存在，縱使自由行動脫離拘禁處所，亦不成立本罪，被告於民國四十三年一月十八日被捕拘禁後，雖經警察局於二十四小時內聲請延長羈押期間十日，但檢察官既僅批准延長羈押七日，自一月十九日起至二十五日止，此後並未再延長羈押期間之聲請，亦不移送檢察官處置，而仍繼續非法拘禁，則該被告縱於一月二十八日毀壞拘禁處所木柵脫逃，亦難成立脫逃罪。（四四臺上四○○）

第一百六十二條（縱放或便利脫逃罪）

縱放依法逮捕拘禁之人或便利其脫逃者，處三年以下有期徒刑。

損壞拘禁處所械具或以強暴脅迫犯前項之罪者，處六月以上五年以下有期徒刑。

聚眾以強暴脅迫犯第一項之罪者，在場助勢之人，處五年以上十二年以下有期徒刑。首謀及下手實施強暴脅迫者，處無期徒刑或七年以上有期徒刑。

前三項之未遂犯罰之。

配偶、五親等內之血親或三親等內之姻親犯第一項之便利脫逃罪者，得減輕其刑。

⇧查暫行律第一百七十條注意調盜取者，雖不分竊取強取，然加暴行脅迫，致監禁者自行脫逃，則屬第三項之範圍，於第一項之盜取者，乃盜取之人，將被監禁者自行劫奪也。又該條補箋內稱盜取者，出犯人、嫌疑人於該管官員監督之外，而入於自己監督之內之行為也。僅出於官員監督之外，而聽其所之者，則係第一項後段之罪，非盜取也。

*（依法逮捕拘禁之人）刑一六一；（便利）刑一六三㈠；（損壞）刑一六一㈡；（拘禁處所）刑一六一㈡；（聚眾）刑一六一㈢；（未遂犯）刑二五～二七；（血親）民九六七；（姻親）民九六九；（減輕其刑）刑六六～七二；（特別規定）妨兵一四㈠③。

▲刑法第一百七十一條之便利脫逃罪，其被害法益係侵害公之拘禁力，必須脫逃之囚人原在依法逮捕拘禁之中，始能成立，假使便利脫逃之行為，已在此項拘禁力解除之後，即應分別情形，論以第一百七十四條之藏匿犯人，或使其隱避之罪，不得以該條之便利脫逃論科。（二二上二七三○）

▲上訴人對於公務員依法執行職務時，施以強暴脅迫，便利依法逮捕人脫逃，雖同時有妨害公務，而其妨害公務之行為，已包括於便利脫逃中，不得謂其方法上又犯妨害公務之罪。原判決以其妨害公務與便利脫逃有牽連關係，除適用刑法第一百六十二條第二項外，並援引同法第一百三十五條第一項、第五十五條，從一重處斷，殊有未合。（四二臺上一二四）

第一百六十三條（公務員縱放或便利脫逃罪）

公務員縱放職務上依法逮捕、拘禁之人或便利其脫逃者，處一年以上七年以下有期徒刑。

因過失致前項之人脫逃者，處六月以下有期徒刑、拘役或九千元以下罰金。

第一項之未遂犯罰之。

⑱一、本罪於民國七十二年六月二十六日後並未修正，爰依刑法施行法第一條之一第二項本文規定將罰金數額修正提高三十倍，以增加法律明確性，並使刑法分則各罪罰金數額具內在邏輯一致性。

二、第一項末句「一年以上、七年以下」修正為「一年以上七年以下」。

⇧查第二次修正案理由調本條第二項，原案無，但我國舊律，主守及押解人不覺失囚者處罰，更證以外國刑律，若德國、意大利、法國、荷蘭、匈牙利、暹羅、埃及、蘇丹等國刑法均有規定。故本案增入。

*（公務員）刑一○㈡；（職務）刑一三○、一三二㈢、一三四、一三五、一四○㈠、一五五；（便利）刑一六二；（過失）刑一四；（未遂犯）刑二五～二七；（特別規定）軍刑三三。

▲看守所所長以在押人犯疾病，僅憑醫師證明即派看守戒護病犯出所診治，因看守允許犯人便道回家，致被乘機脫逃，該看守所所長應負刑法第一百六十三條第二項之罪責。（院解三六九一）

▲刑法第一百六十三條第一項所定之便利脫逃罪，係指公務員對於其職務上依法逮捕拘禁之人，於其逮捕拘禁中，予以脫逃之便利者而言，倘非對於其職務上依法定程序所逮捕拘禁之人，而為便利脫逃之行為，或其便利脫逃已在拘禁力解除之後者，均與該條之構成要件不合。（二九上一八○七）

▲刑法第一百六十三條第二項所謂公務員因過失致職務上依法逮捕拘禁之人脫逃，係指因過失致已經逮捕置於拘禁力支配下之人脫逃者而言，如其人僅經通緝尚未逮捕使在拘禁力支配中，自無脫逃之可言，從而公務員縱有過失致未能將通緝人犯弋獲，亦與該罪之構成要件不合，即難令負該條項之罪責。（四四臺非七六）

第九章　藏匿人犯及湮滅證據罪

⇧查第二次修正案第十章內稱，原案本章名藏匿罪人及湮滅證據罪，修正案調罪人不外證據之一種，藏匿罪人，即包舉於湮滅證據內，故刪去藏匿罪人四字。本案以犯人與證據，本屬兩事，仍從原案，改定今名。

第一百六十四條　（藏匿人犯或使之隱避、頂替罪）

藏匿犯人或依法逮捕、拘禁之脫逃人或使之隱避者，處二年以下有期徒刑、拘役或一萬五千元以下罰金。」

意圖犯前項之罪而頂替者，亦同。

(108)一、本罪於民國七十二年六月二十六日後並未修正，爰依刑法施行法第一條之一第二項本文規定將罰金數額修正提高三十倍，以增加法律明確性，並使刑法分則各罪罰金數額具內在邏輯一致性。

二、第二項末句「亦同」修正為「，亦同」。

⇧查暫行律第一百七十七條注意謂藏匿者，使人難於發見，或不能發見之謂，其為隱秘於己之家屋，或指使逃於他所，皆無所區別。本條第二項，令本犯逃避搜捕，而自己頂替到官出首者，此其妨害官之搜索逮捕，與藏匿之性質相同，故科以同一之刑。又該條補箋內稱被追犯人指因犯罪嫌疑，現被搜索之人也，日後受有罪之判決與否，皆所不問，惟藏匿之罪則成立。或謂被藏匿者既無罪，則藏匿者係為保護無罪人之利益，可以不罰，而實不然，蓋藏匿罪之成立，以其侵犯當該官吏之搜索逮捕監禁之權，不以應否保護為理由也。第二項被頂替者之有罪與否，亦同此法理。

*（犯人）刑一七一；（依法逮捕拘禁之脫逃人）刑一六一；（特別規定）妨兵四⑥、五④、六⑥、七⑤、一四㈠③、④、㈢。

▲使犯人隱避罪以明知其為犯人而使之隱避為條件，所謂使之隱避，必須有指使或風示隱避之意旨始屬相當，若對其是否確為犯人尚在疑似之間，因不注意其行動，致被乘機隱避者，尚不能繩以使犯人隱避之罪。（二四上三五一八）

▲犯人自行隱避，在刑法上既非處罰之行為，則教唆他人頂替自己以便隱避，當然亦在不罰之列。（二四上四九七四）

▲上訴人之妻以符咒邪術醫療疾病，不過構成違警罰法第四十六條第一項第五款之違警行為，與刑法第一百六十四條第一項所稱犯人，係指犯刑罰法令之人者不同，且違警罰法第二十七條既規定因違警之嫌疑，經公署傳訊者，自傳票到達之日起須於三日以內到案，若逾期不到得逕行判定依法處罰，則違警嫌疑人經派警往傳後原無即時隨警到案之義務，其不隨警到案，亦非依法逮捕拘禁之脫逃人，上訴人因其妻違警被傳囑令暫時出避，自不能以刑法第一百六十四條第一項之罪責相繩。（二七上一五一七）

▲刑法上所謂藏匿犯人，係指藏匿已經犯罪之人而言，若於實施犯罪之前，將其窩藏，以直接或間接予以犯罪之便利，則除有特別規定外，應為該犯罪之幫助犯，不成立藏匿犯人罪名。（三三上一六七九）

第一百六十五條　（湮滅刑事證據罪）

偽造、變造、湮滅或隱匿關係他人刑事被告案件之證據，或使用偽造、變造之證據者，處二年以下有期徒刑、拘役或一萬五千元以下罰金。

(108)一、本罪於民國七十二年六月二十六日後並未修正，爰依刑法施行法第一條之一第二項本文規定將罰金數額修正提高三十倍，以增加法律明確性，並使刑法分則各罪罰金數額具內在邏輯一致性。

二、中段「或使用偽造」修正為「，或使用偽造」。

⇧查暫行律第一百七十八條注意謂本條所謂證據者，其於刑事被告人，有利或不利，皆不為之區別，而處分亦不預定其輕重，其旨悉與次章偽證罪同。又該補箋內稱證據字樣，既明揭關於刑事被告事件，則關於民事者，不在此限，自無待言。按湮滅民事證據，有毀棄文書之規定，且被害者可以要求賠償，故無庸設刑事處分之專條。蓋湮滅證據，為侵害當該官吏之搜索權，湮滅民據為侵損被害者之利益，二者絕不相侔也。湮滅刑事證據，有曲庇犯人使之轉重為輕，幻有作無者，有陷害犯人使之輕者加重，無而為有者，二者情形雖異，處分則一。其偽造或行使者，亦同。

*（偽造變造）刑一一五、一六九㈡、一七一㈡、二一〇～二一二、二一六；（隱匿）刑一一五、一三八、三一五、三五六；（他人刑事被告案件）刑一六六；（證據）刑一一五、一六九㈡、一七一㈡，民訴二八四～二八八、二九〇～二九七，刑訴一五四～一五六；（特別規定）毒品危害一五。

▲刑法第一百六十五條所謂湮滅關係他人刑事被告案件之證據，必以所湮滅者非其本人犯罪之證據為要件，否則縱與其他共犯有關，亦難律以該項罪名。此觀於同法第一百六十七條就配偶及其他血親姻親等圖利犯人而犯該條之罪特設減免其刑之規定，則共犯為其本人之利益而犯時，並不包含在內，自可得當然之解釋。（二五上四四三五）

第一百六十六條　（犯湮滅證據罪自白之減免）

犯前條之罪，於他人刑事被告案件裁判確定前自白者，減輕或免除其刑。

*（他人刑事被告案件）刑一六五；（自白）刑一七二，刑訴一五六；（免除其刑）刑六六，刑訴二九九㈠。

第一百六十七條　（親屬間犯本章罪之減免）

配偶、五親等內之血親或三親等內之姻親圖利犯人或依法逮捕拘禁之脫逃人，而犯第一百六十四條或第一百六十五條之罪者，減輕或免除其刑。

*（配偶）刑二二九㈠、二三七、二三九、二四〇㈢、二四五㈢、三二四㈠；（血親）民九六七；（姻親）民九六九；（依法逮捕拘禁之脫逃人）刑一六四㈠；（減輕或免除其刑）刑六六。

▲釋二六三。

▲原審所認上訴人因其子和誘某氏，恐被查獲，寄款使逃，果屬非虛，亦僅係血親圖利犯人使之隱避，尚難以幫助和誘論。（二六渝上一二八八）

第十章　偽證及誣告罪

⇧查暫行律第十二章原案謂偽證與誣告之罪，其性質分為二種：一則認為直接對於原告、被告之罪。法典之用此主義者，有民事、刑事之別，其關於刑事一端，更分為曲庇被告、陷害被告兩意，又復於陷害已成者，就其被害所受刑罰之輕重，以為犯人刑罰之差等。一則認為直接對於公署訊問，違背陳述真實義務之罪。法典之用此主義者，對於公署為偽證、為誣告，俱應處以同一之刑，但其處分之輕重，一任審判官按其情節而定。今按此二論題，其第一種殊有紕誤，蓋審判及行政之處分，係司法官或行政官所定，非證人所能直接而自定之，乃竟以證人為可以直接處分者，其誤一也。司法官與行政官，並無盡用證人所言之義務，應察其真偽而定真切之判斷，此其義務也，即使誤用證言，亦不能使證人負其全部之責任，其誤二也。不得以不正加害於他人，是人民一體所負之義務，違此義務，自成他項犯罪，詳於各章規定之中，非本章所得而規定者，且審判廳及一定之行政官署，當其徵求人言之際，其人之見聞，必無有隱蔽，無有夸大，無有變更，如有違此真實供述之義務者，必致諸罪今不能貫通此義，其誤三也。有此三者，故本案特據第二項之說，以定處分也。

第一百六十八條　（偽證罪）

於執行審判職務之公署審判時，或於檢察官偵查時，證人、鑑定人、通譯於案情有重要關係之事項，供前或供後具結，而為虛偽陳述者，處七年以下有期徒刑。

⇧查第二次修正案理由調偽證罪，近世各國分為二派：凡依法宣誓而為虛偽供述者，為偽證罪。故不論行政或司法公署，若能依法取誓宣誓者，對之為虛偽供述，罪即成立。採此派者，為日本、德國、荷蘭、那威、（有例外）英國、美國。此派科罰之旨，以其背誓，蓋誓言含有宗教意味，背誓即係違背宗教，其罪之成立，以依法宣誓之供述為準，此一派也。審判公署審判時，依法宣誓而為虛偽供述者罪方成立，而所謂審判公署者，奧國解釋調指執行審判職務之機關，若普通審判、海陸軍審判、行政審判皆是。故於非行使審判職務之機關，為虛偽供述，不得謂為偽證，此又一派也。採此派者為法國、比國、瑞士數州、奧國及瑞士刑法準備草案。原案規定，範圍過泛，似應加以限制，而第一派以背誓為主義，我國宗教思想薄弱，且無宣誓形式，及宣誓法律似難採用，若第二派與我國舊律大略相符（明律若鞫囚，而證佐人不言實情，故行誣證及化外人有罪，通事傳譯番語不以實對，致罪有出入者，證佐人減罪人二等，通事與同罪。清律與明律同），故本案擬從之。修正案於本條加入具結一項，按我國具結與外國宣誓制度用意略同。故本案從修正案，增入供前或供後具結句。本案偽證罪以案情有重要關係之虛偽供述為限，按外國立法例，對此問題，亦分為二派：法國、比國、意大利、英國、美國、暹羅等國，皆以虛偽供述於案情有重要關係者，乃罰。例如證人之年歲與案情無關者，苟有虛偽，亦不論罪，此一派也。德國、奧國、荷蘭等國，凡虛偽之供述皆罰，不問與案情有無重要關係，此又一派也。第二派於宣誓後，雖與案情無關重要者亦罰，未免過酷，若未經宣誓，雖與案情有重要關係者不罰，又未免過寬，學者非議之。故本案擬從第一派。

*（審判）憲七七、八〇；（公署）刑一四〇㈡、一四一；（偵查）刑訴二二八；（證人）民訴二九八～三二三，刑訴一七五～一九六；（鑑定人）民訴三二四～三四〇，刑訴一九七～二一〇；（通譯）刑訴二一一，法組二三、三九、五三、七〇；（具結）民訴三一二～三一五、三三四，刑訴一八六～一八九。

▲民刑訴訟法既於證人具結前，應告以具結之義務及偽證之處罰等程序，規定甚詳，若未履行此等程序，而命其具結，縱其陳述虛偽，不能依刑法第一百六十八條偽證罪論科。（院一七四九）

▲上訴人於某甲告訴某乙毀損案內作證，既經原判決認定上訴人為某甲之雇工，則依刑事訴訟法第一百七十三條第五款之規定，為不得令其具結之人，雖檢察官於偵查中曾令其具結，亦不發生具結之效力，上訴人縱於具結後為虛偽之陳述，仍不具備刑法第一百六十八條之要件，自難遽令上訴人負偽證責任。（四四臺上七一四）（九〇、七、三決議不再援用）

▲所謂偽證，係指證人對於所知實情故作虛偽之陳述而言，不包括證人根據自己之意見所作之判斷在內。（六九臺上一五〇六）

▲偽證罪之構成，以於執行審判職務之公署或於檢察官偵查時對於案情有重要關係之事項，供前或供後具結，而為虛偽之陳述為要件，所謂虛偽之陳述，係指與案件之真正事實相悖，而足以陷偵查或審判於錯誤之危險者而言，若在此案之供證為屬真實，縱其後於其他案件所供與前此之供述不符，除在後案件所供述合於偽證罪之要件得另行依法辦理外，究不得遽指在前與實情相符之供證為偽證。（六九臺上二四二七）

▲按刑法上之偽證罪，不以結果之發生為要件，一有偽證行為，無論當事人是否因而受有利或不利之判決，均不影響其犯罪之成立。而該罪所謂於案情有重要關係之事項，則指該事項之有無，足以影響於裁判之結果者而言。（七一臺上八一二七）

第一百六十九條（誣告罪）

意圖他人受刑事或懲戒處分，向該管公務員誣告者，處七年以下有期徒刑。

意圖他人受刑事或懲戒處分，而偽造、變造證據，或使用偽造、變造之證據者，亦同。

⇧查暫行律第一百八十二條理由謂懲戒處分者，官員於其職務如有失錯，或玷其品行，而加以行政處分也。又該條補箋內稱本罪成立，以遠因為第一要件，故無使人受刑事或懲戒處分之目的者，不列於本罪。以對於相當之官署為第二要件，故欲使人受刑事處分，而告訴審判衙門，欲使人受懲戒處分，而告訴於行政衙門。非本罪以訴時有特定之人為第三要件，故無特定人時則須據次條論罪，告發與報告亦同。本罪於既為告訴、告發、報告之時為既遂，將為此等行為，而因障礙而止者，為未遂，惟法律上無處罰誣告未遂之規定，故不為罪。或謂已使人受刑罰，或懲戒者，為既遂，否則為未遂，實謬也。

*（刑事處分）憲八一，刑三二～三四、八六～九五；（懲戒處分）憲八一，公服二二、二三，公懲九～一九；（該管公務員）刑一〇㈡，刑訴二二八～二三一；（誣告）刑一七一㈠、一七二；（偽造變造）刑一六五、一七一㈡、二一〇～二二二、二一六；（證據）刑一一五、一七一㈡，民訴二八四～二八八、二九〇～二九七，刑訴一五四～一五六；（特別規定）毒品危害一六，貪污一六。

▲㈡誣告罪之性質直接受害者係國家，即妨害國家之審判事務，而於個人受害與誣告行為不生直接關係，故以一書狀誣告數人，僅能成立一個誣告罪。（一九上三八一）（九五、四、一一決議不再援用）

▲誣告罪之成立，以犯人明知所訴虛偽為構成要件，若誤認有此事實，或以為有此嫌疑，自不得遽指為誣告。（二〇上七一七）

▲刑法第一百六十九條第一項所謂懲戒處分，係指公務員懲戒法規所定之各項處分而言，故受此項懲戒處分之主體，以有受上開法規懲戒處分之公務員之身分為前提，國營事業之職工，其進退縱由所屬長官以命令行之，而按其實質，要不過為一種僱傭關係，並無公務員懲戒法規上公務員之身分，即不受該項法規之適用，若意圖其歇業而申告虛偽事實於其僱用之機關，並非使受懲戒處分，自難以誣告論。（二六渝上一九一〇）

▲刑法第一百六十九條第一項所謂懲戒處分，係指公務員懲戒法規所定之各項懲戒處分而言，黨員之懲戒，除中國國民黨總章第八十三條，就黨員違犯第八十條所舉紀律設有警告、停止黨權、開除黨籍各種懲戒條款外，並無其他關於懲戒處分之規定，上級黨部對於下級黨部工作人員之更動，係屬黨務行政上之處置，並非懲戒權之行使，被告以上訴人充任黨務指導人員，向省黨部呈訴其生平劣跡，請求另易賢能，經省黨部予以更換，按諸上開說明，自不得視為懲戒處分，無論被告前項呈訴之事實，是否虛捏，要不能以其請求另行派員，即謂意圖上訴人受懲戒處分，原審認為不負誣告責任，於法尚屬無違。（二九上二九八六）

▲刑法第一百六十九條第二項所謂意圖他人受刑事或懲戒處分，而偽造、變造證據或使用偽造、變造之證據，祇須有偽造、變造證據或使用偽造、變造之證據，而有使他人受刑事或懲戒處分之意圖為已足，不必有實行誣告之行為，故為準誣告罪，於侵害國家法益之中，同時並具有侵害個人法益之故意，與本院二十六年渝上字第八九三號判例，對於偽證罪解釋能否自訴之情形有別，被害人對於準誣告罪不能謂非直接被害人，自得提起自訴。（五四臺上一一三九）

▲刑法第一百六十九條第一項誣告罪之構成，須具有意圖他人受刑事或懲戒處分之要件，如其報告之目的，在求判明是非曲直，並無使人受刑事或懲戒處分之請求，即與誣告罪之構成要件不符。（五五臺上八八八）

▲告訴人所訴事實，不能證明其係實在，對於被訴人為不起訴處分確定者，是否構成誣告罪，尚應就其有無虛構誣告之故意以為斷，並非當然可以誣告罪相繩。（五九臺上五八一）

第一百七十條（加重誣告罪）

意圖陷害直系血親尊親屬而犯前條之罪者，加重其刑至二分之一。

*（直系血親）民九六七；（直系血親尊親屬）刑二七二、二八〇、二八一；（加重其刑）刑六四、六五、六七～七二。

第一百七十一條（未指定犯人誣告罪）

未指定犯人，而向該管公務員誣告犯罪者，處一年以下有期徒刑、拘役或九千元以下罰金。

未指定犯人，而偽造、變造犯罪證據，或使用偽造、變造之犯罪證據，致開始刑事訴訟程序者，亦同。

(108)一、本罪於民國七十二年六月二十六日後並未修正，爰依刑法施行法第一條之一第二項本文規定將罰金數額修正提高三十倍，以增加法律明確性，並使刑法分則各罪罰金數額具內在邏輯一致性。

二、第二項末句「亦同」修正為「，亦同」。

⇧查暫行律第一百八十四條注意稱本條所規定者，係虛偽之告訴、告發之罪，以其不指明犯人，尚不致因此而被其損害，故與狹義之誣告罪不同，然使該管公務員，徒為無益之搜查，即不得不予懲處。所謂該管公務員者，凡有搜查逮捕職務之警察官、檢察官皆是。又該條補箋內稱或謂此等行為，宜歸納侮辱罪中，然按之實際，此種行為，大抵為免責起見者，最多非必有侮辱之心，例如傭工遺失主人財物，恐遭譴責，偽訴道遇賊盜之類是也。其有誣告而兼侮辱者，則據總則俱發罪之規定可也。

*（犯人）刑一六四；（該管公務員）刑一〇㈡，刑訴二二八～二三一；（誣告）刑一六九、一七二；（偽造變造）刑一一五、一六五、一六九㈡、一九五、一九六、一九九～二〇五；（證據）刑一一五、一六五、一六九㈡；（刑事訴訟程序）刑訴一、二、二二八。

▲上訴人如果確無被劫之事，因欲掩蓋侵占罪責起見，故向該管警察局誣報被劫，則除應成立侵占罪外，復觸犯刑法第一百七十一條第一項之誣告罪，惟誣告與侵占有方法結果之關係，依刑法第五十五條，仍應從侵占之一重罪處斷。（二九上一三五八）（九五、四、一一決議自九五、七、一起不再援用）

第一百七十二條（偽證、誣告自白減免）

犯第一百六十八條至第一百七十一條之罪，於所虛偽陳述或所誣告之案件，裁判或懲戒處分確定前自白者，減輕或免除其刑。

⇧查第二次修正案理由謂原案第一百八十三條，誣告尊親屬於未確定審判前自白者，無免除其刑之規定，故本案增入。又原案得免除其刑，本案擬改為必減主義，刪去得字，並增入減輕一層。

*（誣告）刑一六九㈠；（裁判）刑訴二二〇～二二七；（懲戒處分）憲八一，刑一六九，公服二二、二三，公懲九～一七；（自白）刑一六六，刑訴一五六。

▲刑法第一百七十二條之規定，並不專在獎勵犯罪人之悛悔，而要在引起偵查或審判機關之易於發見真實，以免被誣告人終於受誣，故不論該被告之自白在審判前或審判中，自動或被動，簡單或詳細，一次或二次以上，並其自白後有無翻異，苟其自白在所誣告之案件裁判確定以前，即應依該條減免其刑。（三一上三四五）

▲上訴人於其所誣告之案件裁判確定前，果已自白，即與刑法第一百七十二條所定應予減免其刑之要件相符，自難置而不論。（四九臺上一二〇七）

▲刑法第一百七十二條偽證罪自白減輕或免除其刑之規定，所謂於虛偽陳述之案件裁判確定前自白者，係指於案情有重要關係之事項，為虛偽陳述後，而自白其陳述係屬虛偽者而言，上訴人嗣後變更以往之陳述內容，並未自白前二次之陳述係屬虛偽，尚不能解免裁判權陷於誤用或濫用之虞，即與該條規定不相符合，不能減免其刑。又上訴人所為應成立偽證罪，該罪為侵害國家法益之犯罪，其罪數應以訴訟之件數為準，上訴人雖先後二度偽證，然僅一件訴訟，應論以單純一罪，無連續犯罪之可言。（七二臺上三三一一）

第十一章　公共危險罪

⇧查第二次修正案第十二章理由調本案併合原案放火、決水及妨害水利罪、危險物罪、妨害交通罪、妨害飲料水罪、妨害衛生罪為一章，蓋各章所規定者，皆屬妨害公共安全之行為。前法律館草案放火、決水、及水利罪章理由，調本罪各條之規定，係採對於公眾危險之方針，又於飲料水罪章，調本罪所賅以有害公共之行為為限，若係妨害特定之一人或數人者，不在此例。是原案對於此兩罪，均以妨害公共之安全，為立法之本旨，故本案擬仿外國立法例，如荷蘭、那威、意大利等國刑法及奧國、瑞士、德國等國刑法準備草案，改定今名。

本章所調公共危險者，調其於他人之生命財產所危害之程度，非犯人所預能節制，且被加害之人為誰，亦非犯人所悉能逆料。故各國刑法，對於放火、決水等罪，科以重刑，蓋以此也。

第一百七十三條（放火、失火燒燬現住建築物及交通工具罪）

放火燒燬現供人使用之住宅或現有人所在之建築物、礦坑、火車、電車或其他供水、陸、空公眾運輸之舟、車、航空機者，處無期徒刑或七年以上有期徒刑。

失火燒燬前項之物者，處一年以下有期徒刑、拘役或一萬五千元以下罰金。

第一項之未遂犯罰之。

預備犯第一項之罪者，處一年以下有期徒刑、拘役或九千元以下罰金。

(108)本罪於民國七十二年六月二十六日後並未修正，爰依刑法施行法第一條之一第二項本文規定將罰金數額修正提高三十倍，以增加法律明確性，並使刑法分則各罪罰金數額具內在邏輯一致性。

⇧查第二次修正案理由調各國刑法，有純採抽象危險之制，有純採具體危險之制，但多數國兼採兩制。所謂抽象危險者，即對於列舉之物，而犯放火、決水等罪，不問事實上有無公共危險，法律以有危險論。所謂具體危險者，對於列舉以外之物，犯放火、決水等罪，以事實上有公共危險，為本罪成立之要件。原案兼採兩制，本案擬從之，而略加修正。

原案對於所列舉之物，分別他人及自己之所有，其屬於他人者，採抽象危險制，其屬於自己者，採具體危險制（參照原案第一百八十九條）。本案對於列舉之物，以有無人所在，分別規定其有人所在之物，不問屬於自己或他人，概採抽象制，所以尊重人命也。又原案第一百八十六條列舉無火車及礦坑，本案增入，而於第一至第七款所列舉者，概括規定之。

原案第二百條但書，修正案刪，蓋調縱有可原，應依總則酌減之例，無須再予輕典等語，案所犯情有可原，自應適用酌減例。但預備之行為，若極輕微似無處罰之必要，故本案擬仍從原案。

*（燒燬）刑一七四、一七五；（公眾）刑一五一、一七四㈠、一八三㈠、一八五㈠、一八八、二一八、二六六；（未遂犯）刑二五～二七。

▲刑法第一百七十三條第一項所謂現供人使用之住宅，係指現時供人住居使用之房宅而言，如果住宅業已他遷，其原來住宅，縱尚有雜物在內，為原來住戶所保管，但該住宅既非現時供人居住之使用，即難謂係該條項所稱之住宅。（二九上六六八）

▲被告燒燬之瓦廠，係稻草搭成，如果並無牆垣門窗，而僅係草料支搭之棚舍，尚不能認為建築物。（二九上四一二二）

▲刑法第一百七十三條第一項放火燒燬現有人使用之住宅罪，其直接被害法益，為一般社會之公共安全，雖同時侵害私人之財產法益，但仍以保護社會公安法益為重，況放火行為原含有毀損性質，而放火燒燬現供人使用之住宅罪，自係指供人居住房屋之整體而言，應包括牆垣及該住宅內所有設備、傢俱、日常生活上之一切用品。故一個放火行為，若同時燒燬住宅與該住宅內所有其他物品，無論該其他物品為他人或自己所有，與同時燒燬數犯罪客體者之情形不同，均不另成立刑法第一百七十五條第一項或第二項放火燒燬住宅以外他人或自己所有物罪。（七九臺上一四七一）

▲刑法第一百七十六條之準放火罪，以其燒燬之原因係由於爆炸所致，亦即藉其爆風、高熱等急烈膨脹力，致其物毀壞或焚燬之義，如單純之以火藥或煤氣等為放火之方法，並非利用其膨脹力使之炸燬者，應還依放火罪論處，不成立該條之罪。（八四臺上一一三四）

第一百七十四條　（放火、失火燒燬非現住建築物及交通工具罪）

放火燒燬現非供人使用之他人所有住宅或現未有人所在之他人所有建築物、礦坑、火車、電車或其他供水、陸、空公眾運輸之舟、車、航空機者，處三年以上十年以下有期徒刑。

放火燒燬前項之自己所有物，致生公共危險者，處六月以上五年以下有期徒刑。

失火燒燬第一項之物者，處六月以下有期徒刑、拘役或九千元以下罰金；失火燒燬前項之物，致生公共危險者，亦同。

第一項之未遂犯罰之。

⑩一、本罪於民國七十二年六月二十六日後並未修正，爰依刑法施行法第一條之一第二項本文規定將罰金數額修正提高三十倍，以增加法律明確性，並使刑法分則各罪罰金數額具內在邏輯一致性。

二、第一項末句「三年以上、十年以下」修正為「三年以上十年以下」；第二項末句「六月以上、五年以下」修正為「六月以上五年以下」；第三項末句「亦同」修正為「，亦同」。

⇧查第二次修正案理由謂本條所列舉之物，與前條同，但犯罪時無人所在者，其物若屬於他人，則採抽象危險制，若屬於自己，則採具體危險制。

＊（燒燬）刑一七三㊀、㊁；（公眾）刑一五一、一七三㊀、一八三㊀、一八五㊀、一八八、二一八、二六六；（公共危險）刑一七五㊁、㊂、一七九㊁、一八〇、一八一㊀、一九三、一九四；（未遂犯）刑二五～二七。

▲刑法上所稱之他人，涵義並不一致，如第一百八十九條第一項之他人，係專以自然人為限，而第二十三條第一百七十四條第一項之他人，則係兼指自然人及法人而言，此類情形，自應依各法條規定之性質分別決之，至同法所稱之第三人，均包含自然人及法人在內。（院解二九七七）

第一百七十五條　（放火、失火燒燬住宅等以外之物罪）

放火燒燬前二條以外之他人所有物，致生公共危險者，處一年以上七年以下有期徒刑。

放火燒燬前二條以外之自己所有物，致生公共危險者，處三年以下有期徒刑。

失火燒燬前二條以外之物，致生公共危險者，處拘役或九千元以下罰金。

⑩一、本罪於民國七十二年六月二十六日後並未修正，爰依刑法施行法第一條之一第二項本文規定將罰金數額修正提高三十倍，以增加法律明確性，並使刑法分則各罪罰金數額具內在邏輯一致性。

二、第一項末句「一年以上、七年以下」修正為「一年以上七年以下」。

⇧查第二次修正案理由謂原案第一百八十八條，於列舉以外之他人所有物，概採抽象危險制，恐與損壞財產罪相混，蓋放火而有公共之危險者，其構成本罪，科以較重之刑，自不待言，若無公共危險，則屬損壞財產罪，而放火不過為損壞之手段耳。外國刑法，對於本條之罪，有以公共危險規定為成立之要件者，如日本刑法第一百零九條第二項、第一百十六條第二項、第一百十七條第一項是也，若不備此要件，則僅成損壞財產罪，此乃當然之解釋。更有將此解釋，明文規定者，如意大利刑法第三百十條、暹羅刑法第一百八十九條，犯放火、決水等罪不生公共危險者，依損壞財產之例處斷是也。故本案增入致生公共危險句，而分別其物之屬於他人或自己，以定刑之輕重。

＊（公共危險）刑一七四㊁、㊂；（特別規定）森林五三。

▲（七九臺上一四七一）參見本法第一百七十三條。

第一百七十六條　（準放火罪）

故意或因過失，以火藥、蒸氣、電氣、煤氣或其他爆裂物炸燬前三條之物者，準用各該條放火、失火之規定。

＊（故意）刑一三；（過失）刑一四；（爆裂物）刑一八六、一八七。

▲（八四臺上一一三四）參見本法第一百七十三條。

第一百七十七條　（漏逸或間隔氣體罪）

漏逸或間隔蒸氣、電氣、煤氣或其他氣體，致生公共危險者，處三年以下有期徒刑、拘役或九千元以下罰金。」

因而致人於死者，處無期徒刑或七年以上有期徒刑；致重傷者，處三年以上十年以下有期徒刑。

⑩一、本罪於民國七十二年六月二十六日後並未修正，爰依刑法施行法第一條之一第二項本文規定將罰金數額修正提高三十倍，以增加法律明確性，並使刑法分則各罪罰金數額具內在邏輯一致性。

二、第二項末句「三年以上、十年以下」修正為「三年以上十年以下」。

＊（公共危險）刑一七四㊁；（因而致人於死或重傷）刑一七。

▲刑法第一百九十一條第二項之致人死傷罪，必須犯人具有蒸氣、電氣或煤氣之認識，基於漏逸或間隔之決意，實施其行為，因而致人於死或重傷為成立要件，如僅因過失而漏逸或間隔電氣等致人死傷，並無適用該條項處斷之餘地。（二一上一三五六）

第一百七十八條　（決水浸害現供人使用之住宅或現有人所在之建築物及交通工具罪）

決水浸害現供人使用之住宅或現有人所在之建築物、礦坑或火車、電車者，處無期徒刑或五年以上有期徒刑。

因過失決水浸害前項之物者，處一年以下有期徒刑、拘役或一萬五千元以下罰金。

第一項之未遂犯罰之。

⑩本罪於民國七十二年六月二十六日後並未修正，爰依刑法施行法第一條之一第二項本文規定將罰金數額修正提高三十倍，以增加法律明確性，並使刑法分則各罪罰金數額具內在邏輯一致性。

＊（浸害）刑一七九㊀～㊂、一八〇；（過失）刑一四；（未遂犯）刑二五～二七。

第一百七十九條　（決水浸害現非供人使用之住宅或現未有人所在之建築物罪）

決水浸害現非供人使用之他人所有住宅或現未有人所在之他人所有建築物或礦坑者，處一年以上七年以下有期徒刑。

決水浸害前項之自己所有物，致生公共危險者，處六月以上五年以下有期徒刑。

因過失決水浸害第一項之物者，處六月以下有期徒刑、拘役或九千元以下罰金。

因過失決水浸害前項之物，致生公共危險者，亦同。

第一項之未遂犯罰之。

⑩一、本罪於民國七十二年六月二十六日後並未修正，爰依刑法施行法第一條之一第二項本文規定將罰金數額修正提

高三十倍，以增加法律明確性，並使刑法分則各罪罰金數額具內在邏輯一致性。
二、第一項末句「一年以上、七年以下」修正為「一年以上七年以下」；第二項末句「六月以上、五年以下」修正為「六月以上五年以下」；第四項末句「亦同」修正為「，亦同」。
*（浸害）刑一七八㈠、㈢、一八〇；（公共危險）刑一七四㈢；（過失）刑一四；（未遂犯）刑二五～二七。

第一百八十條（決水浸害住宅等以外之物罪）

決水浸害前二條以外之他人所有物，致生公共危險者，處五年以下有期徒刑。

決水浸害前二條以外之自己所有物，致生公共危險者，處二年以下有期徒刑。

因過失決水浸害前二條以外之物，致生公共危險者，處拘役或九千元以下罰金。

⑩本罪於民國七十二年六月二十六日後並未修正，爰依刑法施行法第一條之一第二項本文規定將罰金數額修正提高三十倍，以增加法律明確性，並使刑法分則各罪罰金數額具內在邏輯一致性。
*（浸害）刑一七八㈠、㈢、一七九㈠～㈢；（公共危險）刑一七四㈢；（過失）刑一四。

第一百八十一條（破壞防水蓄水設備罪）

決潰隄防、破壞水閘或損壞自來水池，致生公共危險者，處五年以下有期徒刑。

因過失犯前項之罪者，處拘役或九千元以下罰金。

第一項之未遂犯罰之。

⑩本罪於民國七十二年六月二十六日後並未修正，爰依刑法施行法第一條之一第二項本文規定將罰金數額修正提高三十倍，以增加法律明確性，並使刑法分則各罪罰金數額具內在邏輯一致性。
⇧查第二次修正案理由謂原案第一百九十七條，規定妨害水利處罰，本案以其情節屬於不法侵權之行為，應受民事上之賠償損失責任。故本條以決潰堤防、破壞水閘、損壞水櫃致生公共危險者為限。
*（損壞）刑一一八、一三八、一三九、一四一、一六〇、一六一㈢、一六二㈢；（公共危險）刑一七四㈢；（過失）刑一四；（未遂犯）刑二五～二七；（特別規定）水利九一。

第一百八十二條（妨害救災罪）

於火災、水災、風災、震災、爆炸或其他相類災害發生之際，隱匿或損壞防禦之器械或以他法妨害救災者，處三年以下有期徒刑、拘役或三萬元以下罰金。

⑭一、現行關於妨害救災罪侷限於「火災、水災之際」之要件似嫌過狹，為提升救災之效率，宜有擴大災害範圍必要，爰增列「風災、震災、爆炸或其他相類災害發生」以期周延。
二、因第三十三條之罰金刑已提高為新臺幣一千元以上，現行法第一項之罰金刑為「三百元以下」，顯與前開修正扞格，爰依目前社會經濟水準、人民平均所得，參考罰金罰鍰提高標準條例第二條關於易科罰金、易服勞役就原定數額提高一百倍之標準，酌予提高罰金刑之上限。
*（火災水災之際）刑三二一㈠⑤；（隱匿）刑一三三、一六五、三一五；（損壞）刑一八一。

第一百八十三條（傾覆或破壞現有人所在之交通工具罪）

傾覆或破壞現有人所在之火車、電車或其他供水、陸、空公眾運輸之舟車、航空機者，處無期徒刑或五年以上有期徒刑。

因過失犯前項之罪者，處三年以下有期徒刑、拘役或三十萬元以下罰金。

第一項之未遂犯罰之。

⑩一、提高過失犯罪之法定刑為三年以下有期徒刑、拘役或三十萬元以下罰金，由法官依具體個案之過失情節量處適當之刑。又其罰金刑額數已不符時宜，配合提高為三十萬元，爰修正第二項。
二、原第二項及第三項依是否為業務過失而有不同法定刑，有違平等原則，爰刪除原第三項業務過失處罰之規定。
三、第一項未修正，原第四項配合移列至第三項。
*（供公眾運輸之舟、車、航空機）刑一七三㈠；（過失）刑一四；（從事業務之人）刑一八四㈣、一八九㈣、二〇八㈡、二一五、二七六㈡、二八四㈡；（未遂犯）刑二五～二七；（特別規定）引水三六、三七。
▲釋一〇二。
▲刑法第一百八十三條第三項之從事業務之人，因業務上之過失，犯傾覆或破壞現有人所在之供公眾運輸之舟車罪，係以其供公眾運輸之交通工具，於現有人所在之際傾覆或破壞，危害公共安全較大，特設其處罰規定，如其所傾覆或破壞者僅供特定人運輸之用，要與該條項所定要件不合。（五五臺非五八）

第一百八十四條（妨害舟車及航空機行駛安全罪）

損壞軌道、燈塔、標識或以他法致生火車、電車或其他供水、陸、空公眾運輸之舟車、航空機往來之危險者，處三年以上十年以下有期徒刑。

因而致前項之舟車、航空機傾覆或破壞者，依前條第一項之規定處斷。

因過失犯第一項之罪者，處二年以下有期徒刑、拘役或二十萬元以下罰金。

第一項之未遂犯罰之。

⑩一、第一項酌作標點符號修正。
二、提高過失犯罪之法定刑為二年以下有期徒刑、拘役或二十萬元以下罰金，由法官依具體個案之過失情節量處適當之刑。又其罰金刑額數已不符時宜，配合提高為二十萬元，爰修正第三項。
三、原第三項及第四項依是否為業務過失而有不同法定刑，有違平等原則，爰刪除原第四項業務過失處罰之規定。
四、第二項未修正，原第五項配合移列至第四項。
*（損壞）刑一八一、一八二；（往來之危險）刑一八五㈠；（過失）刑一四；（從事業務之人）刑一八三；（未遂犯）刑二五～二七；（特別規定）戰軍八。
▲鐵路軌道旁所裝設之紅綠號誌線，對於火車之來往，有防止危險之用途，上訴人竟以鋼刀割斷該號誌線，其有損壞之故意無疑。原判決因認上訴人並非損壞標識，乃係損壞線路，使號誌失靈，屬於刑法第一百八十四條第一項以他法致生火車往來危險之行為，尚無不合。（六一臺上二九三三）
▲刑法第一百八十四條第一項之往來危險罪，區別其既遂、未遂之標準，在於是否致生火車、電車或其他供水、陸、空公眾運輸之舟、車、航空機往來之危險，至於因而致舟車等傾覆或破壞者，則屬同條第二項加重結果犯之問題，殊不得資為判斷同條第一項犯罪既遂、未遂之標準。（六三臺上六八七）

第一百八十五條（妨害公眾往來安全罪）

損壞或壅塞陸路、水路、橋樑或其他公眾往來之設備或以他法致生往來之危險者，處五年以下有期徒刑、拘役或一萬五千元以下罰金。

因而致人於死者，處無期徒刑或七年以上有期徒刑；致重傷者，處三年以上十年以下有期徒刑。

第一項之未遂犯罰之。

(108)一、本罪於民國七十二年六月二十六日後並未修正，爰依刑法施行法第一條之一第二項本文規定將罰金數額修正提高三十倍，以增加法律明確性，並使刑法分則各罪罰金數額具內在邏輯一致性。

二、第二項後段「。致重傷者，處三年以上、十年以下有期徒刑」修正為「；致重傷者，處三年以上十年以下有期徒刑」。

*（往來之危險）刑一八四㈠；（因而致人於死或重傷）刑一七；（未遂犯）刑二五～二七。

▲刑法第一百八十五條第一項之規定，係為保護公眾往來交通上之安全而設，故其所謂水路，當然指可供公眾往來之水道而言，其壅塞非供公眾往來之水道，尚難以本條論擬。（二八上三五四七）

▲刑法第一百八十五條第一項損壞或壅塞陸路致生往來之危險罪，採具體危險制，祇須損壞、壅塞之行為，造成公眾往來危險之狀態為已足，不以全部損壞、壅塞或發生實害為必要。（七九臺上二二五〇）

第一百八十五條之一（劫持交通工具之罪）

以強暴脅迫或其他非法方法劫持使用中之航空器或控制其飛航者，處死刑、無期徒刑或七年以上有期徒刑。其情節輕微者，處七年以下有期徒刑。

因而致人於死者，處死刑或無期徒刑；致重傷者，處死刑、無期徒刑或十年以上有期徒刑。

以第一項之方法劫持使用中供公眾運輸之舟車或控制其行駛者，處五年以上有期徒刑。其情節輕微者，處三年以下有期徒刑。

因而致人於死者，處無期徒刑或十年以上有期徒刑；致重傷者，處七年以上有期徒刑。

第一項、第三項之未遂犯罰之。

預備犯第一項之罪者，處三年以下有期徒刑。

(88)一、本條新增。

二、民用航空法雖有空中劫機之處罰規定，唯屬特別法，且僅限於民用航空機，不能適用於一切航空器。爰增設空中劫機之犯罪類型，對於非法劫持使用中之航空器或控制其飛航等行為予以處罰。因此等犯罪情節重大，自應規定較重之刑度，以維護航空之安全。

三、劫持使用中供公眾運輸之舟、車或控制其行駛者，亦有處罰之必要。惟其犯罪情節較輕，另設較輕之處罰規定。

四、另增訂未遂犯及預備犯之處罰，以遏止此類犯罪。

第一百八十五條之二（危害毀損交通工具之罪）

以強暴脅迫或其他非法方法危害飛航安全或其設施者，處七年以下有期徒刑、拘役或九十萬元以下罰金。

因而致航空器或其他設施毀損者，處三年以上十年以下有期徒刑。

因而致人於死者，處死刑、無期徒刑或十年以上有期徒刑；致重傷者，處五年以上十二年以下有期徒刑。

第一項之未遂犯罰之。

(108)本罪增訂於民國八十八年三月三十日，爰依刑法施行法第一條之一第二項但書規定將罰金數額提高三倍，以增加法律明確性，並使刑法分則各罪罰金數額具內在邏輯一致性。

第一百八十五條之三（不能安全駕駛罪）

駕駛動力交通工具而有下列情形之一者，處三年以下有期徒刑，得併科三十萬元以下罰金：

一　吐氣所含酒精濃度達每公升零點二五毫克或血液中酒精濃度達百分之零點零五以上。

二　有前款以外之其他情事足認服用酒類或其他相類之物，致不能安全駕駛。

三　服用毒品、麻醉藥品或其他相類之物，致不能安全駕駛。

因而致人於死者，處三年以上十年以下有期徒刑，得併科二百萬元以下罰金；致重傷者，處一年以上七年以下有期徒刑，得併科一百萬元以下罰金。

曾犯本條或陸海空軍刑法第五十四條之罪，經有罪判決確定或經緩起訴處分確定，於十年內再犯第一項之罪因而致人於死者，處無期徒刑或五年以上有期徒刑，得併科三百萬元以下罰金；致重傷者，處三年以上十年以下有期徒刑，得併科二百萬元以下罰金。

(111)照委員所提修正動議通過。

第一百八十五條之四（肇事逃逸罪）

駕駛動力交通工具發生交通事故，致人傷害而逃逸者，處六月以上五年以下有期徒刑；致人於死或重傷而逃逸者，處一年以上七年以下有期徒刑。

犯前項之罪，駕駛人於發生交通事故致人死傷係無過失者，減輕或免除其刑。

(110)一、司法院釋字第七七七號解釋意旨認為非因駕駛人之故意或過失所致事故之情形是否構成本條「肇事」，尚非一般受規範者所得理解或預見，其文義有違法律明確性原則；且有關刑度部分，一律以一年以上七年以下有期徒刑為其法定刑，致對犯罪情節輕微者無從為易科罰金之宣告，對此等情節輕微個案構成顯然過苛之處罰，於此範圍內，不符憲法罪刑相當原則，與憲法第二十三條比例原則有違，應予修正。

二、為使傷者於行為人駕駛動力交通工具發生交通事故之初能獲即時救護，該行為人應停留在現場，向傷者或警察等有關機關表明身分，並視現場情形通知警察機關處理、協助傷者就醫、對事故現場為必要之處置等，故縱使行為人駕駛動力交通工具發生交通事故致人死傷係無過失，其逃逸者，亦應為本條處罰範圍，以維護公共交通安全、釐清交通事故責任，爰依上開解釋意旨，將本條「肇事」規定修正為「發生交通事故」，以臻明確。

三、有關本條法律效果部分，應依對法益侵害之程度訂定不同刑度之處罰，以符憲法罪刑相當原則，爰依釋字第七七七號解釋意旨，就法益侵害之結果為傷害、重傷或死亡之情形，分別規定其刑度；另增訂第二項規定，就犯第一項之罪之駕駛人，於發生交通事故致人死傷係無過失者，予以規定減輕或免除其刑，以符合憲法比例原則之要求。

第一百八十六條（單純危險物罪）

未受允准，而製造、販賣、運輸或持有炸藥、棉花藥、雷汞或其他相類之爆裂物或軍用槍砲、子彈而無正當理由者，處二年以下有期徒刑、拘役或一萬五千元以下罰金。

(108)本罪於民國七十二年六月二十六日後並未修正，爰依刑法施行法第一條之一第二項本文規定將罰金數額修正提高三十倍，以增加法律明確性，並使刑法分則各罪罰金數額具內在邏輯一致性。

☆查暫行律第二百零四條補箋稱普通所禁止之行為，而獨許特定之人為之者，謂之允准。又日本警察法，關於爆裂物之製造及販運，原則上皆禁止之，惟受官廳之委任者，或火藥商得官廳之許可者，或因新奇發明，得陸軍總長、海軍總長之許可者，可以製造或販運。

*（爆裂物）刑一七六、一八七；（特別規定）懲私二，軍刑六五，漁業四八、六〇，民航四三、一〇二。

▲刑法上所謂爆裂物，係指其物有爆發性，且有破壞力，可於瞬間將人及物殺傷或毀損者而言。（二二上四一三一）

▲被告既負辦理私有槍彈收購之責，私槍之收購自為其主管事務，其對私槍出售人偽稱公家收購，暗中以黑市出售圖利，除犯未受允准販賣軍用槍彈罪外，尚應負對於主管之事務直接圖利罪責，再就其犯罪意思以定應否以一罪論。（四六臺上一一二）

▲刑法第一百八十六條之所謂製造軍用槍，固包含製造槍之零件（包括初製與改造），已達於即可組合而成為槍，具有軍用槍之效用者而言，若僅製造槍之部分零件，而以該些零件尚未能組合而成為具有軍用槍效用之槍者，則其製造軍用槍之行為，尚在未遂階段，難以首開法條之罪名論科。（七三臺上一六八九）

▲㈠寄藏與持有，均係將物置於自己實力支配之下，僅寄藏必先有他人之持有行為，而後始為之受寄代藏而已，故寄藏之受人委託代為保管，其保管之本身，亦屬持有，不過，此之持有係受寄之當然結果。刑法第一百八十六條雖僅規定「持有」，而未將寄藏行為定為獨立之罪名，但仍不能以此即謂「寄藏」在槍砲彈藥刀械管制條例公布施行前不成立犯罪。

㈡槍砲彈藥刀械管制條例第七條第四項，第十一條第三項係將「持有」與「寄藏」為分別之處罰規定，則單純之「持有」，固不包括「寄藏」，但「寄藏」之受人委託代為保管，其保管之本身所為之「持有」，既係「寄藏」之當然結果，法律上自宜僅就「寄藏」行為為包括之評價，不應另就「持有」予以論罪。

㈢同時寄藏手槍、子彈係觸犯該條例第七條第四項、第十一條第三項之罪，應依想像上競合犯從較重之該條例第七條第四項未經許可無故寄藏手槍罪處斷。（七四臺上三四〇〇）

第一百八十六條之一　（不法使用爆裂物及其加重結果犯）

無正當理由使用炸藥、棉花藥、雷汞或其他相類之爆裂物爆炸，致生公共危險者，處一年以上七年以下有期徒刑。

因而致人於死者，處無期徒刑或七年以上有期徒刑；致重傷者，處三年以上十年以下有期徒刑。

因過失致炸藥、棉花藥、雷汞或其他相類之爆裂物爆炸而生公共危險者，處二年以下有期徒刑、拘役或一萬五千元以下罰金。

第一項之未遂犯罰之。

[108]本罪增訂於民國八十八年三月三十日，爰依刑法施行法第一條之一第二項但書規定將罰金數額提高三倍，以增加法律明確性，並使刑法分則各罪罰金數額具內在邏輯一致性。

第一百八十七條　（加重危險物罪）

意圖供自己或他人犯罪之用而製造、販賣、運輸或持有炸藥、棉花藥、雷汞或其他相類之爆裂物或軍用槍砲、子彈者，處五年以下有期徒刑。

*（爆裂物）刑一七六、一八六；（特別規定）懲私二，軍刑六五。

▲某甲之持有軍用手槍，縱令已受允准。而上訴人向其借得該槍殺人，仍係意圖供自己犯罪之用而非法持有軍用槍砲，應於殺人罪外，並牽連犯刑法第一百八十七條之罪。（二九上三三二九）

第一百八十七條之一　（不依法令製造販賣運輸或持有核子原料等物之處罰）

不依法令製造、販賣、運輸或持有核子原料、燃料、反應器、放射性物質或其原料者，處五年以下有期徒刑。

[88]一、本條新增。

二、因科學技術發達，使用核能、放射線之機會日漸增多，如被不法使用，危害公共安全甚鉅。特增設此類犯罪類型，以應需要。

第一百八十七條之二　（放逸核能放射線致生公共危險之處罰）

放逸核能、放射線，致生公共危險者，處五年以下有期徒刑。

因而致人於死者，處無期徒刑或十年以上有期徒刑；致重傷者，處五年以上有期徒刑。

因過失犯第一項之罪者，處二年以下有期徒刑、拘役或一萬五千元以下罰金。

第一項之未遂犯罰之。

[108]本罪增訂於民國八十八年三月三十日，爰依刑法施行法第一條之一第二項但書規定將罰金數額提高三倍，以增加法律明確性，並使刑法分則各罪罰金數額具內在邏輯一致性。

第一百八十七條之三　（無正當理由使用放射線之處罰）

無正當理由使用放射線致傷害人之身體或健康者，處三年以上十年以下有期徒刑。

因而致人於死者，處無期徒刑或十年以上有期徒刑；致重傷者，處五年以上有期徒刑。

第一項之未遂犯罰之。

[88]一、本條新增。

二、放射線極易傷害人之身體或健康，如被不法利用，危害社會大眾之安全甚鉅。特於第一項增設無正當理由使用放射線致傷害人之身體或健康之處罰規定，以維大眾之安全。另於第二項及第三項分別增訂結果加重犯及未遂犯之處罰規定。

第一百八十八條　（妨害公用事業罪）

妨害鐵路、郵務、電報、電話或供公眾之用水、電氣、煤氣事業者，處五年以下有期徒刑、拘役或一萬五千元以下罰金。

[108]本罪於民國七十二年六月二十六日後並未修正，爰依刑法施行法第一條之一第二項本文規定將罰金數額修正提高三十倍，以增加法律明確性，並使刑法分則各罪罰金數額具內在邏輯一致性。

⇧查第二次修正案理由謂妨害交通罪各條，為妨害往來之安全而設，若本條則以妨害其業務致公眾不能享受其利益者而設，用意各有不同。又本案將原案第二百十五條至第二百十七條、第三百條及第三百零一條，皆容納於本條之內，以求賅括。原案第二百十六條第三項，及修正案第二百十八條之過失罪，本案以其情節輕微，故刪。

*（特別規定）水利九三。

▲刑法第一百八十八條之妨害公用事業罪，以妨害鐵路、郵務、電報、電話，或供公眾之用水、電氣、煤氣事業為要件，此所稱之妨害，指以不當方法妨礙、侵害其正常狀態之行為而言；考其立法目的，係為保障公眾使用上開列舉公用事業之利益而設，用以維護公共之安全，故於刑法公共危險罪章立此規定。從而其妨害行為，必足以危害不特定或特定多數之公眾使用上揭公用事業利益，始足當之，倘未達此程度而僅妨害特定少數人，除另該當其他犯罪構成要件，應依他罪論處外，尚難成立本罪。（八八臺上六八三一）

第一百八十九條　（損壞保護生命設備罪㈠）

損壞礦坑、工廠或其他相類之場所內關於保護生命之設備，致生危險於他人生命者，處一年以上七年以下有期徒刑。

因而致人於死者，處無期徒刑或七年以上有期徒刑；致重傷者，處三年以上十年以下有期徒刑。

因過失犯第一項之罪者，處二年以下有期徒刑、拘役或二十萬元以下罰金。

第一項之未遂犯罰之。

(108)一、第一項及第二項酌作標點符號修正。

二、提高過失犯罪之法定刑為二年以下有期徒刑、拘役或二十萬元以下罰金，由法官依具體個案之過失情節量處適當之刑。又其罰金刑額數已不符時宜，配合提高為二十萬元，爰修正第三項。

三、原第三項及第四項依是否為業務過失而有不同法定刑，有違平等原則，爰刪除原第四項業務過失之處罰規定。

四、原第五項配合移列至第四項。

*（損壞）刑一八一、一八二、一八四；（因而致人於死或重傷）刑一七；（過失）刑一四；（從事業務之人）刑一八三㊂、一八四㊃；（未遂犯）刑二五～二七。

第一百八十九條之一　（損壞保護生命設備罪㈡）

損壞礦場、工廠或其他相類之場所內關於保護生命之設備或致令不堪用，致生危險於他人之身體健康者，處一年以下有期徒刑、拘役或九千元以下罰金。

損壞前項以外之公共場所內關於保護生命之設備或致令不堪用，致生危險於他人之身體健康者，亦同。

(108)本罪增訂於民國八十八年三月三十日，爰依刑法施行法第一條之一第二項但書規定將罰金數額提高三倍，以增加法律明確性，並使刑法分則各罪罰金數額具內在邏輯一致性。

第一百八十九條之二　（阻塞逃生通道之處罰）

阻塞戲院、商場、餐廳、旅店或其他公眾得出入之場所或公共場所之逃生通道，致生危險於他人生命、身體或健康者，處三年以下有期徒刑。阻塞集合住宅或共同使用大廈之逃生通道，致生危險於他人生命、身體或健康者，亦同。

因而致人於死者，處七年以下有期徒刑；致重傷者，處五年以下有期徒刑。

(88)一、本條新增。

二、明文規定阻塞公共場所內關於保護生命之設備，致生危險於他人之身體或健康之處罰。

第一百九十條　（妨害公眾飲水罪）

投放毒物或混入妨害衛生物品於供公眾所飲之水源、水道或自來水池者，處一年以上七年以下有期徒刑。

因而致人於死者，處無期徒刑或七年以上有期徒刑；致重傷者，處三年以上十年以下有期徒刑。

因過失犯第一項之罪者，處六月以下有期徒刑、拘役或九千元以下罰金。

第一項之未遂犯罰之。

(108)一、本罪於民國七十二年六月二十六日後並未修正，爰依刑法施行法第一條之一第二項本文規定將罰金數額修正提高三十倍，以增加法律明確性，並使刑法分則各罪罰金數額具內在邏輯一致性。

二、第一項末句「一年以上、七年以下」修正為「一年以上七年以下」；第二項末句「三年以上、十年以下」修正為「三年以上十年以下」。

⇧查暫行律第二十四章內稱本章所揭之罪，不屬於有害人之健康，本條所揭行為，大則足以害人生命，小亦足以害人健康。水源、水道、水池，需用者廣，則受害者因飲料水之不良，而致廢棄業務損害財產，且致起各項之損害者不少，故認為對公共之一種獨立罪也。

*（因而致人於死或重傷）刑一七；（過失）刑一四；（未遂犯）刑二五～二七；（特別規定）自來水九六。

第一百九十條之一　（流放毒物罪及加重結果犯）

投棄、放流、排出、放逸或以他法使毒物或其他有害健康之物污染空氣、土壤、河川或其他水體者，處五年以下有期徒刑、拘役或科或併科一千萬元以下罰金。

廠商或事業場所之負責人、監督策劃人員、代理人、受僱人或其他從業人員，因事業活動而犯前項之罪者，處七年以下有期徒刑，得併科一千五百萬元以下罰金。

犯第一項之罪，因而致人於死者，處三年以上十年以下有期徒刑；致重傷者，處一年以上七年以下有期徒刑。

犯第二項之罪，因而致人於死者，處無期徒刑或七年以上有期徒刑；致重傷者，處三年以上十年以下有期徒刑。

因過失犯第一項之罪者，處一年以下有期徒刑、拘役或科或併科二百萬元以下罰金。

因過失犯第二項之罪者，處三年以下有期徒刑、拘役或科或併科六百萬元以下罰金。

第一項或第二項之未遂犯罰之。

犯第一項、第五項或第一項未遂犯之罪，其情節顯著輕微者，不罰。

(107)一、本條所稱之污染，係指各種空氣、土壤、河川或其他水體，因物質、生物或能量之介入，而使其外形變得混濁、污穢，或使得其物理、化學或生物性質發生變化，或者使已受污染之空氣、土壤、河川或其他水體品質更形惡化之意，並不限於已危害國民健康及生活環境之情形。另考量污染環境手段多樣，增列「他法」之樣態，以應實務需求，爰修正第一項規定。

二、近年環境污染嚴重，因事業活動而投棄、流放、排出、放逸或以他法使毒物或其他有害健康之物污染空氣、土壤、河川或其他水體，往往造成環境無法彌補之損害；且實務上對於本條「致生公共危險」之構成要件採嚴格解釋，致難以處罰此類環境污染行為，故為保護環境，維護人類永續發展，刪除「具體危險犯」之規定形式，即行為人投棄、放流、排出或放逸毒物或其他有害健康之物於空氣、土壤、河川或其他水體造成污染者，不待具體危險之發生，即足以構成犯罪，俾充分保護環境之安全。

三、第二項因事業活動而投棄、流放、排出、放逸或以他法使毒物或其他有害健康之物污染空氣、土壤、河川或其他水體時，現行規定負責人或監督策劃人員，未能涵蓋從事該事業活動之相關人員，故增訂代理人、受僱人或其他從業人員，爰修正第二項，以期周延。

四、第一項及第二項之法定刑輕重有別，是其加重結果之法定刑分別規定為第三項及第四項。另為使本法加重結果犯之法定刑兼顧罪刑均衡及避免恣意，並符合本法之整體性及一致性，就本罪之法定刑輕重，分別規範加重結果犯之法定刑。

五、本條處罰過失犯，亦應依第一項及第二項情形分別規定，是將原第四項移列為第五項，修正其罰金刑，另增訂第六項處罰第二項之過失犯，以資適用。

六、行為人已著手於投棄、放流、排出或放逸毒物或其他有害健康之物於空氣、土壤、河川或其他水體行為之實行，如客觀上不足以認定該行為已使上開客體受到污染者，仍不能將行為人繩之以法，難免使行為人心生僥倖，無法達到預防污染空氣、土壤、河川或其他水體之環境犯罪行為的發生，爰增訂第七項處罰未遂犯之明文。
七、對於污染空氣、土壤、河川或其他水體之程度顯然輕微或具社會相當性（例如：將極少量的衣物漂白劑或碗盤洗潔劑倒入河川、湖泊中），其侵害之法益及行為均極輕微，在一般社會倫理觀念上尚難認有科以刑罰之必要，且此項行為不予追訴處罰，亦不違反社會共同生活之法律秩序，自得視為無實質違法性，而不應繩之以法（最高法院七十四年臺上字第四二二五號判例參照），如科以刑罰顯有違比例原則及罪刑相當原則，原非環境破壞犯罪適用之對象，為免解釋及適用本條污染環境行為時，誤將污染空氣、土壤、河川或其他水體程度顯然輕微之個案納入處罰範圍，爰參考德國刑法第三百二十六條第六項微量廢棄物不罰規定之類似意旨，增訂第八項規定，排除程度顯然輕微個案之可罰性。

第一百九十一條（製造販賣陳列妨害衛生物品罪）

製造販賣或意圖販賣而陳列妨害衛生之飲食物品或其他物品者，處六月以下有期徒刑、拘役或科或併科三萬元以下罰金。

(108)本罪於民國七十二年六月二十六日後並未修正，爰依刑法施行法第一條之一第二項本文規定將罰金數額修正提高三十倍，以增加法律明確性，並使刑法分則各罪罰金數額具內在邏輯一致性。

⇧查暫行律第二十五章內稱關於衛生之罰則，不僅本章所揭之數端，茲特舉其普通者，至此外各節，當由內務部特定規則，以處分之。

＊（特別規定）商檢六二、六三。

▲商人售賣茶油滲合桐油，致買主購食後均發生嘔吐，自應成立刑法第一百九十一條之公共危險罪，如茶油售價高於桐油，以滲合之油冒充純淨茶油，冀圖騙取高價者，並觸犯同法第三百三十九條第一項之詐欺罪，應適用第五十五條從一重處斷。（院二四八九）

第一百九十一條之一（流通食品下毒之罪及結果加重犯）

對他人公開陳列、販賣之飲食物品或其他物品滲入、添加或塗抹毒物或其他有害人體健康之物質者，處七年以下有期徒刑。

將已滲入、添加或塗抹毒物或其他有害人體健康之飲食物品或其他物品混雜於公開陳列、販賣之飲食物品或其他物品者，亦同。

犯前二項之罪而致人於死者，處無期徒刑或七年以上有期徒刑，致重傷者，處三年以上十年以下有期徒刑。

第一項及第二項之未遂犯罰之。

(88)一、本條係新增。近來發生不法歹徒仿日本千面人於市面流通食品內下毒以勒索廠商鉅款案件，嚴重破壞社會安寧及危害消費大眾生命安全，亟應加以遏止。對於此種不法行為，雖有刑法第三百四十六條恐嚇取財罪可資適用，惟刑度過輕，難以發揮遏止作用，爰增列處罰專條。
二、又，仿日本千面人於食品下毒案件，極易造成死傷等嚴重後果，故增訂因而致人於死或重傷之結果加重犯及未遂犯之處罰規定，以期適用。

第一百九十二條（違背預防傳染病法令罪及散布傳染病菌罪）

違背關於預防傳染病所公布之檢查或進口之法令者，處二年以下有期徒刑、拘役或三萬元以下罰金。

暴露有傳染病菌之屍體，或以他法散布病菌，致生公共危險者，亦同。

(108)一、本罪於民國七十二年六月二十六日後並未修正，爰依刑法施行法第一條之一第二項本文規定將罰金數額修正提高三十倍，以增加法律明確性，並使刑法分則各罪罰金數額具內在邏輯一致性。
二、第二項後段「散佈病菌，致生公共危險者，亦同」修正為「散布病菌，致生公共危險者，亦同」。

⇧查第二次修正案理由謂原案第三百零五條，僅規定搬運登陸行為，似未概括，蓋國內傳染病非由國外來者，則不能援用此條，故本案改為概括之規定。又傳染病有人之傳染，有獸之傳染，有植物之傳染，本案以其危險大小懸殊，故分別規定於次條。（按本法已將該案所增關於預防獸及植物傳染之條刪除，故已無次條之規定。）

＊（公共危險）刑一七四㊂；（特別規定）商檢六一。

第一百九十三條（違背建築術成規罪）

承攬工程人或監工人於營造或拆卸建築物時，違背建築術成規，致生公共危險者，處三年以下有期徒刑、拘役或九萬元以下罰金。

(108)一、本罪於民國七十二年六月二十六日後並未修正，爰依刑法施行法第一條之一第二項本文規定將罰金數額修正提高三十倍，以增加法律明確性，並使刑法分則各罪罰金數額具內在邏輯一致性。
二、首句「承攬工程人或監工人，」修正為「承攬工程人或監工人」。

＊（公共危險）刑一七四㊂。

第一百九十四條（不履行賑災契約罪）

於災害之際，關於與公務員或慈善團體締結供給糧食或其他必需品之契約，而不履行或不照契約履行，致生公共危險者，處五年以下有期徒刑，得併科九萬元以下罰金。

(108)本罪於民國七十二年六月二十六日後並未修正，爰依刑法施行法第一條之一第二項本文規定將罰金數額修正提高三十倍，以增加法律明確性，並使刑法分則各罪罰金數額具內在邏輯一致性。

⇧查第二次修正案理由謂本條原案無，本案以災害之際物價騰貴，往往有不遵契約，藉端居奇攫利者，此種行為，於公眾大有關係，故增入本條。

＊（不履行契約）民二五四，刑一〇八㊀；（不照契約履行）民二三五，刑一〇八㊀；（公共危險）刑一七四㊂。

第十二章　偽造貨幣罪

⇧查暫行律第十七章原案謂往昔認偽造貨幣之本質，為侵害主權，科以死刑為居多。然據現今之法律及政府思想而論，政府專握製造貨幣之權，亦如郵政、電報、鹽法、鐵路（凡此種類因國而異）等事業，以國家秩序及利益計之，不過獨有權之一種，其侵害之罪雖大，不必科以死刑。況民之趨利，甚於生命，雖蹈湯赴火，亦所不辭，欲杜私鑄，是在政府維持得宜，斷非僅恃嚴刑峻罰所能獲效，觀於漢賈誼之議，其理益信。故本案倣歐美各國及日本通例，而以無期徒刑為最重之刑。

第一百九十五條（偽造變造通貨幣券罪）

意圖供行使之用，而偽造、變造通用之貨幣、紙幣、銀行券者，處五年以上有期徒刑，得併科十五萬元以下罰金。

前項之未遂犯罰之。

(108)本罪於民國七十二年六月二十六日後並未修正，爰依刑法施行法第一條之一第二項本文規定將罰金數額修正提高三十倍，以增加法律明確性，並使刑法分則各罪罰金數額具內在邏輯一致性。

⇧查第二次修正案理由謂意圖供行使之用句，原案無，本案增入。又原案犯罪行為，祇有偽造一項，本案擬增入變造，蓋兩種行為性質不同。偽造者，乃完全贋作變造，則於真正之貨幣而改換面目，其結果偽造之貨幣，雖經變造而不成立變造之罪，以其貨幣之本非真正也。若變造之貨幣，雖經一次之變造復變造之，仍成立變造之罪，以其貨幣之本為真正也。原案貨幣二字，前法律館草案注意項，謂貨幣指真幣及紙幣而言，本案特為規定，以免誤解。原案第二百二十九條第二項，及以下各條行使自己偽造貨幣，本案擬刪，另於次條對於行使偽造貨幣，為概括之規定。

原案規定，關於自外國販運偽造、變造貨幣各條，本案擬併為第二項。又原案自外國販運句，範圍過狹，若在國內收集者不能包舉，故改為收集二字，似較賅括。

又查暫行律第二百二十九條注意內稱所謂行使者，以偽造貨幣，作為真正貨幣之用也。意圖行使而交付於人者，謂對於有意行使之人，告以偽造之情而交付之是也。告以偽造之情，雖非由自己充為真貨之用，與狹義之行使有間，然已履使他人行使之第一階級，故與行使者同等。經政府許可發行之銀行券者，非政府自己所發行，乃經其許可，而發行之銀行紙幣之調，至於匯兌票等，則屬第二百四十二條之範圍，與本章無涉。

又該條補箋內稱偽造指不法摹造而言，即無權利之人，摹造真物而意圖行使是也。關於偽造之標準有兩說：一以為無須摹擬通用貨幣之真形，但能誘惑他人信為通用貨幣即為偽造。一以為必須摹擬通用貨幣之真形，形不肖者非偽造。按本罪之理由，在保障政府獨有之造幣權，並維持通用貨幣之信用，非顧私人之損害也，宜以第二說為是。至於誘惑他人信為通用貨幣，而致私人受損害之時，可依詐欺取財之規定罰之，採用第二說以定罪，則偽造者須摹擬通用貨幣之物質、形狀、地色、文字、紋章等，本罪方得成立，設使形狀為圓，摹造者為方，紋章為龍，摹造者為鳳，不得為偽造罪。至於摹造之程度，以能欺罔普通人為標準，專門熟知貨幣者，無論能否欺罔，不能據以為罪也。摹造物之實價，劣於真貨者為多，蓋偽造者無非為營利起見也，但本罪不以保護私人利益為理由，無論實價優劣如何，毫無影響於本罪之成立，此不可不注意也。行使指物充其用而言，即假物得收真物之效用是也，故將偽幣交換物品，而交付於他人時，即為行使既遂。然有時不須交付，僅使他人檢閱之即足以充貨幣之用者，於此情形，即以他人檢閱之時，為行使既遂，例如銀行存幣，須經財政部之檢閱是也。交付指與自己分離，而移入他人所持有而言，交付與行使異，行使有欺罔之意，交付則與對手人通謀。

*（偽造變造）刑一一五、一六五、一六九㈡、一七一㈡、一九六㈠、㈢、一九九～二〇五、二一〇～二一二、二一六；（貨幣）刑一九六、一九九、二〇〇；（紙幣）刑一九六、一九九、二〇〇；（銀行券）刑一九六、一九九、二〇〇；（未遂犯）刑二五～二七。

▲釋六三。

▲刑法（舊）第二百十一條所謂通用紙幣，係指政府發行有強制通行力之紙幣而言，中國銀行鈔票，係經政府許可而發行之銀行券，與通用紙幣性質不同，故偽造中國銀行鈔票，應以偽造銀行券論。（一九上一二五一）

▲刑法上所謂銀行券，係指經政府許可，由銀行發行之兌換券而言。（二二上三四八）

▲刑法上所謂紙幣，係指政府發行之紙質貨幣，具有強制通用力，而不與硬幣兌換者而言，現僅中央、中國、交通、農民四行之鈔票足以當之，廣東省銀行鈔票不過經政府許可而發行之銀行券，無論是否停止兌現，不能以紙幣論。（二八上八九六）

▲臺灣省之新臺幣係經中央政府許可由臺灣銀行發行之銀行券，與政府發行具有強制通行力之國幣不同，被告等所共同偽造者既為臺灣銀行所發行之新臺幣，自應依刑法第一百九十五條處斷，無適用妨害國幣懲治條例處罰之餘地。（四四臺非二六）（九一、九、二七決議不再援用）

第一百九十六條　（行使收集或交付偽造變造通貨、幣券罪）

行使偽造、變造之通用貨幣、紙幣、銀行券，或意圖供行使之用而收集或交付於人者，處三年以上十年以下有期徒刑，得併科十五萬元以下罰金。

收受後方知為偽造、變造之通用貨幣、紙幣、銀行券而仍行使，或意圖供行使之用而交付於人者，處一萬五千元以下罰金。

第一項之未遂犯罰之。

(108)一、本罪於民國七十二年六月二十六日後並未修正，爰依刑法施行法第一條之一第二項本文規定將罰金數額修正提高三十倍，以增加法律明確性，並使刑法分則各罪罰金數額具內在邏輯一致性。

二、第一項後段「三年以上、十年以下」修正為「三年以上十年以下」。

⇧查暫行律第二百三十二條補箋稱收受，指取得持有權而言，不論有償與無償，並適法與不適法，凡一切取得持有之行為，皆收受也。有償如以粟帛交換之類，無償如受贈之類，適法如賣買贈與之類，不適法如詐取竊取之類，收受既不問適法與否，若係竊取時，以收受論乎，抑以竊取論乎，不然以俱發罪論乎，或謂偽造或減損之貨幣，法律原不保護，竊取者無罪，宜以收受論，或謂竊取犯之成立，非侵犯所有權，實為侵犯持有權。故凡物之持有者，法律上皆保護之，並不問持有之原因也，宜以竊取論。或謂總則第七十四條已有規定，宜以俱發罪論，揆之法理，第三說為最當。

*（貨幣）刑一九五㈠；（紙幣）刑一九五㈠；（銀行券）刑一九五㈠；（未遂犯）刑二五～二七。

▲被告以偽造之中央銀行券，向某洋貨店購買肥皂，果由該店登時發見為偽造，則被告行使該票，尚屬未遂，自難律以刑法第二百十二條第一項之既遂罪。（二〇上一九一一）

▲㈠號碼並非銀行券主要部分，偽造之銀行券縱無號碼，仍有行使之可能，其意圖行使而交付於人，於其犯罪之成立，不生影響。

㈡收集偽造銀行券與交付於人，雖係兩種行為，然在法律上既均以意圖行使為要件，則上訴人於意圖行使而收集後，復以行使之意思而交付於人，其收集行為，自應為交付行為所吸收，論以交付之罪。（二四上一二八一）

▲刑法第一百九十六條第一項所謂收集，係指收買受贈互換等一切行為，在收取以前，即有行使之犯罪意思者而言，雖以反覆而為多數收取行為為常業，但以圖供行使意思，一次收取，亦即成立該項收集罪名。（二六渝上八六七）

第一百九十七條　（減損通用貨幣罪）

意圖供行使之用而減損通用貨幣之分量者，處五年以下有期徒刑，得併科九萬元以下罰金。

前項之未遂犯罰之。

(108)本罪於民國七十二年六月二十六日後並未修正，爰依刑法施行法第一條之一第二項本文規定將罰金數額修正提高三十倍，以增加法律明確性，並使刑法分則各罪罰金數額具內在邏輯一致性。

*（貨幣）刑一九五㈠；（未遂犯）刑二五～二七。

第一百九十八條　（行使減損通用貨幣罪）

行使減損分量之通用貨幣，或意圖供行使之用而收集或交付於人者，處三年以下有期徒刑，得併科三萬元以下罰金。

收受後方知為減損分量之通用貨幣而仍行使，或意圖供行使之用而交付於人者，處三千元以下罰金。

第一項之未遂犯罰之。

(108)本罪於民國七十二年六月二十六日後並未修正，爰依刑法施行法第一條之一第二項本文規定將罰金數額修正提高三十倍，以增加法律明確性，並使刑法分則各罪罰金數額具內在邏輯一致性。

*（貨幣）刑一九五㊀；（未遂犯）刑二五～二七。

第一百九十九條（預備偽造變造幣券或減損貨幣罪）

意圖供偽造、變造通用之貨幣、紙幣、銀行券或意圖供減損通用貨幣分量之用而製造、交付或收受各項器械、原料者，處五年以下有期徒刑，得併科三萬元以下罰金。

(108)本罪於民國七十二年六月二十六日後並未修正，爰依刑法施行法第一條之一第二項本文規定將罰金數額修正提高三十倍，以增加法律明確性，並使刑法分則各罪罰金數額具內在邏輯一致性。

⇧查第二次修正案理由調原案第二百三十六條文義，預備器械、原料及偽造貨幣，似須同為一人，其罪方成立。本案改為今文，凡製造交付或收受器械原料者，無論供自己或他人之用，皆成立本條之罪。

*（偽造變造）刑一九五㊀；（貨幣）刑一九五㊀；（紙幣）刑一九五㊀；（銀行券）刑一九五㊀。

▲刑法第一百九十九條所定意圖供偽造通用銀行券之用而收受器械原料罪，必須所收受者，確係能供偽造銀行券之器械原料，方足成立，否則僅被告主觀上有惡性之表現，而實際收受者並非偽造銀行券之器械原料，即不成立該條之罪。（四六臺上九四七）

第二百條（沒收物之特例）

偽造、變造之通用貨幣、紙幣、銀行券，減損分量之通用貨幣及前條之器械原料，不問屬於犯人與否，沒收之。

*（偽造變造）刑一九五㊀；（沒收）刑三八。

▲得依刑法第二百條沒收之偽造紙幣，以構成同法分則第十二章所定各罪之偽造紙幣為限，如偽造紙幣係構成該章以外特別刑事法令之罪名者，則該項偽造之紙幣，即不得適用該條沒收之。（三〇上二〇一四）

▲刑法第二百條所定沒收，為對於同法第三十八條之特別規定，係採必須沒收主義，更不以其已經扣押為必要，原審既認上訴人犯罪成立，祇以上訴人持有之偽幣未經扣押，亦不復存在，為無從沒收之根據，並未就其不復存在之事實，予以具體說明，難謂於法無違。（四三臺上一三四）

第十三章　偽造有價證券罪

第二百零一條（有價證券之偽造變造與行使罪）

意圖供行使之用，而偽造、變造公債票、公司股票或其他有價證券者，處三年以上十年以下有期徒刑，得併科九萬元以下罰金。

行使偽造、變造之公債票、公司股票或其他有價證券，或意圖供行使之用而收集或交付於人者，處一年以上七年以下有期徒刑，得併科九萬元以下罰金。

(108)一、本罪於民國七十二年六月二十六日後並未修正，爰依刑法施行法第一條之一第二項本文規定將罰金數額修正提高三十倍，以增加法律明確性，並使刑法分則各罪罰金數額具內在邏輯一致性。

二、第一項末段「三年以上、十年以下」修正為「三年以上十年以下」；第二項末段「一年以上、七年以下」修正為「一年以上七年以下」。

⇧查第二次修正案理由調本條及後兩條所列舉，其流通較易於他種文書，且其內容所載多屬重要事項，凡偽造、變造，當然發生損害，故本案不以發生損害為本罪成立之條件，並仿偽造通用貨幣罪加入意圖供行使之用句，以示限制。本條第二項原案無，本條增入。

*（偽造變造）刑一一五、一六五、一六九㊁、一七一㊁、一九五、一九六、一九九、二〇〇、二〇二～二〇五、二一〇～二一二、二一六，票據一五、一六；（有價證券）民七一〇㊀，刑二〇四、二〇五，刑訴一一一㊃。

▲㈠單純偽造變造偽中國聯合準備銀行紙幣事，在准許兌換法幣以前不成立犯罪，但已達於行使之程度，則應依詐欺罪論科，倘在准許兌換法幣期內偽造變造此項紙幣時，應依偽造有價證券論罪。

㈡美鈔現時在國內交易上既有流通效力，自屬有價證券之一種，如有偽造變造者，應依刑法第二百零一條第一項處斷。（院解三二九一）

▲有價證券以實行券面所表示之權利時，必須占有該券為其特質。本案上訴人所偽造之匯款報單係甲店對於乙店所發之通知，縱屬實在之物，而取款人行使權利之時，並無占有之必要，與匯票之性質，殊不相同，此項報單，祇屬私文書之一種，不能認為有價證券。（一九上二〇七四）

▲㈠有價證券係以實行券面所表示之權利時，必須占有該券為特質，銀行支票在市面上並非不可自由流通，且祇須持有該票即能行使票面所載權利，自係屬於有價證券之一種。

㈡偽造銀行支票以圖行使，無論支票上所填蓋之戶名圖章是否為該票所有人之物，及支票所有人實際有無損害，均與其應負偽造有價證券之罪責不生影響。（二八滬上五三）

▲支票上之背書，係發票後之另一票據行為，上訴人在其偽造之支票背面，偽造某甲署押為背書並達行使之程度，自足以生損害於某甲，顯屬另一行使偽造私文書之行為，乃原判決及第一審判決均以偽造上項背書，為偽造有價證券之一部，自難謂無違誤。（五九臺上二五八八）

▲（七〇臺上二八九八）參見本法第五十條。

▲（七〇臺上六八五四）參見本法第二十九條。

▲被害人公司授權上訴人於空白支票填寫金額，繳納所欠貨櫃場棧租，乃上訴人於獲悉並未欠繳棧租後，私擅填寫金額壹萬伍仟元後，自行使用，已逾越授權範圍，自應令負偽造有價證券罪責。（七二臺上七一一二）

▲（七三臺上三六二九）參見本法第五十五條。

▲支票為有價證券，支票上權利之移轉及行使，與其占有支票有不可分離之關係，一旦喪失占有，非依法定程序，不得享有支票上之權利，因而支票原本，有不可替代性。上訴人既無變造本件支票，僅以剪貼影印方式，將支票影本之金額壹萬零柒佰玖拾肆元，改為柒佰玖拾肆萬元，而支票影本不能據以移轉或行使支票上之權利，顯與一般文書之影本與原本有相同之效果者不同，故難認係變造支票之行為。惟該具有支票外觀之影本，不失為表示債權之一種文書，其內容俱係虛構，自屬偽造之私文書。（八四臺上一四二六）

第二百零一條之一（偽造變造有價證券供行使罪）

意圖供行使之用，而偽造、變造信用卡、金融卡、儲值卡或其他相類作為簽帳、提款、轉帳或支付工具之電磁紀錄物者，處一年以上七年以下有期徒刑，得併科九萬元以下罰金。

行使前項偽造、變造之信用卡、金融卡、儲值卡或其他相類作為簽帳、提款、轉帳或支付工具之電磁紀錄物，或意圖供行使之用，而收受或交付於人者，處五年以下有期徒刑，得併科九萬元以下罰金。

(108)本罪最後修正於民國九十年六月一日，爰依刑法施行法第一條之一第二項但書規定將罰金數額提高三倍，以增加法律明確性，並使刑法分則各罪罰金數額具內在邏輯一致性。

第二百零二條（郵票印花稅票之偽造變造與行使塗抹罪）

意圖供行使之用，而偽造、變造郵票或印花稅票者，處六月以上五年以下有期徒刑，得併科三萬元以下罰金。

行使偽造變造之郵票或印花稅票，或意圖供行使之用而收集或交付於人者，處三年以下有期徒刑，得併科三萬元以下罰金。

意圖供行使之用而塗抹郵票或印花稅票上之註銷符號者，處一年以下有期徒刑、拘役或九千元以下罰金；其行使之者，亦同。

(108)一、本罪於民國七十二年六月二十六日後並未修正，爰依刑法施行法第一條之一第二項本文規定將罰金數額修正提高三十倍，以增加法律明確性，並使刑法分則各罪罰金數額具內在邏輯一致性。
二、第一項末段「六月以上、五年以下」修正為「六月以上五年以下」；第二項前段「或印花稅票」修正為「或印花稅票，」；第三項末句「亦同」修正為「，亦同」。

＊（偽造變造）刑二〇一；（印花稅票）印花稅二；（特別規定）郵政三九、四〇、四八。

▲刑法第二百零二條所謂變造郵票，指就真正郵票加以一部之變更者而言，若對於真正郵票並未有所變更，僅就已使用之兩個郵票撕去蓋有註銷符號之部分，拼成似未使用之郵票，則為塗抹郵票上註銷符號，而非變造郵票，其黏貼此項郵票以寄信者，應成立行使塗抹郵票上註銷符號之罪，蓋刑法上所謂塗抹郵票上註銷符號，凡一切足以除去消滅註銷符號之行為均屬之，不僅限於塗飾及擦抹，即撕去註銷符號之一部，使殘餘之部分與其他郵票之殘餘部分相結合，而與未蓋有註銷符號之郵票相同者，亦應視為塗抹。（二五非三一九）

▲刑法第二百零二條第三項之罪，依郵政法第三十九條第三項規定，祇以有供自己或他人連續使用之意圖，與塗用膠類、漿類或其他化合物於郵票、明信片或特製郵簡之印花上之行為，即應依刑法第二百零二條第三項處斷，殊不以有該條項所定塗抹郵票上註銷符號之行為為要件。（四一臺非四四）

第二百零三條（偽造變造及行使往來客票罪）

意圖供行使之用，而偽造、變造船票、火車、電車票或其他往來客票者，處一年以下有期徒刑、拘役或九千元以下罰金；其行使之者，亦同。

(108)一、本罪於民國七十二年六月二十六日後並未修正，爰依刑法施行法第一條之一第二項本文規定將罰金數額修正提高三十倍，以增加法律明確性，並使刑法分則各罪罰金數額具內在邏輯一致性。
二、末句「亦同」修正為「，亦同」。

＊（偽造變造）刑二〇一。

第二百零四條（預備偽造變造有價證券罪）

意圖供偽造、變造有價證券、郵票、印花稅票、信用卡、金融卡、儲值卡或其他相類作為簽帳、提款、轉帳或支付工具之電磁紀錄物之用，而製造、交付或收受各項器械、原料、或電磁紀錄者，處二年以下有期徒刑，得併科一萬五千元以下罰金。

從事業務之人利用職務上機會犯前項之罪者，加重其刑至二分之一。

(108)本罪最後修正於民國九十年六月一日，爰依刑法施行法第一條之一第二項但書規定將罰金數額提高三倍，以增加法律明確性，並使刑法分則各罪罰金數額具內在邏輯一致性。

＊（偽造變造）刑二〇一；（有價證券）刑二〇一；（特別規定）郵政四〇。

第二百零五條（沒收物）

偽造、變造之有價證券、郵票、印花稅票、信用卡、金融卡、儲值卡或其他相類作為提款、簽帳、轉帳或支付工具之電磁紀錄物及前條之器械原料及電磁紀錄，不問屬於犯人與否，沒收之。

(90)由於偽造、變造之信用卡、金融卡、儲值卡或其他相類之電磁紀錄物及製作之器械、原料及電磁紀錄本身即為犯罪之工具，並無合法之用途，故有專科沒收規定之必要，以杜絕上開物品再次被利用為犯罪之工具。

＊（偽造變造）刑二〇一；（沒收）刑三八。

▲票據之偽造或票據上簽名之偽造，不影響於真正簽名之效力，票據法第十五條定有明文。依原判決之認定，以上訴人及王某為共同發票人之本票，僅王某為發票人部分係屬偽造，上訴人之簽名既為真正，其為發票人部分則仍屬有效之票據，不在應依法沒收之列，原判決併予宣告沒收，自非適法。（八四臺上一五五〇）

第十四章　偽造度量衡罪

⇧查暫行律第十九章原案調度量衡之正確與否，與本國之農工商業，及此外一切事宜，關係至鉅。故歐美各國及日本，皆政府所製作，而使民間販賣，或民間製作，經政府查驗之後，始許販賣，其私造度量衡，及持有不合之度量衡，而使用之於業務上者，有一定之制裁。此本章之所由設也。

第二百零六條（偽造變造度量衡定程罪）

意圖供行使之用，而製造違背定程之度量衡，或變更度量衡之定程者，處一年以下有期徒刑、拘役或九千元以下罰金。

(108)本罪於民國七十二年六月二十六日後並未修正，爰依刑法施行法第一條之一第二項本文規定將罰金數額修正提高三十倍，以增加法律明確性，並使刑法分則各罪罰金數額具內在邏輯一致性。

⇧查第二次修正案理由調修正案第二百四十三條，增入持有或自外國輸入句，本案以持有行為，與偽造同罪，未免略苛，且較之業務上持有者之刑反重，亦覺失均，故將持有之犯罪行為，另為一條科以較輕之刑。又本案以偽造度量衡，其危險不如偽造貨幣等罪，是以祇對於偽造販賣行使及持有之行為科罰，至於自外國輸入一層，擬從原案刪去。又查暫行律第二百五十二條補箋稱違背定程，係指度量衡之數目，與法定數目有異者而言。

＊（定程）刑二〇七～二〇九。

▲刑法第二百零六條所稱之定程，係指度量衡法規定之標準而言。（院解三二一八）

第二百零七條（販賣違背定程之度量衡罪）

意圖供行使之用，而販賣違背定程之度量衡者，處六月以下有期徒刑、拘役或九千元以下罰金。

(108)本罪於民國七十二年六月二十六日後並未修正，爰依刑法施行法第一條之一第二項本文規定將罰金數額修正提高三十倍，以增加法律明確性，並使刑法分則各罪罰金數額具內在邏輯一致性。

⇧查第二次修正案理由調本條即原案（暫行律）第二百五十二條第二項，本案以其行為與偽造不同，故另為一條。

＊（定程）刑二〇六。

第二百零八條（行使違背定程之度量衡罪）

行使違背定程之度量衡者，處九千元以下罰金。

從事業務之人，關於其業務犯前項之罪者，處六月以下有期徒刑、拘役或一萬五千元以下罰金。

(108)本罪於民國七十二年六月二十六日後並未修正，爰依刑法施行法第一條之一第二項本文規定將罰金數額修正提高三十倍，以增加法律明確性，並使刑法分則各罪罰金數額具內在邏輯一致性。

⇧查第二次修正案理由調本條即原案第二百五十三條第二項，本案以其行為與持有不同，故擬另為一條。又原案行使不平之度量衡而得利者，以詐欺取財論，本案以其為當然之解釋，故改今文。凡行使者罪即成立，若行使能得利，則與詐欺取財適用總則併合論罪章，從重處斷。

＊（定程）刑二〇六；（業務）刑二二、二四㈡、一三二㈢、二一五、二二八、三一六。

第二百零九條（沒收物）

違背定程之度量衡，不問屬於犯人與否，沒收之。

＊（定程）刑二〇六；（沒收）刑三八。

第十五章　偽造文書印文罪

⇧查暫行律第十八章原案調本章所謂文書、公文書、印章、印文、署押者，皆有關律例上權力權利義務，或事實上證據之用者而言，其餘私家撰述不在此限。又該條補箋內稱，公文書（公圖樣亦同）、特定公文書（文憑執照護照）、有價證券、私文書、特定私文書（診斷書檢案書死亡證書），在學理上，統謂之文書。文書者，定著文字於有體物上，而表明其思想，可以供證據之用者也。所謂文字，有以符號代用之者，例如電信所用之符號，及盲人所用之符號皆是。此等符號，如有一定法則，以為多數人代表思想之用者，除純然之繪畫外，在刑律須以文字論，惟繪畫之效用，與文書相同者，刑律中以符號二字規定之。所謂定著於有體物上者，不論物質及方法如何，如紙絹上以筆墨寫之，或布帛上以染織為之，或金石竹木等由雕刻出之者皆是。所謂表明思想者，指敘述一定權利義務及事實之存否，與其範圍之廣狹而言，僅表明姓名之名冊，記載詩歌之書幅，指示號數之木牌等皆非表明思想者，不得謂之文書。所謂供證據之用者，指該文書所有體裁，足以證明權利義務或事實而言，不問作成之時，有無供證據之用之意思也。偽造文書罪之成立，有兩問題：（第一）權利義務或事實，為構成文書之內容，所謂偽造，必須內容係屬虛構乎，抑不問內容之虛實，僅指其形式而言乎。前者例如甲乙本無債權債務關係，而甲假造乙之借金證書，內容與形式均偽也。後者如乙借甲金，而甲摹乙式之借金證書，內容實而形虛偽也。此二說宜以後者為是。至於前例，內容既虛，形式自偽，即賅於後說之中矣。（第二）文書所揭各事宜，雖不係該文書應證明者，是否為偽造罪乎。例如借金證書，其雙方姓名、金額、利率及履行期限等，為該文書應證明者，其雙方當事者之家族，非該文書應證明之類是也。此宜察其情節而定之，若所偽造者，全無利害關係，則不為罪。行使偽造文書，指以偽造文書充真文書之用而言，行使既遂之標準，在已得偽造利益之時乎，抑僅在證明之時乎。例如甲乙本無借貸關係，而甲假造乙之借據，以既得訛造之金錢為標準，抑以提出假據於對手人時為標準之類是也。按本罪成立，在證明文書所揭之權利義務或事實，雖未得偽造之利益，若已提出而證明之，即不得不以本罪論。若已得利益時，則比較各本條，應照第七十四條處斷，但有當注意者二：第一、由公署保存之文書，若依定例既經綴定時，雖未提出證明，亦為既遂。第二、以偽造之文書，供證明權利義務或事實之用者，雖僅提示於第三者之時，亦為既遂。

第二百十條（偽造、變造私文書罪）

偽造、變造私文書，足以生損害於公眾或他人者，處五年以下有期徒刑。

⇧查第二次修正案理由謂各國刑法，對於偽造變造文書罪，略分兩派：以證明權利義務之文書為限者，德國是也。以足生損害於公眾或他人之文書為限者，法國是也。原案從德國派，惟證明權利義務之標準，未易確定，德國關於此條，數十年來，施行上多生困難，試舉一例以明之。如偽造藥單強解為權利義務之文書，其實則無權利義務之可言，若用法國損害制，則可免強解之失，是以德國學者多非議之。其刑法準備草案，刪去足以證明權利義務句，而以欺騙他人重要權利義務為標準，所謂欺騙他人之權利義務，其結果殆與法國損害制無大區別，故本案擬從法國派。原案凡有偽造變造行為，罪即成立，考各國刑法於偽造變造行為外，加以限制。即如日本以供行使之目的為限制，德國則更嚴，須有違法之目的，並行使之行為以欺騙他人者，罪方成立，其餘各國多有相當之規定。更有按文書之種類，而限制不一者，本案擬分別規定之。

＊（偽造變造）刑一一五、一六五、一六九㈡、一七一㈢、一九五、一九六、二一一、二一二、二一六；（足生損害）刑二一一～二一五、二一七、二一八㈡；（公眾）刑一五一、一七三㈠、一七四㈠、一八三㈠、一八五㈠、一八八、二一一～二一五、二一七、二一八㈡、二六六；（他人）刑二一一～二一五、二一七、二一八㈡；（特別規定）營業稅四八。

▲釋一七六。

▲刑法（舊）第二百二十四條之偽造文書，係指偽造他人之文書而言，所謂他人，除自己外，父母、妻子、兄弟均包括在內。（院八六六㈥）

▲刑法第二百十條之偽造私文書罪，以偽造他人名義之文書為必要，而所謂他人，除自己外，父母、妻子、兄弟均包括在內，某甲偽造之分書，既係某乙名義所立，即屬他人名義之文書，如足生損害於公眾或他人，即無解於偽造私文書罪之成立，何得以偽造自己祖遺分書，主張無罪。（二四上三九六八）

▲刑法第二百十條之偽造私文書罪，以無製作權人而捏造他人名義製作該文書為構成要件，如行為人對於此種文書本有製作權，縱令其製作之內容虛偽，且涉及他人之權利，除合於同法第二百十五條之規定，應依該條處罰外，尚難論以首開法條之罪。（三一上二二〇四）

▲刑法上之偽造文書罪，須以足生損害於公眾或他人為成立要件，而所謂足生損害，係指他人有可受法律保護之利益，因此遭受損害或有受損害之虞而言，若他人對行為人原負有製作某種文書之義務而不履行，由行為人代為製作，既無損於他人之合法利益，自與偽造文書罪之構成要件不合。（五〇臺上一二六八）

▲刑法第二百二十條以文書論之文書，有公文書與私文書之分，原判決既未引用刑法第二百十條或第二百十一條之條文，亦未述明上訴人所行使者究為私文書抑公文書，已屬理由不備，又該條以文書論之文書，指在紙上或物品上之文字、符號，依習慣或特約足以為表示其用意之證明者而言，故凡以虛偽之文字、符號或在物品或紙上表示一定用意之證明者，即謂之偽造。（五三臺上二九〇五）

▲（六九臺上六九五）參見本法第二十八條。

▲（六九臺上六九六）參見本法第三十五條。

▲偽造統一發票，進而行使，以逃漏稅捐，應適用稅捐稽徵法第四十一條規定，且與刑法第二百十六條，第二百十條行使偽造私文書有方法結果之牽連關係，應從一重之行使偽造私文書罪處斷。原判決認其此項行使偽造文書之行為，已包括於「以不正當方法逃漏稅捐」之特別規定之內，不再論以行使偽造文書之罪，不無違誤。（六九臺上三六八九）（九五、四、一一決議自九五、七、一起不再援用）

▲臺灣地區入出境保證書，若其所載內容係保證人對於被保人來臺後負多項保證責任，如有違反，保證人願接受法令懲處等文字，應屬私文書，而非刑法第二百十二條之關於品行之證書，原審既未調取上訴人偽造之保證書正聯，查明其所載內容，遽認入出境保證書為關於品行之證書，自嫌率斷，難謂無刑事訴訟法第三百七十九條第十款之違背法令。（七〇臺上二一一一）

▲上訴人在支票背面偽造張某之署押，以為背書，其偽造支票背書，在票據法上係表示對支票負擔保責任之意思，為法律規定之文書，並非依習慣表示一定用意之證明，而其此項行為，足以生損害於他人，故應成立偽造私文書罪。又其所偽造之此項署押，依法律規定，固應成立偽造私文書罪，但仍不失為偽造之署押，應依刑法第二百十九條宣告沒收。（七〇臺上二一六二）

▲送達證書乃表示收領訴訟文書送達之證明，雖證書內容由送達人製作，但應由受送達人簽名蓋章或捺指印，以證明送達，為法律規定之文書，其冒名簽收或蓋用偽造印章以示簽收，仍屬偽造私文書。（七〇臺上五七八二）

▲豐榮水利會雖係公法人，但其出售土地與人民，乃係基於私經濟之地位，而與買受人訂立買賣契約，故其買賣契約書、土地登記申請書、委託書在性質上與一般私人間為土地買賣所訂立之買賣契約書等並無差異，自屬於私文書。原判決謂上訴人將該三九二之一一二號土地連同其他四筆土地，一併填載在以豐榮水利會名義製作之同一登記聲請書、委託書、買賣契約書內，即係偽造公文書云云，有適用法則不當之違法。（七三臺上五八七〇）

▲上訴人在交通違規通知單移送聯「收受通知聯者簽章」欄內偽簽「林某」姓名，自不待依據習慣或特約，單從形式上觀察，即足以知悉係表示由林某名義出具領收通知聯之證明，此與事先在印妥內容之收據上偽簽他人姓名之情形，無分軒輊，當然屬於刑法第二百十條所稱之私文書，原判決理由中論以準文書，引用刑法第二百二十條之規定，適用法則尚有未合。（八三臺上六六三一）

▲（八四臺上一四二六）參見本法第二百零一條。

第二百十一條（偽造、變造公文書罪）

偽造、變造公文書，足以生損害於公眾或他人者，處一年以上七年以下有期徒刑。

*（偽造變造）刑二一〇；（公文書）刑一〇㊂、二一三、二一四；（公眾）刑一五一、一七三㊀、一七四㊀、一八三㊀、一八五㊀、一八八、二一〇、二一二～二一五、二六六；（他人）刑二一〇。

▲釋三六。

▲刑法上之公文書，係指公務員職務上製作之文書而言，故雖公務員製作之文書，而非基於職務上關係所製作者，仍不得以公文書論。上訴人偽造總司令部秘書廳電文，僅為對於其個人介紹事件而發，本難認為職務上製作之文書，原審論以偽造公文書罪名，已屬誤會。（二〇上六六八）

▲刑法上偽造文書罪，係著重於保護公共信用之法益，即使該偽造文書所載名義製作人實無其人，而社會上一般人仍有誤信其為真正文書之危險，仍難阻卻犯罪之成立。況上訴人所偽造之機關現仍存在，其足生損害於該機關及被害人了無疑義。原判決以其偽造後持以行使詐財，從一重論處行使偽造公文書罪刑，於法尚無違誤。（五四臺上一四〇四）

▲印鑑證明書，大都於不動產物權或於法律上重要權利之得喪、變更有重大影響之事項，作為當事人表示真意之主要憑證，自不在刑法第二百十二條範圍之內。（七〇臺上四九八六）

▲（七一臺上一〇二七）參見本法第五十條。

▲所謂行使偽造之文書，乃依文書之用法，以之充作真正文書而加以使用之意，故必須行為人就所偽造文書之內容向他方有所主張，始足當之；若行為人雖已將該文書提出，而尚未達於他方可得瞭解之狀態者，則仍不得謂為行使之既遂。查上訴人既係僱用何某為其裝載私宰並加蓋偽造稅戳之毛豬屠體，欲運往三重市交肉商售賣，但於尚未到達目的地前，即在途中之新莊市為警查獲，是該私宰之毛豬，仍在上訴人占有之中，並未向他方提出作任何主張，顯未達到行使既遂之程度，殊為明顯，自不能依刑法第二百十六條之規定對之處罰。原判決按行使偽造公文書論處上訴人之罪刑，顯有適用法則不當之違法。（七二臺上四七〇九）

▲影本與原本可有相同之效果，如將原本予以影印後，將影本之部分內容竄改，重加影印，其與無製作權人將其原本竄改，作另一表示其意思者無異，應成立變造文書罪。（七三臺上三八八五）

▲（七三臺上五八七〇）參見本法第二百十條。

第二百十二條（偽造變造特種文書罪）

偽造、變造護照、旅券、免許證、特許證及關於品行、能力、服務或其他相類之證書、介紹書，足以生損害於公眾或他人者，處一年以下有期徒刑、拘役或九千元以下罰金。

(108)一、本罪於民國七十二年六月二十六日後並未修正，爰依刑法施行法第一條之一第二項本文規定將罰金數額修正提高三十倍，以增加法律明確性，並使刑法分則各罪罰金數額具內在邏輯一致性。

二、末句「，拘役」修正為「、拘役」。

⇧查第二次修正案理由調原案第二百四十一條，以虛偽之事實陳告於官員，而使交付文憑執照或使為不實之登載云云，即學說上所謂無形之偽造。本案於第二百二十五條（即本法第二百十四條），已科較輕之刑，無庸另為規定，至於自行偽造所列舉之文書，依原案科刑，未免過苛。本案以此種文書多屬於謀生及本人一時便利起見，其情節與偽造、變造他種文書有別，故擬從修正案增入本條，科以較輕之刑。

*（偽造變造）刑二一〇；（護照）護照三；（公眾）刑二一〇；（他人）刑二一〇。

▲釋八二、一七六。

▲㈠送審證件上之印信並非偽造，僅於文件內揑造事實者，如係揑造關於品行能力服務之事實足生損害於證明之機關或個人，應成立刑法第二百十二條之罪。（院解三〇二〇）

▲查訖證之性質，係刑法第二百十二條類似護照等之證書，非普通之公文書。（三一上二二八〇）

▲汽車牌照為公路監理機關所發給，固具有公文書性質，惟依道路交通安全規則第十二條規定，汽車牌照僅為行車之許可憑證，自屬於刑法第二百十二條所列特許證之一種。對變造汽車牌照，即無依同法第二百十一條之變造公文書罪論處之餘地。（六三臺上一五五〇）

▲上訴人所偽造之駐加拿大多倫多埠安大略省中華總會館主席名義之依親生活證明書，固屬私文書，但其名稱已載明為依親生活，內容又僅止於證明擬前往該處之人與當地僑民之身分關係，與國民身分證僅為證明身分無殊，為屬於刑法第二百十二條其他相類證書之一種，依特別規定優於普通規定之原則，無適用同法第二百十條論罪之餘地。（六八臺上三六一二）

▲（七〇臺上二二一）參見本法第二百十條。

▲（七〇臺上四九八六）參見本法第二百十一條。

▲（七五臺上五四九八）參見本法第五十五條。

第二百十三條（公文書不實登載罪）

公務員明知為不實之事項，而登載於職務上所掌之公文書，足以生損害於公眾或他人者，處一年以上七年以下有期徒刑。

*（公務員）刑一〇㊁、三一；（明知）刑一三；（公文書）刑一〇㊂；（公眾）刑二一〇；（他人）刑二一〇；（特別規定）毒品危害一五，妨兵一九②、③。

▲刑法第二百十三條犯罪處罰，原係以保護公文書之正確性為目的，所謂明知不實事項而登載，祇須登載之內容失真出於明知，並不問失真情形為全部或一部，亦不問其所以失真係出於虛增或故減。某甲於四十二年度在鎮公所服務紀錄，曾有記大過一次，已為上訴人所明知，乃上訴人為甲製發服務成績證明書時，將記過一節故予刪除，其登載不實之責，自屬難辭。（四四臺上三八七）

▲刑法第二百十三條之罪，係因身分而成立，與同法第一百三十四條但書所謂因公務有關之身分已特別規定其刑之情形相當，故犯公務員登載不實之罪時，因有上開但書規定，不得再依同條前段加重其刑。（五二臺上二四三七）

▲刑法第二百十三條不實登載公文書罪之成立，除客觀上公務員在其職務上所掌公文書，有為虛偽不實之登載行為，且足生損害於公眾或他人外，其在主觀上須明知為不實。所謂明知係指直接之故意而言。（六九臺上五九五）

第二百十四條（使公務員登載不實罪）

明知為不實之事項，而使公務員登載於職務上所掌之公文書，足以生損害於公眾或他人者，處三年以下有期徒刑、拘役或一萬五千元以下罰金。

(108)本罪於民國七十二年六月二十六日後並未修正，爰依刑法施行法第一條之一第二項本文規定將罰金數額修正提高三十倍，以增加法律明確性，並使刑法分則各罪罰金數額具內在邏輯一致性。

*（公務員）刑一〇㊁；（職務）刑一三二㊂、一三四、一三五㊀、一四〇㊀、一六三㊀；（公文書）刑二一一；（公眾）刑二一〇；（特別規定）戶籍七六，公司九。

▲凡對公務員有所申請，所提供之資料，雖有不實在之情形，但未為該公務員採取者，即不足構成刑法第二百十四條之罪責。（六九臺上七三二）

▲（六九臺上二六八五）參見本法第五條。

▲參加有官股百分之五十以上之商業銀行，其服務之職員，雖可視為刑法上之公務員，但人民向其申請開立支票存款帳戶，銀行為之核准，尚非執行政府公務，純屬私法上之行為，縱使銀行職員為不實之登載，亦難繩以刑法第二百十四條之罪。（六九臺上二九八二）

▲檢察官就牽連犯之一部事實起訴者，依刑事訴訟法第二百六十七條之規定，其效力及於全部，又刑法第二百十四條規定之明知不實之事項，而使公務員登載於職務上所掌之公文書罪，凡對於所登載之事項，確知其非實在，向公務員為虛偽之聲明，利用公務員不知其事項之不實而登載於職務上掌管之文書皆屬之。本件如原判決事實欄記載上訴人與張某同謀偽造黃某本票一紙，參與分配，使執行法院不知其偽，將之加入分配，製作分配表屬實，該偽造有價證券部分既經檢察官起訴，則上訴人與張某等對於使執行法院登載虛偽之債權於分配表之行為，應屬牽連犯刑法第二百十四條之偽造文書罪，不能置而不論。（註：應注意刑法已修正，刪除牽連犯之規定。）（七〇臺上三八二一）

▲刑法第二百十四條所謂使公務員登載不實事項於公文書罪，須一經他人之聲明或申報，公務員即有登載之義務，並依其所為之聲明或申報予以登載，而屬不實之事項者，始足構成，若其所為聲明或申報，公務員尚須為實質之審查，以判斷其真實與否，始得為一定之記載者，即非本罪所稱之使公務員登載不實。上訴人等以偽造之杜賣證書提出法院，不過以此提供為有利於己之證據資料，至其採信與否，尚有待於法院之判斷，殊不能將之與「使公務員登載不實」同視。（七三臺上一七一〇）

第二百十五條（業務上文書登載不實罪）

從事業務之人，明知為不實之事項，而登載於其業務上作成之文書，足以生損害於公眾或他人者，處三年以下有期徒刑、拘役或一萬五千元以下罰金。

(108)本罪於民國七十二年六月二十六日後並未修正，爰依刑法施行法第一條之一第二項本文規定將罰金數額修正提高三十倍，以增加法律明確性，並使刑法分則各罪罰金數額具內在邏輯一致性。

⇧查第二次修正案理由謂原案第二百四十五條，醫師檢驗吏，出具所列舉之證書，本案以檢驗吏本屬公務員，前已有公文書之規定，無庸再行列入，故擬從修正案刪去。又本案於本條增入應提出於公署或保險公司句，以示限制。

*（從事業務之人）刑一八三㊂、一八四㊃、一八九㊃、二〇八㊁、二七六㊁、二八四㊁；（明知）刑一三㊀；（業務）刑二二、二四㊁、一三二㊂、二〇八㊁、二二八、三一六、三一七、三三六㊁；（文書）刑二一六、二二〇、三五二；（公眾）刑二一〇；（他人）刑二一〇；（特別規定）商會七一、七二，證交一七四㊀②～⑤、⑦。

▲釋一七六。

▲律師代人撰狀，捏稱對造律師在外宣傳，謂有同鄉在上訴法院任事，可以情面推翻原案等語，係從事律師業務之人，明知為不實之事項，而登載於其業務上作成之文書，且於對造律師之名譽等，並非不足以生損害，自應構成刑法第二百十五條之罪。（院二三九四）

▲（七一臺上一一四三）參見本法第五十五條。

▲會計憑證，依其記載之內容及其製作之目的，亦屬文書之一種，凡商業負責人、主辦及經辦會計人員或依法受託代他人處理會計事務之人員，以明知為不實事項而填製會計憑證或記入帳冊者，即該當商業會計法第七十一條第一款之罪，本罪乃刑法第二百十五條業務上文書登載不實罪之特別規定，自應優先適用。良以商業會計法第三十三條明定：「非根據真實事項，不得造具任何會計憑證，並不得在帳簿表冊作任何記錄。」倘明知尚未發生之事項，不實填製會計憑證或記入帳冊，即符合本法第七十一條第一款之犯罪構成要件，立法認上開行為當然足生損害於他人或公眾，不待就具體個案審認其損害之有無，故毋庸明文規定，否則不足達成促使商業會計制度步入正軌，商業財務公開，以取信於大眾，促進企業資本形成之立法目的，反足以阻滯商業及社會經濟之發展。從而商業會計人員等主體，就明知尚未發生之事項，一有填製會計憑證或記入帳冊之行為，犯罪即已成立，不因事後該事項之發生或成就，而得解免罪責。（九二臺上三六七七）

第二百十六條（行使偽造變造或登載不實之文書罪）

行使第二百十條至第二百十五條之文書者，依偽造、變造文書或登載不實事項或使登載不實事項之規定處斷。

⇧本條之規定專指行使而言，且僅適用其刑，而非論其罪。

*（偽造變造）刑二一〇；（文書）刑二一五、二二〇、三五二。

▲釋三六、一七六。

▲上訴人利用電話口述，使不知情之某報社工作人員，在報上刊登冒用臺北市第十信用合作社簡稱「十信」名義之廣告，應成立偽造私文書罪之間接正犯，刊登廣告，藉報紙之販賣而流傳，已達行使之程度，應依行使偽造私文書罪論擬。（六七臺上一四二二）

▲（六九臺上六九五）參見本法第二十八條。

▲（六九臺上六九六）參見本法第三十五條。

▲（六九臺上三六八九）參見本法第二百十條。

▲行使影本，作用與原本相同，偽造私文書後，持以行使其影本，偽造之低度行為為高度之行使行為所吸收，應論以行使偽造私文書罪。（七〇臺上一一〇七）

▲（七一臺上一〇二七）參見本法第五十條。

▲（七一臺上一一四三）參見本法第五十五條。

▲（七二臺上四七〇九）參見本法第二百十一條。

第二百十七條（偽造盜用印章印文或署押罪）

偽造印章、印文或署押，足以生損害於公眾或他人者，處三年以下有期徒刑。

盜用印章、印文或署押，足以生損害於公眾或他人者，亦同。

⇧查暫行律第二百四十六條補箋謂印者，指由本人辨識當該事實之符號而言，質言之，關於文書及其他物件，證明為本人作成，或所有，或閱看等事實之符號是也。有印章與印文之別，印文者，即用印章所現出之符號是也。又該條注意內稱盜用，謂以不正而鈐押真正之印文，並非盜竊印件。

*（署押）民三；（公眾）刑二一〇；（他人）刑二一〇；（盜用）刑二一八㊁。

▲刑法為國內法，其第二百十八條第一項之偽造公印，係指偽造表示本國公署或公務員資格之印信而言，偽造表示外國公署或外國公務員資格之印信，僅足構成同法第二百十七條偽造印章之罪，尚難以偽造公印罪相繩。（六〇臺上一七四六）

▲原判決既認被告冒充某甲，在定期放款借據上偽造某甲之署押，以示承還保證之意思，顯係偽造保證之文書，其行為非僅止於偽造署押，乃原判決僅以偽造署押罪相繩，自有違誤。（六一臺上四七八一）

▲郵政存簿儲金提款單儲戶姓名欄填寫儲戶姓名，與填寫帳號之用意相同，僅在識別帳戶為何人，以便郵政人員查出存戶卡片，既非表示儲戶本人簽名之意思，則未經儲戶本人授權而填寫其姓名，尚不生偽造署押問題，原第一審判決竟認為係偽造蘇某署押，並依刑法第二百十九條諭知沒

收，自屬於法有違。（七〇臺上二四八〇）

第二百十八條　（偽造、盜用公印或公印文罪）

偽造公印或公印文者，處五年以下有期徒刑。

盜用公印或公印文足以生損害於公眾或他人者，亦同。

⇧查第二次修正案理由謂本條第一項，因特別保護公印，及公印文起見，故不以發生損害為本罪成立之條件。

＊（盜用）刑二一七㊂；（公眾）刑二一〇；（他人）刑二一〇。

▲釋八二。

▲私人團體組織之農民協會，既非公之機關，其刊用鈐記，亦不得謂為公印。（一九上三八一）

▲刑法所謂公印，係指公署或公務員職務上所使用之印信而言，否則即為普通印章。（二二上一九〇四）

▲刑法上所稱公印，係指表示公署或公務員資格之印信而言，如機關內收發室之圖記，僅足為該機關內一部分之識別，不足以表示公署或公務員之資格，不得謂之公印。（三三上一四五八）

▲刑法第二百十八條第二項之盜用公印或公印文罪，必以盜取後，兼有使用之行為，足以生損害於公眾或他人為構成要件，被告攜帶某處蓋有公印之空白公文紙，僅備作填寫證明之用，與上述情形並不相合，自難遽令負刑事罪責。（四〇臺非二一）

▲刑法第二百十八條第二項之盜用公印或公印文，必以盜取後兼有使用之行為，足以生損害於公眾或他人為構成要件。原判決既認上訴人在高雄港務警察所任職期內盜用該所關防，加蓋於該所空白公文紙上備供使用，即係盜而未用，乃未就其是否與盜用之要件相符，予以斟酌，又未於其如何足生損害於公眾或他人有所說明，遽依本條項處罰，非無違誤。（四四臺上八三九）

▲刑法上所謂公印或公印文，係專指表示公署或公務員資格之印信而言，即俗稱大印與小官章及其印文。偽造「臺灣省公路局票證章」印文，如該印文僅係表示過橋費已經繳納，而非表示公署或公務員之資格，自與偽造公印文之要件不合。（六九臺上六九三）

▲刑法上所稱之公印，係指表示公署或公務員資格之印信而言，如不足以表示公署或公務員之資格者，不得謂之公印，即為普通印章。上訴人等所偽造之「交通部公路總局監理處行車執照之章」，其機關全銜之下既綴有「行車執照之章」數字，其非依印信條例規定，由上級機關所製發之印信，以表示該機關之資格者甚明，自非公印。（六九臺上一六七六）

▲刑法第二百十八條第一項所稱之公印，指表示公務機關或機關長官資格及其職務之印信而言，即俗稱大印與小官章，若僅為證明稅款已經繳納之稅戳，其效用顯然不同，自難以公印論。（七一臺上一八三一）

第二百十九條　（沒收之特例）

偽造之印章、印文或署押，不問屬於犯人與否，沒收之。

＊（署押）民三；（沒收）刑三八。

▲刑法第二百十九條所定不問屬於犯人與否沒收之者，以偽造之印章、印文或署押為限，盜用者不在其列，原判決竟將盜用印章蓋在限欠字據之印文，依該條予以沒收，顯屬於法有違。（四八臺上一五三三）

▲偽造之「園屠宰印」及「桃縣稅印」，並非表示機關團體之印信，祇不過為在物品上之文字、符號，用以表示完稅之證明而已，自與刑法第二百十九條所規定之印章、印文不符，以之加蓋於豬皮上，亦祇屬於刑法第二百二十條以文書論之文書，與純正之公文書亦有別，偽造之稅印既與刑法第二百十九條所定印章、印文不同，即不得適用該條作為沒收之依據，而應依刑法第三十八條第一項第二款上段沒收，蓋有偽印文之豬皮一塊，為上訴人所有用供犯罪之物，亦得予以沒收，不必僅將豬皮上所蓋之偽印文沒收。（五四臺上二一七一）

▲（七〇臺上二一六二）　參見本法第二百十條。

▲（七〇臺上二四八〇）　參見本法第二百十七條。

▲（七〇臺上四二三二）　參見本法第八十條。

第二百二十條　（以文書論之定義）

在紙上或物品上之文字、符號、圖畫、照像，依習慣或特約，足以為表示其用意之證明者，關於本章及本章以外各罪，以文書論。

錄音、錄影或電磁紀錄，藉機器或電腦之處理所顯示之聲音、影像或符號，足以為表示其用意之證明者，亦同。

(94)本條第三項電磁紀錄之定義，已修正移列於總則編第十條第六項，以利普遍適用於其他罪章及法令之規定，爰配合刪除本條第三項。

＊（習慣）民一，民訴二八三；（證明）刑三一〇㊂，民訴一一六⑤，刑訴一五五㊀、一六二、三〇一㊀；（文書）刑二一五、二一六、三五二。

▲釋三六。

▲上訴人偽刻臺糖飼料檢驗用之戳記，加蓋於換裝飼料出售之紙袋，表示業經臺糖公司檢驗合格，即與刑法第二百二十條所稱足以表示其用意之證明者相當，其連續行使此種偽造以文書論之公文書，自係足生損害於公眾之行為。（五五臺上三〇五）

▲偽造印章蓋於支票之背面即係偽造背書，其性質係屬偽造私文書，不待依習慣或特約，即足認定其用意之表示，無刑法第二百二十條之適用。（六四臺上一五九七）

▲機車引擎號碼，係機車製造廠商出廠之標誌，乃表示一定用意之證明，依刑法第二百二十條規定，應以私文書論。上訴人將原有舊機車上之引擎號碼鋸下，用強力膠黏貼於另一機車引擎上，乃具有創設性，應屬偽造而非變造。（六六臺上一九六一）

▲（八三臺上六六三一）　參見本法第二百十條。

第十六章　妨害性自主罪

第二百二十一條　（強制性交罪）

對於男女以強暴、脅迫、恐嚇、催眠術或其他違反其意願之方法而為性交者，處三年以上十年以下有期徒刑。

前項之未遂犯罰之。

(88)一、原條文中「姦淫」一詞其意為男女私合，或男女不正當之性交行為，不無放蕩淫逸之意涵，對於被害人誠屬難堪，故予修正為「性交」。

二、強制性交罪之被害人包括男性，故修改「婦女」為「男女」，以維男女平權之原則。

三、原條文中的「致使不能抗拒」，要件過於嚴格，容易造成受侵害者，因為需要「拼命抵抗」而造成生命或身體方面更大的傷害，故修正為「違反其意願之方法」。

＊（強暴脅迫）刑一三六、一四二㊀、一四九、一五二、一六一㊁、㊂、一六二㊁、㊂、二二四；（性交）刑一〇⑤、二二五㊀、二二七㊀、二二八、二二九、二三一㊀；（未遂犯）刑二五～二七；（特別規定）刑二二六、二三二、三三四、三四八㊁，軍婚一三㊁；（告訴乃論）刑二二九之一。

▲強姦罪既遂與未遂之區分，採接合說，祇須陰莖之一部插入女陰即屬既遂，不以全部插入為必要，而女方之處女膜有無因姦破裂，尤非所問。（五八臺上五一）

▲所謂兩性生殖器接合構成姦淫既遂一節，係以兩性生殖器官已否接合為準，不以滿足性慾為必要，申言之，即男性陰莖一部已插入女陰，縱未全部插入或未射精，亦應成立姦淫既遂，否則雙方生殖器官僅接觸而未插入，即未達於接合程度，應為未遂犯。（六二臺上二〇九〇）

▲刑法上之猥褻罪，係指姦淫以外，足以興奮或滿足性慾之

已達於用強程度，縱令未達目的，仍應論以強姦未遂，不得論以猥褻。（六三臺上二二三五）

▲強姦婦女而剝奪該婦女之行動自由時，是否於強姦罪外，另成立妨害自由罪，須就犯罪行為實施經過之全部情形加以觀察，除該妨害自由之行為已可認為強姦行為之著手開始，應成立單一之強姦罪外，應認係妨害自由罪及強姦罪之牽連犯。本件原判決，既認定上訴人係以機車將被害人載至大社鄉後，不允其下車，而加速馳往現場，然後下手行姦，則其強載被害人顯尚未達於著手強姦之程度，自難以單一之強姦罪論處。（註：應注意刑法已修正，刪除牽連犯之規定。）（六八臺上一九八）

▲刑法（舊）第二百二十一條第一項強姦罪、第二百二十四條第一項強制猥褻罪，與第二百二十五條第一項乘機姦淫罪、同條第二項乘機猥褻罪，其主要區別在於犯人是否施用強制力及被害人不能抗拒之原因如何造成，為其判別之標準。如被害人不能抗拒之原因，為犯人所故意造成者，應成立強姦罪或強制猥褻罪。如被害人不能抗拒之原因，非出於犯人所為，且無共犯關係之情形，僅於被害人心神喪失或其他相類之情形不能抗拒時，犯人乘此時機以行姦淫或猥褻行為者，則應依乘機姦淫或乘機猥褻罪論處。（七一臺上一五六二）

第二百二十二條　（加重強制性交罪）

犯前條之罪而有下列情形之一者，處七年以上有期徒刑：

一　二人以上共同犯之。
二　對未滿十四歲之男女犯之。
三　對精神、身體障礙或其他心智缺陷之人犯之。
四　以藥劑犯之。
五　對被害人施以凌虐。
六　利用駕駛供公眾或不特定人運輸之交通工具之機會犯之。
七　侵入住宅或有人居住之建築物、船艦或隱匿其內犯之。
八　攜帶兇器犯之。
九　對被害人為照相、錄音、錄影或散布、播送該影像、聲音、電磁紀錄。

前項之未遂犯罰之。

⑩一、本條第一項已明文規定犯前條之罪而有下列情形之一者，故各款加重要件均為文字修正，刪除者字。
二、有鑑於行為人犯本法第二百二十一條之罪，已屬對被害人性自主決定權之侵害，復於強制性交過程中，而對被害人為照相、錄音、錄影，因行為人握有被害人或強制性交過程之照片、錄音、錄影、影像、電磁紀錄，造成被害人創傷加劇及恐懼。且目前社會網路盛行及科技發展傳播產品日趨多元，除傳統照相、錄音、錄影外，行為人將被害人或強制性交過程之影像、聲音、電磁紀錄散布、播送者（例如直播方式），恐使該被害過程為他人所得知，造成被害人二度傷害，實有加重處罰之必要，故明定對被害人為照相、錄音、錄影或散布、播送該影像、聲音、電磁紀錄之加重處罰要件，以遏止是類行為，爰增列本條第一項第九款，以資適用。

*（以上）刑一〇㈠；（共同）刑二八；（十四歲以下）刑一八，民一二四；（藥劑）藥事八。

第二百二十三條　（刪除）

⑧原條文「強姦殺人罪」併入第二百二十六條之一，與強制性交重傷害被害人等之結合犯並列，故刪除。

第二百二十四條　（強制猥褻罪）

對於男女以強暴、脅迫、恐嚇、催眠術或其他違反其意願之方法，而為猥褻之行為者，處六月以上五年以下有期徒刑。

⑧一、原條文中「致使不能抗拒」改為「違反其意願之方法」，參考第二百二十一條說明三。
二、原條文第二項本質上屬合意猥褻，移至第二百二十七條第二項。

*（強暴脅迫）刑二二一㈠；（猥褻）刑二二五㈡、二二七㈡、二二八、二三一㈡、二三三～二三五；（特別規定）刑二二六。

▲刑法（舊）第二百二十四條所謂猥褻行為，係指姦淫以外有關風化之一切色慾行為而言，若行為人意在姦淫而施用強暴脅迫之手段者，即使姦淫尚未開始，仍不得謂非著手強姦，不能論以刑法第二百二十四條第一項之罪。（四五臺上五六三）

▲（六三臺上二二三五）　參見本法第二百二十一條。

▲（七一臺上一五六二）　參見本法第二百二十一條。

第二百二十四條之一　（加重強制猥褻罪）

犯前條之罪而有第二百二十二條第一項各款情形之一者，處三年以上十年以下有期徒刑。

⑧一、本條新增。
二、犯強制猥褻罪而有第二百二十二條第一項第一款之情形，均較普通強制猥褻罪惡性更重大，故加重處罰。

第二百二十五條　（乘機性交猥褻罪）

對於男女利用其精神、身體障礙、心智缺陷或其他相類之情形，不能或不知抗拒而為性交者，處三年以上十年以下有期徒刑。

對於男女利用其精神、身體障礙、心智缺陷或其他相類之情形，不能或不知抗拒而為猥褻之行為者，處六月以上五年以下有期徒刑。

第一項之未遂犯罰之。

⑭一、有關行為人責任能力之認定標準，多數認為以生理學及心理學之混合立法體例為優，現行法以心神喪失、精神耗弱為認定之依據，實務上即因與醫學用語難以配合，而生適用之疑義，爰修正現行法第十九條有關責任能力之認定。
二、所謂生理學及心理學之混合立法體例，在生理原因部分，以有無精神障礙或其他心智缺陷為準；在心理結果部分，則以行為人之辨識其行為違法，或依其辨識而行為之能力，是否屬不能、欠缺或顯著減低為斷。本條係因行為人利用被害人之不能或不知抗拒之狀態，而為性交或猥褻行為之處罰，亦屬對被害人之保護，則前開有關第十九條「心神喪失、精神耗弱」之修正並不當然亦適用於本條之被害人，且修正案已修正此心神喪失、精神耗弱之名詞，故本條第一項及第二項亦應配合修正，以避免實務之適用，將行為人之責任能力與被害人特質之認定標準，而與本條保護被害人之意旨有悖。故配合醫學用語，修正本條第一項、第二項之要件為利用「其精神、身體障礙、心智缺陷或其他相類之情形」。其次，本條被害人狀態之認定，不以被害人是否領有身心障礙手冊為判斷之依據，而係以被害人身、心之客觀狀態作為認定之標準，以與保護被害人之意旨相呼應。

*（心神喪失）刑一九㈠；（性交）刑一〇㈤、二二一㈠；（猥褻）刑二二四；（未遂犯）刑二五～二七；（特別規定）刑二二六。

▲刑法（舊）第二百二十五條第一項之罪，以對於婦女，乘其心神喪失或其他相類之情形，不能抗拒而姦淫之為構成要件，如果加害人使用某種方法，至使婦女不能抗拒，以實施姦淫之行為，當然成立同法（舊）第二百二十一條第一項之強姦罪。被告向某女實行姦淫之前，向稱菩薩已來，渾身都要看過，勿得聲張，致其有所畏懾，聽任指揮，即係以他法致使不能抗拒，與乘其不能抗拒而為姦淫之情形

不同。（二八滬上二五）

▲上訴人深夜侵入室內，乘被害人熟睡，登床伏身摸乳及褪褲腰，其目的非在猥褻而係圖姦，因被害人驚醒呼叫未達目的，應負對於婦女乘其與心神喪失相類之情形，不能抗拒而姦淫未遂罪，與其無故侵入住宅，又有方法結果之關係，應從較重之妨害風化未遂罪處斷。（註：應注意刑法已修正，刪除牽連犯之規定）（四八臺上九一〇）

▲告訴人指稱被告在告訴人熟睡中壓在其身上感痛驚醒，拼命抗拒，被告將伊兩手捉住，用左手壓住伊嘴，再以右手拉脫其內褲等情，如果非虛，即已著手強姦行為，而進入強姦未遂階段，核與乘機姦淫未遂之情形不同。（六〇臺上三三三五）

▲（七一臺上一五六二）參見本法第二百二十一條。

第二百二十六條　（強制性交猥褻等罪之加重結果犯）

犯第二百二十一條、第二百二十二條、第二百二十四條、第二百二十四條之一或第二百二十五條之罪，因而致被害人於死者，處無期徒刑或十年以上有期徒刑；致重傷者，處十年以上有期徒刑。

因而致被害人羞忿自殺或意圖自殺而致重傷者，處十年以上有期徒刑。

(88)一、依現行法輪姦致被害人於死或致重傷者，只論以第二百二十二條之輪姦罪非常不合理，故增列對於「加重強制性交罪」及「加重強制猥褻罪」之加重結果犯之處罰。

二、比較第二百二十二條之刑度，將最低本刑七年以上有期徒刑，提高為十年以上有期徒刑，以求刑罰之公平。

三、第二項條文加重刑罰。

*（因而致人於死或重傷）刑一七。

第二百二十六條之一　（強制性交猥褻等罪之殺人重傷害之結合犯）

犯第二百二十一條、第二百二十二條、第二百二十四條、第二百二十四條之一或第二百二十五條之罪，而故意殺害被害人者，處死刑或無期徒刑；使被害人受重傷者，處無期徒刑或十年以上有期徒刑。

(88)一、現行法第二百二十三條「強姦殺人罪」併入本條。

二、現行法只對強姦故意殺人者處以死刑規定，然「強制性交罪」、「加重強制性交罪」、「強制猥褻罪」及「加重強制猥褻罪」，雖其犯罪行為狀況不同，但若故意殺被害人，其結果相同，惡性同等重大，故一併規範之。

三、強姦而殺被害人，現行法規定絕對死刑一種，難以依實際犯罪情節，妥當量處，爰修改為相對死刑，得處死刑或無期徒刑。

四、強姦或強制猥褻被害人而重傷害被害人者，現行法並無結合犯之處罰，實務上僅能與現行法第二百七十八條第一項從一重處斷，造成情重法輕之現象，爰增設後段規定之，以求刑罰之公平。

第二百二十七條　（對未成年人為性交猥褻罪）

對於未滿十四歲之男女為性交者，處三年以上十年以下有期徒刑。

對於未滿十四歲之男女為猥褻之行為者，處六月以上五年以下有期徒刑。

對於十四歲以上未滿十六歲之男女為性交者，處七年以下有期徒刑。

對於十四歲以上未滿十六歲之男女為猥褻之行為者，處三年以下有期徒刑。

第一項、第三項之未遂犯罰之。

(88)一、現行法第二百二十一條第二項「準強姦罪」，改列本條第一項；第二百二十四條第二項「準強制猥褻罪」改列本條第二項。

二、妨害性自主罪之保護客體及於男性，故將現行法中「女子」改為「男女」。

*（性交）刑一〇㊄、二二一㈠；（未滿十六歲）刑二三三、二四一㈢、二八六㈠，民一二二四；（猥褻）刑二二四；（告訴乃論）刑二二九之一；（特別規定）軍刑六一②。

▲上訴人第一次將某女姦淫時，某女年尚未滿十四歲，上訴人實施姦淫雖屬和姦，依法應以準強姦論科。嗣後續姦多次，某女固已年滿十四歲，而未滿十六歲，僅成立刑法（舊）第二百二十七條第一項之罪。惟此與同法（舊）第二百二十一條第二項之準強姦罪，罪質相同，且係以概括之犯意反覆為之，應依連續犯論上訴人以姦淫未滿十四歲女子之準強姦罪。（五九臺上一四五一）（九一、九、一三決議不再援用）

▲刑法（舊）第二百二十七條第一項姦淫十四歲以上未滿十六歲之女子罪，係因年稚之女子對於性行為欠缺同意能力，故特設處罰明文以資保護，其父之同意不能阻卻犯罪，亦無刑法第十六條但書後段所定免刑之適用。（六三臺上三八二七）

▲上訴人每次和誘未滿十六歲之某女外出、匿居，均與之姦淫，足證其和誘之始，即有姦淫之意圖，依刑法（舊）第二百四十一條第三項之規定應負同條第二項之罪責，另又觸犯同法（舊）第二百二十七條第一項之罪，二者有方法結果之牽連關係，應從一重之意圖姦淫而和誘未滿十六歲之女子脫離家庭罪處斷，先後多次行為，係基於概括之犯意，應依同法第五十六條以連續犯一罪論。（六七臺上四七七）（九五、二、一四決議自九五、七、一起不再援用）

第二百二十七條之一　（減刑或免刑）

十八歲以下之人犯前條之罪者，減輕或免除其刑。

(88)對年齡相若之年輕男女，因相戀自願發生性行為之情形，若一律以第二百二十七條之刑罰論處，未免過苛，故一律減輕或免除其刑。

第二百二十八條　（利用權勢性交或猥褻罪）

對於因親屬、監護、教養、教育、訓練、救濟、醫療、公務、業務或其他相類關係受自己監督、扶助、照護之人，利用權勢或機會為性交者，處六月以上五年以下有期徒刑。

因前項情形而為猥褻之行為者，處三年以下有期徒刑。

第一項之未遂犯罰之。

(88)增訂因「教育」、「訓練」、「醫療」之關係利用權勢或機會為性交或為猥褻行為之處罰。

*（親屬）民九六七～九七一、九八三，刑三一；（監護）民一〇九一、一一一三；（公務）刑一〇㈡、二四㈡、三三六㈠；（業務）刑二二、二四㈡、一三二㈢、二〇八㈡、二一五、三一六、三一七、三三六㈡；（性交）刑一〇㊄、二二一㈠；（猥褻）刑二二四。

第二百二十九條　（詐術性交罪）

以詐術使男女誤信為自己配偶，而聽從其為性交者，處三年以上十年以下有期徒刑。

前項之未遂犯罰之。

(88)一、修正原條文「婦女」為「男女」，使男性同為保護之客體。

二、修正「姦淫」為「性交」，參考第二百二十一條說明一。

*（詐術）刑一三七㈠、一四六、一五二、二三八、二五一㈠、二九七㈠、三一三、三三九㈠、三五五；（配偶）刑一六七、二三七、二三九、二四〇㈡、二四五㈡、三二四㈠；（性交）刑一〇㊄、二二一㈠；（未遂犯）刑二五～二七。

第二百二十九條之一　（告訴乃論）

對配偶犯第二百二十一條、第二百二十四條之罪者，或未滿十八歲之人犯第二百二十七條之罪者，須告訴乃論。

(94)現行條文關於對配偶犯第二百二十一條之罪須告訴乃論，而情節較輕之第二百二十四條強制猥褻罪反而為非告訴乃論罪，有欠妥恰，爰增訂之。

第十六章之一 妨害風化罪

第二百三十條　（血親為性交罪）

與直系或三親等內旁系血親為性交者，處五年以下有期徒刑。

(88)原條文「相和姦」修正為「為性交」。

*（血親）民九六七，刑三二一；（告訴乃論）刑二三六。

第二百三十一條　（圖利使人為性交或猥褻罪）

意圖使男女與他人為性交或猥褻之行為，而引誘、容留或媒介以營利者，處五年以下有期徒刑，得併科十萬元以下罰金。以詐術犯之者，亦同。

公務員包庇他人犯前項之罪者，依前項之規定加重其刑至二分之一。

(94)一、配合第五十六條連續犯之刪除，刪除現行第二項常業犯之規定。

二、現行第三項條文移列為第二項。「前二項」及「各該項」均修正為「前項」。

*（性交）刑一〇㊄、二二一㊀；（猥褻）刑二二四；（公務員）刑一〇㊁；（加重其刑）刑六四㊀、六五㊀、六七～七二；（特別規定）刑二三三，軍婚一三㊁。

▲刑法（舊）第二百三十一條所謂引誘良家婦女與人姦淫，係指婦女初無與人姦淫之意，因犯人之勸導誘惑，始決意為之者而言。倘婦女自願為娼，並非由其勸導誘惑，即與引誘之條件不合。（二八上四〇二〇）

▲刑法（舊）第二百三十一條第一項所謂容留，係指供給姦淫者之場所而言，上訴人令其收買之良家女子賣淫，應成立意圖營利引誘與人姦淫罪，雖仍觸犯同一法條，而罪名究有區別。（二九上三八五三）

▲（五一臺上一六六）　參見本法第四十一條。

▲（七一臺上三六六三）　參見本法第五十條。

▲（七四臺上六四五〇）　參見本法第五十五條。

第二百三十一條之一　（圖利強制使人為性交或猥褻罪）

意圖營利，以強暴、脅迫、恐嚇、監控、藥劑、催眠術或其他違反本人意願之方法使男女與他人為性交或猥褻之行為者，處七年以上有期徒刑，得併科三十萬元以下罰金。

媒介、收受、藏匿前項之人或使之隱避者，處一年以上七年以下有期徒刑。

公務員包庇他人犯前二項之罪者，依各該項之規定加重其刑至二分之一。

第一項之未遂犯罰之。

(94)一、配合第五十六條連續犯之刪除，刪除現行第三項常業犯之規定。

二、現行第四項改列為第三項，「前三項」之文字修正為「前二項」；現行第五項改列第四項。

第二百三十二條　（利用權勢或圖利使人性交之加重其刑）

對於第二百二十八條所定受自己監督、扶助、照護之人，或夫對於妻，犯第二百三十一條第一項、第二百三十一條之一第一項、第二項之罪者，依各該條項之規定加重其刑至二分之一。

(88)利用其身分、權勢而為第二百二十八條、第二百三十一條第一項、第二百三十一條之一第一、二項之行為者，應該加重其處罰，以收遏阻之效，故加重其刑度。

▲刑法（舊）第二百三十二條之犯罪對象，雖包括同法（舊）第二百二十八條所謂業務關係，但以犯罪行為人因業務上之關係，對被害人處於監督地位，而被害人亦因業務上之關係有服從之義務者而言，如係普通僱傭關係，尚難謂有監督及服從之必要。（五七臺上一八四六）

▲刑法（舊）第二百三十二條，夫對於妻意圖營利引誘與他人姦淫罪，以具有夫之身分之人始能成立。上訴人既非被害人之夫，自難為該條犯罪主體，如係與被害人之夫共同犯之，應依刑法第三十一條第二項規定，論以同法第二百三十一條第一項之罪。（五八臺上二二七六）

▲（七〇臺上一〇八二）　參見本法第三十一條。

第二百三十三條　（使未滿十六歲之男女為性交或猥褻罪）

意圖使未滿十六歲之男女與他人為性交或猥褻之行為，而引誘、容留或媒介之者，處五年以下有期徒刑、拘役或一萬五千元以下罰金。以詐術犯之者，亦同。

意圖營利犯前項之罪者，處一年以上七年以下有期徒刑，得併科十五萬元以下罰金。

(108)本罪最後修正於民國八十八年三月三十日，爰依刑法施行法第一條之一第二項但書規定將罰金數額提高三倍，以增加法律明確性，並使刑法分則各罪罰金數額具內在邏輯一致性。

*（引誘容留或媒介）刑二三一㊀；（未滿十六歲）刑二二七；（猥褻）刑二二四；（性交）刑一〇㊄、二二一㊀；（特別規定）兒福四三。

▲刑法上所謂引誘未滿十六歲之男女與他人為猥褻之行為或姦淫者，必其未滿十六歲之男女，本無與他人為猥褻之行為或姦淫之意思，因被其勾引誘惑，始決意與他人為猥褻之行為或姦淫，方足當之。（五一臺上一七一八）

▲上訴人因被誘人說沒有錢花用，而提出介紹接客姦宿賺錢之語，足見仍係上訴人主動引誘無疑。縱被誘人曾在臺中某旅社賣淫，非良家婦女，但被誘人為年尚未滿十六歲之女子，上訴人引誘其與他人姦淫，自應構成刑法（舊）第二百三十三條之罪，其多次引誘，犯意概括，應依連續犯以一罪論。（六四臺上一一一八）（九五、三、二八決議自九五、七、一起不再援用）

▲（七〇臺上一〇八二）　參見本法第三十一條。

▲（七四臺上六四五〇）　參見本法第五十五條。

第二百三十四條　（公然猥褻罪）

意圖供人觀覽，公然為猥褻之行為者，處一年以下有期徒刑、拘役或九千元以下罰金。

意圖營利犯前項之罪者，處二年以下有期徒刑、拘役或科或併科三萬元以下罰金。

(108)本罪最後修正於民國八十八年三月三十日，爰依刑法施行法第一條之一第二項但書規定將罰金數額提高三倍，以增加法律明確性，並使刑法分則各罪罰金數額具內在邏輯一致性。

*（公然）刑一一八、一三六、一四〇、一四九、一五〇、一五九、一六〇、二四六㊀、二九二、三〇九、三一二；（猥褻）刑二二四。

▲釋一四五。

第二百三十五條　（散布、販賣猥褻物品及製造持有罪）

散布、播送或販賣猥褻之文字、圖畫、聲音、影像或其他物品，或公然陳列，或以他法供人觀覽、聽聞者，處二年以下有期徒刑、拘役或科或併科九萬元以下罰金。
意圖散布、播送、販賣而製造、持有前項文字、圖畫、聲音、影像及其附著物或其他物品者，亦同。
前二項之文字、圖畫、聲音或影像之附著物及物品，不問屬於犯人與否，沒收之。

⑩本罪最後修正於民國八十八年三月三十日，爰依刑法施行法第一條之一第二項但書規定將罰金數額提高三倍，以增加法律明確性，並使刑法分則各罪罰金數額具內在邏輯一致性。

*（猥褻）刑二二四；（公然）刑二三四；（沒收）刑三八。

▲釋四〇七、六一七。

▲刑法第二百三十五條第一項之供人觀覽猥褻物品罪，乃屬侵害社會法益之罪，係以散布或販賣或公然陳列或以他法供人觀覽猥褻物品為要件，其中散布、販賣、公然陳列，乃例示規定，均屬圖供他人觀覽方法之一，但供人觀覽之方法，實不以上開三種為限，故又以他法供人觀覽之補充概括規定加以規範。所謂公然陳列者，指陳列於不特定人或特定多數人得以共見共聞之公然狀態；而散布者，乃散發傳布於公眾之意；販賣行為，亦足以流傳於眾，多係對不特定人或特定多數人為之。考其立法目的，以此等行為，使猥褻物品流傳於社會公眾，足以助長淫風，破壞社會善良風俗，其可罰性甚為顯著，此與猥褻物品僅供己或僅供極少數特定人觀覽，未達危害社會秩序而屬個人自由權限範疇之情形有別，故設刑罰規定，以資禁制。從而本罪所稱以他法供人觀覽之補充概括規定，雖未明定為公然，實與上開例示規定相同而含有公然之意，必係置於不特定人或特定多數人可得觀賞、瀏覽之狀態下，始足當之。（八四臺上六二九四）

附註

本則判例與八十八年四月二十一日修正公布之刑法第二百三十五條規定並無牴觸。

第二百三十六條　（告訴乃論）

第二百三十條之罪，須告訴乃論。

⑧強制性交、強制猥褻等罪須告訴乃論，立法本意良善，但助長加害人逍遙法外，坐實本罪之氾濫，且強化被害人引以為恥之觀念。為破除此種不合時代潮流的父權社會思想，將強制性交等罪改為非告訴乃論，故本條修正為只有第二百三十條需告訴乃論。

*（告訴乃論）刑訴二三二～二三九、三〇三③、三二五；（特別規定）軍婚一四。

▲刑法（舊）第二百四十條之罪，須告訴乃論，此在同法（舊）第二百五十二條已有明文規定，因犯強姦罪而故意殺死被害人，固已觸犯同法（舊）第二百四十條第六項之罪，但既未經合法告訴，祇應就其殺人行為按法論科，尚難遽依該條處斷。（註：應注意刑法第二二九之一條已修正。）（一九非八五）

第十七章　妨害婚姻及家庭罪

⇧查第二次修正案第十七章謂本案將原案姦非及重婚、略誘及和誘罪兩章，關於妨害婚姻及家庭各條，併為本章，以明立法之本旨。

第二百三十七條　（重婚罪）

有配偶而重為婚姻或同時與二人以上結婚者，處五年以下有期徒刑。其相婚者亦同。

⇧查第二次修正案理由謂有配偶而重為婚姻句，修正案改作重為婚姻，而刪去有配偶之條件，其理由謂同時與二人結婚，是否重婚，頗涉疑問。但修正案所改包涵過廣，蓋重婚二字，指多於一次而言，即續婚亦在其內。本案擬仍從原案，並加入同時與二人結婚句，較為完善。
查暫行律第二百九十一條注意謂既有配偶重為婚姻，雖不同居，然於律例上完備婚姻成立之要件，則為本罪之既遂。又查該條補箋內謂本罪非猥褻，亦非姦淫，乃為違背一夫一婦制度之罪，故本罪以已成婚之人，締結重複婚姻時而成立，不必男女間有一日片時同棲之事實也。

*（配偶）刑一六七、二二九㈠、二三九、二四〇㈢、二四五㈢、三二四㈠；（結婚）民九八〇～九八五、九八八～九九一、九九五～九九九；（重為婚姻）民九八五、一〇五二㈠；（特別規定）軍婚一三㈠。

▲重婚罪之成立，必以婚姻成立為前提，婚姻成立，依民法第九百八十二條規定，應有公開之儀式及二人以上之證人，否則婚姻為無效，即不得以重婚論。（二三上七二五）

▲重婚之犯罪行為，以舉行婚儀而完成，其性質為即成犯。（二四上四六九）

▲結婚應有公開之儀式及二人以上之證人，民法第九百八十二條定有明文，所謂結婚公開之儀式，無論依舊俗新式，均應為一般不特定之人所得共見，至於證人雖不必載明於婚書，但須以在場親見，並願負證明責任之人為限。（六四臺上一五四八）

第二百三十八條　（詐術結婚罪）

以詐術締結無效或得撤銷之婚姻，因而致婚姻無效之裁判或撤銷婚姻之裁判確定者，處三年以下有期徒刑。

⇧查第二次修正案理由謂本條原案無，本案以此種行為，祇負民事上離婚及扶養之義務，未足以蔽其辜，故擬參照外國立法例增入。

*（詐術）刑一三七㈠、一四六、一五二、二五一㈠、二九七㈠、三一三、三三九㈠、三五五；（無效或得撤銷之婚姻）民九八八～九九一、九九五～九九七；（婚姻無效之裁判）民訴五八二；（撤銷婚姻之裁判）民訴五八二；（告訴乃論）刑二四五。

第二百三十九條　（刪除）

⇧查暫行律第二百八十九條補箋謂本律於姦淫行為中，僅罰強姦及有夫和姦，而無處罰其餘純然私通野合之條文。論者謂與中國禮教相反，宜將和誘處女、寡婦等罪名加入。然據編訂者之意，謂此種行為，當依家庭教育、學校教育及輿論制裁以防止之，非刑罰所能矯正也。

*（配偶）刑二三七、二四五；（通姦）民一〇五二㈠②，刑訴二三九；（特別規定）軍婚一三㈠。

▲釋五五四。

▲上訴人連續姦淫十四歲以上未滿十六歲之女子後，囑其於婚後逃出與己結婚，及該女子於婚後逃出，又復誘往各處連續實施姦淫，除其意圖姦淫和誘有配偶之人脫離家庭一罪，與其連續與有配偶之人相姦一罪，有牽連關係，應從一重之意圖姦淫和誘罪處斷外，其連續姦淫十四歲以上未滿十六歲之女子一罪，即應與意圖姦淫和誘一罪，併合處斷。（五一臺上三四七）（九四、九、一三決議自九五、七、一起不再援用）

第二百四十條　（和誘罪）

和誘未成年人脫離家庭或其他有監督權之人者，處三年以下有期徒刑。
和誘有配偶之人脫離家庭者，亦同。
意圖營利，或意圖使被誘人為猥褻之行為或性交，而犯前二項之罪者，處六月以上五年以下有期徒刑，得併科五十萬元以下罰金。
前三項之未遂犯罰之。

⑪一、原第一項之保護客體為「未滿二十歲」之男女，及父母或其他有監督權之人對於未成年人之監督權，係以未滿二十歲之人尚未成年而有保護之必要，為配合民法成年年

齡下修為十八歲，爰將「未滿二十歲」修正為「未成年」，俾與民法規範一致。另本項保護之對象應無區分男女之必要，一併予以修正，以杜爭議。
二、提高第三項之罰金刑，以符合罰金刑級距之配置。
三、第二項及第四項未修正。

*（和誘）刑二四一㊂；（未滿二十歲）刑二四一㊀、三四一㊀，民一二四；（家庭）民一一二二；（其他有監督權之人）刑三一、二四一㊀，民一〇九一～一〇九三、一一一〇；（配偶）刑二二九；（猥褻）刑二二四；（性交）刑二二一㊀；（未遂犯）刑二五～二七；（告訴乃論）刑二四五；（特別規定）軍婚一三㊂。

▲刑法上之和誘，原係指得被誘人同意將其誘出置於自己支配力之下者而言，某婦雖自願背夫與被告偕逃，而既係出自被告之引誘，要難謂與和誘之要件不符。（二九上二四四二）

▲刑法上之和誘，係指被誘人知拐誘之目的而予同意者而言，如施行詐術等不正當手段，反乎被誘人之意思，而將其置於自己實力支配之下，則為略誘，而非和誘。（五一臺上二二七二）

▲上訴人既先與某婦多次相姦，其後又因戀姦情熱，而和誘某婦脫離家庭同居姦淫，其後之和誘同居姦淫行為，顯係另行起意，除其和誘後之相姦行為與和誘行為有牽連關係，應從一重之和誘罪處斷外，其和誘前之相姦行為，即應與和誘罪併合處罰，原判決竟認其先後相姦（包括和誘前後）係基於概括犯意，應依連續犯論以一罪，與和誘行為具有牽連關係，應從一重之後者處斷，自難謂無違誤。（六四臺上二一七五）（九四、九、一三決議自九五、七、一起不再援用）

▲上訴人意圖姦淫和誘未滿十六歲之孫姓女子至新竹同居之行為，係犯刑法第二百四十一條第三項、第二項之罪，其意圖姦淫和誘孫姓女子至宜蘭同居時，孫姓女子已滿十六歲，係犯同法第二百四十條第三項之罪，先後二次犯行，雖分別觸犯加重準略誘罪及加重和誘罪，惟準略誘罪本質上仍為和誘，祇因被誘人年齡之不同，而異其處罰，既係以概括之犯意反覆為之，仍應成立連續犯。（七〇臺上一八五一）

▲（七四臺上六四五〇）參見本法第五十五條。

第二百四十一條（略誘罪）

略誘未成年人脫離家庭或其他有監督權之人者，處一年以上七年以下有期徒刑。

意圖營利，或意圖使被誘人為猥褻之行為或性交，而犯前項之罪者，處三年以上十年以下有期徒刑，得併科二百萬元以下罰金。

和誘未滿十六歲之人，以略誘論。

前三項之未遂犯罰之。

(110)一、第一項修正「未滿二十歲之男女」為「未成年人」，理由同修正條文第二百四十條說明一。
二、提高第二項之罰金刑，以符合罰金刑級距之配置。
三、第三項修正「男女」為「人」，理由同修正條文第二百四十條說明一。
四、第四項未修正。

*（略誘）刑二九八㊀～三〇〇㊀；（未滿二十歲）刑二四〇㊀；（和誘）刑二四〇㊀、㊂；（未滿十六歲）刑二三三、二八六；（以略誘論）刑二四〇；（未遂犯）刑二五～二七。

▲略誘罪之成立，須以強暴、脅迫、詐術等不正之手段而拐取之者為要件。若被誘者有自主之意思，或並得其承諾，即屬和誘範圍，不能以略誘論。（二〇上一三〇九）

▲刑法（舊）第二百四十一條第三項和誘未滿十六歲之女子以略誘論之規定，係指行為人誘拐之手段本係和而非略者而言，若意圖營利施用略誘之手段犯之者，即屬略誘行為，雖被害人年齡未滿十六歲，仍應適用該條第二項處斷，無再適用同條第三項之餘地。（五一臺上二一二八）

▲（六七臺上四七七）參見本法第二百二十七條。

▲（七〇臺上一八五一）參見本法第二百四十條。

第二百四十二條（移送被誘人出國罪）

移送前二條之被誘人出中華民國領域外者，處無期徒刑或七年以上有期徒刑。

前項之未遂犯罰之。

*（中華民國領域）憲四，刑三～八、一〇四㊀、二九九㊀；（未遂犯）刑二五～二七。

第二百四十三條（收受藏匿被誘人或使之隱避罪）

意圖營利、或意圖使第二百四十條或第二百四十一條之被誘人為猥褻之行為或性交，而收受、藏匿被誘人或使之隱避者，處六月以上五年以下有期徒刑，得併科一萬五千元以下罰金。

前項之未遂犯罰之。

(108)本罪於民國八十八年三月三十日修正時並未依刑法施行法第一條之一所揭之旨將罰金數額提高十倍，造成刑法內在邏輯不一致之情形，亦有違罪責相當性原則之要求，爰提案修正將罰金數額提高三十倍。

*（未遂犯）刑二五～二七。

▲（五一臺上二二七二）參見本法第二百四十條。

▲刑法第二百四十三條第一項之收受被誘人罪，所謂「收受」係指對於他人所誘出之人，予以收受，置於自己實力支配之下而言。故在被誘人未脫離犯罪者實力支配前，仍應認為在犯罪行為繼續中，即為繼續犯，而非即成犯。（八七臺上一五六八）

第二百四十四條（減刑之特例）

犯第二百四十條至第二百四十三條之罪，於裁判宣告前送回被誘人或指明所在地因而尋獲者，得減輕其刑。

*（裁判宣告）刑訴三一一～三一三；（所在地）刑訴五㊀；（減輕其刑）刑六四㊁、六五㊁、六六～七二。

第二百四十五條（告訴乃論）

第二百三十八條、第二百四十條第二項之罪，須告訴乃論。

⇧查第二次修正案理由謂原案和誘、略誘未成年人，及預謀收藏被和誘、略誘人罪，須告訴乃論，本案擬刪。又原案第三百五十五條第二項被誘人與犯人為重婚姻者，非離婚後，其告訴為無效。本案以和誘、略誘罪為侵犯保護人之權利，即令被誘人與犯人結婚，亦應處罰，故亦刪。

*（告訴乃論）刑訴二三二～二三九、三〇三③、三二二、三二五、三三一；（配偶）刑二三七；（宥恕）刑四三、五九、六一，民一〇五三、一一四五㊁；（告訴）刑訴二三二～二三五；（特別規定）軍婚一四。

▲刑法第二百四十條所列各項之罪，依同法第二百四十五條規定，僅其第二項之罪須告訴乃論，其他各項則否，原審既認上訴人係犯該條第三項之罪，自不在告訴乃論之列。（二五上一八〇三）

▲刑法第二百四十五條第二項之不得告訴，以有告訴權之配偶，縱容他方與人通姦或相姦或加以宥恕者為限，若非第二百三十九條之通姦相姦罪，告訴者又非配偶，自無該項之適用。（三〇上一八一四）

第十八章　褻瀆祀典及侵害墳墓屍體罪

⇧查第二次修正案第十八章謂原案名褻瀆祀典及發掘墳墓罪，未能包括侵犯屍體各條，考各國刑法，其定本罪於專章者，類多名曰妨害宗教罪，改定第二次修正案亦如之，迨本法由國民政府頒布時，又改用今名。又查暫行律第二十章原案調中律祀典向隸禮律祭祀，凡邱壇寺觀，俱賅於內。查各國刑法，宗教特立一門，蓋崇奉神明之意，中外同此一理，既根於全國之習慣，即為社會秩序所關係，故仍設為專章。至各國正教，亦附於後，以符信教自由之原則。發掘墳墓，大率利其棺內財物，自唐以後俱列盜賊，然就廣義言之，或挾仇示辱，或貪圖吉壤，或指稱旱魃，原因複雜，不僅財物一項，茲從各國通例移輯本章之後。

第二百四十六條（侮辱宗教建築物或紀念場所罪、妨害祭禮罪）

對於壇廟、寺觀、教堂、墳墓或公眾紀念處所公然侮辱者，處六月以下有期徒刑、拘役或九千元以下罰金。

妨害喪、葬、祭禮、說教、禮拜者，亦同。

(108)一、本罪於民國七十二年六月二十六日後並未修正，爰依刑法施行法第一條之一第二項本文規定將罰金數額修正提高三十倍，以增加法律明確性，並使刑法分則各罪罰金數額具內在邏輯一致性。

二、第二項末句「亦同」修正為「，亦同」。

⇧查第二次修正案理由調原案第二百五十七條不敬之行為句，不敬二字，意義過泛，蓋宗教各有不同，對於他宗教，斷不能強以相當之敬禮。故本案改為侮辱，似較允協。修正案第二百六十九條，於墳墓二字上，加歷代帝王陵寢及先賢字樣，似有限制之意。前法律館草案，兩廣簽注墓所，是否指古昔帝王陵寢，或泛指常人墳塚，案語調墓所二字，意義至廣，一切包括在內云云。考外國法律關於此條，一律保護，並無何等限制，以其有宗教之觀念也，故本案擬仍從原案。

又查暫行律第二百五十七條注意內稱壇廟寺觀，指載列祀典或志乘者而言，禮拜所凡回教及各國正教載在約章應行保護之禮拜堂皆是，他如淫祠邪教本所嚴禁，自難援用。該條補箋內稱信教自由，各國皆載在憲法，乃人民之權利也。本條不論宗教種類如何，或奉道教，或信佛教，或皈依耶穌教，皆保護之，非以保護宗教為理由也，蓋此等紊亂信教上之秩序行為，不罰無以飭風紀也。

*（公然）刑一一八、一三六、一四〇、一四九、一五〇、一五九、一六〇、二三四、二九二、三〇九、三一二；（侮辱）刑一一八、一四〇、一四一、一六〇、三〇九㈠、三一二；（說教禮拜）憲一三。

▲死亡者之旁系卑親屬，因遺產爭執，妨害喪葬，應成立刑法第二百四十六條第二項之罪。至其有無繼承遺產權，與犯罪之成立無關。（院一三二七）

第二百四十七條（侵害屍體罪、侵害遺骨遺髮殮物遺灰罪）

損壞、遺棄、污辱或盜取屍體者，處六月以上五年以下有期徒刑。

損壞、遺棄或盜取遺骨、遺髮、殮物或火葬之遺灰者，處五年以下有期徒刑。

前二項之未遂犯罰之。

⇧查第二次修正案理由調姦淫屍體，及其他污辱之行為，間有所聞，近世法典，亦有規定為罪者，故本案於第一項增入污辱二字。又火葬遺灰與遺骨、遺髮性質相同，故擬仿意大利刑法及德國刑法準備草案增入。

又查暫行律第二百五十八條注意調屍體未脫化者，與單純之人骨不同，遺骨及遺髮可代屍體埋葬禮拜，及其他宗教上崇為儀式者皆是。該條補箋內稱，屍體指人類之死體，其筋絡尚未分離者而言，既分離者稱為遺骨、遺髮，若全然化為石灰土泥者，不在屍體遺骨、遺髮字樣之內。我國習慣不重視嬰兒及童稚之屍體與遺骨，本章雖未明揭，以法理推之，當包括此等字樣之中，蓋自獨自呼吸後，即為人類也。

*（損壞）刑一一八、一三八、一三九、一四一、一六〇、一六一㈢、一六二㈢、一八二、一八四、一八五、二四九、三五二、三五四；（遺棄）刑二四九、二九三、二九四；（污辱）刑一一八、一六〇、二四九㈠；（盜取）刑三二〇㈠；（屍體）刑二四九㈠；（未遂犯）刑二五～二七；（依法令行為）刑二一，刑訴二一三、二一六；（加重）刑二五〇。

▲遺棄屍體罪，以所遺棄者係屬屍體為要件。上訴人猛擊某甲倒地後，疑其已死，將其移置他處，次晨復甦，經醫治無效身死，是某甲當時實未身死，尚未成為屍體，上訴人之行為，自不另行成立遺棄屍體罪。（二九上八七三）

▲刑法第二百四十七條第一項之污辱屍體罪，以行為人知悉其加害之對象係屬屍體而予以污辱，始克當之，若行為人並無屍體之認識，即無構成本條之罪之可言。（六二臺上四三一三）

第二百四十八條（發掘墳墓罪）

發掘墳墓者，處六月以上五年以下有期徒刑。

前項之未遂犯罰之。

⇧查第二次修正案理由調修正案第二百七十一條，仿舊律於發掘墳墓句下，加見棺槨字樣，以為犯罪成立之條件，本案擬仍從原案，凡發掘墳墓者，概行處罰。至於見棺槨與否，乃犯罪行為之程度，可由法官審情處判。

*（墳墓）刑二四九；（依法令行為）刑二一，刑訴二一三、二一六；（加重）刑二五〇；（未遂犯）刑二五～二七。

▲發掘墳墓罪之成立，以對於墳墓有開發起掘之故意為必要。若無此故意，而僅因建築新墳，致損害他人墳墓之外形，除應構成毀損罪者，須另行依法論處外，尚不能繩以發掘墳墓之罪。（三一上二四二一）

▲發掘墳墓，當然於墳墓有所毀損，自不另行成立毀損罪。（三二上二二四八）

▲發掘墳墓罪，乃係保護社會敬重墳墓之善良風俗，而非保護墳墓之本身或死者之遺族，故無主之墳墓，亦在保護之列。原判決所稱之王某，雖不知埋骨罈之墳墓係江某之祖墳，但對其所挖掘者為墳墓，當有認識，其予以挖掘之行為，仍應成立本罪。（七〇臺上三三三三）

第二百四十九條（發掘墳墓結合罪）

發掘墳墓而損壞、遺棄、污辱或盜取屍體者，處三年以上十年以下有期徒刑。

發掘墳墓而損壞、遺棄或盜取遺骨、遺髮、殮物或火葬之遺灰者，處一年以上七年以下有期徒刑。

*（損壞）刑二四七；（遺棄）刑二四七；（污辱）刑二四七；（盜取）刑二四七；（加重）刑二五〇。

▲上訴人於發掘墳墓時，並挖損棺木，該棺木既殮有屍體，即屬殮物之一種，自應構成刑法第二百四十九條第二項之罪。至挖損之棺木，雖係他人之物，但其損壞之罪責，已包含於損壞殮物之內，不應再依同法第三百五十四條從一重處斷。（三一上二三三四）

第二百五十條（侵害直系血親尊親屬屍體墳墓罪）

對於直系血親尊親屬犯第二百四十七條至第二百四十九條之罪者，加重其刑至二分之一。

⇧查暫行律第二百六十二條理由調發塚之罪，自唐迄明本重，今益嚴厲，故本條所定之刑，較各國之立法例為重。我國舊律本應科死罪，今改以無期徒刑為其最重之刑，蓋以此種雖屬大罪，而究與生存之尊親屬加以暴行者有別，故罰當稍輕，其理一也。發掘尊親因之墳墓而盜取其葬具，此種狂暴之行為，實教化未普之證，然刑與教化當對待，徒峻其刑，必不能絕此種非行之迹，故廢其剝奪生命之刑，而使服感化主義之自由刑，其理二也。

*（血親）民九六七；（直系血親尊親屬）刑二七二、二八〇、三〇三；（加重其刑）刑六四㈠、六五㈠、六七～七二。

第十九章　妨害農工商罪

第二百五十一條（不法囤積物品哄抬價格牟利罪）

意圖抬高交易價格，囤積下列物品之一，無正當理由不應市銷售者，處三年以下有期徒刑、拘役或科或併科三十萬元以下罰金：

一　糧食、農產品或其他民生必需之飲食物品。

二　種苗、肥料、原料或其他農業、工業必需之物品。

三　前二款以外，經行政院公告之生活必需用品。

以強暴、脅迫妨害前項物品之販運者，處五年以下有期徒刑、拘役或科或併科五十萬元以下罰金。

意圖影響第一項物品之交易價格，而散布不實資訊者，處二年以下有期徒刑、拘役或科或併科二十萬元以下罰金。

以廣播電視、電子通訊、網際網路或其他傳播工具犯前項之罪者，得加重其刑至二分之一。

第二項之未遂犯罰之。

(109)一、重要生活必需用品倘有藉機從事人為操縱或其他不當行為，將影響國民生活安定並阻礙全體社會經濟之發展，且國民健康與衛生之保障屬基本生存需求，惡意囤積商品影響國民健康與衛生之行為，嚴重影響人民權益，實有處罰必要。

二、本條以刑罰手段處罰囤積不應市行為，而一般生活必需用品甚多，何種生活必需用品之囤積不應市應以刑罰手段處罰，應使人民得以預見，因國家負有維護國民健康與衛生以保障基本生存需求之義務，為因應生活必需用品供應之實際情勢，並避免擴大至所有民生物品，是以法律明定授權行政院公告生活必需用品，以符合授權明確性原則，爰增訂第一項第三款規定。

三、考量現今以廣播電視、電子通訊、網際網路或其他傳播工具等傳播方式，同時或長期對社會多數之公眾發送訊息傳送影響物價之不實資訊，往往造成廣大民眾恐慌及市場交易動盪更鉅。是意圖影響第一項物品之交易價格，而透過前開手段傳送不實資訊者，有加重處罰之必要，爰增訂第四項之加重處罰事由。

四、原第二項及第三項未修正；第四項移列第五項。

*（強暴脅迫）刑一三五、一三六、一四二㈠、一四九、一五〇、一五二、一六一㈡、㈢、一六二㈡、㈢、二二一㈠、二二四、二二八㈠、三二九、三三三；（詐術）刑一三七㈠、一四六、一五二、二二九㈠、二三八、二九七㈠、三一三、三三九㈠、三五五；（妨害販運）憲一四八；（未遂犯）刑二五～二七；（特別規定）妨總動員懲五㈠③。

▲刑法第二百五十一條第一項第二款所謂妨害販運種子、肥料、原料及其他農業所需之物品，係指對於種子、肥料、原料及其他農業所需物品之販賣、運送加以妨害而言。上訴意旨，謂係妨害販運種子、肥料、原料及妨害農業上所需物品之義，顯屬誤會。（二五上七〇八五）

第二百五十二條（妨害農事水利罪）

意圖加損害於他人而妨害其農事上之水利者，處二年以下有期徒刑、拘役或九千元以下罰金。

(108)本罪於民國七十二年六月二十六日後並未修正，爰依刑法施行法第一條之一第二項本文規定將罰金數額修正提高三十倍，以增加法律明確性，並使刑法分則各罪罰金數額具內在邏輯一致性。

*（農事上水利）憲一四六；（特別規定）水利九三、九四。

▲妨害農事上水利罪之成立，一方需對於他人農事上之水利有妨害行為，而他方尤重在有加損害於他人之企圖，其僅在灌救自己田畝，而非圖損他人者，自難以該條論擬。（二八上四二一六）

第二百五十三條（偽造仿造商標商號罪）

意圖欺騙他人而偽造或仿造已登記之商標、商號者，處二年以下有期徒刑、拘役或科或併科九萬元以下罰金。

(108)本罪於民國七十二年六月二十六日後並未修正，爰依刑法施行法第一條之一第二項本文規定將罰金數額修正提高三十倍，以增加法律明確性，並使刑法分則各罪罰金數額具內在邏輯一致性。

*（偽造）刑一九五、一九六、二一〇～二一二、二一六、二五四；（仿造）刑二五四；（商標）刑二五四，商標二、四、五、一八、二〇；（商號）刑二五四；（特別規定）商標七〇、七一。

▲所謂仿造商標，指製造類似之商標足以使一般人誤認為真正商標者而言。（院六七八）

▲仿造第三人商標，出售同一商品，其仿造行為，既在他人將該商標依法註冊（登記）以前，自不發生仿造已登記商標之問題，即使在他人註冊後，知情而仍繼續出售，亦不負刑法上之責任。（院一七三八）

▲仿造商標，祇以製造類似之商標可使一般人誤認為真正商標為已足。上訴人等鈐用之三金錢商標，雖無圈帶，然其金錢之個數平排之形狀等，均與某號之三金錢嘜商標相類似，實足以使一般人誤認為即係該號之出品，自不得謂非仿造。（二五上七二四九）

第二百五十四條（販賣陳列輸入偽造仿造商標商號之貨物罪）

明知為偽造或仿造之商標、商號之貨物而販賣，或意圖販賣而陳列，或自外國輸入者，處六萬元以下罰金。

(108)本罪於民國七十二年六月二十六日後並未修正，爰依刑法施行法第一條之一第二項本文規定將罰金數額修正提高三十倍，以增加法律明確性，並使刑法分則各罪罰金數額具內在邏輯一致性。

*（明知）刑一三㈠；（偽造）刑二五三；（仿造）刑二五三；（商標）刑二五三；（商號）刑二五三；（自外國輸入）刑二五五㈡、二五七㈢。

第二百五十五條（對商品為虛偽標記與販賣陳列輸入該商品罪）

意圖欺騙他人，而就商品之原產國或品質，為虛偽之標記或其他表示者，處一年以下有期徒刑、拘役或三萬元以下罰金。

明知為前項商品而販賣，或意圖販賣而陳列，或自外國輸入者，亦同。

(108)一、本罪於民國七十二年六月二十六日後並未修正，爰依刑法施行法第一條之一第二項本文規定將罰金數額修正提高三十倍，以增加法律明確性，並使刑法分則各罪罰金數額具內在邏輯一致性。

二、末句「亦同」修正為「，亦同」。

*（明知）刑一三㈠；（自外國輸入）刑二五四、二五七㈢。

第二十章　鴉　片　罪

⇧查第二次修正案第二十章謂原案本章名鴉片烟罪，修正案理由謂，鴉片所以成立罪名者，因其貽毒社會，不論其為生藥、為熟膏、為煙為灰，厥害相等，是以海牙禁止鴉片公約，分別生熟兩項辦理。若僅舉烟字，反滋遺漏等語，故本案擬從修正案，改定今名。（按國民政府於十八年七月二十五日公布之禁烟法，其科刑一章為本法之特別法，應儘先採用。）

第二百五十六條（製造鴉片、毒品罪）

製造鴉片者，處七年以下有期徒刑，得併科九萬元以下罰金。

製造嗎啡、高根、海洛因或其化合質料者，處無期徒刑或五年以上有期徒刑，得併科十五萬元以下罰金。

前二項之未遂犯罰之。

(108)一、本罪於民國七十二年六月二十六日後並未修正，爰依刑法施行法第一條之一第二項本文規定將罰金數額修正提高三十倍，以增加法律明確性，並使刑法分則各罪罰金數額具內在邏輯一致性。
二、第二項前段「或其他化合質料者」修正為「或其化合質料者」。

⇧查第二次修正案理由謂海牙禁止鴉片公約，於鴉片外，尚有嗎啡、高根、海洛因、及其化合質料等，皆在禁止之列。又民國三年四月頒行嗎啡治罪條例，故本案擬從修正案，增入嗎啡、高根、海洛因、及其化合質料等字樣。又輸出於外國句原案無，修正案謂海牙禁止鴉片公約，凡簽約各國均禁止鴉片嗎啡輸出，吾國既與簽約之列，自應一律辦理，故本案擬從修正案增入。

*（未遂犯）刑二五～二七；（沒收）刑二六五；（特別規定）毒品危害四。

第二百五十七條　（販賣運輸鴉片、毒品罪）

販賣或運輸鴉片者，處七年以下有期徒刑，得併科九萬元以下罰金。

販賣或運輸嗎啡、高根、海洛因或其化合質料者，處三年以上十年以下有期徒刑，得併科十五萬元以下罰金。

自外國輸入前二項之物者，處無期徒刑或五年以上有期徒刑，得併科三十萬元以下罰金。

前三項之未遂犯罰之。

(108)一、本罪於民國七十二年六月二十六日後並未修正，爰依刑法施行法第一條之一第二項本文規定將罰金數額修正提高三十倍，以增加法律明確性，並使刑法分則各罪罰金數額具內在邏輯一致性。
二、第二項中段「三年以上、十年以下」修正為「三年以上十年以下」。

*（自外國輸入）刑二五四、二五五㊁；（未遂犯）刑二五～二七；（沒收）刑二六五；（特別規定）毒品危害四。

▲（四二臺上四一〇）參見本法第五十五條。

第二百五十八條　（製造販運吸食鴉片器具罪）

製造、販賣或運輸專供吸食鴉片之器具者，處三年以下有期徒刑，得併科一萬五千元以下罰金。

前項之未遂犯罰之。

(108)本罪於民國七十二年六月二十六日後並未修正，爰依刑法施行法第一條之一第二項本文規定將罰金數額修正提高三十倍，以增加法律明確性，並使刑法分則各罪罰金數額具內在邏輯一致性。

⇧查第二次修正案理由謂供吸食鴉片用之器具不少，即如尋常之洋燈火柴等，均可充用，而法律所欲禁者，則惟專供吸食之一項。原案第二百七十三條有專供明文，此條缺略，每生疑問，故本案擬從修正案增入專字。

*（未遂犯）刑二五～二七；（沒收）刑二六五；（加重）刑二六四；（特別規定）毒品危害五㊃、六、一四㊀。

第二百五十九條　（為人施打嗎啡或以館舍供人吸食鴉片罪）

意圖營利，為人施打嗎啡或以館舍供人吸食鴉片或其化合質料者，處一年以上七年以下有期徒刑，得併科三萬元以下罰金。

前項之未遂犯罰之。

(108)一、本罪於民國七十二年六月二十六日後並未修正，爰依刑法施行法第一條之一第二項本文規定將罰金數額修正提高三十倍，以增加法律明確性，並使刑法分則各罪罰金數額具內在邏輯一致性。
二、第一項後段「一年以上、七年以下」修正為「一年以上七年以下」。

⇧查第二次修正案理由謂原案第二百六十九條之規定，其用意凡以館舍供人吸食鴉片，罪即成立，不僅指開設烟館一項。故本案擬從修正案，改為以館舍供人吸食鴉片，並增入意圖營利句，以示限制。

*（未遂犯）刑二五～二七；（沒收）刑二六五；（加重）刑二六四；（特別規定）毒品危害八、一四㊀。

▲僅以館舍供人自行施打嗎啡之行為，祇能構成施打嗎啡之幫助犯，與刑法第二百五十九條之要件不合。（四四臺上七五八）

第二百六十條　（栽種與販運罌粟種子罪）

意圖供製造鴉片、嗎啡之用而栽種罌粟者，處五年以下有期徒刑，得併科九萬元以下罰金。

意圖供製造鴉片、嗎啡之用而販賣或運輸罌粟種子者，處三年以下有期徒刑，得併科九萬元以下罰金。

前二項之未遂犯罰之。

(108)一、本罪於民國七十二年六月二十六日後並未修正，爰依刑法施行法第一條之一第二項本文規定將罰金數額修正提高三十倍，以增加法律明確性，並使刑法分則各罪罰金數額具內在邏輯一致性。
二、第二項前段「嗎啡之用，而販賣或運輸」修正為「嗎啡之用而販賣或運輸」。

⇧查第二次修正案理由謂本條第二項原案無，修正案依民國三年十二月三十日司法部遵議販賣罌粟種子罪增入，本案從之。

*（未遂犯）刑二五～二七；（沒收）刑二六五；（加重）刑二六四；（特別規定）毒品危害五㊂、㊄、六、一四㊀。

第二百六十一條　（公務員強迫他人栽種或販運罌粟種子罪）

公務員利用權力強迫他人犯前條之罪者，處死刑或無期徒刑。

*（公務員）刑一〇㊁；（權力）刑一三四；（沒收）刑二六五；（加重）刑二六四。

第二百六十二條　（吸用煙毒罪）

吸食鴉片或施打嗎啡或使用高根、海洛因或其化合質料者，處六月以下有期徒刑、拘役或一萬五千元以下罰金。

(108)本罪於民國七十二年六月二十六日後並未修正，爰依刑法施行法第一條之一第二項本文規定將罰金數額修正提高三十倍，以增加法律明確性，並使刑法分則各罪罰金數額具內在邏輯一致性。

*（沒收）刑二六五；（加重）刑二六四；（特別規定）毒品危害一〇。

第二百六十三條　（持有煙毒或吸食鴉片器具罪）

意圖供犯本章各罪之用，而持有鴉片、嗎啡、高根、海洛因或其化合質料，或專供吸食鴉片之器具者，處拘役或一萬五千元以下罰金。

(108)本罪於民國七十二年六月二十六日後並未修正，爰依刑法施行法第一條之一第二項本文規定將罰金數額修正提高三十倍，以增加法律明確性，並使刑法分則各罪罰金數額具內在邏輯一致性。

*（沒收）刑二六五；（加重）刑二六四；（特別規定）毒品危害一一㊀、㊂。

第二百六十四條　（公務員包庇煙毒罪）

公務員包庇他人犯本章各條之罪者，依各該條之規定加重其刑至二分之一。

*（公務員）刑一〇㈡；（包庇）刑一三四；（加重其刑）刑六四㈠、六五㈠、六七～七二；（沒收）刑二六五；（特別規定）毒品危害一五。

第二百六十五條　（沒收物）

犯本章各條之罪者，其鴉片、嗎啡、高根、海洛因或其化合質料，或種子或專供吸食鴉片之器具，不問屬於犯人與否，沒收之。

*（沒收）刑三八；（特別規定）毒品危害一九。

第二十一章　賭博罪

第二百六十六條　（普通、網路賭博罪與沒收物）

在公共場所或公眾得出入之場所賭博財物者，處五萬元以下罰金。

以電信設備、電子通訊、網際網路或其他相類之方法賭博財物者亦同。

前二項以供人暫時娛樂之物為賭者，不在此限。

犯第一項之罪，當場賭博之器具、彩券與在賭檯或兌換籌碼處之財物，不問屬於犯罪行為人與否，沒收之。

(111)一、隨著電信及網路資訊科技進步，在國內電信設備、電子通訊及網際網路高度普及下，傳統賭博演變成不受地域及時間限制，任何人只要擁有電話、傳真、電腦或通訊裝置及連網設備，均可輕易接觸賭博，因而帶來諸多家庭及社會問題，對社會治安及風氣形成負面影響。其衍生之問題，除查緝困難外，亦潛藏其他諸如洗錢、詐欺、暴力討債及組織犯罪等犯罪活動，更使選舉賭博情事頻傳，影響選民投票意向，破壞選舉公正。是以電信設備、電子通訊、網際網路或其他相類之方法賭博財物之新興賭博方式，其危害社會經濟秩序程度更甚於傳統賭博財物行為。

二、原第一項所定之「公共場所或公眾得出入之場所」，司法實務認為個人於電腦網路賭博經由私下設定特定之密碼、帳號，其賭博活動及內容具有一定封閉性，僅為對向參與賭博之人私下聯繫，其他民眾無從知悉其等對賭之事，故利用上開方式向他人下注，因該簽注內容或活動並非他人可得知悉，尚不具公開性，即難認係在「公共場所」或「公眾得出入之場所」賭博（最高法院一百零七年度台非字第一七四號判決參照）。惟在特定人或不特定人可得參與之賭博場所，賭博網站、社群或群組內等網路空間，以電信設備、電子通訊、網際網路或其他相類之方法，與該賭博場所、賭博網站或社群經營者對賭，或與其他參與者進行賭博財物之行為，易使此類新興賭博方式迅速蔓延至整個網路社會，其與在公共場所或公眾得出入之場所賭博財物之可罰性無異，而有處罰之必要，爰增訂第二項明文規定以電信設備、電子通訊、網際網路或其他相類之方法賭博財物之刑事責任。另修正提高原第一項本文之罰金刑，以符合罰金刑級距之配置。

三、修正條文第一項及第二項之賭博財物行為，不論係在公共場所或公眾得出入之場所為之，或以電信設備、電子通訊、網際網路或其他相類之方式為之，如係以供人暫時娛樂之物為賭者，均不予處罰，爰將原第一項但書移列第三項，並酌作文字修正。至於所謂「以供人暫時娛樂之物為賭者」，係指行為人雖以財物為賭博標的，但其輸贏之數目或經濟價值極為微小，社會觀念不予重視，客觀上可認定此等微不足道之輸贏係具娛樂性質，而非以博取財物為主要目的之賭博行為者，例如家人、朋友間以電話、視訊通話或通訊軟體打賭而輸贏飲食、電影票券等財物，對社會經濟秩序尚屬無害，乃不予處罰。又是否為以供人暫時娛樂之物為賭，應由法院依一般社會上客觀之標準，視具體情況認定之，併予敘明。

四、原第二項移列至第四項，並明定為犯第一項之罪之義務沒收規定，以臻明確。又因彩券非屬賭博器具，亦非屬財物，故增列彩券亦應予沒收。另參考現行第三十八條之條文用語，酌作文字修正，以求一致。

*（公眾）刑一五一、一七三㈠、一七四㈠、一八三㈠、一八五㈠、一八八、二一〇～二一五、二一七、二一八；（沒收）刑三八；（加重）刑二七〇。

▲（八一臺非二三三）參見本法第二十八條。

第二百六十七條　（刪除）

(94)一、本條刪除。

二、配合第五十六條連續犯之刪除，刪除本條常業犯之規定。

第二百六十八條　（圖利供給賭場或聚眾賭博罪）

意圖營利，供給賭博場所或聚眾賭博者，處三年以下有期徒刑，得併科九萬元以下罰金。

(108)本罪於民國七十二年六月二十六日後並未修正，爰依刑法施行法第一條之一第二項本文規定將罰金數額修正提高三十倍，以增加法律明確性，並使刑法分則各罪罰金數額具內在邏輯一致性。

⇧查第二次修正案理由謂原案第二百七十八條，聚眾開設賭場句，防範未臻嚴密，故本案擬加修正。

*（聚眾）刑一四九、一五〇；（加重）刑二七〇。

▲㈠意圖營利供給賭博場所或聚眾賭博，其賭場縱設在私人住宅內，仍應成立刑法第二百六十八條之罪。（院解三九六二）

▲有罪之判決書，其認定事實、所敘理由及援用科刑法條均無錯誤，僅主文論罪之用語欠周全，於全案情節與判決本旨並無影響，難謂有判決理由矛盾之違法。（八四臺非一九〇）

第二百六十九條　（辦理有獎儲蓄或發行彩票罪、經營或媒介之罪）

意圖營利，辦理有獎儲蓄或未經政府允准而發行彩票者，處一年以下有期徒刑或拘役，得併科九萬元以下罰金。

經營前項有獎儲蓄或為買賣前項彩票之媒介者，處六月以下有期徒刑、拘役或科或併科三萬元以下罰金。

(108)本罪於民國七十二年六月二十六日後並未修正，爰依刑法施行法第一條之一第二項本文規定將罰金數額修正提高三十倍，以增加法律明確性，並使刑法分則各罪罰金數額具內在邏輯一致性。

*（媒介）民五六五～五六九，刑三四九㈡；（加重）刑二七〇。

▲賽馬本屬技術競賽，惟其附售彩票，如未經政府允准者，應成立刑法第二百六十九條第一項之罪。（院解三三二六）

第二百七十條　（公務員包庇賭博罪）

公務員包庇他人犯本章各條之罪者，依各該條之規定加重其刑至二分之一。

*（公務員）刑一〇㈡；（包庇）刑一三四；（加重其刑）刑六四㈠、六五㈠、六七～七二；（特別規定）軍刑七五。

第二十二章　殺人罪

⇧查第二次修正案第二十二章謂原案本章名殺傷罪，本案以殺人與傷害兩罪，輕重懸殊，而情節或有未易分明之處。例如殺人未遂成傷，以其有殺人之故意，應科以殺人未遂罪，不應科以傷害罪。又如傷害至死者，以其無殺人之故意，應科以傷害致死之罪，不應科以殺人罪。此種區別，每易錯誤，故本案擬將兩罪分為二章。

第二百七十一條　（普通殺人罪）

殺人者，處死刑、無期徒刑或十年以上有期徒刑。

前項之未遂犯罰之。

預備犯第一項之罪者，處二年以下有期徒刑。

⇧查第二次修正案理由，謂原案因廢謀殺、故殺之別，故科罰自十年以上有期徒刑至死刑。按殺人罪之規定，各國刑法科刑之裁量，其範圍廣大，如原案者，惟日本一國，英美系分謀殺、故殺，德法系亦然，而羅馬人種之國，若意大利及南美洲諸國，皆分別殺人之尋常情節及重大情節，而謀殺則重大情節之一也。考各國刑法所謂情節重大者，約分為四：

一　因被害人之身分者，例如內外元首，依法執行職務之官員，尊親屬等。

二　因殺死之方法者，例如刺殺、毒殺及有凶殘行為等。

三　以殺人為犯他罪之目的者，例如謀財殺人、放火殺人、強姦殺人等。

四　因犯人有特別惡性者，例如謀殺及因貪殺人等。

以上各情節，我國舊律亦大同小異，故本案擬參酌中外法律，分別法定，庶免法官執行之失當。

謀殺人者，為殺人重大情節之一，原案廢謀殺、故殺之區別，其理由有三：一謂有預謀之殺意，與無預謀之殺意，法理上不能有正確之分別。二謂即使可分，而同一殺人，刑法究無輕重之差。三謂因犯意出於預謀，而加重其刑，何以別種犯罪俱無特予以重刑之規定，則預謀之殺傷，自無應處重罰之理。按第一說，因其難於分別，故主張廢止，似無充分之理由。夫律文之有待於解釋，及解釋上之難於分別者，多矣，即如原案所稱強暴詐術，不正當等名辭，學理上亦無正確之標準，有賴乎法官之酌情定奪，不獨謀殺為然。況謀殺、故殺，我國舊律，向有分別，成例具在，當不至如原案所慮之虞也。第二說，謂同一殺人罪，刑法究無輕重之差，以一語而抹煞各罪中輕重情節之條文，似有未當，即如同一賭博罪，而以賭博為常業與否，科罰遂有輕重，又同一殺人罪，而殺死尊親屬與殺死常人，科罰亦有輕重，故以犯意之輕重，而區別謀殺、故殺，未為不當。第三說，謂因犯意出於預謀，而加重其刑，何以他罪無此區別。夫各罪加重之情節，因其性質而異，例如以犯某罪為常業，而加重其刑者，某罪有之，而某罪無之，因被害人之年齡而加重其刑者，亦然，其餘各種加重之標準（詳見總則刑之酌科章），莫不如是。故以預謀之故意，為殺人罪加重之情節，謂犯罪人有特別之兇性，因科以重刑，非必他罪亦出於一律也。以上原案三理由，尚嫌薄弱，本案故擬分別謀殺、故殺科罰。惟本法以普通殺人罪，既可處至死刑，如犯罪之手段極其可惡，自可由法官審酌一切，判處極刑，毋庸另為規定，故仍廢謀殺、故殺及殘忍殺人等之區別。

又查暫行律第三百十一條補箋，謂人者，指自己以外之自然人，在別條中無特別規定者而言。法律上之人字，有法人與自然人之別，刑律僅指自然人而言，惟胎兒，及死體，不在人字範圍之內。因胎兒未出生者，當為母體之一部，法律上不認為人，死體則人格已消滅，亦不得稱為人也，故殺胎兒及死體，另成其他之罪，不成本章之罪。至於殺害嬰兒，在普通知識，頗輕視之，揆之法理，實為大謬，蓋人自受生以後，在民法即為權利主體，在刑法即為被害主體，烏得置輕重於其間也。所謂特別規定者，如殺害尊親屬，另有專條之類是也。

＊（未遂犯）刑二五～二七；（預備犯）刑二七二㊂；（特別規定）殘害人群二㊀①、㊁、㊂、六，妨兵二四㊀③。

▲殺人與傷害人致死之區別，應以有無殺意為斷，其受傷之多寡，及是否為致命部位，有時雖可藉為認定有無殺意之心證，究不能據為絕對標準。（一八上一三〇九）

▲殺人與傷害致死之區別，即在下手加害時有無死亡之預見為斷。至受傷處所是否致命部位，及傷痕之多寡，輕重如何，僅足供認定有無殺意之參考，原不能為區別殺人與傷害致人死之絕對標準。（一九上七一八）

▲殺人罪之成立，須於實施殺害時，即具有使其喪失生命之故意，倘缺乏此種故意，僅在使其成為重傷，而結果致重傷者，祇與使人受重傷之規定相當，要難遽以殺人未遂論處。（四八臺上三三）

▲上訴人以殺人之意思將其女扼殺後，雖昏迷而未死亡，誤認已死，而棄置於水圳，乃因溺水窒息而告死亡，仍不違背其殺人之本意，應負殺人罪責。（六六臺上五四二）

▲（六九臺上六四七）參見本法第六十三條。

第二百七十二條　（殺直系血親尊親屬罪）

對於直系血親尊親屬，犯前條之罪者，加重其刑至二分之一。

[108]一、殺害直系血親尊親屬，除侵害生命法益外，更違反我國倫常孝道而屬嚴重之逆倫行為，故其法定刑較第二百七十一條殺人罪為重。惟原第一項法定刑為死刑或無期徒刑，嚴重限制法官個案量刑之裁量權。司法實務常見之個案，行為人因長期遭受直系血親尊親屬之虐待，因不堪被虐而犯本條之殺人犯行，其行為固屬法所不許，惟若只能量處無期徒刑或死刑，恐又過於嚴苛。爰參酌第二百五十條侵害直系血親尊親屬屍體墳墓罪、第二百八十條傷害直系血親尊親屬罪之規定，修正第一項之法定刑為加重其刑至二分之一，使法官得視具體個案事實、犯罪情節及動機等為妥適量刑。

二、第一項修正為「對於直系血親尊親屬，犯前條之罪者，加重其刑至二分之一」，所謂「前條之罪」自包括第二百七十一條第二項未遂犯及第三項預備犯之處罰，為免重複規定，爰刪除原第二項及第三項。

＊（直系血親）民九六七；（直系血親尊親屬）刑三一、一七〇、二八〇、二八一；（未遂犯）刑二五～二七；（預備犯）刑二七一㊂。

▲（二七上一三三八）參見本法第三十一條。

▲被告某乙殺死養父某甲，依民法第一千零七十七條之規定，某甲自係某乙之直系血親尊親屬，應依刑法第二百七十二條第一項處斷。原判按照同法第二百七十一條第一項普通殺人罪論科，殊有違誤。（三七上二一九二）

第二百七十三條　（義憤殺人罪）

當場激於義憤而殺人者，處七年以下有期徒刑。

前項之未遂犯罰之。

⇧查第二次修正案理由謂本條原案無，本案參照我國舊律，及外國立法例增入。所謂出於義憤者，例如因自己或親屬受莫大之侮辱，或妻子與人通姦等情節是也。

＊（當場激於義憤）刑二七九；（未遂犯）刑二五～二七。

▲所謂當場激於義憤而殺人，非祇以被害人先有不正行為為已足，且必該行為在客觀上有無可容忍，足以引起公憤之情形，始能適用。被害人擅賣眾地吞價不分，固非正當，然此不過處分共有物之不當，尚非使共有人受有不堪容忍之刺激，自無激於義憤之可言。且賣地之事已成過去，尤與當場之意義不符。上訴人將其殺害，自應依通常殺人罪處斷。（二八上二五六四）

▲刑法第二百七十三條所謂當場激於義憤而殺人，係指他人所實施之不義行為，在客觀上足以引起公憤，猝然遇合，憤激難忍，因而將其殺害者而言。若於他人實施不義之行為以前，預定計畫而於其實施之際或事後將其殺害，即與當場激於義憤之情形不同，不在本條適用範圍之內。（三一上一一五六）

▲刑法第二百七十三條之規定，祇須義憤激起於當場而立時殺人者，即有其適用，不以所殺之人尚未離去現場為限。被告撞見某甲與其妻某氏行姦，激起憤怒，因姦夫姦婦逃走，追至丈外始行將其槍殺，亦不得謂非當場激於義憤而殺人。（三三上一七三二）

第二百七十四條　（母殺嬰兒罪）

母因不得已之事由，於生產時或甫生產後，殺其子女者，處六月以上五年以下有期徒刑。

前項之未遂犯罰之。

(108)一、本條係對於殺人罪特別寬減之規定，其要件應嚴格限制，以避免對於甫出生嬰兒之生命保護流於輕率。除維持原條文所規定之生產時或甫生產後之時間限制外，新增須限於「因不得已之事由」始得適用本條之規定。至於是否有「不得已之事由」，由司法實務審酌具體個案情事認定。例如：是否係遭性侵害受孕、是否係生產後始發現嬰兒有嚴重身心缺陷障礙或難以治療之疾病、家庭背景、經濟條件等綜合判斷之，爰修正第一項，並酌作標點符號修正。

二、第二項未修正。

*（母）民一〇六四～一〇六八，刑三一；（未遂犯）刑二五～二七。

▲上訴人扼死其所生女孩，已在出生後之第五日，自與刑法所定母於甫生產後，殺其子女之情形不合。（二八上二二四〇）

第二百七十五條　（加工自殺罪）

受他人囑託或得其承諾而殺之者，處一年以上七年以下有期徒刑。

教唆或幫助他人使之自殺者，處五年以下有期徒刑。

前二項之未遂犯罰之。

謀為同死而犯前三項之罪者，得免除其刑。

(108)一、生命法益主體之個人處分自己生命之自殺行為，不構成犯罪。然因生命法益同時是社會國家存立基礎的法益，而具有絕對最高之價值，原條文就「受被害人囑託殺人」、「得被害人承諾殺人」、「教唆他人自殺」及「幫助他人自殺」四種態樣均有處罰之規定。原條文就上開四種行為態樣之法定刑均定為一年以上七年以下有期徒刑，惟此四種行為態樣之惡性並不相同，前二者係被告從事殺人之構成要件行為，後二者係被害人自行結束生命，法律評價應有區別。爰將原第一項修正分設為二項，第一項為受他人囑託或得其承諾而殺之者，其惡性較重，維持原法定刑，另將惡性較輕之教唆或幫助他人使之自殺者，移列至第二項，並酌減其法定刑為五年以下有期徒刑，以符罪刑相當原則。

二、原第二項移列至第三項，並酌為文字修正。

三、原第三項規定得免除其刑之要件，係謀為同死而犯第一項之罪者，惟行為人謀為同死而為本罪之行為而未遂時，解釋上亦應得免除其刑，否則未遂情節較既遂為輕，反不能免除其刑，顯不合理，爰修正謀為同死而犯本罪之未遂犯亦得免除其刑，並配合移列至第四項。

*（教唆）刑二九、二八二；（幫助）刑三〇、二八二；（受其囑託）刑二八二、二八九；（得其承諾）刑二八二、二八九；（未遂犯）刑二五～二七；（免除其刑）刑六六，刑訴二九九㈠。

▲刑法第二百七十五條第一項幫助他人使之自殺罪，須於他人起意自殺之後，對於其自殺之行為，加以助力，以促成或便利其自殺為要件。事先對於他人縱有欺騙侮辱情事，而於其人自尋短見之行為，並未加以助力，僅未予以阻止者，尚不能繩以幫助他人使之自殺之罪。（四一臺上一一八）

第二百七十六條　（過失致死罪）

因過失致人於死者，處五年以下有期徒刑、拘役或五十萬元以下罰金。

(108)一、過失致死罪與殺人罪，雖行為人主觀犯意不同，但同樣造成被害人死亡之結果，惟原關於過失致死罪之法定刑為二年以下有期徒刑、拘役或二千元以下罰金，與殺人罪法定刑為死刑、無期徒刑或十年以上有期徒刑落差過大，在部分個案上，顯有不合理，而有提高過失致死罪法定刑之必要。爰修正第一項法定刑為五年以下有期徒刑、拘役或五十萬元以下罰金，使法官依個案情形審酌違反注意義務之情節而妥適之量刑，列為本條文。

二、原過失致死依行為人是否從事業務而有不同法定刑，原係考慮業務行為之危險性及發生實害頻率，高於一般過失行為，且其後果亦較嚴重；又從事業務之人對於一定危險之認識能力較一般人為強，其避免發生一定危險之期待可能性亦較常人為高，故其違反注意義務之可責性自亦較重。因此就業務過失造成之死亡結果，應較一般過失行為而負較重之刑事責任。惟學說認從事業務之人因過失行為而造成之法益損害未必較一般人為大，且對其課以較高之注意義務，有違平等原則，又難以說明何以從事業務之人有較高之避免發生危險之期待。再者，司法實務適用之結果，過於擴張業務之範圍，已超越立法目的。而第一項已提高法定刑，法官得依具體個案違反注意義務之情節，量處適當之刑，已足資適用，爰刪除原第二項關於業務過失致死規定。

*（過失）刑一四；（從事業務之人）刑二〇八㈡、二一五；（特別規定）引水三四、三七、四〇。

▲上訴人充當汽車司機，駕駛公共汽車，在某街附近將某甲壓傷身死，雖係以某甲突由馬路橫過為注意力所不能及，並警察已作放行手勢，即可照常行駛相辯解，然上訴人行車通衢對於路上行人之有無，已應為相當之注意，況據上訴人自稱，看見被害人在前，則避免發生危險並非不能注意之事，至警察作放行手勢為其指揮交通之一種手段，而途中有無發生危險之可能，仍應由行車之駕駛者為充分之注意，自難以一經警察作放行手勢，即可不負注意之責任。（二四上一六九六）

▲上訴人充當醫生，於決定施用手術之際，對於病人某乙之心肺各部有無病狀，未予嚴密檢查，率為施行全身麻醉，致某乙體力不支，僅五十五分鐘氣絕身死，自不能免除業務上過失致人死之罪責。（二五上六九二五）

▲刑法第二百七十六條第二項之業務上過失致人於死罪，以行為人之過失係基於業務上行為而發生者為限。上訴人在醫院充當助手，如非擔任治療之業務，則其對於求診者濫施藥針誤傷人命，係屬普通過失致人於死，尚不負業務上過失之加重責任。（二六滬上五）

▲汽車之煞車機件，為車上重要之部分，其是否靈敏，有無損壞，與行車安全極有關係，不能謂檢查煞車係機匠之任務，與司機者無關，如司機不先予檢查，漫行駕駛，則因煞車不靈，壓斃人命，即應負業務上過失致人於死之責。（二八滬上一八〇）

▲上訴人雖係實習醫生，但既在醫院從事治療之業務，因怠於醫術上之注意，以致病人死亡，顯應成立刑法第二百七十六條第二項從事業務之人因業務上過失致人於死之罪。（二八上一三〇二）

▲㈠刑法上所謂業務，係指以反覆同種類之行為為目的之社會的活動而言，執行此項業務，縱令欠缺形式上之條件不免違法，但仍無礙於業務之性質。被告之開駛汽車，雖據稱未曾領有開車執照，欠缺充當司機之形式條件，但既以此為業，仍不得謂其開駛汽車非其業務。（二九上三三六四）

▲刑法第一百七十三條第二項之失火罪，雖含有侵害人之生命、身體、財產等之危險性，然因失火而致焚斃人命之實害，並非當然包括於失火罪責之內。刑法上關於失火燒毀有人所在之房屋因而致人於死，並無特別規定，行為人對於房屋之被燒毀既應負過失責任，則房屋內所住之人有焚斃可能，本屬可以預知之事實，自亦不能解免過失致人於死之罪責。此項情形，明係一過失行為而觸犯刑法第一百七十三條第二項及第二百七十六條第一項之兩個罪名，應依刑法第五十五條從一重處斷。（三〇上二七四四）

▲（三七上二三一八）參見本法第五十五條。

▲刑法上所謂業務，係以事實上執行業務者為標準，即指以反覆同種類之行為為目的之社會的活動而言；執行此項業務，縱令欠缺形式上之條件，但仍無礙於業務之性質。上訴人行醫多年，雖無醫師資格，亦未領有行醫執照，欠缺醫師之形式條件，然其既以此為業，仍不得謂其替人治病非其業務，其因替人治病，誤為注射盤尼西林一針，隨即倒地不省人事而死亡，自難解免刑法第二百七十六條第二項因業務上之過失致人於死之罪責。（四三臺上八二六）

▲刑法第二百七十六條第二項業務上過失致人於死罪，以行為人之過失，係基於業務上行為而發生者為限。上訴人既係司機助手，並未擔任司機業務，則其偶因司機生病，代為駕駛，以致誤斃人命，自屬普通過失致人於死，不負業務上過失責任。（四六臺上一一三）

▲（五二臺上五二一）　參見本法第十五條。

▲上訴人從事指揮手業務，於指揮船載貨物起卸時，對艙底工人之安全，自應注意，乃應注意並能注意而不注意，致起吊之廢紙，撞及橫樑而掉落，將被害人壓傷身死，其過失與死亡之間，既有相當之因果關係，應即令負刑責。（六二臺上四）

▲某甲於行兇後正欲跳海自殺，上訴人為防止其發生意外，命人將其細縛於船員寢室之木櫃上，使之不能動彈達四天之久，致其自己刺傷之左手掌流血不止，既經鑑定因此造成四肢血液循環障礙，左前膊且已呈現缺血性壞死之變化，終於引起休克而死亡，具見上訴人未盡注意之能事，其過失行為與某甲之死亡，有相當之因果關係，自應負過失致人於死之刑責。（六四臺上一三〇六）

▲夜間在照明不清之道路，將車輛停放於路邊，應顯示停車燈光，或其他標識，為道路交通安全規則第一百十二條第一項第十二款所明定，上訴人執業司機，對此不能諉稱不知，且按諸當時情形，又非不能注意，乃竟怠於注意，遽將大貨車停於右側慢車道上，既不顯示停車燈光，亦未作其他之標識，即在車內睡覺，以致被害人駕駛機車，途經該處，不能及時發現大貨車之存在，而自後撞上，不治死亡，則其過失行為與被害人之死亡，顯有相當之因果關係。（六五臺上三六九六）

▲上訴人為從事汽車駕駛業務之人，既見對面有來車交會，而仍超車，於超車時，又未保持半公尺以上之安全間隔，竟緊靠右側路邊駛車，迫使在其右邊之林女駕駛之機車，無路行駛，一時慌急，操作不穩，緊急煞車，機車右前方裝置之後視鏡，碰到路邊之電桿而傾倒，致使機車後座林女之母摔倒地上，因傷斃命。是上訴人之違規行車，與林母之死亡，顯有相當因果關係，應負業務過失致人於死之罪責。（六九臺上三一一九）

▲刑法第二百七十六條第二項所謂之業務，係指以反覆同種類之行為為目的之社會活動而言。故一人不以一種業務為限，如一人同時兼有二種或二種以上之業務，而在某一種業務上有不慎致人於死之行為，即應負其業務過失致人於死罪責。（六九臺上四〇四七）

▲刑法上所謂業務，係指個人基於其社會地位繼續反覆所執行之事務，其主要部分之業務固不待論，即為完成主要業務所附隨之準備工作與輔助事務，亦應包括在內。（七一臺上一五五〇）

▲上訴人係以駕車為業，其所駕駛者復為其公司之大貨車，縱此次非載貨而載人，但因與其駕車業務有直接關係，仍屬業務上之行為，自應負特別注意義務，由於其過失行為，發生致人於死之結果，原審本此確定之事實，適用刑法第二百七十六條第二項論以罪責，自無適用法則不當之違法。（七一臺上七〇九八）

▲汽車駕駛人之駕駛工作，乃隨時可致他人身體生命於危險之行為，並係具有將該行為繼續，反覆行使之地位之人。因此應有經常注意俾免他人於危險之特別注意義務。上訴人所駕駛之客貨兩用車，係以之為販賣錄音帶所用，其本人並以販賣錄音帶為業，故其駕駛該車本屬其社會活動之一，在社會上有其特殊之屬性（地位），其本於此項屬性（地位）而駕車，自屬基於社會生活上之地位而反覆執行事務，因之，在此地位之駕車，不問其目的為何，均應認其係業務之範圍。上訴人徒以其時非用以運載錄音帶，即謂非業務行為，難認有理由。（七五臺上一六八五）

▲（八四臺上五三六〇）　參見本法第十四條。

▲刑法上所謂業務，係指個人基於其社會地位繼續反覆所執行之事務，包括主要業務及其附隨之準備工作與輔助事務在內。此項附隨之事務，必須與其主要業務有直接、密切之關係者，始可包含在業務概念中，而認其屬業務之範圍。上訴人以養豬為業，其主要業務係從事豬隻之生產、養殖、管理、載運、販賣等工作，倘上訴人並非經常駕駛小貨車載運豬隻或養豬所需之飼料等物，以執行與其養豬業務有直接、密切關係之準備工作或輔助行為，僅因欲往豬舍養豬，單純以小貨車做為其來往豬舍之交通工具，自不能謂駕駛小貨車係上訴人之附隨事務。（八九臺上八〇七五）

第二十三章　傷　害　罪

第二百七十七條　（普通傷害罪）

傷害人之身體或健康者，處五年以下有期徒刑、拘役或五十萬元以下罰金。

犯前項之罪因而致人於死者，處無期徒刑或七年以上有期徒刑；致重傷者，處三年以上十年以下有期徒刑。

(108)一、本條為對身體實害之處罰，原第一項之法定刑為三年以下有期徒刑，拘役或一千元以下罰金，與第三百零二條妨害自由罪、第三百二十條竊盜罪等保護自由、財產法益之法定刑相較，刑度顯然過輕，且與修正條文第二百七十八條第一項重傷罪五年以上十二年以下有期徒刑之刑度落差過大。又傷害之態樣、手段、損害結果不一而足，應賦予法官較大之量刑空間，俾得視具體個案事實、犯罪情節及動機而為適當之量刑。爰將第一項法定刑修正為五年以下有期徒刑、拘役或五十萬元以下罰金，並酌作標點符號修正。

二、第二項酌作標點符號修正。

*（因而致人於死或重傷）刑一〇㈣、一七；（加重）刑二八〇；（告訴乃論）刑二八七；（特別規定）軍刑二八～三〇，自來水一〇一㈠。

▲刑法上傷害致人於死罪，指傷害行為，與死亡之發生，有因果關係之聯絡者而言，不惟以傷害行為直接致人於死亡者為限，即因傷害而生死亡之原因，如因自然力之參加以助成傷害應生之結果，亦不得不認為因果關係之存在。（一九上一四三八）

▲刑法第二百七十七條第二項傷害致人於死之罪，係因犯罪致發生一定結果而為加重其刑之規定，即以不法侵害人身體之故意，所施之傷害行為，致生行為人所不預期之死亡結果，使其就死亡結果負其刑責，與刑法第二百七十六條第一項因過失致人於死罪，其死亡結果係出於行為人之過失者迥異。（五三臺非五〇）

▲重傷罪之成立，必須行為人原具有使人受重傷之故意始為相當，若其僅以普通傷害之意思而毆打被害人，雖發生重傷之結果，亦係刑法第二百七十七條第二項後段普通傷害罪之加重結果犯，祇應成立傷害人致重傷罪，不能以刑法第二百七十八條第一項之重傷罪論科。（五九臺上一七四六）

▲（六一臺上二八九）　參見本法第十七條。

▲（六二臺上三四五四）　參見本法第十條。

▲上訴人等四人同時同地基於同一原因圍毆被害人等二人，其中一人因傷致死，當時既無從明確分別圍毆之對象，顯係基於一共同之犯意分擔實施行為，應成立共同正犯，並同負加重結果之全部罪責。（六九臺上一九三一）

第二百七十八條　（重傷罪）

使人受重傷者，處五年以上十二年以下有期徒刑。

犯前項之罪因而致人於死者，處無期徒刑或十年以上有期徒刑。

第一項之未遂犯罰之。

(108)一、第一項酌作標點符號修正。

二、原第二項之法定刑與修正條文第二百七十七條第二項前段傷害致死罪相同，惟本項係以重傷害之故意傷害他人而造成死亡結果，行為人主觀犯意與普通傷害有別，若法定刑相同，顯然輕重失衡而不符罪刑相當原則，爰修正第二項法定刑為無期徒刑或十年以上有期徒刑，以與傷害致死罪有所區別。

三、第三項未修正。

*（重傷）刑一〇㈣；（因而致人於死）刑一七；（加重）刑二八〇；（未遂犯）刑二五～二七。

▲用硫酸潑灑被害人之面部，顯有使其受重傷之故意，雖被害人及時逃避，僅面部胸部灼傷，疤痕不能消失，雙目未致失明，自亦無解於使人受重傷未遂之罪責。（五一臺上六〇〇）

▲使人受重傷未遂與普通傷害之區別，應以加害時有無致人重傷之故意為斷。至於被害人受傷之部位以及加害人所用之兇器，有時雖可藉為認定有無重傷故意之心證，究不能據為絕對之標準。（五五臺上一七〇三）

▲（五九臺上一七四六）參見本法第二百七十七條。

▲（六一臺上二八九）參見本法第十七條。

第二百七十九條　（義憤傷害罪）

當場激於義憤犯前二條之罪者，處二年以下有期徒刑、拘役或二十萬元以下罰金。但致人於死者，處五年以下有期徒刑。

(108)原條文罰金刑額數已不符時宜，爰配合修正罰金為二十萬元以下。

＊（當場激於義憤）刑二七三；（致人於死）刑一七。

▲刑法上所謂當場激於義憤而傷害人，係指被害人之行為違反正義，在客觀上足以激起一般人無可容忍之憤怒，而當場實施傷害者而言。（二四上二二四六）

第二百八十條　（傷害直系血親尊親屬罪）

對於直系血親尊親屬，犯第二百七十七條或第二百七十八條之罪者，加重其刑至二分之一。

＊（直系血親尊親屬）民九六七、一一一五㈠②、一一一六㈠①，刑二七二、二八二；（加重其刑）刑六四㈠、六五㈠、六七～七二。

▲（四九臺非五二）參見本法第四十一條。

第二百八十一條　（加暴行於直系血親尊親屬罪）

施強暴於直系血親尊親屬，未成傷者，處一年以下有期徒刑、拘役或十萬元以下罰金。

(108)原條文罰金刑額數已不符時宜，爰配合修正罰金為十萬元以下，並酌作標點符號修正。

＊（強暴）刑三〇四、三〇九㈡；（直系血親）民九六七；（直系血親尊親屬）民一一一五㈠②、一一一六㈠①，刑二七二、二八〇、三〇三；（告訴乃論）刑二八七。

第二百八十二條　（加工自傷罪）

受他人囑託或得其承諾而傷害之，因而致死者，處六月以上五年以下有期徒刑；致重傷者，處三年以下有期徒刑。

教唆或幫助他人使之自傷，因而致死者，處五年以下有期徒刑；致重傷者，處二年以下有期徒刑。

(108)一、身體健康法益主體之個人處分自己身體健康之自傷行為，不構成犯罪。然慮及善良風俗，原條文就「受被害人囑託傷害致死或致重傷」、「得被害人承諾傷害致死或致重傷」、「教唆傷害致死或致重傷」及「幫助他人傷害致死或致重傷」四種態樣均有處罰之規定。原條文就上開四種態樣之法定刑均相同，惟其行為態樣之惡性並不相同，前二者係被告從事傷害之構成要件行為而致重傷或致死，後二者係被害人自行傷害身體，而造成重傷、死亡之結果，法律評價應與後二者不同。爰就其行為態樣區分為二項，第一項為受他人囑託或得其承諾而傷害者，其惡性較重，維持原法定刑，另將惡性較輕之教唆或幫助他人使之自傷者移列至第二項，並酌減其法定刑，致死者處五年以下有期徒刑，致重傷者處二年以下有期徒刑，以符罪刑相當原則。

二、有關加重結果致死或至重傷之處罰體例，本法均先規定致死，再規定致重傷，爰配合修正之，以符體例。

＊（教唆）刑二九；（幫助）刑三〇；（受其囑託）刑二七五㈠、二八九㈠；（得其承諾）刑二七五㈠、二八九㈠；（重傷）刑一〇㈣；（因而致死）刑一七；（特別規定）妨兵三③、四②、六②、七㈠③。

第二百八十三條　（聚眾鬥毆罪）

聚眾鬥毆致人於死或重傷者，在場助勢之人，處五年以下有期徒刑。

(108)一、聚眾鬥毆之在場助勢之人，若有事證足認其與實行傷害之行為人間有犯意聯絡及行為分擔，或有幫助行為，固可依正犯、共犯理論以傷害罪論處。惟若在場助勢之人與實行傷害之行為人間均無關係，且難以認定係幫助何人時，即應論以本罪。又在場助勢之人如有阻卻違法事由時，本可適用總則編關於阻卻違法之規定，爰刪除非出於正當防衛之要件。

二、在場助勢之行為，極易因群眾而擴大鬥毆之規模，造成對生命、身體更大之危害，而現今電子通訊、網際網路或其他媒體等傳播工具發達，屢見鬥毆之現場，快速、輕易地聚集多數人到場助長聲勢之情形，除使生命、身體法益受嚴重侵害之危險外，更危及社會治安至鉅，為有效遏止聚眾鬥毆在場助勢之行為，爰提高法定刑為五年以下有期徒刑。

三、本罪係處罰單純在場助勢者，若其下手實行傷害行為，本應依其主觀犯意及行為結果論罪。是原條文後段關於下手實施傷害者，仍依傷害各條之規定處斷之規定並無實益，爰予刪除。

＊（聚眾）刑一四九、一五〇；（重傷）刑一〇㈣；（在場助勢）刑三〇；（正當防衛）刑二三。

▲刑法第二百八十三條所謂聚眾鬥毆，係指參與鬥毆之多數人，有隨時可以增加之狀況者而言。上訴人等與被告等雙方械鬥時，其參與鬥毆之人均係事前約定，並無隨時可以增加之狀況，自與聚眾鬥毆之情形不合。（二八上六二一）

第二百八十四條　（過失傷害罪）

因過失傷害人者，處一年以下有期徒刑、拘役或十萬元以下罰金；致重傷者，處三年以下有期徒刑、拘役或三十萬元以下罰金。

(108)一、原過失傷害依行為人是否從事業務而有不同法定刑，原係考慮業務行為之危險性及發生實害頻率，高於一般過失行為，且其後果亦較嚴重；又從事業務之人對於一定危險之認識能力較一般人為強，其避免發生一定危險之期待可能性亦較常人為高，故其違反注意義務之可責性自亦較重。因此就業務過失造成之傷害結果，應較一般過失行為而造成之傷害結果負擔較重之刑事責任。惟學說認從事業務之人因過失行為而造成之法益損害未必較一般人為大，且對其課以較高之注意義務，有違平等原則，又難以說明何以從事業務之人有較高之避免發生危險之期待。再者，司法實務適用之結果，過於擴張業務之範圍，已超越立法目的，而有修正必要，爰刪除原第二項業務過失傷害之處罰規定，由法官得依具體個案違反注意義務之情節，量處適當之刑。

二、將第一項過失傷害、過失傷害致重傷之法定刑分別修正提高為一年以下有期徒刑、拘役或十萬元以下罰金及三年以下有期徒刑、拘役或三十萬元以下罰金，以符罪刑相當，列為本條文。

＊（過失）刑一四；（重傷）刑一〇㈣；（從事業務之人）刑二〇八㈢、二一五；（告訴乃論）刑二八七；（特別規定）醫師二八㈡，自來水一〇一㈢，引水三五、三七、四〇。

▲查刑法（舊）第三百零一條第三項之罪，以怠於業務上必要之注意為成立要件。所謂業務者，乃指其本人直接所選擇生活上之地位而言。如僅因他人怠於業務上必要之注意，其間接管理該事務之人，並非能注意而不注意，自不能令負業務上過失之罪責。本案被告雖為電影公司經理兼導演員，領同上訴人等上臺排演，旋因木檯傾塌，上訴人等踝骨受傷，但直接從事是項木檯之架設，為該公司木工，而非被告，該木檯之傾塌，係因其中之一橫木附有節疤被梯遮沒不見，實非被告所能注意，均經原審分別訊明，自難令負罪責。（二〇上七八九）

▲刑法第二百七十七條第一項之傷害罪及第二百八十四條之

過失傷害罪，依第二百八十七條之規定，均須告訴乃論，縱與其他非告訴乃論之罪有方法結果之牽連關係，如未經合法告訴，仍不應予以受理。（四九臺上五一七）

第二百八十五條　（刪除）

(108)一、本條刪除。
二、本罪之行為人主觀上明知自己罹患花柳病，仍刻意隱瞞與他人為猥褻或姦淫等行為，而造成傳染花柳病予他人之結果，已構成修正條文第二百七十七條傷害罪，為避免法律適用之爭議，爰刪除本條規定。

第二百八十六條　（妨害幼童發育罪）

對於未滿十八歲之人，施以凌虐或以他法足以妨害其身心之健全或發育者，處六月以上五年以下有期徒刑。

意圖營利，而犯前項之罪者，處五年以上有期徒刑，得併科三百萬元以下罰金。

犯第一項之罪，因而致人於死者，處無期徒刑或十年以上有期徒刑；致重傷者，處五年以上十二年以下有期徒刑。

犯第二項之罪，因而致人於死者，處無期徒刑或十二年以上有期徒刑；致重傷者，處十年以上有期徒刑。

(108)一、為促進兒童及少年身心健全發展並保護其權益，聯合國《兒童權利公約》(*Convention on the Rights of the Child*)已由我國透過制定《兒童權利公約施行法》予以國內法化，該公約保護對象係以未滿十八歲者為對象；另鑒於《兒童及少年福利與權益保障法》第二條亦規定十八歲以下為兒童及少年，且同法第四十九條禁止對其身心虐待。為使本法與《兒童權利公約施行法》及《兒童及少年福利與權益保障法》對兒童及少年之保障規範有一致性，爰修正本條第一項前段，將受虐對象年齡由十六歲以下提高至十八歲以下。
二、原第一項之「凌虐」係指通常社會觀念上之凌辱虐待等非人道待遇，不論積極性之行為，如時予毆打，食不使飽；或消極性之行為，如病不使醫，傷不使療等行為均包括在內。另實務上認為凌虐行為具有持續性，與偶然之毆打成傷情形有異。如行為人對於未滿十八歲之人施以凌虐行為，處罰不宜過輕，況修正條文第二百七十七條第一項傷害罪法定刑已提高為五年以下有期徒刑、拘役或五十萬元以下罰金，爰修正第一項後段法定刑為六月以上五年以下有期徒刑。
三、本法以凌虐為構成要件行為之犯罪，除本罪以外，尚有第一百二十六條凌虐人犯罪，該罪就致人於死及致重傷均定有加重結果犯之規定。為保護未滿十八歲之人免於因凌虐而致死、致重傷，爰參考德國刑法第二百二十五條規定，於第三項、第四項增訂加重結果犯之處罰。
四、第二項未修正。

＊（未滿十六歲男女）刑二三三、二四一㈢，民一二四；（特別規定）工廠六八。

▲刑法第二百八十六條第一項之凌虐，係凌辱虐待之意，若偶有毆傷，而非通常社會觀念上所謂凌辱虐待之情形，祇能構成傷害人身體之罪。（三〇上一七八七）

▲刑法第二百八十六條之凌虐罪，與偶有毆傷之僅應構成傷害罪者不同。對同一被害人施以凌虐，其舉動雖有多次，亦係單一之意思接續進行，仍為單一之犯罪，不能以連續犯論。（註：應注意刑法已修正，刪除連續犯之規定。）（四九臺上一一一七）

第二百八十七條　（告訴乃論）

第二百七十七條第一項、第二百八十一條及第二百八十四條之罪，須告訴乃論。但公務員於執行職務時，犯第二百七十七條第一項之罪者，不在此限。

(108)配合刪除原第二百八十五條，酌作修正。

＊（告訴乃論）刑訴二三二、二三六～二三九；（公務員）刑一〇㈡；（職務）刑一三二㈢、一三四、一三五㈠、一四〇㈠、一六三㈠、二一四；（特別規定）引水三五㈡。

▲（四九臺上五一七）參見本法第二百八十四條。

第二十四章　墮胎罪

第二百八十八條　（自行或聽從墮胎罪）

懷胎婦女服藥或以他法墮胎者，處六月以下有期徒刑、拘役或三千元以下罰金。

懷胎婦女聽從他人墮胎者，亦同。

因疾病或其他防止生命上危險之必要，而犯前二項之罪者，免除其刑。

(108)一、本罪於民國七十二年六月二十六日後並未修正，爰依刑法施行法第一條之一第二項本文規定將罰金數額修正提高三十倍，以增加法律明確性，並使刑法分則各罪罰金數額具內在邏輯一致性。
二、第二項末句「亦同」修正為「，亦同」。

⇧查暫行律第三百三十二條補箋謂墮胎之說不一，有主張兒殺死說者，僅令早產，而胎兒猶生，非墮胎（本係死胎而墮之亦同）。有主張人為早產說者，不問胎兒之生死，凡未至自然分娩時期，以人為令其早產者，即為墮胎。揆之法理，墮胎之必罰，所以維持風俗，保全公益，前說失之隘，宜以後說為是。

＊（免除其刑）刑六六。

第二百八十九條　（加工墮胎罪）

受懷胎婦女之囑託或得其承諾，而使之墮胎者，處二年以下有期徒刑。

因而致婦女於死者，處六月以上五年以下有期徒刑。致重傷者，處三年以下有期徒刑。

＊（受其囑託）刑二七五㈠、二八二、二九一㈠；（得其承諾）刑二七五㈠、二八二、二九一㈠；（因而致人於死或重傷）刑一七。

第二百九十條　（意圖營利加工墮胎罪）

意圖營利而犯前條第一項之罪者，處六月以上五年以下有期徒刑，得併科一萬五千元以下罰金。

因而致婦女於死者，處三年以上十年以下有期徒刑，得併科一萬五千元以下罰金；致重傷者，處一年以上七年以下有期徒刑，得併科一萬五千元以下罰金。

(108)一、本罪於民國七十二年六月二十六日後並未修正，爰依刑法施行法第一條之一第二項本文規定將罰金數額修正提高三十倍，以增加法律明確性，並使刑法分則各罪罰金數額具內在邏輯一致性。
二、第一項中段「六月以上、五年以下」修正為「六月以上五年以下」；第二項前段「三年以上、十年以下」修正為「三年以上十年以下」；第二項後段「一年以上、七年以下」修正為「一年以上七年以下」。

⇧查第二次修正案理由謂原案第三百三十五條，醫師、產婆、藥劑師、藥材商犯墮胎罪者，科以較重之刑，用意甚善，但以所列舉之人為限，遺漏尚多。例如非正當之醫師，以墮胎為業者，情節較常人為重，而不能科以重刑。又如售墮胎藥者，不在藥材商而在尋常商店，往往有之。故本案改為意圖營利，以示概括。

本條第二項原案無，本案增入。

＊（因而致人於死或重傷）刑一七。

第二百九十一條　（未得孕婦同意使之墮胎罪）

未受懷胎婦女之囑託或未得其承諾，而使之墮胎者，處一年以上七年以下有期徒刑。
因而致婦女於死者，處無期徒刑或七年以上有期徒刑。致重傷者，處三年以上十年以下有期徒刑。
第一項之未遂犯罰之。

⇧查第二次修正案理由調原案第三百三十四條，列舉四款行為，皆係未得婦女之囑託或承諾者，故本案改為今文。

＊（受其囑託）刑二七五㊀、二八二、二八九㊀；（得其承諾）刑二七五㊀、二八二、二八九㊀；（因而致人於死或重傷）刑一七；（未遂犯）刑二五～二七。

▲刑法第二百九十一條第一項之使婦女墮胎罪，以有直接或間接之墮胎故意為必要。倘無使之墮胎之故意，而由另一原因發生墮胎之結果者，則祇成立他罪，而不能論以本罪，即因墮胎致死，亦不能以同條第二項前段之罪論擬。（二九上三一二〇）

第二百九十二條（介紹墮胎罪）

以文字、圖畫或他法，公然介紹墮胎之方法或物品，或公然介紹自己或他人為墮胎之行為者，處一年以下有期徒刑、拘役或科或併科三萬元以下罰金。

[108]本罪於民國七十二年六月二十六日後並未修正，爰依刑法施行法第一條之一第二項本文規定將罰金數額修正提高三十倍，以增加法律明確性，並使刑法分則各罪罰金數額具內在邏輯一致性。

⇧查第二次修正案理由調本條原案無，本案以此種行為，最易誘惑婦女墮胎，故增入。

＊（公然）刑一一八、一三六、一四〇、一四九、一五〇、一五九、一六〇、二四六㊀、三〇九、三一二。

第二十五章　遺　棄　罪

第二百九十三條（無義務者之遺棄罪）

遺棄無自救力之人者，處六月以下有期徒刑、拘役或三千元以下罰金。
因而致人於死者，處五年以下有期徒刑；致重傷者，處三年以下有期徒刑。

[108]本罪於民國七十二年六月二十六日後並未修正，爰依刑法施行法第一條之一第二項本文規定將罰金數額修正提高三十倍，以增加法律明確性，並使刑法分則各罪罰金數額具內在邏輯一致性。

⇧查第二次修正案理由調原案老幼殘廢疾病句，本案改為無自救力之人，以示概括。又本罪之行為，有二種：一為積極，即遺棄是也。一為消極，即不予以相當之保護是也。外國立法例，本罪之成立，有專限於有保護之義務者，有不限於有保護之義務者，德、奧、日本等國，則折衷其間，凡遺棄無自救力之人，雖無保護義務者，罪亦成立，若僅不予以相當之保護，則惟有保護義務者，罪乃成立。原案採折衷制，而條文之規定，略失輕重。查前法律館草案第三百二十四條，對於有義務之人，以積極之行為為限，範圍太狹，其次條對於消極之行為，反及於無義務之人，而其修正案加入於自己經管地內句，以示限制。然雖有此限制，終覺輕重失當，故本案對於遺棄之行為，不以有義務者為限，規定於本條，至於不予相當之保護，則以有義務者為限，規定於次條，庶與折衷制之本旨有合。

＊（無自救力之人）刑二九四㊀，憲一五五；（因而致人於死或重傷）刑一七；（特別規定）海商一〇二、一〇九。

▲刑法第二百九十四條所謂無自救力之人，係指其人無維持其生存所必要之能力而言，年力健全之婦女，不能僅以無資金、技能或未受教育為無自救力之原因。（院一五〇八）

第二百九十四條（違背義務之遺棄罪）

對於無自救力之人，依法令或契約應扶助、養育或保護，而遺棄之，或不為其生存所必要之扶助、養育或保護者，處六月以上五年以下有期徒刑。
因而致人於死者，處無期徒刑或七年以上有期徒刑，致重傷者，處三年以上十年以下有期徒刑。

⇧查暫行律第三百三十九條注意調因法令而膺義務云者，指一定之親族，及其餘之人而言。因契約而膺義務云者，受人薪給之養老院、育嬰場、醫院、監督、執務員，及其餘運送人等而言。又該條補箋內稱本罪以不履行義務而成立，雖被害者無何等危險，亦不得不以本罪論。例如，遺棄嬰兒於巡警廳內，雖有巡警即時為保護之處置，亦當以遺棄論。本罪成立，有三特別要件：（第一）遺棄者，係擔負法令上或契約上之義務，例如父子之間，夫婦之間，為擔負法令上義務者，運送業者對於旅客，為擔負契約上之義務者是也。（第二）被遺棄者，須係不能自活之人，不能自活非無資產之調，調其無為生存上必要之事宜之體力也，即老幼殘廢疾病者是。（第三）遺棄指不履行扶助養育保護而言，例如移被害者於寥闊無人之地而稽留之，或留被害者於住所，而犯人他往而不顧，或未離被害者之身際，而不為之備辦飲食衣服等類皆是。原案注中，以已離被害者之身際解釋之，似嫌太狹。（按未離身際而不履行義務，如坐視病者不予醫藥飲食之類，雖有義務者朝夕在側，亦不能不認為刑事犯罪。）

＊（無自救力之人）憲一五五，刑二九三；（生存所必要）憲一五；（法令）憲一七〇～一七二，中標四～七，民一〇八四、一一一四；（契約）民一五三～一六六。

▲（院一五〇八）參見本法第二百九十三條。

▲刑法上所謂無自救力之人，係指其人無維持生存所必要之能力而言。若年力健全之婦女，儘有謀生之途，不能僅以無資金、技能或未受教育，為無自救力之原因。被告對於某氏固有扶養義務，但該氏正在中年，又未病廢，即其本身非無維持生存所必要之能力，被告如違反扶養義務，祇可由某氏依民事法規請求救濟，要不能謂已構成遺棄之罪。（二七上一七六五）

▲刑法第二百九十四條所謂無自救力之人，係指其人非待他人之扶養、保護，即不能維持其生存者而言。故依法令或契約負有此項義務之人，縱不履行義務，而被扶養保護人，並非絕無自救能力，或對於約定之扶養方法發生爭執，致未能繼續盡其扶養之義務者，均不能成立該條之遺棄罪。（三一上一八六七）

▲刑法上所謂無自救力之人，係指其人無自行維持生存所必要之能力者而言，如因疾病、殘廢或老弱、幼稚等類之人等是。至其財產之能否自給，雖不無相當關係，究非以此為必要之條件。（三二上二四九七）

▲刑法第二百九十四條第一項後段之遺棄罪，以負有扶助、養育或保護義務者，對於無自救力之人，不為其生存所必要之扶助、養育或保護為要件。所謂「生存所必要之扶助、養育或保護」，係指義務人不履行其義務，於無自救力人之生存有危險者而言。是本院二十九年上字第三七七號判例所稱：「若負有此項義務之人，不盡其義務，而事實上尚有他人為之養育或保護，對於該無自救力人之生命，並不發生危險者，即難成立該條之罪」，應以於該義務人不履行其義務之際，業已另有其他義務人為之扶助、養育或保護者為限；否則該義務人一旦不履行其義務，對於無自救力人之生存自有危險，仍無解於該罪責。（八七臺上二三九五）

第二百九十四條之一（違背義務遺棄罪之免責條件）

對於無自救力之人，依民法親屬編應扶助、養育或保護，因有下列情形之一，而不為無自救力之人生存所必要之扶助、養育或保護者，不罰：
一　無自救力之人前為最輕本刑六月以上有期徒刑之罪之行為，而侵害其生命、身體或自由者。

二　無自救力之人前對其為第二百二十七條第三項、第二百二十八條第二項、第二百三十一條第一項、第二百八十六條之行為或人口販運防制法第三十二條、第三十三條之行為者。

三　無自救力之人前侵害其生命、身體、自由，而故意犯前二款以外之罪，經判處逾六月有期徒刑確定者。

四　無自救力之人前對其無正當理由未盡扶養義務持續逾二年，且情節重大者。

(99)一、本條新增。

二、按民法扶養義務乃發生於有扶養必要及有扶養能力之一定親屬之間。惟徵諸社會實例，行為人依民法規定，對於無自救力人雖負有扶養義務，然因無自救力人先前實施侵害行為人生命、身體、自由之犯罪行為，例如殺人未遂、性侵害、虐待，或是未對行為人盡扶養義務，行為人因而不為無自救力人生存所必要之扶助、養育或保護，應認不具可非難性。若仍課負行為人遺棄罪責，有失衡平，亦與國民法律感情不符。爰增訂本條，明定阻卻遺棄罪成立之事由。

三、刑法第二百九十四條所謂「依法令」應扶助、養育或保護，不以民法親屬規定之扶養、保護及教養義務為限，尚包含其他法令在內，例如海商法之海難救助義務、道路交通管理處罰條例第六十二條之肇事救護義務。爰明定本條之適用，以依民法親屬編規定應負扶助、養育或保護者為限。

四、刑法第二百九十四條遺棄罪之遺棄行為，包含積極遺棄無自救力人之行為，以及消極不為無自救力人生存所必要之扶助、養育或保護之行為。爰明定僅限於「不為無自救力人生存所必要之扶助、養育或保護」之消極遺棄行為，始有本條之適用。若行為人積極遺棄無自救力人，即便有本條所定事由，仍不能阻卻遺棄罪之成立。

五、法定最輕本刑六月以上有期徒刑之罪，已非屬輕罪。無自救力人侵害行為人之生命、身體、自由而為是類犯罪行為，顯難苛求行為人仍對之為生存所必要之扶助、養育或保護，爰訂立第一款。所謂為侵害生命、身體、自由之犯罪行為，不以侵害個人法益之犯罪行為為限，凡侵害國家法益或社會法益之犯罪行為，致個人之生命、身體、自由間接或直接被害者，亦包括在內。

六、無自救力人對行為人為第二百二十七條三項、第二百二十八條第二項、第二百三十一條第一項或第二百八十六條之行為者，雖非法定最輕本刑六月以上有期徒刑之罪，惟亦難期待行為人仍對之為生存所必要之扶助、養育或保護，爰訂立第二款。

七、無自救力人對行為人故意犯本條第一款、第二款以外之罪，而侵害行為人之生命、身體、自由者，考量可能成立之罪名不一，個案之侵害結果軒輕有別，復審酌是類犯罪多為輕罪，為避免因無自救力人之輕微犯罪，即阻卻行為人遺棄罪之成立，造成輕重失衡，爰於第三款明定是類犯罪，必須經判處逾六月有期徒刑確定，始得阻卻遺棄罪之成立。又併受緩刑之宣告者，於緩刑期滿而緩刑之宣告未經撤銷者，依刑法第七十六條之規定，刑之宣告失其效力。刑既已消滅，即不符合本款之規定，從而不能阻卻遺棄罪之成立。

八、無自救力人對行為人負法定扶養義務，竟無正當理由而未盡扶養義務，雖因行為人另有人扶養，致其生命未陷於危險狀態，無自救力人方未成立遺棄罪。所謂正當理由，例如身心障礙、身患重病。若不論無自救力人未盡扶養義務之原因、期間長短、程度輕重，皆可阻卻行為人遺棄罪之成立，造成阻卻遺棄罪成立之範圍過大，影響無自救力人的法益保護，有失衡平，爰訂立第四款。又民法第一千一百十九條規定，扶養之程度，應按受扶養權利者之需要與負扶養義務者之經濟能力及身分定之。所謂「未盡扶養義務」包含未扶養及未依民法第一千一百十九條規定之扶養程度扶養。所謂「持續逾二年」係指未盡扶養義務之期間必須持續至逾二年。若係斷斷續續未盡扶養義務，且每次未盡扶養義務之期間持續皆未逾二年，即便多次未盡扶養義務之期間加總合計已逾二年，仍非此處所謂之「未盡扶養義務持續逾二年」。所謂「情節重大」係用以衡量未盡扶養義務之程度輕重。

九、無自救力人對行為人若有本條阻卻遺棄罪成立事由以外之事由，行為人因而不為無自救力人生存所必要之扶助、養育或保護者，例如無自救力人傷害行為人，經判處有期徒刑四月確定，則仍成立遺棄罪，惟依個案之情節輕重、影響，檢察官可依刑事訴訟法之規定裁量給予緩起訴處分，起訴後法院可依刑法第五十七條之規定，作為量刑之因素，甚或依刑法第五十九條之規定，予以減輕其刑。

十、依「民法」第一千一百十八條之一修正草案之規定，扶養義務之減輕或免除，須請求法院為之。法院減輕或免除扶養義務之確定裁判，僅向後發生效力，並無溯及既往之效力。因而於請求法院裁判減輕或免除扶養義務之前，依民法規定仍負扶養義務。本條所定阻卻遺棄罪成立之事由，與「民法」第一千一百十八條之一修正草案扶養義務之減輕免除事由相同者，事由是否存在，民刑事案件各自認定，彼此不受拘束，併此敘明。

第二百九十五條（遺棄直系血親尊親屬罪）

對於直系血親尊親屬犯第二百九十四條之罪者，加重其刑至二分之一。

(99)配合第二百九十四條之一之增訂，修正「前條」之用語為第二百九十四條。

*（直系血親）民九六七；（直系血親尊親屬）民一一一五㈠②、一一一六㈠①，刑三一；（加重其刑）刑六四㈠、六五㈠、六七～七二。

▲刑法第二百九十五條之遺棄罪，仍以被遺棄之直系血親尊親屬，係無自救力之人為必要。上訴人年甫四十八歲，體力尚健，平日在某姓家傭工自給，不得謂無自營生活之能力，被告等不為扶養，尚與該條之構成要件不合。（二六上二九一九）

第二十六章　妨害自由罪

⇧查第二次修正案第二十六章謂本章之罪，原案分別規定於私濫逮捕監禁罪，及妨害安全信用名譽及秘密罪兩章，本案以其侵害之法益為個人之自由，故合併原案各條，統名曰妨害自由罪，似較明顯。又侵犯居住一條，原案規定於妨害秩序章，本案以其為侵犯個人居住之自由，於公共秩序，尚為間接之關係，故仿外國立法例，一併規定於本章。

第二百九十六條（使人為奴隸罪）

使人為奴隸或使人居於類似奴隸之不自由地位者，處一年以上七年以下有期徒刑。

前項之未遂犯罰之。

⇧查第二次修正案理由謂本條原案無，惟舊律有買賣人口罪，其意與此略同。修正案第三百六十三、六十四條，依刑律補充條例增入強賣、和賣被扶助養育保護之人，及尊親屬強賣卑幼，或夫強賣妻之犯罪行為，本案以其所列舉遺漏尚多，故改為概括規定。

*（不自由）憲二二、二三，民一七；（未遂犯）刑二五～二七。

▲擄掠人為奴或擄掠人賣與他人為奴，如係意圖營利，應視被掠人年齡性別及有無家庭或其他有監督權之人，分別適用刑法第二百四十一條第二項或第二百九十八條第二項處斷，如並非圖利而被掠人為未滿二十歲之男女，且有家庭或其他有監督權之人，應適用刑法第二百四十一條第一項處斷，若被掠人為已滿二十歲之男子，僅使其為奴而非圖利，或單純出賣男女與人為奴，並無擄掠情形者，均應依刑法第二百九十六條論科。（院解二九四一）

▲刑法第二百九十六條第一項使人為奴隸或使人居於類似奴

隸之不自由地位罪，必須使人居於不法實力支配之下，而失去其普通人格者應有之自由，始足當之。如僅令使女為傭僕之事，並未剝奪其普通人格者應有之自由，即與上開犯罪構成要件不符，不能律以該條之罪。（三二上一五四二）

第二百九十六條之一　（買賣質押人口罪）

買賣、質押人口者，處五年以上有期徒刑，得併科五十萬元以下罰金。

意圖使人為性交或猥褻之行為而犯前項之罪者，處七年以上有期徒刑，得併科五十萬元以下罰金。

以強暴、脅迫、恐嚇、監控、藥劑、催眠術或其他違反本人意願之方法犯前二項之罪者，加重其刑至二分之一。

媒介、收受、藏匿前三項被買賣、質押之人或使之隱避者，處一年以上七年以下有期徒刑，得併科三十萬元以下罰金。

公務員包庇他人犯前四項之罪者，依各該項之規定加重其刑至二分之一。

第一項至第三項之未遂犯罰之。

(94)一、配合第五十六條連續犯之刪除，刪除現行第五項常業犯之規定。

二、現行第六項、第七項條文移列為第五項、第六項，並將現行第六項之「前五項」修正為「前四項」。

第二百九十七條　（意圖營利以詐術使人出國罪）

意圖營利，以詐術使人出中華民國領域外者，處三年以上十年以下有期徒刑，得併科三十萬元以下罰金。」

前項之未遂犯罰之。

(94)一、配合第五十六條連續犯之刪除，刪除本條第二項常業犯之規定。

二、因第三十三條之罰金刑已提高為新臺幣一千元以上，現行法第一項之罰金刑為「三千元以下」顯與前開修正扞格，爰依目前社會經濟水準、人民平均所得，參考罰金罰鍰提高標準條例第二條關於易科罰金、易服勞役就原定數額提高一百倍之標準，酌予提高罰金刑之上限。

三、現行第三項改列為第二項，文字「第一項」修正為「前項」。

＊（詐術）刑一三七㊀、一四六、一五二、二三八、二五一㊀、三三九㊀、三五五；（中華民國領域）憲四，刑三～八、二九九；（未遂犯）刑二五～二七。

第二百九十八條　（略誘婦女結婚罪、加重略誘罪）

意圖使婦女與自己或他人結婚而略誘之者，處五年以下有期徒刑。

意圖營利、或意圖使婦女為猥褻之行為或性交而略誘之者，處一年以上七年以下有期徒刑，得併科三萬元以下罰金。

前二項之未遂犯罰之。

(108)本罪於民國八十八年三月三十日修正時並未依刑法施行法第一條之一所揭之旨將罰金數額提高十倍，造成刑法內在邏輯不一致之情形，亦有違罪責相當性原則之要求，爰提案修正將罰金數額提高三十倍。

＊（結婚）民九八〇～九八五、九八八～九九一、九九五～九九九；（略誘）刑二四一㊀；（未遂犯）刑二五～二七；（告訴乃論）刑三〇八㊀；（減輕）刑三〇一；（特別規定）軍婚一三㊁。

▲刑法第三百十五條之略誘罪，係單純侵害被誘人之自由，而刑法第二百五十七條之略誘罪，乃直接侵害行使親權人或監護人之權利，其間自有區別。本件被誘人係未滿二十歲之女子，且有其母行使親權，則某甲之略誘行為，自與刑法第二百五十七條構成要件相合。（二〇上六九〇）

▲刑法（舊）第二百九十八條第二項，係以妨害被誘人之行動自由為構成略誘罪之內容。上訴人迭次與被害人姦淫，至於孕育一女，是否構成本罪，自應以其有無使被害人入於其實力支配之下，而失去自由為斷。（四四臺上六三八）

▲被告雖得王女監護人王某同意，然反於王女之意思，而略取價買，並使之賣淫圖利，仍應成立刑法（舊）第二百九十八條第二項之罪。（七〇臺上三九七二）

▲刑法第三百零二條妨害他人行動自由，係妨害自由罪之概括規定，若有合於其他特別較重規定者，如刑法（舊）第二百九十八條之略誘婦女罪，因其本質上已將剝奪人行動自由之觀念包含在內，即應逕依該條處罰，不能再依第三百零二條論處。（七一臺上二八〇）

第二百九十九條　（移送被略誘人出國罪）

移送前條被略誘人出中華民國領域外者，處五年以上有期徒刑。

前項之未遂犯罰之。

＊（中華民國領域）刑二九七；（移送被誘人出國）刑二四二；（未遂犯）刑二五～二七；（減輕）刑三〇一。

第三百條　（收受、藏匿或隱避被略誘人罪）

意圖營利、或意圖使被略誘人為猥褻之行為或性交，而收受、藏匿被略誘人或使之隱避者，處六月以上五年以下有期徒刑，得併科一萬五千元以下罰金。

前項之未遂犯罰之。

(108)本罪於民國八十八年三月三十日修正時並未依刑法施行法第一條之一所揭之旨將罰金數額提高十倍，造成刑法內在邏輯不一致之情形，亦有違罪責相當性原則之要求，爰提案修正將罰金數額提高三十倍。

＊（收受藏匿使之隱避）刑二四三；（未遂犯）刑二五～二七；（減輕）刑三〇一。

▲刑法（舊）第三百條之被略誘人，雖未明定以婦女為限，但該條既係承接同章第二百九十八條、第二百九十九條而來，就上開兩條之文義及條文排列之順序比較觀察，則其所謂被略誘人，自係指第二百九十八條之被略誘婦女而言。（二九上一三二五）

第三百零一條　（減輕之特例）

犯第二百九十八條至第三百條之罪，於裁判宣告前，送回被誘人或指明所在地因而尋獲者，得減輕其刑。

＊（裁判宣告）刑訴三一一；（所在地）刑訴五㊀；（送回因而尋獲）刑二四四；（減輕其刑）刑六四㊁、六五㊁、六六～七三。

第三百零二條　（剝奪他人行動自由罪）

私行拘禁或以其他非法方法，剝奪人之行動自由者，處五年以下有期徒刑、拘役或九千元以下罰金。

因而致人於死者，處無期徒刑或七年以上有期徒刑；致重傷者，處三年以上十年以下有期徒刑。

第一項之未遂犯罰之。

(108)一、本罪於民國七十二年六月二十六日後並未修正，爰依刑法施行法第一條之一第二項本文規定將罰金數額修正提高三十倍，以增加法律明確性，並使刑法分則各罪罰金數額具內在邏輯一致性。

二、第二項後段「三年以上、十年以下」修正為「三年以上十年以下」。

⇧查第二次修正案理由謂原案第三百四十四條列舉私擅逮捕或監禁之行為，本案改為概括之規定。

＊（因而致人於死或重傷）刑一七；（重傷）刑一〇㊃；（未遂犯）刑二五～二七；（特別規定）提審九。

▲上訴人為派出所警員，因某甲違警被其處罰後，風聞某甲將不利於己，乃擅行通知某甲到所，即以手銬將其銬扣於

椅背，自難認為依法執行職務。當時某甲並未酗酒泥醉，亦與行政執行法第七條所定情形不符。即依警械使用條例更無執行警務而使用手銬之規定。其竟濫用手銬加諸於人，實難卸免假借職務上之權力妨害自由之罪責。（四五臺上三一）

▲（六八臺上一九八）參見本法第二百二十一條。

▲（七一臺上二八〇）參見本法第二百九十八條。

▲刑法第三百零二條之妨害自由罪，原包括私禁及以其他非法方法剝奪人之行動自由而言，所謂非法方法，當包括強暴脅迫等情事在內。上訴人以水果刀強押周女上其駕駛之自用轎車，剝奪其行動自由，並將車駛向屏東縣萬丹公墓途中，周女要求迴車，並表示如不迴車，即跳車云云，上訴人於妨害自由行為繼續中，嚇稱如跳車即予輾死等語，自屬包含於妨害周女行動自由之同一意念之中。縱其所為，合於刑法第三百零五條恐嚇危害安全之情形，仍應視為剝奪行動自由之部分行為，原判決認所犯低度之恐嚇危害安全罪，為高度之剝奪行動自由罪所吸收，其法律見解，不無可議。（七四臺上三四〇四）

第三百零二條之一（加重剝奪他人行動自由罪）

犯前條第一項之罪而有下列情形之一者，處一年以上七年以下有期徒刑，得併科一百萬元以下罰金：

一　三人以上共同犯之。

二　攜帶兇器犯之。

三　對精神、身體障礙或其他心智缺陷之人犯之。

四　對被害人施以凌虐。

五　剝奪被害人行動自由七日以上。

因而致人於死者，處無期徒刑或十年以上有期徒刑；致重傷者，處五年以上十二年以下有期徒刑。

第一項第一款至第四款之未遂犯罰之。

第三百零三條（剝奪直系血親尊親屬行動自由罪）

對於直系血親尊親屬犯前二條第一項或第二項之罪者，加重其刑至二分之一。

*（直系血親）民九六七；（直系血親尊親屬）民一一一五㊀②、一一一六㊀①；（加重其刑）刑六四㊀、六五㊀、六七～七二。

▲繼母之身分，依民法規定，不過為血親之配偶，並非直系血親尊親屬，以非法方法剝奪其行動自由，自不能依刑法第三百零三條加重其刑。（二八上二三八二）

第三百零四條（強制罪）

以強暴、脅迫使人行無義務之事或妨害人行使權利者，處三年以下有期徒刑、拘役或九千元以下罰金。

前項之未遂犯罰之。

⇧查暫行律第三百五十八條補箋謂本條所揭之行為，在學說上名曰強制罪。解釋本罪之性質，有二說：一、主觀說，須被害人生有畏懼之心，罪始成立。二、客觀說，無論被害人畏懼與否，但須加害人有強暴脅迫之舉動時，罪即成立。宜以第二說為是。

*（強暴脅迫）刑一三五、一三六、一四二㊀、一四九、一五〇、一五二、一六一㊁、㊂、一六二㊁、㊂、二二一㊀、二二四㊀、二五一㊀、三二八㊀、三二九、三三三；（未遂犯）刑二五～二七；（特別規定）妨兵二五，水利九四。

▲甲將其所有房屋出租於乙，在租賃關係存續中，甲將該屋拆毀，僅負違反契約之責任，不成立毀壞罪，但如施用強暴脅迫，以妨害乙之使用權利，應依刑法第三百零四條第一項處斷。（院二三五五）

▲刑法第三百零四條之強暴、脅迫，祇以所用之強脅手段足以妨害他人行使權利，或足使他人行無義務之事為已足，並非以被害人之自由完全受其壓制為必要。如果上訴人雇工挑取積沙，所使用之工具確為被告強行取走，縱令雙方並無爭吵，而其攜走工具，既足以妨害他人工作之進行，要亦不得謂非該條之強暴、脅迫行為。（二八上三六五〇）

▲以強暴、脅迫使人行無義務之事，如係使人交付財物，或藉以取得不法之利益，即應成立強盜罪名，不得論以刑法第三百零四條之罪。（二八上三八五三）

▲搶奪及強取財物罪之內容，當然含有使人行無義務之事，或妨害人行使權利等妨害自由之性質，各該罪一經成立，則妨害自由之行為，即已包含在內，自無另行成立妨害自由罪名之餘地。（三二上一三七八）

▲被告等因上訴人購布尚未給付布款，聞其行將倒閉，情急強搬貨物，意在抵債，並非意圖為自己不法之所有，其行為僅應成立妨害人行使權利罪，尚難以搶奪或強盜罪相繩。（五三臺上四七五）

第三百零五條（恐嚇危害安全罪）

以加害生命、身體、自由、名譽、財產之事恐嚇他人，致生危害於安全者，處二年以下有期徒刑、拘役或九千元以下罰金。

⑩本罪於民國七十二年六月二十六日後並未修正，爰依刑法施行法第一條之一第二項本文規定將罰金數額修正提高三十倍，以增加法律明確性，並使刑法分則各罪罰金數額具內在邏輯一致性。

⇧查第二次修正案理由謂本條之罪其侵害之法益，為個人之安全，故本案加入致生危害於安全句，以示限制。原案第三百五十七條，用脅迫字樣，按脅迫指有所挾而強迫之謂，本案規定於前條，故於本條改為恐嚇二字，使有區別。又本條之行為，不必對於本人施以恐嚇，罪亦成立，蓋無論直接、間接恐嚇，若致危害安全者，即構成本罪。原案規定以對於本人或本人之親屬為限，未能包舉，故本案擬刪去原案加害其親屬相脅迫句。

*（恐嚇）刑一五一、三四六。

▲刑法第三百零五條所謂致生危害於安全，係指受惡害之通知者，因其恐嚇，生安全上之危險與實害而言。被告因與甲欠款涉訟，竟以槍打死等詞，向甲恐嚇。甲因畏懼向法院告訴，是其生命深感不安，顯而易見，即難謂未達於危害安全之程度。（二六渝非一五）

▲刑法第三百零五條之恐嚇罪，所稱以加害生命、身體、自由、名譽、財產之事，恐嚇他人者，係指以使人生畏怖心為目的，而通知將加惡害之旨於被害人而言。若僅在外揚言加害，並未對於被害人為惡害之通知，尚難構成本罪。（五二臺上七五一）

第三百零六條（侵入住居罪）

無故侵入他人住宅、建築物或附連圍繞之土地或船艦者，處一年以下有期徒刑、拘役或九千元以下罰金。」

無故隱匿其內，或受退去之要求而仍留滯者，亦同。

⑩一、本罪於民國七十二年六月二十六日後並未修正，爰依刑法施行法第一條之一第二項本文規定將罰金數額修正提高三十倍，以增加法律明確性，並使刑法分則各罪罰金數額具內在邏輯一致性。

二、第二項末句「亦同」修正為「，亦同」。

⇧查第二次修正案理由謂原案第二百二十五條，本案以其限制過嚴，故將現有人居住或看守句刪，並增入附連圍繞之土地句，以擴充保護之範圍。又本條第二項，其情節與侵入略同，故亦增入。

又查暫行律第二百二十五條補箋內稱，歐洲古時本於宗教上之理由，以無故入人家宅為污瀆家神之罪，厥後主義一變，謂本罪因以犯他罪之嫌疑所致，罰之所以預防他罪發生。然此說亦失之隘，蓋無犯罪之嫌疑時，本罪不能成立也。今日又變為保障家內和平之主義。

*（無故）刑三一五～三一八；（住宅）憲一〇；（留滯）刑一一二；（告訴乃論）刑三〇八。

▲（四八臺上九一〇）參見本法第二百二十五條。

第三百零七條（違法搜索罪）

不依法令搜索他人身體、住宅、建築物、舟、車或航空機者，處二年以下有期徒刑、拘役或九千元以下罰金。

⑽本罪於民國七十二年六月二十六日後並未修正，爰依刑法施行法第一條之一第二項本文規定將罰金數額修正提高三十倍，以增加法律明確性，並使刑法分則各罪罰金數額具內在邏輯一致性。

*（法令）憲一七〇～一七二，中標四～七；（搜索）憲八、一〇，刑訴一二二～一三二、一四八～一五三，軍審一一一～一一四。

▲刑法第三百零七條所定不依法令搜索他人身體、住宅、建築物、舟、車、航空機之罪，係以有搜索權之人違法搜索為成立要件。若無搜索職權之普通人民，侵入他人住宅擅行搜索，祇應成立刑法第三百零六條第一項之罪，要不能執同法第三百零七條以相繩。（三二非二六五）

第三百零八條　（告訴乃論）

第二百九十八條及第三百零六條之罪，須告訴乃論。」

第二百九十八條第一項之罪，其告訴以不違反被略誘人之意思為限。

*（告訴乃論）刑訴二三三、二三六～二三九、二五二⑤、三〇三③；（告訴）刑訴二三四㊃。

第二十七章　妨害名譽及信用罪

⇧查第二次修正案第二十七章謂原案本章，合併於妨害安全信用名譽及秘密罪章，本案擬另為一章，蓋所侵害之法益不同，且有特種免刑之情節，未可與他罪合併也。

第三百零九條　（公然侮辱罪）

公然侮辱人者，處拘役或九千元以下罰金。

以強暴犯前項之罪者，處一年以下有期徒刑、拘役或一萬五千元以下罰金。

⑽本罪於民國七十二年六月二十六日後並未修正，爰依刑法施行法第一條之一第二項本文規定將罰金數額修正提高三十倍，以增加法律明確性，並使刑法分則各罪罰金數額具內在邏輯一致性。

⇧查第二次修正案理由謂各國刑法，於妨害名譽，類皆分別侮辱及誹謗兩罪。稱侮辱者，以言語或舉動相侵慢而言，稱誹謗者，以指摘或傳述足以毀壞他人名譽之事而言，二者之區別，若侮辱則無所謂事之真偽，至誹謗則於事之真偽應有分辨者。原案依前法律館草案理由，無侮辱罪，獨於妨害國交罪、妨害公務罪則有侮辱處罰之規定，主義似未能一貫，故本案擬仿外國立法例，增入本條。（按本法之所謂侮辱與暫行律之所謂侮辱稍異，閱者對於下列前大理院判解當注意。）

*（公然）刑一一八、一五〇、一五九、一六〇、二四六㊀、二九二、三一二；（侮辱）刑一一八、一四〇、一四一、一六〇、二四六㊀、三一二；（強暴）刑二八一；（告訴乃論）刑三一四；（特別規定）軍刑七〇。

▲刑法上之公然侮辱罪，祇須侮辱行為足使不特定人或多數人得以共見共聞，即行成立（參照院字第二〇三三號解釋），不以侮辱時被害人在場聞見為要件。（院二一七九）

▲來文所述情形（與案件無關係之律師對於報載法院高級人員於新聞記者訪問談話時所聲明被告不服本院判決祇可依法上訴詞句指為「不通」「兒戲」「無價值」等詞並對記者發表登諸報端）應由登報人負刑法第三百零九條第一項之罪責。（院解三八〇二）

第三百十條　（誹謗罪）

意圖散布於眾，而指摘或傳述足以毀損他人名譽之事者，為誹謗罪，處一年以下有期徒刑、拘役或一萬五千元以下罰金。

散布文字、圖畫犯前項之罪者，處二年以下有期徒刑、拘役或三萬元以下罰金。

對於所誹謗之事，能證明其為真實者，不罰。但涉於私德而與公共利益無關者，不在此限。

⑽一、本罪於民國七十二年六月二十六日後並未修正，爰依刑法施行法第一條之一第二項本文規定將罰金數額修正提高三十倍，以增加法律明確性，並使刑法分則各罪罰金數額具內在邏輯一致性。

二、第一項首句「意圖散布於眾而指摘」修正為「意圖散布於眾，而指摘」。

⇧查第二次修正案理由謂本條即原案第三百六十條，但原案條文，用侮辱二字，略嫌與前條之罪相混，故本案擬改今文。又原案以公然二字，為犯罪之條件，故公然犯誹謗罪者，不問事實之有無，概行處罰，其規定一失之於狹，一失之於廣，若以公然誹謗，罪始成立，則私相傳述，損害他人名譽者，無從科罪，是謂失之過狹。故本案擬仿荷蘭刑法，以意圖散布於眾為犯罪成立之要件，庶為得當。至於不問事實之有無，概行處罰，其箝制言論之自由，及妨害社會，可謂極矣，是謂失之過廣。故本案於次條規定事實有無，與應否免刑之情節，以免趨於極端。本條第二項原案無，本案以近世散布文字圖畫播傳極易，且較諸語言尤為久遠，故仿外國先例，設加重之刑。又查第二次修正案理由謂真偽之證明，與名譽罪極有關係，各國立法例略分三派：一、不問事實之有無，概行處罰，日本是也。二、犯人能證明其事之真實，概不處罰，德國是也。三、分別情節，其與公共利益有關者，例如公務員之執行公務，若事屬真實，則不罰，其涉於私德與公共利益無關者，不問真偽，概行處罰，多數國是也。前兩派皆趨極端，故德國刑法準備草案對於證明事實不處罰之規定，加以限制，蓋從第三派矣。原案第三百六十條採第一派，凡與公共利益有關之真實事項，亦不得宣布，其於保護個人名譽，不免過當，而於社會之利害，未嘗慮及矣。故本案擬參酌損益，規定本條。

*（證明）刑訴一五五㊀、一六二；（不罰）刑訴三〇一㊀；（告訴乃論）刑三一四。

▲釋一二二、五〇九。

▲同造之甲乙於退庭後印發傳單，記載不實之偵查庭訊，並涉及訊問及記錄者之禮貌態度，且有諷刺之詞，如已達於侮辱程度，即應成立刑法第一百四十條第一項後段規定之罪，且係一行為而犯數罪名，並含有應經公訴之部分在內，記錄人員自不得以甲乙二人妨害名譽提起自訴，否則僅散布不真實之文字，指摘足以毀損他人名譽，祇應成立刑法第三百十條第二項之罪，檢察官於記錄人員對甲乙二人提起自訴後，始對甲一人提起公訴，第一審不依刑事訴訟法第二百九十五條第二款諭知不受理之判決，反為實體上之審判，顯係違法，第二審於甲乙不服第一審，就自訴案件之判決提起上訴時，發見檢察官對甲公訴部分之確定判決，仍應就甲乙不服自訴判決之上訴予以審判。至甲公訴部分之確定判決，應依非常上訴程序以救濟之。（院二六八五）

第三百十一條　（免責條件）

以善意發表言論，而有左列情形之一者，不罰：

一　因自衛、自辯或保護合法之利益者。

二　公務員因職務而報告者。

三　對於可受公評之事，而為適當之評論者。

四　對於中央及地方之會議或法院或公眾集會之記事，而為適當之載述者。

⇧查第二次修正案理由謂本條原案無，本案增入，蓋保護名譽，應有相當之限制，否則箝束言論，足為社會之害，故以善意發表言論，而有本條所列情形者，不問事之真偽，概不處罰。本條酌採多數國立法例，規定本條，庶於保護名譽及言論自由兩者折衷，以求適當。

*（公務員）一〇㊁；（職務）刑一三〇、一三二㊂、一三四、

一三五㊀、二四〇㊀、二六三㊀；（公眾）刑一五一、一七三㊀、一八三㊀、一八五㊀、二六六。
▲釋五〇九。

第三百十二條（侮辱誹謗死者罪）

對於已死之人公然侮辱者，處拘役或九千元以下罰金。

對於已死之人犯誹謗罪者，處一年以下有期徒刑、拘役或三萬元以下罰金。

(108)本罪於民國七十二年六月二十六日後並未修正，爰依刑法施行法第一條之一第二項本文規定將罰金數額修正提高三十倍，以增加法律明確性，並使刑法分則各罪罰金數額具內在邏輯一致性。

⇧查第二次修正案理由謂本條原案無，本案增入。查前法律館草案第三百四十條第二項，設有保護死者之條文，後經刪去，但未具理由，考外國立法例，多有類似之規定，所以保護死者後人之孝思也。我國風俗，對於死者，其尊重心過乎外國，故不可不立此條，以勵薄俗而便援用。又本條第二項，以明知虛偽之事為限，其保護之範圍，不如對生人之廣，蓋妨礙死者之名譽，實為間接之損害，且已死之人，蓋棺論定，社會上當然有所評論及記錄，其損害名譽，不若生人之甚也。

*（公然）刑三〇九；（侮辱）刑三〇九；（誹謗罪）刑三一〇；（告訴乃論）刑三一四。

第三百十三條（妨害信用罪）

散布流言或以詐術損害他人之信用者，處二年以下有期徒刑、拘役或科或併科二十萬元以下罰金。

以廣播電視、電子通訊、網際網路或其他傳播工具犯前項之罪者，得加重其刑至二分之一。

(108)本罪於民國七十二年六月二十六日後並未修正，爰依刑法施行法第一條之一第二項本文規定將罰金數額修正提高三十倍，以增加法律明確性，並使刑法分則各罪罰金數額具內在邏輯一致性。

(109)一、罰金金額與社會現況差距甚大，爰修正提高罰金刑之額度，以杜不法，並列為第一項。
二、考量現今以廣播電視、電子通訊、網際網路或其他傳播工具等傳播方式，同時或長期對社會多數之公眾發送訊息傳送損害他人信用之不實資訊，對該他人信用之損害更為嚴重，有加重處罰之必要，爰增訂第二項之加重處罰事由。

*（詐術）刑一三七㊀、一四六、一五二、二二九㊀、二三八、二五一㊀、二九七㊀、三三九㊀、三五五；（告訴乃論）刑三一四。

第三百十四條（告訴乃論）

本章之罪，須告訴乃論。

*（告訴乃論）刑訴二三三、二三六～二三九、二五二⑤、三〇二③。

第二十八章　妨害秘密罪

⇧查第二次修正案第二十八章內稱原案本章合併於妨害安全信用名譽及秘密罪章，本案以其侵害之法益，與他罪不同，故另為一章。

第三百十五條（妨害書信秘密罪）

無故開拆或隱匿他人之封緘信函、文書或圖畫者，處拘役或九千元以下罰金。無故以開拆以外之方法，窺視其內容者，亦同。

(108)本罪最後修正於民國八十六年九月二十五日，爰依刑法施行法第一條之一第二項但書規定將罰金數額提高三倍，以增加法律明確性，並使刑法分則各罪罰金數額具內在邏輯一致性。

⇧查第二次修正案理由謂原案第三百六十二條，毀棄二字，本案以其屬毀棄損壞罪，故刪。又原案以信函為限，其所保護之秘密，似失之過狹，本案酌採外國立法例，增入其他封緘文書句。又原案第三百六十二條第二項，本案亦刪，蓋無故公表他人之秘密文書圖畫，若其秘密因開拆而得者，自可適用該條第一項之規定。若得之傳聞，而非自行開拆者，則箝制言論，未免過甚，故各國立法例，多不採之。

*（秘密通訊自由）憲一二；（無故）刑三〇六、三一六～三一八；（文書）刑二二〇；（告訴乃論）刑三一九；（特別規定）郵政四一、四二㊀、四八。

第三百十五條之一（妨害秘密罪）

有下列行為之一者，處三年以下有期徒刑、拘役或三十萬元以下罰金：

一　無故利用工具或設備窺視、竊聽他人非公開之活動、言論、談話或身體隱私部位者。

二　無故以錄音、照相、錄影或電磁紀錄竊錄他人非公開之活動、言論、談話或身體隱私部位者。

(103)原條文有關罰金之規定已不符時宜，爰予提高至三十萬元，以增加法院之審酌裁量空間。

第三百十五條之二（圖利為妨害秘密罪）

意圖營利供給場所、工具或設備，便利他人為前條之行為者，處五年以下有期徒刑、拘役或科或併科五十萬元以下罰金。

意圖散布、播送、販賣而有前條第二款之行為者，亦同。

製造、散布、播送或販賣前二項或前條第二款竊錄之內容者，依第一項之規定處斷。

前三項之未遂犯罰之。

(108)一、第三百十五條之二並未分項次，故第一項援引前條「第一項」之文字係贅字，爰刪除之。
二、原第一項之罰金刑額數已不符時宜，爰修正提高為五十萬元以下。
三、第二項至第四項未修正。

第三百十五條之三（沒收妨害秘密之物品）

前二條竊錄內容之附著物及物品，不問屬於犯人與否，沒收之。

(88)一、本條新增。
二、竊錄內容之附著物及物品，對於被害人之隱私既有妨害，不問屬於犯人與否，應予以沒收，以免此種侵害持續存在，爰於本條設義務沒收之規定。

第三百十六條（洩漏業務上知悉之他人秘密罪）

醫師、藥師、藥商、助產士、心理師、宗教師、律師、辯護人、公證人、會計師或其業務上佐理人，或曾任此等職務之人，無故洩漏因業務知悉或持有之他人秘密者，處一年以下有期徒刑、拘役或五萬元以下罰金。

(94)一、由於社會結構的改變，一般人對於心理諮商之需求相較過去，顯得越來越多，且心理師於診療過程中，極易知悉對方之隱私，則諮商之需求者與心理師間應有極高的信賴關係，始能達心理諮商之目的。若心理師因業務而得知或持有他人秘密，竟任意洩漏，已屬危害個人隱私，實有加以處罰之必要，爰參諸現行條文列舉處罰之業務，增訂心理師亦負有保守職業秘密之義務。
二、因第三十三條之罰金刑已提高為新臺幣一千元以上，現行法第一項之罰金刑為「五百元以下」顯與前開修正扞格，爰依目前社會經濟水準、人民平均所得，參考罰金罰鍰提高標準條例第二條關於易科罰金、易服勞役就原定數額提高一百倍之標準，酌予提高罰金刑之上限。

*（業務）刑二二、二四㊁、一三二㊂、二〇八㊁、二一五、三一七、三三六㊁；（職務）刑一三二㊂、一四〇㊀、一五五、一六三㊀、二一四、三一一②、三一八；（告訴乃論）刑三一九；（特別規定）醫師二三、二九，藥師一四、二二，會計師二二⑩。

▲郵政代辦人於經收之掛號信件私行拆開，取出封內匯票，偽造收款人署押並鋪保戳記，持向另一郵局冒領款項，自係成立刑法第三百十五條（參照郵政法第四十一條），第二百二十條第一項（參照郵政法第四十四條前段規定），第二百十七條第一項，懲治貪污條例第三條第五款之罪，應依刑法第五十五條後段從一重處斷。（院解三四六一）

第三百十七條　（洩漏業務上知悉工商秘密罪）

依法令或契約有守因業務知悉或持有工商秘密之義務而無故洩漏之者，處一年以下有期徒刑、拘役或三萬元以下罰金。

(108)本罪於民國七十二年六月二十六日後並未修正，爰依刑法施行法第一條之一第二項本文規定將罰金數額修正提高三十倍，以增加法律明確性，並使刑法分則各罪罰金數額具內在邏輯一致性。

⇧查第二次修正案理由謂本條原案無，本案增入，所以保護工商也。近世法律對於工商之秘密，或規定之於刑法典，或定之於特別法，本條之設，實採斯意。

*（法令）憲一七〇～一七二，中標四～七，刑一五三②、三〇七；（契約）刑一〇八，民一五三；（業務）刑三一六；（無故）刑三〇六、三一五、三一六、三一八；（告訴乃論）刑三一九；（特別規定）勞資二三、三六，證交一二〇、一七五。

第三百十八條　（洩漏職務上工商秘密罪）

公務員或曾任公務員之人無故洩漏因職務知悉或持有他人之工商秘密者，處二年以下有期徒刑、拘役或六萬元以下罰金。

(108)本罪於民國七十二年六月二十六日後並未修正，爰依刑法施行法第一條之一第二項本文規定將罰金數額修正提高三十倍，以增加法律明確性，並使刑法分則各罪罰金數額具內在邏輯一致性。

*（公務員）刑一〇㊁；（無故）刑三〇六、三一五～三一七；（職務）刑三一六；（告訴乃論）刑三一九；（特別規定）勞檢一一。

第三百十八條之一　（洩漏用電腦或其他相關設備知悉秘密罪）

無故洩漏因利用電腦或其他相關設備知悉或持有他人之秘密者，處二年以下有期徒刑、拘役或一萬五千元以下罰金。

(108)本罪增訂於民國八十六年九月二十五日，爰依刑法施行法第一條之一第二項但書規定將罰金數額提高三倍，以增加法律明確性，並使刑法分則各罪罰金數額具內在邏輯一致性。

第三百十八條之二　（利用電腦等妨害秘密罪）

利用電腦或其相關設備犯第三百十六條至第三百十八條之罪者，加重其刑至二分之一。

第三百十九條　（告訴乃論）

第三百十五條、第三百十五條之一及第三百十六條至第三百十八條之二之罪，須告訴乃論。

(88)第三百十五條之二之罪除侵害個人法益外，並影響社會生活之安寧，故列為非告訴乃論之罪，本章其餘之罪仍須告訴乃論。

*（告訴乃論）刑訴二三三、二三六～二三九、二五二⑤、三〇二③。

第二十八章之一　妨害性隱私及不實性影像罪

第三百十九條之一　（妨害性隱私罪）

未經他人同意，無故以照相、錄影、電磁紀錄或其他科技方法攝錄其性影像者，處三年以下有期徒刑。

意圖營利供給場所、工具或設備，便利他人為前項之行為者，處五年以下有期徒刑，得併科五十萬元以下罰金。

意圖營利、散布、播送、公然陳列或以他法供人觀覽，而犯第一項之罪者，依前項規定處斷。

前三項之未遂犯罰之。

(112)一、本條新增。

二、為強化隱私權之保障，明定第一項未經他人同意，無故攝錄其性影像之處罰規定，以維護個人生活私密領域最核心之性隱私。

三、參考第三百十五條之二第一項規定，為第二項規定，並參考第三百十五條之二第二項、兒童及少年性剝削防制條例第三十六條第四項規定，為第三項規定。另衡酌其行為意圖，加重刑責，以合理評價其行為罪責。

四、參考兒童及少年性剝削防制條例第三十六條第五項規定，於第四項定明對未遂犯之處罰規定，以期保護之周延。

第三百十九條之二　（加重妨害性隱私罪）

以強暴、脅迫、恐嚇或其他違反本人意願之方法，以照相、錄影、電磁紀錄或其他科技方法攝錄其性影像，或使其本人攝錄者，處五年以下有期徒刑，得併科五十萬元以下罰金。

意圖營利供給場所、工具或設備，便利他人為前項之行為者，處六月以上五年以下有期徒刑，得併科五十萬元以下罰金。

意圖營利、散布、播送、公然陳列或以他法供人觀覽，而犯第一項之罪者，依前項規定處斷。

前三項之未遂犯罰之。

(112)一、本條新增。

二、以強暴、脅迫、恐嚇或其他違反本人意願之方法，以照相、錄影、電磁紀錄或其他科技方法攝錄其性影像，或使其本人攝錄者，行為手段之惡性更重，應加重處罰，爰為第一項規定。

三、第二項至第四項之規範理由同前條說明三及四。

第三百十九條之三　（圖利妨害性隱私罪）

未經他人同意，無故重製、散布、播送、交付、公然陳列，或以他法供人觀覽其性影像者，處五年以下有期徒刑，得併科五十萬元以下罰金。

犯前項之罪，其性影像係第三百十九條之一第一項至第三項攝錄之內容者，處六月以上五年以下有期徒刑，得併科五十萬元以下罰金。

犯第一項之罪，其性影像係前條第一項至第三項攝錄之內容者，處一年以上七年以下有期徒刑，得併科七十萬元以下罰金。

意圖營利而犯前三項之罪者，依各該項之規定，加重其刑至二分之一。販賣前三項性影像者，亦同。

前四項之未遂犯罰之。

⑪②一、本條新增。

二、性隱私為私人生活最核心之領域，無論是否為他人同意攝錄，如有未經其同意而無故重製、散布、播送、交付、公然陳列或以他法供人觀覽其性影像者，對於被害人將造成難堪與恐懼等身心創傷，而有處罰必要，爰參考德國刑法第二百零一a條、日本個人性圖像紀錄散布之被害防制法律案第三條、美國伊利諾州二〇一二年刑法第十一之二十三點五節等規定，增訂本條規定，以保護個人性隱私。

三、行為人雖未為散布、播送或公然陳列之行為，然一有未經他人同意而重製、交付其性影像者，該性影像將有流傳之可能，侵害之程度應與散布、播送或公然陳列行為等同視之，故納入本條之犯罪行為予以處罰，以充分保護被害人。

四、如行為人對於所重製、散布、播送、交付、公然陳列，或以他法供人觀覽之性影像，主觀上認識（明知或預見）係第三百十九條之一第一項至第三項或第三百十九條之二第一項至第三項攝錄之內容（即性影像來源係竊錄或施以強暴脅迫等違反本人意願之手段而攝錄所得），主觀惡性更重，應加重處罰，爰為第二項及第三項規定。

五、如係以營利為目的犯前三項之罪，或販賣前三項之性影像者，對於個人隱私權及生活私密領域之侵害尤甚，爰為第四項規定，其處罰依各該項之規定，加重其刑至二分之一。

六、第一項至第四項之行為，著手後即有侵害他人隱私權之危險，爰於第五項定明對未遂犯之處罰規定，以期保護之周延。

第三百十九條之四（不實性影像罪）

意圖散布、播送、交付、公然陳列，或以他法供人觀覽，以電腦合成或其他科技方法製作關於他人不實之性影像，足以生損害於他人者，處五年以下有期徒刑、拘役或科或併科五十萬元以下罰金。

散布、播送、交付、公然陳列，或以他法供人觀覽前項性影像，足以生損害於他人者，亦同。

意圖營利而犯前二項之罪者，處七年以下有期徒刑，得併科七十萬元以下罰金。販賣前二項性影像者，亦同。

⑪②一、本條新增。

二、因網路資訊科技及人工智慧技術之運用快速發展，以電腦合成或其他科技方法而製作關於他人不實之性影像，可能真假難辨，易於流傳，如有意圖散布、播送、交付、公然陳列，或以他法供人觀覽而製作，或散布、播送、交付、公然陳列，或以他法供人觀覽他人不實之性影像，對被害人造成難堪與恐懼等身心創傷，而有處罰必要，爰參考韓國性暴力犯罪處罰特別法第十四條、美國維吉尼亞州刑法道德與風化罪章第十八點二之三八六點二條規定，增訂本條規定，以保護個人之隱私權及人格權。

三、製作他人不實性影像之行為手段包括以電腦合成、加工、編輯或其他科技方法，例如以深度偽造技術，將被害人之臉部移接於他人之性影像即屬之。

四、行為人製作關於他人不實之性影像，如係基於散布、播送、交付、公然陳列，或以他法供人觀覽之不法意圖，且足以生損害於他人者，已有處罰之必要，爰為第一項規定，以符合憲法比例原則。

五、行為人散布、播送、交付、公然陳列或以他法供人觀覽第一項之性影像者，雖非製作行為，然使不實之性影像流傳於人，足以生損害於他人者，亦有處罰必要，爰為第二項規定，以遏止上開犯罪行為，並保護被害人。

六、至於行為人意圖營利而犯前二項之罪，或販賣前二項性影像者，惡性更重，應予加重處罰，爰為第三項規定，以符罪刑相當原則。

第三百十九條之五（沒收不實性影像）

第三百十九條之一至前條性影像之附著物及物品，不問屬於犯罪行為人與否，沒收之。

⑪②一、本條新增。

二、配合第三百十九條之一至前條增訂性影像相關規定，將其附著物及物品納入義務沒收範圍，以避免被害人受到二次傷害。

第三百十九條之六（告訴乃論）

第三百十九條之一第一項及其未遂犯、第三百十九條之三第一項及其未遂犯之罪，須告訴乃論。

⑪②一、本條新增。

二、為尊重第三百十九條之一第一項、第三百十九條之三第一項被害人進行訴訟程序之意願，就此部分規範為告訴乃論之罪，基於舉重以明輕原則，此等行為之未遂犯，應為相同之規定，爰為本條規定。

第二十九章　竊　盜　罪

⇧查第二次修正案第二十九章謂原案本章合併於強盜罪章，本案以竊盜為侵犯財產罪，與強盜之侵犯財產罪及自由罪，其保護之法益不同，故擬分別規定。

又查暫行律第三十二章原案內稱舊律盜賊門，條分縷析，規定綦詳，然其成立所必需之要件，尚未揭明，故本案第三百六十七條及第三百七十條，所以規定盜罪成立之要件。第三百七十七條，復從側面以揭其要件，觀於第三百八十二條以下（詐欺取財），及第三百九十一條以下（侵占）之規定，則盜罪之範圍益明。

本案竊盜及強盜之要件有四：一曰以自己或第三者之所有為宗旨，若暫時使用他人之物（例如使用車馬即還原主）之類，非盜罪者。二曰原則上係他人之所有物，若所盜係自己之所有物，即因第三百七十七條而輕其刑。三曰竊取強取之行為，必以他人持有移為自己所持有，若其物早經自己持有者，則屬第三十四章侵占之罪，不得以盜論。又使他人喪失持有，而未嘗取為自己持有，則屬第四百零六條毀損之罪，亦不得以盜論。四曰必係持有可以移轉之物，若發掘土地房屋，而盜取土地或損壞土地房屋，而盜取其木片瓦石者，不得即以盜土地房屋本體之罪論也。

本章之罪，專以不法移取他人所有之財物，為自己或第三者之所有為要端，如舊律之劫囚及略人略賣人等，不關乎財物者，又恐嚇欺詐之特種手段，得無效之承諾，藉以取其財物者，又發塚及夜無故入人家之特種之罪惡等，皆不在此章之列。舊律於賊盜罪及此外對於財產罪之類，俱以贓之價額而分罪之輕重，殊於現今法理未愜，夫以贓物之價額而論，富人之萬金與貧人之一錢，輕重相匹，又自犯人之心術而論，有奪富人萬金而罪在可恕，有奪貧人一錢而罪不勝誅者，是不能為定刑之準無容疑也。故本案不過設關於竊盜及強盜普通之規定（第三百六十七條、第三百七十條），以便審判後，得宣告與各種情節適合之刑罰。（竊盜得於五年以下二月以上，強盜得於十五年以下三年以上之範圍內，因各種情節而伸縮其刑期。）更列舉理論上及實際上情節之重輕，以擬定法律上處刑之重輕（第三百七十三條、第三百七十四條及第三百七十七條）。本案之義如此，歐美日本亦莫不然也。

第三百二十條（普通竊盜罪、竊佔罪）

意圖為自己或第三人不法之所有，而竊取他人之動產者，為竊盜罪，處五年以下有期徒刑、拘役或五十萬元以下罰金。

意圖為自己或第三人不法之利益，而竊佔他人之不動產者，依前項之規定處斷。

前二項之未遂犯罰之。

(108)一、原第一項罰金刑額數已不符時宜，爰修正提高為五十萬元以下罰金。
二、第二項及第三項未修正。

*（動產）民六七；（不動產）民六六；（未遂）刑二五～二七；（特別規定）竊贓保安二㈠，軍刑六四，戰軍八，妨軍五，貪污四、六，森林五〇，電業一〇五、一〇六，郵政四二㈢、四四、四八，自來水九八，礦業九六①，水利九一。

▲刑法上之竊佔罪為即成犯，如其竊佔之時期在民國三十五年十二月三十一日以前，即應依罪犯赦免減刑令甲項予以赦免。（院解三五三三）

▲竊盜罪既遂與未遂之區別，應以所竊之物已否移入自己權力支配之下為標準。若已將他人財物移歸自己所持，即應成立竊盜既遂罪。至其後將已竊得之物遺棄逃逸，仍無妨於該罪之成立。（一七上五〇九）

▲刑法上之竊盜罪，須意圖為自己或第三人不法之所有，而取他人所有物，為其成立要件。若行為人因誤信該物為自己所有，而取得之，即欠缺意思要件，縱其結果不免有民事上之侵權責任，要難認為構成刑法上之竊盜罪。（二三上一八九二）

▲刑法上之詐欺罪與竊盜罪，雖同係意圖為自己或第三人不法之所有而取得他人之財物，但詐欺罪以施行詐術使人將物交付為其成立要件，而竊盜罪則無使人交付財物之必要，所謂交付，係指對於財物之處分而言，故詐欺罪之行為人，其取得財物，必須由於被詐欺人對於該財物之處分而來，否則被詐欺人提交財物，雖係由於行為人施用詐術之所致，但其提交既非處分之行為，則行為人因其對於該財物之支配力一時弛緩，乘機取得，即與詐欺罪應具之條件不符，自應論以竊盜罪。（三三上一一三四）

▲刑法上之背信罪，為一般的違背任務之犯罪，如果其違背任務係圖為自己不法之所有，已達於竊盜或侵占之程度，縱另有以舊抵新之彌縫行為，仍應從竊盜或侵占罪處斷，不能援用背信之法條相繩。（五一臺上五八）

▲森林法第五十三條、第五十四條，雖有於他人森林內擅自開墾或設置工作物者，對於他人所受之損害，負賠償責任，違反本法者處以罰鍰之規定，但此項行政罰，並無阻卻刑罰之效力，如果上訴人等在保安林內竊佔土地開墾之所為，已與刑法上竊佔罪之構成要件相合，即不能因其另有行政罰之規定，而可免除刑責。（五一臺上一四三）

▲刑法第三百二十條第二項之竊佔罪，為即成犯，於其竊佔行為完成時犯罪即成立，以後之繼續竊佔乃狀態之繼續，而非行為之繼續。又因所竊佔者為他人不動產，祇是非法獲取其利益，其已否辦理登記，與犯罪行為之完成無關。（六六臺上三一一八）

▲連續犯須連續數行為而犯同一罪名，始能成立，所謂犯同一罪名，依司法院大法官會議釋字第一五二號解釋，指構成犯罪要件相同之罪名而言，上訴人所犯刑法第三百二十一條第一項第四款之罪，係屬所犯同法第三百二十條之加重條件者，認為同一罪名雖無不合，但同法第三百二十九條則為準強盜罪，認為同一罪名，而依連續犯規定論擬，則有未當。（六七臺上一八四八）（九五、三、二七決議自九五、七、一起不再援用）

▲森林法第四十九條第二項為刑法第三百二十條第二項之特別規定，依特別法優於普通法之法律競合關係，應依森林法第四十九條第二項規定論處，第一審判決誤認被告係一行為而觸犯刑法第三百二十條第二項及森林法第四十九條第二項二罪名，依刑法第五十五條從一重論處，顯屬適用法則不當，原審不加糾正，仍予維持，自屬違法。（七〇臺上四九一）

▲（八一臺上三五二一）　參見本法第六十一條。

▲電業法第一百零六條之規定，係在保護經營供給電能之事業，並非一般之用電戶，此觀該條各款、同法第二條及處理竊電規則之規定自明。故私接電線，若係通過電力公司允許供電之鄰人電錶所設之線路內，因用電已有電錶控制計算，該通過電錶控制計算後之電氣，即屬該鄰人所有之動產，如予竊取，即應視其犯罪形態，依刑法之竊盜罪章論處。（八四臺非二一四）

第三百二十一條（加重竊盜罪）

犯前條第一項、第二項之罪而有下列情形之一者，處六月以上五年以下有期徒刑，得併科五十萬元以下罰金：

一　侵入住宅或有人居住之建築物、船艦或隱匿其內而犯之。

二　毀越門窗、牆垣或其他安全設備而犯之。

三　攜帶兇器而犯之。

四　結夥三人以上而犯之。

五　乘火災、水災或其他災害之際而犯之。

六　在車站、港埠、航空站或其他供水、陸、空公眾運輸之舟、車、航空機內而犯之。

前項之未遂犯罰之。

(108)一、犯竊佔罪而有第一項各款之事由時，應有本罪之適用，為杜爭議，爰將第一項序文之「犯竊盜罪」修正為「犯前條第一項、第二項之罪」，以資明確，並酌作標點符號修正。又第一項之罰金刑額數已不符時宜，爰修正提高為五十萬元以下。
二、第一項第二款「門扇」修正為「門窗」，第六款「埠頭」修正為「港埠」，以符實務用語，另刪除各款「者」字。
三、第二項未修正。

*（竊盜罪）刑三二〇、三二二；（夜間）刑訴一四六；（結夥三人）刑二八；（以上）刑一〇㈠；（火災水災之際）刑一八二；（未遂犯）刑二五～二七；（特別規定）森林五二㈠④。

▲某甲乘敵人進城，秩序紊亂之際，聚眾空手搶取無人看管之財物，仍係竊盜行為，應視其犯罪行為如何，分別成立刑法第三百二十一條第一項各該款之罪。（院二二六四）

▲被告於火車站，當車停下之際，在車廂門口之車梯上扒竊正當上車旅客衣袋內之錢款，則其並非在火車車廂內行竊，而係於車靠月臺乘旅客上下之際，實施竊盜甚明，自難謂非在車站竊盜。（四九臺上一一七〇）

▲刑法第三百二十一條第一項第一款所謂建築物，係指住宅以外上有屋面周有門壁，足蔽風雨，供人出入，且定著於土地之工作物而言，其附連圍繞之土地，不包括在內。如僅踰越圍繞之牆垣行竊，尚未侵入有人居住之建築物，自難遽以該條款之罪相繩。（五〇臺上五三二）

▲（五二臺上一四三六）　參見本法第二十六條。

▲刑法第三百二十一條第一項第二款所謂安全設備，係指依社會通常觀念足認為防盜之設備而言。原判決既認上訴人係乘修繕房屋機會，將被害人房內木櫃打開，將櫃內珠寶箱鑿壞，取去美鈔等物，顯與毀壞安全設備竊盜情形不同，乃竟改論以上開條款之罪，自有違誤。（五五臺上五四七）

▲旅客對於住宿之旅館房間，各有其監督權，且既係供旅客起居之場所，即不失為住宅性質，是上訴人於夜間侵入旅館房間行竊，係犯刑法第三百二十一條第一項第一款於夜間侵入住宅竊盜之罪。（六九臺上一四七四）

▲刑法第三百二十一條第一項所列各款為竊盜之加重條件，如犯竊盜罪兼具數款加重情形時，因竊盜行為祇有一個，仍祇成立一罪，不能認為法律競合或犯罪競合，但判決主文應將各種加重情形順序揭明，理由並應引用各款，俾相適應。又所謂有人居住之建築物，不以行竊時有人居住其內為必要，其居住人宿於樓上，或大樓管理員居住另室，而乘隙侵入其他房間行竊者，均不失為侵入有人居住之建築物行竊。（六九臺上三九四五）

▲扣案之短刀為單面尖形，甚為鋒利，無論上訴人等主觀上是否旨在行兇抑僅便利行竊，然在客觀上顯具有行兇之危險性，自屬兇器之一種，其攜帶而犯竊盜罪，應成立刑法第三百二十一條第一項第三款之罪。（七〇臺上一六一三）

▲刑法第三百二十一條第一項第一款之夜間侵入住宅竊盜罪，其所謂「住宅」，乃指人類日常居住之場所而言，公寓亦屬之。至公寓樓下之「樓梯間」，雖僅供各住戶出入通行，

然就公寓之整體而言，該樓梯間為該公寓之一部分，而與該公寓有密切不可分之關係，故於夜間侵入公寓樓下之樓梯間竊盜，難謂無同時妨害居住安全之情形，自應成立刑法第三百二十一條第一項第一款於夜間侵入住宅竊盜罪。（七六臺上二九七二）

▲（七六臺上七二一〇）參見本法第二十八條。

▲被告之竊盜行為，其中民國七十八年九月十四日及十八日兩次，係在其自服役之部隊逃亡後三十日以內，依兵役法第二十條第一項第三款規定，其行為當時仍具有軍人身分，而依軍事審判法第五條第三項規定，應按行為時之身分適用法律。至於其餘四次，固係無故離營逾一個月後所為，屬於刑法第三百二十一條處罰之範疇，但連續犯應論以一罪，而陸海空軍刑法第八十五條之法定刑較刑法第三百二十一條之法定刑為重，自應適用陸海空軍刑法第八十五條論科，原判決竟適用刑法第三百二十一條處斷，顯有違誤。（註：應注意刑法已修正，刪除連續犯之規定。）（七九臺上二六六八）

▲刑法第三百二十一條第一項第三款之攜帶兇器竊盜罪，係以行為人攜帶兇器竊盜為其加重條件，此所謂兇器，其種類並無限制，凡客觀上足對人之生命、身體、安全構成威脅，具有危險性之兇器均屬之，且祇須行竊時攜帶此種具有危險性之兇器為已足，並不以攜帶之初有行兇之意圖為必要。螺絲起子為足以殺傷人生命、身體之器械，顯為具有危險性之兇器。（七九臺上五二五三）

第三百二十二條　（刪除）

[94]一、本條刪除。

二、配合第五十六條連續犯之刪除，刪除本條常業犯之規定。

第三百二十三條　（以動產論之定義）

電能、熱能及其他能量，關於本章之罪，以動產論。

[92]本條係八十六年十月八日修正時，為規範部分電腦犯罪，增列電磁紀錄以動產論之規定，使電磁紀錄亦成為竊盜罪之行為客體。惟學界及實務界向認為：刑法上所稱之竊盜，須符合破壞他人持有、建立自己持有之要件，而電磁紀錄具有可複製性，此與電能、熱能或其他能量經使用後即消耗殆盡之特性不同；且行為人於建立自己持有時，未必會同時破壞他人對該電磁紀錄之持有。因此將電磁紀錄竊盜納入竊盜罪章規範，與刑法傳統之竊盜罪構成要件有所扞格。為因應電磁紀錄之可複製性，並期使電腦及網路犯罪規範體系更為完整，爰將本條有關電磁紀錄部分修正刪除，將竊取電磁紀錄之行為改納入新增之妨害電腦使用罪章中規範。

*（電氣）電業一〇五、一〇六；（動產）民六七。

第三百二十四條　（親屬相盜免刑與告訴乃論）

▲（八四臺非二一四）參見本法第三百二十條。

於直系血親、配偶或同財共居親屬之間，犯本章之罪者，得免除其刑。

前項親屬或其他五親等內血親或三親等內姻親之間，犯本章之罪者，須告訴乃論。

⇧謹按暫行律對於本條第一項之規定，係絕對的免除其刑，本條係得免除，宜注意。

*（直系血親）民九六七；（配偶）刑一六七、二二九㊀、二三七、二三九、二四〇㊁、二四五㊁；（免除其刑）刑六六，刑訴二九九㊀；（姻親）民九六九；（告訴乃論）刑訴二三三、二三六～二三九、二五二、三〇二③。

第三十章　搶奪強盜及海盜罪

⇧查第二次修正案第三十章謂關於搶奪罪，各國法律及判例略分三派：第一派以強盜論。第二派以竊盜論。第三派獨立科刑。本案以搶奪情節，雖重於竊盜，然不至如強盜之甚，蓋強盜須以強暴脅迫或他法致使人不能抗拒，質言之，是使被害人失其自由舉動，即欲抗拒，而有所不能。若搶奪則祇乘人不備而掠取之，與強盜實有差別，故擬從第三派。又原案海盜罪無明文，惟在海洋行劫者，為強盜加重之情節，本案擬另規定為海盜罪，科以較重之刑。

第三百二十五條　（普通搶奪罪）

意圖為自己或第三人不法之所有，而搶奪他人之動產者，處六月以上五年以下有期徒刑。

因而致人於死者，處無期徒刑或七年以上有期徒刑，致重傷者，處三年以上十年以下有期徒刑。

第一項之未遂犯罰之。

*（動產）民六七；（因而致人於死或重傷）刑一七；（未遂犯）刑二五～二七。

▲搶奪罪以行為人明知無取得之權利，而圖為自己或第三人不法之所有為構成要件。如果誤認為有權取得，縱令有奪取行為，而因欠缺意思要件，其結果雖不免負有民事上侵權行為之責任，然亦不能以搶奪罪相繩。（四六臺上八一一）

▲搶奪與強盜雖同具不法得財之意思，然搶奪係乘人不備，公然掠取他人之財物，如施用強暴脅迫，至使不能抗拒而取其財物或令其交付者，則為強盜罪。（六四臺上一一六五）

第三百二十六條　（加重搶奪罪）

犯前條第一項之罪，而有第三百二十一條第一項各款情形之一者，處一年以上七年以下有期徒刑。

前項之未遂犯罰之。

*（未遂犯）刑二五～二七。

▲民法第六十九條第一項載稱，天然孳息者，謂果實物之產物及其他之用法所收穫之出產物，第七十條第一項載稱，有收取天然孳息權利之人，其權利存續期間內，取得與原物分離之孳息等語。是天然孳息為由原物分離之出產物，在分離前自須為原物之一部。若魚塘之魚，既非原物之一部，即不得謂為天然孳息。上訴人雖於三十年二月間，已承批訟爭魚塘，但該塘之魚，原為自訴人所培養，縱令該塘主曾向自訴人終止契約，而養於該塘之魚，非為該土地分離之出產物，仍應歸原承租培養之自訴人所有。上訴人要不得認該塘魚，為天然孳息，主張在其租賃期內，有收取之權利，其於同年三月間，乘自訴人之不備強取該塘魚，即不能不負搶奪罪責。（三二上九六七）

第三百二十七條　（刪除）

[94]一、本條刪除。

二、配合第五十六條連續犯之刪除，刪除本條常業犯之規定。

第三百二十八條　（普通強盜罪）

意圖為自己或第三人不法之所有，以強暴、脅迫、藥劑、催眠術或他法，至使不能抗拒，而取他人之物或使其交付者，為強盜罪，處五年以上有期徒刑。

以前項方法得財產上不法之利益或使第三人得之者，亦同。

犯強盜罪因而致人於死者，處死刑、無期徒刑或十年以上有期徒刑；致重傷者，處無期徒刑或七年以上有期徒刑。

第一項及第二項之未遂犯罰之。

預備犯強盜罪者，處一年以下有期徒刑、拘役或九千元以下罰金。

[108]本罪最後修正於民國九十一年一月八日，爰依刑法施行法第一條之一第二項但書規定將罰金數額提高三倍，以增加法律明確性，並使刑法分則各罪罰金數額具內在邏輯一致性。

＊（強暴脅迫）刑一三五、一三六、一四二㊀、一四九、一五〇、一五二、一六一㊁、㊂、一六二㊁、㊂、二五一㊀、三〇四㊀、三二九、三三三；（因而致人於死或重傷）刑一七；（未遂犯）刑二五～二七；（特別規定）民航一〇〇。

▲刑法第三百二十八條第一項所定強盜罪之物體，固不以動產為限，但對於不動產僅能使人交付，而不能逕自奪取，如以強暴脅迫手段使人不能抗拒，而於他人不動產上取得財產上不法利益者，則屬於同條第二項之罪。（院二七二三）

▲被告等分持槍枝，藏匿某處道旁樹林內，窺伺行人，以便實施搶劫，顯係意圖供自己犯罪之用，持有軍用槍彈而為強盜預備行為，並未著手於強盜之實行，原判決不依刑法第五十五條從持有軍用槍彈之一重處斷，竟以結夥三人以上攜帶兇器強盜未遂罪擬處，顯有違誤。（二五非一五九）

▲攜帶假手槍，冒充真槍以威脅事主，奪取財物，已達於使人不能抗拒之程度，應成立強盜罪。（二六滬上九）

▲上訴人某甲與某乙等商定行劫，告知某丙，某丙亦願參加，且將所藏手槍子彈交由某甲帶去，以備應用，為原審判決認定之事實。是某甲之持有手槍子彈，即係強盜預備行為，合於刑法第五十五條前段所謂一行為而觸犯數罪名，與某丙之預備犯強盜罪前，早已持有槍彈，應併合處罰者不同。（二六滬上二一四）

▲強盜罪之強暴、脅迫，以在客觀上對於人之身體及自由確有侵害行為為必要，若犯人並未實施此項行為，僅因他人主觀上之畏懼，不敢出而抵抗，任其取物以去者，尚不能謂與強盜罪之要件相符。（二七上一七二二）

▲強盜罪所施用之強暴、脅迫手段，祇須足以壓抑被害人之抗拒，使其喪失意思自由為已足，縱令被害人實際無抗拒行為，仍於強盜罪之成立，不生影響。（三〇上三〇二三）

▲（六四臺上一一六五）參見本法第三百二十五條。

▲強盜罪之既遂與否，以已未得財產為標準，上訴人既已取得被害人甲二百八十元、乙四百元、丙一千二百三十元、丁二百元、戊四百元、己一千四百元，其犯罪即已既遂，縱其喝令甲、乙、丙三人再交付手錶未曾得手，亦不過其取得之財物範圍有多寡而已，並不影響於犯罪之既遂。（六七臺上五八三）

第三百二十九條（準強盜罪）

竊盜或搶奪，因防護贓物、脫免逮捕或湮滅罪證，而當場施以強暴脅迫者，以強盜論。

＊（竊盜）刑三二〇；（搶奪）刑三二五；（贓物）刑三四九；（逮捕）刑訴八八；（湮滅證據）刑一六五；（強暴脅迫）刑三二八㊀；（以強盜論）刑三二八㊀。

▲釋六三〇。

▲刑法第三百二十九條所謂當場，固不以實施竊盜或搶奪者尚未離去現場為限，即已離盜所而尚在他人跟蹤追躡中者，仍不失為當場。惟於竊盜或搶奪者離去盜所後，行至中途始被撞遇，則該中途，不得謂為當場，此時如因彼此爭執，犯人予以抵抗，實施強暴或脅迫，除可另成其他罪名外，不生以強盜論之問題。（二八上一九八四）

▲刑法準強盜罪，係以竊盜或搶奪既遂者，即以強盜既遂論，如竊盜或搶奪為未遂，即以強盜未遂論，但竊盜或搶奪不成立時，雖有脫免逮捕而當場施以強暴、脅迫之情形，除可能成立他罪外，不能以準強盜罪論。（六八臺上二七七二）

第三百三十條（加重強盜罪）

犯強盜罪而有第三百二十一條第一項各款情形之一者，處七年以上有期徒刑。

前項之未遂犯罰之。

(91)懲治盜匪條例第三條第一項第三款對於聚眾強劫而執持槍械或爆裂物者處罰甚重，以其對社會造成之危害及危險甚鉅。而刑法第三百三十條之規定雖能賅括懲治盜匪條例前開規定之含意，但處罰太輕，因應懲治盜匪條例之廢止，及配合本法第三百二十八條第一項之修正，酌予提高其法定刑。

＊（強盜罪）刑三二八㊀；（未遂犯）刑二五～二七。

▲原判決認定上訴人等結夥於夜間侵入鐵工廠行竊，得手後正在攜贓越牆逃逸之際，即被該廠守衛發覺，跟蹤追捕，由同夥下手用棍擊傷該守衛倒地，上訴人則在旁喝打，脫免逮捕等情，如果無訛，則上訴人等所犯刑法第三百二十九條之準強盜罪，並有第三百二十一條第一項各款情形，應依同法第三百三十條論處，原判決維持第一審僅依刑法第三百二十九條論科之判決，適用法則，不無違誤。（四八臺上八七八）

第三百三十一條（刪除）

(94)一、本條刪除。

二、配合第五十六條連續犯之刪除，刪除本條常業犯之規定。

第三百三十二條（強盜結合罪）

犯強盜罪而故意殺人者，處死刑或無期徒刑。

犯強盜罪而有下列行為之一者，處死刑、無期徒刑或十年以上有期徒刑：

一　放火者。

二　強制性交者。

三　擄人勒贖者。

四　使人受重傷者。

(91)一、增訂第一項。

二、原第一項移列為第二項。犯強盜罪而故意使人受重傷者，亦屬惡行重大，且懲治盜匪條例第二條第一項第六款原有處罰規定，配合懲治盜匪條例之廢止，爰於第二項增列「使人受重傷者」。

＊（強盜罪）刑三二八㊀；（放火）刑一七三～一七五；（擄人勒贖）刑三四七；（故意殺人）刑二七一。

▲竊盜因脫免逮捕當場行強殺人，應依刑法第三百三十二條第四款處斷，業經本院院字第二四五五號解釋有案，院字第一〇一三號及第一三〇〇號解釋，已因懲治盜匪暫行條例之廢止而不能援用。至懲治盜匪暫行辦法第四條第一款之罪，既以搶劫為成立要件，自亦不包括竊盜因脫免逮捕當場施暴行者在內，均應由普通司法機關審判。（院二七三六）

▲原判決既認上訴人有強劫財物之犯意，將陳姓酒女，誘往旅社房內，抽出小刀，使陳女不能抗拒予以姦淫後，再搶其金項鍊一條及手提袋內之新臺幣二百五十元，自係強劫而強姦之結合犯，不因其先強姦再強劫而有異，應論以懲治盜匪條例第二條第一項第八款之強劫而強姦罪，該條款之罪，並非告訴乃論。（七〇臺上九五九）

▲原判決事實中既認定上訴人係起意劫財，先將張婦、姜女母女依次勒死，滅口之後，始行搜劫財物，則該上訴人之此項連殺二人之行為，顯係為劫取財物而基於概括之犯意，反覆為之，而觸犯同一殺人之罪名，自應依連續犯，以殺人一罪論，而後再與強劫（盜）罪相結合，成為「強劫而故意殺人」一罪。（七〇臺上二七六九）

第三百三十三條（海盜罪、準海盜罪）

未受交戰國之允准或不屬於各國之海軍，而駕駛船艦，意圖施強暴、脅迫於他船或他船之人或物者，為海盜罪，處死刑、無期徒刑或七年以上有期徒刑。

船員或乘客意圖掠奪財物，施強暴、脅迫於其他船員或乘客，而駕駛或指揮船艦者，以海盜論。

因而致人於死者，處死刑、無期徒刑或十二年以上有期徒刑；致重傷者，處死刑、無期徒刑或十年以上有期徒刑。

(95)一、原條文第三項前段對於犯海盜罪而有致人於死之結果，其法定刑為唯一死刑，第三百三十四條海盜結合罪亦為唯一死刑，有違反罪刑均衡原則，為配合第三百三十四條法定刑之修正，而通盤檢討本條及第三百三十四條之法定刑，使海盜加重結果罪及海盜結合罪之處罰，有其合理之差距，以符罪刑均衡原則。

二、修正條文第三百三十四條第一項犯海盜罪而故意殺人之法定刑因已檢討修正為死刑或無期徒刑，為符罪刑均衡原則，爰將本條第三項可罰性較低之海盜致人於死罪之法定刑配合修正為死刑、無期徒刑或十二年以上有期徒刑，海盜致重傷罪之法定刑修正為死刑、無期徒刑或十年以上有期徒刑。

*（強暴脅迫）刑三二八㈠；（因而致人於死或重傷）刑一七。

第三百三十四條　（海盜結合罪）

犯海盜罪而故意殺人者，處死刑或無期徒刑。

犯海盜罪而有下列行為之一，處死刑、無期徒刑或十二年以上有期徒刑：

一　放火者。

二　強制性交者。

三　擄人勒贖者。

四　使人受重傷者。

(95)一、九十一年一月三十日因懲治盜匪條例之廢止，而配套修正之中華民國刑法部分條文，就結合犯之規範，因其犯罪行為輕重不同，而歸納區分為二類：一為故意殺人；另一則為放火、強制性交、擄人勒贖及使人受重傷等行為，而規範不同刑責，本條亦援引上開體例，將海盜罪之結合犯行為區分為二類，將原條文修正為二項，並於第二項中配合增列使人受重傷之類型，以期體例一致。

二、第二項新增。將原條文修正為二項，第一項犯海盜罪而故意殺人之法定刑已由唯一死刑修正為死刑或無期徒刑，則第二項之放火、強制性交、擄人勒贖及使人受重傷等結合行為之法定刑亦應一併修正為死刑、無期徒刑或十二年以上有期徒刑，以資相應。

*（海盜罪）刑三三三；（放火）刑一七三～一七五；（強制性交）刑二二一；（擄人勒贖）刑三四七；（故意殺人）刑二七一。

第三百三十四條之一　（竊能量罪之準用）

第三百二十三條之規定，於本章之罪準用之。

(91)一、本條新增。

二、增設本條，使本法第三百二十三條之規定，於本章之罪有其適用。

第三十一章　侵　占　罪

⇧查暫行律第三十四章原案謂此章所規定之侵占罪，若其成立，係對於自己管有之他人所有物，及准此之財物，並已離他人管有之財物等者，則其罪之性質，與竊盜罪及詐欺取財罪有異。侵占之情形，各有不同，或擅自處分自己管有之他人所有物，或變易管有之意為所有之意，而逕為所有人之行為，或以所有之意，而取得遺失物之管有權，凡此之類皆是。故行為之外形，雖各有不同，而凡不法處分行為，或領有行為，皆屬侵占也。

第三百三十五條　（普通侵占罪）

意圖為自己或第三人不法之所有，而侵占自己持有他人之物者，處五年以下有期徒刑、拘役或科或併科三萬元以下罰金。

前項之未遂犯罰之。

(108)本罪於民國七十二年六月二十六日後並未修正，爰依刑法施行法第一條之一第二項本文規定將罰金數額修正提高三十倍，以增加法律明確性，並使刑法分則各罪罰金數額具內在邏輯一致性。

⇧查第二次修正案理由謂侵占罪所以別於竊盜罪者，謂他人所有物，而歸自己持有，罪方成立，故本案擬從修正案改訂今文。又意圖為自己或第三人不法所有句，原案無，本案增入。

*（持有）刑三三六；（物）刑三二三，民六六以下；（未遂犯）刑二五～二七；（特別規定）軍刑六四，郵政四四、四八。

▲刑法上之侵占罪，以持有他人之物而實行不法領得之意思為構成條件，自必須所侵占之物，於不法領得以前，即已在其實力支配之下，始與持有之要素相符。（二〇上一五七三）

▲刑法第三百三十五條第一項所謂他人之物，固不以動產為限，不動產亦屬之，但財產上不法之利益無與焉。（五一臺上一九〇）

▲刑法上所謂侵占罪，以被侵占之物先有法律或契約上之原因在其持有中者為限，否則不能成立侵占罪。（五二臺上一四一八）

▲（六七臺上二六六二）參見本法第二十八條。

▲刑法上之侵占罪，須持有人變易其原來之持有意思而為不法所有之意思，始能成立，如僅將持有物延不交還或有其他原因致一時未能交還，既缺乏主觀要件，即難遽以該罪相繩。（六八臺上三一四六）

▲刑法上之侵占罪，係以侵占自己持有他人之物為要件，所謂他人之物，乃指有形之動產、不動產而言，並不包括無形之權利在內，單純之權利不得為侵占之客體。（七一臺上二三〇四）

第三百三十六條　（公務公益侵占罪、業務侵占罪）

對於公務上或因公益所持有之物，犯前條第一項之罪者，處一年以上七年以下有期徒刑，得併科十五萬元以下罰金。

對於業務上所持有之物，犯前條第一項之罪者，處六月以上五年以下有期徒刑，得併科九萬元以下罰金。」

前二項之未遂犯罰之。

(108)一、本罪於民國七十二年六月二十六日後並未修正，爰依刑法施行法第一條之一第二項本文規定將罰金數額修正提高三十倍，以增加法律明確性，並使刑法分則各罪罰金數額具內在邏輯一致性。

二、第一項中段「一年以上、七年以下」修正為「一年以上七年以下」；第二項中段「六月以上、五年以下」修正為「六月以上五年以下」。

⇧查暫行律第三百九十二條注意謂侵占公務上管有他人財物者，即舊律之監守自盜，惟侵占自己管有物罪，究與奪他人所有以歸於己者不同，故由賊盜分析於此章之內。業務上管有他人財物者，如營質業者管有之質物，營倉庫業、運送業者所被人委託之財物等，凡此皆因各種業務而管有他人之財物也。雖非監守之官員可比，然其侵占之情，無纖芒之輕重，故予以同一之處分。

*（公務）刑一〇㈡、二四㈡、二二八；（業務）刑二二、二四㈡、一三二㈢、二〇八㈡、二一五、三一六、三一七；（未遂犯）刑二五～二七；（特別規定）貪污四㈠①，所得稅一二〇，郵政四四㈠、四八。

▲刑法第三百三十六條第一項所謂侵占公務上所持有之物，必須其物因公務上之原因歸其持有，從而侵占之，方與該罪構成要件相合。如原無公務上持有關係，其持有乃由其詐欺之結果，則根本上無侵占之可言，自難以公務侵占罪論擬。（五三臺上二九一〇）

▲上訴人受僱載運鋼筋，貨主既未派人押運，此項貨物，自屬由上訴人持有，竟與捆工某甲同謀卸下一部出售，應成立共同業務上侵占罪責。（六五臺上一〇七二）

▲上訴人受僱為某公司駕駛散裝水泥車，公司交付其所載運之水泥，即屬其業務上所持有之物，對於殘留車櫃中之水泥，不依公司作業之規定處理，而私自在外清理，據為己有，自屬業務上之侵占。（六八臺上三一六）

▲慶豐社區理事會係依臺灣省社區發展十年計畫第九項第二款之規定設立，並非公務機關，而係舉辦公益為目的之民眾團體，亦非受公務機關委託承辦公務。上訴人以理事長身分持有該社區財物，乃因公益而持有。其將因公益而持有之押標金侵占化用，應成立刑法上之侵占公益上持有物罪。（七〇臺上九五四）

▲（七〇臺上二四八一）參見本法第三十一條。

第三百三十七條（侵占遺失物罪）

意圖為自己或第三人不法之所有，而侵占遺失物、漂流物或其他離本人所持有之物者，處一萬五千元以下罰金。

(108)本罪於民國七十二年六月二十六日後並未修正，爰依刑法施行法第一條之一第二項本文規定將罰金數額修正提高三十倍，以增加法律明確性，並使刑法分則各罪罰金數額具內在邏輯一致性。

⇧查第二次修正案理由謂原案第三百九十三條第二項，因自己錯誤而以善意取得管有之他人所有物，或因他人錯誤而交付於自己之他人所有物者，以遺失物論等句，案第一種情形，前法律館草案注意項下，謂錯誤信他人所有物為自己所有物，而以之歸於自己持有云云，是誤認他人物為自己所有物無犯罪之故意，不成立本罪。第二種情形，謂因他人錯誤而交付於自己之他人所有物者，他人誤認自己為別人，而以應交別人之物，交付於自己云云，是以惡意持有他人所有物，自應科以普通侵占罪，故本案擬刪。又查暫行律第三百九十三條注意謂遺失物者，無抛棄權利之意，而喪失所持有物之謂，若人飼養之動物，出於平常往復之地域以外亦是。漂流物指水上之遺失物，及因水流至水邊之遺失物。

*（遺失物）民八〇七；（漂流物）民八一〇；（其他離本人所持有之物）民八〇八～八一〇。

▲刑法第三百三十七條所謂離本人所持有之物，係指物之離其持有，非出於本人之意思者而言。如本人因事故，將其物暫留置於某處而他往，或託請他人代為照管，則與該條規定之意義不符。（五〇臺上二〇三一）

▲上訴人侵占乘客所遺手提箱後，嗣在家中開箱發現美鈔，再另行起意將美鈔一百元作買受計程車價款之用，違反禁止外幣自由買賣之命令，二者犯意各別，應併合處罰。（六三臺上三五五〇）（九一、一一、二二決議不再援用）

第三百三十八條（侵占電氣與親屬間犯侵占罪者準用竊盜罪之規定）

第三百二十三條及第三百二十四條之規定，於本章之罪準用之。

第三十二章　詐欺背信及重利罪

⇧查第二次修正案第三十二章謂原案本章名詐欺取財罪，所謂詐欺者，必以虛偽之事，欺騙他人，而原案第三百八十三條為處理他人財產違背其義務罪，非必有虛偽之事，即外國學說及立法例所謂背信罪。故本案擬改定今名。

第三百三十九條（普通詐欺罪）

意圖為自己或第三人不法之所有，以詐術使人將本人或第三人之物交付者，處五年以下有期徒刑、拘役或科或併科五十萬元以下罰金。

以前項方法得財產上不法之利益或使第三人得之者，亦同。

前二項之未遂犯罰之。

(103)一、原條文之罰金刑原規定為一千元以下罰金，依刑法施行法第一條之一規定，即為新臺幣三萬元，顯已不符時宜，應予提高，爰原條文第一項酌予修正提高罰金刑額度，以求衡平。

二、原條文第二項、第三項未修正。

*（詐術）刑一三七㊀、一四六、一五二、二三八、二五一㊀、二九七㊀、三一三、三五五；（未遂犯）刑二五～二七；（特別規定）貪污五㊀②、八，妨兵二〇、二二，破產一五四、一五五，稅徵四一，所得稅一一〇㊂、一一一㊀、一一三，營業稅五〇，礦業九六①、九九，商檢三五，證交二〇㊀、一七一，郵政四四、四八，民航一〇六。

▲釋一四三。

▲被告共同以詐術，向質權人將質物（汽車）騙回另售他人且經過戶，致質權人喪失其質物之占有而不能請求返還，質權歸於消滅，使取回之原質物價值增高，即屬取得財產上之不法利益，應共同成立刑法第三百三十九條第二項之罪。（六六臺非一四五）

▲（六九臺上六九六）參見本法第三十五條。

第三百三十九條之一（以收費設備不法取得他人之物或利益罪）

意圖為自己或第三人不法之所有，以不正方法由收費設備取得他人之物者，處一年以下有期徒刑、拘役或十萬元以下罰金。

以前項方法得財產上不法之利益或使第三人得之者，亦同。

前二項之未遂犯罰之。

(103)一、原條文之罰金刑已不符時宜，應予提高，爰原條文第一項酌予修正提高罰金刑額度，以求衡平。

二、原條文第二項未修正；另考量第一項及第二項之罪有未遂犯之可能，爰增訂第三項。

第三百三十九條之二（由自動付款設備取得他人之物或利益罪）

意圖為自己或第三人不法之所有，以不正方法由自動付款設備取得他人之物者，處三年以下有期徒刑、拘役或三十萬元以下罰金。

以前項方法得財產上不法之利益或使第三人得之者，亦同。

前二項之未遂犯罰之。

(103)一、原條文之罰金刑已不符時宜，應予提高，爰原條文第一項酌予修正提高罰金刑額度，以求衡平。

二、原條文第二項未修正；另考量本法就三年以下有期徒刑之罪，多設有未遂犯之處罰規定，爰增訂第三項。

第三百三十九條之三（以不正方法將虛偽資料等輸入電腦等而不法取得他人財產或利益罪）

意圖為自己或第三人不法之所有，以不正方法將虛偽資料或不正指令輸入電腦或其相關設備，製作財產權之得喪、變更紀錄，而取得他人之財產者，處七年以下有期徒刑，得併科七十萬元以下罰金。

以前項方法得財產上不法之利益或使第三人得之者，亦同。

前二項之未遂犯罰之。

(103)一、為使法官於具體個案裁判更具量刑彈性，同時遏止行為人以不正方法取得他人之財產，爰第一項增列得併科罰金之處罰規定。

二、原條文第二項未修正；另本條係第三百三十九條普通詐欺罪之加重類型，卻反無未遂犯之處罰規定，顯有闕漏，爰增訂第三項。

第三百三十九條之四（加重詐欺罪）

犯第三百三十九條詐欺罪而有下列情形之一者，處一年以上七年以下有期徒刑，得併科一百萬元以下罰金：

一　冒用政府機關或公務員名義犯之。

二　三人以上共同犯之。

三　以廣播電視、電子通訊、網際網路或其他媒體等傳播工具，對公眾散布而犯之。

四　以電腦合成或其他科技方法製作關於他人不實影像、聲音或電磁紀錄之方法犯之。

前項之未遂犯罰之。

⑩一、本條新增。

二、近年來詐欺案件頻傳，且趨於集團化、組織化，甚至結合網路、電信、通訊科技，每每造成廣大民眾受騙，此與傳統犯罪型態有別，若僅論以第三百三十九條詐欺罪責，實無法充分評價行為人之惡性。參酌德國、義大利、奧地利、挪威、荷蘭、瑞典、丹麥等外國立法例，均對於特殊型態之詐欺犯罪定有獨立處罰規定，爰增訂本條加重詐欺罪，並考量此等特殊詐欺型態行為之惡性、對於社會影響及刑法各罪衡平，將本罪法定刑定為一年以上七年以下有期徒刑，得併科一百萬元以下罰金，且處罰未遂犯。

三、第一項各款加重事由分述即下：㈠行為人冒用政府機關或公務員名義施以詐欺行為，被害人係因出於遵守公務部門公權力之要求，及避免自身違法等守法態度而遭到侵害，則行為人不僅侵害個人財產權，更侵害公眾對公權力之信賴。是以，行為人之惡性及犯罪所生之危害均較普通詐欺為重，爰定為第一款加重事由。㈡多人共同行使詐術手段，易使被害人陷於錯誤，其主觀惡性較單一個人行使詐術為重，有加重處罰之必要，爰仿照本法第二百二十二條第一項第一款之立法例，將「三人以上共同犯之」列為第二款之加重處罰事由。又本款所謂「三人以上共同正犯」，不限於實施共同正犯，尚包含同謀共同正犯。㈢考量現今以電信、網路等傳播方式，同時或長期對社會不特定多數之公眾發送訊息施以詐術，往往造成廣大民眾受騙，此一不特定、多數性詐欺行為類型，其侵害社會程度及影響層面均較普通詐欺行為嚴重，有加重處罰之必要，爰定為第三款之加重處罰事由。

第三百四十條（刪除）

⑭一、本條刪除。

二、配合第五十六條連續犯之刪除，刪除本條常業犯之規定。

第三百四十一條（乘機詐欺罪）

意圖為自己或第三人不法之所有，乘未滿十八歲人之知慮淺薄，或乘人精神障礙、心智缺陷而致其辨識能力顯有不足或其他相類之情形，使之將本人或第三人之物交付者，處五年以下有期徒刑、拘役或科或併科五十萬元以下罰金。

以前項方法得財產上不法之利益或使第三人得之者，亦同。

前二項之未遂犯罰之。

⑩一、本條之行為客體原為未滿二十歲之人，然考量現今國民發育與教育等客觀因素，並參酌兒童及少年福利法及聯合國兒童權利公約均係以未滿十八歲為特別保護對象。是以，本條就特定年齡者之保護有採相同標準之必要，爰將原條文第一項所定「未滿二十歲之人」修正為「未滿十八歲之人」；另酌予修正提高罰金刑額度，以求衡平。

二、原條文第二項、第三項未修正。

*（未滿二十歲）刑二四〇㈠、二四一㈠；（精神耗弱）刑一九㈡；（未遂犯）刑二五～二七。

▲刑法第三百四十一條第一項所謂乘未滿二十歲人之知慮淺薄，係指其人依照周年計算未滿二十歲，且其知慮確屬淺薄者而言，至其人已否結婚則非所問。（三二上二七〇七）

第三百四十二條（背信罪）

為他人處理事務，意圖為自己或第三人不法之利益，或損害本人之利益，而為違背其任務之行為，致生損害於本人之財產或其他利益者，處五年以下有期徒刑、拘役或科或併科五十萬元以下罰金。

前項之未遂犯罰之。

⑩一、原條文之罰金刑已不符時宜，應予提高，爰原條文第一項酌予修正提高罰金刑額度，以求衡平。

二、原條文第二項未修正。

*（未遂犯）刑二五～二七。

▲刑法第三百四十二條第一項之背信罪，必須違背任務之行為，具有為圖取不法利益，或圖加不法損害之意思，為構成要件，若本人利益之受損害，乃基於正當原因，並非不法，則因缺乏犯罪意思要件之故，即難律以本罪。（五三臺上二四二九）

▲被告未履行出賣人之義務，而將買賣標的物再出賣於他人，與為他人處理事務有間，核與刑法上背信罪以為他人處理事務為前提之構成要件不符。（六二臺上四三二〇）

▲刑法上之背信罪為一般的違背任務之犯罪，若為他人處理事務，意圖為自己或第三人不法之所有，以詐術使他人交付財物者，應成立詐欺罪，不能論以背信罪。（六三臺上二九二）

第三百四十三條（準用規定）

第三百二十三條及第三百二十四條之規定，於第三百三十九條至前條之罪準用之。

⑩為杜爭議，爰明列第三百三十九條至第三百四十二條之罪，以資明確。

第三百四十四條（重利罪）

乘他人急迫、輕率、無經驗或難以求助之處境，貸以金錢或其他物品，而取得與原本顯不相當之重利者，處三年以下有期徒刑、拘役或科或併科三十萬元以下罰金。

前項重利，包括手續費、保管費、違約金及其他與借貸相關之費用。

⑩一、本條構成要件原為「乘他人急迫、輕率或無經驗」，惟考量若干情形可能未能為上開情形所涵蓋，為避免法律適用上之漏洞，爰於第一項增列「難以求助之處境」之情形。又本條之最高法定刑原為一年有期徒刑，惟行為人利用被害人經濟處境，獲取不法利益，使被害人經濟處境更為不利，導致被害人陷於經濟困境中難以解決，若最重法定刑僅為一年有期徒刑，未考量行為人惡性與被害人受害程度等情形，實不足以遏止重利歪風，爰將原條文第一項最重法定刑修正為三年，以使法官於具體個案裁判更具量刑彈性，俾充分評價行為人之惡性；另酌予修正提高罰金刑額度，以求衡平。

二、考量社會上重利案件，常以手續費、保管費、違約金等各類費用名目，取得原本以外之款項，無論費用名目為何，只要總額與原本相較有顯不相當之情形，即應屬於重利。為避免爭議，爰參考義大利刑法重罪分則第六百四十四條第三項、第四項規定，增訂第二項，以資周延。

*（乘他人急迫、輕率或無經驗）民七四。

▲約定利率雖超過法定限制，致取得之利息與原本顯不相當，但在立約當時債權人如無乘債務人急迫輕率或無經驗之情形，尚不構成刑法第三百四十四條之重利罪。（院解三〇二九）

第三百四十四條之一（加重重利罪）

以強暴脅迫恐嚇侵入住宅傷害毀損監控或其他足以使人心生畏懼之方法取得前條第一項之重利者，處六月以上五年以下有期徒刑，得併科五十萬元以下罰金。

前項之未遂犯罰之。

(103)一、本條新增。

二、重利被害人遭受不當債務索討，而衍生社會問題之案件，層出不窮，此等行為較諸單純收取或索討重利之行為更為惡劣，危害性亦更鉅。雖以強暴、脅迫、恐嚇、傷害等違法方法索討重利債權，可能該當妨害自由、恐嚇、傷害等罪，惟實務上行為人索討債權之方法未必構成犯罪行為，卻足使被害人心生畏懼或感受強烈之壓力，例如：在被害人住處外站崗、尾隨被害人……等，就此等行為態樣如無處罰規定，不啻係法律漏洞，為遏止此類行為，爰增列本條之處罰規定，並衡酌刑法分則傷害罪章、妨害自由罪章及本章各罪之刑度，將法定刑定為六月以上五年以下有期徒刑，得併科五十萬元以下罰金，並於第二項規範未遂犯之處罰規定。

第三百四十五條　（刪除）

(94)一、本條刪除。

二、配合第五十六條連續犯之刪除，刪除本條常業犯之規定。

第三十三章　恐嚇及擄人勒贖罪

⇧查第二次修正案第三十三章謂原案本罪與詐欺罪併合規定，似未妥協，蓋恐嚇與詐欺，顯然大異。故本案另規定本章。

第三百四十六條　（單純恐嚇罪）

意圖為自己或第三人不法之所有，以恐嚇使人將本人或第三人之物交付者，處六月以上五年以下有期徒刑，得併科三萬元以下罰金。

以前項方法得財產上不法之利益或使第三人得之者，亦同。

前二項之未遂犯罰之。

(108)一、本罪於民國七十二年六月二十六日後並未修正，爰依刑法施行法第一條之一第二項本文規定將罰金數額修正提高三十倍，以增加法律明確性，並使刑法分則各罪罰金數額具內在邏輯一致性。

二、第一項後段「六月以上、五年以下」修正為「六月以上五年以下」；第二項末句「亦同」修正為「，亦同」。

*（恐嚇）刑一五一、三〇五；（物）民六六以下；（未遂犯）刑二五～二七。

▲刑法（舊）第三百七十條第一項之恐嚇罪，其既遂、未遂之區別，以使人交付之所有物有無交付，即犯人是否得財為標準，如已實行恐嚇尚未得財，即被捕獲，自係著手於犯罪之實行而不遂，應論以恐嚇未遂之罪。（二二非一一二）

▲上訴人於吃茶後算帳時，將刀插於桌上，其係表示如欲收茶資，即將加害，是以恐嚇手段企圖白吃，不付茶資，欲免除應付之支出，至為明顯，嗣雖經人搶下尖刀，而由其友代為付清茶資，致未達成目的，仍應成立刑法第三百四十六條第二項、第三項以恐嚇得財產上不法之利益未遂罪名。（五七臺上二四八六）

▲上訴人夥同另三人，見被害人與女友偕行，共同意圖為自己不法之所有，將被害人包圍，並對其聲稱：放漂亮點把錢拿出來，免得難看等語，係以將來惡害之事通知被害人，致被害人心生畏怖，雖未得手，仍應以共同恐嚇未遂犯論。（六四臺上一一〇五）

▲刑法上之恐嚇取財罪，係以將來之惡害恫嚇被害人使其交付財物為要件，若當場施以強暴脅迫達於不能抗拒程度，即係強盜行為，不能論以恐嚇罪名。（六五臺上一二一二）

▲刑法第三百四十六條之恐嚇取財罪之恐嚇行為，係指以將來惡害之通知恫嚇他人而言，受恐嚇人尚有自由意志，不過因此而懷有恐懼之心，故與強盜罪以目前之危害脅迫他人，致喪失自由意志不能抗拒者不同。（六七臺上五四二）

第三百四十七條　（擄人勒贖罪）

意圖勒贖而擄人者，處無期徒刑或七年以上有期徒刑。

因而致人於死者，處死刑、無期徒刑或十二年以上有期徒刑；致重傷者，處無期徒刑或十年以上有期徒刑。

第一項之未遂犯罰之。

預備犯第一項之罪者，處二年以下有期徒刑。

犯第一項之罪，未經取贖而釋放被害人者，減輕其刑；取贖後而釋放被害人者，得減輕其刑。

(103)一、按公民與政治權利國際公約及經濟社會文化權利國際公約施行法（以下簡稱「兩公約施行法」）第二條規定：「兩公約所揭示保障人權之規定，具有國內法律效力。」而公民與政治權利國際公約第六條第二款規定：「凡未廢除死刑之國家，非犯情節重大之罪，且依照犯罪時有效並與本公約規定及防止及懲治殘害人群罪公約不牴觸之法律，不得科處死刑……。」

二、兩公約施行法第三條復規定：「適用兩公約規定，應參照其立法意旨及兩公約人權事務委員會之解釋。」則公民與政治權利國際公約第六條第二款關於「情節重大之罪」之解釋，應參酌聯合國人權事務委員會一九八二年第十六屆會議作成之第六號一般性意見：「意義必須嚴格限定」。查經濟及社會理事會一九八四年五月二十五日第五十號決議附件「關於保護死刑犯的權利的保障措施」提及：「死刑的範圍只限於對蓄意而結果危害生命或其他極端嚴重後果的罪行」。至於何種罪名屬於「情節重大之罪」，經濟及社會理事會秘書長自二〇〇〇年起每五年提出的「死刑和關於保護死刑犯的權利的保障措施報告」、人權理事會二〇〇七年提出之特別報告、立法院第八屆第一會期第二次會議議案關係文書政五四八，均揭示未導致喪命的綁架並不屬於可判處死刑的「情節重大之罪」。

三、原條文第一項規定：「意圖勒贖而擄人者，處死刑、無期徒刑或七年以上有期徒刑。」第二項後段規定「致重傷者，處死刑、無期徒刑或十年以上有期徒刑」與第二項前段規定「因而致人於死者，處死刑、無期徒刑或十二年以上有期徒刑」相較，無論行為人是否致人於死，均有科處死刑之規定，顯有違反比例原則。又單純意圖勒贖而擄人或擄人勒贖致重傷之情形，均非屬剝奪生命法益之犯罪，牴觸前開「公民與政治權利國際公約」第六條第二款之「非犯情節重大之罪……不得科處死刑」規定。為符合兩公約施行法之規定，爰為第一項、第二項之修正。

四、原條文第三項至第五項未修正。

*（因而致人於死或重傷）刑一七；（未遂犯）刑二五～二七；（預備犯）刑三二八㊄；（減輕其刑）刑六四㊁、六五㊁、六六～七二。

▲釋二六三。

▲乙之持條取款，既在放回被擄人之後，倘乙於其子甲結夥擄人時，並未共同實施，亦無其他幫助行為，自應論乙收受贓物之罪。（院一五三五）

▲擄人勒贖罪，須行為人自始有使被害人以財物取贖人身之意思，如使被害人交付財物，別有原因，為達其取得財物之目的，而剝奪被害人之自由者，除應成立其他財產上之犯罪或牽連犯妨害自由罪外，要無成立擄人勒贖罪之餘地。（六五臺上三三五六）

第三百四十八條　（擄人勒贖結合罪）

犯前條第一項之罪而故意殺人者，處死刑或無期徒刑。

犯前條第一項之罪而有下列行為之一者，處死刑、無期徒刑或十二年以上有期徒刑：

一　強制性交者。

二　使人受重傷者。

(91)參酌本法第三百三十二條第二項之規定，於第二項增訂犯擄人勒贖而使被害人受重傷之結合犯之處罰規定，以求刑罰之公平。

*（故意殺被害人）刑二七一；（強制性交）刑二二一。

▲懲治盜匪條例第二條第一項第九款之擄人勒贖罪，依中華民國七十七年罪犯減刑條例第三條第二款規定不予減刑。刑法（舊）第三百四十八條第一項之擄人勒贖而故意殺被害人罪，係將擄人勒贖與殺人兩個獨立之罪名相結合成一新罪名，而加重其刑罰，自較單一擄人勒贖之犯罪情節為重，依全部法優於一部法之原則，自應適用刑法第三百四十八條第一項處斷。參照司法院院解字第三四五四號及第三六六一號解釋：「牽連罪中有應減刑與不應減刑之部分互見，而輕罪不應減刑時，縱令所犯重罪應減刑，仍不得予以減刑」之意旨，在刑法第三百四十八條第一項已包含有擄人勒贖之罪，而此犯罪情節較輕之擄人勒贖既不予減刑，較其為重之擄人勒贖而故意殺被害人，當然無減刑規定之適用。否則，擄人勒贖不予減刑，而擄人勒贖故意殺被害人反予減刑，輕重倒置，無異鼓勵擄人勒贖者故意殺被害人，以邀減刑之寬典，當非立法之本意。（七八臺上一四八八）

▲擄人勒贖而故意殺被害人，係將擄人勒贖與殺人兩個獨立之罪名相結合成一新罪名，而加重其刑罰，此種結合型態之犯罪，自較單一擄人勒贖之犯罪情節為重，刑法（舊）第三百四十八條第一項與懲治盜匪條例第二條第一項第九款法定刑相同，依全部法優於一部法之原則，自應適用刑法第三百四十八條第一項處斷。（七九臺上四七六九）

第三百四十八條之一　（意圖勒贖而擄人）

擄人後意圖勒贖者，以意圖勒贖而擄人論。

(91)一、本條新增。

二、擄人後而起意勒贖者，其情節與意圖勒贖而擄人相若。增設本條以意圖勒贖而擄人論之規定，俾能依本法第三百四十七條及第三百四十八條之規定處罰。

第三十四章　贓　物　罪

第三百四十九條　（普通贓物罪）

收受、搬運、寄藏、故買贓物或媒介者，處五年以下有期徒刑、拘役或科或併科五十萬元以下罰金。

因贓物變得之財物，以贓物論。

(103)一、竊盜案件頻傳，近三年竊盜案件雖有下降，由九十七年的二十萬餘件下降至九十九年的十四萬餘件，破獲率卻未見提升，以普通竊盜案為例，近三年破獲率竟均未達五成，汽車竊盜案也未達七成。

二、易銷贓行業如當鋪、舊貨業等的營業家數逐年增加，也增加了銷贓的管道，影響破案的難度，實有必要將現行罰則加重，以有效嚇阻銷贓行為，並進一步阻止竊盜案件的發生。

三、為保障民眾財產安全，爰將原條文第一項、第二項合併，並提高罰金刑，修正為「收受、搬運、寄藏、故買贓物或媒介者，處五年以下有期徒刑、拘役或科或併科五十萬元以下罰金。」

*（媒介）民五六五、五六九，刑二六九㊁；（特別規定）竊贓保安二㊁，貪污一五，森林五〇。

▲刑法上之贓物罪，原在防止因竊盜、詐欺、侵占各罪被奪取或侵占之物難於追及或回復，故其前提要件，必須犯前開各罪所得之物，始得稱為贓物。（四一臺非三六）

▲刑法上之寄藏贓物，係指受寄他人之贓物，為之隱藏而言，必須先有他人犯財產上之罪，而後始有受寄代藏贓物之行為，否則即難以該項罪名相繩。（五一臺上八七）

▲（七一臺上三六六三）參見本法第五十條。

▲（八一臺上三五二一）參見本法第六十一條。

第三百五十條　（刪除）

(94)一、本條刪除。

二、配合第五十六條連續犯之刪除，刪除本條常業犯之規定。

第三百五十一條　（親屬贓物罪）

於直系血親、配偶或同財共居親屬之間，犯本章之罪者，得免除其刑。

⇧查第二次修正案理由調修正案於本章之罪，準用第三百三十三條第二項（按係指第二次修正案之條文，即本法第三百五十一條），於其他親屬間犯罪者，須告訴乃論，係指親屬為被害人而言。故親屬不告訴，則不論罪，則第三人為被害人，而親屬間互相授受，恐無告訴之理，該條第二項，似不適用，故本案擬仍從原案。

*（血親）民九六七；（免除其刑）刑六六，刑訴二九九㊀。

第三十五章　毀棄損壞罪

第三百五十二條　（毀損文書罪）

毀棄、損壞他人文書或致令不堪用，足以生損害於公眾或他人者，處三年以下有期徒刑、拘役或三萬元以下罰金。

(108)本罪最後修正於民國九十二年六月三日，爰依刑法施行法第一條之一第二項但書規定將罰金數額提高三倍，以增加法律明確性，並使刑法分則各罪罰金數額具內在邏輯一致性。

*（毀棄）刑一一五、三五四；（損壞）刑一一八、三五四；（文書）刑二一五、二一六、二二〇；（公眾）刑一五一；（告訴乃論）刑三五七；（特別規定）保險一七二之一②，公司二九三㊃②，商會七一②、③、七二②。

▲某甲繳納報名費投考某機關錄事，於入場領卷後潛行出外將試卷毀棄水中，此項試卷既經某甲領受，即非公務員職務上所掌管，該試卷本係專供某甲考試之用，其自行毀棄亦於公眾或他人無所損害，自不成立何種犯罪。（院二八五二）

第三百五十三條　（毀壞建築物、礦坑、船艦罪）

毀壞他人建築物、礦坑、船艦或致令不堪用者，處六月以上五年以下有期徒刑。

因而致人於死者，處無期徒刑或七年以上有期徒刑，致重傷者，處三年以上十年以下有期徒刑。

第一項之未遂犯罰之。

*（未遂犯）刑二五～二七；（特別規定）軍刑一〇三、一〇五、一〇六、一一〇，引水三六。

▲毀壞建築物罪，以行為人有毀壞他人建築物重要部分，使該建築物失其效用之故意，為成立要件，如因鬪毆氣憤而亂擲石塊，致將他人房屋之牆壁上泥土剝落一部分，既未喪失該建築物之效用，除具有刑法第三百五十四條毀損他人所有物之條件，得成立該罪外，要難以毀損建築物罪相繩。（五〇臺上八七〇）

▲牆壁既係共用，並非被告單獨所有，倘有無端毀損之行為，而影響他人房屋之安全，仍難謂非毀損他人建築物。（五六臺上六二二）

第三百五十四條　（毀損器物罪）

毀棄損壞前二條以外之他人之物或致令不堪用足以生損害於公眾或他人者，處二年以下有期徒刑、拘役或一萬五千元以下罰金。

(108)本罪於民國七十二年六月二十六日後並未修正，爰依刑法施行法第一條之一第二項本文規定將罰金數額修正提高三十倍，以增加法律明確性，並使刑法分則各罪罰金數額具內在邏輯一致性。

⇧查第二次修正案理由謂原案第四百零六條第二、第三款，本案以其行為過於輕微，似不必牽入刑事範圍，故刪。

*（毀棄）刑三五二；（損壞）刑三五二；（公眾）刑三五二；（告訴乃論）刑三五七；（特別規定）妨害國幣五，森林五四，自來水九七，漁業六二，公司二九三㊃③，水利九一，電業一〇五。

▲甲用石擊斃踐食菜園之他人豬隻，如係出於故意，應成立刑法第三百五十四條之損壞罪，但應注意同法第二十四條第一項之規定。（院一九八九）

▲刑法第三百五十四條之毀損罪，以使所毀損之物，失其全部或一部之效用為構成要件。被告潛至他人豬舍，投以殺鼠毒藥，企圖毒殺之豬，既經獸醫救治，得免於死，則其效用尚無全部或一部喪失情事，而本條之罪，又無處罰未遂之規定，自應為無罪之諭知。（四七臺非三四）

▲（五〇臺上八七〇）參見本法第三百五十三條。

第三百五十五條（間接毀損罪）

意圖損害他人，以詐術使本人或第三人為財產上之處分，致生財產上之損害者，處三年以下有期徒刑、拘役或一萬五千元以下罰金。

(108)本罪於民國七十二年六月二十六日後並未修正，爰依刑法施行法第一條之一第二項本文規定將罰金數額修正提高三十倍，以增加法律明確性，並使刑法分則各罪罰金數額具內在邏輯一致性。

⇧查第二次修正案理由謂本條原案無，蓋意圖取得不法之利益，而以詐術損害他人財產者，適用詐欺罪之規定。若無圖利意，而純然為損害他人之財產起見，施用詐術，則律無明文，實屬遺漏，故本案增入本條。

*（詐術）刑一三七㈠、一四六、一五二、二二九㈠、二三八、二五一㈠、二九七㈠、三一三、三三九㈠；（財產上之處分）民三四五、三九八、四〇六、八六〇、八八四、九一一；（告訴乃論）刑三五七。

第三百五十六條（損害債權罪）

債務人於將受強制執行之際，意圖損害債權人之債權，而毀壞、處分或隱匿其財產者，處二年以下有期徒刑、拘役或一萬五千元以下罰金。

(108)本罪於民國七十二年六月二十六日後並未修正，爰依刑法施行法第一條之一第二項本文規定將罰金數額修正提高三十倍，以增加法律明確性，並使刑法分則各罪罰金數額具內在邏輯一致性。

*（債務人）民一九九㈠；（強制執行）強執三，刑四二㈠；（告訴乃論）刑三五七；（特別規定）破產一五四～一五六，保險一七二之一③，動擔三八～四〇。

▲上訴人因債務案受強制執行中，與某乙通謀，將其所有某基地另立租契，交付合同，由某乙向執行處聲明異議，以便隱匿該地，避免強制執行，當某乙聲明異議之時，正值法院減價拍賣，尚在強制執行程序未終結之前，且經債權人依法告訴，自應成立債務人於將受強制執行之際，意圖損害債權人之債權而隱匿其財產之罪。（二四上五二一九）

第三百五十七條（告訴乃論）

第三百五十二條、第三百五十四條至第三百五十六條之罪，須告訴乃論。

*（告訴乃論）刑訴二三三、二三六～二三九、二五二⑤、三〇三③。

第三十六章　妨害電腦使用罪

第三百五十八條（入侵電腦或其相關設備罪）

無故輸入他人帳號密碼、破解使用電腦之保護措施或利用電腦系統之漏洞，而入侵他人之電腦或其相關設備者，處三年以下有期徒刑、拘役或科或併科三十萬元以下罰金。

(108)本罪增訂於民國九十二年六月三日，爰依刑法施行法第一條之一第二項但書規定將罰金數額提高三倍，以增加法律明確性，並使刑法分則各罪罰金數額具內在邏輯一致性。

第三百五十九條（破壞電磁紀錄罪）

無故取得、刪除或變更他人電腦或其相關設備之電磁紀錄，致生損害於公眾或他人者，處五年以下有期徒刑、拘役或科或併科六十萬元以下罰金。

(108)本罪增訂於民國九十二年六月三日，爰依刑法施行法第一條之一第二項但書規定將罰金數額提高三倍，以增加法律明確性，並使刑法分則各罪罰金數額具內在邏輯一致性。

第三百六十條（干擾電腦或其相關設備罪）

無故以電腦程式或其他電磁方式干擾他人電腦或其相關設備，致生損害於公眾或他人者，處三年以下有期徒刑、拘役或科或併科三十萬元以下罰金。

(108)本罪增訂於民國九十二年六月三日，爰依刑法施行法第一條之一第二項但書規定將罰金數額提高三倍，以增加法律明確性，並使刑法分則各罪罰金數額具內在邏輯一致性。

第三百六十一條（加重妨害電腦使用罪）

對於公務機關之電腦或其相關設備犯前三條之罪者，加重其刑至二分之一。

(92)一、本條新增。
二、由於公務機關之電腦系統如被入侵往往造成國家機密外洩，有危及國家安全之虞，因此對入侵公務機關電腦或其相關設備之犯行加重刑度，以適當保護公務機關之資訊安全，並與國際立法接軌。
三、本條所稱公務機關，係指電腦處理個人資料保護法第三條所定之公務機關。

第三百六十二條（製作犯罪電腦程式罪）

製作專供犯本章之罪之電腦程式，而供自己或他人犯本章之罪，致生損害於公眾或他人者，處五年以下有期徒刑、拘役或科或併科六十萬元以下罰金。

(108)本罪增訂於民國九十二年六月三日，爰依刑法施行法第一條之一第二項但書規定將罰金數額提高三倍，以增加法律明確性，並使刑法分則各罪罰金數額具內在邏輯一致性。

第三百六十三條（告訴乃論）

第三百五十八條至第三百六十條之罪，須告訴乃論。

(92)一、本條新增。
二、刑罰並非萬能，即使將所有狹義電腦犯罪行為均規定為非告訴乃論，未必就能有效遏止電腦犯罪行為，尤其對於個人電腦之侵害行為，態樣不一，輕重有別，如受害人無告訴意願，並配合偵查，實際上亦難達到偵查成效，故採告訴乃論，有助於紛爭解決及疏解訟源，並可將國家有限之偵查及司法資源集中於較嚴重之電腦犯罪，有效從事偵查，爰增訂本條。

中華民國刑法施行法

民國二十四年四月一日國民政府公布
八十六年十一月二十六日總統令修正公布
八十八年四月二十一日總統令修正公布
九十年一月十日總統令修正公布
九十四年二月二日總統令修正公布
九十五年六月十四日總統令修正公布
九十八年一月二十一日總統令修正公布
九十八年六月十日總統令修正公布
九十八年十二月三十日總統令修正公布
一百零四年十二月三十日總統令修正公布
一百零五年六月二十二日總統令修正公布
一百零八年五月二十九日總統令修正公布
一百零八年十二月三十一日總統令修正公布
一百一十一年五月四日總統令修正公布
一百一十二年二月八日總統令增訂公布第九之四條文

第一條（舊刑法、刑律、其他法令之定義）

本法稱舊刑法者，謂中華民國十七年九月一日施行之刑法，稱刑律者，謂中華民國元年三月十日頒行之暫行新刑律，稱其他法令者，謂刑法施行前與法律有同一效力之刑事法令。

第一條之一（貨幣單位）

中華民國九十四年一月七日刑法修正施行後，刑法分則編所定罰金之貨幣單位為新臺幣。

九十四年一月七日刑法修正時，刑法分則編未修正之條文定有罰金者，自九十四年一月七日刑法修正施行後，就其所定數額提高為三十倍。但七十二年六月二十六日至九十四年一月七日新增或修正之條文，就其所定數額提高為三倍。

第二條（褫奪公權從新主義）

依刑法第二條第一項但書適用舊刑法、刑律或其他法令時，其褫奪公權所褫奪之資格，應依刑法第三十六條之規定。

第三條（易科監禁之期限與易科罰金折算之抵充）

依舊刑法易科監禁者，其監禁期限自刑法施行之日起，不得逾六個月。

其在刑法施行後易科監禁期限內納罰金者，以所納之數，仍依裁判所定之標準扣除監禁日期。

第三條之一（法律之適用㈠）

刑法第四十一條之規定，中華民國九十年一月四日刑法修正施行前已裁判確定之處罰，未執行或執行未完畢者，亦適用之。

未諭知得易科罰金之處罰者，亦同。

於九十四年一月七日刑法修正施行前犯併合處罰數罪中之一罪，且該數罪均符合第四十一條第一項得易科罰金之規定者，適用九十年一月四日修正之刑法第四十一條第二項規定。

第三條之二（易服社會勞動制度之適用範圍）

刑法第四十一條及第四十二條之一之規定，於中華民國九十八年九月一日刑法修正施行前已裁判確定之處罰，未執行或執行未完畢者，亦適用之。

第三條之三（法律之適用㈡）

刑法第四十一條及第四十二條之一之規定，於中華民國九十八年十二月十五日刑法修正施行前已裁判確定之處罰，未執行或執行未完畢者，亦適用之。

第四條（累犯加重之限制）

刑法施行前累犯舊刑法第六十六條第一項所定不同一之罪或不同款之罪一次者，其加重本刑不得逾三分之一。

依刑法第四十八條更定其刑者，準用前項之規定。

第五條（老幼人減刑之方法與例外）

刑法施行前，未滿十八歲人或滿八十歲人犯罪，經裁判確定處死刑或無期徒刑者，應報由司法行政最高官署呈請司法院提請國民政府減刑。但有刑法第六十三條第二項情形者，不在此限。

第六條（緩刑假釋之保護管束）

刑法施行前受緩刑之宣告或假釋出獄者，刑法施行後於其緩刑期內得付保護管束，假釋中付保護管束。

第六條之一（緩刑適用規定之情形）

於中華民國九十四年一月七日刑法修正施行前，受緩刑之宣告，九十四年一月七日修正刑法施行後，仍在緩刑期內者，適用九十四年一月七日修正施行之刑法第七十五條、第七十五條之一及第七十六條規定。

於中華民國九十八年五月十九日刑法修正施行前，受緩刑之宣告，九十八年五月十九日修正刑法施行後，仍在緩刑期內者，適用九十八年五月十九日修正施行之刑法第七十五條及第七十五條之一規定。

第七條（緩刑假釋之撤銷）

刑法施行前，宣告緩刑或准許假釋者，在刑法施行後撤銷時，應依刑法之規定。

第七條之一（不溯既往原則）

於中華民國八十六年刑法第七十七條修正施行前犯罪者，其假釋適用八十三年一月二十八日修正公布之刑法第七十七條規定。但其行為終了或犯罪結果之發生在八十六年刑法第七十七條修正施行後者，不在此限。

因撤銷假釋執行殘餘刑期，其撤銷之原因事實發生在八十六年刑法第七十九條之一修正施行前者，依修正前之刑法第七十九條之一規定合併計算其殘餘刑期與他刑應執行之期間。但其原因事實行為終了或犯罪結果之發生在八十六年刑法第七十七條修正施行後者，不在此限。

第七條之二（假釋適用規定之情形）

於中華民國八十六年十一月二十六日刑法修正公布後，九十四年一月七日刑法修正施行前犯罪者，其假釋適用八十六年十一月二十六日修正公布之刑法第七十七條規定。但其行為終了或犯罪結果之發生在九十四年一月七日刑法修正施行後者，其假釋適用九十四年一月七日修正施行之刑法第七十七條規定。

因撤銷假釋執行殘餘刑期，其撤銷之原因事實發生在八十六年十一月二十六日刑法修正公布後，九十四年一月七日刑法修正施行前者，依八十六年十一月二十六日修正公布之刑法第七十九條之一規定合併計算其殘餘刑期與他刑應執行之期間。但其原因事實行為終了或犯罪結果之發生在九十四年一月七日刑法修正施行後者，依九十四年一月七日修正施行之刑法第七十九條之一規定合併計算其殘餘刑期與他刑應執行之期間。

第八條（行刑權時效停止之起算）

刑法施行前，行刑權之時效停止原因繼續存在者，適用刑法第八十五條第三項之規定，其期間自刑法施行之日起算。

第八條之一（適用最有利之規定）

於中華民國九十四年一月七日刑法修正施行前，其追訴權或行刑權時效已進行而未完成者，比較修正前後之條文，適用最有利於行為人之規定。於一百零八年十二月六日刑法修正施行前，其追訴權或行刑權時效已進行而未完成者，亦同。

⑩⑧配合刑法總則篇時效章關於追訴權時效及行刑權時效之規定修正。

第八條之二（刑法修正施行前其追訴權時效已進行而未完成者適用修正後之規定不適用前條之規定）

於中華民國一百零八年五月十日修正之刑法第八十條第一項第一款但書施行前，其追訴權時效已進行而未完成者，適用修正後之規定，不適用前條之規定。

⑩⑧一、本條新增。
二、刑法第八十條關於追訴權時效規定已有修正，為避免法律變更後之適用疑義，爰予增訂。
三、德國刑法第七十八條第二項將原有追訴權時效限制之謀殺罪，修正為無追訴權時效限制，對此修正之適用範圍，依德國學界通說，適用於追訴權時效新法施行前尚未時效完成之犯行，至於追訴權時效業已完成之犯行，則不得再依追訴權時效新法重行追訴，此項見解亦經德國聯邦憲法法院認屬合憲；日本有關追訴權時效規定在刑事訴訟法第二百五十條至第二百五十五條，犯罪後因刑事訴訟法修正而變更時效期間，判例均認應依修正後規定計算時效期間。是參考德、日學說及實務見解，增訂本條。
四、本次修正之刑法第八十條施行前，其追訴權時效已進行而未完成者，將發生從輕或從新原則規定之適用問題，為杜爭議，爰明定刑法第八十條第一項第一款但書情形，適用修正後之規定，不適用第八條之一規定。

第九條（刑法施行前非配偶而同居者不適用通姦罪）

刑法第二百三十九條之規定，於刑法施行前非配偶而以永久共同生活為目的有同居之關係者，不適用之。

第九條之一（不適用刑法第二百三十一條之情形）

刑法第二百三十一條之規定，於中華民國八十八年三月三十日刑法修正施行前依法令規定經營性交易場所者，不適用之。

第九條之二（適用修正前規定之情形）

刑法第二百二十一條、第二百二十四條之罪，於中華民國八十九年十二月三十一日前仍適用八十八年三月三十日修正施行前之刑法第二百三十六條告訴乃論之規定。

第九條之三（強制治療適用規定之情形）

於中華民國九十四年一月七日刑法修正施行前，受強制治療之宣告，九十四年一月七日修正刑法施行後，仍在執行期間內者，適用八十八年四月二十一日修正公布之刑法第九十一條之一規定。

第九條之四（施行日期㈠）

中華民國一百十二年一月七日修正之刑法第九十一條之一，自一百十二年七月一日施行。

於中華民國一百十二年七月一日刑法修正施行前，受強制治療之宣告者，於一百十二年七月一日修正刑法施行後，應繼續執行。

前項情形，由原執行檢察署之檢察官於中華民國一百十二年七月一日修正刑法施行後六月內向該案犯罪事實最後裁判之法院，依修正後刑法第九十一條之一第二項規定聲請裁定強制治療之期間。

前項聲請，如法院裁定時其強制治療已執行累計逾五年者，視為依修正後刑法第九十一條之一第二項後段規定為第一次許可延長之聲請；已執行累計逾八年者，視為第二次許可延長之聲請。

有下列情形之一者，由該案犯罪事實最後裁判之法院，依刑法第九十一條之一第二項及第三項規定裁定之，並適用前項規定：

一　於中華民國一百十二年七月一日刑法修正施行前，受法院停止治療執行之裁定，於一百十二年七月一日修正刑法施行後，經聲請繼續施以強制治療。

二　第二項或第三項之情形，法院於中華民國一百十二年七月一日修正刑法施行後為停止治療執行之裁定，經聲請繼續施以強制治療。

⑪②一、本條新增。
二、為使強制治療制度之轉換有所周全，應另定施行日期，爰為第一項規定，以臻完備。
三、本次刑法修正施行前受強制治療之宣告者，於本次修正刑法施行後，應繼續執行，爰為第二項規定，以杜爭議。
四、為於新舊法過渡時期，明確受強制治療處分人之執行期間，由原執行檢察署之檢察官於一百十二年七月一日修正刑法施行後六月內，向該案犯罪事實最後裁判之法院，依修正後刑法第九十一條之一第二項規定，聲請裁定強制治療之期間，爰為第三項規定，以利後續執行。
五、刑法第九十一條之一修正意旨，僅就強制治療期間予以修正，對於修正前原強制治療處分之宣告不生影響，故法院受理第三項強制治療期間之聲請時，無須就應否強制治療為決定，而僅就強制治療之期間為宣示即可，附此敘明。

六、刑法第九十一條之一修正後，應視受強制治療處分人執行期間之不同，分別裁定其執行期間，爰為第四項規定，以維衡平。

七、於一百十二年七月一日刑法修正施行前，受法院停止治療執行之裁定；或有第二項或第三項之情形，例如刑法修正施行前已經聲請停止治療之執行，或修正刑法施行後，依第三項規定應定其強制治療期間之裁定前，經鑑定、評估應停止治療之執行，而經法院於一百十二年七月一日修正刑法施行後為停止治療執行之裁定者，均為修正前強制治療宣告效力之延續，如於一百十二年七月一日修正刑法施行後，再經聲請繼續施以強制治療時，應由該案犯罪事實最後裁判之法院，依刑法第九十一條之一第二項及第三項之規定裁定之，並適用第四項之規定，以定其強制治療期間，爰為第五項規定，以維公平。

第十條 （施行日期㈡）

本法自刑法施行之日施行。

刑法修正條文及本法修正條文，除另定施行日期者外，自公布日施行。

第十條之一 （施行日期㈢）

中華民國九十四年一月七日修正公布之刑法，自九十五年七月一日施行。

第十條之二 （施行日期㈣）

中華民國九十七年十二月三十日修正之刑法第四十一條，自九十八年九月一日施行。

中華民國九十八年五月十九日修正之刑法第四十二條之一、第四十四條、第七十四條、第七十五條、第七十五條之一，自九十八年九月一日施行。

第十條之三 （施行日期㈤）

中華民國一百零四年十二月十七日及一百零五年五月二十七日修正之刑法，自一百零五年七月一日施行。

一百零五年七月一日前施行之其他法律關於沒收、追徵、追繳、抵償之規定不再適用。

(105) 一、修正原條文第一項。

二、本次修正中華民國刑法（以下簡稱刑法）第三十八條之三，為中華民國一百零四年十二月十七日修正刑法沒收制度之相關配套，應與其同時施行，以免發生法制落差。爰修正原條文第一項，明定中華民國一百零四年十二月十七日修正之刑法部分條文，及本次修正之刑法第三十八條之三，均自一百零五年七月一日施行。

洗錢防制法

民國八十五年十月二十三日總統令公布
九十二年二月六日總統令修正公布
九十五年五月三十日總統令修正公布
九十六年七月十一日總統令修正公布
九十七年六月十一日總統令修正公布
九十八年六月十日總統令修正公布
一百零五年四月十三日總統令修正公布
一百零五年十二月二十八日總統令修正公布
一百零七年十一月七日總統府令修正公布
一百一十二年六月十四日總統令修正公布第一六條；
並增訂第一五之一、一五之二條文

第一條 （立法目的）

為防制洗錢，打擊犯罪，健全防制洗錢體系，穩定金融秩序，促進金流之透明，強化國際合作，特制定本法。

第二條 （洗錢之定義）

本法所稱洗錢，指下列行為：

一 意圖掩飾或隱匿特定犯罪所得來源，或使他人逃避刑事追訴，而移轉或變更特定犯罪所得。

二 掩飾或隱匿特定犯罪所得之本質、來源、去向、所在、所有權、處分權或其他權益者。

三 收受、持有或使用他人之特定犯罪所得。

第三條 （特定犯罪）

本法所稱特定犯罪，指下列各款之罪：

一 最輕本刑為六月以上有期徒刑以上之刑之罪。

二 刑法第一百二十一條第一項、第一百二十三條、第二百零一條之一第二項、第二百六十八條、第三百三十九條、第三百三十九條之三、第三百四十二條、第三百四十四條、第三百四十九條之罪。

三　懲治走私條例第二條第一項、第三條第一項之罪。
四　破產法第一百五十四條、第一百五十五條之罪。
五　商標法第九十五條、第九十六條之罪。
六　廢棄物清理法第四十五條第一項後段、第四十七條之罪。
七　稅捐稽徵法第四十一條、第四十二條及第四十三條第一項、第二項之罪。
八　政府採購法第八十七條第三項、第五項、第六項、第八十九條、第九十一條第一項、第三項之罪。
九　電子支付機構管理條例第四十四條第二項、第三項、第四十五條之罪。
十　證券交易法第一百七十二條第一項、第二項之罪。
十一　期貨交易法第一百十三條第一項、第二項之罪。
十二　資恐防制法第八條、第九條之罪。
十三　本法第十四條之罪。

第四條（特定犯罪所得）

本法所稱特定犯罪所得，指犯第三條所列之特定犯罪而取得或變得之財物或財產上利益及其孳息。

前項特定犯罪所得之認定，不以其所犯特定犯罪經有罪判決為必要。

第五條（金融機構及指定之非金融事業或人員）

本法所稱金融機構，包括下列機構：

一　銀行。
二　信託投資公司。
三　信用合作社。
四　農會信用部。
五　漁會信用部。
六　全國農業金庫。
七　辦理儲金匯兌簡易人壽保險業務之郵政機構。
八　票券金融公司。
九　信用卡公司。
十　保險公司。
十一　證券商。
十二　證券投資信託事業。
十三　證券金融事業。
十四　證券投資顧問事業。
十五　證券集中保管事業。
十六　期貨商。
十七　信託業。
十八　其他經目的事業主管機關指定之金融機構。

辦理融資性租賃、虛擬通貨平臺及交易業務之事業，適用本法關於金融機構之規定。

本法所稱指定之非金融事業或人員，指從事下列交易之事業或人員：

一　銀樓業。
二　地政士及不動產經紀業從事與不動產買賣交易有關之行為。
三　律師、公證人、會計師為客戶準備或進行下列交易時：
　㈠買賣不動產。
　㈡管理客戶金錢、證券或其他資產。
　㈢管理銀行、儲蓄或證券帳戶。
　㈣有關提供公司設立、營運或管理之資金籌劃。
　㈤法人或法律協議之設立、營運或管理以及買賣事業體。
四　信託及公司服務提供業為客戶準備或進行下列交易時：
　㈠關於法人之籌備或設立事項。
　㈡擔任或安排他人擔任公司董事或秘書、合夥之合夥人或在其他法人組織之類似職位。
　㈢提供公司、合夥、信託、其他法人或協議註冊之辦公室、營業地址、居住所、通訊或管理地址。
　㈣擔任或安排他人擔任信託或其他類似契約性質之受託人或其他相同角色。
　㈤擔任或安排他人擔任實質持股股東。
五　其他業務特性或交易型態易為洗錢犯罪利用之事業或從業人員。

第二項辦理融資性租賃、虛擬通貨平臺及交易業務事業之範圍、第三項第五款指定之非金融事業或人員，其適用之交易型態，及得不適用第九條第一項申報規定之前項各款事業或人員，由法務部會同中央目的事業主管機關報請行政院指定。

第一項金融機構、第二項辦理融資性租賃業務事業及第三項指定之非金融事業或人員所從事之交易，必要時，得由法務部會同中央目的事業主管機關指定其使用現金以外之支付工具。

第一項、第二項及前二項之中央目的事業主管機關認定有疑義者，由行政院指定目的事業主管機關。

前三項之指定，其事務涉司法院者，由行政院會同司法院指定之。

第六條（建立洗錢防制內部控制與稽核制度）

金融機構及指定之非金融事業或人員應依洗錢與資恐風險及業務規模，建立洗錢防制內部控制與稽核制度；其內容應包括下列事項：

一　防制洗錢及打擊資恐之作業及控制程序。
二　定期舉辦或參加防制洗錢之在職訓練。
三　指派專責人員負責協調監督第一款事項之

執行。

四　備置並定期更新防制洗錢及打擊資恐風險評估報告。

五　稽核程序。

六　其他經中央目的事業主管機關指定之事項。

前項制度之執行，中央目的事業主管機關應定期查核，並得委託其他機關（構）、法人或團體辦理。

第一項制度之實施內容、作業程序、執行措施，前項查核之方式、受委託之資格條件及其他應遵行事項之辦法，由中央目的事業主管機關會商法務部及相關機關定之；於訂定前應徵詢相關公會之意見。

違反第一項規定未建立制度或前項辦法中有關制度之實施內容、作業程序、執行措施之規定者，由中央目的事業主管機關限期令其改善，屆期未改善者，處金融機構新臺幣五十萬元以上一千萬元以下罰鍰；處指定之非金融事業或人員新臺幣五萬元以上一百萬元以下罰鍰。

金融機構及指定之非金融事業或人員規避、拒絕或妨礙現地或非現地查核者，由中央目的事業主管機關處金融機構新臺幣五十萬元以上五百萬元以下罰鍰；處指定之非金融事業或人員新臺幣五萬元以上五十萬元以下罰鍰。

第七條（確認客戶身分程序及留存所得資料）

金融機構及指定之非金融事業或人員應進行確認客戶身分程序，並留存其確認客戶身分程序所得資料；其確認客戶身分程序應以風險為基礎，並應包括實質受益人之審查。

前項確認客戶身分程序所得資料，應自業務關係終止時起至少保存五年；臨時性交易者，應自臨時性交易終止時起至少保存五年。但法律另有較長保存期間規定者，從其規定。

金融機構及指定之非金融事業或人員對現任或曾任國內外政府或國際組織重要政治性職務之客戶或受益人與其家庭成員及有密切關係之人，應以風險為基礎，執行加強客戶審查程序。

第一項確認客戶身分範圍、留存確認資料之範圍、程序、方式及前項加強客戶審查之範圍、程序、方式之辦法，由中央目的事業主管機關會商法務部及相關機關定之；於訂定前應徵詢相關公會之意見。前項重要政治性職務之人與其家庭成員及有密切關係之人之範圍，由法務部定之。

違反第一項至第三項規定及前項所定辦法者，由中央目的事業主管機關處金融機構新臺幣五十萬元以上一千萬元以下罰鍰、處指定之非金融事業或人員新臺幣五萬元以上一百萬元以下罰鍰。

第八條（辦理國內外交易應留存交易紀錄）

金融機構及指定之非金融事業或人員因執行業務而辦理國內外交易，應留存必要交易紀錄。

前項交易紀錄之保存，自交易完成時起，應至少保存五年。但法律另有較長保存期間規定者，從其規定。

第一項留存交易紀錄之適用交易範圍、程序、方式之辦法，由中央目的事業主管機關會商法務部及相關機關定之；於訂定前應徵詢相關公會之意見。

違反第一項、第二項規定及前項所定辦法者，由中央目的事業主管機關處金融機構新臺幣五十萬元以上一千萬元以下罰鍰、處指定之非金融事業或人員新臺幣五萬元以上一百萬元以下罰鍰。

第九條（一定金額以上通貨交易之申報）

金融機構及指定之非金融事業或人員對於達一定金額以上之通貨交易，除本法另有規定外，應向法務部調查局申報。

金融機構及指定之非金融事業或人員依前項規定為申報者，免除其業務上應保守秘密之義務。該機構或事業之負責人、董事、經理人及職員，亦同。

第一項一定金額、通貨交易之範圍、種類、申報之範圍、方式、程序及其他應遵行事項之辦法，由中央目的事業主管機關會商法務部及相關機關定之；於訂定前應徵詢相關公會之意見。

違反第一項規定或前項所定辦法中有關申報之範圍方式、程序之規定者，由中央目的事業主管機關處金融機構新臺幣五十萬元以上一千萬元以下罰鍰；處指定之非金融事業或人員新臺幣五萬元以上一百萬元以下罰鍰。

第十條（金融機構及指定之非金融事業或人員之申報義務）

金融機構及指定之非金融事業或人員對疑似犯第十四條、第十五條之罪之交易，應向法務部調查局申報；其交易未完成者，亦同。

金融機構及指定之非金融事業或人員依前項規定為申報者，免除其業務上應保守秘密之義務。該機構或事業之負責人、董事、經理人及職員，亦同。

第一項之申報範圍、方式、程序及其他應遵行事項之辦法，由中央目的事業主管機關會商法務部及相關機關定之；於訂定前應徵詢相關公會之意見。

前項、第六條第三項、第七條第四項、第八條第三項及前條第三項之辦法，其事務涉司法院者，由司法院會商行政院定之。

違反第一項規定或第三項所定辦法中有關申報之範圍、方式、程序之規定者，由中央目的事業主管機關處金融機構新臺幣五十萬元以上一千萬元以下罰鍰；處指定之非金融事業或人員新臺幣五萬元以上一百萬元以下罰鍰。

第十一條（對洗錢或資恐高風險國家或地區得採相關防制措施）

為配合防制洗錢及打擊資恐之國際合作，金融目的事業主管機關及指定之非金融事業或人員之中央目的事業主管機關得自行或經法務部調查局通報，對洗錢或資恐高風險國家或地區為下列措施：

一　令金融機構、指定之非金融事業或人員強化相關交易之確認客戶身分措施。

二　限制或禁止金融機構、指定之非金融事業或人員與洗錢或資恐高風險國家或地區為匯款或其他交易。

三　採取其他與風險相當且有效之必要防制措施。

前項所稱洗錢或資恐高風險國家或地區，指下列之一者：

一　經國際防制洗錢組織公告防制洗錢及打擊資恐有嚴重缺失之國家或地區。

二　經國際防制洗錢組織公告未遵循或未充分遵循國際防制洗錢組織建議之國家或地區。

三　其他有具體事證認有洗錢及資恐高風險之國家或地區。

第十二條　（一定金額有價證券、黃金及物品之申報義務）

旅客或隨交通工具服務之人員出入境攜帶下列之物，應向海關申報；海關受理申報後，應向法務部調查局通報：

一　總價值達一定金額以上之外幣、香港或澳門發行之貨幣及新臺幣現鈔。

二　總面額達一定金額以上之有價證券。

三　總價值達一定金額以上之黃金。

四　其他總價值達一定金額以上，且有被利用進行洗錢之虞之物品。

以貨物運送、快遞、郵寄或其他相類之方法運送前項各款物品出入境者，亦同。

前二項之一定金額、有價證券、黃金、物品、受理申報與通報之範圍、程序及其他應遵行事項之辦法，由財政部會商法務部、中央銀行、金融監督管理委員會定之。

外幣、香港或澳門發行之貨幣未依第一項、第二項規定申報者，由海關沒入之；申報不實者，其超過申報部分由海關沒入之；有價證券、黃金、物品未依第一項、第二項規定申報或申報不實者，由海關處以相當於未申報或申報不實之有價證券、黃金、物品價額之罰鍰。

新臺幣依第一項、第二項規定申報者，超過中央銀行依中央銀行法第十八條之一第一項所定限額部分，應予退運。未依第一項、第二項規定申報者，由海關沒入之；申報不實者，其超過申報部分由海關沒入之，均不適用中央銀行法第十八條之一第二項規定。

大陸地區發行之貨幣依第一項、第二項所定方式出入境，應依臺灣地區與大陸地區人民關係條例相關規定辦理，總價值超過同條例第三十八條第五項所定限額時，海關應向法務部調查局通報。

第十三條　（禁止處分）

檢察官於偵查中，有事實足認被告利用帳戶、匯款、通貨或其他支付工具犯第十四條及第十五條之罪者，得聲請該管法院指定六個月以內之期間，對該筆交易之財產為禁止提款、轉帳、付款、交付、轉讓或其他必要處分之命令。其情況急迫，有相當理由足認非立即為上開命令，不能保全得沒收之財產或證據者，檢察官得逕命執行之。但應於執行後三日內，聲請法院補發命令。法院如不於三日內補發或檢察官未於執行後三日內聲請法院補發命令者，應即停止執行。

前項禁止提款、轉帳、付款、交付、轉讓或其他必要處分之命令，法官於審判中得依職權為之。

前二項命令，應以書面為之，並準用刑事訴訟法第一百二十八條規定。

第一項之指定期間如有繼續延長之必要者，檢察官應檢附具體理由，至遲於期間屆滿之前五日聲請該管法院裁定。但延長期間不得逾六個月，並以延長一次為限。

對於外國政府、機構或國際組織依第二十一條所簽訂之條約或協定或基於互惠原則請求我國協助之案件，如所涉之犯罪行為符合第三條所列之罪，雖非在我國偵查或審判中者，亦得準用前四項規定。

對第一項、第二項之命令、第四項之裁定不服者，準用刑事訴訟法第四編抗告之規定。

第十四條　（洗錢行為之處罰）

有第二條各款所列洗錢行為者，處七年以下有期徒刑，併科新臺幣五百萬元以下罰金。

前項之未遂犯罰之。

前二項情形，不得科以超過其特定犯罪所定最重本刑之刑。

第十五條　（罰則(一)）

收受、持有或使用之財物或財產上利益，有下列情形之一，而無合理來源且與收入顯不相當者，處六月以上五年以下有期徒刑，得併科新臺幣五百萬元以下罰金：

一　冒名或以假名向金融機構申請開立帳戶。

二　以不正方法取得他人向金融機構申請開立之帳戶。

三　規避第七條至第十條所定洗錢防制程序。

前項之未遂犯罰之。

第十五條之一　（罰則(二)）

無正當理由收集他人向金融機構申請開立之帳戶、向虛擬通貨平台及交易業務之事業或第三方支付服務業申請之帳號，而有下列情形之一者，處五年以下有期徒刑、拘役或科或併科新臺幣三千萬元以下罰金：

一　冒用政府機關或公務員名義犯之。

二　以廣播電視、電子通訊、網際網路或其他媒體等傳播工具，對公眾散布而犯之。

三　以電腦合成或其他科技方法製作關於他人不實影像、聲音或電磁紀錄之方法犯之。

四　以期約或交付對價使他人交付或提供而犯之。

五　以強暴、脅迫、詐術、監視、控制、引誘或其他不正方法而犯之。

前項之未遂犯罰之。

第十五條之二　（罰則㈢）

任何人不得將自己或他人向金融機構申請開立之帳戶、向虛擬通貨平台及交易業務之事業或第三方支付服務業申請之帳號交付、提供予他人使用。但符合一般商業、金融交易習慣，或基於親友間信賴關係或其他正當理由者，不在此限。

違反前項規定者，由直轄市、縣（市）政府警察機關裁處告誡。經裁處告誡後逾五年再違反前項規定者，亦同。

違反第一項規定而有下列情形之一者，處三年以下有期徒刑、拘役或科或併科新臺幣一百萬元以下罰金：

一　期約或收受對價而犯之。

二　交付、提供之帳戶或帳號合計三個以上。

三　經直轄市、縣（市）政府警察機關依前項或第四項規定裁處後，五年以內再犯。

前項第一款或第二款情形，應依第二項規定，由該管機關併予裁處之。

違反第一項規定者，金融機構、虛擬通貨平台及交易業務之事業及第三方支付服務業者，得對其已開立之帳戶、帳號，或欲開立之新帳戶、帳號，於一定期間內，暫停或限制該帳戶、帳號之全部或部分功能，或逕予關閉。

前項帳戶、帳號之認定基準，暫停、限制功能或逕予關閉之期間、範圍、程序、方式、作業程序之辦法，由法務部會同中央目的事業主管機關定之。

警政主管機關應會同社會福利主管機關，建立個案通報機制，於依第二項規定為告誡處分時，倘知悉有社會救助需要之個人或家庭，應通報直轄市、縣（市）社會福利主管機關，協助其獲得社會救助法所定社會救助。

第十六條　（罰則㈣）

法人之代表人、代理人、受雇人或其他從業人員因執行業務犯前四條之罪者，除處罰行為人外，對該法人並科以各該條所定之罰金。

犯前四條之罪，在偵查及歷次審判中均自白者，減輕其刑。

第十四條、第十五條或第十五條之一之罪，於中華民國人民在中華民國領域外犯罪者，適用之。

第十四條之罪，不以本法所定特定犯罪之行為或結果在中華民國領域內為必要。但該特定犯罪依行為地之法律不罰者，不在此限。

第十七條　（洩漏或交付罪責）

公務員洩漏或交付關於申報疑似犯第十四條、第十五條之罪嫌疑之文書、圖畫、消息或物品者，處三年以下有期徒刑。

第五條第一項至第三項不具公務員身分之人洩漏或交付關於申報疑似犯第十四條、第十五條之罪之交易或犯第十四條、第十五條之罪嫌疑之文書、圖畫、消息或物品者，處二年以下有期徒刑、拘役或新臺幣五十萬元以下罰金。

第十八條　（洗錢犯罪所得之沒收範圍）

犯第十四條之罪，其所移轉、變更、掩飾、隱匿、收受、取得、持有、使用之財物或財產上利益，沒收之；犯第十五條之罪，其所收受、持有、使用之財物或財產上利益，亦同。」

以集團性或常習性方式犯第十四條或第十五條之罪，有事實足以證明行為人所得支配之前項規定以外之財物或財產上利益，係取自其他違法行為所得者，沒收之。

對於外國政府、機構或國際組織依第二十一條所簽訂之條約或協定或基於互惠原則，請求我國協助執行扣押或沒收之案件，如所涉之犯罪行為符合第三條所列之罪，不以在我國偵查或審判中者為限。

第十九條　（沒收財產）

犯本法之罪沒收之犯罪所得為現金或有價證券以外之財物者，得由法務部撥交檢察機關、司法警察機關或其他協助查緝洗錢犯罪之機關作公務上使用。」

我國與外國政府、機構或國際組織依第二十一條所簽訂之條約或協定或基於互惠原則協助執行沒收犯罪所得或其他追討犯罪所得作為者，法務部得依條約、協定或互惠原則將該沒收財產之全部或一部撥交該外國政府、機構或國際組織，或請求撥交沒收財產之全部或一部款項。

前二項沒收財產之撥交辦法，由行政院定之。

第二十條　（設置基金）

法務部辦理防制洗錢業務，得設置基金。

第二十一條　（國際合作條約或協定之簽訂）

為防制洗錢，政府依互惠原則，得與外國政府、機構或國際組織簽訂防制洗錢之條約或協定。

對於外國政府、機構或國際組織請求我國協助之案件，除條約或協定另有規定者外，得基於互惠原則，提供第九條、第十條、第十二條受理申報或通報之資料及其調查結果。

臺灣地區與大陸地區、香港及澳門間之洗錢防制，準用前二項規定。

第二十二條　（定期陳報查核成效）

第六條第二項之查核，第六條第四項、第五項、第七條第五項、第八條第四項、第九條第四項、第十條第五項之裁處及其調查，中央目的事業主管機關得委辦直轄市、縣（市）政府辦理，並由直轄市、縣（市）政府定期陳報查核成效。

第二十三條（施行日期）

本法自公布日後六個月施行。

本法修正條文自公布日施行。

槍砲彈藥刀械管制條例

民國七十二年六月二十七日總統令公布
七十四年一月十八日總統令修正公布
七十九年七月十六日總統令修正公布
八十五年九月二十五日總統令修正公布
八十六年十一月二十四日總統令修正公布
八十九年七月五日總統令修正公布
九十年十一月十四日總統令修正公布
九十三年六月二日總統令修正公布
九十四年一月二十六日總統令修正公布
九十七年十一月二十六日總統令修正公布
九十八年五月二十七日總統令修正公布
一百年一月五日總統令修正公布
一百年十一月二十三日總統令修正公布
一百零六年六月十四日總統令修正公布
一百零九年六月十日總統令修正公布第四、七～九、二〇、二〇之一、二五條條文

第一條 （立法目的）

為管制槍砲彈藥刀械，維護社會秩序、保障人民生命財產安全，特制定本條例。

第二條 （法律之適用）

槍砲、彈藥、刀械，除依法令規定配用者外，悉依本條例之規定。

第三條 （主管機關）

槍砲彈藥刀械管制之主管機關：中央為內政部；直轄市為直轄市政府；縣（市）為縣（市）政府。

第四條 （定義）

本條例所稱槍砲、彈藥、刀械如下：

一 槍砲：指制式或非制式之火砲、肩射武器、機關槍、衝鋒槍、卡柄槍、自動步槍、普通步槍、馬槍、手槍、鋼筆槍、瓦斯槍、麻醉槍、獵槍、空氣槍、魚槍及其他可發射金屬或子彈具有殺傷力之各式槍砲。

二 彈藥：指前款各式槍砲所使用之砲彈、子彈及其他具有殺傷力或破壞性之各類炸彈、爆裂物。

三 刀械：指武士刀、手杖刀、鴛鴦刀、手指虎、鋼（鐵）鞭、扁鑽、匕首（各如附圖例式）及其他經中央主管機關公告查禁非供正當使用具有殺傷力之刀械。

前項第一款第二款槍砲、彈藥，包括其主要組成零件。但無法供組成槍砲、彈藥之用者，不在此限。

槍砲彈藥主要組成零件種類，由中央主管機關公告之。

▲沒收為從刑之一種，依主從不可分原則，應附隨於主刑而同時宣告之，除有罪、免刑等判決，於裁判時併宣告外，如諭知無罪之判決，既無主刑，從刑亦無所附麗，故案內之違禁物，應另依刑法第四十條但書由檢察官聲請單獨宣告沒收。（七八臺非七二）

第五條 （槍砲彈藥之禁止）

前條所列槍砲、彈藥，非經中央主管機關許可，不得製造、販賣、運輸、轉讓、出租、出借、持有、寄藏或陳列。

第五條之一 （槍砲彈藥之禁止事項）

手槍、空氣槍、獵槍及其他槍砲、彈藥專供射擊運動使用者，非經中央主管機關許可，不得製造、販賣、運輸、轉讓、出租、出借、持有、寄藏或陳列。

第五條之二 （槍砲彈藥刀械之撤銷或廢止許可與給價收購）

依本條例許可之槍砲、彈藥、刀械，有下列情形之一，撤銷或廢止其許可；其持有之槍砲、彈藥、刀械，由中央主管機關給價收購。但政府機關（構）購置使用之槍砲、彈藥、刀械或違反本條例之罪者，不予給價收購：

一 許可原因消滅者。

二 不需置用或毀損致不堪使用者。

三 持有人喪失原住民或漁民身分者。

四 持有人規避、妨礙或拒絕檢查者。

五 持有人死亡者。

六 持有人受判處有期徒刑以上之刑確定者。

七 持有人受監護或輔助宣告，尚未撤銷者。

八 持有槍砲彈藥刀械之團體解散者。

九 其他違反應遵行事項之規定者。

刀械持有人死亡、團體解散，重新申請許可持有者，或自製獵槍持有人死亡，其繼用人申請繼續持有者，經許可後，不予給價收購。

前項自製獵槍繼用人，以享有法定繼承權人之一人為限。但未成年人或無行為能力人者，不得申請繼續持有。

第一項給價收購經費由中央主管機關逐年編列預算支應，其價格標準由中央主管機關定之，並委由直轄市、縣（市）政府執行。

第一項收購之槍砲彈藥刀械及收繳之證照，由中央主管機關送交內政部警政署銷毀。但經留用者，不予銷毀。

第一項第六款規定，於經許可持有自製獵槍或魚槍之原住民，以其故意犯最輕本刑為三年以上有期徒刑之罪或犯下列規定之一之罪為限，適用之：

一 刑法第一百八十五條之二第一項、第四項、第一百八十六條、第一百八十六條之一第一項、第四項、第一百八十七條、第二百二十四條、第二百三十一條之一第二項、第二百七十一條第三項、第二百七十二條第三項、第二百七十三條、第二百七十四條、第二百七十五條、第二百七十七條第一項、第二百七十九條、第二百八十一條、第二百八十二條、第二百九十六條、第二百九十八條、第三百零二條第一項、第三項、第三百零三條、第三百零四條、第三百零五條、第三百二十一條、第三百二十五條第一項、第三項、第三百二十六條、第三百二十八條第

五項、第三百四十六條或第三百四十七條第四項。

二　森林法第五十一條第二項、第五十二條、第五十三條第二項或第五十四條。

三　野生動物保育法第四十條、第四十一條或第四十二條。但於本條文修正前基於原住民族之傳統文化、祭儀或非營利自用而犯野生動物保育法第四十一條之罪者，不在此限。

四　本條例第九條、第十二條第一項、第二項、第四項、第五項、第十三條第二項、第四項、第五項、第十四條或第十五條。

五　懲治走私條例第二條、第三條或第七條。

六　組織犯罪防制條例第三條第一項後段或第六條。

七　毒品危害防制條例第四條第五項、第六項、第五條第四項、第七條第二項、第三項、第四項、第五項、第八條、第十條、第十一條、第十三條、第十四條或第十五條。

本條例中華民國一百零六年五月二十六日修正之本條文施行前，原住民犯前項規定以外之罪，經直轄市、縣（市）主管機關依第一項第六款規定撤銷或廢止其自製獵槍或魚槍之許可，尚未給價收購者，直轄市、縣（市）主管機關應通知其於三個月內重新申請許可；屆期未申請許可或其申請未經許可者，仍依規定給價收購。

第六條　（刀械之禁止事項）

第四條第一項第三款所列之各式刀械，非經主管機關許可，不得製造、販賣、運輸、轉讓、出租、出借、持有。

第六條之一　（槍砲彈藥刀械許可之申請）

第五條及第六條所定槍砲彈藥刀械之許可申請、條件、廢止、檢查及其他應遵行事項之管理辦法，由中央主管機關定之。

第五條之一所定槍砲、彈藥之許可申請、條件、期限、廢止、檢查及其他應遵行事項之管理辦法，由中央目的事業主管機關會同中央主管機關定之。

違反前項所定之管理辦法者，處新臺幣五萬元以下之罰鍰。但違反第五條之一或意圖供自己或他人犯罪而使用經許可之槍砲、彈藥者，不適用之。

第七條　（製造販賣運輸槍砲彈藥罪）

未經許可，製造、販賣或運輸制式或非制式火砲、肩射武器、機關槍、衝鋒槍、卡柄槍、自動步槍、普通步槍、馬槍、手槍或各類砲彈、炸彈、爆裂物者，處無期徒刑或七年以上有期徒刑，併科新臺幣三千萬元以下罰金。

未經許可，轉讓、出租或出借前項所列槍砲、彈藥者，處無期徒刑或五年以上有期徒刑，併科新臺幣一千萬元以下罰金。

意圖供自己或他人犯罪之用，而犯前二項之罪者，處死刑或無期徒刑；處徒刑者，併科新臺幣五千萬元以下罰金。

未經許可，持有、寄藏或意圖販賣而陳列第一項所列槍砲、彈藥者，處五年以上有期徒刑，併科新臺幣一千萬元以下罰金。

意圖供自己或他人犯罪之用，以強盜、搶奪、竊盜或其他非法方法，持有依法執行公務之人所持有之第一項所列槍砲、彈藥者，得加重其刑至二分之一。

第一項至第三項之未遂犯罰之。

▲㈠寄藏與持有，均係將物置於自己實力支配之下，僅寄藏必先有他人之持有行為，而後始為之受寄代藏而已，故寄藏之受人委託代為保管，其保管之本身，亦屬持有，不過，此之持有係受寄之當然結果。刑法第一百八十六條雖僅規定「持有」，而未將寄藏行為定為獨立之罪名，但仍不能以此即謂「寄藏」在槍砲彈藥刀械管制條例公布施行前不成立犯罪。

㈡槍砲彈藥刀械管制條例第七條第四項，第十一條第四項係將「持有」與「寄藏」為分別之處罰規定，則單純之「持有」，固不包括「寄藏」，但「寄藏」之受人委託代為保管，其保管之本身所為之「持有」，既係「寄藏」之當然結果，法律上自宜僅就「寄藏」行為為包括之評價，不應另就「持有」予以論罪。

㈢同時寄藏手槍、子彈係觸犯該條例第七條第四項、第十一條第四項之罪，應依想像上競合犯從較重之該條例第七條第四項未經許可無故寄藏手槍罪處斷。（七四臺上三四〇〇）

第八條　（製造販賣運輸槍砲罪）

未經許可，製造、販賣或運輸制式或非制式鋼筆槍、瓦斯槍、麻醉槍、獵槍、空氣槍或第四條第一項第一款所定其他可發射金屬或子彈具有殺傷力之各式槍砲者，處無期徒刑或五年以上有期徒刑，併科新臺幣一千萬元以下罰金。

未經許可，轉讓、出租或出借前項所列槍砲者，處五年以上有期徒刑，併科新臺幣一千萬元以下罰金。

意圖供自己或他人犯罪之用，而犯前二項之罪者，處無期徒刑或七年以上有期徒刑，併科新臺幣一千萬元以下罰金。

未經許可，持有、寄藏或意圖販賣而陳列第一項所列槍砲者，處三年以上十年以下有期徒刑，併科新臺幣七百萬元以下罰金。

第一項至第三項之未遂犯罰之。

犯第一項、第二項或第四項有關空氣槍之罪，其情節輕微者，得減輕其刑。

▲釋六六九。

▲槍砲彈藥刀械管制條例第八條第一項，既將製造、販賣、運輸為併列之規定，有一於此即構成犯罪。該條第二項所稱意圖供自己或他人犯罪之用而犯前項之罪，係指意圖供自己或他人犯未經許可製造、販賣或運輸以外之其他罪行之用，而為製造、販賣、運輸行為之意，至若其所規定製造、販賣、運輸行為之本身，應不在意圖供自己或他人犯罪之用之列；其同條例第十一條第一、二項之規定亦然。（七七臺上五七二一）

第九條　（製造販賣魚槍罪）

未經許可，製造、販賣、轉讓、出租或出借制式或非制式魚槍者，處一年以下有期徒刑、拘役或新臺幣五十萬元以下罰金。

意圖供自己或他人犯罪之用而犯前項之罪者，處二年以下有期徒刑、拘役或新臺幣一百萬元以下罰金。」

未經許可，持有、寄藏或意圖販賣而陳列制式或非制式魚槍者，處六月以下有期徒刑、拘役或新臺幣五十萬元以下罰金。

第一項及第二項之未遂犯罰之。

第十條　（刪除）

第十一條　（刪除）

第十二條　（製造販賣運輸彈藥罪）

未經許可，製造、販賣或運輸子彈者，處一年以上七年以下有期徒刑，併科新臺幣五百萬元以下罰金。

未經許可，轉讓、出租或出借子彈者，處六月以上五年以下有期徒刑，併科新臺幣三百萬元以下罰金。

意圖供自己或他人犯罪之用，而犯前二項之罪者，處三年以上十年以下有期徒刑，併科新臺幣七百萬元以下罰金。

未經許可，持有、寄藏或意圖販賣而陳列子彈者，處五年以下有期徒刑，併科新臺幣三百萬元以下罰金。

第一項至第三項之未遂犯罰之。

▲（七八臺非七二）參見本法第四條。

第十三條　（製造、販賣運輸槍砲彈藥主要零件罪）

未經許可，製造、販賣或運輸槍砲、彈藥之主要組成零件者，處三年以上十年以下有期徒刑，併科新臺幣七百萬元以下罰金。

未經許可，轉讓、出租或出借前項零件者，處一年以上七年以下有期徒刑，併科新臺幣五百萬元以下罰金」。

意圖供自己或他人犯罪之用，而犯前二項之罪者，處五年以上有期徒刑，併科新臺幣一千萬元以下罰金」。

未經許可，持有、寄藏或意圖販賣而陳列第一項所列零件者，處六月以上五年以下有期徒刑，併科新臺幣三百萬元以下罰金。

第一項至第三項之未遂犯罰之。

第十四條　（製造、販賣、運輸刀械罪）

未經許可，製造、販賣或運輸刀械者，處三年以下有期徒刑，併科新臺幣一百萬元以下罰金。

意圖供自己或他人犯罪之用，而犯前項之罪者，處六月以上五年以下有期徒刑，併科新臺幣三百萬元以下罰金。

未經許可，持有或意圖販賣而陳列刀械者，處一年以下有期徒刑、拘役或新臺幣五十萬元以下罰金。

第一項及第二項之未遂犯罰之。

第十五條　（攜帶刀械罪）

未經許可攜帶刀械而有下列情形之一者，處二年以下有期徒刑：

一　於夜間犯之者。

二　於車站、埠頭、航空站、公共場所或公眾得出入之場所犯之者。

三　結夥犯之者。

第十六條　（加重其刑）

公務員或經選舉產生之公職人員明知犯第七條、第八條或第十二條之罪有據予以包庇者，依各該條之規定加重其刑至二分之一。

第十七條　（刪除）

第十八條　（自首與自白）

犯本條例之罪自首，並報繳其持有之全部槍砲、彈藥、刀械者，減輕或免除其刑；其已移轉持有而據實供述全部槍砲、彈藥、刀械之來源或去向，因而查獲者，亦同。」

前項情形，於中央主管機關報經行政院核定辦理公告期間自首者，免除其刑。

前二項情形，其報繳不實者，不實部分仍依本條例所定之罪論處。

犯本條例之罪，於偵查或審判中自白，並供述全部槍砲、彈藥、刀械之來源及去向，因而查獲或因而防止重大危害治安事件之發生者，減輕或免除其刑。拒絕供述或供述不實者，得加重其刑至三分之一。

第十九條　（刪除）

第二十條　（原住民漁民製造運輸或持有自製獵槍、魚槍之規定）

原住民未經許可，製造、運輸或持有自製獵槍、其主要組成零件或彈藥；或原住民、漁民未經許可，製造、運輸或持有自製魚槍，供作生活工具之用者，處新臺幣二千元以上二萬元以下罰鍰，本條例有關刑罰之規定，不適用之。

原住民相互間或漁民相互間未經許可，販賣、轉讓、出租、出借或寄藏自製獵槍、其主要組成零件或彈藥、自製魚槍，供作生活工具之用者，處新臺幣二千元以上二萬元以下罰鍰，本條例有關刑罰之規定，不適用之。」

第一項之自製獵槍、魚槍之構造、自製獵槍彈藥，及前二項之許可申請、條件、期限、廢止、檢查及其他應遵行事項之管理辦法，由中央主管機關會同中央原住民族主管機關及國防部定之。

於中華民國九十年十一月十四日本條例修正施行前，原住民單純僅犯未經許可製造、運輸、持有及相互間販賣、轉讓、出租、出借或寄藏自製獵槍、魚槍之罪，受判處有期徒刑以上之刑確定者，仍得申請自製獵槍、魚槍之許可。

主管機關應輔導原住民及漁民依法申請自製獵槍、魚槍。

第一項、第二項情形，於中央主管機關報經行政院核定辦理公告期間自動報繳者，免除其處罰。

第二十條之一　（模擬槍之管制）

具類似真槍之外型、構造、材質及火藥式擊發機構裝置，且足以改造成具有殺傷力者，為模擬槍，由中央主管機關會同中央目的事業主管機關公告查禁。

製造、販賣、運輸或轉讓前項公告查禁之模擬槍者，處新臺幣二百五十萬元以下罰鍰；其情節重大者，得併命其停止營業或勒令歇業。但專供外銷及研發並經警察機關許可，且列冊以備稽核者，不在此限。

出租、出借、持有、寄藏或意圖販賣而陳列第一項公告查禁之模擬槍者，處新臺幣二十萬元以下罰鍰。

改造第一項公告查禁之模擬槍可供發射金屬或子彈未具殺傷力者，處新臺幣三十萬元以下罰鍰。

警察機關為查察第一項公告查禁之模擬槍，得依法派員進入模擬槍製造、儲存或販賣場所，並應會同目的事業主管機關就其零組件、成品、半成品、各種簿冊及其他必要之物件實施檢查，並得詢問關係人及命提供必要之資料。

前項規定之檢查人員於執行檢查任務時，應主動出示執行職務之證明文件，並不得妨礙該場所正常業務之進行。

規避、妨礙或拒絕第五項之檢查、詢問或提供資料者，處新臺幣二十萬元以上五十萬元以下罰鍰，並得按次處罰及強制執行檢查。

公告查禁前已持有第一項模擬槍之人民或團體，應自公告查禁之日起六個月內，向警察機關報備。於期限內完成報備者，其持有之行為不罰。

第一項公告查禁之模擬槍，不問屬於何人所有，沒入之。但有第二項但書或前項情形者，不在此限。

第二項但書許可之申請程序、應備文件、條件、期限、廢止與第五項檢查之程序及其他應遵行事項之辦法，由中央主管機關會同中央目的事業主管機關定之。

第二十一條（從重處罰）

犯本條例之罪，其他法律有較重處罰之規定者，從其規定。

第二十二條（檢舉人之獎勵）

因檢舉而破獲違反本條例之案件，應給與檢舉人獎金。

前項獎金給獎辦法，由行政院定之。

第二十三條（刪除）

第二十四條（刪除）

第二十五條（施行日期）

本條例自公布日施行。

本條例中華民國九十八年五月十二日修正之條文，自九十八年十一月二十三日施行；一百零九年五月二十二日修正之條文，除第二十條第三項之施行日期由行政院另定外，自公布日施行。

槍砲彈藥刀械許可及管理辦法

民國九十一年十月二日內政部令發布
九十三年十一月三十日內政部令修正發布
九十四年四月二十二日內政部令修正發布
九十八年十一月二十三日內政部令修正發布
一百年十一月七日內政部令修正發布
一百零三年六月十日內政部令修正發布
一百零七年八月十六日內政部令修正發布
一百一十年七月二十三日內政部令修正發布
一百一十一年十一月十五日內政部令修正發布第一三、一四條條文

第一章　總則

第一條（訂定依據）

本辦法依槍砲彈藥刀械管制條例（以下簡稱本條例）第六條之一第一項及第二十條第三項規定訂定之。

第二條（用詞定義）

本辦法用詞定義如下：

一　原住民：指原住民身分法第二條所定之原住民。

二　漁民：指實際從事沿岸採捕水產動物並持有漁船船員手冊之國民。

三　自製獵槍：指原住民為傳統習俗文化，由申請人自行獨力或與非以營利為目的之原住民協力，在警察分局核准之地點，並依下列規定製造完成，供作生活所用之工具：

㈠填充物之射出，須逐次由槍口裝填黑色火藥於槍管內，以打擊底火或他法引爆，或使用口徑為零點二七英吋以下打擊打釘槍用邊緣底火之空包彈引爆。

(二)填充物，須填充於自製獵槍槍管內發射小於槍管內徑之玻璃片鉛質彈丸固體物；其不具制式子彈及其他類似具發射體彈殼底火及火藥之定裝彈。

(三)槍身總長（含槍管）須三十八英吋（約九十六點五公分）以上。

四　自製魚槍：指專供作原住民或漁民生活工具之用，由申請人自行獨力或與非以營利為目的之漁民或原住民協力，在警察分局核准之報備地點製造完成，藉橡皮之拉力發射以鋼鐵、硬塑膠或木質作成攻擊魚類之尖銳物，非以火藥等爆裂物發射者。

第三條（機關（構）、學校團體人民等購置使用、製造販賣等行為之許可申請）

機關（構）、學校團體、人民或廠商，依本辦法規定購置使用、製造、販賣、運輸、轉讓、出租、出借、持有、寄藏或陳列本條例第四條第一項第一款、第二款所定槍砲、彈藥，應向中央主管機關申請許可。

前項許可得委任內政部警政署（以下簡稱警政署）辦理。

人民團體或廠商，依本辦法規定製造、販賣、運輸、轉讓、出租、出借或持有本條例第四條第一項第三款所定刀械；原住民或漁民申請製造、運輸、持有自製之獵槍或魚槍；原住民相互間或漁民相互間販賣、轉讓、出租、出借或寄藏自製之獵槍或魚槍，應向直轄市、縣（市）主管機關申請許可。

前項許可得委任直轄市、縣（市）警察局辦理。

第二章　槍砲彈藥之許可及管理

第四條（政府機關（構）購置使用、運輸、轉讓等之許可申請）

政府機關（構）依法令規定配用者，得申請購置使用、運輸、轉讓、出租、出借、持有、寄藏或陳列槍砲、彈藥。

前項機關（構）於購置、運輸、轉讓、出租、出借、持有、寄藏或陳列槍砲彈藥前，應檢附槍砲彈藥型號、型錄、數量及用途等資料，向中央主管機關申請許可；轉讓者應於許可之翌日起七日內，連同執照持向原發照所在地之直轄市、縣（市）警察局辦理異動登記。

第五條（學術研究機關（構）購置使用運輸轉讓等之許可申請）

學術研究機關（構）因研究發展需要，得申請購置使用、運輸、轉讓、出租、出借、持有、寄藏或陳列槍砲彈藥。

前項機關（構）於購置、運輸、轉讓、出租、出借、持有、寄藏或陳列槍砲彈藥前，應檢附中央目的事業主管機關同意文件及槍砲彈藥型號、型錄、數量用途等資料，向中央主管機關申請許可；轉讓者應於許可之翌日起七日內，連同執照持向原發照所在地之直轄市、縣（市）警察局辦理異動登記。

第六條（各級學校軍訓教學需要購置使用、運輸、轉讓等之許可申請）

各級學校因軍訓教學需要，得申請購置使用、運輸、轉讓、出租、出借、持有、寄藏或陳列軍訓用槍枝彈藥。

前項學校於購置、運輸、轉讓、出租、出借、持有、寄藏或陳列槍枝彈藥前，應檢附中央目的事業主管機關同意文件及槍枝彈藥型號、型錄、數量用途等資料，向中央主管機關申請許可；轉讓者，應於許可之翌日起七日內，連同執照持向原發照之直轄市、縣（市）警察局辦理異動登記。

第七條（動物保育安全需要購置使用、運輸轉讓等之許可申請）

動物保育機關（構）、團體因動物保育安全需要，得申請購置使用、運輸、轉讓、出租、出借、持有、寄藏或陳列麻醉槍。

前項機關（構）、團體於購置、運輸、轉讓、出租、出借、持有、寄藏或陳列麻醉槍前，應檢附中央目的事業主管機關同意文件及麻醉槍型號、型錄、數量、用途等資料，向中央主管機關申請許可；轉讓者應於許可之翌日起七日內，連同執照持向原發照之直轄市、縣（市）警察局辦理異動登記。

第八條（人民購置魚槍之禁止情形）

人民得購置使用魚槍，每人以二枝為限。但有下列情形之一者，不得購置使用：

一　未成年。

二　判處有期徒刑以上之刑，經確定。

三　受監護或輔助宣告，尚未撤銷。

持有人攜帶經許可之魚槍外出者，應隨身攜帶執照。

持有人之戶籍所在地變更時，應於變更之翌日起一個月內，連同執照、異動申報書，分別報請變更前、後之警察分駐（派出）所層轉直轄市、縣（市）警察局辦理異動登記。

第九條（進出口槍砲彈藥經許可後之申請查驗）

經許可進出口槍砲彈藥者，應於進出口前向中央主管機關申請同意文件，並持向財政部關稅總局各關稅局申請查驗通關。遺失或毀損時，應申請補發。

第十條（經許可持有槍砲彈藥之機關（構）等之給照查驗、執照報繳）

經許可購置槍砲彈藥者，應於購置持有之翌日起七日內，由機關（構）、學校、團體代表人、負責人或持有人持向機關（構）、學校所在地主事務所所在地、戶籍所在地之直轄市、縣（市）警察局申請查驗給照，並列冊管理。

前項槍砲彈藥有本條例第五條之二第一項各款規定情形之一者，機關（構）、學校、團體代表人、負責人或持有人應於撤銷或廢止其許可翌日起十五日內，連同執照報由機關（構）、學校所在地主事務所所在地戶籍所在地之直轄市、縣（市）政府給價收購或收繳；無報繳人者由所在地之直轄市、縣（市）政府收繳。

第一項之槍砲彈藥遺失者，機關（構）、學校、團體代表人、負責人或持有人應連同執照向機關（構）、學校所在地主事務所所在地戶籍所在地之直轄市、縣（市）警察局報繳執照。

第十一條（機關（構）、團體經許可購置之槍砲彈藥之儲存、保管）

機關（構）、團體經許可購置之槍砲、彈藥，應於其內部之適當場所設置鐵櫃儲存。槍砲、彈藥分開儲存，集中保管。鐵櫃必須牢固，兼具防盜、防火及通風設備。

原住民經許可持有之自製獵槍、彈藥，於其住居所之儲存保管亦同。

第十二條（各級學校設置庫房之基準）

各級學校經許可購置之槍枝、彈藥，應設置庫房集中保管，其設置基準如下：

一　庫房地點應設於學校或代屯部隊內之安全處所。
二　槍枝、彈藥應分別設置庫房儲存，並指定專人二十四小時負責看管。
三　庫房以鋼筋水泥構築為原則，並加裝鐵門、鐵窗及加鎖。
四　庫房應裝置錄影監視設施及交流、直流兩用警鈴。
五　庫房應置有消防砂、水、滅火器等防火設備。
六　槍枝庫房內應設置槍櫃及加鎖。
七　彈藥庫房應設置通氣孔，並裝置溫度計、濕度計。

第十三條（經營槍砲、彈藥及其主要零件輸出入之廠商許可申請）

廠商經營槍砲、彈藥輸出入貿易、主要組成零件製造外銷或製造魚槍內銷、外銷及槍枝保養營業項目者，應檢具申請書向中央主管機關申請許可；公司申請時應另檢附經濟部核准之公司名稱及所營事業登記預查核定證明文件正本或影本；檢附影本者應加蓋公司圖章及負責人章。

前項廠商申請許可時，其負責人有下列情形之一者，應不予許可；已許可者，撤銷或廢止其許可：

一　犯故意殺人、重傷害、強盜、搶奪、妨害性自主、擄人勒贖、毒品危害防制條例、組織犯罪防制條例或本條例等案件經判決有罪確定或犯上開規定以外之罪經判處有期徒刑以上之刑確定。
二　受監護或輔助宣告，尚未撤銷。
三　施用毒品或管制藥品以外迷幻物品之違反社會秩序維護法行為經二次以上裁定處罰確定。

經許可之廠商，其負責人違反本條例規定經起訴者，自起訴之日起暫停受理該廠商第十四條第一項之申請；其負責人經無罪判決確定者，得依第十四條第二項規定申請。

第十四條（經營槍砲、彈藥及其主要零件輸出入之申請文件）

前條第一項規定許可之廠商得申請經營槍砲、彈藥輸出入貿易、主要組成零件製造外銷或製造魚槍內銷、外銷或槍枝保養業務，申請時應檢附下列文件逐案向中央主管機關申請許可：

一　申請書。
二　供外銷者，應檢附外商訂單或足資證明其製造外銷之文件，並附中文譯本；進口者應檢附契約書或委託書。
三　槍砲彈藥型號型錄一式六份及數量明細表。
四　公司或工廠登記證明文件之正本或影本；檢附影本者，應加蓋公司、工廠圖章及負責人章。

製造供外銷之槍砲彈藥主要組成零件製造完成應經公司或工廠所在地之直轄市、縣（市）警察局查驗後，始得出口，並於出口之翌日起二十日內，檢附出口報單副本（出口證明聯）報查驗之警察局備查。」

進口製造魚槍完成後，應向公司或工廠所在地之直轄市、縣（市）警察局申請核發查驗證，始得於經合法營業登記經營相關營業項目之體育用品社、魚具店及潛水器材社等商店陳列販賣。

第十五條（原住民或漁民申請製造運輸或持有自製之獵槍、魚槍）

原住民因傳統習俗文化，供作生活工具之用，符合下列規定者，得申請製造、運輸或持有自製之獵槍或魚槍：

一　成年。
二　未受監護或輔助宣告。
三　未經判決犯本條例第五條之二第六項規定之罪確定或有本條例第二十條第四項規定情形。

漁民因實際從事沿岸採捕水產動物需要，未有第八條第一項各款規定情形者，得申請製造、運輸或持有自製之魚槍。

第十六條（原住民或漁民申請製造運輸持有自製獵槍或魚槍之程序）

原住民或漁民申請製造、運輸、持有自製獵槍或魚槍，應以書面經戶籍所在地警察（所）分駐（派出）所層轉直轄市、縣（市）主管機關提出申請。主管機關應於收到申請書之翌日起十五日內核復；經許可者，申請人應於收到許可函之翌日起一個月內自製完成或持有，並向戶籍所在地之直轄市、縣（市）警察局申請查驗烙印給照及列冊管理；逾期者，原許可失其效力。

持有人攜帶許可之自製獵槍魚槍外出者，應隨身攜帶執照。

持有人之戶籍所在地變更時，應於變更之翌日起一個月內連同執照異動申報書，分別報請變更前、後之警察分駐（派出）所層轉直轄市縣（市）警察局辦理異動登記。

第十七條（原住民或漁民申請自製獵槍或魚槍之限制）

原住民申請持有自製之獵槍或魚槍，每人以各二枝為限，每戶不得超過各六枝。

漁民申請持有自製之魚槍每人以二枝為限，每戶不得超過六枝。

第十八條（自製獵槍、魚槍執照之報繳）

自製獵槍、魚槍有本條例第五條之二第一項各款規定情形之一者，持有人或其繼承人應於撤銷或廢止其許可翌日起十五日內，連同執照報由戶籍所在地之直轄市、縣（市）政府給價收購；無報繳人者由戶籍所在地之直轄市、縣（市）政府收繳。

自製獵槍魚槍遺失時，應即向戶籍所在地之直轄市、縣（市）警察局報繳執照。

第十九條（原住民或漁民相互間販賣租借或寄藏自製獵槍、魚槍等之許可申請）

原住民相互間或漁民相互間販賣、轉讓、出租、出借或寄藏自製之獵槍或魚槍，供作生活工具之用者，應向戶籍所在地之直轄市、縣（市）主管機關申請許可；原住民或漁民不符合第十五條規定者，不予許可；販賣或轉讓者應於許可之翌日起七日內連同執照親自持向戶籍所在地之直轄市、縣（市）警察局辦理異動登記。

第二十條（槍砲彈藥之查驗給照）

依本辦法許可之槍砲彈藥，其查驗完竣後，應於一個月內發給執照，如為臨時請領補換執照者，其執照使用年限仍填至該期期滿為止。

機關團體請領執照時，應檢同核准文件、備具申請書、槍枝經歷及管理槍彈員工名冊，逕送直轄市、縣（市）警察局審查給照。

請領執照費用及支用規定準用自衛槍枝管理條例第十條之規定。

第三章　管制刀械之許可及管理

第二十一條（人民或團體持有刀械之申請）

人民或團體因紀念、裝飾、健身表演練習或正當休閒娛樂之用，得申請持有刀械。但人民或團體負責人有第八條第一項各款情形之一者，不予許可。

第二十二條（人民或團體持有刀械之申請許可）

人民或團體申請持有刀械，應檢附下列文件，向戶籍所在地或主事務所所在地之直轄市、縣（市）主管機關申請許可：

一　申請書。

二　申請人國民身分證影本或人民團體立案證書影本。

三　刀械彩色圖例一式六份，並詳述刀械數量、用途、刀柄、刀刃長度及有無開鋒等特徵。

四　相關辦理或製造之公司或工廠登記證明文件之正本或影本；檢附影本者應加蓋公司、工廠圖章及負責人章。

前項申請經戶籍所在地之直轄市、縣（市）警察局查驗刀械後發給許可證並列冊管理。

第二十三條（人民或團體申請進出口刀械應檢附之資料）

人民或團體申請進出口刀械前，應檢附刀械型錄、型號、數量及用途等資料，向戶籍所在地、主事務所所在地之直轄市、縣（市）主管機關申請同意文件，並持向財政部關稅總局各關稅局申請查驗通關；同意文件遺失或毀損時，應申請補發。

於國內購置刀械前，應檢附刀械型錄、型號、數量及用途等資料，向戶籍所在地主事務所所在地之直轄市縣（市）主管機關申請同意文件。

前二項刀械於進口或購置持有之翌日起七日內，應依前條規定持向戶籍所在地之直轄市、縣（市）警察局申請查驗及核發許可證。

第二十四條（許可證之攜帶與報繳）

持有人攜帶經許可之刀械外出者，應隨身攜帶許可證。刀械遺失時，持有人應向戶籍所在地之直轄市、縣（市）警察局報繳許可證。

第二十五條（持有人戶籍變更與許可證之異動登記）

持有人之戶籍所在地或團體之主事務所變更時，應於變更翌日起一個月內連同許可證異動申報書，分別報請變更前、後之警察分駐（派出）所層轉直轄市、縣（市）警察局辦理異動登記。

第二十六條（刀械給價收購或收繳之準用）

人民或團體有本條例第五條之二第一項各款規定情形之一者，其刀械及許可證準用第十八條第一項規定給價收購或收繳。

第二十七條（人民或團體販賣轉讓等之申請許可）

人民或團體販賣、轉讓、出租或出借持有之刀械時，應向戶籍所在地或主事務所所在地之直轄市、縣（市）主管機關申請許可，其有第八條第一項各款情形之一者，不予許可；販賣、轉讓者應於許可之翌日起七日內連同許可證親自持向戶籍所在地或主事務所所在地之直轄市、縣（市）警察局辦理異動登記。

第二十八條（經營刀械輸出入貿易或製造販賣之

廠商之許可申請）

廠商經營刀械輸出入貿易或製造販賣營業項目者，應檢具申請書向主事務所所在地之直轄市縣（市）主管機關申請許可；公司申請時，應另檢附經濟部核准之公司名稱及所營事業登記預查核定證明文件正本或影本。檢附影本者應加蓋公司圖章及負責人章。

第二十九條（輸出入貿易或製造販賣刀械業務之申請許可應附文件）

經依前條規定許可之廠商，得申請經營輸出入貿易或製造販賣刀械業務。申請時應檢附下列文件，逐案向主事務所所在地之直轄市、縣（市）主管機關申請許可：

一　申請書。

二　公司或工廠登記證明文件正本或影本；檢附影本者，應加蓋公司、工廠圖章及負責人章。

三　刀械彩色圖例一式六份，並詳述刀械數量、用途、刀柄、刀刃長度及有無開鋒等特徵。

四　供外銷者，應檢附外商訂單或足資證明其製造外銷之文件，並附中文譯本。

五　供國內人民或團體持有者，應檢附人民或團體戶籍所在地或主事務所所在地之直轄市、縣（市）主管機關同意文件。

製造供外銷之刀械，製造完成應經製造公司或工廠所在地之直轄市、縣（市）警察局查驗後始得出口，並於出口之翌日起二十日內，檢附出口報單副本（出口證明聯）報查驗之警察局備查。

第四章　附　則

第三十條（經許可之槍砲彈藥刀械之總檢查）

經許可之槍砲、彈藥、刀械，中央主管機關每年應舉行總檢查一次。但為維護治安必要，得實施臨時總檢查。

第三十一條（執照及許可證之補發申請）

依本辦法許可之槍砲、彈藥、刀械，其執照或許可證遺失或毀損時，機關（構）、學校、團體代表人、負責人或持有人應向機關（構）、學校所在地、主事務所所在地、戶籍所在地之直轄市、縣（市）警察局申請補發證照。

第三十二條（攜帶槍砲彈藥刀械離開戶籍地之通知）

持有人因故攜帶經許可之槍砲、彈藥、刀械離開戶籍所在地十五日以上或攜回者，應書面載明型式、數量、住居所及停留時間，通知戶籍所在地之直轄市、縣（市）警察局。

戶籍所在地之直轄市、縣（市）警察局應通報住居所所在地警察局，其有資料不符或未到之情形者，應相互聯繫共同處理。

第三十三條（收購或收繳之槍砲彈藥刀械之銷毀與重新申請許可）

依本條例第五條之二第一項規定收購或收繳之槍砲、彈藥、刀械，送交警政署警察機械修理廠銷毀；銷毀之費用由警政署逐年編列預算支應。

刀械持有人死亡、團體解散，重新申請許可持有者，或自製獵槍持有人死亡，繼用人申請繼續持有者，應於事實發生之翌日起三個月內重新申請。

第三十四條（查驗證與許可證之印製、查驗給照之始日與執照年限）

槍砲彈藥執照及魚槍查驗證由中央主管機關印製；刀械許可證由直轄市、縣（市）警察局印製。

槍砲彈藥之查驗給照，每三年為一期，第一年一月一日開始，執照限用三年，期滿應即繳銷換領新照。

第三十五條（書表格式）

本辦法所需書表格式由中央主管機關定之。

第三十六條（施行日期）

本辦法自發布日施行。

毒品危害防制條例

民國十八年七月二十五日國民政府公布（原名為「禁烟法」）
二十二年三月十六日國民政府修正公布
二十四年十月二十八日國民政府修正公布（更名為「禁烟治罪暫行條例及禁毒治罪暫行條例」）
二十五年六月三日國民政府修正公布
三十年二月十九日國民政府修正公布（更名為「禁煙禁毒治罪暫行條例」）
三十五年八月二日國民政府修正公布（更名為「禁煙禁毒治罪條例」）
三十六年五月一日國民政府修正公布
三十六年七月十六日國民政府修正公布
三十八年七月三十一日總統令修正公布
三十九年六月三日總統令修正公布
四十四年六月三日總統令修正公布（更名為「戡亂時期肅清煙毒條例」）
六十二年六月二十一日總統令修正公布
八十一年七月二十七日總統令修正公布（更名為「肅清煙毒條例」）
八十七年五月二十日總統令修正公布（更名為「毒品危害防制條例」）
九十二年七月九日總統令修正公布
九十七年四月三十日總統令修正公布
九十八年五月二十日總統令修正公布
九十九年十一月二十四日總統令修正公布
一百零四年二月四日總統令修正公布
一百零五年六月二十二日總統令修正公布
一百零六年六月十四日總統令修正公布
一百零九年一月十五日總統令修正公布
一百一十一年五月四日總統令修正公布第一二、三六條條文

第一條（立法目的）
為防制毒品危害，維護國民身心健康，制定本條例。

第二條（毒品之定義分級及品項）
本條例所稱毒品，指具有成癮性、濫用性、對社會危害性之麻醉藥品與其製品及影響精神物質與其製品。
毒品依其成癮性、濫用性及對社會危害性，分為四級，其品項如下：
一　第一級　海洛因、嗎啡、鴉片、古柯鹼及其相類製品（如附表一）。
二　第二級　罌粟、古柯、大麻、安非他命、配西汀、潘他唑新及其相類製品（如附表二）。
三　第三級　西可巴比妥、異戊巴比妥、納洛芬及其相類製品（如附表三）。
四　第四級　二丙烯基巴比妥、阿普唑他及其相類製品（如附表四）。
前項毒品之分級及品項，由法務部會同衛生福利部組成審議委員會，每三個月定期檢討，審議委員會並得將具有成癮性、濫用性、對社會危害性之虞之麻醉藥品與其製品、影響精神物質與其製品及與該等藥品、物質或製品具有類似化學結構之物質進行審議，並經審議通過後，報由行政院公告調整、增減之，並送請立法院查照。
醫藥及科學上需用之麻醉藥品與其製品及影響精神物質與其製品之管理，另以法律定之。

第二條之一（毒品防制專責組織之成立及應辦事項）
直轄市、縣（市）政府為執行毒品防制工作，應由專責組織辦理下列事項：
一　毒品防制教育宣導。
二　提供施用毒品者家庭重整及心理輔導等關懷訪視輔導。
三　提供或轉介施用毒品者各項社會救助、法律服務、就學服務、保護安置、危機處理服務、職業訓練及就業服務。
四　提供或轉介施用毒品者接受戒癮治療及追蹤輔導。
五　依法採驗尿液及訪查施用毒品者。
六　追蹤及管理轉介服務案件。
七　其他毒品防制有關之事項。
直轄市、縣（市）政府應編列預算辦理前項事宜；必要時，得由各中央目的事業主管機關視實際情形酌予補助。

第二條之二（毒品防制業務基金之來源與用途）
法務部為推動毒品防制業務，應設基金，其來源如下：
一　循預算程序之撥款。
二　犯本條例之罪所科罰金及沒收、追徵所得款項之部分提撥。
三　違反本條例所處罰鍰之部分提撥。
四　基金孳息收入。
五　捐贈收入。
六　其他有關收入。
前項基金之用途如下：
一　補助直轄市、縣（市）政府辦理前條第一項所列事項。
二　辦理或補助毒品檢驗、戒癮治療及研究等相關業務。
三　辦理或補助毒品防制宣導。
四　提供或補助施用毒品者安置、就醫、就學、就業及家庭扶助等輔導與協助。
五　辦理或補助與其他國家或地區間毒品防制工作之合作及交流事項。
六　辦理或補助其他毒品防制相關業務。
七　管理及總務支出。
八　其他相關支出。

第三條（法律之適用）
本條例有關法院、檢察官、看守所、監獄之規定，於軍事法院、軍事檢察官、軍事看守所及軍事監獄之規定亦適用之。

第四條（販運製造毒品罪）
製造、運輸、販賣第一級毒品者，處死刑或無期徒刑；處